ISBN 978-0-366-87943-4
PIBN 11165447

ANNALI DELL'ISLĀM

COMPILATI

DA

LEONE CAETANI

PRINCIPE DI TEANO

VOL. II.

Dall'anno 7. al 12. H.

Con tre carte geografiche, due piante, parecchie illustrazioni
e l'indice alfabetico dei volumi I. e II.

TOMO II.

ULRICO HOEPLI

EDITORE-LIBRAIO DELLA REAL CASA

MILANO

1907

Roma 1907. — Casa Editrice Italiana - Via XX Settembre 121-122.

INDICE DELLE ILLUSTRAZIONI E CARTE

PAG.

Due vedute di Ṣan'ā nel Yaman 784-785

Il fondo disseccato del Mare Sahariano (Shott al-Malghigh, Sahara settentrionale) 832-833

Combattimento fra Arabi e Assiri (VII secolo avanti l'È. V.) — British Museum 840-841

Accampamento arabo e combattimento fra Arabi e Assiri (VII secolo avanti l'È. V.) — British Museum 848-849

La reggia dei Sassanidi a Ctesifonte 872-873

Cavaliere armato di lancia fra le rovine di Palmira 1056-1057

Un accampamento di Beduini 1064-1065

Il deserto Sirio presso Tadmur (Palmira) 1200-1201

Itinerario di Khālid b. al-Walīd 1232-1233

Carta dell'Asia Anteriore per illustrare le prime conquiste degli Arabi 1569

Edizione di 250 Esemplari.

N. 250

Leone Caetani

12. a. H.

(18 Marzo 633—6 Marzo 634).

12. a. H.

Muhar	1	18	Mar.	633	gio.
»	2	19	»	»	ven.
»	3	20	»	»	sab.
»	4	21	»	»	dom.
»	5	22	»	»	lun.
»	6	23	»	»	mar.
»	7	24	»	»	mer.
»	8	25	»	»	gio.
»	9	26	»	»	ven.
»	10	27	»	»	sab.
»	11	28	»	»	dom.
»	12	29	»	»	lun.
»	13	30	»	»	mar.
»	14	31	»	»	mer.
»	15	1	Apr.	»	gio.
»	16	2	»	»	ven.
»	17	3	»	»	sab.
»	18	4	»	»	dom. P.
»	19	5	»	»	lun.
»	20	6	»	»	mar.
»	21	7	»	»	mer.
»	22	8	»	»	gio.
»	23	9	»	»	ven.
»	24	10	»	»	sab.
»	25	11	»	»	dom.
»	26	12	»	»	lun.
»	27	13	»	»	mar.
»	28	14	»	»	mer.
»	2	15	»	»	gio.
»	30	16	»	»	ven.
Safar....	1	17	»	»	sab.
»	2	18	»	»	dom.
»	3	19	»	»	lun.
»	4	20	»	»	mar.
»	5	21	»	»	mer.
»	6	22	»	»	gio.
»	7	23	»	»	ven.
»	8	24	»	»	sab
»	9	25	»	»	dom.
»	10	26	»	»	lun.
»	11	27	»	»	mar.
»	12	28	»	»	mer.
»	13	22	»	»	gio.
»	14	30	»	»	ven.
»	15	1	Mag.	»	sab.
»	16	2	»	»	dom.
»	17	3	»	»	lun.
»	18	4	»	»	mar.
»	12	5	»	»	mer.
»	20	6	»	»	gio.
»	21	7	»	»	ven.
»	22	8	»	»	sab.
»	23	9	»	»	dom.
»	24	10	»	»	lun.
»	25	11	»	»	mar.
»	26	12	»	»	mer.
»	27	13	»	»	gio.
»	28	14	»	»	ven.
»	29	15	»	»	sab.

Rabi' I ..	1	16	Mag.	633	dom.
»	2	17	»	»	lun.
»	3	18	»	»	mar.
»	4	19	»	»	mer.
»	5	20	»	»	gio.
»	6	21	»	»	ven.
»	7	22	»	»	sab.
»	8	23	»	»	dom.
»	9	24	»	»	lun.
»	10	25	»	»	mar.
»	11	26	»	»	mer.
»	12	27	»	»	gio.
»	13	28	»	»	ven.
»	14	29	»	»	sab.
»	15	30	»	»	dom.
»	16	31	»	»	lun.
»	17	1	Giu.	»	mar.
»	18	2	»	»	mer.
»	19	3	»	»	gio.
»	20	4	»	»	ven.
»	21	5	»	»	sab.
»	22	6	»	»	dom.
»	23	7	»	»	lun.
»	24	8	»	»	mar.
»	25	9	»	»	mer.
»	26	10	»	»	gio.
»	27	11	»	»	ven.
»	28	12	»	»	sab.
»	29	13	»	»	dom.
»	30	14	»	»	lun.
Rabi' II .	1	15	»	»	mar.
»	2	16	»	»	mer.
»	3	17	»	»	gio.
»	4	18	»	»	ven.
»	5	19	»	»	sab.
»	6	20	»	»	dom.
»	7	21	»	»	lun.
»	8	22	»	»	mar.
»	9	23	»	»	mer.
»	10	24	»	»	gio.
»	11	25	»	»	ven.
»	12	26	»	»	sab.
»	13	27	»	»	dom.
»	14	28	»	»	lun.
»	15	29	»	»	mar.
»	16	30	»	»	mer.
»	17	1	Lug.	»	gio.
»	18	2	»	»	ven.
»	19	3	»	»	sab.
»	20	4	»	»	dom.
»	21	5	»	»	lun.
»	22	6	»	»	mar.
»	23	7	»	»	mer.
»	24	8	»	»	gio.
»	25	9	»	»	ven.
»	26	10	»	»	sab.
»	27	11	»	»	dom.
»	28	12	»	»	lun.
»	22	13	»	»	mar.

Ǵum. I..	1	14	Lug.	633	mer.
»	2	15	»	»	gio
»	3	16	»	»	ven.
»	4	17	»	»	sab.
»	5	18	»	»	dom.
»	6	19	»	»	lun.
»	7	20	»	»	mar.
»	8	21	»	»	mer.
»	9	22	»	»	gio.
»	10	23	»	»	ven.
»	11	24	»	»	sab.
»	12	25	»	»	dom.
»	13	26	»	»	lun.
»	14	27	»	»	mar.
»	15	28	»	»	mer.
»	16	29	»	»	gio.
»	17	30	»	»	ven.
»	18	31	»	»	sab.
»	19	1	Ag.	»	dom.
»	20	2	»	»	lun.
»	21	3	»	»	mar.
»	22	4	»	»	mer.
»	23	5	»	»	gio.
»	24	6	»	»	ven.
»	25	7	»	»	sab.
»	26	8	»	»	dom.
»	27	9	»	»	lun.
»	28	10	»	»	mar.
»	29	11	»	»	mer.
»	30	12	»	»	gio.
Ǵum. II..	1	13	»	»	ven.
»	2	14	»	»	sab.
»	3	15	»	»	dom.
»	4	16	»	»	lun.
»	5	17	»	»	mar.
»	6	18	»	»	mer.
»	7	19	»	»	gio.
»	8	20	»	»	ven.
»	9	21	»	»	sab.
»	10	22	»	»	dom.
»	11	23	»	»	lun.
»	12	24	»	»	mar.
»	13	25	»	»	mer.
»	14	26	»	»	gio.
»	15	27	»	»	ven.
»	16	28	»	»	sab.
»	17	29	»	»	dom.
»	18	30	»	»	lun.
»	19	31	»	»	mar.
»	20	1	Sett.	»	mer.
»	21	2	»	»	gio.
»	22	3	»	»	ven.
»	23	4	»	»	sab.
»	24	5	»	»	dom.
»	25	6	»	»	lun.
»	26	7	»	»	mar.
»	27	8	»	»	mer.
»	28	9	»	»	gio.
»	29	10	»	»	ven.

Raǵab ...	1	11	Sett.	633	sab.
»	2	12	»	»	dom.
»	3	13	»	»	lun.
»	4	14	»	»	mar.
»	5	15	»	»	mer.
»	6	16	»	»	gio.
»	7	17	»	»	ven.
»	8	18	»	»	sab.
»	9	19	»	»	dom.
»	10	20	»	»	lun.
»	11	21	»	»	mar.
»	12	22	»	»	mer.
»	13	23	»	»	gio.
»	14	24	»	»	ven.
»	15	25	»	»	sab.
»	16	26	»	»	dom.
»	17	27	»	»	lun.
»	18	28	»	»	mar.
»	19	29	»	»	mer.
»	20	30	»	»	gio.
»	21	1	Ott.	»	ven.
»	22	2	»	»	sab.
»	23	3	»	»	dom.
»	24	4	»	»	lun.
»	25	5	»	»	mar.
»	26	6	»	»	mer.
»	27	7	»	»	gio.
»	28	8	»	»	ven.
»	29	9	»	»	sab.
»	30	10	»	»	dom.
Ša'bān ...	1	11	»	»	lun.
»	2	12	»	»	mar.
»	3	13	»	»	mer.
»	4	14	»	»	gio.
»	5	15	»	»	ven.
»	6	16	»	»	sab.
»	7	17	»	»	dom.
»	8	18	»	»	lun.
»	9	12	»	»	mar.
»	10	20	»	»	mer.
»	11	21	»	»	gio.
»	12	22	»	»	ven.
»	13	23	»	»	sab.
»	14	24	»	»	dom.
»	15	25	»	»	lun.
»	16	26	»	»	mar.
»	17	27	»	»	mer.
»	18	28	»	»	gio.
»	19	29	»	»	ven.
»	20	30	»	»	sab.
»	21	31	»	»	dom.
»	22	1	Nov.	»	lun.
»	23	2	»	»	mar.
»	24	3	»	»	mer.
»	25	4	»	»	gio.
»	26	5	»	»	ven.
»	27	6	»	»	sab.
»	28	7	»	»	dom.
»	29	8	»	»	lun.

Ramad. ..	1	9	Nov.	633	mar.
»	2	10	»	»	mer.
»	3	11	»	»	gio.
»	4	12	»	»	ven.
»	5	13	»	»	sab.
»	6	14	»	»	dom.
»	7	15	»	»	lun.
»	8	16	»	»	mar.
»	9	17	»	»	mer.
»	10	18	»	»	gio.
»	11	19	»	»	ven.
»	12	20	»	»	sab.
»	13	21	»	»	dom.
»	14	22	»	»	lun.
»	15	23	»	»	mar.
»	16	24	»	»	mer.
»	17	25	»	»	gio.
»	18	26	»	»	ven.
»	19	27	»	»	sab.
»	20	28	»	»	dom.
»	21	29	»	»	lun.
»	22	30	»	»	mar.
»	23	1	Dic.	»	mer.
»	24	2	»	»	gio.
»	25	3	»	»	ven.
»	26	4	»	»	sab.
»	27	5	»	»	dom.
»	28	6	»	»	lun.
»	29	7	»	»	mar.
»	30	8	»	»	mer.
Šawwāl .	1	9	»	»	gio.
»	2	10	»	»	ven.
»	3	11	»	»	sab.
»	4	12	»	»	dom.
»	5	13	»	»	lun.
»	6	14	»	»	mar.
»	7	15	»	»	mer.
»	8	16	»	»	gio.
»	9	17	»	»	ven.
»	10	18	»	»	sab.
»	11	12	»	»	dom.
»	12	20	»	»	lun.
»	13	21	»	»	mar.
»	14	22	»	»	mer.
»	15	23	»	»	gio.
»	16	24	»	»	ven.
»	17	25	»	»	sab.
»	18	26	»	»	dom.
»	19	27	»	»	lun.
»	20	28	»	»	mar.
»	21	29	»	»	mer.
»	22	30	»	»	gio.
»	23	31	»	»	ven.
»	24	1	Gen.	634	sab.
»	25	2	»	»	dom.
»	26	3	»	»	lun.
»	27	4	»	»	mar.
»	28	5	»	»	mer.
»	29	6	»	»	gio.

Dzū-l-Q.	1	7	Gen.	634	ven.
»	2	8	»	»	sab.
»	3	9	»	»	dom.
»	4	10	»	»	lun.
»	5	11	»	»	mar.
»	6	12	»	»	mer.
»	7	13	»	»	gio.
»	8	14	»	»	ven.
»	9	15	»	»	sab.
»	10	16	»	»	dom.
»	11	17	»	»	lun.
»	12	18	»	»	mar.
»	13	19	»	»	mer.
»	14	20	»	»	gio.
»	15	21	»	»	ven.
»	16	22	»	»	sab.
»	17	23	»	»	dom.
»	18	24	»	»	lun.
»	19	25	»	»	mar.
»	20	26	»	»	mer.
»	21	27	»	»	gio.
»	22	28	»	»	ven.
»	23	29	»	»	sab.
»	24	30	»	»	dom.
»	25	31	»	»	lun.
»	26	1	Feb.	»	mar.
»	27	2	»	»	mer.
»	28	3	»	»	gio.
»	29	4	»	»	ven.
»	30	5	»	»	sab.
Dzū l-H.	1	6	»	»	dom.
»	2	7	»	»	lun.
»	3	8	»	»	mar.
»	4	9	»	»	mer.
»	5	10	»	»	gio.
»	6	11	»	»	ven.
»	7	12	»	»	sab.
»	8	13	»	»	dom.
»	9	14	»	»	lun.
»	10	15	»	»	mar.
»	11	16	»	»	mer.
»	12	17	»	»	gio.
»	13	18	»	»	ven.
»	14	19	»	»	sab.
»	15	20	»	»	dom.
»	16	21	»	»	lun.
»	17	22	»	»	mar.
»	18	23	»	»	mer.
»	19	24	»	»	gio.
»	20	25	»	»	ven.
»	21	26	»	»	sab.
»	22	27	»	»	dom.
»	23	28	»	»	lun.
»	24	1	Mar.	»	mar.
»	25	2	»	»	mer.
»	26	3	»	»	gio.
»	27	4	»	»	ven.
»	28	5	»	»	sab.
»	29	6	»	»	dom.

12. a. H.

ARABIA CENTRALE: Preparativi per la conquista della Yamāmah (*Muḥarram?*) [1].

§ 1. — (Sayf b. ʻUmar, da Sahl b. Yūsuf, da al-Qāsim b. Muḥammad). (Mentre Khālid attendeva a reprimere la rivolta delle tribù nell'Arabia centrale, cfr. 11. a. H., §§ 120 e segg.), il califfo abū Bakr aveva mandato ʻIkrimah b. abī Ǵahl nella Yamāmah, e poco tempo dopo avevagli spedito appresso anche Šuraḥbīl b. Ḥasanah [2]: ʻIkrimah, desideroso di avere a sè tutta la gloria e tutto il bottino, aggredì il falso profeta Musaylimah prima di ricevere i rinforzi sotto Šuraḥbīl, ma fu sopraffatto da forze superiori, e completamente sconfitto. Šuraḥbīl, ricevendo questa notizia, cessò di avanzare ed attese nuovi ordini da Madīnah: anche ʻIkrimah scrisse allora ad abū Bakr, facendogli rapporto del proprio insuccesso, e chiedendo nuove istruzioni. Il Califfo ordinò a ʻIkrimah di non ritirarsi per non aumentare la baldanza del nemico, ma di congiungersi con Ḥudzayfah e con ʻArfaǵah (nell'ʻUmān, cfr. più avanti §§ 58 e segg.) e di recarsi a combattere contro gli abitanti dell'ʻUmān e della Mahrah; quindi girando il grande deserto dell'Arabia meridionale, doveva unirsi ad al-Muhāǵir b. Umayyah nel Yaman e nel Ḥadramawt [3]. Šuraḥbīl ricevette invece l'ordine dal Califfo di non muoversi più e di attendere nuove istruzioni. Tutto ciò avvenne prima che abū Bakr ordinasse a Khālid di muovere contro Musaylimah nella Yamāmah, e quando fu fissato, di aggredire i Ḥanīfah; Šuraḥbīl ebbe ordine di unirsi con Khālid: terminata però la campagna nella Yamāmah doveva spingersi

[Preparativi per la conquista della Yamāmah.]

verso settentrione fra i Quḍā'ah ed operarvi insieme con 'Amr b. al-'Āṣ contro i ribelli di quella stirpe.

Allo stesso tempo il califfo abū Bakr si decideva ad inviare nuove genti di rinforzo a quelle già raccolte in al-Buṭāḥ, in attesa del ritorno di Khālid da Madīnah (cfr. 11. a. H., §§ 180-182, 184). Le nuove schiere furono, come sempre, divise secondo le tribù, alle quali appartenevano: gli Anṣār (Madinesi) furono messi sotto agli ordini di Thābit b. Qays e di al-Barā b. Fulān (*sic:* leggi Mālik). Agli Emigrati makkani furono preposti abū Ḥudhayfah e Zayd, mentre le schiere venute dalle varie tribù dei dintorni rimasero ognuna sotto ai propri capi. Khālid, precedendo i rinforzi, ritornò celermente da Madīnah al campo di al-Buṭāḥ, ove, prima di muoversi, attese di essere raggiunto da tutte le schiere, che il Califfo aveva raccolte per lui (Ṭabari, I, 1929-1930).

Cfr. anche Athīr, II, 274.

Nota 1. — Alcuni eventi narrati in questo paragrafo devono appartenere all'anno 11. H., ma come risulta dalle fonti citate altrove (cfr. 11. a. H., §§ 72 e segg.), la campagna della Yamāmah cade certamente nei primi tre mesi del 12. a. H.; per comodo dello studioso ho creduto più utile di riunire qui appresso tutto quello che si riferisce alla conquista, senza tenermi troppo rigidamente all'ordine cronologico già per sè alquanto incerto nei particolari, di minore importanza.

Nota 2. — (*a*) Bisogna guardarsi dal prendere letteralmente il senso di questa tradizione: 'Ikrimah e Šuraḥbil non furono capitani di eserciti venuti da Madīnah: il solo esercito spedito da abū Bakr fu quello comandato da Khālid, il quale aveva ai suoi ordini le forze riunite di tutto l'Islām (cfr. 11. a. H., §§ 120-126). I due predetti mestatori, agenti di Maometto prima, e poi di abū Bakr, erano intriganti, agitatori in favore dell'Islām, i quali recandosi a nome del Califfo fra le tribù, cercavano di diffondervi le dottrine islamiche con scopi puramente politici. Il loro compito era di eccitare e di organizzare le minoranze scontente e di suscitare un'agitazione in pro' dell'Islām in seno alle tribù, preparando così il terreno al dominio politico di Madīnah. Là ove la maggioranza era contraria all'Islām, i rappresentanti del Califfo fungevano da agenti sobillatori, ed avevano il compito esclusivo di creare difficoltà di ogni sorta contro il partito al potere. Ciò è detto esplicitamente anche in un passo di Tabari (1932, lin. 3), ove Sayf afferma che Maometto inviasse un suo agente fra i Ḥanīfah con il compito di eccitare disordini contro Musaylimah (liyašghaba 'ala Musaylimah). Con sì fatta politica di abili intrighi Maometto, impareggiabile maestro nell'arte di sedurre gli uomini e di mutarli in docili strumenti del suo forte volere, era divenuto, senza rischiare le proprie forze vive in lontane spedizioni, nominalmente signore d'una considerevole parte d'Arabia. Morto il Profeta, l'autorità morale di lui si dileguò anch'essa, come lo spirito del defunto, e tutto il fragile edificio andò in frantumi. Il califfo abū Bakr ed i Compagni, seguendo le orme del grande Maestro, tentarono i medesimi mezzi per arrivare allo stesso risultamento, e per fiaccare l'onda irruente di reazione anti-islamica, che agitava la penisola da un capo all'altro. I fatti d'arme accennati nel presente paragrafo, nei quali i musulmani ebbero la peggio, non furono perciò sconfitte di milizie madinesi, ma moti intempestivi e male organizzati delle minoranze nelle tribù, che tentavano di abbattere i rivali al potere, e pur di ottenere l'appoggio materiale e morale di Madīnah, si dichiaravano musulmane di nome. La fama delle prime grandi vittorie di Khālid può aver forse sospinto il partito favorevole a Madīnah a prendere più sollecitamente le armi, come parimenti può aver sospinto Musaylimah ad agire più energicamente contro di esso per avere sicure le spalle prima che gli eserciti musulmani apparissero ai suoi confini.

(*b*) Comunque fosse, è certo che abū Bakr non poteva pretendere subito ad un'autorità o prestigio pari a quello goduto dal Profeta, se prima non avesse mostrato quanto valevano i mezzi, di cui disponeva. Dai fatti dell'anno 11. H. ricaviamo però l'impressione che il governo di Madīnah riponesse più fiducia nella propria spada, che nell'abilità della propria diplomazia barbarica. Fu probabilmente merito di alcuni spiriti più arditi come Khālid b. al-Walīd, se vennero abbandonate le vie lente, incerte e tortuose della diplomazia intrigante, per quelle dritte e sbrigative che offriva l'uso spietato ed energico della spada. Il genio di Khālid fu l'elemento determinante della vittoria, perchè i musulmani non si rendevano conto delle proprie forze militari, e non avevano intuito la superiorità degli ordinamenti e della disciplina insegnata da Maometto. Khālid fu quello che meglio comprese i veri aspetti delle condizioni politiche e militari d'Arabia: l'infelice successo degli agenti del Califfo in pressochè tutta Arabia, aprì gli occhi ai conservatori prudenti di Madīnah, e diede forza agli argomenti del generale ardimentoso. In tal modo fu decisa la guerra ad oltranza contro tutti i pagani e la conquista d'Arabia, non già con il mezzo della propaganda religiosa, nè della diplomazia, ma con quello della forza brutale delle armi. [Preparativi per la conquista della Yamāmah.]

Weil, I, 23 e segg. scrive sempre erroneamente Ikirma, invece di 'Ikrimah.

NOTA 3. — Sayf come al solito anticipa anche qui gli eventi e ci ripresenta tutti i fatti della Riddah, come il perfetto compimento d'un grande piano di guerra ideato dal califfo abū Bakr e da lui felicemente messo in esecuzione. In realtà al-Muhāǵir partì per il Yaman più tardi, nel 12. a. H., solo dopo che i Persiani di Ṣan'ā ebbero chiamato in soccorso i musulmani di Madinah contro gli Arabi Madzhiǵ, e quando le continue vittorie musulmane nel mezzodì di Arabia preconizzavano l'imminente caduta del Yaman sotto il dominio di Madinah. al-Muhāǵir comparve quindi nel Yaman *alla fine* della campagna musulmana nel mezzogiorno e per congiungersi con l'esercito vittorioso sotto 'Ikrimah b. abī Ǵahl.

§ 2. — (abū Hurayrah, e 'Abāyah al-Rātiǵi, da al-Ruḥayl b. Iyās b. abī Muǵǵā'ah). ibn 'Umayr al-Yaškuri, uno dei più ragguardevoli fra i banū Ḥanīfah, era un musulmano, il quale però aveva tenuta nascosta la sua fede (1), essendo amico di Raǵǵāl (Raḥḥāl) b. Nahšai (uno dei capi Ḥanafiti, sostenitori di Musaylimah). Egli compose ora una poesia, che ben presto si diffuse nella tribù, le donne ed i bambini della quale incominciarono a recitarla, destando grande ira fra gli amici ed i seguaci di Musaylimah. In questa poesia ibn 'Umayr ammetteva apertamente di essere musulmano, e si scagliava contro Muḥakkam b. Ṭufayl e contro Musaylimah. ibn 'Umayr riuscì però a fuggire, quando i versi furono recitati al falso profeta, e ricoveratosi presso Khālid b. al-Walīd nel campo musulmano (di al-Butāḥ?), tradì al medesimo le vere condizioni dei Ḥanīfah, ed i loro lati deboli (2) (Ḥubayš, fol. 6,v.) [H.].

NOTA 1. — « Tenere nascosta la fede » è un eufemismo tradizionistico, composto nell'intento di far comparire come musulmani molti di quelli che si unirono alla causa dell'Islām per ragioni politiche durante la Riddah, ed anche vivente Maometto. Tale, per es., fu il caso di ibn 'Abbās. È evidente che fra i Ḥanīfah esistesse un partito avverso a Musaylimah, e che quando giunse nella Yamāmah la notizia della vittoria di Khālid b. al-Walīd sugli Asad a Buzākhah, i membri di quel partito si affrettarono ad entrare in negoziati segreti con il generale musulmano per indurlo a venire nel loro paese, ed abbattere la potenza del falso profeta, assicurandolo che sarebbe stato facile vincerlo. Questi nemici di Musaylimah, in realtà traditori della loro tribù, non erano affatto musulmani, ma la tradizione islamica, grata ad essi per l'assistenza data alla causa dell'Islām, li rappresenta tutti come convertiti fin dal tempo di Maometto, i quali tuttavia per non essere messi a morte tenevano celata la loro fede.

Muǵǵā'ah per esempio, sul quale avremo tra breve a discorrere (cfr. § 7 e segg.), certamente non era musulmano (cfr. 11. a. H., § 168 e nota).

NOTA 2. — Questa tradizione dà un'idea come Khālid b. al-Walid venisse indotto a tentare la conquista della Yamāmah: i rapporti di spie, disertori e nemici di Musaylimah diedero a Khālid quelle informazioni, che gli suggerirono la possibilità di una conquista, o dell'abbattimento di un potente agitatore, il quale, morto ora Maometto, e ucciso al-Aswad, era il solo rimasto in Arabia, che pretendesse alle funzioni di Inviato di Dio. — Per la natura stessa delle sue dottrine, l'Islām non poteva tollerare la presenza di un altro Inviato divino: il conflitto fra l'Islām e Musaylimah fu una conseguenza fatale e inevitabile di tutti gli eventi precedenti.

§ 3. — Degna di nota è la seguente tradizione, riportata da ibn Ḥubayš e da nessun altro cronista arabo: Nel " Libro „ di Ya'qūb b. Muḥammad al-

[Preparativi per la conquista della Yamāmah.]

Zuhri [† 220. a. H., circa], è detto: Quando Khālid mosse verso la Yamāmah, il poeta madinese, Ḥassān b. Thābit mandò a Muḥakkam b. Ṭufayl (il collega di Musaylimah), con il quale aveva relazioni di amicizia, alcuni versi, che lo mettevano in guardia contro Khālid. Quando Muḥakkam ricevette i versi di Ḥassān, i Ḥanīfah gli dissero (spaventati?), " Khālid è (in cammino contro di noi?) con i musulmani! „. Allora Muḥakkam tenne un discorso ai Ḥanīfah, nel quale egli disse: " Voi avrete oggi a battervi con gente che obbedisce docilmente al suo padrone: sottomettetevi perciò pure voi al vostro signore „ (Ḥubayš, fol. 8,r.) [H.].

Abbiamo visto altrove che fra gli Anṣār di Madīnah (ai quali apparteneva Ḥassān b. Thābit dei Khazraǵ) e Khālid non esistevano rapporti cordiali (cfr. 11. a. H., §§ 174 e segg.). Forse perciò questa tradizione ha un fondamento di vero, benchè rimaniamo maravigliati che un Compagno del Profeta, per quanto d'indole assai ciarliera e pettegola, giungesse a tradire la causa musulmana per informare il nemico dei piani del Califfo!

§ 4. — (Sayf b. ʿUmar, da abū ʿAmr b. al-ʿAlā, da vari). I banū Ḥanīfah che seguivano allora Musaylimah, erano molto numerosi, contavano in tutto circa 40.000 combattenti (cfr. però 11. a. H., § 168, ove abbiamo invece 10.000). In considerazione di questo, Khālid cercò di facilitarsi il còmpito della conquista, iniziando intrighi nelle file del nemico. Mentre cioè scriveva ai numerosi Tamimiti, che si trovavano nella Yamāmah (per incitarli a staccarsi da Musaylimah), appena entrato nel paese, lanciò alcune schiere di cavalieri contro ʿAqqah, al-Hudzayl e Ziyād, i tre luogotenenti della profetessa Saǵāḥ, rimasti nella Yamāmah per riscuotere il resto del tributo dovutole (cfr. 11. a. H., § 173). Egli ottenne pienamente il suo scopo: i Tamīm, che stavano con questi luogotenenti, disertarono, e li costrinsero a fuggire fuori d'Arabia. Intanto però non tutto andava a piacimento dei musulmani: Šuraḥbīl b. Ḥasanah, il quale (come è narrato altrove, cfr. § 1) aveva avuto l'ordine dal Califfo di attendere l'arrivo di Khālid prima di iniziare le operazioni contro Musaylimah, invece di obbedire, seguì l'esempio infelice di ʿIkrimah, e si cimentò anch'egli intempestivamente con le schiere superiori di Musaylimah, tentando di avere per sè tutta la gloria di battere il falso profeta. Anch'egli venne completamente sconfitto, e dovette ripiegarsi con i resti delle sue forze, cercando rifugio presso Khālid. Questi gli mosse vivo rimprovero per la sua temeraria imprudenza, tanto più che il generale aveva fatto molto assegnamento sulle forze riunite da Šuraḥbīl per proteggere le proprie retrovie (Tabari, I, 1930-1931).

Battaglia di 'Aqrabā, o al-Yamāmah. Morte di Musaylimah (*Rabī' I*).

§ 5. — Nel " Kitāb al-Tā·rīkh " di abū Bišr al-Dawlābi [† 320. a. H.] è detto sull'autorità di abū Ma'šar, che la battaglia di al-Yamāmah avvenne nel Rabī' I dell' anno 12. H., e Khālid b. al-Walīd teneva il comando dei musulmani (Ḥubayš, fol. 20,r.).

Questa data è confermata da Ya'qūbi (II, 147, lin. 6), mentre le seguenti autorità pongono tutte la battaglia nel 12. H. senza più precisa determinazione di tempo: Saad, III, 1, p. 60, lin. 1: 275, lin. 19; 292, lin. 24-25; III, 2, p. 17, lin. 8; 41, lin. 22-23; 51, lin. 8-9; 98, lin. 6-7 e 14-15; 219, lin. 24-25: Yāqūt, IV, 1027, lin. 16-17; Tanbīh, 285, lin. 7; Ḥaǵar, II, 828, lin. 9; 1166, lin. penult.; III, 704, ult. lin., e Dzahabi Paris, I, fol. 114,r., ove si dice che secondo l'opinione più comunemente accettata, la battaglia avvenne nel principio del 12. a. H.

Cfr. anche Balādzuri, 84, lin. 18 e segg., e 94, lin. 13 e segg.: Baethgen, 15 e 109; e 11. a. H., § 74, nota 2.

§ 6. — (*a*) (Sayf b. 'Umar, da Talḥah b. al-A'lam, da 'Ubayd b. 'Umayr, da uno di essi [*sic*: forse Uthāl al-Ḥanafi: cfr. Tabari, I, 1931, lin. 14]). Musaylimah, quando venne a sapere che Khālid marciava contro di lui con tutte le sue forze (¹), fissò il campo in 'Aqrabā, riunendovi tutte le proprie schiere e preparandosi a far viva resistenza. L'avanzata dei musulmani, preceduta dalla fama delle loro vittorie, scosse un poco la compagine delle schiere di Musaylimah, e prima della battaglia avvennero non poche diserzioni e molti disordini. Fra gli altri vi era un certo Muǵǵā'ah b. Murārah (cfr. 11. a. H., § 168. nota 1), il quale volle approfittare della confusione generale per vendicarsi con certuni dei banū 'Āmir (b. Rabī'ah?), e dei banū Tamīm: i primi avevangli impedito di sposare una certa Khawlah bint Ǵa'far, e gli altri avevano rubato alcune pecore. Muǵǵā'ah piombò sui banū 'Āmir, rapì la donna desiderata, e ritornando al proprio paese, fermatosi ai piedi della Thaniyyah al-Yamāmah, volle ivi imbandire il festino nuziale, e consumare il matrimonio. La piccola schiera di uomini si componeva di 40 o 60 persone, e tutti, dopo aver festeggiato le nozze del capo, si abbandonarono al sonno. In questo stato furono sorpresi, sopraffatti e ridotti prigionieri dall'avanguardia musulmana. Menati innanzi a Khālid, il quale credeva che essi gli venissero incontro, furono da lui interrogati, ove fossero diretti. Quelli scioccamente gli risposero, narrando i fatti avvenuti, e confessando perciò che non avevano mai avuto idea di venire incontro ai musulmani, o di abbracciare l'Islām. Khālid diede ordine che fossero tutti decapitati: fu risparmiato il solo Muǵǵā'ah b. Murārah, perchè Khālid suppose che gli avrebbe servito come ostaggio nelle trattative con i Ḥanīfah. Si

[Battaglia di 'Aqrabā. Morte di Musaylimah.]

vuole anzi che quegli stessi, i quali furono condannáti a morte, consigliassero a Khālid di risparmiare la vita di Muǵǵā'ah, perchè gli avrebbe potuto essere utile, se mirava alla conquista del paese. Muǵǵā'ah infatti trattò in seguito la pace per i Ḥanīfah (²). Khālid, continuando ad avanzare in direzione della Yamāmah, si incontrò con Šuraḥbīl b. Ḥasanah e gli conferì un comando nell'esercito invadente: l'avanguardia dei musulmani aveva a capo Khālid. b. Fulān al-Makhzūmi, e le due ali Zayd (b. al-Khaṭṭāb) e abū Ḥudzayfah. Dalla parte di Musaylimah il comando delle due ali era rispettivamente affidato ad al-Muḥakkam, e ad al-Raḥḥāl (Ṭabari, I, 1937-1938).

(*b*) In un'altra tradizione, pure di Sayf b. 'Umar (da Ṭalḥah, da 'Ikrimah, da abū Hurayrah; ed anche da 'Abdallah, da Sa'īd, da suo padre, da abū Hurayrah), questi fatti vengono confermati, e si aggiunge che la posizione presa da Musaylimah in 'Aqrabā si trovasse sul confine del territorio irriguo e coltivato della Yamāmah (rīf al-Yamāmah) (Ṭabari, I, 1939, lin. 14) (³).

(*c*) I Ḥanīfah erano decisi a pugnare ad oltranza, e Šuraḥbīl b. Musaylimah, per animare vieppiù i seguaci del padre, ricordò più volte a tutti, che se si lasciavano battere dagli invasori, le loro donne ed i loro bambini rimanevano senza difesa alla mercè dei vincitori, i quali avrebbero violato le prime ed avrebbero ridotto tutti a schiavitù (Ṭabari, I, 1938-1939).

NOTA 1. — Si dice che l'esercito musulmano ammontasse a 20.000 uomini, e quello di Musaylimah a 40.000 (Khond., I, 4, p. 6, lin. 3).

NOTA 2. — Mi sembra molto inverosimile che i condannati a morte si dessero la pena di porgere utili consigli a colui, il quale sì barbaramente li faceva trucidare. Suppongo che tutta la tradizione di Muǵǵā'ah sia un'invenzione per coprire la condotta duplice ed ambigua di Muǵǵā'ah, il quale non ebbe il coraggio di essere, nè francamente per i musulmani, nè apertamente per Musaylimah.

NOTA 3. — 'Aqrabā era una delle tappe (manzil) sulla via che dalla Yamāmah menava ad al-Nibāǵ (stazione fra Makkah e l''Irāq), vicino a Qarqara, nel distretto di al-'Urḍ, appartenente agli 'Āmir b. Rabī'ah. Musaylimah prese questa posizione, perchè era sul confine, ed egli aveva dietro alle spalle tutta la terra coltivata della Yamāmah (Yāqūt, III, 694, lin. 14-18; Ṭabari, I, 1939, lin. 15). Nelle vicinanze del campo di battaglia v'era il sito detto 'Irḍ al-Yamāmah noto per avere le palme più alte d'Arabia (Yāqūt, I, 72, lin. 22-23).

§ 7. — Del tradimento di Muǵǵā'ah esiste anche un'altra versione, che mette il conto di dare per intiero, perchè fa parte dell'opera perduta di al-Wāqidi sui fatti dell'11. e del 12. a. H.

(al-Wāqidi). Quando Khālid b. al-Walīd lasciò al-Buṭāḥ per invadere il paese dei Ḥanīfah, giunto in al-'Irḍ, mandò innanzi 200 cavalieri [sotto Ma'n b. 'Adi, e dando loro per guida Furāt b. Ḥayyān. Allo stesso tempo mandò innanzi pure due spie, ossia Muknif b. Zayd al-Khayl e suo fratello] (¹). I cavalieri ebbero ordine di catturare tutti quelli che incontravano. Così s'imbatterono in Muǵǵā'ah, il quale insieme con 23 Ḥanafiti andava in cerca di un arabo dei Numayr, che aveva versato sangue tra i Ḥanīfah. I cavalieri musulmani supposero che fosse un'ambasciata di Musaylimah a Khālid, e Khālid ebbe la medesima opinione, quando gli furono menati dinanzi i prigionieri. Khālid chiese a loro, che cosa credessero di Musaylimah, a cui tutti gli altri risposero che Musaylimah era il Profeta di Dio. Solo Muǵǵā'ah dichiarò che egli si era mosso soltanto per cercare un Numayrita, aggiungendo di non essersi mai avvicinato a Musaylimah, perchè aveva abbracciato l'Islām alla presenza di Maometto (in Madīnah), e non l'aveva mai rinnegato. Nonpertanto Khālid diede l'ordine di decapitare tutti i prigionieri: quando venne il turno di Sāriyah b. Maslamah b. 'Āmir, questi si rivolse a Khālid, e lo pregò di risparmiare la vita a Muǵǵā'ah, perchè avrebbe potuto essergli di sommo giovamento tanto in guerra che in pace. Khālid lasciò allora in vita Sāriyah e Muǵǵā'ah. Quest'ultimo venne tuttavia tenuto in custodia ed affidato ad umm Mutammim, che ebbe istruzioni di trattarlo bene; mentre Sāriyah, assicurato con catene di ferro, fu dato in custodia ad abū Nā-ilah. Muǵǵā'ah disse ad umm Mutammim: " Se i miei compagni saranno vinti, rimarrò presse di te come ospite, lo stesso sia di te (se vincono i Ḥanīfah) " (Ḥubayš, fol. 8,v.) " (²) [H.]. [Battaglia di 'Aqrabā. Morte di Musaylimah.]

Nota 1. — Le parole fra parentesi fanno parte di un'altra breve tradizione, messa a mo' di introduzione alla presente, con il prefisso qālū, o « dissero »: proviene però probabilmente anche da al-Wāqidi.

Nota 2. — La sorveglianza imposta a Muǵǵā'ah, ed il tenore del discorso tenuto da lui a umm Mutammim corroborano quanto dicemmo altrove (cfr. 11. a. H., § 168 e nota), che Muǵǵā'ah non fosse realmente ancora musulmano, ma un semplice traditore della propria tribù, al quale era promessa la vita, se le sue offerte si fossero verificate.

§ 8. — ('Ubaydallah b. 'Abdallah b. 'Utbah: probabilmente un estratto dal libro di Ya'qūb b. Muḥammad al-Zubri [220. a. H., circa] [cfr. Ḥubayš, fol. 9,v.]).

Quando Khālid ebbe udito che Musaylimah era accampato con i suoi in 'Aqrabā, dietro parere unanime di tutti i Compagni, da lui interrogati, mosse anch'egli in quella direzione. I musulmani vennero intanto a sapere che l'avanguardia di Musaylimah era comandata da Raḥḥāl. Khālid b. al-Walīd consegnò allora lo stendardo dell'esercito musulmano a Zayd b. al-Khaṭṭāb: quello degli Anṣār era retto da Thābit b. Qays. Teneva il comando dell'ala dritta musulmana Ḥudzayfah b. 'Utbah, della sinistra Šuǵā' b. Wahb, e a capo della cavalleria stava al-Barā b. Mālik: prima però della battaglia, al-Barā venne destituito, e Khālid mise al posto suo Usāmah b. Zayd (cfr. 11. a. H., § 123 nota 1) (¹). Date alfine queste disposizioni (prima della battaglia?), Khālid si fece portare un seggio nella propria tenda ed ivi rimase a conversare con Muǵǵā'ah, con umm Mutammim e con i principali Qurayš, che seguivano la spedizione (Ḥubayš, fol. 10,r.) [H.].

Nota 1. — In un'altra tradizione è affermato che il mutamento del comando della cavalleria avvenisse *durante* la battaglia, perchè al-Barā alla prima carica del nemico si diede alla fuga! (Ḥubayš, fol. 13,r.; autorità: abū Tuwālah).

[Battaglia di 'Aqrabā. Morte di Musaylimah.]

§ 9. — Sulla famosa battaglia di 'Aqrabā, più comunemente chiamata dai cronisti la giornata di al-Yamāmah, come quella forse, la quale determinò la sorte di tutta la regione, abbiamo in Tabari (I, 1940-1949) una quantità di tradizioni, tramandate da Sayf b. 'Umar, da ibn Isḥāq e da abū Hurayrah, le quali per lo più si ripetono ed in parte soltanto si completano. Per evitare tediose iterazioni, sarà bene di riassumere le varie notizie e di fonderie in una narrazione sola. Siamo giustificati a tentarne la fusione, perchè le varie tradizioni concordano fra loro in tutte le parti essenziali, e tale unanimità è per noi una garanzia che i fatti narrati debbano essere molto probabilmente fatti storici veri e non solo racconti tradizionali.

La battaglia, che fu combattuta nella pianura (al-faḏā, Tabari, I, 1952, lin. 1) di 'Aqrabā, fu la più sanguinosa e la più feroce, che si fosse mai combattuta in Arabia, e fu quella, nella quale i musulmani incontrarono la maggiore e più valorosa resistenza da parte degli Arabi (Tabari, I, 1942, lin. 5-6; Sayf b. 'Umar, da abū Hurayrah). Dalle due parti vennero fatti i più energici preparativi e furono adoperati i mezzi più efficaci per aumentare il coraggio e l'energia dei combattenti. Presso i Ḥanīfah, il figlio di Musaylimah, Šuraḥbīl, insistè più volte sulla misera sorte delle donne e dei bambini, che resterebbero alla mercè dei nemici in caso di sconfitta (ibn Isḥāq: Tabari, I, 1939, lin. 15; 1943, lin. 8; 1955, lin. 1). Fra i musulmani, oltre allo ardire ispirato dai trionfi precedenti, ed oltre alla speranza di nuove vittorie e di altro bottino, pare agisse anche come potentissima leva lo spirito di emulazione fra le varie classi dei combattenti, che Khālid aveva sotto ai suoi ordini. Vi erano gli ahl al-qura, o abitanti fissi sedentari dei villaggi (di Madīnah, di Makkah, ecc.), e gli ahl al-bādiyah, o abitanti nomadi del deserto, i quali reciprocamente si vantavano di essere più coraggiosi gli uni degli altri. I militi dei villaggi accusavano i Beduini di viltà, ed i nomadi ritorcevano sui primi l'accusa, dichiarando che solo dall'esempio dei nomadi si potesse vedere qual fosse il modo di combattere e di vincere (Sayf b. 'Umar: Tabari, I, 1946, lin. 6-12; 1947, lin. 5 e segg.). V'è però il dubbio che queste tradizioni siano ispirate da sentimenti di rivalità di età posteriori, quando il divario fra il Beduino del deserto, ed il musulmano delle grandi città fuori d'Arabia, era infinitamente più spiccato, che non ai tempi di Maometto, allorchè gli Arabi sedentari avevano moltissime usanze in comune con i nomadi.

§ 10. — (a) I due eserciti vennero alfine alle mani fra loro, e da ambedue le parti si combattè con grande valore, sicchè l'esito del conflitto pendè incerto nella bilancia della sorte per vario tempo. I musulmani ottennero un primo vantaggio, perchè, a quanto sembra, già al principio della mischia perirono l'apo-

[Battaglia di 'Aqrabā. Morte di Musaylimah.]

stata al-Raǵǵāl (o Raḥḥāl), il principale luogotenente di Musaylimah e vari altri capitani eminenti della parte nemica; ma questo incidente, invece di avvilire i Ḥanīfah, li eccitò a spiegare un accanimento anche maggiore, aumentato da un vivissimo desiderio di vendetta per le perdite subite: si gettarono perciò sui musulmani con raddoppiato ardore (Sayf b. 'Umar: Ṯabari, I, 1944, lin. 3-8). Effetto dell' impetuosa avanzata dei Ḥanīfah fu un grave turbamento nelle file dei musulmani, i quali costretti a retrocedere in grande confusione, abbandonarono una appresso l'altra tutte le posizioni incalzandoli. Incalzarono i Ḥanīfah con tanto slancio, che arrivarono vittoriosi fino al campo dei musulmani ed alla tenda stessa di Khālid, nella quale trovavasi la novella moglie di Khālid, umm Tamīm [? Mutammim, cfr. § 7] (la vedova dell'ucciso Mālik b. Nuwayrah) ed il ḥanafita prigioniero Muǵǵā'ah b. Murārah. I Ḥanīfah, irrompendo nella tenda, liberarono il consanguineo prigioniero, e si accingevano a trucidare perfino la donna, quando Muǵǵā'ah intervenne per lei, dichiarandola sotto alla sua protezione (anā lahā ǵārun. Ṯabari, I, 1942, lin. 10), e la salvò così da certa morte (1). I vittoriosi Ḥanīfah volsero allora le spade alle tende, tagliando le corde e abbattendo quella di Khālid e di molti altri, nell' intento di arrecare il massimo danno possibile ai musulmani (ibn Isḥāq: Ṯabari, I, 1942, lin. 6 e segg.; Sayf b. 'Umar: Ṯabari, I, 1944, lin. 8-11).

(b) Questo fu il momento più grave e più critico della giornata, la quale sarebbe potuta forse terminare disastrosamente per i musulmani, se Khālid e gli altri comandanti musulmani non avessero tentato uno sforzo supremo per ristabilire le sorti della battaglia, gettandosi essi stessi nelle prime file, e combattendo da prodi. Nelle tradizioni troviamo perciò ricordati atti di grande prodezza: Thābit b. Qays, il capo degli Anṣār ad alta voce invocò Dio e chiamatolo a testimonio, che egli non aveva che fare con quello che adoravano i nemici, e che era innocente di quanto facevano i suoi, si gettò nella mischia con la spada sguainata e pugnò con essa, finchè rimase ucciso (ibn Isḥāq: Ṯabari, I, 1942, lin. 11 e segg.). Anche Zayd b. al-Khaṭṭāb, il fratello di 'Umar, per animare i suoi fece voto di non rivolgere ad alcuno la parola, se prima i nemici non fossero battuti, e senza risparmiare la propria persona, si slanciò nella zuffa come un forsennato, e combattendo da prode, egli pure alfine fu tagliato a pezzi (ibn Isḥāq: Ṯabari, I, 1942, lin. 14-16: 1944, lin. 12-16; 1945, lin. 14-15, 17).

(c) Barā b. Mālik, fratello di Anas b. Mālik compiè anch'egli meravigliosi atti di valore, e più tardi verso la fine della battaglia fu uno di quelli che maggiormente si segnalarono (ibn Isḥāq: Ṯabari, I, 1942, lin. 16), benchè avesse un difetto molto singolare: si narra infatti che quando era in preda

[Battaglia di 'Aqrabā. Morte di Musaylimah.]

ad una forte emozione, trovavasi incapace di fare checchessia, finchè avesse orinato nei propri calzoni: allora gli veniva tutto il suo coraggio, scattava dal suo posto come un leone e diventava una belva inferocita (ibn Isḥāq: Tabari, I, 1943, lin. 1 e segg.).

(*d*) abu Ḥudzayfah anch'egli si distinse, slanciandosi nelle prime file ed invitando i suoi a far onore e decoro al Qur·ān con atti gloriosi: egli pure lasciò la vita nel micidiale conflitto (Sayf b. 'Umar: Tabari, I, 1945, lin. 1-2).

(*e*) Khālid stesso il comandante in capo, mostrandosi con securo ardimento in mezzo ai combattenti, cercava di scoprire ove si trovasse Musaylimah, se gli riuscisse ucciderlo, perchè sapeva che, caduto il falso profeta, le schiere di lui non avrebbero più resistito all'impeto dei musulmani. Tali speranze rimasero però deluse (Sayf b. 'Umar: Tabari, I, 1945, lin. 3-4). Il grido di guerra che egli usò in quel giorno, era yā Muḥammadāh! ed infiammando i suoi con l'esempio, comparve nelle prime file, invitando Musaylimah a cimentarsi con lui in singolare duello. Musaylimah non osò comparire ed intanto Khālid, da vero pagano che era, andava vantando in versi rapidi (raǵaz) i propri avi e le glorie della propria famiglia, mentre abbatteva tutti quelli, che osavano cimentarsi con lui (Sayf b. 'Umar: Tabari, I, 1947-1948).

Nota 1. — Se accettiamo il rimanente delle tradizioni sulla battaglia di 'Aqrabā, non v'è ragione per non accettare anche la verità di questo episodio secondario della battaglia. Rimane però una difficoltà: se i Ḥanifah in questo primo impeto vittorioso liberarono il loro consanguineo, Muǵǵā'ah, come mai lo troviamo ancora nel campo musulmano dopo la battaglia, a far da intermediario? Se a Muǵǵā'ah non tornò il conto di salvarsi nella confusione del momento, deve avere avuto buone ragioni per rimanere con i musulmani. Dimostrasi allora come falsa la tradizione del precedente § 7, nella quale è narrato l'eccidio dei compagni e consanguinei di Muǵǵā'ah per ordine di Khālid. Non è logico che egli preferisse rimanere con gli assassini dei suoi parenti. Queste inesattezze tradizionistiche sono, io ritengo, la prova che in tutta la faccenda dei Ḥanīfah Muǵǵā'ah agisse con poca lealtà non solo verso Khālid, ma anche e precisamente verso i suoi consanguinei, e che le tradizioni esistenti sul conto suo siano state composte con l'intento tendenzioso di prevenire sospetti umilianti sulla sua equivoca condotta.

§ 11. — (*a*) Riscossi da tanti nobili esempi i musulmani ripresero animo, si gettarono di nuovo sul nemico, ne arrestarono i progressi e fecero un'altra volta pendere incerto l'esito della mischia feroce. Ma anche i Ḥanīfah tennero duro e le sorti della battaglia vacillarono indecise ora in favore dei musulmani, ora in favore dei pagani, a guisa delle secchie, che si alternano nel sollevare l'acqua d'un pozzo (Tabari, I, 1947, lin. 4-5). " Girarono le mole dei musulmani, e macinarono! „ dicono graficamente le tradizioni (Sayf b. 'Umar: Tabari, I, 1947, lin. 10, 17; 1948, lin. 4 [cfr. anche 11. a. H., § 129 nota 2 e §§ 138 e 139]), descrivendo la mischia sanguinosa. Alfine però, grazie allo sforzo supremo fatto da tutti i musulmani insieme, i banū Ḥanīfah furono costretti a cedere. Gridò allora ad essi al-Muḥakkam ibn Tufayl,

[Battaglia di 'Aqrabā. Morte di Musaylimah.]

detto Muḥakkam al-Yamāmah: Adkhalū al-ḥadīqah! ossia: " Entrate nel giardino murato! ", alludendo a un recinto chiuso tutto intorno da un muro, nel quale egli credeva, che i Ḥanīfah avrebbero potuto opporre una nuova e vigorosa resistenza ai musulmani (Sayf b. 'Umar: Tabari, I, 1940, lin. 7 e segg.; ibn Isḥāq: Tabari, I, 1943, lin. 10 e segg.; Sayf b. 'Umar: 1948, lin. 11). I Ḥanīfah obbedirono al comando, ritirandosi innanzi ai musulmani, ma lasciando anche il campo di battaglia coperto di cadaveri, fra i quali al-Muḥakkam stesso trafitto nella gola da una freccia lanciatagli da 'Abd al-raḥmān b. abī Bakr, il figlio del Califfo (Sayf b. 'Umar: Tabari, I, 1940, lin. 9; ibn Isḥāq: Tabari, I, 1943, lin. 9; Sayf: Tabari, 1946, lin. 16).

(b) L'idea di ricoverarsi nel recinto murato, fu fatale per i Ḥanīfah: per un momento, è vero, i musulmani esitarono a tentare l'assalto della posizione fortificata, ma alfine al-Barā b. Mālik, che si era già tanto distinto nei combattimenti precedenti, pregò i compagni di sollevarlo sulle loro spalle e di farlo salire sul muro. Così fu fatto, ed egli gettatosi dentro sui nemici, si aprì con la spada un cammino fino alla porta d'ingresso e la spalancò ai compagni, permettendo agli altri musulmani di irrompere come una fiumana irresistibile entro al recinto murato (ibn Isḥāq: Tabari, I, 1943, lin. 12; 1948, lin. 12 e segg.). Seguì allora uno spaventoso eccidio, rimasto memorabile negli annali dell'Islām, e per il quale fu dato al luogo il nome di " Giardino della Morte " Ḥadīqah al-Mawt [1] (Tabari, I, 1943, lin. 11; 1948, lin. 18); in esso soltanto si dice che perissero, secondo alcuni, 7000 (Sayf b. 'Umar: Tabari, I, 1952, lin. 1), secondo altri, 10.000 uomini (Sayf b. 'Umar: Tabari, I, 1948, lin. 14).

(c) Sulla morte di Musaylimah avvenuta nell'ultima fase della battaglia, regna qualche incertezza: si vuole che quando la sorte della giornata incominciava a volgersi contraria ai Ḥanīfah, la gente apostrofasse il falso profeta, e gli gridasse sdegnata: " Dov'è quello che ci promettesti? " A questo egli non potè rispondere altro, se non: " Combattete con tutte le vostre forze! " (Sayf b. 'Umar: Tabari, I, 1948, lin. 10), ispirando così già la sfiducia nei suoi e precipitando la disfatta. Non è ben certo se prima di entrare nel Giardino della Morte, o dopo entrato in esso (Tabari, I, 1948, lin. 18), Musaylimah venne ucciso da un colpo di giavellotto (ḥarbah) scagliato contro di lui dal famigerato abissino Waḥši, quello stesso che nella battaglia di Uḥud si era reso sinistramente famoso, uccidendo Ḥamzah lo zio del Profeta (cfr. 3. a. H., §§ 14 e 49) [2]. In questa circostanza egli riparò a tutte le colpe commesse nel passato, uccidendo il falso profeta, con l'aiuto di un madinese, la cui spada finì Musaylimah, mentre giaceva in terra (Sayf b. 'Umar: Ta-

[Battaglia di 'Aqrabā. Morte di Musaylimah.]

bari, I, 1940, lin. 10; ibn Isḥāq: 1943, lin. 16 e segg.; Sayf b. 'Umar: 1948, lin. 12).

Nota 1. — Il triste nome di Ḥadīqah al-Mawt rimase lungo tempo attaccato al luogo, e molti anni dopo, regnando il califfo 'abbasida al-Ma·mūn [† 218. a. H.], Isḥāq b. abī Khamīṣah, un mawla di Qays, fecevi costruire una grande moschea (masǵid ǵāmi') forse in memoria dell'evento e dei defunti, ed il paese prese nome Ubād (Balādzuri, 93, lin. 16).

Nota 2. — Molti hanno preteso all'onore di aver ucciso il falso profeta. I banū 'Āmir b. Lū·ayy affermano che l'uccisore di Musaylimah fosse Khidāš b. Bašīr b. al-Aṣamm, un uomo della loro tribù, del ramo dei banū Mā'iṣ b. 'Āmir. Anche gli Anṣār si vantano di aver ucciso il falso profeta e affermano che tale onore spetti ad 'Abdallah b. Yazīd b. Tha'labah, dei banū-l-Ḥārith b. al-Khazraǵ, ossia quello stesso che si dice proponesse al Profeta di usare l'adzān come mezzo di convocare i fedeli (cfr. 1. a. H., § 54). Altri ancora affermano che l'uccisore fosse abū Duǵānah Simāk b. Kharašah, il quale poi fu ucciso in quella stessa battaglia. Una quarta versione è che Musaylimah perisse per mano di 'Abdallah b. Zayd b. 'Āṣim, fratello di Ḥabīb b. Zayd, della tribù dei banū Mabdzūl, un ramo degli al-Naǵǵār (Anṣār).

Anche gli Umayyadi hanno preteso all'onore di avere ucciso Musaylimah, ed in seguito Mu'āwiyyah affermò essere stato egli l'uccisore (Balādzuri, 88-89).

§ 12. — Mette il conto di dare per intiero la seguente tradizione grafica sulla battaglia di 'Aqrabā, perchè proviene certamente dall'opera perduta di al-Wāqidi, intitolata "Kitāb al-Riddah [wa-l-Dār]".

(al-Wāqidi, da Ḥiǵāb (?), ossia da 'Abd al-raḥmān b. 'Abdallah b. 'Abd al-raḥmān). Zayd b. al-Khaṭṭāb, dopo aver chiesto perdono a Dio per la fuga dei compagni, si gettò innanzi, battendosi con grande valore, finchè fu ucciso. Caduto perciò lo stendardo, di cui egli era custode, Sālim, il mawla di abū Ḥudzayfah, si precipitò a raccoglierlo, e quando i musulmani espressero il timore, che i Ḥanīfah potessero sopraffarli dalla parte ove egli si batteva, Sālim rispose fieramente: "Allora io sarei in verità un cattivo conoscitore del Qur·ān". Gli Anṣār, stretti anch'essi dal nemico, si raccomandarono a Thābit b. Qays, che reggeva la loro bandiera, di non abbandonarli, perchè, essi dissero, la forza della gente risiede nella bandiera. Per non cedere innanzi al nemico, Sālim scavò una buca in terra, e vi sotterrò metà delle sue gambe, continuando sempre a reggere lo stendardo dei Muhāǵirūn. Lo stesso fece anche Thābit. Infine Sālim venne ucciso, cadendo ai piedi del suo patrono abū Ḥudzayfah, anch'egli già morto combattendo. Dopo la uccisione di Sālim lo stendardo rimase un pezzo giacente in terra, finchè lo raccolse Yazīd b. Qays, morto il quale, fu preso da al-Ḥakam b. Sa'īd: anche questi fu ucciso (Ḥubayš, fol. 10,v.) [H].

§ 13. — (a) In ibn Ḥubayš abbiamo gran numero di tradizioni (Ḥubayš, fol. 12,r.-17,r.) sulla battaglia di al-Yamāmah: ragioni di spazio e di misura vietano di darne qui pur un breve transunto. Dall'esame però delle medesime risulta che ben tre volte i musulmani furono messi in fuga, e tre volte ritornarono alla mischia trascinati dall'esempio dei capi. Tutte le tradizioni concordano indistintamente nel dire, che ogni volta furono i Beduini i primi a fuggire, e che essi trascinarono appresso gli altri. Pare che Beduini e Compagni si battessero mescolati assieme, e che la vittoria fosse assicurata soltanto quando Khālid, mutato l'ordine della battaglia, riunì in un corpo solo tutti i Compagni, facendoli combattere separatamente dai Beduini ausiliari.

[Battaglia di 'Aqrabā. Morte di Musaylimah.]

(b) Da una tradizione (Ḥubayš, fol. 13,v.) risulta che, quando i musulmani furono entrati nel Giardino della Morte, i Ḥanīfah fuggirono, ricoverandosi nei loro castelli. Non è vero quindi che fossero tutti massacrati. Quando i Ḥanīfah si videro battuti, uno gridò a Musaylimah: " o abū Thumāmah! dove è ciò che tu ci hai promesso? „. Egli rispose: " La religione, non è religione! Combattete per la vostra nobiltà! „ Allora i Ḥanīfah compresero d'aver fondato le loro speranze su cosa vana (Ḥubayš, fol. 15,r.). Il combattimento durò fino al pomeriggio (Ḥubayš, fol. 15,v.). Una donna umm 'Umārah, che si battè contro i Ḥanīfah ebbe una mano tagliata (Ḥubayš, fol. 15,v.-16,r.) [H.].

§ 14. — (al-Wāqidi?, da abū Sa'īd al-Khudri). Quando ebbe fine la battaglia, dopo la preghiera del pomeriggio (al-'aṣr), Khālid ordinò ai portatori d'acqua di accorrere in soccorso dei caduti. Così fu trovato moribondo abū 'Aqīl, trafitto da ben quindici ferite: egli chiese ansiosamente un sorso d'acqua, che gli fu dato, ma l'acqua gli uscì tutta dalle interiora lacerate, ed egli morì subito dopo. Bišr b. 'Abdallah fu trovato seduto in terra in mezzo ai propri intestini, che gli uscivano dal ventre squarciato: anche egli morì poco tempo dopo. Mentre abū Sa'īd al-Khudri dava da bere ad 'Āmir b. Thābit al-'Aǵlāni, un ḥanafita, che giaceva ferito lì vicino, chiese anch'egli un sorso d'acqua: abū Sa'īd finì invece di ucciderlo. Prima di morire volle però sapere che cosa era avvenuto di Musaylimah: " È ucciso! „ — " Allora egli è un profeta che è stato la rovina del popolo suo! „ Ed abū Sa'īd al-Khudri gli troncò la testa (Ḥubayš, fol. 15,v.) [H.].

§ 15. — (a) La vittoria dei musulmani fu completa, e spaventosa la strage dei vinti: si vuole che più di 20.000 Arabi Ḥanīfah perissero nella mischia (7.000 nella battaglia campale, 7.000 nel Giardino della Morte, ed altri 7.000 nella fuga e nell'inseguimento) (Sayf b. 'Umar: Tabari, I, 1952, lin. 1-2). Da un verso attribuito a Ḍirār b. al-Azwar (Tabari, I, 1952, lin. 5; Yāqūt, III, 694) siamo informati che tanto fosse il sangue versato, da scorrere come un rigagnolo fra le roccie della valle.

(b) D'altra parte anche i musulmani avevano subìto gravissime perdite e più di 660 Compagni del Profeta, fra gente di Madīnah (ahl qaṣbah al-Madīnah), Emigrati e Makkani, erano rimasti sul campo di battaglia (Sayf b. 'Umar: Tabari, I, 1951, lin. 12 e sogg.). Vedi a § 23, l'elenco degli uccisi.

Cfr. anche Khaldūn, II. App. p. 75, lin. 17 e 25.

[Battaglia di 'Aqrabā. Morte di Musaylimah.]

§ 16. — Le cifre date nel paragrafo precedente sono quelle tramandate da Sayf b. 'Umar: la loro falsità risulta chiaramente oltrechè dalla manifesta esagerazione del racconto, anche da quanto narrano altre fonti assai più sicure e degne di fede.

(*a*) (al-Waqidi?, da 'Abdallah b. Rāfi' b. Khadīǵ, da suo padre). Noi eravamo novanta arabi della tribù Nabīt, che presero parte alla battaglia di al-Yamāmah: in tutto i musulmani erano 4.000 combattenti, ed altrettanti erano i Ḥanīfah (Ḥubayš, fol. 12,r.) [H.].

(*b*) ('Īsa b. Sahl, da suo nonno Rāfi' b. Khadīǵ). L'esercito musulmano, che lasciò Madīnah sotto Khālid b. al-Walīd contava 4,000 uomini, fra i quali 400 o 500 erano Anṣār..... Questi furono quelli che si batterono a Yamāmah..., gli uccisi fra i Ḥanīfah furono il doppio di quelli uccisi fra i musulmani. Degli Anṣār perirono a Yamāmah novanta, o settanta, e 200 furono feriti (Ḥubayš, fol. 12,r.) [H.].

(*c*) (abū Sa'īd al-Khudri). In ognuna delle quattro seguenti battaglie perirono 70 Anṣār (!): a Uḥud, a Bi'r Ma'ūnah, a Yamāmah ed alla Battaglia del Ponte nell' 'Irāq.

(*d*) (Zayd b. Ṭalḥah): a Yamāmah perirono 70 Qurayš, 70 Anṣār e degli altri circa 500 uomini.

(*e*) (Sālim b. 'Abdallah b. 'Umar): a Yamāmah caddero in tutto 600 musulmani (Ḥubayš, fol. 20,r.). Altrove è detto che a Yamāmah perissero soli *settecento* Ḥanīfah puro sangue (ṣalībah, cfr. Lane, *Ar. Engl. Lex.*, 1712); Ḥubayš, fol. 20,v. (dal " Libro " di Ya'qūb b. Muḥammad al-Zuhri [† 220. a. H. circa], da 'Īsa b. al-Ḥārith al-Suḥaymi, e da 'Abd al-mū'min b. Yaḥya b. abī Kathīr) [H.].

(*f*) Sappiamo infine da ibn Ḥubayš, fol. 20,r.-20,v. che abū Bišr al-Dawlābi [† 320. a. H.], nel suo " Kitāb al-Tā'rīkh ", dava un elenco di soli 48 nomi di Compagni uccisi nella battaglia di al-Yamāmah. ibn Ḥubayš ha conservato questo elenco e noi l'abbiamo incluso nel novero completo dato al § 23. al-Dawlābi non include, beninteso, i nomi dei molti Beduini morti nella mischia, combattendo nelle file musulmane [1].

(*g*) Possiamo quindi concludere con sicurezza che alla battaglia di Yamāmah si battessero circa 4.000 musulmani contro altrettanti Ḥanīfah, che i primi perdessero circa mezzo migliaio di uomini, ed i Ḥanīfah forse il doppio.

Nota 1. — (Khalīfah) Alla giornata di Yamāmah morirono solo cinquantotto (58) Compagni del Profeta, fra Emigrati makkani e Anṣār (Dzahabi Paris, I, fol. 117,r., il quale aggiunge che Musaylimah avesse cento cinquanta anni quando fu ucciso, e che nella Yamāmah, quando egli assunse le funzioni di profeta, venisse chiamato il Turgumān al-Yamāmah, errore per raḥmān).

§ 17. — Secondo Balādzuri (93, lin. 3 e segg., senza isnād), le tradizioni sul numero dei musulmani morti nella battaglia di 'Aqrabā variano da un minimo di 700 ad un massimo di 1,700. Alcune affermano che fossero in tutto 1,200.

[Battaglia di 'Aqrabā. Morte di Musaylimah].

Cfr. anche Ḥubayš, fol. 20,r.; Mirkhondi, con persiana immaginazione, afferma che 70.000 Ḥanīfah perissero fuori del Giardino della Morte ed altri 70.000 entro il medesimo (!); Mirkh., II, 254, lin. 12-13; Khond., I, 4, p. 5, lin. 15, afferma che Musaylimah avesse in tutto 100.000 seguaci, ma (I, 4, p. 6, lin. 3) si battesse con soli 40.000, dei quali 14.000 morirono nella battaglia di 'Aqrabā (I, 4, p. 6, lin. 14).

§ 18. — (Salamah b. al-Akwa'). La sera della battaglia i musulmani presero rami ardenti (carbonizzati per indurirli?) di palme, e scavarono fosse per i loro morti, che vennero sepolti tali quali erano nei loro vestiti intrisi di sangue senza essere lavati e senza che alcuno recitasse su loro una preghiera. I morti dei Ḥanīfah furono lasciati sul campo di battaglia, e quando Khālid ebbe concluso il trattato, i resti furono gettati nei pozzi di 'Aqrabā (Ḥubayš, fol. 16,v.).

§ 19. — Fra i vari episodi narrati a proposito della battaglia, ve n'è uno dato da Sayf, il quale, se vero, ci descrive i tempi e le passioni dominanti di quegli uomini di tempra eccezionale.

(Sayf b. 'Umar, da Mubaššar [b. al-Fuḍayl], da Sālim [b. 'Abdallah]). Quando 'Abdallah b. 'Umar ritornò a Madīnah dopo la battaglia, ed incontrò il padre, questi gli domandò: " Non sei tu perito prima di Zayd? Zayd è morto e tu sei vivo? „ 'Abdallah gli rispose: " Io ho bramato che così fosse: ma a me fu differito il glorioso martirio, a lui Dio lo volle concedere! „ (Tabari, I, 1945-1946).

§ 20. — (ibn Isḥāq, senza isnād). Terminata la grande battaglia e saputa la morte di Musaylimah, Khālid b. al-Walīd fece chiamare Muǵǵā'ah, carico di catene, e gli ordinò di venire con lui sul campo di battaglia per indicargli il cadavere di Musaylimah. Cominciarono a scoprire i cadaveri, finchè giunsero al luogo, nel quale giaceva il corpo di Muḥakkam b. al-Ṭufayl, che era stato uomo corpulento e forte. Khālid, appena lo vide, disse: " Questo è il vostro signore „ — " No! „ gli rispose Muǵǵā'ah, " questi, per Dio, fu un uomo migliore di lui e più generoso: è Muḥakkam al-Yamāmah! „ Khālid continuò il suo giro, scoprendo i cadaveri, finchè giunse al " Giardino della Morte „, ove frugando fra i morti, fu trovato alfine il corpo di un omuncolo giallo con un piccolo naso camuso (ruwayǵal uṣayfar ukhaynas). Muǵǵā'ah lo riconobbe subito e disse: " Questo è il vostro signore! L'avete conciato per davvero! „ Khālid fu pronto a rispondergli: " Questo è il signore vostro (e non il mio), il quale ha fatto di voi quello che ha fatto „ (Tabari, I, 1949, lin. 12 e segg.).

[Battaglia di 'Aqrabā. Morte di Musaylimah.]

Cfr. anche Balādzuri, 90, lin. 17, ove è detto che Musaylimah avesse nome abū Thumāmah, o abū Thumālah, che il suo naso fosse anche schiacciato (afṭas).

§ 21. — Sulla battaglia di al-Yamāmah cfr. per altri numerosi particolari anche Athīr, II, 276-279; Balādzuri, 88; Khaldūn, II, Append. p. 74-75; Khamīs, II, 234-242; Tabari Zotenberg, III, 276 e segg.; Mirkh., II, 254-258, che ha la versione più lunga e più prolissa di tutte, e fa durare la battaglia più di un giorno; Caussin de Perceval, III, 371-374; Weil, I, 24-26; Müller, I, 179-180; Muir Annals, 38-44.

Compagni del Profeta uccisi nella battaglia di al-Yamāmah.

§ 22. — Qui appresso abbiamo compilato un elenco di tutti i nomi dei musulmani uccisi nella battaglia di al-Yamāmah, di cui sia conservata memoria nelle fonti. Tale elenco è, per quanto mi consta, completo, e credo che nessun nome mi sia sfuggito. Nessuna fonte orientale stampata contiene il novero completo: nei testi pubblicati esistono soltanto alcuni brevissimi elenchi di nomi. La sola fonte a me nota che contenga una lista (storicamente completa?) dei nomi dei Compagni uccisi è ibn Ḥubayš (Ḥubayš, fol. 20,r.-20,v.), il quale l'ha attinta al "Kitāb al-Tārīkh" di abū Bišr al-Dawlābi [† 320. a. H.]. Questo elenco contiene soli 48 nomi, dei quali 16 Qurayš ed il resto Anṣār. Percorrendo la lunga lista da me compilata è facile notare come molti nomi sono dubbi, e se ne ritrae l'impressione che a Yamāmah debbano essere periti forse appena una cinquantina di Compagni del Profeta: tutti, tranne rare eccezioni, persone sconosciute e di nessun momento. È probabile quindi, come già notammo, sia pura invenzione tradizionistica che abū Bakr abbia ordinato la compilazione scritta dei versetti quranici in seguito alla morte di tanti Compagni a al-Yamāmah: in primo luogo perchè tutte le fonti concordano nel dire che la compilazione cade nell'anno 11. H. e perciò *prima* della strage di Yamāmah, ed in secondo luogo, perchè nello elenco di nomi si trovano pochissimi, appena una diecina, che per essere antichi Compagni, potevano conoscere bene il testo sacro. Tutti gli altri erano compagni di fresca data, ossia dalla presa di Makkah in poi.

Il nostro elenco è assai più lungo di quello di al-Dawlābi, e dal confronto dei due si può vedere quanti errori ed interpolazioni siano avvenute con l'andar del tempo; si comprende perciò come i 48 morti di al-Dawlābi possano essere divenuti 70, poi 140, e infine 660. Tenendo presente questa considerazione, ci sarà più facile spiegare in appresso le esagerazioni numeriche delle fonti nelle tradizioni delle conquiste e stabilire alcune verità fondamentali di sommo momento. Lo stesso dicasi del numero dei Ḥanīfah uccisi: dai 500-600 delle fonti più sicure, passiamo ai 21.000 (!) di Sayf b. ʿUmar.

[Compagni del Profeta uccisi nella battaglia di al-Yamāmah.]

§ 23. — Segue ora, in ordine alfabetico, l'elenco dei Compagni periti a al-Yamāmah.

(1) ʿAbbād b. Bišr b. Qayẕī, al-Anṣāri al-Awsi,

della tribù dei banū Ḥārithah b. al-Ḥārith b. al-Khazraǵ, fu presente alla battaglia di Badr (Ḥaǵar, II, 650, no. 8931; Balādzuri, 91, dice avesse cognome abū-l-Rabīʿ, o abū Bišr; Athīr Usd., III, 99, afferma che morisse alla battaglia di al-Yamāmah. Forse però egli è confuso con ʿAbbād b. Bišr b. Waqš [cfr. no. seguente]; difatti manca in Saad).

(2) ʿAbbād b. Bišr b. Waqš b. Zughbah b. Zāʿūrā b. ʿAbd al-Ašhal, al-Anṣāri,

combattente di Badr, uno dei tre più valenti e prodi Anṣār, uno degli uccisori di Kaʿb b. al-Ašraf (Ḥaǵar, II, 651, no. 8932; Athīr, II, 269; Athīr Usd., 100-101; cfr. anche 3. a. H., §§ 3 e segg.). Secondo Dzahabi Paris (I, fol. 116,r.), ʿAbbād fu dei più celebri Compagni. Di lui si narra che il suo bastone emanasse luce nella notte, quando egli tornò una volta a casa, dopo aver vegliato pregando insieme col Profeta. La sua conversione seguì per opera di Muṣʿab b. ʿUmayr (perciò prima della venuta di Maometto a Madīnah). Il Profeta gli affidò la riscossione delle tasse fra i Muzaynah e i Sulaym. Era uomo molto valoroso. ibn Isḥāq racconta che ʿĀ·išah avrebbe detto: « Vi sono tre uomini, di cui non avremo mai altri pari in merito: Saʿd b. Muʿādz, Usayd b. Ḥuḍayr, e ʿAbbād b. Bišr, tutti e tre degli ʿAbd al-Ašhal ». ʿĀ·išah avrebbe anche detto: « Una volta il Profeta era in camera mia, quando si udì la voce di ʿAbbād: egli mi disse: 'O ʿĀ·išah! è forse la voce di Abbād?' — 'Sì' gli risposi. Il Profeta soggiunse: 'Allah! Perdonagli i suoi peccati!' ». Fu ucciso in età di 45 anni. Secondo Saad (III, 2, p. 16-17), aveva cognome abū Bišr e sua madre era Fāṭimah bint Bišr b. ʿAdi b. Ubayy al-Khazraǵiyyah. ʿAbbād ebbe una sola figlia che morì giovane e nessun figlio maschio. Fu unito in fratellanza dal Profeta con Ḥudzayfah b. ʿUtbah. Riscosse le tasse ṣadaqāt anche fra i banū-l-Muṣṭaliq, e si attirò le simpatie di tutti per il modo come agì verso i contribuenti. Tenne il comando della guardia personale del Profeta durante la spedizione di Tabūk. Quando cadde durante la mischia di al-Yamāmah, tante erano le ferite riportate sul capo, da essere irriconoscibile, e i suoi compagni lo riconobbero soltanto al colore del turbante (cfr. anche al-Dawlābi in Ḥubayš, fol. 20,r.-v.) (cfr. 2. a. H., § 85,B, no. 7.).

(3) ʿAbbād b. al-Ḥārith b. ʿAdi al-Aswad b. al-Aṣram b. Ǵaḥǵaba, al-Anṣāri al-Awsi, detto Fāris Dzū-l-Kharq,

veterano di Uḥud (Ḥaǵar, II, 652, no. 8935; Athīr, II, 269; Balādzuri, 91; Athīr Usd., III, 101).

(4) ʿAbbād b. Kathīr, al-Anṣāri al-Ašhali.

(Ḥaǵar, II, 657, no. 8955; manca in Athīr Usd.). Forse tanto il no. 3 quanto il no. 4 sono, al pari del no. 1, varianti ed errori per il no. 2.

(5) ʿAbd al-raḥmān b. Ḥazn b. abī Wahb, al Makhzūmi,

fratello di Ḥakīm b. Ḥazn (cfr. più avanti al no. 60), e zio di Saʿīd b. al-Musayyib [† 94. a. H.], dicesi morisse alla battaglia di al-Yamāmah. Altri però, specialmente al-Zubayr b. Bakkār [† 256. a. H.], sostengono non esser ciò possibile, perchè egli era allora troppo giovane: affermano infatti, che nella spedizione di Zayd b. Ḥārithah contro i banū Fazārah, quando fu messa a morte umm Qirfah (cfr. 6. a. H., § 18), la figlia di costei fu data dal Profeta a Ḥazn b. abī Wahb, allora ancora pagano, ed essa gli partorì ʿAbd al-raḥmān, che avrebbe avuto perciò appena sei anni, quando si combattè a al-Yamāmah. ibn Ḥaǵar suppone tuttavia che egli possa essere stato fratello, anche per parte di madre, di Ḥakīm b. Ḥazn, ossia avesse per madre umm al-Ḥārith al-ʿĀmiriyyah (Ḥaǵar, II, 949-950, n. 9472; Athīr Usd., III, 285; Dzahabi Paris, I, fol. 115,v.).

(6) ʿAbd al-raḥmān b. Qayẕi b. Qays b. Lūdzān b. Thaʿlabah b. ʿAdi b. Muḥammad b. Ḥārithah, al-Anṣāri,

presente a Uḥud (Ḥaǵar, II, 1007, no. 9556; Athīr Usd., III, 320).

[Compagni del Profeta uccisi nella battaglia di al-Yamāmah.]

(7) abū 'Abd al-rahmān al-Walīd b. 'Abd Šams b. al-Mughīrah b. 'Abdallah b. 'Umar ('Amr) b. Makhzūm, al-Makhzūmi,

uno dei più nobili (ašrāf) fra i Qurayš, marito di Asmā bint abī Ǵahl sua cugina, ebbe per madre Qaylah bint Ǵahš b. Rabi'ah, dei banū 'Āmir b. Lu-ayy: una sua figlia, Fāṭimah andò sposa di 'Uthmān b. 'Affān [† 35. a. H.] e gli partorì il figlio Sa'id. Convertitosi alla presa di Makkah, morì ucciso sotto allo stendardo, al fianco di Khālid b. al-Walīd (Ḥaǵar, III, 1312, no. 8656; Athīr, II, 280; Balādzuri, 91; Athīr Usd., V, 90; Dzahabi Paris, I, fol. 115,v.; al-Dawlābi, in Ḥubayš, fol. 20,r.-v.).

(8) 'Abdallah b. 'Abdallah b. Ubayy b. Mālik b. al-Ḥurr b. Sālim (detto al-Ḥubla, o l'incinto, perchè aveva una gran pancia), al-Anṣāri al-Khazraǵi,

figlio del celebre capo degli al-Munāfiqūn di Madīnah, combattente a Badr (cfr. 2. a. H., § 85,C, no. 20), a Uḥud, ed a tutti gli altri fatti d'arme, e scrivano del Profeta (Ḥaǵar, II, 815-816, no. 9152; Athīr, II, 280; Balādzuri, 92, aggiunge che il suo vero nome fosse al-Ḥubāb mutatogli poi dal Profeta; Athīr Usd., III, 197-198). Secondo Dzahabi Paris (I, fol. 116,v.), 'Abdallah era uno dei migliori Compagni del Profeta: quando si convertì aveva nome al-Khabbāb (sic; leggi: al-Ḥubāb) e il Profeta glielo mutò in 'Abdallah. ibn Mandah racconta che alla battaglia di Uḥud 'Abdallah perdesse il naso, e che il Profeta gl'ingiungesse di mettersene uno d'oro (sic!). 'Āišah affermava invece che 'Abdallah avrebbe detto: « Mi venne strappato un dente e il Profeta mi ingiunse di farmi un dente d'oro » (Saad, III, 2, p. 89-91, afferma che morisse alla battaglia di Ǵuwāthā nel 12. a. H.; ma al-Dawlābi in Ḥubayš, fol. 20,r.-v. lo dice morto a al-Yamāmah) [cfr. più avanti § 40, nota 2].

(9) 'Abdallah b. 'Amr b. Buǵrah b. Khalaf b. Ṣadād b. 'Abdallah b. Qurat, al-Qurašī al-'Adawi,

convertitosi il giorno della presa di Makkah (Ḥaǵar, II, 847-848, no. 9203; Muštabih, 24; Athīr Usd., III, 231; al-Dawlābi in Ḥubayš, fol. 20,r.-v.).

(10) 'Abdallah b. 'Atīk b. Qays b. al-Aswad b. Bari b. Ka'b b. Ghanm b. Salamah b. al-Khazraǵ, al-Anṣāri,

fratello di Ǵabr (o Ǵābir) b. 'Atik, fu un Compagno del Profeta, che si crede abbia preso parte alla battaglia di Badr (manca nella nota di ibn Isḥāq, cfr. 2. a. H., § 85), ma è certo che fu presente a Uḥud. Secondo alcuni rimase ucciso alla giornata di al-Yamāmah, ma altri, fra i quali ibn al-Kalbi, dicono che fosse presente a Ṣiffīn nel 36. a. H. 'Abdallah è noto per essere stato uno di quelli, che presero parte alla spedizione, nella quale fu assassinato ibn abī-l-Ḥuqayq (cfr. 4. a. H., § 20) (Ḥaǵar, II, 827-828, no. 9184; Athīr, II, 280; Athīr Usd., III, 203-204; Durayd, 275, lin. 20; al-Dawlābi in Ḥubayš, fol. 20,r.-v.; Dzahabi Paris, I, fol. 117,r.).

(11) In Dzahabi Paris, I, fol. 115,v. abbiamo anche un certo 'Abdallah b. Baḥrah (? Buǵrah?) al-'Adawi, ignorato da tutte le altre fonti. È forse la stessa persona del no. 9.

(12) 'Abdallah b. Ḥafṣ b. Ghānim, al-Qurašī,

porta stendardo degli al-Muhāǵirūn alla battaglia di al-Yamāmah (Ḥaǵar, II, 728, no. 8999 manca in Athīr Usd.).

(13) 'Abdallah b. al-Ḥārith b. Qays, cfr. 8. a. H., § 157, no. 7. Anche Dzahabi Paris, I, fol. 115,v., pone questo 'Abdallah fra i morti di al-Yamāmah, come fratello del no. 96, e così pure al-Dawlābi in Ḥubayš, fol. 20,r.-v.

(14) 'Abdallah b. Makhramah b. 'Abd al-'Uzza b. abī Qays b. 'Abd Wudd b. Naṣr b. Mālik, al-Qurašī, al-'Āmiri,

padre di Muḥammad, della stirpe dei banū 'Āmir b. Lu-ayy, ebbe per madre Buhthānah bint Ṣafwān b. Umayyah b. Muḥrith al-Kinānīyyah; fu uno di quelli che emigrarono in Abissinia, e poi fuggirono a Madīnah. Il Profeta lo unì in fratellanza con Farwah b. 'Amr al-Bayāḍi: è annoverato fra i presenti a Badr (cfr. 2. a. H., § 85,A, no. 76), aveva 30 anni quando fu ucciso (Ḥaǵar, II, 883-884, no. 9307; Athīr, II, 280; Athīr Usd., III, 252-254; Durayd, 70, lin. 3; al-Dawlābi in Ḥubayš, fol. 20,r.-v.; Dzahabi Paris, I, fol. 115,v., ove è detto che morisse in età di 41 anni, ed è erroneamente scritto 'Ubaydallah).

[Compagni del Profeta uccisi nella battaglia di al-Yamāmah.]

(15) ʿAbdallah (o al-Ḥakam) b. Saʿīd b. al-ʿĀṣ b. Umayyah b. ʿAbd Šams, al-Qurašī, al-Umawi,

secondo alcuni ucciso a Mūtah (Ḥaǵar, II, 777, no. 9088; Balādzuri, 91; Athīr Usd., III, 175).

(16) ʿAbdallah b. Thābit b. al-ʿAtīk, al-Azdi.

(Ḥaǵar, II, 698, no. 8940; manca in Athīr Usd.).

(17) ʿAbdallah b. Unays, al-Sulami (al-Aslami).

(Ḥaǵar, II, 684, no. 9022; Athīr Usd., III, 119; Dzahabi Paris, I, fol. 117,r.).

(18) ʿAbdallah b. ʿUtbān, al-Anṣāri,

dei banū Asad b. Khuzaymah, ḥalīf dei banū-l-Ḥubla degli Anṣār (Dzahabi Paris, fol. 117,r.; Ḥaǵar, II, 824, no. 9178, dice pure che morisse a al-Yamāmah, ma Athīr Usd., III, 202, afferma invece che partecipasse alla guerra nell'ʿIrāq e nella Mesopotamia nel 15. e 16. a. H., e fosse colui che stipulò la pace con gli abitanti di Mawṣil per Saʿd b. abī Waqqāṣ; al-Dawlābi in Ḥubayš, fol. 20,r.-v. lo annovera tra i morti di al-Yamāmah).

(19) ʿAbdallah b. ʿUthmān al-Asadi,

dei banū Asad b. Khuzaymah, ḥalīf, dei banū ʿAwf b. al-Khazraǵ: forse la stessa persona di ʿAbdallah b. ʿUtbān, il no. 18 (Ḥaǵar, II, 835, no. 9187; Athīr Usd., III, 204-205).

(20) ʿĀʾidz b. Māʿiṣ b. Qays b. Khaladah b. ʿĀmir b. Zurayq, al-Anṣāri, al-Zuraqi,

combattente di Badr (cfr. 2. a. H., § 85,C, no. 106), secondo alcuni ucciso a Biʾr Maʿūnah (Ḥaǵar, II, 649, no. 8928; Athir, II, 279; Balādzuri, 92; Athīr Usd., III, 99; Dzahabi Paris, I, fol. 117,r.; secondo Saad, III, 2, p. 219, il Profeta lo unì in fratellanza con Suwaybiṭ b. ʿAmr al-ʿAbdari; a Biʾr Maʿūnah dicesi morisse suo fratello Muʿādz b. Māʿiṣ; non lasciò discendenti).

(21) Akāl b. al-Nuʿmān, al-Anṣāri al-Māzini,

secondo Wathīmah [† 237. a. H.] fu uno di coloro che perirono alla battaglia della Yamāmah (Ḥaǵar, I, 117, no. 235; manca in Athīr Usd.).

(22) abū ʿAli b. ʿAbdallah b. al-Ḥārith b. Rakhadah (o Raḥdah) b. ʿĀmir b. Rawāḥah, al-Qurašī al-ʿĀmiri,

convertito alla presa di Makkah (Ḥaǵar, IV, 258, no. 779; Athīr, II, 279, lo chiama ʿĀmir b. ʿUbaydallah; Athīr Usd., V, 260).

(23) ʿAli b. ʿUbaydallah b. al-Ḥārith b. Raḥdah b. ʿĀmir b. Rawāḥah b. Ḥuǵr b. Māʿiṣ b. ʿĀmir b. Luʾayy, al-Qurašī, al-ʿĀmiri,

convertitosi alla presa di Makkah (Ḥaǵar, II, 1215, no. 10057; Athīr Usd., IV, 41). Certamente la stessa persona del no. precedente.

(24) ʿĀmir b. al-Bukayr, al-Laythi,

della tribù dei Saʿd b. Layth, ḥalīf dei banū ʿAdi, presente a Badr (cfr. 2. a. H., § 85,C, no. 27): Dzababi Paris, I, fol. 115,v.; al-Dawlābi in Ḥubayš, fol. 20,r.-v.).

(25) ʿĀmir b. Thābit b. Salimah b. Umayyah b. Mālik b. ʿAwf b. ʿAmr, al-Anṣāri al-Awsi,

reduce di Uḥud (Ḥaǵar, II, 617, no. 8848; Athīr, II, 279; Athīr Usd., III, 78; Dzahabi Paris, I, fol. 117,r.; al-Dawlābi in Ḥubayš, fol. 20,r.-v.).

(26) ʿAmr b. Aws, o b. abī Uways, b. Saʿd b. abī Sarḥ, al-ʿĀmiri.

è menzionato da ibn Isḥāq fra quelli morti a al-Yamāmah. Era nipote di ʿAbdallah b. Saʿd (Ḥaǵar, II, 1248, no. 10178; Athīr Usd., IV, 87: Dzahabi Paris, I, 115,v.).

(27) abū ʿAqīl ʿAbd al-raḥmān b. ʿAbdallah b. Thaʿlabah b. Bayḥān (o Biǵān) b. ʿĀmir b. al-Ḥārith b. Mālik, al-Balawi, al-Irāši, al-Unayfi,

ḥalīf, o confederato dei banū Ǵahǵaba (Anṣār), aveva nome ʿAbd al-ʿUzza e lo mutò per desi-

[Compagni del Profeta uccisi nella battaglia di al-Yamāmah.]

derio del Profeta. Secondo Mūsa b. 'Uqbah [† 141. a. H.] fu presente a Badr (cfr. 2. a. H., § 85,B, no. 53), e ibn Isḥāq lo annovera fra gli Anṣār. Perì a al-Yamāmah dopo aver compiuto atti di grande valore (Ḥ a ǵ a r, II, 977-978, no. 9518; A th ī r U s d., III, 304; B a l ā dz u r i, 91). Secondo Dz a h a b i P a r i s, I, fol. 117,r., fu uno dei più valorosi Anṣār: colpito da una freccia durante la mischia di al-Yamāmah, estrasse da sè il dardo dalla ferita e continuò a battersi con la spada, finchè fu ucciso: il suo cadavere fu trovato coperto di ferite. Secondo S a a d, III, 2, p. 41-42, a al-Yamāmah egli fu il primo musulmano che ricevesse una ferita e sebbene una freccia gli si fosse conficcata nella pancia, sotto all'ombellico, si battè a lungo con grande valore. Cadde alfine coperto di ferite, delle quali quattordici mortali.— al-Dawlābi in Ḥ u b a y š, fol. 20,r.-v.

(28) As'ad b. Ḥārithah b. Lūdzān b. 'Abd Wudd, al-Anṣāri al-Sā'idi.

(Ḥ a ǵ a r, I, 61, no. 108; A th ī r U s d., I, 70-71, lo dice però ucciso alla Battaglia del Ponte nel 13. a. H.; al-Dawlābi in Ḥ u b a y š, fol. 20,r.-v., lo dice morto a Yamāmah, ma lo chiama Sa'd, non As'ad: è forse perciò la stessa persona nel no. 108).

(29) As'ad b. Yarbū', al-Anṣāri, al-Khazraǵi al-Sā'idi.

Egli è menzionato da Sayf b. 'Umar nel suo libro «al-Futūḥ», e da abū 'Umar (Ḥ a ǵ a r, I, 64, no. 115; A th ī r U s d., I, 73).

(30) B a l ā dz u r i, 92, aggiunge: al-'Āṣ b. Tha'labah al-Dawsi al-Azdi, ḥ a l ī f o confederato degli Anṣār (manca in Ḥaǵar e in Athīr Usd.).

(31) 'Attāb b. Sulaym b. Qays b. Aslam b. Khālid b. Mudliǵ b. Khālid b. 'Abd Manāf b. Ka'b b. Taym, al-Qurašī al-Taymi,

convertitosi alla presa di Makkah (Ḥ a ǵ a r, II, 1079, no. 9759; A th ī r U s d., III, 359).

(32) Aws b. 'Amr, al-Anṣāri, al-Māzini.

(Ḥ a ǵ a r, I, 171, no. 342; manca in Athīr Usd.).

(33) Aws b. Ma'z, al-Anṣāri,

secondo Wathīmah [† 237. a. H.] fu uno di quelli che perirono alla battaglia di al-Yamāmah (Ḥ a ǵ a r, I, 174, no. 355; manca in Athīr Usd.).

(34) 'Ayyāš b. abī Rabī'ah 'Amr Dzī-l-Ramḥayn b. al-Mughīrah b. 'Abdallah b. 'Amr b. Makhzūm, al-Qurašī, al-Makhzūmi,

padre di 'Abd al-raḥmān, secondo alcuni fu ucciso alla battaglia di al-Yamāmah, mentre altri sostengono che perisse alla battaglia del Yarmūk (Ḥ a ǵ a r, III, 92, no. 241). Era fratello uterino di abū Ǵahl [† 2. a. H.]. si convertì all'Islām nei primi tempi makkani, prima che il Profeta entrasse nella Dār al-Arqam (cfr. Intr., § 263), emigrò in Abissinia, poi ritornò a Makkah e fece la Fuga con 'Umar, cfr. 1. a. H., § 15 (A th ī r U s d., IV, 161).

(35) Baǵād, o Baǵār, b. al-Sā·ib b. 'Uwaymir b. 'Āmir b. 'Imrān b. Makhzūm b. Yaqẓah b. Murrah b. Ka'b b. Lū·ayy, al-Makhzūmi.

(Ḥ a ǵ a r, I, 278, no. 581; A th ī r, I, 163, due suoi fratelli pagani furono uccisi a Badr).

(36) Bašīr b. 'Abdallah, al-Anṣāri, al-Khazraǵi.

(Ḥ a ǵ a r, I, 323, no. 693; A th ī r U s d., I, 195). È forse lo stesso che il no. 38.

(37) Bašīr b. 'Atīk b. Qays b. al-Ḥārith b. Hayšah, al-Anṣāri,

uno dei banū 'Amr b. 'Awf, fratello di Ǵabar b. 'Atīk, combattè a Uḥud (Ḥ a ǵ a r, I, 323, no. 695; manca in Athīr Usd.).

(38) Bišr b. 'Abdallah, al-Anṣāri, al-Khazraǵi,

dei banū-l-Ḥārith b. al-Khazraǵ (Ḥ a ǵ a r, I, 310, no. 660; A th ī r U s d., I, 187; al-Dawlābi in Ḥ u b a y š, fol. 20,r.-v.; cfr. il no. 36).

(39) Buǵayr b. al-'Awwām b. Khuwaylid b. Asad b. 'Abd·al-'Uzza, al-Qurašī, al-Asadi,

fratello del celebre al-Zubayr b. al-'Awwām [† 36. a. H.], secondo abū 'Ubayd, fu un Compagno del Profeta ucciso alla battaglia di Yamāmah; ma altri affermano essere egli stato ucciso nel tempo pagano da Subayh b. Sa'īd b. Hāni al-Dawsi, un antenato di abū Hurayrah. al-Mar-

[**Compagni del Profeta uccisi nella battaglia di al-Yamāmah.**]

zubāni lo menziona fra i poeti nel suo « Mu'ġam al-šu'arā » (Ḥ a ġ a r, I, 281, no. 589.; manca in Athīr Usd.).

(40) Ḍamrah b. 'Iyāḍ, al-Ġuhani,

ḥ a l ī f dei banū Suwayd (Suwād) degli Anṣār (Ḥ a ġ a r, II, 550, no. 8381, lo fa presente a Uḥud; manca in Athīr Usd.; Dz a h a b i, P a r i s, I, fol. 117,r.; al-Dawlābi in Ḥ u b a y š, fol. 20,r.-v.).

(41) abū Duġānah Simāk (b. Aws) b. Kharašah, al-Anṣāri.

si dice fosse presente a Badr (cfr 2. a. H., § 85,C, no. 42), ed è noto che si battesse con molto valore a Uḥud (cfr. 3. a. H., § 35). Alcuni affermano però che vivesse fino alla battaglia di Ṣiffīn nel 37. a. H. (Ḥ a ġ a r, IV, 106, no. 369.; Q u t a y b a h, 138; A th ī r, II, 279, B a l ā dz u r i, 92; A th ī r U s d., II, 352-353). Secondo Dz a h a b i P a r i s (I, fol. 116,v.), il Profeta unì abū Duġānah in fratellanza con 'Utbah b. Ghazwān. Alla battaglia di Uḥud egli portava un turbante rosso e nel momento del massimo pericolo non abbandonò il Profeta, giurandogli fedeltà fino alla morte. Zayd b. Aslam racconta, che essendo entrato una volta in camera di abū Duġānah malato, lo trovasse con volto raggiante: domandatagliene la ragione, ebbe la seguente risposta: « Egli è per due cose, sulle quali sono sicuro: non mi sono mai immischiato di ciò che non mi riguardava, e l'animo mio è sempre rimasto solidale con quello degli altri musulmani ». Lo stesso Zayd racconta, da Anas, che abū Duġānah alla giornata di al-Yamāmah, nel gettarsi dall'alto dal muro della Ḥ a d ī q a h, nel recinto ove si trovava Musaylimah, si spezzò un piede: non per tanto continuò a battersi finchè rimase ucciso. Secondo ibn Sa'd nel III sec. d. H. v'erano ancora discendenti di abū Duġānah in Madīnah e in Baghdād. Secondo S a a d (III, 2, pag. 101-102), sua madre era Ḥazmah bint Ḥarmalah al-Sulamiyyah. — al-Dawlābi in Ḥ u b a y š, fol. 20,r.-v.

(42) A th ī r, II, 280 e B a l ā dz u r i, 245, lin. 19, aggiungono: Ḍirār b. al-Azwar, che altri invece dicono perito al Yarmūk (cfr. 15. a. H.). A th ī r U s d., III, 39-40.

(43) Duwayd b. Zayd, al-Sā'idi, al-Anṣāri,

secondo Wathīmah fu uno dei Compagni del Profeta, che rimasero uccisi alla battaglia di al-Yamāmah (Ḥ a ġ a r, I, 977, no. 2396; manca in Athīr Usd.).

(44) al-Faḍl b. al-'Abbās b. 'Abd al-Muṭṭalib b. Hāšim, al-Hāšimi,

da taluni messo fra i morti di al-Yamāmah; secondo altri peri invece durante la peste di 'Amwās nel 18. a. H. (Ḥ a ġ a r, III, pag. 413-414, no. 1119; Q u t a y b a h, 58; A th ī r U s d., IV, 183).

(45) Farwah b. al-Nu'mān, o 'Amr, b. al-Ḥārith b. al-Nu'mān b. Ḥassān, al-Anṣāri,

presente alla battaglia di Uḥud ed a tutti i fatti d'arme successivi (Ḥ a ġ a r, III, 303, no. 1101; A th ī r U s d., IV, 181; A th ī r, II, 279; al-Dawlābi in Ḥ u b a y š, fol. 20,r.-v.).

(46) abū Ġandal b. Suhayl b. 'Amr, al-Qurašī al-'Āmiri,

fu uno dei più antichi musulmani ed uno di quelli che ebbero a sopportare vessazioni e torture da parte dei pagani. Celebre è l'episodio dei suoi rapporti con il padre dopo il trattato di al-Ḥudaybiyyah (cfr. 6. a. H., § 34). Alla presa di Makkah ottenne da Maometto la grazia del proprio padre Suhayl. Aveva 38 anni, quando fu ucciso a al-Yamāmah (cfr. suo fratello al no. 116). — A th i r U s d., III, 181; V, 160; Ḥ a ġ a r, IV, 59-60, no. 203.

(47) Ġar (o Ġaz, o al-Ḥurr) b. Mālik b. 'Amr (o 'Āmir), al-Awsi al-Anṣāri,

apparteneva alla tribù Awsita dei banū Ġaḥġaba b. 'Awf b. Kulfah (A th ī r U s d., I, 282; Ḥ a ġ a r, I. 471, no. 1122; Dz a h a b i P a r i s, I, fol. 117.r., ove il suo nome è scritto erroneamente Ḥard, o Ḥazd; al-Dawlābi in Ḥ u b a y š, fol. 20,r.-v. ha: Ġuz b. Mālik b. 'Āmir Ḥidzyam.).

(48) Ġarwal b. 'Abbās b. 'Amir, al-Anṣāri.

(Ḥ a ġ a r, I, 472, no. 1124; A th ī r, I, 277; Dz a h a b i P a r i s, I, fol. 117,r. ha erroneamente Ḥard: al-Dawlābi in Ḥ u b a y š, fol. 20,r.-v. ha pur erroneamente (?) Ġarw b. 'Ayyāš, dei banū-l-'Aġlān).

(49) Ġubayr b. Buḥaynah b. Mālik b. al-Qišab, al-Azdi,

ḥ a l ī f dei banū-l-Muṭṭalib, fratello di 'Abdallah b. Mālik al-Asdi (Ḥ a ġ a r, I. 459, no. 1082; A th ī r U s d., I. 270; Dz a h a b i P a r i s, I, fol. 115,v. ha Buḥnah invece di Buḥaynah).

(50) Ġunādah b. abī Nuqbah 'Abdallah b. 'Alqamah b. al-Muṭṭalib.

(Ḥ a ġ a r, I, 501. no. 1202; A th i r, II, 280; A th ī r U s d., I, 299).

[Compagni del Profeta uccisi nella battaglia di al-Yamāmah.]

(51) abū Ḥabbah b. Ghāziyyah b. ʿAmr b. ʿAṭiyyah b. Khansā b. Mabdzūl, al-Anṣāri al-Māzini,

dicesi avesse nome Zayd, e fu presente a Uḥud (Ḥagar, IV, 74, no. 249; Athīr, II, 280; Balādzuri, 92, ha: abū Ḥannah b. Ghuzayyah; secondo Muštabih, 144-145, alcuni affermano che fosse anche presente a Badr (cfr. 2. a. H., § 85,B, no. 48, ove è chiamato abū Ḥannah b. Thābit): altri fanno distinzione fra un abū Ḥannah e un abū Ḥabbah; Athīr Usd., V, 167-169; Dzahabi Paris, I, fol. 117,r. ha erroneamente abū Ḥubbah b. 'Azabah; al-Dawlābi in Ḥubayš, fol. 20,r.-v.).

(52) In Dzababi Paris, I, fol. 117,r. v'è pure menzione di un'abū Ḥabbah b. Farwah b. al-Nu'mān: forse la stessa persona del no. precedente.

(53) Ḥabīb b. ʿAbd Šams b. al-Mughīrah b. ʿAbdallah b. ʿUmar b. Makhzūm,

fratello di al-Walīd, fu ucciso alla battaglia di al-Yamāmah (Ḥagar, I, 629-630, no. 1588; Qutaybab, 85; manca in Athīr Usd.).

(54) Ḥabīb b. ʿAbdallah, al-Anṣāri.

Quando scoppiò la rivolta generale delle tribù nell'anno 11. H., fu mandato dal califfo abū Bakr come suo ambasciatore presso il falso profeta Musaylimah e i banū Ḥanīfah, per invitarli a riabbracciare l'Islām. Egli arrivò alla sua destinazione, lesse alla tribù la lettera del Califfo, e rivolse poi ai suoi uditori un discorso eloquente; ma Musaylimah lo fece arrestare e mettere a morte (Ḥagar, I, 629, no. 1582). È probabile che egli sia la stessa persona di Ḥabīb b. Zayd b. 'Āṣim al-Anṣāri (cfr. il no. 58), e che si sia fatta una confusione di nomi con il fratello del medesimo, 'Abdallah b. Zayd. Difatti manca in Athīr Usd.

(55) Ḥabīb b. ʿAmr b. Muḥṣin (Miḥṣan) b. ʿAmr b. ʿAtīk b. ʿAmr b. Mabdzūl, al-Anṣāri,

(Ḥagar, I, 630, no. 1585; Balādzuri, 92; Athīr Usd., I, 372; Dzahabi Paris, I, fol. 117,r.; al-Dawlābi in Ḥubayš, fol. 20,r.-v. lo chiama Ḥabīb b. 'Atīk, dei banū 'Amr b. Mabdzūl, e dice che perisse, nell'avanzata su Yamāmah).

(56) Ḥabīb b. Asīd (Usayd?) b. Ǵāriyyah (o Ḥārithah), al-Thaqafi,

ḥalīf o confederato dei banū Zuhrah, fratello dei banū Naṣr, (Ḥagar, I, 624, no. 1559; Athīr Usd., I, 368; Dzahabi Paris, I, fol. 115,v.).

(57) Ḥabīb b. Yazīd, al-Anṣāri,

della tribù dei banū 'Amr b. Mabdzūl (Ḥagar, I, 634, no. 1596; manca in Athīr Usd.).

(58) Ḥabīb b. Zayd b. ʿĀṣim b. ʿAmr, al-Anṣāri al-Māzini,

fu presente al convegno di al-'Aqabah (manca nel novero di ibn Isḥāq: cfr. Introd. §§ 342, 344), e prese parte alla battaglia di Uḥud e a tutte le spedizioni militari seguenti. Fu ucciso dal falso profeta Musaylimah nell'anno 11. H. Alla battaglia di al-Yamāmah, dove combattè pure il fratello 'Abdallah b. Zayd b. 'Āṣim, nel campo musulmano v'era la madre dell'ucciso, la quale aveva giurato di non lavarsi più finchè non fosse ucciso Musaylimah (Ḥagar, I, 628, no. 1578; Athīr Usd., I, 370; Dzahabi Paris, I, fol. 117,r.; al-Dawlābi in Ḥubayš, fol. 20,r.-v.; cfr. no. 54).

(59) Ḥāǵib b. Zayd (o Yazīd), b. Tamīm, al-Anṣāri, al-Ašhali,

della stirpe dei banū 'Abd al-Ašhal, (Athīr Usd., I, 315; Ḥagar, I, 558, no. 1356; III, 55, no. 138; Dzahabi Paris, I, fol. 117,r.).

(60) Ḥakīm b. Ḥazn b. abī Wahb b. ʿAmr b. ʿĀ'idz b. ʿImrān b. Makhzūm,

figlio del no. 62, zio di Sa'īd b. al-Musayyib [† 94. a. H.], ebbe per madre Fāṭimah bint al-Sā'ib al-Makhzūmiyyah, si convertì insieme con entrambi i genitori alla presa di Makkah, (Ḥagar, I, 718, no. 1793; II, 950, lin. 4 e seg.; Athīr Usd., II, 43; Dzahabi Paris, I, fol. 115,v. lo chiama Hakam; al-Dawlābi in Ḥubayš, fol. 20,r.-v., invece: Ḥakīm).

(61) al-Ḥārith b. Ka'b b. ʿAmr b. ʿAwf b. Mabdzūl b. ʿAmr b. Ghanm b. Māzin b. al-Naǵǵār, al-Anṣāri al-Naǵǵāri al-Māzini.

(Ḥagar, I, 589, no. 1170; Balādzuri 92; Athīr Usd, I, 345).

[Compagni del Profeta uccisi nella battaglia di al-Yamāmah.]

(62) Ḥazn b. abī Wahb b. ʿAmr (ʿUmar) b. ʿĀ·idz, al-Makhzūmi,

dei banū ʿImrān b. Makhzūm. Secondo alcuni fuggì da Makkah con il Profeta; altri invece affermano che si convertisse soltanto alla presa di Makkah. Il Profeta voleva mutargli il nome e gli disse: « Tu ti chiamerai Sahl! » Ḥazn gli rispose: « Io non cambierò affatto il mio nome! » Secondo alcuni fu ucciso a Buzākhah, secondo altri a Yamāmah. Da lui discese il celebre tradizionista Saʿīd b. al-Musayyib [† 94. a. H.], il quale deplorò spesso l'ostinazione dell'avo ed ebbe a dire: « E noi non abbiamo mai cessato dal notare in noi quella ruvidezza! » (ḥazūnah, ḥazn significa appunto un luogo ripido e roccioso, mentre sahl una cosa piana e facile). Qutaybah, 223; Nawawi, 283, lin. 5; Dzahabi Paris, I, fol. 115,r., ove il ms. ha erroneamente Ǵarn invece di Ḥazn.

(63) al-Ḥubāb b. Ǵaz b. ʿAmr b. ʿĀmir b. ʿAbd Razāḥ b. Zafar, al-Anṣāri al-Zafari.

(Ḥaǵar, I, 618, no. 1540; Athīr Usd., I, 363).

(64) al-Ḥubbā b. Zayd b. Taym b. Umayyah b. Khafāf b. Bayādah b. Khafāf b. Saʿd b. Murrah b. Mālik b. al-Aws, al-Anṣāri al-Awsi,

combattè a Uḥud (Ḥaǵar, I, 618, no. 1541; Athīr Usd., I, 363).

(65) Ḥubba b. Ǵāryah,

detto anche Ḥayy, fu, secondo ibn Isḥāq e al-Wāqidi, uno dei Compagni del Profeta, che perirono alla battaglia di al-Yamāmah, e al-Ṭabari, citato da ibn Ḥaǵar, afferma che egli si fosse convertito all'Islām alla presa di Makkah (Ḥaǵar, I, 636-637, no. 1605; manca in Athīr Usd.).

(66) Hudaym (Hudzaym) b. ʿAbdallah b. ʿAlqamah b. al-Muṭṭalib, al-Kalbi.

(Ḥaǵar, III, 1236, no. 8453; Athīr, II, 280, ha: Huraym b. ʿAbdallah; Athīr Usd., V, 56, ha Hudzaym).

(67) abū Ḥudzayfah b. ʿUtbah b. Rabīʿ b. ʿAbd Šams b. ʿAbd Manāf, al-Quraši al-ʿAbšami,

zio materno di Muʿāwiyyah b. abī Sufyān [† 60. a. H.], dicesi avesse nome Muhaššim, o Hušaym, o Hāšim: fu uno dei primi musulmani (il 45.mo secondo ibn Isḥāq: cfr. Intr., § 229, no. 38), essendosi convertito prima che Maometto entrasse nella Dār al-Arqam; emigrò in Abissinia e pregò verso le due qiblatān (cfr. 2. a. H., § 24). Fu presente a Badr (cfr. 2. H., § 85,A no. 14); era di statura alta, e di bello aspetto. Aveva 56 anni, quando fu ucciso a al-Yamāmah (Ḥaǵar, IV, 77, no. 264; Balādzuri, 90; Qutaybah, 138-139; Athir Usd., V, 170-171; al-Dawlābi in Ḥubayš, fol. 20,r.-v.). Secondo Dzahabi Paris (I, fol. 114,r.), in Abissinia gli nacque il figlio Muḥammad, colui cioè che sollevò nel 35. a. H. gli Egiziani contro il califfo ʿUthmān. Alla battaglia di Badr abū Ḥudzayfah sfidò a duello il proprio genitore, che combatteva fra i pagani, per cui sua sorella, Hind bint ʿUtbah, compose contro di lui alcuni versi: « Oh! il guercio e lo sdentato! Uccello di cattivo augurio; maledetto è abū Ḥudzayfah il peggiore degli uomini nella religione! Non hai tu veruna riconoscenza verso un padre che ti ha allevato nella tua giovinezza, finchè tu diventasti un giovane robusto? » (cfr. 9. a. H., § 15, e nota: abū Ḥudzayfah era guercio; morì in età di 53 o 54 anni). Secondo Saad (III, 1. p. 59-60), sua madre era umm Ṣafwān Fāṭimah bint Ṣafwān al-Kināniyyah. Il Profeta lo unì in fratellanza con ʿAbbād b. Bišr, con il quale andò a vivere in Madīnah, e insieme con esso fu ucciso a al-Yamāmah. Cfr. anche Hišām, 536-537; Nawawi, 693-194; Cheikho-Coppier, « Dīwān d'al-Khansā », Beyrouth, 1889, Intr., p. LXV.

(68) ʿIṣmah b. Ri·āb (o Ribāb) b. Ḥunayf b. Ri·āb (o Ribāb) b. Ḥārith b. Umayyah b. Ḥārith b. Zayd, al-Anṣāri,

presente al trattato di al-Ḥudaybiyyah (Ḥaǵar, I, 744, no. 1862; II, 1147, no. 9914; Athir Usd., III, 409).

(69) Balādzuri, 91, aggiunge: Iyās b. al-Bukayr, al-Kināni. In Ḥaǵar (I, 176, no. 369), è detto invece che morisse nel 34. a. H., così del pari in Athīr Usd., I, 158.

(70) Iyās b. Wadaqah, al-Anṣāri, al-Khazraǵi.

della famiglia dei banū Sālim b. Awf b. al-Khazraǵ (Ḥaǵar, I, 182, no. 385; Athīr Usd.,

[Compagni del Profeta uccisi nella battaglia di al-Yamāmah.]

I, 159; Dzahabi Paris, I, fol. 117,r.; al-Dawlābi in Ḥubayš, fol. 20,r.-v.; forse è lo stesso che Wadzaqah b. Iyās; cfr. no. 136).

(71) Ka'b b. 'Amr b. 'Ubayd b. al-Ḥārith b. Ka'b b. Mu'āwiyyah b. Mālik b. al-Naǵǵār, al-Anṣāri,

presente alla battaglia di Uḥud ed ai fatti d'arme successivi (Ḥaǵar, III, 604, no. 1536; Athīr Usd., IV, 245).

(72) al-Dawlābi in Ḥubayš, fol. 20,r.-v., ha un: Khabbāb b. Yazīd, dei banū 'Abd al-Ašhal.

(73) Balādzuri, 91, aggiunge: Khālid b. Asīd b. abī-l-'Āṣ (o 'Īṣ) b. Umayyah; cfr. anche Ḥaǵar, I, 823-824, no. 2133; Athīr Usd., II, 84; Qutaybah, 35, 144).

(74) abū Khālid al-Ḥakam b. Sa'īd b. al-'Āṣ b. Umayyah, al-Umawi,

ebbe per madre Hind bint al-Mughīrah al-Makhzūmiyyah: si dice che il Profeta gli desse nome 'Abdallah, ed essendo scrivano di professione, lo trattenesse in Madīnah per fargli imparare il Qur'ān. Secondo alcuni fu presente alla battaglia di Badr (cfr. 2. a. H., § 85,A, no. 72), ma ibn Isḥāq non lo annovera fra i Badriyyūn: dice invece che morisse ucciso nella spedizione di Mū'tah. Altri pongono la sua morte nella grande battaglia di al-Yamāmah. V'è infine chi lo ascrive fra quei Compagni che andarono a stabilirsi in Siria; se questo fosse vero, sarebbe morto molti anni dopo il 12. a. H. (Ḥaǵar, I, 707-708, no. 1769; Athīr Usd., II, 32; Dzahabi Paris, I, 115,v.).

(75) Khidāš b. 'Abbās, al-Anṣāri al-'Aǵlāni,

secondo ibn Isḥāq fu uno dei Compagni del Profeta, che perirono nella battaglia di al-Yamāmah (Ḥaǵar, I, 864-865, no. 2217; manca in Athīr Usd.).

(76) Kulayb b. Tamīm b. 'Amr b. al-Ḥārith b. Ka'b b. Zayd b. al-Ḥārith b. al-Khazraǵ, al-Anṣāri,

detto anche ibn Nasr (o Bišr) [*non* Naṣr] b. Tamīm, presente alla battaglia di Uḥud ed ai fatti d'arme successivi (Ḥaǵar, III, 617, no. 1565; Athīr Usd., IV, 253; Dzababi Paris, I, fol. 117,r.).

(77) Ma'bad b. Zuhayr ('Adi, al-'Aǵlāni),

secondo quanto afferma al-Umawi [† 179-194. a. H.] nei suoi « Maghāzi » sull'autorità di ibn Isḥāq, fu ucciso a al-Yamāmah (Ḥaǵar, III, 899, no. 4006). In Athīr Usd., IV, 391, v'è un Ma'bad b. Zuhayr b. abī Umayyah, ucciso però alla Battaglia del Camelo nel 36. a. H. Secondo Dzahabi Paris (I, fol. 117,r.), aveva nome Ma'bad b. 'Adi al-'Aǵlāni.

(78) Makhāšin al-Ḥimyari,

ḥalif degli Anṣār: si ritiene però da alcuni che egli sia la stessa persona di Makhši b. Ḥumayyir (v. più avanti al no. 80) (Ḥaǵar, III, 791, no. 1941; Athīr Usd., IV, 335).

(79) Balādzuri, 91, aggiunge; Makhramah b. Šurayḥ, al-Ḥadrami, ḥalīf, o confederato degli Umayyah. In Haǵar (II, 410, no. 8381), leggesi che questo nome è errato, e che si deve chiamare semplicemente Šurayḥ al-Ḥadrami: non si dice però quando sia morto. Athīr Usd., IV, 337, conferma invece che morisse a al-Yamāmah: e così pure al-Dawlābi in Ḥubayš, fol, 20,r.-v.).

(80) Makhši b. Ḥumayyir, al-Ašǵa'i,

menzionato nella spedizione di Tabūk (Ḥaǵar, III, 797, no. 1953; Athīr Usd., IV, 338). Cfr. il no. 78.

(81) Mālik b. 'Amr, al-Sulami, o al-'Adwāni,

ḥalīf dei banī Asad, presente a Badr (Ḥaǵar, III, 706, no. 1778; Athīr, II, 280; Athīr, Usd., IV, 286).

(82) Mālik b. 'Amr b. Sumayt, (al-Naǵǵāri),

fratello di Thaqf, e di Midlāǵ, presente a Badr (manca nel novero di ibn Isḥāq, cfr. 2. H., § 85), e a Uḥud, ed a tutti i fatti d'arme successivi (Ḥaǵar, III, 704, no. 1769; manca in Athīr Usd.; Dzahabi Paris, I, fol. 115,r., dice che fosse confederato dei banū Ghanm). Secondo Saad (III, 2, p. 151-152), il suo nome era forse Mālik b. 'Amr b. 'Atīk b. 'Amr b. Mabdzūl, ma non è menzionata la sua morte a al-Yamāmah, sibbene in Madīnah, in un venerdì, mentre viveva ancora Maometto. Manca il suo nome nelle genealogie degli Anṣār.

[Compagni del Profeta uccisi nella battaglia di al-Yamāmah.]

(83) Mālik b. Aws b. 'Atīk b. 'Amr b. 'Abd al-a'la b. 'Āmir b. Zā'ūrā, al-Awsi, al-Anṣāri,

fratello di 'Umayr, presente a Uḥud, all'assedio di Madīnah ed a tutte le spedizioni successive (Ḥaǵar, III, 684, no. 1709; Athīr, II, 280; Balādzuri, 91; Athīr Usd., IV, 273; Dzahabi Paris, I, fol. 117,r.).

(84) Mālik b. al-Rabī', al-Anṣāri,

appartenente ai banū-l-Ǵaḥǵabah: menzionato da Mūsa b. Uqbah (Ḥaǵar, III, 693, no. 1739; Balādzuri, 92, lo chiama abū Asīd Mālik b. Rabī'ah al-Sā'idi, che alcuni affermano morisse in Madīnah nel 20. a. H.; Athīr Usd., IV, 279, lo dice morto nel 60. a. H.; Dzahabi Paris, I, fol. 115,v., lo chiama Mālik b. Rabī'ah, ḥalīf dei banū 'Abd Šams).

(85) Mālik b. Umayyah b. 'Amr, al-Sulami,

ḥalīf dei banū Asad b. Khuzaymah, presente alla battaglia di Badr (cfr. 2. a. H., § 85,A, no. 27, ove è chiamato: Mālik b. 'Amr al-Sulami; Ḥaǵar, III, 681, no. 1706; Athīr, II, 280; Athīr Usd., IV, 272; Dzahabi Paris, I, fol. 115,v., lo chiama Mālik al-Mutaqaddim e lo dice fratello di abū Umayyah Ṣafwān, cfr. no. 132, e perciò non un Sulamita, ma della stirpe Ǵumaḥ).

(86) Ma'n b. 'Adi b. al-Ǵadd, al-Balawi,

ḥalīf, o confederato dei Mālik b. 'Awf (Anṣār), presente a 'Aqabah, (cfr. Intr., § 344, no. 7) e a Badr (cfr. 2. a. H., § 85,B, no. 89) ed ai fatti di arme successivi (Athīr, II, 280). In Ḥaǵar (III, 921-922, no. 4070), non v'è menzione della sua morte (cfr. Balādzuri, 92; Qutaybah, 166, lin. 12; Athīr Usd., IV, 401). Secondo Dzahabi Paris (I, 116,r.), egli sapeva scrivere con caratteri arabi prima ancora di convertirsi all'Islām. 'Urwah b. al-Zubayr [† 94. a. H.] racconta: quando alla morte del Profeta tutti piangevano e dicevano: « Perchè non siamo morti anche noi prima di lui? Noi abbiamo timore di cedere alle nostre passioni, ora che egli è scomparso! ». — « Io invece », esclamò Ma'n, « non avrei mai desiderato di morire prima di lui, perchè voglio mostrare la fede che io ho nella sua sincerità, ora ch'egli è morto, come ho fatto, mentre egli era in vita ». Secondo Saad (III, 2, p. 35), il Profeta lo unì in fratellanza con Zayd b. al-Khaṭṭāb. Lasciò discendenti. Egli assistè abū Bakr nel giorno della sua elezione al califfato, Yawm al-Saqīfah (al-Dawlābi in Ḥubayš, fol. 20,r.-v.).

(87) Mas'ūd b. Sinān b. al-Aswad, al-Anṣāri,

ḥalīf, o confederato dei banū Salamah, uno degli uccisori dell'ebreo ibn abī-l-Ḥuqayq (cfr. 4. a. H., § 20): dicesi da alcuni che fosse un Aslamita. Portò lo stendardo durante una spedizione comandata da 'Ali b. abī Ṭālib (Ḥaǵar, III, 838-839, no. 2062; Athīr, II, 280; Athīr Usd., IV, 358; al-Dawlābi in Ḥubayš, fol. 20,r.-v.).

(88) Mu'ādz b. 'Amr b. Qays b. 'Abd al-'Uzza b. Ghaziyyah b. 'Amr, al-Anṣāri al-Khazraǵi,

presente a Uḥud ed a tutti i fatti d'arme successivi (Ḥaǵar, III, 878-879; Athīr Usd., IV, 382).

(89) abū Muḥammad (o abū 'Abd al-raḥmān) Thābit b. Qays b. Šammās b. Zuhayr b. Mālik b. Imru-alqays, al-Anṣāri al-Khazraǵi,

detto Khaṭīb al-Anṣār, perchè valente predicatore, combattè a Uḥud e nelle spedizioni successive. Protetto dal Profeta, fu tra quelli, ai quali Maometto promise in particolare il Paradiso. Egli morì combattendo con grande valore alla battaglia di al-Yamāmah (Ḥaǵar, I, 396-397, no. 899; Balādzuri, 92; Athīr Usd., I, 220). Secondo Dzahabi Paris (I, foglio 116,v.) egli teneva il comando di tutti gli Anṣār, e fu ucciso avanti che i musulmani entrassero nella Ḥadīqah. Prima di avanzare contro i ribelli nell'11. a. H., si vuole che egli dicesse ai suoi uomini: « Che brutto affare avete voi intrapreso, o musulmani! ». al-Dawlābi in Ḥubayš (fol. 20,r.-v.), ha: Thābit b. Šammās.

(90) In Dzahabi Paris (I, fol. 115,v.), si nomina fra i morti di al-Yamāmah anche un certo Muḥrimah ibn Šāriḥ, del Ḥadramawt, alleato dei banū 'Abd Šams. Nessun'altra fonte lo menziona.

(91) Nāfi' b. Sahl, al-Anṣāri, al-Ašhali,

menzionato da 'Umar b. Šabbah (Ḥaǵar, III, 1121, no. 8165; manca in Athīr Usd.).

[Compagni del Profeta uccisi nella battaglia di al-Yamāmah.]

(92) Athīr (II, 280) aggiunge: al-Nu'mān b. 'Aṣar b. al-Rabī', al-Balawi, presente a Badr, cfr. 2 a. H., § 85,B, no. 61, e 11. a. H., § 242.

(93) al-Nuʿmān b. ʿUbayd b. Muqarrin b. Aws b. Mālik, al-Anṣāri.

(Ḥaǵar, III, 1157, no. 8255; manca in Athīr Usd.).

(94) Qays b. al-Ḥarīr (Ḥurayr) b. ʿAmr b. al-Ǵaʿd b. ʿAwf b. Mabdzūl b. ʿAmr b. Ghanm b. Māzin, al-Anṣāri,

presente alla battaglia di Uḥud, fratello di abū 'Ubayd (Ḥaǵar, III, 387, no. 1272; manca in Athīr Usd.; cfr. no. 97, con il quale v'è forse confusione di nomi).

(95) Qays b. al-Ḥārith b. ʿAdi b. Ǵušam b. Maǵdaʿah b. Ḥārithah al-Anṣāri,

zio paterno di al-Barā b. 'Āzib, secondo alcuni erroneamente messo fra i morti di Uḥud (Ḥaǵar, III, 358, no. 1266; Athīr Usd., V, 211).

(96) abū Qays (ʿAbdallah) b. al-Ḥārith b. Qays b. ʿAdi b. Saʿd b. Sahm, al-Sahmi al-Quraši,

uno dei più antichi musulmani, emigrò in Abissinia, fu presente a Uḥud ed alle spedizioni successive. Era fratello di 'Abdallah b. al-Ḥārith; altri affermano che abū Qays si chiamasse 'Abdallah (Ḥaǵar, II, 716, no. 8974; IV, 301, no. 929; Athīr, II, 279, lo chiama Qays; 280, lo chiama 'Abdallah, e poi lo menziona di nuovo come abū Qays. Si vede che v'è confusione e incertezza sul nome di questo Compagno; Balādzuri, 91, ha i due nomi: abū Qays e 'Abdallah come due persone diverse; Athīr Usd., III, 139, lo chiama 'Abdallah b. al-Ḥārith, ecc.; Dzahabi Paris, I, fol. 115,v., distingue questo dal no. 13; al-Dawlābi, in Ḥubayš, foglio 20,r.-v., ha: abū Qays b. al-Ḥārith).

(97) Qays b. ʿUbayd b. al-Ḥurr (o Ḥurayr) b. ʿUbayd, al-Anṣāri.

(Ḥaǵar, III, 510, no. 1322; Athīr Usd., IV, 222). Cfr. il no. 94.

(98) Rabāḥ.

Vi sono due che portano questo nome, l'uno mawla o liberto dei banū Ǵaḥǵabah, l'altro mawla di al-Ḥārith b. Mālik al-Anṣāri: il primo è annoverato fra quelli che furono presenti alla battaglia di Uḥud e ambedue dicesi perissero alla battaglia di al-Yamāmah. V'è perciò ragione di ritenere che siano una stessa persona (Ḥaǵar, I, 1027, no. 2551; 1027, no. 2552; Athīr, II, 161; Dzahabi Paris, I, fol. 117,r. lo dice cliente di Ḥārith; al-Dawlābi in Ḥubayš, fol. 20,r.-v.).

(99) Rabīʿah b. abī Kharašah b. ʿAmr b. Rabīʿah b. Ḥabīb b. Khudzaymah b. Mālik b. Ḥisl b. ʿĀmir b. Lūayy, al-Qurašī, al-ʿĀmiri,

si convertì all'Islām il giorno che Maometto divenne signore di Makkah, si batté poi valorosamente nella grande campagna dell'anno 11. H., contro le tribù ribelli e peri alla battaglia di al-Yamāmah (Ḥaǵar, I, 1036-1037, no. 2583; Athīr Usd., II, 167; Dzahabi Paris, I, fol. 115,v., ove è scritto erroneamente b. abī Ḥaršah).

(100) Rāfiʿ b. Sahl b. Rāfiʿ b. ʿAdi b. Zayd b. Umayyah b. Zayd, al-Anṣāri,

Compagno del Profeta, e ḥalīf al-Qawāqilah (i banū Ghanm [Qawqal] b. 'Awf b. 'Amr b. 'Awf b. al-Khazraǵ). Non è certo se fosse presente a Badr (manca nel novero di ibn Isḥāq. cfr. 2. a. H., § 85), ma non v'è dubbio che si batté a Uḥud e a tutte le spedizioni successive. Alla battaglia di al-Yamāmah, spiegò un grande valore, e gridando ai fratelli di non lasciarsi precedere da altri, gettò via la corazza, si precipitò con la spada fra i nemici e fu ucciso (Ḥaǵar, I, 1016, no. 2521; Athīr Usd., II, 153; Dzababi Paris, I, fol. 117,r.; al-Dawlābi in Ḥubayš, fol. 20,r.-v. ha: Rāfi' b. Suhayl, dei banū 'Abd al-Ašhal).

(101) Ribʿi b. Tamīm b. Baʿār, al-Anṣāri,

secondo al-'Adawi, fu un Compagno del Profeta, che prese parte alla battaglia di Uḥud, e perì ucciso alla battaglia di al-Yamāmah (Ḥaǵar, I, 1029, no. 2558; manca in Athīr Usd.).

(102) Saʿd b. ʿAdi,

un ḥalīf o confederato dei banū 'Abd al-Ašhal, fu, secondo al-Umawi, uno dei Compagni del Profeta, che perirono alla giornata di al-Yamāmah (Ḥaǵar, II, 158, n. 4071; manca in Athīr Usd.).

(103) Sa'd b. Ǵāryah, o Sa'd b. Ḥārithah, b. Lūdzān b. 'Abd Wudd b. Zayd b. Tha'labah b. al-Khazraǵ, al-Anṣāri, al-Sā'idi,

[Compagni del Profeta uccisi nella battaglia di al-Yamāmah.]

secondo ibn Isḥāq, fu uno dei Compagni del Profeta, della famiglia dei banū Sālim b. 'Awf, uccisi alla giornata di al-Yamāmah (Ḥaǵar, II, 142, no. 4029; Athīr Usd., II, 272; Dzababi Paris, I, fol. 117,r.; al-Dawlābi in Ḥubayš, fol. 20,r.-v.). Cfr. il no. 28, che è forse un duplicato di questo.

(104) Sa'd b. Ḥimār, o Sa'd b. Ḥammān, o Sa'd b. Ǵumāz, b. Mālik, al-Anṣāri, al-Balawi,

ḥalīf o confederato dei banū Sā'idah, fu un Compagno del Profeta, il quale, secondo Mūsa b. 'Uqbah, si chiamava Sa'd b. Ḥibbān, e fu presente a Uḥud e a tutti i fatti d'arme successivi fino alla battaglia di al-Yamāmah, ove trovò la morte. Sul nome di suo padre regna grande incertezza, ma anche se la versione di Mūsa b. 'Uqbah è la giusta, non si deve confondere questo Compagno con l'altro, Sa'd b. Ḥibbān b. Munqidz [† 63. a. H.] (Ḥaǵar, II, 143, no. 4034; Athīr, II, 279; Athīr Usd., II, 272). Cfr. anche il no. 107.

(105) Ṣafwān (b. Umayyah) b. 'Amr, al-Sulami,

ḥalīf dei banū Asad (Ḥaǵar, II, 568, no. 8637; Athīr, II, 280; Athīr Usd., III, 24-25).

(106) Sahl b. 'Adi, al-Tamīmi,

confederato, ḥalīf, degli Anṣār, secondo abū-l-Aswad, fu uno di quelli che perirono alla battaglia di al-Yamāmah (Ḥaǵar, II, 283, no. 8031; Athīr Usd., II, 368; Dzababi Paris, I, fol. 117,r.; al-Dawlābi in Ḥubayš, fol. 20,r.-v.).

(107) Sahl b. Ḥumān, al-Anṣāri.

(Ḥaǵar, II, 277, no. 8013; Dzahabi Paris, I, fol. 117,r.; manca in Athīr Usd.), forse è la stessa persona del no. 104.

(108) al-Sā·ib b. al-'Awwām b. Khuwaylid b. Asad b. 'Abd al-'Uzza b. Quṣayy b. Kilāb, al-Quraši, al-Asadi,

fratello carnale di al-Zubayr b. al-'Awwām [36. a. H.]. fu uno dei Compagni del Profeta: si battè a Badr (manca nel novero di ibn Isḥāq, cfr. 2. a. H., § 85), ad al-Khandaq, e ai seguenti fatti d'arme fino alla grande insurrezione delle tribù, quando trovò la morte nel campo di battaglia di al-Yamāmah, senza lasciare discendenti (Ḥaǵar, II, 119-120, no. 3067; Qutaybah, 113; Balādzuri, 91; Athīr, II, 255, 279; Athīr Usd., II, 255: Durayd, 58; Wüst. F. Z., 27; Dzababi Paris, I, fol. 115,v.; al-Dawlābi in Ḥubayš, fol. 20,r.-v.).

(109) al-Sā·ib b. 'Uthmān b. Maẓ'ūn b. Ḥabīb, al-Ǵumaḥi,

figlio del celebre Compagno del Profeta (cfr. 2. a. H., § 108), fu uno dei più antichi Compagni, emigrò con gli altri in Abissinia, fu presente alla battaglia di Badr (cfr. 2. anno H., § 85,A, no. 70), e a tutte le spedizioni successive tranne quella di Buwāṭ (cfr. 2. a. H., § 18,A). durante la quale il Profeta lo aveva lasciato suo luogotenente in Madīnah. Fu colpito alla battaglia di al-Yamāmah da una freccia nemica, e morì per gli effetti della ferita, in età, si dice. di più che trenta anni (Ḥaǵar, II, 119, no. 3065, ove è stampato erroneamente Maṭ'ūn, invece di Maẓ'ūn; Athīr, II, 279; Athīr Usd., II, 255; Bāladzuri, 91; Dzahabi Paris, I. fol. 115,v., afferma che il Profeta lo unisse in fratellanza con Ǵāriyah b. Surāqah al-Anṣāri; al-Sā·ib era un abilissimo tiratore d'arco). Secondo Saad (III, 1, p. 292-293). sua madre era Khawlah bint Ḥakīm b. Umayyah al Sulamiyyah.

(110) Sa'īd b. 'Adi, al-Anṣāri,

è menzionato da al-Umawi fra quei Compagni del Profeta, che furono uccisi alla battaglia di al-Yamāmah (Ḥaǵar, II, 199, no. 5066; manca in Athīr Usd.).

(111) Sa'īd b. al-Rabī' b. 'Adi b. Mālik b. al-Aws, o Sa'd b. al-Rabī'. ecc..

della stirpe dei banū Ǵalǵaba, è menzionato da Mūsa b. 'Uqbah fra quei Compagni del Profeta, periti in al-Yamāmah. ibn Mandah lo chiama Sa'd (Ḥaǵar, II, 189, no. 5047; Athīr Usd., II. 305; al-Dawlābi in Ḥubayš, fol. 20,r.-v.).

(112) Salamah b. Mas'ūd b. Sinān, al-Anṣāri.

Compagno del Profeta, della tribù dei banū Ghānim b. Ka'b, morì ucciso alla battaglia di al-

[Compagni del Profeta uccisi nella battaglia di al-Yamāmah.]

Yamāmah (Ḥaǵar, II, 236, no. 6085; Athīr, II, 279; Athīr Usd., II, 339; Dzahabi Paris, I, fol. 117,r., afferma che alcuni lo chiamano Mas'ūd b. Sinān).

(113) Balādzuri, 90, aggiunge: Sālim, un mawla, o cliente di abū Hudzayfah (cfr. no. 60), che aveva cognome abū 'Abdallah. In Ḥaǵar (II, 108, no. 3049) ignorasi però la sua morte a al-Yamāmah. Qutaybah (139), lo dice ucciso in questa battaglia; Athīr Usd., II, 245-247; al-Dawlābi in Ḥubayš (fol. 20,r.-v.) lo pone fra i morti di al-Yamāmah. Cfr. poc'anzi § 12.

(114) Salīṭ b. 'Amr b. 'Abd Šams b. 'Abd Wudd b. Naṣr b. Mālik b. Ḥisl, al-Qurašī al-'Āmiri,

fratello di Suhayl b. 'Amr uno dei primi a convertirsi all'Islām, è menzionato da ibn Isḥāq fra quelli che emigrarono in Abissinia, e da al-Wāqidi e da abū Ma'šar fra quelli che furono presenti alla battaglia di Badr (manca nel novero di ibn Isḥāq: non si deve confondere con l'Anṣārita omonimo: cfr. 2. a. H., § 85,C, no. 149), ma Mūsa b. 'Uqbah omette il suo nome tanto nell'una che nell'altra lista. Fu mandato come ambasciatore dal Profeta a Hawdzah b. 'Ali, il ra·īs della Yamāmah, e perì ucciso insieme con il figlio Salīṭ alla battaglia di al-Yamāmah (Ḥaǵar, II, 244, no. 7011; Athīr Usd., II, 344; Durayd, 69, lin. 15; Balādzuri, 91).

(115) Salīṭ b. Salīṭ b. 'Amr b. 'Abd Šams b. 'Abd Wudd b. Naṣr b. Mālik, al-Qurašī al-'Āmiri.

Compagno del Profeta, nipote di Suhayl b. 'Amr, figlio di Salīṭ b. 'Amr (cfr. il no. prec.), nacque in Abissinia, ove suo padre era emigrato prima della Hiǵrah, e, secondo la maggior parte delle fonti, morì ucciso alla battaglia di al-Yamāmah, benchè taluni citino lui e suo padre fra quelli, che ai tempi di 'Umar [† 23. a. H.] potevano vantarsi di essere, tanto padre che figlio, ambedue muhāǵirūn (Dzahabi Paris, I, 115,v.; Ḥaǵar, II, 243-244, no. 7003: Athīr Usd., II, 343-344).

(116) abū Suhayl 'Abdallah b. Suhayl b. 'Amr, al-Qurašī,

uno degli Emigrati in Abissinia, che però rinnegarono l'Islām e rimasero in Makkah; poi si riunì a Maometto e fu presente al trattato di al-Ḥudaybiyyah (cfr. il fratello al no. 46) (Ḥaǵar, II, 785-786, no. 9104; Athīr Usd., III, 181). Secondo Dzahabi Paris (I, fol. 115,r.), passò dalla parte di Maometto alla vigilia di Badr. Quando fu ucciso aveva 38 anni. Narra al-Wāqidi che il califfo abū Bakr, quando (nel 12. a. H.) andò in pellegrinaggio a Makkah, incontrato il padre di 'Abdallah b. Suhayl, fecegli le sue condoglianze. Suhayl gli rispose: « Ho inteso dire che il Profeta avrebbe detto: ogni martire per la fede può intercedere in favore di 70 persone della sua famiglia: spero che egli comincierà da me! » (cfr. Saad, III, 1, p. 295-296; al-Dawlābi in Ḥubayš, fol. 20,r.-v.). Cfr. anche no. 126.

(117) Suhayl b. 'Adi, al-Azdi,

degli Azd Šanū·ah, ḥalīf dei banū 'Abd al-Ašhal (Ḥaǵar, II, 202, no. 8060; Athīr Usd., II, 371).

(118) Balādzuri, 92, aggiunge: Surāqah b. Ka'b b. 'Abd al-'Uzza, al-Naǵǵāri al-Khazraǵi. In Ḥaǵar (II, 134, no. 4011) è detto che morisse ai tempi di Mu'āwiyyah [† 60. a. H.]; manca in Athīr Usd.

(119) In Dzahabi Paris (I, fol. 117,r) è menzionato un certo Šurr (*sic*) b. 'Abdallah al-Khazraǵi, probabilmente un errore del copista, perchè Šurr è un nome insolito.

(120) Ṭalḥah b. 'Utbah, al-Anṣāri al-Awsi,

dei banū Ǵaḥǵaba, presente a Uḥud (Ḥaǵar. II, 589, no. 8757; Athīr Usd., III, 62: Dzahabi Paris, I, fol. 117,r.; al-Dawlābi in Ḥubayš, fol. 20,r.-v.).

(121) Thābit b. Hazzāl b. 'Amr b. 'Amr b. Qarbūs b. Lūdzān b. Sālim b. 'Awf, al-Anṣāri.

Compagno del Profeta, combattè a Badr (cfr. 2. a. H., § 85,C, no. 32) e morì nella battaglia di al-Yamāmah (Ḥaǵar, I, 399, no. 907; III, 55, no. 138; Athīr Usd., I, 233; Saad, III, 2, p. 98; al-Dawlābi in Ḥubayš, fol. 20,r.-v.).

[Compagni del Profeta uccisi nella battaglia di al-Yamāmah.]

(122) Thābit b. Khālid (o ʿAmr) b. al-Nuʿmān b. Khansā b. ʿAšīrah b. ʿAbd b. ʿAwf, al-Naǵǵāri, al-Anṣāri.

Compagno del Profeta, combattè a Badr (cfr. 2. a. H., § 85,C, no. 119), e, secondo gli uni, fu ucucciso nella spedizione di Bi'r Ma'ūnah nell'anno 4. H., secondo altri invece nella battaglia di al-Yamāmah (Saad, III, 2, p. 50; Dzahabi Paris, I, fol. 117,r. (*bis*); Ḥaǵar, I, 387, no. 871; Athīr Usd., I, 221).

(123) al-Dawlābi in Ḥubayš (fol. 20,r.-v.), ha un: Thābit b. Ma'mar b Khansā, dei banū Mālik b. al-Naǵǵār, che è forse la stessa persona del no. precedente.

(124) Athīr (II, 279), aggiunge anche al-Ṭufayl b. 'Amr al-Dawsi al-Azdi, che però altri dicono morto al Yarmūk nel 15. a. H. Cfr. anche Balādzuri (91) e Dzababi Paris (I, fol. 115,v.), i quali lo annoverano fra i morti di al-Yamāmah. Si narra che egli si convertisse all'Islām prima della fuga di Maometto da Makkah a Madīnah, e poi ritornasse al suo paese, venendo a raggiungere il Profeta soltanto quando fu presa la città di Makkah nell'8. a. H. Venne poi a Madīnah, quando era califfo abū Bakr. Era uomo nobile, giusto, poeta intelligente. Fu mandato dal califfo abū Bakr come ambasciatore al falso profeta Musaylimah, e ritornando dalla ambasceria ebbe una visione, nella quale gli sembrò d'avere la testa rasata, di veder uscire un uccello dalla bocca, e infine d'essere introdotto da una donna nella sua vulva. Egli interpretò la visione nel seguente modo: « La mia testa rasata significa che sarò decapitato: l'uccello è l'anima mia che s'invola, e la donna è la terra, nella quale sarò sepolto ». Infatti fu ucciso alla battaglia di al-Yamāmah. Cfr. anche Ḥaǵar (II, 576, no. 8742), che lo annovera fra gli uccisi al Yarmūk nel 15. a. H.

(125) ʿUbaydallah b. Aws, al-Anṣāri, al-Ašhali,

menzionato da al-Umawi nei suoi « al-Maghāzi », è annoverato da ibn Isḥāq fra i morti di al-Yamāmah (Ḥaǵar, II, 1057, no. 9694; manca in Athīr Usd.).

(126) ʿUbaydallah b. Suhayl b. ʿAmr b. ʿAbd Šams, al-Qurašī, al-ʿĀmiri,

fratello di abū Ǵandal, (cfr. no. 46 e 116) è annoverato da ibn Ḥibbān fra i presenti alla battaglia di Badr (manca nel novero di ibn Isḥāq, cfr. 2. a. H., § 85), dove combattè contro suo padre Suhayl. Si vuole anzi che divenisse musulmano nel giorno stesso della battaglia. Sua madre era Fākhitah bint 'Āmir b. Nawfal b. 'Abd Manāf (Ḥaǵar, II, 1045-1046, no. 9668; manca in Athīr Usd. e in Saad: forse è una ripetizione del no. 116).

(127) ʿUbaydallah b. ʿUbayd, o ʿAtīk, b. al-Tayyihān, al-Anṣāri.

(Ḥaǵar, II, 1051, no. 9673; Athīr Usd., III, 341).

(128) ʿUmārah b. Aws b. Thaʿlabah, al-Anṣāri, al-Ǵušami,

menzionato da al-Umawi nei suoi « al-Maghāzi », perì, secondo ibn Isḥāq, alla battaglia di al-Yamāmah (Ḥaǵar, II, 1221, no. 10076; manca in Athīr Usd.).

(129) ʿUmārah b. Ḥazm b. Zayd b. Lūdzān b. ʿAbd ʿAwf b. Ghanm b. Mālik b. al-Naǵǵār, al-Anṣāri,

fu presente al Convegno di 'Aqabah (cfr. Intr., § 344, no. 13), ed unito dal Profeta in fratellanza con Muḥriz b. Nadlah: presente a Badr (cfr. 2. a. H., § 85,C, no. 120) e a tutte le spedizioni militari di Maometto: alla presa di Makkah resse lo stendardo dei banū Mālik b. al-Naǵǵār. Altri dicono che morisse ai tempi di Mu'āwiyyah [† 60. a. H.] (Ḥaǵar, II, 1222, no. 10078; Athīr, II, 269; Athīr Usd., IV, 48; Balādzuri, 92; Dzababi Paris, I, fol. 116,v., dice che non lasciò discendenti; al-Dawlābi in Ḥubayš, f. 20,r.-v.; Saad III. 2. p. 50-51).

(130) ʿUmayr b. ʿAmr b. Bābi b. Yazīd b. Ḥarām, al-Anṣāri, al-Khazraǵi,

fu, secondo ibn al-Kalbi, uno dei Compagni presenti a tutti i fatti d'arme del Profeta (Ḥaǵar, III, 64, no. 158; manca in Athīr Usd.). È forse la stessa persona del no. 133.

(131) ʿUmayr b. Aws b. ʿAtīk b. ʿAmr b. ʿAbd al-ašhal, al-Anṣāri al-Awsi,

forse fratello di Mālik b. Aws, o di 'Amr b. Aws, fu presente alla battaglia di Uḥud ed a tutte le successive spedizioni del Profeta (Ḥaǵar, III, 55, no. 138; Athīr Usd., IV, 140; Athīr, II, 239; Dzahabi Paris, I, fol. 117,r.).

(132) In Dzahabi Paris (I, 115,v.) è menzionato anche abū Umayyah Safwān b. Umayyah, ma è un errore perchè questi morì nel 12. a. H. (cfr. Ḥaǵar, II, 496-498, no. 8565).

[Compagni del Profeta uccisi nella battaglia di al-Yamāmah.]

(133) 'Uqbah b. 'Āmir b. Nābi b. Zayd b. Ḥarām b. Ka'b b. Ghanm b. Ka'b b. Salamah, al-Anṣāri, al-Salami,

presente al primo convegno di 'Aqabah, alle battaglie di Badr (nel novero di ibn Isḥāq è detto: 'Utbah b. 'Āmir, cfr. 2. a. H., § 85,C, no. 60) e di Uḥud, ove si distinse fra i Compagni, portando una stoffa verde avvolta intorno all'elmo, prese parte a tutte le spedizioni successive (Ḥagar, II, 1165, no. 9968; Athīr Usd., III, 417; Muštabih, 19; Balādzuri, 92, dice che alcuni lo affermano morto presso Ǵuwāthā nel Baḥrayn; Dzahabi Paris, I, fol. 116,v., afferma che 'Uqbah venisse annoverato fra i primi sei Anṣār che abbracciarono l'Islām. Non lasciò discendenti; Saad, III, 2, p. 110; al-Dawlābi in Ḥubayš, fol. 20,r.-v.). Cfr. il no. 130.

(134) al-Dawlābi in Ḥubayš (fol. 20,r.-v.) ha un: Usayd b. al-Nu'mān, al-Anṣāri, dei banū Sā'idah.

(135) Usayd b. Yarbū' b. al-Bada b. 'Āmir b. 'Awf b. Ḥārithah b. 'Amr b. al-Ḥārith b. Sā'idah, al-Anṣāri, al-Khazraǵi, al-Sā'idi,

cugino paterno di abū Usayd, fu presente alla battaglia di Uḥud (Athīr Usd., I, 95; Ḥagar, I, 95, no. 188; Dzahabi Paris, I, fol. 117,r.).

(136) Wadzafah, o Wadzaqah, Iyās b. 'Amr b. Ghanm b. Umayyah, al-Khazraǵi al-Anṣāri,

presente a Badr (cfr. 2. a. H., § 85,C, no. 85, ove è detto Waraqah), a Uḥud ed a tutte le spedizioni successive, morì senza lasciare discendenti (Saad, III, parte II, 98; Ḥagar, III, 1301, no. 8626, afferma che il suo nome fosse o Wadaqah, o Wadafah, o Waraqah, ma non menziona la sua morte a al-Yamāmah; Dzahabi Paris, I, fol. 117 r., ha erroneamente Udbah b. Yās; cfr. no. 140).

(137) abū Wahb Šuǵā' b. Wahb (o ibn abī Wahb) b. Rabī'ah b. Asad b. Ṣuhayb b. Mālik, al-Asadi,

uno dei più antichi musulmani, uno degli emigrati in Abissinia, reduce da Badr (cfr. 2. a. H., § 85,A, no. 19) ed ambasciatore del Profeta presso il principe al-Mundzir al-Ghassāni (cfr. 6. a. H., § 51). Ḥagar, II, 389, no. 8333; Athīr, II, 280; Athīr Usd., II, 380; Balādzuri, 91; al-Dawlābi in Ḥubayš, fol. 20,r.-v. Secondo Dzahabi Paris (fol. 114,v.), era uomo alto e magro, ma aveva le spalle curvate in avanti. Il Profeta lo unì in fratellanza con Aws b. Khawli: ebbe il comando di una piccola spedizione di 24 uomini, nella quale catturò un certo numero di struzzi e di pecore. Egli fu ambasciatore del Profeta presso Ḥarb b. abī Šamir al-Ghassāni, che dimorava nella Ghūṭah di Damasco, ma non lo potè convertire: solo un ciambellano (ḥāǵib) del principe abbracciò l'Islām. Fu ucciso in età di poco più che 40 anni; era un confederato dei banū 'Abd Šams. Cfr. anche Saad, III, 1, p. 66.

(138) In Dzababi Paris (I, fol. 115,v.), si fa menzione di un Wahb b. Ḥazn b. abī Wahb al-Makhzūmi, figlio del no. 62., quale uno dei Compagni periti a al-Yamāmah, ma il suo nome manca in tutte le altre fonti da noi conosciute.

(139) Wāqid b. Sahl, al-Anṣāri al-Ašhali.

(Ḥagar, III, 1293, no. 8606; manca in Athīr Usd.).

(140) Athīr (II, 280) aggiunge: Waraqah b. Iyās b. 'Amr, al-Anṣāri, presente a Badr; ma Ḥagar (III, 1301, no. 8626, e 1304, no. 8639), non menziona la sua morte e afferma che si chiamasse Wadaqah o Waraqah. Athīr Usd. (V, 86), gli dà nome Wadaqah e dice fosse presente a tutte le campagne del Profeta, e ucciso a al-Yamāmah. È la stessa persona del no. 136.

(141) al-Dawlābi in Ḥubayš (fol. 20,r.-v.), ha un: Ya'la b. Ǵāryah, al-Thaqafi, ḥalīf dei banū Zuhrah b. Kilāb.

(142) Dzahabi Paris (I, fol. 115,v.), e al-Dawlābi in Ḥubayš (fol. 20,r.-v.), menzionano: Yazid b. Aws, ḥalīf dei banū 'Abd al-Dār che manca in ibn Ḥagar.

(143) Dzababi Paris (I, fol. 115,v.), e al-Dawlābi in Ḥubayš (fol. 20,r.-v.), menzionano: Yazīd (o Mu'allah) b. Hārithah al-Thaqafi, che manca in ibn Ḥagar.

(144) Balādzuri (91), aggiunge: Yazīd b. Ruqayš al-Asadi, ḥalīf o confederato degli Umayyah. In Ḥagar (III, 1349, no. 8768), è detto che fosse presente a Badr, ma ignorasi la sua morte a al-Yamāmah (Athīr Usd., V, 109; cfr. no. 121); Dzahabi Paris, I, fol. 115,v.), lo annovera fra i morti di al-Yamāmah.

[**Compagni del Profeta uccisi nella battaglia di al-Yamāmah.**]

(145) Yazīd b. Thābit b. al-Daḥḥāk, al-Anṣāri,

fratello di Zayd b. Thābit, secondo alcuni fu presente a Badr, ma manca nel novero di ibn Isḥāq (cfr. 2. a. H., § 85); non è certo che morisse alla battaglia di al-Yamāmah, perchè Bukhāri [† 256. a. H.], al-Nasā·i [† 302. a. H.] e ibn Māġah [† 273. a. H.] hanno conservato sue tradizioni nelle loro grandi raccolte, e se queste sono autentiche, egli deve aver vissuto molto più a lungo (Ḥaġar, III, 1344, no. 8747; Athīr, II, 280; Balādzuri, 92; Athīr Usd., V, 105; Dzahabi Paris, I, fol. 115,v.; al-Dawlābi in Ḥubayè, fol. 20,r.-v.).

(146) Yazīd b. Waqš,

ḥalīf, o confederato dei banū 'Abd Śams, raccolse in al-Yamānah lo stendardo dalle mani di Sālim, mawla di abū Ḥudzayfah, e lo difese finchè cadde ucciso (Athīr, V, 122; Ḥaġar, III, 1369, no. 8832).

(147) Zayd b. Asīd (o Usayd) b. Ḥārithah, al-Thaqafi al-Zuhri,

ḥalīf o confederato dei banū Zuhrah (Ḥaġar, II, 39, no. 2862; manca in Athīr Usd.).

(148) Zayd b. al-Azwar, al-Asadi,

fu presente alla grande battaglia di al-Yamāmah nell'anno 11. H., e si batté con grande coraggio, finchè ebbe troncati ambedue i piedi, e morì in conseguenza delle ferite. Si dice che fosse fratello di Dirār b. al-Azwar (Ḥaġar, II, 38-39, no. 2859; manca in Athīr Usd.).

(149) Zayd b. al-Khaṭṭāb b. Nufayl b. 'Abd al-'Uzza b. Riyāḥ b. 'Abdallah b. Qaraṭ b. Rizāḥ b. 'Adi b. Ka'b b. Lū·ayy b. Ghālib, al-Quraši, al-'Adawi,

fratello maggiore del celebre 'Umar [† 23. a. H.], ebbe per madre Asmā bint Wahb dei banū Asad, e si convertì all'Islām molto tempo prima del fratello. Prese parte alla battaglia di Badr (cfr. 2. a. H., § 85,A, no. 56) e a tutte le spedizioni successive del Profeta, ma trovò la morte nella giornata di al-Yamāmah, combattendo con insigne valore presso allo stendardo dei musulmani, che egli resse fino al momento di rimanere ucciso. La sua morte addolorò grandemente il fratello 'Umar, il quale esclamò: « Mio fratello mi ha preceduto in due belle cose, nel divenire musulmano, e nel morire per la fede »; egli reggeva lo stendardo degli Emigrati makkani (Ḥaġar, II, 50, no. 2832; Balādzuri, 91, Zayd aveva cognome: abū 'Abd al-raḥmān; Qutaybah, 90; Athīr Usd., II, 228-229). Dzababi Paris (I, fol. 114,v.-115,r.), aggiunge altri particolari. Era alto e bruno: alla battaglia di Uḥud il fratello 'Umar gli domandò: « Ov'è la mia corazza? » Zayd gli rispose: « Io cerco nel martirio per la fede (šahādah) la protezione che tu cerchi nella corazza! ». Allora ambedue si batterono senza corazza. Si dice che il Profeta unisse Zayd in fratellanza con Ma'n b. 'Adi al-'Aǵlāni. Durante la battaglia di al-Yamāmah egli gridava: « Allah! Io ti chiedo scusa per la fuga dei miei compagni, e mi dichiaro innocente delle menzogne di Musaylimah e di Muḥakkam b. al-Ṭufayl! ». Narra al-Wāqidi (da ibn al-Māǵišūn), che 'Umar, allorchè seppe la morte di Zayd, disse al guercio Mutammim b. Nuwayrah, dopo che Khālid gli ebbe ucciso il fratello Mālik (cfr. 11. a. H., § 180.): « Quanto deve essere grande il tuo dolore per la morte del fratello! ». Mutammim rispose: « Io avevo già perduto un occhio e non piangevo più che con l'altro: ma quando mi ha colpito la sventura (nella morte di Mālik) anche l'occhio spento ha versato lagrime! Certo fu un dolore immenso! ». Allora 'Umar esclamò: « Che Allah abbia misericordia di mio fratello Zayd! Sono sicuro che se sapessi fare dei versi, ne avrei ora composti per piangerlo ». (È noto, dice la tradizione, che 'Umar, come il Profeta, non fosse poeta, e non componesse mai un solo verso). Mutammim soggiunse: « Se mio fratello fosse stato ucciso alla battaglia di al Yamāmah, io non avrei già pianto per lui! ». Queste parole furono le sole che consolassero 'Umar per la morte del fratello Zayd; ma soleva dire spesso: « Ogni volta che soffia il vento, esso mi apporta l'odore di Zayd! ». Si dice che Zayd fosse colui che vietasse ai guerrieri di uccidere le madri di famiglia (dzawāt al-buyūt). Dalla moglie Lubābah bint abī Lubābah b. al-Mundzir egli ebbe un figlio per nome 'Abd al-raḥmān. — Cfr. anche Saad, III, 1, p. 274-275; al-Dawlābi in Ḥubayš, fol. 20,r.-v.

(150) Zayd b. Ruqayš, o Zayd b. Qays, o Yazīd b. Ruqayš,

un ḥalīf o confederato dei banū Umayyah, fu uno dei Compagni del Profeta, uccisi alla battaglia di al-Yamāmah (Ḥaġar, II, 51, no. 2885, Athīr Usd., II, 280: cfr. no. 146).

[Compagni del Profeta uccisi nella battaglia di al-Yamāmah.]

(151) Zurārah b. Qays b. al-Ḥārith b. Fibr b. Qays b. Tha'labah b. 'Ubayd b. Tha'labah b. Ghanm b. Mālik b. al-Naǵǵār, al-Anṣāri.

Haǵar, II, 15, no. 2783; Athīr, II, 280; Athīr Usd., II, 202, lo fa appartenere ai Nakha' e non agli Anṣār e dice che fosse cristiano prima di venire con l'ambasciata Nakha'ita a Madīnah; ignorando poi del tutto la sua morte a al-Yamāmah, narra com'egli fosse uno dei primi a ribellarsi in Kūfah contro il califfo 'Uthmān nel 34. a. H. Forse sono due persone diverse.

Conclusione della pace con i Ḥanīfah.

§ 24. — (a) (ibn Isḥāq, senza isnād). Dopo la strage spaventosa di al-Yamāmah la potenza dei Ḥanīfah rimase totalmente distrutta (1); nei numerosi castelli del loro paese trovavansi soltanto i vecchi, i malati, le donne e i bambini, i quali non avrebbero potuto opporre ai musulmani la menoma resistenza. Di questo però Khālid b. Walīd non era consapevole: il ḥanafita prigioniero Muǵǵā'ah b. Murārah, per salvare i suoi consanguinei dalla sorte pietosa, che li attendeva, se il vincitore avesse scoperto la verità, ricorse ad un'astuzia. Egli fece credere a Khālid, che nella battaglia di 'Aqrabā avessero preso parte soltanto i capi delle tribù, e che perciò i castelli del paese erano ancora pieni di uomini pronti a battersi: si offerse quindi come intermediario per stipulare la pace. Khālid accettò, ponendo però come condizione, che i Ḥanīfah dovessero cedere il giallo (al-ṣafrā, l'oro), il bianco (al-bayḍā, l'argento), le armature di maglia (al-ḥalqah), e la metà di tutti gli schiavi, o prigionieri di guerra (nusf al-saby, Tabari, I, 1952, lin. 13; e altrove: nusf al-mamlūkīn, Tabari, I, 1954, lin. 14). Muǵǵā'ah si recò come ambasciatore nei castelli, ma invece di trattare la pace come aveva promesso, animò i Ḥanīfah superstiti a far mostra di resistenza per ottenere patti migliori: le donne tirarono su i loro capelli, indossarono le armi e si disposero sulle mura in vista dei musulmani, facendo così credere ai medesimi, che fossero tutti uomini pronti a battersi. Ciò fece la voluta impressione, perchè quando ritornò Muǵǵā'ah, i musulmani erano disposti a concedere migliori condizioni. Muǵǵā'ah dichiarò che i Ḥanīfah non volevano accettare tutti i patti, e perciò erano decisi a resistere. Fece però comprendere, che se Khālid avesse rinunziato alla cessione di metà degli schiavi, e si fosse contentato del quarto, i Ḥanīfah avrebbero ceduto. Khālid accettò e la pace fu conclusa. Quando però i musulmani scoprirono la frode, e videro non esser rimasti nei castelli altro che uomini impotenti, donne e fanciulli, Khālid mosse vivace rimprovero a Muǵǵā'ah; questi gli rispose: "È la mia gente! Non era possibile che io facessi altrimenti!" (2) (Tabari, I, 1952-1953).

(b) Secondo ibn Ḥubayš (da 'Abd al-'azīz b. Sa'd), Muǵǵā'ah disse, in risposta ai rimproveri di Khālid: "È la mia gente! che cosa poteva io fare? Non poteva agire altrimenti! Le donne mi hanno sospinto a questo! „ (Ḥubayš, fol. 18,r., ove sono anche citati alcuni versi composti da un ḥanafita, e nei quali, descritta la sorte miseranda dei vinti, s'implora il soccorso di Muǵǵā'ah). [Conclusione della pace con i Ḥanīfah.]

Nota 1. — Le perdite dei Ḥanīfah sono state grandemente esagerate dai tradizionisti musulmani, i quali fanno morire sul campo di battaglia più Ḥanīfah, che non fosse per avventura il numero totale degli uomini adulti di tutta la tribù. Una prova però che le loro perdite debbano essere state ingentissime in proporzione delle loro forze, sta nel fatto che questa tribù, pur tanto numerosa, fiorente e prospera prima dell'Islām, e che avrebbe dovuto, se non altro per il numero dei suoi componenti, avere una parte cospicua negli eventi successivi, scompare quasi del tutto dagli annali musulmani ed i Ḥanīfah non sono quasi mai menzionati più, nemmeno individualmente. Ben diverso fu il caso per esempio dei Tamīm che, sottomessi all'Islām, senza spargimento di sangue, inondarono poi la Babilonide meridionale e resero per lungo tempo la popolosa Baṣrah, una città quasi intieramente tamimita.

Nota 2. — Chiunque legga con spirito imparziale questa e le seguenti tradizioni dovrà convenire che il tenore delle medesime è molto tendenzioso, ed è composto ad arte per velare una verità dolorosa. Dopo un disastro come quello di 'Aqrabā era d'attendersi che i Ḥanīfah « distrutti » avessero perduto ogni voglia o capacità di resistere, che tutto il paese si sarebbe arreso a discrezione. Se dunque i musulmani conclusero invece un trattato assai onorevole per i vinti, e nel quale *non è detto esplicitamente che i Ḥanīfah si convertissero*, abbiamo il diritto di sospettare che i fatti non si siano svolti come i tradizionisti musulmani vorrebbero darci a intendere. È vero che Sayf b. 'Umar (cfr. il § seg.) accenna alla conversione nel trattato, ma egli è fonte assai tendenziosa e malfida, e non può in verun modo esser messo in raffronto con ibn Isḥāq, il quale tace su questo punto assai delicato. Le deduzioni da trarre da questi dati di fatto sono diverse: (1) È evidente che la vittoria musulmana fu meno completa di quanto si vuol far credere, e che quindi i Ḥanīfah, benchè privi del loro capo e decimati dalla disfatta, avevano ancora validi mezzi di difesa, in primo luogo le loro città, o borgate cinte di mura e ben fortificate. I musulmani non potevano essere tanto innocenti da lasciarsi ingannare da donne e vecchi camuffati da guerrieri. (2) È del pari evidente, che le perdite dei musulmani, in proporzione al numero delle loro milizie, dovettero essere tanto considerevoli da fiaccare temporaneamente la loro capacità aggressiva. Dopo perdite tanto dolorose a Khālid b. al-Walīd ed ai suoi consiglieri mancò l'animo d'accingersi alla conquista di un paese irto di paesi forticati, posti certamente su alture eminenti, perchè è noto che la Yamāmah è paese montuoso intersecato da valli feracissime. Una lunga serie di tediosi assedi sarebbe stata disastrosa al prestigio delle armi musulmane, ed avrebbe diminuito assai l'effetto morale della vittoria di 'Aqrabā. Quindi il trattato con i Ḥanīfah fu atto di saggia politica, che garantì ai musulmani i frutti della vittoria pagati a sì caro prezzo. Khālid b. al-Walīd, come abbiam visto, e come vedremo anche meglio in appresso, era uomo che amava soluzioni rapide e decisive, ed in questa circostanza si mostrò non solo geniale stratega, ma altresì abile politico e diplomatico. Questo aspetto complesso del trattato con i Ḥanīfah sfuggì ai tradizionisti, e perciò essi accomodarono a modo loro la narrazione dei fatti nello scopo di appianare l'apparente contradizione della grande vittoria e dell'onorevole trattato.

§ 25. — (*a*) La versione di Sayf b. 'Umar (da Sahl b. Yūsuf, da al-Qāsim b. Muḥammad) contiene alcune varianti: dopo la battaglia, 'Abdallah b. 'Umar e 'Abd al-raḥmān b. abī Bakr proposero a Khālid di assalire subito i castelli, ma il comandante preferì lanciare prima schiere di cavalleria in tutte le direzioni a raccogliere quanto non fosse (ancora rinchiuso) nelle castella, devastando le campagne e portando via tutto quello che trovavano, donne, bambini e bestiami. Venne così raccolto un grande bottino nel campo musulmano, e allora soltanto Khālid stabilì di assalire i luoghi muniti. Intervenne perciò Muǵǵā'ah, il quale fece notare a Khālid, che quelle terre erano piene di uomini decisi a battersi, e che perciò meglio era trattare una pace. Khālid impose allora che condizione della medesima fosse la cessione di

[Conclusione della pace con i Ḥanīfah.]

tutti i loro averi, salva soltanto la vita. Muǵǵā'ah si recò nei castelli, ma invece di trattare la pace organizzò la difesa e fece sì che dal campo musulmano si vedessero le mura dei castelli popolate di gente armata: Khālid e i suoi, non sospettando lo stratagemma di armare le donne e i vecchi, credettero che fossero uomini, sicchè quando Muǵǵā'ah fece ritorno al campo musulmano e portò la notizia, che i Ḥanīfah non volevano accettare i patti, trovò i vincitori disposti a concedere condizioni meno gravose: i musulmani erano stanchi dalle fatiche ed infiacchiti dalle grandi perdite subìte (Tabari, I, 1950-1951).

(*b*) In un'altra tradizione dello stesso Sayf (da Sahl b. Yūsuf, ed anche da Ṭalḥah, da 'Ikrimah, da abū Hurayrah), le condizioni della resa sono riferite diversamente. I Ḥanīfah dovevano consegnare tutti gli ori, gli argenti, le armature di maglia, i cavalli (kurā'), la metà degli schiavi di guerra (nusf al-saby), e Khālid aveva il diritto di scegliersi in ogni paese della regione un recinto murato (ḥā'iṭ) ed un campo seminato (mazra'ah). Dalle espressioni però ambigue del testo (Tabari, I, 1953, lin. 10, e ibid. lin. 17) pare che queste condizioni venissero fissate dopo l'astuzia immaginata da Muǵǵā'ah, e che i patti fossero conclusi soltanto dopo diversi viaggi di Muǵǵā'ah fra i castelli dei Ḥanīfah e il campo musulmano. In questa medesima versione di Sayf leggiamo che tra i Ḥanīfah superstiti esistesse un partito di opposizione ad oltranza, il quale non voleva trattare affatto con Khālid, e sosteneva che con l'aiuto degli schiavi ('abīd) e della gente dei villaggi (ahl al-qura), fosse possibile di resistere ai musulmani: i castelli erano molto ben fortificati e vi abbondavano i viveri. Capo del partito era Salamah b. 'Umayr al-Ḥanafi, il quale, nell'esporre le predette ragioni per continuare la resistenza, aggiunse anche che l'inverno si avvicinava [1]. Contro questa corrente intransigente, Muǵǵā'ah protestè con tutto il vigore della sua autorità e della sua logica, chiamando Salamah " uomo di sinistro augurio " (maš'ūm) e rievocando infine la triste previsione di Šuraḥbīl b. Musaylimah avanti la battaglia di 'Aqrabā, sulla vergognosa sorte che toccherebbe alle loro donne dopo la sconfitta (cfr. § 9). Vinta da queste ragioni, la maggioranza dei Ḥanīfah si piegò al destino; e Muǵǵā'ah, domandando ai suoi contribuli se fosse rimasto loro ancora un uomo capace d'una qualche energia di bene e di difesa (aḥad fīhi khayrun aw bihi daf'un), riuscì infine a concludere un trattato del seguente tenore:

(*c*) " Questo è il patto fra Khālid b. al-Walīd, e Muǵǵā'ah b. Murārah in-" sieme con Salamah b. 'Umayr e taluni altri ed altri ancora (wā fulānan " wa fulānan). Si è convenuto che essi (abbiano a consegnare) il giallo,

" il bianco, la metà degli schiavi di guerra, le armi, i cavalli, un recinto " murato in ogni villaggio ed un campo seminato (in ogni villaggio), e che " si dichiarino tutti musulmani: allora voi siete tutti sicuri nella sicurtà " di Allah e vi spetta la protezione (dzimmah) di Khālid b. al-Walīd, la " protezione di abū Bakr successore (khalīfah) dell'Inviato di Dio e le " protezioni (dzimam) dei musulmani in tutta l'estensione del termine " ('ala-l-wafā) " (Tabari, I. 1953-1955) (2).

[Conclusione della pace con i Hanīfah.]

Nota 1. — In entrambe le su indicate tradizioni di Sayf (Tabari, I, 1954, lin. 2, e ibid., lin. 17) si accenna all'imminenza dell'inverno (al-šitā qad hadara), durante gli eventi che seguirono immediatamente la battaglia di al-Yamāmah. Quanto sia errata siffatta notizia data dal solo Sayf contrariamente al consenso di tante altre fonti migliori, è stato dimostrato poc'anzi (cfr. 11. a. H., § 73).

Perchè poi l'inverno potesse giovare alla difesa dei castelli hanafiti non mi è chiaro, ammenochè essendo la stagione dell'anno, nella quale tutti i raccolti più importanti sono radunati e riposti al sicuro, il nemico poteva forse scarseggiare di vettovaglie.

Nota 2. — Cfr. anche Balādzuri, 90, lin. 11-12, il quale dice che la pace fu conclusa con il patto della consegna per parte dei Hanīfah di *un quarto* dei prigionieri di guerra e di *metà* degli ori, degli argenti e delle armi; Khaldūn, II, App. p. 75, lin. 20 e segg.; Mirkh., II. 254-255.

§ 26. — In un'altra tradizione, pure di Sayf b. 'Umar (da Talhah, da 'Ikrimah, da abū Hurayrah) è descritto con poche varianti quanto trovasi nel precedente paragrafo; i discorsi di Salamah b. 'Umayr per indurre i Hanīfah a respingere la pace, e la risposta di Muģģā'ah il quale rievocò le parole pronunciate da Šurahbīl b. Musaylimah prima della battaglia di 'Aqrabā (1) sulla sorte infelice delle donne in caso di sconfitta. La maggioranza si piegò al destino, respinse le proposte di Salamah ed accettò i patti combinati da Muģģā'ah. Appena la pace fu conclusa, giunse una lettera del califfo abū Bakr, portata da Salamah b. Salāmah b. Waqš, con l'ordine di mettere a morte tutti i Hanīfah, che avevano preso le armi contro i musulmani. Essendo però la pace già stipulata, Khālid non potè più eseguire l'ordine sanguinario. I Hanīfah vennero quindi convocati in Ubād, valle della Yamāmah (Tabari, I, 1957, lin. 9) per giurare fedeltà al loro nuovo padrone e ricever sicurtà (ila bay'ah wa barā·t; cfr. Dozy, e De Sacy Chrest., I, traduzione pag. 37, s. v. barā [si noti: *non per professarsi musulmani!*]): con essi si presentò pure Salamah b. 'Umayr, il capo del partito irreconciliabile antimusulmano, ma con intenzioni malvagie, nascondendo cioè una spada sotto al mantello per uccidere di sorpresa Khālid. Il generale musulmano, vedendolo però arrivare, e sapendo chi era, diede ordine che fosse allontanato: quando le guardie lo perquisirono, gli trovarono indosso le armi. Grande fu lo sdegno di tutti i presenti, perchè se Salamah avesse tentato il colpo, i musulmani avrebbero senza indugio massacrato tutti i Hanīfah. I suoi consanguinei stessi furono più allarmati e più irati dei musulmani, perchè temettero che se Khālid avesse saputo l'incidente, avrebbe trattato tutta la stirpe come colpevole di alto tradimento, ossia avrebbe

[**Conclusione della pace con i Ḥanīfah.**]

massacrato gli uomini e ridotti schiavi le donne ed i bambini. Perciò i Ḥanīfah stessi arrestarono Salamah e lo rinchiusero in uno dei castelli, mentre essi si affrettavano a far atto di sottomissione. Salamah fuggì allora dalla fortezza, cercando di giungere al campo di Khālid: i Ḥanīfah, spaventati dalle possibili conseguenze, lo inseguirono e lo raggiunsero, mentre egli cercava rifugio in uno dei soliti recinti murati (ḥā·iṭ) della Yamāmah. I Ḥanifah si accinsero allora a murarlo entro il recinto, quando Salamah perduta ogni speranza, si segò la gola con la propria spada, lasciandosi cadere nel pozzo del recinto, ove miseramente perì (Tabari, I, 1954-1956).

Nota 1. — Šuraḥbīl aveva detto ai Hanīfah che se erano vinti, le loro donne sarebbero trattate dai vincitori come schiave comuni e non come spose onorate (ḥaẓiyyāt) (Tabari, I, 1939, lin. 15; 1943, lin. 8; 1955, lin. 2; Ḥubayš, fol. 17,v.). I tradizionisti, ricamando sulla storiella, non si sono ricordati, che Muǵǵā'ah, mentre Šuraḥbīl parlava ai Ḥanīfah, alla vigilia della battaglia, era prigioniero nel campo musulmano e non poteva essere stato presente al suo discorso (cfr. poc'anzi §§ 5 e segg.).

§ 27. — La pace con i Ḥanīfah non fu conclusa senza vivi contrasti anche nel campo musulmano, ove la grandezza delle perdite aveva inasprito gli animi, tanto che molti volevano sterminare i Ḥanīfah, ricusando qualunque patto con essi. Secondo una tradizione conservata da ibn Ḥubayš (da Yazīd b. Šarīk al-Fazāri, da suo padre) i più accesi contro il trattato erano Usayd b. Ḥuḍayr, il capo degli Aws di Madīnah, e abū Nā·ilah, che apostrofarono Khālid, dicendogli: " Temi Dio e non accettare il trattato! „ (Ḥubayš, fol. 17,v.) [H.].

§ 28. — Secondo un'altra tradizione, l'opposizione al trattato sorse nel campo musulmano per altri motivi. Si narra infatti (da 'Abd al-'azīz b. Sa'īd b. Sa'd b. 'Ubādah) che la sera stessa della conclusione della pace con i Ḥanīfah, giunse Salamah b. Salāmah b. Waqš con due lettere del califfo abū Bakr per Khālid b. al-Walīd. In una di queste lettere il Califfo ingiungeva a Khālid di non lasciare in vita un solo Ḥanafita. Allora gli Anṣār (sono sempre essi che contrastano Khālid!) dissero al generale: " L'ordine di abū Bakr ha la precedenza sul tuo, perciò non lasciare in vita un solo dei Ḥanīfah! „ (1). Khālid rispose che egli aveva concluso la pace soltanto in considerazione delle grandi perdite che essi stessi avevano patito, e per le quali i musulmani erano tanto indeboliti: molti erano gli uccisi, ed i superstiti tutti feriti: ora poi che il trattato era concluso ed i Ḥanīfah divenuti musulmani, nulla si poteva più fare. Scattò allora Usayd b. Ḥuḍayr: " Eppure tu hai ucciso Mālik b. Nuwayrah, che era musulmano! „ A questo rimprovero Khālid non seppe che rispondere. Intervenne anche il messo di abū Bakr, Salamah b. Salāmah b. Waqš, ed insistè presso Khālid che si conformasse agli ordini del Califfo; ma Khālid rispose: " Io ho mirato soltanto al bene: gli uomini migliori ed i conoscitori del Qur·ān erano periti nella strage:

temeva che anche gli altri sarebbero stati uccisi; perciò ho accettato un trattato concluso con un popolo, che è ormai musulmano „ (Ḥubayš, fol. 17,v.) [H.].

[Conclusione della pace con i Ḥanīfah.]

Nota 1. — Siffatta apostrofe era possibile solo nel caso cne i Ḥanīfah avessero conchiuso il trattato senza l'obbligo espresso di divenire musulmani. Veggasi quanto si è detto alla nota 2 del § 24. I particolari di questa e delle seguenti tradizioni sono probabilmente assai travisati da concetti tendenziosi, ma nel loro insieme stanno a dimostrare come il trattato non fosse concluso senza vivissimo contrasto nel campo musulmano. Se fu concluso e poi rispettato, ciò fu merito di Khālid b. al-Walīd, che tutti temevano e rispettavano per le sue singolari qualità militari: nessuno in queste poteva competere con lui.

§ 29. — (al-Mughīrah b. ʿAbd al-raḥmān b. al-Ḥārith b. Hišām al-Makhzūmi). Dopo la vittoria di Yamāmah, Khālid ebbe timore che ʿUmar b. al-Khaṭṭāb potesse mettere su il Califfo contro di lui, e stimò perciò opportuno di porre in iscritto le ragioni, per le quali egli non aveva totalmente distrutta la tribù dei Ḥanīfah, come il Califfo aveva ordinato. abū Bakr diede la lettera ad ʿUmar, il quale quando l'ebbe percorsa, esclamò: " Ha agito contrariamente ai tuoi ordini, e pur tuttavia ti mette innanzi i suoi pretesi servizi! „ abū Bakr non accettò il giudizio di ʿUmar, allegando che già il Profeta aveva scelto Khālid come suo generale (ed intendeva di conservarlo nel suo posto). " Ma egli agisce contro i tuoi ordini „, mormorò ʿUmar. " Ma lascia andare! „ gli gridò allora il Califfo, ed ʿUmar rispose: " Obbedisco! „ (Ḥubayš, fol. 19,r.) [H.].

§ 30. — (Maḥmūd b. Labīd). Muǵǵāʿah aveva giurato a Khālid b. al-Walīd di non stornare cosa alcuna di quelle che erano pattuite nel trattato. Perciò quando furono aperte le porte dei castelli, Muǵǵāʿah trasse fuori una grande quantità di armi, che consegnò in proprio a Khālid, perchè particolarmente le desiderava: tutti i cavalli furono pure consegnati nel campo musulmano, ma Muǵǵāʿah lasciò nei castelli i cimeli ed i vecchi utensili di casa. Khālid, divisi quindi i prigionieri in due parti, ne tirò una a sorte, estraendo quella, sulla quale era scritto " la parte di Dio „, (l'altra parte fu quindi rimessa in libertà?) e quella avuta in sorte fu divisa in cinque porzioni. Khālid divise parimenti in cinque parti tutte le cavalcature, e le armi, pesò l'argento e l'oro, ed infine messo in serbo il quinto di Dio, sotto la custodia di abū Nāʾilah, distribuì gli altri quattro quinti fra i musulmani. Per ogni cavallo egli diede solo due parti (e non tre come aveva fatto il Profeta a Khaybar; cfr. 7. a. H., § 40). Fra le donne hanafite prigioniere sono menzionate: la madre di Muḥammad b. ʿAli b. abī Ṭālib e la madre di Zayd b. ʿAbdallah b. ʿUmar (Ḥubayš, fol. 18,r.) [H.].

§ 31. — (*a*) (Sayf b. ʿUmar, da al-Ḍaḥḥāk b. Yarbūʿ, da suo padre Yarbūʿ). Khālid fece pace con tutti i Ḥanīfah eccettochè con quelli di al-ʿIrḍ e al-Qurayyah, contro i quali spedì le sue schiere e ne ridusse schiavi tutti gli

[Conclusione della pace con i Ḥanīfah.]

abitanti, mandando poi ad abū Bakr in Madīnah la quinta parte che gli spettava nella divisione. I prigionieri erano 500 capi, e non è certo se appartenessero ai Ḥanīfah propri, o ai Qays b. Tha'labah, o ai Yaškur (Tabari, I, 1956, lin. 6-11, ove però non è detto quale fosse il motivo di questo trattamento speciale inflitto agli abitanti di quei due luoghi). Se il quinto di abū Bakr ammontava a 500 capi, il totale dei prigionieri doveva essere 2500 in tutto.

(b) Dai privilegi concessi nel trattato ai Ḥanīfah furono esclusi i seguenti villaggi della Yamāmah:

(1) al-Suyūḥ (Yāqūt, III, 222, lin. 7), (2) al-'Ariqah (id., III, 654, lin. 21), (3) al-Ghabrā sede dei banū-l-Ḥārith b. Maslamah b. 'Ubayd (id., III, 771, lin. 20), (4) Fayšān, le cui acque appartenevano ai banū 'Āmir b. Ḥanīfah (id., III, 931, lin. 4), (5) Mar'ah, che poi fu occupata dai banū Imru-alqays b. Zayd Manāt b. Tamīm (id., IV, 481, lin. 4), e (6) al-Maṣāni' dei banū Dawr b. Razāḥ (id., IV, 544, lin. 14-15). Gli abitanti di questi vennero ridotti schiavi. Le ragioni di siffatto trattamento speciale non sono specificate nelle fonti.

§ 32. — (ibn Isḥāq). Dopo aver sostato qualche tempo nel campo di Ubād, una valle della Yamāmah, nella quale aveva ricevuto la sottomissione dei Ḥanīfah, Khālid andò a stabilire il campo in un'altra valle della Yamāmah, detta al-Wabar, e qui rimase (Tabari, I, 1957).

Matrimonio di Khālid.

§ 33. — (ibn Isḥāq, senza isnād). Subito dopo la vittoria di al-Yamāmah, Khālid b. al-Walīd chiamò Muǵǵā'ah e gli disse bruscamente: " Dammi in moglie tua figlia! „ — " Piano! „, gli rispose Muǵǵā'ah, " Tu danneggi te stesso e me presso il tuo signore „. Khālid non volle sentire ragione: " Dammela in moglie! „ Muǵǵā'ah dovette acconsentire ed il matrimonio venne consumato. abū Bakr, appena ebbe di ciò notizia, ne rimase addolorato, e scrisse una lettera a Khālid, la quale " stillava il sangue „ (¹), movendogli i più pungenti rimproveri per la sua condotta licenziosa. " Oh tu figlio della madre di Khālid! Per la vita mia! Tu ti dai a sposar donne, mentre nel recinto della tua casa ancora non è seccato il sangue di mille e duecento musulmani! „ La lettera non fece impressione su Khālid, il quale, quando l'ebbe letta esclamò: " Questo è opera del mancino (al-u'aysir) - alludendo con ischerno ad 'Umar b. al-Khaṭṭāb (Tabari, I, 1956). Per una versione leggermente diversa cfr. Ya'qūbi, II, 147, lin. 7-8.

Cfr. anche Mirkh., II, 258.

Secondo ibn Ḥubayš (Ḥubayš, fol. 17,v.) la lettera che " stillava sangue „ era quella che ordinava l'eccidio di tutti i Ḥanīfah: la qual versione è almeno più comprensibile. [Matrimonio di Khālid.]

Nota 1. — Il Wellhausen (Sk. u. Vorarb., VI, 149) rileva che l'espressione araba yaqṭur al-dam non ha senso. Il Muir (*Annals of the Early Caliphate*, p. 46) la traduce: « sprinkled with blood », ciò che mi sembra altrettanto incomprensibile quanto il testo Arabo, perchè non mi consta che mai in Arabia si mandassero per veruna ragione lettere « spruzzate di sangue ». È probabilmente qualche frase proverbiale caduta poi in disuso, che serviva per descrivere con una metafora espressioni tanto pungenti da far spruzzare il sangue. Fra gli Arabi antichi v'era il concetto che in determinate circostanze le parole colpissero e ferissero a mo' di freccie (Goldziher Phil., I, 26 e segg.).

Ambasciata dei Ḥanīfah.

§ 34. — (ibn Isḥāq, senza isnād). Dopo la vittoria di al-Yamāmah, Khālid allestì un'ambasciata dei Ḥanīfah, la quale doveva recarsi a far atto di omaggio al califfo abū Bakr. Il Califfo li trattò benevolmente, ed esclamò: " Poveretti voi! Che cosa fu che vi ha ingannato? „ Gli ambasciatori risposero: " Oh successore dell'Inviato di Dio! Tu sei già informato di quello che ci colpì! Fu una faccenda che non attirò la benedizione di Dio nè su di lui (Musaylimah), nè sulla sua gente! „ abū Bakr volle avere altri particolari: " A che cosa vi chiamava egli a credere? „ Gli recitarono allora i famosi versetti: " Oh ranocchia! Gracida! Gracida! Tu non impedisci colui che vuol bere, nè l'acqua tu intorbidi. A noi metà della terra, ai Qurayš metà della terra! Ma i Qurayš sono gente di prepotenti! „ abū Bakr rimase maravigliato d'udire queste cose: " Mio Dio! Poveretti voi! Queste parole non hanno significato nè buono nè cattivo! E che vi hanno fruttato? „ (Tabari, I, 1956-1957; 'Iqd, I, 144).

Presso ibn Ḥubayš (Ḥubayš, fol. 19,v.) abbiamo una versione simile, ma più ampia, sull'autorità di Zayd b. Aslam, da suo padre.

§ 35. — (al-Wāqidi, forse in un passo del suo " Kitāb al-Biddah „). Tutte le fonti sono d'accordo che Khālid accompagnasse l'ambasceria dei Ḥanīfah dalla Yamāmah a Madīnah: egli venne con 17 Ḥanafiti, fra i quali trovavansi Muǵǵā'ah ed i suoi fratelli. Il califfo abū Bakr non li volle ricevere, e gli ambasciatori andarono in cerca di 'Umar, sperando per suo mezzo di ottenere la desiderata udienza. Trovarono 'Umar, che stava mungendo una capra e dopo lunga discussione, ottennero che intercedesse in loro favore. 'Umar ottenne alfine l'udienza, affermando che l'unico punto importante fosse che essi agissero con rettitudine verso l'Islām ed i musulmani (Ḥubayš, fol. 19,r.) [H.]. L'ultima frase considera i Ḥanīfah come *non convertiti.*

§ 36. — (Nel " Libro „ di Ya'qūb b. Muḥammad al-Zuhri è detto sulla autorità di Yaḥya b. 'Abd al-A'la al-Ḥanafi). L'ambasciata dei Ḥanīfah, che venne dalla Yamāmah a Madīnah con Khālid b. al-Walīd, si componeva di tredici Ḥanafiti, fra i quali erano: (1) Muǵǵā'ah b. Murārah, (2) Mutarrif

[Ambasciata dei Ḥanīfah.] b. al-Nuʿmān b. Maslamah, (3) ʿAbd al-raḥmān b. abī Kusayb e (4) abū Maryam Iyās b. Ḏubayḥ. Il Califfo aveva però dato ordine che nessuno in Madīnah ospitasse gli ambasciatori, nessuno doveva vender loro checchessia, nè rivolgere ad essi la parola. Per molto tempo gli ambasciatori errarono per Madīnah, non sapendo che cosa fare, e soltanto, quando si furono rivolti ad ʿUmar poterono ottenere quanto desideravano. Durante l'udienza (narrata a lungo con molti particolari: ripetizione dei precedenti paragrafi), abū Bakr insistè a voler sapere se fra gli ambasciatori vi fosse alcuno della famiglia di Thumāmah b. Uthāl (il campione musulmano fra i Ḥanīfah), perchè, egli disse, sono gente di una casa prescelta dal Profeta. Si alzò allora Muṭarrif, affermando che Thumāmah era suo primo cugino, ed abū Bakr lo nominò suo luogotenente fra i Ḥanīfah (Ḥubayš, fol. 19,v.-20,r.) [H.].

ARABIA ORIENTALE. — Ultime operazioni militari di Khālid in Arabia.

§ 37. — Secondo Balādzuri (90, lin. 13, senza isnād) dopo che Khālid ebbe vinto i Ḥanīfah, e costretto tutti gli abitanti della Yamāmah a rendersi musulmani ed a pagare la tassa ṣadaqah, gli giunse una lettera del califfo abū Bakr, con l'ordine di recarsi immediatamente nel Baḥrayn ad assistere al-ʿAlā b. al-Ḥaḍrami. Khālid partì senza indugio, lasciando Samurah b. ʿAmr al-ʿAnbari come suo luogotenente nella Yamāmah. Infine Balādzuri aggiunge che la conquista della Yamāmah avvenisse nell'anno 12. H. (cfr. poc'anzi i §§ 5 e segg.).

Con questa notizia combina l'altra, pure in Balādzuri (84, lin. 18 e segg.), che Khālid b. al-Walīd arrivasse nel Baḥrayn, quando il ribelle al-Ḥuṭam era già ucciso e che vi aiutasse al-ʿAlā b. al-Ḥaḍrami ad assediare al-Khaṭṭ. Un nuovo ordine del Califfo indusse però Khālid a lasciare al-ʿAlā prima della presa di al-Khaṭṭ, per dare principio all'invasione dell'impero persiano. Tutto ciò, conferma Balādzuri, avveniva nell'a. 12. H.

Cronologia della conquista dell'Arabia orientale e meridionale.

§ 38. — In un paragrafo precedente (cfr. 11. a. H., § 73) abbiamo esaminato con qualche attenzione la cronologia degli avvenimenti, i quali condussero alla conquista d'Arabia per opera degli eserciti di Madīnah e delle tribù islamizzate, e siamo venuti alla conclusione che i fatti, dei quali daremo ora la versione conservata dai tradizionisti, non si riferiscono già all'anno 11. H., ma bensì al 12. H. L'invasione armata del Baḥrayn non può essere avvenuta se non dopo la caduta di Musaylimah, e poichè ciò seguì nei primi tre mesi del 12. a. H., il principio della campagna di al-ʿAlā b. al-Ḥaḍrami nel Baḥrayn deve senza dubbio porsi negli ultimi giorni dell'anno 11. H. e forse anche nei primi del 12. a. H. La sottomissione quindi del Baḥrayn, dell'ʿUmān, della Mahrah e del Yaman cade tutta sotto l'anno 12. H. Dal contesto poi della narrazione data nei seguenti paragrafi risulta chiaro, che la conquista di queste regioni si svolse successivamente e richiese molto tempo: vale a dire fu prima assoggettato il Baḥrayn, poi l'ʿUmān, quindi la Mahrah e infine quasi contemporaneamente il Ḥaḏramawt e il Yaman. È quindi assai probabile che i rimanenti mesi del 12. a. H. siano stati appena sufficienti per le operazioni militari in un paese così sterminatamente vasto e di accesso assai malagevole come l'Arabia meridionale. Gli eventi narrati nei seguenti paragrafi abbracciano quindi tutto l'anno 12. e forse anche parte del 13. a. H. Difatti varie notizie sicure date da Balāḏzuri stanno a confermare che al-ʿAlā riuscisse a conquistare le ultime città del Baḥrayn soltanto nei primi tempi del califfo ʿUmar, vale a dire bene avanti nell'anno 13. e forse perfino nel 14. a. H. (cfr. Balāḏzuri, 85, lin. 9 e segg.; cfr. §§ 41 e 42). Su questo argomento avremo a ritornare fra breve, quando dimostreremo come gli Arabi incominciassero le conquiste fuori della penisola prima ancora che fossero cessate le guerre civili in patria.

[**Cronologia della conquista dell'Arabia orientale e meridionale.**]

ARABIA ORIENTALE. — **La Riddah nel Baḥrayn** (*versione della scuola madinese*).

§ 39. — (*a*) Le notizie che abbiamo sugli eventi del Baḥrayn, sono di natura poco soddisfacente, e non si comprende chiaramente che cosa vi sia accaduto. Secondo Sayf b. ʿUmar, tutto si svolse molto rapidamente ed in maniera decisiva: le tradizioni invece della scuola madinese fanno comprendere che la sottomissione definitiva del paese esigesse parecchio tempo, forse più di due anni, e che solo regnando ʿUmar, forse solo nel 14., o anche 15. a. H., quella provincia fu definitivamente assoggettata al dominio di Madīnah. È facile leggere fra le righe, che la resistenza eccezionale del Baḥrayn sia dovuta alla assistenza del governo persiano, il quale poteva mandare agevolmente per mare i soccorsi necessari ai suoi luogotenenti.

§ 40. — (ibn Isḥāq, senza isnād). La notizia che il Profeta era morto fu il segnale nel Baḥrayn d'un'apostasia generale, perchè tutti i Rabīʿah, tranne i membri della famiglia di al-Ǵārūd b. ʿAmr b. Ḥanaš b. Muʿalla, rinnegarono l'Islām. I veri motivi dell'insurrezione si manifestarono subito, perchè i Rabīʿah, riunitisi, deliberarono di voler un re proprio scelto nella famiglia degli Āl al-Mundzir (la famiglia un tempo regnante in Ḥīrah). Elessero infatti al-Mundzir b. al-Nuʿmān b. al-Mundzir, detto al-Ġharūr (l'ingannatore: un nome proprio, e non un cognome: cfr. Tabari, I, 1970,

[La Riddah nel Baḥrayn.]

lin. 15), il quale poco tempo prima si era fatto musulmano insieme con tutti gli altri, ma non volentieri. Si vuole che egli in quella circostanza esclamasse: « La gente si è fatta musulmana! Furono vinti dalla spada! Io non sono l'ingannatore (al-gharūr), ma l'ingannato (al-maghrūr) „ (Tabari, I, 1960).

(b) Cfr. anche Aghāni, XIV, 42, lin. 12 e segg., ove è citato al-Tabari; Balādzuri, 84, ove le suddette parole con più verosimiglianza sono messe in bocca a al-Mundzir dopo la vittoria di al-'Alā; Athīr, II, 281; Khaldūn, II, App. p. 76, lin. 17 e segg.; Ḥaǵar, III, 385, no. 1050, dice che il padre di Gharūr fosse stato principe di Ḥīrah: citando il " Kitāb al-Biddah „ di Wathīmah, afferma che il vero nome di Gharūr fosse al-Mundzir, e Gharūr soltanto un cognome o soprannome: la famosa esclamazione, secondo ibn Ḥaǵar, fu fatta dopo il suo ritorno in grembo all'Islām, vale a dire dopo la Riddah.

§ 41. — (Balādzuri, senza isnād). Alla morte di al-Mundzir b. Sāwa (nella prima metà dell'11. a. H.), avvenuta poco tempo dopo quella del Profeta, apostatarono i Qays b. Tha'labah b. 'Ukābah nel Baḥrayn sotto al-Ḥutam, il nome vero del quale era Šurayḥ b. Ḍubay'ah b. 'Amr b. Marthad. Apostatarono anche altri nel Baḥrayn, tranne al-Ǵārūd, ossia Bišr b. 'Amr al-'Abdi con un certo numero dei suoi consanguinei fra gli 'Abd al-Qays. I ribelli proclamarono loro capo al-Nu'mān b. al-Mundzir, oppure al-Mundzir secondo altri. al-Ḥutam con i suoi seguaci si unì ai Rabī'ah. Avute queste notizie i musulmani sotto al-'Alā b. al-Ḥadrami andarono a rifugiarsi in un castello del Baḥrayn detto Ǵuwāthā: intorno ad essi si raccolsero ora gli apostati, e si venne ad una sanguinosa battaglia: i musulmani (battuti?) dovettero ritirarsi entro la fortezza e subirvi un assedio (1). Dopo qualche tempo al-'Alā fece di notte tempo una sortita, sorprese il campo nemico, lo sbaragliò completamente e uccise al-Ḥutam (Balādzuri, 83-84) (2).

Nota 1. — Secondo Hišām b. al-Kalbi avvenne tutto il contrario, ossia i musulmani assediarono Ǵuwāthā, e alfine l'espugnarono, uccidendovi gli apostati e il loro capo al-Ḥutam (Balādzuri, 84, il quale però aggiunge che l'altra notizia è più sicura; ibid. lin. 6).

Nota 2. — (a) Alla battaglia di al-Ǵuwāthā fu ucciso abū Suhayl 'Abdallah b. Suhayl b. 'Amr, uno dei banū 'Āmir b. Lu'ayy, la madre del quale era Fākhitah bint 'Āmir b. Nawfal b. 'Abd Manāf. Egli disertò dal campo qurašita a quello musulmano alla vigilia della battaglia di Badr. Quando morì aveva 38 anni (Balādzuri, 84-85). Cfr. poc'anzi § 23, no. 164.

(b) Secondo al-Wāqidi, a Ǵuwāthā morì anche 'Abdallah b. 'Abdallah Ubayy, ma altri affermano che fosse ucciso a al-Yamāmah (Balādzuri, 85). Cfr. poc'anzi § 23, no. 8.

§ 42. — In un'altro passo Balādzuri afferma che al-Mundzir al-Gharūr con una schiera di Rabī'ah si recasse in al-Khatt, e che ivi al-'Alā lo assalisse, vincendolo e mettendolo a morte. Altre notizie riferiscono invece che al-Mundzir si rinchiudesse in al-Mušaqqar, ove assalito da al-Alā, venne a patti e ottenne di ritirarsi. al-Mundzir andò ad unirsi a Musaylimah e peri nella strage di 'Aqrabā. Altri affermano che al-Mundzir fosse ucciso a Ǵuwāthā: altri infine che al-'Alā, dopo l'uccisione di al-Ḥutam (in Ǵuwāthā?), invocasse l'aiuto di Khālid b. al-Walīd, e che insieme con lui assediasse al-Khatt, finchè Khālid ricevette l'ordine d'invadere la Persia (Balādzuri, 84). [La Riddah nel Baḥrayn.]

§ 43. — In al-Zārah si fortificò al-Muka'bar al-Fārisi (cfr. Nöldeke Perser, 259 e segg.), un luogotenente del re di Persia, detto Fayrūz b. Ǵušayš (= Ǵušnas? cfr. 11. a. H. § 193 nota), il quale si era recato in quel luogo (qualche anno prima?) per punire i Tamīm della depredazione di una caravana persiana. A lui si unirono i Maǵūs (Mazdeisti) (del Baḥrayn) ricoverati in al-Qaṭīf, perchè non volevano pagare la ǵizyah. Per questa ragione al-'Alā b. al-Ḥadrami andò a porre assedio a al-Zārah, ma non potè espugnarla finchè visse abū Bakr: la città cadde in suo potere soltanto nei primi tempi del califfato di 'Umar (= 13. o 14. a. H.). al-'Alā conquistò anche al-Sābūn e Dārīn prendendole d'assalto durante il califfato di 'Umar (perciò fra il 13. e il 14. a. H.), ed ivi in appresso fu conosciuto un luogo detto Khandaq al-'Alā (= la Trincea di al-'Alā) (Balādzuri, 85).

§ 44. — (Ma'mar b. al-Muthanna). al-'Alā b. al-Ḥadrami (¹) razziò con la assistenza degli 'Abd al-Qays vari villaggi di al-Sābūn durante il califfato di 'Umar (ossia dopo il 13. a. H.), e li espugnò: quindi mosse contro la città di al-Ghābah, e uccise i Persiani ('aǵam) che erano in essa. Di poi cinse d'assedio al-Zārah ove s'era rinchiuso al-Muka'bar (al-Fārisi, Fayrūz b. Ǵušayš). Il Marzubān di al-Zārah mandò una sfida ai musulmani: essa fu accettata da al-Barā b. Mālik, il quale uccise il Marzubān e ne spogliò il cadavere: le spoglie furono valutate 400.00 (dirham). Dopo questo fatto usci dalla città un disertore, il quale, ottenuta la sicurtà per sè e i suoi, rivelò ai musulmani donde gli assediati in al-Zārah traevano tutta la loro provvista d'acqua, ossia una sorgente che sgorgava fuori delle mura (e che era incanalata sotterra). I musulmani ruppero e chiusero la condottura, sicchè gli abitanti furono costretti a venire a patti: dovettero cedere un terzo della città, un terzo di tutti gli ori e gli argenti contenuti entro la medesima, e metà dei beni giacenti fuori delle mura. Allora venne al-Akhnas al-'Āmiri e fece rilevare a al-'Alā che nei patti non v'era menzione delle donne e delle famiglie dei difensori, perchè queste stavano nascoste in Dārīn. Karrāz al-Nukri si offrì come guida attraverso un guado del mare, ed al-'Alā potè assalire improvvisamente da tre parti l'isola di Dārīn, prima che la gente ne avesse il menomo sentore. Le guardie furono uccise e le donne cadero tutte alla mercè dei musulmani vittoriosi. Dopo questo fatto al-Muka'bar si rese musulmano (Balādzuri, 85-86).

[La Riddah nel Baḥrayn.]

NOTA 1. — Si vuole che mentre viveva il Profeta, venisse deposto al-ʿAlā b. al-Hadrami dalla luogotenenenza del Bahrayn, e che Maometto lo sostituisse con Abān b. Saʿīd b. al-ʿAṣ b. Umayyah. Altri però sostengono che al-ʿAlā rimanesse sempre luogotenente di una regione del Bahrayn con sede in al-Qaṭīf, e che Abān b. Saʿīd fosse luogotenente in un'altra parte del paese, con sede in al-Khatt. La prima delle due notizie, dicesi sia più sicura e si aggiunga, che quando morì Maometto e scoppiò la rivolta, Abān abbandonasse il paese, ritornando a Madīnah, e che i musulmani del Baḥrayn scrivessero al Califfo abū Bakr pregando di riavere al-ʿAlā b. al-Ḥadrami. Così fu fatto ed al-ʿAlā rimase governatore del Bahrayn per tutto il resto dei suoi giorni, fino cioè alla sua morte nel 20. a. H., quando gli successe abū Hurayrah al-Dawsi (Balādzuri, 81).

§ 44. — In una tradizione conservata da ibn Ḥubayš abbiamo minuti particolari del modo come i musulmani sotto al-Ǵārūd, assediati in Ǵuwāthā (cfr. § 40), venissero a sapere, per mezzo di ʿAbdallah b. Ḥadzaf, quale fosse il momento più opportuno per piombare sui nemici, che dormivano ebbri vino (Ḥubayš, fol. 24,v.; autorità: ʿAbd al-raḥmān b. abī Bakrah). Di grande interesse però per noi è un'altra tradizione conservata dal medesimo autore, con il medesimo isnād. Da essa impariamo, che la sconfitta dei ribelli sotto Ǵuwāthā avvenisse con la cooperazione di al-ʿAlā b. al-Ḥadrami, l'esercito del quale contava soltanto *trecento* uomini (!) (Ḥubayš, fol. 24,v.). Un'altra tradizione (ibid., autorità: Isḥāq b. Yaḥya b. Talḥah) dice che l'esercito di al-ʿAlā fosse composto di 326 Muhāǵirūn. Pur mettendo in disparte l'affermazione poco probabile che l'esercito di al-ʿAlā fosse composto di Emigrati Makkani, e riconoscendola come una interpolazione posteriore tendenziosa (cfr. per esempio il numero degli Emigrati alla grande spedizione di Ḥunayn, 8. a. H., § 122), abbiamo qui la preziosa notizia che il preteso esercito di al-ʿAlā, descrittoci da Sayf come una grande armata, constava in realtà di poche centinaia d'uomini. Ciò riduce a ben modeste proporzioni la pretesa campagna musulmana nell'Arabia orientale e meridionale. Veniamo per tal via a sospettare che la così detta sottomissione di quella parte della penisola al governo di Madīnah fosse in realtà un evento che abbracciò un numero ben ristretto di tribù, e che il paese per la maggior parte rimase in condizioni quasi identiche a quelle anteriori. Il Baḥrayn è un paese grande quanto due terzi circa dell'Italia: che impressione vera potevano farvi 300 uomini? Forse altrettanti erano gli ʿAbd al-Qays in Ǵuwāthā, ed a tanto ammontavano in tutto i membri del partito favorevole all'Islām in quel paese!

§ 45. — Anche le due seguenti tradizioni, benchè un poco oscure e confuse, e contradicenti alcune notizie precedenti, contengono ragguagli complementari di molto rilievo:

(Da Isḥāq b. Yaḥya). Quando scoppiarono i torbidi nel Baḥrayn, Abān (b. Saʿīd, cfr. poc'anzi § 43, nota 1) con 300 ʿAbd al-Qays venne a Madīnah, arrivandovi però quando Khālid b. al-Walīd aveva già conquistato la Yamāmah. Avuta notizia di ciò che accadeva nel Baḥrayn, il califfo abū Bakr mandò ora al-ʿAlā b. al-Ḥadrami con *sedici* cavalieri nel Baḥrayn

[La Riddah nel Baḥrayn.]

(seguendo i 300 'Abd al-Qays, che vi ritornavano con Abān). Passando per il sito ove si trovava Thumāmah b. Uthāl, questi gli diede alcuni rinforzi di arabi Suḥaym. al-'Alā giunse alfine alla fortezza di Ǵuwāthā. Intanto Mukhāriq con i Bakr b. Wā·il si erano accampati in al-Mušaqqar. al-'Alā lo assalì e nel combattimento vi furono molti uccisi: il maggior numero però fu tra i ribelli. Allora al-Ǵārūd, che si trovava nel Khaṭṭ mandò rinforzi al generale musulmano, mentre Mukhāriq mandò al-Ḥuṭam b. Šurayḥ come messo al Marzubān (governatore persiano) di al-Khaṭṭ, per chiedere rinforzi. Il persiano gli spedì alcuni cavalieri (asāwirah), ed allo stesso tempo fece arrestare al-Ǵārūd e tenerlo in ostaggio carico di catene (Ḥubayš, fol. 24,r.) [H.].

§ 46. — (Nel " Libro " di Ya'qūb b. Muḥammad al-Zuhri, da 'Abd al-raḥmān b. abī Bakrah). al-Ḥuṭam assalì al-Ǵārūd e lo fece prigioniero, ponendolo sotto custodia in al-Zārah. Quindi, unitosi con Abǵar b. Ǵābir al-'Iǵli, assediò al-'Alā ed i musulmani in Ǵuwāthā (segue la sorpresa e la sconfitta dei ribelli come al § 40) (Ḥubayš, fol. 24,r.) [H].

§ 47. — Da un'altra tradizione (da Isḥāq b. Yaḥya) si viene a sapere che dopo la battaglia di Ǵuwāthā, i trecento uomini sotto al-'Alā si unirono agli assediati di Ǵuwāthā, sconfissero di nuovo i ribelli dinanzi alle mura di Haǵar, ed imposero agli abitanti un trattato di pace, nel quale i vinti cedevano un terzo dei loro averi. Molti ribelli chiesero ed ottennero il permesso di ritornare ai loro paesi (Ḥubayš, fol. 24,v.) [H.]. Nè degli uni, nè degli altri si parla di conversione. Anzi vediamo che la confisca del terzo degli averi ai primi ed il salvacondotto concesso agli altri, presuppongono necessariamente, che tutti rimanessero nella loro fede antica (pagana?!).

§ 48. — (Ibrāhīm b. abī Ḥabībah). Sottomessa Haǵar, al-'Alā entrò nella regione detta al-Khaṭṭ, il littorale del Baḥrayn, e per mezzo di un cristiano, che gli indicò un punto, ove a marea bassa potevasi guadare sicuramente il braccio di mare, che separava la terraferma dall'isola di Dārīn, si impadronì anche di questa, facendovi molti prigionieri. Un'ambasciata di 14 uomini di Haǵar fu mandata ora al Califfo in Madīnah. al-'Alā rimase come amīr nel paese (Ḥubayš, fol. 25,r.) [H.].

§ 50. — (Nel " Libro " [Kitāb al-Riddah] di al-Wāqidi, da ibn abī Sabrah, da abū-l-Ḥuwayrith). (Dopo la conquista del Baḥrayn) al-'Alā mandò come ambasciata (wafd) a Madīnah quattordici uomini degli 'Abd al-Qays, che erano rimasti fedeli all'Islām durante la Riddah. Gli ambasciatori presero stanza presso Ṭalḥah e al-Zubayr (in Madīnah); alla presenza dei quali chiesero al califfo abū Bakr di concedere loro un territorio in Baḥrayn ed in Tawāḥin. In principio il Califfo rispose con un diniego, ma

[La Riddah nel Baḥrayn.]

cedendo alfine alle reiterate istanze di Talḥah e di al-Zubayr, diede il suo consenso. I due Compagni consigliarono gli ambasciatori di farsi confermare la cessione con uno scritto speciale del Califfo, segnato anche da 'Umar, affinchè questi non potesse creare di poi qualche difficoltà, se succedeva nel Califfato. Il documento venne scritto per ordine del Califfo, da 'Abdallah b. al-Arqam, e segnato da dieci testimoni, ossia da Talḥah, Zubayr, 'Uthmān b. 'Affān, Sa'īd b. Zayd, 'Āṣim b. 'Adi, 'Usayd b. Ḥuḍayr, Zayd b. Thābit e Ubayy b. Ka'b. Mancava ancora la firma di 'Umar, ma quando si recarono da lui a questo scopo, egli, dopo avere letto il documento, vi sputò sopra, e cancellata con un dito la scrittura, spezzò anche il sigillo del Califfo, prima di restituire il foglio (di pergamena?) agli ambasciatori. I quali tornarono da Talḥah molto adirati, perchè sospettavano che egli avesse dato con malvagia intenzione il cattivo consiglio di rivolgersi anche a 'Umar. Talḥah e Zubayr corsero dal Califfo, e narratogli l'accaduto, gli domandarono se fosse egli il vero Califfo, o 'Umar. abū Bakr rispose: " Se 'Umar non vuole una cosa, io non la farò ". Comparve ora anche 'Umar e giustificò la propria azione, affermando che egli riteneva cosa ingiusta donare qualche cosa ad alcuna persona a danno della comunità intiera: le faccende degli uomini dovevano essere una cosa sola, ed alcuni non dovevano essere preferiti e privilegiati a spese della comunità. abū Bakr soggiunse: " Tu hai ragione! " (Ḥubayš, fol. 25,r.) [H.]. Cfr. 11. a. H., § 204.

§ 51. — Esiste anche memoria di un'ingerenza del governo di Madā·in (Yazdaǵird III?) nelle faccende del Baḥrayn durante la Riddah. Se possiamo prestar fede a questa notizia singolare, Mukhāriq b. al-Nu'mān con 600 Bakr b. Wā·il si sarebbe unito ai ribelli in Haǵar per ordine del governo persiano. Dopo le due sconfitte di Ǵuwāthā e di Haǵar, Mukhāriq chiese ed ottenne da al-'Alā di ritornare nel proprio paese con tutti i suoi seguaci (Ḥubayš, fol. 24,v., 23,v.) [H.].

È lecito dubitare che i Bakr b. Wā·il agissero per ordine del re persiano, ma preziosa è invece la notizia, che quei Bakr b. Wā·il, con i quali Khālid doveva invadere il territorio persiano, lungi dall'aver abbracciato l'Islām, si erano battuti contro i musulmani pochi giorni, si può dire, prima di unirsi ai medesimi per piombare insieme sui Persiani. Non è nemmeno improbabile che i fatti di Haǵar fossero contemporanei con l'invasione dell'Irāq: avremmo perciò una parte dei Bakr b. Wā·il, che si batte con Khālid nell'Irāq, e l'altra che pugna contro al-'Alā nel Baḥrayn.

Queste notizie preziose in ibn Ḥuhayš provengono dal " Libro " di Ya'qūb b. Muḥammad al-Zuhri [† 200. a. H., circa] già da noi più volte menzionato.

La Riddah nel Baḥrayn. (*versione di Sayf b. ʿUmar*).

§ 52. — (Sayf b. ʿUmar, da Ismāʿīl b. Muslim, da al-Ḥasan b. abī-l-Ḥasan). La conversione degli ʿAbd al-Qays nel Baḥrayn, ai tempi di Maometto, fu merito di al-Ǵārūd b. al-Muʿalla, il quale venne a Madīnah, si fece musulmano, apprese bene le dottrine islamiche dalla bocca dello stesso Profeta e poi ritornò come missionario nella propria tribù, la quale, rispondendo al suo appello, abbracciò tutta l'Islām. Ciò avveniva poco tempo prima della morte di Maometto (Ṯabari, I, 1958, lin. 15) [cfr. però 8. a. H., §§ 179 e segg.]. Or quando si seppe che il Profeta non era più, gli ʿAbd al-Qays volevano tutti rinnegare la nuova religione: " Se egli fosse stato un vero profeta, non sarebbe morto! „. al-Ǵārūd protestò contro sì fatta fallacia e potè persuadere i suoi, citando gli esempi del passato, che essi erano in errore, e che tutti i profeti vissuti prima di Maometto erano morti anch'essi. Per effetto della energica azione di al-Ǵārūd, gli ʿAbd al-Qays rimasero in gran parte fedeli all'Islām (Ṯabari, I, 1958-1959).

Cfr. Athīr, II, 281; Khaldūn, II, App. p. 76, lin. 10 e segg.

§ 53. — Da un'altra tradizione dello stesso Sayf (senza isnād) siamo informati che il maggiore fautore dell'Islām nel Baḥrayn fosse il principe al-Mundzir b. Sāwa (ʿAbd al-Qaysita), sincero musulmano, e che egli si ammalasse nello stesso mese, nel quale si ammalò Maometto. Il Profeta gli premorì però di qualche tempo, e quando anche al-Mundzir mancò ai vivi, tutto il paese rinnegò l'Islām: nel moto anti-islamico furono trascinati tutti i Bakr (b. Wāʾil), e sola una parte degli ʿAbd al-Qays, trattenuti da al-Ǵārūd b. al-Muʿalla, rimase ferma nella sua fedeltà verso Madīnah (Ṯabari, I, 1958).

Cfr. anche Athīr, II, 281.

§ 54. — (Sayf b. ʿUmar, da Ismāʿīl b. Muslim, da al-Ḥasan b. abī-l-Ḥasan). Per via dei predetti avvenimenti solo un piccolo gruppo di Arabi rimase nel Baḥrayn fedele all'Islām, vale a dire una parte degli ʿAbd al-Qays ed un certo numero di amici e seguaci del defunto al-Mundzir (b. Sāwa). Questi ultimi si riunirono in due castelli (makānayn) (Ṯabari, I, 1959, lin. 9) della regione, e vi rimasero assediati dai pagani, finchè venne a liberarli (il luogotenente musulmano) al-ʿAlā b. al-Ḥadrami (Ṯabari, I, 1959 e 1957, lin. 15).

§ 55. — (Sayf b. ʿUmar, da Ismāʿīl b. Muslim, da ʿUmayr b. Fulān al-ʿAbdi). L'insurrezione ebbe principio per opera di al-Ḥuṭam b. Ḍubayʿah, un capo dei banū Qays b. Thaʿlabah, ramo dei Bakr b. Wāʾil, ed a lui si associarono non solo tutti gli apostati della sua tribù, ma anche quelli di altre tribù, e infine quanti non avevano mai cessato di essere pa-

[La Riddah nel Baḥrayn.] gani, perchè non avevano mai abbracciato l'Islām. Tutto il paese venne trascinato nel movimento, e al-Ḥuṭam trovò favore in al-Qaṭīf (1), in Haǵar (2), e (nell'isola di) Dārīn (3), nonchè fra gli abitanti dell'al-Khaṭṭ (4) (la regione costiera del Baḥrayn), fra i quali gli al-Zuṭṭ e gli al-Sayābiǵah (= i facchini ed i marinari nei porti della costa, cfr. Wellhausen. Sk. u. Vorarb., VI, 20, nota 1). Egli aprì allora trattative con al-Gharūr b. Suwayd, un fratello (?) di al-Nu'mān b. al-Mundzir, e lo esortò ad assalire Ǵuwāthā (castello del Baḥrayn (5), dove erano riuniti gli Arabi musulmani), promettendogli, quando riuscisse vittorioso di proclamarlo signore del Baḥrayn, allo stesso modo di al-Nu'mān in al-Ḥīrah. al-Gharūr pose assedio a Ǵuwāthā ed aggredì vigorosamente i musulmani, i quali si trovarono ridotti in condizioni molto precarie, non solo per i continui assalti del nemico, ma anche per la deficienza dei viveri. Poco mancò che i difensori non soccombessero. L'aspra severità dell'assedio è anche confermata da alcuni versi d'uno degli assediati, 'Abdallah b. Ḥadzaf, nei quali si vede che i musulmani entro alla fortezza di Ǵuwāthā si trovavano in grandi strettezze ed erano in attesa di soccorsi da abū Bakr (Tabari, I, 1960-1962).

Cfr. Aghāni, XIV, 46, lin. 19 e segg. (che cita Tabari); Athīr, II, 281, ove invece dei Sayābiǵah, ha: al-Sabābiǵah, e Ǵiwāthā invece di Ǵuwāthā; Balādzuri, 83, lin. 7 e segg., dice che il nome vero di Ḥuṭam fosse Šurayḥ b. Dubay'ah; Khaldūn, II, App. p. 76-77.

Nota 1. — Questa città del Baḥrayn giaceva sulle rive del Golfo Persico: in principio era il nome d'un distretto sulla costa, poi divenne nome d'un villaggio, abitato dai Ǵadzīmah, un ramo degli 'Abd al-Qays. Divenuta quindi una città con mura e fossato, in tempi posteriori Qaṭīf fu la capitale del Baḥrayn e la sede del governatore. Ai giorni del Profeta era però probabilmente solo un villaggio (cfr. Wüst. Baḥreyn, 181-182; Yāqūt, IV, 143, lin. 17 e segg.).

Nota 2. — Haǵar (da non confondersi con Ḥaǵr, nella Yamāmah) era allora la capitale del Baḥrayn, e giaceva a una certa distanza dal mare, in una regione irrigata e feracissima, distante 12 giornate di viaggio da Baṣrah e 4 dalla Yamāmah. Essa dipendeva dal re di Persia, il quale vi teneva un suo governatore (Wüst. Baḥreyn, 175, 178-180; Yāqūt, IV, 952-954; Athīr, I, 341, lin. 7).

Strano a dirsi, i cronisti serbano il silenzio più completo sulla sorte di questa città e dei Persiani, che l'abitavano e la difendevano, durante la Riddah e le conquiste. Abbiamo soltanto in Yāqūt (IV, 954, lin. 2-3) menzione che al-'Alā b. al-Ḥadrami la *espugnasse* nell'8. a. H. (!) o nel 10. a. H. (!).

Nota 3. — Dārin era il nome di un porto del Baḥrayn, ove toccavano tutte le navi provenienti dall'India con il muschio e con altri prodotti dell'Estremo Oriente. Sayf in seguito (cfr. § 57) la considera come un'isola, ma Yāqūt (II, 537, lin. 20) serba su ciò i suoi dubbî (cfr. anche Wüst. Baḥreyn, 183).

Nota 4. — al-Khaṭṭ chiamavasi la costa del Baḥrayn ed era la regione donde gli Arabi traevano le famose lancie khaṭṭi, tanto apprezzate per il durissimo legno, di cui erano fatte, e che venivano importate dall'India (Wüst. Baḥreyn, 181; Yāqūt, II, 453, lin. 19 e segg.).

Nota 5. — Ǵuwāthā era un castello appartenente agli 'Abd al-Qays nel distretto marittimo del Baḥrayn sul fiume Muḥallim, e fu, si dice, il primo luogo del Baḥrayn nel quale venne inaugurato regolarmente il servizio religioso musulmano del venerdì (Wüst. Baḥreyn, 181). Yāqūt (II, 136, lin. 10) aggiunge che Ǵuwāthā fu presa d'assalto da 'Alā b. al-Ḥadrami nel 12. a. H.

[La Riddah nel Baḥrayn.]

§ 56. — Sull'insurrezione nel Baḥrayn esiste una lunghissima tradizione di Sayf b. ʿUmar (da al-Ṣaʿb b. ʿAṭiyyah b. Bilāl, da Sahm b. Minǵāb, da Minǵāb b. Rāšid) (cfr. Tabari, I, 1962-1976), la quale pretende di narrare tutta la campagna di al-ʿAlā b. al-Ḥaḍrami contro i ribelli del Baḥrayn, ma che (come ha già dimostrato il Wellhausen, VI, 22-24) non contiene se non una versione immaginaria degli eventi, piena zeppa di notizie false, di grossi anacronismi, di miracoli assurdi, di confusioni e di lacune. La narrazione ha quindi scarsissimo valore storico, e ci limiteremo a darne un breve transunto, nel solo intento di dimostrarne i numerosi errori.

Il Califfo abū Bakr mandò (non è detto in qual tempo preciso) al-ʿAlā b. al-Ḥaḍrami per reprimere l'insurrezione nel Baḥrayn. Con al-ʿAlā si congiunse Thumāmah b. Uthāl alla testa di un gruppo di musulmani Ḥanafiti della tribù dei banū Suḥaym. Proseguendo nella narrazione, Sayf passa a descrivere le condizioni, nelle quali si trovavano allora i banū Tamīm, ed il quadro, che egli ci porge delle divisioni fra le tribù Tamimite, è una ripetizione quasi esatta di quella già fatta in altro luogo (Tabari, I, 1908 e segg., con lo stesso *isnād!*) come premessa alla rivolta dei Tamīm ed all'arrivo di Khālid nel campo di al-Buṭāh (cfr. 11. anno H., §§ 162 e segg.). La comparsa quindi di al-ʿAlā b. al-Ḥadrami fra i Tamīm e la sua invasione del Baḥrayn verrebbero poste da Sayf prima ancora che Khālid sottomettesse i Tamīm. Siamo così informati che all'arrivo di al-ʿAlā le tribù Tamimite degli al-Ribāb e degli ʿAmr b. Tamīm si unirono al comandante musulmano, mentre i banū Ḥanẓalah in al-Buṭāḥ sotto Mālik b. Nuwayrah esitavano ancora su quello che conveniva di fare: Wakīʿ b. Mālik stava in al-Qarʿā ed i banū Saʿd Manāt erano divisi fra loro, ossia due tribù di essi, gli ʿAwf e gli Abnā, obbedienti ad al-Zibriqān, erano rimasti fedeli all'Islām, mentre gli al-Muqāʿis e gli al-Buṭūn (ambedue Saʿd Manāt) avevano ridiviso fra loro l'importo delle tasse, che avrebbero dovuto mandare a Madīnah. Prima della venuta di al-ʿAlā, al-Zibriqān aveva dato il buon esempio portando a Madīnah le tasse degli ʿAwf e degli Abnā, ed ora all'arrivo di al-ʿAlā, quando gli al-Ribāb e gli ʿAmr b. Tamīm si unirono apertamente ai musulmani, anche Qays b. ʿĀṣim seguì prontamente il loro esempio ed apportò ad al-ʿAlā le tasse e la sottomissione delle due grandi tribù degli al-Muqāʿis e degli al-Buṭūn (Tabari, I, 1963) (1).

Cfr. anche Aghāni, XIV, 47, lin. 2 e segg. (cita Tabari): Athīr. II, 281-282; Yāqūt, I, 510, lin. 12 e segg.

NOTA 1. — Tutto ciò è completamente errato. Innanzitutto, come dice espressamente la nostra fonte più sicura, ibn Isḥāq (Tabari, I. 1969, lin. 11), al-ʿAlā invase il Baḥrayn soltanto *dopo* che Khālid ebbe sottomesso i Tamīm e vinta la grande battaglia di ʿAqrabā, non prima. In secondo luogo questa tradizione sarebbe in aperta contradizione con l'altra, già data prima (cfr. 11. a. H., § 179), dallo stesso

[La Riddah nel Baḥrayn.]

Sayf, secondo la quale la sottomissione dei Tamīm sarebbe avvenuta al momento della comparsa di Khālid in al-Buṭāḥ, e nelle mani di costui, dopo il barbaro eccidio di Mālik b. Nuwayrah e dei suoi seguaci. Se i Tamīm si fossero già sottomessi ad al-'Alā prima della venuta di Khālid, non si comprende a che scopo il generale musulmano si sarebbe avanzato su al-Buṭāḥ. Avremmo cioè due diverse e distinte sottomissioni dei Tamīm: che è del tutto inverosimile. Tutto porta invece a credere che i Tamīm si sottomettessero a Khālid e non a al-'Alā. Constatiamo perciò che Sayf in questo luogo, come in tanti altri che avremo occasione di notare, ha la consuetudine sia di sdoppiare molte volte un fatto e farne due distinti, sia altrettante volte di confondere due fatti perfettamente distinti in un evento solo. Un esempio ci si porgerà nel seguente paragrafo a proposito della conquista del Baḥrayn. Non si comprende poi affatto che cosa abbiano che fare in questo luogo i Tamīm, e quale necessità vi sia di tirarli in ballo per la sottomissione del Baḥrayn, dacchè i Tamīm niun rapporto avevano con il Baḥrayn. È assurdo infine accettare il predetto paragrafo di Sayf, perchè pone la campagna nel Baḥrayn prima della caduta di Musaylimah. Ora si osservi che l'accesso al Baḥrayn da Madīnah era impossibile senza traversare prima il paese retto da Musaylimah, la Yamāmah, e perciò era strategicamente impossibile tentare un'impresa nel Baḥrayn, finchè Musaylimah padrone della Yamāmah poteva a volontà tagliare le comunicazioni con Madīnah. Il Baḥrayn fu sottomesso soltanto dopochè, caduto Musaylimah, fu abbattuta la potenza militare dei Ḥanīfah. Per questa ragione Sayf inventa il passaggio attraverso il grande deserto meridionale (cfr. § 57) ignorato da tutte le altre fonti.

La ragione di tutto questo pasticcio creato da Sayf deve risiedere nella sua passione di glorificare i Tamīm suoi consanguinei e di farli comparire come l'elemento militare più importante dell'esercito di al-'Alā, attribuendo perciò ad essi tutto il merito della conquista del Baḥrayn. I miracoli narrati nel seguente paragrafo sono pure ispirati dal desiderio di far comparire i Tamīm, come una stirpe, che godesse in special modo del favore divino. Non è improbabile che nelle milizie di al-'Alā, formate certamente di soli elementi locali e non di gente di Madīnah (perchè queste si trovavano soltanto con Khālid), vi fossero molti volontarî Tamimiti, ma uniti a molti volontarî raccogliticci di altre tribù, sia rimasti fedeli all'Islām, sia attirati dalla brama di preda, la quale era apparentemente assicurata dalla fortuna quasi costante delle armi musulmane.

§ 57. — Con una forte schiera di Tamīm, degli-ʿAmr, dei Saʿd (Manāt), e degli al-Ribāb, il generale musulmano al-ʿAlā si accinse ora a traversare il grande deserto dell'Arabia meridionale, al-Dahnā (1). Giunto nella parte più orrida e desolata del medesimo, al momento di far sosta per la notte, vide improvvisamente disperdersi e scomparire tutti i cameli dell'esercito, lasciando i musulmani senza acqua e senza viveri. I musulmani dinanzi alla sicurezza di dover morire fatalmente di sete e di fame, furono compresi dallo spavento, e stavano per abbandonarsi alla disperazione. Non così al-ʿAlā, il quale rammentò ai soldati che essi erano musulmani, e che perciò Dio non li avrebbe mai abbandonati. Diede ordine, che si riunissero tutti quanti e che insieme si rivolgessero a Dio per soccorso. La preghiera fu immediatamente esaudita: non solo un miraggio comparso dinnanzi agli occhi dei musulmani divenne effettivamente un lago di acqua pura, nella quale poterono lavarsi e dissetarsi, ma contemporaneamente tutti i cameli sperduti ricomparvero nel campo, e poterono essere prontamente ricuperati. I musulmani esultanti si rimisero in cammino, ed appena ebbero abbandonato il campo videro scomparire il lago senza lasciare traccia di sorta, sicchè quelli, i quali di poi vollero rivisitare il luogo, non trovarono più niente e non furono in grado di scoprire la benchè menoma traccia dell'esistenza del lago miracoloso.

al-ʿAlā arrivato felicemente nel Baḥrayn andò a porre assedio a Haǵar e scrisse intanto ad al-Ǵārūd, il capo degli ʿAbd al-Qays musulmani, di venirsi

[La Riddah nel Bahrayn.]

a unire con lui: tutti gli abitanti musulmani accorsero sotto allo stendardo di al-'Alā, mentre d'altra parte tutti quelli del partito anti-islamico corsero a schierarsi sotto agli ordini del capo ribelle al-Ḥuṭam. Questi si mosse ora contro i musulmani ed occupò una posizione di fronte a quella occupata da al-'Alā. Le due parti scavarono trincee e per parecchio tempo si contentarono di molestarsi a vicenda con piccole scaramuccie insignificanti. Alla fine però al-'Alā per mezzo di 'Abdallah b. Ḥadzaf, il quale, avendo per madre una donna degli 'Iǵl, era perciò potuto penetrare impunemente nel campo nemico e scoprire le condizioni del medesimo, venne a sapere una notte che i pagani si erano abbandonati a un'orgia sfrenata, ed istupiditi dal vino e dal molto cibo, erano caduti in un greve sonno. Il generale musulmano assalì allora senza indugio il campo nemico, e sbaragliò completamente i ribelli con grande strage, nella quale perirono al-Ḥuṭam, capo dei pagani, e al-Mundzir b. Suwayd b. al-Mundzir: il fratello(?) del medesimo, al-Gharūr b. Suwayd, fatto prigioniero, si convertì all'Islām. Un altro capo ribelle Abǵar b. Buǵayr riuscì invece a mettersi in salvo grazie alla velocità del suo cavallo. Il bottino fu molto copioso ed al-'Alā ne fece la divisione fra i seguaci (si omette però di dire, se ne inviasse il quinto solito a Madīnah!), e volle che avessero la loro quota anche 'Afīf b. al-Mundzir, Qays b. 'Āsim, e Thumāmah b. Uthāl. Quest'ultimo si comperò all'incanto del bottino il ricco mantello nero fregiato (khamīṣah), che aveva appartenuto all'ucciso al-Ḥuṭām, non sospettando allora che esso doveva poco tempo dopo costargli la vita. La maggior parte dei pagani superstiti dalla strage salirono sulle navi, e cercarono rifugio nell'isola Dārīn, discosta, dice Sayf, un giorno e una notte di navigazione dalla costa araba.

Sayf passa quindi ad enumerare molte persone, alle quali scrisse al-'Alā per invitarle sia a unirsi con lui, sia a continuare la guerra contro i pagani Bakr b. Wā·il, sia per mandargli rinforzi. Essi erano: 'Utaybah b. al-Nahhās al-'Iǵli, 'Amir b. 'Abd al-aswad, Khasafah al-Taymi, abū Bakr b. Misma' (leggi Ma'mar), e al-Muthanna b. Ḥārithah al-Šaybāni. Assicuratesi così le spalle contro sgradevoli sorprese, al-'Alā stabilì ora di assalire l'isola di Dārīn: i musulmani non avevano però navi e non sapevano come arrivare fino al nemico: ma al-'Alā dichiarò che come Dio li aveva assistiti in terra ferma, li avrebbe altresì aiutati per mare. Ordinò ai soldati di inginocchiarsi e di pregare tutti insieme presso alla spiaggia. Le onde immediatamente si aprirono (come fecero per gli Ebrei nel Mar Rosso) e tutto l'esercito potè slanciarsi sull'isola nemica, bagnando appena le zampe dei cameli. In questo modo anche l'isola venne felicemente espugnata con eccidio dei combattenti e con la cattura di tutte le donne e di tutti i bambini. Il bottino fu tanto considerevole, che i cava-

[La Riddah nel Baḥrayn.]

lieri musulmani ebbero ognuno per propria quota 6.000 (dirham?) e 2.000 i pedoni.

Tutto il Baḥrayn cadde così nelle mani di al-ʿAlā: rimanevano soltanto alcuni arabi delle tribù di Šaybān, di Taghlib e di al-Namr, comandati da un certo Mafrūq, ma non potevano fare alcun male, perchè erano tenuti in scacco dalla tribù degli al-Lahāzim. Si narra però che Thumāmah b. Uthāl, il quale, come si disse, aveva fatto acquisto del mantello usato dal caduto ribelle al-Ḥuṭām, passando per una sorgente dei Qays b. Thaʿlabah (la tribù di al-Ḥuṭam), si incontrasse con alcuni seguaci dell'ucciso. Questi riconobbero il mantello del loro antico signore, ritennero che Thumāmah fosse l'uccisore di lui e gettatisigli addosso, lo assassinarono (cfr. 11. a. H., § 241).

La lunga narrazione di Sayf termina con il preteso testo di due lettere di al-ʿAlā b. al-Ḥadrami al califfo abū Bakr, nelle quali sono narrate la sconfitta di al-Ḥuṭam e la presa dell'isola di Dārīn (Tabari, I, 1962-1976).

Nota 1. — Cfr. anche Athīr, II, 282-284. — Balādzuri (83-84), ignora l'incidente favoloso del lago nel deserto e la spedizione miracolosa contro Dārīn: dopo la strage dei ribelli presso Ǵuwāthā, i musulmani pongono assedio, *nell'anno 12. H.*, alla città (? cfr. § 55, nota 3) di al-Khaṭṭ; Yāqūt, (I, 510, lin. 12, e segg.) dopo aver data una versione in circa eguale a quella di Sayf, aggiunge (pag. 511, lin. 5 e segg.) le seguenti notizie di non piccolo rilievo. Dopo la uccisione di al-Mundzir b. al-Nuʿmān al-Gharūr in Ǵuwāthā, il generale al-ʿAlā scrisse al Califfo abū Bakr, chiedendo soccorsi, e per questa ragione a Khālid b. al-Walīd, che si trovava nella Yamāmah, fu ingiunto di andare nel Baḥrayn, dove arrivò dopo la uccisione di al-Ḥuṭam: poco tempo dopo, precisamente nel 12. a. H., Khālid ebbe l'ordine di recarsi nell' ʿIrāq, e perciò dal Baḥrayn si avanzò (direttamente?) verso il confine persiano. Intanto però al-Mukaʿbar al-Fārisi, luogotenente del re di Persia (ṣāḥib Kisra), che era stato inviato dal re a punire i Tamīm in al-Zārah, aveva riunito le milizie persiane in al-Qaṭīf ed assunse un contegno ostile verso i musulmani, fortificandosi entro al-Zārah. al-ʿAlā lo cinse d'assedio, ma non riuscì ad assoggettare il paese se non sotto il califfato di ʿUmar (vale a dire per lo meno nel 13. a. H.), quando al-Mukaʿbar fu ucciso. al-ʿAlā espugnò al-Sābūn e Dārīn, prendendo ambedue d'assalto, mentre regnava ʿUmar (cfr. poc'anzi §§ 40 e segg.). È evidente che Yāqūt attinge queste notizie da Balādzuri; cfr. F. J. Heer, *Die historischen und geographischen Quellen in Jâqût's Geographischen Wörterbuch*. Strassburg, 1898, p. 53.

§ 58. — Il valore storico della precedente tradizione è stato già demolito con ottimi argomenti dal Wellhausen (Sk. u. Vorarb., VI, 22-24), che sarà opportuno in questo luogo di riassumere e commentare. La presenza degli episodi miracolosi interpolati nella narrazione è il primo fatto che desta i nostri sospetti, dacchè è evidente come i due pretesi miracoli formino la sola vera ragion d'essere della lunga narrazione, composta unicamente *ad maiorem Islami gloriam*. Tale elemento favoloso e assurdo manca del tutto nelle tradizioni storiche da noi raccolte nelle annate precedenti. I tradizionisti possono aver molto mentito, ma si sono sempre tenuti nelle menzogne reali, o verosimili senza tradirsi mai con il favoloso. Abbiamo perciò in questo passo un evidente plagio biblico, un tentativo di introdurre negli annali musulmani alcuni prodigi propri del Vecchio Testamento. È molto probabile perciò che tutto il racconto non appartenga alle tradizioni strettamente

[La Riddah nel Bahrayn.]

storiche, ma faccia parte di quella letteratura fantastica e romantica, che sorse poi rigogliosa in oriente sia come istruzione omilerica dei credenti, sia come opera letteraria di pura immaginazione, la quale non pretendeva nè ad ingannare il lettore con false notizie, nè d'altra parte a narrargli la rigida verità dei fatti avvenuti, ma mirava soltanto ad essere uno svago e una ricreazione amena: qualche cosa come il romanzo storico della letteratura moderna. Ciò risulta evidente da un esame un poco accurato della materia narrata. Notiamo infatti la più incredibile fusione e confusione di notizie messe insieme senza alcuna apparente ragione: si vede che la tesi fondamentale del narratore era costituita dai due miracoli; il resto eragli d'importanza del tutto secondaria e non si è dato alcun pensiero ad evitare di ingarbugliare ogni cosa, di omettere fatti di suprema importanza, e di confondere due eventi distinti in uno solo. Sayf fonde in una campagna sola due campagne distinte, ossia la sottomissione degli Arabi nell'anno 11. H. e la sottomissione della popolazione persiana lungo le coste, avvenuta due anni dopo. Così la presa di Dārīn è messa nell'anno 11. H., invece che nel 13. a. H., e ciò per poter unire al miracolo nel deserto anche il miracolo faraonico del mare. Si ignora affatto l'assedio di Ǵuwāthā, nel quale i pagani erano gli assediatori, e si accenna vagamente all'assedio di Haǵar avvenuto due anni dopo, nel quale invece gli assedianti furono i musulmani. La nostra tradizione ne fa un evento solo e la sortita vittoriosa dei musulmani di Ǵuwāthī tramutasi in un'attacco di sorpresa da parte di al-ʿAlā nelle vicinanze di Haǵar. ʿAbdallah b. Ḥadzaf, uno degli assediati di Ǵuwāthā, il quale ha lasciato memoria dell'assedio in alcuni versi conservati da Sayf, viene rappresentato in questa tradizione (per suggestione istintiva dei versi predetti) come la spia musulmana, che penetra nel campo pagano (cfr. Tabari, I, 1962, lin. 3-6). Abbondano anche le contradizioni: al-Ḥutam in un passo (Tabari, I, 1969, lin. ult. e segg.) è ucciso da ʿAfīf e da Qays b. ʿAsim; altrove invece (Tabari, I, 1975, lin. 12) da Zayd e da Misma' (leggi: Maʿmar). La narrazione è composta nella più completa ignoranza di tutti gli altri eventi contemporanei o immediatamente precedenti o successivi. La spedizione è messa prima della sconfitta dei Ḥanīfah, rendendo perciò impossibile ed assurda l'affermazione che Thumāmah b. Uthāl partecipasse alla conquista del Bahrayn: egli era allora impegnato a combattere nella Yamāmah contro Musaylimah, ed alla comparsa di Khālid, si unì a lui e fece con lui la campagna di ʿAqrabā. Thumāmah non poteva trovarsi contemporaneamente in due luoghi: ed il suo nome fra i conquistatori del Bahrayn è un'altra prova che il Bahrayn fu invaso *dopo* ʿAqrabā.

Constatiamo perciò che tutti i particolari della narrazione sono introdotti dal narratore soltanto come riempitivo od ornamento letterario e non come

[La Riddah nel Baḥrayn.]

istruzione storica: caratteristico infine di Sayf è l'introduzione continua di una quantità di nomi di persone, non già per narrare quello che abbiano fatto (per lo più non fanno nulla), ma soltanto per renderci famigliari con essi, in previsione del momento, quando più tardi ce li presenterà quali attori operosi nel grande dramma delle conquiste. Così ha già fatto una volta con Qa'qā' b. 'Amr, e nella presente tradizione con al-Muthanna b. Ḥārithah.

Il preconcetto Tamimita, che ispira poi tutta la narrazione, si tradisce con quel *noi* (Tabari, I, 1965, lin. 15) messo in bocca a un Tamīmita narratore del miracolo nel deserto.

Conquista dell' 'Umān (*versione della scuola madinese*).

§ 59. — (al-Wāqidi). Dopo la morte di Maometto gli Azd 'Umān ricusarono di pagare la tassa ṣadaqah. Ḥudzayfah b. al-Yamān tentò di trattenerli, ma non vi riuscì, ed i ribelli scagliarono anche villanie contro il Profeta, ripetendo il seguente verso raǵaz: "Una cattiva notizia è giunta a noi! tutti i Qurayš sono divenuti profeti! (nabiyyūn). Per la vita di Dio! Qual'estrema malvagità! (ẓulmun 'abqariyyun)". Quando Ḥudzayfah ne scrisse al Califfo, abū Bakr molto irato spedì 'Ikrimah b. abī Ǵahl contro di loro (1) (Ḥubayš, fol. 25,v.) [H.].

Nota 1. — Il pregio speciale di questa notizia sta nel fatto che gli Azd 'Umān, venendo a sapere la morte di Maometto e la elezione di abū Bakr, ritenessero che il successore del Profeta assumesse le medesime funzioni del defunto. In altre parole per gli Azd 'Umān le funzioni di profeta erano assai più politiche, che religiose. Nell' 'Umān, sì lontano da Madīnah, Maometto appariva agli Arabi non come un riformatore religioso, ma solo come il sovrano di uno stato militare.

§ 60. — (al-Wāqidi, da 'Abdallah b. abī Bakr b. Ḥazm). abū Bakr scrisse ad 'Ikrimah b. abī Ǵahl, che si trovava allora presso i Ka'b b. Rabī'ah, rimasti fedeli all' Islām, e gli ordinò di assalire i ribelli nell' 'Umān. 'Ikrimah partì con 2000 uomini, avanzandosi fino a Dabā (1). Il capo dei ribelli Laqīṭ b. Mālik gli mandò incontro 1000 Azd, che furono fugati da 'Ikrimah. In questo modo i musulmani dell' 'Umān sotto Ḥudzayfah b. al-Yamān poterono proseguire felicemente lo loro resistenza, fino all'arrivo di 'Ikrimah. Congiuntisi ora tutti i musulmani, seguì una battaglia, nella quale Laqīṭ fu sconfitto con la perdita di cento uomini e dovè ritirarsi in Dabā. I musulmani posero assedio alla città, e dopo un mese i difensori chiesero la pace a Ḥudzayfah: questi impose la resa a discrezione, e quando i ribelli ebbero accettato, consegnando la fortezza, Ḥudzayfah ordinò l'eccidio dei capi del paese (in tutto cento persone), e ridusse le loro famiglie alla schiavitù. Con queste egli andò a Madīnah, mentre 'Ikrimah rimase come luogotenente in Dabā (Ḥubayš, fol. 26,r.) [H.]. È notevole che non vi si menziona la "conversione" dei ribelli.

NOTA 1. — Nella tradizione è detto che questa fosse la *prima* spedizione inviata da abū Bakr: ciò è un errore, tranne che nel testo vi sia una lacuna, o omissione, e che si voglia dire, essere la spedizione di 'Ikrimah la prima dopo la partenza di Khālid b. al-Walīd da Madīnah.

[**Conquista dell' 'Umān.**]

§ 61. — (al-Wāqidi, da 'Abdallah b. Zayd b. Aslam, da suo padre, da suo nonno). Fra i prigionieri di Dabā menati a Madīnah da Hudzayfah b. al-Yamān, vi era anche abū Sufrah (il padre del poi celebre generale al-Muhallah b. abī Sufrah). Tutti i prigionieri vennero rinchiusi nel Dār Ramlah bint al-Ḥārith. Gli uomini adulti ammontavano a 300, le donne e i bambini erano 400. 'Umar sostenne che i prigionieri non dovessero essere uccisi, ma da considerarsi come musulmani, che avevano difeso i loro beni (1). Non tutti però erano di questo parere, e dacchè non fu possibile accordarsi, i prigionieri rimasero come tali nel Dār Ramlah fino alla morte del califfo abū Bakr, quando 'Umar, venuto al potere, li liberò senza esigere prezzo di riscatto. I prigionieri ritornarono nell' 'Umān: alcuni però, fra i quali abū Sufrah, si recarono a Baṣrah (Ḥubayš, fol. 26,r.) [H.]. Altre tradizioni, alcune conservate nel " Libro „ di Ya'qūb b. Muḥammad al-Zuhri [† 220. a. H. circa], confermano le notizie date da Wāqidi (Ḥubayš, fol. 26,v.).

NOTA 1. — In altre tradizioni (Ḥubayš, fol. 26,v.) è detto che i Muhāǵirūn volevano (tutti?) mettere a morte i prigionieri di Dabā, e che ciò non avvenisse per opposizione di 'Umar. È strano che i Madinesi non sapessero decidere se i prigionieri fossero da considerarsi come musulmani apostati, o come pagani vinti e prigionieri. L'incertezza confessata dalla tradizione è però una prova che i prigionieri erano pagani e non apostati.

Conquista dell' 'Umān — (*versione di Sayf b. 'Umar*).

§ 62. — (Sayf b. 'Umar, da Sahl b. Yūsuf, da al-Qāsim b. Muḥammad; anche altri isnād). Fino dai tempi pagani il paese dell' 'Umān era diviso in due fazioni nemiche, una delle quali aveva per capo Dzū-l-Tāǵ Laqīṭ b. Mālik al-Azdi, e l'altra era diretta dai due fratelli Ǵayfar e 'Abbād della famiglia al-Ǵulanda (cfr. 8 a. H., §§ 190 e segg.). Laqīṭ aveva preteso anche egli essere profeta e con questo mezzo era riuscito ad acquistare tanta influenza nel paese da sopraffare i due fratelli, i quali per salvarsi da lui avevano dovuto rifugiarsi nei monti e nel mare (1). Ǵayfar scrisse allora ad abū Bakr (2), chiedendo di essere assistito con genti armate per debellare il falso profeta, ed il Califfo ordinò a Ḥudzayfah b. Miḥsan al-Ghalfāni uno dei Ḥimyar, di recarsi nell' 'Umān per aiutarvi i musulmani, e contemporaneamente ordinò ad 'Arfaǵah al-Bāriqi, uno degli Azd (3), di recarsi nella Mahrah, con istruzioni però di agire di concerto con Ḥudzayfah nell' 'Umān prima di invadere la Mahrah. Essi dovevano innanzitutto riunire i loro sforzi per la conquista dell' 'Umān, e poi 'Arfaǵah proseguire solo la campagna invadendo la Mahrah. I due uomini si recarono sollecitamente alla loro destinazione, ed entrarono in corrispondenza con i due fratelli al-Ǵulanda, incomin-

[Conquista dell'ʿUmān.] ciando anche senza indugio ad organizzare le forze musulmane per aggredire il pretendente Laqīṭ.

Intanto ʿIkrimah b. abī Ǵahl e Šuraḥbīl b. Ḥasanah, i quali avevano tentato di destare nella Yamāmah un movimento delle tribù contro Musaylimah, avidi di gloria, e gelosi fra di loro, non avevano agito insieme ed erano stati battuti separatamente da Musaylimah (cfr. §§ 1 e segg.). Šuraḥbīl si era ritirato per congiungere i resti delle sue forze con Khālid, che invadeva la Yamāmah; ma ʿIkrimah ricevette invece l'ordine dal Califfo di recarsi nell'ʿUmān: " Non ti far più vedere, nè far più parlar di te, se non compiendo qualche azione gloriosa! „ Egli doveva unirsi a Ḥudzayfah e ad ʿArfaǵah, e, dopo debellato l'ʿUmān, aveva ordine di invadere la Mahrah e da lì poi spingersi verso il Yaman per unirsi con al-Muhāǵir b. Umayyah a debellare gli insorti in quel paese e nel Ḥadramawt (4). I musulmani si diedero convegno in un paese detto Riǵām (nell'ʿUmān), mentre i seguaci di Laqīṭ si preparavano a resistere, riunendosi nel campo di Dabā, che era la città con il mercato principale del paese. Allora uscirono anche Ǵayfar ed ʿAbbād dai loro rifugi nei monti, raccogliendo i seguaci ed amici nella città di Ṣuḥār (5) (sulle rive del mare), e chiamando in soccorso i tre predetti generali musulmani. Avvenne così la fusione in un esercito solo di tutte le milizie musulmane, e con queste ʿIkrimah si avanzò per assalire Laqīṭ nel suo campo di Dabā. Il falso profeta disponeva però di forze molto considerevoli, sicchè per assicurarsi la vittoria fu d'uopo ricorrere anche agli intrighi e corrompere i partigiani di Laqīṭ. Per via di segrete trattative il capo dei banū Ǵudayd fu indotto a disertare con tutti i suoi, destando un turbamento nelle file dei pagani, dal quale i musulmani tentarono subito di trarre profitto, assalendo le schiere agglomerate in Dabā. Ciononostante i musulmani incontrarono la più vivace resistenza, perchè per ordine di Laqīṭ, i combattenti avevano menato con loro le famiglie e si battevano con il coraggio della disperazione, sapendo quale era la sorte crudele serbata alle donne ed ai bambini, se i musulmani riuscivano vittoriosi. La vittoria sarebbe probabilmente rimasta dalla parte dei pagani, se all'ultimo momento non fossero venuti in soccorso di ʿIkrimah alcune forti schiere dei banū Nāǵiyah sotto al-Khirrīt b. Rāšid, e degli ʿAbd al-Qays sotto Ṣayḥān b. Ṣūḥān (6). I pagani furono allora completamente disfatti, lasciando 10.000 morti sul terreno, mentre tutta la loro roba, le famiglie, la città ed il mercato di Dabā divennero preda dei vincitori. (Non è detto però se Laqīṭ perisse nella strage: ma è del resto assai probabile, perchè di lui non si fa più parola). ʿArfaǵah fu mandato a Madīnah con il quinto della preda, nel quale v'erano tra altro 800 prigionieri. Ḥudzayfah rimase nel paese per terminarne la pacificazione, invitando tutte le tribù circostanti a deporre le armi. 'Ikrimah invece si avanzò con le genti verso la Mahrah (Tabari, I, 1977-1980) (7). [Conquista dell' 'Umān.]

NOTA 1. — Così dice il testo: ila al-aǵbāl wa-l-baḥr, e deve significare che i due fratelli si ritirarono in quella parte montuosa, pressochè inaccessibile dell' 'Umān, che sorge a picco in masse enormi sulle rive dell'Oceano Indiano (D. G. Hogarth: *The Nearer East*, p. 113-114 e 139).

NOTA 2. — Se Ǵayfar scrisse ad abū Bakr, il prospero successo di Laqīṭ deve porsi necessariamente dopo la morte di Maometto, la quale può aver validamente contribuito ad aumentare l'audacia e le forze del falso profeta. Si tenga calcolo come la notizia della morte di Maometto deve aver richiesto parecchio tempo per giungere nella remotissima Mahrah, e perchè Laqīṭ dopo tale notizia potesse trionfare sui fratelli al-Ǵulanda, e perchè infine la domanda di soccorso arrivasse fino a Madīnah e venisse esaudita, dobbiamo ritenere che passasse molto altro tempo ancora. È probabile che Ḥudzayfah e 'Arfaǵah si trovassero nel paese fin dal principio, e che non vi fossero mandati da abū Bakr: in tutti i casi però sembra sicuro che 'Ikrimah accorresse in aiuto dal settentrione. Quando egli comparve nell' 'Umān, doveva perciò già essere incominciato l'anno 12. H.

NOTA 3. — Queste nomine sono finzioni tradizionistiche: si noti infatti che ambedue sono uomini del paese e non Madinesi o Arabi del Nord, e debbono perciò essere considerati non già come luogotenenti o generali del Califfo, ma bensì come agitatori locali, dichiaratisi musulmani per poter combattere il partito avverso con l'appoggio potente di Madīnah. Il vero rappresentante di abū Bakr fu forse soltanto 'Ikrimah, il quale comparisce in tutta questa tradizione adulterata come il generalissimo musulmano. Non è improbabile che i fratelli al-Ǵulanda, 'Arfaǵah e Ḥudzayfah fossero i capi di tre partiti isolati, tutti avversi a Laqīṭ, ma divisi fra loro, e che soltanto la presenza di 'Ikrimah e la loro fusione nell'Islām, ne rendessero possibile la lega contro Laqīṭ. 'Arfaǵah portò a Madīnah il quinto del bottino; non può quindi essere stato uno dei generali nominati da abū Bakr, perchè soltanto comandanti d'ordine interiore, oppure neo-convertiti (vedi appresso il caso di Šikhrīt nella Mahrah) eseguivano questo umile compito. 'Arfaǵah stesso avrebbe inoltre disobbedito agli ordini del Califfo, andando a Madīnah, perchè altrove è detto (Tabari, I, 1977, lin. 11) che egli doveva invadere la Mahrah. Queste contradizioni rivelano la natura artificiale delle notizie.

NOTA 4. — Tutto questo piano strategico attribuito ad abū Bakr è tutta una ricostruzione arbitraria *a posteriori*, immaginata sui fatti compiuti, affinchè il Califfo comparisse come l'infallibile sovrano, il quale tutto prevede, ed i piani del quale si eseguirono puntualmente come egli aveva previsto. abū Bakr accettò invece e riconobbe i fatti compiuti dopo il trionfo del partito musulmano: ecco tutto. L'intervento di 'Ikrimah con quelle forze raccogliticcie che egli può aver riunito nei vari paesi traversati, deve essere stato necessario perchè senza di lui i così detti musulmani dell' 'Umān non erano capaci di unirsi o di far alcuna impressione sul partito di Laqīṭ. 'Ikrimah come Qurašita estraneo al paese, e inviato speciale di abū Bakr, potè perciò più facilmente riunire tutti gli elementi discordi e gelosi, i quali avevano in odio il falso profeta Laqīṭ.

NOTA 5. — La città di Ṣuḥār fu espugnata dai musulmani nell'anno 12. H. (Yāqūt, III, 369, lin. ult.).

NOTA 6. — Questa notizia è preziosa, perchè dimostra come la battaglia di Dabā fosse combattuta *dopo la sottomissione del Baḥrayn* per opera di al-'Alā b. al-Ḥadrami. Non è possibile che gli 'Abd al-Qays fossero in grado di distaccare un esercito in soccorso dei musulmani nell' 'Uman, se prima non avevano abbattuto i pagani nel proprio paese. D'altronde però la conquista del Baḥrayn viene dopo quella della Yamāmah, e quindi abbiamo altra prova che la vittoria di Dabā debba esser posta in pieno anno 12. H.

NOTA. 7. — Cfr. anche Athīr, II, 284-285; Balādzuri, 76-77, ove invece di Dabā, abbiamo Dabbā e Dammā.

ARABIA MERIDIONALE. — La conquista della Mahrah.

§ 63. — (Sayf b. 'Umar, medesimo isnād del precedente). Assicurato il trionfo dell' Islām nell' 'Umān, 'Ikrimah b. abī Ǵahl si spinse ora nella Mahrah dopo aver rinforzato il suo esercito con volontari dell' 'Umān e con numerose schiere dei banū Nāǵiyah, degli Azd, degli 'Abd al-Qays, dei Rāsib e dei

[Conquista del Mahrah.]

Sa'd Tamīm (1). La provincia invasa ora dai musulmani era allora divisa in due partiti nemici, in armi fra loro, ambedue pagani (2); gli uni stavano accampati in Ǵayrūt e in tutta la parte pianeggiante della Mahrah fino a Nadadūn, sotto agli ordini di un certo Šikhrīt, della tribù dei banū Šakhrah (?): l'altro partito, che riconosceva per capo al-Musabbiḥ della tribù dei banū Muḥārib, occupava invece la parte più montuosa del paese, detta Mahrah bi-l-Naǵd, ed era la fazione di grande lunga più numerosa e più potente. L'animosità fra le parti era molto viva, sicchè 'Ikrimah trovò un ottima opportunità per giustificare il suo intervento armato e per conquistare il paese. Quando 'Ikrimah ebbe constatato che i seguaci di Šikhrīt erano meno numerosi e più deboli, intuì giustamente che essi più degli altri avevano bisogno di aiuto e sarebbero perciò meglio disposti ad unirsi con lui. Egli li invitò quindi ad abbracciare l'Islām ed ebbe una pronta e favorevole risposta. La medesima offerta presentata al partito di al-Musabbiḥ ebbe invece uno sdegnoso rifiuto, perchè al-Musabbiḥ inorgoglito dal numero dei seguaci si credeva sicuro di poter resistere e vincere. 'Ikrimah unì allora le sue forze a quelle di Šikhrīt e andò ad assalire al-Musabbiḥ nella Mahrah bi-l-Naǵd. La battaglia fu sanguinosa e molto più accanita di quella combattuta poc'anzi presso Dabā nell''Umān; ma i musulmani (grazie forse al loro numero superiore), dopo avere ucciso il duce nemico al-Musabbiḥ, vinsero una grande vittoria, infliggendo un'orrenda strage ai pagani. Un immenso bottino cadde in mano ai vincitori: fra le altre cose anche 2.000 cameli di razza indigena finissima (naǵībah). Il quinto della preda fu portata a Madīnah dallo stesso Šikhrīt, e gli altri quattro quinti furono divisi fra i guerrieri presenti alla battaglia. 'Ikrimah rimase ancora qualche tempo nel paese per ricevere la sottomissione di tutta la popolazione della Mahrah: sono specialmente menzionati fra coloro che vennero a riconoscere il nuovo padrone, i montanari, abitanti di Riyādah al-Rawdah, quelli dell'al-Sāḥil (la costa), gli isolani (ahl al-ǵazā·ir), gli Ahl al-Murr wa-l-Lubān (ossia quelli che coltivavano e raccoglievano la mirra e l'incenso), le genti di Ǵayrūt, di Zuhūr al-Šiḥr, di al-Sabarāt, di Ya'nab e di Dzāt al-Khīm. al-Sā·ib, uno dei banū 'Ābid dei Makhzūm, fu incaricato da 'Ikrimah di portare al Califfo in Madīnah una lettera con la notizia della vittoria (Tabari, I, 1980-1982).

Nota 1. — Da questo elenco impariamo che l'esercito di 'Ikrimah era esclusivamente composto di elementi locali e di tribù domate ed islamizzate dell'Arabia orientale e meridionale: manca il più piccolo cenno, dal quale si possa arguire la presenza di milizie madinesi. In quei giorni (siamo in pieno anno 12. H.) tutte le forze di Madīnah erano impegnate nella conquista della Siria e della Persia, ed è quindi certo che nell'esercito di 'Ikrimah non vi fosse contingente alcuno delle antiche milizie del Profeta. Se oltre ad 'Ikrimah ed a quel Sā·ib b. abī-l-Sā·ib b. 'Ābid al-Makhzūmi menzionato poco più avanti, vi fosse stato un gruppo di Compagni di Makkah e di Madīnah, ne avremmo certamente avuto notizia: le grandi battaglie combattute avrebbero offerto una buona occasione per mettere in evidenza il loro eroismo. La grande magrezza poi delle notizie su quest'ultima parte della così detta Riddah sta chiaramente a dimostrare il carattere affatto locale di tutti questi moti islamici nell'Arabia meridionale, ai quali, in fuori di 'Ikrimah, nessun personaggio celebre nella storia prese alcuna parte. Il Caussin de Perceval (III, 388), parlando perciò dell'esercito di 'Ikrimah come formato per la maggior parte di genti del Ḥigāz, afferma arbitrariamente una cosa, alla quale non è autorizzato in alcun modo dal tenore delle fonti. [La conquista della Mahrah.]

Nota 2. — Nella Mahrah non esisteva dunque verun partito musulmano, perchè nessuno ancora era convertito all'Islām: la Mahrah, la regione d'Arabia più remota da Madīnah, aveva meno di tutte le altre risentito gli effetti della propaganda di Maometto. A questo proposito è anche bene notare una frase caratteristica di Sayf relativa alle guerre civili nella Mahrah: descrivendo il conflitto dei due partiti pagani, ognuno dei quali desiderava vivamente trionfare sull'altro, aggiunge: « e questo era uno dei modi, con i quali Dio volle aiutare i musulmani, fortificando questi contro i loro nemici e indebolendoli (i nemici) » (Tabari, I, 1981, lin. 3). Era sempre la stessa vicenda: un partito più debole, sentendosi minacciato da quello più forte, si rivolgeva per soccorso a Madīnah, e l'otteneva prontamente, purchè si dichiarasse musulmano. La conversione di tutta l'Arabia fu ispirata da sole ragioni d'opportunismo politico, di rapace ambizione, o di sanguinaria vendetta, e in nessun luogo da sincera convinzione religiosa.

Nota 3. — Cfr. anche Athīr, II, 285-286.

ARABIA MERIDIONALE. — La così detta " Seconda Apostasia " (al-Riddah al-thāniyyah) del Yaman.

§ 64. — Dopo la morte di Maometto avvenne nel Yaman quello che Sayf b. 'Umar (Tabari, I, 1989, lin. 6) e, dopo di lui, tutti i cronisti arabi hanno erroneamente descritto come la " seconda apostasia degli abitanti del Yaman ", quasichè questa provincia avesse nel medesimo anno rinnegato due volte l'Islām. L'origine dell'errore, nel quale sono caduti i cronisti risiede nella natura travisata e tendenziosa delle tradizioni poc'anzi (cfr. 11. anno H., §§ 187 e segg.) da noi riassunte, nelle quali abbiamo visto che la comparsa del falso profeta al-Aswad viene descritta come una ribellione contro l'Islām, mentre l'uccisione di al-Aswad è rappresentata come una rivolta di buoni e fedeli musulmani contro il malvagio impostore. Da tale *islamizzazione* delle notizie, fatta contrariamente alla verità storica, è nata la necessità logica di descrivere i nuovi torbidi scoppiati nel Yaman dopo la morte di Maometto, come una seconda apostasia, perchè molti personaggi del primo dramma di Ṣan'ā, che ivi sono raffigurati quali buoni musulmani, ricompaiono ora nel secondo dramma come ribelli ed apostati. Quindi, hanno concluso i tradizionisti, i Yamaniti hanno rinnegato due volte l'Islām.

La verità dei fatti è totalmente diversa: l'Islām, prima dell'arrivo di al-Muhāgir con l'esercito di Madīnah, pressochè nulla ebbe che fare con le due guerre civili del Yaman. La comparsa del falso profeta al-Aswad era stata in verità una levata di scudi delle tribù arabo pagane contro i Persiani di Ṣan'ā, contro gli al-Abnā, seguaci della religione magica, ossia fu un conflitto locale fra due razze diverse, che reciprocamente si odiavano. La vittoria degli Arabi sotto al-Aswad fu di breve durata, perchè come al solito scop-

[La così detta Seconda Apostasia del Yaman.]

piarono dissidi interni fra loro ed al-Aṣwad perì vittima di una temporanea lega di elementi arabi scontenti con i Persiani oppressi di Ṣan'ā. Ucciso però al-Aswad la unione durevole di Arabi e di Persiani si mostrò impossibile, e seguì una nuova scissione fra Arabi e Persiani, nella quale gli Arabi sotto Qays b. Makšūḥ ripresero il sopravvento. I fatti quindi della così detta " seconda apostasia „ non sono che la logica conseguenza dei torbidi precedenti e rappresentano un secondo trionfo degli elementi arabi sui persiani, ed un tentativo sistematico e completo di sopprimere ed esiliare tutti i Persiani dal Yaman. Gli Arabi padroni di Ṣan'ā non avevano però incontrato l'approvazione di tutti i loro connazionali nel Yaman, e fallirono nel tentativo di presentare la lotta come una guerra nazionale allo straniero. Gli esiliati persiani, uniti per via di donne a molte tribù arabe della provincia, poterono infatti appellarsi ai cugini materni e suscitare un fortissimo movimento ostile alla stirpe dei Madzḥiǵ, alla quale aveva appartenuto il falso profeta al-Aswad, e con la quale faceva ora causa comune Qays b. Makšūḥ. Il movimento mancava però di unità e di direzione: i Persiani fuggiaschi si volsero allora per soccorso anche al governo di Madīnah, il quale imbaldanzito dalle vittorie già conseguite nell'Arabia centrale ed orientale, accettò l'invito ed accolse con piacere l'offerta occasione di intervenire negli affari della provincia e di sottometterla all'Islām. La nuova fede entrò quindi come fattore nella lotta delle fazioni yamanite solo dal momento in cui i Persiani e gli Arabi nemici di Qays b. Makšūḥ e dei Madzḥiǵ chiesero soccorso a Madīnah, e l'Islām sopravvenuto come elemento pacificatore dominò facilmente la nuova provincia senza verun spargimento di sangue, ed accolto con egual favore da ambedue i partiti fra loro in conflitto.

Premesse queste osservazioni sarà più facile comprendere il vero significato delle tradizioni che diamo qui in appresso.

I torbidi nel Yaman dopo la morte del Profeta Maometto.

§ 65. — (Sayf b. 'Umar, da Sahl b. Yūsuf, da al-Qāsim b. Muḥammad; opp. da Talḥah, da 'Ikrimah). Dopo l'uccisione del falso profeta al-Aswad al-'Ansi in Ṣan'ā, il paese ritornò nelle medesime condizioni di prima; ma quando giunse la notizia che era morto anche il Profeta di Madīnah, scoppiò di nuovo l'anarchia in tutto il Yaman [1]. Nella regione fra Ṣan'ā e Naǵrān andavano intanto errando i resti delle schiere di cavalieri (Madzḥiǵ) del defunto al-Aswad, commettendo ogni specie di violenze a danno indistintamente di tutti gli abitanti e senza aver pietà di alcuno. 'Amr b. Ma'dīkarib (dei Sa'd al-'Ašīrah, ramo degli Zubayd), uno degli antichi seguaci del falso profeta al-Aswad [2], continuava (alla testa di tribù pagane) a tenere in

[I torbidi nel Yaman dopo la morte del Profeta Maometto.]

iscacco Farwah b. Musayk al-Murādi (che comandava un gruppo isolato di musulmani), ed infine Mu'āwiyyah b. Anas, alla testa di alcuni cavalieri del defunto al-Aswad, andava anch'egli girando per il paese in tutte le direzioni. Due luogotenenti del Profeta, ossia 'Amr b. Ḥazm, e Khālid b. Sa'īd dovettero ritornare a Madīnah, mentre gli altri fuggirono presso gli Arabi, che erano rimasti fedeli all'Islām. 'Amr b. Ma'dīkarib tentando di inseguire Khālid b. Sa'īd, che si ritirava verso il Ḥiǵāz, fu battuto da Khālid, perdendo la celebre spada al-Ṣamṣāmah (3). Più tardi arrivarono pure a Madīnah Ǵarīr b. 'Abdallah (4), al-Aqra' b. 'Abdallah e Wabar b. Yuḥannas. abū Bakr (occupato altrove dall'insurrezione nell'Arabia centrale) non potè inviare ancora una spedizione nel Yaman, e fu costretto a ricorrere agli stessi mezzi adoperati un tempo dal Profeta con molta efficacia, vale a dire tentò di arrestare il movimento ribelle del Yaman, mandando lettere ed ambasciate a tutti i musulmani rimasti fedeli colà per incoraggirli a unirsi e a difendersi. Questi mezzi non ebbero però alcun risultamento pratico e la condizione rimase invariata per la durata di circa tre mesi, fin dopo il ritorno di Usāmah b. Zayd dalla Siria e dopo le battaglie contro i ribelli nelle vicinanze di Madīnah (Tabari, I, 1983-1984).

Nota 1. — Le notizie date da Sayf nel presente paragrafo sono molto incomplete, confuse ed in parte anche false. Prendendo il senso letterale delle sue frasi parrebbe che dopo la uccisione di al-Aswad tutti gli agenti musulmani ripigliassero il loro posto antico come se nulla fosse accaduto, ma che morto Maometto, tutti ritornassero a fuggire una seconda volta: 'Amr b. Ḥazm e Khālid b. Sa'īd farebbero due fughe a Madīnah (cfr. 11. a. H., § 192). Tutto ciò è assurdo: rivela come Sayf per descrivere le condizioni del Yaman dopo ucciso al-Aswad, ripeta le notizie date al momento dell'insurrezione di al-Aswad al-'Ansi e confonda due momenti perfettamente distinti. L'episodio fra Khālid b. Sa'īd ed 'Amr b. Ma'dīkarib appartiene al periodo dei primi torbidi, quando i pochi musulmani del Yaman fuggirono dinanzi alla marcia vittoriosa di al-Aswad. Il Wellhausen (Sk. u. Vorarb., VI, 36) mette acutamente in rilievo tutte queste assurdità e dimostra come la uccisione di al-Aswad non sia un ritorno all'Islām, ma una semplice continuazione dei fatti precedenti. Riguardo all'Islām nulla fu mutato nè dalla morte di al-Aswad, nè da quella di Maometto. Gli Abnā persiani erano tutti della religione magica, e gli Arabi erano ancora pagani: nessuno dei Persiani era impiegato musulmano, e meno ancora musulmano di fede. Tutti agivano nel loro proprio interesse, senza subire in alcun modo l'azione diretta o indiretta dall'Islām, nè come fede, nè come forza politica.

Nota 2. — Secondo un'altra tradizione (autorità: Sayf b. 'Umar, da 'Aṭiyyah b. 'Amr b. Salamah). 'Amr b. Ma'dīkarib, mentre viveva ancora Maometto, aveva abbracciato l'Islām, ma quando il falso profeta al-Aswad prese le armi, 'Amr si associò a lui, rinnegando l'Islām. al-Aswad volle però che egli restasse nel suo paese per tenere a bada i musulmani sotto Farwah b. Musayk al-Murādi, ed 'Amr rimase perciò al suo posto fino al momento, nel quale 'Ikrimah b. abī Ǵahl, avendo terminata la conquista dell' 'Umān e della Mahrah, giunse al campo di Abyan (Tabari, I, 1994-1995): vale a dire verso la metà dell'anno 12. H.

Nota 3. — Il celebre episodio della perdita di al-Ṣamṣāmah, è messo qui erroneamente da Sayf, perchè avvenne al tempo della « prima apostasia » del Yaman (cfr. Tabari, I, 1997, lin. 6). In quella circostanza 'Amr b. Ma'dīkarib venne alle mani con Khālid b. Sa'īd, il quale con un fendente della spada, colpendo 'Amr sulla spalla, tagliò la cinghia che reggeva la famosa spada al-Ṣamṣāmah: questa perciò cadde in terra. 'Amr furente tentò ferire Khālid, ma il colpo andò a vuoto e quando 'Amr vide che Khālid si accingeva a colpirlo una seconda volta, ebbe paura, saltò da cavallo e si inerpicò a piedi su per i monti, lasciando il cavallo e la spada nelle mani di Khālid. La spada passò poi con tutta l'eredità di Khālid nelle mani di Sa'īd b. al-'Āṣ al-'Aṣghar, il quale ne era ancora in possesso molti anni dopo quando fungeva da governatore di Kūfah. Qui venne allora anche 'Amr b. Ma'dīkarib

[I torbidi nel Yaman dopo la morte del Profeta Maometto.]

per chiedergli la mano della figlia; questa non gli fu concessa, ma Sa'īd lo invitò in casa e gli mostrò la sua antica spada al-Ṣamṣāmah, offrendogliela anche in dono. 'Amr non disse niente, volle ancora provarne la tempra e con un colpo solo tagliò la sella e la coperta di un mulo, senza però ferire l'animale, ma poi restituì l'arma al governatore, dicendo: « Se tu fossi venuto a farmi visita ed io avessi posseduto la spada, te ne avrei fatto dono, ma io ora non la posso più accettare, dopo che è accaduto, quello che è accaduto! » (Tabari, I, 1997, v. anche Wellhausen. Sk. u. Vorarb., VI, p. 150, nota a 1997, 17; Khaldūn, II, App. p. 60, lin. 10, e 66-67.): cfr. più avanti § 68, nota 1.

NOTA 4. — Da un'altra tradizione (autorità: al-Tabari, senza indicazione di fonti, ma forse da Sayf b. 'Umar) sappiamo che Ǵarīr non rimanesse inoperoso in Madīnah. abū Bakr gli ordinò di ritornare nella propria tribù, e di riunire quanti erano rimasti fedeli all'Islām: dopo aver assalito i Khath'am e quanti erano ancora sdegnati per la distruzione dell'idolo Dzū-l-Khalaṣah, Ǵarīr doveva recarsi nel Naǵrān per attendervi suoi ordini. Ǵarīr compiè felicemente l'incarico senza incontrare quasi alcuna resistenza: una piccola schiera che volle opporsi, venne facilmente sbaragliata. Arrivato alfine nel Naǵrān, Ǵarīr vi rimase in attesa di nuovi ordini di abū Bakr (Tabari, I, 1988). Ritroviamo poi Ǵarīr più avanti, quando compie la sua congiunzione con al-Muhāǵir prima dell'invasione del Yaman. È probabile tuttavia che la tradizione abbia leggermente travisato il vero, volendo far comparire tutte le azioni di Ǵarīr b. 'Abdallah come sola e cieca esecuzione di ordini impartiti da abū Bakr.

Conflitto fra Arabi e Persiani in Ṣan'ā.

§ 66. — (Sayf b. 'Umar, senza isnād). Quando si seppe nel Yaman che era morto Maometto, seguì una seconda apostasia (riddah al-thāniyyah) per opera di Qays b. 'Abd Yaghūth b. Makšūḥ, il quale immaginò ora un piano per disfarsi dai colleghi persiani, Fayrūz, Dādzawayh e Ǵušayš (Ǵušnas?), e si mise in comunicazione con gli Adzwā, o principi Himyariti del Yaman, proponendo un'azione comune contro i Persiani. I principi erano: (1) 'Umayr b. Aflaḥ Dzū Murrān, (2) Sa'īd b. al-'Āqib Dzū Zūd, (3) Samayfa' b. Nākūr Dzū-l-Kalā', (4) Ḥawšab Dzū Zulaym e (5) Šahr Dzū Yanāf. Prima però che Qays avesse iniziato questi intrighi, il califfo abū Bakr aveva già scritto ai predetti principi, invitandoli a tenere con mano ferma il dominio sui loro sudditi ed a restare fedeli all'Islām, e promettendo loro soccorsi, se ne avessero avuto bisogno. Aveva anche dato a loro ordine di prestare aiuto, occorrendo, agli Abnā (persiani) di Ṣan'ā, annunziando che egli aveva nominato Fayrūz suo luogotenente fra i medesimi (Tabari, I, 1989, ove è anche dato il preteso testo di questa lettera, sull'autenticità della quale conviene avere molti dubbi, perchè vi si accenna ai Persiani di Ṣan'ā come dipendenti di Madīnah: i Persiani invece erano ancora indipendenti e seguaci di Zoroastro).

§ 67. — (Sayf b. 'Umar, da al-Mustanīr b. Yazīd, da 'Urwah b. Ghaziyyah al-Dathīni). abū Bakr, appena eletto Califfo, nominò Fayrūz suo luogotenente fra gli Abnā (in Ṣan'ā). Fayrūz agiva tuttavia di concerto con Dādzawayh, con Ǵušayš (Ǵušnas) e con l'arabo Qays b. Makšūḥ. Quando però il Califfo partecipò questa nomina mediante una lettera ai vari capi del Yaman, Qays b. Makšūḥ ne rimase spiacentissimo, e tentò subito di intrigare presso i principi Ḥimyariti, gli Adzwā, per indurli ad unirsi con lui contro i Persiani: egli descrisse perciò gli Abnā come stranieri, intrusi e gente di pas-

DUE VEDUTE DI SAN'Ā NEL YAMAN

(gentilmente prestate dal Comm. G. Agnesa). Fotocalcogr. Danesi . Roma

[Conflitto fra Arabi e Persiani in Ṣan'ā.]

saggio (nuqalā·) senza domicilio fisso, i quali non avrebbero mai cessato di far torto alle tribù Arabe, finchè fossero lasciati nel paese. Egli propose quindi ai principi Ḥimyariti di uccidere i capi degli Abnā, e di espellere tutti gli altri Persiani dal Yaman, rimandandoli al loro paese [1]. Gli Adzwā non accettarono la proposta di Qays, e dichiararono, di non voler essere implicati nel conflitto fra lui ed i suoi colleghi persiani, con i quali nulla avevano che fare. Respinto da questi, Qays si gettò nelle braccia dei suoi antichi compagni d'arme, i dispersi errabondi seguaci del defunto al-Aswad, i quali andavano girando per il paese come volgari malfattori e predoni. Le trattative iniziate con grande segretezza, affinchè gli Abnā non ne avessero sentore, ebbero esito favorevole. Le bande dei predoni promisero di agire di concerto con Qays, ed invitate da lui comparvero minacciose nelle vicinanze di Ṣan'ā, suscitando l'allarme nella popolazione della città. Qays fece finta di essere più allarmato di tutti e corse a chiedere consiglio tanto a Fayrūz, quando a Dādzawayh, mirando così a far credere che egli fosse pienamente d'accordo con loro. La dimane Qays mandò un invito a Dādzawayh, pregandolo di venire a pranzo con lui: poco tempo dopo mandò un simile invito anche a Fayrūz, ed infine dopo qualche tempo anche a Ǵušayš. Suo scopo era di far venire l'uno appresso all'altro, separatamente, i tre capi persiani, e così trucidarli successivamente senza allarmare gli altri e senza destare sospetti. Dādzawayh, il primo a presentarsi alla casa di Qays, cadde facile vittima, e fu messo a morte in un attimo: poco dopo Fayrūz si accingeva ad entrare anch'egli da Qays, quando per caso intese la conversazione di due donne, che si parlavano da un tetto all'altro, e narrando la morte di Dādzawayh, predicevano la medesima fine anche per Fayrūz. Questi, avvertito in tempo, ritornò indietro di corsa per informare Ǵušayš, con il quale saltato immediatamente a cavallo, così come era vestito e calzato alla cittadina, si diede a pronta fuga, dirigendosi verso i monti dei Khawlān una stirpe araba unita a Fayrūz per via di donne: la madre di Fayrūz era della tribù dei Khawlān. I cavalieri di Qays inseguirono i fuggiaschi fino ai monti e i due Persiani, per salvarsi dai loro inseguitori. dovettero, a un certo punto, abbandonare i cavalli ed inerpicarsi a piedi su per la montagna, finchè le loro scarpe leggiere liscie da città (khifāf sadzaǵah) furono ridotte in brandelli e laceraronsi i loro piedi. I Khawlān presero Fayrūz e Ǵušayš sotto la loro protezione.

Con la morte di Dādzawayh e la fuga dei due capi, gli Abnā non furono più in grado di resistere a Qays b. Makšūḥ, il quale con i suoi cavalieri si impadronì di Ṣan'ā, ed impose balzelli su tutte le popolazioni circostanti. Uno dei primi atti di Qays fu di sfogare il suo odio contro i Persiani, che

[Conflitto fra Arabi e Persiani in Ṣan'ā.]

egli ora si accinse a disperdere ed esiliare. Lasciò, è vero, senza molestia quelli che avevano accettato il suo dominio e riconosciuta la sua autorità, ma volle vendicarsi sulle famiglie di coloro che erano fuggiti per unirsi a Fayrūz nei monti dei Khawlān. Una parte di questi proscritti venne da lui esiliata nel deserto (fī-l-barr): un'altra parte fu mandata a 'Adan, affinchè venisse imbarcata su navi e rimandata in Persia. La famiglia di Fayrūz fu condannata all'esilio nel deserto, mentre quella del defunto Dādzawayh partì insieme con le altre che dovevano imbarcarsi per la Persia. Intanto però il tentativo di Qays non aveva avuto tutti quei prosperi risultamenti, che egli si era lusingato di ottenere, perchè, in luogo di trovare favorevole accoglienza fra le tribù arabe, ben presto s'avvide, che esisteva un partito contrario assai ostile, e che molte tribù parteggiavano apertamente con i suoi nemici, assistendo i profughi Fayrūz e Ǵušayš. Il primo di questi aveva scritto intanto al califfo abū Bakr, chiedendo soccorsi contro Qays, e nel frattempo riuniva armati per iniziare una campagna aggressiva contro l'usurpatore di Ṣan'ā: anche le tribù neutrali vennero trascinate nel movimento contro Qays. I banū 'Uqayl b. Rabī'ah b. 'Āmir b. Ṣa'ṣa'ah entrarono nella lega contro Qays, e piombarono, dietro istanza di Fayrūz, sulla caravana di prigionieri persiani mandata in esilio da Qays, ne massacrarono la scorta, e liberarono i prigionieri: anche gli 'Akk, sotto Masrūq presero la armi dietro istanza di Fayrūz, e tutte queste tribù troncarono ogni rapporto con Ṣan'ā. Fayrūz, avendo alfine riunito dalle tribù amiche quanti uomini poteva, prese ora l'offensiva, ed avanzandosi fino alle vicinanze di Ṣan'ā, inflisse una grave sconfitta alle schiere di Qays; il quale dovette fuggire con tutti i suoi in quella parte del paese, che già aveva servito di ricovero ai seguaci di al-Aswad al-'Ansi dopo l'uccisione del falso profeta, vale a dire nella regione fra Ṣan'ā e Naǵrān. Ridotto in queste infelici condizioni, Qays si rivolse per aiuto al suo antico compagno d'arme, 'Amr b. Ma'dīkarib, il quale fin dai primi tempi di al-Aswad era rimasto a guerreggiare contro le schiere di musulmani riunite da Farwah b. Musayk al-Murādi (cfr. 11. a. H., § 192). Tabari, I, 1989-1994.

Nota 1. — Cfr. anche Athīr, II, 287-289.

§ 68. — (Sayf b. 'Umar, da Sahl, da al-Qāsim, e da Mūsa b. al-Ghuṣn, da ibn Muḥayrīz). Dopo la conquista della Mahrah, 'Ikrimah b. abī Ǵahl si era avanzato direttamente verso il Yaman fino ad Abyan (1): lo seguiva una turba molto numerosa di Arabi della Mahrah: vi erano anche i Sa'd b. Zayd, gli Azd, i Nāǵiyah, gli 'Abd al-Qays, i Ḥudbān un ramo dei banū Mālik b. Kinānah, gli 'Amr b. Ǵundab un ramo degli al-'Anbar, ed infine si erano uniti a lui anche i Nakha', i quali avevano potuto dimostrare di non aver mai rinnegato l'Islām. L'avanzarsi di queste ingenti forze turbò Qays b. 'Abd Yaghūth b. Makšūḥ, il quale si vedeva stretto da schiere nemiche da tutte le parti, e più che mai tentò di venire ad un accordo con 'Amr b. Ma'dīkarib; ma fra questi due uomini non scorreva buon sangue, perchè reciprocamente si odiavano, e difatti nulla poterono fare contro i musulmani (Tabari, I, 1995-1996). [Conflitto fra Arabi e Persiani in Ṣan'ā.]

NOTA 1. — Abyan, Yabyan e Ibyan era uno dei distretti (makhālif) del Yaman (meridionale) e comprendeva, fra le altre, anche il porto marittimo di 'Adan. Secondo il poeta 'Umārah b. abī-l-Ḥasan 'Ali al-Yamani [† 569. a. H.] esisteva anche un luogo (mawḍi') detto Abyan nei monti di 'Adan, patria, secondo Yāqūt, di abū Bakr Aḥmad b. Muḥ. al-'Aydzi (o 'Īdzi) [† 590. a. H.]: Yāqūt, I, 110, lin. 8-19. Cfr. anche Bakri, 65. Secondo Hāmdani (78, lin. 1-2), tutta la valle aveva nome Abyan, ossia Wādi Abyan,; e da un altro passo del medesimo autore (Hamdāni, 88, lin. 20) si rileva che doveva trovarsi assai vicino alle frontiere del Ḥadramawt. Più innanzi Hamdāni (id. 97, lin. 6 e segg.) dà anche l'elenco dei villaggi compresi nel territorio di Abyan, e delle tribù che vi dimoravano. Cfr. anche 'Umārah, 570, 639, 640.

§ 69. — (al-Tabari, senza isnād, forse da Sayf b. 'Umar). abū Bakr aveva scritto intanto a Ṭāhir b. abī Hālah, che trovavasi fra gli 'Akk nella Tihāmah del Yaman, di unirsi con Masrūq il capo degli 'Akk e di muovere su Ṣan'ā per recarsi in soccorso di Fayrūz al-Dīlami e degli Abnā contro Qays b. Makšūḥ. Il Califfo scrisse anche a 'Abdallah b. Thawr b. Asghar al-Ghawthi, fratello di 'Ukkāšah b. Thawr luogotenente (?) musulmano fra i Sakāsik e gli al-Sakūn (cfr. Tabari, I, 1852, lin. 8), ordinandogli di riunire la gente della Tihāmah e di rimanere in attesa di ordini (1) (Tabari, I, 1997).

NOTA 1. — (*a*) Alludendo a fatti, che (se sono veri) devono essere avvenuti prima di questo, Tabari continua dicendo: la prima apostasia (nel Yaman) fu quella di 'Amr b. Ma'dīkarib, perchè egli si trovava con Khālid b. Sa'īd, ma poi si oppose a lui ed aderì alle proposte del (falso profeta) al-Aswad. Khālid b. Sa'īd corse subito ad assalire 'Amr b. Ma'dikarib, ed avendolo incontrato venne con lui alle mani: con un fendente Khālid b. Sa'id tagliò la cinghia sulla spalla di 'Amr, che reggeva la famosa spada al-Ṣamṣāmah: questa cadde in terra. 'Amr tentò allora ferire Khālid, ma non essendovi riuscito, ed accingendosi Khālid a colpirlo con un secondo fendente, 'Amr saltò dal cavallo e s'inerpicò su per i monti, lasciando in mano all'avversario tutta la propria roba, il cavallo e la spada al-Ṣamṣāmah. Cfr. poc'anzi § 64 e nota 3.

(*b*) Sul modo come questa celebre spada venisse in mano di Khālid b. Sa'īd v'è però divario nelle fonti. Secondo (Ya'qūb b. Muḥammad) al-Zubri, probabilmente nel suo « Libro », che trattava della Riddah) è detto che 'Amr b. Ma'dīkarib facesse dono a Khālid b. Sa'īd della spada al-Ṣamṣāmah, quando venne a Madīnah per riscattare la moglie Ǵulālah, che era stata rapita da Khālid nel Yaman, allorchè 'Amr erasi ribellato (Ḥubayš, fol. 28,r.) [H].

§ 70. — (Sayf b. 'Umar, da al-Mustanīr b. Yazīd, da 'Urwah b. Ghaziyyah, e da Mūsa, da abū Zur'ah al-Šaybāni). al-Muhāǵir b. abī Umayyah fu l'ultimo capitano mandato da abū Bakr (contro i ribelli Arabi) (1). Gli ordinò di recarsi nel Yaman per la via di Makkah e di Ṭā'if, prendendo le milizie già adunate per ordine del Califfo (cfr. 11. a. H., § 99) in quelle due città. Il contingente di Makkah comandato da Khālid b. Asīd, e quello di Ṭā'if comandato da 'Abd al-raḥmān b. abī-l-'Āṣ, si congiunsero con al-Muhāǵir, il quale, avanzandosi quindi verso il mezzogiorno, passò per Naǵ-

[Conflitto fra A-
rabi e Persiani
in Ṣān'ā.]

rān, ove Ǵarīr b. 'Abdallah con le altre genti già da lui raccolte (cfr. 11. a. H., § 193, e 12. a. H., § 64, nota 4) attendeva il suo arrivo. Proseguendo oltre, si unì anche con le schiere comandate da Farwah b. Musayk al.Murādi, il quale, come abbiamo già detto (cfr. 11. a. H., § 192), fin dal primo comparire di al-Aswad al-'Ansi aveva sempre tenacemente combattuto contro i ribelli pagani del Yaman. Infine anche le milizie radunate da 'Abdallah b. Ṯhawr b. Asḡhar al-Ḡhawṯhi vennero a unirsi con al-Muhāǵir, il quale entrò quindi nel Yaman con forze tanto superiori da non temere alcuna resistenza. I ribelli infatti, minacciati da tante parti e da avversari così potenti, perdettero ogni speranza di resistere con buon successo: per di più i due confederati, 'Amr b. Ma'dīkarib e Qays b. Makšūḥ non andavano bene d'accordo insieme, ed il primo, vista la malparata, decise di abbandonare il collega: venne perciò improvvisamente a costituirsi nel campo musulmano senza nemmeno un salvacondotto. al-Muhāǵir lo fece immediatamente arrestare, e quando, poco più tardi, anche Qays b. Makšūḥ cadde nelle mani del generale musulmano, ambedue furono mandati carichi di catene a Madīnah, affinchè il Califfo decidesse sulla loro sorte. Fiaccata così la forza dei ribelli, al-Muhāǵir lanciò schiere volanti per tutto il paese, dando la caccia senza pietà ai resti dell'esercito ribelle, per lo più tutti antichi seguaci di al-Aswad al-'Ansi divenuti ora volgari malfattori e predoni. Una buona parte di questi venne circondata e passata a fil di spada in 'Aǵīb, ed un'altra nel Ṯarīq al-Akhābiṯh. Tutti i ribelli trovati con le armi in mano furono messi a morte senza eccezione, e soltanto quelli che vennero spontaneamente a dichiararsi pentiti, ottennero il perdono e la grazia della vita.

Intanto i due prigionieri Qays e 'Amr b. Ma'dīkarib arrivavano a Madīnah ed erano menati al cospetto del Califfo: abū Bakr avrebbe volentieri ordinato la decapitazione di Qays per i misfatti da lui commessi, ma siccome non fu possibile trovare una prova convincente che egli fosse stato l'uccisore di Dāḏzawayh, perchè il misfatto era stato compiuto con tanta segretezza (²), alla fine si lasciò indurre a concedergli il perdono e la libertà. Anche 'Amr ebbe la grazia, ed ambedue poterono ritornare in grembo alle loro famiglie (Ṭabari, I, 1997-1999)(³).

NOTA 1. — al-Muhāǵir aveva avuto un passato burrascoso: narra Sayf b. 'Umar (da abū-l-Sā'ib 'Aṭā b. Fulān al-Makhzūmi, da suo padre, da umm Salamah): al-Muhāǵir b. abī Umayyah era stato uno di quelli, i quali nella famosa spedizione di Tabūk, l'ultima intrapresa da Maometto in persona (cfr. 9. a- H., §§ 24 e segg.), erano rimasti vilmente in Madīnah, ed erano perciò incorsi nello sdegno del Profeta. Questi infatti al suo ritorno troncò con quei disertori ogni rapporto, trattandoli come se non esistessero. al-Muhāǵir aveva però una sorella, umm Salamah, che era una delle mogli più influenti di Maometto; la quale si adoperò ora per assistere il fratello e rimetterlo nelle grazie del marito. Avvenne un giorno che, mentre essa stava lavando il capo di Maometto, credè di scoprire che egli si trovasse con animo ben disposto, e senza perdere tempo si approfittò del momento buono per perorare con grande calore la causa di suo fratello, cercando di scusarlo in tutti i modi. L'accorta donna si avvide subito che Maometto non respingeva i suoi argomenti, e fu pronta ad ammiccare alla propria schiava, segno già fra loro convenuto, che significava di chiamare al-Muhāǵir. Mentre la schiava eseguiva l'ordine, umm Salamah continuò a caldeggiare la causa del fratello, e tanto seppe dire e fare, che quando comparve al-Muhāǵir, Maometto gli concesse il perdono e lo riammise nella sua intimità. (Probabilmente per influenza della stessa umm Salamah) Maometto nominò di poi al-Muhāǵir suo rappresentante fra i Kindah nel Ḥadramawt, ma al-Muhāǵir si ammalò in quei giorni e non poté partire. Ziyād b. Labīd, l'agente musulmano fra i Ḥadramiyyūn, fu incaricato di farne le veci provvisoriamente. Maometto cessò di vivere prima che al-Muhāǵir fosse in condizione di partire per il mezzogiorno, ma il califfo abū Bakr, ossequioso sempre alle ultime volontà del Profeta, confermò la nomina di al-Muhāǵir e gli affidò anzi l'incarico di invadere il Yaman e di conquistare il paese con l'aiuto delle tribù favorevoli a Madīnah: le sue istruzioni erano di combattere tutti i ribelli che si trovavano fra Naǵrān e l'estremità meridionale del Yaman (Ṭabari, I, 2000).

[Conflitto fra Arabi e Persiani in Ṣan'ā.]

Cfr. anche Athīr, II, 289; Khaldūn, II, App. p. 66, lin. 22.

Nota 2. — La vera ragione della grazia concessa a Qays b. Makšūḥ non fu già la mancanza di prove per la uccisione di Dādzawayh: in quei tempi non si era tanto scrupolosi, tanto meticolosi in questioni di giustizia: più forte che il senso della giustizia fu sempre in Arabia il senso dell'opportunità. Ove tornava il conto, si facevano massacrare anche gli innocenti. Si deve invece ritenere che l'uccisione di Dādzawayh non comparisse affatto agli occhi di abū Bakr come un delitto punibile con la morte, per la semplice ragione, taciuta dalle fonti, che Dādzawayh non era musulmano. Se Dādzawayh fosse stato musulmano, il destino di Qays era sicuro: basti rammentare quello che fece Khālid fra gli Asad ed i Ghaṭafān a coloro che avevano trucidato i musulmani durante l'insurrezione (cfr. 11. a. H., § 162,b). La conversione (politica) dei Persiani di Ṣan'ā ebbe veramente principio dopo la uccisione di Dādzawayh e dopo la fuga di Fayrūz, quando l'unica speranza dei Persiani era riposta nell'aiuto di Madīnah.

Nota 3. — Cfr. Athīr, II, 289.

§ 71. — Sul corso degli eventi nel Yaman durante la così detta seconda Apostasia regna grande confusione ed incertezza nei testi. Per darne un esempio citeremo la seguente tradizione, che troviamo nel ms. di ibn Ḥubayš. (al-Nu'mān b. Farrukh al-Fārisi, testimone oculare!). Quando Khālid b. Sa'īd (*sic*; leggi: al-Muhāǵir b. abī Umayyah) arrivò nella pianura dinanzi a Ṣan'ā, fece mettere a morte Šuraḥbīl b. Ṣabāḥ, perchè aveva rinnegato l'Islām. Allora abū Ḥabbah (?) b. Ṣabāḥ chiese ed ottenne da Khālid la restituzione del cadavere del fratello per poterlo seppellire. Quindi Fayrūz si presentò a Khālid, chiedendogli soccorso per punire Qays b. al-Makšūḥ, che aveva ucciso Dādzawayh. Qays fu arrestato e menato al campo di Khālid, ma durante il cammino Qays seppe ingannare i custodi, e quando era giunto nei pressi di Ṣan'ā riuscì a fuggire. In appresso si presentò spontaneamente a Khālid, facendogli la seguente domanda: “ Se uno si unisce a voi come musulmano, ed ha commesso nel passato qualche delitto, che cosa gli accade? „ — Khālid rispose: “ L'Islām annulla quello che è esistito prima „. Allora Qays si rese musulmano. Fayrūz protestò contro questo, volendo pur sempre vendicarsi su Qays per la uccisione di Dādzawayh, ma dacchè Khālid non voleva dargli ascolto, perchè, secondo lui, la conversione di Qays lo proteggeva da ogni pena, Fayrūz si rivolse ad abū Bakr. Il Califfo scrisse ad 'Ikrimah b. abī Ǵahl, che si trovava allora nell' 'Umān, ordinandogli di recarsi a Ṣan'ā e di menargli incatenato Qays a Madīnah. 'Ikrimah traversò

[Conflitto fra A-
rabi e Persiani
in San'ā.]
la Mahrah uccidendo molti, facendo numerosi prigionieri, e costringendo gli
altri ad abbracciare l'Islām. Dopo avere mandato i prigionieri a Madīnah
giunse nel Yaman, catturò Qays b. Makšūḥ e lo mandò a Madīnah, ove
Qays giurò al Califfo, che nulla aveva avuto che fare con la uccisione di
Daḏzawayh. Il Califfo lo assolse, e Qays prese parte con i suoi compagni alla guerra di Siria: questi furono i primi Maḏẖiǵ che fissassero la
loro dimora in Siria (Ḥubayš, fol. 27,r.) [H.].

La confusione esistente in questo racconto è sì evidente che non mette
il conto quasi di analizzarlo: invece di Ḵẖālid b. Sa'īd b. al-'Āṣ si deve evidentemente intendere al-Muhāǵir b. abī Umayyah. Veggasi anche il paragrafo
seguente ove questa confusione è ancor più palese.

§ 72. — Per i fatti del Yaman può avere interesse anche la seguente
tradizione:

(ibn Ma'n). al-Aṣfar al-'Akki, con quelli della sua tribù, che erano rimasti fedeli all'Islām, si mosse contro i banū-l-Ḥāriṯẖ nel Naǵrān, perchè
avevano rinnegato l'Islām: appena egli si presentò, i banū-l-Ḥāriṯẖ tornarono a rendersi musulmani, senza opporre veruna resistenza. al-Aṣfar rimase
quindi nel Naǵrān e ne mantenne il possesso. Allora in seguito il califfo
abū Bakr ingiunse a Muhāǵir b. (abī) Umayyah di recarsi nel Yaman; egli
giunse perciò a Naǵran, ove trovò al-Aṣfar al-'Akki: quindi si avanzò su
San'ā, incontrando per istrada e fugando completamente molti sparsi seguaci
del defunto (falso profeta) al-Aswad. Molti furono fatti prigionieri, e con
questi proseguì verso San'ā. Della tribù degli Zubayd parecchi gruppi avevano rinnegato l'Islām, e fra essi 'Amr b. Ma'dīkarib, il quale aveva composto dei versi (cfr. Ṭabari, 1995, lin. 7-8) contro abū 'Umayr Farwah (sic!)
luogotenente di Maometto, in San'ā. A Ḵẖālid b. Sa'īd (sic: leggi al-Muhāǵir) si
unirono dunque tutti quelli che erano rimasti fedeli all'Islām fra i Murād e gli
altri Maḏẖiǵ: con questi egli assalì gli Zubayd, mettendoli in fuga. Molte
donne furono fatte prigioniere, fra le altre Ǵulālah la moglie di 'Amr b. Ma'dīkarib, che era molto bella. 'Amr non era stato presente al combattimento.
Dopo la sconfitta, gli Zubayd chiesero a Ḵẖālid b. Sa'īd di non essere più
molestati, perchè volevano ritornare in grembo all'Islām. Ḵẖālid accettò la
domanda. Durante la notte 'Amr b. Ma'dīkarib riuscì a giungere di nascosto
fino alla moglie prigioniera, e le domandò, se Ḵẖālid avesse attentato al
suo onore. " No " rispose Ǵulūlah, " la sua religione glielo vieta! " — " Allora " esclamò 'Amr, " una religione, che gli vieta una cosa simile, deve
essere una vera religione! " Il giorno seguente 'Amr si presentò a Ḵẖālid,
che promise di restituirgli la moglie, se si fosse convertito all'Islām. (Così
avvenne) e Ḵẖālid fece ritorno a Madīnah (Ḥubayš, 27,r.-v.) [H.].

Dalle ultime parole, se autentiche, dovrebbesi arguire che 'Amr b. Ma'dīkarib non conoscesse nemmeno l'Islām fino a quel giorno, e che si convertisse soltanto dopo la conquista della provincia.

[Conflitto fra Arabi e Persiani in Ṣan'ā.]

§ 73. — Già avemmo occasione d'osservare (cfr. 11. a. H., §§ 190-191) come le nostre fonti migliori, quelle della scuola madinese, ignorino quasi intieramente tutta questa serie complessa di piccoli incidenti locali nel Yaman. Anche ibn Ḥubayš non trovò nel "Kitāb al-Riddah" di al-Wāqidi alcuna tradizione sulla così detta "Seconda Apostasia" del Yaman ed ha perciò attinto in altre fonti assai scorrette, che errano perfino nel nome dei comandanti musulmani. La scuola quindi di Sayf b. 'Umar ci porge un quadro storico di assai dubbia autenticità, che siamo costretti ad accogliere con il massimo scetticismo: vi è palese lo sforzo d'ingigantire fuori di proporzione quello che fu soltanto un'occupazione militare, quasi incruenta, del Yaman per parte di un piccolo distaccamento musulmano sotto al-Muhāǵir b. abī Umayyah, alla fine dell'anno 12. H. Dal contesto della narrazione possiamo dedurre con sicurezza soltanto le seguenti conclusioni.

Dalla comparsa del falso profeta al-Aswad, circa tre mesi prima della morte di Maometto, fino alla metà approssimativamente dell'anno 12. H., il Yaman si trovò precipitato nella più assoluta anarchia per la mancanza di una forma qualsiasi di governo, per l'assenza di ogni legge, e per i sanguinosi conflitti fra tutte le tribù *pagane* arabe, e fra queste ed i Persiani immigrati. Fu quindi un periodo di circa un anno e mezzo, in cui le popolazioni agricole, industriali e commerciali del paese, già afflitte da una acuta crisi economica e politica, subirono nuovi e disastrosi danni. Mentre però l'infelice provincia si avviava sempre più rapidamente verso la propria distruzione, nel settentrione e nel centro d'Arabia formavasi un grande stato militare, che si ergeva come gigante e manifestava chiaramente la sua intenzione di sommergere ogni cosa. Già le sue armi, arrivate vittoriosamente fino alle acque del Golfo Persico, penetravano ora con impeto irresistibile attraverso l'Arabia meridionale in direzione del Yaman.

Negli Arabi di questa regione non esisteva veruna simpatia per i nomadi "barbari" del nord, nemici secolari, anzi quasi millenari delle popolazioni civili del mezzogiorno: già fin da circa l'800. avanti C. i mercanti Minei e poi i Sabei avevano avuto assai a soffrire nel loro commercio dalle depredazioni dei nomadi del centro e del settentrione (cfr. Winckler in MVAG., 1898, I, 20 e segg.; Hommel, *Aufs. und Abh.*, 5 e segg.; 124 e segg.; 230 e segg.; Weber in MVAG., 1901, I, 18 e segg.; Glaser, I, 57 e segg.). Ora però questi antichi nemici formavano un grande e potente stato, con leggi fisse e rispettate, e in grembo al quale regnava la pace e

[Conflitto fra Arabi e Persiani in Ṣan'ā.]

l'ordine: d'altra parte nel Yaman tutto era caos. Da sè quindi si creò la necessità della fusione del Yaman con lo stato di Madīnah: se l'iniziativa partisse dai Yamaniti esasperati dalle perdite delle guerre civili, o dal califfo abū Bakr, pòco importa. Risulta chiaro il fatto, nonostante le esagerazioni artificiali di Sayf, che quando comparve nel Yaman il luogotenente di Madīnah, egli ebbe solo a punire qualche malfattore o brigante, e che tutto il grande e ricco paese si gettò quasi nelle braccia dei musulmani, perchè in questi era l'unico mezzo per uscire da una condizione disastrosa di cose, che tutti indistintamente menava a rovina. Il Yaman si sottomise al rappresentante del Califfo come a un liberatore dagli orrori d'interminabili guerre civili, e possiamo quasi dire con sicurezza che in niuna parte d'Arabia il dominio politico dell'Islām fu accettato con maggiore buona volontà. I Yamaniti mostrarono chiaramente i loro sentimenti, unendosi a frotte, anzi in tribù intiere agli eserciti, che in quei giorni, come narreremo fra breve, partivano da Madīnah per l'invasione della Siria. Appena domato, il Yaman fornì il migliore e forse il più numeroso contingente degli eserciti che vinsero i Greci a Aǵnadayn e al Yarmūk, nel 13. e nel 15. a. H. Sugli altri aspetti generali di questi eventi storici torneremo a discorrere fra breve, quando ricostruiremo sinteticamente lo svolgimento della Riddah.

YAMAN. — Trattato con i Cristiani di Naǵrān.

§ 74. — Sappiamo da alcune precedenti tradizioni (cfr. 11. a. H, §§ 189 e segg.), che durante la breve comparsa del falso profeta al-Aswad al-'Ansi la valle e la città di Naǵrān furono tolte al dominio di Madīnah, e che i rappresentanti del Profeta dovettero fuggirne. Che cosa avvenisse in Naǵrān dopo la uccisione di al-Aswad, durante i torbidi suscitati da Qays b. Makšūḥ, ci è ignoto per assoluta mancanza di notizie; ma se possiamo accettare come storicamente vera l'attesa di Ǵarīr b. 'Abdallah in Naǵrān (cfr. §§ 64, nota 4), con un gruppo di Arabi musulmani, potremmo arguire che la regione ritornasse sotto l'influenza politica di Madīnah durante i disordini suscitati da Qays b. Makšūḥ, e che il così detto trattato fra Cristiani di Naǵrān e abū Bakr fosse concluso non molto tempo prima della venuta di al-Muhāǵir b. abī Umayyah nel Yaman. Rimane oscuro e difficile a spiegare, quale fosse il contegno dei Cristiani durante la Riddah; non sappiamo che parte pigliassero agli eventi narrati nei precedenti paragrafi, perchè di essi non si fa mai parola benchè, come si è detto più avanti, disponessero di 40.000 (?!) guerrieri (muqātil). Il silenzio delle fonti ed il contegno in genere della colonia cristiana, ci fanno supporre però che i Cristiani seguissero durante tutto questo tempo una condotta strettamente passiva tanto verso Madīnah, quanto

[Trattato con i Cristiani di Nagrān.]

verso gli agitatori del Yaman: le occupazioni agricole degli abitanti di Nagrān, e anche l'azione civilizzatrice della fede da loro tenacemente seguita, ebbero forse grande influenza sulla natura pacifica e tranquilla di questi cristiani, e li trattennero dall'abbandonarsi alle ebbrezze sanguinarie ed anarchiche dei loro irrequieti vicini. Con la stessa mitezza e rassegnazione, con le quali si sottomisero a Maometto (cfr. 10. a. H., § 59), essi lasciarono passare sul loro capo la grande tormenta pagana dell'anno 11. H., e rientrarono parimenti sotto lo scettro di Madīnah, quando la bufera si fu calmata, nel 12. a. H. A questo anno deve perciò appartenere il contenuto del seguente paragrafo.

§ 75. — (al-Tabari, senza isnād; forse da Sayf b. 'Umar). Quando giunse a Nagrān la notizia della morte di Maometto, gli abitanti di quella regione mandarono un'ambasciata al califfo abū Bakr per rinnovare il trattato già concluso con il Profeta. Gli abitanti del Nagrān contavano 40.000 uomini atti a portare le armi fra i banū-l-Af'a: (i banū-l-Af'a, aggiunge Tabari, erano la stirpe [al-ummah], con la quale avevano vissuto, prima di unirsi ai banū-l-Ḥārith). Quando l'ambasciata si presentò al Califfo, questi concesse agli abitanti di Nagrān un nuovo scritto [1], nel quale egli dichiarava la popolazione di Nagrān sotto la protezione sua (agārahum) e delle sue milizie, nonchè sotto la tutela (dzimmah) del Profeta, garantendo ad essi il libero esercizio della loro religione, il godimento sicuro dei loro beni mobili (amwāl), di quelli immobili (ḥāšiyah), e dei loro cameli. La protezione era estesa tanto ai presenti, che agli assenti, ai loro vescovi, ai loro frati, alle loro chiese ovunque si trovassero, e a tutti i loro schiavi, o pochi o molti che fossero; essi dovevano sottostare agli obblighi assunti ('alayhim mā 'alayhim), e quando avessero soddisfatto ai pagamenti dovuti, non erano costretti nè a riunire (i bestiami), nè a pagare il decimo (lā yaḥšurūna wa lā ya'šurūna) [2]. Nessuno dei loro vescovi o dei loro frati sarebbe tramutato (dalla sua sede) (? yughayyar) ed essi conservavano pieno diritto a tutto quello che aveva loro già concesso per iscritto l'Inviato di Dio, in conformità dello scritto medesimo, riguardo alla dzimmah dell'Inviato di Dio ed al giwār dei musulmani: mentre ad essi incombeva l'obbligo di agire con rettitudine e correttezza in tutto ciò, che fosse di loro diritto. Testimoni dello scritto furono al-Miswar b. 'Amr, e 'Amr un cliente di abū Bakr (Tabari, I, 1987-1988).

Cfr. anche Balādzuri, 66, lin. 4.

Nota 1. — al-Tabari pretende di dare il testo autentico del trattato, prefiggendovi finanche la formola sacramentale Bismillah ecc., ma tale affermazione è insostenibile. Nel testo troviamo infatti interpolato (Tabari, 1987, lin. 11-13) con poca abilità e con evidente scopo tendenzioso, che abū Bakr accondiscendeva a stipulare il trattato, ancorchè Maometto avesse abrogato le concessioni

[Trattato con i Cristiani di Naǵrān.]

fatte ai non-musulmani, quando dichiarò per ordine di Dio nella terra degli Arabi non poter sussistere due religioni diverse (cfr. 11. a. H., § 27). In ciò traspare evidente il desiderio di sopprimere la manifesta contradizione fra la condotta di abū Bakr e quella di 'Umar rispetto ai non-musulmani, condotta di cui avremo a discorrere sotto l'anno 23. H.

Nota 2. — (cfr. 9. a. H., §§ 8 e 18). Il pagamento delle decime era soltanto imposto ai musulmani, perchè i non-musulmani erano obbligati al pagamento del solo tributo al-ǵizyah, che era una specie di tassa fondiaria in proporzione non tanto della superficie, quanto degli abitanti. La citata espressione nel testo del trattato con Cristiani, mi sembra quindi una interpolazione scorretta, salvo che si alluda oscuramente a quei pochi musulmani che forse vivevano in mezzo ai Cristiani, in Naǵrān, il che è assai improbabile e inverosimile. Da questa osservazione e da quella della nota precedente è lecito concludere che il preteso documento debba essere apocrifo, ed inventato in appresso, come esporremo partitamente, dai Cristiani stessi per far valere i loro diritti di fronte alle vessazioni ed ingiustizie del governo musulmano dai tempi del califfo 'Umar in poi.

ARABIA MERIDIONALE. — La Riddah nel Ḥadramawt.

§ 76. — Il tempo preciso del sanguinario conflitto nel Ḥadramawt è una questione un poco difficile a risolvere. Da quanto abbiamo detto in altro luogo non vi può essere, io credo, alcun dubbio, che i fatti narrati qui appresso debbano essere messi sotto l'anno 12. H. e non nell'11. a. H. Il vero problema è però di stabilire la data della insurrezione rispetto agli altri avvenimenti della così detta Riddah. Si può, io credo, ritenere con relativa sicurezza che gli eventi del Ḥadramawt siano l'ultima scena del grande dramma arabo, e che debbano essere messi molto avanti nell'anno 12. H. In sostegno di ciò abbiamo due prove sicure. Innanzitutto è certo che al-Muhāǵir b. abī Umayyah venne in aiuto di Ziyād b. Labīd dopo aver sottomesso e pacificato il Yaman, e che ciò seguì molto tardi nel 12. a. H. In secondo luogo abbiamo il fatto sfuggito interamente a tutti i cronisti arabi, che cioè 'Ikrimah b. abī Ǵahl dopo la conquista della Mahrah, per venire nel Yaman dovette traversare il Ḥadramawt in tutta la sua lunghezza, o per lo meno costeggiare quelle regioni, nelle quali Ziyād b. Labīd ebbe a combattere contro i Kindah (cfr. § 67 e nota). Se ora tutte le fonti, con assoluta unanimità affermano essersi 'Ikrimah dalla Mahrah recato direttamente ad Abyan nel Yaman per cooperarvi con al-Muhāǵir contro i ribelli yamaniti ciò deve necessariamente significare che quando egli traversò il Ḥadramawt, tutto vi fosse completamente tranquillo. Se l'insurrezione vi fosse già scoppiata, non v'è dubbio possibile che 'Ikrimah, nel passare attraverso il paese insorto, avrebbe prestato allora subito man forte a Ziyād b. Labīd, come difatti fece più tardi retrocedendo dal Yaman, quando i Kindah presero le armi. Dunque, allorchè 'Ikrimah arrivò nel Yaman, la pace regnava ancora nel Ḥadramawt ed i guai incominciarono qualche tempo dopo. Arriviamo così alla notevole conclusione che il Ḥadramawt in verità non aveva preso alcuna parte ai grandi moti dell'11. e del 12. H., e che la morte del Profeta non aveva avuto alcun contraccolpo di torbidi in quella regione, visto che tutto era in pace e

[La Riddah nel Hadramawt.]

tranquillità circa dodici mesi dopo l'elezione di abū Bakr, e che i moti principiarono forse solo un anno e mezzo dopo quell'evento. Difatti è noto che quando scoppiarono i primi torbidi nel Yaman, il Ḥadramawt era tanto tranquillo che Mu'ādz b. Ǵabal, l'agente di Maometto, vi cercò rifugio e si unì perfino in matrimonio con una donna del paese (cfr. 11. a. H., § 195, in fine). Da queste considerazioni, arriviamo ad un'altra conclusione pur essa di molto rilievo, confermata altresì dal tenore delle tradizioni seguenti: i guai cioè del Ḥadramawt sarebbero stati facilmente evitati, se gli agenti musulmani avessero agito con minore rudezza e senza commettere manifeste ingiustizie (1). Furono i musulmani stessi con le cupide malversazioni e violenze la causa unica della grande sommossa. Ciò risulta manifesto dalla seguente narrazione.

Nota 1. — Dal contesto della narrazione, benchè molto tendenziosa, di Sayf (§ 78) è facile vedere come in realtà il conflitto nel Ḥadramawt più che una vera rivolta contro l'Islām, fu una guerra civile fra tribù ostili, guerra accesa sovrattutto per gli errori di Ziyād, il luogotenente di Madīnah. Quindi si può dire che fosse un conflitto intestino fra le tribù parzialmente islamizzate e quelle rimaste pagane. Difatti l'incidente primo od occasione del conflitto fu il marchio a fuoco imposto da Ziyād sopra una bestia appartenente a un *pagano* che non doveva sottostare al pagamento della tassa ṣadaqah. Cfr. § 77, nota 2.

§ 77. — (Sayf b. 'Umar, da Sahl b. Yūsuf, da al-Ṣalt, da Kathīr b. al-Ṣalt). Quando morì il profeta Maometto, i suoi agenti o governatori nel Ḥadramawt erano i seguenti:

(1) Ziyād b. Labīd al-Bayādi, tra i Ḥadramiyyūn.

(2) 'Ukkāšah b. Thawr b. Asghar al-Ghawthi, fra gli al-Sakāsik e gli al-Sakūn.

(3) al-Muhāǵir b. abī Umayyah (nominalmente), fra i Kindah.

Abbiamo però già narrato altrove (§ 70, nota 1) che al-Muhāǵir trattenuto per malattia in Madīnah non aveva potuto raggiungere il suo posto, e che Ziyād b. Labīd fungeva provvisoriamente come esattore fra i Kindah (1) (Tabari, I, 1999.

Nota 1. — Cfr. anche Athīr, II, 255, 289; Balādzuri, 69, lin. 12, conferma Sayf, fondandosi sull'autorità di Hišām ibn al-Kalbi [† 204. a. H.], e di al-Haytham b. 'Adi [† 206.-209. a. H.]. Cfr. anche id. p. 100, lin. 14, ove si accenna alla probabilità che alcune di queste nomine possano esser state fatte dal califfo abū Bakr e non dal Profeta; e ibid., p. 102, lin. 12 e segg.

§ 78. — (Sayf b. 'Umar, da Sahl b. Yūsuf, da al-Qāsim b. Muḥammad e poi il medesimo Sayf, da Sahl, da suo padre Yūsuf, da Kathīr b. al-Ṣalt). Tutte le tribù del Ḥadramawt, ossia i Ḥadramiyyūn, i Kindah, i Sakūn ed i Sakāsik, si erano convertite all'Islām, mentre viveva Maometto, e si erano obbligate al pagamento delle tasse ṣadaqāt. Nel regolare però i particolari della riscossione e dei pagamenti, Maometto si era permesso alcuni arbitri, per effetto dei quali i Kindah ritennero che i Ḥadramiyyūn avessero un trattamento migliore (cfr. 9. a. H., § 8, nota 2): da ciò era nato un poco di malumore fra le due stirpi più potenti del paese. La tensione si aggravò, quando giunse la notizia che Maometto era cessato di vivere, e crebbero grandemente gli attriti fra i Kindah ed i Ḥaḍramiyyūn. Il luogotenente musulmano Ziyād b. Labīd ebbe l'imprudenza di non tener conto alcuno di questo stato d'animo dei Kinditi, e quando si recò fra i medesimi per riscuotere le tasse, agì in modo arrogante ed offensivo, osando perfino commettere degli arbitrî (¹). Da un incidente in apparenza di niuna importanza, nacquero poi tutti i guai. Ziyād recandosi in fatti in persona a riscuotere le tasse fra i banū 'Amr b. Mu'āwiyyah (Kindah), incominciò presso al-Riyāḍ con la riscossione del decimo da un certo Šayṭān b. Ḥuǵr. Nella mandra delle camele Ziyād notò la presenza di una bestia giovane (bakrah) che non apparteneva a Šayṭān e quindi non entrava nel computo. A Ziyād essa piacque tanto che senza altro riguardo volle si apponesse anche a quella il marchio a fuoco (mīsam al-ṣadaqah), con il quale si segnavano tutti gli animali che diventavano proprietà dello Stato. Poco tempo dopo si venne a scoprire il vero proprietario della bestia smarrita, ossia un certo al-'Addā b. Ḥuǵr, il fratello di Šayṭān: egli dimostrò che l'animale era suo e che non aveva a pagare la tassa (laysat 'alayhi ṣadaqah: Ṭabarī, I, 2002, lin. 2) (²). Šayṭān riconobbe che suo fratello aveva ragione e spiegò che egli non aveva riconosciuto la camela, quando l'aveva trovata in mezzo al proprio branco. al-'Addā chiese allora l'immediata restituzione dell'animale, ma Ziyād ricusò recisamente, benchè riconoscesse di essersi sbagliato (id., 2002, lin. 5). Egli sostenne esser proprietà di Dio, nè potersi più restituire quello che una volta fosse marcato con il segno a fuoco dello Stato. al-'Addā infuriato corse allora gridando attraverso al-Riyāḍ, denunziando l'ingiustizia commessa a suo danno, e chiedendo ad alta voce di essere aiutato a far valere i suoi diritti. Il capo abū-l-Sumayṭ Ḥārithah b. Surāqah b. Ma'dīkarib prese a cuore il caso di al-'Addā e tentò di accomodare la questione, offrendo in cambio un'altra camela grassa di 6 anni, (ba'īr) se Ziyād avesse restituito quella giovane. Ma Ziyād respinse ogni proposta, mostrandosi più irremovibile che mai, perchè credeva di osservare nel contegno dei Kindah e nella loro insistenza uno spirito di ribellione, che egli voleva reprimere ad ogni costo. abū-l-Sumayṭ insistè ancora, e vedendo che le sue parole non servivano, ricorse alla violenza, tolse il capestro alla camela, la battè sul fianco e la fece fuggire fuori dal branco.

Ziyād, che aveva con sè una forte schiera di giovani Ḥaḍramiti e Sakūniti, ordinò l'immediato arresto di abū-l-Sumayṭ e di vari altri Kinditi lì presenti; anche la camela venne ripresa. Di questo fatto si menò grande rumore in al-Riyāḍ, ed i Kindah della tribù dei banū 'Amr b. Mu'āwiyyah corsero alle armi. Ziyād b. Labīd fu allora pronto anch'egli a prendere provvedimenti e riunì in suo soccorso gli uomini armati delle tribù fedeli

[La Riddah nel Hadramawt.]

dei Sakūn e dei Ḥadramiyyūn, i quali, in odio ai Kindah, risposero prontamente all'appello. I banū 'Amr b. Mu'āwiyyah non osarono però prendere l'offensiva, perchè temevano per la sorte che sarebbe toccata ai loro compagni prigionieri ed ostaggi nelle mani di Ziyād. Tutto rimase quindi in sospeso per qualche tempo. Ziyād diede ordine ai Kindah di sciogliersi, ciò che essi ricusarono di fare sino a che non fossero rilasciati in libertà i loro compagni: egli allora li coprì d'ingiurie, chiamandoli gente di bassa estrazione, degna di disprezzo, la più indegna fra gli uomini, clienti dei Sakūn, stranieri ed intrusi nel paese. In seguito di notte tempo assalì il campo degli 'Amr b. Mu'āwiyyah, ne uccise alcuni, e disperse gli altri, i quali spaventati si sbandarono per tutto il paese. Illudendosi ora che ogni resistenza fosse finita, Ziyād imprudentemente rilasciò in libertà i prigionieri kinditi, e permise loro di ritornare a casa. La comparsa di abū-l-Sumayṯ e dei suoi compagni in mezzo alle loro famiglie fu il segnale di una nuova rivolta assai più seria della prima, perchè oramai i Kindah più nulla avevano a temere per gli ostaggi. Tutti ripresero le armi, sospesero il pagamento delle tasse ed apertamente si ribellarono. Ziyād cercò di calmare l'agitazione con mezzi conciliativi, ed al-Ḥuṣayn b. Numayr, per incarico di Ziyād, fece ripetuti viaggi al campo degli insorti, ma le trattative non approdarono a verun effetto. Gli 'Amr b. Mu'āwiyyah, sotto i loro vari capi (³) continuavano i preparativi guerreschi, fortificandosi entro i giardini murati (maḥāǵir) che erano in uso in quel paese. Intanto il contagio ribelle si estendeva anche agli altri rami dei Kindah, ai banū-l-Ḥāriṯh b. Mu'āwiyyah, i quali sotto al-Aš'aṯh b. Qays e al-Simṭ b. al-Aswad, sospesero anch'essi il pagamento delle tasse e si fortificarono nei propri giardini murati. L'accordo fra i ribelli non era però completo, perchè sappiamo che il figlio del capo predetto al-Simṭ, Šuraḥbīl b. al-Simṭ, ed un figlio di costui al-Simṭ si rifiutarono di seguire la tribù sulla via pericolosa della ribellione, che era " ritorno dal decoroso e dal retto al falso ed all'abominevole ", e respingendo ogni connivenza con i propri consanguinei, passarono con le famiglie nel campo di Ziyād. Lo stesso fecero anche ibn Ṣāliḥ e Imrū-alqays b. 'Ābis.

Intanto la fama di questi eventi si era sparsa per il paese, creando un vivissimo fermento in tutte le tribù, comprese quelle non implicate direttamente nella questione: gruppi separati di tutte le tribù, perfino dei Sakūn e dei Ḥadramiyyūn, corsero ad unirsi ai ribelli, sicchè la posizione di Ziyād incominciò a diventare difficile. Il luogotenente musulmano decise allora di spegnere la ribellione con un colpo di mano: per suggerimento di ibn Ṣāliḥ e di Imrū-alqays b. 'Ābis, di notte tempo, mentre i banū 'Amr

[La Riddah nel Hadramawt.]

b. Mu'āwiyyah stavano ancora seduti tranquillamente intorno ai fuochi entro ai giardini murati, Ziyād li assalì e li disperse con grande strage. Molti furono gli uccisi, e molte le donne ed i bambini catturati e ridotti schiavi. I superstiti si salvarono con la fuga, ma il colpo inflitto ai ribelli era stato così grave, che le forze dei banū 'Amr b. Mu'āwiyyah rimasero fiaccate. Sembrava che il movimento ribelle fosse sul punto di spegnersi, dacchè gli altri Kindah, i banū-l-Ḥārith b. Mu'āwiyyah, non si erano mossi affatto in soccorso dei loro cugini; ma un incidente imprevisto fece riscoppiare una terza volta l'insurrezione e con più furore che mai. Una caravana con le donne ed i bambini rapiti ai banū 'Amr b. Mu'āwiyyah passò per caso vicino ai giardini murati dei banū-l-Ḥārith b. Mu'āwiyyah: le donne prigioniere, vedendo i cugini, emisero altissime grida e chiesero con voci strazianti di esser salvate dal disonore e dalla misera sorte degli schiavi. L'appello ebbe il voluto effetto; i banū-l-Ḥārith, rotto ogni indugio, massacrarono la scorta della caravana, e liberarono tutte le donne ed i bambini. Anche gli altri rami dei Kindah inalberarono ora lo stendardo della rivolta, alla testa della quale si pose al-Aš'ath b. Qays il capo dei banū-l-Ḥārith. Ai nuovi ribelli si unirono gli antichi, dispersi dall'ultima sconfitta, ed il movimento insurrezionale divenne tanto esteso e minaccioso, che Ziyād non osò più tentarne la repressione con le sole forze di cui disponeva (4). Scrisse senza indugio ad al-Muhāǵir b. abī Umayyah nel Yaman, pregandolo di venire in soccorso. Anche 'Ikrimah b. abī Ǵahl, che si trovava in Abyan nel Yaman (cfr. § 68), fu chiamato ad assistere Ziyād (5). Prima però che arrivasse 'Ikrimah, al-Muhāǵir, entrato nel Ḥadramawt, si congiungeva con Ziyād e nella sanguinosa battaglia di Miḥǵar al-Zurqān sconfiggeva tutti i Kindah riuniti, costringendo i superstiti a ritirarsi nella grande fortezza di al-Nuǵayr.

A questo castello si accedeva da tre parti: Ziyād e al-Muhāǵir poterono soltanto occupare due delle vie e la terza rimase aperta agli assediati fino all'arrivo di 'Ikrimah, il quale occupando anche la terza, potè chiudere completamente la cerchia intorno alla fortezza (6). Stretta ora al-Nuǵayr da tutte le parti, al-Muhāǵir lanciò schiere di cavalieri in tutto il paese abitato dai Kindah: i villaggi dei banū Hind fino a Barahūt e tutta la regione lungo le rive del mare fino a Maḥā e ad Aḥyā dovettero subire le peggiori violenze da parte dei musulmani vittoriosi, i quali, guidati nelle scorrerie da Yazīd b. Qanān, dei Mālik b. Sa'd, da Khālid b. Fulān al-Makhzūmi e da Rabī'ah al-Ḥadrami, massacravano tutti gli uomini e portavano via come schiavi le donne ed i bambini. Gli assediati in al-Nuǵayr, commossi dalla sorte dei consanguinei, invece di avvilirsi si infiammarono con ardire sempre maggiore, decidendo di votarsi alla divinità (7) e farsi uccidere, piuttosto che arrendersi al nemico. Animati da questi sentimenti tentarono una sortita disperata, ma furono respinti entro il castello con gravissime perdite (Tabari, I, 1999-2008) (8).

[La Riddah nel Hadramawt.]

NOTA 1. — Balādzuri (100, lin. 16) afferma che Ziyād b. Labīd fosse uomo risoluto e duro (ḥāziman ṣalīban).

NOTA 2. — (a) Se al-ʿAddā non era obbligato al pagamento della tassa, ciò deve significare che egli non era musulmano. Anche il nome di suo fratello Šayṭān (il nome per Satana usato nel Qurʾān) è schiettamente pagano: nessun musulmano avrebbe amato conservarlo, se avesse avuto anche la conoscenza più superficiale del testo sacro. Questi Kindah erano perciò rimasti pagani. Così comprendiamo la vera natura del conflitto: è una reazione pagana contro le prepotenze del partito che era d'accordo con Madīnah.

(b) Šayṭān, aggettivo di forma qaytāl della radice araba šaṭana « intravit in terram », significò in origine « serpente », poi passò a designare, attraverso il concetto di « exsecratus » (come ǵānn e thaʿbān: Grünbaum, ZDMG., XXXIX, 583) il demonio Satana, fissandosi nel Qurān in questo significato, probabilmente per influenza della voce ebraica sāṭān, originariamente « il contradittore, il nemico, l'oppositore », ὁ κατήγορος τῶν ἀδελφῶν ἡμῶν (*Apocalisse*, XII, 10) [G.].

NOTA 3. — (a) I nomi di questi capi erano, secondo Sayf b. ʿUmar: (1) Ǵamad, (2) Mikhwaṣ, (3) Mišraḥ, (4) Abdaʿah, e la loro sorella al-ʿAmarradah. Balādzuri (101, lin. 4) ha i medesimi nomi ed aggiunge che erano figli di Maʿdīkarib b. Walīʿah b. Šuraḥbīl b. Muʿāwiyyah b. Ḥuǵr al-Qarid b. al-Ḥārith al-Wallādah b. ʿAmr b. Muʿāwiyyah b. al-Ḥārith. Essi erano signori di alcune valli del Ḥadramawt ed erano chiamati i Quattro Re, al-Mulūk al-Arbaʿah. Si dice persino che fossero venuti in ambasceria presso il Profeta.

(b) Secondo Yaʿqūbi questi re kinditi avevano ognuno un territorio riservato, ḥima, nel quale nessuno poteva menare gli armenti al pascolo (Yaʿqūbi, II, 149, lin. 2-3).

NOTA 4. — Da una espressione velata di Balādzuri (101, lin. 11), parrebbe perfino che i musulmani subissero anche un forte rovescio, nel quale perdettero molti uomini, e per effetto del quale molti capi si unirono ai ribelli.

NOTA 5. — L'esercito di ʿIkrimah era formato da contingenti numerosi raccolti nella Mahrah, fra gli Azd, i Nāǵiyah, gli ʿAbd al-Qays, i Mālik b. Kinānah e i banū-l-ʿAnbar (Khaldūn, II, App. p. 68, lin. 24 e segg.).

NOTA 6. — (a) Secondo una tradizione di Hišām b. Muḥammad al-Kalbi (senza isnād), ʿIkrimah b. abī Ǵahl con le milizie della Mahrah arrivò sotto alla fortezza di al-Nuǵayr, quando questa era già caduta nelle mani di al-Muhāǵir: nondimeno i vincitori acconsentirono a dividere il bottino con i soldati di ʿIkrimah (Tabari, I, 2008).

(b) In un'altra tradizione (da al-Wāqidi?, da al-Ḥārith b. al-Faḍl) è narrato che quando ricevette la lettera di Ziyād e di al-Muhāǵir, il califfo abū Bakr scrisse ad ʿIkrimah b. abī Ǵahl (nell'ʿUmān), ordinandogli di recarsi in aiuto dei colleghi con 700 cavalieri. ʿIkrimah arrivò sotto al-Nuǵayr quattro giorni dopo la presa della fortezza, ma insistè che la sua gente avesse una parte del bottino, perchè essa era composta di uomini dei banū Quṭayrah, rimasti fedeli all'Islām. Ziyād, Muhāǵir ed ʿIkrimah scrissero allora al Califfo sull'argomento ed abū Bakr decise, che le genti di ʿIkrimah avessero la loro parte del bottino (Ḥubayš, fol. 81,v.) [H.].

NOTA 7. — I Kindah, narra Sayf, nel votarsi alla morte si tagliarono i ciuffi frontali (nawāṣi), affinchè fossero come una gente donatasi a Dio (Allah) e potessero o morire nella grazia di Dio, o anche ottenere la vittoria sui nemici. È difficile di poter prestare fede completa a questa notizia: era uso pagano di tagliarsi i ciuffi di capelli, che pendevano sulle tempie, o tagliarli ai prigionieri di guerra, ed offrirli in circostanze solenni in voto alla divinità pagana, per placarne la collera. — Resti di questa superstizione appaiono ancora nel Qurʾān (LV, 41; XCVI, 15), e nel ḥadīth: cfr. Goldziher Muh. St., I, 250 e Amthāl III, parte I, no. 2806). — Con questa superstizione è intimamente connesso il taglio completo dei capelli che facevano i pagani alla fine del pellegrinaggio, come omaggio alla divinità del luogo, ed adottato da Maometto nel rito del pellegrinaggio musulmano alla Kaʿbah, (cfr. 6. a. H., § 37; 7. a. H., § 71). — Nel caso presente però la menzione di Allah fatta da questi pagani del Ḥadramawt tradisce manipolazioni posteriori: Sayf che ama gli episodi drammatici ha ricostruito ipoteticamente la scena secondo le informazioni, che possedeva sull'Arabia pagana. Egli mostra però d'ignorare l'antica divinità pagana del luogo, e dà ai pagani la medesima divinità, suprema adorata dai musulmani. Se poi questa menzione di Allah si dovesse intendere nel senso che i Kindah fossero, pur ribellandosi, rimasti musulmani, e che quindi la loro ribellione si limitasse al diniego di pagare le tasse, avremmo io credo una tesi difficile a sostenere: come spiegare la ferocia

[La Riddah nel Ḥadramawt.]

spaventosa del massacro di al-Nuǵayr? Tutta la scena del giuramento deve essere uno dei soliti ricami romantici, nei quali Sayf si diletta di soffermarsi anche a dispetto della verità storica.

Nota 8. — Cfr. anche Athīr, II, 289-292; Balādzuri, 100-102, ha una versione simile a questa di Sayf: una seconda è data da noi al § 84: a pag. 103, lin. 1 e segg. ve n'è una terza, secondo la quale la rivolta scoppiò mentre Ziyād e al-Muhāǵir, per ordine del califfo abū Bakr, tentavano di imporre il riconoscimento della sua elezione e di esigere la tassa. Alla fine della ribellione presero le armi i Khawlān; Khaldūn, II, App. p. 67, lin. 19, il quale però scorrettamente afferma che l'insurrezione dei Kindah fosse contemporanea con quella del falso profeta del Yaman, ossia scoppiasse per lo meno un anno e mezzo prima; Khaldūn, II, App. p. 77-78; Yāqūt, IV, 762-763.

§ 79. — (al-Ṭabari, senza isnād, forse da Sayf). La sanguinosa repulsa della sortita e la mancanza di viveri per via dell'assedio regolare, calmarono in molti difensori di al-Nuǵayr l'ardore bellicoso del primo momento, e specialmente i capi, persuasi oramai non esservi più speranza di vincere, e rifuggendo dall'idea di farsi inutilmente massacrare, si proposero di venire ai patti. Prima però che i capi fossero venuti ad una decisione, al-Aš'ath b. Qays, per assicurare a sè ed ai suoi un trattamento speciale e vantaggioso, anche sacrificando gli interessi di tutti i colleghi, entrò in trattative segrete con 'Ikrimah, valendosi del fatto che aveva per moglie Asmā bint al-Nu'mān b. abī al-Ǵawn (una delle mogli del Profeta; cfr. 10. a. H., § 139, no. 17), e il cui padre trovavasi nell'esercito musulmano. Ottenne così per sè e per nove suoi amici e parenti con tutte le loro famiglie la salvezza della vita e dei beni, a patto però di aprire a tradimento le porte della fortezza per lo sterminio generale di tutti gli altri consanguinei (Tabari, I, 2008-2009).

Cfr anche Athīr, II, 292.

§ 80. — (a) (Sayf b. 'Umar, da abū Isḥāq al-Šaybāni, da Sa'īd b. abī Burdah, da 'Āmir). al-Aš'ath venne in persona nel campo musulmano per trattare con al-Muhāǵir il tradimento: conclusi i patti, al-Muhāǵir invitò al-Aš'ath a scrivere sopra un foglio i nomi delle persone che dovevano avere salvi i beni e la vita, e apporvi il suo sigillo. Così fece al-Aš'ath, ma nell'emozione del momento dimenticò di aggiungere il proprio nome. Ritornato nel castello, nella notte convenuta, egli aprì le porte, ed i musulmani, irrompendo nell'interno, massacrarono tutti gli uomini atti a portare le armi, facendo però eccezione per quelli, dei quali era menzione nel novero di al-Aš'ath (1). Allora soltanto venne fuori la fatale omissione del nome di al-Aš'ath stesso ed al-Muhāǵir, lieto di poter punire il traditore con le sue stesse insidie, lo avrebbe volentieri messo a morte, se 'Ikrimah non intercedeva in suo favore. Era al-Aš'ath che aveva combinato tutta la cosa, ed il suo sigillo a piedi del documento doveva essere interpretato come se il suo nome fosse fra i dieci privilegiati. Fu allora deciso che la questione delicata dovesse essere risolta dal califfo abū Bakr. Il traditore fu quindi mandato a Madīnah con il quinto del bottino e dei prigionieri. La roba caduta in mano ai vincitori era molto copiosa: più di mille donne divennero schiave dei musulmani. al-Aš'ath giunse a Madīnah con le donne catturate, le quali durante il viaggio non cessarono mai dal maledirlo e coprirlo di ingiurie per il suo infame tradimento. Il califfo abū Bakr accettò le spiegazioni di al-Aš'ath e gli concesse la vita e la libertà (2) (Tabari, 2009-2011). [La Riddah nel Hadramawt.]

(b) Cfr. anche Athīr, II, 292-293; Balādzuri, 101, 103-104; Khaldūn, II, App. p. 68-69; Yāqūt, IV, 763, ove è detto che i musulmani decapitassero 700 prigionieri.

(c) Alla presa di al-Nuǵayr furono messe a morte 700 persone (Ḥubayš, fol. 31,v., ove sono citati quattro versi di al-Aš'ath). La uccisione di 700 Kindah in al-Nuǵayr è confermata anche da un'altra tradizione (Ḥubayš, fol. 31,r., senza isnād). Cfr. anche Ḥubayš, fol. 30,v. (una tradizione di al-Wāqidi, nella quale è detto che la lista di al-Aš'ath comprendeva 70 nomi). Altre tradizioni, forse pure di al-Wāqidi, narrano la resa di al-Nuǵayr senza menzionare il tradimento di al-Aš'ath: i generali musulmani avevano istruzioni di non uccidere " i re dei Kindah ", dei quali uno era appunto al-Aš'ath (Ḥubayš, fol. 30,r.) [H.].

Nota 1. — V'è una tradizione di Sayf b. 'Umar, secondo la quale il califfo abū Bakr avrebbe scritto ad al-Muhāǵir, mentre stava assediando al-Nuǵayr, ordinandogli di massacrare tutti gli uomini trovati in armi contro l'Islām, e di ridurre schiavi le donne ed i bambini. Le tribù ribelli, che avessero però concluso con lui un trattato, dovevano essere espulse dai luoghi che abitavano, perchè egli non poteva permettere che gente colpevole di sì grandi misfatti rimanesse nel paese: in questo modo, aggiungeva abū Bakr, la gente si sarebbe persuasa d'aver peccato, ed avrebbe gustato l'amarezza delle colpe commesse. La lettera, portata da al-Mughīrah b. Šu'bah, sembra non arrivasse che tre giorni dopo la presa di al-Nuǵayr (Tabari, I, 2008).

Nota 2. — Secondo una tradizione (da Ṣāliḥ b. Kaysān, da Ḥumayd b. 'Abd al-raḥmān, da 'Abd al-raḥmān b. 'Awf, da abū Bakr al-Ṣiddiq), il califfo abū Bakr si sarebbe pentito in vita sua di tre cose: primo, di non aver decapitato al-Aš'ath b. Qays; secondo, di aver fatto ardere vivo al-Fuǵā't (cfr. 11. a. H., § 159) e terzo, di non aver mandato 'Umar b. al-Khaṭṭāb come generale nell' 'Irāq, quando mandò Khālid b. al-Walīd in Siria (Balādzuri, 104, lin. 5 e segg.). La tradizione m'ispira però poca fiducia: ne esistono tante versioni diverse (cfr. per es. Bakri, 747, lin. 15 e segg., e le altre riunite sotto l'anno 13. H. a proposito della morte di abū Bakr). Siccome la tradizione vuol far credere che al-Aš'ath sia stato un apostata, mentre è evidente che fosse pagano fino alla presa di Nuǵayr, ha dovuto immaginare una spiegazione per la condotta remissiva del Califfo: ha perciò affermato un atto di clemenza e quindi un pentimento.

§ 81. — (a) (al-Wāqidi? da Dāwud b. al-Ḥusayn). Il califfo abū Bakr mandò Nāhik b. Aws b. Khuzaymah a Ziyād b. Labīd, ordinandogli di non mettere a morte la gente di al-Nuǵayr (cfr. paragrafo prec., nota 1), quando si fosse impadronito della fortezza. L'ambasciatore del Califfo giunse troppo tardi, perchè egli arrivò al campo verso sera, quando già settecento uomini erano stati decapitati. Benchè l'eccidio venisse immediatamente sospeso, Ziyād non volle che agli uccisi si desse sepoltura, e lasciò i cadaveri in pasto agli animali di rapina (Ḥubayš, fol. 30,v.) [H.].

(b) Secondo un'altra tradizione, che si pretende rimonti a Zayd b. Aslam

[La Riddah nel Hadramawt.] (e forse pure proveniente da al-Wāqidi) questo avveniva nel corso dell'anno 12. H. (Ḥubayš, fol. 80,v.) [H.].

§ 82. — (ibn. Isḥāq, da 'Abdallah b. abī Bakr). Quando al-Aš'ath fu menato innanzi al califfo abū Bakr, questi gli domandò: " Che cosa credi che io dovrei fare di te? Tu sai quello che hai fatto! „ al-Aš'ath prontamente gli rispose: " Fammi la grazia! Toglimi le catene e dammi in moglie tua sorella, perchè io mi sono pentito e sono divenuto musulmano! „ abū Bakr esclamò: " Cosa fatta! „ e gli diede in moglie la sorella umm Farwah ibnah abī Quḥāfah(1): al-Aš'ath rimase in Madīnah fino al tempo della conquista dell' 'Irāq (Tabari, I, 2011-2012).

Cfr. anche Khaldūn, II, App. p. 69, lin. 8 e segg. e Ḥubayš, fol. 30,v. (una tradizione forse di al-Wāqidi) ove si dice che al-Aš'ath si recasse nell' 'Irāq con Sa'd b. abī Waqqāṣ.

Nota 1. — Secondo un'altra versione, al-Aš'ath sposò umm Farwah bint abī Quḥāfah la sorella del Califfo, ed ebbe da lei due maschi e tre femmine, ossia, Muḥammad, Isḥāq, Quraybah, Ḥubābah e Ǵa'dah. Altri però sostengono che al-Aš'ath sposasse un'altra sorella di abū Bakr, ossia Quraybah. Egli rimase un tempo in Madīnah, poi andò a battersi tanto in Siria, che nell' 'Irāq, e morì alfine in Kūfah, ove al-Ḥasan b. 'Ali b. abī Ṭālib recitò su di lui le preghiere dei morti, poco tempo dopo la conclusione della pace con Mu'āwiyyah nel 41. a. H. al-Aš'ath aveva cognome, abū Muḥammad ed era chiamato anche 'Urf al-Nār, o « cresta di fuoco » che nel vernacolo yamanita pare designasse o significasse « il traditore » (Balādzuri, 101-102) cfr. anche Tabari, I, 2010, lin. 18).

§ 83. — Si dice che il califfo abū Bakr fissasse il prezzo di riscatto per ognuno dei prigionieri fatti in al-Nuǵayr, in 400 dirham(1), e che al-Aš'ath riscattasse tutti i suoi consanguinei a proprie spese dai mercanti di Madīnah, regalando anche ai liberati il prezzo pagato per la loro liberazione (Balādzuri, 104, lin. 12, da Yaḥya b. Ādam, da al-Ḥasan b. Ṣāliḥ, da Firās, o Bunān, da al-Ša'bi).

Nota 1. — Queste notizie sono confermate da una tradizione di al-Wāqidi, nella quale è detto altresì che quattro quinti della somma ricavata con il riscatto dei prigionieri di al-Nuǵayr (400 dirham a capo) venne divisa fra i soldati di Ziyād e di Muhāǵir (Ḥubayš, fol. 31,v.) [H.].

§ 84. — (Sayf b. 'Umar, da Mūsa b. 'Uqbah, da al-Ḍaḥḥāk b. Khalīfah). (Alla presa di al-Nuǵayr) caddero in mano di al-Muhaǵir due cantanti arabe, una delle quali era colpevole di avere insultato il Profeta, e l'altra d'aver composto e cantato satire pungenti contro i musulmani. Ad ambedue al-Muhāǵir fece tagliare la mano (non le due mani, come vuole il Weil, I, 29, nota 2) e strappò i due denti anteriori (1). al-Muhāǵir ricevè allora una lettera del Califfo che criticava l'opera sua. " Ho saputo che hai trovato una donna " colpevole di aver insultato il Profeta, cantando con l'accompagnamento del " flauto. Se avessi potuto prevenirti, ti avrei ordinato di metterla a morte, " perchè una colpa contro i Profeti non è simile alle colpe comuni. Se un " musulmano compie una cosa simile, è un apostata, se invece il colpevole è " un confederato (mu'āhid), allora egli è un nemico traditore. Ho poi saputo "che tu hai tagliato la mano ad una donna, che ha cantato satire contro i mu-"sulmani, e che le hai anche strappato i denti anteriori. Se ella è una mu-"sulmana, meritava una punizione, ma senza mutilazione: se invece è una "non-musulmana sotto nostra protezione (dzimmiyyah), allora, per la mia "vita!, il suo peccato di idolatria è molto più grave. Se ti avessi prevenuto in "un caso simile (ordinando cioè la mutilazione della donna), avrei commesso "un'azione detestabile. D'ora innanzi agisci con mitezza, e guardati dal muti-"lare la gente, perchè è una colpa molto riprovevole in tutti i casi, tranne nella "applicazione della pena del taglione (fī qisās)". (Tabari, I, 2014-2015). [La Riddah nel Hadramawt.]

Nota 1. — Balādzuri afferma (102, lin. 11 e segg.) che ambedue le mani ed ambedue i piedi delle due cantanti furono tagliate per ordine scritto del califfo abū Bakr. Una aveva nome al-Thabǵā al-Hadramiyyah e l'altra, un'ebrea, Hind bint Yāmīn. Intorno alla condizione sociale di queste etère del deserto, o della città nell'età preislamica, cfr. Iacob Arab. Dicht., III, 105-104; Perron, *La femme Arabe*. Alger, 1858, pp. 224-237, 456-458.

§ 85. — In Balādzuri abbiamo due versioni della rivolta nel Hadramawt, una che combina in tutto (salvo qualche particolare sull'assedio di al-Nuǵayr) con quella di Sayf, esposta nei paragrafi precedenti. L'altra però riferita in succinto, se fosse vera, muterebbe leggermente la natura del conflitto sorto fra i Kindah ed i Sakūn.

Giusta questa seconda versione i banū Walī'ah rinnegarono l'Islām prima ancora che morisse il Profeta: i rappresentanti musulmani non fecero però alcun tentativo per ridurli all'obbedienza. Sopraggiunta poi la notizia che il Profeta aveva finito di vivere, Ziyād b. Labīd tentò di far riconoscere dagli Arabi l'elezione di abū Bakr. A questo si opposero i banū Walī'ah, ma Ziyād assalitili di notte tempo, li disperse: allora al-Aš'ath b. Qays prese le armi, rinnegò l'Islām e si fortificò entro il castello di al-Nuǵayr, entro il quale lo assediarono uniti Ziyād b. Labīd e al-Muhāǵir. In loro aiuto abū Bakr mandò 'Ikrimah b. abī Ǵahl, dopo il suo ritorno dall'Umān (ba'd insirāfihi min 'Umān) (1), ma il castello cadde in potere dei musulmani prima che egli giungesse sul luogo. Dietro istanza del Califfo anche le milizie di 'Ikrimah ebbero tuttavia una parte del bottino (Balādzuri, 102, lin. 5-10).

Nota 1. — Parrebbe da questa espressione, che 'Ikrimah, dopo conquistato l''Umān, *ritornasse a Madinah* donde corresse poi in soccorso dei luogotenenti musulmani nel Hadramawt. Quindi secondo questa versione, non vi fu conquista della Mahrah: è notevole a tal proposito, che la conquista della Mahrah sia ignorata da Balādzuri e soltanto menzionata da Sayf. Fosse anch'essa una invenzione della scuola 'irāqense?

ARABIA MERIDIONALE. — Nomina di luogotenenti per il Yaman e il Hadramawt.

§ 86. — (Sayf b. 'Umar, senza isnād). Dopo la vittoria finale sui Kindah nel Hadramawt, il califfo abū Bakr scrisse ad al-Muhāǵir b. abī

[Nomina di luogotenenti per il Yaman e il Ḥadramawt.]

Umayyah, offrendogli la scelta fra il governo del Yaman e quello del Ḥadramawt. al-Muhāǵir preferì il Yaman. abū Bakr gli diede come collega nel governo il persiano Fayrūz. Anche nel Ḥadramawt il Califfo volle nominare due amīr, ossia 'Ubaydah b. Sa'd fra i Kindah ed i Sakāsik, e Ziyād b. Labīd fra gli al-Ḥadramiyyūn. I luogotenenti musulmani ebbero anche ordini dal Califfo di dare sempre la preferenza a quegli Arabi, che non avevano rinnegato l'Islām, e di non chiedere alle tribù colpevoli di apostasia aiuti di uomini per la guerra contro il nemico (i Persiani ed i Greci) (Tabari, I, 2013-2014).

§ 87. — Secondo Balādzuri, terminata la sottomissione del Ḥadramawt, il califfo abū Bakr scrisse ad al-Muhāǵir, conferendogli il governo di Ṣan'ā e dei distretti (makhālīf) circostanti: abū Bakr divise poi il resto del Yaman fra Ya'la b. Munyah e Ziyād b. Labīd. abū Sufyān b. Ḥarb ebbe invece il governo del territorio compreso fra gli estremi confini (ukhur ḥadd) del Ḥiǵāz e gli estremi confini di Naǵrān (Balādzuri, 103, lin. 17-18).

Sorte degli Arabi pagani, prigionieri degli Arabi musulmani.

§ 88. — (Sayf b. 'Umar, senza isnād). Per effetto delle guerre di conquista in Arabia durante gli anni 11. e 12. H., un grande numero di donne e bambini delle tribù più nobili d'Arabia languivano in schiavitù umiliante e dolorosa, alla quale in principio nessuno pensò a provvedere. Quando però gli eserciti musulmani ebbero conquistato tanta parte dell'Asia Anteriore, agli schiavi fatti durante la Riddah vennero ad unirsi turbe innumerevoli di schiavi non arabi, creando una condizione ripugnante alla fierezza degli Arabi musulmani, ai quali doleva di vedere consanguinei ridotti alle stesse condizioni degli altri schiavi di guerra venuti dalla Siria e dalla Persia. Questo sentimento trovò alfine un'espressione pratica in una misura politica molto saggia del califfo 'Umar, il quale ordinò che tutti gli schiavi di nazionalità araba avessero il diritto di riscattarsi dai loro padroni ed ottenere la libertà dietro un compenso fisso, che egli stabilì dovesse essere di 6 o 7 cameli a capo.

Volle però che si facesse eccezione per quelle donne, le quali avessero partorito figli ai loro nuovi padroni. Tale fu il caso per esempio di Bišra bint Qays b. abī-l-Kaysam, concubina di Sa'd b. Mālik, al quale aveva partorito un figlio, 'Umar. Lo stesso dicasi di Zur'ah bint Mišraḥ, caduta in potere di 'Abdallah b. al-'Abbās, e madre di 'Ali b. 'Abdallah. Il Califfo volle però che nel conteggiare il prezzo dei riscatti si usassero riguardi e facilitazioni speciali per quei prigionieri poverissimi, che non avevano i mezzi per comperarsi la libertà, e volle che si diminuisse il prezzo anche per gli schiavi Kindah e Ḥanīfah, in considerazione delle stragi spaventose inflitte a quelle due tribù dagli eserciti vittoriosi dell'Islām (Tabari, I, 2012-2013).

[Sorte degli Arabi pagani, prigionieri degli Arabi musulmani.]

Cfr. anche Athīr, II, 293; Ya'qūbi, II, 158, lin. 4, afferma che la liberazione degli Arabi schiavi fosse il primo atto del governo di 'Umar, quando divenne Califfo nel 13. a. H.

Riepilogo della così detta Riddah, o apostasia delle tribù, e suoi rapporti con gli eventi della biografia di Maometto e con quelli delle conquiste.

§ 89. — Giunti ora al termine delle tradizioni sulla così detta Riddah, o apostasia delle tribù, sarà necessario di riassumere le notizie raccolte e trarne una sintesi critica per porre in chiaro il collegamento di tanti minuti particolari, ed illustrare il vero significato di quelle scene selvaggie di sangue, che resero così sinistramente famoso l'anno, in cui il Profeta cessò di vivere.

Nel parlare delle tribù Arabe ai tempi di Maometto abbiamo tentato una classificazione delle medesime in varie categorie secondo i vincoli più o meno stretti, che esse avevano con il Profeta in Madīnah (cfr. 10. a. H., §§ 114 e segg.). Per maggiore chiarezza sarà bene riassumere ora brevemente i caratteri distintivi di ogni singola categoria e completare le nostre osservazioni, studiando ogni categoria in rapporto agli eventi della così detta Riddah.

Nella prima categoria sono comprese naturalmente quelle tribù, che da parecchio tempo erano sottomesse a Madīnah e convertite, e presso le quali la nuova fede e le nuove condizioni create dall'Islām avevano preso salde radici, immedesimando gli interessi dei vari gruppi con quelli dello stato madinese. Nel novero di queste vanno incluse tutte le tribù, che abitavano la regione fra Makkah e Madīnah e quelle dell'immediata vicinanza delle due città, ossia i Ǵuhaynah, i Muzaynah, i Bali, gli Ašǵa', gli Aslam, i Hudzayl, i Khuzā'ah, ecc.

Nella seconda categoria vanno le tribù sottomesse politicamente, e presso le quali l'Islām aveva fatto grandi progressi, assicurando una maggioranza favorevole al nuovo ordine di cose, ma che contavano ancora una forte minoranza ostile: le principali erano i Hawāzin, gli 'Amir b. Ṣa'ṣa'ah, i Tayy, i Sulaym e forse anche i Khath'am.

La terza categoria è quella composta delle tribù viventi sull'estrema periferia del piccolo stato musulmano, e le quali sottomesse politicamente all'Islām (cfr. anche Wellhausen Arab., 14) erano eufemisticamente

[Riepilogo della cosi detta Riddah.]

chiamate musulmane, perchè facevano parte dello stato musulmano, e pagavano come tali il tributo musulmano, la ṣadaqah, ma in realtà avevano ancora in grembo una grande maggioranza pagana, la quale si era sottomessa al Profeta per timore delle sue armi e di danni maggiori. Principali fra queste tribù erano gli Asad, i Ghaṭafān con le loro varie diramazioni, ed i Tamīm.

Infine formavano la quarta categoria le tribù indipendenti da Madīnah, presso le quali i partiti della minoranza, per odio contro i loro avversarî, si erano rivolti per aiuto al Profeta di Madīnah ed avevano nominalmente abbracciato l'Islām. L'adesione di queste minoranze aveva però sempre colore schiettamente politico, e gli Arabi, che ne facevano parte, si valevano dell'Islām e della potenza militare del Profeta, soltantò come un mezzo per non lasciarsi sopraffare dalla maggioranza pagana (o cristiana): le minoranze non si erano associate allo stato madinese per sentimento religioso, ma per sole esigenze di politica locale. Fra queste tribù primeggiavano i Ḥanīfah, gli 'Abd al-Qays, gli Azd 'Umān, la maggior parte delle tribù del Yaman e del Ḥaḍramawt. Per lo più dietro domanda delle minoranze, Maometto aveva mandato fra queste ultime alcuni rappresentanti estranei al paese, i quali avevano il còmpito di regolare e dirigere le faccende di questi nascenti nuclei di propaganda islāmica. Tutte le altre tribù delle tre precedenti categorie non avevano siffatti rappresentanti, ma provvedevano da loro stesse agli obblighi fiscali e rituali dell'Islām.

Alle quattro predette categorie potremmo aggiungerne una quinta, composta delle tribù, presso le quali si può dire non esistesse un solo musulmano, ossia tutte le tribù cristiane dell'estremo settentrione (i Kalb, i Quḍā'ah, i Bahrā, i Ghassān, ecc.), alcune sul versante orientale presso Ḥirah (i Bakr b. Wā·il, i Tanūkh, i Taghlib, ecc.), quelle della Mahrah, alcune anche del Ḥaḍramawt e certamente varie tribù del Yaman (gli Abnā).

§ 90. — Tale distinzione, fondata sulle condizioni di fatto esistenti negli ultimi anni del Profeta, è di grandissimo rilievo per la conoscenza delle vere circostanze, nelle quali si svolse la multiforme lotta negli anni 11. e 12. H. Esaminiamo perciò singolarmente in ogni categoria di tribù gli effetti prodotti dall'annunzio della morte di Maometto.

Sul conto delle tribù della prima categoria le fonti serbano il più completo silenzio: abbiamo un breve accenno ad una certa quale agitazione interna in Makkah fra i Qurayš e forse anche fra i Thaqīf in Ṭāi·f (cfr. 11. a. H., §§ 83 e segg.), ma vediamo ivi i capi stessi del partito un tempo più ostile al Profeta, assumere energica iniziativa in pro' dell'Islām, e caldeggiare l'adesione completa al voto degli elettori di Madīnah. È manifesto

[Riepilogo della così detta Riddah.]

dalle tradizioni di al-Wāqidi (cfr. 11. a. H., §§ 83-88) che presso le altre tribù di questa medesima categoria avvenne più o meno la stessa cosa, dacchè queste debbono considerarsi come musulmane nello stesso modo e nella stessa misura della maggioranza dei Compagni residenti in Madīnah: esse unanimemente approvarono la elezione di abū Bakr, sottomettendosi agli ordini suoi. Difatti le tribù erano già islamizzate da vari anni: si erano fuse completamente nello stato musulmano, ed avevano oramai i medesimi interessi degli abitanti di Madīnah. Le misure prese dai Compagni in Madīnah per la tutela degli interessi comuni dei musulmani dovettero dare alle tribù tutta la voluta soddisfazione. La teocrazia islamica era mantenuta, con la garanzia formale e sicura di abū Bakr, uomo a tutti noto e da tutti stimato e venerato, il quale dava assicurazioni maggiori di imparzialità, perchè, nell'assumere la carica suprema nello stato, era venuto in conflitto con gli altri membri più influenti fra i Compagni Qurašiti. È probabile altresì che molti membri delle medesime tribù si trovassero a Madīnah in quei giorni, perchè chiamati sotto le armi per la spedizione di Usāmah. La adesione di questi membri militanti deve essere stato un valido fattore della pacifica e completa adesione delle predette tribù.

Prima di procedere all'esame degli altri gruppi della seconda e della terza categoria, è necessario di fermarsi a una considerazione preliminare. Presso le tribù completamente islamizzate (quelle cioè della prima classe) la riforma di Maometto era diventata condizione oramai intrinseca della loro esistenza, era un ordine stabilito di cose, al quale i seguaci non solo avevano obbligo di aderire in obbedienza ad un' espressa manifestazione della volontà divina, ed anche indipendentemente dalla persona di Maometto, ma al cui mantenimento erano pur vivamente legati per interessi politici e materiali, fra i quali primeggiava la frequente partecipazione a ricchi bottini, sorgente perenne di nuove ricchezze e di cresciuta prosperità. Scomparso anche il Profeta, i rapporti fra i musulmani e Dio, ed i rapporti di reciproci interessi fra i nomadi convertiti e la teocrazia di Madīnah, rimanevano gli stessi: immutati perduravano gli obblighi, i diritti e le fonti di ricchezza dei singoli musulmani. Quegli Arabi invece, che non avevano ancora bene assimilato le dottrine del Profeta, che non avevano sinceramente fusi i loro interessi con quelli della teocrazia madinese, mantenevano un concetto totalmente diverso dei rapporti con l'Islām, con il Profeta e con il governo di Madīnah. Innanzitutto l'imposizione dell'Islām era per essi un fatto puramente politico, dovuto alla potenza militare ed all'autorità personale di Maometto. Essi consideravano l'Islām come una istituzione affatto estranea, contraria ai loro interessi particolari: la loro soggezione militare, fiscale e morale

[Riepilogo della così detta Riddah.]

era un fatto di natura assolutamente personale fra loro e Maometto. Essi avevano promesso obbedienza alla persona di Maometto, e non all' Islām, seguendo in ciò l'antico concetto arabo dei rapporti fra un potente capo-tribù ed i suoi dipendenti e sudditi (cfr. anche Wellhausen Arab., 15). Se moriva il capo, i legami cessavano per spontanea e naturale estinzione, e i dipendenti ricuperavano la loro completa libertà d'azione, senza poter essere accusati di diserzione o di violazione di fede. Questo carattere personale dei rapporti con Maometto (chiaramente indicato in due versi di Mālik b. Nuwayrah: Aghāni, XIV, 69, lin. 10 e Ḥagar, III, 721, lin. 13) rendeva siffatti rapporti assolutamente aleatori e temporanei, e ne produsse la naturale e legittima cessazione appena Maometto ebbe reso l'ultimo respiro. Nessun vincolo legava più queste tribù con abū Bakr, l'elezione del quale era per le medesime una nomina arbitraria fatta dai musulmani in Madīnah, nomina dalla quale non si sentivano in alcun modo obbligate, perchè non avvenuta con il loro consenso. Tanto le tribù della seconda, quanto quelle della terza categoria sospesero perciò l'invio dei tributi, che era l'espressione tangibile della loro soggezione alla persona di Maometto. Se abū Bakr voleva ristabilire l'egemonia di Madīnah, egli doveva aprire nuovi negoziati e concludere nuovi trattati. Nelle tradizioni di al-Wāqidi e di Sayf (cfr. 11. a. H., §§ 93, 94, 103, 111, 119) abbiamo vari accenni a tentativi fatti dalle tribù di aprire nuovi negoziati con Madīnah; ma siccome i nomadi pretendevano a condizioni meno onerose ed abū Bakr mirava invece al mantenimento dei medesimi patti ottenuti da Maometto, le trattative fallirono.

Cominciamo così a scorgere, come la famosa Riddah non fosse una vera rivolta, ma un naturale disgregamento di parti, alle quali veniva meno il solo legame di unione. Scorgiamo altresì che gli eventi interni di Arabia negli anni 11. e 12. H., non furono già di una sola natura, vale a dire unicamente punizione di apostati, ma bensì un seguito di fatti di carattere ben diverso. Vi fu in principio la punizione di alcuni apostati, ma la parte principale delle vicende militari fu assoggettamento di tribù un tempo tributarie di Maometto, ma solo parzialmente convertite (Asad, Ghatafān, Tamīm, ecc.). Poi seguì una serie di conquiste di paesi prima intieramente indipendenti (Yamāmah e Baḥrayn): infine abbiamo l'intervento dei musulmani in paesi, dove ardeva la guerra civile fra stirpi pagane ('Umān, Mahrah, Yaman e Ḥaḍramawt) e dove i musulmani s'intromisero come pacificatori e restauratori dell'ordine. Il carattere odioso di apostasia e di guerra di religione dato a tutta la Riddah dai tradizionisti posteriori, fu l'effetto d'un errore, forse involontario, di persone che mal compresero la

[Riepilogo della così detta Riddah.]

vera natura[1] dei fatti. Degli scrittori occidentali il Wellhausen è il solo che abbia correttamente intuito la verità benchè si sia astenuto dal farne un esame minuto come quello che noi abbiamo ora tentato. Tutti gli altri scrittori di storia musulmana hanno ciecamente seguito la versione tradizionistica senza vedere più in là.

§ 91. — Premesso questo esame generale delle vere condizioni delle tribù, è facile porre nella vera luce tutti i fatti della Riddah.

Presso le tribù della seconda categoria, quelle imperfettamente islamizzate, ma aventi una maggioranza favorevole all'Islām, ossia presso i Tayy, i Hawāzin, gli 'Āmir, i Sulaym e gli altri (cfr. 11. a. H., §§ 90-96), la morte di Maometto produsse una sospensione immediata dei rapporti fra essi e Madīnah e la cessazione del pagamento dei tributi; ma d'altronde nessuna attività aggressiva; solo un contegno di sospettosa aspettativa in attesa di eventi. Presso la maggioranza quasi islamizzata, l'Islām, imposto con la spada, non aveva ancora perduto il suo carattere forestiero ed odioso, ma pure l'Islām era già tanto penetrato in essa che le minoranze schiettamente anti-islamiche non poterono trascinarsi appresso tutta la tribù: solo frazioni delle medesime si unirono agli Arabi della terza categoria, che presero decisamente le armi. Se Maometto fosse vissuto qualche anno di più, non v'è dubbio che le tribù della seconda categoria avrebbero agito come quelle della prima, vale a dire sarebbero rimaste fermamente fedeli alla teocrazia di Madīnah. Nelle circostanze del momento assunsero dunque un'attitudine di sospettosa aspettativa, prevedendo probabile un crollo dello stato islamico, ed ignare delle intenzioni del nuovo sovrano dell'Arabia musulmana.

Allorchè però il governo di Madīnah mostrò di avere gli uomini, i mezzi e la volontà di imporre di nuovo il suo dominio alle tribù, che avevano riconosciuto Maometto, le tribù della seconda categoria si affrettarono a riunirsi a Madīnah alle medesime condizioni di prima, trascinate forse anche dalla speranza di partecipare al bottino su quelle altre che avevano decisamente preso le armi. Quando i Tayy, gli 'Āmir b. Ṣa'ṣa'ah, i Hawāzin, i Sulaym e gli altri si avvidero, che era assai più vantaggioso schierarsi francamente con i musulmani, si affrettarono a farlo (cfr. 11. a. H., §§ 150-159). Le vittorie sanguinose di Khālid sugli Asad, i Ghaṭafān e gli altri ribelli, e la strage dei medesimi, furono un salutare ammonimento, che le tribù incerte ben compresero ed al quale immediatamente si conformarono.

§ 92. — La scena cambia quando passiamo all'esame di quelle tribù, presso la maggioranza delle quali l'Islām era addirittura odioso, e nelle quali i più, benchè politicamente dipendenti da Madīnah, erano rimasti pagani (o cristiani, secondo il caso). Queste tribù alla morte di Maometto, si riten-

[Riepilogo della così detta Riddah.]

nero immediatamente, e per intiero, sciolte da ogni vincolo ed agirono come tribù indipendenti, sospendendo il pagamento delle imposte e perseguitando anche quei disgraziati, che avevano abbracciato le nuove dottrine, e che perciò erano considerati come spie e nemici. Così fecero gli Asad, i Ghaṭafān (compresi gli 'Abs, gli Dzubyān ed i Fazārah) e i Tamīm (cfr. 11. a. H., §§ 87 e segg., 112 e segg.; 127 e segg.; 162 e segg.). Intanto però presso queste tribù erano avvenuti fatti inattesi, che avevano complicato lo stato delle cose ed acuito grandemente la tensione degli animi, aumentando l'avversione contro il dominio di Madīnah. Alludesi cioè alla comparsa di avventurieri semi-politici e semi-religiosi (Tulayḥah, umm Ziml (?), e Saǵāḥ), sulla esatta natura dei quali siamo purtroppo quasi completamente al buio.

È certo che i tradizionisti, per rendere la figura di questi agitatori più odiosa ai posteri e per aggravare la colpa delle tribù in vista del terribile conflitto, che stava per nascere, hanno attribuito ai medesimi i caratteri più odiosi della impostura religiosa. Quanto vi sia di vero e quanto di falso in questa rappresentazione tendenziosa rimane un'incognita, che difficilmente si potrà risolvere. Specialmente nel caso di Tulayḥah (cfr. 11. a. H., §§ 127 e segg.) bisogna andar molto guardinghi ad accogliere la versione, che ne fa un impostore religioso: saremmo assai più prossimi al vero, riconoscendo in Tulayḥah un agitatore sovrattutto politico, molto abile, il quale valendosi del fermento anti-musulmano presso gli Asad ed i Ghaṭafān, era riuscito, vivente ancora Maometto, a formarsi un forte partito, che si trascinò appresso tutta la tribù, quando la morte di Maometto ruppe gli ultimi ritegni [1]. Tulayḥah può parzialmente solo essere considerato come imitatore di Maometto, perchè non fu già il fondatore di una religione, ma soltanto un uomo ambizioso, il quale agognava a raccogliere la messe di ricchezze di ogni specie, che Maometto aveva così clamorosamente assicurate per sè e per i suoi con tanti ripetuti trionfi. Se gli abitanti del Ḥiǵāz avevano trovato un uomo, che era stato capace di tanto, perchè anche gli Asad non potrebbero avere anch'essi il loro capo, organizzarsi anch'essi, e conseguire anch'essi simili vantaggi materiali? Le tribù dell'Arabia Centrale erano meno frazionate di quelle del Ḥiǵāz, e Tulayḥah, che fu uomo certamente energico, ambizioso e pieno d'ingegno, seppe valersi abilmente delle condizioni della propria tribù per costituirsi un piccolo principato sulle rovine del principato di Maometto.

Nota 1. — Se Tulayḥah fosse stato un vero agitatore religioso, la sua condotta successiva non sarebbe comprensibile, nè logica. La prontezza, con la quale egli di poi abbracciò l'Islām, e si battè valorosamente per il medesimo contro i Persiani, come narreremo in appresso, stanno a dimostrare che i suoi moventi fossero assai più politici, che religiosi. Non è logico, che un falso profeta, dopo una sconfitta, rinneghi la propria fede e ne abbracci quella d'un altro, suo contemporaneo. Una siffatta mancanza d'amor proprio, che lo avrebbe esposto a crudeli dileggi, non mi sembra possibile, specialmente in un prode guerriero come Tulayḥah. Riterrei perciò, che egli fosse un avventuriere politico, il quale, ogni tanto, forse per aumentare il suo prestigio, s'atteggiava a indovino, sperando così di infiammare maggiormente i suoi seguaci, ma che in ogni caso non meditò mai di fondare una nuova religione. Diverso fu il caso con Musaylimah, nel quale troviamo assai più evidente il carattere religioso, sempre se possiamo fidarci delle tradizioni. [**Riepilogo della così detta Riddah.**]

§ 93. — Non mette il conto di parlare di umm Ziml (cfr. 11. a. H., § 158), nella quale probabilmente si asconde uno dei tanti ricami menzogneri della scuola storica rappresentata da Sayf b. 'Umar, nostra unica fonte per le notizie su questa donna. Merita invece speciale menzione la figura originale della profetessa Saǵāḥ (cfr. 11. a. H., §§ 160 e segg.). Essa fu certamente una indovina di quella classe, sulla quale abbiamo tante tradizioni nel periodo dell'Arabia pagana. Oltre alle regine arabe dei tempi Assiri (cfr. 11. a. H., § 164), donne di straordinaria energia d'animo e di corpo, rammentiamo che nell' Introduzione (§ 103) abbiamo avuto occasione di menzionare una indovina di Khaybar, senza il cui consiglio forse l'Islām non sarebbe sorto, almeno secondo le tradizioni sugli antenati di Maometto (cfr. anche Freytag, 156 e segg., Wellhausen. Reste, 137; Perron, *op. cit.* 166-167). Saǵāḥ fu una donna più ambiziosa e più intraprendente delle altre dell'Arabia pagana antica, e sembra che fosse dotata di virtù e di energie eccezionali. Checchè ne dicano i tradizionisti musulmani, il principio della sua influenza fra i Tamīm risale ad un periodo certamente anteriore di molto alla morte del Profeta (cfr. 11. a. H., § 164) [1], ma sembra che forse soltanto la morte di Maometto la sospingesse a tentare fra i suoi consanguinei tamimiti quello che Tulayḥah faceva fra gli Asad. Ella fu però meno fortunata: i Tamīm sospesero, è vero, il pagamento delle tasse musulmane, e si ritennero sciolti da ogni vincolo con Madīnah, accogliendo per uncerto tempo abbastanza favorevolmente la bizzarra profetessa, ma in breve però nacquero tra loro, per ignote ragioni, vivissimi conflitti interni. Sembra che l'ambiziosa donna volesse adoperare la forza per estendere maggiormente la sua autorità, e molte tribù l'abbandonarono. Saǵāḥ non fu più in grado di dominare le tribù: tutta la stirpe precipitò nell'anarchia, i Tamīm vennero alle mani fra loro, ed i seguaci dell'indovina ebbero la peggio. Saǵāḥ, fuggita nella Yamāmah, si unì a Musaylimah, il principe profeta dei Ḥanīfah, dando così motivo alle più assurde ed anche oscene leggende (cfr. 11. a. H., § 172). Da una tradizione conservata da abū-l-Faraǵ al-Isbahāni (cfr. 11. a. H., § 160) sembra che Saǵāḥ rimanesse presso Musaylimah infino al giorno della di lui uccisione, forse come ospite e consigliera, forse anche come alleata, avendo essa un nucleo di consanguinei, rimastile fedeli anche nell'esilio.

[Riepilogo della cosìdetta Riddah.]

Le condizioni caotiche, nelle quali precipitarono i Tamīm per la comparsa di Saǵāḥ e per la guerra civile, che essa generò in seno ai propri consanguinei, salvarono i Tamīm dalla sorte toccata agli Asad riuniti sotto Ṭulayḥah. Quando comparvero le schiere vittoriose di Khālid sui confini del paese Tamimita, quasi tutte le tribù si affrettarono ad offrire la propria sottomissione, conscie che era impossibile qualsiasi resistenza. La sorte ingiusta e crudele toccata a Mālik b. Nuwayrah impaurì anche i più renitenti, ed il trionfo musulmano fu facile e completo. Le tribù Tamimite conservarono perciò intatte le loro forze, presero parte attiva alla conquista d'Arabia, ed in seguito durante le conquiste emigrarono in grandissima parte nelle feraci pianure dell'ʿIrāq, fissandosi specialmente in Baṣrah e nei dintorni, una regione che divenne Tamimita per eccellenza.

Nota 1. — Il caso di Saǵāḥ, come quello di Ṭulayḥah ci rivelano quanta libertà effettiva godessero ancora le tribù dipendenti da Maometto, e quanto poco egli si immischiasse nelle loro faccende interne. Ṭulayḥah e Saǵāḥ erano persone ben cognite durante la vita di Maometto, godevano di largo prestigio, e trovavansi alla testa di un numeroso partito anche prima che Maometto cessasse di vivere. Il Profeta non si diede alcun pensiero dei moti anti-islamici nelle sue dipendenze più lontane: finchè le tribù pagavano regolarmente le tasse, quegli agitatori potevano agire e parlare con perfetta libertà. È questo un indizio utile per appurare quanto superficiale ed effimera fosse l'autorità di Maometto oltre ai confini del Ḥiǵāz, e quanto fossero poco musulmani quelli che erano annoverati ufficialmente come tali.

§ 94. — Terminato l'esame delle tre prime principali categorie di tribù, rimane ben poco d'aggiungere a proposito di quelle della quarta comprendente le tribù quasi o affatto indipendenti dal Profeta. Finchè visse Maometto quei piccoli nuclei di malcontenti, che, per ragioni esclusivamente politiche e locali, intrigavano con Madīnah, avevano potuto sfidare quasi impunemente l'ostilità delle maggioranze conservatrici, perchè nessuno osava attirarsi lo sdegno del potente signore di Madīnah. La morte di Maometto pose fine all'instabile equilibrio interno, e fu il segnale d'una feroce reazione anti-musulmana, che divampò in tutta l'Arabia indipendente, dalla Yamāmah in giù verso mezzogiorno, e lungo le coste meridionali della penisola fino al Yaman. Nessuno aveva più timore di rappresaglie, ed incominciò una vera caccia ai musulmani, che degenerò in una completa e generale guerra civile. Tutti gli agenti di Madīnah, che dirigevano ed assistevano le minoranze locali dovettero o fuggire, o nascondersi per non essere massacrati. Nella Yamāmah uno degli agenti musulmani, che tentò resistere con la forza, fu completamente disfatto (cfr. 12. a. H., §§ 1 e segg.): la medesima sorte toccò ai piccoli partiti musulmani nel Baḥrayn (cfr. 12. a. H., §§ 38 e segg.), e nell'ʿUmān (cfr. 12. a. H., §§ 52 e segg.).

Nel Yaman l'anarchia fu anche più grande, perchè oltre al conflitto fra pagani e i partigiani di Madīnah, scoppiarono sanguinose lotte locali anche fra le tribù, che niun rapporto avevano con Madīnah. Contrariamente a quanto

[Riepilogo della così detta Riddah.]

affermano i tradizionisti, la drammatica comparsa e la rapida fine del così detto falso profeta al-Aswad al-ʿAnsi fra i Madzhiǵ e in Ṣanʿā furono soltanto un episodio locale (cfr. 11. a. H., §§ 188 e segg.), un'espressione dell'odio di razza esistente fra gli Arabi aborigeni e gli immigrati persiani, e indipendente dalle vicende di Madīnah, perchè precedè di tre mesi circa la morte del Profeta. Questi perfino non si curò mai dei fatti del Yaman: i tradizionisti sia per nascondere, sia per spiegare questo fatto, che loro sembrò sì illogico, hanno contorto tutti gli eventi della guerra civile yamanita, ma non potendo inventare una spedizione di Maometto contro il falso profeta al-Aswad, hanno affermato che il Profeta combattesse al-Aswad "con l'invio di lettere„ (cfr. 11. a. H., § 193) ai suoi amici e seguaci. Il fatto è invece che la comparsa di al-Aswad, per ammissione degli stessi tradizionisti, avvenne vario tempo prima della morte di Maometto, il quale al Pellegrinaggio d'Addio non solo non aveva pensato a mandare una spedizione nel Yaman, ma richiamò perfino a Makkah la spedizione, che ʿAli aveva comandato nella parte settentrionale di quel paese. Già avemmo occasione di rilevare (cfr. 11. a. H., § 188, e 12. a. H., §§ 64 e segg.) come, se l'aggressione di al-Aswad avesse compromesso una dipendenza sua, il Profeta avrebbe certamente mandato rinforzi ad ʿAli e gli avrebbe ordinato di proseguire la campagna, invece di ritornare a casa. La morte di Maometto non produsse costì verun effetto notevole, ed il califfo abū Bakr, seguendo la condotta del Profeta, del Yaman non si curò affatto: la conquista di quella ricca regione avvenne soltanto alla fine della grande guerra di conquista dell'Arabia meridionale e come necessaria conseguenza della medesima, e per desiderio degli stessi abitanti che si rivolsero a Madinah per liberarsi dall'anarchia.

La figura più cospicua fra le tribù indipendenti della quarta categoria è senza dubbio Musaylimah (cfr. 11. a. H., §§ 165 e segg.), il quale di tutti i così detti falsi profeti, fu quello che riuscì ad acquistare la maggiore potenza, e che se veramente s'ispirò in parte all'esempio di Maometto, riuscì o il più fortunato o il più abile contraffattore del Profeta makkano. Di lui abbiamo però discorso abbastanza in altro luogo e non occorre ritornare sull'argomento, tanto più che la sua carriera fra i Ḥanīfah deve considerarsi come un fatto indipendente, in grandissima parte, dall'Islām.

Importanza soltanto locale e secondaria hanno anche i fatti narrati da Sayf riguardo alle tribù viventi a mezzodì di Makkah (cfr. 11. a. H., §§ 98-99): se quei fatti sono veri, furono piccoli incidenti di brigantaggio locale, esagerati e svisati dalla scuola tradizionistica dell'ʿIrāq. Sono in complesso notizie che dobbiamo accogliere con molto scetticismo.

[Riepilogo della cosidetta Riddah.]

§ 95. — Quando abū Bakr accettò dai Madinesi il mandato di dirigere le faccende pubbliche del piccolo stato musulmano, e di conservare integra l'eredità morale e politica del Profeta (cfr. 11. a. H., §§ 63 e segg.), egli ignorava probabilmente quali sarebbero stati gli effetti immediati della morte del Maestro. Egli certamente si illuse sulla vastità dei medesimi presso le tribù legate al Profeta da soli trattati politici. L'invio immediato della spedizione di Usāmah contro le frontiere della Siria, con la quale il Califfo sguerniva in modo imprudente la città di Madīnah, non fu soltanto espressione di quel principio di governo conservatore, di cui abū Bakr si era fatto mallevadore fedele e tenace, ma fu bensì effetto dell'ignoranza del Califfo intorno alle condizioni nuove prodotte dalla scomparsa di Maometto. Egli scoprì la verità, quando Usāmah era già partito e non era più possibile richiamarlo. Se possiamo accettare le affermazioni delle nostre fonti, molti Arabi, i quali eransi staccati da Madīnah, si affrettarono ad annunziare con missioni speciali al Califfo, che la morte del Profeta aveva fatto cessare i trattati in vigore, e che se abū Bakr voleva rinnovarli, bisognava mutarne le condizioni principali, sovrattutto abolire le tasse. Tutte le notizie però concordano nell'affermare che le tribù erano pronte ad osservare gli obblighi rituali dell'Islām, se il Califfo avesse acconsentito all'abolizione delle imposte. Quindi, sia direttamente per mezzo di deputazioni, sia indirettamente da informatori, amici, o spie, il Califfo fu, durante l'assenza di Usāmah, messo al giorno dei sentimenti delle tribù e dovette, impotente ad agire, assistere alla defezione degli Arabi ed alla sospensione di tutti i tributi da parte delle stirpi della seconda e terza categoria. Pare altresì, che in un caso speciale, una caravana avviata a Madīnah con l'importo delle tasse riscosse presso una tribù, venisse aggredita dai membri della tribù medesima e depredata di tutto; nondimeno i custodi della caravana non furono molestati e poterono giungere a Madīnah a narrare i fatti (cfr. 11. a. H., §§ 90 e 96).

Le preoccupazioni generate da siffatte notizie si accrebbero ancora, quando il Califfo potè appurare come la morte del Profeta avesse indotto le tribù emancipate a dare libero sfogo a quella ingenita irrequietezza, ed a quella brama insaziabile di novità e di violenze, che erano state finora sì energicamente represse e disciplinate dalla ferrea autorità di Maometto. Infatti le tribù non solo sospesero i pagamenti, ma si riunirono armate in vari luoghi sotto ai loro capi, per discutere gli eventi del giorno, per stabilire la condotta da seguire e molto probabilmente anche per essere pronti ad ogni possibile caso dinanzi all'agitazione generale e profonda di tutta la penisola: tutta l'Arabia infatti era in armi. Finchè viveva Maometto nessuna tribù

[Riepilogo della così detta Riddah.]

appartenente allo stato di Madīnah avrebbe potuto impunemente molestare un'altra; scomparsa l'autorità del Profeta ogni tribù poteva, volendo e seguendo la consuetudine atavica, gettarsi sulla vicina e depredarla. È certo, che molte tribù si unirono ai così detti falsi profeti, non già per simpatia con le loro pretese politiche e religiose, ma per timore di esser vittima di aggressioni e di rapine. Un allarme generale eccheggiò per tutta la penisola, agitata ogni giorno maggiormente dalle notizie sui così detti falsi profeti, i quali, chiamando a raccolta le tribù, facevano prevedere l'imminenza di grandi e sanguinosi conflitti.

§ 96. — Il califfo abū Bakr poteva per ora giustamente trascurare ciò che avveniva nelle regioni più remote d'Arabia, perchè un considerevole gruppo di tribù, quelle completamente islamizzate, non aveva vacillato nella fedeltà all'Islam: da queste tribù, come è dimostrato dagli eventi successivi, il Califfo era in grado di raccogliere un esercito abbastanza forte da vincere tutti i vicini nemici. L'assenza di Usāmah con le forze migliori di Madīnah, complicava però lo stato delle cose, perchè il Califfo non poteva agire con efficacia, ed ai ribelli era noto che Madīnah giaceva quasi sguernita di difensori. La sicurezza, che il Califfo non avesse i mezzi per farsi obbedire e temere, sembrò ispirare ai nomadi più vicini a Madīnah una insolita irrequietezza ed un'arroganza aggressiva e pericolosa. Molte tribù minori dei Ghaṭafān si erano infatti dato convegno in Dzū-l-Qaṣṣah, un sito non molto lontano da Madīnah, e dal quale era facile tentare una razzia e sorprendere la città; abū Bakr consapevole del pericolo, volle seguire l'esempio sì sovente dato dal Profeta nei primi tempi madinesi, quando non tollerava mai che nelle vicinanze di Madīnah si formassero gruppi considerevoli di nomadi, ma appena avutone notizia, li andava immediatamente ad assalire e li disperdeva (cfr. 3. a. H., §§ 1, 6, 8; 4. a. H., § 2; 5. a. H., §§ 1, 4, 8, ecc.).

La saggezza di questa misura preventiva era più che mai evidente nelle circostanze presenti, ed abū Bakr, appena potè, dopo il ritorno dell'esercito di Usāmah, prendere un'energica iniziativa, mosse in persona arditamente ad assalire i nomadi raccolti in Dzū-l-Qaṣṣah (cfr. 11. a. H., §§ 112 e segg.). I timori di abū Bakr erano giustificati: mentre gli Arabi, vivente Maometto, non avevano quasi mai osato resistere al Profeta, e per lo più si erano dispersi prima del suo arrivo sul luogo di ritrovo, in questa circostanza tennero una condotta diversa, opponendo una vivace resistenza, che per poco non portò ad una sconfitta musulmana. Vinse però il Califfo e così ebbe principio quella celebre campagna militare, che doveva menare, quasi senza interruzioni, prima alla conquista d'Arabia, e poi a quella della maggior parte dell'Asia Anteriore.

[Riepilogo della così detta Riddah.]

§ 97. — L'esito decisivo della prima vittoria, per quanto piccola fosse, fu la ragione determinante di tutta la campagna successiva. abū Bakr, volendo ristabilire le condizioni lasciate da Maometto, decise ora di imporre nuovamente l'autorità dell'Islām sulle tribù, che si erano emancipate, ed il prode Khālid b. al-Walīd, colui cioè, che dimostrava le maggiori attitudini di comandante militare, e che lo stesso Profeta aveva più volte riconosciuto come il migliore dei suoi capitani, ricevette ora l'ordine di muovere contro gli Asad, i Ghaṭafān, i Ṭayy e gli altri Arabi, che si erano riuniti intorno a Ṭulayḥah nel campo di Buzākhah. Maometto aveva formato il suo piccolo regno, adoperando sovrattutto la forza, ed il suo primo successore, seguendo per necessità le orme del Maestro, dovette ora accingersi con i medesimi mezzi a conservare le tradizioni del Profeta, ed a ristabilire l'autorità perduta. Quelle tribù, che avevano obbedito al Profeta, dovevano obbedire al suo successore. Rinunziare alla sottomissione delle medesime poteva essere interpretato come una prova di fiacchezza morale e materiale, che avrebbe prodotto effetti molto gravi, e turbato la coesione dello stato madinese. Infine il principio fondamentale sul quale poggiava la nuova istituzione del califfato, imponeva assolutamente il ricupero delle regioni, che avevano fatto parte del principato di Maometto.

Vediamo così, fin dall'inizio del califfato, maturarsi con sorprendente precocità gli effetti dell'opera politica del Profeta: fin dai primi giorni della sua esistenza indipendente, l'Islām trovava i propri destini intimamente legati alla fortuna delle sue armi, ed al valore militare di quelli, che l'avevano abbracciato. Questo carattere speciale dell'Islām, la genesi del quale abbiamo esaminata altrove (cfr. 5. a. H., §§ 67 e segg., e 10. a. H., §§ 84 e segg.), divenne così ogni giorno maggiormente l'espressione più palese e spiccata della nuova fede, la quale perciò potè diffondersi soltanto in quei paesi, dove entrarono vittoriose le sue insegne di guerra.

Siffatto carattere militare ed aggressivo offre, è vero, ai detrattori dell'Islām un argomento molto forte per condannare la fede predicata da Maometto; ma nessuno può negare altresì, che esso diede alle nuove dottrine, fin dai primordi della loro evoluzione politica, una immensa forza morale e assicurò loro una diffusione rapidissima, che verun altro mezzo avrebbe potuto prestare. Le condizioni, nelle quali il califfo abū Bakr raccolse l'eredità del Profeta, suggeriscono perciò un'analogia fra l'evoluzione della potenza mondiale di Roma e quella dell'Islām. Anche Roma, per non soccombere ad innumerevoli nemici, dovette brandire costantemente le armi, e la conquista romana nel mondo antico fu opera di necessaria difesa. Tanto Roma che l'Islām fondarono da prima la loro potenza sull'uso brutale delle armi, ma ambedue mi-

[Riepilogo della
così detta R i d -
d a h.]

sero poi profonde radici nell'anima stessa dei popoli, che soggiogarono, benchè appartenenti alle razze più diverse: alla vittoria politica e militare seguì un completo e profondo trionfo morale. Quando rovinò l'impero politico di Roma, le sue istituzioni amministrative e le sue leggi sopravvissero tenaci ai più grandi rivolgimenti, lasciando un'impronta indelebile nella lingua, nei costumi, nelle tradizioni ed in tutta la vita sociale dei popoli, che avevan fatto un tempo parte dell'impero, e preparando la nascita del mondo nuovo moderno dalle ceneri feconde dell'antico. Così pure i popoli più diversi e più remoti gli uni dagli altri si piegarono sanguinanti dinanzi all'Islām, ma questo non si contentò della loro sconfitta militare: li domò anche con la fede, con la lingua e con i costumi. Quando la potenza effimera dei Califfi precipitò a rovina, e si ridusse entro parvenze pontificali agli angusti limiti delle mura di una città, i successori di Maometto poterono consolarsi al pensiero, che la fede del loro Profeta rimaneva sempre trionfante, ovunque era stata diffusa dalle sue legioni vittoriose. Allo sfacelo dei vincoli politici sopravvissero i vincoli assai più durevoli d'una fede e d'un pensiero comune. Il trionfo romano fu militare, politico e morale: quello musulmano fu anche religioso e perciò anche più durevole.

Queste brevi considerazioni valgano quindi soltanto a porre in rilievo, come l'impresa, alla quale ora si accingeva il Califfo, segni il principio di un'epoca nuova nella storia del mondo. Nessun evento, dalla caduta dell'impero romano in poi, può paragonarsi, per l'interesse che desta, e per gli effetti incalcolabili che ebbe sulle vicende dell'umanità intiera, con l'inizio delle conquiste arabe: e si rimane compresi di stupore, considerando come da sì modesti principî siano scaturiti effetti sì rapidi, sì immensi e sì duraturi.

§ 98. — L'esecuzione del disegno ideato dal califfo abū Bakr presentava però gravi difficoltà e molti pericoli: i nemici erano assai numerosi, molto battaglieri, bene ordinati, e sotto capi abili ed energici. Il Califfo ebbe però fiducia nel valore e nella disciplina dei suoi soldati, e sovrattutto nel genio strategico di Khālid b. al-Walīd, il più grande generale, che l'Arabia abbia mai prodotto, l'uomo del tempo suo che meglio di ogni altro, sapeva quando occorresse, agire con oculata prudenza, e quando, con temerario ed irresistibile ardimento. Sembra probabile che abū Bakr, anche prima della battaglia di Dzū-l-Qaṣṣah, avesse in mente di ridurre di nuovo all'obbedienza gli Asad e i Ghaṭafān, e di debellare la nascente potenza militare di Tulayḥah; ma la decisione finale dipendeva dall'esito del primo scontro. Questo riuscì favorevole ed abū Bakr ordinò a Khālid di partire dal campo di Dzū-l-Qaṣṣah, senza ritornare a Madīnah (cfr. 11. a. H., § 120,a). Le istruzioni di abū Bakr erano però soltanto di disperdere gli Arabi riuniti sotto Tulayḥah nel campo di

Buzā<u>kh</u>ah, e nulla più. <u>Kh</u>ālid partì verso oriente, movendo direttamente su
Buzā<u>kh</u>ah alla testa di un piccolo esercito che contava forse appena 4.000 uomini (cfr. 11. a. H., §§ 120,*b*; 123, nota 2; 12. a. H., § 16); ma quando si
fu maggiormente avvicinato al nemico, scoprì, che questi aveva a sua
disposizione forze assai maggiori, che non si credesse in Madīnah, e prima
di assalire Ṭulayḥah, <u>Kh</u>ālid, deviando dal suo cammino e spingendosi verso
il settentrione, si presentò improvvisamente fra i Ṭayy, che avevano rotto
ogni relazione con Madīnah, senza però assumere un contegno attivamente
aggressivo. Dinanzi alle forze superiori e disciplinate di <u>Kh</u>ālid, i Ṭayy non
poterono nemmeno tentare una resistenza, e non solo fecero immediata e
totale sottomissione al generale musulmano, ma gli offrirono anche alcuni
validi rinforzi, che permisero a <u>Kh</u>ālid di aggredire immediatamente il
campo di Ṭulayḥah in Buzā<u>kh</u>ah. La battaglia che seguì fu aspramente
contesa per qualche tempo (cfr. 11. a. H., §§ 134 e segg.), ma dacchè le
fonti musulmane tacciono sulle perdite avute, vi sarebbe ragione di credere
che i musulmani non ne subissero di assai gravi. Il tenore generale delle tradizioni sulla battaglia fa inoltre intendere, come fra i seguaci di Ṭulayḥah
seguirono alcune importanti diserzioni durante la battaglia stessa (cfr. 11. a.
H., §§ 138 e 139), e come questa avesse fine, perchè i partigiani di Ṭulayḥah defezionarono durante la mischia. Gli Asad sembrano avere agito
con una certa duplicità: essi infatti avevano messo al sicuro le loro donne,
ed i cronisti ammettono, che dopo la vittoria i musulmani non catturas-
sero una sola donna nemica (cfr. 11. a. H., § 146). Gli Asad appena ebbero scoperto che i musulmani disponevano di mezzi sufficienti per vincere,
temendo che le loro donne potessero cadere in mano al nemico, si affrettarono
ad entrare in trattative con <u>Kh</u>ālid ed a sottomettersi. È probabile perciò
che la battaglia di Buzā<u>kh</u>ah, sulla quale abbiamo invero ben poche notizie,
non fosse molto sanguinosa, nè lunga: tale opinione è confermata anche dai
fatti successivi, perchè se gli Asad fossero stati battuti con molta strage, non
è probabile che <u>Kh</u>ālid fosse poi stato obbligato a sciogliere con la forza tanti
altri assembramenti ostili nel centro d'Arabia (cfr. 11. a. H., §§ 157 e segg.).
Questi vari assembramenti erano sovrattutto composti di ribelli fuggiti da
Buzā<u>kh</u>ah, e di altri malcontenti e malfattori, che abbondano sempre nel-
l'anarchia del deserto. I successi felici di <u>Kh</u>ālid ebbero un'influenza decisiva
sul contegno delle tribù vicine, e tutto il centro d'Arabia tornò prontamente
a riconoscere il dominio politico di Madīnah (cfr. 11. a. H., §§ 150 e segg.):
le grandi tribù degli 'Āmir b. Ṣa'ṣa'ah, dei Hawāzin e dei Sulaym, che avevano finora vacillato, allarmati adesso dall'energia aggressiva e fortunata
dello stato madinese, si affrettarono a rinnovare i patti già conclusi con il

Profeta, senza osar chiedere alcun miglioramento dei medesimi, ed accettando di pagare anche le tasse arretrate. In questo modo, con due sole vittorie, abū Bakr raddoppiava l'estensione dello stato musulmano, e ristabiliva quasi interamente i confini antichi del regno di Maometto.

[Riepilogo della così detta Riddah.]

§ 99. — Con la riconquista dell'Arabia centrale il còmpito speciale di Khālid era finito, e la consuetudine avrebbe voluto che egli ritornasse a Madīnah e rassegnasse il comando nelle mani del Califfo. Questo avrebbe fatto Khālid, se Maometto fosse stato ancora tra i vivi, e così la intendevano anche gli Anṣār, i quali fra tutti i Compagni erano i più gelosi della conservazione delle usanze stabilite dal Profeta, perchè solo in quel modo potevano essi mantenere la loro posizione privilegiata d'aristocrazia dell'Islām. Non v'è però dubbio che la scomparsa del Profeta aveva ispirato ai suoi seguaci un ritorno alla secolare indipendenza di condotta ed una disposizione a fare cose che, vivente Maometto, non avrebbero mai osato: nel caso presente Khālid era troppo ambizioso e pieno di energia aggressiva per sentirsi obbligato a seguire verbalmente le istruzioni del Califfo, investito del sommo potere solo per una convenzione ispirata a concetti opportunisti e di utilità pubblica. Le condizioni, nelle quali versavano le tribù tamimite, confinanti con il paese degli Asad e dei Ghaṭafān, erano tali, che sembrarono all'ardito generale giustificazione sufficiente per agire con piena libertà. I Tamīm, che avevano un tempo obbedito al Profeta ed avevan fatto parte della confederazione musulmana, mantenevano ancora la loro indipendenza e non erano rientrati in grembo all'Islām. Khālid sapeva che i Tamīm erano lacerati da interne discordie e quindi incapaci di resistere: era quello perciò il momento migliore per sottometterli con minor difficoltà, poichè un'attesa di nuove istruzioni del Califfo avrebbe dato ai Tamīm l'opportunità di riunirsi ed organizzarsi, dinanzi alla fama delle vittorie musulmane. Khālid ruppe quindi ogni indugio e diede l'ordine di invadere il paese dei Tamīm. Gli Anṣār, perturbati dalla condotta indipendente del generale, che essi ritenevano inaugurasse una novità pericolosa ed un precedente da evitarsi, elevarono viva protesta, e negarono a Khālid il diritto di intraprendere una nuova spedizione senza il permesso del Califfo, minacciando di ritirarsi, se Khālid persisteva nel suo disegno (cfr. 11. a. H., §§ 174 e segg.). Il fiero Qurašita non era uomo da lasciarsi facilmente imporre: non esitò un solo istante e non cedè d'un sol punto. Egli sapeva di poter contare sulla volenterosa cooperazione di tutti i nomadi, che ora affluivano numerosi intorno a lui vittorioso, per speranza di nuovo bottino: sapeva inoltre che i nomadi non avevano lo stesso interesse degli Anṣār a conservare intatte le tradizioni e le usanze del Profeta. Senza esitare egli si accinse

[Riepilogo della così detta Riddah.]

perciò a lasciare indietro gli Anṣār ed a proseguire con gli altri la sua marcia vittoriosa. Quando gli Anṣār s'avvidero che Khālid era deciso a fare a meno di loro e che il loro contegno nulla avrebbe mutato allo svolgimento della campagna, si turbarono e non osarono più insistere; ingoiata l'amara lezione, dalla quale imparavano tutta la loro impotenza, unironsi agli altri e seguirono Khālid nella sua marcia contro i Tamīm.

La sottomissione rapida e completa dei Tamīm e la crudele uccisione di Mālik b. Nuwayrah (cfr. 11. a. H., §§ 176 e segg.), che furono le conseguenze dell'iniziativa di Khālid, debbonsi quindi considerare come atti compiuti da Khālid sulla propria responsabilità e senza istruzioni da Madīnah; perciò, nonostante l'esito felice della spedizione, gli elementi più conservatori in quella città sollevarono vivissime proteste: l'interprete più influente di questo sentimento fu ʿUmar, il quale per il suo carattere autoritario mal tollerava, che un dipendente agisse con tanta libertà. L'azione di Khālid poteva sembrare un atto di pubblica insubordinazione tanto più pericoloso, in quanto era commesso da un uomo dotato di grandi mezzi e d'una indomabile energia. ʿUmar voleva ad ogni costo impedire che il Califfo accettasse un precedente, che poteva compromettere la disciplina dell'esercito. L'agitazione conservatrice e puritana in Madīnah contro Khālid trovò poi un argomento di suprema efficacia nella condotta efferata di lui, il quale, con pagano disprezzo di ogni pudore e di ogni ritegno, aveva ordinato la ingiusta (benchè forse politicamente utile) uccisione di Mālik b. Nuwayrah ed aveva contratto immediato matrimonio con la formosa vedova della sua vittima. L'atto imprudente dell'impetuoso generale acui il risentimento dei conservatori di Madīnah e sollevò tale una tempesta, che il califfo abū Bakr fu indotto a richiamare Khālid, perchè venisse a giustificarsi. Alcune tradizioni vorrebbero far comparire abū Bakr come un uomo dominato dall'energico ʿUmar, ma parrebbe che in questa circostanza il Califfo agisse secondo il proprio criterio ed in aperta contradizione ai consigli e ai desideri di ʿUmar. Invece di destituire e punire Khālid, accettò le sue spiegazioni, sanzionò tutto quello che aveva fatto, e gli conferì perfino un nuovo comando ed una nuova missione.

Da questi ultimi fatti è lecito inferire che in tutto l'episodio di Mālik b. Nuwayrah e del matrimonio di Khālid, e sovratutto nello sdegno di ʿUmar contro il grande generale vi possa essere molta esagerazione tradizionistica. Nei ragguagli su questo truce episodio sono avvertibili due correnti tradizionistiche diverse, una che vuol scusare Khālid, e l'altra che lo vuol far comparire peggiore del vero, nobilitando la figura ortodossa di ʿUmar. La prima tendenza è forse l'espressione di quella scuola che sorse nella

[Riepilogo della così detta Riddah.]

prima metà del II secolo della Higrah, e che ebbe per mira la glorificazione degli Arabi antichi ed anche delle virtù e dei maschi difetti dell'Arabia pagana. Nella seconda invece è avvertibile la scuola tradizionistica, che potremmo dire più internazionale, la quale mirava a nobilitare tutto ciò che era espressione dello schietto e rigido sentimento ortodosso islamico, ed a condannare ogni vestigia delle truci tendenze pagane. Questa seconda scuola, nella quale militavano sovratutto i teologi e tradizionisti non-arabi, e nella quale perciò si combatteva ad oltranza ogni espressione di nazionalismo arabo, perchè contrario al principio, che tutti i musulmani eran fratelli ed eguali innanzi a Dio; in questa scuola, dico, 'Umar era il prototipo del musulmano ortodosso, rigido, inflessibile esecutore della sunnah, o l'insieme degli usi stabiliti dal Profeta con la parola, o con l'esempio. Le tendenze di questa scuola sono quello che hanno colorato con tinte false la persona di 'Umar nel corso della biografia di Maometto (cfr. quanto abbiamo detto a questo proposito al 6. a. H., § 36, nota), snaturando la figura storica di quell'uomo, il quale, dopo Maometto, fu il più grande uomo di stato, che l'Arabia abbia mai prodotto. Anche vivente Maometto si è voluto far comparire 'Umar come più rigidamente musulmano dello stesso Profeta, ed energico oppositore di ogni novità, che mutasse usanze già stabilite. Così ora nella circostanza presente questa stessa scuola ha calcato le tinte ed ha voluto accreditare la voce che fra 'Umar e Khālid non regnasse buon sangue. La questione ha molta importanza, perchè si collega direttamente con uno dei più ardui problemi nella storia della conquista della Siria, e su di essa avremo a ritornare a lungo in un altro luogo discorrendo delle conquiste. Per ora basti notare come nella condotta mite di abū Bakr verso Khālid e nella sua immutata fiducia verso di lui, abbiamo la prova che nello sdegno di 'Umar contro Khālid vi debba essere un fortissimo colorito tendenzioso, che non si può accettare come fatto storico. Nessuno poteva essere nè migliore, nè più sincero musulmano di abū Bakr, nè alcun altro più geloso dei propri diritti e dei proprî doveri. Se Khālid fu richiamato a Madīnah, ciò avvenne certamente, perchè abū Bakr stesso volle aprire un'inchiesta sui fatti, di cui si accusava Khālid; ed abbiamo il dovere di credere, che quelle stesse ragioni, le quali convinsero abū Bakr, debbano aver convinto anche i suoi colleghi e consiglieri, fra i quali in primo luogo 'Umar.

§ 100. — Khālid venne dunque a Madīnah, diede le chieste spiegazioni e mise a tacere gli scrupoli del Califfo, il quale allo stesso tempo riconobbe tutti i segnalati servizi, che Khālid aveva resi alla causa musulmana: infatti nel corso di pochi mesi il genio militare e l'energia feconda del grande generale avevano ricuperato allo stato musulmano tutte le regioni,

[Riepilogo della così detta Riddah.]

che un tempo costituivano il principato di Maometto, ed avevano profondamente mutato l'assetto politico della penisola arabica. Khālid aveva agito sì bene, che in una certa misura il còmpito politico del Califfo poteva dirsi quasi compiuto. Ma oramai non era più possibile fermarsi. Le passioni più feroci degli Arabi erano accese: molte tribù si erano, è vero, sottomesse, ma avevano chinato il capo, odiando il vincitore, e rimpiangendo i figli, i fratelli ed i padri uccisi, e la libertà perduta (1). L'unico modo possibile di calmare in parte la tensione estrema degli animi era d'invitare vincitori e vinti a gettarsi assieme sulle altre tribù ed a spegnere nel sangue e nella rapina di queste i profondi rancori, che avrebbero potuto compromettere l'ordine e la concordia nello stato musulmano. Non sarebbe però corretto il ritenere, che le successive campagne militari fossero l'espressione di un elevato concetto politico del Califfo e dei suoi consiglieri, concetto ispirato dal desiderio di conservare ed assicurare con nuove più grandi vittorie l'ordine e la pace all'interno; ma furono gli Arabi stessi tutti che le sospiravano. Le tribù sapevano, che entrando a far parte dello stato musulmano dovevano assolutamente rinunziare a qualsiasi rapina a danno delle altre tribù della federazione musulmana: di necessità quindi, dacchè non potevano vivere senza emozioni bellicose, senza sangue e rapina, le tribù erano sospinte a gettarsi sulle vicine non islamizzate ed a seguire il gran generale, che le menava di vittoria in vittoria. Tale moto spontaneo, irresistibile di espansione aggressiva si andò estendendo, man mano che i confini dello stato musulmano acquistavano maggiore estensione: tale anzi divenne l'intensità di questo moto espansivo che nessuno potè più fermarlo; così fu che, domata l'Arabia Centrale, gli Arabi vincitori furono trascinati a gettarsi sulle tribù confinanti, e assoggettate anche queste, a rovesciarsi prima come predoni e poi come conquistatori sulle provincie greche e persiane.

Quando Khālid venne a Madīnah a giustificarsi, fra i musulmani e fra gli Arabi, che avevano partecipato alle precedenti battaglie, esisteva già un fortissimo partito, che propugnava la guerra ad oltranza, anelante a nuove conquiste ed a nuove e maggiori rapine. Il capo naturale di questo partito bellicoso era, come artefice maggiore delle vittorie precedenti, e perchè, animato egli medesimo da sentimenti identici a quelli di coloro, sui quali comandava, lo stesso Khālid. Non v'è dubbio perciò che questi si valesse della sua visita a Madīnah per perorare calorosamente le idee proprie e quelle dei suoi commilitoni, e la necessità di continuare la guerra.

È probabile che anche altre ragioni abbiano contribuito a decidere il Califfo a seguire i consigli e soddisfare le domande di Khālid: innanzi

[Riepilogo della così detta Riddah.]

tutto non era possibile al successore e vicario del Profeta di Dio tollerare in Arabia, in un territorio confinante con il proprio, l'esistenza d'un altro profeta (Musaylimah), che pretendeva di possedere i medesimi privilegi e le medesime funzioni di Maometto: due profeti in contradizione fra loro non potevano coesistere, e se Musaylimah aveva ragione, l'Islām era di necessità un'impostura. abū Bakr senti che allo stato musulmano incombeva l'obbligo di dimostrare con le armi che l'Islām era la vera fede e Musaylimah un plagiario ed impostore. Allo stesso tempo in Madīnah sapevasi oramai quanto fosse avvenuto fra le tribù indipendenti d'Arabia, e tutti erano al corrente delle crudeli persecuzioni, alle quali erano state esposte le minoranze musulmane, abbandonate senza difesa alle ire delle maggioranze pagane e cristiane nella Yamāmah, e specialmente nel Baḥrayn e nell' ʿUmān, ove più feroce ardeva la guerra civile. Le tradizioni affermano che Musaylimah abbia inflitto due sanguinose disfatte a quei gruppi di tribù, che avevano tentato di resistere alla reazione anti-musulmana. Si vuole perfino che due comandanti di queste tribù favorevoli alla teocrazia madinese fossero i luogotenenti del Califfo, benchè sia probabile, che nessuno dei due, se presenti ai due rovesci, vi avesse una posizione netta ufficiale, ma entrambi agissero come intriganti ed emissari politici di Madīnah. In ogni caso era obbligo del Califfo di venire in soccorso dei suoi amici perseguitati, e fu decisa la invasione e conquista della Yamāmah, e la soppressione del falso profeta.

Nota 1. — Un'idea della esasperazione degli animi in quel momento storico può aversi dal contegno di Khālid verso gli apostati e verso quelli che avevano perseguitato i musulmani delle tribù emancipate, e dai supplizi crudeli e barbari, ai quali molti furono condannati (cfr. 11. a. H., § 152). Perfino il mite e giusto abū Bakr si lasciò trascinare dalle passioni del momento, condannando un nemico politico dell'Islām alla morte sul rogo (cfr. 11. a. H., § 159).

§ 101. — Fin qui riconosciamo come la campagna di Khālid potè essere considerata dai tradizionisti quale una guerra contro ribelli e forse in parte contro apostati, perchè con le vittorie ottenute, i musulmani avevano ristabilito nella sua integrità il dominio retto un tempo da Maometto. Ora però la campagna di Khālid muta completamente aspetto: non è più ricupero di regioni perdute, o sottomissione di tribù insorte ed emancipate; ma è pura e premeditata aggressione arbitraria su tribù indipendenti, con la quale ha principio la conquista di regioni, le quali mai avevano riconosciuto l'autorità del Profeta.

Il carattere militare aggressivo impresso all'Islām dal suo fondatore, nei dieci anni della vita in Madīnah, portava ora i suoi frutti. Sovrattutto con le armi Maometto aveva domato lo spirito ribelle dei suoi connazionali ed ottenuto il trionfo delle sue idee: con le armi egualmente i continuatori e seguaci suoi erano quasi di necessità costretti a riaffermare la sovranità

[Riepilogo della così detta Riddah.]

dell'Islām ed a continuare l'opera del fondatore. Mentre però Maometto aveva saputo abilmente associare alla potenza delle armi, anche le arti più fine della diplomazia e della seduzione, i suoi successori spinti da ragioni storiche superiori alle loro volontà individuali, e forse anche meno adatti, o meno propensi a seguire le vie lente e tortuose della diplomazia, riaffermarono il predominio della forza brutale in una misura ed in un modo, quale Maometto aveva mai nemmeno lontanamente voluto o pensato.

Avuti i rinforzi da Madīnah ed organizzate meglio le proprie milizie, Khālid, volgendosi ora verso mezzogiorno, invase il fertile bacino della Yamāmah, posto quasi nel centro di Arabia, densamente popolato da una solerte classe di agricoltori: paese famoso fin dai più remoti tempi babilonesi come centro produttore di oro e di pietre preziose. Nella memorabile giornata di al-'Aqrabā, la più sanguinosa di quante si siano mai combattute in Arabia, il generale musulmano riportò alfine una grande e completa vittoria, che fiaccò per sempre le forze del più temibile avversario dell'Islām in Arabia. Nella spaventosa carneficina dei vinti perì il falso profeta Musaylimah con la maggior parte dei suoi valorosi seguaci (1). La strage dei Ḥanīfah, abitanti della Yamāmah, fu tale che quella tribù non si riebbe mai dalle perdite subìte: ben pochi sono i membri di essa, che figurano nelle vicende successive dell'Islām, quantunque i Ḥanīfah per il numero, l'agiatezza, la coltura progredita, il valore militare e la posizione geografica avrebbero dovuto, entrando a far parte della teocrazia islamica, prendervi subito una posizione eminente, simile a quella dei Tamīm in Baṣrah.

Però anche i musulmani avevano pagato la vittoria a carissimo prezzo e con il sangue migliore di Madīnah: dall'elenco dei morti di al-Yamāmah (cfr. 12. a. H., § 23) risulta che quei medesimi Anṣār, i quali avevano già mostrato in due circostanze memorabili, ossia dopo la morte di Maometto e dopo la vittoria di Buzākhah, una vivace indipendenza di carattere ed un sentimento vivissimo dei loro diritti e doveri, erano stati i primi ed i più valorosi nell'orrenda mischia, sacrificando con stupendo eroismo le loro forze migliori per il trionfo dell'Islām, sebbene in siffatto modo essi contribuissero alla perdita di quella preeminenza politica e morale, che avevano sì largamente goduta durante la vita di Maometto. La condotta degli Anṣār, dal giorno, in cui chiamarono Maometto fra le loro mura, fino a quello, in cui generosamente si immolarono per il trionfo delle sue idee sulle sabbie di al-'Aqrabā, ci offre senza dubbio uno degli aspetti più nobili e belli delle nascenti fortune dell'Islām.

NOTA 1. — La tradizione ascrive alla battaglia di al-Yamāmah pressochè tutte le morti in guerra durante la Riddah, come se in nessuno degli altri conflitti sanguinosi di quell'anno fosse perito un Compagno del Profeta. Ciò non può essere esatto; e non è esclusa la possibilità che si abbia qui un'altra di quelle tante distorsioni del vero, compiute dai tradizionisti, i quali, forse per ignoranza, addebitarono alla battaglia di al-Yamāmah anche le perdite toccate agli eserciti di Madīnah negli altri combattimenti. È certo però che le perdite di grande lunga maggiori si ebbero alla battaglia di al-Yamāmah: tutti gli incidenti avvenuti dopo quella memoranda giornata fino alla conclusione della pace con i Ḥanīfah, sono ricami tradizionistici, intesi a nascondere il fatto che i musulmani dopo al-Yamāmah erano talmente spossati e indeboliti da non poter continuare la guerra di distruzione: furono perciò lieti di concludere un trattato, benchè cominciasse già a farsi valere quel crudele principio di governo verso gli Arabi pagani: « o l'Islām o la morte » che poi divenne assioma tradizionistico nelle scuole giuridiche del II secolo della Hiǵrah. Di ciò avremo a discorrere brevemente sotto l'anno 23. H., riepilogando l'opera politica di 'Umar.

[**Riepilogo della così detta Riddah.**]

§ 102. — Le perdite subite nella battaglia di al-Yamāmah imposero ai vincitori una sosta: il piccolo stato di Madīnah non aveva ancora grandi risorse di uomini, e non poteva sacrificare senza risparmio le sue forze migliori, quelle precisamente, che formavano il ceppo stesso dell'Islām, quelle che ne garantivano lo spirito ed i principi genuini nella marea ogni dì crescente dei neo-musulmani e dei pseudo-musulmani, che minacciava di sommergere e di sconvolgere l'ordine lasciato da Maometto. Difatti abū Bakr non mandò più spedizioni da Madīnah contro gli Arabi ancora indipendenti: le altre campagne della Riddah, che produssero la conquista del Baḥrayn, dell''Umān, dell'Arabia meridionale e del Yaman, furono in parte dirette da generali madinesi, ma con eserciti formati da soli elementi locali, da Arabi nomadi delle stesse regioni conquistate e senza l'opera, si può dire, di un solo milite dello stato di Madīnah. Fu la spontanea continuazione d'un incendio, che si propagava a tutto il resto d'Arabia, e che una volta incominciato nulla più valeva ad arrestare (¹). I generali musulmani nel traversare l'Arabia meridionale per soccorrere le minoranze amiche, videro le loro schiere ingrossarsi ogni giorno con l'affluire continuo di reclute spontanee, attirate dalla sicurezza di violenze e di rapine.

Si può perfino dubitare se coloro, che conquistarono il mezzogiorno d'Arabia, s'adoprarono veramente quali agenti ufficiali del Califfo, e se gli eserciti di al-'Alā e 'Ikrimah non fossero piuttosto unioni spontanee come per esempio ai tempi nostri, quella di Garibaldi e dei suoi seguaci nella famosa spedizione dei Mille. Il sospetto acquista consistenza quando si osservi (come esporremo in seguito), che l'invasione della Persia non fu già l'esecuzione di un ordine dato dal Califfo, ma la conseguenza di un moto aggressivo spontaneo di alcune tribù — i Bakr b. Wā·il — contro i confini persiani, che abū Bakr credè bene di riconoscere, imbrigliare e dirigere con l'invio di Khālid b. al-Walīd. Così fu molto probabilmente anche nell'Arabia orientale e meridionale (Baḥrayn, 'Umān, Mahrah ecc.): l'invio, nella seconda metà dell'anno 12. H., del generale madinese, al-Muhāǵir b. abī Umayyah (cfr. 12. a. H., § 70) ha l'apparenza di essere l'atto, con il quale il Califfo riconobbe ufficialmente i risultamenti della campagna nell'estremo oriente e mezzogiorno della penisola.

[Riepilogo della così detta Riddah.]

accettando la vittoria dei partiti musulmani a tutto vantaggio del principato musulmano.

La intromissione dell'autorità ufficiale di Madīnah negli affari del mezzogiorno riusci facile ed inosservata, grazie alle circostanze speciali, nelle quali ebbe termine la guerra civile, perchè soltanto le forze raccolte nel Yaman dall'inviato speciale del Califfo, al-Muhāģir, posero fine alle gravi complicazioni sorte nel Ḥadramawt per la rapacità e le violenze degli esattori musulmani. Nella repressione di questi ultimi moti della Riddah si fusero assieme le forze venute dal settentrione con quelle, che si erano battute nel mezzogiorno, ed il passaggio delle provincie conquistate sotto l'autorità del Califfo di Madīnah avvenne in modo del tutto naturale e spontaneo. L'intervento diretto di al-Muhāģir nel Yaman, quale rappresentante del Califfo, deve intendersi come l'intromissione di un'autorità superiore irresistibile, che doma e punisce i conflitti fratricidi, ristabilisce l'ordine e la pace ed inaugura un nuovo regime legale, al quale tutti, contenti e scontenti, devono egualmente sottostare ed obbedire. Nondimeno esistono buone ragioni per ritenere che il mezzogiorno d'Arabia ed in particolare l''Umān, la Mahrah ed il Ḥadramawt per lungo tempo ancora rimasero in condizioni molto agitate, e che il dominio effettivo dell'Islām, con la conversione totale della popolazione, tardò ancora molto a stabilirsi. Cessata la guerra civile, in una buona parte di quell'immenso paese, quella più remota delle vie battute, la vita continuò immutata come prima, come se Maometto non fosse mai nato, come se l'Islām non avesse mai esistito. Difatti, come insegna la storia successiva, tutta quella regione ricomparisce negli annali come realmente indipendente dai Califfi non molti anni dopo la morte di 'Ali, vale a dire poco più di trenta anni dopo i fatti, che narriamo. Probabilmente l'estremo mezzogiorno d'Arabia, come di poi anche alcune parti dell'Africa settentrionale, non furono mai perfettamente islamizzate, nè mai realmente riconobbero l'autorità dei Califfi. Se il dominio di questi vi si potè mai affermare, fu per un tempo sì breve, ed in modo tanto superficiale, che non merita quasi di prenderlo in considerazione. Gli abitanti, vinti soltanto in alcune battaglie campali, intesero l'Islām a modo loro, e ne presero solo quel tanto, che a loro convenne. Infatti nel mezzogiorno d'Arabia, appunto per la sua natura pressochè inaccessibile, trovarono asilo sicuro i primi dissidenti o eretici dell'Islām, i Khāriģiti.

Nota 1. — In realtà tutti i fatti d'Arabia, dopo al-Yamāmah, debbono considerarsi come la continuazione di quelle guerre civili scoppiate fra le tribù del mezzogiorno in seguito alla morte del Profeta. Mentre però in principio la fortuna aveva arriso ai nemici dell'Islām, le vittorie di Khālid risollevarono gli animi dei musulmani locali, e molti, prima incerti, corsero ad unirsi a questi, dacchè la guerra nel centro della penisola volgeva sì decisamente in favore dell'Islām. La grande vittoria della Yamāmah diede lo slancio finale alla contro-reazione e determinò il trionfo definitivo dei partiti che intrigavano con Madīnah: mentre però, vivente Maometto, erano stati nella minoranza, le vittorie di Khālid diedero tale prestigio alla loro causa, che divennero la maggioranza e vinsero.

[Riepilogo della così detta Riddah.]

§ 103. — Prima di chiudere questo cenno assai sommario, dobbiamo ancora aggiungere alcune brevi considerazioni. Chi studia attentamente le notizie da noi raccolte sotto gli anni 11. e 12. H., sarà colpito da un fatto singolare, sul quale i tradizionisti, sia per ignoranza, sia per altre ragioni, concordemente hanno sorvolato. Se seguiamo sulla carta d'Arabia il cammino delle genti di Khālid da Dzū-l-Qassah fino alla Yamāmah, vediamo che il tracciato segna in modo approssimativo una linea curva attraverso l'Arabia, tagliando la penisola in due grandi parti d'ineguale grandezza. Orbene tutte le tradizioni (tranne due poco sicure: cfr. 11. a. H., §§ 97 e 102) hanno per argomento esclusivo la guerra nel centro e nel mezzogiorno d'Arabia. Di tutte quelle tribù, molto numerose e potenti, che abitavano le immense regioni al nord del tracciato di Khālid, non v'è menzione alcuna negli incidenti della rivolta, nè in quelli delle conquiste. Nulla sappiamo per esempio dei Kalb, dei Qudā'ah, dei Lakhm, dei Bahrā e degli abitanti di Dūmah al-Ǵandal: eppure tutta quella regione, secondo i biografi del Profeta, faceva parte del regno di Maometto. Ciò viene a confermare quanto dimomostrammo altrove (cfr. 10. a. H., § 130), che cioè quelle tribù non furono mai sottomesse a Maometto, nè mai convertite da lui. Fra esse non vi furono nemmeno, a quanto pare, quelle minoranze, che intrigavano con Madīnah. Nulla perciò avvenne fra loro dopo la morte di Maometto, perchè questa in niun modo poteva interessarli. Le due tradizioni predette sono molte vaghe ed inconcludenti e non ispirano la menoma fiducia: sembrano palesemente finzioni posteriori, deboli tentativi di colmare una lacuna. Difatti troviamo menzione di Dūmah al-Ǵandal soltanto dopo la prima campagna nell'Irāq, e la dimostreremo come errore o finzione dei tradizionisti. Appuriamo quindi che tutta la regione settentrionale d'Arabia non ebbe, nè direttamente, nè indirettamente parte alcuna alle guerre della Riddah. Ma v'è di più: non solo durante la Riddah, ma nemmeno nelle annate successive, durante le conquiste, esiste menzione alcuna nè d'una conquista, nè di una conversione del settentrione della penisola. L'invasione della Palestina fu iniziata dagli eserciti di Madīnah nell'anno 12. H., senza che i Califfi si dessero il menomo pensiero di queste tribù, le quali, se avessero avuto la più elementare organizzazione politica e militare, avrebbero potuto facilmente tagliare le comunicazioni fra gli eserciti che si battevano in Siria contro i Greci, e la base dei musulmani in Madīnah. Ciò non accade mai: abbiamo nondimeno dati sufficienti per ritenere con sicurezza, che una grande parte delle milizie greche che pugnarono contro i musulmani in

[Riepilogo della così detta Riddah.]

Palestina a Ağnadayn, a Fiḥl ed al Yarmūk, era composta di cavalleria araba delle tribù cristiane del settentrione (Kalb, Lakhm, Qudāʿah, Ġudzām, Ghassān, Bahrā, ecc.). Questi cavalieri erano però mercenari, venuti da grandi distanze, dal centro delle steppe settentrionali d'Arabia, divisi in squadroni secondo le tribù e sotto propri capi. Le tribù stesse dalle quali questi uomini venivano, non presero alcuna parte diretta alla guerra: rimasero tranquille nei loro pascoli; niuna molestia diedero ai musulmani, niuna ne ricevettero.

È possibile dunque concludere che, disfatti i Greci ed i Persiani, e conquistate la Siria, la Mesopotamia, e la Babilonide, le predette tribù rimanessero come isole accerchiate dal dominante oceano musulmano e, lentamente, per pacifica penetrazione, quasi senza avvertirlo, si rassegnassero al nuovo ordine di cose, ed abbracciassero la nuova fede. Come e quando questo processo ebbe fine, non sappiamo: su questo punto le fonti tacciono; ma è probabile che ciò richiedesse molti e molti anni, e che, come i Taghlib della Mesopotamia, così pure molti altri Arabi del settentrione conservassero, almeno in parte, la fede e le tradizioni antiche fino ai tempi dei califfi ʿAbbāsidi.

§ 104. — Veniamo così all'ultima conclusione, che è stata la mèta finale di questa breve esposizione. Gli storici dell'Islām oltre al commettere l'errore di condensare tutte le conquiste d'Arabia entro l'anno 11. H. (cfr. 11. a. H., §§ 72 e segg.), espongono i fatti che seguirono la Riddah e che produssero la conquista della Persia, della Palestina e della Siria, come l'opera della nazione araba tutta unita sotto un potente sovrano, che per ragioni politiche lanciò i suoi eserciti alla conquista del mondo. Ci consta invece che la conquista dell'Arabia per opera dei successori di Maometto fu soltanto parziale, e molto superficiale, e che quando ebbe principio il periodo delle campagne militari fuori d'Arabia, una grande parte della penisola era di fatto ancora nè sottomessa, nè convertita all'Islām.

Oltre alle considerazioni dei due paragrafi precedenti, alcuni particolari minori sfuggiti agli storici dell'Islām confermano siffatto modo di vedere. Abbiamo il caso della profetessa Saǵāḥ, che visse per anni nel cuore d'Arabia, fra i Tamīm suoi consanguinei, senza convertirsi, e senza molestia alcuna; si può perfino dubitare, che essa mai abbracciasse l'Islām. Nelle tradizioni sulla conquista di Arabia noi abbiamo trovato vari cenni abbastanza manifesti che le provincie arabiche conquistate non si convertissero tutte immediatamente dopo la sconfitta, ma che alcune venissero tollerate quali pagane in grembo allo stato musulmano: ciò risulta dalla dicitura stessa dei testi e dal trattamento inflitto ai vinti, i quali nel maggior numero dei casi furono palesemente considerati come *non-musulmani* (cfr. 11. a. H., § 145; 12. a. H., §§ 24 e nota 2, 26, 44, 60, 61, 78 e nota 7). [Riepilogo della cosi detta Riddah.]

Ciò dimostra la falsità dell'assioma tradizionistico che nella conquista dell'Arabia il califfo abū Bakr mettesse in esecuzione il principio crudele " o l'Islām o la morte! " (Yūsuf, 38, lin. 19-20; 73, lin. 22-24). In verità il Califfo si contentò di una nominale sottomissione politica e lasciò al tempo di compiere il resto. Possiamo, a conferma di ciò, addurre forse anche i vari incidenti delle conquiste fuori d'Arabia, che ci rivelano come l'autorità del Califfo fosse molto limitata. La menzione per esempio delle grandi difficoltà incontrate dal Califfo nel riunire soldati per i rinforzi da inviarsi agli eserciti combattenti fuori d'Arabia (cfr. 13. a. H.). Le tradizioni più sicure, come vedremo fra breve, riducono a poche migliaia soltanto i componenti delle schiere inviate in Siria ed in Persia; il che dimostra, come il Califfo disponesse di ben pochi mezzi nella penisola. Esaminando la storia successiva, troveremo che gli eserciti, i quali proseguirono le conquiste e quelli che presero parte alle guerre civili, erano ben raramente milizie chiamate sotto alle armi nel deserto, ma per lo più militi di quelle frazioni di tribù, che spontaneamente erano emigrate fuori d'Arabia appresso ai primi eserciti di conquista. Dopo le due battaglie del Yarmūk e di al-Qādisiyyah, ossia dopo il 15. a. H., non abbiamo quasi mai più menzione di milizie inviate dall'Arabia, le conquiste furono sempre e quasi intieramente compiute da Arabi già emigrati. E ciò avvenne per la semplice ragione, che il Califfo non poteva in verun modo contare sulla obbedienza di tribù nomadi, erranti nelle solitudini infinite della penisola, e che potevano, anche senza comparire ribelli, eludere con le loro emigrazioni tanto gli obblighi militari, quanto quelli fiscali prescritti dall'Islām (1).

Il dominio dell'Islām, nonostante i sanguinosi eventi della Riddah, sopra un grande numero di tribù rimase soltanto nominale: il governo di Madīnah riuscì realmente ad imporre le sue leggi soltanto su quelle tribù, o frazioni delle medesime, che facevano parte del principato di Maometto, su quelle, che si trovavano fra il centro d'Arabia e le bocche dell'Eufrate e del Tigri, su tutte le altre, che abitavano le coste d'Arabia lungo le spiaggie del Mar Rosso, e parzialmente su quelle del Golfo Persico. Ma anche questa autorità andò sempre diminuendo con gli anni, anche prima che i Califfi abbandonassero Madīnah. La storia seguente rivela il fatto, avere i Califfi autorità assoluta soltanto su quelle tribù, o frazioni di tribù, che erano emigrate fuori della penisola, e che per godere dei benefizi dell'Islām, ne accettavano gli obblighi onerosi. È noto infatti, che soltanto i guerrieri facenti parte dell'esercito di occupazione fuori d'Arabia avessero

[Riepilogo della così detta Riddah.]

diritto ai bottini ed alle pensioni stabilite da 'Umar (Yahya, 5, lin. 16 e segg.): quegli Arabi che preferivano rimanere nel deserto nulla percepivano: in compenso però rimanevano assolutamente liberi. Risulta quindi evidente che i Califfi trovassero impossibile di sottoporre durevolmente i nomadi alla legge, e che potessero stringerli con vincoli sicuri, soltanto appena che uscivano dal deserto e si lasciavano prendere come coscritti negli eserciti d'occupazione.

Le pensioni, la speranza di bottino ed altre ragioni più complesse che esporremo fra breve, sospinsero molte migliaia di Arabi ad emigrare fuori della penisola, ma ciò avvenne solo di poi, quando i vantaggi erano molti e sicuri. Se però una parte considerevole della popolazione araba preferì rimanere fra i patimenti e le miserie della vita nomade nel deserto, ciò provenne dal fatto che ivi soltanto era lecito godere libertà continua e sconfinata, ivi soltanto potevano pensare e credere come meglio volevano, e più facilmente eludere le onerose leggi fiscali e rituali dell' Islām. Appena, usciti dal deserto, entravano nelle provincie fuori d'Arabia, era loro impossibile sottrarsi alle esigenze del governo, tranne che languire nella turba dei nulla abbienti non-arabi, una vita di stenti e di umiliazioni, che ripugnava all'Arabo fiero del deserto. Se però entravano a far parte dell'esercito di occupazione, unendosi ai consanguinei già sotto le armi, ottenevano, è vero, una paga mensile, e partecipavano ai bottini (sempre meno frequenti); ma ogni libertà era perduta, e diventavano semplici soldati, e contribuenti, i quali, se disobbedivano ad un governatore, come al-Ḥaǵǵāǵ b. Yūsuf, correvano il rischio di perdere i beni e la vita.

Per queste ragioni si spiega come l'Arabia, fatta eccezione per Makkah, per Madīnah e per una parte del Yaman, appena terminata la Riddah, cessò di avere una storia e tornò ad essere quella regione inerte e morta, che era stata per lunghi secoli prima di Maometto. Appena venticinque anni dopo la morte del Profeta, i Califfi si sentirono così isolati nella remota Madīnah, che dovettero emigrare fuori della penisola, e prima Damasco e poi Kūfah furono la sede del califfato. Anche coloro, che nel 35. a. H. pretesero vendicare l'assassinio di 'Uthmān, corsero precipitosamente fuori della penisola, perchè in Arabia nulla v'era da fare. Già in quel tempo le tribù dimoranti nella penisola si erano disinteressate di ciò che avveniva intorno a loro, indifferenti a tutte le passioni, che agitavano il mondo.

Fra gli Arabi dunque sorse la nuova fede, che doveva sconvolgere il mondo: essi la foggiarono a modo loro, influendo sull'animo e sull'opera del Profeta; ma appena l'ebbero creata, la sospinsero fuori dal proprio paese, e le conquistarono il dominio dell'Asia Anteriore, e poi essi stessi per i primi non se ne diedero più pensiero. Mentre tutto il mondo ardeva di ribollenti passioni, impegnato in un conflitto titanico per causa degli Arabi, questi gradatamente ritornarono, immutati ed immutabili, ai loro deserti, ai loro antichi costumi, alle secolari superstizioni, alla vita patriarcale e brigantesca delle loro solitudini, nè più si curarono degli effetti prodigiosi, di cui essi erano stati i primi e massimi autori. [Riepilogo della così detta Riddah.]

Nota 1. — Il Halévy (ZDMG., vol. XXXII, 175) osserva che nelle prime spedizioni musulmane in Siria non vi è traccia alcuna della presenza di Arabi del Yaman (« tribus sabéennes ») nelle file degli eserciti musulmani. La popolazione del Yaman, egli afferma, rimasta in grande maggioranza pagana, vide con isdegno l'incendio delle sue città, la profanazione e la distruzione dei suoi tempi, e la rovina dei suoi campi per opera dei barbari nomadi, nè poteva avere alcuna simpatia, nè alcun desiderio di assisterli nelle temerarie avventure nel settentrione. Solo di poi, quando alfine l'Islām ebbe penetrato, e trasformato il paese, gli abitanti acconsentirono a fornire i coscritti per gli eserciti dei conquistatori dell'Asia. Dimostreremo fra breve come l'insigne semitista affermi cose non conformi alla verità che riluce chiara da molteplici e indiscutibili notizie.

Gli aspetti generali delle conquiste arabe, studiati in rapporto alla sede primitiva dei Semiti ed alla storia delle grandi migrazioni dei popoli asiatici.

§ 105. — Pur dedicando tutta l'attenzione allo studio dei più minuti particolari della rivoluzione arabico-islamica, è nostro dovere non perdere di vista i grandi problemi di ordine generale, quelli cioè che lo storico deve avere costantemente dinanzi agli occhi, come il pilota, che volendo giungere in porto, figge, tra le tenebre e le nebbie dell'oceano, gli occhi sulla luce dei fari.

Le conquiste degli Arabi nel VII e nell'VIII secolo dell'Èra Volgare sono uno dei maggiori eventi della storia, e perciò gravemente errerebbe chi volesse considerarle come un fenomeno isolato ed unico nel suo genere, come cioè un fatto, che mai avvenne prima e mai si ripetè in appresso. Le conquiste degli Arabi costituiscono invece, nelle grandi vicende del mondo, uno degli anelli necessari di congiunzione fra quella storia non scritta, che ebbe principio con la comparsa dell'uomo sulla terra, e quella che continuerà, finchè il nostro pianeta sarà agone delle passioni e degli interessi del genere umano. Le conquiste arabe sono una delle tante fasi di un processo storico, anzi cosmico, che si perde nel più remoto passato, sono l'effetto di cause molteplici che si perdono nell'infinito dello spazio e del tempo. Quanto noi diciamo non è vuota formola retorica, ma un fatto concreto, che nessuno, io spero, potrà negare, quando avrà finito di percorrere i seguenti paragrafi. Per comprendere il punto che noi vogliamo elucidare, occorrerà, è vero, farsi molto addietro, al di là dalla preistoria, fino alle epoche geologiche; ma cercheremo di trattare il soggetto con la massima concisione possibile, contentan-

[Gli aspetti generali delle conquiste Arabe.]

doci di indicare soltanto alcuni fatti principali, e rimettendo ad altro speciale lavoro la dimostrazione più ampia e completa di quanto ora esporremo [1].

In genere gli storici dell'Islām hanno presentato ai lettori la narrazione delle conquiste arabe, come un corollario logico e naturale della formazione d'una potente teocrazia militare in Arabia. Il grande fenomeno che dobbiamo studiare ha invece origini assai più remote ed asconde in sè alcuni altri aspetti di sommo rilievo, i quali si presentano allo storico solamente, quando egli studia la espansione arabo-islamica in rapporto a tutta la storia dei popoli Semitici, esaminata nelle sue più grandi linee. In altre parole, l'erompere trionfante degli eserciti del Califfo di Madīnah sulle antiche civiltà dell'Asia occidentale è un fatto strettamente collegato con un grande problema finora assai poco chiarito, quello cioè della sede primitiva e delle successive migrazioni dei popoli semitici. A questo problema noi abbiamo dedicato ultimamente molta attenzione e raccolto un numero considerevole di dati, di notizie e di argomenti, i quali riuniti presentano tutta la questione in una nuova luce, direi quasi singolare, e perchè finora nessun orientalista, o storico dell'oriente ha pensato di addurre in soccorso delle sue ricerche i risultati maravigliosi di un'altra scienza, da essi negletta: la geologia, ossia la storia fisica della superficie terrestre.

Era nostra intenzione d'introdurre per intiero il risultamento di siffatti studi in questo punto degli Annali, ma la quantità degli appunti raccolti e la necessità di addurre molte e lunghe prove, ci hanno dissuaso dal farlo per non turbare ancor più l'equilibrio delle varie parti nel presente lavoro. Diamo perciò ora in forma *assai succinta* alcuni risultati delle nostre ricerche nella speranza di pubblicare fra breve la dimostrazione completa e documentata delle nostre affermazioni.

Nota 1. — È nostra intenzione di pubblicare quanto prima uno studio speciale su questo argomento, quale introduzione a un largo compendio sintetico dei presenti *Annali*, compendio che sarà altresì corredato da una descrizione generale delle condizioni geografiche d'Arabia; e da uno studio generale delle migrazioni semitiche: conterrà pure un riassunto della storia dell'Arabia preislamica: ed infine un esame completo di tutti i fattori morali, religiosi, politici ed economici, che riuniti insieme, hanno portato alla genesi dell'Islām.

§ 106. — È ben noto agli studiosi di storia orientale antica, che uno dei problemi, sul quale si è maggiormente discusso, e sul quale ancora non esiste concordia fra i dotti, è quello relativo alla sede primitiva dei popoli semitici. Questo argomento non è già un vano soggetto accademico, ma ha un valore storico tutto speciale, perchè se potessimo appurare con sicurezza donde vennero i Semiti, la storia antica dell'Asia, e molte questioni morali e politiche ad esse connesse sarebbero assai più facilmente risolute, o si comprenderebbero assai meglio molti oscuri periodi nelle vicende tempestose dell'Asia Anteriore. La risoluzione dell'arduo problema spargerebbe gran

L FONDO D SSECCATO DEL MARE SAHAR ANO

Sho Malghigh, Sahara Settentrionale

Fotocalcogr. Danesi - Roma

lume anche sulla genesi dell'Islām e sulle migrazioni e conquiste degli Arabi. Ci auguriamo che il nostro modesto contributo abbia la benevola considerazione dei dotti.

[Gli aspetti generali delle conquiste Arabe.]

Lasciando in disparte le supposizioni più antiche, sia errate, sia fondate su semplici congetture, sia mancanti di prove convincenti, troviamo che due ipotesi, assai fortemente sostenute, si contendono ora il primato. Secondo l'una la sede primitiva dei popoli semitici è la Babilonide, comprendendo in questo termine il corso inferiore del Tigri e dell'Eufrate; secondo l'altra, è l'Arabia. La scuola che sostiene la ipotesi arabica è la più antica delle due, ed ebbe un tempo dalla sua parte tutti i maggiori orientalisti della passata generazione: sembrava anzi che nessuno avesse a disputarne seriamente la correttezza, e che avesse decisamente ad affermarsi come verità indiscussa. Ma nel 1879 il nostro più insigne orientalista Ignazio Guidi, uno dei pochi italiani, il cui nome sia noto fra i dotti filologi del mondo intiero, pubblicò una sua celebre memoria negli Atti dell'Accademia dei Lincei di Roma (Classe di scienze morali, serie III, vol. III: *Della sede primitiva dei popoli semitici*), e dimostrò con validissimi argomenti filologici e con esemplare temperanza di affermazioni e deduzioni, che non era possibile accettare l'Arabia come sede primitiva dei popoli semitici, perchè l'esame comparato delle lingue semitiche dimostra come i Semiti prima di separarsi e diffondersi per il mondo, siano arrivati a un grado di coltura e abitavano un paese di condizioni geografiche irreducibili all'ambiente geografico e climatico della penisola arabica. In conseguenza di un profondo e geniale esame di tutto il problema, il Guidi conchiuse che il solo paese, le condizioni del quale corrispondono a quelle del paese primitivo dei popoli semitici, quale risulta rappresentato e descritto dal loro vocabolario comune, dovrebbe essere " il bacino inferiore dell'Eufrate e del Tigri ".

Contro gli argomenti del Guidi hanno scritto vari e valenti orientalisti, ma la maggior parte delle sue conchiusioni rimane oggidì, come allora, su basi incrollabili: nessuno ha saputo presentare un'altra ipotesi corroborata da altrettanti validi argomenti, e le verità assodate dal Guidi sono tuttora lo scoglio maggiore, contro il quale s'infrangono le ipotesi contrarie. Non per tanto nel periodo che corse dal 1879 ad oggi, arditi esploratori e valenti archeologi hanno dissotterrato dai tumuli della Babilonide un cumulo enorme di preziosi ricordi sulle antiche civiltà sumerica, babilonese ed assira, e sono venuti alla luce documenti e notizie storiche, alcune delle quali rimontano forse fino al V millennio avanti Cristo. Siffatte maravigliose scoperte hanno prodotto una profonda rivoluzione nella nostra conoscenza riguardo all'Asia antica, ed hanno dimostrato in modo innegabile il ripetersi

[Gli aspetti generali delle conquiste Arabe.]

continuo d'immigrazioni semitiche dal mezzogiorno, ossia necessariamente dall'Arabia, verso il settentrione. Questo fatto era già stato osservato dal Guidi, il quale aveva messo in rilievo come le città più meridionali dell'Assiria, erano anche le più antiche. Egli aveva tuttavia considerato siffatto fenomeno come una conferma della sua tesi babilonica, e non di quella arabica. Le scoperte di quest'ultimo quarto di secolo hanno però gettato una luce assai più viva su questo fenomeno, in particolar modo grazie alle notizie numerose e particolareggiate che noi abbiamo sull'ultima delle grandi migrazioni semitiche, anteriore alla comparsa dei Persiani sotto Ciro, vale a dire su quella dei Kaldi, conosciuti più comunemente con il nome di Caldei. Un' infinità di dati sono stati raccolti, che dimostrano come la loro patria d'origine, la celebre Bīt Yākīn, o Terra dei paesi di mare, debba essere il Baḥrayn, comprendendo fors'anche una parte della Yamāmah, e che questa regione, ora per la massima parte un deserto, era allora piena strabocchevolmente di villaggi e di città. Questi ed altri indizî numerosi, che per brevità omettiamo, risollevarono più forti i dubbi sulla giustezza delle conchiusioni del Guidi, e indicarono chiaramente doversi la sede primitiva dei Semiti ricercare più a mezzogiorno, che non l'avesse creduto il Guidi. Poi vennero altre prove ad infirmare l'ipotesi Babilonica: la nostra conoscenza assai più profonda delle condizioni geografiche fisiche della Babilonide ha permesso di assodare che la regione da noi chiamata con quel nome, è di origine puramante alluvionale, di formazione recentissima. In età molto remota il processo d'interramento del Golfo Persico avvenne con grande rapidità, ma dopo un certo periodo tale interramento continuò con un processo molto più lento: un fenomeno in apparenza singolare, che nessun orientalista (cfr. Delitzsch, *Paradies*, 173 e segg.), ha finora tentato di spiegare. È risultato altresì che quelle parti della Babilonide esistenti all'epoca della comparsa dei primi Semiti erano popolate interamente da una gente, i Sumeri, di origine probabilmente uralo-altaica, o mongolica, e certo non semitica, popolo, che al primo apparire dei Semiti trovavasi già erede di una civiltà tanto progredita da dover presupporre una lunga vita storica di molti millenni. Il Budge, per esempio, non esita di affermare che l'origine prima della civiltà sumera deve rimontare per lo meno a 8.000 avanti Cristo (*Guide to the Babyl. and Ass. Antiquities in the British Mus.*, 1900, p. 3), còmputo tutt'altro che esagerato, come traluce dagli studî del Hommel sulla scienza astronomica dei Babilonesi (Hommel, *Aufs. u. Abh.* 367) e visto che il Morgan ha trovato nei tumoli di Susa resti di una civiltà assai progredita, che non può essere posteriore ai 12.000 anni avanti Cristo! (*Recherches Archéologiques* par J. de Morgan, vol. I, p. 183 e segg.; Booth *The Trilingual Cuneiform Inscriptions*, p. 145) e che forse, data la vicinanza dei luoghi, è strettamente connessa con la civiltà sumerica (1). Da siffatte scoperte è risultato evidente che in quella parte della Babilonide allora esistente non v'era posto per i Semiti, e che la loro sede primitiva deve ricercarsi altrove.

[Gli aspetti generali delle conquiste Arabe.]

Siffatti dati preziosi uniti a molti altri che per necessità omettiamo, hanno perciò ridato novello vigore all'ipotesi più antica che l'Arabia sia stata la sede primitiva dei Semiti, nonostante che gli argomenti irrefragabili del Guidi rimanessero ancora intatti per la massima parte a negare la possibilità climatica e fisica della medesima.

Chi studia imparzialmente il problema ed esamina senza preconcetti gli argomenti di ambedue le scuole tra loro in conflitto, è indotto ad ammettere che in realtà ambedue debbono avere ragione, perchè ambedue fondate su dati di fatto che non si possono confutare alla leggiera. È nel vero cioè il Guidi, quando sostiene per ragioni filologiche, che la sede primitiva dei popoli semitici *non può essere* l'Arabia: sono nel vero gli altri per ragioni storiche, quando sostengono che *debba essere* l'Arabia. Come uscire da siffatto spinoso dilemma? Non è forse possibile trovare un modo per mettere ambedue le scuole in pieno accordo fra loro? Noi crediamo di averlo trovato.

NOTA 1. — Se i resti della civiltà scoperta dal De Morgan in Susa debbono collegarsi con la civiltà sumera od akkadica, come è probabile, noi abbiamo in ciò la prova dell'esistenza d'una storia di portentosa antichità ed i Sumeri, quando comparvero i Semiti, erano eredi di una civiltà di oltre 7000 anni! Chi fossero questi Sumeri, è purtroppo un mistero che la scienza non è ancora riuscita a svelare. Non erano certamente Semiti, nè Ariani; la struttura grammaticale della loro lingua fa pensare alle razze Tatariche (Mongole, o Uralo-altaiche, o Ugrofinniche), e tale relazione sembra ormai quasi certamente provata dagli studi del grande assiriologo, il Hommel (cfr. la sua *Grundriss der Geographie u. Gesch. des Alten Orients*, II, ediz., p. 18 e segg.). Il Winckler (*Geschichte Babyloniens und Assyriens*, 20) non sapendo spiegarsi come i Sumeri si trovassero soltanto nella Babilonia meridionale, suppone che debbano essere stati consanguinei degli abitanti di Elam (Susiana, oggi Khuzistān): ipotesi probabile. Il fatto però che i Sumeri si trovassero stabiliti alle bocche dell'Eufrate e del Tigri, e quindi nel punto donde partiva la vetustissima via commerciale che univa il Golfo Persico al Mediterraneo (cfr. Winckler, *Die Politische Entwickelung Babyloniens und Assyriens* [Der Alte Orient, 2 Jahrgang, Heft 1], 7-9, 15, 20), mi fa pensare che la presenza dei Sumeri in quella località speciale debba strettamente connettersi con il commercio fra Oriente e Occidente in quelle età remotissime. Da questa congettura, si potrebbe forse passare all'altra che i Sumeri siano stati un tempo un popolo di marinari e mercanti, nelle mani dei quali trovavasi il commercio dell'Asia Anteriore. Saremmo perciò giustificati nel supporre che le città sumeriche possano essere *colonie* di un popolo marittimo venuto da paesi d'oltre mare (India? Indo-Cina?). Erano essi forse il popolo che portava le merci preziose del Medio e dell'Estremo Oriente ai mercati dell'Asia Anteriore, e la loro civiltà e ricchezza furono i risultati del commercio di cui erano i padroni, se la loro comparsa in Babilonide è anteriore al 12.000 avanti Cristo.

§ 107. — La premessa erronea, mi sia permesso il dire, dalla quale è partito inavvertitamente il Guidi nella sua prelodata memoria, fu di credere che le condizioni climatiche e fisiche della penisola arabica siano sempre state quali appaiono nell'età storica, e quali oggi le troviamo. Nel lavoro che io conto pubblicare fra breve, ho raccolto un grande numero di dati e di prove, le quali dimostrano invece come le condizioni del clima in Asia, e nel mondo intero prima

[Gli aspetti generali delle conquiste Arabe.]

del III e II millennio avanti Cristo furono assai diverse e migliori di quelle presenti e come queste siano conseguenza di un lento processo d'inaridimento progressivo, incominciato sul finire dell'ultima epoca glaciale, forse non più di 8 o 10.000 anni or sono. È noto a tutti i geologi, che la terra, quale noi la conosciamo, ha traversato nelle sue parti più settentrionali in tempi a noi relativamente assai recenti, un periodo di grandi formazioni di ghiaccio, di cui gli ultimi resti sono ancora visibili nelle Alpi, in Norvegia, nel Caucaso, nei Himalaja ed altrove. A questo periodo glaciale corrispose, nelle regioni temperate e semitropicali un periodo di immense, copiosissime pioggie. Si è appurato che questa epoca glaciale consta di sei grandi periodi di formazioni di ghiacci, framezzati da altrettanti periodi chiamati interglaciali. Nei periodi glaciali — il secondo dei quali fu il maggiore, e gli altri successivi sempre meno intensi — una grande parte dell'Europa fu ripetutamente sepolta per lunghi millenni sotto un manto enorme di ghiacci. Nel secondo periodo, per esempio, il più intenso di tutti, lo sterminato ghiacciaio, che partiva dal Polo, scendeva senza interruzione, e con uno spessore in alcuni punti molto superiore a mille metri fino ai sobborghi della Londra presente. Tutto il Mare del Nord, più di metà della Germania, e quasi altrettanto della Russia Europea, altro non erano che un'immensa, sterminata desolazione di ghiaccio e di neve. Nei periodi interglaciali, forse per effetto della precessione degli equinozî, questo stato glaciale passò sei volte nell'emisfero australe, ed il nostro emisfero boreale godette per altrettanti millenni d'un clima diametralmente opposto, vale a dire i ghiacciai scomparvero, sopravvenne una temperatura sì estremamente mite ed uniforme, che elefanti erravano entro immense foreste vergini fino all'estremità più settentrionale nella Siberia, e forse, almeno nell'estate, stendevasi un mare libero fino al Polo. Cfr. su questo argomento il classico studio del Geikie, *The Great Ice Age*, III ediz., London, 1894, e la tentata spiegazione di questo fenomeno del famoso Dr. Croll, *Climate and Time*, IV edizione, London, 1897; oltre a molte altre opere geologiche che omettiamo di citare.

Durante l'avvicendarsi di questi climi glaciali ed interglaciali, tutta la regione dell'emisfero boreale compresa fra gli ultimi lembi del grande manto di ghiaccio e l'equatore, ebbe per un periodo che si calcola debba aver durato più di 200.000 anni un clima estremamente umido, durante il quale caddero pioggie torrenziali con una copia di cui noi non possiamo farci la benchè menoma idea. Questa regione, nella quale va appunto inchiusa la Arabia e tutta l'Africa settentrionale, godette perennemente d'un clima, che doveva somigliarsi molto a quello presente dei Tropici. È stato dimostrato dagli studi sui livelli dei laghi e mari interni dell'Asia e dell'Africa, nonchè

[Gli aspetti generali delle conquiste Arabe.]

dall'erosione dei monti, che durante i periodi glaciali la pioggia fosse assai più abbondante, e che durante i periodi interglaciali, in quella regione, la temperatura tendesse ad abbassarsi e le pioggie a diminuire. È certo però che in tutto questo lungo periodo tanto il Sahara, che l'Arabia erano perennemente inondati da pioggie copiosissime, ossia precisamente da quelle che scavarono i monti granitici del Sinai, tutte le valli ed i monti dell'Africa settentrionale, e le falde occidentali dell'altipiano arabico. Allora tre immensi fiumi traversavano dal sud verso il nord la parte settentrionale del continente africano, ossia il Wadi Miya, il Wadi Igharghar, ed il Nilo (cfr. Réclus, *Géographie universelle*, vol. XI, p. 338 e segg.; Geikie, 709 e segg.). Se il Nilo non avesse avuto le sue sorgenti assai più a mezzogiorno degli altri, anch'egli come i suoi due colleghi avrebbe finito di esistere al cessare dell'ultimo periodo glaciale. In Arabia scorrevano pure allora immensi fiumi. Nel periodo di massimo congelamento, il secondo, si formarono ghiacciai anche nel Sinai, ove ne sono state scoperte le traccie (Geikie, 693), e non v'è dubbio, che quando sarà possibile di studiare geologicamente e con attenzione le alte catene del Midyan, nell'Arabia nord-occidentale, si scopriranno traccie di ghiacciai anche in quei monti. Vari fiumi, il maggiore dei quali è il presente Wādi al-Ḥumṯh — sopra uno dei cui antichi affluenti trovasi ora la città di Madīnah — si gettavano nel Mar Rosso e nell'Oceano Indiano. Però il versante orientale della penisola arabica, formata dal grande altipiano inclinato, che scende verso la Babilonide ed il Golfo Persico, aveva i fiumi più grandi e più maestosi. I tre maggiori erano: 1° il Wādi Sirḥān nell'Arabia settentrionale: questo raccogliendo le acque a oriente dei monti del Ḥawrān a mezzodì di Damasco, traversava tutto il deserto settentrionale dell'Arabia e sboccava nel mare a non grande distanza da dove ora sorgono le rovine di Babilonia. E notiamo qui che allora la Babilonide non esisteva ancora ed il mare giungeva fino a Hīt sull'Eufrate e poco a sud di Takrīt, sul Tigri (cfr. Boscawen, *The First of Empires*, 2 e segg.); 2° quello, assai maggiore del precedente, che scorreva un tempo nel letto del Wādi al-Rummah: esso sorgeva nei monti a oriente di Makkah, e raccolte le acque di una grande parte del Naǵd, sboccava forse più a mezzodì e vicino al luogo dove poi sorsero in parte sull'alluvione di questo medesimo fiume, le celebri città sumeriche di Ur e di Eridu; 3° il Wadi Dawāsir, massimo di tutti i fiumi d'Arabia, il quale cominciando il suo corso sulle falde orientali dell'altipiano Yamanico nell'angolo estremo sud-ovest della penisola, raccoglieva quasi tutte le acque della conca meridionale d'Arabia e, deviato dalle catene di monti, che corrono parallele alla costa arabica del Golfo Persico, si gettava nel mare sia nelle immediate vicinanze

[Gli aspetti generali delle conquiste Arabe.]

delle bocche del Wādi al-Rummah, oppure univa forse le sue con le acque di questo, poco prima di versarsi nel mare, come con forti ragioni sostiene il Glaser (II, 314 e segg.) (1). La scarsa nostra conoscenza della struttura geologica interna d'Arabia c'impedisce di fissare con sicurezza quest'ultimo punto.

Infine, tralasciando di parlare di tante cose minori, la copia delle acque piovane era tale in quella lunga serie di secoli, che tutta la valle Giordanica fra la Palestina e l'Arabia era un immenso lago, o mare interno, che aveva principio poco a mezzodì del Monte Hermon, ed arrivava fin circa alla metà del Wādi al-ʿArabah: forse il soverchio delle acque si versò anche un tempo attraverso il Golfo di ʿAqabah nel Mar Rosso. (Cfr. Hull, *Memoir on the Geology of Arabia Petraea and Palestine*, London, 1889, p. 113 e segg.).

Nota 1. — Solo di volo sia fatto cenno al grande problema del Paradiso terrestre (*Genesi*, II, 8 e segg.) ed ai quattro celebri fiumi Pišon, Gicbon, Chiddekel e Phrat, certamente due dei quali e forse anche tre, il Glaser (l. c.), e il Hommel (*Aufs. u. Abh.*, 273 e segg.) con argomenti irrefragabili dimostrano essere stati in Arabia. Il soggetto di sommo interesse non può essere studiato in questo luogo: ci contentiamo per ora di osservare che non solo geologicamente, ma anche storicamente è dimostrata l'esistenza in Arabia di grandiosi fiumi. Tutta la questione sarà trattata con la necessaria ampiezza e con il voluto corredo di prove, nella nostra imminente pubblicazione.

§ 108. — In questo lungo periodo geologico le immense pianure del Sahara e dell'Arabia, oggidì tutte roccie e sabbie, senza un solo corso d'acqua corrente, e quasi totalmente nude di vegetazione, erano paesi incantevoli, con temperatura non troppo elevata, ma umidissima, ed i grandi fiumi da noi poc'anzi descritti scorrevano attraverso immense foreste vergini, popolate di grandi pachidermi, elefanti, rinoceronti, coccodrilli (cfr. gli articoli del Lammens sulla toponomastica del Libano, Machriq, 1905), ippopotami, nonchè da infiniti altri animali d'ogni specie, la cui enumerazione noi risparmiamo al lettore e di cui i resti copiosi sono stati trovati tanto nell'Africa, quanto nelle poche parti esplorate dell'Arabia settentrionale e nelle grotte del Libano. Gli ultimi superstiti di quell'epoca felice furono gli elefanti ed i leoni cacciati dai re d'Assiria nelle pianure della Mesopotamia circa il 1120 avanti Cristo (cfr. Delitzsch, *Wo lag das Paradies?* p. 183). Così fu che, mentre la maggior parte dell'Europa e dell'Asia settentrionale, durante i periodi glaciali non era abitabile per gli uomini, l'Arabia, il Sahara e l'Asia meridionale, tanto nei periodi interglaciali, quanto in quelli glaciali, dovettero essere le regioni più fortunate, più feraci, e più produttive dell'emisfero boreale: l'Arabia, per esempio, non solo era coperta di boschi e piena di selvaggina, ma era anche abitata dall'uomo neolitico, e forse anche da quello paleolitico, e perciò durante tutto intiero il lungo periodo geologico da noi poc'anzi descritto. Ciò è dimostrato dagli implementi silicei trovati dal

Doughty in alcuni siti dell'Arabia Deserta (cfr. Doughty, I, 29, 35-37). Nè deve sorprenderci, perchè l'Arabia in quel periodo dovette senza interruzione essere una dimora ideale per l'uomo, il quale vi trovava in grande abbondanza tutto quello che occorreva ai suoi bisogni. Invece l'altipiano Iranico ed in ispecie quello Armenico, durante i periodi glaciali, dovevano essere tanto rigidi per la vicinanza dei ghiacciai della Persarmenia, del Zagros, del Mazenderān e del Caucaso, da non permettere all'uomo di fissarvi la sua dimora senza esporsi a grandi disagi.

[Gli aspetti generali delle conquiste Arabe.]

Un giorno però ebbe termine l'ultimo dei periodi glaciali, che fu anche il meno rigido, perchè tendendo l'orbita terrestre, sempre più a divenire circolare, la terra si allontanò sempre più dal sole nel cosi detto perihelion; con l'abbassarsi della temperatura, diminuì l'evaporazione delle acque marittime, e quindi decrebbero anche le pioggie. Per la nostra terra incominciò allora un lentissimo processo d'inaridimento, l'esatto principio del quale è impossibile fissare, perchè avvenne in modo estremamente lento, e continuerà probabilmente ancora per altri 20.000 e più anni, se sono corretti i calcoli del Dr. Croll: dopo questo punto estremo torneremo con pari lentezza alle condizioni che generarono l'epoca glaciale da noi poc'anzi descritta per sommi capi. Lasciando l'avvenire e ritornando al passato, possiamo dire in via generale che dopo la fine degli ultimi giacchiai europei ed asiatici il Sahara e l'Arabia continuarono a godere per lunghi millenni un clima assai favorevole, perchè la diminuzione delle pioggie fu tanto graduale e lenta da modificare solo con estrema lentezza il clima e la vegetazione. Ma con lo andar del tempo le nuove condizioni incominciarono a produrre i loro deleteri effetti su quelle parti della superficie terrestre, che erano più remote dal mare, e le quali, essendo pianeggianti, non avevano alte catene di monti capaci di arrestare le correnti aeree e precipitarne in pioggia la loro sempre decrescente umidità. Così mentre certe regioni prossime al mare, o con coste assai frastagliate, come il continente europeo, la penisola indiana e l'Indocina, non soffrirono alcun dànno apprezzabile dalla crescente aridità, altre regioni meno fortunate della superficie terrestre boreale, come l'Asia Centrale, il Sahara ed infine anche l'Arabia, videro diminuire assai più rapidamente la quota annua di acqua piovana: i fiumi decrebbero, i boschi ed i pantani si tramutarono in steppe sempre più aride, ed infine, dopo altri lunghi millenni, i fiumi si restrinsero in ruscelli, i ruscelli morirono esausti in aride vallate: le steppe si denudarono del loro manto di verdura, e gradualmente trasformaronsi in deserti, sempre più aridi e desolati. Nei punti più poveri di umidità la superficie rimase nuda e sterile al sole, e per effetto delle azioni chimiche e fisiche, prodotte dal quotidiano passaggio dalle temperature ro-

[Gli aspetti generali delle conquiste Arabe.]

venti del mezzodì al gelo delle notti, terra e roccie si disgregarono in polvere e sabbie. Queste, agitate dai venti in qua e in là, crebbero sempre in volume grazie all'erosione dei granelli sospinti dai venti, e nacquero quei grandi e spaventosi deserti di sabbia, che sono il terrore dei viaggiatori in alcune parti del Sahara e dell'Arabia, dei quali solo chi li ha percorsi può comprendere tutto lo spaventoso orrore.

Con questa descrizione per quanto succinta ed incompleta noi crediamo di aver data un' idea abbastanza chiara, come le presenti e tristi condizioni d'Arabia, non siano state tali fin da tempo immemorabile, ma che tali divennero in un periodo relativamente a noi molto vicino, e per effetto di cause astronomiche e fisiche, che potremmo dire quasi recenti. Sorge ora la domanda: quando ebbero principio in Arabia quelle condizioni sì avverse, di cui ora la squallida penisola ci offre un sì triste spettacolo? Nel nostro lavoro, che io spero potrà uscire fra breve, noi addurremo molte prove per dimostrare che le condizioni realmente avverse all'uomo cominciarono a verificarsi in Arabia certamente non prima del 10.000 avanti Cristo [1], e forse più tardi: in Africa forse molto prima, ed in Asia qualche tempo dopo l'Arabia. Stante l'estrema lentezza di questo fenomeno, per molti secoli, forse per millenni, l'inaridimento della superficie terrestre non produsse verun sensibile effetto sugli uomini che l'abitavano. Questi non erano numerosi, e dacchè vivevano di sola caccia e pesca, dovevano trovarsi assai sparpagliati nel mondo e non agglomerati in grandi centri. Perciò si può presumere con sicurezza, che per un lunghissimo periodo, nonostante la sempre più larga diminuzione dei boschi, della vegetazione e degli animali, l'uomo sempre meglio addestrato nell'arte di cacciare, e incominciando anche, spinto dalla fame, ad allevare bestiami, addomesticandoli, e a coltivare in modo primitivo il suolo, potè continuare a vivere nello stesso paese nonostante il peggioramento progressivo del clima. La necessità e la fame, oltre la curiosità — che è fame anch'essa, — furono le maestre ed inventrici di tutte le arti e le scienze umane. Tutta la storia del mondo sta a dimostrare con quanta tenacia perfino il barbaro, il selvaggio ed il nomade, pur vagando senza dimora fissa, rimane attaccato al suo paese anche nelle più tristi condizioni, cercando in tutti i modi di adattarsi alle avversità del destino.

NOTA 1. — Il professor Trombetti (*L'unità d'origine del linguaggio*, Bologna 1905, p. 57) dopo aver sostenuto con molti e buoni argomenti l'ipotesi della probabile origine unica del linguaggio — ardua questione, sulla quale non sono competente ad esprimere un giudizio, — dà con la più grande riserva un massimo di 50.000 ed un minimo di 30.000 anni come presumibile antichità del linguaggio del genere unano. L'impressione lasciata dai documenti storici, e dalle induzioni preistoriche, ci fa dubitare che anche il massimo dei due numeri sia insufficiente, specialmente nel caso che fosse dimostrata l'unità d'origine del linguaggio, e quindi dell'uomo. Tale dimostrazione richiederebbe come corollario necessario una patria d'origine di tutto il genere umano: ovunque questa si ponga, quanti mai secoli e millenni debbono essere passati, perchè gli uomini abbiano potuto propagarsi per il mondo e

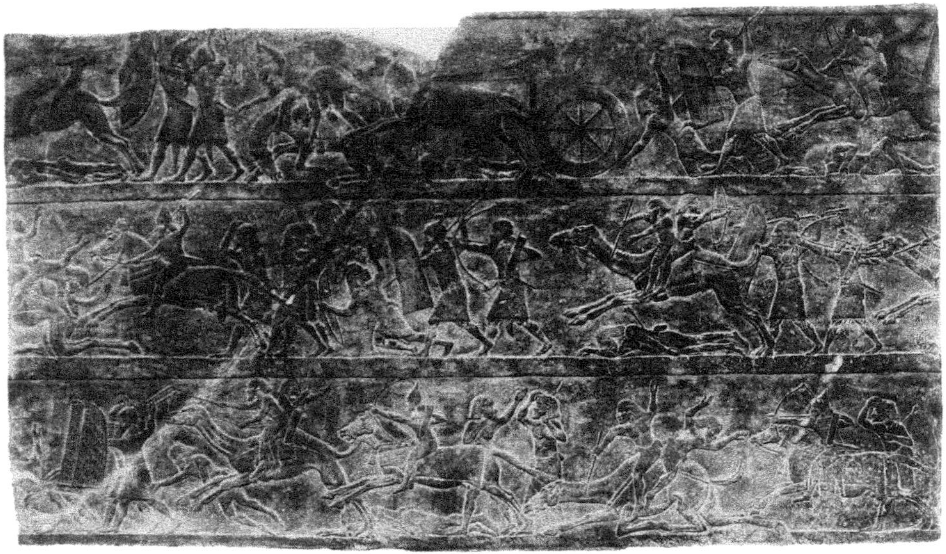

COMBA T ENTO TRA ARAB E ASSIR VI SECOLO AVANTI L'È. V.

Brit. Museum

degenerare in tipi tanto diversi tra loro come i Bushmen del Capo, gli abitanti della Terra del fuoco, gli Ariani, i Semiti e i Mongoli viventi nei lontani estremi del mondo, e aventi caratteristiche fisiologiche — per esempio la forma del cranio — sì diverse gli uni dagli altri. In ogni caso ci sembra però impossibile, con i pochi dati che abbiamo, stabilire in cifre l'antichità del linguaggio umano: i mutamenti del linguaggio nei tempi storici sono stati assai più rapidi, che non in quelli preistorici, e sarebbe errore fare calcoli fondandosi sulla rapidità delle trasformazioni dei linguaggi durante i millenni a noi storicamente noti.

[Gli aspetti generali delle conquiste Arabe.]

§ 109. — Alfine però giunse un momento, quando il paese divenne sì povero da non poter più sostentare la popolazione umana ogni dì crescente. Allora ebbero principio le prime migrazioni di popoli, le quali hanno avuto tutte e sempre come primissima causa fondamentale. la fame. Limitando i nostri appunti all'Arabia preistorica, dai documenti scoperti in Babilonide si deduce che la prima migrazione semitica, di cui abbiamo notizia, deve essere incominciata verso il 5000, avanti Cristo; ma se noi non abbiamo ancora notizia di altri moti anteriori, ciò non esclude la possibilità dei medesimi, perchè la nostra ignoranza può dipendere soltanto dalla mancanza di più vetusti documenti storici. Siffatte indicazioni storiche combinano a sufficienza con i dati geologici da noi raccolti, sicchè ne tiriamo conferma che le condizioni d'Arabia cominciarono realmente a peggiorare non molto avanti le prime migrazioni dei Semiti a noi cognite.

Le ragioni identiche che mossero i Semiti dalla loro patria primitiva. mossero anche altri popoli. L'accresciuta aridità delle pianure dell'Asia Centrale, presso il Lob Nor ed il corso del Tarim, sospingeva, in un'età di poco posteriore, i Cinesi dalle loro sedi primitive, e li costringeva a penetrare lentamente tra gli affluenti superiori del Hoang-Ho, nello Shen-si, e da lì indi a poco nella Cina propriamente detta (A. Little, *The Far East*, 6, 20, 54). Quasi contemporaneamente gli Ari lasciavano, per le medesime ragioni, le pianure cingenti il Mar Caspio e, dividendosi in due grandi torrenti, andarono pur essi in cerca di siti migliori. Un torrente s'internava fra i monti della presente Afghanistan, e poi con la solita lentezza di popoli barbari, privi di unità politica, s'infiltrò nelle pianure dell'India, irrigate dai cinque fiumi. nel così detto Panǵ-Ab (cinque acque). L'altra fiumana di Ari, passando forse a nord del Mar Caspio e del Mar Nero, traversò nel corso di lunghi secoli, nel secondo millennio avanti Cristo. la Russia meridionale ed inondò tutto il mezzogiorno d'Europa (Hommel, *Grundriss*, 29).

Dopo questi dati forniti dalla storia e dalla geologia apparirà evidente al lettore. che possediamo notizie preziose per decidere quale possa. anzi *debba* essere stata la sede primitiva dei popoli semitici. Tutto quanto noi sappiamo sulle migrazioni dei popoli semitici. come vedremo meglio in appresso. dimostra con innegabile evidenza. che i Semiti sono sempre saliti dal sud verso il nord. Già il Guidi, nel 1879, aveva dovuto ammettere que-

[Gli aspetti generali delle conquiste Arabe.]

sta direzione costante del moto etnico semitico, e non avendo preso in considerazione le condizioni preistoriche del clima arabico, era stato costretto a fissare la sede dei Semiti nel punto più meridionale della Babilonide. Nel corso delle nostre precedenti osservazioni abbiamo però accennato al fatto, trascurato dal Guidi, che nell'età, in cui i Semiti vivevano tutti assieme, gran parte della Babilonide ancora non esisteva, e quelle parti che durante l'ultimo periodo glaciale erano sorte dalle acque del Golfo Persico, grazie alle melme trasportate dai fiumi d'Arabia, dall'Eufrate e dal Tigri, erano popolate da una razza non semitica, i Sumeri, di origine ural-altaica, o mongolica (1). Unendo dunque questi vari dati assieme, si è indotti, per assoluta necessità, a riconoscere, che l'Arabia, e niun altro paese, deve essere stata la sede primitiva dei Semiti. Con la luce nuova e singolare gettata su tutto il problema dai dati geologici possiamo ora ritornare sugli argomenti degli orientalisti, e allora noi vedremo con convincente evidenza che si possono mettere in perfetto accordo le due scuole antagoniste, ed avere così ancora una novella prova della correttezza delle nostre deduzioni. Vediamo cioè che le ragioni del Guidi per la Babilonide possono per intiero servire come argomenti in favore d'Arabia, e che perciò la scuola, che sostiene l'ipotesi arabica, trova negli argomenti del Guidi non già uno scoglio insuperabile, come pareva per l'innanzi, ma una chiara ed evidente conferma (2). L'Arabia è dunque, possiamo dire con sicurezza, la sede primitiva dei popoli semitici (3).

NOTA. 1. — Esaminiamo brevemente le conclusioni del Guidi. Paragonando le parole di contenuto bio-geografico usate dei varî popoli Semitici e, ponendo in speciale rilievo quelle che essi hanno in comune e quelle che sono differenti nei varî idiomi semitici, egli dimostra, che la patria primitiva dei Semiti doveva essere un paese pianeggiante, non molto montuoso, coperto qua e là da piccole colline, non lontano dal mare, intersecato da fiumi e sì ferace ed irriguo, da permettere agli abitanti di esercitare in grande la pastorizia e di coltivare anche irregolarmente alcuni cereali. In quel paese doveva piovere abbondantemente ed essere conosciuta la neve, ma non il ghiaccio: doveva anche far relativamente freddo nell'inverno. Ora l'Arabia è per la massima parte, ed in particolar modo quella prospiciente verso il Golfo Persico, un altipiano pianeggiante con pochi monti, sparsi qua e là e per nulla di natura alpestre. Inoltre la descrizione brevissima, che noi abbiamo data della storia fisica d'Arabia durante l'epoca glaciale, corrisponde perfettamente alle esigenze riconosciute dal Guidi. Le condizioni climatiche richieste dagli argomenti del Guidi corrispondono esattamente con le condizioni d'Arabia nel periodo immediatamente susseguente allo stato che potremmo dire eccessivo del vero periodo glaciale. L'Arabia allora, quando cioè cominciò a formarsi la primitiva lingua semitica, tendeva a perdere la sua lussureggiante vegetazione boschiva, e doveva essere un paese ideale per un popolo nomade, dedito alla pastorizia e irregolarmente, anche all'agricoltura. Grandi e feraci praterie, regolarmente irrigate da pioggie ed un clima delizioso, per un popolo barbaro ignaro ancora delle arti civili, e che doveva vivere costantemente all'aperto sotto ripari della forma più primitiva, senza vestiti propriamente detti (ossia tessuti), ma con semplici indumenti fatti con pelli d'animali, o con scorze d'albero, o altre sostanze vegetali. I Semiti primitivi usavano ben pochi vestiti, come risulta chiaramente dalle sculture assire, riprodotte più avanti in fotoincisione, e nelle quali gli Arabi nomadi del nono secolo avanti Cristo portano soltanto un piccolo indumento intorno ai lombi, e non usavano veruna copertura, nè per il capo, nè per il busto, le gambe o i piedi, prove tutte d'un clima *uniforme* senza le estreme divergenze di temperatura dell'età presente (cfr. anche *Le rappresentazioni e le memorie geroglifiche delle tribù beduine anche più antiche del Sinai e della Palestina*, raccolte ed illustrate dal Ballerini nel « Bessarione », vol. VIII e IX, 1900-1901). Il Guidi osserva inoltre che tutti i Semiti conoscevano il camelo, perchè tutti hanno per quell'animale la medesima parola. Ora sappiamo che in Arabia fino a tempi relativamente recenti (cfr. Strabone, ediz. Didot, 661, lin. 18 e segg.) il camelo vagava nella penisola allo stato selvaggio insieme con molti altri animali, asini, cervi, vacche, leopardi, leoni ecc. oggi scomparsi. I Semiti erano cacciatori e pescatori; ora tanto la selvaggina che i pesci dovevano abbondare nelle praterie, e nei fiumi dell'Arabia post-glaciale. Le nostre conclusioni combinano poi perfettamente con quelle del Guidi, quando egli dimostra come i Semiti, prima della dispersione, dovevano coltivare il grano, arando con bovi aggiogati, mietevano e trebbiavano. Il Guidi nota anche giustamente che essi ignoravano l'arte di fare il pane: alle sue osservazioni potremmo aggiungere, che probabilmente essi usavano mangiare i granelli intieri del frumento, cocendoli con il vapore, come usasi ancora tanto nell'Africa settentrionale ed in varie parti dell'Asia, cibo assai sano e saporito, che io stesso ho sovente gustato nei miei viaggi attraverso tutto l'oriente musulmano. Il Guidi dimostra che i Semiti conoscevano la vite, benchè ignorassero probabilmente l'arte di fare il vino. Ora la vite esiste ancora in Arabia, e nelle tradizioni del Profeta abbiamo avuto più volte occasione di rammentare i celebri vigneti di Ṭā·if. In un tempo più remoto, quando il clima era assai più benigno e maggiore l'abbondanza delle pioggie, è certo che la vite deve essere stata assai più diffusa nella penisola. L'osservazione del Guidi che la sede dei Semiti doveva scarseggiare di alberi e boschi, corrisponde del pari con i nostri dati, perchè è evidente che la lingua primitiva dei Semiti si formò in quei lunghi millenni, quando la crescente diminuzione di pioggie arrestò lo sviluppo della vegetazione arborea, e tramutò i boschi in praterie, che poi con l'andare del tempo divennero aridi deserti.

[Gli aspetti generali delle conquiste Arabe.]

Nota 2. — Un saggio del modo come alcuni ragionamenti usati dal Guidi contro l'ipotesi arabica, valgono ora invece quale conferma della medesima è il seguente. Il Guidi per esempio osserva: « Se i popoli semitici venissero dal centro di Arabia, avrebbero probabilmente lo stesso nome per il deserto di sabbia che a tutti era vicino, e che tutti dovevano passare. Invece anche qui v'è diversità fra il nord e il sud (= Semiti del nord e Semiti del sud), che merita bene di essere notata; numerosissime sono le voci arabe, e le più usate racchiudono l'idea di luogo senz'acqua, e pauroso, come bene si addice ai deserti della penisola. All'opposto gli Ebrei e gli Assiri hanno la medesima parola per significare il deserto, diversa da quella degli Arabi, vale a dire il deserto per essi era il luogo dove viene condotto il bestiame a pascolare... Dunque non una immensa regione arida e paurosa, come quella di Arabia ha dato l'idea del deserto ai Semiti del nord, ma un campo da pascolarvi il bestiame ». Orbene questi ragionamenti sì acuti del Guidi avvalorano pienamente la nostra tesi. Essi infatti dimostrano che i Semiti del nord (Aramei, Ebrei ed Assiri) lasciarono l'Arabia prima che in essa si fossero formati i paurosi deserti dell'età presente: essi lasciarono la penisola quando l'aridità era già tanto avanzata che le regioni della penisola che poi divennero deserti, avevano perduto il loro manto boschivo ed erano divenute steppe piuttosto aride, ma buone ancora per il pascolo dei bestiami domestici. Solo dopo la partenza di quei Semiti, con il peggiorare continuo delle condizioni climatiche, le steppe perdettero l'ultimo manto di verdura e si tramutarono in pianure desolate di roccie e di sabbia. Per queste condizioni fisiche del tutto nuove, i Semiti rimasti nella penisola, gli Arabi, coniarono nuove parole, con le quali descrivevano gli orrori paurosi del deserto, errori ignoti ai primi e più antichi Semiti emigrati. Questi si attennero invece all'espressione più antica, perchè nei paesi ove essi andarono a stabilirsi, trovarono steppe simili a quelle che avevano lasciate in patria. Da queste considerazioni il filologo orientalista potrà ritornare su tutto il problema filologico sì genialmente studiato dal Guidi, e stabilire in molti casi, analoghi a quello ora osservato, quale dei vari termini semitici debba essere il più antico. Noi come storici possiamo arguire inoltre che le regioni abbandonate dagli Aramei, dagli Ebrei e dagli Assiri, e, per questi ultimi, precisamente la contrada a oriente e al sud del Mar Morto (cfr. Hommel, *Aufs. u. Abh.*, 277), nell'epoca in cui essi migrarono, ossia fra il 2.500 ed il 1.800 av. Cristo, non erano ancora isterilite allo stato di deserto, ma erano nella condizione di steppe. Ricaviamo così un dato prezioso cronologico per lo studio dei mutamenti del clima d'Arabia, ed appuriamo che le condizioni presenti della penisola sono assai più recenti che non si creda. Il vero peggioramento del clima, la vera distruzione della vegetazione prativa ebbe principio in vaste proporzioni solo dopo il 1.500 avanti Cristo. Lo studioso intelligente scorgerà da questo breve cenno, quanto fecondo lavoro di scoperta si attenda ancora da queste ricerche filologiche a sussidio della storia. Prima di separarsi dalla dottissima memoria del Guidi, rammentiamo come le sue argomentazioni e la sua ipotesi si riferiscano alla « patria primitiva » dei Semiti, nel senso di una regione, nella quale si fissarono i tratti caratteristici di questi popoli e delle loro lingue, non già nel senso di sede vetustissima ed originaria degli antenati Semiti, per i quali egli ritiene le terre al sud e sud-ovest del Caspio quale probabile punto di loro partenza e possibile culla o stanza comune con gli Ariani (Indo-Europei). Su quest'ultima parte della geniale ricerca noi non dobbiamo, nè possiamo prender parola.

[Gli aspetti generali delle conquiste Arabe.]

Nota 3. — Altre ricerche fatte sulla sede primitiva dei popoli semitici, ricerche, che non mette il conto di riassumere in questo luogo, permettono di precisare anche meglio da quale parte d'Arabia più probabilmente venissero i primi Semiti. Queste ricerche tendono a dimostrare che questa parte debba essere la regione orientale della penisola, e precisamente la regione confinata dal Golfo Persico, e che equivarrebbe al giorno d'oggi al Baḥrayn (cfr. Hommel, *Grundriss*, 55, 80), comprendendo una parte del Naǵd e forse tutta l'al-Yamāmah. Per esempio gli studî del Glaser (*Punt und die Südarabischen Reiche*, Mitteilungen d. Vorderasiatischen Gesellsch., 1899, 2, a p. 61), nei quali quel dotto semitista ha cercato di stabilire il paese d'origine dei popoli che crearono la civiltà sud-araba (Sabea, Minea), menano alla conclusione che debba cercarsi appunto sulle rive del Golfo Persico. Vediamo così che il Guidi nel sostenere la sua tesi babilonica ha deviato di ben poco da quanto affermiamo noi ed altri.

È certo (cfr. Hommel nel *Explorations in Bible Lands*, del Hilprecht, 744) che il Baḥrayn e l'al-Yamāmah sono la patria primitiva degli Ebrei occidentali o Aramei, mentre dalla Mahrah (cfr. l. c. p. 730) poco tempo prima dell'Èra Volgare emigrarono in Africa gli Abissini.

§ 110. — Grande è il valore delle deduzioni che noi possiamo trarre dall'accertamento dei due fatti fondamentali ora assodati, *primo* che l'Arabia è la sede primitiva dei popoli semiti: *secondo* che la causa movente delle successive migrazioni dei Semiti fu il progressivo inaridimento della penisola per effetto delle pioggie costantemente diminuite. Sarebbe cosa assai attraente riesaminare in questo luogo tutte le notizie sulle dette migrazioni. Tale studio ci menerebbe troppo per le lunghe e ci riserbiamo di farlo più ampiamente in altra occasione migliore: ci contenteremo ora soltanto di alcuni cenni per porre in evidenza la luce che le nostre conclusioni gettano sul vero soggetto del nostro studio, cioè le conquiste arabe del VII e dell'VIII secolo dell'Èra Volgare.

Può essere che anche anteriormente al 5.000 avanti Cristo alcune stirpi semitiche siano già emigrate dalla penisola, perchè la cresciuta popolazione non trovava più modo di sostentarsi nella patria che lentamente s'immiseriva. Ma, come già si disse, di ciò non abbiamo veruna notizia. Se vi furono, è lecito supporre che le stirpi emigrate o furono distrutte da potenti stati militari, allora regnanti in Asia Anteriore, o rimasero completamente assorbite senza lasciare traccia di sè. Tale supposizione ci sembra avere grande probabilità di corrispondere al vero, quando noi esaminiamo le magre notizie rimaste sulle prime migrazioni storiche dei Semiti. I documenti scoperti nella Babilonide stanno a dimostrare come le stirpi semitiche dal 5.000 in poi continuarono a premere costantemente, con ondate successive, sugli stati sumerici della Babilonide, per più di un millennio, che la semitizzazione della civiltà sumerica non divenne quasi completa se non dopo il 3.800 avanti Cristo, e che anche allora gli antichi padroni del suolo, i Sumeri, più di una volta, con grandi sacrifizi riuscirono a dominare la marca semitica che li inondava (cfr. Rogers, *History of Bab. and Ass.*, I, 356 e segg.; Winckler, in A. O., annata II, fasc. I, p. 11). Queste reazioni furono però di breve durata, perchè probabilmente la maggioranza della popolazione era già divenuta semitica e le classi dominanti sumeriche, non potendo più reggersi durevolmente, scomparvero alfine travolte per sempre, ed annegate nella crescente marea semitica.

[Gli aspetti generali delle conquiste Arabe.]

La lunga durata del conflitto fra Semiti e Sumeri, conflitto nel quale scomparve la nazionalità sumerica, ma nel quale i Semiti trionfarono appropriandosi tutta intiera la civiltà sumerica, mi pare che dimostri come l'immigrazione semitica deve essere stata non tutta militare ed aggressiva, ma forse per la massima parte, specialmente in principio, pacifica infiltrazione durante secoli di rapporti commerciali ed amichevoli (cfr. Hilprecht, *Explorations in Bible Lands*, 545-546). Come ha bene osservato il Winckler, questi nomadi semiti erano barbari, privi di qualsiasi unione politica e militare, e le loro azioni militari contro i confini sumerici devono essere state della stessa natura delle depredazioni delle piccole tribù nomadi arabe d'oggi sui confini dell'impero ottomano. Ai Sumeri dovette essere relativamente facile allontanare i predoni armati, ma assai più difficile invece impedire la lenta immigrazione di semiti entro i loro confini, come pacifici lavoratori ed operai a mercede. Tale sospetto trova una conferma nelle innumerevoli notizie nelle iscrizioni cuneiformi, comprovanti come l'Arabia centrale, orientale e settentrionale debba aver fatto parte integrante dell'antico impero sumerico e dei successivi imperi semitico-babilonesi e perfino Assiri (cfr. Winckler in A. O., annata VI, fasc. I, p. 12). Il vero conflitto armato ebbe principio, quando i Semiti entrati nel paese, inciviliti, ed ammaestrati dai loro signori sumerici, vollero emanciparsi dalla condizione di soggetti e divenire i padroni. In principio i tentativi dei Semiti dovettero fallire, ed essere repressi nel sangue, ma poi alla fine gl'immigrati aumentati in numero, divenuti più ricchi, meglio organizzati, e chiamando in soccorso altri Semiti d'Arabia, ripresero la lotta con forze sempre novelle e maggiori ed infine, dopo più di un millennio, rimasero i padroni assoluti del paese (1).

NOTA. 1. — Nel fare questo brevissimo ed incompleto riassunto della storia dell'Asia Antica, omettiamo le citazioni delle fonti, ed eviteremo di fare cenno veruno all'argomento si pieno d'attrattiva, la storia interna d'Arabia. Su questo argomento noi ci fermeremo a lungo nel già annunziato lavoro, nel quale sarà nostro intento speciale dimostrare l'importanza grandissima e la parte cospicua che ebbe l'Arabia alla storia antica dell'Asia Anteriore, prima che divenisse la desolazione dell'evo nostro. Tale promessa spiegherà e scuserà, io spero, le infinite omissioni dei seguenti paragrafi.

§ 111. — Ma i nuovi padroni non dovevano rimanere nel tranquillo possesso della civiltà, e delle ricchezze sumeriche: sempre nuove ondate di Semiti continuavano a venire dall'Arabia, dalla quale, come da un ingente torchio umano, sempre nuove popolazioni erano costrette ad emigrare, perchè il paese più non poteva nutrirle. I primi Semiti già civilizzati vennero alle prese con i nuovi cugini più barbari, che volevano anch'essi vivere, godere ed arricchirsi. Da ciò nuovi conflitti, nuove immigrazioni, finchè verso il 2500

[Gli aspetti generali delle conquiste Arabe.]

abbiamo notizia di una nuova dinastia, detta ora la Araba, che sorse nella città di Babilonia, e che ebbe fra i suoi più illustri rappresentanti l'ormai famoso Hammurabi, il grande legislatore dell'Oriente antico, il Giustiniano della Babilonide, sovrano che estese l'impero semitico dalle rive del Golfo Persico al Mediterraneo.

Ma le ondate semitiche non erano venute tutte a rovesciarsi sulla Babilonide, che non avrebbe potuto albergarne tante: molte fiumane deviate dalla presenza di Semiti in Babilonide, e dalla resistenza millenaria dei Sumeri, si spinsero verso il nord, varcarono l'Eufrate, inondarono la regione interfluviale, oltrepassarono poi anche il Tigri e fondarono le prime colonie semitiche, dalle quali un giorno doveva sorgere la grande potenza Assira. Queste regioni più settentrionali, benchè fortemente impregnate di cultura sumerico-babilonese, erano rimaste ad un grado inferiore di civiltà: i Semiti trovarono quindi resistenza assai minore, assorbirono meno elementi etnici e morali non semitici, e conservarono più schiettamente il carattere semitico primordiale, barbaro ed aggressivamente bellicoso, carattere che distinse sempre i feroci Assiri, dai più miti e più molli semiti della Babilonide, in cui la copiosa infusione di sangue e di civiltà sumerica aveva fortemente diluito i caratteri primitivi degli immigrati. L'Assiria tardò quindi a svolgere una civiltà, e quando essa alfine ebbe preso una forma sua propria, si rivelò instancabilmente, ferocemente aggressiva. Mentre la Babilonide perdeva sempre più la sua vigoria militare, in Assiria si venne lentamente formando il più terribile, il più crudele ed il più potente stato militare dell'Evo antico.

Le vicende di questo celebre impero, per secoli il flagello dell'Asia Anteriore, furono molte e varie: a periodi di grande potenza successero lunghi interregni d'anarchia e fiacchezza. Lo scopo principale che guidò la politica dei re di Assur e di Ninive, fu il dominio della grande via commerciale fra il Mediterraneo ed il Golfo Persico, dominio che un tempo aveva fruttato ai Sumeri prima ed ai Semiti sumerizzati poi, ingenti ricchezze e prosperità. Per il possesso di questa via, fonte sicura e perenne di ricchezza, si batterono tre stati o gruppi di stati, quello Babilonese, quello Assiro, ed infine quello dei Kheta, o Hittiti, che, provenienti dall'Asia Minore, tennero un tempo in loro potere tutta la Siria settentrionale, fra il 1900 ed il 1500. In questa triplice lotta s'immischiarono nuove tribù semitiche, provenienti dall'Arabia, le quali, conosciute con il nome di Aramei, tentarono d'insignorirsi di tutta la regione lungo l'Eufrate e fra questo fiume ed il Mediterraneo. La caduta dell'impero Hittita favorì nuove immigrazioni, tanto armate che pacifiche, di Aramei. Perciò mentre da un lato l'influenza politica della Babilonide andava ognora diminuendo e scompariva il terrore dei Hittiti, sembrava che i nuovi venuti dovessero diventare i signori della valle Eufratica fino in Siria: ma questo non si avverò. Contemporaneamente all'apparire dei predetti nomadi, gli Assiri, immigrati da circa un millennio nella Mesopotamia orientale, erano riusciti a costituire una forte monarchia militare, la quale si accinse a contestare agli Aramei il pacifico godimento delle loro conquiste. Ebbero così principio le guerre secolari fra l'Assiria ed i principati aramei costituitisi lungo tutto il confine arabico e sirio. Gli Assiri si misero all'opera con i loro ben noti sistemi di spietata distruzione; città caddero rase al suolo, ed intiere popolazioni furono deportate su remoti confini, ove per necessità di esistenza i loro interessi erano comuni con quelli dei loro crudeli padroni. Ma la monarchia assira ebbe grandi alti e bassi: a potenti sovrani, che dominarono il paese dal Mediterraneo e dall'Egitto fino al Golfo Persico ed ai lembi dell'altipiano iranico, seguirono altri sovrani più deboli, e infuriarono guerre civili. Nei lunghi interregni fra i successivi domini assiri, sempre nuove turbe di nomadi semiti comparvero ai confini d'Arabia ed allagarono la Siria e la Mesopotamia, appropriandosi con maravigliosa prontezza la civiltà indigena, e diventando rapidamente ricche e potenti con il traffico perenne che traversava il paese, grazie all'industria dei Fenici nel Mediterraneo e dei marinari semiti del Golfo Persico. Questo è ampiamente attestato dall'elenco dei bottini ricchissimi fatti ripetutamente dagli Assiri nelle loro conquiste di principati aramaici.

[Gli aspetti generali delle conquiste Arabe.]

§ 112. — Mentre così nel settentrione le nuove migrazioni si facevano a costo di tanto sangue e a dispetto di tanti ostacoli, altrove, forse appunto per la resistenza che incontravano al nord le tribù desiderose di emigrare, altre stirpi penetravano verso occidente ed allagavano la Palestina e la Siria meridionale. Semiti provenienti dall'Arabia orientale, come attesta lo stesso Erodoto, fondavano le prospere colonie marittime dei Fenici; altri semiti creavano i principati di Damasco e di Ḥamāh, o Hamat͟h: altri, i Canaaniti, popolavano la Palestina, ed appresso a questi vennero gli Ebrei pur essi cacciati d'Arabia per eccesso di popolazione per effetto della sempre decrescente produttività della penisola. Fra queste migrazioni avremmo forse da enumerare anche quella dei Hyksos, che conquistarono l'Egitto e per secoli lo dominarono, ma l'origine semitica dei medesimi ancora non è sicuramente provata. Non è affatto improbabile, che siano stati popoli Libici, cacciati verso oriente dall'inaridimento dell'Africa settentrionale, allo stesso modo e per gli stessi motivi, che mettevano a soqquadro tutta l'Asia Anteriore con i movimenti dei popoli semitici.

Ma il processo cosmico d'inaridimento continuava sempre con moto implacabile, ed appena alcune turbe avevano lasciato le patrie steppe, anche

[Gli aspetti generali delle conquiste Arabe.]

quelle rimaste cominciavano a sentirsi a disagio e tentavano pur esse uscire dalla prigione arabica sempre più inospite ed ardente. Così abbiamo notizia dei Kaldi, o Caldei, che già fin da prima del 1.000 cominciano a premere dal mezzogiorno sulla Babilonide. Questi Semiti venivano dal Bīt Yākīn, o Terra dei paesi di mare, che doveva comprendere il presente Baḥrayn, e forse anche l'al-Yamāmah. È probabile che questi Semiti avessero già da secoli risentito l'influenza della civiltà babilonese, perchè quando appaiono nella storia e contestano agli Assiri il possesso della Babilonide, si rivelano costituiti in un potente reame, con numerosissimi villaggi e città. Alle continue incursioni di questi bellicosi Semiti, gli Assiri risposero con tremende repressioni sanguinarie, e gli annali di Assur e di Ninive sono pieni delle spaventose distruzioni fatte dai re Assiri nel Bīt Yākīn: mai però poterono essi fiaccare intieramente i Kaldi. I quali dopo ogni rovescio, dopo ogni invasione e devastazione del loro paese, tornarono all'offensiva con rinnovellato ardire. È evidente che i Kaldi, per poter riprendere sempre con tante forze e tanta energia il secolare conflitto, dovevano essere alla lor volta sospinti da forti motivi, ossia dall'inaridimento crescente del paese, e dall'accalcarsi alle loro spalle di altre tribù frementi d'uscire, le quali colmavano prontamente i vuoti fatti dalle spietate incursioni assire.

Per lunghi secoli l'Assiria potè tener testa ai Kaldi, ma alfine questi, trovando naturali alleati nei Babilonesi, nemici sempre degli Assiri, non poterono più essere ricacciati nei deserti, quando nuovi ed inattesi eventi vennero in loro soccorso. Già molti secoli prima, gli Assiri erano stati minacciati da un grande movimento di popoli venuti dal settentrione, forse ariani, e solo a stento erano riusciti a salvare l'impero: ma anche in Asia il progressivo inaridimento delle pianure centrali agitava e moveva i popoli: alle prime emigrazioni altre successero, ed alfine l'ultima e maggiore ondata ariana travolse gli ultimi ostacoli e venne anche essa a rovesciarsi sulla valle Tigro-Eufratica. Nell'immane conflitto, in cui alfine Ari e Semiti si contesero il dominio del mondo, i Semiti degenerati da una lunga civiltà e da una pazza politica di mutua distruzione, rimasero soccombenti, e Ninive cadde in balìa della nuova potenza ariana costituitasi nell'altipiano iranico sotto ai re della Media.

Del tramonto dell'odiata Assiria si valsero immediatamente i Kaldi, i quali, impadronitisi alfine della Babilonide, fondarono l'ultima e la più celebre dinastia Babilonese, la dinastia, che diede al mondo il famoso Nebucadnezzar, il grande ristauratore di Babilonia, colui che distrusse Gerusalemme e menò in esilio gli Ebrei. Ma queste glorie semitiche furono di breve durata: nell'altipiano iranico ai potenti Medi seguirono i Persiani ancora più

ACCAMPAMENTO ARABO E COMBATTIMENTO TRA

VII SECOLO AVANTI L'È. V. —

(British Museum)

potenti, e sotto Ciro, Cambise e Dario, l'Asia assistè al trionfo completo degli Ariani ed al tramonto finale dell'egemonia semitica. Al dominio persiano seguì quello greco di Alessandro, quindi quello dei suoi successori, i Seleucidi, infine vennero Roma da un lato, i Parti, forse turanici, dall'altra, e più tardi, alla metà del III secolo dell'Èra Volgare, i Sassanidi, pur essi ariani, a contestarsi il dominio dell'Asia anteriore. Così avvenne che per più di un millennio i Semiti languirono come servi di dominazioni straniere, duro servaggio che ebbe termine solo con l'avvento dell'Islām, il quale rappresenta l'ultima, la più gloriosa e la più grande rivendicazione semitica che la storia ricordi.

[Gli aspetti generali delle conquiste Arabe.]

In questo lungo millennio, per cause non difficili a chiarire, l'Arabia più non lanciò turbe conquistatrici di nomadi sull'Asia Anteriore. È probabile che ciò seguisse, perchè dinanzi all'immenso e schiacciante apparato di forze, di cui disponevano i grandi imperi in Asia, i barbari e poveri predoni di un paese tanto sterile ed impoverito come l'Arabia, poco prima e poco dopo l'Èra Volgare, nulla potevano ormai opporre che valesse a infrangere la formidabile barriera. L'Arabia fu chiusa come entro ad una cerchia di ferro, che sotto i Persiani, i Greci, i Parti, i Romani ed i Sassanidi, nessuna forza araba era valevole a spezzare. La storia però di quel lungo millennio sta a dimostrare come il peggioramento continuo delle condizioni climatiche della penisola non cessasse mai dal premere sugli infelici abitanti e dal sospingerli a tentare un'uscita dalla bolgia ardente entro la quale soffocavano. Già Dario, nella sua celebre iscrizione di Bihistun, menziona anche gli Arabi fra i popoli vinti. L'onore di siffatta menzione attesta che vi fu già allora sui confini d'Arabia un conflitto serio fra i Persiani e gli Arabi, fra quelli che volevano difendere e quelli che volevano varcare i confini. Tralasciando di parlare di altri fatti minori, il celebre regno Nabateo nella Palestina meridionale, la soppressione del medesimo per opera dei Romani e la formazione del confine fortificato fra il Mar Rosso e Damasco, nella provincia romana detta Arabia, sono fatti che stanno a dimostrare, come le stirpi arabo-semitiche tendessero sempre ad oltrepassare i confini, e quante energiche misure fossero necessarie per contenerle.

§ 113. — La storia successiva, vale a dire quella che abbraccia la decadenza dell'impero romano ed il sorgere della potenza sassanida, contiene indizi ancor più evidenti, e per noi di speciale valore, sull'esodo costante di Semiti — ora conosciuti con il nome di Arabi — dalla loro patria primitiva. In primo luogo abbiamo la formazione del celebre impero arabo di Odenato e Zenobia, che nonostante la sua breve durata, ebbe fasti gloriosi, e sembrò un momento voler rinnovare le glorie di Babilonia e di Ninive.

[Gli aspetti generali delle conquiste Arabe.]

Ma Roma non aveva ancora perduto tutte le sue forze, e note a tutti sono la celebre campagna di Aureliano, la presa di Palmira, e la drammatica fine di Zenobia.

Più tardi l'indebolimento progressivo dei grandi imperi asiatici fiaccò la forza di resistenza di quella cerchia di ferro, in cui si erano voluti contenere i nomadi d'Arabia. Questi ricominciarono a premere con efficacia e con fortuna sempre maggiore, ripetendo in più modeste proporzioni le prodezze dei loro avi preistorici. Per comprendere però bene quello che seguì sui confini d'Arabia fra il III ed il VII secolo dell'Èra Volgare, noi dobbiamo ora mettere in relazione questi appunti generali sulle migrazioni semitiche con alcune notizie di particolare rilievo per il nostro argomento, conservate in parte dagli storici bizantini ed in parte dalla tradizione arabo-musulmana. Giova cioè mettere in correlazione la crescente desolazione d'Arabia con quell'argomento tanto discusso delle migrazioni delle tribù sud-arabiche verso il nord, e con la formazione dei due celebri principati arabi di Ḥīrah e di Ghassān. Per ragioni di spazio ci contenteremo però di dare qui soltanto un cenno sommario degli aspetti generali dell'argomento senza fermarci a discutere i particolari, che ci menerebbero ad un'esposizione soverchiamente lunga.

Narra la tradizione arabo-musulmana che un tempo nel Yaman esistesse un'opera colossale, detta l'Argine o diga di Mārib, argine che conteneva le acque discese dai monti orientali del Yaman, e raccogliendole entro un immenso serbatoio, irrigava un grande paese, alimentandovi una coltivazione intensiva, e nutrendo una densa popolazione. In appresso, narra sempre la tradizione, questo argine si ruppe, rovinando ogni cosa e precipitando le popolazioni in tale stato miserevole, che molte tribù dovettero emigrare verso il settentrione. Così avvenne che molte tribù Yamanite andarono a stabilirsi nell'Arabia settentrionale. Una, per esempio, i banū Qaylah, si fermò in Madīnah, e da essa discesero gli Aws ed i Khazraǵ, gli Anṣār a noi già sì noti, come i fedeli seguaci del Profeta. Altre presero stanza qua e là nel Naǵd, altre andarono ad occupare le regioni di confine della Siria, fondando il principato Ghassanida dei Ǵafnah, ed altre irruppero infine sulle frontiere dell'ʿIrāq e fondarono il principato Lakhmita di Ḥīrah.

Una scuola di orientalisti, fra i quali principalmente il Halévy, ha creduto di poter sostenere (ZDMG., XXXII, p. 75; J. A., série VII, tome XIX, 461) che tali tradizioni siano del tutto favolose, e che non sia mai avvenuta una migrazione sud-arabica verso il settentrione. Più recentemente però le scoperte archeologiche ed epigrafiche del Yaman hanno confermato in modo innegabile l'esistenza del celebre argine: si sono perfino

[Gli aspetti generali delle conquiste Arabe.]

rinvenuti i resti del medesimo in Mā·rib, con iscrizioni, nelle quali si ricordano le successive restaurazioni della grande opera idraulica (cfr. Glaser, nelle MVAG., 1897, VI 1 e segg.; Rothstein, pp. 33 e segg.; cfr. anche D. H. Müller, *Die Bürgen und Schlössen Sudarabiens nach dem Iklīl des Hamdānī*), e si è venuto ad accertare il fatto che il serbatoio doveva essere un tempo il fattore principale, se non unico, della prosperità di un vasto paese, ora quasi deserto: è venuta anche la convinzione che l'abbandono di quest'opera idraulica deve avere radicalmente mutato le condizioni di un paese un tempo, per essa, ricco e popoloso. Acquistano perciò valore storico assai maggiore le tradizioni musulmane su questa emigrazione in Arabia, perchè esse si presentano come un fenomeno logico e naturale. Studiandole ora con i dati raccolti nei nostri precedenti appunti, veniamo a comprendere meglio il loro vero significato e a dar loro una nuova conferma. Possiamo cioè conchiudere, che molto probabilmente non una rottura di un solo argine in una parte del Yaman, ma il progressivo inaridimento della penisola, portando la miseria, e la decadenza, indusse gli abitanti ad abbandonare la manutenzione di grandi e costosi lavori idraulici ed a cercare altrove pascoli migliori e paesi più felici e feraci. Non è nemmeno esclusa la possibilità che la tradizione, immemore sempre di processi di lento deperimento, abbia però conservato memoria di un qualche evento storico speciale, e che la trascuranza dei lavori idraulici e la rottura improvvisa del grande argine abbia, per esempio in Mā·rib, accelerato, con una catastrofe irreparabile, l'immiserimento della regione. In ogni caso questo fu solo uno degli incidenti maggiori, del quale si è conservata memoria per le condizioni drammatiche in cui avvenne: il vero fenomeno promotore della migrazione fu di natura assai generale. Certo è che la fame fu il movente principale della partenza di moltissime tribù; le quali, poichè da tutte le parti, tranne il settentrione, ogni uscita era chiusa dal mare, necessariamente dovettero andare verso il settentrione. Noi insistiamo sul fatto, perchè esso concorda perfettamente in tutto con le nostre osservazioni precedenti, e possiamo scorgere in questa celebre migrazione delle tribù sud-arabiche una semplice ripetizione di tutte le altre migrazioni precedenti, da noi brevemente descritte, dal quarto millennio avanti Cristo in poi. Essa fu identica nei modi, e cagionata dalle stesse ragioni delle migrazioni più antiche, dalle quali sorsero gl'imperi di Babilonia, e d'Assiria, i principati Aramei della Siria e dell'Eufrate, i principati canaanei e i due regni di Giuda e d'Israele.

Noi consideriamo perciò queste migrazioni delle tribù sud-arabiche come un fatto storico, che si connette con tutti gli eventi analoghi precedenti, e dal quale, dopo molte e varie vicende, sorsero i due principati di Ghassān

[Gli aspetti generali delle conquiste Arabe.]

e di Ḥīrah. Per questa ragione noi crediamo di doverle porre in un periodo immediatamente anteriore alla prima fondazione di quei due principati.

Dalle tradizioni arabe risulta però che questa migrazione non venne accompagnata da verun grande conflitto fra le tribù, e che la maggioranza degli emigrati si stabilì nel settentrione senza incontrare alcuna seria resistenza. Abbiamo in ciò buoni motivi per arguire, che le tribù yamanitiche nel venire dal mezzogiorno, dovettero trovare una grande parte del paese spopolata, perchè abbandonata dalle tribù già emigrate fuori della penisola. Ciò corrisponde perfettamente alla verità: se esaminiamo con qualche accuratezza gli annali del decadente impero romano ed in ispecie della Palestina e della Siria dall'Èra Volgare in poi, noi troviamo ripetute menzioni di tribù arabe immigrate sia pacificamente, sia come bande di predoni, su tutti i punti del confine bizantino.

L'imperatore Valente dovè trattare con gli Arabi di Pharan, e più tardi i medesimi entrarono vittoriosamente nella Palestina e commisero inaudite devastazioni (Socrate, IV, 36; Sozomeno, VI, 38; Theodoreto, IV, 20; Rufino, II, 6; Nicephorus, XI, 46; Couret, 74-75). Questo accadeva verso il 384. dell'Èra Volgare. Pochi anni dopo i Saraceni (Arabi) tornarono a molestare i confini palestiniani, massacrarono gli anacoreti di Thecoe, la patria del pastore e profeta Amos, (Cassianus, *Collatio*, VI, cap. I; Couret, 92) e dopo qualche tempo irruppero nella Palestina, spingendosi fino alle vicinanze di Gerusalemme, dove per poco non sorpresero ed uccisero San Girolamo (S. Girolamo, *Comm. in Ezechiel.*, lib. III, praefatio; Couret, 92-93). Altre tribù invece, prima del 420. È. V. vennero dai confini persiani a visitare Sant' Eutimio nel suo romitaggio sul Mar Morto, si convertirono al Cristianesimo e fondarono lì vicino una nuova città detta Παρεμβολαί (*Vita Sancti Euthymii*, §§ 38, 39; Couret, 101; Tillemont, *Hist. Eccl.*, tome XII, 360; Socrates, *Hist. Eccl.*, VII, 18; Labourt, 117-118). E così via di seguito potremmo citare molti altri fatti. In Siria l'infiltrazione di elementi arabi era stata ancora più copiosa, perchè la frontiera era meno ben difesa e le continue guerre fra Bisanzio ed i Sassanidi creavano costantemente condizioni d'anarchia assai favorevoli all'ingresso di nomadi. Sappiamo per esempio che ai tempi di Giustiniano (metà del VI sec. dell'È. V.), la provincia dell'Osrhoene e tutte le altre provincie poste su ambedue le rive dell'Eufrate erano talmente popolate da Arabi nomadi venuti dal deserto, che l'imperatore dovette pubblicare leggi speciali riguardanti il matrimonio (Iustiniani, *Novellae* 22, 117, 139, 154; Iustini, *Novellae* 2-3; Lebeau, vol. X, 17, lib. L, § 10). Corrotti dalle consuetudini in uso presso gli Arabi nomadi, con i quali gli abitanti si erano liberamente mischiati, questi cristiani eransi permessi matrimoni con i loro più stretti parenti, arrivando fino ai gradi proibiti, all' incesto. Tutte le leggi di Giustiniano, e la feroce inquisizione, stabilita dopo di lui da Giustino per por fine allo scandalo, non valsero però a frenare efficacemente gli abusi. Non occorre cercare altri particolari (1), tanto più che la immigrazione pacifica di elementi arabi non fu mai notata dagli storici: ciò non toglie che dovesse essere continua, abbondante, ed irresistibile, perchè gli Arabi erano i soli che potevano colmare i vuoti aperti nella popolazione di quei paesi dalle guerre continue combattute in Siria e in Mesopotamia durante i primi sei secoli dell' Èra Volgare.

[Gli aspetti generali delle conquiste Arabe.]

Nota 1. — A queste notizie di fonte bizantina possiamo aggiungerne, come esempio, *alcune* di fonte araba.

(*a*) Gli 'Āmilah — venuti dal Yaman — abitavano la regione presso Damasco (Abulfeda Ant., 190). A questa tribù si vuole appartenesse il celebre Udzaynah (Odenato) sovrano di Palmira (Mas'ūdi, III, 189): quindi questa tribù estendevasi forse fino a quella regione settentrionale ed entro i confini bizantini.

(*b*) Tutto il Sinai era abitato da nomadi Arabi, ad alcuni dei quali, i banū Ṣāliḥ, l'imperatore Giustiniano aveva affidato la protezione del convento ai piedi del sacro monte, Ǵabal Mūsa (Eutychius, II, 161; Blau, ZDMG., XXIII, 565).

(c) Ai tempi di Dzū Nuwās (circa 480. a. È. V.) dal Yaman emigrò la grande stirpe dei Rabī'ah (Bakr e Taghlib), e si diresse verso i confini della Persia: nel corso di lunghi anni con costante infiltrazione essa popolò una grande parte della Mesopotamia, vale a dire tutta la regione intorno alle città di Niṣibin, Karkamish, Rās al-'Ayn, Mayyafāriqin, Āmid, Mardīn, Sumaysaṭ ed altre (Wüst. Reg., 378; Blau, ZDMG., XXIII, 579). A questa medesima immigrazione allude certamente anche Yāqūt (II, 73, lin. 5 e segg.) ove narra come al momento della dispersione dei Quḍā'ah, un certo 'Amr b. Mālik al-Tazīdi, con le due tribù quḍā'ite dei Tazīd e degli 'Išm, immigrasse in Mesopotamia e si stabilisse nei villaggi del paese mescolandosi con gli abitanti. Poi, cresciuti in numero, questi immigrati conquistarono una parte del paese e venuti così in conflitto con i Persiani, li misero in fuga. Questo accadde prima che Sābūr Dzū-l-Aktāf salisse sul trono, ossia prima del 309. a. È. V., e probabilmente durante i torbidi che funestarono l'Asia alla caduta degli Arsacidi. Sābūr espugnò una loro città Tazīd, ed uccise molti Arabi: la maggioranza dei superstiti passò in parte in Siria, e in parte si fuse con i Tanūkh nel principato di Ḥīrah (o in Siria? Cfr. appresso).

(*d*) In un altro passo, Yāqūt (II, 185, lin. 17 e segg.) menziona il fatto che, quando i musulmani conquistarono Qinnasrīn in Siria, vi trovarono stabiliti molti Arabi Tanūkh, i quali vivevano ancora allo stato nomade, ed erano tutti convertiti al Cristianesimo.

(*e*) Gli Iyād — provenienti anch'essi dalla Tihāmah del Yaman, — passando per Makkah, si riversarono in parte nel Naǵd e poi verso la frontiera persiana, fondendosi con i Tanūkh e con le altre popolazioni arabe immigrate in territorio Sassanida (Bakri, 45, lin. 12 e segg., ove sono narrati i conflitti fra gli Iyād ed i Sassanidi). Essi molestarono un tempo i re Persiani, ma poi sconfitti e dispersi da Anūširwān [531-579. a. È. V.], si andarono a stabilire a Takrīt sul Tigri, a Mawṣil e in Mesopotamia (Bakri, 46, lin. 18 e segg.). Quindi una parte, dopo conflitti con milizie persiane mandate da Anūširwān, emigrò in territorio Bizantino e si stabilì in Siria presso Ḥimṣ (Hamath) abbracciando il Cristianesimo (Bakri, 46, lin. 21 e segg.). In un altro passo di Bakri (48, lin. 22 e segg.) è detto che gli Iyād si unirono con i Ghassān, i Quḍā'ah, i Lakhm e i Ǵudzām: e sotto il comando di Ǵabalah b. al-Ayham, in numero di 40.000 uomini si stabilirono in alcune parti della Siria, abbracciando tutti il Cristianesimo. Se è vero tutto questo, l'ingresso degli Iyād in Siria va posto verso la fine del VI secolo, o il principio del VII. Molti fra questi Iyād abbracciarono l'Islām solo ai tempi del califfo 'Umar e dietro sua minaccia (Bakri, 49, lin. 4 e segg.).

(*f*) Quando abū 'Ubaydah alla testa degli eserciti musulmani penetrò, nel 16. a. H., nella Siria settentrionale fra Qinnasrīn e Ḥalab, trovò che tutto il paese era pieno di Arabi: presso Qinnasrīn erano stabiliti da molto tempo Arabi della stirpe Tanūkh: vicini ad essi numerosi Ṭayy avevano pure fissato la loro stanza fin dal primo tempo dell'emigrazione delle tribù yamanite, ed intorno a Halab vivevano pure moltissime tribù Arabe appartenenti alle più diverse stirpi. Tutte queste avevano già abbando-

[Gli aspetti generali delle conquiste Arabe.]

nato la vita nomade ed erano diventate sedentarie (Balādzuri, 144-145), forse occupando i terreni abbandonati per effetto delle guerre fra Greci e Persiani. — Presso Bālis, in Siria, i musulmani trovarono molte stirpi dei Qays entrate nel paese prima dell'Islām (prima del 600. a. È. V.). Balādzuri, 150, lin. 17 e segg.

§ 114. — I nuovi venuti dunque occuparono nell'Arabia settentrionale i posti abbandonati da tribù già emigrate, ma poi trovando anch'esse il paese insufficiente ai loro bisogni, molte andarono oltre e premettero in numero sì grande e con tanta insistenza sui confini della penisola, che alfine tanto i re persiani, quanto gli imperatori bizantini, nella speranza di stabilire la pace sulla frontiera, li ammisero entro la medesima ed eressero i due stati dipendenti di Ḥīrah e di Ghassān.

Non esiste alcuna buona ragione per contestare la probabile correttezza della supposizione del Nöldeke, che la prima comparsa degli Arabi nel paese, dove poi sorse Ḥīrah, debba connettersi con il breve regno Arabo di Odenato e Zenobia, verso la metà circa del III secolo dell'Èra Volgare (Nöldeke Perser., 25, nota 1; Rothstein, 37). I grandi torbidi, in cui fu gettata l'Asia Anteriore durante la caduta degli Arsacidi ed il sorgere dei Sassanidi, dovettero specialmente favorire questa nuova immigrazione arabo-semitica. Di tale parere è anche l'Eichhorn (*Fundgruben des Orients*, II, 366 e segg.).

Come l'immigrazione dei primi semiti in Babilonide ebbe anticamente per effetto di deviare verso altre regioni le successive ondate di popoli emigranti, così adesso la fondazione dello stato arabo di Ḥīrah ebbe egualmente per effetto di deviare le altre stirpi anelanti ad uscire dal deserto sempre più verso il settentrione. Dacchè i primi si erano messi d'accordo con i Persiani, i seguenti andando più verso settentrione, fecero causa comune con i Bizantini, i nemici tradizionali dei Persiani e fra il 491. e il 518. dell'Èra Volgare l'imperatore Anastasio elevò il primo principe arabo della stirpe Ǵafnah (Ghassān) al grado di *phylarchus* (Nöldeke Ghassan, 9).

Con questi dati, che sarebbe facile ampliare, veniamo così ad assodare come il detto movimento interno delle tribù arabe nella penisola non fosse già un fatto subitaneo e ristretto entro breve numero di anni, ma un fenomeno che si svolse gradualmente forse fin dal primo secolo dell'Èra Volgare, si andò ripetendo fino al termine del V secolo e quindi più o meno fin proprio alla vigilia delle conquiste musulmane. Noi veniamo così ad intravedere un elemento del tutto nuovo tra i fattori del grande movimento d'espansione araba, che divenne tanto palese subito dopo la morte del Profeta. L'apparizione dell'Islām con tutte le sue conseguenze politiche mondiali offresi perciò a noi non già solo come un moto religioso e politico, ma altresì, e forse in una misura assai maggiore che non si creda, come un vero e proprio movimento etnico di emigrazione, dovuto alle condizioni infelici, in cui l'Arabia era decaduta dopo tanti millenni di continuo inaridimento.

[Gli aspetti generali delle conquiste Arabe.]

§ 115. — Presentasi così un aspetto generale del tutto nuovo nel fenomeno delle conquiste. Vediamo cioè che le tribù arabe continuavano a sentirsi sempre più a disagio nella patria, e che l'inclemenza crudele ed implacabile del clima sforzava sempre nuove stirpi ad emigrare, per migliorare la loro sorte. Finchè la Persia e Bisanzio furono all'apogeo della loro potenza militare, le tribù nomadi disunite, discordi, frazionate in unità piccolissime per l'aridità del paese, in niun modo poterono spezzare la barriera di armati e di fortezze, che chiudeva ermeticamente tutte le vie d'uscita dalla penisola per tribù in assetto di guerra, e tollerava solo immigrazioni lente e pacifiche. Con l'andar del tempo però le deplorevoli condizioni politiche dell'Asia Anteriore, in cui infuriarono per secoli le guerre fra Europei ed Asiatici, Greci e Persiani, permisero a molte tribù di stabilirsi sui confini medesimi e di penetrare, sempre però come sudditi, entro la Palestina, la Siria, la Mesopotamia e la Babilonide settentrionale: molti immigrati erano nomadi, e questi andarono a popolare regioni devastate e spopolate dalla guerra (per esempio i Taghlib in Mesopotamia, la provincia più danneggiata dai secolari conflitti fra Roma e la Persia).

Nonostante queste facilitazioni, di natura anch'esse temporanee, gli Arabi trovavano sempre gravi difficoltà a soddisfare completamente il loro imperioso bisogno d'espansione: in Arabia quindi si andarono accumulando sotto le strettoie implacabili della miseria e della fame, ingenti energie umane, le quali richiedevano ogni giorno più urgentemente un'immediata soddisfazione. Nel momento in cui i due stati, che sbarravano l'esodo dall'Arabia, trovavansi, regnante Eraclio, impegnati nell'ultima e suprema lotta per l'esistenza, lotta che doveva stremarli entrambi di tutte le loro forze, Maometto incominciò a predicare la nuova religione. Mentre cioè da una parte le barriere dei confini disgregate dal caos politico perdevano ogni forza di resistenza, spuntava in Arabia il germe primo di quella potenza, dalla quale doveva nascere un mondo nuovo e che doveva come un uragano spazzare via le ultime resistenze di due civiltà moribonde.

Difatti la propaganda religiosa in Makkah assumeva in Madīnah una evoluzione schiettamente politica, e fondavasi così lo stato militare più potente che l'Arabia avesse mai visto. Al disagio economico già esistente vennero ad aggiungersi in Arabia dolorosi conflitti politici. L'attività politica di Maometto acuì profondamente la tensione generale degli animi: questa portò allo scoppio fragoroso della grande crisi nazionale da noi testè stu-

[Gli aspetti generali delle conquiste Arabe.]

diata nelle tradizioni della così detta Riddah. L'Arabia tutta si trasformò in un vasto campo di battaglia, ma dopo un truce battesimo di sangue si trovò all'improvviso, come per incanto, unita, gagliarda, anzi irresistibile, sotto un solo e potente scettro. Alle tribù balenò allora spontanea e concorde l'idea d'adoperare l'immensa forza acquisita per infrangere l'odiosa cerchia di ferro; che per tanti secoli le aveva tenute in crudele relegazione fra le miserie ed i patimenti continui del deserto. Sì forte fu l'impulso aggressivo, che le tribù già unite all'Islām non attesero nemmeno la fine della guerra civile. L'Arabia non era domata che a metà dall'Islām, quando già le tribù dei confini, tanto di Bisanzio quanto della Persia, scongiurarono il Califfo di Madīnah, perchè si unisse a loro per piombare insieme sulle ricche provincie dell'Asia. Il Califfo acconsentì, forse anche perchè se avesse rifiutato nessuno gli avrebbe dato ascolto, e così i primi musulmani varcarono i confini quali famelici predoni, mentre i fratelli menavano ancora le mani fra loro nel mezzogiorno della penisola.

Khālid b. al-Walīd, come vedremo fra breve, entrò nell'Irāq prima che l'Arabia meridionale avesse nemmeno incominciato a riconoscere il dominio di Madīnah, e pochi mesi dopo, avanti che il dominio medesimo fosse riconosciuto in tutto il mezzogiorno, le prime schiere musulmane penetravano anche in Siria.

Gli Arabi erano, o si sentivano, forti, uniti, concordi, pieni d'immenso ardire, sospinti dal più crudele ed implacabile dei bisogni, la fame: dall'altra parte Bisanzio e la Persia non avevano più nè uomini, nè danari, erano privi dei mezzi più necessari di resistenza. Al comparire degli Arabi la vetusta barriera atta sola a frenare parzialmente piccole incursioni di nomadi, fu travolta con fulminea rapidità, quando dinanzi ad essa vennero a scagliarsi eserciti agguerriti, ed abilmente comandati, sostenuti da riserve inesauribili di uomini pronti a battersi con un ardire, al quale i degeneri Greci e Persiani non erano più avvezzi.

§ 116. — Noi abbiamo fiducia che a tutti i nostri lettori verrà, come è venuta a noi, dopo quanto abbiamo detto, la convinzione, che il fenomeno singolare e tanto sorprendente delle conquiste arabe prenda ora così il suo posto logico e naturale nel grande quadro storico dell'Asia, come fatale, inevitabile conseguenza d'un grande processo direi quasi più cosmico che umano, il quale perdendosi nelle tenebre dei più lontani millenni della preistoria, va sino a quelli che non appartengono più alla storia, ma alla geologia. Dopo le notizie qui raccolte, nessuno, noi speriamo, potrà negare che lo studio del fenomeno arabo-islamico muta ora profondamente il suo aspetto fondamentale, e che una nuova vivissima luce non venga a proiettarsi su tutto il problema della genesi dell'Islām. Le nostre conclusioni, per cominciare, apportano una sorprendente conferma a quanto, soli pochi anni or sono, il Winckler (MVAG., 1901, IV, 37 e segg.) aveva con geniale intuizione osato affermare, fondandosi su acutissime deduzioni provenienti da quello che sappiamo intorno alla storia dell'Arabia antica. Egli cioè, ragionando con validi argomenti, che non possiamo qui nemmeno riassumere, ha sostenuto che in epoche assai remote la civiltà araba fosse ben più progredita, che non apparisca in Arabia quando nacque l'Islām: egli ha confutato l'errore di credere la civiltà araba antica limitata al solo Yaman, ed ha affermato che le iscrizioni trovate in Taymā, in al-Ḥiǵr, in al-'Ula e le notizie di fonte assira sugli stati arabi del settentrione, stanno a dimostrare come l'Arabia nei due ultimi millenni avanti Cristo fosse divisa fra vari stati potenti, ricchi e civili, dediti al commercio ed all'agricoltura, e viventi in città. Quindi egli ha felicemente sostenuto una tesi di immenso rilievo, vale a dire che l'Arabia contemporanea di Maometto non fosse, come si è creduto finora, un paese che emergeva lentamente da uno stato primitivo di barbarie, ma bensì una regione che languiva in deperimento infelice, ultimo stadio di una secolare *decadenza*. Tale concetto, il quale porta ad una vera rivoluzione nelle nostre idee sull'Arabia preislamica e sulle ragioni intime dell'Islām, non si offriva però nel prelodato lavoro del Winckler in forma completamente convincente, per quanto apparisse geniale e profondo: rimaneva sempre la grave difficoltà delle condizioni geo-fisiche d'Arabia, ostacolo insuperabile all'affermazione che là dove ora stendonsi sconfinati deserti, privi d'acqua e di vegetazione, avessero potuto sussistere potenti stati civili, con città popolose, operose e ricche, dedite ad un grande e continuo scambio di merci. Egli stesso (l. c. p. 38) ha sentito la forza dell'obbiezione ed ha cercato di confutarla, volendo sostenere che dopo tutto l'Arabia non è quel deserto che noi crediamo. Ma siffatta tesi o spiegazione non può reggere, e basta leggere i viaggi del Doughty in *Arabia deserta* per convincersi che in quel paese, se in antico fossero esistite le stesse condizioni odierne di suolo e di clima, ogni civiltà sarebbe stata impossibile. Ora invece con il sussidio della geologia noi veniamo a scoprire che l'intuizione geniale del Winckler è assolutamente corretta; giungiamo perciò alla grave conclusione che la storia della genesi dell'Islām sia da riscriversi *per intiero* con la luce di questi dati assolutamente nuovi.

[Gli aspetti generali delle conquiste Arabe.]

A quali sorprendenti conclusioni tale studio dovrà menare, nessuno può dire ancora, perchè nessuno ancora si è accinto a siffatta impresa: la tesi del Winckler è troppo recente perchè la scienza orientale abbia avuto il tempo di farla sua. Noi vediamo intanto però quanto siano stati in errore

[Gli aspetti generali delle conquiste Arabe.]

quei biografi di Maometto e quegli storici dell'Islām, i quali si illusero che si potesse narrare e spiegare la genesi dell'ultima grande fede semitica con il solo sussidio delle fonti musulmane. Il Winckler nella sua menzionata memoria aveva già detto parole assai dure all'indirizzo di quella classe emerita di valenti orientalisti, che tanto ingegno e tanto tempo hanno dedicato allo studio della poesia araba antica, credendo di scoprire in essa la descrizione fedele della vera Arabia, procreatrice dell'Islām. È probabile che tali sue critiche, forse non esenti da qualche esagerazione, abbiano avuto per conseguenza il poco conto, in cui si è finora tenuta la sua nuova tesi, la quale sconvolge tutto quanto noi abbiamo finora saputo e immaginato intorno all'Arabia preislamica.

A noi sembra pertanto che la sua tesi non solo sia assolutamente corrètta, ma che il Winckler stesso non abbia forse nemmeno lui valutato tutta l'importanza e tutte le conseguenze della sua geniale intuizione. Noi vediamo cioè come l'antica tesi che l'Arabia fosse quasi un'isola inaccessibile, tagliata fuori dalle vie storiche, in mezzo alle civiltà antiche dell'Asia, isola in cui una razza geniale di uomini era rimasta lontana dalla vita politica, e quasi estranea all'intiera vita morale ed intellettuale dell'Asia antica, sia un concetto profondamente errato. Gli Arabi di Maometto non sono già più un popolo infante che tenta emergere dalla sua barbarie primitiva, ma invece una stirpe immiserita, rovinata moralmente e materialmente dal mutamento implacabile di condizioni climatiche, e che cerca spezzare, con l'ultimo anelito dell'antica energia, le catene della sua prigione. Ciò significa che dobbiamo mutare radicalmente tutto il nostro modo di vedere riguardo agli Arabi antichi e rifare tutto intiero lo studio dell'Arabia preislamica. Noi dobbiamo ritenere che in un tempo assai lontano una grandissima parte della popolazione araba (semitica) fosse agricola e sedentaria, colta, civile e ricca; e che le condizioni sempre peggiori del clima abbiano alla lunga radicalmente tramutato anche le condizioni politiche del paese. La popolazione agricola e sedentaria, per la sempre crescente penuria di acque, ha dovuto o perire, o migrare; e le stirpi nomadi che prima erano la minoranza, sono divenute quasi le sole padrone del paese, come quelle che essendo le sole a poter sussistere nelle nuove condizioni, hanno occupato i paesi abbandonati dai loro consanguinei. È probabile anche, come giustamente suppone il Winckler (l. c., p. 39) che i nomadi, stretti dalla fame, divenissero sempre più molesti alla popolazione sedentaria, e con le loro costanti aggressioni contribuissero potentemente ad espellerla dalla penisola, ed anche parzialmente a distruggerla. Tale supposizione trova una conferma singolare nelle condizioni politiche del Yaman all'avvento dell'Islām, dove noi vediamo con grande chiarezza i nomadi immiseriti, che per vivere assalgono e depredano gli agricoltori e gli abitanti delle città. In tal modo la storia del Yaman riassumerebbe tutte le grandi linee dell'evoluzione storica e preistorica, attraversata dall'Arabia preislamica, a un dipresso come la vita dell'individuo umano riassume e riproduce tutta l'evoluzione organica della specie.

[**Gli aspetti generali delle conquiste Arabe.**]

§ 117. — Molte altre sono le considerazioni di non poco momento, che da queste conclusioni noi potremmo dedurre: ci limiteremo ad alcune, riserbandoci di esaminare in separato lavoro tutto il complesso problema. Innanzitutto appuriamo come, in età remotissime, in Arabia la razza semitica sedentaria fosse già nettamente distinta da quella nomade, e che la prima, più della seconda, dovette esser quella che emigrò dalla penisola e inondò di semiti l'Asia Anteriore: solo in appresso, quando la popolazione arabica sedentaria fu pressochè tutta o distrutta o espulsa, le migrazioni si composero principalmente di nomadi. Il poco divario che noi troviamo ai tempi di Maometto fra sedentari e nomadi non deve quindi considerarsi come un principio di differenziazione delle due classi, ma come un regresso graduale dei primi verso la condizione dei secondi, perchè l'Arabia offriva una dimora sempre più ingrata per i sedentari, e solamente possibile per i nomadi.

Un'altra considerazione, per noi di rilievo anche maggiore, è che, messa in questa luce, l'attività riformatrice di Maometto comparisce non già come un tentativo di sollevare un popolo da un letargo barbarico primitivo, ma un incosciente impulso verso il ricupero di beni e felicità perduti. Acquistano così inattesamente un significato tutto particolare le ripetute espressioni quraniche, con le quali si pretende che l'Islām non fosse una cosa nuova, ma il ripristinamento d'una fede antica. Con la menzione dell'attività di Maometto noi arriviamo adesso al nodo principale della questione, che questa nostra digressione deve appunto chiarire, vale a dire noi veniamo a dare alla genesi dell'Islām il suo vero posto storico nelle vicende millenarie della razza semitica.

La propaganda cioè di Maometto non si può più considerare come la causa personale, nel senso eroico del Carlyle, suprema e finale dei maravigliosi eventi, che ora prenderemo a narrare, ma bensì il modo, ed il mezzo con il quale altre ragioni assai più complesse e più vaste trovarono la loro espressione nei fatti. Ne viene di conseguenza che l'Islām decade così dal suo alto rango storico e diventa causa quasi secondaria, diventa l'istrumento, sebbene potentissimo, di un processo infinitamente più vasto e complesso, il quale, pure abbracciando tutta intiera la storia dell'Asia e del mondo, era finora completamente sfuggito agli orientalisti ed agli storici dell'Islām. La propaganda religiosa di Maometto fu un sintomo, fu una manifestazione

[Gli aspetti generali delle conquiste Arabe.]

locale, direi quasi personale, di uno stato generale d'infelicità etnica, di disagio morale ed economico, per comprendere il quale occorre abbracciare con lo sguardo tutta la storia antica dell'Asia. L'irrequietezza, il malessere generale dei suoi coetanei trovò un'eco nell'animo del Profeta d'Arabia, e prendendo in lui, per le tendenze particolari dell'animo suo, un indirizzo pessimista e religioso, lo sospinse a predicare una fede migliore dell'antica. Ma i suoi primi tentativi dimostrarono l'errore, in cui egli era caduto: i mali che tormentavano l'animo arabo non erano quelli cui potesse recar sollievo un mutamento soltanto spirituale, una nuova dottrina religiosa. Il popolo arabo era ancora troppo giovane e vigoroso, perchè potesse contentarsi di simile panacea: la religione, in quanto è docile rassegnazione alla volontà di Dio, può essere il supremo rifugio di popoli fisicamente esausti, come lo prova la diffusione del Cristianesimo nel degenere impero romano; ma non basta a sedare le sofferenze di popoli ancora pieni di vitalità giovanile, ansiosi di godere. Fuggendo perciò da Makkah e venendo a Madīnah, Maometto comprese meglio la natura del male, al quale cercava un rimedio, ed il predicatore religioso divenne inconsapevolmente il creatore di uno stato militare, che egli instintivamente intuì essere il solo vero mezzo per migliorare le sorti di quelli che si associavano a lui. Non per tanto nemmeno Maometto intuì tutta intiera la verità, e si illuse sulla vastità e sull'intensità del male, che egli aveva voluto guarire. Mirando soltanto a conseguire il suo scopo immediato, la conversione dei Qurayš e l'islamizzazione della Ka'bah, ritenne il suo trionfo nell'anno 8. H. come risultato più che sufficiente dell'opera sua (cfr. 10. a. H., §§ 119 e segg.). Egli non sospettò d'aver creato un organismo politico, unito e disciplinato, che doveva, a sua insaputa, e dopo la sua morte, servire come istrumento di cose, alle quali egli non aveva mai nemmeno pensato. Alla fine della sua carriera noi comprendiamo chiaramente come egli si sentisse balzato dal destino alla testa d'un movimento, su cui non aveva più dominio, che superava tutto quanto egli avesse mai sognato, e che, per l'età avanzata, e per la indebolita salute, egli non aveva più veruna voglia di far suo. Negli ultimi due anni egli agì perciò non più come una guida, ma bensì come un freno, e la sua scomparsa significò lo scatenamento della grande tempesta, forse da lui intuita, ma non certamente desiderata e fors'anche temuta. Morto lui fu perduto ogni ritegno, e l'Arabia tormentata da tante profonde e contrarie passioni, esasperata da un malessere universale, che nessuno sapeva ben definire, ma che tutti sentivano profondo e doloroso, si abbandonò alla più spaventosa convulsione politica di tutta la sua storia.

Ai suoi successori e Compagni, Maometto lasciò una terribile eredità, per conservare la quale occorrevano uomini di grande virtù. Questi però non fecero difetto e, liberi oramai dall'influenza moderatrice del Maestro, con geniale ardire, affrontarono l'arduissimo problema e lo risolsero con una energia ed una sagacia, che ancor oggi deve destare la più grande nostra maraviglia. Retti da loro, gli Arabi furono prima uniti in un fascio solo e poi guidati là ove da secoli l'istinto sospingeva i Semiti a cercare scampo dai sempre cresciuti tormenti della patria primitiva. Gli Arabi, appena consapevoli della forza acquisita dall'unione, con impazienza febbrile si slanciarono sui confini, li varcarono, precipitando come una bufera sopra un campo di grano, ed assalirono con stupendo, quasi pazzo, ardire tutto il mondo conosciuto. Le conquiste arabe furono quindi una vera emigrazione armata, resa possibile dalla teocrazia fondata da Maometto. Gli Arabi si gettarono sulle ricchezze del mondo a loro negate per tanti secoli, come avvoltoi affamati si gettano sulla preda: si slanciarono in primo luogo per uccidere, e predare, e sfogare le loro accese passioni, ma appena ebbero varcati i confini e assaporate le gioie e le ricchezze del mondo fuori d'Arabia, più non si curarono della patria lasciata, e la immane razzia si tramutò in vera e propria immigrazione conquistatrice di uomini, bramosi anche, per millenario digiuno, di dominio, di scienza e di grandezza. In altre parole essi ripeterono le medesime prodezze, sospinti dalle medesime ragioni, che avevano mosso i loro avi preistorici, dal quinto millennio avanti Cristo in poi. Le conquiste arabe sono l'ultima delle grandi migrazioni semitiche dalla sede primitiva della loro razza, di quella razza alla quale il mondo civile è debitore della più sublime e nobile di tutte le religioni. Le conquiste arabe sono anche l'ultimo disperato tentativo di ristabilire l'egemonia semitica in Asia: sarà forse anche l'ultimo per sempre, poichè la matrice feconda dalla quale tante ondate successive di popoli si sono riversate sul mondo civile, si è oramai esaurita di uomini, e più da essa non potranno venire quelle turbe infinite, gagliarde, esuberanti di vita, che sì ripetutamente rigenerarono il mondo semitico. Gli eventi che ora narreremo formano l'atto ultimo e forse più glorioso e commovente d'un immenso dramma millenario, nel quale è compresa tutta la storia dell'Asia occidentale. [Gli aspetti generali delle conquiste Arabe.]

PERSIA. — Cause della decadenza dell'impero Sassanida.

§ 118. — Terminato così il breve studio sul vero significato storico delle conquiste arabe, ci rimane ora da prendere in esame quelle cause particolari, immediate e temporanee, dell'aggressione araba e le condizioni speciali che resero questa possibile e fortunata. Tracciate le grandi linee, la struttura generale del quadro, passiamo ora ai particolari, con i quali tenteremo di renderlo più completo che sia possibile. Perciò prima esamineremo le con-

[Cause della decadenza dell'impero Sassanida.]

dizioni speciali, nelle quali si svolsero i grandi eventi del VII secolo dell'Èra Volgare. Dovremo cioè studiare anzitutto le condizioni degli imperi asiatici che per i primi ebbero a subire gli effetti della grande rivoluzione arabico-musulmana, e poi i rapporti fra queste condizioni e quelle esistenti in Arabia alla vigilia delle conquiste. Per ordine di tempo il primo stato che esige la nostra attenzione è quello Sassanida, ossia quello che per primo fu chiamato dall'austera Nemesi storica a rendere ragione degli errori e delle colpe commesse.

Una chiara intelligenza non solo delle ragioni, per le quali poche migliaia di barbari predoni del deserto poterono in breve corso d'anni vincere e distruggere uno dei più vasti e più potenti imperi dell'Asia, ma anche sovrattutto degli eventi principali svoltisi nell'Asia occidentale durante il primo e il secondo secolo della Hiğrah, esige uno studio un po' accurato delle condizioni, nelle quali si trovava lo stato Sassanida al momento della conquista araba. Tale esame per essere completo (1), richiederebbe per lo meno un largo riassunto della storia Sassanida. Che ciò non sia possibile in questo luogo, è evidente per tante buone ragioni, che non occorre nemmeno di enumerarle. D'altronde però le medesime ragioni, che ci hanno persuasi a dare un copioso riassunto dei precedenti e della biografia di Maometto per comprendere la nascita dell'Islām e le conquiste Arabe, sono altrettanto imperiose per la storia dei Sassanidi, quando si voglia dare un quadro corretto, e per quanto possibile completo, delle condizioni, nelle quali si compiè la conquista dell'Irān. Ci troviamo dunque dinanzi un dilemma, per uscire dal quale non v'è che una sola via, quella cioè di rimandare il lettore alle fonti migliori della storia Sassanida (2) per la narrazione completa dei fatti conosciuti, e contentarci qui di una breve e magra analisi dei soli aspetti principali di quelli che hanno diretta attinenza con le circostanze agevolatrici della conquista araba. Sì fatta esposizione ci costringerà, è vero, a una digressione piuttosto lunga, ma anche se la mole del presente volume ne sarà aumentata, in compenso a noi sarà più facile porgere un quadro meno imperfetto, ed una spiegazione più soddisfacente del grande dramma, di cui i fatti narrati finora sono soltanto la preparazione.

Nota 1. — Dico « completo » per modo di dire, perchè la storia dei Sassanidi è avvolta in grande oscurità. Le fonti sono poche, vaghe, piene di aneddoti e di notizie fantastiche e di fatti storici tendenziosamente travisati, sui quali non è possibile fare assegnamento sicuro. Su alcuni periodi siamo poi completamente al buio, ed in genere pressochè nulla sappiamo delle vere condizioni morali e materiali del popolo. Le nostre informazioni si riferiscono tutte alle gesta dei sovrani e dei capi più influenti della nobiltà, alle loro guerre, alle loro follie e ai loro delitti: del popolo non si parla mai.

Nota 2. — Le fonti principali della storia Sassanida sono quelle che nell'elenco delle nostre fonti, preposto al I e II vol. degli Annali leggonsi indicate con le seguenti abbreviazioni:

Spiegel Eran. Alterth., III, 231 e segg.; Nöldeke Aufsätze, 86 e segg.; Nöldeke Perser, 1 e segg.; Justi Alt. Pers., 1 e segg.; Browne Lit. Hist., 127 e segg.; Geiger

Grundriss, II, 512 e segg.: Rawlinson, 1 e segg.: E. G. Browne nel JRAS., anno 1900, p. 195-259: alle quali potremmo aggiungere le tre celebri opere: Tillemont, *Histoire des Empereurs;* Clinton, *Fasti Romani;* Gibbon, *Decline and Fall*, ecc., e molte altre, che per brevità omettiamo, perchè nelle otto precedenti dai noi citate si possono trovare tutte le altre conosciute. Potremmo tutto al più segnalare ancora: Gobineau. *Histoire des Perses*, II, 467 e segg.

[Cause della decadenza dell'impero Sassanida.]

Molto pregio ha altresi l'*Essai d'une Histoire des Sassanides d'après..... les Historiens Arméniens*, par M. K. Patkanian nel J. A., 1866, série VI, tome VII, p. 101-238, ove a p. 107-111 v'è un elenco delle fonti armene.

Delle orientali (arabe e persiane) citeremo soltanto le seguenti:

Firdawsi, III, 1364 e segg.; Tabari, I, 813 e segg.; Tha'ālibi, 473 e segg.; Tabari Zotenberg, II, 66 e segg., Balkhi, III, 160 e segg.; Ḥamzah, 16 e segg.: Ḥanifah, 44 e segg.; Ya'qūbi, I, 179 e segg.; Khaldūn, II, 169 e segg.; Khond., I, parte II, pp. 28 e segg.; Mirkh., I, 35 e segg.

§ 119. — È un fatto degno di nota per la conoscenza della storia Persiana, che la culla dell'impero Sassanida sia stata precisamente quella provincia dell'Irān, il Fārs, nella quale ebbe anche nascita il grande impero dei re Achemenidi, di Ciro e dei suoi successori, che conquistarono tanta parte dell'Asia Anteriore, e minacciarono l'esistenza della Grecia antica. Questo evento non fu fortuito, perchè vedremo in seguito come appunto nel Fārs si prolungasse, più che altrove, la resistenza dei Persiani all'invasione araba, e come non fosse possibile ai musulmani di impadronirsi dell'Irān prima di avere schiacciata, in ripetute e sanguinose campagne, la resistenza dei Persiani nel Fārs. Per la conquista della Babilonide gli Arabi occuparono soli tre anni, mentre ne occorsero quasi 17 per sottomettere la piccola provincia del Fārs. Caduta questa nel loro potere, la conquista di tutto l'immenso altipiano iranico, che si estende verso oriente, potè compiersi facilmente in poco meno d'un anno, nel 31. o 32. a. H. Si osservi altresi che nel Fārs parimenti, circa tre secoli dopo, sorse la dinastia persiana dei Buwayhidi. Ciò non fu effetto d'una semplice coincidenza storica. Il Fārs per la sua posizione geografica è stato sempre la chiave dell'Irān, ed il possessore di esso ha sempre influito in modo preponderante sui destini di tutto il circostante paese compresa anche la Babilonide, come insegnano le memorie antiche sulle guerre continue fra l'Elam e gli stati babilonesi nel bacino Tigro-Eufratico [1]. Il Fārs è una regione gremita di altissime montagne separate fra loro da valli profonde, anguste e sinuose, alle quali l'accesso è estremamente difficile dal versante occidentale e meridionale, mentre a oriente ed a settentrione è difesa da regioni sia pur esse montuose, sia completamente deserte. In questa Svizzera asiatica alla fine del secondo millennio circa avanti Cristo era venuta a stabilirsi, proveniente dall'Asia Centrale, una razza forte, paziente e bellicosa, di montanari, dotati di un'intelligenza e d'una vivacità di sentimenti che raramente si trovano fra popolazioni alpestri. La superiorità morale ed intellettuale di questa razza ariana, una delle più belle fisicamente, e più geniali moralmente, che abbiano

[Cause della decadenza dell'impero Sassanida.]

mai esistito in Asia, è dimostrata dal fatto che tre volte nella storia del mondo, prima con gli Achemenidi, secondo con i Sassanidi, e terzo e non ultimo con la rivincita persiana sotto gli 'Abbāsidi, questo popolo ha acquistato il dominio sopra una immensa parte del continente asiatico.

Le condizioni geografiche del paese di origine, la superiorità dell'intelligenza, la profondità del sentimento religioso, che poteva trascendere al delirio mistico ascetico e infine l'intensità del sentimento nazionale, sono fra le ragioni principali, che hanno dato sempre ai Persiani, alla loro lingua, ed alla loro civiltà una influenza sovente dominatrice sulle vicende tempestose dell'Asia Anteriore, dalle sponde dell'Eufrate fino al cuore dell'India e dell'Asia Centrale.

Dopo un periodo sommamente glorioso sotto i re Achemenidi, i Persiani, corrotti dalle sterminate ricchezze e dal prolungato godimento del potere, caddero, in una breve campagna, prostrati dalle armi invincibili del grande Alessandro, e languirono per circa 80 anni sotto ai successori del medesimo, i Seleucidi. Nel 250. avanti l'Èra Volgare, sorse nell'Irān settentrionale la dinastia dei Parti, una razza forse ariana, ma certamente non persiana, che per quasi cinque secoli dominò l'Irān in modo orientalmente disastroso fra continue guerre contro i nemici esterni, e sanguinosi conflitti interni. La dinastia partica degli Arsacidi precipitò alfine in una tormenta di spaventosa anarchia, che deve avere destato, anche nella paziente popolazione orientale, un tale senso di profonda esasperazione, da agevolare il sorgere della potenza Sassanida (cfr. Patkanian, l. c., p. 119-120).

NOTA 1. — L'intimo legame, sempre esistito fra i padroni dell'altipiano iranico e la sottostante pianura bagnata dal Tigri e dall'Eufrate, è uno degli aspetti principali di tutta la storia antica dell'Asia Anteriore, come dimostrano le guerre secolari fra i re della Babilonide, e quelli dell'Elam (la Susiana e il Fārs) (cfr. Tiele, *Babilonische-Assyrische Geschichte*, 17 e segg.; 105, 391, 399, ecc.), e tutte le vicende successive della storia asiatica fino ai tempi dell'impero ottomano. La costituzione d'un forte stato militare nei monti del Fārs e della Media ha avuto sempre per conseguenza la conquista della grande pianura sottostante tra i due fiumi. D'altra parte nè l'Assiria, nè la Babilonide, ed in genere nessuno stato per quanto potente, che fosse sorto nel piano, potè mai durevolmente conservare il possesso dei monti soprastanti del Fārs. Oggidì ancora i Turchi hanno solo ultimamente potuto assicurarsi il possesso della Babilonide, e nonostante l'estrema decrepitezza del regno persiano moderno, non sono mai stati capaci di estendere il loro dominio oltre gli estremi limiti della pianura Babilonese: una parte di essa, quella più orientale, riconosce ancora per sovrano lo Šāh di Persia.

§ 120. — Benchè per quasi sei secoli i Persiani avessero languito sotto il dominio straniero, mai si erano cancellate le memorie del glorioso passato (1) e nella culla della loro razza, nel Fārs, vive perduravano le antiche tradizioni nazionali, intimamente collegate con la fede nazionale, la religione dualistica di Zoroastro detta Mazdeismo. Ritemprati ora dalla sventura, esasperati dalle intense sofferenze imposte dalla tirannide Partica (2), i Persiani sotto l'ardito e prode Ardašīr (3) presero le armi nel Fārs contro gli odiati padroni ed oppressori, ed in una lunga e sanguinosa campagna, non solo ricuperarono la loro indipendenza, ma estesero altresì il loro dominio sulla maggior parte dell'altipiano iranico. Nell'atto stesso però di nascere, il nuovo stato nazionale persiano non solo entrava in possesso d'una regione immiserita dal mal-governo partico, ma contraeva altresì quei difetti, che dovevano in seguito trascinarlo alla sua seconda e disastrosa rovina. Uno dei caratteri più funesti del dominio partico era stato il sistema di governare con vassalli feudatari, i quali, appena il governo centrale dava segni di debolezza, o incompetenza, divenivano tanti principi indipendenti, motivo continuo di discordie e di guerre civili. Il primo re Sassanida, nel fondare il nuovo regno, tentò investire la corona d'un potere assai più esteso ed assoluto, prefiggendosi di distruggere il feudalismo Arsacida, e sopprimendo con barbari eccidi tutti i membri di parecchie famiglie principesche, fra le quali il paese (il Fārs) era diviso. Era meglio, egli credeva, massacrare alcune poche famiglie, anzi che permettere la continuazione d'uno stato di cose, che produceva la rovina d'intiere popolazioni (ibn al-Muqaffa', citato da Gobineau, *Histoire des Perses*, II, 624). Ardašīr si accinse dunque a sopprimere il feudalismo (cfr. Nöldeke Perser., 20; Tabari, I, 820, lin. 13), tentando di sostituirvi l'antica istituzione delle satrapie, come ai tempi Achemenidi (1). Purtroppo però il rimedio era quasi altrettanto funesto, quanto il male, che avrebbe dovuto guarire. Per di più le esigenze dell'aspra lotta contro gli Arsacidi, e l'impossibilità materiale di estirpare il feudalismo, che aveva messo sì profonde radici nella vita del paese, non permisero al fondatore dell'impero sassanida di compiere intieramente il suo programma, e fuori del Fārs le condizioni reali rimasero ad un dipresso come per l'innanzi: ed Ardašīr potè vincere gli Arsacidi solo a condizione di tollerare l'esistenza di un grande numero di potenti feudatari suoi alleati. Quale fosse il concetto dominante della riforma politica tentata da Ardašīr, si può leggere nel precitato passo di ibn al-Muqaffa', ma in realtà l'opera politica del primo Sassanida non mutò gran che nelle condizioni reali del paese. [Cause della decadenza dell'impero Sassanida.]

È probabile che la difficoltà maggiore, ad arrestare la riforma di Ardašīr, fosse l'esistenza in tutto l'Irān d'una numerosa e potentissima classe nobiliare, che possedeva quasi tutto il paese: Ardašīr avrebbe potuto forse parzialmente distruggere questa classe, facendola massacrare secondo la consuetudine orientale, ma soppressa la medesima, egli non poteva mutare radicalmente la natura della proprietà fondiaria, ed in luogo della nobiltà scomparsa avrebbe dovuto crearne una nuova nelle condizioni quasi identiche della precedente (cfr. Gobineau, *Histoire des Perses*, II, 625, per maggiori particolari sulla riforma tentata da Ardašīr).

Il nuovo stato rimase in potere d'una numerosa e potente oligarchia di

[Cause della decadenza dell'impero Sassanida.]

ricchi latifondisti, docili sotto un re forte ed energico, ma pieni di pretese arroganti e di tendenze ribelli, appena cominciava a vacillare la mano, che dirigeva la fragile nave dello stato.

Nota 1. — Una prova ne è, per esempio, il ricomparire dell'antico nome persiano, Ardašīr, che è soltanto una corruzione araba del nome Achemenide, Artachšathra (Artaserse) (Nöldeke Aufsätze, 87; Nöldeke Perser, 1, nota 2). Inoltre appena Ardašīr si fu assicurato il trono mandò un'ambasciata minacciosa all'imperatore Alessandro Severo in Bisanzio, chiedendo l'immediata cessione di tutte le provincie che un tempo avevano formato parte dell'impero Achemenida, vale a dire tutte le possessioni romane in Asia e in Egitto. Tanto era ancora il vigore delle tradizioni antiche della Persia! (Smith, *A Dict. of Gr. and Rom. Biography*, ecc., London, 1880, III, 714).

Cfr. anche le osservazioni del Justi in Geiger Grundriss, II, 603 e nota 2.

Nota 2. — Il sorgere della dinastia Sassanida segna anche il principio d'una potentissima reazione contro l'influenza Greco-romana nell'oriente, divenuta predominante dalla conquista di Alessandro in poi. Alla corte dei Parti, per esempio, la lingua greca era molto usata, al punto da essere quasi adoperata come linguaggio ufficiale. Molti principi Parti erano stati educati nel mondo romano: molte monete partiche erano coniate con iscrizioni greche (cfr. Heuzey, *Revue d'Assyriologie*, V., 1902. p. 103, 104). I Sassanidi posero fine all'ellenizzazione dell'oriente e vennero al potere come dinastia nazionale, che insorge contro tutte l'influenze straniere. Scompaiono perciò le iscrizioni greche, e tornano sulle monete iscrizioni persiane in caratteri nazionali. Fu una vera guerra allo straniero, che si estese non solo alla coltura ed al linguaggio, ma sovrattutto anche alla fede dei popoli occidentali (Smith, l. c., III, 715-716; Patkanian, l. c., pp. 120 e segg.). Tutto l'importantissimo argomento sulla storia dell'influenza ellenica nell'Irān dopo Alessandro e i Diadochi, è con molta dottrina tratteggiato e riassunto da V. Chapot nel suo studio *Les destinées de l'hellenisme au de la de l'Euphrate* (Mém. de la Soc. Nation. des Antiquaires de France, VII série, tome III, 1904, p. 207-296). Cfr. anche Bevan, *The House of Seleucus*. I, 1 e segg. Nuovi preziosissimi documenti per questo studio furono scoperti dallo Stein nelle città sepolte nelle sabbie del deserto Takla-Makan in Asia Centrale, nel 1900-901. (Cfr. M. A. Stein. *The sand-buried cities of Khotan*, p. xvi, 292, 396 e segg., 407, 449, 465).

Nota 3. — Il primo re Sassanida, Ardašīr, comparisce nella storia verso il 211. o il 212. a. dell'Èra Volgare (Nöldeke Aufsätze, 87-88; ZDMG., vol. XXXIV, 734). Però soltanto nel 226. o 227. dell'Èra Volgare potè Ardašīr vincere ed uccidere il re dei Parti, Artabān IV nella grande battaglia combattuta in Susiana, sulla pianura di Hurmuzdağān, non lontana dalle rive del Golfo Persico (Geiger Grundriss, II, 515). Si narra che Ardašīr, esultante per il trionfo, calpestasse con i piedi la testa del sovrano ucciso e assumesse il titolo di Šāhanšāh (Šāhinšāh) o « re dei re » (Nöldeke Perser., 14-15; Ṭabari, I, 819, lin. 5. Cfr. anche Justi Namenbuch. 273-274).

Nota 4. — (Ordinamento interno dell'impero Sassanida). L'impero dei Sassanidi ebbe una costituzione interna del tutto particolare ed assai diversa da quella dell'impero romano, il suo grande rivale e nemico. In quest'ultimo lo stato era costituito su principi, che rispecchiavano le sue origini democratiche: l'organamento dello stato romano era burocratico, come si direbbe oggi, vale a dire mancava una nobiltà avente, per diritto ereditario, il godimento delle alte cariche dello stato. Queste erano occupate per la maggior parte da uomini che avevano fatto un lungo tirocinio in impieghi inferiori, e venivano perciò per lo più dalle classi medie, e non di rado perfino dal popolo. La stessa carica suprema dello stato, l'imperatore, era sovente conseguita da uomini di bassissima origine, da avventurieri arditi e fortunati, che si erano distinti nel servizio militare e salivano precipuamente dal ceto di semplici soldati. Alcuni di questi tentarono, è vero, fondare una dinastia sul principio ereditario, ma fallirono sempre, perchè tale concetto non potè mai allignare nell'ambiente democratico di Roma antica. Mancavano infatti in essa i due propugnatori maggiori della monarchia ereditaria, un'aristocrazia, ed un clero indipendente con vasta gerarchia. La prima cessò di esistere, come fattore politico, fin dai primi tempi della repubblica, ed in seguito ebbe poca o niuna influenza sui destini dell'impero, e la seconda non ha mai esistito. Presso i Sassanidi era tutto il contrario. Qui dominava completamente il principio dell'eredità, il concetto dinastico: vi furono, è vero, alcuni usurpatori, ma la loro comparsa negli annali della Persia sassanida fu sempre temporanea e di brevissima durata. Perfino negli ultimi anni dell'impero, quando la famiglia reale si poteva dire pressochè estinta, tale era la forza morale del principato dinastico, che in mancanza di maschi furono messe sul trono fanciulle nubili della famiglia reale. Nessun avventuriere potè mai assicurarsi il dominio del paese. Il fondatore della dinastia era un principe feudatario del regno Partico.

L'amministrazione propria dello stato era pure regolata da concetti aristocratici e dinastici: aveva perciò forma assai primitiva, ed inefficace, e mancava di coesione organica. La maggior parte dell'Irān era posseduta da grandi famiglie nobili, molto ricche e potenti, nominalmente dipendenti dal sovrano di Ctesifonte, ma di fatto semi-indipendenti. Questi signori regolavano, con l'aiuto del clero e di alcuni luogotenenti, le vicende interne dei loro vasti territori, e gli unici veri rappresentanti del governo centrale erano gli esattori delle tasse: l'amministrazione fiscale era il solo organismo amministrativo, che dipendesse direttamente dal sovrano ed avesse vita a sè, e fu l'unico che gli Arabi intieramente si appropriarono tale quale era sotto i Sassanidi: della nobiltà latifondista e del clero fecero *tabula rasa*. Delle famiglie nobili esistevano varie categorie: la prima era composta delle famose sette grandi famiglie, menzionate assai spesso nelle fonti arabo-musulmane. Esse insieme con varie altre, di grado alquanto inferiore, avevano in gran parte e per diritto il godimento delle grandi cariche dello stato e della corte, si dividevano fra loro l'amministrazione delle grandi circoscrizioni territoriali, e comandavano le forze militari dell'impero, stanziate per lo più lungo i confini. Sotto a questi magnati vi erano altri nobili di grado inferiore, che amministravano distretti minori, ed infine i veri intermediari fra il popolo ed i funzionari del governo erano i piccoli proprietari di terre, i quali godevano anch'essi d'una certa indipendenza, e furono quelli precisamente riconosciuti e adoperati poi dagli Arabi come amministratori locali ed esattori delle imposte. Tutto questo organismo fondato intieramente sul concetto aristocratico dell'eredità aveva assai poca coesione, ed era raro il caso, che i vari elementi tanto poco concordi funzionassero regolarmente assieme. Il concetto ereditario implica il concetto d'un diritto senza il vincolo di un dovere: quindi i vari membri dell'organismo sociale non si sentivano propriamente i servi dello stato, ma gli usufruttuari d'un diritto: così faceva difetto, per la massima parte, quell'elemento indispensabile per una buona amministrazione, il sentimento cioè che gl'inferiori dovevano obbedire ai superiori per il sacrosanto dovere di tutelare il bene comune. Più lontani erano dal centro, meno sicura era su questi signori l'autorità sovrana, la quale incontrava costantemente difficoltà nella riscossione delle imposte, nell'allestimento degli eserciti, e nell'esercizio della giustizia. Soli i sovrani più energici e più dotati d'ingegno e di carattere, poterono tenere assieme, con mano forte, siffatta primitiva organizzazione, ed essere rispettati ed obbediti nell'interno, e temuti all'esterno. I sovrani deboli non furono mai sicuri nè delle rendite, nè delle forze militari dello stato, e la loro vita stessa era sovente alla mercè d'una potente oligarchia cortigiana. Tutte le funzioni dello stato si svolgevano con molta irregolarità, a casaccio, e quando il timone del governo era retto da mano incerta ed incapace, tutto l'edificio tendeva allo sfacelo: molte e vaste regioni dell'impero si disinteressavano completamente dalle faccende dell'amministrazione centrale, e non mandavano più nè danari, nè soldati. Lo stato Sassanida era quindi politicamente in condizioni di grande inferiorità rispetto all'impero romano, ma il divario divenne col tempo meno sensibile stante la rapida e fatale disintegrazione dello impero bizantino. Il regolare andamento dello stato Sassanida dipese quasi sempre esclusivamente dalle qualità del principe regnante, sicché la storia di questo impero si compone d'un avvicendarsi continuo di alti e bassi, di momenti gloriosi, e d'interregni tristissimi, di periodi di splendore e potenza, frammezzati da altri di anarchia, impotenza e rovina. È quasi inutile aggiungere che nè nelle lettere, nè nelle arti, nè nelle scienze, i Sassanidi lasciarono verun glorioso ricordo: il loro dominio si può riassumere in un periodo di lenta decadenza, interrotta da brevi bagliori effimeri. Solo grazie agli effetti morali e politici dell'Islām, lo spirito persiano tornò a rifulgere con tutto il vero splendore.

[Cause della decadenza dell'impero Sassanida.]

§ 121. — La rivoluzione persiana, diretta dal primo re Sassanida, era stata non solo una espressione del sentimento patriottico nazionale, ma anche la manifestazione d'un forte sentimento religioso presso un popolo, che era sempre rimasto sinceramente legato all'antica fede magica, nella quale erano racchiuse tutte le più vive e profonde aspirazioni nazionali. Per ottenere quindi la fusione di tutti gli elementi persiani nella gran lotta per l'indipendenza, i Sassanidi rievocarono le tradizioni religiose dei loro antenati, e ristabilirono come religione di stato, quella che aveva dominato in Persia sotto gli Achemenidi (ossia la religione fondata da Zoroastro), organizzando e colmando di privilegi una numerosa e influentissima classe ecclesiastica, il capo (¹) della quale aveva perfino il compito delicato di incoronare e consacrare il re appena saliva sul trono (Nöldeke Perser, 96; Tabari, I, 861, lin. 14). Soltanto grazie alla nobiltà ed al clero, i Sassa-

[Cause della decadenza dell'impero Sassanida.]

nidi poterono fondare l'impero; dovettero perciò retribuire ambedue le classi con larghi privilegi, con concessioni di beni e di feudi, e con esenzioni da imposte (Nöldeke Perser, 246; Tabari, 962, lin. 9-11).

Finchè i sovrani furono uomini d'ingegno e di carattere, vittoriosi in guerra, protettori della fede nazionale, persecutori spietati di tutte le altre credenze religiose, le due classi predette non osarono far sentire quanta parte esse fossero dell'autorità regale, ma quando ai sovrani buoni successero quelli deboli, o viziosi, o crudelmente ed inutilmente violenti, i re Sassanidi dovettero riconoscere di trovarsi quasi intieramente alla mercè dei nobili e del clero, e che senza l'appoggio dei medesimi era loro pressochè impossibile governare (2). Per questa ragione la storia interna dei Sassanidi non è altro che la storia dei rapporti fra i re da una parte, ed i nobili ed il clero dall'altra. Dalle scarsissime notizie, che noi abbiamo, parrebbe che clero e nobiltà agissero il più delle volte concordemente insieme, forse perchè ambedue avevano i medesimi interessi da tutelare, e godevano di vaste rendite e di lucrosi privilegi, di cui erano gelosissimi custodi. È improbabile che ciò fosse nelle idee del fondatore della monarchia Sassanida, perchè tutto porterebbe a supporre invece che Ardašīr, consapevole dei pericoli latenti nel sistema feudale dei Parti, mirasse, costituendo una potente e ricca classe ecclesiastica, a controbilanciare la potenza e la ricchezza dei nobili. Ma ciò non avvenne, ed i re Sassanidi s'accorsero ben presto di avere al fianco non più uno, ma due padroni, ambedue estremamente esigenti, difficili a contentare, avidi, rapaci ed irrequieti.

Se la monarchia Sassanida potè sussistere a lungo a dispetto della nobiltà e del clero, ciò accadde perchè i vari membri di queste due classi, eccettochè fossero minacciati nei loro maggiori interessi comuni, non erano mai sinceramente in armonia fra loro (3): profonde, inestinguibili gelosie tra le famiglie principali ponevano ostacolo ad ogni loro attività collettiva. Quando trovavano modo di accordarsi, nulla potevano i re contro di loro, e venivano deposti e mutati con la massima facilità: soppresso però il sovrano molesto a tutti, e non potendo costituire un governo oligarchico, i nobili e i preti dovevano fatalmente ritornare al sistema monarchico e innalzare un altro re sul trono (4). Se questi era abile, e con tatto e diplomazia sapeva tener vive le gelosie tra le famiglie più potenti, pur mantenendo ognuna di esse affezionata e devota alla sua persona, allora, e allora soltanto, gli era possibile governare con autorità quasi assoluta o tenersi sul trono anche nelle circostanze più difficili. Chi non ha presente questo carattere fondamentale del governo Sassanida, deve necessariamente fraintendere il vero significato di tutti gli eventi della politica interna dell'impero, di cui ora tenteremo un brevissimo riassunto, omettendo di entrare in particolari sulle vicende della sua politica estera, sempre pazzamente cieca e disastrosa.

[Cause della decadenza dell'impero Sassanida.]

Nota 1. — Abbiamo notizia che già Ardašīr creasse la carica di sommo sacerdote, mūbadzān mūbadz (Nöldeke Perser, 9; Tabari, I, 816, lin. 13), il che indica che egli fu il fondatore d'una vera gerarchia ecclesiastica, che doveva fungere da sostegno del trono, accentrando tutte le forze spirituali del regno nelle mani di una specie di pontefice massimo. Non è però possibile determinare, se con questa misura di governo il grande Sassanida rievocasse un'antica istituzione Achemenida, oppure, come è più probabile, fosse sovrattutto ispirato e guidato dall'esempio offerto dalle nascenti chiese cristiane in Asia, e dall'amministrazione politica ed amministrativa di Roma.

Cfr. anche J. A., série VI, tome VII, p. 115; Goldziher Mythos, 84.

Nota 2. — (Il clero mazdeista). Oltre ad una nobiltà prepotente esisteva nello stato Sassanida anche un clero investito dei più vasti poteri morali e materiali, tali anzi da riuscir sovente a ostacolare l'autorità sovrana: quando il clero era d'accordo con la nobiltà tutto il vero potere risiedeva nelle mani delle due classi. La casta sacerdotale era potentemente organizzata con una gerarchia assai estesa e compatta, la quale con le sue infinite ramificazioni arrivava fino agli infimi villaggi dell'impero: fornita di grandi ricchezze, godeva, come rappresentante e conservatrice della religione e delle tradizioni nazionali, d'una immensa influenza su tutte le classi della popolazione. Il clero può dirsi anzi che fosse l'organismo più fortemente costituito in tutto l'impero, e quello che soffrì meno di tutti dei disastri, che afflissero il regno nei quattro secoli della sua esistenza. Unendo però un intenso fanatismo religioso ad ardenti passioni patriottiche e nazionaliste, fu estremamente intransigente e si distinse per l'ardore crudele delle persecuzioni non solo delle sette persiane dissidenti, ma anche dei Cristiani semiti della Babilonide e della Mesopotamia. Esso dipendeva, come si disse, da un sommo pontefice, il Mubadan Mubad, che era uno dei primi dignitari dello stato, senza l'approvazione e la consacrazione del quale nessun sassanida potè mai affermarsi sul trono. Il clero fu uno degli arbitri dell'impero, ed alla sua politica cieca, intollerante ed oscurantista, la dinastia nazionale persiana dovette molte delle sue maggiori sventure ed infine la sua rovina: fu il clero che sospinse in grande parte i re alle persecuzioni dei cristiani, alienando così, alla dinastia, tutte le popolazioni della valle Tigro-Eufratica, ed il clero altresì incoraggiò le guerre nazionali contro Roma e Bisanzio, guerre, che furono una delle cause precipue della rovina persiana. Si deve però rammentare che il clero mazdeista era realmente quasi onnipotente solo nell'altipiano iranico, ove la popolazione rimase pressochè tutta fedele alla religione degli avi. Nella regione assai più ricca e ferace della Babilonide e della Mesopotamia, abitata quasi intieramente da Semiti, gli abitanti erano di grande lunga la maggior parte cristiani, e la minoranza o ebrei, o seguaci di antichi culti pagani. In questa regione i Sassanidi in ossequio a ragioni storiche e politiche, fissarono la loro capitale. Qui perciò l'influenza diretta del clero persiano era pressochè nulla, perchè fra i semiti la fede mazdeista non fece mai verun progresso.

Nota 3. — La storia dei Sassanidi si comprende con qualche chiarezza, soltanto quando si tiene presente la coesistenza di tutti i vari elementi dello stato mal connessi fra loro reciprocamente ostacolantisi ed in perpetuo conflitto per ragioni di fede, di razza, d'interessi e di gelosia del potere. Abbiamo cioè l'aristocrazia militare semi-feudale, un clero potente, intrigante ed intransigentissimo: una popolazione composta solo in parte di Persiani, mentre l'altra, pur molto numerosa, era semitica e profondamente ostile alla prima. Gli Ariani mazdeisti erano battaglieri, superbi d'illimitato patriottismo: gli altri, i Semiti più ricchi, ma molli, effeminati, per lo più cristiani ed esclusi dal governo. Su tutti nominalmente doveva governare la famiglia reale, rappresentata dal sovrano, il quale viveva non già fra i suoi connazionali, ma nella Babilonide in mezzo a popolazione straniera, soggetta, che parlava una lingua sua propria, e credeva in una fede, che condannava quella persiana come un'invenzione diabolica. In mezzo a tanti elementi antagonistici e in perpetuo conflitto il re era il più delle volte come una navicella sbattuta dalle onde: per tenersi a galla egli doveva ora valersi dell'aristocrazia per combattere il clero, ora di questo per vincer quello, ora poggiarsi perfino sui semiti cristiani per tener a freno le due caste nazionali strapotenti, ed ora infine lottare solo contro tutto e contro tutti: allora però in procella sì fatta toccava al re di aver sempre la peggio. Ben pochi furono i sovrani, che seppero imporsi a tutti egualmente, e tenere tutti soggetti alla loro volontà senza poggiarsi sopra uno piuttosto che l'altro.

Nota 4. — È probabile che l'influenza dei nobili dipendesse anche dal modo come era costituito l'esercito sassanida. Sulla composizione del medesimo siamo purtroppo quasi del tutto al buio, ma le vicende della dinastia tendono a dimostrare che l'esercito fosse costituito con elementi, che dipendevano più o meno direttamente dai nobili. L'esercito non era una istituzione separata ed indipendente: non

[Cause della decadenza dell'impero Sassanida.]

si potrebbe spiegare altrimenti la facilità, con la quale i nobili potevano deporre ed uccidere i re, e nominarne altri.

Nella storia Sassanida abbiamo notizia di un re, Qubādz I, che riuscì a riprendere il trono soltanto grazie all'appoggio degli Unni, Eftaliti (Hayāṭilah), ed alla connivenza d'uno dei più potenti nobili dell' Irān orientale.

Un altro re, Bahrām Ǵūr, potè occupare il trono del padre suo con l'aiuto del principe feudatario arabo di Ḥīrah, il quale in questa circostanza rivelò d'essere l'arbitro assoluto delle milizie della propria regione, ed un vero sovrano nel suo piccolo feudo, con completa giurisdizione amministrativa e militare.

Abbiamo infine un altro re, Kisra Abarwīz, il quale, ricuperato il trono con l'assistenza di milizie greche, dovette, per tutela della propria persona, mantenere presso di sè una guardia di 1000 uomini di milizie bizantine. In altre parole oltre al possesso della terra, e di immense ricchezze e di lucrosi privilegi, i nobili avevano in mano anche la maggior parte delle forze militari del paese, allo stesso modo dei baroni e dei feudatari del Medio-Evo in Europa: se i nobili erano d'accordo fra loro, nulla poteva il re contro di essi, perchè privo di ogni mezzo di imporre la sua volontà ai nobili in lega contro di lui. Soltanto le reciproche, profonde gelosie, che rendevano impossibile qualsiasi durevole accordo fra i medesimi, permisero la conservazione del sistema monarchico attraverso sì vasti e spaventosi sconvolgimenti politici.

§ 122. — Nei primi tempi il pericolo esterno per effetto della guerra d'indipendenza, era ancora tanto vivo, e tanto forte il sentimento nazionale di fronte allo straniero, che l'accordo delle due predette classi con il sovrano potè sembrare completo e duraturo. Ben presto però, scomparsa la maschia figura del fondatòre dell'impero, Ardašīr (fra il 240. e il 243. dell'Èra Volgare: cfr. Patkanian, l. c., 141-146; Geiger Grundriss, II, 515-517), incominciarono gli screzî e le difficoltà: la nobiltà acquistò sempre maggiore influenza nei consigli della corona, mentre il clero, divenuto una potentissima istituzione, quasi autonoma, si manifestò animato da tendenze fanatiche e prono a perseguitare con spietata crudeltà ogni fede, che non fosse quella ufficiale dello stato. La rigidità ortodossa del clero contribuì forse in principio ad assicurare la base della monarchia, riunendo in un fascio solo le due massime energie nazionali, il patriottismo e la fede; ma le tendenze fanatiche e la mania persecutrice, per le quali si distinse, non tardarono a produrre le consuete conseguenze funeste di ogni politica oppressiva ed oscurantista. Sorsero sette dissidenti, si ebbero i martiri, scismi violenti, e sanguinosi conflitti di religione, che alienarono dal clero una classe sempre più numerosa della popolazione.

I Persiani sono sempre stati un popolo appassionatamente religioso, ma sempre con spiccata tendenzá individuale e indipendente. Intolleranti d'una soverchia rigidità dottrinale, i Persiani furono perciò proclivi a cadere negli estremi di passione ardente e mistica, o di scetticismo sensuale. Benchè la religione fondata da Zoroastro fosse la fede nazionale antichissima, ed altamente venerata, già nei primi tempi Sassanidi comparvero sette eretiche, perchè la Persia è sempre stata il paese delle eresie per eccellenza. La setta più famosa fu quella fondata dal celebre Mani, che diede origine e nome al sistema religioso dei così detti Manichei, il quale rapidamente si diffuse per

[Cause della decadenza dell'impero Sassanida.]

tutto il mondo romano, minacciando perfino gravemente l'evoluzione sana e forte del Cristianesimo [1].

Il clero minacciato nel suo prestigio da uno scisma, che assunse subito vaste proporzioni, chiese ed impose ai re Sassanidi lo sterminio degli eretici. Parrebbe che in principio il re allora sul trono, Bahrām I (circa 274-277. o 272-275. a. È. V.; cfr. Patkanian, l. c. 148; Justi Alt. Pers., 184; Geiger Grundriss, II, 520), forse per avversione contro il clero, prestasse, con soverchia indulgenza, ascolto agli innovatori religiosi (Nöldeke Perser, 47; Tabari, I, 834, lin. 13); ma stretto dalle insistenze del clero, e non osando sfidarne l'ira, acconsentì alfine a comandare, per quanto era possibile, l'estirpazione dell'eresia. I suoi ordini furono eseguiti con la consueta ferocia orientale. Mani e molti seguaci furono menati al supplizio: la testa dell' innovatore venne scorticata, e la pelle imbottita di paglia fu mostrata al popolo come trofeo ed esempio.

Nota 1. — Su Mani e le sue dottrine cfr. Spiegel Eran. Alterth, II, 195 e segg.; III, 254, 256, 264 e 711 e segg.; G. Flügel, *Mani, Seine Lehre und seine Schriften* [dal « Kitāb al Fihrist »], Leipzig, 1862; Baur, *Das Manichaeische Religionsystem*, Tübingen, 1831; Geiger Grundriss, II, 519-520, 695-696; Justi Alt. Pers., 184 e segg.; Browne Lit., 154-166. Cfr. anche Šahrastāni, 188-192.

§ 123. — La prepotenza dei nobili e del clero si rese sempre più sensibile durante i regni successivi, quando la debolezza di alcuni sovrani produsse una notevole diminuzione dell'autorità regia a vantaggio dell'arrogante oligarchia. Quei sovrani, che non andavano a genio, furono deposti o crudelmente uccisi: altri più docili vennero ad essi sostituiti (Nöldeke Aufsätze, 97; Tabari, I, 835 e segg.; Patkanian, l. c. 148-150; Geiger Grundriss, II, 519-520).

Alfine per assicurarsi meglio il dominio assoluto della cosa pubblica, i nobili arrivarono sotto la parvenza di una monarchia, quasi al punto di sopprimere la dignità regia, stabilendo, cosa unica nella storia orientale, di riconoscere per re un essere ancora non nato, di cui era incinta una principessa reale. I Magi o preti persiani, con mezzi a loro soltanto noti, scoprirono, si dice, che la principessa era incinta d'un maschio, ed in forma solenne tutta la corte Sassanida elesse re il nascituro, ponendo in gran pompa la corona reale sul ventre della principessa (cfr. Agathias, libro IV, cap. 25, alla p. 261 dell'edizione di Bonn, 1828) [1]. Venne infatti alla luce un maschio, il poi famoso re Sābūr II, Dzū-l-Aktāf, che sedè, includendo anche la sua minorità, sul trono della Persia, per ben settanta anni (dal 310. al 379. dell' Èra Volgare; cfr. Patkanian. l. c., 150 e segg.; Geiger Grundriss, I. 521 e segg.; Justi Alt. Pers., 189 e segg.). Durante la lunga reggenza le due classi dirigenti, benchè sempre scisse da rivalità e gelosie, fecero, come

[Cause della decadenza dell'impero Sassanida.]

è facile immaginarsi, ciò che a loro meglio convenne per consolidare la propria posizione e indebolire l'autorità della corona. Sābūr stesso, educato con grande cura dai preti, rimase in parte sotto l'influenza dei medesimi e accondiscese a saziare le loro brame inestinguibili di persecuzione religiosa, ordinando sanguinose misure contro eretici e Cristiani (Nöldeke Perser, 68, nota 1), e sospingendo con fatale cecità politica il vacillante impero alla guerra civile, ed all'anarchia. Ma per fortuna della Persia il giovane re non soddisfece in tutto alle speranze riposte in lui da quelli, che lo avevano messo sul trono, perchè emancipandosi poi dalla pesante tutela, Sābūr si rivelò un grande e geniale sovrano, uno dei più eminenti di tutta la dinastia e non volle essere un docile istrumento dell'oligarchia. Per somma ventura del paese la possibilità di un conflitto fra il sovrano ed i suoi elettori fu impedita, oltrechè dalla abilità diplomatica di Sābūr nel destreggiarsi fra i nobili e nel mantenere accese le loro reciproche gelosie, anche dalle esigenze imperiose della politica ed in ispecie dalle grandi guerre contro Roma, una delle quali durò senza interruzione per venticinque lunghi anni (dal 337. al 362. a. È. V.).

Nota 1. — Sui particolari di questo celebre episodio è bene non fare molto assegnamento, perchè l'autenticità loro non è assicurata (cfr. W. Smith. *A Dictionary of Greek and Roman Biography*, London, vol. III, p. 717). La notizia è data dal solo Agathias, autorità non molto sicura perchè egli raccoglieva nella sua cronaca anche le voci che correvano, senza esaminarne la provenienza o il valore (cfr. Krumbacher, 241).

§ 124. — Morto Sābūr II nel 379, i nobili ripresero il predominio nella cosa pubblica, ed il successore Ardašīr II (379-383. o 384. a. È. V.; cfr. Patkanian, l. c., 155 e segg.; Justi Alt. Pers., 192-193; Geiger Grundriss, II, 525-526) fu scelto appunto perchè come governatore dell'Adiabene (una parte dell'Assiria), erasi mostrato feroce persecutore dei numerosi cristiani di quella provincia. Cedendo alle esigenze del clero fanatico, anche come sovrano, continuò nelle persecuzioni religiose. Quando però si fu assicurato il possesso del trono, stanco dello stato di soggezione della Corona rispetto ai nobili ed al clero, volle emanciparsi dalla condizione di tutela, mandando a morte molti grandi del regno, imponendosi agli altri con il terrore, e reggendosi sul trono grazie alle discordie che erano in seno alla nobiltà.

Finalmente però i nobili trovarono modo di accordarsi, e Ardašīr II fu deposto. A lui successe Sābūr III (384-386. a. È. V.), ma anche questi non piacque ai nobili i quali perciò lo misero proditoriamente a morte (nel 386. o 388. dell'È. V.; cfr. Patkanian, l. c., 157-158; Justi Alt. Pers., 192-193; Geiger Grundriss, II, 525-526.), in modo che questa sembrasse una disgrazia e non un delitto. Colui che fu innalzato ora sul trono, Bah-

ALE AS LIA E I N

rām IV, morì pure di morte violenta per opera dei nobili scontenti di lui (nel 399. a. È. V.; cfr. ll. cc.), e lo stato incominciò a risentire profondamente le conseguenze nefaste di siffatto disastroso sistema di governare con la violenza e con i delitti. [Cause della decadenza dell'impero Sassanida.]

Sotto il successore, Yazdaǵird I, al-athīm o " il malvagio „ (399-420. a. È. V.) il figlio di Sābūr II, le cose mutano aspetto. Questo principe, dotato di carattere più energico dei suoi immediati predecessori, insorse apertamente contro la tirannide della nobiltà e del clero, e riuscendo con abilità diplomatica a mantenere vive le rivalità tra le famiglie, impedì durante tutto il suo regno una lega dei due ordini contro la sua persona. Con spietata severità, che non di rado trascese in crudele barbarie, egli fece uno sforzo supremo per emancipare la corona dalla dipendenza servile verso le due classi dominanti. Protesse e favorì i Cristiani (Nöldeke Perser, 74-75, nota 3; Lebeau, V, 484) ed infierì senza pietà contro i nobili, facendone decapitare senza esitazione quanti sembravano minacciare la sicurezza del trono. Contro un uomo di tempra simile la nobiltà ed il clero, scissi da rivalità di famiglia, non osarono insorgere, benchè vivamente lo odiassero, e lo lasciarono sul trono per più di un ventennio. La morte misteriosa del re (nel 420. circa) fa però supporre con buone ragioni che nell'impossibilità di insorgere apertamente contro di lui, uno dei suoi innumerevoli e celati nemici, avesse finalmente trovato l'occasione propizia per liberarsi di lui con qualche mezzo insidioso ed occulto (Nöldeke Perser, 77-78; Tabari, 849-850; Patkanian, l. c., 159-161; Justi Alt. Pers., 193-194; Geiger Grundriss, II. 526-527).

§ 125. — Nondimeno il male da cui era travagliato l'impero Sassanida, non si poteva guarire con i mezzi barbari adoperati da Yazdaǵird I, perchè se pure la sua attività nell'ostacolare e nell'opprimere la nobiltà, gli aveva permesso di reggersi sì a lungo sul trono, egli non aveva saputo migliorare realmente le condizioni dell'autorità regia, nè assicurarle una vita sicura e durevole. La sua condotta non corresse i mali, ma li aggravò: la tensione estrema degli animi, e l'esasperazione della nobiltà contro la corona, si rivelarono con sinistra veemenza appena Yazdaǵird ebbe cessato di vivere. L'impero precipitò in una furiosa guerra civile, nella quale i nobili ed il clero tentarono di regolare la successione nel modo, che meglio conveniva ai loro interessi; ma non essendo concordi sui mezzi da adoprare, vennero in conflitto anche fra loro, aumentando sempre più l'anarchia e le sofferenze dell'infelice paese.

Uno dei tre pretendenti al trono, Bahrām Ǵūr (420-438. a. È. V.), figlio del precedente, grazie all'appoggio di numerose orde di Arabi di Ḥīrah, che

[Cause della decadenza dell'impero Sassanida.]

ora per la prima volta si immischiarono direttamente nelle vicende interne dell'impero, riuscì ad imporsi alle due classi dirigenti scisse da discordie e concluse un accordo, una specie di transazione, nella quale prometteva, ove venisse riconosciuto re, di non seguire la politica del padre. Ristabilita alfine la pace interna, il nuovo re, uomo di insigne valore, abile politico, e valente generale, seppe non solo conservarsi le simpatie dei nobili, ma forse con l'intento di affezionarsi in particolar misura il clero, volle in modo tutto speciale onorare la religione nazionale, visitando in varie circostanze i templi più celebri della Persia, e colmandoli di ricchi doni (Nöldeke Perser, 100, 104; Tabari, I, 863, lin. 18 e segg.; 866, lin. 1 e segg.). Egli seppe in questo modo conciliarsi le due classi e tenersele docili ed obbedienti con le sue qualità eminenti di uomo di stato e prode generale, durante un periodo irto di pericoli, quando cioè l'impero era minacciato contemporaneamente da guerre contro Bisanzio a occidente, e contro gli Unni Eftaliti (Hayāṭilah) (¹) a settentrione. (Cfr. Patkanian, l. c., 161-163; Justi Alt. Pers., 194-196; Geiger Grundriss, II, 527-529).

Il suo successore, Yazdaġird II (438-457. a. Èra Volgare), fu anch'egli ben visto dai due massimi sostegni del trono, perchè fra le altre misure, ordinò una grande e crudele persecuzione dei Cristiani, mezzo allora efficacissimo per affezionarsi il clero. (Cfr. Geiger Grundriss, II, 529-530; Justi Alt. Pers., 196-203; Patkanian, l. c., 163-167). Alla sua morte (nel 457. a. È. V.) però scoppiarono di nuovo funeste guerre civili per la successione, perchè i nobili, sempre gelosi delle proprie prerogative, non erano d'accordo sulla scelta del successore. L'anarchia politica ed amministrativa continuò quindi ad infiltrarsi sempre più addentro all'organismo sassanida, fiaccandone le energie migliori, corrompendo ogni cosa e precipitando il paese nel terrore e nella miseria (Nöldeke Perser, 114 e segg.; Tabari, I, 871 e segg.).

Ai dissidi interni si aggiunsero terribili sventure esterne: gli Unni Eftaliti, chiamati in Persia da uno dei pretendenti al trono, annientarono quasi tutte le forze militari dell'impero in una disastrosa battaglia combattuta nel 484. o 486. dell'Èra Volgare, battaglia nella quale il re di Persia Fayrūz I (459-486. a. È. V.) trovò la morte sul campo, ed una principessa di sangue reale persiano finì concubina del barbaro vincitore. A ciò si aggiunse una carestia terribile durata sette anni accompagnata da un'epidemia e grande mortalità. Tale fu la confusione prodotta dall'accumularsi di tanti disastri, che l'impero rimase un tempo senza re e senza governo, e i nobili ed il clero ebbero agio di toccare con mano le conseguenze nefaste della loro insaziabile ambizione, che trascinava tutto il paese a certa e dolorosa rovina.

(Cfr. Geiger Grundriss, II, 530-531; Justi Alt. Pers., 203-204; Patkanian, l. c., 167-177).

[Cause della decadenza dell'impero Sassanida.]

Nota 1. — Su questi popoli di razza mongolica dell'Asia Centrale, signori in quel tempo della Transoxiana, o Turkastān e del Tukharistān, cfr. Nöldeke Perser, 17, nota 5; 115, nota 2. Furono per i Sassanidi assai più temibili dei Greci ed inflissero danni incalcolabili alla Persia, prima di soccombere ai Turchi ai tempi di Kisra Anūširwān (cfr. Nöldeke Perser. 159, nota 1; Tabari, II, 1153).

§ 126. — Appena però fu possibile, con l'allontanamento dei nemici esterni, ristabilire una parvenza d'ordine nell'amministrazione dell'impero, le classi dominanti, per nulla edotte dalle dolorose esperienze passate, ripresero più vivamente che mai i loro conflitti violenti e sanguinosi: seguirono nuove guerre civili fra i sovrani, la nobiltà ed il clero. Specialmente degno di nota è il regno di Qubādz I (490-531. a. È. V.), il quale fece tutto il possibile per fiaccare la potenza e l'arroganza delle due classi dirigenti, arrivando perfino a proteggere ed incoraggiare una nuova setta eretica con tendenze comunistiche, quella dei Mazdaqiti, sorta nelle classi infime della popolazione e che fu come l'espressione violenta del rancore di una plebe oppressa da tutti i mali, privata di ogni bene, e che esasperata dalle intense ed interminabili sofferenze, aspirava all'abbattimento dell'ordine totale esistente ed al comunismo dei beni e delle donne (cfr. Šahrastāni, 192-194). Il re spinse troppo innanzi la sua politica sovversiva, e la precaria unione del re con la plebe e con gli eretici costituì una minaccia sì grave per tutti gli interessi più vitali della nobiltà e del clero, che questi, messe in tacere le antiche rivalità e gelosie, si unirono e, nel corso di una nuova guerra civile, vinsero e deposero Qubādz, che fuggì all'estero e andò a unirsi ai nemici del suo regno, agli Unni Eftaliti, con l'appoggio dei quali e di alcuni nobili dissidenti, potè riprendere poi possesso del trono.

Ammaestrato però dalle sue precedenti esperienze, governò ora con maggiore moderazione, e invece di perseguitare il clero e la nobiltà cercò di regnare d'accordo con essi. Questo accordo fu probabilmente poco sincero da ambedue le parti, ma si impose a tutti per effetto di quella spaventosa guerra contro l'impero Greco-Romano di Costantinopoli, incominciata nell'estate dell'anno 502. dell'Èra Volgare, e che, spossando entrambi gli imperi, preparò il terreno all'imminente conquista araba. (Cfr. Patkanian, l. c., 178-182; Justi Alt. Pers., 204-207; Geiger Grundriss, II, 531-533).

§ 127. — A Qubādz successe (il 13 Settembre 531. a. È. V.) il figlio, Khusraw I, celebre nella storia sotto il nome di Kisra Anūširwān (531-579 a. È. V.), il più grande dei re di Persia, rimasto famoso nelle tradizioni dell'oriente, come l'ideale del sovrano giusto ed intelligente, ogni parola del quale era ispirata da un senso di profonda saggezza, comparabile soltanto con quella di Salo-

[Cause della decadenza dell'impero Sassanida.]

mone. Sotto il suo lungo regno di 48 anni l'impero Sassanida sembrò assurgere al massimo della potenza e della gloria, ma il bagliore, che esso tramandava, era più apparente che reale, ed il processo di sfacelo interno, preparatore della rovina finale, si andò rapidamente maturando, accelerato in parte dalla condotta stessa del re. Per assicurarsi la pace all'interno, il grande re favorì i nobili ed il clero, ed invece di guarire, si contentò, per quanto era possibile, di sopire o nascondere i mali. Quanto egli fosse vincolato dai suoi rapporti con il clero e la nobiltà, ce lo dimostra la ferocia orribile, con la quale ordinò la persecuzione, anzi lo sterminio di tutte le sette eretiche, in ispecie di quella dei Mazdaqiti. Ai suoi giorni continuarono le guerre, più disastrose che mai, contro Bisanzio e contro i Turchi e perfino guerre civili, dissanguarono ed impoverirono sempre più il paese. Le vittorie, che sembrano aggiungere lustro al suo governo, furono in realtà pagate a caro prezzo ed accelerarono la decadenza di tutto il mondo civile greco e persiano (cfr. Geiger Grundriss, II, 533-541; Justi Alt. Pers., 207-234; Patkanian, l. c., 183-187). La vanità delle glorie e dei trionfi di Anūširwān si manifestò durante il regno del suo figlio e successore Hurmuz IV (579-590. a. È. V.), il quale meno abile del padre, non seppe imporsi alla nobiltà ed al clero con la superiorità prevalente di grande sovrano e di grande generale, onde i mali antichi si riaffacciarono con intensità anche maggiore di prima. Desideroso, come tanti suoi predecessori, di emanciparsi dall'umiliante tutela, non solo non volle favorire la fede nazionale con una persecuzione di Cristiani, ma cercò, con ogni mezzo a sua disposizione, di infrangere la potenza delle due classi dirigenti, appoggiandosi sul popolo contro esse. In altre parole egli rievocò la politica anti-aristocratica del suo predecessore Qubādz I, ma dovette egli pure imparare a sue spese, che sovrattutto in oriente non è mai possibile di contare sul popolo, ignorante, senza capi, e senza mezzi.

Hurmuz fece la medesima fine infelice di quanti suoi predecessori avevano tentato la pazza impresa di liberare l'impero dalle due classi che lo opprimevano e lo rovinavano. Durante il suo regno nefasto si ebbero quindi guerre continue contro Bisanzio, e violenti conflitti interni, che misero a nudo tutto il falso splendore del regno precedente. Il regno di Hurmuz terminò con una spaventosa guerra civile fra nobili e re, nella quale questi fu alfine vinto, accecato e messo in carcere (nel 590. a. È. V.; cfr. Patkanian, l. c., 187-191; Justi Alt. Pers., 234-235; Geiger Grundriss, II, 541-543). Suo figlio, Kisra Abarwīz (590-628, a. È. V.), che gli succedè grazie all'appoggio dei nobili, dovette, per assicurarsi il possesso del trono, accondiscendere alla uccisione del padre, e benchè egli non ne desse l'ordine infame, il suo nome rimane non per tanto macchiato da una colposa condiscendenza al più orribile dei delitti.

[Cause della decadenza dell'impero Sassanida.]

Deposto da una nuova insurrezione, Abarwīz dovette fuggire a Bisanzio; ma colui che gli successe sul trono Sassanida, venuto anch'egli in conflitto con il clero, al quale non voleva sottostare, fu causa di tanti disordini, che permise a Kisra Abarwīz, con l'aiuto dell'imperatore Maurizio, di riprendere possesso del trono.

§ 128. — Il regno di Kisra Abarwīz è specialmente famoso, perchè sotto di lui seguì la conquista persiana della Siria, dell'Asia Minore e dell'Egitto, in un periodo, in cui l'impero greco-romano, per discordie interne e per analogo processo di decadenza politica e militare, trovavasi in condizioni forse ancora più deplorevoli di quelle, nelle quali versava l'impero Sassanida. Le grandi vittorie persiane conseguite, mentre Maometto aveva già incominciato a predicare la nuova fede in Makkah, non dimostrano che la Persia fosse realmente uno stato di grande potenza militare, ma indicarono soltanto che l'impero Greco-romano si trova ancora più stremato di forze del suo avversario ed incapace di qualsiasi resistenza,

Forse nella storia del mondo non esiste altro periodo, che desti, al pari di questo, un senso simile di pietà e di orrore per le aberrazioni infinite degli uomini, che vissero allora ed operarono. Tristo e miserevole spettacolo di due grandi imperi, un tempo infinitamente forti, infinitamente ricchi, che in un conflitto più volte secolare, lentamente, ma fatalmente, si rovinano a vicenda, lacerandosi come belve inferocite, svenandosi l'uno l'altro fino all'ultima stilla, gettandosi con incredibile cecità in braccio alla morte morale, politica ed economica, quasichè l'unico còmpito degli uomini possa essere la reciproca distruzione. Quando leggiamo che gli eserciti vittoriosi del re persiano arrivarono fin sotto alle mura di Costantinopoli, ed alle sponde del Nilo, e se pochi anni dopo vediamo il grande imperatore Eraclio mutare quasi miracolosamente le sorti della guerra, portando a sua volta le armi cristiane fin nel cuore dell'impero Sassanida, è prudente di non abbandonarsi a verun senso di maraviglia o di ammirazione. Le vittorie greche furono altrettanto effimere e fallaci, quanto quelle precedenti persiane, e quando, dopo varie memorabili campagne, Eraclio potè ritornare in trionfo nei suoi riconquistati domini e riporre la Croce di Nostro Signore Gesù Cristo, rapita dal nemico, nel tempio di Gerusalemme, egli ben poco sospettava, che la conseguenza ultima delle sue vittorie sarebbe stata la rovina a un tempo sua e del suo avversario, o che tutta l'Asia Anteriore giaceva per così dire, quasi morta ed esangue, alla mercè del primo popolo forte, che ne avesse tentata la conquista.

[Cause della decadenza dell'impero Sassanida.]

§ 129. — Dalla comparsa di Ardašîr nel 225. dell'Èra Volgare fino al trionfo di Eraclio nel 629., erano passati dunque quattrocento lunghi anni, durante i quali si può dire che i padroni dell'Asia Anteriore avessero rivolto tutte le loro energie al solo scopo di distruggersi a vicenda, ed a rendere il loro dominio il più esecrato possibile, dando mostra di suprema indifferenza per le inaudite sofferenze inflitte alle misere popolazioni, perennemente condannate a soffrire senza mai un solo barlume di speranza in tempi migliori. L'impero Sassanida, viziato nel nascere dalla sua imperfetta e nefasta forma di governo, era precipitato, per gli errori e i delitti a un tempo dei re, della nobiltà e del clero, in un languore di estrema debolezza; era giunto allo esaurimento di tutte le sue forze e di tutte le sue risorse. Il rovinoso sistema feudale, fomite di perpetue discordie, le continue guerre civili, la lotta secolare prima contro Roma, e poi contro Bisanzio, le incursioni dei barbari a settentrione, le spietate persecuzioni religiose, le perdite incessanti di uomini e di ricchezze, per guerre, epidemie e carestie, l'impoverimento universale generato dall'accumularsi di tante sventure, aggiunte inseparabilmente ad un oneroso sistema fiscale, avevano alfine prodotto i loro fatali, inevitabili effetti. Il paese era rovinato, le forze militari erano esaurite, le popolazioni esasperate dalle persecuzioni, dalla miseria, dalla fame, dalla rapacità del fisco e dalle ingiustizie delle classi al potere. La stessa nobiltà non era uscita immune da tanti disastri, avendo anch'essa perduto grande parte delle sue ricchezze, mentre il clero non godeva più le simpatie della maggioranza della popolazione, da esso oppressa e perseguitata. L'anarchia regnava nell'amministrazione, dal trono in giù fino agli infimi gradi della società e quando i Greci, conclusa la pace con il re, si ritirarono entro i loro confini, lasciarono uno stato, che non era più, se non l'ombra del passato, ed in una condizione coatica, della quale non è possibile farsi un'adeguata idea.

Purtroppo i fattori più responsabili di questo stato spaventoso di cose, per nulla ammoniti dalle passate esperienze, rinnovarono immediatamente, appena partiti i Greci, con malvagia cecità criminosa, che par quasi pazzia, i medesimi errori, che li avevano già trascinati alla vergogna ed alla rovina. Tanta fu l'anarchia dell'impero negli ultimi suoi momenti, che, si può dire, non ne esiste nemmeno la storia: gli orrori furono tali, e sì terribile il cataclisma, che ne seguì, che nessuno dei contemporanei potè conservarne esatta memoria. Studiando le monche notizie, giunte fino a noi, sembra come se un destino crudele sospingesse l'impero alla morte morale e politica, e che la società decrepita, consapevole quasi della fine imminente, effetto delle proprie colpe, si accingesse ad un suicidio, vendicando su sè stessa i mali, di cui essa sola era responsabile. Gli ultimi anni furono, si

[Cause della decadenza dell'impero Sassanida.]

può dire, una continua guerra civile, nella quale le parti tra loro ostili spiegarono una ferocia mai vista nel passato. La frenesia giunse a tal punto, che uno dei tanti effimeri sovrani, veri fantasmi di re, per assicurarsi il trono, fece massacrare tutti i maschi viventi della famiglia reale. Siffatta misura non lo salvò dalla fine, che si meritava, e quando, ucciso anche lui, mancarono eredi maschili al trono, si dovette ricorrere al supremo espediente di porre successivamente sul trono varie donne, e poi perfino sconosciuti ed avventurieri: tutti però furono travolti violentemente dal turbine, assassinati, alcuni dopo pochi mesi, altri soltanto dopo pochi giorni di regno (cfr. Patkanian, l. c., 215-227; Geiger Grundriss, II, 544-545; Justi, Alt. Pers., 238-239). Quando alfine fu scoperto un ultimo legittimo (?) rampollo della famiglia reale, e Yazdağird III salì sul trono (tra il 632. e il 633. dell'È. V., ossia verso la fine dell'anno 11. H., mentre Khālid b. al-Walīd per ordine del califfo abū Bakr conquistava l'Arabia centrale: cfr. Patkanian, l. c., 227 e segg.; Geiger Grundriss, II, 545; Justi Alt. Pers., 239), l'impero era ridotto in tali condizioni, che niuna seria resistenza avrebbe potuto opporre ad un nemico forte ed ardito. Quando Yazdağird, appena occupato il trono, ricevè la notizia che una banda d'ignoti predoni arabi aveva espugnato la città di Ḥīrah sul confine arabico, sconfiggendo il satrapo persiano, che la governava, nessuno ebbe il menomo sospetto, che questo incidente di frontiera fosse come l'alba di una grande giornata nella storia dell'Asia Occidentale, il primo annunzio della fine suprema, di quello spaventoso cataclisma, nel quale tutto il mondo antico doveva soccombere per cedere il luogo a un nuovo mondo, a una nuova fede e a una nuova civiltà.

§ 130. — Riassumendo quindi quanto precede, veniamo alla conclusione che le cause principali della caduta dei Sassanidi furono le seguenti: innanzitutto il conflitto perenne fra la corona, la nobiltà e il clero: in secondo luogo le spaventose guerre contro i nemici esterni, specialmente contro Roma e Bisanzio (1), e contro gli Unni e i Turchi, guerre combattute non già per necessità di difesa, ma il più delle volte per passione funesta e pazza, sia di rappresaglie, sia di conquista. A questi due mali maggiori bisogna aggiungerne molti altri minori: un clero numeroso, intollerante, avido di ricchezze e di potere, feroce persecutore di ogni tentativo di emancipazione dai ceppi opprimenti d'una rigida ortodossia; un sistema fiscale ed opprimente, che pesava sovrattutto sulle classi più povere, perchè clero e nobiltà erano esenti da imposte, e le spese per le pazzie commesse dalle classi al potere dovevano essere integralmente pagate con danari strappati dolorosamente a quanti non erano in grado di pagare. Aggiungasi ancora, che mentre l'impero bizantino,

[Cause della decadenza dell'impero Sassanida.]

erede morale e politico dell'antica Roma, aveva ereditato dalla medesima uno stupendo sistema di amministrazione pubblica, che gli permetteva di resistere e di sopravvivere alle prove più dure, l'amministrazione pubblica dei Sassanidi era sempre rimasta imperfetta e vessatoria. Soltanto il ventesimo sovrano della dinastia, il grande Kisra Anūširwān, tentò di porre un rimedio all'ingiusta e crudele ineguaglianza fiscale, e di sostituire l'antico sistema primitivo con un altro migliore e più perfezionato (Nöldeke Perser, 241 e segg.; Tabari, I, 960 e segg.; Geiger Grundriss, II, 538 e seguenti).

L'intento del sovrano fu ottimo, ma il sistema da lui ideato, per una perequazione di tutte le tasse dell'impero, incontrò gravissime difficoltà e grandi proteste, ed è probabile che rimanesse in parte lettera morta, anzi aggravasse i mali, invece di diminuirli, perchè gli esattori delle imposte si valsero del disordine creato dal mutamento fiscale per svenare anche più crudelmente le infelici popolazioni. Rovinati già da padroni crudeli, rapaci ed ingiusti, gli abitanti si trovarono anche più immiseriti dalle rapine degli esattori, dagli orrori di prolungate guerre civili, dalle invasioni straniere e da frequenti carestie e micidiali epidemie. Si può dire che in una forma più o meno acuta la guerra ardesse sempre nell'impero, ora in una parte, ora nell'altra, ora in tutta la sua estensione. Cio produsse oltre alla continua distruzione di città e di villaggi, anche costanti perdite di uomini giovani e forti, togliendo all'agricoltura, alle industrie ed al commercio gli elementi migliori del loro sviluppo. Sotto un simile governo nefasto nulla potè progredire; anzi i resti dell'arte, e della cultura Sassanida rivelano indizi innegabili dell'imbarbarimento di tutto il paese per effetto della serie non interrotta di calamità di ogni specie che lo colpirono.

Una prova caratteristica della decadenza morale e materiale della popolazione persiana sotto i Sassanidi ci viene dal rinnovamento dell'antica consuetudine assira di trasferire nei propri paesi intiere popolazioni nemiche (cfr. Nöldeke Perser, 59; Tabari, I, 840, lin. 3). Mentre però gli Assiri con questo barbaro e crudele sistema, non ignoto ai Romani, miravano sovrattutto a domare popolazioni nemiche, diluendole per così dire in grembo ad altre razze ligie al loro governo, i Sassanidi ebbero invece l'intento di ripopolare con gli esuli le regioni rimaste incolte per il loro mal governo, e affinchè gli stranieri più civili e più colti servissero da modelli e da istruttori d'una popolazione, che oppressa da infiniti malanni gradatamente ritornava ad uno stato prossimo alla barbarie.

Per queste ragioni gli Arabi, quando invasero le provincie confinanti dell'impero, ebbero fin da principio facile e durevole successo: essi trovarono un paese paralizzato dall'anarchia politica ed amministrativa, e privo di validi mezzi di difesa. Dalle tradizioni della scuola madinese (cfr. più avanti quelle sulla prima campagna di Khālid b. al-Walīd, §§ 155-184), le sole, alle quali possiamo prestar fede, si scopre che in realtà la resistenza dei Persiani fu molto fiacca, e che quelle battaglie, tanto glorificate ed ingigantite dalla tradizione popolare iraqense, furono in realtà soli combattimenti di poche migliaia di uomini (nella prima campagna i musulmani contavano solo 2500 uomini, cfr. § 164). Da ottima fonte (ibn Isḥāq), come vedremo in appresso, appuriamo, per esempio, che nella battaglia suprema di al-Qādisiyyah, nella quale tanto gli Arabi che i Persiani spiegarono tutte le forze, di cui potevano disporre, e dove furono decise le sorti dell'impero Sassanida, gli Arabi avevano soltanto dai 6.000 ai 7.000 uomini. I Persiani, tutto al più, possono averne contato il doppio, perchè altrimenti gli Arabi non avrebbero potuto riportare una sì grande vittoria. Bastò dunque la disfatta di circa 12.000 uomini, perchè tutto un impero, che prima contava un esercito di 70.000 guerrieri veterani (Tabari, I, 992, lin. 9; Nöldeke Perser, 271), cadesse nella polvere per mai più risollevarsi. Esaminando davvicino le seguenti vicende delle guerre arabe nell'ʿIrāq, si stupisce a notare con quali mezzi, talvolta irrisori, gli Arabi compiessero la grande conquista. La bufera islamica si scatenò quindi sull'Asia Anteriore nel momento in cui essa poteva più facilmente abbattere il mondo antico, giunto al grado supremo di esaurimento e di decadenza. Se Maometto avesse predicato l'Islām un secolo prima, gli eserciti agguerriti del grande Kisra Anūširwān avrebbero facilmente risospinto entro al deserto le orde selvaggie, che ne fossero uscite, e la storia del mondo avrebbe per avventura avuto un corso totalmente diverso.

[Cause della decadenza dell'impero Sassanida.]

NOTA 1. — A dare una ben debole idea degli orrori di queste guerre, varranno i seguenti appunti. Le lotte contro Roma incominciarono immediatamente sotto Ardašīr nel 229. dell'Èra Volgare, per insolente ambizione del medesimo, il quale senza verun motivo assalì le frontiere dell'impero Romano: la prima campagna durò fino al 237. con gravi perdite tanto dei Persiani per effetto di sconfitte, quanto dei Romani per epidemie e inclemenza del clima. La pace durò soli tre anni, poi ricominciarono le ostilità nel 240., con grandi vittorie persiane, per cagione delle quali fu fatto prigioniero l'imperatore Valeriano, ed i Sassanidi occuparono la Siria e penetrarono in Asia Minore. Intanto gli Arabi del settentrione sotto Odenato presero le armi contro i Persiani, e sbaragliarono i Sassanidi, salvando l'impero romano: seguirono guerre continue senza interruzione prima contro gli Arabi, poi di nuovo contro Roma, in Armenia, nel settentrione, e in Asia centrale sotto i vari re fino alla pace conclusa con Diocleziano nel 297. Tacendo di altre guerre minori, le ostilità con Roma, riprese nel 337., poco prima della morte di Costantino il grande, continuarono per tutto il regno di Costanzo II. e quello di Giuliano l'Apostata, che si spinse fino ai pressi di Ctesifonte: la pace con Roma, fu conclusa soltanto nel 363., benchè durasse ancora il guerreggiare nel Caucaso, in Armenia, ed in Asia Centrale, quasi senza interruzione per circa venti anni, e sopravvenissero anche guerre civili; sicchè nel periodo, che corse fra la pace del 363, e la nuova guerra scoppiata con Roma nel 421., si può dire che l'impero Sassanida non godesse di un sol momento di pace. Il nuovo conflitto con Roma (Bisanzio) durò poco, circa due anni, perchè i Persiani sotto Bahrām Gūr subirono una grande disfatta, ed a oriente erano minacciati da nuova invasione degli Unni Eftaliti. La pace, conclusa fra Bahrām Gūr e Teodosio il giovane nel 422., durò a lungo, perchè i Sassanidi, per quasi un secolo, furono impegnati in altre guerre fierissime a settentrione, specialmente contro gli Unni Eftaliti ed altre genti dell'Asia Centrale, i quali

[Cause della decadenza dell'impero Sassanida.].

benchè vinti talvolta, risollevavano continuamente il capo e ritornavano a battere i Persiani. Si ebbero nuove guerre in Armenia, nel settentrione, guerre civili ed infine anche un periodo di anarchia completa con cessazione temporanea dell'autorità regia e di ogni forma di governo (cfr. § 125). Quando alfine, nel 502. scoppiò di nuovo la guerra con Bisanzio, il nuovo conflitto trovò lo stato Sassanida immiserito ed esaurito. Nonpertanto la nuova guerra fu principio d'una nuova èra di spaventosi conflitti, che non dovevano più cessare fino alla caduta dell'impero. Le guerre durarono dal 502. al 506., ricominciarono verso il 520., prolungandosi fino al 525. I due antagonisti ripresero le armi nell'estate del 527. e si batterono fino al 532., quando fu conclusa la così detta « Pace Eterna », che durò soli otto anni. La nuova (ottava) guerra fu anche più lunga delle precedenti, perchè, sebbene si concludesse una tregua nel 546., le operazioni militari proseguirono in varî punti del confine fino al 562., quando si concluse la pace dei 50 anni, accettata dai Persiani, perchè in oriente gli Eftaliti soccombevano alla nuova potenza dei Turchi e nuove spaventose guerre insanguinarono l'impero Sassanida da quella parte, mettendo in pericolo la sua stessa esistenza. Le ostilità con Bisanzio rinacquero verso il 571., per durare un intiero ventennio fino al 591., quando il re Khusraw fu ristabilito sul trono della Persia con l'aiuto di milizie greche. L'uccisione dell'imperatore bizantino Maurizio fu causa dell'ultima famosissima guerra incominciata nel 604., che portò alla conquista persiana dell'Egitto, di quasi tutte le provincie asiatiche dell'impero Romano, e poi alla grande campagna di riconquista sotto Eraclio, terminata nel 629., quattro anni prima dell'invasione araba. Se ragioni di spazio non c'impedissero di enumerare con qualche precisione anche le altre guerre combattute dai Sassanidi, potremmo dimostrare che la storia dei Sassanidi fu realmente una guerra quasi continua durata per quattrocento anni.

Tavola cronologica dei re Sassanidi.

§ 131. — Per comodo degli studiosi aggiungiamo qui un elenco o quadro cronologico di tutti i re di Persia della dinastia Sassanida: di molti sovrani la precisa età non è ancora sicuramente fissata, ed esistono vari tentativi di ricostruzione cronologica. Noi diamo le date più comunemente accettate, notando come alcuni storici annoverano nel periodo 630-632 ben dodici re, che si seguirono l'un l'altro sul trono per pochi mesi, talvolta solo per giorni. Omettiamo i rapporti genealogici tra i varî sovrani per non ingombrare soverchiamente il quadro. Nell'*Iranisches Namenbuch* del Justi, 419 e segg., trovansi due tavole genealogiche complete.

Ardašīr I	circa 226-240 o 241	anno	dell'Era	Volgare	regnò	circa anni	15
Sābūr I	240 o 241-271 o 272	»	»	»	»	»	30
Hurmuz I	271 o 272-272 o 273	»	»	»	»	»	2
Bahrām I	272 o 273-275 o 276	»	»	»	»	»	3
Bahrām II	275 o 276-292 o 293	»	»	»	»	»	17
Bahrām III Šāhanšāh .	292 o 293	»	»	»	»	pochi mesi	
Narsi	293-302	»	»	»	»	circa anni	9
Hurmuz II	301 o 302-309	»	»	»	»	»	7
Sābūr II	309-379 o 380	»	»	»	»	»	70
Ardašīr II	379 o 380-383 o 384	»	»	»	»	»	4
Sābūr III	383 o 384-386 o 388	»	»	»	»	»	5
Bahrām IV Karmānšāh	386 o 388-397 o 399	»	»	»	»	»	11
Yazdaǵird I	397 o 399-417 o 420	»	»	»	»	»	21
Bahrām V Ǵūr	417 o 420-438	»	»	»	»	»	19
Yazdaǵird II	438-457	»	»	»	»	»	18
Hurmuz III	457 o 457-459	»	»	»	»	»	1-2
Fayrūz . . . . ?	457 o 459-484 o 486	»	»	»	»	»	27?
Balāš	484 o 486-488 o 490	»	»	»	»	»	4
Qubādz	488 o 490	»	»	»	»	»	11
(Ǵāmāsb) . . . . . ?	(499-501)	»	»	»	»	»	(3)?
	531	»	»	»	»	»	30

[Tavola cronologica dei re Sassanidi.]

Kisra Anūširwān . . .	531-578	anno dell' Èra Volgare regnò circa anni	47
Hurmuz IV.	578-590	» » » » »	12
Kisrà II Abarwīz . . .	590		
(Bahrām IV Ǵūbīn) .	?(590-591)	» » » » »	?
(Bisṭām).	?(592-597)	» » » » »	?
	627 o 628	» » » » »	37
Qubādz II Šīrwayh . .	627-628	» » » » »	1
Ardašīr III	628-629	» » » » »	2
Šahrbarāz (Khorheam). .	629-630	» » » »	pochi mesi
Būrān.	630	» » » » »	»
Ǵušnasdih.	?630	» » » » »	»
Āzarmīdukht	?630	» » » » »	»
Kisra III.	?631	» » » » »	»
Khurrazādz Khusraw .	?631	» » » » »	»
Fayrūz II	?631	» » » » »	»
Farrukhzādz Khusraw.	?631	» » » » »	»
Hurmuz V	631-632	» » » » circa anni	1
Yazdaǵird III	632-651 o 652	» » » » »	20

(dei quali circa 8 come esule e fuggiasco).

Nota — Cfr. [Patkanian], J. A., 1866, série VI, tom. VII, pag. 234 e segg.; Nöldeke Perser, 435; [Mordtmann] ZDMG., tom. VIII, 1-209; tom. XII, 1-56; tom. XXXIV, 150-151; inoltre: *Cronologie der Sassaniden*, Sitzb. d. k. Bayer, Ak. d. W. philos. philol. Klasse., 1871. Richter, *Historisch-kritischer Versuch über die Arsaciden und Sassaniden-Dynastie nach den Berichten der Perser, Römer und Griechen bearbeitet*, Leipzig, 1804; Sédillot, *Manuel de chronologie universelle*, 174-175.

Rapporti fra gli Arabi e l'impero Sassanida.

§ 132. — Per completare questi appunti, che devono servire quale introduzione alla conquista araba dell'Irān, occorrerà riassumere brevemente i rapporti fra gli Arabi e la Persia durante il lungo dominio Sassanida, premettendovi alcuni appunti geografici, che aiuteranno a meglio comprendere l'aspetto particolare di questi rapporti, e le condizioni speciali della storia della Babilonide, non solo nei tempi, di cui parliamo, ma anche nei successivi. Un paragone fra la valle del Nilo, e quella formata dalle alluvioni del Tigri e dell'Eufrate, varrà meglio a chiarire il nostro pensiero.

La valle ferace del Nilo, che scende serpeggiando al mare, fiancheggiata in tutta la sua lunghezza di oltre 2.000 chilometri, da due vasti ed inaccessibili deserti, assai scarsamente popolati, ha trovato in questi, fin dai primordi della storia, i due più validi ripari contro le invasioni straniere. Tutti i conquistatori dell'Egitto hanno potuto penetrare nel paese da due sole parti, vale a dire, sia dall'estremità meridionale, sia da quella settentrionale, sicchè il còmpito di difendere l'Egitto è stato sempre relativamente facile. È noto per esempio, come cedendo all'impeto irresistibile dei Re Pastori, o Hiksos, la dinastia nazionale egiziana retrocedesse a mezzodì, e sbarrando con difese la parte più angusta della valle Niliaca, arrestasse il progresso degli invasori. Conservato così il possesso dell'Alto Egitto, i re di Tebe poterono, dopo vari secoli, in una gloriosa guerra di rivincita, discendere vittoriosamente il corso

[Rapporti fra gli Arabi e l'impero Sassanida.]

del fiume ed espellere alfine i barbari stranieri. La regione invece irrigata dal Tigri e dall'Eufrate, che per feracità del suolo, e per abbondanza di acque nulla ha da invidiare alla sua sorella africana, si è trovata in una posizione geografica assai più infelice. La Mesopotamia, con la sua continuazione nella Babilonide, può considerarsi anch'essa come una valle, benchè di dimensioni immensamente maggiori della valle Niliaca. Da una parte ha infatti i monti del Zagros, che formano le controscarpe del grande altipiano Iranico, e dall'altra distendesi sino all' altipiano arabico, che dalle giogaie alpestri del Ḥiǵāz si inclina con dolce pendenza verso l'Eufrate. La valle Babilonica perciò invece di insinuarsi fra due deserti pressochè disabitati, divide due regioni, che sono sempre state la culla di popoli forti e bellicosi, i quali hanno sempre rivolto uno sguardo cupido sulle ben note ricchezze della soggiacente pianura. In un precedente paragrafo abbiamo accennato alla dipendenza continua della Babilonide dagli abitanti dell'altipiano iranico. Dei primitivi rapporti fra la Babilonide e l'Arabia si è pur discorso parlando delle grandi migrazioni semitiche: terminate queste, anche gli Arabi in tempi più recenti hanno avuto la loro parte nei destini dei poveri agricoltori del piano interfluviale, ed ogni qualvolta l'occasione si offriva, stesero avidamente la mano per rapire le ricchezze accumulate dai loro laboriosi vicini. Vediamo quindi come la Babilonide, per la sua posizione geografica assai meno fortunata dell'Egitto, sia sempre stata esposta da tutte le parti ad aggressioni nemiche senza poter mai contare sopra alcun ostacolo naturale per la propria difesa; da ciò il carattere speciale della sua lunga storia. Dei continui rapporti fra gli Arabi ed i re babilonesi ed assiri non è qui il luogo di discorrere. Le iscrizioni attestano la frequenza di questi rapporti, e nel British Museum di Londra conservansi quelle celebri sculture, nelle quali sono figurati i cavalieri assiri, che inseguono gli Arabi semi-nudi, con lunghi capelli, in atto di fuggire sui loro cameli. Famose sono poi le campagne dei re Assiri, Sinacherib ed Esarhaddon, fra il 704. ed il 669. avanti l'Èra Volgare, contro gli A-ri-bi (gli Arabi nomadi del settentrione della penisola), nel corso delle quali gli eserciti assiri penetrarono fino a Adummate (ossia Dūmah al-Ǵandal), asportando gli idoli e grande quantità di bottino (cfr. Tiele, *Babilonisch-Assyrische Geschichte*, Gotha, 1888, p. 336-337, 348-349, 383 e Grimme, *Die weltgeschichtliche Bedeutung Arabiens*, München, 1904, p. 9-15, 20-21). Parimenti passiamo in silenzio le poche notizie dell'età Achemenide, e dei tempi di Alessandro Magno, il quale, si dice, meditasse anche la conquista d'Arabia.

Durante il dominio dei Parti, ed i conflitti fra i re Arsacidi e l'impero Romano, gli Arabi compaiono con frequenza sempre maggiore sulle frontiere del deserto e troviamo già avviato il processo di graduale infiltra-

[Rapporti fra gli Arabi e l'impero Sassanida.]

zione di elementi arabi attraverso i confini settentrionali della penisola tanto in Mesopotamia, che in Siria (cfr. poc'anzi il § 113 e nota). Il breve splendore di Palmira, le vittorie di Odenato, e la drammatica apparizione della famosa Zenobia, vinta dall'imperatore Aureliano, fanno parte, come già si disse, della storia araba antica e rivelano a quale grado di civiltà anche allora potessero giungere gli Arabi, e con quanta facilità riuscissero ad assimilarsi le usanze e le istituzioni di popoli molto più civili. In appresso il nome temuto dei Saraceni [1] ritorna sovente negli annali guerreschi di Roma e di Bisanzio, e quando i Sassanidi fondarono il loro impero, ebbero fin dal principio a rivolgere grande attenzione alla difesa della frontiera occidentale contro le audaci e continue depredazioni dei valorosi nomadi del deserto. Piombando con la velocità di uccelli di rapina sui pacifici agricoltori stabiliti lungo le rive dell'Eufrate, scomparivano quindi con la stessa rapidità entro i deserti, dove dopo il supremo ardimento dei re Assiri, nessuno mai più ha osato inseguirli (cfr. per es. Bakri, 45-46).

Nè soltanto davano molestia dalla parte di terra. Il Golfo Persico, da tempo immemorabile, è stato sinistramente famoso per il numero e l'ardire dei pirati, che ne infestavano le coste. Anche questi erano Arabi, i quali abilissimi e arditi marinari, celebri nuotatori e pescatori di perle, sapevano, a tempo opportuno, tramutare le barche pescherecce in brigantini da pirati e catturare i velieri carichi di ricche merci indiane e cinesi, che fin da tempi quasi preistorici, veleggiavano fra le bocche del Tigri e dell'Eufrate, e l'Estremo oriente. I Sassanidi dovettero quindi prendere severi provvedimenti per tutelare la via del mare, donde provenivano tutte le spezie e le merci preziose dell'India, e che aveva come porto d'approdo la vetusta città di Ubullah, l'antica 'Απόλογος, un tempo posta presso allo sbocco dei corsi riuniti del Tigri e dell'Eufrate (cfr. Le Strange, *Lands of the Eastern Caliphate* 19, 47).

Nota 1. — (*a*) Sull'origine del nome « Saraceni », che ci viene dal greco Σαρακηνοί, si è ancora incerti. Anche scartando la celebre ipotesi, che provenisse da Sarah, la moglie di Abramo (cfr. Hottinger, *Historia Orientalis*, Tiguri, 1660, pag. 9-12), le altre due spiegazioni, che fanno provenire il nome, sia dalla radice saraqa, ossia rubare (perchè gli Arabi erano tutti briganti), sia dalla radice šaraqa, che si dice del sole nell'atto di sorgere in oriente (e quindi Saraceni significherebbe: orientali rispetto agli Ebrei e ai Greci, [Dulaurier] J. A., 1848, série IV, vol. XII, p. 332), non sono soddisfacenti. Gli Arabi non hanno mai adoperato uno di quei termini per la definizione di loro stessi, nè ci consta che le popolazioni aramaiche del confine arabo sirio impiegassero mai una espressione simile per definire i loro temuti vicini. L'illustre prof. I. Guidi mi scrive: « Un'etimologia certa, o almeno assai verosimile di 'Saraceno', non è stata, per quanto io so, ancora trovata. Σαρακηνοί è naturalmente da Σαρακα. La somiglianza fra šaraqiyyīn e Saracino è apparente, nominatamente per la finale, perchè iyyīn non ha che fare con ηνός, che è suffisso greco. Anche meno probabile è l'etimologia da saraqa ».

(*b*) È degno di nota che perfino gli Armeni contemporanei delle prime conquiste chiamassero gli Arabi, Saraginos (cfr. J. A., l. c., a p. 310). Il Reinaud (J. A., 1863, série VI, vol. I, p. 127, nota), afferma che che la parola Saraceni equivale alla parola araba Beduini, mentre gli Arabi sedentari erano chiamati dai Greci Ἄραβες Εὐδαίμονες, e dai Latini: Arabes Felices.

[Rapporti fra gli Arabi e l'impero Sassanida.]

(c) Ultimamente il Winckler ha trovato (cfr. Winckler, A. F., Zweite Reihe, 74-76) che nelle iscrizioni assire di Sargon II, l'espressione šarrāḳu adoperata a proposito di Arabi nomadi, e nel senso di « abitatore del deserto ». A conferma di questo significato egli adduce varî passi biblici (per es. Geremia, 25, 18) dove la radice šaraqa sta nel senso di luogo deserto. Il Winckler dopo varie acute osservazioni viene alla conclusione che la parola Saraceni abbia il significato di « abitanti del deserto ».

(d) Nel *Thesaurus* dello Stefano (ediz. Paris, 1848-54) è citato Tolomeo: Σάρακα, χώρα Ἀραβίας μετὰ τους Ναβαταίους. Οἱ οἰκοῦντες Σαρακηνοί (cfr. anche Sprenger Geo., §§ 67 e 328, e Anastas, *L'origine du mot Sarrazins* nel « Machriq », 1904, 340-343).

§ 133. — Per queste ragioni uno dei primi còmpiti dei Sassanidi, appena fondato il loro impero, fu di assicurarsi la frontiera araba lungo le rive occidentali dell'Eufrate, e il dominio del mare nel Golfo Persico. Già il primo re sassanida, Ardašīr (Nöldeke Perser, 23; Tabari, I, 821 e segg.) venne in conflitto con gli Arabi abitanti in quella regione, dove poi sorse la città di Ḥīrah (1), e con quelli della costa araba del Baḥrayn (Nöldeke Perser, 18; Tabari, I, 820, lin. 2). Ciò dimostra, come durante i torbidi, che portarono alla caduta dell'impero partico, una copiosa popolazione araba si fosse già infiltrata nella Babilonide ed avesse popolato tutto il paese a occidente dell'Eufrate. Sui particolari di questa lenta emigrazione araba nulla sappiamo di preciso, perchè le tradizioni arabe, che trattano dell'argomento meritano ben poca fede (cfr. Rothstein, 37, ove sono citate tutte le fonti principali). Possiamo soltanto ritenere con relativa certezza, che già allora esistesse lungo tutte le frontiere occidentali dell'impero Sassanida, dalle bocche del Tigri fino al cuore della Siria, un fortissimo elemento arabo (cfr. poc'anzi § 113 e nota), misto forse a molti elementi Aramei, che costituiva un grave e costante pericolo per la sicurezza del confine, e che attirò l'attenzione dei sovrani Sassanidi, forzandoli a molti, ma inefficaci spedienti di precauzione. Gli Arabi intanto, al contatto con popolazioni più civili, avevano accolto molti usi e principî ignoti ai loro consanguinei del deserto, sicchè sulle rive dell'Eufrate, dopo varie peripezie, si formò un principato arabo (dei Lakhmiti), sul modello dei principi feudatari dell'impero Sassanida: fin dal suo nascere esso ebbe continui ed intimi rapporti con la corte di Ctesifonte (dagli Arabi detta: al-Madā·in). La necessità di questi rapporti si impose ai Sassanidi per la immediata vicinanza della regione Hirense, distante sole quattro giornate dalla capitale dell'impero (cfr. Muqaddasi, 134, lin. 8-9). Il grave pericolo di incursioni arabe nel cuore stesso del regno (2) indusse i re persiani non solo a favorire i principi arabi di Ḥīrah, ma anche a sopraintendere alla costituzione politica e militare del loro stato per usarne come mezzo per tenere a freno le indomàbili tribù del deserto, contro le quali gli Iranici erano impotenti ad agire: nessun re sassanida osò mai avventurare le sue schiere nei deserti della penisola.

[Rapporti fra gli Arabi e l'impero Sassanida.]

Grazie alla politica nefasta dei Sassanidi, gli Arabi divennero sempre più numerosi e potenti, ed abbiamo già narrato (cfr. § 125) come il principe Lakhmita, al-Mundzir I, prendesse parte attiva alle guerre civili dell'impero: tante erano le forze di cui disponeva, che ottenne di porre sul trono quel pretendente, Bahrām Ġūr, il quale era stato da lui educato ed aveva chiesto il suo appoggio. I principi arabi ritrassero da ciò novelli onori e nuovi privilegi (Tabari, I, 855-863; Ya'qūbi, I, 183; Ḥanīfah, 57; Rothstein, 68-69), e divennero uno dei sostegni principali del governo Sassanida, ricevendo il difficile incarico di combattere i consanguinei arabi, i vassalli dell'impero bizantino, e di proteggere la valle babilonese lungo il suo confine più debole e pericoloso.

La condizione privilegiata dei principi arabi di Ḥīrah accrebbe rapidamente il loro potere, e le loro ricchezze: ne abbiamo prova nelle notizie di grandi e costose costruzioni (il castello d'al-Khawarnaq) erette da al-Nu'mān I, per imitazione forse dei suoi padroni, i re di Persia. Questo è indizio sicuro, oltrechè d'una coltura progredita, anche del possesso di grandi mezzi, senza i quali non era possibile la soddisfazione di simili lussi (Tabari, I, 851 e segg.; Rothstein, 65-66; Nöldeke Perser, 79 e segg.).

Nota 1. — (*a*) Sull'origine (siria) della parola Ḥirah, pronunziata anticamente Ḥēra, cfr. Nöldeke Perser, 25, nota 1. Il vero significato della parola è « campo militare »: forse questo nome venne dato al campo degli Arabi addetti alla difesa del confine, e rimase poi attaccato al sito, quando con l'andar del tempo (forse nella prima età Sassanida, durante le guerre fra Odenato ed i Persiani, dopo il 250 dell'Èra Volgare) il campo mobile divenne una città. Cfr. anche Rothstein, 12 e segg.; Tabari, I, 685 e segg.; Caussin de Perceval, II, 9 e segg.; Yāqūt, II, 373; Nöldeke Ghassān, 48 e nota 2.

(*b*) Già nel V o VI secolo dell'Èra Volgare Ḥirah godeva d'una grande prosperità: dinanzi alla città, sulle rive del canale che la traversava, trovavansi continuamente ancorate molte navi venute sin dall'India e dalla Cina. Nella città abbondavano le ricchezze e le merci più rare e preziose, mentre le campagne, che oggi sono tramutate in una triste solitudine, erano allora attivamente coltivate, e piene di case, di monasteri e di giardini (Abulfeda Geo. Rein., p. CCCLXXXII).

(c) La città, che era chiamata « la bianca » per la bellezza dei suoi monumenti, sorgeva nelle vicinanze immediate del grande lago pantanoso, al-Naǵaf, nel quale si versavano le acque del canale Pallacopas, derivato dall' Eufrate (Yāqūt, II, 375, lin. 7-8 e lin. 18). Si vuole che un tempo il mare arrivasse fino al lago presso Ḥirah (Ya'qūbi Buld., 309, lin. 15 e segg.). Intorno a Ḥirah scorrevano molti piccoli canali d'irrigazione, che intersecavano vasti palmeti e campi coltivati (Ḥawqal, 123, lin. 4 e segg.; Iṣṭakhri, 82, lin. 13 e segg.; cfr. per altre notizie § 162, nota 8).

Nota 2. — È noto che il grande Anūširwān, turbato dalle continue incursioni arabe lungo il confine babilonese, fu costretto a ristaurare ed aumentare le fortificazioni sulla frontiera araba. La città di Bā-lūs, fondata da Sābūr Dzū-l-Aktāf, venne riedificata e munita di una forte guarnigione; e da Hīt sull'Eufrate fino a Kāẓimah (presso Baṣrah alle bocche del Tigri e dell'Eufrate) fu scavata una lunghissima trincea, attraverso tutta la regione detta Ṭaff al-Bādiyah, che lambiva il deserto arabico. Questa linea fortificata, che si potrebbe paragonare al muraglione della Cina, era munita di torri, e di quartieri fortificati per i soldati e custodita da posti militari in tutta la sua lunghezza. In questo modo si sperò di por termine alle incursioni disastrose dei nomadi (Yāqūt, III, 595, lin. 13 e segg.; Rustah, 107, lin. 17 e segg.; Bakri, 641, lin. 8 e segg.).

§ 134. — Intanto però anche gli Arabi, che abitavano le coste del Golfo Persico, valendosi dei disordini interni dell'impero Sassanida durante

[Rapporti fra gli
Arabi e l'impe-
ro Sassanida.] la minorità di Sābūr II, facevano ripetute incursioni sulle coste della Persia (Nöldeke Perser, 53; Ṭabari, I, 836 e segg.), compiendo vaste e terribili devastazioni, che rimasero lungo tempo impunite. Di poi Sābūr II dovette intervenire, ed in una lunga campagna sottomise la maggior parte delle provincie arabe lungo le rive del mare (Nöldeke Perser, 56; Ṭabari, I, 838 e segg.). Abbiamo perfino notizia che egli trasportasse alcune tribù arabe dei Taghlib, degli 'Abd al-Qays, e dei Bakr b. Wā'il, nell'interno del suo stato, ove era più facile sorvegliarle e tenerle a freno (Nöldeke Perser, 67; Ṭabari, I, 845, lin. 11)(¹). I rapporti fra gli Arabi ed i Sassanidi divennero ancora più stretti con l'andar del tempo, perchè le milizie ausiliarie arabe formarono sempre una parte cospicua ed attivissima degli eserciti sassanidi nel secolare conflitto con Roma e Bisanzio: le fonti greche e siriache per quel triste periodo sono piene di memorie delle prodezze, e delle crudeltà degli Arabi di Ḥīrah, uno dei quali, al-Mundẕir, è noto che facesse sgozzare in un giorno solo 400 monache cristiane in sacrifizio alla divinità pagana al-'Uzza (Rothstein, 61; Land Anecd. Syr., III, 247). I re Sassanidi si valsero specialmente degli Arabi di Ḥīrah per combattere le tribù arabo-cristiane, dipendenti da Costantinopoli, note generalmente sotto il nome di Ghassānidi, e che avevano rispetto all'impero bizantino, la medesima posizione dei Lakhmiti di Ḥīrah verso il governo di Ctesifonte.

I particolari di queste campagne, menate da ambedue le parti con arabica ferocia, e che sono fra i più tristi episodi di quel tristissimo periodo precursore della conquista araba, non ci riguardano, perchè fanno parte della storia politica dell'Asia Anteriore avanti l'Islām. Basti per noi rammentare che il principato di Ḥīrah divenne una delle potenze temute di quella infelice regione e non solo ispirò terrore e odio fra i nemici, ma non tardò a insospettire anche gli stessi sovrani persiani, i quali circondati già da tanti avversari e da tante difficoltà, vedevano a malincuore sorgere un nuovo probabile e fiero nemico in una delle posizioni vitali dell'impero. Quando perciò il nefasto contagio della guerra civile e gli effetti funesti delle ricchezze e del lusso, incominciarono a turbare l'ordine interno del principato arabo, il re Sassanida allora regnante, Khusraw (Kisra) Abarwīz, intervenne energicamente e nel 605. dell'È. V. pose fine alla dinastia araba dei Lakhmiti, sostituendo al principe vassallo quasi autonomo, un luogotenente, che nulla in comune aveva con la dinastia del principato, vale a dire un arabo cristiano della tribù di Ṭayy, per nome Iyās b. Qabīṣah, al fianco del quale pose però un marzubān persiano, che sorvegliasse ogni sua azione, e riferisse su tutto alla capitale.

NOTA 1. — Quasi nulla sappiamo sulla storia del dominio persiano lungo le coste del Golfo Persico, ma è certo che con varie vicende questo dominio si conservò più o meno stabilmente durante tutto il periodo Sassanida (cfr. Nöldeke Perser, 18, nota 2): ciò è attestato altresì dalle vaghe tradizioni sui rapporti fra i Hanīfah ed i Persiani, e sulla comparsa nell'Arabia orientale dei primi missionarî musulmani, o agenti politici di Madīnah (cfr. 8. a. H., §§ 179 e segg.): da esse sappiamo che viveva colà una copiosa popolazione persiana di adoratori del fuoco, sotto luogotenenti sassanidi (cfr. anche 12. a. H., §§ 89 e segg.). Anche la spedizione nel Yaman (cfr. Intr., §§ 110 e segg., e 11. a. H., § 186) è una prova dell'interesse continuo e diretto, che i Sassanidi serbarono sempre nelle vicende d'Arabia. Il possesso del Yaman dovette sembrare ai sovrani della Persia un ottimo spediente di precauzione per contenere le irrequiete e rapaci tribù e per estendere l'influenza persiana sulla penisola. Di sommo interesse è anche la notizia riferita da Hamdāni (149, lin. 17 e segg.) che in Šamām, nel cuore d'Arabia (? prima dell'Islām), migliaia (ulūf) di Persiani adoratori del fuoco lavoravano ad estrarre argento e rame dalle ricche miniere del luogo. Ivi trovavasi anche un tempio, nel quale i lavoranti adoravano il fuoco. Da questo deduciamo che l'influenza persiana in Arabia dovesse essere assai più grande che non si creda.

[Rapporti fra gli Arabi e l'impero Sassanida.]

§ 135. — Il governo si illuse di poter esercitare in questo modo una influenza più diretta ed efficace sulle irrequiete tribù del confine e di premunirsi dal pericolo che un feudatario troppo potente riuscisse ad erigersi in principe autonomo. Non molti anni prima il famoso re Kisra Anūširwān, circa l'anno 570. dell'Èra Volgare (vale a dire poco avanti che nascesse Maometto. cfr. Intr., §§ 110 e segg., e 11. a. H., § 186.) aveva creduto di migliorare le sorti del suo dominio in Arabia, mandando una spedizione alla conquista del Yaman: idea infelice, che disperse anche maggiormente le poche forze persiane e nulla giovò alla stabilità dell'impero, creando soltanto una nuova provincia quasi indipendente dal governo centrale, separata come era da mari burrascosi, e da deserti, che nessun esercito persiano poteva traversare.

Gli errori della nuova politica araba dei Sassanidi non tardarono a manifestarsi con sintomi assai gravi. Il primo tentativo diretto dei Persiani per punire di certe incursioni e depredazioni commesse le tribù Bakrite indipendenti, che abitavano sul confine del principato Hirense, ebbe ignominiosa fine con il disastro di Dzū Qār nel 610. dell'Èra Volgare, quando l'esercito persiano di parecchie migliaia di uomini venne distrutto dai valorosi nomadi collegatisi per la comune difesa (cfr. Introd., § 230; 2. a. H., § 104; 3. a. H., § 64). La fama della grande vittoria riecheggiò in tutta Arabia, facendo crollare d'un tratto il terrore secolare per la potenza dei re di Persia. Il significato di questo evento storico di somma importanza traluce ben chiaro, quando si noti che le tribù dei Bakr b. Wā·il, riuscite vittoriose dal conflitto. furono quelle precisamente, che indussero, come esporremo fra breve, i musulmani alla conquista della Persia. Dando anzi la necessaria interpretazione ad un breve cenno, che si trova in molte fonti. è probabile, che dalla battaglia di Dzū Qār in poi gli Arabi del confine non dessero più pace ai Sassanidi, e valendosi delle guerre civili e dell'invasione greca sotto Eraclio, molestassero con continue incursioni non solo la satrapia di Hīrah, ma tutti i possedimenti persiani dalla frontiera delle

[Rapporti fra gli Arabi e l'impero Sassanida.]

provincie asiatiche dell'impero greco fino alle bocche dei due fiumi mesopotamici. I Sassanidi quindi con la soppressione della dinastia Lakhmita fiaccarono l'ultimo e massimo riparo contro il pericolo maggiore che minacciasse l'impero, esponendo uno dei punti più vulnerabili della frontiera agli assalti d'un nemico, che doveva un giorno diventare il più temibile di tutti, l'agente supremo della catastrofe oramai imminente.

§ 136. — Mentre fino a quel giorno il principato di Ḥīrah era servito a incutere negli Arabi un salutare rispetto per il grande re di Ctesifonte, l'errata politica di Kisra Abarwīz servì ad istruire gli Arabi sulle vere condizioni dell'impero Sassanida. I rapporti commerciali e morali fra Ḥīrah ed il resto della penisola, specialmente con le tribù dell'Arabia orientale, erano sempre stati molto attivi, e le tradizioni sulle frequenti caravane, che viaggiavano fra Makkah e l'ʿIrāq (cfr. 3. a. H., § 6; 9. a. H., § 8), nonchè sull'origine e la diffusione della scrittura araba ai tempi di Maometto (cfr. 11. a. H., §§ 211 e segg.) sono prove della continuità e dell'importanza delle relazioni fra gli Arabi più civili della periferia e quelli più rozzi dell'interno della penisola. Le condizioni reali dell'impero Sassanida non tardarono ad essere note in tutta Arabia: la vittoria di Dzū Qār fu il colpo di grazia al prestigio dei Sassanidi, perchè nessuno dei re persiani potè mai vendicare il disastro e punire le tribù vittoriose. Queste, grazie all'impunità, e consapevoli delle spaventose condizioni interne dell'impero, ripeterono con ardimento sempre maggiore le loro incursioni; e nel breve ventennio, che trascorse fra la battaglia di Dzū Qār e le ultime vittorie musulmane in Arabia dell'a. 12. H., una guerra continua infierì lungo tutto il confine arabo-persiano, dando agio agli Arabi di soddisfare a tutti i loro istinti selvaggi di rapina senza subire mai verun castigo. La loro impunità fu assicurata prima dalla famosa campagna dell'imperatore Eraclio, che giunse vittorioso fino nel cuore della Persia, poi dalla spaventosa anarchia che seguì, quando i Greci si ritirarono. I partiti della corte sassanida che si strappavano a vicenda il potere con ogni specie di delitto e di violenza, avevano ben altro da pensare, che ai laceri predoni del deserto ed alle loro molestie, ignari che l'impunità concessa doveva sollecitare la caduta estrema del loro infame governo e la punizione fatale dei loro misfatti.

I popoli cristiani sottomessi ai Sassanidi.

§ 137. — Non è possibile chiudere questa pur necessaria digressione senza esaminare brevemente anche un altro argomento di grande rilievo per la intelligenza della conquista araba, vale a dire le condizioni dei popoli cristiani sottomessi ai Sassanidi e i rapporti fra loro e il governo di Ctesifonte.

[I popoli cristiani sottomessi ai Sassanidi.]

Una conoscenza anche approssimativa di questi rapporti ci spiegherà in appresso uno degli aspetti caratteristici della conquista araba dell' 'Irāq, vale a dire l'atteggiamento del tutto passivo delle popolazioni semitico-cristiane della Babilonide e della Mesopotamia, nel conflitto fra Arabi e Persiani. Così anche avremo lume sopra un altro argomento pure di grande rilievo, le condizioni fiscali ed amministrative, alle quali i Semito-Cristiani della Persia furono sottoposti dai loro nuovi padroni, argomento che avremo a trattare, studiando l'assetto amministrativo e tributario dell'impero arabo sotto il califfo 'Umar I.

I nostri appunti sui Cristiani della Persia dovranno essere di necessità assai brevi, perchè tutto il problema è ancora avvolto in grande oscurità. Non pochi valenti orientalisti, dai tempi dell'Assemanus in poi, hanno rivolto considerevole attenzione alle fonti — quasi tutte in lingua siriaca — relative a questo soggetto; oggidì tale è già la copia dei materiali dati alle stampe, che sarebbe oramai possibile ed opportuna una sintesi storica delle vicende del Cristianesimo e dei Cristiani sotto i Sassanidi. Non mancano è vero, lavori speciali su varie questioni secondarie, ma ancora si desidera un'opera che abbracci l'intiero problema e ne segua anche le varie diramazioni e continuazioni sotto agli Arabi, quando la chiesa Nestoriana della Babilonide estese le sue ramificazioni fino in Asia Centrale e nel cuore della Cina. Il primo lavoro sintetico in questa direzione ha visto la luce soltanto l'anno scorso e lo dobbiamo al dotto abbate J. Labourt, che ha reso con esso alla storia orientale insigne servizio. L'opera sua (*Le Christianisme dans l'Empire Perse sous la dynastie Sassanide*, 224-632 dell'Èra Volgare) ha un vero pregio e ci è stato di grande utilità, ma chi la studia, avendo in mente gli eventi che determinarono la caduta dei Sassanidi e l'avvento degli Arabi, deve purtroppo riconoscere quanto ancora rimanga da esplorare in questo campo quasi vergine di ricerche. Per ragioni fin troppo evidenti, un tentativo di colmare le lacune, persino in modo approssimativo, non è possibile in questo luogo; lasciamo ad altri siffatto còmpito assai arduo e ci contenteremo di estrarre dal pregevole lavoro del Labourt quelle poche notizie che hanno rapporto più diretto con i nostri studi; le quali, riunite brevemente assieme con qualche notizia suppletiva, serviranno a indicare alcuni argomenti generali che il Labourt ha omesso di prendere in più accurato esame.

Non v'è dubbio che il Cristianesimo si propagò nei paesi a oriente dell'Eufrate per opera di missionari partiti da Antiochia (Duchesne Origines, 69; Labourt, 69; Harnack Die Mission, 442 e segg.; Duchesne, *Histoire ancienne de l'Eglise*, Paris, 1906, vol. I, 450 e segg.) in un'età assai remota, forse già nella seconda metà del primo secolo dell'Èra Volgare. Edessa in Mesopotamia (la Ruhā degli Arabi) fu il più antico e

[I popoli cristiani sottomessi ai Sassanidi.]

più celebre centro Cristiano nelle regioni trans-eufratiche, e da Edessa partirono certamente le prime missioni che convertirono il resto dell'Asia Anteriore. Ciò corrisponde perfettamente con le acute osservazioni del Winckler (A. O., annata II, fascicolo I, 20 e segg.): chi vuole conoscere la via presa dalla civiltà e dalle religioni attraverso la storia, deve rintracciare innanzitutto le grandi vie commerciali, e dietro queste non mancherà di appurare come sempre in ogni tempo le merci e gli scambi commerciali furono i veicoli migliori delle idee, delle civiltà e delle religioni. Fin dai più remoti tempi Edessa fu un grande emporio commerciale: essa era il nodo centrale di numerose vie che si irradiavano verso la Siria (Egitto), Antiochia (il Mediterraneo), l'Armenia, la Persia, e la Babilonide. L'arteria principale era quella che nel traversare Edessa univa il Golfo Persico al Mediterraneo. Chi vuol comprendere la politica e le ragioni militari dei grandi sovrani dell'Asia antica non deve mai perder di vista l'enorme importanza morale, economica e militare di questa via. Essa fu nel terzo e secondo millennio avanti Cristo il tramite per il quale la civiltà babilonese permeò in tutta l'Asia Anteriore fino in Egitto: essa perciò fu anche il tramite per il quale prima l'Ellenismo e più tardi il Cristianesimo da Antiochia penetrarono in Edessa, e da qui in Babilonide, e nel resto dell'Asia. La medesima causa portò alla fondazione ed alla maravigliosa prosperità di Antiochia, che sorgeva all'estremità occidentale di questa grande via commerciale.

Anche molto più tardi, quando Antiochia divenne un principato latino al tempo delle Crociate, vediamo, sempre per le stesse ragioni, fondarsi un principato latino anche in Edessa. Non ci deve quindi sorprendere quanto presto il Cristianesimo da Antiochia penetrasse in Edessa e non abbiamo diritto di giudicare con soverchio scetticismo le leggende sulla prima comparsa del Cristianesimo in Babilonide. Questa deve essere pure molto antica, e se ha, come noi crediamo, ragione la tesi posta dal Winckler, dopo Edessa, noi dovremmo andare direttamente a Ctesifonte (Seleucia), la capitale Sassanida, per cercarvi, omettendo di parlare d'altri minori, il secondo nucleo cristiano. Quivi infatti scontravasi un altro crocevia commerciale di somma importanza. Innanzitutto la via da Edessa al Golfo Persico traversava la capitale: da questa poi irradiavansi per lo meno altre tre vie di primaria importanza, una verso Ḥīrah (Arabia) porto commerciale assai attivo sull'Eufrate, la seconda verso la Persia settentrionale per la storica via dello Zagros, e l'altra verso la Persia meridionale.

Comunque sia però, solo dopo la caduta degli Arsacidi, e l'avvento dei Sassanidi, ossia verso il 250. a. dell'Èra Volgare, possiamo constatare con relativa sicurezza l'esistenza in Babilonide di varî nuclei cristiani intenti a crearsi una gerarchia ecclesiastica. Prima di questo periodo tutto è ancora tenebre: la leggenda che la conversione dei primi Cristiani in Persia sia opera dell'apostolo S. Tommaso (cfr. Barhebraeus, I. 34; J. Labourt, 16, nota) è nata certamente da quel bisogno istintivo nell'uomo di nobilitare le origini di tutto ciò che gli è caro. Così pure secoli dopo, ai tempi dell'Islām, tutte le scuole tradizionistiche della Siria e dell'ʿIrāq pretesero di essere state fondate da Compagni del Profeta (cfr. 11. a. H., § 79 e nota). [I popoli cristiani sottomessi ai Sassanidi.]

Il Cristianesimo dal primo momento della sua apparizione di là dall'Eufrate si diffuse con discreta rapidità sopra una superficie molto estesa, ma ci mancano ancora gli elementi per stabilire, anche con approssimativa sicurezza, quanto tempo occorresse, perchè la nuova fede si sostituisse agli antichi culti pagani del bacino Tigro-Eufratico, culti che avevano origine diretta nella religione degli antichi Babilonesi. La conversione dei popoli sottomessi ai Sassanidi dovette rassomigliarsi sotto molti aspetti a quella dei sudditi di Roma, ossia essere assai più rapida nelle città che nelle campagne; nondimeno dobbiamo ritenere che la conversione generale avvenisse con maggiore lentezza, che nelle provincie limitrofe dell'impero romano. Le ragioni sono evidenti: le popolazioni non sottomesse al dominio di Roma non si trovavano in quelle condizioni morali, che predisposero sì favorevolmente i sudditi dell'impero romano alla nuova dottrina. Per le loro condizioni materiali e morali profondamente diverse, gli abitanti delle regioni dominate prima dagli Arsacidi e poi dai Sassanidi, erano lungi dal sentire lo stesso bisogno di una nuova fede, che animava i loro cugini semiti, e gli ariani a occidente dell'Eufrate. Nelle provincie romane lo spirito filosofico greco e la fusione barbarica di religioni incoraggiate dal governo imperiale avevano profondamente perturbato la coscienza religiosa; l'uno con la solita analisi critica, l'altra con la miscela confondente e caotica di innumerevoli credenze, avevano rimescolato e sconvolto le basi fondamentali del sentimento religioso. Le nazioni invece viventi a oriente dell'Eufrate, essendo assai meno ellenizzate, avevan risentito in un grado assai minore l'effetto demolitore della filosofia greca, e quasi affatto l'influenza parimenti perturbante della politica religiosa degli imperatori romani, i quali ammettendo indistintamente tutti i culti, mostravano di non aver fede realmente in veruno di essi. A oriente dell'Eufrate aveva principio un mondo molto diverso da quello dominato dalle leggi di Roma; ivi cominciava il vero *oriente* non modificato se non molto superficialmente dalle influenze greco-romane, che tendevano a ridurre tutti gli uomini ad uno stesso livello e ad uniformarli tra loro, ellenizzando e romanizzando tutte le razze soggette. Di là dall'Eufrate niente

[I popoli cristiani sottomessi ai Sassanidi.]

più uniformità di leggi, nè uniformità di lingua, nè uniformità di culti babelicamente confusi assieme: ivi le tendenze conservatrici orientali avevano opposto un ostacolo assai più resistente alla coltura greca, la quale, come è ben naturale, più lontana irradiava dal suo centro, minore azione esercitava sui pensieri e sulle sorti dei popoli. Sebbene gli Arsacidi avessero subito molto profondamente l'influenza ellenica, tanto che parecchi principi furono educati in occidente, e le monete da loro coniate portavano iscrizioni greche: tuttavia si deve ritenere che l'ellenizzazione persiana non fosse nel popolo nè profonda, nè durevole, nè rispondente ai suoi gusti originari (1). Difatti il sorgere della potenza sassanida segna la prima manifestazione di una fortissima tendenza anti-ellenica: la lingua, gli usi e la scrittura greca furono banditi dall'Irān: la religione ufficiale mazdeista, tornando al potere e movendo guerra spietata a tutte le altre religioni, denota chiaramente le tendenze, diremo, anti-europee dell'ambiente asiatico in quell'età particolare. La politica stessa dei Sassanidi, che mirava costantemente ad abbattere l'impero romano-bizantino, ed al ricupero delle provincie un tempo soggette agli Achemenidi, è anch'essa una manifestazione assai eloquente della reazione asiatica contro la civiltà greco-romana. Dobbiamo quindi ritenere che le popolazioni soggette prima agli Arsacidi e poi ai Sassanidi avessero conservato, assai più che i sudditi romani dell'Asia Anteriore, le loro caratteristiche orientali, non solo nella lingua e nei costumi, ma sovrattutto anche nel loro modo di sentire, e nelle loro credenze religiose (2). In queste condizioni il progresso della fede cristiana a oriente dell'Eufrate dovette svolgersi con moto assai meno rapido. Al quale ostacolo si aggiunse un'altra complicazione di natura grave e complessa, che deve essere presa in attento esame, perchè è la chiave che spiegherà molti problemi offerti dalla conquista araba.

Nota 1. — Gli Arsacidi, come è noto, erano di origine ariana, ma del ramo turanico, ossia non-persiano: in principio del loro dominio adottarono il culto dualistico della Persia antica, ma alla fine del loro dominio ritornarono ai loro culti pagani, all'adorazione del Sole e della Luna, ed al culto degli antenati (cfr. Rawlinson Parthia, 394-395). Gli Arsacidi ebbero perciò ben poca influenza diretta sui loro sudditi persiani e semiti: numericamente erano pochi e costituivano per lo più una ristretta classe di signori feudali, viventi in istato di perfetto isolamento e lungi dal contatto diretto con il popolo. Di origine schiettamente barbarica non ebbero come sostegno morale, o come mezzo efficace d'influenza, nè un'arte, nè una fede: intellettualmente furono poverissimi, e scomparvero dopo cinque secoli senza lasciare traccia della loro esistenza, assorbiti etnicamente e moralmente dalle popolazioni che essi sì infelicemente governarono (cfr. Chipiez et Perrot., *Histoire de l'Art*, vol. V).

Nota 2. — Una prova di quanto fosse poco ellenizzato l'oriente trans-eufratico nel I e nel II secolo, sta nel fatto che il Vangelo per potervi penetrare e vincere i culti idolatri, dovette essere tradotto dal greco in siriaco. Mentre per diffondersi entro le provincie romane, i Detti di Cristo dovettero dal dialetto aramaico della Galilea essere tradotti in greco, questo al di là dell'Eufrate non era più compreso. È noto come appunto il Cristianesimo sia la causa dell'invenzione della scrittura siriaca, e il vero elemento creatore della letteratura siriaca. È notevole altresì che i Romani non poterono mai tenere durevolmente la Mesopotamia, e quei saggi imperatori che di proposito fissarono i confini dello stato romano sulla riva occidentale dell'Eufrate, ebbero la chiara visione che al di là del fiume incominciava un mondo molto diverso, che poco o nulla aveva in comune con l'occidente, e quindi assai difficile era a tenere ed a difendere.

§ 138. — Facendo astrazione per i gruppi minori di razze turaniche, che popolavano una parte dell'Irān settentrionale, la popolazione dell'impero Sassanida si divideva in due grandi famiglie, l'una iranica e l'altra semitica. Gli Ariani e Persiani popolavano tutto l'altipiano iranico e formavano, discorrendo in via generale, la razza dominatrice. Le genti semitiche (¹) avevano invece per loro sede tutto il vasto bacino alluvionale intersecato dal Tigri e dall'Eufrate. Non è possibile con i documenti che possediamo, di stabilire con precisione i confini delle due nazionalità, perchè dalla caduta dell'impero assiro sotto Ciro l'Achemenida nel 539. avanti l'È. V. gli Ariani dell'altipiano, con brevi intervalli, si sono trovati costantemente sotto lo stesso governo che dominava le pianure popolate dai Semiti, e perciò l'assenza dei precisi confini politici ha contribuito a formare una vasta zona intermedia di nazionalità mista. Alludiamo al paese conosciuto anticamente come Elam, e che oggi è composto dalle due provincie del Farsistān e Khūzistān. Nel corso perciò di tanti secoli era avvenuta una infiltrazione molto considerevole di elementi persiani nelle pianure Babilonesi. Durante i cinque secoli di dominio Sassanida la maggior parte degli impiegati governativi nella Babilonide, erano persiani, e quando ebbe principio l'invasione araba, troviamo — giudicando dai nomi — che la maggioranza dei grandi proprietari di terre a oriente dell'Eufrate, erano persiani pur'essi. [I popoli cristiani sottomessi ai Sassanidi.]

Come provincie sottomesse alla Persia, la Babilonide ed in parte anche la Mesopotamia erano custodite da guarnigioni persiane, le quali senza dubbio devono aver contribuito in una certa misura ad iranizzare gli aborigeni semiti. Infine la toponomastica nella maggior parte dei paesi interfluviali, manifesta evidenti tracce d'influenze persiane, benchè sia probabile che molti nomi di città quali appariscono nella storia e in trattati arabi di geografia, fossero quelli ufficiali del governo sassanida e non sempre quelli in uso fra i contadini semiti. Si deve inoltre osservare che i Persiani erano certamente numerosi nelle città, sedi dell'amministrazione fiscale, delle guarnigioni, dei mercanti e dei latifondisti: nelle campagne l'elemento semita tenacemente attaccato al suolo aveva conservato in grande parte immutato la purezza dell'idioma e del sangue. Non essendo la Persia un paese che si presti all'agricoltura, gl'immigranti non erano indotti a coltivare il suolo con le proprie braccia, ma preferivano far fortuna per altre vie, lasciando alla popolazione indigena semita le dure ed ingrate fatiche dell'agricoltura. Forse soltanto in alcune parti più vicine all'altipiano iranico, specialmente nelle vallate del Khūzistān, presso alle rive del Golfo Persico, l'immigrazione persiana può essere stata più numerosa ed anche agricola. Siffatta immigrazione non fu costante, ma, per varie ragioni, ora più, ora meno in-

[I popoli cristiani sottomessi ai Sassanidi.]

tensa: molto dipese dalle condizioni politiche, e dal grado di prosperità dell'impero. Specialmente degno di nota è il fatto singolare che i Sassanidi, per una strana anomalia, dovuta a remote cause storiche e ad esigenze geografiche, commerciali e politiche, che non possiamo esaminare in questo luogo, avevano la capitale e la sede centrale del governo (Ctesifonte) in territorio straniero in mezzo al paese semita (cfr. § 155, nota 1,*c*), mentre nelle feraci pianure che si stendevano fra il Tigri e i monti dell'Irān i re sassanidi si erano costruiti numerosi palazzi e luoghi di villeggiatura. È probabile però che allora, come oggidi ancora può osservare chi ha viaggiato nell'Irāq, l'immigrazione persiana fu sempre instabile e molto fluttuante: non prese mai ferme radici nel suolo, ma subì profonde variazioni a seconda del corso prospero o infelice degli eventi politici, dai quali dipendeva la esistenza degli immigrati fuori della patria.

Possiamo perciò in via generale e approssimativa conchiudere che i confini delle due razze, ariana e semitica, seguivano a un dipresso i contorni dell'altipiano iranico: certo è che mai vi fu un'immigrazione semitica in Persia, ma sempre e soltanto una iranica in Babilonide. I semiti in genere hanno sempre mostrato una certa disposizione a preferire paesi piani a quelli montuosi: negli antichi tempi Babilonesi i Semiti nell'avanzare dalla Babilonide verso settentrione e nel popolare la Mesopotamia si arrestarono alle prime pendici dell'altipiano armenico. Essi risalirono il corso dei fiumi e si estesero ovunque il terreno era pianeggiante; mai però non tentarono di scalare le ripide pendici dell'altipiano iranico; l'ondata semitica si arrestò contro la muraglia alpestre del Zagros, che sorge orgogliosa sul piano sottostante, alla stessa guisa che le nostre Alpi dominano le pianure dell'Italia settentrionale.

§ 139. — Le due razze erano quindi stabilite in condizioni geografiche profondamente diverse, ed alla differenza di sangue e di lingua venne ad aggiungersi il profondo divario di costumi, di occupazioni e di fede.

I Persiani, popolo forte e virile, avevano spiccate tendenze militari ed aggressive: i Semiti invece, infiacchiti da una civiltà di migliaia d'anni, dediti alle occupazioni pacifiche e sedentarie dell'agricoltura, avevano perduto ogni passione per le armi: in questo sentimento erano anche confermati dallo stato continuo di soggezione a dominio straniero, di vera schiavitù, che, quando comparvero gli Arabi, durava da più di quattordici secoli. Infine particolarmente profonda e irreducibile era la differenza nelle credenze religiose. I Semiti della Babilonide erano i successori ed eredi di quelle civiltà vetustissime fiorite in quelle regioni dalle più remote età allora immaginabili, vale a dire forse oltre all'ottavo millennio avanti Cristo. L'evoluzione della coscienza religiosa di queste razze semite dalla caduta di Babilonia

[I popoli cristiani sottomessi ai Sassanidi.]

nel 539. avanti Cristo sino alla prima comparsa del Cristianesimo, è ancora un problema avvolto nella più profonda oscurità; ma in ogni caso si può dire con sicurezza che il lento processo di trasformazione si svolse in modo conforme ai gusti ed alle tendenze della natura semitica, nè mostrò mai alcuna inclinazione ad accordarsi con l'evoluzione religiosa degli Ariani dell'altipiano o dei popoli ellenizzati dell'impero Romano. Mentre i Semiti Babilonesi professarono un politeismo di forma assai complessa, ma con tendenza ad integrarsi in una specie di monoteismo locale; nell'Irān invece, fecondate da influenze totalmente diverse, a partire dalla caduta degli Arsacidi, le dottrine dualistiche di Zoroastro ripresero il sopravvento su tutte le altre presso i Persiani, e divennero con l'andar del tempo la fede nazionale per eccellenza, quasi come la fede giudaica degli Israeliti.

Il concetto che il mondo fosse dominato da due principi, uno del bene, e l'altro del male, in perpetuo conflitto fra loro, se pur forse ebbe origine da qualche idea cosmologica primitiva degli antichi Babilonesi, tuttavia nella forma speciale assunta nell'Irān non trovò mai alcun favore presso i Semiti; mentre il complicato politeismo di questi destò sempre viva ripugnanza presso gli Ariani della Persia. Tra Ariani e Semiti sotto gli Arsacidi, e poi sotto ai Sassanidi, esistè sempre un abisso intellettuale e morale che nessun provvedimento amministrativo potè mai colmare.

NOTA 1. — La denominazione «semitica» data agli abitanti del bacino Tigro-Eufratico non è assolutamente corretta. La popolazione di quella regione era formata da un sovrapporsi di numerosi e diversissimi strati etnici. Prima del 5.000, come è noto, gli abitanti erano Sumeri (un popolo di origine uralo-altaica o mongolica, usante una lingua agglutinante): ma già verso il 3.800, av. C. le successive ondate dei Semiti, provenienti dall'Arabia, sommersero ed assorbirono totalmente i Sumeri. Su questa razza mista si sovrappose forse un nuovo strato semitico verso il 2.500 con la dinastia araba di Babilonia, il re più famoso della quale fu Hammurabi. Più tardi verso il 1.800 venne una nuova ondata di popoli turanici, i Kassiti, i quali si sommersero e scomparvero completamente entro la massa semitica. Più tardi ancora nel corso dell'ultimo millennio avanti Cristo (tra il 1.000 e il 600) seguì una nuova immigrazione di Semiti, i così detti Caldei, abitanti del Bīt-Yākīn o così dette Terre Marittime, ovvero Arabi del Baḥrayn e dell'al-Yamāmah, che di nuovo innondarono la Babilonide (cfr. *Journal of the American Orient. Soc.*, vol. XIX, 2, 1898, p. 93). Queste sono le grandi linee delle correnti, o maree dei popoli su quella vetustissima terra; delle altre infiltrazioni etniche minori non facciamo neppure menzione.

Nel corso poi dei vari domini, Achemenida, Seleucida, Arsacida e Sassanida, durati circa un millennio, defluì un forte e costante rivo di immigrazione ariana dal settentrione. L'enumerazione di questi strati etnici che si sovrapposero sul suolo babilonico farebbe credere che la risultante di siffatta miscela dovesse essere molto ibrida. È stata però caratteristica speciale di tutte le razze semite, che esse hanno sempre corrotto ed assimilato altre razze ma assai raramente, sono mai state sopraffatte da altre nazionalità. Etnicamente il Semita ha una tenacia conservatrice del proprio tipo che è veramente maravigliosa: egli assorbe con grande facilità i prodotti della cultura straniera e ne trae vero profitto, ma rimane sempre essenzialmente Semita: nella prole di matrimoni misti è sempre il carattere semita più vigoroso che riappare più palesemente. Questo è dimostrato in modo insigne dalle vicende della Babilonide. I Semiti nel terzo millennio avanti Cristo adottarono la coltura e la religione dei Sumeri, ed assorbirono di fatto anche la popolazione sumera senza perdere affatto il loro carattere semita: tutte le altre nazionalità che affluirono come fiumi entro questo bacino semitico, perdettero anche esse i loro caratteri e divennero semiti, non mutando sensibilmente il fondo etnico dei Semiti Babilonesi; furono come fiumi che scendono nel mare, ma che non riescono a diluirne la intensa salsedine.

popoli cristiani sottomessi ai Sassanidi.]

tensa: molto dipese dalle cond
dell'impero. Specialmente degno
per una strana anomalia, dovu
grafiche, commerciali e politic
luogo, avevano la capitale e l
territorio straniero in mezzo a
nelle feraci pianure che si st
sassanidi si erano costruiti n
babile però che allora, come
nell' Irāq, l'immigrazione pe
non prese mai ferme radici
del corso prospero o infelic
esistenza degli immigrati fu

Possiamo perciò in via
fini delle due razze, ariana
dell' altipiano iranico: certo
Persia, ma sempre e soltant
hanno sempre mostrato un
montuosi: negli antichi tem
nide verso settentrione e nel
pendici dell'altipiano arm
ovunque il terreno era pian
pide pendici dell'altipiano
raglia alpestre del Zagros,
stessa guisa che le nostre

§ 139. — Le due ra
profondamente diverse, e
giungersi il profondo di

I Persiani, popolo f
aggressive: i Semiti in
dediti alle occupazioni
ogni passione per le
dallo stato continuo di
che, quando comparvero
par olarmente profon
gio I Semiti della
ve issime fiorite in
v a dire, forse olt

ntimento nazionale. Il Cristianesimo entrò
periodo di vivissima reazione anti-ellenica,
:ropea, sicchè agli occhi persiani la nuova
segnata da due marchi incancellabili: primo
:io romano, e perciò tale da sembrare una
ıio romano: la conversione perciò al Cristia-
si un atto di sedizione o di alto tradimento
egli avi. In secondo luogo, dacchè fin dal
come la fede della popolazione semitica,
il Cristianesimo significava abbassarsi al
padrone allo schiavo: un vero atto di umi-
nte alle passioni nazionalistiche e patriotti-

[I popoli cristiani sottomessi ai Sassanidi.]

i ringagliardì con il tempo, quando fra i
hia ecclesiastica regolare, e quando i vescovi,
ni politiche di mediatori ed intercessori fra
iano. Convertirsi al Cristianesimo equivaleva
tà dei vescovi semiti, e significava scendere
privilegiata di dominatore, a quella precaria
rinunzia umiliante l'orgoglio persiano non
o incontrò nelle classi ariane un'avversione

i fra Ariani mazdeisti e Semiti cristiani eb-
più difficili. Quando i re Sassanidi videro
e il Cristianesimo, e scoprirono fra essi
rarchico e religioso, che era in rapporto
nell'impero bizantino, le tendenze so-
furono vivamente destate ed acuite.
ıiti cristiani intrigassero con i loro
danno del governo Sassanida. Il
to dinanzi ai progressi minac-
l fuoco, ed ebbero principio
i sono piene le memorie si-
(cfr. ZDMG., vol. XLIV,

iti-Cristiani della Babilo-
ılto rilievo per il nostro
ı nutrire una fede e un
la diversità di gusti,

[I popoli cristiani sottomessi ai Sassanidi.]

§ 140. — Chi tiene bene impressi nella memoria questi aspetti fondamentali perduranti da tempo immemorabile in quella parte dell'Asia che fu compresa entro i confini dell'impero Sassanida, converrà facilmente con noi, che nulla di simile esistesse entro i confini dell'impero Romano. Qui l'influenza irresistibile della coltura ellenica, e quella parimenti assai potente dell'amministrazione romana, avevano attutito in modo eccezionale molteplici differenze di razza, di lingua e di fede, e pareva quasi che un acido essenziale d'incalcolabile energia avesse disciolto in una poltiglia uniforme tutti gli elementi primitivi un tempo sì diversi tra loro.

Così il Cristianesimo, quale reagente fortissimo, nel penetrare in questa massa confusa e quasi caotica, potè subito permeare tutta intiera la società del mondo romano senza incontrare in alcuna parte resistenza molto maggiore che altrove. In Persia invece trovò due razze e due fedi in netto e vivo contrasto, ognuna gelosa delle proprie caratteristiche e piena d'avversione per le altrui. Da questo stato particolare di cose ebbero origine due fatti principali.

In primo luogo, è evidente che il Cristianesimo non poteva, nè doveva trovare eguale favore presso le due razze tra loro in conflitto interminabile. Se una razza avesse trovato nella nuova fede la soddisfazione dei suoi bisogni religiosi, l'altra naturalmente non avrebbe potuto nè voluto imitare il suo esempio. Se cioè il Cristianesimo fosse penetrato vittoriosamente tra i Semiti, era d'aspettarsi che avrebbe incontrato invece viva opposizione fra gli Ariani dell'Irān, e viceversa. E così avvenne realmente. I Semiti divennero cristiani, mentre i Persiani mostraronsi assai mal disposti verso la nuova fede e in via generale si può dire che di gran lunga la maggioranza degli Ariani rimase fedele alla religione nazionale. Nè questo ci deve sorprendere.

In secondo luogo il Cristianesimo nacque, come fede essenzialmente semitica, e se nel corso della sua prodigiosa evoluzione assorbì tanti elementi ellenici, che ne modificarono radicalmente lo spirito e le tendenze primitive, pur nondimeno in Asia, fra i Semiti Cristiani, esso conservò molti dei suoi elementi originali. Per tale ragione e per il fatto che i Semiti Cristiani della Siria erano stretti cugini dei Semiti della Mesopotamia, si comprende come il Cristianesimo nel migrare verso oriente per il tramite di missionari semiti si diffondesse quasi esclusivamente fra gli Aramei (semiti) e venisse quindi necessariamente in conflitto con le classi ariane, che dominavano il paese. Il Cristianesimo vinse senza grandi difficoltà l'antico paganesimo semita, che non corrispondeva più al grado di coltura delle nuove generazioni, ma divenne perciò anche inavvertitamente una fede propria dei sudditi semiti. La sua diffusione fra gli Ariani dominatori incontrò invece ostinata resistenza, perchè trovò l'ostacolo insormontabile del sentimento nazionale. Il Cristianesimo entrò nell'impero persiano durante un periodo di vivissima reazione anti-ellenica, che potremmo quasi dire anti-europea, sicchè agli occhi persiani la nuova fede si presentò fin dai primordi segnata da due marchi incancellabili: primo quello di provenire dal territorio romano, e perciò tale da sembrare una propaganda in favore del dominio romano: la conversione perciò al Cristianesimo poteva interpretarsi quasi un atto di sedizione o di alto tradimento e di offesa alla venerata fede degli avi. In secondo luogo, dacchè fin dal suo primo mostrarsi comparve come la fede della popolazione semitica, soggetta e schiava, abbracciare il Cristianesimo significava abbassarsi al livello dei sudditi, uguagliare il padrone allo schiavo: un vero atto di umiliazione che ripugnava interamente alle passioni nazionalistiche e patriottiche degli Ariani. [I popoli cristiani sottomessi ai Sassanidi.]

Tale carattere umiliante si ringagliardì con il tempo, quando fra i Semiti cristiani sorse una gerarchia ecclesiastica regolare, e quando i vescovi, tutti semiti, assunsero le funzioni politiche di mediatori ed intercessori fra i sudditi semiti ed il governo ariano. Convertirsi al Cristianesimo equivaleva perciò a sottomettersi all'autorità dei vescovi semiti, e significava scendere spontaneamente dalla condizione privilegiata di dominatore, a quella precaria e dolorosa di suddito. A questa rinunzia umiliante l'orgoglio persiano non potè acconciarsi, e il Cristianesimo incontrò nelle classi ariane un'avversione addirittura insormontabile.

In conseguenza di ciò i rapporti fra Ariani mazdeisti e Semiti cristiani ebbero una tendenza a divenire sempre più difficili. Quando i re Sassanidi videro tutti i loro sudditi semiti abbracciare il Cristianesimo, e scoprirono fra essi la formazione d'un vasto sistema gerarchico e religioso, che era in rapporto continuo con la gerarchia ecclesiastica nell'impero bizantino, le tendenze sospettose del governo dispotico orientale furono vivamente destate ed acuite. Fu facile accusare e far credere che i Semiti cristiani intrigassero con i loro consanguinei e correligionari bizantini a danno del governo Sassanida. Il potentissimo clero mazdeista, che si era turbato dinanzi ai progressi minacciosi della fede venuta d'oltre i confini, soffiò nel fuoco, ed ebbero principio quelle spaventose persecuzioni di cristiani, di cui sono piene le memorie siriache del tempo, e le leggende martirologiche (cfr. ZDMG., vol. XLIV, p. 525 e segg.).

§ 141. — Dalle condizioni particolari dei Semiti-Cristiani della Babilonide nacque però anche un'altro fatto pur esso di molto rilievo per il nostro argomento. Queste popolazioni non solo non potevano nutrire una fede e un sentimento comune con i loro dominatori, ma stante la diversità di gusti,

[I popoli cristiani sottomessi ai Sassanidi.]

di tradizioni, e di storia politica e religiosa, non potevano in alcun modo fondersi con i cugini semiti viventi entro l'impero romano.

Così i Semiti orientali abbracciarono, è vero, in maggioranza il Cristianesimo, ma fin dai primordi vollero affermare la loro indipendenza dall'autorità ecclesiastica Siria, e costituire una chiesa a parte, una gerarchia propria, locale, nazionale. In altre parole si avverò anche in Persia quello stesso particolarismo confessionale che scisse l'oriente bizantino in tante sette diverse, apparentemente generate da divergenze religiose, in realtà invece prodotte dalle tendenze separatiste delle varie nazionalità.

Mentre però siffatta divergenza etnica fra i Semiti della Babilonide e quelli della Siria rimase velata prima dell'Islām, perchè i due gruppi semitici erano sotto governi diversi e ostili: sotto l'Islām, quando Siria e Babilonide soggiacquero a un unico dominio, divenne una delle cause principali delle grandi guerre civili che avremo a narrare nelle annate successive.

§ 142. — In questi due aspetti generali del Cristianesimo iranico l'uno di conflitto etnico e religioso con i dominatori ariani, e l'altro di tendenza separatista dal Cristianesimo bizantino, si riassume tutta la storia del Cristianesimo e dei Cristiani sotto i Sassanidi. Noi non possiamo entrare in maggiori particolari, perchè devieremmo troppo dal nostro soggetto principale, e chi voglia conoscere meglio le drammatiche vicende dei Cristiani in Persia può studiarle nel Labourt e nelle fonti da lui citate. Le quali vicende sono anche assai complesse: abbiamo già nell'inizio conflitti interni per decidere il rispettivo grado gerarchico dei vari vescovi mesopotamici e babilonici, e per combattere o sostenere la pretesa del vescovo di Seleucia ad essere il Primate del Cristianesimo Sassanida. Inoltre siffatti conflitti furono acuiti dall'ingerenza diretta dei sovrani Sassanidi, i quali vedendo una parte sì cospicua dei loro sudditi passare ad una religione tanto ostile a quella ufficiale del loro governo, vollero, sia fiaccarne le forze, creando e rinfocolando scissioni, sia starle dappresso per invigilarne lo spirito e le tendenze. Quando poi un secolo circa dopo l'avvento dei Sassanidi, il governo imperiale di Roma passò dal Paganesimo al Cristianesimo, i sovrani persiani videro nel numero dei loro sudditi cristiani, oltre che un'offesa alla religione nazionale, anche una minaccia politica. Anche se è erronea, l'accusa lanciata contro i Cristiani, che fossero spie e segreti fautori di Bisanzio, aveva tanta parvenza di vero, e dava tanta plausibile giustificazione alle passioni nazionaliste persiane, che trovò pronta accoglienza presso i sovrani, e bastarono talvolta vani pretesti per scatenare contro i Cristiani tutta la furia perseguitatrice del governo ed in particolar modo del clero persiano.

Per tali motivi si venne alle grandi persecuzioni: la prima e terribile,

[I popoli cristiani sottomessi ai Sassanidi.]

sotto Sābūr II (cfr. § 123.), durò dal 339-340. al 379. a. È. V., quando la morte del crudele sovrano avvenuta il 19 agosto di quell'anno, pose fine temporaneamente alle vessazioni, ai supplizi ed alle pene capitali inflitte ai Cristiani. In questa prima persecuzione si dice perissero 16.000 persone (Sozomenus, *Hist. Eccl.*, II, 14; Migne, *Patrol. Gr.*, tomo LXVII, col. 969), cifra che il Labourt (81) considera giustamente come molto esagerata.

Ammettendo che tal numero di vittime possa essere il doppio della verità, abbiamo circa 8.000 persone che subirono il martirio in 40 anni, vale a dire una media di 200 persone all'anno. Anche questo calcolo può essere superiore alla verità: sicchè vediamo come la persecuzione, al pari delle prime persecuzioni romane imperiali, fosse piuttosto vessatoria che sterminatrice, e come probabilmente venissero punite con la pena di morte quelle persone che, per fanatismo religioso e per pazza brama di martirio, offendessero gli agenti del governo. Non le pene capitali diedero perciò a questa persecuzione i caratteri specialmente odiosi, quanto la distruzione delle chiese, delle reliquie, delle immagini e il divieto del culto. Inoltre è accertato (cfr. Labourt, 67) che la persecuzione non fu generale, ma che infierì soltanto lì ove i Cristiani trovavansi in più immediato e diretto contatto con la corte, il sovrano e l'esercito, durante le lunghe guerre con Bisanzio; perciò il Beit Garmai e l'Adiabene furono le provincie ove più numerosi si ebbero martiri per la fede [1].

Durante l'infuriare di questa lunga persecuzione, rimase, per es., vacante per venti anni il seggio metropolita di Ctesifonte, ove in una volta sola furono arrestati il vescovo e 128 preti diaconi, frati e monache, i quali tutti dopo molti mesi di crudele prigionia andarono a morte. Di cristiani, non appartenenti al clero o agli ordini monastici, le menzioni sono assai meno frequenti. Si vede quindi che il governo Sassanida mirò sovrattutto a disorganizzare la gerarchia ecclesiastica per lasciare i fedeli senza guide spirituali, e fiaccare così quella istituzione autonoma del clero cristiano, che era considerata dai Sassanidi il pericolo più grave del Cristianesimo persiano.

NOTA 1. — Se esaminiamo le notizie raccolte dal Labourt (63-82), noi siamo colpiti dal fatto che le tradizioni sulle persecuzioni di cristiani in Persia, accennano soltanto a fatti avvenuti in città e contrade della grande valle Tigro-Eufratica, vale a dire soltanto fra le popolazioni semitiche e per niente fra quelle ariane dell'altipiano. Abbiamo è vero il martirio di un certo Milēs, nativo di Raziq (Media superiore), ma viceversa poi egli è vescovo di Susa; quindi probabilmente un semita anche lui (Labourt, 70). Nel 360. a. È. V. il re Sābūr deportò in Persia tutta la popolazione cristiana (semitica) di Fenek del Beit Zabde (Mesopotamia) (Labourt, 78): ciò dimostra che i re Sassanidi non temevano conversioni nelle provincie nazionali.

Diamo qui la lista dei luoghi ove avvennero i martiri: sono tutti nomi di paesi che si trovano nella regione dei due fiumi e nelle lande confinanti della Susiana o Elam, e che geograficamente appartengono alla valle Tigro-Eufratica.

(1) Kaškar; (2) Karka di Beit Slokh (nell'Adiabene); (3) Ctesifonte; (4) Susiana; (5) Mesene (Babilonide meridionale); (6) Beit Lapat; (7) Hormusd Ardašir; (8) Karka di Mayšan; (9) Ledan;

[I popoli cristiani sottomessi ai Sassanidi.]

di tradizioni, e di storia politica e religiosa, ... potevano in alcun fondersi con i cugini semiti viventi entro l'in... romano.

Così i Semiti orientali abbracciarono, è ... in maggioranza il ...stianesimo, ma fin dai primordi vollero aff... la loro indipen... dall'autorità ecclesiastica Siria, e costituire un ...esa a parte, una ...chia propria, locale, nazionale. In altre parol... avverò anche in ... quello stesso particolarismo confessionale che ... l'oriente bizanti... tanto sotto diverse, apparentemente generate ... divergenze religio... realtà invece prodotte dalle tendenze separatist... delle varie nazionalit...

Mentre però siffatta divergenza etnica fra i Semiti della Babilo... quelli della Siria rimase velata prima dell'Isla..., perchè i due gruppi ...tici erano sotto governi diversi e ostili: sotto ... lam, quando Siria e ...lonide soggiacquero a un unico dominio, diven... una delle cause prin... delle grandi guerre civili che avremo a narra... nelle annate successi...

§ 142. — In questi due aspetti generali d... Cristianesimo iranico di conflitto etnico e religioso con i dominatori ar..., e l'altro di tendenza ...ratista dal Cristianesimo bizantino, si riassume tutta la storia del Cris...simo e dei Cristiani sotto i Sassanidi. Noi non ...ssiamo entrare in ma... particolari, perchè devieremmo troppo dal nos... soggetto principale, ...voglia conoscere meglio le drammatiche vicen... dei Cristiani in Persi... studiarle nel Labourt e nelle fonti da lui citate. ... quali vicende sono ... assai complesse: abbiamo già nell'inizio conflitt... interni per decidere il ... tivo grado gerarchico dei vari vescovi mesopot...nici e babilonici, e per battere e sostenere la pretesa del vescovo di Sel...ia ad essere il Primat... Cristianesimo Sassanida. Inoltre siffatti conflitti furono acuiti dall'inge... diretta dei sovrani Sassanidi, i quali vedendo ...a parte sì cospicua de' sudditi passare ad una religione tanto ostile a quella ufficiale del lor... verno, vollero, sia fiaccarne le forze, creando ... rinfocolando scissioni ...starle dappresso per invigilarne lo spirito e le ...ndenze. Quando poi u... ...colo circa dopo l'avvento dei Sassanidi, il gove... imperiale di Roma dal Paganesimo al Cristianesimo, i sovrani pe...ani videro nel numer... loro sudditi cristiani, oltre che un'offesa alla r...ligione nazionale, anch... minaccia politica. Anche se è erronea, l'accusa ...ciata contro i Cristi... fossero spie e segreti fautori di Bisanzio, avea tanta parvenza d... dava tanta plausibile giustificazione alle passi...i nazionaliste pe... trovò pronta accoglienza presso i sovrani, e ba...arono talvolta ... per scatenare contro i Cristiani tutta la furia ...rseguitatrice del... in particolar modo del clero persiano.

Per tali motivi si venne alle grandi persecuzioni ...

sotto Sâbûr II (cfr. § 123.), durò dal [illegible] al 379. a. È. V., quando la morte del crudele sovrano avvenuta il [illegible] di quell'anno, pose fine temporaneamente alle vessazioni, ai [illegible] alle pene capitali inflitte ai Cristiani. In questa prima persecuzione [illegible] 16.000 persone (Sozomenus, *Hist. Eccl.*, II, 14; Migne, [illegible] tomo LXVII, col. [illegible]) cifra che il Labourt (81) considera [illegible] come molto esagerata.

Ammettendo che tal numero di vittime [illegible] il doppio della verità, abbiamo circa 8.000 persone che subirono [illegible] in [illegible] anni, vale a dire una media di 200 persone all'anno. Anche [illegible] può essere superiore alla verità; sicchè vediamo come la persecuzione [illegible] delle prime persecuzioni romane imperiali, fosse [illegible] che [illegible] e come probabilmente venissero punite [illegible] persone che, per fanatismo religioso e per pazza [illegible] di martirio, offendevano gli agenti del governo. Non le pene capitali [illegible] persecuzione i caratteri specialmente odiosi, quanto la distruzione delle chiese, delle reliquie, delle immagini e il divieto del culto: [illegible] (Labourt, 67) che la persecuzione non fu generale, ma che infierì soltanto là ove i Cristiani trovavansi in più immediato [illegible] contatto con la corte, il sovrano e l'esercito, durante le lunghe guerre coi Bizantini: [illegible] Garmai e l'Adiabene furono le provincie [illegible] martiri per la fede.

Durante l'infuriare di questa lunga persecuzione, rimase, per [illegible], vacante per venti anni il seggio metropolita di [illegible], ove in una volta sola furono arrestati il vescovo e 128 preti, diaconi, [illegible] e monache, i quali tutti dopo molti mesi di crudele prigionia andarono a morte. [illegible] cristiani, non appartenenti al clero o agli ordini monastici, [illegible] sono assai meno frequenti. Si vede quindi che il governo [illegible] a tutto sacrificio a disorganizzare la gerarchia ecclesiastica per lasciare i fedeli senza guide spirituali, e fiaccare così quella istituzione autonoma [illegible] loro cristiana, che era considerata dai Sassanidi il pericolo più grave nel Cristianesimo persiano.

Nota 1. — [illegible] dal Labourt (28-82), noi siamo colpiti dal fatto che la tradizion[illegible] di cristiani in Persia [illegible] e fatti avvenuti in città e contrade della [illegible] fra le popolazioni semitiche e per niente fra quel[illegible] (Media superior[illegible] di un certo Mile, nativo di Raziq (Labourt, 79) [illegible] probabilmente un eremita anche lui [illegible]) di [illegible] la popolazione cristiana [illegible] nevano conversion[illegible] (Labourt, [illegible]) dimostra che i re Sassanidi non le [illegible]

Diamo qui la [illegible] tutti nomi di paesi che si trovano nella regione del [illegible] e Elam, e che geograficamente appartengono alla valle [illegible]

(1) [illegible] Adiabene; (3) [illegible]; (4) Susiana; (5) Mesene; (7) [illegible]; (8) Karka di Maysan; (9) Ledan;

[I popoli cristiani sottomessi ai Sassanidi.]

(10) Malqan; (11) le provincie mesopotamiche del Beit Garmai e dell'Adiabene; (12) Arbela; (13) Tella Salila; e (14) Fenek, nel Beit Zabde.

Più tardi quando fu convocato il concilio di Seleucia (Ctesifonte) per ordine di Yazdaġird I, nel 410., le regioni dalle quali convennero i vescovi sono le diocesi di: (1) Nisibi; (2) Ḥedayab; (3) Beit Garmai; (4) Beit Huzayē; (5) Maišan e (6) Kaškar: tutte regioni della valle, e niuna dell'altipiano (Labourt, 98).

§ 143. — Dopo la morte di Sābūr II, nel 379. a. È. V., cessata la persecuzione, i Cristiani tornarono a respirare e cominciarono a riparare come meglio era possibile alle perdite subite, e ai danni sofferti. L'organizzazione ecclesiastica della comunità religiosa, paralizzata dalle vessazioni del governo, riprese la sua vita normale, e tutti i seggi vescovili rimasti vacanti furono rioccupati: è probabile inoltre che in questo periodo di requie la fede cristiana continuasse a diffondersi fra le popolazioni pagane semitiche, molte delle quali erano ancora rimaste osservanti dei culti aviti, resti dell'antica fede babilonese (cfr. per es. la tradizione di Aitalaha, prete di Sarbil, la divinità femminile di Arbela: Labourt, 76; Bedjan, *Acta Martyrum*, IV, 133-137). Le condizioni morali dei Cristiani prosperarono, e quando salì al trono di Persia il re Yazdaġird I (cfr. § 124), la piega delle cose divenne ancora più favorevole, perchè questo sassanida per ragioni speciali, che non ci vengono riferite, ma che possiamo bene intendere, volle fare apertamente ed ufficialmente pace con la chiesa cristiana dei suoi domini. Egli fu il promotore e il protettore del grande concilio cristiano che si tenne in Ctesifonte nel 410. a. È. V., e dal quale la chiesa persiana uscì fortificata, unita e piena di ardimenti e di speranze. Gli scismi dottrinali furono temporaneamente composti, e la chiesa riconosciuta ufficialmente, ricevette una costituzione gerarchica precisa, applicata in tutto l'impero con regole uniformi, e foggiata sul modello della chiesa cristiana dell'impero romano. Uno dei punti principali fissati in questa circostanza fu la definitiva costituzione del seggio vescovile di Seleucia-Ctesifonte, come seggio del metropolita e capo spirituale di tutto il Cristianesimo persiano. È evidente che il re, abilmente assecondando ambizioni e vanità locali, aveva la mira a ciò che avveniva in Costantinopoli e vagheggiava di assumere nelle vicende della chiesa persiana quella posizione e quell'influenza dominatrice che aveva l'imperatore bizantino nella chiesa d'Oriente (bizantina). Sotto tanta benevolenza appariscente si ascondeva perciò un profondo scopo politico, con il quale quel saggio sovrano mirava a rendere la gerarchia ecclesiastica cristiana qual docile istrumento nelle sue mani per raggiungere uno scopo assai remoto, di cui i Cristiani non ebbero forse in principio verun sospetto.

Quali fossero i reconditi motivi della condotta di Yazdaġird riesce bene intelligibile dalle notizie pervenuteci da fonte ufficiale persiana, che noi troviamo, per esempio, nel testo di Ṭabari. Yazdaġird è chiamato il "peccatore „ o “ il malvagio „ al-athīm (Nöldeke Perser, 72, nota 4) e gli si attribuiscono ogni specie di violenze, ingiustizie e peccati infamanti. Il Nöldeke ha acutamente messo in rilievo (Nöldeke Perser, 74, nota 3) come siffatta descrizione debba essere di molto esagerata, e come essa debba provenire dal fatto che il re offese i diritti, i principi e i sentimenti di quelle classi, che tramandavano le sopraddette notizie, vale a dire, il clero e la nobiltà. In aperta contradizione con le notizie persiane sono i rapporti cristiani (cfr. Land Anecd., I, 8) che parlano di lui come di sovrano “ buono, pietoso, benedetto fra i re.... tutti i giorni faceva bene ai poveri e agli infelici, ecc. „ (1). Da questo contrasto di pregiudizi noi arriviamo alla verità, vale a dire scopriamo che Yazdagird impensierito dalla potenza soverchiante del clero e della nobiltà persiana, mirò ad un appoggio nelle popolazioni semitiche del suo impero, in mezzo alle quali era la sua capitale. Per ridurre all'impotenza il clero mazdeista persiano cercò attirarsi le simpatie del clero cristiano semitico, e contro l'arroganza della nobiltà persiana cercò un contrappeso nel popolo semitico della valle Tigro-Eufratica. Ciò spiega intieramente l'odio spietato dei Magi contro questo sovrano, che mirava a ledere i loro interessi, e rinnegava quasi la sua nazionalità e la sua fede (cfr. Lebeau, V, 484). Il suo amore per la pace e il desiderio di vivere in buon accordo con i proprî sudditi cristiani e con il vicino impero romano, mentre lo rendevano odioso al clero fanatico, ed alla nobiltà ambiziosa e sempre assetata di guerre e di rapine, lo rivelano sovrano retto, giusto ed avveduto, e sotto questo riguardo, uno forse dei migliori, fra i re della Persia.

[I popoli cristiani sottomessi ai Sassanidi.]

Nota 1. — Questo re, secondo quanto affermano i documenti siriaci (cfr. Labourt, 92-93), ordinò altresì con grande magnificenza, la ricostruzione in tutto l'impero, delle chiese distrutte dai suoi predecessori, la liberazione di tutti i Cristiani carcerati, e la libertà completa di culto e il libero movimento dei vescovi e del clero nelle loro diocesi. Ciò dimostra quale fosse il vero carattere della precedente persecuzione, ed altresì come, anche morto Sābūr II, i Cristiani non avessero ricuperata intieramente l'antica immunità dalle vessazioni governative.

§ 144. — Ma l'idillio fra i Cristiani e il loro sovrano mazdeista non fu di lunga durata. Che cosa avvenne non è ben chiaro. Pare che sotto l'egida del favore reale il Cristianesimo facesse sorprendenti progressi (1), e si propagasse con rapidità tanto singolare che si dovettero costituire molte nuove diocesi e consacrare per esse novelli vescovi. I documenti siriaci vantano perfino conversioni fra i Persiani stessi: questo sarà forse in parte vero; ma è bene stare in guardia contro le naturali esagerazioni degli scrittori siriaci, lo scopo principale dei quali, nel tramandare le memorie della loro chiesa, è la glorificazione della medesima e della fede da essa difesa e divulgata. Piuttosto che conversioni di Persiani, altri motivi devono aver portato alla rottura fra chiesa e sovrano. Dalle memorie siria-

[I popoli cristiani sottomessi ai Sassanidi.]

che trapela sovente il fatto che il fanatismo proselitizzante dei Cristiani sospinse molti ad atti inconsulti di offesa contro la religione nazionale (cfr. Labourt, 105-106). È altresì molto probabile che il re dopo aver dato sì grande impulso alla chiesa cristiana, scoprisse come essa non sarebbe mai stata per lui un docile istrumento di governo: per quanto buono, il re era sempre un miscredente, e il metropolita, i vescovi ed il rimanente del clero cristiano non erano disposti ad obbedire ad ogni suo cenno, se ciò a loro non conveniva. Possiamo quindi affermare con relativa sicurezza che venne un giorno, in cui Yazdaǵird I scoprì d'essersi alienate le simpatie e l'appoggio del clero e della nobiltà persiana, per corteggiare un'altra razza e un'altra fede; fede che ora con arrogante baldanza prendeva un indirizzo tutto indipendente e non voleva rimanere docile istrumento di governo. Venne così un momento in cui l'accorto re si vide come isolato, da un lato in conflitto latente e pericoloso con i due più forti sostegni (o nemici) del trono, il clero mazdeista, e la nobiltà persiana, e dall'altro in disaccordo completo con il clero cristiano che non voleva obbedire ai suoi cenni, ed era evidentemente pronto ad abbandonarlo alla sua sorte e negargli, in caso di bisogno, ogni appoggio morale o materiale. Ora nessun sovrano sassanida poteva mai, come già si disse (cfr. §§ 121 e segg.), considerarsi sicuro sul trono, finchè non era in armonia con le due potenti classi nazionali: e Yazdaǵird intuì che, se proseguiva la sua politica interna anti-nazionale, egli era perduto, perchè non poteva più contare su nessuno. Facendo quindi improvvisamente un volta-faccia e, gettatosi nelle braccia del clero e della nobiltà, si accinse a iniziare una nuova politica di oppressione e di persecuzione verso i Cristiani. Tale mutamento della sua politica avvenne però troppo tardi: le due classi al potere erano troppo profondamente offese e lese dalla condotta precedente del sovrano, perchè accogliessero favorevolmente il nuovo indirizzo di Yazdaǵird, e chiaramente intuirono la natura opportunista della sua condotta. Yazdaǵird fu soppresso in maniera misteriosa, che sembrò fortuita, ma fu certamente effetto di una tenebrosa congiura (cfr. Nöldeke Perser, 77, no. 1).

Il nuovo re, Bahrām V, detto Ǵūr, che salì al trono nel 420. a. È. V. dopo le inevitabili guerre civili per la successione (cfr. § 125), si diede del tutto in braccio al partito nazionalista e con lui ebbe ora principio un'èra nuova di crudeli persecuzioni, che durarono, con brevi intervalli di requie relativa, fino alla caduta dell'impero Sassanida. In questo lungo periodo l'odio di razza e di fede si scatenò con violenza ancor più viva che mai nel passato, e degenerò in uno stato di perpetua, latente guerra civile. I Cristiani ebbero molto a soffrire, ma l'impero Sassanida ne risentì anch'esso profondi irreparabili danni.

NOTA 1. — Il Cristianesimo divenne con l'andar del tempo la religione dominante nella valle Tigro-Eufratica; ma ciò non vuol dire che tutti i Semiti fossero Cristiani. Negli Atti dei Martiri, per esempio, abbiamo memoria della fine di un certo Pethion (Labourt, 127-128), che predicò il Vangelo verso il 447. a. È. V. nelle contrade poste fra i monti della Persia e il Tigri fra Belesfar e Beit Darayē, e perfino nella Mesene, ossia Babilonide meridionale (cfr. Smith, *Diction. of Greek and Roman Geography*, II, 332), e quindi fra Semiti pagani.

[I popoli cristiani sottomessi ai Sassanidi.]

§ 145. — Ben tristi volsero ora i tempi per il Cristianesimo: al rigore implacabile del governo, che cercava soffocare la fede sotto il pondo di esose vessazioni, si aggiunsero lotte intestine per il conferimento delle più alte dignità gerarchiche, fra le quali quella di patriarca o Catholicos di Seleucia era la più ambita. Il governo s'immischiò prontamente della faccenda, e appoggiando ora l'uno ora l'altro pretendente, mirò ad indebolire ancor più la chiesa cristiana, invelenendo gli attriti, le gelosie ed i conflitti partigiani. Perciò, nonostante che nella pace conchiusa con l'imperatore Teodosio II, nel 422. a. È. V., fosse pattuito che i Cristiani della Persia avessero libertà di coscienza, e benchè la persecuzione ufficiale fosse cessata, il governo continuò ad agire con implacabile ostilità contro i sudditi cristiani, perseguitandoli in mille modi esasperanti. L'arma migliore in mano dei Sassanidi fu data dai mentovati conflitti per la carica del metropolita di Seleucia, perchè assistendo alcuni pretendenti, poterono, con la connivenza di una parte, perseguitare l'altra. In questo modo, eccitando le tendenze particolariste delle varie diocesi e incoraggiandole a ribellarsi contro l'autorità suprema del vescovo metropolita di Seleucia, il governo contò disgregare e fiaccare la possente gerarchia cristiana, e renderla impotente. Alfine, però, divenuti consapevoli della natura suicida di queste passioni meschine di primato, fra i Cristiani nacque un moto di sana reazione, e i vescovi (nel 424. a. È. V.) s'adunarono a concilio in una città detta Markabta dei Ṭayyāyē (1): convennero là trentasei vescovi e fra loro figuravano anche i rappresentanti delle colonie cristiane di Marw, Harāt, Isbahān e Māzān ('Umān) (2). Appianate le discordie, la chiesa riprese la sua unità precedente, ma allo stesso tempo, divenuti consapevoli delle proprie forze, i vescovi si costituirono in chiesa assolutamente autonoma. La decisione più importante del concilio fu appunto la proclamazione che era decaduto ogni diritto d'ingerenza nei loro affari da parte dei " padri occidentali ", ossia dei rappresentanti del clero romano-bizantino, il quale finora aveva guidato ed assistito la nascente chiesa persiana. Il Labourt (124-125) riassumendo questi fatti, si maraviglia come i Cristiani della Persia, che pur tanto dovevano all'impero bizantino, proclamassero la loro indipendenza morale da Costantinopoli, e si affatica a cercarne le ragioni. Quelle particolari, immediate, non sono più rintracciabili, e non hanno neppure grande valore per noi: basta, mi pare, di istituire un raffronto con quanto accadeva

[I popoli cristiani sottomessi ai Sassanidi.]

nell'impero romano per intendere il vero significato delle decisioni prese dal concilio di Markabta.

Nell'impero romano, come vedremo fra breve, il Cristianesimo era dilaniato da profonde scissioni, che in apparenza avevano origine da questioni di dogma, di dottrina, e di rito, ma in realtà ascondevano tendenze separatiste di nazionalità diverse, interpretanti ognuna la fede a modo suo, in conformità dei suoi gusti, delle sue tradizioni, e delle influenze locali (residui del paganesimo), e non voleva nè poteva sottostare al concetto di una fede eguale per tutti. Ora se i Siri semiti non potevano e non volevano credere allo stesso modo dei Greci di Costantinopoli, e ancor meno dei Latini di Roma, ci deve forse sorprendere che i Semiti della valle Tigro-Eufratica, viventi in condizioni tanto diverse dai Semiti Bizantini, non volessero avere nulla che fare nè con i Siri, nè con i Greci, nè con i Latini?

Nota 1. — È noto che fra le popolazioni aramaiche della Mesopotamia, della Babilonide, ed anche della Siria, gli Arabi erano chiamati tutti con il nome di Ṭayyāyyē ossia i Ṭayy, dei quali abbiamo fatto sì spesso menzione nelle tradizioni sul Profeta e in quella sulla Riddah (cfr. anche Guidi, *Sede primitiva dei popoli Semitici*, 14-15). Dove si trovasse questo paese Markabta non so dire, ma probabilmente non lontano da Ḥirah, o Ctesifonte: Ḥirah, come è noto, era sede d'un vescovado forse fin dal primo concilio di Ctesifonte (cfr. Guidi, ZDMG., vol. XLIII, 388 e segg. e Rothstein, 13). Il prof. I. Guidi mi scrive che Markabta è forse errore di copisti per Mabrakta, ed allora significherebbe « luogo dove sostano i cameli ». Può esser quindi un sobborgo di qualche città della Babilonide.

La ragione perchè i Cristiani si riunissero a concilio in questo sito remoto e sconosciuto, non è difficile a trovare: nel timore d'ingerenza politica e degli intrighi malevoli del governo Sassanida: i vescovi convennero là ove erano al sicuro da influenze tanto sassanide che bizantine, e potevano prendere le loro decisioni con piena libertà di coscienza.

Nota 2. — Tali colonie dovevano essere numericamente assai esigue, e formate forse principalmento da mercanti semiti emigrati. Questi Cristiani dell'altipiano iranico erano tanto pochi che non influirono mai sulle vicende del Cristianesimo sotto ai Sassanidi. Non abbiamo poi nemmeno documenti comprovanti la persecuzione di Cristiani nella Persia vera: ciò dimostra che essi scomparivano numericamente nella popolazione mazdeista.

§ 146. — La proclamata indipendenza della chiesa persiana non salvò i membri della medesima dal contagio dei continui scismi d'occidente. Mentre il governo Sassanida, nonostante le continue rivoluzioni e il succedersi sovente sì rapido di sovrani, continuava a opprimere in ogni modo i seguaci di Cristo, le dottrine scismatiche di Nestorio († circa 440. dell'È. V.) cominciarono a penetrare in Persia. Se possiamo credere alle tradizioni siriache (cfr. Labourt, 135), il re Pērōz (Abarwīz) si interessò alla medesima e ne appoggiò vivamente la diffusione per staccare completamente i Cristiani della Persia dall'autorità ecclesiastica ortodossa di Costantinopoli. Pur non accettando, come finzioni tendenziose, molti particolari, risulta evidente dal contesto delle notizie (cfr. Labourt, 135 e segg.) che piccole passioni locali, e tendenze separatiste delle varie diocesi, rese più acute da malevole ingerenze governative, produssero molti e violenti conflitti fra i Cristiani di là dall'Eufrate. In molti aspetti gli episodi della lotta intestina manifestano la spiccata tendenza di partiti cristiani

[I popoli cristiani sottomessi ai Sassanidi.]

locali a ribellarsi contro l'autorità suprema del Catholicos di Seleucia-Ctesifonte. In questa lotta fu versato non poco sangue cristiano dai Cristiani stessi, ma grazie alfine all'energia di Barsauma, vescovo di Nisībīn, e ivi fondatore di una celebre scuola, il Nestorianesimo (duofisismo) finì per trionfare in Persia, mentre il Monofisismo trionfava in Siria e in Palestina. Onde vediamo di nuovo come i Cristiani persiani non solo non vollero dipendere gerarchicamente da Costantinopoli, ma nemmeno unirsi in dottrina con i loro cugini della Siria. Perciò ebbero non solo una chiesa, ma anche una dottrina loro propria e si emanciparono da ogni ingerenza estranea al loro paese.

I conflitti religiosi che dilaniarono la chiesa persiana non ci riguardano in questo luogo, nè hanno verun interesse generale per l'argomento che esaminiamo. Osserveremo soltanto che durante questo periodo il governo Sassanida, non solo perchè distratto da altre gravi cure militari, dinastiche e politiche, ma anche perchè tranquillizzato dagli interni dissensi dei Cristiani, non molestò questi apertamente e crudelmente, ed i Cristiani poterono così con piena libertà abbandonarsi alle loro passioni meschine e alle gelosie interprovinciali.

Siffatto stato di cose ebbe per fatale effetto una rapida decadenza del Cristianesimo Sassanida, della quale si approfittò l'eresia persiana predicata da Mazdak che invitava la gente alla comunanza dei beni e delle donne. Tale dottrina immorale (cfr. Šahrastāni, 192-194 e Nöldeke Perser, 455, per un riassunto magistrale delle fonti e della natura di questa eresia), nata probabilmente o nella Babilonide fra i Semiti, o nella Susiana, regione mezzo-semita, e appoggiata, in odio al clero ed alla nobiltà ariana, con grande vigore dal re Qubādz (cfr. § 126), uomo di carattere forte, imperioso ed attivo, fece grandi e rapidi progressi in tutto l'impero Sassanida, non solo nel popolo iranico, ma anche nella nobiltà. È probabile altresì che la fede trovasse non pochi seguaci anche nel basso popolino cristiano della valle Tigro-Eufratica, nel quale il Cristianesimo era una ben tenue vernice sopra animi rimasti ancora essenzialmente pagani. I documenti siriaci non dicono nulla di preciso su questo argomento, ma se il Mazdeismo ufficiale dell'Irān cercò l'appoggio della chiesa nestoriana, e se questa stimò necessario convocare un nuovo concilio (nel 497) con lo scopo evidente di fortificare la fede contro la nuova eresia, noi dobbiamo arguire che questa trovò aderenti in ambedue i campi e ridondò a danno anche del Cristianesimo. Poi vennero le guerre con Roma, guerre civili, e le invasioni degli Unni Eftaliti: la decadenza dell'impero Sassanida si rispecchiò in un processo di disgregamento interno ed in un periodo di anarchia in cui piombò anche la chiesa cristiana di Persia. I dissidi interni si acuirono, il seggio primario di Ctesifonte fu con-

[I popoli cristiani sottomessi ai Sassanidi.] teso da varî pretendenti e la gerarchia ecclèsiastica, scossa fino dalle fondamenta, degenerò in una indescrivibile confusione, sempre di nuovo aggravata anche dagli abili maneggi del governo Sassanida.

Così durarono pietosamente le vicende della chiesa persiana, finchè il celebre patriarca Maraba verso la metà del V secolo dell' Èra Volgare seppe alfine restaurare l'ordine e la concordia tra i fedeli.

§ 147. — Appena però ristabilita la pace nella chiesa, nuove sciagure vennero a colpirla: i Sassanidi, regnando Khusraw Anūšīrwān (cfr. § 127), in guerra con Bisanzio a partire dal 540. a. È. V., ripresero con più violenza che mai le loro persecuzioni: molti fedeli furono messi a morte e in vari luoghi si distrussero le chiese e i conventi. Da questa nuova coincidenza risulta evidente quanta parte avessero sempre i Sassanidi nelle scissioni della chiesa nestoriana: le persecuzioni si riaccendono subito che la chiesa è unita e forte, diminuiscono, o quasi cessano, appena divampano dissensi tra i fedeli. Vediamo quindi come il governo persiano rimanesse sempre l'implacabile nemico del Cristianesimo e cercasse in ogni modo di rovinarlo e demolirlo. Difatti, morto il patriarca Maraba, il re Anūširwān s'immischiò direttamente nell'elezione del suo successore, nominando al posto di Catholicos un medico cristiano, sua creatura. Il re ottenne il suo scopo: nuovi dissensi e conflitti scoppiarono in seno alla chiesa: un sinodo di vescovi dichiarò la deposizione della creatura regale, la quale però, sostenuta da un considerevole partito cristiano, rimase nell'ufficio, e con la sua resistenza invelenì le discordie interne della chiesa. Contemporaneamente a siffatto stato di cose è di nuovo avvertibile una cessazione di persecuzioni, prodotta evidentemente dal timore che queste ridonassero alla chiesa quella concordia, sempre tanto temuta dal governo.

Continuarono così i Cristiani a tribolare fino al 567. a. È. V., quando Anūširwān conchiuse la pace con Giustiniano e pattui in essa di riconoscere e tollerare la religione cristiana nei suoi stati. Allo stesso tempo però i Cristiani prendevano impegno di non tentare la conversione di verun seguace della fede Mazdeista. A questo il re aveva accondisceso senza gravi difficoltà, perchè già dal 559. a. È. V., l'intrepido vescovo d'Edessa, Giacomo Baradeo (morto nel 587. dell' È. V.), il ristauratore del Monofisismo, era entrato in Persia ed aveva intrapresa una campagna attivissima contro il Nestorianesimo. Quindi la discordia fra i Cristiani era assicurata, e da questa parte il governo poteva ritenersi relativamente sicuro. I numerosi Monofisiti trasportati da Anūširwān stesso dalla Siria, entro i confini del proprio regno (cfr. § 130) agevolarono la propaganda delle idee monofisite, e non è affatto improbabile che in quelle deportazioni il re fosse sospinto, oltrechè da altro ragioni politiche ed economiche, anche dal desiderio di mantenere vive le discordie fra i suoi sudditi cristiani e così dominarli più facilmente. [I popoli cristiani sottomessi ai Sassanidi.]

§ 148. — La storia successiva dei Cristiani Persiani fino alla conquista araba non ha altri eventi di gran nota, che metta il conto di ricordare. Il governo Sassanida, in continua decadenza, nonostante i suoi effimeri e vani trionfi sull'esausto impero bizantino, alleggerì d'assai la mano pesante con la quale gravava sui Cristiani: non vi furono più vere e proprie persecuzioni, ma semplici e temporanee vessazioni. D'altra parte però i Cristiani non erano più tanto temibili: il caos morale e religioso che travagliava l'impero bizantino e portava a sempre nuovi scismi e nuovi dissensi, si era comunicato anche al Cristianesimo persiano. La dottrina dominante, il Nestorianesimo, era gravemente assalito e minacciato dalla propaganda monofisita e dall'attività proselitrice di due nuove sette, i Mesalliani ed i Ḥenaniani. Non possiamo fermarci a esporre le dottrine di queste sette (cfr. Labourt, 213 e segg.), perchè non ci riguardano: ci basti notare come per l'attività di questi tre nemici che distaccarono molti Cristiani dalla fede Nestoriana e convertirono molte borgate ancora pagane, la chiesa nestoriana avesse un còmpito duro e penoso nell'affermare la propria esistenza e nel respingere tanti perigliosi assalti. Le condizioni delle chiese divennero poi anche assai precarie per il caos crescente che invadeva l'amministrazione Sassanida: la fatale decadenza che trascinava questa alla sua irreparabile rovina, si riflesse anche sulla chiesa nestoriana, la quale sentì il contraccolpo delle deplorevoli vicende dell'impero barcollante. L'Armenia, cittadella del Monofisismo, era una minaccia continua alla chiesa nestoriana, mentre da Takrīt sul Tigri, centro monofisita assai importante, missionari infaticabili traversavano l'impero in tutte le direzioni e scalzavano le basi della chiesa nemica. Le condizioni già deplorevoli di questa si aggravarono ancora quando la causa monofisita fu abbracciata da un alto dignitario della corte e dalla celebre Sīrīn, consorte di Khusraw Barwīz sul trono di Persia. Il duofisismo nestoriano, considerato sino allora come la religione ufficiale dei Cristiani Persiani, vide adesso entrare tra i suoi avversari diretti anche la corte Sassanida, la quale ben lieta sempre di scindere e indebolire il nemico secolare, prese ora ardentemente a difendere la causa dei Giacobiti (monosifiti). Grazie agli intrighi di questi, il re impose ai Nestoriani un patriarca indegno, che rovinò ancor più la loro chiesa, e quando, nel 609. a. È. V., il seggio divenne vacante, la suprema carica religiosa del Cristianesimo nestoriano in Persia, per l'influenza ognora crescente dei monofisiti, rimase senza titolare, sempre fino al 628. a. È. V., alla vigilia quasi della comparsa degli Arabi musulmani sui confini dell''Irāq.

[I popoli cristiani sottomessi ai Sassanidi.]

A tante sventure si aggiunse infine la pàzzia del re Khusraw, il quale, quando la fortuna delle armi divenne favorevole al grande Eraclio nelle sue celebri campagne, esasperato dai rovesci, aumentò il caos spaventoso di quel tetro periodo, ordinando una nuova persecuzione dei Cristiani, persecuzione dalla quale ebbero a soffrire tutte le varie sètte cristiane durante il burrascoso tramonto della dinastia Sassanida. Nessuno può figurarsi lo spavento e gli orrori di quella terribile agonia d'uno stato morente, barcòllante verso l'abisso.

§ 149. — Quando veniamo alfine alla conquista araba, lo spettacolo che ci offre il Cristianesimo persiano, decaduto, immiserito, scisso in sètte diverse, trascinato anch'esso nella rovina dell'impero di cui faceva parte, era dei più pietosi. Al caos politico dello stato corrispondeva la confusione morale dei credenti, i quali, perturbati da tante accumulate sventure, e dall'angoscia morale generata da tante dottrine fra loro in ardente conflitto, tendevano verso quella condizione d'animo speciale in cui fiorisce facilmente una nuova dottrina che, facendo *tabula rasa* di tanta babele straziante, tenta ricostruire la fede e la società su novelle basi. In altre parole era maturato in Persia, e specialmente tra le razze semitiche della medesima, quello stato particolare degli animi, che doveva poi portare alla rivoluzione islamica e sospingere quelle popolazioni ad abbracciare con frenesia la nuova e rozza fede, che con la sua estrema e maschia semplicità spazzava d'un colpo solo tante nebbie offuscanti, apriva l'animo a nuove, allettevoli e tangibili speranze, e prometteva immediato riscatto da un doloroso servaggio.

Riassumendo dunque questi appunti, noi troviamo che durante i quattro secoli di dominio Sassanida nella valle Tigro-Eufratica, tra i Semiti della regione e i loro signori ariani ci fu sempre uno stato di guerra continua, ora sorda e latente, ora aperta e feroce, dalla quale gl'infelici Semiti ebbero molto e profondamente a soffrire. I brevi momenti di requie e le simpatie temporanee ed effimere di qualche sovrano non valsero mai ad attenuare l'odio secolare che ardeva tra le due razze. Taluni potrebbero forse maravigliarsi che quella nazione disgraziata non prendesse le armi contro i suoi crudeli tormentatori. Ma questo era impossibile. Non solo lo spirito stesso della religione cristiana, era, specie nei primi secoli, profondamente avverso all'uso violento e sanguinoso delle armi, considerato come un resto di barbarie pagana, ma anche altre ragioni rendevano impossibile una ribellione armata. Innanzi tutto i Semiti cristiani della valle Tigro-Eufratica, come in genere tutti i Semiti, non avevano mai saputo organicamente costituirsi. Ragioni storiche e geografiche avevano sempre impedito agli Aramei di considerarsi tutti come una sola famiglia: conflitti locali e funeste tendenze particolariste,

[I popoli cristiani sottomessi ai Sassanidi.]

proprie dei Semiti, avevano reso impossibile la creazione di un sentimento nazionale. Anche nei tempi più remoti, quando i Semiti erano signori e padroni nel proprio paese, questo si componeva principalmente di piccoli stati autonomi in perpetuo conflitto fra loro: e se talvolta qualche re babilonese o assiro più energico e potente riusciva ad estendere con le armi il suo dominio e riunire tutti i principati sotto uno scettro solo, appena egli cessava di vivere, tutto ritornava allo stato di prima. Decaduti e corrotti da una civiltà più volte millenaria divennero schiavi di altre nazioni più giovani e vigorose: un lungo servaggio di più che dodici secoli aveva ormai spento per sempre in essi ogni energica e marziale iniziativa. I re Sassanidi poterono calcare la mano con spietata crudeltà e nessun Semita si mosse: nemmeno quando il governo aveva perduto ogni forza e ogni autorità in furiose guerre civili, non mai una sola volta le pazienti popolazioni semite pensarono a prendere le armi e scuotere il giogo crudele. Non si mossero neppure. quando l'esercito cristiano di Eraclio giunse alle porte di Ctesifonte, e l'impero Sassanida era già in agonia. In essi era spento oramai ogni vigore, e con vera passività orientale chinarono il capo sotto alla tempesta, attendendo solo da Dio la liberazione da tanti flagelli, e dall'odiato padrone. Venne alfine la tanto sospirata liberazione; essa venne dal deserto per opera dei loro consanguinei Arabi, con i quali da secoli erano in continui rapporti. e molti dei quali erano venuti a stabilirsi in mezzo a loro lungo l'Eufrate e in Mesopotamia. Come per i Siri dell' impero bizantino, così per gli Aramei e Semiti dell'impero Sassanida, gli Arabi, dopo un breve momento di terrore ispirato dalle loro prime razzie, furono accolti come amici e liberatori, e solo le guarnigioni persiane opposero resistenza. La popolazione semita si gettò con gioia nelle braccia degli invasori e porse loro tutti gli aiuti possibili: alcuni si offersero spontaneamente come spie ed informatori, e sappiamo, per esempio, che gli abitanti di Ḥīrah presero formale impegno nel loro trattato di resa, di tenere informati gli Arabi delle mosse e dei disegni dei Sassanidi (cfr. § 165). Questi, nel combattere gli Arabi entro i propri confini, si trovarono perciò come in un paese straniero circondati da spie e da nemici. Dopo un primo e solo grande disastro, la sconfitta fatale di al-Qādisiyyah, i Persiani non poterono più tenersi nell'Irāq: furono costretti ad abbandonare tutto il paese e perfino la capitale dell'impero al loro destino: tentarono, è vero, con esito infelice, di fermare i progressi dei vincitori nella pianura di Ǧalūlā, ai piedi dell'altipiano iranico, ma, di nuovo sconfitti sanguinosamente, rinunziarono per sempre alla pianura babilonese e si ritrassero sui monti. Tutto il paese propriamente semita fu abbandonato agli invasori, i quali, è bene insistere sul fatto importante, in questa prima campagna limitarono

[I popoli cristiani sottomessi ai Sassanidi.] le loro conquiste alle sole regioni abitate dai Semiti e dai loro amici dove sostarono parecchi anni prima di tentare la scalata dei monti persiani e la conquista dell' Irān.

Questo fatto è degno di speciale menzione, perchè ci fa toccar con mano quale efficace e prezioso ausilio trovassero gli Arabi nei loro consanguinei Aramei: dove questi non esistevano, gli Arabi, in quel primo periodo, non si avventurarono di spingere le loro armi. Ove cessava la popolazione amica dei Semiti, cessò eziandio la prima conquista araba, e qui, come in Siria, i musulmani d'Arabia furono i liberatori dei Cristiani semiti dell'Asia Anteriore.

Le ragioni particolari dell'invasione araba in Persia e aspetti generali della medesima.

§ 150. — Dopo quanto si è detto nei paragrafi precedenti rimane ben poco da aggiungere sulle ragioni, che determinarono all'ultimo momento l'espansione araba. Nel corso del nostro esame abbiamo visto come da ambedue le parti, tanto in Arabia, che in Persia, si andavano preparando, indipendentemente l'uno dall'altro, gli elementi necessari per la grande rivoluzione, che doveva sconvolgere l'Asia e produrre uno dei rivolgimenti più rapidi, più completi e più durevoli, che la storia ricordi. Strano a dirsi, nè dall'una parte, nè dall'altra, fino al giorno stesso, in cui ebbe principio, e perfino durante le prime fasi della catastrofe, si ebbe il menomo sospetto di ciò che stava per accadere. Il disastro venne come lo svolgersi inevitabile e irresistibile d'un evento quasi soprannaturale, nel quale scompare l'individualità dell'uomo e sembra manifestarsi nel truce bagliore d'incendi, e fra gli orrori di eccidi e di infamie senza nome, l'adempimento d'una volontà superiore a quelle discordi e inconsapevoli di tutti gli uomini. Si comprende come i popoli Semiti, nell'attribuire direttamente a Dio siffatti immani cataclismi, lo raffigurino come un sovrano spietato e terribile, il quale nel punire i peccatori rivela la ferocia vendicativa e immane d'un monarca orientale offeso nella sua maestà, e che infligge sopra una generazione il castigo inevitabile per le colpe commesse da tutte le generazioni precedenti.

§ 151. — La lotta della teocrazia madinese contro le tribù, che alla morte di Maometto eransi distaccate dalla confederazione musulmana, era stata una necessità, alla quale i Compagni non poterono sottrarsi. Il rassegnarsi alla defezione sarebbe stato un suicidio morale e materiale, ed i seguaci dell'Islām, mettendo in disparte ogni pensiero religioso, e nella tutela dei loro interessi più cari, cinsero la spada e si gettarono con selvaggia energia nel conflitto, che per essi era questione di vita o di morte. La vittoria delle armi musulmane fu completa, e la rivoluzione sanguinosa, nata da essa, si propagò come un incendio, anche molto oltre i confini dello stato retto da Maometto. In questo conflitto si offuscarono sempre più gli elementi religiosi del moto arabico, tramutandolo in un vero e proprio moto politico, in cui la religione quasi non ebbe parte alcuna.

[Le ragioni particolari dell'invasione araba in Persia.]

Le conquiste musulmane in Arabia, negli anni 11. e 12. H., comprendevano però solo quelle tribù, che erano sempre vissute lungi da dirette influenze persiane, e che perciò erano sempre state indifferenti a quanto avveniva nell'impero Sassanida. La sottomissione dei Tamīm e la vittoria di al-Yamāmah estesero invece i confini dello stato Musulmano fino al territorio occupato da quelle tribù, che da secoli erano in continui rapporti, sia di pace, sia di guerra, con il principato feudatario di Ḥīrah, e quindi indirettamente con il governo persiano. Il principato di Ḥīrah si estendeva come una striscia lungo tutta la sponda occidentale dell'Eufrate, dal confine dell'impero Bizantino in Siria a settentrione, fino al Golfo Persico a mezzogiorno, a guisa di baluardo contro le incursioni dei nomadi. Nel suo vertice settentrionale, le tribù soggette al principato erano in contatto con quelle cristiane, che dipendevano direttamente dagli imperatori di Costantinopoli. Nella sua parte inferiore, nel tratto cioè fra Ḥīrah ed il Golfo Persico, il principato toccava le tribù pagane e cristiane dei Bakr b. Wāʾil, che vivevano, per così dire, in guerra continua con la Persia. Queste numerose ed irrequiete tribù erano a giorno di tutto ciò che accadeva nel vicino Impero, e dopo la grande vittoria di Dzū Qār avevano rinnovato le aggressioni con ardimento sempre maggiore.

I Bakr b. Wāʾil mancavano però di ogni coesione: le varie frazioni operavano ognuna per conto proprio senza mai tentare veruna azione concorde con tutte le forze unite. Alcune razziavano lungo il corso inferiore dell'Eufrate, la regione dove poi sorse Baṣrah; altre operavano invece più a settentrione verso Ḥīrah, il governatore della quale, paralizzato dal caos politico dell'Impero, era impotente a far checchessia contro i predoni, e non disponeva di forze nemmeno sufficienti per difendere la città. È assai probabile che, alla vigilia delle conquiste arabe, l'autorità del luogotenente persiano di Ḥīrah non si estendesse molto al di là delle mura, e che tutto il paese a mezzogiorno fino al mare fosse abbandonato a sè stesso. In questa parte, come è noto, il corso erratico dell'Eufrate, negletto dai Sassanidi, aveva incominciato a creare quegli immensi pantani, di cui avremo tanto a discorrere sotto gli 'Abbasidi, e che formavano una specie di zona neutra, una regione senza padroni e senza governo, che divideva il deserto dal paese abitato e coltivato: dietro a questa zona gli Arabi potevano ritirarsi al sicuro, ed eludere ogni inseguimento.

[Le ragioni particolari dell'invasione araba in Persia.]

§ 152. — Come è noto, i Bakr b. Wā·il non avevano avuto nè direttamente, nè indirettamente, verun rapporto con Madīnah, separati com'erano da essa, da tante tribù o indipendenti o vagamente soggette al Profeta. Dell'Islām non si erano mai dato pensiero, occupati come erano assai più proficuamente a molestare gli infelici abitanti della Babilonide. I trionfi di Khālid mutarono radicalmente le loro condizioni: i Bakr b. Wā·il si trovarono nel corso di pochi mesi stretti per una parte dalla potenza militare di Madīnah, divenuta onnipotente in Arabia, e dall'altra dalla frontiera dell' impero Persiano, che essi, divisi in tante minute frazioni, non osavano varcare. La loro posizione divenne immediatamente molto precaria: era impossibile per essi rimanere liberi ed indipendenti come prima; anzi, qualora l'espansione politica di Madīnah si fosse estesa verso la Persia, essi rischiavano di restare schiacciati fra l'incudine ed il martello. Con quell'intuito pratico che li distingue, gli Arabi prontamente compresero e da qual parte fosse il loro vantaggio, e come ottenerlo. Da un lato avevano un vasto impero in completo sfacelo; dall'altro uno stato nuovo e pieno di vigore, che, con le battaglie vinte sulle tribù dell'Arabia centrale, mostrava di possedere grandi mezzi e uomini capaci di adoprarli. Le varie sezioni della stirpe Bakrita, ognuna per conto suo, ma forse seguendo l'esempio l'una dell'altra, corsero ad unirsi ai Musulmani (1), offrirono i propri servizi ed invitarono Khālid a piombare sulla Babilonide, dove, con forze unite e disciplinate, era facile fare quanto mai bottino si volesse (2). La proposta piacque all'irrequieto generale Khālid b. al-Walīd, piacque alle milizie imbaldanzite da tante vittorie, avide sempre di maggiore bottino, e piacque alfine anche al cauto abū Bakr, come mezzo per impiegare in modo utile gli elementi diversi, discordi e pericolosi che componevano ora il suo regno. La tensione degli animi in Arabia era estrema: come prova, tra altro, la grande guerra civile, che divampò per tutta l'Arabia meridionale dopo la vittoria di al-Yamāmah; e non v'è dubbio, che, se abū Bakr avesse fermato le sue vittoriose legioni, e le avesse costrette a riprendere le occupazioni tranquille del tempo di pace, sarebbero scoppiati gravi conflitti interni: più di metà dello stato Musulmano era formato di tribù ancora sanguinanti per le disfatte patite, e frementi ancora sotto al giogo dell'odiato vincitore. Lanciare tutti gli elementi più irrequieti nell'ignoto al di là del confine, ad una impresa che prometteva di essere facile e lucrosa, offrire loro un copioso bottino, che facesse dimenticare le umiliazioni subite, fu quindi un provvedimento politico di estrema urgenza, alla quale il Califfo difficilmente avrebbe potuto rifiutarsi, in vista delle condizioni propizie, in cui si presentava per l'iniziativa dei Bakr b. Wā·il. Per ragioni di puro opportunismo politico, tanto i Musulmani, quanto i loro novelli alleati scesero ora come famelici avvoltoi sulle disgraziate contrade, sospinti dai loro irresistibili istinti di rapina e di guerra.

[Le ragioni particolari dell'invasione araba in Persia.]

NOTA 1. — Nelle fonti è detto ingenuamente che i capi, proponendo al Califfo l'incursione in terra persiana, si fecero musulmani, ed avuto il consenso di abū Bakr, ritornarono nelle tribù, proponendo alle medesime di convertirsi, e che queste accettarono senza difficoltà alcuna. Questa non fu però una conversione, come la intenderemmo noi, ma un semplice accordo militare e politico.

NOTA 2. — Una parte dei Bakr, quelli che vivevano più a settentrione, rimasero ancora pagani e vennero alle mani con i Musulmani, come vedremo fra breve (cfr. §§ 202, 224, 226).

§ 153. — Così ebbero principio le grandi conquiste. Nei paragrafi seguenti sono raccolte tutte le tradizioni sulle medesime: nel prenderle in esame, sarà bene di tenere presenti alcune brevi considerazioni generali, affinchè l'abbondanza dei particolari non faccia perdere di vista i principali aspetti del grande dramma.

Innanzitutto gli Arabi (che impropriamente chiameremo musulmani, perchè i più erano di fatto ancora pagani) incominciarono la campagna con il proposito di fare una semplice razzia, e senza prefiggersi idea alcuna di vera conquista. L'esercito, che si avanzò contro Ḥīrah, era composto (¹) di poche migliaia di uomini (²): ma i felici successi che ottenne, superarono ogni aspettativa: la resistenza delle scarse guarnigioni persiane fu fiacca e facilmente spezzata dall'impeto irresistibile di uomini pieni di ardire, veterani di molte battaglie. In poco più di un mese, tutta la regione fino a Ḥīrah si abbattè dinanzi al vincitore come un campo di biada dinanzi alla tempesta, e la città di Ḥīrah, benchè difesa da alte mura, si arrese quasi senza colpo ferire, perchè gli abitanti erano convinti che niun soccorso potevasi sperare dai Sassanidi, intenti soltanto a distruggersi a vicenda. Gli Arabi si trovarono quindi improvvisamente padroni del tanto temuto e famoso principato, che per secoli aveva vittoriosamente respinto tutte le incursioni dei nomadi. Il grande successo modificò i piani dei vincitori: la razzia si mutò in occupazione temporanea militare, il principato fu sottoposto ad un tributo, ed abbattuta ora ogni difesa della frontiera, le schiere vittoriose si spinsero su per il corso dell'Eufrate, superando facilmente ogni ostacolo sul loro cammino. Le tribù cristiane che tentarono di arrestare la marcia trionfale dei nomadi, subirono la sorte di quanti avevano mai osato resistere al genio militare di Khālid. Se noi potessimo sapere che cosa avvenisse negli animi di quelle lontane generazioni di barbari conquistatori, al momento delle prime incursioni, noi molto probabilmente troveremmo, che in quei rozzi spiriti, unito ad un senso di profondo orgoglio e d'infinito ardire, per il quale nulla era impossibile o difficile, si dovesse annidare altresì un senso di estrema maraviglia. Il tanto temuto Impero dei Sassanidi non esisteva più; gli si poteva impunemente rapire un'intiera provincia; se ne poteva scorazzare liberamente le più feraci regioni, era facile sconfiggerne le milizie, ed il paese si offriva quasi

[Le ragioni particolari dell'invasione araba in Persia.]

inerme a chi aveva ardire per prenderlo. Non più governo, non più esercito: un paese senza difesa, senza padrone, disfatto dall'anarchia, giacente come corpo morto alla mercè del primo venuto.

Nota 1. — Lo stesso Sayf b. 'Umar, sempre disposto alle maggiori esagerazioni, afferma che i Musulmani invasori fossero soltanto 18.000 uomini: ma le fonti più antiche (cfr. § 164) li riducono a soli 2500. Quindi probabilmente i Musulmani erano in tutto 2.000 o 3.000 guerrieri. Tale riduzione non è punto esagerata: si consideri, che i Musulmani tre anni dopo, nella grande battaglia di al-Qādisiyyah ammontavano in tutto a soli 6.000 o 7.000 uomini, e che i rinforzi mandati dal Califfo (giunsero a battaglia finita) erano appena 2.000 uomini. Queste cifre, nelle quali è pure possibile che si annidi un principio di esagerazione, sono date dall'ottima fonte di ibn Isḥāq e confermate da abū 'Awānah. Esse segnano il massimo sforzo dello Stato di Madīnah per combattere gli eserciti del Gran Re dei Re: per la razzia senza importanza dell'anno 12. H. è da supporsi che le milizie arabe fossero assai meno numerose.

Nota 2. — Sulla composizione dell'esercito di Khālid b. al-Walid siamo molto male informati. Le milizie veramente musulmane, ossia quelle venute da Madnah con Khālid costituivano una piccola minoranza, poco più di 500 uomini, vale a dire quelli, che si recarono poi in Siria con Khālid b. al-Walid nei primi giorni dell'anno 13. H. Tutti gli altri erano turbe raccogliticcie di nomadi, per lo più levate dalle tribù del confine dei Bakr b. Wā'il. Si tenga presente, che quando abū Bakr diede ordine a Khālid di trasferirsi in Siria, le regioni della Babilonide occupate temporaneamente da Khālid b. al-Walīd furono abbandonate a loro stesse, appena riscossi i tributi, o indennità di guerra. Rimasero però gli Arabi locali, i Bakr b. Wā'il, i quali, durante l'anno 13. H., continuarono per conto loro le razzie entro l'Impero, ma con mezzi insufficienti e sotto capi, che non erano capaci di misurarsi con i generali sassanidi, militari di professione, veterani di tante guerre contro Bisanzio, quando questi, con le ultime forze militari dell'Impero, vennero ad espellere i predoni.

§ 154. — È indubitato, che se gli Arabi avessero intuito le vere condizioni dell'impero Sassanida, se fin dal principio avessero stabilito realmente di conquistare la Persia, e se invece di una schiera volante di poche migliaia di uomini avessèro inviato forze maggiori, e si fossero spinti contro la capitale, Ctesifonte, già in quel primo anno avrebbero potuto sottomettere tutto l' 'Irāq, e occupar la capitale stessa dell'Impero, che cadde in loro potere tre anni dopo. Gli Arabi irruppero su Ḥīrah pochi mesi dopo la proclamazione del re Yazdagird III, e questi nulla avrebbe potuto fare contro gli invasori, avendo egli assunto il governo nel momento più tristo e più disastroso di tutta la storia sassanida, dopo una ridda caotica di massacri senza fine, e di spaventosi disordini amministrativi (1). Il momento era quindi sommamente propizio agli Arabi, ma questi mancarono della consapevolezza e del senno per farne tutto l'uso che sarebbe stato possibile. Essi mirarono al solo bottino, e rimasero fissi nel paese soltanto il tempo necessario per riscuotere le indennità di guerra imposte agli abitanti. Di ciò che accadeva a Ctesifonte probabilmente non sapevano, nè certo si diedero pensiero. Il cadente Impero ebbe il tempo di fare ancora un ultimo sforzo supremo. L'avvento di Yazdagird III segnò in fatti il principio d'una effimera reazione salutare in grembo alla nobiltà persiana, che alfine si avvedeva dei propri fatali errori, e tentava di porvi rimedio, ma il pentimento senile veniva troppo tardi, quando il malato era già moribondo, quando tutte le sue forze vere erano spente, e nessuno poteva più salvarlo. Gli Arabi, ignari di ciò, non sognando alcuna conquista, dopo i primi prosperi successi, soprastarono soddisfatti ed il governo di Madīnah, avendo altri e più vasti disegni in vista, richiamò le sue milizie dall' 'Irāq e le mandò in Siria. I nomadi lasciati soli senza direzione, rimasero inoperosi e negligenti, illusi dai successi ottenuti con tanta facilità e con mezzi così irrisori. Passò così il momento utile, l'impero Sassanida ebbe tempo di riaversi dal delirio di sangue, di riprendere fiato e riunire le sue ultime forze. Gli Arabi del confine si lasciarono sorprendere e sopraffare. La prima razzia musulmana ebbe termine con un grave disastro militare, che costrinse il Califfo, per l'onore delle armi musulmane, a vendicare l'onta patita, ordinando la vera invasione e conquista dell' impero Persiano, allo stesso modo che si era fatto in Siria. [Le ragioni particolari dell'invasione araba in Persia.]

Queste sono in breve le grandi linee della prima campagna nell' 'Irāq. Ora ne daremo in forma compatta tutte le migliori tradizioni, con la critica di ognuna; alla fine dell'annata, per orientare lo studioso nel laberinto di notizie leggendarie e contradittorie, e di particolari oziosi, tenteremo, in un riassunto, di fissare le vere fasi storiche della prima campagna.

Nota 1. — Dagli storici armeni (cfr. J. A., série VI, tom. VII, p. 227) sappiamo che quando Yazdaǵird salì sul trono, scoppiarono simultaneamente tre gravi insurrezioni, una nella Persia orientale, la seconda in Assiria (Mesopotamia), e la terza nell'Atrpatakan (Adzarbayǵān). Aggiungasi che Yazdaǵird aveva allora soli 15 anni (Eutychius, 1092).

Invasione dell'impero Persiano ('Irāq) (1) e resa di Ḥīrah (*versione della scuola Madinese*).

§ 155. — (*a*) (Balādzuri, senza isnād) (2). al-Muthanna b. Ḥārithah b. Salamah b. Ḍamḍam al-Šaybāni (3) (prima di convertirsi all' Islām) soleva spesso fare scorrerie nel Sawād (ossia l' 'Irāq, cfr. § 162, nota 2) con la gente della sua tribù. Il califfo abū Bakr udì parlare di lui e chiese notizie sul conto suo. Qays b. 'Āṣim b. Sinān al-Minqari gli spiegò che al-Muthanna era uomo, il quale godeva già di molta riputazione, era di buona famiglia e d'ingegno. Si vuole che di poi al-Muthanna venisse a vedere il califfo abū Bakr (4), per chiedergli di essere nominato capo di tutti quei membri della sua tribù, che si fossero convertiti, affin di potere con essi assalire i Persiani (5). Il califfo abū Bakr acconsentì a conferirgli questa nomina, confermandola anche con uno scritto speciale. al-Muthanna si recò quindi a Khaffān (6) e riunitavi tutta la sua tribù la invitò a farsi musulmana: tutti i presenti si convertirono (7). Allora abū Bakr scrisse a Khālid b. al-Walīd, ordinandogli d'invadere l' 'Irāq. Alcuni anzi affermano che il Califfo lo mandasse direttamente da Madīnah. Quindi abū Bakr inviò un ordine scritto ad al-Muthanna di mettersi sotto gli ordini di Khālid b. al-Walīd, e di

[Invasione dell'impero Persiano.]

unire le sue forze a quelle del generale qurašita. Allo stesso tempo, Madz'ūr b. 'Adi al-'Iǵli (8) aveva scritto al califfo abū Bakr, informandolo delle condizioni sue e della sua tribù, e chiedendo per sè la direzione della guerra contro i Persiani; abū Bakr rispose ordinandogli di unirsi a Khālid b. al-Walīd e di sottostare a tutti i suoi ordini. Intanto Khālid fissava il campo in al-Nibāǵ (9), dove al-Muthanna lo venne a raggiungere, e quindi insieme mossero verso Basrah, dove si trovava Suwayd b. Qutbah al-Dzuhli (10). Così almeno afferma abū Mikhnaf, ma altre fonti dicono invece che ivi si trovasse Qutbah b. Qatādah al-Dzuhli. Questi Arabi che razziavano dalle parti di Basrah erano (anche essi) della tribù dei Bakr b. Wā·il, i quali volevano fare verso Basrah, quello che al-Muthanna faceva dalla parte di Kūfah (cioè di Ḥīrah) (cfr. anche Yāqūt, I, 637, ultima linea e seguenti). Suwayd venne da Khālid b. al-Walīd e gli propose di assalire la città di Ubullah (11). Khālid assentì e per ingannare i difensori della città persiana, lasciò pubblicamente di giorno Basrah, come se volesse allontanarsi dalla regione e recarsi a Ḥīrah, ma di notte tempo fece improvvisamente ritorno, e con l'aiuto di Suwayd andò rapido ad assalire il campo militare dei difensori di Ubullah (12). Gli Ubulliyūn, spaventati dall'improvvisa comparsa di Khālid con forze tanto ingenti, opposero ben poca resistenza e si diedero alla fuga al primo assalto dei Musulmani. Molti Ubulliyūn furono uccisi nella fuga e molti altri perirono annegati nel traversare il fiume Diǵlah (Tigri) (13). Khālid, aggredita quindi al-Khuraybah (14), la prese d'assalto, facendone prigionieri gli abitanti. La città era un sito molto importante, perchè era una delle guarnigioni persiane di confine, maslaḥah li-l-'Aǵm. Proseguendo la sua marcia, Khālid lasciò, secondo quanto afferma al-Kalbi, Šurayḥ b. 'Āmir b. Qayn, un arabo dei banū Sa'd b. Bakr b. Hawāzin, quale suo luogotenente in al-Khuraybah.

Secondo alcune fonti si dice che Khālid b. al-Walīd si avanzasse verso il canale detto Nahr al-Mar·ah, il Fiume o Canale della Donna (15), e dopo aver concluso un trattato con gli abitanti, battesse un esercito (persiano) in al-Madzār (16).

Lasciato poi a Suwayd b. Qutbah il comando della regione (di Basrah), Khālid b. al-Walīd mosse verso Ḥīrah, dicendo a Suwayd che poteva ora star sicuro, perchè aveva inflitto gravi perdite ai Persiani (Balādzuri, 241-242; v. cont. § 160).

(*b*) Cfr. anche Yāqūt, I, 637-638; III, 592, lin. 8 e segg. In un altro passo (II, 62, lin. 13-14) è detto che Khālid b. al-Walīd invadendo l''Irāq fissasse il (primo) campo in al-Ǵara'ah, fra al-Naǵafah e al-Ḥīrah, un sito che divenne poi famoso durante l'agitazione contro il califfo 'Uthmān nel

34. a. H. Questa notizia conferma quanto esporremo in appresso, che cioè Khālid si recò direttamente dall'Arabia centrale a Ḥīrah senza volgersi contro Ubullah (cfr. nota 2. di questo paragr.). [Invasione dell'impero Persiano.]

(*c*) Ḥagar, III, 730-731, narra che al-Muthanna b. Ḥārithah, dopo aver combattuto i Persiani per qualche tempo dietro ordine del califfo abū Bakr, inviasse il fratello, Mas'ūd b. Ḥārithah, a chiedere soccorso al Califfo, il quale perciò diede istruzioni a Khālid di muovere contro i Persiani.

(*d*) In Ḥanīfah, 116, lin. 18 e segg., leggiamo che Muthanna e Suwayd molestassero continuamente la frontiera (takhūm termine aramaico, cfr. Fraenkel Aram., 282) persiana ed ogni qualvolta i dahāqīn (sing. dihqān, voce persiana, denotante i prefetti o tribuni delle popolazioni agricole del confine) tentavano di assalirli, gli Arabi si ritiravano nel deserto, dove nessuno osava inseguirli.

Nota 1. — (*a*) L''Irāq, come si può vedere dalla pianta annessa al presente volume, è regione perfettamente piana, rinchiusa fra i due corsi inferiori del Tigri e dell'Eufrate, fino al punto ove fondono insieme le loro acque e si gettano nel Golfo Persico. Il confine settentrionale può fissarsi in circa con una linea retta tirata fra Hīt sull'Eufrate e Takrīt sul Tigri. Il nome d''Irāq, o più correttamente 'Irāq al-'Arabi, abbraccia però anche una striscia di paese a occidente dell'Eufrate, fra questo fiume e il deserto (detta anche al-Ṭaff), e un'altra striscia a oriente del Tigri fino alle prime pendici dell'altipiano Iranico. Sull'origine della parola 'Irāq non è qui il luogo di discutere, essendo altresì una questione molto oscura e difficile. Per un esame conciso e chiaro del problema cfr. Streck, 1 e segg., ove sono raccolte anche le interpretazioni tentate dai lessicografi arabi (cfr. anche [Reinaud], J. A., 1861, série, V, tom. XVIII, p. 220-221 e Salmon, *L'introduction topographique à l'histoire de Baghdād, d'al-Khatīb al-Baghdādhi*, pp. 21 e segg.).

(*b*) 'Irāq corrisponde esattamente all'antica denominazione: Babilonide, o Caldea. La distinzione fra 'Irāq al-'Arabi (Babilonide) e 'Irāq al-'Agami (Media, poi detto al-Ǵabal o al-Ǵibāl « i monti », ossia la parte settentrionale dell'altipiano persiano) è di origine più moderna ed appare soltanto nei geografi più recenti (Yāqūt, II, 15, lin. 18: 22, lin. 15; Abulfeda Geo., 408; cfr. Streck, 4) mentre è ignorata dai più antichi.

(c) I Persiani prima della conquista araba chiamavano l''Irāq, Sūristān, ossia il paese dei Siri (Ṭabari, I, 819, lin. 8), una traduzione persiana dell'espressione Bēth-Aramājē « terra dei Siri », o « terra degli Aramei ». Difatti tutta la Babilonide era popolata da razze semitiche (aramei, quelli cioè che i Greci chiamano Siri), sulle quali dominavano i Persiani (ariani). Il destino e le tradizioni geografiche speciali dell'impero Sassanida avevano creato la condizione singolare che la capitale dell'impero Sassanida, la doppia città Ctesifonte e Seleucia, che giaceva sul Tigri, non sorgesse su suolo persiano, ma in terra straniera. Cf. su questo argomento il § 138, e le osservazioni del Nöldeke in Nöldeke Perser, 15, nota 3 e in ZDMG., vol. XXV, p. 113 e segg.; Balādzuri, 276, lin. 5; Yāqūt, III, 185.

È noto però che gli Aramei (Siri) abitanti della Siria erano chiamati Nabaṭ, Nabīṭ o Anbāṭ (ossia Nabatei degli Arabi). Cfr. [Nöldeke] ZDMG., vol. XXV, p. 122 e segg.

(*d*) Secondo al-Asma'ai [† 216. a. H.] l''Irāq si chiamava un tempo Irān Šahr, e traducendo questo termine nella loro lingua gli Arabi diedero alla regione il nome 'Irāq. Secondo al-Khalil [† 170. a. H.] la provincia chiamavasi in questo modo, perchè era confinata dal Tigri, e dall'Eufrate e dal mare; ora la parola 'Irāq significa appunto « riva ». Furāt., fol. 46.v.

Nota 2. — (*a*) Balādzuri non dà isnād, ma dal paragone del contenuto di questo paragrafo con quello del paragrafo seguente, si vede, che egli ha attinto a tradizioni tramandate da al-Kalbi e da a ibn al-Kalbi, il primo dei quali è anche specificamente da lui menzionato (Balādzuri, 242, lin. 7). Egli attinge però anche a abū Mikhnaf (id. 241, lin. 16; 245, lin. 4) e ad al-Wāqidi (id. 242, lin. 14; 245, lin. 4). Non è però nemmeno esclusa la probabilità, che qualche notizia fusa nella redazione Baladzuriana ci provenga da fonte iraqense, se non proprio da Sayf b. 'Umar (cfr. Balādzuri, 268 e 307). È da deplorarsi, che Balādzuri, come già avvertimmo, abbia fuso insieme i suoi materiali

[Invasione dell'impero Persiano.]

d'informazione, prefiggendo il suo solito qālū, o dissero, perchè rende assai più difficile vagliare il valore relativo delle sue notizie. Benchè in generale egli si giovi delle fonti migliori e più sicure, ossia di quelle della scuola storica di Madīnah, nelle presenti tradizioni Balādzuri è caduto in errore confondendo buone e cattive tradizioni e mettendo nell'anno 12. H. molti fatti che appartengono all'anno 14. H., come egli stesso afferma in altro luogo (cfr. Balādzuri, 253, 346). La battaglia di Madzār fu vinta da 'Utbah b. Ghazwān e non da Khālid b. al-Walīd, e nel 14., non nel 12. H.

(*b*) È degno di nota che questa tradizione di Balādzuri si ritrova quasi con le identiche parole in Futūḥ Lees, 45 e segg.: tale coincidenza è un buon argomento in favore di quel romanzo storico, perchè dimostra, che la trama fondamentale di esso poggia su tradizioni storiche: in quest'opera è detto anche più esplicitamente, che al-Muthanna fosse una persona del tutto sconosciuta in Madīnah (quindi *non* musulmano!), ma si aggiunge, che tali erano state le sue prodezze contro i Persiani, che la fama sua era giunta fino a Madīnah, destando la curiosità del Califfo e di 'Umar. Quivi però si fa menzione di due ambasciate dei Bakr al Califfo: una di al-Muthanna b. Ḥārithah per ottenere il comando sui Bakr che si convertissero all'Islām, ed una seconda più tardi di Mas'ūd b. Ḥārithah, fratello di al-Muthanna, il quale quando al-Muthanna ebbe fatto varie incursioni nel territorio persiano venne a chiedere soccorsi. Allora per consiglio di 'Umar, il Califfo scrisse a Khālid b. al-Walīd, che si trovava nel Yamāmah, ordinandogli di unirsi ad al-Muthanna e d'invadere la Persia (Futūḥ Lees, 45-46). La lettera del Califfo a Khālid b. al-Walīd fu portata da abū Sa'īd al-Khudri, e Khālid partendo dalla Yamāmah si recò direttamente verso la provincia di Baṣrah. Ivi unitosi con Suwayd b. Quṭbah dei Bakr b. Wā'il, sconfisse con grande strage la gente di Ubullah (Futūḥ Lees, 47-50). Khālid ritornò quindi a al-Nibāǵ (!?), si unì con al-Ḥurr b. Buǵayr cristiano, che in principio non voleva convertirsi, e fu imprigionato, e poi con al-Muthanna b. Ḥārithah (Futūḥ Lees, 50-53). Quindi tutti insieme tornarono a invadere l' 'Irāq (Futūḥ Lees, 53).

Nota 3. — I Šaybān erano uno dei rami più potenti dei Bakr b. Wā'il (cfr. Introd., § 41, tav. I; 10. a. H., §§ 43, 44; Wüst. Register, 418; Qutaybah, 48). I Bakr b. Wā'il abitavano tutta la regione di confine fra l'impero Persiano e l'Arabia e le loro terre toccavano all'interno la Yamāmah e il Baḥrayn, stendendosi verso oriente sino al Sīf Kāẓimah; dalla parte inferiore confinavano con il Sawād al-'Irāq, con il territorio di Ubullah e con il Golfo Persico, protendendosi poi in su verso il nord fino a Hīt sull'Eufrate (al-Hamdāni, I, 169, lin. 25). Si può quasi dire che tutte le vie che dalla Babilonide penetravano in Arabia dovevano passare attraverso il territorio dei Bakr b. Wā'il.

Una delle sorgenti famose dei Bakr b. Wā'il era quella detta al-Šayyitān (Hamdāni, 176, lin. 2). Adoravano un idolo che aveva nome Uwāl, o Awāl (Wüst. Register, 110).

Nota 4. — Khond. (I, 4, p. 8, lin. 10) afferma esplicitamente che la ragione per la quale al-Muthanna propose al Califfo di depredare i beni dei miscredenti (ba-tārāǵ-i-amwāl-i-kuffār perciò nessuna idea di conquista) nel regno Persiano, fosse l'estremo stato di debolezza del governo Sassanida, e l'anarchia prodotta dall'accumularsi di tante sventure.

Cfr. anche Yāqūt, III, 592, lin. 8 e segg.

Nota 5. — Dunque l'idea di assalire la Persia venne non già da Madīnah, ma dai Beduini del confine, i quali già da anni molestavano le fertili contrade del vicino impero. Khālid fu mandato dal Califfo quasi per legalizzare l'iniziativa dei Beduini e per garantire che i vantaggi ottenuti andassero a profitto dello stato Musulmano. abū Bakr da accorto uomo di stato comprese inoltre che non poteva governare i nomadi irrequieti del deserto, se non assecondandoli nella soddisfazione dei loro istinti selvaggi di rapina, in particolar modo dopo le stragi fratricide dei mesi precedenti. D'altra parte i Beduini si valsero del Califfo per ragioni opportunistiche molto evidenti, che abbiamo già esposte in un paragrafo precedente (cfr. § 152). La fusione degli interessi politici del Califfo con quelli materiali dei Beduini trascinò così fatalmente lo stato Musulmano alla guerra con l'impero Sassanida. Si tenga però a mente che nè il Califfo, nè i Beduini meditavano una conquista, ma soltanto una razzia.

Nota. 6. — (*a*) Khaffān era un sito, già oltre i confini d'Arabia a breve distanza da Ḥirah, e in appresso, quando da Kūfah partivano le caravane di pellegrimi per Makkah, talvolta passavano per Khaffān (Yāqūt, II, 456, lin. 3). Ivi abbondavano i leoni, perchè il sito era pieno di cespugli e di erbe alte. Il luogo preciso non è ben conosciuto, perchè alcuni affermano che fosse sopra (fawq) al-Qādisiyyah (ossia fra questa e il deserto), dietro ad al-Nusūkh alla distanza di due o tre miglia. Siccome ivi esisteva una buona sorgente, in tempi successivi sorse un villaggio, che appartenne un tempo ad 'Īsa b. Mūsa al-Hāšimi. Faceva parte della regione detta Ṭaff al-Ḥiǵāz, ossia di quella striscia del Sawād Iraqense, che lambiva i confini d'Arabia (Yāqūt, II, 456, lin. 8-9). In un altro passo (Yāqūt (IV, 812, lin. 21 e segg.) si cita un verso attribuito ad al-Muthanna b. Ḥārithah, nel quale si accenna all'occupazione di Khaffān al principio della campagna contro la Persia.

[**Invasione dell'impero Persiano.**]

Il sito era pieno di palme rigogliose (al-nakhalāt al-sumr: il colore scuro delle palme significa che hanno sviluppo sano e vigoroso).

(*b*) Da al-Mas'ūdi sappiamo che venendo dall'Arabia, e dirigendosi verso Kūfah, si arrivava a Khaffān e che da questo sito, per giungere ad al-Qādisiyyah, bisognava percorrere *sei* miglia arabe (cfr. anche Marāṣid, I, 359, lin. 9). Il sito era tanto famoso per i leoni che infestavano la regione, che in Arabia erano proverbiali i leoni di Khaffān (Hamdāni, 127, lin. 15 e 241, lin. 9). A breve distanza da Khaffān si trovavano i famosi palazzi eretti dai principi Lakhmiti di Ḥīrah, e che avevano nome al-Khawarnaq (Tabari, I, 851, lin. 3 e segg.; Bakri, 279, lin. 21). Per andare nella Yamamāh, partendo da Kūfah, si passava per Khaffān, e fra questo sito ed al-'Udzayb dicesi i Taghlib pascolassero i loro armenti (Bakri, 323, lin. 4 e segg.). Sui famosi leoni delle macchie di Khaffān cfr., anche i versi in Ḥamāsah, 650, lin. 15; Tāǵ al-'Arūs, VI, 93, lin. 7 e segg.; Lisān, X, 429, lin. 8 e segg.; Ǵawhari, II, 21, lin. 23; Aghāni, X, 66, lin. 26).

(c) Dalle precedenti notizie si appura dunque, che Khaffān si trovava fuori dei confini dell'Arabia deserta e già nel terreno alluvionale del Sawād, che non apparteneva ai Šaybān (Bakr b. Wā·il) e che perciò non era già un luogo di questi (come parrebbe dal testo di Balādzuri) ma il *primo* posto da essi occupato nel territorio nemico, e il *primo* accampamento musulmano fuori d'Arabia (cfr. Yāqūt, IV, 812, lin. 21-22).

(*d*) Da ciò si vede che i Musulmani, nell'uscire dal deserto per piombare sul territorio persiano, penetrarono dalla parte di Khaffān, vale a dire nelle vicinanze immediate di Ḥīrah. Premesso questo, diviene assai improbabile che gli invasori, lasciando alla loro sinistra le campagne ricche di Ḥīrah, deviassero verso il mezzogiorno per recarsi a Baṣrah. Le più forti ragioni morali e strategiche sono contrarie a questa affermazione. Per ottenere tutti i vantaggi di una sorpresa, gli Arabi dovevano, appena comparsi al confine, piombare sulla città e depredarla. La imbelle resistenza di Ḥirah senza colpo ferire dimostra che gli abitanti furono colti all'improvviso e non poterono nemmeno pensare ad una difesa. Si osservi inoltre che siccome il tratto di strada fra Khaffān e Ḥīrah era brevissimo, forse la distanza di una sola giornata di marcia, non v'è posto alcuno per battaglie o campagne complicate. Se Khālid b. Walid avesse realmente incominciato la sua campagna dalla parte di Baṣrah, le fonti avrebbero indicato un altro punto della frontiera araba, al-Ḥufayr per esempio, che si trovava sul confine fra Baṣrah e l'Arabia, e non un sito come Khaffān, che ne distava circa duecento e più chilometri al nord. L'accenno di Balādzuri all'impresa contro Baṣrah e Ubullah è perciò, anche per questi motivi, molto probabilmente un errore, suggerito dalle tradizioni iraqensi.

Nota 7. — Questa notizia è preziosa, perchè dimostra come tutti i Bakr b. Wā·il fossero ancora pagani e del tutto indipendenti da Madīnah. Nel caso presente più che mai è evidente, che « conversione » è un mero eufemismo per velare un semplice accordo politico e militare fra il Califfo e le tribù pagane, accordo pattuito con lo scopo di predare i vicini.

Nota 8. — Anche gli 'Igl erano un ramo dei Bakr b. Wā·il (cfr. Wüst. Gen. Tab., A, B, C, e Introd., § 41, tav. 1). Più avanti troveremo menzione degli 'Igl cristiani, che si batterono per i Persiani contro i Musulmani. Cfr. § 202.

Nota 9. — (*a*) La menzione di al-Nibāǵ come luogo di concentrazione delle milizie musulmane in procinto di invadere la Persia, è di rilievo per il nostro soggetto. al-Nibāǵ era un piccolo villaggio, che giaceva a mezza strada fra Makkah e l''Irāq (Yāqūt, IV, 736, lin. 13; Khurdādzbih, 146, 147, 190) ed aveva grande importanza, perchè era il punto di diramazione di cinque grandi strade, l'una verso Makkah, l'altra verso Madīnah per via di al-Naqrah (Khurdādzbih, l. c.), una terza verso Kūfah (Bakri, 711, lin. 9), una quarta verso Baṣrah, ed un'ultima verso la Yamāmah (cfr. la pianta disegnata dal Wüstenfeld nel suo Wüst. Baṣrah e ibid., 11 [55]). L'ultima strada ha per noi speciale importanza. al-Nibāǵ era dunque il punto, dove chi movesse dalla Yamāmah diretto alla Persia raggiungeva la strada che dall'Arabia occidentale menava in Persia: ciò è attestato da molte notizie precise (cfr. Yāqūt, I, 287-288; II, 855, lin. 7; III, 51, lin. 4; 307, lin. 3; 694, lin. 14; 802, lin. 11; IV, 481, lin. 6; 786, lin. 1; Khurdādzbih, 146 e 147; Wüst. Baṣrah, l. c.).

(*b*) Se dunque Khālid sostò in al-Nibāǵ prima di recarsi nell''Irāq, egli doveva necessariamente essere venuto dalla Yamāmah e non da Madīnah: colà era il punto, donde chi proveniva dalla Yamāmah poteva più sollecitamente ricevere le ultime istruzioni dal Califfo prima di partire, dacchè per Nibāǵ si passava andando da Madīnah a Baṣrah (Yāqūt, IV, 204, lin. 21; 216, lin. 14-15). Ciò combina con quello che è detto in una tradizione di ibn al-Kalbi data più avanti (§ 158, cfr. anche §§ 157 e 159). Da al-Nibāǵ Khālid si recò direttamente a Ḥīrah per la via di Fayd e al-Tha'labiyyah, come è detto dalla nostra migliore autorità storica, al-Wāqidi (Balādzuri, 242, lin. 13); al-Nibāǵ si trovava a 257 miglia arabe da Baṣrah (Muqaddasi, 251, lin. 5-9), che si percorrevano in dieci giorni di marcia

[Invasione dell'impero Persiano.]

(Yāqūt, III, 153, lin. 4; cfr. anche Rustah, 180-182). Intorno ad al-Nibāǵ vivevano i banū Sa'd b. Zayd Manāt (Tamim) (Bakri, 571, lin. 4-5; cfr. anche Marāṣid, III, 193, lin. 6 e segg.).

(c) al-Nibāǵ diventò un sito ameno, con palme ed acquedotti, soltanto ai tempi posteriori per opera di 'Abdallah b. 'Āmir b. Kurayz (cfr. Wüst. Baṣrah, 11 [55]). Il convegno dei Musulmani in al-Nibāǵ è confermato anche in altre tradizioni che diamo in appresso (§§ 158, 165), e la unione dei Musulmani e dei Bakr b. Wā·il è attestata parimenti da un'altra tradizione.

Nota 10. — Anche i Dzuhl costituivano uno dei numerosi rami dei Bakr b. Wā·il, ogni frazione dei quali era indipendente dalle altre (cfr. Wüst. Gen. Tab., B e C). Vediamo così che tre rami dei Bakr b. Wā·il, gli Šaybān, gli Dzuhl e gli 'Iǵl, ognuno indipendentemente dall'altro, si rivolsero al Califfo (o forse meglio ai Musulmani) per invitarli a razziare l'impero Sassanida.

Nota 11. — (a) Ubullah, posta un tempo sulle rive del corso riunito del Tigri e dell'Eufrate (Muqaddasi, 118, lin. 6) a breve distanza dal mare (Abulfeda Geo., 57), era allora la città principale di tutto il mezzodì della Babilonide, perchè in essa faceva capo il grande commercio fra le Indie e la Persia. I Greci la chiamavano Apologos, nome che ha certamente qualche relazione con la forma orientale Ubullah (cfr. Abulfeda Geo. Rein., p. CCCLXXXII; Heyd, 1-7; *Geogr. graeci min.* ed. Müller, I, 285; Reinaud, *Mémoire sur le Royaume de la Mesène*, ecc. nelle *Mém. de l'Acad. des Inscr.*, XXIV, vol. II, 199, 212-213; Gildemeister, 37, e segg.; Ya'qūbi Buld., 365, lin. 9 e segg.; Le Strange Lands, 19, 44, 46-47, 81).

(a) Per queste ragioni, il primo re sassanida Ardašīr la ricostruì tutta (Faqīh, 198, lin. 20), ed i suoi successori vi tennero una guarnigione (masāliḥ) ed un comandante militare (qā·id) (Yāqūt, I, 97, lin. 13). Ubullah era una fortezza assai bene munita, che resistè a lungo agli assalti dei Musulmani nel 14. H. (Yāqūt, I, 639, lin. 12). Si dice che colà esistesse anticamente un idolo per nome Zūn (Yāqūt, II, 960, lin. 4). La distanza fra Ubullah ed il luogo dove poi sorse Baṣrah era di quattro farsakh (Yāqūt, III, 31, lin. 5; Iṣṭakhri, 81, lin. 2; Ḥawqal, 160, lin. 3). La grande fertilità della regione intorno a Ubullah le diede fama di essere una delle tre regioni o giardini più ridenti del mondo (ḥušūš al-dunyā) (Faqīh, 104, lin. 18-19): grande era in essa l'abbondanza dei viveri (id., 120, lin. 5-6; cfr. anche Abulfeda Geo., 253, 321, 481).

Nota 12. — La versione di Balādzuri è scorretta in questo punto, perchè egli confonde gli eventi del 12. a. H. con quelli del 14. a. H., come vedremo nelle annate seguenti, sull'autorità di al-Wāqidi. L'obbiettivo immediato degli Arabi fu Ḥīrah e piombarono su di essa direttamente dal deserto, senza venire punto alle mani con chicchessia. Con al-Wāqidi concorda anche ibn Isḥāq (§ 162) e queste due autorità, quando sono concordi sopra un fatto, rappresentano la verità più approssimativa ed hanno molto maggior peso del laconico «dissero» di Balādzuri. Le notizie date da questo sono infirmate per influenza di tradizioni attinte alla scuola Iraqense, come è dimostrato da un paragone fra il presente racconto e quello che daremo in appresso sotto il nome di Sayf b. 'Umar (§§ 185 e segg.). Anche Khond. (I, 4, p. 8, lin. 16-18) conferma che, prima della presa di Ḥirah, non vi furono combattimenti fra Musulmani e Persiani. Yāqūt (I, 637, ult. lin. e segg.) segue in parte la versione di Balādzuri, ma poi aggiunge (ibid., 638, lin. 71) che al-Wāqidi nega recisamente la verità di questi fatti.

Nota 13. — Benchè il testo sia molto laconico, appurasi, che in questa circostanza i Musulmani sconfiggessero soltanto una parte della guarnigione persiana di Ubullah, e che non tentassero nemmeno di espugnare la fortezza; la quale cadde in loro potere due anni dopo. Da questo incidente secondario della campagna, da porsi in un'annata o anteriore o posteriore, può essere nata una parte delle notizie fantastiche di grandi battaglie prima della presa di Ḥirah, che troveremo più avanti nelle tradizioni di Sayf. Khond (I, 4, p. 8) pone l'aggressione di Ubullah *dopo* la sottomissione di Ḥīrah.

Nota 14. — al-Khuraybah è nome arabo dato ad un paese posto a quattro farsakh dal Tigri (unito all'Eufrate), fra questo fiume ed il deserto arabo al nord di Ubullah. I Persiani lo chiamavano Wahištābādz Ardašīr, ed era anticamente una fortezza molto bene munita, eretta da uno dei Marzubān, o feudatari latifondisti persiani, sulle rive di un canale per il quale una parte delle acque dai grandi pantani dell'Eufrate defluiva al Golfo Persico a mezzodì. Il nome arabo di al-Khuraybah le venne perchè si dice che al-Muthanna b. Ḥārithah al-Šaybāni, in una delle sue incursioni (non è detto in quale anno) la distruggesse, tramutandola in una rovina (kharbah, di cui il diminuitivo è Khuraybah). Non lontano da al-Khuraybah sorse di poi la città di Baṣrah, ed alcuni Arabi tornarono a stabilirsi fra le rovine del castello diruto: che ebbe perciò anche nome al-Buṣayrah, o piccola Baṣrah. Al momento dell'invasione araba, conteneva una guarnigione persiana (masāliḥ li-l-'Aǵm) (Yāqūt, I, 637, lin. 21-22; II, 429, lin. 14-20): dalle quali notizie è evidente che fu costruita come una difesa della frontiera contro le incursioni degli Arabi. Non è improbabile che fosse assalita e distrutta dagli Arabi prima dell'invasione musulmana e che da ciò sia avvenuta l'erronea notizia, data da Balādzuri, di queste operazioni militari a mezzodì di Ḥīrah, mentre è certo che Khālid non guerreggiò mai nella contrada fra questa città ed il mare. Tutta la sua campagna fu verso il nord. Più tardi presso al-Khuraybah si estesero molti giardini, uno dei più famosi fra i quali fu quello detto Bustān Sufyān b. Mu'āwiyah (F a q ī h, 189, lin. 2). In A gh ā n i (XVIII, 15, lin. 4) è anche menzionato un castello Qaṣr 'Īsa b. Ǵa'far (ossia abū 'Uyaynah), che di poi sorse sul sito di al-Khuraybah (stampato erroneamente: Ḥuzaybah).

Nota 15. — Il Nahr al-Marah, o Canale della Donna, era stato scavato dal re persiano Ardašīr al-Aṣghar nella regione di Baṣrah. Per suggestione del nome (che è forse una corruzione araba di qualche termine persiano o arameo, perchè il vero nome pare fosse Nahr al-Marah) (R u s t a h, 94, lin. 9) la tradizione musulmana ha inventato una quantità di particolari su questa pretesa donna. Essa aveva nome (così affermano) Ṭamahīǵ. oppure Kāmūrzād, era figlia di Narsa, e cugina e moglie allo stesso tempo di al-Nūšaǵān b. Ǵasnasmāh: signora d'un castello sul canale, venne a patti con Khālid mediante il pagamento di 10.000 d i r h a m (Y ā q ū t, IV, 844, lin. 4 e segg.). L'inanità di questa favola è dimostrata anche dall'altra tradizione (Y ā q ū t, IV, 844, lin. 9) secondo la quale il nome di Canale della Donna venne dato dopo la conquista, ai tempi di abū Mūsa al-Aš'ari [† 50. o 52. a. H.]. Il canale asportava le acque dei grandi pantani dell'Eufrate, al-Baṭā'ih, entro il Diǵlah al-'Awrā (R u s t a h, 94, lin. 9-10; 185, lin. 16): era situato al nord di Baṣrah e attraversava il paese a occidente del Tigri (A b u l f e d a G e o., 56, lin. 9 e segg.).

Nota 16. — Questa battaglia è ignorata dalle migliori autorità della scuola Madinese che daremo più avanti: perciò Balādzuri la introduce in forma dubitativa. È probabile che il nostro storico abbia anche in questo passo subito l'influenza della scuola Iraqense. Su al-Madzār e la pretesa battaglia ivi combattuta discorreremo più avanti (§§ 196 e segg.): la battaglia fu vinta nel 14 H., ossia due anni dopo.

§ 156. — ('Umar b. Šabbah, dai suoi maestri conoscitori della storia) (¹). al-Muthanna b. Ḥārithah soleva intraprendere sovente spedizioni contro i Persiani nel Sawād, e notizia di ciò arrivò fino ad abū Bakr ed ai Musulmani. Allora 'Umar si informò chi egli fosse, e seppe da Qays b. 'Āṣim che era uomo di nobile famiglia. Di poi al-Muthanna b. Ḥārithah al-Šaybāni venne da abū Bakr e gli disse: " O successore del Profeta, mandami alla testa della mia gente — fra loro v'è ora l'Islàm, — affinchè io possa con essi muover guerra ai Persiani ed aver forze sufficienti per battermi contro quella parte dei nemici, che si trova nel mio distretto „. Così fece abū Bakr ed al-Muthanna mosse contro l'Irāq e si battè con la gente di Fārs e del distretto del Sawād per un anno intiero (²). Dopo un tempo, al-Muthanna mandò il proprio fratello Mas'ūd b. Ḥārithah ad abū Bakr per chiedere rinforzi, e per dirgli: " Se tu mi mandi soccorsi e gli Arabi ne hanno notizia, questi si affretteranno a unirsi con me e Dio umilierà i pagani: inoltre t'informo, o successore del Profeta. che i Persiani hanno timore di noi ,. Allora 'Umar consigliò ad abū Bakr (⁴) di mandare Khālid b. al-Walīd in aiuto di al-Muthanna, perchè in tal modo Khālid si sarebbe trovato vicino ai Musulmani combattenti in Siria (⁴), e se questi non avevano bisogno di lui, Khālid poteva intanto battersi con la gente dell'Irāq, finchè Dio gli avesse concesso la vittoria. Questo fu poi ciò che indusse abū Bakr a mandare Khālid b. al-Walīd nell'Irāq (Ḥubayš, fol. 111.r.) [H.].

Nota 1. — In altre parole questa tradizione ci viene da al-Madā'ini (cfr., per es., il paragrafo seguente), ed ha valore per noi, perchè manca in Tabari. e conferma varie notizie degne di nota per la cronologia e la storia delle prime conquiste.

Nota 2. — Questa notizia conferma, che al-Muthanna ed i Bakr b. Wā'il guerreggiassero lungo il confine persiano, anche prima della morte del Profeta e continuassero a farlo per tutto un anno dopo

[Invasione dell'impero Persiano.]

l'elezione di abū Bakr. Perciò l'invasione dell''Irāq seguì dopo il Rabī' I del 12. H., e tale conclusione combina perfettamente con la nostra cronologia (cfr. 11. a. H., §§ 73-74). Sembra certo però che questa prima domanda di soccorsi, la quale coinciderebbe con l'elezione di abū Bakr, sia un ricamo posteriore ed una notizia falsa. Alla morte del Profeta, abū Bakr aveva ben altro da fare che porgere aiuto a tribù tanto lontane contro nemici più lontani ancora. Fra i Bakr b. Wā·il e Madīnah v'era tutta l'Arabia in armi, e se il Califfo avesse realmente avuto amici e seguaci fra i Bakr b. Wā·il, li avrebbe invitati ad assisterlo contro le tribù dell'Arabia centrale, e non si sarebbe curato di lanciarli contro nuovi nemici, dai quali nulla aveva per ora da temere. Bisogna perciò intendere questa notizia come un'indicazione che solo un anno dopo l'elezione di abū Bakr, i Bakr b. Wā·il venissero a contatto con i Musulmani. In ogni caso la notizia è sempre una nuova conferma che la battaglia di al-Yamāmah fosse vinta circa un anno dopo l'elezione di abū Bakr, vale a dire verso il Rabī' I, del 12. a. H., come alcune fonti correttamente affermano (cfr. 12. a. H., § 5).

Nota 3. — Si noti innanzi tutto l'influenza di 'Umar nei consigli del Califfo, e quindi come sia merito di 'Umar, se i Musulmani, già nel 12. a. H., iniziassero operazioni guerresche contro le nazioni fuori d'Arabia. In secondo luogo, questa informazione scuote molto la validità di quelle tradizioni precedenti, nelle quali si parla dell'inimicizia esistente fra 'Umar e Khālid b. al-Walīd: se ciò fosse vero, non sarebbe stato naturale che 'Umar proponesse di affidare questa nuova importante missione a chi egli detestava. Questo sarà in appresso uno dei nostri argomenti per sostenere la tesi che l'inimicizia tradizionale fra 'Umar e Khālid b. al-Walīd sia in gran parte una favola, nata forse da qualche incidente fra quei due uomini sì impetuosi, ma incidente, che non si tramutò mai in ostilità reciproca. È probabile invece che la condotta di Khālid, negli ultimi anni della sua vita, fosse tanto licenziosa e stravagante, da destare lo sdegno del califfo 'Umar, e che i provvedimenti disciplinari presi in quelle circostanze, siano stati interpretati come prova di un'antica inimicizia dai tradizionisti, i quali abbiano contorto però in questo senso molti fatti precedenti.

Nota 4. — Questa notizia ha per noi molto valore. Innanzitutto dimostra che già ai primi dell'anno 12. H., in Madīnah si pensasse all'invio degli eserciti in Siria (argomento sul quale avremo a ritornare in appresso), ed in secondo luogo — quello che più immediatamente importa a noi — nell'invio di Khālid b. al-Walid verso l''Irāq si pensasse già all'opportunità di mandarlo poi, da lì, in Siria.

§ 157. — ('Umar b. Šabbah, da 'Ali b. Muḥammad [al-Madā·ini]). Il califfo abū Bakr mandò Khālid b. al-Walīd (1) nella Terra di Kūfah (Arḍ al-Kūfah, ossia nella regione che più tardi prese nome di distretto di Kūfah), dove già si trovava al-Muthanna b. Ḥārithah al-Šaybāni. Ciò accadeva nel Muḥarram del 12. a. **H.** Khālid prese la via di Baṣrah (2), ove si trovava già Quṭbah b. Qatādah al-Sadūsi (Tabari, I, 2016).

Nota 1. — Secondo Balādzuri (84, lin. 19), Khālid b. al-Walīd ricevette quest'ordine nell'anno 12. H., mentre si trovava nel Baḥrayn. Khond (I, 4, p. 8, lin. 16) dice che Khālid partisse direttamente dalla Yamāmah per un ordine impartitogli per iscritto dal Califfo. — La data, Muḥarram, 12. H., è indubbiamente un errore, come già a sufficienza è dimostrato da tanti indizi precedenti (cfr. 11. a. H., §§ 73-74; 12. a. H., § 5).

Nota 2. — Ciò non vuol dire che si recasse a Baṣrah; affermazione che sarebbe in contraddizione con il principio della frase: Khālid prese la via che era detta più comunemente « la via di Baṣrah », ma che a un certo punto si biforcava e da una parte menava a Baṣrah, dall'altra a Kūfah (Ḥirah). Si accenna sempre alla via percorsa in seguito dai pellegrini musulmani: abbiamo perciò sempre l'uso improprio per anacronismo d'indicazioni itinerarie o termini coniati e usati in tempi posteriori.

§ 158. — (al-Waqīdi, senza isnād). I pareri sono diversi sulle mosse di Khālid b. al-Walīd: alcuni affermano che egli partisse direttamente dalla Yamāmah verso l''Irāq (1); altri sostengono invece che, prima di invadere la Persia, egli ritornasse dalla Yamāmah a Madīnah (2) e quindi, per la via di al-Kūfah (Ṭarīq al-Kūfah) (3), arrivasse a Ḥīrah (Tabari, I, 2016).

Cfr. anche Athīr, II, 293, e Furāt, fol. 47,v.

Nota 1. — Balādzuri, 84, lin. 20-21; 242, lin. 4-15 (autor. al-Wāqidi) dice che Khālid dalla Yamāmah andasse a Madīnah, e da lì, passando per Fayd e al-Tha'labiyyah, a Ḥīrah: così del pari in Yāqūt, I, 638, lin. 7, e segg. In Dzahabi Paris, I, fol. 117,v., è detto invece che Khālid si recasse *direttamente* dalla Yamāmah all' 'Irāq, senza tornare a Madīnah (cfr. anche § 162, nota 1).

[Invasione dell'impero Persiano.]

Nota 2. — In questa tradizione e nella precedente, si parla di Kūfah e di Basrah come se già esistessero: ambedue queste città furono invece fondate parecchi anni dopo dagli stessi Musulmani, quando questi divennero sicuramente padroni del paese. Come si vede, nella presente tradizione di al-Wāqidi non si fa menzione alcuna di Basrah. Non è improbabile, che Khālid, dopo la disfatta dei Hanīfah, facesse ritorno a Madīnah, ma le testimonianze di altre tradizioni sono contrarie a questa ipotesi, perchè non avrebbe ragione il convegno in al-Nibāǵ (cfr. § 155, nota 9).

Nota 3. — Con le espressioni Tarīq al-Basrah e Tarīq al-Kūfah, noi dobbiamo intendere il cammino seguito normalmente dai pellegrini e dai viaggiatori che da Madīnah (o anche da Makkah) si recavano alle due grandi città dell' 'Irāq, ai tempi dei tradizionisti, relatori delle presenti notizie.

§ 159. — (Hišām ibn al-Kalbi, senza isnād). Il califfo abū Bakr scrisse a Khālid b. al-Walīd, che si trovava nella Yamāmah, ordinandogli di recarsi in Siria, incominciando però con l' 'Irāq e passando per questo paese prima di andare in quello. Khālid (1), in conformità di quest'ordine, si avanzò fino ad al-Nibāǵ (cfr. § 155, nota 9) (Tabari, I, 2018).

Nota 1. — (*a*) Vedremo in appresso come questa notizia, confermata anche da quanto notammo poc'anzi al § 156, nota 3, è di estrema importanza per la corretta intelligenza del nesso tra questa razzia persiana e il principio dell'invasione della Siria. È evidente che il Califfo abū Bakr aveva già in mente l'aggressione dell'impero Bizantino, e che la cooperazione di Khālid nella campagna contro i Greci era stabilita in massima, prima ancora che Khālid entrasse nell' 'Irāq.

(*b*) Anche ibn al-Furāt pone in rilievo la notizia che Khālid ricevesse l'ordine dal Califfo di recarsi in Siria passando per l' 'Irāq, e aggiunge che la lettera fu portata a Khālid da abū Sa'īd al-Khudri. Furāt, fol. 47,r.

§ 160. — (Balādzuri, senza isnād). Da altre fonti si dice, che quando Khālid b. al-Walīd si trovò nella Yamāmah (dopo la conquista della medesima), scrivesse al califfo abū Bakr chiedendo soccorsi. Si vuole allora che abū Bakr gli mandasse in soccorso Ǵarīr b. 'Abdallah al-Baǵali, il quale si incontrò con Khālid b. al-Walīd, quando questi ritornava indietro dalla Yamāmah. Ǵarīr si trovò quindi con Khālid alla battaglia di al-Madzār (Balādzuri, 242, lin. 11-13) (1).

Nota 1. — Più avanti, nelle annate 13. e 14. H., avremo occasione di esporre la parte presa da Ǵarīr alla conquista del Sawād, e le ragioni perchè le tradizioni attribuiscono tanta importanza alla sua comparsa: le notizie date qui sono erronea anticipazione di eventi per maggiore glorificazione di Ǵarīr, il quale andò nell' 'Irāq solo alla fine del 13. H. (cfr. anche più avanti § 162,c).

§ 160,A. — (Balādzuri, senza isnād). Khālid proseguì (cfr. § 155,*a*, di cui questa è continuazione) la sua marcia vittoriosa, e dopo breve resistenza, espugnò Zandaward (1), nella provincia di Kaskar, Durna (2) e la regione circostante. Agli abitanti fu concesso l'amān, ossia sicurtà nella vita e nei beni. La stessa sorte toccò a Hurmuzǵird (3). Arrivato ora presso Ullays (4), Khālid b. al-Walīd si trovò di fronte un forte esercito persiano, comandato da Ǵābān, contro il quale Khālid lanciò le schiere di al-Muthanna: ne seguì un combattimento con i Persiani presso alle rive del Canale Sanguigno, Nahr al-Dam (5) (dove i Musulmani misero in fuga il nemico). Gli abitanti di Ullays vennero allora a patti con il generale musulmano, impegnandosi a fornire soc-

[Invasione dell'impero Persiano.]

corsi, ad informare i Musulmani sul conto dei Persiani, ed a servire, occorrendo, da guide e spie nel paese. Da Ullays, Khālid si avanzò fino al sito chiamato Muǵtami' al-Anhār, o Confluenza dei Canali (⁶), dove trovò accampato un altro esercito persiano, comandato da Azādzbih, il Ṣāḥib Masāliḥ Kisra, o comandante in capo delle guarnigioni persiane di confine dalla parte del deserto arabo. I Musulmani vinsero l'esercito persiano mettendolo in fuga, e si avanzarono fino a Khaffān. Altre fonti affermano però, che invece Khālid b. al-Walīd avanzasse direttamente fino a Ḥīrah (Balādzuri, 242-243) (⁷).

Cfr. anche Furāt, fol. 47,r.

Nota 1. — (*a*) Zandaward giaceva nel cuore della Babilonide al di là dell' Eufrate, non lontana da dove poi sorse Wāsiṭ: apparteneva al distretto amministrativo persiano (istān [cfr. Mafātīḥ, 59, lin. 12]) di Šādz-Šābūr o Khusraw Sābūr (ossia Kaskar), ed era uno dei quattro ṭassūǵ o cantoni della provincia nella quale (per ṭassūǵ cfr. § 177, nota) erano inclusi anche i cantoni di Istān e di Tharthūr al-Ǵawāzi, (Yāqūt, II, 665, lin. 21-23; III, 227, lin. 15-16; Khurdādzbih, 7, lin. 3; Qudāmah, 235, lin. 12 e segg.). Era una città molto importante e ben fortificata e di tale antichità, che gli Arabi ritenevano fosse uno dei paesi costruiti dai diavoli per ordine di Salomone (Yāqūt, I, 684, lin. 4-5; II, 952, lin. 9-10). Famose erano le sue porte monumentali, quattro in tutto, con battenti sì meravigliosi, che si ritennero essi pure opera diabolica (Yāqūt, II, 952, lin. 9-10).

(*b*) al-Ḥaǵǵāǵ b. Yūsuf [† 95. a. H.], il celebre governatore umayyade, quando fondò Wāsiṭ, rapì queste porte alla città di Zandaward, e le portò nella nuova capitale della Babilonide meridionale, nonostante tutte le proteste degli abitanti (Yāqūt, I, 684, lin. 4-5; III, 93, lin. 14-16; IV, 884, lin. 19-20).

(*c*) Da Zandaward dicesi venisse la celebre Sumayyah bint al-A'war, dei banū 'Abd Šams, la schiava, poi madre del famoso Ziyād b. Abīhi [† 53. a. H.], figlio bastardo di abū Sufyān (cfr. Aghāni, XVII, 67).

(*d*) In questo passo della tradizione di al-Balādzuri siamo in pieno romanzo e troviamo l'influenza della scuola Iraqense. Per arrivare a Zandaward i Musulmani avrebbero dovuto varcare l'Eufrate, sia presso Ubullah, sia presso Ḥirah, perchè la maggior parte del confine fra le due città era chiuso dalla barriera dei grandi pantani dell'Eufrate, che nessun esercito arabo poteva allora passare. Internarsi però nella Babilonide, mentre le due fortezze predette erano ancora in mano del nemico, sarebbe stata una pazzia, perchè le guarnigioni persiane avrebbero potuto tagliare la via del ritorno. Balādzuri mescolando senza criterio tradizioni buone e cattive, ha fatto un garbuglio impossibile della campagna del 12. a. H. Si noti che non v'è menzione d'un varco dell'Eufrate, nel racconto di Balādzuri: non ha senso infine che i Bakr b. Wā'il si concentrassero a Khaffān presso Ḥirah (in territorio nemico) per poi combattere con Khālid b. al-Walīd a circa 350 km. più a mezzogiorno!

Nota 2. — Durna, o Durnā, o Durtā. Il lessicografo e grammatico al-Aṣma'i [† 216. a. H.] (Bakri, 345, lin. 3-4) afferma che fosse « una porta fra le porte del Fārs, al di qua di Ḥīrah, a varie tappe da questa città », il che deve significare che fosse uno dei luoghi, attraverso i quali si penetrava dall'Arabia nell' 'Irāq, dalla parte di Ḥīrah (cfr. anche Yāqūt, II, 569, lin. 2). In un altro verso di al-A'ša, ove è menzionata Durna (Bakri, 345, lin. 4-5; Hamdāni, 66, lin. 8-12; Yāqūt, II, 569, lin. 21) si allude certamente a Durna nella Yamāmah (secondo Hamdāni) o nel Yaman (secondo Yāqūt), detta poi Athāfit, o Athāfih (Hamdāni, 137, lin. 20-21; Yāqūt, I, 115, lin. 11; 461, lin. 6; II, 569, lin. 15; Bakri, 144, lin. 6), perchè ivi dimorò un tempo il poeta.

Nota 3. — Hurmuzǵird era uno dei cinque cantoni (ṭassūǵ) del distretto amministrativo (istān) di Bihqubādz al-Asfal, gli altri quattro erano: (1) Kūfah, Furāt Bādaqla e al-Saylaḥīn, (2) Ḥīrah, (3) Nistar e (4) Rūdzmastān (Yāqūt, I, 770, lin. 13-15; IV, 968, lin. 19; Khurdādzbih, 8, lin. 10-12; 11, lin. 14; 236, lin. 10-12).

Nota 4. — Vedi più avanti al § 162, nota 3 e ZDMG., 1874, vol. XXVIII, 93-98. Questo sito era al nord di Ḥirah: la confusione geografica della versione di al-Balādzuri quale appare dai §§ 155 e 160,A. è estrema: i Bakr b. Wā'il si riuniscono in Khaffān presso Ḥīrah, in territorio nemico, poi sono sbalzati 350 km. a mezzodì nel territorio di Baṣrah. Khālid traversa l'Eufrate e, penetrato nel cuore della Babilonide da mezzodì, si spinge per circa 400 km. verso settentrione e ripassa l'Eufrate a nord di Ḥīrah per aggredire Ullays che si trovava sulla riva occidentale del canale Pallakopas, ecc. Tutto ciò non ha senso comune. Questa *battaglia* di Ullays è poi immaginaria: difatti ibn Isḥāq (cfr. § 162) menziona

[**Invasione dell' impero Persiano.**]

la resa pacifica di Ullays, ma ignora completamente qualsiasi fatto d'arme ivi accaduto. Questa battaglia è forse stata suggerita ai tradizionisti da un'erronea comprensione di alcuni celebri versi del poeta thaqafita abū Miḥǵan [† 16. a. H.] (Yāqūt, I, 354, lin. 11 e segg.), nei quali egli narra le sue prodezze in una grande battaglia contro i Persiani, e menziona incidentalmente Ullays « ove erano rimasti addietro i Bakr e i Wāil ». Perciò erroneamente ritennero che a Ullays vi fosse stato un combattimento, e dacchè Ullays fu presa nel 12. a. H., la battaglia parimenti avvenisse nel 12. a. H. Se leggiamo invece attentamente gli altri versi di abū Miḥǵan (cfr. Miḥǵan, 14-15, 23, 34-35), si vede che essi furono composti come un elogio in lode del generale abū 'Ubayd, ucciso alla battaglia del Ponte nel 13. a. H. (cfr. 13. a. H.), e per giustificare la propria fuga dal campo di battaglia. Ullays, trovandosi sulla riva araba del canale, fu il sito dove i Bakr b. Wāil, si riunirono dopo il disastro e dopo varcato il ponte sul fiume. Abbiamo evidentemente perciò un equivoco della tradizione musulmana, la quale, sospinta dalla mania glorificatrice, ha inventato una battaglia che non è mai esistita.

I versi (Yāqūt, I, 363, lin. 17 e segg.) attribuiti a abū Muqarrin (o Mufazzir) al-Aswad b. Quṭbah (uno [pseudo!] Compagno del Profeta, conosciuto soltanto da Sayf b. 'Umar [cfr. Ḥaǵar, I, 211, no. 452]), nei quali si menziona una « giornata di Ullays », sono certamente spuri.

Di Ullays riparliamo più avanti (cfr. § 162, nota 3,*b*), basterà ora di notare che esso era uno dei villaggi (qaryah) di al-Anbār, *a nord* di Ḥīrah, sul limite del deserto (Yāqūt, I, 354, lin. 14-15).

NOTA 5. — Su detto luogo cfr. più avanti § 165, nota 3.

NOTA 6. — Su questo sito cfr. § 165, nota 4.

NOTA 7. — Questa tradizione e la precedente, benchè forniteci da Balādzuri, portano una forte impronta « iraqense »: è probabile che provengano, se non direttamente da quella scuola, per lo meno dai due Kalbi, i quali, come già osservammo (cfr. 11. a. H., § 79, nota 2), sono fra le autorità meno sicure della scuola Madinese, e fortemente impregnati dello spirito iraqense (cfr. anche §§ 165 e 167). Si leggano le seguenti tradizioni (§§ 161 e 162) della buona scuola Madinese, e si concluderà che la marcia di Khālid e dei suoi colleghi su Ḥīrab fu senza incidenti notevoli, o grandi combattimenti, perchè altrimenti ne avremmo avuto menzione anche in esse. — L'ultimo periodo della tradizione di Balādzuri sta a dimostrare che egli stesso dubitava della correttezza di tutta la precedente narrazione.

§ 161. — Secondo altre autorità (Yazīd b. Nubayšah al-'Āmiri, presente alla campagna di Khālid b. al-Walīd), pare che il generale musulmano, nella sua marcia dall'Arabia su Ḥīrah, occupasse soltanto al-'Udzayb (¹), uno dei posti muniti, maslaḥah, del confine persiano prima di giungere a Ḥīrab. Gli abitanti di quest'ultima città si fortificarono nel castello Qaṣr al-Abyaḍ, nel Qaṣr ibn Buqaylah, e nel Qaṣr al-'Adasiyyīn (un ramo dei Kalb); ma appena i Musulmani lanciarono la loro cavalleria nei campi dei Ḥirensi, questi si affrettarono a conchiudere un trattato di pace (Balādzuri, 243-244).

NOTA 1. — al-'Udzayb è sulla strada che da Kūfah (Ḥīrah) conduceva a Makkah: partendo da Qādisiyyah verso il deserto, dopo quattro miglia arabe si arrivava a al-'Udzayb, donde per giungere alla stazione seguente, al-Mughīthah, v'erano altre 32 miglia (cfr. § 164,*a*). al-'Udzayb era considerata come il confine occidentale del Sawād ed i Persiani vi tenevano una guarnigione. Più tardi i pellegrini, nel recarsi da Kūfah a Makkah, sostavano in al-'Udzayb (Yāqūt, I, 591, lin. 20-21; III, 174, lin. 19-20; 624, lin. 21; 629, lin. 9 e segg.; IV, 7, lin. 11; Muqaddasi, 134, lin. 6; Faqīh, 128, lin. 2; Rustah, 104, lin. 10; Tanbīh, 38, lin. 18). Tra al-'Udzayb e al-Qādisiyyah, la strada correva fra due muri, dietro ai quali sorgeva tutto un bosco di palme da ambedue le parti. Uscendo da al-'Udzayb si entrava nel deserto (Rustah, 175, lin. 1-4).

A breve distanza da al-'Udzayb trovavasi Khaffān, di cui abbiamo parlato poc'anzi (cfr. § 155, nota 6). Si comprende perciò che la occupazione di ambedue i posti debba essere stata quasi contemporanea, e che forse i due nomi rappresentano due versioni d'un medesimo evento. In 'Udzayb sorgeva un castello detto Sindād (Yāqūt, III, 164, lin. 7-8).

§ 162. — (*a*) (ibn Isḥāq, da Ṣāliḥ b. Kaysān). Il califfo abū Bakr scrisse (¹) a Khālid b. al-Walīd, ordinandogli di invadere l' 'Irāq. Varcò Khālid immediatamente i confini dell'impero Persiano e giunse ad alcuni villaggi

[Invasione dell'impero Persiano.] del Sawād (²) detti Bāniqyā, Bārūsmā e Ullays (³). Egli concluse un trattato con gli abitanti, il rappresentante dei quali era certo ibn Ṣalūbā (⁴). Questo avveniva nel 12. a. H. Il trattato (⁵) fu messo in iscritto, dopo la riscossione d'un tributo, ed era concepito nei seguenti termini: " [Nel nome di Dio clemente e misericordioso.] Da Khālid b. al-Walīd a ibn Ṣalūbā al-Sawādi, la cui stanza trovasi sulle rive dell'Eufrate (bi-šāṭi·-l-Furāt). Tu sei sicuro nella sicurtà (amān cfr. § 176, nota 1) di Dio, dacchè fu impedito di versare il sangue suo (ossia di ibn Ṣalūbā) con il pagamento della ǵizyah (⁶). Tu hai dato (ossia pagato come tributo, al-ǵizyah) per conto tuo e della gente del tuo reddito (ahl kharǵika), e della tua isola (⁷), e di quelli che si trovano nei tuoi due villaggi, Bāniqyā e Bārūsmā, (la somma di) mille dirham: io l'ho accettata da te con l'approvazione di quanti Musulmani sono con me. Tu hai diritto alla protezione (dzimmah) di Dio, alla protezione di Muḥammad (Maometto) ed alla protezione dei Musulmani per questa cosa ". Testimonio: Hišām b. al-Walīd. — Quindi Khālid continuò ad avanzarsi con i suoi, finchè giunse nei pressi di al-Ḥīrah (⁸): gli vennero incontro i più nobili (ašrāf) del paese sotto la direzione di Qabīṣah b. Iyās b. Ḥayyah al-Ṭā·i (⁹), che era il luogotenente Sassanida nominato dal Kisra (o re persiano) dopo (la morte, deposizione? di) al-Nu'mān b. al-Mundzir. Khālid offrì di tre cose l'una: o farsi musulmano, o conservare la propria fede pagando tributo, o la spada: concluse il discorso dicendo in tono di avvertimento: " Io sono venuto a voi con una gente, che ama la morte più di quanto voi amate la vita! " Qabīṣah si affrettò a dichiarare che gli abitanti (volevano rimanere cristiani, ed) erano pronti a pagare il tributo, fissato poi di comune accordo in 90.000 dirham. Questa somma, unita a quell'altra pagata da ibn Ṣalūbā, fu il primo tributo (ǵizyah) versato da una regione dell''Irāq nella cassa di Madīnah (Tabari, I, 2016-2018).

(*b*) Cfr. anche Athīr, II, 293-294, ove però invece di Ullays, leggesi Allīs, e a pag. 294, lin. 2, si afferma che gli abitanti di Bāniqyā, ecc., erano obbligati al pagamento di un'indennità (?) di 10.000 dīnār, oltre alla ḥarazah (ossia kharazah) Kisra (o porzione del re, ossia tassa per testa; cfr. più avanti § 210, nota 2), che era di 4 dirham a testa, ed alla ǵizyah..

(*c*) Yāqūt, I, 483, lin. 20 e segg. offre (senza isnād, attingendo certamente a Balādzuri; cfr. più avanti § 172) altre due versioni della resa di Bāniqyā. Secondo la prima, Khālid, appena giunto nell''Irāq, mandò abū-l-Nu'mān Bašīr b. Sa'd al-Anṣāri contro Bāniqyā. Un esercito persiano sotto Farrukhbundāz tentò di arrestare la marcia dei Musulmani, ma fu sconfitto e Farrukhbundāz rimase ucciso: però anche Bašīr ricevette molte ferite e dovè ritornare addietro, morendo poco tempo dopo in 'Ayn

[Invasione dell'impero Persiano.]

al-Tamr. Allora Khālid inviò Ǵarīr b. 'Abdallah al-Baǵali (cfr. § 160 e nota) su Bāniqyā, e incontro a lui si mosse Bushuhra b. Salūbā, il quale fece le scuse per quello che era avvenuto e concluse la pace con il patto di pagare mille dirham e un taylasān, o mantello (*non* è detto però che il pagamento fosse annuale, ma si può arguire dall'analogia degli altri casi simili). Per questa ragione, aggiunge Yāqūt, dacchè soltanto gli abitanti di Ḥīrah, di Ullays e di Bāniqyā fra tutti gli abitanti dell' 'Irāq, conclusero un trattato con i Musulmani, le sole terre loro (in tutta la regione fra l'Arabia e i monti della Persia) possono essere vendute (ossia possono considerarsi come proprietà personale dei possessori, cfr. § 173, e nota 1, e più avanti sotto il 23. a. H.). La seconda versione di Yāqūt (con l'isnād: abū Ḥudzayfah Isḥāq b. Bašīr [† 202. a. H. ?] da al-Ša'bi, e tramandata in iscritto da abū 'Āmir al-'Abdari) afferma che Khālid marciasse su Bāniqyā *dopo* la presa di Ḥīrah, e che Salūbā, signore di Bāniqyā e di Sammayā, venisse a patti mediante il pagamento di mille dirham, del peso di dieci dirham per ogni sei mithqāl (cfr. § 165, nota 7). Il trattato fu scritto e rimase in possesso dei banū Salūbā fino ai tempi di Yāqūt. Da un verso attribuito a Ḍirār b. al-Azwar al-Asadi parrebbe però che vi fosse un combattimento presso Bāniqyā, durante la notte, presso alle rive dell'Eufrate, e che il mattino seguente gli abitanti impauriti facessero la pace.

(*d*) ibn al-Furāt pone la partenza di Khālid dalla Yamāmah nel Muḥarram del 12. a. H.; ma ciò deve essere errato, perchè sappiamo come la battaglia d'al-Yamāmah fu vinta probabilmente nel Rabī' I, del 12. a. H. (cfr. 12. a. H., § 5), e quindi la partenza deve essere avvenuta più tardi (Furāt, fol. 47,v.). Infatti, più avanti al § 163, leggiamo che la resa di Ullays, prima di quella di Ḥīrah, avvenne nel Raǵab.

Nota 1. — Quindi, secondo ibn Isḥāq, Khālid ricevette l'ordine di unirsi agli invasori dell' 'Irāq, quando non era in Madīnah. Parrebbe perciò, sempre secondo ibn Isḥāq, che Khālid non venisse a Madīnah prima di iniziare la nuovo campagna (cfr. paragrafo precedente 158).

Nota 2. — Il Sawād, ossia la terra nera, è il nome dato dagli Arabi abitanti del deserto squallido e bianco (arḍ al-bayḍā) d'Arabia, a quella regione feracissima di terreno nero alluvionale, che costituisce l'immensa pianura della Babilonide, solcata dall'Eufrate e dal Tigri. Anche oggi gli Arabi chiamano il loro paese, la « terra bianca » (« the white country »; cfr. Doughty, II, 462), descrivendola anche poeticamente come « bianca, quanto la canfora » (Aghāni, VII, 6, lin. 12; Wellhausen Sk. u. Vorarb., VI, nota 2, cita anche Erodoto, II, 12).

L'espressione geografica Sawād è l'equivalente di 'Irāq ed è usata indistintamente dai geografi e cronisti arabi (cfr. Streck, 4-5). Talvolta è usata in un senso più ristretto, per esempio, Sawād Kūfah, ma in questo caso significa soltanto: quella parte del Sawād che compone il distretto di Kūfah.

Nota 3. — (*a*) Questi tre paesi si trovavano al nord di Ḥīrah (cfr. Wellhausen Sk. u. Vorarb., VI, 39-40), e siccome, secondo ibn Isḥāq, la capitolazione di Hirah seguì dopo il trattato con ibn Salūbā, Khālid deve essere penetrato nel principato dal settentrione e non dalla parte di Baṣrah, come afferma erroneamente Balādzuri (cfr. §§ 155 e 160).

(*b*) Dei tre siti menzionati, Ullaya era il principale. Il Nöldeke (ZDMG., 1874, vol. XXVIII, 93-98) ha giustamente identificato Ullays con Vologesias (Οὐολογαισία di Tolomeo, Volocesia della Tavola Peutingeriana), che sorgeva sulla riva occidentale del grande canale Maarsares o Pallokopas, grande di-

[**Invasione dell' impero Persiano.**]

ramazione dell'Eufrate verso occidente, che serviva ad irrigare la fertile regione tra quel fiume ed il deserto arabico. Sullo stesso canale, più a mezzodì, sorgeva la grande città di Ḥirah. Ullays era però ridotta alle umili condizioni di un castello o forse di un villaggio. La città antica, che sorgeva lì vicino, aveva nome Amghīšiyā, o Amǵīšiyyah, una corruzione di Alǵīšiyyah, il nome antico di Vologesias, corrotto poi dagli Arabi in Ullays. Esso è certamente lo stesso sito di Ummischigedia, che troviamo sulle carte moderne della regione intorno alle rovine di Babilonia (Kiepert, Berlin, 1883). Esso sorge infatti sulla riva occidentale del canale al-Hindiyyah, di fronte al Birs Nimrud, uno dei pochi monumenti rimasti in piedi dell'antica Babilonide (cfr. Wellhausen Sk. u. Vorarb., VI, 41). Quindi Ullays e Amghīšiyā sono due nomi apparentemente diversi per uno stesso sito.

(*c*) Bāniqyā (in siriaco Beth Neqyā, ossia « Schaafhausen », cfr. Nöldeke, ZDMG., 1874, volume XXVIII, 96) sorgeva presso alle rive dell'Eufrate (Yāqūt, I, 484, lin. 6-7; II, 82, lin. 6) e fu di poi, nell'anno 13. H., il punto dove il generale musulmano abū 'Ubayd al-Thaqafi gettò il celebre ponte per varcare il fiume e dar battaglia ai Persiani (Yāqūt, II, 82; cfr. 13. a. H.).

(*d*) Il sito preciso di Bārūsmā (il nome arabo per Beth Aršam; cfr. Wellhausen Sk. u. Vorarb., VI, 39) non è ben noto, ma è certo che si trovasse al di là dell'Eufrate nel Sawād di Baghdād (cfr. § 164, *g*.): esistevano due luoghi con questo nome, distinti fra loro con l'aggiunta di superiore (al-A'la) e inferiore (al-Asfal), ma ambedue formavano il cantone (ṭassūǵ) di Bārūsmā nel distretto amministrativo detto Istān al-Bihqubādz al-Awsaṭ, o medio (Yāqūt, I, 465, lin. 16-17; 770, lin. 12-13). Non lontana da Bārūsmā giaceva Bāqusyathā, ove si dice che l'anno seguente (13. H.) abū 'Ubayd sconfigesse i Persiani (Yāqūt, I, 476, lin. 19-20).

Nota 4. — ibn Ṣalūbā era un grande proprietario di terre, un feudatario dell'impero Sassanida, il quale possedeva i due villaggi di Bārūsmā e di Bāniqyā: il documento dato da ibn Isḥāq parla infatti di « villaggi tuoi », gli abitanti dei quali erano servi della gleba e perciò chiamati anche ahl kharǵika, ossia gente che lavorava unicamente per assicurare l'entrate di ibn Ṣalūbā. Perciò anche egli, come proprietario delle terre e degli abitanti, assumeva a sè il pagamento del tributo per i suoi dipendenti. Strano a dirsi, il nome di ibn Ṣalūbā figura anche nella lista degli Ebrei di Madīnah ostili a Maometto (cfr. 1. a. H., § 58, no. 14, e Hišām, 351, lin. 19); forse egli era un qualche ebreo arricchito divenuto possidente di terre. I contadini agricoltori erano tutti di razza aramaica (nabatea) (cfr. Wellhausen Sk. u. Vorarb., VI, 88).

Nota 5. — Il documento ha caratteri manifesti di autenticità, riconosciuti anche dal Wellhausen (Sk. u. Vorarb., VI, 50). Questi lo chiama un « Kapitulationsvertrag », ma parrebbe piuttosto una semplice quietanza di pagamento. È interessante perchè ci dà la formula allora usata per simili documenti amministrativi. Notevole è fra le altre cose la menzione di Maometto con la semplice denominazione Muḥammad, senza i suoi soliti attributi profetici. Yāqūt (I, 484, lin. 10) ha il medesimo testo, con la variante che Maometto è chiamato: al-Nabi Muḥammad, e fra i testimoni sono citati Hišām b. al-Walid, Ǵarīr b. 'Abdallah b. abī 'Awf e Sa'īd b. 'Amr. Strano a dirsi, manca dunque il nome di Khālid nel contesto, benchè figuri nell'indirizzo, e Yāqūt pone la conclusione del trattato nel 13. H., sebbene ammetta che altri lo pongano nel 12. a. H. Sorge perciò il sospetto che la tradizione abbia anticipato un evento, e che la resa di ibn Ṣalūbā possa essere avvenuta dopo la partenza di Khālid b. al-Walīd.

Nota 6. — La parola ǵizyah (già menzionata più volte nel corso degli Annali; cfr. Indice, *s. v.* ǵizyah), è di origine aramaica (gezīth[ā]), ma fu adottata dai Persiani, i quali le diedero la forma iranica gazīt. Gli Arabi la presero dai Persiani e la tramutarono in ǵizyah (cfr. Nöldeke Perser, 241, nota 1; Mafātīḥ, 59, lin. 7). Nel linguaggio legale musulmano dal III secolo della Hiǵrah in poi, ǵizyah fu sempre usata come definizione della « tassa per testa », imposta ai non musulmani con norme precise che avremo più volte in seguito a descrivere. La tassa fondiaria kharāǵ, nel linguaggio giuridico musulmano viene nettamente distinta dalla precedente, ma in antico tale distinzione era sconosciuta ed i due termini ǵizyah e kharāǵ vennero usati quasi come sinonimi e nel solo significato di « tributo », senza precisare il modo e la provenienza. Difatti già nel Talmud (cfr. Nöldeke Perser, 241, nota 1) troviamo la parola karaǵa (cfr. anche più avanti al § 210, nota 2) per significare « la tassa per testa », mentre la tassa fondiaria è chiamata taṣqa (arab. ṭasq o ṭask). Sotto i primi Califfi non esistè alcuna distinzione fra le due specie di tributi, ma si riscotevano in massa come semplice tributo, pagato dal suddito al suo padrone (Wellhausen Arab., 172-173, 176; Becker, 81 e segg.). Su questo argomento avremo a ritornare in appresso con molta ampiezza: ora basti quanto si è detto per indicare che qui ǵizyah deve essere accolta nel senso antico generico di tributo senza specificazione di origine del medesimo.

Nota 7. — Così nel testo (ahl ǵazīratika), ma il Prym (Ṭabari, I, 2017, nota *d*) e il De Goeje (Ṭabari, *Glossarium*, p. CCXVII) correttamente sostengono che si debba invece leggere:

kharazatika, e che l'errore sia nato da una fusione delle due parole: ǵizyah e kharazah ambedue esprimenti la tassa per testa, *census capitis*, o *capitatio* (cfr. più avanti § 210, nota 2).

[Invasione dell'impero Persiano.]

NOTA 8. — Ḥīrah, la capitale della regione fra l'Eufrate ed il deserto arabico, sorgeva in mezzo ad un vasto territorio allora largamente coltivato, grazie alle grandi opere idrauliche d'irrigazione degli antichi Babilonesi, parzialmente mantenute dai re Sassanidi. La arteria irrigatrice principale era la diramazione dell'Eufrate, chiamata Maarsares, o Pallakopas, la quale lambiva appunto la città di Ḥīrah, sede un tempo della famosa dinastia di principi arabi, i Lakhmiti, vassalli dello impero Sassanida e spessissimo menzionati nelle guerre fra Bisanzio e la Persia prima della comparsa degli Arabi (cfr. poc'anzi §§ 114 e 133 e segg.). La classe dominante nel paese era di sangue arabo; i contadini agricoltori probabilmente tutti Aramei. Il paese era però completamente arabizzato. — Cfr. per altre notizie § 133, nota 1.

Ḥīrah era uno dei cantoni (ṭassūǵ) del distretto amministrativo persiano (istān) di Bihqubādz al-Asfal (Yāqūt, I, 770, lin. 8-10).

Nelle sue vicinanze (e spesso anche entro i fortini, o *praesidia* dell'antico *limes* romano abbandonati dalle loro guarnigioni. Cfr. Dussand, *C. R. Acad. Inscript.*, 1902, 251 e segg.: Lammens, ROC, 1904, 38 e segg.), sorgevano molti e ricchi monasteri cristiani, che Yāqūt enumera e descrive (cfr. anche Bakri, 339-381):

(1) Dayr ibn Barrāq (Yāqūt, II, 640, lin. 12).
(2) Dayr ibn Waḍḍāḥ (Yāqūt, II, 640, lin. 23).
(3) Diyārāt al-Asāqif, un gruppo di monasteri nei pressi del lago al-Naǵaf, bene fortificati, con grandi edifizi e cupole, lambiti dal canale Nahr al-Ghadīr (Yāqūt, II, 642, lin. 19-21).
(4) Dayr al-Askūn, anch'esso nelle vicinanze del lago al-Naǵaf, era composto di molti e grandi edifizi aggruppati intorno ad una collina, circondati da mura altissime, munite di porte di ferro: i frati ricevevano i viaggiatori e davano loro ospitalità (Yāqūt, II, 643, lin. 10 e segg.).
(5) Dayr al-Ḥarīq, eretto in commemorazione di alcuni che erano stati arsi (vivi?) in quel luogo (Yāqūt, II, 654, lin. 1 e segg.).
(6) Dayr Ḥanẓalah, dal nome del suo fondatore, un arabo cristiano, Ḥanẓalah b. 'Abd al-Masīḥ b. 'Alqamah (Yāqūt, II, 656, lin. 14-16).
(7) Dayr Ḥannah, uno dei più antichi monasteri della regione (Yāqūt, II, 656, lin. 21 e segg.).
(8) Dayr al-Sawā (Yāqūt, II, 672, lin. 11 e segg.).
(9) Dayr 'Abd al-Masīḥ (b. 'Amr b. Buqaylah al-Ghassāni), che prese questo nome, perchè in esso si ritirò, dopo la presa di Ḥīrah, il celebre 'Abd al-Masīḥ, che aveva trattato la resa con Khālid b. al-Walīd. In esso egli finì di vivere e il monastero fu poi abbandonato e cadde in rovina (Yāqūt, II, 677, lin. 15 e segg.).
(10) Dayr al-'Adzāra (Yāqūt, II, 680, lin. 21).
(11) Dayr 'Alqamah (b. 'Adi b. al-Ramīk b. Thawb al-Lakhmi), che prese il nome dal suo fondatore (Yāqūt, II, 681, lin. 19).
(12) Dayr al-Luǵǵ, eretto dal principe Lakhmita abū Qābūs al-Nu'mān b. al-Mundzir, ed uno dei più belli fra tutti i monasteri di Ḥīrah (Yāqūt, II, 691, lin. 8-9).
(13) Dayr Hind al-Ṣughra, uno dei più famosi dei dintorni di Ḥīrah, fu eretto dalla poetessa e principessa Lakhmita Hind soprannominata al-Ḥurqah, per effetto di un voto che essa fece quando suo padre il principe al-Nu'mān b. al-Mundzir fu arrestato e deposto dal re di Persia. Essa prese stanza nel monastero e fu presente alla conquista araba. Hišām ibn al-Kalbi [† 204. a. H.] ha tramandato una tradizione molto romantica del preteso incontro fra la principessa monaca e il generale arabo Khālid, che le offriva matrimonio e ricchezze, tutte cose respinte dalla principessa. La quale visse fino a vecchiaia, fu visitata da Sa'd b. abi Waqqāṣ, quando il generale musulmano venne a Ḥīrah nell'anno 15. H., poi dal governatore di Kūfah, al-Mughīrah b. Šu'bah nel 21. H.; e morta nel convento in tardissima età, fu colà sepolta (cfr. Aghāni, II, 36 e *passim* in tutto il capitolo su 'Adi b. Zayd., id. II, 18-43. ZDMG., vol. L, 148 e segg.). (Yāqūt, II, 707-709; cfr. Coppier, *Etude sur les femmes poètes de l'ancienne Arabie*, 1889, pag. CIV-CX).

Quasi tutti questi grandi monasteri sopravvissero alla conquista e continuarono ad esistere per lungo tempo: essi erano ancora in parte esistenti fino ai tempi di Yāqūt [† 626. a. H.], come risulta dal modo con cui il grande geografo ne parla, attingendo specialmente al « Kitāb al-Diyārāt » di abū-l-Ḥasan 'Ali b. Muḥ. al-Šabušti [† 390. a. H.] (cfr. Heer, *Die hist. u. geogr. Quellen in Jâqût's Geogr. Wörterbuch*, cap. III, e OLZ. 1908, 289).

NOTA 9. — In Athīr (II. 294, lin. 3) è chiamato Iyās b. Qabīṣah al-Ṭā'i, amīr o governatore di Ḥīrah, successore del principe al-Nu'mān b. al-Mundzir.

In Khond. (I, 4, p. 8, lin. 18) è detto Qabīṣah b. Dzū'ayb al-Ṭā'i.

[Invasione dell'impero Persiano.]

§ 163. — Khālid b. al-Walīd fece la pace di Ullays, con il pagamento di mille dīnār, nel mese di Raǵab del 12. a. H. La pace di Ḥīrah fu conclusa sul tributo pattuito in 90.000 e non 190.000 (cfr. §§ 162, *a* e 165, *a*) dīnār (Dzahabi Paris, I, fol. 117,v.). Purtroppo Dzahabi non dà la fonte di questa notizia che ha molto pregio per noi nello stabilire l'ossatura cronologica della prima campagna persiana.

§ 164. — Di speciale interesse sono le seguenti notizie che ci vengono da buona e antica fonte, benchè sia evidente che l'autore vi ha fuso assieme il buono e il cattivo.

(ibn Isḥāq ed altri). Riassunto di abū Yūsuf da varie fonti: " alcune delle quali narrano più di altre „. — (*a*) Khālid b. al-Walīd, dopo la vittoria nell'al-Yamāmah, si recò a Madīnah presso abū Bakr; il quale, dopo qualche giorno, lo mandò verso l'ʿIrāq, e Khālid partì con 2.000 uomini, oltre ad altrettanti di " seguito „ (atbāʿ, forse donne, bambini e servi del campo). In Fā·id s'unirono con lui 500 Ṭayy con altrettanti non combattenti. Arrivando in Šarāf, Khālid aveva con sè circa 5.000 persone (cfr. § 153, nota 1). La gente di Šarāf si ritirò in al-Mughīthah (cfr. § 161, nota 1), entro la quale fortezza si ritrasse anche la cavalleria persiana, che era di stazione in quel luogo.

(*b*) La fortezza fu espugnata, gli uomini messi a morte, e le donne ed i bambini ridotti in schiavitù. Tutta la roba predata, e la fortezza rasa al suolo. Avanzatosi quindi fino a al-ʿUdzayb, ove era una guarnigione persiana (maslaḥah li-Kisra), Khālid assalì il nemico, lo fugò, uccise i difensori e predò ogni cosa,

(*c*) La gente di al-Qādisiyyah, spaventata da questi fatti, chiese di trattare la pace, e pagò la ǵizyah. Da al-Qādisiyyah, Khālid si avanzò fino a al-Naǵaf, ove una fortezza tenuta da milizie persiane fu espugnata con l'eccidio di tutti i difensori compreso il capo Hazārmard. I Musulmani fecero molto bottino e misero il fuoco alla fortezza. Khālid mandò quindi alcuni avamposti in direzione di Ullays, presso alla quale sorgeva una fortezza persiana, e poi seguì con gli altri: la fortezza fu espugnata e gli uomini furono tutti passati a fil di spada.

(*d*) Gli abitanti di Ullays vista la distruzione della fortezza vennero ad offrire la pace, promettendo di pagare la ǵizyah. Khālid accettò, e riscosso il danaro, si avanzò su Ḥīrah. Gli abitanti in principio si fortificarono entro i tre castelli Qaṣr al-Abyaḍ, Qaṣr al-ʿUdays (ʿAdīs?) e Qaṣr ibn Buqaylah. Allora Khālid invitò i difensori di Ḥīrah a mandargli un loro rappresentante per trattare con lui. Ottenuto un salvacondotto vennero ʿAbd al-Masīḥ b. Ḥayyān b. Buqaylah, un uomo molto vecchio, Iyās b. Qabīṣah al-Ṭā·i, luogotenente del re di Persia in Ḥīrah dopo al-Nuʿmān b. al-Mundzir, e vari altri

[Invasione dell'impero Persiano.]

capi. A questi ambasciatori Khālid offrì l'Islām, ma preferirono rimanere nella loro fede e pagare la ǵizyah, che fu pattuita dovesse ammontare a 60.000 (dirham). Nessuna chiesa e nessun castello doveva essere demolito: i cristiani potevano sonare le loro campane (nawāqīs) e portare apertamente il crocifisso nel giorno della loro festa (Pasqua): essi erano però obbligati ad ospitare per tre giorni i Musulmani che passavano per il loro paese. Segue, nel testo, ciò che si pretende essere una lettera di Khālid agli abitanti della città, lettera nella quale Khālid riassume gli eventi anteriori alla resa di Ḥīrah, ma senza menzionare alcun combattimento: quindi narra le trattative e come aveva conchiuso il patto del pagamento della ǵizyah. " E poi ", continua la lettera, " esaminai quanti fossero (gli abitanti), e trovai che vi erano 7.000 uomini. Fatte però le debite distinzioni, appurai che mille fra loro non avevano l'età (indicata per il pagamento della tassa, vale a dire erano o troppo giovani o troppo vecchi), e li esclusi dal novero: così il numero si ridusse a 6.000 e feci con loro il patto che mi pagassero (annualmente?) 60.000 (dirham) ". Prosegue quindi ad enumerare le altre condizioni del patto, insistendo sul punto, che gli abitanti dovessero tenerlo informato delle mosse, delle intenzioni e dei punti deboli del nemico. La lettera conchiude poi fissando molti particolari e disposizioni sul modo di trattare i dzimmi e sul modo come questi dovessero vestirsi (che furono stabiliti soltanto durante il regno di 'Umar — prova evidente della natura apocrifa di almeno una parte del documento!)

(e) La ǵizyah di Ḥīrah fu la prima portata ad abū Bakr e a Madīnah dall'arḍ al-mašriq, il paese d'oriente.

(f) Khālid quindi consegnò ai banū Buqaylah una lettera, che essi dovevano far giungere ai marzubān persiani, e in particolare a Rustam, a Mihrān, ed ai marzubān del Fārs. Segue il testo della lettera, nella quale, dopo aver accennato alla loro decadenza e discordia come effetto della volontà di Dio, li invitava a sottomettersi ed a pagare la ǵizyah.

(g) Da Ḥīrah si recò Khālid a Bāniqyā, un villaggio sul corso inferiore dell'Eufrate (asfal al-Furāt), (cfr. § 162, nota 3,d), presso il quale egli espugnò una fortezza munita di milizie persiane, uccise tutti gli uomini, rapì le donne, ecc. Gli abitanti del villaggio vicino al castello conchiusero invece con lui un trattato, obbligandosi al pagamento della ǵizyah. Hāni b. Ǵābir al-Ṭā·i firmò il trattato, con il quale essi si obbligavano a pagare (annualmente) 80.000 (dirham). Khālid assalì quindi Bāniqyā posta sulle rive dell'Eufrate, e difesa da cavalieri, asāwirah, del re di Persia: i Musulmani incontrarono viva resistenza e dovettero porre regolare assedio e muovere a vari sanguinosi assalti prima di potersene impadronire. Caduta

[Invasione dell'impero Persiano.]

la fortezza tenuta dalla guarnigione persiana, gli abitanti fecero la pace con Khālid.

(h) Da questo sito Khālid diede ordine a Ǵarīr b. 'Abdallah di aggredire un altro villaggio, che si trovava nel Sawād, sull'altra riva dell'Eufrate. Al momento in cui Ǵarīr accingevasi a questa impresa, il dihqān (prefetto di confine rustico) del villaggio minacciato, un certo Ṣalūbā, offrì di trattare la pace e risparmiare ai Musulmani il varco del fiume. Accettarono i Musulmani, e Ṣalūbā, venuto sulla riva occidentale, conchiuse con Khālid un trattato identico a quello conchiuso con Bāniqyā. Vennero a simili trattative anche gli abitanti di Mārusmā (Bārusmā) e della regione circostante (Yūsuf, 82, lin. ult.—86, lin. 4).

Nota 1. — Questa tradizione contiene molte evidenti interpolazioni ed iterazioni di notizie: così è evidentemente artefatta la narrazione di tutti questi castelli persiani, tutti presi uniformemente di assalto con massacro dei difensori, mentre in ogni singolo caso, gli abitanti indigeni fanno un trattato separato con i Musulmani ed ottengono ottimi patti. Molti particolari sono certamente apocrifi, come, per esempio, le due lettere di Khālid. D'altra parte però si vede che abū Yūsuf ha mescolato nel suo racconto fonti buone e cattive, sicchè dal contesto possiamo spigolare molte notizie di non poco valore.

I. Abbiamo un'altra prova della falsità della versione di Sayf b. 'Umar con tutte le sue immaginarie battaglie, che riassumeremo in appresso;

II. la preziosa notizia che l'esercito invadente di Khālid si componesse di soli 2.500 combattenti (cfr. § 153, nota 1);

III. *forse* un indizio di quanto fosse grande la popolazione di Ḥīrah. Potrebbe essere che il numero di 6.000 uomini adulti sia cavato dalla cifra (60.000) dell'ammontare del tributo: ma la menzione dei mille esclusi e la norma di 10 dirham (ossia un dīnār) a testa, mi sembrano notizie di considerevole antichità e degne d'ispirare una certa fiducia. Difatti moltiplicando per quattro il numero dei maschi adulti (una donna e due bambini per ogni uomo, senza contare i vecchi e le vecchie), abbiamo per Ḥīrah una popolazione di qualche cosa meno che 30,000 anime, un numero che sembra molto ragionevole e conforme, in via generale, a quello che sappiamo sul conto di Ḥirah preislamica;

IV. da ultimo l'implicita conferma che Khālid non toccò la contrada di Ubullah, e non varcò l'Eufrate.

§ 165. (a) (Hišām ibn al-Kalbi, da abū Mikhnaf, da abū-l-Khaṭṭāb Ḥamzah b. 'Ali, da un uomo dei Bakr b. Wā'il). al-Muthanna b. Ḥārithah al-Šaybāni venne (a Madīnah) dal califfo abū Bakr e gli chiese il permesso di invadere la parte dell'impero Persiano, che confinava con la regione abitata dalla sua tribù [1]. abū Bakr approvò il disegno e, per ordine suo, al-Muthanna fece varie incursioni, talvolta nel distretto di Kaskar, talvolta lungo il corso inferiore dell'Eufrate, Asfal al-Furāt. Quando Khālid b. al-Walīd arrivò da al-Nibāǵ, al-Muthanna b. Ḥārithah si trovava accampato in Khaffān. Khālid gli partecipò subito le istruzioni del Califfo, secondo le quali al-Muthanna doveva mettersi agli ordini suoi. Khālid stesso, poco tempo dopo, comparve all'improvviso nel campo Bakrita in Khaffān e prese il comando delle operazioni [2]. Essendosi avanzato ancora nel paese, Khālid si trovò di fronte un esercito persiano sotto Ǵābān, Signore di Ullays: contro di lui Khālid mandò le schiere di al-Muthanna. Ǵābān fu completamente sconfitto con l'uccisione di pressochè tutte le sue genti sulle rive di un canale (nahr), che venne poi chiamato Nahr Dam (³), perchè le sue acque rimasero colorate in rosso dal sangue dei Persiani uccisi. Per effetto di questa battaglia, gli abitanti di Ullays vennero a patti con i musulmani, e stipularono una pace. Khālid proseguì allora la sua marcia, giungendo nei pressi di Ḥīrah, ove si trovò di fronte agli squadroni di Azādzbih, comandante in capo della cavalleria persiana (ṣāḥib khayl Kisra) di guarnigione nei luoghi fortificati (masāliḥ) fra gli Arabi nomadi del deserto e le provincie dell'Impero. Nel sito detto Muǵtami' al-Anhār, la Confluenza dei Canali (⁴), gli Arabi sotto al-Muthanna assalirono la cavalleria persiana e la sbaragliarono completamente. Gli abitanti di Ḥīrah spaventati vennero incontro ai vincitori per trattare la pace (⁵): fra i rappresentanti della città vi erano, 'Abd al-Masīḥ b. 'Amr b. Buqaylah e Hāni b. Qabīṣah (⁶). Khālid chiese ad 'Abd al-Masīḥ: " Donde hai origine? " — " Dai reni di mio padre! " — " Da dove vieni? " — " Dal ventre di mia madre! " Khālid stizzito dalle continue risposte impertinenti, che eludevano la domanda, gridò: " Malora su di te! Dove ti trovi? " (letter.: " Su che cosa sei tu? ") — " Sulla terra! " — " Guai a te! In che cosa sei? " — " Nei miei panni! ". Khālid irritato gridò alfine: " Malora su di te! Capisci quello che ti dico? " — " Sì: capisco e ritengo! " — " Allora ti domando... " — " Ed io ti rispondo! " — " O la pace, o la guerra! " — " La pace! " (⁷). Gli abitanti capitolarono quindi a Khālid, acconsentendo a pagare un tributo di 190.000 dirham (⁸). Khālid continuò ad avanzare, giungendo presso Bāniqyā e stipulò un trattato scritto con Busbuhra b. Ṣalūbā, il quale si obbligava al pagamento di un tributo di mille dirham e un ṭaylasān. Gli abitanti di Ḥīrah dovettero stipulare nel loro trattato che avrebbero mantenuto un servizio di spie e di informatori per comodo dei Musulmani, affinchè questi fossero a giorno di ciò che avveniva in Persia (Ṭabari, I, 2018-2020).

[Invasione dell'impero Persiano.]

(b) Cfr. anche Balādzuri, 243, ove fra i rappresentanti di Ḥīrah è menzionato anche Iyās b. Qabīṣah al-Ṭā'i, o Farwah b. Iyās, il quale era il luogotenente persiano, 'āmil Kisra, del re Abarwīz in Ḥīrah, dopo al-Nu'mān b. al-Mundzir. Nelle condizioni della resa era stabilito che nessuna chiesa e nessun castello dovesse essere demolito, e gli abitanti avevan obbligo d'informare gli Arabi di ciò che succedeva in Persia. Il tributo, secondo Balādzuri, fu, sia di 100.000, sia di 80.000 dirham, da pagarsi annualmente, e fu il primo tributo inviato dalla Persia a Madīnah. Aghāni (XV, 11, ult. lin. e segg.) ha una versione ancora più ampia della conversazione fra Khālid e 'Abd al-Masīḥ ibn Nufaylah (correggi: Buqaylah).

[Invasione dell' impero Persiano.]

(c) ibn al-Furāt menziona, prima della resa di Ḥirah, una battaglia vinta da al-Muthanna al Ponte dei Due Fiumi, Qanṭarah al-Nahrayn, in cui fu sconfitto il generale persiano Rūdzbih, comandante di 4000 cavalieri (Furāt, fol. 48,v.).

Nota 1. — Questo viaggio di al-Muthanna per chiedere al Califfo il permesso di battersi contro i Persiani, è una notizia, che sembra degna di poca fiducia. ibn al-Kalbi, benchè fonte preziosa per molti ragguagli, non è autorità sicura, essendo noto per le sue innumerevoli menzogne (cfr. anche Introd., § 30, nota 1). La tradizione musulmana ha cercato in tutti i modi di dimostrare che il piano delle conquiste fuori d'Arabia procedesse da abū Bakr, come da primo e principale autore, ignorando forse la verità, che cioè fu in principio un moto aggressivo spontaneo delle tribù di confine, le quali non si ritenevano in alcun modo obbligate di chiedere un permesso a Madīnah per assalire i Persiani e per razziare, a solo scopo di bottino e non di conquista, le terre popolose di una nazione nemica, che più non temevano dopo la vittoria di Dzū Qār. In tutta questa tradizione di ibn al-Kalbi è manifesto lo scopo tendenzioso di dare l'intiero merito della prima campagna nel Sawād al governo di Madīnah ed ai generali del Califfo. Ciononostante, il testo della tradizione produce un effetto contrario al voluto. Le due battaglie, quella di Ullays, e l'altra alla Confluenza dei Canali, risultano opera esclusiva di al-Muthanna e dei suoi prodi seguaci. Khālid b. al-Walid non vi partecipa affatto. In ambedue i casi Khālid dà l'ordine a al-Muthanna di assalire il nemico, mandandolo innanzi, ma in nessuno dei medesimi comparisce Khālid come partecipante alla mischia con il grosso delle genti. Questa fisionomia speciale della presente tradizione merita tutta la nostra attenzione, perchè da essa si potrebbe arguire che Khālid b. al-Walīd fosse presente, è vero, ai fatti d'arme, ma avesse una parte più di spettatore, che di direttore delle operazioni militari. Difatti al-Muthanna stesso rimase in comando alla fine dell'anno, quando Khālid venne mandato in Siria. Non sarei alieno dal credere che, di fatto, fino alla venuta nell'Irāq di abū 'Ubayd, nel 13. a. H., il vero capo delle operazioni militari fosse al-Muthanna che conosceva bene il paese e comandava a più gente di Khālid. Questi assistè con una parte delle genti rimastegli dopo lo sbandamento dei vincitori della Yamāmah (cfr. §§ 187 e 188), ma vi ebbe una parte forse secondaria. È lecito anche far la supposizione che queste pretese battaglie siano amplificazioni posteriori di scaramuccie felici di al-Muthanna dopo la partenza di Khālid per la Siria, e che i tradizionisti le abbiano anticipate per darne il merito anche al loro eroe prediletto Khālid. — Ciò spiegherebbe la predetta anomalia. Non dobbiamo però farci illusioni sui predetti combattimenti in questa prima fase della campagna contro la Persia. Se non sono finzioni tradizionistiche, non furono vere battaglie, ma scaramuccie vittoriose contro i feudatari persiani del confine, in un punto, ove i Sassanidi non si aspettavano alcuna seria aggressione e non avevano perciò mezzi efficaci di difesa. I due combattimenti — se vi furono — prima della presa di Ḥīrah furono di sì poca importanza, che nè ibn Isḥāq, nè 'Umar b. Šabbah (cfr. §§ 157, 162 e 164) hanno ritenuto che mettesse il conto di menzionarli. Soltanto nella leggenda popolare dell' 'Irāq (rappresentata da Sayf b. 'Umar) questa prima campagna di scaramuccie si tramutò con orientale esuberanza in una serie di grandi battaglie campali con stragi spaventose di Persiani, come si può leggere in appresso ai §§ 192 e segg. Agli storici delle conquiste sembrò indecoroso dare alla grande epopea militare, che doveva avere per iscena il mondo intiero, un esordio così umile e modesto.

Athīr (II, 294, lin. 10) afferma che al Muthanna chiedesse al califfo abū Bakr il permesso di invadere la Persia, ma non accenna a un viaggio a Madīnah: ammette però che al-Muthanna incominciasse la campagna prima che Khālid venisse a unirsi con lui.

Nota 2. — Questa improvvisa comparsa di Khālid nel campo Bakrita par quasi alludere ad una lontana possibilità di gelosia fra al-Muthanna e Khālid, il primo dei quali vedesse di malocchio la ingerenza di un estraneo (benchè rappresentante del Califfo) nella sua impresa personale, tutti i vantaggi della quale egli voleva serbare per sè, e non dividere con altri.

Ḥanīfah (117, lin. 8 e segg.) afferma che al-Muthanna, avendo sperato di ottener lui il comando della incursione, fu molto irritato della nomina di Khālid.

In ogni caso è notevole che in questa tradizione troviamo la conferma della sosta di Khālid in al-Nibāǵ, della sua unione con i Bakriti a Khaffān (presso Ḥīrah) e della marcia diretta su Ḥīrah. Il silenzio *perfino* di ibn al-Kalbi sulle pretese operazioni militari nella regione di Baṣrah è argomento dimostrativo inconfutabile in favore della falsità delle notizie da noi altrove esaminate criticamente. Tutto converge ad affermare il fatto che Musulmani e Bakriti assalissero Ḥirah *dal nord*.

Nota 3. — Questo nome di canale è ignorato da tutti i geografi da me consultati: sembra quindi evidente finzione tradizionistica per colorire drammaticamente gli incidenti della prima campagna Si vegga più avanti al § 202 quanto la tradizione iraqense abbia saputo ricamare su questo tema.

[Invasione dell'impero Persiano.]

Nota 4. – Il Wellhausen (Sk. u. Vorarb., VI, 42) esamina criticamente questo nome di luogo, che solleva gravi difficoltà. È un nome che si presenta solo in questo momento nella storia del Sawād: l'espressione poi generica di « Confluenza dei Canali » è tanto vaga e può applicarsi a tanti luoghi diversi, che il Wellhausen ha giustamente ritenuto non sia affatto un nome proprio di luogo. Egli fa poi una felice supposizione, affermando la possibilità che gli storici delle conquiste abbiano preso per nome di luogo un'espressione vaga contenuta in alcuni versi popolari forse contemporanei (cfr. anche § 196) e certamente molto antichi, citati da Tabari (I, 2026, lin. 14): « O mese Safar dei Safar, quando vennero uccisi i prepotenti, alla *Confluenza dei Canali!* » 'ala maǵma'i al-anhār. Il poeta non dà il nome di un luogo, ma descrive il sito, dove avvenne l'eccidio dei Persiani. Il Wellhausen arriva anche a supporre che si tratti della battaglia di Ullays, e che, prima della presa di Ḥīrah, vi fosse un solo combattimento. È bene però ritenere per nulla dimostrato che detti versi si riferiscano a questa prima fase della campagna persiana. L'autorità fallace di Sayf, sulla quale quei versi sono dati, rende lecito di supporre che essi si riferiscano a qualche evento posteriore, dacchè quasi tutte le battaglie furono combattute presso posizioni strategiche vicine ai canali innumerevoli della Babilonide.

Il Winckler (MVAG. 1901, V, p. 152) vede però in questi versi raǵaz una reminiscenza mitologica (cfr. § 196, nota 1) e la sua supposizione mi sembra molto ben fondata. Se i ragionamenti del Winckler sono validi, è probabile che la tradizione della battaglia alla « Confluenza dei Canali » sia tutta finzione d'età posteriore, quando mal si comprese il vero significato dei versi, e si parafrasareno questi con narrazioni d'immaginarie battaglie.

Nota 5. — Anche altre fonti (abū 'Ubayd, da ibn abī Maryam, da al-Sari b. Yaḥya, da Ḥumayd b. Hilāl) affermano che gli abitanti di Ḥīrah si arrendessero ai Musulmani senza fare uso delle armi (Balādzuri, 245, lin. 15-17).

Nota 6. — Su questi nomi v'è da far poco assegnamento, perchè cambiano tanto da autore ad autore; possiamo ritenerli tutti più o meno putativi. I soli che abbiano probabilità di essere nomi storici, sono quelli di ibn Salūbā (senza però le numerose aggiunte di ibn al-Kalbi e di Sayf b. 'Umar) e di 'Abd al-Masīḥ, « il servo del Messia », e perciò un cristiano, membro della famiglia dei Buqaylah, una delle più note di Ḥirah (cfr. Nöldeke Perser. 254, 322; Aghāni, II, 41; Ya'qūbi Buldān, 309, lin. 16; Tabari, I, 981 e segg.).

È notevole che ibn al-Kalbi ometta di notare il figlio di Iyās b. Qabīsah, che deve aver governato in Ḥīrah a nome del re di Persia da circa il 611. a. È. V. fino alla invasione araba (cfr. Rothstein, 119-120, 123-124; Caussin de Perceval, II, 185; Khaldūn, II, App. p. 80; Nöldeke Perser, 348, nota 1).

Nota 7. — Caratteristica è la variante dell'ammonimento finale con cui Khālid chiude il suo abboccamento con i rappresentanti di Ḥirah, dopo aver loro proposto o l'Islām, o il pagamennto della ǵizyah, o la battaglia: « Io sono venuto a voi con tal gente, che ama la morte, come voi altri amate bere vino » (Tabari, I, 2019, lin. 14-15). È noto che i Cristiani di Ḥirah e della frontiera arabo-persiana, specialmente i Taghlib, godevano tra i Musulmani fama di beoni (cfr. Goldziher Muh. Stud., II, 12, nota 3; Zamakhšari e Baydāwi, comm. alla sūrah v, verso 7; Tabari Tafsīr, VI, 57, lin. 27; Lammens ROC., 1904, p. 37 e segg.).

Nota 8. — (al-Ḥusayn b. al-Aswad, da Yaḥya b. Ādam). Gli abitanti di Ḥirah, che dovevano pagare la tassa a capo ammontavano a 6.000 uomini (cfr. § 164,*d*) ognuno dei quali doveva pagare quattordici dirham, del peso di cinque (wazn khamsah), sicchè la somma esatta del tributo sali a 84.000 dirham del peso di cinque, equivalente a sessanta (mila) del peso di sette (wazn saba'ah). Il trattato fu messo in iscritto, e Yaḥya b. Ādam afferma di averlo letto (Balādzuri, 243). L'espressioni « del peso di cinque ». e « del peso di sette » alludono al peso della moneta d'argento persiana, che variava di molto: il modo di valutarla era di verificare quanti mithqāl pesavano dieci dirham. Se dieci di queste monete pesavano 5 mithqāl, erano detti « dirham del peso di 5 »; se pesavano invece 7 mithqāl, erano detti « del peso di 7 » (cfr. [Sauvaire] J. A. 1880, tom. XV, 229-231).

Il dirham sassanida era una moneta d'argento del valore approssimativo di 88 centesimi (Nöldeke Perser, 245, nota 1) sicchè il tributo ammontava a circa 75.000 franchi in oro di moneta nostra; si consideri però che il danaro valeva allora assai di più.

§ 166. — (*a*) (Yaḥya b. Ādam, da Ḥasan b. Sāliḥ, da Muǵālid b. Sa'īd). Gli abitanti di Ḥīrah conchiusero un patto (con i Musulmani), secondo il quale si obbligavano a pagare (annualmente) una somma, ma non doveva esservi veruna tassa per testa (laysa 'ala ru·ūs al-riǵāl šay) (Yaḥya,

36, lin. 8-10): vale a dire pagavano una somma fissa, qualunque fosse il numero degli abitanti.

(b) (Yaḥya b. Ādam, da Ḥasan b. Ṣāliḥ, da al-Aswad b. Qays, da suo padre). Gli abitanti di Ḥirah si obbligarono nel trattato a pagare annualmente (come tributo) mille dirham ed un camelo da sella (raḥl): questo fu imposto perchè uno dei Musulmani non aveva cavalcatura (Yaḥya, 36, lin. 1 e segg.; Balādzuri, 245, lin. 12-15).

§ 167. — (Hišām ibn al-Kalbi, da abū Miḵhnaf, da al-Muǵālid b. Sa'ïd, da al-Ša'bi). Si pretende da alcuni dei banū Buqaylah, che in questo medesimo anno 12. .H., Ḵhālid inviasse pure una lettera agli abitanti di al-Madā·in ed ai Mazāribah (¹) ahl al-Fārs, invitandoli sia ad abbracciare l'Islām, sia a mandare ostaggi: in compenso egli prometteva di prenderli sotto alla sua protezione (dzimmah), ma, nel caso di rifiuto, minacciava di mandare contro di loro le sue genti, che preferivano la morte alla vita (Tabari, I, 2020). Questo preteso documento non ispira però molta fiducia (cfr. anche § 164,f).

Ne abbiamo anche un'altra versione in forma molto letteraria e certamente apocrifa, in 'Iqd, I, 49, lin. 12 e segg. Cfr. anche Furāt, fol. 49,r.-49,v.

NotA 1. — Mazāribah è la forma arabica del plurale di marzubān, termine di origine persiana (marzbān) che significa custode dei confini, o possessore di un fondo (custos confiniorum, fundi possessor, cfr. Vullers, Lex. Pers. Lat., vol. II, 1161,a). Corrisponde al « Satrapo » del regno degli Achemenidi (cfr. Nöldeke Perser, 102, nota 2) e proviene dal persiano marzpan (da marz confine, e pan guardiano): perciò equivale ai markgraf dell'Impero ai tempi di Carlo Magno, o al voywode degli Zar russi (cfr. J. A., série VI, tom. VII, p. 114).

§ 168. — Ya'qūbi (II, 147) segue nel suo breve riassunto le tradizioni della scuola Iraqense (kufana) e dice che Ḵhālid b. al-Walīd, invadendo la provincia persiana, espugnasse prima Bāniqyā, poi Kaskar (¹), facendo in ambedue i luoghi numerosi prigionieri; poi sconfiggesse un principe persiano per nome Ǵābān, ed infine, nel marciare contro Ḥīrah, presso Furāt Bādaqla, venisse alla mani con al-Nu'mān, principe di Ḥīrah (!) (²), e lo mettesse in fuga con grande strage, costringendolo a ricoverarsi in Madā·in. Ḵhālid fissò allora il campo in al-Ḵhawarnaq e, dopo breve combattimento, costrinso gli abitanti di Ḥīrah a capitolare con l'obbligo di pagare un tributo a capo ('an ru·ūsihim), sia di 70.000, sia di 100.000 dirham.

NotA 1. — Se esaminiamo sulla carta geografica il percorso delle genti di Ḵhālid secondo al-Ya'qūbi, vediamo che il cronista aveva idee molto vaghe di topografia e di scienza militare: narra i fatti senza rendersi conto dell'assurdità di questi sbalzi strategici attribuiti a Ḵhālid. Kaskar giaceva nel Sawād meridionale, presso al corso del Tigri, nelle vicinanze del sito dove poi sorse Wāsiṭ (Yāqūt, IV, 274, lin 21 e segg.). La marcia di Ḵhālid da Bāniqyā a Ḥīrah, secondo la versione di al-Ya'qūbi, sarebbe analoga a quella di chi, volendo andare da Tivoli a Roma, si recasse prima a Livorno.

NotA 2· — La menzione di questo ultimo principe Laḵhmita in Ḥirab, al-Nu'mān, è pura fantasia, perchè è noto che la dinastia Laḵhmita di Ḥīrah ebbe fine già circa trent'anni prima, nel 601. dell'È. V. (cfr. Nöldeke Perser, 317, nota 1; Rothstein, 117 e segg.) e che la città era governata da luogotenenti del re di Persia.

§ **169.** — abū-l-Farağ (169, lin. 18 e segg.) afferma che K͟hālid dalla al-Yamāmah si avviasse, per ordine del Califfo, direttamente verso l' 'Irāq, dirigendosi su Ḥīrah, che venne sottomessa con un trattato di pace: “ e questa fu la prima conquista nell' 'Irāq „.

[**Invasione dell' impero Persiano.**]

Campagna nell' 'Irāq dopo la resa di Ḥīrah *(versione della scuola Madinese).*

§ **170.** — (*a*) Qui appresso noi diamo varie notizie, per lo più attinte in Balādzuri, che parrebbero doversi porre fra la resa di Ḥīrah e la partenza di K͟hālid per la Siria. Molti eventi appartengono però certamente a un'età posteriore, ossia al califfato di 'Umar, ed il rimanente, come vedremo più avanti, secondo le autorità migliori della scuola Madinese, furono incidenti del viaggio stesso di K͟hālid da Ḥīrah a Damasco. Balādzuri narra però i fatti come indipendenti dal viaggio, e in ciò erra senza dubbio, tratto in inganno dalle tradizioni della scuola Iraqense, dalle quali, per singolare anomalia, non ha saputo o voluto emanciparsi nella narrazione della prima campagna musulmana nell' 'Irāq. Tutto ciò apparirà evidente, quando esporremo minutamente il celebre viaggio di K͟hālid, alla fine della presente annata.

(*b*) ('Umar b. Šabbah, da 'Ali b. Muḥammad [al-Madāini]). K͟hālid b. al-Walīd mosse su al-Anbār ([1]) ed ottenne la resa della città con il patto che gli abitanti dovessero andare in esilio: poi gli abitanti offrirono alcune condizioni, che piacquero a K͟hālid, ed egli permise che rimanessero nel loro paese. Fece quindi una incursione al di là dell'Eufrate fino a Sūq Bag͟hdād (nelle vicinanze del sito dove sorse poi Bag͟hdād), mentre al-Mut͟hanna piombava sopra un mercato (sūq), ove stavano riuniti molti Arabi Qudā'ah, e Bakr, asportando un copioso bottino. Di poi K͟hālid assalì 'Ayn al-Tamr ([2]) e la prese d'assalto, massacrando tutti i difensori e facendo schiavi le donne ed i bambini. I prigionieri di 'Ayn al-Tamr furono i primi prigionieri di guerra che venissero a Madīnah dall' 'Irāq. K͟hālid marciò quindi su Dūmah al-Ḥīrah (? nel testo erroneamente Dūmah al-Ġandal; cfr. De Goeje Mém., 15, ult. lin.; cfr. anche § 180, nota 1), vi uccise Ukaydir, e fece prigioniera la figlia di al-Ġūdi (cfr. § 182 e note), ritornando di là a Ḥīrah ([3]). Tutto ciò accadeva nel corso dell'anno 12. H. (Tabari, I, 2076-2077).

Cfr. anche Athīr. II, 307.

Nota 1. — (*a*) al-Anbār era uno dei quattro (*sic!*) cantoni del distretto chiamato al-Istān al-'Āli, che giaceva fra il Tigri e l'Eufrate e comprendeva anche i cantoni di Bādūrayā, Qaṭrabbul, al-'Ānāt, Hīt e Maskin (Yāqūt, I, 241, lin. 13-14; III, 227, lin. 21-22). La città era posta sulla riva orientale del fiume Eufrate (Iṣṭakhri, 77, lin 6), al nord del punto dove il canale Nahr 'Īsa usciva dall'Eufrate sotto al ponte Qanṭarah Dimimmā (Ḥawqal, 165, lin. 13-14) e si dirigeva attraverso il Sawād verso il Tigri. Essa corrisponde probabilmente alle rovine di Sufayrah, di cui il Dr. J. P. Peters

[Campagna nell' 'Irāq dopo la presa di Ḥīrah.]

ha dato una pianta nel suo libro *Nippur*, I, 177. — La pianta del Kiepert pubblicata nella *Zeitschr. der Geschichte für Erdkunde*, vol. XVIII, indica sotto alla latitudine 33 1/2 nord, le R u. (ossia rovine di) Sīfēra. (Debbo queste notizie alla cortesia dell' illustre orientalista G. Le Strange). Cfr. anche Nöldeke Perser, 57, nota 5. È menzionata da Joh. Epiphan., ed. Dindorf, I, 379 con il nome Ἄμβαρα, mentre Theophyl., III, 10, ha Ἄβαρα, e IV, 10, Ἀβορέων φρούριον.

(*b*) La sua identità con Fīrūzsābūr dei Sassanidi è confermata da molte fonti: Yāqūt, I, 367, lin. 21; III, 929, lin. 3 e segg.; Faqīh, 199, lin. 8; Nöldeke Perser, 57, nota 5; Assemanius, *Bibl. Or.*, II, 459; Barhebraeus, *Hist. Eccles.*, II, 123; Ammianus Marcellinus, 24, 2, 9; 5, 3, la chiama Pirisabora, e Zosimus, 3, 7, Βηρσαβῶρα.

(*c*) Il nome della città venne dalla espressione persiana ambār, che significa « magazzino », o « deposito di viveri e di cereali » (akdās al-ṭa'ām) (Tāǵ al-'Arūs, III, 553, lin. 12; Yāqūt, I, 368, lin. 4 e segg.), perchè i re persiani vi fecero un deposito di viveri d'ogni specie, che servivano per il sostentamento dell'esercito (Yāqūt, ibid.). La leggenda afferma che Anbār fosse fondata da Nabuccodonossor (Bukht Naṣṣar), re di Babilonia, mentre la tradizione persiana attribuisce la fondazione al re sassanida Sābūr b. Hurmuz Dzū-l-Aktāf (Yāqūt, I, 368, lin. 1 e segg.; II, 379, lin. 19, e segg.). La città era circondata da vasti palmeti, altri alberi, giardini e campi coltivati (Iṣṭakhri, 73, lin. 13-14; 77, lin. 4-6; Ḥawqal, 149, lin. 4-5; 155, lin. 11).

Nota 2. — (*a*) 'Ayn al-Tamr era uno dei cantoni (ṭassūǵ) del distretto amministrativo Istān Bihqubādz al-A'la, di cui facevano parte altresì al-Fallūǵah al-'Ulyā, al-Fallūǵah al-Sufla, Khuṭarniyah, al-Nahrayn e Bābil (Yāqūt, I, 241, lin. 7-8; I, 770, lin. 10 e segg.). Il paese giaceva nelle vicinanze (a occidente) di al-Anbār, sul limite del deserto in una regione che produceva un immensa quantità di datteri delle due specie dette tamr e qasb: di essi si faceva una grande esportazione verso tutti i paesi (Yāqūt, III, 759, lin. 5 e segg.).

(*b*) Probabilmente 'Aynal-Tamr, e la sua borgata Šafāthā, facevano parte di quella regione intorno a Anbār che era famosa per il numero delle palme coltivate e la feracità del suolo, e che giaceva su ambedue le rive dell'Eufrate (cfr. nota precedente).

(*c*) Tra 'Ayn al-Tamr e Dūmah al-Ǵandal si stendeva il deserto detto Bādiyah al-Samāwah (Iṣṭakhri, 23, lin. 4; Ḥawqal, 29, lin. 21). Il paese era bene fortificato (Muqaddasi, 117, lin. 8).

'Ayn al-Tamr deve essere stato una borgata importante, se si prendono in considerazione i fatti narrati al § 172.

Nota 3. — (*a*) Questa tradizione, della scuola tradizionistica Madinese, ha storicamente molto valore, perchè serve come mezzo per riscontrare tutta la versione di Sayf (data qui in appresso ai §§ 217 e segg.). La presente tradizione di 'Umar b. Šabbah comprende tutta l'attività militare di Khālid b. al-Walīd dalla presa di Ḥirah in poi; non pertanto ignora completamente le pretese battaglie narrate da Sayf b. 'Umar, nelle quali i Persiani sarebbero periti a decine e decine di migliaia. Queste battaglie debbono quindi considerarsi come amplificazioni ed abbellimenti leggendari, e forse perfino come invenzioni fantastiche della tradizione popolare dell' 'Irāq. Secondo 'Umar b. Šabbah l'attività di Khālid si limitò alla presa di al-Anbār, alla scorreria su Baghdād, alla presa di 'Ayn al-Tamr, ed alla spedizione di Dūmah al-Ǵandal, la quale ultima, secondo 'Umar, chiuse finalmente la campagna dell'anno 12. H. Tutte le altre battaglie non sono mai esistite. Se le favole maravigliose di Sayf sugli spaventosi eccidi di Persiani avessero ombra di vero, non v'è dubbio possibile, che la scuola tradizionistica di Madīnah, tanto gelosa di tutte le glorie dell'Islām, ne avrebbe con premura conservato memoria.

(*b*) Altri due fatti meritano speciale menzione. In primo luogo, è detto che i prigionieri di guerra di 'Ayn al-Tamr furono *i primi*, che venissero spediti dall' 'Irāq a Madīnah. Ciò dimostra che alla presa di 'Ayn al-Tamr fossero fatti i primi prigionieri. Indirettamente perciò appuriamo, che questa tradizione infirma anche tutta la versione iraqense delle grandi vittorie ottenute dai Musulmani prima della presa di Ḥirah (cfr. §§ 185-212). Tutto concorre così a dimostrare che la prima campagna dell' 'Irāq fosse quasi incruenta, e che le regioni sottomesse da Khālid e dai Bakr b. Wā'il sotto al-Muthanna, accettassero il giogo musulmano senza opporre alcuna seria resistenza, assentendo mollemente a pagare il tributo richiesto dagli invasori. I soli che opponessero qualche seria resistenza furono gli Arabi cristiani di 'Ayn al-Tamr, i quali furono perciò tutti spietatamente massacrati.

Un altro fatto degno di nota è l'assenza di una qualsiasi menzione dall'altro generale musulmano 'Iyād b. Ghanm nella pretesa spedizione di Dūmah al-Ǵandal. Sui problemi presentati da questo ultimo evento cfr. più avanti §§ 180-182 e 231-233.

§ 171. — (Yaḥya b. Ādam, da Ḥasan b. Ṣāliḥ, da Aš'ath, da al-Ša'bi). Khālid b. al-Walīd fece un trattato di pace con gli abitanti di Ḥīrah ed un

[Campagna nell'Iraq dopo la presa di Ḥīrah.]

altro con quelli di 'Ayn al-Tamr: ad ambedue il califfo abū Bakr diede la sua sanzione (Yaḥya, 35, lin. 15-18). Cfr. § 177, nota 2.

§ 172. — (Balādzuri, senza isnād; cfr. § 162,*c*) (1). (Dopo la presa di Ḥīrah) Khālid b. al-Walīd mandò Bašīr b. Sa'd, il padre di abū-l-Nu'mān b. Bašīr al-Anṣāri, contro il paese di Bāniqyā, presso il quale i Musulmani scontraronsi in un esercito persiano composto intieramente di cavalleria, sotto agli ordini di Farrukhbundādz. Si venne ad una battaglia, nella quale i Musulmani vinsero i Persiani, uccidendo anche il loro generale Farrukhbundādz; però anche il comandante arabo, Bašīr b. Sa'd, aveva riportato una ferita, che si andò sempre aggravando e finalmente lo fece morire in 'Ayn al-Tamr, ove era andato a raggiungere Khālid b. al-Walīd. Alcuni affermano che Farrukhbundādz venisse fugato e ucciso dallo stesso Khālid b. al-Walīd, presso il quale si trovava Bašīr b. Sa'd. Di poi Khālid b. al-Walīd mandò Ǵarīr b. 'Abdallah al-Baǵali agli abitanti di Bāniqyā: Buṣbuhra b. Ṣalūbā venne incontro al comandante musulmano, facendo le scuse della resistenza, e concluse con lui un trattato, secondo il quale Buṣbuhra si obbligava al pagamento di mille dirham (all'anno) e di un mantello, o pallio, ṭaylasān.

Altri affermano che Buṣbuhra trattasse direttamente con Khālid b. al-Walīd, e che, dopo la uccisione del generale persiano Mihrān e dopo la battaglia di al-Nukhaylah (cfr. 13. a. H.), Ǵarīr venisse a Bāniqyā e strappasse agli abitanti di essa, allo stesso tempo che agli abitanti di Ḥīrah, un trattato scritto. Altri però negano tutte queste azioni di Ǵarīr b. 'Abdallah, affermando che egli venne nell' 'Irāq solo ai tempi del califfo 'Umar b. al-Khaṭṭāb (cfr. 13. a. H.). Altri infine accomodano le due cose, dicendo che Ǵarīr venisse due volte nell' 'Irāq: tale è l'opinione di abū Mikhnaf e di al-Wāqidi (Balādzuri, 244-245).

NOTA 1. — È palese che Balādzuri, nel riassumere gli eventi dopo il trattato di Ḥīrah, abbia introdotto nella versione della scuola Madinese, che egli trovava eccessivamente magra, molti elementi della scuola Iraqense per aver attinto al fallace ibn al-Kalbi.

Dal contesto di tutte queste tradizioni è facile scorgere come quando si misero in iscritto le presenti notizie, non era più noto se il trattato di ibn Ṣalūbā venisse concluso *prima* o *dopo* la resa di Ḥīrah. La confusione può esser nata dacchè, avendo i Musulmani dopo la disfatta di abū 'Ubayd, nel 13. a. H., perduto tutto il paese conquistato nella prima campagna, lo dovettero riconquistare dopo al-Qādisiyyah nel 15. a. H.: perciò è probabile che, nelle memorie della conquista, si siano confusi gli eventi anteriori alla resa di Ḥīrah con altri avvenuti dopo questo fatto. Da ciò le contradizioni tra le varie fonti.

§ 173. — (*a*) (Balādzuri, senza isnād). Dopo la conclusione del trattato con Buṣbuhra b. Ṣalūbā, Khālid b. al-Walīd mandò al califfo abū Bakr l'importo del tributo esatto da Ḥīrah, nonchè i mille dirham, ed il mantello di Buṣbuhra: il Califfo fece dono del mantello ad al-Ḥusayn b. 'Ali (Balādzuri, 245).

(*b*) (abū Naṣr al-Tammār, da Šarīk b. 'Abdallah al-Nakha'i, da al-Ḥaǵǵāǵ b. Arṭāh, da al-Ḥākim, da 'Abdallah b. Mughaffil al-Muzani). Nessun'altra

[Campagna nell'Irāq dopo la presa di Ḥīraq.]

gente del Sawād concluse patto (con i Musulmani) oltre Ḥīrah, Ullays e Bāniqyā (o piuttosto Bānqyā; cfr. Balādzuri, 445, l. 18) (Balādzuri, 245, lin. 6-9) (1).

Nota 1. — Questi due trattati di Ḥīrah e di Bāniqyā hanno avuto grande importanza per la sistemazione definitiva dell'Irāq sotto il dominio musulmano, perchè (secondo al-Ḥusayn b. al-Aswad, da Yaḥya b. Ādam, da al-Mufaḍḍal b. al-Muhalhil, da Manṣūr, da 'Ubayd b. al-Ḥasan [o abū-l-Ḥasan], da ibn Mughaffil) mentre tutto il resto del paese, dai confini d'Arabia fino ai monti dell'altipiano persiano, al-Ǵabal, era inalienabile ed invendibile per legge, le terre appartenenti ai banū Ṣalūbā ed agli abitanti di Ḥīrah potevano liberamente essere vendute, per effetto dei due trattati conclusi da Khālid al principio della conquista (Balādzuri, 245; cfr. anche § 162,c).

Su questo argomento avremo a ritornare in breve, parlando del califfato di 'Umar.

§ 174. — (Balādzuri, senza isnād). Di ritorno da Bāniqyā, Khālid. b. al-Walīd mosse contro al-Falālīǵ (1), ove si trovava un esercito persiano, ma il nemico si disperse senza nemmeno tentare un combattimento. Khālid fece allora ritorno a Ḥīrah.

In questo luogo gli giunse la notizia che il generale persiano Ǵābān stava riunendo un grande esercito in Tustar: contro il nuovo nemico Khālid spedì immediatamente al-Muthanna b. Ḥārithah al-Šaybāni, e Ḥanẓalah b. al-Rabī' b. Rabāḥ al-Usayyidi al-Tamīmi, detto anche Ḥanẓalah al-Kātib. Anche questa volta i Persiani si diedero alla fuga senza battersi.

Khālid si spinse ora contro al-Anbār, ove trovò che gli abitanti erano pronti a riceverlo, fortificatisi entro la città: mentre era lì vicino, si presentò una guida che offrì di mostrargli il cammino, per piombare sul mercato di Sūq Baghdādz (sulle rive del Tigri), ossia quel punto che più tardi, quando fu fondata la città di Baghdādz, corrispondeva al così detto al-Sūq al-'Atīq, o Mercato Vecchio, presso alla bocca del canale al-Ṣarāt, Qarn al-Ṣarāt. Khālid incaricò al-Muthanna b. Ḥārithah di eseguire la razzia, ed i Musulmani catturarono una quantità di ori e di argenti e l'altra roba più leggera a trasportare. Al ritorno, le milizie pernottarono in al-Saylaḥīn, arrivando il giorno seguente ad al-Anbār. Ivi si trovava Khālid b. al-Walīd, occupato ad assediare la città, la quale aveva appunto il nome di Anbār, perchè conteneva i granari, abrā, dei Persiani. I Musulmani devastarono con il fuoco le vicinanze e spinsero innanzi l'assedio con tanto vigore, che alfine gli abitanti si indussero a trattare e conclusero un patto con Khālid, obbligandosi al pagamento di una somma.

Alcuni affermano però che Khālid inviasse, è vero, al-Muthanna a razziare Sūq Baghdādz, ma poi lo raggiungesse assumendo in persona il comando della spedizione. Questa notizia non è però sicura (Balādzuri, 245-246).

Nota 1. — Balādzuri continua a seguire la scuola tradizionistica Iraqense; quando daremo le tradizioni sul viaggio di Khālid in Siria, si vedrà che la scuola Madinese ignora queste battaglie e la pretesa espugnazione di Anbār. al-Falālīǵ è dato qui come un nome di paese, ma il realtà, secondo al-Layth b. Sa'd [† 165-175. a. H.], è un termine generico per significare i villaggi del Sawād, uno dei quali aveva nome Fallūǵah (Yāqūt, III, 908, lin. 7). È notevole però che questo nome sia menzionato soltanto nelle tradizioni della prima campagna iraqense, e poi mai più. È quindi o un nome di paese scomparso, o una finzione tradizionistica. La forma falālīǵ è un plurale del nome sostantivo fallūǵah.

[Campagna nell' 'Irāq dopo la presa di Ḥīrah.]

Nota 2. — (*a*) Gli abitanti di Anbār affermano che il trattato con i Musulmani venisse concluso sotto il califfato di 'Umar (!) e che si fossero obbligati al pagamento annuale di 400.000 dirham e di mille mantelli, 'abā'ah qaṭawāniyyah (cioè quali poi si tessevano in Qaṭwān, sito o quartiere di Kūfah): altri però riducono il tributo a soli 80.000 dirham. Il trattato dicesi fosse concluso da Ǵarīr b. 'Abdallah al-Baǵali. Alcuni affermano che Ǵarīr espugnasse Bawāzīǵ al-Anbār (Balādzuri, 246, da alcuni mašāyikh di Anbār; Yāqūt, I, 368, lin. 17 e segg.).

(*b*) (Yaḥya b. Ādam, da Ḥasan b. Ṣāliḥ, da Ǵābir, da al-Ša'bi). Anche la gente di al-Anbār strinse un patto ('abd) con i Musulmani. Yaḥya (35, lin. 13-15) con la variante 'aqd, invece di 'ahd, che però ha il medesimo significato.

(*c*) Queste due notizie hanno per noi molto pregio, perchè ci permettono di concludere che la presa di Anbār non faccia parte delle imprese militari di Khālid nell' 'Irāq, ma sia avvenuta più tardi regnante 'Umar. Abbiamo cioè un altro caso del solito vizio tradizionistico di anticipare gli eventi.

(*d*) La presa di Anbār è ignorata del tutto dalle nostre fonti migliori: ibn Isḥāq, abū Yūsuf e al-Wāqidi. A tale conclusione portano anche altre considerazioni di molto peso. Anbār si trovava sulla riva persiana dell'Eufrate, in una posizione fortissima, presso alla bocca del canale, detto poi Nahr 'Īsa. Da una tradizione di Yāqūt sulla presa di Anbār, che daremo in appresso (cfr. § 184,*c*), appuriamo quante difficoltà offriva agli Arabi privi di imbarcazioni, il passaggio del fiume. Questo fu loro possibile soltanto con l'assistenza amichevole degli Anbariti. Il corso dell'Eufrate è in quel luogo molto largo e profondo, come io stesso ebbi occasione di notare nei miei viaggi in Mesopotamia nell'anno 1894. In queste condizioni, tentare un passaggio del fiume ed iniziare l'assedio d'una fortezza assai ben munita, perché era il granaro dei re Persiani, sarebbe stata un'impresa assai rischiosa, difficile e lunga. Si consideri che le forze musulmane erano ben poco numerose (circa 2.500 guerrieri, cfr. § 164,*a*). Khālid aveva infine ordini di recarsi in Siria, e non poteva perciò accingersi ad un tedioso assedio, la durata del quale nessuno poteva prevedere. La sua permanenza nell' 'Irāq era causata da soli interessi di razzia, e sarebbe stata perciò follia perdere il tempo e logorar le energie sotto le mura di una fortezza, quando tanto paese ricco ed inerme giaceva alla mercè dei predoni del deserto. La espugnazione di Anbār era invece una necessità, se si fosse pensato ad una *conquista* del paese: durante una razzia, come fu la prima campagna araba, tale dispendio di forze era perfettamente inutile, e strategicamente un errore.

(*e*) Sono convinto che non solo la tradizione della presa di Anbār, ma anche quelle di molti altri fatti (le scorrerie per esempio nel Sawād) debbono tutte porsi in un periodo posteriore molto alla partenza di Khālid, quando regnando 'Umar, il governo musulmano intraprese la vera conquista dell' 'Irāq: ciò è confermato esplicitamente dalla buona tradizione riferita più su all'alinea (*a*) della presente nota. Non è improbabile perciò che Anbār si arrendesse ai Musulmani circa il tempo della battaglia di al-Qādisiyyah, tra il 15. e il 16. a. H. L'incertezza cronologica di tutte le campagne persiane ha indotto i tradizionisti ad attribuire a Khālid molti eventi minori di quel periodo indeterminato, che corse fra la partenza di Khālid e la seconda comparsa di un esercito musulmano ai tempi del califfo 'Umar. La grande fama di Khālid ha esercitato un fascino sull'immaginazione dei posteri e la tendenza istintiva di aumentarne la gloria e di ingigantire gli eventi della prima campagna per riflesso di quello che avvenne di poi, hanno contribuito a formar l'avviluppata confusione, dalla quale noi ora con tanta pena tentiamo di distrigare il vero.

§ 175. — (Balādzuri senza isnād). Un'altra guida si offerse a Khālid b. al-Walīd per menarlo a sorprendere un altro mercato, nel quale convenivano i Kalb, i Bakr b. Wā'il [1], e molte tribù dei Quḍā'ah, al nord di Anbār. Khālid accettò e mandò anche questa volta al-Muthanna b. Ḥārithah, il quale sorprese gli Arabi, fece grande bottino e molti prigionieri (Balādzuri, 246). Questa notizia è certamente una ripetizione di quella precedente al § 174.

Nota 1. — Perciò con Khālid si battè solo una frazione dei Bakr b. Wā'il, quelli più prossimi al territorio di Ḥīrah: le tribù settentrionali e quelle meridionali (cfr. 12. a. H., § 51), guerreggiavano ancora contro l'Islām.

[Campagna nell''Irāq dopo la presa di Ḥīraq.]

§ 176. — (a) (Balādzuri, senza isnād). (Dopo la resa di Anbār) Khālid si avanzò ancora verso il settentrione fino ad 'Ayn al-Tamr, una fortezza tenuta dai Persiani come guardia del confine. La guarnigione venne fuori a combattere gli Arabi, ma poi prontamente si ritirò, dopo un breve combattimento, entro le mura della fortezza. I Musulmani le posero assedio con tanta energia, che gli abitanti alfine chiesero l'amān (1), ma fu loro negato. I Musulmani presero quindi d'assalto la fortezza, trucidarono i difensori, e catturarono le donne ed i bambini. In una chiesa (cristiana) furono trovati molti giovani, che vennero anche essi fatti prigionieri. Fra questi v'erano:

(1) Ḥumrān b. Abān (o Abbā) b. Khālid al-Tamri, il quale, dopo essere stato schiavo di al-Musayyib b. Naǵabah al-Fazāri, fu comperato da 'Uthmān e poi messo in libertà. 'Uthmān, durante il suo califfato, lo mandò a Kūfah per raccogliere informazioni sul conto del governatore, ma avendo scoperto che mentiva, non lo volle più ricevere fra i suoi intimi. Ḥumrān andò allora a stabilirsi in Baṣrah.

(2) Sīrīn, il padre del poi celebre Muḥammad b. Sīrīn [† 110. a. H.]. e dei tre fratelli del medesimo, Yaḥya b. Sīrīn, Anas b. Sīrīn e Ma'bad b. Sīrīn, dei quali però Muḥammad era il maggiore. Tutti furono poi liberti e clienti di Anas b. Mālik al-Anṣāri [† 91. a. H.].

(3) abū 'Amrah, avo del poeta 'Abdallah b. 'Abd al-a'la (2).

(4) Yasār, avo di Muḥammad b. Isḥāq [† 151. a. H.], l'autore della celebre Sīrah, o biografia di Maometto (il testo del quale, nella redazione fattane da ibn Hišām, è principale nostra fonte per la biografia del Profeta). Egli fu cliente di Qays b. Makhramah b. al-Muttalib b. 'Abd Manāf.

(5) Murrah, padre di 'Ubayd, ed avo di Muḥammad b. Zayd b. 'Ubayd b. Murrah, e di Nafīs b. Muḥammad b. Zayd b. 'Ubayd b. Murrah, il padrone del castello presso al-Ḥarrah. Il figlio di Muḥammad ed i suoi discendenti chiamarono il loro antenato 'Ubayd b. Murrah b. al-Mu'alla al-Anṣāri.

(6) Nuṣayr, il padre di Mūsa b. Nuṣayr [† 97-98. a. H.], il conquistatore dell'Africa settentrionale e del Maghrib, cliente dei banū Umayyah (3) (Balādzuri, 246-247).

(b) Cfr. anche Yāqūt, III, 759, lin. 7 e segg.; Bakri, 199, lin. 7, aggiunge fra i giovani catturati anche (7) l'avo del celebre genealogo al-Kalbi [† 146. a. H.], (8) l'avo di ibn abī Isḥāq al-Ḥadrami grammatico, e dice che gli avi di ibn Isḥāq (no. 4) e di ibn Sīrīn (no. 2) fossero poi clienti di Ǵamīlah bint abī Qutbah al-Anṣāriyyah; Aghāni, III, 127, lin. 5, conta fra i prigionieri di 'Ayn al-Tamr anche Kaysān, l'antenato del poeta abū-l-

[Campagna nel-l''Irāq dopo la presa di Ḥīrah.]

'Atāhiyah [† 213. a. H.]; Ḥanīfah, 117-118, accenna al nonno di ibn Sīrīn e di Ḥumrān, e afferma che Khālid facesse prigioniero ed ordinasse la decapitazione e crocifissione di Hilāl b. 'Uqbah al-Namari.

Nota 1. — La parola amān significa realmente sicurezza: da ciò è venuto il senso di patto che concede questa sicurezza, ed infine specificamente di trattato, secondo il quale il vincitore musulmano accorda al vinto (musulmano e non musulmano) la sicurtà nei beni e nella vita. Amān è perciò un termine giuridico di uso molto frequente, ed è stato argomento di molte dotte elucidazioni e commenti dei giureconsulti musulmani, che hanno voluto definirne meglio il significato, i limiti e le norme, fondandosi sul versetto del Qur'ān, ix, 6 (cfr. su questo argomento J. A., 1851, série IV, tom. XVII, 568; tom. XVIII, 291-321; tom. XIX, 519-550, e série V, tom. I, 39-67; cfr. anche Khalīl, vol. II, 290 e segg.).

Nota 2. — Questo poeta fu contemporaneo di Maslamah b. 'Abd al-malik [† 120-122 a. H.] e recitò poesie alla corte di quel principe Umayyade, come trovasi narrato in Aghāni, XVI, 157, lin. 6 e segg. Egli è forse lo stesso 'Abdallah b. 'Abd al-a'la, che fu padre del poeta 'Abbāsida Muḥammad b. Kunāsah [† 200 a. H.], sul conto del quale cfr. Aghāni, XII, 111, lin. 3 e segg. Se questo è esatto, la morte di 'Abdallah b. 'Abd al-a'la deve porsi circa il 150. a. H., ed egli aveva cognome Kunāsah.

Nota 3. — Secondo ibn al-Kalbi [204. a. H.], Nuṣayr, il padre di Mūsa b. Nuṣayr, fu fatto prigioniero insieme con abū Farwah 'Abd al-raḥmān b. al-Aswad, ed ambedue appartenevano alla tribù degli Arāšah, o Irāšah, un ramo dei Bali, ed ambedue caddero prigionieri ai tempi di abū Bakr, presso al monte Ǵabal al-Ǵalīl, in Siria. Il figlio di Nuṣayr, Mūsa, nacque in un villaggio (della Siria) chiamato Kafr-mara (forse il Kafr-mathra, menzionato nel Marāṣid, II, 504), ed era zoppo. Invece al-Kalbi [† 146. a. H.], il padre di ibn al-Kalbi, riferisce che ambedue fossero fratelli, fatti prigionieri ad 'Ayn al-Tamr, e divenissero clienti dei banū Dabbab. Lo stesso attesta anche al-Madā'ini, aggiungendo che abū Farwah fu comperato da Nā'im al-Asadi, che poi lo rivendè a 'Uthmān. Il Califfo lo impiegò a scavare le fosse nel cimitero (di Madīnah), ma quando vennero i malcontenti a Madīnah (nel 35. a. H.), abū Farwah, che parlava male l'arabo (pronunziava mudālim, invece di muẓālim) si unì con i rivoltosi, invitando il Califfo a restituire le somme ingiustamente appropriatesi (al-muẓālim). A lui il Califfo rispose: « Tu rappresenti la prima di queste somme, perchè ti ho comperato per scavare le fosse nel cimitero! » Suo figlio fu uno dei più chiari fra i mawāli, o clienti. Da lui discese al Rabī' b. Yūnus b. Muḥammad b. abī Farwah, il compagno del califfo al-Manṣūr [† 158. a. H.]. abū Farwah si prese questo cognome, perchè, quando venne fatto prigioniero, aveva indosso una farwah (un ciuffo di peli sul corpo? cfr. Lane, *Arabic-Engl. Dict.*, *s. v.* — Nel Tāǵ al-'Arūs, vol. X, 278, lin. 28, è detto che farwah è un vestito di cuoio con tutto il pelo attaccato, che si suole indossare per premunirsi dal freddo) Balādzuri, 247-248.

§ 177. — (Balādzuri, senza isnād). Secondo altre fonti, il castello di 'Ayn al-Tamr non fu preso d'assalto, ma si arrese a Khalid per via di regolare trattato, ed i prigionieri, menzionati nel § 176, furono catturati in una chiesa di quelle contrade (ṭassūǵ) (1) (Balādzuri, 248) (2).

Nota 1. — Nell' 'Irāq i distretti minori erano chiamati dai Persiani tasūk o tasaw, che poi i conquistatori musulmani arabizzarono in ṭassūǵ. Tasūk doveva significare in persiano « un ventiquattresimo », e dacchè, secondo Ya'qūbi, l' 'Irāq si divideva in 48 tassūǵ, o distretti (secondo Khurdādzbih [28], Rustah, [107] e Muqaddasi [133] invece in 60), si vede che la spiegazione ha probabilità di essere vera. Si deve però tener presente che simili divisioni negli stati orientali si riferiscono *soltanto* all'esazione delle tasse, e sono denominazioni di natura puramente fiscale (Steuerbezirk traduce il Nöldeke, ZDMG., 1874, vol. XXVIII, 94, nota), e non politica o amministrativa. Cfr. Mafātīḥ, 62, lin. 12; Vullers, *Lexicon Pers. Lat.* (Bonnae, 1855), vol. I, 445,*b.*; [Sauvaire] J. A., 1880, vol. XV, 254-255; Tāǵ al-'Arūs, II, 70, lin. 15-18.

Nota 2. — Lo stesso è affermato anche in un'altra tradizione (al-Ḥusayn b. al-Aswad, da Yaḥya b. Ādam, da al-Ḥasan b. Ṣāliḥ, da Aš'ath, da al-Ša'bi, ove si narra altresì, che Khālid b. al-Walid scrivesse al califfo abū Bakr, informandolo dei patti convenuti nei due trattati di Ḥirah, e di 'Ayn al-Tamr, e ne avesse l'approvazione (Balādzuri, 248; cfr. § 171). — Se ciò fosse corretto, la prima campagna persiana fu *quasi incruenta!*

[Campagna nell'Irāq dopo la presa di Ḥīrah.]

§ 178. — (Balādzuri, senza isnād, probabilmente da ibn al-Kalbi). Nei pressi di ʿAyn al-Tamr si riunirono i Namir b. Qāsiṭ sotto al loro capo ʿAqqah b. Qays b. al-Bašar al-Namari, e vennero ad assalire i Musulmani, ma Khālid b. al-Walīd li fugò, uccidendo anche ʿAqqah (1), il cadavere del quale fu crocifisso.

In ʿAyn al-Tamr cessò di vivere Bašīr b. Saʿd al-Anṣāri per effetto della ferita ricevuta qualche tempo prima (cfr. §§ 162,c; 172), e fu sepolto colà presso ʿUmayr b. Ri·āb b. Muhaššim b. Saʿīd b. Sahm b. ʿAmr, ucciso durante l'assedio di ʿAyn al-Tamr da una freccia nemica (Balādzuri, 248).

Cfr. anche Khāldūn, II, App. p. 82, lin. 8, il quale scrive: ʿUmayr b. Ribāb.

Nota 1. — Le fonti non dicono, perchè ʿAqqah venisse condannato a questa fine crudele. La spiegazione è però facile a dare, poichè egli è quel medesimo ʿAqqah, menzionato da Sayf b. ʿUmar fra i seguaci della profetessa Saǵāḥ (cfr. 11. a. H., § 163), e colui che rimase fra i Ḥanīfah per esigere il resto del tributo promesso da Musaylimah (cfr. 11. a. H., § 173). Tale spiegazione regge però soltanto qualora si possa dimostrare la veracità assoluta delle tradizioni di Sayf. Non è esclusa invece la possibilità che Sayf, con un sistema proprio della scuola iraqense, abbia introdotto il nome di ʿAqqah nelle tradizioni su Saǵāḥ per spiegare e scusare poi la condotta efferrata di Khālid.

§ 179. — (Balādzuri, senza isnād). Durante la sua dimora in ʿAyn al-Tamr, Khālid b. al-Walīd mandò al-Nusayr b. Daysam b. Thawr a sorprendere una sorgente dei banū Taghlib. I Musulmani marciarono di notte, sorpresero i Taghlib, ne uccisero alcuni, e fecero vari prigionieri. Uno di questi dichiarò che, se gli si dava la libertà, avrebbe insegnata la strada per sorprendere una piccola tribù dei Rabīʿah. La proposta fu accettata, e Nusayr potè felicemente sorprendere e depredare anche questi Arabi, facendo bottino e prigionieri. Nusayr sospinse poi la sua razzia anche fino al distretto di Takrīt (sul Tigri) (1) (Balādzuri, 248-249).

Nota 1. — (a) (abū Masʿūd al-Kūfi, da Muḥammad b. Marwān). Si dice che Nusayr arrivasse fino a ʿUkbarā, gli abitanti della quale chiesero ed ottennero l'amān, ed in compenso offrirono ai Musulmani viveri e foraggi. Anche gli abitanti di al-Baradān trattarono con Nusayr ed ottennero l'amān. Nusayr visitò pure al-Mukharrim (che allora aveva però altro nome, giacchè fu chiamato al-Mukharrim solo di poi, quando vi andò a vivere uno dei figli di Mukharrim b. Ḥazn b. Ziyād b. Anas b. al-Dayyān al-Ḥārithi: così almeno afferma Hišām ibn al-Kalbi). I Musulmani arrivarono quindi al ponte gettato sul fiume presso Qaṣr Sābūr, detto poi Qaṣr ʿĪsa b. ʿAli, e sconfissero Khurzād b. Māhibundādz, che ne aveva la custodia. Dopo questo fatto d'arme al-Nusayr si ritrasse ad ʿAyn al-Tamr (Balādzuri, 249).

(b) Altri pongono la spedizione di al-Nusayr fino a Takrīt nell'anno seguente 13. H., dopo la battaglia del Ponte (Balādzuri, 249, sull'autorità di al-Wāqidi).

(c) Si dice pure che al-Nusayr facesse, per ordine di Khālid b. al-Walīd, una spedizione al di là dell'Eufrate, nel corso della quale rapisse molto bottino dai villaggi intorno a Maskin ed a Qaṭrabbul (Balādzuri, 249, lin. 14-15).

§ 180. — (Balādzuri, senza isnād). Da ʿAyn al-Tamr, Khālid b. al-Walīd parti direttamente per la Siria, ordinando ad al-Muthanna di ritornare addietro (a Ḥīrah?). (Balādzuri, 249, lin. 16, ove è notevole, che non si faccia menzione alcuna della pretesa spedizione di Dūmah al-Ǵandal).

NOTA 1. — Alla fine di tutto il lungo capitolo di Balādzuri sulla campagna nel Sawād dell'anno 12. H., trovasi come ultima notizia supplementare, che sembra aggiunta dall'autore a guisa di semplice appunto, la frase seguente: « *Certa gente afferma* (wa qāla qawm), che Khālid b. al-Walīd si recasse da 'Ayn al-Tamr a Dūmah al-Ǵandal, e la espugnasse, poi ritornasse a Ḥīrah, e da lì partisse per la Siria. *Invece è più corretto* (aṣaḥḥ) che egli partisse (verso la Siria direttamente e immediatamente) da 'Ayn al-Tamr » (Balādzuri, 250, lin. 9-10). Vediamo dunque che Balādzuri non prestasse veruna fede alle tradizioni sulla pretesa spedizione di Khālid a Dūmah al-Ǵandal. Cfr. il seguente § 181.

[**Campagna nell'Irāq dopo la presa di Ḥīrah.**]

Il De Goeje (Mém., 15, ult. lin. e segg.) propone di correggere Dūmah al-Ǵandal in Dūmah al-Ḥīrah; sul quale argomento discorriamo a lungo in altro luogo (cfr. §§ 181, 182 e 231-233).

§ 181. — (al-'Abbās da suo padre, da 'Uwānah (*sic*) b. al-Ḥakam). Il califfo abū Bakr scrisse a Khālid b. al-Walīd, che si trovava in 'Ayn al-Tamr, di assalire Ukaydir (in Dūmah). Khālid assalì Ukaydir, lo uccise, ed espugnò Dūmah (¹). Ukaydir aveva abbandonato Dūmah dopo la morte del Profeta, ma poi vi era ritornato. Dopo aver ucciso Ukaydir, Khālid b. al-Walīd si recò in Siria (Balādzuri, 62, lin. 12-15).

NOTA 1. — La mancanza di specificazione topografica o complemento diacritico (al-Ǵandal, o al-Ḥīrah, o Dimašq) dopo il termine Dūmah conferma quanto osservammo altrove (cfr. 9. a. H., § 46) che nei testi più antichi v'era Dūmah, e che solo di poi i tradizionisti, annotando e illustrando le memorie storiche, aggiunsero i suffissi, ma in modo tanto scorretto da generare le ben note confusioni.

§ 182. — (al-Wāqidi). Quando mosse dall'Irāq verso la Siria, Khālid b. al-Walīd assalì Dūmah al-Ǵandal (correggi: Dūmah di Damasco! Cfr. De Goeje, Mém., 15-16) e se ne impadronì, facendo molti prigionieri, fra i quali è menzionata Layla bint al-Ǵūdi al-Ghassāni. Si dice però che Layla venisse catturata in un villaggio (ḥādir) dei Ghassān (perciò in Dūmah Dimašq?) dalla cavalleria di Khālid (¹). Layla andò poi sposa di 'Abd al-raḥmān b. abī Bakr, il quale si innamorò talmente di lei, da non aver più commercio con le altre sue donne. Questo amore non durò molto a lungo: Layla si ammalò gravemente, perdendo tutta la freschezza dei suoi lineamenti, ed Abd al-raḥmān la prese tanto in antipatia, che, seguendo il consiglio di alcuni amici, le diede una somma di danaro e la rimandò al suo paese (Balādzuri, 62-63).

Cfr. anche Aghāni, XVI, 94-96.

NOTA 1. — In questa tradizione è evidente la confusione dei tradizionisti tra Dūmah al-Ǵandal e Dūmah Dimašq. Si vede che Layla la Ghassānida deve essere stata catturata nelle vicinanze di Damasco, forse in Dūmah: quando si raccolsero le notizie storiche, tanto la Dūmah di Damasco, quanto Dūmah al-Ǵandal, chiamavansi semplicemente Dūmah: da ciò gli errori e le confusioni, resi ancor più intricati dall'esistenza di una terza Dūmah, la Dūmah al-Ḥīrah (cfr. 9. a. H., §§ 46-47). Difatti, nel passo citato di Aghāni, e precisamente XVI, 95, lin. 4 e segg., è evidente che Layla abitava un paese sul confine arabo-bizantino, nei pressi di Damasco. Anzi questa tradizione, riferita da 'Umar b. Šabbah [† 262. a. H.], afferma che Layla fosse figlia del governatore di Damasco (Malik Dimašq) e cadesse in mano di 'Abd al-raḥmān dopo la resa di quella città (nel 14. a. H.). Quindi si tratta certamente di Dūmah Dimašq e di niun'altra.

§ 183. — ibn Khaldūn non dà alcun lume sulla storia della prima campagna militare contro i Persiani, perchè riassume brevemente i fatti secondo il testo di Ṭabari, e fondendo assieme le tradizioni della scuola Ma-

[Campagna nel-
l''Irāq dopo la
presa di Ḥī-
rah.]

dinese con quelle iraqensi: egli pone perciò la parteaza di Ḫālid b. al-Walīd dalla Yamāmaḥ, o da Madīnah, nel Muḥarram del 12. a. H., e la sottomissione di Bāniqyā e di Barūsmā prima della presa di Ḥīrah '(Ḫa l d ū n, II, App. p. 78).

§ 184. — (a) Non diversa dalle precedenti è la versione della campagna persiana dopo la presa di Ḥīrah, narrata da Y a 'q ū b i (II, 150, lin. 14 e segg.), il quale dispone tutti i fatti d'arme a nord di Ḥīrah come eventi della marcia di Ḫālid b. al-Walīd dalla Persia verso la Siria, quando per ordine del Califfo, partì in soccorso dei suoi colleghi, che si battevano contro i Greci. Secondo questa versione, Ḫālid lasciò al-Muthanna come suo luogotenente in Ḥīrah, assalì in 'Ayn al-Tamr la guarnigione persiana comandata da 'Uqbah (ossia 'Aqqaḥ; cfr. § 178, nota 1) b. abī Hilāl al-Namari, la sconfisse, fece decapitare 'Uqbah, e poi fugò un gruppo di Taghlib sotto al-Huḏzayl b. 'Imrān, da lui pure fatto prigioniero e decapitato: arrivato alfine in Anbār ('), di qui, con una guida, traversò il deserto sirio, arrivando nella regione del Ḥawrān ([sic] nel testo leggasi: Ḥuwwārayn?) in Siria.

(b) In Ḥanīfah, (117, lin. 9 e segg.), la campagna persiana del 12. a. H., si riduce alla sola presa di Ḥīrah, costretta al pagamento annuale di 100.000 d i r h a m. Appena sottomessa la città, giunse la lettera del califfo abū Bakr, portata da 'Abd al-raḥmān b. Ġumayl al-Ġumaḥi, che ordinava a Ḫālid di recarsi in Siria " con (tutti!) i Musulmani che aveva con sè „. Ḫālid lasciò in Ḥīrah 'Amr b. Ḥazm al-Anṣāri insieme con al-Muthanna, passò per al-Anbār (senza espugnarla!), assalì 'Ayn al-Tamr, dove era una guarnigione persiana, espugnò il paese e massacrò i difensori e poi infine, nel recarsi in Siria, sorprese e sbaragliò un gruppo di Taghlib e al-Namir.

(c) In Y ā q ū t (I, 679, lin. 8 e segg.), abbiamo una versione singolare dei fatti avvenuti dopo la presa di Ḥīrah (e probabilmente dopo la partenza di Ḫālid per la Siria, perchè i fatti sono narrati sotto l'a. 13. H.). Dopo la sconfitta di Mihrān presso Ḥīrah (²) i Musulmani poterono fare scorrerie entro il Sawād, perchè le guarnigioni persiane ai confini non avevano più mezzi per difendersi. Tutto il paese fra Sūrā, Kaskar, al-Ṣarāt, al-Falālīġ e al-Istānāt (³) fu depredato. Gli abitanti di Ḥīrah informarono allora al-Muthanna che non lontano da Ḥīrah esisteva un mercato assai importante, nel quale convenivano una volta al mese un grande numero di mercanti persiani, nonchè altri da Ahwāz e da altri luoghi: il mercato aveva nome Sūq Baghdād. al-Muthanna si accinse subito ad assalire quel sito. Seguendo la riva occidentale dell'Eufrate arrivò dinanzi a Anbār, posta come è noto sull'altra riva (la orientale): gli abitanti della città, sotto il m a r z u b ā n Sufrūḫ, tagliarono il ponte che univa la città con la sponda araba del fiume e si apprestarono ad una valida difesa. al-Muthanna chiese allora un abboccamento con il marzubān di Anbār e promise di non molestare la città, se il marzubān ricostruiva il ponte, e, permettendo agli Arabi di passare sull'altra riva, dava una guida per menarli fino a Sūq Baghdād. Il marzubān accettò la proposta; gli Arabi varcarono l'Eufrate, con le guide avute piombarono improvvisamente all'alba sul mercato e rapirono una ingente quantità di ori, di argenti e di altre merci. Poi tornarono a Anbār. Questo accadeva nell'anno 13. H.

[Campagna nell'Irāq dopo la presa di Hirah.]

Nota 1. — al-Ya'qūbi attinge a fonti diverse dalle nostre: 'Ayn al-Tamr si trovava a nord-ovest di Anbār a una certa distanza ad occidente dell'Eufrate sull'orlo del deserto Sirio (cfr. Nöldeke Perser, 39, nota 2) e Khālid avrebbe dovuto *tornare addietro* per prendere Anbār. Ciò è inverosimile, dacchè sappiamo (come vedremo più avanti) che la campagna dopo Hirah fece parte del viaggio di Khālid dall'Irāq in Siria. Se la lezione «Anbār» fosse corretta, si dovrebbe dire che nelle fonti di Ya'qūbi la presa di Anbār era narrata *dopo* quella di 'Ayn al-Tamr, e che Ya'qūbi abbia ritenuto che anche questo fatto d'armi fosse merito di Khālid, ignorando che questi era già partito da 'Ayn al-Tamr per la Siria e che l'espugnazione di Anbār fu opera d'altri.

È probabile però che la lezione stampata nel testo sia una correzione errata dell'editore: i codici hanno una parola diversa (cfr. Ya'qūbi, 151, nota *a*), la quale per deficienza di punti diacritici può esser letta in molti diversi modi: Ratnār, Rabnār, Zatnār, ecc. Io crederei che il primo «ra» possa essere un errore di copista per le due lettere «q» e «r», alle quali nella copia primitiva mancavano i punti diacritici e che quindi la parola possa essere una corruzione molto travisata del nome Qurāqir, sito oscuro e sconosciuto, sul quale avremo molto a discorrere fra breve. In ogni caso la correzione Anbār è geograficamente un'assurdità e quindi storicamente un errore. Non è spiegabile che Khālid tornasse addietro. Si noti poi: 1° che non si menziona la presa di Anbār, la quale essendo fortificata e munita di guarnigione persiana non può averlo accolto pacificamente entro le mura. 2° Dal testo si comprende che in quel sito (erroneamente stampato Anbār) Khālid trovasse una guida per la traversata del deserto. Ora questo ci sospinge a cercare il sito più a nord di 'Ayn al-Tamr e sul limitare del deserto stesso. Non può quindi essere Anbār, che giaceva sull'altra riva dell'Eufrate! Deve essere Qurāqir, o qualche altra oscura stazione nel deserto, attraverso la quale Khālid passò nel suo percorso senza incontrare veruna resistenza.

Nota 2. — In questa tradizione singolare si devono notare: 1° L'assenza di ogni menzione del generale musulmano Khālid. Si può rispondere che egli fosse già partito per la Siria. Ma allora come spiegare che 2° Anbār fosse libera e indipendente sotto un proprio marzubān e in apparenza non mai espugnata dai musulmani? Infine 3° abbiamo l'ammissione che il varco dell'Eufrate era un'operazione assai difficile, anzi impossibile senza un ponte di barche e senza l'assistenza degli abitanti. 4° Che l'Eufrate non poteva essere varcato dagli Arabi a mezzodì di Anbār, nemmeno presso Hirah, e che il varco fosse soltanto possibile in conseguenza di uno speciale accordo con un governatore persiano, traditore della patria.

Questi quattro punti sono in tale contradizione con quello che è contenuto nei paragrafi precedenti sulla pretesa espugnazione di Anbār, ma pure nella sua semplicità ha caratteri tanto singolarmente conformi alla vera condizione dei luoghi, che dànno molto a riflettere e gettano grave scredito sulle tradizioni riferite da Balādzuri. Si noti infine che Mihrān fu sconfitto e ucciso nel 14. a. H. da 'Utbah b. Ghazwān nei pressi di Madzār (cfr. Balādzuri, 253; Yāqūt, IV, 468). Yāqūt perciò è in errore di almeno un anno, se quanto narra è corretto: per di più dimentica che al-Muthanna morì delle sue ferite negli ultimi giorni del 13. a. H. e forse nei primi del 14. a. H., avanti la vittoria di 'Utbah b. Ghazwān su Mihrān a al-Madzār. È bene perciò andar cauti nell'accettare quanto egli afferma. V'è evidente confusione di eventi del 13. a. H. con quelli del periodo 14-16. a. H., quando gli Arabi conquistarono il Sawād.

Nota 3. — (*a*) Sūrā era un luogo, mawdi' nell'Irāq, nella terra di Bābil, abitata da Aramei (Suryāniyyūn) e dove si faceva un vino chiamato appunto di Sūrā: nelle sue vicinanze giacevano al-Waqf e al-Hillah al-Mazyadiyyah (Yāqūt, III, 184, lin. 20-22).

(*b*) Kaskar era una delle città più importanti della Babilonide meridionale, di cui gran parte era inclusa nel suo distretto: da Kaskar, si dice, venivano ottimi uomini d'arme ed il distretto rendeva poi al tesoro arabo 12.000.000 di mithqāl all'anno (Yāqūt, IV, 274-275).

[Campagna nell'Irāq dopo la presa di Ḥīrah.]

(c) al-Ṣarāt era uno dei grandi canali che irrigavano il Sawād con le acque dell'Eufrate (Yāqūt, III, 378).

(d) al-Falālīǵ, cfr. poc'anzi § 174, nota 1.

(e) al-Istanāt non è menzionato o descritto in altro luogo e perciò non sappiamo se il nome è corretto, o se forse non è un plurale arabo del termine amministrativo persiano istān, che serviva a definire i circondari, nei quali era diviso il Sawād per ragioni fiscali, cfr. Mafātīḥ, 59; Khurdādzbih, *Glossarium*, p. 209; Tanbīh, *Glossarium*, p. x, e Balādzuri, *Glossarium*, p. 86 *s. v.* « qasama ».

Invasione dell'impero Persiano ('Irāq) (*versione popolare iraqense di Sayf b. 'Umar):*

§ 185. — Qui diamo in appresso le tradizioni di Sayf b. 'Umar sulla prima campagna persiana: tranne qualche punto di rassomiglianza con le notizie di Balādzuri (cfr. §§ 155, 159 e 160), il lettore vedrà differir questa versione totalmente da quella della scuola Madinese, sì semplice e chiara, che le esagerazioni e le divergenze sono anzi tali, che lo storico coscienzioso dovrà convincersi essere impossibile una fusione delle tradizioni iraqensi con quelle madinesi; se sono buone le une, sono erronee le altre e viceversa. Se rammentiamo ora quanto si disse altrove sul valore relativo delle due scuole (cfr. 11. a. H., §§ 77 e segg.), nessuno, terminata la lettura delle seguenti tradizioni, potrà esitare sulla preferenza da darsi a quelle precedenti di fonte madinese. Quanto segue non è storia, ma leggenda popolare *ad maiorem Islami et Arabum gloriam*. Nonpertanto gioverà dare anche qui per intiero le tradizioni iraqensi, perchè se il quadro nel suo insieme è errato, pur tuttavia se ne può trarre indirettamente qualche lume per il nostro soggetto.

§ 186. — (Invasione dell'Arabia Persiana). — (Sayf b. 'Umar, da 'Amr b. Muḥammad, da al-Ša'bi). Il califfo abū Bakr scrisse a Khālid b. al-Walīd, che si trovava con le sue genti nella Yamāmah: " Parti per l''Irāq, entravi, incomincia con Farǵ al-Hind [1] (ossia Ubullah) e cerca di attirare a te i Persiani e quei popoli che si trovano sotto al loro dominio " (Tabari, I, 2016).

Cfr. anche Athīr, II, 294, lin. 7.

NOTA 1. — La parola farǵ significa intervallo fra due cose, quindi anche le pudende della donna e infine *tractum inter duas gentes intermedium*, ove s'incontrano per battersi i popoli di nazioni diverse (cfr. anche Yāqūt, III, 869, lin. 5). Ubullah aveva dunque questo nome perchè era una stazione navale fortificata dei Sassanidi, che doveva proteggere il commercio con il Hind (India) e con il Sind (cfr. Gildemeister, 37-38 e nota).

La parola farǵ essendo usata per definire quelle regioni di confine, munite di guarnigioni speciali per la difesa di tutto il paese contro invasioni nemiche, corrisponde a quello che nel medio evo in Europa aveva il nome di *Marca*. Sayf vorrebbe affermare che la parte inferiore della Babilonide, bagnata dalle acque del Golfo Persico fosse nell'impero Persiano la marca di confine contro le aggressioni degli abitanti dell'India. Geograficamente l'espressione è impropria, salvo che il mare dalle bocche del Tigri e dell'Eufrate fino all'India fosse infestato da pirati indiani. Più avanti egli spiega meglio il concetto, affermando che il governatore della marca combattesse per terra gli Arabi e per mare gli Indiani.

§ 187. — (Sayf b. 'Umar). Il primo re dei Persiani, contro il quale i Musulmani si batterono fu Šīrīn [1] b. Kisra. Infatti abū Bakr scrisse a Khālid

[Invasione dell'impero Persiano - *Versione di Sayf.*]

b. al-Walīd, allorchè egli fu divenuto signore degli Arabi apostati, ed era ancora in al-Yamāmah, di permettere ai Musulmani di far ritorno a casa. Chi volesse però rimanere, era libero di farlo, ma Khālid non doveva costringere alcuno a restare con lui. " Chiama poi ", così proseguiva la lettera, " i Tamīm, i Qays, e i Bakr b. Wā·il alle terre incolte della Yamāmah (mawtān al-Yamāmah), perchè le terre morte (incolte) appartengono a Dio ed al suo Inviato, e chi ne risuscita una parte, ne diviene padrone: questa misura però non si estende alle terre morte di quei paesi, gli abitanti dei quali hanno abbracciato l'Islām " (²). Questo fece Khālid, il quale si fissò nella Yamāmah e vi assegnò dimore a quelle tribù che erano eguali ai Ḥanīfah (?) (³). Quando Khālid diede licenza alle sue genti di ritornare a casa, gli abitanti di Madīnah e dei dintorni di essa ne approfittarono per far ritorno in patria. Del medesimo permesso si valsero pure molti fra i nomadi, che facevano parte delle sue schiere. Khālid rimase addietro con 2000 uomini (⁴), composti da membri delle tribù che vivevano intorno a Madīnah, ossia dei Muzaynah, dei Ǵuhaynah, degli Aslam, dei Ghifār, dei Ḍamrah, più altri dei Ghawth, e dei Ṭayy, ed alcuni pochi degli 'Abd al-Qays. Quando furono partiti quelli che volevano ritornare a casa, Khālid b. al-Walīd mandò al-Muthanna b. Ḥārithah al-Šaybāni, Madz'ūr b. 'Adi al-'Iǵli, Ḥarmalah b. Muraytah al-Ḥanẓali, Salma b. al-Qayn (i primi due erano venuti come ambasciatori al Profeta, e gli altri due erano Muhāǵirūn, o Emigrati), in missione presso abū Bakr. Ḥarmalah e Salma chiesero al Califfo il permesso che i Tamīm ed i Bakr b. Wā·il, abituati da lunga esperienza a combattere con i Persiani, potessero far parte della spedizione nel Sawād (⁵) ed abū Bakr assentì, nominandoli generali di quelli che li avrebbero seguito, e governatori di quelle regioni, che avrebbero conquistate (Ḥubayš, fol. 111,r.) [H.].

NOTA 1. — Così ha il ms. di ibn Ḥubayš, ma siccome non esiste un re sassanida per nome Šīrīn, è certamente errore di copista per Šīrwayh, ossia colui che uccise il padre Barwīz, e fece pace con Eraclio nel 629. a. È. V., Tuttavia, anche corretto in questo modo, Sayf è sempre in errore: Šīrwayh morì, o ucciso, o di peste, pochi mesi dopo la conclusione della pace e quasi tre anni prima della comparsa degli Arabi. Quando Khālid varcò il confine, regnava già Yazdaǵird III, l'ultimo re di Persia. Tutte le notizie di Sayf sulle vicende interne della Persia sono errate cronologicamente: nemmeno sul loro contenuto v'è da fare grande assegnamento, come apparirà anche più chiaramente nei paragrafi successivi.

NOTA 2. — Questa immigrazione nella Yamāmah di tribù circostanti non è menzionata da alcun'altra fonte, e, se vera, si deve intendere nel senso, che la vittoria musulmana di al-Yamāmah aveva fatto perire tanti degli antichi abitanti, che si stimò necessario di ripopolare le feraci regioni, di cui gli abitanti erano stati uccisi. Notevole assai è l'affermazione che nella Yamāmah, nonostante la vittoria di Khālid, non vi fossero Musulmani, quasichè i vinti, benchè Arabi, non si fossero convertiti, ma solamente sottomessi politicamente. Ciò è una preziosa conferma di quanto affermammo già altrove (cfr. 11. a. H., § 145; 12. a. H., §§ 24, nota 2; 26; 44; 60; 61; 78 e nota 7; 104), e dimostra l'errore del preteso dogma tradizionistico, che agli Arabi pagani venisse data la scelta fra l'Islām e la morte. Essa dimostrerebbe inoltre che i patti della resa dei Ḥanīfah riferiti altrove, non sono esatti. Si potrebbe però dire che questa notizia sia una prova che tutti i Ḥanīfah fossero cristiani, e che conservassero la loro fede. Sul quale argomento ritorneremo più avanti.

[Invasione dell'impero Persiano - *Versione di Sayf.*]

Nota 3. — Il senso della frase non è chiaro, ma probabilmente significa che il numero degli immigranti, doveva essere pari a quello dei Ḥanīfah uccisi.

Nota 4. — Come vedremo più avanti, ibn Isḥāq afferma che con Khālid b. al-Walid si trovassero soltanto 600 o 800 uomini dei dintorni di Madīnah, e questo ci dà un'idea delle esagerazioni costanti di Sayf b. 'Umar. È possibile però ritenere, che questo numero racchiuda in germe la verità sulle intiere forze di Khālid nell'invadere l''Irāq occidentale, e sono disposto a credere, che incirca a questo numero ammontassero in tutto le genti di Khālid, quando ottenne la sottomissione di Ḥīrah (cfr. poco innanzi il § 164). Gli altri numeri dati più oltre da Sayf sono patenti esagerazioni, imposte a lui dalla necessità di dare forze sufficienti a Khālid per vincere quelle grandi battaglie fittizie, che Sayf introduce nella prima campagna persiana del 12. H.

Nota 5. — Non è chiaro quale fosse il motivo di questa missione nè se ne comprende la ragione, perchè i Bakr b. Wā·il, che già da tanto tempo, con il permesso di abū Bakr (secondo la tradizione), si battevano con i Persiani, non avevano bisogno di un nuovo permesso. È evidente che qui come in tanti altri passi, Sayf ha fatto una delle sue solite confusioni, o iterazioni di notizie. Forse la spiegazione più logica è che questa missione sia stata la prima ed unica presentatasi al Califfo da parte dei Bakr b. Wā·il, e che le altre siano tutte fittizie, create con il solito processo tradizionistico di anticipazione degli eventi.

§ 188. — (Sayf b. 'Umar, da 'Amr b. Muḥammad, da al-Ša'bi). Quando Khālid b. al-Walīd ebbe terminato la conquista della Yamāmah, il califfo abū Bakr gli scrisse ordinandogli d'invadere l''Irāq dalla parte inferiore, e di penetrare in territorio nemico, andandosi poi a congiungere con l'altro generale 'Iyāḍ b. Ghanm: questi, che si trovava allora fra al-Nibāǵ e il Ḥiǵāz, ricevette contemporaneamente l'ordine di invadere l''Irāq dalla parte superiore (min a'lāhā), facendo in modo da unirsi con Khālid: egli doveva incominciare da al-Muṣayyakh (cfr. più avanti §§ 221 e 222). A entrambi i generali fu prescritto di lasciar pur partire quei soldati, che avevano preso parte alla campagna contro gli Arabi ribelli, e che desideravano ritornare a casa, o malvolentieri imprendevano la campagna. Ottenutane licenza, le milizie provenienti da Madīnah e dai dintorni si affrettarono a far ritorno in patria (¹), e abū Bakr ricevette perciò dai due generali domande insistenti di nuove schiere. Il Califfo diede allora ordine a al-Qa'qā' b. 'Amr al-Tamīmi di unirsi a Khālid: avendo però qualcuno osservato ad al-Qa'qā': “Tu vai a dar soccorso a un uomo abbandonato da tutti i suoi soldati?„, al-Qa'qā' rispose: “Un esercito, nel quale si trova quell'uomo non può esser messo in fuga!„ E andò a unirsi a Khālid. In soccorso di 'Iyāḍ il Califfo mandò 'Abd 'Awf al-Ḥimyari (²). Ad ambedue i generali scrisse parimenti, dando ordine severo che levassero le loro milizie soltanto fra quelle tribù arabe, che avevan combattuto gli apostati ed erano rimaste fedeli all'Islām: rifiutassero ogni cooperazione dalle tribù, che erano state colpevoli di apostasia (³). Appena avute le istruzioni del Califfo, Khālid b. al-Walīd scrisse a Ḥarmalah, a Sulma, a al-Muthanna, e ad al-Madz'ūr (⁴), ordinando loro di raccogliere armati, e dando a tutti convegno in al-Ubullah, nel territorio nemico, dove i vari eserciti dovevano convergere la loro marcia simultanea, perchè, aggiunge Sayf fra parentesi, abū Bakr nella sua lettera a Khālid aveva anche dato l'ordine di incominciare dal Farǵ ahl al-Sind wa-l-Hind, ossia da Ubullah (cfr. § 155, nota 11). Le quattro schiere ricevettero anche istruzioni precise sul giorno, nel quale l'incontro in Ubullah doveva succedere. Khālid intanto, riunitò sotto di sè, dalle circostanti regioni sino ai confini dell' 'Irāq, un esercito di 8000 uomini dalle tribù Rabī'ah, e 2000 dalle tribù Mudar [5], incominciò l'invasione del territorio nemico. Gli altri quattro comandanti, mettendo in pronta esecuzione gli ordini ricevuti, adunarono altri 8000 uomini, sicchè l'esercito arabo invadente sommava in tutto a 18.000 guerrieri [6] (Tabari, I, 2020-2021). [Invasione dell'impero Persiano - *Versione di Sayf.*]

Cfr. anche Ḥaǵar, III, 478, lin. 14; Athīr, II, 294, lin. 7 e segg.; Khaldūn, II, App. p. 79; Kond. (I, 4, p. 8, lin. 17), dice che Khālid partisse con 10.000 cavalieri; Tabari Zotenberg, III, 322-323.

NOTA 1. — Sayf b. 'Umar non ha simpatie per i Madinesi. Già altrove (cfr. 11. a. H., § 175) ci ha narrato come i Madinesi (Anṣār) si ammutinassero contro Khālid b. al-Walīd per non fare la campagna contro i Tamīm. Ora vorrebbe farci credere che nessun Madinese partecipasse alle glorie delle conquiste in Persia. Ciò è assolutamente non vero, perchè sappiamo almeno d'un Madinese che fu ucciso a 'Ayn al-Tamr: il nucleo delle forze di Khālid era anzi composto appunto di Madinesi, comprendendo sotto questo nome generico anche i contingenti di tutte le tribù nomadi dei dintorni di Madīnah (Ǵuhaynah, Muzaynah, Bali, ecc.; cfr. poc'anzi § 187). Difatti più tardi, alla fine del 12. a. H., quando Khālid lasciò l' 'Irāq per andare ad assumere il comando degli eserciti musulmani in Siria e fece la celebre traversata del deserto arabico settentrionale, sappiamo che rimandasse a Madīnah le donne e i bambini dei guerrieri, che menava con lui (cfr. ibn Isḥāq, Tabari, I, 2121). I Madinesi abitanti della città di Madīnah non erano però molti: la maggior parte di loro sembra non aver partecipato alla conquista. abū Bakr mandò ai Bakr b. Wā'il non tanto un esercito, quanto un valente generale di Madīnah, già famoso per i trionfi ottenuti, ed il quale alle qualità sue personali di grandissimo pregio aggiungeva tutta l'autorità di rappresentante dell'Islām e del governo vittorioso e temuto di Madīnah (Wellhausen Sk. u. Vorarb., VI, 89).

NOTA 2. — Athīr (II, 294, lin. 15), ha invece: 'Abd b. Ghawth al-Ḥimyari; Khaldūn. (II, App., p. 79, lin. 2), scrive: 'Iyād b. 'Awf al-Ḥami (ḤMY), in cui la nisbah è certamente un errore di copista per Ḥimyari.

NOTA 3. — Anche questa affermazione di Sayf è falsa, essendo contradetta da molte altre notizie e dallo stesso Sayf, il quale ha dimenticato, che il suo eroe prediletto al-Qa'qā' b. 'Amr aveva un tempo partecipato all'insurrezione Tamimita ed era stato gravemente implicato nei torbidi provocati dalla comparsa della profetessa Saǵāḥ (cfr. 11. a. H., § 164, e Tabari, I, 1913, lin. 6). Come al solito, le tradizioni di Sayf, che rispecchiano i sentimenti della tradizione popolare dell' 'Irāq meridionale, vorrebbero dare il primo posto ed il merito maggiore dei trionfi nell' 'Irāq alle tribù Tamimite (cfr. Wellhausen, Sk. u. Vorarb., VI, 89). Il vero eroe della prima fase delle conquiste fu invece il Bakrita al-Muthanna b. Ḥārithah al-Šaybāni, il quale fu l'anima di tutto il movimento di aggressione (cfr. il precedente § 155, nota 2).

NOTA 4. — Tranne al-Muthanna b. Ḥārithah, a noi già noto, e personaggio veramente storico, anzi dopo Khālid b. al-Walīd, la maggior figura delle prime vittorie in Persia, gli altri tre nomi sono, io temo, riempitivi di Sayf, il quale ama abbondare in nomi di persone, che dànno ai suoi racconti un carattere di apparente precisione, e di ricchezza di particolari e dovrebbero ispirare un senso di fiducia verso il narratore. I nomi completi di questi tre personaggi sono: Ḥarmalah b. Murayṭah. Sulma b. al-Qayn, e Madz'ūr b. 'Adi al-'Iǵli. Tutti e tre probabilmente dovrebbero essere, secondo Sayf, arabi della stirpe Bakr b. Wā'il e luogotenenti di al-Muthanna: i loro nomi ritorneranno sovente in appresso, ma i due primi sempre e soltanto in tradizioni di Sayf (Athīr, II, 294, lin. 16, ha Madzwar invece di Madz'ur; Khaldūn, II, App. p. 29, lin. 4, ha Mad'ūr).

NOTA 5. — Con il nome generico di Rabī'ah non possono essere intesi altri che gli 'Abd al-Qays, gli al-Namir b. Qāsiṭ, i Bakr b. Wā'il, e i Taghlib. Ora i primi, in quei giorni, erano ancora in piena guerra civile (cfr. 12. a. H., §§ 39 e segg.) e non potevano quindi fornire milizie all'esercito invasore; gli al-Namir b. Qāsiṭ ed i Taghlib erano già, per la maggior parte, immigrati in Mesopotamia fuori di Arabia e non ancora convertiti all'Islām (cfr. Wüstenfeld Register, 484-485). I Bakr b. Wā·il dovrebbero infine già essere tutti inclusi nei 10.000 uomini sotto al-Muṭhanna b. Ḥārithah ed i suoi pretesi tre colleghi. Arriviamo perciò aḷḷa conclusione, che è difficile di capire a quali tribù alluda Sayf con il termine generico Rabī'ah, considerando che dovevano essere tribù molto potenti per poter riunire 8.000 combattenti. Non possono essere i Ḥanīfah (un ramo dei Bakr b. Wā·ii), perchè quasi distrutti dalla battaglia di 'Aqrabā (cfr. 12. a. H., §§ 15 e segg.). È certo che abbiamo nel caso presente un'altra prova dei falsi artifizi, con i quali la scuola rappresentata da Sayf getta polvere negli occhi dél lettore con nomi nuovi senza valore. Tutta la notizia deve essere falsa. Le tribù Muḍarite, che avrebbero, secondo Sayf, fornito soli 2.000, uomini sono infinitamente più numerose, contenendo tutta la immensa stirpe dei Qays 'Aylān (Hawāzin, Sulaym, Ghaṭafān, ecc.), mentre ai Tamīm, i consanguinei di Sayf, dei quali dovremmo credere che egli volesse introdurre il massimo numero nell'esercito invasore, si dà qui invece una posizione secondaria. Di queste stranezze, contraddizioni, falsità cd inaccuratezze è così pieno il testo di Sayf, che non metto il conto di rilevarlo tutte, se non in passi importanti come il presente, per dimostrare la falsità di quello che egli afferma.

È evidente altresì l'intento di dare a Khālid b. al-Walīd tutto il merito delle pretese successive vittorie, facendolo comparire a capo di un suo particolare esercito assai più numeroso di quello Bakrīta. In realtà Khālid aveva con sè soli 500 o 600 uomini, vale a dire quegli stessi che poi andarono con lui in Siria alla fine dell'anno, come narreremo fra breve.

Nota 6. — Questi numeri, dati sulla autorità di Sayf, sono certamente molto esagerati e saremmo ben più vicini al vero, riducendoli a proporzioni assai più modeste. Come vedremo di poi, Sayf dà sempre cifre fantastiche, il doppio e più di quelle presentate dalle tradizioni della scuola Madinese. ibn Isḥāq (cfr. § 164) fa cenno solo di 2.500 combattenti: più avanti alla battaglia di al-Qādisiyyah ove il medesimo tradizionista ha 6.000 uomini, Sayf ne dà 12.000, senza contare gli ausiliari. Sayf, e in genere tutte le fonti musulmane, vorrebbero far credere che questa prima spedizione fosse un vero tentativo di conquista, mentre fu in realtà, come s'è più volte osservato, una semplice razzia contro gli Arabi dipendenti dall'impero Persiano. L'esito felice della medesima ispirò agli Arabi musulmani maggiore ardire e la razzia divenne, senza che i combattenti stessi lo avvertissero, il principio di una conquista.

§ 189. — In un'altra lunga tradizione di Sayf, che manca in Ṭabari, ma è conservata da ibn Ḥubayš, quel tradizionista pretende di dare l'elenco completo delle tribù, che seguirono Khālid b. al-Walīd nell' 'Irāq, ed i nomi dei singoli comandanti. L'elenco è certamente apocrifo, e composto a *posteriori* per glorificazione di varie tribù, in specie dei Tamīm: sarà però forse utile di riportarne qui un breve riassunto, dacchè manca nei testi arabi stampati.

(Sayf b. 'Umar, da Muḥammad b. abī 'Uthmān). Quando Khālid b. al-Walīd stabilì di muovere dalla Yamāmah verso l' 'Irāq, chiese alcune guide per mostrargli il cammino: si presentarono alcuni, ma egli scelse fra loro soli tre, i nomi dei quali sembravano essere di buon augurio, ossia Ẓafar b. 'Amr al-Sa'di, Rāfi' b. 'Umayrah al-Ṭā·i (che fu più tardi la guida attraverso il deserto!) ([1]), e Mālik b. 'Abbād al-Asadi. Khālid mutò ora l'ordinamento delle sue schiere e nominò nuovi capi di tribù, perchè ciò fu reso necessario dalla partenza di tanti uomini (per effetto del permesso del Califfo) (cfr. §§ 187 e 188).

(1) sui Muḍar pose al-Qa'qā' b. 'Amr;

(2) sui Rabi'ah, Furāt b. Ḥayyān;

(3) sui Quḍā'ah, ai quali si unirono anche i Yamaniti, pose Ġarīr b. 'Abdallah al-Ḥimyari, il fratello di Aqra' b. 'Abdallah, ambasciatore del Profeta nel Yaman (cfr. però più avanti, no. 10);

[Invasione dell'impero Persiano - *Versione di Sayf.*]

(4) sulla metà dei Khindif, Bukayr b. 'Abdallah al-Laythi;
(5) sull'altra metà dei Khindif, Ma'qil b. Muqarrin al-Muzani;
(6) sui Qays 'Aylān, ossia sui Ghatafān, e su quelli dei Sa'd b. Qays, Sa'd b. al-'Udzrah (?) al-Tha'labi;
(7) sui Hawāzin, e su quelli che vennero uniti agli al-Khasafah, abū Ḥanaš b. Dzī-l-Liḥyah al-'Āmiri: a questi unì pure i Ǵadīlah; e questi tutti sono della stirpe degli 'Amr b. Qays b. 'Aylān. Quanto agli altri:
(8) sui Lahāzim dei Bakr b. Wā·il, pose 'Uyaynah b. al-Nahhās: i Lahāzim comprendevano gl' 'Iǵl, i Taym al-Lāt, i Qays b. Tha'labah, e gli 'Anazah;
(9) sugli al-Da'ā·im (?), ossia i Šaybān b. Tha'labah, gli Dzuhl b. Tha'labah, i Dubay'ah b. Rabī'ah, ed i Yaškur b. Bakr, pose Maṭar b. 'Āmir al-Šaybāni;
(10) sui Quḍā'ah (ripetuto; cfr. no. 3), al-Ḥārith b. Murrah al-Ǵuhani;
(11) sugli al-Yaman (*sic*), Mālik b. Murārah al-Rahāwi e Zayd al-Khayl b. Muhalhil.

Tutte queste schiere stavano sotto agli ordini dei tre (comandanti seguenti). L'avanguardia era comandata da Muthanna b. Ḥārithah, le due ali, da 'Adi b. Ḥātim, e da 'Āṣim b. 'Amr al-Tamīmi, il fratello di al-Qa'qā'; la retroguardia, sotto Busr b. abī Ruhm. Nella Yamāmah, sui Qays e Tamīm (ivi immigrati?) pose Sabrah b. 'Amr al-'Anbari, e poi si mosse contro Hurmuz in Ubullah (Ḥubayš, fol. 114,r [H.]).

§ 190. — (Sayf b. 'Umar, da al-Muhallab al-Asadi, da 'Abd al-raḥmān b. Siyāh; ed anche Talḥah b. al-A'lam, da al-Mughīrah b. 'Utaybah). Per ordine del califfo abū Bakr, Khālid b. al-Walīd doveva entrare nell' 'Irāq dalla parte inferiore (min asfalbā), mentre 'Iyāḍ b. Ghanm rientrerebbe dal nord (min a'lāhā), e il luogo, dove i due eserciti dovevano operare il loro congiungimento, fu stabilito dal Califfo in al-Ḥīrah. Quello dei due generali, il quale fosse arrivato per primo sul luogo, doveva assumere il comando delle forze riunite (1) (Tabari, I, 2021-2022).

Nota 1. — Si può dire che tutte le notizie date da Sayf nel presente paragrafo non corrispondono al vero. La tradizione più antica della scuola tradizionistica Madinese (cfr. §§ 155 e segg.) ignora l'esistenza di 'Iyāḍ b. Ghanm nell'anno 12. H. e con il suo silenzio dimostra che la partecipazione di lui alla campagna dell'anno 12. H. è pura leggenda. Manca parimenti perciò la notizia che abū Bakr immaginasse il duplice piano complesso della campagna nell' 'Irāq, fondato sulla convergenza dei due eserciti in Ḥīrah. Infine dalla tradizione più antica parrebbe che Khālid si avanzasse solo su Ḥīrah dal nord-ovest, e non dal sud-est, come vorrebbe Sayf (cfr. anche Wellhausen, Sk. u. Vorarb., VI, 43, 46).

§ 191. — (Sayf b. 'Umar, da al-Muǵālid, da al-Ša'bi). Khālid b. al-Walīd, (prima di invadere l' 'Irāq, aggiunge fra parentesi Sayf, con Azādzbih, il padre degli al-Zabādzibah [correggi: al-Zayābidzah: cfr. Wellhausen Sk. u.

[Invasione dell'impero Persiano - *Versione di Sayf.*]

Vorarb., VI, 150-151] che si trovavano nella Yamāmah), scrisse a Hurmuz, il Sāḥib al-Thaghr, o comandante delle guarnigioni di confine, invitandolo ad abbracciare l'Islām, oppure ad assicurarsi la protezione (dzimmah) dei Musulmani per sè e i suoi con il pagamento del tributo (ǵizyah), " altrimenti „, concluse Khālid, " non avrai a rimproverare altri fuori che te stesso, perchè io sto per venirti incóntro con una gente, che ama la morte come voi amate la vita! „ (Tabari, I, 2022).

Cfr. anche Tabari Zotenberg, III, 323.

§ 192. — (Battaglia di Kawāẓim, o Kāẓimah, anche detta delle Catene, Dzāt al-Salāsil). — (Sayf b. 'Umar, da Talḥah b. al-A'lam, da al-Mughīrah b. 'Utaybah, qādi di Kūfah). Khālid, nell'uscir dalla Yamāmah alla volta dell''Irāq, divise le sue schiere in tre parti: mandò due giorni prima al-Muthanna, dandogli per guida Ẓafar: nel secondo corpo mandò 'Adi b. Ḥātim al-Ṭā·i con la guida Mālik b. 'Abbād, e un giorno dopo, 'Āṣim b. 'Amr al-Tamīmi con la guida Sālim b. 'Amr (cfr. il paragrafo precedente, ove è dato un nome diverso — le solite inesattezze!) Infine partì Khālid (1), pigliandosi per guida un certo Rāfi'. Il luogo di convegno di queste genti doveva essere al-Ḥafīr (o al-Ḥufayr) (2). Il Farǵ al-Hind, che ora volevano invadere i Musulmani, era la maggiore e la più potente delle provincie di confine (furūǵ) (cfr. § 186, nota 1) della Persia, e Hurmuz il comandante di essa, il Sāḥib al-Farǵ, un aswar (dal persiano sawār o " cavaliere „) aveva guerreggiato continuamente contro gli Arabi per terra e contro gli Indiani (al-Hind) per mare (3). Appena Hurmuz ricevette la lettera di Khālid b. al-Walīd, ne spedì subito notizia al re persiano Šīra (= Šīrwayh, cfr. § 187) ibn Kisra e ad Ardašīr b. Šīra (4): intanto si affrettò a raccogliere le forze, che aveva già a sua disposizione, ordinando che si radunassero in al-Kawāẓim (5) (Bocche dei Canali) con la massima sollecitudine possibile. Saputo però che il punto, ove i Musulmani miravano a compiere la radunata delle forze, era al-Ḥafīr, mutò i suoi piani, ed operò anch'egli la sua concentrazione in quel medesimo luogo, prima degli Arabi, conferendo il comando delle due ali ai due fratelli Qubādz e ad Anūšaǵān, due discendenti di Ardašīr al-Akbar (6). Per essere sicuri di non fuggire e per opporre una fronte più resistente al nemico, molte schiere persiane si legarono assieme con catene (al-salāsil). Khālid a sua volta, saputo che Hurmuz aveva mutato i piani, li mutò anch'egli, deviando il suo cammino verso Kāẓimah (7). Hurmuz immediatamente spostò di nuovo le sue schiere, e si precipitò verso Kāẓimah, arrivandovi con le genti stanche dalle rapide marcie. I Persiani giunsero sul luogo ed occuparono i pozzi, prima dei Musulmani, sicchè Khālid, quando arrivò anch'egli, dovette sostare con l'esercito in un sito senza acqua e senza i mezzi per dissetare gli uomini e le

[Invasione dell'impero Persiano - *Versione di Sayf.*]

bestie. Egli decise allora di dare immediatamente battaglia per il possesso dei pozzi. All'ultimo momento però la Provvidenza venne in suo aiuto: comparve una nuvola e riversò una pioggia abbondante alle spalle dei Musulmani, permettendo a loro di calmare la sete e di azzuffarsi con il nemico, rinfrescati ed incoraggiati dalle prove evidenti del favore divino (Tabari, I, 2022-2024).

Cfr. Athīr, II, 294, lin. 17 e segg.; Khaldūn, II, App. p. 79; Tabari Zotenberg, III, 323-324; Furāt, fol. 48, r.

Nota 1. — Questi particolari della partenza non corrispondono affatto con quanto è riferito dallo stesso Sayf in un paragrafo precedente (§ 188), sul modo e sul luogo ove le schiere musulmane dovevano radunarsi, ossia in Ubullah e non in al-Ḥafīr, come è detto più avanti. Inoltre nel presente paragrafo, Sayf accenna in principio a tre distaccamenti, ma ne enumera poi quattro. Notiamo infine, che fra i comandanti Sayf ha introdotto un Tamimita. Tutti questi particolari strategici sono puramente immaginari: da ciò le confusioni e le contradizioni.

Nota 2. — Ḥufayr, detto anche Ḥufayr Bāhilah, perchè apparteneva ai banū Bāhilah, era una sorgente sul confine arabico, a quattro o cinque miglia arabe da Baṣrah, sulla via che mena a Makkah. Era il punto ove in appresso si riunivano i pellegrini prima della traversata del deserto, allo stesso modo che i pellegrini partenti da Kūfah si davano convegno in al-Qādisiyyah (Wüst. Baṣrah, 49: Yāqūt, II, 297, lin. 11 e segg.). — Ḥufayr significa « piccolo pozzo scavato ».

Nota 3. — Questo comandante, che aveva nome Hurmuz, era, secondo Sayf, una persona molto cognita ed odiata dagli Arabi del confine, i quali avevano perciò coniato perfino un proverbio alludendo alla sua malvagità: « Nessuno è più scellerato di Hurmuz, nessuno e più empio di Hurmuz » (Tabari, I, 2023, lin. 17; Amthāl, vol. II, 385; Athīr, II, 295, lin. 3). È lecito però avere qualche dubbio, se il Hurmuz, al quale si allude nel proverbio, sia proprio quello del nostro immaginoso tradizionista. La notizia non è confermata da qualsiasi altra fonte; essa ci viene dal solo Sayf b. 'Umar.

Nota 4. — È quasi inutile aggiungere che *tutte* le notizie date da Sayf sui re persiani e sulle vicende della corte di Ctesifonte, sono completamente errate. Prima che gli Arabi varcassero il confine, Yazdaǵird III, siedeva già sul trono dei Sassanidi (cfr. prima al § 129). Ardašir è il fanciullo che, morto Šīrwayh, rimase sul trono per pochi mesi e fu ucciso dall'usurpatore Šahrbarāz.

Nota 5. — Questo è uno dei tanti nomi di vaga topografia che abbondano nelle tradizioni della scuola Iraqense. Ne abbiamo avuto uno simile in Balādzuri (Falāliǵ, plur. (?) di Fallūǵah): anche nel caso presente, kawāẓim è in realtà null'altro che il plurale di kāẓimah, e manca in tutti i geografi. Difatti più avanti abbiamo menzione di Kāẓimah.

Nota 6. — Ardašīr al-Akbar, figlio del primo principe sassanida Pāpak (Babak), è il fondatore della potenza militare e politica dell'impero Sassanida (cfr. Nöldeke Aufsätze, 87-92): egli morì circa il 241 o 243 dell'È. V. Cfr. poc'anzi § 120.

Nota 7. — Kāẓimah era una bassura (ǵaww) presso il Golfo Persico, a due (o tre) tappe da Baṣrah sulla via che, lungo la costa del mare, mena al Baḥrayn. Ivi erano molti pozzi, rakayā, di acqua salmastra (šarūb): Yāqūt, IV, 228, lin. 3-6. — Bakri (474, lin. penult.) afferma invece che l'acqua fosse salata (milḥ). Kāẓimah era il punto più meridionale della grande trincea costruita per ordine del re sassanida Sābūr Dzū-l-Aktāf da Hīt sull'Eufrate, attraverso tutta la regione a occidente del medesimo fiume, il Ṭaff al-Bādiyah, per difendere il Sawād dalle incursioni degli Arabi (Yāqūt, II, 476 lin. 14-15; cfr. § 133, nota 2).

Presso Kāẓimah, sul monte al-Ṣulayb, avvennero anticamente conflitti sanguinosi fra i Tamim e i Bakr b. Wā·il (Yāqūt, III, 415, lin. 4-5), dalla quale notizia veniamo a sapere che Kāẓimah fosse uno dei punti, nei quali anche i Tamim venivano in contatto diretto con il territorio persiano.

§ 193. — (Sayf b. 'Umar, da 'Abd al-malik b. 'Aṭā al-Bakkā·i, da al-Muqatta' b. al-Haytham al-Bakkā·i). Hurmuz in principio della battaglia sfidò a duello Khālid, pigliando però gli accordi con i propri seguaci per sorprendere e sopraffare a tradimento il generale musulmano, mentre combatteva con lui. Le cose andarono però diversamente da quello che aveva immaginato

[Invasione dell'impero Persiano - *Versione di Sayf.*]

il comandante persiano, perchè Khālid uccise subito il suo avversario (1), e prontamente soccorso da al-Qa'qā' b. 'Amr al-Tamīmi contro l'imboscata persiana, potè sospingere i Musulmani all'attacco e sbaragliare completamente il nemico. I Musulmani inseguirono i vinti fino a notte. Grande fu la strage dei Persiani: Qubādz e Anūšagān si poterono però salvare con la fuga. La battaglia ebbe nome di Battaglia delle Catene, Waqa'ah Dzāt al-Salāsil (2) (Tabari, I, 2024-2025).

Cfr. anche Athīr, 295, lin. 7 e segg.; Khaldūn, II, App. p. 79; Tabari Zotenberg, III, 324; Furāt, fol. 49,r.-49,v.

Nota 1. — (*a*) (Sayf b. 'Umar, da 'Amr b. Muḥammad, da al-Ša'bi). I magnati della corte persiana distinguevano il grado della loro nobiltà e potenza con gli ornamenti più o meno ricchi dei loro berretti conici (qalāns, pl. di qalansuwah). La classe più elevata dei magnati aveva i berretti del valore di 100.000 dirham. A questa classe apparteneva appunto Hurmuz, ed il califfo abū Bakr fece dono a Khālid b. al-Walid del berretto conico di Hurmuz, che era tutto coperto di pietre preziose e valeva 100.000 dirham. Il massimo grado di nobiltà per i Persiani era di appartenere a una delle sette grandi famiglie, dette appunto al-Buyutāt al-Saba'ah (Tabari, I, 2025).

Cfr. anche Athīr, II, 295, lin. 11 e segg; Khaldūn, II, App. p. 79, e Furāt, fol. 49,r.

(*b*) Sui Persiani delle « Sette Grandi Case » cfr. Nöldeke Perser, 437 e segg.; Theophylact., III, 18. Erano le famiglie più nobili della Persia, i massimi feudatari dell'Impero, le origini dei quali rimontavano all'epoca degli Arsacidi, anteriori ai Sassanidi: sono quelle famiglie che i Sassanidi non poterono sopprimere, quando fondarono la loro potenza.

Nota 2. — Giusta quanto afferma Sayf b. 'Umar (da 'Abd al-malik b. 'Aṭā b. [*sic*; cfr. § 193] al-Bakkā'i, da al-Muqaṭṭa' b. al-Haytham al-Bakkā'i, da suo padre), gli abitanti di Kūfah si vantavano assai più dei fatti d'arme avvenuti prima della presa di Ḥīrah, che di quelli avvenuti dopo, e perciò solevano chiamarsi, ai tempi del califfo Mu'āwiyah, Aṣḥāb Dzāt al-Salāsil, ossia « i veterani della Battaglia delle Catene », disprezzando tutto quello che avvenne dopo (Tabari, I, 2076; Athīr, II, 306-307).

§ 194. — (*a*) (Nuovi prosperi successi degli Arabi: presa di Ubullah). — (Sayf b. 'Umar, da Muḥammad b. Nuwayrah, da Ḥanẓalah b. Ziyād b. Ḥanẓalah). Subito dopo la vittoria, Khālid incalzò i vinti e si avanzò fino al luogo dove più tardi, ai tempi di Sayf b. 'Umar, si trovava il ponte maggiore della città di Baṣrah (al-Ǵisr al-A'ẓam min al-Baṣrah). Khālid mandò intanto a Madīnah il quinto del bottino, nel quale volle che si includesse anche un elefante. Latore della preda fu Zarr, o Zirr (?), b. Kulayb. L'elefante destò la più grande maraviglia in Madīnah: le donnicciuole non potevano credere che fosse una creatura di Dio, ma lo ritennero un artificio o un inganno artefatto. abū Bakr fece rimandare nell'Irāq l'incomodo pachidermo (1). Intanto Khālid lanciava al-Muthanna b. Ḥārithah al-Šaybāni appresso ai fuggiaschi e mandava Ma'qil b. Muqarrin al-Muzani verso Ubullah, per saccheggiare il paese e farvi prigionieri (2) (Tabari, I, 2025).

(*b*) Cfr. Athīr (II, 295, lin. 15 e segg.) il quale aggiunge che al-Muthanna espugnasse Ubullah, ma ammette che su questo regni grande divario nelle fonti, perchè altri attribuiscono la presa di Ubullah a 'Utbah b. Ghazwān nell'anno 14. H. Cfr. anche Tabari, I, 2025-2026; Khaldūn, II,

App. p. 79; Tabari Zotenberg, (III, 324-325), narra la presa di Ubullah dopo la Battaglia delle Catene; Furāt, fol. 49,v.

[Invasione dell'impero Persiano - *Versione di Sayf.*]

Nota 1. — Nessun'altra fonte conferma questa notizia, la quale è in sè molto improbabile, per non dire addirittura assurda. Ci contentiamo di rammentare quello che abbiam detto altrove (cfr. Introd., § 109) sulla celebre Spedizione dell'Elefante. Se la marcia di un elefante dal Yaman a Makkah presenta tante difficoltà per l'acqua ed i foraggi necessari, queste difficoltà si decuplano a chi volesse menare un elefante attraverso tutta l'Arabia, in una regione assolutamente priva di foraggi, e poverissima d'acqua, nella quale i cameli devono camminare parecchi giorni senza mai bere. Ritengo perciò assurda ed impossibile la storiella dell'elefante.

Nota 2. — Tutta intiera la narrazione di Sayf su questa pretesa invasione della Babilonide meridionale e la conquista della provincia di Baṣrah è falsa. Lo stesso Tabari, che tanto di rado nella sua compilazione esprime un'opinione propria o una critica delle fonti, è costretto, a questo punto della narrazione, di aggiungere un inciso del seguente tenore: « Disse abū Ǵa'far (al-Tabari): e questa storia « sulla faccenda di Ubullah e sulla conquista di essa è sconosciuta agli storici delle spedizioni militari « (ahl al-siyar), e contradetto da quanto portano i documenti sicuri: difatti la conquista di Ubullah « seguì soltanto durante il califfato di 'Umar e per le mani di 'Utbah b. Ghazwān, nell'anno 14. della « Higrah come racconteremo a suo luogo » (Tabari, I, 2025-2026).

Dopo questa critica, mi pare sia inutile aggiungere altro, perchè abbiamo una prova evidente, che tutta la campagna testè narrata, inclusa la Battaglia delle Catene, è pura opera d'immaginazione o leggenda popolare, e non storia.

§ 195. — (Presa del castello Qaṣr al-Mar·ah). — (Sayf b. 'Umar da Muḥ. b. Nuwayrah, da Ḥanẓalah b. Ziyād). al Muthanna giunse fino al canale Nahr al-Mar·ah, dove sorgeva un castello, posseduto e difeso dauna donna: lasciatovi il fratello al-Mu'anna b. Ḥārithah con una parte delle sue schiere, egli andò ad assediare un altro castello non lontano dal primo e nel quale si trovava il marito della detta donna. al-Muthanna, movendo energicamente all'assalto, espugnò la fortezza, vi massacrò tutti gli uomini, e portò via le donne. La Persiana, che difendeva l'altro castello, saputa la fine del marito, venne a patti con al-Mu'anna, si convertì all' Islām e sposò il suo vincitore (1). Durante queste scorrerie, Khālid diede ordini severi che non si molestassero i contadini inermi (al-fallāḥūn), e ciò per espressa volontà del Califfo. Dovevano essere trattati come nemici soltanto quelli che erano in armi in sostegno dei Persiani e le loro famiglie. Sui contadini inermi venne estesa la dzimmah o protezione dei Musulmani.

Alla battaglia di Dzāt al-Salāsil e alla successiva battaglia di al-Thiny (cfr. paragrafo seg.), la quota della preda per ogni cavaliere fu di 1000 dirham, e per ogni pedone la terza parte di quella somma (Tabari, I, 2026).

Cfr. anche Athīr, II, 295, lin. 18-20; Khaldūn, II, App. p. 79.

Nota 1. — Dopo quanto abbiamo detto nelle note precedenti, vi è ogni probabilità che anche questo episodio sia una leggenda popolare dell' 'Irāq, suggerita da qualche nome locale, per il quale l'immaginazione popolare ha cercato una spiegazione con il presente aneddoto.

§ 196. — (Battaglia di Madzār, o al-Thiny. — (al-Tabari, senza isnād, certamente da Sayf b. 'Umar). La battaglia di Madzār (1) avvenne nel Ṣafar dell'anno 12. H. Ciò è dimostrato dai versi popolari composti in quel tempo, e nei quali si diceva: " Nel Ṣafar dei Ṣafar (2) furono uccisi i

[Invasione dell'impero Persiano - *Versione di Sayf.*]

prepotenti, alla Confluenza dei Canali „ ('ala Maǵma' al-Anhār) (Tabari, I, 2026, lin. 13-15).

Nota 1. — al-Madzār era un paese fra Wāsiṭ e Baṣrah, nel distretto di Maysān, a quattro giornate da Baṣrah: più tardi vi fu eretta una grandiosa moschea, Mašhad 'Āmir, ed ivi venne sepolto 'Abdallah b. 'Ali b. abī Ṭalib (Yāqūt, IV, 468, lin. 13 e segg.).

Nota 2. — (Cfr. poc'anzi § 160). L'espressione Ṣafar al-Aṣfār significa il mese di Ṣafar per eccellenza, ed equivarrebbe: « Nel celebre mese di Ṣafar » o « Nel più celebre di tutti i mesi di Ṣafar ». Il Wellhausen (Sk. u. Vorarb., VI, 40, nota 1) fa la supposizione che nel caso presente Ṣafar sia un'indicazione di stagione più che un nome di mese, ed alluda all'autunno. Che si alluda ad una stagione è probabile, ma che questa sia l'autunno, mi sembra un'affermazione un poco arbitraria. Il Lane (*Arabic-English Lexicon*, book I, part 4, p. 1698, prima colonna) dice: che il mese di Ṣafar cadeva in inverno ed aveva questo nome, perchè era il momento della scarsità delle provvigioni, e quando i granari erano oramai vuoti. Nello stesso celebre dizionario (book I, part 3, p. 1254) abbiamo una tavola dei mesi arabi e delle stagioni, alle quali corrispondevano in origine. Ivi Ṣafar è posto fra Decembre e Gennaio, e non nell'autunno. Ora il Ṣafar del 12. a. H., cadde fra la metà di Aprile e la metà di Maggio: interpretando quindi il verso come indicazione di stagione, troviamo una notizia, che getterebbe lo scompiglio nella cronologia delle prime conquiste, contradicendo le migliori autorità. Riterrei perciò che la congettura del Wellhausen non abbia probabilità di cogliere nel vero, tanto più che, ai tempi delle conquiste, i nomi dei mesi arabi avevano per l'uso costante perduto il significato antico di stagione, ed erano diventati nomi di precisa ed assoluta determinazione.

L'espressione Maǵma' al-Anhār, « la Confluenza dei Canali », allude probabilmente a un qualche altro combattimento, non già alla battaglia di Madzār, come vorrebbe Ṭabari, perchè questa battaglia fu vinta realmente nell'anno 14. H., e da 'Utbah e Ghazwān (cfr. Yāqūt, IV, 468, lin. 20 e segg; Balādzuri, 253, 346; e anche Wellhausen Sk. u. Vorarb., VI, 43, il quale però sostiene (VI, 42) che si allude alla battaglia di Ullays). Infine non rimane escluso il sospetto che i versi, appunto per la loro vaghezza cronologica e geografica, siano erroneamente attribuiti agli eventi dell'anno 12. H. ed alludano ad altri fatti posteriori oppure addirittura mitologici. Difatti discorrendo di questi versi, il Winckler (MVAG, 1091, V, p. 152), vede in essi una reminiscenza mitologica astrale. Ṣafaru 'l-asfāri è per lui la primavera delle primavere, ossia la primavera che annualmente ritorna, e nella quale con il trionfo sul tiranno (ǵabbūr « Orione » inverno; Tammuz « il dio dell'inverno ») ritorna la vita. Anche l'espressione 'ālā maǵma'i 'l-anhār ha per lui un significato mitologico astrale (cfr. id. 152 e prima 56) e si può connettere con un'allusione al mondo degli inferi. Allora, se il Winckler ha ragione, non possiamo valerci di questi versi come documento storico, ed acquistano maggior forza le nostre precedenti obbiezioni.

§ 197. — (Sayf b. 'Umar, da al-Muhallab b. 'Uqbah, e da altri). Prima ancora della battaglia di Dzāt al-Salāsil, Hurmuz, nell'annunziare a Ardašīr e a Šīra l'incursione degli Arabi sotto Khālid, aveva chiesto urgentemente soccorsi. Questi, mandati sotto il comando di Qārin b. Quryānus, non arrivarono in tempo per la battaglia di Dzāt al-Salāsil, combattuta pochi giorni dopo la partenza dei rinforzi da al-Madā·in, per modo che Qārin, nell'avanzarsi verso occidente, raccolse per istrada in al-Madzār i resti dell'esercito di Hurmuz. I superstiti si unirono a Qārin e ripresero le armi contro gli Arabi. Qubādz e Anūšaǵān ebbero di nuovo il comando delle due ali, e l'esercito persiano occupò una posizione minacciosa presso al-Madzār. al-Muthanna e al-Mu'anna avvertirono subito Khālid, il quale, sbrigate in fretta le faccende del bottino preso alla battaglia precedente (Dzāt al-Salāsil), si avanzò rapidamente con al-Walīd b. 'Uqbah fino al canale al-Thiny (1) ([da non confondersi con al-Thaniyy; cfr. più avanti § 223] tutti i canali hanno questo nome dagli Arabi, dice Sayf) e fissò il campo in al-Madzār (presso

[Invasione dell'impero Persiano - *Versione di Sayf.*]

al canale?), di fronte al campo persiano. Si venne così ad una grande battaglia, nel corso della quale, Ma'qil b. al-A'sa b. al-Nabbāš uccise il primo generale dei Persiani, Qārin; 'Adi b. Ḥātim al-Ṭā-i uccise Qubādz, e 'Āṣim b. 'Amr al-Tamīmi uccise Anūšağān. I Persiani furono disfatti con spaventosa strage, e se i superstiti non avessero potuto imbarcarsi sulle navi ormeggiate lungo il canale e passare con esse sull'altra riva, gli Arabi li avrebbero massacrati tutti e nessuno si sarebbe salvato. Gli Arabi, sprovvisti di barche, non poterono varcare il canale. Khālid rimase in al-Madzār per dirigere e sorvegliare la divisione del bottino (²): dalla quinta parte del medesimo prese alcune somme per ricompensare atti di speciale valore ('aṭayā, cfr. Kremer G. Herrsch. Id. 415), e poi spedì un'ambasciata sotto Sa'īd b. al-Nu'mān, uno della tribù dei banū 'Adi b. Ka'b (Qurayš), che si recasse a Madīnah a portare il quinto della preda e la notizia della nuova vittoria (Tabari, I, 2026-2028).

Cfr. anche Athīr, II, 295-296; Khaldūn, II, App. p. 79; Tabari, III, 325-326.

NOTA 1. — In Athīr, II, 295, il nome al-Thiny è scritto erroneamente al-Thini, ed il medesimo ritorna a pag. 305, invece di al-Thaniyy: di due nomi diversi se ne fa uno solo.

NOTA. 2 — Le quote della preda spartita dopo questa battaglia sembra ammontassero alle stesse proporzioni indicate per il bottino di Dzāt al-Salāsil (cfr. Tabari, I, 2026, lin. 12).

§ 198. — (Sayf b. 'Umar, da Muḥammad b. 'Abdallah, da abū 'Uthmān). Nella notte (*sic*) di al-Madzār, furono uccisi 30.000 (¹) Persiani, oltre a quelli che perirono annegati nel canale: se non vi fossero state le barche ed il canale, nemmeno uno dell'esercito persiano avrebbe potuto salvarsi: quei pochi che scamparono alla strage, fuggirono avendo perduto ogni cosa, nudi o quasi nudi (Tabari, I, 2028).

Cfr. anche Athīr, II, 296, lin. 3-4; Khaldūn, II, App. p. 79.

NOTA 1. — Questa cifra, al pari di tutte le altre date in appresso da Sayf, è assolutamente fantastica. Nella storia dei Sassanidi di Tabari (I, 813 e segg.), composta su materiali ufficiali persiani (cfr. Nöldeke Perser, p. XIV e segg.), abbiamo notizie già esagerate sulle forze militari persiane; eppure da esse sappiamo che poco tempo dopo la morte del più grande e più potente re sassanida, Khusraw Anūširwān, tutti i soldati iscritti nei ruoli dell'Impero ammontavano a 70.000 uomini soltanto (Nöldeke Perser, p. 271; Tabari, I, 992, lin. 9). Se i Persiani avessero perduto già in questa battaglia 30.000 uomini, non ne sarebbero rimasti altri per la difesa del paese: si consideri che dai tempi di Anūširwān in poi l'impero Sassanida, dopo le grandi sventure patite, non era più che l'ombra di quello che era stato un tempo. Forse gli Arabi, durante la conquista, non hanno avuto in tutto mai più di 30.000 Persiani armati contro di loro.

§ 199. — (*a*) (Sayf b. 'Umar, da 'Amr; e da al-Muğālid, da al-Ša'bi). La prima battaglia di Khālid nell'Irāq fu quella combattuta a al-Kawāẓim (Kāẓimah), contro Hurmuz, dopo la quale Khālid fissò il campo presso al-Furāt, sulle rive del Tigri (bi-šāṭi Diğlah) (¹); poi venne la battaglia di al-Thiny (ossia al-Madzār; cfr. Yāqūt, I, 937, lin. 17), che fu più sanguinosa della precedente, e le battaglie che seguirono, furono tutte sempre più grandi e più

[**Invasione dell'impero Persiano** - *Versione di Sayf.*]

sanguinose le une delle altre, finchè si venne a Dūmah al-Ǵandal. La quota del bottino per i vincitori di al-Thiny fu maggiore di quella della battaglia di Dzāt al-Salāsil (ciò contradice quanto leggesi al § 197, nota 2). Khālid rimase parecchio tempo in al-Thiny catturando le famiglie dei combattenti nemici, e di quelli che li avevano assistiti. Lasciò invece tranquilli e non molestati tutti i contadini e quanti accettavano di pagare la tassa fondiaria, kharāǵ. Invitati a pagare il tributo (al-ǵizyah) (2), i vinti acconsentirono di farlo e passarono quindi sotto alla protezione (dzimmah) dei Musulmani, ritenendo il possesso delle loro terre ([*sic*] cfr. Tabari, I, 2028, lin. 19). Fra i prigionieri presi in questa circostanza, si fa menzione di Ḥabīb, il padre del poi tanto celebre al-Ḥasan al-Baṣri [† 110. a. H.], un cristiano: di Māfannah, il cliente (mawia) di 'Uthmān; e di abū Zayd il mawla di al-Mughīrah b. Šu'bah. Khālid affidò la direzione degli affari militari (ammara 'ala-l-ǵānd) a Sa'īd b. al-Nu-'mān, e quella della riscossione dei tributi (al-ǵizyah) a Suwayd b. Muqarrin al-Muzani, con l'ordine di stabilirsi in al-Ḥafīr (Ḥufayr), e di mandare i suoi agenti in tutti i paesi per riscuotere le tasse e per raccogliere informazioni sul nemico. Dopo questo fatto, nel mese di Ṣafar dell'anno 12. H. (3), avvenne la battaglia di Walaǵah, combattuta in un luogo nella parte occidentale del distretto di Kaskar (Tabari, I, 2028-2029).

(*b*) Cfr. Athīr, II, 296, lin. 7-10; Yāqūt (I, 937, lin. 18), seguendo Sayf b. 'Umar, afferma che la parola al-thiny significa, in genere, ogni canale (nahr) e specialmente quando ha corso sinuoso (mun'aṭaf); si dice anche d'un monte fiancheggiante una valle, quando fa un angolo o termina a picco. Cfr. anche Lane, *Arab. Lex.*, part. I, 357; Tāǵ al-'Arūs, X, 59, lin. 28.

Nota 1. — Alludesi qui non già al fiume al-Furāt (Eufrate), ma al villaggio Furāt al-Baṣrah, menzionato da Yāqūt (III, 861, ult. lin.), il quale però correttamente aggiunge che la conquista araba di tutta quella regione fra l'Eufrate e il Tigri venisse compiuta soltanto da 'Utbah b. Ghazwān (nel 14. a. H.) dopo la presa di Ubullah, e non in questo anno, come erroneamente narra Sayf per dare a Khālid b. al-Walīd tutta la gloria. Khālid non varcò mai il corso dell'Eufrate; tutta la campagna del 12. a. H., fu combattuta in mezzo ai canali derivati dall'Eufrate, nella regione a occidente di questo fiume, fra esso ed il deserto arabico. In nessun'altra fonte, tranne che in Sayf, abbiamo menzione del fatto che Khālid varcasse l'Eufrate, e giungesse fino alle rive del Tigri.

Nota 2. — Si noti, in questo passo, come Sayf b. 'Umar non faccia distinzione alcuna fra kharāǵ, o tassa fondiaria, e ǵizyah, o tassa a capo. Ancora in questi tempi non esisteva la distinzione giuridica fra i due cespiti dell'erario, ma ambedue erano sinonimi di « tributo ». Su questo argomento, già toccato più volte, avremo a parlare in seguito con maggiore ampiezza.

Nota 3. — Si noti che Sayf, per ragioni non chiare, riunisce tutti i fatti d'arme di questa campagna entro il mese di Ṣafar del 12. a. H. Ciò è errato: la vittoria di al-Yamāmah avvenne nel Rabī' I del 12. a. H., e, come vedremo in appresso, Khālid non può essere entrato nel 'Irāq se non fra il Ǵumāda I e il Raǵab del 12. a. H., perchè solo nel Raǵab stipulò il trattato con gli abitanti di Ullays, prima della resa di Ḥirah. Cfr. anche il precedente § 163.

§ 200. — (Battaglia di al-Walaǵah). — (Sayf b. 'Umar, da Ziyād b. Sarǵis, da 'Abd al-raḥmān b. Siyāh). Quando Ardašīr (1) ebbe notizia del disastro toccato a Qārin alla battaglia di al-Madzār, spedi subito al-Andar-

[Invasione dell'impero Persiano - *Versione di Sayf.*]

zaghar (²), un persiano dei muwallad, o meticci, del Sawād, con un esercito per respingere i Musulmani. al-Andarzaghar era buon generale, non uno dei soliti Persiani, nati ed educati in al-Madā·in; era stato per un tempo anche governatore nella Marca del Khurāsān, Farǵ Khurāsān (cfr. § 186, nota 1), ed ora aveva preso stanza nel Sawād. Appresso a lui, Ardašīr mandò un secondo esercito sotto gli ordini di Bahman Ǵādzawayh; mentre però al-Andarzaghar si dirigeva verso Kaskar, ed, oltrepassata questa, giungeva fino ad al-Walaǵah (³), Bahman Ǵādzawayh con l'altro esercito persiano seguiva un cammino diverso, inoltrandosi per il cuore del Sawād. Intorno ad al-Andarzaghar si vennero ora a radunare tutti gli armati fra al-Ḥīrah e Kaskar, tanto i villici campagnuoli arabi (min 'Arab al-ḍāḥiyah), quanto quelli persiani (al-dahaqīn) (⁴). Tanta fu l'affluenza delle milizie e dei rinforzi, che al-Andarzaghar stesso se ne maravigliò e, sicuro di vincere, decise di aggredire direttamente Khālid. Questi si trovava allora presso il canale al-Thiny, e saputo che al-Andarzaghar erasi spinto fino ad al-Walaǵah, lasciò in al-Ḥafīr (Ḥufayr) una piccola guarnigione sotto Suwayd b. Muqarrin, e scrisse a quei luogotenenti, che egli si era lasciato dietro nella parte inferiore del Tigri, asfal Diǵlah, ordinando loro di stare in guardia e di non lasciarsi sorprendere dal nemico: egli stesso si avanzò per assalire il campo persiano in al-Walaǵah. Si venne ivi ad un combattimento, che fu ancora più sanguinoso del precedente (Tabari, I, 2029-2030).

Cfr. Athīr, II, 296; Khaldūn, II, App. p. 79-80; Tabari Zotenberg, III, 326-327.

Nota 1. — Come già si disse, tutte le notizie di Sayf b. 'Umar sugli eventi interni della Persia sono errate. Ardašīr III, che era un bambino minorenne quando successe al padre Šīrwayh verso il 628. a. dell'È. V., vale a dire cinque anni prima della comparsa di Khālid, perì di morte violenta circa due anni dopo, il 27 Aprile 630. a. È. V., ucciso dall'usurpatore Šahrbarāz (cfr. Geiger Grundriss, II, 545). Khālid b. al-Walid era invece in Ḥīrah nel Raǵab del 12. a. H. (cfr. § 163), ossia nel Settembre del 633. a. È. V.; perciò tutta questa narrazione di Sayf manca di ogni fondamento storico: è tutta leggenda. Da ciò possiamo dedurre quanto poco valore debba avere anche il rimanente delle notizie sulla campagna di Khālid.

Nota 2. — Athīr (II, 296, lin. 12) ha invece al-Andarza'azz; Balādzuri, 251, lin. 3.

Presso gli autori greci, Malalas (ed. Bonn, 1831, p. 767) scrive Indarazar; Theophanes (ed. De Boor, I, 169, lin. 29) invece Indazaros. La vera pronuncia persiana è Andarzgar, che significa « consigliere, maestro » (cfr. Nöldeke Perser, 462, e nota 3).

Nota 3. — Walaǵah si trovava nel paese di Kaskar, arḍ Kaskar, dalla parte che guarda verso il deserto arabico (Yāqūt, IV, 939, lin. 15).

Nota 4. — I dihqān erano i proprietari rurali in Persia (Nöldeke Perser, 351, nota 1), i quali, quasi piccoli baroni, costituivano una specie di classe inferiore della nobiltà, e possedevano la maggior parte delle terre coltivate. Essi formavano il più forte elemento conservatore del paese, e furono quelli che, dopo la conquista araba, conservarono più a lungo le tradizioni gloriose della patria. Tre secoli dopo questi eventi, tra di essi nacque e crebbe Firdūsi, il grande poeta persiano, autore dello Šāhnāmah, l'epopea nazionale persiana. L'importanza dei dihqān viene fuori durante l'occupazione araba, perchè divennero quelli che ressero per il governo musulmano tutta l'amministrazione locale delle provincie persiane (cfr. Nöldeke Perser, 440).

Cfr. anche J. A. 1835, vol. XVI, 532; Kremer Kulturg., II, 160; Geiger Grundriss, II, 141 e 555.

[Invasione dell'impero Persiano - *Versione di Sayf.*]

§ 201. — (Sayf b. 'Umar, da Muḥammad b. abī 'Uthmān; e da 'Amr, da al-Ša'bi). La battaglia di Walaǵah fu combattuta nel mese di Ṣafar, e con grande accanimento da ambedue le parti: lungo tempo la sorte rimase indecisa. Alfine però vinsero gli Arabi, grazie a due agguati posti da Khālid, il quale inviando due forti distaccamenti sotto Busr b. abī Ruhm e Sa'īd b. Murrah al-'Iǵli, aggirò il fianco del nemico e lo aggredì anche alle spalle. I Persiani, sconvolti da questo duplice attacco, si abbandonarono a precipitosa fuga, sbandandosi in tutte le direzioni: i Musulmani incalzarono i fuggenti, facendone sanguinosa strage. al-Andarzaghar perì di sete nella fuga. Dopo la battaglia, Khālid, il quale aveva dato prova di grande valore, uccidendo in duello uno degli avversari, arringò ora i soldati, esortandoli a continuare nella guerra sacra contro gl'infedeli, allettandoli alla conquista della Persia, così ricca e bella, e facendo il paragone fra la ricchezza dei nemici e lo squallore e la miseria d'Arabia. A tutti fece balenare la speranza di vivere un giorno in continua abbondanza. Nell'inseguire i nemici, Khālid diede ordini severi di non molestare gli agricoltori inermi: dovevano soltanto essere depredate le famiglie dei combattenti e dei loro favoreggiatori. I contadini furono invitati a pagare il tributo (al-ǵizyah) e a porsi sotto la protezione, (dzimmah) musulmana. Tutti accettarono (Tabari, I, 2030-2031).

§ 202. — (Battaglia di Ullays presso l'angolo [? ṣalab] dell'Eufrate). — (Sayf b. 'Umar, da Muḥammad b. Ṭalḥah, da abū 'Uthmān, e da altri). Alla battaglia di Walaǵah erano periti molti Arabi cristiani, per lo più della stirpe dei Bakr b. Wā-il, che combattevano nelle file dell'esercito persiano (cfr. § 175 e nota): i loro consanguinei cristiani, desiderosi di vendicarli, scrissero al governo persiano, offrendo i loro servizi per combattere contro gli Arabi musulmani, e fra le parti rimase convenuto di darsi convegno in Ullays. Il capo principale di questi Arabi volontari era 'Abd al-Aswad al-'Iǵli. Anche nell'esercito musulmano trovavansi molti Arabi della stirpe 'Iǵl, fra i quali sono menzionati 'Utaybah b. al-Nahhās, Sa'īd b. Murrah, Furāt b. Ḥayyān, al-Muthanna b. Lāḥiq, e Madz'ūr b. 'Adi, i quali però erano più accaniti ancora degli altri Arabi nel voler combattere i loro consanguinei cristiani. Intanto il re persiano Ardašīr scriveva a Bahman Ǵādzawayh, in Qusiyāthā (¹), ordinandogli di recarsi immediatamente con il suo esercito ad Ullays, per unirsi colà ai Persiani ed agli Arabi cristiani già raccolti in quel luogo, a fin di opporsi all'avanzata dei Musulmani. Bahman Ǵādzawayh ordinò allora al proprio luogotenente Ǵābān di precederlo con il grosso delle genti e con la massima sollecitudine, dandogli anche istruzione di fermarsi in Ullays e di dare battaglia al nemico soltanto nel caso in cui gli Arabi musulmani si fossero per i primi mossi all'assalto: in caso diverso doveva attendere il suo arrivo con i rinforzi. Era intenzione di Bahman Ǵādzawayh, prima di raggiungere l'esercito in Ullays, di recarsi presso il re e consigliarsi con lui; ma volle il destino che, mentre Ǵābān si avanzava rapidamente su Ullays, Bahman Ǵādzawayah trovasse alla corte persiana il re ammalato, e stabilisse di non lasciarlo, più per timore di complicazioni in caso di morte del sovrano. Così Ǵābān venne abbandonato a sè stesso: egli giunse senza incidenti, nel mese di Safar, al campo di Ullays. A lui si unirono le Masālih, o guarnigioni di confine, che avevano tentato di arrestare l'invasione musulmana, poi gli Arabi cristiani dei banū 'Iǵl, dei banū Taym al-Lāt, dei Dubay'ah, oltre agli Arabi della regione di confine, al-Dāḥiyah, della provincia di Ḥīrah, raccolti tutti sotto al comando di 'Abd al-Aswad al-'Iǵli, il quale era anche assistito da Ǵābir b. Buǵayr e da suo figlio Abǵar b. Ǵābir b. Buǵayr.

[Invasione dell'impero Persiano - Versione di Sayf.]

Khālid b. al-Walīd, avuta notizia della agglomerazione di tanti Arabi ostili, decise di andarli subito ad assalire, ignorando che in soccorso dei medesimi veniva ora Ǵābān con un esercito persiano: la sua sola preoccupazione era la fusione delle forze arabe e contro di esse marciò con tanta rapidità, che il suo arrivo in Ullays fu quasi una sorpresa per il nemico. I Persiani si accingevano, in quel momento, a fare la colazione del mattino, e non sospettando quanta fosse l'energia aggressiva dei musulmani, trascurarono di prendere le necessarie precauzioni. Il generale Ǵābān avrebbe voluto che i suoi lasciassero il pasto per prepararsi subito ad un'aggressione del nemico; ma i soldati, ribellandosi apertamente agli ordini del comandante, insisterono nell'idea di mangiare prima e di battersi dopo. Grande fu allora la maraviglia di questi soldati indisciplinati, quando videro i Musulmani, appena giunti sul luogo, deporre i bagagli ed avanzare senza indugio all'assalto. Abbandonando precipitosamente le mense, che non avevano avuto ancora il tempo di assaggiare, s'affrettarono a prendere le armi ed a schierarsi in battaglia, correndo in aiuto degli Arabi cristiani, che s'erano già gravemente azzuffati con le schiere di Khālid. Il conflitto fu sanguinosissimo, e Khālid mostrandosi nelle prime file, invitò uno appresso all'altro i capi degli Arabi cristiani a cimentarsi con lui in singolare tenzone. Nè 'Abd al-Aswad al-'Iǵli, nè Abǵar b. Ǵābir osarono raccogliere la sfida, ma un certo Mālik b. Qays, avendo tentato di misurarsi con Khālid, pagò il suo ardire con la vita, rimanendo ucciso da un colpo di spada del generale musulmano.

'Abd al-Aswad e Abǵar comandavano le due ali dell'esercito persiano di Ǵābān, mentre Khālid aveva conservato il medesimo ordinamento delle precedenti battaglie. I Persiani si batterono con grande valore, pieni di fi-

[**Invasione dell'impero Persiano** - *Versione di Sayf.*]

ducia nell'arrivo dei rinforzi, che erroneamente credevano si avvicinassero sotto Bahman Ǵādzawayh, e la battaglia rimase perciò lungo tempo incerta. Allora Khālid b. al-Walīd fece un voto a Dio, che se avesse potuto ottenere la vittoria, non avrebbe risparmiato la vita a un solo prigioniero, ma avrebbe sterminato tanti nemici da far scorrere un vero fiume di sangue. Vinsero alfine i Musulmani, e quando il nemico volse le spalle, Khālid fece gridare ai suoi in tutte le direzioni: " I prigionieri! I prigionieri! Non uccidete " se non quelli che resistono! „ In tal modo gli fu possibile di catturare un numero grandissimo di prigionieri, con i quali egli ora si prefisse di mettere in esecuzione il voto fatto durante la battaglia. Sbarrò un canale che passava lì vicino, ed asciugatolo momentaneamente, fece scannare in esso tutti i prigionieri presi nella battaglia. Quando ebbe fine l'orrendo macello, che durò varî giorni, riaprì la chiusa e le acque, ripigliando il loro corso normale, si tinsero allora in tal modo di sanguigno, da sembrar tramutate in sangue fresco (dam 'abīt) (2); il canale prese allora e serbò poi il nome di Nahr al-Dam. Si narra che gli Arabi, irrompendo nel campo persiano dopo la battaglia, trovassero le mense imbandite dei vinti, e, con licenza di Khālid, rompessero il digiuno con il pasto preparato per i nemici sconfitti. Mentre però i cibi erano destinati dapprima per la colazione dei Persiani, servirono ora come cena per i vincitori (3) (Tabari, I, 2031-2035).

Cfr. anche Athīr (II, 296-298) il quale narra che gli Arabi trovarono nel campo persiano certo pane bianco finissimo, cotto in forma di fogli (al-ruqāq), e siccome non ne avevano mai visto, credettero che fossero fogli di carta; Khaldūn, II, App. p. 80; Tabari, I, 2035, lin. 9-12, e id. *Glossarium s. v.* raqqa; Tabari Zotenberg, III, 328-330.

Cfr. anche Athīr, II, 296, ove è detto che Khālid uccidesse un figlio di Ǵābir b. Buǵayr e un figlio di 'Abd al-Aswad (due capi cristiani), dei Bakr b. Wā·il ('Iǵl): cfr. § seg. — Khaldūn (II, App. p. 80) afferma invece che Khālid facesse prigionieri Ǵābir b. Buǵayr ed un figlio di 'Abd al-Aswad al-'Iǵli.

Nota 1. — Il sito di Qusiyāthā è sconosciuto, perchè Yāqūt (II, 99, lin. 20) si contenta di dire che è un luogo dell''Irāq, menzionato nelle conquiste di Khālid b. al-Walīd, nè altrove se ne fa più menzione. È uno di quei tanti nomi sconosciuti che appaiono soltanto in Sayf b. 'Umar.

Nota 2. — Da un'altra tradizione di Sayf b. 'Umar (da Talḥah b. al-A'lam, da al-Mughīrah b. 'Utaybah) siamo informati che un mulino, nelle vicinanze, macinasse per tre giorni intieri con l'acqua, rossa di sangue persiano, tutta la farina necessaria in quei tre giorni ai diciotto mila e più uomini dell'esercito musulmano. La notizia della vittoria fu portata a Madīnah da un certo Ǵandal al-'Iǵli, il quale presentò al Califfo il rapporto di Khālid, che conteneva, oltre all'annunzio della vittoria, anche i ragguagli sull'ammontare del bottino, il numero delle donne e dei bambini fatti prigionieri, e la nota delle ricompense date ai più valorosi. Dicesi che perissero a Ullays ben 70.000 persone (Tabari, I, 2035-2036).

Cfr. anche Athīr, II, 298; Khaldūn, II, App. p. 80.

Nota 3. — Si dice (Sayf b. 'Umar, da 'Amr, da al-Ša'bi) che Khālid b. al-Walīd esclamasse dopo la battaglia di Ullays: « Io ho combattuto nel giorno di Mū·tah, e nove spade mi si ruppero

« in mano, ma non ho mai incontrato una gente come i Persiani, e fra i Persiani mai ho incontrato « una gente come quella di Ullays » (Tabari, I, 2048, lin. 18-20).

Cfr. anche Athīr, II, 300, lin. 11.

[Invasione dell'impero Persiano - Versione di Sayf.]

§ 203. — (Presa di Amghīšiyā). — (Sayf b. ʿUmar, da Ṭalḥah b. al-Aʿlam, da al-Mughīrah b. ʿUtaybah). Nel mese di Ṣafar, Khālid b. al-Walīd espugnò anche la città di Amghīšiyā, detta anche Manīšiyā (¹). Appena infatti ebbe vinto la battaglia di Ullays, Khālid si mosse rapido in direzione di Amghīšiyā, ma, per quanto marciasse sollecitamente, trovò che gli abitanti, fuggendo dinanzi a lui, avevano abbandonato la città, disperdendosi in tutte le direzioni nel Sawād. Amghīšiyā era una terra (maṣr), come al-Ḥīrah, ed il Furāt Bādaqla veniva a sboccare presso alla città. Ullays era una delle sue guarnigioni di difesa (masāliḥ): Khālid ordinò la distruzione della città e di tutto il circondario (ḥayyiz) (Ṭabari, I, 2036-2037).

Cfr. anche Athīr, II, 298; Khaldūn, II, App. p. 80; Yāqūt, I, 363, lin. 13 e segg.; Tabari Zotenberg, III, 330-331.

Nota 1. — Su Amghīšiyā cfr. § 162, nota 3, e Yāqūt, I, 363, lin. 13. È probabilmente un altro nome per Ullays, ossia Vologesias (Ologesias, Alġišiyyah, donde Amghīšiyā) (Wellhausen Sk. u. Vorarb., VI, 41).

§ 204. — (Sayf b. ʿUmar, da Baḥr b. al-Furāt al-ʿIǵli, da suo padre). I Musulmani catturarono in Amghīšiyā un immenso bottino, molto più che in tutte le altre volte dalla Battaglia delle Catene in poi. Ogni cavaliere ricevette per sua porzione 1500 dirham. Quando il califfo abū Bakr ricevette la notizia di questo fatto, esclamò: " Oh gente dei Qurayš, il vostro leone si è battuto con il leone, e gli ha rapito la sua preda: sono incapaci le donne di concepire uomini come Khālid! " (Ṭabari, I, 2037).

§ 205. — (Giornata di al-Maqr e di Fam Furāt Bādaqla). — (Sayf b. ʿUmar, da Muḥammad, da abū ʿUthmān). al-Āzādbih (o Azādzbih) era stato marzubān di al-Ḥīrah a nome del re persiano, dai tempi di Kisra (Abarwīz) in poi fino a quel giorno, ma i vari marzubān, senza il permesso del sovrano, non avevan diritto di prestarsi reciprocamente aiuto (¹). Il marzubān di Ḥīrah era giunto nella carriera amministrativa solo alla metà della scala di onori, ed il suo berretto (qalansuwah) valeva soltanto 50.000 dirham (²). Quando però Khālid b. al-Walīd ebbe distrutto Amghīšiyā, disperdendo gli abitanti fra i capi dei villaggi (dahāqīn al-qura), al-Āzādbih comprese che nemmeno lui sarebbe stato lasciato in pace dall'invasore arabo e si affrettò perciò a prendere provvedimenti per difendersi contro Khālid. Mandato innanzi suo figlio con un primo esercito, gli venne quindi appresso con un altro, ed ambedue occuparono alcune posizioni fuori della città di Ḥīrah, per impedire che Khālid potesse avvicinarsi. al-Āzādbih, accampatosi presso al-Ghariyyayn, diede ordine al figlio di sbarrare con una diga il corso del Furāt (Bādaqla?) e di deviare le acque per

altri canali. Così avvenne che Khālid b. al-Walīd, il quale aveva caricato
tutto il bottino e le salmerie sopra una flottiglia di imbarcazioni per risalire con esse il canale fino a Ḥīrah, si trovò improvvisamente al secco con
tutte le barche. Saputo dai marinai la ragione di questo fatto, che aveva
gettato un certo allarme fra le sue genti, Khālid si'slanciò con un corpo di
cavalleria lungo l'argine del canale prosciugato e sorprese il figlio di al-
Āzādbih presso Fam al-'Atīq, o al-Maqr, uccidendo tutti i componenti del-
l'esercito persiano in quel luogo. Quindi, prima che la notizia potesse giungere agli altri Persiani, piombò sull'esercito nemico accampato presso Fam
Furāt Bādaqla, ove erasi costruito l'argine di chiusura, sbaragliò completamente il nemico, riaprì l'argine ed incanalò di nuovo le acque nel corso
antico, permettendo così alle sue imbarcazioni di proseguire il cammino
verso Ḥīrah, su per il canale (Tabari, I, 2037-2038).

    Cfr. Athīr, II, 298; Khaldūn, II, App. p. 80.

    Nota 1. — Questa affermazione di Sayf meriterebbe conferma prima di essere accolta come vera.
Lo scopo forse era di porre un argine a possibili tentativi di rovesciare il principe regnante, vietando
leghe fra i satrapi dell'impero Sassanida.

    Nota 2. — Sul grado nobiliare dei satrapi e governatori persiani, indicato dal valore del ber-
retto che portavano in testa e che poteva salire fino a 100.000 dirham, vedi il precedente paragrafo 193, nota 1.

    § 206. — (La presa di Ḥīrah). — (Sayf b. 'Umar, da Muḥammad,
da abū 'Uthmān). Khālid si avanzò ora con tutte le sue forze su Ḥīrah,
e, giunto nelle vicinanze della città, fissò il campo fra al-Khawarnaq e al-
Naǧaf. al-Āzādbih non oppose però alcuna resistenza: il suo accampamento
si trovava fra al-Ghariyyayn e al-Qaṣr al-Abyaḍ, ma avendo ricevuto allo
stesso tempo la notizia del disastro toccato a suo figlio e quella della morte
del re Ardašīr, perdutosi d'animo era fuggito sull'altra riva dell'Eufrate.
Khālid occupò subito il campo abbandonato da al-Āzādbih, accingendosi
contemporaneamente ad assalire Ḥīrah. Le varie fortezze della cinta munita erano difese ognuna da un capo diverso, e Khālid, mirando ad assa-
lirle tutte contemporaneamente, divise le sue schiere, in modo che ognuna
avesse ad espugnare una delle torri nemiche. Ḍirār b. al-Azwar pose assedio
ad al-Qaṣr al-Abyaḍ, che era difeso da Iyās b. Qabīṣah al-Ṭā·i; Ḍirār b.
al-Khaṭṭāb cinse il castello Qaṣr al-'Adasiyyīn, difeso da 'Adi, figlio di
'Adi uno dei guerrieri arabi uccisi alla battaglia famosa di Dzū Qār
(cfr. poc'anzi § 185). Ḍirār b. Muqarrin al-Muzani assalì il Qaṣr banī
Māzin, difeso da ibn Akkāl; infine al-Muthanna assalì il Qaṣr ibn Buqaylah, nel quale si trovava 'Amr b. 'Abd al-Masīḥ. Prima di cominciare
le operazioni militari, Khālid invitò i difensori di Ḥīrah a farsi musulmani,
assegnando il termine d'un giorno a questo suo ultimatum; nè diede il

segnale dell'assalto, se non dopo aver ricevuto dai medesimi un reciso rifiuto (Tabari, I, 2038-2039). [Invasione dell'impero Persiano - Versione di Sayf.]

Cfr. Athīr, II, 298; Tabari Zotenberg, III, 331 e segg.

Nota 1. — Anche secondo Yāqūt, i celebri castelli di Ḥirah erano quattro, ma egli ne menziona tre soli, che avevano nome: (1) Qaṣr al-Abyaḍ (Yāqūt, IV, 106, lin. 19; 353, lin. 20-21); (2) Qaṣr al-Firs (id., IV, 118, lin. 18-19); (3) Qaṣr al-'Adasiyyīn (id., IV, 116, lin. 15-16; Faqih. 183, lin. 14).

§ 207. — (Sayf b. 'Umar, da al-Ghuṣn b. al-Qāsim al-Kināni). In principio, gli abitanti di al-Ḥīrah si mostrarono decisi a resistere con molto vigore, nonostante le proposte messe innanzi da Khālid, che prometteva loro sicurtà nella vita e nei beni, se avessero pagato la ǵizyah: Khālid, vedendo che era difficile prendere d'assalto le posizioni fortificate della città, incominciò allora a distruggere tutti i numerosi fabbricati e conventi, che erano sparsi nei dintorni. I preti ed i frati cristiani sgomenti si volsero allora agli assediati e protestarono contro la loro condotta, scongiurandoli di cessare dalla resistenza per non cagionare la distruzione di tanti edifizi religiosi. Le preghiere dei preti e dei frati ebbero il voluto effetto, perchè i difensori delle fortezze sospesero le ostilità e chiesero di trattare con Khālid (Tabari, I, 2039-2040) [1].

Cfr. anche Athīr, II, 298

Nota 1. — Questa notizia, perduta in mezzo a tante leggende fantastiche, sembrami molto probabilmente corretta e storica. I Musulmani con i loro alleati Beduini devono essersi precipitati sulle ricche campagne di Ḥirah, appena si avvidero che i Sassanidi non potevano opporre resistenza alcuna. Altrove (§ 162, nota 8) abbiamo dimostrato come la regione fosse piena di ricchi e grandi conventi: la comparsa degli Arabi deve aver destato uno sgomento profondo fra quei religiosi, e stante la grande influenza dei medesimi sulle popolazioni cristiane, è ben naturale che gli abitanti di Ḥirah trattassero la resa ed il tributo, piuttosto che veder distrutti i loro campi ed incendiati i conventi.

§ 208. — (Sayf b. 'Umar, da Muḥammad, da abū 'Uthmān). Il primo a trattare con Khālid fu 'Amr b. 'Abd al-Masīḥ b. Qays b. Ḥayyān b. al-Ḥārith, detto Buqaylah (baccelletto), perchè una volta si era presentato fra la sua gente avvolto in due mantelli verdi che lo fecero sembrare un legume verde. Il generale musulmano trattò singolarmente e separatamente con ognuno dei capi cristiani: nessuno di essi volle abbracciare l'Islām, ma tutti si rassegnarono a pagare la tassa al-ǵizyah, che ammontò in tutto a 190.000 dirham. La notizia della nuova vittoria fu portata a Madīnah ad abū Bakr da al-Hudzayl al-Kāhili, ed il Califfo volle che una parte del tributo fosse spesa in ricompense ai guerrieri più valorosi (Tabari, I, 2040-2042, ove sono citati sette versi di ibn Buqaylah: cfr. Athīr, II, 298-299; Mas'ūdi, I, 221-222).

§ 209. — (Sayf b. 'Umar con isnād identico a quello del § 207). Sayf dà, con varie amplificazioni, il ben noto aneddoto della conversazione fra Khālid ed il capo di Ḥīrah, già narrato da ibn al-Kalbi al § 165; perciò lo omettiamo [1] (Tabari, I, 2018-2019, 2042-2043).

[Invasione dell'impero Persiano - *Versione di Sayf.*]

Cfr. anche Athīr, II, 299; Balādzuri, 243; Khaldūn, II, App. p. 80; Tabari Zotenberg, III, 321-322, 332-333; Khamīs, II, 246, lin. 6 e segg.

NOTA 1. — Si dice, tra altro, che Buqaylah nel venire nel campo arabo per trattare con Khālid, avesse portato con sè del veleno, temendo un tradimento. Khālid prese il sacchetto nel quale era il veleno, e lo gettò via (Tabari, I, 2044; Balādzuri e Khaldūn, ll. cc.; o, secondo altri, lo ingoiò dopo avervi recitato su il nome di Dio, senza averne male. Mas'ūdi, I, 216-222).

§ 210. — (Sayf b. 'Umar). Si dice che Khālid b. al-Walīd ricusasse di trattare con i capi di Ḥīrah, se non dopo che Karāmah bint 'Abd al-Masīḥ fosse consegnata a Šuwayl. Ciò dispiacque molto ai Cristiani di Ḥīrah, ma la donna incoraggì i suoi ad acconsentire, affermando che essa si sarebbe poi facilmente riscattata (¹). Si vuole pure che Khālid ed i capi di Ḥīrah stipulassero il seguente trattato:

" In nome di Dio clemente e misericordioso: questo è quello che Khālid " b. al-Walīd ha pattuito con 'Adi e 'Amr, i due figli di 'Adi, con 'Amr b. " 'Abd al-Masīḥ, con Iyās b. Qabīṣah e con Ḥīri b. Akkāl (o 'Ubaydallah " al-Ǵabari), i rappresentanti (nuqabā) della gente di Ḥīrah: a questo hanno " dato consenso gli abitanti di Ḥīrah, ordinando a loro (i capi) di trattare. " (Khālid) ha pattuito con essi che abbiano a pagare 190.000 dirham al" l'anno come tributo da tutti quelli che vivono nel mondo, dai loro frati e " dai loro preti, fatta però eccezione per quelli che vivono da eremiti senza " possedere nulla, lontani dal mondo, che hanno abbandonato. In compenso " essi hanno diritto alla difesa (al-mana'ah), ma se non l'ottengono, " allora (i Cristiani) non hanno alcun obbligo verso i Musulmani, finchè non " vengano difesi. Se tradiscono, sia con i fatti, sia con le parole, perdono il " diritto alla protezione (dzimmah). Questo fu scritto nel mese di Rabī' I (²), " dell'anno 12. H. " (³).

Durante i torbidi, che seguirono alla morte di abū Bakr, gli abitanti di Ḥīrah si ribellarono, e dovettero poi concludere un secondo trattato con al-Muthanna. Quando vennero più tardi i nuovi rovesci arabi, gli abitanti di Ḥīrah si ribellarono una seconda volta, ma dovettero stipulare un nuovo trattato con Sa'd b. abī Waqqāṣ a condizioni molto più dure delle precedenti, essendo costretti a pagare un tributo di 400.000 dirham, oltre alla kharazah (⁴) (Tabari, I, 2044-2045).

Cfr. anche Athīr, II, 299 e 300, ove è detto che, secondo alcuni, l'imposta annua stabilita da Khālid fosse 290.000. Khālid, insieme con l'annunzio della vittoria, mandò al califfo abū Bakr anche i doni (al-hadāyā) dei vinti, ma il Califfo volle che il valore di questi fosse detratto dalla somma che essi dovevano come tributo: ǵizyah (cfr. Tabari Zotenberg, III, 333).

[**Invasione dell'impero Persiano** - *Versione di Sayf.*]

NOTA 1. — (*a*) Secondo una tradizione dello stesso Sayf b. 'Umar (da Muǵālid, da al-Ša'bi), al-Šuwayl aveva chiesto molti anni prima al Profeta di avere in moglie Karāmah bint 'Abd al-Masīḥ, celebre per la sua bellezza, e Maometto, si dice gliela abbia promessa, quando fosse stata presa d'assalto la città di Ḥīrah. Intanto però erano passati molti anni, e quando alfine Khālid venne in possesso di Ḥīrah e Šuwayl rievocò la promessa del Profeta, Khālid si accinse senza indugio a dare compimento alla medesima. Šuwayl però, avuta in suo potere la tanto desiderata donna, trovò che la bella Karāmah era diventata oramai una vecchia donna, che si vantava di avere 80 anni; pagando mille dirham, essa ottenne perciò da Šuwayl di ritornare nella propria famiglia, dacchè egli più non teneva ad averla per concubina (Tabari, I, 2047-2048).

(*b*) Cfr. anche Athīr, II, 299-300; Balādzuri, 244, riporta (sull'autorità di abū Mas'ūd al-Kūfi da ibn Muǵālid, da suo padre Muǵālid, da al-Ša'bi) la medesima tradizione, ma l'innamorato di Karāmah dicesi avesse nome Khuraym b. Aws b. Ḥārithah b. Lām al-Ṭā·i, e presentasse, come testimoni della promessa del Profeta, due Anṣār, Bašīr b. Sa'd, e Muḥammad b. Maslamah. V'è anche la tradizione che l'innamorato appartenesse alla tribù di Rabī'ah; Khaldūn, II, App. p. 80-81; Tabari Zotenberg, III, 333-335.

NOTA 2. — Sayf b. 'Umar afferma in un passo (Tabari, I, 2045, lin. 4-5), che il trattato per la resa di Ḥirah venisse firmato nel Rabī' I, dell'anno 12. H. Narra poi in altro luogo (Tabari, I, 2049, lin. 11), che il trattato di Khālid con ibn Ṣalūbā seguisse alla resa di Ḥīrah (cfr. la nota 3), aggiungendo però altrove, con il medesimo isnād (Tabari, I, 2050, lin. 10), che il trattato fosse stipulato nel Ṣafar dell'anno 12. H., vale a dire prima della presa di Ḥīrah! Questo è uno dei tanti esempi delle patenti contradizioni cronologiche, nelle quali cade Sayf b. 'Umar, e che fanno comprendere quanto poco affidamento si possa riporre su qualsiasi particolare cronologico di questa fonte non comprovato da altre o indirettamente in altro modo. Il lettore avrà anche osservato come Sayf, suggestionato forse dai versi raǵaz citati al § 196, ponga tutti i grandi fatti d'arme da lui narrati nel Ṣafar, affermazione completamente errata per moltiplici ragioni; principale fra tutte, che nel Ṣafar del 12. a. H., Khālid era ancora in Arabia e non aveva ancora sconfitto Musaylimah (cfr. 12. a. H., § 5). Anche la pretesa data del presente documento è erronea, e per le stesse ragioni.

NOTA 3. — Secondo Sayf b. 'Umar (con tre isnād diversi), dopo che Khālid b. al-Walid ebbe stipulato la pace con la gente di Ḥīrah, si presentò Ṣalūbā b. Nasṭūnā, signore di Quss al-Nāṭiq, e concluse anch'egli un accordo con il generale musulmano. Ṣalūbā riteneva l'amministrazione di Bāniqyā e di Basmā, e di tutte le terre lungo le rive dell'Eufrate mediante pagamento di 10.000 dinār all'anno oltre alla kharazah Kisra (cfr. la seguente nota 4), e in ragione di quattro dirham per uomo. Il documento, secondo Sayf, era il seguente: « In nome di Dio clemente e misericordioso: questo è lo « scritto di Khālid b. al-Walīd a Ṣalūbā b. Nasṭūnā ed alla sua gente. In verità io ho concluso un « patto con voi, secondo il quale voi siete obbligati al pagamento della ǵizyah e ad assistere i Musul« mani nella difesa (al-mana'ah), con ogni adulto (dzū yad) di Bāniqyā e di Basmā: il tutto « ammonta a 10.000 dinār, oltre la kharazah. Ogni anno il forte (ossia il ricco) deve dare in « proporzione della sua forza, e chi ha poco in proporzione della sua pochezza. In verità tu sei stato nomi« nato rappresentante (nuqqibta) del popolo tuo, che ha dato a ciò la sua approvazione, ed io l'ho « accettato insieme con i Musulmani che sono con me, ed approvato: e il tuo popolo ha pure appro« vato: tu hai diritto alla protezione (dzimmah) ed alla difesa (mana'ah). Se noi vi difendiamo. « a noi spetta il tributo (ǵizyah): altrimenti non vi siete obbligati, finchè noi non vi difendiamo. « Furono testimoni: Hišām b. al-Walīd, al-Qa'qā' b. 'Amr, Ǵarīr b. 'Abdallah al-Ḥimyari, e Ḥanẓalah « b. al-Rabī' ». Il documento fu scritto nel Ṣafar dell'anno 12. H. (Tabari, I, 2049-2050).

Le ultime parole « se noi vi difendiamo... altrimenti..., ecc. », sono introdotte in questo testo, nonchè negli altri precedenti, quasi per far capire che i Musulmani presentissero i disastri del 13. a. H., e la riconquista persiana di Ḥīrah. Si mira cioè a togliere ai Cristiani del trattato ogni responsabilità per i fatti seguiti di lì a poco e giustificare così il trattamento speciale che essi ricevettero dopo la riconquista musulmana nel 15. a. H.

NOTA 4. — Su questa parola oscura, scritta anche ḥarazah (cfr. prima § 162,*b*, nota 7 e più sopra nota 3), cfr. quanto dottamente espone il De Goeje nel suo *Glossarium* agli Annali di Tabari (Tabari, vol. ult., p. CCXVII-CCXVIII). Egli sostiene che debba essere una parola persiana, dalla quale è nata la espressione talmudica karaǵa, e che equivale alla ǵizyah dei Musulmani, e alla exactio capitis, o census capitis, o capitatio dell'impero Romano, ossia la tassa per testa, che fu un tempo applicata anche nei comuni italiani nel Medio-Evo.

Cfr. anche Khurdādzbih, 128, lin. 12, ove in un verso antico « Kharāǵ Kisra » deve equivalere a « Kharazah Kisra », e Caussin de Perceval, III, 408 e segg.; Fraenkel Aram., 283.

[**Invasione dell'impero Persiano** - *Versione di Sayf.*]

§ 211. — (Sayf b. 'Umar, con diversi isnād). Tutti i dahāqīn della regione non si erano mossi finora, aspettando una occasione favorevole per decidersi, desiderosi intanto di vedere che cosa avrebbero fatto gli abitanti di Ḥīrah. Quando anche questa città passò sotto al dominio musulmano, i dahāqīn si presentarono al generale musulmano per venire con lui ad un pacifico accordo. Comparvero i due seguenti: Zād b. Buhayš dihqān di Furāt Siryā; e Ṣalūbā b. Nasṭūnā b. Baṣbahra (oppure, secondo altri: Ṣalūbā b. Baṣbahra, e Nasṭūnā), i quali conclusero con Khālid un accordo riguardo il territorio fra al-Falālīǵ e Hurmuzǵird, obbligandosi al pagamento di un tributo ammontante a 1.000.000 (di dirham), oppure secondo altri a 2.000.000 di thaqīl [1]. Fra le condizioni vi era che dovesse inoltre appartenere ai Musulmani tutto quello che era proprietà degli Āl Kisra, ossia della famiglia reale persiana, nonchè i beni di tutti quelli che lasciavano il paese per unirsi al re, e quindi non entravano nell'accordo presente. Sayf b. 'Umar cita anche il testo (apocrifo certamente) d'uno scritto di Khālid b. al-Walīd, nel Ṣafar del 12. a. H., a Zād b. Buhayš ed a Ṣalūbā b. Nasṭūnā, quali rappresentanti della gente di Bihqubādz al-Asfal, e di Bihqubādz al-Awsaṭ, che si obbligavano a pagare annualmente 2.000.000 (di dirham). Alla fine del documento, figurano i nomi di cinque testimoni, fra i quali, come al solito, l'immancabile Tamīmita al-Qa'qā' b. 'Amr, ed è detto che venisse stipulato nel Safar del 12. a. H. Infine Sayf dà anche l'elenco dei luogotenenti, che Khālid mandò ad amministrare le nuove provincie conquistate (cfr. § 217):

(1) 'Abdallah b. Wathīmah al-Naṣri fu mandato nella provincia superiore (fī a'la al-'aml) di al-Falālīǵ, quale comandante della guarnigione, direttore della difesa, ed esattore del tributo (al-ǵizyah);

(2) Ǵarīr b. 'Abdallah fu preposto (con il medesimo incarico) a Bāniqyā ed a Basmā (cfr. nota 1 del paragrafo seguente);

(3) Bašīr b. al-Khaṣāṣiyyah, andò ad al-Nahrayn, e prese stanza in al-Kuwayfah di Bānbūrā (cfr. anche Yāqūt, I, 482, lin. 15-17);

(4) Suwayd b. Muqarrin al-Muzani amministrò Nistar, e prese stanza in al-'Aqr, che venne poi chiamata 'Aqr Suwayd fino ai tempi di Sayf b. 'Umar;

(5) Uṭṭ b. abī Uṭṭ fu mandato a Rūdzmistān e prese stanza in un sito lungo quel canale, che ebbe poi da lui il nome di Nahr Uṭṭ. Questo Uṭṭ era un membro della tribù dei banū Sa'd b. Zayd Manāt [2].

Le stazioni di confine ai tempi di Khālid b. al-Walīd, trovavansi in al-Sīb, ove si stabilirono per ordine di Khālid i seguenti capitani: Ḍirār b. al-Azwar, Ḍirār b. al Khaṭṭāb, al-Muthanna b. Ḥārithah, Ḍirār b. Muqarrin, al-Qa'qā' b. 'Amr, Busr b. abī Ruhm, e 'Utaybah b. al-Nahhās. Questi generali però lanciarono anche le loro schiere al di là dell'Eufrate fino alle rive del Tigri (Tabari, I, 2050-2052).

[Invasione dell'impero Persiano - Versione di Sayf.]

Cfr. anche Athīr, II, 300; Khaldūn, II, App. p. 81, afferma che i dahāqīn della regione si obbligassero al pagamento di 1, o 2.000.000 (di dirham) oltre la tassa che dovevano al re persiano (? siva ģibāyah Kisra). Ciò forse vuol dire che si obbligassero alla consegna di un'indennità straordinaria di guerra e poi promettessero di pagare agli Arabi le tasse annuali che erano soliti versare nelle casse del re sassanida; oppure alludesi a ciò che nei paragrafi precedenti è chiamato Kharazah Kisra (cfr. § 210, nota 4).

Si aggiunge che la riscossione del kharāģ fosse compiuta entro cinquanta giorni (Khaldūn, II, App. p. 81, lin. 13).

NOTA 1. — Ossia dirham thaqīl, un dirham del peso di un mithqāl (cfr. Tabari, III, 409, lin. 18-19). Generalmente però un mithqāl equivaleva a un dirham e ³/₇ di dirham (Sprenger, *Dictionary of Technical terms*, p. 176, lin. 17-18, e [Sauvaire] J. A., série VII, vol. XIV, p. 492).

NOTA 2. — Questa lista è probabilmente composta *a posteriori* sui nomi di alcuni luoghi, la denominazione dei quali si volle dalla scuola tradizionistica Iraqense far risalire a Compagni del Profeta, che presero parte alla conquista (cfr. Yāqūt, I, 482; IV, 78; I, 770 e 241, 834; Marāsid, III, 244; Ḥagar, I, 270). — Si noti poi che essa non combina con l'altra data in appresso al § 217.

Cfr. anche Tabari, I, 2052, nota *g*, sui vari modi di pronunciare Rūdzmistān.

§ 212. — (Arrivo di Ǵarīr b. 'Abdallah al-Baǵali nell''Irāq [cfr. § 159]). — (Sayf b. 'Umar, da al-Ghusn b. Qāsim al-Kināni e da altri). Dopo la presa di Ḥīrah, Ǵarīr b. 'Abdallah al-Baǵali venne a raggiungere Khālid b. al-Walīd in Ḥīrah. Egli era stato, fino a quel giorno, al seguito di Khālid b. Sa'īd b. al-'Āṣ in Siria (¹) ed aveva chiesto licenza al suo comandante di ritornare presso il Califfo in Madīnah, per ottenere dal medesimo il permesso di riunire le famiglie sparse della sua tribù e di esserne nominato il capo. Ǵarīr venne a Madīnah e, presentatosi al Califfo, addusse in sostegno delle sue domande una quantità di testimoni, che deposero avere il Profeta promesso a Ǵarīr il comando su tutta la sua tribù. Il Califfo si sdegnò assai con Ǵarīr e, rimproverandogli vivacemente di venire a Madīnah per sue faccende private, che niun vantaggio offrivano alla causa musulmana, mentre i credenti erano impegnati in una lotta così sanguinosa con i " due leoni ", i Persiani ed i Greci, gli diede ordine di recarsi subito presso Khālid b. al-Walīd nell' 'Irāq. Ǵarīr arrivò così dopo la presa di Ḥīrah, e senza aver partecipato nè alla guerra contro i ribelli arabi, nè alle prime battaglie nell' 'Irāq (Tabari, I, 2045-2046).

Cfr. anche Athīr, II, 301; Khaldūn, II, App. p. 81.

NOTA 1. — Alla presa di Ḥīrah non era ancora cominciata l'invasione della Siria: ciò dimostra che Sayf è in errore e che anticipa i fatti: Ǵarīr, come vedremo in appresso, venne nell' 'Irāq solo nell'anno 13. H., probabilmente anche più tardi, e certamente dopo il disastro della battaglia del Ponte. Il suo nome, nella lista di Sayf del paragrafo precedente, è perciò un altro dei tanti errori di questo tradizionista.

Eventi dopo la presa di Ḥīrah (*Versione di Sayf b. 'Umar*).

§ 213. — (Sayf b. 'Umar). Si vuole che, terminata la conquista di questa parte del Sawād, Ḵẖālid mandasse due messi speciali ai Persiani in Madā·in, latori di due lettere diverse scritte (in persiano?) con l'aiuto di un uomo di Ḥīrah. I Persiani si stavano allora in grandi angustie per le discordie intestine scoppiate alla morte del re Ardašīr. Bahmān Ġāḏzawayh insieme con Āzādbih si trovavano con le genti armate in Bahurasīr (Madā·in), ma non osavano muovere contro gli Arabi musulmani, finchè non fosse stabilita la successione al trono. Una lettera di Ḵẖālid era destinata alla corte (al-ḵẖāṣṣah) persiana, e l'altra invece al pòpolo (al·'āmmah): la prima lettera venne affidata a un abitante di Ḥīrah per nome Murrah al-Ḥīri, l'altra a un Nabateo di Ṣalūbah, Hazqīl al-Nabaṭi. Sayf dà anche il testo (apocrifo) di queste due lettere, l'una con la soprascritta ai **Mulūk Fārs**, e l'altra ai **Marāzibah Fārs**. Ambedue contengono un invito ad abbracciare l'Islām, o a sottomettersi, per ottenere così, mediante il pagamento della **ġizyah**, la protezione dei Musulmani, **ḏzimmah** (Tabari, I, 2052-2054).

Cfr. anche Aṯẖīr, II, 300-301; Ḵẖaldūn (II, App. p. 81) aggiunge che presa Ḥīrah, Ḵẖālid mandasse al-Qa'qā', al-Muṯẖanna, e 'Uyaynah b. al-Šammās a razziare il Sawād di là dall'Eufrate fino alle rive del Tigri.

§ 214. — (*a*) (Sayf b. 'Umar, da Muḥammad b. Nuwayrah, da abū 'Uṯẖmān e da altri). La tassa al-ḵẖarāġ venne riscossa e consegnata a Ḵẖālid b. al-Walīd nello spazio di 50 notti; la riscossione fu curata dai capi dei distretti (ru·ūs al-rasātīq), i quali rimasero in ostaggio da Ḵẖālid, finchè l'intiero importo delle tasse gli fu pagato. Tutta la somma riscossa fu distribuita fra i Musulmani, la causa dei quali divenne sempre più forte, mentre s'indeboliva quella dei Persiani, scissi da interne discordie per la morte di Ardašīr. Queste discordie fra i Persiani durarono un anno intiero, durante il quale i Musulmani corsero tutto il paese fino alle rive del Tigri, depredando tutti quelli che ricusassero di pagare la ġizyah. A quanti soddisfacevano l'obbligo fiscale, e stipulavano in proposito un accordo con i Musulmani, veniva consegnato uno scritto, o ricevuta per i danari pagati, mercè la quale restavano immuni da altre vessazioni. Queste ricevute o quietanze (di cui Sayf pretende dare anche la formola usata da Ḵẖālid) erano sempre firmate da un qualche Compagno del Profeta, come Hišām, al-Qa'qā', Ġāhir, b. Tāriq, Ġarīr, Bašīr, Ḥanzalah, Azdād, al-Ḥaġġāġ e, Ḏzī-l-'Unuq, e Mālik b. Zayd (Tabari, I, 2054-2055).

(*b*) Cfr. anche Aṯẖīr, II, 301; Ḵẖaldūn, II, App. p. 81; Tabari Zotenberg, III, 333, afferma che la somma riscossa ammontasse (complessivamente?) a 2.000.000 di dirham.

Conflitti per la successione al trono sassanida (*Versione di Sayf b. 'Umar*).

§ 215. — Cfr. poc'anzi § 200, nota 1, sul valore storico di queste notizie. — (Sayf b. 'Umar, da 'Abd al-'azīz b. Siyāh, da Ḥabīb b. abī Thābit, da ibn al-Hudzayl al-Kāhili). Khālid rimase al governo della nuova provincia per circa un anno risedendo in Ḥīrah [1], mentre i Persiani cadevano in preda a una completa anarchia, nominando e deponendo continuamente i loro re. Il re Šīra b. Kisra aveva messo a morte tutti quelli che discendevano da Kisra b. Qubādz, e dopo di lui, e dopo il regno di suo figlio Ardašīr, il popolo aveva ucciso tutti gli altri rampolli di Bahrām Ǵūr e dei suoi discendenti, per modo che ora nessuno sapeva più chi eleggere a re, perchè non vi era più erede legittimo al trono (Tabari, 2055-2056).

Cfr. anche Athīr, II, 301; Khaldūn, II, App. p. 81, ove il nome del re Šīra è erroneamente stampato Sīrīn (cfr. § 187, nota 1); Tabari Zotenberg, III, 335-336.

NOTA 1. — Anche questa notizia è erronea: vedremo fra breve che la campagna di Khālid fu un avanzarsi continuo dal momento, in cui varcò il confine fino a quando raggiunse i colleghi in Siria. Del resto, la stessa narrazione di Sayf, come traluce dai §§ 218-227, esclude assolutamente che Khālid rimanesse un anno intiero inoperoso in Ḥirah. In appresso vedremo che fra il Ǵumāda II e il Raǵab del 12. a. H., ossia tra l'Agosto e il Settembre del 633. dell'Èra Volgare, Khālid entrava nel principato di Ḥirah, e nel giorno di Pasqua (24 Aprile) dell'anno successivo 634, aggrediva già un villaggio cristiano presso Damasco. Nei dintorni di Ḥirah, egli non può esser rimasto più di un paio di mesi.

§ 216. — (Sayf b. 'Umar, da 'Amr e da al-Muǵālid, da al-Ša'bi). Un esercito persiano era accampato in al-'Ayn ('Ayn al-Tamr), un altro in al-Anbār, ed un terzo in al-Firād. Quando arrivarono a Madā'in le lettere di Khālid, le principesse di sangue reale s'accordarono fra loro di affidare il governo a Farrukhzād b. al-Bindawān (rampollo cioè di Binday o Vindoj, lo zio di Khusraw Barwīz), finchè si fosse trovato un principe di sangue reale, che potesse salire sul trono (Tabari, I, 2056-2057; cfr. Athīr, II, 301).

Assetto amministrativo della provincia di Ḥīrah (*Versione di Sayf b. 'Umar*).

§ 217. — (*Cfr. anche § 211*) — (Sayf b. 'Umar, da Muḥammad b. 'Abdallah, da abū 'Uthmān). Prima di proseguire nella campagna militare, Khālid attese a regolare l'amministrazione del nuovo territorio che si estendeva da al-Falālīǵ fino alla parte inferiore del Sawād (asfal al-Sawād). I vari distretti amministrativi del Sawād di Ḥīrah (Sawād al-Ḥīrah) furono divisi fra i seguenti luogotenenti: (1) Ǵarīr b. 'Abdallah al-Ḥimyari, (2) Bašīr b. al-Khaṣāṣiyyah, (3) Khālid b. al-Wāšimah, (4) ibn Dzī-l-'Unuq, (5) 'Utt, (6) Suwayd, e (7) Ḍirār. Il Sawād di Ubullah (Sawād al-Ubullah) fu diviso fra: (8) Suwayd b. Muqarrin, (9) Ḥasakah al-Ḥabaṭi, (10) al-Ḥuṣayn b. abi-l-Ḥurr, e (11) Rabī'ah b. 'Isl (si paragoni l'elenco al § 211).

[Assetto amministrativo della provincia di Ḥīrah.]

Il piano di campagna ideato dal califfo abū Bakr al principio della spedizione (cfr. § 188) non si era però svolto intieramente, perchè 'Iyāḍ b. Ghanm non aveva potuto compiere quella parte del programma, che il Califfo gli aveva affidata. Mentre Khālid penetrava nel Sawād dalla parte inferiore, 'Iyāḍ aveva avuto ordini di avanzare dalla parte superiore o settentrionale, ed il punto di congiungimento dei due eserciti doveva essere Ḥīrah. Quello dei due generali, che fosse arrivato primo in questa città, doveva poi assumere il comandò generale di tutto l'esercito. Khālid aveva vittoriosamente superato tutti gli ostacoli del nemico, ma 'Iyāḍ era invece rimasto immobile innanzi a Dūmah al-Ǵandal, non potendo più avanzare, perchè i nemici gli opponevano accanita resistenza. Khalid decise ora di muoversi in suo soccorso con tutte le forze, e prese intanto varie precauzioni per assicurare la sicurezza del paese durante l'assenza nel deserto.

Le guarnigioni di confine (al-masāliḥ 'ala thughūrihim) furono anche rinforzate, e al-Qa'qā' b. 'Amr nominato luogotenente in Ḥīrah; quindi Khālid b. al-Walīd si recò da al-Fallūǵah fino a Karbalā, dove 'Āṣim b. 'Amr comandava la guarnigione: al-Aqra' b. Ḥābis prese ora il comando dell'avanguardia, perchè al-Muthanna b. Ḥārithah era rimasto nella stazione militare di confine per proteggere la provincia dalla parte di al-Madā·in, mentre Khālid era assente (Tabari, I, 2057-2058).

Campagna contro i Persiani e gli Arabi al nord di Ḥīrah (*Versione di Sayf b. 'Umar*).

§ 218. — (Presa di al-Anbār). — (Sayf b. 'Umar, da Muḥammad [b. 'Abdallah b. Suwād b. Nuwayrah] e da altri). Nell'accingersi però a soccorrere 'Iyāḍ in Dūmah, Khālid riconobbe la necessità di assicurarsi il possesso di alcuni luoghi, ancora tenuti dal nemico con forze molto numerose, e dai quali i Persiani avrebbero potuto minacciare le sue retrovie. Si prefisse quindi la presa di al-Anbār. Khālid b. al-Walīd lasciò dunque Ḥīrah, avendo al-Aqra' b. Ḥābis all'avanguardia, e marciò contro la città di al-Anbār, una grande fortezza dei Persiani sulle rive dell'Eufrate, difesa da forti trincee e da mura fortificate, e retta da un generale persiano di famiglia nobilissima, per nome Šīrzād, signore di Sābāṭ (ṣāḥib Sābāṭ), uomo intelligente e tollerante, sì verso i Persiani, che verso gli Arabi. Khālid ordinò immediatamente l'assalto, e diede istruzioni ai suoi arcieri di lanciare di preferenza i dardi contro gli occhi dei nemici: così avvenne che più di mille fra i difensori rimanessero accecati, e la giornata fu chiamata quella degli Occhi (Waqa'ah Dzāt al-'Uyūn). Šīrzād tentò di aprire negoziati con Khālid, ma in principio non concluse nulla, perchè Khālid chiedeva la resa incondizionata. A questo patto dapprima Šīrzād non volle acconsentire, ma quando i Musulmani ebbero rinnovato gli assalti, e colmata una parte del fossato, Šīrzād riaprì i negoziati e si arrese alfine alle condizioni volute da Khālid. Questi impose allora a Šīrzād ed ai suoi soldati di uscire dalla fortezza, portando via soltanto gli arnesi usati da corridore, o da un corpo di cavalleria leggiera (ǵarīdah), lasciando indietro tutte le provviste, i materiali di guerra, e tutti i loro beni. Khālid occupò subito la fortezza, e trovò che tutti gli abitanti parlavano e scrivevano correntemente l'arabo: egli ne chiese la ragione, e gli abitanti gli dichiararono di essere Arabi discendenti dalla stirpe Iyād, immigrati in al-Anbār, quando il re di Babilonia Bukht Nassar (Nabuccodonosor) devastò l'Arabia. Khālid concluse trattati con gli abitanti dei dintorni, incominciando da quelli di al-Bawāzīǵ: concluse un accordo anche con gli abitanti di Kalwādza. La gente di al-Bawāzīǵ, al pari degli abitanti di Bāniqyā, rimasero fedeli alla causa musulmana durante il periodo dei rovesci arabi nell'anno seguente (Tabari, I, 2059-2061). [Campagna contro i Persiani e gli Arabi al nord di Hīrah.]

Cfr. Athīr, II, 301-302; Khaldūn (II, App. p. 81) narra che Khālid riempisse il fossato di Anbār con le carcasse di tutti i cameli fiacchi del suo esercito, scannati per suo ordine a questo solo scopo; Tabari Zotenberg, III, 336-337.

§ 219. — (Battaglia di 'Ayn al-Tamr). — (*a*) (Sayf b. 'Umar, da vari). Espugnata la fortezza di al-Anbār, Khālid b. al-Walīd vi lasciò come suo luogotenente al-Zibriqān b. Badr al-Tamīmi, e mosse verso 'Ayn al-Tamr, dove si trovava il generale persiano Mihrān b. Bahrām Ǵūbīn alla testa di un esercito numerosissimo di Persiani, rinforzato da molti ausiliari arabi sotto gli ordini di 'Aqqah b. abī 'Aqqah, di 'Amr b. al-Sa'iq, di al-Hudzayl b. 'Imrān, e di Buǵayr dei banū 'Ubayd b. Sa'd b. Zuhayr. Gli Arabi appartenevano per lo più alle tribù di al-Namir, di Taghlib, e di Iyād. Quando queste schiere ebbero notizia dell'avanzata dei Musulmani, 'Aqqah si presentò al generale persiano, offrendosi di andare solo a combattere gli invasori, perchè, egli diceva, gli Arabi cristiani conoscevano meglio dei Persiani l'arte di guerreggiare i nomadi, come Arabi anch'essi, ed avevano perciò maggiore probabilità di vincerli. Il generale Mihrān, che sospettò subito un tradimento degli ausiliari arabi, assentì, dando disposizioni perchè gli Arabi ausiliari marciassero per i primi contro il nemico, mentre egli si sarebbe trincerato in 'Ayn al-Tamr con le milizie persiane. L'idea di Mihrān era che se gli Arabi cristiani meditavano un tradimento, e se si univano al nemico, egli si sarebbe trovato al sicuro entro le mura di 'Ayn al-Tamr: se però gli Arabi cristiani, combattendo lealmente, fossero stati sconfitti dai Musulmani, egli si lusingava di poter sopraffare il vincitore, indebolito dalle perdite della vit-

[Campagna contro i Persiani e gli Arabi al nord di Ḥīrah.]

toria. ʿAqqah si avanzò quindi contro Khālid b. al-Walīd con tutte le schiere di Arabi cristiani, mentre Mihrān rimaneva indietro in ʿAyn al-Tamr. Gli eventi si svolsero invece in modo assai diverso da quello che Mihrān si era aspettato, perchè Khālid, assalendo improvvisamente il centro nemico, riuscì a far prigioniero il comandante in capo ʿAqqah, gettando così la massima costernazione nelle file di lui, e fugandole facilmente con un assalto generale di tutte le schiere. Il panico del centro si comunicò alle ali e tutto l'esercito arabo-persiano si volse in precipitosa fuga, inseguito accanitamente dai Musulmani. La notizia del disastro e lo spettacolo dei fuggenti gettò lo scompiglio e lo spavento anche nelle file dell'esercito persiano, trincerato in ʿAyn al-Tamr; sicchè il generale Mihrān, perduta ogni speranza di poter resistere, ed abbandonata ogni idea di battersi, fuggì anch'egli con i suoi, lasciando vuota la fortezza. Gli Arabi fuggiaschi dalla battaglia, arrivando in ʿAyn al-Tamr, nella illusione che i Musulmani, come era consuetudine di tutti i nomadi, non avrebbero mai pensato ad assalire una fortezza, vi si rinchiusero. Rimasero però esterrefatti, quando si avvidero che Khālid si accingeva a porre regolare assedio, contrariamente ad ogni loro previsione: chiesero la concessione dell' a m ā n, ossia la sicurtà nella vita e nei beni, ma Khālid fece rispondere che essi dovevano arrendersi senza condizioni e porsi alla mercè del vincitore. Così fu fatto: Khālid ordinò quindi l'eccidio generale di tutti i prigionieri, cominciando dai capi ʿAqqah, e ʿAmr b. al-Ṣaʿiq. Tutti gli uomini atti a portare le armi furono decapitati, ed i vincitori ebbero come bottino tutte le donne ed i bambini, e tutta la roba che fu trovata nella fortezza. Nell'occupare la città, i Musulmani trovarono che in una chiesa erano stati chiusi circa quaranta giovani, ostaggi arabi, ai quali veniva insegnata (a forza) la dottrina cristiana ed il Vangelo. Khālid li fece tutti prigionieri, e li distribuì in dono ai più valorosi fra i suoi guerrieri. Fra questi giovani sono nominati

(1) abū Ziyād, m a w l a dei Thaqīf;

(2) Nuṣayr, il padre del poi famoso abū Mūsa b. Nuṣayr, dei banū Yaškur;

(3) abū ʿAmrah, avo del poeta ʿAbdallah b. ʿAbd al-aʿla, dei banū Murrah; fu donato a Šuraḥbīl b. Ḥasanah;

(4) Sīrīn, il padre del famoso Muḥammad b. Sīrīn;

(5) Ḥurayth, fu dato a un uomo dei banū ʿIbād;

(6) ʿUlāthah, che divenne proprietà di al-Muʿanna, fratello del celebre al-Muthanna;

(7) ʿUmayr;

(8) Ḥumrān, fu dato a ʿUthmān (b. ʿAffān);

(9) abū Qays;

(10) ibn ukht al-Namir (T a b a r i, I, 2062-2064).

(b) Cfr. anche Athīr, II, 302-303; Khaldūn, II, App. p. 81-82; Yāqūt, I, 631, lin. 20 e segg., il quale dà tutta la genealogia di 'Aqqah b. abī 'Aqqah Qays b. al-Bišr al-Namari; Tabari Zotenberg, III, 337-339.

[Campagna contro i Persiani e gli Arabi al nord di Hīrah.]

§ 220. — (Sayf b. 'Umar, da vari). Nel corso delle sue conquiste nell'Irāq, Khālid b. al-Walīd mandò a Madīnah al-Walīd b. 'Uqbah per portare al Califfo la quinta parte del bottino. Il Califfo rimandò allora costui con alcune schiere in soccorso di 'Iyād b. Ghanm (che si trovava in condizioni difficili in Dūmah al-Ǵandal). al-Walīd b. 'Uqbah consigliò a 'Iyād di rivolgersi per aiuto a Khālid, ed 'Iyād, accettando il consiglio, mandò subito una lettera al vincitore dei Persiani, e ne ricevè prontamente una risposta con promesse di soccorso da Khālid, il quale, in quei giorni, aveva appunto vinto la battaglia di 'Ayn al-Tamr (Tabari, I, 2064).

§ 221. — (Presa di Dūmah al-Ǵandal) (1). — (Sayf b. 'Umar da vari). Allorchè Khālid b. al-Walīd ebbe terminato la conquista di 'Ayn al-Tamr, vi lasciò come luogotenente 'Uwaym b. al-Kāhil al-Aslami, avanzando egli con tutte le sue schiere in direzione di Dūmah al-Ǵandal. In questo luogo, si erano radunate molte tribù arabe, i Bahrā, i Kalb, i Ghassān, i Tanūkh e gli al-Daǵā'im, sotto i vari capi, e tutte con intenti avversi ai Musulmani. Wadī'ah comandava ai Kalb, assistito da ibn Wabarah b. Rūmānis; ibn al-Ḥidriǵān, agli al-Daǵā'im; ed ibn al-Ayham ad alcune schiere dei Ghassān e dei Tanūkh. Questa agglomerazione di Arabi in Dūmah al-Ǵandal aveva due capi supremi nelle persone di Ukaydir b. 'Abd al-malik, e di al-Ǵūdi b. Rabī'ah (al-Ghassāni). Il primo voleva che gli Arabi trattassero con Khālid, perchè riconosceva che il generale musulmano era invincibile; ma i suoi consigli non furono ascoltati, ed egli contrariato si allontanò da Dūmah. Khālid però venne a sapere delle sue mosse e mandò 'Āṣim b. 'Amr ad arrestarlo: Ukaydir fu fatto prigioniero, menato innanzi a Khālid, e subito messo a morte. I Musulmani si avanzarono fino a Dūmah e presero una posizione di fronte alla fortezza, in modo che Dūmah al-Ǵandal si trovasse da una parte minacciato dalle schiere di 'Iyād b. Ghanm, e dall'altra da quelle di Khālid. Stretti dalle due parti, gli Arabi tentarono un assalto simultaneo sui due eserciti musulmani: al-Ǵūdi b. Rabī'ah, e Wadī'ah aggredirono le linee di Khālid, mentre ibn al-Ḥidriǵān e ibn al-Ayham mossero all'assalto del campo di 'Iyād b. Ghanm, dalla parte opposta della città. Il tentativo fallì completamente, perchè da ambedue i lati gli Arabi (per lo più cristiani) furono disfatti con grande strage; una parte soltanto dei fuggiaschi potè mettersi in salvo entro le mura, perchè i primi entrati, temendo che i Musulmani penetrassero nella fortezza insieme con i fuggenti, chiusero le porte, impedendo agli altri compagni di ridursi al riparo tra le mura. Il capo dei nemici,

[Campagna contro i Persiani e gli Arabi al nord di Ḥīrah].

al-Ǵūdi, cadde così prigioniero in mano del vincitore: Khālid avrebbe ordinato il massacro di tutti gli Arabi rimasti fuori del perimetro delle mura, ma intervennero i Tamīm, e, seguendo un consiglio di ʿĀṣim b. ʿAmr, presero sotto la loro protezione gli antichi confederati, i Kalb, salvandoli così dalla morte crudele, alla quale dovettero sottostare tutti gli altri. Perciò i Tamīm provocarono il rimprovero di Khālid, che li dichiarò più osservanti della ǵāhiliyyah anzi che dell'Islām. Poco tempo dopo, fu espugnata anche la fortezza, e tutti i difensori passati a fil di spada: le donne ed i bambini divennero preda dei vincitori. Khālid prese per sè una figlia di al-Ǵūdi, donna molto bella (cfr. §§ 181 e 182). Espugnata Dūmah, Khālid immediatamente rimandò al-Aqraʿ b. Ḥābis in al-Anbār, mentre egli ritornava verso Ḥīrah, dove la popolazione, dietro invito di al-Muthanna, gli fece festosa accoglienza (Tabari, I, 2065-2067).

Cfr. anche Athīr, II, 303; Khaldūn, II, App. p. 82; Tabari Zotenberg, III, 339-340.

Nota 1. — Su questa pretesa spedizione cfr. più avanti ai §§ 232-234.

§ 222. — (Vittorie di Ḥuṣayd e di al-Khanāfis). — (Sayf b. ʿUmar, da vari). Durante la dimora di Khālid in Dūmah, gli Arabi (cristiani) della Mesopotamia, desiderosi di vendicare la morte di ʿAqqah e dei Taghlib uccisi ad ʿAyn al-Tamr (cfr. §§ 178 e 219), si erano messi in rapporto con i Persiani, venendo con essi ad un accordo per un'azione comune contro gli Arabi musulmani. In conseguenza di queste trattative, il generale persiano Zarmihr (¹), si mosse da Baghdād con un forte esercito, accompagnato da Rūzbih, nell'intento di espugnare al-Anbār, facendo una finta contro Ḥuṣayd, ed al-Khanāfis (²). al-Zibriqān b. Badr, il luogotenenente musulmano in al-Anbār, scrisse ad al-Qaʿqāʿ b. Amr, che stava allora in Ḥīrah come luogotenente di Khālid (assente in Dūmah al-Ǵandal), informandolo di quello che si preparava contro di loro. al-Qaʿqāʿ b. ʿAmr spedì Aʿbad b. Fadaka al-Saʿdi a Ḥuṣayd, e mandò ʿUrwah b. al-Ǵaʿd al-Bāriqi in al-Khanāfis. Intanto arrivava Khālid b. al-Walīd da Dūmah, e mandava subito al-Qaʿqāʿ b. ʿAmr e abū Layla b. Fadaka contro Rūzbih e Zarmihr, con le istruzioni di rioccupare immediatamente ʿAyn al-Tamr con l'avanguardia musulmana. In quei giorni giungeva anche una lettera di Imruʾalqays al-Kindi, che informava Khālid come molti Arabi (cristiani) sotto al-Hudzayl b. ʿImrān si fossero riuniti in al-Muṣayyakh (³); e Rabīʿah b. Buǵayr con altri Arabi avesse fissato il campo in al-Thaniyy (*sic*) e in al-Bišr (⁴) alla testa di quegli Arabi, che, volendo vendicare la morte di ʿAqqah, meditavano di unirsi con i due generali persiani Zarmihr e Rūzbih. Allora Khālid b. al-Walīd, lasciato ʿIyāḍ b. Ghanm come suo luogotenente in Ḥīrah, si mise subito in marcia, preceduto da al-Aqra' b. Ḥābis, sulle traccie di al-Qa'qā' b. 'Amr, in direzione di al-Khanāfis. Giunto ad 'Ayn al-Tamr, si ricongiunse con l'avanguardia sotto al-Qa'qā' e abū Layla, e lanciò il primo su Ḥusayd, ed il secondo in direzione di Khanāfis. [Campagna contro i Persiani e gli Arabi al nord di Ḥīrah.]

al-Qa'qā' fu il primo a venire alle mani con il nemico, perchè, vedendo che l'esercito persiano accampato presso Ḥuṣayd, sotto Zarmihr e Rūzbih, non osava muoversi, si avanzò egli arditamente all'assalto. I due generali, lasciato allora al-Mahbūdzān nel campo, tentarono di arrestare la marcia di al-Qa'qā', ma vennero completamente sconfitti con grande strage, nella quale perirono ambedue i capitani, Zarmihr ucciso dallo stesso al-Qa'qā', e Rūzbih da 'Iṣmah b. 'Abdallah dei banū Ḍabbah.

Intanto l'altro generale musulmano, abū Layla b. Fadaka, si avanzava su Khanāfis, ma vi giungeva dopo la notizia della disfatta di Ḥuṣayd, per la qual cosa, le schiere persiane ivi raccolte sotto al-Mahbūdzān si diedero alla fuga, senza nemmeno tentare la sorte d'una battaglia, e si ritirarono in al-Muṣayyakh (Tabari, I, 2067-2069).

Cfr. anche Athīr, II, 303-304, ha Ḥaṣīd invece di Ḥuṣayd; Khaldūn, II, App. p. 82; Tabari Zotenberg, III, 340-341 (?).

Nota 1. — Questo nome ci offre un esempio del modo come la tradizione popolare, personificata da Sayf, sia piena di notizie di niun valore storico. Nei codici, il nome del generale persiano è scritto comunemente Razmihr, ma questo non è un nome persiano e deve essere una corruzione di copisti ignoranti. Yāqūt (II, 280, lin. 13 e 14), ha invece Rūzamihr, che è probabilmente la vera forma del nome. Il Nöldeke ci insegna però che questo nome significava sempre nel persiano antico il decimosesto giorno del mese persiano. Il termine quindi adottato dalla edizione Leidense di Tabari: Rūzmihr, rappresenta forse una corruzione popolare del giorno del mese persiano, usata come nome proprio di persona (cfr. Tabari, I, 2067, nota *d*; Athīr, II, 303, lin. 22, ha Zarmihr).

Nota 2. — (*a*) al-Ḥuṣayd, o anche Ḥaṣid, era una valle fra Kūfah e la Siria, dalla parte della Mesopotamia. Yāqūt, II, 10 e segg., aggiunge che il conflitto di Ḥuṣayd avvenisse nel 13. a. H., (e perciò dopo partito Khālid b. al-Walid) e per opera del solo al-Muthanna b. Ḥārithah. Si tratta però probabilmente del fatto d'arme narrato da Balādzuri (248), come avvenuto nei pressi di 'Ayn al-Tamr (cfr. § 178). La confusione nelle fonti è suprema per tutto questo periodo.

In Yāqūt (l. c.), i due generali persiani uccisi a al-Ḥuṣayd hanno nome Rūzamihr e Rūzabah.

(*b*) al-Khanāfis era una terra appartenente agli Arabi nomadi dalla parte dell' 'Irāq presso al-Anbār, nel distretto di al-Baradān, ed era un sito dove convenivano gli Arabi per un mercato; così afferma Yāqūt, II, 473-474, il quale aggiunge che si combatterono due battaglie: l'una vinta da Khālid regnante abū Bakr (nel 12. a. H.) e l'altra vinta da al-Muthanna b. Ḥārithah (probabilmente dopo la partenza di Khālid per la Siria), il quale sorprese gli Arabi, mentre tenevano il mercato. Ciò è improbabile e da spiegarsi forse solo come uno di quei casi di sdoppiamento di eventi, che s'incontrano spesso in questo periodo storico tanto confuso.

Nota 3. — Nelle fonti abbiamo menzione di due siti: Muṣayyakh bani-l-Barṣā, che si trovava (Tabari, I, 2029, lin. 18) fra Ḥawrān e al-Qalt (nell' 'Irāq), un sito appartenente ai Taghlib; e Muṣayyakh Bahrā una sorgente in Siria presso Suwa, nella Quswāna. Cfr. Yāqūt, IV, 556-557, il quale segue in ciò le tradizioni di Sayf (come vedremo, specialmente in appresso, parlando del viaggio di Khālid b. al-Walīd in Siria). Invece dalle espressioni di ibn Isḥāq (Tabari, I, 2124, lin. 3-4), al-Madā'ini (Tabari, I, 2109, lin. 5), e Balādzuri (111), si deve dedurre che Muṣayyakh bani-l-Barṣā si trovasse presso Suwa. Il De Goeje (Mém., II éd., p. 43) giustamente ritiene quindi che il Muṣayyakh Bahrā sia un'invenzione, e che qui si abbia un nuovo caso di sdoppiamento di nomi e di luoghi.

Nota 4. — al-Bišr è un luogo molto ben noto, presso l'Eufrate, a non grande distanza da Raqqah, e da Ruṣāfah (cfr. Bakri., 179; Yāqūt, I, 631), vale a dire circa sul confine tra l'impero Persiano

[**Campagna contro i Persiani e gli Arabi al nord di Ḥīrah.**]

e quello Bizantino, nel punto più settentrionale dell'Eufrate entro il territorio persiano, come allora correvano i confini. Su questo luogo e sulla sua importanza per fissare l'itinerario di Khālid da Ḥīrah a Damasco, avremo a ritornare in appresso con molta ampiezza.

Nota 5. — Secondo abū 'Ubaydah b. Muḥ. b. 'Ammār, abū Ma'šar, e Yazīd b. 'Iyāḍ, le due battaglie di Ḥasīd e di Muṣayyakh (Muḍayyaḥ) furono combattute nell'anno 13. H. (A th ī r, II, 284-285).

§ 223. — (Battaglia di al-Muṣayyakh). — (Sayf b. 'Umar, probabilmente dalle medesime fonti della precedente tradizione). Quando Khālid b. al-Walīd ebbe la notizia della sconfitta dei Persiani a Ḥuṣayd, e della fuga degli altri sotto al-Mahbūdzān in Khanāfis, scrisse immediatamente ai suoi luogotenenti al-Qa'qā', abū Layla, A'bad, e 'Urwah, fissando la notte e l'ora precisa, nella quale dovevano ritrovarsi tutti insieme in al-Muṣayyakh banī-l-Baršā, dove erano radunate tutte le forze persiane scampate alle battaglie precedenti, oltre a quelle degli ausiliari arabi. al-Muṣayyakh giaceva in un sito fra Ḥawrān e al Qalt (1), ed ivi era accampato al-Hudzayl b. 'Imrān (2) con i suoi Arabi. Gli ordini di Khālid furono puntualmente eseguiti, e mentre egli, lasciando 'Ayn al-Tamr, e passando per al-Ǵanāb, al-Baradān, e al-Ḥiny (3), si avvicinava rapidamente sopra un camelo verso al-Muṣayyakh, da altre due parti diverse convergevano pure i suoi luogotenenti, ed alfine all'ora convenuta i tre eserciti musulmani piombarono sul campo persiano da tre diverse direzioni, con moto tanto rapido ed improvviso, che trovarono tutti i nemici ancora sepolti nel sonno. La vittoria musulmana fu quindi facile e completa: il capo dei nemici, al-Hudzayl, riuscì a mettersi in salvo, ma tutta la pianura rimase coperta di cadaveri (Tabari, I, 2069-2071).

Cfr. anche Athīr, II, 304-305, dove si ha Muṣayyaḥ invece di Muṣayyakh; Khaldūn, II, App. p. 82, aggiunge che con al-Hudzayl si trovassero, benchè musulmani, 'Abd al-'azīz b. abī Ruhm degli Aws Manāt e Labīd b. Ǵarīr e perissero uccisi nella mischia. abū Bakr riconobbe però la loro conversione e permise ai figli di ereditare secondo la legge musulmana. 'Umar attribuì invece alla malvagità di Khālid la uccisione di questi due musulmani, allo stesso modo che aveva ucciso Mālik b. Nuwayrah.

Nota 1. — Questo Ḥawrān deve essere certamente un altro errore di Sayf b. 'Umar, o dei suoi copisti. Yāqūt (II, 358, lin. 1 e 22) conosce due soli luoghi con questo nome: uno quello ben noto a mezzodì di Damasco, e di cui avremo a parlare fra breve; ed un secondo, che abū-l-Fatḥ Naṣr al-Iskandari [† 560. a. H.] *crede* giacesse fra al-Yamāmah e Makkah. I geografi arabi non conoscono, per quanto mi consta, altri paesi con questo nome, sicchè risulta anche qui che Sayf ci riferisce nomi geografici forse fittizi, come sono fittizi tanti nomi di persone, e tanti eventi, che troviamo nelle sue tradizioni e che abbiamo avuto ripetutamente a rilevare. Lo stesso deve dirsi di al-Qalt; questo nome significa in arabo « una larga cavità nel terreno, nella quale si raccoglie acqua stagnante e tanto grande da annegare un camelo che vi cadesse dentro ». Orbene su questo sito Yāqūt in un passo (IV, 157) ha una leggenda favolosa sopra un qalt fra Madīnah e la Siria, e nella quale leggenda qalt non è nome di luogo, ma semplice specificazione e descrizione di un sito. In un altro passo (IV, 556, lin. 21 e segg.) egli attinge evidentemente alla presente tradizione di Sayf e non dà quindi alcun nuovo lume. In questo luogo tuttavia Yāqūt interpreta Ḥawrān nel suo significato proprio di regione della Siria, e al-Qalt, come un sito nell' 'Irāq. Basta però uno sguardo alla carta geografica per comprendere come tale descrizione non sia d'alcun ausilio a fissare i luoghi che cerchiamo.

[**Campagna contro i Persiani e gli Arabi al nord di Ḥīrah.**]

Nota 2. — al-Hudzayl b. 'Imrān è un altro di quei pretesi luogotenenti della profetessa Saǵāḥ, che abbiamo già trovato nelle tradizioni di Sayf (cfr. 11. a. H., §§ 163 e 173): cfr. quello che già si disse in un paragrafo precedente, a proposito del preteso collega di al-Hudzayl, 'Aqqah (cfr. § 178, nota 1).

Nota 3. — (*a*) al-Ǵanāb è un luogo, m a w ḍ i ' dei Kalb nel deserto di al-Samāwah fra l' 'Irāq e la Siria (Yāqūt, II, 119, lin. 21).

(*b*) al-Baradān è un altro sito menzionato pure dal solo Sayf, perchè Yaqūt (I, 556, lin. 74) descrive il sito usando le parole di Sayf. In Arabia v'erano molti Baradān, ma tutti posti in regioni assai remote da quelle dove guerreggiava Khālid, ossia i confini nord-orientali del deserto Samāwah.

(*c*) Anche al-Ḥiny ricorre in Yāqūt (II, 351, lin. ult.), sull'autorità di Sayf, benchè il nome di questo non sia menzionato. Egli non ci porge perciò verun lume dove si trovasse il sito.

(*d*) Per concludere, si noti che tanto Bakri, quanto Hamdāni, le nostre due fonti più antiche, e migliori per la geografia d'Arabia, ignorano del tutto l'esistenza di questi tre siti, che secondo Sayf trovavansi nella Samāwah. È lecito perciò includerli in quella serie già lunga di nomi geografici menzionati dal solo Sayf, e sulla esistenza reale dei quali è doveroso avere i massimi dubbi.

§ 224. — (Battaglie di al-Thaniyy e di al-Zumayl). — (Sayf b. 'Umar, da 'Aṭiyyah, da 'Adi b. Ḥātim al-Ṭā'i). Altri due grandi gruppi di Arabi (cristiani), che agivano d'accordo con i Persiani, eransi radunati, l'uno in al-Thaniyy (¹), e l'altro in al-Zumayl (²), due terre, che, ai tempi di Sayf b. 'Umar, esistevano ancora e giacevano a oriente di al-Ruṣāfah (cfr. anche Yāqūt, I, 937, lin. 22 e segg., II, 947, lin. 4 e segg.). In al-Thaniyy era in comando degli Arabi il capo Rabī'ah b. Buǵayr al-Taghlibi, e Khālid decise di assalirlo per primo, pigliando le medesime disposizioni tattiche, che avevano avuto esito tanto felice ad al-Muṣayyakh, vale a dire, dividendo le sue schiere in tre parti e dando ad esse convegno preciso per piombare tutte insieme sul nemico. Partendo da al-Muṣayyakh, Khālid prese il cammino di Ḥawrān (al-Qalt? [cfr. § 222, nota 1]), che per al-Ranq (?) e al-Ḥamāt (che ai tempi di Sayf apparteneva ai banū Ǵunādah b. Zubayr, dei Kalb), menava tanto ad al-Zumayl, detto anche al-Bišr, (cfr. § 222, nota 4) quanto ad al-Thaniyy. al-Thaniyy, scelto come primo luogo di assalto, fu perciò preso per primo di mira e la battaglia seguì esattamente nel modo e nell'ordine, che Khālid aveva preveduto e disposto. I Musulmani, aggredendo di notte tempo il campo nemico da tre parti diverse, ne fecero uno scempio terribile, massacrando grande numero di nemici, facendo vistosissimo bottino, e catturando moltissime donne, bambini, e adolescenti (al-šarkh). Tra le fanciulle prese, vi era anche una figlia del capo nemico, Rabī'ah b. Buǵayr al-Taghlibi, la quale fu comperata di poi da 'Ali b. abī Ṭālib, e gli partorì due figli, 'Umar e Ruqayyah. Una quinta parte del bottino fu rimessa al califfo abū Bakr per mezzo di al-Nu'mān b. 'Awf al-Šaybāni. Nessuno degli Arabi nel campo di al-Thaniyy potè salvarsi e portare altrove la notizia del disastro, sicchè a Khālid b. al-Walīd fu possibile ripetere per l'altro campo in al-Zumayl, lo stesso piano strategico con il quale aveva vinto i Persiani ad al-Muṣayyakh, e gli Arabi in al-Thaniyy: pressochè tutti gli Arabi convenuti in al-Zumayl, prima che avessero il menomo sentore della disfatta toccata ai colleghi in al-Thaniyy, furono distrutti.

[**Campagna contro i Persiani e gli Arabi al nord di Ḥīrah.**]

Anche questa volta la rovina del nemico riuscì completa, e terribile la strage " senza esempio „. La quinta parte del bottino fu mandata a Madīnah per mezzo di al-Ṣabāḥ al-Muzani: tra le fanciulle prigioniere sono menzionate: la figlia di Muʿdzin al-Namari, Layla bint Khālid e Rayḥānah bint al-Hudzayl b. Hubayrah. Da al-Zumayl (al-Bišr), Khālid tentò di sorprendere un altro campo nemico in al-Ruḍāb (⁷), dove si trovava Hilāl b. ʿAqqah; ma la notizia dei precedenti disastri aveva intanto preceduto il generale musulmano, sicchè Hilāl potè mettersi in salvo prima dell'arrivo dei Musulmani (Tabari, I, 2071-2073).

Nota 1. — In Athīr (II, 305-306) il nome di al-Thaniyy, è confuso con quello di al-Thiny (cfr. § 199,b) e dei due luoghi se ne fa uno solo: al-Thini. Cfr. anche Khaldūn, II, App. p. 82-83, e Tabari Zotenberg, III, 343-345.

Nota 2. — al-Zumayl è un luogo nel Diyār Bakr (Mesopotamia) presso (il monte) al-Bišr, a oriente di al-Ruṣāfah, abitato dai Taghlib (Yāqūt, II, 947, lin. 3-5): notizie evidentemente attinte a Sayf, per mezzo di Tabari (I, 2072, lin. 12).

Nota 3. — Yāqūt (II, 789, lin. 10-11), citando Sayf narra che Khālid, dopo aver sorpreso la gente di al-Bišr, piombò su al-Ruḍāb, che secondo il medesimo era il sito dove poi sorse al-Ruṣāfah, costruita dal califfo Hišām [† 125. a. H.]. Tutti questi luoghi sono al nord della via che mena dall''Irāq a Tadmur (Palmira) ed assai lontani da Ḥīrah. Bakri non menziona al-Ruḍāb; lo stesso dicasi di Hamdāni: non pertanto l'aggiunta di Yāqūt dimostra che questo celebre geografo aveva notizie del sito anche da altre fonti, e quindi dobbiamo accertarlo come un luogo che è realmente esistito. Su ciò ritorneremo in appresso.

§ 225. — (Battaglia di al-Firāḍ). — (Sayf b. 'Umar, medesimo isnād del paragrafo precedente). Dal campo abbandonato di al-Ruḍāb si spinse Khālid b. al-Walīd verso al-Firāḍ, luogo di confine (takhūm), dove s'incontravano gli angoli estremi di tre grandi territori, Siria, 'Irāq e Mesopotamia. Durante la marcia su al-Firāḍ, ebbe termine il mese di Ramaḍān di questo anno (12. a. H.) (Tabari, I, 2073).

Cfr. Athīr, II, 306; Khaldūn, II, App. p. 83; Yāqūt (III, 684 lin. 4, e segg.) afferma però che al-Firāḍ si trovasse fra al-Baṣrah e al-Yamāmah, presso Fulayġ nel paese dei Bakr b. Wāʾil: notizia che non combina per niente con la precedente; poi copia testualmente la seguente tradizione di Sayf, dimostrando così di non avere informazioni da altri su questo secondo Firāḍ.

§ 226. — (Sayf b. 'Umar, da vari isnād). L'avanzarsi di Khālid b. al-Walīd su al-Firāḍ turbò la guarnigione greca dei confini dell'impero Bizantino, e la indusse a rivolgersi tanto agli Arabi cristiani, quanto ai Persiani, invitandoli ad unirsi nella causa comune contro il nuovo terribile nemico. Tutti risposero all'appello: accorsero i Persiani degli al-Masāliḥ (posti militari del confine), e gli Arabi delle tribù di Taghlib, Iyāḍ, e al-Namir, radunandosi tutti sopra la riva (orientale?) dell' Eufrate, di fronte al campo di Khālid: il quale, giunto in al-Firāḍ, aveva preso posizione sulla riva opposta (occidentale) del fiume. Gli alleati invitarono allora Khālid a venire con essi alle mani, proponendo che una delle due parti traversasse il fiume, mentre l'altra si sarebbe obbligata di non molestarla durante il passaggio. Khālid respinse la proposta, dichiarando che egli non si moveva. Gli avversari lo pregarono allora di ritirarsi per permettere ad essi di varcare l' Eufrate, ma anche a questo Khālid rispose con un diniego, di modo che gli alleati, per poter liberamente varcare il fiume, furono costretti a scendere un buon tratto lungo le rive del medesimo prima di trovare un luogo, dove transitare con sicurezza. Passati così alfine sulla riva (occidentale?), gli alleati avanzarono contro Khālid, ma questi, presa immediatamente l'offensiva con grande vigore, impegnò con il nemico un combattimento sanguinosissimo, terminato con la fuga completa degli alleati e con la strage orrenda dei vinti. Durante tutto l' inseguimento, i Musulmani continuarono a massacrare senza pietà i fuggenti, sicchè, secondo Sayf, alla fine della giornata erano periti sul campo e nell'inseguimento 100.000 (!) (cfr. § 198, nota 1) nemici. Questo accadeva il 15 Dzū-l-Qa'dah del 12. a H. Khālid rimase ancora dieci giorni in al-Firād, e quando rimanevano ancora cinque giorni (ossia il 25) di Dzū-l-Qa'dah, diede l'ordine alle sue genti di far ritorno a Ḥīrah sotto il comando di 'Āṣim b. 'Amr: egli stesso fece credere di voler seguire l'esercito con la retroguardia comandata da Ṣaǵarah (o Ṣaǵar) b. al-A'azz (Tabari, I, 2074-2075).

[Campagna contro i Persiani e gli Arabi al nord di Ḥīrah.]

Cfr. Athīr, II, 306; Khaldūn, App. p. 83; Yāqūt, III, 864, lin. 5-9; Tabari Zotenberg, III, 345-346.

§ 227. — (Spedizione contro Baghdād). — Secondo ibn al-Athīr, in questo anno (12), Khālid b. al-Walīd fece ancora una razzia contro Baghdād, ed inviò, allo stesso tempo, al-Muthanna a sorprendere un mercato, nel quale erano convenuti molti Arabi Quḍā'ah e Bakr (b. Wā-il). al-Muthanna razziò anche Maskin, Qaṭrabbul, Tall 'Aqarqūf, e Badūrayā (Athīr, II, 307).

Cfr. anche Khaldūn, II, App. p. 83. Tutti i paesi menzionati giacevano nel Sawād, tra il Tigri e l' Eufrate: ne avremo a discorrere in appresso.

La campagna di Khālid nell' 'Irāq, secondo il Futūḥ al-Šām.

§ 228. — (a) (Cfr. § 155, nota 2). È utile addurre qui la testimonianza anche di questo romanzo storico, perchè, dal paragone di esso con le tradizioni dei precedenti paragrafi, possiamo farci un concetto approssimativo del suo valore come sussidio storico. L'impressione favorevole che esso produce in tale raffronto ci sarà utile, quando ci varremo anche di questo documento per sbrogliare un po' la matassa arruffata della conquista in Siria. Nelle notizie seguenti si vede come la trama del romanzo è fissata sulle stesse fonti di al-Balādzuri, oltre a qualche notizia della scuola Madinese.

(b) Quando Khālid b. al-Walīd si fu riunito con tutti i Bakr b. Wā-il in al-Nibāǵ, assalì il territorio persiano, espugnò la città di Zandaward, conce-

[La campagna di Khālid nell'Irāq secondo il Futūḥ al-Šām.]

dendo l'amān agli abitanti. In appresso espugnò anche Hurmuzǵird, concedendo parimenti l'amān agli abitanti e stipulando con essi un trattato, ed infine presso al-Alīs (Ullays) venne alle mani con l'esercito di Ǵābān, uno dei magnati della corte persiana. Contro di questi, presso il Nahr al-Dam, si gettò al-Muthanna b. Ḥārithah, e dopo un sanguinoso combattimento, lo mise in fuga: il canale divenne rosso dal sangue dei nemici uccisi. Gli abitanti di Ullays vennero a patti con i Musulmani e conchiusero un trattato. Khālid continuò ad avanzare, e presso Muǵtami' al-Anhār s'imbattè in Zādzibah comandante supremo delle guarnigioni del confine persiano, venuto incontro agli invasori dalla città di Ḥīrah. Di nuovo l'avanguardia, comandata da al-Muthanna, sconfisse i Persiani, e gli abitanti di Ḥīrah, atterriti, vennero a chiedere la pace a Khālid, mandandogli incontro 'Abd al-Masīḥ b. 'Amr al-Azdi, e Hāni b. Qabīṣah al-Ṭā·i. La pace fu pattuita sul pagamento di 100.000 dirham all'anno, che furono i primi danari pagati dall''Irāq nella cassa di Madīnah: dovevano gli abitanti altresì servire quali informatori dei Musulmani. I Ḥirensi accettarono questi patti, perchè la vittoria musulmana era per essi preferibile al dominio persiano. Nel testo segue quindi la lettera di Khālid al popolo di Madā·in, che si dice fosse scritta nel 12. a. H., e che " fece ridere la gente di Madā·in ". Da Ḥīrah Khālid mandò Bašīr b. Sa'd contro la gente di Bāniqyā, in difesa della quale v'era un magnate persiano, Farrukh Šaddād(?) b. Hurmuz, con un corpo di cavalleria: i Persiani furono fugati dai 200 Musulmani, e Farrukh Šaddād ([?] Farrukhzād) restò ucciso sul campo di battaglia, ma Bašīr b. Sa'd fu colpito da una freccia e gravemente ferito. Allora Khālid inviò Ǵarīr b. 'Abdallah al-Baǵali contro la gente di Bāniqyā, la quale questa volta inviò innanzi ai Musulmani Busbuhunna (*sic*; leggi: Bushuhra) b. Ṣalūbā, chiedendo scusa ai Musulmani per la precedente aggressione: si conchiuse perciò un trattato, secondo il quale gli abitanti fecero pace mediante il pagamento di mille dirham e la consegna di un ṭaylasān (all'anno) (Futūḥ Lees, 53-57).

Pellegrinaggio di Khālid b. al-Walīd.

§ 229. — (al-Ṭabari, senza isnād, probabilmente da Sayf b. 'Umar). Mentre l'esercito si avviava lentamente verso Ḥīrah, Khālid b. al-Walīd, accompagnato da soli pochi seguaci fidati, lasciò, inosservato da tutti, la propria retroguardia e per vie oltremodo aspre, e molto raramente battute, partì da al-Firāḍ il 25 (quando rimanevano cinque giorni) di Dzū-l-Qa'dah, e marciando con la massima velocità, giunse in incognito a Makkah, ancora in tempo per le grandi cerimonie del pellegrinaggio annuale (7-10 Dzū-l-Ḥiǵǵah): quindi, dopo aver assistito a tutte le feste, senza che alcuno scoprisse la sua presenza,

[Pellegrinaggio di Khālid b. al-Walīd.]

ritornò altrettanto celeremente nell' 'Irāq. Il viaggio fu compiuto con tanta velocità, che Khālid raggiunse gli ultimi drappelli della propria retroguardia al momento in cui facevano ingresso in Ḥīrah, e senza che alcuno, tranne quelli ammessi al segreto, avesse il menomo sospetto di quanto era accaduto (1). Tutte le schiere erano convinte, che egli le avesse seguite tutto il tempo con la retroguardia. abū Bakr seppe della scappata di Khālid, quando egli era già di ritorno nell' 'Irāq, e si dice ne rimanesse molto dispiacente. Si vuole perfino che, come punizione, scrivesse a Khālid, ordinandogli di recarsi immediatamente in Siria per assistere i suoi colleghi, che si trovavano in gravi difficoltà presso il Yarmūk (1) (Tabari, I, 2075-2076).

Cfr. Athīr, II, 306; Khaldūn, II, App. p. 83; Tabari Zotenberg, III, 346-347.

Nota 1. — Questa celebre tradizione, di cui hanno fatto tanto uso anche storici occidentali, come il Weil e il Muir per glorificare Khālid, proviene senza dubbio dalla scuola Iraqense, perchè affatto ignorata dalla scuola Madinese. È inutile aggiungere che dobbiamo assolutamente scartarla come errata leggenda. Tale giudizio severo si forma non solo dallo studio di tutte le tradizioni iraqensi dei precedenti paragrafi, sì piene zeppe di errori e finzioni leggendarie, ma altresì e in principal misura per ragioni cronologiche che esporremo fra breve, studiando il viaggio di Khālid da Ḥirah a Damasco; vedremo allora che il generale makkano, alla fine dell'anno 12. H, stava in procinto di varcare il confine sirio a più di mille chilometri da Makkah. Infine abbiamo l'errore cronologico gravissimo, contradetto poi dallo stesso Sayf, che già nel Dzū-l-Ḥiggah del 12. a. H., i capitani arabi in Siria fossero schierati sulle rive del Yarmūk: questa battaglia, come vedremo, seguì invece tre anni dopo, nel 15. a. H.

Altre aggressioni arabe contro le provincie della Persia centrale.

§ 230. — In Ya'qūbi (II, 151, lin. 15 e segg.) abbiamo alcune notizie, che mancano in tutte le altri fonti, e che dobbiamo ritenere siano per lo meno inesatte. Vi è detto cioè che il califfo abū Bakr ordinasse (non s'indica in quale anno, ma non può essere altro che il 12. H.) a 'Uthmān b. al-'Āṣ di riunire sotto di sè gli 'Abd al-Qays e di invadere la Persia. 'Uthmān espugnò Tawwaǵ, facendo molti prigionieri e poi conquistò il Makrān e tutta la regione circostante. In seguito abū Bakr mandò anche al-'Alā b. al-Ḥadrami con altre schiere e furono espugnate al-Zārah, e la regione circostante del Baḥrayn (cfr. §§ 43 e segg.). Del bottino preso al-'Alā mandò la solita quota a Madīnah, e la distribuzione di danaro contante, ordinata, si dice, da abū Bakr, in questa circostanza, fu la prima che si facesse mai fra " i rossi ed i neri, i liberi e gli schiavi ": ogni persona ricevette un dīnār (moneta d'oro).

La prima notizia è certamente falsa, perchè è noto che la Persia propriamente detta, ed il Makrān furono sottomesse dagli Arabi soltanto durante il governo di 'Abdallah b. 'Āmir in Baṣrah o precisamente fra il 31. ed il 32. a. H. come avremo a narrare in seguito. La seconda notizia ha maggior valore, perchè può essere considerata come una lontana reminiscenza del fatto, che dopo la battaglia di al-Yamāmah e nel corso del-

[Altre aggressioni arabe contro le provincie della Persia centrale.]

l'anno 12. H., i Musulmani avessero ancora a combattere per lungo tempo, prima di ridurre tutta l'Arabia orientale e meridionale almeno nominalmente soggetta a Madīnah ed all'Islām.

Per la menzione dei *rossi* (Europei, Persiani e non-Arabi in generale) e dei *neri* (gli Arabi in generale) vedi quello che abbiamo detto altrove (cfr. Introduzione § 343, nota 2).

Altre fonti più recenti sulla prima campagna musulmana nell'ʿIrāq.

§ 231. — (*a*) Mirkh. (II, 258-259) parla in termini vaghi degli eventi della campagna ed omette ogni menzione di fatti precisi.

(*b*) Khond. (I, 4, p. 8, lin. 17 e segg.) pone la presa di Ḥīrah come il primo evento della campagna, poi Khālid sconfigge Hurmuz, governatore di Ubullah: in una seconda battaglia, batte Qārin, signore di Ahwāz, e vinta poi una terza battaglia, espugna Anbār e ʿAyn al-Tamr.

(*c*) Abulfeda (I, 220) ignora completamente la campagna persiana dell'anno 12. H.

(*d*) Nel Tabari persiano (cfr. Tabari Zotenberg, III, 319-335 e segg.) la campagna musulmana, fino alla presa di Ḥīrah, è narrata come nelle fonti migliori: poi, strano a dirsi, tutte le battaglie narrate da Sayf b. ʿUmar *prima* della presa di Ḥīrah, sono poste *dopo* quell'evento, e quindi, arrivando con la narrazione alla battaglia di Lis (ossia Ullays), inventasi una defezione degli abitanti di Ḥīrah e una *seconda* (!) presa della città.

Il problema di Dūmah al-Ǵandal.

§ 232. — In altro luogo (cfr. 9. a. H., §§ 46-47) abbiamo esaminato le tradizioni sui rapporti fra Maometto e gli abitanti di Dūmah al-Ǵandal, e da questo studio abbiamo creduto dover concludere che le tradizioni sui medesimi siano profondamente travisate, e che l'esistenza di un'altra Dūmah nell'ʿIrāq abbia generato una confusione considerevole nelle notizie riguardanti quella celebre oasi settentrionale d'Arabia. Ci parve altresì di ritenere: primo, che non potesse esistere alcuna buona ragione per collegare la origine di Dūmah al-Ǵandal con quella di Dūmah al-Ḥīrah, e che la pretesa derivazione dell'una dall'altra sia finzione tradizionistica. In secondo luogo, ritenemmo assai probabile che, se non la persona, almeno il nome del celebre Ukaydir, il preteso signore di Dūmah al-Ǵandal, sia egualmente una finzione tradizionistica.

La identità di nome delle due Dūmah (Dūmah al-Ǵandal e Dūmah al-Ḥīrah) ha prodotto però anche altre confusioni ed errori, nella storia della campagna persiana del 12. a. H. Anzi dobbiamo dire che gli eventi del

12. a. H., sono quelli che hanno forse maggiormente contribuito a travisare gli eventi del 9. a. H., sospingendo i tradizionisti a creare notizie per connettere gli incidenti della spedizione ordinata da Maometto con alcuni fatti oscuri dell'anno 12. H., sui quali i tradizionisti erano assai incompletamente informati. S'impone perciò là necessità di esaminare, con qualche accuratezza, le tradizioni che riguardano la pretesa spedizione di Khālid b. al-Walīd a Dūmah (cfr. §§ 170, 180-182, 219-220), la quale sarebbe, secondo il racconto tradizionistico, in ordine di tempo la *quarta* inviata dai Musulmani contro quella ricca contrada. [Il problema di Dūmah al-Ǵandal.]

§ 233. — La fonte che offre maggior copia di notizie su questa spedizione di Khālid b. al-Walīd, è altresì la più fallace di tutte, ossia Sayf b. ʿUmar (§§ 219-220), il che porge già in sè una prima e buona ragione di dubbi. Seguendo il suo solito sistema, che mira a connettere insieme tutte le vicende delle conquiste con quelle del periodo anteriore alle medesime, Sayf introduce anche nei pretesi fatti dell'anno 12. H., il personaggio tradizionistico più importante dell'anno 9. H., in Dūmah, ossia Ukaydir. Sayf ha però anche avvertito, che l'introduzione di questo nome creava una difficoltà, perchè le sue fonti davano pure il nome di un'altra persona, al-Ǵūdi, quale capo in Dūmah [1]. Per accomodare siffatta difficoltà, Sayf ingegnosamente afferma [2], che, gli Arabi di Dūmah avessero due capi (senza darci una spiegazione di questo singolare duumvirato, di cui prima, nel 9. a. H., non abbiamo sentore), e ricorre al comodo espediente di sopprimere Ukaydir, affermando che egli si ritraesse disgustato dal governo, e che Khālid lo mettesse a morte. Ma ciò non basta: Sayf ha bisogno di connettere meglio la spedizione di Dūmah al-Ǵandal con tutto il resto della tela storica dell'anno 12. H., ed afferma che contemporaneamente alla partenza di Khālid per l'ʿIrāq, il califfo abū Bakr spedisse il generale ʿIyād b. Ghanm alla testa di un esercito alla conquista di Dūmah al-Ǵandal, con istruzioni di congiungersi a Khālid in Ḥīrah. Dacchè ciò non avvenne, Sayf ricorre alla finzione, che ʿIyād, arrestato da forze nemiche assai maggiori, rimanga immobilizzato per molti mesi innanzi a Dūmah al-Ǵandal, donde invoca finalmente l'aiuto di Khālid b. al-Walīd: il quale intanto, secondo Sayf, sconfiggendo in strepitose battaglie gli eserciti del gran re di Persia, massacrava le truppe sassanide a diecine di migliaia, e conquistava anche una buona parte del Sawād Persiano.

La natura artificiale di tutta questa combinazione storica viene fuori con grande evidenza, se passiamo ad esaminare altre fonti migliori. Nella versione, per esempio, di al-Madāʾini (§ 170), si ignora la spedizione inviata da abū Bakr da Madīnah contro Dūmah, e scompare del tutto ʿIyād b. Ghanm: ma allora scompare anche ogni ragione per la marcia di Khālid da ʿAyn al-

[Il problema di Dūmah al-Ǵandal.]

Tamr a Dūmah al-Ǵandal in soccorso di 'Iyāḏ (3). Nè ciò basta: sappiamo altresì da ottime fonti che il generale 'Iyāḏ prese una parte attiva alle operazioni militari fuori d'Arabia, soltanto sei anni dopo (Balādzuri, 172; Tabari, I, 2578, autorità: al-Wāqidi), durante l'invasione della Mesopotamia. Se poi infine prendiamo in esame quelle tradizioni dell'ottima fonte, (Balādzuri, §§ 176, 180-182), nelle quali non è avvertibile l'influenza della scuola Iraqense, vediamo con nostra sorpresa che in una è soppressa del tutto la spedizione di Dūmah al-Ǵandal, perchè si afferma che, dopo la presa di 'Ayn al-Tamr, Khālid b. al-Walīd partisse direttamente per la Siria (§ 180). È vero che in una glossa (§ 180, nota 2) Balādzuri osserva che " certa gente afferma " aver Khālid fatto una punta da 'Ayn al-Tamr su Dūmah al-Ǵandal; ma il modo come il cronista ne scrive, e la posizione di appunto secondario, alla fine di tutto il capitolo, e senza particolari di sorta, dimostra con molta forza che egli non vi prestasse fede. Nelle nostre note agli altri §§ 181 e 182, abbiamo poi rilevato i modi e le ragioni dell'errore, e dimostrato come si sia fatta confusione tra Dūmah Dimašq e le altre due Dūmah. Non è senza significato altresì, che Tabari abbia omesso di dare tradizioni sia di ibn Isḥāq, sia di al-Wāqidi, sulla spedizione di Dūmah: tale silenzio vuol dire che queste, le migliori fonti, la ignoravano. Anche al-Ya'qūbi (cfr. § 184) ignora la spedizione di Dūmah al-Ǵandal: lo stesso fanno anche i tradizionisti della scuola Madinese, narrando il viaggio di Khālid in Siria, come si ritrarrà dal contenuto dei paragrafi alla fine della presente annata. La concordanza di tanti dati indipendenti gli uni dagli altri, mena necessariamente alla conclusione che, se le nostre fonti migliori non porgono alcuna notizia in proposito, ciò vuol dire, che nulla v'era da narrare.

Nota 1. — Il De Goeje (Mém., 16) sostiene che la tradizione, secondo la quale la figlia di al-Ǵūdi sarebbe stata rapita (§ 182 e 220) sia a Dūmah al-Ǵandal, sia a Dūmah al-Ḥīrah, debba essere accolta con sospetto, perchè Balādzuri (62, ult. lin). racconta che essa venisse presa in un villaggio dei Ghassān, mentre in Athīr Usd. (III, 305) e Ḥaǵar (IV, 777 e segg.) si narra che cadesse in potere dei Musulmani in Siria dopo la (prima) presa di Damasco. 'Abd al-raḥmān b. abī Bakr l'aveva vista in Damasco prima della conquista e se n'era invaghito: la sposò dopo la conquista. Il De Goeje fa quindi la felice supposizione che « il villaggio dei Ghassān » possa essere la Dūmah presso Damasco (Yāqūt, II, 625), che esiste ancor oggi (l'autore vi ha passato due notti nel 1894), e da ciò possa essere nata la confusione.

Nota 2. — La comparsa di questo nuovo capo al-Ǵūdi, in Dūmah al-Ǵandal, è anche cosa sospetta, dacchè da altre tradizioni (Tabari, I, 1872, lin. 5 e 8; 2083, lin. 13; Athīr Usd., I, 115; cfr. 11. a. H., § 102) *dello stesso* Sayf si ritrae che il capo in Dūmah era Imru·alqays b. al-Aṣbagh: notizia anche confermata dalle tradizioni sulla seconda spedizione di Dūmah al-Ǵandal (cfr. 6. a. H., § 16). Tutta la tradizione Sayfiana su Dūmah al-Ǵandal è dunque un tessuto di finzioni e di errori.

Nota 3. — Un esame della carta geografica e delle condizioni politiche del momento rende evidente che, soppressa la persona e la spedizione di 'Iyāḏ, non può esistere ragione veruna nè tattica, nè strategica, perchè Khālid dovesse abbandonare la frontiera persiana per recarsi a sottomettere Dūmah, traversando l'immenso deserto Samāwah con il rischio di doversi battere nella remota solitudine contro un forte nemico, mentre tutte le sue retrovie potevano essere occupate da eserciti persiani, ponendo i Musulmani in una posizione estremamente perigliosa, se non disperata. Il De Goeje (Mém., 16) osserva anche giustamente che la spedizione di Dūmah, essendo avvenuta, a tenor delle poche fonti che la registrano, *dopo* che Khālid ricevette l'ordine di recarsi in Siria, una marcia su Dūmah al-Ǵandal e un ritorno poi nell' 'Irāq era cosa assurda e incomprensibile. Su questo ultimo argomento avremo a ritornare con più ampiezza alla fine della presente annata.

[Il problema di Dūmah al-Ǵandal.]

§ 234. — Sorge così legittimo il sospetto che, sotto questa pretesa quarta spedizione di Dūmah al-Ǵandal, si asconda un errore, e che la detta spedizione in realtà non sia mai avvenuta. Varie altre ragioni militano in favore di siffatta ipotesi. Innanzi tutto basta guardare la pianta d'Arabia, per accertarsi che Khālid, per espugnare Dūmah, avrebbe dovuto ritornare addietro e traversare quasi metà della penisola arabica, percorrendo il temuto deserto di al-Samāwah, deserto di difficilissimo accesso, e attraverso il quale. da Ḥīrah a Dūmah, non esiste alcuna via per caravane. Se il califfo abū Bakr avesse realmente voluto la sottomissione di Dūmah al-Ǵandal, sarebbe stato assai più logico e naturale, che Khālid stesso l'avesse compiuta prima di assalire l' 'Irāq, e movendo dal convegno di al-Nibāǵ, donde una via frequentata mena direttamente a Dūmah al-Ǵandal. La follia di imporre alle milizie di Khālid il lungo e difficile viaggio da 'Ayn al-Tamr fino a Dūmah ed il ritorno poi ad 'Ayn al-Tamr fu anche intravista da Sayf, il quale perciò, a nascondere siffatta obbiezione, ha finto l'invio della spedizione di 'Iyāḍ da Madīnah. Egli però non ha avvertito, che, nel caso la spedizione di 'Iyāḍ fosse vera, questi avrebbe dovuto rivolgersi per soccorsi piuttosto al Califfo in Madīnah, dove si trovava ancora intatta ed inoperosa la maggior parte delle milizie musulmane (cfr. anche De Goeje, Mém., 16), anzichè a Khālid, il quale si batteva lontano con pochi soldati contro l'impero Sassanida [1], tanto più che, mentre il paese fra Dūmah al-Ǵandal e Madīnah era sottoposto al Califfo, quello fra Dūmah al-Ǵandal e l' 'Irāq era abitato da tribù ancora indipendenti ed in armi contro Khālid. Si consideri poi che, come narreremo fra breve, Khālid b. al-Walīd aveva ordine in quei giorni di partire per la Siria: se egli avesse fatto la spedizione di Dūmah, il buon senso più elementare gli avrebbe indicato l'opportunità di recarsi direttamente da Dūmah al-Ǵandal in Siria, una distanza di pochi giorni, e non di scegliere quello interminabile, lungo i confini settentrionali della penisola fino a Tadmur (Palmira) a nord di Damasco, viaggio tutto intiero attraverso territorio nemico e assai più lungo. Da Dūmah il lunghissimo giro compiuto da Khālid per giungere, come fece, in Siria avrebbe richiesto almeno un mese, mentre da Dūmah direttamente era una marcia di soli otto giorni. Tale obbiezione diviene tanto più grave, quando si consideri, come dimostreremo fra breve, che la invasione della Siria ebbe principio dal mezzogiorno della Palestina, e che la grande battaglia di Aǵnadayn nel 13. a. H., alla quale partecipò Khālid, fu combattuta in una pianura fra Gerusalemme e le frontiere dell'Egitto. Il Muir (Annals, 101-102) ha

[Il problema di Dūmah al-Ǵandal.]

correttamente intuito tutta la forza di questa obbiezione, e ha tentato di rimuoverla. Non avendo però un concetto preciso del valore relativo delle fonti, ha commesso un nuovo errore, altrettanto grave quanto quello che voleva correggere: egli ritiene cioè che Khālid andasse direttamente da Dūmah alle vicinanze di Damasco, e poi, dopo essersi spinto verso settentrione fino a Tadmur, ritornasse addietro fino a Buṣra.

Tale ipotesi non regge, perchè il De Goeje ha dimostrato in maniera inconfutabile, come Khālid, nel passare dall'ʿIrāq alla Siria, prendesse la via che dall'ʿIrāq mena a Tadmur (Palmira), e soltanto dopo la presa di questa fortezza greca, giungesse nei pressi di Damasco.

Quale può essere stata la ragione per indurre la tradizione in errore e per suggerirle la pretesa spedizione di Dūmah al-Ǵandal? Mi pare che se ne possa dare una molto verosimile, ponendo in rilievo la preziosa notizia fornitaci da Yāqūt (II, 267, lin. 16 e segg.), che la così detta Dūmah al-Ḥīrah si trovasse nelle vicinanze immediate di ʿAyn al-Tamr. È naturale il supporre che Khālid, dopo la presa di ʿAyn al-Tamr, occupasse altresì la vicina Dūmah al-Ḥīrah, e ciò in un'età, quando tanto la Dūmah al-Ǵandal, quanto la Dūmah al-Ḥīrah, erano semplicemente chiamate Dūmah, senza aggiunti o epiteti di distinzione. È probabile che qualche vaga memoria di un'occupazione della Dūmah di Ḥīrah sia rimasta nelle tradizioni, e che i tradizionisti e geografi abbiano erroneamente creduto si trattasse della Dūmah famosa dei Kalb (2), dacchè della Dūmah iraqense non si fa mai più parola nelle annate susseguenti. Le memorie gloriose delle prime tre spedizioni di Dūmah trassero in errore ed affascinarono i tradizionisti, portando alla invenzione di tutta la leggenda, alla quale cooperarono altresì le incomplete notizie sulla cattura di Layla bint al-Ǵūdi nella Dūmah di Damasco.

Nota 1. — In una tradizione di Sayf (Tabari, I, 1880, lin. 16-17; cfr. anche 11. a. H., § 124) si fa anche cenno all'invio di ʿAmr b. al-ʿĀṣ fra i Kalb e i Quḍāʿah per reprimere i moti anti-musulmani dopo la morte del Profeta. Se questa notizia è vera, scompare ogni ragione per Khālid di muovere contro Dūmah al-Ǵandal (cfr. De Goeje Mém., 16).

Nota 2. — Il De Goeje (Mém., 15-16), esaminando il problema, giustamente conclude che nelle due tradizioni (Tabari I, 2077, lin. 5, e Balādzuri, III, lin. 12) l'errore debba essere nato da una erronea aggiunta del suffisso al-Ǵandal, al semplice nome di Dūmah. La colpa di questa confusione rimonta a Sayf, e il De Goeje propone acutamente che nel testo di Tabari e di Balādzuri si cancelli al-Ǵandal, il che farebbe scomparire tutte le difficoltà. Nel testo di Tabari allora si alluderebbe alla Dūmah di Ḥirah, e in Balādzuri alla Dūmah di Damasco. Le sue conclusioni sono quindi identiche alle nostre e dobbiamo intieramente concordare con lui contro le ragioni insufficienti del Wellhausen (Sk. u. Vorarb., VI, 47, nota 3), che si attiene alla versione Dūmah al-Ǵandal, affermando che Dūmah al-Ḥīrah fosse un quartiere di Ḥīrah, asserzione che non poggia su alcuna prova.

Anche il Miednikoff (I, 435-436) conviene con il De Goeje: egli rileva giustamente le tradizioni in cui v'è menzione di Dūmah senza altro suffisso e dimostra con buone ragioni che, militarmente, una spedizione di Khālid da Ḥīrah a Dūmah al-Ǵandal è assurda. « Noi dobbiamo » egli dice, « cancellare completamente dal novero dei luoghi traversati da Khālid nel suo viaggio verso la Siria, il « nome di Dūmah al-Ǵandal ».

La campagna persiana dell'anno 12. H., secondo la critica storica.

§ 235. — Dopo tutte le osservazioni e le critiche, sparse nelle note dei precedenti §§ 155-233, chi abbia avuto la pazienza di leggerle sarà venuto, io spero, alla conclusione essere bene scarso il materiale storico autentico, con il quale sia possibile ricostruire il vero corso degli eventi nella prima campagna araba in Persia. Come già si disse al § 185, non è possibile in verun modo mettere d'accordo la scuola di Madīnah con quella Iraqense, e volendo coscienziosamente narrare gli eventi arabo-persiani del 12. a. H., lo storico deve assolutamente porre in disparte, salvo alcuni particolari degni di fede, le tradizioni fallaci di Sayf (§§ 186-233) ed attenersi esclusivamente a quelle madinesi (§§ 155-184), pur severando dalle medesime le manifeste influenze iraqensi, che talune notizie tradiscono e che noi già rilevammo a suo luogo. Quanto si è detto e ripetuto, anche con soverchia insistenza, nelle nostre note precedenti, ci esime in questo luogo dal riassumere gli argomenti inconfutabili che demoliscono la narrazione sayfiana, e ci permettono ora di fissare le linee generali della campagna in maniera spedita e sicura. La narrazione sommaria che ora daremo è perciò radicalmente diversa da tutte quelle che si trovano nelle storie " occidentali " dell'Islām (Caussin de Perceval, Weil, Muir, Müller, ecc.); ma l'ecatombe di false notizie prodotta dalla nostra disamina di tutto l'argomento, non sembrerà, io credo, troppo demolitrice a colui che avrà esaminato con cura le nostre precedenti critiche, che combinano quasi intieramente con quelle geniali del Wellhausen. A costui devesi il merito principale di siffatta trasformazione, diremmo quasi rivoluzionaria, della prima campagna persiana: noi abbiamo soltanto svolto l'argomento con analisi più minuta e con qualche maggiore ampiezza.

La proposta di invadere la Persia venne dalle tribù arabe indipendenti (pagane) (1) del confine persiano (cfr. poc'anzi §§ 150-154): fu accolta con favore da Khālid b. al-Walīd, ed approvata forse anche dal califfo abū Bakr, benchè la sua partecipazione diretta all'impresa non pare accertata in modo scevro da dubbi. L'impresa fu considerata un'escursione avventurosa di importanza del tutto secondaria, perchè la maggior parte delle milizie musulmane, che avevano fatto la campagna dell'anno 11. H. in Arabia centrale, ebbero licenza di ritornare a Madīnah (cfr. §§ 187. e 188). Khālid rimase con un nucleo di soli 500 o 600 Madinesi (2), che si unirono in al-Nibāǵ a schiere non molto numerose di volontari dell'Arabia centrale. Questo piccolo gruppo prese il cammino diretto, che da al-Nibāǵ, nel cuore della penisola, mena al confine della Babilonide, all'estremità settentrionale della grande palude eufratica. In Khaffān, sul limitare del terreno coltivato, Khālid si congiunse con una frazione dei Bakr b. Wāʾil, ossia quella

[La campagna persiana dell'anno 12. H., secondo la critica storica.]

che dipendeva da al-Muthanna b. Ḥārithah, e in tal guisa si formò un piccolo esercito di appena 2.500 uomini, seguiti da altrettanti non combattenti (donne, servi e via discorrendo) (cfr. § 164,*a*). La testimonianza della nostra fonte più sicura, ibn Isḥāq, porta a credere (cfr. § 162,*a*, e 164) che gli Arabi, in principio, non si gettassero sulla città di Ḥīrah, che era difesa da alte mura, ma invece sui piccoli villaggi a settentrione di quella città privi di difese naturali od artificiali. Gli Arabi si spinsero piuttosto in questa direzione, perchè a mezzodì di Ḥīrah le immense paludi eufratiche escludevano da quella parte ogni speranza di bottino: il paese ricco era tutto a nord di Ḥīrah. Pochi erano gli Arabi e non poteva passar loro neppure per la mente l'assedio e l'espugnazione di una città grande come Ḥīrah, gli abitanti della quale dovevano ammontare a forse più che venti volte gli aggressori (cfr. § 164, nota 1). È probabile altresì, che il vero comando della spedizione fosse in mano di al-Muthanna, ben pratico dei luoghi, e che Khālid cooperasse soltanto con lui: è infatti improbabile, che i Bakr indipendenti fossero disposti a riconoscere senz'altro l'autorità suprema d'uno sconosciuto e d'uno straniero, che comandava una frazione sola delle forze invadenti. È piuttosto lecito il credere che al-Muthanna e Khālid comandassero ognuno alle proprie genti senza dipendere l'uno dall'altro: fu una spontanea alleanza di forze, una fusione d'interessi, nella quale però non sembra abbia fatto difetto un po' di reciproca gelosia dei due energici comandanti, ambedue insofferenti di rigida disciplina e di sottomissione ad autorità superiore (cfr. § 165, nota 2). Gli aggressori presero di mira i paesi più vicini e più esposti, e, con loro maraviglia, incontrarono pochissima resistenza. Gli abitanti, piuttosto che veder distrutte le loro case e rovinati i campi, preferirono di venire a patti e pagare un'indennità. Il padrone di una grande estensione di terreno, sulle due rive dell'Eufrate, il noto ibn Ṣalūbā, si obbligò al pagamento di una somma di danaro, la modestia della quale, appena mille d i r h a m, (eguale a circa 900 franchi) rivela l'ignoranza degli Arabi sul valore delle proprie forze e sulla ricchezza vera del paese. È molto improbabile che vi fossero veri e grandi combattimenti, ed il fatto stesso che un proprietario di terre, uno che forse appena si poteva chiamare un feudatario, concludesse un trattato particolare con gli aggressori senza ingerenza alcuna del governo persiano, o del luogotenente di Ḥīrah, è un indizio dell'anarchia amministrativa che regnava allora nell'impero Sassanida. Anche Ullays, a poca distanza da Ḥīrah, dovette pagare tributo, e le schiere di cavalieri e camelieri Arabi (perchè la maggioranza degli Arabi erano montati su cameli), imbaldanziti dall'inatteso successo, si ripiegarono a mezzodì verso Ḥīrah, sempre più fiduciosi di poter impunemente depredare le campagne ricchissime, che circondavano quella celebre città.

NOTA 1. — Siccome sappiamo da Balādzuri e da Sayf b. 'Umar (cfr. §§ 175, 202) che i Bakr b. Wā·il *cristiani* fecero opposizione agli Arabi sotto Khālid, è probabile che la differenza di fede fosse una delle ragioni per le quali i Bakr *pagani* si unirono ai Musulmani per combattere i consanguinei cristiani.

NOTA 2. — D'ora innanzi userò il termine « madinese » in un senso assai esteso, comprendendo cioè in esso tutte le tribù abitanti intorno a Madīnah e fra questa città e Makkah, le quali rimasero fedeli al califfato durante la Riddah. In questo modo l'uso del termine è forse improprio, ma per la chiara comprensione degli eventi successivi è necessario mantenere sempre netta la distinzione fra le tribù rimaste musulmane anche dopo morto Maometto, e quelle che invece divennero parte effettiva della teocrazia madinese solo dopo gli eccidi degli anni 11. e 12. H.

[La campagna persiana dell'anno 12. H., secondo la critica storica.]

§ 236. — Le terre intorno a Ḥīrah, irrigate da numerosi canali, erano intensivamente coltivate da una popolazione mista di Arabi ed Aramei, e la ricchezza del paese era palesemente dimostrata dal numero dei monasteri grandiosi e dagli splendidi edifizî, che sorgevano sparsi per la pianura circostante fino alle rive del grande lago di Nagaf (cfr. § 162, nota 8), dove avevan principio le grandi paludi dell'Eufrate: queste erano formate specialmente dal canale Pallacopas [1] (detto poi dagli Arabi al-Hindiyyah), il quale, dopo essere stato un tempo una fonte di grande ricchezza per il paese, più tardi, forse anche prima dell'età sassanida, abbandonato a sè stesso, aveva corroso gli argini ed allagato il piano, confondendo in una sterminata palude tutta la rete di canali secondari e rendendo inabitabile una regione, prima ferace e prospera. La debolezza della difesa nella regione, dove questo canale si distaccava dalla riva occidentale dell'Eufrate (ossia presso Ullays), diede agli Arabi il coraggio di tentare un colpo più ardito e di molestare anche i sobborghi di Ḥīrah. Il terrore incusso dall'improvvisa invasione musulmana, la più temibile, che alcuno mai ricordasse, aveva preceduto l'arrivo degli Arabi e sembra che l'idea avuta un momento dagli abitanti e dalla guarnigione di opporre resistenza, venisse ben presto abbandonata. La maggior ricchezza del paese si trovava infatti fuori delle mura, sparsa per tutta la campagna, e la guarnigione stessa della città era così poco numerosa, e forse anche così male organizzata, che fin dal principio nessuno si illuse sulla possibilità di difendere le campagne. Quando perciò gli Arabi con il loro selvaggio ardire si accinsero a devastare i casolari ed i monasteri più esposti, i capi della città incominciarono senza indugio a trattare con il nemico, pronti a pagare un'indennità per la salvezza delle campagne e dei conventi. Avvenne così il celebre abboccamento fra i maggiorenti di Ḥīrah ed il generale musulmano Khālid b. al-Walīd, il quale in questa circostanza, eccetto che la tradizione abbia taciuto la cooperazione di al-Muthanna, sembra abbia avuto la parte principale come rappresentante degli aggressori. È probabile altresì che, nel corso di questi primi incidenti dell'invasione araba, Khālid avesse già dato prove sì evidenti del suo grande talento militare, da aver indotto gli Arabi Bakr b. Wā·il a riconoscere parzialmente la sua autorità, ed a rimettersi ai suoi consigli.

[La campagna persiana dell'anno 12. H., secondo la critica storica.]

L'accordo fra gli Arabi ed i maggiorenti di Ḥīrah fu rapidamente concluso. La città si obbligò al pagamento di una somma di danaro, soli 60,000 dirham (²), indennità che ai poveri e laceri predoni del deserto sembrò certo una fortuna, ma che in vero, per una città sì ricca come Ḥīrah, doveva essere ben lieve e facile a pagarsi. V'è anche una vaga notizia, che il pagamento di questo e degli altri tributi fosse eseguito nel corso di pochi giorni e senza incontrare difficoltà (cfr. §§ 211, 214).

Dal silenzio delle fonti si deve arguire che i fatti ora narrati non costituissero una presa di possesso di Ḥīrah, e che gli Arabi non mettessero nemmeno il piede entro la città, ma si contentassero di riscuotere le somme di danaro, rispettando in compenso la vita ed i beni degli abitanti. Più difficile è di stabilire se il pagamento ebbe natura di un tributo annuo, oppure di un'indennità straordinaria di guerra. Su questo non abbiamo notizie precise per due ragioni. Innanzitutto gli eventi che seguirono, travisarono nella mente dei tradizionisti la vera natura dei fatti avvenuti nella prima campagna. Dacchè tre anni dopo tutto il paese divenne territorio musulmano, i tradizionisti hanno erroneamente creduto, che già i primi patti di Khālid fossero veri e propri trattati di sottomissione; e non già, come resulta dal testo dell'accordo con ibn Ṣalūbā (cfr. § 162,a), un pagamento straordinario per una volta tanto, pagamento del quale gli Arabi dovevano ben contentarsi, non sapendo se avrebbero potuto conservare le loro posizioni presso Ḥīrah, quando il governo di Ctesifonte venisse a sapere le loro aggressioni ed avrebbe mandato milizie a cacciarli dal paese. La seconda ragione d'incertezza è poi che, appena passato un anno, gli Arabi, sconfitti e decimati, furono respinti entro il deserto, perdendo tutti i vantaggi ottenuti nella prima campagna, e soltanto più tardi, sotto 'Umar, intrapresero una vera guerra a fondo di conquista; la prima campagna, come già ripetutamente si disse, fu solo una razzia.

Le fonti stesse dànno però indirettamente la conferma che i trattati dell'anno 12. H. furono semplici pagamenti d'indennità straordinarie di guerra. Difatti ci consta da tutte le parti che gli Arabi, dopo la conquista dell''Irāq, riconobbero come gli abitanti di Bāniqyā, di Ullays e di Ḥīrah avessero diritto ad un trattamento speciale in vista degli accordi conclusi nell'anno 12. H., e che non dovessero essere equiparati agli abitanti della parte rimanente del paese conquistato. Ciò significa quindi che i fatti del 12. a. H. non furono conquiste, ma eventi eccezionali, quali non si verificarono mai in seguito. I rapporti eccezionali fra questi abitanti e l'amministrazione musulmana, che ammetteva per quelli il diritto di vendere le loro terre (cosa vietata a tutti gli altri sudditi, come esporremo ampiamente in altro luogo), ebbero dunque origine dagli eventi dell'anno 12. H., quando gli Arabi, ignari del futuro, fecero agli abitanti di Bāniqyā, di Ullays e di Ḥīrah condizioni, mai più concesse di poi, quando assalirono con intento manifesto di conquistare e non semplicemente di riscuotere una somma e poi ritirarsi.

[La campagna persiana dell'anno 12. H., secondo la critica storica.]

Gli eventi che seguirono la presa di Ḥīrah fanno parte del viaggio di Khālid verso la Siria, e perciò li esaminiamo nel loro insieme alla fine dell'annata, dove anche tenteremo stabilire il vero significato di tutta la fantastica campagna militare di Khālid, narrata nei §§ 217-226 (3).

NOTA 1. — Sull'origine semitica del nome Pallacopas, cfr. Guidi, *Della sede primitiva dei popoli Semitici*, p. 31: esso è la forma grecizzata della radice semitica falaǵa, che nella forma sostantivale significa « canale, acqua divisa in più canali », ed è comune a tutti i Semiti tanto settentrionali, che meridionali.

NOTA 2. — Le tradizioni della scuola Madinese (cfr. §§ 162, 163, 164, 165, ecc.) riferiscono 90.000, 60.000, 80.000 e perfino 100.000 dirham. Una tradizione (§ 166) riduce la somma a soli *mille* dirham, ma tale notizia fondasi forse sopra un equivoco con l'accordo con ibn Salūbā. Delle altre somme io accetto la minore come la più probabile, perchè dal tenore delle tradizioni sayfiane, che elevano l'indennità a 190.000 (cfr. §§ 208 e 210), e perfino a 2.000.000 (§§ 211 e 214,*b*) è palese la tendenza ad esagerare le somme per le ben note ragioni: dato ciò, è naturale che la cifra più piccola, nella quale già annidasi forse un principio di esagerazione, debba essere quella più prossima al vero.

NOTA 3. — Per la cronologia di questa breve campagna, rimandiamo il lettore a quanto partitamente studiamo in altro luogo, quando cercheremo di fissare la cronologia ed il tracciato del viaggio di Khālid da Ḥīrah a Damasco. Per ora si può dire che gli eventi narrati in questi paragrafi debbono essersi svolti tra il Ǵumāda II, e il Ša'bān del 12. a. H., vale a dire tra l'Agosto e l'Ottobre del 633. a. È. V. (cfr. § 215 e nota).

Condizioni dell'impero Bizantino e decadenza del Cristianesimo orientale alla vigilia dell'invasione araba.

§ 237. Fu relativamente facile per noi riassumere in altro luogo quelle poche notizie sicure sul conto dei Sassanidi, che potevano dar lume sulle ragioni e sulla misura della decadenza dell'impero Persiano. Lo stato orientale è un organismo primitivo ed imperfetto, costituito per lo più sul concetto fondamentale dell'autocrazia assoluta, strettamente unito al principio ereditario, come già si espose in altro luogo (cfr. § 120, nota 4), e la sua esistenza dipende principalmente dal valore e dalla fedeltà delle milizie. In esso manca un vero processo evolutivo della sua costituzione politica, ed è più facile perciò la diagnosi dei mali che lo affliggono. Mutati alcuni elementi di secondaria importanza per il nostro argomento, la costituzione dei Sassanidi rivela grandi punti di somiglianza con quella degli Achemenidi di mille anni prima, e con la maggior parte degli stati orientali, che governarono l'Asia Anteriore mille anni dopo. Le cause che determinarono la caduta dell'impero Achemenida per le campagne vittoriose di Alessandro, non sono molto diverse da quelle che portarono alla caduta dei Sassanidi dinanzi agli intrepidi guerrieri dei Califfi arabi. Non v'è, per esempio, alcun divario essenziale fra le condizioni politiche della Persia e del Marocco al giorno d'oggi, e quelle di tanti Stati orientali del X e del XI secolo dell'Èra Volgare. Il cómpito quindi dello storico

[Condizioni dell'Impero Bizantino e decadenza del Cristianesimo orientale.]

nell'esaminare la degenerazione degli Stati orientali è relativamente meno arduo, perchè la struttura organica dei medesimi è, nelle grandi linee, quasi sempre la stessa, e nel corso della loro esistenza avvengono di rado mutamenti essenziali: mutano gli uomini al governo, ma i sistemi, le passioni, le tendenze rimangono, con poche varianti, le medesime.

All'orientale fa completamente difetto il senso politico, quale fu inteso e praticato in modo sì alto ed energico dai Romani nell'Evo antico, o dai nostri Comuni nell'Età di mezzo, o dai popoli anglo-sassoni nei tempi moderni. L'orientale comprende soltanto due vincoli, la religione e la forza: il concetto dei diritti dell'uomo, indipendentemente dall'espressione della volontà di Dio, è per lui incomprensibile. La separazione dello Stato dalla Chiesa è per lui inconcepibile: la potestà regale è una prerogativa di origine divina: anche l'avventuriere che diventa sovrano, è una manifestazione dell'inscrutabile volontà di Dio [1]. La storia dell'Oriente consiste quindi in una serie infinita di rivoluzioni sovente violentissime, ma ogni nuovo governo ha di rado portato qualche mutamento organico della vita politica, quasi mai ha segnato verun reale progresso: più spesso anzi un regresso [2]. I medesimi fatti si ripetono con desolante monotonia, come avremo sovente a esporre in appresso, se il destino ci permetterà di menare in porto il presente lavoro.

Nell'esaminare perciò la decadenza degli Stati orientali, lo storico, anche difettando di documenti illustrativi, può appurare con relativa facilità la ragione degli abbaglianti, ma brevi splendori, nonchè le cause delle rapide e complete rovine degl'imperi asiatici.

Nota 1. — (*a*) (abū Hurayrah). Quando Dio vuole far del bene alla gente, manda un sovrano benevolo e mite, ed affida i beni degli uomini nelle mani di sovrani buoni ed indulgenti. Se però Dio vuol mettere alla prova una gente, allora manda un sovrano malvagio, ed affida i beni degli uomini nelle mani di sovrani avari e rapaci (Yūsuf, 5, lin. 24-26).

(*b*) (Anas b. Mālik). I più grandi fra i Compagni del Profeta ci hanno ingiunto di non insultare i nostri sovrani (umarā·unā), di non ingannarli e di non ribellarsi contro di loro: dobbiamo invece temere Dio e *aver pazienza!* (Yūsuf, 6, lin. 12-13).

(*c*) (Makḥūl). Il Profeta disse a Mu'ādz b. Ǵabal: « Obbedisci ad ogni amīr, prega dietro ad ogni imām, e non insultare mai uno dei miei Compagni » (Yūsuf, 6, lin. 20-21).

(*d*) (abū Hurayrah). Disse il Profeta: « Chi mi obbedisce, obbedisce a Dio; chi obbedisce all'imām, obbedisce a me; chi si ribella contro di me, si ribella contro Dio, e chi si ribella contro l'imām, si ribella contro di me! » (Yūsuf, 6, lin. 2-4).

(*e*) (al-Ḥasan al-Baṣri). Non insultate i vostri superiori (al-wulāt), perchè se essi agiscono bene, avranno la loro ricompensa, e voi dovete a loro gratitudine: se però agiscono ingiustamente, su di loro pesano (le conseguenze) di un misfatto, *ma a voi spetta la pazienza*, perchè essi sono gl'istrumenti con i quali Dio si vendica di chi vuole. Perciò non osate resistere con ira e violenza contro la vendetta di Dio, ma accettatela umili e contriti (Yūsuf, 6, lin. 14-16).

(*f*) (abū-l-Buḥturi, da Ḥudzayfah). Non è sunnah (vale a dire è contrario allo spirito della legge musulmana) sguainare la spada contro il tuo imām (Yūsuf, 6, lin. 5).

(*g*) ('Abdallah b. 'Umar). Un giorno, mentre stava seduto all'ombra della Ka'bah, in mezzo a grande folla di fedeli, ibn 'Umar disse: « Ho udito il Profeta di Dio che diceva: 'Chi si sottomette all'imām, deve obbedirgli in tutto quello che può; se però viene uno che fa contrasto all'imām, allora tagliategli la testa!' » (Yūsuf, 6, lin. 17-19).

(*h*) Il Profeta disse: « O gente, temete Dio, udite! ed obbedite! anche se siete comandati da uno schiavo abissino mutilato (a ǵ d a': ossia, con le orecchie e il naso mozzati) » (Y ū s u f, 6, lin. 1-2).

Nota 2. — Si deve fare eccezione per il primo periodo del dominio arabo in Asia, perchè la natura del medesimo ha in sè un carattere tutto particolare, per le condizioni uniche, nelle quali si trovava il popolo arabo. Il primo secolo dell'impero Arabo non è la storia di potenti sovrani, ma sibbene di un popolo giovane, forte, pieno di immense energie, amantissimo della libertà, il quale influisce in modo unico nel suo genere sul corso degli eventi del mondo: è veramente la storia di un popolo e non gli annali di una dinastia. Quando però gli elementi arabi, nel corso del II secolo della Hiǵrah, sopraffatti dall'« orientalismo » dei popoli conquistati, perdono i loro caratteri distintivi, allora soltanto lo spirito popolare s'infiacchisce, degenera, ed il governo riprende alfine quel carattere opprimente che aveva sotto i Sassanidi; diviene cioè un'autocrazia cieca, brutale, crudele ed irresponsabile, sotto la quale il popolo, docile armento, si fa pazientemente tosare, moralmente annientato dalla propria incapacità politica e dalle infamie dei governanti. La storia quindi dei primi due secoli dell'impero Arabo è sola nel suo genere in tutte le vicende tempestose dell'Asia: da questo il pregio suo tutto particolare.

[Condizioni dell'impero Bizantino e decadenza del Cristianesimo orientale.]

§ 238. — Ben più difficile è invece il nostro còmpito, quando passiamo a studiare le condizioni di uno stato occidentale, come fu quello che, forse impropriamente, chiamiamo Bizantino (cfr. Bury, *The Later Roman Empire*, vol. I, p. v-ix) (1). Il problema che si presenta allo storico, è allora di natura infinitamente più complessa, e la soluzione assai più ardua. Specialmente arduo è infine il caso nostro: nell'impero Bizantino abbiamo una forma di governo essenzialmente " occidentale ", vale a dire, sovrattutto politica, ma non pertanto profondamente turbata da passioni religiose, che lo Stato politico era impotente a frenare o dirigere; allo stesso tempo, anche la sua forma pura occidentale era imbastardita e corrotta dall' " orientalismo " delle genti asiatiche ed africane, che formavano la maggior parte della sua popolazione. L'impero Bizantino, nel secolo VII dell'Èra Volgare, rappresenta perciò una fase assai avanzata d'un vastissimo e profondissimo processo di evoluzione politica, morale e religiosa, il principio della quale saliva a ben dodici secoli prima, e nel corso della quale i più svariati, potenti ed inattesi fattori eran venuti a confondere il corso degli eventi.

L'origine di Roma ed il trionfo dei Latini su tutti i popoli del mondo conosciuto furono in origine un fenomeno di natura essenzialmente politica, e per nulla religiosa. L'ideale supremo del cittadino romano fu ognora la grandezza e la gloria dello Stato, della *Res publica*, istituzione sacra per lui non già quale prodotto della volontà di Dio, ma soltanto come simbolo della volontà di tutti i cittadini: la legge era l'espressione pratica di queste volontà riunite, ed il governo infine era una semplice funzione amministrativa, scevra da qualsiasi concetto religioso e dinastico. Lo Stato, la legge ed il potere esecutivo dovevano coesistere non già per imporre la volontà di Dio in terra, nè per sostenere gl'interessi materiali di una famiglia regnante, ma per ottenere, in quanto era possibile, la prosperità e felicità terrena immediata dei cittadini. Non mai in alcun caso il legislatore romano ebbe di mira la felicità dell'uomo al di là della tomba: egli fu preoccupato soltanto dagli

[Condizioni dell'impero Bizantino e decadenza del Cristianesimo orientale.]

interessi secolari, mondani della comunità, i quali sono anzi considerati di tanto momento, che ad essi dovevano sempre e in tutto sottostare gl'interessi degli individui. L'assenza quasi completa di fondamento religioso nella legislazione romana ci spiega come un imperatore cristiano e religioso, Giustiniano, nemico acerrimo del paganesimo, di cui cancellò le ultime vestigia (con la soppressione della scuola filosofica di Atene) potesse, senza offendere i suoi sentimenti religiosi, riunire in un corpo solo tutta la legislazione romana, e consacrarla nella forma di un codice con l'assistenza di un pagano, il grande giurista Triboniano. In realtà, lo Stato teneva nel concetto romano il posto che assume Dio nel concetto orientale politico, con la differenza però che al concetto romano non era collegata alcuna imposizione rituale, e nessun principio dogmatico.

L'evoluzione storica di Roma è partita dunque da principî diametralmente opposti a quelli dominanti in Oriente, ed il trionfo dello Stato romano su tutti i popoli del mondo antico in Asia rivela l'immensa superiorità e la forza dominante, conferita da questi principi ai fondatori dell'Impero di Roma. Quando questi principi vennero meno, ebbe anche inizio la decadenza, la quale andò sempre più accelerandosi quanto più la costituzione politica romana, per lenta evoluzione e per influenza corruttrice delle civiltà asiatiche, si avvicinò e si conformò al tipo dei governi despotici orientali, e vennero a spegnersi quelle feconde forze popolari, che erano state le fondamenta più sicure della grandezza di Roma. Fatali furono per Roma le conquiste dell'Oriente: l'influenza nefasta, irresistibile, ma disgregante dell'ingegno, della coltura e dello spirito filosofico greco, nonchè l'azione snervante del lusso, dei vizi e delle passioni dei popoli asiatici, furono tra le cause principali, che accelerarono la decadenza romana. Quando infine a questi fattori, già per sè tanto perniciosi, si aggiunse, fattore novissimo, l'opera disgregatrice e demolitrice delle passioni religiose, eccitate dalla comparsa del Cristianesimo, il malfermo edifizio non resse più dinanzi alla bufera: l'impero non fu più in grado di combattere le forze innumerevoli, che lavoravano alla sua decomposizione. Ogni sano concetto politico rimase viziato dai nuovi ideali religiosi, che, trascurando gl'interessi mondani, miravano a volgere tutta l'attenzione del l'uomo alla vita d'oltre tomba a detrimento della felicità presente. La storia del mondo non conosce uno sconvolgimento morale più vasto e profondo di quello creato dal Cristianesimo: disfatto da sì terribile male interno che gli mordeva le viscere, l'Impero entrò in agonia. I barbari, la corruzione universale e l'azione lenta del tempo fecero il resto. L'Impero incominciò a smembrarsi, come un corpo in decomposizione che non regge assieme: d'uno Stato se ne fecero due, l'impero Occidentale e l'Orientale. Quello, più esposto

[**Condizioni dell'impero Bizantino e decadenza del Cristianesimo orientale.**]

alla bufera germanica, scomparve per primo, travolto dalla tormenta dell'Evo medio; l'altro, per effetto sovrattutto di circostanze locali, principale fra tutte la sua posizione geografica, ebbe vita assai più lunga e tenace, ma più che una vita, fu una diuturna e straziante agonia, una morte lenta e triste, sebbene non tutta ingloriosa. Quando emersero gli Arabi dai loro deserti, dell'impero Orientale già non sopravviveva che una parte soltanto, ed anche questa in condizioni oltremodo precarie.

NOTA 1. — Per la prima parte di questa breve digressione, mi sono astenuto dal citare le mie autorità, perchè abbondano le storie generali dell'impero Bizantino, nelle quali è facile riscontrare la esattezza delle mie affermazioni. Più avanti, quando scenderò a particolari maggiori, darò con precisione le fonti delle singole notizie. Mi astengo parimenti dal dare una bibliografia delle opere sulla storia del Basso Impero e dell'impero Bizantino: in questa prima parte trattiamo un argomento, con il quale la maggior parte dei miei lettori ha certamente una considerevole famigliarità: basterà alludere a nomi come Gibbon, Lebeau, tra gli antichi e Bury, Krumbacher ed altri molti tra i moderni.

§ 239. — L'Impero dunque, che gli Arabi si accingevano ad assalire, era, storicamente parlando, ancora l'impero Romano, ed il regnante imperatore Eraclio era il diretto e legittimo successore di Cesare Augusto e di Traiano, dettando legge come *Imperator Caesar*. L'amministrazione conservava molte tradizioni politiche ed amministrative della gloriosa Roma repubblicana e tale splendido retaggio era la sua forza maggiore: gli abitanti eran chiamati romani (Ῥωμαῖοι, tradotto dagli Arabi in al-Rūm); ed infine l'esercito pretendeva ancora di essere composto di legioni romane, avendone in parte conservato l'ordinamento e le tradizioni. Ma queste ultime erano per lo più vane parole (Holmes, I, 132-133, 170-172): [1] in tutto l'Impero non esisteva più un solo romano; gl'imperatori erano o greci, o barbari, o asiatici; alla lingua ufficiale latina, quasi del tutto scomparsa anche negli atti ufficiali, era surrogato l'idioma greco. L'amministrazione, benchè conservasse in parte le forme esterne della Roma repubblicana ed imperiale, ne aveva già perduto lo spirito, cioè la forza creatrice, tramutatasi com'era in un odioso strumento di oppressione burocratica e fiscale, con tutti i caratteri di governo assoluto ed irresponsabile. La popolazione era un ibrido miscuglio di Greci degeneri e bastardi, di Asiatici imbelli e di semi-barbari Africani, che nulla avevano più in comune con quelle forti popolazioni italiche, procreatrici feconde di uomini di stato e di legioni invincibili. L'esercito era un'accozzaglia di mercenari di cento razze diverse, barbari dell'Europa centrale, Greci, Orientali, Egiziani, Africani, e chi sa mai quanti altri, ai quali mancava la forza principale delle legioni romane, la coscienza d'un'origine comune, d'un comune interesse, e d'un supremo ideale, l'amore della patria, per la gloria della quale ogni cittadino era pronto a dare la vita. Il sublime sentimento di Roma antica, l'amor patrio, più non esisteva, nemmeno di nome: non esisteva, non solo perchè non v'era più, stante la babelica mescolanza di nazionalità

[Condizioni dell'impero Bizantino e decadenza del Cristianesimo orientale.]

diverse e fra loro ostili, che formavano la popolazione dell'impero d'Oriente (cfr. Krause, 124), una patria da amare e da difendere a costo della vita; ma altresì perchè l'influenza disgregatrice del Cristianesimo, mirando a fondere tutti gli uomini in una fede sola, superiore a ogni differenza di razza, demoliva le basi stesse dell'amor patrio. Questo è un sentimento ignoto agli Asiatici, i quali non hanno per esso nemmeno un termine che lo possa definire: le tendenze nazionaliste dei Persiani e degli Arabi non possono chiamarsi patriottismo, perchè sono in realtà solamente ispirate da una cieca sicurezza nella propria superiorità sugli altri popoli, e da un sentimento d'avversione per lo straniero. Erano tendenze, nelle quali mancava il sentimento più nobile dell'amor patrio di Roma e di Grecia antica, lo spirito di sacrifizio di sè nell'interesse della comunità, quello spirito, con il quale ancor oggi un giovine popolo dell'Estremo Oriente ha riempito di maraviglia e d'ammirazione il mondo civile.

Dovendo ora tracciare per somme linee gli aspetti principali d'una condizione politica e morale sì estremamente complicata e piena di stridenti contrasti, quale era la società bizantina sul principio del VII secolo dell'Èra Volgare, la nostra esposizione sarà necessariamente sommaria ed incompleta: nostro còmpito non può essere quello di dare un quadro generale della società bizantina, ma di studiare e chiarire possibilmente quei soli argomenti, che meglio spiegheranno le ragioni delle facili vittorie degli Arabi, e quelli che potranno servire quali premesse ad intendere con maggiore chiarezza gli eventi successivi. Dacchè molte cose che esistettero sotto al governo bizantino, rimasero invariate anche sotto il dominio arabo, e per di più i sentimenti che animavano le popolazioni asiatiche dell'Impero, influirono potentemente sull'evoluzione della fede e del sistema di governo dei conquistatori arabi. In primo luogo, esamineremo perciò la forma del governo quale si trovò sotto i successori di Giustiniano, accennando brevemente alla loro nefasta politica interna ed esterna: di poi tratteggeremo brevemente le condizioni morali e religiose delle popolazioni orientali dell'Impero, e le disposizioni d'animo delle medesime, sì avverse al governo bizantino e sì favorevoli agli Arabi invasori.

Nota 1. — Il soldato bizantino aveva una pessima riputazione; era una « classe vile e indegna », « libera di vizi, quanto potresti dire il mare libero di onde »: così si esprimono i contemporanei (cfr. Holmes, I, 173, nota 1).

§ 240. — Dal giorno in cui cessò la forma di governo repubblicano, l'autorità imperiale subì una rapida e costante trasformazione: dopo un breve ed infelice tentativo di prendere forma dinastica, essa degenerò in una specie di autocrazia imperiale, nella quale le forme repubblicane, conservate in principio in ossequio alla tradizione, si andarono lentamente cancellando.

[**Condizioni dell'Impero Bizantino e decadenza del Cristianesimo orientale.**]

Fattori principali di questo mutamento furono le guerre continue ai confini, le ripetute spaventose guerre civili, che dilaniarono l'Impero, esaurendolo di uomini e di danari, e sostituendo all'ordine il caos, alla giustizia la violenza. Nutrito dall'immenso disagio economico e dalla confusione religiosa, sorse ora inatteso e minaccioso un nuovo fattore, che doveva influire potentemente sull'evoluzione dell'autorità imperiale, ossia la passione religiosa (1), destata dalla comparsa del Cristianesimo. In breve corso d'anni, per le circostanze speciali del momento, la nuova fede divenne il maggiore pericolo interno del decadente colosso pagano, perchè essa, mirando ad abbattere tutto il mondo antico per la rigenerazione dell'umanità peccatrice, venne in immediato, diretto conflitto con l'autorità imperiale, l'espressione più sintetica del paganesimo romano, ed impegnò con essa una lotta asprissima, nella quale il Cristianesimo, dopo durissime prove, conseguì grande trionfo.

La suprema autorità imperiale, per non soccombere a guai maggiori, dovette patteggiare con il terribile avversario, e Costantino riconobbe alfine il Cristianesimo come religione di Stato (2). Il regno quindi di Costantino segna il principio d'un nuovo periodo di evoluzione della potestà imperiale, non solo per l'iniziale divisione dell'Impero in quello d'Oriente e in quello d'Occidente, ma anche e sibbene perchè, d'ora innanzi, gl'imperatori si trovarono impegnati in una lotta d'un genere nuovo contro il più temibile dei rivali, la Chiesa cristiana. La quale, pur apparentemente accettando la forma pagano-imperiale di governo, propagava e difendeva principî, che dovevano scalzare le basi stesse della potestà imperiale: una delle sue mire precipue fu appunto d'emanciparsi, e perfino d'imporsi all'autorità civile. La Chiesa, pur imitando e adottando la costituzione gerarchica dell'amministrazione civile dell'Impero, mostrò fin dal principio spiccata tendenza a liberarsi da ingerenze imperiali ed a rendersi assolutamente indipendente. Non v'è dubbio che, stante l'intensità del sentimento religoso e per effetto delle circostanze speciali del tempo, se fosse rimasta unita e concorde, la Chiesa, creando uno Stato entro allo Stato, avrebbe un giorno facilmente dettato legge in tutto l'Impero in materia tanto religiosa, che civile. Volle però il destino, che la Chiesa cristiana, nel giorno del suo trionfo sul paganesimo, si trovasse anche lei in un periodo assai critico di evoluzione dogmatica, dalla quale scaturirono le più profonde e violente scissioni. Appena liberata dal pericolo e dall'angoscia delle persecuzioni, nè più minacciata nella sua stessa esistenza, si abbandonò a lunghi, asprissimi e sterili conflitti teologici, inveleniti da passioni politiche e da tendenze separatiste delle varie nazionalità: la pace interna e l'unità sua furono turbate da profonde discordie, che degenerarono in innumerevoli eresie. Siffatte scissioni, se pure contribuirono alla rovina dell'Impero, furono, in una certa

[**Condizioni dell'impero Bizantino e decadenza del Cristianesimo orientale.**]

misura, la salvezza dell'autorità civile degli imperatori, perchè questi, mantenendole vive, e parteggiando ora per una dottrina, ora per un'altra, aggravarono le discordie in grembo alla Chiesa, e fiaccando così le forze della temuta rivale, conservarono più a lungo l'autorità suprema nello Stato.

I più accorti fra gl' imperatori orientali si valsero abilmente delle discordie religiose per ingerirsi sempre più negli affari della Chiesa in Asia, nell' intento di ridurre la religione a quello stato di soggezione, che essa aveva ai tempi pagani, vale a dire di umile ancella della potestà civile. Questo scopo supremo, grazie ai continui scismi, alle innumerevoli eresie, ed alla intensità quasi incredibile delle passioni religiose fra loro in conflitto, venne finalmente raggiunto — benchè, è vero, per breve tempo — dal grande imperatore Giustiniano.

Nel suo lungo regno — dal 527. al 565. dell' È. V. — egli potè stabilire l'autorità imperiale nella sua forma più assoluta e completa, non solo in materia civile e militare, ma bensì anche in quella religiosa: egli fu il primo imperatore cristiano, che fosse, a un tempo, sovrano e pontefice, imperatore e papa; ed il grande concilio ecumenico di Costantinopoli nel 533. dell' È. V., al quale Giustiniano dettò il programma di discussione, solennemente accettato, riuscì la manifestazione più caratteristica del Cesaropapismo del grande imperatore (cfr. Bury, II, 1-10). Gli eventi successivi dimostrarono però come la teocrazia imperiale, sognata da Giustiniano, fosse impossibile a mantenere, e come la politica religiosa di tutti gl' imperatori sì buoni, che cattivi, producesse a lungo andare effetti nefasti tanto alla Chiesa, quanto alla fede cristiana in sè ed all' Impero.

Nota 1. — Uno dei punti più difficili ed oscuri nella storia dell' impero Romano, è la comparsa quasi repentina nella società romana del fortissimo sentimento religioso, che trovò la sua espressione nel Cristianesimo. Dallo scetticismo gaudente di Orazio, dal razionalismo spietatamente scientifico di Lucrezio e dalla filosofia stoica di Seneca, balziamo al fervore sublime dei primi martiri cristiani sotto Nerone, senza fase intermedia. È come lo scoppio d'un sentimento latente e profondo, che sonnecchiava da secoli, ignorato da tutti, e che, per mancanza di alimento, non era mai venuto alla luce. Quando Gesù incominciò a predicare in Galilea, il solo popolo dell' Impero, che fosse animato di vero sentimento religioso, era l'ebreo. Tre secoli dopo, tutto il mondo romano, dalle rive dell'Atlantico alle sponde dell' Eufrate, ardeva di fede e di passione religiosa, sia in favore, sia contro la nuova fede. Il contagio religioso ebraico aveva invaso il mondo intiero. Furono gli Ebrei, si può dire, che insegnarono al mondo come si dovesse credere in Dio. Quando Gesù per il primo ebbe proclamato, a costo della vita, la fine della legge Mosaica, che rendeva odioso il Giudaismo, e quando poi Paolo, continuando l'opera di Cristo, proclamò l'universalità della nuova fede, rotte alfine tutte le barriere, la stupenda religione dei profeti d'Israele fece la conquista della parte migliore del mondo. A quel popolo pur tanto odiato e calunniato dobbiamo quindi quella fede, di cui non esiste e non esisterà mai una più pura, più bella e più sublime. Come e perchè ciò avvenisse, è uno dei più ardui e complessi fenomeni storici che si conoscano, e sul quale l'immensa letteratura critica del Cristianesimo ci dà solo imperfettamente qualche lume.

Nota 2. — Ciò non avvenne già per sincerità di fede, ma perchè Costantino, disperando di poter vincere il grande avversario, si prefisse di unirsi con lui, per usarlo quale mezzo di governo. Che l'Imperatore fosse mai realmente cristiano è molto improbabile, perchè troppo interessata fu la sua apparente conversione: infatti la Chiesa cattolica, intuendo i motivi politici dell'imperatore, non lo ha ammesso fra i suoi santi, come avrebbe fatto se egli avesse agito da vero credente, e come fece per sua madre, la virtuosa imperatrice Elena, vera e sincera credente, famosa come colei, che, si dice, scoprì i pretesi resti della croce e della tomba di Gesù, e come riedificatrice di Gerusalemme.

[**Condizioni dell'Impero Bizantino e decadenza del Cristianesimo orientale.**]

§ 241. — L'equilibrio ottenuto da Giustiniano tra le forze che scindevano l'Impero, fu perciò di assai breve durata. Appena egli discese nella tomba, gli elementi disgreganti tornarono ad agire con tutto il loro vigore, ed il sistema artificiale creato dal defunto, rovinò sotto l'impeto della grande bufera scatenatasi sull'infelice Impero. La decadenza, incominciata secoli prima, proseguì con moto sempre più accelerato, e nemici esterni ed interni cooperarono, in brevissimo tempo, a portare lo stato Bizantino a quella condizione di completo esaurimento, che tanto facilitò la conquista araba.

Il periodo che corre dal 565., anno della morte di Giustiniano, fino al 622., quando Eraclio iniziò la gloriosa campagna contro i Persiani, è uno dei più tristi della storia bizantina: l'Impero non solo perdè tutte le conquiste, fatte da Giustiniano con tanti immani sacrifizi, ma la sua stessa esistenza fu messa in forse dalle conquiste dei Longobardi in Italia, dalle invasioni degli Unni e degli Slavi nella penisola Balcanica, e dalle vittorie dei Persiani in Asia. Queste guerre disastrose portarono l'Impero sull'orlo della rovina; ed il giorno, in cui Eraclio salì sul trono e si accinse a salvarlo da fine quasi sicura, il vasto impero di Giustiniano era pressochè ridotto alla sola città di Costantinopoli, e la potestà imperiale non più che l'ombra di quella goduta dal celebre creatore del dispotismo bizantino. La carica d'imperatore aveva perduto quasi tutta la sua dignità e autorità, diventando, nelle mani di uomini incapaci, ragione di debolezza e di rovina. Già negli ultimi anni di Giustiniano, pareva che un'ombra funerea pesasse sull'Impero, la decrepitezza del quale sembrava personificata dalla figura senile ed esausta del morente autocrate: agli effimeri splendori, ai vacui trionfi dei primi anni, era succeduto un senso di stanchezza, di scoramento e d'impotenza, che traspare chiaramente dagli scritti dei cronisti contemporanei (cfr. Bury, II, 68, nota 1) e si accentua sempre più nei primi anni del regno seguente di Giustino II.

Giustiniano aveva compiuto grandi cose, ma al costo dei più gravi sacrifizi: la sua politica di conquiste, la sua mania per le costruzioni gigantesche, le somme ingenti pagate annualmente ai barbari del settentrione in forma di stipendi, ma che realmente erano tributi, il folle lusso spiegato alla corte di Costantinopoli avevano richiesto lo sciupio di somme favolose, strappate con mezzi straordinariamente odiosi alle popolazioni immiserite da secoli di decadenza, di malgoverno, di guerre all'esterno, di guerre civili e di invasioni nemiche all'interno (1). Le nuove gravosissime tasse inflissero danni incalcolabili a tutti gli abitanti, e i poveri proprietari e coltivatori di terre furono addirittura dissanguati a morte. Sinistramente celebre nel regno di Giustiniano fu il terribile ministro Giovanni di Cappodocia, prefetto del Pretorio, uomo di grande ingegno, ma spietato e senza scrupoli, il quale sapeva con satanica

[**Condizioni dell'impero Bizantino e decadenza del Cristianesimo orientale.**]

abilità estorcere agl'infelici sudditi fin l'ultima stilla di sangue. Egli aveva a suo servizio orde di malvagi, suoi feroci agenti d'imposte, che, nell'esigere le tasse, devastavano il paese come schiere nemiche o nuvole di cavallette. Si narra che in alcune provincie, come la Licia, dopo il passaggio degli agenti del ministro, non rimase più nè un ragazzo, nè una fanciulla, che non fossero deflorati, nè esistè più in veruna abitazione un solo oggetto di valore. Il ministro fu considerato come un demonio, capo di una banda di demoni, pronti ad eseguire qualunque suo ordine (Bury I, 336-337). Anche le sue misure amministrative furono disastrose: una, per esempio, la soppressione parziale delle poste dello Stato, il *cursus publicus*, se risparmiò all'amministrazione imperiale alcune spese per il trasporto dei generi dalle provincie alla capitale, d'altra parte fu la rovina completa d'innumerevoli agricoltori, i quali, non potendo a loro spese esportare i generi, dovettero abbandonare i raccolti invenduti e lasciarli marcire sui campi o nei granai. Egli inventò un'infinità di nuove tasse odiose, fece di tutto un commercio ed un mezzo per estorcere danaro. Durante il regno di colui, al quale dobbiamo la compilazione del più maraviglioso codice conosciuto, la giustizia cessò di esistere e si narra che nessuno osasse più presentarsi in tribunale: gli avvocati finirono nella miseria per mancanza di clienti. Pene orribili colpivano non già i malvagi ed i criminali, ma i renitenti al pagamento delle imposte, e la tortura fu rimessa in vigore per stillare agl'infelici l'ultimo centesimo (cfr. Bury I, 348, 353-354).

In conclusione, Giustiniano che rese il proprio nome immortale in tanti modi gloriosi, con guerre felici, con stupendi monumenti e con la pubblicazione del codice, del Digesto e delle Pandette, che riassumono tutto l'immenso senno politico e pratico di Roma antica, nulla fece per sollevare le sorti dei sudditi, anzi ne aggravò in modo irreparabile i mali peggiori. La storia è piena purtroppo di glorie immeritate.

Nota 1. — A questi fattori disgreganti, se ne aggiungeva anche un altro, al quale si può far solo un cenno: la crescente immoralità dei costumi. Già Bisanzio, prima di divenire Costantinopoli, era nota per la scostumatezza degli abitanti, beoni, lascivi, ed accusati di cedere volentieri, per una somma di danaro, la propria casa e la propria moglie (cfr. Müller, *Fragm. Hist. Graec.*, I, 287, 336; II, 154; IV, 377; Holmes, I, 84). Le omilie di Crisostomo, e gli scritti di Procopio sono poi altri documenti che provano quanto immorale fosse l'ambiente bizantino: un sicuro indizio di tale condizione erano le rappresentazioni teatrali, alle quali si accalcavano le turbe per veder donne uscir nude da un bagno, nonchè altre scene, che non mette il conto di rammentare per la loro estrema oscenità, e per la glorificazione di vizi che la moralità severamente condanna (cfr. Holmes, I, 107, 119-121). Perfino la religione era imbevuta di sensualità; per esempio, la Chiesa orientale esigeva in alcune circostanze l'immersione completa del corpo nella fonte battesimale, non solo per gli uomini, ma anche per le donne, in istato di perfetta nudità, al cospetto di dignitari ecclesiastici, che impartivano la benedizione con mistica e solenne lentezza (cfr Chrysostom., *Epist. ad Innocent. episc. Rom.*, III, in Migne, *Patrol. Graec.*, III, 533; Holmes, I, 112-113).

§ 242. — Tanta inumana follia ebbe fatali effetti: crebbe a dismisura il malcontento e nel Gennaio del 532., per varie e complesse ragioni, scoppiò in Costantinopoli la spaventosa insurrezione popolare, celebre con il nome di Nika! o "Vinci!", il grido di guerra dei due partiti del circo, i Verdi e gli Azzurri, che, uniti al popolo esasperato, tentarono di sopraffare Giustiniano e di nominare un altro imperatore. Per vari giorni, stante la cronica deficienza di soldati di cui soffriva l'Impero, Giustiniano versò nel più grande pericolo; ma nel momento supremo, egli fu salvato dalla fermezza eroica della grande imperatrice Teodora, e dal genio militare del famoso Belisario. I ribelli furono domati e 35.000 cadaveri coprirono le vie di Costantinopoli (Bury I, 338-344). Questo tragico evento fu uno dei più notevoli nella storia dell'impero Orientale, ed il Bury ha ragione di definirlo come l'ultima scena della "Storia Romana", ed il vero principio della "Storia Bizantina". La vittoria di Giustiniano spense nel sangue le ultime forze popolari, fondando definitivamente quella triste forma di governo assoluto ed opprimente, con la quale è generalmente caratterizzata l'amministrazione bizantina, e di cui l'ultimo tardo modello rimasto in Europa è il governo dello Zar in Russia. [**Condizioni dell'impero Bizantino e decadenza del Cristianesimo orientale.**]

La rivolta fu fatale alle ultime vestigia d'ingerenza popolare negli affari del governo: l'eccidio del Nika spense le forze della nazione e seppellì per sempre l'ultime traccie di quelle energie vitali, che erano state la grandezza di Roma: così avvenne che Giustiniano, nonostante le glorie della riconquista d'Africa e d'Italia, benchè abbia lasciato grandiosi monumenti religiosi — principale fra tutte la stupenda Santa Sofia di Costantinopoli, — benchè il suo nome sia immortalato dalla pubblicazione del *Corpus Iuris civilis*, pur nondimeno morì come il massimo rappresentante di un governo esecrato e nefasto, e la sua amministrazione fu, in molti rispetti, una calamità per il cadente Impero. Morto Giustiniano, appena alla nave dello Stato mancò la mano ferma che sapeva guidarla fra tanti scogli, venne il naufragio: i mali, creati da secoli di errori e di delitti e di universale corruzione e decadenza, aggravati dalla politica megalomane Giustinianea, ma conculcati finora dalla ferrea mano del grande imperatore, divamparono con raddoppiata violenza, quando il nepote inetto di Teodora, Giustino II, assunse la porpora.

Già sino dagli ultimi anni di Giustiniano, alcuni sintomi gravissimi avevano preannunziato le imminenti sventure: uno dei più gravi era l'estrema debolezza militare dell'Impero, esausto di uomini e di danari. Pochi anni prima della morte di Giustiniano, circa il 558., le provincie balcaniche furono invase dagli Unni Cotrigur, sotto il terribile Zabergan. I barbari nativi dell'Asia Centrale penetrarono vittoriosamente fino nei sobborghi di Costantinopoli senza incontrare veruna resistenza, e compiendo le più orrende devastazioni. Molta gente fu crudelmente massacrata, tutte le donne, a qualunque condizione appartenessero, maritate, fanciulle, vedove e monache,

[**Condizioni dell'impero Bizantino e decadenza del Cristianesimo orientale.**]

patrizie o popolane, caddero alla mercè degli invasori, che ne fecero inaudito scempio. Molte incinte, trascinate via dai rapitori, partorirono per istrada fra i disagi crudeli di marcie forzate, senza potersi nemmeno fermare un istante, ed abbandonando i neonati sul cammino in pasto ai corvi ed ai cani. Dalle mura di Costantinopoli era visibile il fumo dei villaggi che ardevano, e tanta era la debolezza dell'Impero, che alcune bande di Unni, al dire di Agathias (V, 2) varcarono le mura esterne della capitale, e, saccheggiando i sobborghi, si avvicinarono impunemente anche a quelle interiori, abbandonate anch'esse ed inette a qualsiasi difesa. Costantinopoli non aveva nemmeno una guarnigione; le poche milizie rimaste all'Impero erano sparse in Africa, in Spagna, in Italia, in Egitto, ed in Asia Minore, perchè, aggiunge mestamente il cronista contemporaneo (Agathias), gli eserciti romani, che erano stati un tempo tanto numerosi sotto gli antichi imperatori, erano ora ridotti a proporzioni tanto esigue, da non essere sufficienti per difendere nemmeno la capitale, tranne che si volessero sguernire le provincie dei mezzi di difesa (cfr. anche Holmes, I, 167, nota 1). Nel momento del supremo pericolo, Giustiniano chiamò il vecchio Belisario, nonostante la vetusta sua età e gli acciacchi della vecchiaia, a salvare la nuova Roma. Questi aveva con sè soli trecento soldati italiani: le altre poche milizie non erano mai state in guerra e non sapevano battersi: per raccogliere il numero necessario di uomini, si dovettero arrolare quei contadini ricoverati nella capitale dalle vicine campagne e che mai in vita loro avevano maneggiato le armi. Con questo pugno d'uomini imbelli, il prode generale seppe manovrare ed ingannare sì bene il nemico, da intimorirlo ed indurlo a retrocedere rapidamente dopo il primo piccolo rovescio, dandogli l'impressione che un grande esercito movesse contro di essi. Intanto però altre orde di Unni penetravano nella Macedonia e nella Tessaglia, devastando ogni cosa e minacciando anche la Grecia: furono arrestate soltanto dalle fortificazioni del Chersoneso e delle Termopili. Il successo strategico di Belisario sarebbe però rimasto sterile di risultati, se Giustiniano, per premunirsi contro nuove invasioni, non avesse trovato con abili intrighi diplomatici, il mezzo di suscitare discordie fra le varie orde di Unni e sospingerle a sanguinose guerre civili, per effetto delle quali, durante un certo tempo, lasciarono in pace l'Impero.

§ 243. — Tali erano dunque le tristi condizioni, in cui versava lo stato Bizantino alla morte di Giustiniano: il tesoro era esausto dalle follie di gloria e di pompe dell'ambizioso imperatore: i falsi bagliori dei suoi trionfi non erano che le ultime vampate d'una fiammella, presso ad estinguersi: il lungo regno, invece di portare pace e prosperità alle infelici popolazioni, aveva prodotto un disastro economico e morale. L'Impero, già spopolato dalle feroci invasioni dei barbari, era ancora più sguernito di uomini, di armi e di danari. Intiere provincie nei Balcani e sul confine persiano erano tramutate in deserti dalle continue guerre. La diminuita popolazione era oppressa da tasse, e le rovine prodotte dal fisco e dai nemici smagrivano sempre più i cespiti dello Stato, che, per effetto di tanti errori, consumava un lento e fatale suicidio. Le popolazioni rimaste, esasperate dalle sofferenze continue, vedevano nel governo il loro maggior nemico, mentre d'altra parte violente discordie religiose e odi di razza tenevano divisi gli animi e portavano a frequenti e luttuosi conflitti interni ed a nuovi e più aspri dolori e miserie. Tutto l'indirizzo politico e sociale, per un processo di decomposizione interna, accelerato dal numero e dal potere ogni dì crescente dei nemici esterni, mostrava di correre a precipizio verso una prossima catastrofe. **[Condizioni dell'impero Bizantino e decadenza del Cristianesimo orientale.]**

La morte di Giustiniano diede il crollo al sistema di governo da lui fondato, e la cancrena sociale, già sensibile negli ultimi suoi anni, venne crudamente alla luce sotto i successori. La debolezza dei seguenti imperatori li ridusse alla mercè d'una aristocrazia cortigiana, la sola classe che ancora, grazie ai suoi privilegi, aveva conservato ricchezza ed influenza. L'autorità imperiale rimase sempre più circoscritta da questa nascente oligarchia, che ridusse i sovrani in uno stato di parziale soggezione, simile a quella descritta altrove a proposito dei Sassanidi. È fatto noto e frequente nella storia, che quando una numerosa aristocrazia comincia a dominare in uno Stato decadente, l'ordine pubblico, le leggi, la giustizia e l'unità dell'amministrazione cessano di esistere.

La crescente debolezza dell'autorità centrale di Bisanzio e la forma sempre più despotica ed irresponsabile dell'amministrazione ebbero, come è sempre il caso, l'effetto di accrescere le tendenze separatiste, che già da vario tempo agitavano le provincie. L'impossibilità d'invigilare l'amministrazione per la corruzione e l'anarchia crescente della medesima, nonchè le continue inattese invasioni ai confini avevano di necessità causato il frazionamento delle grandi provincie in altre minori, contemporaneamente con l'erezione di città fortificate (cfr. Couret, 186; Procopio, *De bello Persico*, II, 11; V, 9; Bury, II, 25-30) e con la concessione d'una certa autonomia ai diversi centri, affinchè, in momenti di pericolo, ognuno potesse provvedere da sè ai più urgenti bisogni: ciò sopprimeva il grave inconveniente di dover sempre ricorrere per aiuto alla lontana capitale, spesso incapace di dar sussidio, perchè essa pure in pericolo. La mancanza di uomini ed il poco valore militare degli eserciti greci costringevano il governo a riporre la propria sicurezza non più nel valore delle sue legioni, ma nella saldezza delle fortificazioni. Le varie città non potevano contare più che su loro stesse per la difesa dei propri focolari. Giustiniano

[Condizioni dell'Impero Bizantino e decadenza del Cristianesimo orientale.]

aveva già concesso ai governatori civili delle provincie, oltre ai poteri giudiziari ed amministrativi, anche quelli militari: Giustino II, suo successore, fece ancora un passo innanzi, sanzionando una legge singolare, che permetteva alle provincie — ossia ai vescovi, ai proprietari ed agli abitanti più facoltosi — di eleggersi, in alcune circostanze, il governatore che desideravano. I distretti amministrativi che ottennero siffatta concessione, divennero, in certi casi, quasi piccoli principati elettivi (cfr. Couret, 259, nota 1; Bury, II, 25-30, 75-76).

Tali tendenze separatiste furono poi acuite anche dalle persecuzioni di eretici, che incominciarono verso il 572., per il desiderio che l'imperatore Giustino aveva di unificare la Chiesa e di riunire in grembo all'ortodossia tutte le infinite sètte eretiche, fra le quali era divisa quasi tutta la popolazione delle provincie orientali: in queste quindi ed in Egitto, vale a dire in quelle che passarono poi sotto il dominio arabo, crebbe più che altrove il malvolere, anzi l'odio, verso il governo di Costantinopoli.

Un quarto fattore gravissimo di debolezza era la continua diminuzione delle forze militari. Poc'anzi abbiamo citato le parole del cronista contemporaneo Agathias, dalle quali vedemmo che, stante le esigenze militari dell'Impero di estensione ancora sì vasta, e l'incalzare continuo di tanti nemici bellicosi, il numero degli uomini sotto alle armi era del tutto insufficiente. Nè era possibile averne di più: il loro numero tendeva anzi costantemente a diminuire. Ciò era dovuto a varî e gravi motivi: lo spopolamento progressivo delle provincie, la natura imbelle dei sudditi asiatici dell'Impero, la demoralizzazione universale della società affranta da tante sventure, l'immoralità ed effeminatezza dei costumi e infine anche l'influenza antimilitare della religione cristiana, la quale, come unico rimedio alle infinite sofferenze, consigliava a tutti gli infelici di ritirarsi dal mondo, di dedicarsi al culto di Dio ed al pensiero di un'altra vita, cercando, nella quiete del chiostro o del deserto, l'oblio alle indicibili sofferenze della vita in quei tempi di spaventi, di miserie e di dolore. A siffatta tendenza suicida si confaceva la molle ed ascetica indole degli Asiatici: perciò, mentre i monasteri aumentavano di numero ogni giorno per l'affluire continuo di nuovi conversi, e certe parti dell'Impero, in ispecie la Palestina, si coprivano di edifizi religiosi e di conventi, togliendo braccia all'agricoltura, all'esercito, all'industrie ed al commercio, il governo, non trovando più volontari fra i suoi sudditi, era costretto ad arrolare barbari e stranieri. La difesa quindi dell'Impero era affidata a uomini, che non vi appartenevano nè per fede, nè per nascita, e che niun diretto interesse avevano alla sua sicurezza e prosperità. Attirati dalle sole attrattive del bottino o della paga, erano sempre pronti a disertare, quando l'esaurimento finanziario dello Stato rendeva impossibile non solo il sostentamento di forti eserciti, mà anche il pagamento regolare del soldo. Un vero esercito permanente cessò quasi di esistere, e la difesa delle varie città rimase affidata ai cittadini stessi, i quali, in caso di aggressione nemica, formavano una specie di guardia nazionale.

[**Condizioni dell'impero Bizantino e decadenza del Cristianesimo orientale.**]

§ 244. — Tutto tendeva dunque verso la rovina: nel 574., l'imperatore Giustino II, che si era già dimostrato inetto amministratore, perdè anche l'uso della ragione e le sue pazzie divennero lo scandalo di Costantinopoli: tanto che fu necessario mettere inferriate alle finestre per impedirgli di gettarsi di sotto (¹). Si dovè perciò ricorrere ad una reggenza, che venne affidata ad un certo Tiberio: questi, alla morte di Giustino nel 578., assunse la porpora con il nome di Tiberio II. Il nuovo imperatore tentò di arrestare il processo di sfacelo che progrediva a grandi passi, e s'avvisò di ristabilire l'armonia fra il governo ed il popolo, con la diminuzione delle imposte e con l'abbondanza di doni e di gratificazioni. Per effetto di siffatta politica, irragionevolmente prodiga ed inutile, alla sua morte prematura, dopo quattro anni di regno, il nuovo imperatore Maurizio trovò l'erario sì esausto, da non avere i mezzi per sopperire nemmeno ai più urgenti bisogni dello Stato, e, nei primi anni del suo regno, si trovò ridotto a quasi completa impotenza.

Intanto però, durante i due regni precedenti, gli eventi politici avevano preso una piega paurosa. Meschini intrighi di corte avevano chiamato in Italia (nel 568.) i Longobardi, ed una delle più difficili e costose conquiste di Giustiniano era perduta per sempre, quasi senza resistenza apparente (Lebeau, vol. X, 24-47, 95-100). Quattro anni dopo (572.), scoppiava una nuova guerra spaventosa con la Persia, mentre orde di Avari ruinavano dal settentrione sulla penisola Balcanica, sconfiggendo l'esercito imperiale comandato da Tiberio. Anche gli Slavi invadevano l'Illirico (Lebeau, vol. X, 108-112, 181-187). Lungo tutti i confini dell'Impero arse dunque la guerra con sterili e triste vicende di sanguinose disfatte e di vittorie pagate a sì caro prezzo da equivalere a sconfitte, e che invece di assicurare l'esistenza dell'Impero, lo stremavano sempre più di forze. Se l'Impero non rimase annientato da tante sventure, non fu già merito del governo bizantino, ma bensì effetto della mancanza assoluta di coesione fra le orde di barbari a settentrione, in perpetuo e feroce conflitto fra loro, e dell'estrema debolezza dell'impero Sassanida, anch'esso stremato di forze e paralizzato da continue guerre civili. Gli errori anzi dei nemici dell'impero Bizantino ridiedero perfino a questo un breve periodo di relativa superiorità. Il principe sassanida Khusraw II Abarwīz, espulso dal proprio paese da una guerra civile, venne a chiedere all'imperatore

[Condizioni dell'impero Bizantino e decadenza del Cristianesimo orientale.]

Maurizio il suo appoggio; e tanta era l'anarchia in Persia, che un piccolo esercito greco di 10.000 uomini potè con facilità invadere la Mesopotamia e, con l'aiuto dei fautori di Khusraw, rimettere questo sul trono di Ctesifonte (cfr. § 127). La gloria effimera di tale incidente in nulla però doveva giovare alla sicurezza dell'Impero, come vedremo in appresso, perchè Khusraw, il quale, durante il suo breve esilio, aveva potuto appurare lo stato deplorevole dei Bizantini, se ne valse con spietata crudeltà alcuni anni dopo, quando, traendo appunto pretesto dalla sua amicizia per Maurizio, riprese le armi contro il suo uccisore Phocas, e conquistò quasi tutto quello che rimaneva dell'antico impero Romano in Asia.

Verso settentrione, nei Balcani, la fortuna delle armi si mostrò ancora più avversa agli imperatori. Per contenere gli Avari e potersi dedicare interamente alla guerra persiana, Giustino II (nel 574.) aveva acconsentito a pagare a quei barbari un annuo tributo di 80.000 pezzi d'oro, dopo che il suo generale Tiberio ebbe subito due grandi disfatte. Nel 577. centomila Slavi irruppero in Tracia e nell'Illirico, commettendo spaventose devastazioni, per le quali numerose città rimasero incendiate e distrutte. L'Imperatore non aveva un solo soldato da opporre al loro avanzare ed i nuovi venuti si stabilirono nel paese, vivendo in esso senza molestia per parecchi anni. Qualche tempo dopo (nel 581.), la mancanza assoluta di soldati costrinse Tiberio a cedere anche la città di Sirmio agli Avari e pagar loro un tributo di 80.000 aurei all'anno (Lebeau, vol. X, 181-187). Nel 587. scoppiò nuovamente la guerra nei Balcani, ma l'imperatore Maurizio, avendo soli 6.000 soldati combattenti da contrapporre alle orde barbariche, non potè far su di esse alcuna impressione, sicchè la guerra prosegui senza interruzione per altri dieci anni, durante tutto il rimanente regno di Maurizio, indebolendo sempre più l'Impero, ed aumentando la desolazione delle provincie europee (Lebeau, vol. X, 206-209; 246-254; 351-383). La mancanza di danaro, o l'avarizia dell'Imperatore che non volle pagare il riscatto di 12.000 prigionieri degli Avari, irritò talmente i barbari, che massacrarono tutti quegli infelici nel 599. (Lebeau, vol. X, 384-386; Bury, II, 86). Al rimorso che questo spaventoso eccidio deve aver destato nell'animo di Maurizio, si aggiunse l'umiliazione di dover alfine concludere la pace con il pagamento di un tributo. Nonostante perciò gl'ingenti sacrifizi e le perdite incalcolabili di guerra sì lunga, niun vantaggio si era ritratto: tanti uomini e danari erano stati perduti invano.

Nota 1. — Il cronista siriaco Michele aggiunge molti particolari su questo evento: Giustino soffriva d'una dolorosa malattia alla vescica con ritenzione di urina; si vuole che, esasperato dalla sofferenza e non sapendo come calmare i dolori spasmodici, si tagliasse da sè, con il consenso dei medici i genitali. Ciò non valse a guarirlo, e nel dolore, si narra, scongiurò i suoi assistenti di ucciderlo e por fine alla sua agonia (Michel Syrien, II, 334-336).

§ **245.** — L'imperatore Maurizio, nel suo regno di venti anni, fece, ad onor del vero, il possibile, secondo il suo modo di vedere, per rialzare la fortuna del cadente Impero; ma già il male che rodeva le viscere dello stato Bizantino, era sì profondo, che niun mezzo umano poteva ormai salvarlo dalla fine che lo attendeva. Tutte le buone intenzioni di Maurizio si infransero dinanzi alla completa mancanza di mezzi per sopperire alle infinite esigenze del momento. Privo di uomini e di danari, senza i quali una guerra è impossibile, e anche aggredito su tutti i suoi confini, egli dovè, di necessità, ricorrere a provvedimenti finanziari di stringente economia e mantenere e ripristinare tasse odiose. Siffatta condotta, iniziata dopo le follie spendereccie del suo incauto predecessore, apparve ai contemporanei doppiamente esosa, e l'amministrazione del nuovo imperatore ebbe l'antipatia più profonda della corrotta popolazione di Costantinopoli, che lo accusò di sordida avarizia, là dove forse non v'era che saggia economia. In alcune dolorose circostanze della vita delle nazioni, perfino i rimedi divengono dei mali, ed invece di arrestare lo sfacelo, lo accelerano. Le guerre perpetue e sfortunate, la penuria disperante di mezzi pecuniari, la mancanza di buoni luogotenenti e di soldati, il marcio universale che rodeva tutte le forze migliori dello Stato, corroso dal tarlo della sua senilità, resero inefficaci le buone qualità dell'Imperatore, il quale perciò potè sembrare ai contemporanei un avaro tiranno. È ben triste vedere come un principe, pur dotato di molti pregi, pur animato da ottime intenzioni, fosse malcompreso dai sudditi, destasse odio invece di simpatia, facesse del male mirando al bene, e venisse meno a tutte le speranze riposte in lui. Non deve perciò destar meraviglia nello storico il fatto che perfino questo buon imperatore finisse il suo regno vittima di un'insurrezione militare. Il disagio universale era sì profondo, che i rimedi sembravano anche più odiosi dei mali. L'esercito si ribellò contro l'Imperatore, ed il generale Phocas, alla testa delle milizie insorte, venne ad assalire Costantinopoli. La città era senza guarnigione: benchè contenesse allora circa un milione d'abitanti (cfr. Krause, *Die Byzantiner des Mittelalter*, 17; Bury, II, 55), non fu possibile raggranellare un nucleo di soldati sufficienti per difendere l'Imperatore, e le poche migliaia d'insorti poterono entrar quasi senza colpo ferire nella capitale, ed uccidere Maurizio e il figlio (Lebeau, vol. X, 401-412).

[Condizioni dell'impero Bizantino e decadenza del Cristianesimo orientale.]

§ **246.** — Il malvagio ribelle assunse allora la porpora (nel 602.). La proclamazione di Phocas quale imperatore fu il segnale di quella temuta catastrofe, che tutti i contemporanei sentivano pesare sui destini dell'Impero dagli ultimi anni di Giustiniano in poi. Il regno di Phocas il Tracio, che durò otto anni, fu un seguito non interrotto di sventure. Con il pretesto di vendicare il suo protettore ed amico Maurizio, il re di Persia Khusraw II, che

[Condizioni dell'Impero Bizantino e decadenza del Cristianesimo orientale.]

durante l'esilio aveva veduto le vere condizioni dei Bizantini, e nonostante la sua debolezza si sentiva sicuro di facili trionfi, dichiarò la guerra a Phocas, dando principio a quella orrenda invasione persiana, che costituisce una delle pagine più lugubri di tutta la storia dell'Oriente cristiano (Lebeau, vol. X, 417 e segg.). Lo spettacolo offerto da questa guerra è uno di quelli che desta nello storico un infinito senso di pietà e di ribrezzo: par di assistere all'agonia di due esseri, i quali, con gli ultimi palpiti della loro vita, anelano a distruggersi a vicenda, quasi in preda a pazzia suicida. Infatti l'impero Sassanida si trovava allora anch'esso in condizioni assai tristi, e la dichiarazione di guerra di Khusraw non può trovare altra spiegazione, che nella mente squilibrata del re persiano, il quale, come è noto, era affetto da follia d'impero. In apparenza tutto andò bene per i Persiani, perchè le condizioni dell'impero d'Oriente erano tanto infelici in quel momento, da rendere assolutamente impossibile ogni tentativo di efficace resistenza. Perciò i Persiani, benchè adoperassero forze poco considerevoli, poterono occupare progressivamente una provincia dopo l'altra, senza mai incontrare una schiera d'uomini, che meritasse il nome di esercito, e divennero padroni delle campagne quasi senza colpo ferire. La sola resistenza fu quella delle città fortificate, gli abitanti delle quali, abbandonati a sè stessi dall'impotenza del governo centrale, tentarono in molti casi una disperata difesa, spesse volte comandati solamente dai loro vescovi, divenuti di fatto, in quei lugubri giorni di anarchia, gli unici rappresentanti dell'autorità, e perciò, a un tempo, ministri del culto, governatori e generali. Dopo quattro anni di guerra, seguita con varia fortuna in Mesopotamia ed in Siria, i Persiani occuparono l'Armenia, la Cappadocia e la Paflagonia, giungendo fino alle rive del Bosforo, senza aver riguardo, nel loro avanzarsi, nè ad età, nè a sesso. Nel 608. piantarono le tende innanzi a Calcedonia, in vista di Costantinopoli. Allo stesso tempo, scoppiò la ribellione in Antiochia: migliaia di persone furono massacrate nella mischia fra ortodossi, Monofisiti e Ebrei (Lebeau, vol. X, 444-445; Michel Syrien, II, 379): il patriarca Anastasio cadde sventrato dagli insorti, *et virilia in eius os inseruerunt* (Theophanes, I, 457). I Persiani, sotto Šahrbarāz, entrarono ora in Siria, devastandola con inaudita ferocia: in tutte le provincie orientali dell'Impero, dai monti dell'Armenia fino all'Egitto, cessò ogni forma di governo, e prevalse uno stato di completa anarchia: tutti i partiti religiosi e politici levaron le armi gli uni contro gli altri, invasi da pazzia sanguinaria. Per le vie di Alessandria e d'Antiochia, i Verdi ed i Celesti ripresero le loro mischie sanguinose, empiendo le città di orrori e delitti (Michel Syrien, II, 378-379).

§ **247.** — L'inetto e selvaggio Phocas non durò a lungo sul trono, perchè l'immensità della sventura piombata sull'infelice Impero provocò finalmente, in grembo al medesimo, un movimento di virile riscossa: l'Africa e l'Egitto si ribellarono contro di lui sotto il comando del prode Eraclio, il quale, allestita una flotta, fece vela per Costantinopoli; questa, come al solito, era priva di difensori (Lebeau, vol. X, 439 e segg.). Phocas fu fatto prigioniero, e si narra che Eraclio, in un impeto irresistibile di sdegno e di disgusto, desse una pedata al caduto tiranno, ordinando poi di tagliarlo a pezzi: con Phocas furono messi a morte anche i suoi principali luogotenenti: la plebe inferocita di Costantinopoli abbruciò i cadaveri degli uccisi, acclamando, allo stesso tempo, all'elezione di Eraclio (5 ottobre 610., ossia incirca quando Maometto incominciava a predicare la nuova fede in Makkah). Si narra che, prima di metterlo a morte, Eraclio chiedesse al malvagio imperatore: “ È questo il modo con cui tu hai governato l'Impero? „. Ma Phocas fu pronto a rispondergli: “ Saprai tu forse governarlo meglio? „ (Lebeau, vol. X, 450-451). Queste parole fatidiche del condannato a morte avevano un profondo significato: nulla valeva oramai ad arrestare la rovina. Eraclio possedeva, è vero, grandi qualità di sovrano e di generale, ma quando assunse la porpora, trovò uno Stato senza esercito, senza danaro e spogliato delle sue migliori provincie: l'amministrazione era inceppata, le provincie balcaniche tutte in potere degli Slavi, che le devastavano senza incontrare chi loro facesse opposizione: tutte quante le provincie asiatiche erano alla mercè dei Persiani, e tutte le classi dell'Impero, dalla prima all'ultima, accasciate dall'orrore della spaventosa condizione, in cui si trovavano. Se l'Impero non era già scomparso, se Costantinopoli non era già caduta in mano ai nemici, ciò dovevasi unicamente al caso, alla debolezza intrinseca degli avversari ed alla felicissima posizione geografica della capitale, che rendeva un assalto alla metropoli estremamente difficile, se non impossibile, senza l'impiego di una potente flotta, e i Greci erano ancora i padroni del Mediterraneo, nel quale essi non conoscevano per anco rivali.

[**Condizioni dell'impero Bizantino e decadenza del Cristianesimo orientale.**]

Così Eraclio si trovò circondato da tali e tante difficoltà, che, per alcuni anni, rimase nell'assoluta impossibilità di agire. La sua apparente inoperosità fece credere di poi a molti storici che egli, nel primo decennio del suo regno, si adagiasse in uno stato di neghittosa indifferenza o apatia, quasi sopraffatto dalle immani sventure, poichè il suo spirito, ancora titubante, incerto di sè, era nuovo al duro mestiere di imperatore in quelle disastrose condizioni. Tale spiegazione, come meglio dimostreremo tra breve, non è giusta; egli *sembrò* soltanto inoperoso, perchè lo stato Bizantino era ridotto a tal grado di esaurimento morale e materiale, che, per il momento, nessuna forza umana era

[**Condizioni dell'impero Bizantino e decadenza del Cristianesimo orientale.**]

capace di risuscitarlo, senza un lungo periodo di preparazione e di raccoglimento. Nulla potè egli fare, perchè niun mezzo possedeva per agire con immediata ed efficace energia.

Valendosi di ciò, i Persiani riprendevano intanto, nel 613. o 614., le loro scorrerie, occupavano Damasco, e, fra il 614. ed il 615., incominciavano l'invasione della Palestina, con l'aiuto e la guida degli Ebrei, che, esasperati dalle ingiuste sevizie del governo di Bisanzio, insorsero in tutto il paese, e sfogarono l'odio, accumulato durante secoli di barbara oppressione e di crudeli persecuzioni, aiutando i Persiani ad incendiare e distruggere tutti i monumenti della fede e della coltura cristiana, su cui poterono mettere le mani. Le catastrofi si seguirono con straziante insistenza: i Persiani arrivarono sotto alle mura di Gerusalemme, ed il Cristianesimo, spettatore inorridito ed inerte, assistè al dramma finale della grande sciagura, che sembrava mandata da Dio in punizione dei tanti peccati commessi. Dopo un breve assedio ed una parvenza di difesa, gli adoratori del fuoco penetrarono nel massimo santuario del Cristianesimo, ed in Gerusalemme si svolse una di quelle scene di orrore, che nessuna penna potrà mai descrivere, nè fervida immaginazione concepire. Degli innumerevoli prigionieri cristiani, i Persiani, assistiti dagli Ebrei, ne scannarono, senza pietà, chi dice 70.000 chi 90.000. Trecento monasteri, ospizi, o oratori, disseminati in Gerusalemme e nei prossimi dintorni della città, furono saccheggiati, incendiati e rasi al suolo. Tutte quelle stupende basiliche, erette dalla pietà cristiana della santa imperatrice Elena, nonchè le altre costruite di poi fino ai tempi di Giustiniano (cfr. Couret, 178-188), e che rendevano Gerusalemme la più maravigliosa, dopo la superba Costantinopoli, delle città di Oriente (cfr. Couret, 212-232), tutti i più magnifici monumenti dell'Oriente cristiano, compresa la stupenda chiesa del Santo Sepolcro, grande come un paese, furono ridotti in un ammasso di rovine fumanti irreconoscibili, in un mucchio informe di pietre calcinate ed annerite dalle fiamme devastatrici. In mano ai vincitori cadde il famoso tesoro del tempio massimo del Cristianesimo: i doni maravigliosi di Costantino, di sant'Elena, di Eudocia, di Maurizio; la famosa croce di diamanti, offerta al tempio da Teodosio II; la croce di perle dell'imperatrice Teodora; il calice d'onice, — il ricordo del quale ispirò in appresso le più celebri epopee cavalleresche del ciclo d'Arturo, e la leggenda del Santo Graal —, e nel quale, si diceva, che Gesù avesse celebrato l'ultima cena; la corona di pietre preziose, offerta dal re d'Etiopia Elisbaan, e i vasi d'oro di Salomone, che avevano destato la grande maraviglia di Giustiniano; tutto fu rapito dai vincitori (cfr. Couret, 241-244). Le colonne furono abbattute per strapparne i capitelli d'argento, ed il tetto dorato subì la medesima sorte. La Santa Croce, infine, rinchiusa in un astuccio d'oro, tempestato di

[**Condizioni dell'impero Bizantino e decadenza del Cristianesimo orientale.**]

gemme e sigillato dal patriarca Zaccaria, fece egualmente parte della preda: il patriarca ed i principali abitanti della città furono menati schiavi nella Persia lontana, mentre il popolino, che non aveva mezzi per riscattarsi, fu lasciato alla mercè dei soldati e degli Ebrei, che ne fecero orrido scempio: molte diecine di migliaia di persone furono sgozzate come bestie da macello. Gerusalemme divenne un deserto di rovine [1]. Seguì di poi l'invasione e la conquista dell'Egitto, che rimase per dieci anni sotto il dominio Sassanida. Con la perdita delle provincie asiatiche ed egiziane, Costantinopoli si trovò in condizioni disastrose, perchè mancò la vettovaglia e venne meno il provento dei granai egiziani; il popolo, nutrito dalla munificenza imperiale, rimase senza pane: alla carestia seguì la pestilenza con tutti i suoi indicibili orrori (Lebeau, vol. XI, p. 11 e segg.).

Nota 1. — (*a*) È degno di nota come questo immane disastro non valesse a scuotere il mondo cristiano dal suo torpore senile: cinque secoli più tardi bastarono motivi futili, a paragone della presente ruina, per infiammare tutta l'Europa e provocare le Crociate. Forse pochi eventi dànno una misura più significativa della vera condizione del sentimento religioso cristiano tanto in Europa, che in Asia. L'Asia cristiana, oppressa da tante sventure, corrotta, disfatta ed infiacchita, rimase senilmente indifferente alla distruzione di Gerusalemme, mentre l'Europa imbarbarita brancolava ancora nel buio, priva d'un vero sentimento religioso, troppo ignorante ed infelice per comprendere il significato vero dell'immane tragedia asiatica. Gran parte d'Europa ignorò forse sempre quanto era avvenuto in Palestina, ed a quelli di essa che ne ebbero contezza, non passò nemmeno per la mente che si potesse o si dovesse far qualcosa per salvare la culla della fede dalle mani di empi nemici. L'Europa era allora tutta dei barbari, cristiani più di nome, che di fatto: che importava a questi di quanto accadeva in Gerusalemme?

(*b*) Il Pernice (P. 64, e nota 2, dove vedi l'elenco delle fonti sulla presa di Gerusalemme) pone questo evento, « forse il 22 maggio » del 614. dell'È. V., e lo ricollega con la campagna di Eraclio, brevemente descritta nella nota al seguente § 248. Egli vede nella campagna di Eraclio un effetto della presa di Gerusalemme. Non possiamo esaminare in questo luogo, l'intricato problema cronologico: basti un breve cenno. Secondo il Pernice, Gerusalemme cadde forse in potere dei Persiani il 22 maggio 614., e la *prima* campagna di Eraclio, quella prima infelice in Siria si svolse nel corso del medesimo anno 614. (Pernice, 67 e segg.), vale a dire forse nell'estate. Orbene la data della presa di Gerusalemme è argomento assai controverso, variando gl' indizi tra il 614. e il 615. Sebeos (p. 68) pone la caduta della città dieci giorni dopo Pasqua nel 25.mo anno di Khusraw Abarwīz. Questi montò sul trono nel 590. dell'E. V., ma non si sa purtroppo, in quale mese dell'anno medesimo, particolarità trascurata dai cronologi, ma pure di somma importanza, perchè se Khusraw occupò il trono nei primi due mesi del 590., la Pasqua del 25.mo anno è quella del 614. dell'È. V., mentre se ciò avvenne in uno degli ultimi nove mesi, la Pasqua indicata sarebbe quella del 615. Il problema è esaminato dal Dulaurier (Dulaurier Chronol., 223) che è in favore del 614., e dal Butler (p. 61, e nota 4), il quale, con ragioni forse più valide, preferisce il 615. Per altri lavori che esaminano questo problema, cfr. la nota del Macler alla sua versione del cronista armeno (Sebeos, 68, nota 3). Noi ci asteniamo per ovvie ragioni dall'entrare in questo argomento spinoso, che si collega con l'altro spinosissimo di tutta la storia e cronologia del regno di Eraclio. Il Pernice ha validamente contribuito al rischiarare il problema, ma restiamo ancora nel vago su molti punti di massimo rilievo.

§ 248. — La semplice enumerazione di tante sventure è sufficiente a far comprendere il cómpito quasi sovrumano che incombeva ora all'imperatore Eraclio, quando si prefisse di risollevare l'Impero dall'abisso nel quale era precipitato. Lasciamo allo storico dell'impero d'Oriente la narrazione di quelle campagne gloriose, con le quali Eraclio sembrò un momento aver risuscitato un moribondo, e infusa nuova vitalità in un'amministrazione disfatta:

[Condizioni dell'Impero Bizantino e decadenza del Cristianesimo orientale.]

se però ci asteniamo da una esposizione completa della grande riscossa antipersiana, che ha reso immortale il nome di Eraclio, non possiamo esimerci da una anche breve analisi di un aspetto generale della medesima, perchè questa riscossa ci offre alcuni elementi di fatto, indispensabili per la corretta conoscenza delle vere ragioni della conquista araba. Siffatta analisi ha poi uno speciale interesse, perchè è intimamente connessa con un argomento assai controverso: le ragioni cioè dei grandi contrasti nella condotta di Eraclio prima, durante e dopo la guerra persiana.

Molti storici, forse troppo alla leggera, hanno trovato forti ragioni per criticare l'inazione, in apparenza incomprensibile, di Eraclio nei primi dodici anni del suo regno e nell'ultimo periodo, quando egli sembrò ignominiosamente soccombere alle orde irruenti dei predoni arabici. Il Lebeau, per esempio, parla di "honteuse inaction" (Lebeau, lib. LVII, capo XLVII, vol. XI, 171). Il Gibbon (*Decline and Fall.*, cap. XLVI) è anche più severo, descrivendo Eraclio come "schiavo d'infingardaggine, di piacere o di superstizione, spettatore indifferente ed impotente delle calamità pubbliche" e poi, dopo il decennio, lo descrive come uno dei più gloriosi e più grandi imperatori di Costantinopoli. Il Drapeyron, nella sua opera sul regno di Eraclio, cerca spiegare l'apparente anomalia (cfr. Drapeyron, 20 e segg., 98-100, 346 e segg.) con intricate ragioni psicologiche che, se pure ingegnose, non persuadono il lettore e lo lasciano perplesso quanto prima, e con un'impressione sfavorevole della condotta di Eraclio (cfr. anche Bury, II, 203-210).

Il Pernice però nel suo bel lavoro su Eraclio ha provato (Pernice, 57-64), con l'aiuto specialmente di fonti armene, che tali accuse sono per lo meno ingiustificate, e che la pretesa inazione nulla ebbe di vergognoso, perchè fu soltanto parziale ed ebbe cause indipendenti dalla volontà e dal carattere dell'Imperatore. Il Pernice ha dimostrato con evidenza che i primi dodici anni del regno di Eraclio non trascorsero inoperosi nella capitale, come tutti gli storici avevano finora ritenuto; ma come risulta da notizia sicura, egli fece un tentativo infelice di iniziare la campagna contro i Persiani, prima di avere i mezzi sufficienti ad assicurarsi la vittoria (1). V'è però un punto sul quale il Pernice non ha forse approfondito sufficientemente la sua dotta analisi: alludo cioè al numero delle forze militari, di cui l'Imperatore poteva disporre per la campagna persiana. Occorre perciò che noi riprendiamo brevemente il soggetto, non già per confutare, ma per completare l'esposizione del valente giovane, perchè questo è argomento per noi di molta importanza, sul quale avremo più volte a ritornare durante la esposizione delle conquiste arabe in Siria.

NOTA 1. — Dalle fonti greche parrebbe che Eraclio, dal giorno in cui divenne imperatore, nel 610, fino a quando intraprese la grande campagna sessennale nel 622., vale a dire per circa dodici anni, rimanesse immobile e inoperoso in Costantinopoli. A queste notizie si sono conformati tutti gli scrittori di storia bizantina, il Gibbon, il Lebeau, il Drapeyron, il Bury, ed anche infine il Butler. Le fonti armene ci narrano però ben altri fatti. Da queste sappiamo, per esempio, che nella stagione 611-612. Eraclio in persona andò a porre assedio a Cesarea tenuta dai Persiani, e che, richiamato da affari di Stato a Costantinopoli, lasciò con l'esercito un luogotenente per nome Priscus, il quale, al cominciare della primavera (612.), si fece battere dai Persiani e ritornò a Costantinopoli, diffamando l'imperatore (Sebeos, 65; Patkanian nel J. A., VI, tom. VII, anno 1886, p. 198-199; De Muralt, I, 271). Questo stesso Priscus cercò anche sollevare la Cappadocia contro Eraclio nell'anno seguente, e perciò fu costretto in punizione ad abbracciare la carriera ecclesiastica; mentre la campagna di Cappadocia fu affidata a Nicetas (De Muralt, I, 271). In appresso (613.?) Eraclio mandò in Armenia il generale Philippicus, genero del defunto imperatore Mauricius, il quale si batté ivi con i Persiani per ben sette anni (613-620.?), senza però ottenere verun risultato effettivo, perchè ambedue le parti difettavano di uomini e di danari (Patkanian, l. c.; Sebeos, 66-67). Poco tempo dopo, avanti la presa di Gerusalemme, Eraclio, fatto incoronare suo figlio in Costantinopoli (nel 613., cfr. De Muralt, I, 272), ed affidati gli affari dello Stato al Senato ed ai grandi del palazzo, si recò (attraverso l'Asia Minore) nell'Asorestān, nella regione di Antiochia e venne alle mani con le milizie Sassanidi: la battaglia accanita terminò con la disfatta di Eraclio. In un secondo combattimento nelle gole dei monti che dànno accesso alla Cilicia, un esercito di 8.000 Persiani sconfisse nuovamente le milizie di Eraclio: i Persiani, per effetto di queste due vittorie, s'impadronirono di Tarsus e della Cilicia (Sebeos, 67-68), e ridotto l'Imperatore all'impotenza, poterono ora invadere la Palestina, conquistare Gerusalemme e l'Egitto (Sebeos, 68 e segg.). È evidente dunque che Eraclio non fu inoperoso, ma combattè i Persiani, purtroppo con avversa fortuna, sicchè dovette sostare parecchi anni, per ricostituire le sue forze prima di essere in grado a riprendere l'offensiva. In quel frattempo i Persiani poterono far tutto a modo loro e spingersi da una parte fino ai dintorni di Costantinopoli, dall'altra fino alle rive del Nilo. — Tutti questi eventi sono ignorati dalla maggioranza degli storici occidentali, perchè mancano nelle fonti bizantine. — È merito speciale del Pernice l'aver messo in rilievo il pregevole sussidio delle fonti armene per ricostruire la verità storica sul conto di Eraclio (cfr. anche più avanti § 252, nota 1).

[Condizioni dell'impero Bizantino e decadenza del Cristianesimo orientale.]

§ 249. — Nei paragrafi precedenti abbiamo apposta alluso a molte ed ottime fonti, alcune perfino contemporanee, dalle quali consta come, anche prima della terribile invasione persiana, l'impero Bizantino versasse in condizioni militari deplorevoli e che agli imperatori non solo mancassero i mezzi pecuniari per arrolare soldati, ma difettassero perfino gli uomini, ed incontrassero grandi difficoltà a riunirne sotto il loro comando. Traluce chiaramente da infiniti indizi indiretti e diretti, che le popolazioni indigene dell'Impero non fornivano più soldati, e che gl'imperatori erano costretti a formare le loro legioni con barbari venuti da lontano e nativi di paesi per lo più indipendenti da Costantinopoli (cfr. Holmes, I, 169, nota 5). Siffatta deficienza d'uomini era dovuta principalmente alle seguenti cause. In primo luogo, le provincie balcaniche, che avevano fornito tanti valorosi guerrieri alle legioni di Roma, erano divenute, per effetto delle continue devastazioni barbariche, un vero deserto. Tranne la ricca regione, che oggidi ha nome Romania, in tutto il resto della penisola si può dire che l'antica popolazione fosse pressochè del tutto scomparsa, letteralmente distrutta da quasi tre secoli di guerre e d'invasioni barbariche. Le popolazioni venute dal settentrione non facevano le cose a metà: entrando in un paese, era loro uso di massacrare gli uomini, rapire le donne, e portarsi via qualunque cosa di valore, distrug-

[**Condizioni dell'impero Bizantino e decadenza del Cristianesimo orientale.**]

gendo con selvaggia ferocia quanto non potevano asportare. Per farsi una idea dei loro sistemi, basterà rammentare quello che abbiamo narrato a proposito dell'invasione avara, negli ultimi anni di Giustiniano, ed ai 12.000 prigionieri (certamente tutti uomini, perchè le donne erano preda assai stimata da quei selvaggi svergognati), massacrati a sangue freddo dal Khaqan degli Avari. Non occorre una speciale dimostrazione per provare come da un siffatto stato di cose gl'imperatori di Costantinopoli vedessero, nel corso del V e del VI secolo dell'Èra Volgare, scomparire del tutto la popolazione antica aborigena, ligia all'Impero.

Contemporaneamente a questo procedimento di distruzione, se ne avverò un altro d'infiltrazione di elementi nuovi, estranei e ostili, quasi tutti Slavi, i quali, attirati dalla grande ricchezza naturale delle provincie balcaniche, lentamente sostituironsi agli antichi abitanti, occupando stabilmente le terre ed i paesi abbandonati. I nuovi immigrati appartenevano alle popolazioni nemiche dell'Impero, e generalmente a quelle stesse, che avevano compiuto le immani devastazioni. Questa gente barbara, ignorante, irrequieta, per lo più nomade, o semi-nomade, arrivata in un paese rovinato, ebbe bisogno per vivere di un'estensione assai più vasta, che non gli abitanti antichi, forti, sobri e valenti agricoltori. La nuova immigrazione non supplì quindi che in parte alle ingenti perdite d'uomini, prodotte dalle guerre: per di più, i nuovi venuti erano profondamente ostili all'impero Bizantino, sicchè gl'imperatori, non avendo più alcuna autorità sugl'immigrati, perdevano il possesso della penisola balcanica non solo per effetto delle invasioni armate, ma anche per l'immigrazione pacifica dei nuovi coloni. Questi, invece di costituire una forza, furono causa di una nuova debolezza per l'Impero, che si nutriva, per così dire, in seno i suoi peggiori nemici (cfr. Pernice, 86 e segg. Bury, II, 116-142). Siffatto procedimento, per cui sostituironsi alle antiche e ligie popolazioni di forti lavoratori nuove razze barbare e ostili, si estese a tutta la penisola balcanica, dalle rive del Danubio fino a tutto il Peloponneso, distruggendo anche, e quasi intieramente, la popolazione greca, ristretta oramai alle sole città del littorale. Per tali ragioni, arrivati al regno d'Eraclio, noi possiamo dire che tutta la penisola balcanica avesse già interamente perduto il carattere suo etnico e politico primitivo, diventando una regione, nella quale l'autorità degli imperatori aveva cessato di esistere. Era quasi un paese nemico, dal quale l'Impero non poteva più nè trarre un soldato, nè esigere un'imposta. Il danno morale, militare ed economico che da questo stato di cose venne all'Impero, fu perciò incalcolabile e senza rimedio.

§ 250. — Sebbene per ragioni diverse, nemmeno le provincie asiatiche erano più capaci di fornire uomini o danari all'Impero. La natura imbelle della caotica miscela di nazionalità ariane, turaniche e semitiche che popolava l'Asia Minore nella sua parte occidentale, era nota fin dai primi tempi dei re Achemenidi, giacchè tutti i domini, che successivamente si estesero su quella contrada, dai tempi dei primi re persiani fino alla conquista romana, sempre facilmente vi si stabilirono. Da essa quindi gl'imperatori non trassero mai milizie, se non in quantità minime: nella natura sensuale, superstiziosa, avida di culti strani, effeminata e priva di forti e generosi sentimenti, si era innestata l'azione disgregatrice della civiltà ellenica in decadenza, e della religione cristiana; ambedue imbastardendosi per il contatto con razze inferiori, che non comprendevano le sublimi bellezze dell'una e dell'altra, ringagliardirono sempre più le tendenze anti-militari della popolazione. Vivente infine Eraclio, tutta la penisola dell'Asia Minore, già esausta da secoli di malgoverno e di guerre, giaceva ora sotto l'incubo delle scorrerie persiane, rivaleggianti in ferocia selvaggia con quelle dei barbari nei Balcani: dall'alto delle mura delle città fortificate, che i Persiani non si curavano di assediare, potevano i miseri contadini mirare da lunghi il fumo dei loro casolari e dei raccolti incendiati dal nemico, ed assistevano impotenti alla propria totale rovina.

[Condizioni dell'Impero Bizantino e decadenza del Cristianesimo orientale.]

Delle condizioni speciali, in cui versavano la Siria e la Palestina parleremo un po' diffusamente nei paragrafi successivi, ove dimostreremo come nemmeno da esse l'Impero potesse levar soldati per la natura delle popolazioni e dell'ambiente, per le condizioni singolari, morali e religiose degli abitanti, e per la grandezza della miseria ivi imperante, acuita dagli spaventosi conflitti di razza, che insanguinavano tutta l'infelice regione. Regnante Eraclio, la guerra disastrosa con la Persia aveva tolto al governo di Bisanzio quasi ogni diretta autorità sulle due provincie, e soli pochi anni dopo l'elezione di Eraclio, i Persiani occupavano definitivamente tutto il paese, privando il nuovo sovrano di un cespite di somma importanza in quel momento, quando anche il diminuire delle rendite di una sola provincia, dato il fallimento finanziario del governo, aveva vitale importanza e disastrosi effetti.

Dacchè sulle condizioni interne dell'Egitto avremo a tornare con considerevole ampiezza, narrandone la conquista dagli Arabi parecchi anni dopo (nel 20. a. H.), non occorre parimente d'insistere adesso, e basterà accennare anche qui alla profonda miseria di popolazioni imbelli, che, per ragioni religiose e nazionali, odiavano il governo di Bisanzio come un nemico, ed accolsero perciò prima i Persiani e poi gli Arabi quali liberatori ed amici. Anche l'Egitto fu perduto mentre regnava Eraclio, al quale venne così meno una provincia, che, seppure non gli forniva uomini per le sue legioni, era non pertanto la fonte di maggiore ricchezza per l'Impero, la provincia più ricca

[Condizioni dell'Impero Bizantino e decadenza del Cristianesimo orientale.]

sotto il disastroso governo di Bisanzio, e, come già per tanti secoli, il granaio della capitale.

§ 251. — Tale sommaria esposizione, a cui ragioni di spazio e gli scopi particolari del presente lavoro vietano di dare maggiore ampiezza, dimostra come ad Eraclio mancassero addirittura quasi tutti i mezzi materiali per mettere assieme un esercito, ossia e uomini e danari. Il lettore avrà però osservato che, nel corso della esposizione, noi abbiamo omesso ogni menzione di quel vasto paese, formato dal grande altipiano armeno e dalle gigantesche giogaie alpestri, che si estendono dalla parte orientale dell'Asia Minore fino ai monti del Caucaso. Il Pernice (150 e segg.) ha giustamente messo in rilievo la tenacia, con la quale i sovrani di Costantinopoli tentarono di conservare il possesso non solo dell'altipiano armenico — ciò che ben s'intende per ragioni strategiche — ma perfino della regione caucasica. Descrivendo correttamente le condizioni geografiche di quel paese inospitale, tutto monti, boschi e pietre, senza fiumi navigabili, senza prodotti agricoli d'esportazione, senza strade, e di difficile accesso, egli conclude, che tale tenacia non era giustificata dall'importanza economica del paese. Il Pernice prosegue dimostrando, che la ragione principale della politica bizantina nel Caucaso era sovratutto militare e strategica e dimostra con buone ragioni la giustezza della sua opinione. Noi dobbiamo pienamente convenire con lui su questi punti, ma crediamo che egli non abbia a sufficienza insistito sopra un argomento, che a noi sembra fondamentale, vale a dire, che la condotta degli imperatori fosse anche ispirata dall'imperiosa necessità di trovare uomini per il loro esercito, e dal fatto, che di tutte le provincie rimaste all'Impero, la sola, che potesse fornire ancora forti e numerosi soldati, era appunto la regione caucasica ed in parte anche l'altipiano armeno. Tenendo ora presente tale concetto fondamentale, e mettendolo in raffronto con quanto abbiamo brevemente esposto sulle infelicissime condizioni militari dell'Impero, dal quale Eraclio non poteva trarre, per così dire, nè un soldo, nè un soldato, tutta la campagna in apparenza incomprensibile in alcune sue fasi, che Eraclio condusse per sei anni sempre in quelle regioni montuose, con mosse talvolta addirittura incomprensibili, si presenta sotto una nuova luce. Possiamo cioè arguire con sicurezza, che tutte le mosse talvolta sì strane, ed in apparenza irragionevoli dell'Imperatore, erano determinate dalla forza numerica delle sue milizie, e dalla necessità di ritornare sempre in quel paese, donde *soltanto* poteva rifornirsi di soldati e colmare i vuoti prodotti dalle morti e dalle diserzioni; queste ultime in ispecie furono sempre molto facili e numerose per la natura instabile, impaziente, e indisciplinata di quei selvaggi montanari, che mal si acconciavano alle sterili fatiche imposte dalla complessa strategia dell'Imperatore. Egli, come è ben naturale, non svelava i suoi piani ai soldati, e trovandosi sì spesso a capo di forze inferiori al nemico, doveva compensare la propria debolezza con abili mosse, che riuscivano odiose ed incomprensibili alla maggioranza dei seguaci. Da ciò quindi frequenti diserzioni, e la necessità di ritornare indietro per ricostituire l'esercito e riprendere l'offensiva. In un certo modo, si potrebbe quasi dire che Eraclio menasse la celebre campagna sessennale non già come il sovrano dello sconquassato impero Bizantino, che non poteva più fornirgli nè uomini, nè danari, ma come re d'Armenia e del Caucaso. Per cinque anni, infatti, non fece più ritorno a Costantinopoli: nemmeno quando la capitale fu minacciata da un assalto simultaneo degli Avari e dei Persiani si mosse egli dai suoi quartieri in Armenia, benchè allora non fosse impegnato in alcuna operazione, o aggressiva o difensiva, contro i Persiani.

[Condizioni dell'impero Bizantino e decadenza del Cristianesimo orientale.]

Poichè siffatto modo di considerare l'attività politica e militare di Eraclio non è stato ancora preso in attento esame da quanti hanno studiato le campagne di Eraclio, metterà il conto di trattare l'argomento con qualche ampiezza, dacchè servirà indirettamente adill, ustrare e dichiarar meglio la condotta dell'Imperatore durante la conquista araba ed a por fine a tutte le errate speculazioni psicologiche, fondate sul nulla, con le quali alcuni hanno voluto spiegare il " torpore „ e " l'inazione vergognosa „ di Eraclio nei primi dodici e negli ultimi nove anni del suo glorioso regno. Questo torpore, questa inazione vergognosa, come ha già felicemente intuito il Pernice, non sono mai esistiti: quanto segue valga quale appendice e conferma di ciò che si trova nel dotto lavoro, da noi più volte menzionato.

§ 252. — Dalle deplorevoli condizioni dell'Impero poc'anzi brevemente descritte si deve, per amor del vero, innanzitutto riconoscere, che il còmpito che ora incombeva ad Eraclio, per giustificare la sua ascensione violenta al trono di Costantinopoli, era di quelli che forse giustamente si possono considerare quasi superiori alle forze di un uomo. Non pertanto egli si accinse fin dal principio a rifarsi un esercito ed un tesoro: e tale fu la sua operosità, che, nonostante le tristissime condizioni nelle quali versava la penisola balcanica, ove i nemici vagavano impunemente fin quasi sotto alle mura della metropoli, e benchè l'Asia Minore fosse nel pericolo imminente d'invasione, egli pur tanto seppe fare, che tentò una prima ardita campagna in Siria, da noi poc'anzi brevemente rammentata (cfr. § 247, nota 1). Eraclio trovò le forze persiane superiori e dovette ritirarsi dopo due infelici combattimenti. Questo accadeva nell'estate del 614 (¹) (Pernice, 67-69; Sebeos, 67-68); ed Eraclio dovette ritornare a Costantinopoli più debole di prima e con le sue poche milizie scorate da questo primo insuccesso, tanto

[**Condizioni dell'impero Bizantino e decadenza del Cristianesimo orientale.**]

più amaro ed umiliante, in quanto era il primo tentativo del novello Cesare per risollevare le sorti del cadente Imperò.

Tali notizie di fonte armena, giustamente rilevate dal Pernice, sfatano definitivamente le accuse d' inazione vergognosa, di cui finora si è creduto fosse macchiata la gloria di Eraclio: gli accusatori non hanno tenuto il giusto conto delle enormi difficoltà materiali, dalle quali il generoso Imperatore era circondato da tutti i lati. Che il secondo periodo di preparazione, corso fra il 614. ed il 622., sia stato molto più lungo, difficile e penoso, non deve recar veruna maraviglia dopo quanto si è detto, e quando si pensa agli immani disastri, che colpirono l'Impero, allorchè i Persiani, appurata l'estrema debolezza di Eraclio, spinsero innanzi con più vigore che mai le loro operazioni militari. Non solo l'imperatore incontrò sempre maggiori difficoltà militari e finanziarie, ma i Persiani, riprendendo ora con maggiore ardire l'offensiva, si spinsero come abbiamo già narrato altrove, fin sotto le mura di Costantinopoli, non trovando quasi più alcuna resistenza al loro avanzare, fuorchè nelle città fortificate e difese dai pochi abitanti e dai miseri resti delle legioni distrutte. Non v'è dubbio che Eraclio in questo periodo, nel quale, perdute quasi tutte le provincie dell'Impero, si trovò ridotto pressochè alla sola capitale (²), vedesse le proprie risorse anche più considerevolmente diminuite, e si persuadesse dell'inutilità di contare sugli abitanti dell'Impero per ricostituire un esercito. Anche se le provincie erano atte a fornire guerrieri, trovandosi ormai in mano dei nemici, riusciva impossibile l'arrolarvi soldati. Dinnanzi a tali difficoltà, Eraclio escogitò un piano, che è forse uno dei più geniali e più arditi, che la storia ricordi, l'avere cioè immaginato di recarsi in un paese, che si può dire era quasi straniero, ma popolato da forti razze di montanari e di guerrieri, e da lì, con eserciti non più nè greci, nè imperiali, tentare la salvezza dell'Impero. Quando alfine, dopo quasi insuperabili difficoltà finanziarie e materiali, egli riprese le armi, ed iniziò la sua famosa campagna, traversata celermente l'Asia Minore, quasi evitando di cimentarsi con i Persiani nel proprio Impero, e gettatosi fra i monti dell'Armenia e del Caucaso, per ben sei anni, vi condusse una delle più stupende campagne strategiche, di cui esista memoria nella storia del mondo (³).

Nota 1. — (a) Il Pernice, nel passo citato, ricollega questa *prima* ignorata campagna di Eraclio con la presa di Gerusalemme e la narra *dopo* e quale conseguenza della medesima: Eraclio partì, perchè non « poteva fare altrimenti fra l'universal commovimento e lo slancio di riscossa di tutto il popolo. Egli fu trascinato dalla pubblica opinione » (Pernice, 67). Mi sia permesso di osservare che tale ricostruzione degli eventi non mi persuade. Il Pernice fondasi, nella sua narrazione, principalmente su Sebeos, perchè l'armeno contemporaneo di Eraclio è l'unica fonte che ci narri questi fatti. Orbene Sebeos (cfr. p. 67-78) ha però un *ordine inverso degli eventi:* egli narra l'infelice campagna di Eraclio in Siria, e dopo la sconfitta dell'Imperatore, e *come conseguenza della medesima,* descrive la sottomissione della Palestina e la caduta di Gerusalemme. Il Pernice non dà le sue ragioni, perchè ha invertito l'ordine nella narrazione del cronista armeno: d'altra parte mi pare anche più logico, che la disfatta di Eraclio abbia lasciato la Palestina alla mercè dei Persiani. Se dunque il Pernice è nel vero, ponendo la campagna di Eraclio nell'estate del 614., ne viene per sè che Gerusalemme fosse espugnata dieci giorni dopo la Pasqua del 615. e non del 614. Avrebbe perciò ragione il Butler (cfr. poc'anzi § 246, nota 1,*b*).

[Condizioni dell'impero Bizantino e decadenza del Cristianesimo orientale.]

(*b*) Purtroppo la cronologia di questo periodo è ancora avvolta nella massima confusione, e nessuno finora è stato capace di sbrogliarne la intricata matassa. Per es. Sebeos premette alla narrazione della *prima* campagna (quella del 614.) la notizia che Eraclio fece incoronare il figlio Costantino prima di recarsi in Siria. Il Macler, nella sua versione, fraintende il testo (Sebeos, p. 67, nota 3) e dice che ciò avveniva nell'aprile 622., senza avvertire che allora Gerusalemme sarebbe caduta nel 623! Ciò è assurdo. Il Macler confonde la campagna infelice del 614 in Siria, con il principio della grande campagna sessennale nel 622. Ma anche Sebeos è forse in errore: la proclamazione di Costantino Cesare avvenne, secondo Teofane, nell'anno del mondo 6108., il primo Gennaio della V Indizione, ossia nel 617. dell'E. V.! (Theophanes [De Boor.], I, 301). Lasciamo ad altri il còmpito di chiarire tal garbuglio. Ogni ricostruzione cronologica di questo periodo è irta di difficoltà forse insuperabili: anche Sebeos, benchè quasi coetaneo, non può essere accolto come autorità sicura e indiscutibile.

(*c*) A convalidare il fatto che Gerusalemme fosse espugnata nel 615., possiamo addurre che, secondo i calcoli del Saint-Martin (cfr. Lebeau, lib. LIII, § 27, vol. X, 299, nota 3, e lib. LVII, § 36, vol. XI, 160, nota 4), Khusraw Abarwiz incominciò a regnare il 28 Maggio 590.: quindi la Pasqua del suo 25.mo anno di regno doveva essere quella del 615. Il Mordtmann (ZDMG., tom. VIII, p. 111) pone il principio del regno di Khusraw nel 591.; ma anche questo calcolo ci costringerebbe a collocare la presa di Gerusalemme nel 616.

Nota 2. — Sarebbe errore il credere che i Persiani conquistassero definitivamente l'Asia Minore fino alle mura di Costantinopoli (cfr. Pernice, 70-71): la verità è che i Persiani non si curarono di assediare le città fortificate e, contentandosi di depredare le borgate indifese, corsero il paese, infliggendo mali e danni spaventosi, ma senza mai pensare ad una occupazione regolare, ad una conquista. Il loro concetto dominante fu di espugnare la capitale dell'Impero, ben sapendo che, caduta la testa, tutto il resto del corpo bizantino perdeva ogni traccia di vita. I Persiani dimostrarono una conoscenza molto giusta ed un apprezzamento correttissimo della struttura dell'impero Bizantino, perchè intravidero che la forza dell'Impero e le ragioni della sua esistenza erano racchiuse nella capitale. Senza Costantinopoli, nessun impero Bizantino poteva esistere, ma purchè rimanesse ancora la metropoli, era impossibile domare l'avversario. Costantinopoli era tutto: la sua mirabile posizione geografica la rendeva in quei tempi una fortezza di prim'ordine, addirittura inespugnabile, per chi non avesse il comando del mare. La città offriva inoltre i mezzi per creare e mantenere una flotta, che le garantiva ognora la padronanza dei mari, e le assicurava l'arrivo più o meno regolare delle provviste e delle merci. Qualunque fosse la forza militare e l'estensione dell'Impero, Costantinopoli rimaneva sempre uno dei maggiori, se non il maggiore, degli empori commerciali del mondo asiatico, e la fortuna degli abitanti non tanto dipendeva dai redditi delle terre vicine, quanto dai lauti guadagni degli scambi commerciali. Queste tre ragioni principali: inespugnabilità per eserciti asiatici, mirabile posizione geografica e dominio del mare, sono quelle che spiegano meglio di ogni altra la longevità dell'impero Bizantino, e come abbia potuto sopravvivere ancora per otto secoli prima ai Persiani e poi agli Arabi. La flotta greca era ancora intatta ed invincibile ed un tentativo dei Persiani di contestare ai Greci il dominio del mare, dopochè ebbero terminata la conquista dell'Egitto, finì in un disastro, secondo le affermazioni dello storico Sebeos, (cfr. Pernice, 83; Sebeos, 79).

Nota 3. — L'unica campagna, che si possa, io credo, paragonare a questa di Eraclio, è quella di Annibale durante la seconda guerra punica, quando egli ideò un piano simile, cioè di muovere guerra ai Romani nel loro proprio paese e con milizie che non erano cartaginesi, ma raccolte fra popolazioni estranee ad entrambi i combattenti. La seconda guerra punica fu in realtà una guerra fra Roma ed Annibale: così ora questa campagna dell'Imperatore fu una guerra fra Eraclio e la Persia e non fra l'impero Bizantino e quello Sassanida.

§ 253. — Usciremmo di molto dai limiti del nostro lavoro, se ci accingessimo ad analizzare minutamente la condotta militare dell'Imperatore, o volessimo spiegare ogni ragione delle sue complesse mosse strategiche, anche quando ciò giovasse a dimostrare la verità della nostra tesi fondamentale, che cioè Eraclio menasse tutta la campagna con pochissimi mezzi e questi quasi intieramente composti di mercenari e volontari, detti eufemisticamente alleati, raccolti fra

[Condizioni dell'impero Bizantino e decadenza del Cristianesimo orientale.]

le popolazioni del Causaso e dell'Armenia settentrionale. Abbiamo però l'obbligo di dare le ragioni principali in favore della nostra tesi, e perciò descriveremo brevemente le fasi della campagna, fermandoci soltanto su ciò che direttamente si riferisce al nostro soggetto, e supponendo che il lettore abbia già presente nella memoria la storia dell'eroico conflitto, come è narrato dalle altre fonti, che trattanò specialmente di storia bizantina (1).

A noi sembra dunque che, se seguiamo passo passo l' Imperatore nelle fantastiche peregrinazioni fra le alpi armene e caucasiche, si vede come tutta la sua condotta fosse ispirata al concetto fondamentale, e regolata dalla necessità assoluta di trovare alleati e soldati per combattere i Persiani; se i suoi movimenti erratici sembrano talvolta contrari al buon senso, oppure a quanto ci saremmo aspettati dalle circostanze del momento, ne abbiamo la spiegazione naturale ed evidente nel fatto che Eraclio dipendeva per la costituzione delle sue forze unicamente dalle milizie, che egli poteva raccogliere fra i monti dell'Armenia e sulle pendici del Caucaso. In questo modo, riesce evidente come egli, contrariamente all'esempio di tutti i predecessori, invece di assalire di fronte il nemico, espellendolo dall'Asia Minore e invadendo la Mesopotamia, eludesse i Persiani e corresse quasi a nascondersi nei monti dell'Armenia. Dopo ogni vittoria, invece di gettarsi nel cuore del paese nemico, rimase come legato ai monti, contentandosi, per ben cinque anni, d'invadere e devastare la provincia persiana più vicina all'altipiano — l'Atropatene degli antichi, ossia l'Adzarbayǵān degli Arabi — una delle più remote provincie dello stato Persiano, il possesso della quale non poteva realmente influire sulle sorti della guerra. Ciò è tanto vero, che la guerra venne soltanto decisa in suo favore, quando egli osò alfine, nell'ultima sua campagna, staccarsi dai monti ed invadere l'Assiria e la Babilonide.

Ci consta inoltre, da fonti sicure, che il nucleo delle sue milizie era formato quasi totalmente con uomini raccogliticci, in gran parte barbari (cfr. Lebeau, lib. LVII, capo III, vol. XI, 90), e che perfino il loro numero fu sovente assai esiguo (id., vol. XI, 93). Sappiamo ancora che, mentre egli si asteneva dal combattere durante i mesi invernali fra i monti in Armenia o nel Caucaso, la sua attività era interamente assorbita dai più energici tentativi di aumentare le proprie forze, arrolando gli abitanti del paese sotto ai suoi stendardi (cfr. Lebeau, lib. LVII, capo V, vol. XI, 94). Queste milizie, in parte volontarie, e che si univano a lui per sola brama di bottino, in parte mercenarie, e perciò mal pagate, perchè Eraclio non aveva mezzi a ricompensarle generosamente, erano genti irrequiete, indisciplinate, difficili a maneggiare, indocili al comando, che si stancavano facilmente, quando, per deficienza di numero, Eraclio era costretto a continue marcie e contromarcie, ed evitava di battersi, perchè non sicuro di vincere. Così accadeva spesso che, stanche di siffatte mosse per loro incomprensibili, e in apparenza sterili di effetto, queste malfide milizie, talvolta per i più futili motivi, improvvisamente abbandonavano l'Imperatore, allorchè egli ne aveva il massimo bisogno per raccogliere i frutti della sua abile e complessa strategia.

[**Condizioni dell'impero Bizantino e decadenza del Cristianesimo orientale.**]

NOTA 1. — Sebeos afferma (p. 81; Pernice, 104 e 122) che Eraclio iniziò la seconda campagna contro la Persia nel 623., alla testa di 120.000 uomini, ed il Pernice da ciò ritrae che Eraclio debba aver incominciato le operazioni con circa un centinaio di migliaia di uomini (Pernice, 104). Tale cifra sembrami molto esagerata e per nulla corrispondente al vero. Di ciò abbiamo una certa prova nell'altra notizia, che nell'anno seguente, nel 624, Eraclio non osò nemmeno assalire un esercito persiano, che si dice fosse composto di 30.000 uomini (Sebeos, 82; Pernice, 130). Orbene se si consideri, che anche questa cifra è senza dubbio orientalmente esagerata dal biografo armeno di Eraclio, per spiegare e giustificare la sua condotta, veniamo alla conclusione che Eraclio avesse, dopo un anno di guerra. molto meno di 30.000 armati sotto agli ordini suoi. Difatti poche righe più avanti (Sebeos 82, lin. ult.) il cronista armeno dice che Eraclio aveva con sè soli 20.000 uomini. Anche questa cifra sembra esagerata, perchè allo stesso tempo egli narra come Šahr Varaz (Šahrbarāz) si allestisse con soli 6.000 uomini a tendere un'imboscata all'esercito di Eraclio. Ciò vuol dire evidentemente che l'Imperatore doveva avere con sè in realtà meno di 10.000 uomini. Allora la prima cifra (120.000) deve essere assolutamente falsa, perchè la prima campagna di Eraclio, nella quale non vi furono grandi combattimenti, avrebbe costato all'Imperatore la perdita di circa 100.000 uomini, vale a dire invece di un trionfo sarebbe stato un disastro. Il numero e la composizione delle forze di Eraclio dovettero variare, per così dire, giornalmente, e talvolta, per diserzioni in massa di interi contingenti, un esercito di forze cospicue diveniva, da un giorno all'altro, un gruppo di poche migliaia di uomini.

§ 254. — Se nonpertanto egli potè ottenere talvolta insigni trionfi ed infliggere gravissime perdite al nemico, ciò non solo fu merito del suo genio militare e della poca abilità dei generali persiani, ma anche e in grande parte dell'intrinseca debolezza dell'impero Sassanida, che, nonostante le sue conquiste in Asia Anteriore, diveniva sempre più fiacco ed esausto, dissanguandosi con uno sforzo superiore ai propri mezzi ed alle proprie energie.

Vediamo così Eraclio invadere l'Atropatene, distruggere il tempio del Fuoco di Ganzaca (secondo alcuni Tabrīz, secondo altri certe rovine presso il Takht-i-Sulaymān cfr. Pernice, 125), e quello di Tabarmes (Urmiyah), i due santuari più venerati dai seguaci di Zoroastro, senza essere molestato per niente da eserciti persiani (cfr. Lebeau, LVII, capo VII, vol. XI, 99): è lecito supporre che i Persiani non si aspettassero un'invasione da quella parte, e che, sia per mancanza di uomini, sia perchè avessero i loro eserciti dispersi in tutta l'Asia Anteriore, dalle mura di Costantinopoli fino alle rive del Nilo, non avevano preso provvedimenti per la difesa di quella remota provincia. Difatti trascorse più di un anno prima che Khusraw riuscisse a riunire forze sufficienti per assalire Eraclio, il quale intanto era rimasto quasi inoperoso nella provincia conquistata, senza avanzare verso mezzogiorno, senza dubbio, appunto per deficienza di soldati. Ciò diviene poi evidente dalle mosse di Eraclio, allorchè gli eserciti sassanidi vennero a cimentarsi con lui. Se egli avesse avuto schiere sufficienti, si sarebbe mosso per incontrarli, ma invece

[Condizioni dell'impero Bizantino e decadenza del Cristianesimo orientale.]

egli dovette manovrare in tutti i sensi per evitare un supremo cimento, correndo per un momento gravissimo pericolo di rimanere accerchiato e vinto. Se alfine riuscì a sconfiggere gli avversari, ciò avvenne grazie sovratutto all'assistenza dei Lazi, degli Abasghi, e degli Iberi, tutti popoli caucasici, ed all'abilità maravigliosa, con la quale egli seppe distrigarsi da posizioni difficilissime: anzi, dalle scarse notizie forniteci dalle fonti, parrebbe che le vittorie fossero sovratutto dovute alle ingegnose e sapienti misure strategiche prese da Eraclio, e non certamente, a forze superiori delle nemiche.

Quando quegli alleati, che formavano *più che metà delle sue milizie*, poco tempo dopo questi fatti, e per motivi ignoti, lo abbandonarono, Eraclio si trovò ridotto all'impotenza, ed una vittoria da lui ancora ottenuta sui Persiani, fu effetto d'abile sorpresa sul nemico. Egli dovette infatti sospendere le sue operazioni per mancanza assoluta di uomini (Lebeau, LVII, capo X-XII, vol. XI, 102-107), rimanendo inoperoso *per un anno intiero* (id., ibid., e specialmente a p. 107): il che dimostra, in pari tempo, come i Persiani fossero anch'essi tanto deboli, da non poterlo molestare.

Così durò la guerra per ben cinque anni, nei quali Eraclio inflisse, è vero, dolorose disfatte al nemico, ma non fiaccò mai interamente i mezzi di resistenza, perchè egli rimaneva sempre sulla periferia del regno nemico, e non poteva inferirgli il colpo mortale, colpendolo al cuore. L'episodio storico della promessa, fatta da Eraclio al barbaro re pagano dei Khazar, di cedergli come moglie la propria figlia Eudocia in compenso d'un esercito (Lebeau, LVII, capo XVIII, vol. XI, 117-119), è una prova ben eloquente delle condizioni precarie dell'eroico Imperatore, il quale doveva accettare simile umiliazione per ottenere l'incerto e malfido appoggio di gente, che niun diretto interesse aveva al trionfo dei Greci. Si consideri poi che, mentre si svolgevano questi fatti a mezzodì del Caucaso, gli Avari, insieme con i Persiani, assalivano Costantinopoli, esponendo Eraclio al rischio di restare imperatore senza impero. Eppure egli rimase nei monti immobile ed inoperoso, abbandonando la capitale al suo destino. Sola con propri mezzi, e grazie in ispecie alla flotta, potè Costantinopoli salvarsi dall'imminente catastrofe. Allo stesso tempo si consideri, che mentre Eraclio vagava come un'anima in pena in Armenia e nel Caucaso, un generale persiano passava tre lunghi anni nelle vicinanze immediate di Costantinopoli, assediando per due anni la vicina Calcedonia. Ciò dimostra quanto poco allarme desse la presenza di Eraclio in Armenia, per la conoscenza forse della sua estrema debolezza, che lo rendeva pressochè innocuo. Si noti infine che, per questi medesimi motivi, Eraclio rimase quasi quattro anni consecutivi in Armenia, senza far mai ritorno alla capitale.

§ 255. — Di grande rilievo per noi, a questo proposito, è l'ultima campagna, la sesta e più celebre di tutte, quella in cui alfine Eraclio, avendo forse compreso quanto l'avversario era stremato di forze, di uomini e di danari, ideò il grande piano di scendere come un'aquila dai monti e di piombare alfine sulla meta tanto sospirata, Ctesifonte. Traversati i monti del Kurdistān, calò nelle sottostanti pianure dell'Assiria, e seguendo la riva orientale del Tigri, assalì e vinse presso Ninive il piccolo esercito persiano, il solo e l'ultimo che il re sassanida poteva opporgli(1). In questa battaglia, combattuta il 12 Dicembre 627., le milizie dell'Imperatore perdettero soli cinquanta uomini (Lebeau, lib. LVII, capo XXVIII, vol. XI, 132-133): onde possiamo prestare poca fede all'affermazioni di quelle fonti, che calcolano a 6.000 i morti dalla parte dei Persiani (Pernice, 161). Difatti Teofane (Theophanes [De Boor], p. 319) afferma che perirono soli dieci dei Bizantini e si ebbero soltanto cinquanta feriti. La vittoria divenne un evento storico di somma importanza per i suoi effetti, ma in realtà fu una mischia fra due eserciti ben poco numerosi. La Persia non aveva però altro da contrapporre, sicchè d'ora innanzi Eraclio trovò la via aperta fino a Ctesifonte, e non ebbe più a battersi con il nemico, le poche milizie del quale fuggirono innanzi a lui, senza osar mai contestargli il passaggio dei numerosi fiumi e canali, che gli tagliavano il cammino. Ciononostante, vediamo Eraclio avanzarsi, sempre usando la massima prudenza e lentezza, benchè man mano che egli si avvicinava alla capitale, aumentasse lo spavento e l'anarchia fra i nemici, e benchè agli orrori dell'invasione straniera si aggiungesse anche la suprema sventura di una rivoluzione dinastica con guerra civile ed uccisione del re. Le condizioni dello stato Sassanida erano tali, che esso era, si può dire, all'intiera mercè dell'Imperatore, il quale avrebbe certamente potuto entrare in Ctesifonte ed imporre le condizioni che voleva. Grande è perciò la nostra maraviglia, quando leggiamo nelle fonti, che Eraclio, nel momento in cui sembrava essere in procinto di cogliere il frutto meritato di tanta maravigliosa attività, di tanti immensi sacrifizi, di tanti infiniti patimenti e fatiche, e poter dettar legge al nemico prostrato ai suoi piedi, nella capitale stessa del suo regno, toccate appena le rive del canale di Nahrwān, quasi alle porte della capitale, trovando rotti i ponti, dopo una breve sosta, ritornasse improvvisamente indietro, ripigliando con inesplicabile sollecitudine la via dei monti verso l'Atropatene, donde aveva preso le mosse poco tempo prima.

[Condizioni dell'impero Bizantino e decadenza del Cristianesimo orientale.]

Siffatta strana condotta dell'Imperatore, per il silenzio delle fonti, che non porgono alcun lume diretto sull'argomento, ha tormentato tutti gli storici e biografi del grande Imperatore, i quali, in mancanza d'altre ragioni, per un sentimento ben giusto di simpatia verso la nobile figura di quell'uomo, che

[Condizioni dell'impero Bizantino e decadenza del Cristianesimo orientale.]

aveva dato prove sì mirabili d'ingegno, di carattere e di coraggio, hanno escogitato ragioni morali molto complesse, speculando sulla magnanimità e generosità dell'Imperatore, che non voleva umiliare l'avversario, e via discorrendo (cfr. Lebeau, LVII, cap. XXXIV, vol. XI, 143-144; Pernice, 164-165). Il Bury (II, 242-243) dice un po' innocentemente che Eraclio " non voleva abusare della vittoria " (!) e desiderava che l'inevitabile rivoluzione si svolgesse da sè in Persia.

Tali ragionamenti non possono essere validi, nè convincere lo storico coscienzioso, che non si lascia ingannare da considerazioni sentimentali. Tanta generosità verso un nemico, che era stato il flagello dell'Impero per ben cinque secoli, che aveva ultimamente desecrato la tomba di Cristo, e pressochè distrutta la culla del Cristianesimo, che aveva tramutato in un deserto le provincie più ricche e più belle dell'Impero, che era stato causa della miseria infinita di milioni di Cristiani, rovinati e spogliati di tutto, tanta generosità, dico, sembrami addirittura insostenibile, anzi inconcepibile. L'impero Sassanida era stato la massima sventura dell'Asia Anteriore, per la sete insaziabile di guerre e di conquista, che aveva animato i suoi sovrani, affascinati dalla vana speranza di ristabilire l'impero di Dario e di Serse: era perciò il più sacrosanto dovere del più magnanimo e giusto degli uomini di rendere assolutamente impossibile il rinnovarsi degli orrori, che sospingevano tutta l'Asia Anteriore a rovina, per questo eterno conflitto fra la Persia e Bisanzio. Eraclio non aveva da decidere una controversia personale, nella quale avrebbe potuto contentarsi d'una soddisfazione morale; egli rappresentava, in quel momento, gl'interessi di tutta l'Asia cristiana, ed aveva sulle spalle la grave immensa responsabilità del benessere futuro di milioni di credenti cristiani, e quindi l'imprescindibile dovere di assicurare per essi l'avvenire, garantendosi in modo assoluto contro il ripetersi di inenarrabili sventure. Permettere perciò allo stato Sassanida di riaversi, acconsentire a che quel sistema di governo, egualmente nefasto ad amici e nemici, continuasse immutato ad esistere, era più che un errore, una follia, quasi un delitto, e addirittura contrario al buon senso più elementare; equivaleva ad esporre nuovamente tutto l'Oriente a tutti gl'innominabili eccessi della condotta folle e sanguinaria dei Sassanidi. Queste considerazioni mi sembrano tanto evidenti in sè, che un uomo di Stato, ed un generale come Eraclio, non può non essersene reso conto, tenendo calcolo delle immense difficoltà che egli aveva dovuto superare per giungere alfine alla anelata meta dopo diciotto penosi anni di lotta disperata, di vita e di morte, con un avversario che mirava alla sua totale distruzione e che, potendo, l'avrebbe schiacciato senza avere per lui il benchè menomo sentimento di pietà.

§ 256. — Se Eraclio avesse realmente trattato con tanta generosità il secolare nemico del suo paese e della sua fede, mi pare che egli avrebbe potuto, viste le condizioni disperate dei Sassanidi, fermarsi là ove egli si trovava e concludere ivi la pace in modo decoroso per gli avversari, e giovevole per sè e per gl' interessi che rappresentava. Invece lo vediamo ritrarsi quasi precipitosamente a Shiarzur (il Šahruzūr degli Arabi, nei monti del Kurdistān) e poi a Ganzaca nell'Atropatene, in tutto, una distanza di ben 800 chilometri da Ctesifonte e rimanere costì immobile ed inoperoso per circa tre mesi, cioè, fino al 7 Aprile 628. Appunto in quel lontano paese dovette venir a cercarlo la missione persiana per trattare la pace. Si noti infine, che egli mosse poi da Ganzaca ed incominciò il viaggio di ritorno prima che la pace fosse realmente assicurata, perchè era scoppiata la ribellione militare di Šahrbarāz contro il nuovo re Šīrwayh, e mentre l'esercito persiano trovavasi ancora in Siria, nonostante i patti espliciti del trattato. Si consideri poi che Eraclio, benchè avesse concluso il trattato con Šīrwayh e dovesse quindi riconoscersi moralmente obbligato verso il successore del medesimo, Ardašīr, quando Šīrwayh cessò di vivere dopo pochi mesi di governo, lo vediamo accordarsi con il ribelle Šahrbarāz in Arabyssus (Land, Anecd., I, 10, lin. 17; J.A., 1849, I, 320; 1866, I, 219-221; Barhebraeus, 105) e lo assistè apertamente, anche, si dice, con sue milizie, per deporre il legittimo sovrano di Ctesifonte. In altre parole, vediamo in realtà l'imperatore violare il trattato, e per ragioni di semplici opportunità, rinnovarlo con un ribelle, che, senza altro diritto se non la forza, pretendeva por fine a proprio vantaggio alla secolare dinastia. [Condizioni dell'impero Bizantino e decadenza del Cristianesimo orientale.]

Non credo che questi fatti concordino bene con la pretesa magnanimità di Eraclio verso la legittima dinastia Sassanida, ed insistiamo sul concetto nostro fondamentale, che ci ha guidati nella presente breve esposizione, che cioè Eraclio avesse le mani legate dalla deficienza di milizie, e che piuttosto che ragioni morali, altre assai materiali e più vere, ossia le periodiche diserzioni dei suoi guerrieri rovinassero le sue speranze. Noi riteniamo infatti, che i suoi soldati, mal disciplinati, carichi com'erano del bottino dei palazzi regali, invece di seguire il loro capo con maggiore ardimento, s'impensierirono, come è sempre il caso con i montanari, di trovarsi sempre più lontani dai patri monti, e temettero di restar coinvolti in qualche brutta avventura, nella quale avrebbero potuto perdere tutti i frutti delle loro fatiche. Perciò quando l'Imperatore, nella sua ultima campagna, penetrò nel cuore dello Stato nemico, man mano che scendeva verso mezzogiorno, i suoi soldati incominciarono a disertarlo alla spicciolata, ritornando ognuno con la sua preda nei monti nativi. Crediamo così di poter molto ragionevolmente ritenere, dopo quanto si è detto sulle precedenti cinque campagne, che quando Eraclio giunse

[**Condizioni dell'impero Bizantino e decadenza del Cristianesimo orientale.**]

sulle rive del canale Nahrwān, trovando i ponti rotti, comprese essere, per via del numero tanto diminuito delle sue schiere, assai pericoloso il tentare un assalto contro una grande e popolosa capitale, avendo dietro alle spalle un canale profondo, di corso rapido, e privo di ponti. Insomma sosteniamo, che le ragioni della sua improvvisa ritirata furono d'ordine puramente militare e strategico [1]. Potremmo perfino arguire dalla rapidità e dalla lunghezza della sua marcia di ritorno, che il numero dei soldati dovesse essere disceso a proporzioni pressochè irrisorie. Ciò ha una conferma indiretta nella grande premura mostrata dal governo sassanida di concludere la pace, andando a cercare l'Imperatore nel suo remoto asilo. Infatti la premura dei Sassanidi proveniva dalla consapevolezza di essere addirittura privi di qualsiasi valido mezzo di resistenza, stante la ribellione dell'esercito sirio sotto Šahrbarāz. Orbene, se Eraclio nonostante ciò, compì la predetta ritirata, concluse una pace nella quale egli non esigeva dal vinto alcun compenso per i danni incalcolabili sofferti dai suoi sudditi e nessuna garanzia valida per l'avvenire, e si abbassò infine a violare quel medesimo trattato dopo pochi mesi, per accordarsi con un ribelle, per l'unica ragione che questi teneva il comando dell'ultimo esercito dei Sassanidi, ed occupava territorio bizantino, ciò può unicamente esser dipeso dalla sua impotenza militare. È probabile quindi che Eraclio, alla fine della sesta ed ultima campagna, fosse quasi altrettanto debole e privo di uomini e di danari, quanto il governo legittimo di Ctesifonte.

A taluno potrà sembrare eccessivamente lunga e di secondario interesse la presente digressione, ma se vorrà poi prendere in esame il nostro studio delle conquiste arabe, troverà che l'aver messo in chiaro quanto esigue fossero le forze militari di Eraclio, giova in modo assai significativo a intender meglio le ragioni della facile conquista araba, che è appunto lo scopo del presente studio.

Nota 1. — (*a*) Bisogna rammentare, che il re di Persia aveva ancora nominalmente un esercito, quello comandato da Šahrbarāz, che si trovava in territorio greco, in Bitinia; ma il generale, che lo comandava, dopo il malsuccesso dell'impresa contro Costantinopoli, temendo le ire pazze del suo sovrano Khusraw Abarwīz, meditava già la rivolta e si preparava a salire sul trono di Ctesifonte (Pernice, 159). Si può dire anzi che Šahrbarāz fosse già velatamente insorto contro il re suo signore fin da due anni innanzi dal 626, e non è improbabile, che la sua inazione traditrice, sia stata una delle ragioni, per le quali alfine Eraclio osò lasciare i suoi monti e penetrare in Assiria (Pernice, 172; Nöldeke Perser, 301 e segg.; Barhebraeus, Chron. Syr., 100; Theophanes, 323; Nicephorus, 19, ecc.).

(*b*) È bene notare a questo proposito che l'esercito di Šahrbarāz non contava in realtà più di 6000 uomini! (Tabari, I, 1062, lin. 8; Ya'qūbi, I, 197, lin. 2). Il Nöldeke (Nöldeke Perser, 387, nota 2) giustamente insiste su questa cifra (della cui autenticità non possiamo dubitare, perchè ci proviene da due fonti intieramente indipendenti l'una dall'altra), come prova della disastrosa debolezza militare dei Sassanidi. Se con 6000 uomini quel ribelle poteva dominare l'Impero, di che cosa avrebbe avuto a temere Eraclio, *che era d'accordo con lui?* Eraclio doveva perciò, arrivando a Nahrwān, avere forse con sè un esercito anche meno numeroso!

(*c*) Tale nostro asserto è esplicitamente confermato da Sebeos (48-49), il quale narra: « Eraclio..... incendiò i palazzi regali intorno alla città (di Ctesifonte) e poi si recò nell'Atrpatakan

« (Adzarbaygān) con tutti i suoi bagagli e tutto il suo esercito, *perchè Eraclio aveva timore di Khosraw* (ossia Šahrbarāz). » Orbene questo generale si era già ribellato contro Khusraw Abarwīz, ed era in Siria con soli 6000 uomini! Perciò Eraclio, per aver timore d'un ribelle con milizie tanto poco numerose e lontane, doveva necessariamente aver egli stesso forze anche inferiori.

[Condizioni dell'impero Bizantino e decadenza del Cristianesimo orientale.]

§ 257. — Conclusa alfine la pace, nella primavera del 629., e confermata nel Luglio susseguente nel convegno che tenne con Šahrbarāz ad Arabyssus, una stazione militare della Cataonia — perciò i Persiani rimanevano ancora in territorio greco per quasi un anno dopo la prima stipulazione della pace — l'Imperatore rientrò come sovrano riconosciuto entro i suoi Stati, dirigendosi lentamente verso la Siria centrale, con l'intento di compiere in forma solenne un pellegrinaggio al Santo Sepolcro, riconsegnare la croce di Nostro Signore, e ringraziar Dio per il felice ricupero dell'Impero dalle mani del nemico.

Tale ritorno fu solo in apparenza trionfale: le condizioni dell'Oriente cristiano erano tali da escludere ogni vero giubilo e da destare profonda pietà e sgomento. La necessità di provvedere agli urgentissimi bisogni delle provincie devastate impose ad Eraclio, dopo una breve visita a Costantinopoli, di far ritorno in Siria e stabilirvi per quattro anni consecutivi la sua stanza. Egli aveva da istaurarvi tutta l'amministrazione civile, fiscale e militare e da ristabilire un po' d'ordine nel caos spaventoso prodotto da un quarto di secolo di guerre, d'invasioni e di dominio nemico.

L'opera da compiere era davvero gigantesca, e se consideriamo, che soli quattro anni dopo il pellegrinaggio di Gerusalemme, ebbe principio l'invasione araba, non ci deve maravigliare, se l'opera sua non potè produrre alcun benefico effetto. Il risultato negativo della sua amministrazione non fu però soltanto effetto della mancanza materiale di tempo utile per compiere saggie riforme; egli stesso si rivelò come sovrano ed amministratore in tempo di pace, meno felice e meno oculato, che non come generale in tempo di guerra. Si deve però dire, per amor del vero, che, anche s'egli non avesse commesso alcuni gravi errori, il lavoro di riedificazione dell'Impero presentava tali e tante difficoltà, che in conclusione il risultato sarebbe stato ben poco diverso, nè v'è ragione di credere che l'invasione araba sarebbe stata più efficacemente contrastata.

In principio sembrava che la fortuna continuasse ad essergli favorevole; la comparsa dei Croati nella Dalmazia e le perdite ingenti subite dagli Avari nella lotta contro i medesimi, gli assicuravano la pace in Europa, mentre il caos che regnava in Persia, dove i sovrani si succedevano come marionette al teatro e scomparivano uccisi uno appresso l'altro a pochi mesi di distanza fra continue guerre civili, delitti ed eccidi feroci, garantiva la sicurezza della sua frontiera orientale. L'Imperatore potè bene quindi illudersi che nessun pericolo immediato minacciasse più l'Impero, e trascurando forse il problema

[Condizioni dell'impero Bizantino e decadenza del Cristianesimo orientale.]

militare, potè con un fallace sentimento di sicurezza rivolgere tutte le sue energie a sole questioni amministrative, fiscali e religiose. Chi sospettava quello che doveva erompere dagli ignoti deserti d'Arabia? L'invasione musulmana sopraggiunse come la massima e la più paurosa delle sorprese; come un fulmine a ciel sereno, trovò impreparato l'Imperatore ed esausto il paese, e piombò sulle infelici provincie con l'impeto irresistibile d'un cataclisma tellurico: fu l'ultima spinta definitiva del crollo finale che abbattè il malsicuro edificio. Vana è quindi, anche in questo caso, l'accusa d'inazione lanciata da alcuni contro il solerte Imperatore, perchè in verità egli nulla poteva umanamente fare, e le sue errate misure fiscali e religiose ebbero effetto molto relativo sul destino fatale che incombeva alle provincie asiatiche. Nonpertanto ci occorre di prendere brevemente in esame le condizioni morali di queste, perchè i provvedimenti adottati da Eraclio indubbiamente contribuirono moltissimo a distaccare i sudditi orientali dal loro sovrano e ad ispirare nei medesimi quasi un senso di sollievo, quando comparvero i guerrieri di Allah, i ciechi istrumenti della volontà di Dio, castigatori e vindici delle innumerevoli colpe del nefasto governo bizantino.

§ 258. — Quali furono dunque gli errori commessi da Eraclio, che disposero gli abitanti della Siria, della Palestina e dell'Egitto a considerare gli Arabi quasi come redentori ed amici?

Per procacciarsi i mezzi necessari alla grande campagna persiana, Eraclio aveva dovuto contrarre un ingente debito con la Chiesa, la quale, nel momento di massimo pericolo, aveva acconsentito a prestargli i suoi immensi tesori. Tutti gli oggetti d'oro e d'argento, accumulati dalla devozione di tre lunghi secoli di fede, mista a superstizione ed a fanatismo religioso, nei templi di Costantinopoli, erano stati pesati e consegnati ad Eraclio, il quale, fusa moneta di tutto il metallo prezioso, aveva potuto provvedere alle prime urgentissime spese ed iniziare la celebre campagna sessennale. L'Imperatore si era però obbligato alla restituzione integrale della somma, oltre a vistosi interessi, appena la guerra fosse finita. Conclusa la pace, sia per insistenza della Chiesa, sia per desiderio dell'Imperatore di liberare il governo da un debito gravoso, che aumentava ogni giorno per effetto degli altissimi interessi, Eraclio decise, con soverchia precipitazione, di accelerare il rimborso del danaro preso in prestito. A questa infelice decisione può anche aver contribuito il sentimento religioso dell'Imperatore, il quale, confondendo Dio e Chiesa, ritenne che il suo primo dovere fosse quello di soddisfare ai suoi obblighi verso Dio, restituendo alla Chiesa quello che le aveva tolto. Per raccogliere l'immensa somma fu necessario sottoporre a gravosissimi tributi tutte le provincie asiatiche, che avevano forse, più che le altre, subito gli effetti rovinosi della guerra e dell'invasione persiana, e che perciò maggiormente abbisognavano di un po' di respiro per rimettersi delle perdite incalcolabili fatte in passato. Una sagace esenzione dalle imposte fino al giorno in cui si fosse ristabilito uno stato normale di cose; avrebbe prodotto effetti assai benefici presso popolazioni assai maldisposte verso il governo bizantino: mentre l'errata misura fiscale creò un senso di profonda incancellabile esasperazione, e gettò, per così dire, gli abitanti delle provincie asiatiche nelle braccia degli invasori arabi. Questi infatti, al loro apparire, trovarono ovunque guide, spie ed amici, e si attirarono immediatamente le simpatie degli agricoltori e dei cittadini con la tolleranza religiosa, con la moderazione fiscale e con la tendenza patriarcale e non burocratica della loro amministrazione civile e giuridica.

[**Condizioni dell'impero Bizantino e decadenza del Cristianesimo orientale.**]

A tale primo gravissimo errore, Eraclio ne aggiunse altri due, il suo infelice tentativo di unificazione religiosa delle varie sètte eretiche in grembo alla Chiesa ortodossa, e la sua crudele persecuzione degli Ebrei, perchè fautori dei Persiani.

Con questa allusione noi entriamo in un argomento nuovo e di straordinario rilievo non solo per la conoscenza delle vere condizioni dell'impero Bizantino, ma anche delle ragioni che accelerarono le conquiste arabe, talchè sarà necessario esaminare qui molto brevemente l'evoluzione religiosa delle provincie asiatiche dai tempi di Costantino a quelli di Eraclio.

§ 259. — Accennammo in un precedente paragrafo all'indirizzo schiettamente politico e militare dell'amministrazione romana nel periodo della sua massima espansione, ed ivi alludemmo, in modo fuggevole, alla profonda trasformazione della vita pubblica romana dopo la comparsa improvvisa d'un nuovo fattore, fin allora sconosciuto nella Roma pagana, vale a dire, la passione religiosa, che trovò la sua più maravigliosa espressione nel sorgere del Cristianesimo. L'impero laico non tardò a scoprire fin dal principio quanto fosse grave il nuovo pericolo che lo minacciava, mirando palesemente a distruggere tutto quanto era caro e sacro alla Roma antica, forte creatrice ed organatrice sapiente del vasto Impero. La religione nuova non si prestava, come l'antica, ad essere l'umile ancella del potere politico, ma oltre a pretendere ad un'esistenza separata ed ostile all'ordine politico, allora esistente, tendeva apertamente ad affermare la sua provenienza da un'autorità, dinanzi alla quale il mondo intiero doveva inchinarsi. Divenire cristiano poteva perciò essere considerato come un atto di ribellione e di lesa maestà imperiale. Tutti i mezzi possibili furono quindi adoprati per arrestare e soffocare il moto sovversivo; ma tutto quanto si escogitò per salvare il mondo pagano, invece di spegnere, ringagliardì l'ardore ed aumentò il numero dei proseliti. Il moto religioso si propagò con una forza e con una rapidità, che sconvolse tutte le previsioni,

[Condizioni dell'impero Bizantino e decadenza del Cristianesimo orientale.]

e sconcertò tutte le misure prese per impedirlo. Quali fossero le ragioni complesse di questo fenomeno singolare, che desta ancor oggi la maraviglia dello storico, spetta ad altri di dimostrare (cfr. Harnack Die Mission, 12-24): sta il fatto che l'Impero, vedendo come i rimedi tentati aggravavano e non lenivano il male, dovette alfine riconoscersi battuto, e non trovò altro scampo se non nel transigere e nel cristianizzarsi. Nonpertanto la conversione di Costantino, ed il trionfo politico e morale del Cristianesimo, furono un'amara delusione e per l'Impero, e per la Chiesa. L'Impero si trovò associato non già ad un satellite, come aveva sperato, ma ad un rivale, il quale, affermando di parlare in nome di Dio, voleva ogni giorno ingerirsi sempre più nelle faccende dello Stato. La Chiesa dall'altro canto, pur avendo ottenuto il riconoscimento ufficiale di un'immensa autorità sull'indirizzo politico dell'Impero, si trovò trascinata nelle più profonde ed ardenti discordie intestine, non solo a parole, ma anche a fatti, seguiti non di rado da sanguinosi eccidi: si accesero cioè tutte le più feroci passioni religiose con tutto il loro strascico doloroso di scismi ed eresie.

Il riconoscimento ufficiale del Cristianesimo era avvenuto in un momento, in cui la Chiesa non possedeva ancora un saldo organamento gerarchico, e quando i cánoni fondamentali delle sue dottrine non erano ben chiariti, nè universalmente riconosciuti ed accettati. Finchè i Cristiani erano una setta di infelici perseguitati, le diversità di opinioni sulla natura di Cristo e sui suoi rapporti con la divinità suprema non avevano agio di manifestarsi liberamente, sebbene (come osserva giustamente il Duchesne, *Histoire de l'Eglise ancienne*, I, 153) le prime eresie sono contemporanee del Vangelo; l'ostilità spietata del governo imperiale contro i Cristiani di tutte le tinte, riuniva questi in un fascio concorde contro il grande nemico comune. Cessato però il pericolo esterno, scomparvero le ultime vestigia della forzata e fallace concordia: le latenti eresie vennero impetuosamente alla luce con incredibile violenza: appena fu concessa libertà completa di culto, ogni partito si volse all'autorità imperiale per trovarsi un aiuto ad opprimere gli avversari e far trionfare il proprio modo di credere. La religione si trovò quindi fatalmente trascinata nell'agone politico e s'insozzò di tutte quelle tendenze e di tutti quei vizi politici, da cui finora era rimasta felicemente immune.

La storia ecclesiastica delle provincie orientali — le sole, che qui ci importano per le nostre ricerche — è uno degli studi, che dànno più profondamente a pensare al filosofo ed allo storico per le aberrazioni infinite, per le stravaganze inaudite e purtroppo perfino per i delitti, a cui gli uomini possono abbandonarsi, quando sono acciecati dalla passione, anche se agiscono in nome della più bella, più nobile e più sacrosanta delle cause. L'attrattiva speciale di siffatto studio proviene dalla strana unione in un fascio solo, di tre elementi assai eterogenei, ossia la passione religiosa teologica dei Semiti (specialmente degli Ebrei), il fondamento pagano e superstizioso delle razze eterogenee dell'Asia Minore, e lo spirito filosofico, analitico ed appassionatamente dialettico dei Greci, i quali, dopo aver invaso il mondo con la loro cultura, si gettavano ora con ardore in grembo alla nuova religione. Quest'ultimo elemento, il greco, era munito delle armi più fini e meglio temprate d'una cultura scientifica e filosofica più volte secolare, ed essendo i Greci eredi di una civiltà, alla quale avevano contribuito i più potenti ingegni, non solo del mondo antico, ma forse anche di tutta l'umanità, gettarono lo scompiglio e l'anarchia dottrinaria e morale nella fede sì semplice e pura del Nazareno. [Condizioni dell'impero Bizantino e decadenza del Cristianesimo orientale.]

In siffatto ibrido miscuglio, prodotto di sincretismo religioso, che aveva tanto favorito il diffondersi rapido del Cristianesimo, vi era eziandio una forte infusione di altri concetti e tendenze puramente asiatiche, come il dualismo dei Persiani, il misticismo degli Gnostici, le teorie indiane dell'Incarnazione, ed una infinità di basse superstizioni pagane. A nessuno può crear maraviglia, se la mescolanza di tali e tanti elementi, sì diversi ed ostili tra loro, creasse uno stato morale, che non ha paragone nella storia del mondo.

Sarebbe follia se presumessimo di porgere in questo luogo una descrizione anche fugace dell'evoluzione religiosa dell'Oriente fra il IV ed il VII secolo: con la sola enumerazione delle diverse sètte e delle questioni di dottrina, nelle quali i Cristiani dissentirono tra loro, potremmo empire un numero considerevole di pagine, e se volessimo anche di volo aggiungere un cenno delle questioni politiche, gerarchiche ed amministrative, che s'intrecciarono ai dissidi dottrinali, aumentando sempre più il caos religioso, supereremmo di gran lunga i limiti impostici dal nostro còmpito e scopo principale, la storia dell'Islām. Ci contenteremo perciò di riassumere solo alcuni degli aspetti più generali di questo intricatissimo argomento.

§ 260. — Per noi Europei del ventesimo secolo, è pressochè impossibile farsi una chiara idea delle condizioni morali delle provincie asiatiche dell'Impero durante i tre secoli, che corsero fra la conversione di Costantino e la conquista araba. Sovrattutto per la nostra generazione sì tepidamente credente riesce incomprensibile la violenza delle passioni destate da capillari sottigliezze dogmatiche, e si rimane stupefatti a mirare come variazioni talvolta insignificanti ed innocenti di dottrina, potessero trascinare tutto un popolo a gigantesche sommosse. Nello studio però di questo fenomeno è bene aver sempre presente che le cause vere di tutti gli eventi del presente periodo non furono poche e semplici, ma molteplici ed assai complesse, nè di natura soltanto religiosa, ma largamente mescolate con tutte le passioni umane di ogni specie:

[Condizioni dell'impero Bizantino e decadenza del Cristianesimo orientale.]

odî di razza, bassi motivi e rancori personali, avidità di lucro e di potere, malcontento prodotto da disagio economico, tendenze separatiste e interessi locali.

Inoltre la religione non era da quelle generazioni compresa e praticata come l'osservanza degli insegnamenti immortali di Cristo, ma bensì in modi del tutto speciali. Per molti era uno studio speculativo e dialettico di questioni teologiche e cristologiche in realtà insolubili, quali, per esempio, se Cristo fosse stato Dio o uomo, o l'uno e l'altro; se ebbe perciò una o due nature, una o due volontà, se queste si erano fuse in una sola, ovvero fossero rimaste collegate ma distinte; se Cristo era di natura eguale o inferiore a Dio, che rapporti esistono fra Cristo e Dio: erano due persone diverse, o una sola? Altri problemi furono offerti dalla questione se l'anima preesistesse al corpo, e dall'altra ancora più spinosa sull'origine del bene e del male, e via discorrendo. Siffatti arduissimi problemi metafisici, la risoluzione dei quali è oggidì concordemente considerata come impresa superiore ai mezzi umani per mancanza assoluta di dati di fatti ed elementi concreti, solo fondamento sicuro di ogni raziocinio umano, erano allora soggetto d'accalorate discussioni non solo pubbliche, ma perfino private, e la violenza delle passioni manifestate in questo conflitto fa maravigliare lo studioso di quell'oscura età lontana, nella quale si confondevano il lungo tramonto di un vecchio mondo che scompariva, con l'alba ancora più lunga d'un'altra società che stava per nascere.

La lotta fra le varie credenze fu condotta non solo con Sinodi e Concili ecumenici, nei quali in mancanza di prove decisive, le opinioni o i sentimenti dei più erano accettati come verità dogmatiche, ma bensì con argomenti anche più persuasivi, con persecuzioni violente, e con la forza e le armi, quando la ragione e le parole non bastavano. Il numero grandissimo di sinodi, di concili, di condanne, di anatemi e di dichiarazioni di eresie sta a dimostrare quanto fossero accesi gli animi, forse appunto per la grande confusione dei concetti religiosi, per l'incertezza delle conclusioni ottenute e per il piccolo valore reale di ogni riunione di vescovi e teologi convocata per por fine alle discordie. (1) Le questioni teologiche si complicarono ed ingarbugliarono, inoltre, per il continuo frammettersi di interessi di ogni specie, politici e locali, e di rancori personali in questioni d'indole puramente metafisica. Gl'imperatori per varie cagioni, volenti o nolenti, furono trascinati anch'essi nel conflitto, ed ora per ragioni di Stato, ora di sentimento, o per spontanea inclinazione verso una dottrina piuttosto che verso un'altra, ognuno operando in un modo e con aspirazioni diverse dai predecessori, contribuirono ad accrescere a dismisura il caos religioso, grazie ai mezzi potenti di cui disponevano per imporre il proprio capriccio. Ad ogni momento sorgevano nuove eresie, le quali, scomparso il fondatore, si suddividevano in altri rami diversi, spesso volte tanto più ostili fra di loro, quanto più tenue era la differenza specifica tra le singole loro dottrine. Alcune sètte morivano d'inedia, altre si estendevano con sorprendente rapidità, altre, quasi scomparse, rinascevano sotto novelli nomi e riacquistavano immensa voga, riaccendendo passioni sopite, e nuove, interminabili, e sterili discussioni, con strascico di velenosi rancori.

[Condizioni dell'impero Bizantino e decadenza del Cristianesimo orientale.]

Nota 1. — Ma non tutto il mondo cristiano viveva di dogmi e di questioni teologiche: alla anarchia religiosa della Chiesa d'Oriente contribuirono anche cento altri fattori, ad alcuni dei quali soltanto possiamo alludere in questo luogo. Per molti, ad esempio, la religione era una professione con la quale si arrivava a ricchezze e potere: e perciò nella Chiesa troviamo scatenate le più folli passioni mondane. Per altri, in un'epoca quando tutte le scienze, le arti ed i mestieri erano in decadenza e la società andava incontro alla decrepitezza ed alla morte, la religione e la professione ecclesiastica erano il solo agone, nel quale uomini d'ingegno, desiderosi di attività, di moto e di gloria, potevano saziare l'irrequietezza del loro ingegno e del loro carattere. Infine la confusione fu portata al colmo dalle tendenze locali o separatiste delle varie nazionalità dell'Impero. Il concetto dominante di Costantino, nel convocare il famoso concilio di Nicea, era di dare alla Chiesa cristiana un'unità perfetta di ordinamento e di dottrina, per farsene poi un istrumento di governo. Quindi tutti i Cristiani, di qualunque paese fossero, dovevano credere e pensare in un modo solo, e riconoscere tutti una sola autorità spirituale, che Costantino si lusingava di rendere docile istrumento della sua potestà civile.

La storia della Chiesa sta a dimostrare quanto questo sogno fosse assurdo ed impossibile. Mai gli uomini non potranno tutti credere e pensare allo stesso modo. Ogni regione della terra richiede e determina un certo modo di vita, che si riflette sul carattere e sulle tendenze dei suoi abitanti e li differenzia dai vicini. Questi divari sono approfonditi dalle differenze di razza, di storia, di tradizioni, di cultura, di tutto, sicchè un medesimo concetto, una medesima verità, nel migrare di regione in regione, di popolo in popolo, deve necessariamente modificarsi per divenire conforme ai gusti, ed alle condizioni morali delle singole popolazioni. Basta oggidi notare i caratteri materiali e pagani della fede degli Andalusi, dei Calabresi, e dei Greci ortodossi, e paragonarli con il misticismo teologico astratto dei Norvegiani e degli Scozzesi: eppure tutti si professano cristiani!

Quando perciò il governo imperiale e la Chiesa da questo protetta e incoraggita, si accinsero a volere una sola forma di Cristianesimo, e eguale e identica per tutti, immediatamente s'incontrarono insuperabili difficoltà. Le varie popolazioni, anche se, con orientale neghittosità, si rassegnarono a stare tutte sotto un solo governo, perchè non ne conoscevano altro migliore, d'altra parte assolutamente si rifiutarono di mutare i loro concetti religiosi per adattarli a un tipo comune. È vero che di gran lunga la maggior parte dell'Asia Anteriore semitica aveva abbracciato il Cristianesimo, ma in realtà la fede di ogni singola regione non era che un paganesimo locale camuffato da Cristianesimo, poichè conservava ancora quasi tutte le superstizioni e gli errori dell'idolatria, solo ufficialmente e nominalmente abolita. Questo carattere locale, assunto in ogni luogo dal Cristianesimo, fu l'elemento indistruggibile della coscienza popolare, contro il quale tutte le forze riunite dell'impero Romano e della Chiesa cattolica vennero inutilmente ad infrangersi.

Gli scrittori cattolici e ortodossi di cose ecclesiastiche vorrebbero dipingerci questo elemento come una tendenza patriottica delle popolazioni asiatiche, ma sono in errore. Il patriottismo, quale noi lo intendiamo, fu sempre un sentimento sconosciuto agli Orientali. Noi dobbiamo cercare la ragione delle tendenze separatiste in sentimenti e in fatti di natura più bassa e materiale, ossia nelle tradizioni locali pagane, che in niun modo non volevano o potevano cedere al Cristianesimo, salvo che questo s'imbevesse di paganesimo, e pur conservando apparentemente *le forme* di una nuova fede, mantenesse immutata *la sostanza* delle credenze antiche.

§ 261. — Un aspetto generale di questa lotta secolare d'idee e di sentimenti, attrae in particolar modo la nostra attenzione, vale a dire, l'intensità e l'ardore della passione religiosa. Giova però di rilevare subito, che questo sentimento non era già religioso nel significato più elevato del termine, vale a dire, quale espressione di un amore ardente di Dio, come un desiderio intenso

[Condizioni dell'impero Bizantino e decadenza del Cristianesimo orientale.]

di far bene al prossimo, e di menare una vita virtuosa e morale. Esso era invece la manifestazione, il prodotto ultimo e complesso delle condizioni di un'età, in cui la gente soffriva acutamente, profondamente, e in tutti i modi; età in cui il disagio era da tutti sentito e riconosciuto come sì vasto ed irrimediabile, che niuna speranza poteva più esservi di felicità in questa vita. Tale coscienza era l'espressione più palese della lenta dolorosa agonia d'un mondo, che doveva morire, perchè dalle ceneri di esso potesse risorgere una nuova vita più giovane e più vigorosa.

Un' immediata conseguenza di siffatto stato degli animi era il numero incalcolabile delle persone, che si dedicavano totalmente alla vita religiosa e contemplativa. Tutto l'Oriente si copriva di monasteri, e nella Palestina specialmente i conventi si contavano a centinaia, ed i frati e romiti a diecine di migliaia. L' intiero paese intorno a Gerusalemme era gremito di questi rifugi, nei quali uomini e donne di tutte le classi e di tutte le condizioni, membri della famiglia imperiale, patrizi, giù giù fino ai più umili e miseri della popolazione, cercavano pace e conforto alle miserie inenarrabili dell'esistenza, in quell'età di tristezza e di dolore, che tutti indistintamente affliggeva. Tanta era la moltitudine di questi monasteri, che gli animi più assetati di solitudine e di pace dovevano nascondersi negli angoli più remoti e più squallidi del deserto ad oriente del Mar Morto, o fra gli aridi monti granitici del Sinai, benchè ivi la loro precaria esistenza fosse ben sovente troncata da crudeli martiri: per i sanguinari Saraceni della vicina Arabia era occupazione prediletta scannare i frati a guisa di montoni. Oggidì, percorrendo le solitudini della Giudea, del Mar Morto, e del Sinai, è ben difficile rendersi conto come esse un tempo, più di mille e duecento anni fa, fossero gremite di uomini, che fuggivano dal mondo, e vivevano assorti in problemi metafisici ed in occupazioni religiose, astenendosi in tutto dalle arti, dalle scienze, dal commercio e dalle armi; da tutto ciò insomma che dà vita e forza ad un popolo. Niun altro fenomeno del tempo rivela più chiaramente come quella società fosse destinata a morire, poichè era tanto fastidita e stanca di vivere. L'incremento straordinario preso dalla vita monastica in Oriente, questa fuga dalle prove dell' esistenza, questa disastrosa rinunzia a lottare per la propria felicità in questa vita, produsse incalcolabili effetti politici ed economici, il valore dei quali noi siamo incapaci di apprezzare in tutta la sua importanza. Siffatto sviluppo anormale d'un' esistenza parassitaria di tante migliaia e migliaia di uomini, che nulla producevano, e che trascinavano con il loro esempio tanti e tanti altri a seguire le loro orme, e ad abbandonarsi all'ozio ed all'oblio, dovette costituire una delle più potenti ragioni dell' intrinseca debolezza dell' impero Bizantino. Se ci fermiamo ad esaminare più davvicino il modo di vivere degli abitanti della

Palestina, comprenderemo anche più chiaramente come la società cristiana in Oriente, alla quale mancava perciò ogni fibra, dovesse inevitabilmente scomparire come polvere dinanzi al vento, quando scoppiò la grande bufera musulmana.

[Condizioni dell'impero Bizantino e decadenza del Cristianesimo orientale.]

§ 262. — Le turbe di religiosi, che popolavano i deserti e la regione abitabile, dai confini dell'Egitto fino alle rive dell'Eufrate, non erano tutte composte di persone sante dedite alla contemplazione di Dio ed all'osservanza degli insegnamenti di Cristo, a sole opere cioè di carità e di fede. Tutt'altro. Ad una minoranza di spiriti retti e devoti, erasi associata una turba di oziosi e d'ignoranti, e molti rifiuti di una società corrotta e decadente, che portavano tra le mura dei chiostri tutte le basse passioni di una età eccezionalmente povera di uomini grandi e buoni.

Nè si creda che questi religiosi menassero una vita pacata e tranquilla. Lo sfacelo progressivo del governo imperiale, oramai del tutto incapace a tutelare la vita ed i beni dei sudditi, costringeva i fondatori dei monasteri ad erigerli a mo' di fortezze con torri altissime, con mura merlate, sulle vette di colline scoscese, o entro angusti burroni, perchè fosse più facile respingere un assalto armato. Difatti abbondavano i pericoli ed i nemici. Vi erano gli Ebrei, tanto crudelmente perseguitati, i quali, espulsi da Gerusalemme e frementi per il divieto di visitare la città santa, covavano un odio profondo ed inestinguibile per tutto quanto era cristiano: ogni tanto pigliavano le armi, scorrevano il paese, e, con quella ferocia sanguinaria, che sì sovente viene alla luce nel carattere semitico, sia esso assiro, ebraico o arabo, massacravano i Cristiani, incendiavano monasteri e facevano scempio dei frati, delle monache e di tutti i religiosi, sui quali potevano mettere le mani. Più spaventose ancora erano le periodiche sommosse dei Samaritani. Ebrei e Samaritani, benchè reciprocamente si odiassero a morte, avevano in comune un aborrimento indicibile per i loro oppressori cristiani, e, dai tempi di Adriano fino alla vigilia delle conquiste arabe, non cessarono mai dal turbare la pace interna della Palestina, provocando con le loro disperate rivolte, feroci repressioni, che devastarono intiere provincie. Agli orrori commessi dagl'insorti si aggiungevano gli orrori, talvolta anche peggiori, di coloro che eran mandati a reprimere.

Fra le tante, gravissima fu l'insurrezione ebrea a metà del IV secolo, nella quale i Cristiani furono trucidati a migliaia, e che solo a stento fu repressa dal generale Gallus, nipote dell'imperatore Costanzo. Intiere città furono distrutte, incendiate e rase al suolo: molti centri popolosi e ricchi si tramutarono in deserti. Più terribile ancora fu l'insurrezione samaritana del 484, scoppiata nel giorno della Pentecoste, quando gl'insorti, in numero di ben cento mila, riuscirono perfino ad espugnare Cesarea, la capitale ammini-

[Condizioni dell'impero Bizantino e decadenza del Cristianesimo orientale.]

strativa della Palestina, allora quasi sguernita di soldati, facendo tale scempio dei Cristiani, che la descrizione di esso fa rabbrividire. Sotto Giustiniano, i Samaritani, esasperati da leggi ingiuste e crudeli, nonostante le spietate repressioni subite, ripresero le armi, ed il sangue scorse a rivi (Couret, 172).

Un altro pericolo continuo per gl' innumerevoli monasteri, erano gli Arabi del deserto che, stante la crescente debolezza militare dell' Impero, facevano continuamente scorrerie in Palestina. Specialmente famosa è l'invasione araba sotto il famigerato Māwiyah, nella seconda metà del IV secolo, quando quei temerari predoni sconfissero ripetutamente le milizie dell' Impero, e così, spezzata ogni resistenza, devastarono la Palestina da un capo all'altro, con vera arabica ferocia, benchè il capo e la maggioranza degli invasori fossero Cristiani. Il fenomeno forse più singolare di questa invasione fu il modo, con il quale essa ebbe termine, perchè gli Arabi furono allontanati dalla Palestina non già con la forza delle armi, ma solo per via di un trattato: il patto principale di esso era la concessione data dall'Imperatore al capo arabo, che un romito del deserto, per nome Mosè, assai venerato da quei predoni per la sua esemplare pietà e santità, fosse riconosciuto ufficialmente come loro vescovo. Ottenuta questa condizione, gli Arabi si ritirarono contenti.

Celebri pure negli Annali della Chiesa sono gli eccidi dei romiti del Sinai, e la susseguente invasione della Palestina, verso la fine del IV secolo, quando poco mancò che san Girolamo non cadesse in mano dei barbari, allorchè questi aggredirono il suo monastero di Betlemme. Sorvolando tanti altri nefasti episodi della storia palestinense, basterà rammentare, che, poco prima della fine del dominio bizantino, ai tanti flagelli dell'Oriente cristiano si aggiunse infine la invasione persiana del 614: poc'anzi abbiamo fatto cenno degli orrori della presa di Gerusalemme. Basti dire che quel breve cenno fu da noi dato solo come saggio della sorte toccata a tutta la Palestina, da un capo all'altro, per opera degli adoratori del fuoco.

§ 263. — A questi mali, a questi pericoli esterni, se ne aggiungevano infiniti altri di natura altrettanto grave, scaturiti dal grembo stesso della Chiesa. Niuna lettura lascia nell'animo un'impressione più lugubre degli Annali ecclesiastici del tempo di cui ora discorriamo, età di eterni conflitti fra Cristiani e Cristiani, sia per incomprensibili questioni metafisiche, sia per volgari passioni mondane, camuffate in religiose. Basta alludere di volo ai perenni contrasti cruenti per la nomina dei vescovi, ed all'opposizione accanita che incontrava sovente il vescovo, se le dottrine di questo non erano d'accordo con il modo di pensare o di credere dei suoi dipendenti, o se esso veniva in conflitto per ragioni politiche con i partiti locali. Quando non bastavan le armi dell'eloquenza battagliera, vediamo turbe di credenti, talvolta composte di soli frati e religiosi, ricorrere senza esitazione all' impiego di mezzi più persuasivi, e perfino alle armi. Quando san Girolamo venne in conflitto con Pelagio vescovo di Gerusalemme, i religiosi seguaci di questo, unitisi con malfattori e contadini, presero d'assalto il convento del grande teologo e padre della Chiesa, batterono crudelmente quanti frati capitaron loro nelle mani, uccisero un diacono, ed incendiarono il convento. San Girolamo si salvò a stento, rinchiudendosi nella torre fortificata del monastero, costruita appunto in previsione di simili circostanze, allora tanto comuni nella vita monastica (Couret, 97-98).

[Condizioni dell'impero Bizantino e decadenza del Cristianesimo orientale.]

Pochi anni dopo, per questioni di dottrina, scoppiò un vivace dissidio fra due emuli, Giovanni e Teodosio, che si contendevano il seggio vescovile di Gerusalemme. I religiosi, seguaci del partito d'uno dei candidati al vescovado, mossero ad assalire i colleghi fautori dell'altro: il popolo, sempre turbolento, si associò al dissidio, dividendosi anche esso in due partiti. Si venne alfine alle mani, molti furono uccisi, ed il partito vincitore, aperte le prigioni per liberarne i malfattori ivi detenuti, irruppe nella basilica del Santo Sepolcro e vi proclamò, con le armi ed i vestiti macchiati di sangue cristiano, il suo vescovo scismatico. Questi (Teodosio) per liberarsi dall'avversario (Giovanni, ortodosso), tentò di farlo assassinare, ma il pretendente sconfitto sfuggì al pugnale dell'assassino, facendosi calare dalle mura con una corda e correndo a rifugiarsi presso santo Eutimio, nel suo eremo nelle solitudini del Mar Morto. Non per questo gli ortodossi si diedero per vinti, perchè dopo solerti preparativi, riordinate le loro schiere, tentarono con la violenza di riprendere possesso del seggio vescovile di Gerusalemme. Nel tempio stesso del Santo Sepolcro scoppiò un grande tumulto, nel quale però gli scismatici furono di nuovo superiori. Il vescovo Teodosio (scismatico), arrestato il capo degli ortodossi tumultuanti nel tempio, lo fece immediatamente uccidere sul piazzale dinanzi all' ingresso della basilica, ordinando quindi che il cadavere venisse trascinato per i piedi attraverso la città come esempio ai Cattolici ortodossi. Questi si vendicarono in Scythopolis, afferrando il metropolita dissidente, e massacrandolo insieme con molti preti suoi seguaci, dinanzi alle mura della città. Seguirono allora nuove rappresaglie dei dissidenti, i quali tentarono di ardere vivo sul rogo l' abbate Gelasio: per ventura di questi, all'ultimo momento, un inatteso moto popolare salvò l' infelice dalla sorte orribile che lo minacciava. In Gerusalemme riaccendevasi ora più violenta che mai la lotta: bande di preti e frati scismatici, uniti con facinorosi d'ogni specie, assalirono le abitazioni dei più noti ortodossi, saccheggiandole ed appiccandovi poi il fuoco; costrinsero gli ortodossi, uomini e donne, puntando le spade alla gola, a firmare la deposizione del loro vescovo. Turbe armate di frati dissidenti, a guisa di briganti assalivano intanto gli ortodossi ovunque li trovavano, destando tumulti senza fine, e spargendo sangue

[Condizioni dell'impero Bizantino e decadenza del Cristianesimo orientale.]

cristiano in tutte le città della Palestina. Valendosi di tale anarchia, si sollevarono di nuovo i Samaritani, i quali, gettandosi contemporaneamente su dissidenti ed ortodossi, devastarono chiese e monasteri, massacrarono preti, frati e monache, e la Palestina sembrò caduta in preda ad un' invasione di barbari.

Il disordine cessò soltanto con l'apparizione delle milizie imperiali di Marciano, le quali, entrate in Gerusalemme, dopo sanguinosi combattimenti con le bande di religiosi e di malfattori, seguaci del vescovo dissidente Teodosio, ristabilirono una parvenza d'ordine (Couret, 122-128). Più tardi ricominciarono i tumulti: i frati dissidenti, riprese le armi, penetrarono in Gerusalemme, empiendo la città di morti, di saccheggi e d'incendi, e solo dopo molti conflitti, con l'aiuto di nuovo del governo imperiale, fu ristabilita l'autorità del vescovo ortodosso. Alla loro volta i vincitori uccisero gli scismatici, e corsero a distruggere il monastero di Romano a Thecoa, uno dei centri della sètta dissidente.

§ 264. — Tali scene vergognose e raccapriccianti, che funestarono la Palestina alla metà del V secolo, ebbero una perniciosa influenza sulla Chiesa cristiana: questioni di religione si complicarono con questioni politiche, e le lotte tra le varie dottrine mutarono carattere: uscendo dal campo strettamente dogmatico, degenerarono in un volgare conflitto di supremazia e di autorità. Successe allora il primo grande scisma fra la Chiesa d'Oriente e quella d'Occidente, che era diretta dall'abile politica dei vescovi di Roma; la potenza dei quali, libera da ogni ingerenza imperiale, aumentava ogni giorno e tendeva ad assumere quel sommo grado di autorità religiosa, dogmatica e politica, che fece del Papato la più grande potenza dell' Europa nell' Età di mezzo. La Chiesa d'Oriente, abbandonata invece a sè stessa, senza capo riconosciuto, senza guida unificante, scissa da feroci discordie, alla mercè dei capricci degli imperatori, cadde in potere dei medesimi, perdendo in realtà ogni indipendenza. Divenne così, ogni giorno più, sommessa ancella del governo civile, e istrumento di despotismo. Con questi caratteri servili essa si diffuse nelle sconfinate pianure popolate dagli Slavi, ed ivi cadde sotto allo scettro dei monarchi russi, che furono e sono, per tanti rapporti, i successori e gli eredi morali dei sovrani di Costantinopoli.

Ne seguì allora (al principio del VI secolo) la celebre sommossa dei frati ortodossi contro il governo, che intrigava in quel momento con il clero scismatico. Il famoso abbate, santo Sabas, quando vide come l' Impero proteggeva i dissidenti, e sollevava disordini, eccidi e violenze in tutto l'Oriente, intraprese di ristabilire in Gerusalemme l'autorità della Chiesa ortodossa. Egli aveva fondato in varie parti della Palestina ben undici monasteri, ed aveva seguaci ed ammiratori in tutti i centri religiosi. Al suo grido d'allarme ben 10.000 monaci risposero all'appello, marciando con lui, tutti armati, su Gerusalemme;

dove unendo abilmente la violenza agli intrighi e alla diplomazia, senza curarsi dell'Imperatore, e sfidando apertamente i tre sommi metropoliti di Costantinopoli, di Antiochia e di Alessandria, tutti dissidenti, dettaron legge al governatore imperiale, intimorito dalle migliaia di frati minacciosi. Con fiere minaccie santo Sabas fece giurare a Hypatius, il nipote dell'Imperatore, fedeltà ai concili ed alla fede ortodossa.

[Condizioni dell'impero Bizantino e decadenza del Cristianesimo orientale.]

La notizia di questa scena memorabile si ripercosse per tutto l'Impero, destando la più profonda emozione, e tanta era allora l'impotenza del governo, che la sfida lanciata all'Imperatore ed a tutto l'Impero, non fu raccolta. L'imperatore Anastasio preferì dissimulare ed attendere. Quando santo Sabas ritornò trionfante, come un generale vittorioso ai suoi monasteri, nel deserto di Giudea, gli giunse la grata notizia che l'imperatore eretico Anastasio era morto e la sua vittoria era assicurata.

Potremmo citare ancora molti esempi non meno significativi della vita religiosa nell'impero Bizantino durante il periodo anteriore all'invasione araba [1], ma è nostro dovere di astenerci dal narrare in questo luogo la storia ecclesiastica dell'Oriente cristiano. Quanto abbiamo notato basterà forse a descrivere le condizioni anormali del tempo, sì pieno di fieri contrasti e di sorprese, nel quale vediamo preti e frati decidere questioni di dogma con le armi alla mano, e santi romiti del deserto, alla testa di turbe fratesche, dettare legge all'Impero e decidere l'elezioni di vescovi. Ci asteniamo parimenti da qualunque riflessione sul profondo divario esistente fra l'evoluzione religiosa dell'Oriente e quella dell'Occidente, fra le aberrazioni dell'accesa fantasia orientale, appassionata per problemi transcendentali, acuita dalla nefasta passione dei Greci a intorbidare il sentimento religioso con sterili elucubrazioni filosofiche, e il ben diverso spirito pratico, moderato e rispettoso dell'ordine e della disciplina, che distingue la storia ecclesiastica dell'Occidente! Non v'è dubbio che lo spirito ellenico, se, accolto con moderazione, riuscì per taluni rispetti assai proficuo allo svolgimento dottrinale del Cristianesimo, fu esiziale invece alla nuova fede tra i popoli orientali, creò il caos religioso e preparò la caduta inevitabile ed irrimediabile del Cristianesimo in Oriente. Per l'Oriente, amante di concetti semplici e precisi, la coltura ellenica fu, religiosamente parlando, una sventura, perchè tramutò le semplici e sublimi dottrine del Cristo in una fede irta di dogmi incomprensibili, piena di dubbi e d'incertezze; queste ultime generarono alfine un senso di profondo sgomento, e scossero le basi stesse della credenza religiosa; sicchè quando comparve alfine, uscendo repentino dal deserto, l'annunzio della nuova rivelazione, il bastardo Cristianesimo orientale, dilaniato da discordie, vacillante nei suoi dogmi fondamentali, sgomento per tante incertezze, non potè resistere alle tentazioni di una nuova fede, che spazzava

[Condizioni dell'impero Bizantino e decadenza del Cristianesimo orientale.]

in un colpo solo tutti i dubbi dolorosi, offriva insieme con dottrine semplici, precise ed indiscusse, anche grandi vantaggi materiali. L'Oriente abbandonò allora il Cristo e si gettò in braccio al Profeta d'Arabia.

Su questo argomento di sommo interesse storico non possiamo però soffermarci senza uscire considerevolmente dalla questione, che ci siamo prefissi di esaminare. Potremmo tuttavia aggiungere, in via generale, che lo scatenarsi di bufere si torbide e tanto violente, nelle quali, forti passioni religiose si confondevano con aspirazioni politiche, rancori personali, odî di razza (1), superstizioni pagane verniciate di cristianesimo, istinti volgari e materiali uniti ad insegnamenti nobilissimi; tutto ciò misto ad una babelica confusione, in uno Stato corrotto, demoralizzato, in pieno decadimento, immiserito da secolari sventure, privo oramai di ogni coesione fra le sue parti, ed in via di totale decomposizione; tutto ciò, dico, produsse un insieme di cose tanto anormale, che è assai difficile rendersene lucido conto.

Nella Siria meridionale ed in tutta la Palestina, per il contrasto di tanti irrequieti elementi religiosi, in grandissima maggioranza anti-ortodossi e perciò ostilissimi al governo imperiale costantemente ortodosso da Giustiniano in poi, l'autorità dell'imperatore, privo già ovunque di dignità, di prestigio, di uomini e di danari, era divenuta in Oriente, anche più che altrove, puramente nominale, anche nelle faccende più minute dell'amministrazione. Il governo stesso ammetteva ogni giorno più manifestamente la propria impotenza; e la prolungata dimora di Eraclio in Siria, dopo le campagne in Persia, devesi intendere come una prova che il grande sovrano riconoscesse l'esistenza colà di guai e di pericoli assai maggiori, che in qualunque altra parte del suo regno. Già da molto tempo la mancanza di mezzi per difendere le provincie più remote, aveva costretto gl'imperatori a dividere sempre più l'amministrazione, affinchè ogni distretto potesse sempre più prontamente provvedere ai propri bisogni. La mancanza di soldati e danaro, aveva costretto gl'imperatori a ricorrere, come già si disse, all'ultimo ripiego dei deboli, alla fortificazione cioè di un numero sempre maggiore di città, lasciando quindi agli abitanti il còmpito di munirle come meglio potevano e sapevano, e di difendersi da sole in caso d'invasione: il governo centrale poco o nulla più poteva fare per loro. Le città rimasero perciò quasi senza guarnigioni di milizie regolari, e difese soltanto da una specie di milizia territoriale, composta di pacifici cittadini ed agricoltori, ignari dell'arte militare, ed inetti a qualsiasi operazione guerresca in rasa campagna. Perciò abbiam visto come i Persiani poterono penetrare fin sotto le mura di Costantinopoli, senza curarsi delle numerose città inespugnate, che lasciavano dietro alle loro spalle, ben consapevoli che gl'inetti difensori delle medesime non costituivano alcun serio pericolo per le loro retrovie. Così tra breve ve-

[**Condizioni dell'Impero Bizantino e decadenza del Cristianesimo orientale.**]

dremo gli Arabi occupare vittoriosamente la Palestina senza darsi pensiero delle grandi città, come Gerusalemme, Cesarea ed altre, che per parecchi anni continuarono a sussistere indipendenti a un tempo, tanto da Costantinopoli, che da Madīnah. I cittadini, soldati improvvisati, contentavansi di chiudere le porte, quando si avvicinava il nemico, e lanciar dardi contro il medesimo, se si appressava troppo alle mura, ma si astenevano dal prendere qualsiasi iniziativa bellicosa, appena il pericolo immediato di aggressione allontanavasi o cessava. Si noti poi che gli Arabi erano ignari quasi del tutto della scienza poliorcetica, e nei primi anni, mai in alcun caso non tentarono di prender d'assalto una città fortificata. Tutte le città della Palestina e della Siria, compresa anche Damasco, come dimostreremo tra breve, si arresero tutte senza eccezione, in un modo quasi spontaneo, venendo a patti con gli Arabi.

È notevole, a questo proposito, il fatto che nell'ultimo periodo anteriore all'invasione araba, tale era la decadenza e la disorganizzazione dell'Impero, che i vescovi dovevano assumere essi addirittura l'amministrazione materiale e la difesa della città, armando i cittadini, ristaurando le mura, dirigendo le operazioni militari, ed assumendo infine la direzione dei negoziati della resa con i vittoriosi invasori (Couret, 259; Evêque d'Orléans: *La Souveraineté pontificale*, cap. VI, § 2, p. 87 e 88; Pernice, 22). Nelle tradizioni musulmane sulla resa di Damasco e di Gerusalemme vedremo apparire il vescovo dell'una, ed il patriarca dell'altra, come la sola e la massima autorità dei difensori anche in materia civile e militare (²).

Nota 1. — Ricorderemo, per esempio, il patriarca dissidente Severo, che fece massacrare 300 frati siriaci (Couret, 191; Labbe, *Concil.*, tom. IV, col. 1461 e tom. V, col. 158), ed i combattimenti fra i frati origenisti sotto Nonnosus, ed i frati del convento di Santo Sabas (Couret, 199; *Vita s. Sabas*, §§ 84, 86, 87, 88; *Vita s. Theodosii*, § 84; *Vita s. Euthymii*, § 124; Phocas, *De locis sanctis*, § 17; *Vita s. Cyriaci*, col. 932, 933).

Nota 2. — Altro gravissimo errore degli imperatori bizantini fu la soppressione, per ragioni politiche ed anche per ragioni dottrinali, del principato arabo dei Ghassān (Ǵafnah) (cfr. Nöldeke Ghassān., 26 e segg.; Michel Syrien, II, 349-351), pur essi tutti monofisiti. Gl'imperatori agirono con la solita spietata e cieca perfidia e così, pochi anni prima dell'invasione persiana, rimase abbattuto l'ultimo e più valido baluardo dell'Impero su quel punto dei suoi confini, dal quale doveva venire il massimo dei pericoli. Durante l'occupazione persiana scomparve la dinastia Ghassānida, il dominio della quale fu diviso, si dice, in quindici principati minori. Eraclio poi, nei quattro anni che corsero dal suo trionfo persiano all'inizio dell'invasione araba, pare non abbia nè voluto nè pensato a ricostituire il principato. Così gli Arabi musulmani giunsero, come vedremo, non solo senza molestia, ma anche persino *invitati* dai connazionali cristiani, nel cuore della Palestina, nei primi giorni della invasione. Su questo argomento discorreremo fra breve.

§ 265. — Nonostante queste deplorevoli condizioni, immemori delle crudeli esperienze dei loro predecessori, e con una cecità che rasenta la follia, tutti gl'imperatori (tranne forse Maurizio) (¹) da Giustiniano alla comparsa degli Arabi, tennero verso i loro sudditi orientali, in materia religiosa, una condotta sì ingiusta ed errata, rovinando il paese con le imposte, e perseguitando spie-

[Condizioni dell'impero Bizantino e decadenza del Cristianesimo orientale.]

tatamente i dissidenti, che generarono in Oriente un senso di profonda esasperazione: questa prese forma di odio intenso verso il governo imperiale, ponendo così a grave repentaglio la sicurezza dell'Impero. (²) Giustiniano tentò, è vero, di attenuare lo scisma, ma i dissidenti, gelosi della loro fede, diffidarono di lui e resero vani tutti i suoi sforzi: rimase sempre viva l'avversione per l'autorità imperiale. I suoi successori, in specie Giustino II e Tiberio II, infine anche Eraclio, tornarono alla disastrosa politica delle persecuzioni religiose, opprimendo e vessando in tutti i modi quelli che non seguivano la fede ortodossa. Il tentativo di Eraclio di accordare sofisticamente i dogmi degli ortodossi con quelli dei dissidenti (Cfr. Lebeau, lib. LVII, cap. XLVII, vol. XI, 171 e segg.; Couret, 253 e segg.; Bury, II, 249 e segg.; Pernice, 223 e segg.; Butler, 135 e segg.) accrebbe soltanto la confusione religiosa, ed in conchiusione aggravò la crisi, sospingendo alfine anche quel bravo imperatore sulla via fatale delle persecuzioni (³).

Nonostante tutti gli sforzi del partito ortodosso, l'immensa maggioranza dei sudditi orientali, vale a dire quasi tutti gli abitanti della Siria, della Palestina e dell'Egitto, sia per ripugnanza istintiva delle nazioni semitiche verso le elucubrazioni filosofiche e le sottigliezze metafisiche della dottrina greco-ortodossa, imbevuta di ellenismo; sia forse anche per un latente, ma vivo sentimento di razza contro il dominio greco, e per la tendenza spiccatamente separatista e locale, che troviamo in tutte le provincie dell'impero Bizantino, tanto in Asia, che in Africa, erano seguaci di dottrine eretiche, erano monofisiti, negando il dogma fondamentale delle due nature di Cristo, il cardine su cui poggia la Chiesa ortodossa. In Egitto, per esempio, fra i 5 o 6 milioni di Copti monofisiti, si contavano appena 30.000 Malchiti (nome dato in Oriente agli ortodossi, e che si può rendere con " realisti " o seguaci della religione dello Stato) (Bury, II, 249). Non abbiamo ragguagli statistici per le altre regioni, ma tutto porta a ritenere che, fatta forse eccezione per la regione specialmente sacra di Gerusalemme e dei dintorni, la proporzione fra scismatici ed ortodossi era dovunque quasi la medesima.

Le persecuzioni quindi degli imperatori generarono in tutti gli abitanti delle provincie orientali uno stato di latente ribellione, reso ancor più vivo dalle spietate imposte, che sospingevano i contribuenti alla rovina ed alla morte per fame, perchè già ridotti alla più dolorosa miseria dalle immani sciagure politiche, dalle continue guerre ed invasioni nemiche, e specialmente dalle conseguenze disastrose della recente occupazione persiana. Se tutto l'Oriente non prese le armi contro Costantinopoli, ciò avvenne, perchè fra gli orientali (gente per natura paziente e longanime) mancava ogni unità morale e politica, non esistevano capi autorevoli, e faceva difetto ogni spirito d'iniziativa. La fame,

[**Condizioni dell'impero Bizantino e decadenza del Cristianesimo orientale.**]

la miseria, le pestilenze (1), le carestie, le guerre, ed il conseguente spopolamento ogni dì maggiore del paese avevano ridotto gli abitanti a una condizione di sì completo esaurimento morale e materiale, da non aver più nè la forza, nè il coraggio di reagire contro il governo per quanto esso fosse odiato, e sebbene trascinasse tutti alla rovina ed alla morte.

Quando alfine, terminata la guerra persiana, Eraclio commise l'errore di conservare ed accrescere le crudeli imposte per rimborsare il debito contratto con la Chiesa, ed inaugurò la sua nefasta politica ecclesiastica, con la quale tentò l'unificazione di tutte le Chiese e perseguitò chi si opponeva alla sua nuova religione di Stato, tanta divenne l'esasperazione di tutti i suoi sudditi orientali, non solo dissidenti, ma in parte anche ortodossi, che la comparsa improvvisa dei terribili guerrieri del deserto, dopo un primo momento di suprema maraviglia e di sgomento, fu accolta da tutti come una redenzione: *Quapropter*, dice concisamente il vecchio cronista siriaco, *Deus ultionum per Ismaëlitas e manibus Graecorum nos liberavit* (Barhebraeus, I, 274); e poche righe dopo aggiunge che, nonostante la soppressione di molte chiese, ognuno sotto gli Arabi fu libero di seguire la religione che preferiva: *et nobis non parum proficuum fuit, quod erepti fuerimus a crudelitate Graecorum et ab amaro eorum in nos odio* (cfr. anche Michel Syrien, II, 412-413).

Tenendo presente tutto quello che abbiamo narrato in questa digressione, si riesce, mi pare, agevolmente a comprendere come un governo senza soldati, senza danari, marcio e corrotto fino alle midolla, odiato dai sudditi, dovesse fatalmente e rapidamente soccombere dinanzi all'impetuoso avanzarsi d'un nemico giovane, forte, dotato d'immenso ardire e di mezzi pressochè illimitati. Non credo occorra insistere ancor più su questo soggetto, in quanto riguarda le condizioni deplorevoli dell'impero Bizantino.

NOTA 1. — Nondimeno il cronista Michele il Siriaco narra che Maurizio ordinasse a Stefano, vescovo di Ḥarrān, di perseguitare i pagani sempre numerosi in quella città. Una parte di questi abbracciò allora per forza il Cristianesimo, ma « quant au grand nombre de ceux qui résistèrent, il les fit couper en deux et fit suspendre leurs morceaux sur la place de la ville » (Michel Syrien, II, 375 [trad. del Chabot]).

NOTA 2. — Alcuni fatti varranno a dimostrare tale asserto. Quando i Persiani incominciarono l'invasione della Siria, sotto Khusraw Abarwīz, i Monofisiti di Antiochia si radunarono per intendersi intorno alla condotta da tenere di fronte al governo, ed agli invasori (Pernice, 22-23): tale condotta suscitò le animosità degli ortodossi ligi all'Impero: scoppiò un tumulto fra popolo e milizie imperiali. Gli Ebrei, numerosissimi nella contrada, fecero causa comune con il popolo contro il governo, e si venne a quella tremenda sommossa, accennata nel precedente paragrafo, e in cui la plebaglia fece scempio del patriarca ortodosso. Più tardi, quando i Persiani si furono insignoriti della Siria e della Palestina, per assicurarsene il possesso, cessarono dal perseguitare indistintamente tutti i Cristiani, e consci dell'odio dei Monofisiti verso il governo di Bisanzio, presero a proteggere e favorire gli scismatici e ad opprimere in tutti i modi gli ortodossi, vale a dire invertirono la politica degli imperatori (Pernice, 74 e segg.). Il re di Persia sperava in tal modo assicurarsi la devozione dei Siri monofisiti contro Bisanzio ortodosso. Già in Persia egli aveva un tempo favorito i Monofisiti contro i Nestoriani e gli ortodossi (Michel Syrien, II, 839): signore ora della Siria e della Palestina, fece cacciare tutti i

[Condizioni dell'impero Bizantino e decadenza del Cristianesimo orientale.]

vescovi ortodossi e vi insediò ovunque vescovi monofisiti, cacciando anche i frati ortodossi dai loro conventi e cedendo questi ai Monofisiti (Michel Syrien, II, 379). Non credo occorra addurre altri esempi.

Nota 3. — (*a*) Il dogma ufficiale del Monoteletismo escogitato da Eraclio, d'accordo con Athanasius patriarca dei Giacobiti, *homo callidus et, ut sunt Syri omnes natura, ad mala facinora, versutia instructus*, come lo descrive Cedrenus (Migne, *Patrol. gr.*, CXXI, 806), destò la più fiera opposizione anche nel campo ortodosso, sicchè Eraclio accrebbe, invece di diminuire, i guai del suo infelice Impero. Il papa Martino, in un concilio tenuto in Roma alla presenza di cento e nove vescovi, anatemizzò Eraclio e tutti i suoi colleghi, riaffermando *in Christo duas voluntates, duas operationes duasque naturas* (Barhebraeus, I, 278).

(*b*) Lo stesso cronista ecclesiastico narra poi, come anche in Oriente, gli ortodossi fieramente insorgessero contro le novità dell'Imperatore. Celebre è il martirio di san Massimo, fiero difensore del dogma ortodosso propugnato dal Papa nel concilio Lateranense. Costante, figlio di Eraclio, fece arrestare il focoso abbate e lo rinchiuse in un convento di monache *ut erubesceret* (!); ma invece di arrossire, egli si trascinò appresso quelle brave donne, sospingendole a rifiutare i sacramenti dal loro curatore spirituale: esse perfino *particulas consecratas intra soleas suas iniiciebant*. Tale fu lo sdegno di Costante, che, se possiamo credere a Barhebraeus, quelle povere suore, *iussu Imperatoris, in civitatem tractae fuerunt igneque concrematae* (Barhebraeus, I, 278). Anche però se questo particolare possa essere forse esagerato, è storia che a Massimo, per impedirgli di parlare, fu mozzata la lingua, ma siccome continuò a scrivere contro il Monoteletismo, gli amputarono la mano dritta. Allora si mise a scrivere con la sinistra, e perciò gli venne tagliata anche questa per ordine di Eraclio. Mandato poi in esilio, Massimo soccombette ai tormenti ed alle mutilazioni subite (Barhebraeus, I, 278-279; *S. Maximi vita*, ap. Migne, *Patrol. gr.*, XC; *Acta Sanct.*, ad diem 13 Aug.).

(*c*) Grave colpa di Eraclio fu anche d'aver ordinato una grande persecuzione degli Ebrei, accusati dai Cristiani d'aver assistito i Persiani nella loro opera distruggitrice: seguì perciò un grande eccidio di Ebrei, non solo in Palestina, ma anche in Siria e forse pure in Egitto (Butler, 133-134, il quale cita anche a conferma di ciò un passo di Maqrīzi, tradotto in Malan: *Original documents of the Coptic Church*, p. 70).

Nota 4. — Il 2 Aprile del 17.mo anno di Maurizio (599. a. È. V.) vi fu, per esempio, in Asia Anteriore un terribile terremoto, che devastò città intiere, e appresso venne una peste bubbonica di incredibile violenza, che si estese a tutto l'impero Greco (e Persiano?): in tal modo si calcolò che non meno di 3.180.000 persone soccombessero in questi disastri (Michel Syrien, II, 373-374). Anche se il numero dei morti è esagerato, il disastro deve essere stato assai grande e incalcolabili le perdite di vite e di averi.

§ 266. — Prima però di chiudere il lugubre quadro, ci sia permesso di rivolgere ancora la nostra attenzione alla grande ed infelice figura di Eraclio, e di dire, conforme a giustizia e verità, ancora una parola in sua difesa, per la condotta da lui tenuta durante la conquista araba, e che ha dato origine ad altre accuse d'inazione, simili a quelle lanciate contro di lui al principio del suo regno. Dopo la sommaria esposizione dei precedenti paragrafi, nessuno potrà negare che Eraclio, riportati i trionfi sulla Persia, non si trovasse in una posizione tutt'altro che felice e tranquilla: egli con alcuni errori fatali aggravò grandemente la crisi, ma il malato che l'Imperatore doveva curare e guarire, era già irrimediabilmente perduto: tutto al più gli sarebbe stato possibile di rallentare l'avanzata degli Arabi, e ritardare di qualche anno la vittoria dell'Islām. In niun modo però avrebbe egli potuto impedire nè l'una, nè l'altra. I suoi errori di governo accelerarono soltanto la fine.

Se sotto l'aspetto militare la condotta di Eraclio durante l'invasione araba sembra giustificare più d'un'amara critica, la nostra esposizione precedente deve convincere il lettore che v'è anche molto da dire in difesa del vecchio e stanco Imperatore, e si può dimostrare come l'impreparazione militare e la debolezza di Eraclio di fronte agli eserciti del Califfo non fosse colpa tanto dell'uomo, quanto delle condizioni eccezionalmente infelici, nelle quali egli si trovò quando ebbe a misurarsi con il nuovo e terribile nemico. A ciò si deve aggiungere che la comparsa degli Arabi fu, come s'è più volte rilevato, una grande sorpresa, imprevista e imprevedibile, una calamità che cadde sull'Impero, quando Eraclio illudevasi di poter alfine terminare il suo regno con una pace durevolmente assicurata.

[**Condizioni dell'Impero Bizantino e decadenza del Cristianesimo orientale.**]

Per la venuta dei Croati nella Dalmazia e le perdite ingenti subite dagli Avari nelle lotte contro i medesimi, tranquillo infatti era tutto il confine europeo, dove i vecchi nemici, gli Avari, languivano ridotti all'impotenza, e gli Slavi, molto amichevolmente disposti verso Costantinopoli, stavan contenti nelle sedi nuove entro i confini dell'Impero. D'altra parte, il caos che regnava in Persia, ove non è ben certo se otto o dodici sovrani si successero rapidamente nel breve periodo di quattro anni, fra continue guerre civili e rivoluzioni di palazzo, garantiva Eraclio che dall'Oriente nulla aveva a temere per molti e molti anni. Tutti gli altri confini erano tranquilli. Anche se Eraclio ebbe qualche vaga notizia di ciò che avveniva in Arabia, egli sapeva che da secoli nell'Arabia centrale i Beduini, divisi fra loro in innumerevoli schiatte indipendenti, erano, per secolare tradizione, impegnati in lunghe e sanguinose guerre fratricide. L'Arabia era come un vulcano semi-spento, che a memoria d'uomo ardeva, per così dire, nel suo centro, ma non prorompeva mai in una grande eruzione, e l'ingannevole sentimento di sicurezza provato dagli abitanti greci e persiani del confine, fu altrettanto giustificato, quanto quello degli abitanti di Pompei e dei presenti comuni vesuviani fino al giorno stesso della grande catastrofe. Tutti temevano le piccole razzie degli Arabi, ma nessuno sospettò mai una *conquista*.

L'Imperatore potè quindi giustamente illudersi che sopra nessun punto dei suoi confini fosse minacciato da gravi pericoli immediati. Per questa ragione egli trascurò forse i problemi militari, e si dedicò tutto a quelli fiscali e religiosi, che sembravano i più urgenti e perigliosi. Niente egli fece per premunirsi contro un'invasione, di cui nessuno aveva il benchè menomo sospetto. Le notizie di Arabia, confuse ed incerte, non davano pensiero ad alcuno: erano le solite guerre di tribù, che niuna impressione producevano sui confini; anzi potevano considerarsi come un indizio che gli Arabi, intenti ad uccidersi fra loro, non avessero tempo di molestare i limitrofi.

L'invasione araba sopraggiunse perciò come un fulmine a ciel sereno. Chi si era mai sognato una simile sventura, dopo tutte quelle già sofferte? Gli Arabi trovarono Eraclio completamente impreparato a un sì grande cimento,

[Condizioni dell'Impero Bizantino e decadenza del Cristianesimo orientale.]

e la rapidità direi quasi ciclonica del disastro paralizzò le energie del vecchio Imperatore; nè ciò deve sorprenderci, quando rammentiamo quanti anni gli occorsero per iniziare la campagna contro la Persia.

L'accusa quindi d'inazione è ingiusta, perchè in verità nulla umanamente poteva esser fatto. Tutto il paese gli era profondamente ostile, e le città della Palestina, dopo la prima strepitosa vittoria degli Arabi, si arresero rapidamente una appresso all'altra, senza opporre pressochè veruna difesa, acclamando il nemico quasi come liberatore. Il rimborso del prestito di guerra alla Chiesa aveva dato fondo al tesoro, il paese era spopolato, immiserito ed ostile, niun mezzo poteva, niun mezzo voleva dargli per proseguire la lotta, che a tutti fin dal principio, sembrò inutile e vana: soldati non ne aveva, nè poteva trovarne, e quelle poche milizie nuove che potè raccogliere dall'Armenia e dalle tribù arabo-cristiane della frontiera, alla battaglia decisiva del Yarmūk, o si diedero alla fuga, o passarono al nemico. Tutto il fragile edifizio da lui sì penosamente eretto con tanti sanguinosi sacrifizi, cadde nella polvere in poco meno di tre anni, non già tanto per colpa sua, ma perchè nessuna forza umana avrebbe mai potuto impedirlo: e quando le grandi vittorie di Aǵnadayn, di Fiḥl e del Yarmūk ebbero distrutto quelle poche milizie, di cui ancora disponeva, al vecchio guerriero non rimase altro che andarsene. Nessuno potrà mai sapere quale senso di indicibile amarezza deve aver dilaniato l'animo generoso di quel grande ma sfortunato Imperatore, con quanto dolore inenarrabile deve egli aver scontato le glorie sì penosamente conquistate nella campagna persiana, quando vide annientata l'opera di tutta la sua vita. L'abbandono della Siria agli Arabi non fu solo il momento più straziante della vita di Eraclio, ma anche uno degli episodi più drammatici e dolorosi della storia del mondo.

Le armi, la scienza militare e le condizioni morali degli Arabi alla vigilia delle conquiste.

§ 267. — Il nostro studio preliminare delle ragioni, per le quali il trionfo degli Arabi sui Greci e sui Persiani, e dell'Islām sul Cristianesimo in Oriente e sulla fede mazdeista, fu sì facile, sì rapido e sì completo, richiede però ancora un breve esame delle condizioni morali degli Arabi invasori, e delle ragioni della loro irresistibile superiorità sopra tutti i nemici, che essi ora si accinsero ad assalire. Descritte così le deficienze e le debolezze degli uni, le virtù e le forze giovanili degli altri, la conclusione finale apparirà sì evidente, che nessuno avrà più ragione di maravigliarsi del crollo fragoroso di due vecchi e cadenti Imperi, e della conversione di milioni di Cristiani e Mazdeisti alla rozza ma semplice e forte fede del Profeta d'Arabia.

[**Le armi, la scienza militare e le condizioni morali degli Arabi alla vigilia delle conquiste**].

La campagna persiana di Khālid b. al-Walīd era stata una semplice razzia contro una regione pressochè priva di difensori (cfr. §§ 235 e segg.), ed abbiamo visto che nei pochi fatti d'arme, in verità di ben lieve importanza, che avvennero in quella campagna, i Musulmani ebbero soltanto a combattere le tribù arabe del confine. Dopo anni ed anni di guerre ed invasioni straniere, seguite alfine da uno stato cronico di guerra civile, il governo di Ctesifonte non aveva nè tempo, nè mezzi, per opporsi con energia alle incursioni arabe, che sfioravano il confine, sicchè il piccolo esercito di Khālid b. al-Walīd non aveva avuto neppure una volta a misurarsi, nella campagna del 12. a. H., con le milizie regolari del governo Sassanida. Il generale musulmano era già da vari mesi partito per la Siria, prima che il re di Persia, vinti gli ultimi ribelli, ed allarmato dalle incursioni ardite dei Bakr b. Wā·il fino alle rive del Tigri, fosse in grado di prender l'offensiva contro i predoni del deserto. Dobbiamo perciò ritenere che nei combattimenti avvenuti nell'anno 12. H., i Musulmani non avessero a pugnare con nemici, militarmente parlando, diversi da quelli che avevano già vinto in Arabia centrale. Ora però gli eserciti del Califfo s'accingevano, per la prima volta, a misurarsi in grandi battaglie campali con i veterani di Bisanzio, con quelle milizie cioè, che noi per varie ragioni dobbiamo ritenere avessero conservato ancora le tradizioni e gli ordinamenti militari di Roma imperiale. È ben vero che gli eserciti bizantini non erano più che una debole immagine delle legioni vittoriose di Roma: aggiungasi altresì che nelle guarnigioni greche la maggioranza dei difensori delle varie città era composta di elementi locali, da Asiatici, ai quali mancavano la fibra, la disciplina ferrea, l'ardire bellicoso e la consuetudine delle armi degli antichi legionari romani, ossia dei coscritti agguerriti delle forti razze latine e germaniche; gli eserciti stessi infine delle milizie regolari erano poco numerosi, composti di elementi i più eterogenei, militi del Caucaso, dei Balcani e della costa africana.

Nonpertanto quel piccolo nucleo di milizie regolari bizantine, che aveva seguito Eraclio in tutte le campagne persiane, grazie al genio militare dell'Imperatore, si era coperto di gloria. Presso i Bizantini, per le tradizioni gloriose di Roma, e per le perpetue guerre contro innumerevoli nemici lungo tutti i confini dell'Impero, doveva ancora esistere una scuola militare di grande pregio, che considerava la guerra come una scienza, e che possedeva, o almeno doveva possedere — perchè di questo periodo siamo assai male informati dalle scarse fonti — numerose conoscenze tecniche, retaggio prezioso di esperienza raccolta in molti secoli di guerra. Nonostante gli effetti perniciosi di una lunga e continua decadenza, che disgregava le forze migliori dell'Impero, gli eserciti dei successori di Costantino e di Teodosio, ed ora quelli di Eraclio, erano temuti e famosi in tutto l'Oriente. Infine, ma non ultima considerazione,

[Le armi, la scienza militare e le condizioni morali degli Arabi alla vigilia delle conquiste.]

alla testa degli eserciti greci si trovava colui che, fino a quel giorno, poteva reputarsi il più valente generale del secolo.

§ 268. — Dinanzi a siffatte considerazioni sorge spontanea la domanda, come mai gli Arabi ignoranti del deserto riuscissero ad infliggere ai Greci sì spaventose ed umilianti disfatte. Avevano essi forse una scienza, una disciplina ed un'organizzazione militare, ed armi perfezionate, superiori a quelle dei loro temuti avversari? Lo stesso si può dire rispetto alle campagne successive contro i Sassanidi in Persia, campagne nelle quali gli Arabi ebbero a misurarsi con gli eserciti d'una grande potènza militare, di quella stessa che aveva inflitto sanguinose disfatte in numerose circostanze alle legioni agguerrite di Bisanzio, e ben due volte era giunta vittoriosa fin sotto le mura di Costantinopoli, occupando pressochè tutte le provincie asiatiche dell'antico impero Romano. La conoscenza quindi dell'arte militare presso gli Arabi e delle ragioni della loro superiorità sui Greci e sui Persiani sui campi di battaglia, è argomento di particolare rilievo per la storia del presente periodo.

Purtroppo il nostro studio non può essere che molto imperfetto, non solo perchè tale materia non fu mai argomento di vere e larghe ricerche (1), ma perchè altresì le notizie e i documenti che abbiamo su questo soggetto, sono molto imperfetti, frammentari, degni di poca fiducia, e tendenziosamente travisati. Consapevoli di questo, nel riassumere le tradizioni sull'attività militare del Profeta, noi ci siamo permessi di prender nota di molti minuti particolari, in apparenza oziosi, mirando così a riunire e conservare tutte le memorie rimaste sul modo di guerreggiare degli Arabi. Ora dal tenore dei seguenti paragrafi si scorgerà il valore di molti nostri appunti, che forse a taluni saranno sembrati soverchiamente minuziosi.

Per maggiore chiarezza, divideremo l'argomento in tre parti: l'una riguarderà le armi usate comunemente dagli Arabi; la seconda, le loro conoscenze militari tattiche e strategiche, e la terza tratterà le ragioni morali della superiorità militare degli Arabi su tutti gli altri popoli dell'Asia.

Nota 1. — Possediamo vari studi pregevoli sulle armi degli Arabi. In primo luogo convien menzionare il dotto lavoro del dott. W. Schwarzlose, *Die Waffen der alten Araber*, 1886 opera accurata e pregevole che contiene molti dati utilissimi, tratti sovrattutto dai poeti antichi; ma in essa l'Autore ha trascurato di collegare i risultati dei suoi studi con la storia delle conquiste. Lo stesso si può dire degli Studi del Jacob, sull'antica vita dei Beduini nel deserto, quale è raffigurata nei poeti antichi. Anch'egli si ferma ai tempi di Maometto, ma nel III fascicolo, a pp. 121-137, raccoglie molte notizie pregevoli sul nostro argomento. Possiamo anche citare i notevoli ma brevi appunti del Kremer Culturg., I, 78 e segg., e l'opera un po' antiquata, ma pur utile, del Freytag, (*Einleitung in das Studium der Arab. Sprache*, 252-267), ove trovansi pure alcune notizie sul soggetto che dobbiamo esaminare. Tutti questi lavori hanno però di mira le condizioni militari degli Arabi anteriori alle conquiste, e nessuno di essi si è curato di collegare e confrontare gli appunti raccolti con quello che avvenne di poi, come spiegazione delle conquiste. Esistono anche altri lavori sulle armi e sull'ordinamento militare dei popoli musulmani, ma essi trattano esclusivamente di età molto posteriori, quando gli Arabi ed i popoli da loro vinti e convertiti, ebbero appreso dai Greci, dai Persiani ed infine anche dai Crociati, molti segreti preziosi nell'arte di uccidere il prossimo, sia sui campi di battaglia, sia negli assedi di piazze forti. Tra i primi citeremo gli studi pregevoli del Reinaud (J. A. Serie IV, vol. XII, p. 193 e segg.), il quale però fissa sovrattutto la sua attenzione alle Crociate, vale a dire, ad un periodo di cinque secoli posteriore a quello di cui trattiamo noi, e quando gli abitanti della Siria e della Palestina erano per lo meno altrettanto valenti quanto i guerrieri europei in tutti i ripieghi dell'arte militare, ed erano comandati da sovrani e generali, non meno abili dei loro avversari nel dirigere e muovere grandi corpi di armati. Mette il conto anche di citare i seguenti lavori, per chi volesse approfondire questo studio:

[Le armi, la scienza militare e le condizioni morali degli Arabi alla vigilia delle conquiste.]

(1) Rehatsek, *Notes on some old arms and instruments of War, chiefly among the Arabs*, JRAS. of B., 1879, vol. XIV, 219-267.
(2) Il medesimo nella ZDMG., vol. XXXVI, 655 e segg.
(3) F. Wüstenfeld, *Das Heerwesen der Muhammedaner*, etc., Göttingen, 1880.
(4) Max Jahn, *Handbuch einer Geschichte des Kriegswesens von der Urzeit bis zur Renaissance*, Technischer Theil, Bewaffnung, Kampfweise, etc., pagg. 489-508, 517-521, 1233 e segg., ove tratta dei Musulmani in genere.
(5) Q. Zaydān Tārīkh al-tamaddun al-islāmi; Cairo, parte I, 1902, b. 117-162, al-ǵund.

Nessuno però di questi ha studiato il periodo di transizione dalla guerriglia nel deserto alle grandi campagne militari contro milizie regolari: a questa lacuna tenteremo ora di supplire con alcuni nostri appunti, che nondimeno non hanno alcuna pretesa di essere completi, e perciò non pretendono in alcun modo di esaurire l'argomento. Ci contenteremo di fissare alcune linee generali.

§ 269. — (Le armi degli Arabi: l'arco e la freccia). — L'arco (qaws) e la freccia (nabl, nuššāb, sahm, qidh, hazwah, ḥazz, cfr. Guidi Sed. Pop., p. 592; [Nöldeke] ZDMG. XXV, 257) sono, come è ben noto, le armi più antiche dei popoli primitivi e difatti le troviamo ambedue in uso presso tutti i popoli Semiti (Guidi Sed. Pop., 592-593; cfr. per le tribù nomadi della Palestina e del Sinai il bell'articolo del Ballerini nel *Bessarione*, vol. IX, 1900-1901, pp. 352-357) e anche nell'Arabia antica, tanto per la caccia, quanto per la guerra. In Arabia esiste una pianta che fornisce un ottimo legno per l'arco e per le freccie, sicchè queste armi si possono considerare come veramente indigene: per la qual ragione diamo loro il primo posto nella nostra breve enumerazione. Le piante più usate per l'arco erano quelle dette nab'ah, (*Grewia populifolia* o *Chadara tenax*) e idāh, (anche našam, *Chadara velutina*), che crescevano nelle regioni montuose della penisola (Ḥamāsah, 358, lin. 6; 615, lin. 8; Qazwīni, II, 59, lin. 6-7; Freytag, 257; Jacob Arab. Dicht., III, 131; Schwarzlose, 253-255). Gli Arabi si fabbricavano da sè stessi gli archi e le freccie, quantunque, disprezzando tutti i mestieri manuali, preferissero che questi venissero fatti dagli schiavi (Schwarzlose, 251). Queste armi però, proprie dei tempi più selvaggi, e perciò più antiche, non erano più molto diffuse in Arabia ai tempi di Maometto, perchè considerate come armi insidiose, indegne del guerriero coraggioso; si preferiva fare sfoggio delle armi più moderne, della lancia e della spada, di più recente importazione e ritenute più gloriose, efficaci e decorative. Sicchè mentre ogni arabo cavaliere era fiero di poter maneggiare la lancia e la spada, ed ogni pedone portava e sapeva usare con efficacia la spada; l'arco e le freccie erano, ai tempi di Maometto, per lo spirito bellicoso di quella generazione, adoperati soltanto da una minoranza di persone, dedite esclusivamente a questa arte.

[Le armi, la scienza militare e le condizioni morali degli Arabi alla vigilia delle conquiste.]

È noto perciò che esistevano alcune tribù, che si distinguevano specialmente per la loro abilità nel tiro, fra le quali ricorderemo i banū-l-Qārah, già da noi menzionati (cfr. 2. a. H., § 85,A, no. 42), i Sa'd, i Nābil (Schwarzlose, 39) ed i Thaqīf (cfr. più avanti). Alla battaglia di Badr, Maometto si servì per allineare i suoi, di una freccia, battendo sulla pancia quelli che sporgevano un po' dalla fila e pare che i Musulmani avessero con loro alcuni, che sapevano lanciare abilmente i dardi. La mischia cominciò se possiamo prestar fede alla lettera della tradizione, con un tiro di dardi da parte dei Musulmani, i quali, come più poveri, erano muniti delle armi più primitive, mentre sembra che i Qurayš, pur avendo qualche arciere, preferissero stringere davvicino i Musulmani e venire a ferri corti con le spade (cfr. 2. a. H., §§ 57, 58, 61, ecc.); dal contesto delle tradizioni si rileva però che l'arma preferita, che decise della vittoria, fu la spada. Alla battaglia di Uḥud troviamo già un progresso negli ordinamenti militari del Profeta, perchè egli aveva formato un gruppo speciale di cinquanta uomini, tutti arcieri (cfr. 3. a. H., § 28), che dispose presso alle pendici del monte Uḥud, con l'ordine di non partecipare direttamente al conflitto, ma soltanto di coprire il fianco sinistro musulmano. Abbiamo anche notizia di vari tentativi della cavalleria makkana per aggirare il fianco dei Musulmani, tentativi però resi tutti vani dai dardi dei detti arcieri, dinanzi ai quali i Makkani prudentemente retrocedettero (cfr. 3. a. H., § 37). È noto come la disobbedienza di questi arcieri, che abbandonarono il loro posto, fosse, si dice, causa precipua della sconfitta musulmana. È noto del pari che i Qurayš avevano anche un corpo di cento arcieri, ma non consta che essi prendessero alcuna parte degna di nota nel conflitto, perchè questo fu principalmente combattuto fra guerrieri armati di spade (cfr. 3. a. H., § 30). Se si considera come in quella battaglia fossero impegnati dalle due parti forse più di 2.000 uomini, si vede quale parte poco importante avesse l'arco nelle guerre del tempo.

Durante l'assedio di Madīnah abbiamo notizia di freccie e di pietre lanciate dai difensori (cfr. 5. a. H., §§ 28-31); ma il poco valore e lo scarso impiego di quest'arma è dimostrato dal fatto, che un solo dei nemici (cfr. 5. a. H., § 43) fu ucciso da una freccia: anche gli aggressori poco si valsero di quell'arma, perchè un solo musulmano fu gravemente ferito da una freccia (Sa'd b. Mu'ādz, cfr. 5. a. H., § 42) e morì per effetto della ferita quasi un mese dopo (cfr. 5. a. H., § 53). Durante la spedizione di Khaybar, si fa qualche menzione di freccie lanciate dagli Ebrei (cfr. 7. a. H., § 14) e qualche vago cenno di freccie usate pure dai Musulmani (cfr. 7. a. H., § 13); ma nello svolgimento di tutta la spedizione, queste armi ebbero una parte del tutto secondaria. Sono rammentati 500 archi arabi con turcassi nel bottino preso agli Ebrei (cfr. 7. a. H., § 31),

ma su questi numeri non v'è mai da fare assegnamento. In tutte le altre spedizioni non si fa menzione di arcieri, e si vede che questi non furono mai tenuti in gran conto.

[Le armi, la scienza militare e le condizioni morali degli Arabi alla vigilia delle conquiste.]

Aggiungeremo, per finire, che si allude all'uso delle freccie nella guerra di Fiǵār, quando il Profeta giovinetto raccolse le freccie sperdute del nemico per porgerle agli zii (cfr. Introd., § 140). Nel bottino preso agli Ebrei al-Qaynuqā', si fa menzione di tre archi famosi (cfr. 2. a. H., § 98, nota 1), uno dei quali fu, si dice, adoperato e rotto dal Profeta alla battaglia di Uḥud. Nel bottino però tolto agli Ebrei Naḏīr (cfr. 4. a. H., § 13), non si enumera verun arco, ma soltanto elmi, corazze e spade. Neppure sono menzionati archi nel grande bottino preso agli Ebrei Qurayẓah (cfr. 5. a. H., § 49), benchè si parli di migliaia di spade, corazze, lancie e scudi. Alla battaglia di Ḥunayn non v'è nemmeno una parola di freccie, mentre dalle tradizioni sull'assedio infelice di Ṭā·if, appuriamo che i Thaqīf fossero molto abili nel tiro dei dardi, e che i Musulmani, sotto questo riguardo, erano in manifesta inferiorità (cfr. 8. a. H., §§ 142, 143, 144, 148 e 149). Tuttavia i Musulmani utilizzarono e mantennero la pratica dell'arco, come risulta dalle raccomandazioni attribuite a Maometto nel ḥadīth (Zaydān. Tā·rīkh, I, 137), e la freccia ebbe pure la sua parte d'importanza nella storia delle prime conquiste.

§ 270. — (La lancia). — Le principali armi offensive degli Arabi erano la lancia (rumḥ) e la spada. Esse erano le armi per eccellenza del guerriero e dell'eroe, ed oggidì ancora, presso gli Arabi, tanto tenaci sono le tradizioni dei Semiti in Arabia, il vero guerriero disprezza il fucile e preferisce la lancia (¹): il fucile e la pistola sono considerate armi molto meno nobili. La lancia era per eccellenza l'arma offensiva del cavaliere, e tenuta in altissimo pregio, in ispecie fra le tribù nomadi, che possedevano cavalli e cameli. Era usanza allora, come oggidì, di munirla d'un'asta lunghissima, che nessun pedone avrebbe mai potuto usare con vantaggio in una mischia. I lancieri pedoni — i lanzichenecchi del nostro Rinascimento — erano sconosciuti in Arabia. Perciò le tribù sedentarie ed agricole, come, per esempio, gli Arabi di Madīnah, non ne facevano uso, perchè non avevano cavalleria e possedevano ben pochi cameli. Nelle battaglie combattute da Maometto nei primi anni di Madīnah, si vede che i Musulmani non facevano punto uso della lancia, ma quasi soltanto di freccie e di spade.

La lancia non era arma originaria d'Arabia: nelle sculture assire, che rappresentano le guerre con gli Arabi nel VII secolo avanti Cristo (cfr. le fotografie delle sculture assire nel British Museum) i Beduini sono raffigurati quasi nudi, con lunghi capelli, ed armati di archi e freccie. La lancia è un'importazione estera: tanto la punta di ferro, quanto l'asta lunghissima venivano per

[Le armi, la scienza militare e le condizioni morali degli Arabi alla vigilia delle conquiste.]

la massima parte dall'India, dove esistevano valentissimi fabbri, e dove crescevano i bambù, leggeri, forti, nodosi e flessibili, ossia la pianta che forniva l'asta migliore per le lancie. Da ciò provenne il fatto, che le lancie più stimate degli Arabi fossero quelle dette al-Khaṭṭiyyah, ossia di al-Khaṭṭ, la regione costiera del Baḥrayn: ivi infatti le punte di ferro ed i bambù dell'India venivano lavorati secondo il gusto arabo e poi spediti in tutte le parti della penisola (Qazwīni, II, 60, lin. 21-23; Wüstenfeld Baḥrayn, 181; Schwarzlose, 217; Freytag, 253-254; Jacob Arab. Dicht., III, 134). Dal tenore delle tradizioni sulla biografia di Maometto parrebbe che anche gli Ebrei di Madīnah, fabbri valenti, fabbricassero le punte delle lancie, ma ignoriamo donde potessero aver preso il metallo, mentre le aste dovevano certamente provenire dall'India, per via di al-Khaṭṭ o da Samhara sulla costa. Abbiamo infatti menzione di lancie nel bottino preso agli Ebrei di Madīnah (cfr. 2. a. H., § 97; 5. a. H., § 49), ma non fra le armi degli Ebrei Naḍīr (cfr. 4. a. H., § 13). V'erano mille lancie nel bottino di Khaybar. È degno però di nota, che in tutte le tradizioni da noi raccolte, non vi è mai menzione dell'uso della lancia lunga: gli Ebrei le fabbricavano, ma non le usavano; lo stesso dicasi dei Madinesi, i quali, appunto perchè privi di cavalleria, non ne facevano uso. Nei fugaci accenni ai piccoli corpi di cavalleria, allestiti in seguito dal Profeta, non si accenna nemmeno lontanamente alla lancia lunga da colpo (al-rumḥ) ed è probabile che quei cavalieri improvvisati fossero armati piuttosto di spade, dacchè il maneggio efficace della lancia lunga richiede molta esperienza.

La sola lancia, di cui si faccia qualche volta menzione nelle nostre tradizioni, è la lancia corta da getto ʿanazab (o anche ḥarbab), che si lanciava come un giavellotto (cfr. 2. a. H., § 67); anch'essa però era arma non araba, ma proveniente dall'Abissinia (cfr. 2. a. H., § 91), e perciò anch'essa usata ben raramente, e considerata come una rarità: adoperavasi inoltre, per ragioni non ben chiare (²), in alcune cerimonie religiose (cfr. 2. a. H., § 91). È noto infine che lo zio del Profeta, Ḥamzah, venne ucciso da un colpo di giavellotto, ma per mano di un abissino, specialmente esperto nell'uso di quest'arma straniera (cfr. 3. a. H., §§ 14 e 49).

Nota 1. — Trovandomi una volta nell'Arabia settentrionale, in Tadmur (Palmira), chiesi al capo di una tribù il permesso di fotografarlo (l'illustrazione qui annessa); a nessun costo volle egli lasciarsi ritrarre con il fucile, che pur teneva con sè, ma insistè nel presentarsi a cavallo, armato della sola lancia. « Il fucile — mi disse — è arma per le donne, solo un guerriero può maneggiare la lancia ».

Nota 2. — Mentre si stampavano questi fogli, è uscito il pregevolissimo lavoro del Becker, *Die Kanzel im Kultus des alten Islam*, nelle « Orientalische Studien - Theodor Nöldeke zum siebzigsten Geburstag », ecc., Gieszen, 1906, dove a pag. 336 e segg. è assai acutamente rintracciata l'origine e chiarito il significato della usanza rituale.

§ 271. — (La spada). — La spada (sayf) era l'arma per eccellenza degli Arabi, quella alla quale essi erano maggiormente affezionati, e che, meglio di tutte le altre, ci dipinge il carattere ardito, bellicoso e sanguinario della nazione araba, vivente Maometto. La spada, dice il principe-poeta, Imru·alqays, è il cuscino, sul quale il guerriero poggia la testa, dormendo la notte solo nel deserto, ed il suo fido compagno nella mischia e nel campo. Lo stesso dice anche Mālik b. Nuwayrah (Schwarzlose, 35; Nöldeke Beiträge, 131, lin. 4; Dīwān Ahlw., 153, lin. 5).

[Le armi, la scienza militare e le condizioni morali degli Arabi alla vigilia delle conquiste.]

La natura spiccatamente guerriera degli Arabi, e le condizioni infide del deserto, rendevano la spada compagna inseparabile dell'uomo, il suo migliore amico, il suo più fido sostegno nelle solitudini sconfinate del deserto, l'ornamento dell'uomo nell'assemblea, il mezzo più efficace per ottenere l'oggetto desiderato. La spada era perciò, ai tempi di cui parliamo, e resta anche ai giorni nostri, l'arma più comune in Arabia [1], anzi si può dire esser più che un'arma, addirittura una parte inseparabile del vestito arabo, senza la quale nessun uomo riteneva fosse sua dignità presentarsi. Ciò è tanto vero, che i pellegrini, nel visitare il santuario di Makkah, nonostante la proclamazione della pace di Dio ed il divieto assoluto di usare le armi entro il territorio sacro, avevano il diritto di assistere alle cerimonie del pellegrinaggio con la spada entro il fodero (qirāb) ed appesa ad una tracolla che poggiava sopra una delle spalle (cfr. 6. a. H. § 34; 7. a. H., §§ 69, 70). Tutte le tradizioni raccolte nei precedenti Annali stanno a dimostrare, come la spada sempre fosse, in ogni circostanza, l'arma preferita dei Musulmani, nonchè dei loro avversari, usata tanto nei combattimenti singolari o duelli fra i guerrieri prima della mischia generale, quanto allorchè le due schiere nemiche venivano a contatto. Tutte le morti, tranne qualcuna per freccie, sono dovute alla medesima arma: la grande maggioranza combatteva a piedi, e non si menziona nemmeno un caso di morte di uno ucciso da un colpo di lancia.

Il pregio altissimo nel quale era tenuta la spada, risulta chiaramente dal fatto, che in Arabia molte spade avevano un nome distintivo: di molti fra questi nomi si è conservata memoria; un onore conferito soltanto ad alcuni archi famosi, e non mai alle lancie. Così sappiamo della spada di Sa'd b. abī Waqqāṣ, che si chiamava Malā (Schwarzlose, 35; Qāmūs, I, 30, lin. penult., Tāǵ al-'Arūs, I, 119, lin. 37); abbiamo la spada di Maometto, Dzū-l-Faqār, conquistata a Badr (cfr. 2. a. H., § 76), ed omettendo di ricordarne altre (cfr. 10. a. H., § 144, no.6), ci contenteremo di rammentare la famosissima al-Ṣamṣāmah, posseduta un tempo dal guerriero yamanita Ma'dīkarib, rapita da Khālid b. Sa'īd, durante le guerre dell'anno 11. H. (cfr. 12. a. H., § 65, nota 3) e poi passata, di mano in mano, fino a quelle dei califfi 'Abbāsidi, dai quali fu tenuta in altissimo pregio, come oggetto di somma rarità: il califfo al-Wāthiq [† 232. a. H.] volendo rimetterla a nuovo, la diede ad un

[Le armi, la scienza militare e le condizioni morali degli Arabi alla vigilia delle conquiste.]

armiere, che ne rovinò la lama e la tempra. Alle vicende di questa spada famosa Balādzuri (119-120) dedica una pagina intiera della sua opera storica, citando anche versi in onore di essa del poeta abū-l-Hawl: " ..... la migliore delle spade, che mai fosse avvolta in un fodero: quando era sguainata, splendeva come luce del sole „ (cfr. anche Ḥamāsah, 397; Jacob Arab. Dicht., III, 135; Freytag, 254-255; Tabari, I, 1984, 1997; III, 1348; Schwarzlose, 36, 124 e segg.; Zaydān, Tā·rīkh, I, 138).

Come la lancia, la spada era anch'essa un'arma d'origine straniera: la grande fama di cui godevano le spade confezionate in India (suyūf al-Hind) ne sono la prova. In seguito però, nel Yaman e nell'Arabia settentrionale, lungo i confini dell'impero Bizantino, si fondarono scuole d'armaiuoli, che seppero produrre spade di tempra maravigliosa, divenute poi famose in tutto il mondo: ancor oggi la vera lama damaschina, benchè gli Arabi più non sappiano fabbricarle, supera di fama tutte le altre. In Arabia, ai tempi di Maometto, erano specialmente famose le spade al-Mašrafiyyah, confezionate negli al-Mašārif al-Šām, o altipiani della Siria, nella regione di confine fra l'Arabia, la Palestina e la Siria. In quella parte d'Arabia, in cui sorse l'Islām, gli Arabi ignoravano l'arte di preparare il ferro e di fabbricare e temprare le armi, le quali erano perciò sia importate, sia lavorate, dai fabbri delle numerose comunità ebraiche del settentrione, presso le quali esistevano alcuni valentissimi fabbricanti d'armi (cfr. anche nel Machriq, III, 1900, 577-583, l'articolo di Yūsuf Efendi).

Nota 1. — Alla battaglia sanguinosa di al-Yamāmah nel 12. a. H., furono usate soltanto le spade: la mischia fu così accanita e a corpo a corpo, che non fu possibile adoprare nè lancie, nè freccie; « Riponemmo la nostra fede soltanto nelle spade » (Ḥubayš, fol. 12-v.).

§ 272. — (I cavalli). — Dacchè facciamo menzione dei mezzi offensivi usati dagli Arabi in guerra, non sarà inopportuno di accennare brevemente anche ai cavalli (faras) ed alla cavalleria (khayl) araba, che godono tuttora fama mondiale, e sui quali corrono nel pubblico molte notizie errate. In Europa abbiamo infatti molte illusioni su questo argomento, illusioni che sono divenute assiomi di verità. Si ritiene, per esempio, che l'Arabia sia la patria d'origine del cavallo. Invece il cavallo in Arabia è un animale importato — forse dall'Asia centrale — in tempi relativamente moderni. In Arabia il cavallo, se non amorosamente custodito dall'uomo, morirebbe di sete e di fame: egli vi fu sempre, come è oggi ancora, un animale di lusso ed una rarità.

Il paese d'origine del cavallo sono le steppe deserte dell'Asia centrale[1], dove ai tempi nostri il Prjewalsky fu il primo a scoprire la sopravvivenza di alcuni di quegli animali allo stato selvaggio. In età assai remote, il cavallo addomesticato fu introdotto nell'altipiano persiano, perchè i popoli iranici, riconosciuta la immensa utilità di quel nobile e generoso animale, ne intrapresero con passione l'allevamento; e grazie alla circostanza che le condizioni climatiche della Persia si rassomigliano molto a quelle dell'Asia centrale, l'animale vi prosperò immensamente. A partire dal 1000 avanti Cristo, la Persia divenne uno dei centri più importanti per l'allevamento equino, e sappiamo dalle iscrizioni assire che i re di Ninive importavano dalla Media i cavalli per la loro cavalleria, e avevano fissato leggi molto severe per regolare i pascoli e l'allevamento equino (cfr. Winckler, 217). Strano a dirsi: benchè l'uso del cavallo fosse molto diffuso già nell'ottavo secolo avanti Cristo in tutta l'Asia Anteriore, in Arabia si tardò molto ad importarlo (?): le sculture assire ritraggono gli Arabi dell'ottavo secolo avanti Cristo combattenti soltanto su cameli (cfr. Layard Niniveh, II, 396). È cosa ben nota che tanto il Vecchio Testamento, quanto l'antichità classica ignorano l'esistenza di cavalleria araba (cfr. Jacob Arab. Dicht., III, 73; Hehn, *Kulturpflanzen und Hausthiere*, VI Aufl. 28-29). La prima menzione di cavalleria saracenica compare nella seconda metà del IV secolo dell'Èra Volgare (l. c.): ciò dimostra che l'importazione del cavallo in Arabia è un evento recentissimo (cfr. Guidi Sed. Pop., 589-590, che tenta una spiegazione della parola faras). Fino ai tempi di Maometto, la Persia rimase sempre il grande centro di produzione equina, come è provato dalla fama paurosa della temuta cavalleria partica, e più tardi dalla grande importanza fiscale dell'allevamento equino sotto ai Sassanidi, e la estesissima coltura dell'erba medica (altro cespite considerevole del fisco sassanida), il foraggio dato di preferenza ai cavalli in tutto l'altipiano iranico ed in Mesopotamia (cfr. Nöldeke Perser, 244).

[Le armi, la scienza militare e le condizioni morali degli Arabi alla vigilia delle conquiste.]

Non è possibile estendersi molto su questo argomento, pur di grande rilievo. Dobbiamo soltanto aggiungere che gli Arabi non tardarono di poi a scoprire quanti fossero i vantaggi offerti dal cavallo per le imprese guerresche, e questo venne perciò allevato anche nell'inospite deserto arabico, non già come animale da lavoro, ma sibbene soltanto come animale di guerra, perchè aveva grandissimi vantaggi sopra l'incomodo, lento e disobbediente camelo. Come animale di fatica, il cavallo in Arabia è di gran lunga meno utile del camelo, perchè abbisogna di buon nutrimento, e soffre molto la sete, mentre il camelo può rimanere senza bere per molti giorni, anche portando carichi pesanti: nell'inverno può viaggiare parecchi giorni senza abbisognare di un sorso d'acqua. Il cavallo però, docile sempre alla mano del suo cavaliere, s'addestra agevolmente a compiere movimenti rapidi e complessi, e può essere utile ed efficacissimo in una mischia a corpo a corpo. Chi ha viaggiato nel deserto sa bene invece come il camelo, nonostante i suoi pregi, sia animale restio, capriccioso, privo di emulazione, ribelle alla volontà dell'uomo, facile ad impaurirsi, disobbediente, e pronto, se infastidito dal padrone, a

[Le armi, la scienza militare e le condizioni morali degli Arabi alla vigilia delle conquiste.]

gettarsi in terra, senza che nulla valga, più a smuoverlo (Doughty, II, 293; Jacob Arab. Dicht., III, 73). Quando gli Arabi scoprirono il pregio del cavallo per scopi militari, quanti poterono procurarselo, rinunziarono all'uso dei cameli in guerra, valendosi di questi come mezzo per giungere sul luogo di combattimento, e montando sul destriero quando arrivavano in cospetto del nemico.

Ai tempi di Maometto era già avvenuta questa trasformazione, e gli Arabi avevano già rinunziato in grande parte all'uso del camelo nelle battaglie campali. Ciò non vuol dire però che il camelo non venisse più adoprato, perchè le tradizioni sulla ribellione di umm Ziml (Tabari, I, 1901, lin. 16 e segg.; cfr. 11. a. H., § 153) durante l'anno 11. H., e la celebre battaglia del Camelo nel 36. a. H., stanno a dimostrare che, in alcuni casi, il camelo compariva ancora sui campi di battaglia. Mentre però gli Arabi antichi del VII e dell' VIII secolo avanti Cristo si battevano montati sui cameli, perchè armati allora soltanto d'archi e freccie, da nudi selvaggi ch'erano; più tardi, forse per l'introduzione in Arabia di armi più perfezionate come la spada, che può inferire sì gravi ferite agli animali, il camelo fu abbandonato, e gli Arabi presero la consuetudine di battersi piuttosto a piedi: così, per esempio, alla battaglia di Ḥunayn, i Musulmani improvvisamente aggrediti dai Hawāzin, smontarono tutti dai cameli e si gettarono nella mischia a piedi, brandendo le spade (cfr. 8. a. H., § 123; ivi però si menziona un portastendardo nemico, montato sopra un camelo di pelo rosso, che venne ucciso insieme con il suo padrone).

Nota 1. — L'anno scorso è uscito un libro del dotto archeologo inglese, prof. W. Ridgeway, sull'origine e l'influenza fisiologica del cavallo puro sangue (cfr. Elenco delle fonti *s. v.* Ridgeway). In questa opera gremita di molte e preziose notizie, il valente professore di Cambridge cerca di dimostrare che il cavallo arabo è il prodotto d'un incrocio del cavallo asiatico con quello libico, e adduce numerose notizie a conferma di tale asserto. Noi non abbiamo ad entrare nel merito di tale questione, tanto più che la detta pubblicazione ha suscitato vivissime polemiche tra gl'ippologi inglesi, sdegnati che l'arabo, il modello dei cavalli, sia un incrocio fortuito e non una razza distinta e superiore a tutte le altre. Egli ha però dimostrato, in modo abbastanza sicuro, da non temer confutazioni, come il cavallo sia penetrato in Asia Anteriore, e in particolar modo nell'Arabia, in età relativamente recente. Egli insiste con ragione che il cavallo non è indigeno in Arabia e non vi è mai esistito allo stato selvaggio (p. 201 e 207); osserva come gli Arabi dell'esercito di Serse non avessero cavalli ma solo cameli (p. 198-199; cfr. Erodoto, VII, 86). Gli Arabi vennero a conoscere ed allevare i cavalli soltanto dopo l'Èra di Cristo: onde giustamente si osserva (pag. 213), che l'adozione del cavallo dagli Arabi è « uno degli eventi di maggior rilievo nella storia del mondo », dacchè solo come cavalieri, e mai come semplici pedoni, avrebbero essi mai potuto compiere le grandi conquiste. In questo punto le sue conclusioni combinano perfettamente con le nostre. I nostri paragrafi sul cavallo in Arabia furono scritti prima che avessimo preso conoscenza dei lavori del Ridgeway, e siamo venuti ambedue per vie diverse all'identica affermazione.

Nota 2. — Abbiamo è vero in *Giobbe*, XXXIX, 19-25, la magnifica descrizione del cavallo, e sappiamo che Giobbe era nativo di Uz, ossia Arabia Petraea. Ciò farebbe supporre che il cavallo fosse conosciuto in Arabia, ma nulla più: infatti Giobbo, « il più grande di tutti gli uomini d'Oriente » possedeva a migliaia pecore, cameli e bovi, e centinaia di asine, ma nemmeno un solo cavallo. Quindi possiamo dire che l'autore del *Libro di Giobbe*, anche se era nativo dell'Arabia Petraea, poteva aver *visto* molti cavalli nell'adiacente Palestina, o in Siria e in Babilonia, ma rimase fedele alla verità, descrivendo il più insigne abitante dell'Arabia Petraea come possessore nemmeno d'un cavallo, appunto perchè ivi non ve n'erano ancora (cfr. Ridgeway, 203-204).

[Le armi, la scienza militare e le condizioni morali degli Arabi alla vigilia delle conquiste.]

§ 273. — Le tradizioni sulle campagne di Maometto dimostrano che i cavalli erano, allora come oggi, una rarità, un lusso, che soltanto pochi potevano possedere: il prezzo, al quale gli Arabi li acquistavano anche dopo l'Islamismo, è un'altra prova della grande scarsezza e del poco uso dei cavalli in Arabia. Lo Sprenger ha calcolato (III, 140) che in media un cavallo si pagava 40 dīnār (ossia più di 500 lire), mentre il prezzo medio del camelo scendeva a soli 80 dirham (ossia circa 70 lire) (cfr. Guidi Sed. Pop., 589). Allora, come oggi, l'estrema aridità del deserto arabico e la scarsezza di pascoli idonei, rendevano l'esistenza del cavallo assai difficile e costosa: là dove il camelo vive rigogliosamente, anche senza l'assistenza dell'uomo, il cavallo morirebbe d'inedia e di sete (Doughty, II, 391). In Arabia quindi i cavalli sono sempre stati, e sono tuttora scarsissimi (cfr. Burckhardt Bed., 245-247). I cavalli hanno abbondato sempre nelle pianure relativamente feraci della Mesopotamia, lungo le rive dell'Eufrate e nei piani della Siria, perchè durante i mesi primaverili vi si trova un pascolo piuttosto copioso, ma già nel Nağd i cavalli incominciano ad essere più scarsi, e più scendiamo verso il mezzogiorno, più diventano rari. Nel Ḥiğāz e nelle circostanti regioni, i cavalli sono sempre stati pochissimi, perchè gli abitanti sedentari di quelle contrade non hanno mai avuto la consuetudine di tener cavalli. Il Burckhardt ha conservato memoria che il grande esercito di 25.000 guerrieri dell'Arabia centrale, il quale mosse contro gli Egiziani sotto Muḥammad 'Ali nel 1815, contava soltanto 500 cavalli (Burckhardt Bed., 248). Dal Doughty sappiamo che perfino nel Nağd meridionale una schiera di 800 Arabi aveva con sè sole 20 giumente (Doughty, II, 444). Tale scarsezza proviene dall'estrema difficoltà di nutrire i cavalli: il deserto non può mantenere quegli animali, i quali nell'estate in Arabia devono essere abbeverati perfino tre volte al giorno (Doughty, I, 261 e 262), e per la scarsezza e l'alto prezzo della biada, devono essere nutriti con datteri e perfino con carne cruda, bollita e arrostita (Burckhardt Bed., 255). Ma questi cibi costosi possono essere dati ai cavalli soltanto dai più ricchi abitanti dei paesi: i nomadi possono mantenere i loro destrieri soltanto con il latte, ed ogni cavallo di Beduino ha una o due camele, munte soltanto per esso, nè posseggono altro mezzo di sostentamento (Doughty, I, 261, ove si narra che tanto è l'affetto del Beduino per il suo destriero, che quando le camele ritornano dal pascolo, si munge prima per il cavallo e poi per la famiglia del padrone). In certe parti d'Arabia, nel Ḥadramawt, ai tempi di Marco Polo, i cavalli erano nutriti con pesci seccati al sole (Yule, II, 443).

[Le armi, la scienza militare e le condizioni morali degli Arabi alla vigilia delle conquiste].

Le tradizioni sulle campagne di Maometto rispecchiano le identiche condizioni riguardo al numero e l'uso dei cavalli, che noi troviamo nei racconti dei viaggiatori del XIX secolo. Alla battaglia di Badr, Maometto si mosse contro i Qurayš senza avere con sè un solo cavallo, ed i 305 Musulmani erano sì mal forniti di animali, che fra tutti non possedevano più di 70 cameli (cfr. 2. a. H., § 43). D'altra parte i mille guerrieri Qurayš, benchè appartenenti ad una stirpe assai facoltosa, avevano con loro soli cento cavalli, i quali però non sembra abbiano preso parte alcuna al combattimento: ciò che fa sospettare essere quella cifra pur molto esagerata (cfr. 2. a. H., § 38). Più tardi abbiamo notizia d'una scorreria di abū Sufyan alla testa di 200-400 cavalieri Qurayš, ma anche questi erano tutti montati soltanto su cameli (cfr. 2. a. H., 99). Fra i Musulmani si principia a parlare di *qualcuno* montato a cavallo solo nell'anno seguente (cfr. 3. a. H., § 6), segno evidente che le fortunate spedizioni del Profeta avevano incominciato ad arricchire i Compagni, oppure che qualche membro delle tribù nomadi dell'Arabia centrale era venuto ad arrolarsi sotto al Profeta, menando con sè qualche cavallo. Alla battaglia di Uḥud, su 3.000 Qurayš soli 200 erano montati a cavallo (cfr. 3. a. H., § 17). Dalla parte dei Musulmani non v'erano cavalli (come è confermato dalle fonti migliori cfr. 3. a. H., § 25, nota 2), e si menziona incidentalmente che il solo Profeta si recasse a cavallo incontro al nemico. Non ci sorprende quindi se la battaglia di Uḥud fosse perduta dai Musulmani, grazie sovrattutto alla carica di cavalleria, con la quale Khālid b. al-Walīd girò il fianco di Maometto e piombò alle spalle dei Musulmani (cfr. 3. a. H., § 37). Nonostante le lezioni crudeli di questa disfatta, l'anno seguente Maometto fece la terza spedizione di Badr con 1.500 uomini e soli dieci cavalli (cfr. 4. a. H., § 18), mentre i Qurayš avevano 2.000 uomini, ma anch'essi non più di 50 cavalli. Nell'anno seguente, alla spedizione di al-Muraysī', l'esercito di Maometto non contava ancora che 30 cavalieri nelle sue file (cfr. 5. a. H., § 8), il che sta a dimostrare le grandi difficoltà che incontrava il Profeta nel procurarsi questo istrumento sì efficace di aggressione.

All'assedio di Madīnah, quando erano riuniti 10.000 uomini contro Maometto, i Qurayš avevano potuto raccogliere soli 300 cavalieri, e si noti che questo piccolo corpo era fornito dai soli Qurayš, mentre i nomadi del Ḥiǵāz, accorsi sotto ai loro stendardi, si presentarono senza menare un solo cavallo (cfr. 5. a. H., §§ 23 e 24). I 3.000 Musulmani che difendevano la trincea, avevano anch'essi tanti pochi cavalli, che i cavalieri non osarono mai tentare una sortita, ma si tennero sempre dietro alla trincea per accorrere più prontamente ove maggiore fosse il pericolo. Durante la spedizione di al-Ḥudaybiyyah, la minuscola schiera di cavalieri Musulmani fu facilmente tenuta

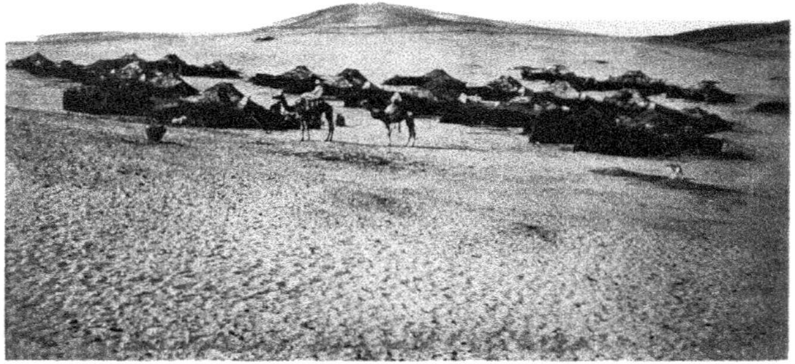

UN ACCAMPAMENTO DI BEDUINI

a bada dai 200 cavalieri Qurayš (cfr. 6. a. H., § 28): questa è la prima volta, in cui si fa menzione di un corpo di cavalleria musulmana, che deve però aver contato meno di cento uomini. Durante la spedizione di Khaybar, non si ha notizia di cavalleria, e sappiamo soltanto che alla divisione del bottino, duecento Musulmani, avendo condotto con loro alcuni cavalli, ebbero tre porzioni (cfr. 7. a. H., § 40). Siamo però informati, come durante uno dei combattimenti, il Profeta sorvegliasse e dirigesse la mischia montato sul suo destiero, al-Tirf (cfr. 7. a. H., § 20). Nel recarsi in pellegrinaggio a Makkah, in quello stesso anno, l'avanguardia musulmana era formata di soli cento cavalli (cfr. 7. a. H., § 69). Narrando la spedizione di Mū'tah, finita sì disastrosamente, i cronisti musulmani omettono di fare qualsiasi cenno di un corpo di cavalleria musulmana, mentre sappiamo che gli Arabi cristiani erano potentemente forniti di cavalli (cfr. 8. a. H., § 12), onde è lecito arguire che la disfatta di Zayd b. Ḥārithah fu principalmente dovuta alla numerosa cavalleria, con la quale gli ausiliari greci poterono assalire impetuosamente i Musulmani e fugarli facendone grande strage. Durante la spedizione, che portò alla conquista di Makkah, sembra che l'esercito musulmano, benchè contasse circa 10.000 uomini, non avesse, in proporzione, alcuna forza rilevante di cavalleria: si parla d'una avanguardia di 200 uomini, ma non si dice, se fossero cavalieri (cfr. 3. a. H., §§ 51 e 104). Si deve però osservare, che ove gli elenchi di al-Wāqidi possano essere accettati come veritieri, partendo da Makkah per assalire i Hawāzin, fra i 12.000 uomini se ne contavano già 980 montati su cavalli (cfr. 8. a. H., § 122 e nota 2), numero però probabilmente esagerato. Dopo tutte queste indicazioni minuziose da noi raccolte, possiamo affermare con sicurezza che le cifre date da al-Wāqidi, per la spedizione di Tabūk, alla quale avrebbero preso parte 30.000 Musulmani e 10.000 cavalli (cfr. 9. a. H., § 29), sono grossolanamente esagerate, dacchè sulla via che mena a Tabūk non esisteva forse alcun sito dove l'acqua fosse tanto abbondante da dissetare un esercito sì grande: difatti nelle tradizioni abbiamo parecchie memorie sulla sete sofferta dai Musulmani durante il viaggio di ritorno a Madīnah (9. a. H., §§ 42 e segg.). Questi numeri sono poi in aperto contrasto con i ragguagli anche essi esagerati, delle tradizioni sulla conquista della Siria: alla grande battaglia campale dal Yarmūk, che decise le sorti della Siria, i Musulmani, dicono le tradizioni, contavano soli 27,000 uomini, ed anche tal cifra è certamente errata ed esagerata.

[**Le armi, la scienza militare e le condizioni morali degli Arabi alla vigilia delle conquiste.**]

§ 274. — A questi appunti non sarà forse inutile aggiungere che Maometto, l'uomo più celebre di tutti i tempi in Arabia, non aveva passione alcuna per il cavallo: forse perchè apparteneva, o almeno era stato educato ed allevato fra i mercanti di Makkah, non ebbe mai passione alcuna per giuochi virili, o

[Le armi, la scienza militare e le condizioni morali degli Arabi alla vigilia delle conquiste.]

esercizi che richiedono grandi e veloci sforzi muscolari. Forse anche a questa ripugnanza contribuì precipuamente la sua natura di uomo sempre assorto nei suoi pensieri religiosi, politici e sociali: ovvero egli può aver stimato non dignitoso per un uomo ispirato da Dio il mostrarsi in attitudini, che non ispirassero un senso di timore e di rispetto, ed aver creduto perciò più decoroso assumere un contegno tranquillo e severo. Egli non aveva natura gioviale, ma sibbene una spiccata tendenza a gravità di discorso, a tranquillità di movimenti, ed a moderazione studiata in tutti i suoi atti pubblici. Perciò vediamo, dalle tradizioni da noi raccolte nelle dieci precedenti annate, che l'animale da lui costantemente preferito fu sempre il camelo, le mosse lente e pompose del quale meglio convenivano alla suprema dignità delle sue funzioni profetiche.

Sappiamo però che, quando girava per le sue faccende fra i vari quartieri di Madīnah, alcuni dei quali erano molto discosti l'uno dall'altro, egli prediligeva un modesto e tranquillo asinello (cfr. 3. a. H., § 19). Ben raramente si mostrava a cavallo, anzi ci consta che solamente in due circostanze storiche egli si servisse d'un cavallo; e precisamente durante operazioni militari di sommo rilievo, da noi già menzionate nel precedente paragrafo. Egli deve però essersi servito di cavalli anche in qualche altra circostanza non menzionata dalle tradizioni, non solo perchè sappiamo che possedeva vari cavalli (cfr. 10. a. H., § 144, no. 1), ma anche perchè sappiamo come una volta un cavallo lo gettasse sì malamente in terra da scorticargli il fianco, e da costringerlo a rimanere parecchi giorni senza poter eseguire le preghiere con i prosternamenti di rito (cfr. 5. a. H., § 58). Questa notizia rivela però anche come il Profeta non fosse un buon cavalcatore, e dopo la detta caduta, deve aver avuto più d'una buona ragione per non arrischiarsi di nuovo sopra un destriero e rendersi nuovamente ridicolo dinanzi ai Compagni.

§ 274A. — Rimane così sufficientemente dimostrato che, quando circostanze, quali avremo a descrivere in seguito, lanciarono gli Arabi alla conquista dell'Asia, solo una minoranza degl'invasori era montata su cavalli: in realtà benchè gli Arabi fossero, teoricamente almeno, amantissimi dei cavalli, praticamente però ben pochi avevano i mezzi per soddisfare tale sentimento. Tutte le tradizioni attribuite al Profeta sui pregi del cavallo, tutti i consigli di trattare bene il generoso compagno dell'uomo, messi in bocca a Maometto (cfr. Damīri, I, 259, lin. 9 e segg.; II, 168-169; 'Iqd, I, 57 e segg.; Freytag, 246), sono molto probabilmente invenzioni di tempi posteriori, quando per l'influenza degli Arabi nomadi, di cui erano composti intieramente gli eserciti dell'Islām, e per quella dei Persiani, grandi cultori ed allevatori di cavalli, ed appassionati amatori di giuochi equestri, si diffuse in tutte le classi colte e ricche dell' impero 'Abbasida l'amore del cavallo e la passione del cavalcare. Gli Arabi infatti divennero grandi allevatori e possessori di cavalli soltanto quando ebbero conquistato l'impero Persiano, che è la vera culla dell'allevamento equino. Tutte le notizie che abbiamo nei secoli successivi riguardo alla passione dei cavalli, ai giuochi equestri ed alle caccie a cavallo, portano traccie innegabili di fortissime influenze persiane: in Persia, fin dai tempi più remoti, la passione per i giuochi a cavallo è stata, ed è ancora, la più intensa e diffusa, come provano fra altro le innumerevoli miniature nei codici di poeti persiani e indiani. Anche oggidì la Persia ha conservato questo suo carattere speciale, e come in Arabia si vive sul camelo, così nello Irān si vive a cavallo. I guerrieri e camelieri Arabi si tramutarono in quei valenti cavalieri tanto rinomati in Asia, solo quando ebbero conquistato i centri equini più importanti dell'Asia Anteriore, la Mesopotamia e l'Irān. Si può dire con sicurezza che la cavalleria dei Califfi fosse montata, per la massima parte, su cavalli di sangue persiano: i cavalli arabi puro sangue furono sempre nel passato, come oggi, una rarità preziosa ed assai stimata (1).

[Le armi, la scienza militare e le condizioni morali degli Arabi alla vigilia delle conquiste.]

NOTA 1. — Mette il conto di osservare come il possesso di un cavallo in tutte le spedizioni di Maometto desse il diritto a tre porzioni del bottino (una per il proprietario e due per il cavallo. Cfr. 5. a. H., § 52; 7. a. H., § 40; 8. a. H., § 170; Yahya, 26, lin. 15; Yūsuf, 10, lin. 25 e segg.). Il motivo addotto dai tradizionisti per spiegare tale preferenza verso i cavalieri, è che il Profeta volesse con ciò incoraggire i seguaci a far uso di cavalli nella guerra santa (Yūsuf, 11, lin. 11); ma la vera ragione deve essere stata la molto maggiore spesa, che incontrava il cavaliere nel mantenere il suo destiero, e la necessità quindi di retribuirlo in una misura maggiore che non il semplice pedone: donde si ritrae il calcolo approssimativo, che il mantenimento di un cavallo equivaleva al costo di due uomini a piedi.

§ 275. — (Armi difensive). — Su questo argomento basteranno poche parole. In generale gli Arabi erano troppo poveri da potersi dare il lusso di una pesante armatura, mentre il loro spirito ardito ed avventuroso li sospingeva ad affrontare molti pericoli con grande audacia, se v'era speranza di lauta ricompensa. Rarissima è la menzione di uno scudo (turs) e di un elmo (baydah). È noto però che in Arabia esisteva l'uso di corazze, giachi, o cotte (dir'), per lo più fatte di cuoio e ricoperte con una maglia di piccoli anelli di ferro (ḥalaq, ḥaršaf), e quei pochi fortunati che ne possedevano, le tenevano ben di conto: nell'Arabia meridionale se ne fabbricavano di grande lusso (cfr. Jacob Arab. Dicht., III, 135-136; Schwarzlose, 322 e segg.; Zaydān, I, 139-140). Nel corso degli Annali, abbiamo avuto ripetutamente occasione di notare l'uso fatto da Maometto e dai suoi seguaci di questo mezzo efficace di difesa. Nell'enumerazione degli oggetti predati ai nemici (in ispecie agli Ebrei, fabbricanti di esse), le corazze occupano sempre uno dei posti di onore, e molte volte abbiamo avuto indicazioni precise del numero degli armati muniti di lorica. Da ciò impariamo, che quel mezzo di difesa con-

[Le armi, la scienza militare e le condizioni morali degli Arabi alla vigilia delle conquiste.]

feriva una certa distinzione a chi ne era in possesso, e che le corazze erano, non solo nelle file dei Musulmani, ma anche nel resto d'Arabia, oggetti rari e pregiati.

Nelle tradizioni su Maometto leggiamo che non solo alcuni Compagni, come, per esempio, 'Ali (cfr. 2. a. H., § 17), possedevano corazze famose, ma che anche il Profeta, in alcune memorabili circostanze, amava di far uso di quel comodo mezzo di difesa personale. Alla battaglia di Uhud, per esempio, si dice che Maometto indossasse due corazze, sovrapponendo l'una all'altra (cfr. Wāqidi Wellhausen, 108), e dalla descrizione delle ferite, che egli ricevette in quella circostanza, appuriamo altresì come egli facesse uso di un elmo. Non ci consta però quanto fosse realmente diffuso l'uso delle corazze e degli elmi nelle schiere riunite da Maometto: tutto porta però a credere che fosse sempre molto limitato. È probabile che la estrema povertà della maggioranza degli Arabi, e il disprezzo che avevano per tutti i mestieri, cooperassero a rendere quelle armi oggetti di lusso, e privilegio di pochi fortunati.

Gli Arabi nomadi del centro d'Arabia, quelli cioè, che formavano la maggioranza degli eserciti conquistatori dell'Asia, erano soltanto pastori, guerrieri o predoni: l'unica arte conosciuta fra loro era la fabbricazione di rozzi tessuti che erano anche fatti soltanto dalle donne con il pelo delle capre e dei cameli (wabar). Per gli Arabi tutti i mestieri manuali erano indegni del guerriero, e soltanto le donne e gli schiavi potevano o dovevano occuparsi di simili cose. Tutte le armi quindi erano nell'Arabia centrale importate dal di fuori o fabbricate dalle industriose tribù ebraiche del settentrione.

§ 276. — Dal contesto delle tradizioni risulta evidente che una delle preoccupazioni maggiori del Profeta fu sempre quella di procurarsi le armi necessarie per i suoi seguaci. Ciò si ritrae non solo dal posto d'onore che hanno le armi di tutte le specie negli elenchi del bottino, ma anche dal fatto ammesso dalle fonti, che il Profeta dedicasse una parte cospicua del così detto quinto di Dio, e delle sue rendite private, all'acquisto di armi, di cui egli e in genere tutti gli Arabi occidentali grandemente difettavano. Tipiche a questo riguardo sono le tradizioni su 'Ukkāšah b. Miḥsan alla battaglia di Badr, dalle quali par si possa desumere, sfrondando gli elementi maravigliosi, che alcuni Musulmani debbono essersi battuti con grossi bastoni, in mancanza di spade (cfr. 2. a. H., § 62). Le tradizioni di Sayf b. 'Umar sul meschino armamento degli Arabi alla battaglia di al-Qādisiyyah, nel 15. a. H., benchè rivestite e travisate dalle solite esagerazioni orientali, contengono memorie d'un tempo anteriore alle conquiste, nel quale gli Arabi erano miseramente armati, e perciò, sotto questo riguardo, in una condizione di sensibile inferiorità rispetto ai Greci ed ai Persiani.

§ 277. — Si cadrebbe però in errore se si credesse che la penuria di armi fosse comune a tutte le tribù della penisola. Gli Arabi che vivevano lungo il confine sirio, protetti e sussidiati dal governo bizantino, gli altri che abitavano le rive del Golfo Persico, grande emporio d'importazione d'armi indiane, le tribù stanziate lungo il confine persiano, un tempo stipendiate e protette dal governo sassanida, e in fine gli abitanti del Yaman, centro antichissimo di civiltà, d'industrie e di arti, si trovavano in condizioni di fortuna assai migliori dei loro connazionali nel centro e nell'occidente della penisola, e perciò dovevano essere anche molto meglio armati. Nell'Arabia settentrionale, nelle vicinanze di Damasco, fioriva, come già si disse, una celebre industria di ottime spade, chiamate al-Mašrafiyyah, perchè fabbricate negli al-Mašārif al-Šām, o altipiani desertici della Siria. Gli Ebrei di tutte le comunità israelitiche del settentrione erano valenti artefici, armaiuoli ed orefici, e Maometto, avendo bisogno di armare un popolo che aborriva dai mestieri, trovò nella spoliazione delle comunità ebraiche un mezzo efficace e comodo a provvedere di armi i suoi seguaci. Nel Yaman, dove abbondavano le città, e dove nell'altipiano centrale la popolazione era in maggioranza agricola e sedentaria, fiorivano molte industrie, lavoravansi i metalli, si fabbricavano armi e si preparavano le due produzioni più celebri e più stimate d'Arabia, i corami e le stoffe striate a colori, di cui sì spesso v'è anche menzione nelle notizie sul Profeta. Nelle tribù infine della frontiera settentrionale dovevano essere diffuse, oltre a vari costumi ed alla fede dei popoli vicini, anche le armi e qualche elemento di scienza militare più perfezionata.

[Le armi, la scienza militare e le condizioni morali degli Arabi alla vigilia delle conquiste.]

Queste tribù viventi alla periferia della penisola non ebbero parte alcuna nei primi progressi della teocrazia musulmana, e le osservazioni da noi precedentemente raccolte, si riferiscono soltanto a quel gruppo numeroso di tribù, che viveva immerso ancora nella sua barbarie, circondato da ogni parte da queste tendenze civilizzatrici, e nel quale soltanto fu sensibile l'opera riformatrice del Profeta.

Questi, consapevole della sua inferiorità militare, appena con le prime vittorie potè accumulare i mezzi sufficienti, rivolse assiduamente le sue cure a supplire alle deficienze militari delle proprie genti. Con la presa di Khaybar, e con la sottomissione di Fadak, di Taymā e del Wādi al-Qura, il Profeta si trovò in possesso d'una fortuna ingente, forse la più grande che mai possedesse un capo dell'Arabia centrale. Si vuole che egli dedicasse queste rendite al sostentamento dei poveri, degli orfani e dei viaggiatori: noi dobbiamo intendere queste espressioni come eufemismi tradizionistici per designare i miseri avventurieri e predoni, i proscritti ed i senza patria, che accorrevano ad arrolarsi sotto al fortunato teocrate di Madīnah. Non v'è dubbio che il Profeta

[**Le armi, la scienza militare e le condizioni morali degli Arabi alla vigilia delle conquiste.**]

provvedesse, non solo al loro sostentamento, ma anche ad armarli, e che a quest'ultimo scopo venissero dedicate somme molto considerevoli.

Abbiamo perciò molte e buone ragioni per credere che, alla morte di Maometto, le milizie musulmane non fossero più manipoli di laceri predoni sprovvisti di tutto, ma schiere relativamente bene armate, e tali da potersi misurare, con buona speranza di vittoria, contro tutti i nemici. Su questi ultimi, i Musulmani avevano poi molti e decisivi vantaggi morali che esamineremo fra breve, dovuti in parte alle condizioni della loro esistenza, ed in parte alla lunga e severa preparazione militare imposta dal Profeta: perciò, nei primi tempi delle conquiste, quella inferiorità ancora sensibile negli Arabi rispetto ai Greci ed ai Sassanidi, in ciò che riguarda le armi, fu di assai breve durata e di niuna importanza effettiva nella decisione della vittoria.

§ 278. — (L'arte militare degli Arabi). — Dopo questa breve ed incompleta descrizione delle armi e dei mezzi materiali di cui disponevano i Musulmani al momento di varcare i confini, rimane a dire qualcosa sulla strategia e sull'arte di combattere degli Arabi antichi. Sotto questo rispetto nessuno può negare che, teoricamente almeno, gli Arabi si dovessero trovare in condizioni di grandissima inferiorità di fronte agli eserciti greci e sassanidi, presso i quali da secoli esistevano scuole rinomate di arte militare, retaggio di tutte le civiltà antiche dell'Asia e della potenza militare di Roma. La scienza di muovere grandi masse di uomini sui campi di battaglia, come pezzi sopra uno schacchiere, era molto studiata, e corredata da esperienze innumerevoli raccolte durante le guerre secolari, di cui la Siria, la valle dell'Eufrate e del Tigri erano state, fin dai tempi più remoti, l'agone preferito.

Dobbiamo assolutamente escludere da questo cenno sommario qualunque esame, pur superficiale, dell'organamento militare dei Greci e dei Persiani; perchè questo ci menerebbe troppo lungi dallo scopo immediato della presente digressione. Noi faremo soltanto una breve analisi dell'arte militare degli Arabi antichi, ammettendo che il lettore abbia, se non da altro, almeno da quanto è narrato nelle due precedenti disgressioni sui Sassanidi e sui Bizantini, un concetto approssimativo degli antichi e perfezionati ordinamenti militari di quei due Imperi.

Chi avrà avuto la pazienza di percorrere tutte le tradizioni da noi raccolte finora nei due volumi dell'opera presente, avrà anche facilmente compreso come, presso gli Arabi, l'arte complessa e rischiosa di guidare uomini armati sopra un campo di battaglia e di conseguire una vittoria, fosse ancora nella sua infanzia, e come fra la scienza militare degli Arabi e quella dei loro potenti avversari dovesse esistere un profondo divario. Presso gli Arabi, si può dire, non esisteva veruna scienza militare, per la semplice ragione che in Arabia, a memoria d'uomo, non era mai esistito un esercito. Tutti, è vero, erano guerrieri: nel momento del pericolo tutti gli adulti pigliavano le armi: e questo specialmente nel caso in cui si trattasse di difendere i propri beni dalle razzie dei vicini. Sì bellicosa era allora la natura araba, che nessuno sottraevasi a quest'obbligo: gli uomini vivevano nel deserto, si può dire, armati notte e dì; in tutti era comune una sete inestinguibile di fama e di bottino, e la passione, ingenita in tutti, di menare le mani, trovava poi un incentivo affatto particolare, quando improvviso sorgeva il pericolo di perdere tutti i propri beni, o si trattava di vendicare un misfatto, un consanguineo ucciso, o di ricuperare la propria roba predata da altri (Jacob Arab. Dicht., III, 121-131).

[Le armi, la scienza militare e le condizioni morali degli Arabi alla vigilia delle conquiste.]

Mancava però del tutto ogni traccia di organizzazione militare nel senso inteso da noi: vale a dire che altro non esisteva, se non un obbligo morale, creato dalla consuetudine, di prendere al bisogno le armi e lottare nei frangenti con la propria famiglia o tribù; ma l'Arabo non si batteva mai per un ordine avuto. La sua partecipazione era sempre e soltanto volontaria: nessuno poteva impedirgli di rimanere a casa, se non aveva la voglia o il coraggio di battersi. Tutti temevano solo una cosa: lo scherno dei compagni o la satira del poeta, che rendessero imperitura la memoria della sua viltà.

Le schiere di armati, che si adunavano in ogni gruppo di famiglie, non avevano dunque in realtà alcuna formazione organica, essendo composte di soli volontari, l'unico vincolo dei quali era quello del sangue e degli interessi comuni. Se consideriamo come la maggior parte della penisola fosse coperta di queste tribù, tutte unità staccate, prive tra loro di qualsiasi legame, ognuno potrà rendersi conto come in Arabia antica (tra i nomadi) non solo non esistesse una scienza militare, ma come questa non potesse mai nascere, finchè le condizioni politiche di perenne anarchia non fossero venute meno. Abbiamo notizia, è vero, di confederazioni di tribù, create con il vincolo antichissimo del ḥilf, o giuramento, ma sul valore pratico di queste unioni v'era da fare ben poco conto. Gli obblighi imposti da quei patti erano molto elastici, e se la maggioranza di una tribù non stimava esser suo interesse di mantenerli, con arabica volubilità e malafede, mancavano agli obblighi assunti.

Citeremo due esempi: i Ghaṭafān strinsero un patto di alleanza offensiva e difensiva con gli Ebrei di Khaybar, ma poi, o ingannati o sedotti dal Profeta, non solo non aiutarono i Khaybaresi, ma si ebbero perfino una parte del bottino preso dai Musulmani (cfr. 7. a. H., § 12). I Qurayš avevano pure un certo numero di tribù nomadi alleate, chiamate Aḥābīš: queste però servirono sì male i Makkani durante i fatti di al-Ḥudaybiyyah (cfr. 6. a. H.,

[Le armi, la scienza militare e le condizioni morali degli Arabi alla vigilia delle conquiste.]

§ 30), che la loro velata defezione permise a Maometto di strappare ai suoi avversari il celebre trattato: due anni dopo, quando il Profeta mosse alla conquista di Makkah, nessuno degli Aḥābīš venne in soccorso dei Qurayš: essi non sono nemmeno menzionati (1).

Nota 1. — Fra le tribù dipendenti dall'impero Bizantino, e in parte tra quelle sul confine persiano, esisteva forse un certo ordinamento militare, creato dalle continue guerre fra la Persia e l'Impero. Tra i Ḥanīfah nella Yamāmah, e forse anche nel Baḥrayn e nell' 'Umān, si possono per avventura scorgere, leggendo fra le righe delle tradizioni musulmane, i primi elementi di un'organizzazione politica e militare. Questi indizi sono però molto vaghi, e per di più non c'interessano direttamente, perchè l'Islām militante e conquistatore iniziò i suoi trionfi con le sole tribù nomadi del centro e dell'occidente della penisola, ove, prima di Maometto, regnava il caos più completo.

§ 279. — Date queste condizioni di fatto, non v'è da parlare nell'Arabia pagana, nè di eserciti propriamente detti, nè di scienza militare. Tutto al più possiamo parlare di *consuetudini* bellicose e marziali create dalle condizioni del paese e dalla natura primitiva dei rapporti fra tribù e tribù. Se talvolta, in casi addirittura eccezionali, si formava ciò che noi potremmo chiamare un esercito, come per esempio, quello dei confederati dei Qurayš, che mosse all'assedio di Madīnah, e che si dice ammontasse a 10.000 uomini: trattavasi sempre di un corpo di volontari, un'accozzaglia cioè di unità staccate, nettamente distinte fra loro, prive di qualsiasi coesione: ogni frazione si batteva a modo suo, andava ad attendarsi ove più le piaceva, e perfino — come si vede nelle tradizioni sull'assedio — si asteneva dal battersi con il nemico. A un certo momento, ognuna di queste frazioni, senza attendere verun ordine superiore, ripiegava le proprie tende, caricava i bagagli e se ne andava, senza darsi il menomo pensiero degli altri. È noto come spontaneamente e precipitosamente, si dissolvesse in una notte l'esercito confederato dinanzi alla trincea di Madīnah (cfr. 5. a. H., §§ 38-40). La unione di tante forze era impresa assai ardua e delicata per l'incredibile suscettibilità, le eterne gelosie, lo smisurato orgoglio e la volubilità di tutti quei guerrieri, intolleranti di ogni autorità e di ogni disciplina, e fra i quali una parola imprudente poteva in un attimo suscitare un incendio. In quelle unioni precarie nessuno poteva dare la parola del comando: ogni decisione doveva essere presa in adunanze dei capi, adunanze nelle quali le deliberazioni della maggioranza non vincolavano la libertà della minoranza: ogni capo doveva poi, a sua volta, tenere una riunione dei suoi consanguinei e persuaderli con i suoi discorsi prima di poter ottenere un'adesione alle deliberazioni prese nel consiglio maggiore. Lo stesso Maometto, che pur tanto accentrò nelle sue mani il potere sui seguaci, non potè spezzare questa vetusta consuetudine, e per esempio, durante i negoziati di al-Ḥudaybiyyah, dovè trattare con i Qurayš al cospetto di tutti i seguaci (cfr. 6. a. H., §§ 34 e segg.), e solo a stento gli fu possibile d'imporre la sua volontà. L'indipendenza delle varie frazioni, anche quelle unite fra loro da stretti vincoli di sangue, e non dai patti opportunistici del tahāluf, è dimostrata anche dagli incidenti avvenuti durante l'avanzarsi dei Qurayš su Badr, quando alcune tribù, dopo un tratto di cammino, improvvisamente si ritrassero e tornarono a casa (cfr. 2. a. H., §§ 39 e 51).

[**Le armi, la scienza militare e le condizioni morali degli Arabi alla vigilia delle conquiste.**]

§ 280. — Dobbiamo forse maravigliarci se, date queste condizioni, non esistesse in Arabia una scienza della guerra, dacchè, nonostante i continui conflitti fratricidi, le vere battaglie fra grandi gruppi di armati furono sempre eccezioni? Abbiamo, è vero, menzione nelle tradizioni sull'Arabia pagana, di storiche battaglie combattute fra grandi gruppi di tribù, le così dette " giornate degli uomini " o ayyām al-nās, di cui ibn al-Athīr (Athīr, I, 267 e segg.) e ibn 'Abdrabbihi ('Iqd, III, 60 e segg.), per non parlare d'altri scrittori, dànno non poche notizie: bisogna però diffidare molto del contenuto letterale di quei racconti, accomodati da tradizionisti posteriori, ignari delle vere condizioni dell'Arabia antica. Le *battaglie* erano, tranne casi rarissimi, come quella di Dzū Qār, soltanto scaramuccie scapigliate, nelle quali non si osservava alcun ordinamento preciso, e che consistevano realmente nel cozzo di piccoli gruppi, o in duelli fra guerrieri. Generalmente però tutti i combattimenti erano delle sorprese: una tribù piombava improvvisamente sopra un campo nemico, massacrava gli uomini che non riuscivano a fuggire, talvolta infieriva anche contro le donne con raccapricciante ferocia, e infine portavasi via le fanciulle e le donne più belle, i bambini ed il bestiame. Allora la tribù decimata faceva appello alle altre consanguinee e confederate, e avuti i soccorsi, alla prima occasione favorevole, piombava a sua volta sopra un campo degli avversari allo stesso modo degli altri, e prendeva feroce vendetta dei danni sofferti, rincarando, se era possibile, la dose. Lo stesso modo di guerreggiare dura tuttora in Arabia, e se ne può leggere la vivace descrizione nelle pagine del Doughty (II, 428-432, 444-450) e del Dissard (*Les migrations et les vicissitudes de la tribu des 'Amer*, nella *Revue Biblique*, Juillet 1905, 410-425), nelle quali par quasi di vedere rievocate le scene della Ǵābiliyyah: sorprese di attendamenti nomadi, duelli, donne sfregiate e uccise a colpi di lancia dopo aver visto morire dinanzi agli occhi i propri pargoletti, tutti gli orrori insomma di quella barbarie, a cui Maometto cercò, quantunque a modo suo, di por fine. Anche a Ḥunayn, nonostante i divieti del Profeta, furono uccise alcune donne " e la gente accorse a mirarne i cadaveri! " (1). Nè i colpevoli furono puniti (cfr. 8. a. H., § 126).

NOTA 1. — Le sanguinose sevizie contro le donne inermi, uno dei più truci ed orribili aspetti della società araba antica, erano purtroppo molto comuni. La consuetudine rimase a lungo in vigore e le notizie raccapriccianti che troviamo sulle guerre fra i *Cristiani* (!) Taghlib alla fine del I secolo della Higrah, quando dall'una e dall'altra parte vennero regolarmente sventrate tutte le donne gravide (Athīr, IV, 256, lin. 1, ecc.; Lammens, *Un poète royal*, 49 e segg.), fanno davvero rabbrividire. Purtroppo l'uso perdura ancora in Arabia, e chi vuol persuadersene, legga le pagine del Doughty (l. c.) sulle

[**Le armi, la scienza militare e le condizioni morali degli Arabi alla vigilia delle conquiste.**]

guerre fra gli Aneyzah ed i Qaḥṭān. Fra tanti orrori merita anche menzione un incidente comico, narrato dal medesimo autore, perchè è una prova come la vita travagliata e pericolosa del deserto acuisca l'intelligenza ed educhi lo spirito a trovare ingegnosi ed immediati ripieghi, là ove il molle abitante d'una città soccomberebbe come una pecora al macello. Mentre gli Arabi irrompono sul campo, una donna, per salvare il peculio del marito assente, afferra un'otre piena d'acqua, vi getta dentro tutto il metallo prezioso del marito, ne chiude la bocca, e dopo essersi spogliata intieramente nuda, fugge gridando, con l'otre sulle spalle, nel deserto. I nemici la vedono, alcuni vorrebbero fermarla, ma immaginando che essa sia ridotta in quello stato, perchè già predata dai compagni, la lasciano passare con l'otre, per non esporla alla morte per sete nel deserto.

§ 281. — A siffatto stato di cose il Profeta tentò di provvedere, e non v'è dubbio che egli, benchè non fosse per natura un guerriero, vi apportò profonde modificazioni, che sopravvissero a lungo alla sua morte. Maometto non fu un generale, nè un fatuato di cose militari; ci consta perfino che, quando era possibile, preferiva tenersi al sicuro dietro le file dei suoi (cfr. 2. a. H., § 58): soltanto a Uḥud, travolto nel disastro, *dovè* battersi come gli altri per dare il buon esempio (cfr. 3. a. H., §§ 38-42), ma le esperienze avute non furono piacevoli, e contribuirono più che mai a ringagliardire la sua istintiva ripugnanza a menare in persona le mani. In tutti gli eventi successivi, egli tenne sempre un contegno prudente, e mai più si avventurò fra i combattenti. È un fatto strano che il fondatore di una delle più potenti teocrazie militari di tutta la storia non fosse un guerriero; ma così fu, perchè Maometto considerò la guerra come mezzo per arrivare ad un fine, e mai come uno scopo in sè. Quando, presa Makkah, e vinti i Hawāzin, disponeva del più potente esercito che fosse mai esistito in Arabia, ed avrebbe potuto vittoriosamente imporre l'Islām a tutta la penisola e farne un immenso regno, egli preferì ritirarsi tranquillo e pacifico nel suo cantuccio in Madīnah, e diremo quasi trastullarsi in intricati maneggi diplomatici. Se pur lanciò ancora qua e là qualche piccola spedizione, lo fece soltanto per affermare il prestigio delle sue armi, contenere i vicini pericolosi e dare sfogo agli elementi più insubordinati dell'Islām, che non erano venuti a Madīnah e non avevano abbracciato la nuova fede per fare una vita da pacifici cittadini.

Nonpertanto è indubitato che questo maraviglioso seduttore di uomini, pur di raggiungere il suo scopo, rivolse nel periodo Madinese assai più cure a costituire fra i seguaci un forte ordinamento militare e sociale, e inculcare la disciplina e l'obbedienza, che non a svolgere e perfezionare i lati morali e religiosi della sua dottrina. In tal modo l'attività sua segnò un grande progresso nell'arte della guerra presso gli Arabi. Alla sua morte le tribù rimaste fedeli alla nuova fede si erano assuefatte agli ordinamenti militari e mostraronsi assai più docili al comando di un solo, di quelle che mai fossero state nel passato. Benchè divise ancora per gruppi in rapporto ai vincoli reali o fittizi di sangue sotto capi propri, le tribù eransi oramai assuefatte a riconoscere l'autorità di un capo anche estraneo, e si erano rassegnate a rispettare ed-obbedire le ordinanze disciplinari dei generali nominati dal Profeta. Fu questo primo nucleo, forte e compatto, che rese possibile il trionfo della teocrazia madinese sulle tribù discordi dell'Arabia centrale nell'11. e 12. a. H., e preparò la via delle grandi conquiste: grazie ad esso balenò alfine alla mente degli Arabi tutti, come i vantaggi offerti dall'Islām compensassero ampiamente le odiose imposizioni fiscali e rituali, che — quantunque in realtà, ed in principio, soltanto nominalmente — la nuova fede esigeva. Le tribù più restie piegarono il capo e le virtù marziali, e la straordinaria intelligenza di quel popolo sì riccamente dotato dalla natura, riunite tutte in un fascio solo, sospinte tutte verso un solo scopo comune, si rivelarono di sì sorprendente efficacia da far maravigliare il mondo. [Le armi, la scienza militare e le condizioni morali degli Arabi alla vigilia delle conquiste.]

§ 282. — Oltre alla coscienza d'una unità superiore ai primitivi vincoli di sola consanguineità, oltre all'assuefazione ai doveri della disciplina e dell'obbedienza ai capi, quali altre novità, quali perfezionamenti nella scienza militare possiamo noi attribuire al Profeta, che ci spieghino la lunga serie di grandi vittorie sui veterani di Bisanzio e della Persia?

La risposta non è facile per mancanza di ragguagli precisi. Anche se il Profeta non avesse perfezionato in alcun modo le consuetudini di guerra, potremmo dire, che egli, solamente con l'unione concorde di tante forze, e con l'insegnamento della disciplina, si era già foggiata, nell'anarchia araba, un'arma che, pur senz'altro perfezionamento, doveva di necessità riuscire formidabile e forse anche invincibile, entro i confini della penisola. Ma egli fece certamente anche di più, ed introdusse alcune innovazioni militari, che segnarono un vero progresso nell'arte del combattere. A Badr, per esempio, egli dispose i suoi in righe serrate, e volle che fossero sì bene allineati, che ne percorse in persona la prima fila, e battè con una freccia che aveva in mano, le pancie di quelli che sporgevano troppo. Questa disposizione nuova, o almeno inusitata in Arabia, gli procurò grandi vantaggi: sicchè quando al segnale convenuto i Compagni si gettarono in un gruppo compatto sul nemico tre volte più numeroso, ottennero una facile vittoria. Al combattimento di Uḥud sembra che egli agisse nello stesso modo, e pare che di nuovo i suoi ordinamenti perfezionati gli procurassero in principio la vittoria. In questa circostanza, egli aveva anche disposto sagacemente un gruppo di arcieri che gli proteggesse le spalle contro la cavalleria nemica: sia però che gli arcieri disobbedissero agli ordini avuti, sia che le schiere musulmane, incalzando i Qurayš fuggenti, si allontanassero troppo dal monte, l'energico e audace Khālid b. al-Walīd, che comandava la cavalleria qurašita, scoprì il punto debole dei Musulmani, girò loro le spalle e li disperse. Non è nemmeno improbabile che la fuga dei pedoni qurašiti sia stata finta, ossia uno stratagemma dello

[Le armi, la scienza militare e le condizioni morali degli Arabi alla vigilia delle conquiste.]

stesso Khālid per attirare Maometto lungi dalla sua forte posizione sulle pendici di Uḥud e trascinarlo nel piano, ove i Qurayš con la cavalleria avevano un grande vantaggio. Se la tradizione non menziona l'inganno, ciò non significa nulla: non era decoroso per l'Islām il conservare memoria di un errore gravissimo, in cui era caduto Maometto: anche perciò si è gettata tutta la colpa del disastro sugli arcieri.

La lezione fu crudele, ma il Profeta ne trasse un grande ammaestramento. Quando due anni dopo comparvero gli alleati per assalire di nuovo Madīnah, Maometto non commise più il medesimo errore, e dietro suggerimento, si dice, dello schiavo persiano Salmān, ideò di proteggere il lato più debole della città con un artifizio finora inaudito nell'Arabia nomade, scavando cioè un grande fossato di circonvallazione e facendo della terra una specie di alta trincea. Con questo felice ripiego egli equiparò le proprie forze a quelle molto superiori del nemico, ed invece di accettare battaglia, costrinse gli alleati ad un assedio, per il quale essi non erano, nè moralmente disposti, nè materialmente capaci. Pochi eventi rivelano più chiaramente le condizioni infantili dell'arte militare araba: 10.000 Arabi rimangono perplessi dinanzi ad una bassa trincea, custodita da due o tre mila uomini, e nessuno di loro osa affrontare con un assalto la pioggia non molto letale di freccie e di pietre, i soli mezzi di cui i primitivi difensori potevano disporre. Irritati dall'astuzia di Maometto, gli alleati la chiamano un'invenzione codarda, un rifugio indegno di un guerriero, e si ritirano alfine perdendo due soli uomini.

Da ciò conchiudiamo che gli Arabi del Ḥiǵāz erano del tutto ignari dell'arte di assalire ed espugnare piazze forti, e che tutto il loro valore guerresco cedeva dinanzi alla resistenza bruta di mura e di trincee.

§ 283. — Anche a questa deficienza Maometto, sempre fecondo in ripieghi, intese di rimediare. Egli si prefisse di addestrare praticamente i suoi nella espugnazione di fortezze. Con la guerra a morte che mosse agli Ebrei di Madīnah, trovò il modo di educarli nella scienza poliorcetica: i primi tentativi furono timidi, e gli Ebrei di Madīnah si arresero senza aver mai avuto a resistere a un vero assalto.

L'esperienza acquistata imbaldanzì il Profeta e i suoi, e noi li vediamo lanciarsi sicuri all'impresa di Khaybar. In altro luogo (cfr. 7. a. H., § 15) abbiamo esaminato come si svolgesse l'assedio di quei castelli, e benchè sia evidente come nemmeno in questa circostanza, nè gli Ebrei si distinguessero per valore nella difesa, nè i Musulmani per grande ardire negli assalti, pure dall'insieme delle notizie scorgiamo che l'espugnazione dei castelli di Khaybar era più difficile, ed impresa meno ingloriosa, che non quella dei castelli degli Ebrei madinesi. Le operazioni di Khaybar segnano un vero progresso, e in quella spedizione pare che, per la prima volta, i Musulmani venissero in possesso di macchine regolari d'assedio. La presa di Khaybar ispirò anzi tanto ardire al Profeta ed ai suoi, che un anno e mezzo dopo non esitarono di tentare per la prima volta, nella storia d'Arabia nomade, un vero e proprio assalto di una città fortificata, con l'impiego di macchine d'assedio (cfr. 8. a. H., § 143). I difensori di Ṭā·if erano però uomini di ben altra tempra che non gli Ebrei, ed i Musulmani pagarono cara la loro imprudenza: i loro assalti furono respinti tutti con perdite gravi. Durante questi fatti, veniamo incidentalmente a sapere che nel Yaman, paese pieno di città munite, e popolato da gente che poteva vantarsi d'una civiltà millenaria, esistevano scuole militari, dove si potevano imparare i segreti del come difendere ed assalire città fortificate.

[Le armi, la scienza militare e le condizioni morali degli Arabi alla vigilia delle conquiste.]

§ 284. — Nella storia quindi delle spedizioni militari del Profeta noi dobbiamo vagamente riconoscere i lineamenti d'una evoluzione nell'arte strategica degli Arabi occidentali, evoluzione dovuta alla diretta e personale influenza del Profeta, il quale, in tutti i campi, nei quali spiegò la sua attività, tentò di apportare quei miglioramenti che le circostanze, gli uomini e i propri mezzi gli permettevano. Egli non solo addestrò i suoi all'assedio di luoghi fortificati, ma volle anche, quando si moveva con schiere numerose, che si procedesse con tutte le precauzioni necessarie a premunirsi da sorprese (cfr. Qur·ān, IV, 102-103; VIII, 62, 66-67; LXI, 4). Così abbiamo notizia di avanguardie di cavalleria, di piccoli ripieghi per nascondere al nemico la vera meta delle sue spedizioni: così alla presa di Makkah il convergere simultaneo delle quattro colonne verso il medesimo punto, rivela nel Profeta e nei suoi consiglieri, la capacità di ideare un piano complesso di movimenti, ed altresì la possibilità di porlo abilmente in esecuzione.

Questi pochi cenni, di cui purtroppo le tradizioni sono sì avare, porgono indizi innegabili d'un progresso, sul quale è bene d'insistere; ma allo stesso tempo, non si deve andare troppo lontani nelle deduzioni e conchiusioni. L'arte militare degli Arabi rispetto a quella dei Greci e dei Persiani, nonostante le predette innovazioni, rimaneva sempre, teoricamente, in una condizione di grande inferiorità. Alcuni storici europei, il Muir per esempio, rendendosi conto di questo, e volendo pur trovare una ragione delle vittorie arabe, hanno magnificata la figura di Khālid b. al-Walīd, ponendolo fra i più grandi generali della storia, e dichiarandolo l'artefice maggiore delle conquiste musulmane. Questa spiegazione non è esatta [1]. Khālid *divenne* un celebre generale, ed il suo grande coraggio personale, la fecondità delle sue risorse e dei ripieghi lo resero, è vero, il migliore, il più valente stratego dell'Islām primitivo: ma non bisogna spingersi troppo innanzi per questa via. Molte vittorie

[Le armi, la scienza militare e le condizioni morali degli Arabi alla vigilia delle conquiste.]

strepitose attribuitegli dal Muir e dal Müller, che hanno seguito troppo letteralmente la scuola storica iraqense, non sono, come già si disse, mai esistite, se non nella fantasia di Sayf b. ʿUmar e delle sue fonti (cfr. 12. a. H., §§ 185 e segg.). Che Khālid comandasse gli eserciti riuniti dell'Islām sui campi di battaglia più famosi della Siria, non è notizia del tutto sicura, come ampiamente dimostreremo fra breve. È certo soltanto che egli contribuì in larga misura con il suo singolare talento e con la sua istancabile energia al trionfo delle armi arabe in Siria, ma le grandi battaglie di al-Qādisiyyah, di Ǵalūlā e di Nihāwand, la conquista dell'Irān e dell'Egitto furono felicemente compiute da altri. Le vittorie arabe sono dovute a ragioni molto complesse, che ora tenteremo di esporre per sommi capi, indagando le virtù marziali e morali degli Arabi antichi, e mettendole poi in raffronto con le nostre precedenti conchiusioni sullo stato deplorevole dei due Imperi da essi abbattuti.

Nota 1. — Non è nostra intenzione di menomare in alcun modo i meriti di Khālid b. al-Walīd, nè di togliergli le glorie che gli spettano come il più grande generale di puro sangue arabo. Il valore personale di lui come guerriero e quale comandante di uomini, si affermò fin dal giorno di Uḥud, quando, a spese dei Musulmani, mutò un'apparente disfatta in una completa vittoria. La sua conversione equivalse per Maometto ad una vittoria, e l'accorto Profeta intuì subito quali grandi vantaggi poteva ritrarre da sì prezioso seguace. Dopo la dolorosa lezione di Mu'tah, quando il solo Khālid fu capace di riparare al disastro, il Profeta affidò sempre a Khālid le imprese più difficili e rischiose. Khālid ebbe il comando dell'avanguardia musulmana alla presa di Makkah, e nella spedizione di Ḥunayn; egli intraprese la lontana e perigliosa spedizione di Dūmah al-Ǵandal con un pugno di uomini. A lui il saggio abū Bakr, conformandosi al modo di pensare del Maestro, affidò la repressione dei moti anti-islamici nell'Arabia centrale: nella celebre campagna che ebbe fine con la vittoria di al-Yamāmah nel Rabī' I del 12. a. H., Khālid si meritò fama, è vero, di uomo sanguinario e barbaro, ma anche di valente generale, e le sue vittorie furono molte, complete e decisive. A lui si deve quasi completamente la parte più ardua della conquista d'Arabia. D'altra parte però devesi rammentare che la prima campagna nell' 'Irāq fu soltanto una razzia, e in Siria egli fu soltanto uno dei cinque generali che diressero la conquista. La sua nota valentia nelle armi, e la stima che aveva di lui il Profeta, possono avergli dato grande autorità nei consigli dei generali ed in alcuni frangenti il suo parere può esser prevalso su quello degli altri colleghi, ma le contradizioni patenti e le lacune nel nostro materiale storico non ci permettono di dire con sicurezza per quanto tempo Khālid fu comandante in capo in Siria. Su questo argomento avremo ampiamente a discorrere tra breve. Egli ebbe però in sommo grado quelle qualità che affascinano gli uomini sui campi di battaglia, e che inducono gli storici, tutti propensi al « hero-worship » di Carlyle, ad accreditargli anche la gloria degli altri. La fama vera di Khālid è fondata sovrattutto su due fatti memorandi: la conquista sanguinosa dell'Arabia centrale, e la sua celeberrima marcia da Ḥīrah a Damasco, una delle prodezze meritatamente più ammirate nella storia militare dell'Islām.

§ 285. — La natura patriarcale e primitiva dell'arte militare araba rivelasi anche da altre caratteristiche nel modo di combattere dei nomadi. Una, per esempio, era la consuetudine dei duelli fra i guerrieri, duelli che ricordano tanti famosi episodi dell'*Iliade* e delle altre antiche epopee nazionali, e che dimostrano quanto poca unità di azione esisteva nelle battaglie di quei tempi. Non bisogna credere che questi duelli avvenissero mentre le due schiere nemiche si trovavano l'una di fronte all'altra in attesa di battersi. Questo è probabilmente un errore commesso dai tradizionisti di secoli posteriori, i quali più non sapevano come si battessero gli Arabi antichi. Bisogna invece ricordarsi che le schiere nemiche degli Arabi non avevano, nè dall'una, nè dall'altra parte, un ordinamento regolare, ma che, divise in piccoli gruppi, correvano in qua e in là nel massimo disordine, ora gettandosi sopra un pugno di uomini, se credevano di colpirlo con vantaggio, ora celermente evitando un conflitto corpo a corpo, se la posizione o il momento non sembrava opportuno. Così avveniva che il guerriero d'una parte, vedendo un avversario, lo sfidava a singolare tenzone, e gli amici dell'uno e dell'altro sostavano nelle loro mosse spesso inconsulte, per ammirare lo spettacolo. Le vittorie di Maometto sono certamente dovute alle misure che egli prese per por fine a siffatto sistema primitivo di combattere, e gli Arabi non tardarono a scoprire i vantaggi del nuovo sistema, specialmente quando vennero a dar di cozzo nelle falangi serrate dei Greci e dei Persiani. Seguendo la storia militare musulmana, vediamo ripetersi sempre più raramente gli accenni a questi duelli, e poi scomparire del tutto, quando i Musulmani adottarono, e forse in alcune cose perfezionarono anche, l'arte militare dei loro nemici.

[**Le armi, la scienza militare e le condizioni morali degli Arabi alla vigilia delle conquiste.**]

Un'altra caratteristica barbarica delle prime guerre arabe era la consuetudine dei guerrieri di condursi appresso tutta la famiglia. Tale consuetudine a prima vista ci sorprende, ma, studiata con qualche attenzione, si manifesta non tanto irragionevole come parrebbe dapprima; anzi causata da ragioni, simili a quelle che indussero i barbari germanici ad invadere l'impero Romano trascinandosi appresso tutto quanto possedevano. Vi sono molti punti di somiglianza fra le invasioni barbariche nell'impero Romano, e quelle arabe negli Imperi decadenti dell'Asia; ma su questo argomento non è qui il luogo di intrattenersi.

Orbene, si consideri che in Arabia tutti gli adulti erano guerrieri: se una spedizione prometteva vittoria e ricco bottino, partivano tutti: se la spedizione era d'ignota durata, in una regione lontana, non si poteva lasciare la famiglia ed i bestiami senza protezione nelle sconfinate solitudini del deserto, dove un pugno di malfattori avrebbe potuto farne impunemente scempio, e poi scomparire. Questo pericolo era di continuo nelle menti dei guerrieri, e la ritirata precipitosa dei Ghaṭafān da Khaybar, quando Maometto si avvicinava da Madīnah, è un esempio delle condizioni precarie della vita nel deserto. Bastò la voce che il campo delle donne e dei bestiami correva pericolo d'essere aggredito, perchè tutti gli Arabi ritornassero precipitosamente indietro (cfr. 7. a. H., § 12). Nelle piccole spedizioni del Profeta abbiamo sovente menzione di campi inermi di Beduini assaliti improvvisamente, mentre gli uomini erano lontani o poco numerosi.

L'usanza quindi degli Arabi d'intraprendere le grandi spedizioni, accompagnati dalle famiglie e dai bestiami, più che una consuetudine, era una necessità. Veggasi, per esempio, il caso dei Hawāzin a Ḥunayn (cfr. 8. a. H.,

[Le armi, la scienza militare e le condizioni morali degli Arabi alla vigilia delle conquiste.]

§ 114), dal quale scorgiamo anche quali gravi rischi offriva questo sistema. Anche i Musulmani seguirono tale consuetudine, benchè si dovrebbe credere che la legge dell'Islām potesse garantire la sicurezza delle donne rimaste a casa. Da ottima fonte, come vedremo fra breve, sappiamo che il distaccamento musulmano, sotto Khālid b. al-Walīd, nell'invadere l'ʿIrāq aveva condotto seco le donne. Così pure altre fonti affermano che le schiere di ʿAmr b. al-Āṣ nell'invadere la Siria, erano pure seguite dalle donne. Alla battaglia del Yarmūk il campo arabo era pieno di donne dei guerrieri, che rianimarono i mariti alla pugna, quando le falangi greche minacciarono di irrompere fra le tende. Prima della battaglia di al-Qādisiyyah le donne e i bambini furono lasciati a Khaffān, sul limitare del deserto, in luogo sicuro anche in caso di sconfitta. Alla battaglia di Marǵ al-Ṣuffar, la sposa novella di Saʿīd b. al-ʿĀṣ, ancora coperta dagli unguenti profumati, con i quali le donne si cospargevano il volto nella prima notte di matrimonio, si battè con i Greci, brandendo un palo di tenda.

È probabile però che siffatta misura di precauzione fosse entrata nelle consuetudini degli Arabi e che si facessero seguire dalle donne anche per godere della loro compagnia, per essere da loro curati dalle ferite o nelle malattie, e le donne probabilmente accudivano alla cucina, riaccomodavano i vestiti laceri dei mariti, custodivano la roba nel campo, accomodavano le otri d'acqua e via discorrendo (cfr. 7. a. H., § 39). In Siria molti generali avevano con sè le mogli e contraevano matrimoni anche alla vigilia delle grandi battaglie: tanta era in essi l'energia vitale! Anche il Profeta si conformò a questa piacevole consuetudine, e nella maggior parte delle sue spedizioni aveva con sè una e più mogli. Al Pellegrinaggio d'Addio se le menò appresso tutte e nove.

§ 286. — (Preteso fervore religioso degli Arabi conquistatori). — Riassumendo ora le precedenti osservazioni, dobbiamo di necessità conchiudere che, quanto ad armi e a strategia, gli Arabi si trovavano in condizioni manifeste d'inferiorità, e che se l'esito dell'imminente conflitto fosse dipeso soltanto dalla bontà delle armi e dalle conoscenze strategiche dei capi, tanto i Greci che i Persiani avrebbero dovuto essere sicuri di ricacciare il nuovo nemico entro ai suoi patri deserti, allo stesso modo che, per più di due secoli, le legioni di Roma risospinsero felicemente i barbari del nord entro le native foreste dell'Europa centrale. Anche quando le milizie di Roma non ebbero più a loro vantaggio nè la bontà delle armi, nè la saldezza della disciplina, nè la valentia dei generali, pur continuarono ad opporre ai barbari una tenace resistenza, ed occorsero altri due secoli e mezzo per cancellare l'ultimo resto dell'impero Romano in Europa. Gli Arabi, rispetto ai Greci ed ai Persiani, furono in un certo modo come i Barbari, rispetto all'Impero d'occidente: sicchè ora prima di dare le tradizioni sulle conquiste, s'impone a noi l'obbligo di spiegare come mai l'opera a un tempo distruggitrice e instauratrice degli Arabi, potesse essere tanto più rapida, completa e duratura, che non quella dei Barbari, nonostante le condizioni di inferiorità militare, di cui abbiamo fatto cenno nei precedenti paragrafi.

[Le armi, la scienza militare e le condizioni morali degli Arabi alla vigilia delle conquiste.]

Una parte di molto rilievo della richiesta spiegazione è stata da noi esposta, con considerevole ampiezza, in due precedenti digressioni, una sui Persiani, e l'altra sui Greci. A taluni sarà forse sembrato che le due digressioni siano state stese sopra linee troppo ampie e con soverchia copia di particolari; ma lo studio prolungato ed approfondito di tutto l'argomento, mi ha dimostrato che niuno storico dell'Islām si era mai reso conto, con sufficiente esattezza, dell'immane squilibrio di forze, prodottosi nell'Asia Anteriore alla vigilia delle conquiste arabe. Nessuno storico dell'Islām si era curato mai di approfondire lo studio dei Sassanidi e dei Greci in rapporto agli Arabi: tutti hanno narrato la sorprendente rapidità delle conquiste, senza curarsi di esaminare le ragioni di questo pur tanto singolare fenomeno storico.

Noi abbiamo voluto invece indagare più minutamente il problema, e ci è sembrato che il nostro lavoro non sia riuscito inutile, perchè abbiamo potuto fissare alcuni punti di grande importanza, e toccare, per dire così, con mano le condizioni miserevoli dei due Imperi, per i quali, la comparsa repentina degli Arabi segnava l'ora suprema della loro esistenza. Non dubito che chi abbia preso in attento esame i dati da noi raccolti con quell'unico scopo di chiarire gli eventi successivi, sarà arrivato a conchiusioni tali, da rendere quasi superflua un'ulteriore analisi dell'argomento, e da persuaderlo dell'impossibilità per i Greci e per i Persiani di opporre alcuna seria resistenza ai nuovi nemici. Il quadro che noi abbiamo tentato di tracciare è però ancora incompleto: noi abbiamo studiato finora il soggetto da un lato solo, descrivendo a quali estremi di miseria, d'impotenza e di sfacelo erano caduti i due vicini Imperi: ci rimane ora da stabilire quanto invece moralmente e fisicamente gli Arabi fossero superiori ai loro avversari, tanto da poterli abbattere sui campi di battaglia, e da poter mutare per sempre la civiltà, la fede, la lingua e quasi tutte le tradizioni del passato nell'Asia Anteriore.

§ 287. — Tutti gli storici dell'Islām hanno eluso lo studio del problema, credendo più che sufficiente l'enunciare qualche vago concetto generale, e trovando la giustificazione di ogni cosa nel fervore religioso dei neo-Musulmani. Al dire di costoro, gli Arabi si sarebbero lanciati sulle provincie dell'Asia per compiere gli ordini del defunto Profeta, che imponevano di convertire tutto il mondo alla nuova fede. Essi hanno ritenuto le vittorie doversi

[Le armi, la scienza militare e le condizioni morali degli Arabi alla vigilia delle conquiste.]

sovrattutto alla intensità della passione religiosa, che spingeva quei fanatici a disprezzare temerariamente la morte, e rendeva irresistibile il loro impeto furibondo sui campi di battaglia. Siffatto concetto è fondato sopra un cumulo di errori, che sarà bene di rimuovere.

In alcuni precedenti paragrafi noi abbiamo avuto ripetutamente occasione di dimostrare i seguenti punti fondamentali sulla storia primitiva dell'Islām:

1° Il moto islamico diretto da Maometto, seppur cominciato come una riforma religiosa, degenerò di poi in un movimento essenzialmente politico: le imposizioni rituali e fiscali della nuova fede, ben leggiere in sè, e assai imperfettamente compiute e soddisfatte, eransi ridotte ad una specie di disciplina politica, sotto alla quale non si ascondeva alcun vero sentimento religioso.

2° Le tribù sottomesse per lo più con le armi, e per una piccola parte per ragioni d'interesse e d'opportunità, erano prive di qualsiasi fervore religioso, e per la loro ingenita indifferenza verso ogni forma di religione (cfr. 10. a. H., §§ 89 e nota 3, e 114 e segg.), erano del tutto estranee a quel sentimento accecante, che noi chiamiamo *fanatismo*. Gli storici che ci descrivono i Beduini vincitori dei Greci e dei Persiani, come fanatici che si gettano per la fede nelle braccia della morte, riportano al VII secolo ed al popolo arabo sentimenti che furono propri di nazioni *non*-arabe in età molto più recenti. Essi sembrano ignorare, come già dicemmo in alcuni paragrafi precedenti (cfr. 12. a. H., §§ 89 e segg.) e come comproveremo fra breve con altri fatti, che gli eserciti arabi lanciati alla conquista dell'Asia erano quasi esclusivamente composti con volontari delle tribù sottomesse durante la Riddah sanguinosa. Questi uomini, pochi mesi prima ribelli contro l'Islām, non potevano essere diventati fanatici propugnatori della nuova fede. Erano semplici predoni, avidi di bottino e di sconfinata licenza, come già felicemente intuì il Döllinger (*Mohammed's Religion*, ecc., München 1838, pp. 5-6).

3° Vi erano fra i Musulmani alcuni, che, sia per vero sentimento, sia per cieco entusiasmo verso il Profeta loro amato maestro, professavano una fede ardente ed uno zelo particolare nel compiere i loro doveri da buoni credenti. Essi però formavano una minoranza trascurabile, ed appartenevano tutti alla classe dei più antichi e provati Compagni, la quale rimase in Madīnah fino al termine delle prime grandi conquiste. Ben pochi di loro si batterono in Siria e in Persia. La grandissima maggioranza dei combattenti fu costituita da avventurieri Beduini, di quei Beduini che dell'Islām sapevano soltanto il nome, e di cui bramavano soltanto i vantaggi materiali.

A questi tre punti fondamentali occorre aggiungerne un quarto non meno degno di nota:

Invano si cercherebbe nel Qur'ān un invito a morire per la fede (1). Mao-

[Le armi, la scienza militare e le condizioni morali degli Arabi alla vigilia delle conquiste.]

metto promette ai credenti un lauto compenso nell'altra vita: fanciulle adorabili intatte, che dopo ogni amplesso, tornano ad essere vergini come prima: bevande deliziose, giardini incantevoli, frutti delicati ed eterna gioia. Ma questi compensi erano promessi in cambio di servizi resi all' Islām ed al Profeta, rimanendo sempre in vita. L'idea del martirio, della morte per la fede, concetto altamente cristiano, s'infiltrò in appresso nello spirito dell'Islām, quando centinaia di migliaia di Musulmani erano apostati cristiani (cfr. Goldziher Muh. Stud., II, 389, e segg. sul termine šahid o martire). Se Maometto avesse chiesto ai Beduini il sacrifizio della vita, pur promettendo il paradiso, quegli scettici gli avrebbero sorriso in faccia, quasichè egli volesse scherzare. Quando alcuni dei suoi perirono uccisi (come p. es. a Uhud; cfr. 3. a. H., §§ 13-54; 5. a. H., §§ 75-76), per l'aspetto doloroso ed irrimediabile di simili sventure, il Profeta insistè sui compensi ai quali avevano diritto quei generosi (Qur'ān, III, 151 e segg.; IV, 97). Mai però non si sognò egli di invitarli alla morte: i guerrieri d'Arabia irruppero sull'Asia come belve, intenti a rapire ed a godere, ma niente disposti a morire, perchè avrebbero creduto di abbandonare vantaggi certi e bramati, per una vaga promessa, sulla realtà della quale nessuno poteva e voleva fare sicuro affidamento.

Nota 1. — Un valente scrittore inglese, T. W. Arnold, in un lavoro di molto pregio (*The Preaching of Islām*, 1896) ha sostenuto con valide ragioni che niun passo del Qur'ān ordina ai fedeli di assalire senza provocazione gl'infedeli, e che il significato di « guerra santa », dato al termine quranico ǵihād, ed a tutti i derivati della radice ǵahada, sia di origine post-quranica (Arnold, 347-352). I suoi ragionamenti hanno molto peso, e si possono avvalorare con la considerazione che tutti gli ordini a combattere che troviamo nel Qurān (cfr. Arnold, l. c.; Obbink, *De heilige Oorlog volgens den Koran*, 1901, 24-52, e Grimme, II, 134-137) alludono soltanto ai Qurayš ed ai loro alleati e fautori. Sottomessa Makkah, non vi furono più rivelazioni che incoraggiavano alla guerra contro gli infedeli. Maometto stesso, come già si disse (cfr. 10. a. H., §§ 119 e segg.), dopo la presa di Makkah depose le armi.

§ 288. — Le vere ragioni dell'impeto irresistibile con il quale gli Arabi eruppero dai confini degli arsi deserti, furono di natura pratica e materiale, dovute in grande parte al profondo disagio economico, l'ultimo prodotto cioè dell'immiserimento d'Arabia, di cui abbiamo parlato in alcuni paragrafi anteriori (cfr. 12. a. H., §§ 116 e segg.). Gli argomenti, ivi da noi raccolti, hanno dimostrato, io spero, a sufficienza come gli Arabi fossero sospinti da motivi assai imperiosi, quando si gettarono a un tempo sulla Persia e su Bisanzio: gli Arabi trovavansi travagliati da una profonda e dolorosa tensione degli animi, che abbisognava d'una pronta e radicale soddisfazione; sospingevanli insomma la miseria e la fame, la necessità disperata di salvarsi dall'ardente prigione del deserto, non più capace di nutrirli. Questo bisogno d'uscire dalla patria li incitò ad agire contemporaneamente su tutti i punti della frontiera, con moto direi quasi spasmodico, che niuna volontà umana era capace di frenare e che equivaleva all'esplicarsi d'una forza irresistibile della natura. In

[Le armi, la scienza militare e le condizioni morali degli Arabi alla vigilia delle conquiste.]

questo movimento non dobbiamo cercare alcun impulso religioso, nè più, nè meno che dobbiamo cercare moventi religiosi nelle orde germaniche, le quali varcarono i confini dell'impero Romano, o nei Tatari che inondarono l'Asia nel secolo XII. Gli Arabi compierono le conquiste con soli mezzi materiali e con virtù morali, che avevano ingenite nella loro natura, e in cui l'Islām nulla aveva che fare. L'Islām, per un complesso di circostanze che noi abbiamo già ampiamente descritte ed analizzate, fu la forza temporanea, e la forma necessaria in cui gli atomi arabici si trovarono, quasi loro malgrado, costretti a fondersi per un tempo in un organismo solo: l'Islām ebbe in quel periodo assai breve le funzioni del cemento che tiene legati i mattoni e le pietre di un edificio, e permette l'erezione delle mura e delle vôlte, ma non muta essenzialmente i caratteri dei materiali, che riunisce organicamente nel fabbricato. Se il cemento si decompone, l'edificio crolla e le pietre ed i mattoni tornano a formare i mucchi informi che erano prima della costruzione. Così l'Arabia, pochi decenni dopo il termine delle conquiste, tornò ad essere quella che era stata prima, riprendendo la sua vita normale, identica a quella avita e pagana, non appena, per il grande efflusso della emigrazione, le tribù rimaste in Arabia poterono largheggiare nei patri pascoli e vivere con maggiore abbondanza di prima.

Veniamo ora dunque alle ragioni vere della superiorità araba: queste si possono raggruppare in due categorie. L'una è il numero delle genti armate che formarono gli eserciti conquistatori, l'altra deve comprendere le qualità morali della razza araba.

§ 289. — (Ammontare delle forze arabe che compierono le conquiste). — Questo argomento speciale richiede un esame un po' minuto, perchè è necessario correggere un concetto erroneo che ha viziato quasi tutte le storie delle conquiste arabe. Gli storici bizantini, nello spiegare le disfatte disastrose degli imperiali, non fanno mai cenno di fervore religioso presso gli Arabi, ma credono giustificare ogni cosa, affermando come argomento principale che gli Arabi erano in turbe innumerevoli. Teofane (ed. de Boor., I, 337, lin. 24), per esempio, parla di πλῆθος ἄπειρον (1). Gli eserciti vengono calcolati a centinaia di migliaia, le morti a diecine di migliaia. Gli scrittori musulmani, che tutto amano ingigantire, dànno pur essi cifre ingenti di armati e di uccisi. Si trattava di glorificare l'Islām e di farlo comparire come un cataclisma mondiale: pur di ottenere siffatto risultamento, ogni mezzo era buono: i Greci furono contati a 100, o 200 mila uomini, e i morti in proporzione, affinchè il numero desse un'idea precisa dell'immane disastro inflitto al nemico. Aumentando però tanto il numero dei nemici, bisognava, a voler schivare l'accusa di falso, aumentare in modo ragionevole anche il computo dei

[**Le armi, la scienza militare e le condizioni morali degli Arabi alla vigilia delle conquiste.**]

Musulmani. Dare un numero cospicuo alle genti dell'Islām, aveva i suoi vantaggi, perchè permetteva di far comparire tutta l'Arabia quale convertita e partecipe dei trionfi. La maggior parte dei numeri di combattenti, che noi troviamo nelle tradizioni sulle conquiste, è il prodotto di siffatto lavoro di fantasia. Presso gli storici europei si è manifestata la tendenza ad accettare i dati musulmani sul numero degli Arabi vincitori ad Ağnadayn e al-Yarmūk: perfino il dotto e coscienzioso De Goeje fonda alcuni suoi ragionamenti su questi numeri, dimostrando così di accoglierli come autentici e sicuri. Generalmente si è creduto in Occidente che soltanto il novero dei guerrieri e dei morti greci siano esagerati.

Un esame imparziale di questo argomento ha creato però in noi la convinzione che così i cronisti bizantini come i tradizionisti musulmani hanno, per analoghe ragioni, esagerato tutte le cifre, tanto quelle riguardanti i Greci, quanto le altre degli Arabi, e invero con più che orientale generosità. Tale sospetto trova, noi crediamo, una dimostrazione abbastanza convincente nelle seguenti considerazioni, che si collegano con quanto abbiamo di proposito messo in rilievo in molti paragrafi precedenti.

Nota 1. — Due righe più avanti, Teofano aggiunge che Baanes scrisse al Sacellario chiedendo soccorso διὰ τὸ πλῆθος εἶναι τοὺς Ἄραβας. (Theophanes de Boor., I, 337, lin. 25-27). Da questi due vaghi cenni è lecito forse arguire che in molti casi gli Arabi possano essere stati non solo più arditi, ma anche *più numerosi dei Greci*. Tale deduzione mi sembra giustificata da quanto si è detto sulle condizioni militari dei Bizantini, e dalla facilità e dalla grandezza delle vittorie arabe. Finora per suggestione delle fonti arabe, si è sempre creduto che i Greci fossero i più numerosi: io sarei piuttosto disposto ad avere un'opinione contraria (cfr. il paragrafo seguente).

§ 290. — 1° Lo studio breve delle vicende politiche dei Sassanidi non può, io credo, lasciare alcun dubbio sulle condizioni deplorevoli dell'esercito sassanida (cfr. 12. a. H., §§ 129-130). Basta rammentare quanto abbiamo detto sulle loro guerre con Roma, terminate vergognosamente con l'usurpazione di Šahrbarāz, il quale con soli 6.000 uomini potè soggiogare il decaduto Impero e farsi eleggere re. In tutta la Persia non si trovarono altri 6.000 uomini da contrapporgli, e solo il pugnale di un assassino tolse di mezzo l'usurpatore (cfr. 12. a. H., §§ 198 e nota 1; 256, nota 1). I torbidi degli ultimi anni parlano chiaro: lo Stato non si reggeva più e non aveva più i mezzi per difendersi.

2° Le medesime conchiusioni scaturiscono innegabilmente dallo studio piuttosto minuzioso, al quale abbiamo sottoposto le campagne di Eraclio. Neanche Bisanzio non aveva più nè uomini, nè danari (cfr. 12. a. H., §§ 249 e segg.).

3° Dalle due precedenti considerazioni, fondate sopra un lungo ed accurato esame, si deve assolutamente conchiudere che nè i Greci nè i Persiani potevano mettere assieme un esercito nemmeno di normali proporzioni. Lo studio prolungato di questo argomento ha prodotto in noi la convinzione che tanto i

[Le armi, la scienza militare e le condizioni morali degli Arabi alla vigilia delle conquiste.]

Greci quanto i Persiani non potessero riunire se non poche migliaia d'uomini, forse al massimo 20,000 o 30.000 per parte. È cosa certa che Eraclio fece la maggior parte delle sue campagne contro i Persiani con un numero di uomini inferiore ai 20.000, e in molti casi probabilmente anche inferiore ai 10.000. Dopo soli quattro anni di pace, non turbati da alcuna minaccia di guerra, non è probabile che Eraclio pensasse, o avesse avuto agio di riunire uomini e danari, per formare quegli immensi eserciti, che i tradizionisti arabi gli attribuiscono. Quanto ai Persiani, è noto che alla battaglia di al-Qādisiyyah, ove raccolsero tutte le forze di cui disponevano, misero assieme, accettando le cifre, certamente già esagerate, di ibn Isḥāq, poco più di 20.000 uomini.

4° Ammessa la verità di siffatte induzioni, viene naturalmente l'altra importante conchiusione che, per vincere questi piccoli eserciti, gli Arabi stessi ebbero bisogno di forze poco numerose. Ciò è confermato in modo manifesto da varie notizie e considerazioni.

5° Nel corso di varie osservazioni sulla guerra di conquista in Arabia nell'anno 11. H. e 12. a. H., abbiamo avuto frequente occasione di scoprire indizi che l'esercito di Khālid b. al-Walīd si componeva di poche migliaia di uomini, forse al più 3.000 o 4.000 (cfr. 11. a. H., §§ 114 e nota, 120, 123 nota 2, ecc.). I 30.000 Ḥanīfah uccisi ad al-Yamāmah, secondo Sayf, si riducono invece a soli *seicento*, secondo fonti più antiche (cfr. 12. a. H., §§ 16 e segg.).

6° Queste deduzioni si confermano con altri ragguagli sicuri. Khālid intraprese la razzia nell''Irāq con soli 600-800 Arabi del Ḥiǵāz, ai quali si unirono circa 2.000 volontari delle tribù viventi presso il confine, ma quasi nessuno delle tribù domate durante la Riddah. Lo scarso numero dei primi invasori della Persia è anche chiaramente provato dalla infelice riuscita della seconda campagna del 13. a. H., dopo la partenza di Khālid con i suoi Madinesi.

7° Quando il Califfo fece lo sforzo supremo per debellare l'impero Sassanida, e si venne alla grande battaglia di al-Qādisiyyah, nella quale furono decise le sorti dell'Irān, gli Arabi, secondo la fonte più antica e più sicura, erano soltanto *seimila* (Tabari, I, 2356, lin. 12-13).

8° In alcune fonti degne di fede, 'Amr b. al-'Āṣ, partendo per invadere la Palestina, potè mettere assieme non più di 2,000 uomini, benchè lungo il cammino levasse quanti volontari gli fu possibile arrolare fra le tribù che traversava.

9° Alla battaglia del Yarmūk, ove i cronisti musulmani fanno perire diecine di migliaia di Greci, il cronista contemporaneo armeno Sebeos, riduce i morti a 2.000 soltanto (Sebeos, 99, lin. 2).

10° Sappiamo con certezza che lo stesso ʿAmr b. al-ʿĀṣ si accinse alla conquista dell'Egitto nell'anno 20. H., con soli 4.000 uomini.

[Le armi, la scienza militare e le condizioni morali degli Arabi alla vigilia delle conquiste.]

11° All'inizio della campagna d'invasione della Siria presero parte soltanto le tribù che vivevano nel Ḥiǵāz, nel Naǵd occidentale e *forse* qualcuna del Yaman settentrionale, ma questa ultima notizia va accettata con riserva, perchè essendo in Siria immigrati poi molti Yamaniti, la tendenza partigiana di attribuire ad essi una parte cospicua nella gloria della conquista si delineò nettamente fin dai primordi della tradizionistica musulmana, vale a dire fin dalla fine del I secolo della Hiǵrah, quando più vive che mai ardevano le rivalità sanguinose fra Yamaniti e Nizariti. È noto altresì che le tribù del centro, incominciando dagli Asad vicini a Madīnah, fino ai Tamīm ed ai Bakr b. Wāʾil viventi presso ai confini dell'ʿIrāq, ebbero tutte la tendenza ad emigrare verso la Persia. Queste tribù avevano pochi o punti rapporti con la Siria, mentre le loro relazioni con l'Irān erano sempre state frequenti e intime: relazioni politiche, religiose e commerciali tutte tendevano verso la Babilonide: di là era venuta la fede cristiana e l'arte dello scrivere; lì erano immigrate prima dell'Islām molte tribù, ed il principato arabo di Ḥīrah era sempre stato un centro potentissimo di attrazione. Tutta la storia delle tribù del centro della penisola convergeva verso l'Eufrate e il Golfo Persico, come tutto il versante occidentale d'Arabia, per altrettanto e simili ragioni, convergeva verso la Siria, con la quale esistevano rapporti commerciali fin da tempi preistorici, come attestano le antiche tradizioni sulla regina di Saba venuta alla corte di Salomone, e le numerose iscrizioni minee e nabatee trovate nell'Arabia settentrionale.

12° Stabilita questa divisione fondamentale dell'Arabia in due parti distinte, quasi versanti etnici, vediamo che i mezzi con i quali gli Arabi si accinsero alla conquista della Siria debbono essere stati ben poco potenti: qualche migliaia di uomini in tutto. Alla presa di Makkah Maometto raccolse, si dice, 10.000 uomini, ma la spedizione era una breve escursione in paese vicino alle dimore di tutte le tribù raccolte in armi. Il concorso fu pronto e spontaneo. Sappiamo invece qual vivissima opposizione incontrasse la spedizione tanto più lontana di Tabūk, e quante defezioni avvenissero nonostante l'immensa autorità del Profeta (cfr. 9. a. H., §§ 26 e segg.). Altrove abbiamo rilevato l'assurdità dei noveri tradizionistici riguardanti quella spedizione, ed abbiamo visto a quante incredibili esagerazioni essa abbia dato origine (cfr. 9. a. H., § 27, nota 2). È molto improbabile quindi, che il califfo abū Bakr, dopo le sanguinose bufere dell'11. e del 12. a. H., abbia potuto riunire un esercito numeroso quanto quello del Profeta. Le prime schiere che partirono, furono composte degli elementi più turbolenti, e solo di poi, dopo i felici successi

[**Le armi, la scienza militare e le condizioni morali degli Arabi alla vigilia delle conquiste.**]

dei primi temerari avventurieri che vinsero ad Aǵnadayn, si mossero le altre tribù ed ebbe principio qual gran torrente di emigrazione armata che portò gli Arabi fino in India, in Asia Centrale, all'Atlantico e ai Pirenei. La vera emigrazione delle tribù avvenne dunque soltanto in seguito, quando la fama clamorosa delle grandi, strepitose vittorie e degli immensi bottini si divulgò per tutta Arabia e destò le cupide brame di quelle tribù, che finora avevano serbato verso la teocrazia islamica un contegno di irosa ripugnanza, memori dei torti patiti e del giogo violentemente loro imposto.

Da questi fatti e da queste considerazioni, che potremmo moltiplicare fino al tedio, noi crediamo di poter dedurre con sicurezza, che gli eserciti arabi, i quali invasero per primi la Siria, fossero molto meno numerosi che non siasi creduto finora, e che le cifre date da alcune fonti (non certo le migliori) siano tutte molto esagerate. Ci mancano argomenti precisi per dire con certezza quale possa essere stata la forza numerica degli invasori in Siria, ma non credo saremmo molto lontani dal vero se ritenessimo, che meno di 10.000 uomini iniziarono la campagna in Siria, e i 27.000 (forse anche cifra esagerata) che troviamo nelle fonti, sono da considerarsi come *totale* delle forze musulmane alla fine del triennio, 12.-15. H., ossia durante l'assedio di Damasco e la grande battaglia del Yarmūk, e dopo l'arrivo di tutti i rinforzi mandati da abū Bakr e da 'Umar.

Allo stesso tempo però dobbiamo stimare, io credo, che le forze opposte dai Greci e dai Sassanidi fossero esse pure assai meschine, e forse in alcune circostanze anche inferiori a quelle arabe (cfr. § 289, nota 1). Le conseguenze prodigiose di quelle vittorie infiammarono la fantasia dei cronisti, i quali tutti, tanto bizantini che musulmani, gli uni per scusare le disfatte, gli altri per glorificare l'Islām, si abbandonarono a computi fantastici e ingigantirono tutto, il valore dei vincitori, la resistenza del nemico, il numero dei combattenti e quello dei morti.

In conclusione, le forze adoprate da tutte e due le parti furono, diremmo quasi, meschine, e numericamente senza grandi sproporzioni. La vera superiorità degli Arabi risiedeva invece in altri fattori, sovrattutto morali, che ora ci resta ad esaminare con qualche attenzione, perchè piuttosto complessi e non facili a definire.

§ 291. — (Ragioni delle vittorie arabe, studiate in rapporto alla natura del popolo arabo). — Quanto si è detto nei precedenti paragrafi ha, io spero, giovato a chiarire, come le conquiste islamiche si presentino ora sotto un aspetto molto diverso da quello generalmente accettato, e che il problema da risolvere dallo storico, il quale voglia rendersi conto di tutti i lati del fenomeno, è assai complesso e difficile.

Abbiamo visto infatti che, si per arte guerriera, si per numero, e in principio anche per copia e qualità d'armi, gli Arabi erano o inferiori o pari ai loro nemici. Abbiamo dimostrato che lo slancio fanatico di seguaci di una nuova fede, attribuito da alcuni agli Arabi conquistatori, è una favola che non regge ad un'analisi minuta. Nonpertanto, benchè poco numerosi, benchè mediocremente armati, benchè guidati da generali che ben imperfettamente conoscevano l'arte difficile della guerra, ed erano nuovi all'arduo mestiere di dirigere, con sicurezza di felice successo, grandi battaglie campali, e di far manovrare in paesi sconosciuti ingenti corpi d'esercito; pure questi Arabi vinsero in modo si complèto e definitivo tutti i nemici, che un tempo ai confini del loro impero spontaneamente si diffuse, e a lungo, un tempo, rimase, presso i barbari del settentrione, la convinzione che gli Arabi non solo fossero invincibili, ma perfino invulnerabili. [**Le armi, la scienza militare e le condizioni morali degli Arabi alla vigilia delle conquiste.**]

Il nostro lungo esame sulle condizioni morali, sociali, politiche religiose militari ed economiche degli imperi Persiano e Bizantino, deve avere generato nel lettore la convinzione che il momento era assai propizio per la comparsa di un nuovo fattore nella storia dell'Asia Anteriore, e che il terreno era, sotto tutti i rapporti, pronto a ricevere il seme della nuova vita e disposto a trasformarsi, a rigenerarsi dietro l'impulso d'una grande rivoluzione che abbracciasse tutti i campi del pensiero e dell'attività umana!

§ 292. — Lungo i confini d'Arabia giacevano due imperi arrivati ad un estremo di decrepitezza e d'impotenza senile: in nessuno dei due era lo Stato più in grado di compiere le sue principali e più sacre funzioni: la difesa dei cittadini da nemici esterni ed interni, la conservazione dell'ordine e del rispetto per le leggi, e la tutela in genere di tutti gli interessi pubblici. Da per tutto miseria, rovina, anarchia. Le popolazioni, esasperate contro i governi che le dissanguavano con l'imposte, per rovinarle con guerre, perseguitarle nelle loro credenze religiose, e offenderne crudelmente il sentimento di razza, anelavano ad una liberazione dalla odiosa tirannia non più sopportabile; da qualunque parte codesta liberazione venisse, qualunque essa fosse, era ansiosamente aspettata e già nel desiderio prontamente accettata.

Le popolazioni semitiche della Babilonide, per lo più cristiane, languivano sotto l'anarchia tirannica degli Ariani di Persia. Del pari i Semiti della Siria gemevano sotto il torchio crudele degli Ariani di Bisanzio. Queste due popolazioni consanguinee rappresentavano la soccombenza della razza semitica sotto quella ariana. Rimaneva solo un ultimo ramo della vasta famiglia semitica, che ancora non conosceva il giogo umiliante della servitù: la grande nazione araba. Da questa venne la salvezza: i cugini del deserto vennero in soccorso dei cugini oppressi, e le vittorie arabe segnano la fase violenta di

[Le armi, la scienza militare e le condizioni morali degli Arabi alla vigilia delle conquiste.]

una grande reazione semitica contro il predominio ariano dei Persiani nella Babilonide e dei Greci in Siria. La comparsa quindi dei guerrieri d'Arabia sui confini del deserto è un momento storico che ha un significato di immenso rilievo nella storia del mondo asiatico: segna il ristabilimento dell'egemonia semitica, perduta ben sette secoli prima di Cristo con la caduta degli Assiri per opera dei Medi, e di Babilonia per quella degli Achemenidi. Dopo quattordici secoli, conculcato prima dalle armi, poi dalla cultura dei Greci, e infine da una religione di origine bensì semitica, ma quasi totalmente arianizzata, l'ortodossia bizantina; il Semitismo risolleva fieramente la testa, si libera da tutti i suoi oppressori morali e politici, e fonda un nuovo Stato essenzialmente semitico, con una nuova religione puramente semitica, imponendo e questa e quello anche a coloro che non erano semiti.

Visto in questa luce, l'avanzarsi degli Arabi, che pur venivano in apparenza quali nemici della religione cristiana abbracciata da tanti popoli semitici, trovò un'eco lunga e profonda nelle oppresse popolazioni semitiche; e si creò così immediatamente un vincolo stretto di simpatia fra gente di lingua affine, di comune origine e dello stesso sangue. Alle vittorie sui campi di battaglia seguirono velocissime, incalzanti, le vittorie nel campo religioso, e turbe senza numero accettarono anche la nuova religione, abbandonando per sempre il Cristianesimo.

Gli Arabi dunque irruppero in Asia nel momento più propizio, e la conquista riuscì assai più facile di quello che nessuno avesse mai potuto sognare. Il mondo antico, decrepito, contro cui essi diedero di cozzo, era senilmente marcio sino alle fondamenta, e bastò l'urto vigoroso d'una nazione giovane, piena d'immense energie, e di ardore bellicoso, perchè tutto l'edifizio tarlato rovinasse con sorprendente facilità.

I maggiori artefici della vittoria musulmana furono i nemici stessi dell'Islām, i quali, per i delitti, per gli errori innominabili, e gli atti di vera follia politica che, ignari del destino loro, avevano commessi, seguirono costantemente un indirizzo che equivaleva a un vero e proprio suicidio.

§ 293. — Faremmo però torto ai prodi guerrieri arabi che coprirono con i loro cadaveri i campi di battaglia della Siria e della Persia, e commetteremmo un grave errore storico, se volessimo sostenere che la decrepitezza dei nemici e le simpatie delle popolazioni semitiche fossero le sole ragioni dei trionfi arabi.

Questi dipesero anche da altri, grandi e complessi motivi, che occorre di prendere in esame.

Se gli Arabi fossero stati semplicemente una banda di barbari e di malvagi predoni, avrebbero potuto arrecare molti danni ai loro nemici, vincere forse qualche battaglia, e devastare anche totalmente il paese; ma la loro comparsa avrebbe significato soltanto l'ultimo, il supremo disastro dell'Asia Anteriore, ed avrebbe solo aumentato il caos politico e la miseria inenarrabile delle infelici popolazioni, la cui miseranda esistenza sarebbe continuata in condizioni assai più disastrose di prima. Invece l'ingresso impetuoso degli Arabi nella storia mondiale segna il vero principio di una profonda palingenesi delle razze semitiche. Quei nomadi, quasi selvaggi, non solo vinsero stupende battaglie campali, ed occuparono vasti paesi, ma crearono bensì una grandiosa e saggia amministrazione: dopo aver demolito due civiltà e due religioni, ambedue decadute e precocemente senili o decrepite, rianimarono l'esausta società asiatica, infondendole una vita nuova e vigorosa, fondando e divulgando una nuova religione, inaugurando un nuovo sistema di governo, in principio assai superiore a quelli abbattuti: instaurarono insomma un'èra nuova di pace, di prosperità e di ricchezza, quale da secoli non si era più vista in Asia. Ma v'è di più: essi diedero nascita ad una maravigliosa civiltà, che può stare a paragone di tutte le altre civiltà asiatiche, senza nulla perdere nel raffronto, e convertirono milioni di uomini a un nuovo credo, il quale soddisfece ai bisogni religiosi di quelle popolazioni assai meglio che non le intricate sottigliezze incomprensibili dei dogmi cristiani. Il Cristianesimo in Asia, dopo soli tre secoli e mezzo di dominio completo, si era già tanto travisato e corrotto, aveva generato tanta confusione nell'animo delle razze semitiche, che non potè reggere dinanzi alla nuova dottrina: in meno di cento anni molti e molti milioni di cristiani si resero musulmani, ed oggidì, dopo tredici secoli, quelle stesse popolazioni trovano in questa fede la più completa soddisfazione e quella profonda pace e sicurezza morale, che l'uomo cerca sempre nella fede.

[**Le armi, la scienza militare e le condizioni morali degli Arabi alla vigilia delle conquiste.**]

Veniamo così a constatare che le vittorie arabe non furono conseguenza fortuita del cozzo di forti predoni contro uno Stato in isfacelo, spiegabili con la semplice narrazione di battaglie vinte e perdute: le dette vittorie ascondono alcuni problemi di altissimo interesse, ma assai difficili a chiarire, e sceverare dalla congerie immensa di particolari, spesso insignificanti, non di rado apocrifi, e tutti poi tramandati da persone, che non si resero conto dei veri aspetti del grande dramma cui assistevano, e che perciò non seppero conservare quelle memorie, che avrebbero avuto maggiore pregio storico.

Il nostro dovere di annalista coscienzioso c'impone quindi l'obbligo di rivolgere la nostra attenzione con qualche maggior cura ai grandi artefici della rivoluzione, agli Arabi, e di studiarne meglio il carattere, le qualità ed anche i difetti, che maggiormente contribuirono agli eventi che avremo fra breve a narrare.

[Le armi, la scienza militare e le condizioni morali degli Arabi alla vigilia delle conquiste.]

§ 294. — Molto si è scritto sugli Arabi dei tempi pre-islamici [1] e si deve dire, ad onore della scuola storica moderna, che tutti i veri cultori della civiltà araba hanno intuito l'immensa importanza degli studi sull'Arabia antica, come mezzo per arrivare alla corretta conoscenza tanto dell'Islām, quanto della stupenda rivoluzione mondiale, che doveva scaturire dall'opera riformatrice del Profeta di Makkah. Solo chi ha acquistato una conoscenza completa, imparziale e precisa delle condizioni morali e materiali degli Arabi prima di Maometto, può rendersi conto, in modo per lo meno soddisfacente, di ciò che avvenne in Asia alla metà del VII secolo, e della genesi della maravigliosa civiltà araba.

A taluni sarà forse sembrato tedioso ed eccessivo il riassunto sì ampio, da noi fatto nei precedenti Annali, delle tradizioni sul Profeta: forse non pochi si saranno smarriti dinanzi alla copia intricata d'infiniti particolari, molti apparentemente senza valore o interesse generale. A taluni altresì sarà forse sembrato opera, per dire il meno, inconcludente l'aver riunito tanto materiale, e poi d'altro canto affaticarsi a dimostrare quanta parte ne è errata o apocrifa. Se però noi avessimo eliminato dal nostro studio tutto ciò che ritenevamo per erroneo, o apocrifo (anche facendo astrazione da qualche nostro possibile errore), avremmo soppresso tutto un materiale, che, anche se non storicamente vero, contiene pur tuttavia un tesoro di ricordi preziosi sulla vita, sui costumi e sul modo di sentire e di pensare degli Arabi antichi. La lettura di tutte le tradizioni da noi raccolte offre nel suo insieme, a chi sa leggere con intelligenza, un quadro vivace e vero delle condizioni morali e materiali degli Arabi contemporanei di Maometto. L'impressione creata nel nostro spirito, e le conoscenze apprese da questa lettura sono indispensabili per comprendere quello che venne di poi. Ciò varrà, io spero, a giustificare sufficientemente la nostra condotta, ed a spiegare la scelta da noi fatta delle tradizioni raccolte: se avessimo voluto raccogliere tutto quello che si riferisce all'Arabia antica, ne avremmo facilmente triplicata la mole del nostro precedente lavoro, senza affatto esaurire la materia. Il solo studio della storia e della poesia araba preislamica sarebbe stato già un argomento sì vasto da meritare un lavoro a sè. Ma quanto abbiamo riunito e studiato è più che sufficiente per il nostro scopo, e chi avrà letto anche superficialmente le tradizioni sulla vita di Maometto, troverà facilmente il modo di seguirci nelle brevi considerazioni, che ora aggiungiamo per meglio fissare gli aspetti generali e le passioni dominanti dello spirito arabo in quell'età eroica della sua storia.

Nota 1. — Non è possibile dare qui una bibliografia di questi studi, perchè su tale argomento esiste si può dire tutta una biblioteca. Bisognerebbe enumerare molteplici lavori sui poeti, sulla poesia degli Arabi antichi, quelli sulla storia delle dinastie arabe preislamiche, tutti gli studi sulle antiche civiltà dell'Arabia meridionale, non solo quelli fondati sulle tradizioni arabo-musulmane, ma anche sovratutto quelli ultimi scaturiti dalle meravigliose ed importantissime scoperte epigrafiche. Anche gli studi filologici sulla lingua araba offrono molto lume sulle condizioni morali del popolo: infine bisognerebbe aggiungere che in tutte le opere europee da noi citate trovansi molte notizie e giudizi utili sull'Arabia antica.

[**Le armi, la scienza militare e le condizioni morali degli Arabi alla vigilia delle conquiste**].

§ 295. — È impossibile rendersi conto della complessa, eppur primitivamente semplice natura degli Arabi, senza una chiara conoscenza delle condizioni geografiche del loro paese, e della vita di stenti e di pericoli continui, che il deserto inesorabilmente impone a quanti vivono in esso. Vi sono, è vero, alcune parti più fortunate della penisola, per esempio il Yaman, o Arabia Felice, dove la feracità del suolo, unita alla frequenza regolare delle pioggie, ha favorito uno sviluppo economico ed ha formato una popolazione sedentaria, laboriosa, dedita all'agricoltura, alle industrie ed al commercio. Ma noi possiamo trascurare questi angoli felici d'Arabia, perchè essi niuna parte diretta ebbero alla grande rivoluzione, creata e menata felicemente a termine dai soli nomadi dell'Arabia centrale, dietro istigazione ed esempio delle tribù che vivevano lungo le rive del Mar Rosso. Gli abitanti dell'Arabia Deserta furono essi i conquistatori del mondo, ed a loro soltanto conviene rivolgere la nostra attenzione.

Chi ha sempre vissuto nelle regioni temperate del mondo, dove il clima è dolce, i viveri sono abbondanti ed a buon prezzo, e la vita è facile e sicura, non può rendersi mai conto dell'esistenza vera dell'uomo in un paese di condizioni così anormali come l'Arabia, ove per più di otto mesi dell'anno regnano calori asfissianti, ove scarseggiano i viveri, ove l'acqua è una rarità preziosa, e quella poca che si trova, spesse volte cattiva e malsana; dove infine manca ogni più lontana forma di governo, e perciò la vita di ogni individuo è in costante pericolo non solo per l'inclemenza del clima, ma anche per la malvagità degli uomini. Solo chi ha viaggiato nel deserto può comprendere i terrori, i pericoli e le sofferenze che impongono agli uomini quelle immani solitudini, nelle quali lo smarrirsi significa morte certa, nel modo più crudele e straziante, la morte di sete. Non tenteremo nemmeno di descrivere il deserto con i suoi spaventosi calori estivi, con le sue immense distese di sabbia infocata, con le sue colline e pianure rocciose arroventate dal sole implacabile, dove di estate ogni palmo di terreno arde al punto da potervi difficilmente posare la mano. Chi non l'ha provato, non può mai figurarsi il bagliore accecante del sole, del cielo e della terra, arsa e riarsa dal fuoco celeste, che sembra tramutare il mondo in un forno crematorio.

Tranne la regione costiera del Ḥiǵāz, in cui i lembi dell'altipiano arabico sono rotti e solcati a guisa d'una catena di monti, e tranne il punto più centrale del Naǵd, presso i due monti Aǵā e Salma, dove si ha talvolta l'illu-

[Le armi, la scienza militare e le condizioni morali degli Arabi alla vigilia delle conquiste.]

sione di un clima apenninico, e la parte montuosa della Yamāmah, tutta la parte interna del paese è una sterminata pianura ondulata, interrotta qua e là da piccole colline, o montagne isolate, o da gruppi di bassi crateri spenti, ove le lave nere e lucide dànno un aspetto funereo tutto speciale e triste al doloroso paesaggio, immagine della desolazione. Nelle parti più centrali della penisola, siccome la prolungata siccità dura da un periodo assai più lungo che non alla periferia, l'azione disgregatrice del sole ardente, delle notti fredde, e dei venti, ha decomposto le roccie e formato campi immensi di sabbie mobili, che, mosse in qua e in là dalle correnti aeree, si polverizzano sempre di più e con il loro movimento perpetuo corrodono ancora le roccie e tendono perciò sempre più ad aumentare le sabbie e la desolazione. In queste distese sabbiose, la vegetazione è eccezionalmente scarsa, scarsissima l'acqua, ed in alcuni punti più centrali la vita, tanto per gli uomini che per gli animali, è addirittura impossibile. Nel cuore, per esempio, del grande deserto di sabbia del mezzogiorno, nessuno è mai penetrato, nessuno l'ha mai traversato: quelli almeno fra i Beduini che l'hanno tentato, non tornarono mai, e le loro ossa sono sepolte e scomparse nelle sabbie eternamente mobili. Le più strane e paurose leggende corrono perciò su quanto si asconde nel cuore di quella desolata contrada.

Intorno a queste regioni centrali si estendono sconfinate steppe, leggermente accidentate, come onde gigantesche di un oceano smisurato: dalla cima di ogni irregolarità del suolo si può mirare un tratto assai esteso del paese, ma non si può distinguere quanto è nascosto nelle infinite vallate o insenature di quell'oceano senza fine. Solo il fumo dei fuochi, o un animale pascolante sopra una cresta può tradire la presenza di un campo vicino. Sopra queste solitudini sterminate si stende un tenue velo di vegetazione grigiastra e spesso spinosa [1], pianticelle basse, misere, con poche foglie, per lo più di sapore amaro pungente, ed emananti, masticate dai cameli, odori acri e spesso nauseanti. Nelle parti più montuose, presso a qualche fonte (non parlo delle oasi), cresce qualche raro albero, ma esso è sempre una eccezione, e si comprende come la sua rarità abbia potuto generare nei barbari nomadi un senso di venerazione e di rispetto, tramutatosi infine in un vero e proprio culto arboreo, che esiste anche oggi in Arabia, nonostante tredici secoli d'Islām. Oltre le tenebre della notte, mai un filo d'ombra viene a ristorare lo stanco viaggiatore, nel quale l'ardore del sole e l'estrema aridità dell'aria infondono un'arsura interna, un senso di sete perenne ed irresistibile, alle nocive tentazioni della quale solo chi è nato e vissuto nel deserto sa resistere.

NOTA 1. — Per esempio l'*astragalus* (q a t ā d o s a'd ā n), la *coloquintide* (ḥ a n ẓ a l), il *Zizyphus lotus* (ḍ ā l), il *Calligonum gomosum* (a r ṭ ā h), la *Nitraria retusa Ascher* (gh a r q a d) ecc. Tra gli alberi menzioneremo soltanto varie specie di acacio (s a m u r a h) o di tamarischi (a th l).

§ 296. — Siffatto paese desolato e terribile era dunque la patria degli Arabi: in altro luogo precedente (cfr. 12. a. H., §§ 105 e segg.) abbiamo spiegato a lungo come ciò fosse avvenuto, vale a dire, come non fossero gli Arabi che si scelsero per dimora siffatta orrida regione, ma bensì l'Arabia, per un processo di lunga evoluzione geologica, si fosse tramutata da un paese incantevole e ridente in quello che abbiamo poc'anzi tentato di descrivere. Gli Arabi dunque dell'età di Maometto erano le vittime inconscie di un crudele destino, l'ultimo popolo semita rimasto fedele e tenace nella sua patria primitiva. Questa però non era più un ameno luogo di riposo e di rifugio, ma una crudele prigione, piena di tormenti e di orrori. La trasformazione era stata sì lenta, da sfuggire alla percezione immediata dei sensi, ed ogni successiva generazione ignorò sempre che quella precedente aveva vissuto in condizioni più miti e più favorevoli. Avvennero, è vero, molte emigrazioni, ma le ragioni e la natura delle medesime, dopo molti secoli, non rimasero più impresse nella memoria dei posteri. Le tradizioni da noi brevemente citate sulle migrazioni delle tribù arabe dopo la rottura dell'argine di Ma'rib, dimostrano quanto gli abitanti della penisola fossero inconsapevoli di ciò che avveniva intorno a loro.

[Le armi, la scienza militare e le condizioni morali degli Arabi alla vigilia delle conquiste.]

Date però queste condizioni di fatto, ammesso inoltre come verità indiscutibile che le condizioni geografiche e fisiche d'un paese influiscono profondamente sul fisico e sul morale degli abitanti, e riconosciuto infine quanto la razza umana sia maravigliosa per il modo con il quale può adattarsi all'ambiente — l'uomo è il solo essere vivente che riesca a vivere in *tutte* le regioni del mondo —, noi veniamo ad una conclusione di grande rilievo: appuriamo cioè che, per un processo di selezione millenaria, la razza araba per adattarsi a vivere nella orrida Arabia, doveva aver acquisito tutte le qualità necessarie per poter sopravvivere all'inclemenza terribile del clima.

Difatti quando gli Arabi compariscono nella storia, avevano già dimorato, di generazione in generazione, sì a lungo nei deserti, che la loro natura si era completamente adattata alle condizioni di quel paese; adattata al punto da apparire esso il popolo per eccellenza dei deserti, quello che meglio di ogni altro ritrae nei suoi costumi, nella sua favella, in ogni suo atto e pensiero la vita delle grandi solitudini. L'adattamento degli Arabi alle condizioni del loro paese è già sì completo fin dal loro primo comparire nella storia, che noi li vediamo con maraviglia anche tenacemente affezionati al loro paese, nonostante tutti i suoi orrori e terrori, e preferirlo persino a tutti gli altri della terra. Essi sono già i veri figli del deserto, foggiati da esso in uno stampo speciale, che non troviamo altrove presso verun popolo.

Fra la natura degli Arabi ed il paese loro natio esiste dunque un legame sì intimo, che il deserto è realmente parte essenziale della vita, del carattere

[Le armi, la scienza militare e le condizioni morali degli Arabi alla vigilia delle conquiste.]

e delle virtù arabe; è l'ambiente, nel quale l'Arabo rivela più completamente le doti maravigliose che adornano quella razza sì geniale d'uomini, unici al mondo nel loro genere. Non crediamo perciò di sostenere un paradosso affermando che la genialità maravigliosa degli Arabi, sia il prodotto delle vicende singolari della loro preistoria. Un popolo per sua natura già intelligente, vivace e forte, ebbe tutte queste qualità singolarmente sviluppate dalla lotta millenaria che esso dovè impegnare con un clima, il quale diveniva sempre più inclemente e avverso; il deserto — ove l'aria è sempre sana, pura e invigorente — fu l'educatore e il fortificatore, per eccellenza, della razza araba.

§ 297. — Il popolo arabo è, fra tutte le genti del mondo, quello che offre i maggiori contrasti e le più grandi sorprese a colui che ne studia attentamente il carattere e la storia. Ecco un popolo che vive isolato in una delle regioni più squallide e tristi al mondo, privo di tutti quegli aiuti, che rendono altrove la vita per lo meno tollerabile. L'esistenza nomade in durezze e asperità sì eccezionali, si riduce in realtà a una lotta continua con la morte, nelle condizioni più ingrate e senza speranza mai di un miglioramento, anzi nell'impossibilità assoluta di qualsiasi progresso. Il deserto nelle sue esigenze è inesorabile, implacabile: spezza e uccide tutto ciò che non si piega alle condizioni che esso impone.

Il nomade deve vivere soffrendo sempre la fame e la sete, ed abituando il corpo a patire ed a privarsi anche del più necessario. Per resistere al clima il suo cibo deve essere dei più semplici: la sobrietà nel bere e nel mangiare è la legge prima e fondamentale per vivere sano nel deserto. In esso tutti sono poveri, tutti devono vivere di stenti, tutti devono penare dolorosamente per mantenere in vita gli armenti e sè stessi.

La vita è in costante pericolo: non solo sopravvengono le belve a rapire gli armenti (in certe parti d'Arabia abbondavano un tempo i leoni), non solo vi sono i nemici che, quando meno si crede, piombano sul campo, uccidono gli uomini, portano via le donne ed i bestiami; ma possono anche venir meno i pascoli per effetto di frequenti e prolungate siccità; malattie infettive possono distruggere il bestiame, e, morto questo, all'Arabo non rimane che perire di fame, o divenir brigante, rubando al prossimo quello che gli occorre per vivere, o facendosi uccidere come malfattore. L'estrema povertà del paese impedisce la formazione di numerosi gruppi umani, e rende impossibile il costituirsi di centri abitati o popolosi: le famiglie nomadi devono vivere separate, affinchè i loro bestiami, l'unico mezzo di sostentamento, possano trovare ciò che basta appena per tenerli in vita. Ogni gruppo, anche piccolo, non può rimanere mai a lungo in un medesimo sito, perchè ben presto i cameli e le capre hanno avidamente divorato quelle poche piante che crescono nell'arido suolo;

il gruppo di famiglie deve costantemente muovere di pascolo in pascolo, viaggiando spesso per vari giorni senz'acqua, e contentandosi sovente di miseri pozzi d'acqua amara e spesso anche malsana, piena di sali irritanti, che solo la tempra ferrea dell'Arabo può assorbire senza danno.

[**Le armi, la scienza militare e le condizioni morali degli Arabi alla vigilia delle conquiste.**]

Ogni vita civile, ogni forma pur rudimentale di governo è impossibile in queste condizioni: ogni gruppo, anche della medesima tribù, vive separato e indipendente dall'altro, e sovente avviene che una piccola famiglia vada errando per mesi nel silenzio infinito del deserto, senza incontrarsi mai con gli altri consanguinei, vivendo in uno stato di perfetto isolamento. La vita anzi presenta nel deserto tante difficoltà, che la tendenza generale dei gruppi nomadi è di rimanere separati: meno sono numerosi, più il pascolo abbonda per i loro animali, e le camele e le capre tornano al campo la sera con le poppe più gonfie, ciò che importa assai, perchè il latte è il nutrimento principale del nomade. Ogni persona che s'incontra può essere un nemico: solo vive tranquillo e sicuro chi è ignorato da tutti.

L'amico di oggi può essere il nemico di domani: se oggi regna abbondanza nel campo, perchè le camele tornano sazie dal pascolo, domani forse una malattia o una razzia nemica può portar via tutti gli animali, e l'Arabo, per non morire, deve prendere la spada e farsi brigante, scannando forse l'amico di ieri per rapirgli il bestiame.

§ 298. — Nessuno esiterà ad ammettere che, per sopportare una vita sì dura, ed assuefarsi alla medesima in modo da trovare in essa perfino un diletto — perchè l'Arabo ama il suo deserto e la sua vita randagia —, un popolo deve possedere qualità morali ed una tempra fisica del tutto eccezionali. Ad una salute di ferro deve unire un'energia, un ardire singolare che ignorano la viltà e gli sgomenti della disperazione; una tenacia di propositi che niuna calamità può fiaccare, una fecondità di ripieghi per la quale nulla è impossibile, ed una fiducia illimitata nei propri mezzi e nelle proprie forze. Questo spiega in gran parte il misterioso contrasto che si annida nella natura araba. Da un lato troviamo in lui la più crassa ignoranza, la più barbara superstizione: lo vediamo menare una vita di solitudine e di stenti che dovrebbe, a parer nostro, degradarlo allo stato di un essere che solo pensa a vivere con istinti di belva: d'altra parte, invece, noi scopriamo con maraviglia come egli possegga la più vivace intelligenza e i più nobili sentimenti, benchè accoppiati ai più feroci istinti: ci accorgiamo che egli parla la lingua forse più ricca, più difficile, più bella e più perfetta fra le semitiche, ed una delle più maravigliose che si conosca: lingua stupenda per maschia vigoria di suoni, di forme, di stile e di espressioni. Nessuno ignora che la lingua di un popolo è l'indice più sicuro della sua intelligenza e del suo carattere, è l'espressione più

[Le armi, la scienza militare e le condizioni morali degli Arabi alla vigilia delle conquiste.]

genuina e più autentica delle sue virtù e dei suoi difetti. Vediamo così l'Arabo, ignaro di tutto ciò che il mondo ha prodotto di più bello, creare da sè, realmente dal nulla, una splendida concettosa poesia, con metri svariati e difficili, poesia mirabile di forma, di sentimenti e di pensieri, ricca di immagini virili e di passioni ardenti, nella quale si rivela tutta l'anima di un popolo, privo è vero di sentimento religioso, ignaro di alte aspirazioni etiche e politiche, ma conscio nella sua travagliata esistenza d'ideali elevati. Il linguaggio è fiero, marziale, talvolta feroce, ma in esso spira una forza di sentimento, una vigoria di pensiero ed un'eleganza concisa e forbita di forma, che lo rendono unico nel suo genere fra le letterature dell'Asia, e che può sostenere il paragone con le poesie popolari di qualunque altro paese al mondo.

Lasciamo al filosofo d'indagare come ciò possa essere avvenuto, e come la vita terribile del deserto abbia non solo fortificata la fibra dell'uomo, ma abbia anche acuito la sua intelligenza e temprato il suo carattere. Non è fuori di proposito di notare come il cavallo, un animale pur importato in Arabia, abbia ivi acquistato tali qualità, da renderlo famoso in tutto il mondo come il tipo più perfetto della sua specie. Questo effetto rigeneratore del deserto è dunque sensibile per tutti gli esseri viventi che possono resistere in esso.

A questo proposito cade acconcio di rammentare quanto notammo in altro luogo (§ 116) sulle condizioni preislamiche d'Arabia. Vediamo cioè come si possa confermare e completare il principio storico del Winckler, secondo il quale l'Arabia preislamica era in una fase di secolare regresso. Abbiamo infatti in Arabia un popolo che ha raggiunto un grado di sviluppo morale di gran lunga superiore alla vita barbara che menava: benchè vivente in un paese deserto ed inclemente, lo troviamo addestrato nell'uso d'una lingua magnifica, strabocchevolmente ricca di vocaboli e d'immagini: è in possesso di un tesoro di bellissime poesie; è fiero di un prezioso retaggio di gloriose tradizioni, animato da sentimenti marziali e dedito ad una vita, nella quale il più alto ideale era il conseguimento della gloria con atti di valore sui campi di battaglia, o con atti di sconfinata generosità. Vediamo un popolo animato d'una energia istancabile, che nel conseguimento dei suoi ideali manifesta una volontà irruente e un ardire senza limiti; che nessuna difficoltà, nessun pericolo può arrestare; paziente e forte nella fortuna avversa, assai temibile e purtroppo anche implacabile e feroce, quando lo scopo è raggiunto.

Tutto questo, che pare un'incomprensibile contradizione, si spiega ora come un fenomeno semplice e naturale, come il risultato di due processi evolutivi contrari. L'uno cosmico, d'un paese cioè che diviene sempre più arido, più misero e più inospite; l'altro umano, di una razza giovane e forte, piena d'immense energie e di geniali virtù, che tende al progresso ed alla civiltà a dispetto delle più implacabili difficoltà, e cerca di spezzare e vincere l'ostacolo ineluttabile delle condizioni fisiche della sua patria. Gli Arabi quindi non erano nè selvaggi uscenti dalla barbarie, nè anemici eredi di una civiltà in decadenza; sibbene uomini che volevano progredire e che progredivano, ma che dovevano per uno strano destino, unico nel suo genere, lottare con le forze più avverse della natura.

[**Le armi, la scienza militare e le condizioni morali degli Arabi alla vigilia delle conquiste.**]

Era così impegnata una strana lotta fra un popolo che voleva emergere verso la luce, e una natura che tendeva a spegnerlo ed ucciderlo. Maometto comparve nel momento più acuto della crisi, in un punto culminante di questa lotta millenaria fra un popolo e Dio, ed egli, inconsapevole istrumento del Destino, insegnò a questo popolo generoso il modo di spezzare le crudeli catene e guadagnarsi alfine il bramato riscatto.

§ 299. — Scorgesi però evidente e chiaro come le condizioni speciali della vita, in un paese ove era divenuto sì difficile possedere fin gli elementi più necessari dell'esistenza, ove i pericoli, più numerosi che altrove, minacciavano l'uomo, avessero di necessità sviluppato in un grado altissimo le tendenze energiche ed aggressive del popolo arabo. Ciò è un fatto del tutto normale in un paese ove tutto è penoso e difficile, ove l'uomo continuamente deve dar prova di vigoria d'animo e di corpo, ove l'intelligenza, sempre desta per premunirsi da pericoli, o per superare grandi difficoltà, non può mai avere un momento di requie.

Dovunque si volga, l'Arabo non trova che immense distese di terreno, o coperte di roccie, o dure come le pietre, o formate di dune interminabili di mobili sabbie: in esse scarsi sono i pozzi, e l'acqua dei medesimi sovente tiepida e cattiva. Mai un albero, mai un po' d'ombra finchè il sole arde in cielo. Per i lunghi viaggi, l'acqua entro gli otri diviene calda e nauseante, e sciogliendo i succhi amari del cuoio, e delle sostanze con cui è stato conciato, lascia a chi ne beve un sapore sgradevole, che sembra asciugare la bocca e non saziare la sete.

Il bagliore acciecante e continuo, i miraggi ingannatori (sarāb; cfr. Qur·ān, LXXVIII, 20, XXIV, 39; Ḥamāsah, 350) spossano ed irritano lo stanco viaggiatore: tempeste spaventose di vento si scatenano talvolta all'improvviso con violenza incredibile, schiantando tutto quello che trovano sul loro cammino, tramutando il giorno in una notte tenebrosa: misero è colui che vien còlto in queste bufere, perchè rischia di smarrire il cammino e di rimanere sepolto insieme con i suoi animali sotto monti di polvere e di sabbia. I cameli si rannicchiano allora per terra e tentano salvarsi dalla

[Le armi, la scienza militare e le condizioni morali degli Arabi alla vigilia delle conquiste.]

tormenta, piegando il collo e ricoverando il capo sotto ai propri fianchi: gli uomini si gettano in terra presso alle bestie, e si avvolgono il capo nei mantelli per non respirare la polvere di cui l'aria è satura; non di rado la sabbia gettata sugli infelici è tanta, che, passata la bufera, non riescono più a sollevarsi e periscono perciò miseramente soffocati sotto di essa.

Il deserto è pieno di malfattori, ed un tempo in Arabia abbondavano i leoni e le belve feroci. Nemmeno il pascolo e l'acqua sono per il Beduino possesso sicuro e durevole: a ogni istante può comparire il ladro che gli rapisca tutto ciò che possiede, che tronchi senza pietà la sua precaria esistenza, o che lo getti nella più squallida miseria, che, oltre al dolore cocente della perdita di tutti i beni, è per l'Arabo un'onta intollerabile per il suo smisurato orgoglio. A questi pericoli si aggiunge quello terribile della sete: un otre mal legato può inavvertitamente vuotarsi in cammino e privarlo cosi dell'ultima stilla d'acqua quando è lungi lungi da ogni pozzo, da ogni campo, da ogni soccorso: allora lo attende la morte più crudele che si conosca, la morte di sete.

Per necessità quindi inevitabile del destino, tutto sospingeva l'Arabo a vivere in uno stato di guerra continua, sempre armato, sempre pronto a difendersi contro gli uomini, le belve e la natura. La sua felicità, i suoi averi, la sua stessa vita erano soltanto sicuri, in quanto egli era capace di conservarseli con la forza del braccio, o con il terrore del suo nome, o con la capacità di resistere alle terribili privazioni del deserto.

§ 300. — L'esistenza in queste condizioni ebbe perciò sulla natura degli Arabi, sì vivaci, intelligenti e fecondi in ripieghi, un effetto altamente educativo. Invece di cedere e soccombere, gli Arabi reagirono e superarono le innumerevoli avversità. Maggiori e più numerosi erano i pericoli, più affliggenti le durezze della vita: più strenuamente appresero a combatterle, più ardita e tenace si formò la loro natura. L'immensa energia e l'illimitato ardire, infusi nell'animo da tante prove felicemente superate, aumentarono sempre più la vigoria morale del popolo, che uscendo felicemente da tanti duri cimenti, diveniva sempre più sicuro di sè, sempre più fiducioso nei propri mezzi e nelle proprie forze, sempre più pronto perciò a nuove e più rischiose avventure.

Niuna impresa, per quanto temeraria, lo faceva indietreggiare; nessun deserto aveva terrori sufficienti per arrestarlo. La sobrietà nel bere e nel mangiare, e la bontà del loro nutrimento principale, il latte di camela, avevano reso l'Arabo di corpo in apparenza esile e magro, ma dotato d'una tenacia ferrea, di una resistenza adamantina dinanzi ai patimenti. Nè i calori atroci della grande estate, nè i rigori talvolta glaciali delle notti invernali negli elevati altipiani del settentrione, nè la fame, nè la sete facevano impressione alcuna sulla sua fibra temprata come l'acciaio; perciò nè questi patimenti, nè i pericoli, nè le belve, nè i nemici avevano per lui terrori: per l'esperienza accumulata di innumerevoli generazioni, egli conosceva quasi istintivamente come superare ogni ostacolo, fondendo sagacemente l'ardire più temerario con la più preveggente prudenza, che tutto calcola e misura per vincere sicuramente con il minimo dispendio di forze: quando egli si era prefisso uno scopo, nulla poteva più arrestarlo.

[Le armi, la scienza militare e le condizioni morali degli Arabi alla vigilia delle conquiste.]

Taluni hanno creduto scoprire la viltà nell'animo del Beduino (Jacob. Arab. Dicht., III, 121): ciò è un errore. Nessuno più rapidamente di lui intravedeva i vari aspetti d'uno stato di cose, ne calcolava i vantaggi, le difficoltà ed i pericoli. Quando, per ormai innata oculatezza, si convinceva che una cosa non era umanamente possibile, nessuno più dell'Arabo era pronto a prendere una decisione, rinunziando senza esitare a quello che sembrava o nocivo o impossibile, oppure a ciò che gli appariva pazzesco, inutile o svantaggioso. Se tante volte abbiamo notizia di spedizioni del Profeta contro tribù che precipitosamente si dileguavano, ciò significa soltanto che i Musulmani aggredivano con sicurezza di vittoria, e che i Beduini prontamente sottraevansi a un conflitto, nel quale il loro buon senso scopriva la sicurezza di morte o di disfatta. Il deserto insegna crudelmente a calcolare ogni cosa, e a nulla rischiare senza sicurezza di profitto: e questa sicurezza di guadagni era evidente al Beduino in innumerevoli imprese, nelle quali altri avrebbe indietreggiato con terrore dinanzi ai patimenti ed ai pericoli. La natura del Beduino era quindi un miscuglio di temerario ardire e di oculata prudenza, per effetto del quale alcuni suoi atti ci sembrano ispirati da un ardire maraviglioso, altri invece ci appaiono come vili e pusillanimi: nell'uno e nell'altro caso, il nostro giudizio è errato, perchè ignoriamo del tutto i sentimenti e le condizioni materiali nei quali l'uomo agì. Ciò che a noi sembra atto di grande ardire, fu forse invece il risultamento di un calcolo mirabilmente previdente, e di un'azione intelligentemente ed arditamente energica: come quella del nuotatore sperimentato, che si tuffa da una grande altezza entro le onde del mare, là dove un altro si ucciderebbe nella caduta. Se però quello stesso nuotatore rifiuta di tuffarsi. perchè è conscio che, data la poca profondità del mare, egli s'infrangerebbe il capo sul fondo marino, non possiamo accusarlo di viltà: è in realtà un rifiuto prudente, ispirato dalla consapevolezza di un rischio inutile e fatale.

Non v'è da maravigliarsi se dalla scuola terribile, da noi poc'anzi descritta, prolungata per infinite generazioni, un popolo, già per sua natura irrequieto ed aggressivo, si trovasse in una condizione morale del tutto singolare, e rivelasse uno strano miscuglio di grandi virtù e di deplorevoli difetti. Gli Arabi, avvezzi a contare sempre e soltanto sui propri mezzi, viventi in paese sconfinato e senza leggi, divennero amanti appassionati della libertà più

[**Le armi, la scienza militare e le condizioni morali degli Arabi alla vigilia delle conquiste.**]

illimitata, intolleranti anche della forma più mite di sindacato e di autorità. Questo sentimento acquistò poi forza speciale per il fatto che il deserto impose agli uomini di vivere in piccoli gruppi separati, in perpetua e completa libertà, senza poter mai contare sull'appoggio di alcuno.

La sicurezza in sè generò uno spirito a un tempo fiero, gaio e vivace, ma del pari anche, quasi per reazione contro le sofferenze patite, irascibile e pronto alla vendetta; la vita isolata, lungi dal consorzio umano, nel quale l'individuo impara a moderarsi per non venire in continuo conflitto con i suoi simili, indusse l'Arabo ad ignorare ogni ritegno quando le sue passioni erano eccitate, e a mostrarsi talvolta spaventosamente crudele e vendicativo. Vivendo sempre in piccoli gruppi, non vincolato da alcuna legge, non conoscendo alcunchè di sacro fuori della cerchia della propria famiglia, esposto sempre agli stenti più dolorosi e cocenti, senza conoscere mai che cosa sia la ricchezza, l'abbondanza e la pace, l'Arabo, dopo infinite generazioni, aveva radicata nell'animo una rapacità sitibonda che non sapeva freno, ed attutiva in lui ben sovente tutte le sue migliori qualità. Mentre poteva essere a volte mirabilmente ospitale e generoso, quando un estraneo infelice veniva a chiedergli protezione e soccorso; d'altra parte niun nemico era più temibile di lui, quando era mosso da sete di rapina e di vendetta. Egli poteva trovare un diletto speciale nel versare sangue nemico, e mostrare un' indifferenza inumana per le sofferenze altrui. La natura dell'Arabo è piena di monotonia e di contrasti sorprendenti, come il deserto in cui vive.

La tensione continua dello spirito, necessaria all'assidua lotta dell'esistenza, aveva reso l'animo estremamente suscettibile: un minimo incidente, una parola pungente, poteva destare le ire più impetuose: per un nulla l'Arabo metteva mano alla spada ed uccideva il suo offensore. Motivi futili facevano perciò scoppiare guerre interminabili e sanguinose, nelle quali si svolgeva una serie raccapricciante di delitti e di vendette, con retaggio di rancori inestinguibili che erano tramandati di generazione in generazione, e, mai dimenticati, riaccendevano costantemente conflitti fratricidi. Nessuno pensava mai a piangere i morti: le donne potevano farlo sotto alle tende nere; il vero Arabo doveva solo meditare la vendetta. Il giudice supremo in queste vertenze era soltanto la spada. Tutta l'Arabia nomade, ai tempi di Maometto, era quindi come un immenso campo di battaglia, nel quale tutte le infinite unità vivevano in uno stato di guerra perenne: la guerra era, dopo la pastorizia, l'occupazione maggiore e prediletta, era l'essenza stessa della sua vita. La fine più ambita d'un uomo era quella di morire sul campo di battaglia, coperto di gloria. I poeti si vantavano di non avere altra occupazione che la guerra, ed il guerriero esprimeva in versi il voto di non aversi mai a togliere la maglia di ferro fino al giorno in cui dovrà riposarsi entro la fossa profonda (Schwarzlose, 34).

[Le armi, la scienza militare e le condizioni morali degli Arabi alla vigilia delle conquiste.]

§ 301. — Gli Arabi formavano quindi, vivente Maometto, una nazione di guerrieri per eccellenza: l'unico mestiere conosciuto dai nomadi era quello delle armi, unica arte la poesia, unica scienza la pastorizia, unico ideale la gloria, aspirazione più ardente il bottino, passione più forte la libidine. Fra questi uomini, i più grandi guerrieri del tempo loro, sorse l'Islām, una fede che, nata come una dottrina puramente morale, non trovò accoglienza e fortuna se non nel giorno in cui, tramutatasi in un mezzo di ordinamento politico e militare, aprì agli Arabi orizzonti sconfinati, nei quali era possibile soddisfare le passioni in una misura non mai conosciuta, nè mai nemmeno sognata. In questo ambiente, un appello alla morale ed al timore di Dio doveva di necessità tramutarsi, invece, in un appello alle armi ed alla rapina in nome di Dio: la militarizzazione dell'Islām risultò quindi inevitabile dalle condizioni dell'ambiente, e la carriera, in principio puramente religiosa, di Maometto si tramutò in politica e militare: il predicatore della vita di oltre tomba divenne il fondatore d'un impero. Così veniamo a comprendere come la fusione in un fascio solo di unità prima staccate, fra loro in perpetuo conflitto, pur ponendo fine ad ogni lotta interna e fratricida, ma non modificando le tendenze e le passioni esistenti, dovesse fatalmente sospingere le tribù riunite ad aggredire tutte quelle che non erano confederate con loro, a fare ad altre quello che non potevano più fare fra loro. Mentre però nei tempi antichi i piccoli conflitti fratricidi nulla mutavano nelle condizioni reali del paese, l'unione ora di tante forze e l'impiego delle medesime a un solo scopo, sotto una sola direzione, produsse profondi, imprevisti sconvolgimenti: gl'innocui rigagnoli si trovarono uniti e formarono un grande fiume in piena. Gli effetti sorprendenti di siffatta unione furono illustrati in modo maraviglioso dalle guerre intestine degli anni 11. e 12. H. Nulla potè resistere al collegamento disciplinato delle forze musulmane: i rigagnoli, confusi in torrente, tutto travolsero nel loro cammino. I vinti sopraffatti si unirono al vincitore; il torrente crebbe in volume; i prosperi successi ottenuti ne aumentarono l'impeto; lo spirito profondamente bellicoso delle unità riunite richiedeva sempre nuove imprese; era impossibile che stante la sottomissione all'Islām, nel paese della guerra per eccellenza, potesse regnare improvvisamente la pace. L'Islām avrebbe quindi significato un immediato e radicale mutamento degli animi e la cessazione completa della sola occupazione, con la quale l'Arabo poteva illudersi di migliorare la sua sorte crudele nei deserti. Ma ciò non era umanamente possibile: a uno stato di pace perpetua nessun Arabo si sarebbe mai acconciato, il deserto stesso lo avrebbe anche reso impossibile. V'era inoltre l'in-

[Le armi, la scienza militare e le condizioni morali degli Arabi alla vigilia delle conquiste.]

domabile ardore bellicoso dei nomadi, che doveva assolutamente avere soddisfacimento, e che niuna forza umana sarebbe mai bastata a contenere durevolmente sotto un regime di pace e di giustizia. Se non potevano dilaniarsi a vicenda, dovevano assolutamente dilaniare il prossimo; e l'erompere degli eserciti musulmani sui confini della Persia e di Bisanzio non fu tanto un ordine partito da Madīnah, quanto un vero e proprio moto popolare, generato spontaneamente dall'inconscia fusione di infinite passioni individuali, dirette tutte insieme verso un solo scopo; scopo determinato non dalla volontà cosciente e preveggente dal califfo abū Bakr, ma dalla naturale, infrenabile inclinazione, e quasi pendio morale della società araba, in mezzo a cui la fusione delle volontà molteplici s'era compiuta. Il moto d'espansione araba può paragonarsi alle molecole d'acqua vaporizzate, che, condensandosi improvvisamente per l'azione di qualche fattore fortuito, rapidamente precipitano in pioggia, e cadendo lungo i fianchi d'un monte, si uniscono in rigagnoli, confluiscono in ruscelli, raccolgonsi in torrenti, irrompono confusi alfine in un fiume impetuoso che allaga il piano e travolge alberi, ponti e case [1].

Nota 1. — La natura complessa delle ragioni che sospinsero gli Arabi alle conquiste, non poteva essere compresa dagli attori stessi del dramma, e molto meno poi da quelli che ne tramandarono la storia. Invano perciò cercheremmo nelle fonti le ragioni esplicite, che indussero il Califfo ad iniziare l'invasione della Siria. Questa fu certamente assai più un moto spontaneo, che non parrebbe dal senso letterale delle fonti, le quali ne fanno risalire l'origine al puro, non motivato capriccio del califfo abū Bakr. Delle ragioni che possono aver indotto costui non dicono una sola parola. Su questo argomento e sulle probabili ragioni occasionali avremo a tornare fra breve.

§ 302. — Analizzando così la natura araba ai tempi di Maometto, e mettendola in raffronto con le condizioni del paese nel quale vivevano gli Arabi, scorgiamo che il carattere degli uomini rispecchia fedelmente le condizioni della loro patria. Appunto nella vita del deserto noi dobbiamo cercare le ragioni degli aspetti più caratteristici della natura araba; solo la vita menata per infinite generazioni in condizioni tanto dure e difficili, può spiegarci come nell'Arabo si unissero in apparente contradizione l'acuita e geniale intelligenza insieme ad un grado di civiltà quasi selvaggia. La vera civiltà può soltanto svilupparsi ove gli uomini si riuniscono numerosi, si partiscono fra loro il lavoro, aiutandosi reciprocamente e regolando con leggi fisse e riconosciute i loro rapporti quotidiani. Allora soltanto si accumulano ricchezze, svolgonsi le arti, si formano concetti morali, scaturiscono tendenze religiose, e, grazie al continuo scambio d'idee, d'impressioni e di esperienze, si ha finalmente quello che noi chiamiamo progresso e civiltà. Ma perchè questo possa accadere, è necessario che esista una regione tanto ferace e sana, da permettere all'uomo di riunirsi in gruppi molto numerosi, e da dedicarsi ad occupazioni sedentarie; prima all'agricoltura, poi alle industrie, ed infine alla scienza e alle arti. Solo l'aggruppamento di uomini in siffatte condizioni può creare il sentimento religioso: fra uomini sparsi, nomadi, poveri, ignoranti e che, per vivere appena, debbono quasi fuggirsi a vicenda, nessuna civiltà, nessun progresso, nessuna vera religione è possibile. Là ove le forze della natura sono pari alle forze umane necessarie per vincerle, si crea una specie di equilibrio, d'immobilità, che tiene l'uomo fatalmente incatenato ad una forma di esistenza cristallizzata, nella quale niun progresso è possibile: la civiltà rimane primitiva, e la religione non si solleva al di là della più bassa superstizione. Una civiltà è possibile là soltanto, ove l'uomo può facilmente vincere le forze avverse della natura, e dedicare la maggiore e miglior parte delle sue energie, non già ai mezzi per vivere, ma ad occupazioni e a pensieri più elevati.

[Le armi, la scienza militare e le condizioni morali degli Arabi alla vigilia delle conquiste.]

In Arabia il deserto vietava agli uomini di riunirsi numerosi ed impediva ogni progresso: questo ci spiega perciò quanto fosse barbara la vita dei nomadi contemporanei di Maometto; la nostra breve descrizione precedente ha però dimostrato che, per vivere nel deserto, erano necessari una intelligenza e una forza di carattere del tutto eccezionali. Per via di un processo molte volte secolare di continua selezione, troviamo quindi gli Arabi dotati di una mirabile intelligenza, d'una vigoria morale e fisica veramente sorprendente, ma, allo stesso tempo, immersi in una selvaggia ignoranza ed in una barbara superstizione. Appena uscirono dal deserto, rifulse tutta la sorprendente intelligenza degli Arabi. Essi assorbirono la civiltà dei vinti con l'avidità con cui la sabbia del deserto assorbe l'acqua caduta dal cielo, ed in principio compierono miracoli, che ancor oggi ci riempiono di maraviglia. Ma questo periodo felice durò poco; mancò il severo correttivo del deserto: gli Arabi degenerarono e infine scomparvero in grembo ai popoli che avevano vinto; ma tanto era stata potente la nuova linfa da essi infusa nei vecchi organismi asiatici, tanto si rivelarono superiori ai popoli che sottomisero, che, pur scomparendo, lasciarono nella lingua, nella fede e nella nuova civiltà, traccie incancellabili del loro breve, ma splendido trionfo.

§ 303. — Se ora mettiamo in raffronto questi brevi appunti sulle condizioni morali del popolo arabo alla vigilia delle conquiste, con quanto abbiamo esposto poc'anzi sullo stato dei due grandi imperi, il Sassanida e il Bizantino, contro i quali gli Arabi diedero di cozzo, se ne ritrae evidente, senza necessità di altre dimostrazioni, la grande superiorità morale e militare degli aggressori sugli aggrediti. Si comprende cioè come sotto ogni rapporto, tanto morale che materiale, nè i Greci, nè i Persiani non erano in grado di resistere al nuovo nemico che si gettava con tanto impeto contro di loro. Contro due popoli esausti di uomini e di mezzi, corrotti da una secolare decadenza, scissi da profonde discordie politiche e religiose, oppressi da governi abominevoli, considerati dai sudditi non già come protettori ed amici, ma

[Le armi, la scienza militare e le condizioni morali degli Arabi alla vigilia delle conquiste.]

come crudeli ed odiosi tiranni e nemici; dissanguati a morte da un fisco implacabile: contro questi infelici si scagliava ora un popolo giovane, forte e unito, con eserciti composti di guerrieri nati e vissuti nelle armi, pieni di ardore, superbi disprezzatori di ogni pericolo.

Dobbiamo meravigliarci se gli Arabi riuscirono completamente vittoriosi, se, sotto ai colpi ripetuti, i due decrepiti Imperi rovinarono nella polvere in brevissimo corso di anni? Le grandi vittorie di Aǧnadayn, del Yarmūk e di al-Qādisiyyah furono eventi che non debbono destare grande sorpresa nell'animo di chi ha saputo rendersi ben conto delle condizioni relative dei combattenti. Anzi lo studio accurato del problema porta invece ad un senso direi quasi di sorpresa, allorchè noi vediamo la Persia e Bisanzio difendersi nel modo descritto dalle fonti, perchè parrebbe quasi che di ogni difesa fossero ormai del tutto incapaci. Quando esamineremo minutamente le varie fasi della conquista, ci renderemo meglio conto di questo fenomeno, il quale si spiega con il numero esiguo degli invasori e con le incertezze dei loro piani, quando, cioè, passarono dal concetto di una grande razzia a quello d'una vera conquista.

Sulle varie fasi delle conquiste avremo a parlare altrove: in questo luogo solo il primo periodo richiede immediatamente la nostra attenzione. In esso tutto aiutò e favorì gl'invasori, ed alle ragioni predette bisogna aggiungerne un'ultima di sommo rilievo. Dalle pendici dell'altipiano iranico a oriente del Tigri fino alle rive sirie del Mediterraneo, dai monti dell'Armenia alle frontiere dell'Egitto, l'Asia Anteriore era popolata da razze semitiche, per lo più tutte di ceppo aramaico. Fra queste popolazioni, un tempo idolatre, il Cristianesimo si era rapidamente propagato, incontrando in principio molto favore; si può dire con sicurezza che, al momento dell'invasione araba, fatta eccezione per gli Ebrei e per una grande parte degli Arabi nomadi, tutta la razza semitica erasi convertita al Cristianesimo: questa fede medesima aveva già incominciato a penetrare vittoriosamente molte regioni d'Arabia. Purtroppo però, sia per le condizioni dell'ambiente, sia per la natura stessa della razza semitica, sia per l'influenza perniciosa dello spirito filosofico greco, il Cristianesimo orientale era profondamente corrotto e degenerato. L'incertezza che regnava riguardo ai dogmi fondamentali della nuova religione, gli asprissimi conflitti nati da quest'incertezza, il numero stragrande delle varie interpretazioni dogmatiche, e l'estrema violenza delle passioni scatenatesi in conseguenza di tali conflitti, avevano generato alfine un profondo turbamento morale nelle classi infime della popolazione, le quali perciò non si può dire fossero ben convinte di ciò in cui s'avvisavano di credere. La facilità con la quale nascevano nuove eresie e la rapidità con cui si propagavano, sono indizio della confusione morale del popolo, e dell'instabilità delle sue convinzioni religiose. La tensione degli animi era aumentata inoltre dalla condotta dei governi, perchè per ragioni diverse, tanto gl' Imperatori di Costantinopoli, quanto i Re di Ctesifonte da lungo tempo avevano crudelmente oppresso e perseguitato le popolazioni aramaiche dell'Asia Anteriore per indurle a mutar fede. Era nato così dalla persecuzione, oltre ad un inasprimento delle passioni religiose e ad una tendenza al martirio, anche un confuso sentimento di razza, una scissione profonda fra le razze semitiche soggette, e le ariane dominanti in Persia e in Bisanzio. Da questo odio assai profondo, benchè inconscio, era nata una forte tendenza separatista, che aveva assunto in Siria e in Palestina una intensità assai pericolosa. Gli Aramei consideravano oramai l' Imperatore come uno straniero ed un tiranno, allo stesso modo quasi con cui gli aborigeni semiti della Mesopotamia e della Babilonia avevano in odio il sovrano ariano di Ctesifonte. Questa tendenza delle popolazioni semitiche a distaccarsi ed emanciparsi dal dominio ariano (greco) costrinse Eraclio a fissare la sua dimora in Siria, ed a tentare con ripieghi, purtroppo errati e funesti, di ristabilire un accordo con i sudditi semiti. Eraclio intuì che, se non faceva qualche supremo tentativo di conciliazione, imminente era per lui il pericolo di perdere la miglior parte delle sue provincie asiatiche. I provvedimenti presi da Eraclio aggravarono però la crisi e condussero solo a nuove persecuzioni, che prepararono sempre meglio il terreno alla conquista imminente degli Arabi.

[Le armi, la scienza militare e le condizioni morali degli Arabi alla vigilia delle conquiste.]

In Persia la situazione era anche più grave, perchè il governo, travolto da un accesso di pazzia furiosa, come sospinto verso il suicidio, e dedito solo alle guerre civili, nessun pensiero si dava delle disposizioni d'animo dei suoi sudditi aramaici. In Persia perciò il processo di decomposizione era assai più avanzato, e la scissione fra popolo e governo ben più profonda ed irrimediabile. La causa degli Aramei persiani era identica a quella degli Aramei bizantini: ambedue erano in aspro conflitto con i loro governi e per analoghe cause, ed ambedue anelavano, altrettanto intensamente quanto forse inconsapevolmente, ad una redenzione politica e morale.

§ 304. — Studiando ora le conquiste arabe sopra una carta etnografica, siamo subito colpiti da un fatto: se fissiamo cioè i limiti del primo periodo fulmineo di conquiste, dopo il quale vi fu la prima sosta degli Arabi, vediamo con sorpresa che questi limiti corrispondono esattamente con quelli delle provincie popolate da Aramei. La prima ondata conquistatrice araba, quella fra il 13. e il 18. a. H., abbracciò quindi tutta la regione semitica dell'Asia Anteriore.

Questo fatto singolare non è fortuito, ma ha la sua spiegazione razionale nei nostri appunti precedenti. Dobbiamo dunque conchiudere che i progressi degli Arabi furono potentemente agevolati dalla connivenza, in alcuni luoghi

[Le armi, la scienza militare e le condizioni morali degli Arabi alla vigilia delle conquiste.]

aperta e manifesta, in altri tacita ed occulta, ma non per questo meno efficace, delle popolazioni semitiche. In Siria e in Palestina sappiamo, per esempio, che soltanto le milizie imperiali fecero opposizione agli Arabi; gli abitanti nessuna: le città si arresero con colpevole prontezza, senza che gli Arabi avessero mai bisogno di cingerle di regolare assedio. Damasco, Gerusalemme e Cesarea, che sole fecero mostra di qualche opposizione, avevano guarnigioni imperiali; ma ove queste (come a Damasco e Gerusalemme) erano poco numerose, la resistenza fu fiacca, e i sentimenti arabofili degli abitanti costrinsero alfine le milizie a rinunziare alla difesa, ed a venire a patti con il nemico. Cesarea resistè più a lungo, perchè posta sulle rive del mare, e perchè la maggioranza degli abitanti era di greci ed impiegati civili e militari di Costantinopoli: ivi erano affluiti anche molti profughi dalle altre città dell'interno. Ma è evidente perciò che dovunque altrove gli Arabi furono accolti come liberatori e non come nemici. Molti abitanti della Siria si prestarono come spie ed informatori, e non è esclusa la possibilità che molti *chiamassero* gli Arabi a liberarli. Le tasse che questi imponevano, erano leggiere; non essendo animati da alcuna passione fanatica religiosa, il dominio loro significava completa libertà di coscienza; inoltre, dopo le prime inevitabili sevizie dell'invasione, in ispecie dopo la successione di ʿUmar al califfato, furono severamente frenati gli abusi delle milizie e rispettati i diritti, i beni e le vite dei vinti; talchè il nuovo dominio, sotto tutti gli aspetti, prometteva di essere migliore assai dell'antico.

Lo stesso si può dire rispetto alle provincie persiane nella Babilonide: già narrammo infatti come gli Arabo-aramei di Ḥīrah si arrendessero senza colpo ferire. Tranne Ctesifonte, la capitale ove risiedeva una guarnigione persiana, il resto del paese non oppose alcuna resistenza. Le battaglie furono vinte su milizie persiane, ma gli abitanti non parteciparono al conflitto: i soli avversari armati furono gli Arabi cristiani del confine, ai quali il dominio musulmano sembrava poco gradito, perchè poneva fine alla loro anarchica indipendenza. Tutte le numerose e popolose città della Babilonide, sguernite di milizie persiane per l'esaurimento dell'impero Sassanida, spalancarono le porte agli Arabi, e mai in un caso solo tentarono di resistere. Il califfo ʿUmar emanò ordini severi, perchè le milizie non molestassero codesti spontanei alleati. Questi appunti servono a dimostrare quanto dovesse essere difficile per i Greci ed i Persiani il difendere le provincie popolate da Aramei, ove tutti erano spie e traditori, ed ove i rappresentanti del governo e non gli Arabi, erano considerati come i veri nemici.

È possibile però fare anche un'altra osservazione, che, se fondata su dati precisi e messi innanzi come semplice supposizione, sarebbe di grande rilievo per lo studio delle conquiste. Noi riteniamo cioè come molto probabile che le disposizioni d'animo delle popolazioni aramaiche in Siria ed in Babilonide avessero un'influenza decisiva sulle conquiste arabe, nel senso che, appunto per l'accoglienza e forse anche per diretto invito delle popolazioni oppresse, gli Arabi mutarono i piani primitivi di semplice razzia in quelli di vera e propria conquista. Tra gli accorti Compagni in Madīnah non tardò a prevalere il concetto che, invece d'un profitto precario, devoluto a favore dei soli guerrieri per una volta sola, durante una razzia che avrebbe lasciato dietro di sè un deserto, il favore della popolazione rendeva ora possibile di tramutare le ricchezze effimere della spedizione, in una rendita perenne e sicura a perpetuo vantaggio di tutti i Musulmani.

[**Le armi, la scienza militare e le condizioni morali degli Arabi alla vigilia delle conquiste.**]

Furono perciò, a parer nostro, i Siri ed i Babilonesi di sangue semitico che indussero gli Arabi a divenire conquistatori: essi in ogni modo facilitarono le armi musulmane, informando i generali arabi di tutti i piani e le mosse dei loro avversari; essi offersero i propri servizi per impiantare la nuova amministrazione.

Se su questo argomento delicato le nostre fonti serbano un discreto silenzio, ciò non è prova contro le nostre affermazioni. Innanzitutto codesti materiali storici sono molto frammentari ed incompleti: in secondo luogo, ai tradizionisti glorificatori dell'Islām e dei suoi primi eroi, non conveniva di diminuire prosaicamente i meriti delle conquiste. In terzo luogo, le nostre tradizioni provengono da un tempo, in cui il dominio musulmano aveva assunto quasi tutte le forme e i congegni amministrativi dei caduti governi, e per ragioni fiscali e per questioni di principio, era utile tacere su questi accordi antichi e importava far comparire, per quanto era possibile, i Musulmani quali padroni assoluti dell'Impero, conquistato per esclusiva forza delle armi. Noi vedremo in seguito che questo argomento è molto delicato, perchè i paesi vinti con le armi avevano una sorte fiscale assai più dura, di quelli arresisi a patti. I primi restavano di fatto alla mercè del vincitore: gli altri invece erano obbligati a pagare soltanto quelle tasse, che erano state convenute con gli Arabi al tempo delle prime conquiste. Ma gli Arabi in principio, privi di organismi burocratici, non tenevano archivi, nè memorie scritte: in molti casi gl'impegni furono solo verbali. Perciò, con l'andar del tempo, si aprì un campo vastissimo di abusi, ed i Musulmani poterono coniare tradizioni apocrife in appoggio delle loro pretese; è vero che gli altri si difesero producendo falsi documenti per la tutela dei loro diritti e talvolta anche per violare quegli altrui: ma i Musulmani non riconobbero che tradizioni e documenti musulmani, sicchè, tacendo quello che a loro non conveniva si sapesse, ed affermando poi quello che non era vero, seppero oscurarci quasi del tutto la verità.

Solo con grande difficoltà e fra infinite incertezze può lo storico rico-

[Le armi, la scienza militare e le condizioni morali degli Arabi alla vigilia delle conquiste.]

struire le vere ragioni e le varie fasi di quel moto prodigioso, che doveva mutare l'aspetto e la storia di parte sì vasta dell'Asia e dell'Africa, e mettere a repentaglio le più belle e feraci provincie dell'Europa. Ci auguriamo che, da questi nostri studi, sia un giorno possibile ad altri di strappare alfine dall'invidioso passato la verità completa e vera dei fatti.

Ragioni dell'invasione araba in Siria.

§ 305. — Quali furono ora i motivi particolari che indussero gli Arabi a dar principio alla conquista della Siria?

Non è facile rispondere a questo quesito. Il De Goeje, la più grande autorità moderna su l'argomento delle prime conquiste arabe, afferma (De Goeje Mém., 4) che abū Bakr decidesse l'invasione della Siria e dell'ʿIrāq, oltre che per soddisfare alle marziali e rapaci esigenze dei Beduini, conciliando la prosperità dell'Islām con i materiali interessi dei neo-musulmani, anche e innanzitutto per compiere il programma di Maometto, con lo scopo speciale di diffondere l'Islām fra tutti i rami della razza araba. Perchè, egli aggiunge, senza la sottomissione di queste tribù, la fede di Maometto avrebbe dovuto rinunziare all'impero del mondo; e gl'inviti a convertirsi che il Profeta aveva energicamente fatti all'Imperatore di Costantinopoli ed al Chosroes della Persia, sarebbero rimasti lettera morta. Il De Goeje presuppone dunque tre fatti: primo, un programma di conquiste, formulato dallo stesso Profeta per conseguire l'impero del mondo; in secondo luogo, l'intento del Profeta di convertire tutti gli Arabi, e finalmente la verità storica delle pretese ambasciate ad Eraclio ed al re di Persia. A noi duole di non poter accettare questi argomenti del sommo orientalista olandese, perchè nel corso del nostro lavoro abbiamo avuto ripetutamente occasione di dimostrare (partendo dagli studi e dalle conclusioni innegabili del Grimme, I, 223 e segg.): primo, che Maometto non ha mai lasciato un programma nè politico, nè militare, nè forse nemmeno uno religioso ai suoi Compagni, perchè tutte le sue disposizioni e ordinamenti prendevano di mira sempre il presente, non mai il futuro. In secondo luogo, non consta in verun modo che Maometto cercasse la conversione di *tutte* le tribù arabe (cfr. 10. a. H., §§ 119 e segg.); infine abbiamo provato che il Grimme ha perfettamente ragione nel ritenere le tradizioni di ambasciate ai re della terra, quali semplici e relativamente tarde finzioni tradizionistiche (cfr. 6. a. H., §§ 45 e segg.).

§ 306. — Il Wellhausen (Sk. u. Vorarb., VI, 51) paragona lo erompere degli Arabi al di là dei confini del deserto, dopo i grandi sconvolgimenti interni prodotti dall'Islām, all'erompere dei Francesi per l'Europa dopo la Rivoluzione. Le ragioni impellenti di tanto moto di popolo furono in sostanza per ambedue, una di natura materiale, l'avidità di terre e di bottino, e l'altra morale. Questa ultima per i Francesi fu la diffusione dei nuovi principî politici e morali — Libertà, Eguaglianza e Fraternità —; per gli Arabi fu l'attuazione del dominio di Dio sulla terra. Si doveva abbattere la tirannide dei dominatori umani del mondo, in favore, presso i Francesi, della democrazia, e presso gli Arabi, della teocrazia. Abili duci in ambedue i casi, diressero gl'istinti delle folle, e li adoprarono per i loro scopi particolari, sicchè i risultati finali del grande movimento furono esattamente contrari allo scopo primitivo. [Ragioni dell'invasione araba in Siria.]

Il paragone del Wellhausen è essenzialmente giusto nei suoi aspetti, diremo così, materiali; ma non so se sia altrettanto corretto il paragone fra lo stato degli animi in Francia durante la grande rivoluzione, e quello degli Arabi alla vigilia delle conquiste: se noi teniamo presenti tutte le considerazioni fatte in altro luogo sugli aspetti generali delle conquiste, dovremo ammettere che l'aspetto morale del moto arabo d'espansione deve essere considerato in maniera diversa da quella proposta dal Wellhausen. I Beduini che si gettarono sulla Siria, non avevano alcun desiderio di sacrificare la loro vita a profitto di una teocrazia che non comprendevano, e che li aveva sì crudelmente castigati soli pochi mesi prima; ma bensì, sospinti in primo luogo da vivo disagio interno, erano anche trascinati da un sentimento di straordinaria baldanza, creato in essi dalla coscienza della nuova forza, acquisita nell'unione politica e militare di tante tribù, e quindi dalla sicurezza di trionfi e di bottini, quali nessuno finora si era mai nemmeno sognati.

D'altra parte però il Wellhausen correttamente osserva che, in principio, i Musulmani non pensarono alla conquista della Siria, di quel paese sacro, le ricchezze e le attrattive del quale avevano balenato più d'una volta dinnanzi alla mente di Maometto e dei suoi cupidi seguaci. Non so però se possiamo ammettere, che la razzia si tramutò in conquista soltanto " dopo che la conquista della Babilonide (*sic*) si fu compiuta con tanta sorprendente facilità ". Con la espressione " Babilonide " il Wellhausen intende il già principato di Ḥīrah, ed affermando che l'Islām mirava ad assorbire in sè tutte le razze arabe, aggiunge che i Madinesi non volevano essere da meno dei Bakr b. Wā·il. Come questi avevano occupato il territorio di Ḥīrah, così i Madinesi si prefissero ora di occupare il distretto arabo-bizantino o marca di Damasco (" die Romäische Arabermark von Damascus "). Il Wellhausen fa inoltre la supposizione che 'Amr b. al-'Āṣ, rappresentante islamico fra i Quḍā'ah (Arabia settentrionale), si sentisse trascinato al imitare nel suo distretto le prodezze di Khālid sull'Eufrate, e volendo emularlo, persuadesse il califfo abū Bakr ad ordinare l'invasione della Siria. Mentre, egli conclude, nell' 'Irāq tutto avvenne da per sè, la spedizione siria fu preparata in Madīnah, ed allestita con grandi mezzi.

[Ragioni dell'invasione araba in Siria.]

§ 307. — A noi sembra che solo in parte si possano accettare le osservazioni e congetture del Wellhausen. Possiamo, è vero, accogliere che 'Amr b. al-'Āṣ fosse uno degli spiriti moventi della spedizione, ma i risultamenti delle nostre ricerche cronologiche dimostreranno, che la partenza dei generali per la Siria deve essere avvenuta in parte allo stesso momento, in cui Khālid penetrava in territorio persiano. Quindi il desiderio di emulazione, molto probabile e verosimile, in 'Amr fu generato dalle prodezze di Khālid *in Arabia centrale* e non in Persia. Inoltre pare si possa stabilire che 'Amr b. al-'Āṣ fu uno degli ultimi generali a partire: se egli fosse stato il suggeritore del Califfo, avrebbe dovuto essere il primo. Su questo argomento ritorneremo tra breve.

Devesi inoltre osservare che gli Arabi non ebbero in vista, come primo scopo, il già principato Ghassanida di Damasco (" die Romäische Arabermark von Damascus "), perchè, come è indicato concordemente da tutte le fonti, tutti gli sforzi dei Musulmani si concentrarono sulla Palestina meridionale. Le ragioni di ciò saranno evidenti nei paragrafi susseguenti, dai quali trarremo buone ragioni per ritenere, che l'assistenza inattesa di alcune tribù cristiane del confine sirio, aprì ai Musulmani l'ingresso nella Palestina meridionale, per la così detta " Porta del deserto ". È vero che Khālid b. al-Walīd trovò una schiera dei suoi colleghi nella regione intorno a Buṣra, a mezzodì di Damasco, ma è evidente altresì che l'incontro in quel luogo fu una faccenda combinata da parecchio tempo, forse appunto per facilitare a Khālid b. al-Walīd l'immane cómpito di marciare più di mille chilometri in territorio nemico. Operata la congiunzione, tutte le schiere ripiegarono lentamente verso il mezzogiorno. Nella " Marca Araba " i Musulmani ritornarono soltanto due anni più tardi, dopo occupata la Palestina, e perfino dopo presa Ḥimṣ. Quindi essa non può essere stata la loro prima mèta, ma una conseguenza di altre mosse felici. Se i Musulmani avessero avuto l'intenzione attribuita a loro dal Wellhausen, la campagna avrebbe avuto principio nelle pianure fra il Ḥawrān e Damasco, e non nella Palestina meridionale fra Ghazzah ed il Sinai, e il Wādi al-'Arabah.

A noi sembra che le ragioni *immediate* dell'invasione araba siano da stabilirsi con altri elementi.

§ 308. — V'è infatti una notizia, la quale merita di essere presa in attenta considerazione, e donde possiamo, con relativa sicurezza, appurare quale debba essere stata una delle ragioni particolari dell'iniziativa araba. È detto in Teofane che dopo la infelice spedizione di Mu'tah, nella quale i Musulmani subirono sì gravi perdite, si presentò un eunuco (della corte imperiale) e percorse la provincia di confine della Siria e della Palestina, nel tempo quando

[Ragioni dell'invasione araba in Siria.]

secondo l'antica consuetudine (κατὰ τὸ ἔθος) si distribuiva agli Arabi cristiani lo stipendio, che solevasi sempre concedere ai capi delle tribù di confine (τὰς ῥόγας τῶν στρατιωτῶν), quale compenso per la difesa della frontiera. Tali stipendi, aggiunge Teofane, erano piccoli, ma sufficienti, perchè questi Arabi fossero indotti dai medesimi a custodire i luoghi, donde gli altri Arabi indipendenti del deserto potevano penetrare nelle provincie dell' Impero (τὰ στόμια τῆς ἐρήμου). Quando giunse dunque l'eunuco, i capi arabi si presentarono per riscuotere la paga solita, ma l'eunuco li accolse con parole ruvide, e rifiutando di pagare le somme, dichiarò che l'Imperatore aveva appena potuto sborsare il soldo alle milizie regolari, tanto meno perciò intendeva pagare quei cani! Le parole ingiuriose offesero vivamente gli Arabi, i quali, ritornati presso i loro consanguinei (ὁμοφύλους), invitarono questi ad invadere la provincia di Ghazzah, che era una delle bocche del deserto (στόμιον τῆς ἐρήμου) dalla parte del monte Sinai, e regione ricca (Theophanes, I, 515; De Boor, I, 335-336).

Il De Goeje, riportando questo passo sommamente importante, cita inoltre Nicephorus Constantinopolitanus (*De Rebus post Mauricium gestis*, 26-27), il quale allude pure al medesimo fatto. L'Imperatore, è detto, soleva pagare alle tribù saracene del confine la somma di trenta libbre d'oro all'anno, affinchè impedissero agli altri Saraceni dell'interno d'Arabia di molestare l'Impero: quando però egli sospese il pagamento di questo stipendio, gli Arabi furenti invasero la Palestina, e allorchè più tardi, in una delle loro vittorie, ebbero catturato il patrizio Sergio, considerando lui come fautore principale del provvedimento imperiale, vollero vendicarsi in modo barbaro e crudele. Scorticarono un camelo e dentro la pelle fresca cucirono il disgraziato generale, il quale perì miseramente soffocato entro la medesima, man mano che essa, essiccandosi, si restringeva.

§ 309. — Queste notizie, sull'autenticità delle quali non esiste alcuna ragione specifica di dubbio, per quanto qualche particolare possa essere aggiunto quale ricamo dalla tradizione, hanno per noi un valore grandissimo, e trovano una conferma indiretta in un fatto già osservato dal Nöldeke nel suo studio sui principi arabi della stirpe dei Ghassān. Il dotto orientalista (Nöldeke Ghassān, 45) ebbe già occasione di notare che il principato Ghassanida fu distrutto dai Persiani durante l'invasione del 613. e 614. dell'È. V., e che quando Eraclio ricuperò la Siria e la Palestina nel 629. dell'È. V., egli non ricostituì il così detto filarcato Ghassanida. Tale provvedimento deve essere stato causato da due ragioni principali. Innanzi tutto da un urgente bisogno di stringenti economie per rinsanguare l'esausto tesoro bizantino, perchè gli Arabi erano lautamente pagati per i loro servizi. Qualora però la Persia fosse stata in grado di minacciare ancora i confini greci, non v'è dubbio che

[Ragioni dell'invasione araba in Siria.] l'Imperatore avrebbe sentito la necessità di tutelare la sicurezza dei confini, mantenendo lo stipendio agli Arabi cristiani. Ma egli sapeva che il tanto temuto principato arabo di Ḥīrah, vassallo dei Sassanidi, più non esisteva: aveva visto con i propri occhi lo stato di spaventosa anarchia e di completa impotenza, nel quale era precipitato l'impero Sassanida: sicchè deve essersi illuso che, per molti anni avvenire, egli potesse ritenersi sicuro su tutto il confine orientale, e permettersi da questa parte alcune rilevanti economie. Egli doveva inoltre rimborsare alla Chiesa l'ingente prestito contratto al principio della guerra, ed i suoi confini europei erano sempre gravemente minacciati dalle popolazioni slave e unne: l'Impero aveva bisogno d'un lungo periodo di pace, di raccoglimento e d'economia per riparare alle perdite incalcolabili dei disastri precedenti, e bisognava risparmiare alle popolazioni, esasperate anche da profonde scissioni religiose, l'onere di soverchi aggravi fiscali. La sospensione degli stipendi agli Arabi del confine sembrò quindi un'economia facile, proficua ed innocua. Nessuno nell'Impero sospettava quali gigantesche sorprese stava per preparare il deserto arabico, dal quale, a memoria d'uomo, mai nulla era venuto, che minacciasse un rivolgimento completo dell'Asia. L'eunuco di cui parla Teofane, dev'essere stato l'emissario dell'Imperatore per annunziare agli Arabi cristiani che le finanze dell'Impero non consentivano temporaneamente la continuazione degli stipendi soliti. Dacchè però in ambedue le fonti bizantine si allude chiaramente alle tribù del confine meridionale, mentre dalle notizie della successiva campagna si deve pur riconoscere che una parte abbastanza rilevante dei Ghassān si battè nelle file dei Greci contro i Musulmani; si può conchiudere che le economie dell'Imperatore non si estendessero a tutto il confine, e che le tribù viventi nei pressi di Damasco e del Ḥawrān e più su verso settentrione godessero ancora di qualche vantaggio pecuniario, che impedì loro di distaccarsi tutte dall'Impero. Se però alcuni eserciti musulmani poterono penetrare, già nel 12. a. H., nell'Urdunn fino ad al-Ǵābiyah, vale a dire a brevissima distanza da Damasco, senza incontrare resistenza alcuna in aperta campagna, ma soltanto nelle città fortificate e presidiate da milizie greche (Buṣra, Ma·āb, ecc.), si deve riconoscere che le tribù nomadi, vaganti lungo tutto il confine arabico fino al distretto proprio di Damasco, fossero quelle colpite dalle misure finanziarie di Eraclio; mentre forse le tribù del distretto damasceno e delle regioni più settentrionali, ebbero un trattamento un po' diverso, sufficiente a conservare la loro lealtà verso l'Imperatore. Non v'è dubbio però che tutte quelle tribù, che vagavano come branchi di lupi affamati lungo il confine palestiniano, vale a dire i Lakhm, i Ǵudzām, e molti rami dei Quḍā'ah, irritate dalle misure

[Ragioni dell'invasione araba in Siria.]

di Eraclio, si gettassero in braccio ai loro connazionali del mezzogiorno e facilitassero l'invasione musulmana.

Il silenzio delle fonti arabe [1] su questo punto non può essere considerato come un argomento contro la veracità delle notizie date concordemente da due storici bizantini, che hanno fatto uso di fonti diverse e indipendenti. È ben naturale che gli Arabi di Madīnah scientemente ignorassero i particolari dei rapporti fra gli Arabi del confine e l'amministrazione imperiale. È naturale altresì che questi ultimi, nell'entrare in rapporti diretti con il governo di Madīnah, e nell'offrire i loro servizi, appunto per aumentare il pregio del loro concorso, tacessero il lato poco nobile nei sentimenti delle tribù dei confini. Si noti che queste tribù poi si convertirono tutte all'Islām, e questo ci spiega perchè i tradizionisti abbiano preferito seppellire nell'oblio ciò che non poteva ridondare ad onore nè delle tribù, nè dell'Islām. Si osservi altresì che, al principio delle conquiste, in nessuna fonte esiste notizia di conflitti fra i Musulmani e le tribù (cristiane), che abitavano lungo i confini meridionali della Palestina, benchè esse non fossero convertite vivente Maometto [2]: sicchè il silenzio stesso delle fonti arabe è per noi un indizio del segreto accordo, che deve essere intervenuto fra le tribù cristiane ed i Musulmani. Il fatto medesimo che ʿAmr abbia potuto tanto facilmente penetrare sin nel cuore della Palestina meridionale, e che scegliesse appunto la via che lambisce il Mar Rosso invece di prendere il cammino diretto per Tabūk e Maʿān, è indizio di un accordo pattuito con i Ǵudzām, che pascolavano gli armenti nelle montagne elevate lungo il golfo di ʿAqabah, e nei dintorni di Aylah. Senza un'intesa con queste, ʿAmr non avrebbe mai potuto penetrare quasi di soppiatto entro i confini dell'Impero, nel punto suo più vulnerabile, e detto perciò dai Bizantini " la bocca del deserto " [3].

NOTA 1. — Tale silenzio non può dirsi completo: le tradizioni su quel Farwah b. ʿAmr al-Ǵudzāmi, messo a morte da Eraclio per i suoi intrighi con Maometto (cfr. 6. a. H., § 52), possono benissimo avere qualche attinenza con il nostro argomento. Cfr. anche la notizia data da al-Muqaddasi (cfr. § 316, nota 6).

NOTA 2. — Tanto è vero che la spedizione di Tabūk. nel 9. a. H.. ebbe per motivo apparente di aggredire una lega di questa tribù (cfr. 9. a. H., §§ 24 e segg.), e ancora nell'11. H. Usāmah marciava contro la Balqā, per punire le tribù della sconfitta inflitta ai Musulmani in Mu·tah (cfr. 11. a. H., §§ 3 e sgg.). Quindi gli intrighi tra queste tribù e Madīnah si svolsero appunto nell'11. e nel 12. a. H., durante la Riddah, la fama strepitosa della quale dovette trovare un'eco assai forte in quegli Arabi ormai scontenti di Bisanzio.

NOTA 3. — È degno pure di nota che anche il cronista contemporaneo Sebeos, l'armeno, attribuisce la comparsa degli Arabi ad intrighi ed inviti di popolazioni scontente dell'impero Bizantino: egli però getta la colpa sugli Ebrei di Edessa, i quali erano irritati dalle punizioni inflitte ad essi da Eraclio per la loro ribellione (Sebeos, 94-95). È probabile che il cronista armeno sia in errore e che abbia attribuito agli Ebrei quello che avrebbe dovuto attribuire agli Arabi cristiani del confine, ma rimane pur sempre assodato che vi deve essere qualche cosa di vero nella notizia di connivenza degli Arabi e degli abitanti del confine con i Musulmani di Madīnah, visto che è data concordemente da tre fonti indipendenti Teofane, Niceforo e Sebeos (cfr. anche Hübschmann, 10-11).

[Ragioni dell'invasione araba in Siria.]

§ 310. — Abbiamo veduto poc'anzi come l'invito dei Bakr b. Wā·il debba considerarsi quale motivo determinante della razzia di Khālid nell'ʿIrāq. L'invasione della Siria con forze tanto numerose da parte dei Musulmani scaturì dunque da ragioni analoghe, con la differenza però che l'accordo fra il Califfo e le tribù siro-cristiane fu di natura assai più comprensiva e complessa, e prometteva ai governanti di Madīnah vantaggi assai più cospicui e sicuri, che non le offerte dei soli Bakr b. Wā·il sulla frontiera persiana. Ci crediamo quindi giustificati nel ritenere, pur accettando in via generale alcune delle considerazioni di altri storici europei sui motivi della invasione araba, che il califfo abū Bakr ed i suoi consiglieri abbiano agito anche in conseguenza di un vero e proprio invito di tribù malcontente, e che l'invito sia stato accolto con molto favore, come un potente diversivo per distrarre in altre direzioni l'acutissima effervescenza degli animi in Arabia.

Infine non è inutile osservare che le tribù siro-cristiane, stante il trionfo dell'Islām sull'Arabia pagana, si trovavano, come i Bakr b. Wā·il, strette fra due potenze militari assai temibili; ci deve forse sorprendere, se disgustate con l'una, si avvicinassero all'altra, la quale con i suoi recenti strepitosi successi su tribù famose in Arabia per le loro virtù militari, si rivelava come strumento potentissimo a soddisfare tutte le loro più selvaggie passioni?

La comparsa quindi dei Musulmani sul limitare dell'Impero fu un effetto di cause intime e complesse, nelle quali si può scorgere qualche cosa di fatale, che si potrebbe quasi chiamare la mano di Dio; gli eventi, dall'una e dall'altra parte, sembravano maturarsi contemporaneamente, quasi sotto l'impulso o l'indirizzo di una volontà suprema, che voleva compiere nel momento più opportuno il destino dell'Asia. Eraclio, i Sassanidi e l'Islām ci appaiono come inconsci istrumenti d'una fatalità inscrutabile, che taluni con ragione possono attribuire alla necessaria, inevitabile evoluzione di un grande processo storico; mentre altri, forse con pari ragione, osservando la misteriosa convergenza di tanti fattori diversi sopra un campo sì vasto, e negando di riconoscere in ciò l'azione fortuita del caso, hanno voluto attribuire all'inscrutabile volontà di un Ente supremo il maturarsi simultaneo di tante cause diverse, tutte convergenti al compimento della massima rivoluzione nella storia dell'Asia e ad una delle più grandi che la storia del mondo abbia mai registrate.

§ 311. — Delle nostre buone fonti arabe, la sola che accenni vagamente alle ragioni ed ai precedenti dell'invasione siria, è al-Yaʿqūbi (1). Secondo lui abū Bakr volle “razziare” (arāda an yaghzuwa, e però non conquistare!) la Siria, e consigliandosi quindi con i maggiori Compagni, trovò che gli animi loro erano discordi e indecisi (fa-qaddamū wa akhkharū). Solo ʿAli b. abī Ṭālih, da lui interrogato, lo incoraggì a tentare l'impresa, predicendogli vittoria:

abū Bakr accettò il consiglio come un fausto augurio, e convocati i fedeli li arringò, invitandoli a prendere le armi. Alle proposte del Califfo i seguaci nulla risposero, e l'invito guerresco fu accolto con un silenzio glaciale. Sorse allora 'Umar e disse: "Se la meta fosse vicina ed il viaggio di moderata distanza (**safar**[an] **qāṣid**[an]) avreste accolto l'invito!" Gli rispose allora 'Amr b. Sa'īd: "O ibn al-Khaṭṭāb! Tu rivolgi a noi un proverbio detto da Ipocriti! Che cosa trattiene te dal partire? Tu cadi sotto la stessa accusa che lanci contro di noi!" Khālid b. Sa'īd intervenne facendo tacere il fratello, e rivolgendosi ad abū Bakr disse: "Noi abbiamo un solo dovere: obbedirti!" Per compensarlo di questo, abū Bakr conferì a Khālid b. Sa'īd il comando delle prime schiere che furono allestite per la spedizione siria. Contro questa nomina protestò ora 'Umar, rammentando come Khālid, reduce dal Yaman, ove era stato inviato dal defunto Profeta, avesse per un certo tempo rifiutato di riconoscere l'elezione del Califfo, piegando verso banū Hāšim (cfr. 11. a. H., § 37, nota 3, no. 5). abū Bakr accettò il consiglio e tolse a Khālid il comando conferitogli (1) (Ya'qūbi, II, 149-150; cfr. anche § 317). [**Ragioni dell'invasione araba in Siria.**]

Nota 1. — Mette conto di osservare:

(1) Come il contenuto di questa tradizione, conservata da al-Ya'qūbi, purtroppo senza indicazione di fonti, abbia molti punti di somiglianza con le notizie, che troviamo nel romanzo storico di abū Ismā'il al-Azdi (cfr. Futūḥ Lees, 1, 3-4 e più avanti §§ 356 e segg.), benchè al-Ya'qūbi sia, come sempre, molto laconico.

(2) In secondo luogo si osservi che l'intento del Califfo, si dice, fosse di *razziare* la Siria, e non si accenna affatto ad una possibile conquista, con occupazione permanente del paese nemico: ciò corrisponde, a nostro modo di vedere, con la verità, perchè l'occupazione militare di un paese non arabo, senza alcun disegno di propagazione dell'Islām, era una novità assoluta, e senza precedenti nel passato, perchè cosa nè proposta, nè tentata mai dal Profeta.

(3) In terzo luogo, al-Ya'qūbi ci fornisce la spiegazione, perchè il califfo abū Bakr scegliesse proprio per questa spedizione quello fra i Compagni del Profeta, che si era in modo più provocante opposto alla sua elezione.

Veniamo cioè a scoprire che la remota spedizione contro i confini della Siria sembrasse un'avventura arrischiata, ed incontrasse poco favore non solo tra i fedeli di Madīnah, ma anche fra i Compagni. Questo fatto non è tanto nuovo come parrebbe, perchè abbiamo memoria precisa e sicura, che perfino il Profeta incontrasse in Madīnah viva opposizione, quando le false voci circolanti in Arabia, prima della spedizione di Tabūk, facevano prevedere un conflitto diretto con gli eserciti di Eraclio, Khālid b. Sa'īd fu il primo che accettasse l'invito del Califfo, e dacchè il suo animoso esempio trascinò gli altri ad obbedire, il Califfo volle compensarlo per la sua generosa iniziativa. Quando poi si scoprì come quell'appello alle armi, che non piaceva in Madīnah, incontrava invece favore presso le tribù nomadi, altri consigli ('Umar) vennero ad influire sull'animo del Califfo, ed egli poco generosamente tolse il comando a Khālid e lo conferì altrui. È probabile che il bisogno di velare siffatta condotta del Califfo abbia contribuito a creare tutte le tradizioni sulla pretesa sconfitta di Khālid a Marǵ al-Ṣuffar, come è narrato da Sayf b. 'Umar (cfr. più avanti §§ 376 e segg.).

Che solo 'Ali abbia incoraggito il Califfo è però ricamo posteriore di al-Ya'qūbi, cronista di spiccata tendenza šī'ita.

§ 312. — Tali sono dunque le ragioni particolari che possono all'ultimo momento aver indotto il califfo abū Bakr o forse più correttamente gli Arabi del Ḥiǵāz, ad allestire la spedizione della Siria. Quanto però abbiamo esposto in altro luogo sugli aspetti generali delle conquiste, sta a dimostrare che altre e più complesse ragioni sospingevano gli Arabi con forza irresi-

[Ragioni dell'invasione araba in Siria.]

stibile, fatale, a gettarsi sulle frontiere. Quello che si disse nel predetto luogo, dà perciò alle cause minori, le sole che si trovano nelle fonti, il vero loro significato di incidenti fortuiti che ascondono aspetti assai più generali e motivi assai più veri e più grandi. Dall'esame che faremo qui in appresso delle tradizioni sulla prima incursione araba in Siria, si ritrae la convinzione, alla quale abbiamo già alluso prima (cfr. 12. a. H., § 159 e nota), che l'incursione di Khālid nell' 'Irāq e la partenza delle prime schiere da Madīnah verso la Siria fanno parte d'un solo e medesimo movimento generale, che aveva per scopo reale la Siria, il paradiso terrestre degli abitanti dell'Arabia occidentale. È evidente che questo movimento generale si delineò con chiarezza appena i Musulmani ebbero ottenuto il trionfo sui Ḥanīfah, nella sanguinosa mischia di al-Yamāmah. Dacchè sul confine arabo-bizantino le tribù sollecitavano l'appoggio di Madīnah per irrompere in Palestina, e dall'altra Khālid riceveva l'invito dei Bakr b. Wā·il di razziare la frontiera persiana; dacchè inoltre per gli Arabi del Ḥiǵāz la Siria aveva attrattive assai maggiori che non la Persia (cfr. poc'anzi §§ 290, no. 11 e 313 nota 2), da sè, quasi spontaneamente si svolse un piano generale, per effetto del quale Khālid — forse anche indipendentemente dalla volontà del Califfo abū Bakr — ideò di recarsi in Siria, scorrendo un lembo dell' 'Irāq. La razzia persiana era faccenda d'ordine secondario, lo scopo vero era la Siria, perchè ivi dovevano convergere tutte le schiere [1].

Più tardi tutti questi eventi si confusero nella mente dei tradizionisti: la data della partenza dei primi corpi della Siria fu posticipata — per un errore che dimostreremo in appresso —; e dacchè le operazioni di Khālid sembravano mancare di coesione con quelle degli altri generali, si credette che le due spedizioni fossero distinte, e per ricongiungerle si ricorse alla finzione che quando i generali inviati in Siria chiesero soccorsi, venisse inviato appunto Khālid dall' 'Irāq. Ma le tradizioni confessano che Khālid non aveva con sè più di poche centinaia d'uomini, i quali poco o punto potevano giovare contro le forze dei Greci: inoltre se 'Amr od altri avevano bisogno di soccorsi, doveva essere naturale e logico che i soccorsi partissero da Madīnah e non d'altrove.

Non solo il cammino fra Madīnah e la Palestina è molto più breve e agevole a percorrere di quello che unisce Ḥīrah alla Palestina meridionale, ma il messo del Califfo, per avvertire il lontano Khālid, doveva altresì percorrere una strada assai più lunga di quella che separava Madīnah dal generale chiedente soccorsi. Quindi enorme perdita di tempo per un risultato irrisorio. I soccorsi furono certamente chiesti, ma furono mandati da Madīnah e non dall' 'Irāq. Vedremo inoltre, che la partenza degli eserciti per la Siria deve essere stata quasi contemporanea o di poco posteriore alla partenza di Khālid per

[Ragioni dell'invasione araba in Siria.]

l'ʿIráq, ed abbiamo la testimonianza di ibn al-Kalbi, che Khālid, prima ancora di varcare il confine, avesse già avuto l'ordine di recarsi in Siria (cfr. 12. a. H., § 159 e nota). È anzi probabile che, quando giunsero a Madīnah le prime domande di soccorso dalla Palestina, Khālid fosse già in cammino da Ḥīrah verso la Siria.

Vediamo dunque che, appena formatasi la unione di tutte le tribù dell'Arabia centrale, occidentale e orientale, si verificò un immediato movimento di espansione aggressiva lungo tutti i confini. Le tribù orientali tendevano verso la Persia, le occidentali verso la Siria e quelle centrali incirca egualmente divise fra queste due correnti. Il Califfato però era sorto fra le tribù occidentali, per le quali, come per gli Ebrei dell'*Esodo*, la meta suprema e il luogo di delizie erano le feraci provincie della Siria e della Palestina. Verso questa quindi si volse per prima la teocrazia madinese. La conquista persiana venne come una necessità negli anni seguenti, per varie circostanze che avremo a narrare, vale a dire, quando le tribù orientali si lasciarono avvolgere e sanguinosamente sconfiggere dagli eserciti sassanidi. Il moto dunque delle tribù verso ed oltre i confini del deserto fu spontaneo, nazionale e non un atto di obbedienza alla volontà del Califfo: questi tutto al più può aver dato al movimento una specie di direzione generale ed organica, per impedire attriti e gelosie tra i capitani e per assicurare il trionfo delle armi musulmane.

NOTA 1. — A taluno non potrebbe forse capacitare che di proposito Khālid b. al-Walid facesse questo lungo giro per giungere in Siria. Più avanti, discorrendo del suo celebre viaggio, riuniremo gli argomenti, che a nostro parere, militano in favore di questa tesi, assai meno arrischiata che non sembri a prima vista.

ARABIA-SIRIA (1). — Partenza degli eserciti musulmani per la Siria.

§ 313. — (ibn Isḥāq, senza isnād). Gli eserciti musulmani furono mandati in Siria (2) nell'anno 12. H. (3) (Tabari, I, 1976, lin. 6).

Anche ibn Ḥaǵar pone la partenza degli eserciti per la Siria nel 12. a. H. (Ḥaǵar, III, 1353, lin. 3-4; cfr. pure Furāt, fol. 59,r.).

NOTA 1. — (a) Con la Siria, (al-Šām), gli Arabi intendono tutto il paese che giace fra l'Eufrate presso Manbiǵ e Ḥalab al settentrione e la frontiera egiziana, in al-ʿAriš, vale a dire quelle due regioni che noi chiamiamo Siria e Palestina. Nello Šām sono quindi incluse le seguenti grandi città (ummuhāt al-mudun): Manbiǵ, Ḥalab (Aleppo), Ḥamāt, Ḥimṣ (Emesa), al-Maʿarrah, Anṭākiyyah (Antiochia), Damasco, Gerusalemme, Ṭarābulus, e tutta la costa mediterranea con le città di ʿAkkā, Ṣūr, ʿAsqalān e Ghazzah, ecc. (Yāqūt, III, 240, lin. 12-16).

(b) Più tardi si inclusero nella denominazione Siria anche le regioni settentrionali di confine (al-Thughūr), comprendenti al-Miṣṣīṣah, Ṭarsūs e Adzanah, oltre i così detti luoghi fortificati della frontiera (al-ʿAwāṣim), ossia Marʿaš, al-Ḥadath e Baghrās (Yāqūt, III, 240, lin. 18-19).

NOTA 2. — (a) La Siria è stata sempre per gli Arabi come una specie di terra promessa, nella quale abbondavano tutte le più belle cose: secondo una tradizione attribuita a ʿAbdallah b. ʿAmr b. al-ʿĀṣ: « Dio fece del *bene* dieci porzioni; nove ne pose in Siria e una nel resto del mondo: del *male* fece pure « dieci parti, e ne pose una nella Siria e nove nel resto del mondo » (Yāqūt, III, 240, lin. 20-23).

(b) Si vuole che il Profeta abbia detto: « La Siria è la porzione scelta di Dio (ṣafwah Allah) « in terra, ed in Siria si raccoglie la scelta dei suoi fedeli (ṣafwah min ʿubbādihi): o popolo del

« Yaman, a voi spetta la Siria! » (Yāqūt, III, 241, lin. 2-3). Questa tradizione nacque dal fatto che in Siria immigrarono poi in maggioranza tribù yamanite, come avremo ripetutamente a notare in appresso, e questa tradizione appartiene al ciclo di quelle che furono inventate per la glorificazione dei Yamaniti in Siria. Questa medesima tradizione trovasi altrove (Yāqūt, III, 243, lin. 4-5) modificata nel senso che invece di « ahl al-Yaman », v'è l'espressione più comprensiva di « ahl al-Islām ». Tutte queste varianti rispecchiano le vivaci polemiche di tempi posteriori.

(c) Gli Arabi in genere preferirono sempre la Siria all' 'Irāq; il clima della Siria era assai più temperato, più sano; nei versi del celebre poeta al-Walīd b. 'Ubayd al-Buḥturi [† 284. a. H.] è detto chiaramente che in genere si aveva terrore dei terribili calori estivi dell' 'Irāq, e si fuggiva volentieri dall'aria asfissiante di quella regione per ricoverarsi in Siria « pari alla quale non ho mai visto altro paese, ecc. » (Yāqūt, III, 243, lin. 16-23).

Nota 3. — (a) Questa notizia (ignorata dal Miednikoff nel suo esame critico della partenza degli eserciti musulmani) ha per noi molto pregio, perchè ci permette di dubitare della data precisa che troviamo nel paragrafo seguente, nel quale si afferma che l'allestimento degli eserciti avvenisse *dopo* il pellegrinaggio alla fine del 12. a. H. Se ciò fosse vero, dovremmo ritenere che occorreva almeno un mese per riunire le grandi forze necessarie alla gigantesca impresa, e la partenza effettiva delle genti, non potrebbe esser incominciata avanti la fine di Muḥarram o i primi di Ṣafar del 13. a. H., come infatti afferma Balādzuri (cfr. § 323). Quest'ultima data è però certamente errata, anche per molte ragioni che altrove esaminiamo. L'invio degli eserciti ebbe principio già nel corso dell'anno 12. H., assai prima che, non si creda.

(b) Tali nostri accertamenti cronologici sono confermati, e viceversa confermano la preziosa notizia della cronaca siria (Land Anecdota, I, 116) che citeremo più avanti al § 347, secondo la quale i Musulmani vinsero una prima battaglia sui Greci in Palestina presso Ghazzah, il 4 Febbraio 634. a. È. V. = 29 Dzū-l-Qa'dah del 12. a. H. Quindi io credo si possa stabilire con quasi assoluta certezza che i Musulmani iniziassero la campagna già verso la metà del 12. a. H., *contemporaneamente* con l'incursione di Khālid b. al-Walīd nell' 'Irāq.

(c) Non è nemmeno da escludersi la probabilità che la conquista della Siria fosse l'effetto d'un processo evolutivo più che il compimento di un piano fissato in tutte le sue parti fin dal giorno della partenza del primo drappello. Voglio cioè alludere ad una probabilità, che finora non è stata mai presa in considerazione. Il primo disegno del Califfo e dei suoi consiglieri fu, come già si disse, una vasta e grande razzia, senza idea vera di conquista. Quando però i Musulmani scoprirono che i Greci erano deboli, e che una grande parte della popolazione, in odio al governo bizantino, agognava ad una qualsiasi liberazione dal giogo schiacciante, e assisteva gl'invasori, allora soltanto i piani del Califfo, uditi i rapporti dei suoi generali, si tramutarono quasi insensibilmente in disegno di vera conquista.

§ 314. — Anche Yāqūt in un passo (II, 515, lin. 1-5), dopo aver citato il racconto di Balādzuri (§ 323), afferma che i comandanti musulmani partissero nel 12. a. H. da Madīnah per invadere la Siria.

§ 315. — In questo anno (12. H.), Khālid b. al-Walīd conquistò la provincia della Yamāmah, ed in esso parimenti avvenne la (prima) battaglia fra i Greci ed i Musulmani in Siria (Baethgen, 15 e 109).

§ 316. — (a) (ibn Isḥāq). Allorchè il califfo abū Bakr ebbe fatto ritorno a Madīnah dal pellegrinaggio dell'anno 12. H. (¹), allestì gli eserciti, che dovevano invadere la Siria: mandò verso la Palestina (²) 'Amr b. al-'Āṣ, il quale si mosse per al-Mu'riqah (³), dirigendosi su Aylah (per invadere così la Palestina meridionale): mandò poi Yazīd b. abī Sufyān, abū 'Ubaydah b. al-Ǵarrāḥ, e 'Suraḥbīl b. Ḥasanah al-Ghawthi (cfr. Hišām, 213; Balādzuri, 107, ult. lin.), con ordine di prendere invece la via di Tabūk (⁴) (al-Tabūkiyyah), dirigendosi verso l'al-Balqā (⁵) uno degli altipiani della Siria (min 'ulyā al-Šām) (Tabari, I, 2078-2079) (⁶).

(b) Cfr. anche Nuwayri Leid. (I, fol. 27,r.), il quale aggiunge che poco dopo a Madīnah il capitano 'Ikrimah b. abī Ǵahl con Arabi della Tihāmah (Yaman), dell' 'Umān del Bahrayn e abū Bakr lo mandò appresso alle schiere partite, come protezione alla retroguardia.

[Partenza degli eserciti musulmani per la Siria.]

Nota 1. — Nel testo abbiamo al-ḥaǵǵ, ossia il pellegrinaggio grande (cfr. Mas'ūdi, IX, 55) che si faceva nel mese di Dzū-l-Ḥiǵǵah, ossia alla fine dell'anno: nel caso presente dunque abū Bakr avrebbe deciso la spedizione in Siria alla fine dell'anno 12. H., ossia alla fine di Febbraio del 634. a. È. V. Ma nella cronaca siriaca che riproduciamo più avanti, abbiamo notizia certa che Arabi e Greci già si battevano in Palestina ai primi di febbraio di questo medesimo anno 634. Quindi la decisione del Califfo deve essere stata presa molti mesi prima, e nella tradizione di ibn Isḥāq deve ascondersi un errore.

La presente tradizione di ibn Isḥāq è il grande scoglio, sul quale si sono infranti tanti tentativi di accomodare la cronologia delle conquiste, perchè l'autorità di ibn Isḥāq, come fonte storica, è tale che le sue affermazioni hanno un valore singolarissimo. Ora dove e quale è l'errore? Noi crediamo aver trovato una ragione plausibile ed evidente che appiana tutte le difficoltà, ed allo stesso tempo, mantiene la veracità del testo di ibn Isḥāq.

Nel testo di ibn Sa'd (cfr. Saad, III, parte I, 132, lin. 23 e segg.) abbiamo la preziosa notizia che abū Bakr, nel Raǵab dell'anno 12. H. (= Settembre-Ottobre 633. a. È. V.) fece il piccolo pellegrinaggio a Makkah (i'tamara), nella quale occasione egli rivide il suo vecchio genitore abū Quḥāfah (cfr. Mas'ūdi, IV, 180) e s'incontrò con 'Attāb b. Asīd, Suhayl b. 'Amr, 'Ikrimah b. abī Ǵabl e al-Ḥārith b. Hišām, i quali tutti gli fecero omaggio e si congratularono per la sua nomina a Califfo. Tutto ciò è narrato con copia di particolari, ed alla fine della tradizione (l. c. 133, lin. 12-13) s'aggiunge che poi, alla fine dell'anno, il Califfo ritornò da capo a Makkah a fare il pellegrinaggio grande, ḥaǵǵ: quindi abū Bakr nel 12. a. H. compi *due* pellegrinaggi. Con questa notizia noi troviamo la spiegazione naturale e logica dell'errore di ibn Isḥāq, le fonti del quale avevano evidentemente dimenticato i *due* pellegrinaggi, e sapendo che egli aveva dato le disposizioni per la invasione siria durante *un* pellegrinaggio, ritennero necessariamente che fosse il grande. Da ciò l'errore. Possiamo quindi sicuramente affermare che la partenza degli eserciti per la Siria avvenne immediatamente dopo il piccolo pellegrinaggio compiuto da abū Bakr nel Raǵab del 12. a. H. (= ultimi Settembre o primi Ottobre 633. a. È. V.). In tal modo accomodiamo facilmente tutte le difficoltà cronologiche di questo oscuro periodo, trovando in questo fatto una nuova conferma indiretta della correttezza delle nostre deduzioni. Veniamo così anche a stabilire che l'incursione di Khālid nell' 'Irāq avvenisse quasi contemporaneamente, con la partenza dei drappelli per la Siria. Difatti abbiamo buone ragioni per ritenere che Khālid concludesse la pace di Ullays nel Raǵab del 12. a. H. (cfr. § 163). Quindi egli deve essere entrato nel territorio di Ḥīrah nemmeno un mese prima che partissero i primi drappelli per la Siria. Tale coincidenza fa pensare alla notizia preziosa di ibn al-Kalbi (§ 159) che Khālid ricevesse l'ordine di recarsi in Siria prima ancora di entrare nell' 'Irāq. Tutte le forze musulmane dovevano dunque convergere assieme in Siria. Veniamo così già a dubitare che debba essere inventata la pretesa domanda di soccorso inviata a Khālid, su cui avremo ancora molto a discorrere.

Per questo modo semplice e naturale scompare la necessità di tutti quei ragionamenti del De Goeje, e quelli assai più complicati e non convincenti del Miednikoff per dimostrare la stessa cosa, vale a dire, che gli eserciti dovevano essere partiti per la Siria nella seconda metà dell'anno 12. H. Vediamo cioè, che tanto il De Goeje, quanto il Miednikoff, hanno perfettamente intuito, forse senza rendersene esatto conto, la vera cronologia delle prime conquiste.

Nota 2. — La Palestina era considerata dagli Arabi come una parte della Siria, quasi una suddivisione di questa (Yāqūt, III, 913, lin. 21; cfr. anche la nota 1 del precedente § 313). In Palestina erano inchiuse le città di Gerusalemme, 'Asqalān, Ramlah, Ghazzah, Arsūf, Qaysariyyah, Nābulus, Arīḥā, 'Ammān, Yāfah (*sic*) e Bayt Ǵibrīn: il suo confine meridionale verso l'Egitto era in Rafaḥ, e quello settentrionale in al-Laǵūn nel Ghawr (Yāqūt, III, 914, lin. 2).

In appresso, il distretto militare della Palestina (Ǵund Filasṭīn) comprendeva anche Zughar, il Mar Morto, i monti Ǵibāl al-Šarāh e tutto il paese fino ad Aylah (Yāqūt, III, 914, lin. 2-3).

Nota 3. — al-Mu'riqah era il nome dato a quella via che menava in Siria seguendo la riva del Mar Rosso. Essa era la via preferita dalle caravane dei Qurayš nei tempi pagani, e fu quella infatti seguita dalla celebre caravana di abū Sufyān, causa della famosa battaglia di Badr (cfr. 2. a. H., § 30 e segg.; Yāqūt, IV, 578, lin. 18-19). Gli Arabi ritenevano questa via la più breve e più facile per arrivare in Siria (Yāqūt, II, 790, lin. 14-15).

Nota 4. — Tabūk ci è già noto come il sito ove giunse l'ultima spedizione militare di Maometto (cfr. 9. a. H., §§ 21 e segg., e 10. a. H., § 119). Tabūk giaceva circa a mezza strada fra Madīnah e la Siria: a circa dodici giornate di cammino da Madīnah ed altrettante dal confine sirio. In Tabūk v'era un

[**Partenza degli eserciti musulmani per la Siria.**]

castello (ḥ i ṣ n), varie sorgenti, tre delle quali si attribuiscono ad un miracolo del Profeta; un palmeto, ed un recinto murato (ḥ ā · i ṭ) che in appresso era mostrato ai pellegrini come costruzione di Maometto. Tabūk era incassata fra due catene parallele di montagne, di cui la orientale aveva nome Šarawra, e la occidentale Ḥisma (Y ā q ū t, I, 825, lin. 1-3, 5 e segg., e 20).

Nota 5. — al-Balqā è quella regione dell'altipiano arabo che si trova a oriente del Mar Morto, e secondo gli Arabi faceva parte della Siria: la capitale (q a ṣ b a h) era 'Ammān (l'antica Rabbat-'Ammon; B a e d e k e r, VI, Aufl., 1900, 129-131), ed in essa abbondavano i villaggi ed i campi seminati, celebri per i buoni raccolti di ḥ i n ṭ a h o frumento, che erano proverbiali (Y ā q ū t, I, 728, lin. 12-13).

Nota 6. — Nel testo di al-Muqaddasi abbiamo menzione di tre vie che conducevano da Madīnah a 'Ammān in Palestina; per queste tre vie, dice quell'autore, andarono gli eserciti degli al-'Umarayn (= il califfo abū Bakr e il califfo 'Umar) durante la conquista della Siria, perchè esse erano le più dirette e sicure, e traversavano il paese dei Kalb. In 'Ammān le schiere si unirono con molti abitanti della Siria (a h l a l-Š ā m = le tribù cristiane scontente, di cui si parlò ai §§ 308 e segg.). Più tardi i califfi Umayyadi, quando avevano la residenza in Damasco, stabilirono per queste tre vie un servizio governativo di corrieri (a l-b a r ī d), per mezzo del quale comunicavano direttamente con Madīnah e Makkah. Le tre vie avevano in comune i due tratti Damasco-'Ammān al nord, e Taymā-Madīnah (Makkah) al sud. Fra Taymā e 'Ammān correvano tre vie parallele (forse a cagione della scarsità dell'acqua e la necessità di distribuire egualmente il transito sulle tre vie). Qui appresso diamo i tre elenchi come si trovano nel testo: si vedrà che fra alcune stazioni al-Muqaddasi dà il tempo voluto per il percorso fra una stazione e l'altra; ma nella maggioranza dei casi, egli si limita a dire quanti erano i posti ove era possibile trovare acqua per i cameli corridori dei corrieri (m a n h a l, pl. m a n ā h i l).

I. — Madīnah – Wādi al-Qura:
Wādi al-Qura—Taymā, 4 pozzi (m a n ā h i l); Taymā—Tabūk, 2 id.; Tabūk—Mu'ān, 2 id.; Mu'ān'—Ammān, 2 id.

II. — Madinah—Taymā, come sopra:
Taymā—Thaǵr, 3 pozzi (m a n ā h i l); Thaǵr—al-Aǵwali, 2 id.; al-Aǵwali—Wubayr, 4 tappe (m a r ā ḥ i l) (senz'acqua?); Wubayr—'Ammān, 3 pozzi (m a n ā h i l).

III. — Madīnah—Taymā, come sopra:
Taymā—Mukhri, 4 pozzi (m a n ā h i l); Mukhri—'Arfaǵā, 3 id.; 'Arfaǵā—al-Ǵarba, 1 giorno e mezzo; al-Ǵarba—un pozzo senza nome (m ā ·), 1 giorno. Da questo pozzo—al-Nabk, 1 giorno; al-Nabk—al-Muḥdathah, mezza giornata; al-Muḥdathah—al-'Awnīd, mezza giornata; al-'Awnīd—'Ammān, 2 giorni (M u q a d d a s i, 249-250: solo in parte riprodotto dallo S p r e n g e r, *Die Post-und Reiserouten des Orients*, p. 118 e Karte, no. 16).

§ 317. — La nomina di questi generali fu preceduta però da un incidente piuttosto grave, sul quale non è facile fare la luce e comprenderne il vero significato (cfr. poc'anzi § 311 e nota 1).

(ibn Isḥāq, da 'Abdallah b. abī Bakr). Khālid b. Sa'īd b. al-'Āṣ si trovava nel Yaman, alla morte del Profeta nell'a. 11. H., e ritornò a Madīnah quando scoppiarono i torbidi in quella provincia (cfr. 11. a. H., §§ 190 e segg.). Giunto però in Madīnah, egli per circa due mesi si astenne dal riconoscere come atto legittimo il conferimento dell'autorità suprema ad abū Bakr, e rifiutò di giurargli fedeltà. Khālid b. Sa'īd affermava di essere stato nominato all'ufficio dal Profeta stesso, il quale aveva cessato di vivere senza deporlo (perciò voleva che abū Bakr lo investisse nuovamente nella sua carica antica) (1). Un giorno incontrando per istrada 'Ali b. abī Ṭālib e 'Uthmān b. 'Affān, disse loro: „ O banū 'Abd Manāf! Voi siete stati contenti di rinunziare a quello che vi spettava, ed altri se ne sono impadroniti! „ (2). Il califfo abū Bakr, al quale furono riferite queste parole, non ne fece alcun caso, e non gliene mosse alcun rimprovero (quando Khālid, alfine, dopo due mesi, venne a giurargli fedeltà).

[Partenza degli eserciti musulmani per la Siria.]

Non così ʿUmar, il quale gliene serbò rancore. Quando furono allestite le spedizioni contro la Siria, abū Bakr conferì il primo comando a Khālid b. Saʿīd, che fu messo alla testa della quarta parte delle milizie radunate per la spedizione. ʿUmar protestò vigorosamente contro la nomina, rammentando ad abū Bakr quello che Khālid b. Saʿīd aveva detto e fatto circa un anno prima; nè smise d'insistere in tutti i modi possibili presso il Califfo, finchè questi, mutato consiglio, destituì Khālid b. Saʿīd, conferendo il comando a Yazīd b. abī Sufyān (³) (Tabari, I, 2079-2080).

Cfr. anche Nuwayri Leid. I, fol. 9,r.-9,v. e 27,r.

Per la versione totalmente diversa di Sayf b. ʿUmar, vedi più avanti alla fine delle tradizioni sui primi fatti d'arme in Siria.

NOTA 1. — (a) Nel « Futūḥ al-Šām » (Futūḥ Lees, 5, lin. 3-4) è detto soltanto: « E Khālid b. Saʿīd era uno dei luogotenenti del Profeta: egli non desiderò di essere nominato amīr, sicchè (quando abū Bakr gli conferì un comando) chiese di esserne esonerato, ed abū Bakr accettò le sue dimissioni ». Poche linee prima (id., 4, lin. 8 e segg.) è narrata però la sua partenza con un drappello, ed anzi, si afferma che fosse il primo a partire. In un terzo passo alfine (Futūḥ Lees, 17-19) narrasi che egli si unisse ad abū ʿUbaydah, quando questi lasciò Madīnah, dopo la partenza di Yazīd b. abī Sufyān e di Šuraḥbīl b. Ḥasanah. Insomma ve n'è per tutti i gusti.

(b) Probabilmente abū Bakr, scontento di Khālid b. Saʿīd, perchè aveva abbandonato il suo posto senza permesso, non volle rimandarlo nel Yaman, e gli tolse la carica conferitagli dal Profeta. Da ciò l'ira di Khālid, e l'indugio nel giurare fedeltà al Califfo. Forse il suo giuramento fu ottenuto alfine con la promessa di qualche compenso materiale, e perciò ebbe il comando di uno degli eserciti che dovevano invadere la Siria.

NOTA 2. — (a) Secondo (il « Libro » di Yaʿqūb b. Muḥammad) al-Zuhri, le parole di Khālid b. Saʿīd sarebbero state: « L'affar vostro (amrukum come Tabari, I, 2079, lin. 15) vi è stato tolto, o banū ʿAbd Manāf! » Secondo la medesima fonte, Khālid non rimase molto in questo atteggiamento ostile verso abū Bakr, perchè avendolo in appresso incontrato per caso nel mercato di Madīnah, Khālid immediatamente gli fece atto di omaggio e di riconoscimento (Ḥubayš, fol. 28,r.).

(b) abū Bakr non apparteneva alla famiglia del Profeta, mentre tanto ʿAli, che ʿUthmān b. ʿAffān erano parenti vicini di Maometto, e perciò, secondo l'uso arabo, avrebbero dovuto avere qualche diritto alla eredità politica del Profeta. Notevolissimo è nella tradizione la unione del nome dell'Umayyade ʿUthmān b. ʿAffān con quello di ʿAli, come se ambedue fossero stati ugualmente lesi in un loro diritto. Questo è sfuggito ai tradizionisti posteriori anche non šiʿīti, che vorrebbero dipingerci gli Umayyadi come usurpatori dei diritti esclusivi di ʿAli.

(c) Khaldūn (II, App. p. 83) accenna all'incidente dicendo che Khālid rimproverò a ʿAli e a ʿUthmān, quali capi (ruʾūs) degli ʿAbd Manāf, di essersi sottomessi (istikānah) ad uno della tribù dei Taym (abū Bakr).

NOTA 3. — Si osservi come ibn Isḥāq nella precedente tradizione (§ 316) menzioni ʿAmr b. al-ʿĀṣ il primo nell'elenco dei generali partenti, mentre nella presente si dica esplicitamente che Yazīd b. abī Sufyān fosse il primo a partire. La contradizione è solo apparente; nel § 316 l'enumerazione è puramente *geografica* senza indicazione di tempo, mentre in questo luogo e nel seguente § 319 abbiamo la narrazione dei fatti nel loro ordine cronologico e questa pone sempre Yazīd b. abi Sufyān come il primo generale partito. La questione ha la sua importanza, come apparirà da quello che segue.

§ 318. — (abū Mikhnaf). La nomina di Khālid b. Saʿīd b. al-ʿĀṣ al comando di uno dei tre eserciti dispiacque vivamente ad ʿUmar, il quale insistè presso abū Bakr, perchè lo destituisse. ʿUmar affermò che Khālid b. Saʿīd fosse uomo superbo, che agiva con modi violenti e spirito partigiano (al-taʿaṣṣub). Il Califfo piegandosi a queste ragioni, mandò abū Arwa al-Dawsi a riprendere lo stendardo. Khālid b. Saʿīd si trovava allora in Dzū-l-Marwah, ma quando

[Partenza degli eserciti musulmani per la Siria.]

arrivò il rappresentante del Califfo, non fece alcuna opposizione e riconsegnò immediatamente la bandiera. abū Bakr, riavuta l'insegna del comando, la cedè a Yazīd b. abī Sufyān, il quale nell'assumere il comando nominò il fratello Mu'āwiyah suo porta-stendardo. Khālid b. Sa'īd, privato del comando, si unì come semplice soldato alle schiere di Šuraḥbīl b. Ḥasanah (Balādzuri, 108).

§ 319. — (ibn Isḥāq, da Ṣāliḥ b. Kaysān). Quando partirono gli eserciti per la Siria, il califfo abū Bakr accompagnò a piedi per un tratto di strada il generale Yazīd b. abī Sufyān, che marciava a cavallo alla testa delle genti e gli diede verbalmente le ultime istruzioni, raccomandandolo a Dio (cfr. 11. a. H., § 109 e nota 3). Yazīd prese la via detta al-Tabūkiyyah. Dopo di lui partì Šuraḥbīl b. Ḥasanah, poi abū 'Ubaydah b. al-Ǵarrāḥ, il quale menò con sè i rinforzi per i due precedenti con una quarta parte (rub') dell'esercito. Tutti questi presero la medesima strada (la Tabūkiyyah). 'Amr b. al-'Āṣ partì anche egli e andò ad accampare in Ghamr al-'Arabāt (1). I Greci fissarono il campo in Thaniyyah Ǵilliq, la collina di Ǵilliq (2), nella Palestina settentrionale (bi-a'la Filastīn), con 70.000 uomini comandati da Tadzāriq fratello dell' imperatore Eraclio. 'Amr scrisse allora al Califfo, ragguagliandolo dei Greci e chiedendogli rinforzi (Tabari, I, 2107) (3).

Nota 1. — Ghamr significa quel luogo alla confluenza delle valli, ove durante la pioggia si riuniscono le acque e allagano il piano (Yāqūt, III, 813, lin. 13): 'arabah dicesi d'un corso di acqua molto incassato fra i monti. Il nome quindi Ghamr al-'Arabāt significa il punto di confluenza di torrenti alpestri. Nei dizionari geografici manca questo nome, ma in un passo di Yāqūt (III, 633, lin. 18 e segg.) si parla di 'Arabah come d'un luogo della Palestina, ove abū Umāmah al-Bābili, per ordine di Yazīd b. abī Sufyān, venne alle mani con i Greci: s'aggiunge però che il sito chiamavasi forse anche 'Arbah, ma non esser sicuro della pronuncia. Il De Goeje, il quale ritiene che in 'Arabah avvenisse il primo scontro fra Arabi e Greci, non esprime un'opinione ove questo sito precisamente si trovi, contentandosi di dire che debba essere a breve distanza a oriente di Dāthinah (De Goeje, 31).

In un altro luogo (De Goeje Mem., 35, nota 4), il dotto orientalista olandese cita il passo di ibn Isḥāq (Tabari, I, 2125, lin. 6, da noi citato in appresso sotto l'anno 13. H.) ove questo sito è chiamato semplicemente al-'Arabāt, con la variante al-Qurayyāt, data da Maqrīzi (ed. Vos., p. 41, lin. 6) e dal Nuwayri (Leid., I, fol. 28,r.). Athīr (II, 311, lin. 3), lo chiama al-'Arabah e sembra identificare questo sito con quello del primo scontro fra Musulmani e Greci. Il De Goeje afferma giustamente che non si deve confondere questo Ghamr al-'Arabāt, nè con il Ghamr nel poema di Zubayr (Bakri, 696 e 657), nè con il Ghamr banī Ǵadzīmah a due giornate da Taymā verso la Siria (Yāqūt, III, 813, lin. 16), nè con la 'Arabāt, strada di montagna che mena (dalla Palestina) in Egitto (Yāqūt, III, 632, lin. 19). Conformandosi alle indicazioni di ibn Isḥāq (Tabari, I, 2125, lin. 6), il De Goeje cerca Ghamr al-'Arabāt nel Ghawr Filasṭīn, che si chiama anche oggi (Baedeker, p. 207) al-'Arabah (= Wādi al-'Arabab) e ritiene probabile che questo Ghamr sia quello notato da Muqaddasi (249, lin. 17; cfr. 253, lin. 5) e che si trovava e due giornate da Aylah o a cinque da Ramlah. Il De Coeje trova nella carta di Socin-Baedeker (pag. 137) un sito: 'Ayn Ghamr fra Aylah e l'estremità meridionale del Mar Morto, e ritiene sia quello su cui ora si discute (De Goeje Mém., 35-36).

Nota 2. — Da varî passi e versi citati da Yāqūt (I, 482, lin. 6; 600, lin. 7; II, 104, lin. 19 e segg.; 183, lin. 8; IV, 395, lin. 17) si ritrae che nelle immediate vicinanze di Damasco, presso uno dei fiumi che traversano la ferace pianura detta Ghūṭah Dimašq, trovavasi un villaggio (kūrah) detto Ǵilliq, e fosse un sito molto ameno per l'abbondanza delle sue acque correnti. Quando gli Umayyah divennero signori della Spagna, diedero a un luogo dell'Andalusia il nome di Ǵilliq, in memoria degli ameni dintorni di Damasco (Yāqūt, II, 106, lin. 3).

Dal tenore però delle indicazioni date da Yāqūt è evidente che già ai tempi suoi non si sapeva più bene ove giacesse questo sito, celebre ai tempi dei principi Ghassānidi per la tomba di uno dei

Ghassān (Yāqūt, III, 183, lin. 8; cfr. anche i versi di Nābighah al-Dzubyāni in *Su'arā*, 645 lin. 4; Wetzstein, Reisebericht, 118-131; De Goeje Mém., 55). [Partenza degli eserciti musulmani per la Siria.]

L'identificazione di questo Ǵilliq con quello menzionato nella tradizione del presente paragrafo, presenta qualche difficoltà. Il Wellhausen (Sk. u. Vorarb., VI, 56, nota 2), pur ammettendo che Ǵilliq debba essere vicina a Damasco, non trova ben naturale che ibn Isḥāq la collochi nella Palestina settentrionale (ove Ǵilliq non esiste), perchè, egli dice, il vero sito di Ǵilliq non si adatta ai fatti. I Greci dovevano minacciare 'Amr in Palestina e non i tre generali, che si trovavano nella trans-giordanica: altrimenti è incomprensibile che 'Amr chiedesse soccorsi, e che li ottenesse appunto dalla Trans-Giordanica.

Il De Goeje (Mém., 55-56) esamina anche più minutamente la questione. Egli rileva come ibn Isḥāq ponga correttamente la concentrazione greca nella Palestina settentrionale, e perciò nella regione fra Banyās (Bethsean) e Cesarea: quindi il nome di Ǵilliq è sospetto e scorretto. Egli risolve la difficoltà ricorrendo a Teofane, ed affermando che questi, benchè confonda il primo invio delle milizie greche, sconfitte a al-'Arabah ed a Dāthinah, con l'altra spedizione partita da Cesarea, al-Qaysariyyah, e condotta da Sergio in persona, spedizione che terminò poi con la disfatta di Aǵnadayn (cfr. però più giù § 335 e nota 1), pure ci dà la notizia corretta certamente, che Cesarea fu il luogo di partenza d'una parte delle milizie greche. Il De Goeje cita quindi il passo di abū-l-Faraǵ (170, lin. 2 e segg.), secondo il quale Sarǵīs lasciò Cesarea con 5000 soldati per battersi contro 'Amr in Palestina, ed arriva alla conclusione che il concentramento delle milizie di Eraclio dovesse essere avvenuto nella pianura di Esdrelon, e che quindi il nome di Ǵilliq possa essere una corruzione antica per l'altro di Ǵinin, o Ginin, la presente Ǵenīn (cfr. Baedeker, 197), posta sui confini dei monti della Samaria e della pianura di Esdrelon. Paleograficamente, egli aggiunge, la corruzione di Ǵinin in Ǵilliq è perfettamente naturale, e si somiglia all'altra già osservata di Ubna in Ābil, vale a dire la lettera « nun » con il suo punto diacritico tramutasi in « lām » con l'unirsi del punto diacritico con il corpo della lettera.

La supposizione del De Goeje è molto acuta ed a prima vista attrae e persuade: Ǵenīn, visitata da me nel gennaio del 1894, trovasi in una buona posizione strategica, perchè sulla via diretta fra Nazaret e Gerusalemme, sulla strada cioè più comunemente battuta da chi, venendo dal settentrione e dirigendosi a Gerusalemme, partesi dalla pianura di Esdrelon. Non pertanto bisogna fare una prima importante osservazione, che, a noi sembra, dimostra insostenibile la tesi del De Goeje. La tradizione parla di una *collina* di Ǵilliq (Thaniyyah Ǵilliq): orbene Ǵenīn giace nel fondo di una valle, circondata da giardini e quindi non può assolutamente essere chiamata una collina. Quindi a nostro modo di vedere Ǵilliq non è geograficamente eguale a Ǵennīn. Dov'è allora Ǵilliq? Il Dussaud (cfr. Dussaud, p. 40) esamina ancora più minutamente la questione, e forse con maggiore giustezza suppone che l'errore nel testo di ibn Isḥāq non sia nella menzione di Ǵilliq, ma nell'interpolazione « nella parte settentrionale della Palestina », introdotta in appresso da un copista che ignorava già ove si trovasse la collina di Ǵilliq, e che voleva specificare come l'esercito greco venisse dal nord per impegnare la battaglia di Aǵnadayn, fra Ramlah e Bayt Ǵibrīn. Egli infatti pone chiaramente in rilievo come il nome di Ǵilliq cadesse ben presto in oblio dopo le conquiste arabe e che perciò regnasse una grande incertezza negli scrittori posteriori sul sito preciso ove sorse un tempo questo paese scomparso. Cita inoltre i versi di un poeta arabo (Maqrīzi Mamlūk, II, parte II, p. 161, nota 19 del Quatremère), il quale dice: « Io mi recai in Egitto passando per le alture di Ǵilliq ». Quindi il Dussaud conclude: « a noi sembra giustamente, che il colle di Ǵilliq fosse un posto un tempo ben conosciuto, e sulla via dalla Palestina verso l'Egitto ». Egli osserva come un esercito greco — riunitosi, diciamo, in Damasco — si sia accampato in un punto, donde poteva recarsi facilmente sia in Palestina, sia nella Trans-Giordanica, a seconda delle informazioni ricevute sui movimenti degli Arabi. Egli infine identifica Ǵilliq con la moderna al-Kisweh, o antica al-Kuswah (oggi sulla via ferrata Damasco-el-Muzeyrib, Baedeker, p. 139), traversata dal fiume al-A'waǵ ed uno dei siti di villeggiatura più frequentati nei dintorni di Damasco, ed appunto a mezzodì di questa città, donde biforcano due strade, una che va in Palestina attraverso il Ponte Banāt Ya'qūb, e l'altra nella Trans-Giordanica, per via di al-Ǵābiyah ed Adzri'āt. Tale supposizione appare tanto più ragionevole, in quanto a noi sembra, come diciamo in altro luogo, che le fonti si arabe che greche e forse pure siriache, confondano i fatti della battaglia di 'Arabah con quelli di Aǵnadayn, e che quindi il ragionamento del De Goeje sulle mosse di Sarǵīs sia scorretto. In qualunque caso non vi è verun bisogno di correggere Ǵilliq in Ǵinnīn, perchè appunto una delle vie più frequentate per chi va da Damasco a Gerusalemme è appunto per al-Kisweh (Ǵilliq), Ǵisr banāt Ya'qūb, e Ǵinnīn (Ǵenīn). È questa appunto la via che io percorsi in senso inverso, da Gerusalemme a Damasco nell'inverno del 1894. L'espressione « nella Palestina settentrionale » è semplicemente interpolazione posteriore.

Forse meno felice è l'esame fatto della questione dal Miednikoff (I, 441-445). Egli sostiene che l'espressione di ibn Isḥāq (bi-a'la Filasṭīn) si debba prendere in un senso assolutamente letterale

[Partenza degli eserciti musulmani per la Siria.]

di « Palestina superiore », vale a dire Ǵilliq era nella Palestina più elevata dal mare in confronto alla posizione bassa degli Arabi in Ghamr al-'Arabāt: e che perciò Ǵilliq debba cercarsi in un punto elevato dell'altipiano palestinese fra Ghamr al-'Arabāt e Aǵnadayn, vale a dire a mezzodì di Gerusalemme: in questo modo, secondo il Miednikoff, devono esservi state due Ǵilliq: una presso Damasco, l'altra nella Giudea, in un luogo donde i Greci si sarebbero ritirati verso il nord fino a Aǵnadayn. La presenza di due Ǵilliq darebbe inoltre un'altra ragione della confusione fra le due battaglie Aǵnadayn-Yarmūth e Yarmūk-Yaqūṣah: i copisti avendo conoscenza solo d'una Ǵilliq, ritennero sempre che fosse quella più celebre della Ghūṭah di Damasco e quindi necessariamente vennero alla conclusione che la battaglia successiva fosse quella del Yarmūk-Yaqūṣah, e non quella di Aǵnadayn-Yarmūth. — Su questo argomento discorreremo a lungo nell'annata 13. H. Per una nuova soluzione del problema Ǵilliq, cfr. *Addenda et Corrigenda* al presente volume.

Nota 3. — Il testo di ibn Isḥāq continua dicendo che in quei giorni Khālid b. Sa'īd b. al-'Āṣ, che si trovava in Marǵ al-Ṣuffar in Siria, venne circondato, sorpreso ed ucciso dai Greci, e che 'Amr b. al-'Āṣ tornò allora a scrivere al Califfo per altri soccorsi di cui parliamo altrove.

§ 320. — (ibn Sa'd, da 'Abd al-Ḥamīd b. Ǵa'far, da suo padre). Quando partì 'Amr b. al-'Āṣ alla testa della sua schiera, il Califfo gli disse che lo nominava comandante in capo di quegli Arabi delle stirpi Bali, 'Udzrah e Qudā'ah (1), che egli fosse riuscito a persuadere ad unirsi con lui (2). Raccomandò poi che le tribù avessero ognuna il loro posto separato nell'ordinamento delle sue schiere ('Asākir, fol. 28,v.) [H.].

Nota 1. — Quindi queste tribù abitavano regioni che arrivavano fino al mare, dacchè 'Amr prese il cammino lungo la costa. Si noti che gli 'Udzrah ed i Qudā'ah non erano ancora musulmani, ma o cristiani o pagani. Quindi abbiamo la singolare notizia che negli eserciti dell'Islām si battevano Arabi che non erano musulmani. Come vedremo nell'anno 13. H., tale deduzione è confermata anche da altre notizie e getta una luce singolare sulla vera natura del moto arabico, sul quale abbiamo già tanto discusso in precedenti paragrafi. La notizia è una nuova conferma preziosa di tutti i nostri ragionamenti.

Nota 2. — Queste notizie sono completate da una tradizione che si trova nel « Futūḥ al-Šām » ed in ibn Ḥubayš, nella quale (da 'Amr b. Šu'ayb) è detto, che 'Amr b. al-'Āṣ, nello spingersi verso la Siria riuscì ad indurre molti Beduini ad unirsi con lui, sicchè arrivando in Siria, aveva con sè 2000 uomini (Ḥubayš, fol. 41,r.; Futūḥ Lees., 43-44). Il gruppo quindi di guerrieri, con il quale 'Amr lasciò Madīnah, deve essere stato molto meno numeroso, che non parrebbe dalle affermazioni di altre fonti. La tradizione termina con l'affermazione che 'Amr raggiungesse abū 'Ubaydah in Siria. Quindi, secondo questa fonte, 'Amr partì *per ultimo* e con i rinforzi (cfr. § seg. e nota, e § 327).

§ 321. — (al-Wāqidi). Il califfo abū Bakr diede ordine ad 'Amr b. 'Āṣ d'invadere la Palestina, a Šuraḥbīl di spingersi nell' Urdunn (1) ed a Yazīd b. abī Sufyān di assalire Damasco. Se i tre eserciti dovessero riunirsi per impegnare battaglia con il nemico, il comando supremo era assunto da quel generale, nel cui territorio avveniva la riunione delle forze musulmane. A voce poi il Califfo dispose che 'Amr b. al-'Āṣ dovesse dirigere le preghiere delle forze riunite dei Musulmani (2), ma che quando erano divise, ogni generale dirigesse le preghiere delle proprie genti. Stabilì infine che ogni tribù facesse corpo a sè, sotto un proprio stendardo, conferito da ogni generale ad ognuna delle schiere da lui dipendenti (Balādzuri, 108-109).

Nota 1. — Urdunn è la forma araba per Giordano (ebr. Jardēn). Noi con questo nome significhiamo il famoso fiume che divide la Palestina dall'altipiano della penisola arabica. Gli Arabi però generalmente intendevano con il nome Urdunn anche una parte cospicua della Palestina settentrionale, nella quale erano incluse la vallata del Giordano, al-Ghaw, le città di Ṭabariyyah, di Ṣūr e di 'Akkā con tutto il paese compreso in questo triangolo: ossia Baysān, Bayt Rās, Ǵadar, Ṣaffūriyyah, etc. (cfr. Yāqūt, I, 201, lin. 4 e segg. e 17 e segg., ove è detto che nell' Urdunn era stabilita poi una delle cinque guarnigioni militari [a ǵ n ā d a l-Š ā m] della Siria). Scrittori più accurati (Ahmad b. al-Tayyib al-Sarakhsi al-Faylusūf [† 286. a. H.] cfr. U s a y b i ' a h, I, 214-215) dànno correttamente il nome di Urdunn al fiume Giordano, distinguendolo in due sezioni Urdunn al-Kabīr, il Giordano Grande, ossia il corso superiore che sbocca nel mare di Galilea, e Urdunn al-Saghīr o Giordano Piccolo, che uscendo dal Mar di Galilea sotto a un grande ponte in materiale con più di venti arcate (t ā q ā t) scende verso mezzogiorno, unisce le sue acque con quelle del Yarmūk e passando presso Baysān, scende lungo tutto il Ghawr e sbocca alfine nel Mar Morto (Y ā q ū t, I, 201, lin. 5-16). È strano che al tratto più breve sia dato il nome di « grande » ed a quello più lungo il nome di « piccolo ». Tutta la vallata del Giordano, ai tempi di Yāqūt era diligentemente irrigata e coltivata intensivamente, il prodotto maggiore della vallata era a l-s u k k a r, una qualità dolcissima di datteri che s'esportava in tutto l'Oriente (Y ā q ū t, I, 201, lin. 8 e 12) cfr. fol. seguente.

[Partenza degli eserciti musulmani per la Siria.]

NOTA 2. — (a) L'ordine in cui al-Wāqidi enumera i capitani, non è cronologico, ma geografico, e quindi non si può giustamente affermare come fanno taluni, per esempio il Miednikoff, che al-Wāqidi ponga la partenza di 'Amr b. al-Āṣ come la *prima*. Infatti la disposizione che 'Amr dovesse dirigere la preghiera di tutti, presuppone che altri fossero partiti *prima di lui* e che il Califfo stabilisse la regola per evitare attriti personali. Se 'Amr fosse partito per primo, le raccomandazioni erano inutili, perchè 'Amr era solo.

(b) In secondo luogo si osservi che, mentre poco prima ibn Isḥāq (cfr. § 316) enumera quattro capitani, al-Wāqidi forse più correttamente ne enumera soli tre, escludendo abū 'Ubaydah. Difatti se fosse partito pure abū 'Ubaydah, questi, come uno dei più antichi e stimati Compagni, avrebbe presumibilmente avuto la precedenza nel dirigere le preghiere.

(c) Infine notiamo il fatto singolare, sul quale avremo sovente a ritornare. I capitani di questi tre corpi invasori sono tutti e tre musulmani di fresca data, due di essi, 'Amr e Yazīd, della potente stirpe Qurayš, e Šuraḥbīl, persona quasi ignota, sul conto della quale regna molta incertezza chi sia veramente, ed a quale tribù (Kindah o Tamīm o Azd) appartenga (cfr. per es. Ḥ a ǵ a r, II, 400-401). In altro luogo tenteremo la spiegazione del fatto.

§ 322. — (Balādzuri, senza i s n ā d). abū Bakr diede istruzioni ad 'Amr b. al-'Āṣ di prendere la via di Aylah (t a r ī q A y l a h) (¹), dirigendosi sulla Palestina. A Yazīd b. abī Sufyān ingiunse di battere la via di Tabūk (t a r ī q T a b ū k), ed infine a Šuraḥbīl b. Ḥasanah prescrisse (k a t a b a) di avanzarsi parimenti per la stessa via di Tabūk (²). Al momento di partire, i tre eserciti contavano ognuno tre mila uomini (³), ma dalla loro partenza (⁴) in poi, il Califfo non cessò mai dal mandare a tutti e tre nuovi rinforzi, man mano che gli giungevano altre genti dalle varie parti d'Arabia. In siffatto modo i tre generali ebbero alfine sotto ai loro ordini ognuno 7.500 uomini. Tutte riunite le forze musulmane ammontavano da ultimo (t h u m m a) a 24.000 uomini (⁵) B a l ā d z u r i, 108) (⁶).

NOTA 1. — Avemmo già occasione di parlare di Aylah (cfr. 9. a. H. § 38 e nota 1); essa giaceva sulle rive del mare in fondo al golfo di 'Aqabah, e per quelli che, come 'Amr, andavano in Palestina per la via marittima (cfr. paragr. prec.) era l'ultima città del Ḥiǵāz e la prima della Siria (Palestina). La città era piccola, ma ben costruita, con pochi campi seminati intorno. Era abitata da Ebrei e Cristiani e vi si faceva un commercio attivo di pesce (Y ā q ū t, I, 422, lin. 1-10). Essa era l'antica città ebraica di Elath (I, *Reg.* IX, 26) ed al tempo dei Romani fu sede della X legione: in Aylah approdavano molte navi, che risalivano il Mar Rosso e portavano merci per la Siria. Ai tempi degli imperatori bizantini v'era perciò qui un ufficio doganale. Qui approdavano le merci che venivano dall'Abissinia, e qui s'imbarcavano i mercanti bizantini che volevano recarsi in Etiopia, in Africa e in India (H e i d., I, 9). La città continuò per lungo tempo ad essere un grande emporio commerciale (H e i d., I, 380). In Aylah s'incontravano i mercanti dell'Egitto e della Siria, e di poi radunavansi molti pellegrini per intraprendere il viaggio di Makkah. Più tardi ivi si trovò una famiglia che pretendeva discendere da alcuni liberti di 'Uthmān b. 'Affān. Oltre al documento che, si dice, fu concesso dal Profeta a Yuḥannah b. Ru'bah, più tardi la città vantò di essere in possesso anche di un mantello striato a colori (b u r d) che si affermava fosse un dono del Profeta al medesimo Re. In appresso il kh a r ā ǵ (tassa fondiaria) e i w u ǵ ū b a l-ǵ i n ā y ā t rendevano tremila d ī n ā r (Y ā q ū t, I, 423, lin. 3-6).

[Partenza degli eserciti musulmani per la Siria.]

NOTA 2. — Questa tradizione, a nostro modo di vedere, potrebbe essere interpretata come una prova che gli Arabi immaginassero un' incursione simultanea in tre punti diversi del confine greco: la provincia di Damasco, la ricca valle del Giordano fra il Mar Morto e il Mar di Galilea, e la Palestina meridionale. È molto probabile però, come sarà evidente di poi quando narreremo la sistemazione amministrativa della Siria dopo la conquista, che tale distribuzione di forze sia una predizione *ab evento* delle scuole tradizionistiche. Difatti, tre anni dopo, le provincie furono assegnate ai detti capitani nel modo ora descritto. È inverosimile che abū Bakr desse già queste disposizioni come se il paese gli appartenesse, ed è anche inverosimile che tre anni dopo, quando gli Arabi, per così dire, riconquistarono tutto il paese, il Califfo 'Umar si attenesse alle disposizioni attribuite ad abū Bakr, disposizioni che tutto al più furono ordini vaghi in vista di un'avventura, di cui nessuno poteva predire l'esito. Si noti che non v'è accenno a « conquista » e noi abbiamo diritto di supporre che finora si trattasse soltanto di « razzia ». Se vi fosse stato fin dal principio il concetto della conquista, questa dispersione di forze sarebbe stata un grave errore, perchè le norme più elementari della scienza di guerra avrebbero suggerito l'unione di tutte le forze in un punto solo per superare più facilmente le difficoltà opposte dal nemico. È possibile che la riunione delle forze musulmane nella Palestina meridionale, prima di Aǵnadayn, segni il momento storico, quando gli Arabi decisero di sottomettere e non più di devastare il paese.

NOTA 3. — Che questa cifra sia esagerata traluce chiaramente dalla tradizione riferita al precedente § 320, nota 2, ove lo stesso romanzo attribuito ad abū Ismā'īl al-Azdi, ammette che 'Amr varcasse il confine greco in Palestina con soli 2000 uomini.

NOTA 4. — Balādzuri scorrettamente narra la partenza dei tre capitani come se fosse simultanea. L'errore è manifesto come risulta in modo indiscutibile dal tenore di tutte altre fonti e buone e cattive: i capitani partirono uno appresso all'altro, e l'ordine cronologico di queste partenze sarà uno dei problemi che tenteremo fra breve di risolvere. In ogni caso però, dato il concetto balādzuriano della partenza *simultanea*, si comprende come l'ordine in cui sono menzionati i capitani, non può essere giustamente addotto come prova che Balādzuri affermi essere 'Amr partito per il primo. Difatti l'ordine dato alle partenze nel paragrafo seguente è diverso; in esso 'Amr è l'*ultimo* a partire.

NOTA 5. — Questi numeri, che ci sono riferiti da Balādzuri senza indicazione di fonte (e *non* possono provenire da al-Wāqidi, perchè i nomi dei generali non sono dati nel medesimo ordine del paragrafo precedente, mentre al-Wāqidi viene citato subito dopo nel testo di Balādzuri, 108, lin. 19, per l'assegnazione dei distretti e per la direzione della preghiera), hanno, io credo, avuto finora un'erronea interpretazione. Il De Goeje, per es., li considera come il numero delle genti armate che entrarono in Siria fin dai primi mesi dell' invasione. Non credo che siffatta interpretazione si possa accettare senza obbiezioni. Secondo l'ottima autorità di ibn Isḥāq, gli Arabi alla battaglia del Yarmūk nel 15. a. H., vale a dire quasi *tre anni dopo*, contavano 24.000 uomini. Ora è inconcepibile che il califfo abū Bakr inviasse rinforzi soltanto per la battaglia di Aǵnadayn, al principio del 13. a. H., e che poi in appresso, per due anni e mezzo, non ne mandassero più altri da Madīnah. Tale dovrebbe essere la necessaria deduzione della tesi sostenuta dal De Goeje. Ora ciò è molto inverosimile, perchè il momento in cui gli Arabi abbandonarono Damasco nel 15. a. H., retrocedendo verso mezzodì fino al Yarmūk, fu senza dubbio quello in cui gli Arabi, confrontati da forze molto superiori, si trovarono nel massimo pericolo ed ebbero maggior bisogno di soccorsi. Io credo perciò che questa menzione dei soccorsi inviati in Siria si intenda dagli autori nostri, come riferentisi a *tutto il triennio* che corse dall'inizio dell'invasione nel 12. a. H., fino alla battaglia finale del Yarmūk nel 15. a. H. La concordanza di Balādzuri con ibn Isḥāq sul numero di 24.000 ci induce ad accettare questo numero come molto probabilmente corretto, ma pur come quello che rappresenta le forze musulmane al momento del conflitto supremo, nel quale furono decise le sorti dell'Asia Anteriore, al Yarmūk, nel 15. a. H. Il lungo indugio degli Arabi prima di battersi in quella memorabile circostanza fu certamente causato dall'attesa dei rinforzi.

Si viene così alla conchiusione che i *tre* eserciti musulmani a Aǵnadayn contassero 9000 uomini in tutto (o 12.000, se si accetta la tradizione dei *quattro* eserciti), e che quindi prima il califfo abū Bakr e poi 'Umar, mandando sempre altri rinforzi per riparare alle perdite della campagna, riuscissero alfine a riunire i 24.000 uomini che vinsero sul Yarmūk. A tale spiegazione si può obbiettare che la tradizione parla solo di abū Bakr: ma osservo che innanzitutto gli orientali non sono mai precisi: poi le notizie sui Futūḥ erano già tanto confuse ai tempi di al-Wāqidi e di Balādzuri, che un errore siffatto è più che probabile. Infine è inverosimile che 'Umar non mandasse soccorsi in Siria: Sayf b. 'Umar lo afferma esplicitamente. Si noti per ultimo che $3 \times 7.500 = 22.500$ e non 24.000: i tradizionisti sono cattivi aritmetici.

NOTA 6. — Da una tradizione della scuola Madinese (?), conservata da abū Bakr ibn al-Lālakā'i, da abū-l-Ḥasan b. al-Faḍl al-Qaṭṭān, con un isnād che rimonta ad abū-l-Yamān al-Ḥakam b. Nāfi' [† 231. a. H.], da Ṣafwān b. 'Umar, da 'Abd al-raḥmān b. Ǵubayr, si ritrarrebbe che quando Khālid b.

al-Walīd, venendo dall' 'Irāq, si ricongiunse con i colleghi in Siria (e precisamente in al-Ǵābiyyah), vi trovasse riuniti soltanto Šuraḥbīl, Yazīd e 'Amr ('Asākir, fol. 54,r.-v.). Di abū 'Ubaydah non v'è parola. In un'altra tradizione, con un isnād che risale a Yaḥya b. 'Abd al-ḥamīd b. Ǵa'far (? al-Ḥumāni [† 228 a. H.]), si conferma invece che il comando degli eserciti invasori fosse diviso fra 'Amr, Yazīd, abū 'Ubaydah e Šuraḥbīl: il comando supremo era tenuto sempre da quel generale, nel territorio del quale avveniva la fusione degli eserciti. Gli Arabi menavano appresso donne, bambini e cavalli, ma non avevano con loro nè asini, nè pecore ('Asākir, fol. 84,v.). **[Partenza degli eserciti musulmani per la Siria.]**

§ 323. — (Balādzuri, senza isnād). Quando fu terminata la guerra contro gli Arabi apostati (**ahl al-Riddah**), abū Bakr decise di mandare gli eserciti in Siria. Scrisse perciò agli abitanti di Makkah, di Ṭā·if, del Yaman, del Ḥiǵāz ed a tutti gli Arabi del Naǵd (1), invitandoli a mandare genti armate per la guerra santa. Per animarli vieppiù ad obbedire, egli cercò in ogni modo di invogliarli ad impossessarsi dei beni dei Greci. Spinti così da desiderio di bottino, la gente accorse in fretta da tutte le parti a Madīnah, e il Califfo divise i primi arrivati in tre schiere diverse.

Diede il comando di una schiera a Khālid b. Sa'īd b. al-'Āṣ b. Umayyah, della seconda a Šuraḥbīl b. Ḥasanah, ḥalīf dei banū Ǵumaḥ, e dell'ultima ad 'Amr b. al-'Āṣ b. Wā·il al-Sahmi. La cerimonia della consegna ufficiale delle tre bandiere ai tre comandanti avvenne il giovedì (*sic*, leggi: mercoledì) 1° Ṣafar dell'anno 13. H. (2), e dopo che le genti raccolte erano state per tutto il mese di Muḥarram in al-Ǵurf (un sito a tre miglia a nord di Madīnah: Yāqūt, II, 62, lin. 19). Durante questo periodo di attesa, abū 'Ubaydah b. al-Ǵarrāḥ aveva diretto le preghiere delle milizie riunite. Il Califfo avrebbe anche desiderato che egli assumesse il comando di un esercito, ma abū 'Ubaydah chiese di esserne esonerato. Vi sono alcune tradizioni, che affermano aver abū 'Ubaydah accettato un comando, ma la notizia non è certa, mentre è noto che solo quando 'Umar divenne califfo, abū 'Ubaydah assunse il comando supremo di tutte le forze in Siria (3) (Balādzuri, 107-108).

Nota 1. — Innanzi tutto si osservi che questo appello alle armi è posto dopo la repressione della Riddah (con la quale si devono intendere i soli moti nell'Arabia Centrale), e dacchè non v'è menzione del pellegrinaggio del 12. a. H., è lecito arguire che questa tradizione confermi le nostre precedenti conclusioni e che gli eserciti partissero dopo la vittoria di al-Yamāmah e mentre Khālid si accingeva a razziare i confini persiani, vale a dire alla metà circa del 12. a. H. (cfr. nota seguente, no. 2). In secondo luogo si osservi che l'appello è limitato alla sola provincia del Ḥiǵāz e parte del Naǵd, ed esclude menzione delle tribù più remote, fra le quali ardeva allora fierissima la guerra civile. Con il Yaman si deve intenderne probabilmente la sola parte settentrionale a sud di Makkah e non il mezzogiorno vero, che non fu domato se non negli ultimi giorni del 12. o i primi del 13. a. H., e non prese parte alla prima campagna.

Nota 2. — (*a*) Questa data è certamente erronea, perchè nel Ṣafar del 13. a. H., gli eserciti musulmani si riunivano già in Siria prima di assalire i Greci in Aǵnadayn (Ṭabari, I, 2088, lin. 13). Probabilmente l'anno solo è errato, e si potrebbe ritenere che invece di 13. a. H., si debba leggere 12. a. H.; oppure — come vuole il De Goeje (Mém., 40) — può essere che sia la data della partenza dei rinforzi sotto abū 'Ubaydah (?). Il testo accenna chiaramente al fatto che Khālid b. al-Walīd aveva già vinto i così detti ribelli dell'Arabia centrale e si accingeva ora ad iniziare le « conquiste », assalendo la Yamāmah. Questo vuol dire la prima metà dell'anno 12. H., ossia fra il Ṣafar e il Raǵab, e ciò darebbe peso alla prima supposizione.

[Partenza degli eserciti musulmani per la Siria.]

(*b*) La guerra civile nell'Arabia Orientale e Meridionale fu cosa che non interessò direttamente lo Stato di Madīnah, come altrove abbiamo a lungo dimostrato. — Erra Balādzuri nell'affermare il simultaneo partire di tutti i corpi per la Siria. L'invio degli eserciti avvenne in modo progressivo, in corpi distinti uno appresso all'altro, durante un lungo periodo che abbraccia la maggior parte dell'anno 12. H. e dei successivi. La memoria precisa del numero di quest' invii successivi e dell'ordine, nel quale si svolsero, si confuse poi nei ricordi della campagna; alcuni comandi furono mutati; le istruzioni date furono modificate da altre successive, sicchè i cronisti della conquista hanno confuso tutto assieme, lasciandoci quest'arruffata matassa di notizie contradittorie, dalla quale è ora quasi impossibile dipanarne un concetto preciso e sicuro di quello che avvenne. Tutto al più possiamo dire che, forse alla metà del 12. a. H., partisse il *primo* corpo musulmano da Madīnah verso la Siria (forse sotto Yazīd b. abī Sufyān), e che gli altri generali seguirono ad intervalli diversi fino ai primi giorni del 13. a. H.; le schiere di rinforzo continuarono poi a susseguirsi senza interruzione durante tutte le conquiste.

(*c*) Nel « Futūḥ al-Šām » noi troviamo correttamente (Futūḥ Lees, 45), che gli eserciti musulmani partirono *uno appresso all'altro*, ognuno sotto un generale, e così pure le tribù una appresso all'altra, man mano che si presentavano in Madīnah, andavano a raggiungere i vari corpi sulla frontiera, durante la sosta di parecchi mesi, che avvenne fra le prime incursioni e la grande battaglia di Aǵnadayn.

Nota 3. — Vedremo in appresso che, studiando analiticamente queste tradizioni, si deve concludere esser abū 'Ubaydah partito *per ultimo*. Se fosse possibile accettare senza discussione la presente notizia di Balādzuri, avremmo una soluzione facile di tutto il problema delle partenze, e potremmo arguire che nelle tradizioni, le quali menzionano quattro capitani, vi sia confusione fra i primi eventi delle conquiste e quelli del califfato di 'Umar. Ritengo molto probabile che abū 'Ubaydah sia venuto in Siria dopo Aǵnadayn, e che il suo nome in Siria, prima di questa battaglia, sia errata interpolazione posteriore. Si tenga presente che il partito strettamente ortodosso musulmano non ha molte simpatie per il semi-pagano Khālid b. al-Walīd, e tenta screditare questo a favore di abū 'Ubaydah (cfr. 12. a. H., § 99). Ma di ciò discorriamo in altro luogo.

§ 324. — Poco diversa è la versione data da 'Umar b. Šabbah, da 'Ali b. Muḥammad (al-Madā·ini): il califfo abū Bakr allestì gli eserciti che dovevano marciare contro la Siria nei primi giorni dell'anno 13. H., ed il primo comando che egli conferisse fu quello dato a Khālid b. Sa'īd b. al-'Āṣ (1), ma poi lo depose prima che egli fosse partito, e conferì invece il comando vacante a Yazīd b. abī Sufyān, il quale perciò fu il primo degli amīr, che partissero con le milizie per la Siria. Ogni generale aveva con sè 7.000 uomini (2) (Tabari, I, 2079).

Nota 1. — ibn al-Athīr accenna però anche alla tradizione, secondo la quale il califfo abū Bakr avrebbe investito del comando Khālid b. Sa'īd al principio dell'anno 12. H., allo stesso momento in cui ingiungeva a Khālid b. al-Walīd di razziare il confine persiano nell''Irāq (Athīr, II, 307, lin. 20-21). Lo stesso è detto in Khaldūn (II, App. 83, lin. 17 e segg.).

Nota 2. — Questa cifra tonda di 7000 identica per ogni generale, non può certamente considerarsi matematicamente esatta, ma solo come approssimativa. In tutti i casi, è evidente dalle altre tradizioni, non fu quella con cui partirono, ma il massimo a cui arrivò ogni corpo durante la campagna dopo avuti successivamente tutti i rinforzi. È probabile che nell'inviare questi, il Califfo, mirando a non suscitare gelosie, avesse cura che ogni generale comandasse a un numero pressochè eguale di uomini.

§ 325. — (abū Mikhnaf). Il comando supremo degli eserciti musulmani, che partirono per la Siria, venne affidato da abū Bakr ad abū 'Ubaydah, il quale però diveniva comandante generale soltanto quando le forze fossero riunite. Mancando abū 'Ubaydah, il comando doveva passare a Yazīd b. abī Sufyān. Altri dicono che 'Amr b. al-Āṣ venisse mandato in soccorso degli altri generali, e che fosse comandante soltanto di quelli che si univano a lui (Balādzuri, 108).

§ 326. — (abū Ḥafṣ al-Dimašqi, da Saʿīd b. ʿAbd al-ʿazīz al-Tanūkhi, da parecchi altri, uno dei quali era abū Bišr il mu·adzdzin della moschea di Damasco). Quando arrivarono in Siria, i generali musulmani si recarono ognuno a razziare quella regione che gli era stata assegnata: così ʿAmr b. al-ʿĀṣ entrò nella Palestina (meridionale), Šuraḥbīl b. Ḥasanah nell'Urdunn, e Yazīd b. abī Sufyān nella terra di Damasco. Fra loro era convenuto, che, se il nemico si univa contro uno di essi, gli altri dovevano affrettarsi a venire in soccorso del collega minacciato. Nei primi tempi del califfato di abū Bakr, il comando generale dei Musulmani, quando erano uniti, spettava ad ʿAmr b. al-ʿĀṣ, il quale ritenne questo posto fino all'arrivo di Khālid b. al-Walīd dall'ʿIrāq (1). Questi assunse allora la direzione generale della campagna contro i Greci (2) (Balādzuri, 116). [Partenza degli eserciti musulmani per la Siria.]

Nota 1. — Quando divenne califfo, ʿUmar (così aggiunge Balādzuri nella medesima tradizione) scrisse a Khālid b. al-Walid ordinandogli di deporre il comando supremo e di consegnarlo ad abū ʿUbaydah b. al-Ǧarrāḥ, il quale perciò divenne il luogotenente generale di ʿUmar, in guerra e in pace, di tutta la Siria (Balādzuri, 116). In questa tradizione non è detto però *quando* avvenisse la deposizione di Khālid, se cioè prima o dopo l'assedio di Damasco.

Nota 2. — Tutte queste contradizioni ed incertezze che troviamo nelle fonti sono indizio che quando si composero le presenti tradizioni non si sapeva più con certezza come erano veramente le cose. A memorie storiche si unirono supposizioni errate, che furono accettate come notizie di fatti avvenuti. Dacchè due proposizioni nettamente contradicentisi e di eguale provenienza e valore si annullano, dovere dello storico è di riassumere tutto il problema e cercarne la soluzione più logica, e più conforme agli altri numerosi indizi indiretti. Così faremo più avanti ai §§ 368-375.

§ 327. — (abū Zayd ʿUmar b. Šabbah, da ʿAli b. Muḥammad al-Madāʾini). Alcuni giorni dopo la partenza di Yazīd b. abī Sufyān, il califfo abū Bakr spedì altre genti sotto il comando di Šuraḥbīl b. Ḥasanah, ossia Šuraḥbīl b. ʿAbdallah b. al-Muṭāʿ b. ʿAmr, dei Kindah, oppure, secondo altri, degli Azd, il quale partì alla testa di 7.000 uomini. Poi il Califfo mandò abū ʿUbaydah con altri 7.000 uomini. Yazīd b. abī Sufyān sostò nella provincia di al-Balqā, mentre Šuraḥbīl, secondo gli uni, nell'Urdunn, secondo gli altri, presso la città di Buṣra (1). abū ʿUbaydah fissò il campo in al-Ǧābiyah. In aiuto di costoro il Califfo mandò ʿAmr b. al-ʿĀṣ, il quale stabilì il campo in Ǵhamr al-ʿArabāt (2).

Man mano che arrivava la gente in Madīnah, il Califfo la esortava ad intraprendere la guerra sacra (ǵihād), e la mandava a gruppi, gli uni appresso agli altri, in Siria: alcuni andarono ad unirsi ad abū ʿUbaydah, altri invece a Yazīd: ognuno andava però dove voleva, e si univa con chi voleva (Tabari, I, 2107-2108).

Nota 1. — (a) Buṣra, ora un monte di rovine presso il misero villaggio Eski Šām, o antica Damasco (Baedeker, 144), era ai tempi delle conquiste ancora una città fiorente del Hawrān, ed uno dei mercati più frequentati dai Beduini del deserto: per questi anzi i magnifici monumenti romani della città erano tanto maravigliosi, che Buṣra era più famosa che la stessa Damasco. Yāqūt (I, 654, lin. 6), dice che era « famosa fra i nomadi Arabi ». La madre di Maometto, prima di partorire, vide in sogno i monumenti di Ctesifonte e di Buṣra (cfr. Intr., § 124) e non di Damasco. Buṣra, grazie forse alla sua felice posizione alle pendici meridionali del Hawrān, fu un tempo assai prospera e popolosa. È menzionata per la prima volta nel passo I *Machab.*, v, 26 (Βόσσορα) ed appartenne al regno Nabateo

[Partenza degli eserciti musulmani per la Siria.]

fino al 105. o 106. È. V., quando Cornelius Palma la unì all'impero Romano, come capitale della nuova provincia Arabia. Ivi fu di presidio la legione III Cyrenaica. La presa di Buṣra (verosimilmente il 22 marzo 106. a. È. V.) fu anche usata come la data d'inizio di un'èra nuova (la Bostrense) che prese nome da quella città. Buṣra fu sempre città eminentemente commerciale, che traeva i suoi maggiori guadagni dal traffico con tutti i Beduini dell'Arabia Occidentale e Meridionale: in essa s'incrociavano molte strade provenienti dal Mar Rosso, dall'Arabia, dalla Mesopotamia, dal Mediterraneo e da Damasco (cfr. Dusaud, 475 e segg.).

(b) Presso Buṣra la leggenda ha messo il famoso incontro di Maometto con il romito Baḥīrā (cfr. Intr., §§ 135-137). Anzi in appresso si affermò che il convento Dayr al-Bā'iqa, che sorgeva vicino alla città, fosse appunto quello in cui dimorava Baḥīrā, quando s' imbattè con il Profeta. Vi sono però anche altri conventi nei pressi di Buṣra, che pretendono all'onore di quell' incontro (cfr. Yāqūt, II, 647, lin. 12; 704, lin. 2).

Nota 2. — (a) Nel « Futūḥ al-Šām » troviamo una tradizione, secondo la quale i comandanti inviati in Siria dal Califfo, erano Šuraḥbīl b. Ḥasanah (che andò a Buṣra), Yazīd b. abī Sufyān, 'Amr b. al-'Āṣ e abū 'Ubaydah (che andò a al-Ǵābiyah) (Futūḥ Lees., 73).

(b) abū-l-Faraǵ menziona la partenza del solo abū 'Ubaydah alla testa di 20.000 uomini (abū-l-Faraǵ, 170, lin. 1-2).

§ 328. — (a) Secondo Yāqūt, abū 'Ubaydah, nel recarsi in Siria, passò per Wādi al-Qura, al-Aqra', al-Ǵunaynah, Tabūk e Sarū', e poi entrò in Siria (Yāqūt, I, 336, lin. 12-14 [sull'autorità di abū Ḥudzayfah, autore del " Futūḥ al-Šām "]; II, 135, lin. 6 e segg., ove è detto che al-Ǵunaynah era uno dei villaggi presso Wādi al-Qura).

(b) In un altro passo si menziona Dzāt al-Manār come luogo sui confini della Siria verso il Ḥiǵāz ove passò abū 'Ubaylah (Yāqūt, II, 176).

(c) Altrove (III, 663, lin. 16-17) Yāqūt allude all'invio di 'Amr b. al-Āṣ da Madīnah per soccorrere abū 'Ubaydah in Siria, ed aggiunge che 'Amr, durante il suo cammino attraverso l'Arabia settentrionale, invitasse tanto gli Arabi nomadi, quanto quelli dimoranti nei villaggi (Qura 'Arabiyyah), a unirsi con lui. Queste notizie sono date sull'autorità di abū Ḥudzayfah b. Mu'ādz b. Ǵabal, autore di un " Futūḥ al-Šām " (non menzionato da Wüst. G. A.).

(d) Altrove Yāqūt (IV, 1015, lin. 12 e segg.), afferma esplicitamente che i quattro generali: abū 'Ubaydah, Yazīd, Šuraḥbīl e 'Amr, avessero ognuno un esercito separato. Il passo è però forse un estratto delle tradizioni di Sayf.

(e) Yāqūt (II, 515, lin. 1 e segg.) dice pure che dopo terminata la Riddah, abū Bakr nominò *tre* comandanti: abū Sufyān (!) (correggi: Yazīd b. abī Sufyān), Šuraḥbīl e 'Amr.

§ 329. — (al-Ya'qūbi, senza isnād). Cedendo ai consigli di 'Umar, abū Bakr tolse a Khālid b. Sa'īd il comando del primo esercito, allestito per la invasione della Siria (cfr. poc'anzi § 311), e chiamati Yazīd b. abī Sufyān, abū 'Ubaydah b. al-Ǵarrāh, Šuraḥbīl b. Ḥasanah ed 'Amr b. al-'Āṣ, conferì a loro quattro comandi, stabilendo che quando le loro forze avessero ad unirsi, abū 'Ubaydah fosse comandante supremo. Vennero quindi al Califfo in Madīnah le tribù ('ašā·ir) dal Yaman e furono mandate una appresso all'altra in schiere separate (ǵayšⁱⁿ ba'd ǵayšⁱⁿ) in Siria. Quando gli eserciti arrivarono in Siria, abū 'Ubaydah scrisse al Califfo, informandolo che l'Imperatore dei Greci si avanzava con grandi forze contro di lui. abū Bakr incominciò ad accelerare quindi l'invio delle schiere ausiliarie, una appresso all'altra, man mano che gli arrivavano i contingenti delle varie tribù, senz'alcun ordine prestabilito. Intanto giunsero parecchie altre lettere di abū 'Ubaydah, tutte arrecanti notizie sulle forze che i Greci stavano raccogliendo. Allora abū Bakr inviò 'Amr b. al-Āṣ con un esercito composto di Qurayš e di altri, e scrisse a Khālid b. al-Walīd nell''Irāq, ordinandogli di recarsi in Siria (Ya'qūbi, II, 150). [Partenza degli eserciti musulmani per la Siria.]

§ 330. — Secondo Eutichio, il califfo abū Bakr scrisse agli abitanti del Yaman, di Ṭā'if, di Makkah e ad altre tribù arabe, invitando tutti a mandar gente armata per la guerra contro i Greci. Quando arrivarono le schiere (in Madīnah), il Califfo conferì il comando supremo ad 'Amr b. al-Āṣ, formando però quattro schiere, sotto agli ordini rispettivamente di 'Amr b. al-'Āṣ, di Šuraḥbīl b. Ḥasanah, di abū 'Ubaydah b. al-Ǵarrāḥ e di Yazīd b. abī Sufyān. 'Amr b. al-'Āṣ ricevette l'ordine di prendere la via di Aylah, ed il Califfo gli fece, al momento che partiva, le ben note raccomandazioni di non uccidere nè vecchi nè fanciulli nè donne, ecc. (cfr. 11. a. H., § 102 e nota; Eutychius, 1093).

§ 331. — (Sayf b. 'Umar, da Hišām b. 'Urwah, da 'Urwah b. al-Zubayr). 'Amr b. al-'Āṣ prese il cammino di al-Mu'riqah, Yazīd b. abī Sufyān andò per quello di al-Tabūkiyyah, mentre abū 'Ubaydah b. al-Ǵarrāḥ e Šuraḥbīl b. Ḥasanah s'avviarono pur essi ognuno per il cammino a loro indicato dal Califfo: tutti e quattro i generali marciarono contro la Siria (Tabari, I, 2085-2086).

§ 332. — (a) (al-Ṭabari, senza isnād, probabilmente da Sayf b. 'Umar). Ad ogni generale che partiva, il Califfo assegnò una provincia (kūrah) speciale del paese da invadere, nominandolo governatore della medesima prima ancora che fosse conquistata.

(1) abū 'Ubaydah b. 'Abdallah b. al-Ǵarrāḥ ebbe per destinazione Ḥimṣ.

(2) Yazīd b. abī Sufyān, Damasco.

(3) Šuraḥbīl b. Ḥasanah, l'Urdunn.

(4) 'Amr b. al-'Āṣ ed 'Alqamah b. al-Muǵazziz, la Palestina (meridionale). Compiuta la conquista del paese, 'Alqamah rimase al governo della Palestina, quando più tardi (cfr. 20. a. H.) 'Amr marciò alla conquista dell'Egitto (¹).

Quando però si avvidero delle forze del nemico, questi quattro generali riunirono le loro genti e formarono un esercito solo (Tabari, I, 2090).

[Partenza degli eserciti musulmani per la Siria.]

(b) Yāqūt in un passo (IV, 1015, lin. 12 e segg.) ove confonde le due battaglie di Aǵnadayn e Yarmūk, menziona parimenti i quattro generali nel seguente ordine: abū 'Ubaydah, Yazīd, Šuraḥbīl e 'Amr. Egli copia Sayf b. 'Umar.

(c) Altrove (IV, 377, lin. 16 e segg.) riporta la notizia che, secondo alcuni, abū 'Ubaydah b. al-Ǵarrāḥ fosse fin dal principio comandante generale di tutti gli eserciti musulmani, ma aggiunge che tale notizia non è sicura. Certo è soltanto che abū 'Ubaydah fosse comandante supremo in Siria ai tempi di 'Umar. Questo è copia di quanto narra Balādzuri (cfr. § 323).

Nota 1. — In questa tradizione è evidente quanto asserimmo poc'anzi (§ 326, nota 2) che in queste notizie sulla distribuzione delle forze musulmane si annida un errore, un'anticipazione di eventi, che seguirono solo tre anni più tardi. Parlando dei primi scontri in Palestina (cfr. § 338) vedremo che l'elenco è nettamente contradetto da altre notizie precise. Io, a dire il vero, presto poca fede a questa pretesa distribuzione delle schiere. La prima razzia dovette svolgersi non già conforme a ordini precisi, ma un po' a casaccio e senza un piano ben prestabilito.

§ 333. — al-Mas'ūdi accenna soltanto di volo alla partenza dei generali per la Siria, e menziona uno solo di essi, Yazīd b. abī Sufyān, nello scopo di citare le raccomandazioni che abū Bakr fece al medesimo prima della partenza. Il testo di questo discorso del Califfo è totalmente diverso da quello dato da Sayf, ed accettato dal De Goeje (Mém., 22-23). Contiene vaghi consigli generali sul modo di comportarsi verso i suoi dipendenti, verso gli ambasciatori nemici, e via discorrendo, ma nulla vi è detto sulla condotta da tenere verso gli abitanti dei paesi, che stava per assalire (Mas'ūdi, IV, 186-187). È senza dubbio una composizione letteraria di epoca relativamente recente.

§ 334. — Khondamīr menziona la partenza dei quattro generali 'Amr (Palestina), abū 'Ubaydah (Ḥimṣ), Yazīd (Damasco) e Šuraḥbīl (Urdunn), tutti nel 13. a. H.; ma dopo aver affermato che abū 'Ubaydah era comandante supremo in caso di fusione di tutte le forze musulmane, si dilunga a narrare con copiosi particolari un lungo episodio (apocrifo) d'un'ambasciata che abū 'Ubaydah inviò all'imperatore Eraclio per indurlo a rendersi musulmano. L'ambasciatore musulmano sarebbe stato Hišām b. al-'Āṣ, fratello di 'Amr, e il colloquio fra lui e Eraclio sarebbe avvenuto nella Ghūṭah di Damasco, alla presenza del principe ghassanida Ǵabalah b. Ayham, che stava al servizio dell'Imperatore. È inutile dare qui la versione di questo racconto che occupa due grandi pagine del testo (Khond., I, parte IV, 9-10), e nel quale si vuol dimostrare che i Cristiani attendevano la venuta d'un nuovo profeta e ne avevano perfino il ritratto, nel quale, quando fu mostrato all'ambasciatore arabo, questi immediatamente riconobbe il defunto Maometto.

Il ritratto era di origine divina, e quando Hišām riconobbe in esso i tratti dell'amato maestro, Eraclio gli narrò come esso era venuto in suo potere, confessando che ora egli riconosceva in Maometto l'ultimo dei profeti, ma che non gli era possibile di rendersi musulmano, dinanzi all'opposizione di tutti i Cristiani suoi sudditi, ecc. [Partenza degli eserciti musulmani per la Siria.]

Abbiamo insomma un rifacimento ancora più prolisso di quelle leggende sulla immaginaria conversione di Eraclio, già da noi riferite nelle tradizioni sulla pretesa ambasciata del Profeta (cfr. 6. a. H., § 50), ma con nuovi e copiosi ricami, aggiunti nell'intento di dimostrare la veridicità ed il carattere mondiale della missione di Maometto.

SIRIA (Palestina). — Primi combattimenti con i Greci.

§ 335. — Prima di riferire per disteso le tradizioni sui fatti d'arme, con i quali ebbe inizio la conquista della Siria, gioverà premettere un avvertimento necessario a sbrogliare la densa matassa di errori e confusioni, sotto alla quale si asconde la verità storica, da noi sì avidamente ricercata. Occorre cioè avvertire che nelle seguenti tradizioni sulle battaglie di al-'Arabah e di Dāthinah, v'è una confusione di notizie con quelle della battaglia di Aǵnadayn, combattuta sei mesi dopo: confusione sfuggita a tutti i critici delle conquiste, anche al De Goeje. Essa risulta evidente dal paragone delle fonti siriache, greche ed arabe, relative all'incidente del comandante greco ucciso durante la fuga. La confusione è nata dal fatto che, tanto nella doppia battaglia di al-'Arabah-Dāthinah (nel 12. a. H.), quanto in quella di Aǵnadayn (nel 13. a. H.), perì uno dei generali greci: vale a dire, nella prima fu ucciso il generale in capo del distaccamento di 5.000 uomini, venuto da Cesarea, e che pare avesse nome Sarǵīs (= Sergius); ad Aǵnadayn fu poi ucciso l'altro generale greco, detto, sia al-Fīqār, sia al-Qubuqulār, e che non è certo se fosse il comandante generale, oppure comandante in seconda agli ordini di Tadzāriq (Teodoro), fratello dell'imperatore Eraclio. La difficoltà di rintracciare la verità è aggravata dal fatto che alcune fonti (per esempio, Sayf b. 'Umar), confondendo anche la battaglia di Aǵnadayn con quella di Yarmūk, trasportano in questa ultima, vinta nel 15. a. H., l'incidente dell'uccisione di al-Fīqār.

Il De Goeje, non avvertendo siffatta confusione, ma trovando in alcune fonti menzionata la uccisione di un Sarǵīs a capo di 5.000 uomini venuti da Cesarea, battuti in una battaglia (non specificata), poi trovando altresì menzione di un generale greco ucciso a Aǵnadayn (al-Fīqār o al-Qubuqulār), ha creduto che il primo fatto si identifichi al secondo: invece sono due fatti distinti. Così egli (De Goeje Mém., 56), volendo fondere le notizie in un tutto organico, afferma che prima della battaglia di Aǵnadayn il generale Sarǵīs, con i 5.000 uomini venuti da Cesarea, si unisse con il grosso dell'esercito greco, comandato da Tadzāriq (= Teodoro), in Ǵinnīn (= Ǵilliq?), e andasse a battersi a Aǵnadayn. Ora tale affermazione dell'insigne arabista sembraci ar-

[Primi combattimenti con i Greci.]

bitraria, perchè in nessuna fonte abbiamo il benchè minimo indizio diretto o indiretto di questa fusione di forze. Le fonti parlano chiaro: vi furono due fatti d'arme distinti: un combattimento in cui Sarǵīs fu ucciso, ed i suoi 5.000 uomini fugati, ed un altro distinto, in cui peri un Qubuqulār (= *cubicularius*), o un al-Darnaǵār al-Durunǵār (= *drungarius* [*praefectus Drungi vel turmae*]) o al-Fīqār (*Vicarius*). In nessuna fonte è detto che Sarǵīs sia la stessa persona di al-Fīqār = al-Qubuqulār = al-Durunǵār (1). È certo inoltre che nella doppia battaglia di al-ʿArabah-Dāthinah, perisse il comandante di un corpo di milizie greche, che queste venivano da Cesarea e che erano comandate da un patrizio per nome Sarǵīs. Ciò è provato da due fonti siriache e da abū-l-Faraǵ, che pur esso attingeva a fonti siriache oltrechè alle arabe. L'errore di abū-l-Faraǵ, che ha confuso la doppia battaglia di al-ʿArabah-Dāthinah con quella di Aǵnadayn, ha tratto in errore anche il De Goeje, il quale non ha osservato come abū-l-Faraǵ (p. 170) menzioni la sconfitta di una sola schiera di 5.000 uomini. Questo fatto non può certamente essere la battaglia di Aǵnadayn, alla quale partecipò un numero assai più cospicuo di combattenti. I generali arabi non avrebbero certamente chiesto soccorsi prima di Aǵnadayn, se i Greci ammontavano soltanto a 5.000 uomini: i Musulmani riuniti sommavano forse quasi al doppio.

Nota 1. — Non sosteniamo l'equivalenza assoluta di tutti e tre questi nomi, come riferibile cioè alla medesima persona, benchè la cosa non sia impossibile; ma li abbiamo aggruppati assieme per maggiore chiarezza e per non abbuiare il problema principale con altri problemi minori. Forse furono tre persone diverse che perirono nelle varie battaglie successive (Aǵnadayn, Fiḥl e Yarmūk) e che i cronisti arabi hanno confuso assieme. Tutto questo periodo è irto di difficoltà d'ogni specie e piccole e grandi.

§ 336. — Data tale confusione delle fonti non è possibile dire con assoluta sicurezza se il tragico incidente del generale che ordina ai suoi di abbandonarlo, non volendo porre a repentaglio, con la propria debolezza, la vita dei seguaci e compagni durante la fuga, debba porsi nella doppia battaglia di al-ʿArabah-Dāthinah, oppure in Aǵnadayn: l'impressione lasciata dal tenore delle fonti è che sia avvenuto nella prima. Questa è l'asserzione concorde delle fonti siriache.

Ciò è confermato dalle notizie di fonte greca, date da noi in un paragrafo precedente (§ 308): il Sergius menzionato da Nicephorus è certamente la stessa persona ricordata dai cronisti siriaci e da abū-l-Faraǵ: questo Sergius era il governatore locale della Palestina meridionale, con sede in Cesarea (1); è lui che deve aver soppresso la paga agli Arabi del confine due o tre anni prima; egli quindi era necessariamente l'ufficiale governativo, il quale doveva provvedere ai primi e più urgenti bisogni militari della provincia. Lui, infine, gli Arabi vollero specialmente uccidere per vendicarsi dell'affronto patito. Si noti che egli è conosciuto dalle fonti con il suo nome proprio: perchè dimorante nel paese

[Primi combattimenti con i Greci.]

da vari anni, e perchè aveva avuto diretto e personale contatto con le tribù del confine. Il generale invece che morì a Aǵnadayn era, si vede, un forestiero in Palestina, un impiegato governativo di grado più alto, e conosciuto perciò nel paese soltanto dai suoi titoli e dall'ufficio che reggeva, ossia Vicario o Cubiculario dell'imperatore Eraclio, o Drungario. Per questa ragione appunto, nelle fonti arabe egli appare con i suoi titoli, e mai con il nome proprio, come era naturale invece nel caso del governatore militare di Cesarea, conosciuto e forse anche cordialmente odiato da tutti i suoi dipendenti diretti ed indiretti.

Gli eventi dunque narrati frammentariamente nei seguenti paragrafi possono ordinarsi logicamente e cronologicamente così:

(1) Irruzione degli Arabi nella Palestina meridionale (fine 12. a. H.).

(2) Sergio, patrizio di Cesarea, muove contro di loro con soli 3.000 o 5.000 uomini: trova forse un numero imprevisto e superiore di Arabi ed è sconfitto (al-ʿArabah).

(3) Fuga dei Greci, inseguimento degli Arabi e seconda battaglia di Dāthinah, nella quale i resti del distaccamento greco, radunati forse sotto Sarǵīs, sono nuovamente messi in fuga (29 Dzū-l-Qaʿdah, 12. a. H.).

(4) Vedendo tutto perduto, ed essendo ferito, Sarǵīs ordina ai suoi di abbandonarlo, ed egli perisce miseramente, ucciso sia a colpi di spada, sia con raffinata crudeltà nel modo descritto dal cronista bizantino.

(5) Allarme dei Greci: riunione di nuove forze bizantine nella Siria.

(6) Gli Arabi, dopo aver devastato la Palestina fin sotto le mura di Cesarea, piegano a mezzodì dinanzi al nuovo e grande esercito greco che si avanza dalla Siria.

(7) Concentrazione araba nella Palestina meridionale, battaglia di Aǵnadayn, ed uccisione di al-Fīqār = al-Qubuqulār = al-Durunǵār (28 Ǵumāda, I, 13. a. H.).

Nota 1. — Mi sia permesso di osservare che il De Goeje (Mém., 34) è caduto in un altro piccolo errore, che ha però un'importanza capitale per il nostro argomento. Egli afferma che le fonti greche, secondo le quali Sergius fu ucciso alla battaglia di Dāthinah, sono in fallo: Sergius era, dice il De Goeje, ancora vivente dopo la battaglia di Dāthinah, come si ritrae da una lettera a lui indirizzata da Sophronius, vescovo di Gerusalemme, il quale fu chiamato ad occupare quel seggio solo nel 634. dell'Èra Volgare, dopo la morte del celebre Modestus, (che aveva assistito alla ricostruzione provvisoria del Santo Sepolcro dopo la distruzione persiana del 614). Il De Goeje cita quindi in appendice il testo greco d'un passo di questa lettera, in cui il vescovo implora da Dio la vittoria dei Cristiani contro i malvagi Saraceni che insanguinavano il paese. La data di questa lettera secondo il De Goeje è anteriore al 25 Decembre 634, ma posteriore alla battaglia di Dāthinah. Quindi, conclude, Sergius non morì a Dāthinah, ma forse a Aǵnadayn.

Non possiamo purtroppo convenire con l'illustre uomo in questo ragionamento, perché egli suppone essere il Sergius, al quale si rivolge Sophronius, quello stesso che comandava in Cesarea e che le fonti dicono ucciso a Dāthinah. Ma il Sergius al quale è diretta la citata lettera, è un altro, vale a dire è il Sergius contemporaneo di Sophronius, che fu per ventinove anni patriarca di Costantinopoli, amico intimo dell'imperatore Eraclio, che egli incoronò (Theophanes Boor, 299, lin. 9); il medesimo patriarca benedisse il matrimonio di Eraclio con Eudocia (Theophanes Boor, 299, lin. 12); quando Eraclio incominciò la famosa campagna sessennale contro la Persia, egli assunse le funzioni di reggente in Costantinopoli

[Primi combattimenti con i Greci.]

insieme con Costantino figlio di Eraclio (Theophanes Boor., 303, lin. 4), ed infine, omettendo tanti altri particolari, ebbe appunto da Sophronius di Gerusalemme la lettera sinodale citata dal De Goeje (Theophanes Boor., 330, lin. 18; Eutichius, 1095-1096; Migne, *Patrol. Graec.*, tom. 87, col. 3147; Couret, 257-258, ecc.), nella quale dopo confutate tante dottrine eretiche, invoca l'assistenza (spirituale) di Sergius contro la invasione dei Saraceni. La detta epistola è diretta oltre che al patriarca di Costantinopoli, anche al papa Honorius I (625-640. a. È. V.). Il De Boor, che ha correttamente intuito come il Sergius, semplice comandante militare di Cesarea, fosse una persona ben distinta dal patriarca di Costantinopoli, lo ha anche distinto nel suo ottimo indice (cfr. Theophanes Boor., p. 702, no. 6).

§ 337. — Sarà pur utile premettere un riassunto di un altro problema geografico-storico, offerto dalle prime battaglie arabe in Palestina.

Balādzuri menziona una prima battaglia in al-ʻArabah, ed una seconda in al-Dubbiyah o al-Dābiyah: in un altro passo egli dice che la prima battaglia avvenisse in Dāthinah, un luogo nel territorio di Ghazzah, e poi un secondo scontro in al-ʻArabah. al-Madāini menziona una prima vittoria in al-ʻArabah, ed una seconda in Dāthinah. Eutichio infine dice che la battaglia fosse vinta a Tādūn, un villaggio di Ghazzah. ibn Isḥāq ignora questi due fatti d'arme, forse perchè le fonti non ci dànno le sue tradizioni su questi eventi. Il Nöldeke ha osservato, e con lui conviene il De Goeje (Mém., 31), che al-Dābiyah e al-Dubbiyah sono un errore molto antico di copisti per Dāthinah, che Yāqūt scrive anche Dāthin. Il Miednikoff nota inoltre molto acutamente che, se scriviamo con lettere arabe, ma senza punti diacritici (come erano scritti cioè i più antichi testi arabi) i vari nomi, al-Dāthinah, al-Dubbiyah, al-Dābiyah, al-Dāthin e Tādūn, noi abbiamo cinque gruppi di lettere di una somiglianza sì straordinaria, che si comprende perfettamente come copisti ignoranti abbiano potuto far tante e sì varie confusioni (Miednikoff, I, 429-430). Si deve però osservare che il Tādūn di Eutichio potrebbe essere anche una corruzione di Dārūm. Il De Goeje conclude dalla testimonianza delle varie fonti arabe e siriache, date qui in appresso, che Dāthinah o Dāthin doveva essere senza dubbio un villaggio nel paese di Ghazzah. Ora questo paese non esiste più, ma studiando attentamente i due fogli no. XX delle due grandi carte della Palestina, pubblicate dal *Palestine Exploration Fund*, noi troviamo a breve distanza (circa dieci miglia romane a nord-est) di Ghazzah, un sito abbandonato, detto le rovine di umm Tābūn (Khurbet umm Tābūn). La distanza e la direzione corrispondono quasi esattamente con i dati della cronaca siria, la così detta " Storia dei Califfi ", citata nei seguenti paragrafi. Il nome Tābūn ci fa immancabilmente pensare al nome Tādūn dato da Eutichio: l'aggiunta di umm è moderna, di uso assai frequente nelle terminologie locali in oriente, specialmente di paesi piccoli.

Comunque sia la nostra identificazione, corretta o no, non vi può esser dubbio, dall'insieme di tanti indizi, che il De Goeje ha perfettamente ragione, ponendo Dāthin = Dāthinah = Tādūn nei pressi di Ghazzah.

L'altro punto da fissare è il sito al-'Arabah, su cui v'è pieno accordo fra le autorità, De Goeje e Miednikoff: riunendo i vari indizi che ci dànno le fonti seguenti, ed i varî nomi con i quali nelle medesime si allude probabilmente allo stesso sito, al-'Arabah e Ghamr al-'Arabāt, ambedue quegli autori identificano quel sito con 'Ayn al-Ghamr, alla bocca di Wādi al-Ghamr, presso allo spartiacque della grande bassura detta Wādi al-'Arabah, che un tempo era il bacino del fiume uscente dal grande lago, o mare interno dell'età glaciale (Mar Morto, Valle del Giordano, Mare di Galilea, ecc.) e versantesi nel Mar Rosso. Questi nomi trovansi in tutte le grandi carte della Palestina. Fissati questi due luoghi, riesce chiaro che il combattimento di al-'Arabah deve aver preceduto quello di Dāthinah = Dāthin = Tādūn. Vediamo cioè, che Yazīd b. abī Sufyān, venendo per la via al-Tabūkiyyah, giunse sui monti che dominano la parte centrale della Wādi al-'Arabah. I Beduini locali, irritati con i Greci, rivelarono a Yazīd che in fondo alla valle, a breve distanza da lui, v'era un posto militare greco, oppure un accampamento straordinario, allestito per effetto delle incursioni arabo-musulmane. Yazīd piomba sui Greci e li sbaraglia completamente. I superstiti fuggono in direzione di Ghazzah e si riuniscono in Dāthinah = Dāthin = Tādūn, ma non hanno tempo di riordinarsi, perchè gli Arabi, inseguendoli attraverso tutta la larghezza della Palestina meridionale, li raggiungono nel loro punto di concentrazione e li fugano nuovamente. Tutta la Palestina fino a Cesarea rimane perciò sguernita di milizie, e gli Arabi restano padroni temporanei di tutta la campagna aperta fin quasi ai confini della Siria propriamente detta. [Primi combattimenti con i Greci.]

§ 338. — Il risultamento più singolare di queste conclusioni, sulle quali non vi può essere luogo a dubbio veruno, è che abbiamo qui una insormontabile contradizione di quanto è affermato nei paragrafi precedenti. Tutte le fonti arabe che narrano i fatti di al-'Arabah e di Dāthinah, li attribuiscono ad un luogotenente di Yazīd b. abī Sufyān ed a nessun altro. Quindi vediamo le genti di Yazīd b. abī Sufyān che guerreggiando traversano diagonalmente da un capo all'altro, tutta la Palestina meridionale; nè apparir mai 'Amr b. al-'Āṣ con le sue schiere. Ora invece le tradizioni precedentemente citate affermano con completa concordanza, che Yazīd fu mandato nella Trans-Giordanica, ed 'Amr nella Palestina.

Da ciò possiamo concludere che gli elenchi dei generali, e dei luoghi a loro destinati dal Califfo, non sono esatti, ma ricostruiti molto più tardi su dati scorretti. La difficoltà si può rimuovere, dichiarando inesatta l'indicazione dei §§ 316, 321, 322, 326, 327, 332, sulla destinazione di ogni generale, in quanto che le notizie date rappresentano le cariche assunte dai vari capitani *alla fine del triennio* 12-15. H., dopo conquistate la Palestina e la

[Primi combattimenti con i Greci.]

Siria (come è in fatti il caso) e non tengono conto delle vicende e delle variazioni che si seguirono *durante la campagna*. I tradizionisti, secondo una consuetudine molto frequente, anticiparono di tre anni lo stato di cose che si verificò definitivamente nel biennio anteriore alla grande peste del 18. a. H. che, come vedremo, disorganizzò tutta l'amministrazione araba ed uccise quasi tutti i capitani della prima campagna siria. — Ammettendo la possibilità storica di questa ipotesi, che sopprime la difficoltà maggiore, i fatti si debbono ricostruire forse nel seguente modo. Yazīd partì per il primo, e per la via di Tabūk entrò nella Palestina meridionale: vinti in due scontri i Greci, e scorsa la regione in tutti i sensi, ripassò la bassura di Wādi al-ʿArabah e si spinse nella Trans-Giordanica, temendo forse di avventurarsi troppo addentro con le sue poche genti fra le numerose città fortificate della Palestina, e supponendo che, dato l'allarme dei Greci nella regione fra Gerusalemme e Ghazzah, ivi si sarebbero concentrate le forze nemiche. Nella Trans-Giordanica invece, appunto per questo motivo, egli poteva essere sicuro di trovare il paese sguernito di genti, e stante anche il minor numero di luoghi fortificati, aver maggior libertà d'azione, e minor pericolo di essere accerchiato. Poco dopo la sua scomparsa, ecco apparire dal mezzogiorno ʿAmr b. al-Āṣ, per la via di Aylah, con l'altro corpo invasore: incoraggito dai felici successi di Yazīd, desideroso di emularlo, e forse meno timido o prudente del collega, si getta di nuovo sul paese già razziato da Yazīd, e non incontrando alcuna resistenza, si spinge forse fino ai sobborghi di Cesarea.

In questo modo si avrebbero *due successive incursioni* arabe nella Palestina meridionale, l'una più rovinosa dell'altra. Allora i Greci, trascurando la presenza delle bande musulmane nella Trans-Giordanica, e credendosi più minacciati in Palestina che altrove, fanno convergere le milizie sulle schiere di ʿAmr: questi, informato dei preparativi, ne manda immediato avviso ai colleghi, chiedendo soccorso a loro ed al Califfo, ed intanto si ritira fino a Ghamr al-ʿArabāt in mezzo al Wādi al-ʿArabah, donde, in caso di pericolo, poteva facilmente scomparire con i suoi nel vicino deserto.

I Greci però, per debolezza o prudenza, non vengono a cercare gli invasori giù nel mezzogiorno, ma si contentano di prendere una posizione buona a mezzodì di Gerusalemme, ove era più facile concentrarsi e procurarsi i viveri necessari. Imbaldanziti dalla prudenza o timidezza dei Greci, gli Arabi, dopo una lunga attesa, fatta la voluta concentrazione, arditamente riprendono l'offensiva e vengono all'assalto dei Greci in Aǵnadayn.

Sulla traccia preliminare di questi cenni sommari riuscirà più facile l'intelligenza delle notizie tanto confondenti, che ora diamo per disteso nei seguenti paragrafi.

[Primi combattimenti con i Greci.]

§ 339. — (Balādzuri, senza isnād). Quando giunse ai confini della Palestina, 'Amr b. al-Āṣ scoprì che i Greci erano molto numerosi e bene armati sopra un paese assai vasto, e che avevano ricevuto copiosi rinforzi: ne scrisse subito al califfo abū Bakr, il quale immediatamente inviò un messo a Khālid b. al-Walīd, che si batteva nell' 'Irāq, ordinandogli di recarsi in Siria. Si dice pure che il Califfo nominasse Khālid b. al-Walīd comandante supremo di tutte le forze musulmane. Altri riferiscono invece che Khālid avesse soltanto il comando delle genti menate via con sè, e che di poi, quando gli umarā', o generali musulmani, si furono riuniti per assalire i Greci, convenissero fra loro di eleggere Khālid b. al-Walīd loro comandante generale, in omaggio al suo valore personale, alla sua grande conoscenza dell'arte militare, ed alla buona fortuna che sempre lo assisteva (1) (Balādzuri, 109).

NOTA. 1. — Quest'ultima notizia ha il suo pregio: conferma cioè che gli eventi militari di questa prima campagna non fossero diretti e ordinati da Madīnah, ma concertati all'amichevole tra i capitani, e che quindi non si possa propriamente parlare di un comandante generale delle forze musulmane, ma sibbene di un consiglio di capitani, che deliberava e decideva il da farsi a maggioranza di voti. Di questi capitani Khālid b. al-Walid era il più ardito, il più geniale, e quello dotato di maggiore esperienza: è probabile quindi che il suo parere fosse quello che costantemente prevaleva: da ciò la tradizione che egli fosse il comandante generale.

§ 340. — (Balādzuri, senza isnād). Il primo combattimento fra i Musulmani ed i Greci avvenne in uno dei villaggi della provincia di Ghazzah, detto Dāthin, ove, dopo una mischia molto sanguinosa, il Baṭrīq (" il Patrizio ") di Ghazzah che teneva il comando dei Greci, fu completamente sconfitto. Ciò avvenne prima che Khālid b. al-Walīd arrivasse in Siria dall' 'Irāq. Yazīd b. abī Sufyān, inseguendo questo Patrizio, venne a sapere che in al-'Arabah, nella Palestina, trovavasi un corpo di milizie greche (1). Contro di esse mandò abū Umāmah al-Ṣuday b. 'Aǵlān al-Bāhili, il quale piombò su di essi, uccise il loro capo e poi ritornò addietro (2) (Balādzuri, 109).

NOTA 1. — Balādzuri pone dunque la battaglia di Dāthin prima di quella di 'Arabah, ma questa è certamente un'inversione erronea dei fatti, perchè nella seconda battaglia i musulmani avrebbero avuto i Greci che tagliavano loro la ritirata nel deserto. Dacchè la seconda battaglia fu una conseguenza della prima e vinta dai Musulmani che inseguivano i Greci fuggenti, non è logico che i Greci fuggissero verso l'Arabia donde venivano i nemici. Difatti abū Mikhnaf (cfr. § 342) inverte correttamente l'ordine dei combattimenti.

NOTA 2. — Secondo una tradizione di ibn 'Asākir, con un isnād di otto nomi che rimonta fino a Yaḥya b. 'Abd al-ḥamīd b. Ǵa'far (? al-Ḥumāni [† 228. a. H.]), afferma che gli Arabi riuniti penetrarono in Palestina, arrivando fino alla città di Thādin (*sic*: certamente: Dāthinah), che giaceva nel territorio di Ghazzah presso ai confini del Ḥiǵāz, ed ivi s'incontrarono con un Baṭrīq (Patrizio) dei Greci. Prima di venire alle mani, avendo il Patrizio chiesto un abboccamento con i generali arabi, 'Amr b. al-'Āṣ si recò nel campo nemico a trattare; il Patrizio propose all'Arabo una divisione del paese, ed 'Amr rispose: « Noi vogliamo i vostri fiumi ed il vostro territorio coltivato: voi pigliatevi i nostri spini e le nostre pietre... », ecc. Nessun accordo essendo possibile, le due parti vennero alle mani: i Musulmani vinsero in modo sì completo, che i Greci abbandonarono tutto il paese in mano ai vincitori: i quali si spinsero innanzi in direzione di Baṭaniyyah e di Damasco ('Asākir, fol. 84.v.). In questa tradizione si confonde forse la battaglia di Dāthinah con quella di Aǵnadayn e se ne fa una sola: può essere però anche una conferma delle notizie date dal cronista siriaco (§ 347) d'una estesa incursione araba in Palestina *prima* di Aǵnadayn.

[Primi combattimenti con i Greci.]

§ 341. — La battaglia di Dāthin, vinta dai Musulmani nel 12. a. H., fu la prima vittoria degli Arabi invasori. Dāthin era una regione (nāḥiyah), presso Ghazzah in Palestina (Yāqūt, II, 514-515, sull'autorità di Aḥmad b. Ǵābir, ossia Balādzuri).

§ 342. — (abū Mikhnaf). In al-ʿArabah erano accampati sei capitani (quwwād) greci con 3.000 uomini: abū Umāmah li assalì con una schiera (kathf) di Musulmani, li mise in fuga, uccidendo uno dei capi, e poi inseguì i fuggiaschi, che si ritirarono in al-Dubbiyah, ossia al-Dābiyah. Quivi abū Umāmah fugò (nuovamente) i Greci, facendo un copioso bottino (Balādzuri, 109).

§ 343. — (abū Ḥafṣ al-Šāmi, da vari šaykh della Siria). La prima battaglia combattuta dai Musulmani (in Siria) fu quella di al-ʿArabah. Prima di questa, da quando ebbero lasciato il Ḥiǵāz fino ad al-ʿArabah, i Musulmani avevano sottomesso tutto il paese senza mai far uso delle armi (1) (Balādzuri, 109).

Nota 1. — Una tradizione del « Futūḥ al-Šām », in apparenza fondata su fonti buone, conferma questi particolari.

(a) Il primo combattimento in Siria fu quello di 'Arabah, e poi venne quello di Dāthinah, ma nessuno dei due furono vere battaglie. I Greci erano in tutto 3.000 uomini, divisi in sei schiere di 500 uomini l'una, sotto sei capi diversi, ed erano accampati in al-'Arabah. Yazīd b. abī Sufyān fu il primo a scoprire il campo nemico, e mandatone avviso ad abū 'Ubaydah, ricevette dal medesimo un rinforzo di 500 uomini sotto abū Umāmah al-Bāhili. Gli Arabi mossero all'assalto e sconfissero i Greci, uccidendo uno dei sei capi: siccome però questi tornarono ad unirsi in Dāthinah, i medesimi Arabi sotto Yazīd b. abī Sufyān li assalirono una seconda volta e nuovamente li sconfissero (Ḥubayš, fol. 41,v.; Futūḥ Lees, 44).

(b) In un altro passo Balādzuri (138, lin. 7 e segg., sull'autorità di abū Ḥafṣ al-Dimašqi, da Sa'īd b. 'Abd al-'azīz, dai suoi maestri; e da Baqiyyah b. al-Walīd, dai suoi maestri fra i dotti) è detto: « Il primo combattimento avvenuto fra Musulmani e Greci, fu nel califfato di abū Bakr..... Palestina, [Il De Goeje colma la lacuna (cfr. nota a) con le parole 'in Dāthin nella' (Palestina)], e il comando « dei Musulmani era tenuto da 'Amr b. al-'Āṣ ». Qui deve esservi un equivoco, o il testo è anche più corrotto che non pensi il De Goeje. La prima battaglia fu vinta da genti di Yazīd b. abī Sufyān, giusta quanto afferma lo stesso Balādzuri (cfr. il precedente § 340): inoltre il testo di Balādzuri (cfr. 13. a. H.), dopo la predetta lacuna, prosegue a narrare le conquiste di 'Amr b. al-'Āṣ in Palestina, conquiste che poterono compiersi soltanto dopo la vittoria di Aǵnadayn. È indubitato quindi che la lacuna deve essere assai più grande che non creda il De Goeje, e deve aver contenuto anche un cenno del conflitto di Aǵnadayn.

§ 344. — (Tābari, senza isnād, e con il solo qālū dissero, ma certamente da ʿUmar b. Šabbah, da al-Madāʾini, perchè di questi è la tradizione precedente nel testo Tabariano). Il primo trattato di pace, che venisse concluso in Siria, fu il trattato di pace di Maʾāb (1), un villaggio della Balqā; gli abitanti della quale tentarono di resistere alla marcia di abū ʿUbaydah, ma dopo un breve combattimento vennero ai patti. Intanto i Greci si riunivano in al-ʿArabah, nella Palestina: contro di essi Yazīd b. abī Sufyān mandò abū Umāmah al-Bāhili, il quale li mise in fuga. Dopo la spedizione di Usāmah (cfr. 12. a. H., §§ 108 e segg.), il combattimento di al-ʿArabah fu il primo che avesse luogo in Siria: poi venne il combattimento di al-Dāṯẖinaḥ, detto anche al-Dāṯẖin, nel quale abū Umāmah al-Bāhili sconfisse nuovamente i Greci ed uccise un patrizio (baṭrīq) (Tabari, I, 2108) (²). [Primi combattimenti con i Greci.]

NOTA 1. — Che Maʿāb sia il primo sito occupato in Siria mercè un trattato coi Musulmani, è confermato anche dal « Futūḥ al-Šām » (Futūḥ Lees, 23-24), ove è di nuovo specificato, che ciò fosse opera di abū ʿUbaydah b. al-Ġarrāḥ.

Invece in Yāqūt (IV, 377, lin. 12 e segg.) si afferma, citando Balāḏẕuri, che Maʿāb, una città della Siria, situata nella Balqā, fu espugnata l'anno 13. H. da abū ʿUbaydah, dopo la presa di Buṣrā. In Maʿāb eransi riuniti molti Greci, ma appena abū ʿUbaydah mosse per assalirli, i difensori si arresero ai medesimi patti di Buṣra. Aggiunge però che secondo altre fonti, Maʿāb fosse espugnata prima di Buṣra.

NOTA 2. — A questo, al-Madāʾini aggiunge: « Dopo questi fatti accadde (il disastro) di Marġ al-« Ṣuffar, nel quale il generale greco Adrunġār (Ἀδρυγγάρος) con 4.000 uomini sorprese ed uccise Ḵẖālid b. « Saʿīd b. al-ʿĀṣ con molti Musulmani, che facevano una scorreria in quelle parti ». Secondo altri però in quello scontro peri il figlio Saʿīd b. Ḵẖālid b. Saʿīd b. al-ʿĀṣ, e non il padre Ḵẖālid, il quale si sarebbe salvato con la fuga (Tabari, I, 2108). Su queste notizie torneremo in altro luogo.

§ 345. — In un passo della sua Chronographia, Teofane dà maggiori particolari. In questo anno (634. È. V.) abū Bakr mandò quattro generali, i quali, guidati dagli Arabi (Cristiani scontenti per la sospensione del soldo), occuparono Hera, τὴν Ἥραν (¹) e tutta la regione di Gaza, che costituisce la porta del deserto dalla parte del monte Sinai. Appena Sergio, partito da Cesarea di Palestina con pochi soldati, ebbe impegnato battaglia con gli Arabi, fu ucciso per primo insieme con i suoi militi, che erano in tutto 300. Gli Arabi, ottenuta così una splendida vittoria, ritornarono addietro, menandosi appresso molti prigionieri e copioso bottino (Theophanes, I, 516, ed. Boor, I, 336).

NOTA 1. — Il De Boor nel suo indice a Teophanes (p. 611) afferma che Hera fosse una città nel circondario di Gaza: ma il De Goeje (Mém., 34) più prudentemente confessa di ignorare qual sito intenda Teofane con Hera. È forse un'errata e confusa allusione alla presa di Ḥirah per opera di Ḵẖālid b. al-Walīd.

§ 346. — Teofane allude probabilmente a questa medesima sconfitta greca, anche quando accenna brevemente alla sanguinosa disfatta di Δᾶθεσμον (Theophanes, ed. Boor, I, 332, lin. 13). Nell'edizione di Bonn (I, 510, lin. 16) il nome del luogo è corrotto in τὴν ἔθεσμον. Il De Goeje (Mém., 34) giustamente suppone che si alluda alla battaglia di Dāṯẖinah.

§ 347. — (a) Nei frammenti della ben nota cronaca siria, intitolata Liber Chalipharum, troviamo la séguente notizia, per noi di grande pregio:

" Anno 945. Ind. VII, mensis Sehot die 4 (= 4 Febbraio 634. a. È. V.
 = 29 Dzū-l-Qaʿdah 12. a. H.) feria sexta (¹), hora nona, proelium fuit inter
" Romanos et Tajitas Mohammedis in Palaestina, ad Gazae orientem duo-
" decim milliaribus, et in fugam se vertere Romani, patricium B(r)jrdn (²)
" relinquentes, quem Tajitae occiderunt. Atque illic interiere fere 4.000 rustici
" inopes Palaestinae, Christiani et Iudaei et Samaritani, et Tajitae totam
" regionem vastarunt „ (³) (Land Anecdota, I, 116 della versione latina,
o 17 del testo siriaco) (⁴).

[Primi combattimenti con i Greci.]

(*b*) Il Guidi nella sua edizione e versione di questa cronaca siriaca (cfr. *Corpus Script. Christian. Orient.*, Scriptores Syri: Series tertia, tomus IV, versio, p. 114) legge e traduce: "... Romani... dereliquerunt Patricium filium Iardan... "Ibi occisi sunt quasi quadraginta milia rusticorum pauperum e Palae-"stina..., etc. ". Il tenore del rimanente è identico alla versione del Land.

Nota 1. — Il giorno della settimana, « feria sexta », ossia venerdì, corrisponde esattamente con le tavole cronologiche, confermando così la veracità di questa notizia" che ci porge un prezioso sussidio per fissare la cronologia delle conquiste arabe. Infatti, dalla corrispondente data musulmana (29 Dzū-l-Qa'dah, 12. a. H.), impariamo subito che gli eserciti musulmani devono essere partiti per la Siria assai prima, che non sia detto dalle fonti arabe, tranne da ibn Isḥāq, il quale correttamente afferma che gli eserciti musulmani lasciassero Madīnah nel corso dell'anno 12. H. e da qualche altra fonte (cfr. §§ 313 e segg.). La distanza in linea retta fra Madīnah e la frontiera della Palestina è incirca di mille chilometri; or calcolando una media di 25 chilometri al giorno per un esercito di qualche migliaio d'uomini (cfr. 9. a. H., § 30, nota 1, ove risulta che l'esercito di Maometto facesse in media 20 chilometri al giorno), e considerando che durante il cammino vi devono essere state alcune fermate per riposare uomini e bestie, l'esercito musulmano non può aver occupato meno di cinquanta giorni per arrivare nella Palestina meridionale. Aggiungiamo che per scorrere il paese fino ai pressi di Ghazzah e per dar tempo ai Greci di riunire i soldati creduti sufficienti a scacciare i predoni arabi, devono essere passati almeno una ventina di giorni. Possiamo quindi in via generale ammettere che la partenza di questi Musulmani da Madīnah debba essere avvenuta più di due mesi prima, vale a dire verso la fine di Ramaḍān, che corrisponde ai primi di Dicembre, precisamente la miglior stagione in Arabia settentrionale per le mosse di grandi quantità d'uomini (anche le donne seguivano i guerrieri), e d'animali. Quest'ultima considerazione non è nemmeno da trascurarsi e deve aver certamente influito sui piani del Califfo: il Safar riferito da Balādzuri ci trasporterebbe invece molti mesi dopo, al Maggio, quando incominciano i calori terribili dell'estate e le acque scarseggiano nei pozzi, rendendo sommamente difficili i movimenti di schiere numerose.

È bene tener presente che anche la campagna di Khālid contro le tribù dell'Arabia centrale si svolse durante l'inverno. Siffatte considerazioni aumentano il pregio e dànno maggior peso e valore alla notizia del cronista siriaco, il quale in questa circostanza merita tutta intiera la nostra fiducia. Dello stesso parere è il De Goeje (Mém., 32).

Nota 2. — Il Land, nella sua versione, ha tradotto questa parola siriaca « in Iordane », ciò che non ha senso, perchè il Giordano non si trova a dodici miglia a oriente, ma bensì a più di cento chilometri a nord-est di Ghazzah.

Il Nöldeke (Ghassān, 45, nota 3) è stato il primo ad osservare siffatto errore, facendo notare che la parola siriaca debba contenere il nome del generale greco.

Il Guidi legge e traduce « filium Iardan », che è probabilmente corretto e fa pensare al Wardān delle cronache arabe delle conquiste, come vedremo fra breve.

L'affermazione che la battaglia avesse luogo a oriente di Ghazzah conferma i dati delle fonti arabe; ma se il De Goeje e con lui tutti gli orientalisti sono d'accordo nel porre il primo scontro fra Arabi e Greci nella bassura dell' 'Arabah, la distanza da Ghazzah riferita dal cronista siriaco, è erronea e deve perciò alludere alla seconda disfatta di Dāthinah. Ma questo è un particolare, io credo, di poco momento; in ogni caso, la notizia non può in alcun modo riferirsi alla battaglia di Aǵnadayn, combattuta in altro luogo e sei mesi dopo, secondo l'indiscutibile concordanza delle nostre fonti migliori. Se si trattasse di Aǵnadayn, la nostra fonte siriaca getterebbe un indicibile scompiglio nella cronologia delle conquiste; ci costringerebbe (ammesso che la data del cronista siriaco prevalesse in valore su quelle dei cronisti arabi) a porre la partenza degli eserciti musulmani ai primi mesi del 12. a. H., ed avrebbe per conseguenza di escludere la presenza di Khālid b. al-Walid alla battaglia di Aǵnadayn. Tutto si spiega con la nota confusione delle fonti fra le prime tre battaglie in Siria: al-'Arabah, Dāthinah e Aǵnadayn.

Se però si accettasse la lezione del Guidi e si leggesse che perirono *quaranta mila uomini* in questo scontro, invece dei 4.000 della versione del Land, allora davvero il cronista siriaco deve alludere alla battaglia di Aǵnadayn e non al piccolo combattimento di 'Arabah-Dāthinah. In questo caso però dobbiamo ritenere che il Sirio confonda due eventi diversi in uno solo. La morte di 40.000 uomini è un'esagerazione veramente orientale sulla quale lo storico deve fare una tara ben generosa.

La data precisa e corretta, premessa alla notizia, e la distanza da Ghazzah escludono, mi pare, ogni dubbio, che non s'intenda parlare di Aǵnadayn.

[Primi combattimenti con i Greci.]

Gioverà da ultimo notare che il cronista menziona l'eccidio di *contadini* e non di *soldati*: quindi non sono le perdite dei Greci durante la battaglia, ma bensì degli abitanti inermi *dopo* la medesima.

Nota 3. — (*a*) I particolari forniti dalla nostra fonte sono preziosi: i Greci abbandonarono dunque il loro comandante durante la mischia e si diedero alla fuga, prima che egli fosse ucciso. Questa prima vittoria aprì agli Arabi tutta la Palestina meridionale, che fu da essi crudelmente devastata, dacchè si dice che abbiano massacrato 4.000 (40.000!) contadini inermi senza far distinzione se fossero cristiani, ebrei o samaritani. Questo contradice nettamente al tenore di quelle (apocrife?) raccomandazioni messe in bocca al Califfo al momento della partenza degli eserciti, sulle quali parliamo altrove, e che il De Goeje elogia *pour le bon sens et la modération qui y dominent* (De Goeje Mém., 22; cfr. poc'anzi 11. a. H., § 109).

(*b*) Ha importanza l'accenno ai Samaritani, perchè renderebbe quasi lecito supporre, che gli Arabi in questa prima incursione si siano spinti nel cuore della Palestina, anche al nord di Gerusalemme e nei dintorni di Samaria, ove abitavano appunto i Samaritani. Questo ci spiega quindi perchè i Greci, nel provvedere alla difesa dell'Impero, non si curassero affatto degli eserciti musulmani vaganti nella provincia di Damasco e nell' Urdunn, ma convergessero tutti i loro sforzi contro i depredatori della Palestina meridionale, e così si venisse alfine alla battaglia di Agnadayn a brevissima distanza da Gerusalemme.

(*c*) L'espressione « Tajitae » (Tayy) per indicare tutti i Musulmani deve provenire dal fatto, che gli abitanti dell' Impero conoscevano il nome di questa tribù meglio delle altre. Ciò fa supporre sia che il confine estremo della vaga giurisdizione bizantina sulle tribù arabo-cristiane del settentrione si estendesse fino al territorio dei Kalb, sia che la maggioranza delle tribù arabe a settentrione dei Tayy fosse cristiana, e che con questi incominciasse la vera Arabia pagana.

(*d*) Infine si osservi che la barbara condotta degli Arabi in questa prima fase della campagna, massacrando migliaia d'inermi agricoltori, conferma la supposizione, che in principio gli Arabi non meditassero veruna conquista, ma soltanto una spedizione predatoria. In ogni caso, in questa prima fase gli Arabi non si contennero con quella moderazione (« self-restraint ») e con quella benevolenza (« humanity ») che l'Arnold (p. 49) loro scorrettamente attribuisce, e che, secondo lui, destò negli abitanti dell'Impero un senso di profondo rispetto.

Nota 4. — Il Nöldeke ha il merito d'essere stato il primo a porre in rilievo il valore di questa notizia del cronista siriaco (Nöldeke Ghassān., 45, nota 3), benchè egli non si sia curato di approfondirne il significato in rapporto alla cronologia delle conquiste arabe. Tale merito spetta al De Goeje (Mém., 32), il quale fu il primo a comprenderne tutto il pregio per il soggetto che ora esaminiamo, e a farne corretto uso. Il Miednikoff, avendo adoperato soltanto la prima edizione del De Goeje (nella quale questa notizia non era ancora presa in esame), non ha potuto valersene per la sua dotta ricostruzione della prima fase delle conquiste. Egli infatti dedica più di nove grandi pagine all'esame della data corretta della partenza degli eserciti musulmani da Madīnah (cfr. Miednikoff, I, 412-421), e fa un lungo e minuzioso calcolo per dimostrare che i generali musulmani non possono essere partiti da Madīnah al primo di Safar come afferma Balādzuri, ma tutto al più ai primi di Muharram del 13. a. H. Se egli avesse avuto conoscenza di questo passo del cronista siriaco, e se non gli fosse sfuggita la tradizione di ibn Ishāq, da noi riportata al § 313, avrebbe visto l'inutilità del suo lungo ragionamento. Egli poi cade altresì, a nostro modo di vedere, in un altro errore, quello cioè di credere che Khālid sia partito dall' 'Irāq per la Siria, per effetto delle domande di soccorso dei generali musulmani combattenti colà. Ma di ciò parleremo tra breve con tutta ampiezza.

§ 348. — Alla medesima battaglia allude anche il patriarca Giacobita di Antiochia, Michele il Sirio (1166-1199), nei seguenti termini: Quando morì Maometto, gli successe abū Bakr, il quale inviò quattro generali: uno in Palestina, un altro in Egitto (!), il terzo in Persia ed il quarto contro i Tayyāyē (= Arabi) Cristiani... Quello che andò in Palestina, si diresse contro Cesarea (!). Il patrizio Sergio, che si trovava in quella città, riunì un esercito di Romani (= Greci) e di Samaritani, incirca 5.000 fantaccini (?), e si preparò a combattere contro i Tayyāyē (= Arabi musulmani). Quando si venne alla battaglia, i Tayyāyē (erano) meglio armati e più forti dei Romani. In principio (gli Arabi) massacrarono tutti i Samaritani. Il patrizio, vedendo perire

[Primi combattimenti con i Greci.]

la gente che era con lui, voltò le spalle e fuggì. I Ṭayyāyē passarono (i fuggiaschi) a fil di spada, inseguendoli ed abbattendoli, come i mietitori (tagliano) le spighe. All' improvviso il patrizio cadde da cavallo: quelli che erano con lui, si riunirono e lo rimisero in sella, ed egli riprese la sua fuga. In breve cadde una seconda volta, e quelli che lo seguivano lo rimisero di nuovo in sella. Poi cadde per la terza volta, e come i seguaci s' affrettarono ad assisterlo per farlo rimontare, egli disse loro: " Lasciatemi, e pensate a salvare voi stessi, affinchè voi non abbiate a bere con me il calice della morte, che Dio ha mandato sul nostro Impero, nella sua grande collera di giustizia " (3). I seguaci lo lasciarono e si diedero alla fuga. (Gli Arabi) che incalzavano, giunsero ben presto sul luogo e trovarono (il patrizio) steso in terra: questi fu ucciso con un colpo di spada. I Ṭayyāyē inseguirono i Romani fino a sera: alcuni Romani sfuggirono a stento e portarono la notizia a Cesarea (Michel Syrien, II, 413).

Nota 1. — La menzione di Cesarea, come uno dei siti ai quali giunsero gli Arabi nelle prime scorrerie, conferisce valore storico al cenno di Balādzuri (140, lin. 14), che già nel 13. a. H., prima di Aǵnadayn, schiere arabe arrivassero fin sotto le mura di Cesarea. Il De Goeje tratta questa notizia come « une erreur évidente » (Mém., 36), ma egli prende il testo in un senso forse troppo letterale traducendo: « Beladhori raconte qu'Amr aurait déjà commencé le siège de Césarée avant la bataille d'Adjnadin.... ». Il testo arabo dice letteralmente: « Il primo che assediasse (ḥāṣarahā) Cesarea fu 'Amr b. al-'Āṣ: egli fissò il campo contro di essa (nazala 'alayhā) nel Ǵumāda I del 13. a. H., e rimase sotto il tempo che rimase (= ossia un certo tempo) ». È evidente, da tutto quel che segue nel testo sul conto di 'Amr b. al-'Āṣ (lin. 14-19), che Balādzuri non intende il principio del regolare assedio, che terminò con la presa della città, ma bensì una comparsa sotto alle mura ed una fermata nei sobborghi per un certo tempo, a scopo di bottino, grazie all' impunità concessa dalla disfatta ed uccisione di Sarǵis con i suoi 5.000 uomini. Errato è forse, come vuole il nostro cronista siriaco, che 'Amr si avvicinasse a Cesarea anche prima della vittoria di al-'Arabah.

Nota 2. — Dunque i Greci erano tutti soldati di fanteria. Dacchè Sergius aveva disgustato gli Arabi del confine con la soppressione del soldo, egli, si vede, era sguernito di cavalleria: di questa quindi probabilmente gli Arabi avevano relativa abbondanza: da ciò la facilità della vittoria e la strage terribile dei Greci, che si trovavano in condizione di decisa inferiorità (vedi appresso le parole del cronista: «... i Ṭayyāyē erano meglio armati... ecc. »), e una volta sconfitti, non avevano mezzo di scampare alla veloce cavalleria nemica.

Nota 3. — Le parole del morente generale sono quasi identiche a quelle che troviamo attribuite da Sayf b. 'Umar al morente al-Fīqār nella battaglia di Yarmūk (correggi: Aǵnadayn) (Ṭabari, I, 2099, lin. 16 e segg.). Si vede che questo incidente drammatico poggia sopra un fatto storico, il quale colpì profondamente l'immaginazione dei contemporanei come un atto grande e nobilissimo. Da ciò la sua ripetizione ed interpolazione nelle tradizioni di quasi tutte le prime grandi battaglie delle conquiste arabe.

§ 349. — Quasi identica è la versione di abū-l-Faraǵ: Quando l' imperatore Eraclio ebbe notizia dell'arrivo degli Arabi in Siria, mandò contro di loro il patrizio Sarǵīs con 5.000 uomini del suo esercito per combatterli. Il califfo abū Bakr scrisse allora a Khālid b. al Walīd, dopo la presa di Ḥīrah, ordinandogli di andarsi ad unire con abū 'Ubaydah in Siria. Così fece egli, e gli Arabi ed i Greci vennero alle mani fra loro ed i Greci furono fugati ed ucciso il patrizio Sarǵīs. Avvenne infatti che nel fuggire egli cadde da cavallo; un suo servo lo rimise in sella: egli cadde di nuovo, e fu rimesso su una seconda volta: poi stramazzato un'altra volta egli disse ai suoi: " Salvatevi e lasciatemi perir io solo! " (1) (abū-l-Farağ, 170, lin. 2 e segg.).

[Primi combattimenti con i Greci.]

NOTA 1. — È palese in questo passo — per la menzione di Khālid b. al Walīd e perchè non si fa cenno nel testo ad altro combattimento — come il cronista confonda in un fatto solo la doppia battaglia di al-'Arabah-Dāthinah con quella di Ağnādayn.

§ 350. — Di niun giovamento sono per noi sul presente argomento le storie di ibn Ḥubayš e di al-Diyārbakri (= Khamīs), perchè ambedue attingono quasi esclusivamente a quel romanzo storico pubblicato dal Nassau Lees, come opera di abū Ismā'īl al-Azdi, di cui diamo più avanti un breve riassunto (cfr. Khamīs, II, 247-258). Le altre Cronache generali arabe, come quelle di ibn al-Athīr, di ibn al-Furāt, di Nuwayri, ecc. fondano la loro narrazione in parte sulla stessa fonte malfida e principalmente sulle tradizioni di Sayf b. 'Umar: nulla perciò di nuovo ne possiamo ricavare.

§ 351. — Nelle fonti armene abbiamo del pari confusione fra la doppia battaglia al-'Arabah-Dāthinah, e quella di Ağnadayn.

Sebeos dopo aver descritto l'avanzarsi degli Arabi (divisi in dodici tribù — in tutto 12.000 (?) uomini), prosegue: Gli Arabi si recarono a Raboth Moab nel territorio di Ruben. Infatti l'esercito dei Greci era accampato in Arabia. Gli Arabi li assalirono all'improvviso, li passarono a fil di spada, misero in fuga Thiodos (= Theodoros), il fratello dell'imperatore Eraclio, e poi ritornarono ad accamparsi in Arabia (Sebeos, 96; Hübschmann, 12; Dulaurier Chronol., 211-212) (1).

Cfr. anche Açogh'ig, 150-151, il quale copia Sebeos, quasi letteralmente.

NOTA 1. — (a) La narrazione combina perfettamente con i dati della battaglia di al-'Arabah, ed il De Goeje parmi abbia correttamente indicato che nella parola Arabia, accampamento dei Greci, vi debba essere una reminiscenza di al-'Arabah (De Goeje Mém., 35, e forse una confusione tra la *provincia* romana Arabia, e il nome di luogo al-'Arabah). Contrariamente però a quanto egli crede, vedrei nella seconda Arabia del testo armeno non già il Ghamr al-'Arabāt, ma bensi una reminiscenza del fatto notato da Teofane (cfr. § 345), che dopo queste due vittorie, gli Arabi ritornarono nel deserto, e ciò noi interpretiamo come il passaggio di Yazīd b. abī Sufyan, dopo i detti fatti d'arme, dalla Palestina nella Trans-Giordanica, prima dell'arrivo di 'Amr b. al-'Āṣ. Di ciò abbiamo già fatto parola al § 888, ed esporremo anche meglio nei seguenti paragrafi il nostro parere.

Che il testo armeno confonda al-'Arabah con Ağnadayn è evidente dalla menzione di Thiodos o Teodoro, che appunto comandava i Greci alla battaglia di Ağnadayn.

(b) A questo proposito debbo dire che dissento completamente dalle conclusioni del Pernice (*L'imperatore Eraclio*, p. 321-322): egli vorrebbe sostenere, fondandosi su questa sola fonte armena, e considerando tutte le notizie musulmane come erronee, che Ağnadayn non sia là ove l'ha identificato il De Goeje, e di cui parleremo fra breve, ossia a mezzogiorno di Gerusalemme, in Palestina, ma bensi a Rabbath Moab (ossia la moderna 'Ammān, l'antica Philadelphia di Tolomeo II Filadelfo) nella Balqā, a oriente del Giordano. Nelle sue argomentazioni egli mostra di non aver compreso il vero valore relativo delle fonti arabe citate dal De Goeje, e non le adopera nemmeno tutte correttamente. Egli, per esempio, passa sotto silenzio, che due fonti (al-Bakri e al-Nawawi) dànno ognuna due diverse versioni del sito preciso di Ağnadayn: vale a dire dànno ognuna reciprocamente una notizia errata, ed una corretta (cfr. De Goeje Mém., 51-52): ed il Pernice, per rendere più valido il suo argomento, cita soltanto le indicazioni errate dei due autori e tace di quelle corrette. Nè ciò è tutto: nel citare Sebeos egli ha fatto uso della versione russa del Patkanian (Pernice, XIX), assistito da altri (cfr. p. VI), e si vede che non conoscendo bene quella lingua, non ha ben compreso il testo. Difatti egli crede che il combattimento fra Arabi e Greci sia avvenuto in Rabbath Moab, ma dalla versione francese del Macler, e quella tedesca del Hübschmann è evidente che i Greci non erano in Rabbath Moab, sibbene in Arabia. Rabbath Moab (= al-Balqā) fu il punto ove, secondo Sebeos, erano gli Arabi, mentre i Greci erano in Arabia, ed in questo luogo e non in quello avvenne la battaglia. — I nostri argomenti riusciranno più convincenti quando nel 13. a. H. esamineremo tutto il problema di Aǵnadayn.

§ 352. — Secondo Eutichio, gli Arabi penetrarono nella Palestina meridionale e fissarono il campo in Tādūn, uno dei villaggi di Ghazzah, dalla parte verso il Ḥiǵāz: ivi i Musulmani ricevettero la notizia che gli eserciti di Eraclio radunavansi in Ghazzah per venirli ad assalire. L'imperatore Eraclio si trovava in quei giorni in Damasco. Allora 'Amr b. al-'Āṣ scrisse al califfo abū Bakr chiedendo soccorsi, ed informandolo che Eraclio riuniva tutte le sue forze. Perciò abū Bakr scrisse a Khālid b. al-Walīd (nell' 'Irāq), ordinandogli di recarsi immediatamente in soccorso di 'Amr b. al-'Āṣ (Eutychius, 1093).

§ 353. — Secondo Balādzuri non è accertato se la presa di Ma'āb, nella Balqā, sia avvenuta o prima o dopo il trattato di pace di Buṣra([1]). Molti sostengono che Ma'āb fosse espugnata prima di Buṣra, e che ciò avvenisse per opera di abū 'Ubaydah b. al-Ǵarrāḥ, con l'assistenza degli altri suoi colleghi, che vennero ad unirsi con lui perchè in Ma'āb erasi adunato un forte nucleo di milizie greche. abū 'Ubaydah mosse contro Ma'āb alla testa di forze molto numerose, e costrinse gli abitanti ad accettare il dominio musulmano alle stesse condizioni imposte (o prima, o dopo) agli abitanti di Buṣra (vale a dire un tributo annuale in ragione di un dīnār ed un ǵarīb ḥinṭah [= una misura di grano] per ogni membro adulto della popolazione).

Vi sono alcuni i quali sostengono che Ma'āb cadesse nelle mani di abū 'Ubaydah b. al-Ǵarrāḥ soltanto quando egli era comandante generale di tutte le forze musulmane ai tempi del califfo 'Umar (Balādzuri, 113).

NOTA 1. — Basterà uno sguardo solo alla carta geografica per arrivare alla conclusione che la presa di Ma'āb debba aver preceduto quella di Buṣra, perchè Ma'āb giace sul cammino fra Madīnah e Buṣra e per i Musulmani sarebbe stato molto pericoloso accingersi ad una campagna nel Ḥawrān, se il nemico era in possesso di un sito fortificato alle loro spalle.

§ 354. — Il De Goeje (Mém., 34) correttamente afferma non essere inverosimile che il poeta Ziyād b. Ḥanẓalah alluda ad una delle due battaglie di al-'Arabah o al-Dāthinah nei versi:

" Fu per l'animo mio una guarigione ed un risanamento del suo male, l'impeto dei cavalieri (arabi) contro le moltitudini dei Romani;

" Essi colpirono il loro capo, e senza dar loro requie, massacrarono i fuggiaschi incalzandoli fino a Dārūm „ ([1]) (Yaqūt, II, 525, lin. 19-21).

NOTA 1. — Dārūm (Y ā q ū t, l. c.) è la fortezza ben cognita a mezzodì di Ghazzah, in vista del mare da cui è poco lontana, sulla via che da questa città mena in Egitto: fu nel 584. a. H. distrutta da Salāḥ al-dīn (Saladino). Se la supposizione del De Goeje è giusta, e non esiste ragione perchè non lo sia, è evidente che la battaglia alla quale allude Ziyād deve essere stata combattuta a mezzodì di Dārūm, perchè nel caso contrario, vale a dire se era al nord, i Greci, sarebbero fuggiti a Ghazzah e non a Dārūm. Questa osservazione infirmerebbe perciò la nostra identificazione di Tādūn con la presente umm Tābūn. Quanto è difficile poter fissare la verità in questo denso groviglio di notizie contradittorie!

Invio degli eserciti musulmani in Siria secondo il "Futūḥ al-Šām" attribuito ad abū Ismā'īl al-Azdi.

§ 355. — Come abbiamo già detto altrove, parlando delle fonti delle conquiste (cfr. 12. a. H., §§ 77 e segg.) non sarà inopportuno di dare qui, per comodo degli studiosi, un brevissimo riassunto del romanzo storico detto Futūḥ al-Šām e attribuito a quel personaggio immaginario: abū Ismā'īl al-Azdi, sul quale sì dottamente ha discorso il De Goeje (*Mémoire sur le "Fotouh's-Scham", attribué à abou Ismaïl al-Baçri.* Leyde, 1864). Non occorre in questo luogo riassumere i ragionamenti del dottissimo professore olandese, ma pur accettando le sue conclusioni e pur ripudiando il romanzo come vera fonte storica, dobbiamo nondimeno prenderlo in considerazione, perchè la trama, sulla quale fu tessuto il ricamo di tante fiabe, ha certamente un fondo storico. Gli immaginosi compilatori del romanzo storico delle conquiste avevano in mente la glorificazione dell' Islām e degli Arabi: non mirarono ad un inganno, sì ad una apoteosi: non ebbero perciò verun interesse a falsificare le grandi linee dei fatti storici, ma soltanto intesero ad amplificarne i particolari *ad maiorem Islami et Arabum gloriam.* È possibile quindi che molte notizie contenute in questi romanzi, non avendo alcun diretto legame nè con la gloria degli Arabi, nè con le virtù redentrici dell' Islām, ci siano giunte intatte dalle fonti storiche antiche, con il sussidio delle quali il romanzo fu composto. A questo ordine di fatti possono appartenere nomi di luoghi, l'ordine cronologico di certi eventi, e via discorrendo. Ciò è tanto vero, che nei paragrafi precedenti abbiamo avuto più volte occasione di osservare, come la narrazione del romanzo storico combini non solo nelle sue linee generali, ma perfino nei particolari con le tradizioni delle buone fonti storiche(1). Sotto alcuni rapporti, le tradizioni del citato romanzo quanto quelle che vengono dalla scuola Iraqense (Sayf b. 'Umar), vale a dire, contengono un nucleo di vero annegato in mezzo ad una farragine di notizie inventate dalla leggenda popolare. Si potrebbe quasi chiamare un' epopea in prosa: come tale perciò non si può porre del tutto in oblio, ma merita di essere studiata e conservata.

NOTA 1. — Fra le altre cose, per esempio, è notevole che i primi fatti d'arme in Siria sono narrati secondo la versione delle nostre buone fonti, e così pure il principio della campagna di Khālid nell' 'Irāq è quasi identico (quantunque naturalmente adorno di molti particolari oziosi ed apocrifi) con la narrazione di Balāḏurī e di al-Madā·ini.

§ 356. — (*a*) Secondo il "Futūḥ al-Šām" attribuito ad abū Ismā'īl al-Azdi, edito dal Lees, l'idea di invadere la Siria provenne dal califfo abū Bakr, il quale sottomise il suo piano all'approvazione dei maggiori Compagni, dando come giustificazione, che quei Musulmani che fossero morti nell' impresa, sarebbero stati ricompensati con il Paradiso, quali martiri per la fede, mentre i superstiti avrebbero avuto il merito di essersi battuti per la causa di Dio (Futūḥ Lees, 1-2).

[Invio degli eserciti musulmani in Siria, secondo il «Futūḥ al-Šām».]

(b) Dopo questo consiglio dei maggiori Compagni, abū Bakr radunò i fedeli e tenne loro un discorso, invitandoli a prendere le armi contro i Greci. La sua proposta non trovò subito pronta accoglienza fra gli uditori, perchè a tutti era presente la grande potenza dei Greci. Allora parlò ʿUmar b. al-Khaṭṭāb, e chiese ai presenti la ragione del loro silenzio. A lui rispose Khālid b. Saʿīd b. al-ʿĀṣ e spiegò, a nome dei fedeli, che in questi non v'era idea alcuna di disobbedire agli ordini del Califfo, e che tutti prontamente si sarebbero accinti alla grande spedizione (Futūḥ Lees, 3-4).

(c) I Compagni approvarono il disegno del Califfo, ma rammentando anche la grande potenza dei Greci, consigliarono di chiamare sotto le armi tutte le tribù arabe. In questo senso parlarono ʿUmar, ʿAbd al-raḥmān b. ʿAwf ed ʿUthmān b. Affān con la unanime approvazione di tutti gli altri presenti. Solo ʿAli non manifestò il suo pensiero, e fu perciò interrogato dal Califfo, sulle ragioni del suo silenzio. ʿAli si affrettò allora ad esprimere anch'egli il suo consenso, citando una tradizione del Profeta, con la quale si incoraggiavano i fedeli a battersi per la fede (Futūḥ Lees, 2-3).

(d) Khālid b. Saʿīd b. al-ʿĀṣ fu il primo a mettere in esecuzione gli ordini del Califfo, ed insieme con i membri di tutta la sua famiglia stabilì un accampamento nei pressi di Madīnah, accingendosi con grande sollecitudine a fare i preparativi per la spedizione. Questo esempio fu seguito immediatamente da molti altri, ed ogni giorno o dieci, o venti, o cinquanta, o cento uomini accorrevano ad ingrossare le schiere, che accingevansi alla spedizione. abū Bakr stabilì intanto che mentre i Musulmani erano riuniti nel campo, il comando supremo fosse affidato ad abū ʿUbaydah b. al-Ǵarrāḥ, e nell'assenza di lui a Yazīd b. abī Sufyān: anche Muʿādz b. Ǵabal e Šuraḥbīl b. Ḥasanah ricevettero il comando di alcune parti delle milizie. Quando già una numerosa schiera di fedeli erasi riunita nel campo presso Madīnah, il Califfo andò a visitarli, e si consigliò con i maggiori Compagni, per decidere se le forze già riunite fossero sufficienti per assalire i Greci (banū-l-Aṣfar). ʿUmar espresse allora l'opinione che le forze dei Greci erano tanto grandi, che per assicurare il buon esito della spedizione sarebbe stato meglio chiamare altri rinforzi: in questo concetto convennero anche gli altri Compagni, ed il Califfo stabilì di scrivere alle tribù del Yaman, invitandole ad invadere la Siria insieme con le schiere già raccolte. La lettera fu scritta e affidata a Anas b. Mālik, il quale si recò nel Yaman, e passando da tribù in tribù, lesse a tutte il proclama del Califfo (Futūḥ Lees, 4-6).

(e) Dzū-l-Kalāʿ [Kulāʿ] al-Ḥimyari (cfr. 9. a. H., §§ 64, 65 e note 1 e 2; 11. a. H., §§ 193, no. 2, 197) rispose subito a questo appello e riunendo intorno a sè i membri della sua tribù, e molti altri, che furono trascinati dal suo esempio,

[Invio degli eserciti musulmani in Siria, secondo il «Futūḥ al-Šām».]

andò a raggiungere il Califfo in Madīnah con forze copiose, seguite dalle donne e dai bambini [1]. Partì pure Qays b. Huhayrah b. Makšūḥ al-Murādi (cfr. 11. a. H., §§ 187, 190, 197) con altre schiere della propria tribù, ed il suo arrivo in Madīnah ebbe la cordiale approvazione del Califfo (Futūḥ Lees, 6-7; Ḥubayš, fol. 34,r.). In un altro passo (id., 11-12), ripetendo queste notizie, si accenna anche alla venuta di al-Ḥaǵǵāǵ b. ʿAbd Yaghūth (al-Murādi), di Ḥābis b. Saʿd al-Ṭāʾi con molti della tribù di Ṭayy, poi di schiere numerose di Azd, ed anche di altri Yamaniti con Ǵundab b. ʿAmr al-Dawsi ed abū Hurayrah. Vennero pure i Qays, il comando sui quali fu dato a Maysarah b. Masrūq al-ʿAbsi: infine giunse ibn Ašyam con molti Kinānah. I Tamīm, i Rabīʿah e gli Asad non vennero a Madīnah, perchè essi invadevano l'ʿIrāq: ivi infatti fissarono poi la loro dimora (cfr. § 290, no. 11). Pochissimi invece parteciparono alla conquista della Siria: questa fu compiuta dalle tribù del Yaman, le quali poi si stabilirono in quella provincia [2].

Più oltre si narra l'arrivo a Madīnah di Milḥān b. Ziyād al-Ṭāʾi, fratello uterino di ʿAdi b. Ḥātim, con circa mille uomini dei Ṭayy, dopochè però erano partiti tutti gli eserciti per la Siria, e Milḥān dietro suggerimento del Califfo andò a raggiungere abū ʿUbaydah, l'ultimo dei partiti (*sic*) (Futūḥ Lees, 19).

Di poi il Califfo mandò anche altri rinforzi ad abū ʿUbaydah, sotto il comando di Hāšim b. ʿUtbah b. abī Waqqāṣ (Futūḥ Lees, 27).

Nota 1. — Si aggiunge che i Ḥimyar partissero menandosi appresso le donne, i bambini e tutti gli averi, e che erano armati di corazze in maglia di ferro, durūʿ al-sābiriyyah, spade, archi e freccie.

Nota 2. — Questa notizia spiega tutto il carattere tendenzioso del romanzo, nel quale traluce con chiarezza il concetto di glorificare le tribù del Yaman sopra tutte le altre. Allo stesso modo le tradizioni di Sayf b. ʿUmar mirano alla glorificazione delle tribù (Tamīm, Bakr b. Wāʾil, ecc.), che presero stanza nell'ʿIrāq dopo la conquista di quella regione.

Sulle tribù Yamanite stabilite in Siria, la glorificazione delle quali è uno dei moventi principali della composizione del presente romanzo storico quanto di quello Pseudo-Wāqideo, di cui diamo un riassunto ai §§ 358 e segg., cfr. Yaʿqūbi Buld., 324 e segg.

§ 357. — (*a*) Il primo esercito musulmano che lasciasse Madīnah, fu quello di cui il Califfo diede il comando a Yazīd b. abī Sufyān, con Zamʿah b. al-Aswad b. ʿĀmir, quale suo luogotenente (cfr. anche Ḥaǵar, II, 19, ove il presente romanzo è citato come fonte storica). Il Califfo accompagnò i partenti per un tratto di strada, e, al momento di prendere congedo, tenne un lungo discorso a Yazīd dando le istruzioni sul modo, con il quale si doveva contenere verso i nemici: non uccidere donne, bambini e vecchi, non mutilare i cadaveri, non abbattere le piante, che portavano frutti, ecc. (Futūḥ Lees, 8-9).

(*b*) Appena Yazīd b. abī Sufyān fu partito, Šuraḥbīl b. Ḥasanah si presentò al Califfo e gli narrò un lungo sogno da lui avuto, che abū Bakr

[Invio degli eserciti musulmani in Siria, secondo il «Futūḥ al-Šām».]

immediatamente riconobbe come un suggerimento divino e come una promessa di vittoria: perciò conferì a Šuraḥbīl il comando di un altro distaccamento, e tre giorni dopo la partenza di Yazīd, fece partire Šuraḥbīl con altre schiere numerose. Ai partenti il Califfo rinnovò le medesime raccomandazioni, che aveva fatte a Yazīd. Le milizie rimaste ancora accampate presso Madīnah, si trovarono ora sotto la direzione di abū ʿUbaydah, il quale aveva le funzioni di direttore delle preghiere quotidiane (Futūḥ Lees, 10-11).

(c) Dopo la partenza delle schiere precedenti, il califfo abū Bakr nominò abū ʿUbaydah b. Ǵarrāḥ comandante di un altro corpo, e cogliendo occasione di questa nomina, tessè in un lungo discorso grandi elogi del medesimo, rammentando i servizi più insigni, che egli aveva resi al Profeta, e insistendo specialmente sul valore addimostrato da lui alla battaglia di Uḥud, quando difese Maometto dagli assalti dei Qurayš [1]. abū ʿUbaydah partì alfine, accompagnato dal Califfo fino alla collina dell'addio, Thaniyyah al-Wadāʿ (Futūḥ Lees, 12-17; Ḥuhayš, fol. 35,r.).

Nota 1. — (Yaḥya b. Manīʾ b. ʿUrwah). abū ʿUbaydah ricevette istruzioni dal Califfo di consultare sempre il parere di Qays b. Hubayrah b. Makšūḥ al-Murādi, ma allo stesso tempo si raccomandò a Qays di obbedire in tutto agli ordini di abū ʿUbaydah. Quando venne a sapere come Qays avesse ucciso i due baṭrīq greci in al-Ǵābiyah, il Califfo esclamò: « Qays ha tenuto la sua parola! » (Ḥubayš, fol. 37,r.; Futūḥ Lees., 21-22).

(d) Dopo la partenza di tutti i distaccamenti, venne a Madīnah Milḥān b. Ziyād al-Ṭāʾi con circa mille Ṭayy, ed abū Bakr lo mandò a raggiungere abū ʿUbaydah, mentre questi era ancora in cammino verso la Siria (Futūḥ Lees, 19-20; Ḥuhayš, fol. 36,r.).

Seguì ibn Dzī-l-Sahm al-Khathʿami dal Yaman con circa 900-1.000 uomini della sua tribù, accompagnati dalle loro donne e bambini: questi andarono a raggiungere le schiere di Yazīd b. abī Sufyān (Futūḥ Lees, 20-21).

Di poi, quando ricevette domande di soccorso dai generali in Siria, il Califfo mandò altri rinforzi ad abū ʿUbaydah sotto Hāšim b. ʿUtbah b. abī Waqqāṣ (Futūḥ Lees, 27-28) e con circa settecento uomini Saʿīd b. ʿĀmir b. Ḥidzyam (Futūḥ Lees, 29-31), che raggiunse Yazīd b. abī Sufyān, e fu presente con lui ai due combattimenti di al-ʿArabah e di al-Dāthinah.

Cfr. anche Ḥuhayš, fol. 38,v.-39,r.

Si ha notizia altresì di 2.000 Hamdān che, sotto Ḥamzah b. Mālik al-Hamdāni al-ʿUdzri, andarono ad unirsi con abū ʿUbaydah b. al-Ǵarrāḥ in Siria (Ḥubayš, fol. 39,r.-v.; Futūḥ Lees, 31-33).

abū Bakr fu molto sorpreso di vedere tanti Arabi (Ahl al-Gharb, ossia la " Gente delle Secchie „ perchè tutta l'acqua che bevono è attinta da pozzi) accorrere sotto alle armi per la campagna in Siria. Man mano che gli giungevano, li mandava appresso a quelli già partiti. Fra quelli, che vennero a

a Madīnah, menzionasi, abū-l-A'war 'Amr b. Sufyān al-Sulami, che si andò
ad unire ad abū 'Ubaydah. Più tardi venne Ma'n b. Yazīd b. al-Akhnas al-
Sulami con circa cento Sulamiti, che si unirono a Yazīd b. abī Sufyān, insieme
con altri duecento uomini dei Ka'b, degli Aslam, dei Ghifār e dei Muzaynah,
questi ultimi sotto gli ordini di al-Ḍaḥḥāk b. Qays (¹) (Ḥubayš, fol. 39,r.;
Futūḥ Lees, 34-35).

NOTA 1. — La presente tradizione ha specialmente valore per noi, perchè ci fa comprendere
quanto poco numerose fossero in realtà le forze musulmane che invasero la Siria: come si spiega altrimenti che si sia conservata memoria di gruppi tanto piccoli? Sorprende quanto fossero poco numerosi
per esempio i Muzaynah, mille dei quali, si dice, avevano seguito Maometto alla presa di Makkah
(cfr. 8. a. H., § 51, nota 1). Più avanti al § 362 si vedrà come i Hawāzin, che riunirono, si dice,
20,000 uomini per combattere Maometto, ne inviarono soli 400 per la spedizione in Siria. Le tribù debel-
late durante la Riddah non erano ancora disposte a gettarsi per intero nel moto aggressivo: il moto
di emigrazione conquistatrice richiese qualche tempo per esplicarsi e per trasciuare tutta l'Arabia.
Il vero moto si manifestò dopo le grandi vittorie del 13 e del 15. H. Su ciò avremo a ritornare negli
anni successivi.

(e) Quando giunse in Siria la notizia che gli Arabi si avvicinavano per
invadere l'Impero, l'imperatore Eraclio trovavasi in Palestina: egli prese subito
provvedimenti per riunire le sue forze, e visitando successivamente Damasco,
Ḥimṣ, Antiochia ed altri siti, diramò un invito a tutti i Cristiani di unirsi
e prepararsi alla guerra. In questo modo gli fu possibile di radunare un forte
esercito.

Intanto abū 'Ubaydah si avvicinava verso il settentrione, e passando prima
per Wādi al-Qura, e poi per al-Ḥiǵr (la città di Ṣāliḥ), Dzāt Manār, Zīzā
(cfr. Goeje Mém., 26, nota 6), giunse a Ma·āb in 'Ammān, ove trovò alcuni
Greci e li mise in fuga. Gli abitanti del paese conclusero con abū 'Ubaydah
un trattato di pace. Si dice che questi fossero i primi abitanti della Siria,
che strinsero un trattato con i Musulmani. Giungendo, dopo questi fatti, ad
al-Ǵābiyah, abū 'Ubaydah venne a sapere che l'imperatore Eraclio aveva
riunito in Antiochia un numeroso esercito: scrisse allora al califfo abū Bakr
per averne il parere su quello che conveniva di fare. La risposta di abū Bakr,
che dava istruzioni ad abū 'Ubaydah di battersi con il nemico, fu portata
al campo musulmano in Siria da Dārim al-'Absi. Anche Yazīd b. abī Sufyān,
che aveva informato il Califfo dell'allarme dei Greci per l'invasione araba,
ricevette una risposta analoga, portatagli da 'Abdallah b. Qurṭ al-Thumāli
(Ḥubayš, fol. 37,r.-v.; Futūḥ Lees, 22-27).

(f) Quando i Greci ebbero notizia dell'imminente invasione araba, ne
informarono l'imperatore Eraclio, il quale provvide senza indugio alla difesa. Di ciò fu informato abū 'Ubaydah per mezzo delle sue spie nabatee,
e ne scrisse al Califfo, chiedendo rinforzi. abū Bakr, convocati i Qurayš
e gli Anṣār a consiglio, decise l'invio di 'Amr b. al-'Āṣ con un nuovo esercito composto di quanti volevano fare la guerra santa (ǵihād), e special-

[Invio degli e-
sereiti musul-
mani in Siria,
secondo il «Fu-
tūḥ al-Šām ».]

mente di makkani, fra i quali al-Ḥāriṯẖ b. Ḥišam, 'Ikrimah b. abī Ġahl e
Suhayl b. 'Amr. 'Amr b. al-'Āṣ fece difficoltà di partire come dipendente
di abū 'Ubaydah, e chiese di essere investito del comando supremo su
tutte le forze in Siria. A ciò si oppose il Califfo, il quale non volle mutare
consiglio, nemmeno quando 'Amr b. al-'Āṣ tentò indurre anche altri a sostenere le sue pretese dinanzi ad abū Bakr. 'Umar, sollecitato da 'Amr, gli
rimproverò la sua passione per le cose di questo mondo. Alla fine 'Amr b.
al-'Āṣ, cedendo agli ordini del Califfo, accettò di essere uno dei luogotenenti
e di porsi sotto agli ordini di abū 'Ubaydah in caso di fusione di tutte le
forze musulmane. Il Califfo ebbe però l'avvertenza di scrivere ad abū 'Ubaydah
che usasse speciali riguardi verso 'Amr b. al-'Āṣ, il quale giungendo in Siria
con i rinforzi, si unì ad abū 'Ubaydah (Ḥubayš, fol. 40,r.-41,r.; Futūḥ
Lees, 35-42).

'Amr b. al-'Āṣ radunò molti Arabi lungo il cammino, e quando raggiunse abū 'Ubaydah, aveva con sè 2.000 uomini (Futūḥ Lees, 43-44).

(g) Arrivati in Siria, il primo combattimento avvenne in al-'Arabah e
in al-Dāṯẖinah, quando 500 uomini di abū 'Ubaydah, uniti ad altrettanti di
Yayīd b. abī Sufyān, sconfissero 3.000 Greci in due scontri successivi, prima
in al-'Arabah e poi in al-Dāṯẖinah (Futūḥ Lees, 44).

Il principio delle conquiste in Siria secondo lo Pseudo-Wāqidi.

§ 358. — Il valore storico di questo romanzo, la cui compilazione rimonta
probabilmente all'età delle Crociate, è assai scarso: nondimeno sarà opportuno di riassumere brevemente quanto esso contiene, affinchè lo studioso abbia,
nell'opera presente, raccolti insieme tutti i materiali, e buoni e cattivi, che
hanno attinenza con il nostro soggetto. Indirettamente lo Pseudo-Wāqidi ci
porge qualche lume, perchè in esso vediamo con maggiore evidenza i concetti tendenziosi delle fonti più antiche e più sicure, e i quali con riflesso
retrospettivo ci assistono a sceverare in queste ultime il cattivo dal buono,
il falso dal vero. Se non avessimo in quest'opera più moderna la manifestazione più chiara ed esplicita dei concetti tendenziosi della tradizionistica
musulmana più antica, ci sarebbe meno facile la cernita del vero nelle tradizioni, nelle quali siffatti concetti non si erano ancora esplicati nella loro
intierezza. Tale sistema di raffronti è uno dei mezzi più efficaci ed utili
nelle ricerche di critica storica.

Il lettore osserverà · fin dalle prime notizie, che diamo qui appresso,
come le tradizioni del ciclo pseudo-waqideo, hanno un pregio assai minore di
quelle da noi estratte dal precedente romanzo storico, il " Futūḥ al-Šām „,
attribuito a abū Ismā'īl al-Azdi, il quale segue assai più fedelmente le antiche

e buone fonti delle conquiste. Il "Futūḥ al-Šām", di cui abbiamo dato estratti nei paragrafi precedenti, è perciò opera più antica dello Pseudo-Wāqidi, e il De Goeje ha certamente avuto piena ragione nel trarne vantaggio come fonte sussidiaria nella sua pregiata ricostruzione storica e cronologica delle conquiste.

[Il principio delle conquiste in Siria, secondo lo Pseudo-Wāqidi.]

§ 359. — (*a*) Morto il Profeta e domata l'insurrezione delle tribù, il califfo abū Bakr, volendo mettere in esecuzione un ordine lasciato dal Profeta alla vigilia della morte, inviò lettere ai re (mulūk) del Yaman, ai principi (umarā) degli Arabi ed agli abitanti di Makkah, invitando tutti a prendere le armi e strappare agli infedeli il possesso della Siria (Wāqidi Futūḥ Lees, I, 1-3; Wāqidi Futūḥ, I, 2-3).

(*b*) Anas b. Mālik, che portò le lettere del Califfo nel Yaman, vi trovò un pronto e ardente assenso. Molte tribù presero le armi, incamminandosi verso Madīnah con le donne, i bambini, i bestiami e tutti i loro averi. I primi a giungere in Madīnah dal Yaman furono i Ḥimyar, armati con corazze di maglia di ferro (durūʻ al-sābiriyyah), spade, archi e freccie: il capo loro era Dzū-l-Kalāʻ al-Ḥimyari. Poi vennero molti cavalieri Madzḥiǵ, montati su cavalli e armati di lancie: li comandava Qays b. Huhayrah al-Murādi (Wāqidi Futūḥ Lees, I, 3-5; Wāqidi Futūḥ, I, 3-4).

(*c*) Seguirono i Tayy sotto Ḥābis b. Saʻīd al-Ṭā·i; molti Azd (dal Yaman) sotto Ǵundah b. ʻUmar al-Dawsi: gli ʻAbs sotto Maysarah b. Masrūq al-ʻAbsi, ed i Kinānah sotto Quthām b. Ašyam (o ʻAnšam b. Aslam) al-Kināni. Tutti menavano appresso donne, bambini, averi e bestiami, ed il Califfo assegnò ad ogni tribù una regione nelle vicinanze di Madīnah ove potevano piantare le tende e pascolare il bestiame. Tanta affluenza di persone e di animali creò una carestia di viveri e di foraggi, che indusse i capi a riunirsi per chiedere al Califfo il permesso di proseguire senza indugio verso la Siria (Wāqidi Futūḥ Lees, I, 5-6; Wāqidi Futūḥ, I, 4).

§ 360. — Appena furono radunate presso Madīnah sufficienti milizie per comporre un esercito, abū Bakr si recò a piedi, accompagnato dai maggiori Compagni, al campo militare, diresse le preghiere, ed arringò i presenti: quindi conferì il primo comando a Yazīd b. abī Sufyān, assegnandogli un corpo di 1.000 cavalieri (fāris). Costituì parimenti un secondo corpo di 1.000 cavalieri sotto Rabīʻah b. ʻĀmir al-Āmiri, famoso cavaliere del Ḥiǵāz, e lo unì al distaccamento di Yazīd: questi ricevette il comando generale, ma doveva consultarsi sempre con Rabīʻah. Terminati i preparativi (1) i 2.000 uomini partirono dal campo, accompagnati da abū Bakr a piedi fino alla celebre collina Thaniyyah al-Wadāʻ. A questo punto abbiamo nel testo l'episodio di Yazīd a cavallo che offre il proprio destriero al Califfo a piedi ed il

[Il principio delle conquiste in Siria, secondo lo Pseudo-Wāqidi.]

rifiuto di abū Bakr: quindi seguono le famose istruzioni, di cui abbiamo fatto cenno altrove discorrendo della spedizione di Usāmah (cfr. 11. a. H., § 109). Yazīd prende la via di Wādi al-Qura, mirando a giungere in al-Ǵābiyah presso Damasco, e costringe i suoi a marciare con la massima rapidità, per arrivare sul luogo prima degli altri distaccamenti ed ottenere per sè ed i suoi maggior gloria e più bottino (Wāqidi Futūḥ Lees, I, 6-8; Wāqidi Futūḥ, I, 4-5).

Nota 1. — Si osservi come perfino questo romanzo rimane fedele alle notizie più antiche nel numero esiguo delle prime schiere musulmane che invasero la Siria.

§ 361. — Intanto l'imperatore Eraclio era informato dagli Arabi cristiani dei piani del Califfo, e si affrettava a convocare i grandi dell'Impero: a questi comunicò le notizie dell'imminente invasione, rammentò le glorie delle campagne persiane, e invitò i presenti ad affrontare animosamente il nuovo nemico, che si rovesciava su loro, spinto dalla fame e dalla carestia. All'appello di Eraclio, i presenti risposero volenterosi e chiesero di esser mandati contro gli Arabi. Eraclio allestì allora un esercito di 8.000 valorosi cavalieri, alla testa dei quali pose quattro baṭāriqah (= patrizi), ossia al-Bāṭalīq, il fratello di lui Ǵurǵis, il comandante della sua guardia personale Lūqā b. Šam'ān e Ṣalīyā (? Ṣalībā, Ṣalūbā?) signore di Ghazzah, o di 'Asqalān. Questi generali, dopo esser stati benedetti con solenne funzione religiosa dai loro vescovi e preti, penetrarono in Arabia guidati dagli Arabi cristiani ('Arab al-Mutanaṣṣarah), quelli stessi cioè che avevano informato Eraclio delle intenzioni dei Musulmani. L'esercito greco si avanzò verso Tabūk, ma volle il destino che Yazīd b. abī Sufyān con i suoi 2.000 uomini vi giungesse tre giorni prima dei Greci. Il quarto giorno, quando i Musulmani si accingevano a partire, giunsero i Greci. Yazīd ricorse immediatamente ad uno stratagemma: nascose metà delle sue forze ed in tal modo invogliò i Greci a muovere all'assalto. Ebbe così principio il combattimento e Yazīd irrompendo improvvisamente con gli altri mille cavalieri, montati sui loro cavalli arabi puro sangue (khuyūluhum al-'arabiyyah), dal sito ove si era imboscato, gettò lo spavento nelle schiere greche e le volse in fuga ignominiosa. Perirono il comandante greco Bāṭalīq, e 2.200 Greci: i Musulmani ebbero invece soli 200 morti, per lo più tutti membri della tribù Sakāsik. Grazie tuttavia agli sforzi ed alle parole di Ǵurǵīs, i Greci superstiti della strage tornarono ad unirsi nel loro accampamento, nella speranza di riprendere la mischia con migliore successo: intanto però delegarono un arabo cristiano, al-Qaddāḥ b. Wāthilah al-Tanūkhi, a recarsi nel campo musulmano per raccoglierví informazioni sul conto dei Musulmani, o per indurre questi a mandare alcuni dei loro uomini più intelligenti nel campo

[Il principio delle conquiste in Siria, secondo lo Pseudo-Wāqidi.]

greco, per discutere e sapere che cosa desideravano. al-Qaddāḥ presentatosi nel campo musulmano e compiuta là sua missione seppe persuadere Rabī'ah b. 'Āmir al-'Āmiri a seguirlo nel campo greco, nonostante le ammonizioni di Yazīd che temeva un qualche inganno. Rabī'ah venne nel campo greco, ed ebbe un abboccamento con Ǵurǵīs, nel corso del quale Ǵurǵīs tentò di persuadere l'arabo a ritornare addietro con tutti i suoi colleghi e seguaci, promettendo una lauta pensione a tutti i guerrieri ed ai loro comandanti. Rabī'ah respinse queste offerte ed espose le condizioni fissate dai Musulmani, ossia o l'accettazione dell'Islām, o pagamento della ǵizyah, o la morte per la spada. Nel corso della discussione un dotto prelato greco venne a scoprire che Rabī'ah era l'uccisore di Baṭalīq, perito nella disfatta di Tabūk, ed i Greci concepirono il piano di trucidare a tradimento il guerriero musulmano; il quale però, scoperto quanto si tramava contro di lui, riuscì a mettersi in salvo. Arabi e Greci vennero quindi di nuovo alle mani fra loro, e grazie al provvido arrivo di un nuovo distaccamento da Madīnah, sotto agli ordini di Šuraḥbīl b. Ḥasanah, i Greci subirono una nuova disfatta più grave della precedente (1), perchè gli Arabi incalzarono senza pietà i fuggiaschi e li sterminarono quasi tutti. I vincitori vennero così in possesso di tutta la roba dei vinti, ma pieni di zelo per la fede, si contentarono di prendere soltanto le armi, che potevano servire per combattere gl'infedeli, e inviarono tutto il resto a Madīnah presso il califfo abū Bakr. Šaddād b. Aws con 500 cavalieri scortò il bottino fino a Madīnah (Wāqidi Futūḥ Lees, I, 8-15; Wāqidi Futūḥ, I, 5-9, ove i quattro comandanti greci sono chiamati: al-Baṭārīq, suo fratello Ǵurǵīs, Lūqā b. Tam'ān e Ṣalīb b. Ḥanā [? Ḥannā? Yuḥannā?]).

Nota 1. — Queste due vittorie di Yazīd b. abī Sufyān sopra un distaccamento greco in una regione d'Arabia e la morte di un patrizio greco sono chiaramente una reminiscenza assai travisata delle due battaglie di 'Arabah-Dāthinah, in cui perì il patrizio Sergio. Notevole è la parte importante data agli Arabi cristiani della frontiera greca come informatori ed ausiliari dei Greci. È inutile quasi aggiungere che la generosa rinunzia dei vincitori al godimento del bottino è contraria del tutto alla verità storica ed agli usi dei Musulmani in generale anche nei primordi dell'Islām. Lo scopo di tale invenzione è di provare che le conquiste furono effetto di puro zelo religioso, e per nulla causate da basse passioni di sangue e di rapina. Quando la tradizione tenta di provare artificiosamente una cosa, si è sicuri di cogliere nel vero, ritenendo che precisamente il contrario è la verità storica.

È degno anche di nota come lo Pseudo-Wāqidi non faccia menzione alcuna dell'allestimento delle schiere sotto Šuraḥbīl b. Ḥasanah, nè dei particolari del loro invio, nè delle tribù con le quali erano state costituite. La prima menzione di lui e del suo distaccamento è in Tabūk, dove arriva in tempo per aiutare Yazīd b. abī Sufyān. Ciò prova, come ha già osservato il Miednikoff, che Yazīd e Šuraḥbīl sono due personaggi strettamente uniti assieme, devono aver fatto parte di una sola spedizione, e devono aver sempre agito di conserva.

In un altro passo infatti (Wāqidi Futūḥ Lees., I, 25, lin. 5-6, che manca in Wāqidi Futūḥ) si accenna al « giorno in cui abū Bakr inviò Šuraḥbīl appresso a Yazīd b. abī Sufyān ».

Tutto questo argomento sarà trattato ampiamente qui appresso.

§ 362. — L'arrivo delle prede di Tabūk in Madīnah diede grande piacere al califfo abū Bakr, il quale avendo ora i mezzi per allestire una nuova spedizione, scrisse a Makkah, chiamandone gli abitanti (dei Qurayš non si fa

[Il principio delle conquiste in Siria, secondo lo Pseudo-Wāqidi.]

menzione!) sotto alle armi. La lettera del Califfo, portata da ʿAbdallah b. Ḥudzāfah, fu accolta con grande favore: ʿIkrimah b. abī Ǵahl partì con 14 Makhzūm suoi consanguinei: appresso a lui partì Suhayl b. ʿAmr menando seco 40 dei banū ʿĀmir: altri abitanti di Makkah si unirono a al-Ḥārith b. Hišām, ed altri gruppi seguirono l'esempio dei primi: in tutto da Makkah partirono 500 uomini. Il califfo abū Bakr scrisse anche ai Hawāzin ed ai Thaqīf, e 400 uomini (alla battaglia di Ḥunayn contro Maometto essi contavano, si dice, 20.000!; cfr. 8. a. H., § 115) risposero all'appello, recandosi pur essi a Madīnah. In tutto dunque furono 900 uomini che giunsero ora a Madīnah, e si attendarono in al-Baqīʿ. Il Califfo diede però ordine che trasferissero le tende in al-Ǵurf, dove si erano riunite prima le schiere di Yazīd b. abī Sufyān, Šuraḥbīl b. Ḥasanah e Rabīʿah b. ʿĀmir. abū Bakr si recò quindi nel campo a piedi con vari Compagni, ed arringò i convenuti. Le schiere rimasero in al-Ǵurf per 20 giorni. In quei giorni arrivarono anche 400 uomini dei Ḥadramawt, e appresso venne, obbedendo ad una chiamata del Califfo, una schiera di Kilāb, sotto al-Ḍaḥḥāk b. Sufyān b. ʿAwf al-Kilābi. Tutti i Kilabiti erano montati su cavalli di mantello alezano (ašqar, ossia sauro rossastro). Il Califfo confermò a al-Ḍaḥḥāk il comando delle schiere della sua tribù.

abū Bakr aveva pensato intanto di affidare il comando della nuova spedizione ad abū ʿUbaydah ʿĀmir b. al-Ǵarrāḥ, e di porre al comando degli avamposti Saʿīd b. Khālid b. Saʿīd b. al-ʿĀṣ, giovane assai valoroso; ma poi, cedendo alle domande di quest'ultimo, conferì a lui soltanto il comando su una schiera di 2.000 uomini. Contro questa nomina elevò protesta vivissima ʿUmar b. al-Khaṭṭāb, perchè egli avrebbe voluto che altri più degni di Saʿīd fossero investiti di una carica di tanta importanza. abū Bakr rimase perplesso ed addolorato, perchè non voleva dare un dispiacere a Saʿīd, nè agire contrariamente al parere di ʿUmar. Egli andò allora a sentire il parere della propria figlia ʿĀ·išah, la quale consigliò al padre di cedere ad ʿUmar, citando una sentenza del Profeta, secondo la quale nell'animo di ʿUmar non poteva mai albergare odio per un musulmano. Allora abū Bakr mandò abū Arwa al-Dawsi al campo in al-Ǵurf per chiedere a Saʿīd di cedere la carica conferitagli. Saʿīd obbedì prontamente alla richiesta del Califfo e rassegnò le sue dimissioni. abū Bakr, dopo essersi consigliato con ʿUmar, stabilì che abū ʿUbaydah dovesse assumere il comando supremo su tutte le forze musulmane, ma che intanto le schiere già riunite in al-Ǵurf, composte di abitanti di Makkah, di Thaqīf, di Hawāzin, di Kilāb e di Ḥadramawt, dovesse partire per la Palestina con ʿAmr b. al-ʿĀṣ, e che l'avanguardia del medesimo fosse comandata da Saʿīd b. Khālid. Di questa spedizione non volle far parte alcuno

[Il principio delle conquiste in Siria, secondo lo Pseudo-Wāqidi.]

degli Anṣār e degli emigrati makkani, perchè tutti aspettavano di partir più tardi con abū 'Ubaydah, detto Amīn al-Ummah, " il fidato della nazione ". 'Amr partì con le sue genti, seguì in principio il cammino già percorso da Yazīd b. abī Sufyān e da Šuraḥbīl b. Ḥasanah, ma poi mutò strada e prese la via detta Ṭarīq Aylah, che menava in Palestina. Con 'Amr b. al-Āṣ, partirono 9.000 uomini.

Un giorno dopo la partenza di 'Amr, abū Bakr allestì la nuova spedizione che doveva muovere con abū 'Ubaydah, al quale conferì il comando generale su tutte le forze musulmane in Siria, e gli ordinò di recarsi in al-Ǵābiyah.

Quindi abū Bakr chiamò Khālid b. al-Walīd al-Makhzūmi, gli conferì il comando sui Lakhm, sui Ǵudzām, ed aggiunse anche alle sue forze l'esercito detto il Ǵayš al-Rakhaf (= esercito della mollezza, o stanchezza?; forse si deve leggere zaḥf " combattimento ") composto di 900 cavalieri, e consegnatogli lo stendardo nero del Profeta, gli ordinò di recarsi nella terra di Aylah (Arḍ Aylah) (*sic*) e nel Fārs. Khālid b. al-Walīd partì allora verso l''Irāq (Wāqidi Futūḥ Lees, I, 15-24; Wāqidi Futūḥ, I, 9-13, dice che abū Bakr mandò Khālid b. al-Walīd contro l'Arḍ al-'Irāq wa Fārs, dandogli il comando sui Lakhm, sui Ǵuzām [*sic*; leggi: Ǵudzām] e sul Ǵayš al-Zaḥf, o esercito di combattimento) (¹).

Nota 1. — Riassumendo le linee generali, che forse hanno fondamento storico sicuro, perchè senza significato tendenzioso, parrebbe che dalla narrazione dello Pseudo-Wāqidi si possa dedurre quanto segue. Il primo generale a partire fu Yazīd b. abī Sufyān con schiere di Arabi di varia origine, del Ḥiǵāz, Naǵd e Yaman settentrionale; pochi giorni dopo di lui partì Šuraḥbīl b. Ḥasanah forse con genti della stessa provenienza. Già durante il cammino, Šuraḥbīl sembra essersi congiunto con Yazid ed aver assunto una posizione secondaria. Yazīd sconfigge due distaccamenti greci e ciò induce il Califfo a mandare nuove schiere nel settentrione. Parte allora 'Amr b. al-'Āṣ, seguito da gente di Makkah, di Ṭā'if, e da altre schiere Yamanite, ma invece di volgersi verso al-Ǵābiyah e Damasco, egli invade la Palestina meridionale, entrando dalla parte di Aylah. L'ultima spedizione per la Siria, secondo lo Pseudo-Waqidi, è quella sotto abū 'Ubaydah.

Singolare è il contegno della tradizione pseudo-waqidea verso Khālid b. al-Walid. È evidente che il circolo di uditori e lettori, per il quale il romanzo è stato composto, niun interesse aveva alle prodezze degli Arabi nella campagna persiana: tutto l'interesse è nella lotta contro i Greci. Da ciò la posizione affatto secondaria data alla spedizione di Khālid e l'ignoranza o vera o assunta del rapporto esistente fra le operazioni guerresche di Khālid e quelle dei suoi colleghi in Siria. È singolare infine che Khālid sia fatto partire da Madīnah verso l''Irāq dopo la partenza di Yazīd b. abī Sufyān, di Šuraḥbīl b. Ḥasanah, e di 'Amr b. al-Āṣ.

La spiegazione di queste singolari particolarità non mi sembra difficile ad appurare. Il romanzo fu scritto in un'età assai tarda, quando per effetto delle Crociate ardeva vivissimo l'odio contro i Cristiani, e quando oramai tutti i Persiani erano convertiti all'Islām. Tutto l'odio islamico convergeva perciò contro i Cristiani in generale ed i Greci in particolare: quindi quelli che mirarono ad animare i fedeli alla guerra santa contro i seguaci di Cristo, trascurarono quanto si riferiva alla Persia, e dedicarono tutta la loro attenzione a rievocare le glorie imperiture dei Musulmani nelle prime campagne contro i Greci. Tutto il resto non aveva importanza alcuna. Questo concetto tendenzioso fondamentale, che ispira tutto il romanzo pseudo-waqideo mi pare spieghi a sufficienza le singolarità da noi osservate. Dobbiamo però osservare che in esso è pur rintracciabile una vaga reminiscenza del fatto che la scorreria di Khālid nell''Irāq fu evento strettamente unito con la spedizione in Siria: benchè se ne ignorassero le modalità, v'è la coscienza confusa che Khālid, invadendo l'ex-principato di Ḥīrah, aveva

[Il principio delle conquiste in Siria, secondo lo Pseudo-Wāqidi.]

come vero obbiettivo non già una conquista in Persia, ma una cooperazione con i colleghi in Siria. Difatti in un altro passo (Wāqidi Futūḥ Lees, I, 25, lin. 6-7, che manca in Wāqidi Futūḥ) si menziona il fatto che abū Bakr mandasse contemporaneamente gli eserciti in Siria e nell'Irāq..

Il Ǵayš al-Rakhaf o Ǵayš al-Zaḥf deve essere l'esercito che aveva domato la Riddah nell'Arabia Centrale. L'accenno ai Gudzām e ai Lakhm mira forse a spiegare perchè Khālid cominciasse con l'Irāq: doveva trascinare le tribù del settentrione nel moto aggressivo contro i Greci.

§ 363. — Fino a questo punto il romanzo pseudowaqideo segue, come abbiam visto, abbastanza fedelmente la tradizione corretta degli eventi. Ora però comincia a deviare assai, e si moltiplicano le battaglie immaginarie.

In Madīnah esisteva un mercato degli al-Sāqiṭah (o " gli abietti o decaduti „ nome spregiativo degli abitanti cristiani della Siria), i quali, fin dai tempi pagani, mantenevano un commercio attivo con Madīnah, dove importavano grano, orzo, olio, uva secca e tutti i migliori prodotti della Siria: questi (Cristiani) informarono l'imperatore Eraclio di quanto avveniva in Arabia, ed uno di essi, percorrendo il cammino in 25 giorni, venne ad annunziare ad Eraclio la disfatta completa del suo primo esercito in Tabūk. L'imperatore addolorato da questo primo rovescio, allestì un nuovo esercito, che doveva impedire ai Musulmani l'accesso nella Palestina, e ne diede il comando a Rūbīs, conferendogli allo stesso tempo un grande crocifisso d'oro come insegna del suo ufficio (reminiscenza delle Crociate!). Rūbīs ricevette l'ordine di radunare le sue forze in Aǵnadayn, donde poteva meglio difendere la città di Gerusalemme (cfr. Wāqidi Futūḥ Lees, I, 38, lin. 1-2). I Musulmani intanto sotto 'Amr b. al-'Āṣ entravano in Palestina dirigendosi su Aylah (*sic*; correggi Ilīyā = Gerusalemme [Aelia Capitolina di Adriano, 130. a. È. V.]), ma ben presto vennero a sapere da un certo 'Āmir b. 'Adi, ottimo conoscitore del paese, che i Greci riunivano grandi forze per far fronte all'invasione araba: la valle Wādi al-Aḥmar, la più grande della Palestina era, narrò 'Āmir, piena di genti armate, che contavano almeno 100.000 uomini. Questa notizia portò il turbamento nelle file degli Arabi Beduini (al-Bādiyah min al-'Arab), i quali proposero di ritirarsi nel deserto; ma prevalse alfine il parere di Suhayl b. 'Amr, il quale sostenne che non bisognava aver timore. Un'avanguardia di mille uomini sotto 'Abdallah b. 'Umar si avanzò per esplorare il paese, ed incontratasi con una schiera di 10.000 Greci, li mise in fuga con molta strage. I Musulmani perdettero soli sette uomini (1), ma i Greci un numero assai più ingente, e tutti i loro bagagli: furono presi anche 600 prigionieri. A questi fu proposta la conversione all'Islām, ma siccome si rifiutarono, 'Amr li fece decapitare.

Dopo questo primo felice successo 'Amr b. al-'Āṣ si avanzò con tutte le sue schiere contro il grosso dell'esercito di Rūbīs, in tutto 90.000 uomini, e dopo asprissimo combattimento lo mise in fuga. In questa battaglia detta Waqa'ah Filasṭīn, i Greci perdettero più di 10.000 uomini, ed i Musulmani soli 130, fra i quali però, Sa'īd b. Khālid b. Sa'īd, nipote di 'Amr b. al-Āṣ per via di donne. 'Amr b. al-Āṣ scrisse ora ad abū 'Ubaydah annunziandogli la sua vittoria e la conquista della Palestina (*sic*). abū 'Ubaydah accampava allora sui confini della Siria (nāzil bi-awwali al-Šām), non potendo muoversi, perchè, conformemente agli ordini di abū Bakr, aveva diviso le sue schiere, e niuna impressione poteva fare sul nemico. Nell'esercito di abū 'Ubaydah trovavasi Khālid b. Sa'īd, il quale, saputa la morte del figlio, si affrettò a raggiungere 'Amr b. al-Āṣ, per assistere ai funerali: per istrada fugò un distaccamento greco, uccidendo 320 cavalieri nemici. abū 'Ubaydah scrisse al Califfo, narrandogli i fatti e descrivendogli la sua posizione. abū Bakr, presa conoscenza di tutto, e saputo come i Greci riunivano forze ingenti in Aǵnadayn, e come abū 'Ubaydah agisse con soverchia mollezza contro il nemico, lo destitui dal comando supremo, e conferì questo a Khālid b. al-Walīd, che era nell' 'Irāq, assediando (la città di) al-Qādisiyyah (Wāqidi Futūḥ Lees, I, 26-40; Wāqidi Futūḥ, I, 13-20).

[Il principio delle conquiste in Siria, secondo lo Pseudo-Wāqidi.]

NOTA 1. — I nomi di questi sette Musulmani, secondo Wāqidi Futūḥ Lees (I, 31, lin. 3 e segg.; mancano in Futūḥ Wāqidi) sono:

(1) Surāqah b. 'Adi,
(2) Nawfal b. 'Āmir,
(3) Sa'īd b. Qays,
(4) Sālim mawla di 'Amr b. Badr al-Yarbū'i,
(5) 'Abdallah b. Khuwaylid al-Māzini,
(6) Ǵābir b. Rāšid al-Ḥadrami,
(7) Aws b. Salamah al-Hawāzini.

Tutti questi nomi hanno però sapore apocrifo, perchè mancano in tutte le raccolte biografiche di Compagni del Profeta. È evidente che ibn al-Athīr e ibn Ḥaǵar non hanno considerato lo Pseudo-Wāqidi come fonte storica. Cfr. nota del Nassau Lees, alla sua edizione del testo.

NOTA 2. — Tra i morti nella Waqa'ah Filasṭīn (Wāqidi Futūḥ Lees, I, 34; mancano in Wāqidi Futūḥ) menzionansi:

(1) Sa'īd b. Khālid b. Sa'īd b. al-'Āṣ,
(2) Sayf b. 'Abbād (? 'Ibād) al-Ḥadrami,
(3) Nawfal b. Dārim,
(4) Sālim b. Ruwaym,
(5) al-Aṣhab b. Šaddād,

e varî altri nativi del Yaman e dei dintorni di Madīnah (Wādi al-Madīnah). Meno il primo, gli altri sono nomi sconosciuti (cfr. nota precedente). Niun'altra fonte fa menzione di questa Waqa'ah Filasṭīn, che è forse una seconda reminiscenza della *doppia* battaglia di 'Arabah-Dāthinah (cfr. poco anzi § 361, e nota).

Esame critico dell'invio dei generali arabi in Siria e dei primi fatti d'arme in Palestina.

§ 364. — A quali conclusioni possiamo noi arrivare da questa matassa arruffata di notizie sì varie e contraddittorie? È possibile ricostruire con qualche sicurezza il vero corso degli eventi?

Per rispondere all'arduo quesito, occorre prima prendere in esame quello che i più competenti ricercatori contemporanei hanno scritto sull'argomento.

[Esame critico dell'invio dei generali arabi in Siria e dei primi fatti d'arme in Palestina.]

Il Wellhausen non ha studiato il problema dell'ordine con cui i generali musulmani sono entrati in Siria, e si contenta di dire che ai primi del 13. a. H. (scorretto! cfr. § 313 e segg.); i generali musulmani invasero contemporaneamente la Siria da due direzioni: 'Amr b. al-Āṣ dalla Palestina meridionale, e Yazīd, Šuraḥbīl ed abū 'Ubaydah dalla parte della Balqā, ossia l'antica Moab. 'Amr ottiene alcuni considerevoli vantaggi sui Greci, i quali perciò sono indotti a convergere contro di lui le loro forze maggiori: contro queste egli non si sente in grado di combattere e chiede soccorsi. Quindi riunione di tutte le forze musulmane e vittoria di Aǵnadayn nel Ǵumāda I o II del 13. a. H. (Wellhausen Sk. u. Vorarb., VI, 58). In conclusione egli respinge totalmente la versione di Sayf e si attiene a quella della scuola Madinese, ma omette l'esame più accurato degli eventi e del loro legame cronologico.

§ 365. — Maggior luce ricaviamo dal lavoro del De Goeje, il quale studia il problema con grande acume, pur rimanendo incerto su alcuni punti più oscuri.

Per ragioni identiche alle nostre, egli afferma che la partenza degli eserciti musulmani per la Siria debba mettersi nel corso dell'anno 12. H. (Goeje Mém., 32-33), ed il loro arrivo in Siria, prima della fine dell'anno medesimo. Egli propende a far partire 'Amr b. al-'Āṣ per il primo, accettando la notizia di al-Madā·ini (cfr. §§ 324 e 327), secondo la quale gli eserciti sarebbero partiti successivamente a momenti diversi. Nel porre la partenza di 'Amr per il primo, come vuole ibn Isḥāq (*sic*; cfr. § 316; vedi però, al § 317 e nota 3, le nostre osservazioni), il De Goeje sostiene che Sayf b. 'Umar possa apporsi al vero, narrando come 'Amr b. al-'Āṣ fu investito del suo comando appena ebbe fatto ritorno dall' 'Umān e quindi già nell' 11. a. H. (cfr. 11. a. H., § 124, no. 5).

Secondo il De Goeje, anche Yazīd b. abī Sufyān deve essere partito nel 12. a. H., perchè una schiera dipendente da Yazīd venne per prima alle mani, in quell'anno medesimo, con i Greci in Palestina e li sconfisse due volte ('Arabah e Dāthinah) (Goeje Mém., 33). Poi partì Šuraḥbīl, e forse la data di Balādzuri (1° Safar 13. a. H.; cfr. § 323), è quella appunto della partenza degli ultimi rinforzi da Madīnah sotto il comando di abū 'Ubaydah (Goeje Mém., 40). Egli accetta l'opinione del Nöldeke che Dabia o Dobbia, sia un antico errore per Dāthinah, e pone il primo scontro fra Arabi e Greci in al-'Arabah, aggiungendo che Dāthinah non poteva trovarsi a grande distanza da al-'Arabah. Il De Goeje non sa bene ove si possa collocare al-'Arabah, ma crede che si debba cercare nella Palestina meridionale, ad est di Dāthinah, che deve essere lo stesso sito di Dāthin, e di Tādūn di Eutichio (Goeje Mém., 31-32), vale a dire certamente un villaggio nel distretto di Ghazzah.

In conseguenza di queste vittorie, secondo il De Goeje, Sergio, governatore della Palestina, si avanza da Cesarea verso Ghazzah ed obbliga i Musulmani a ritirarsi. 'Amr piega su Ghamr al-'Arabāt, che il De Goeje con buone ragioni crede si possa identificare con Wādi al-'Arabah, quella valle profonda che continua la bassura del Mar Morto, e che separa la Palestina meridionale dall'altipiano arabico. Intanto Yazīd si ritira nella Balqā e nel Ḥawrān, ove congiungesi con Šuraḥbīl ed abū 'Ubaydah. I generali riuniti fanno allora la conquista del paese di Ma-āb. Egli infine sarebbe quasi disposto ad accettare la notizia di ibn Isḥāq (Tabari, I, 2107, lin. 13 e segg.; 2108, lin. 13 e segg.), ammessa anche dal Wellhausen (Sk. u. Vorarb., VI, 62, nota 1), che a questo punto — ai primi del 13. a. H. — si possa mettere la sconfitta araba a Marǵ al-Suffar (cfr. § 319, nota 3 e più avanti ai §§ 385 e segg.), per effetto della quale i generali musulmani ebbero a ritirarsi nel Ḥawrān. D'altronde però osserva che siccome la vedova di 'Ikrimah, ucciso a Aǵnadayn (28 Ǵumāda I, 13. a. H.), aveva sposato Khālid b. Sa'īd, e questi perì a una battaglia di Marǵ al-Suffar (Muḥarram 14. a. H.), bisognerebbe ammettere *due* battaglie (una sconfitta e una vittoria) nel medesimo sito — una ai primi del 13. a. H., e un'altra ai primi del 14. a. H. —: cosa che egli giustamente ritiene inverosimile.

[Esame critico dell'invio dei generali arabi in Siria e dei primi fatti d'arme in Palestina.]

Comunque sia, all'arrivo di Khālid b. al-Walīd dall''Irāq — alla fine di Safar del 13. a. H. — secondo il De Goeje, una parte degli eserciti musulmani, ossia tre divisioni sotto tre generali — Yazīd, Šuraḥbīl e abū 'Ubaydah — trovavansi riunite nel Ḥawrān (Goeje Mém., 36-37).

§ 366. — Un esame assai più minuto di tutto il problema lo dobbiamo all'orientalista russo, il Miednikoff. Rammentiamo però che egli ha fatto uso della *prima* edizione della celebre Memoria del De Goeje, quindi non ha potuto valersi dei notevoli ampliamenti e miglioramenti introdotti nella seconda edizione. I dati cronologici che sono discussi ed accertati in questa ultima, rendono inutili molti ragionamenti dell'orientalista russo, quando cerca di accomodare la cronologia, e dimostrare che gli eserciti musulmani non possono aver lasciato Madīnah dopo i primi del 13. a. H. Oramai la partenza di questi eserciti nel corso dell'anno 12. H., è un fatto dimostrato come sicuro, onde possiamo tralasciare ogni menzione delle discussioni cronologiche del Miednikoff. Molto minute sono le sue osservazioni sull'ordine dell'invio dei generali. Ne diamo qui un ampio riassunto perchè gettano lume sull'argomento, e perchè scritte in russo, non sono accessibili per tutti.

Egli comincia l'esame riassumendo tutte le notizie fornite dalle fonti arabe, nel modo seguente. Secondo al-Balādzuri (cfr. § 323), Khālid b. Sa'īd, Šuraḥbīl e 'Amr ricevettero allo stesso tempo la consegna degli stendardi, ma poi Yazīd

[Esame critico dell'invio dei generali arabi in Siria e dei primi fatti d'arme in Palestina.]

fu mandato in Dzū-l-Marwah a sostituire Khālid. In questo passo non si dice in che ordine di tempo avvenissero le nomine dei generali. In un altro passo Balādzuri (cfr. § 322) menziona i generali nel seguente ordine: 'Amr, Yazīd, Šuraḥbīl, ma quest'ordine è condizionato, secondo il Miednikoff, dalla differenza delle vie prese da ognuno e non dalla data precisa della loro partenza. Secondo altre informazioni dello stesso autore, 'Amr fu messo al comando della riserva (cfr. § 325), e, per conseguenza, deve essere partito dopo gli altri. Quanto ad abū 'Ubaydah, pare fosse nominato molto tempo dopo, perchè troviamo in Balādzuri, che Khālid b. al-Walīd lo raggiunse in al-Ǵābiyah. ibn Isḥāq (cfr. § 319) menziona i capi dell'esercito musulmano, ossia 'Amr, Yazīd, abū 'Ubaydah e Šuraḥbīl, non nell'ordine della loro nomina, nè della loro partenza, ma relativamente alle vie prese da ognuno, perchè in un altro passo (cfr. § 319) afferma, che per primo venisse nominato Khālid b. Sa'īd, e poi enumera i generali in ordine diverso, secondo il tempo della loro partenza, ossia Yazīd, Šuraḥbīl, abū 'Ubaydah ed 'Amr. Osserviamo intanto che, in ambedue le versioni, 'Amr sta sempre a parte dagli altri, vale a dire, sia prima, sia dopo gli altri.

al-Madā·ini (cfr. § 324), conformemente ad ibn Isḥāq, afferma che Khālid b. Sa'īd fosse il primo generale nominato da abū Bakr, ma poi gli fosse sostituito Yazīd b. abī Sufyān, il quale, aggiunge al-Madā·ini, fu il primo dei menzionati generali, che partisse per la Siria. In questo passo senza dubbio l'indicazione dei nomi è nell'ordine della loro partenza, benchè sia possibile che tale indicazione provenga dalla circostanza che Yazīd fu surrogato a Khālid b. Sa'īd, il primo dei generali nominati dal Califfo. In un altro passo (cfr. § 327), confermando quanto è detto prima, al-Madā·ini aggiunge che, dopo Yazīd partisse Šuraḥbīl, poi abū 'Ubaydah ed infine 'Amr. I primi tre dovevano recarsi nella parte sud-est della Siria, l'ultimo invece nella Palestina meridionale, ossia in Ghamr al-'Arabāt, per rinforzare i tre primi. Osserviamo che in questo luogo, come pure presso gli autori precedenti, i capi che si avanzavano verso il Trans-Giordano, stanno separatamente da 'Amr, il quale si recò invece nella Palestina.

I ragguagli di al-Madā·ini non contradicono alle informazioni di ibn Isḥāq, ma differiscono dalle opinioni di al-Balādzuri, presso il quale è detto come, benchè abū Bakr volesse anche nominare capo abū 'Ubaydah, questi non volle accettare (cfr. § 323). Alcuni raccontano, aggiunge Balādzuri, che abū Bakr nominasse anche abū 'Ubaydah, ma questo non corrisponde al vero. Nondimeno il medesimo autore in un altro passo (cfr. § 353) afferma che, dopo la presa di Buṣra, abū 'Ubaydah partì alla testa di un numeroso esercito, formato dai contingenti degli altri amīr, che si erano riuniti con lui, e che avanzandosi verso Ma·āb, espugnasse quest'ultimo sito.

Le contradizioni in cui cade perciò al-Balādzuri, si spiegano con l'incertezza, nella quale egli stesso si trovava riguardo a questi fatti. Confutando la nomina di abū 'Ubaydah, egli nondimeno considera necessario di aggiungere che neppure i ragguagli di abū Mikhnaf non concordano con queste informazioni, e nel capitolo sulla presa di Busra (pp. 112-113), cita varie tradizioni fra di loro in contradizione, dalle quali è però possibile di arguire quali siano le notizie che a lui sembrano più verosimili. Esaminando i racconti sulla partenza dei generali, al-Balādzuri trovò che erano più veritieri quelli in cui si parla della loro nomina, con l'indicazione della data precisa: giovedì 1° Safar dell'anno 13. H. In questa informazione è detto che furono nominati tre generali, e che abū 'Ubaydah rifiutò di accettare un comando offertogli dal Califfo (cfr. § 323). [Esame critico dell'invio dei generali arabi in Siria e dei primi fatti d'arme in Palestina.]

Nei ragguagli di tutti gli altri autori, abū 'Ubaydah, anche prima di Agnadayn, è presente in Siria quale comandante di un esercito. Presso Yāqūt (cfr. § 328) è conservata la menzione di quei luoghi, attraverso i quali abū 'Ubaydah passò al tempo della sua andata in Siria. In sostanza dunque al-Balādzuri non contradice queste notizie. abū 'Ubaydah può in principio aver rifiutato un comando, ma di poi può averlo accettato: è noto che egli fosse famoso per la sua modestia, umiltà e devozione, ed è possibile che la storia del suo rifiuto sia stata inventata nello scopo di dimostrare come abū 'Ubaydah, il quale doveva poi essere il comandante supremo di tutta la Siria, non fosse nominato subito, insieme con i primi che partirono per la Siria, appunto perchè egli non volle.

Le fonti di al-Balādzuri per la nomina dei tre generali inviati in Siria, non possono essere stati nè ibn Ishāq, nè abū Mikhnaf, nè al-Madā·ini, ma con tutta probabilità principalmente al-Wāqidi. al-Balādzuri lo adopera molto: specialmente perchè da numerose notizie particolareggiate risulta che al-Wāqidi fosse rinomato come cronologo.

In al-Ya'qūbi (§ 329) noi troviamo menzionata la destituzione di Khālid b. Sa'īd e la nomina di quattro generali, ma sull'ordine cronologico delle nomine nulla è detto. Le informazioni derivano da abū Mikhnaf, o da una fonte del medesimo. In un altro passo al-Ya'qūbi dice che 'Amr fu mandato appresso gli altri, dopo i rapporti spediti da abū 'Ubaydah sui preparativi militari dei Greci.

§ 367. — Nonostante la manifesta divergenza fra le predette fonti, ibn Ishāq, al-Madā·ini, al-Balādzuri ed al-Ya'qūbi, noi troviamo in tutti un tratto comune: 'Amr, presso tutte queste fonti, sta a parte dagli altri generali, sia al principio, sia alla fine del novero dei generali: il suo nome non si rinviene mai in mezzo al novero. Questo dipende probabilmente dal fatto, che 'Amr

[Esame critico dell'invio dei generali arabi in Siria e dei primi fatti d'arme in Palestina.]

invase la Palestina, e gli altri tre il Trans-Giordano. Quegli scrittori che confermano essere 'Amr partito dopo gli altri generali, dicono che egli fosse mandato come rinforzo (al-Madā·ini), per effetto delle lettere di abū 'Ubaydah (al-Ya'qūbi), oppure che egli partì come riserva (secondo al-Balādzuri). Ma al-Balādzuri (al-Wāqidi?) ed ibn Isḥāq affermano che 'Amr chiedesse rinforzi al Califfo. Ora al-Balādzuri, ibn Isḥāq, al-Madā·ini e Sayf dicono che 'Amr fu mandato in Palestina, e che gli altri tre generali invasero il Trans-Giordano. Ma in questo caso 'Amr non può essere stato mandato ai tre colleghi come rinforzo, perchè egli si diresse da una parte del tutto diversa da quella dei suoi colleghi. Riguardo poi ad abū 'Ubaydah, egli andò da quella parte, dove erano andati gli altri generali, e potrebbe essere che li seguisse quale rinforzo.

Se si accetta, con il De Goeje, che al principio furono mandati tre generali; se si ammette che il posto di 'Amr nei varî elenchi dipende dalla meta della sua spedizione, e se si rammenta che Yazīd e Šuraḥbīl sono menzionati da tutti gli scrittori, e che al-Balādzuri prima respinge la nomina di abū 'Ubaydah, e poi la riconosce, allora è possibile di concludere che abū 'Ubaydah fosse nominato dopo tutti gli altri, e che questi partirono per la Siria uno appresso all'altro, a brevi intervalli.

Se si esclude 'Amr, la posizione del quale nei noveri dipende, secondo il modo di vedere del Miednikoff, dalla meta della sua spedizione, allora nel numero dei tre rimanenti generali decisamente tutti gli autori pongono in primo luogo Yazīd b. abī Sufyān, che fu sostituito da Khālid b. Sa'īd. Tale concordanza è difficile che possa essere fortuita.

Riferendosi poi all'opinione del De Goeje, il quale suppone che al principio furono mandati tre e non quattro generali, il Miednikoff fa la critica degli argomenti addotti dall'illustre olandese con le seguenti osservazioni.

In primo luogo, egli dice, il De Goeje si fonda su al-Balādzuri ed ibn Isḥāq: ora nel passo indicato il primo, in verità, parla soltanto non di tre, ma di quattro generali; onde codesta citazione di ibn Isḥāq non conferma l'opinione di De Goeje.

In secondo luogo, il De Goeje cita Sayf, e specialmente quel passo del tradizionista tabariano, ove è dato il numero totale dell'esercito musulmano, come composto di 21.000 uomini, senza tener calcolo del distaccamento di 'Ikrimah: " nondimeno ", aggiunge il De Goeje, " egli menziona quattro generali. Ma noi vedemmo che ogni generale aveva 7.000 uomini ". Perciò, conchiude il De Goeje, furono mandati tre generali e non quattro. Ora si osservi innanzitutto che, in quella stessa pagina, il De Goeje discorre di 7.500 e non di 7.000 uomini, e che se è lecito combinare l'affermazione di al-Balādzuri sul numero di ogni distaccamento con quella di Sayf sul numero di tutto l'esercito, allora presso quest'ultimo si dovrebbe parlare di 22.500 uomini. Inoltre, benchè Sayf in verità parli di quattro generali, pure, leggendo attentamente il testo, noi dobbiamo arrivare alla conclusione che la cifra di 21.000 si riferisce agli eserciti non di tutti e quattro, ma soltanto di tre generali: ossia Yazīd, abū 'Ubaydah e Šuraḥbīl, di maniera che nel numero di 21.000 non entrano le schiere di 'Amr (Tabari, I, 2087). Negli altri passi di Sayf sono poi date altre cifre. In un passo egli dice che gli Arabi, prima del Yarmūk, erano 27.000 più 9.000 venuti dall' 'Irāq, ossia in tutto 36.000; altrove riferisce che i quattro generali insieme avessero 27.000, più 3.000 uomini fuggiaschi della disfatta di Khālid b. Sa'īd, più 10.000 venuti dall' 'Irāq, più 6.000 di 'Ikrimah, ossia in tutto 46.000 (cfr. 13. e 15. a. H.). Se si confronta quest'ultimo calcolo con il primo, risulta che il numero di 27.000 si compone dei 21.000 dei tre generali, più i 6.000 di 'Amr. Nella prima menzione sono quindi omessi tanto il distaccamento di 'Amr, quanto quello di 'Ikrimah. Infine i 21.000 di Sayf non combinano con i 24.000 di al-Balādzuri. Le incertezze di Sayf e le sue divergenze da al-Balādzuri ci convincono che, per la poca sicurezza di entrambi, non è possibile fondarsi su di essi, ed in conseguenza è difficile giudicare dai loro ragguagli, riguardo al numero dei generali mandati dal Califfo al principio della guerra in Siria.

[Esame critico dell'invio dei generali arabi in Siria e dei primi fatti d'arme in Palestina.]

Come ultimo argomento, il De Goeje si riferisce al " Futūḥ al-Šām ", ma questa è una fonte che egli stesso considera come la più tarda e poco sicura.

In siffatto modo, prosegue ragionando il Miednikoff, l'unico passo sicuro che confermi l'opinione del De Goeje, è l'affermazione di al-Balādzuri, la quale proviene, secondo ogni probabilità, da al-Wāqidi. Tutti gli altri scrittori parlano di quattro generali, e se confermano che uno di questi fu mandato dopo gli altri, allora menzionano 'Amr, ma non abū 'Ubaydah. Secondo il modo di vedere del Miednikoff, questo isolamento di 'Amr dipende, lo ripetiamo, non dall'ordine dell'invio dei distaccamenti, ma dalla meta della sua spedizione.

L'affermazione di al-Balādzuri, che abū 'Ubaydah non fu nominato generale, almeno nel tempo dell'invio dei tre primi distaccamenti, si presenta sola ed unica fra le affermazioni di tutti gli scrittori più antichi da noi conosciuti. È pur vero che tale notizia risale, verosimilmente fino a al-Wāqidi, la veracità delle cui informazioni è certamente superiore a quella delle notizie molto più moderne di al-Ya'qūbi [† dopo 292. a. H.], e delle altre di Sayf [† 180. a. H.], benchè anteriore: ma nel caso presente, alle affermazioni di al-Wāqidi si possono contrapporre quelle di ibn Isḥāq [† 151. a. H.] e di al-Madā'ini [† 215. a. H.].

L'unica conclusione degna di fede, riguardante l'ordine della partenza per la campagna in Siria, che si può fare dal confronto delle affermazioni

[Esame critico dell'invio dei generali arabi in Siria e dei primi fatti d'arme in Palestina.]

divergenti degli autori, sta in ciò, che Yazīd partì per il primo. Le informazioni riguardo agli altri sono sia indeterminate, sia in contradizione fra di loro (1).

Nota 1. — Una parte di questi intricati ragionamenti del Miednikoff perde ogni valore, perchè egli si fonda, come abbiamo più volte avvertito, sulla *prima* edizione del De Goeje. Insomma il Miednikoff vuol sostenere che *quattro* generali lasciarono Madīnah regnante abū Bakr, e che il primo fu Yazīd b. abī Sufyān, e forse l'ultimo abū 'Ubaydah.

§ 368. — Dagli studi critici del De Goeje e del Miednikoff veniamo dunque a stabilire vari punti che sembrano oramai assodati. Innanzi tutto abbiamo la sicurezza che vi furono due invii di milizie o spedizioni in Siria: il primo fu quello che iniziò la conquista, l'altro quello dei soccorsi chiesti dai generali che avevano già varcata la frontiera greco-bizantina. Il secondo punto assodato è che le milizie invadenti furono nettamente distinte in due corpi separati: l'uno che si spinse verso il nord in direzione di Damasco, e l'altro che entrò nella Palestina meridionale. Nel primo gruppo dobbiamo mettere i nomi di Yazīd, Šuraḥbīl e forse abū 'Ubaydah, e nell'altro 'Amr. Il terzo punto assodato è che questi due corpi separati non partirono contemporaneamente, ma a scaglioni successivi; vale a dire, man mano che si riunivano in Madīnah le schiere in numero sufficiente, il Califfo nominava un comandante e gli ordinava di partire. L'ordine in cui partirono questi scaglioni è appunto il problema da risolvere, perchè dal contesto delle tradizioni date nei paragrafi precedenti riesce evidente che, già ai tempi delle nostre fonti più antiche, non si sapeva più con precisione in quale ordine fossero partiti i varî generali, e quale di essi fu quello che lasciò Madīnah per recarsi in soccorso dei primi partiti. Il Miednikoff ha giustamente osservato che non può essere stato 'Amr, perchè egli si recò direttamente nella Palestina, e non presso i colleghi che guerreggiavano molto più al nord, nella Balqā e nell'Urdunn. ibn Isḥāq, al-Wāqidi e Balādzuri in una tradizione pongono il nome di 'Amr come primo nella lista, il che parrebbe indicare che egli fosse il primo a partire, ma abbiamo d'altra parte ottime ragioni per ritenere, come ammette anche il Miednikoff, che codesto elenco sia formato secondo concetti *geografici* e non cronologici. Quando si narra l'ordine di tempo delle partenze, sempre il nome di Yazīd b. abī Sufyān appare per il primo. Abbiamo cioè tutte le tradizioni sulla nomina di Khālid b. Sa'īd, della sua deposizione e surrogazione con Yazīd b. abī Sufyān: abbiamo inoltre le tradizioni sulle pretese istruzioni date dal Califfo a Yazīd partente: abbiamo la tradizione di al-Madā'ini, che afferma esplicitamente come Yazīd partisse per il primo: infine abbiamo la notizia di maggior peso, vale a dire quella della prima battaglia combattuta e vinta sui Greci, a 'Arabah-Dāthinah, che fu opera di un distaccamento di Yazīd. Questi quattro dati mi sembrano abbastanza validi per poterne dedurre con quasi certezza che Yazīd debba essere stato il primo a partire. Sembra parimenti evidente che Šuraḥbīl partisse poco tempo dopo di lui, perchè i loro due nomi si trovano quasi sempre assieme, e pare anche certo aver essi operato insieme sul confine bizantino. Volendo essere assolutamente esatti, si potrebbe osservare che nelle tradizioni si parla d'un invio di Yazīd *verso la Siria*, e che perciò la vittoria del suo distaccamento, nella Palestina meridionale, parrebbe contradire alla precedente notizia (1). Si può però dire che Dāṯhinah non era molto remota dal confine, e che Yazīd, prendendo la via di Tabūk e Ma'ān, può benissimo aver fatto una scorreria entro la Palestina meridionale per ingannare i Greci sulle sue vere intenzioni, e poi, ottenuto un primo successo, essere ritornato nella Palestina desertica, ed aver proseguito il suo viaggio verso la Siria. Šuraḥbīl nel venirsi ad unire con lui, può aver battuto la via di Taymā, da noi descritta in una nota al § 316. Ponendo però la partenza di Yazīd come la prima di tutte, non si comprende bene che cosa egli facesse durante tutti i lunghi mesi, dal suo arrivo in poi (2), fino all'unione con i colleghi e la battaglia di Aǵnadayn. Yazīd deve essere rimasto parecchi mesi sul confine bizantino fra il Mar Morto e Damasco, senza far grande cosa, nonostante l'arrivo continuo di nuovi rinforzi da Madīnah.

[Esame critico dell'invio dei generali arabi in Siria e dei primi fatti d'arme in Palestina.]

Nota 1. — Tale obbiezione può perdere però ogni valore, se si accettano le nostre riflessioni intorno al modo come si formarono le tradizioni sulla partenza dei capitani musulmani verso la Siria: le notizie sono cioè anticipazione di eventi posteriori (cfr. §§ 322, nota 2; 332, nota 1). Forse in principio abū Bakr non diede alcuna precisa istruzione ai capitani sul luogo che dovevano razziare, ma lasciò questo in pieno arbitrio di ogni capitano. Cfr. il seg. § 369.

Nota 2. — La battaglia di Dāṯhinah fu vinta nel Febbraio del 634. a. È. V. (cfr. § 347), e quella di Aǵnadayn, come vedremo nelle annate seguenti, circa cinque mesi dopo, nel Luglio del 634. Quali fossero le sue mosse, che cosa facesse, è un'incognita, sulla quale non abbiamo la menoma notizia È lecito solo supporre che egli vagasse, predando le provincie Trans-Giordaniche della Palestina.

§ 369. — L'inazione di Yazīd appare evidentissima anche in un altro fatto. Quando i Greci vennero alfine alla riscossa e si combattè la battaglia di Aǵnadayn, fu la Palestina meridionale che i Greci vennero a difendere; fu lì che, i Greci da una parte e gli Arabi dall'altra, fecero convergere i loro sforzi per il grande cimento. Le tradizioni sirie da noi raccolte sono tutte assolutamente concordi nel descrivere l'invasione araba come convergente sulla Palestina meridionale. Tutti i fatti d'arme più noti avvennero in quella regione. Le tradizioni siriache, confermate anche dalle greche, parlano di devastazioni terribili in tutta la Palestina meridionale, e perfino Balādzuri ha un accenno (Balādzuri, 140, lin. 13-14) ad un assedio incominciato di Qaysariyyah nel Ǵumāda I del 13. a. H., vale a dire prima della battaglia di Aǵnadayn. Il De Goeje respinge questa notizia e la dichiara falsa (Goeje Mém., 36), ma noi non vediamo perchè non si debba accettare, tanto più che essa ci spiega assai bene, come e perchè i Greci si concentrassero nella Palestina meridionale (cfr. § 348 e nota 1).

[Esame critico dell'invio dei generali arabi in Siria e dei primi fatti d'arme in Palestina.]

Da tutte le tradizioni dunque risulta come, negli ultimi mesi del 12. e nei primi del 13. a. H., si menassero le mani con grande energia nella Palestina meridionale, mentre nulla avveniva a oriente del Giordano, ove, se dobbiamo credere alle fonti, dovevano essere concentrate tre (o due) divisioni musulmane. Ora è forse logico che ʿAmr solo, con un quarto (o un terzo) delle forze, facesse da sè solo tutto questo male, in un paese pieno di città fortificate come la Palestina meridionale, ed i suoi colleghi, con forze tanto superiori, rimanessero oziosi ed immobili nella Trans-Giordanica? Pare anzi da certe fonti che queste ultime divisioni facessero qualche cosa soltanto quando arrivò Khālid dall' ʿIrāq con i suoi 500 e più uomini.

Tutto ciò sembrami poco naturale, ed a mio modo di vedere denota che nella destinazione attribuita ad ogni generale vi sia, nelle fonti, un po' di arbitraria ricostruzione *ab evento*. Siccome in appresso Yazīd operò nell' Urdunn, i tradizionisti devono aver creduto che quel paese gli fosse destinato fin dal primo giorno della sua partenza. Siccome le fonti arabe sembrano confermare che Yazīd partì per il primo, e siccome le fonti arabe, siriache e greche rivelano che la conquista ebbe principio dalla Palestina meridionale, e siccome infine la prima vittoria musulmana in questa regione fu ottenuta da milizie di Yazīd, veniamo a sospettare che la tradizione che manda Yazīd, fin dal principio, nell'Urdunn, debba essere in errore; che Yazīd, pur forse facendo qualche scorreria nell' Urdunn, realmente dedicasse la maggior parte del suo tempo e delle sue forze alla devastazione del confine palestiniano fra il Mar Morto ed il Mar Rosso, in accordo con ʿAmr b. al-ʿĀṣ.

Noi crediamo cioè di dover insistere sopra un fatto, sulla correttezza del quale nessuno vorrà dubitare: vale a dire, non è possibile che abū Bakr desse ad ogni generale un programma preciso ed immutabile, dal quale i generali non potessero deviare se le circostanze lo esigevano, e meno ancora che egli, ignaro dei luoghi, e distante più di mille chilometri, in mezzo ai deserti, potesse dirigere, mossa per mossa, i movimenti dei suoi eserciti. I comandanti dovettero ricevere istruzioni di natura molto generale, ed essere lasciati nella completa libertà dei loro movimenti. Quindi, anche accettando la parola della tradizione, che Yazīd avesse ordine di recarsi nell' Urdunn, non crediamo vi possa essere verun motivo per ritenere che egli trascurasse questa parte di programma, rivolgendo la sua attenzione di preferenza alla Palestina meridionale, perchè appunto a invadere questa, secondo le fonti greche, gli Arabi erano in particolar modo chiamati dalla diserzione delle tribù cristiane del confine: esse, private del loro soldo, si vendicavano chiamando il nemico entro i confini, alle " bocche del deserto dalla parte del Sinai ".

§ 370. — Da siffatte considerazioni noi arriviamo alla conclusione, che si debba modificare leggermente il modo di vedere dei miei predecessori in questi studi, e ritenere che non solo 'Amr b. al-Āṣ, ma anche Yazīd (forse pure assistito da Šuraḥbīl) concentrassero le loro operazioni militari sulla Palestina meridionale. Considerando i fatti da questo nuovo punto di vista, acquista subito maggior sembiante di veracità la notizia data da una fonte (cfr. § 325), che 'Amr partisse con rinforzi, perchè allora potremmo credere esser egli venuto per assistere Yazīd. Noi quindi ci figuriamo che Yazīd scorresse la metà orientale della Palestina meridionale, e che 'Amr, entrando nella medesima regione dalla parte di Aylah, si spingesse più verso il Mediterraneo in direzione di Ghazzah, e dopo la vittoria di Yazīd a Dāthinah, arrivasse fino a Qaysariyyah, vale a dire si gettasse sopra una regione ancora non molestata dal suo collega, e perciò ancora più ricca di bottino. [Esame critico dell'invio dei generali arabi in Siria e dei primi fatti d'arme in Palestina.]

Questo lato dunque del problema storico ci sembra perciò relativamente chiaro e facile a risolvere: quello che rimane molto oscuro, è la parte presa da abū 'Ubaydah alle prime operazioni. Studiando la questione senza preconcetti, pare evidente che su questo punto particolare la tradizione sia caduta, più che altrove, in errore, sia volontario, sia involontario. Vale a dire, sembra che la tradizione, per ragioni sue speciali, abbia voluto per forza introdurre il nome di abū 'Ubaydah fin dal principio della conquista, e ciò a dispetto della verità. abū 'Ubaydah, come si ritrae da infinite tradizioni, ed in particolar modo dal romanzo pseudo-waqideo, è uno dei beniamini della tradizione ortodossa. Egli fu certamente uno degli uomini più integri, più giusti, più miti, più devoti e più umili fra quanti seguirono il Profeta; egli difettò solo alquanto d'intelligenza politica, e di grande ardire militare. Nella prima qualità era certamente inferiore a 'Umar, e nella seconda a Khālid b. al-Walīd. Certo è che egli, quando 'Umar, suo intimo amico, divenne califfo, ebbe il comando supremo in tutta la Siria, ove, assistito da valenti colleghi, terminò la conquista del paese, e ne curò la pacificazione ed il riordinamento amministrativo. I servizi da lui resi durante il suo breve governo (durato forse meno di quattro anni) gli procurarono una fama imperitura negli Annali islamici, e questa fama, alla quale si aggiunse la nota drammatica della sua morte per la peste nel 18. a. H., si è riflessa su tutte le tradizioni dei fatti anteriori.

Tra gli eroi delle conquiste in Siria, egli è il solo Compagno del Profeta che godesse in appresso le simpatie di tutti i partiti politici, che si combatterono nell'impero Arabo nell'età in cui si composero e si misero in iscritto le tradizioni sulle conquiste. Nel II secolo della Ḥiǵrah, arse vivissimo l'odio contro gli Umayyadi ed i loro seguaci e fautori. Ora 'Amr b. al-Āṣ, grande amico e consigliere di Mu'āwiyah, e Yazīd suo fratello maggiore erano

[Esame critico dell'invio dei generali arabi in Siria e dei primi fatti d'arme in Palestina.]

oggetto speciale di cieca ed irragionevole avversione. È naturale quindi che nella tradizione si delineasse quasi istintivamente la tendenza ad oscurare i servizi resi da 'Amr e da Yazīd, e attribuire ad abū 'Ubaydah il merito maggiore dei trionfi. Siccome si sapeva che un tempo abū 'Ubaydah fu realmente comandante in capo in Siria, si venne inavvertitamente a voler credere che egli fosse tale fin dal primo principio. Le tradizioni che troviamo in Balādzuri su questo argomento, e che reciprocamente si contradicono, debbono studiarsi come espressioni della tendenza tradizionistica di porre abū 'Ubaydah in prima linea, a dispetto della verità storica: rappresentano cioè la lotta inconscia tra la finzione e la verità.

§ 371. — Vedremo come siffatto conflitto si acuisca più avanti, quando comparisce sulla scena siria l'altro beniamino della tradizione, Khālid b. al-Walīd: allora la tradizione non sa decidersi bene a quale dei due dare la scelta, ed abbiamo notizie contradditorie, alcune delle quali vogliono conferire il primato a Khālid, e le altre invece rimangono fedeli ad abū 'Ubaydah, perchè Khālid, per un partito molto numeroso, era un uomo ancora troppo pagano; in lui rifulgevano troppo palesemente i caratteri distintivi dell'Arabia antica, gaudente, sanguinaria ed irreligiosa. Siffatti tentennamenti tradizionistici, che dànno tanti rompicapi allo storico, visti in questa luce rivelano tutto il segreto lavorio delle successive scuole e generazioni di tradizionisti, che tentarono ognuna glorificare specialmente o l'uno o l'altro Compagno, in quanto ognuno di essi personificava una speciale tendenza tradizionistica.

Studiate però criticamente, siffatte incertezze tradizionistiche possono riuscire come preziosi indizi indiretti della verità avviluppata e nascosta. Nel caso presente, ad esempio, par si possa conchiudere aver abū 'Ubaydah avuto, vivente abū Bakr, una parte del tutto secondaria alle prime conquiste, e forse non essere nemmeno andato in Siria avanti la morte del primo Califfo. Difatti alcune tradizioni, fondate su buone autorità, enumerano soli tre generali partiti per la Siria dietro ordine di abū Bakr (cfr. §§ 321, 322, 323, 326) ed escludono sempre il nome di abū 'Ubaydah [1]. Se a questi indizi noi aggiungiamo la notizia precisa data da Balādzuri (cfr. § 323) che solo quando 'Umar divenne califfo e non prima, abū 'Ubaydah andò in Siria, e se infine confortiamo tali notizie con le considerazioni del paragrafo precedente, ci apparisce lecito il sospetto che il nome di abū 'Ubaydah in questi primi eventi sia una interpolazione posteriore. Forse egli venne in Siria soltanto alla vigilia della battaglia del Yarmūk, nel 15. a. H., con gli ultimi rinforzi, e, dopo la vittoria, assunse il comando generale delle milizie islamiche. Tale supposizione è anche confermata dal fatto, non da trascurarsi, che il suo nome non figura nelle notizie sulle battaglie di Aǵnadayn e di Fiḥl, ma soltanto al Yarmūk ed al [secondo?]

[Esame critico dell'invio dei generali arabi in Siria e dei primi fatti d'arme in Palestina.]

assedio di Damasco. — Questa soluzione forse non piacerà a tutti: essa dichiarerebbe menzognere molte e buone tradizioni: d'altronde però, siccome le nostre fonti migliori nettamente si contradicono, e la verità non può essere che una sola, si tratta di scegliere la versione più *logica*, e non temere di dichiarare in errore anche autorità come ibn Isḥāq, dando la preferenza all'altra autorità altrettanto valida di al-Wāqidi, il quale è certamente l'ispiratore di Balādzuri al § 323.

Nota 1. — La sola menzione precisa di abū 'Ubaydah è il suo incontro con Khālid b. al-Walīd a mezzodì di Damasco, ma soltanto alcune fonti hanno il suo nome: altre lo escludono, come vedremo fra breve (cfr. p. es. § 394, nota 5,c). In quelle tradizioni, nelle quali si accenna all'incontro di Khālid con i colleghi, abū 'Ubaydah è menzionato insieme con gli altri capitani e non solo: quindi potrebbe essere sempre interpolazione posteriore. Difatti una tradizione di Balādzuri (cfr. § 353) rimette la presa di Ma·āb (e quindi necessariamente anche di Buṣra) nel califfato di 'Umar, quando, secondo la medesima fonte (cfr. § 323), abū 'Ubaydah venne in Siria, ossia un anno e mezzo o due anni dopo la prima incursione in Palestina.

Riepilogo delle tradizioni sui primi fatti d'arme in Siria.

§ 372. — Premesse queste critiche ed osservazioni, occorrerà ora, per comodo degli studiosi, forse perplessi da tanti ragionamenti e tante incertezze, di riassumere i nostri appunti, e di dare la nostra versione sugli eventi che aprirono la serie delle conquiste arabe nell' impero Bizantino.

Vinte le tribù nell'Arabia centrale dopo la sanguinosa vittoria di al-Yamāmah, nel Rabī' I del 12. a. H., e riunite di nuovo, sotto l'autorità suprema del signore di Madīnah, le tribù che avevano prestato omaggio al defunto Profeta, la necessità di distrarre l'attenzione dei vinti e dei vincitori dalla memoria cocente delle perdite subite, e dal desiderio di vendette e rappresaglie, s'impose quasi istintivamente a quelle persone, nelle mani delle quali erano i destini del novello stato arabo. La tensione degli animi doveva essere assai pericolosa: da un lato v'erano le tribù ancora frementi di dolore e di rabbia per i parenti uccisi e l'umiliazione subita, tribù le quali, schiacciate da forze superiori, non osavano manifestare i loro intimi sentimenti verso il sovrano di Madīnah ed i suoi seguaci. Dall'altra parte stavano le altre stirpi assai più numerose, quelle cioè dell'Arabia Centrale (Tamīm, 'Āmir, Hawāzin ecc.), le quali, pur non avendo subìto verun grave danno materiale dal trionfo musulmano, eransi associate a malincuore all' Islām, solo per timore di guai maggiori, e per una speranza di vistosi guadagni materiali, quali premi dovuti per la loro sottomissione. Su tutte indistintamente pesava poi quel profondo disagio economico, dovuto all'immiserimento del paese, ed alle difficoltà incontrate dalla popolazione del deserto a poter vivere onestamente, e senza depredare ed uccidere i vicini. Severamente vietata ogni violenza fra i membri della nuova comunità, non rimaneva che riversare questo bisogno di vivere, questa

[Riepilogo delle tradizioni sui primi fatti d'arme in Siria.]

sete di violenze, di rapine selvaggie, e di ricchezze su quelli che non facevano parte della nuova confederazione.

Per gli abitanti dell'Arabia occidentale e di una parte considerevole dell'Arabia centrale, è sempre stata, da età immemorabile fino ai giorni nostri, la Siria ad attirare a sè le fameliche brame dei lupi del deserto: la Siria è sempre stata per loro il paradiso terrestre, la regione d'incalcolabili ricchezze, la preda ardentemente bramata (cfr. § 313, nota 1). I malumori delle tribù cristiane del confine, private del loro soldo, e desiderose di vendetta, appianavano le ultime difficoltà; e se non abbiamo sicuro argomento a supporre, che ambasciate delle medesime venissero a Madīnah, per invitare il Califfo ad invadere la Siria, pure è certo che notizia di siffatti malumori dovesse essere giunta fino a Madīnah, e aver incoraggito la tendenza generale dello stato Musulmano a precipitarsi in una nuova e lucrosa impresa. Discorrendo della spedizione di Tabūk (cfr. 9. a. H., § 24), avemmo già occasione di porre in rilievo come il mercato di Madīnah fosse un centro, al quale affluivano molti mercanti cristiani del confine bizantino: nel loro quartiere particolare, il Sūq al-Nabṭ, si sapevano quindi tutte le principali notizie dell'impero Bizantino (cfr. anche § 363), e non vi può esser dubbio, che ivi venisse divulgata ed abilmente sfruttata la notizia che le tribù del confine, nella Palestina meridionale, furenti contro il governo di Eraclio, meditassero sanguinose rappresaglie. Ecco, dunque v'erano nuovi ed utilissimi alleati, con l'assistenza dei quali l'ingresso nell'Impero era assicurato, ed un'invasione del paese facilitata dalla cooperazione di tribù, che ne conoscevano perfettamente tutte le parti, e potevano servire da guide utilissime per eludere le guarnigioni greche e piombare là ove si trovava il maggiore e più facile bottino.

§ 373. — Allo stesso momento in cui la guerra civile si diffondeva per tutta l'Arabia meridionale, ed i Bakriti del confine persiano venivano direttamente a chiedere al Califfo di prestar mano ad essi per razziare il principato di Ḥīrah, abū Bakr si accinse a soddisfare i voti unanimi dei suoi sudditi, e ad ordinare la partenza dei primi drappelli per la Siria. L'occasione solenne, in cui bandì ufficialmente il nuovo ordine, fu il suo pellegrinaggio particolare a Makkah nel mese di Raǵab del 12. a. H. (cfr. § 316, nota 1) ossia alla fine del Settembre 633. a. È. V., quando avute buone notizie sull'andamento delle cose nel restante d'Arabia, ed incoraggito dall'adesione all'Islām delle tribù sul confine persiano, accondiscese ad ordinare l'invasione della Siria. L'appello fu spedito in tutte le regioni, che avevano fatto parte del principato di Maometto; ma è assai dubbio che veruna tribù del Yaman, propriamente detto, partecipasse alla formazione delle prime schiere. Tutti quelli che avevano voglia di partire, ebbero ordine di riunirsi in Madīnah,

[Riepilogo delle tradizioni sui primi fatti d'arme in Siria.]

e sembra che tutte le tribù del Ḥiǵāz, alcune del Naǵd, e forse alcune del Yaman settentrionale cominciarono a mandare successivamente piccoli gruppi di volontari. In principio il moto fu lento, e soli gli spiriti più avventurosi ed irrequieti risposero al primo appello: molti esitarono e preferirono attendere i risultati dell'esperimento, nuovo per l'Arabia, di una grande invasione del temuto impero Bizantino. I primi distaccamenti si componevano di poche centinaia di uomini, ai quali man mano, per istrada, vennero ad aggiungersi un'accozzaglia di avventurieri e predoni di ogni specie. Il distaccamento, per esempio, di 'Amr b. al-'Āṣ, nel varcare il confine, sembra contasse soli 2.000 uomini.

Il Califfo ritornato a Madīnah, vi attese l'arrivo delle varie schiere, ed appena si formava un nucleo di forza sufficiente, davagli un capo e lo faceva partire per il settentrione. Nella nomina di questi capi pare si manifestassero i primi intrighi personali, ed abū Bakr sembra aver mostrato qualche debolezza ed incertezza. Pare che nominasse prima Khālid b. Sa'īd, un vecchio e fido Compagno del Profeta, ma membro di quel partito che si considerava offeso nelle sue prerogative con la elezione di abū Bakr, ed aveva ricusato di riconoscerlo come capo della comunità islamica (cfr. 11. a. H., §§ 37 e nota 3; 57 e segg.). Tale nomina non piacque però all'altro partito, assai più numeroso e potente, al quale abū Bakr doveva la sua elezione, e che aveva per capo influente 'Umar b. al-Khaṭṭāb. abū Bakr dovette cedere alle insistenze dei suoi elettori e deporre Khālid b. Sa'īd per conferire il comando a Yazīd b. abī Sufyān, uomo meno inviso al partito dominante, benchè Yazīd fosse un neo-musulmano, che non era in odore di santità (1). Queste prime notizie gettano molta luce sul modo di vedere del Califfo e di molti suoi consiglieri. Si vede cioè che l'avventura siria non si presentava al Califfo, dopo la dolorosa esperienza di Mu'tah, come una cosa nè facile, nè lucrosa: quindi il Califfo ed i suoi consiglieri avevano ritenuto opportuno, quale misura di saggia politica, di lanciare contro il temuto nemico gli elementi più irrequieti e perigliosi della comunità musulmana, affinchè si rompessero il collo a vantaggio di altri, allontanando così da Madīnah uomini capaci di suscitarvi moleste complicazioni per la loro indole ambiziosa ed irrequieta. Se l'avventura riusciva bene, era a tutto vantaggio della teocrazia madinese; se l'esito era infelice, lo Stato si liberava da chi era fonte possibile di guai interni. La nomina di Yazīd fu anche senza dubbio un atto di deferenza verso il potente partito qurašita, che già incominciava a far sentire la sua grande influenza sui destini del novello Stato. Poco dopo Yazīd, fu mandato probabilmente Šuraḥbīl, e questi due, sia insieme, sia separati, forse ora insieme, ed ora separati, si gettarono sul confine palestiniano. Non molto tempo dopo parti forse 'Amr b. al-'Āṣ, prendendo però un'altra via, lungo il mare, ed entrando in Palestina dal suo estremo angolo sud-est, per Aylah, gli abitanti della qual regione, fin dai tempi di Maometto (cfr. 6. a. H., § 52; 9. a. H., §§ 38 e segg.), erano in simpatia con la confederazione Madinese. Appresso a questi tre generali, i quali devono aver iniziato le operazioni aggressive quasi contemporaneamente, ma su punti diversi, Yazīd più al nord, ed 'Amr all'estrèmo sud, il Califfo continuò a mandare sémpre nuovi piccoli distaccamenti, formati dal rigagnolo continuo di volontari, che, quasi senza sosta, si riversava in Madīnah da tutte le tribù circostanti, e con l'andar del tempo, anche dal mezzogiorno, e in ispécie dal Yaman, dove grande era il disagio e profondo il malcontento delle popolazioni.

NOTA 1. — La preferenza data ai neo-Musulmani nel comando dei primi eserciti conquistatori, è un fenomeno che avremo a studiare nelle annate seguenti, perchè ci darà anche qualche lume sulla forma del governo musulmano nei primi tempi d'impero mondiale. Si osservi intanto che tutti i maggiori e più fidati Compagni del Profeta rimasero in Madīnah, e soltanto due di essi, abū 'Ubaydah e Sa'd b. abī Waqqāṣ assunsero il comando generale delle milizie, l'uno in Siria e l'altro in Persia, due anni dopo la morte di abū Bakr, nel 15. a. H. Quei Compagni antichi che lasciarono Madīnah dopo il 15. a. H., come dimostreremo nelle annate successive, abbandonarono la sede del governo musulmano molto probabilmente per dissapori con il gruppo dominante nei consigli del Califfo. È probabile che i più antichi Compagni rimassero in Madīnah una specie di senato o consiglio dell'Impero, che assisteva il Califfo nelle sue funzioni di governo. abū Bakr ed 'Umar seppero agire d'accordo con esso, e dacchè tra i Compagni erano membri di molte e varie tribù, questo Senato musulmano ebbe in un certo modo un carattere rappresentativo abbastanza spiccato, da attutire le suscettibilità e le gelosie acutissime tra le varie tribù. Tutto andò bene finchè il Califfo agì d'accordo con il detto Senato e non offese i principî di politica pratica che in esso vigevano. I guai incominciarono, regnante 'Uthmān, quando questi volle emanciparsi, per ragioni che esporremo a suo tempo e luogo, e venne in conflitto con l'assemblea. La potenza del Califfo si rivelò allora non abbastanza grande da dominare l'opposizione, e 'Uthmān pagò le sue imprudenze con la vita. Da questo cenno forse il lettore scorgerà come dall'elezione di abū Bakr a quella di 'Alī, e quindi alle rivoluzioni politiche e dinastiche dell'impero musulmano, vi sia tutto un complesso processo evolutivo di sommo rilievo. Sarà nostro compito nelle annate seguenti di chiarire e provare meglio siffatto concetto fondamentale della transizione del governo di Madīnah da una forma patriarcale e quasi rappresentativa, a quella funesta autocratica ed irresponsabile che troveremo in vigore sotto gli 'Abbasidi. Su questo argomento attendiamo i lavori del dottissimo orientalista H. Lammens, lavori che trasformeranno completamente lo studio dei primordi dell'Islām.

§ 374. — Yazīd ebbe per il primo l'onore di cimentarsi in battaglia campale con i Greci. Le devastazioni da lui compiute nella regione a mezzodi del Mar Morto, donde egli minacciava la sicurezza di Hebron e di Gerusalemme, indussero il comandante greco di Qaysariyyah, un patrizio per nome Sergio, a muovere contro i predoni con forze poco numerose. Pare che i Greci contassero poche migliaia di uomini: forse essi s'illudevano sul numero e il nerbo delle forze arabe e credevano che una semplice apparizione in armi sarebbe bastata a ricacciarli oltre i confini. Invece Yazīd meditò arditamente una sorpresa, e distaccata tutta la sua cavalleria, ordinò al suo luogotenente abū Umāmah al-Bāhili di piombare di soprassalto sul campo greco. Siccome 'Arabah e Dāthinah si trovano molto vicini al confine arabico, è possibile che Yazīd abbia finto una ritirata per ingannare i Greci e mirasse anche a porsi in sito sicuro in caso di disfatta. Fatto sta che il colpo riuscì completamente e i Musulmani vinsero la loro prima battaglia in al-'Arabah. Pare però che i Greci superstiti della strage cercassero di riunirsi in Dathinah e salvare così molti fuggiaschi da morte sicura; ma la cavalleria musulmana non diede posa ai vinti, ed assalendo anche questo nuovo nucleo, lo disperse, con strage anche più grande della prima volta. Ciò accadeva il 29 Dzū-l-Qa'dah (4 Febbraio 634. a. H.). I Greci fuggirono lasciando sul campo il loro comandante Sergio, sul quale, se possiamo credere alle fonti greche, gli Arabi del confine sfogarono in barbaro modo il loro risentimento per la soppressione del solito soldo o tributo: essi ricucirono l'infelice nella pelle ancora umida di un camelo, e lo lasciarono perire soffocato, quando la pelle, disseccandosi, si restrinse. [Riepilogo delle tradizioni sui primi fatti d'arme in Siria.]

Gli effetti di questa prima vittoria furono molto gravi: tutta la Palestina, impreparata a respingere un'invasione, si trovò alla mercè dei predoni venuti dal deserto. Le città cinte di mura erano al sicuro, ma tutti gli abitanti nei casolari sparsi per le campagne ed i piccoli villaggi privi di difese rimasero alla mercè degli Arabi. Questi iniziarono subito vaste scorrerie, distinguendosi anche per la barbara ferocia con la quale infierirono contro gl'inermi agricoltori. Se possiam credere alla fonte siriaca, parecchie migliaia di contadini furono trucidati. La menzione di Samaritani fra gli uccisi fa credere, che le scorrerie arabe, movendo probabilmente senza verun piano bene stabilito, si spinsero fin nella regione al nord di Gerusalemme toccando i pressi di Sichem, e fin sotto le mura di Cesarea.

Oramai però l'allarme era dato, e mentre forse Yazīd passava dalla Palestina anche nella regione Trans-Giordanica ed 'Amr percorreva in tutti i sensi la Palestina fra Ghazzah e Cesarea, l'imperatore Eraclio, dolorosamente scosso da questa nuova guerra, che gli cadeva come una tegola sul capo, quando credeva di poter alfine vivere in pace, si accinse a porvi rimedio. Tutte le milizie disponibili, non molte invero, furono radunate con grande urgenza per cacciare i molesti predoni, ma nessuno sospettava quanto realmente temibili fossero, nè di quanto sconfinato ardire animati. Gli Arabi furono prontamente informati dei preparativi guerreschi del grande Imperatore, il glorioso vincitore dei Sassanidi, ed i prudenti generali musulmani, temendo di non aver forze sufficienti per attendere i Greci di pie' fermo, si affrettarono a chiedere nuovi rinforzi al Califfo, e ad occupare una posizione sicura non lontana dal deserto.

Se però consideriamo che parecchie forze musulmane rimasero nella regione Trans-Giordanica, e che i Greci vennero alle mani con gli Arabi ad Agnadayn nelle vicinanze di Gerusalemme, dobbiamo riconoscere che i Musulmani non fossero in verità molto allarmati, ma che sicuri di ricevere costantemente nuovi rinforzi, conservassero in parte le posizioni occupate nella

[Riepilogo delle tradizioni sui primi fatti d'arme in Siria.]

Palestina meridionale. Se i Greci si concentrarono ad Aǵnadayn, ciò vuol dire che tutto il paese a mezzodì di esso, compreso Hebròn e Ghazzah — facendo sempre eccezione dei luoghi fortificati — era considerato come in potere dei Musulmani. È certo che gli Arabi, nonostante le devastazioni compiute e lo spavento ispirato dalla loro repentina comparsa, trovarono molti amici ed informatori volontari fra i Monofisiti e gli Ebrei, implacabili nemici di Eraclio, e che molti fra questi traditori della causa imperiale speravano salvare i loro averi personali e cattivarsi le simpatie degli Arabi, rivelando ai medesimi i disegni strategici dell'Imperatore, e l'importanza e la natura dei provvedimenti suoi per la difesa.

§ 375. — Mentre così in Palestina gli eventi prendevano un corso rapido e decisivo, partivano da Madīnah, con molta urgenza, altri distaccamenti in aiuto di 'Amr e dei suoi colleghi. Allo stesso tempo Khālid b. al-Walīd, facendo un lungo, stupendo giro in mezzo a paesi nemici, e dopo molti movimenti erratici, che adesso descriveremo, si avanzava verso la Siria per unirsi ai colleghi contro i Greci. È ora tempo che noi passiamo a studiare con attenzione le mosse di quel grande generale, perchè ci offrono altri gravi problemi irti di difficoltà e d'incertezze d'ogni specie, cronologiche, geografiche e storiche. Queste ci arrestano infatti da ogni parte, ad ogni pie' sospinto, sicchè è opera penosa e difficile il vederci chiaro in tanta arruffata matassa di contradizioni e di errori, aggravati da grandi lacune.

Primi combattimenti in Siria secondo le tradizioni di Sayf b. 'Umar.

§ 376. — Nelle precedenti critiche il lettore avrà osservato, che abbiamo costantemente omesso di prendere in esame un incidente narrato nelle nostre fonti migliori, vale a dire la nomina per primo di Khālid b. Sa'īd a comandante di un distaccamento musulmano, e poi la sua deposizione per effetto delle proteste di 'Umar (cfr. §§ 311, 317, 318, 323, 324, 329, 356 *d*, 362 e 373). Ci siamo contentati di osservare che questo incidente può considerarsi come una delle tante ragioni per ritenere che Yazīd b. abī Sufyān, al quale fu conferito il comando tolto a Khālid b. Sa'īd, fosse il primo a partire per la Siria.

Ora però dobbiamo prendere in esame la versione di quel fatto quale è data da Sayf b. 'Umar: essa differisce sì completamente da tutto quanto ritraesi dalle testimonianze concordi delle fonti arabe (della scuola Madinese), greche, siriache ed armene, che, se accettiamo le conclusioni precedenti, dobbiamo necessariamente respingere la narrazione di Sayf, e viceversa, accettando Sayf, dobbiamo ritenere erronea la ricostruzione da noi tentata.

Siccome però tutto quello che narra Sayf non può essere pura menzogna, è nostro dovere di storico imparziale studiare il problema, e di cercare,

[**Primi combattimenti in Siria secondo le tradizioni di Sayf b. 'Umar.**]

secondo il nostro meglio, di scoprire ove è l'errore, come sia nato, e quanto altro v'è di vero e storico nella sua narrazione. Daremo prima le tradizioni, e poi ne faremo la critica.

§ 377. — (Sayf b. 'Umar, da Mubaššir b. Fuḏayl, da Ǵubayr b. Ṣakhr, da suo padre). Quando morì il Profeta, Khālid b. Sa'īd b. al-'Āṣ, che si trovava nel Yaman, venne a Madīnah, giungendovi circa un mese dopo la morte di Maometto. Egli si presentò in città vestito di un manto di seta (ǵubbah dībāǵ), avendo adottato i costumi raffinati e sfarzosi degli Arabi meridionali (è noto che il Profeta era molto avverso al lusso nel vestire; cfr. Bukhāri, I, 107, lin. 4 e segg.; 10. a. H., § 34, ed anche 11. a. H., § 53): incontratosi con 'Umar b. al-Khattāb e con 'Ali b. abī Ṭālib, si vuole che 'Umar, vedendo arrivare Khālid in quella foggia, adirato, ordinasse ai presenti di lacerargli il manto serico che indossava. L'ordine fu prontamente eseguito e Khālid ebbe tutto il vestito fatto a brandelli. Furente per tale violenza, Khālid si volse ad 'Ali e gridò: " O abū Ḥasan! O banū 'Abd Manāf! Siete forse vinti e spogliati del potere?! " Queste parole minacciose che rievocavano le sanguinose discordie intestine dei tempi pagani, esasperarono ancora più 'Umar, il quale corse a riferirle al Califfo., abū Bakr non ne tenne conto veruno, e quando allestì le spedizioni contro i ribelli (nell'anno 11. H.), volle che anche Khālid b. Sa'īd avesse uno dei comandi, nonostante che 'Umar cercasse in tutti i modi possibili di screditarlo, e lo descrivesse come uomo senza influenza e debole di mente. abū Bakr non cedeva sempre alle insistenze di 'Umar, ed in questa circostanza tenne duro [1]: Khālid b. Sa'īd b. al-'Āṣ fu mandato a Taymā per riunirvi le forze musulmane contro i ribelli (Tabari, I, 2080).

Cfr. anche Khaldūn (II, App., p. 83), il quale è incerto se Khālid b. Sa'īd partisse ai primi del 12. o del 13. a. H.; Athīr, II, 307-308.

Quasi con le stesse parole di Sayf b. 'Umar, l'incidente di Khālid b. Sa'īd è narrato in una tradizione, che si dice rimonti a 'Abdallah b. 'Umar (cfr. Ḥubayš, fol. 28,r.), ma vi è detto che per le proteste di 'Umar, il califfo abū Bakr non concedesse a Khālid b. Sa'īd verun comando, e lo nominasse soltanto ausiliare (rid·) in Taymā degli eserciti che partivano per la Siria.

Nota 1. — Queste parole di Sayf b. 'Umar ci rammentano un altro incidente (cfr. 11. a. H., § 109, nota 1) sui rapporti tra abū Bakr e 'Umar. Ṣayf vuole provare che abū Bakr non fosse un docile istrumento nelle mani di 'Umar. al-Wāqidi però (cfr. 12. a. H., § 50) narra un incidente, secondo il quale abū Bakr, se 'Umar poteva dimostrare di aver ragione, cedeva alle proteste del suo collega (cfr. anche 11. a. H., § 204).

§ 378. — (Sayf b. 'Umar, da abū Isḥāq al-Šaybāni, da abū Ṣafiyyah al-Taymi). Il califfo abū Bakr diede ordine a Khālid b. Sa'īd di fermarsi in Taymā, assumendo una posizione puramente difensiva, con il divieto di muoversi dal luogo senza nuovi ordini: intanto doveva riunire intorno a sè tutti

[Primi combattimenti in Siria secondo le tradizioni di Sayf b. 'Umar.]

quelli che poteva, dalle tribù vicine, avendo però l'avvertenza di rifiutare quanti avevano preso parte all'insurrezione contro l'Islām: non doveva venire alle mani se non con quelli che muovessero ad assalirlo. Khālid compiè puntualmente gli ordini e si trovò ben presto circondato da un grande numero di Arabi volontari, formando così un esercito tanto considerevole, che i Greci (al-Rūm) del confine se ne allarmarono ed ordinarono a tutte le tribù cristiane della frontiera ('Arab al-Dāḥiyyah) di mandare loro in Siria immediatamente drappelli di armati, e prepararsi alla difesa dei confini. A sua volta Khālid, informato dei preparativi dei Greci, ne scrisse al Califfo, ragguagliandolo del fatto che con i Greci si erano uniti Arabi delle tribù di Bahrā, di Kalb, di Salīḥ, di Tanūkh, di Lakhm, di Ǵudzām e di Ghassān, e che il luogo di convegno era un sito a tre giornate di marcia "al sud" (così traduce il De Goeje, 26, l'espressione min dūn) di Zīzā. abū Bakr rispose al luogotenente di aggredire subito e senza timore il nemico: Khālid, mettendo prontamente in esecuzione questi ordini, si avvicinò al campo degli Arabi cristiani, i quali, invece di prendere le armi contro di lui, si dispersero senza opporre resistenza, abbandonando il campo nelle mani di Khālid, e convertendosi poco tempo dopo tutti quanti all'Islām. Quando il rapporto di questa operazione tanto felice giunse al Califfo, abū Bakr immediatamente mandò ordine a Khālid di avanzare ancora (questo avveniva allo stesso momento, in cui Khālid b. al-Walīd riceveva l'ordine di invadere l' 'Irāq, così Tabari [I, 2110, lin. 15-17], sull'autorità sempre e soltanto di Sayf b. 'Umar, e perciò ai primi dell'a. 12. H.): allo stesso tempo però si raccomandava a Khālid di usare la massima prudenza, per non correre pericolo di essere aggredito alle spalle. Khālid, accompagnato da tutti quegli Arabi che si erano uniti a lui fin dal principio, e da quanti eranglisi aggruppati intorno, provenienti dal deserto (min ṭaraf al-raml), si avanzò fino a un luogo fra Ābil, Zīzā e al-Qasṭal (1). Contro di lui mosse ora uno dei patrizi (Baṭrīq min Baṭāriqah) greci per nome Bāhān (2); ma Khālid lo mise in fuga e uccise parte della sua gente. Ciò non pertanto Khālid credè necessario di scrivere immediatamente al Califfo, chiedendo nuovi rinforzi. In quei giorni erano arrivati a Madīnah i primi contingenti delle genti chiamate sotto alle armi (mustanfari) in tutta la regione a mezzodì di Makkah e nel Yaman: fra i quali vi era Dzū-l-Kalā'. Poi accorse anche il vittorioso 'Ikrimah (b. abī Ǵahl), che ritornava trionfante dalla sua spedizione nel mezzogiono d'Arabia (3), seguito da tutte le schiere di Arabi sotto la sua bandiera, dalla Tihāmah, dall' 'Umān, dal Baḥrayn e da al-Sarw (paese dei Ḥimyar nel Yaman: Yāqūt, III, 86-87). abū Bakr scrisse allora agli umarā al-ṣadaqāt, o sopraintendenti delle tasse, che accettassero pure i cambi per il servizio militare, e si dice perciò che tutti quelli che seguivano 'Ikrimah chiedes-

[Primi combattimenti in Siria secondo le tradizioni di Sayf b. 'Umar.]

sero di essere sostituiti, e che perciò l'esercito con il quale comparve 'Ikrimah, essendo formato tutto da cambi, fosse chiamato appunto Ǵayš al-bidāl. Tutte queste milizie si avviarono immediatamente in soccorso di Khālid b. Sa'īd nel settentrione d'Arabia, mentre abū Bakr ricorreva a tutti i mezzi possibili per animare i suoi a muovere contro i Greci in Siria. 'Amr b. al-'Āṣ, che ai tempi del Profeta era stato esattore delle tasse (ṣadaqāt) fra i Sa'd Hudzaym, gli 'Udzrah e molte tribù dei Ǵudzām e dei Ḥadas confederate con gli 'Udzrah, ed aveva lasciato quella carica soltanto per assumere le funzioni di rappresentante del Profeta nell''Umān, venne ora richiamato da abū Bakr ed investito di nuovo delle medesime funzioni di prima fra le tribù medesime nella Arabia settentrionale. Si vuole anzi che abū Bakr chiedesse prima ad 'Amr b. al-'Āṣ se egli fosse contento di questo nuovo trasferimento e che 'Amr rispondesse: " Io sono soltanto uno dei dardi dell'Islām; e tu sei dopo Dio, colui che ha l'incarico di raccoglierli e di lanciarli: perciò abbi cura di sceglierne i più saldi, i più temibili ed i migliori, e scaglïali contro qualunque cosa, da qualunque parte ti venga ". abū Bakr scrisse pure ad al-Walīd b. 'Uqbah, che esigeva le tasse (ṣadaqāt), fra i Qudā'ah, invitandolo a riunire milizie ed a recarsi nel settentrione (Tabari, I, 2080-2083).

Cfr. anche Khaldūn, II, App., p. 83-84; Athīr, II, 308.

Nota 1. — Su questi tre luoghi tuttora esistenti nella Balqā (Palestina trans-giordanica), abbiamo discorso brevemente parlando della spedizione di Usāmah (cfr. 11. a. H., §§ 3 e 4).

Cfr. anche Yāqūt, I, 56, lin. 4-7; II, 966, lin. 12-13; IV, 95.

L'Ābil qui menzionato è certamente l'Ābil al-Zayt (nell'Urdunn) della spedizione di Usāmah: Zīzā era un grosso villaggio della Balqā, non lontano dal precedente ed aveva un mercato fiorente, e un grande serbatoio d'acqua (birkah). al-Qasṭal era un sito più piccolo e meno importante.

Nota 2. — Khaldūn (II, App., 83, lin. 25), ha Māhān invece di Bāhān. Questo Bāhān è il greco Βαάνης che riappare più tardi nella conquista siria sotto la forma corrotta Šanas (cfr. Wellhausen Sk. u. Vorarb., VI, 60, nota 1). In questo luogo è una delle solite anticipazioni, tanto care a Sayf: egli ama introdurre in fatti anteriori persone famose in eventi posteriori: l'effetto drammatico è migliore, quando gli attori sono a noi ben noti.

Nota 3. — La venuta di 'Ikrimah b. abī Ǵahl a Madīnah, dopo la sua spedizione gloriosa nel mezzodì, dovrebbe essere avvenuta circa la fine dell'anno 12. H., oppure ai primi del 13. H., come abbiamo dimostrato altrove.

§ 379. — (Sayf b. 'Umar, da Sahl b. Yūsuf, da al-Qāsim b. Muḥammad). (In conseguenza dei fatti narrati nel paragrafo precedente) 'Amr b. al-'Āṣ fu nominato luogotenente musulmano per riscuotere le tasse (ṣadaqāt), fra una metà dei Qudā'ah, mentre l'altra metà fu affidata alle cure di al-Walīd b. 'Uqbah: ambedue ebbero ordine di riunire le milizie che potevano fra le tribù circostanti. 'Amr b. al-'Āṣ, a sua volta, concesse ad un certo 'Amr al-'Udzri la sua luogotenenza negli 'Ulyā Qudā'ah, mentre al-Walīd b. 'Uqbah affidò la sua luogotenenza nella Ḍāḥiyah Qudā'ah, dalla parte di Dūmah (al-Ǵandal), a un certo Imru·alqays. La nomina di questi due luogotenenti avvenne per ordine espresso del Califfo, il quale voleva che ambedue i generali

[Primi combattimenti in Siria secondo le tradizioni di Sayf b. 'Umar.]

rivolgessero tutta la loro attenzione a radunare genti per la imminente invasione della Siria. Lasciata così ad altri la funzione di raccogliere le tasse, i due generali si dedicarono ora a levare genti e chiamare sotto alle armi quanti mai uomini era possibile di trovare, riunendo così due schiere molto numerose, con le quali attesero i nuovi ordini del Califfo.

Questi frattanto mandava altri rinforzi a 'Amr b. al-'Āṣ, e gli dava ordine di penetrare in Palestina per una via che volle specialmente indicargli. Quindi scrisse ad al-Walīd b. 'Uqbah, di invadere l'Urdunn, mandandogli pure dei rinforzi: poi chiamò Yazīd b. abī Sufyān e gli conferì il comando sopra una schiera molto numerosa, una moltitudine (ǵamhūr) di Arabi, composta di quelli che avevano risposto alla chiamata sotto alle armi, e fra i quali si trovava gente come Suhayl b. 'Amr e simili, cittadini di Makkah. Quando partì questo esercito, egli lo accompagnò a piedi per un tratto di strada. Poi conferì il comando d'un altro corpo d'armati ad abū 'Ubaydah b. al-Ǵarrāḥ, assegnandogli (come destinazione e futuro circondario amministrativo, la provincia di) Ḥimṣ in Siria. Anche questa spedizione partì da Madīnah accompagnata dal Califfo a piedi per un tratto di strada, e dopo aver ricevuto le sue istruzioni (Ṭabari, I, 2083-2084).

Cfr. anche Khaldūn, II, App., p. 83-84; Athīr, II, 308-309.

§ 380. — (Sayf b. 'Umar, da Sahl, da al-Qāsim, e da altri). al-Walīd b. 'Uqbah raggiunse le schiere di Khālid b. Sa'īd b. al-'Āṣ (nel suo campo fra Ābil, Zīzā e al-Qasṭal), e poco tempo dopo arrivarono colà pure gli altri rinforzi, comandati da 'Ikrimah b. abī Ǵahl, quelli detti dell'Esercito dei surroganti (Ǵayš al-bidāl). Quando però Khālid b. Sa'īd b. al-'Āṣ seppe che altri generali venivano ora a raggiungerlo, desideroso di avere tutta la gloria per sè e di prevenire gli altri colleghi, dimenticò i consigli di prudenza datigli dal Califfo, e si slanciò imprudentemente addosso ai Greci, senza curarsi più delle retrovie. Il generale greco Bāhān finse allora la fuga, e ritirandosi precipitosamente dinanzi agli Arabi, attirò Khālid b. Sa'īd nella regione vicina a Damasco. Gli Arabi guidati da Khālid con Dzū-l-Kalā', 'Ikrimah e al-Walīd si spinsero incautamente fino alla pianura di Marǵ al-Ṣuffar, fra al-Waqūṣah (= Yarmūk) e Damasco, rimanendo così avvolti, senza saperlo, dalle milizie greche, che tagliarono loro tutte le comunicazioni con il deserto. Al momento più opportuno, i Greci piombarono sui Musulmani: Sa'īd, il figlio del generale Khālid b. Sa'īd, fu ucciso, ed i Musulmani sbaragliati e messi in fuga con grande strage. Si salvarono solo quelli che avevano cavalli e cameli: tutti gli altri perirono. Khālid b. Sa'īd, preso dal panico, fuggì con una piccola schiera di cavalieri (ǵarīdah), senza mai fermarsi, fino a Dzū-l-Marwah (nelle vicinanze di Madīnah), ove rimase in attesa degli ordini del Califfo, senza osare presentarsi al medesimo. 'Ikrimah b. abī Ǵahl si dimostrò invece valoroso, perchè invece di unirsi al fuggente generale, seppe riunire i superstiti e con abili mosse coprire la fuga degli altri, e far fronte alle schiere di Bāhān. 'Ikrimah rimase quindi presso ai confini della Siria in attesa di nuovi ordini.

[Primi combattimenti in Siria secondo le tradizioni di Sayf b. 'Umar.]

Intanto arrivava a Madīnah Šuraḥbīl b. Ḥasanah, con una ambasciata da parte di Khālid b. al-Walīd dall''Irāq, ed il Califfo gli dava non solo il comando di nuove genti accorse a Madīnah, ma anche la carica tenuta da al-Walīd (b. 'Uqbah, ossia la luogotenenza fra una metà dei Qudā'ah nel settentrione d'Arabia). Šuraḥbīl si avviò allora con queste schiere verso la Siria, e passando per Dzū-l-Marwah, menò via con sè la maggior parte dei fuggiaschi di Marǵ al-Ṣuffar, che si trovavano ancora in quel luogo con Khālid b. Sa'īd. Poco tempo dopo il Califfo riuniva altre genti e le mandava in rinforzo a Yazīd b. abī Sufyān, affidandone il comando al fratello Mu'āwiyah b. abī Sufyān: Mu'āwiyah passando anch'egli per Dzū-l-Marwah, diretto pure in Siria, tolse con sè il rimanente delle schiere di Khālid b. Sa'īd (Tabari, I, 2084-2085).

Cfr. anche Athīr, II, 310; Khaldūn, II, App., p. 84.

§ 381. — Un'altra versione di questi fatti è la seguente (Sayf b. 'Umar, da 'Amr b. Muḥammad, da Isḥāq b. Ibrāhīm, da Ẓafar b. Dahi, e da altri). La spedizione di Khālid b. al-Walīd nell''Irāq e quella di Khālid b. Sa'īd in Siria avvennero contemporaneamente (ossia nel 12. a. H.), ed ambedue i generali ricevettero le medesime istruzioni dal califfo abū Bakr: mentre però Khālid b. al-Walīd ottenne tutti i trionfi narrati altrove (cfr. §§ 155 e segg.), Khālid b. Sa'īd, dopo alcuni vantaggi sui Greci, si lasciò attirare nel cuore del paese nemico fino a (Marǵ) al-Ṣuffar, ed un distaccamento numeroso comandato da suo figlio Sa'īd b. Khālid b. Sa'īd fu circondato e distrutto dai Greci. Khālid b. Sa'īd, saputa la morte del figlio, fuggì precipitosamente nel deserto. I Greci vittoriosi si raccolsero allora presso il Yarmūk. Khālid b. Sa'īd dal suo rifugio nel deserto scrisse al Califfo, narrandogli ogni cosa, ed abū Bakr spedì ordini scritti a 'Amr b. al-'Āṣ, che si trovava allora fra i Qudā'ah, di dirigersi subito sul Yarmūk. Poi mandò abū 'Ubaydah b. al-Ǵarrāḥ ed infine Yazīd b. abī Sufyān con ordine di non penetrare nel territorio nemico, per non venir assaliti alle spalle e circondati, ma contentarsi di razziare il paese. Intanto arrivava a Madīnah Šuraḥbīl b. Ḥasanah da parte di Khālid b. al-Walīd, con l'annunzio di una delle tante vittorie, ed abū Bakr spedì lui pure con altre schiere, assegnando a ciascuno dei generali musulmani una particolar terra in Siria. I Musulmani si diedero convegno sul Yarmūk, mentre i Greci avevano fissato per timore e precauzione il campo in al-Waqūṣah. Allora abū Bakr scrisse a Khālid ordinandogli di partire immediatamente per

[Primi combattimenti in Siria secondo le tradizioni di Sayf b. 'Umar.]

la Siria con la metà dei suoi uomini, lasciando al-Muthanna b. Ḥārithah quale luogotenente nell' 'Irāq: il Califfo promise di rimandarlo poi nell' 'Irāq, appena i Greci fossero stati battuti (Tabari, I, 2110-2112).

Cfr. anche Khaldūn, II, App., p. 84.

§ 382. — (Sayf b. 'Umar, da Hišām b. 'Urwah, da 'Urwah b. al-Zubayr). 'Umar b. al-Khaṭṭāb non cessò mai dal parlare contro Khālid b. al-Walīd e contro Khālid b. Sa'īd presso il califfo abū Bakr (per persuaderlo a destituire ambedue da' comandi che avevano); abū Bakr tenne però duro riguardo a Khālid b. al-Walīd, dicendo: " Io non rimetterò nel fodero la spada, che Dio ha sguainata contro gli infedeli! " In principio abū Bakr tenne duro anche a proposito di Khālid b. Sa'īd, ma quando avvenne il rovescio di Marǵ al-Ṣuffar, gli tolse alfine il comando (Tabari, I, 2085-2086).

§ 383. — (Sayf b. 'Umar, da 'Amr, da al-Ša'bi). Quando Khālid b. Sa'īd, dopo la disfatta di Marǵ al-Ṣuffar, giunse a Dzū-l-Marwah, il califfo abū Bakr gli scrisse vietandogli di venire a Madīnah, e nel dirgli di rimanere in Dzū-l-Marwah, gli mosse aspro rimprovero per la sua viltà nel fuggire. Più tardi però rimosse il divieto e permise a Khālid di rientrare in città: Khālid tentò di fare le scuse, ma abū Bakr gli troncò il discorso: " Non fare chiacchiere! Tu sei vile in battaglia! " (Tabari, I, 2086).

§ 384. — (Sayf b. 'Umar, da Muḥammad, da abū 'Uthmān, da abū Sa'īd). Quando divenne califfo, 'Umar permise a Khālid b. Sa'īd e ad al-Walīd b. 'Uqbah di rientrare in Madīnah, togliendo così il divieto imposto dal defunto abū Bakr ai due capitani, come punizione per la loro fuga ignominiosa. 'Umar ordinò poi ai due di recarsi in Siria a combattere con gli altri, dando loro licenza di unirsi a quella schiera che avessero preferito (Tabari, I, 2147).

Critica delle tradizioni di Sayf sui primi combattimenti in Siria.

§ 385. — I primi storici europei dell' Islām, nel ricostruire la storia delle conquiste, senza rendersi ben conto del relativo valore delle fonti, e seguendo un criterio del tutto erroneo e fallace, hanno cercato d' incastrare la precedente versione di Sayf b. 'Umar in quella della scuola Madinese, aggiustando e l'una e l'altra a capriccio, e sopprimendo — senza confessarlo — le contradizioni. Il De Goeje (Mém., 27) biasima giustamente siffatto modo di scrivere la storia.

Il Caussin de Perceval unisce tutte e due le versioni, ossia quella della scuola Madinese e quella di Sayf: pone nel corso dell'anno 12. H. la spedizione e la disfatta di Khālid b. Sa'īd a Marǵ al-Ṣuffar, e fa seguire la versione madinese con le due battaglie di al-'Arabah e Dāthinah (III, 421-430). Egli fa

[Critica delle tradizioni di Sayf sui primi combattimenti in Siria.]

questo senza osservare che Sayf ignora del tutto queste ultime due battaglie, e che la scuola Madinese non è affatto concorde sulla disfatta di Marǵ al-Ṣuffar.

Il Weil commette un errore cronologico oltre a quello storico: invece di porre la narrazione della scuola Madinese dopo quella di Sayf, egli accetta le due versioni e le fà contemporanee, riferendole ambedue nei primi mesi del 13. a. H. Mentre cioè i quattro generali mandati da abū Bakr si avviano verso la Siria, egli fa avanzare Khālid b. Saʿīd fino a Marǵ al-Ṣuffar, incirca allo stesso tempo, in cui ʿAmr si ritirava in Ghamr al-ʿArabāt (Weil, I, 37-39).

Il Kremer (Mittelsyrien, 5-7) mette assieme una versione quasi identica a quella del Weil; ponendo più in accordo le due versioni, afferma che la spedizione di Khālid b. Saʿīd a Taymā e Marǵ al-Ṣuffar, avvenne dopo la sua deposizione e la sostituzione di Yazīd b. abī Sufyān. Egli non vede che, accomodando le cose in questo modo, cade in una contradizione: vale a dire, abū Bakr destituisce Khālid da un comando, ma viceversa poi gliene dà un altro. Da ultimo non si avvede il Kremer (p. 24) che la vittoria musulmana di Marǵ al-Rūm, nel 14. a. H., è in verità la vittoria di Marǵ al-Ṣuffar, e non avverte che mentre Sayf pone in Marǵ al-Ṣuffar una disfatta, altri invece la dicono una vittoria.

Il Muir (Annals, 92-97) racconta i fatti nell'identico modo di Caussin de Perceval, che ha evidentemente copiato, ma commettendo in più l'errore cronologico di riunire tutto nei primi mesi del 13. a. H.

Il Müller (I, 248-250) ignora del tutto la versione di Sayf, benchè nella narrazione della campagna di Khālid b. al-Walīd nell'ʿIrāq abbia seguìto quasi letteralmente questa fonte. Forse egli comprese l'incompatibilità delle due versioni, e scrivendo un libro più popolare che scientifico, non ha creduto di giustificare la sua scelta. È un fatto assai singolare che quello scrittore, che pur ha tanti pregi, nella composizione della sua ben nota Storia dell'Islām, abbia quasi ignorato gli studi del De Goeje, che già nel 1864 aveva pubblicato la prima edizione della sua famosa Memoria.

§ 386. — Da questo esame vediamo che gli storici da noi citati o hanno aumentato il numero degli errori, fondendo assieme due versioni in contradizione incompatibile fra loro, o hanno ignorato l'intiero problema. Tutti hanno apparentemente chiuso gli occhi su due punti fondamentali: primo, che secondo la scuola Madinese, Khālid b. Saʿīd fu deposto pochi giorni dopo la sua nomina e costretto a servire come semplice soldato: secondo, che mentre Sayf narra una sconfitta di Khālid b. Saʿīd a Marǵ al-Ṣuffar nel 12. a. H., la maggior parte dei tradizionisti della scuola Madinese dànno invece una vittoria in quel medesimo sito due anni dopo nel 14. a. H.

[Critica delle tradizioni di Sayf sui primi combattimenti in Siria.]

Il Wellhausen, allontanandosi molto dai predetti scrittori, esamina magistralmente tutta la questione (Sk. u. Vorarb., VI, 52 e segg.). Secondo lui, la narrazione di Sayf non si può in verun modo unire con quella della scuola Madinese, e si deve senz'altro scartare. Forse si potrebbero soltanto accettare gl' incidenti personali intorno a Khālid b. Sa'īd ed ai suoi colleghi al principio della narrazione di Sayf. Egli paragona quindi i particolari di Sayf sulla disfatta di Marǵ al-Suffar, con quelli della scuola Madinese sulla vittoria di Marǵ al-Suffar, nella quale, come vedremo nelle seguenti annate, la scuola Madinese fa perire Khālid; e viene in tal modo a dimostrare che vari incidenti di Sayf possono essere considerati come riflessi e pervertimenti della narrazione madinese. Così, per esempio, Sayf fa morire a Marǵ al-Suffar, il figlio di Sa'īd; mentre la scuola Madinese fa perire Khālid stesso: questo è certamente un tentativo di Sayf per accordare la sua narrazione con quella di ibn Isḥāq. La scuola Madinese narra che in Dzū-l-Marwah, presso Madīnah, Khālid b. Sa'īd fu deposto dal suo comando: Sayf cerca evidentemente di adattarsi a questa notizia, perchè fa fuggire Khālid tutto il tratto da Damasco fino a Dzū-l-Marwah, per riferire, anche egli in questo luogo, la umiliante deposizione di Khālid. Così pure dacchè la scuola Madinese fa morire Khālid alla battaglia di Marǵ al-Suffar nel 14. a. H., Sayf afferma che Khālid scomparisse alla battaglia del Yarmūk.

Alla fine però del suo esame il Wellhausen, esitando forse di condannare tutta intera una narrazione così particolareggiata, propone una soluzione dell'arduo problema, alludendo alla possibilità che la narrazione di Sayf nasconda forse un qualche malsuccesso musulmano al principio della invasione siria. Uno potrebbe supporre, egli dice, che Yazīd b. abī Sufyān, Šuraḥbīl ed abū 'Ubaydah, dopo alcuni felici successi, subissero una sconfitta a Marǵ al-Suffar, ove Khālid b. Sa'īd perdette la vita, e che costrinse i generali musulmani a ripiegarsi a mezzodì fino a Busra. Allora le milizie imperiali, movendosi dal loro campo in Ǵilliq (cfr. § 319, nota 1), si volsero contro 'Amr in Palestina. Mentre avveniva questo movimento dei Greci, sopraggiunge all'improvviso Khālid b. al-Walīd dall' 'Irāq, e congiuntosi con i colleghi intorno a Busra, accorre poi con essi in soccorso di 'Amr nella Palestina meridionale. L'opinione del Müller (I, 248, nota 1), che la tradizione abbia fatto confusione fra Khālid b. Sa'īd e Khālid b. al-Walīd, e che da ciò sia nato tutto l'errore, è, secondo il Wellhausen, insostenibile, perchè non spiega le " stravaganze " di Sayf.

§ 387. — Il De Goeje (Mém., 25-29) è più conciso nel suo esame: narrata la versione di Sayf ed espostene le principali divergenze dalla versione " madinese ", sostiene che, siccome tutte le altre fonti, benchè per lo più indipendenti fra loro, sono in flagrante contradizione con Sayf, non v'è da esitare nel respingere intieramente il racconto sayfiano. Non tutto però quello che narra Sayf è finzione ed errore: dopo la morte del Profeta, Khālid lasciò il suo posto nel Yaman e venne a Madīnah: è possibile che egli abbia di poi, per ordine di abū Bakr, assunto il comando di un " corps d'observation ", sia in al-Ḥamqatayn, sia in Taymā, dopo il ritorno della spedizione di Usāmah, con lo scopo di mantenervi l'ordine. È possibile anche, secondo il De Goeje, che Šuraḥbīl l'abbia mandato a Zīzā per radunarvi schiere ausiliarie di Arabi siri. È però insostenibile, conclude il De Goeje, che queste operazioni, quali esse fossero, siano state in un rapporto immediato con la battaglia di Marǵ al-Ṣuffar.

[Critica delle tradizioni di Sayf sui primi combattimenti in Siria.]

§ 388. — Ben più lungo e minuzioso è l'esame del problema fatto dal Miednikoff (I, 421-428). Egli fissa innanzitutto, con la sua diligente consueta precisione i dati fondamentali delle tradizioni: ibn Isḥāq, al Madā·ini, Sayf ed al-Balādzuri affermano concordemente che Khālid b. Sa'īd sia stato il primo generale nominato da abū Bakr, per l'invasione della Siria. Mentre però tutti narrano che, poco tempo dopo la nomina e prima della sua partenza, Khālid fosse destituito, in particolar modo per insistenza di 'Umar, Sayf spiega con molta precisione che abū Bakr non volle cedere ad 'Umar, e ordinò a Khālid b. Sa'īd di partire. Della spedizione di Khālid b. Sa'īd fino a Marǵ al-Ṣuffar nessun cronista fa menzione, tranne Sayf. ibn Isḥāq ed al-Madā·ini pongono la battaglia di Marǵ al-Ṣuffar dopo avvenuta l'invasione della Siria per opera degli altri generali, ma aggiungono che Khālid b. Sa'īd vi rimanesse ucciso. al-Balādzuri (probabilmente sull'autorità di al-Wāqidi) conferma la uccisione di Khālid, ma aggiunge, d'accordo con abū Mikhnaf e con al-Ya'qūbi, che ciò avvenisse molto tempo dopo la battaglia di Aǵnadayn.

I tradizionisti però, che pongono la battaglia di Marǵ al-Ṣuffar prima di Aǵnadayn, al principio della guerra (ossia Sayf, ibn Isḥāq ed al-Madā·ini), ammettono che fosse una disfatta. Quelli invece che la collocano dopo Aǵnadayn (ossia al-Balādzuri ed al-Ya'qūbi), affermano che fosse una vittoria.

È possibile, si domanda il Miednikoff, che in Marǵ al-Ṣuffar, in tempi diversi, siansi combattute due battaglie? Se con questo nome di Marǵ al-Ṣuffar (= il Prato degli Uccelli) s'intende una piccola pianura di pochi chilometri quadrati, è poco probabile che ivi Arabi e Greci venissero a battersi due volte nell'identico sito. Ma se con Marǵ al-Ṣuffar si sottintende *tutto* l'immenso piano, fra la Gaulonite, al-Ghūṭah Dimašq e al-Bathaniyyah, allora, naturalmente, non si può negare la possibilità di due battaglie in due punti diversi di quella stessa pianura. Purtroppo non abbiamo ragguagli sufficienti per stabilire l'estensione geografica che si può attribuire al nome di Marǵ al-Ṣuffar.

[Critica delle tradizioni di Sayf sui primi combattimenti in Siria.]

Se dunque a Marǵ al-Suffar vi fu una sola battaglia, quando avvenne? Prima, o dopo Aǵnadayn?

Il Miednikoff comincia con l'osservare come tanto al-Balādzuri, quanto al-Ya'qūbi, nel porre la battaglia di Marǵ al-Suffar dopo Aǵnadayn, si fondano certamente su al-Wāqidi. Ora benchè ibn Isḥāq in un passo (Tabari, I, 2107, lin. 13-16; cfr. § 319, nota 3) confermi essere la battaglia di Marǵ al-Suffar stata combattuta prima di Aǵnadayn, pur nondimeno in un altro passo (Tabari, I, 2146, lin. 7-12) egli parla di una sconfitta dei Greci dopo la battaglia di Fiḥl e prima dell'assedio di Damasco, una sconfitta che è avvenuta in un luogo nelle vicinanze immediate di Damasco. Ora questa vittoria musulmana corrisponde esattamente alla battaglia di Marǵ al-Suffar, menzionata da al-Balādzuri e al-Ya'qūbi dopo Aǵnadayn. — (Potremmo aggiungere alle osservazioni del Miednikoff, che ibn Isḥāq, menzionando questa vittoria, dice essere stato Bahān il comandante dei Greci, ossia quello stesso che Sayf nomina quale comandante greco nella sua versione della battaglia di Marǵ al-Suffar). — Da questo fatto il Miednikoff trae buone ragioni per arguire che ibn Isḥāq deve aver trovato, nelle sue fonti, due diverse notizie su questa battaglia, e le ha introdotte ambedue nella sua narrazione: osservando però che le due versioni erano fra loro in manifesta contradizione, ha tacitamente girato la difficoltà, omettendo nella menzione della seconda battaglia, il nome del luogo, dove essa venne combattuta.

In conclusione, dunque, alle testimonianze di al-Wāqidi, di abū Mikhnaf, e in parte di ibn Isḥāq, fortificate e confermate dalle opinioni di al-Balādzuri e di al-Ya'qūbi, noi possiamo contrapporre le affermazioni di al-Madā·ini, di Sayf, ed in parte di ibn Isḥāq. Se sopprimiamo ibn Isḥāq, e se consideriamo come fattori di egual valore tanto al-Madā·ini, quanto abū Mikhnaf, rimangono due soli elementi in contrasto fra loro: al-Wāqidi e Sayf. Ora al-Wāqidi gode fama di valente cronologo, mentre il secondo è colpevole d'innumerevoli anacronismi. Quindi naturalmente le affermazioni di al-Wāqidi devono corrispondere maggiormente alla verità, che non le notizie del fallace Sayf. Il Miednikoff ritiene perciò che il De Goeje, il Müller ed il Wellhausen hanno perfettamente ragione nel porre la battaglia di Marǵ al-Suffar dopo Aǵnadayn.

§ 389. — Se però, continua il Miednikoff, le affermazioni di Sayf sulla battaglia di Marǵ al-Suffar non sono vere, dobbiamo noi forse per questo motivo respingere come intieramente false tutte le notizie che egli ci porge su quanto avvenne prima della battaglia di Marǵ al-Suffar?

Sayf b. 'Umar ci dà notizie tramandate da persone che vivevano alla fine del I ed al principio del II secolo della Hiǵrah. I racconti sulla con-

[Critica delle tradizioni di Sayf sui primi combattimenti in Siria.]

quista della Siria, formatisi in quell'età — nell' 'Irāq, è bene aggiungere! — possono benissimo non essere stati, sotto molti rapporti, corrispondenti alla verità. Abbiamo visto già come i narratori delle conquiste — informatori e fonti di Sayf — sono sovente caduti in errore riguardo alle date: essi hanno confuso l'ordine cronologico degli eventi, hanno ascritto ad un generale quello che invece fu compiuto da un altro, hanno inventato discorsi e lettere di persone, sul conto delle quali essi avevano solo poche e magre notizie, oppure anche soltanto vaghe supposizioni; hanno condensato in un breve racconto episodi inventati sul conto di varie persone, hanno taciuto disfatte, o le hanno tramutate in vittorie. Tutto ciò è molto probabile e verosimile (cfr. Wellhausen Sk. u. Vorarb., VI, 9, 12, 23, 48, 50, 62, 63-65, 86, 117, 133). Ma è forse lecito supporre che, meno di cento anni dopo questa guerra, i cantastorie abbiano potuto inventare notizie di una battaglia che non è mai esistita, corredandola inoltre con tanti minuti ragguagli e precisi nomi di luoghi? Quando noi leggiamo in Sayf che, nel principio stesso della guerra, fra Ābil, Zīzā e al-Qastal avvenne una battaglia (cfr. § 378) vinta sui Greci, allora, prima di stabilire che quest'informazione sia del tutto inventata, noi dobbiamo provare che questa battaglia non sia mai potuta accadere. Varî scrittori, è vero, non ne fanno menzione, ma ciò non prova la falsità della notizia di Sayf, perchè essi incominciano la loro narrazione sulla conquista della Siria propriamente con l'invio dell'intiero esercito sotto i tre o quattro generali. Di ciò che provocò la guerra, come cioè abū Bakr venne alla decisione d'iniziarla, niente ci dicono le fonti. Pur ammettendo che l'idea della conquista della Siria venne molto presto alla luce, il Miednikoff nondimeno non vede chiaro, nei racconti dei più antichi cronisti, eccetto Sayf, che cosa abbia sospinto abū Bakr a mettere in esecuzione questa idea. Presso i medesimi non esiste veruna notizia sui precedenti combattimenti, che possono aver trascinato abū Bakr alla nuova guerra. Tale lacuna si spiega con il fatto che l'importanza degli eventi successivi gettò nell'ombra le brevi informazioni sul primo combattimento più o meno accidentale. Fra l'insurrezione epica di quasi tutta l'Arabia da una parte e la disfatta completa dell'esercito greco e dell'impero Persiano dall'altra, l'invasione di Khālid b. Sa'īd, che era relativamente di scarsa importanza, poteva facilmente perdersi ed essere dimenticata. Notizia di questo, benchè in veste corrotta, si è conservata nel solo Sayf.

§ 390. — Pur ammettendo la giustezza di tutte le critiche del Wellhausen, che dimostra il modo erroneo, con cui Sayf presenta l'inizio delle conquiste ed i caratteri tendenziosi della sua narrazione (secondo Sayf, Khālid b. Sa'īd fu battuto dai Greci, perchè non si attenne alle istruzioni del Califfo, che vigilava e dirigeva ogni cosa), il Miednikoff nondimeno non s'induce a credere che Sayf abbia potuto inventare di sana pianta una battaglia, nè sa spiegarsi come nè donde Sayf abbia potuto attingere le esatte informazioni su luoghi, ove probabilmente egli non mise mai il piede. Dacchè nel testo di Sayf, in questo passo (§ 378), si discorre senza dubbio di una vittoria, allora, secondo il Wellhausen, è possibile supporre che questa vittoria sia stata inventata, specialmente per contrapporla alla disfatta di Marǵ al-Ṣuffar. Ma il testo di Sayf in quel luogo è laconico ed oscuro: non si comprende subito chi sia il vincitore (cfr. Tabari, I, 2081, ult. lin. e segg.). ibn Khaldūn, che ha adoperato Sayf con l'intermediario di Ṭabari, ha infatti trovato necessario di aggiungere il nome proprio " Khālid „ (cfr. Khāldūn, II, App., p. 83, lin. 26), il quale distrugge allora ogni dubbio. Ma ha ibn Khaldūn interpretato correttamente il testo? Tale dubbio su questo passo non ci permette di stabilire se Sayf abbia inventato la battaglia con lo scopo di dimostrare che la vittoria era avvenuta perchè Khālid aveva seguito i consigli di abū Bakr, e più tardi, quando disobbedì, rimase sconfitto.

Sayf molto spesso unisce i ragguagli di vari tradizionisti in un racconto solo: da questo non si deve concludere che egli inventi la sua informazione. La menzione di luoghi, uno dei quali (Zīzā) s'incontra assai di rado, fa supporre tale una conoscenza topografica, che dimostra aver Sayf attinto da un tradizionista sirio. Ed in verità, in quella tradizione, fra i nomi dell'isnād è menzionato abū 'Uthmān al-Nahdi, un arabo convertito vivente il Profeta, ma che non l'aveva mai visto, veterano di molte battaglie delle conquiste in Persia e in Siria, e morto in età di più che cento anni nel 95. a. H. (Athīr Usd., III, 324; Dzahabi, I, 31; Miednikoff, I, 56): questi, essendosi battuto al Yarmūk nel 15. a. H., può aver avuto conoscenza precisa del fatto d'arme di Zīzā.

Da tali considerazioni il Miednikoff conclude che si possano accettare le seguenti affermazioni di Sayf: Khālid b. Sa'id si recò a Taymā prima ancora che fosse finita la guerra contro gli apostati, la Riddah; da Taymā fece un'incursione nella Trans-Giordanica, ed ebbe un combattimento con esito dubbio con i Greci fra Zīzā, al-Qasṭal e Ābil. Forse il suo esercito non era tanto forte e numeroso come ce lo rappresenta Sayf. Molto probabilmente il nome di Bāhān, i consigli di abū Bakr ai partenti, sono aggiunte posteriori: infine la battaglia di Marǵ al-Ṣuffar con tutta probabilità è messa e raccontata male, erroneamente e fuori di posto, ma non inventata di sana pianta. Con la soppressione di questi abbellimenti ed errori di Sayf, rimangono sempre i dati che ci spiegano come avesse principio la guerra contro i Greci.

Dopo aver spiegato come da questi eventi egli si figura il principio delle conquiste — il desiderio cioè di abū Bakr di soddisfare l'irrequietezza delle tribù —, il Miednikoff passa infine ad esaminare le cause della destituzione di Khālid b. Sa'īd, affermando che le ragioni addotte da tutte le fonti — eccetto Sayf — non sono sufficienti. È forse probabile e verosimile che abū Bakr abbia seguito il consiglio di 'Umar solo quando si fu chiaramente manifestata l'incapacità di Khālid b. Sa'īd quale comandante di eserciti? Dacchè però la prova della incapacità di Khālid, rivelata dalla disfatta, poteva ridondare a poco onore dell'Islām, i tradizionisti la tacquero e misero assieme altri motivi. Khālid b. Sa'īd era stato uno dei primi ad abbracciare l'Islām, ed aveva più volte provato la sincerità della sua devozione alla nuova fede. Il suo malcontento per l'elezione di abū Bakr, non gli attirò veruna sgradevole conseguenza: le cause vere della sua deposizione devono essere state di altra natura. Dacchè gli fu surrogato Yazīd b. abī Sufyān, fratello dell'accorto politicante Mu'āwiyah, di poi Califfo, non è impossibile che, sotto alla deposizione di Khālid b. Sa'īd, si ascondano intrighi della famiglia di abū Sufyān b. Ḥarb.

[Critica delle tradizioni di Sayf sui primi combattimenti in Siria.]

§ 391. — L'impressione che si trae da tutte queste discussioni non è favorevole ad una soluzione soddisfacente del problema. Dopo maturo esame debbo purtroppo dire che i ragionamenti del Miednikoff, sebbene acuti nè privi di fondamento, tuttavia non scuotono i miei dubbi sulla versione di Sayf. Abbiamo visto nel racconto della prima campagna di Khālid b. al-Walīd nell'Irāq quanto mai egli — o le sue fonti — abbiano potuto inventare di sana pianta: se il Miednikoff dubita che Sayf inventi *una* battaglia in Siria, cosa n'è delle *sei* o *sette* grandi battaglie vinte da Khālid nell'Irāq e che esistono solo nella fantasia di Sayf e delle sue fonti? Noi crediamo perciò di dover accettare di preferenza le conclusioni del De Goeje e del Wellhausen, fare cioè *tabula rasa* della versione di Sayf. Può essere che una parte di codeste notizie sia corretta, ma non abbiamo alcun mezzo per stabilire quali fra tante contengano qualche elemento di verità: lo storico deve diffidare dal poggiar troppo la sua narrazione su ipotesi proprie, e quando una questione è così oscura ed involuta come questa, meglio è sospendere il proprio giudizio nella speranza che l'avvenire riveli nuovi documenti, e porga la chiave per risolvere il problema.

Il silenzio completo delle fonti bizantine sul presunto buon successo delle armi greche è, a mio modo di vedere, un argomento di molto peso contro la possibilità di una disfatta araba a Marǵ al-Ṣuffar. Esiste, è vero, come vedremo nelle annate seguenti, un sicuro indizio di un rovescio arabo, ma in età posteriore ad Aǵnadayn e quindi cronologicamente non può essere in verun modo accomodato alla narrazione sayfiana. Può essere che Sayf abbia anticipato la data di questo rovescio arabo per iscusare e rendere meno umi-

[Critica delle tradizioni di Sayf sui primi combattimenti in Siria.]

liante la destituzione di Khālid b. Sa'īd, e che perciò nelle presenti tradizioni di Sayf si ascondano alcuni eventi storici posteriori alla battaglia di Aǵnadayn. Siamo però sempre nel campo delle supposizioni e nulla di sicuro possiamo dire sull'argomento: si noti infatti che il rovescio arabo avvenne nei pressi di Ḥimṣ (Emesa) e non di Damasco, presso cui giace la pianura Marǵ al-Ṣuffar.

È bene rammentare che la ragion d'essere della scuola storica Iraqense, rappresentata da Sayf b. 'Umar, è la glorificazione dell' Islām e dei Musulmani nell' età eroica delle grandi conquiste. Come vedremo però in appresso, gli uomini che fondarono l' Impero erano pur uomini come tutti gli altri e commisero essi pure gravi errori e delitti. Ogni qualvolta si presenta un punto scabroso, ecco la scuola Iraqense che viene ad accomodare ogni cosa, a scusare tutti. Così, per esempio, la rivoluzione economica e politica che portò all'assassinio del califfo 'Uthmān nel 35. a. H., e quindi alla grande guerra civile durata dal 36. al 41. a. H., non fu colpa, secondo Sayf, nè del Califfo e dei suoi consanguinei, nè dei nemici del medesimo, ma solo di un pugno di malvagi, irresponsabili, diretti da un rinnegato ebreo, e così via discorrendo. Sembra quindi lecito supporre che la versione di Sayf abbia qui avuto di mira principalmente una riabilitazione di Khālid b. Sa'īd, nel senso di spiegare che la sua deposizione non avvenisse per motivi disonorevoli, ma solo per aver agito con soverchio zelo nella causa dell' Islām. Così nacque a poco per volta tutta questa immaginaria spedizione di Khālid b. Sa'īd, e con vaghe reminiscenze delle due spedizioni di Mu-tah (nell' 8. a. H.) e di Usāmah (nell' 11. a. H.) si compose la versione data da Sayf nei paragrafi precedenti. Che, come suppone il Wellhausen, una parte del racconto poggi per avventura su qualche piccolo rovescio nella Trans-Giordanica prima di Aǵnadayn, è possibile: ma allora entriamo nel campo delle ipotesi, e ci allontaniamo dalla storia di fatti veri e precisi. Se troviamo traccie degli errori di Sayf e della sua scuola tanto in al-Madā-ini quanto in ibn Isḥāq, non deve sorprenderci: non tutto quello che essi narrano è corretto, nè si può escludere, che qua e là ove ciò tornava loro utile, accettassero anche qualche elemento fallace della scuola storica Iraqense.

PERSIA-SIRIA — Viaggio di Khālid b. al-Walīd dall' 'Irāq in Siria.

§ 392. — Dalle ragioni esposte in alcuni paragrafi precedenti, abbiamo concluso che l'ordine inviato dal califfo abū Bakr a Khālid b. al-Walīd nell' 'Irāq, fosse dato nella prima metà dell'anno 12. H. È quindi assai probabile che abū Bakr mandasse le nuove istruzioni a Khālid b. al-Walīd nello stesso momento, in cui preparava l' invio degli altri eserciti in Siria. Abbiamo perciò creduto di aggiungere in questo luogo, alle tradizioni sulla

[Viaggio di Khālid b. al-Walīd dall' 'Irāq in Siria.]

prima campagna persiana e siria, anche quelle sul celebre viaggio di Khālid, benchè esso si sia svolto per una buona parte nei primi mesi dell'anno 13. H. Gl'intricati problemi offerti da questo famoso viaggio saranno studiati più avanti, ora daremo tutte le tradizioni sull'argomento: innanzi tutto preme di stabilire *quando* Khālid lasciò Ḥīrah; poi quale fu la via da lui presa; infine in che relazione sta questo viaggio con tutto lo svolgersi delle prime conquiste. Per maggior chiarezza di quanto segue, noi premettiamo che, a nostro avviso, i fatti ora da narrarsi debbono intendersi svolti nel seguente ordine logico e cronologico: Khālid b. al-Walīd ricevette l'ordine di recarsi in Siria o poco prima o poco dopo la resa di Ḥīrah e allo stesso tempo circa in cui i suoi colleghi partivano da Madīnah per la Palestina. Khālid interpretò l'ordine a modo suo e, nel recarsi egli pure in Siria, fece una lunga escursione predatoria in terra nemica e giunse con molto ritardo alla sua destinazione. Noi consideriamo come scorretta la notizia che egli partisse per effetto di domande di soccorso dei suoi colleghi in Siria: egli parti prima di poterle ricevere se pur gli furono rivolte, forse poco dopo la partenza dei colleghi da Madīnah. Le ragioni dal nostro modo di vedere gli eventi saranno esposte appresso. Le tradizioni che raduniamo nei seguenti paragrafi dimostrano poi in modo innegabile che tutti i fatti d'arme di Khālid b. al-Walīd, nella sua campagna dopo la resa di Ḥīrah (cfr. le tradizioni già date *in extenso* ai §§ 170-212), non fanno parte d'una campagna a sè, ma furono incidenti del viaggio da Ḥīrah a Damasco. Questo punto è di somma importanza per la giusta intelligenza di quanto segue, come meglio dimostreremo alla fine della presente sezione.

Il viaggio di Khālid secondo la scuola Madinese.

§ 393. — (Balādzuri senza isnād). La partenza di Khālid b. al-Walīd per la Siria avvenne, sia nel Rabī' II, sia nel Rabī' I, dell'anno 13. H. (1) (Balādzuri, 250).

Cfr. anche Dzahabi Paris (I, fol. 117,r.) ove è detto che Khālid ricevette l'ordine di recarsi in Siria al principio dell'anno 13. H.

Nota 1. — Questa data è errata, come risulta dalla tradizione di Madā·ini, data al § 396.

(a) Il Rabī' I del 13. a. H. ebbe principio il 5 Maggio 634. dell'Èra Volgare; ora sappiamo che Khālid b. al-Walīd sorprendesse già i Ghassān o cristiani in Marg Rāhiṭ in Siria mentre festeggiavano la Pasqua di Risurrezione, ossia il 24 Aprile 634. (cfr. § 396) pari al 19 Ṣafar del 13. a. H. Questa notizia preziosa si accorda con l'altra riferita da Sayf b. 'Umar (Tabari, I, 2088, lin. 13) che già nel Ṣafar del 13. a. H., Khālid b. al-Walīd avesse operato la sua congiunzione con i colleghi in Siria (non fa differenza se in questa tradizione Sayf confonda la battaglia di Agnadayn con quella del Yarmūk: di ciò avremo a parlare a suo luogo). Perciò probabilmente bisogna correggere l'anno 13. in 12. H. e ritenere, secondo la tradizione conservata da ibn al-Kalbi (cfr. § 159), che a Khālid, poco tempo dopo la vittoria di al-Yamāmah (Rabī' I, 12. a. H.), ossia nel Rabī' II del 12. a. H., giungesse, insieme con l'ordine di razziare il confine persiano, anche quello di recarsi in Siria, e che la tradizione sia caduta in errore, credendo che Khālid ricevesse due ordini separati e distinti, mentre forse ne ricevette uno solo. Sta il fatto che le operazioni militari di Khālid nell' 'Irāq, secondo la versione della scuola

[Il viaggio di Khālid secondo la scuola Madinese.]

Madinese sono di sì poco momento, che egli non può avervi consumato un anno intiero, mentre d'altra parte le migliori tradizioni affermano che tutte le operazioni di Khālid a nord di Ḥīrah avvenissero mentre egli era in viaggio verso la Siria. Quindi Khālid, dopo la resa di Ḥīrah, deve essere partito verso il settentrione senza indugiare molto nei ditorni della città, dove, stante la sottomissione degli abitanti, egli nulla più aveva da fare, e riscossa l'indennità poteva slanciarsi in nuove avventure.

È persino probabile che anche la presa di Ḥīrah debba includersi negli incidenti di quel viaggio memorabile. Con tale disposizione e spiegazione dei fatti del 12. a. H., tutti gli eventi di questo anno si collegano più logicamente fra loro. La partenza di Khālid dall' 'Irāq avvenne probabilmente nel tempo stesso che il Califfo allestiva le altre sue forze per l' invasione della Siria, ossia circa nel Raǵab del 12. a. H.: tali affermazioni sembreranno più fondate quando avremo studiato gli altri lati del problema. Intanto si osservi che Balādzuri in questa tradizione non dice *donde* Khālid partisse: mutando l'anno 13. in 12., noi avremmo la partenza dalla Yamāmah, poco tempo dopo la grande battaglia. Più avanti al § 396, al-Madā·ini ha pure la stessa data di Balādzuri, ma essa è parimenti errata per le stesse ragioni.

(*b*) Il Miednikoff (I, 418-419), mirando a collegare la partenza di Khālid b. al-Walīd da Ḥīrah con la domanda di soccorsi inviata al Califfo dai generali musulmani in Siria, sostiene che la Pasqua menzionata da Balādzuri, al-Madā·ini, Tabari e ibn al-Athīr, come il giorno, in cui Khālid piombò sui Ghassān a Marǵ Rāhiṭ, non sia la Pasqua di Risurrezione (24 Aprile 634. a. È. V. = 19 Safar 13. a. H.), ma bensì la festa di Pentecoste (12 Giugno 634. a. È. V. = 9 Rabī' II, 13. a. H.), perchè allora soltanto era materialmente possibile, che una domanda di soccorso, proveniente dalla Siria, arrivasse a Madīnah, e che da questa città un corriere potesse arrivare in tempo a Ḥīrah, affinchè Khālid giungesse per quel giorno a Marǵ Rāhiṭ. Presso gli antichi Cristiani, ambedue le feste, Pasqua di Risurrezione e Pentecoste, erano, è vero, celebrate con grandissima solennità, e dopo Pasqua di Risurrezione, il giorno di Pentecoste è la festa più antica e più riverita dai primi Cristiani; perciò la supposizione del Miednikoff, che gli Arabi possano aver confuso una festa con l'altra, sembra avere qualche verosimiglianza e permettere, che uno scelga quella delle due feste, che meglio conviene alla propria tesi cronologica. Il Miednikoff preferisce Pentecoste, perchè dà maggior tempo per il viaggio del corriere del Califfo da Madīnah a Ḥīrah e per quello di Khālid fino a Marǵ Rāhiṭ.

(*c*) Se esaminiamo però i dizionari arabi, troviamo che l'espressione fiṣḥ è sempre per essi Pasqua di Risurrezione, ossia il giorno nel quale, dopo un digiuno di 48 giorni, i Cristiani tornano a mangiare la carne: v'è perfino la forma verbale afṣaḥa, che si dice dei Cristiani quando rompono il digiuno dopo la Quaresima (cfr. Tāǵ al-'Arūs, II, 197, penult. lin. e segg.; Qāmūs, I, 261, lin. 17 e 19; Ǵawhari, I, 188, lin. 5-6; Lisān, III, 378, lin. 15-16; Lane, *Arabic-English Lex.*, 2404). Tale concordanza è una prova convincente, che con la parola fiṣḥ si vuole dire precisamente Pasqua di Risurrezione e non Pentecoste, perchè soltanto dopo la prima v'è la cessazione del digiuno. In questo concetto siamo confermati dal fatto, che fiṣḥ non è parola araba, ma importazione aramaica, ossia una trasformazione arabica dell'espressione siriaca peṣkh, a sua volta derivazione dal pesakh degli Ebrei, tutte riferentisi sempre alla festa pasquale degli Ebrei, che, prorogata di un giorno, divenne poi la Pasqua di Risurrezione dei Cristiani (cfr. Fraenkel Aram., 276-277). In tutte queste notizie, come si vede, non v'è mai menzione alcuna della Pentecoste, che aveva presso gli Ebrei tutt'altro nome, era detta cioè Shabu'ot, o festa delle settimane (*Esodo*, xxxiv, 22) e tenuta 50 giorni dopo la Pasqua per commemorare il dono della legge a Mosè, avvenuto, secondo la tradizione, appunto 50 giorni dopo l'uscita dall'Egitto. Un errore poi nella designazione della festa non era possibile, perchè i Musulmani l'ebbero certamente dai loro consanguinei cristiani, che parlavano la loro stessa lingua, e che furono fatti prigionieri in quella circostanza. Noi perciò crediamo, che si debba ritenere codesta Pasqua come la festa di Pasqua di Risurrezione e non Pentecoste.

(*d*) Stabilito dunque con sicurezza che al-Madā·ini (§ 396) può soltanto alludere alla Pasqua di Risurrezione, abbiamo una data fissa irremovibile e alla quale dobbiamo assolutamente conformare la ricostruzione degli eventi. Altrove (§ 163) abbiamo memoria che la resa di Ullays avvenisse nel Raǵab del 12. a. H. Circa quel tempo deve essere anche avvenuta la resa di Ḥīrah; se possiamo credere a Sayf (§ 214) le indennità furono pagate a Khālid in 50 giorni, quindi è lecito presumere che la partenza *vera* di Khālid da Ḥirah debba essere avvenuta nello Ša'bān del 12. a. H., quando cioè Yazīd b. abī Sufyān varcava il confine palestiniano, perchè due mesi dopo avveniva la prima vittoria musulmana ad al-'Arabah-Dāthinah (cfr. § 347).

§ 394. — (ibn Isḥāq, senza isnād). Il califfo abū Bakr scrisse a Khālid b. al-Walīd in Ḥīrah, ordinandogli di recarsi in soccorso delle genti musulmane in Siria, con le migliori milizie che egli avesse nell' 'Irāq, lasciando

[Il viaggio di
Khālid secon-
do la scuola
Madinese.]

indietro tutti i più deboli (i malati, i feriti, ecc.), e nominando un luogotenente, che sorvegliasse ogni cosa durante la sua assenza (¹). Khālid b. al-Walīd,
quando ricevette la lettera del Califfo, esclamò subito: " Questa è opera di
al-U'aysir ibn umm Šamlah (ossia 'Umar b. al-Khaṭṭāb; perchè era mancino
e vestiva poveramente), il quale è geloso che la conquista dell' 'Irāq sia fatta
per mano mia! „

Khālid partì dunque con le schiere migliori (a h l a l-q u w w a h), e rimandò
a Madīnah tutti i deboli (d u ' a f ā, i malati, i vecchi, i feriti, ecc.) e le
donne (²), affidandone la custodia ad 'Umayr b. Sa'd al-Anṣāri. Nell' 'Irāq
lasciò quale luogotenente fra i Rabī'ah e gli altri Arabi musulmani, il valoroso al-Muthanna b. Hārithah al-Šaybāni. Di poi Khālid mosse da Ḥīrah su
'Ayn al-Tamr, un sito fortificato, nel quale si trovava una guarnigione persiana: la guarnigione fu costretta ad arrendersi a discrezione, e Khālid fece
decapitare tutti gli uomini atti a portare le armi e ridusse in schiavitù tutte
le donne ed i bambini in gran numero. Fra i prigionieri fatti in questa circostanza vengono ricordati i seguenti:

(1) abū 'Amrah, m a w l a di Šahbān, e poi padre di 'Abd al-a'la b. abī 'Amrah.

(2) abū 'Ubayd, m a w l a di al-Mu'alla al-Anṣāri, dei banū Zurayq.

(3) abū 'Abdallah, m a w l a di Zahrah.

(4) Khayr, m a w l a di abū Dāwud al-Anṣāri, dei banū Māzin b. al-Naǧǧār.

(5) Yasār, avo di Muḥammad b. Isḥāq, m a w l a di Qays b. Makhramah b.
al-Muṭṭalib b. 'Abd Manāf.

(6) Aflaḥ, m a w l a di abū Ayyūb al-Anṣāri, dei banū Mālik b. al-Naǧǧār.

(7) Ḥumrān b. Abān, m a w l a di 'Uthmān b. 'Affān (cfr. i §§ 176, 219).

In questa circostanza Khālid b. al-Walīd fece mettere a morte Hilāl b.
'Aqqah al-Namari, e crocifiggerne il cadavere in 'Ayn al-Tamr. Terminata la conquista di 'Ayn al-Tamr, Khālid si accinse ora a passare il deserto, che separava Qurāqir da Suwa. Qurāqir era una sorgente dei Kalb (³),
e Suwa una sorgente dei Bahrā (nel deserto al-Samāwah; Y ā q ū t, III, 172,
lin. 10-11); fra le due sorgenti si stendeva un deserto privo di acqua, per
traversare il quale occorrevano cinque giorni di marcia. Il cammino era ben
poco frequentato, e quando Khālid cercò una guida, gli venne indicato un
certo Rāfi' b. 'Amīrah al-Ṭā·i, il quale però espose a Khālid le difficoltà della
traversata, dicendogli essa era pericolosa e difficile per un solo viaggiatore,
impossibile per un esercito con cavalli e bagagli. Khālid insistè nel suo disegno
e disse alla guida di ordinare pure quello che fosse necessario, ma che l'impresa doveva assolutamente riuscire. Rāfi' si fece dare allora venti cameli in
ottima condizione di carne e bene allenati; li fece camminare e faticare per
un tempo, finchè li ebbe resi avidissimi di bere: allora li dissetò, curando che

[Il viaggio di Khālid secondo la scuola Madinese.]

bevessero il più che fosse possibile: tagliò quindi le loro labbra, strinse le loro bocche con museruole, per impedire che ruminassero e diede il segnale della partenza. Ad ogni tappa, egli fece scannare e sventrare quattro cameli, dai ventricoli dei quali estrasse tutta l'acqua necessaria per i cavalli, mentre gli uomini si dissetarono con l'acqua che avevano portata nelle otri (4). L'ultimo giorno della traversata i viaggiatori corsero grave pericolo di smarrirsi, perchè l'arbusto di spino (ʿawsaǵah, *Rhamnus Diosc.* o *Zizyphus spina Christi*), che sorgeva un tempo sul sito della sorgente, non era più visibile, quando l'esercito giunse fra i due monticelli di Suwa. Per un momento Rāfiʿ, che soffriva di una malattia d'occhi (armad) e non vedeva bene, si credette perduto, ma ordinò allora ai soldati di frugare e (dopo lunghe ricerche) scoprirono (sotto alla sabbia) il ceppo dell'albero che era stato tagliato: trovato questo indizio, Rāfiʿ ordinò di fare uno scavo lì vicino, e l'acqua sorgiva sgorgò in abbondanza sufficiente per dissetare tutto l'esercito: allora la guida confessò che egli era passato di là una sola volta in vita sua, quando era ancora ragazzo, con suo padre.

Prima che sorgesse il sole, Khālid b. al-Walīd aggredì i Bahrā (forse per punirli d'aver tagliato lo spino della sorgente), e li sorprese mentre se ne stavano intorno a una scodella di vino, ascoltando un cantore (Ḥurqūṣ b. al-Nuʿmān al-Bahrāni), il quale annunziava la venuta imminente delle milizie musulmane, e la probabilità di una sorpresa notturna e di una strage. I Musulmani compierono le predizioni del cantore, il quale rimase ucciso sul luogo ed il suo sangue zampillò entro la scodella (ǵafnah) di vino, alla quale attingeva cantando.

Khālid b. al-Walīd continuò la marcia, piombò sui Ghassān in Marǵ Rābiṭ, mettendoli in fuga, e proseguì quindi fino a Qanāh Buṣra, dinanzi alla quale città, stavano accampati abū ʿUbaydah b. al-Ǵarrāḥ, Šuraḥbil b. Ḥasanah e Yazīd b. abī Sufyān. Tutti insieme i generali musulmani rinnovarono ora gli assalti contro Buṣra (5) e costrinsero alfine gli abitanti a venire ai patti, ed al pagamento del tributo (al-ǵizyah). Buṣra fu perciò la prima città della Siria espugnata durante il Califfato di abū Bakr (6) (Tabari, I, 2121-2125).

Cfr. anche Furāt (fol. 55,v.-56,r.), che cita al-Dawlābi.

Cfr. anche ʿAsākir (fol. 34,r.), ove è pure citata la tradizione di ibn Isḥāq, e Yāqūt, I, 631-632.

NOTA 1. — (a) ibn al-Athīr afferma che abū Bakr ordinasse di lasciare nell'ʿIrāq metà delle genti sotto al-Muthanna e di recarsi in Siria con l'altra metà. Khālid voleva includere nella sua metà tutti i Compagni del Profeta, ma ad istanza di al-Muthanna, acconsentì alfine a lasciarne alcuni nell'ʿIrāq. Accenna infine che gli uomini menati via da Khālid fossero o 500, o 600, o 6000, o 9000 (Athīr, II, 312).

(b) In una tradizione, che si vuole faccia capo a Qays b. abī Ḥāzim (presente alla spedizione!), gli uomini che partirono dall'ʿIrāq con Khālid b. al-Walid erano 850, fra i quali trovavansi 200 dei Baǵīlah e dei Ṭayy, 200 cavalieri Dzubyān, e circa 800 fra Muhāǵirūn ed Anṣār (Ḥubayš, fol. 46,r.).

Nel Futūḥ al-Šām, in un passo (Futūḥ Lees, 60, ult. lin.) è detto che Khālid menasse con sè 600 uomini: altrove (Futūḥ Lees., 66), sono invece menzionati 850 uomini, dei quali 200 erano Bağīlah e Aḥmas, 200 Ṭayy e 300 Muhāǧirūn e Anṣār.

[Il viaggio di Khālid secondo la scuola Madinese.]

NOTA 2. — Il Wellhausen (Sk. u. Vorarb., VI, 65, nota 1) correttamente arguisce da questa notizia che le milizie di Khālid fossero composte di soldati nativi di Madīnah e delle vicinanze. Dalla dicitura letterale del testo di ibn Isḥāq si può trarre anche la conclusione che gli ordini del Califfo si riferissero soltanto alle milizie madinesi di Khālid, e che non menzionasse nemmeno le schiere eterogenee di Arabi raccoltisi nell' 'Irāq, per avidità di bottino, intorno a Khālid e ad al-Muthanna. L'espressione: bi-man ma'hu min ahl al-quwwah (Tabari, I, 2121, lin. 13-14) può soltanto significare tutti gli uomini atti a portare le armi, tutti gli uomini forti.

È degno di nota che Khālid interpretasse quest'ordine generico nel senso che si riferiva soltanto agli uomini di Madīnah e dintorni e non agli altri assai più numerosi, volontari dei Bakr b. Wā-il, di cui parecchie migliaia rimasero a vagare nei dintorni di Ḥīrah. Quindi nè il Califfo nè Khālid consideravano questi ultimi come parte effettiva dell'esercito madinese. Ciò fa nascere il dubbio che le operazioni militari nell' 'Irāq si compiessero da Khālid con l'ausilio di al-Muthanna, ma che questi si considerasse ancora da lui indipendente. Nessun Bakrita accompagnò Khālid in Siria. Siccome la partenza dall' 'Irāq coincide cronologicamente con quella degli altri generali musulmani da Madīnah, l'ordine di abū Bakr significa che egli non già credesse poter i 500 o 600 uomini di Khālid (cfr. il seguente § 396) costituire una differenza nell'equilibrio delle forze militari in Siria, ma piuttosto ritenesse il Califfo che nell' 'Irāq nulla vi era pel momento da fare, e che il genio militare di Khālid fosse assai più utile in Siria che sull' Eufrate.

NOTA 3. — Qurāqir, secondo Yāqūt (IV, 49, lin. 2), era una valle che aveva origine nel deserto di al-Dahnā, oppure una valle appartenente ai Kalb, nel deserto di al-Samāwah, e che scendeva in direzione dell' 'Irāq. Ignorasi però dove giacesse esattamente questa Qurāqir. Yāqūt menziona in tutto cinque diversi siti aventi nome Qurāqir.

NOTA 4. — Queste notizie sono puramente fantastiche e adornamenti posteriori: un camelo può portare sul dorso venti volte più acqua che non contenga il suo ventricolo, e quest'ultima è piena poi di succhi gastrici, che la rendono nauseabonda. Non si comprende perciò la ragione di questo ripiego inutilmente crudele. Un buon capitano può abbandonare i cameli quando è bevuta tutta l'acqua che portano, per non essere impacciato da soverchi animali inutili, ma non mi consta che i veri Beduini ricorrano mai agli espedienti narrati in questa tradizione. Sarei perciò tentato a porre questo incidente tra gli episodi inventati dalla leggenda popolare. L'episodio poi perde molta parte del suo valore, perchè, come specificheremo meglio in appresso, sulla via che doveva percorrere Khālid non esistono deserti tanto terribili. Infine si noti che Khālid fece il viaggio nei mesi più rigidi dell' inverno, quando la temperatura ogni notte scende sotto zero: quando io traversai il deserto sirio, nel Febbraio del 1894, gelava ogni notte. In queste condizioni, i cameli possono viaggiare carichi anche otto o dieci giorni senza bere. Assurda è quindi la presente invenzione tradizionistica, alla quale manca ogni base, ed ogni ragione.

NOTA 5. — Buṣra è la celebre città del Ḥawrān, ai piedi del grande monte Ǵabal Ḥawrān, che faceva parte, secondo Yāqūt (I, 654), della provincia di Damasco, e della quale abbiamo già discorso in altro luogo (cfr. § 327, nota 1). Aggiungeremo che fu ingrandita e abbellita da Traiano, Nova Traiana Bostra, e di poi sotto Filippo Arabo elevata al grado di Metropoli, le rovine della quale sono oggi ancora molto considerevoli e visitate talvolta da viaggiatori europei (cfr. Baedeker, *Palestina u. Syrien*, ed. 1904, p. 144 e segg.). Cfr. anche Seetzen, *Reisen durch Syrien*, I, 418; Burckhardt Syria, 407.

Buṣra fu uno dei grandi empori commerciali del regno Nabateo, dove fissò, si crede, la sua residenza il re Rabbel II, e dove esisteva il culto di una divinità locale per nome A'da (Dussaud, 469). Da Buṣra partiva la grande strada romana costruita da Traiano, che scendeva attraverso la provincia romana Arabia fino al fondo del Golfo Elanitico (Golfo di 'Aqabah), dove ai tempi di Maometto trovavasi la città di Aylah (cfr. 9. a. H., §§ 38 e segg.). Buṣra era il centro donde si irradiavano molte strade commerciali verso il settentrione, Damasco, la Palestina e la Mesopotamia (Dussaud, 477-479). Per queste ragioni era città molto ben nota agli Arabi della penisola, e ne è prova il ricorrere del nome di Buṣra nelle leggende sulla nascita di Maometto (cfr. Intr., §§ 135, 136, 153, 326): si vede che i nomadi della penisola, ai quali ripugnava di penetrare nelle regioni civili e popolose dell'Impero, si contentavano, nei loro viaggi commerciali, di giungere fino a Buṣra, i monumenti della quale li riempivano di maraviglia. Damasco e Gerusalemme erano quasi affatto sconosciute ai nomadi, che non si curavano di spingersi oltre, appena avevano venduto le loro merci in Buṣra. Per la stessa ragione, gli Arabi si recavano a Ghazzah in Palestina e non oltre. Tanto l'una città che l'altra giacevano sul limitare di regioni deserte, e l'Arabo mercante e semi-predone non amava distaccarsi dalle libere solitudini del suo deserto

[Il viaggio di Khālid secondo la scuola Madinese.]

nativo. Le tradizioni riferite da Balādzuri (112-113, cfr. anche § 358) fanno sospettare che la presa di Buṣra possa essere avvenuta molto più tardi, o dopo Fiḥl, o anche dopo Yarmūk.

Nota 6. — (a) In ibn 'Asākir abbiamo le stessa tradizione di ibn Isḥāq, con qualche variante: ivi è detto: «... ed essi trovarono in una sinagoga degli Ebrei alcuni fanciulli che imparavano a scrivere, e precisamente in una delle città di 'Ayn al-Tamr, che aveva nome NFR (?)» ('Asākir, fol. 37,r.).

(b) La medesima tradizione di ibn Isḥāq, nel testo di ibn 'Asākir, invece di Marǵ Rāhiṭ, ha la variante Marǵ al-'Udr ('Asākir, fol. 37,r.).

(c) In ibn 'Asākir (sull'autorità di abū Bakr al-Bayhaqi, oltre che di abū-l-Qāsim al-Samarqandi, da abū Bakr ibn al-Lālakā·i, da abū-l-Ḥasan b. al-Fadl al-Qaṭṭān, da 'Abdallah b. Ǵa'far, da Ya'qūb b. Sufyān, da abū-l-Yamāni al-Ḥakam b. Nāfi', da Ṣafwān b. 'Umar, da 'Abd al-raḥmān b. Ǵubayr) Khālid b. al-Walīd si congiunse con i colleghi in al-Ǵābiyah, ove egli trovò soltanto Šuraḥbīl b. Ḥasanah, Yazīd b. abī Sufyān e 'Amr b. al-'Āṣ. ('Asākir, fol. 34,r.-v., ove è detto che Khālid menasse con sè 3000 uomini). Si noti l'assenza del nome di abū 'Ubaydah.

§ 395. — (abū Yūsuf, da ibn Isḥāq e da altri conoscitori della storia). (Dopo la resa di Bārusmā), Khālid b. al-Walīd tornò a fissare il campo nella bassura di Naǵaf e chiese agli abitanti di Ḥīrah di fornirgli le guide per arrivare ad 'Ayn al-Tamr, ove esisteva un posto armato, rābiṭah, del re di Persia. Khālid assalì quindi 'Ayn al-Tamr, massacrò la guarnigione persiana, uccise un capo arabo, che era dihqān di 'Ayn al-Tamr; ma gli abitanti indigeni del paese conchiusero con Khālid un trattato identico a quello di Ḥīrah.

Da 'Ayn al-Tamr Khālid mandò Sa'd b. 'Amr al-Anṣāri con una parte delle sue forze a Ṣandawdā, ove abitavano alcuni Arabi Kindah e Iyād, di fede cristiana, e dopo un breve combattimento questi furono costretti a sottomettersi ed a pagare la ǵizyah. Alcuni Arabi si fecero musulmani e Sa'd b. 'Amr al-Anṣāri rimase in quel luogo sino al califfato di 'Uthmān [23.-35. a. H.]: il paese restò in mano dei suoi discendenti al tempo di Hārūn al-Rašīd [† 193. a. H.]. Khālid avrebbe voluto stabilire la sua dimora in Ḥīrah, ma gli venne una lettera del califfo abū Bakr di recarsi in Siria per aiutare abū 'Ubaydah b. al-Ǵarrāḥ. Khālid mandò allora il quinto del bottino a Madīnah. Khālid ricevette poi in Ḥīrah (1) una (seconda?) lettera di abū Bakr, con l'ordine di recarsi in Siria, perchè al Califfo erano giunte lettere di abū 'Ubaydah chiedenti soccorso. Allora Khālid partì da Ḥīrah, e con guide prese da Ḥīrah e da 'Ayn al-Tamr traversò il deserto (al-mafāwiz) e giunse nel paese dei Taghlib, molti dei quali egli uccise. Di là con guide taghlibite arrivò prima a al-Naqīb (Nuqayb?), e poi ad al-Kawātil, ove ebbe un combattimento sanguinosissimo, pari a quello di al-Yamāmah (?!). Infine vinse i nemici e depredò tutti i villaggi circostanti. Giunto ora ad 'Ānāt, il baṭriq del paese gli venne incontro e chiese la pace, che fu concessa alle medesime condizioni degli altri cristiani, e messa in iscritto. Alle stesse condizioni si arresero ora anche gli abitanti di al-Naqīb e al-Kawātil, e Khālid proseguendo il cammino giunse a Qarqīsiyā, ove dopo aver depredato le campagne circostanti, ottenne la sottomissione degli abitanti alle stesse condizioni di 'Ānāt (libertà di culto, di suonar le campane, pagamento della ǵizyah, ecc.), con trattato che rimase in vigore sotto tutti i califfi successivi fino ad 'Ali [† 40. a. H.] (2) (Yūsuf, 86, lin. 4—87, lin. 7).

[Il viaggio di Khālid secondo la scuola Madinese.]

Nota 1. — Questo ritorno a Ḥīrah, dopo un ordine del Califfo di andare in Siria, e la ripetizione dell'ordine di abū Bakr, rivelano, in questo punto della narrazione di abū Yūsuf confusione e ripetizione di notizie.

Nota 2. — (a) Questa narrazione ha per noi speciale valore, perchè omette ogni menzione della pretesa espugnazione di Anbār, che dobbiamo pur mettere fra le favole di generazioni posteriori.

(b) abū Yūsuf (87, lin. 7 e segg.) interrompe qui la sua narrazione per insistere sulla illegalità di distruggere le chiese dei Cristiani, comprese nei primi trattati di resa: nel corso delle sue osservazioni accenna al fatto che Khālid, dal suo ingresso entro ai confini persiani fino al suo arrivo a Damasco, facesse in tutto mille prigionieri, aggiungendo però che altri elevano questa cifra fino a 5000 (Yūsuf, 87, lin. 14 e segg.). Nulla ci narra sulla parte rimanente del viaggio di Khālid.

(c) Altro punto importante da porre in rilievo è che la pretesa traversata del deserto avvenisse da un punto presso 'Ayn al-Tamr fino a 'Ānāt. Orbene 'Ānāt o 'Ānah giaceva sull'Eufrate tra Hīt e Raqqah (Yāqūt, III, 594) ed esiste tuttora, e Khālid, nel recarsi da 'Ayn al-Tamr presso Anbār a 'Ānāt non aveva a traversare alcun deserto, ma soltanto a seguire il corso dell'Eufrate. Quindi la menzione di un *deserto* è interpolazione evidente. Infine questo itinerario, benchè pure attribuito a ibn Isḥāq, non combina affatto con quello del paragrafo precedente. Su ciò discorreremo più avanti.

§ 396. — (a) (Tabari, senza isnād, ma certamente parte dalla tradizione precedente, riferita da 'Umar b. Šabbah, da al-Madā·ini). Il califfo abū Bakr nominò ora Khālid b. al-Walīd, che si trovava nell''Irāq, comandante generale di tutti gli eserciti musulmani in Siria, dandogli ordine di partire immediatamente per la Siria e di riunire sotto di sè tutte le forze impegnate contro i Greci (1). Khālid partì da Ḥīrah nel Rabī' II del 13. a. H. (cfr. precedente § 393, nota 1) con 800, oppure con 500 uomini, lasciando al-Muthanna b. Ḥārithah quale luogotenente nell''Irāq.

In Sandawdā incontrò una schiera nemica e la mise in fuga, lasciando, come luogotenente sul luogo, ibn Ḥarām al-Anṣāri.

In al-Muṣayyakh ed in Ḥuṣayd trovò altre schiere nemiche sotto Rabī'ah b. Buǵayr al-Taghlibi e le fugò, facendo molti prigionieri e molto bottino.

Traversò poi il deserto fra Qurāqir e Suwa, piombando sugli abitanti di quest'ultimo luogo, e portando via tutto quello che possedevano: vi uccise anche Ḥurqūṣ b. al-Nu'mān al-Bahrāni (2).

Passò quindi per Arak (cfr. Yāqūt, I, 211), dove concluse un trattato di pace con gli abitanti.

In Tadmur (Palmira) (3) trovò gli abitanti disposti ostilmente verso di lui, perchè si erano fortificati (fra le rovine dei tempi di Palmyra?!), facendo mostra di volersi difendere; poco dopo però vennero a patti.

Da Tadmur passò a al-Qaryatayn, gli abitanti della quale furono messi in fuga e predati: lo stesso avvenne in Ḥuwwārīn (4), ove gli abitanti furono battuti con grande strage e spogliati di ogni cosa.

Il villaggio di Quṣam trattò con Khālid b. al-Walīd: gli abitanti erano Arabi della tribù dei banū Ma·ǵa'ah (5), un ramo dei Quḍā'ah.

Arrivato alfine a Marg̃ Rābiṭ, predò i Ghassān nel giorno della loro Pasqua (fī yawm fiṣḥihim) (24 Aprile 634. a. È. V.) (cfr. § 393, n. 1) uccidendo molti e facendo anche numerosi prigionieri. Khālid mandò poi Buṣr b. abī Arṭāh e Ḥabīb b. Maslamah ad al-Ghūṭah, ove depredarono una chiesa e fecero anche altri prigionieri uomini e donne, con i quali ritornarono sani e salvi al campo di Khālid (Tabari, I, 2108-2109).

NOTA 1. — Si osservi che al-Madā'ini non fa cenno che Khālid partisse per soccorrere i colleghi in Siria, ma solo per assumere il comando generale. Questa, a nostro modo di vedere, è la vera e corretta versione degli eventi, quella che risolve, come vedremo, molte spinose difficoltà. Da ciò si trae la conclusione che i comandanti in Siria fossero tra loro indipendenti e senza un capo solo riconosciuto, e si potrebbe da ciò anche arguire che la nomina di Khālid sia un nuovo argomento contro la presenza di abū 'Ubaydah in Siria con i primi drappelli (cfr. §§ 370, 371; cfr. anche § 397 e nota 1).

NOTA 2. — Quando i Rabī'ah cristiani si unirono sotto al-Hudzayl b. 'Imrān per vendicare la uccisione di 'Aqqah b. abī 'Aqqah (cfr. §§ 178, 219, 222), questo Ḥurqūṣ b. al-Nu'mān tentò di dissuadere gli Arabi dal prendere le armi contro Khālid, ma nessuno gli volle prestare ascolto ed egli ritornò fra la sua gente in al-Bišr. Quivi lo sorprese Khālid prima che potesse far uso delle armi, e resolo prigioniero, ordinò di decapitarlo. La testa fu gettata in un recipiente pieno di vino (Yāqūt, I, 632, lin. 2 e segg., ove sono anche citate cinque strofe attribuite a Ḥurqūṣ).

NOTA 3. — Tādmur, oggi Tudmur, celebre, in antico, con il nome di Palmira, giace nel cuore della parte settentrionale del deserto Sirio, e fu fin da tempi remotissimi una stazione molto importante della via commerciale che univa la Siria (Damasco) alla Mesopotamia. Essa costituì quindi anche una posizione strategica di molta importanza, e sembra che perfino Salomone la fortificasse (I Reg., cap. IX, 18): per Tadmur passarono certamente molti eserciti assiri e babilonesi, quando da Ninive e da Babilonia si mossero alla conquista della Siria e della Palestina. Essa fu la capitale della celebre regina Zenobia, della quale abbiamo già discorso. Tutta la popolazione si era intanto profondamente arabizzata, e già prima dell'Èra Cristiana la maggioranza della popolazione era araba. Questa costituzione etnica non impedì che la cultura greco-romana penetrasse e si diffondesse in Palmira: lo Stato di Odenato e di Zenobia fu realmente uno stato arabo, sorto sotto influenze greco-romane, sopra un sottostrato di antica civiltà aramaica ed i monumenti che ornano ancora quell'angolo del deserto, sono una prova della facilità con la quale il genio arabo ha sempre saputo assimilare i frutti di civiltà più progredite (cfr. Grimme Arabien, 21-22). Giustiniano fortificò Palmira, già ridotta in condizioni molto meschine, ma probabilmente l'invasione persiana del 613. a. È. V. distrusse gli ultimi resti dell'antico splendore. Se Khālid con soli 600 uomini potè intimorire la guarnigione e costringerla ad arrendersi (cfr. Yāqūt, I, 831, lin. 9-14), il posto militare sotto Eraclio deve essere stato ridotto in condizioni molto misere.

NOTA 4. — Yāqūt (IV, 77-78), citando il « Futūḥ al-Šām » di abū Ḥudzayfah [cfr. Heeren, Die hist. u. geogr. Quellen von Yāqūt, 10], dice che Qaryatayn era un paese a 'due tappe (a occidente) di Tadmur e che è lo stesso sito di Ḥuwwārin. Ma ciò non combina con quello che dice altrove (II, 355, lin. 3 e segg.) a proposito di Ḥuwwārin, che egli descrive come una fortezza del distretto di Ḥimṣ, e seguendo il testo di Baladzuri, distingue nettamente i due siti. Questo è corretto, perchè oggidì esistono ancora e furono da me visitati nella primavera (Febbraio) del 1894. Ḥuwwārin fu poi un soggiorno prediletto del califfo Yazīd I, che vi morì nel 64. a. H.

NOTA 5. — In una tradizione, che si vuole rimonti a Qays b. abī Ḥāzim, uno dei seguaci di Khālid nella celebre marcia, è detto che 400 dei Maš̃ga'ab si unissero agli 850 Musulmani venuti dall'Irāq (Hubayš, fol. 46,v.).

§ 397. — (al-Haytham b. 'Adi). Il califfo abū Bakr, quando scrisse a Khālid b. al-Walīd nell'Irāq di recarsi in Siria, gli conferì il comando di tutte le genti colà, tolto ad abū 'Ubaydah (¹). Khālid passando per al-Samāwah giunse a Qurāqir, e da lì, con l'assistenza di Rāfi' b. 'Umayrah al-Ṭā·i, traversò in cinque giorni il deserto fra Qurāqir e Suwa. Nel testo segue poi l'incidente del cantore che metteva in guardia la gente di al-Bišr contro gli eserciti di abū Bakr e di Khālid, e che è decapitato, mentre recitava i versi,

Fotogravure E. Calzone Roma

L ESERTC IRIO PRESSO ADMUR PALMIRA

dalle genti di Khālid, le quali irrompono all'improvviso e fanno scempio degli Arabi. Non si spiega però in verun modo quale legame cronologico e storico esista fra queste notizie e le precedenti (Qutaybah 'Uyūn, 176-178).

[Il viaggio di Khālid secondo la scuola Madinese.]

Nota 1. — Si guardi quanto è detto al § 396, nota 1, e le ultime parole del § 363. È chiaro che la tradizione ha la coscienza che la presenza di abū 'Ubaydah in Siria è incompatibile con la nomina di Khālid a comandante generale. È notevole altresì che al-Haytham [† 207-209], fonte molto antica e pregiata, non dica che Khālid andasse in Siria per soccorrere, ma soltanto per assumere il comando di tutte le schiere. Insistiamo su questo punto per ragioni che appariranno più chiare alla fine di questa sezione.

§ 398. — (al-Ya'qūbi, senza isnād). Quando ricevè l'ordine del califfo abū Bakr di recarsi in Siria per soccorrere abū 'Ubaydah, minacciato da ingenti forze greche, Khālid b. al-Walīd (partendo da Ḥīrah?) passò prima per 'Ayn al-Tamr, poi recatosi a Qurāqir (? nel testo Anbār, ma cfr. § 184, nota 1), prese una guida che lo menò per il deserto fino a Tadmur (Palmira). Gli abitanti fecero mostra di volersi difendere, fortificandosi entro il paese; Khālid li assediò e li costrinse alla resa a patti. Da lì proseguì verso Ḥuwwārīn (nel testo erroneamente Ḥawrān) e ne sconfisse gli abitanti in un combattimento sanguinoso. Si dice che Khālid nella traversata delle steppe (barriyyab) e del deserto (mafāzah) impiegasse otto giorni. Altri narrano che Khālid si recasse poi nella Ghūṭah di Damasco, traversandola fino a un colle (thaniyyah): egli aveva con sè una bandiera (rā·yah) bianca (*sic*; cfr. però § 403), che era chiamata al-'Uqāb, o l'Aquila (una delle insegne del Profeta) e perciò quel colle fu poi detto Thaniyyah al-'Uqāb. Quindi si recò nel Ḥawrān ed a Buṣra, gli abitanti della quale furono costretti a chiedere la pace ed a capitolare (Ya'qūbi, II, 150-151).

§ 399. — (abū Ḥanīfah Aḥmad b. Dāwud al-Dīnawari). (Dopo la presa di Ḥīrah) giunse a Khālid b. al-Walīd una lettera del califfo abū Bakr, portata da 'Abd al-raḥmān b. Ǵamīl al-Ǵumaḥi, con l'ordine di recarsi in Siria per aiutare abū 'Ubaydah ed i Musulmani che vi erano con lui. Khālid lasciò allora in Ḥīrah 'Amr b. Ḥazm al-Anṣāri insieme con al-Muthanna b. Ḥārithah, e passando per al-Anbār, piombò su 'Ayn al-Tamr, dove trovavasi una guarnigione persiana. Un milite persiano uccise con una freccia 'Amr b. Ziyād b. Ḥudzayfah b. Hišām b. al-Mughīrah, il quale fu sepolto in quel luogo. Khālid cinse d'assedio 'Ayn al-Tamr, finchè gli abitanti furono indotti ad arrendersi senza condizioni: i difensori furono perciò tutti decapitati e le loro donne e bambini ridotti in schiavitù. Fra questi prigionieri trovavansi il padre di Muḥammad b. Sīrīn, e Ḥumrān b. Abān mawla di 'Uthmān b. 'Affān. Khālid mise a morte anche un khafīr (chi assume la protezione di quelli che traversano il suo territorio) degli Arabi, che aveva nome Hilāl b. 'Uqbah degli al-Namr b. Qāsiṭ, e fece crocifiggerne il cadavere. Di poi Khālid

[Il viaggio di Khālid secondo la scuola Madinese.]

assalì una tribù (ḥayy) di Taghlib e di al-Namr, ne uccise varî, e fece parecchio bottino: e così arrivò in Siria (Ḥanīfah, 117-118).

§ 400. — (a) Secondo Eutichio, Khālid b. al-Walīd ricevette l'ordine di recarsi in Siria in seguito alle domande di soccorso inviate (a Madīnah) da 'Amr b. al-'Āṣ, che, accampato in Tādūn presso Ghazzah, aveva saputo che l'imperatore Eraclio aveva radunato tutte le sue forze per combatterlo. Il Cronista cristiano fa cenno quindi del viaggio attraverso il deserto da Ḥīrah (nella versione latina abbiamo erroneamente Iazrab) in Siria, senza però riferire i nomi dei paesi e delle tappe di Khālid (Eutychius, 1093).

(b) abū-l-Faraǵ (170, lin. 4 segg.) afferma che abū Bakr ordinasse a Khālid b. al-Walīd di recarsi in Siria, quando seppe che l'imperatore Eraclio raccoglieva le sue forze per combattere abū 'Ubaydah: l'ordine del Califfo arrivò a Khālid al momento in cui s'impadroniva di Ḥīrah [1].

(c) Secondo Khaldūn (II, App., p. 84), la partenza di Khālid b. al-Walīd per la Siria fu ordinata dal Califfo quando ebbe ricevuto le domande di soccorso dei generali musulmani in Siria. Egli segue Sayf e afferma che Khālid menasse con sè 6.000 uomini.

Nota 1. — Questa notizia ci è preziosa. abū-l-Faraǵ attinge in genere ad ottime fonti, e non v'è ragione per non prestar fede alla sua affermazione: egli ci porge perciò un altro pregevole indizio per fissare la cronologia intricata di questi eventi. Poc'anzi, al § 163, avemmo la notizia che Khālid ottenesse la resa di Ullays nel Raǵab del 12. a. H.: questo evento si svolse brevissimo tempo o prima o dopo la resa di Ḥīrah. Quindi, circa nel Raǵab, Khālid riceveva l'ordine di partire per la Siria, secondo abū-l-Faraǵ, o forse più correttamente egli partiva da Ḥīrah. Ma nel Raǵab appunto abū Bakr era in Makkah e bandiva l'ordine di muovere contro la Siria (cfr. § 316 e nota). Veggasi dunque che la nostra asserzione, essere cioè contemporanee le partenze di Khālid da Ḥirah e dei suoi colleghi da Madīnah, ha in suo favore argomenti precisi e convincenti. Si osservi quindi ancora una volta che Khālid non può essersi mosso per domande di soccorso dei capitani in Siria. Da ciò viene infine l'importantissima conclusione, sulla quale poggeranno molte nostre argomentazioni, che cioè Khālid non fece il famoso viaggio con urgente sollecitudine — come finora si è sempre da tutti creduto, — ma con piena libertà di mosse e largo margine di tempo. Si vedrà fra breve come l'accertamento di questo fatto, in apparenza di lieve momento, getterà una novella luce sugli intricati problemi da risolversi, e faciliterà di molto la tentata soluzione.

§ 401. — (Balādzuri, senza isnād). Quando ricevette la lettera del Califfo, che gl'ingiungeva di recarsi in Siria, Khālid b. al-Walīd trovavasi in al-Ḥīrah. Egli lasciò allora ad al-Muthanna b. Ḥārithah al-Šaybāni il comando del distretto di Kūfah e partì nel mese di Rabī' II del 13. a. H. [1] con 500, o 600 o 800 uomini, e prese d'assalto 'Ayn al-Tamr. Alcuni affermano però che l'ordine del Califfo raggiungesse Khālid dopo la presa di 'Ayn al-Tamr.

Donde movendo, Khālid assalì Ṣandawdā ove abitavano alcuni Kindah, Iyād e Persiani (al-'Aǵam, ossia non Arabi, forse anche Aramei) e li mise in fuga. Lasciato in quel sito Sa'd b. 'Amr b. Ḥarām al-Anṣāri (i discendenti del quale abitavano ancora Ṣandawdā ai tempi di Balādzuri), Khālid proseguì il suo cammino in direzione di al-Mudayyah (leggi: al-Muṣayyakh) e di al-Ḥuṣayd, ove egli aveva saputo che si trovava riunito un certo numero di apostati (murtaddīn) dei Taghlib b. Wā·il, sotto Rabī'ah b. Buǵayr. Anche questi Arabi furono messi in fuga da Khālid, il quale, raccolto un copioso bottino, lo mandò insieme con i prigionieri al Califfo in Madīnah. Fra le donne prese v'era umm Ḥabīb al-Ṣahbā bint Ḥabīb b. Buǵayr (che, sposata poi da 'Ali b. abī Ṭālib, gli partorì il figlio 'Umar). Avanzandosi sempre, Khālid assalì Qurāqir, una sorgente (mā·) dei Kalb, e da lì traversò fino a Suwa, altra sorgente pure dei Kalb, che vi abitavano insieme con i Bahrā·. In Suwa fu ucciso Ḥurqūṣ b. al-Nu'mān al-Bahrāni al-Quḍā'i, ed i Musulmani depredarono i Beduini di tutto ciò che avevano. Rāfi' b. 'Umayr al-Ṭā·i fu la guida che menò i Musulmani attraverso il deserto (descrizione della traversata del deserto: cfr. ibn Isḥāq, § 394). Si narra che quando arrivarono i Musulmani in Suwa, Ḥurqūṣ trovavasi in una riunione di amici, bevendo vino e declamando alcuni versi, nei quali ammoniva i compagni del pericolo imminente delle schiere di abū Bakr. I Musulmani sorpresero i Beduini durante il convito, e Ḥurqūṣ, mentre cantava, ebbe troncata la testa: il sangue suo zampillò entro la grande tazza (ǵafnah), nella quale i banchettanti attingevano il vino. Vi sono però alcuni che affermano essere l'incidente del cantore avvenuto là dove Khālid fugò i Taghlib sotto Rabī'ah b. Buǵayr (ossia in al-Muṣayyakh) (²) (Balādzuri, 110-111).

[Il viaggio di Khālid secondo la scuola Madinese.]

Nota 1. — L'errore cronologico di Balādzuri non richiede una novella confutazione dopo quanto si è detto nel § 393, nota 1 e nell'ultima parte del § 396. Si noti il numero esiguo dei seguaci di Khālid secondo i ragguagli delle nostre fonti migliori.

Nota 2. — Secondo una tradizione conservata da ibn Ḥubayš, l'incidente del poeta decapitato (mentre recitava i versi, nei quali esortava i presenti a bere vino prima che l'esercito di abū Bakr si fosse avvicinato, « perchè forse il nostro destino è prossimo, senza che noi lo sappiamo »), avvenne in al-Bišr, ove Khālid, partito da 'Ayn al-Tamr, assalì e fugò una schiera di Taghlib e di Namir (Ḥubayš, fol. 44,r.).

Nel « Futūḥ al-Šām » il sito è chiamato Alyne e non al-Bišr, ma deve essere errore del copista che trascrisse un testo senza punti diacritici.

§ 402. — (al-Wāqidi). Da Suwa i Musulmani con Khālid b. al-Walīd passarono per Kawāthil e Qarqīsiyā, ove il signore del luogo si mosse contro i Musulmani con una schiera: Khālid evitò il combattimento e proseguì il cammino pigliando il largo nel deserto (al-barr) (¹) (Balādzuri, 111).

Nota 1. — (a) A questa tradizione mette il conto di aggiungere la seguente, estratta da ibn 'Asākir: è bene però avvertire che il Mss. è pieno di errori e di difficilissima lettura, sicchè il Horovitz, nel farmi gli estratti, mi mette in guardia contro l'esattezza della decifrazione dei nomi topografici (Sayf b. 'Umar, da 'Amr b. Muḥammad, da Isḥāq b. Ibrāhīm, da Zafar b. Dahy [sic]). Partendo da Qurāqir, Khālid b. al-Walīd giunse a Sawṭah (? SWṬH), avendo l'oriente a mandritta (ossia dirigendosi verso settentrione), passò per al-Danā (? DNA), e sostò prima in Farqayn, poi in Ḥiṣār (? ḤSAR), quindi in al-'Arīr (? 'RYR) ed infine in Sawābīl (? SWABYL) ('Asākir, fol. 86,r.). Per maggior precisione, alla interpretazione del Horovitz ho aggiunto il gruppo delle lettere arabe (« das Consonantengerippe »), come si trovano nel testo. L'autorità di Sayf b. 'Umar dà in verità poco valore alla tradizione, ma ho creduto di far cosa giovevole agli studiosi nel riportarla per intiero, perchè può essere che contenga qualche antico ragguaglio sul tracciato della strada percorsa da Khālid nella traversata del deserto Samāwah da Qurāqir a Suwa, e per fissare meglio una parte anteriore o posteriore del suo itinerario.

(b) Questo Kawāthil o Sawābīl è forse la presente al-Karābilè, sulla riva occidentale dell'Eufrate più su di 'Ānah, circa latit. 34°, 30' (cfr. la carta dell'Impero Ottomano del Kiepert).

[Il viaggio di Khālid secondo la scuola Madinese.]

§ 403. — (Balādzuri, senza isnād). (Da Suwa) [1] Khālid si recò ad Arakah, ossia Arak, ove, assaliti gli abitanti e cinte d'assedio le loro case, ottenne la capitolazione dei difensori, che accettarono di pagare una somma. Si recò quindi a Dūmah al-Ǵandal (cfr. §§ 232-234), e dopo averla espugnata, proseguì fino a Qusam [2], dove venne a' patti con gli abitanti, Arabi della tribù dei Mašǵa'ah, un ramo dei Taghlib (Qudā'ah), e concesse loro uno scritto che assicurava ad essi la sicurtà (amān). Arrivato ora a Tadmur, gli abitanti del luogo si prepararono a difendersi, ma poi vennero a' patti e chiesero l'amān, che fu loro concesso. In compenso della protezione (dzimmah), gli abitanti promisero di ospitare i Musulmani, e pagarono altresì una piccola indennità. Da Tadmur, Khālid si spinse fino ad al-Qaryatayn, e battè gli abitanti, facendo qualche bottino. Poi avanzò su Ḥuwwārīn in Sanīr, predando i bestiami degli abitanti, i quali, benchè avessero avuto rinforzi da Ba'labakk e da Busra nel Ḥawrān, furono sconfitti con strage dai Musulmani e perdettero varî prigionieri. Proseguendo ora fino a Marǵ Rāhiṭ, Khālid piombò sui Ghassān cristiani nel giorno della loro Pasqua (fi yawm fiṣḥihim; cfr. §§ 393 e 396), fece parecchi prigionieri, e fugò gli altri. Da questo punto Khālid b. al-Walīd mandò Busr b. abī Arṭāh al-'Āmiri al-Qurasi e Ḥabīb b. Maslamah al-Fihri a razziare la Ghūṭah Dimašq, ove furono depredati parecchi villaggi. Khālid stesso si spinse fino alla collina al-Thaniyyah, vicina a Damasco, che poi prese nome Thaniyyah al-'Uqāb, perchè ivi sostò un tempo, spiegando al vento il suo stendardo, al-'Uqāb, quella stessa insegna cioè di color nero, che era stata usata dal Profeta. Si dice (da altri) che questo nome sia venuto alla collina, perchè su di essa era posata un'aquila ('uqāb), ma la prima versione è quella più corretta. Narrasi che Khālid osasse perfino avanzare fin sotto le mura di Damasco, sia dinanzi alla porta Bāb al-Šarqi, sia alla Bāb al-Ǵābiyah [3]. Incontro ai Musulmani uscì il vescovo (usquf) di Damasco con doni, e facendo atto di omaggio, pregò Khālid di rispettare in avvenire i patti convenuti nel convegno (cfr. la fine del § 264) [4]. Khālid promise di osservarli; proseguì quindi, andando a raggiungere gli altri Musulmani in Qanāh Busra. Altri però affermano che l'incontro avvenisse in al-Ǵābiyah, ove si trovava abū 'Ubaydah con un esercito musulmano, e che da quel luogo insieme movessero ad assalire Busra (Balādzuri, 111-112).

Nota 1. — (a) Cfr. anche Yāqūt (I, 936, lin. 14 e segg.), ove sono date le identiche notizie intorno alla Thaniyyah al-'Uqāb, sull'autorità di Aḥmad b. Yaḥya b. Ǵābir, ossia appunto al-Balādzuri [cfr. Heer., *Die hist. u. geogr. Quellen in Yāqūt*, p. 55].

(b) Yāqūt (II, 355, lin. 7-9; III, 172, lin. 10 e segg.), dice che Khālid passasse per Suwa nell'anno 12. H., ed afferma Suwa esser una valle che ha principio nel deserto al-Dahnā (III, 420, lin. 16 e segg. 690, lin. ult. e segg.).

(c) Il De Goeje (Mém., 40-41) sostiene che questa notizia cronologica di Yāqūt « manque intièrement de fondement », ma tale giudizio mi sembra troppo severo ed i ragguagli già riuniti (cfr. § 401, nota 1) e quelli che riuniremo appresso, dimostreranno, io spero, che il viaggio di Khālid deve essere per lo meno incominciato nel 12. a. H. Se Khālid passò realmente per Suwa alla fine, diciamo, del 12. a. H., avremmo una novella prova che il viaggio di Khālid in Siria non fosse compiuto affatto con urgenza, ma lentamente e con tutto l'agio possibile. Il viaggio da Suwa (= Sukhnah?) a Damasco si può fare volendo, in circa sette giorni. Khālid vi avrebbe messo invece, secondo Yāqūt, un mese e mezzo, perchè giunse nella Ghūtah di Damasco il 19 Safar del 13. a. H. o Pasqua di Risurrezione. A prima vista ciò può sembrare eccessivo, ma se teniamo conto dell'assedio di Tadmur, dei vari combattimenti nei dintorni, e a Huwwārīn, e se ammettiamo che Khālid viaggiasse razziando e vivendo con quello che rapiva, la notizia di Yāqūt non mi sembra tanto inverosimile ed errata, ma invece una novella conferma delle nostre conclusioni. [Il viaggio di Khālid secondo la scuola Madinese.]

Nota 2. — Ove giaccia Qusam non è noto, perchè Yāqūt, nel suo articolo su quel sito (IV, 164, lin. 19-21), copia questo passo corrotto di Balādzuri senza aggiungere altre informazioni (cfr. più avanti al § 422). Forse però è lo stesso sito che Casama, stazione indicata nella celebre carta Peutingeriana, sul tratto Palmira-Damasco (cfr. Hartmann, ZDPV., vol. XXII, 139, 174-175).

Nota 3. — In ibn Hubayš noi abbiamo una tradizione che conferma queste notizie. (Sa'īd b. al-Fadl, e da abū Ismā'īl, nei « Libri sulle conquiste della Siria » di Yazīd b. Yazīd b. Ǵābir). Allorchè Khālid si mosse verso Ghūtah, attraversò una collina, che perciò fu chiamata di poi Thaniyyah al-'Uqāb: quindi fece sosta presso ad un convento, che fu poi conosciuto come Dayr Khālid, e che sorgeva presso la porta Bāb al-Šarqi di Damasco. Intanto abū 'Ubaydah movendo da al-Ǵābiyah, si avvicinava a Ghūtah, e lanciava schiere volanti in tutte le direzioni. Ricevettero allora entrambi i generali la notizia che Wardān, il signore (ṣāḥib, governatore?) di Ḥimṣ (forse il Βαάνης di Theophanes, I, 517), aveva riunito numerose schiere per aggredire e circondare Šuraḥbīl b. Ḥasanah, accampato presso Buṣra. Seppero parimenti che molti Greci si adunavano in Aǵnadayn, e che gente del paese in gran numero ed Arabi cristiani accorrevano ad unirsi con loro. Khālid b. al-Walīd ed abū 'Ubaydah, riunite le loro forze, tennero consiglio per far fronte alle mosse del nemico, ed abū 'Ubaydah espresse il parere, che si dovesse correre in soccorso di Šuraḥbīl b. Ḥasanah in Buṣra prima che il nemico lo avesse potuto assalire. Khālid manifestò invece un'opinione diversa: non era prudente allontanarsi maggiormente da Aǵnadayn, perchè ciò avrebbe indotto i Greci di Aǵnadayn a seguirli: meglio era invece avvertire Šuraḥbīl delle mosse del nemico, ed ordinargli di recarsi immediatamente a Aǵnadayn per congiungersi ivi con gli altri colleghi: le medesime istruzioni dovevano essere inviate a Yazīd b. abī Sufyān e ad 'Amr b. al-'Āṣ. abū 'Ubaydah approvò il piano di Khālid (Ḥubayš, fol. 57,r.).

La medesima tradizione si trova in « Futūḥ al-Šām » (Futūḥ Lees, 72).

Nota 4. — In Balādzuri dicesi testualmente: « allora disse (il vescovo): ' Mantienimi questo patto ('ahd)'. E (Khālid) lo promise (wa 'adahu bi-dzālik) ». Non è chiaro a che patto si alluda, perchè non v'è altra specificazione. Ho i miei dubbi che in questa tradizione si confondano con la presente comparsa di Khālid dinanzi alle mura di Damasco, gli eventi del primo assedio di questa città, come esporremo, sotto l'anno 14. H., studiando l'intricato problema dell'assedio (o dei due assedi) di Damasco. Sarà allora più chiaro il significato che noi diamo alle presenti parole del testo.

§ 404. — ('Umar b. Šabbah, da al-Madā-ini). Quando Khālid b. al-Walīd (arrivando in Siria dall''Irāq) giunse nei pressi di Damasco, il signore di Buṣra, Ṣāḥib Buṣra, mosse incontro a lui e ad abū 'Ubaydah b. al-Ǵarrāḥ: agli Arabi cristiani si unì anche il generale greco Adrunǵā (forse: Adrunǵār, il Drungarius) (1); ma quando si venne alle mani, vinsero i Musulmani ed i vinti dovettero rifugiarsi entro alla loro fortezza, e poi arrendersi con il patto di pagare ogni anno per ogni persona (adulta) un dīnār ed un ǵarīb ḥinṭah, o misura di frumento (Tabari, I, 2127).

Cfr. anche Yāqūt (I, 654, lin. 19 e segg.), ove sono confermati i patti suddetti della resa, e si dice che gli Arabi conquistassero tutto il Ḥawrān nell'anno 13. H.; Abulfeda (II, 220), il quale pone la presa di Buṣra nel 13. a. H., dopo la battaglia di Aǵnadayn, da lui chiamata erroneamente del **Yarmūk**.

Nota 1. — Secondo il « Futūḥ al-Šām », nel combattimento di Boṣra, i Greci di Qanāh Buṣra erano 5000 uomini sotto il comando di Durunǵār: Khālid b. al-Walīd, che ancora non si era congiunto con

[Il viaggio di Khālid secondo la scuola Madinese.]

abū 'Ubaydah (!?) aveva con sè gli 850 menati dall''Irāq, più 400 uomini dei Mašǵa'ah sotto Ya'qūb b. 'Amr b. Ḍurays al-Mašǵa'i. L'ala dritta musulmana era comandata da Rāfi' b. 'Amīrah, la sinistra da Ḍirār b. al-Azwar, i bagagli (riḥāl), sotto alla custodia di 'Abd al-raḥmān b. Ḥanbal al-Ǵumaḥi, e la cavalleria, divisa in due ali, sotto Musayyib b. Naǵabah, e Madz'ūr b. 'Adi al-'Iǵli, uno dei Bakr b. Wā·il (il quale poi andò a stabilirsi in Egitto, e si fabbricò una casa in Miṣr). I Greci vennero due volte all'assalto, ma quando Khālid ordinò ai suoi di fare impeto su di loro, furono completamente sbaragliati, e costretti a ritirarsi entro la città di Buṣra. Allorchè gli abitanti ebbero capitolato, Khālid assalì i Ghassān in Marǵ Rāhiṭ nel giorno della loro Pasqua, ne uccise parecchi e molti fece prigionieri (Futūḥ Lees, 69-71 e Ḥubayš, fol. 46,v.).

§ 405. — (Balādzuri, senza isnād). Quando arrivò Khālid b. al-Walīd dall' 'Irāq in Siria, i Musulmani si riunirono sotto di lui presso Buṣra e lo elessero loro capo supremo (1). Gli eserciti musulmani riuniti mossero allora all'assalto di Buṣra e, sconfitto il Baṭrīq (Patrizio) della città, lo costrinsero a rifugiarsi in essa con tutti i suoi armati.

Dopo qualche tempo gli abitanti chiesero di far la pace, che fu loro concessa dietro promessa di pagamento della ǵizyah, con il quale ottenevano la sicurtà (amān) per la vita, i beni ed i figli. Alcuni tradizionisti affermano che il tributo concordato nella pace di Buṣra fosse in ragione di un dīnār e di un ǵarīb ḥinṭah per ogni adulto della popolazione. Dopo la caduta di Buṣra, i Musulmani sottomisero tutto il Ḥawrān. Non è certo però se Khālid b. al-Walīd fosse al comando delle forze riunite dei Musulmani, perchè vi sono alcuni che sostengono essere stato Yazīd b. abī Sufyān il comandante generale: infatti Buṣra era nella provincia di Damasco, e questa era stata assegnata dal Califfo a Yazīd b. abī Sufyān: è noto altresì che, per ordine del Califfo, le forze riunite dei Musulmani erano sempre sotto al comando di quel generale, nella provincia del quale avveniva la riunione dei varî distaccamenti (Balādzuri, 112-113).

Nota 1. — Questo conferma quanto si disse già al § 339, e ci dà forse la corretta versione degli eventi. abū Bakr *forse mandò* Khālid in Siria, ma i generali musulmani, e non il Califfo, lo investirono colà delle funzioni di comandante generale: più tardi la tradizione, che volle dimostrare essere stata tutta la campagna l'esecuzione di un piano prestabilito del Califfo (lo stesso concetto tendenzioso che troviamo nelle memorie sulla Riddah: cfr. 11. a. H., §§ 123-124; 12. a. H., § 1 e nota, ecc.), affermò che la nomina venisse da abū Bakr.

§ 406. — (abū Ḥafṣ al-Dimašqi, da Sa'īd b. 'Abd al-'azīz, da un mu·adzdzin della moschea di Damasco, e da altri). Quando arrivò Khālid b. al-Walīd (dall' 'Irāq), si riunirono a lui tutti i Musulmani, e posero assedio a Buṣra che capitolò (ṣulḥᵃⁿ): quindi si sparpagliarono (inbaththū) in tutto il Ḥawrān e se ne impadronirono. Allora si presentò ad essi il signore di Adzri'āt, chiese di trattare alle stesse condizioni concesse agli abitanti di Buṣra, e con il patto che tutta la regione detta Arḍ al-Bathaniyyah (= la Batanea) fosse considerata come arḍ al-kharāǵ (= terra pagante un tributo fisso, e quindi non preda assoluta dei vincitori). Consentendo i Musulmani, Yazīd b. abī Sufyān si recò allora in Adzri'āt e stipulò l'accordo con gli abitanti. I

Musulmani fecero quindi a modo loro nel Hawrān e nella Bathaniyyah e poi si recarono nella Palestina e nell'Urdunn, razziando quelle parti che ancora non erano state conquistate. Yazīd b. abī Sufyān si recò ad 'Ammān e l'espugnò facilmente, concludendo con gli abitanti un trattato identico a quello già concluso con Busra. Conquistò quindi il Balqā [1] (Balādzuri, 126).

[Il viaggio di Khālid secondo la scuola Madinese.]

Nota 1. — Se questa tradizione può essere accettata come esatta nelle sue grandi linee, essa dà materia a molte riflessioni.

In primo luogo sta a confermare che Khālid non potesse essere venuto dall' 'Irāq in seguito ad urgenti domande di soccorso dei colleghi della Palestina meridionale, perchè vediamo come, dopo il suo arrivo, i Musulmani percorsero a tutto loro agio il paese senza timore di molestie, fermandosi ad assediare città, trattando con gli abitanti come se avessero a rimanere per sempre nel paese, dividendosi in varie schiere, e via discorrendo. Questo non sarebbe stato il caso se essi erano gravemente minacciati da un esercito greco. Quindi 'Amr b. al-'Āṣ non era in bisogno urgente di soccorsi nella Palestina meridionale. Abbiamo così una nuova conferma della nostra tesi sul viaggio di Khālid, ma allo stesso tempo non arriviamo a comprendere che cosa facessero i Greci in questo frattempo.

Il contegno degli Arabi è come quello di uomini che hanno sbaragliato il nemico, e che nulla hanno più a temere dal medesimo. In secondo luogo non comprendiamo nemmeno la strategia degli Arabi: noi li troviamo cioè riuniti a nord di Busra e quindi li vediamo *ritornare addietro* e conquistare il paese che avevano traversato nel venire in Siria. Si potrebbe forse spiegare siffatta anomalia, supponendo che i Musulmani in Siria, desiderosi di venire in aiuto di Khālid e di operare con lui la desiderata congiunzione, si erano internati assai nel paese, contentandosi di razziare le campagne, senza darsi pensiero delle città fortificate. Tale supposizione è molto verosimile, perchè le condizioni militari dell'impero Greco erano tanto deplorevoli, che mancavano milizie le quali potessero muovere a guerra viva in aperta campagna, e le città, benchè fortificate, erano quasi sguernite di difensori. Nulla quindi avevano i Musulmani a temere dalle genti ricoveratesi dietro alle mura merlate delle città. D'altra parte però Khālid apportava con sè soli 500 uomini, e quindi il suo contingente non poteva produrre alcuna differenza sensibile nelle forze dei Musulmani. Che cosa fecero dunque costoro prima che venisse Khālid? Perchè mai non espugnarono veruna di queste città prima che Khālid fosse tra loro? Perchè tutta la campagna si svolse solo dopo il suo arrivo?

La sola spiegazione logica che noi sappiamo dare a questi quesiti, è che i comandanti musulmani, prima della venuta di Khālid, erano indipendenti l'uno dall'altro, e che solo Khālid sia per ordine del Califfo, sia per consenso dei capitani, assumesse il comando supremo su tutte le genti. Prima della sua venuta, gli altri comandanti, o non potevano, o non volevano agire d'accordo assieme. Appena però egli arrivò sul luogo, eccolo prendere energicamente la direzione di tutte le forze riunite: espugnata Busra, razziate e sottomesse tutte le regioni Trans-Giordaniche, Adzri'āt, 'Ammān ed altri luoghi, si affrettano a venire a' patti, e schiere sono lanciate in tutte le direzioni, perfino nella Palestina. Tutto ciò rivela in maniera indiscutibile l'energia ed il genio di un uomo solo, che ha unito sotto di sè forze numerose, fino a quell'istante divise fra loro e senza direzione.

Quando veniamo perciò alle ultime parole della tradizione che diamo qui appresso, dobbiamo ritenere che l'informatore di Balādzuri era in questo certamente in errore. Egli termina infatti con le seguenti parole: « E comandava abū 'Ubaydah, il quale aveva conquistato tutti questi luoghi: egli « inoltre era comandante supremo dei Musulmani (amīr al-nās) alla presa di Damasco, tranne che il « trattato di pace con Damasco fu firmato da Khālid ed abū 'Ubaydah vi diede la sua sanzione ». In queste parole si nasconde certamente un equivoco. Se Khālid fu colui il quale firmò il trattato di resa di Damasco, egli doveva essere l'amīr al-nās e non abū 'Ubaydah. Su questo argomento ritorneremo nelle annate successive, parlando della battaglia di Agnadayn e della presa di Damasco nel 14. a. H.

È vero che questa tradizione trovasi nel testo di Balādzuri dopo quelle narranti la presa di Damasco nel 14. a. H.; ma nei testi orientali non esiste mai un ordinamento cronologico sicuro e le notizie trovansi spesso in grande confusione: ciò proviene specialmente dal fatto, che gli scrittori arabi, man mano che trovavano una notizia storica, la aggiungevano al capitolo speciale, al quale apparteneva, come nota supplementare e senza darsi pensiero di porre un po' d'ordine nella materia del capitolo. Le parole poi del testo (iǵtama'a al-muslimūn 'ind qudūm Khālid = i Musulmani si riunirono all'arrivo di Khālid) non possono riferirsi ad altro che alla venuta di Khālid dall' 'Irāq. D'altronde però non è esclusa la possibilità che in questa tradizione si siano infiltrate notizie di eventi posteriori alla battaglia di Agnadayn.

[Il viaggio di Khālid secondo la scuola Madinese.]

§ 407. — Narrasi in Khondamīr che, all'avvicinarsi degli eserciti musulmani, l'imperatore Eraclio mandasse 50.000 o 70.000 uomini sotto il proprio fratello Tadāriq (*sic*) ad occupare il colle di Thaniyyah Ǵalū (leggi: Ǵilliq), e che 'Amr b. al-'Āṣ dalla Palestina scrivesse al Califfo chiedendo soccorsi. abū Bakr mandò subito un rinforzo di 6.000 uomini sotto Hāšim b. 'Utbah b. abī Waqqāṣ, e spedì un ordine a Khālid b. al-Walīd nell' 'Irāq, che si recasse immediatamente in Siria in soccorso dei colleghi. Khālid, espugnando varie fortezze lungo il suo cammino, si congiunse con abū 'Ubaydah in Siria, e dopo aver costretto gli abitanti di Qatāh (leggi: Qanāh) Buṣra ad arrendersi, si recò in aiuto di 'Amr nella Palestina, avviandosi infine con lui verso Aǵnadayn, un luogo fra Ramlah e Bayt Kharīn (leggi: Ǵibrīn) (Khond., I, part. IV, 10-11).

Il viaggio di Khālid secondo da scuola Iraqense.

§ 408. — (Sayf b. 'Umar, da Muḥammad e da altri). L'ordine del califfo abū Bakr di recarsi in Siria raggiunse Khālid b. al-Walīd, appena di ritorno dal pellegrinaggio a Makkah (nel 12. a. H.). Le istruzioni erano di lasciare una metà delle sue genti con al-Muthanna nell' 'Irāq e di recarsi immediatamente con l'altra metà in Siria. Khālid eseguendo questi ordini, voleva che nella sua metà fossero inclusi tutti i Compagni del Profeta, i quali avevano fatto con lui la campagna persiana; ma al-Muthanna protestò dichiarando che, senza un contingente di almeno metà dei Compagni, egli non avrebbe potuto eseguire gli ordini del Califfo. Cedendo a queste ragioni, Khālid lasciò presso al-Muthanna un certo numero di Compagni, fra i quali sono menzionati: Furāt b. Ḥayyān al-'Iǵli, Bašīr b. al-Khaṣāṣiyyah al-Dzuhli, al-Ḥārith b. Ḥassān al-Dzuhli, Ma'bad b. umm Ma'bad al-Aslami, 'Abdallah b. abī Awfa al-Aslami, al-Ḥārith b. Bilāl al-Muzani e 'Āṣim b. 'Amr al-Tamīmi. al-Muthanna accompagnò Khālid fino a Qurāqir, e poi ritornò a Ḥīrah, nel mese di Muḥarram (del 13. a. H.), (Tabari, I, 2115-2116).

§ 409. — (Sayf, da vari). Khālid b. al-Walīd, avuto l'ordine dal Califfo di partire per la Siria, spedì a Madīnah 'Umayr b. Sa'd al-Anṣāri con la quinta parte del bottino. Quindi egli si recò a Dūmah (al-Ḥīrah?) e da lì s'internò nel deserto (fī-l-barr) fino a Qurāqir. La via da qui fino in Siria era molto difficile, possibile soltanto per un solo cavaliere: le guide affermavano fosse impossibile di tentarla con un esercito. Khālid volle nonpertanto provare, e trovò una sola persona, Rāfi' b. 'Amīrah, che osasse fargli da guida. Per poter abbeverare i cavalli lungo il cammino, Khālid b. al-Walīd ideò un espediente nuovo: fece dare copiosamente da bere ad una mandra di cameli, chiuse poi a questi la bocca con museruole, legandole strettamente intorno

[Il viaggio di Khālid secondo la scuola Iraqense.]

alle mascelle: durante la marcia, ad ogni tappa, fece scannare un numero determinato di questi cameli, estrarre dal ventre i ventricoli ancora pieni d'acqua, e con questi abbeverare i cavalli. Tale sistema ebbe pièno successo: ad ogni fermata furono abbattuti un certo numero di cameli, e tutti i cavalli ebbero a sufficienza da bere fino a Suwa, ove arrivarono dopo quattro giorni di marcia (Tabari, I, 2113, lin. 3) da Qurāqir. Suwa era il primo paese sul versante sirio del deserto (Tabari, I, 2112-2113).

§ 410. — (Sayf b. 'Umar, da vari). Descrizione drammatica del modo come la guida Rāfi' b. 'Amīrah ritrova alla fine del quarto giorno la sorgente di Suwa, benchè avesse la vista indebolita, e fosse stato in quel luogo una sola volta trent'anni prima da giovinetto insieme con il padre, e quantunque l'albero di spino, che una volta indicava il luogo, fosse stato tagliato e portato via (Tabari, I, 2113). È simile alla descrizione di ibn Isḥāq (cfr. § 394), e come leggenda ne omettiamo la ripetizione.

§ 411. — (Sayf b. 'Umar, da 'Amr b. Muḥammad). Partendo da Suwa, Khālid b. al-Walīd si mosse per assalire Muṣayyakh Bahrā, in al-Quṣwāna, un pozzo (degli al-Namir?) ove fu decapitato il cantore (Ḥurqūṣ b. al-Nu'mān). I Ghassān avvertiti da questi fatti, si riunirono allora sotto Ḥārith b. al-Ayham in Marǵ Rāhiṭ per opporsi a Khālid b. al-Walīd, ma questi passando per al-Rummānatayn, al-Kathab e Damasco, piombò alfine sugli Arabi ghassānidi in Marǵ al-Ṣuffar [1], e li mise in fuga con grande strage. Egli rimase quindi in quel luogo per qualche giorno e spedì Bilāl b. al-Ḥārith al-Muzani con la quinta parte del bottino a Madīnah. Assali poi ed espugnò Buṣra, che fu perciò la prima città della Siria che cadesse nelle mani di Khālid: e proseguì la marcia, venendo ad unirsi con gli altri Musulmani in al-Waqūṣah [2]: Khālid aveva menato con sè 9.000 uomini (Tabari, I, 2114-2115).

NOTA 1. — Il De Goeje (Mém., 48-49) esamina con molta dottrina questa affermazione di Sayf, ed osserva che tutti gli altri cronisti parlano di Marǵ Rāhiṭ. La pianura della Ghūṭah orientale, chiamata nel suo insieme al-Marǵ (Nöldeke, ZDMG, XXIX, 425, nota 1), ha varî nomi secondo le diverse località. Marǵ Rāhiṭ, trovandosi fra Marǵ 'Adrā (Yāqūt, II, 743, lin. 18 e segg.) e Hiǵānah, devesi probabilmente cercare nelle vicinanze del Dayr Ṣuffarīn (Nöldeke, l. c., 425), da non confondersi con il presente Dayr al-Aṣāfir più vicino a Damasco. Quindi è verosimile che sia esistito un Marǵ Ṣuffarīn, a breve distanza da Marǵ Rāhiṭ e che il Kremer nell'identificare Marǵ al-Ṣuffar con Marǵ Rāhiṭ non deve essere lontano dal vero. V'è anche un Ṣuffarīn, menzionato in un verso attribuito ad al-Qa'qā' b. 'Amr, come il luogo ove Khālid assalì i Ghassān (Yāqūt, IV, 1016, lin. 8 e segg.). Quindi nel testo di Sayf abbiamo un errore, e invece di Marǵ al-Ṣuffar bisogna leggere Marǵ al-Ṣuffarīn, un sito probabilmente vicinissimo a Marǵ Rāhiṭ. Marǵ al-Ṣuffar, ben conosciuto, a una giornata a mezzodì di Damasco nel Ǵawlān, è certamente, nel passo di Tabari, un errore di Sayf.

NOTA 2. — Qui abbiamo la ben nota confusione dei tradizionisti, dei fatti di Aǵnadayn con quelli del Yarmūk, confusione della quale avremo lungamente a discutere nell'annata seguente.

Viaggio di Khālid secondo il "Futūḥ al-Šām".

§ 412. — Dopo il trattato di Bāniqyā, giunse a Khālid la lettera del califfo abū Bakr, nella quale si ingiungeva al generale di recarsi immediatamente

[Viaggio di Khālid secondo il "Futūḥ al Šām".]

in Siria con la gente migliore (ahl al-quwwah) che avesse fra quanti erano con lui venuti dal Ḥiǵāz: doveva congiungersi con abū 'Ubaydah ed assumere il comando di tutte le forze in Siria (anta amīr al-ǵamā'ah). Latore della lettera era 'Abd al-raḥmān (?) b. Ḥanbal al-Ǵumaḥi. Quando seppe l'ordine del Califfo, Khālid si adirò, accusando 'Umar di essere geloso di lui e di volergli impedire la conquista dell' 'Irāq; ma poi si acquietò, quando apprese che passando in Siria, assumeva il comando generale degli eserciti. Dell'allontanamento di Khālid si rallegrò al-Muthanna, il quale desiderava di rimanere solo a compiere la conquista dell' 'Irāq. Khālid lasciò dunque Ḥīrah, razziò quindi il territorio di al-Anbār (aghāra 'ala-l-Anbār), e quello di Sandawā, lasciandovi Sa'īd b. 'Amr b. Ḥarām al-Anṣāri, e poi si spinse su 'Ayn al-Tamr, dove Bašīr b. Sa'd cessò di vivere per effetto della ferita riportata dinanzi a Bāniqyā. Bašīr fu sepolto presso 'Ayn al-Tamr, che era una delle guarnigioni di confine dell'impero Persiano. Presso 'Ayn al-Tamr fu ucciso anche 'Umayr b. Riyāb b. Ḥudzayfah da una freccia nemica, e sepolto insieme con Bašīr. Viva resistenza oppose 'Ayn al-Tamr ai Musulmani, i quali alfine se ne impadronirono, massacrando tutti gli uomini e facendo prigionieri le donne e i bambini. In 'Ayn al-Tamr furono catturati: (1) abū 'Amrah padre di 'Abd al-a'la il poeta; (2) Sīrīn padre di Muḥammad b. Sīrīn e (3) Ḥumran b. Abān mawla poi di 'Uthmān b. 'Affān. In 'Ayn al-Tamr Khālid mise a morte Hilāl b. Bašir al-Namari, crocifiggendone poi il cadavere. Da questo sito Khālid rimandò a 'Umayr b. Sa'd al-Anṣāri tutti i deboli (du'āfā, malati e feriti) e partì con 600 uomini (cfr. però poc'anzi il § 394, nota 2) (1), mandando innanzi 'Amr b. Tufayl b. 'Amr al-Azdi ibn Dzī-l-Nūr, con una lettera ai colleghi in Siria, ai quali annunziava la sua nomina ed il suo prossimo arrivo. La lettera di Khālid fu portata ad abū 'Ubaydah in al-Ǵābiyah, ed i Musulmani in Siria, saputa la destituzione di abū 'Ubaydah, se ne addolorarono. abū 'Ubaydah invece non mostrò punto rincrescimento. Intanto Khālid lasciava 'Ayn al-Tamr, assaliva i Taghlib ed i Namir in Alyus (*sic*; correggi: al-Bišr) uccidendone molti e fugando gli altri. Un uomo che stava cantando alcuni versi, i quali mettevano in guardia gli Arabi dall'imminente arrivo delle schiere musulmane, fu decapitato mentre beveva, e la testa gli cadde nella tazza del vino che aveva dinanzi. Proseguendo ora il viaggio, Khālid attraversò (il deserto di) al-Samāwah, ed arrivò a Qurāqir, distante cinque giorni di cammino da Sawā (*sic*; leggi: Suwa): per attraversare questo tratto del deserto, Khālid si valse, come guida, di Rafi' b. 'Amr al-Tā-i. Superate tutte le difficoltà di questo tratto (particolari simili a quelli dati da ibn Isḥāq), egli arrivò a Sawā (Suwa), e di lì, passando per al-Liwā e Qusam, giunse nel territorio dei banū Mašǵa'ah, con i quali conchiuse un trattato (di cui è dato anche

[Viaggio di Khālid secondo il "Futūḥ al-Šām".]

il testo, che fissa il territorio posseduto dalla tribù in Qusam e Ghūtah). Quindi, accompagnato da Ya'qūb b. 'Amr b. Dusays al-Mašǵa'i, prese la via di al-Ghadīr e Dzāt al-Sanamayn, arrivando in al-Ghūtah, ove piombò sugli abitanti e fece molto bottino. La gente del paese si rifugiò entro le mura di Damasco. Intanto abū 'Ubaydah, avvertito della vicinanza di Khālid, si mosse da al-Ǵābiyah, e congiungendosi con lui in al-Ghūtah, pose assedio(?) a Damasco, fissando il suo campo in Dayr Khālid, dinanzi alla porta Bāb al-Šarqi (Futūḥ Lees, 59-66; Ḥubayš, fol. 46,r.; Khamīs, II, 259-260).

NOTA 1. — In altre due tradizioni separate si dà un itinerario diverso (Arrakah, Tadmur, Ḥuwwārīn, Buṣra, Marǵ Rāhiṭ) e abbiamo notizia di due combattimenti sostenuti da Khālid, il primo in Tadmur ed il secondo presso Ḥuwwārīn: si narra anzi che Khālid b. al-Walīd avesse parecchi combattimenti con i difensori di Ḥuwwārīn, rinforzati da milizie accorse tanto da Ba'labakk, quanto da Buṣra: con soli duecento cavalieri Khālid sconfisse prima 2000 uomini di Ba'labakk, e poi altrettanti di Buṣra. In conseguenza di questi fatti gli abitanti di Ḥuwwārīn capitolarono e conclusero un trattato con Khālid (Futūḥ Lees, 67-69 e cfr. Ḥubayš, fol. 46,r.).

Il viaggio di Khālid b. al-Walīd secondo lo Pseudo-Wāqidi.

§ 413. — La narrazione del viaggio, che troviamo in questo romanzo storico, merita di essere brevemente ricordata, perchè rivelasi composta su ragguagli, che devono provenire da buona fonte. Daremo solo le linee generali, perchè i particolari sono naturalmente svisati da tutta la tendenza fantastica e glorificatrice dell'opera.

Quando il califfo abū Bakr si avvide che abū 'Ubaydah in Siria non era capace di affrontare con sufficiente energia le forze militari dei Greci, perchè di natura troppo benevola e molle (layyin al-'irāk), scrisse a Khālid b. al-Walīd, nominandolo comandante supremo delle milizie musulmane in Siria, e ordinandogli di recarsi con la massima sollecitudine a combattervi i Greci. Khālid b. al-Walīd, che stava per impadronirsi allora della città di al-Qādisiyyah, scrisse ai suoi colleghi in Siria annunziando la sua nomina, e lasciata di notte tempo al-Qādisiyyah, si mosse con 1.500 uomini (cfr. Wāqidi Futūḥ Lees, I, 57) verso 'Ayn al-Tamr, donde giunse al deserto detto Arḍ al-Samāwah. Guidato da Rāfi' b. 'Umayrah al-Ṭā'i, superò con molte difficoltà il paese desolato, privo di acque che si stendeva tra Qurāqir e Suwa, e proseguì di poi fino ad Arakah, che era il ra's al-mafāzah, ossia la prima stazione abitata sul limitare del deserto per chi viene dall'Irāq. La gente di Arakah venne a patti con Khālid, obbligandosi a pagare 2.000 dirham in argento bianco e 1.000 dīnār. Proseguendo il suo cammino, si avvicinò ad al-Sukhnah, i cui abitanti conclusero parimenti un trattato. Avute queste notizie, al-Karkar, patrizio di Tadmur, dopo qualche resistenza, venne anch'egli a patti con Khālid, obbligandosi al pagamento di 300 oncie d'oro e d'argento. Provvistosi allora di viveri e di

[Il viaggio di Khālid b. al-Walīd secondo lo Pseudo-Wāqidi.]

vettovaglie, Khālid, passando per Tadmur, si avviò verso l'Ard Ḥawrān (Wāqidi Futūḥ Lees, I, 40-44).

Wāqidi Futūḥ (I, 20-23), invece di 'Ayn al-Tamr, ha per errore di stampa 'an al-yamīn, ma d'altra parte in un passo ha più correttamente Arak invece di Arakah: in altri però ritorna alla lezione erronea Arakah. Dice che in Arakah i Greci avevano un posto daziario, dove i loro agenti riscotevano una gabella dalle caravane che venivano dall'Irāq, ed afferma che ivi si trovasse un patrizio per nome Kawkab. Omette però ogni menzione di Tadmur, e da Sukhnah fa andare Khālid direttamente a Ḥawrān.

§ 414. — abū 'Ubaydah, prima che avesse ricevuto notizia della sua destituzione dal comando delle genti in Siria, aveva mandato Šuraḥbīl b. Ḥasanah con 4.000 uomini contro la città di Buṣra, l'emporio favorito di tutti i mercanti arabi del Ḥiǵaz e del Yaman, i quali amavano convenire in quella popolosa città in certe epoche fisse dell'anno. Nella città era un esercito greco di 12.000 uomini, ed il governo era in mano di un patrizio per nome Rūmās, uomo assai colto, e famoso. Quando si avvicinò Šuraḥbīl alle mura della città, Rūmās volle avere con lui un abboccamento e sentire che cosa desideravano gli Arabi. Šuraḥbīl gli concesse l'abboccamento, e Rūmās, udito i motivi che movevano gli Arabi, non solo riconobbe che essi avevano ragione, e che non solo Maometto aveva detto la verità, ma predisse che gli Arabi si sarebbero impadroniti della Siria e dell''Irāq. Egli si trovò nondimeno nell'impossibilità di manifestare i suoi sentimenti e indurre gli abitanti di Buṣra ad arrendersi, perchè in città esisteva un forte partito sotto un certo al-Darīḥān, che voleva la guerra ad oltranza contro gli Arabi. Così ebbe principio l'assedio, e nel piano si combatterono grandi e sanguinose battaglie. Nel più forte della mischia, sopraggiunse Khālid b. al-Walīd con i rinforzi dell''Irāq, e costrinse i Greci a ritirarsi entro le mura. Nondimeno i Greci ripresero di nuovo l'offensiva, e seguirono altri combattimenti, uno dei quali, più sanguinoso degli altri, terminò con la disfatta dei Greci, i quali ora si fortificarono entro la città, senza fare più sortite. Nella battaglia erano periti 230 Musulmani, quasi tutti dei Baǵīlah e dei Hamdān (1). Intanto Rūmās, il patrizio di Buṣra, che aveva sempre simpatia con gli Arabi e con l'Islām, venne segretamente di notte nel campo musulmano, ed offrì di consegnare nelle mani di Khālid la cittadella di Buṣra, nella quale gli abitanti della città lo tenevano assediato. Khālid accettò, e per mezzo di un passaggio sotterraneo, i Musulmani presero possesso del castello, e seppero così incutere tanto terrore negli abitanti, che questi alfine chiesero di trattare la pace. In compenso del servizio reso alla causa dell'Islām, Rūmās fu lasciato nel governo della città, che ora concluse con i Musulmani un trattato

[Il viaggio di Khālid b. al-Walīd secondo lo Pseudo-Wāqidi.]

regolare di resa. Khālid, presa Busra, scrisse al Califfo, facendogli rapporto della sua felice traversata del deserto per la via di Arakah, Sukhnah e Tadmur, e della presa di Busra. Allo stesso tempo scrisse anche ad abū 'Ubaydah per avvisarlo del suo arrivo e delle sue vittorie. Dipoi, lasciando Busra, Khālid si diresse su Damasco, prese stanza in un luogo detto al-Thaniyyah, ed ivi spiegò lo stendardo del Profeta, detto al-'Uqāb: per ciò il sito prese poi nome di Thaniyyah al-'Uqāb. Da questo punto Khālid percorse la Ghūtah di Damasco, ed infine piantò le tende presso un convento, che dipoi fu noto a tutti con il nome di Dayr Khālid, dove rimase in attesa di abū 'Ubaydah che doveva venire a raggiungerlo (Wāqidi Futūḥ Lees, I, 44-56: Wāqidi Futūḥ, I, 23-28).

Nota 1. — Tra i morti in questa battaglia, si fanno i seguenti nomi:
(1) Badr b. Ḥarmalah, ḥalīf dei Thaqīf; (2) 'Ali b. Rifā'ah; (3) Māzin b. 'Awf; (4) Sahl b. Nāsiṭ; (5) Ǵābir b. Murārah; (6) al-Rabī' b. Ḥāmid; (7) 'Abbād b. Bišr (Wāqidi Futūḥ Lees., I, 52).
Tranne i numeri 2 e 7, gli altri sono persone sconosciute. 'Ali e 'Abbād sono menzionati nelle raccolte biografiche dei Compagni del Profeta (cfr. Ḥaǵar, II, 650 e 1207), ma in niuna fonte trovo detto che perissero innanzi a Busra, perchè tutte ignorano la data e il luogo della loro morte.

Esame critico delle tradizioni sul viaggio di Khālid da Ḥīrah fino in Siria. — Il problema cronologico.

§ 415. — Il quesito che abbiamo da risolvere si divide in due problemi minori: uno storico-cronologico, ed uno geografico. Cominceremo dal primo.

Un punto non ben chiarito della campagna persiana dell'anno 12. H. è il tempo preciso, in cui Khālid ricevette dal califfo abū Bakr l'ordine di recarsi in Siria. Questo problema si connette strettamente con l'altro sulla data della partenza delle milizie madinesi per l'invasione della Siria, sulla quale abbiamo già discusso, sostenendo che ciò avvenisse alla metà del 12. a. H. Anche il De Goeje (Mém., 33) ha correttamente sostenuto e dimostrato, come già si rilevò, che già nell'anno 12. H., il Califfo prendesse provvedimenti per l'invio della spedizione in Siria: ha però ritenuto che Khālid ricevesse l'ordine di partire per la Siria soltanto dopo la domanda di rinforzi di 'Amr b. al-'Āṣ. Io ritengo invece che abū Bakr, quando ebbe deciso l'invasione della Siria, desse contemporaneamente istruzioni a Khālid di parteciparvi, e che perciò la partenza di Khālid dall'Irāq avvenisse prima che i Musulmani invasori della Siria si trovassero in bisogno di rinforzi: fu insomma un evento anteriore e indipendente dalla domanda di aiuto fatta da 'Amr b. al-'Āṣ o dai suoi colleghi, quando si scoprì che i Greci disponevano di forze superiori. Le ragioni per le quali noi sosteniamo siffatta tesi, trovansi riassunte in una nota al § 400 e non occorre ritornarvi sopra in questo luogo. Secondo ibn al-Kalbi (cfr. § 159), Khālid ebbe istruzioni da abū Bakr di recarsi in Siria, passando per Ḥīrah, prima ancora che lasciasse al-Yamāmah:

[Esame critico delle tradizioni sul viaggio di Khālid.] io ritengo che tale tradizione contenga probabilmente la versione più corretta di tutte, sebbene la maggior parte delle fonti è concorde nel dire che l'ordine giungesse a Khālid poco tempo dopo la sottomissione di Ḥīrah, e prima della sua razzia nei paesi a settentrione di quella città (cfr. §§ 184 b, 394-401).

La concordanza di tante fonti dovrebbe costringerci ad accettare la versione della maggioranza, se d'altra parte non vedessimo esser le medesime fonti concordi anche su vari e certi errori, talchè non possiamo decidere con sicurezza chi abbia ragione. Noi pensiamo che i tradizionisti possono per avventura aver confuso la partenza effettiva di Khālid con l'ordine avuto di partire. È noto come la tradizione ami rappresentare i movimenti degli eserciti musulmani come se fossero diretti costantemente dal Califfo in Madīnah; ma abbiamo già ripetutamente sostenuto esser tale concetto del tutto erroneo.

Decidere qual delle due versioni sia la più corretta, ha nondimeno secondaria importanza per il nostro argomento, e possiamo lasciare in sospeso il nostro giudizio.

Dacchè però sappiamo che la battaglia di al-Yamāmah fu vinta nel Rabī' I del 12. a. H. (= Maggio-Giugno 633. a. È. V.; cfr. 12. a. H., § 5), noi abbiamo qui una prima data fissa che possiamo accettare come sicura, perchè niuna ragione esiste per infirmarla. La seconda data fissa, accertata, è l'arrivo di Khālid nei pressi di Damasco il 19 di Ṣafar del 13. a. H. (= 24 Aprile 634. a. È. V., Pasqua di Risurrezione). Abbiamo quindi fra queste due date l'intervallo di undici mesi: che cosa avvenne in questi undici mesi? Le tradizioni abbondano di notizie.

Dopo le vittorie di al-Yamāmah e prima di entrare in Persia, sembra che Khālid facesse una breve incursione nel Baḥrayn, e anche una visita a Madīnah, forse con l'ambasciata dei Ḥanīfah (cfr. 12. a. H., §§ 35, 36, 37, 42, 158). Calcolando le enormi distanze da percorrere, ciò non può aver richiesto meno di due mesi, quindi Khālid non può aver varcato il confine persiano molto prima del Ǧumāda II (= Agosto 633. a. È. V.), e difatti abbiamo la notizia della resa di Ullays nel Raǵab (= Settembre 633; cfr. § 163), che combina perfettamente con la nostra tesi. Rimangono così circa otto o nove mesi per la campagna nell' 'Irāq e il viaggio in Siria. Pigliando in esame quest' ultimo, noi troviamo che la distanza da Ḥīrah a Damasco per la via seguita da Khālid importa circa un migliaio di chilometri, se accettiamo il tracciato più breve; ma questo numero aumenta quasi della metà, se, come vedremo, v'è probabilità che egli percorresse una via più lunga e serpeggiante. Or noi sappiamo, per esempio, che alla spedizione di Tabūk l'esercito di Maometto faceva in media circa venti chilometri al giorno; per la spedizione di Usāmah (meno di 2.000 chilometri) noi abbiamo due notizie diverse del tempo

[**Esame critico delle tradizioni sul viaggio di Khālid.**]

consumatosi, ossia o 35 o 70 giorni (cfr. 11. a. H., §§ 106 e segg.). Siccome la seconda cifra è esattamente il doppio della prima, può essere che la prima intenda il solo viaggio di andata, e la seconda l'andata e il ritorno. Ammettiamo dunque che Usāmah percorresse 1.000 chilometri in 35 giorni, il che corrisponde perfettamente ad altre considerazioni. A venti chilometri al giorno (come fece Maometto) i 1.000 chilometri avrebbero richiesto 50 giorni, e se Usāmah mise 15 giorni di meno, ciò fu probabilmente perchè egli doveva compiere una breve razzia ed eludere l'inseguimento con la rapidità della ritirata. A Khālid dunque, per il solo viaggio da Ḥīrah a Damasco, abbisognavano per lo meno 40 o 50 giorni se tenne la via più breve, e non meno di 80 o 90 se prese quella più lunga, che descriveremo qui appresso. Da tutte le fonti però abbiamo notizia concorde di molti combattimenti e perfino di brevi assedi di piccole terre. Ciò prova che egli viaggiò con una certa lentezza, e che deve essersi fermato ripetutamente lungo il cammino: bisognerà anche ammettere che egli abbia fatto sosta in vari luoghi per riposare le sue genti. Concludiamo quindi che per la celebre traversata dell'Arabia settentrionale, Khālid non può aver messo meno di circa tre mesi; ma vi è ogni probabilità che egli vi consumasse un tempo anche maggiore, come risulterà dal nostro esame del problema geografico. Dacchè egli era presso Damasco il 19 Ṣafar del 13. a. H., veniamo così a stabilire che la sua partenza per la Siria (sia da Ḥīrah, sia da 'Ayn al-Tamr) deve essere avvenuta tra il Raǵab e il Dzū-l-Qa'dah del 12. a. H. (= fine Settembre 633.—metà Gennaio 634. a. È. V.), proprio mentre i suoi colleghi andavano in Siria, e in ogni caso avanti i primi fatti d'arme nella Palestina meridionale. Ora è noto che questi fatti d'arme avvennero prima della riunione delle forze musulmane in Siria, ed è probabile che solo *dopo* di essi, quando i Greci incominciarono a radunare nuove e maggiori forze, i generali arabi allarmati chiedessero soccorsi al Califfo. Siccome Khālid era già partito in quel frattempo, vediamo che la tradizione della domanda di soccorsi inviata a Khālid, per mezzo del Califfo, offre gravissime difficoltà cronologiche, e che queste confermano i nostri dubbi espressi poc'anzi su tale argomento (¹).

NOTA 1. — Il De Goeje (Mém., 39-41), esaminando la cronologia del viaggio di Khālid, ragiona partendo da due premesse che egli pone come assodate: 1° l'arrivo di Khālid a Marǵ Rāhiṭ (Damasco) il 19 Ṣafar del 13. a. H. (= Pasqua di Risurrezione: nel testo [pag. 40, lin. 2] v'è l'errore di stampa 18, che si corregga in 19); 2° che Khālid partì per ordine del Califfo dopo le domande di soccorso mandate ad abū Bakr dai generali musulmani in Siria. Con questi due fatti egli vuol connettere la data di ibn Isḥāq e di Balādzuri, che gli eserciti musulmani lasciarono Madīnah il 1° Ṣafar 13. a. H., interpretando questo certo errore delle fonti, come la data non già della partenza dei primi eserciti, ma degli ultimi soccorsi inviati da Madīnah. Noi accettiamo pienamente il primo punto, sul quale non v'è da discutere, ed ammettiamo anche come logica e possibile la sua correzione di ibn Isḥāq e di Balādzuri. Ma egli in tal modo, volendo anche sostenere il secondo punto, la partenza di Khālid in conseguenza delle domande dei generali in Palestina, si trova impigliato nelle maggiori difficoltà e per uscirne congettura così: « Comme nous savons que la seule distance de Corākir à Suwā était de cinq journées,

[**Esame critico delle tradizioni sul viaggio di Khālid.**]

« nous ne serons pas loin de la vérité en estimant que Khālid a employé pour le voyage de Ain al-Tamr « jusqu'à Merdj Rāhit environ 18 jours, et que la marche de là à Boṣra a occupé le reste de Safar ». In una nota cita il passo di Ya'qūbi, II, 151, lin. 5 e segg., ove è detto che Khālid facesse tutto il viaggio in *otto* giorni, ma osserva che questo è impossibile.

Dunque il De Goeje, volendo ammettere contemporaneamente e come egualmente veri i tre punti da noi predetti, si vede costretto a far partire Khālid il 1° di Safar 13. a. H. da 'Ayn al-Tamr.

Innanzi tutto non si sa bene ove giacesse 'Ayn al-Tamr, e ci consta solo che era non lontano da Anbār: ciò significa certamente nel distretto che amministrativamente dipendeva da Anbār, ma non sappiamo se a nord, a sud, o ad ovest; se presso ai limiti estremi del distretto, o nelle immediate vicinanze: nemmeno poi il sito di Anbār è conosciuto con precisione. In secondo luogo ove giacesse Qurāqir è assolutamente sconosciuto, e solo per la notizia data da Yāqūt, che gli abitanti erano Taghlib, e perchè Qurāqir doveva trovarsi incirca in un punto intermedio fra Anbār e Tadmur, il De Goeje ha creduto giustamente di poter dire (Mém., 46, lin. 15) che Qurāqir giaceva al nord-ovest di 'Ayn al-Tamr. Perciò la notizia data da *alcune* fonti, che Khālid da Qurāqir a Suwa ponesse cinque giorni, non ci dà nessunissima idea relativa di tempo, perchè ignoriamo completamente che distanza essa fosse. L'unità di misura ci fa quindi completamente difetto: e però non possiamo in verun modo accettare i 5 giorni impiegati fra Qurāqir e Suwa come elemento di prova che 18 giorni fossero sufficienti per tutto il viaggio.

Dalle vicinanze di Anbār (ponendo questa città alla bocca del canale Nahr 'Īsa; cfr. § 170, nota 1) a Suwa (oggi Sukhneh?) la distanza è di circa 350 chilometri in linea retta. Quando io mi trovai in Sukhneh nel Febbraio del 1894, v'incontrai alcuni Beduini venuti a prendere dei bagni caldi nella sorgente sulfurea di quel luogo (da cui il nome Sukhneh = calore). Essi provenivano dalle vicinanze di Karbalā (non lontana dalle rovine di Kūfah-Ḥīrah), una distanza di 400 e più chilometri in linea retta. Li interrogai sulla possibilità d'una traversata diretta da Karbalā a Sukhneh, e mi risposero che non era possibile per mancanza di pozzi, ma che si poteva venire viaggiando a una certa distanza dall'Eufrate, perchè solo in vari punti ove i wādi sboccano verso l'Eufrate, v'è una catena regolare di pozzi. Poi da un certo punto, che non mi fu possibile di precisare, mi dissero che avevano fatto una scorciatoia di otto giorni direttamente dall'Eufrate a Sukhneh. Essi avevano consumato *quaranta* (?) giorni da Karbalā a Sukhneh perchè erano venuti con le famiglie ed i bestiami, ma ammisero che viaggiando con un solo camelo con la massima velocità era possibile diminuire il tempo. Di quanto non mi riuscì di sapere, e le mie domande incalzanti ebbero per solo effetto di generare fra i Beduini una vivace discussione, il significato della quale mi sfuggì, perchè il loro dialetto era diverso da quello sirio, che conoscevo meglio. Alla mia rinnovata domanda, se si poteva fare il tragitto diretto, uno mi disse un « no » reciso. Più di questo non potei sapere.

Appare tuttavia da ciò, che i calcoli del De Goeje non sono ammissibili. Dovendo tenersi a non soverchia distanza dall'Eufrate e dovendo conformarsi alla via tracciata dai punti ove si trova l'acqua, il cammino da Karbalā a Sukhneh deve serpeggiare di molto, e se quei Beduini misero quaranta giorni, siamo costretti a ritenere che con le irregolarità del terreno e la disposizione capricciosa dei pozzi la distanza percorsa realmente deve arrivare forse al doppio di quella in linea retta.

Queste osservazioni valgono appuntino al nostro problema: il viaggio di Khālid per la via corta, sulla carta sembra di circa 1000 chilometri (da Ḥirah a Damasco); ma è probabile che in realtà il cammino percorso sia stato molto maggiore, forse quasi 1500 chilometri, considerando le irregolarità del suolo, la disposizione dei pozzi e le razzie compiute durante il viaggio; levando i 100 chilometri della distanza fra Ḥīrah e il sito supposto di Anbār, o 'Ayn al-Tamr, abbiamo 1400 chilometri, che il De Goeje crede Khālid possa aver percorsi in soli 18 giorni. Dall'esperienza avuta nei miei numerosi e lunghi viaggi nel deserto tanto africano che arabico considero un fatto simile come non umanamente possibile, nemmeno per un corridore, salvo il caso di avere bestie fresche ogni tre o quattrocento chilometri: senza mute di cameli e cavalli, un tale fatto è addirittura inconcepibile per un corpo armato di 500-1000 uomini. Il viaggio di Khālid ha subito, come tutte le altre tradizioni della conquista, un processo di esagerazione e glorificazione: è certo perciò che le fonti hanno tutte tendenziosamente, per glorificazione dell'eroe islamico, abbreviato il tempo occorso al viaggio, e per renderlo più drammatico, vi hanno innestato l'ordine del Califfo chiedente soccorsi: il quadro divenne così più completo e l'insieme ebbe parvenza più organica. Khālid figura così come lo spirito movente e il genio delle conquiste: basta la sua comparsa per mutare i Musulmani angustiati chiedenti aiuto, in schiere invincibili. Quindi, se *veramente* egli avesse fatto il tragitto in soli 18 giorni, sarebbe stata tale una maraviglia, che la tradizione delle conquiste ne avrebbe conservato imperitura memoria. L'unico modo per uscire dalle difficoltà, in cui è caduto il De Goeje, è di respingere come un adornamento successivo la partenza di Khālid in connessione ad una domanda di soccorsi dei generali musulmani in Siria. Allora scompaiono tutte le vere difficoltà cronologiche del famoso viaggio e tutto il problema si risolve in modo semplice e naturale.

[**Esame critico delle tradizioni sul viaggio di Khālid.**]

Il De Goeje per confortare la sua tesi cita un verso (Balādzuri, 261, lin. 6), in cui, egli dice, si menziona un viaggio dal Yarmūk a Qādisiyyah compiuto *in un mese*. Ma innanzitutto i versi citati, che fanno parte di tutto quel gruppo di poesie, composte per glorificazione delle tribù Yamanite stabilitesi in Siria, mi sembrano molto probabilmente apocrifi. Inoltre se volessimo analizzare minutamente il testo, potremmo già sul primo osservare che la espressione ba'da šahr^in = « dopo un mese » sembra non già un espressione precisa di tempo, ma un modo di dire equivalente a « dopo un certo tempo ». Poi non è detto che i Yamaniti partissero dal Yarmūk, perchè in quei versi si narra come i Yamaniti andarono « a Wādi al-Qura, poi attraverso il Diyār Kalb fino al Yarmūk *e poi nel paese Sirio* ». Ora il paese Sirio è un termine vago che inchiude una assai vasta terra; da questa in genere e non dal Yarmūk in particolare i Yamaniti partirono per al-Qādisiyyah.

Ma v'è anche un'altra osservazione da fare: fino a pochi anni or sono il governo turco ha fatto uso per la posta d'una via *diretta* da Damasco a Baghdād, che è di 300 chilometri più breve dell'altra che passa per Tadmur (cfr. Baedeker, *Palästina und Syrien*, VI Aufl., 1904, pianta alla pag. 347). Essa è menzionata anche da ibn Khurdādzbah: cfr. paragrafo seguente. È quindi sicuro che per questo cammino diretto vennero dalla Siria a al-Qādisiyyah i soccorsi ordinati da 'Umar nel 15. a. H. Ridotta a questi termini, l'espressione del verso citato da Balādzuri può anche corrispondere perfettamente ai fatti, giacchè compiere in 30 giorni il percorso diretto da Damasco a al-Qādisiyyah (circa 700 km.) non è impossibile per milizie che andavano a marcie forzate, trattandosi di percorrere *meno* di 30 km. al giorno.

Per la via invece percorsa da Khālid la distanza è sì grande, che nessun esercito, nemmeno uno arabo, avrebbe potuto farlo in 30 giorni senza una sola sosta e un solo intoppo: nel lungo tragitto tutti gli animali perirebbero dalla fatica, prima di giungere a metà strada. Posso affermare questo con sicurezza dopo la mia lunga esperienza di viaggi attraverso i deserti in Africa e in Asia.

§ 416. — Se però noi consideriamo che, ponendo la partenza di Khālid da Ḥīrah, al più tardi nel Dzū-l-Qa'dah del 12. a. H., noi siamo costretti a ritenere che Khālid passasse tre mesi intorno a Ḥīrah, noi veniamo in primo luogo a notare che siffatta dimora inoperosa in un sito solo è soverchiamente lunga. I fatti d'arme della razzia persiana sono così pochi e di sì lieve momento, che a partire dal momento in cui Khālid varcò il confine a Khaffān, fino a quando si mosse per andare in Siria, un mese e mezzo è più che sufficiente, vista anche la ristretta superficie delle operazioni militari (Khaffān, Ḥīrah e Ullays). Non è possibile che Khālid tenesse i suoi oziosi in Ḥīrah per tanti mesi. La partenza per la Siria deve essere avvenuta appena le operazioni intorno a Ḥīrah furono terminate. Dacchè Khālid era in Ḥīrah nel Raǵab del 12. a. H., dobbiamo concludere che la partenza per la Siria avvenisse prima di quanto abbiamo calcolato essere il minimo necessario. Noi crediamo perciò che Khālid, entrato nell' 'Irāq dopo il Ǵumāda II e, ottenuta la resa di Ḥīrah forse tra il Raǵab e lo Šaʿbān (= circa nell' Ottobre del 633. a. È. V.), sia poi partito per la Siria verso la fine di Šawwāl (=Dicembre 633.—Gennaio 634. a. È. V.); ossia prima che i colleghi in Siria avessero chiesto rinforzi. Sopprimendo così il nesso fittizio inventato dalla leggenda, fra le domande di soccorso dei generali in Palestina e il viaggio di Khālid, tutte le operazioni di quest'ultimo, che sembrano incomprensibili in un generale, il quale doveva correre a più di 40 chilometri al giorno senza sostare un solo momento, divengono naturali, e tutto l'arduo problema si dissolve in nulla. Khālid partì quando gli fece comodo, si scelse il cammino più facile per un corpo numeroso di armati, e dove poteva trovare più mezzi per rifornire i suoi di viveri e di foraggi (1).

[**Esame critico delle tradizioni sul viaggio di Khālid.**]

Nota 1. — Mette anche il conto di ricordare che Khālid b. al-Walīd aveva ai suoi ordini soltanto 500 o 600 uomini (cfr. § 401), vale a dire un numero tanto esiguo, che, come già si osservò, non avrebbe potuto produrre alcuna differenza sensibile nella bilancia delle forze in Siria: per soli 500 uomini non metteva il conto di esporli a tanti rischi e costringerli a compiere sì immenso e sì periglioso viaggio con tanta urgenza. Se 'Amr aveva bisogno di soccorsi efficaci ed in tempo utile, questi potevano venirgli soltanto dal vicino Ḥigāz. Non si può nemmeno dire che Khālid fosse chiamato per dirigere le operazioni militari contro i Greci, perchè vedremo come le tradizioni sulla battaglia di Aǵnadayn non provano punto che Khālid vi avesse il comando.

§ 417. — Le ragioni che noi sosteniamo hanno però anche un'altra conferma in un fatto che, per strana inavvertenza, è sfuggito a tutti gli storici i quali hanno studiato il presente problema. Per recarsi da Ḥīrah a Damasco, oltre il lungo cammino scelto da Khālid b. al-Walīd, via Tadmur (Palmira), ve ne sono altri due *facili*, diretti e assai più brevi. Uno parte da Ḥīrah e con sole quindici tappe arriva a Damasco (1. al-Quṭquṭānah; 2. al-Buq'ah; 3. al-Abyaḏ; 4. al-Ḥūši; 5. al-Ǵam'; 6. al-Khaṭi; 7. al-Ǵubbah; 8. al-Qulūfi; 9. al-Rawāri; 10. al-Sā'idah; 11. al-Buqay'ah; 12. al-A'nāk; 13. Adzri'āt; 14. una stazione [manzil] senza nome; 15. Damasco [cfr. Khurdādzbah, 99, lin. 1-6]) (1); l'altro da 'Ayn al-Tamr e con sette [?] (2) tappe arriva a Buṣra (1. al-Akhdamiyyah; 2. al-Khafiyyah; 3. al-Khalaṭ; 4. Suwa; 5. al-Uǵayfar [?]; 6. al-Ghurrabah [?]; 7. Buṣra [cfr. Khurdādzbah, 97, lin. 11-17]). Per intendere il valore di queste linee bisogna rammentare che, mentre il cammino per via di Tadmur gira attorno al deserto arabico-sirio, il Bādiyah al-Šām, le due vie da noi citate, lo traversano direttamente, abbreviando il cammino di circa 300 chilometri. Difatti una di queste due vie è quella usata un tempo, come già si disse, dal governo turco per le comunicazioni postali fra Damasco e Baghdād (cfr. Baedeker, *Palästina und Syrien*, VI Aufl. 1904, carta alla p. 347). Queste notizie hanno un valore particolare per il nostro problema: esse mettono in rilievo che Khālid, dovendo recarsi dalla contrada di Ḥīrah verso la Siria, aveva a scegliere *tre* (3) strade diverse, due brevi dirette e facili, e una lunga e pericolosa, perchè attraverso regioni popolose e munite di fortezze (cfr. Hartmann ZDPV., vol. XXII, 172, lin. 18). Ora Khālid, come vedremo, scelse quest'ultima.

Offresi così immediatamente alla nostra attenzione un'apparente ed inconfutabile contradizione a quanto affermano i tradizionisti che Khālid b. al-Walīd si recasse in Siria per effetto di urgente domanda di soccorsi dei suoi colleghi in Palestina. Tale contradizione scompare del tutto se accettiamo la nostra tesi, già confermata dalle nostre ricerche cronologiche, secondo la quale Khālid ebbe ordine di andare in Siria, razziando il confine persiano, prima che i generali inviati in Palestina si trovassero minacciati da grandi forze greche. Questa leggera correzione ha il vantaggio che nulla modifica nella struttura organica della versione tradizionistica intorno al famoso viaggio di Khālid, e

[Esame critico delle tradizioni sul viaggio di Khālid.]

permette di fare a meno di molte altre soverchie correzioni, alle quali il De Goeje è stato costretto per uniformare la cronologia e gl'incidenti del viaggio. Riteniamo quindi che la concordanza di tanti indizi e la semplificazione completa del problema che ritraesi dalla nostra tesi, sono argomenti sufficienti per stabilirne la validità e la correttezza.

Nota 1. — Anche in Yāqūt (IV, 137) abbiamo un'allusione a questa via diretta attraverso il deserto da Ḥīrah alla Siria: ivi parlandosi di Quṭquṭānah (lin. 15) « un sito nelle vicinanze di Kūfah in direzione del deserto », più avanti (lin. 17) si accenna ad al-Ruhaymah, lontana venti e più miglia da Quṭquṭānah « quando da al-Qādisiyyah (presso Ḥīrah) si vuole andare (direttamente) in Siria »: poi menzionansi alle stazioni seguenti: Qaṣr Muqātil, al-Qurayyāt e al-Samāwah. Dacchè questi nomi non combinano con quelli dati da Khurdādzbah, vediamo che esisteva realmente una terza via diretta fra Ḥīrah e la Siria attraverso il deserto. Il Hartmann (ZDPV., vol. XXII, 171) ha identificato vari nomi dell'elenco di Khurdādzbah con quelli tuttora esistenti sul luogo: egli ne propone anche la correzione di alcuni, per esempio invece di al-Abyaḍ, al-Ubayyiḍ, secondo quanto si trova nella carta del Kiepert (*Carte des Provinces Asiatiques de l'Empire Othoman*): ossia un « Ouadi el Oubeiyid » a nord-ovest di Kūfah e sulla via da questa città verso la Siria.

Nota 2. — Nel testo di ibn Khurdādzbah in questo luogo deve esservi certamente una lacuna, perchè movendo da 'Ayn al-Tamr, o da Ḥirah, il cammino diretto verso la Siria deve essere stato quasi ugualmente lungo, infatti sulla carta la distanza varia di ben poco: quindi non è possibile che nell'uno le tappe siano la metà dell'altro. Che il testo debba essere incompleto, mi pare evidente dalla citazione dei versi (Khurdādzbah, 97, lin. 16), i quali alludono a un'altra Suwa e ad un altro itinerario. Difatti vi si parla della guida Rāfi' che « seppe trovare il cammino più breve attraverso il deserto fra Qurāqir e Suwa », ma nell'itinerario di ibn Khurdādzbah manca Qurāqir: perciò i versi alludono a un *altro* itinerario. Questo è stato già osservato dal Hartmann (ZDPV., vol. XXII, 172, nota 2). Si può supporre che nel testo di ibn Khurdādzbah si susseguissero due itinerari, in ambedue dei quali figurava una Suwa, e che il copista primitivo dal quale i nostri Mss. dipendono, sia per errore saltato dalla prima alla seconda e che quindi i nomi della presente lista appartengano fino a Suwa al primo itinerario, e da Suwa in poi al secondo. Questa ipotesi spiegherebbe le due anomalie: il numero insufficiente delle stazioni e l'errore della citazione. Lo Sprenger (*Die Post- und Reiserouten*, p. 64) suppone che nel secondo itinerario « bloss die Wasserplätze angegeben sind und nicht die Stationen ».

Nota 3. — Khālid aveva in realtà anche una *quarta* via diretta, che lo avrebbe menato alle frontiere orientali della Siria, da Kūfah attraverso il deserto, in undici tappe facili (khufāfān) ossia: 1. al-Ruhaymah (12 miglia); 2. deserto; 3. al-Nabīt; 4. deserto; 5. al-Qurāy; 6. al-Khanfas; 7. al-Ḥaṭiyyah (? Ḥaṣyah); 8. al-Ghurayfah; 9. Qurākir (*sic*); 10. al-Azraq; 11. 'Ammān (= Rabbath Ammon = Philadelphia) (Muqaddasi, 251, lin. 10-13: cfr. Sprenger, l. c., p. 158). Questo cammino, per la prima parte corrisponde a uno di quelli di ibn Khurdādzbah, poi deviava più a mezzodì.

§ 418. — Da tutto questo complesso di ragioni che vicendevolmente si completano, siamo di necessità indotti, come unico mezzo a liberarci da tante difficoltà e contradizioni, a venire alle seguenti conclusioni. Khālid ricevette, mentre era ancora in Ḥīrah, o forse anche prima, l'ordine di recarsi in Siria, ma senza urgenza alcuna. Egli doveva terminare le sue faccende nell''Irāq, e poi raggiungere, nel modo che meglio credesse, i colleghi nella Palestina meridionale ed ivi cooperare con loro contro i Greci.

Possiamo aggiungere ancora un'ultima osservazione: in una tradizione citata poco più avanti (§ 401) è narrato che Khālid ricevesse l'ordine di partire da Ḥīrah per la Siria nel Rabī' II del 13. a. H. Questa notizia è assolutamente errata, e si deve correggere, perchè lo stesso Balādzuri, al quale la dobbiamo, ci narra poi (§ 403) che Khālid era presso Damasco durante la

[Esame critico delle tradizioni sul viaggio di Khālid.]

Pasqua di Risurrezione ossia *un mese prima!* Ora dacchè nel testo di Balādzuri l'anno 13. è *certamente* un errore, vediamo che la sola correzione possibile è sostituire al 13 un 12 (11 o 14 aggraverebbero l'errore!) e leggere: Rabī' II del 12. a. H., come la data dell'ordine ricevuto da Khālid. Ma tale necessaria e sicura correzione del testo risulta quale una nuova conferma delle nostre conclusioni. Nel Rabī' II, 12. a. H., Khālid aveva vinto i Ḥanīfah in al-Yamāmah e si accingeva a invadere il Baḥrayn: allora appunto, secondo Balādzuri, ricevette le istruzioni nuove del Califfo e l'ordine di recarsi in Siria, razziando i confini persiani in ossequio alle richieste dei Bakr b. Wā·il, e prima che i Musulmani partiti da Madīnah avessero varcato il confine sirio. Ma ciò è precisamente quello che noi volevamo dimostrare.

Riassumendo quindi queste osservazioni e critiche, noi ricostruiamo la cronologia dell'anno 12. H. nel seguente modo:

1° Nel Rabī' I del 12. a. H. — Vittoria di Khālid sui Ḥanīfah in al-Yamāmah.

2° Nel Rabī' II. — Probabile incursione di Khālid nel Baḥrayn, interrotta dalle istanze dei Bakr b. Wā·il e dalle nuove istruzioni del Califfo.

3° Nel Ǵumāda I e II. — Ritorno di Khālid a Madīnah (?) per accordarsi con il Califfo e preparativi per l'incursione.

4° Raǵab. — Pellegrinaggio del Califfo a Makkah. — Disposizioni di abū Bakr per l'invasione della Siria dalla parte della Palestina. Khālid varca i confini persiani, e ottiene la sottomissione di Ullays.

5° Šawwāl. — Presa di Ḥīrah nell' 'Irāq. Le prime schiere musulmane partite da Madīnah si avanzano sui confini siro-bizantini.

6° Ša'bān. — Scorrerie musulmane nella Palestina meridionale. Khālid si incammina verso il settentrione, da Ḥīrah su 'Ayn al-Tamr.

7° Dzū-l-Qa'dah. — Vittoria dei Musulmani a Dāthin in Palestina. Khālid si avanza lentamente nel settentrione, depredando il paese lungo la riva occidentale dell'Eufrate.

8° Fra il Dzū-l-Ḥiǵǵah del 12. a. H. e il Ṣafar del 13. a. H., i Musulmani in Palestina si trovano minacciati da numerose forze greche e chiedono soccorsi; Khālid termina il suo viaggio, e passando presso Damasco alla metà di Ṣafar, raggiunge i suoi colleghi nell'Urdunn.

Premesso questo necessario ordinamento della cronologia, passiamo ora all'esame delle notizie geografiche sul celebre viaggio di Khālid.

Itinerario di Khālid b. al-Walīd. — Il problema geografico.

§ 419. — Affinchè il lettore ben comprenda la difficoltà del problema geografico, uniamo qui appresso una tabella generale delle varie versioni

[Itinerario di Khālid b. al-Walīd.]

contenute nelle fonti citate nei paragrafi precedenti. Basta uno sguardo alla medesima per veder subito che *tutte* sono incomplete, e la prima impressione che ne abbiamo, è che da tanta babele di varianti sia impossibile arrivare alla verità. Ma questa impressione è erronea: noi vediamo che la maggioranza delle liste ha un nome importante, il quale determina in modo inconfutabile quale deve essere stato il percorso di Khālid. Questo nome di Tadmur (Palmira). Quindi su questo punto non v'è dubbio possibile: Khālid è passato per Tadmur, e delle varie vie che gli si offrivano per giungere a Damasco, ha scelto *la più lunga*: egli, cioè, fece il giro del deserto, invece di battere il cammino diretto attraverso il medesimo, che è ancora in uso ai giorni nostri, e che ai tempi suoi, più di dodici secoli fa, doveva essere ancora molto più facile, stante il minore inaridimento del paese. Questo cammino più breve era appunto quello che molte volte gli eserciti arabi di Hīrah devono aver percorso per molestare i loro cugini Ghassān durante le guerre fra Bisanzio e la Persia.

Una volta stabilito questo capo saldo delle nostre ricerche, rimane solo da determinare la questione, potremmo dire quasi accademica, sul tracciato preciso del rimanente cammino. Chi conosce i luoghi — l'annalista ha percorso nei primi mesi del 1894 più di metà del cammino di Khālid e una sua fotografia qui unita dà un' idea del paese a occidente di Palmira — sa bene che Khālid può aver deviato di poco dal solito cammino dei viaggiatori presenti, perchè i pozzi sono pochi e poverissimi d'acqua fuori delle vie battute. Le ricerche da me fatte sul luogo a Palmira, a Sukhneh e a Deir, presso Beduini e viaggiatori, lasciarono in me l'impressione che Khālid, per la maggior parte del suo cammino verso il settentrione e mirando a passare per Tadmur, non può essersi allontanato di molto dal corso dell' Eufrate. Dall'altipiano arabico scendono numerose vallate verso l' Eufrate, vallate che nell'epoca glaciale dovevano essere fiumi affluenti del grande fiume mesopotamico, ma ai tempi di Khālid erano certamente già ridotti allo stato di wādi o vallate pietrose senz'acqua corrente. Anzi al tempo nostro il cammino di terra da Hillah a Tadmur è quasi sempre in vista del fiume Eufrate, e soli i Beduini che conoscono molto bene il paese, osano viaggiare parallelamente al fiume a molta distanza dal medesimo: il paese aridissimo, a pendio molto disegnato, offre perciò grandi difficoltà per la mancanza assoluta di strade. Solo molto più nell'interno il paese, elevandosi, diviene più pianeggiante, ma l'aridità è tale che nessuno vi passa, se può farne a meno. Soltanto le rade famiglie che abitano quella tristissima regione sanno ove si trovano i pozzi, ed uno straniero vi è fatalmente perduto. Anche ammettendo un clima molto migliore ai tempi di Khālid, ritengo che quella vasta regione, non visitata nemmeno ora mai da

1. **al-Wāqidi** . . .		'Ayn al-Tamr	Dūmah al-Ǵandal				al-Kawāthil	Qa...
2. **al-Ya'qūbi** . . .	Ḥīrah	'Ayn al-Tamr	al-Anbār					
3. **al-Balādzuri** . .	Ḥīrah	'Ayn al-Tamr	Sandawdā	al-Muṣayyakh e al-Ḥuṣayd	Qurāqir	Suwa	al-Kawāthil	Qa...
4. **al-Madā·ini**. . .	Ḥīrah		Sandawdā	al-Muṣayyakh e al-Ḥuṣayd	Qurāqir	Suwa		
5. **Sayf b. 'Umar** .	Ḥīrah		Dūmah		Qurāqir	Suwa	Muṣayyakh Bahrā	
6. **ibn Isḥāq** . . .	Ḥīrah	'Ayn al-Tamr			Qurāqir	Suwa		
7. **abū Yūsuf** . . . (ibn Isḥāq)	Ḥīrah	Campo dei Taghlibiti		'Anāt	al-Nakīb		al-Kawāthil	Q...
8. **al-Azdi** . . . . («Futūḥ al-Šām»)	Ḥīrah	Anbār	'Ayn al-Tamr	Alyus (al-Bišr?) e Samāwah	Qurāqir	Šawā (Suwa)	al-Liwā (corr.: al-Kawāthil)	
9. **al-Azdi** . . . . (altra versione)								
10. **Pseudo-Wāqidi** .	al-Qādisiyyah		'Ayn al-Tamr		Qurāqir	Suwa		
11. **ibn 'Asākir** . . (Sayf b. 'Umar)					Qurāqir	Sawṭah?	al-Danā	1...
12. **De Goeje** . . .	Ḥīrah	'Ayn al-Tamr			Qurāqir	Suwa		
13. **Miednikoff**. . .	Ḥīrah	'Ayn al-Tamr	Sandawdā?	al-Muṣayyakh? e al-Ḥuṣayd	Qurāqir	Suwa		

			Tadmur					Ḥawrān	
...ak	Dūmah al-Ǵandal	Quṣam	Tadmur	al-Qaryatayn	Ḥuwwārīn		Marǵ Rāhiṭ		
			Tadmur	al-Qaryatayn	Ḥuwwārīn	Quṣam	Marǵ Rāhiṭ		
...tayn			al-Kasab			Damasco	Marǵ Rāhiṭ		
							Marǵ Rāhiṭ		
		Quṣam		Dzāt al-Sanamayn	al-Ghūṭah	Damasco			al-Ǵābiyah
			Tadmur		Ḥuwwārīn	Buṣra	Marǵ Rāhiṭ		
		Sukhnah	Tadmur		Ḥawrān				
	'Arīr?	Sawābil?							
			Tadmur	al-Qaryatayn	Ḥuwwārīn		Marǵ Rāhiṭ		
			Tadmur	al-Qaryatayn	Ḥuwwārīn	Quṣam	Dūmah	Marǵ Rāhiṭ	Ḥawrān

[Itinerario di Khālid b. al-Walīd.]

verun Europeo, doveva presentare tali difficoltà per il rifornimento d'acqua e di foraggi, che Khālid non può averlo percorso. Sono venuto quindi alla conclusione, lì sul luogo, che Khālid debba aver fatto un percorso assai più lungo di quello che si trova tracciato sulla pianta annessa al presente volume, e che la famosa marcia di cinque giorni, attraverso il deserto senz'acqua, deve essere stata una scorciatoia tentata da Khālid per abbreviare il cammino e non fare il giro fin nei pressi della moderna Deir. Vale a dire Khālid deve aver percorso incirca il medesimo cammino di quegli Arabi nomadi di Karbalā, di cui ho fatto menzione nella nota di un paragrafo precedente. Ma ciò è naturalmente una mia opinione, per la quale non ho da addurre ragionamenti più convincenti di quelli presentati poc'anzi, e il lettore ne faccia il conto che crede (1).

Nella carta grande del presente volume ho tracciato il cammino di Khālid conformandomi allo schizzo topografico del Miednikoff (I, 438), con leggiere modificazioni: per esempio Arak è al nord, non al sud di Palmira (2).

Nota 1. — Il Hartmann (ZDPV., vol. XXII, 173-175), esaminando il tragitto di Khālid con i dati offerti dal secondo itinerario di ibn Khurdādzbah (cfr. paragrafo precedente), vorrebbe omettere la menzione di Tadmur, e sostenere che Khālid prendesse una scorciatoia su Suwa, che egli pone *a occidente* di Palmira, sul lembo occidentale del deserto sirio. La ragione per la quale egli propone siffatta correzione è la sua perplessità sulla condotta di Khālid; egli trova incomprensibili le sue mosse erratiche (« die unglaublichen Kreuz-und Querzüge »), se aveva dal califfo abū Bakr ordini urgenti di accorrere in Siria con la massima sollecitudine. Il De Goeje (Mém., 45, nota 2) mette giustamente in dubbio la correttezza dell'opinione del Hartmann e sostiene che non vi può essere ragione di dubitare del passaggio di Khālid per Tadmur, salvo che respingendo intieramente l'itinerario delle nostre fonti migliori. Però anche il De Goeje trova incomprensibile la condotta di Khālid nel fermarsi in tanti luoghi a molestare gli abitanti del paese invece di recarsi direttamente a Buṣra. Con la nostra spiegazione tutte queste difficoltà scompaiono, e il viaggio del grande generale si tramuta in un seguito di arditissime mosse, degne del più grande capitano del tempo suo, libero di fare quello che vuole, pieno di immenso ardire e non vincolato da veruna ristrettezza di tempo.

Nota 2. — La ricostruzione del tragitto di Khālid tentata dal Haneberg (*Erörterungen über Pseudo-Wakidi's Geschichte der Eroberung Syriens*, Abhandl. d. K. Bayer. Akad. d. Wiss. I Classe, IX Bl. I Abtheilung. München 1860, pag. 16-21), sul solo testo del Futūḥ Lees, è insostenibile. Egli ha interpretato diverse tradizioni staccate e non in accordo fra loro come brani d'un racconto consecutivo: perciò fa venire Khālid per una via diretta attraverso il deserto fino a Buṣra, evitando Tadmur, e poi durante l'assedio di Buṣra lo fa *ritornare addietro* fino a Tadmur, un buon terzo di tutto il cammino. Anche il De Goeje (Mém., 44-45) respinge le conclusioni del Haneberg, che sono in stridente disaccordo con tutte le fonti buone.

§ 420. — Stabiliti questi aspetti generali del viaggio di Khālid, non molto v'è da aggiungere a quanto sull'itinerario hanno scritto in modo magistrale il De Goeje (Mém., 41-47) e il Miednikoff (I, 434 e segg.).

Il De Goeje completa la monca lista di ibn Isḥāq con quelle di al-Madā·ini e di Balādzuri, nel modo da noi indicato nella tabella e identifica Arak con l'Erek moderna a una tappa a nord-est di Palmira. al-Qaryatayn esiste tuttora, e quanti vanno da Damasco a Palmira fermansi tutti in quel paese, prima della traversata di due giorni del deserto per arrivare alle magnifiche rovine della capitale palmirena (Tadmur): la fotografia qui acclusa dà una

[Itinerario di Khālid b. al-Walīd.]

idea della natura presente del paese a mezza strada fra al-Qaryatayn e Palmira. Ḥuwwārīn, a tre ore ad occidente di al-Qaryatayn, esiste pure tuttora e fu un tempo residenza prediletta del califfo umayyade Yazīd I [† 64. a. H.] (cfr. Tabari, II, 203, lin. 14; 427, lin. ult.; 488, lin. 14). Osserva il De Goeje che questa digressione di Khālid su Ḥuwwārīn lo menò fuori dal suo cammino, e suppone che abbia avuto per motivo di far bottino. Noi aggiungeremo che dimostra altresì come Khālid, se poteva uscire dal suo cammino per fare razzie, non doveva viaggiare con urgenza, ma liberamente e con comodo: quindi il tempo consumato nel viaggio deve essere stato molto più lungo che non si creda. Il De Goeje espone molti dubbi fondati sulla correttezza di Qusam, sopprime Dūmah al-Ǵandal, surrogandovi Dūmah al-Ḥīrah, e sostiene che i due fatti d'arme di al-Musayyakh e al-Ḥusayd debbono essere avvenuti prima che Khālid ricevesse l'ordine di partire per la Siria: avanti tale partenza pone pure la spedizione di Dūmah al-Ḥīrah. Il De Goeje è costretto a modificare così la narrazione delle fonti migliori, perchè includendo tanti fatti d'arme durante la celebre marcia, i 18 giorni da lui stabiliti come durata dell'intero viaggio non sarebbero umanamente possibili. Ciò dimostra quanto siano malsicure le basi della cronologia del De Goeje in questo punto particolare. Non veggo infatti alcuna ragione perchè si debbano sopprimere questi tre fatti d'arme durante il viaggio di Khālid, visto che le due fonti che il De Goeje adopera per colmare le lacune di ibn Isḥāq, li includono nel viaggio con una concordanza sì perfetta, da portar con sè la convinzione che debbano essere corrette. Se si possono sopprimere i fatti di al-Musayyakh e di al-Ḥusayd, non v'è ragione per non sopprimere anche altri incidenti del viaggio. Accettando invece la nostra versione dei fatti, scompare ogni ragione per queste arbitrarie correzioni, e Khālid ha l'agio di fare tutte le razzie che vuole. Possiamo quindi attenerci alla narrazione delle fonti e lasciare i due fatti di al-Musayyakh e al-Ḥusayd come al-Madā·ini e Balādzuri li narrano.

Stabilite queste tappe della seconda parte del viaggio di Khālid, il De Goeje sostiene con piena ragione che il generale musulmano, nel recarsi in Siria abbia, partendo da un punto sui confini dell''Irāq, mirato a raggiungere quella via che oggidì ancora serve quale comunicazione più diretta fra Mawṣil (Mesopotamia) e Damasco. Con questo scopo egli deve, a partire da Ḥīrah, aver seguito per un tratto indeterminato un cammino più o meno parallelo all'Eufrate, e poi per abbreviare il percorso, deve aver traversato in cinque giorni un tratto del deserto sirio, fra Qurāqir e Suwa (cfr. i versi citati in Balādzuri, 111; Tabari, I, 2121, lin. 1 e segg.; Khurdādzbah, 97, lin. 16; Wüst. Register, 380). Qurāqir, secondo il De Goeje, deve

[Itinerario di Khālid b. al-Walīd.]

trovarsi a nord-ovest di 'Ayn al-Tamr e non confondersi con l'altro Qurāqir (Qurākir), che, come attesta Muqaddasi (251, lin. 12), si trovava a due giornate ad est di 'Ammān presso i confini della Palestina meridionale, sul cammino diretto fra Kūfah e 'Ammān, là dove esso s'incrocia con l'altro cammino che va da Dūmah al-Ǵandal (Ǵūf) a Damasco.

§ 421. — Il Miednikoff (I, 434-442) riconosce pur lui che la ultima parte del viaggio di Khālid, da Tadmur a Buṣra, si può facilmente ricostruire con le buone carte che noi possediamo della Palestina e della Siria meridionale ed ammette perciò la correttezza del tracciato Arak Tadmur al-Qaryatayn Ḥuwwārīn Quṣam (Casama) Damasco e Buṣra. Egli sopprime come assurda la spedizione di Dūmah al-Ǵandal, e ammette la possibilità della correzione del De Goeje di Dūmah al-Ǵandal in Dūmah al-Ḥīrah: aggiunge, però che siccome in Balādzuri Dūmah al-Ǵandal è messa assieme con Quṣam, e siccome quest'ultimo sito trovasi in Siria sulla strada tra Ḥuwwārīn e Dūmah Dimašq, egli crede perfettamente ammissibile che quei due nomi di luoghi sono per errore messi da Balādzuri fuori di posto nel suo itinerario. Se Khālid si recò da Ḥuwwārīn a Marǵ Rāhiṭ, allora guardando la carta noi troviamo sul suo percorso i due siti Quṣam e Dūmah. Ora, suppone giustamente il Miednikoff, in principio, nell'elenco delle tappe di Khālid trovavasi il nome di Dūmah senza altri affissi. Di poi i tradizionisti iraqensi, ai quali dobbiamo tutte le nostre notizie, ignari dell'esistenza di Quṣam in Siria e della Dūmah damascena, ritennero che la Dūmah menzionata fosse Dūmah al-Ǵandal (? Dūmah al-Ḥīrah): alcuni di essi quindi, senza aggiungere altro, trasportarono i nomi di Quṣam e di Dūmah al principio dell'itinerario vicino al nome di Ḥīrah, e li soppressero nella parte siria. Da ciò l'errore di tutti i tradizionisti successivi. Il Miednikoff accetta anche, e per le medesime ragioni, la soppressione proposta dal De Goeje dei due fatti d'arme di al-Muṣayyakh e al-Ḥuṣayd, e aggiunge che si dovrebbe sopprimere anche la menzione di Sandawdā: questi fatti appartengono, secondo lui, al periodo anteriore all'ordine ricevuto da Khālid di recarsi in Siria.

Il Miednikoff nota che da 'Ayn al-Tamr ad Arak (Tadmur) v'erano due vie: una lungo l'Eufrate fino a Qarqīsiyā, e poi da qui a Arak lungo la via solita delle carovane; l'altra invece direttamente attraverso il deserto. Secondo abū Yūsuf e Balādzuri, dice il Miednikoff, Khālid prese la prima. Il Miednikoff respinge questa versione, perchè, a suo modo di vedere, allora Khālid non avrebbe avuto a traversare verun deserto. Quindi Khālid, secondo il Miednikoff, non passò per Qarqīsiyā, ma prese la via più breve del deserto fra 'Ayn al-Tamr e Tadmur. Ammette che la posizione di Qurāqir e Suwa è sconosciuta, ma suppone che questo tratto debba trovarsi nel centro della linea retta fra 'Ayn al-Tamr e Arak, perchè, secondo il Moritz (*Zur antiken Topographie der Palmyrene*, p. 21), la distanza intiera fra questi due siti può essere percorsa in dieci lunghe marcie forzate. Dacchè Khālid mise cinque giorni fra Qurāqir e Suwa, Qurāqir giaceva probabilmente a due giornate e mezzo (un quarto della strada) da 'Ayn al-Tamr e Suwa a due giornate e mezzo prima di arrivare a Arak. [Itinerario di Khālid b. al-Walīd.]

Egli respinge intieramente la versione di Sayf b. 'Umar e dubita della presa di Anbār. Dichiara pure giustamente insostenibile la ricostruzione del viaggio di Khālid, quale fu tentata dal Muir (*The Caliphate*, 44-45). Egli cita infine il prelodato Moritz (l. c., p. 21), per dire che Khālid non può aver consumato meno di 10 giorni fra 'Ayn al-Tamr e Arak; aggiunge quindi tre giorni per i combattimenti nei vari luoghi, e calcola infine che, tenendo conto delle altre scaramuccie avvenute nel restante del viaggio, Khālid non può aver impiegato meno di 13 giorni fra Arak e Damasco: così per il tratto intiero 'Ayn al-Tamr Damasco, si ha un totale di 26, ossia da Ḥīrah a Damasco 29 giorni in tutto.

Il Miednikoff accetta questi calcoli del Moritz, ma allo stesso modo del De Goeje, incontra egli pure difficoltà insolubili nell'aggiustare tale spazio limitato di tempo con i fatti narrati dalla tradizione, e ciò sempre per quella medesima ragione, che tanto egli quanto il De Goeje presuppongono la partenza di Khālid come conseguenza delle domande di soccorso dei generali musulmani in Palestina, e quindi un viaggio compiuto con la massima celerità possibile.

§ 422. — A queste critiche geografiche per il tratto Arak-Damasco nulla abbiamo da aggiungere che metta il conto di porre in rilievo, e possiamo ammettere oramai come fatto accertato e sicuro che quel tratto dell'itinerario fissato dal De Goeje e dal Miednikoff (Tadmur-Damasco) sia oramai stabilito in modo inconfutabile. Non così per la prima parte, quella cioè da Ḥīrah fino ad Arak: in questa regna sempre l'incertezza di prima, e tutti gli studi fatti finora non sono riusciti a rintracciare o identificare sulle carte esistenti nessun nuovo nome nella presupposta traversata diretta del deserto da 'Ayn al-Tamr a Suwa. Quale può essere la ragione del singolare divario fra queste due parti dell'itinerario?

Le tradizioni che abbiamo sono tutte di tradizionisti iraqensi, e dovremmo perciò arguire che essi avrebbero dovuto conoscere meglio la geografia del loro versante del deserto, che non quella del versante sirio. Ci permettiamo perciò di aggiungere alcune osservazioni, con le quali noi speriamo non già di risolvere il problema, ma di additare quale potrebbe essere il modo con il quale si possa in certa guisa spiegare l'intricata questione.

[Itinerario di Khālid b. al-Walīd.]

Cominciamo con dire che la tesi nostra generale apre il campo a molte possibilità e supposizioni, inammissibili se si preferisce la tesi del De Goeje e del Miednikoff. Accettando cioè il nostro concetto fondamentale che Khālid non fece il viaggio con precipitosa urgenza, troviamo che egli aveva completa e piena libertà di tempo e di azione per un lungo periodo; anche posticipando il suo arrivo a Ḥīrah fino al Raǵab dell'anno 12. H., noi troviamo che rimangono più di sei mesi per le operazioni militari di Khālid dal suo arrivo a Ḥīrah fino alla data inamovibile del 19 Ṣafar 13. a. H. (Pasqua di Risurrezione), quando piombò sui Ghassān a Marǵ Rāhiṭ, presso Damasco. È lecito cioè attenersi più fedelmente alla tradizione ed ammettere nel viaggio di Khālid molti eventi che il De Goeje e il Miednikoff per aggiustare le loro tesi hanno dovuto arbitrariamente sopprimere. Così, per esempio, possiamo includere nel viaggio di Khālid i due fatti d'arme di al-Muṣayyakh e al-Ḥuṣayd, e si potrebbe ammettere una diversione di Khālid fino a Qarqīsiyā, come vogliono le due ottime fonti al-Wāqidi e Balādzuri. Difatti accettando la nostra tesi v'è ottima ragione di credere che l'irrequieto ed instancabile Khālid, dopo strappata l'indennità agli abitanti di Ḥīrah si mettesse a razziare a capriccio tutto il confine persiano, destreggiandosi in modo da fare sicuramente bottino e da evitare conflitti con forze superiori mandate a combatterlo. Considerando in questo modo la prima fase dell'itinerario di Khālid, noi veniamo ora chiaramente a comprendere la ragione perchè nelle memorie di questa prima parte sia venuta tanta inestricabile confusione. Infatti Khālid pur sempre spingendosi verso il nord, e avendo sempre in mente come vero obbiettivo la Siria, deve aver avuto mosse assai erratiche e irregolari; non seguì alcun cammino preciso, ma vagò ora in qua ora in là, un po' a capriccio, ovunque era speranza di copioso e facile bottino. La tanto decantata traversata del deserto può essere un fatto vero, ma studiando bene gli eventi narrati, abbiamo buona ragione per considerarla non già come una scorciatoia escogitata da Khālid per accelerare il cammino, sibbene piuttosto, come risulta dalle tradizioni, quale un ardito colpo di mano per sorprendere un campo di Arabi cristiani e depredarlo.

Nella tradizione infatti abbiamo precisa menzione di un Arabo che stava in quel momento recitando alcuni versi ai suoi compagni nel campo sorpreso: in questi versi il poeta ammoniva gli uditori di stare in guardia contro " l'esercito di abū Bakr „ che si avvicinava e si menziona il possibile arrivo di Khālid e della cavalleria musulmana. Orbene, qualora si accetti la realtà storica di questo episodio (narrato concordemente da quasi tutte le nostre fonti) è evidente che se Khālid, come vuole il De Goeje e con lui il Miednikoff, viaggiava con la velocità di un corriere, quegli Arabi non potevano sapere che

Khālid si avvicinasse alle parti loro, sì remote da Ḥīrah. Accettando quindi la tesi del De Goeje, siamo costretti a sopprimere anche questo incidente e considerarlo come fuori di posto od erroneo. Il De Goeje anzi, fondandosi sulla menzione del monte al-Bišr in uno dei versi, sostiene che tutti i cronisti sono in errore, perchè il monte al-Bišr sorge sulla riva sinistra dell'Eufrate *a nord* di Palmira, non lontano dalla città di Raqqah, che sta sulla riva opposta (cfr. Yāqūt, I, 231, lin. 11, e Kiepert, *Nouvelle Carte générale des Provinces Asiatiques de l'Empire Othoman*, Berlin 1884. Djebel Bischri, long. 37°). Ora la ragione addotta dal De Goeje, per sopprimere la tradizione, parmi invece un argomento per accettarla. Il poeta dice chiaramente: " Io credo che i cavalli dei Musulmani e Khālid vi piomberanno addosso prima dell'alba, (venendo) dal (monte) al-Bišr ". Dacchè si è ammesso che Suwa debba cercarsi presso Arak, dando uno sguardo alla carta del Kiepert, noi scorgiamo un deserto fra il monte al-Bišr e Suwa (Sukhneh?): così arriviamo alla sorprendente conclusione che Khālid non abbia traversato il deserto dal sud verso il nord, ma *dal nord verso il sud!* In altre parole nasce il sospetto che l'itinerario di Khālid fino a Tadmur possa essere stato totalmente diverso da tutto ciò che si è finora supposto. Per accettare siffatta conclusione, bisogna mutare radicalmente tutto quanto si è scritto e detto sul viaggio, sull'itinerario di Khālid, e creare un itinerario tutto nuovo. Perchè Khālid possa aver traversato il deserto dal monte al-Bišr a Suwa bisognerebbe che egli avesse seguìto razziando il corso dell'Eufrate fino a una grande distanza a nord di Palmira! [Itinerario di Khālid b. al-Walīd.]

Ammettendo la nostra tesi, che Khālid non viaggiasse con urgenza, tutto ciò sarebbe perfettamente logico e facile, e non esisterebbe veruna ragione seria per respingere la tradizione. Ma possiamo noi accettare questa come vera e dichiarare così erronee tutte le supposizioni e conclusioni di tutti gli storici ed orientalisti che ci hanno preceduto nello studio del famoso itinerario di Khālid?

§ 423. — Nella carta grande annessa al presente volume noi abbiamo tracciato il cammino di Khālid più o meno secondo il punto di vista che potremmo chiamare ortodosso, perchè quello sostenuto dal De Goeje, il massimo degli storici arabisti ora viventi, e colui al quale dobbiamo la prima critica scientifica delle conquiste arabe. Dacchè però nella repubblica letteraria tutti sono liberi di dire quello che pensano, e siccome perfino da errori può venire un giorno la luce, mi permetto di aggiungere alcune brevi mie osservazioni. Non ho già vaghezza di pretendere maggior sapienza dei miei predecessori, e di abbattere le loro conclusioni; ma siccome secondo il mio modo di vedere tutto il problema è radicalmente diverso da quello di quanti mi

[Itinerario di Khālid b. al-Walīd.]

hanno preceduto, e siccome vi può essere in quanto segue alcunchè di vero, sarà utile riunire qui alcune brevi osservazioni.

Lo studio fatto nei paragrafi precedenti ha dimostrato: *primo*, che la seconda parte dell'itinerario di Khālid, da Arak a Damasco, è ormai una cosa fissa e sicura, è un fatto *storico*, sul quale nessuno potrà ritornare; *secondo*, che la parte anteriore fra Ḥīrah e Arak, nonostante tutte le ricerche e gli studi fatti dal De Goeje e dagli altri, è rimasta ancor oggi nel medesimo stato d'incertezza in cui era prima, perchè non è stato possibile identificare sulle carte dei luoghi ora esistenti nemmeno *uno* dei nomi menzionati dalle fonti nell'itinerario di Khālid, se vogliamo accettare il tracciato proposto dal De Goeje e dal Miednikoff. Questo divario fondamentale è così strano, che mette il conto di studiarlo con qualche attenzione. È possibile che la tradizione sia corretta solo per il tratto Arak Damasco, e totalmente in errore nel tratto anteriore? Se i nomi dei luoghi nelle fonti non combinano con la geografia del De Goeje e del Miednikoff, vi deve essere un errore. Nessuno può negare questo. Ma l'errore è nelle tradizioni, o nell'interpretazione che finora s'è data delle medesime?

Il nostro primo impulso sarebbe di dare torto alla tradizione e ragione al nostro sommo arabista, che tanti errori ha scoperto e corretto nelle tradizioni. Ma dopo più matura riflessione viene il sospetto che siccome anche il maggiore degli uomini può errare, l'incomprensibilità dell'itinerario di Khālid possa provenire da errori *da ambedue le parti!* Le conclusioni degli orientalisti europei possono avere errori come certamente ne hanno le tradizioni.

Liberiamoci dunque dalle strettoie cronologiche che il De Goeje e tutti gli storici dell'Islām si sono imposte con la premessa che Khālid viaggiò con la massima urgenza, e studiamo di nuovo i nomi delle tappe di Khālid, con la persuasione che egli aveva circa sei mesi per scorazzare, come meglio credeva, tutto il paese fra Ḥīrah e Damasco.

Vediamo subito che con questo concetto dinnanzi agli occhi, troviamo nelle tappe di Khālid menzionate dalle varie tradizioni non pochi nomi celebri e conosciuti. abū Yūsuf (sull'autorità di ibn Isḥāq) ci dà 'Anāt sull'Eufrate, a nord del sito dove si ritiene giacesse 'Ayn al-Tamr. Poi al-Wāqidi e abū Yūsuf menzionano anche Qarqīsiyā ancora più al nord, là ove il Khābūr sbocca nell'Eufrate. Infine ibn Isḥāq, al-Madā·ini, Balādzuri, nel citare l'incidente dei versi recitati da Ḥurquš, ci dànno anche concordemente il monte al-Bišr come un'altra tappa delle scorrerie di Khālid. Forse, preso ognuno per sè, questi tre nomi avrebbero poco valore; ma riuniti assieme, essi ci rivelano come un piano generale, vale a dire la possibilità che Khālid, partendo da Ḥīrah, abbia risalito razziando il corso dell'Eufrate fin quasi a Raqqah, e poi da lì arrivato ai confini dell'impero Bizantino e presso la città popolosa e fortificata, temendo di soccombere con i suoi pochi seguaci a forze superiori, concepisse uno di quegli ardimenti, propri di un uomo di genio come lui, e traversasse con marcia forzata il deserto a nord di Palmira, fra questo sito e l'Eufrate. [Itinerario di Khālid b. al-Walīd.]

§ 424. — Il grande divario fra questo nuovo itinerario e quello comunemente accettato renderà forse taluni poco disposti a riconoscere nella nostra ipotesi qualche fondamento di verità: alcune considerazioni varranno però a chiarire che tale ipotesi non è del tutto impossibile.

Con l'antica opinione del tragitto fra 'Ayn al-Tamr e Arak non è stato possibile identificare un solo luogo fra quei due siti. Con la nostra ne identifichiamo tre; anzi, se si potesse provare che l'Alyus del “ Futūḥ al-Šām „ è lo stesso luogo di 'Alus, l'isola in mezzo all'Eufrate a mezzodì di 'Anah (cfr. J. P. Peters Nippur, New York, 1898, vol. I, 157), ne avremmo quattro, ma è più probabile che Alyus sia un errore di copista per al-Bišr. D'altronde Kawāthil menzionata da abū Yūsuf, dal “ Futūḥ al-Šām „ e forse anche da Sayf b. 'Umar può essere identificata con la moderna al-Karābileh.

Questi tre, o forse anche quattro nomi, non sono disposti a capriccio, ma tutti tendono a dimostrare che Khālid risalisse il corso dell'Eufrate fino ai confini dell'impero Binzantino, e rivelano così il concetto d'un piano regolare di campagna, vale a dire di seguire l'Eufrate finchè era possibile, e poi tagliare il deserto e gettarsi in Siria.

Diranno taluni che il numero dei siti identificati è scarso e non è convincente, ma oltre che il poco val meglio del nulla, se non è stato possibile identificarne altri, ciò non può essere una prova di errore, perchè come è noto (cfr. Peters, l. c. I, 107), la nostra conoscenza geografica del fiume Eufrate è ancora molto imperfetta, e le carte che ne possediamo sono piene di errori. Ogni nuovo viaggiatore dà sovente a piccoli siti nomi diversi da quelli notati dai suoi predecessori. Così, p. es., là ove il Chesney, nella sua spedizione giù per l'Eufrate, trovò il nome Querdi, il Peters (l. c., I, 137) trovò invece Suwe, che potrebbe essere forse la Suwa dell'itinerario di Khālid, e sarebbe il quinto luogo identificato. Ma la sua posizione sull'Eufrate fra Deir e 'Anah, è sì contraria a quanto è voluto dalla tradizione, che non possiamo includerla nel nostro elenco.

Sta il fatto che tutta la regione traversata dall'Eufrate, un tempo sì florida e boscosa, è oramai tramutata in un deserto: quasi tutte le città sono scomparse, e le poche rimaste sono decadute a miseri villaggi, mentre tutti i villaggi antichi hanno cessato di esistere. In questo modo si spiega facilmente come le varie fonti messe assieme ci dànno circa diciotto

[Itinerario di Khālid b. al-Walīd.]

nomi di paesi, e a noi è stato possibile identificarne soltanto tre o quattro, perchè i più famosi.

Il numero stesso di questi nomi, tanto maggiore per il tratto Arak-Ḥīrah che per quello Arak-Damasco dà materia a riflettere. Le tradizioni contengono, è vero, molte storielle non vere, ma, tranne Sayf b. ʿUmar, nessuno dei nostri buoni tradizionisti si è reso colpevole d'invenzione di nomi geografici. Per quale ragione al mondo avrebbero essi inventato nomi geografici, in questa circostanza piuttosto che in tutte le altre? Se le fonti ci dànno tanti nomi, vuol dire che esisteva un tempo memoria dei paesi traversati da Khālid nella sua celebre corsa; ma l'ignoranza dei copisti ha fatalmente e irrimediabilmente corrotto la scrittura, mentre dall'altra il tempo ha distrutto i luoghi abitati lungo l'Eufrate, e così ogni speranza di altre identificazioni è, per ora almeno, impossibile.

Non crediamo opportuno di soffermarci più a lungo su questo argomento: potremmo, è vero, riprendere in esame le tradizioni di Sayf b. ʿUmar su ciò che avvenne dopo la presa di Ḥīrah, ponendo in rilievo come in esse sia rintracciabile la memoria del fatto che Khālid risalì l'Eufrate fin oltre i confini dell'impero Bizantino. Si potrebbe anche con buoni argomenti provare che gli episodi guerreschi narrati da Sayf, invece di far parte di una campagna distinta dal viaggio in Siria, formano parte integrante del medesimo, o che tutti gli episodi narrati ai §§ 217-227 appartengono alla narrazione del viaggio.

Preferiamo però di non vòler dimostrare troppe teorie novelle, e di attendere e di sentire il parere di altre persone competenti, prima di propugnare decisamente una nuova tesi che metterebbe, se accolta, tanto scompiglio nelle opinioni ora più comunemente accettate dagli orientalisti. È bene che l'idea maturi, e forse altri troveranno quello che a noi è sfuggito, e quello che oggi potrà sembrare quasi impossibile, diverrà forse un giorno verità riconosciuta.

Riassunto del viaggio di Khālid b. al-Walīd.

§ 425. — Per mettere un po' d'ordine nel caos apparente di tante notizie e critiche e questioni controverse, riassumeremo ora in poche parole le fasi della lunghissima razzia di Khālid dopo la presa di Ḥīrah fino al suo arrivo in Siria, e riconnetteremo la nostra narrazione con quella dei fatti precedenti ai §§ 235-236. È bene però premettere che quanto noi narriamo è una ricostruzione degli eventi secondo il nostro modo di vedere, dalla quale escluderemo a disegno quanto è ancora questione di controversia, e non ci sembra bene dimostrato.

Scala di 1:7,500,000

bene che l'Ile

quello che oggi

rità riconosciuta.

ente di tante no-

Urah fino al so

to noi narrino

sdere, dalla quale

oversia, e non

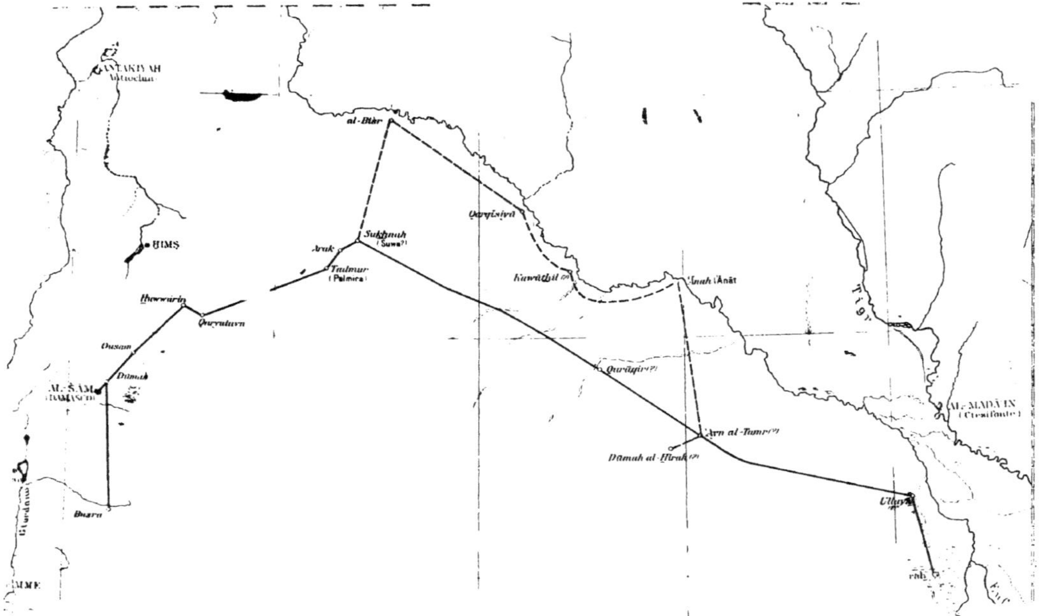

[Riassunto del viaggio di Khālid b. al-Walīd.]

Khālid b. al-Walīd, avendo varcato la frontiera dell'impero Sassanida con le istruzioni di recarsi in Siria nel modo e nelle condizioni che a lui sembravano più convenienti, appena ottenuta la resa di Ḥīrah, si slanciò arditamente verso il settentrione, mirando a valersi dell'impreparazione sassanida e delle discordie fra le tribù arabe del confine per fare bottino e raccogliere nuovi e facili allori. Sapendo però come tutto il paese, che doveva traversare, era territorio nemico, e che doveva aprirsi una via con le armi alla mano, fece, prima di partire, una cernita dei suoi seguaci e rimandò a Madīnah oltre ai deboli, ed ai malati anche le donne ed i bambini, che molti guerrieri, secondo l'antico uso arabo, si erano menati appresso. Finora la razzia era stata quasi incruenta, ma ora le condizioni dovevano radicalmente mutare.

Pare certo dunque che, riscossi i tributi da Ḥīrah e da alcuni paesi vicini, Khālid, accompagnato dai Bakr b. Wā·il, risalì verso il nord in direzione di 'Ayn al-Tamr ed ivi inflisse agli Arabi vassalli dei Sassanidi una prima sconfitta, che fruttò i *primi* prigionieri della campagna persiana. Se questo primo vantaggio debba interpretarsi come una vera e propria presa d'assalto di 'Ayn al-Tamr, non è sicuro, perchè da alcune tradizioni si potrebbe arguire che dopo una vittoria in aperta campagna, la città si arrendesse e stipulasse con Khālid un patto speciale di capitolazione (cfr. §§ 171, 395).

In 'Ayn al-Tamr sembra che gli Arabi Bakriti abbandonassero Khālid e rifiutassero di seguirlo nella sua avventurosa spedizione: così almeno devesi interpretare la tradizione che Khālid lasciasse al-Muthanna b. Ḥārithah come suo luogotenente nell''Irāq. È evidente da ciò, che la natura vera dei rapporti fra i Bakr b. Wā·il ed il generale musulmano non era ben precisa, e che lo screzio latente fra Arabi occidentali ed Arabi orientali prendesse forma più netta ed esplicita, quando i Bakr ebbero intuito il carattere estremamente arrischiato del disegno di Khālid. I Bakr si erano rivolti ai Musulmani per aver aiuto a depredare l'inerme Babilonide, ma in niun modo erano disposti a versare il loro sangue per una lontana e difficile spedizione, che non sembrava porgere loro verun sicuro vantaggio. È probabile quindi che Khālid proseguisse con una schiera assai diminuita di uomini, composta per lo più di veterani madinesi e dell'Arabia centrale, misti a un nucleo forse non piccolo di avventurieri d'ogni provenienza. Possiamo anche presumere che i Bakr vedessero con piacere l'allontanarsi dell'ardito ed imperioso forestiere, la natura autoritaria del quale doveva dare ombra ai capi, mentre il resto delle tribù Bakrite, immaginandosi di avere oramai aperta la via per penetrare nel cuore della più ricca provincia persiana, si ripromettessero di fare immenso bottino e di non averlo a dividere con estranei.

[Riassunto del viaggio di Khālid b. al-Walīd.]

Comunque fosse, è certo che Khālid partì ora con pochi uomini, forse appena più di 500 in tutto: non molti, è vero, ma tutti scelti, bene disciplinati, avvezzi ad agire insieme, e devoti al loro capo, che da quasi un anno li aveva menati di vittoria in vittoria e li aveva arricchiti con una copia mai vista prima di bottino. Su quello che avvenne dopo la partenza da ʿAyn al-Tamr e fino all'arrivo ad Arak, si stende un denso velo, che le notizie da noi possedute non ci permettono di rimuovere senza perderci in congetture più o meno arrischiate.

Ciò è evidente dalle discussioni da noi riassunte nei paragrafi precedenti. Secondo tutti gli storici occidentali, Khālid a un certo punto da ʿAyn al-Tamr entrò nel deserto e con una mossa ardita giunse a Suwa, apparentemente vicina a Arak e forse sulla via commerciale, che da Damasco, per Tadmur (Palmira), menava allora, come oggidì ancora, direttamente all'Eufrate, e da lì o in Babilonide, o in Mesopotamia.

Noi abbiamo cercato di dimostrare che siffatta tesi non è punto sicura e che vi è grande probabilità d'un itinerario molto diverso. Vale a dire si può supporre che Khālid continuasse da ʿAyn al-Tamr a spingersi verso il nord, seguendo più o meno il corso dell'Eufrate fin oltre i confini bizantini, movendosi con grande velocità da un punto all'altro, sorprendendo dovunque campi nemici, impaurendo gli abitanti di siti fortificati e riscuotendo da questi rilevanti indennità di guerra. Certo è in ogni caso che fra ʿAyn al-Tamr e Arak, Khālid ottenesse molti piccoli successi felici, con i quali in paese nemico potè sempre assicurarsi ampiamente i mezzi per vivere per sè, ed i suoi, i cameli ed i cavalli della piccola spedizione. In niun luogo sembra che egli abbia mai incontrato seria resistenza, e la sua piccola schiera fu sempre sufficiente a strappare la vittoria.

§ 426. — Considerando il viaggio di Khālid da questo punto di vista, noi comprendiamo facilmente la genesi spontanea delle tradizioni di Sayf b. ʿUmar sulla campagna di Khālid dopo la resa di Ḥīrah, e ci rendiamo conto come le scaramuccie e i piccoli combattimenti vinti da Khālid nel risalire l'Eufrate abbiano procreato le leggende delle immense battaglie della tradizione iraqense. Questa pone, è vero, i fatti prima dell'ordine avuto da Khālid di recarsi in Siria [1], ma ciò è certamente erroneo, perchè non è naturale che Khālid si spingesse tanto a settentrione fin nella Mesopotamia, e poi ritornasse a Ḥīrah, ed infine rifacesse una seconda volta la maggior parte del lunghissimo tragitto. Noi dobbiamo considerare le tradizioni esagerate di Sayf b. ʿUmar come versioni leggendarie di incidenti del viaggio stesso.

Sopprimendo tutte le esagerazioni, possiamo accettare le tradizioni di Sayf come una conferma che Khālid risalisse l'Eufrate fino alle vicinanze

di Raqqah, dove, arrivato in paese più popoloso e meglio munito di città for-
tificate e di guarnigioni, mutasse improvvisamente direzione, e con grande
ardire, traversato il deserto sirio, a nord della via commerciale fra Damasco
e la Mesopotamia, raggiungesse questa via, ed ora finalmente volgesse la fronte
direttamente verso la Siria.

Comunque sia, certo è che, ai primi dell'anno 13. H., Khālid era entrato
in Siria e con un ardire temerario, che desta ancor oggi la nostra maraviglia,
assalendo quanti incontrava sul suo cammino, si spinse direttamente verso
Damasco, ossia la contrada più ricca, più popolosa e ben difesa della Siria.

Nessuno si aspettava l'arrivo del generale musulmano da questa parte,
e grazie all'ardire ed alla velocità di mosse della piccola schiera, nessuno fu in
grado di opporre resistenza. Il sistema preferito di Khālid fu sempre di sorprendere il nemico nel suo accampamento e farne macello prima che avesse tempo
di riaversi dalla sorpresa. Così piombò sopra un villaggio arabo-cristiano
presso Damasco nel giorno di Pasqua di Risurrezione, e fatta, a quanto pare,
anche una punta ardita fin sotto le mura di Damasco, si volse poi improvvisamente verso mezzogiorno e andò a unirsi con le schiere musulmane che
operavano nell'Urdunn.

Con i rinforzi apportati da Khālid, e sovratutto animati dal suo prodigioso ardire e genio militare, gli Arabi si mossero ora su Busra, nel Hawrān
meridionale, e gli 'abitanti impauriti pagarono una forte indennità per essere
lasciati in pace (²).

Compiute queste prodezze, Khālid, con Yazīd b. abī Sufyān e Šuraḥbīl
b. Ḥasanah, prosegui lentamente verso il mezzogiorno, ove si stava operando
una concentrazione generale delle forze musulmane, in vista delle schiere numerose che l'imperatore Eraclio mandava nella Palestina meridionale ad
espellerne gl'invasori.

NOTA 1. — Sayf b. 'Umar narra che l'ordine a Khālid di recarsi in Siria gli giungesse *dopo* le
grandi battaglie, perchè, lasciando tanti combattimenti nel racconto del viaggio di Khālid, non era più
possibile dare al medesimo il carattere drammatico d'una marcia fulminea, attraverso deserti spaventosi, in soccorso dei colleghi pericolanti.

NOTA 2. — Questa notizia è inclusa da noi nel racconto, soltanto in ossequio alla tradizione musulmana ed all'opinione di vari eminenti orientalisti, ma dalle parole di Balāḏzuri (§ 353, parrebbe
che la città fosse sottomessa più tardi regnante 'Umar, quando venne abū 'Ubaydah in Siria. dopo
Aǧnadayn. Questo è ancora un punto controverso, sul quale è prudente non dare una sentenza definitiva.

§ 427. — Intanto nell' 'Irāq la scomparsa di Khālid aveva soppresso di
fatto l'ultimo sembiante d'una autorità diretta del Califfo sul territorio arabo-
persiano, e le condizioni reali del paese ritornavano ad essere quasi identiche
a quelle che erano state anteriormente alla venuta di Khālid.

L'unica vera differenza fu lo stato d'animo degli Arabi del confine: gli
inattesi successi ottenuti nella breve campagna, con pochissimi mezzi, avevano

rivelato la debolezza estrema dell'impero Sassanida, abbattendo cosi l'ultimo vestigio del rispetto e del terrore che, per tanti anni, la potenza sassanida aveva saputo incutere agli Arabi del deserto.

Questi erano oramai persuasi, che il vicino Impero fosse impotente a resistere alle loro aggressioni, ed ora pieni di novello ardire, non frenati più da alcun timore, conšci di avere l'appoggio morale e materiale dello Stato di Madīnah, osarono varcare l'Eufrate e spingere le loro razzie in tutta la regione fra l'Eufrate e il Tigri, arrivando forse al nord fino a Takrīt, ed a mezzodì fino al mercato di Sūq Baghdād, nelle vicinanze immediate della capitale sassanida. La comparsa dei laceri predoni del deserto fin quasi sotto alle mura della reggia imperiale, fu un terribile ammonimento per quei pazzi di Ctesifonte, i quali credevano di potersi impunemente strappare l'uno dall'altro gli ultimi resti del cadente Impero con efferati eccidi e con interminabili guerre civili. Finora nessuno aveva potuto occuparsi degli Arabi: il giovane sovrano, l'ultimo della sua stirpe, Yazdaǵird III, che da circa un anno era salito sul trono, aveva visto insorgere contro di lui, il giorno dopo la sua elezione, tre diverse provincie. Il giovane sovrano, allora appena quindicenne, ebbe quindi a superare grandi difficoltà all'interno, prima di poter reagire contro le razzie arabe: perciò soltanto nel corso dell'anno 13. H., le prime soldatesche regolari sassanidi ebbero tempo e modo di assalire gli Arabi. I gravissimi rovesci subiti da questi stanno a dimostrare, chè le schiere musulmane poco disciplinate della campagna del 12. a. H. non erano in grado di misurarsi con i veterani di Ctesifonte, e che per battere questi, lo Stato di Madīnah doveva adoperare le sue forze migliori. Su ciò che avvenne dopo la partenza di Khālid avremo a parlare altrove (cfr. 13. a. H.).

ARABIA. — Eventi minori.

§ 428. — (Matrimonio di 'Umar). — In questo anno 'Umar sposò 'Ātikah bint Zayd(¹) (Tabari, I, 2077; Athīr, II, 307).

Nota 1. — (a) 'Ātikah bint Zayd b. 'Amr b. Nufayl b. 'Abd al-'Uzza, era della tribù qurašita dei banū 'Adi b. Ka'b, vale a dire dalla medesima, alla quale apparteneva 'Umar. Sua madre fu umm Kurz bint al-Ḥaḍrami b. 'Ammār b. Mālik b. Rabī'ah b. Lakīz b. Mālik b. 'Awf: essa fu una di quelle che fecero la Fuga a Madīnah, e giurarono fedeltà al Profeta (Saad, VIII, 193).

(b) Quando sposò 'Umar, era vedova di 'Abdallah b. abī Bakr, sul quale matrimonio abbiamo già discorso (cfr. 11. a. H., § 209). Il suo primo marito le aveva lasciato una parte della sua fortuna a condizione che non sposasse più altri, dopo la sua morte. 'Umar che molto desiderava di sposarla, la persuase a liberarsi da questa promessa, restituendo alla famiglia del defunto marito la eredità avuta. E cosi fu fatto (Saad, VIII, 193-194; Aghāni, XVI, 134).

(c) Un'altra tradizione dà maggiori particolari e di natura piuttosto scandalosi, che mette il conto di riportare, perchè sono probabilmente veri, e descrivono i costumi dei grandi uomini del tempo. — ('Affān b. Muslim, da Ḥammād b. Salimah, da 'Ali b. Zayd). Quando fu per morire, 'Abdallah b. abī Bakr fece giurare ad 'Ātikah che non avrebbe più contratto altro matrimonio. Alla morte di 'Abdallah, 'Ātikah si ritrasse dal mondo, menando una vita assai ritirata, e respingendo numerose domande di matrimonio che le vennero profferte. A tutti rispondeva con un rifiuto. Allora 'Umar si volse al tutore (wali) della vedova e lo pregò di menzionare il suo nome alla bella sconsolata, ma 'Ātikah, fedele alla promessa, rifiutò anche 'Umar. Allora questi andò dal tutore e gli chiese ufficialmente la mano della vedova sua pupilla: ottenutone il regolare consenso, si recò immediatamente dalla donna, entrò nella sua stanza, e le usò violenza ('ārakahā): vinta la sua resistenza, si giacque con lei, ma quando ebbe finito, s'alzò dicendo: « Uff! Uff! Uff! » e manifestando apertamente il suo disgusto (affafa bihā). Poi si allontanò e non venne più a vederla: allora 'Ātikah gli mandò una sua liberta per dirgli: « Vieni! io sono ora a tua disposizione! » (Saad, VIII, 194). [Eventi minori.]

(d) ('Ārim b. al-Faḍl, da Ḥammād b. Salimah, da Khālid b. Salimah). Quando fu concluso il matrimonio con 'Umar, 'Ā-išah, a nome della famiglia di abū Bakr, chiese ad 'Ātikah la restituzione del fondo che 'Abdallah le aveva lasciato (Saad, VIII, 194).

(e) Un'altra tradizione (Yazid b. Harūn, da Muḥammad b. 'Amr, da Yaḥya b. 'Abd al-raḥmān b. Ḥāṭib) afferma che Umar sposasse 'Ātikah, quando era califfo, vale a dire dopo la morte di abū Bakr, e che prima di prenderla in casa, la costringesse a restituire alla famiglia del defunto i beni che essa aveva ereditati dal medesimo (Saad, VIII, 194).

§ 429. — (Compera di Aslam; cfr. 11. a. H., § 236). — 'Umar si comperò in questo anno lo schiavo Aslam, al quale poi concesse la libertà (1) (Tabari, I, 2077; Athīr, II, 307).

Nota 1. — (a) Aslam era un abissino, prigioniero di guerra menato dal Yaman: secondo ibn Isḥāq, egli fu comperato in Makkah da 'Umar b. al-Khaṭṭāb mentre questi, per ordine di abū Bakr, vi dirigeva nell'11. a. H. il grande pellegrinaggio annuale.

Si vuole che Aslam viaggiasse due volte con il Profeta, altri però affermano che non lo vedesse mai. Egli morì nell'anno 80. H., in età di 114 anni in Madīnah, ove egli risiedè a lungo insegnando e trasmettendo tradizioni. Suoi scolari furono il figlio Zayd, Muslim b. Ǵundab, e Nāfi' mawla di 'Umar b. al-Khaṭṭāb. Le sue tradizioni furono accettate come genuine da ibn Mandah [† 395. a. H.] e da abū Nu'aym [† 430. a. H.] (Athīr Usd., I, 77-78; Ḥaǵar, I, 71, no. 128).

(b) Secondo Nawawi (152), egli era anche chiamato abū Zayd al-Qurašī al-Madani e trasmise tradizioni apprese da abū Bakr, da 'Umar, da 'Uthmān, da abū 'Ubaydah, da Mu'ādz b. Ǵabal, da 'Abdallah b. 'Umar, da Mu'āwiyah b. abī Sufyān, da abū Hurayrah e da Ḥafṣah. Ebbe due figli Zayd e Khālid. I ḥuffāẓ (= tradizionisti e conoscitori del Qurān) lo ritennero autorità degna di fede, e le sue tradizioni furono accettate da Muslim [261. a. H.] e da al-Bukhāri [† 256. a. H.]. Accompagnò 'Umar nel suo celebre viaggio a al-Ǵābiyah (nel 17. a. H.).

(c) Secondo ibn Qutaybah, 'Umar comperò Aslam nel 12. a. H. quando fu condotto (a Madīnah) incatenato insieme con al-Aš'ath b. al-Qays: menato innanzi al califfo abū Bakr, gli disse: Aslamu (= « mi faccio musulmano »): da ciò il suo nome. Morì durante il Califfato di 'Abd al-malik b. Marwān [65.-86. a. H.] e trasmise molte tradizioni (Qutaybah, 95).

Il pellegrinaggio annuale.

§ 430. — Secondo una tradizione di ibn Isḥāq (da al-'Alā b. 'Abd al-raḥmān b. Ya'qūb, da uno dei banū Sahm, da ibn Māǵidah al-Sahmi) ed un'altra di al-Wāqidi (da 'Uthmān b. Muḥ. b. 'Ubaydallah b. 'Abdallah b. 'Umar, da abū Waǵzah Yazīd b. 'Ubayd, da suo padre), il grande pellegrinaggio dell'anno 12. H. fu diretto in persona dallo stesso califfo abū Bakr, il quale lasciò 'Uthmān b. 'Affān come luogotenente in Madīnah durante la sua assenza (Tabari, I, 2077-2078; Mas'ūdi, IX, 55).

Un'altra tradizione di ibn Isḥāq afferma invece che abū Bakr non dirigesse mai un pellegrinaggio durante il suo califfato o che mandasse invece, sia 'Umar b. al-Khaṭṭāb, sia 'Abd al-raḥmān b. 'Awf (Tabari, I, 2078).

Cfr. anche Athīr, II, 307.

Necrologio: ʿAmr b. Ziyād.

§ 431. — ʿAmr b. Ziyād b. Ḥudzayfah b. Hišām b. al-Mughīrah (al-Qurašī) è menzionato da Ḥanīfah (117, lin. 18) come un Compagno ucciso a ʿAyn al-Tamr, ma il suo nome manca in ibn Ḥaǵar. È forse un errore per ʿUmayr b. Ri·āb b. Ḥudzayfah.

Bašīr b. Saʿd.

§ 432. — Bašīr b. Saʿd [b. Naṣr] b. Thaʿlabah b. Khallāṣ (non Ǵulās come hanno ibn Ḥaǵar e ibn Durayd) b. Zayd b. Mālik al-Agharr b. Thaʿlabah b. Kaʿb b. al-Khazraǵ b. al-Ḥārith b. al-Khazraǵ al-Khazraǵi, al-Anṣāri, al-Badri, Compagno del Profeta, presente alla battaglia di Badr, fu il primo Anṣār a proclamare abū Bakr califfo. Mentre visse Maometto, fu mandato da lui alla spedizione di Fadak, e a quella di Wādi al-Qura. Morì alla battaglia di ʿAyn al-Tamr, combattendo sotto gli ordini di Khālid b. al-Walīd nel 12. a. H. Ebbe per figlio al-Nuʿmān b. Bašīr [† 65. a. H.] (1) (Saad, III, parte II, 83-84; Aghāni, XIV, 119, 125-126; Ḥaǵar, I, 322, no. 690; Athīr Usd., I, 195; Durayd, 271, lin. 7-9 e nota; Yāqūt, I, 483; II, 34; III, 111; IV, 423; Nawawi, 174).

NOTA 1. — (*a*) Cfr. anche Balādzuri, 248.

Secondo Dzahabi Paris [I, fol. 117,v.], egli fu presente al Convegno di 'Aqabah, ed il primo Madinese che abbracciasse l' Islām.

(*b*) Sua madre aveva nome Anīsah bint Khalīfah b. 'Adi b. 'Amr: sposò 'Amrah bint Rawāḥah sorella del celebre 'Abdallah ucciso a Mu'tah (cfr. 8. a. H., § 15, nota 7), e dalla quale ebbe due figli, al-Nu'mān e Abayyah. Bašir sapeva scrivere in lingua (e caratteri?) arabi già prima di convertirsi all' Islām, quando ben pochi conoscevano quell'arte. Fu presente a tutti gli eventi della vita di Maometto, dal grande convegno di 'Aqabah in poi (Saad, III, parte II, 83).

(c) Tenne il comando di una spedizione infelice, dalla quale si dice che egli solo si salvasse (cfr. 7. a. H., § 63; Saad, III, parte II, 83). Esito più felice ebbe un'altra diretta a Yumn e Ǵināb (o Ǵabār) (cfr. 7. a. H., § 66; Saad, III, parte II, 83-84). Durante il pellegrinaggio dell'anno 7. H., Bašīr fu preposto dal Profeta alla custodia delle armi dei pellegrini (cfr. 7. a. H., §§ 69 e 70; Saad, l. c.).

(*d*) Si vuole che trasmettesse tradizioni al figlio al-Nu'mān e a Ǵābir b. 'Abdallah: ne trasmisero alcune in suo nome anche 'Urwah b. al-Zubayr e al-Ša'bi (Athīr Usd., I, 195).

abū Marthad.

§ 433. — abū Marthad Kannāz b. Ḥuṣayn b. Yarbūʿ b. Ṭarīf b. Kharašah b. ʿUbayd, al-Ghanawi, dei Yaḥya (Ghani?) b. Aʿṣar un ramo dei Qays ʿAylān. Sul suo nome proprio regna però incertezza (Kannāz, Ḥuṣayn, o Ayman) ed è più comunemente conosciuto come abū Marthad. Egli e suo figlio Marthad furono presenti a Badr, quali confederati (ḥalīf) di Ḥamzah, lo zio del Profeta. Suo figlio Marthad fu ucciso alla spedizione di al-Raǵīʿ (cfr. 4. a. H., § 7, no. 1), dopo aver preso parte à tutte le campagne del Profeta (Aghāni, VI, 41): abū Marthad morì in Madīnah nel 12. a. H., in età di

66 anni. Era uomo alto con molti capelli. A lui si attribuisce una tradizione, secondo la quale il Profeta avrebbe vietato di sedersi sopra le tombe e di pregare volti verso le medesime (Athir Usd., V, 294; Saad, III, parte I, 32; Tabari, I, 2077; Athir, II, 307; Yāqūt, II, 316; Qutaybah, 167). [abū Marthad.]

Cfr. anche Ḥagar (IV, 332, no. 1019), secondo il quale, sull'autorità di ibn Isḥāq, abū Marthad sarebbe morto più tardi in Siria, ove egli si era stabilito.

'Umayr b. Ribāb.

§ 434. — 'Umayr b. Ribāb, o Ri·āb b. Ḥudzayfah b. Mihšam b. Su'ayd b. Sahm al-Qurašī al-Sahmi, fu uno dei più antichi Musulmani; emigrò in Abissinia, poi fuggì a Madīnah e rimase ucciso alla battaglia di 'Ayn al-Tamr (Ḥagar, III, 61, no. 150; Athīr Usd., IV, 143; Athīr, II, 303, lin. 3; Balādzuri, 248).

abū-l-'Āṣ b. al-Rabī'.

§ 435. — abū-l-'Āṣ b. al-Rabī' b. 'Abd al-'Uzza b. 'Abd Šams b. 'Abd Manāf b. Quṣayy al-'Abšami, al-Qurašī. Ebbe per madre Hālah bint Khuwaylid b. Arad b. 'Abd al-'Azza, ed era perciò per parte di lei nipote di Khadīgah, la prima moglie del Profeta. Sul suo nome proprio regna molta incertezza, e si dice fosse Laqīt, o Hašīm, o Hušaym, o Mihšam, o Muhaššim (o Miqsam: Tabari, III, 2303): ebbe il cognome Ǵirw al-Baṭḥā (allievo della valle ghiaiosa?). Il Profeta, prima della missione, gli diede in moglie la maggiore delle proprie figlie, Zaynab, la quale gli partorì due figli, 'Ali morto in tenera età e Umāmah: rimase però con il marito, quando Maometto emigrò a Madīnah, perchè abū-l-'Āṣ non si era convertito all'Islām. Egli era uno dei più ragguardevoli mercanti di Makkah per ricchezza ed onestà. Egli prese parte alla battaglia di Badr, combattendo contro suo suocero e fu fatto prigioniero da 'Abdallah b. al-Ǵubayr b. al-Nu'mān al-Anṣāri. Celebre è l'episodio di Zaynab, che per riscattare il marito inviò al padre uno dei monili, che la madre Khadīgah le aveva donato quando andò a marito. abū-l-'Āṣ, messo in libertà, cadde più tardi, durante un viaggio commerciale in Siria, in un agguato musulmano e fu nuovamente fatto prigioniero. Mūsa b. 'Uqbah afferma che fosse abū Baṣīr, colui che lo fece prigioniero. Allora però la moglie Zaynab era già in Madīnah, e quando il marito vi fu menato, essa lo prese sotto la sua protezione ed ottenne che fosse rimesso in libertà. abū-l-'Āṣ, ritornato a Makkah, vi rimase fin poco tempo prima della presa di Makkah, quando emigrò anch'egli a Madīnah, ed il Profeta gli ridiede la figlia una seconda volta in matrimonio. Accompagnò di poi 'Ali nella sua spedizione nel Yaman, e vi [abū-l-'Āṣ b. al-Rabī'.] rimase come luogotenente, allorchè 'Ali ritornò a Madīnah. Quando fu eletto abū Bakr, abū-l-'Āṣ parteggiò con 'Ali, cui diede in moglie, dopo la morte Fāṭimah la propria figlia Umāmah e per lungo tempo rifiutò di riconoscere l'elezione del primo Califfo. Dicesi che ibn 'Abbās ed 'Abdallah b. 'Amr b. al-'Āṣ trasmettessero tradizioni apprese da lui. Ibrāhīm b. al-Mundzir e ibn Isḥāq affermano che morisse nel Dzū-l-Ḥiggah del 12. a. H., mentre regnava ancora abū Bakr, lasciando tutti i suoi beni ad al-Zubayr b. al-'Awwām. Secondo abū 'Ubayd, morì nel 13. a. H., ma ibn Mandah ha la singolare notizia che egli fosse ucciso alla giornata di al-Yamāmah (Ḥagar, IV, 223-226, n. 682; Hišām, 464-471; Tabari [I, 2077; III, 2303-2306]; conferma che morisse nel Dzū-l-Ḥiggah del 12. a. H.; Athīr, II, 307; Athīr Usd., V, 236-238).

INDICE ALFABETICO GENERALE

DEI VOLUMI I E II

N. B. Nell'ordinamento alfabetico non si tiene verun conto dell'articolo **al-**. I nomi semplici (p. es. 'Abbās) vengono prima, poi seguono i nomi con i prefissi (**abū, banū, bint, ibn, umm** ecc.) nell'ordine alfabetico dei prefissi medesimi. In ogni singolo caso però vengono prima assieme tutti i nomi *senza* genealogia, poi quelli con l'indicazione degli antenati. — Tutti i nomi con il prefisso **Dzāt** o **Dzū** trovansi sotto la lettera **D**. — I numeri in caratteri grossi sono gli anni, e quelli in caratteri più fini, i paragrafi.

'abā·ah qatawāniyyah, mantelli tessuti in Qatwān. **12**, 174 nota 2.*a*.

'Abābīb o **'Abābīd**, luogo fra Makkah e Madīnah. **1**, 22 e nota 1, no. 15.

'Abābīd, cfr. 'Abābīb.

ababīl, uccelli portatori di pietre fatte di terra cotta (siggīl) [Qurān, cv, 1]. **Intr.** 109.

A'bad b. Fadaka al-Sa'di, un luogotenente di Khālid b. al-Walid nell' 'Irāq. **12**, 222, 228.

'Abādah [o **'Ubādah**] **b. al-Ḥasḥāš**, [† 3. a. H.] C. d. P., ucciso a Uhud. **3**, 54.B no. 47.

Abān al-Abyad, monte nel Wādi al-Rummah appartenente ai Fazārah. **11**, 147 nota 1.*b*.

Abān al-Aswad, monte nel Wādi al-Rummah appartenente ai banū Asad. **11**, 147 nota 1,*b*.

Abān al-'Attār [† 160. a. H.], tradizionista. **Intr.** 269, 324; **2**, 30 no. 3; **8**, 39, 113, 139.

Abān b. Sa'īd b. al-'Āṣ b. Umayyah al-Qurašī, C. d. P., prende 'Uthmān sotto la sua protezione ad al-Ḥudaybiyyah, **6**, 31 — sua conversione, **7**, 60 — questione con abū Bakr. **8**, 140 — mandato nel Baḥrayn, **10**, 71 no. 14 — segretario del Profeta, **10**, 143 no. 4: **11**, 220,*a* no. 10: **12**, 44 nota 1, 45.

Abān b. Ṣāliḥ, tradizionista, **11**, 205.*a*.

Abān b. abī Uḥayḥah Sa'īd b. al-'Āṣ, cfr. Abān b. Sa'īd ecc.

Abān b. 'Uthmān [† 105. a. H.], tradizionista. **11**, 79 nota 2.

Abānān o **Abānayn**, i due monti Abān al-Aswad e Abān al-Abyad. **11**, 147 e nota 1,*b*.

Abānayn, cfr. Abānān.

'Abṣā, ossia al-Anbār. **12**, 170 nota 1,*a*.

al-Abāriq, luogo nel Ḥigāz, a mezzodì di Makkah. **11**, 98 e nota 1.

Abarwīz. **11**, 190; cfr. Barwīz e Khusraw Barwīz.

Abasghi (del Caucaso), alleati di Eraclio. **12**, 254.

'abāyah, mantello usato da abū Bakr. **8**, 82.

'Abāyah al-Rātiǵi, tradizionista. **12**, 2.

'Abāyah b. Mālik, o **'Ubādah b. Mālik, al-Anṣāri**, C. d. P. a Mu'tah. **8**, 12.

Abayyah b. Bašīr b. Sa'd, nascita. **12**, 432 nota 1,*b*.

'Abbād b. Bišr b. Qayẓī al-Anṣāri al-Awsi [† 12. a. H.], C. d. P., ucciso a al-Yamāmah. **12**, 23 no. 1.

'Abbād b. Bišr b. Waqš b. Zughbah al-Anṣāri al-Awsi [† 12. a. H.] C. d. P. **1,** 15 no. 68, 59; **2,** 85,B no. 7; **4,** 18; **5,** 1; **6,** 1, 3, 26, 28, 32, 34; **7,** 10, 48; **8,** 79; **9,** 1, 6, 26 — ucciso a al-Yamāmah, **12,** 23 no. 2 e 67, 414 nota 1 no. 7.

'Abbād b. Ǵulanda al-Azdi, principe dell' 'Umān. **6,** 47; **8,** 190; **12,** 62; cfr. suo fratello Ǵayfar; cfr. anche 'Abd b. al-Ǵulanda.

'Abbād b. al-Ḥārith b. 'Adi al-Aswad al-Anṣāri [† 12. a. H.] C. d. P., ucciso a al-Yamāmah. **12,** 23 no. 3.

'Abbād b. Ḥunayf, avversario di Maometto in Madīnah. **1,** 60 no. 10 — partecipa alla costruzione della moschea Masǵid al-Ḏirār, **9,** 52 no. 5.

'Abbād b. Kathīr, al-Anṣāri al-Ašhali [† 12. a. H.] C. d. P., ucciso a al-Yamāmah, **12,** 23 no. 4.

'Abbād b. Qays b. 'Āmir b. Khālid al-Anṣāri, C. d. P., presente a Badr, **2,** 85,C no. 102.

'Abbād [o **'Ubādah**] **b. Qays b. 'Ayšah al-Anṣāri al-Khazraǵi** [† 8. a. H.] C. d. P., pres. a Badr, **2,** 85,C no. 8 — ucciso a Mu'tah, **8,** 15 no. 8.

'Abbād b. Sahl al-Anṣāri al-Ašhali [8. a. H.] C. d. P., ucciso a Uhud. **3,** 54,B no. 20.

'Abbās b. 'Abd al-Muttalib b. Hāšim [† 32. a. H.], zio del Profeta e padre di 'Abdallah. **Intr.** 24, 35, 41 tav. 2, 90 nota 1, 102, 103 nota 1, 133 e nota 2, 134, 141, 174 — presente al Convegno di al-'Aqabah, 341; **1,** 72 — sua partecipazione alla spedizione di Badr, **2,** 36, 40 nota 2 no. 1°, 65 — fatto prigioniero a Badr, 89 nota 1, 107; **3,** 19 — sua quota nelle pensioni di Khaybar, **7,** 42 e nota 2, 45, 47 nota 3 — trova una moglie per il Profeta, 74 — sua condotta alla presa di Makkah, **8,** 55 e nota 1 — ultimo emigrato da Makkah, 55; **8,** 57 e nota 1, 58, 63, 67, 68, 80 — alla battaglia di Ḥunayn, 123 — sua tomba in Ṭā'if, 139 nota 1, 189, 202; **9,** 18 — sua partecipazione a Tabūk, **9,** 26, 27, 70, 77, 94 — critica della sua condotta verso il Profeta, **10,** 103, 108 e nota 2 — sua condotta durante la malattia e dopo la morte del Profeta, **11,** 13, 21, 37 nota 3 no. 2, 46, 47, 56, 59, 65 nota 1, 119, 202 nota 1, 205,*c* e nota 1; **12,** 181.

'Abbās b. Asīd, C. d. P., distrugge idoli. **8,** 65.

'Abbās b. Hišām al-Kalbi [† 240 a. H.?], tradizionista. **8,** 188; **11,** 97.

'Abbās b. Mirdās b. abī 'Āmir al-Sulami. 8, 23, 24 — lettera del Profeta a lui, 27 — sua conversione, 105 — a Ḥunayn, 122 — riceve doni dal Profeta, 164 no. 16, 165 no. 27, 171.

'Abbās b. 'Ubādah b. Nadlah al-Khazraǵi [† 3. a. H.] C. d. P., al 1° Convegno di 'Aqabah. **Intr.** 336 no. 5, 344 no. 57, 347 nota 1 — ucciso a Uhud, **3,** 54,B no. 45.

abū-l-'Abbās al-Saffāḥ [† 136 a. H.], califfo 'Abbāsida. **7,** 47 nota 3.

abū-l-'Abbās b. al-Rabī', luogotenente di al-Saffāḥ [† 136. a. H.] nel Yaman. **Intr.** 117 nota 4.

ibn 'Abbās [† 68. a. H.], ossia **'Abdallah b. 'Abbās b. 'Abd al-Muttalib,** primo cugino del Profeta, celebre tradizionista. **Intr.** 16 nota 1, 20 nota 1 — analisi critica della sua attività tradizionistica, 24 — padre dell'esegesi quranica, 24 — fondatore dell'archeologia araba preislamica, 24 nota 1 — attività inventrice e mistificatrice di lui, 25 — grande inventore di favole bibliche e genealogiche, 30 e nota 1, 31, 41 tav. 2, 62 nota 5, 65, 103 nota 1, 104 nota 1, 105 nota 1, 123, 132 nota 1, 215, 223, 233 nota 2, 245 nota 1, 251 nota 2, 252 nota 4, 281, 299 nota 1 — sua nascita durante il Bando dei Hāšimiti tre anni prima della Higrah, 307, 324 nota 2; **2,** 25 — abū Rāfi', suo cliente, 107; **5,** 18,A e nota 1; **6,** 45 nota 1, 50 nota 3; **7,** 42 nota 4; **8,** 102, 188; **10,** 77, 120 nota 1; **11,** 9 nota 1, 19 nota 1,*b*, 21, 25 nota 1, 29, 30, 34, 37 e nota 2,*a*, 48, 54, 117, 156, 194, 230 nota 1; **12,** 88, 435.

'Abbāsidi (califfi). **Intr.** 35, 94, 97 nota 1, 114 nota 3, 147 nota 1, 234 nota 1; **1,** 46; **8,** 55 nota 1, 202 nota 1; **9,** 55 nota 1; **10,** 116; **11,** 40, 65 nota 1; **12,** 119.

'Abbūd, stazione tra Madīnah e Badr. **2,** 19 nota 2 no. 2.

'a b d, servo. **Intr.** 96.

'Abd b. al-Azwar al-Asadi, (C. d. P.?), uccisore di Mālik b. Nuwayrah. **11,** 182.

'Abd b. Ǵaḥš, cfr. abū Ahmad 'Abd b. Ǵaḥš.

'Abd b. al-Ǵulanda, principe dell' 'Umān. **8,** 191; cfr. 'Abbād b. al-Ǵulanda.

'Abd b. Ghawth al-Ḥimyari, capitano musulmano durante le conquiste. **12,** 188 nota 2; cfr. 'Abd 'Awf al-Ḥimyari.
'Abd b. Quṣayy [o **'Abd Quṣayy**]. **Intr.** 76.
'Abd b. Zama'ah b. Qays b. 'Abd Šams, prigioniero a Badr. **2,** 89 no. 38.
banū 'Abd b. 'Adi b. al-Du-il (Kinānah), tribù (trattato con i). **5,** 93 e nota 1, 93,A e nota 3; **10,** 89 nota 1, 120 nota 1.
banū 'Abd b. Baghīd (Ghaṭafān), tribù. **Intr.** 189.
banū 'Abd b. abī Bakr b. Kilāb ('Āmir b. Ṣa'ṣa'ah), tribù. **9,** 15.
banū 'Abd b. Quṣayy (Qurayš), tribù. **1,** 15 no. 60; **2,** 85,A no. 88.
banū 'Abd b. Razāḥ b. Ka'b, tribù degli Aws (Anṣār) a Badr. **2,** 85,B.
banū 'Abd b. Tha'labah, tribù (dei Ghaṭafān?). **7,** 64 nota 1 — spedizione contro i-, 65 e nota 1.
'Abd al-a'la b. abī 'Amrah (suo padre prigioniero a 'Ayn al-Tamr). **12,** 394 no. 1.
'Abd al-a'la b. Ḥammād al-Narsi, tradizionista. **11,** 160.
'Abd 'Amr al-Aṣamm al-Bakkā-i, C. d. P., sua conversione. **9,** 79.
'Abd 'Amr b. Ǵabalah b. Wā-il b. al-Ǵulāḥ al-Kalbi al-Raqqāši, C. d. P., sua conversione. **9,** 48.
banū 'Abd al-ašhal b. Ǵušam b. al-Ḥārith, tribù madinese degli Aws (Anṣār). **Intr.** 338; **1,** 50, 60; **2,** 85,B; **3,** 21, 26 nota 3, 27, 54,B no. 68; **5,** 25, 29, 42, 50; **6,** 3; **7,** 43 no. 8; **8,** 122; **11,** 36; **12,** 23 no. 72 e 102 e 117.
'Abd al-Aswad al-'Iǵli, arabo cristiano ausiliare dei Sassanidi. **12,** 202.
'Abd 'Awf al-Ḥimyari, capitano musulmano durante le conquiste. **12,** 188; cfr. 'Abd b. Ghawth.
'Abd 'Awf b. Aṣram b. 'Amr b. Šu'aythah al-'Āmiri, C. d. P., sua conversione. **9,** 80.
'Abd al-'azīz b. Abdallah b. abī Salamah, al-Māǵašūn, tradizionista. **11,** 118.
'Abd al-'azīz b. Muḥammad, tradizionista. **11,** 83 nota 1.
'Abd al-'azīz b. abī Ruhm degli Aws Manāt, musulmano ucciso nell' 'Irāq. **12,** 223.
'Abd al-'azīz b. Sa'd, tradizionista. **12,** 24,*b*.
'Abd al-'azīz b. Sa'īd b. Sa'd b. 'Ubādah, tradizionista. **12,** 28; forse lo stesso che 'Abd al-'azīz b. Sa'd (*q. v.*).
'Abd al-'azīz b. Siyāh, tradizionista. **12,** 215.
ibn 'Abd al-barr, [† 463. a. H.] (abū 'Umar Yūsuf b. 'Abdallah) storico. **10,** 1 nota 2.
'Abd al-Dār b. Quṣayy. Intr. 33, 41 tav. 2, 76, 80, 82 e nota 1, 83, 84 — figli e nepoti di lui, 85; **1,** 17 nota 1.
banū 'Abd al-Dār (Lakhm), tribù. **9,** 69 nota 1; cfr. al-Dāriyyūn.
banū 'Abd al-Dār b. Quṣayy (Qurayš), tribù. **Intr.** 89, 115 nota 1, 168, 169, 252 e nota 3; **1,** 15 no. 59; **2,** 85,A — alla battaglia di Uḥud, **3,** 30, 33; **8,** 94.
'Abd al-Ḥamīd b. Ǵa'far, tradizionista. **12,** 320.
'Abd al-Ka'bah b. 'Abd al Muṭṭalib b. Hāšim. Intr. 102.
'Abd Kulāl, principe, q a y l, del Ḥaḍramawt. **10,** 46.
'Abd al-Lāt, nome pagano, mutato poi in 'Abdallah. **Intr.** 33.
banū 'Abd al-Madān (al-Ḥārith b. Ka'b), tribù yamanita. **10,** 3.
'Abd al-malik b. Abdallah b. abī Sufyān al-Thaqafi, tradizionista. **Intr.** 311.
'Abd al-malik b. 'Aṭā [b.] al-Bakkā-i, tradizionista. **12,** 198 e nota 2.
'Abd al-malik b. Ḥabīb, Faqīh al-Andalus, discendente di 'Abbās b. Mirdās. **8,** 105 nota 1.
'Abd al-malik b. Marwān b. al-Ḥakam [† 86. a. H.], califfo umayyade. **Intr.** 11, 22, 41 tav. 2, 101 nota 1, 147 nota 2, 242 nota 1, 268, 269, 324, 340 nota 1; **2,** 30; **5,** 85 nota 2; **7,** 48 nota 7; **8,** 38, 39 — rinnova i termini del Ḥaram di Makkah, 71 nota; **11,** 202 nota 1.
'Abd al-malik b. 'Umayr, tradizionista. **11,** 15 nota 1.
'Abd Manāf, nome in uso presso i pagani. **Intr.** 33.
'Abd Manāf b. 'Abd al-Dār b. Quṣayy. Intr. 41 tav. 2.

'Abd Manāf b. Muḥammad, un figlio del Profeta. **Intr.** 161.

'Abd Manāf b. Quṣayy. Intr. 41 tav. 2, 76, 80, 82 e nota 1, 83, 84 nota 1 — i figli di lui, 85, 88, 92.

banū 'Abd Manāf b. Quṣayy (Qurayš), tribù. **Intr.** 87, 95, 96, 97 nota 1, 98, 168; **2**, 84 — (i Ǵu-'ayl, appartenenti ai-), **9**, 18 e nota 1; **11**, 46; **12**, 317 e nota 2,*a*,*c*, 377.

'Abd Manāt, nome proprio pagano. **Intr.** 33.

'Abd Manāt, ramo degli al-Ribāb (Tamīm), contegno durante la Riddah. **11**, 163 no. 1.

'Abd Manāt b. Kinānah. Intr. 41 tav. 1, 53.

banū 'Abd Manāt b. Kinānah, tribù confederata dei Qurayš. **3**, 15; **11**, 123.

'Abd Manāt b. Udd. Intr. 41 tav. 1.

'Abd al-Masīḥ al-Ghassāni, nipote del mostro Saṭīḥ. **Intr.** 123 nota 1.

'Abd al-Masīḥ b. 'Amr b. Buqaylah al-Azdi, cittadino di Ḥīrah. **12**, 162 nota 8 no. 9, 164,*d*; 165,*a*,*b* e nota 6, 228,*b*.

'Abd al-Masīḥ b. Ḥayyān b. Buqaylah. 12, 164,*d*; cfr. 'Abd al-Masīḥ b. 'Amr.

'Abd al-Masīḥ ibn Nufaylah. 12, 165,*b*; cfr. 'Abd al-masīḥ b. 'Amr.

'Abd al-mu·min b. Yaḥya b. abī Kathīr, tradizionista. **12**, 16,*e*.

'Abd al-Muṭṭalib, nome proprio pagano. **Intr.** 33.

'abd al-Muṭṭalib, servo di al-Muṭṭalib, origine del nome. **Intr.** 96.

'Abd al-Muṭṭalib b. Hāšim, nonno del Profeta, dubbi su questo argomento, **Intr.** 34 e nota 1, 35, 36, 41 tav. 2, 62, 76 nota 1, 88, 90 nota 1 — sua nascita, 92 e nota 1 — 94, 96 e nota 1 — vita in Makkah, 97 e nota 1, 98 — scopre il tesoro della Ka'bah, 99, 100, 101 e nota 1 — suoi figli, 102 e nota 2 — tenta sacrificare un figlio, 103 e nota 1, 104, 109, 120, 124 e nota 1, 129, 131, 132 e nota 1 — sua morte e età, 133 e nota 1 e 2, 134, 287, 325 — sua astinenza dal vino, **4**, 11 nota 1 no. 6 — « il figlio di- », nome dato a Maometto, **5**, 18,A — suoi rapporti coi Khuzā'ah, **8**, 22.

'Abd al-Muṭṭalib b. Rabī'ah b. al-Ḥārith, C. d. P., chiede al Profeta l'amministrazione della tassa dei poveri. **7**, 42 nota 3.

banū 'Abd al-Muṭṭalib. Intr. 35 nota 2, 96 nota 1, 111, 132, 174, 225 nota 1 — « il giovane dei- », nome dato a Maometto, 234 e nota 1, 287, 349 nota 1; **2**, 36; **8**, 76, 171; **11**, 21.

'Abd al-qādir (b. 'Umar) al-Baghdādi [† 1093. a. H.]. **9**, 95 nota 1.

'Abd al-Qays b. Afṣa, grande tribù dei Rabī'ah dimorante nel Baḥrayn. **Intr.** 41 tav. 1 — sue pretese relazioni di sangue con il Profeta, 47 — il ḥanif Urbāb degli-, 188 — un pagano della tribù ucciso a Badr, **2**, 88 no. 49 — preteso invio della prima missione musulmana agli-, **6**, 47 — gli Abucaei di Tolomeo: prime conversioni, **8**, 178 — condizioni politiche, 179 — missione di al-'Alā tra gli-, 180-182 — ambasciata degli-, 183 — tradizioni sui rapporti tra Maometto e gli- e critica delle medesime, 184-189; **10**, 121, 126 nota 1 — contegno durante la Riddah, **11**, 87, 88, 93; **12**, 41, 44, 44,A, 45, 50, 52, 53, 54, 55 nota 5, 57, 62 e nota 6, 63, 68, 78 nota 5, 89, 134, 187, 188 nota 5, 230.

'Abd Quṣayy b. Quṣayy. Intr. 80 e nota 1; cfr. 'Abd b. Quṣayy.

'Abd al-raḥmān, nome dato da Maometto ad 'Abd 'Amr al-Aṣamm. **9**, 79.

'Abd al-raḥmān, nome dato dal Profeta a abū Sabrah Yazid. **10**, 51.

'Abd al-raḥmān b. 'Abd al-'azīz, tradizionista. **11**, 86.

'Abd al-raḥmān b. 'Abdallah b. 'Abd al-raḥmān, tradizionista. **12**, 12.

'Abd al-raḥmān b. 'Abdallah b. 'Uthmān al-Thaqafi, sua nascita. **6**, 42.

'Abd al-raḥmān b. abī-l-'Āṣ, C. d. P., comandante militare in Ṭā'if. **11**, 99; **12**, 70.

'Abd al-raḥmān b. 'Awf b. 'Abd 'Awf b. 'Abd [† 32. a. H.], C. d. P. **Intr.** 21, 34 nota 3 — sua conversione, 227, 275 no. 7, 283 no. 11; **1**, 15 no. 62, 50; **2**, 43, 69, 85,A no. 37, 88 no. 22 e 60; **3**, 62 e nota 1; **4**, 11 nota 1 no. 4; **6**, 16, 35; **8**, 91, 110, 151 nota 2, 163; **9**, 26; **10**, 73 nota 1, 134; **11**, 19, 60, 67 nota 1, 108, 109, 117; **12**, 80 nota 2, 356,*c*, 430.

'Abd al-raḥmān b. abī Bakr al-Ṣiddīq, C. d. P., pensionato di Khaybar. **7**, 42; **12**, 11,*a*, 182, 283 nota 1.

'Abd al-raḥmān b. abī Bakrah, tradizionista. **12**, 44,A, 47.

'Abd al-raḥmān b. Ǵamīl [o **Ǵumayl**] **al-Ǵumaḥi**, messo di Khālid b. al-Walid ad abū Bakr. **12**, 184,*b*, 399.

'Abd al-raḥmān b. Ǵubayr, tradizionista. **12**, 322 nota 6, 394 nota 6,*c*.

'Abd al-raḥmān b. Ǵumayl al-Ǵumaḥi. **12**, 184,*b*; cfr. 'Abd al-raḥmān b. Ǵamīl.

'Abd al-raḥmān b. al-Habīt [† 3. a. H.], C. d. P., ucciso a Uḥud. **3**, 54,A no. 8.

'Abd al-raḥmān b. Ḥanbal al-Gumaḥi, guerriero musulmano. **12**, 404 nota 1, 412.

'Abd al-raḥmān b. Ḥassān b. Thābit, sua nascita. **5**, 15; **7**, 78.

'Abd al-raḥmān b. Ḥazn b. abī Wahb al-Makhzūmi [† 12. a. H.], C. d. P., ucciso ad al-Yamāmah. **12**, 23 no. 5.

'Abd al-raḥmān b. al-Ḥubayb (Ḥabīb) b. Uhayb al-Laythi [† 7. a. H.], C. d. P., ucciso a Khaybar. **7**, 43 no. 4.

'Abd al-raḥmān b. Hurmuz, al-A'raǵ, tradizionista. **11**, 230 nota 1.

'Abd al-raḥman b. Ka'b, C. d. P., uno dei « Piagnoni » di Tabūk. **9**, 27 no. 8[3].

'Abd al-raḥman b. Ka'b b. Mālik, tradizionista. **11**, 123, 124 nota 4.

'Abd al-raḥmān b. abī Kusayb al-Ḥanafi, viene a Madīnah. **12**, 36 no. 3.

'Abd al-raḥmān b. Manšū b. Waqdān b. Qays, prigioniero a Badr. **2**, 89 no. 39.

'Abd al-raḥmān b. abī-l-Mawāli, tradizionista. **11**, 207.

'Abd al-raḥmān b. Qārib, sua madre. **8**, 146 no. 2.

'Abd al-raḥmān b. Qayẓi b. Qays al-Anṣāri [† 12. a. H.], C. d. P., ucciso a al-Yamāmah. **12**, 23 no. 6.

'Abd al-raḥmān b. al-Rabī' al-Ẓafari, tradizionista. **11**, 86.

'Abd al-raḥmān b. Sakrān b. 'Amr [† 16. a. H.], figlio di Sawdah bint Zama'ah. **Intr.** 231.

'Abd al-raḥmān b. Siyāh, tradizionista. **12**, 190, 200.

'Abd al-raḥmān b. 'Uthmān b. 'Ubaydallah al-Taymi, assiste al-Ḥusayn [† 61. a. H.] contro gli Umayyadi. **Intr.** 147 nota 2.

'Abd al-raḥmān b. 'Uwaym b. Sā'idah, tradizionista. **1**, 23 nota 1 no. 4.

'Abd al-raḥmān b. Yazīd b. Ǵāriyah, sua nascita. **6**, 43.

'Abd al-raḥmān b. abī-l-Zanād, tradizionista. **11**, 224 nota 1.

'Abd al-raḥmān b. Zayd b. al-Khaṭṭāb. **12**, 23 no. 149.

abū **'Abd al-raḥmān al-Sulami**, tradizionista. **11**, 230 nota 1.

abū **'Abd al-raḥmān Yazīd b. Tha'labah b. Khazmah, al-Anṣāri**, C. d. P., al Primo Convegno di 'Aqabah. **Intr.** 336 no. 4 — al Secondo Convegno, 344 no. 58.

abū **'Abd al-raḥmān al-Walīd b. 'Abd Šams b. al-Mughīrah, al-Makhzūmi** [† 12. a. H.] C. d. P., ucciso a al-Yamāmah. **12**, 23 no. 7.

'Abd Ṣalḥam b. Iram b. Sām b. Nūḥ. **11**, 211 nota 2.*d*.

'Abd al-ṣamad b. 'Abd al-wārith [† 207. a. H.], tradizionista. **Intr.** 269, 324; **2**, 30 no. 2; **8**, 39 e nota 1. 139.

'Abd Šams, nome pagano. **Intr.** 33.

'Abd Šams b. 'Abd Manāf b. Quṣayy, suo albero genealogico. **Intr.** 41 tav. 2 — sua carica in Makkah, 82 nota 1, 84 nota 1 — conflitti in Makkah. 85, 86, 89, 90 nota 1. 91, 94 — sua morte, 95 — pozzo di Khumm scavato da lui negli al-Baṭḥā di Makkah, **1**. 78 nota 3.

banū **'Abd Šams b. 'Abd Manāf**, tribù qurašita. **2**, 62 — a Badr. **2**, 85,A. 88 no. 51; **7**, 43 no. 8; **8**, 187; **11**, 240; **12**, 23 no. 146, 160 nota 1.c.

'Abd al-'Uzza, nome pagano. **Intr.** 33.

'Abd al-'Uzza, nome pagano di abū 'Aqīl 'Abd al-raḥmān b. 'Abdallah b. Tha'labah (*q. v.*). **12**, 23 no. 27.

'Abd al-'Uzza ('Abdallah) b. 'Abd Nuhm al-Muzani [† 9. a. H.] C. d. P., morto in Tabūk. **9**, 36.

'Abd al-'Uzza b. Badr b. Zayd b. Mu'āwiyyah, al-Ǵuhani, sua conversione. **5,** 86 e nota 1.
'Abd al-'Uzza b. Quṣayy, sua genealogia, **Intr.** 41 tav. 2 — sua nascita, 76, 80.
'Abd al-'Uzza b. 'Uthmān b. 'Abd al-Dār b. Quṣayy. Intr. 82.
banū **'Abd al-'Uzza** [o **'Abdallah**] (**Ghaṭafān**), detti i Muḥawwalah. **9,** 12 nota 5.
'Abd al-wāḥid b. abī 'Awn, tradizionista. **11,** 118.
'Abd al-wārith b. 'Abd al-ṣamad b. 'Abd al-wārith [† 250. a. H.], tradizionista. **Intr.** 269, 324; **2,** 30 no. 1; **8,** 39 e nota 1, 113, 139.
'Abd Yaghūth b. Ri'lah [o **Wa'lah**]. **10,** 7 no. 4.
'Abd Yaghūth b. Wa'lah al-Ḥārithi, lettera del Profeta a lui. **10,** 7 no. 4.
'Abd Yalīl b. 'Amr b. 'Umayr, al-Thaqafi, respinge il Profeta in Ṭā'if. **Intr.** 328 — venuta a Madīnah e conversione di lui, **9,** 56 no. 1, 57, 59 e nota 2.
Abda'ah, principe del Ḥadramawt, viene a Madīnah, si converte. **10,** 47; **12,** 78 nota 3,*a* no. 4.
'Abdah b. Mushir al-Ḥārithi, viene a Madīnah; si converte. **10,** 3 no. 7.
'Abdād ecc., correggi **'Abbād b. Qays** ecc.
'Abdallah, figlio di Maometto. **Intr.** 160; **10,** 139 no. 1.
'Abdallah, nome di abū Bakr. **2,** 85,A no. 45.
'Abdallah, nome dato dal Profeta a 'Abd 'Awf b. Aṣram. **9,** 80.
'Abdallah, tradizionista. **12,** 6,*b*.
'Abdallah Ābi al-Laḥm. 8, 204; cfr. 'Abdallah b. 'Abd al-malik b. 'Abdallah.
'Abdallah al-akbar, ossia **'Abdallah b. Ṣafwān b. Umayyah. 3,** 16 no. 3.
'Abdallah al-asghar, figlio di abū Sufyān b. Ḥarb. **3,** 16 no. 4.
'Abdallah al-asghar, figlio di 'Āmir b. Rabi'ah; sua nascita. **8,** 157 no. 5.
'Abdallah ibn 'Abbās b. 'Abd al-Muttalib al-Hāšimi, cfr. ibn 'Abbās.
'Abdallah b. 'Abd al-a'la b. abī 'Amrah, poeta (suo avo abū 'Amrah, prigioniero ad 'Ayn al-Tamr). **12,** 176,*a* no. 3, 219,*a* no. 3; cfr. 'Abd al-a'la b. abī 'Amrah.
'Abdallah [o **Yazīd**] **b. 'Abd al-Madān** [o **'Abd al-Ḥaǵar**] **al-Ḥārithi,** viene a Madīnah; si converte. **10,** 3 no. 2.
'Abdallah b. 'Abd al-malik b. 'Abdallah b. Ghifār Ābi al-Laḥm al-Ghifāri [† 8. a. H.], sua morte, biografia. **8,** 204.
'Abdallah b. 'Abd Manāf b. al-Nu'mān al-Anṣāri, C. d. P., presente a Badr. **2,** 85,C no. 81.
'Abdallah b. 'Abd al-Muttalib, padre del Profeta. **Intr.** 33 — esame critico della pretesa paternità, 33 nota 1, 34 — genealogia, 41 tav. 2 — morte, 92 nota 1, 102 — leggenda del sacrifizio, 103 e nota 1 – grande bellezza di lui, 104, 105 e nota 2, 131, 134.
'Abdallah b. 'Abd Nuhm al-Muzani. 9, 36; cfr. 'Abd al-'Uzza ecc.
'Abdallah b. 'Abd al-raḥmān b. abī 'Amrah al-Anṣāri, tradizionista. **11,** 39,*a*.
'Abdallah b. 'Abdallah b. Mālik. 8, 204; cfr. 'Abdallah b. 'Abd al-malik b. 'Abdallah, Ābi al-Laḥm.
'Abdallah b. 'Abdallah b. Ubayy b. Mālik al-Ḥārith al-Anṣāri, al-Khazraǵi [† 12. a. H.]. C. d. P., presente a Badr, **2,** 85,C no. 20 — ferito a Uḥud, **3,** 56 — luogotenente del Profeta in Madīnah, **4,** 18 — ucciso a al-Yamāmah, **12,** 23 no. 8, 41 nota 2,*b*.
'Abdallah b. 'Ali b. abī Ṭalib, sua tomba in al-Madzār. **12,** 196 nota 1.
'Abdallah b. 'Abs al-Anṣāri, C. d. P., presente a Badr. **2,** 85,C no. 9.
'Abdallah b. 'Alas al-Thumāli, viene a Madinah. **9,** 87.
'Abdallah b. 'Āmir al-Balawi, C. d. P., presente a Badr. **2,** 85,C no. 51.
'Abdallah b. 'Āmir [**b. Kurayz**], governatore di Baṣrah, detto ibn 'Āmir. **12,** 155 nota 9,*c*, 230.
'Abdallah b. 'Āmir b. Rabī'ah al-Anzi [† 8. a. H.], C. d. P., ucciso a Ṭā'if. **8,** 157 no. 5.
'Abdallah b. 'Amr b. al-'Āṣ [† 65 o 66. a. H.], C. d. P., tradizionista. **Intr.** 26 nota 1, 28, 33 — nascita, 173, 245 nota 1; **1,** 71 nota 1; **3,** 16 no. 8; **10,** 19; **11,** 79 nota 2; **12,** 313 nota 2,*a*, 435.
'Abdallah b. 'Amr b. 'Awf al-Muzani, esattore tra i Muzaynah, **8,** 51, 122, 149 — Piagnone di Tabūk, **9,** 27 no. 5; **10,** 17.

'Abdallah b. 'Amr b. Buǵrah b. Khalaf al-'Adawi [† 12. a. H.]. C. d. P., ucciso a al-Yamāmah. **12**, 23 no. 9.

'Abdallah b. 'Amr b. Ḥarām al-Anṣāri, al-Khazraǵi [† 3. a. H.], C. d. P., eletto naqib al Convegno di 'Aqabah. **Intr.** 342 no. 6 — ucciso a Uḥud, **3**, 54,B no. 51.

'Abdallah b. 'Amr b. Wahb b. Tha'labah [† 3. a. H.], C. d. P., ucciso a Uḥud. **3**, 54,B no. 75.

'Abdallah b. al-Arqam b. 'Abd Yaghūth, segretario del Profeta. **11**, 218 nota 2; **12**, 50.

'Abdallah b. Arqaṭ al-Du·ili, al-Laythi, guida di Maometto durante la Fuga. **1**, 20, 21 e nota 2, 22.

'Abdallah b. Aswad b. Šuhār[?] **b. 'Awf al-Bakri**, sua venuta a Madīnah e conversione. **10**, 44.

'Abdallah b. 'Atīk (b. Qays b. al-Aswad, al-Anṣāri [† 12. a. H.]), C. d. P., uccide ibn abī-l-Ḥuqayq, **4**, 20 e nota 1 — nella spedizione contro i Ṭayy (ove correggi: 'Atiq in 'Atīk), **9**, 20 — ucciso a al-Yamāmah, **12**, 23 no. 10.

'Abdallah b. 'Awf al-'Abdi, ossia **al-Ašaǵǵ**, sua venuta a Madīnah. **8**, 183.

'Abdallah b. 'Awsaǵah al-'Urani, C. d. P. **9**, 15 nota 1.

'Abdallah b. al-Azd, tribù, un ramo degli Azd. **Intr.** 42 tav. 3.

'Abdallah b. Baḥrah (? **Buǵrah**?) **al-'Adawi** [† 12. a. H.], C. d. P., ucciso a al-Yamāmah. **12**, 23 no. 11.

'Abdallah b. abī Bakr al-Ṣiddīq [† 11. a. H.], C. d. P., assiste la Fuga del Profeta, **1**, 20 — viene a Madīnah, 53 — ferito mortalmente a Ṭā·if, **8**, 148, 157 no. 3 — sua morte, **11**, 209 — sua vedova, **12**, 428 nota 1,*b*.

'Abdallah b. abī Bakr b. Muḥ. b. 'Amr b. Ḥazm [† 135-136. a. H.], tradizionista. **7**, 64 nota 1; **10**, 1 nota 2, 34 nota 1; **11**, 49, 95, 117 nota 1, 159,*b*; **12**, 60, 82, 317.

'Abdallah b. Dzubāb al-Anasl, fautore di 'Ali. **10**, 52.

'Abdallah b. Dzurrah al-Muzani, C. d. P., viene a Madīnah. **5**, 17 no. 4.

'Abdallah b. Fayrūz al-Dīlami, tradizionista. **10**, 82 nota 2.

'Abdallah b. al-Ǵadd b. Qays b. Sakhr al-Anṣāri, C. d. P., presente a Badr. **2**, 85,C no. 69 — suo contegno a Tabūk, **9**, 26.

'Abdallah b. Ǵa'far, tradizionista. **12**, 394 nota 6,*c*.

'Abdallah b. Ǵa'far b. abī Ṭālib b. 'Abd al-Muṭṭalib, C. d. P. e tradizionista. **Intr.** 126 nota 1 — nascita in Abissinia, 277 — viene a Madīnah, **7**, 54, 57 no. 1.

'Abdallah b. Ǵaḥš b. Ri·āb b. Ya'mar al-Qurašī [† 3. a. H.], C. d. P., sua conversione, **Intr.** 229 no. 22 — emigra in Abissinia, 277 no. 7 — ritorna a Makkah. 283 no. 5 — fuga a Madīnah. **1**, 15 no. 4; **2**, 19 nota 1 — alla Spedizione di Nakhlah. 21 — messaggio scritto per lui, 21 nota 1 — 22 e nota 1, 23 no. 8, 31 — a Badr, 85,A no. 17 — ucciso a Uḥud, **3**, 54,A no. 2 — **5**, 69.

'Abdallah b. Ǵubayr b. al-Nu'mān al-Anṣāri, al-Awsi [† 3. a. H.]. C. d. P., al Convegno di 'Aqabah, **Intr.** 344 no. 6 — a Badr. **2**, 85,B no. 45 — comanda gli arcieri a Uḥud, **3**, 28, 37 — sua morte, 54,B no. 27 — **12**, 435.

'Abdallah b. Ǵud'ān b. 'Amr b. Ka'b al-Taymi, sua posizione in Makkah, **Intr.** 147 e nota 2 — 250; **2**, 85,A no. 48 — si astiene dal vino, **4**, 11 nota 1 no. 8 — introduce in Makkah l'arte dello scrivere, **11**, 213.

'Abdallah b. al-Habīt al-Qurašī [† 3. a. H.], C. d. P., ucciso a Uhud. **3**, 54,A no. 7; lo stesso forse che 'Abdallah b. al-Ḥubayb.

'Abdallah b. abī Ḥadrad al-Aslami, C. d. P. **2**, 6; **7**, 9; **8**, 33, 37 nota 1, 40 nota 1, 49, 109, 115, 159.

'Abdallah b. Ḥadzaf, assiste al-'Alā nel Baḥrayn. **12**, 55, 57, 58.

'Abdallah b. Ḥafṣ b. Ghānim al-Qurašī [† 12. a. H.], C. d. P., ucciso a al-Yamāmah. **12**, 23 no. 12.

'Abdallah b. Ḥanẓalah b. abī 'Āmir, sua nascita. **3**, 11.

'Abdallah b. al-Ḥārith b. al-Fuḍayl ibn al-Khaṭmi, tradizionista. **11**, 96, 159,*d*, 176.

'Abdallah b. al-Ḥārith b. Qays al-Qurašī [† 8. o 12. a. H.], emigra in Abissinia, **Intr.** 277 no. 58 — ritorna dall'Abissinia, **7**, 55 no. 52, 56 no. 5 — ucciso a Ṭā·if, **8**, 157 no. 7 — in comando d'una schiera a Buṭāḥ, **11**, 176 (quindi non ucciso a Ṭā·if!) — ucciso a al-Yamāmah, **12**, 23 no. 18 e 96.

'Abdallah b. Hilāl b. Khaṭal al-Adrami [† 8. a. H.], messo al bando e ucciso dal Profeta. **8,** 73 nota 1 no. 6, 82; cfr. 'Abdallah b. Khaṭal.
'Abdallah b. al-Ḥubayb [o **al-Ḥabīb**] **b. Uhayb, al-Qurašī** [† 7. a. H.], C. d. P., ucciso a Khaybar. **7,** 43 no. 4; cfr. 'Abdallah b. al-Habīt.
'Abdallah b. Ḥudzāfah b. Qays al-Sahmi, C. d. P., emigra in Abissinia, **Intr.** 277 no. 62 — sua missione al re di Persia, **6,** 46 no. 5, 54 e nota 1 — ritorna dall'Abissinia, **7,** 55 no. 55 — alla spedizione di Šu'aybah, **9,** 19 nota 1 – messo del califfo abū Bakr, **12,** 362.
'Abdallah b. Ḥumayd b. Zuhayr b. al-Ḥārith al-Asadi ('Abd al-'Uzza) [† 3. a. H.], prigioniero a Badr, **2,** 89 no. 49 — ucciso pagano a Uḥud, **3,** 55 no. 1.
'Abdallah b. Ḥumayyir, C. d. P., presente a Badr. **2,** 85,C no. 73.
'Abdallah b. Ka'b b. 'Amr b. 'Awf, al-Anṣāri, C. d. P., presente a Badr. **2,** 73, 85,C no. 160.
'Abdallah b. Ka'b b. Mālik, tradizionista. **11,** 8 nota 1, 13, 21.
'Abdallah b. Kathīr, tradizionista. **10,** 34 nota 1.
'Abdallah b. Khaṭal. 8, 82; cfr. 'Abdallah b. Hilāl b. Khaṭal.
'Abdallah b. Khuwaylid al-Māzini (C. d. P.?). **12,** 363 nota 1 no. 5.
'Abdallah b. Luhay'ah (o **Lahī'ah**) [† 174. a. H.], tradizionista. **8,** 184 nota 2.
'Abdallah b. Makhramah b. 'Abd al-'Uzza al-Qurašī, al-'Āmiri [† 12. a. H.], C. d. P., emigra in Abissinia, **Intr.** 277 no. 75 — ritorna a Makkah, 283 no. 29 — presente a Badr, **2,** 85,A no. 73; **4,** 2 no. 3 — ucciso a al-Yamāmah, **12,** 23 no. 14.
'Abdallah b. umm Maktūm. 2, 42 nota 1; cfr. ibn umm Maktūm.
'Abdallah b. Mālik al-Absi, viene a Madīnah. **3,** 66 no. 8.
'Abdallah b. Mālik al-Azdi, C. d. P. **12,** 23 no. 49.
'Abdallah b. Mālik al-Ghifāri, alla presa di Makkah. **8,** 51 nota 1.
'Abdallah b. Marthad al-Bakri, viene a Madīnah. **10,** 44.
'Abdallah b. Mas'adah, pagano ucciso. **6,** 18.
'Abdallah b. Mas'ūd (b. al-Ḥārith b. Šamkh al-Hudzali, al-Zuhri) [† 32. a. H.], C. d. P., sua nascita, **Intr.** 148 — sua conversione, 229 no. 14, 259, 268 — emigra in Abissinia, 275 no. 17, 277 no. 29, 282, 283, 320 nota 1; **1,** 50; **2,** 32, 68, 75, 85,A no. 41, 88 no. 24; **3,** 55 no. 28; **10,** 68, 114; **11,** 26 — luogotenente di abū Bakr in Madīnah, 115 — difende Madīnah, 119 — inveisce contro 'Uyaynah b. Ḥiṣn, 156, 225 nota 1, 228,*a*, 229 no. 7, 280.
'Abdallah b. Maẓ'ūn, C. d. P., sua conversione, **Intr.** 229 no. 6 — emigra in Abissinia, 277 no. 44 — ritorna a Makkah, 283 no. 24 — a Badr, **2,** 85,A no. 72.
'Abdallah b. al-Mughaffal, al-Muzani, C. d. P., Piagnone di Tabūk. **9,** 27 no. 5.
'Abdallah b. Mughaffil al-Muzani, tradizionista. **12,** 173,*b*.
'Abdallah b. Muḥammad, cfr. 'Abdallah, figlio del Profeta.
'Abdallah b. Muḥ. b. Yaḥya, tradizionista. **11,** 83 nota 1.
'Abdallah b. al-Mundzir b. abī Rifā'ah b. 'Ā-idz, pagano ucciso a Badr. **2,** 68, 88 no. 34.
'Abdallah b. Muqarrin (al-Muzani), C. d. P., durante la Riddah. **11,** 119.
'Abdallah b. al-Muttalib b. Azhar b. 'Abd 'Awf, nato in Abissinia, **Intr.** 277 no. 28 — viene a Madīnah, **7,** 55 no. 36, 57 no. 6.
'Abdallah b. Nabtal, Ipocrita. **1,** 60 no. 13 — a Tabūk, **9,** 29, 52 nota 1.
'Abdallah b. abī Nagīḥ al-Makki, tradizionista. **Intr.** 285; **10,** 77 nota 1.
'Abdallah b. al-Nawāḥah, seguace di Musaylimah e suo sacerdote. **11,** 166,*b*.
'Abdallah b. Nu'aym, guida dei Musulmani a Khaybar. **7,** 10.
'Abdallah b. al-Nu'mān b. Baldamah [o **Buldzumah** o **Buldumah**], C. d. P., presente a Badr. **2,** 85,C no. 76.
'Abdallah b. Qays b. umm Ghazāl al-Arḥabi, sua conversione. **9,** 66.
'Abdallah b. Qays al-Ǵāsi, C. d. P., mandato contro i Sulaym da abū Bakr. **11,** 159,*a*.
'Abdallah b. Qays b. Khālid b. Khaladah, al-Anṣāri, C. d. P., presente a Badr. **2,** 85,C no. 184.

'Abdallah b. Qays b. Sakhr b. Ḥarām, al-Anṣāri, C. d. P, presente a Badr. **2,** 85,C no. 80.
'Abdallah b. Qurād [o **Qurayẓ**] **al-Ziyādi,** ambasciatore degli al-Ḥārith b. Ka'b. **10,** 3 no. 4.
'Abdallah b. Qurṭ al-Thumāli, messo del califfo abū Bakr. **12,** 357,*e*.
'Abdallah b. Rabī' b. Qays b. 'Amr al-Anṣāri, C. d. P., presente a Badr. **2,** 85,C no. 19.
'Abdallah b. abī Rabī'ah b. al-Mughīrah, ambasciatore dei Qurayš in Abissinia, **Intr.** 278 — viene a riscattare i prigionieri di Badr, **2,** 80 nota 1 no. 6 — depredato dai Musulmani a al-Qaradah, **3,** 9 — comanda gli arcieri dei Qurayš a Uḥud, 30 — graziato alla presa di Makkah, **8,** 63 nota 1 — presta danari a Maometto, 87 — presente a Ḥunayn, 117.
'Abdallah b. Rāfi' b. Khadīǵ, tradizionista. **12,** 16,*a*.
'Abdallah b. Rawāḥah [**b. Tha'labah**] **b. Imru-alqays al-Khazraǵi** [† 8. a. H.] eletto naqib al Convegno di 'Aqabah, **Intr.** 342 no. 3 — alla battaglia di Badr, **2,** 77, 85,C no. 3 — suo contegno durante lo scandalo di 'Ā-išah, **5,** 15 — presente a Uḥud, 28 — uccide l'ebreo Usayr b. Rāzim **6,** 20 — agente del Profeta in Khaybar. **7,** 33 nota 1 — al pellegrinaggio dell'a. 7. H., 70 — alla spedizione di Mu'tah, **8,** 7, 9 — sua morte, 10, 11, 12 — cenno biografico, 15 no. 7.
'Abdallah b. Sa'd b. abī Sarḥ, al-'Āmiri, sue colpe e sua grazia alla presa di Makkah, **8,** 79 — segretario del Profeta, **10,** 143 no. 10; **11,** 220,*a* no. 12, 223; **12,** 23 no. 26.
'Abdallah b. Ṣafwān al-Tamīmi, al-Ḍabbi, durante la Riddah. **11,** 163.
'Abdallah b. Ṣafwān b. Umayyah, cfr. 'Abdallah al-akbar e 'Abdallah al-asghar.
'Abdallah b. Sahl al-Anṣāri, al-Awsi, al-Ašhali [† 5. o 7. a. H.], C. d. P., presente a Badr. **2,** 85,B no. 15 — ucciso all'assedio di Madinah, **5,** 42 no. 2 — assassinato in Khaybar. **7,** 68.
'Abdallah b. al-Sā-ib, C. d. P., lettore del Qur-ān. **11,** 229 no 11, 230 nota 1.
'Abdallah b. Sa'īd, tradizionista. **11,** 124 nota 4.
'Abdallah [o **al-Ḥakam**] **b. Sa'īd b. al-'Āṣ, al-Umawi,** [† 12. a. H.], C. d. P, ucciso a al-Yamāmah. **12,** 23 no. 15.
'Abdallah b. Salamah [**b. Mālik b. al-Ḥārith**], **al-Anṣāri, al-'Aǵlani,** [† 3. a. H.]. C. d. P., ospita gli Emigrati in Madinah, **1,** 15 no. 61 — presente a Badr, **2,** 70, 85,B no. 41. 88 no. 66 — ucciso a Uḥud, **3,** 54,B no. 29.
'Abdallah b. Sallām b. al-Ḥārith, rabbino di Madīnah: sua conversione, **1,** 57, 58 no. 16 — sorveglia i prigionieri Qurayẓah, **5,** 49.
'Abdallah b. Ṣayf, detto anche **ibn Ḍayf,** rabbino di Madinah, avversario di Maometto. **1,** 58 no. 20; cfr. ibn Ḍayf.
'Abdallah b. Sufyān b. 'Abd al-Asad [† 15. a. H.], C. d. P., emigra in Abissinia. **Intr.** 277 no. 37 — viene a Madīnah. **7,** 55 no. 39.
'Abdallah b. Suhayl b. 'Amr b. 'Abd Šams [† 12. a. H.], C. d. P., emigra in Abissinia. **Intr.** 277 no. 76 — ritorna a Makkah. 283 no. 30 — presente a Badr, **2,** 85,A no. 77 — alla spedizione di Qaṭan, **4,** 2 no. 2 — sua opposizione a Maometto a al-Hudaybiyyah, **6,** 35 — intercede per il padre, **8,** 73 — ucciso a al-Yamāmah, **12,** 23 no. 116; cfr. abū Suhayl 'Abdallah b. Suhayl b. 'Amr.
'Abdallah b. Ṣura al-A'war. ebreo, avversario di Maometto in Madinah. **1,** 58 no. 13.
'Abdallah b. Surāqah b. al-**Mu'tamir,** C. d. P., emigra a Madinah, **1,** 15 no. 36 — presente a Badr, **2,** 85,A no. 59.
'Abdallah b. abī Ṭalḥah, sua madre incinta a Ḥunayn. **8,** 123.
'Abdallah b. Ṭāriq al-Balawi [† 4. a. H.]. C. d. P., presente a Badr. **2,** 85,B no. 20 — alla spedizione di al-Raǵi'. **4,** 7 no. 8 — sua morte, 8.
'Abdallah b. Thābit b. **al-'Atīk al-Azdi** [† 12. a. H.]. C. d. P.. ucciso a al-Yamāmah. **12.** 23 no. 16.
'Abdallah b. Tha'labah b. Khazamah b. Aṣram al-Anṣāri [† 3. a. H.]. C. d. P., presente a Badr, **2,** 85.C no 40 — ucciso a Uḥud. **3,** 54.B no. 40.
'Abdallah b. Thawr b. Asghar al-Ghawthi, luogotenente di abū Bakr fra i Sakāsik. **12,** 69, 70.
'Abdallah b. Ubayy b. Khalaf b. Wahb, prigioniero a Badr. **2,** 89 no. 32.
'Abdallah b. Ubayy b. Salūl al-Anṣāri [† 9. a. H.], il capo di tutti gli Ipocriti di Madinah. **1,** 60

no. 32, 64, 65 e nota 2, 66; **2,** 95; **3,** 23 nota 1, 26; **4,** 11; **5,** 10, 11, 14; **7,** 11; **9,** 27 nota 2, 29 — sua morte, **9,** 72 — scrivano, **11,** 224 no. 11.

'Abdallah b. 'Umar b. al-Khaṭṭāb [† 73. a. H.], tradizionista. **Intr.** 26 nota 1, 33; **1,** 54; **2,** 6, 43 nota 2 no. 1; **3,** 26 no. 1; **8,** 110, 163; **11,** 9 nota 1, 27 nota 1,*c*, 79 nota 2, 138; **12,** 19, 237 nota 1,*g*, 363, 377, 429 nota 1,*b*.

'Abdallah b. 'Umayr, C. d. P., presente a Badr. **2,** 85,C no. 16.

'Abdallah b. abī Umayyah b. al-Mughīrah [† 8. a. H.], avversario di Maometto in Makkah, **Intr.** 255 no. 10 — sua conversione, **8,** 54 — a Ḥunayn, **8,** 124 — a Ṭā'if; sua morte, 151, 157 no. 4, 158 no. 5.

'Abdallah b. Unays, al-Anṣāri, C. d. P., al Convegno di 'Aqabah, **Intr.** 344 no. 49 — presente a Badr, **2,** 85,C no. 94 e 184 — spedizione di-, **4,** 3, 4 — uccide ibn abī-l-Ḥuqayq, 20 e nota 1; **6,** 20; **7,** 39, 48 nota 2; **9,** 49.

'Abdallah b. Unays, al-Sulami (al-Aslami), C. d. P., ucciso a al-Yamāmah. **12,** 23 no. 17.

'Abdallah b. 'Uqbah. 4, 20 nota 1, cfr. 'Abdallah b. 'Atīk.

'Abdallah b. Urayqaṭ. 1, 53; cfr. 'Abdallah b. Arqaṭ.

'Abdallah b. 'Urfuṭah b. 'Adi b. Umayyah al-Anṣāri, C. d. P., presente a Badr. **2,** 85,C no. 18.

'Abdallah b. 'Utbān al-Anṣāri, C. d. P., ucciso a al-Yamāmah. **12,** 23 no. 18.

'Abdallah b. 'Uthmān b. 'Affān, sua morte. **4,** 14,A.

'Abdallah b. 'Uthmān al-Asadi, C. d. P., ucciso a al-Yamāmah. **12,** 23 no. 19.

'Abdallah b. 'Uthmān al-Thaqafi. 6, 42.

'Abdallah b. Uzayhir al-Dawsi, C. d. P. **7,** 35.

'Abdallah b. Wahb, al-Aslami, C. d. P., pensionato di Khaybar, **7,** 42 — catturato da Musaylimah, **11,** 93 nota 2.

'Abdallah b. Wathīmah al-Naṣri, luogotenente di Khālid b. al-Walid nell' 'Irāq. **12,** 211 no. 1.

'Abdallah b. Yazīd al-Ǵuhani, C. d. P., a Ḥunayn. **8,** 122.

'Abdallah b. Yazīd b. Tha'labah al-Anṣāri, C. d. P., preteso uccisore di Musaylimah. **12,** 11 nota 2.

'Abdallah b. Zayd al-Asbadzi, avo di al-Mundzir b. Sāwa. **8,** 187.

'Abdallah b. Zayd b. 'Āṣim, al-Anṣāri, C. d. P., preteso uccisore di Musaylimah. **12,** 11 nota 2, 23 no. 58.

'Abdallah b. Zayd b. Aslam. 12, 61.

'Abdallah b. Zayd b. Tha'labah b. 'Abd rabbihi al-Anṣāri, al-Māzini, C. d. P., al Convegno di 'Aqabah. **Intr.** 344 no. 21; **1,** 54; **2,** 85,C no. 12; **4,** 2 no. 16; **8,** 133; **9,** 61, 84; **12,** 23 no. 54.

'Abdallah ibn al-Ziba'ra al-Sahmi, avversario di Maometto. **Intr.** 294.

'Abdallah b. al-Zubayr b. al-Awwām [† 73. a. H]. **Intr.** 33, 41 tav. 2, 66 nota 1, 147 nota 2, 193 — proprietà dei figli in Muǵāǵ. **1,** 22 nota 1 — sua nascita, 26 nota 1, 32 nota 1, 79 no. 1 e nota 1; **2,** 91 nota 1; **11,** 218 nota 2.

'Abdallah b. al-Zubayr b. 'Abd al-Muṭṭalib, C. d. P., a Ḥunayn. **8,** 123.

abū 'Abdallah, m a w l a di Zahrah, prigioniero ad 'Ayn al-Tamr. **12,** 394 no. 3.

abū 'Abdallah Sālim. 12, 23 no. 11; cfr. Sālim, m a w l a di abū Ḥudzayfah.

banū 'Abdallah, tribù, un ramo, b a ṭ n, dei Kalb. **Intr.** 332; **11,** 102.

banū 'Abdallah, tribù del Baḥrayn, nome dato dal Profeta. **8,** 181.

banū 'Abdallah, nome dato dal Profeta ai banū 'Abd al-'Uzza (Ghaṭafān). **9,** 12 nota 5.

banū 'Abdallah b. Mālik (Azd), tribù. **Intr.** 42 tav. 3.

umm 'Abdallah bint abī Umayyah. 8, 172.

'Abdrabbihi b. Ḥaqq b. Aws b. Waqš al-Anṣari, C. d. P., presente a Badr. **2,** 85,C no. 16.

ibn 'Abdrabbihi [† 328. a H.], storico. **11,** 35.

Abǵar b. Buǵayr, ribelle del Baḥrayn. **12,** 57.

Abǵar b. Gābir al-'Iǵli, ribelle del Baḥrayn. **12,** 46, 202., forse lo stesso di Abǵar b. Buǵayr

banū-l-Abǵar, un ramo dei Khazraǵ di Madīnah. **2,** 85,C. no. 19.

ibn Abǵar, tradizionista. **11,** 243.

Ābi al-Laḥm ('Abdallah b. 'Abd al-malik al-Ghifāri) [† 8. a. H.], C. d. P. **8,** 204.

banū 'Ābid, un ramo dei Makhzūm. **12,** 63.

Ābil. 11, 4.

Ābil, luogo nel Balqā, Ābil al-Zayt. **11,** 111: **12,** 319 nota 2, 378 e nota 1, 389, 390.

Ābil al-Zayt, luogo nel Balqā. **11,** 3,*b*, 4, 110; **12,** 378 nota 1.

al-'Abīr, pozzo dei banū Umayyah. **4,** 2; cfr. al-Yusayrah.

Abissini, leggenda della spedizione contro Makkah di Abrahah e degli–, **Intr.** 108 – conquista del Yaman, 108 nota 1. 108-109 e nota 1. 110, 111 — espulsi dal Yaman, 111 nota 1, 117 nota 2, 121, 272 — danze barbare eseguite da–, **2,** 6 — abilità nel gettare la lancia, **3,** 14; **7,** 55 nota 1, 75; **9,** 19 — abissino avente la testa simile a un mazzo di uva secca (ossia Bilāl), **10,** 27; **11,** 186' 190; **12,** 109 nota 3.

Abissinia, Intr. 36, 90, 180 — trattato di commercio dei Qurayš con i re d'–. 91 — al-Naǵāši, Negus di–, 117 — gli emigrati in–, 180 — emigrazione in–, 205, 235, 242 nota 1, 266 e nota 2, 267, 269, 270, — negus di–, 270, 271, 272 — apostasia di Emigrati in–, 271 nota 1 — partenza dei Musulmani per l'–, 273, 274, 278 — seconda emigrazione in–, 279, 280 nota 1, 283 — ritorno degli emigrati dall'–, 282, 284, 314, 331, 339, 340 e note 1 e 3, 352, 358; **1,**6 nota 1; **2,** 85, 91, 108; **3,** 9 — Negus d'–, **6,** 45 — ambasciata al Negus d'–, 53 — ritorno degli Emigrati dall'–, **7,** 53 — missione di 'Amr b. Umayyah al-Ḍamri presso il Naǵāši o re d'–, 53 — novero di quelli che ritornarono dall'–, 54, 55 — novero dei Musulmani morti in–, durante l'esilio, 56 — novero delle donne fuggite e morte in–, 56 — novero di quelli che nacquero in–, 57; **8,** 1, 15 no. 1, 138 no 2 e 4, 157 no. 6 e 7; **9,** 19 — morte del Negus di–, **9,** 22; **10,** 83; **11,** 225 nota 1; **12,** 434.

Abissino (l') Bilāl; cfr. Bilāl. **1,** 54.

a b l = camelo. **9,** 61.

abluzioni rituali musulmane; loro origine leggendaria. **Intr.** 219; **10,** 14.

Abnā, Persiani meticci di Ṣan'ā. **6,** 54 — invito a convertirsi, **10,** 80, 82 nota 2 — durante la R i d d a h, **11,** 12, 87, 89 — figli di emigrati persiani da madri arabe, 89 nota 1 — durante la R i d d a h, 124 no. 3, 188 nota 1, 190, 191, 193, 195 nota 1, 197; **12,** 64, 65 nota 1, 66, 67, 69.

Abnā, tribù, ramo dei Sa'd b. 'Abd Manāt (Tamīm), durante la R i d d a h. **11,** 163 no. 1 e nota 1; **12,** 56.

a b n ā s a b ī l, viaggiatori. **11,** 202 e nota 1.

Abnīn, nome di un ǵ i n n o demone. **Intr.** 329 nota 1.

'Αβορέων φρούριον = al-Anbār. **12,** 170 nota 1,*a*.

'Αβουβάχαρος = abū Bakr. **8,** 11.

Abrahah, generale abissino, governatore del Yaman. **Intr.** 36 — leggenda della spedizione contro Makkah, 108 e nota 1 — convegno fra esso e 'Abd al-Muṭṭalib 109 e nota 1, 111 nota 1 — vicerè abissino del Yaman, sua spedizione e morte, 117-120.

Abrahah, nome usato anche dagli Arabi. **Intr.** 109 nota 2.

Abrahah al-Ašram, cfr. Abrahah. **Intr.** 108 nota 2.

Abrahah Dzū-l-Manār b. Dzī-l-Qarnayn, principe arabo del Yaman. **Intr.** 109 nota 2.

Abramo (ar. Ibrāhīm) leggenda di–, **Intr.** 30, 31, 37 nota 1, 38, 62 — fondazione della Ka'bah in Makkah, 64, 67, 68 note 1 e 2, 69 e nota 1, 70, 110 nota 1 — l'amico, kh a l ī l, di Dio, 179 nota 1 — la cosidetta religione di– (m i l l a h I b r ā h ī m), 121, 131 nota 1, 165, 166, 177, 179, 180, 181, 182, 186, 187, 188 nota 1, 221 e nota 2, 225 — Dio di–, **1,** 56; **6,** 50 nota 2 — ritratto di– nella Ka'bah, **8,** 65; **9,** 95; **12,** 132 nota 1,*a*.

al-Abraq, luogo presso Madīnah. **11,** 119, 123, 131.

Abrawīz, cfr. Barwīz e Khusraw Barwīz. **Intr.** 123.

abrogati, versetti del Qurān, m a n s ū kh. **4,** 5 nota 2.

'Abs b. 'Āmir b. 'Adi al-Anṣāri, C. d. P., presente al Convegno di 'Aqabah, **Intr.** 344 no. 48 — a Badr, **2,** 85,C no. 89.

abū 'Abs, cfr. abū 'Abs b. Ǵabr b. 'Amr, ecc.

abū 'Abs b. Ǵabr b. 'Amr b. Zayd al-Anṣāri, C. d. P., presente a Badr, **2,** 85,B no. 22; **3,** 3 — alla spedizione di Qaṭan, **4,** 2 no. 11 — decapita i Qurayẓah, **5,** 50.

banū 'Abs, tribù dei Ghaṭafān, loro ambasciata, **3,** 66 e note 1 e 2, 67; **5,** 16 nota 2 — vicini degli Asad b. Khuzaymah, **6,** 4 nota 1; **9,** 12 nota 1; **10,** 120 nota 1, 122 — contegno durante la Riddah, **11,** 87 no. 2 e nota 1, 88, 119, 123 — seguono Ṭulayḥah, **11,** 131, 159 nota 1; **12,** 92, 359,*c*.

abū-l-'Atāhiyah [† 213 a. H.], poeta. **12,** 176,*b*.

Abṭāḥ, correggi: al-Abṭaḥ.

al-Abṭaḥ, le bassure di Makkah. **Intr.** 97, 252 nota 3; **7,** 70, 71; **8,** 13, 63, 76, 92, 93; **10,** 74.

Abucaei, ossia gli 'Abd al-Qays. **8,** 178.

Abulfeda [† 732. a. H.], storico. **11,** 192, nota 1.

al-Abwā, luogo tra Makkah e Madīnah, sepoltura di Āminah madre di Maometto. **Intr.** 131 e nota 1, 132; **2,** 18 e nota 1, 40; **3,** 19, 20; **6,** 26; **7,** 69 nota 3; **10,** 78.

al-Abwā, nome di un monte presso al-Abwā. **2,** 18 nota 1.

abwāb, costruzione di porte in vari punti della trincea di Madinah. **5,** 25 nota 1.

al-Abyaḏ (oggi al-Ubayyiḏ?), stazione tra Ḥirah e Damasco. **12,** 417 no. 3 e nota 1.

Abyan, luogo nel Yaman meridionale. **12,** 65 nota 2, 68 e nota 1, 76, 78.

Achemenidi, re di Persia. **12,** 119, 120, 121, 132, 139 nota 1, 237, 292.

Acqua potabile ai pellegrini in Makkah. **Intr.** 79 — macchine per elevare l'- mosse da cameli, **3,** 21 – canforata, **5,** 53.

'Ād, tribù estinta. **Intr.** 351 nota 1.

A'dā, valle di- tra Makkah e Madīnah. **1,** 22 e nota 1 no. 12.

A'da, divinità locale della Balqā per nome-, **22,** 391 nota 5.

'Adā, nome di tribù (?), **5,** 17 nota 5; cfr. 'Ida.

aḏa' bi-ǵānibihim = istigo contro i loro fianchi. **8,** 21 nota 1.

Adamo ed Eva, espulsione di essi dal paradiso terrestre. **Intr.** 25 nota 1, Adamo in Makkah, 25 nota 1, 37 e nota 1 — preteso fondatore della Ka'bah, 64, 66 — pozzo di- in Makkah, 79, 123, 165, 221; **8,** 66, 67.

'Adan, città del Yaman. **9,** 67; **10,** 82 nota 3; **11,** 186, 195; **12,** 68 nota 1.

'Adanah, territorio degli 'Abs o degli Asad. nel Naǵd. **11,** 159 nota 1.

al-'adasah, pustole pestilenziali, vaiuolo nero, **2,** 107.

al-'Adāsah, luogo nel Naǵd, tra Ḏariyyah e l' 'Irāq. **6,** 1.

banū 'Aḏal, tribù, ramo (degli Asad b.) Khuzaymah. **4,** 7.

aḏāt, = stagni o piscine, presso Makkah. **1,** 15 nota 1.

al-'Adawi, tradizionista. **12,** 23 no. 101.

ibn al-'Adawiyyah, cognome di Nawfal b. Khuwaylid b. Asad. **2,** 83 no. 19.

al-'Aḏb, spada del Profeta. **10,** 144.

al-'Aḏbā, camela del Profeta. **9,** 73.

al-'Addā b. Ḥuǵr, un ḥaḏramita. **12,** 78 nota 2,*a*.

al-'Addā b. Khālid b. Hawḏẓah al-Khuzā'i, lettera del Profeta a-, **8,** 19, 21 nota 3.

'Addās, schiavo cristiano in Ṭā·if, sua conversione. **Intr.** 328.

adfi·ū asrākum = date mantelli ai [uccidete i!] vostri prigionieri. **11,** 180.

'Adi, della stirpe Ǵurhum, padre di al-Mutamaṯṯirah. **Intr.** 43.

'Adi, cfr. 'Adi b. abī-l-Zughbā.

'Adi (? al-Tamimi), porta a Madīnah le tasse dei Tamim. **11,** 119.

'Adi b. 'Adi, un difensore di Ḥirah. **12,** 206, 210.

'Adi b. Ḥamrā al-Thaqafi, nemico di Maometto in Makkah. **Intr.** 247 no. 4'.

'Adi b. Ḥātim al-Ṭā·i, C. d. P., sua fuga, **9,** 20 — venuta di- a Madinah, **10,** 16, 71 no. 3 — durante

la Riddah, **11,** 96 no. 5 e nota 1,*a*, 91, 124 no. 1 — a Buzākhah, 131 e nota 1, 135: **12,** 189, 192, 197, 224, 356,*e*.
'Adi b. al-Khiyār b. 'Adi b. Nawfal b. 'Abd Manāf, prigioniero a Badr. **2,** 89 no. 12.
'Adi b. Murrah b. Surāqah al-Dalawi [† 7. a. H.], C. d. P., ucciso a Khaybar. **7,** 25, 43 no. 21.
'Adi b. Nadlah b. 'Abd al-'Uzza al-Qurašī, C. d. P., emigrato in Abissinia, **Intr.** 277 no. 73 — ritorna a Madīnah, **7,** 56 no. 7, 55 no. 64.
'Adi b. Qays [b. Ḥudzāfah] (? **al-Sahmi**), riceve doni da Maometto in al-Ǵi'rānah. **8,** 164 no. 8, 165 no. 18.
'Adi b. Zālim al Sulami, prete pagano, sua conversione. **8,** 25.
'Adi b. Zayd, ebreo avversario di Maometto in Madīnah. **1,** 58 no. 32 e 57 (ripetizione!).
'Adi b. Zayd, poeta in Ḥirah. **12,** 162, nota 8 no. 13.
'Adi b. abī-l-Zughbā, spia del Profeta a Badr. **2,** 43, 47, 48, 85,C no. 125.
banū 'Adi b. 'Āmir b. Ghanm b. 'Adi, tribū Khazraǵita di Madīnah. **2,** 85,C.
banū 'Adi b. 'Amr b. Mālik b. al-Naǵǵār, tribù Khazraǵita di Madinah. **2,** 85,C.
banū 'Adi b. al-Ḥārith, una tribù dei Murrah. **Intr.** 42 tav. 3.
banū 'Adi b. Ka'b b. al-Khazraǵ b. al-Ḥārith, tribù di Madinah. **2,** 85,C.
banū 'Adi b. Ka'b [b. Lu·ayy], tribù di Makkah (Qurayš). **Intr.** 41 tav. 1, 59, 86, 168, 169, 229, 252 nota 2, 285; **1,** 36; **2,** 31, 51, 85,A e no. 67; **4,** 7 no. 2; **6,** 31; **8,** 15 no. 3, 157 no. 5; **12,** 197, 428 nota 1,*a*.
banū 'Adi b. Nābi b. 'Amr b. Sawād, tribù di Madīnah. **2,** 85,C.
banū 'Adi b. al-Naǵǵār, tribù di Madinah. **Intr.** 42 tav. 4 — recinto dei- in Madinah, 96 — zii materni di 'Abdallah padre di Maometto, 131.
ibn abī 'Adi, tradizionista. **10,** 145.
Adiabene, una parte dell'Assiria. **12,** 124, 142 e nota 1 no. 11.
adkhilū al-ḥadīqah = entrate nel giardino! **12,** 11,*a*.
adlā' = costole di camelo. **11,** 227 nota 1,*a*.
'Adnān (l'albero genealogico da Maometto fino a-). **Intr.** 29, 31, 32, 37, 38, 39, 40, 41 tav. 1. 43 e nota 2, 44, 75 nota 1.
banū 'Adnān. Intr. 45.
Adoulis, porto nel Mar Rosso. **Intr.** 109 nota 2, 272.
Adriano, imperatore. **12,** 262.
Adrunǵā, forse Adrunǵār, il Drungarius. **12,** 404.
Adrunǵār (Δρουγγάριος, generale greco. **12,** 344 nota 2, 404.
Adulis. Intr. 272; cfr. Adoulis.
Adulteri, lapidazione di-, **4,** 19; **8,** 67 nota 2 — lapidazione di una donna adultera, **9,** 94 — lapidazione dell'adultera, 94 nota.
Adulterio. Intr. 310 — 'Ā'išah accusata di-, **5,** 14: **9,** 94 nota.
Adummate (ossia Dūmah al-Ǵandal). **12,** 182.
'Adwān, tribù discesa da Qays b. 'Aylān. **Intr.** 79.
Adzāḥir, luogo presso Makkah. **8,** 61; cfr. Adzākhīr.
Adzākhīr, luogo presso Makkah. **Intr.** 315: cfr. Adzāhir.
adzān, appello musulmano alla preghiera. **Intr.** 27 — prima sua istituzione, **1,** 54: **2,** 15; **5,** 66; **11,** 122, 133, 150,*a* — presso i Ḥanīfah non musulmani, **11,** 165 e nota 4,*c*: **12,** 11 nota 2.
adzan = poteri concessi. **9,** 38 nota 1.
Adzanah, città della Siria settentrionale. **12,** 313 nota 1,*b*.
Adzār (o Adar mese Sirio, ossia Marzo). **11,** 83 nota 1,*b*.
'adzbun zulālun = acqua dolcissima. **6,** 5 nota 1.
Adznabah, un sito nel Yaman, tra gli al-Ḥārith b. Ka'b. **10,** 8 no. 5.
Adzra'āt. 2, 97; cfr. Adzri'āt.

Adzri'āt, un sito nel Balqā. **2,** 97; **8,** 4 nota 1; **11,** 3,*f*; **12,** 406, 417 no 13.
Adzruḥ, un sito nel sud-est della Palestina. **9,** 39 note 1 e 2.
Adzwā o principi Himyariti del Yaman. **12,** 66, 67.
Adzwā Hamdān, i principi dei Hamdān. **9,** 66; **11,** 197, (a dz w ā pl. di dz ū).
Aelia Capitolina = Gerusalemme. **12,** 363.
al-Af'a al-Ǵurhumi. Intr. 48.
banū-l-Af'a, tribù unita ai banū-l-Ḥārith b. Ka'b. **12,** 75.
abū 'Afak, assassinio di–, **2,** 93 — versi di–, 93 nota 1.
a f d a, suo significato osceno. **10,** 139 nota.
a f f a f a b i h ā (manifestare apertamente il suo disgusto per una donna). **12,** 428 nota 1,c.
'Affān b. 'Affān b. abī-l-'Āṣ b. Umayyah, fratello del califfo 'Uthmān [† 35. a. H.]. **8,** 108.
'Affān b. Muslim, tradizionista. **12,** 428 nota 1,c.
'Affān b. abī-l-'Āṣ, padre del califfo 'Uthmān [† 35. a. H.]. **Intr.** 41 tav. 2.
'Affān b. abī-l-'Āṣ. 8, 108.
Afghanistan. 12, 109.
'Afīf b. al-Mundzir, musulmano del Baḥrayn. **12,** 57, 58.
Aflaḥ, m a w la di abū Ayyūb al-Anṣāri, prigioniero ad 'Ayn al-Tamr. **12,** 394, no. 6.
a f n ā = turbe di gente raccogliticcia. **11,** 101.
a f n ā Kinānah. 11, 98.
a f n ā Rabī'ah. 11, 163.
ibn abī Aflaḥ, m a w l a di abū Ayyūb [† 52. a. H.]. **1,** 35 nota 1.
'Afra, sorgente in Palestina. **6,** 52.
ibn 'Afrā [† 2. a. H.] cognome di 'Awf b. al-Ḥārith al-Anṣāri C. d. P., sua conversione, **Intr.** 335 no. 2, 336 no. 1 — ucciso a Badr, **2,** 87 no. 13.
ibn 'Afrā [† 2. a. H.], cognome di Mu'awwidz b. al-Ḥārith al-Anṣāri, C. d. P., ucciso a Badr. **2,** 87 no. 14.
Africa. Intr. 1; **8,** 187; **10,** 30 nota 1; **12,** 242, 247, 322 nota 1 — orientale, **10,** 2 nota 1 — settentrionale, **11,** 79 nota 1; **12,** 107.
Africani. Intr. 343 nota 1; **12,** 239.
Afṣa b. Asad. Intr. 41 tav. 1.
Afṣa b. Ḥārithah, i Khuzā'ah, figli di–, **Intr.** 71.
a f ṣ a ḥ a (si dice dei Cristiani quando rompono il digiuno della Quaresima). **12,** 293 nota 1,c.
a f w ā ǵ a n (Qur'ān, cx, 2) = turbe numerose. **9,** 55 nota 1.
Aǵā, monte dei Ṭayy, nel Naǵd. **Intr.** 52 nota; **6,** 5 nota 1; **9,** 20, 35, 46; **10,** 35 nota 1, 39 nota 1, 42 nota 1, 126; **11,** 132, 137, 144; **12,** 295.
banū A'ǵab, tribù, ramo dei Qudāmah (Ǵ a r m, Q u d ā ' a h). **10,** 41.
al-Aǵabb al-Sulami, concessione del Profeta a–, **8,** 28.
'Aǵam = Persiani. **12,** 44, 401.
al-A'ǵam b. Sufyān al-Ǵu'ali, viene a Madīnah. **9,** 18 no. 3.
'a ǵ a m i (*rossi*) non arabi. **Intr.** 343 nota 1.
a ǵ ā r a h u m = li dichiarò sotto la sua protezione. **12,** 75.
Agathias, storico bizantino. **12,** 123 nota 1, 242, 243.
A'ǵāz Hawāzin, tribù. **11,** 82 no. 4.
a ǵ d a', ossia con le orecchie e il naso mozzati. **12,** 237 nota 1,*h*.
al-Aǵda' b. Mālik al-Hamdāni, guerra con i Murād. **10,** 32.
'Aǵīb, luogo nel Yaman settentrionale. **12,** 70.
banū-l-'Aǵlān b. 'Amr b. 'Āmir b. Zurayq, tribù di Madīnah (Anṣār). **2,** 85,C; **8,** 188 no. 3; **9,** 52; **11,** 132; **12,** 23 no. 48.
a g l i o, pietanza condita con– e cipolle, vietata dal Profeta. **1,** 35.
'a ǵ m = non arabo. **9,** 38, nota 1.

al-'Aǵmā bint 'Āmir b. al-Fadl al-Sakūni, madre di Mas'ūd b. al-Aswad b. Ḥarithah [† 8. a. H.]. **8,** 15 no 3.

ibn al-'Aǵmā. 8, 15 no. 3; cfr. Mas'ūd b. al-Aswad b. Ḥārithah.

aǵnād al-Šām, guarnigioni militari della Siria. **12,** 321, nota 1.

Aǵnadayn, battaglia di– in Palestina nel 13. a. H., **7,** 54 no. 8, 55 no. 38, 59; **8,** 10 nota 1; **10,** 90; **12,** 73, 103, 234, 266, 289, 290, 303, 319 nota 2, 322 nota 5, 323 nota 2,*a* e 3, 332,*b*, 335, 336 e nota 1, 338, 340 nota 2, 347 note 2 e 3,*b*, 348 note 1 e 4, 351 e nota 1,*b*, 363, 366, 368 e nota 2, 369, 371, 374, 388, 391, 393 nota 1,*a*, 403 nota 3, 407, 426 nota 2.

Aǵnadīn, cfr. Aǵnadayn.

al-Aǵrad, sito tra Makkah e Madīnah. **1,** 22 e nota 1 no 11.

al-Aǵrad, monte dei Ǵuhaynah, al nord di Madīnah. **1,** 22 nota 1 no. 11; **5,** 85 nota 1, 86 e nota 2.

aǵtahid ra·iyy = giudicherò secondo il mio proprio criterio. **10,** 13.

al-'Aǵūl, pozzo in Makkah, scavato da Quṣayy. **Intr.** 81.

aǵwāf = oasi, bassure ricche d'acqua, pl. di ǵawf. **9,** 87.

al-Aǵwali, stazione tra Taymā ed 'Ammān. **12,** 316 nota 6.

Aǵyad, sito presso Makkah. **Intr.** 95.

Aǵyadayn, sito presso Makkah. **Intr.** 78 nota 1.

aǵzā = parti. **11,** 231 nota 2.

Aḥābiš, tribù coalizzate degli al-Ḥārith, al-Hawn, e al-Muṣṭaliq. **Intr.** 305; **5,** 23, 24; **6,** 27, 30 e nota 3, 31; **8,** 39; **10,** 96; **12,** 278.

aḥad fīhi khayrun aw bihi daf'un. 12, 25,*b*.

'āhadahum = concluse un trattato con loro. **1,** 44, 49.

'āhadta (Qurān VIII, 58). **1,** 44.

aḥbār = rabbini ebrei. **Intr.** 109 nota 3.

'ahd = patto, vero significato del termine. **1,** 44; **8,** 39; **9,** 67; **10,** 14 e nota 1, 42; **12,** 174 nota 2,*b*, 403 nota 3.

aḥdāth al-riǵāl = i giovani. **Intr.** 234.

aḥdatha ḥadathān = commette un delitto. **9,** 38 nota 1.

aḥfaẓ al-ṣaḥābah = il C. d. P. dotato di maggior memoria (ossia abū Hurayrah). **7,** 35 nota 1.

Ahl al-'Āliyyah = abitanti della parte superiore di Madīnah. **2,** 77.

Ahl al-Bādiyah = abitanti del deserto arabico settentrionale. **Intr.** 58.

ahl bādiyatihim = i nomadi delle loro tribù. **5,** 87; **8,** 22 e nota 2.

ahl al-baḥr = i marinari pescatori. **9,** 38 nota 1.

Ahl Dūmah al-Ǵandal. 9, 47.

Ahl al-Fārs. 11, 237.

ahl al-ǵazā·ir = la gente delle isole. **12,** 63.

ahl ǵazīratika = la gente della tua isola. **12,** 162 nota 7.

Ahl al-Gharb = Gente delle secchie (gli Arabi). **12,** 357,*d*.

ahl ḥāḍiratihim = i loro abitanti sedentari. **8,** 22 nota 2.

ahl al-ḥalqah wa-l-ḥuṣūn = la gente di corazza e di castelli (gli Anṣār di Madīnah). **1,** 49.

Ahl al-Ḥaram = abitanti del territorio sacro di Makkah. **5,** 93.A.

ahl khārǵika. 12, 162,*a* e nota 4.

Ahl al-Kitāb = la gente del Libro (Ebrei e Cristiani). **Intr.** 37 nota 1; **1,** 40; **11,** 218 nota 1.

ahl al-madar = le tribù arabe sedentarie. **11,** 82 no. 3.

Ahl al-Mašriq = le tribù dell'Arabia orientale. **9.** 4.

Ahl al-Murr wa-l-Lubān = la gente che raccoglie mirra e incenso. **12,** 63.

ahl qarārihim = gli abitanti sedentari del loro paese. **8,** 22,

Ahl Qaṣbah al-Madīnah. 12, 15,*b*.

ahl al-qura = abitanti dei villaggi. **12,** 9, 25,*b*.

ahl al-quwwah = le schiere migliori. **12,** 394 e nota 2, 412.
ahl Rasūl Allah = la gente dell'Inviato di Dio, i Musulmani. **9,** 40.
ahl al-Riddah = gli apostati arabi. **12,** 323.
ahl al-riyab = i dubbiosi, avversari di Maometto in Madīnah. **9,** 29.
Ahl al-Sāfalah = abitanti della parte bassa di Madīnah. **2,** 77.
ahl al-ṣaḥḥah = autorità tradizionistiche degne di fede. **Intr.** 281.
Ahl al-Šām = i Siri. **12,** 316 nota 6.
Ahl al-Sarāt = gli abitanti dei monti al-Sarāt nel Yaman. **11,** 87.
ahl al-siyar = storici delle spedizioni militari di Maometto. **12,** 194 nota 2,
Ahl al-Ṣuffah = la gente della Banchina, ossia i mendicanti della Moschea di Madīnah. **1,** 32; **11,** 238.
ahl al-wabar = i nomadi. **9,** 36; **11,** 82, no. 4, 165 nota 5,*a*.
Ahl al-Yaman = abitanti del Yaman. **9,** 63.
ahl al-yusr = i più ricchi seguaci del Profeta. **2,** 101.
aḥlāf = confederati (pl. di ḥalīf). **8,** 114, 124; **9,** 56.
al-Aḥlāf = i confederati dei Thaqīf di Tāif. **9,** 10.
Aḥmad ibn Ḥanbal, cfr. Aḥmad b. Muḥ. b. Ḥanbal [† 241. a. H.].
Aḥmad b. Muḥammad al-Azraqi [† 222. a. H.], storico. **Intr.** 177 nota 1.
Aḥmad b. Muḥ b. Ḥanbal [† 241 a. H.], giureconsulto. **11,** 109 nota 3,*b*.
Aḥmad b. al-Ṭayyib al-Sarakhsi al-Faylusuf [† 286. a. H.], tradizionista. **12,** 321 nota 1.
Aḥmad b. Yaḥya b. Ǵābir (al-Balādzuri abū-l-'Abbās) [† 279. a. H.], storico. **10,** 119 nota 3; cfr. al-Balādzuri.
abū Aḥmad 'Abd b. Ǵaḥš, C. d. P., sua conversione. **Intr.** 229 no. 23 — emigra a Madīnah, **1,** 15 no. 5. 36 nota 1.
abū Aḥmad b. Ǵaḥš, cfr. abū Aḥmad 'Abd b. Ǵaḥš.
aḥmar = rosso. **Intr.** 343 nota 1.
Aḥmar Bā·sān al-Aslami, valoroso pagano. **8,** 88.
Aḥmar b. al-Ḥārith, capo dei banū Mālik (Thaqīf). **8,** 114.
banū Aḥmar b. Ḥārithah b. Tha'labah b. Ka'b, tribù di Madīnah (Anṣār). **2,** 85,C.
Aḥmas al-Lāt (Aḥmasallah), tribù del Yaman. **10,** 27.
Aḥmas b. Rabī'ah. Intr. 41 tav. 1.
Aḥmasallah, cfr. Aḥmas al-Lāt.
Aḥmur, tribù, ramo dei Hamdān. **9,** 66.
Aḥnaf b. Qays al Tamīmi, un tempo seguace di Saǵāḥ. **11,** 161, nota 1, 165 nota 1,*a*.
al-Aḥqam, nome di un demone, ǵinn. **Intr.** 329 nota 1.
ahrā = i granari. **12,** 174.
al-Aḥsiyah, paese nel Yaman. **11,** 195 e nota 2,*e*.
abū-l-Aḥwaṣ, tradizionista. **11,** 52.
Ahwāz, città del Khūzistān. **12,** 184,*c* — Qārin signore di–, 231,*b*.
Aḥyā, pozzo nel Ḥiǵāz detto–, **1,** 76 e nota 3.
Aḥyā, luogo nel Ḥadramawt. **12,** 78.
al-Aḥzāb = le schiere degli alleati assedianti Madīnah. **5,** 37, 40; **8,** 66.
'Ā·idz b. Mā'iṣ b. Qays b. Khaladah al-Anṣāri [† 12. a. H.], C. d. P., presente a Badr. **2,** 85,C no. 106 — ucciso ad al-Yamāmah, **12,** 23 no. 20.
'Ā·idz b. al-Sā·ib b. 'Uwaymir, pagano ucciso a Badr. **2,** 88 n. 61.
banū 'Ā·idz (o 'Ābid) b. Tha'labah b. Ghanm, tribù di Madīnah (Anṣār). **2,** 85,C.
'Ā·idzah bint al-Khims b. Quḥāfah b. Khath'am, moglie di Lu·ayy b. Ghālib. **Intr.** 58.
banū 'Ā·idzallah b. Sa'd 'Ašīrah, tribù, ramo dei Madzḥiǵ. **10,** 50.
Aillath, ossia Aylah, porto sul golfo di 'Aqabah (Mar Rosso). **9,** 38, nota 1.
Αἰλαθ. 9, 38 nota 1.

Αἰνών, in Palestina. **9,** 69 nota 2.

'Ā·išah bint abī Bakr, sua conversione, **Intr.** 229 no. 11, 252 nota 1 — sua nascita [615. anno È. V.?], 265 — fidanzamento con il Profeta, 324, 331 — sua abitazione in Madinah, **1,** 32 e note 1 e 2 — venuta in Madīnah, 53 — suo matrimonio, 77; **2,** 2 — accompagna Maometto ad al-Muraysī', **5,** 9, 14 — accusata di adulterio, 14, 20 nota 1, 21, 27, 44; **6,** 8, 58 – suo detto su Khaybar, **7,** 7 nota 1 — la bandiera 'U q ā b, fatta con un suo mantello, 19 — sua pensione in Khaybar, 42 — moschea detta di- tra Makkah e Madīnah, 69 nota 3; **8,** 43, 49, 198 — dissidi famigliari, **9,** 23, 26 — al Pellegrinaggio d'Addio, **10,** 76, 139 no. 3 — durante gli ultimi momenti del Profeta, **11,** 6 e note 2 5,*a* e c, 7, 16 nota 2, 18, 19, 22, 24, 26 e nota 1, 27, 28, 31, 32, 36, 55, 56, 59, 158, 221 no. 4, 229 no. 13; **12,** 362, 428.

'Ā·išah bint abī Bakr [† 57-58. a. H.], la moglie prediletta del Profeta, citata come trasmettitrice di tradizioni. **Intr.** 11 nota 1, 26 nota 1, 28, 189 nota 1, 208, 209, 305, 320 nota 1; **1,** 71 nota 1; **2,** 28 nota 1; **10,** 1 nota 2; **11,** 15 e nota 1, 19, 22, 27, 28, 31, 34 nota 1, 49, 53, 54, 118, 203 e nota 3, 208 e nota 1; **12,** 23 no. 2 e no. 8.

'Ā·išah bint al-Ḥārith b. Khālid, nata in Abissinia da Rayṭah bint al-Ḥārith b. Ġubaylah. **Intr.** 277 no. 33; **7,** 56 no. 15, 57 no. 8.

Aitalaha, prete di Sarbil. **12,** 143.

Akāl b. al-Nu'mān al-Anṣāri al-Māzini [† 12. a. H.], C. d. P., ucciso ad al-Yamāmah. **12,** 23 no. 21.

Akbar = il maggiore (carica). **8,** 186 e nota 1.

Akbar, il Gran Mogol. **11,** 166,*c*.

Akbar b. 'Abd al-Qays. **8,** 186 e nota 1.

Akdar, portantine di-, **9,** 47 — Ukaydir diminutivo di-, 47.

a k d ā s a l-ṭ a 'ā m, deposito di viveri. **12,** 170 nota 1,*c*.

a kh ā b ī th = gli svergognati. **11,** 98.

a kh ā d ī d = trincee. **11,** 142 nota 1,*a*.

al-Akhdamiyyah, stazione tra 'Ayn al-Tamr e Buṣra. **12,** 417 no. 1[a].

al-Akhdar, stazione tra Madinah e Tabūk. **9,** 30 no. 16.

a kh kh a dz a = tenne lontano. **1,** 58 no. 64.

al-Aknāf, un sito tra il paese dei Tayy e Buzākhah. **11,** 129 nota 1, 130, 131.

al-Akhnas al-'Āmiri, musulmano del Baḥrayn (?). **12,** 44.

al-Akhnas b. Šarīq b. 'Amr b. Wahb al-Thaqafi, avversario di Maometto in Makkah. **Intr.** 260, 265, 330 — suo contegno a Badr, **2,** 51; **3,** 13; **7,** 1.

al-Akhnas b. Šurayq. **3,** 13; cfr. al-Akhnas b. Šarīq.

al-Akhnas b. Yazīd al-Sulami, con Maometto alla spedizione di Makkah. **8,** 24.

a kh r a ǵ ū = elessero. **Intr.** 342 nota 1.

Akhtal, il poeta taghlibita. **10,** 59 nota 3.

banū 'Akk b. Adnān, tribù del Yaman. **Intr.** 41 tav. 1, 43; **2,** 85,A no. 57; **7,** 51; **8,** 77; **10,** 81 no. 9, 82 no. 5 — durante la R i d d a h, **11,** 82 no. 2, 98 e nota 3, 104, 124 no. 1, 186, 195; **12,** 67, 69.

'Akkā, città della Palestina (Siria). **12,** 313 nota 1,*a*, 321 nota 1.

ibn Akkāl, arabo difensore di Hirah. **12,** 206.

ibn al-Akwa', cfr. 'Āmir b. Sinān b. 'Abdallah.

ā l = famiglia. **7,** 54 no. 10.

Āl Akdar. **9,** 47.

Āl 'Amrān, la III sūrah del Qurān. **1,** 70.

Āl Dzi-l-Kulā' (Kalā'). **9,** 65 nota 2.

Āl Dzi La'wah, una famiglia dei Hamdān (Yaman). **9,** 66.

Āl Dzi Marhab (lettera alla famiglia di-). **9,** 88; **11,** 187 nota 1,*c*.

Āl Dzi Murrān, una famiglia dei Hamdān (Yaman). **9,** 66.

Āl Kisra, la famiglia reale di Persia. **12,** 211.

Āl Muḥammad = famiglia di Maometto. **Intr.** 35.
Āl al-Mundzir, la famiglia regnante in Ḥīrah. **12,** 40,*a*.
Āl Qays, una famiglia del Ḥadramawt. **9,** 88.
Āl Rasūl Allah, la famiglia dell' Inviato di Dio. **9,** 40 nota 3.
'ala al-ghanā·im = custode della preda. **10,** 71 no. 17.
'ala rāḥilatihi (?). **11,** 135.
'ala riǵlayhi (?). **11,** 135.
'ala-l-wafā = in tutta l'estensione del termine. **12,** 25,*c*.
al-'Alā b. 'Abd al-raḥmān b. Ya'qūb, tradizionista. **12,** 480.
al-'Alā b. 'Abdallah b. 'Imād al-Ḥadrami. 8, 187; cfr. al-'Alā b. al-Ḥadrami.
al-'Alā b. Ǵāriyah, C. d. P., riceve doni dopo Ḥunayn. **8,** 164 no. 3.
al-'Alā b. al-Ḥadrami, C. d. P., mandato nel Baḥrayn, **6,** 47 no. 1; **8,** 22 e nota 2, 180, 181, 185 e nota 1, 186, 187; **10,** 38, 55 e nota 1, 71 no. 7 e no. 16, 128, 143 no. 5; **11,** 124 no. 11 e nota 3, 164, nota 1,*b*, 179 nota 1, 220,*a* no. 17, 241 — sua attività guerresca nel Baḥrayn, **12,** 37-57, 62 nota 6, 102, 230.
(al-)'Alā b. 'Uqbah, segretario del Profeta. **5,** 88 nota 1, 89 e nota 4; **8,** 27.
abū-l-'Alā. 9, 92.
umm al-'Alā al-Anṣāriyyah, presente a Khaybar. **7,** 39.
A'lāb, sito a mezzodi di Makkah. **11,** 98 e nota 3.
ālah al-ḥarb = macchine di guerra. **8,** 141 nota 1.
Alā·i, sito tra Madīnah e Tabūk. **9,** 30 no. 13.
'alayhi al-salām = su di lui sia la pace. **1,** 45 art. 23 nota 1.
'alayhim mā 'alayhim = devono sottostare agli obblighi assunti. **12,** 75.
Albero della Verità, in Paradiso. **Intr.** 112, nota 1 — sotto il quale erasi seduto Gesù Cristo, 154 — Dzāt al-Riqā', **5,** 1 nota 2 — luogo di pellegrinaggio, **6,** 33 e nota 1 — (sempre?) verde, **8,** 119 — di loto verde (sidrah khadrā), **8,** 119 — verde, 120.
Albero genealogico (l'), da Maometto in su fino a 'Adnān. **Intr.** 29 — compilazione dei grandi, 30, 37.
Alessandria, Egitto. **12,** 246, 264.
Alessandro il Grande, Dzū-l-Qarnayn. **Intr.** 29, 257; **1,** 4 — l'èra di Dzū-l-Qarnayn, 4 nota 1; **12,** 112, 119, 132, 237.
Alessandro Severo, imperatore. **12,** 120 nota 1 e 2.
Alfabeti semitici occidentali. **11,** 214 — studio sugli-, 216 nota 2.
Alfabeto (l') arabo di provenienza nord-semitica, **11,** 216 — di Ṣafā, uno degli anelli di congiungiunzione tra il fenicio arcaico e l'himyaritico, 215 — fenicio, 214 — himyarita, 214.
Alǵīšiyyah = Vologesias. **12,** 162 nota 3,*b*, 203 nota 1; cfr. Amghīšiyā e Ullays.
Alhān b. Mālik. Intr. 42 tav. 3.
'Ali b. 'Abdallah b. al-'Abbās b. 'Abd al-Muṭṭalib, sua madre. **12,** 88.
'Ali b. Bakr. Intr. 41 tav. 1.
'Ali b. Fulān b. abī Rāfi', tradizionista. **11,** 206.
'Ali b. Muḥammad al-Madā·ini, tradizionista. **11,** 112, 198,*c* ecc.; cfr. al-Madā·ini.
'Ali b. Naṣr b. 'Ali al-Ǵahḍami [† 250. a. H.], tradizionista. **Intr.** 269, 324; **2,** 30 no. 1; **8,** 39 nota 1, 113, 139.
'Ali b. Rifā'ah, musulmano ucciso in Siria. **12,** 414 nota 1 no. 2.
'Ali b. Sa'd al-Ǵu'ali, al-Balawi, C. d. P., viene a Madīnah. **9,** 18 no. 4.
'Ali b. Sinān al-Ḥanafi, viene a Madinah. **10,** 33 no. 5.
'Ali b. abī Ṭālib [† 40. a H.], C. d. P., poi Califfo. **Intr.** 20 nota 1, 21, 41 tav. 2, 160 — sua nascita, 162 — sua adozione da Maometto, 174 — sua conversione, 223 e nota 1 e 2 — per gli **šī'iti** è il massimo degli eroi dell'Islām, 225 nota 1, 227, 233 nota 2, 248, 256 nota 1, 285, 287; **1,** 17, — assiste Maometto nella Fuga, 18 — in Qubā, 28, 34 nota 1, 50, 71 — matrimonio con Fāṭimah, 72; **2,** 6, 9 — fidanzamento con Fāṭimah, 17 — sue imprese militari a Badr, 19, 43, 52, 60,

64 nota 1, 68, 69, 70, 74. 85,A no. 3 — Qurayš da lui uccisi, 88 no. 1 7 8 11 12 14 15 17 19 20 22 28 29 30 31 34 37 42 44 48 49, 91 nota 1, 102, 103 nota 1; **3,** 1 — a Uḥud, 32, 33, 35, 41, 50 — Makkani da lui uccisi, 55 no. 2 9 13 17, 59; **4,** 12, 18 — morte di Fāṭimah madre di-, 23; **5,** 14 — durante l'assedio di Madīnah, 23, 33, 44, 45, 50 — segretario del Profeta, 94 — a Ḥisma, **6,** 11 — spedizione di lui contro Fadak, 17 — segretario del Profeta, 24 — a Ḥudaybiyyah, 34 e nota 1, 35 — moschea detta di- in Khaybar, **7,** 6 — a Khaybar, 10, 19-22, 41 no. 2, 42 e nota 3, 47 e nota 3, 48 e nota 5, 75; **8,** 15 no. 1 e 2, 29, 47, 50, 59, 61 nota 2, 63 nota 1, 80, 97, 100, 112, 122, 123, 133, 163, 169 e nota 1, 202 nota 1; **9,** 18 — spedizione di lui per distruggere l'idolo al-Fals, 20, 23,A, 28, 40, 67, 69, 70 nota 1, 73, 89, 90; **10,** 8 no. 5 — spedizione nel Yaman, 17, 18, 19, 52, 53 nota 1, 71 no. 8, 72, 119 nota 1, 141 no. 2, 143 no. 2, 145; **11,** 7 — pretesi diritti di- al califfato, 8 nota 3, 16 e nota 2, 21 e nota 1, 26 e nota 1, 30 e nota 1, 36, 37 e note 1 2,*d* e 3 no. 1, 43 e nota 1,*a*, 44-47, 56, 59, 65 nota 1, 66 nota 1, 67 nota 1, 103, 115, 117, 119, 187 e nota 1,*g* — dissidio con abū Bakr, 202-204 — suoi rapporti con Fāṭimah, 205-208, 218 nota 2, 220,*a* no. 2, 229 no. 4, 230 e nota 1, 231 nota 2 — vita coniugale con Fāṭimah, 238; **12,** 23 no. 87, 94, 224, 311, 317 e nota 2,*b*, 356,*c*, 377, 401, 435.

'Ali b. 'Ubaydallah b. al-Ḥārith b. Raḥdah [? **Rakhadah**] **al-Qurašī, al-'Āmiri** [† 12. a. H.], C. d. P., ucciso ad al-Yamāmah. **12,** 23 no, 23.

'Ali b. Umayyah b. Khalaf b. Wahb, pagano ucciso a Badr. **2,** 88 no. 47.

'Ali b. Zayd, tradizionista. **12,** 428 nota 1,*c*.

abū 'Ali b. 'Abdallah b. al-Ḥārith b. Rakhadah [**Raḥdah**?] **al-Qurašī al-'Āmiri** [† 12. a. H.]. C. d. P., ucciso ad al-Yamāmah. **12,** 23, no. 22.

'Alidi, discendenti di 'Ali. **Intr.** 35; **2,** 17; **7,** 47 nota 3; **11,** 40, 62 nota 1,*b*.

'ālim bi-l-farā'id wa-l-fiqh = dotto nelle leggi e nella giurisprudenza. **5,** 88 nota 1.

'alīm ḥakīm = onnisciente e savio. **8,** 79.

al-Alīs (Ullays). **12,** 228,*b*.

al-'āliyā = superiore. **10,** 13.

al-'Āliyyah, parte superiore della città di Madīnah. **2,** 86; **5,** 25 e nota 2, 34, 37 nota 1; **7,** 78; **9,** 23,A.

al-'Āliyyah, cfr. Ahl al-'Āliyyah.

'Āliyyah bint Ẕabyān al-Kilābiyyah, concubina di Maometto. **10,** 139 no. 14 e no. 19.

abū-l-'Āliyyah, tradizionista. **11,** 230 nota 1.

Allah. **Intr.** 108, 351 e *passim*. **12,** 78 nota 7.

Allah akbar = Dio è più grande. **8,** 86; **11,** 94 nota 1.

Allah al-Yahūd = Dio degli Ebrei. **1,** 79 nota 1.

Allīs, errore per Ullays (*q. v.*). **12,** 162,*b*.

Alpi. **12,** 107.

'Alqamah, tradizionista. **11,** 230 nota 1.

'Alqamah b. Kaladah. **Intr.** 41 tav. 2.

'Alqamah b. Muǵazzaz, sua spedizione a Šu'aybah. **9,** 19 e nota 1; **12,** 332,*a* no. 4.

'Alqamah b. al-Sawā', guida del Profeta a Tabūk. **9,** 30.

'Alqamah b. 'Ulāthah b. 'Awf b. al-Aḥwaṣ al-'Āmiri, viene a Madīnah, **8,** 18, 20, 21 nota 3, 165 no. 22; **10,** 83 — durante la Riddah, **11,** 87 no. 20, 92,*b*, 125, 151 e nota 1,*b*.

'Alus, isola nell'Eufrate. **12,** 424.

alwāḥ = tavolette di legno. **11,** 233.

Alyā-s, cfr. al-Yās b. Muḍar.

Alyus, (forse errore per al-Bišr). **12,** 401, nota 2, 412, 424.

'Ām al-Aḥzāb = anno delle Schiere (5. a. H). **1,** 58, no. 49.

'Ām al-Ǵamā'ah = anno della riunione (41. a. H.). **11,** 178.

'Ām al-Ḥazan = anno di dolore, prima della Hiǵrah. **Intr.** 324 nota 2.

Amaǵ = sito tra Makkah e Madīnah. **1,** 22 e nota 1 no. 2; **6,** 2; **8,** 3 nota 1.

Amah bint Khālid b. Sa'īd, nata in Abissinia. **Intr.** 277 no. 5; **7,** 54 no. 7, 57 no. 4.
Amalekiti. Intr. 68 nota 2.
'Amāliq (Nabatei). Intr. 66 nota 1, 68.
Aman. 7, 66; cfr. Yumn.
amān = sicurtà. **5,** 90, 91; **6,** 11 nota 2; **8,** 22; **9,** 7, 79, 92; **10,** 36, 37; **12,** 160,A, 162,*a*, 176,*a* e nota 1, 179 nota 1,*a*, 219,*a*, 228,*b*, 403, 405.
amanah e **amānah** = sicurtà. **9,** 38 nota 1; **10,** 10 no. 7.
al-'Amarradah, capo ḥadramita ribelle. **12,** 78 nota 3,*a*.
Amat bint Khālid. 7, 54 no 7; correggi Amah ecc.
al-A'maš, tradizionista. **11,** 15 nota 1, 53.
ambār, magazzeni. **12,** 170 nota 1,*c*; cfr. al-Anbār.
"Αμβαρα = al-Anbār. **12,** 170 nota 1,*a*.
Ambasciata, i primi Arabi che mandassero un'– al Profeta. **5,** 16.
Ambasciate di Maometto ai sovrani dell'Asia. **6,** 45, 46.
Ambasciate delle tribù arabe (al-wufūd). **8,** 197; **9,** 55; **10,** 118; **11,** 187.
Ambasciata degli 'Abd al-Qays. **8,** 183.
Ambasciata dei banū 'Āmir b. Ṣa'ṣa'ah. **8,** 18.
Ambasciata degli 'Ans (Madzḥiǵ). **10,** 54.
Ambasciata dei banū Aslam. **6,** 23.
Ambasciata degli Azd. **10,** 21.
Ambasciata degli Azd 'Umān. **10,** 55.
Ambasciate dei banū Baǵīlah. **10,** 27.
Ambasciata dei Bāhilah. **9,** 7.
Ambasciata al califfo abū Bakr. **11,** 145.
Ambasciata dei banū Bakr b. Wā'il. **9,** 91; **10,** 44.
Ambasciata dei Bāriq. **10,** 57.
Ambasciata in Egitto (ritorno dell'). **7,** 78.
Ambasciata ad Eraclio. **6,** 45 nota 1, 50; **10,** 92.
Ambasciata e morte di Farwah b. 'Amr al-Ǵudzāmi. **6,** 52.
Ambasciate dei Fazārah e dei Murrah. **9,** 71.
Ambasciata dei Ǵayšān. **10,** 66.
Ambasciata dei Ghāfiq. **10,** 56.
Ambasciata dei Ghāmid. **10,** 20.
Ambasciata al principe Ghassānida. **6,** 51 — dei banū Ghassān, **10,** 26.
Ambasciate dei Ǵu'fi (Madzḥiǵ). **10,** 50.
Ambasciata degli abitanti dell'Ḥadramawt. **10,** 47.
Ambasciate dei Hamdān. **9,** 66.
Ambasciata dei banū Ḥanīfah al Profeta. **10,** 33 — ad abū Bakr, **12,** 34.
Ambasciata a Hawdzah nella Yamāmah. **6,** 55.
Ambasciata dei re di Ḥimyar nel Yaman. **9,** 60.
Ambasciata dei Kalb. **9,** 45 nota 3, 48.
Ambasciata dei Khath'am. **10,** 28.
Ambasciata dei Kindah. **10,** 34.
Ambasciata dei Mahrah. **10,** 58.
Ambasciata dei banū Muḥārib. **10,** 49.
Ambasciata ad al-Muqawqis in Egitto. **6,** 49.
Ambasciata dei Murād. **10,** 32.
Ambasciata dei banū Muzaynah. **5,** 17.
Ambasciata (prima) dei banū Nakha', **7,** 82 — la seconda, **11,** 1.

Ambasciate al Negus d'Abissinia. **6**, 53.
Ambasciata al Re Persiano. **6**, 54.
Ambasciata degli al-Rahāwiyyūn (Madzhiġ). **10**, 53.
Ambasciata dei banū Sa'd b. Bakr. **5**, 18,A.
Ambasciata dei banū-l-Sadif. **10**, 30.
Ambasciata dei banū Salāmān. **10**, 29.
Ambasciata dei Šaybān. **9**, 85.
Ambasciata dei Taghlib. **9**, 81.
Ambasciata dei banū Tamīm. **9**, 4.
Ambasciata dei banū Tayy. **10**, 35.
Ambasciata dei Thaqīf. **9**, 56.
Ambasciata dei Thumālah e degli al-Ḥuddān (Azd) e loro conversione. **9**, 87.
Ambasciata degli 'Udzrah. **2**, 105; **9**, 14.
Ambasciata degli **Zubayd**. **10**, 31.
ambra. 11, 96.
ἀμηραῖος = forma greca per a m ī t, capitano. **8**, 11.
Amghīšiyā. 12, 162 nota 3,*b* — presa di-, **12**, 203 nota 1, 204, 205.
Amġīšiyyah. 12, 162 nota 3,*b*; cfr. Ullays.
Āmid, città della Mesopotamia. **12**, 113 nota 1,*c*.
'ā m i l = agente. **Intr.** 203; **1**, 1; **9**, 8; **10**, 40.
'ā m i l 'a l a H a ġ a r. 8, 180.
'āmil Kisra, luogotenente del re persiano. **12**, 165,*b*.
banū 'Āmilah, tribù dell'Arabia settentrionale. **9**, 24; **10**, 119 nota 3; **12**, 113 nota 1,*a*.
al-'Amīm, luogo presso Makkah. **6**, 28.
a l-A m ī n = il sicuro, cognome dato a Maometto. **Intr.** 151.
a l-a m ī n = il fidato. **8**, 186.
Amīn al-Ummah = il fidato della nazione, cognome di abū 'Ubaydah. **12**, 362.
Amīnah, moglie di 'Adnān. **Intr.** 43.
Āminah bint Ruqayš, emigra a Madīnah. **1**, 15 no 31.
Āminah bint abī Sufyān, moglie di 'Urwah b. Mas'ūd, in Tā'if. **8**, 146 no. 1.
Āminah bint Wahb b. 'Abd Manāf b. Zuhrah b. Kilāb, madre di Maometto. **Intr.** 104, 105 e nota 1, 124 e nota 1, 127 — morte della madre di Maometto e sua tomba in Abwā, 131 e nota 1, 182; **2**, 18 nota 1.
a m ī r = capitano. **8**, 11, 191; **9**, 40, 61; **10**, 59, 82 nota 3; **11**, 37 nota 2,*d*, 175; **12**, 49, 86, 162 nota 9, 324.
a m ī r a l-ġ a m ā ' a h = comandante di tutte le forze militari. **12**, 412.
a m ī r a l-m u ' m i n ī n = comandante dei fedeli, titolo assunto dai Califfi. **11**, 63 nota 1.
a m ī r a l-n ā s = comandante generale. **12**, 406 nota 1.
ibn al-Amīr, tradizionista. **11**, 3,*e*.
'Āmir, ebreo di Khaybar. **7**, 18, 22.
'Āmir, m a w l a di abū Bakr. **10**, 60.
'Āmir b. 'Abd al-aswad, musulmano del Baḥrayn. **12**, 57.
'Āmir b. 'Abd Ghanm b. Zubayr al-Sahmi, C. d. P., emigra in Abissinia. **Intr.** 277 no. 91.
'Āmir b. 'Abdallah, pagano ucciso a Badr. **2**, 88 no. 12.
'Āmir b. al-Adbat al-Ašġa'i, musulmano ucciso da Musulmani. **8**, 49, 134.
'Āmir b. 'Adi, spia dei Musulmani in Siria. **12**, 363.
'Āmir b. al-Akwa', cfr. 'Āmir b. Sinān b. 'Abdallah.
'Āmir b. al-Aswad b. 'Āmir b. Ġuwayn al-Tā'i, lettera del Profeta a lui. **10**, 36,A.
'Āmir b. abī 'Awf b. Dubayrah, pagano ucciso a Badr. **2**, 88 no. 66.

'Āmir b. Bābi (o **Nābi**) **b. Zayd b. Ḥarām al-'Anṣāri,** C. d. P., presente al Convegno di 'Aqabah. **Intr.** 344 nota 1 no. 62.

'Āmir b. al-Bukayr b. 'Abd Yālīl b. Nāšib al-Laythi [† 12. a. H.], C. d. P., emigra in Abissinia. **Intr.** 229 no. 41 — emigra a Madīnah, **1,** 15 no. 46 — presente a Badr, **2,** 85,A no. 64 e 85,C no. 27 — ucciso a al-Yamāmah, **12,** 23 no. 24.

'Āmir b. al-Ḏarab al-'Adwāni, pagano che si asteneva dal vino. **4, 11** nota 1 no. 11

'Āmir b. Fubayrah [† 4. a. H.], C. d. P., sua conversione. **Intr.** 229 no. 35, 252 no. 1 e nota 1 — durante la Fuga, **1,** 20, 21, 71; **2,** 21 no. **7** — presente a Badr, 85 no. 47,A — ucciso a Bi'r Ma'ūnah, **4,** 5, 6 no. 1.

'Āmir b. Ǵadarah, preteso inventore della scrittura araba. **11,** 211 e nota 2,*a*.

'Āmir b. al-Ḥadrami, pagano ucciso a Badr. **2,** 87 no. 5, 88 no. 3.

'Āmir b. Hāšim b. 'Abd Manāf b. 'Abd al-Dār, capo dei Qurayš durante la Ǵāhiliyyah. **Intr.** 86.

'Āmir b. 'Ikrimah al-'Āmiri, concessione del Profeta a lui, **8,** 19.

'Āmir b. Kinānah, tribù. **Intr.** 53.

'Āmir b. Mukhallad (o **Muǵallad**) **b. al-Ḥārith b. Sawād** [† 3. a. H.], C. d. P., presente a Badr. **2,** 85,C no. 133 — ucciso a Uḥud, **3,** 54,B 59.

'Āmir b. Rabī'ah al-'Anzi [† 37. a. H.], C. d. P., sua conversione. **Intr.** 229 no. 21 — emigra in Abissinia, 275 no. 11 — ritorna a Makkah, 283 no. 27 — emigra a Madīnah, **1,** 15 no. 2, 21 no. 9 — a Badr, **2,** 85,A no. 63; **7,** 61 nota 1 — ucciso sotto Ṭā'if (?), **8,** 157 no. 5.

'Āmir b. Sa'd b. al-Ḥārith b. 'Abbād [† 8. a. H.], C. d. P., ucciso a Mu'tah. **8,** 15 no. 12.

'Āmir b. Šahr al-Hamdāni, agente del Profeta nel Yaman. **10,** 81 no. 2, 82 no. 2 e no. 8 e nota 2; **11,** 194, 197.

'Āmir b. Salamah b. 'Āmir al-Anṣāri, C. d. P., presente a Badr. **2,** 85,C no. 25.

'Āmir b. Sinan b. 'Abdallah b. Qušayr al-Aslami detto ibn al-Akwa' [† 7. a. H.], C. d. P. **7,** 16 nota 1, 24, 43 no. 8 — ucciso a Khaybar, 43 no. 17.

'Āmir Ṯābikhah b. al-Yās. Intr. 50.

'Āmir b. Thābit b. Salimah b. Umayyah al-Anṣāri al-Awsi [al-'Aǵlāni] [† 12. a. H.], C. d. P., ucciso a al-Yamāmah. **12,** 14, 23 no. 25.

'Āmir b. al-Ṯufayl b. Mālik b. Ǵa'far, un capo degli 'Āmir b. Ṣa'ṣa'ah, colpevole dell'eccidio di Bi'r Ma'ūnah. **4,** 5 e nota 3 — viene a Madīnah e sua morte, **8,** 18 e nota 1.

'Āmir b. 'Ubaydallah al-Āmiri [† 12. a. H.], C. d. P., ucciso a al-Yamāmah. **12,** 23 no. 22.

'Āmir b. al-'Ukayr, cfr. 'Āmir **b.** al-Bukayr.

'Āmir b. Umayyah b. Zayd b. al-Ḥasḥās, C. d. P., presente a Badr. **1,** 85,C no. 152.

'Āmir b. abī Waqqāṣ Mālik, C. d. P., emigra in Abissinia. **Intr.** 277 no. 26 — viene a Madīnah, **7,** 54 no. 15.

'Āmir b. Zayd al-Yamani, pagano ucciso a Badr. **1,** 88 no. 52.

abu 'Āmir al-'Abdari. 12, 162,*c*.

abū 'Āmir al-Rāhib. 1, 41 nota 1; cfr. abū 'Āmir 'Abd 'Amr **b.** Ṣayfi **b.** al-Nu'mān al-Awsi.

abū 'Āmir al-Aš'ari, ucciso a Ḥunayn, zio di abū Mūsa al-Aš'ari. **8,** 130, 138 no. 4.

abū 'Āmir 'Abd 'Amr b. Ṣayfi b. al-Nu'mān al-Awsi, avversario di Maometto in Madīnah, detto abū 'Āmir al-Rāhib. **1,** 41 nota 1, 66; **3,** 18, 31 — a Uḥud, 43; **5,** 23; **9,** 52 — sua morte, **10,** 83; **11,** 125.

banū 'Āmir, cfr. o 'Āmir b. Lu'ayy, o 'Āmir b. Ṣa'ṣa'ah.

banū 'Āmir, tribù del Yaman. **11,** 193 no. 6; **12,** 6,*a* e nota 3.

banū 'Āmir b. Ḥanīfah, tribù. **10,** 68; **12,** 31,*b* no. 4.

banū 'Āmir b. Kinānah, tribù di Makkah. **Intr.** 53.

banū 'Āmir b. Lū'ayy, tribù di Makkah. **Intr.** 58, 86; **1,** 36 nota 1; **2,** 88 no. 49 e 50, 89 no. 61 e 62; **6,** 33; **7,** 1; **10,** 93, 139 no. 5; **12,** 11 nota 2, 23 no. 14, 41 nota 2,*a*.

banū 'Āmir b. Mālik b. al-Naggār, tribù di Madīnah. **1,** 85,C.
banū 'Āmir (b. Rabī'ah?), tribù della Yamāmah. **12,** 6,*a* e nota 3.
banū 'Āmir b. Ṣa'ṣa'ah, tribù, ramo dei Hawāzin. **Intr.** 41 tav. 1, 121, 332; **3,** 66 nota 1; **4,** 5; **8,** 5 — ambasciata a Madīnah, 18 e nota 1, 23 nota 1, 189; **9,** 15 nota 1, 48 — conversione dei banū 'Uqayl b. Ka'b, ramo degli-, 74 — conversione dei banū Kilāb, ramo degli-, 75 — conversione dei banū Ru'ās b. Kilāb, ramo degli-, 76 — conversione dei banū Ǵa'dah, ramo degli-, 77 — conversione dei banū Qušayr b. Ka'b, ramo degli-, 78 — conversione dei banū-l-Bakkā, 79 — conversione dei banū Hilāl b. 'Āmir, 80; **10,** 105, 120 nota 1, 121, 126 nota 1, 139 no. 6, 140 no. 2, 141 no. 3 — durante la Riddah. **11,** 87 no. 19, 88 — apostasia, 92, 93 e nota 2, 94 103 e nota 1,*b*, 104, 115, 125, 139, 142, 146 nota 2,*b* — sottomissione dei-, 150, 151, 152,*a*, 153, 154 nota 1, 156, 159,*a*: **12,** 80,*a*; 89, 91, 98, 362, 372.
umm 'Āmir al-Ašhaliyyah, a al-Ḥudaybiyyah. **6,** 26.
'Amīrah b. Afṣa al-Ghifāri, viene a Madīnah. **6,** 23; detto anche 'Umayr.
'Amīrah b. Mālik al-Khārifi, al-Hamdāni, viene a Madīnah. **9,** 67 no. 5; detto anche 'Umayrah.
banū 'Amīrah, tribù dell'Arabia settentrionale. **11,** 87 no. 7, 88, 96.
amit, amit! = « muori! muori! », grido di guerra. **3,** 37; **6,** 10.
'Amm Anas, idolo. **10,** 15.
al-'āmmah = il popolo. **12,** 213.
'Ammān, un paese nell'Arabia settentrionale (Rabbath-'Ammon). **6,** 52; **9,** 39 nota 1 — vie che conducevano da Madīnah ad-, **12,** 316 note 2 5 e 6, 351 nota 1,*b*, 406, 417 nota 3 no. 11.
'Ammār b. Yāsir abū-l-Yaqẓān al-'Ansi [† 37. a. H.], C. d. P., sua conversione. **Intr.** 229 no. 44 — sue sofferenze e suo riscatto dalla schiavitù, 252 e nota 3 — emigra in Abissinia, 277 no. 90 — ritorno a Makkah, 283 no. 19, 315 — durante la Fuga, **1,** 15 nota 3, 34 — sua morte avvenuta alla battaglia di Ṣiffīn nel 37. a. H., 34 nota 1, 50; — a Nakhlah, **2,** 21 no. 2 — a Badr, 54, 85,A no. 53, 88 no. 3 16 26 31 e 47 — nelle altre spedizioni, **5,** 1, 8: **7,** 80; **8,** 82; **9,** 31, 43; **11,** 77 nota 3 no. 9.
ammara 'ala-l-ǵund = affidò la direzione degli affari militari. **12,** 199,*a*.
'Ammārah bint Ḥamzah, figlia dello zio del Profeta, sotto la protezione di Ǵa'far b. abī Ṭālib. **7,** 75.
ammarahu = lo nominò capitano **10,** 21.
Ammon (Balqā), provincia transgiordanica della Palestina. **8,** 6.
Amor patrio, sublime sentimento di Roma antica. **12,** 239.
Amore (versi inneggianti al vino ed all'). con cantanti e ballerine. **7,** 55 no. 65.
Amos, profeta ebraico. **12,** 113.
al-'Amq = al-Ghamr. **6,** 4.
'Amr, vero nome di Hāšim b. 'Abd Manāf. **Intr.** 90.
'Amr, spia a Badr. **2,** 44.
'Amr, un cliente di abū Bakr. **12,** 75.
'Amr, tradizionista della scuola Iraqense. **12,** 201, 202 nota 3, 216; cfr. 'Amr b. Muhammad.
'Amr al-Ǵādir, v. abū-l-Ǵadarah.
'Amr Mudrikah b. al-Yās. Intr. 50.
'Amr al-'Udzri, luogotenente di 'Amr b. al-'Āṣ tra gli 'Ulyā Quḍā'ah. **12,** 379.
'Amr b. 'Abasah al-Sulami, C. d. P., sua conversione. **Intr.** 227 nota 1; **2,** 42 nota 1.
'Amr b. Abd, pagano ucciso all'assedio di Madīnah. **5,** 33; cfr. 'Amr b. 'Abd Wudd.
'Amr b. 'Abd al-Masīḥ b. Qays b. Ḥayyān, un difensore di Ḥīrah. **12,** 206, 208, 210.
'Amr b. 'Abd Nuhm al-Aslami, guida del Profeta a al-Ḥudaybiyyah **6,** 29.
'Amr b. 'Abd al-Qays, nipote di al-Ašagg, sua conversione. **8,** 178.
'Amr b. 'Abd Wudd b. abī Qays, pagano nemico del Profeta. **2,** 52 no. 15, 87 no. 2 e 7 — ucciso all'assedio di Madīnah, **5,** 43 no. 1; cfr. anche 'Amr b. 'Abd.
'Amr b. 'Abdallah al-Ḏibābi, ambasciatore degli al-Ḥārith b. Ka'b. **10,** 3 no. 6.

'Amr b. 'Abdallah b. Ǵud'ān, pagano ucciso a Badr. **2,** 88 no. 56.
'Amr b. 'Abdallah al.Hadrami, primo pagano ucciso dai musulmani. **1,** 21, 31, 34, 39 nota 1.
'Amr b. 'Adi, rappresentante dei Cristiani di Ḥīrah. **12,** 210.
'Amr b. al-Ahtam al-Tamīmi, ambasciatore dei Tamīm. **9,** 4 no. 6; **11,** 164 — mū·adzdzin di Saǵāḥ, 172.
'Amr b. Akhtab, nome proprio di abū **Zayd** al-Anṣāri. **8,** 191.
'Amr b. 'Alqamah al-'Āmiri. 1, 36 nota 1.
'Amr b. al-'Āṣ b. Umayyah, scriba del Profeta. **10,** 143 no. 11.
'Amr b. al-'Āṣ b. Wā·il [† 42-43. a. H.], C. d. P. **Intr.** 34 nota 3, 248, 278 — sua moschea a Fusṭāṭ, **2,** 10, 34; **3,** 15, 16 no. 8, 30; **5,** 32, 33, 39, 56; **6,** 39, 47 no. 2 — sua conversione, **8,** 1-2, 25 nota 1, 30, 31, 33, 100, 155, 190-192; **9,** 1 e nota 2; **10,** 55 nota 1, 59, 60 nota 2, 98, 103, 128 e nota 3; **11,** 9 nota 1, 92,*b* — ritorna a Madīnah, 93-94, 103 e nota 1, 124 e nota 2, 150,*a*, 153-154, 156; **12,** 1, 199,*a*, 234 nota 1, 285, 290, 306, 307 — invio in Siria, 316,*a*, 317 nota 3, 319 e nota 3, 320-322, 323, 325-327, 328,*d* e e, 329-331, 332,*a* no. 4, 334, 338, 339, 340 nota 2, 343 nota 1,*b*, 348 nota 1, 351 nota 1,*a*, 352, 357,*f*, 362, 363-365, 366, 368-370, 373, 374, 378, 379, 381, 383, 386, 394 nota 6,*c*, 400,*a*, 403 nota 3, 407, 415.
'Amr b. abī-l-'Āṣ al-Thaqafi, ambasciatore dei Thaqīf. **9,** 56.
'Amr b. Asad, primo marito di Khadīǵah. **Intr.** 159.
'Amr b. Awbār, pagano ucciso. **6,** 3.
'Amr b. Aws b. 'Atīk b. 'Amr al-Awsi, C. d. P. **12,** 23, no. 131.
'Amr b. Aws [o b. abī Uways] b. Sa'd b. abī Sarḥ al-'Āmiri [† 12. a. H.], C. d. P., ucciso a al-Yamāmah, 23 no. 26.
'Amr b. al-Azraq al-Qurašī, prigioniero a Badr. **2,** 89 no. 10.
'Amr b. Dīnār, tradizionista. **11,** 205,*b*.
'Amr b. Ǵafnah, principe Ghassānida. **Intr.** 185.
'Amr b. Ǵaḥḥāš [Ǵiḥāš], ebreo oppositore del Profeta in Madinah. **1,** 58 no. 9; **4,** 10.
'Amr b. Ǵahm b. Qays, C. d. P., emigra in Abissinia. **Intr.** 277 no. 22 — suo ritorno, **7,** 54 no. 13.
'Amr b. al-Ǵamūḥ (al-Anṣāri) [† 3. a. H.], C. d. P., sua conversione. **Intr.** 346 — ucciso a Uḥud, **3,** 54,B, no. 52 e 76.
'Amr b. al-Ǵārūd al-Ḥanafi, segretario di Musaylimah. **10,** 68.
'Amr b. Ghanamah b. 'Adi, C. d. P., presente all'Aqabah. **Intr.** 344 no. 47.
'Amr b. al-Ghawth. Intr. 42 tav. 3.
'Amr b. Ghaziyyah b. 'Amr, C. d. P., presente all''Aqabah. **Intr.** 344 no. 18.
'Amr b. Ǵiḥāš. 4, 10; cfr. 'Amr b. Ǵaḥḥāš.
'Amr b. Ǵunāfah, padre di Rayḥānah moglie del Profeta. **5,** 51.
'Amr b. al-Ḥāfi. Intr. 42 tav. 3.
'Amr b. al-Ḥakam, rappresentante del Profeta tra gli al-Qayn. **11,** 102.
'Amr b. al-Ḥārith, tradizionista. **11,** 52.
'Amr b. al-Ḥārith al-Ghubšāni, signore di Makkah nella Ǵāhiliyyah. **Intr.** 74.
'Amr b. al-Ḥārith b. Labdah al-Anṣāri, C. d. P., presente all''Aqabah. **Intr.** 344 no. 59.
'Amr b. al-Ḥārith b. Muḍāḍ al-Ǵurhumi, ultimo capo dei Ǵurhum in Makkah. **Intr.** 99.
'Amr b. al-Ḥārith b. Zuhayr b. abī Šaddād, C. d. P., emigra in Abissinia. **Intr.** 277 no. 85, 283 no. 37 — presente a Badr, **2,** 85,A no. 81.
'Amr b. Hāšim (al-Qurašī), pagano in Makkah. **8,** 73 nota 1 no. 8, 83.
'Amr b. Ḥassān, C. d. P. a Tabūk. **9,** 33.
'Amr b. Ḥazm al-Naǵǵāri, al-Anṣāri, C. d. P. **1,** 54 nota 1; **2,** 12 — le istruzioni dategli dal Profeta. **10,** 14 — nel Yaman, 81 no. 6, 82 no. 5 e 7, 192, 195; **12,** 65, 184,*b*, 399.
'Amr b. Hind, re di Ḥīrah. **Intr.** 123.
'Amr b. Ḥumāmah, proprietario dell' idolo Dzū-l-Kaffayn. **8,** 100.

'Amr b. al-Ḥumān b. al-Ǵamūḥ, uno dei Piagnoni di Tabūk. **9,** 27 no. 4.
'Amr b. Ḥurayth, tradizionista. **11,** 41.
'Amr b. Huṣayṣ. Intr. 41 tav. 1.
'Amr b. Iyās, C. d. P., presente a Badr. **2,** 85,C no. 36.
'Amr b. Ka'b al-Ghifāri. 8, 4 e nota 2; cfr. Ka'b b. 'Umayr al-Ghifāri.
'Amr b. Ka'b b. Sa'd, tribù dei Tamīm. **11,** 90 no. 9.
'Amr b. al-Khafāǵi al-'Āmiri, capo tribù nel Yaman. **11,** 193 no. 6.
'Amr b. Khālid b. Hawdzah al-Khuzā'i, suo trattato con Maometto, **8,** 21 e nota 3.
'Amr b. al-Khazraǵ. Intr. 42 tav. 4.
'Amr b. Khidzām, Ipocrita di Madīnah. **1,** 60 no. 12.
'Amr b. Kinānah. Intr. 53.
'Amr b. Luḥayy. Intr. 62 nota 5.
'Amr b. Ma'bad b. al-Az'ar b. Zayd, C. d. P., presente a Badr. **2,** 85,B no. 27, detto anche 'Umayr.
'Amr b. Ma'bad al-Ǵuhani, lettera del Profeta a-, **5,** 91.
'Amr b. Ma'dīkarib al-Zubaydi, viene a Madīnah. **10,** 31; **11,** 187, 195; **12,** 65 note 1 2 3, 67, 68, 69 nota 1,*a*, 70, 72.
'Amr b. al-Maḥǵūb al-'Āmiri, capo tribù nel Yaman. **11,** 193 no. 6.
'Amr b. Mālik b. Qays b. Nuǵayd b. Ru'ās b. Kilāb, sua conversione. **9,** 76.
'Amr b. Mālik al-Tazīdi, immigra in Mesopotamia. **12,** 113 nota 1,*c*.
'Amr b. Maymūn, tradizionista. **11,** 230 nota 1.
'Amr b. Miḥṣan, C. d. P., emigra a Madīnah. **1,** 15 no. 16.
'Amr b. Mu'ādz b. al-Nu'mān al-Anṣāri [† 3. a. H.], C. d. P., presente a Badr. **2,** 85,B no. 2 — ucciso a Uḥud, **3,** 54,B no. 11.
'Amr b. Muḥammad, tradizionista della scuola iraqense. **12,** 186, 188, 193 nota 1,*a*, 201, 202 nota 3, 216, 381, 402 nota 1,*a*, 411.
'Amr b. Murrah. Intr. 42 tav. 3.
'Amr b. Murrah al-Ǵuhani, sua conversione, **5,** 85 e nota 2, 86 nota 1 — a Dzū-l-Qaṣṣah, **11,** 114.
'Amr b. Musabbiḥ b. Ka'b b. 'Amr al-Ṭā'i, viene a Madīnah. **10,** 39.
'Amr b. Muṭarrif b. 'Alqamah ibn 'Amr al-Anṣāri [† 3. a. H.], C. d. P., ucciso a Uhud. **3,** 54,B no. 61.
'Amr Muzayqiyā b. 'Āmir Mā al-Samā. Intr. 42 tav. 3; **6,** 23 nota 1.
'Amr b. Qays b. 'Aylān b. Muḍar. Intr. 52.
'Amr b. Qays al-Naǵǵāri [† 3. a. H.], Madinese ostile a Maometto. **1,** 60 no. 29 — presente a Badr, **2,** 85,C no. 176 — ucciso a Uḥud, **3,** 54,B no. 56.
'Amr b. Qays al-Qurašī, pagano, viene a Madīnah, **2,** 80 nota 1 no. 14.
'Amr b. al-Rabī' al-Qurašī, pagano, viene a Madīnah, **2,** 80 nota 1 no. 2.
'Amr b. Rabī'ah. 2, 21 no. 9; cfr. 'Āmir **b.** Rabī'ah al-'Anzi.
'Amr b. Rabī'ah (b. Ḥārithah) al-Ǵurhumi, signore di Makkah nella Ǵāhiliyyah. **Intr.** 62, 72, 74, 99.
'Amr b. Sa'd b. al-Ḥārith b. 'Abbād [† 8. a. H.], C. d. P., ucciso a Mu'tah. **8,** 15 no. 11.
'Amr b. Sa'īd b. al-'Āṣ b. Umayyah, C. d. P., emigra in Abissinia, **Intr.** 277 no. 8; **7,** 49, 54 no. 8; **8,** 140 — agente del Profeta per le tasse, **10,** 71 no. 13; **12,** 311.
'Amr b. al-Ṣa'iq, ausiliare arabo dell'esercito Sassanida. **12,** 219,*a*.
'Amr b. Sālim al-Khuzā'i, Compagno e informatore del Profeta. **3,** 19; **6,** 30; **8,** 48, 112; **9,** 26.
'Amr b. abī Sarḥ b. Rabī'ah, C. d. P., emigra in Abissinia, **Intr.** 277 no. 84, 283 no. 39 — presente a Badr, **2,** 85,A no. 84.
'Amr b. abī Ṣayfī al-Ǵu'ali, viene a Madīnah. **9,** 18 no. 2.
'Amr b. Šu'ayb, tradizionista. **11,** 103; **12,** 320 nota 2.
'Amr b. Subay' al-Rahāwi, viene a Madīnah. **10,** 53 nota 1.
'Amr b. Su'da, ebreo dei Qurayẓah. **5,** 46.

'Amr b. Sufyān, pagano ucciso a Badr. **2,** 88 no. 39.
'Amr b. abī Sufyān b. Ḥarb b. Umayyah, prigioniero a Badr. **2,** 89 no. 5; **6,** 33.
'Amr b. Šuraḥbīl, tradizionista. **11,** 230 nota 1.
'Amr b. Surāqah b. al-Mu'tamir, C. d. P., emigra a Madīnah, **1,** 15 no. 35 — presente a Badr, **2,** 85,A no. 58.
'Amr b. Ṭalq b. Zayd b. Umayyah **al-Anṣāri,** C. d. P., presente a Badr. **2,** 85,C no. 93.
'Amr b. Thābit b. Waqš al-Anṣāri [† 3. a. H.], C. d. P., ucciso a Uḥud. **3,** 54,B no. 15.
'Amr b. Tha'labah b. Wahb b. 'Adi, C. d. P., presente a Badr. **2,** 85,C no. 148.
'Amr b. Ṭufayl b. 'Amr al-Dawsi (? al-Azdi ibn Dzī-l-Nūr) [† 15. a. H.], C. d. P., ucciso al Yarmūk. **Intr.** 309 nota 1; **12,** 412.
'Amr b. 'Ubād **b. Tha'labah al-Naǵǵāri. 1,** 30.
'Amr b. Ubayy b. Khalaf al-Qurašī, prigioniero di Badr. **2,** 89 no. 54.
'Amr b. Udd, capostipite dei Muzaynah. **5,** 17 nota 2.
'Amr b. Uḥayḥah b. **al-Ǵulāḥ al-Naǵǵāri. Intr.** 92.
'Amr b. abī Uḥayḥah Sa'īd b. al-'Āṣ. 8, 140; cfr. 'Amr **b.** Sa'īd ecc.
'Amr b. 'Umayr **al-Thaqafi. Intr.** 328.
'Amr b. Umayyah **al-Ḍamri,** C. d. P. **Intr.** 283 nota 1; **4,** 5 e nota 3 — sua spedizione a Makkah, 9, 10 — sua missione in Abissinia, **6,** 46 no. 6, 53; **7,** 42 nota 5, 53, 58; **8, 1; 10,** 69.
'Amr b. Umayyah **b. al-Ḥārith,** C. d. P., emigra in Abissinia. **Intr.** 277 no. 17; **7,** 55 no. 31, 56 no. 2.
'Amr b. Umayyah **b. Wahb b. Mu'attib al-Thaqafi,** costruisce una moschea in Ṭā'if, **8,** 142 e nota 1 — viene a Madīnah. **9,** 56.
'Amr b. 'Uthmān b. 'Amr, C. d. P., emigra in Abissinia. **Intr.** 277 no. 34; **7,** 55 no. 37.
'Amr b. Ziyād b. Ḥudzayfah b. Hišām b. al-Mughīrah (al-Qurašī) [† 12. a. H.], C. d. P., ucciso ad 'Ayn al-Tamr. **12,** 399, 431.
'Amr b. Zurārah b. 'Udas, conoscitore della scrittura araba. **11,** 211; detto anche 'Amr al-Kātib.
abū 'Amr. Intr. 34 nota 1.
abū 'Amr, tradizionista. **11,** 102, 111.
abū 'Amr b. al-'Alā, tradizionista. **12,** 4.
banū 'Amr, un ramo dei Ḥimyar. **9,** 63.
banū 'Amr, una tribù dei Khuzā'ah. **8,** 18 nota 2, 21.
banū 'Amr b. 'Abd 'Awf b. Ghanm, tribù di Madīnah. **2,** 85,C.
banū 'Amr b. 'Āmir, tribù del Yaman, sua migrazione. **Intr.** 71.
banū 'Amr b. 'Awf (b. **Mālik b. al-Aws**), tribù di Madīnah (Anṣār). **Intr.** 42 tav. 4; **1,** 15, 22, 26 — loro moschea, 29, 45 art. 8, 50 — Ebrei dei-, 58, 85,B, 86; **3,** 54,B; **4,** 5, 6 no. 14; **5,** 17 no. 7, 25, 50, 89; **6,** 21; **7,** 43 no. 9 10 11 12 13 14 15 e 20, 44 no. 1; **8,** 123; **9,** 27 no. 1, 29, 52 e no. 5; **10,** 31; **11,** 242; **12,** 23 no. 37.
banū 'Amr b. Ǵundab, un ramo degli 'Anbar (Tamīm). **9,** 2; **12,** 68.
banū 'Amr b. Ka'b b. Sa'd, una tribù dei Tamīm. **11,** 90 no. 9.
banū 'Amr b. Mabdzūl, tribù degli Anṣār di Madīnah. **4,** 6 no. 8; **12,** 23 no. 55 e 57.
banū 'Amr b. Mālik, tribù degli Anṣār di Madīnah. **Intr.** 42 tav. 3 e 4; **4,** 6 no. 11.
banū 'Amr b. Mu'āwiyah (Kindah). 12, 78.
banū 'Amr b. Qays b. 'Aylān, grande stirpe araba. **12,** 189 no. 7.
banū 'Amr b. Rabī'ah b. 'Āmir b. Ṣa'ṣa'ah, tribù. **8,** 21 nota 3.
banū 'Amr b. Rabī'ah b. Ḥārithah, tribù. **Intr.** 71, 72 nota 1.
banū 'Amr b. Tamīm, tribù. **Intr.** 41 tav. 1; **2,** 88 no. 26; **11,** 163 e no. 8; **12,** 56, 57.
umm 'Amr Salma al-Ghifāriyyah, celebre cantante. **4,** 12.
'Amrah bint 'Abd al-raḥmān b. Sa'd b. Zurārah, tradizionista. **11,** 49.
'Amrah bint 'Alqamah, donna pagana alla battaglia di Uḥud. **3,** 34; cfr. 'Amrah bint al-Ḥārith.
'Amrah bint al-Ḥārith b. 'Alqamah, pagana a Uḥud. **3,** 16 no. 14; cfr. 'Amrah bint 'Alqamah.

'Amrah bint Maṭar al-Tamīmiyyah, prigioniera dei musulmani. **9,** 5 no. 5.

'Amrah bint Rawāḥah, moglie di Bašīr b. Sa'd, e sorella di 'Abdallah b. Rawāḥah. **12,** 432 nota 1,*b*.

'Amrah bint al-Sa'di b. Waqdān, emigra in Abissinia, **Intr.** 277 no. 81; **7,** 54 no. 23, 56 no. 23.

'Amrah bint Yazīd b. 'Ubayd al-Kilābiyyah, moglie del Profeta. **10,** 139 no. 14 e 23.

abū 'Amrah, avo del poeta 'Abdallah b. 'Abd al-a'la b. abī Amrah, mawla di Šabbān, prigioniero ad 'Ayn al-Tamr. **12,** 176,*a* no. 8, 219,*a* no. 3, 394 no. 1, 412 no. 1.

amrukum = affar vostro. **12,** 317 nota 2,*a*.

al-Amwāh, paese della Yamāmah. **11,** 171.

amwāl = i beni mobili. **8,** 180; **12,** 75.

'Amwās, peste di- nel 18. a. H. **12,** 23, no. 44.

anā lahā ǵārun = io le sono protettore. **12,** 10,*a*.

'Ānah paese sull'Eufrate. **12,** 395 nota 2,*c*, 424; cfr. 'Ānāt.

al-A'nāk, stazione tra Ḥīrah e Damasco. **12,** 417, no. 12.

'anāq = capretto. **11,** 113 nota 2.

Anas b. 'Abbās b. Ri'l al-Sulami, C. d. P. alla spedizione contro Makkah. **8,** 23.

Anas b. Aws b. 'Atīk [† 5. a. H.], C. d. P., ucciso all'assedio di Madīnah. **5,** 42 no. 1.

Anas b. Fuḏālah, spia del Profeta. **3,** 21.

Anas b. Mālik al-Anṣāri [† 91. o 93. a. H.], C. d. P., tradizionista. **Intr.** 20 nota 1, 26 nota 1, 28, 221, 264 no. 2, 320 nota 1; **2,** 12 nota 4, 14; **4,** 5; **6,** 21, 45; **7,** 36 nota 1; **8,** 66 nota 1; **10,** 142,*a*; **11,** 18, 42, 228,*c*; **12,** 10,*c*, 176,*a* no. 2, 237 nota 1,*b*, 356,*d*, 359,*b*.

Anas b. Mu'āḏz b. Anas b. Qays, C. d. P., presente a Badr. **2,** 85,C no. 143.

Anas b. Mu'āwiyah [† 4. a. H.], C. d. P., ucciso a Bi'r Ma'ūnah. **4,** 6 no. 11.

Anas b. Mudrik al-Khath'ami, viene a Madīnah. **10,** 28.

Anas b. al-Naḏr b. Ḏamḏam [† 3. a. H.], C. d. P., ucciso a Uḥud. **3,** 54,B no. 63.

Anas b. Qatādah al-Anṣāri, C. d. P., a Uḥud. **3,** 24.

Anas b. Qays b. al-Muntafiq b. 'Āmir al-'Uqayli, viene a Madīnah, **9,** 74 no. 3.

Anas b. Sīrīn, fratello di Muḥ. b. Sīrīn [† 110. a. H.], tradizionista. **12,** 176,*a* no. 2.

Anas b. Zunaym al-Du'ili, compone satire contro Maometto, **8,** 40 e nota 1, 43.

abū Anas, avversario di Maometto in Madīnah. **1,** 58 no. 34.

Anasah, liberto di Maometto. **1,** 15 no. 58; **2,** 43 — a Badr. 85,A no. 5, 87 nota 1.

banū Anasallah b. Sa'd al-'Ašīrah (Maḏzḥiǵ), tribù del Yaman. **10,** 52.

Anastasio, imperatore romano. **12,** 114, 246, 264.

'Ānāt, paesi sull' Eufrate. **12,** 170 nota 1,*a*, 395 e nota 2,*c*, 423; cfr. 'Ānah.

'anazah = lancia corta da getto, detta anche ḥarbah. **2,** 67, 91 e nota 1; **12,** 270.

'Anazah b. Asad. Intr. 41 tav. 1.

banū 'Anazah, tribù. **Intr.** 31, 47 — loro idolo, **10,** 45 nota 1; **12,** 189 no. 8.

al-'anbar = animale marino. **8,** 35.

al-'Anbar b. 'Amr. Intr. 41 tav. 1.

banū-l-'Anbar, un ramo dei Tamīm. **9,** 2; **11,** 163; **12,** 68, 78 nota 5.

al-Anbār, città della Babilonide. **11,** 165 nota 2,*c*, 211 e nota 2,*a*, 212; **12,** 160,A nota 4 — pretesa sua espugnazione nell'anno 12. H., 170,*b* e note 1,*a* 2,*a* 3,*a*, 174 e note 1 e 2,*a*, 175, 184,*a*.*c* e note 1 e 2, 216, 218, 221, 222 e nota 2,*b*, 231,*b*, 395 nota 2,*a*, 399, 412, 415 nota 1, 421 — Arabi discendenti dalla stirpe Iyād, immigrati in-, 218.

'Anbasah, C. d. P. **6,** 14 e nota 1.

'Anbasah b. 'Adi, C. d. P. **6,** 15 nota 1.

Anbaṭ = Nabatei. **12,** 155 nota 1,*c*.

anbāṭihā = i Nabatei di lei (= Palestina). **9,** 69.

al-Andarzaghar, generale persiano, meticcio del Sawād. **12.** 200, 201.

Andarzgar. 12, 200 nota 2; cfr. Andarzaghar.

Anello d'argento del Profeta. **6,** 48.
Aneyza, suo assedio per opera del principe wahabita Feysal ibn Sa'ūd nel 1850. **5,** 31 nota 1.
Aneyzah, tribù odierna d'Arabia. **12,** 280 nota 1.
'Aneze. Intr. 31; cfr. 'Anazah.
al-Anfāl, la VIII sura del Qurān. **2,** 83.
Angeli. 2, 64, 107; **8,** 124; **11,** 127.
Angelologia. Intr. 26.
Anīs al-Ǵulasā· fī šarḥ Dīwāni-l-Khansā. 11, 95.
Anīsah bint Khalīfah b. 'Adi b. 'Amr, madre di Bašīr b. Sa'd. **12,** 432 nota 1,*b*.
abū Anīsah, cliente del Profeta. **10,** 142 no. 19.
ankabūt = ragno. **1,** 21 nota 4.
Anmār b. Nizār. Intr. 47, 48.
banū Anmār b. Baghīd, tribù del Naǵd. **2,** 88 no. 12; **5,** 1; **6,** 6; **11,** 186.
Annā, pozzo detto anche Unā, nella Ḥarrah dei Qurayẓah presso Madīnah. **5,** 44.
Annibale, generale cartaginese. **12,** 252 nota 3.
Anno lunare, usato dagli Arabi. **Intr.** 79; **1,** 10.
Anno solare, secondo i musulmani di Madīnah. **5,** 21.
Annunziazione. Intr. 112.
anqāb = opere di difesa. **11,** 119.
banū 'Ans b. Madzḥiǵ, tribù del Yaman. **Intr.** 42 tav. 3; **10,** 17 — ambasciata, 54; **11,** 87, 187 nota 1,*g*, 189, 190.
ansāb = alberi genealogici. **Intr.** 30.
anṣāb al-ḥaram = termini del territorio sacro di Makkah. **8,** 40.
Anṣār, o Ausiliari, le tribù di Madīnah convertite da Maometto. **Intr.** 27, 342 nota 1, 343 nota 1, 359; **1,** 22 nota 1, 31, 34, 44, 45, 46, 50 e nota 1, 54, 75 — il primo- seppellito nel poi celebre cimitero di al-Baqī', 87; **2,** 43 nota 4, 46, 65, 84; **3,** 23 nota 1, 52, 54,B, 56; **6,** 23 e nota 1; **8,** 39, 89, 104, 123, 159, 173 — i piccoli neri che si danno alla fuga, **9,** 9, 53, 67 — arabi del Sud o Yamaniti, 72 nota 2, 48; **10,** 89 nota 2, 92; **11,** 8 nota 1, 36, 37 nota 2,*b*,*c* e *d*, 38, 39,*a*, 40, 43, 48, 56, 106 nota 1, 109, 115, 120, 122, 132, 135, 136 — rivalità fra- e Makkani, 174 note 1 e 2, 175, 176, 203 nota 2, 231 nota 2; **12,** 3, 8, 11, 12, 16 e nota 1, 28, 101, 113, 357,*f*, 394 nota 1,*b*, 432.
al-Ansur Duwayn, un sito nel paese dei Ṯayy. **11,** 130.
Anṯākiyah = Antiochia, città della Siria. **12,** 313, nota 1,*a*; cfr. Antiochia.
'Antarah al-Sulami, mawla di Sulaym b. 'Amr, presente a Badr, **2,** 85,C no. 88 — ucciso a Uḥud **3,** 54,B no. 49.
Antenati pagani condannati alle pene dell'inferno. **10,** 50 nota.
Antenati di Maometto. Intr. 29.
Antenato o ǵadd. **Intr.** 31.
Anti-islamici, primi moti-, **11,** 93.
Antichità arabe. Intr. 29.
Antico Testamento. 9, 95 nota 1.
Antilopi arabe. 9, 45.
Antiochia (Siria). **8,** 10; **12,** 137, 246, 248 nota 1, 264, 265 nota 2, 313 nota 1,*a*, 357,e; cfr. Anṯākiyah.
Anūšaǵān, generale persiano. **12,** 192, 193, 197.
Anūširwān, re di Persia. **Intr.** 102, 108 nota 1, 123, 138; **12,** 113 nota 1,*e*, 133, 147.
banū 'Anz b. Wā·il, tribù. **Intr.** 229, 275; **2,** 85,A no. 63; **8,** 157 no. 5; **10,** 89 nota 2.
Apologos = Ubullah (*q. v.*). **12,** 155 nota 11,*a*.
Apostasia. Intr. 340 nota 1 e 3, 352.
Apostasia delle tribù (al-Riddah). 11, 77.

Apostati, principio della campagna contro gli–. **11,** 120, 123.
Apostoli, i dodici–. **Intr.** 210 nota 1, 342 nota 1; **1,** 7; **6,** 45; **10,** 104 nota 1; **11,** 69, 79 nota 1.
'a q a b a h, burrone angusto. **9,** 43.
al-'Aqabah, alture di–, nella gola di Mina, **Intr.** 77 — convegno in–, 236, 308, 334 nota 1, 336, 339, 340-344 — Madinesi presenti alla seconda riunione di–, 341, 345, 346, 347 e nota 1, 357-359; **1,** 14, 15, 84, 87 e no. 7 — i delegati dell'–, **5,** 61; **7,** 43 no. 5, 44 no. 2 e 4; **8,** 157 no. 9; **10,** 126, 150; **12,** 23 no. 129 e 133.
al-'Aqabah, golfo di–. **12,** 107, 309, 322 nota 1.
'a q a l a = legare con la capezza. **11,** 119 nota 3; cfr. 'i q ā l.
al-'Aqanqal, collina presso Badr. **2,** 53, 54, 56.
Aq'as b. Maslamah al-Ḥanafi, viene a Madīnah. **10,** 33 no. 6.
'a q d = legame, patto. **1,** 44; **12,** 174 nota 2,*b*.
al-'Āqib 'Abd al-Masīḥ al-Kindi, cristiano, viene a Madīnah. **10,** 59.
a l-'ā q i b a h = il compenso finale. **10,** 69.
'Aqīl al-Yamani, qurašita prigioniero a Badr. **2,** 89 no. 50.
'Aqīl b. 'Amr, qurašita prigioniero a Badr. **2,** 89 no. 43.
'Aqīl b. al-Aswad b. al-Muttalib, qurašita ucciso a Badr. **2,** 88 no. 17.
'Aqīl b. abī Ṭālib b. 'Abd al-Muttalib, cugino di Maometto. **Intr.** 123 nota 3, 174, 324 nota 2; **2,** 85,B no. 17, 89 no. 1; **7,** 42; **8,** 63.
abū 'Aqīl 'Abd al-rahmān b. 'Abdallah b. Tha'labah b. Bayḥān al-Irāši, al-Unayfi [† 12. a. H.], C. d. P., ucciso a al-Yamāmah. **12,** 14, 23 no. 27.
abū 'Aqīl ('Uqayl ?) **b. 'Abdallah b. Tha'labah b. Bayḥān,** C. d. P., presente a Badr. **2,** 85,B no. 53.
'Āqil b. al-Bukayr b. 'Abd Ġalil (Yālīl), C. d. P., sua conversione, **Intr.** 229 no. 42; **1,** 15 no. 44 — presente a Badr, **2,** 85,A no. 65 — ucciso a Badr, 87 no. 4.
al-'Aqīq, luogo presso Madīnah. **1,** 22 nota 1; **2,** 44, 45; **3,** 21, 50; **5,** 28; **9,** 74.
ibn abī-l-Aqlaḥ. 3, 83; cfr. 'Āṣim **b.** Thābit **b.** abī-l-Aqlah.
'Aqqah b. abī 'Aqqah Qays b. al-Bišr [o **Bašar**] **al-Namari,** capo dei Namr **b.** Qāsiṭ (cristiani). **12,** 178, 219,*a*,*b*, 396 nota 2; cfr. 'Aqqah **b.** Hilāl.
'Aqqah b. Hilāl, seguace della profetessa Saǵāḥ. **11,** 163 e nota 3,*d*, 171, 173; **12,** 4, 178 nota 1, 222; cfr. 'Aqqah **b.** abī 'Aqqah.
al-'Aqr, luogo nell''Irāq. **12,** 211 no. 4.
'Aqr Suwayd, luogo nell''Irāq. **12,** 211 no. 4; cfr. al-'Aqr.
al-Aqra', luogo sul cammino tra Wādi al-Qura e Tabūk. **12,** 328,*a*.
al-Aqra' b. 'Abdallah al-Ḥimyari, agente del Profeta nel Yaman. **11,** 193 no. 3; **12,** 65, 189 no. 3.
al-Aqra' b. Ḥābis b. 'Iqāl al-Tamīmi, C. d. P. alla spedizione di Makkah. **8,** 52, 134, 164 no. 13, 165 no. 29, 166, 171, 181; **9,** 3, 4 no. 7, 5 no. 7'; **10,** 60, 90 no. 7, 109 nota 1; **11,** 113; **12,** 217, 218, 222.
al-'Aqrabā', battaglia di–, nella Yamāmah. **10,** 33,A; **11,** 73, 74, 75, 124 nota 3, 167,*a*, 168 nota 1 — tradizioni della battaglia, **12,** 5-23, 42, 56 nota 1, 58, 101, 188 nota 5.
a q r a b u h u m = i loro congiunti più stretti. **8,** 21.
banū Aqram. 8, 109.
a q ṭ a' a = concesse in feudo. **7,** 48 nota 6.
a q t ā b = basti per camelo. **11,** 227 nota 1,*a*.
a q ṭ a' t u k a = ti ho concesso in feudo. **10,** 88 nota 2.
a q y ā l (principi) e **'u ẕ a m ā** (magnati) del Ḥaḏramawt. **10,** 46.
'Arab al-Ḏāḥiyyah, tribù arabo-cristiane della frontiera e villici campagnuoli arabi. **12,** 200, 378.
'Arab al-Mutanaṣṣirah, arabi cristiani. **12,** 361.
'a r a b a h = un corso d'acqua molto incassato fra i monti. **12,** 319.
al-'Arabah, luogo nella Palestina meridionale dove gli Arabi vinsero la prima battaglia sui Greci.

12, 335, 337, 338, 340 e nota 1, 342, 343 e nota 1,*a*, 344, 347 nota 2, 351, nota 1,*a*, 354, 357,*d*,*g*, 365, 374.

'Arabah, errore per Ghaziyyah, moglie del Profeta. **10,** 139 no. 16.

al-'Arabah-Dāthinah, doppia battaglia di- nella Palestina meridionale. **12,** 336. 351, 361 nota 1, 368. 393 nota 1,*d*; cfr. al-'Arabah e Dāthinah.

al-'Arabāt, nella Palestina meridionale. **12,** 319 nota 1; cfr. al-'Arabah.

Arabe, predicazione di Maometto fra le tribù-, **Intr.** 332 — tribù- che accorrevano alle feste di Makkah, 332 – frammento di antiche tribù- preesistenti alla venuta degli Ebrei in Madīnah. **1,** 38 — conversioni e trattati di Maometto con tribù-, **5,** 83 — conversione all' Islām di tribù- nel Baḥrayn, **8,** 179 — le ambasciate delle tribù-, **9,** 55 — ragioni principali del moto centripeto delle varie tribù-, **10,** 120 — classificazione delle tribù- in varie categorie, **12,** 89 — aspetti generali delle conquiste-, 105-118 — ammontare delle forze- che compierono le conquiste, 289 — ragione delle vittorie- studiate in rapporto alla natura del popolo arabo, 291.

"Αραβες Εὐδαίμονες. **12,** 132 nota 1,*b*.

Arabes Felices. **12,** 132 nota 1,*b*.

Arabi, *passim*, nei due volumi. **Intr.** 1, 22 — scienza genealogica degli-, 29 — antichi re- della stirpe Kindita, 29 — sentimento poetico degli antichi-, 29 nota 1 – le condizioni morali degli antichi-, 31 — emigrati fuori della penisola, 32 — nomadi, 31, 36 — Μακεδηνοί, 44 nota 1, — 'Ομηριτοί, 44 nota 1, 54, 56, 59 — del Ḥiġāz, 62 nota 1, 71 nota 1 — anno lunare usato dagli-, 79 – cristiani, 108, 109 nota 2, 113 nota 1, 115, 118, 120, 121 — gli- del deserto, 122 — che fecero il giro della Ka'bah completamente nudi, 122 — emigrati in Siria, 130, 179, 181 — usanza degli antichi- di seppellire vive le figlie, 186 — gli antichi- ebbero il concetto che l'ispirazione dei poeti fosse dovuta a diretta azione divina, 193 – della stirpe Rabī'ah, 230 e nota 1, 252 nota 3 — fierezza aristocratica presso gli antichi-, 288 — gli- si chiamavano *neri*, 343 nota 1 — antichi-, 350, 354, 355; **1,** 1, 2, 6, 9, 10, 12, — pagani, 40 – mai fraternizzarono con gli Ebrei, 40 — ebraicizzati, 40, 41, 42; **2,** 14 – ebreizzati, 15, 29, 34, 70 nota 1; **3,** 8; **5,** 1, 4, 8, 10 nota 1 — i primi- che mandassero un'ambasciata al Profeta, 16, 25 — mancanza di organizzazione degli- pagani, 38; **6,** 50; **7,** 9, 23 nota 1 – cristiani, **8,** 10 — bizantini, 11, 12 nota 1, 23, 30, 67 nota 2, 120 nota 1 — circoncisione presso gli- pagani, 132, 171, 173, 179, 185, 187; **9,** 36 nota 2, — nomadi amanti dei cavalli, 37 nota 1, 47 nota 1 — immigrazione in Siria di- Yamaniti, 63 nota 1 — antagonismo fra gli- del Nord e quelli del Sud, 72 nota 2 – emigrati- del Nord o Ismā'iliti, 72 nota 2 — Anṣār- del Sud o Yamaniti, 72 nota 2 — sfarzo signorile degli- ricchi del mezzogiorno, **10,** 3 — cristiani di Ghassān, 26 — screzi fra- e non Arabi, 27, 84 — irreligiosità degli-, 87 — avversione degli- alla religione, 89 — gli- popolo rozzo e feroce, 89 nota 3 — irreligiosità degli- nomadi, 89 nota 4 — natura feroce degli-, 90 nota 1 — cristiani del confine, 105 — del mezzogiorno pratici di piazze forti, 112 — nomadi, 114 — cristiani di Ḥirah, 124 — persianizzati, 127 nota 1; **11,** 4, 43 nota 1,*a* — mezzi primitivi di illuminazione degli-, 59 — nomadi, 63, 83, 85 nota 1, 87 — cristiani della Yamāmah, 166 nota 1,*b* — viventi in continuo contatto con i Persiani e i Greci, 215 nota 2 — del Ḥiġāz, 217 — conflitto fra- e Persiani in Ṣan'ā, **12,** 66 — sorte degli- pagani, prigionieri degli Arabi musulmani, 88, 117, 119, 130 — rapporti fra gli- e l'impero Sassanida, 132-136, 137, 139, 145 nota 1, 149, 153, 154, 155 nota 14 — cristiani, 219,*a* — cristiani della Mesopotamia, 222, 236, 250 — del deserto, pericolo continuo per gli innumerevoli monasteri, 262 — ignari quasi del tutto della scienza poliorcetica, 264 — armi, scienza militare e condizioni morali degli- alla vigilia delle conquiste, 267, 268 — le armi degli-, 269 — del VII secolo av. Cristo, 270 — l'arte militare degli-, 278 — preteso fervore religioso degli- conquistatori, 286 — dei tempi preislamici, 294 — genialità meravigliosa degli- da attribuirsi alle vicende singolari della loro preistoria, 296 — intimo legame fra la natura degli- ed il loro paese natio, 296 — distribuzione dello stipendio agli- cristiani, 308 — la Siria fu sempre per gli- una specie di terra promessa, 313 nota 2,*a*, 322 nota 2 — del Naġd, 323, 351.

Arabi del Yaman. **11,** 187, 214; **12,** 104.

Arabi di Pharan. **12,** 113.

Arabia, *passim* nei due volumi. **Intr.** 1 — condizioni preislamiche in-, 6, 24, 36, 39 — tribù immigrate in-, 43, 44, 49, 62, 68 — tribù immigrate dal mezzogiorno di-, 71 nota 2 — merci d'-, 91 108 — cristianesimo in- antica, 108 nota 2 — trasporto di un elefante dall'India in-, 109 nota 1, 112 — conversione di tribù arabe alla religione ebraica nel mezzogiorno della penisola arabica, 113, 114, 115, 119, 156, 177 — esistenza in- di un movimento religioso prima dell'Islām, 178, 180 — rapporti fra l'Islām e l'- antica, 191, 199, 225 nota 1, 243, 287, 334 — scettica e materialistica, 348 — esistenza in- di un solo ente riconosciuto, la tribù, 350; **1,** 9 nota 2, 10 — sistema lunisolare dell'- antica, 11 — tribù cristiane abitanti l'estremo settentrione d'-, 41; **2,** 5 — calore atroc del Sole in- emanazione del calore infernale, 6 nota 2, 14, 32 nota 1; **4,** 11 nota 1; **5,** 31 nota 1 — concetto dello stato impersonale come funzione sociale ignorato in-, 63 — la teocrazia, unico mezzo per stabilire l'ordine e la legge in-, 63 — invio delle ambasciate ai sovrani dell'Asia e dell'-, **6,** 46; **7,** 53, 55; **8,** 23, 189 nota 3; **9,** 3, 12 nota 1, 14 nota 1, 25, 45 nota 2, 46 nota 2, 56; **10,** 14 nota 3, 33 nota 4 — Cristianesimo in-, 33 nota 4, 39 — primi moti antislamici in-, 67 — forma teocratica e militare che prese la religione in-, 87, 92 — tribù che abitavano il centro d'-, 105 — pretesa islamizzazione dell'- prima della morte di Maometto, 119 e nota 2 — tesi che tutta l'- riconoscesse Maometto come Profeta, 121 — islamizzazione d'- alla morte del Profeta molto meno estesa di quello che la tradizione vorrebbe sostenere, 125 — parte realmente islamizzata d'-, 126 — islamizzazione d'-, 130 — espulsione degli Ebrei e dei Cristiani dall'-, **11,** 27 nota 1,*a* — esclusione dall'- dei non musulmani, 27 nota 1,*b*, 55 — fonti per gli eventi della conquista musulmana d'- negli anni 11. e 12. H., 70, 164, 165 — diffusione dell'arte dello scrivere in-, 218; **12,** 105 — l'- sede primitiva dei popoli semiti, 106-118 — esistenza in- di grandiosi fiumi, 107 nota 1 — praterie e fiumi dell'- post-glaciale, 109 nota 1 — mutamenti del clima d'-, 109 nota 2 — preislamica, 116, 117, 132, 139 nota 1 — conquiste musulmane in-, 151, 155 nota 3, 266 — il cavallo in- è un animale importato, 272, 274,A — l'- preislamica, 298 — l'- nomade ai tempi di Maometto, 300 — l'- provincia romana, 327 nota 1,*a*, 351 e nota 1,*a*, 394 nota 5 — eventi minori d'- dell'a. 12. H., 428-429.

Arabia-Siria, partenza degli eserciti musulmani per la Siria nel 12. a. H., **12,** 313-334.

Arabia centrale. Intr. 45; **10,** 89 nota 2 — veri rapporti del Profeta e le tribù dell'-, 122; **11,** 76 — gli agenti musulmani nell'- e nel Yaman al principio dell'a. 11. H., 82, 86 nota 1, 93 nota 2 — i moti dell'-, 119 — dispersione di altri ribelli dell'-, 157 — incidenti minori dell'insurrezione nell'-, 159, 174 nota 1; **12,** 1, 129, 235, 323 nota 1, 372.

Arabia deserta. 10, 26 — gli abitanti dell'- furono i conquistatori del mondo, **12,** 295.

Arabia Felice. 11, 214.

Arabia meridionale. Intr. 110 nota 3 — caravane annue che i Qurayš mandavano nell'-, 152; **1,** 38; **5,** 81; **6,** 12; **7,** 51 — grande via commerciale che univa l'- alla Siria, **9,** 34; **10,** 13; **11,** 72 — tradizioni sulla conquista dell'-, 74 — conquista dell'-, 76 — grande deserto dell'-, 186; **12,** 63 — carattere affatto locale di tutti i moti islamici nell'-, 63 nota 1, 64, 76, 86, 102, 115, 373.

Arabia occidentale. 7, 45; **12,** 372.

Arabia orientale, diffusione dell'Islām nell'-, **8,** 177; **11,** 216 nota 1; **12,** 37 — cronologia della conquista dell'- e meridionale, 38, 39, 134 nota 1, 323 nota 2,*b*.

Arabia Persiana, invasione araba dell'-, **12,** 186.

Arabia Petrea. 7, 52 nota 1; **9,** 47 — Uz, ossia-, **12,** 272 nota 2.

Arabia settentrionale, Intr. 47, 227 nota 1 — regioni vulcaniche dell'-, **1,** 38 nota 1; **5,** 81; **9,** 46 — tribù ebraiche abitanti l'-, 50; **10,** 105 — apostasia nell'-, **11,** 102 e nota 1; **12,** 114, 271.

Arabo antico. **Intr.** 349 — primo periodo del dominio- in Asia, **12,** 237 nota 2.

Arabyssus, una stazione militare della Cataonia. **12,** 256, 257.

arāda an yaghzuwa (abū Bakr volle « razziare » la Siria, non conquistare). **12,** 311.

Arah, monte dei Ǵuhaynah. **5,** 85 nota 1.
Arak, luogo sul cammino tra l''Irāq e Damasco. **12,** 396, 403, 413, 421, 422, 423.
Arakah ossia **Arak. 12,** 403, 413, 414.
'ā r a k a h ā = usò violenza a una donna. **12,** 428 nota 1,*c*.
Aracoeli. 2, 8.
'Arafah, monte presso Makkah. **Intr.** 68 nota 1, 75, 77, 79, 121, 130 nota 1; **8,** 40; **10,** 72, 76, 77.
Aramaico. 10, 89 nota 4.
Aramei. 11, 216; **12,** 109 nota 2 e 3, 111 — principati- della Siria, 113 — principati- dell'Eufrate, 113, 149, 155 nota 1,*c*, 162 nota 8, 184 nota 3,*a*, 236, 303, 304.
Aramyā = Geremia. **Intr.** 44.
ibn al-Araqah, un Qurašita pagano. **5,** 42.
'a r' a r = ginepro. **1,** 82.
banū Arāšah o **Irāšah**, tribù dei Bali. **12,** 176 nota 3.
Aratri. 5, 89 nota 2.
Arbad b. Ḥumayyirah o **Ḥumayrah**, C. d. P., emigra a Madīnah, **1,** 15 no. 10.
Arbad b. Rabī'ah b. Mālik b. Ǵa'far al-'Āmiri, viene a Madīnah, **8,** 18.
'Arbah. 12, 319 nota 1; cfr. al-'Arabah.
Arbela, città della Assiria [Irbil]. **12,** 142 nota 1 no. 12, 143.
Arbitrato. Intr. 93.
Arcìi: al-Katūm che si ruppe a Uḥud, al-Rawḥā e al-Bayḍā, **2,** 97 nota 1; **3,** 36; **7,** 31 — famosi. **12,** 269.
Arcieri arabi. **3,** 28, 30, 32 nota 1, 37; **12,** 269.
Arco usato dagli Arabi. **12,** 269.
a r ḍ = campo, territorio. **5,** 18 nota 1, 24.
Arḍ ibn 'Āmir. 3, 28.
Arḍ Aylah. 12, 362.
Arḍ al-Bathaniyyah = la Batanea. **12,** 406.
a r ḍ a l-b a y ḍ ā, la terra bianca o deserto. **12,** 162 nota 2.
Arḍ Dimašq. 11, 3,*f*.
Arḍ Ḥawrān. 12, 413.
Arḍ Khawlān. 9, 68.
Arḍ al-'Irāq. 12, 362.
a r ḍ a l-kh a r ā ǵ = terra pagante un tributo fisso. **12,** 406.
Arḍ Kaskar. 12, 200 nota 3.
Arḍ al-Kūfah. 12, 157.
Arḍ al-Mašriq, la *ǵ i z y a h* di Ḥirah fu la prima portata ad abū Bakr e a Madīnah dall'-, **12,** 164,*e*.
Arḍ al-Rūm. 9, 60.
Arḍ al-Samāwah, 12, 413.
Arḍ 'Udzrah. Intr. 76.
a l-'a r ḍ a h m i n a b ī B a k r = ordine di abū Bakr. **11,** 180 nota 2,*c*.
a r ḍ a n m a w ā t a n = terra incolta. **10,** 83 no. 9.
Ardašīr I, primo re Sassanida. **12,** 120 e note 1 e 3, 121 e nota 1, 122, 129, 130 nota 1, 133, 155 nota 11,*b*, 192 e nota 6.
Ardašīr II, re di Persia, (379-383. o 384. a. È. V.) **12,** 124.
Ardašīr III, re di Persia. **9,** 93 nota; **12,** 192 nota 4, 197, 200 e nota 1, 202, 206, 213, 256.
Ardašīr al-Asghar, ossia Ardašīr III. **12,** 155, nota 15.
Ardašīr al-Akbar, ossia Ardašīr I. **12,** 192 e nota 6.
Ardašīr b. Šīra, re di Persia. **12,** 192; cfr. Ardašīr III.
a r d i y a h = soprabiti. **10,** 30.

ardiyah makfūfah bi-l-ḥarīr = soprabiti intessuti di seta. **10**, 59.
'Arfaǵa, stazione tra Taymā e 'Ammān. **12**, 316 nota 6.
'Arfaǵah b. Harthamah b. 'Abd al-'Uzza al-Bāriqi, C. d. P., mandato nella Mahrah. **11**, 124 no. 7; **12**, 1, 62 e nota.
al-'Arǵ, luogo presso Madīnah, sulla via di Makkah. **1**, 22 e nota 1 no. 17; **8**, 52, 53, 157 no. 4; **9**, 2, 73.
Argento, sbarre e vasi d'-, **3**, 9; **8**, 164 — estrazione di- dalle ricche miniere della Yamāmah **12**, 134 nota 1.
'Arǵūn, sito nel Wādi al-Qura. **9**, 33.
banū Arḥab, tribù, un ramo dei Gharb (Hamdān). **9**, 66 — famosi cameli di Mahrah e di-, 67.
Ari [o **Ariani**]. **12**, 106 nota 1, 108 nota 1, 109, 112, 121 nota 3, 138, 139, 140, 292.
'Arīb b. Zayd. Intr. 42 tav. 3.
Aribi = Arabi, regine degli-, **11**, 164.
'Arīd, padre di Yasār. **2**, 52.
'Arīd, ebreo. **9**, 32.
'Arīd = 'Urayd (?). **9**, 50.
abū-l-'Arīd Yasār, qurašita prigioniero a Badr. **2**, 89 no. 47.
banū 'Arīd, ebrei. **9**, 51 nota 1.
'Ārid b. al-Hunayd, beduino. **6**, 11.
Arīḥā, città della Palestina. **12**, 316 nota 2.
'Ārim b. al-Fadl, tradizionista. **12**, 428 nota 1,*d*.
'Arīn, tribù dei Tamīm. **11**, 180.
al-'Ariqah, villaggio di al-Yamāmah. **12**, 31,*b* no. 2.
al-'Arīr (? **'RYR**), sito nell''Irāq?. **12**, 402 nota 1,*a*.
al-'Arīš, confine meridionale della Palestina. **12**, 313 nota 1,*a*.
al-arkānu kulluhā = tutte le colonne sue (della Ka'bah). **Intr.** 62 nota 2.
armad = malato d'occhi. **12**, 394.
Armenia. 12, 130 nota 1, 137, 148, 246, 248 nota 1, 252, 253, 254, 303.
Armi, fabbrica di-. **1**, 40 — e cavalli scarsi in Madinah, **5**, 52 — fabbrica di- e corazze in Madīnah, 61; **11**, 143 — difensive degli Arabi, **2**, 275.
Arnab, cantante pagana. **8**, 73 nota 1 no. 10, 82.
Arnaud. 11, 214.
Arnold T. W. 12, 287 nota 1.
Aronne (Harūn). Intr. 221.
al-Arqam b. abī-l-Arqam 'Abd Manāf b. Asad al-Makhzūmi. C. d. P., sua conversione, **Intr.** 229 no. 3, 263 — discendenti di-, 263 nota 1; **1**, 50 — presente a Badr, **2**, 85,A no. 52; **4**, 2 no. 5; **5**, 88 nota 1; **7**, 82 no. 2; **10**, 7 no. 4, 12 no. 9.
abū Arqam, C. d. P., pensionato di Khaybar. **7**, 42.
umm al-Arqam, pensionata di Khaybar. **7**, 42.
al-'arradāt = macchine d'assedio, **9**, 10.
Arrakah. 12, 412 nota 1; cfr. Arak.
Arsacidi. 12, 113 nota 1,*e*, 114, 119, 120, 132, 137 e nota 1.
'Arṣah al-Baqal, regione tra al-Waṭā, Uḥud e al-Ǵurf. **3**, 21.
Arsinoe. 11, 61.
Arsūf, città della Palestina. **12**, 316, nota 2.
Arṭabān IV, re arsacida. **12**, 120 nota 3.
Artachšathra = Artaserse = Ardašīr. **12**, 120 nota 1.
arṭāh = *Calligonum gomosum*. **12**, 295 nota 1.
Arṭāh b. 'Abd Šuraḥbīl, pagano ucciso a Uhud. **3**, 33, 55 no. 9.
Arṭāh b. Šarāḥīl b. Ka'b al-Nakha'i, viene a Madīnah. **7**, 82 no 1.

Artaserse = Ardašīr. **12,** 120 nota 1.

Arturo, calice d'onice delle epopee cavalleresche del ciclo d'– nel quale si diceva che Gesù avesse celebrato l'ultima cena. **12,** 247.

a r · ū s = capi. **7,** 30.

Arwa bint 'Abd al- Muttalib b. Hāšim. Intr. 102.

abū Arwa al-Dawsi, messo del califfo abū Bakr. **12,** 362.

al-'Āṣ b. Hišām b. al-Mughīrah b. 'Abdallah, pagano ucciso a Badr. **2,** 37, 88 no. 25.

al-'Āṣ b. Munabbih, pagano ucciso a Badr. **2,** 88 no. 42.

al-'Āṣ b. Sa'īd b. al-'Āṣ b. Umayyah, pagano ucciso a Badr. **2,** 88 no. 7.

al-'Āṣ b. Tha'labah al-Dawsi al-Azdi [† 12. a. H.], C. d. P., ucciso a al-Yamāmah. **12,** 23 no. 30.

al-'Āṣ b. Wā·il al-Sahmi, avversario di Maometto in Makkah. **Intr.** 238 no. 9, 247 no. 4, 248 no. 8, 255 no. 11; 291, 299, 317 — sua morte, **1,** 83 no. 3.

abū-l-'Āṣ b. Bišr b. 'Abd Duhmān al-Thaqafi, un pagano. **1,** 72.

abū-l-'Āṣ b. Nawfal b. 'Abd Šams b. 'Abd Manāf, prigioniero a Badr. **2,** 89 no. 8.

abū-l-'Āṣ b. Qays b. 'Adi b. Su'ayd, pagano ucciso a Badr. **2,** 88 no. 44.

abū-l-'Āṣ b. al-Rabī' b. 'Abd al-'Uzza b. 'Abd Šams al-Abšami al-Qurašī, riscatto di–, genero del Profeta. **2,** 82 — genero del Profeta, prigioniero a Badr, 89 no. 7; **6,** 8, 9; **7,** 3; **8,** 201 — biografia e morte, **12,** 435.

abū-l-'Āṣ b. Umayyah. Intr. 41 tav. 2; **2,** 85,A no 16.

banū-l-'Āṣ b. Sa'īd, famiglia in Makkah. **2,** 52.

al-A'ša, celebre poeta, morto pagano. **Intr.** 310.

Asad b. Fihr. Intr. 56.

Asad b. Rabī'ah. Intr. 41 tav. 1, 51.

Asad b. 'Ubayd al-Qurazi, ebreo, sua conversione. **5,** 46.

Asad b. Wabarah. Intr. 42 tav. 3.

banū Asad b. 'Abd al-'Uzza b. Quṣayy, tribù di Makkah. **Intr.** 41 tav. 2, 86, 147, 168; **2,** 85,A; **6,** 49; **8,** 21 nota 3, 138 no. 2.

banū Asad b. Khuzaymah, tribù del Nagd. **Intr.** 41 tav. 1, 52, 277; **2,** 85,A no. 29 e no. 47; **3,** 54,A no. 3; **4,** 2; **5,** 23; **6,** 3, 4 e nota 1, 51; **7,** 43 no. 3 e 4; **8,** 104, 164, 189 — sottomissione di una parte dei–, **9,** 12 e nota 1 e 2; **10,** 35 nota 1 — lettera ai–, per la protezione dei Tayy, **10,** 40 e nota 1, 49 nota 1, 71 no. 3, 89 nota 2, 120 nota 1, 121 e nota 1, 122, 126; **11,** 9 nota 1, 12 nota 1, 73, 76, 87 no. 1, 88, 90 no. 5, 93 nota 2, 101, 104, 105, 115, 119, 120, 122, 127, 130, 131, 132, 142 nota 1,*b*, 145, 146 e nota 2,*b* — Abān al-Aswad, monte appartenente ai–, 147 nota 1,*b*, 152,*a*, 157, 159 nota 1, 164, 174, 175, 179, 180; **12,** 2 nota 1, 23 no. 18 81 85, 70 nota 2, 89, 90, 91, 92, 93, 97, 98, 99, 356,*e*.

As'ad b. Ḥārithah b. Lūdzān b. 'Abd Wudd al-Anṣāri al-Sā'idi [† 12. a. H.], C. d. P., ucciso a al-Yamāmah. **12,** 23 no. 28.

As'ad b. abī Karb al-Ḥimyari, ḥ a n ī f, predecessore di Maometto. **Intr.** 188 nota 1.

As'ad b. Yarbū' al-Anṣāri al-Khazraği al-Sā'idi [† 12. a. H.], C. d. P., ucciso a al-Yamāmah. **12,** 28 no. 29.

As'ad b. Yazīd b. al-Fākih b. Zayd al-Anṣāri, C. d. P., presente a Badr. **2,** 85,C no. 103.

As'ad b. Zurārah b. 'Udas al-Anṣāri, primo madinese convertito. **Intr.** 334 nota 1, 337, 338, 342 no. 1 — sua morte, **1,** 52.

abū As'ad b. 'Udas al-Naǧǧāri, zio materno di 'Abd al-Muttalib. **Intr.** 97.

a s ā f i l 'A d a n a h, parte inferiore di 'Adanah, nel paese degli 'Abs (Nagd). **11,** 159 nota 1.

al-Aṣāfir, th a n a y ā o colline di–, presso Badr. **2,** 46.

al-Ašaǧǧ, sua conversione. **8,** 178; cfr. 'Abdallah b. 'Awf al-'Abdi.

a ṣ a ḥ ḥ = più corretto. **12,** 180 nota 1.

a l-'a š ā · i r = le famiglie (tribù). **10,** 14; **12,** 329.

ibn 'Asākir [† 571. a. H.], storico di Damasco. **11,** 109, nota 3,*b*; **12,** 340 nota 2, 394 nota 6,*a*.
'Asar = **'Isr,** sito tra Madīnah e Khaybar. **7,** 10.
Aš'ar, monte dei Ǵuhaynah. **5,** 85 nota 1, 86 e nota 2.
banū-l-Aš'ar, tribù del Yaman, viene a Madīnah. **7,** 51; **10,** 81 no. 9, 82, 126 nota 1; **11,** 98, 104, 186, 236.
ibn al-Aš'ar al-Ka'bi [† 8. a. H.], C. d. P., ucciso alla presa di Makkah. **8,** 39, 61 nota 3; cfr. Khālid al-Ašqar, o Khunays b. Khālid al-Aš'ar.
Asarhaddon, re d'Assiria. **11,** 164.
al-Aš'ath, tradizionista. **12,** 171, 177 nota 2.
al-Aš'ath b. Qays al-Kindi, viene a Madīnah. **10,** 34 e nota 1, 139 no. 20; **11,** 160 nota 2, 187 — sua condotta nella Riddah, **12,** 78, 79, 80,*a* e nota 2, 82 e nota 1, 83, 85, 429 nota 1,*c*.
asāwirah = cavalieri. **12,** 45.
ašba' = sazii. **10,** 143 nota 1.
asba' = dita. **11,** 18 nota 1,*b*.
Asbadz, villaggio presso Haǵar nel Baḥrayn. **8,** 187 nota 1.
al-Asbadzi, nisbah da Asbadz. **8,** 187 e nota 1.
al-Asbagh (o Asya') al-Kalbi, signore di Dūmah al-Ǵandal. **9,** 46, 47, 48 nota 2.
Asbāt o tribù d'Israele. **6,** 50 nota 2.
Asbībukht b. 'Abdallah, marzubān del Baḥrayn. **8,** 179, 181.
Ascensione di Maometto in cielo. Intr. 319.
Ascetica tendenza di ibn Maz'ūn. 2, 108.
Asclepias gigantea ('ušrah). **7,** 21.
Asd (Azd), Ḥuddān fra gli-. **9,** 87.
ibn al-Asdā al-Hudzali, avversario di Maometto in Makkah. **Intr.** 247 no. 5'.
asfal Diǵlah. 12, 200.
asfal al-Furāt. 12, 164,*g*, 165,*a*.
al-Afsar al-'Akki, C. d. P. (?). **12,** 72.
banū-l-Asfar = i Greci. **Intr.** 343 nota 1; **9,** 26 e nota 1; **12,** 356,*d*.
banū Ašǵa', tribù. **4,** 10; **5,** 23 — i- e i Muzaynah emigrati in Egitto al tempo delle conquiste, 85 nota 1, 92 nota 1 — conversione dei-, 94 e nota 1, 95; **7,** 10 e nota 1, 43 no. 24, 51, 58 nota 1, 122; **9,** 1 nota 1, 26; **10,** 89 nota 1, 109 nota 1, 120 nota 1, 126 nota 1; **11,** 86, 87 no. 3, 88, 90 no. 14, 101, 114, 143; **12,** 89.
Asḥāb Dzāt al-Salāsil. 12, 193 nota 2.
Asḥāb al-Fīl = i compagni dell'elefante. **Intr.** 109.
asḥāb al-sawāmi' = romiti del deserto. **7,** 55 nota 1.
Asḥāb al-Suffah = i compagni della banchina, ossia i mendicanti nella moschea di Madīnah. **1,** 32 e nota 3; **2,** 6; **9,** 79.
Asḥāb al-Zullah = i compagni della tettoia = Asḥāb al-Suffah. **9,** 79.
Ashab b. Šaddād, (?) ucciso in Palestina. **12,** 363 nota 2 no. 5.
Ašhal = i banū 'Abd al-Ašhal. **11,** 56.
Asḥamah b. Abḥar, negus d'Abissinia, sua morte, **9,** 22.
Asia, civiltà antiche dell'-. **Intr.** 2 — la conquista dell'-, 22, 68 nota 2, 159 — invio delle ambasciate ai sovrani dell'- e dell'Arabia, **6,** 46; **10,** 2 nota 1, 128; **12,** 107, 116, 150.
Asia Anteriore. Intr. 2 — case in molti villaggi poveri ed isolati dell'-, **2,** 5; **10,** 101, 110; **12,** 114, 115, 117, 119 e nota 1, 128, 129, 134, 308 — regione semitica dell'-, 304.
Asia Centrale. Intr. 1; **10,** 115; **12,** 109, 119, 130 nota 1, 137, 272.
Asia Minore. Intr. 1, 180; **7,** 81; **12,** 130 nota 1, 242, 251, 252 e nota 2, 258.
Asiatici, molle ed ascetica indole degli-. **12,** 248.
'asīd = foglia di palma. **2,** 105.

abū Asīd (Usayd), [**Mālik b. Rabī'ah**] **al Sā'idi** [† 80. a. H.], sua nascita, **Intr.** 173; **9,** 15,A — ucciso a al-Yamāmah (?), **12,** 23 no. 84.
'Asim al-Raqqāši, viene a Madīnah, **9,** 48.
'Āsim b. 'Adi b. al-'Aǵlān, C. d. P. **2,** 76, 86 no. 5; **7,** 39, 41; **9,** 26, 52 — tradizionista, **11,** 42 nota 1; **12,** 50.
'Āsim b. 'Adi [**b. al-Ǵadd**] **b. al-Aǵlān,** C. d. P. presente a Badr. **2,** 85,B no. 44; cfr. 'Āsim b. 'Adi b. al-'Aǵlān.
'Āsim b. 'Amr al-Tamīmi, ribelle poi convertito. **12,** 189, 192, 197, 217, 221, 226, 408.
'Āsim b. abī 'Awf b. Dubayrah al-Sahmi, pagano ucciso a Badr. **2,** 66, 88 no. 45.
'Āsim b. al-Ḥārith al-Ḥārithi, lettera del Profeta a–, **10,** 12 no. 9.
'Āsim b. Qays b. Thābit b. al-Nu'mān, C. d. P., presente a Badr, **2,** 85,B no. 46.
'Āsim b. abī Sayfi al-Ǵu'āli al-Balawi, viene a Madīnah, **9,** 18 no. 1.
'Āsim b. Thābit b. abī-l-Aqlaḥ Qays b. 'Ismah al-Ansāri [† 4. a. H.], C. d. P., presente a Badr. **2,** 70, 74, 85,B no. 24, 88 no. 3 8; **3,** 33, 55 no. 5 6 — ucciso ad al-Raǵī', **4,** 7 no. 7; **6,** 43.
'Āsim b. al-'Ukayr, cfr. 'Āmir b. al-Bukayr.
'Āsim b. 'Umar b. al-Khaṭṭāb, sua nascita, **6,** 43.
Asinello, il Profeta che trottava sopra un–, **3,** 19.
Asini domestici. **7,** 24 — ordine vietante il consumo della carne di muli, cavalli e–, 24 — selvatici, **9,** 41.
Asīr b. Rizām, ebreo di Khaybar. **7,** 43 no. 2.
Aslam, sālamahā Allāh. **6,** 23.
Aslam, ghulām dei banū-l-'Āṣ b. Sa'id. **2,** 52.
Aslam, schiavo negro che aveva questo nome. **9,** 20.
Aslam, mawla di 'Umar. **11,** 286 e nota 1 — compera di–, **12,** 429,
Aslam (abī Rāfi' Ruwayfi'), cliente del Profeta. **10,** 142 no. 5.
Aslam al-Sahmi, mawla di Nubayh b. al-Ḥaǵǵāǵ. **2,** 89 no. 60.
Aslam b. Afsa b. Ḥārithah. Intr. 71; cfr. banū Aslam.
Aslam b. Ǵazarah. 11, 211; cfr. Aslam b. Sidrah.
Aslam b. al-Ḥāf b. Qudā'ah. Intr. 51.
Aslam b. Khuzā'ah. Intr. 42 tav. 3; cfr. banū Aslam.
Aslam b. Sidrah (o **Ǵazarah**), preteso inventore della scrittura araba. **11,** 211 e nota 2,*a*, 212.
banū Aslam, tribù. **4,** 20 nota 1; **5,** 83, 86 nota 2 — ambasciata, **6,** 23 nota 1 e 2, 26, 29 — trattative con Maometto, **7,** 23 e nota 1, 25, 41 no. 8; **8,** 22 nota 2 e 3, 39, 51, 58 nota 1, 61, 88, 104, 122; **9,** 1, 26 e nota 2, 159, 160 — accordi di Maometto con i–, **10,** 89 e nota 1, 105, 108 nota 1, 120 nota 1, 126 nota 1, 142; **11,** 38, 59, 87, 88, 90 no. 12, 114, 123 nota 2; **12,** 89, 187, 357,*d*.
aslamna. 8, 109.
aslimū. 1, 15 nota 1.
Aslum b. al-Ḥāfi. Intr. 42 tav. 3.
Asmā al-Kindiyya, suo matrimonio con Maometto. **9,** 15,A,
Asmā bint 'Adi b. Ḥārithah b. 'Amr b. 'Āmir. Intr. 60.
Asmā bint 'Amr b. 'Adi b. Nābi, presente all' 'Aqabah. **Intr.** 341, 344.
Asmā bint abū Bakr. 1, 21, 26 nota 1.
Asmā bint abī Ǵahl, moglie di abū 'Abd al-raḥmān al-Walid b. 'Abd Šams. **12,** 23 no. 7.
Asmā b. Hārithah al-Aslami, C. d. P. **7,** 23; **8,** 51.
Asmā bint Mālik al-Tamīmiyyah, prigioniera dei musulmani. **9,** 5 no. 1.
Asmā bint Marwān, suo assassinio, **2,** 90.
Asmā bint al-Nu'mān [**b. abī-l-Ǵawn**] **b. al-Aswad** [**b. Šarāḥīl**] **b. Ḥārith al-Kindiyyah,** moglie del Profeta. **9,** 15,A; **10,** 139 no. 17; **12,** 79.
Asmā bint Salāmah b. Mukharribah, moglie di 'Ayyāš b. abī Rabī'ah. **Intr.** 229 no. 19.

Asmā bint 'Umays b. al-Nu'man al-Khath'amiyyah, moglie di Ǵa'far b. abī Ṯālib. **Intr.** 229 no. 25, 266 nota 2, 277 no. 2; **7**, 48 nota 5, 54 no. 2, 56 no. 25, 75; **8**, 14; **9**, 53; **11**, 8 nota 2,*b*, 205,*c*.
Asmā bint Wahb, madre di Zayd b. al-Khaṭṭāb. **12**, 23 no. 149.
abū Asmā al-Muzani, viene a Madīnah, **5**, 17 no. 3.
Ašmadzayn, monte nel territorio dei Ǵuhaynah. **5**, 85 nota 1.
al-Asma'i [† 216. a. H.], filologo. **9**, 95 nota 1; **11**, 147 nota 1,*b*; **12**, 155 nota 1,*d*, 160,A nota 2.
Asmayfa' b. Bākūrā, forse nome di Dzū-l-Kalā'. **9**, 65.
āsōr o yom ha-kippurīm. **2**, 1.
'Ašora. **2**, 28; cfr. 'Āšūrā.
Asorestān, Siria settentrionale. **12**, 248 nota 1.
asp = cavallo (*pers.*). **8**, 187 nota 1.
al-Asqa' b. Šurayḥ b. Suraym b. 'Amr b. Riyāḥ al-Ǵarmi, viene a Madīnah, **10**, 41.
'Asqalān, città della Palestina. **12**, 313 nota 1,*a*, 316 nota 2 — Salīyā [? Salībā, Salūbā] signore di-o Ghazzah, **12**, 361.
ašqar = cavalli di mantello alezano. **12**, 362.
al-Ašqar. **8**, 61 nota 3; cfr. ibn al-Aš'ar.
asqaṭat = abortì. **8**, 201.
'Asr, cfr. 'Aṣar e 'Iṣr (tra Madīnah e Khaybar). **7**, 10.
al-'asr = preghiera del pomeriggio. **12**, 14.
ašrāf = i nobili. **Intr.** 295, 299 nota 1; **12**, 23 no. 7, 162,*a*.
Asrāfīl. **Intr.** 204, 205.
'ašrah = grido di guerra. **3**, 66.
banū Asran b. Fihr b. Tha'labah b. Ghanm, tribù di Madīnah. **2**, 85,C.
ašraṭa 'alayhim = impose a loro condizioni. **1**, 44.
Assedio di Madīnah. **5**, 27 nota 1 — musulmani uccisi durante l'-, 42 — makkani uccisi durante l'-, 43.
Assemani, orientalista. **12**, 137.
Assiri (re). **Intr.** 31; **11**, 164; **12**, 109 nota 2, 110, 111, 112, 292.
Assiria. **11**, 89 nota 2, 216; **12**, 113, 119 nota 1, 124, 154 nota 1, 253, 255, 256 nota 1,*a*.
Assur. **12**, 111.
Asta pubblica. **7**, 31.
'Āšūrā. **2**, 1 — digiuno nel giorno di-, 28, 29; **5**, 64.
al-aswad wa-l-aḥmar = i neri e i rossi. **Intr.** 343.
Aswad, servo dei Qurayš. **2**, 31, 52.
al-Aswad al-'Ansi, il falso profeta. **8**, 199 nota 1; **10**, 67, 70, 71 no. 1, 82 nota 2, 87, 117, 119 nota 2, 128 nota 1; **11**, 6 nota 1, 12 e nota 1, 15 nota 1, 16 nota 2, 53, 76, 89 e nota 1, 124 no. 3, 127, 165, 166,*b* e nota 1,*c*, 187 nota 1,*g*, 188 — insurrezione nel Yaman e morte di lui, 189-199, **12**, 2 nota 2, 64, 65 e nota 1, 70, 74, 94.
Aswad 'Īsa. **11**, 190 nota 1; cfr. al-Aswad al-'Ansi.
al-Aswad al-Rā'i, C. d. P. **7**, 43 no. 18.
al-Aswad b. 'Abd al-asad b. Hilāl b. 'Abdallah al-Makhzūmi, avversario di Maometto in Makkah. **Intr.** 248 — ucciso a Badr, **2**, 59, 88 no. 36.
al-Aswad b. 'Abd Yaghūth, avversario di Maometto in Madīnah. **Intr.** 238, 247 no. 2, 249, 317.
al-Aswad b. 'Āmir, prigioniero a Badr. **2**, 89 no. 16.
al-Aswad b. al-Ǵa'ūnah, pagano. **3**, 54,B no. 53.
al-Aswad b. Ka'b b. 'Awf al-'Ansi. **10**, 71 no. 1; cfr. al-Aswad al-'Ansi.
al-Aswad b. Khuzā'i al-Salami, C. d. P. **4**, 20; **10**, 17.
al-Aswad b. Maqsūd, comandante della cavalleria abissina. **Intr.** 120.
al-Aswad b. al-Muṭṭalib, avversario di Maometto in Makkah. **Intr.** 238 no. 4, 247 no. 1, 255 no. 6, 299; **3**, 9, 14.

al-Aswad b. Nawfal b. Khuwaylid, C. d. P., emigrato in Abissinia. **Intr.** 277 no. 15; **7,** 54 no. 11.
al-Aswad b. Qays, tradizionista. **12,** 166,*b*.
al-Aswad b. Razan al-Du·ili, pagano. **8,** 40.
Aswad b. Ša'ūb al-Laythi [† 3. a. H.], C. d. P., ucciso a Uḥud. **3,** 54,B no. 25.
abū-l-Aswad [† 140. a. H.], tradizionista. **8,** 184 nota 2; **12,** 23 no. 106.
banū-l-Aswad b. Mas'ūd. 8, 146.
a s w a r = cavaliere. **12,** 192.
Asya', ebreo avversario del Profeta in Madīnah. **1,** 58 no. 24.
Asya' b. 'Amr al-Kalbi, capo cristiano di Dūmah al-Ǵandal. **6,** 16.
al-Asyad b. Salamah b. Qurt b. 'Abd al-Kilābi, C. d. P., uccide il proprio padre. **9,** 15.
a s y ā f = le coste (?). **9,** 87.
a š y ā kh = i maestri. **11,** 189.
a s y ā l = torrenti. **5,** 24.
ibn Ašyam, capo dei Kinānah, nella spedizione in Siria. **12,** 356,*e*.
'Aṭā, tradizionista. **Intr.** 285.
'Aṭā b. Markabūd al-Yamani, sua conversione. **10,** 80.
'Aṭā b. abī Rabāḥ, tradizionista. **11,** 230 nota 1.
'Aṭā b. Yasār, tradizionista. **11,** 230 nota 1.
abū 'Aṭā 'Abdallah b. al-Sā·ib b. 'Ābid b. 'Abdallah, prigioniero di Badr. **2,** 89 no. 25.
ā ṭ ā m = fortezze. **5,** 25 nota 2.
'a ṭ ā y ā = somme per ricompensare atti di speciale valore. **12,** 197.
a t b ā' = persone del seguito. **12,** 164,*a*.
Atene. Intr. 36 — soppressione della scuola filosofica di–, **12,** 238.
Athāfi al-Burmah, sito tra Madīnah e Yanbu'. **2,** 20 nota 2 no. 4.
Athāfih = Athāfit. **12,** 160,A nota 2.
Athāfit, sito nel Yaman. **12,** 160,A nota 2.
Athanasius, patriarca dei Giacobiti, vivente Eraclio. **12,** 265 nota 3,*a*.
'Ath'ath b. Waḥši al-Khath'ami, viene a Madīnah. **10,** 28.
al-Athāyah, sito sulla strada da Madīnah a Makkah. **10,** 73.
a l-a th ī m = « il peccatore » o « il malvagio ». **12,** 143.
ibn al-Athīr [† 630. a. H.], storico. **Intr.** 268, 277 nota 2, 280, 324 nota 2, 328 nota 1; **11,** 84; **12,** 227, 324 nota 1, 350, 363 nota 1, 393 nota 1,*b*, 394 nota 1,*a*.
a th l = *tamariscus orientalis*. **5,** 24; **6,** 3; **8,** 202; **12,** 295 nota 1.
'Athr, regione settentrionale del Yaman. **11,** 195 e nota 2,*a*,
'Aththar. 11, 195 nota 2,*b*; cfr. 'Athr.
'Atīk b. 'Ā·idz al-Makhzūmi, primo marito di Khadīgah bint Khuwaylid. **Intr.** 324 nota 1.
banū 'Atīk b. 'Amr b. Mabdzūl ('Āmir), tribù madinese. **2,** 85,C.
'Ātikah bint 'Abd al-Muttalib b. Hāšim. Intr. 102 no. 5 — suo sogno prima di Badr, **2,** 36, 37.
'Ātikah bint 'Adwān, moglie di al-Nadr b. Kinānah. **Intr.** 54.
'Ātikah bint Asīd b. abī-l-'Īs, moglie di al-Muttalib b. abī Wadā'ah. **3,** 2 nota 1.
'Ātikah bint abī-l-'Īs b. Umayyah. 3, 2; cfr. 'Ātikah bint Asīd b. abī-l-'Īs.
'Ātikah bint Murr al-Sulamiyyah, moglie di 'Abd Manāf, madre di Hāšim e trisavola di Maometto. **8,** 56.
'Ātikah bint Murrah b. Hilāl b. Fālikh al-Sulamiyyah. Intr. 84 nota 1, 91; cfr. 'Ātikah bint Murr.
'Ātikah bint Yakhlud b. al-Nadr al-Kināniyyah, moglie di Ghālib b. Fihr. **Intr.** 57.
'Ātikah bint Zayd b. 'Amr b. Nufayl b. 'Abd al-'Uzza, vedova di 'Abdallah b. abī Bakr, sue nozze con 'Umar, **11,** 209 nota 1,*b*; **12,** 428 e nota 1,*a*.
'Atīq b. abī Quḥāfah, nome del califfo abū Bakr. **9,** 70 nota 1.

'Atīq b. 'Uthmān b. 'Āmir b. 'Amr, C. d. P., presente a Badr, **2,** 85,A no. 45.
'Aṯiyyah b. 'Abd 'Amr al Naǵǵāri [† 4. a. H.], C. d. P., ucciso a Bi'r Ma'ūnah. **4,** 6 no. 13.
'Aṯiyyah b. 'Amr b. Salamah, tradizionista. **12,** 65 nota 2.
'Aṯiyyah b. Bilāl, tradizionista. **11,** 109 nota 1, 171; **12,** 224.
'Aṯiyyah b. Nuwayrah b. 'Āmir b. 'Aṯiyyah, C. d. P., presente a Badr. **2,** 85,C no. 115.
umm 'Aṯiyyah al-Anṣāriyyah. 9, 53.
Atropatene degli antichi, ossia l'Adzarbayǵān degli Arabi. **12,** 154 nota 1, 253, 254, 255, 256.
Atrpatakan (Adzarbayǵān). **12,** 154 nota 1, 256 nota 1,c.
'Attāb b. Asīd b. abī-l-'Āṣ b. Umayyah, C. d. P. e suo luogotenente in Makkah. **8,** 118, 175, 175,A e nota 2, 195; **10,** 71 no. 9, 82 no. 1, 83; **11,** 98, 99, 201; **12,** 316 nota 1.
'Attāb b. Sulaym b. Qays b. Aslam b. Khālid al-Qurašī al-Taymi [† 12. a. H.], C. d. P., ucciso a al-Yamāmah. **12,** 23 no. 31.
'Atwa bint Iyād al-Ḥimyariyyah, moglie di Mudar b. Nizār. **Intr.** 49.
al-aṯyabān = le due cose buone (donne e vino). **10,** 99.
'Aueyrid. 9, 16.
Aureliano, imperatore romano. **11,** 164; **12,** 113, 132.
Autocrazia assoluta, base fondamentale dello stato orientale. **12,** 237.
Auxomis (Axum). **Intr.** 272.
Avari, nella Penisola Balcanica. **12,** 244, 249, 254, 257, 266.
'Awāli al-Madīnah, le parti superiori di Madīnah. **5,** 34; **11,** 18 nota 1.*a*.
'Awānah bint Sa'd b. Qays b. 'Aylān, moglie di Khuzaymah b. Mudrikah. **Intr.** 52.
abū 'Awānah, tradizionista. **11,** 28, 37 nota 2,*d*.
awāq = oncie. **9,** 71; **10,** 35.
al-A'war al-'Anbari. 10, 140 no. 3.
al-A'war b. Baššāmah. 10, 141 no. 4.
abū-l-A'war 'Amr b. Sufyān al-Sulami, va in Siria a guerreggiare. **12,** 357,*d*.
abū-l-A'war Ka'b b. al-Ḥārith b. Ẓālim b. 'Abs, C. d. P., presente a Badr, **2,** 85,C no. 156; **5,** 23.
al-'Awāṣim, luoghi fortificati della frontiera Siria. **12,** 313 nota 1,*b*.
Awbār (o **Awthār**), sito nel Naǵd. **6,** 3.
awbāš = accozzaglia di gente sconosciuta. **6,** 30; **10,** 90 nota 4.
banū Awd b. Sa'd 'Ašīrah (Madzḥiǵ), tribù nella confederazione dei Kulāb. **10,** 50; **11,** 189.
'Awdz b. Sarīr al-Ghāfiqi, viene a Madīnah, **10,** 56.
'Awf, giardino di– in Makkah. **8,** 75.
'Awf al-Zarqāni, capo tribù nel Yaman. **11,** 193 no. 7.
'Awf b. 'Abd 'Awf b. al-Ḥārith b. Zuhrah, padre di 'Abd al-raḥmān b. 'Awf. **8,** 108.
'Awf b. Balād b. Khālid, capo degli 'Awf (Tamīm). **11,** 163.
'Awf b. Fihr. Intr. 56.
'Awf b. Fulān b. Sinān al-Murri, capo dei Murrah apostati in al-Abraq. **11,** 119.
'Awf b. al-Ḥārith [**b. Rifā'ah b. Sawād**], detto ibn 'Afrā al-Anṣāri [† 2. a. H.], C. d. P. all''Aqabah. **Intr.** 335 no. 2, 336 no. 1, 344 no. 11 — a Badr, **2,** 61, 85,C, 129 — ivi ucciso, 87 no. 13.
'Awf b. Kinānah. Intr. 53.
'Awf b. Lu·ayy. Intr. 58.
'Awf b. Uthāthah b. 'Abbād b. al-Muṭṭalib (che aveva per cognome Misṭaḥ), C. d. P., presente a Badr, **2,** 85,A no. 12.
banū 'Awf, tribù madinese. **Intr.** 42 tav. 4; **1,** 45 art. 3 25 33. 60 no. 33; cfr. **'Awf b. 'Amr.**
banū 'Awf, tribù, un ramo dei Sulaym. **11,** 87 no. 9, 88, 96; cfr. **'Awf b. Imru·alqays.**
banū 'Awf, tribù, ramo dei Tamīm. **11,** 90 no. 8, 163 no. 1 e nota 1; cfr. **'Awf b. Ka'b b. Sa'd.**
banū 'Awf b. 'Amr, tribù madinese. **Intr.** 42 tav. 4; **1,** 45 art. 3 25 33, 60 no. 33.
banū 'Awf b. Imru·alqays, ramo dei Sulaym, loro apostasia, **11,** 87 no. 9. 88, 96.

banū 'Awf b. Ka'b b. Sa'd, tribù, ramo dei Tamīm. **11,** 90 no. 8; **12,** 56.

banū 'Awf b. al-Khazraǵ, tribù madinese. **Intr.** 42 tav. 4; **2,** 85,C; **3,** 54,B.

banū 'Awf b. Mabdzūl b. 'Amr b. Ghanm, tribù madinese. **2,** 85,C.

banū 'Awf b. Mālik, tribù madinese. **Intr.** 42 tav. 4.

ibn 'Awf, la parcella di– in Khaybar. **7,** 41 no. 3.

ibn abī-l-'Awǵā al-Sulami, C. d. P., sua spedizione, **7,** 77.

a w l a b i-l-n u b a w w a h = più degna nell'arte profetica. **11,** 163 nota 4.

al-Awlāǵ, sito tra i Ǵudzām nell'Arabia settentrionale. **6,** 11.

ibn 'Awn, tradizionista. **11,** 16 nota 2.

al-'Awnīd, stazione tra Taymā e 'Ammān. **12,** 316 nota 6.

Aws Allah. Intr. 33.

Aws al-Lāt. Intr. 33.

Aws Manāt, corretto dai tradizionisti in Awsallah (Anṣār). **8,** 100 nota 2.

Aws b. 'Amr al-Anṣāri, al-Māzini [† 12. a. H.], C. d. P., ucciso a al-Yamāmah. **12,** 23 no. 32.

Aws b. Arqam b. Zayd b. Qays [† 3. a. H], C. d. P., ucciso a Uḥud. **3,** 54,B no. 33.

Aws b. Awf al-Māliki, al-Thaqafi, pagano. **9,** 10 — viene a Madīnah, 56 no. 5.

Aws b. Ḥabīb [† 7. a. H.], C. d. P., ucciso a Khaybar. **7,** 43 no. 22.

Aws b. Ḥarām al-Anṣāri [† 3. a. H.], C. d. P., ucciso a Uḥud. **3,** 54,B no. 62.

Aws b. al-Ḥārith al-Naǵrāni, cristiano, viene a Madīnah, **10,** 59.

Aws b. Ḥārithah al-'Anqā. Intr. 42 tav. 3.

Aws b. Khawli b. 'Abdallah b. al-Ḥārith, C. d. P., presente a Badr. **2,** 85,C no. 21; **6,** 32; **7,** 70; **9,** 72; **11,** 224 no. 10; **12,** 23 no. 137.

Aws b. Khuzaymah al-Huǵaymi, capo dei banū 'Amr (Tamīm). **11,** 163.

Aws b. Makhramah, un figlio di–. **7,** 42.

Aws b. Ma'z al-Anṣari [† 12. a. H.], C. d. P., ucciso a al-Yamāmah. **12,** 23 no. 33.

Aws b. Mi'yar (o **Mu'abbir**) **b. Lūdzān b. Sa'd,** pagano, ucciso a Badr. **2,** 88 no. 48.

Aws b. al-Qā·id (o **Fā·id,** o **Fātik,** o **Fākih**) [† 7. a. H.], C. d. P., ucciso a Khaybar. **7,** 43 no. 12.

Aws b. Qatādah [† 7. a. H.], C. d. P., ucciso a Khaybar. **7,** 43 no. 20.

Aws b. Qayẓi. 1, 60 no. 22 — guida del Profeta a Uḥud, **3,** 27 nota 1, 44; **9,** 35.

Aws b. Salamah al-Hawāzini, (? musulmano ucciso in Palestina). **12,** 363 nota 1 no. 7.

Aws b. al-Ṣāmit, C. d. P., presente a Badr. **2,** 85,C no. 30; **6,** 60.

Aws b. Thābit b. al-Mundzir b. Ḥarām al-Anṣāri [† 3. a. H.], C. d. P. all' 'Aqabah, **Intr.** 314 no. 15 — emigra, **1,** 15 no. 69, 50 — a Badr, **2,** 85,C no. 144 — ucciso a Uḥud, **3,** 54,B no. 74; **8,** 84.

banū-l-Aws [= Awsallah], stirpe madinese. **Intr.** 303, 334, 338, 342; **1,** 25, 36 nota 1, 38, 39, 41, 44, 45 [art. 10 20 30 31 32], 47, 48, 49, 50, 57, 69; **2,** 26, 43 nota 4, 84; **3,** 2, 18 — loro bandiera, 25, 31, 54,B, 59; **4,** 11, 13, 20 nota 1; **5,** 28 nota 1, 45, 47, 49, 50, 89 nota 2; **7,** 41 no. 13; **8,** 100 nota 2, 122, 124, 157 no. 12; **9,** 29, 72; **11,** 36 nota 1, 37 nota 1, 39,*a*, 56, 58, 59, 186, 224; **12,** 27, 113.

banū Aws Manāt, intendonsi forse gli Awsallah b. al-Namir. **12,** 223.

banū Aws b. 'Amr, un grande ramo dei Muzaynah. **5,** 17 nota 2.

'a w s a ǵ a h = l'arbusto di spino (*Rhamnus Diosc.* o *Ziziphus spina Christi*). **12,** 394.

'Awsaǵah, colline presso Dzū-l-Qaṣṣah. **11,** 116.

'Awsaǵah b. Ḥarmalah al-Ǵuhani, lettera di Maometto per–, **5,** 88.

Awsallah, tribù madinese, ossia i banū-l-Aws. **Intr.** 188.

Awṭās, presso Ḥunayn. **8,** 53, 114, 116, 118, 120, 124, 130, 140; **10,** 111.

al-'Awwām b. Khuwaylid, fratello di Khadīǵah. **Intr.** 41 tav. 2, 324 nota 1.

Axum, porto abissino = Auxomis. **Intr.** 109 nota 2, 272.

ā y a h = ambasciatori. **9,** 40.

ā y a h a l-r a ǵ m = versetto della lapidazione di adultera. **9,** 94 nota.

Ayfa' b. Bākūrā, nome proprio di Dzū-l-Kalā' al-Ḥimyari. **9,** 65.

'Ayhalah, nome proprio di al-Aswad al-'Ansi. **11,** 190.
al-Ayham b. al-Nu'mān al-Ghassāni, missione di 'Ammār a-. **7,** 80.
ibn al-Ayham, capo di Arabi ghassānidi ausiliari dei Persiani. **12,** 221; cfr. Ǵabalah al-Ayham?.
'Ayhāmah, nome di Mu'attib b. 'Awf b. 'Āmir. **Intr.** 277 no. 41; **2,** 85,A no. 54.
Aylah, città sul golfo di 'Aqabah. **6,** 11 nota 1 — trattato con Yuḥannah, re di-, **9,** 38, 40; **12,** 309, 316,*a* e nota 2, 319 nota 1, 322 nota 1, 330, 338, 362 nota 1, 370, 373.
'Aylān b. Mudar. Intr. 41 tav. 1.
'Aylān al-Nās b. Mudar. Intr. 49.
Aymā (Imā?) b. Rakhasah [o **Rakhsāh**], C. d. P. e suo agente presso i Ghifār. **8,** 51, 122; **9,** 27.
Ayman b. umm Ayman (o **b. 'Ubayd**) [† 8. a. H.], C. d. P., ucciso a Ḥunayn. **8,** 123, 18° no. 1.
Ayman b. 'Ubayd = Ayman b. umm Ayman. **8,** 138 no. 1.
abū Ayman [† 3. a. H.], cliente di 'Amr b. al-Ǵamūḥ, C. d. P., ucciso a Uḥud. **3,** 54,B no. 76.
umm Ayman Barakah al-Ḥabašiyyah, schiava abissina. **Intr.** 105 nota 2, 131; **8,** 138 no. 1; **11,** 11, 202.
al-'Ayn ('Ayn al-Tamr). **12,** 216.
'Ayn [al-]Ghamr, luogo tra Aylah e l'estremità del Mar Morto, alla bocca del Wādi al-Ghamr. **12,** 319 nota 1, 337.
'Ayn al-Tamr, presso al-Anbār nella Babilonide. **7,** 55 no. 62; **9,** 46; **12,** 162,*c* — sua espugnazione, 170 e nota 2,*a* — i prigionieri di guerra di- furono i primi che venissero spediti dall' 'Irāq, 170 nota 3,*b*, 171, 172, 176,*a*, 177, 178, 179, 180, 181, 184, 188 nota 1, 219, 220, 221, 222, 223, 231,*b*, 233, 234, 394, 395, 398, 399, 401, 412, 415, 418, 421, 422, 425, 431, 434.
'Aynayn, due sorgenti presso Qanāt (Madīnah). **3,** 21, 29, 37.
'Aynūn, in Palestina. **9,** 69 e nota 2.
ayyām al-nās o giornate degli uomini (storiche battaglie combattute fra grandi gruppi di tribù arabe). **12.** 280.
'Ayyāš b. abī Rabī'ah 'Amr b. al-Mughīrah al-Makhzūmi [† 12. a. H.], C. d. P., sua conversione, **Intr.** 229 no. 18 — emigra in Abissinia, 277 no. 40 — ritorna a Makkah, 283 no. 18 — sua apostasia, **1,** 15 e nota 1 — viene a Madīnah, 67; **9,** 62; **11,** 11 — ucciso ad al-Yamāmah, **12,** 43 no. 34.
abū 'Ayyaš 'Ubayd b. al-Ṣāmit al-Zuraqi, C. d. P. **4,** 2 no. 15; **6,** 3.
Ayyūb b. Bašīr, tradizionista. **11,** 8.
abū Ayyūb Khālid b. Zayd b. Kulayb al-Anṣāri, al-Naǵǵāri, C. d. P., all' 'Aqabah. **Intr.** 344 no. 9; **1,** 30, 31 — dimora del Profeta nella casa di-, 35 e nota 1, 50; **2,** 2, 6, 85,C no. 118; **7,** 36 nota 1; **11,** 228,*g*.
Āzād vedova dell'ucciso Śahr b. Bādzām. **11,** 196, 197.
Āzādbih. 12, 218; cfr. Āzādzbih.
Azādzbih, padre degli al-Zayābidzah nella Yamāmah, ausiliare (?) di Khālid b. al-Walīd. **12,** 191.
[al-]**Āzādzbih** (o **Azādbih**), generale persiano e marzubān di Ḥirah. **12,** 160,A, 165,*a* 205, 206, 213.
'Āzar, ebreo di Madīnah. **1,** 58 no. 38.
Āzar b. abū Āzar = Izār b. abī Izār, ebreo di Madīnah. **1,** 58 no. 40.
al-Azāriqah, setta Khāriǵita. **8,** 150 nota 1.
'Azāyah b. Aws, C. d. P. **3,** 28 no. 8.
banū Azd Ghassān. 11, 98 nota 2.
banū Azd Šanū'ah, tribù del Yaman. **Intr.** 229 — conversione ed ambasciata dei Thumālah e degli al-Ḥuddān, due rami degli-. **9,** 87; **10,** 20 — ambasciata, 21 e nota 1 — lettera a membri della tribù di-, **10,** 24, 57 e nota 2, 121; **11,** 98 nota 2, 186, 187 nota 1,*b*; **12,** 23 no. 117, 68, 827, 856,*e*, 859,*c*.
banū Azd Šanū'ah b. al-Ḥārith. Intr. 42 tav. 3.
banū Azd al-Sarāt, tribù del Yaman. **11,** 98 nota 2.

banū Azd 'Umān, tribù dell' 'Umān. **8,** 190, 191; **9,** 87; **10,** 126 nota 1; **11,** 87 no. 15 e nota 4, 88, 92,*b*, 93, 98, 104; **12,** 59 e nota 1, 60, 62, 63, 78 nota 5, 89.
banū-l-Azd b. al-Ghawth. **Intr.** 42 tav. 3.
Azdād, C. d. P. **12,** 214,*a*.
Azdūd, nella Palestina. **11,** 3,*f*.
al-Azhar, moschea di- al Cairo. **2,** 10.
Azhar, tradizionista. **11,** 16, nota 2.
Azhar b. 'Abd 'Awf, pagano, viene a Madīnah. **7,** 1 — pone i termini al Ḥaram di Makkah, **8,** 71.
'Azīm al-Baḥrayn. **6,** 54.
'Azīm Busra. **6,** 50.
'Azīm al-Qubṭ. **6,** 49.
'a z ī m i n = nobile. **Intr.** 34 nota 2.
'Azīz ('Abd al-raḥmān) b. Mālik b. Sawād b. Ǵadzīmah al-Dāri, viene a Madīnah, **9,** 70 no. 9.
'Azīz b. abī Sabrah Yazīd b. Mālik al-Ǵu'fi, viene a Madīnah, **10,** 51.
abū 'Azīz [Yazīd] b. 'Umayr b. Hāšim b. 'Abd Manāf al-'Abdari, pagano, prigioniero, a Badr, **2,** 89 no. 15; **3,** 16 no. 9 — ucciso a Uḥud, 55 no. 12.
'a z l = il giacere con una donna in modo da impedire la fecondazione. **5,** 9; **8,** 133.
al-Azraq, stazione tra Kūfah e 'Ammān. **12,** 417 nota 3 no. 10.
al-Azraq, schiavo fuggito da Ṭā'if. **8,** 150 nota 1 no. 2.
al-Azraqi [† 244. a. H.], cronista di Makkah, testo di-. **Intr.** 62 nota 5, 110 nota 3, 111 nota 1, 117 nota 1 e 3, 168; **11,** 218.
Azraqiti = al-Azāriqah. **8,** 150 nota 1.
'Azūk, arciere ebreo degli al-Nadīr. **4,** 12.
'Azwar, presso al-Ǵuḥfah (Madīnah). **1,** 76 nota 2.
abū 'Azzah 'Amr b. 'Abdallah b. 'Umayr al-Ǵumaḥi, poeta pagano. **2,** 75, 89 no. 33; **3,** 15 — mandato a morte dal Profeta, 55 no. 23, 59.
'Azzāl b. Šamwīl, ebreo di Madīnah. **1,** 58 no. 48.

Baal. **7,** 70 nota 1.
Βαάνης, generale greco, forse il governatore di Ḥimṣ. **12,** 403 nota 3; cfr. **Bāhān.**
Bāb banī 'Abd Šams, nel tempio makkano. **Intr.** 35 nota 1, 170.
Bāb Āl Uthmān, nel tempio di Madīnah. **1,** 32.
Bāb 'Ātikah, nel tempio di Madīnah. **1,** 32.
Bāb al-Ǵābiyah, porta di Damasco. **12,** 403.
Bāb Ǵibrīl, nel tempio di Madīnah. **1,** 32.
Bāb banī Makhzūm, nel tempio makkano. **10,** 74.
Bāb al-Masǵid, nel tempio makkano. **Intr.** 170.
Bāb al-Masǵid, nel tempio di Madīnah. **1,** 17 nota 1.
Bāb al-Raḥmah, nel tempio di Madīnah. **1,** 32.
Bāb al-Salām, nel tempio makkano. **Intr.** 35 nota 1, 170.
Bāb al-Šarqi, porta di Damasco. **12,** 403 e nota 3, 412.
Bāb banī Šaybah, nel tempio makkano. **Intr.** 35 nota 1, 170, 175 nota 1; **10,** 74.
Bābawayh, persiano, viene a Madīnah dal Yaman, **6,** 54.
Bābil = Babilonia, nell' 'Irāq. **12,** 170 nota 2,*a*, 184 nota 3,*a*.
Babilonesi (re). **Intr.** 31 — invasione di Arabia, 43, 44 — scienza astronomica dei-, **12,** 106, 137, 304.
Babilonia. **Intr.** 43, 73 nota 1, 130; **1,** 10, 38; **8,** 179; **11,** 89 nota 2; **12,** 107, 111, 113, 139 e nota 1, 170 nota 1,*c*, 396 nota 3.
Babilonide. **5,** 4 nota 1, **9,** 46; **10,** 115, 127; **11,** 72, 74, 161, 165 nota 2,*c*, 171, 214, 216 e nota 1; **12,**

103, 106, 107, 109, 110, 111, 112, 114, 115, 119 e nota 1, 121 nota 2 e 3, 132, 133, 137, 138, 139 e nota 1, 141, 145 nota 1, 146, 152, 153 nota 2, 155 nota 1,*b*, 160,A note 1,*a* e 4, 162 nota 2 — meridionale, 194 nota 2, 235, 253, 292, 304, 425.

ba'd insirāfihi min 'Umān = dopo il suo ritorno dall' 'Umān. **12,** 85.

ba'da šahrin = dopo un certo tempo. **12,** 415 nota 1.

al-Badā-i', sito presso Madīnah. **3,** 26.

bādi = Arabi nomadi. **10,** 42.

banū-l-Badi b. 'Āmir b. 'Awf b. Ḥārithah, tribù madinese. **2,** 85,C e no. 45.

al-bādiyah = deserto. **8,** 187; **9,** 87; **12,** 9.

al-Bādiyah min al-'Arab = Arabi Beduini. **12,** 363.

Bādiyah al-Šām, deserto Sirio. **6,** 11 nota 1; **12,** 417.

Bādiyah al-Samāwah, deserto dell'Arabia settentrionale. **12,** 170 nota 2,*c*.

Bādiyah bint Ghaylān b. Salamah al-Thaqafiyyah. 8, 151 e nota 2, 153.

Badr, battaglia di-. **Intr.** 13, 14, 163, 203, 248, 256 nota 1, 266, 283; **1,** 13 — versi elegiaci in lode dei pagani uccisi alla battaglia di-, 45 art. 1 nota 1, art. 18 nota 1, 47, 49, 50 nota 2, 60; **2,** 19 nota 2, 20 nota 1 e 2 — tradizioni sulla battaglia, 30-80, 82 — numero dei presenti, degli uccisi e dei prigionieri alla battaglia di-, 84 — nomi dei musulmani presenti alla battaglia di-, 85 — nota dei musulmani uccisi a-, 87 — nota dei pagani uccisi a-, 88 — nota dei Qurayš fatti prigionieri alla battaglia di-, 89, 90, 91 nota 1 — ordine degli eventi fra- e Uḥud, 92 — prigionieri di-, 98, 99, 104, 106, 107; **3,** 2, 3, 14, 15, 16, 21 nota 1, 24, 36 nota 1; **4,** 1 no. 6, 7, 17 — III spedizione di-, 18 — il grande mercato annuale, 18; **5,** 24 nota 1, 61, 68 — esame critico della battaglia di-, 70 e 71 — importanza storica della vittoria di-, 72 — evoluzione dell' Islām dopo la battaglia di-, 72 — effetti della battaglia di-, 73; **6,** 9, 30 nota 3; **7,** 43 no. 1 5 7 9 10 19, 44 no. 2 4, 55; **8,** 12 nota 1, 15 no. 4 5 6 8, 38, 50, 81, 83, 122 nota 1, 138 no. 3; **9,** 95; **10,** 32 — novero dei musulmani presenti a-, 89 e nota 2, 90, 92, 93, 99, 120 nota 1; **11,** 56 nota 1, 83 nota 1, 239, 242; **12,** 23 (no. 1 2 8 10 14 20 24 27 41 51 67 82 85 109 116 121 122 126 133 136 144 145), 41 nota 2, 269, 273, 276, 282, 435.

Badr al-Ūla, spedizione di-. **2,** 23 no. 7.

Badr b. Ḥārithah al-Tamīmi, seguace di Sagāḥ. **11,** 161 nota 1.

Badr b. Ḥarmalah, ḥalif dei Thaqīf, (?) C. d. P., ucciso dinanzi a Buṣra. **12,** 414 nota 1 no. 1.

banū Badr b. Ḍamrah, tribù vivente tra Makkah e Madīnah. **1,** 22 nota 1.

banū Badr b. Fazārah, tribù vivente presso Wādi al-Qura. **6,** 15, 18.

Bādūrayā, cantone dell' 'Irāq nel distretto di Istān al-'Āli. **12,** 170 nota 1,*a*, 227.

Bādzām (o **Bādzān**), governatore persiano di Ṣan'ā. **10,** 82 nota 2; **11,** 186, 187, 189, 190, 192 nota 1, 195 nota 1.

Bādzān. 6, 54; **10,** 80 — sua morte, 81, 82 e nota 2; **11,** 186; cfr. Bādzām.

Bagād [o **Bagār**], **b. al-Sā-ib b. 'Uwaymir b. 'Āmir al-Makhzūmi,** [† 12. a. H.] C. d. P., ucciso a al-Yamāmah, **12,** 23 no. 35.

Bagād [o **Bigād**] **b. 'Uthmān al-Ḍubay'i,** uno dei costruttori della moschea Masgid al-Ḍirār. **9,** 52 no. 11.

al-Baghawi [† 510. a. H.]. **Intr.** 111 nota 1; **11,** 166 nota 1,*a*.

Baghdād, il lusso della corte di-, **1,** 31 nota 3; **8,** 57 nota 1; **9,** 55 nota 1 — biblioteca in-, 70 nota 1; **11,** 58, 79; **12,** 23 no. 41, 170 nota 3,*a*, 222 — spedizione contro-, 227.

Baghrās, città della Siria. **12,** 313 nota 1,*b*.

Baghūm bint al-Mu'adzdzil, presente a Uḥud. **3,** 16 no. 4 — sua conversione, **8,** 76.

banū Bagīlah, tribù del Yaman. **9,** 64 — ambasciate dei-, **10,** 27, 126 nota 1; **11,** 87, 88, 98, 104, 186, 187 e nota 1,*i*; **12,** 394 nota 1,*b*.

Bāhān, patrizio e generale Greco (Βαάνης). **12,** 378 e nota 2, 380, 390.

banū Bahda, ramo dei banū 'Amr b. Tamīm. **11,** 168 no. 3.

banū Bāhilah, ambasciata dei–, **9**, 7, 8; **10**, 120 nota 1, 126 nota 1; **12**, 192 nota 2.

Baḥīrā, celebre leggenda dell'incontro fra Maometto e–, **Intr.** 113, 114 e nota, 128 nota 1, 135 — origine filologica del nome, 136, 154 e nota 1.

Bahman Ǵādzawayh, generale persiano. **12**, 200, 202, 213.

banū Bahrā b. 'Amr, tribù dell'Arabia settentrionale. **Intr.** 42 tav. 3; **2**, 85,C no. 41; **6**, 11; **8**, 10 — loro conversione, **9**, 83; **10**, 89 nota 2, 105; **12**, 89, 103, 221, 378, 394, 401.

Baḥr b. al-Furāt al-'Iǵlī, tradizionista. **12**, 204.

Baḥrah al-Rughā, sito tra Ḥunayn e Ṭā·if. **8**, 140.

Bahrām I, re sassanida. **12**, 122.

Bahrām IV, re sassanida. **12**, 124.

Bahrām V. Ǵūr (420.-438. a. È. V.). **12**, 121 nota 4, 125, 130 nota 1, 133, 144, 215.

Baḥrān, miniere di–, al nord di al-Fur'. **2**, 21.

Baḥrān o **Buḥrān**, spedizione di–. **3**, 8.

Baḥrayn, provincia orientale d'Arabia. **Intr.** 47; **6**, 54 — relazioni fra Maometto e le tribù del–, **8**, 177, 178 — conversione all'Islām di tribù Arabe nel–, 179 — missione di al-'Alā b. al-Ḥaḍrami nel–, 180, 181 e nota 1, 182, 183 — tasse del–, 184 e nota 1, 185 e nota 1, 187 e nota 1 — adoratori del cavallo nel–, 187 nota 1, 188, 189 nota 3 e 4 — esame critico della pretesa conversione del–, 189 — governatore del–, **9**, 3, 63 nota 1, 85; **10**, 34 nota 1, 55 nota 1, 71 no. 14, 105, 120 nota 1, 126 nota 1 — rapporti fra Maometto e le popolazioni dell'estremo oriente d'Arabia (Baḥrayn e 'Umān), 127, 128; **11**, 74, 87 no. 13, 88, 93 nota 2, 103, 105, 109 nota 1, 124 no. 11, 168 — probabile sede dei Kaldi o Caldei (Baḥrayn e Yamāmah), 171 nota 1,*b*, 187 nota 1,*f*, 195, 241; **12**, 37 — la Riddah nel–, 37-58, 90, 100, 102, 106, 109 nota 3, 133, 139 nota 1, 155 nota 3, 157 nota 1, 192 nota 7, 230, 270, 278 nota 1, 316,*b*, 378, 415, 418.

Baḥri b. 'Amr, ebreo di Madīnah. **1**, 58 no. 26.

Bahurasīr (**Madā·in**). **12**, 213.

Baḥzaǵ, madinese avversario di Maometto. **1**, 60 no. 11; **9**, 52 no. 10.

ba'īr, camela grassa di 6 anni. **12**, 78.

Ba-i-lu, antica regina d'Arabia. **11**, 164.

Bakht Naṣṣar = Nabuccodonosor o Nebucadnezzar. **Intr.** 43.

abū-l-Bakhtari b. al-'Āṣ, cfr. abū-l-Bakhtari al-'Āṣ ecc.

abū-l-Bakhtari al-'Āṣ b. Hišām b. al-Ḥārith, avversario del Profeta in Makkah. **Intr.** 238 no. 3, 255 no. 5, 289, 299, 306, 349 nota 1; **1**, 17 no. 9; **2**, 40 no. 9 e nota 1 no. 5, 52 no. 3, 65 — sua morte a Badr, 88 no. 18 — sua biografia, 106.

abū-l-Bakhtari b. Hišām, cfr. abū-l-Bakhtari al-'Āṣ b. Hišām.

banū-l-Bakkā (**'Āmir b. Ṣa'ṣa'ah**), tribù vivente tra Makkah e Madīnah. **1**, 22 nota 1 no. 12 — loro conversione, **9**, 79.

Bakkah = Makkah. **Intr.** 71.

al-Bakkā·ūn = i Piagnoni. **9**, 27 e nota 1.

bakr = vitello. **11**, 85.

abū bakr, padre del vitello. **11**, 131.

abū Bakr [† 13. a. H.], C. d. P., poi primo Califfo. **Intr.** 20 nota 1, 21, 29, 34 nota 3, 41 tav. 1, 90 nota 1, 145, 176, 223 nota 1 — il primo uomo ad abbracciare l'Islām, **Intr.** 224, 227, 234 nota 1, 245 e nota 1 — il primo predicatore, awwal khaṭīb, dell'Islām, 245 nota 2, 251, 252 e nota, 285, 290 nota 1, 305, 320 nota 1, 322 — chiamato col cognome di « Veritiero », al-Ṣiddīq, 322, 352 nota 1; **1**, 16, 17, 19, 20, 21 nota 1 e 4, 22, 23, 29, 31 nota 2, 50, 53, 71 — casa di– in al-Sunḥ, 77; **2**, 9, 17, 43 — moschea eretta da–, 45, 46, 52, 58, 64, 67, 72, 74, 85,A no. 45, 88 no. 19; **3**, 25, 40, 42; **4**, 6 no. 1, 11 nota 1 no. 2, 18; **5**, 8, 13, 26, 29, 74; **6**, 2, 5 nota 1, 28, 30 nota 1, 35; **7**, 17, 42 e nota 4, 47 nota 3, 62, 66; **8**, 11, 30, 32 e nota 1, 47, 49, 62, 65 e nota 1, 99 nota 1, 123, 139, 140, 148, 152, 153, 157 no. 3, 164, 175 nota 2, 202; **9**, 23, 24, 26, 29, 36, 46, 57, 70 nota 1, 73; **10**, 33 nota 2,

67 nota 3, 72, 73, 82 e nota 2 e 3, 110 nota 1, 125, 134, 139 nota; **11**, 8 e note 2 e 3, 15 — nomina di-, a direttore della preghiera pubblica, dal Profeta moribondo, 16 e nota 1, 17, 18 e nota 1,*a*, 19, 20, 24 e nota 1, 26 — elezione di-, 36, 37 — elenchi dei nomi di coloro che si rifiutarono di riconoscere l'elezione di-, 37 nota 3,*e*, 38, 39,*a* e nota 1 e 2,*a*, 40, 41, 42 e nota 1, 43 e nota 1,*a*, 44, 45, 46 e nota 1, 47 nota 1, 48, 52 nota 1 — riassunto ed esame delle tradizioni sulla morte del Profeta e sulla elezione di-, 55 e nota 3, 56, 57, 58 — l'elezione di- non era legale, 59, 63 nota 1, 65 nota 1 e 2, 66 e nota 2 — vero significato dell'elezione di-, 67 e nota 1, 69, 75, 83, 85 nota 1 e 2, 86, 87, 90 e nota 1,*a*, 92,*a*, 94 e nota 1, 95, 96, 98, 99, 102, 106,*a* e nota 1,*a*, 108 e nota 1, 109 e nota 3, — rapporti di- con 'Umar, 109 nota 1, 110, 112, 113, 114, 115, 116, 117 e nota 1, 118, 119 e nota 4, 120 e nota 2, 122, 123 — lettera circolare scritta per ordine di-, 124 nota 4, 124-126, 130-132, 142, 145, 148, 151-153, 156, 159,*a*, 163 e nota 2, 164 nota 1,*a*, 174, 177, 180-184, 190 — contegno del califfo- verso i capi ribelli 'Uyaynah e Qurrah, 154, 198,*c*, 200, 201, 202 nota 1 — dissidio fra 'Ali e- 203 e nota, 204, 205 nota 1 e 2, 208 e nota 1, 210, 225 e nota 1, 228,*f*, 229 no. 1, 231 e nota 2, 232 e nota 1,*b*, 238,*b*; **12**, 1 e nota 2,*a*, 26, 28, 29, 31,*a*, 34, 35, 36, 37, 44 nota 1, 45, 50, 56, 59 e nota 1, 60 nota 1, 62 nota 2 3 e 4, 65 e nota 4, 67, 69, 70, 71-76, 78 note 6,*b* e 8, 80 nota 1 e 2, 81-87, 90, 95-100, 102, 104, 129, 152 nota 1, 153 nota 2, 155,*a* e nota 5, 156 e nota 2, 157, 159 e nota 1,*a*, 160, 162,*a*, 164,*a*, 165 nota 1, 170,*b*, 171, 177 nota 2, 181, 184,*b*, 186, 187, 188, 190 e nota 1, 204, 208, 217, 224, 230, 233, 234, 235, 301, 305, 306, 311 e nota 1 no. 3, 312, 316 nota 1, 317 e nota 1,*b* e 2,*b*, 318, 319, 321, 322 e nota 2 e 5, 323, 324 e nota 1, 325, 326, 327, 329, 330, 333, 339, 345, 348, 349, 352, 356,*a*, 357,*d*, 359,*a*, 360, 362, 368 nota 1, 373 e nota 1 — rapporti con 'Umar, 377 nota 1, 378, 381, 383, 389, 392, 394 e nota 1 *a*, 397, 398, 399, 400,*b*, 405 nota 1, 408, 413, 415, 429 nota 1,*b*, 430, 432.

abū Bakr al-Bayhaqi, tradizionista. **12**, 394 nota 6,*c*.

abū Bakr al-Hudzali, tradizionista. **10**, 32,A.

abū Bakr b. **'Abdallah b. abī Ǵahm Ǵuḥaym al-'Adawi,** tradizionista. **11**, 148, 205,*a*, 220,*a*.

abū Bakr Aḥmad b. Muḥ. al-'Aydzi, [† 590. a. H.], sua patria, **12**, 68 nota 1.

abū Bakr ibn al-Lālakā·i, tradizionista, **12**, 322 nota 6, 394 nota 6,*c*.

abū Bakr b. **Misma'**, musulmano del Baḥrayn. **12**, 57.

abū Bakr b. **Muḥ. al-Khuzā'i,** tradizionista. **11**, 38.

abū Bakr b. **abī Quḥāfah** [† 13. a. H.]; cfr. abū Bakr.

abū Bakr al-Siddīq [† 13. a. H.]. cfr. abū Bakr.

banū Bakr b. **'Abd Manāt b. Kinānah,** tribù vivente presso Makkah. **Intr.** 41 tav. 1, 76, 99, 120; **2**, 38; **6**, 26, 35; **8**, 39, 40 e nota 1, 60, 71 nota; **9**, 14.

banū Bakr b. **'Awf b. al-Nakha'**, tribù del Yaman. **7**, 82 no. 2.

banū Bakr b. **Hawāzin,** tribù. **Intr.** 41 tav. 1.

banū [**abī**] **Bakr b. Kilāb,** tribù del Naǵd. **6**, 1; **10**, 139 no. 16 e 19.

banū Bakr b. **Wā·il,** tribù vivente sui confini dell'impero persiano. **Intr.** 41 tav. 1, 47, 230 nota 1, 310 e nota 1 — i banū 'Iǵl b. Luǵaym, un ramo dei-, **2**, 85,A no. 62; **3**, 9, 20, 64; **4**, 9; **8**, 10, 179, 187; **9**, 81 — missione dei banū Šaybān, 85 — ambasciata dei-, 91 — trattative con i-, **10**, 43 e nota 1, 44 e nota 1, 89 nota 2, 106, 107; **11**, 87 no. 11 e nota 3, 88, 165; **12**, 46, 51, 53 55, 57, 89, 102, 113 nota 1,*c*, 134, 135, 151, 152, 153 nota 2, 155 e nota 2,*b* 3 7 8 e 10, 156 nota 2, 160,A nota 1,*d* e 4, 165,*a*, 170 nota 3,*b*, 175 e nota 1, 187 e nota 5, 188 note 1 e 5, 189 no. 8, 192 nota 7, 202, 225, 227, 228,*b*, 235 — cristiani e pagani, 235 nota 1, 236, 267, 290, 306, 310, 312, 356 nota 2, 404 nota 1, 418, 425.

bakrah = bestia giovane. **12**, 78.

abū Bakrah Nufay' b. **Masrūḥ,** C. d. P., schiavo fuggito da Ṭā·if. **8**, 150 nota 1 no. 1.

al-Bakri (abū 'Ubayd 'Abdallah b. 'Abd al-'azīz) [† 487. a. H.]. **11**, 3,*d*, 146 nota *b*; **12**, 351 nota 1,*b*.

al-ba'l = terreni che godono di un periodo di pioggia annua. **9**, 48 e nota 1.

Ba'labakk, città della Siria. **12**, 408.

al-Balādzuri (abū-l-'Abbās Aḥmad b. Yaḥya b. Ǵābir) [† 279. a. H.]. **8,** 184 nota 2, 188, 191 e nota 1, 192; **9,** 46; **10,** 110 nota 1; **11,** 70, 71, 82 nota 1, 95 nota 1, 119 nota 5, 129 nota 1, 147, 150,*a*, 161, 178, 188 nota 1, 190 e nota 3, 211, 221; **12,** 37, 38, 41, 42, 57 nota 1, 85 e nota 1, 87, 155,*a* e nota 2,*a* 2,*b* 12 16, 160, 160,A nota 1,*d* 7, 161, 162 nota 3,*a*, 170,*a*, 172, 173,*a*, 174 e nota 1, 175, 176,*a* 177, 178, 179, 180, 185, 235 nota 1, 322, 323 e nota 2,*b*, 326 nota 1, 337, 339, 340, 341, 348 nota 1, 353, 355 nota 1, 365, 366, 367, 368, 371, 388, 393 e nota 1,*b*, 401, 403, 405, 415 nota 1, 420, 421, 422, 423.

b a l a ḥ = datteri mezzo-maturi. **7,** 14 nota 2.

Balcani. **Intr.** 1 — invasione degli Slavi e degli Unni nella penisola dei–, **12,** 241, 243, 244, 267.

Baldaḥ, sito presso Makkah. **6,** 27, 28.

Balena, pesce, probabilmente una specie di–. **8,** 35.

Balestre. **9,** 10.

Balhā bint Ya'rub b. Qaḥṭān, moglie di 'Adnān. **Intr.** 43.

banū Bali b. 'Amr (Quḍā'ah), tribù vivente a settentrione di Madīnah. **Intr.** 42 tav. 3; **1,** 38 nota 2; **2,** 85,B no. 23; **5,** 85 nota 1; **8,** 10, 30, 31 — loro conversione, **9,** 16, 17, 18, 21; **10,** 60, 105, 125, 126 nota 1; **11,** 66 nota 2, 123 nota 2; **12,** 89, 176 nota 3, 188 nota 1, 320.

Bālis, in Siria. **12,** 113 nota 1,*f*.

Balkathah, sito nel paese dei Ǵuhaynah. **5,** 88.

Ballerine, versi inneggianti al vino ed all'amore con cantanti e–. **7,** 55 no. 65.

Ballerini, orientalista. **12,** 269.

al-Balqā, in Siria. **Intr.** 135, 187; **6,** 52; **8,** 4, 6, 10 e nota 2; **9,** 24, 39 nota 1 — spedizione di Usāmah, **11,** 3, 4, 106,*a* e nota 1,*b*, 110; **12,** 309 nota 2, 310,*a* e note 4 e 5, 327, 344 e nota 1, 351 nota 1,*b*, 353, 368, 378 nota 1, 406.

Balqayn = banū-l-Qayn, tribù dell'Arabia settentrionale. **8,** 30, 31; cfr. banū-l-Qayn.

Bā·lūs, città sul confine arabo-persiano. **12,** 133 nota 2.

Bambini. **8,** 125.

al-Banā al-ǵalīl bi-ḥakam balad al-Khalīl. **9,** 70.

B ā n a t S u ' ā d, poema di Ka'b b. Zuhayr. **9,** 9 e nota 1.

Banāt Ya'qūb, ponte sul Giordano. **12,** 319 nota 2.

Bānbūrā, distretto dell' 'Irāq. **12,** 211 no. 3.

Banco famoso della moschea di Madīnah. **Intr.** 26 nota 2, 32; cfr. ṣ u f f a h,

Bandiera, l i w ā. **3,** 25, 66 e nota 2; **4,** 18; **5,** 23, 44, 45; **7,** 82; **8,** 25, 51 — rossa, 123; **9,** 48; **10,** 17.

Banditi, musulmani che fanno apertamente i–. **1,** 76 nota 5; **7,** 2 e nota 1.

Bando dei Qurayš contro Maometto e i banū Hāšim. **Intr.** 205, 282 nota 1, 287, 288, 289, 303, 304, 306, 308, 324 nota 2, 330; **2,** 65.

Bāniqyā, in siriaco B e t h N e q y ā, villaggio nel Sawād, sottomesso dagli Arabi con trattato. **12,** 162, 162,*a* e note 3,*c* e 4, 164,*g*,*h*, 165,*a*, 168 e nota 1, 172, 173,*b* — importanza del trattato, 173 nota 1, 174, 183, 210 nota 3, 211 no. 2, 218, 228,*b*, 236, 412.

Bānqyā. **12,** 173,*b*; cfr. Baniqyā.

al-Baq', sito presso Madīnah. **2,** 43 e nota 1.

Baq'ā, a 24 miglia da Madīnah, forse lo stesso sito di Dzū-l-Qaṣṣah. **5,** 8 e nota 2, 11; **11,** 115, 116, 117.

a l-b a q a r, vacche e tori selvatici (forse antilopi). **9,** 45.

al-Baqī', famoso cimitero di Madīnah. **1,** 32, 87; **2,** 77, 108; **3,** 4 e nota 2; **4,** 22; **5,** 24, 30, 53; **9,** 57; **10,** 1 e nota 2, 20, 32,A; **11,** 6, 48, 59, 159,*b*, 207; **12,** 362.

Baqī' al-Gharqad, **1,** 32. cfr. al-Baqī'.

Baqī' al-Khabǵabah, nelle vicinanze di Baqī' al-Gharqad. **1,** 32.

Baqī' al-Khudmāt, avvallamento nel terreno dei banū Bayāḍah, in Madīnah. **Intr.** 337.

Baqiyyah b. al-Walīd, tradizionista. **12,** 343 nota 1,*b*.

Baqqah, luogo vicino a Ḥirah. **11,** 165 nota 2,*c*, 211.

al-Baqrah, la II sūrah del Qurān. **10**, 33.
Bāqūl o **Bāqūm**, falegname costruttore del minbar. **7**, 79; **8**, 202.
Bāqūm. Intr. 167 nota 1; **7**, 79; **8**, 202; cfr. Bāqūl.
Bāqusyathā, sito nel Sawād. **12**, 162 nota 3,*d*.
al-Barā b. Aws b. Khālid b. al-Ǵa'd al-Naǵǵari, C. d. P., **8**, 196.
al-Barā b. 'Āzib, C. d. P. **2**, 43 nota 2 no. 3; **3**, 26 no. 6; **5**, 27; **6**, 29; **10**, 17; **11**, 37 nota 3 no. 10; **12**, 23 no. 95.
al-Barā b. Fulān. 12, 1; cfr. al-Barā b. Mālik.
al-Barā b. Mālik, C. d. P. **12**, 1, 8 e nota 1, 10,*c*, 11,*b*, 44.
al-Barā b. Ma'rūr b. Sakhr b. Sābiq al-Ansāri, C. d. P., presente all' 'Aqabah, **Intr.** 341, 342 no. 5; **1**, 84; **5**, 66; cfr. abū Bišr al-Barā b. Ma'rūr ecc.
abū Barā 'Āmir b. Mālik b. Ǵa'far, detto Mulā'ib al-Asinnah, capo degli 'Āmir b. Sa'ṣa'ah. **4**, 5.
ibn abī-l-Barā, capo dei Kilāb. **8**, 114.
Barā·ah, la IX sūrah del Qurān. **9**, 73.
Baracche di legno [o 'urūš], presso il tempio makkano. **7**, 70.
al-Baradān, paese dell' 'Irāq, prime trattative con gli Arabi, **12**, 179 nota 1, 222 nota 2,*b*, 223 e nota 3,*b*.
Barāḥā, o Bi·r Ḥā, o Bayrāḥā, fondo presso Madīnah. **5**, 15.
Barahūt, luogo nel Ḥadramawt. **12**, 78.
Barakah bint Yasār, emigra in Abissinia. **Intr.** 277 no. 11; **7**, 55 no. 28; 56 no. 28.
Barakhyā (Baruch). Intr. 44.
Barbari. 12, 286.
Barche leggere costruite di legnami strettamente legati insieme con corde. **Intr.** 109 nota 1.
barīd, tappa postale, distanza di circa 12 miglia arabe. **2**, 18,A nota 1, 19 nota 2; **7**, 10 nota 2.
al-barīd, il servizio governativo dei corrieri. **12**, 316 nota 6.
al-Bāridah bint 'Awf b. Ghanm b. 'Abdallah b. Ghatafān, moglie di Lu·ayy b. Ghālib. **Intr.** 58.
banū Bāriq, stirpe Azdita dei-. **Intr.** 55 — ambasciata, **10**, 57 e nota 2.
Barīrah, la schiava di 'Ā·išah. **5**, 14.
al-barr = il deserto. **12**, 402.
al-Barrā (sic) **b. 'Āzib. 3**, 26 no. 6; cfr. al-Barā b. 'Āzib.
Barrah, antico nome di Zaynab bint Ǵaḥš. **3**, 10.
Barrah bint 'Abd al-Muttalib b. Hāšim. Intr. 102; **4**, 2 no. 1.
Barrah bint Mas'ūd, cfr. Barzah bint Mas'ūd.
Barrah bint Murr b. Udd, moglie di Khuzaymah b. Mudrikah. **Intr.** 52, 53.
Barrah bint Qusayy. Intr. 80.
al-barriyyah = steppe. **12**, 398.
Barsauma, vescovo di Nişībīn. **12**, 146.
Barthān, sito presso Madīnah. **5**, 14.
Barthema (Luigi), viaggiatore. **11**, 62 nota 2.
Baruch, v. Barakhyā.
Bārūsmā, nome arabo per Beth Aršam, villaggio nel Sawād. **12**, 162, 162,*a* e note 3,*d* e 4 — o Mārusmā, 164,*h*, 183, 395.
Barwīz b. Hurmuz b. Anūširwān, re sassanida. **Intr.** 123, 144, 173, 203; cfr. Khusraw Abarwiz.
Barzah [o **Barrah**] **bint Mas'ūd al-Thaqafiyyah**, moglie di abū Sufyān. **3**, 16 no. 8.
abū Barzah al-Aslami, uccide un arabo presso la Ka'bah. **8**, 82.
Basbas b. 'Amr, spia del Profeta a Badr. **2**, 43, 44, 47, 48, 85,C no. 50.
bašīr nadzīr, nomi assunti da Maometto. **Intr.** 197, 198, 199.
Bašīr, soprannome di abū Lubābah. **2**, 85,B no. 36.
Bašīr b. 'Abdallah al-Ansāri, al-Khazraǵi [† 12. a. H.], C. d. P., ucciso a al-Yamāmah, **12**, 23 no. 86.

Bašīr b. 'Atīk b. Qays b. al-Ḥārith b. Hayšah al-Anṣārī [† 12. a. H.], C. d. P., ucciso a al-Yamāmah, **12,** 23 no. 37.

Bašīr b. al-Khaṣāṣiyyah al-Dzuhli, dei Bakr b. Wā·il, viene a Madīnah, **10,** 44 — prende parte alla campagna nell' 'Irāq, **12,** 211 no. 3, 217 no. 2, 408.

Bašīr b. Nahīk, discepolo di abū Hurayrah. **Intr.** 26.

Bašīr b. Sa'd [b. Naṣr] b. Tha'labah b. Khallāṣ al-Anṣari al-Khazraǵi [† 12. a. H.], C. d. P. **Intr.** 344 no. 20; **2,** 85,B no. 5; **7,** 63, 66, 69, 70; **11,** 39,*a*, 224 no. 8 — si batte nell' 'Irāq, **12,** 172, 178, 214,*a*, 228,*b* — ucciso ad 'Ayn al-Tamr, 412 — biografia, 432.

abū Baṣīr. 10, 98; cfr. abū Baṣīr Usayd b. Ḥārithah.

abū Baṣīr Usayd b. Ḥārithah al-Thaqafi. 6, 8 nota 1; **7,** 1 — lettera spedita da Maometto alla banda di-, 2; **10,** 98; **12,** 435.

Basmā. 12, 210 nota 3, 211 no. 2; cfr. Bārūsmā.

Baṣrah, colonia militare. **Intr.** 29; **1,** 79; **5,** 93.A nota 1; **6,** 7; **7,** 55 no. 65; **8,** 5 nota 1, 150 nota 1 no. 1; **9,** 7 nota 1, 12 nota 1, 87, 92; **10,** 123; **11,** 79 e nota 1, 87 nota 4, 146 nota 1,*b*, 160, 161, 163 nota 4, 173, 230 nota 1; **12,** 24 nota 1, 55 nota 2, 61, 101, 133 nota 2, 151, 155,*a* e note 2,*b* 6,*d* 9,*a* 11,*b* 14 15, 157 e nota 2, 158 nota 2, 160,A nota 4, 176,*a* no. 1, 192 note 2 e 7, 194 e nota 2, 196 nota 1, 225, 230.

abū Baṣrah, pensionato di Khaybar. **7,** 42.

al-Bāssah, antica denominazione della valle di Makkah. **Intr.** 71.

Baššār = Yasār, cliente del Profeta. **10,** 142 no. 16.

al-Baṭā·iḥ, grandi pantani dell' Eufrate. **12,** 155 nota 15.

Baṭā·iḥ Makkah, bassure di Makkah. **Intr.** 59; cfr. al-Baṭḥā.

al-Bāṭalīq, ? generale greco. **12,** 361.

baṭāriqah = i patrizi. **6,** 50; **12,** 361.

al-Baṭḥā, parti basse di Makkah. **Intr.** 96; **1,** 19, 78 nota 3.

Baṭḥā ibn Azhar, valle tra Madinah e Yanbu'. **2,** 20 e nota 2 no. 3, 45.

al-Bathaniyyah, regione della Palestina deserta, al sud di Damasco. **12,** 340 nota 2, 388, 406.

baṭn = bassura del suolo. **1,** 76 nota 2.

Baṭn Hayqā, bassura tra Madīnah e Dzū-l-Qaṣṣah. **6,** 6.

Baṭn Idam, bassura a nord di Madīnah. **8,** 49.

Baṭn al-Ka'bah, bassura della Ka'bah in Makkah. **Intr.** 62 nota 5.

Baṭn Malal, bassura a due giorni da Madīnah.

Baṭn Marr [al-Ẓahrān], presso Makkah. **7,** 69 nota 3; **8,** 39; cfr. Marr al-Ẓahrān.

Baṭn Masḥab [o Masḥā], nel paese dei Khath'am a mezzodi di Makkah. **9,** 13.

Baṭn Nakhl, bassura a 4 miglia da Madīnah. **6,** 7.

Baṭn Nakhl, nel Naǵd, presso al-Naqirah [o Naqrah]. **7,** 65 e nota 2.

Baṭn Nakhlah, valle presso Makkah. **8,** 25 nota 1.

Baṭn Qanāt, presso Madinah. **3,** 53; **11,** 114, 116.

Baṭn Rābigh, valle tra Makkah e Madīnah. **1,** 76 e nota 2; cfr. Rābigh.

Baṭn Ri·m, tra Makkah e Madīnah. **1,** 22.

Baṭn al-Sabkhah, bassura a nord di Madīnah, presso Uḥud. **3,** 21.

Baṭn Sarif, presso Makkah. **4,** 4; **8,** 53.

Baṭn Waǵǵ, presso Ṭā·if, santuario pagano. **9,** 58 nota 4.

Baṭn Yaǵīǵ, presso i confini del Ḥaram di Makkah. **7,** 70, 76.

al-Batrā, tra Madīnah e Tabūk. **6,** 2; **9,** 30 no. 12.

Baṭrīq = Patrizio, di Ghazzah. **12,** 340 nota 2, 344, 357 e nota 1, 395, 405.

Battaglia del Ponte nell' 'Irāq (13. a. H.). **2,** 85,B no. 12; **12,** 16,c, 160,A nota 4.

Baṭṭār o **Bayyār,** nome di una spada del Profeta. **2,** 97 nota 1; **10,** 144.

Battesimale, immersione completa del corpo nel fonte-. **12,** 241 nota 1.

al-Ba'ūdah, un sito dei banū Tamim presso al-Buṭāḥ. **11.** 178, 180.
al-bawādi = le regioni deserte. **8,** 191.
al-Bawāzīǵ, paese dell' 'Irāq, suo accordo con i Musulmani. **12,** 218.
Bawāzīǵ al-Anbār. **12,** 174 nota 2,*a*; cfr. Bawāzīǵ,
banū Bawlān b. 'Amr, tribù. **Intr.** 42 tav. 3; **10,** 35 no. 5; **11,** 211.
bayād... bihā = lebbra. **8,** 176; **10,** 139 no. 17.
banū Bayādah b. 'Āmir b. Zurayq, tribù di Madīnah. **Intr.** 337; **2,** 85,C; **4,** 7 no. 6, 41 no. 17; **10,** 71 no. 2.
bay'ah = prestazione di giuramento. **Intr.** 347 nota 1.
Bay'ah al-Ḥarb, giuramento all' 'Aqabah. **Intr.** 347.
Bay'ah al-Nisā, giuramento all' 'Aqabah. **Intr.** 336 nota 1, 347 e nota 1.
Bay'ah al-Ridwān, giuramento di al-Ḥudaybiyyah. **6,** 33.
Bay'ah taḥt al-Šaǵrah, giuramento di al-Ḥudaybiyyah. **6,** 33.
al-baydā = l'argento. **12,** 24,*a*.
al-Baydā, nome di arco. **2,** 97 nota 1.
al-Baydā, sito tra Makkah e Madīnah. **6,** 3, 26; **7,** 69; **8,** 57; **10,** 73.
al-Baydā bint 'Abd al-Muttalib. **Intr.** 102.
baydah = elmo, presso gli Arabi. **12,** 275.
al-Baydāwi ('Abdallah b. 'Umar, al-Qādi) [† 685. o 692. a. H.]. **Intr.** 215 nota 3, 281; **11,** 165.
al-Bayhaqi [† 480. a. H.]. **Intr.** 281.
al-Bayhaqi [† 556. a. H.]. **10,** 1 nota 2.
Bayḥarah b. Firās. **Intr.** 532.
bayn al-qarnayn. **4,** 2.
bayn yadayhi. **11,** 222.
Bayraḥā. **5,** 15; cfr. Barāḥā.
Bayš, nel Yaman. **9,** 87; **11,** 195 nota 2,*a*.
Baysān (Bethsean), città della Palestina. **12,** 319 nota 2, 321 nota 1.
bayt = casa, ossia la Ka'bah. **Intr.** 284.
bayt = casa. **1,** 35 nota 1.
Bayt 'Aynūn, in Palestina. **9,** 70 e nota 1.
Bayt Ǵibrīn, paese della Palestina meridionale. **12,** 316 nota 2, 407.
Bayt Ibrāhīm, in Palestina. **9,** 70 nota 1.
Bayt Kharīn, leggi: Ǵibrīn. **12,** 407.
bayt al-nār = l'inferno. **8,** 188.
Bayt Ra·s, paese della Palestina settentrionale. **12,** 321 nota 1.
Bayt al-'Uzzāb, ossia la Casa degli scapoli in Qubā (Madīnah). **1,** 26; **2,** 87 no. 7.
bayyān = chiara esposizione. **10,** 14.
Bayyār o **Battār,** nome di una spada del Profeta. **2,** 97 nota 1.
bazz = stoffe fini. **9,** 40.
Beduini, campo dei-. **Intr.** 31, 110 nota 1 — consuetudini dei-, 122, 287; **1,** 9; **2,** 16; **3,** 6, 24; **5,** 18,A; **7,** 61; **8,** 3, 5, 22 nota 3, 43, 99, 104, 145, 161, 162; **9,** 27, 29 — irreligiosità dei-, **10,** 89 nota 4, 99 — partito dei-, 115, 116; **11,** 72; **12,** 9, 13,*a*, 132 nota 1,*b*, 155 nota 5, 207 nota 1, 306, 327 nota 1,*a*.
Beit Darayē, paese nella valle Tigro-Eufratica. **12,** 144 nota 1.
Beit Garmai, paese nella valle Tigro-Eufratica. **12,** 142 e nota 1 no. 11.
Beit Hunayé, paese della valle Tigro-Eufratica. **12,** 142 nota 1 no. 4'.
Beit Lapat, paese nella valle Tigro-Eufratica. **12,** 142 nota 1 no. 6.
Beit Zabde, Mesopotamia. **12,** 142 nota 1.
Belesfar. **12,** 144 nota 1.
Belisario, salva Giustiniano imperatore dalla sommossa popolare e Costantinopoli dagli Unni. **12,** 242.

Berberi. **8,** 187.
Belgrado. **1,** 11 nota 1.
Beth Aramājē. **12,** 155 nota 1,*c*.
Beth Aršam, in arabo Bārūsmā. **12,** 162 nota 3,*d*.
Beth Neqyā, vocabolo siriaco di Bāniqyā. **12,** 162 nota 3,*c*.
Betlemme. **12,** 262.
Bettolieri. **10,** 33 nota 4.
bi-sawṯihi = per sua porzione personale. **11,** 90.
Bibbia. **Intr.** 103 nota 1, 114 — l'unicorno menzionato nella-, **9,** 45 nota 2.
Biblioteche di Londra, Parigi e Berlino. **Intr.** 4 — in Baghdād, **9,** 70 nota 1.
Biǵād b. Uthmān b. 'Āmir, avversario di Maometto in Madīnah. **1,** 60 no. 4; **8,** 129.
Bihistun, iscrizione di-. **12,** 112.
Bihqubādz al-Asfal, distretto del Sawād. **12,** 160,A nota 3, 162 nota 8, 211.
Bihqubādz al-Awsaṭ, distretto dell' 'Irāq. **12,** 211.
Bilād al-Asad, il paese degli Asad nel Naǵd. **11,** 6 nota 1. 123 — insurrezione di Ṭulayḥah nel-, 127.
Bilāl b. al-Ḥārith al-Muzani [† 60 a. H.], sua nascita. **Intr.** 164; **5,** 13, 18; **8,** 51, 122; **10,** 3 — messo di Khālid b. al-Walīd. **12,** 411.
Bilāl b. Riyāḥ [o **Rabāh,** o **Ribāb**] **al-Ḥabaši,** C. d. P. e primo mu·adzdzin dell'Islām. **Intr.** 251 e nota 1; **1,** 15 nota 3, 50 – inscritto nel ruolo dei Khath'amiti, **1,** 50 nota 2, 54 e nota 1, 71; **2,** 69, 85,A no. 46, 88 no. 21 46; **6,** 13; **7,** 36, 72, 73; **8,** 65, 169; **9,** 4, 38, 60; **10,** 27, 142,*c*.
Billi, nome moderno per i Bali. **9,** 16.
Binday, o **Vindoj,** zio di Khusraw Barwīz. **12.** 216.
Bi·r Ayyūb, pozzo vicino a Madīnah. **1,** 32.
Bi·r Dzū-Arwān, pozzo nelle vicinanze della moschea di Madīnah. **7,** 4.
Bi·r Ǵamal (o **Ḥaml**), pozzo presso al-Ǵurf (Madīnah). **11,** 5 nota 3.
Bi·r Ǵušam, pozzo presso al-Ǵurf (Madīnah). **11,** 5 nota 3.
Bi·r Ḥā. **5,** 15; cfr. Barāḥā.
Bi·r Iram, nel territorio di Ḥisma presso Tabūk. **6,** 11 nota 1.
Bi·r Ma'ūnah, spedizione di-. **Intr.** 252 nota 1; **2,** 22; **4,** 1 no. 2; **3,** 5 nota 3 — nota degli uccisi, 6 **5,** 78, 79; **6,** 2; **7,** 43 no. 7; **8,** 18 nota 1, 23 nota 1; **11,** 56 nota 1; **12,** 16,*c*, 23 no. 20, 122.
Bi·r al-Rawḥā, pozzo tra Madīnah e Badr. **2,** 44.
Bi·r Rūmah, pozzo tra al-Ǵurf e Zaghābah (Madīnah). **5,** 24.
Bi·r abī 'Utbah, pozzo presso Madīnah. **8,** 51.
birkah = serbatoio d'acqua. **12,** 378 nota 1.
Birs Nimrud, Babilonia. **12,** 162 nota 3,*b*.
Βηρσαβῶρα = Fīrūzsābūr, ossia al-Anbār. **12,** 170 nota 1,*b*.
al-Bīrūni (abū-l-Rayḥān Muḥ.) [† 440 a. H.]. **Intr.** 111 nota 1; **1,** 2 nota 1, 8 nota 1.
Bīšah, nel paese dei Bāhilah (Yaman settentrionale). **9,** 7, 13; **10,** 23, 28.
Bisanzio. **Intr.** 1, 22; **2,** 16; **12,** 113, 115, 120 nota 1, 125, 127, 129, 130, 132, 142, 162 nota 8 — condizioni dell'impero Bizantino, 237-266, 268, 301.
[**bi-**]**šāṭi Diǵlah,** sulle rive del Tigri. **12,** 199,*a*.
Bismika Allahumma = in tuo nome o Allah! **1,** 45 art. 1 nota 1; **9,** 8.
Bismillahi al-raḥmāni al-raḥīmi. **1,** 45 art. 1 nota 1: **12,** 75 nota 1.
al-Bišr, monte presso l'Eufrate a sud-est di Raqqah. **12,** 222 e nota 4, 224 e nota 2 e 3, 396 nota 2, 401 nota 2, 422.
Bišr b. 'Abd al-malik al-Kindi, importò a Makkah l'uso della scrittura Araba, fratello di Ukaydir. **9,** 45 nota 1; **11,** 211.
Bišr b. 'Abdallah al-Anṣāri, al-Khazraǵi [† 12. a. H.], C. d. P., ucciso a al-Yamāmah. **12,** 14, 23 no. 38.

Bišr b. 'Amr al-'Abdi, nome di al-Ǵārūd (*q. v.*). **12,** 41.

Bišr b. al-Barā b. Ma'rūr [† 7. a. H.], C. d. P. **Intr.** 344 no. 30; **1,** 60 no. 19; **2,** 85,C no. 65; **7,** 37, 38 — morto a Khaybar, 43 no. 5 — figlio di abū Bišr al-Barā b. Ma'rūr.

Bišr b. al-Ḥārith b. Qays, C. d. P., emigrato in Abissinia. **Intr.** 277 no. 65; **7,** 55 no. 58.

Bišr b. al-Ḥārith b. 'Ubādah al-'Absi, viene a Madīnah, **3,** 66 no. 4.

Bišr b. Mu'āwiyah al-Bakkā·i, viene a Madinah, **9,** 79 no. 2.

Bišr b. al-Muḥtafir al-Muzani, viene a Madīnah, **5,** 17 no. 5.

Bišr b. Sufyān, agente del Profeta presso i Ka'b (Khuzā'ah). **8,** 51, 122; **9,** 2; cfr. Busr b. Sufyān al-Khuzā'i al-Ka'bi.

abū Bišr, il m u · a dz dz i n della moschea di Damasco, tradizionista. **12,** 326.

abū Bišr al-Dawlābi [† 320. a. H.], storico. **12,** 5, 16,*f*, 22.

abū Bišr al-Barā b. Ma'rūr b. Sakhr b. Sābiq al-Anṣāri al-Khazraǵi, C. d. P., presente al-l''Aqabah, **Intr.** 341, 342 no. 5; **1,** 84; **5,** 66.

umm Bišr, sorella di Bišr b. al-Barā. **7,** 37 nota 1.

Bišra bint Qays b. abī-l-Kaysam, concubina di Sa'd b. Mālik. **12,** 88.

Bīt Yākīn, terra dei Paesi di Mare (Baḥrayn). **12,** 106, 113, 139 nota 1.

a l-b i t', bevanda estratta dal miele e dai datteri. **10,** 66.

b i ṯ ā n a h, spiegazione del termine. **1,** 45 art. 85 e nota 1.

Bitinia, in Asia Minore. **12,** 256 nota 1,*a*.

Bizantino (impero) e Bizantini. **Intr.** 230 nota 1; **1,** 41; **7,** 23 nota 1; **8,** 10; **12,** 114, 159 nota 1,*a* — condizioni dell'impero- e decadenza del Cristianesimo orientale alla vigilia dell'invasione araba, 237-266 — pessima riputazione del soldato-, 239 nota 1.

Boia. 5, 50.

βοιωτία. **8,** 58.

Bosforo. 12, 246.

Βόσσορα = Buṣra, nel Ḥawrān. **12,** 327 nota 1,*a*.

Bottino preso in guerra. **2,** 22 nota 3 — divisione, 71, 76, 97 — il quinto, 97 nota 1; **3,** 1, 9; **4,** 18; **5,** 9, 51, 52; **6,** 10, 17, 26; **7,** 30, 31, 33 — divisione del- di Khaybar. **7,** 38, 60; **8,** 133, 135, 168; **10,** 36 nota 1 — divisione del- di Khaybar, 100 — divisione del- in al-Ǵi'rānah, 112, 220, 224, 247,A nota 1, 276.

Bremond (Gabriele). **11,** 62 e nota 1,*a*.

British Museum. 12, 182.

B[r]jrdn, (?) figlio di Yardan, generale greco ucciso dagli Arabi. **12,** 347,*a*.

Broccato, stoffe di- con pagliette d'oro. **10,** 34.

al-BSY (Basī)? **10,** 46.

Bu'āth, battaglia di-. **Intr.** 308, 333 e nota 1, 334, 335; **1,** 25, 39, 69; **2,** 96; **3,** 4; **5,** 29, 45, 47, 50.

Budayl ibn umm Aṣram al-Khuzā'i, viene a Madīnah. **8,** 46; cfr. Budayl b. Warqā.

Budayl b. Warqā al-Khuzā'i, C. d. P., **6,** 30 — alla presa di Makkah, **8,** 21, 39, 40, 43 — viene a Madīnah, 46, 51, 57 e nota 1, 185; **9,** 26.

Buddismo, principi del-. **Intr.** 106.

Budge, orientalista inglese. **12,** 106.

Buǵayd b. 'Imrān al-Khuzā'i, C. d. P., suoi versi. **8,** 22 nota 2.

Buǵayr, dei banū 'Ubayd b. Sa'd b. Zuhayr, ausiliare (cristiano?) dei Persiani. **12,** 219,*a*.

Buǵayr b. 'Abs b. Baghīḍ b. Rayth al-Ghaṭafāni, C. d. P., presente a Badr. **2,** 85,C no. 171.

Buǵayr b. al-'Awwām b. Khuwaylid b. Asad b. 'Abd al-'Uzza al-Qurašī, al-Asadi [† 12. a. H.], C. d. P., ucciso a al-Yamāmah. **12,** 23 no. 39.

Buǵayr b. abī Buǵayr. 2, 85,C no. 171; cfr. Buǵayr b. 'Abs ecc.

Buǵayr b. Zuhayr b. abī Sulma Rabī'ah al-Muzani, C. d. P., fratello del poeta Ka'b. **9,** 9.

Buḥaynah, scritto anche Buḥnah. **12,** 23 no. 49; cfr. Ǵubayr b. Buḥaynah.

Buḥaynah bint al-Aratt [o bint al-Ḥāri<u>th</u>], pensionata di <u>Kh</u>aybar. **7,** 42.
al-Buḥayri, principe del Ḥaḍramawt. **10,** 46.
Buḥnah. 12, 23 no. 49; cfr. Buḥaynah.
Buḥrān, spedizione di–, sito presso al-Fur', nel Ḥigāz. **3,** 8 e nota **1**; cfr. anche Baḥrān.
Buh<u>th</u>ānah bint Ṣafwān b. Umayyah al-Kināniyyah, madre di 'Abdallah b. Ma<u>kh</u>ramah. **12,** 23 no. 14.
banū Buḥtur, tribù, un ramo dei Ṭayy. **10,** 39 nota 1.
abū-l-Buḥturi, tradizionista. **12,** 237 nota 1,*f*.
b u' i <u>th</u> a = è stato consacrato Profeta. **Intr.** 221.
Bukayr Aṣamm, suoi versi sulla battaglia di Dzū Qār. **Intr.** 230 nota 1.
Bukayr b. 'Abdallah al-Lay<u>th</u>i, luogotenente di <u>Kh</u>ālid b. al-Wālid tra i banū <u>Kh</u>indif. **12,** 189 no. 4.
banū-l-Bukayr, famiglia makkana emigrata a Madīnah. **1,** 36.
al-Bu<u>kh</u>āri (abū 'Abdallah Muḥ. b. Ismā'īl) [† 256. a. H.], il grande tradizionista autore del « Ṣaḥīḥ ». **Intr.** 13, 15, 17, 19, 20 e nota 1, 25, 26 e nota 1 e 4, 35 nota 2, 112 nota 2, 137, 245 nota 1, 266 nota 2, 272, 287; **1,** 8, 54 nota 1, 81; **2,** 5, 8 nota 3, 12 e nota 4, 13 nota 1; **10,** 27; **12,** 23 no. 145, 429 nota 1,*b*.
Bu<u>kh</u>t Naṣṣar (Nabuccodonosor), Èra di–. **11,** 33 nota 1,*d*, 170 nota 1,*c*, 218.
banū Būlān (o Bawlān) tribù, un ramo dei Ṭayy. **10,** 35 no. 5.
Bunān, tradizionista. **12,** 83.
Bunānah, moglie di Lu·ayy b. <u>Gh</u>ālib. **Intr.** 58.
al-Buq'. 2, 43 nota 1; cfr. al-Baq'.
al-Buqa'. 2, 43 nota 1; cfr. al-Baq'.
al-Buq'ah, stazione tra Ḥīrah e Damasco. **12,** 417 no. 2.
al-Buqay'ah, stazione tra Ḥīrah e Damasco. **12,** 417 no. 11.
Buqaylah = baccelletto. **12,** 208.
Buqaylah, famiglia dei- in Ḥīrah. **12,** 165 nota 6.
banū Buqaylah, famiglia di Ḥīrah. **12,** 164,*f*.
ibn Buqaylah = 'Amr b. 'Abd al-Masīḥ, rappresentante dei Cristiani di Ḥīrah e poeta. **12,** 208 e nota 1.
Būrān bint Kisra, principessa regnante Sassanida. **9,** 93 e nota.
al-Burāq, il cavallo alato della leggenda musulmana. **Intr.** 320.
Buraydah b. al-Ḥaṣīb [o Ḥuṣayb]. **5,** 8; cfr. Buraydah b. al-<u>Kh</u>uṣayb.
Buraydah b. al-<u>Kh</u>uṣayb al-Aslami, C. d. P., **5,** 8, 9; **6,** 29; **8,** 22 e nota 3, 122; **9,** 1, 26; **10,** 17; **11,** 5, 23, 107.
Burckhardt, viaggiatore e orientalista. **Intr.** 328 nota **1**; **8,** 139 nota 1.
b u r d ḥ i b a r a h, mantello a striscie colorato. **11,** 47; **12,** 322 nota 1.
b u r d a h = mantello, quello dato dal Profeta al poeta Ka'b. **9,** 9, 14.
al-Burdah, poema di al-Buṣīri. **11,** 217 nota 1.
abū Burdah Hāni b. Niyār b. 'Amr b. Niyār b. 'Amr b. Ubayd al-Anṣāri, al-Ḥāri<u>th</u>i, C. d. P. **Intr.** 344 no. 4 – presente a Badr, **2,** 85,B no. 23, 88 no. 40; **3,** 25 nota 1; **5,** 50; **8,** 120 122; **11,** 15 nota 1.
umm Burdah bint al-Mundzir b. Zayd b. Labīd b. <u>Kh</u>idāš al-Naǵǵāriyyah, nutrice di Ibrāhīm figlio del Profeta. **8,** 196.
b u r i ḥ a = (Maometto) ebbe un'ispirazione. **3,** 62.
Burma, sito tra <u>Kh</u>aybar e Wādi al-Qura. **7,** 48.
b u r u d, pl. di b a r ī d. **7, 5.**
abū Burqān, dei Hawāzin, C. d. P. **8,** 171.
b u r r = grano. **9,** 66.
Bury, istoriografo inglese. **12,** 288 nota 1, 248 nota 1, 255.
Burzah, battaglia detta di– tra i Sulaym e i Kinānah. **8,** 108.

al-Busayrah, sito presso Buṣrah. **12,** 155 nota 14.
Buṣbuhra b. Ṣalūbā, proprietario del Sawād. **12,** 162,*c*, 228,*b*; cfr. ibn Ṣalūbā.
Buṣbuhunna (*sic*), leggi: Buṣbuhra b. Ṣalūbā. **12,** 228,*b*.
Bushmen del Capo. **12,** 108 nota 1.
al-Busiri [† 694-697. a. H.]. **11,** 217 nota 2.
Busr b. abī Arṭāh al-'Āmiri al-Quraši, luogotenente di Khālid b. al-Walid. **12,** 396, 403.
Busr b. abī Ruhm, luogotenente di Khālid b. al-Walid nella campagna persiana. **12,** 189, 201, 211.
Busr (o **Bišr**) **b.** [**abī**] **Sufyān al-Ka'bi al-Khuzā'i,** C. d. P. **6,** 25, 26, 28, 30; **8,** 21, 26, 51, 122, 163; **9,** 1, 2; **11,** 90 no. 13; cfr. Bišr b. Sufyān ecc.
Buṣra, città del Ḥawrān (Siria). **Intr.** 135, 136, 153, 326; **6,** 50; **8,** 6; **12,** 307, 309, 327 e nota 1 e 2,*a* — presa di-, 344 nota 1 — trattato di-, 353 e nota 1; 366, 371 nota 1 — assedio e presa di-, 394 e nota 5, 398, 403 e nota 3, 404 nota 1, 405, 411, 412 nota 1 — emporio favorito di tutti i mercanti arabi del Ḥiǵaz e del Yaman, 414, 417 no. 7³, 419 nota 1 e 2, 421.
al-Bustān, sito a oriente di Makkah. **8,** 102 nota 1.
Bustān 'Āmir, sito a 20 miglia da Madīnah. **8,** 37.
Bustan Sufyān b. Mu'āwiyah, giardino presso al-Khuraybah nel Sawād di Baṣrah. **12,** 155 nota 14.
al-Buṭāḥ, sito nel paese dei Tamim. **11,** 73, 124 no. 1, 174 e nota 2, 175, 176, 177, 178, 179 e nota 1, 180 e nota 2,*a*; **12,** 56 e nota 1.
Butler, istoriografo inglese. **12,** 248 nota 1.
b u ṭ ū n = famiglie. **2,** 31.
al-Buṭūn, tribù, ramo dei Tamim. **11,** 163 no. 2 e nota 1; **12,** 56.
Buwāṭ, spedizione di- nel paese dei Ǵuhaynah, **2,** 18,A e nota 1, 23; **12,** 23, no. 109.
Buwayhidi, sultani. **12,** 119.
b u y ū t = case. **2,** 8 nota 1.
b u y ū t a l-š a 'a r = tende di pelo. **10,** 99.
Buyūt al-Suqyā, sito tra Madīnah e Makkah. **2,** 43, 45.
al-Buyutāt al-Saba'ah, le sette grandi famiglie della Persia Sassanida. **12,** 193 nota 1.
Buzākhah, sito nel Bilād al-Asad (Naǵd). **10,** 32,A, 123; **11,** 73, 74, 75, 93 nota 2, 95, 120, 124 no. 1, 129 e nota 1, 131, 132 e nota 1 — battaglia di-, 133, 134, 135 e nota 1, 136, 138, 139, 144, 145 e nota 1,*b*, 146 e nota 2,*a*, 147, 148, 149, 150,*a*, 151, 152,*a*, 153, 174 e nota 1, 178, 184, 239; **12,** 2 nota 1, 97, 98, 101.

Caccia a cavallo. **9,** 41.
ṣahāršanbih. **11,** 5 nota 2.
Cairo. **2,** 8 nota 2 — moschea di ibn Ṭulūn al-, 10 — moschea di al-Azhar al-, 10, 11.
Calamita, pretesa superstizione che nel Mar Rosso esistesse una grande-. **Intr.** 109 nota 1.
Calcedonia, assediata dai Persiani nel 608. a. È. V. **12,** 246, 254.
Caldea. **1,** 10; **12,** 155 nota 1,*b*.
Caldei o **Kaldi,** Yamāmah e Baḥrayn probabile sede dei-. **11,** 171 nota 1,*b*; **12,** 106, 112, 139 nota 1.
Calendario ebraico. **2,** 29.
Califfato. **Intr.** 79 — imperiale di Damasco, tendenze ultra-mondane del-, **10,** 118 — la genesi e la vera natura del-, **11,** 62.
Califfi. **Intr.** 79, 90 nota 1 — lusso sfrenato dei-, **11,** 53.
Califfi 'Abbāsidi. **9,** 9; cfr. 'Abbāsidi.
Califfi Umayyadi. **Intr.** 147 nota 2; **9,** 9; **10,** 116; cfr. Umayyadi.
Cambise. **12,** 112.
Cameli, cento- equivalenti alla vita di un uomo. **Intr.** 153 — cambio dei- durante le marcie, **1,** 45 art. 18 nota 1; **3,** 1, 17 — macchine per elevare l'acqua, mosse da-, 21 — per irrigare i campi

coltivati a orzo, ša'ir, 21; **4,** 8; **5,** 8 — un camelo pari a dieci pecore, 9 — sei- pari a una donna con prole. 9, 23 — da sacrifizio. **7,** 69 — kh a b a ṭ o piante che servivano generalmente per nutrire i-, **8,** 84, 183 — camele da latte per uso dei cavalli, **9,** 87 nota 1 — famosi- di Mahrah e di Arḥab, 67 — per il sacrifizio, 73 — destinati al sacrifizio, marcare sul fianco dritto i- **10,** 73; **11,** 143 — camele gravide, 145 — prezzo medio del camelo, **12,** 278.

Camelo, battaglia del- [36. a. H.]. **5,** 94; **12,** 272.

Campana. 1, 54.

Canaaniti. 12, 112.

Canestre. 5, 25.

Canne da zucchero. **7,** 61 nota 1.

Cantanti. 2, 50 — versi inneggianti al vino ed all'amore con- e ballerine. **7,** 55 no. 65; **12,** 84.

Capelli, radersi i-. **10,** 16.

capitatio = tassa a capo. **12,** 210 nota 4.

Cappadocia. 12, 246, 248 nota 1.

Caravane annuali, la Spedizione da Makkah di due grandi-, **Intr.** 90, 91, 92; **1,** 75 e nota 2 — di Pellegrini della Siria e dell'Egitto, 76 nota 4, 78; **2,** 84; **5,** 70; **6,** 8, 55; **7,** 2; **11,** 96 — che viaggiavano fra Makkah e l''Irāq. **12,** 136.

Carestia. Intr. 90, 174; **4,** 18; **5,** 6; **6,** 19.

Carlo VI, conte Uhlefeldt ambasciatore dell'imperatore-. **1,** 11 nota 1.

Carlo Magno. 1, 6 e nota 2.

Carlo Martello. Intr. 1.

Carlyle. 12, 117.

Carta papiracea. **11,** 227 nota 1,*b*.

Cartaginesi. Intr. 109.

Casama = Q u ṣ a m. **12,** 403 nota 2.

Case in molti villaggi più poveri ed isolati dell'Asia anteriore. **2,** 5.

Casa di Dio = K a 'b a h. **5,** 66.

Caspio. 12, 109 nota 2; cfr. anche Mar Caspio.

Castità. 2, 108.

Castrazione. 2, 108.

Cataonia, Arabyssus, una stazione militare della-. **12,** 257.

Catapulte, a l-m a ǵ ā n ī q. **8,** 136, 141, 143.

Catene, battaglia delle-, Dzāt al-Salāsil, nell''Irāq. **12,** 192.

Catholicos di Seleucia = Ctesifonte. **12,** 145, 146, 147.

Caucaso. 12, 107, 108, 130 nota 1, 251, 252, 253, 254, 267.

Caussin de Perceval, orientalista francese. **Intr.** 108, 128 e nota 2, 140; **1,** 11, 12, 13 e nota 1; **6,** 1 nota 1; **11,** 214; **12,** 235, 385.

Cavalleria, kh a y l. **3,** 28, 29, 30 e nota 1, 32 nota 1, 37, 40; **7,** 69 — composta di Arabi cristiani, **8,** 12; **12,** 272.

Cavalieri, 3, 26; **7,** 70.

Cavalli. 3, 25 nota 1; **4,** 18; **5,** 23 — e armi scarsi in Madīnah, 52 — ordine vietante il consumo della carne di muli, asini e-, **7,** 24, 40 nota 1 — cavallo di puro sangue arabo, 40 nota 1, 69, 78 nota 1; **8,** 122, 133 — adoratori del cavallo nel Baḥrayn, 187 nota 1; **9,** 20, 87 — Arabi nomadi e Persiani amantissimi tutti dei-, 87 nota 1 — camele da latte per uso dei-, 87 nota 1; **10,** 60; **11,** 96, 106,*a*, 143 nota 1 — k u r ā', 145 — f a r a s, origine ed uso del cavallo nell'Arabia antica, **12,** 272-274 — magnifica descrizione del cavallo in Giobbe (xxxix, 19-25), 272 nota 2.

Celesti, partito circense in Costantinopoli. **12,** 246.

census capitis. **12,** 210 nota 4.

Cereali. 1, 40.

Cesare Augusto. **Intr.** 31; **12,** 239.

Cesarea, città dell'Asia Minore. **12,** 248 nota 1.

Cesarea, città littoranea della Palestina presa dagli Ebrei insorti nel 484. a. È. V. **12,** 262, 264, 304, 319 nota 2, 335, 336, 337, 345, 348 — primo assedio di- per opera degli Arabi, 348 nota 1, 365.

Cesaropapismo dell'imperatore Giustiniano. **12,** 240.

Ceste. **5,** 26.

Ceylon. **Intr.** 109.

Chersoneso. **12,** 242.

Chesney, viaggiatore inglese. **12,** 424.

Chiavi dell'interno del piccolo santuario della Ka'bah. **7,** 73.

Chiddekel, fiume biblico. **12,** 107 nota 1.

Chiesa cristiana. **Intr.** 2 — i tetti delle chiese cristiane, 167 — di Roma, **1,** 7 — chiese cristiane fra le tribù Tamīmite, **9,** 3 — cristiana, **10,** 33 — chiese cristiane nel Yaman, **12,** 75 — debito ingente contratto da Eraclio con la- ortodossa 258 — d'Occidente, 260 nota 1 — grande scisma fra la chiesa d'Oriente e quella d'Occidente, 264; cfr. Cristianesimo, Cristiani.

Christiani. **12,** 347; cfr. Cristiani.

Cilicia. **12,** 248 nota 1.

Cina. **12,** 133 nota 1,*b* e 2, 137.

Cinesi. **12,** 109.

Cipolle, pietanze condite con aglio e-. **1,** 35.

Circoncisi. **6,** 50.

Circoncisione, leggenda che l'angelo Gabriele tagliasse il cordone di Maometto. **Intr.** 123 nota 1 — presso gli Arabi pagani, **8,** 132.

Ciro, re di Persia. **Intr.** 31; **12,** 106, 112, 119, 138.

Cisterne presso la Ka'bab. **Intr.** 79.

Ciuffo frontale dei capelli legati in un nodo. **9,** 38.

Clero cristiano. **Intr.** 1.

Clero mazdeista. **12,** 121 nota 2.

Coccodrilli. **12,** 108.

Colle del Commiato. **8,** 8; cfr. Thaniyyah al-Wadā'.

Colonie militari, Kūfah, Baṣrah ecc. **Intr.** 29.

Colonna nera (la), al-rukn al-aswad (Ka'bah). **Intr.** 168 — la- di pietra yamanita, al-rukn al-yamāni, 168 — la-, la quale ogni giorno al sorgere del sole emetteva un suono, naqīd, **8,** 142 nota 1.

Comando, dell'esercito in tempo di guerra; v. Esercito.

Commercio, unico mezzo in Makkah per procurarsi da vivere. **Intr.** 115 — l'unica occupazione dei Qurayš, 152 — dei pellegrinaggi, **1,** 39; **3,** 9, 14 — abbondante di pesce, **7,** 52 nota 1 — africo-indiano, **11,** 186 — grandi vie commerciali del continente asiatico, **12,** 137.

Compagni del Profeta, *passim* nei 2 volumi. **Intr.** 16, 17, 18, 19, 20 e nota 1, 21, 22, 23 — i- più giovani del Profeta, 23, 54, nota 1, 64, 289; **1,** 7, 32 nota 3, 34, 71; **2,** 15, 22, 46, 64, 73, 78, 91; **5,** 25 — che improvvisano versi per animarsi al lavoro, 26, 31 — energia con la quale i- continuarono l'opera di Maometto, 60 — i- spuri del Profeta, 91 nota 1, 98,A; **6,** 33, 45; **8,** 12 nota 1, 128; **10,** 90 — i- madinesi e Emigrati makkani, partito rappresentante il gruppo dei veri Musulmani, 114; **11,** 47 nota 1 — superstiti dei- che emigrarono con Maometto da Makkah all'epoca della Fuga, 56 nota 1, 57 — pochissimi di questi conoscevano a memoria il Qurān, 228 — uccisi nella battaglia di al-Yamāmah, **12,** 22, 137, 151.

Concilio tenuto in Roma da papa Martino, imperante Eraclio. **12,** 265 nota 3,*a*.

Concubine. **7,** 78.

Confluenza dei Canali (Muǵtami' al-Anhār) nell''Irāq. **12,** 160,A, 196; cfr. Maǵma' al-Anhār.

Congedo alle turbe dei pellegrini dopo le feste; v. Pellegrini.
Conquiste arabe, considerazioni generali sul valore relativo delle tradizioni sulle-. **11**, 77.
Contabilità. **11**, 218.
Contratto nuziale temporaneo. **Intr.** 92 nota 1.
Convegno di 'Aqabah. **1**, 84, 87; cfr. al-'Aqabah.
Conventi cristiani. **12**, 207, 243.
Convenzione regolante i rapporti fra Emigrati Makkani e le tribù Arabe viventi in Madīnah. **1**, 44.
Conversioni, le prime- all'Islām. **Intr.** 222 — e trattati con tribù arabe, **5**, 83.
Coppe di vetro, qadaḥayn min qawārir. **Intr.** 101 nota 1.
Copti monofisiti. **12**, 265.
Copto, un falegname-, assiste alla costruzione della Ka'bah. **Intr.** 167; **9**, 23,A.
Corazze. **Intr.** 100 — fabbrica di-, **1**, 40 — Corazza detta al-Ḫaṭamiyyah, **2**, 17, 38 — corazza Dzāt al-Fuḏūl, 97 nota 1 — al-Sughdiyyah e al-Faḏḏah o Faḏfāḏah, 97 nota **1**; **3**, 25, 29; **4**, 13; **5**, 33, 49 — fabbrica di- e di armi in Madīnah, 61; **7**, 31; **9**, 20, 45; **10**, 60; **11**, 238,*b*.
Corna, Satana che fa comparire ambedue le sue-, **9**, 36 — di Satana, 36 nota 3.
Cornelius Palma, unisce la provincia Arabia all'Impero romano, nel 105. o 106. dell'È. V. **12**, 327 nota 1,*a*.
Corpus Iuris Civilis, sua pubblicazione dall'imperatore Giustiniano. **12**, 242.
Cosmas Indicopleustes. **Intr.** 109.
Costante, figlio di Eraclio. **12**, 265 nota 3,*b*.
Costantino il Grande. **1**, 6 nota 3; **12**, 130 nota 1 — riconosce il Cristianesimo come religione di Stato, 240 e nota 2 — condizioni morali dell'Impero d'Oriente nei tre secoli che corsero fra la conversione di- e la conquista araba, 260-265, 267.
Costantino figlio di Eraclio. **12**, 252 nota 1,*b*.
Costantinopoli. **Intr.** 1, 180; **2**, 3 nota **2**; **6**, 50; **12**, 126, 128, 143, 145, 146, 151 — concilio ecumenico di- nel 683. dell'È. V., 240, 241, 242 — Santa Sofia di-, 242, 245, 246, 248, 249, 252, 254, 264, 266, 268, 305.
Costanzo, Gallus nipote dell'imperatore-, reprime un'insurrezione ebraica in Palestina. **12**, 262.
Costituzione politica in Madīnah. **1**, 39.
Cotte = ḍir'. **12**, 275.
Cranio, come coppa per bervi il vino. **4**, 7.
Creazione del mondo, le favole sulla-. **Intr.** 25 nota 1 — dell'uomo (Adamo ed Eva), 25 nota 1.
Crisostomo, omilie di-, **12**, 241 nota 1.
Cristianesimo. **Intr.** 1, 2 — ortodosso, 2 — studio scientifico delle origini del-, 3, 26, 30 — origini del- 106, 113. 114 — leggende e dottrine del-, loro influenza sull'Islām, 114 nota 3 — nella Siria ortodossa, 154 nota 1 — Demonologia nel- primitivo, 193 nota 3, 272; **1**, 6, 42 nota 1, 56; **9**, 47, 69 nota 1, 81 — giacobita dei Taghlib, 81 — in Arabia, **10**, 33 nota 4 — nel Nağrān, 63 nota 4 — storia del- 84, 86, 87, 104 nota 1, 127, 130, 133 — paragone dell'Islām col-. **11**, 69, 79 nota 1, 83, 161, 165, 166 nota 1,*b* — diffusione del- nel degenere Impero romano, **12**, 117, 122 — sintesi storica delle vicende del- e dei Cristiani sotto i Sassanidi, 137-149 — il- causa dell'invenzione della scrittura siriaca, 137 nota 2 — orientale, condizioni dell'impero Bizantino e decadenza del- alla vigilia dell'invasione araba, 237-266 — Costantino riconosce il- come religione di Stato, 240 e nota 1 — diffondersi rapido del-, 259, 260 nota 1, 264, 303.
Cristiani. **Intr.** 3, 30 — nel Yaman ai tempi di Maometto, 108 nota 2, 113 — predizioni fatte dasul grande avvenire di Maometto, 114 e nota 3 — testi sacri dei-, 135, 227, 294, 326; **1**, 30 nota 1, 54 e nota 1 — del Nağrān, 68, 70; **2**, 13; **8**, 67, 187; **9**, 3, 61, 81 nota 1 e 2, 83; **10**, 14 e nota 6 — trattato con i- di Nağrān nel Yaman, 59 e nota 1 — consuetudine dei primi- di volgersi pregando verso oriente, 59 nota 3 — del Yaman, 59 nota 5 — trattato di pace fra Maometto ed i-,

di Naǵrān, 60 — trattato con i- di Gerusalemme, d'Egitto, 60 nota 2 e 8 — di Naǵrān, 61 — i medici più valenti erano- o Ebrei, 78 nota 1 — abbondanza nel Yaman di- e di Ebrei, 82 nota 2 — del Naǵrān, 124; **11,** 27 nota 1,*a* — espulsione degli Ebrei e dei- dall'Arabia, 27 nota 1,*a*, 160 nota 1 — del Naǵrān, 187 nota 1,*l* — Arabi, 214 — trattato con i- di Naǵrān, **12,** 74, 124 — della Persia, 137-149, 262, 263.

Cristo. **Intr.** 1, 8; **1,** 7 — culto della persona di-, **11,** 27 nota 1,*a*, 165 — rapporti esistenti fra- e Dio, **12,** 260.

Croati nei Balcani. **12,** 257, 266.

Croce di N. S. **6,** 45, 50 — rapita dai Persiani nel 614. a. È. V., **12,** 247 — ricuperata da Eraclio, 257.

Croce d'oro sul petto. **9,** 38.

Crociate. **Intr.** 1; **11,** 80 nota 1; **12,** 137, 362 nota 1.

Crociati. **11,** 4 nota 1; **12,** 268 nota 1.

Cronologia degli eventi della Riddah. **11,** 72 — della conquista dell'Arabia orientale e meridionale. **12,** 38.

Ctesifonte [al-Madā·in]. **8,** 179, 186; **12,** 120 nota 4, 130 nota 1, 133, 134, 137, 138, 142 e nota 1 no. 3 — grande concilio cristiano che si tenne in- nel 410. È. V., 143, 145 nota 1, 146, 149, 154, 155 nota 1,c, 192 nota 4, 236, 255, 256, 267, 304, 327 nota 1,*a*, 427.

Culto degli idoli in **Arabia.** **Intr.** 62 nota 5.

Cufica, scrittura. **11,** 214 nota 2.

Cuneiforme sumerico. **11,** 216.

Cuoio arabo. **5,** 56.

Cuore degli animali, superstizione di una tribù di non mangiare il-. **10,** 50.

Cursus publicus, poste dello Stato bizantino, abolite da Giovanni di Cappadocia. **12,** 241.

al-Da'ā·im (?), tribù, un ramo dei Bakr b. Wā·il (?). **12,** 189 no. 9.

Dabā, mercato nell''Umān. **11,** 87 nota 4, 88, 108, 124 no. 6; **12,** 60, 61 e nota 1, 62 nota 6, 63.

al-dabābah = macchina d'assedio. **8,** 141 nota 1; **9,** 10.

Dabbā. **12,** 62 nota 7; cfr. Dabā.

al-dabbāb = torri d'assedio. **8,** 141.

banū Ḏabbah b. Udd, tribù della Yamāmah, consanguinea dei Tamim. **Intr.** 41 tav. 1; **2,** 46, 87 nota 1; **6,** 4 nota 1; **9,** 12 nota 1; **11,** 163 no. 1; **12,** 176 nota 3, 222.

Dabia o **Dobbia,** antico errore per Dāthinah. **12,** 865.

al-Dābiyah, probabilmente errore per Dāthinah. **12,** 337, 842.

al-Ḏabū'ah, sito tra Madīnah e Yanbu'. **2,** 20 nota 2 no. 9.

banū Da'd b. Fihr b. Tha'labah b. Ghanm, tribù di Madīnah. **2,** 85,C,

Dādzawayh [al-Iṣṭakhri?], un capo degli Abnā in Ṣan'ā. **11,** 82 no. 9, 189, 190, 193 no. 1, 194, 195, 197; **12,** 66 — sua morte, 67, 70 e nota 2, 71.

ḍafā·ir = lunghe treccie. **8,** 97.

ḍafīrah = striscia d'erba. **9,** 39 nota 3.

al-Ḏaǵā'im, tribù dell'Arabia settentrionale. **12,** 221.

Ḏaǵanān o **Ḏanǵān,** una gola fra Madīnah e Badr. **4,** 9; **6,** 2, 29.

Ḏaghāṭir [al-usquf al-a'ẓam fi-l-Rūm], vescovo cristiano. **6,** 50 nota 2.

Daghfal b. Ḥanẓalah [† 65, a. H.], celebre genealogo. **Intr.** 133 nota 1; **11,** 54.

dahāqīn, sing. dihqān, voce persiana denotante i prefetti o tribuni delle popolazioni agricole del confine persiano. **12,** 155,*d*, 205, 211.

dahāqīn al-qura, i dihqān dei villaggi. **12,** 205.

al-Ḏaḥḥāk b. 'Abd 'Amr b. Mas'ūd, C. d. P. presente a Badr. **2,** 85,C no. 166.

al-Ḏaḥḥāk b. Fayrūz, tradizionista. **11,** 198,*b*.

al-Ḍaḥḥāk b. Ḥārithah b. Zayd b. Tha'labah al-Anṣāri, C. d. P., presente a 'Aqabah. **Intr.** 314 no. 36 — e a Badr, **2,** 85,C no. 77.
al-Ḍaḥḥak b. Khalīfah b. Tha'labah b. 'Adi al-Anṣāri al-Ašhali, C. d. P. **5,** 49; **9,** 26; **12,** 84.
al-Ḍaḥḥāk b. Ma'add. Intr. 46.
al-Ḍaḥḥāk b. Qays (al-Muzani), capo dei Muzaynah, nell'invasione della Siria. **12,** 357,*d*.
al-Ḍaḥḥāk b. Sufyān b. 'Awf al-Kilābi, C. e agente del Profeta tra i Kilāb. **9,** 1, 75; **11,** 90 no. 4; **12,** 362.
al-Ḍaḥḥāk b. Thābit, avversario di Maometto in Madinah. **1,** 60 no. 26.
al-Ḍaḥḥāk b. Yarbū', tradizionista. **12,** 31,*a*.
al-Ḍāḥiyah = Arabi coltivatori delle regioni presso i confini. **11,** 88, 122; **12,** 202, 379; cfr. Ṭabari, *Glossarium,* p. CCCXXX.
Ḍāḥiyah Quḍā'ah. 12, 379.
al-Dahnā, il deserto dell'Arabia meridionale e centrale. **8,** 159, 189; **9,** 3, 85; **11,** 146 nota 1,*b*; **12,** 57, 394 nota 3.
ḍa'īf = debole (tradizionista). **Intr.** 16, 133 nota 1.
Dā'is, avversario di Maometto in Madīnah. **1,** 60 no. 36; **9,** 72 e nota 1.
ḍāl = *zizyphus lotus.* **12,** 295 nota 1.
Dalā·il al-Nubuwwah = le prove della missione profetica di Maometto. **Intr.** 207 nota 1.
Dālān, ramo della tribù dei Gharb. **9,** 66.
dalīl o conduttore di caravane. **Intr.** 54.
Dalmazia. 12, 257, 266.
dam 'abīṭ = sangue fresco. **12,** 202.
Damasco [al-Šām, o Dimašq al-Šām]. **Intr.** 147 nota 2; **1,** 31 nota 3; **2,** 9, 11; **5,** 4 nota 1; **6,** 11 nota 3; **7,** 81; **8,** 4 nota 1, 202 nota 1; **9,** 34 nota 1, 46 — tendenze ultra mondane del Califfato imperiale di-, **10,** 117; **11,** 3,*f*, 58, 79 e nota 1, 215 — Ḥarrah di Ṣafā presso-, 218; **12,** 107, 112, 113 nota 1,*a* — viaggio di Khālid da Ḥīrah a-, 170,*a*, 223 nota 1, 229 nota 1, 233 nota 1, 234, 247 — resa di tutte le città della Palestina e della Siria, compresa- in modo quasi spontaneo agli Arabi, 264, 277, 290, 304 — distretto arabo-bizantino o marca di-, 303 — il già principato Ghassanida di-, 307, 309, 313 nota 1,*a*, 316 nota 6, 321, 322 nota 2, 326, 327 nota 1,*a*, 332,*a* no. 2, 340 nota 2, 352, 357,*e*, 360, 362 nota 1, 368 — assedio di-, 371 e nota 1, 380, 392, 394 nota 5 — Khālid b. al-Walid si ferma dinanzi le mura di-, 408, 411, 412, 414 — via diretta da- a Baghdād, 415 e nota 1, 417, 418, 420, 421, 423, 425, 426.
Ḍamḍam b. 'Amr al-Ghifāri, messaggero dei Qurayš. **2,** 35, 36, 37.
Damīri [Muḥ. b. Mūsa, Kamāl al-dīn] [† 808. a. H.], letterato e zoologo. **Intr.** 26 nota 1.
Dammā. 12, 62 nota 7.
Ḍamrah b. 'Amr (o Bišr), C. d. P. presente a Badr. **2,** 85,C no. 48.
Ḍamrah b. 'Iyāḍ al-Ǵuhani [† 3. o 12. a. H.], C. d. P., ucciso a Uḥud, **3,** 54,B no. 43 — oppure ad al-Yamāmah. **12,** 23 no. 40.
abū Ḍamrah, tradizionista. **11,** 42 nota 1, 152,*a*.
banū Ḍamrah b. Bakr b. 'Abd Manāt b. Kinānah, tribù vivente tra Makkah e Madīnah. **Intr.** 41 tav. 1; **2,** 18 e nota 1 — condizioni della pace con i-, 18 nota 2, 20 — trattato con i-, **5,** 84, 92 e nota 1, 93; **8,** 44, 51, 58 nota 1, 122; **9,** 1 nota 1, 26 — accordi di Maometto con i-, **10,** 89 e nota 1, 108 nota 1, 120 nota 1, 126 nota 1, 187.
al-Ḍanā (? ḌNA), luogo sul cammino tra Ḥīrah e Damasco (?). **12,** 402 nota 1,*a*.
Danari, prestito ad interesse di-. **1,** 40.
D'Ancona. 11, 61.
Ḍanǵān. 4, 9; cfr. Ḍaǵanān.
Danubio. 12, 249.
daqīq = farina finissima. **Intr.** 90.

dār = casa. **Intr.** 285 nota 1; **1,** 35 nota 1, 45 art. 10 nota 1; **2,** 5 e nota 1; **9,** 52 no. 1: **10,** 64.
al-Dār, nome di tribù che proviene dal nome di un idolo. **9,** 69 nota 1.
banū-l-Dār, tribù, ramo dei Lakhm (Arabia settentrionale). **9,** 69 e nota 1, 70, 88; **11,** 71 nota 2.
Dār 'Abbās b. 'Abd al-Muttalib, in Makkah. **Intr.** 285.
Dār banī 'Abd al-Ašhal, in Madīnah. **1,** 15.
Dār al-Akhnas, in Makkah. **Intr.** 285.
Dār al-Arqam, l'ingresso di Maometto nella casa detta-, in Makkah, **Intr.** 233 nota 1, 252 nota 1 e 3. 263, 285 e nota 2; **2,** 3, 87 no. 4, 352, 353; **7,** 43 no. 19; **12,** 23 no. 34 e 67.
Dār ibn Azhar, in Makkah. **Intr.** 285.
Dār banī Ǵaḥǵaba, in Madīnah. **1,** 15.
Dār al-Ǵaḥšiyyīn, in Madīnah. **11,** 207.
Dār ibn abī-l-Ǵanūb, in Madīnah. **5,** 25.
Dār Ghard, sito presso Madīnah. **9,** 57.
Dār umm Hāni bint abī Ṭālib, in Makkah. **Intr.** 81.
Dār banī-l-Ḥārith b. al-Khazraǵ, in Madīnah. **1,** 15.
Dār ibn abī Ḥusayn, in Makkah. **Intr.** 285.
Dār al-Imārah, in Makkah. **10,** 76.
Dār Khayzurān, in Makkah. **Intr.** 263 nota 1.
Dār Khuzaymah, in Makkah. **Intr.** 324 nota 2.
Dār al-Nābighah, cimitero presso il- in Madīnah, **Intr.** 105.
Dār al-Nadwah, in Makkah. **Intr.** 78, 79, 82, 352 e nota 2; **1,** 17 e nota 1; **3,** 13; **5,** 23.
Dār al-Qaḍā·, in Madīnah. **11,** 8 nota 2,c.
Dār Ramlah bint Ḥārith, in Madīnah. **5,** 49; **8,** 183; **9,** 2, 14, 20, 75, 81; **10,** 15, 26, 29, 33, 49, 53; **11,** 2; **12,** 61.
Dār al-Raqtā, in Makkah. **Intr.** 285.
Dār al-Sughra, in Madīnah. **Intr.** 105.
Dār al-Tābi'ah, cimitero presso il- in Madīnah. **Intr.** 105.
Dār ibn Yūsuf, in Makkah. **Intr.** 123 nota 3.
dāra = girare attorno. **2,** 5 nota 1.
Dārayn, sito (isola ?) nel Baḥrayn. **8,** 178; cfr. Dārīn.
Darb al-Ma'lāt, via in Makkah tra Mina e gli Abṭāḥ. **7,** 70.
abū-l-Dardā 'Uwaymir b. Tha'labah al-Khazraǵi, C. d. P. **1,** 50 — conoscitore del Qurān, **11,** 228,*d*, 230.
Dardi, abilità nel lanciari i-, **5,** 91 nota 2 — abile tiratore di-, **10,** 39; cfr. anche Arco.
al-Dāri, il cognome- viene da Dayr. **9,** 69 nota 1.
al-Dariḥān, ? governatore greco di Buṣra. **12,** 414.
Dārim al-'Absi, (?) messo del califfo abū Bakr. **12,** 357,*e*.
[**banū**] **Dārim b. Mālik,** tribù, ramo dei Tamīm. **Intr.** 41 tav. 1; **11,** 90 no. 7.
al-Dārimi, 'Abdallah b. 'Abd al-raḥmān [255. a. H.], tradizionista. **10,** 13.
Dārīn, sito (isola ?) del Baḥrayn. **8,** 178; **11,** 74 nota 3; **12,** 43, 44, 49, 55 e nota 3, 57 e nota 1, 58.
Dario Achemenida. **Intr.** 31; **12,** 112, 255.
al-Ḍaris [**al-Sakb**], cavallo del Profeta. **10,** 144.
Ḍariyyah (o **Ḍaryah**), sito nel Naǵd. **6,** 1; **7,** 62; **9,** 15.
Ḍariyyah bint Rabī'ah b. Nizār, madre di Khindif Layla bint Ḥulwān. **Intr.** 50.
al-Dāriyyūn, membri della tribù dei banū-l-Dār. **9,** 70 nota 1.
darmak = farina fina. **5,** 4.
al-Darnaǵār = al-Durunǵār = *drungarius*, generale bizantino. **12,** 385.
al-Dārūm, in Palestina. **11,** 3,*a*, 4; **12,** 354 e nota 1.
Darūmā. **11,** 4; cfr. al-Dārūm.

darwīš = povero (religioso e mistico). **2,** 3 nota 2.
D̲aryah (o **D̲ariyyah**). **7,** 62.
dasī'ah = potere. **1,** 45 art. 13 nota 2.
Daskarah, città (?) della Siria = reggia imperiale. **6,** 50.
ibn al-Dat̲h̲annah, cfr. Zayd al-Dat̲h̲anah.
Δάθεσμον, forse = Dāt̲h̲inah. **12,** 346.
Dāt̲h̲in = Dāt̲h̲inah. **12,** 337, 340 e nota 1, 341, 343 nota 1,*b*, 365.
Dāt̲h̲inah, un luogo nel territorio di G̲h̲azzah, dove gli Arabi sconfissero i Greci. **12,** 319 nota 1, 335, 336 nota 1, 337, 338, 343 nota 1,*a*, 344, 346, 347 nota 2, 354, 357,*d*, *g*, 365 — Dabia o Dobbia, antico errore per-, 365, 368 e nota 2, 370, 374.
dat̲h̲t̲h̲irū = coprite! **11,** 180.
dat̲h̲t̲h̲irūni = copritemi. **Intr.** 211; cfr. Qur'ān, LIV, 1.
Datteri, raccolto dei- in autunno, **1,** 71 — raccolta dei-, **7,** 7 nota 2; **8,** 34; **12,** 170 nota 2,*a*.
David. **Intr.** 30 — leggende bibliche sulla giovinezza di-, 112 nota 2 — episodio di- fanciullo e del profeta Samuele, 114; **1,** 37.
dawmah = palma con rami separati. **9,** 30.
banū D̲awr b. Razāḥ [**Rizāḥ**], ramo dei Ḥanīfah, **12,** 31,*b*, no. 6.
banū-l-Daws, tribù del Yaman. **Intr.** 309 — conversione dei-. **7,** 35; **10,** 27, 120 nota 1.
Dāwud b. 'Abdallah al-Awdi, tradizionista. **11,** 37 nota 2,*d*.
Dāwud b. al-Ḥusayn, tradizionista. **12,** 81,*a*.
Dāwud b. abī Murrah. **8,** 146 no. 1.
Dāwud b. 'Urwah. **8,** 146 no. 1.
abū Dāwud (Sulaymān b. al-Aš'at̲h̲) [† 275. a. H.], tradizionista. **10,** 13; **11,** 3,*d*.
abū Dāwūd 'Umayr **b. 'Āmir b. Mālik b. K̲h̲ansā,** C. d. P., presente a Badr. **2,** 85,C no. 162.
ibn abī Dāwud [† 316. a. H.]. **Intr.** 26 nota 2.
umm Dāwud Maymūnah bint abī Sufyān, moglie di abū Murrah b. 'Urwah b. Mas'ūd. **8,** 146 no. 1.
dawwana al-dawāwīn = impiantò i dīwān o ruoli delle pensioni. **1,** 50 nota 2.
ibn D̲ayf detto anche 'Abdallah b. S̲ayf, ebreo di Madīnah. **1,** 58 no. 20.
ibn D̲ayf detto anche Mālik b. S̲ayf, ebreo di Madīnah. **1,** 58 no. 36.
al-D̲ayqah, strada tra Ḥunayn e T̲ā-if. **8,** 140.
Dayr, il cognome al-Dāri venne da-. **9,** 69 nota 1.
Dayr Abd al-Masīḥ (b. 'Amr b. Buqaylah al-G̲h̲assāni), convento presso Ḥirah. **12,** 162 nota 8 no. 9.
Dayr al-'Adẕāra, convento presso Ḥīrah. **12,** 162 nota 8 no. 10.
Dayr 'Alqamah, convento presso Ḥīrah. **12,** 162 nota 8 no. 11.
Dayr al-As̲āfir, luogo presso Damasco. **12,** 411 nota 1.
Dayr al-Askūn, presso Ḥirah. **12,** 162 nota 8 no. 4.
Dayr ibn Barrāq, presso Ḥirah. **12,** 162 nota 8 no. 1.
Dayr Ḥannah, convento presso Ḥirah. **12,** 162 nota 8 no. 7.
Dayr Ḥanẕalah, convento presso Ḥirah. **12,** 162 nota 8 no. 6.
Dayr al-Ḥarīq, convento presso Ḥirah. **12,** 162 nota 8 no. 5.
Dayr Hind al-S̲ug̲h̲ra, convento presso Ḥirah. **12,** 162 nota 8 no. 13.
Dayr K̲h̲ālid, convento presso Damasco. **12,** 403 nota 3, 412, 414.
Dayr al-Luǵǵ, convento presso Ḥirah. **12,** 162 nota 8 no. 12.
Dayr al-Sawā, convento presso Ḥirah. **12,** 162 nota 8 no. 8.
Dayr ibn Wad̲d̲āh, presso Ḥirah. **12,** 162 nota 8 no. 2.
abū D̲ayyāḥ b. T̲h̲ābit b. al-Nu'mān b. Umayyah [† 7. a. H.], C. d. P., presente a Badr, **2,** 85,B no. 47; **7,** 25 — ucciso a K̲h̲aybar, 43 no. 9.
De Barros, viaggiatore portoghese. **Intr.** 109 nota 1.
De Goeje. **Intr.** 191; **8,** 6, 11 nota 1; **9,** 47; **11,** 4, 77 e nota 1, 81, 97 nota 1, 109 nota 3,*a*, 190 nota 4;

12, 233 nota 1 e 3, 234 e nota 2, 289, 305, 308, 316 nota 1, 319 nota 1 e 2, 322 nota 5, 335, 336 nota 1, 337, 347 nota 2 e 4, 348 nota 1, 351 nota 1,*a*,*b*, 354 e nota 1, 355, 358, 365, 366, 367, 368, 369, 385, 387, 391, 411 nota 1, 415 nota 1, 419 nota 1, 420, 422, 423.

De Sacy. **Intr.** 123 e nota 2; **11**, 214.

De Vogüé. **11**, 214.

Decime = al-'ušr. **5**, 65; **8**, 187, 188; **9**, 18, 48, 61; **10**, 14, 23, 28.

Deir, paese sull'Eufrate. **12**, 419.

demoni = ǵinn. **Intr.** 193 nota 3, 329; **9**, 95 nota 1.

Demonio ispiratore = šayṭānuhu. **11**, 190 nota 1.

Demonologia nel Cristianesimo primitivo. **Intr.** 193 nota 3.

Deputazioni wufūd, affluenti a Madīnah. **10**, 115, 118 — il fenomeno delle- fatto storico di maggior rilievo negli ultimi due anni della missione di Maometto, 119.

Deretano, scoprire il- come atto di spregio, **8**, 141 — strofinare il- contro l'idolo Dzū-l-Khalaṣah, **10**, 27.

Deserto, pretesi ǵinn o demoni nel-, **Intr.** 177.

Diadochi. **12**, 120 nota 2.

dialetto dei banū Sa'd. **Intr.** 130.

Diavolo. **8**, 70; cfr. Šayṭān.

banū-l-Dibāb, lettera ai-, un ramo dei banū-l-Ḥārith (Yaman), **10**, 4 no. 1; **11**, 159 nota 1.

dībāǵ = ricami di broccato. **9**, 67.

dibbūr, termine rabbinico tradotto nel Qurān con kalimah. **1**, 21 nota 1.

Diebal Ghazoan (*sic*, ossia Ǵabal Ghazwān) presso Ṭā·if. **8**, 139 nota 1.

Digesto, pubblicato da Giustiniano. **12**, 241.

Dighe e serbatoi. **11**, 186.

Digiuno di 'Āšūrā e del Ramaḍān. **1**, 54 — istituzione del-, **2**, 1, 12, 13, 15, 28 e nota 1, 29, 91; **5**, 65; **8**, 51.

Diǵlah (Tigri). **12**, 155,*a*.

Diǵlah al-'Awrā. **12**, 155 nota 15.

dihqān. **12**, 164,*h*, 200 nota 4, 211, 395.

Diḥyah b. Khalīfah al-Kalbi, C. d. P. e suo ambasciatore. **5**, 44; **6**, 11, 46 no. 3, 50 e nota 2 e 3; **7**, 80; **9**, 49; **10**, 139 no. 18, 141 no. 9.

al-Dīl (? **Du·il**), tribù del Naǵd. **11**, 119.

Diluvio universale. **Intr.** 67, 165.

Dimām b. Mālik [al-Hamdāni] al-Salmāni, viene a Madīnah, **9**, 67 no. 4.

Dimām b. Tha'labah, dei Sa'd b. Bakr, viene a Madīnah. **5**, 16, 18,A e nota 1.

Dimār o **Dimāri,** idolo dei Sulaym. **8**, 105 e nota 2.

dīn = religione. **1**, 47.

Dīn Ibrāhīm o **al-Ḥanīfiyyah,** religione di Abramo. **Intr.** 182.

dīnār = moneta d'oro, *denarius*. **Intr.** 274; **1**, 81 nota 2, 85 nota 1; **3**, 9; **4**, 8 — cencinquanta- prezzo di compera di due donne, **5**, 52 — quarantacinque- prezzo di tre donne, 52; **7**, 1; **8**, 180, 187; **9**, 26, 38, 39 nota 2 — completo secondo il valore degli al-Ma'āfir, **9**, 61; **10**, 19, 23, 142 no. 14; **12**, 210 nota 3, 322 nota 1, 358, 404, 405.

banū Dīnār b. al-Naǵǵār, tribù di Madīnah. **Intr.** 42 tav, 4; **5**, 25, 42.

Dinocharis, architetto greco. **11**, 61.

Dio, conflitto fra- e Satana. **Intr.** 25 nota 1 — rapporti fra l'uomo e-, 27, 64, 65, 67, 68 e nota 1 — trono di-, 66, 69 nota 1, 72, 79 — sentimento materiale mercantile degli Arabi nei rapporti con-, 118 nota 1 — guerra per la causa di-, **1**, 45 art. 17 — di Abramo, 56 — degli Ebrei (Allah al-Yahūd), 79 nota 1.

Dionisio il Piccolo, abbate. **1**, 6 nota 2.

dir' = cotta. **12**, 275.

Ḍirār, sito a 8 miglia da Madīnah. **3,** 1; **5,** 1.
Ḍirār b. 'Abd al-Muṭṭalib b. Hāšim. Intr. 102.
Ḍirār b. al-Azwar al-Asadi, C. d. P. **9,** 12 no. 2; **10,** 122 nota 1; **11,** 127 nota 1, 130, 179 nota 1, 180, 193 no. 7; **12,** 15,*a*, 23 no. 42, 148, 162,*c*, 206, 211, 217 no. 7, 404 nota 1.
Ḍirār b. al-Khaṭṭāb, fratello di 'Umar, un tempo nemico del Profeta. Musulmani da lui uccisi a Uḥud, **3,** 54,B no. 11, 15, 18, 21, 30 — comanda gli alleati all'assedio di Madīnah, **5,** 33 — nella campagna persiana, **12,** 206, 211.
Ḍirār b. Muqarrin al-Muzani, C. d. P. (?) nella campagna Persiana. **12,** 206, 211.
dirham = moneta d'argento. **1,** 20, 32 nota 1, 53; **2,** 17 — ogni ūqiyah è uguale a quaranta-, 22 nota 2, 37, 79, 89 no. 6 15; **3,** 9; **6,** 52; **7,** 58, 74; **8,** 36, 37, 87, 131, 175, 180, 187; **9,** 39 nota 3, 70; **11,** 25, 53, 238,*b*; **12,** 83 nota 1, 162,*a* — del peso di dieci- per ogni sei mithqāl, 162,*c*, 164,*d*, 165,*a* — del peso di cinque- (wazn khamsah), 165 nota 8, 166,*b*, 172, 173,*a*, 174 nota 2,*a*, 184,*b*, 193 nota 1,*a*, 195, 204, 205 e nota 2, 208, 210 e nota 1,*a* e 3, 211 — thaqīl, 211 nota 1, 214,*b*, 228,*b*, 235, 236 e nota 2.
Diritto dell'uccisore di possedere le armi dell'ucciso. **8,** 131.
al-dirrah = il bastone, o nerbo, usato da 'Umar. **11,** 95.
Discendenze fittizie. Intr. 92 nota 1.
Discorso di Maometto ai fedeli nel Pellegrinaggio d'Addio. **10,** 77.
Dissenteria. 1, 71.
Distintivo. 3, 35.
Divinità pagane. **Intr.** 62 nota 5 — arborea (Dzāt Anwāṭ), **8,** 120 nota 1.
Divorzio. Intr. 92, 115; **5,** 20 — dei Musulmani ammogliati con donne pagane. **6,** 42 — disposizioni sul-, 60 — di Sawdah. **8,** 198; **10,** 139 nota.
Dīwān o canzoniere. **9,** 95 nota 1.
Diyār Bakr (Mesopotamia). **12,** 224 nota 2.
Diyār Ǵuhaynah. 5, 88.
Diyār Kalb. 12, 415 nota 1.
Diyār Muḍar. 11, 211.
Diyārāt al-Asāqif, presso Ḥīrah. **12,** 162 nota 8 no. 3.
Diyārbakri (Ḥusayn b. Muḥ.) [† 966. a. H.], storico. **Intr.** 114 nota 2, 250 nota 1, 283, 285 nota 3, 320 nota 1, 324 nota 2; **1,** 35 nota 1; **7,** 14 nota 3, 59, 81; **12,** 350.
Dobbia o **Dabia,** antico errore per Dāthinah. **12,** 365.
Doni votivi. 7, 73; **9,** 20.
Donne. Intr. 27; **3,** 36 e nota 1, 37, 50; **5,** 8 — una donna con prole pari a sei cameli, 9 — uso del velo alle-, 14 — necessità di velare le-, 20 nota 1 — due- comprate per 150 dīnār, 52 — tre- comprate per 45 dīnār, 52; **7,** 30 — moralità delle- madinesi, 50 — donna che si cercava di vendere, 62 nota 1; **8,** 123 — uccise, 126, 133, 163, 164 — arabe, strana usanza delle- di strofinare il deretano nudo sulla pietra dell'idolo Dzū-l-Khalaṣah, **10,** 27; **11,** 146 e nota 2,*a* — sventramonto di- gravide, **12,** 280 nota 1.
Dono nuziale. 7, 58; **11,** 238,*b*.
Dote. 7. 74.
Dottori musulmani. Intr. 16.
Doughty, scoperte del-, **Intr.** 68 nota 2; **1,** 38 nota 1; **5,** 31 nota 1; **7,** 6; **9,** 24 nota 1, 34, 45 nota 2; **10,** 89 nota 4; **11,** 216; **12,** 116, 278.
Dozy. Intr. 17; **9,** 46 nota 2.
Drapeyron, istoriografo francese. **12,** 248 e nota 1.
Drungarius, *praefectus Drungi vel turmae.* **12,** 385.
al-du'ā ila al-qabā·il, il grido di guerra delle tribù. **10,** 14 e nota 4.
ḍu'afā, i malati, i vecchi i feriti ecc. **12,** 394.

du'afā al-nās = gli uomini deboli. **Intr.** 229 nota 2, 234.
Dubā'ah bint 'Āmir b. Qurt b. Salamah b. Qušayr al-'Āmiriyyah, una donna di Maometto. **19,** 140 no. 2, 141 no. 3.
Dubā'ah bint al-Zubayr b. 'Abd al-Muttalib, pensionata di Khaybar. **7,** 42 no. 2.
Dubāb. **10,** 4 no. 1; cfr. banū-l-Dibāb.
abū-l-Dubāb al-Balawi, viene a Madīnah, **9,** 17; cfr. abū-l-Dubayb ecc.
banū Dubay'ah b. Rabī'ah, tribù, un ramo dei Bakr b. Wā·il. **Intr.** 41 tav. 1; **3,** 18; **10,** 43; **12,** 189 no. 9, 202.
banū Dubay'ah b. Zayd b. Mālik b. 'Awf, tribù Madinese. **2,** 85,B; **9,** 52 no. 3 4 e 9.
abū-l-Dubayb al-Balawi. **9,** 17; cfr. abū-l-Dubāb ecc.
banū-l-Dubayb, tribù dell'Arabia settentrionale, un ramo dei Ǵudzām. **6,** 11; **11,** 111.
abū-l-Dubays al-Balawi. **9,** 17; cfr. abū-l-Dubāb ecc.
Dubayyah b. Ḥarma al-Sulami, sacerdote pagano. **8,** 102 nota 1.
Dubbā (? **Dabā**?). **11,** 87 no. 15 e nota 4; cfr. Dabā.
Dubbiyah. **12,** 337, 342; cfr. al-Dāthinah.
al-dubūr = tetti portatili per muovere all'assalto delle mura. **8,** 141.
Duello. **3,** 32.
abū Duǵānah Simāk b. Aws b. Kharašah al-Sā'idi [† 12. a. H.], C. d. P. presente a Badr. **2,** 66, 85,C no. 42, 88 no. 27 44 50 66; **3,** 35, 55 no. 1 20; **4,** 13; **7,** 29, 48; **8,** 123; **9,** 29; **10,** 73; **11,** 55 nota 2 no. 18 — ucciso a al-Yamāmah, **12,** 11 nota 2, 23 no. 41.
Dughāṭir al-Usquf, vescovo cristiano. **6,** 50 e nota 1.
Dughaynah, pagana, moglie di Misk al-Dzi·b. **3,** 16 no. 13.
ibn al-Dughunnah soprannome di Rabi'ah b. Rufay' b. Uhbān, qurašita un tempo avversario del Profeta. **Intr.** 305; **8,** 128.
al-Duḥa, sura detta- o dello Splendore (Qur·ān, XCIII). **Intr.** 217.
banū-l-Du·il b. Bakr, tribù del Naǵd, un ramo dei Kinānah. **Intr.** 41 tav. 1; **8,** 40; **11,** 88.
al-Du·ili. **11,** 193 no. 7; cfr. Qudā·i al-Dilami [Du·ili].
Dukayn b. Sa'īd al-Muzani, viene a Madinah, **5,** 17 no. 6.
Duldul, nome di un mulo del Profeta, **6,** 49; **7,** 78; **8,** 57.
Dūmah, nome di tre luoghi diversi. **9,** 46 e nota 2; **12,** 181 e nota 1.
Dūmah (Dimašq?). **12,** 182, 233 nota 1, 234 — confusione dei tradizionisti tra- e Dūmah al-Ǵandal, 182 nota 1.
Dūmah al-Ǵandal. **4,** 1 no. 7 — prima spedizione di-, **5,** 4 — intricate questioni connesse con-, 4 nota 1, 5, 8 nota 1, 77, 78 — seconda spedizione di-, **6,** 16 e nota 1; **9,** 24, 36, 38, 42 — terza spedizione di-, 45 e nota 3 — critica delle tradizioni su-, 46-48, 54; **10,** 101 nota 3, 119 nota 3, 130 — apostasia in-, **11,** 97, 109 nota 1, 111, 211; **12,** 103, 132, 170,*b* e nota 2,*c* 3,*a*, 180 e nota 1, 181 e nota 1, 182 — confusione dei tradizionisti tra- e Dūmah Dimašq, 182 nota 1, 199,*a*, 217, 218, 220 — presa di-, 221 — il problema di-, 232-234, 234 nota 1, 379, 408, 420, 421.
Dūmah al-Ḥīrah, **9,** 46; **11,** 97 nota 1; **12,** (?) 170,*b*, 180 nota 1, 181 e nota 1, 182 nota 1, 232, 233 nota 1, 234, (?) 409, 420, 421.
abū Dumayrah, cliente del Profeta. **10,** 142 no. 14.
banū Du'mi b. Asad, tribù. **Intr.** 41 tav. 1.
dūr al-anṣār = case degli Anṣār. **1,** 36.
Duraybah bint Abrahah b. al-Ṣabbāḥ, moglie di Dzū-l-Kalā'. **9,** 64.
Durayd b. Arṭāh, C. d. P. **7,** 82.
Durayd b. al-Ṣimmah b. Bakr b. 'Alqamah, celebre guerriero e poeta pagano. **8,** 114.
ibn Durayd (Muḥ. b. al-Ḥasan) [† 321. a. H.], filologo e poeta. **1,** 17.
Durna, sito nel Sawād. **12,** 160,A e nota 2.
Durna nella Yamāmah. **12,** 160,A nota 2.

Durnā = Durna. **12**, 160,A nota 2.
Durtā = Durna. **12**, 160,A nota 2.
durū' al-sābiriyyah = corazze di maglia di ferro. **12**, 359,*a*.
al-Durungār. **12**, 335, 404 nota 1; cfr. Drungarius.
Dussaud, viaggiatore ed archeologo francese. **11**, 214, 319 nota 2.
Du'thūr b. al-Ḥārith b. Muḥārib al-Muḥāribi, sua conversione, **3**, 6.
Duwayd b. Zayd al-Sā'idi al-Ansāri [† 12. a. H.], C. d. P., ucciso a al-Yamāmah. **12**, 23 no. 48.
Duwayk, pagano, liberto dei Khuzā'ah. **Intr.** 166.
Dzafirān, sito tra Madīnah e Badr. **2**, 46.
dzahab, fiddah = oro e argento coniato. **7**, 38.
al-Dzahabi (abū 'Abdallah Muḥ. b. Aḥmad, Šams al-dīn) [† 748. a. H.], celebre storico. **11**, 230.
Dzakwān b. 'Abd Qays b. Khaldah [Khaladah] al-Ansāri [† 3. a. H.], C. d. P. **Intr.** 336 no. 2, 344 no. 27 — presente a Badr, **2**, 85,C no. 100 — ucciso a Uḥud, **3**, 54,B no. 55.
banū Dzakwān, tribù del Nağd, un ramo dei Ghatafān. **2**, 85,C no. 88; **4**, 3, 5; **10**, 50; **11**, 87 no. 10, 88.
Dzanab Awtās, sito presso Makkah. **8**, 93; cfr. Awtās.
Dzanab Ḥawdā, luogo tra Madīnah e Tabūk. **9**, 30 no. 8.
Dzanab Kawākib, luogo tra Madīnah e Tabūk. **9**, 30 no. 12.
Dzanabān al-'Īs, sorgente nel Nağd presso al-Suwāriqiyyah. **6**, 8 nota 1.
abū Dzarr Burayr b. Ǵunādah al-Ghifāri, C. d. P. **Intr.** 213, 227 nota 1; **1**, 50; **5**, 1; **6**, 3; **8**, 75, 122; **9**, 28; **10**, 114; **11**, 37 nota 3 no. 8, 55 nota 2 no. 11.
abū Dzarr al-Ghifāri, cfr. abū Dzarr Burayr b. Ǵunādah al-Ghifāri.
dzarra qarnu al-Šams = spuntò il corno del sole. **11**, 119.
Dzarwān o **Dzū Arwān**, un pozzo presso Madīnah. **7**, 4.
Dzāt Aǵdāl, sito tra Madīnah e Badr. **2**, 87 nota 1; cfr. Dzāt Aǵdzāl.
Dzāt Aǵdzāl. **2**, 19 nota 2 no. 5; cfr. Dzāt Aǵdāl.
Dzāt Anwāt, divinità arborea. **8**, 119, 120 nota 1.
Dzāt A'šāš, luogo nel paese degli Aslam. **6**, 24.
Dzāt al-Asāwid, luogo nel paese dei Sulaym. **8**, 29.
Dzāt al-Aštāt, o **Ghadīr al-Aštāt**, uno stagno presso Makkah. **6**, 28; **9**, 2.
Dzāt Atlāḥ, spedizione di-, luogo nell'Arabia settentrionale. **8**, 4 e nota 1, 6; **10**, 105.
dzāt al-ǵanb = pleurisia. **11**, 6 nota 5,*a*.
Dzāt al-Ǵayš, luogo tra Madīnah e Badr. **2**, 19 nota 2 no. 1, 44; **5**, 14; cfr. Ulāt al-Ǵayš.
Dzāt al-'Irq o **Dzāt 'Irq**, luogo nel Nağd, a oriente di Makkah. **3**, 9; **8**, 5 nota 1, 102 nota 1.
Dzāt al-Khīm, un sito nella Mahrah. **12**, 68.
Dzāt al-Khitmi, luogo tra Madīnah e Tabūk. **9**, 30 no. 14.
Dzāt al-Manār, luogo sui confini arabi della Siria. **12**, 328,*b*, 357,*e*.
Dzāt al-Nitāqayn, cognome di Asmā bint abī Bakr. **1**, 21.
Dzāt al-Qura, equivalente di Wādi al-Qura. **6**, 11; **8**, 4.
Dzāt al-Riqā', spedizione di- nel Nağd, un pozzo o un monte. **4**, 1 no. 5 no. 7[2], 17; **5**, 1 e nota 2, 2, 3; **6**, 28.
Dzāt al-Salāsil, spedizione di- nel territorio dei Ǵudzām (Arabia settentrionale). **8**, 30.
Dzāt al-Salāsil o battaglia delle Catene nell' 'Irāq. **12**, 192, 195, 197 e nota 2.
Dzāt al-Sanamayn, luogo in Siria presso Damasco. **12**, 412.
Dzāt al-Sāq, valle al nord di Madīnah. **2**, 20 e nota 2 no. 3.
dzāt 'ura = con un manico (?). **11**, 129.
Dzāt al-'Ušayrah, luogo sulla via tra Makkah e Baṣrah. **11**, 146 nota 1,*b*.
Dzāt al-Zirāb, luogo tra Madīnah e Tabūk. **9**, 30 no. 17.
dzawāt al-buyūt = madri di famiglia. **12**, 23 no. 149.
Dzayyāl, nome di un vannino pagato 30,000 dirham. **9**, 39 nota 3.

ibn Dzī-l-Ghussah. **10,** 3 no. 2; cfr. Qays b. Ḥusayn b. Yazīd b. Šaddād b. Qanān.
ibn Dzī-l-Liḥyah, capo di tribù nel Yaman. **11,** 193 no. 8.
ibn Dzī-l-Sahm al-Khath'ami, prende parte alla campagna in Siria. **12,** 357,*d*.
ibn Dzī-l-'Unuq, luogotenente di Khālid b. al-Walid nella campagna persiana. **12,** 217 no. 4.
banū Dzi·b b. Fihr, tribù. **Intr.** 56.
ibn abī Dzi·b, tradizionista. **11,** 113 nota 2.
dzikr = rammentare il nome di Dio. **2,** 3 nota 2; **12,** nota 3; cfr. dzikr allah.
dzikr allah. **2,** 3 nota 2, 12 nota 3; cfr. dzikr.
dzimām = protezione. **9,** 67.
dzimam, pl. di dzimmah. **12,** 25,*c*.
dzimmah = protezione accordata da Musulmani. **1,** 45 art. 15 nota 1; **5,** 84, 92; **8,** 22, 180; **9,** 38 nota 1, 40, 48, 50, 58 nota 2, 61, 84; **10,** 10 no. 7, 14, 25, 42, 58, 60; **12,** 25,c, 75, 162,*a*, 167, 191, 195, 199,*a*, 201, 210 e nota 8, 213, 408.
dzimmah Allah. **1,** 45 art. 15 nota 1.
dzimmiyyah, i non-musulmani protetti dalla dzimmah. **12,** 84.
dzirā' = cubiti, misura di lunghezza. **Intr.** 62 nota 4, 117, 171; **1,** 32; **11,** 18 nota 1,*b*, 207.
Dzū 'Abāyah, l'uomo del mantello (abū Bakr). **8,** 32 nota 1.
dzū 'adl = uomo imparziale. **10,** 48.
Dzū-l-Aktāf, grande trincea costruita per ordine del re sassanida Sābūr Dzū-l-Aktāf. **12,** 192 nota 7.
Dzū Amarr, spedizione di-, luogo nel Naǵd, nel paese dei Ghaṭafān. **2,** 92; **3,** 4 nota 1, 6 e nota 1.
Dzū 'Amr al-Ḥimyari, principe ḥimyarita. **9,** 64, 65.
Dzū Awān, luogo a un'ora da Madīnah. **9,** 52.
Dzū-l-Biǵādayn, cognome di 'Abd al-'Uzza ('Abdallah) b. 'Abd Nuhm, C. d. P. **9,** 86.
Dzū-l-Faqār, spada del Profeta. **2,** 76; **10,** 144; **12,** 271.
Dzū-l-Ǵadr, luogo presso Madīnah. **6,** 21, 25.
Dzū-l-Ǵawšan al-Ḍibābi, viene a Madīnah, **9,** 74.
Dzū-l-Ǵazr, luogo presso Madīnah. **4,** 10; certamente = Dzū-l-Ǵadr.
Dzū-l-Ghadawayn, località tra Makkah e Madīnah. **1,** 22 nota 1 no. 8; cfr. Dzū-l-Ghudwayn.
Dzū-l-Ghudwayn, località tra Makkah e Madīnah. **1,** 22 e nota 1 no. 8; cfr. Dzū-l-Ghadawayn.
Dzū-l-Ghussah, cfr. ibn Dzī-l-Ghussah.
Dzū-l-Ǵīfah, luogo tra Madīnah e Tabūk. **9,** 30 no. 10.
Dzū-l-Hadm o **Dzū-l-Harm,** fondo presso Ṭā·if. **9,** 59.
Dzū-l-Ḥadr. **4,** 10; cfr. Dzū-l-Ǵazr.
Dzū-l-Ḥiǵǵah, mese del pellegrinaggio. **1,** 9 e nota 2.
Dzū-l-Ḥimār, cognome del falso profeta al-Aswad. **11,** 190 e nota 1.
Dzū-l-Ḥulayfah, località presso Madīnah. **2,** 44; **3,** 21 e nota 1; **5,** 14, 28; **6,** 25, 26; **7,** 1, 69; **8,** 97; **9,** 73; **10,** 73 e nota 1.
Dzū Ḥuraḍ, sito presso Madīnah. **9,** 57; forse lo stesso che Dzū-l-Ǵadr o Dzū-l-Ǵazr.
Dzū Ḥusa, sito sconosciuto presso Madīnah. **11,** 118 nota 1, 119.
Dzū-l-Kaffayn, idolo nei dintorni di Makkah. **Intr.** 309 nota 1; **8,** 100 e nota 1, 136.
Dzū-l-Kalā', principe ḥimyarita. **11,** 193 no. 2; cfr. Dzū-l-Kulā'.
Dzū Kašr, sito tra Makkah e Madīnah. **1,** 22 nota 1 no. 9; forse lo stesso che Dzū Kišd.
Dzū-l-Khalaṣah, idolo nel Yaman settentrionale. **9,** 59 nota 1; **10,** 23 — strana usanza delle donne arabe di strofinare il deretano nudo sulla pietra dell'idolo-, 27, 28; **12,** 65 nota 4.
Dzū-l-Khimār 'Abhalah b. Ka'b. **11,** 190 e nota 1, 192; cfr. al-Aswad al-'Ansi il falso Profeta.
Dzū-l-Khimār Sabī' b. al-Ḥārith, pagano, in comando dei Mālik a Ḥunayn. **8,** 114, 124.
Dzū-l-Khimārayn 'Awf al-Ǵadzami, pagano, capo dei Ṭayy. **11,** 180.
Dzū Khušub, luogo tra Makkah e Madīnah. **8,** 49.
Dzū Khušub, luogo tra Madīnah e Tabūk. **9,** 30 no. 1.

Dzū-l-Khuwayṣarah al-Tamīmi, C. d. P., poi agitatore dissidente, khārigita. **8,** 169 e nota 1
Dzū Kišd, luogo tra Makkah e Madīnah. **1,** 22, e nota 1 no. 9; cfr. anche Dzū Kašr.
Dzū-l-Kulā' [o **Kalā'**] **b. Nākūr b. Mālik b. Ḥassān b. Tubba' al-Ḥimyari,** principe ḥimyarita. **9,** 64, 65 e nota 1 e 2; **11,** 193 no. 2, 197 — prende parte alla campagna in Siria, **12,** 356,*e*, 359,*b*, 378, 380.
Dzū Kušub, luogo dei Ǵuhaynah, presso Madinah. **5,** 85 nota 1; forse lo stesso che Dzū Khušub.
Dzū-l-Liḥyah, cfr. ibn Dzī-l-Liḥyah.
Dzū-l-Maǵāz, mercato nei dintorni di Makkah. **Intr.** 110, 130 nota 1, 332 nota 1; **1,** 9; **8,** 113.
Dzū-l-Marwah, luogo nel paese dei Ǵuhaynah, a una giornata da Madinah. **Intr.** 147 nota 2; **2,** 41; **5,** 85 nota 1, 88; **6,** 8 nota 1; **9,** 30 no. 3; **12,** 380, 383, 386.
Dzū-l-Miš'ār Mālik b. Namat al-Hamdāni, viene a Madīnah. **9,** 67.
Dzū Murrān, principe ḥimyarita del Yaman. **11,** 193 no. 3, 197.
Dzū Nafr al-Ḥimyari, principe del Yaman. **Intr.** 119, 120.
Dzū-l-Nūn, angelo, preteso ispiratore di Tulayḥah il falso profeta. **11,** 135 e nota 3,*a*.
Dzū Nuwās, principe del Yaman. **12,** 113 nota 1,*c*.
Dzū-l-Qa'dah, il mese di riposo. **1,** 9 nota 2.
Dzū Qār, motivi e particolari di questa battaglia. **Intr.** 230 e nota 1; **2,** 104; **3,** 64; **12,** 135, 136, 151, 165 nota 1, 206, 280.
Dzū Qarad o **al-Ghābah,** spedizione di-. **6,** 3, 21 nota 1.
Dzū-l-Qarnayn = Alessandro il Grande. **Intr.** 123, 257 — l'èra di-, **1,** 4 nota 1.
Dzū-l-Qaṣṣah, luogo a oriente di Madīnah. **3,** 6; **5,** 8 nota **2** — prima spedizione di-, **6,** 5 e nota **1** — seconda spedizione di-, 6; **9,** 79; **11,** 73, 94 — battaglia di-, 112-119, 121, 123 e nota 3, 132, 137 nota 1; **12,** 96, 98, 103.
Dzū Ru'ayn, principe ḥimyarita del Yaman. **9,** 60, 61.
Dzū-l-Ruqaybah, monte presso Khaybar. **7,** 12 e nota 1; 35.
Dzū Salam, luogo tra Makkah e Madīnah. **1,** 22 e nota 1 no. 12.
Dzū-l-Šamālayn 'Amr b. 'Abd 'Amr b. Nadlah al-Khuzā'i [† 2. a. H.], C. d. P., presente a Badr, **2,** 85,A no. 43 — ed ivi ucciso, 87 no. 3.
Dzū-l-Tāǵ, cognome di Ḥawdzah b. 'Ali al-Ḥanafi. **6,** 55.
Dzū-l-Tāǵ Laqt b. Mālik al-Azdi. 12, 62.
Dzū-l-Thadiyyah, khāriǵita. **8,** 169 nota 1.
Dzū Tuwa, luogo tra Makkah e Madīnah. **3,** 19, 21 nota 1; **7,** 70; **8,** 59, 61 nota 1.
dzū yad = adulto. **12,** 210 nota 3.
Dzū-l-Yadayn, altro cognome di Dzū-l-Šamālayn 'Amr b. 'Abd 'Amr. **2,** 85,A no. 43.
Dzū Yazan, stirpe del Yaman. **9,** 63.
Dzū Zūd, principe ḥimyarita del Yaman. **11,** 193 no. 3, 197.
Dzū Zulaym, principe ḥimyarita del Yaman. **11,** 193 no. 2, 197.
Dzu·ayb b. al-Aswad b. Razan al-Du·ili, pagano. **8,** 40.
Dzubāb, dei Sa'd al-'Ašīrah, viene a Madinah, **10,** 52.
Dzubāb, sito presso Madīnah. **2,** 97; **5,** 25 e nota 2; **9,** 29.
banū Dzubyān, tribù, un ramo dei Ghaṭafān. **9,** 1; **10,** 105, 122; **11,** 119, 123, 129 nota 1, 131, 157 nota 2,*a*; **12,** 92, 394 nota 1,*b*.
banū Dzuhl b. Tha'labah, tribù. **Intr.** 41 tav. 1; **12,** 155 nota 10, 189 no. 9.
dzurrah, una specie di grano turco. **5,** 24; **9,** 66.

Ebraico, idioma. **4,** 20, 21.
Ebrei convertiti all'Islām. **Intr.** 24 — letteratura apocalittica degli-, 30, 31 nota 1, 37 nota 1 — **fuggiti alla strage, nella distruzione di Gerusalemme, 43, 62; 113, 114 nota 3 — odio dei Musul-

mani contro gli-, 114 nota 3, 177, 199 — scritture sacre degli-, 257, 294, 335 — delle vicinanze di Madīnah, 341, 351 nota 1, 355 — e pagani in Madīnah, 355, 359; **1,** 10, 11, 30 nota 1, 38 e nota 2, 39, 41 — mai fraternizzarono con gli Arabi, 40 — valentissimi agricoltori, 40 — opposizione nazionale, religiosa e politica degli-, 41, 42 nota 1, 44, 45 art. 16 24 — dei banū 'Awf, 45 art. 25 — dei banū-l-Naǵǵār, 45 art. 26 — dei banū-l-Ḥārith, 45 art. 27 — dei banū Sā'idah, 45 art. 28 — dei banū Ǵušam, 45 art. 29 — dei banū-l-Aws, 45 art. 30 — dei banū Tha'labah. 45 art. 31 — nelle tribù madinesi, 45 art. 31 nota 1 — Khazraǵiti, 45 art. 31 nota 1 — Awsiti, 45 art. 31 nota 1 — dei banū 'Awf, 45 art. 33 35 37 38 46 e nota 1, 46, 47, 54 — opposizione in Madīnah dei pagani e degli- a Maometto, 57 e nota 1 — odio implacabile di Maometto verso gli- 57 — lista degli- che polemizzarono contro il Profeta, 58 — dei banū Zurayq, 58 — dei banū Ḥārithah, 58 — dei banū 'Amr b. 'Awf, 58 — dei banū-l-Naǵǵār, 58 — vero motivo dell'ostilità degli-, 59, 63 — intrighi degli- contro il Profeta, 68 — macchinazioni degli- 69 — ostili a Maometto, 79 nota 1 — Dio degli- (Allah al-Yahūd), 79 nota 1; **2,** 1 — grande festa annuale degli-, 1 — sinagoghe degli-, 8 nota 1, 13, 15, 24, 25, 26, 28, 29, 54 nota 1, 77, 94 e nota 1, 95, 96, 97, 99; **3,** 2 — altre uccisioni di-, 5, 12, 19, 26 e nota 2, 56 — dei banū-l-Nadīr, **4,** 10 e nota 1 — Qurayzah, 11, 12, 13, 20 — lingua degli- al-Suryāniyyah, 21; **5,** 7 — espulsione ed emigrazione degli- da Madīnah, 18 — dei banū-l-Nadīr, 23, 25 nota 2, 27 nota 1, 28 nota 1, 29, 30, 32, 37, 45, 47 e nota 1, 48, 49, 50 — agitazione fra gli- di Khaybar, 55, 61, 62 — opposizione degli- e dei pagani di Madīnah, 61 — difetti e influenza degli- di Madīnah, 61 — contegno degli- verso Maometto 64 — la cooperazione degli- fu il cardine fondamentale della prima politica di Maometto in Madinah, 65 — gli- in conflitto con Maometto, 66, 73, 77, 92 nota 1; **6,** 17, 20, 50 e nota 1 — incantesimi degli-, **7,** 4 — di Khaybar, 6, 8, 10 e nota 2, 11, 12, 15, 17, 18, 20, 23 nota 1, 25, 27, 28 e nota 1 e 2, 29, 30, 31, 32, 33 e nota 1 e 2, 34, 39, 42 nota 1, 45 — di Fadak, 47. 48 — di Taymā, 48 — di Khaybar, 51; **8,** 67, 119, 179, 180, 185 nota 2, 187; **9,** 26 nota 1 — di Maqnā, 39 nota 2, 40 nota 1 — tribù di- abitanti l'Arabia settentrionale, 50 e nota 1, 51, 61, 72, 94 nota; **10,** 14 e nota 6 — i medici più valenti erano- o Cristiani, 78 nota 1 — abbondanza nel Yaman di Cristiani e di-, 82 nota 2, 87, 88, 100, 101 — stato legale degli- di Khaybar, 101 — gli- di Khaybar primi sudditi non-musulmani dell'impero islamico, 101 nota 3, 112 — espulsione degli- e dei Cristiani dall'Arabia, **11,** 27 nota 1,*a*, 28, 89 nota 2, 202, 224; **12,** 57, 109 nota 2, 112, 132 nota 1,*a*, 246 — ausiliari degli Arabi contro i Bizantini, 247 — persecuzione degli- in Palestina, 258 — insurrezione degli- in Palestina a metà del IV secolo, 262 — assistono i Monofisiti nella sommossa di Antiochia, 265, nota 2 — grande persecuzione degli- sotto Eraclio, 265 nota 3,*c*, 269 — di Madīnah fabbri valenti, 270, 283, 303 — di Edessa, 309 nota 3 — dell'Esodo, 312.

Eclissi lunare. **5,** 7.

Eclissi solare. **6,** 44, **8,** 202 nota 1; **10,** **2** e nota 1.

Edessa = al-Ruhā, grande emporio commerciale in Mesopotamia. **12,** 137.

Edom. **9,** 24.

Eftaliti, Unni. **12,** 121 nota 4.

Egitto. **Intr.** 109 nota 1 — caravane di pellegrini dell'- e Siria, **1,** 76 nota 4; **6,** 45 — ambasciate di Maometto a al-Muqawqis in-, 49 — ritorno dell'ambasciata in-, **7,** 78; **10,** 30 nota 1 — tribù che in parte emigrò in-, 56 — trattati con i Cristiani di Gerusalemme, e d'-, 60 nota 2, 128, 186 — scoperte epigrafiche in-, **11,** 214; **12,** 112, 130 nota 1, 132, 137, 242, 246 — si ribella contro l'imperatore Phocas, 247 — invaso dai Persiani, 248 nota 1, 250, 262, 284, 308, 316 nota 2, 319 nota 1, 332,*a*, 348.

Egiziani, porti-. **Intr.** 109; **2,** 28; **11,** 4 nota 1; **12,** 239 — in Arabia, sotto Muhammad 'Ali nel 1815, 273.

Ἕγρα = al-Ḥigr. **9,** 34 nota 1.

Εἰδωλόθυτα, festa pagana dei sacrifizi. **8,** 11 e nota 1.

Elam, paese confinante con la Babilonide. **12,** 106 nota 1, 119 e nota 1, 138, 142 nota 1.

Elath. **9,** 38 nota 1.

Elefante, celebre spedizione detta dell'-. **Intr.** 59, 108, 109 — africani, 109 — menati da Pirro in Italia 109 — l'arte di catturare e domare gli-, 109 — usati in guerra dagli Abissini, 109 nota 1 — chiamato Maḥmūd, 118; **1**, 1, 2; **12**, 108 — catturato dagli Arabi nell' 'Irāq, 194 nota 1.

Elemosine (ṣ a d a q ā t). **5**, 9 nota 1.

Elemosine (z a k ā t). **1**, 54.

Elena, madre di Costantino, trova la croce e fonda la basilica del Santo Sepolcro. **12**, 240 nota 2, 247.

Elia. **11**, 61.

Elisbaan, corona di pietre preziose offerta dal re d'Etiopia alla basilica del Santo Sepolcro. **12**, 247.

Ellenizzazione dell'Oriente. **12**, 120 nota 2.

Elmo. **3**, 40; **4**, 18 — b a y d a h, **12**, 275.

Embolismo al-Nasī. **1**, 9 nota 2.

Emesa, (Ḥ i m ṣ). **9**, 37.

Emigrati (a l-M u h ā ǵ i r ū n), nota degli- in Abissinia. **Intr.** 275 — convenzione regolante i rapporti fra- Makkani e le tribù Arabe viventi in Madīnah, **1**, 44 — unione in fratellanza di- e Madīnesi, 50, 71, 75, 76, 81 — ammessa apostasia di alcuni fra gli-, **2**, 3, 15, 46 — grido di guerra degli-, 63, 84 — primo degli- Makkani che morisse in Madīnah, 108; **3**, 23 nota 1, 25, 52, 54,A, 62; **4**, 13 e nota 1; **5**, 8, 10, 16 nota 2, 25 — fratellanza fra Madīnesi ed-, **5**, 64 — condizione degli- in Madīnah, 67, 70, 72 — ritorno degli- dall'Abissinia, **7**, 53; **8**, 22 nota 3, 30, 109, 122 nota 2, 123, 163; **9**, 4, 26 nota 2 — Arabi del Nord o Ismā'iliti-, 72 nota 2; **10**, 89 nota 2, 92, 105 — Makkani e Compagni madinesi, partito rappresentante il gruppo dei veri Musulmani, **10**, 114; **11**, 26, 39,*a*, 43, 56, 59, 65 nota 2, 67, 123 nota 2, 203 nota 2; **12**, 15,*b*, 16 nota 1, 44,A.

Emigrazione (l') di Maometto da Makkah a Madīnah. **Intr.** 348; **1**, 14-27.

Epidemia. **Intr.** 108 nota 1 — violentissima di vaiuolo, 120.

Epigrafia semitica. **11**, 214.

Epoca glaciale. **12**, 107.

Èra presso gli Arabi pagani. **Intr.** 59 — principio dell'- musulmana, **1**, 1 — l'- persiana (t a ' r ī kh a l-f u r s), 4 — l'- di Alessandro (Dzū-l-q a r n a y n), 4 nota 1 — l'- dei Seleucidi, 4 nota 1 — l'- dei Siro-Macedoni, 4 nota 1 — l'- musulmana (a l-H i ǵ r a h), 6 — l'- cristiana, 6 nota 2 — l'- di Gesù Cristo, 6 nota 2 — l'- dei Latini, 6 nota 2 — l'- musulmana stabilita da 'Umar, **11**, 72.

Eraclio (H i r a q l), imperatore bizantino. **6**, 11, 45 e nota 1 — ambasciata a-, 50 e note 1 2 e 3, 52 nota 1; **7**, 80 nota 1; **8**, 10 e nota 1; **9**, 24, 25, 36, 37, 45 nota 1, 69 nota 2, 98 nota; **10**, 26, 88, 92; **11**, 106 nota 1,*b*, 125; **12**, 115, 128, 130 nota 1, 135, 136, 149, 187 nota 1, 239, 241 — si ribella contro Phocas, 247 — campagne d'- contro i Persiani, 248-258 — debito ingente contratto da- con la Chiesa, 258 — infelice tentativo di- di unificazione religiosa, 258 — prolungata dimora di- in Siria dopo le campagne in Persia, 264 — sua infelice politica religiosa, 265 — il dogma ufficiale del Monoteletismo escogitato da-, 265 nota 3,*a* — grande persecuzione di Ebrei sotto-, 265 nota 3,*c* — grande ed infelice figura di-, sua apologia, 266, 267, 290, 303, 305 — sua politica in Siria, 309 e nota 1, 310 — misure di- per la difesa della Siria contro gli Arabi, 319, 334, 336 nota 1, 349, 351, 352, 357,*e*, 361, 368, 374, 400,*a*, 407, 426.

Ercole, mito di-, **10**, 139 nota.

Eredità. **7**, 16 nota 1 — primo musulmano ad ereditare dal padre, 55 no. 36 — del Profeta, **11**, 51.

Ereditario (principio: monarchia ereditaria), **12**, 237.

Eridu, antichissima città della Babilonide, **12**, 107.

Eresie della Chiesa cristiana. **12**, 240 — prime- contemporanee del Vangelo, 259.

Ermafroditi, a l-m u kh a n n a th, impotenti a giacere con le donne. **8**, 151.

Erode in Palestina. **Intr.** 31.

Esarhaddon, re d'Assiria. **12**, 182.

Esdrelon, pianura in Palestina settentrionale. **12**, 319 nota 2.

Esegesi quranica. **Intr.** 24.

Esercito, comando dell'- in tempo di guerra, **Intr.** 79.

Eski Šām = Buṣra. **12,** 327 nota 1,*e*.

Esodo degli Ebrei, leggende bibliche sull'-, **9,** 42.

Estranghelo, scrittura siriaca detta-, **11,** 214.

Estremo oriente. 12, 132.

Etiopia, abitanti dell'-, **Intr.** 109; **12,** 322 nota 1; cfr. Abissinia.

Eudocia, doni di- al tempio del Santo Sepolcro, **12,** 247.

Eudocia, figlia di Eraclio. **12,** 254, 336 nota 1.

Eufrate, fiume. **Intr.** 73 nota 1, 108 nota 1, 230 nota 1; **6,** 4 nota 1; **8,** 179, 186 nota 2; **9,** 3, 7 nota 1, 81; **10,** 127; **11,** 72, 186, 191, 211; **12,** 104, 106 e nota 1, 107, 109, 111 — principati aramei sull'-, 113, 119 e nota 1, 132, 133 e nota 2, 137 e nota 2, 138, 149, 151, 155 note 1,*a* 3 e 14, 160,A note 1,*a* e 4, 164,*g* e nota 1,IV, 170,*b*, 184 note 2 e 3,*c*, 199 nota 1, 202, 206, 213, 222 nota 4, 226 — grandi paludi dell'-, 236, 262, 273, 290, 306, 313 nota 1,*a*, 418, 423, 425, 426, 427.

Eunuco (kh a ṣ i). **7,** 78.

Europa medioevale. **Intr.** 2; **12,** 109, 264, 306.

Europei. 12, 115.

Eutichio [† 940. a. È. V.], storico cristiano. **12,** 330, 352, 365, 400,*a*.

Eutimio (santo). **12,** 263.

Euting, viaggiatore. **11,** 186, 216.

Eventi maravigliosi che annunziarono agli uomini l'imminente venuta del Profeta. **Intr.** 177.

Eusebio. 11, 4.

Exactio capitis = tassa a capo. **12,** 210 nota 4; cfr. ǵ i z y a h.

Ezechia. 11, 216.

fa-qaddamū wa akhkharū = erano discordi ed indecisi. **12,** 311.

fa-tammat = allora fu compiuto. **11,** 37 nota 2,*a*.

faḏa = essere spazioso. **10,** 139 nota.

al-faḏā = pianura. **12,** 9.

Fadak, colonia ebraica al nord di Madīnah. **1,** 38, 65; **5,** 55 — spedizione di 'Ali contro-, **6,** 17; **7,** 46 e nota 1, 47 nota 1 2 e 3 — sottomissione di-, 47 e nota 2, 48, 63, 64 nota 1 — panno di-, **8,** 32; **9,** 51; **10,** 103, 142 — questione per i redditi di-, **11,** 202-204; **12,** 277, 432.

Faḏālah b. 'Ubayd, C. d. P., lettore del Qurān. **11,** 229 no. 19.

ibn Faḏālah, tradizionista. **11,** 168.

Faḏḏah o **Faḏfāḏah**, nome di corazza. **2,** 97 nota 1.

al-Faḏḏāl, pagano, qurašita. **Intr.** 147; cfr. Ḥilf al-Fuḏūl.

Faḏfāḏah o **Faḏḏah**, nome di corazza. **2,** 97 nota 1.

al-Faḏīḫ, moschea di- nel territorio degli al-Naḍīr presso Madinah, **4,** 11.

faḏīkh = bevanda inebbriante. **4,** 11 nota 1.

al-Faḏl b. al-'Abbās b. 'Abd al-Muttalib, C. d. P. **7,** 42 nota 3; **9,** 123; **11,** 7, 87 nota 3 no. 3, 47, 206,*c* — ucciso a al-Yamāmah (?), **12,** 23 no. 44.

abū-l-Faḏl 'Abbās b. Mirdās. 4, 11 nota 1 no. 1; cfr. al-'Abbās b. Mirdās.

abū-l-Faḏl [o **abū-l-Haytham**] **'Abbās b. Mirdās b. abī 'Āmir b. Ḥārithah al-Sulami. 8,** 105 nota 1; cfr. al-'Abbās b. Mirdās.

umm al-Faḏl, moglie di al-'Abbās b. 'Abd al-Muttalib. **2,** 107; **7,** 74; **10,** 76.

al-Fāǵah, luogo tra Makkah e Madīnah. **1,** 22 e nota 1 no. 16.

Faǵǵ al-Rawḥā, luogo tra Madīnah e Badr. **2,** 44.

banū Fahm, tribù, ramo dei Hawāzin. **8,** 172.

Fā·id, paese in Arabia Centrale (Naǵd). **12,** 164,*a*.

fakhidz = suddivisione d'una tribù. **4,** 10.
Fākhitah bint 'Āmir b. Nawfal b. 'Abd Manāf, madre di abū Suhayl 'Abdallah b. Suhayl b. 'Amr. **12,** 23 no. 126, 41 nota 2,*a*.
Fākhitah bint al-Walīd, moglie di Ṣafwān b. Umayyah. **8,** 78.
Fakhr al-dīn al-Rāzi [† 606. a. H.]. **Intr.** 281.
al-Fākih b. Bišr b. al-Fākih b. Zayd, C. d. P., presente a Badr. **2,** 85,C no. 104.
al-Fākih b. Ǵarūl; cfr. al-Fākih b. Ǵarwal.
al-Fākih b. Ǵarwal b. Ḥidzyam b. 'Awf, prigioniero di Badr, **2,** 89 no. 84.
al-Fākih b. al-Mughīrah b. 'Abdallah b. 'Umar, pagano, zio di Khālid b. al-Walīd. **8,** 108.
al-Fākih b. al-Nu'mān b. Ǵabalah b. Ṣaffārah al-Dāri, viene a Madīnah, **9,** 70 no. 4.
falaǵa, radice semitica. **12,** 236 nota 1.
falāh = deserto. **8,** 25.
al-Falaḥatayn, luogo tra Madīnah e Wādi al-Qura. **2,** 97.
al-Falālīǵ, luogo (villaggi?) nell' 'Irāq (? conquistato da Khālid b. al-Walīd). **12,** 174 e nota 1, 184 nota 3,*d*, 192 nota 5, 211 e no. 1; cfr. al-Fallūǵah.
falaq al-ṣubḥ = chiarore dell'alba. **Intr.** 208.
Falegname copto. Intr. 167.
al-Falǵ, fondo nel territorio degli 'Āmir b. Ṣa'ṣa'ah, nel Naǵd. **9,** 77; **11,** 146 e nota 1,*b*.
al-fallāḥūn, contadini del Sawād. **12,** 195.
al-Fallūǵah. 12, 174 nota 1, 192 nota 5, 217; cfr. al-Falālīǵ.
al-Fallūǵah al-Sufla, nel Sawād. **12,** 170 nota 2,*a*.
al-Fallūǵah al-'Ulyā, nel Sawād. **12,** 170 nota 2,*a*.
al-Fals, spedizione di 'Ali per distruggere l'idolo-, **9,** 20.
faltah = sorpresa. **11,** 37 nota 2,*a*.
Fam al-'Atīq, nel Sawād. **12,** 205.
Fam Furāt Bādaqla, giornata di-, nel Sawād. **12,** 205.
Fanciulla che arriva all'età di maritarsi: cerimonie. **Intr.** 78.
abū-l-Faraǵ (Barhebraeus [† 1286. a. È. V.]), storico cristiano. **12,** 327 nota 2,*b*, 335, 336, 349.
abū-l-Faraǵ al-Iṣbahāni [† 335. a. H.]. **11,** 71.
farā·id = disposizioni speciali, e **šarā·i'** = leggi generali, dell'Islām. **6,** 23; **10,** 32, 53.
farā·id al-ṣadaqah = disposizioni speciali per la tassa ṣadaqah. **6,** 14.
Faraone. 2, 28.
faraq = misura yamanita di volume. **9,** 66.
Faraqah b. Mālik b. Ḥudzayfah b. Badr, pagano ucciso dai Musulmuni. **6,** 3.
faras = cavallo. **12,** 272.
faras al-malik = cavallo del re. **11,** 197.
al-Farazdaq [† 110. a. H.], celebre poeta satirico. **Intr.** 120.
al-Fardah. 3, 9; **10,** 35; cfr. al-Qaradah.
Fardam b. 'Amr, ebreo di Madīnah, avversario di Maometto. **1,** 58 no. 66, **2,** 24.
Fardam b. Ka'b, ebreo di Madīnah, avversario di Maometto. **1,** 58 no. 58.
farǵ, spiegazione del termine. **12,** 186 nota 1.
Farǵ ahl al-Sind wa-l-Hind, 12, 188.
Farǵ al-Hind. 12, 186, 192.
Farǵ Khurāsān. 12, 200.
Farghayn, luogo nel territorio degli Aslam. **6,** 24.
fāri'ah = avanzo. **8,** 167.
al-Fāri'ah bint 'Aqīl, donna di Ṭā·if. **8,** 151 nota 2, 153.
fārid = vacca di età. **9,** 7.
farīdah = contribuzione dei credenti. **9,** 61.

farīd̲ah = legge. **10**, 14.
farīd̲ah Allah = legge di Dio. **10**, 14.
Farina fina (darmak). **5**, 4; **9**, 24.
Farina finissima (daqīq). **Intr.** 90.
fāris = cavalieri. **12**, 360.
Fāris Dẕū-l-K̲h̲arq, cognome di 'Abbād b. al-Ḥārit̲h̲ b. 'Adi al-Aswad. **12**, 23 no. 3.
Fārit̲ (Qārit̲, Qāsit̲) b. Šurayḥ b. 'Ut̲h̲mān [† 3. a. H.], C. d. P., ucciso a Uḥud. **3**, 55 no. 10.
Farqad, monte a sud-est di T̲ā·if. **7**, 61 nota 1.
Farrād̲, idolo dei Sa'd al-'Aširah. **10**, 52.
al-Farrār al-Šarīdi. **8**, 24; cfr. Ǵabbār b. al-Ḥakam.
Farruk̲h̲ Šaddād (?) **b. Hurmuz**, generale persiano. **12**, 228,*b*.
Farruk̲h̲bundāz, generale persiano. **12**, 162,*c*, 172.
Farruk̲h̲zād. **12**, 228,*b*; cfr. Farruk̲h̲ Šaddād.
Farruk̲h̲zād b. al-Bindawān, reggente in Ctesifonte. **12**, 216.
Fārs, Maǵūs del-, **8**, 187; **12**, 119 e nota 1, 120, 156, 160,A nota 2, 164,*f*.
Farš Malal, luogo tra Makkah e Madīnah. **6**, 26.
farsak̲h̲ = misura di lunghezza. **Intr.** 130 nota 1; **7**, 10 nota 2; **9**, 46; **10**, 23; **11**, 18 nota 1,*b*, 98 nota 2, 211; **12**, 155 note 11,*b* e 14.
Farsistān = Fārs. **12**, 138.
Fartanā, cantante pagana, punita dal Profeta, **8**, 73 nota 1 no. 10, 82.
farwah = un ciuffo di peli sul corpo (?) ovvero « un vestito di cuoio con tutto il pelo attaccato ». **12**, 176 nota 3.
Farwah b. 'Amr al-Ǵud̲ẕāmi, ambasciata e morte di-, **6**, 52 e nota 1; **12**, 309 nota 1.
Farwah b. 'Amr b. Wad̲ẕaqah b. 'Ubayd al-Bayād̲i al-Anṣāri, C. d. P., presente all' 'Aqabah e a Badr, **Intr.** 344 no. 25; **2**, 85,C no. 112 — amministra K̲h̲aybar, **7**, 32, 38, 41 no. 17; **10**, 21, 27; **12**, 23 no. 14.
Farwah b. Hubayrah al-Qušayri, pagano. **7**, 67.
Farwah b. al-Ḥuṣayn b. Fad̲ālah al-'Absi, viene a Madinah. **3**, 66 no. 9.
Farwah b. Iyās (?), rappresentante dei Cristiani di Ḥirah. **12**, 165,*b*.
Farwah b. Musayk al-Murādi, viene a Madīnah, **10**, 32 — durante la Riddah, **11**, 187, 190, 192; **12**, 65 e nota 2, 67, 70.
Farwah b. al-Nu'mān (o 'Amr) b. al-Ḥārit̲h̲ b. al-Nu'mān al-Anṣāri [† 12. a. H.], C. d. P., ucciso a al-Yamāmah, **12**, 23 no. 45.
Farwah b. Qays b. 'Adi b. Ḥud̲ẕāfah, prigioniero di Badr. **2**, 89 no. 29.
Farwah b. al-Sā·ib, pagano, viene a Madīnah a riscattare i prigionieri, **2**, 80 nota 1 no. 9.
abū Farwah 'Abd al-raḥmān b. al-Aswad, fatto prigioniero dai Musulmani ad 'Ayn al-Tamr, **12**, 176 nota 3.
umm Farwah ibnah abī Quḥāfah, moglie di al-Aš'at̲h̲ b. Qays. **12**, 82 e nota 1.
al-Fāsi (abū-l-Ṯayyib Muḥ. b. Aḥmad Taqi al-dīn) [† 832. a. H.], storico di Makkah. **8**, 175,A.
faṣīl = vitello. **11**, 131 nota 1.
abū-l-faṣīl = padre del vitello svezzato; nome dato al califfo abū Bakr. **11**, 46, 131.
al-Fāsiq = l'empio; cognome dato a abū 'Āmir al-Rāhib. **3**, 18.
Fasti consolari. **1**, 6 nota 3.
fatana = indurre a commettere un'azione malvagia. **Intr.** 269 nota 1, 340 nota 3.
fatḥ = conquista. **11**, 74.
abū-l-Fatḥ Naṣr al-Iskandari [† 560. a. H.], geografo arabo. **12**, 223 nota 1.
Fāṭimah, la figlia del Profeta; cfr. Fāṭimah bint Muḥammad.
Fāṭimah bint 'Amr b. 'Ā·id̲ẕ [b. 'Abd] b. 'Imrān b. Mak̲h̲zūm, moglie di 'Abd al-Muṭṭalib, nonna del Profeta. **Intr.** 102, 134.

Faṯimah bint Asad b. Hāšim b. 'Abd Manāf, madre di 'Ali b. abī Ṯālib. **4,** 23.
Faṯimah bint Bišr b. 'Adi b. Ubayy al-Khazraǵiyyah, madre di 'Abbād b. Bišr b. Waqš. **12,** 23 no. 2.
Fāṯimah bint al-Ḏaḥḥāk b. Sufyān al-Kilābiyyah, moglie, poi ripudiata, del Profeta. **8,** 194; **10,** 139 no. 14.
Faṯimah bint al-Ḥāriṯh, nata in Abissinia. **Intr.** 277; **7,** 57 no. 9.
Fāṯimah bint al-Khassāf al-Sulamiyyah, tradizionista. **11,** 86.
Faṯimah bint al-Khaṯṯāb, sua conversione, **Intr.** 229 no. 10, 285.
Fāṯimah bint al-Muǵallal b. 'Abdallah, moglie di Ḥātib b. al-Ḥāriṯh, sua conversione, **Intr.** 229, no. 27 — emigra in Abissinia, 277 no. 46 — ritorna a Madīnah, **7,** 56 no. 17.
Fāṯimah bint Muḥammad [† 11. a. H.], la figlia del Profeta. **Intr.** 115, 160 — sua nascita, 164 — suo fidanzamento e matrimonio con 'Ali, **2,** 17, 102; **3,** 11; **7,** 42, 47 nota 3; **8,** 47, 80; **10,** 139 no. 1; **11,** 37 nota 3, 43 nota 1,*a*, 59 — questioni con abū Bakr per l'eredità del padre, 202-203 — sua morte e tomba, 205-208 — biografia, 238.
Fāṯimah bint Rabī'ah b. Zayd, nome di umm Qirfah. **6,** 18.
Fāṯimah bint Sa'd b. Sayal Khayf b. Ḥamālah b. 'Awf. **Intr.** 61; cfr. Fāṯimah bint Sayal ecc.
Fāṯimah bint Ṣafwān b. Umayyah b. Muḥarriṯh al-Kināniyyah, moglie di 'Amr b. Sa'īd b. al-'Āṣ, emigra in Abissinia, **Intr.** 277 no. 4 — morta in Abissinia, **7,** 54 no. 8, 56 no. 26.
Fāṯimah bint al-Sā·ib al-Makhzūmiyyah, madre di Ḥakīm b. Ḥazn b. abī Wahb. **12,** 23 no. 60.
Fāṯimah bint Sayal b. Ḥamālah degli Azd Šanu·ah, madre di Quṣayy b. Kilāb. **Intr.** 61, 76.
Fāṯimah bint Šurayḥ, concubina del Profeta. **10,** 139 no. 21.
Fāṯimah bint 'Umārah, tradizionista. **11,** 49.
Fāṯimah bint al-Walīd [b. 'Abd Šams] b. al-Mughīrah, sorella di Khālid, moglie di al-Ḥāriṯh b. Hišām, pagana presente a Uḥud. **3,** 16 no. 7 — sua conversione, **8,** 76; **12,** 23 no. 7.
Fāṯimah bint al-Walīd b. 'Utbah, moglie di 'Ali b. abī Ṯālib. **8,** 133.
Fāṯimah bint Zā·idah, madre di Khadīǵah, la moglie del Profeta. **Intr.** 324 nota 1.
fatrah [al-waḥy], periodi fra la morte di un profeta e la comparsa del seguente. **Intr.** 131 nota 1, 211 nota 1, 217.
Favole (le) sulla creazione del mondo. **Intr.** 25 nota 1.
fawḏa = bene comune dei Musulmani. **7,** 41 nota 2.
Fayd, paese nel centro del Naǵd. **6,** 4; **9,** 20; **10,** 35; **11,** 119 nota 2; **12,** 155 nota 9,*b*, 158 nota 1.
al-Fayfā, luogo tra Madīnah e Tabūk. **9,** 30 no. 2.
Fayfā al-Khabār, luogo al nord di Madīnah. **2,** 20 e nota 2 no. 2; forse lo stesso che Fayfā.
Fayrūz I (459.-486. È. V.), re di Persia. **12,** 125.
Fayrūz al-Dīlami, conversione di-, un capo degli Abnā di San'ā, **10,** 70, 80 — durante la Riddah, **11,** 82 no. 9, 190 nota 4, 192-197; **12,** 66, 67, 69, 70 nota 2, 71, 86.
Fayrūz ibn al-Dīlami. **11,** 189; cfr. Fayrūz al-Dīlami.
Fayrūz b. Ǵušayš (= Ǵušnas?) luogotenente persiano in al-Zārah. **12,** 43.
Fayšān, villaggio della Yamāmah. **12,** 31,*b* no. 4.
banū Fazārah, tribù, un ramo dei Ghaṭafān viventi nel Naǵd. **5,** 23, 81; **6,** 11 nota 1; **7,** 12 nota 1, 62, 66; **9,** 1, 21 — ambasciate dei- e dei Murrah, 71, 88; **10,** 112, 120 nota 1, 121, 122; **11,** 88, 90 no. 10, 119, 129 nota 1, 138, 147 nota 1,*b*, 148 nota 1,*b*; **12,** 23 no. 5, 92.
Febbri violenti e maligne in Madīnah. **1,** 71 e nota 2, 76 nota 4; **7,** 14 nota 2.
Fenek, nel Beit Zabde. **12,** 142 nota 1 no. 14.
Fenici. **Intr.** 109; **12,** 111.
Fenicia. **11,** 214.
Festa nuziale. **Intr.** 92 — la- finale del Ramaḏān. **2,** 91 — la- del Sacrifizio in Madīnah, 101 — la- dei Sacrifizi, presso gli Arabi del confine bizantino. **8,** 11.
Feudalismo Arsacida. **12,** 120.

Feysal ibn Sa'ūd, assedio di Aneyza per opera del principe wahabita-, nel 1850. **5**, 81 nota 1.
fī-l-ard mudabbarah = (il sole) scende nell'orizzonte. **10**, 14.
fī-l-a'yād = nei giorni delle grandi feste. **9**, 9.
fī-l-barr = nel deserto. **12**, 67.
fī-l-bilād = nel deserto. **11**, 98.
fī ǵawf al-layl = mezzanotte. **11**, 35.
fī-l-ḥalāli wa-l-ḥarāmi = nel lecito e nell'illecito. **8**. 21.
fī qiṣāṣ = nell'applicazione della pena del taglione. **12**, 84.
fī ṣadr al-Kitāb = nel documento originale. **2**, 85.
fī-l-ẓulm = essere nel peccato. **10**, 14.
fiddah, dzahab = oro e argento coniato. **7**, 38.
fiǵāǵ = sito aperto. **7**, 71.
al-Fiǵār, le guerre di-, prima dell'Islām. **Intr.** 140, 145, 150; **12**, 269.
Fiḥl, in Palestina, battaglia di-, **7**, 55 no. 61; **8**, 157 no. 6; **12**, 108, 266, 371.
Fihr b. Mālik, antenato del Profeta. **Intr.** 36 nota 1, 47 nota 1, 54 nota 1, 55, 56.
banū Fihr (Qurayš), tribù madinese. **8**, 15 no. 4.
Filippo Arabo. 12, 304 nota 5.
Fils. 9, 20; cfr. Fals.
Finḥāṣ, ebreo di Madīnah. **1**, 58 no. 23.
Fiqār (*Vicarius*), generale bizantino. **12**, 335, 348 nota 3.
al-Firād (?), un luogo nel Sawād. **12**, 216 — battaglia di-, 225, 226, 229.
firāš = tappeto. **Intr.** 132.
Firās, tradizionista. **12**, 33.
Firās b. Ḥābis al-Tamīmi, viene a Madīnah, **9**, 5 no. 9[a].
Firās b. al-Nadr b. al-Ḥārith b. Kaladah, C. d. P., emigra in Abissinia. **Intr.** 277 no. 25 — ritorna a Madīnah. **7**, 55 no. 33.
al-Firāsiyyah bint Suwayd b. 'Amr b. Tha'labah, pagana di Tā'if. **8**, 146 no. 2.
fitan, ossia pericolo di rinnegare la fede. **Intr.** 112 nota 2.
Firūz b. al-Daylami. 11, 190; cfr. Fayrūz al-Dilami.
Firūzsābūr = al-Anbār. **12**, 170 nota 1,*b*.
fiṣḥ = Pasqua di Risurrezione. **12**, 393 nota 1,*c*.
fitnah = rinnegamento dell'Islām. **Intr.** 240 e nota 3, 273; **5**, 86.
fiṭr = festa finale del Ramadān. **2**, 91.
Flavi, imperatori romani. **Intr.** 343 nota 1; **9**, 26 nota 1; cfr. banū-l-Aṣfar.
Fleischer, orientalista. **Intr.** 208 nota 6.
Fonti per gli eventi della conquista musulmana d'Arabia negli anni 11. e 12. H. **11**, 70.
Foraggio. 3, 12.
Formiche nere. 8, 124.
Formula d'introduzione usata dagli scrivani del Qur'ān. **1**, 45 art. 1 nota 1.
Francesi. 12, 306.
Franchi. Intr. 1.
Fratellanza, unione in- di Emigrati e Madinesi (mu'ākhah). **1**, 50 e nota 1 e 2; **3**, 62.
Frati cristiani. **10**, 33 nota 4; **12**, 75, 207, 261, 263 — celebre sommossa dei- ortodossi contro il Governo bizantino al principio del VI secolo, 264 — origenisti, 264 nota 1 — ortodossi. 265 nota 2.
Freccie, il tirare a sorte con le-. **Intr.** 100, 103 — la prima freccia lanciata per l'Islām. **1**, 76; **9**, 74 — presso gli Arabi antichi, **12**, 269.
Freytag, orientalista. **12**, 268 nota 1.
Fuḍālah. 10, 142 no. 12; cfr. Faḍālah.
Fuḍayl b. al-Ḥārith al-Ǵurhumi, uno degli istitutori del Ḥilf al-Fuḍūl. **Intr.** 147.

Fudayl b. al-Nu'mān al-Ansāri al-Salami [† 7. a. H.], C. d. P., ucciso a Khaybar. **7,** 43 no. 6.
Fudayl b. Wadā'ah al-Qatūri, uno degli istitutori dél Ḥilf al-Fudūl. **Intr.** 147.
al-Fudūl, il patto (Ḥ i l f) dei- in Makkah pagana. **Intr.** 147 e nota.
Fuga in Abissinia o a Madīnah; cfr. Hiǵrah.
al-Fuǵā·ah Iyās b. 'Abdallah b. 'Abd Yalīl al-Sulami, apostata e suo supplizio. **11,** 159,*a*; **12,** 80 nota 2.
Fuǵay' b. 'Abdallah b. Ǵunda' b. al-Bakkā, viene a Madīnah, **9,** 79 no. 3.
Fuhayrah bint 'Āmir b. al-Ḥārith b. Mudād, madre di 'Amr b. Rabī'ah al-Ǵurhumi. **Intr.** 72.
Fuḥsum, cognome di Yazīd b. al-Ḥārith b. Qays. **2,** 87 no. 9.
Fukayhah [o **Fakhah**] **al-Dzafra bint Hanī b. Bali b. 'Amr b. al-Ḥāf,** moglie di Kinānah b. Khuzaymah. **Intr.** 53.
Fukayhah bint Yasār, moglie di Khattāb b. al-Ḥārith, emigra in Abissinia. **Intr.** 229 no. 29, 277 no. 50 — morta in Abissinia, **7,** 55 no. 46, 56 no. 27.
abū Fukayhah Aflaḥ, o **Yasār,** schiavo convertito, morto prima di Badr. **Intr.** 252 nota 3, 315.
al-Fulāt, luogo dei Sulaym, ove trovavasi l'idolo Suwā'. **8,** 25.
Fulayǵ, paese nel territorio dei Bakr b. Wā·il. **12,** 225.
al-Fulus. 9, 20; cfr. al-Fals.
Funerali, grida pagane usate in guerra e nei-. **9,** 72 nota 2.
Fuoco, adoratori del-. **9,** 3 — ardere vivi i prigionieri nel-. **11,** 92,*a*.
fuqahā· ahl al-Ḥiǵāz = i giureconsulti della scuola ḥiǵāzense. **11,** 6 note 3 e 5,*a*, 33,*a*.
al-Fuqarā = i poveri, nome di tribù araba odierna. **Intr.** 31.
banū Zuqaym b. 'Adi b. 'Āmir b. Tha'labah, tribù del Ḥiǵāz. **Intr.** 118.
al-Fur', luogo nel Naǵd. **2,** 18, 21 — spedizione di-, 92; **3,** 8; **5,** 8; **7,** 69 e nota 2; **9,** 26.
al-Furāt, luogo sulle rive del Tigri (b i-š ā ṭ i D i ǵ l a h). **12,** 199,*a*.
al-Furāt = Eufrate. **12,** 199 nota 1; cfr. Eufrate.
Furāt Bādaqla, canale del Sawād. **12,** 160,A nota 3 no. 1, 168, 203, 205.
Furāt al-Basrah. 12, 199 nota 1.
Furāt Siryā, nel Sawād. **12,** 211.
Furāt b. Ḥayyān al-'Iǵli, C. d. P., **3,** 9; **6,** 8, 24 — agente del profeta nella Yamāmah, **11,** 193 no. 4; **12,** 7 — agente tra i Rabī'ah, 189 no. 2 — segue Khālid nell' 'Irāq, 202 — rimane nell' 'Irāq, 408.
ibn al-Furāt (Muḥ. b. 'Abd al-raḥīm b. 'Ali) [† 807. a. H.), cronista arabo. **12,** 350.
furrār = fuggiaschi. **8,** 16.
al-Furu'. 2, 18; cfr. al-Fur'.
Fussilat o **Saǵadah** (sura XLI). **Intr.** 253.
Fustāt, moschea di 'Amr a- (Egitto). **2,** 10.
futina = fu costretto a rinnegare l' Islām. **1,** 17.
al-Futūḥ = le conquiste musulmane fuori d'Arabia. **8,** 183 nota 1; **11,** 74 nota 1, 75, 77.
Futūḥ al-Šām = conquista della Siria, romanzo storico. **11,** 109 nota 3,*a* — la campagna di Khālid nell' 'Iraq secondo il-, **12,** 228,*a*, 317 nota 1,*a*, 323 nota 2,*c*, 327 nota 2,*a* — abū Ḥudzayfah autore del-, 328,*a* — abū Ḥudzayfah b. Mu'ādz b. Ǵabal, autore di un-, 328,*c*, 343 nota 1, 344 nota 1 — invio degli eserciti musulmani in Siria secondo il-, 355, 358, 394 nota 1,*b* — viaggio di Khālid secondo il-, 412.
al-Futuq, luogo a mezzodi di Makkah. **9,** 13; **10,** 17.

al-Ǵabal, la Media o altipiano iranico. **12,** 155 nota 1,*b*.
Ǵabal al-Ǵalīl, un monte in Siria. **12,** 176 nota 3.
Ǵabal Ghazwān (Diebal Ghazoan) presso Tā·if. **8,** 139 nota 1
Ǵabal Ḥawrān, in Siria. **12,** 394 nota 5.

Ǵabal Mūsa, monte Sinai. **12,** 113 nota 1,*b*.
Ǵabal b. 'Amr b. Sukaynah, ebreo di Madīnah. **1,** 58 no. 51.
Ǵabal b. abī Quśayr, ebreo di Madīnah. **1,** 58 no. 62.
Ǵabalah b. al-Ayham, missione al principe Ghassānida-, **7,** 80, 81 e nota 1; **12,** 113 nota 1,*e*, 331.
Ǵabalah b. al-Ḥanbal, qurašita avversario del Profeta. **8,** 127.
Ǵabalah b. Mālik b. Saffārah al-Dāri, viene a Madīnah, **9,** 70 no. 5.
al-Ǵabaliyyah, il fondo- presso Madīnah. **4,** 12.
Ǵābān, signore di Ullays e generale persiano sconfitto da Khālid b. al-Walid. **12,** 165,*a*, 168, 174, 202, 228,*b*.
Ǵabār. **7,** 66; cfr. Ǵināb.
Ǵabar [**Ǵabr** o **Ǵābir**] **b. 'Atīk,** C. d. P. **12,** 23 no. 10 e 37; cfr. Ǵabr ecc.
Ǵabbār b. al-Ḥakam al-Sulami detto al-Farrār al-Šarīdi, C. d. P. **8,** 24.
Ǵabbār b. Sakhr b. Umayyah b. Khansā al-Ansāri, C. d. P., all' 'Aqabah. **Intr.** 314 no. 38 — a Badr, **2,** 70, 85,C no. 71; **3,** 6; **4,** 9; **7,** 32; **9,** 20, 26.
Ǵabbār b. Salma [**b. Mālik b. Ǵa'far**] **al-Kilābi,** pagano uccisore di 'Āmir b. Fuhayrah. **4,** 6 no. 1 — viene a Madīnah, **8,** 18 — si converte, **9,** 75.
Ǵabbūr = Orione. **12,** 196 nota 2.
Ǵābir, tradizionista, discepolo di al-Śa'bi. **12,** 174 nota 2,*b*.
Ǵābir b. 'Abdallah b. 'Amr b. Ḥarām al-Ansāri, C. d. P., all' 'Aqabah, **Intr.** 344 no. 51; **7,** 39 nota.
Ǵābir b. 'Abdallah b. Ri·āb b. al-Nu'mān al-Ansāri, C. d. P. e tradizionista. **Intr.** 211, 335 no. 6, 336 nota 1 — presente a Badr, **2,** 85,C no. 82; **6,** 45; **11,** 37 nota 2,*e*.
Ǵābir b. 'Āmir, tradizionista. **11,** 51.
Ǵābir b. 'Amr b. Zayd b. 'Awf b. Mabdzūl [† 8. a. H.], C. d. P., ucciso a Mu·tah, **8,** 15 no. 10.
Ǵābir b. Buǵayr, suo figlio ucciso da Khālid b. al-Walīd. **12,** 202.
Ǵābir b. Khālid b. 'Abd al-Ašhal b. Ḥārithah, C. d. P., presente a Badr. **2,** 85,C no. 168.
Ǵābir b. Misk al-Dzi·b al-Qurašī, pagano presente a Uḥud. **3,** 16 no. 13.
Ǵābir b. Murārah (?) musulmano ucciso dinanzi a Busra. **12,** 414 nota 1 no. 5.
Ǵābir b. Rāšid al-Ḥadrami (?) ucciso in Palestina. **12,** 363 nota 1 no. 6.
Ǵābir b. Sufyān b. Ma'mar, C. d. P., emigra in Abissinia. **Intr.** 277 no. 52 — ritorna a Madīnah, **7,** 55 no. 49.
Ǵābir (o **Ǵalbar**) **b. Sufyān al-Ṭā·i,** pagano ucciso a Badr. **2,** 88 no. 40.
Ǵābir b. Ṭāriq (?), C. d. P., nella prima campagna persiana. **12,** 214,*a*.
Ǵābir b. al-Zubayr, prigioniero di Badr. **2,** 89 no. 52.
abū Ǵābir 'Abdallah b. 'Amr b. Ḥarām b. Tha'labah, C. d. P., presente a Badr. **2,** 85,C no. 56 — a Uḥud, **3,** 28.
al-Ǵābiyah, in Siria, al sud di Damasco. **12,** 309 — (? riunione in- dei capitani musulmani prima di Aǵnadayn), 322 nota 6 — vi arriva abū 'Ubaydah, 327 e nota 2,*a*, 357,*e* e nota 1, 360, 362 e nota 1, 366, 394 nota 6,*c*, 408 e nota 3, 412, 419 nota 1,*b*.
Ǵabr, cristiano in Makkah. **Intr.** 316.
Ǵabr b. 'Atīk b. al-Ḥārith b. Qays al-Awsi, C. d. P., presente a Badr. **2,** 85,B no. 59; **5,** 50; **8,** 94, 122; **12,** 23 no. 10 e 37.
Gabriele (l'**angelo**). **Intr.** 68 e nota 1 — tagliò il cordone di Maometto. 123, 193, 204, 205, 208 nota 4, 210 — tradizioni sul primo incontro fra Maometto e-, 211, 212, 213 nota 1, 214, 217, 219, 238 nota 2, 243 nota 1, 247, 320; **1,** 18; **3,** 6; **4,** 5 nota 2; **5,** 44; **6,** 55; **7,** 4; **8,** 71; **9,** 23; **10,** 1 nota 2; **11,** 31, 225 nota 2.
Gabrieli (Dr. G.). **9,** 9 nota 1; **10,** 60 nota 2.
Ǵadāǵid, luogo tra Makkah e Madīnah. **1,** 22 e nota 1 no. 10.
Ǵa'dah bint al-Aš'ath b. Qays, figlio del celebre ribelle. **12,** 82 nota 1.
Ǵa'dah b. Kulayb. **Intr.** 41 tav. 1.

banū Ǵa'dah ('Āmir b. Ṣa'ṣa'ah), conversione dei-, **9,** 77.
Ǵadālah bint Wa'lān b. Ǵawšam, moglie di Nizār b. Ma'add. **Intr.** 48.
Ǵadar, un paese nell'Urdunn. **12,** 321 nota 1.
abū-l-Ǵadarah detto 'Amr al-Ǵādir, ricostruisce la Ka'bah ai tempi pagani. **Intr.** 70.
ǵ a d d o antenato. **Intr.** 31.
al-Ǵadd b. Qays, avversario di Maometto in Madīnah. **1,** 60 no. 31; **9,** 29.
Ǵadīlah b. Asad. Intr. 41 tav. 1.
Ǵadīlah [**'Amr**] **b. Qays. Intr.** 41 tav. 1.
banū Ǵadīlah, tribù, un ramo dei Ṭayy. **9,** 88; **10,** 35 no. 4 — contegno durante la Riddah, **11,** 101, 104, 130, 131, 135, 189 no. 7.
al-Ǵadwal, sorgente tra Badr e Madīnah. **2,** 87 nota 1.
ǵ a dz a' = bestia vaccina di 5 anni. **10,** 19.
ǵ a dz a ' a h = vacca di 5 anni. **10,** 14, 19.
banū Ǵadzīmah, tribù, un ramo dei Kinānah. **6,** 4 nota 1; **8,** 87 — spedizione contro i-, **8,** 107-112.
banū Ǵadzīmah, un ramo degli 'Abd al-Qays nel Baḥrayn. **12,** 55 nota 1.
banū Ǵadzīmah b. Sa'd b. Mālik, tribù, un ramo degli al-Nakha'. **7,** 82.
banū-l-Ǵadzmah, tribù del Yaman, stabilita in Madīnah prima degli Anṣār. **1,** 38 nota 2.
al-Ǵafalāt, luogo nel paese dei Ǵuhaynah. **5,** 88.
Ǵa'far b. Maḥmūd b. Maslamah, C. d. P. **5,** 52.
Ǵa'far b. abī Sufyān Mughīrah b. al-Ḥārith, C. d. P., a Ḥunayn, **8,** 123.
Ǵa'far b. abī Ṭālib [† 8. a. H.], C. d. P. **Intr.** 174 — sua conversione, 229 no. 24, 267, 271, 273 nota 1, 276 — emigra in Abissinia, 277 no 1, 279; **1,** 50 e nota 1; **2,** 55,A no. 8; **6,** 53 — ritorna a Madīnah, **7,** 42, 53, 54 no. 1, 55 nota 1, 75; **8,** 1 — alla battaglia di Mu'tah, dove è ucciso, 7, 12, 14, 15 no. 1; **11,** 5.
abū Ǵa'far al-Madani, tradizionista. **10,** 19.
abū Ǵa'far al-Manṣūr [† 158. a. H.], califfo 'Abbasida. **Intr.** 117 nota 4; **11,** 27 nota 1,*b*; cfr. al-Manṣūr.
ǵ a f n a h = scodella. **12,** 394, 401.
Ǵafnah, nome di famiglia dei principi Ghassānidi. **1,** 38 nota 2, 45 art. 32; **10,** 26; **11,** 141; **12,** 113, 114; cfr. Ghassān.
Ǵafnah b. 'Amr Muzayqiyā, tribù immigrata in Siria (Ghassānidi). **Intr.** 42 tav. 3; cfr. Ǵafnah e Ghassān.
al-Ǵafr, luogo nel paese dei Sulaym. **8,** 28.
ǵ a h a d a, tutti i derivati da questa radice sono di origine post-quranica. **12,** 287 nota 1.
Ǵaḥdam, (pagano?) dei banū Ǵadzīmah. **8,** 109.
banū Ǵaḥǵaba [**b. 'Awf**] **b. Kulfah b. 'Awf b. 'Amr,** tribù madinese. **2,** 85,B; **12,** 23 (no. 27 47 84 98 120).
Ǵahǵāh b. Sa'īd al-Ghifāri, C. d. P. **5,** 10.
al-Ǵāhiliyyah = la ignoranza, ossia i tempi pagani in Arabia, prima dell'Islām. **Intr.** 35 nota 1, 71 nota 1; **1,** 10; **8,** 40, 195; **9,** 6, 72 nota 2; **10,** 77; **12,** 221.
Ǵaḥl (detto al-Ghaydāq) **b. 'Abd al-Muttalib,** zio del Profeta. **Intr.** 102 no. 12.
abū Ǵaḥl 'Amr b. Hišām b. al-Mughīrah al-Makhzūmi, grande avversario del Profeta in Makkah. **Intr.** 238 no. 5, 248 no. 10, 250, 252 nota 2, 255 no. 9, 258, 260, 261, 283, 292, 300, 306, 311, 314, 318, 325, 330; **1,** 15 e nota 1, 17 no 13, 75, — a Badr, sua uccisione, **2,** 37, 39 e nota 1, 40 no. 1 e nota 1 no. 8, 50, 51, 52 no. 10, 56, 68, 87 no. 14, 88 no. 24; **8,** 77.
al-Ǵahm b. abī-l-Ǵahm, tradizionista. **Intr.** 126 nota 1.
Ǵahm b. Qays b. 'Abd Šuraḥbīl, C. d. P., emigra in Abissinia. **Intr.** 277 no. 20 — ritorna a Madīnah, **7,** 54 no. 12.
abū Ǵahm b. Ḥudzāfah b. Ghānim. 6, 42; cfr. abū Ǵahm Ḥudzayfah ecc.
abū Ǵahm Ḥudzayfah b. Ghānim, pagano. **6,** 42 — sua conversione, **8,** 165 no. 14.

banū Ǵaḥš b. Ri'āb, famiglia makkana. **1**, 15, 36 e nota 1.
ibn Ǵaḥš. **2**, 22 nota 3; cfr. 'Abdallah b. Ǵaḥš.
banū Ǵa'l. **6**, 14 nota 1.
Ǵalālayn. **Intr.** 215 nota 3.
Ǵald b. Madzḥiǵ, tribù yamanita. **Intr.** 42 tav. 3; **11**, 186.
Galilea e mare di-. **Intr.** 193 nota 3; **12**, 137 nota 2, 240 nota 1, 321 nota 1.
Ǵāliyah al-'Arab, stirpe araba messa al bando. **Intr.** 75 nota 3.
Gallus, nipote dell'imperatore Costanzo. **12**, 262.
Ǵālūlā, battaglia di- nel 16. a. H. **Intr.** 331; **12**, 284.
al-Ǵam', stazione tra Ḥirah e Damasco. **12**, 417 no. 5.
Ǵamā. **10**, 8 no. 5; cfr. Ǵammā.
ǵ a m a ' a a l - Q u r ' ā n = raccolse (a mente o in iscritto) tutto il testo sacro. **8**, 191; **10**, 80; **11**, 228 nota 1.
Ǵamad, un capo dei Ḥadramawt. **12**, 78 nota 3,*a* no. 1.
ǵ a m a d a = radice araba indicante siccità, donde il nome del mese Ǵumāda. **1**, 9 nota 2.
Ǵamāl al-dīn ibn Hišām ('Abdallah b. Yūsuf) [† 761. a. H.], commento alla « Bānat Su'ād ». **9**, 9 nota 1.
ǵ a m h ū r = moltitudine. **12**, 379.
ǵ ā m i ' = luogo di riunione festiva (moschea). **2**, 8 nota 2.
Ǵamīl b. Rizām al-'Adawi, concessione a-. **9**, 90.
umm Ǵamīl bint Ḥarb b. Umayyah, moglie di abū Lahab. **Intr.** 290 e nota 1.
Ǵamīlah bint 'Abdallah b. Ubayy, moglie di Ḥanẓalah b. abī 'Āmir. **3**, 11; **9**, 72.
Ǵamīlah bint Thābit b. abī-l-Aqlah, matrimonio di 'Umar con-, **6**, 43.
Ǵamīlah bint abī Quṭbah al-Anṣāriyyah, gli avi di ibn Isḥāq ed ibn Sīrīn, furono clienti di- e catturati ad 'Ayn al-Tamr, **12**, 176,*b*.
Ǵammā o **Ǵamā**, luogo degli al-Ḥārith b. Ka'b al sud di Makkah. **10**, 8 no. 5.
al-Ǵammā, luogo tra Makkah e Madīnah. **2**, 19; **8**, 151.
Ǵammah b. al-Nu'mān al-'Udzri, viene a Madīnah, **9**, 14 no. 1.
al-Ǵamrah, luogo nella valle di Mina (Makkah). **9**, 73.
Ǵamrah bint al-Ḥārith b. abī Ḥārithah, una donna ripudiata dal Profeta. **10**, 140 no. 5.
al-Ǵamūḥ. **6**, 7; cfr. al-Ǵamūm.
al-Ǵamūm, spedizione di- nel paese dei Sulaym. **6**, 7.
al-Ǵanāb, luogo al nord di Madīnah. **10**, 29 e nota 1.
al-Ǵanāb, un luogo dei Kalb nel deserto di Samāwah, **12**, 223 e nota 3,*a*.
Ǵanāb al-Hadb = i fianchi del monte al-Hadb. **9**, 67.
banū Ǵanāb (Kalb), trattato con le tribù dei-, **9**, 49.
banū Ǵanāb (Tamīm) tribù. **9**, 85, 91.
al-Ǵanabah b. Ṭāriq b. 'Amr b. Ḥawt al-Riyāḥi, m u ' a dz dz i n della profetessa Saǵāḥ. **11**, 160.
al-Ǵanad, paese del Yaman. **10**, 81 no. 5, 82 no. 6 e nota 3, 87, 195; **11**, 82 no. 10.
Ǵanāḥ, nome di un cavallo. **8**, 153 no. 3.
banū Ǵanbah (Maqnā), trattato con i-, **9**, 40 e nota 1.
ǵ a n d a l = grande pietra. **9**, 46; cfr. Dūmah al-Ǵandal.
abū Ǵandal b. Suhayl b. 'Amr [† 12. a. H.], C. d. P., a al-Ḥudaybiyyah, **6**, 35 — ucciso a al-Yamāmah, **12**, 23 no. 46 e 126.
Ǵandalah bint 'Āmir b. al-Ḥārith, moglie di Mālik b. al-Naḍr. **Intr.** 55.
ǵ a n n = *execratus*. **12**, 73 nota 2,*b*.
a l - ǵ a n n a h = paradiso. **Intr.** 221.
Ǵanūb, battaglia di-. **10**, 55.
Ǵanub Ṭaybah, luogo sconosciuto nel Naǵd. **11**, 119.

ibn abī-l-Ġanūb, la casa (d ā r) di- in Madīnah. **5**, 25.
Ganzaca, tempio del Fuoco di- nell'Adzarbayġān. **12**, 254, 256.
ġ ā r = protettore. **9**, 38 nota 1, 40.
Ġar (o **Ġaz**, o **al-Ḥurr**) **b. Mālik b. 'Amr** (o **'Āmir**) **al-Awsi al-Anṣāri** [† 12. a. H.], C. d. P., ucciso a al-Yamāmah. **12**, 23 no. 47.
ibn al-Ġar, tradizionista. **11**, 45.
al-Ġara'ah, sito presso Ḥīrah. **12**, 155,*b*.
al-Ġarba, una stazione tra Taymā e 'Ammān. **12**, 316 nota 6.
al-Ġarbā, nell'Arabia settentrionale. **9**, 39 nota 1 e 2, 40 nota 1.
ġ a r ī b ḥ i n ṭ a h = una misura di grano, tributo di non-musulmani. **12**, 353, 404, 405.
Garibaldi. **12**, 102.
ġ a r ī d a h = corpo di cavalleria leggera. **12**, 218, 380.
Ġarīr [† 110. a. H.] celebre poeta. **Intr.** 120.
Ġarīr b. 'Abdallah al-Baġali, C. d. P., capo dei Baġīlah. **9**, 64 e nota 1 — sua conversione, **10**, 27, 28 — durante la R i d d a h, **11**, 44, 165 nota 5,*b*, 187, 190, 193 no. 2 — sua condotta durante la R i d d a h, **12**, 65 e nota 4, 70, 74 — pretesa sua venuta nell' 'Irāq nel 12. a. H. e sue gesta, 160 e nota 1, 162,*c* e nota 5, 164,*h*, 172, 174 nota 2,*a*, 211 no. 2, 212, 214.
Ġarīr b. 'Abdallah al-Ḥimyari, capitano sotto agli ordini di Khālid b. al-Walīd nell' 'Irāq. **12**, 189 no. 3, 210 nota 3, 217 no. 1; cfr. Ġarīr b. 'Abdallah al-Baġali.
ġ ā r i y a h = serva concubina. **6**, 49 nota 1.
Ġāriyah b. 'Āmir b. al-'Aṭṭāf, avversario di Maometto in Madīnah. **1**, 60 no. 14; **9**, 52 no. 6.
banū Ġāriyah [**b. 'Abd**?], un ramo dei Sulaym. **11**, 87 no. 11, 88, 96.
banu Ġarm (**Quḍā'ah**), conversione dei-, **10**, 41; **11**, 186.
banū Ġarm [**Ṭayy**]. **10**, 35 no. 2.
al-Ġārūd b. 'Amr b. Ḥanaš b. Mu'alla, C. d. P., capo degli 'Abd al-Qays musulmani. **8**, 183 e nota 1. 189; **11**, 87 — sua condotta durante la R i d d a h, **12**, 40,*a*, 41, 44,A, 46, 47, 52, 53, 57.
al-Ġārūd b. al-Mu'alla, cfr. al-Ġārūd b. 'Amr b. Ḥanaš.
Ġarūl ecc., cfr. Ġarwal.
Ġarw b. 'Ayyāš. **12**, 23 no. 48; cfr. Ġarwal b. 'Abbās.
Ġarwal b. 'Abbās b. 'Āmir al-Anṣāri [† 12. a. H.], C. d. P., ucciso a al-Yamāmah. **12**, 23 no. 48.
banū Ġarwal b. Kinānah, tribù. **Intr.** 53.
Ġāryah ecc., cfr. Ġāriyah.
al-Ġāsūm, luogo in Madīnah. **9**, 26.
ġ a w ā · i z = dono del commiato. **10**, 33.
Ġawbar (?), luogo tra Madīnah e Tabūk. **9**, 30 no. 11.
ġ a w ī l, specie di scrittura araba. **11**, 214 nota 1.
ġ a w f = oasi o bassura ricca di acque. **9**, 87.
Ġawf nel Yaman. **10**, 32.
al-Ġawf = Dūmah al-Ġandal.
Ġawf al-Ka'bah, bassura della Ka'bah in Makkah. **Intr.** 289.
Ġawlān, o Gaolonite nella Palestina deserta. **12**, 411 nota 1.
ġ a w w — il punto dove le valli si slargano. **11**, 157 nota 2,*b*, 192 nota 7.
Ġaww Murāmir, nel Naġd. **11**, 157 note 1 e 2,*b*.
Ġaww Qurāqir, nel Naġd. **11**, 157.
Ġaww Uthāl, nel Naġd. **11**, 157 nota 1,*b*.
al-Ġawwān, nel Naġd. **11**, 157 nota 2,*b*.
Ġawn b. Fihr. **Intr.** 56.
Ġayfar b. Ġulanda, principe degli Azd 'Umān. **6**, 47; **8**, 190, 191; **11**, 103; **12**, 62 e nota 2.
Ġayrūt, luogo nella Mahrah. **12**, 63.

ǵayšan ba'd ǵayšin = una appresso all'altra in schiere separate. **12**, 329.
Ǵayš al-Bidāl = esercito tutto formato da cambi, o esercito dei surroganti. **12**, 378, 380.
Ǵayš al-Rakhaf = esercito della mollezza e stanchezza (?). **12**, 362; cfr. Ǵayš al-Zaḥf.
ǵayš al-sawīq = esercito della farina. **4**, 18.
Ǵayš al-Zaḥf = o esercito di combattimento. **12**, 362 e nota 1.
banū Ǵayšān, ambasciate dei-. **10**, 66.
al-Ǵaz', luogo nel paese dei Sulaym. **5**, 18.
banū Ǵaz b. 'Adi b. Mālik b. Sālim, tribù madinese. **2**, 85,C.
banū Ǵaz b. Sa'd al-'Ašīrah b. Madzhiǵ, tribù del Yaman, della confederazione detta dei Kulāb. **10**, 50.
Gaza. **12**, 345; cfr. Ghazzah.
Gazae. **12**, 347,*a*; cfr. Ghazzah.
Gazelle, le due- d'oro della Ka'bah. **Intr.** 72; **9**, 41.
Ǵazīlah b. Lakhm. **Intr.** 42 tav. 3.
al-Ǵazīrah (Mesopotamia). **11**, 163; cfr. Mesopotamia.
ǵazīrah al-'Arab = isola degli Arabi, ossia Arabia. **10**, 119 nota 2; **11**, 29.
ǵazīt. **12**, 162 nota 6; cfr. ǵizyah.
al-ǵaziyyah. **7**, 48; cfr. al-ǵizyah.
Ǵazr, bassura tra Naǵrān e Ma'rib nel Yaman. **10**, 32.
Ǵazza'ah, luogo nel territorio dei Sulaym. **5**, 18 e nota 1.
Gelasio abbate. **12**, 263.
Genealogi di professione. **Intr.** 29 nota 1, 92 nota 1.
Genealogie. **Intr.** 13, 29 — di Gesù, 30; **8**, 21 nota 2.
Ǵenīn, paese della Palestina settentrionale. **12**, 319 nota 2.
Genitori, figli musulmani che uccidono i- pagani. **9**, 15 nota 2.
Genova. **Intr.** 1.
Gerarchia ecclesiastica. **2**, 8.
Geremia, v. Aramyā.
Germania. **12**, 107.
Gerrha = Haǵar nel Baḥrayn. **8**, 179.
Gerusalemme. **Intr.** 1, 31 — distruzione di-, 43 — Isrā o viaggio notturno a-, 220, 221 nota 1, 230 nota 1, 234 nota 2, 319, 320, 321 — distruzione di-, **1**, 10 — qiblah rivolta verso-, 32, 38, 84; **2**, 2, 8 nota 2 — superiorità della preghiera fatta nelle moschee di-, Makkah e Madīnah, 8 nota 3, 24, 25, 26 — qiblah verso-, **5**, 64, 66; **6**, 45, 50 e nota 3; **8**, 95, 96; **9**, 26 nota 1, 66, 69 nota 2 — trattati con i Cristiani di- e d'Egitto, **10**, 60 nota 2, 92, 105; **11**, 4 — tendenze retrograde e meschine della piccola chiesa cristiana di-, **11**, 69; **12**, 112. 113, 128, 234 — costruzione della basilica del Santo Sepolcro, 240 nota 2 — sua espugnazione dai Persiani nel 614. a. È. V., 247 — data della presa di-, 247 nota 1,*b* — fonti sulla presa di-, 247 nota 1,*b*, 248 nota 1, 252 nota 1,*a*, 257 — pellegrinaggio di Eraclio a- nel 629. a. È. V., 257 — circondata da monasteri, 261, 262 — Teodosio e Giovanni contendentisi il seggio vescovile di-, 263, 264, 304, 313 nota 1,*a*, 316 nota 2, 347 nota 3,*b*, 363, 374.
Gesta Dei per Arabes. **11**, 77.
Gesù ['Īsa], sentenze di- messe in bocca di Maometto, **Intr.** 26 — genealogia di-, 30, 43, 112 — tradizioni del Vangelo sull'infanzia di-, 114, 116, 123, 129 — albero sotto il quale erasi seduto-, 154, 179 — miracoli di-, 193 nota 3, 210 nota 1, 221, 279 e nota 1, 294, 342 nota 1 — nascita ed Èra di-, **1**, 6 e nota **2**, 63 nota 1 — apostoli di-, **6**, 45 — croce sulla quale era stato crocifisso-, 50 e nota 2 — immagini di- e della Madonna nella Ka'bah, **8**, 65 — Masīḥ b. Maryam, **9**, 38 nota 1; **10**, 104 nota 1, 134; **11**, 69; **12**, 240 nota 1 — calice d'onice nel quale si diceva che avesse celebrato l'ultima cena, 247.

gezīthā = ǵizyah. **12,** 162 nota 6.
al-Ghābah, bassura al nord dl Madīnah. **3,** 21 nota 1; **5,** 24 —; spedizione di- o Dzū Qarad, **6,** 3, 8, 21 e nota 1, 25; **8,** 202; **12,** 44.
al-Ghābir, sorgente presso Madīnah. **1,** 22.
al-Ghabrā, villaggio della Yamāmah. **12,** 31,*b* no. 3.
Ghadb b. Ǵušam. Intr. 42 tav. 4.
ghadīr = palude, stagno. **1,** 78 nota 3; **9,** 15.
al-Ghadīr, (?) luogo al nord di Damasco. **12,** 412.
Ghadīr al-Aštāt, nelle vicinanze di Makkah. **6,** 28; **8,** 22 e nota 1.
Ghadīr Khumm, presso Makkah. **1,** 76 nota 4, 78 nota 3.
banū Ghādiyā, trattati con i- ed i banū 'Urayd. **9,** 50, 51 nota 1.
Ghadwar, sito nel paese dei Tayy. **6,** 5 nota 1.
Ghāfil, nome pagano mutato da Maometto in 'Āqil. **2,** 87 no. 4.
banū Ghāfiq, ambasciata dei- **10,** 56.
al-Ghalāfiqah, nel Yaman. **11,** 195 e nota 2,*d*.
ghalaza 'alayhā = la maltrattò. **11,** 238,*h*.
Ghālib b. 'Abdallah al-Laythi, C. d. P., spedizione comandata da-, **2,** 92; **7,** 63-65 e nota 1; **8,** 3.
Ghālib b. Fihr-Qurayš. Intr. 41 tav. 1, 56, 57.
banū Ghāmid, tribù, ramo degli Azd. **9,** 94.
Ghamīs al-Hamām, luogo tra Madīnah e Badr. **2,** 44.
Ghamr = luogo alla confluenza delle valli, ove durante la pioggia si riuniscono le acque. **12,** 319 nota 1.
al-Ghamr, spedizione di- nel Naǵd. **6,** 4 — battaglia di-, **11,** 123, 129 e nota 1, 157 e nota 1 e 2,*a*, 178, 240.
Ghamr al-'Arabāt, nella Palestina meridionale, e dove si radunarono gli Arabi invasori. **12,** 319 e nota 1 e 2, 327, 337, 339, 351 nota 1,*a*, 365, 366.
Ghamr banī Ǵadzīmah, presso Taymā. **12,** 319 nota 1.
Ghanam, cfr. Ghanm.
banū Ghani, tribù. **10,** 89 nota 2.
banū Ghānim b. Ka'b, tribù madinese. **12,** 23 no. 112.
banū Ghanm al-Ǵušami, famiglia tamīmita. **11,** 163.
banū Ghanm [**Qawqal**] **b. 'Awf b. 'Amr,** tribù madinese. **12,** 23 no. 100.
banū Ghanm b. Dūdān b. Asad b. Khuzaymah, tribù del Naǵd. **1,** 15; **7,** 43 no. 2.
banū Ghanm b. Kinānah, tribù. **Intr.** 53.
banū Ghanm b. Mālik, tribù. **Intr.** 42 tav. 4.
banū Ghanm b. al-Salm b. Imru-alqays, tribù madinese. **2,** 85,B.
Ghannām b. 'Aws b. Ghannām b. 'Aws, C. d. P., presente a Badr. **2,** 85,C no. 185.
al-gharanīqu al-'ula = le vergini esaltate. **Intr.** 280.
gharb = terreno irrigato da ruscelli abbondanti o da secchie. **9,** 61.
Gharb, stirpe di- e le tribù di cui era composta. **9,** 66.
al-Ghariyyayn (?), luogo presso Hirah. **12,** 205, 206.
gharqad = *Nitraria retusa Ascher.* **12,** 205 nota 1.
al-Gharūr, cognome di al-Mundzir b. al-Nu'mān b. al-Mundzir, ribelle nel Bahrayn. **12,** 40,*a*, 55, 57 nota 1.
al-Gharūr b. Suwayd. 12, 55; cfr. al-Gharūr.
Ghassān, v. Māzin b. al-Azd.
banū Ghassān (Ǵafnah), tribù cristiana vivente presso Damasco. **Intr.** 91; **1,** 38 nota 2; **2,** 85,B no. 15; **6,** 45 — ambasciata a-, 51; **7,** 30 — il principato dei- fu abolito dai Persiani, **7,** 80 nota 1; **8,** 6; **9,** 24, 37; **10,** 26, 30 nota 1, 63, 130 — re dei-, **11,** 96 e nota 1, 141; **12,** 89, 108, 113 e nota 1,*e*, 114, 134, 182 — guerreggiano contro i Musulmani, 221, 283 nota 1 — soppressione del principato arabo di-, 264 nota 2, 309 — guerreggiano contro i Musulmani, 378, 393 nota 1,*a*, 394, 396 — cristiani, 403, 404 nota 1, 411 e nota 1, 422.

Ghassān b. Mālik b. Tha'labah b. 'Amr, C. d. P., presente a Badr. **2,** 85,C no. 181.
Ghassānidi. **12,** 319 nota 2: cfr. Ghassān.
banū Ghaṭafān [b. Nizār], grande tribù dell'Arabia centrale. **Intr.** 41 tav. 1, 49; **2,** 92; **3,** 6; **4,** 11, 20; **5,** 3, 23, 24, 28, 29, 36, 37, 39, 74; **6,** 3, 4 nota 1, 11, 20; **7,** 9-12 e nota 1 — negoziati con i- e conversione dei Daws, 35, 65 nota 1, 66; **8,** 37, 189, 200; **9,** 12 nota 1; **10,** 49 nota 1, 100, 101, 108 nota 1 — esame dei loro rapporti con il Profeta, 121, 126 — contegno durante la Riddah, **11,** 73, 87 no. 2 e nota 1, 88, 101, 105, 112, 115, 118, 119, 122, 127 nota 1, 130, 145, 146 nota 2,*b*, 152,*a*, 157, 158, 159 nota 1, 174 nota 1, 175; **12,** 70 nota 2, 89, 90, 91, 92, 97, 98, 99, 188 nota 5, 189 no. 6, 278, 285.
Ghawa, nome di una valle dei Ǵuhaynah, mutato da Maometto in Rušd. **5,** 86 nota 2.
Ghāwi b. 'Abd al-'Uzza al-Sulami, il Profeta gli muta nome in Rāšid. **8,** 25 e nota 1.
al-Ghawr, la vallata del Giordano. **12,** 321 nota 1.
Ghawr Filasṭīn, bassura tra la Palestina meridionale e il deserto Arabico **12,** 316 nota 2, 319 nota 1.
Ghawrath al-Muḥāribi, tenta assassinare il Profeta. **5,** 3.
al-Ghawth b. Murr, capostipite della famiglia dei banū Ṣūfah, aventi il diritto della Iǵāzah in Makkah. **Intr.** 75 e nota 1.
al-Ghawth b. Nabt. **Intr.** 42 tav. 3.
banū-l-Ghawth b. Ṭayy, tribù del Naǵd, durante la Riddah. **11,** 130, 131, 135 e nota 1, 187.
Ghaydāq, cfr. Ǵahl b. 'Abd al-Muṭṭalib.
abū-l-Ghaydāq Quzmān, C. d. P., sue prodezze a Uḥud. **3,** 48; cfr. Quzmān.
ghāyiṭān = circondato da monti, **11,** 157 nota 2,*b*.
al-Ghaylah, luogo nel territorio dei Muzaynah. **5,** 18.
Ghaylān b. 'Amr, C. d. P., testimonio del trattato di Naǵrān. **10,** 60.
Ghaylān b. Kharašah, seguace della profetessa Saǵāḥ. **11,** 164.
Ghaylān b. Salamah [Salimah] al-Thaqafi, capo influente dei Thaqīf. **8,** 141; **9,** 10 — conosce l'arte dello scrivere, **11,** 211.
ibn al-Ghayṭalah, avversario di Maometto in Makkah. **Intr.** 248 no. 3, 249.
banū Ghayyān, tribù dei Ǵuhaynah, il cui nome fu mutato da Maometto in Rašdān. **5,** 86 e nota 2.
ghazawāt, numero preciso delle- o spedizioni militari di Maometto. **1,** 74; **2,** 92; plur. di ghazwah,
Ghaziyyah b. 'Amr, C. d. P. **3,** 36.
Ghaziyyah bint Ǵābir al-Kilābiyyah, una delle mogli di Maometto. **10,** 139 no. 16.
ghazwah = spedizione militare di Maometto. **1,** 74.
Ghazwān b. Kinānah. **Intr.** 58.
Ghazzah, città della Palestina. **Intr.** 36, 84 nota 1, 90, 92, 95; **2,** 34; **6,** 50; **11,** 4; **12,** 307, 308, 313 nota 1,*a* e 3,*b*, 316 nota 2 — Dāthinah, un luogo nel territorio di-, **12,** 337, 340 e nota 2. 341, 347 nota 1 e 2, 352, 354 nota 1 — Ṣaliyā, [? Ṣalībā, Ṣalūbā?] signore di- o 'Asqalān, 361, 365, 370, 374, 394 nota 5, 400,*a*.
Ghazzāl, ebreo di Khaybar. **7,** 27.
banū Ghifār b. Mulayk b. Ḍamrah, tribù, ramo dei Kinānah. **Intr.** 41 tav. 1; **1,** 15 nota 1; **2,** 18 nota 1, 44 — trattato con i-, **5,** 92 e nota 1, 98 — ghafara Allāh lahā, **6,** 23; **7,** 25, 41 no. 8; **8,** 25 nota 1, 51 e nota 1, 58 nota 1, 104, 122; **9,** 1, 26 e nota 2, 27 — accordi di Maometto con i-, **10,** 89 e nota 1, 90 nota 2, 108 nota 1, 120 nota 1, 126 nota 1; **11,** 87, 88, 90 no. 12, 114; **12,** 187, 357,*d*.
banū Ghiyārah, tribù dei Thaqīf. **8,** 124.
Ghotyah. **11,** 139 nota 2.
abū Ghubšān Sulaym b. 'Amr b. Buwayy b. Milkān b. Afṣa, pagano di Makkah. **Intr.** 76.
Ghufarah, patrono del tradizionista 'Umar. **10,** 145.
ghulām = servo. **2,** 52; **3,** 33.
al-Ghumayr, luogo non lontano da Makkah, **8,** 102 nota 1.

al-Ghumaysā, luogo nelle vicinanze di Makkah. **8**, 109.

Ghumdān, luogo nel Yaman. **11**, 189.

Ghurāb b. Sufyān b. 'Uwayf, pagano di Makkah, ucciso a Uḥud. **3**, 16 no. 14, 54 no. 34, 55 no. 27.

Ghurāb, monte tra Makkah e Madīnah. **6**, 2; cfr. Ghurābāt.

Ghurābah, un fondo nella Yamāmah. **10**, 33 nota 2.

Ghurābāt. **6**, 2; cfr. Ghurāb, monte.

al-Ghurābāt, villaggio della Yamāmah. **10**, 33 nota 2.

al-Ghūrah, villaggio della Yamāmah. **10**, 33 nota 2.

Ghurān, sito tra Makkah e Madīnah. **1**, 22 nota 1; **6**, 2; **8**, 25 nota 1.

al-Ghurayfah, stazione tra Kūfah ed 'Ammān. **12**, 417 nota 3 no. 8.

al-Ghurrabah (?), stazione tra Ḥīrah e Damasco. **12**, 417 no. 6[2].

Ghurrah bint al-Ḥārith, sorella della moglie del Profeta, Maymūnah. **9**, 80.

banū Ghusaynah, un ramo dei Bali. **1**, 38 nota 2.

Ghusn b. al-Qāsim al-Kinānī, tradizionista. **12**, 207, 212.

al-Ghūṭah. **12**, 396; cfr. Ghūṭah Dimašq.

Ghūṭah Dimašq, la pianura a oriente e a mezzodì di Damasco. **6**, 51; **12**, 23 no. 137, 319 nota 2, 334, 388 — traversata da Khālid b. al-Walīd, 396, 398 403 e nota 3, 411 nota 1, 412, 414.

Ghuṭayf, luogo nel Baḥrayn. **10**, 71 no. 16.

ghuzūl = tessuti detti-. **9**, 39 nota 2.

Giacobbe. **6**, 50 nota 2.

Giacobiti (monofisiti). **12**, 148.

Giacomo Baradeo, vescovo d'Edessa. **12**, 147.

Giaffa, porto della Palestina. **11**, 4 nota 1; cfr. Yāfā [Yāfah].

Giardini e palmeti, coltura ed irrigazione dei-, **1**, 40.

Gianihi-Ali Pacha, ambasciatore del sultano Maḥmūd. **1**, 11 nota 1.

al-Ǵibāl, ossia la Media, altipiano dell'Irān. **12**, 155 nota 1,*b*.

Ǵibāl al-Šarāh, catena montuosa sui confini arabici della Palestina meridionale. **12**, 316 nota 2.

Ǵibār o **Ǵabār**, valle vicina a Khaybar. **7**, 66.

ǵibāyah Kisra. **12**, 211; cfr. kharazah Kisrah e kharāǵ.

Gibbon, storico inglese. **12**, 238 nota 1, 248 e nota 1.

Ǵibrīl = arcangelo Gabriele. **Intr.** 208, 221, 227 nota 2; **11**, 135; cfr. Gabriele.

Gichon, fiume biblico. **12**, 107 nota 1.

banū Ǵidārah b. 'Awf b. al-Ḥārith b. al-Khazraǵ, tribù madinese. **2**, 85,C.

Ǵiddah, o **Ǵuddah**, porto di Makkah. **Intr.** 167; **8**, 139 nota 1.

ibn abī-l-Ǵidz' al-Ǵumaḥi, pagano di Makkah. **8**, 61 nota 3 no. 2.

ǵihād = guerra per la fede. **1**, 37 nota 1, 47; **12**, 287, 327, 357,*f*.

al-Ǵi'irrānah. **2**, 88 no. 35; cfr. al-Ǵi'rānah.

Ǵilliq, (?) luogo della Palestina settentrionale. **12**, 319 — esame della questione, 319 nota 2 — Ǵilliq? = Ǵinnio, 335, 386; cfr. Thaniyyah Ǵilliq — Ǵilliq = Ǵillīn, cfr. Correzioni e Aggiunte alla pag. 1126, lin. 11.

al-Ǵināb e **Yumn**, spedizione di-, al nord di Madīnah. **7**, 60, 66.

Ginepro ('ar'ar). **1**, 32.

Ginīn, luogo nella Palestina settentrionale. **12**, 319 nota 2; cfr. Ǵinnīn.

Ǵinnīn = Ǵilliq? **12**, 335.

ǵinn o demoni nel deserto. **Intr.** 128 nota 1, 177 — ispiratori di indovini e di poeti, 177, 193 e note 1, 3 e 4 — opinione che il Profeta si credesse perseguitato dai-, 193 — origine di questa parola, 193 nota 2 — nome di-, 193 nota 2 — nove nomi di- che appresero il Qur'ān, 193 nota 2, 329; **2**, 21 nota 2; **8**, 105 nota 1; **10**, 133, 134.

Giobbe (xxxix, 19-25), descrizione del cavallo. **12**, 272 nota 2.

Gioielli, prestito ad interesse di-. **1,** 40; **7,** 31.

Giona, profeta. **11,** 135 nota 3,*b*.

Giordano, fiume della Palestina. **8,** 10; **12,** 321 nota 1, 322 nota 2, 351 nota 1,*b*; cfr. Urdunn.

Giordanica, valle-, **12,** 407.

Giosuè (xv, 11). **11,** 4.

Giovanni Battista (Yaḥya). **Intr.** 179, 221.

Giovanni di Cappadocia, ministro, prefetto del Pretorio sotto Giustiniano. **12,** 241.

Giovanni e Teodosio, contendentisi il seggio vescovile di Gerusalemme. **12,** 263.

al-Ǵi'rānah, presso Makkah, dove fu diviso il bottino di Ḥunayn. **8,** 73, 78, 81, 133, 135, 139, 154, 159, 160, 161, 164, 169 e nota 1, 171-175, 180, 194, 200; **10,** 112, 137.

ǵirār = vasi (i frutti più grandi dell'albero di loto del confine supremo del Paradiso, erano come-). **Intr.** 221.

Girolamo (san). **12,** 262 — san- in conflitto con Pelagio vescovo di Gerusalemme. **12,** 263.

Ǵišnas, persiano di Ṣan'ā. **11,** 196.

al-Ǵisr al-A'ẓam min al-Baṣrah, il Ponte Grande di Baṣrah. **12,** 194.

Ǵisr banāt Ya'qūb, ponte sul Giordano al nord della Galilea. **12,** 319 nota 2.

Giuba, il re. **Intr.** 109.

Giuda, i due regni di- e d'Israele. **12,** 113.

Giudaismo, rapporti intimi fra l'Islām e il-. **Intr.** 112 nota 1; **10,** 133; **11,** 69, 83.

Giudea. 12, 261, 264.

Giudizio universale, descrizione del-. **Intr.** 27.

Giugurta, re dei Numidi. **Intr.** 109.

Giuliano, ambasciatore greco nel Yaman. **Intr.** 108 nota 1.

Giuramento di persone e di tribù in Arabia. **Intr.** 86, 169 e nota 1, 347 nota 1 — toccando la grande tenda che copriva la Ka'bah, **5,** 23, 49; **6,** 33 e nota 1— fatto ad al-Ḥudaybiyyah, **10,** 96.

Gureconsulti musulmani. **10,** 13.

Giuseppe Ebreo (Yūsuf). **Intr.** 30, 221.

Giustiniano, imperatore. **Intr.** 108 nota 1; **12,** 111, 113 e nota 1,*b*, 147, 238 — successori di-, 239 — esame critico del suo governo, 240, 241, 243, 246, 247, 262, 265, 396 nota 3.

Giustino II, imperatore. **12,** 113 — critica del suo governo, 242, 243, 244 e nota 1, 265.

Giustizia (la). **Intr.** 79.

Ǵiwā, un luogo dei Sulaym. **11,** 159,*a* e nota 1.

ǵiwār = protezione. **Intr.** 34; **2,** 108; **8,** 47, 57; **10,** 60; **12,** 75.

Ǵiwāthā. 12, 55; cfr. Ǵuwāthā.

al-ǵizyah = tassa a capo. **6,** 16; **7,** 48; **8,** 7, 180, 185 e nota 1, 187, 188, 190; **9,** 38 e nota 1, 40 — popolazione non musulmana sottomessasi all'Islām esentata dal pagamento della-, **9,** 40 nota 2, 45 e nota 3, 47, 48 nota 2, 50, 61, 63, 73, 81 nota 2; **10,** 71, 101 e nota 3; **11,** 188 nota 1; **12,** 43, 162,*a* e nota 6 — e kharāǵ usati come sinonimi, 162 nota 6, 164,*d* — di Ḥirah, la prima portata ad abū Bakr e a Madinah dall'arḍ al-mašriq, 164,*e*, 165 nota 7, 191, 199,*a* e nota 2, 201, 207, 208, 210 nota 3 e 4, 213, 361, 394, 395, 405.

ǵizyah al-ru·ūs. 8, 187.

Glaciali, periodi-. **12,** 108.

Glaser, arabista e viaggiatore. **Intr.** 71 nota 1; **11,** 186, 214; **12,** 107 e nota 1.

Goeje (De). **Intr.** 20 nota 1; cfr. De Goeje.

Goldziher (Ignaz), arabista. **Intr.** 9 nota 1, 17, 26 nota 1, 29 nota 1, 71 nota 1, 128 nota 1, 178, 190, 191, 198 e nota 1, 213 nota 1 287, 355; **2,** 108 nota 1; **9,** 72 nota 2; **10,** 125, 182 e nota 1, 133; **11,** 215 nota 2, 218 nota 3.

Golfo di 'Aqabah. 1, 88; cfr. al-'Aqabah.

Golfo Elanitico (Golfo di 'Aqabah). **12,** 394 nota 5.

Golfo Persico. **Intr.** 47, 108 nota 1; **6,** 4 nota 1; **8,** 178, 189, 190 nota 1, 191; **9,** 3 — interramento del-, **12,** 106, 107, 109 e nota 3, 111, 120 nota 3, 132, 133, 134 — storia del dominio persiano lungo le coste del-, 134 nota 1, 137. 138, 151, 155 nota 3 e 14, 186 nota 1, 192 nota 7, 277, 290.

Graal, leggenda del Santo-. **12,** 247.

von Graham, viaggiatore. **11,** 214.

Greci. **Intr.** 1, 2, 36, 108 nota 1, 109 nota 1 — missionari- venuti dalla Siria, 117 nota 2, 252 nota 3 — vittorie dei Persiani sui-, 326 — l'èra dei-, **1,** 4, 6 nota 2; **8,** 10 e nota 1; 12 e nota 1, 28; **9,** 25, 26 nota 1, 60, 61, 70 e nota 1; **10,** 119 nota 3; **11,** 46 nota 1, 72, 190 — Arabi viventi in continuo contatto con i- e Persiani, **11,** 215 nota 2; **12,** 103, 112, 115, 129, 132 nota 1,*a* e 1,*b*, 136, 145, 159 nota 1,*a* — idioma greco, 239, 268 nota 1, 286, 290, 292, 303, 313 nota 3,*b*, 315, 323 e nota 2,*a*, 326, 329, 330, 338, 340, 343 nota 1,*a*, 347 nota 1,*a* e 3,*a*, 349, 351 — banū-l-Aṣfar, 356,*d*, 362 nota 1, 365, 368, 369, 374, 414.

Grecia pagana (Olimpiadi). **1,** 6 nota 3 — età mitica della-, **10,** 139 nota; **12,** 119.

Greco-romana, reazione orientale contro l'influenza-. **12,** 120 nota 2.

Grido di guerra degli Emigrati ['a š r a h]. **2,** 63; **3,** 37, 66 — y a m a n ṣ ū r, a m i t ! a m i t ! **5,** 8 — grida pagane usate in guerra e nei funerali, **9,** 72 nota 2 — delle tribù, a l-d u ' ā i l a a l-q a b ā · i l, **10,** 14 — gridi di guerra pagani, 14 nota 4, 21 e nota 1.

Grimme (H.), biografo del Profeta. **Intr.** 179 nota **1,** 201, 219 nota 1, 234 nota 1, 272, 279 nota 1; **1,** 8, 44, 47, 48; **6,** 45; **10,** 104 nota 1; **11,** 219 nota 1; **12,** 305.

Ǵu'āl b. Surāqah [**al-Ḏamri**], C. d. P. **7,** 16 nota 1; cfr. Ǵu'ayl ecc.

Ǵu'ayl b. Surāqah al-Ḏamri, C. d. P. **8,** 166; cfr. Ǵu'āl ecc.

banū Ǵu'ayl, tribù, un ramo dei Bali, lettera ai-. **9,** 18 e nota 1 e 2; **10,** 7 nota 1.

Guarigione miracolosa da un tumore. **10,** 51.

Ǵubar. **7,** 66; cfr. Ǵabār, Ǵibār e Ǵināb.

Ǵubayl b. Nuwayrah al-Ašǵa'i. **7,** 66; cfr. Ḥusayl b. Nuwayrah ecc.

Ǵubayr b. Buḥaynah b. Mālik b. al-Qašab al-Azdi [† 12. a. H.], C. d. P., ucciso ad al-Yamāmah. **12,** 23 no. 49.

Ǵubayr b. Iyās b. Khālid b. Mukhallad, C. d. P., presente a Badr. **2,** 85,C no. 97.

Ǵubayr b. Muṭ'im b. 'Adi, qurašita avversario di Maometto in Makkah. **Intr.** 645; **1,** 17 no. 6; **2,** 80 nota 1 no. 3; **3.** 11, 15, 61 — sua adesione all'Islām, **8,** 163.

Ǵubayr b. Sakhr, tradizionista. **12,** 377.

ǵ u b b a h d ī b ā ǵ = manto di seta. **12,** 377.

al-Ǵubbah, stazione tra Ḥīrah e Damasco per la via del deserto. **12.** 417 no. 7.

Ǵudāmah bint Ǵandal, emigra a Madīnah. **1,** 15 no. 28.

banū Ǵudayd, una tribù dell' 'Umān. **12,** 62.

Ǵudayy b. Akhṭab, ebreo di Madīnah, fratello di Ḥuyayy. **1,** 58 no. 3; **4,** 11.

Ǵudayy b. Murrah b. Surāqah al-Balawi [† 7. a. H], C. d. P., morto a Khaybar. **7,** 44 no. 1.

al-Ǵudd, luogo nel territorio dei Ǵuhaynah. **5,** 88.

Ǵuddah, porto di Makkah. **7,** 51; **8,** 78; cfr. Ǵiddah.

al-Ǵūdi b. Rabī'ah (al-Ghassāni), capo in Dūmah (al-Ǵandal, forse Dūmah Dimašq?), sua figlia. **12,** 170,*b*, 221, 233 nota 1 e 2.

abū Ǵudzām Asadah b. Khuzaymah. **Intr.** 52.

banū Ǵudzām b. 'Adi, tribù dell'Arabia settentrionale. **Intr.** 42 tav. 3, 56; **1,** 38; **5,** 85 nota 1; **6,** 11 e nota 1 2 e 3, 12 — lettera ai Sa'd Hudzaym ed ai-, 14; **8,** 10, 30; **9,** 16, 24; **10,** 88, 105, 119 nota 3, 120 nota 1, 126 nota 1, 130; **11,** 111; **12,** 103, 113 nota 1,*e*, 309, 362 e nota 1, 378.

Guerre di conquista. **Intr.** 22 — civili, 22 — guerra contro gl'infedeli, 29 — guerra per la causa di Dio, **1,** 45 art. 17 — grida pagane usate in guerra e nei funerali. **9,** 72 nota 2.

Ǵūf, cfr. Ǵawf.

al-Ǵūf, nome moderno per Dūmah al-Ǵandal. **5,** 4 nota 1; **9,** 46 e nota 1.

Ǵufaynah al-'Ibādi, conoscitore dell'arte dello scrivere in Madīnah. **11**, 224 nota 2.

banū Ǵu'fi b. Sa'd al-'Ašīrah b. Madzḥiǵ, tribù del Yaman. **Intr.** 42 tav. 3; **10**, 17 — ambasciata dei-, 50 e nota, 51; **11**, 187 nota 1,*g*, 189.

Ǵuhaym b. al-Ṣalt b. Makhramah, C. d. P. **9**, 38 nota 1; **10**, 5 no. 2; 148 no. 15; **11**, 220,*a* no. 16.

umm Ǵuhaym [o **umm Ḥakīm**] **bint al-Ḥārith b. Hišām**, moglie di 'Ikrimah b. abī Ǵahl. **3**, 16 no. 6.

banū Ǵuhaynah, tribù, un ramo dei Quḍā'ah, vivente nei pressi di Madīnah. **Intr.** 42 tav. 3, 72, 75; **1**, 2, 22 nota 1, 75; **2**, 18,A nota 1, 85,C no. 125; **3**, 54,B no. 43; **5**, 16 — conversione di membri delle tribù di-, 85 e nota 1 — monti dei-, 86 e nota 1 e 2 — lettere ai-, 87, 89 e nota 2, 90 — lettera ai-, 91 — banū-l-Ḥuraqah un ramo dei-, 91, 92 nota 1; **6**, 26; **8**, 25 nota 1, 34, 51, 58 nota 1, 61, 122; **9**, 1, 9, 16, 26 — accordi con Maometto, **10**, 89 e nota 1, 108 nota 1, 120 nota 1, 121, 125, 126 nota 1; **11**, 87, 88, 90 no. 12, 106,*a*, 114, 123 nota 2; **12**, 89, 187, 188 nota 1.

al-Ǵuḥfah, luogo presso Makkah sulla via di Madīnah. **1**, 22 nota 1, 71 nota 2, 76 e note 2 3 e **4**, 78 nota 3; **2**, 18 nota 1, 31, 40, 50, 51; **6**, 26, 27; **7**, 69 nota 3; **8**, 55; **10**, 73.

Guidi I., orientalista. **9**, 9 nota 1; **12**, 106, 107, 109 e note 1 e 2.

al-Ǵuhš al-Nakha'i (al-Arqam), viene a Madinah, **7**, 82 no. 2.

Ǵulāḥ al-Thaqafi, pagano ucciso a Ḥunayn. **8**, 124.

Ǵulālah, moglie di 'Amr b. Ma'dīkarib. **12**, 72.

al-Ǵulanda, stirpe principesca dell' 'Umān. **8**, 192; **11**, 92,*b*; **12**, 62 e nota 3.

Ǵulās b. Suwayd b. Ṣāmit, avversario del Profeta in Madīnah. **1**, 60 no. 2; **9**, 31.

al-Ǵulās b. Ṭalḥah, qurašita pagano ucciso a Uḥud. **3**, 16 no. 5, 33, 55 no. 8.

Ǵulayḥah b. 'Abdallah al-Laythi [† 8. a. H], C. d. P., ucciso a Ṭā'if. **8**, 157 no. 8.

Ǵulayḥah b. Šaǵǵār b. Ṣuḥār al-Ghāfiqi, viene a Madīnah, **10**, 56.

Ǵulhumah b. Rabī'ah b. Ḥarām, fratellastro di Quṣayy. **Intr.** 76.

al-Ǵulunda. **8**, 190; cfr. al-Ǵulanda.

Ǵumāda, nome di un mese arabo. **1**, 9 nota 2.

ǵ u m ' a h = riunione del venerdi. **1**, 30 nota 1.

banū Ǵumaḥ b. 'Amr b. Ḥuṣayṣ, tribù di Makkah. **Intr.** 41 tav. 1, 86, 168, 169, 328; **1**, 36; **2**, 85,A no. 46, 88 no. 64; **8**, 72; **12**, 323.

Ǵumānah bint abī Ṭālib, pensionata di Khaybar. **7**, 42.

Ǵumay'ah bint Qays al-Tamīmiyyah, prigioniera dei Musulmani. **9**, 5 no. 4.

a l-ǵ u m u ' a h = cerimonia religiosa del venerdl. **10**, 14; cfr. al-ǵum'ah.

Ǵunādah, figlio di Mulayḥah bint **Zubayr**. **2**, 106.

Ǵunādah al-Azdi, lettera a-, **10**, 25.

Ǵunādah b. abī Naqbah 'Abdallah b. 'Alqamah, b. al-Muṭṭalib [† 12. a. H.], C. d. P., ucciso ad al-Yamāmah. **12**, 23 no. 50.

Ǵunādah b. Sufyān b. Ma'mar, C. d. P., emigrato in Abissinia. **Intr.** 277 no. 53 — suo ritorno, **7**, 55 no. 48.

banū Ǵunādah b. Zuhayr dei Kalb, che vivevano in Ḥamāt, un luogo dell'Arabia settentrionale presso il confine dell' 'Irāq. **12**, 224.

Ǵunaydib b. al-Adla' (o **al-Athwa'**, o **al-Akwa'**) **al-Hudzali**, pagano di Makkah. **8**, 88.

al-Ǵunaynah, un luogo sulla strada da Wādi al-Qura a Tabūk. **12**, 328,*a*.

ǵund Filasṭīn, distretto militare della Palestina. **12**, 316 nota 2.

Ǵundab b. al-A'ǵam al-Aslami, C. d. P. **8**, 88.

Ǵundab b. 'Amr al-Dawsi, (?) capitano nelle schiere che invasero la Siria. **12**, 356,*e*, 359,e.

Ǵundab b. Ḍamrah al-Ǵanda'i, una figlia di-. **10**, 139 no. 25.

Ǵundab b. Makīth al-Ǵuhani, C. d. P. **8**, 3, 51; **9**, 26.

Ǵundab b. Salamah al-Šanūqi, ribelle contro l'Islām. **11**, 98.

Ǵundab b. 'Umar al-Dawsi. **12**, 359,c; cfr. Ǵundab b. 'Amr al-Dawsi.

abū Ǵundab Asad b. 'Abdallah b. 'Umar b. Makhzūm, padre di Arqam b. abi-l-Arqam. **2**, 85,A no. 52.

Ǵuraf. **9,** 28; cfr. al-Ǵurf.
Ǵuraš, città del Yaman. **Intr.** 158; **5,** 81; **8,** 141, 143, 146 no. 1; **9,** 10, 92; **10,** 21 e nota 2 — sottomissione di- e di Tabālah nel Yaman, **10,** 23, 57; **11,** 187.
Ǵurayǵ b. Maṯa, preteso nome di al-Muqawqis. **6,** 49.
Ǵurayǵ b. Mīnā al-Qubṯi, preteso nome di al-Muqawqis. **6,** 49; **7,** 78 nota 1.
ibn Ǵurayǵ, tradizionista. **11,** 205,*b*.
al-Ǵurf, luogo presso Madīnah, al nord della città. **3,** 21; **5,** 24; **6,** 2, 16; **7,** 50; **8,** 7 e nota 1, 16; **9,** 28 — luogo di convegno delle milizie partenti per la Siria, **11,** 5 e nota 3, 9, 14, 20, 23, 73, 106,*a*, 107, 109 e nota 2, 323, 362.
Ǵurǵīs, preteso romito amico di Maometto. **Intr.** 114, 135.
Ǵurǵis, (?) generale greco. **12,** 361.
banū Ǵurhum, antichi padroni di Makkah. **Intr.** 62, 66 nota 1, 68, 69, 70, 71, 72, 73, 74 nota 1, 75, 77, 99, 100, 147, 165; **8,** 70.
banū-l-Ǵurmuz b. Rabī'ah, ramo dei Ǵuhaynah, lettera ai-. **5,** 90, 91.
banū Ǵušam [**b. al-Ḥāri<u>th</u>**] **b. al-<u>Kh</u>azraǵ,** tribù madinese. **Intr.** 42 tav. 4; **1,** 45 art. 6 e 29; **2,** 85,C; **8,** 87, 114; **11,** 88, 159,*d*.
banū Ǵušam b. Mālik, tribù di Madīnah. **Intr.** 42 tav. 4.
banū Ǵušam b. Mu'āwiyah, una delle quattro stirpi degli 'Uǵz Hawāzin. **7,** 61 nota 3; **8,** 36.
Ǵušayš al-Dīlami, uno degli Abnā di Ṣan'ā. **11,** 193 no. 1 e nota 1, 196; **12,** 66, 67; cfr. Ǵušnas.
Ǵušnas, uno degli Abnā di Ṣan'ā. **11,** 193 nota 1, 196; cfr. Ǵušayš.
Gušnasp, nome persiano. **11,** 193 nota 1.
Ǵuwā<u>th</u>ā, castello nel Baḥrayn. **11,** 74 nota 3; **12,** 41 e nota 1 e 2,*a*, 42, 44,A, 46, 47, 48, 51, 55 e nota 5, 57 nota 1, 58.
banū Ǵuwayn, lettera ai- dei Ṭayy. **10,** 37.
Ǵuwayriyyah bint al-Ḥāri<u>th</u> b. abī Ḍirār b. Ḥabīb b. Mālik al-<u>Kh</u>uzā'iyyah, moglie di Maometto. **5,** 9; **8,** 151 nota 2; **10,** 139 no. 7.
ǵ u y ū b = camicie delle donne. **11,** 89.

abū Ḥabbah b. Farwah b. al-Nu'mān [† 12. a. H.], C. d. P., ucciso a al-Yamāmah. **12,** 23 no. 52.
abū Ḥabbah b. <u>Gh</u>aziyyah b. 'Amr b. 'Atiyyah b. <u>Kh</u>ansā al-Anṣāri al-Māzini [† 12. a. H], C. d. P., ucciso a al-Yamāmah. **12,** 23 no. 51.
abū Ḥabbah [?] **b. Ṣabāḥ,** un yamanita, durante la R i d d a h. **12,** 71.
Ḥabbān b. al-'Araqah, qurašita pagano. **2,** 87 no. 12.
Habbār b. al-Aswad, avversario di Maometto in Makkah. **8,** 73 nota 1 no. 2, 80, 81, 201.
Habbār b. Sufyān b. 'Abd al-Asad, C. d. P., emigra in Abissinia, **Intr.** 277 no. 36 — suo ritorno, **7,** 55 no. 38.
Ḥabīb b. 'Abd Šams b. al-Mu<u>gh</u>īrah b. 'Abdallah al-Ma<u>kh</u>zūmi [† 12. a. H.], C. d. P., ucciso a al-Yamāmah. **12,** 23 no. 53.
Ḥabīb b. 'Abdallah al-Anṣāri [† 12. a. H.], C. d. P., ucciso a al-Yamāmah. **12,** 23 no. 54.
Ḥabīb b. 'Amr b. Muḥṣin (Miḥṣan) b. 'Amr al-Anṣāri [† 12. a. H.], C. d. P., ucciso a al-Yamāmah. **12,** 23 no. 55.
Habīb b. 'Amr b. 'Umayr **al-<u>Th</u>aqafi,** pagano di Ṭā'if. **Intr.** 328.
Ḥabīb b. 'Amr al-Salāmāni, viene a Madīnah, **10,** 29.
Ḥabīb b. 'Amr al-Uǵā'i, viene a Madīnah. **10,** 42.
Habīb b. al-Aswad, C. d. P., presente a Badr. **2,** 85,C no. 61.
Ḥabīb b. 'Atīk [† 12. a. H.], C. d. P., ucciso a al-Yamāmah. **12,** 23 no. 55.
Ḥabīb b. Azhar al-Tamīmi al-Ǵanābi, pagano. **9,** 91.
Ḥabīb b. Ǵābir al-'Āmiri, pagano ucciso a Badr. **2,** 89 no. 61.

Ḥabīb b. Maslamah al-Fihri, sua nascita. **Intr.** 264 no. 6 — luogotenente di Khālid b. al-Walīd nella marcia da Ḥīrah a Damasco. **12,** 396, 403.

Ḥabīb b. Muṭ'im, avversario del Profeta in Makkah. **1,** 17 no. 5.

Ḥabīb b. Qayyim [o **Taym**] [† 3. a. H.], C. d. P., ucciso a Uḥud. **3,** 54,B no. 23; cfr. Ḥabib b. Yazid b. Taym.

Ḥabīb b. abī Thābit, tradizionista. **12,** 215.

Ḥabīb (o **Khubayb**) **b. 'Uyaynah b. Ḥiṣn al-Fazāri,** pagano ucciso. **6,** 3.

Ḥabīb b. Yazīd al-Anṣāri [† 12. a. H.], C. d. P., ucciso a al-Yamāmah. **12,** 23 no. 57.

Ḥabīb b. Yazīd b. Taym [† 3. a. H.], C. d. P. ucciso a Uḥud, **3,** 54,B no 23; cfr. Ḥabib. b. Qayyim.

Ḥabīb b. Zayd b. 'Āṣim, musulmano prigioniero di Musaylimah. **11,** 93 nota 2.

Ḥabīb b. Zayd b. 'Āṣim b. 'Amr al-Anṣāri al-Māzini [† 12. a. H.], C. d. P., ucciso a al-Yamāmah. **12,** 11 nota 2, 23 no. 58.

banū Ḥabīb b. 'Abd Ḥārithah b. Mālik b. Ghaḍb, tribù madinese. **2,** 85,C.

umm Ḥabīb bint al-'Abbās b. 'Abd al-Muttalib, una delle donne del Profeta. **10,** 140 no. 4.

umm Ḥabīb bint Ǵaḥš, emigra a Madīnah. **1,** 15 no 26 — pensionata di Khaybar, **7,** 42.

umm Ḥabīb al-Ṣahbā bint Ḥabīb b. Buǵayr, catturata dai Musulmani nel deserto arabo settentrionale, sposata poi da 'Ali. **12,** 401.

umm Ḥabīb bint Thumāmah, emigra a Madīnah, **1,** 15 no. 30.

Ḥabībah bint Khāriǵah b. Zayd b. Zuhayr, moglie di abū Bakr. **11,** 8 nota 2,*b*, 18 nota 1,*a*.

Ḥabībah bint 'Ubaydallah b. Ǵaḥš, viene a Madīnah dall'Abissinia, **7,** 55 no. 26, 56 no. 11.

abū Ḥabībah b. al-Az'ar, avversario di Maometto in Madinah. **1,** 60 no. 6; **9,** 52 no. 4.

banū Ḥabībah, abitanti di Maqnā. **9,** 40.

umm Ḥabībah, cfr. umm Ḥabibah Ramlah bint abī Sufyān.

umm Ḥabībah Ramlah bint abī Sufyān b. Ḥarb, moglie di 'Ubaydallah b. Ǵaḥš, emigra in Abissinia. **Intr.** 184, 271 nota 1, 277 no. 9 — suo ritorno a Madīnah e matrimonio con il Profeta, **6,** 53; **7,** 53, 55 no. 35, 56 no. 10, 58; **8,** 47; **10,** 107 nota 1, 139 no. 9 e nota.

a l-ḥ a b i r a h. 10, 59 nota 2; cfr. a l-h i b a r a h.

Ḥābis b. Sa'd [o **Sa'īd**] **al-Ṭā'i,** (?) in comando dei Ṭayy durante l'invasione della Siria. **12,** 356,*e*, 359,*c*.

ḥ a b r = il rabbino. **1,** 58 no. 15.

al-Ḥadā'iq, giornata di- tra Aws e Khazraǵ ai tempi pagani. **5,** 47.

banū Ḥadas (Lakhm), lettera di Maometto ai-, **9,** 84 e nota 1; **12,** 378.

al-Ḥadath, nella Siria Settentrionale. una delle città della regione detta al-'Awāṣim. **12,** 313 nota 1,*b*.

a l-h a d ā y ā = i doni dei vinti. **12,** 210.

al-Hadb, Ǵanāb al-Hadb (i fianchi del monte-), nel territorio dei Hamdān nel Yaman. **9,** 67; **10,** 78.

al-Hadbah, sulla via tra Makkah e Madīnah. **8,** 1.

al-Haddah, nel territorio dei Hudzayl nel Naǵd. **4,** 7; **8,** 24.

al-Hādi [† 170. a. H.], califfo 'Abbasida. **7,** 47 nota 3.

banū Ḥadīdah b. 'Amr b. Ghanm b. Sawād, tribù madinese. **2,** 85,C.

Hadim b. Ma'adah al-'Absi, viene a Madīnah, **3,** 66 no. 5.

Ḥadīqah al-Mawt, recinto della morte, nella Yamāmah. **11,** 172 nota 1; **12,** 11,*b* e nota 1.

Ḥadīqah al-Raḥmān, nella Yamāmah. **11,** 172 nota 1.

ḥ ā ḍ i r = membri sedentari di una tribù. **10,** 42.

ḥ ā ḍ i r = villaggio. **12,** 182.

ḥ a d ī th = tradizione e scienza tradizionistica. **Intr.** 9 e nota 1, 11, 16 — parte del- che fu creata dopo il 200. a. H. 17, 19, 21, 26, 28, 30, 179; **1,** 8; **2,** 3, 6, 8, 12, 103 nota 1 — raccolte canoniche del-, **5,** 7, 31, 64, 71; **6,** 45; **8,** 100 nota 2; **10,** 72, 134, 137; **11,** 68 nota 1; **12,** 78 nota 7.

ibn abī-l-Ḥadrad, cfr. 'Abdallah b. abī Ḥadrad al-Aslami.

Ḥaḍramawt. Intr. 42 tav. 3; **9,** 82; **10,** 23, 34 nota 1 — trattative con i-, 46 — principi, a q y ā l, e magnati, ' u ẓ a m ā, del-, 46 — ambasciata degli abitanti del-, 47, 48, 71 no. 2, 81 no. 7, 82

no. 8 — rapporti fra Maometto e le popolazioni dell'estremo mezzogiorno del- e Yaman, 127, 128 e nota 1; **11,** 74 nota 3, 87, 105, 124 no. 3, 126, 187 e nota 1,*c*, 195; **12,** 1, 23 no. 90, 38, 68 nota 1, 70 nota 1 — la Riddah nel-, 76-85 — nomina di luogotenenti per il Yaman e il-, 86, 87, 89, 90, 273 — le tribù del- [?] prendono parte alla conquista siria, 362.
Hadrami b. 'Amr al-Asadi, viene a Madīnah. **9,** 12 no. 1 e nota 3.
banū-l-Ḥadrami, famiglia di Makkah. **Intr.** 316; **8,** 40.
ibn al-Ḥadrami, cfr. al-'Alā b. al-Ḥadrami, e 'Amr b. 'Abdallah al-Ḥadrami.
al-Ḥadramiyyūn, gli Arabi del Ḥadramawt. **12,** 77, 78 no. 1, 86.
Ḥadūr, battaglia di-. **Intr.** 43.
banū-l-Ḥāf b. Qudā'ah, tribù dell'Arabia settentrionale. **Intr.** 42 tav. 3; **10,** 41.
ḥafala = applicarsi a qualche cosa. **11,** 177 nota 1.
ḥafaša = riunire le acque. **11,** 93 nota 1.
al-Ḥafīdah, camela del Profeta. **6,** 17.
al-Ḥafīr. **12,** 192; cfr. al-Ḥufayr.
abū Ḥafṣ al-Dimašqi [al-Šāmi], tradizionista. **12,** 326, 343 e nota 1,*b*, 406.
Ḥafṣah bint 'Umar b. al-Khaṭṭāb, emigra a Madīnah. **1,** 15 no. 38 — suo matrimonio con Maometto, **3,** 10; **9,** 23; **10,** 139 no. 4; **11,** 7, 26 nota 1, 221 no. 1, 229 no. 14, 231, 232 — trasmette tradizioni ad Aslam, 429 nota 1,*b*.
al-ḥafūl = il curatore o custode. **11,** 177 nota 1.
ḥaǵala = ballare saltellando. **7,** 75.
Hāǵar, madre di Ismaele. **Intr.** 30, 99.
Haǵar, stoffe tessute in-, città del Baḥrayn. **6,** 55; **8,** 179, 180, 181 nota 1, 184, 185 nota 1, 187 e nota 1; **11,** 93 nota 2; **12,** 48, 49, 51, 55 e nota 2, 57, 58.
Ḥaǵar, città della Yamāmah. **10,** 46; **11,** 160; cfr. Ḥaǵr.
ibn Ḥaǵar (abū-l-Faḍl Aḥmad b. 'Ali Šihāb al-dīn al-'Asqalāni) [† 853. a. H.], storico. **Intr.** 15, 16, 26 nota 2; **7,** 44; **8,** 15 no. 3; **9,** 65, 70; **10,** 1 nota 2, 54; **11,** 232 nota 1,*b*; **12,** 363 nota 1.
haǵara = emigrare. **1,** 6 nota 1.
al-ḥaǵǵ = pellegrinaggio. **6,** 25 nota 1; **7,** 69; **8,** 21; **12,** 316 nota 1.
al-ḥaǵǵ al-akbar = il grande pellegrinaggio nel mese di Dzū-l-Ḥiǵǵah. **10,** 14.
al-ḥaǵǵ al-asghar = il piccolo pellegrinaggio. **6,** 25 nota 1.
ḥaǵǵa bi-l-nās = diresse il pellegrinaggio annuale. **12,** 201.
al-Ḥaǵǵāǵ b. 'Abd Yaghūth (al-Murādi), prende parte alla conquista della Siria. **12,** 356,*e*.
al-Ḥaǵǵāǵ b. 'Amr, ebreo di Madīnah. **1,** 58 no. 11; **2,** 24.
al-Ḥaǵǵaǵ b. Arṭā·ah, tradizionista. **12,** 173,*b*.
al-Ḥaǵǵāǵ b. Dzī-l-'Unuq, (C. d. P.? con Khālid b. al-Walīd nell' 'Irāq). **12,** 214,*a*.
al-Ḥaǵǵāǵ b. al-Ḥārith b. Qays b. 'Adi b. Sa'd, prigioniero di Badr. **2,** 89 no. 31.
al-Ḥaǵǵāǵ b. 'Ilāṭ al-Sulami al-Bahzi, C. d. P. **7,** 45; **8,** 51, 122.
al-Ḥaǵǵāǵ b. Yūsuf [† 95. a. H.], governatore umayyade dell' 'Irāq. **Intr.** 41 tav. 1; 110 nota 2, 123 nota 3, 171; **10,** 89 nota 4; **11,** 103, 211 nota 2,*a*, 214 nota 2, 216; **12,** 160,A nota 1,*b*.
banū-l-Ḥaǵǵāǵ, famiglia di Makkah. **2,** 31, 52.
Ḥaǵǵah al-Wadā' o Pellegrinaggio d'Addio del Profeta nel 10. a. H. **Intr.** 131 nota 1, **9,** 82; **10,** 1 nota 2 — narrazione del medesimo, 72 e segg.
ḥāǵib = ciambellano. **10,** 142 no. 19; **11,** 163 nota 3,*b*.
Ḥāǵib b. al-Sā·ib b. 'Uwaymir b. 'Amr detto Ḥāǵiz b. al-Sā·ib, pagano ucciso a Badr. **2,** 88 no. 37.
Ḥāǵib b. Zayd (o Yazīd) b. Tamīm al-Anṣāri, al-Ašhali [† 12. a. H.], C. d. P., ucciso a al-Yamāmah. **12,** 23 no. 59.
al-Ḥāǵir, luogo presso Makkah. **Intr.** 345; **3,** 66 nota 1; **11,** 119 nota 1.
hāǵira = emigrò. **Intr.** 252 nota 3.
hāǵirat = (essa) emigrò. **11,** 160.

Ḥāġiz b. al-Sā·ib. **2,** 88 no. 37; cfr. Ḥāġib b. al-Sā·ib.
Ḥaġr o **Ḥaġar,** città della Yamāmah. **11,** 160, 171 e nota 1,*a*; **12,** 55 nota 2.
al-Ḥaġr al-Aswad, la Pietra nera della Ka'bah. **Intr.** 72.
ḥaġr al-rukn = pietra angolare del tempio makkano. **Intr.** 62, 72.
Ḥaġr b. 'Imrān. **Intr.** 42 tav. 3.
banū Ḥaġr, una famiglia dei Sulaym. **2,** 85,A no. 28.
al-Ḥaġūn, luogo presso Makkah. **Intr.** 81, 131, 133 nota 1, 243 nota 1, 306; **3,** 61; **7,** 70; **8,** 39, 61, 63, 65.
banū Haġūr, un ramo dei Hamdān della stirpe Gharb. **9,** 66.
Hā·il, luogo nel Naġd. **9,** 45 nota 2.
ḥā·iṭ = muro. **12,** 25,*b*, 26.
ḥā·iṭ = recinto murato. **12,** 316 nota 4.
al-ḥā·iṭ bayn al-ukhuwwah, spiegazione di questa espressione oscura. **8,** 187.
Ḥakam, primo nome di Kilāb. **Intr.** 61.
al-Ḥakam, prigioniero di Badr. **2,** 22.
al-Ḥakam b. 'Amr b. Wahb b. Mu'attib al-Thaqafi, capo influente dei Thaqīf, **9,** 10 — viene a Madīnah, 56 no. 2.
al-Ḥakam b. abī-l-'Āṣ, avversario del Profeta in Makkah. **Intr.** 41 tav. 2, 247 no. 2'; **8,** 72.
al-Ḥakam b. Kaysān [† 4. a. H.], mawla dei Makhzūm, **2,** 21 — ucciso a Bi·r Ma'ūnah, **4,** 6 no. 2.
al-Ḥakam (b. 'Utaybah), tradizionista, maestro di al-Ḥaġġāġ b. Arṭā·ah. **12,** 173,*b*.
abū-l-Ḥakam b. al-Akhnas b. Šurayq, qurašita ucciso a Uḥud. **3,** 54.A no. 2, 54,B no. 26 e 55, 55 no. 13.
abū-l-Ḥakam 'Amr b. Hišām al-Makhzūmi, chiamato dai Musulmani abū Ġahl. **Intr.** 248; cfr. abū Ġahl.
banū-l-Ḥakam, tribù del Ḥiġāz. **7,** 2.
banū-l-Ḥakam, tribù del Yaman. **11,** 98, 104, 186, 189.
umm al-Ḥakam bint abī Sufyān, moglie pagana e ripudiata di 'Iyāḍ b. Ghanm. **6,** 42.
umm Ḥakam bint al-Zubayr b. 'Abd al-Muṭṭalib, pensionata di Khaybar. **7,** 42 e no. 3.
Ḥakamah b. Mālik b. Ḥudzayfah, figlio di umm Qirfah, pagano. **11,** 158.
al-Ḥākim. **12,** 173,*b*; correggi: al-Ḥakam (b. 'Utaybah).
al-Ḥākim (al-Nisābūri) [† 405. a. H.], storico. **11,** 226,*b*.
Ḥakīm b. Ḥazn b. abī Wahb b. 'Amr b. 'Ā·idz b. 'Imrān b. Makhzūm [† 12. a. H.], C. d. P., ucciso a al-Yamāmah. **12,** 23 no. 3 e 60.
Ḥakīm b. Ḥakīm b. 'Abbād (?) **b. Ḥunayf,** tradizionista. **11,** 86.
Ḥakīm b. Ḥizām b. Khuwaylid, cugino di Khadīġah, la moglie del Profeta. **Intr.** 175, 226, 289; **1,** 17 no. 12 e nota 1; **2,** 40 nota 1 no. 6', 52 no. 4; **8,** 39, 57, 117, 164.
umm Ḥakīm bint 'Abd al-Muṭṭalib. **Intr.** 102.
umm Ḥakīm [o **umm Ġuhaym**] **bint al-Ḥārith b. Hišām,** moglie di 'Ikrimah b. abī Ġahl; a Uḥud. **3,** 16 no. 6 — sua conversione, **8,** 76, 77.
umm Ḥakīm bint Ṭāriq, moglie di Kinānah b. 'Ali b. Rabi'ah, a Uḥud. **3,** 16 no. 11.
Ḥalab (Aleppo), città della Siria. **12,** 113 nota 1,*f*, 313 nota 1,*a*.
ḥālafa = unirsi in confederazione. **1,** 45 art. 12 nota 1; **5,** 94.
Hālah bint Khuwaylid b. Asad b. 'Abd al-'Uzza, madre di abū-l-'Āṣ b. al-Rabi'. **12,** 435.
Hālah bint Uhayb [o **Wuhayb**] **b. 'Abd Manāf b. Zuhrah b. Kilāb,** moglie di 'Abd al-Muṭṭalib b. Hāšim. **Intr.** 102, 103 nota 1, 104.
abū Hālah Nabbāš b. Zurārah al-Tamīmi, secondo marito di Khadīġah. **Intr.** 115 nota 1, 324 nota 1.
al-Ḥalā·iq, luogo tra Makkah e Madīnah. **2,** 20 nota 2 no. 6.
halāk = fine miseranda. **Intr.** 284.
ḥalāl = cose permesse. **1,** 54.
ḥalaq, ḥaršaf = maglia di piccoli anelli di ferro. **12,** 275.
Halévy J., orientalista e viaggiatore. **9,** 63 nota 1; **11,** 186, 214, 215 e nota 1; **12,** 104 nota 1.

ḥalīf = confederato. **Intr.** 115 nota 1, 252 nota 3, 295; **1,** 58, 60 no. 25, 76; **2,** 31, 85; **3,** 2; **4,** 7 no 1; **6,** 49; **7,** 43 no. 1 2 8, 54 no. 10; **8,** 187; **9,** 33; **10,** 71 no. 16; **11,** 126, 132, 220,*a*, 224 no. 7, 240, 242, 323.

ḥalīf al-Qawāqilah = confederato dei Qawāqilah. **12,** 23 no. 100.

ḥālim = adulto. **8,** 187.

Ḥalīmah, una donna dei Muzaynah. **6,** 7.

Ḥalīmah bint abī Dzu·ayb 'Abdallah b. al-Ḥārith, nutrice del Profeta. **Intr.** 125, 126, 129; **8,** 93.

abū Ḥalīmah, soprannome di Mu'ādz b. Ǵabal. **11,** 229 no. 17.

al-ḥalqah = armatura di maglia. **12,** 24,*a*.

Ḥama [**Ḥima**?] **Dariyyah,** luogo nel Naǵd. **11,** 146 nota 1,*b*.

al-Hamaǵ, luogo al nord di Madīnah. **6,** 17.

Ḥamāh o **Hamath,** città della Siria. **12,** 112, 113 nota 1,*e*, 224, 313 nota 1,*a*.

Ḥamal b. Sa'dānah b. Ḥārithah b. Mughaffal b. Ka'b b. 'Ulaym al-Kalbi, viene a Madīnah, **9,** 48.

Ḥamāt. 12, 224; cfr. Ḥamāh.

Hamath 12, 112; cfr. Hamāh.

Hamaysa' b. Ḥimyar. Intr. 42 tav. 3.

al-Ḥamd, alture presso al-Ḥudaybiyyah. **6,** 29.

Ḥamdah, un principe del Ḥadramawt. **10,** 47.

banū Hamdān b. Mālik, tribù del Yaman. **Intr.** 42 tav. 3; **9,** 60, 61, 63 — ambasciata dei-, 66 e nota 1, 67, 87; **10,** 32, 81 no. 2, 82 no. 2, 120 nota 1; **11,** 82 no. 8, 87, 88 — (?) prendono parte alla conquista della Siria, 357,*d*.

al-Hamdāni (abū Muḥ. Ḥasan b. Aḥmad) [† 334. a. H.], geografo. **8,** 25 nota 1; **12,** 134 nota 1.

abū Ḥāmid al-Ghazāli (Muḥ. b. Muḥ.) [† 505 a. H.], teologo. **9,** 70 nota 1.

Ḥāmiyah b. Subay' b. Ḥasḥās al-Asadi, ribelle, arso vivo dai Musulmani. **11,** 90 no. 3, 142.

Ḥaml, o **Bi·r Ǵamal,** luogo presso Madīnah. **11,** 5 nota 3.

Ḥammād b. Salimah, tradizionista. **11,** 46; **12,** 428 nota 1,*c*,*d*.

Hammurabi, re di Babilonia. **12,** 111, 139 nota 1.

Ḥamnah bint Ǵaḥš, fugge a Madīnah, **1,** 15 no. 27 — pensionata di Khaybar. **7,** 42.

al-Ḥamqatayn, luogo nel paese dei Ǵudzām (Arabia settentrionale). **11,** 111, 124 no. 4; **12,** 387.

Ḥamrā al-Asad, luogo a mezzodì di Madīnah. **3,** 50 nota 1, 55 no. 23, 56 nota 1 — spedizione di-, 58, 59, 62 nota 1.

abū-l-Ḥamrā, C. d. P., presente a Badr. **2,** 85,C no. 138.

abū-l-Ḥamrā b. Sufyān b. 'Uwayf, pagano ucciso a Uḥud. **3,** 55 no. 26.

Ḥamzah b. 'Abd al-Muttalib b. Hāšim [† 3. a. H.], zio e C. d. P. **Intr.** 102, 103 nota 1, 157, 248 — sua conversione, 250 e nota 1, 253, 259, 268, 270, 284, 285, 286, 287, 289; **1,** 15 no. 49, 50, 73, 75 e nota 2, 76 nota 1, 78 nota 1; **2,** 18, 20, 23 no. 3, 43, 59, 60, 68, 85,A no. 2, 88 (no. 1 10 14 15 17 30 36 43 61), 97 nota 1; **3,** 14, 24, 32, 35, 49, 51 -- ucciso a Uḥud, 55 no. 3 14, 61; **4,** 7 no. 1; **7,** 75; **8,** 85, 92; **12,** 11,*c*, 270.

Ḥamzah b. 'Abdallah b. 'Umar, tradizionista. **11,** 15.

Ḥamzah b. 'Amr al-Aslami, C. d. P. **6,** 29; **9,** 43.

Ḥamzah b. Ḥumayyir. 2, 85,C no. 72; cfr. Khāriǵah b. Ḥumayyir.

Ḥamzah b. Mālik al-Hamdāni [al-'Udzri], viene a Madīnah, **9,** 67 no. 6 — (?) comanda i Hamdān, che invadono la Siria con abū 'Ubaydah. **12,** 357,*d*.

Ḥamzah b. al-Nu'mān b. Hawdzah al-'Udzri C. d. P., capo degli 'Udzrah. **7,** 48 nota 6.

ḥanafa = allontanarsi, discostarsi. **Intr.** 179 nota 1.

al-Ḥanafiyyah, la fede professata dai ḥanīf, precursori di Maometto. **9,** 95; cfr. **al-Ḥanīfiyyah.**

abū Ḥanaš b. Dzī-l-Liḥyah al-'Āmiri, (?) luogotenente di Khālid b. al-Walīd tra i Hawāsin. **12,** 189 no. 7.

al-Ḥanāzi, luogo nel paese dei Sulaym. **8,** 29.

Haneberg. **12**, 419 nota 2.

al-Ḥanfā bint Iyād b. Ma'add, moglie di Muḍar. **Intr.** 49.

Hāni b. Ǵābir al-Ṭā·i, rappresentante degli abitanti di una fortezza di Bāniqyā. **12**, 164,*g*.

Hāni b. Ḥabīb al-Dāri, viene a Madīnah. **9**, 70 no. 8.

Hāni b. Qabīṣah [**al-Ṭā·i**], rappresentante dei Cristiani in Ḥirah. **12**, 165,*a*, 228,*b*.

umm Hāni Hind bint abī Ṭālib, sorella di 'Ali b. abī Ṭālib, moglie di Hubayrah b. abī Wahb al-Makhzūmi. **7**, 42 e no. 6; **8**, 68 nota 1, 74, 97; **10**, 140 no. 1; 141 no. 2.

ḥanīf, uomini religiosi precursori di Maometto. **Intr.** 128 nota 1, 178, 179 e nota 1, 180, 181, 208 nota 2; **1**, 41 nota 1, 45 art. 1 nota 1; **3**, 18; **9**, 95.

abū Ḥanīfah [† 150. a. H.], giureconsulto. **Intr.** 26 nota 1; **8**, 64.

abū Ḥanīfah Aḥmad b. Dāwud al-Dīnawari [† 282-290. a. H.], storico. **12**, 899.

banū Ḥanīfah, tribù della Yamāmah. **Intr.** 332; **9**, 7 nota 1; **10**, 32,A — ambasciata dei-, 33 e nota 3, 67 e nota 3, 117, 121, 124, 126; **11**, 73, 88, 93 e nota 2, 115 nota 1, 161, 163, 164, 165 e nota 5,*a*, 166,*b* e nota 2, 167,*c*, 168 e nota 1 — deputazione dei-, 169, 171, 181 nota 1,*a*, 241 — campagna di Khālid contro i- e disfatta di al-Yamāmah, **12**, 9-23 — conclusione della pace con i-, 24-32 — perdite dei-, 24 nota 1 — castelli dei-, 25,*b* — ambasciata dei-, 34-36, 58, 88, 89, 93, 101 e nota 1, 134 nota 1, 158 nota 2, 187 e nota 1, 188 nota 5, 278 nota 1, 312, 415, 418.

banū Ḥanīfah b. Luǵaym. **Intr.** 41 tav. 1; cfr. banū Ḥanīfah.

ḥanīfan musliman (Qurān, v, 60). **Intr.** 179 nota 1.

al-Ḥanīfiyyah, la religione dei ḥanif. **Intr.** 179 e nota 1 — o Dīn Ibrāhīm, religione di Abramo, 182, 186; **9**, 95.

abū Ḥannah [o **abū Ḥabbah**] **b. Thābit b. al-Nu'mān b. Umayyah** [† 12. a. H.?], C. d. P., presente a Badr, **2**, 85,B no. 48 — forse ucciso a al-Yamāmah, **12**, 23 no. 51.

abū Ḥannah b. Ghuzayyah. **12**, 23 no. 51; cfr. abū Ḥabbah b. Ghaziyyah.

al-Ḥannān, monte di sabbia presso Badr. **2**, 46.

al-ḥanẓal = coloquinto. **Intr.** 120; **12**, 295 nota 1.

Ḥanẓalah al-Ghasīl (Ghasīl al-Malā·ikah). **1**, 66; cfr. Ḥanẓalah b. abī 'Āmir b. Ṣayfi.

Ḥanẓalah al-Kātib. **12**, 174; cfr. Ḥanẓalah b. Rabi'ah b. Rabāḥ ecc.

Ḥanẓalah b. abī 'Āmir b. Ṣayfi b. Nu'mān al-Anṣāri [† 3. a. H.], C. d. P., ucciso a Uḥud. **3**, 43, 54,B no. 25.

Ḥanẓalah b. Dārim al-Tamīmi, viene a Madīnah, **9**, 5 no. 8'.

Ḥanẓalah b. Mālik. **Intr.** 41 tav. 1.

Ḥanẓalah b. Qabīṣah b. Ḥudẕāfah b. Su'ayd, prigioniero a Badr. **2**, 89 no. 30.

Ḥanẓalah b. al-Rabī'. **12**, 210 nota 3; forse = Ḥanẓalah b. Rabī'ah.

Ḥanẓalah b. Rabī'ah b. Rabāḥ al-Usayyidi (o **Asad**) **al-Tamīmi**, detto Ḥanẓalah al-Kātib segretario del Profeta. **10**, 143 no. 9 — luogotenente di Khālid b. al-Walīd nell' 'Irāq. **12**, 174, 210 nota 3, 214,*a*.

Ḥanẓalah b. abī Sufyān b. Ḥarb b. Umayyah, pagano ucciso a Badr. **2**, 88 no. 1; **3**, 14.

Ḥanẓalah b. Ziyād b. Ḥanẓalah, tradizionista. **12**, 194, 195.

banū Ḥanẓalah, tribù, ramo dei Tamīm. **6**, 4 nota 1; **10**, 71 no. 4, 90; **11**, 163 no. 5, 164, 177 e nota 1, 179, 180 nota 2,*a*; **12**, 56.

Haql, sito nel territorio dei Ǵuhaynah. **5**, 85 nota 1.

al-Ḥaram, territorio sacro di Makkah. **Intr.** 36 nota 1, 68; **7**, 69, 70; **8**, 88, 90; **9**, 58 nota 4; **10**, 77; **11**, 93, 166,*a* (pure tra i Tamīm).

ḥaram = territorio sacro di Madīnah. **1**, 45 art. 39 nota 1.

ḥarām = sacro. **1**, 45 art. 39 nota 1; **8**, 88; **10**, 77.

ḥarām = cose proibite. **1**, 54.

Ḥarām b. Milḥān b. Khālid b. Zayd al-Anṣāri [† 4. a. H.], C. d. P., presente a Badr. **2**, 85,C no. 158 — ucciso a Bi'r Ma'ūnah, **4**, 5, 6 no. 6.

Ḥarām b. Uthmān, tradizionista. **11**, 128.
banū Ḥarām, una tribù dei Sulaym. **10**, 139 no. 14.
banū Ḥarām b. Ǵundab b. 'Āmir b. Ghanm, tribù madinese. **2**, 85,C.
banū Ḥarām b. Ka'b b. Ghanm, tribù madinese. **2**, 85,C.
ibn Ḥarām al-Anṣāri, luogotenente di Khālid b. al-Walid in Sandawdā. **12**, 396.
Harami (o **Harim**) **b. 'Abdallah**, « Piagnone » di Tabūk. **9**, 27 no. 6.
ḥaraqa = ardere. **5**, 91 nota 2.
Harāt, città del Khurāsān (Persia). **12**, 145.
ḥarazah = kharāǵ. **12**, 162,*b*, 210 nota 4.
ḥarb al-aḥmar wa-l-aswad = guerra contro i rossi e i neri. **Intr.** 347 e nota 1.
Ḥarb b. abī Šamir al-Ghassāni, principe Ghassanida. **12**, 23 no. 137; forse lo stesso che al-Ḥārith b. abī Šamir ecc.
Ḥarb b. Umayyah, padre di abū Sufyān. **Intr.** 41 tav. 2, 90 nota 1, 94, 134; **5**, 23 — ucciso dai demoni, ǵinn, **8**, 105 nota 1; **11**, 211 nota 2,*b*, 212.
abū Ḥarb Khuwaylid b. 'Āmir b. 'Uqayl al-'Āmiri, viene a Madīnah. **9**, 74.
ḥarbah (o **'anazah**) = lancia corta da getto. **Intr.** 252 nota 3; **6**, 37; **10**, 76; **12**, 11.*c*, 270.
ḥarbah al-malik. **11**, 197.
Ḥardah, sito nel Yaman. **11**, 159 nota 2,*c*; cfr. al-Ḥirdah.
ḥarīm al-thimār, tentata spiegazione di questa espressione oscura. **8**, 186 e nota 2.
banū Ḥarīm b. Ǵu'fi, un ramo dei Madzḥiǵ. **10**, 50.
harīs = frumento cotto e mischiato con pezzi di carne ridotta in briccioli minutissimi. **9**, 32.
al-Ḥārith, padre di Zaynab, un capo degli Ebrei di Khaybar. **7**, 9, 20.
al-Ḥārith, capo ribelle tra i Quḍā'ah. **11**, 124 no. 5.
al-Ḥārith, tradizionista, discepolo di ibn Sa'd. **2**, 92 nota 1, 96 nota 1.
al-Ḥārith al-Muḥāsibi, tradizionista. **11**, 227.
al-Ḥārith al-Yahūdi, ebreo di Khaybar. **7**, 43 no. 1.
al-Ḥārith b. 'Abd Kulāl, principe ḥimyarita. **9**, 60, 61, 62, 63.
al-Ḥārith b. 'Abd al-Muttalib, zio del Profeta. **Intr.** 102, 225 nota 1.
al-Ḥārith b. 'Abd Qays, C. d. P., emigrato in Abissinia. **Intr.** 277 no. 89.
al-Ḥārith b. 'Abd al-'Uzza, marito della nutrice del Profeta. **Intr.** 125.
al-Ḥārith b. 'Ā·idz, prigioniero a Badr. **2**, 89 no. 67; forse lo stesso che il seguente.
al-Ḥārith b. 'Ā·idz b. 'Uthmān b. Asad, prigioniero di Badr. **2**, 89 no. 18; cfr. Ḥuwayrith b. 'Abbād b. 'Uthmān.
al-Ḥārith b. 'Alqamah. **Intr.** 41 tav. 2.
al-Ḥārith b. 'Āmir b. Nawfal, avversario del Profeta in Makkah. **Intr.** 166; **1**, 17 no. 7; **2**, 34, 39, 40 no. 8 e nota 1 no. 1, 52 no. 6, 66 — ucciso a Badr, 88 no. 13.
al-Ḥārith b. Anās b. Rāfi' b. Imru·alqays al-Anṣāri [† 3. a. H.], C. d. P., presente a Badr. **2**, 85,B no. 4 — ucciso a Uḥud, **3**, 54,B no. 12.
al-Ḥārith b. 'Arfaǵah b. Ka'b b. al-Naḥḥāṭ al-Anṣāri, C. d. P., presente a Badr. **2**, 85,B no. 57.
al-Ḥārith b. 'Awf, ebreo di Madīnah. **1**, 58 no. 58.
al-Ḥārith b. 'Awf al-Murri, pagano dei Murrah. **5**, 23, 36, 39; **7**, 67 — viene a Madīnah, **9**, 71 e nota 1.
al-Ḥārith b. Aws b. Mu'ādz b. al-Nu'mān [† 3. a. H. ?], C. d. P., presente a Badr. **2**, 85,B no. 3; **3**, 3, 4 — ucciso a Uḥud (?), 54,B no. 68; **5**, 53.
al-Ḥārith b. al-Ayham al-Ghassāni, comanda i Ghassān contro gli Arabi di Khālid b. al-Walīd. **12**, 411.
al-Ḥārith b. Bilāl al-Muzani, messo di Khālid b. al-Walīd. **12**, 408.
al-Ḥārith b. abī Ḍirār, pagano capo degli al-Muṣṭaliq. **5**, 8.
al-Ḥārith b. al-Faḍl, tradizionista. **12**, 78 nota 6,*b*.
al-Ḥārith b. Fihr b. Mālik. **Intr.** 56.

al-Ḥārith b. al-Fuḍayl, tradizionista. **11,** 96.

al-Ḥārith b. Fulān al-Sabī'i, capo di ribelli. **11,** 119.

al-Ḥārith b. al-Ḥaḍrami, pagano ucciso a Badr. **2,** 88 no. 2.

al-Ḥārith b. al-Ḥārith b. Kaladah, qurašita convertito a Ḥunayn. **8,** 164 no. 1; cfr. al-Nuḍayr b. al-Ḥārith.

al-Ḥārith b. al-Ḥārith b. Qays, C. d. P., emigra in Abissinia, **Intr.** 277 no. 63 — ritorna a Madinah, **7,** 55 no. 56.

al-Ḥārith b. Ḥāṭib al-Anṣāri [† 7. a. H.], C. d. P. **1,** 60 no. 9; **2,** 85,B no, 37, 86 no. 6; **3,** 44: **7,** 25 — ucciso a Khaybar, 43 no. 10.

al-Ḥārith b. Ḥāṭib b. al-Ḥārith, C. d. P., emigra in Abissinia, **Intr.** 277 no. 48 — ritorna dall'Abissinia, 55 no. 43.

al-Ḥārith b. Hišām b. al-Mughīrah, qurašita pagano. **1,** 15 nota 1; **3,** 16 no. 7; **8,** 40, 63 nota 1, 117, 164 no. 5; 165 no. 8 — (?) prende parte alla conquista della Siria, **12,** 357,*f*, 362.

al-Ḥārith b. Ka'b b. 'Amr b. 'Awf b. Mabdzūl al-Anṣāri al-Naǵǵāri al-Māzini [† 12. a. H.], C. d. P., ucciso a al-Yamāmah, **12,** 23 no. 61.

al-Ḥārith b. Kaladah al-Mutaṭabbib al-Thaqafi, medico pagano. **8,** 150 e nota 1 no. 3; **10,** 78.

al-Ḥārith b. Khālid b. Ṣakhr, C. d. P., emigrato in Abissinia. **Intr.** 277 no. 32 — suo ritorno, **7,** 54 no. 17.

al-Ḥārith b. Khazamah b. 'Adi b. Ubayy, C. d. P., presente a Badr. **2,** 85,B no. 10.

al-Ḥārith b. Kinānah b. Khuzaymah. Intr. 53.

al-Ḥārith b. Mālik al-Anṣāri, C. d. P. (?). **12,** 23 no. 98.

al-Ḥārith b. Mālik b. al-Barṣā al-Laythi, pagano. **8,** 3.

al-Ḥārith b. Mālik b. al-Naḍr. Intr. 55.

al-Ḥārith b. Munabbih b. al-Ḥaǵǵāǵ, pagano ucciso a Badr. **2,** 88 no. 65.

al-Ḥārith b. Murrah. Intr. 42 tav. 3.

al-Ḥārith b. Murrah al-Ǵuhani, luogotenente di Khālid b. al-Walid. **12,** 189 no. 10.

al-Ḥārith b. Murrah al-Ḥanafi, tradizionista. **10,** 33 nota 2.

al-Ḥārith b. al-Nu'mān b. Umayyah b. al-Burak Imru·alqays [† 8. a. H.], C. d. P., presente a Badr. **2,** 85,B no. 50 — ucciso a Mu·tah. **8,** 15 no. 6.

al-Ḥārith b. Qays b. 'Adi b. Sa'd al-Sahmi, avversario di Maometto in Makkah. **Intr.** 249.

al-Ḥārith b. Qays b. Hayšah, C. d. P., presente a Badr. **2,** 85,B no. 63.

al-Ḥārith b. Qays b. Khālid al-Anṣāri, C. d. P., presente all''Aqabah. **Intr.** 344 no. 29.

al-Ḥārith b. Qays tradizionista kufano, allievo di ibn 'Abbās. **11,** 230 nota 1.

al-Ḥārith b. al-Rabī' al-'Absi, detto al-Kāmil, viene a Madinah. **3,** 66 no. 2.

al-Ḥārith b. Sahl al-Naǵǵāri [† 8. a. H.], C. d. P., ucciso a Ṭā'if. **8,** 157 no. 10.

al-Ḥārith b. abī Šamir al-Ghassāni, principe ghassānida. **6,** 46, 51; **8,** 6, 100, 171.

al-Ḥārith b. al-Ṣimmah b. 'Amr b. 'Atīk al-Anṣāri [† 4. a. H.], C. d. P., presente a Badr. **2,** 85,C no. 141, 86 no. 7; **3,** 42, 55 no. 19; **4,** 5 e nota 1 — ucciso a Bi'r Ma'ūnah, 6 no. 8.

al-Ḥārith b. abī Šimr al-Ghassāni. 6, 46; cfr. al-Ḥārith b. abī Šamir.

al-Ḥārith b. Sufyān b. 'Abd al-Asad, qurašita pagano. **3,** 16 no. 10.

al-Ḥārith b. Suwayd b. Ṣāmit, apostata musulmano. **1,** 60 no. 3; **3,** 54,B no. 48.

al-Ḥārith b. Ṭalḥah b. abī Ṭālḥah, pagano ucciso a Uḥud. **3,** 16 no. 5, 55 no. 6.

al-Ḥārith b. Ṭulāṭilah b. 'Umar, avversario del Profeta in Makkah. **Intr.** 247 no. 5'.

al-Ḥārith b. Uhbān, degli 'Abd b. 'Adi, viene a Madīnah, **5,** 93,A e nota 1.

al-Ḥārith b. 'Umayr al-Azdi, C. d. P. **8,** 6.

al-Ḥārith b. Umayyah b. 'Abd Šams b. 'Abd Manāf, qurašita pagano. **Intr.** 845.

al-Ḥārith b. 'Uqbah b. Qibūs al-Muzani [† 3. a. H.], C. d. P., ucciso a Uhud. **3,** 54 no. 10,A.

al-Ḥārith b. abī Waǵzah (o Waḥrah) b. abī 'Amr b. Umayyah, prigioniero di Badr. **2,** 89 no. 6.

al-Ḥārith b. Yazīd al-Ṭā'i, avversario del Profeta in Madīnah. **9,** 42.

al-Ḥārith b. Zama'ah, pagano ucciso a Badr. **2,** 88 no. 16.
abu-l-Ḥārith 'Abd al-Muttalib b. Hāšim. **Intr.** 102; cfr. 'Abd al-Muttalib ecc.
abu-l-Ḥārith b 'Alqamah, cristiano di Naǵrān, viene a Madīnah. **10,** 59.
banu-l-Ḥārith b. 'Abd Manāf, famiglia makkana. **Intr.** 96.
banū-l-Ḥārith [**b. 'Abd Manāt**], una delle tribù confederate della Aḥābīš. **Intr.** 305; **3,** 34; **8,** 39; **9,** 56 no. 6.
banū-l-Ḥārith b. 'Abd al-Muttalib b. Hāšim, famiglia makkana. **8,** 25 nota 1.
banū-l-Ḥārith b. Fihr b. Mālik, famiglia makkana. **Intr.** 86; **2,** 85,A no. 90, 89 no. 64; **8,** 21 nota 3.
banū-l-Ḥārith b. Ka'b [**b. Madzḥiǵ**], tribù cristiana di Naǵran. **Intr.** 42 tav. 3; **8,** 74 — spedizione di Khālid nel Yaman e conversione dei-, **10,** 3 — lettere a nove rami dei- 4-12, 14, 50, 59 nota 1, 60 nota 1, 121, 126 nota 1; **11,** 186, 187 nota 1,*c*, 189; **12,** 72, 75.
banū-l-Ḥārith b. al-Khazraǵ, tribù madinese. **Intr.** 42 tav. 4; **1,** 45 art. 4 e 27; **2,** 85,C; **3,** 54,B; **4,** 7 no. 5 12; **5,** 15; **7,** 41 no. 16; **11,** 18 nota 1,*a*; **12,** 11 nota 2, 23 no. 38.
banū-l-Ḥārith b. Maslamah b. 'Ubayd, tribù dei Ḥanīfah. **12,** 31,*b* no. 3.
banū-l-Ḥārith b. Mu'āwiyah, un ramo dei Kindah. **12,** 78.
bint al-Ḥārith b. 'Āmir b. Nawfal, pagana di Makkah. **4,** 8.
umm al-Ḥārith al-'Āmiriyyah, madre di 'Abd al-raḥmān b. Ḥazn b. abī Wahb. **12,** 23 no. 5.
umm al-Ḥārith al-Anṣāriyyah, sue prodezze a Ḥunayn. **8,** 123.
Ḥārithah, padre di Asmā e Hind (Aslamiti). **8,** 51.
Ḥārithah b. 'Amr [† 3. a. H.], C. d. P. ucciso a Uḥud. **3,** 54,B no. 38.
Ḥārithah b. 'Amr Muzayqiyā. **Intr.** 42 tav. 3.
Ḥārithah al-'Anqā b. Tha'labah. **Intr.** 42 tav. 3.
Ḥārithah b. al-Nu'mān b. Zayd b. 'Ubayd, C. d. P., presente a Badr. **2,** 85,C no. 122; **9,** 23,A; **11,** 238,*e*.
Ḥārithah b. Qatan b. Zā·ir b. Ḥiṣn al-Kalbi, viene a Madīnah. **9,** 48.
Ḥārithah [o **al-Ḥārith**] **b. Surāqah b. al-Ḥārith al-Anṣāri al-Naǵǵāri** [† 2. a. H.], C. d. P., ucciso a Badr, **2,** 61, 85,C no. 147, 87 no. 12.
banū Ḥārithah, tribù, ramo dei Sulaym. **8,** 26; **11,** 95.
banū Ḥārithah b. 'Amr (Khuzā'ah). **Intr.** 71.
banū Ḥārithah b. 'Amr b. Qurayṭ, ramo dei Kilāb. **9,** 15 nota 1.
banū Ḥārithah b. al-Ḥārith b. al-Khazraǵ (Aws), tribù madinese. **1,** 58; **2,** 85,B no. 11; **3,** 21, 27, 44; **5,** 27, 30, 50; **6,** 3; **7,** 41 no. 7; **8,** 122; **9,** 27 no. 2; **12,** 23 no. 1.
banū Ḥārithah b. Sa'd b. Mālik b. al-Nakha', un ramo dei Nakha'. **7,** 82 no. 1.
al-ḥarmal, albero di-. **Intr.** 120.
Ḥarmalah, C. d. P. **9,** 38 nota 1.
Ḥarmalah b. 'Amr [† 2. a. H.], pagano ucciso a Badr. **2,** 88 no. 28.
Ḥarmalah b. Hawdzah b. Rabī'ah b. 'Amr, pagano convertito con doni. **8,** 165 no. 25.
Ḥarmalah b. Muraytah al-Ḥanzali, luogotenente e messo di Khālid b. al-Walīd nell' 'Irāq. **12,** 187, 188 e nota 4.
umm Ḥarmalah bint 'Abd al-Aswad b. Ǵadzīmah, emigra in Abissinia, **Intr.** 277 no. 21 — ritorna a Madīnah. **7,** 54 no. 14.
banū-l-Harmān, tribù Yamanita in Madīnah. **1,** 38 nota 2.
Harnack A. teologo. **Intr.** 108 nota 2, 193 nota 3; **10,** 84, 104 nota 1.
ḥarrah = regione vulcanica. **1,** 22 nota 1.
al-Ḥarrah, regione vulcanica nelle vicinanze di Madinah. **1,** 23, 38, 69; **3,** 22, 26; **5,** 75; **6,** 21; **7,** 6, 14; **9,** 16; **10,** 116 — battaglia di-, **11,** 8 nota 1, 215; **12,** 176,*a* no. 5,
Ḥarrah Layla, nel territorio dei Sulaym. **8,** 5 nota 1.
Ḥarrah Nuhayl, nel territorio degli 'Udzrah. **6,** 11 nota 1.
Ḥarrah di Ṣafā presso Damasco. **11,** 216, 218.

Ḥarrah Šawrān, nel territorio dei Sulaym. **11,** 95.
Ḥarrah al-'Urayḍ, presso Madīnah. **3,** 4.
Ḥarrān, città della Mesopotamia. **Intr.** 44.
Harša, sito tra Makkah e Madīnah. **2,** 18 nota 1.
ḥ a r š a f, ḥ a l a q = maglia di piccoli anelli di ferro. **12,** 275.
Hartmann, orientalista. **12,** 419 nota 1.
Hārūn = Aronne. **Intr.** 221.
Hārūn al-Rašīd [† 193. a. H.], califfo 'Abbāsida. **12,** 395.
Hārūn b. Ḥabīb, nome proprio di Musaylimah. **11,** 165 nota 1.
ḥ a š ā = interiora. **10,** 67.
Ḥasakah al-Ḥabaṭi, luogotenente di Khālid b. al-Walīd nell' 'Irāq. **12,** 217 no. 9.
h a š a m a a l-ṯ a r ī d = fare una zuppa di pane e brodo. **Intr.** 90.
Ḥasan, nome proprio. **9,** 47 nota 1.
al-Ḥasan [al-Baṣri ?], tradizionista. **8,** 65 nota 1; **10,** 110 nota 1; cfr. al-Ḥasan al-Baṣri o al-Hasan b. Ṣāliḥ.
al-Ḥasan al-Baṣri [† 110. a. H.], tradizionista. **Intr.** 320 nota 1; **8,** 134 nota 1; **11,** 109, 230 nota 1; **12,** 52, 54. 199,*a*, 237 nota 1,*e*.
al-Ḥasan b. 'Ali b. abī Ṭālib [† 61. a. H.], nipote del Profeta. **Intr.** 24, 115 — nascita di-, **2,** 102; **3,** 11; **9,** 58 nota 2; **11,** 238,*a*; **12,** 82 nota 1.
al-Ḥasan b. al-Ḥasan b. 'Ali b. abī Ṭālib [† 145. a. H.], discendente del Profeta. **7,** 47 nota 3.
al-Ḥasan b. abī-l-Ḥasan al-Baṣri. 11, 109; cfr. al-Ḥasan al-Baṣri.
al-Ḥasan b. Ṣāliḥ, tradizionista. **12,** 83, 166,*a*,*b*, 171, 174 nota 2,*b*, 177 nota 2.
abū-l-Ḥasan al-Madā'ini [† 215.-231. a. H.], storico e tradizionista, **11,** 74; cfr. al-Madā'ini.
abū-l-Ḥasan 'Ali b. Muḥ. al-Šabusti [† 390. a. H.], autore del « Kitāb al-Diyārāt ». **12,** 162 nota 8.
abū-l-Ḥasan b. al-Faḍl al-Qaṭṭān, tradizionista. **12,** 322 nota 6, 394 nota 6,*c*.
Ḥasanah, moglie di Sufyān b. Ma'mar, emigrata in Abissinia. **Intr.** 277 no. 54 e 55 — viene a Madīnah, **7,** 55 no. 50, 56 no. 29.
ḥ ā ṣ a r a h ā = assediò. **12,** 348 nota 1.
al-Ḥaṣāṣ, luogo presso Makkah. **6,** 41.
a l-ḥ a ṣ b a h w a-l-ǵ a d a r i = malattie buboniche e vaiuolo. **Intr.** 120.
Ḥaṣīd. 12, 222 e note 2,*a* e 5; cfr. Ḥuṣayd.
Hašim, nome di abū-l-'Āṣ b. al-Rabī'. **12,** 435.
Hāšim. Intr. 34; cfr. Hāšim b. 'Abd Manāf b. Quṣayy.
Hāšim. 12, 23 no. 67; nome di abū Ḥuḏayfah b. 'Utbah.
Hāšim b. 'Abd Manāf b. Quṣayy, antenato del Profeta. **Intr.** 34 e nota 1, 35, 36, 41 tav. 2, 47 nota 1, 80, 82 nota 1, 84 nota 1, 85, 89, 90 e nota 1, 91 — morte di-, 92 nota 1, 93, 94 nota 1, 95, 96 e nota 1, 97 e nota 1, 152, 287; **8,** 56.
Hāšim b. Ṣubābah al-Laythi, C. d. P., ucciso per errore. **5,** 8; **8,** 84.
Hāšim b. 'Utbah b. abī Waqqāṣ, (?) va in Siria con rinforzi per abū 'Ubaydah. **12,** 356,*e*, 357,*d*, 407.
banū Hāšim, famiglia del Profeta. **Intr.** 35 e nota 2 — prima origine della rivalità fra i discendenti dei- e di Umayyah, 80 nota 1, 94 e nota 1, 96 nota 1, 134, 147, 205, 225 nota 1, 235, 242, 268, 270, 279, 282 nota 1, 287 — il Bando dei-, 287-307, 324 nota 2, 330, 357; **1,** 17, 45 art. 22 nota 1; **2,** 65, 85; **8,** 21 nota 3, 102; **11,** 38, 40, 43 nota 1,*b*, 59, 66 nota 1, 202, 208; **12,** 311.
ḥ ā š i y a h = beni immobili. **12,** 75.
ḥ ā š i y a t u h u m = il loro seguito. **10,** 60.
al-Ḥašiyyah (? Ḥašyah), stazione sulla via diretta tra Kūfah e 'Ammān attraverso il deserto. **12,** 417 nota 3 no. 7.
al-Ḥašr (sura LIX). **4,** 14.
Ḥassā, nome di un ǵ i n n o demone. **Intr.** 329 nota 1.

Ḥassān b. 'Abd Kulāl b. Mathūb Dzū Ḥurath, pagano yamanita che tentò distruggere la Ka'bah. **Intr.** 56.

Ḥassān b. 'Abd al-malik al-Kindi, fratello di Ukaydir ucciso a Dūmah al-Ǵandal. **9,** 45.

Ḥassān b. Thābit [† 40. o 54. a. H.], C. d. P. e suo poeta ufficiale. **Intr.** 224; **1,** 60 no. 26; **3,** 3, 54,B no. 74; **4,** 20 nota 1; **5,** 14, 15, 17 e nota 2; **6,** 49 nota 1; **7,** 78, 81; **8,** 74; **9,** 4; **10,** 123; **12,** 3.

Ḥassān b. Ḥawt al-Bakri, viene a Madīnah. **10,** 44.

al-Ḥaṭamiyyah, corazza detta-. **2,** 17; **11,** 238,*b*.

al-Ḥatf, spada del Profeta. **10,** 144.

abū Ḥathmah al-Ḥārithi, C. d. P. **3,** 27; cfr. abū Ḥaythamah ecc.

Ḥāṭib b. 'Amr b. 'Abd Šams b. 'Abd Wudd al-'Āmiri, C. d. P., sua conversione, **Intr.** 229 no. 17 — presente a Badr. **2,** 85,A no. 89 — sa scrivere, **11,** 220,*a* no. 8; cfr. abū Ḥāṭib b. 'Amr ecc.

Ḥāṭib b. 'Amr (b. abī Sarḥ), (?) C. d. P., presente a Badr. **2,** 85,A no. 86.

Ḥāṭib b. abī Balta'ah 'Amr al-Lakhmi, C. d. P., sua nascita. **Intr.** 142; **1,** 50 — presente a Badr, **2,** 85,A no. 33; **5,** 13 — sua missione in Egitto, **6,** 46 nota 1, 49 e nota 1; **7,** 78; **8,** 29, 50, 131.

Ḥāṭib b. al-Ḥārith b. Ma'mar b. Ḥabīb, C. d. P. **Intr.** 229 no. 26 — emigra in Abissinia, 277 no. 45; **7,** 55 no. 41, 56 no. 3.

Ḥāṭib b. Umayyah b. Rāfi', avversario del Profeta in Madīnah. **1,** 60 no. 23.

abū Ḥāṭib b. 'Amr b. 'Abd Šams, C. d. P., emigrato in Abissinia, **Intr.** 275 no. 16 — ritorna a Madīnah, **7,** 54 no. 21; cfr. Ḥāṭib b. 'Amr ecc.

al-Ḥāṭim. **Intr.** 168; *correggi:* al-Ḥaṭīm.

al-Ḥaṭīm, parte del recinto della Ka'bah in Makkah. **Intr.** 168.

Ḥātim al-Ṭā·i, morte del celebre-. **Intr.** 138; **8,** 203; **9,** 20.

ḥattā kāda yaqūlu = finchè quasi disse. **11,** 37 nota 2,*e*.

Ḥaṭṭāb b. al-Ḥārith b. Ma'mar, C. d. P., emigra in Abissinia. **Intr.** 277 no. 49 — ritorna a Madīnah, **7,** 55 no. 45, 56 no. 4.

ḥawā·iṭ = fondi cinti da mura. **11,** 203 nota 1.

banū Hawāzin b. Manṣūr, grande tribù, vivente a oriente di Makkah. **Intr.** 41 tav. 1, 49, 121; **7,** 61, 62; **8,** 5, 25 nota 1, 39, 49, 53, 78 — alla battaglia di Ḥunayn, 113-137 — loro sottomissione, 162, 163, 164, 171-173; **9,** 1 nota 1, 11, 12 nota 1, 15 nota 1; **10,** 111, 112 e nota 1, 120 nota 1, 121, 126 nota 1 — durante la Riddah, **11,** 87, 88, 90 no. 1, 101, 104, 124 no. 9, 127 nota 1, 130, 136, 151, 152,*a*, 159,*a* e nota 1, 175; **12,** 89, 91, 98, 188 nota 5, 189 no. 7, 272, 273, 281, 285, 357,*d* nota 1, 362, 372.

al-Ḥaw·ab, luogo nel territorio dei Kilāb nel Naǵd. **11,** 158.

Hawdzah b. 'Ali al-Ḥanafi, signore della Yamāmah. **6,** 46 — ambasciata a-, 55; **7,** 55 no. 66 **8,** 20; **10,** 32,A, 33 e nota 1, 166,*c* e nota 1,*a*; **12,** 23 no. 114.

Hawdzah b. 'Amr b. Yazīd b. 'Amr b. Riyāḥ al-Ǵarmi, viene a Madīnah, **10,** 41.

Hawdzah b. Khālid b. Rabī'ah al-'Āmiri, viene a Madīnah, **8,** 18.

Hawdzah b. Nubaysah al-Sulami, concessione del Profeta a-, **8,** 28.

Hawdzah b. Qays al-Wā·ili, ebreo nemico del Profeta. **5,** 23.

abū-l-Hawl, poeta. **12,** 271.

al-Hawn b. Khuzaymah b. al-Yās. **Intr.** 52.

banū-l-Hawn, una delle tribù confederate dette Aḥābīš. **Intr.** 305.

Ḥawrā, luogo presso il Mar Rosso al nord di Madinah vicino a Nakhbār, **2,** 41.

Ḥawrān, regione della Siria desertica. **6,** 50; **11,** 39 nota 2,*b*; **12,** 107 — (*sic*), nel testo leggasi: Ḥuwwārin, **12,** 184,*a*, 222 nota 3, 223 e nota 1 — (al-Qalt ?), 224, 307, 309, 327 nota 1,*a*, 365. 394 nota 5, 398, 405, 406.

Ḥawšab Dzū Zulaym, principe ḥimyarita. **12,** 66 no. 4.

Ḥawšab b. 'Amr b. Ya'far b. Yazīd b. al-Nu'mān al-Ḥimyari, padre di Dzū-l-Kalā'. **9,** 65.

Ḥawšab b. Bišr al-Fazāri, tradizionista. **11,** 148.

ḥ a y ā t = vita pura. **11**, 165.
Hayāṭilah, Unni Eftaliti. **12**, 121 nota 4.
Ḥaydah b. Mu'āwiyah b. Qušayr al-'Āmiri, viene a Madīnah. **9**, 78.
abū-l-Ḥaysar Anas b. Rāfi', madinese pagano. **Intr.** 334.
al-Haysumān al-Khuzā'i, pagano di Makkah. **2**, 79.
al-Haytham b. 'Adī [† 207.-209. a. H.], tradizionista e storico. **1**, 45 art. 1 nota 1; **10**, 82 nota 3; **11**, 71; **12**, 77 nota 1, 397 nota 1.
abū-l-Haytham Mālik b. al-Tayyihān [Tayhān] al-Anṣāri, C. d. P. **Intr.** 336 no. 6, 341, 344 no. 2 — presente a Badr, **2**, 85,B no. 13; **7**, 82.
abū-l-Haytham b. al-Tayyihān. 2, 85,B no. 13; cfr. abū-l-Haytham Mālik ecc.
abū Ḥaythamah al-Ḥārithi, C. d. P. **3**, 27 nota 1; cfr. abū Ḥathmah ecc.
ḥ a y y = famiglia, tribù. **9**, 55, 92; **10**, 81 no. 8; **12**, 399.
Ḥayy. 12, 23 no. 65; cfr. Ḥubba b. Ǵāriyah.
abū Ḥayyah b. 'Amr b. Thābit [† 3. a. H.], C. d. P., ucciso a Uhud. **3**, 54,B no. 72.
Ḥayyān b. Millah, dei banū-l-Ḏubayb (C. d. P.?). **6**, 11.
ḥ a y y i z = circondario. **12**, 203.
ḥ a ẓ ā · i r = ricoveri in legno presso la Ka'bah. **8**, 163.
Hazārmard, (?) generale persiano. **12**, 164,*c*.
ḥ ā z i m a n ṣ a l ī b a n = uomo risoluto e duro. **12**, 78 nota 1.
ḥ a ẓ i y y ā t = spose onorate. **12**, 26 nota 1.
Ḥarmah bint Ḥarmalah al-Sulamiyyah, madre di abū Duǵānah Simāk. **12**, 23 no 41.
ḥ a z n = luogo ripido e difficile. **12**, 23 no. 62.
al-Ḥazn, luogo nel Naǵd. **11**, 146 nota 1,*b*, 163, 175.
Ḥazn b. abī Wahb b. 'Amr ('Umar) b. 'Ā·idz al-Makhzūmi [† 12. a. H.], C. d. P. **6**, 18 — ucciso a al-Yamāmah. **12**, 23 no. 62.
Hazqīl al-Nabaṭi, (?) messo di Khālid b. al-Walīd. **12**, 213.
ḥ a z ū n a h = luogo ripido e difficile. **12**, 23 no. 62.
al-Ḥazūrah. Intr. 81; cfr. al-Ḥazwarah.
ḥ a z w a h = freccia. **12**, 269.
al-Hazwarah, contrada di Makkah. **Intr.** 81, 96; **8**, 61.
ḥ a ẓ ẓ = freccia. **12**, 269.
ḥ a ẓ ẓ A l l a h w a ḥ a ẓ ẓ a l - r a s ū l = la quota di Dio e la quota del Profeta. **10**, 86 nota 1.
Hebron, città della Palestina meridionale. **9**, 69 nota 2, 70 nota 1; **12**, 874.
Ḥedayab, sito in Mesopotamia. **12**, 142 nota 1 no. 2ª.
Ḥenaniani, setta cristiana. **12**, 148.
Henoch profeta (Idrīs). **Intr.** 221.
Hera (Ἥρα), (?) città della Palestina meridionale. **12**, 345 e nota 1.
Hera = Ḥirah. **12**, 133 nota 1,*a*.
Hermon, monte della Siria. **12**, 107.
Ḥibāl [b. abī Ḥibāl], nipote di Ṭulayḥah. **11**, 119, 127, 132 nota 2, 137 e nota 1.
a l - ḥ i b a r a h = mantello di stoffa yamanita. **10**, 59 e note 2 e 4.
ḥ i b a r ā t = pl. di ḥ i b a r a h. **9**, 67.
ibn Ḥibbān [† 354. a. H.], tradizionista, **5**, 85 nota 2; **12**, 23 no. 126.
Hibelin, fortezza dei crociati in Yubna (Yamnia). **11**, 4 nota 1.
Hibra. 9, 69 e nota 2, 70 nota 1; cfr. Hebron.
al-Hiǵāb, alture presso 'Arafah (Makkah). **10**, 76.
Hidm, un ermafrodita del Profeta. **8**, 151 nota 1.
ibn al-Ḥidriǵān, capo degli al-Ḏaǵā'im, combattenti contro i Musulmani. **12**, 221.
al-Ḥiḏrimah, luogo nella Yamāmah. **10**, 88 nota 2.

ḥ i f š u = sacco delle spole [pudende?]. **11,** 93 nota 1.

Ḥiǵāb [?], tradizionista. **12,** 12.

al-Ḥiǵābah, la carica della- in Makkah. **Intr.** 78, 79 e nota 1, 82.

Hiǵānah, nei pressi di Damasco. **12,** 411 nota 1.

Ḥiǵāz, dispersione delle tribù arabe del-, **Intr.** 43, 45, 52 nota, 62 nota 1, 68 nota 2, 108, 109, 114, 118, 163; **1,** 22 nota 1, 38, 58, 76, 78; **2,** 21; **4,** 20 nota 1; **5,** 16 nota 1; **6,** 54; **7,** 47 nota 1, 48 e nota 6; **8,** 3 nota 1, 23 nota 1; 55 nota 1, 189; **9,** 13 nota 1, 24, 39 nota 1; **10,** 32, 90 — aspirazioni del Profeta al dominio teocratico del-. 91, 92, 93 nota 1 — distruzione delle colonie ebraiche nel- settentrionale, 99 — Ebrei del-, 112, 125; **11,** 98, 164, 165, 186, 187, 217; **12,** 87, 132, 188, 273, 290, 295, 312, 322 nota 1, 323 e nota 1, 328,*b*, 340 nota 2, 343, 352, 362 nota 1, 373.

al-Ḥiǵr, antica città nell'Arabia settentrionale, oggi Madā·in Ṣāliḥ. **Intr.** 285; **1,** 17 nota 1; **9,** 30 no. 7 e nota 1, 34 e nota 2, 35 e nota 1, 36; **12,** 116, 357,*e*.

h i ǵ r a h = emigrazione. **Intr.** 273 nota 1.

al-Hiǵrah. Intr. 106, 107 — pretesa analogia fra la Fuga in Abissinia e la-, 267 — emigrazione di Maometto da Makkah a Madīnah, 348; **1,** 1 nota 1, 6 e nota 1, 8 nota 1 — tradizioni sulla-, 14-29 — il diritto della- ai banū Muzaynah, **5,** 16 — riepilogo dei primi cinque anni della-, 60 e segg. — dopo la conquista di Makkah non vi fu più-, **10,** 119 nota 2.

al-hiǵrah fī diyārihim. 11, 109 nota 3,*c*.

hiǵratuna. 8, 22 nota 2.

Hiksos o Re Pastori. **12,** 112, 132.

Hilāl, ṣ ā ḥ i b a l-B a ḥ r a y n. **8,** 181 e nota 1, 182.

Hilal al-Wazzān, tradizionista. **11,** 28.

Hilāl b. 'Aqqah b. Bišr [o **Bašīr**] **al-Namari,** capo dei cristiani di 'Ayn al-Tamr, crocifisso da Khālid b. al-Walīd. **12,** 224, 394, 412 no. 3; cfr. anche 'Aqqah b. Qays b. al-Bašar al-Namari, e Hilāl b. 'Uqbah al-Namari.

Hilāl b. al-Mu'allā b. Lūdzān b. Ḥārithah, C. d. P., presente a Badr. **2,** 85,C no. 175.

Hilāl b. Umayyah al-Anṣāri al-Wāqifi, C. d. P. **8,** 122; **9,** 27 no. 3^{3}.

Hilāl b. 'Uqbah al-Namari, decapitato da Khālid b. al-Walīd ad 'Ayn al-Tamr. **12,** 176,*b*, 399; cfr. Hilāl b. 'Aqqah.

abū Hilāl al-Rāsibi, tradizionista. **8,** 65 nota 1; **10,** 110 nota 1.

banū Hilāl b. 'Āmir, un ramo dei Hawāzin. **Intr.** 41 tav. 1; **4,** 16; **7,** 61 e nota 1; **8,** 53, 114 — loro conversione, **9,** 80.

ḥ i l f = giuramento, confederazione. **1,** 44; **8,** 22, 40 nota 1, 47 — confederazioni di tribù, create con il vincolo antichissimo del- o giuramento, **12,** 278.

Ḥilf al-Fuḍūl. Intr. 145, 146, 147 e nota 1; **1,** 44.

Ḥillah, paese moderno sull'Eufrate. **12,** 419.

al-Ḥillah al-Maryadiyyah, un paese nel Sawād, nel distretto di Bābil. **12,** 184 nota 3,*a*.

ḥ i m a = pascolo o terreno riservato. **8,** 151; **9,** 58 nota 4, 86 e nota 1; **10,** 21; **12,** 78 nota 3,*b*.

Ḥima Ḍariyyah, nel Naǵd. **11,** 146 nota 1,*b*.

Ḥima al-Naqī', presso Madīnah. **5,** 16.

Himalaja. 12, 107.

Ḥimās b. Qays b. Khālid al-Du·ili, sua conversione, **8,** 61.

Ḥimṣ (Emesa), città della Siria. **3,** 49 nota 1; **6,** 50; **9,** 24, 37, 65 nota 1 — arabi al-Kalā'iyyūn, viventi nei dintorni di-, 65 nota 2, 83; **10,** 142 no. 3; **11,** 79 nota 1; **12,** 113 nota 1,*c*, 307, 313 nota 1,*a*, 332,*a* no. 1, 334, 357,*e*, 379, 391.

Ḥimyar, abitanti del Yaman. **Intr.** 44 nota 1, 56 — trattato con i Qurayš, 91; **8,** 23 — ambasciata di-, **9,** 60 e nota 1, 61, 62, 63 e nota 1; **10,** 46, 120 nota 1, 186, 187 nota 1,*b*, 189; **12,** 62, 66, 67 — (?) nella conquista della Siria, 356 nota 1, 359,*b*.

Ḥimyar b. Sabā. Intr. 42 tav. 3, 45; cfr. Ḥimyar.

Ḥimyarita, alfabeto-. **11,** 214.
Himyaritiche, iscrizioni-. **11,** 214.
Hinb b. Afṣa. **Intr.** 41 tav, 1.
Hind = India. **12,** 186 nota 1.
al-Hind = Indiani. **12,** 192.
Hind, una figlia di Khadīgah. **Intr.** 324 nota 1.
Hind detta al-Ḥurqah, principessa lakhmita di Ḥirah, suo monastero. **12,** 162 nota 8 no. 13.
Hind al-Bāriqiyyah, moglie di Murrah b. Ka'b. **Intr.** 60.
Hind bint Fahm b. 'Amr b. Qays b. 'Aylān, moglie di al-Nadr b. Kinānah. **Intr.** 54.
Hind b. Ḥārithah al-Aslami, C. d. P. **8,** 51.
Hind bint al-Mughīrah al-Makhzūmiyyah, madre di abū Khālid al-Ḥakam b. Sa'īd. **12,** 23 no. 74.
Hind [o **Raytah**] **bint Munabbih b. al-Ḥaggāg,** moglie di 'Amr b. al-'Āṣ. **3,** 16 no. 8; **8,** 76.
Hind bint Qays b. 'Aylān b. Mudar, moglie di Khuzaymah b. al-Yās. **Intr.** 52.
Hind bint Surayr b. Tha'labah b. al-Ḥārith b. Fihr, moglie di Murrah b. Ka'b. **Intr.** 60.
Hind b. 'Ubaydah b. al-Ḥārith, C. d. P., pensionato di Khaybar. **7,** 42.
Hind [o **Ramlah**] **bint abī Umayyah 'Abdallah b. Makhzūm.** **4,** 16; cfr. umm Salamah.
Hind bint 'Utbah, moglie di abī Sufyān b. Ḥarb. **3,** 14, 16 no. 1, 49; **8,** 48, 69, 73 nota 1 no. 7, 76, 92, 99; **12,** 23 no. 67.
Hind bint Uthāthah b. 'Abbād, pensionata di Khaybar. **7,** 42.
Hind bint Yāmīn, cantante mutilata da abū Bakr. **12,** 84 nota 1.
abū Hind, C. d. P. **7,** 37.
abū Hind b. Dzarr ('Abdallah) b. Razīn b. 'Ammīt al-Dāri, viene a Madīnah, **9,** 70 no. 6.
banū Hind, tribù del Ḥadramawt. **12,** 78.
al-Hindiyyah, canale Pallacopas nell' 'Irāq, detto poi dagli Arabi-. **12,** 162 nota 3,*b*, 236.
ḥinnā = tintura della barba e dei capelli. **8,** 134.
ḥinṭah o frumento. **12,** 316 nota 5.
al-Ḥiny, (?) un luogo nell' 'Irāq, battaglia di-. **12,** 223 e nota 3,*c*.
Ḥiqāq al-Raml, colline di sabbia nel Yaman. **9,** 67.
ḥiqqah = camela giovane di 3 anni. **10,** 19.
Ḥira, ritiro nelle solitudini selvagge del monte- presso Makkah. **Intr.** 79, 102 nota 2, 186, 187 — dimora estiva dei Makkani, 208 e nota 1, 210, 211, 327.
Ḥirah, città araba nell' 'Irāq. **Intr.** 128 nota 1, 208, 230 nota 1, 256; **9,** 3, 46, 47; **10,** 124; **11,** 97, 165 nota 2,*c*, 211 e nota 2,*a*, 212, 215, 224 nota 2; **12,** 89, 113 e nota 1,*c*, 114 — principe feudatario arabo di-, 121 nota 4, 125, 133 — origine siria della parola-, 133 nota 1,*a* — grande prosperità di-, 133 nota 1,*b*, 134, 135, 136, 137, 145 nota 1, 149, 151, 153, 161 — resa di- ai Musulmani, 155-228 — conventi intorno a-, 162 nota 8 — popolazione di-, 164 nota 1, III — viaggio di Khālid da- a Damasco, 170,*a*, 392-428 — due trattati di grande importanza tra- e Bāniqyā, 173 nota 1 — castelli di-, 206 nota 1 — trattato con i Cristiani di-, 210 — trattato per la resa di-, 210 nota 2 — eventi dopo la presa di-(versione di Sayf b. 'Umar), 213-228 — assetto amministrativo della provincia di- (versione di Sayf b. 'Umar), 217, 229 e nota 1, 233, 235 — terre intorno a-, 236, 290, 304, 306, 312, 349, 373 — itinerari tra- e la Siria, 417 e note 1 2 3.
Hiraql, l'imperatore Eraclio. **8,** 10.
al-Ḥirdah, luogo nel Yaman. **11,** 195 e nota 2,*c*.
Ḥiri b. Akkāl, rappresentante dei cristiani di Ḥīrah. **12,** 210.
hirrah = gattino, donde il cognome dato ad abū Hurayrah. **Intr.** 26.
Hirschfeld H., arabista. **Intr.** 118, 114 e nota 1, 124 nota 1, 128 nota 1, 186, 164 nota 1, 191, 201, 208 nota 2, 218 nota 1; **2,** 8 nota 1; **11,** 24 nota 1.
Hišām, C. d. P., **12,** 214,*a*.
Hišām b. 'Abd al-Malik [† 125. a. H.], califfo umayyade. **12,** 224 nota 3.

Hišām b. 'Amr b. Rabī'ah b. al-Ḥārith b. Ḥubayb al-'Āmiri, qurašita convertito con doni. **Intr.** 306; **8,** 164 no. 12, 165 no. 20.

Hišām b. al-'Āṣ b. Wā·il al-Sahmi, C. d. P. **Intr.** 277 no. 59, 288 no. 26; **1,** 15 nota 1, 67; **8,** 101; **11,** 150,*a*, 154 nota 1 — (?) messo all' imperatore Eraclio. **12,** 334.

Hišām b. abī Ḥudzayfah, pagano ucciso a Badr [?]. **2,** 88 no. 58.

Hišām b. [abī] Ḥudzayfah b. al-Mughīrah, C. d. P., emigra in Abissinia, **Intr.** 277 no. 88 — ritorna a Madīnah. **7,** 55 no. 40.

Hišām b. Ismā'īl, tradizionista. **10,** 33 nota 2.

Hišām ibn al-Kalbi [† 204. a. H.], **12,** 162 nota 8 no. 13; cfr. Hišām b. Muḥ. b. al-Sā·ib al-Kalbi.

Hišām b. al-Mughīrah, pagano di Makkah. **2,** 21.

Hišām b. Muḥ. b. al-Sā·ib al-Kalbi [† 204.-206. a. H.], detto ibn al-Kalbi, genealogo, storico e tradizionista. **Intr.** 33, 36 nota 1, 43 nota 1, 134; **5,** 17, 85, 86; **8,** 24, 25 nota 1, 188; **9,** 70; **10,** 82 nota 3; **11,** 38, 39,*a*, 79 nota 2, 123 nota 3, 132; **12,** 41 nota 1, 77 nota 1, 78 nota 6,*a*, 159, 162 nota 8 no. 13, 165,*a*, 167, 179 nota 1,*a*.

Hišām b. abī Umayyah b. al-Mughīrah, pagano ucciso a Uḥud. **3,** 55 no. 15.

Hišām b. 'Urwah b. al-Zubayr [† 146. a. H.], tradizionista. **Intr.** 186, 213 nota 1, 251, 269, 324; **1,** 71 nota 1; **2,** 30 no. 4; **8,** 39, 113, 139; **11,** 6 nota 1, 12, 101, 103 nota 1,*b*, 108, 110, 131, 181, 193; **12,** 331, 382.

Ḥišām b. Walīd b. al-Mughīrah, pagano di Makkah. **Intr.** 261; **2,** 80 nota 1 no. 8 — convertito con doni, **8,** 165 no. 10; **12,** 162,*a* e nota 5 — nell' 'Irāq, alla presa di Ḥīrah, 210 nota 3.

ibn Hišām, ('Abd al-malik b. Hišām) [† 213.-218. a. H.], storico e tradizionista. **Intr.** 12, 18, 15, 33, 37 nota 1, 62 nota 5, 89, 114 nota 2, 121, 147 nota 1, 205, 243 nota 1, 244, 254, 268, 273 nota 1, 279 nota 1, 308, 310 nota 1, 320 nota 1; **1,** 36, 63 nota 1, 76 nota 1; **2,** 84, 92 nota 1; **4,** 1, 20 e nota 1; **5,** 18,A, 56; **6,** 30 nota 2, 45; **7,** 10 nota 2, 13, 19; **8,** 18, 66 nota 1, 99 nota 1, 141 nota 1, 154, 165, 169 nota 1; **9,** 9 nota 1, 55, 58 nota 3; **10,** 14 e nota 1, 32,A, 33 nota 1, 77 e nota 1, 145; **12,** 176,*a* no. 4.

Ḥiṣār (? **ḤṢAR**), stazione tra Qurāqir e Tadmur. **12,** 402 nota 1,*a*.

Ḥisma, spedizione di-, catena montuosa nell'Arabia settentrionale presso Tabūk. **6,** 11 e note 1 e 3, 50 nota 3; **12,** 316 nota 4.

ḥiṣn = castello. **2,** 94; **3,** 4; **8,** 139; **12,** 316 nota 4.

Ḥiṣn abī-l-Ḥuqayq, in Khaybar. **7,** 5.

Ḥiṣn al-Katībah, in Khaybar, **7,** 5.

Ḥiṣn Nā'im, in Khaybar. **7,** 5.

Ḥiṣn al-Naṭāh, in Khaybar. **7,** 5.

Ḥiṣn al-Šiqq, in Khaybar. **7,** 5.

Ḥiṣn al-Sulālim, in Khaybar. **7,** 5.

Ḥiṣn al-Wātiḥ, in Khaybar. **7,** 5.

abū-l-Ḥiṣn b. Luqmān al-'Absi, viene a Madīnah, **3,** 66 no. 7.

Hissah, errore per Ḥasanah. **11,** 139 nota 2.

Hīt, città della Mesopotamia sulla sponda dell'Eufrate. **Intr.** 62 nota 5; **11,** 211; **12,** 107, 133 nota 2, 155 note 1,*a* e 3, 170 nota 1,*a*, 192 nota 7, 395 nota 2,c.

Hīt (o **Hinb**), ermafrodito, o eunuco del Profeta. **8,** 151 e nota 1.

Hittīti. 12, 111.

ḥiyāḍ = otri d'acqua. **2,** 31.

Ḥiyāl Fayd, luogo nel territorio dei Ṭayy (Naǵd). **11,** 130.

Ḥizām b. Khālid. 8, 61 nota 3 no. 2.

ḥizb allah = comunità di Dio. **6,** 11 nota 2.

Hoang-Ho. 12, 109.

Hommel Fr., orientalista. **12,** 107 nota 1.

Honorius I, papa [625.-640. È. V.). **12**, 336 nota 1.

Horovitz, orientalista. **12**, 402 nota 1,*a*.

Hormuzd Ardašir, luogo della Babilonide. **12**, 142 nota 1 no. 7.

Huart C., orientalista. **9**, 95 nota 1.

al-Ḥubāb, spedizione di 'Ukkāšah b. Miḥṣan a-, un sito nell'Arabia settentrionale. **9**, 21.

al-Ḥubāb, nome pagano di 'Abdallah b. 'Abdallah b. Ubayy. **12**, 23 no. 8.

al-Ḥubāb b. Ǵaz b. 'Amr b. 'Āmir b. 'Abd Razāḥ b. Ẕafar al-Anṣāri al-Ẕafari [† 12. a. H.], C. d. P., ucciso a al-Yamāmah, **12**, 23 no. 63.

al-Ḥubāb b. al-Mundzir b. al-Ǵamūḥ b. Zayd, C. d. P., **2**, 55 — presente a Badr, 85,C no. 53; **3**, 22, 25; **4**, 18 — alla spedizione contro i Qurayẓah, **5**, 50 — alla spedizione di Khaybar, **7**, 14, 17, 19, 23, 25, 29, 48; **8**, 122, 142; **9**, 29 — fa opposizione all'elezione di abū Bakr, **11**, 39,*a*.

al-Ḥubāb b. Qayẕi [† 3. a. H.], C. d. P., ucciso a Uḥud. **3**, 54 no. 19,B.

Ḥubābah bint al-Aš'ath b. Qays, figlia del celebre ribelle. **12**, 82 nota 1.

al-Ḥubal, villaggio della Yamāmah. **10**, 33 nota 2.

Hubal, divinità pagana di Makkah. **Intr.** 62 e note 1 2 e 5, 63, 124; **8**, 65.

ibn Ḥubayb, tradizionista. **9**, 87.

Hubayrah b. al-Mirdās, apostata sulamita arso vivo dai Musulmani. **11**, 159 nota 2.

Hubayrah b. Šibl b. al-'Aǵlāni al-Thaqafi, C. d. P. **8**, 175,A.

Hubayrah b. [abī] Wahb al-Makhzūmi, capo influente dei Qurayš pagani. **3**, 15, 54,B no. 28; **5**, 83; **7**, 44 no. 4; **8**, 63 nota 1. 74; **9**, 9.

abū Hubayrah b. al-Ḥārith [† 3. a. H.], C. d. P., ucciso a Uḥud. **3**, 54 no. 60,B.

ibn Ḥubayš (abū-l-Qāsim 'Abd al-raḥmān b. Muḥ.) [† 584. a. H.], storico. **10**, 34 nota 1; **11**, 70, 85 nota 2, 90 nota 1,*b*, 121, 123 nota 1, 124 nota 3, 134, 166 nota 2, 168, 174 nota 2; **12**, 3, 13, 24,*b*, 27, 44,A, 51, 73, 187 nota 1, 189, 320 nota 2, 350, 401 nota 2, 403 nota 3.

Hubayt b. Mullah, degli 'Abd b. 'Adi, viene a Madīnah, **5**, 93,A.

al-ḥubb = il seme. **8**, 187.

Ḥubba b. Ǵāriyah [† 12. a. H.], C. d. P., ucciso a al-Yamāmah. **12**, 23 no. 65.

al-Ḥubbā bint Ḥulayl b. Ḥubšiyyah al-Khuzā'iyyah, moglie di Quṣayy. **Intr.** 76, 77.

al-Ḥubbā b. Zayd b. Taym b. Umayyah b. Khafāf al-Anṣāri al-Awsi [† 12. a. H.], C. d. P., ucciso a al-Yamāmah. **12**, 23 no. 64.

abū Ḥubbah b. 'Azabah. 12, 23 no. 51; cfr. abū Ḥabbah b. Ghaziyyah.

banū-l-Ḥubba, ossia i banū 'Ubayd b. Mālik b. Sālim [al-Khazraǵ], tribù madinese. **2**, 85,C no. 20 e 21; **12**, 23 no. 8 e 18.

Huber, viaggiatore orientalista. **11**, 216.

Hūd, il profeta mitico degli 'Ād. **Intr.** 351 nota 1.

Ḥudāl b. Kinānah b. Khuzaymah. Intr. 58.

al-Ḥudaybiyyah, luogo presso Makkah. **Intr.** 54 nota 1, 131 nota 1, 283 nota 1; **1**, 13; **5**, 93; **6**, 3 nota 1, 8 nota 1, 11 nota 2, 23 nota 2 — spedizione e trattato di-, 25-42, 45, 46, 50, 57; **7**, 1, 2 nota 1, 7, 9, 39 e nota 1, 43 no. 8, 60, 62 nota 1, 69, 76; **8**, 1, 2, 20, 22 nota 1, 25 nota 1, 40 e nota 1, 42, 43, 47, 55 nota 1, 99 nota 1, 100 nota 3, 175,A; **10**, 90 nota 4, 92, 93 e nota 1, 94, 95, 96, 98, 99, 103, 104, 106, 110, 135; **12**, 23 no. 68 e 116, 278, 278, 279.

Ḥudaylah bint Mālik b. Zaydallah b. Ḥabīb, moglie di 'Amr b. Mālik b. al-Naǵǵār. **2**, 85,C no. 142.

banū Ḥudaylah ossia i banū Qays b. 'Ubayd b. Zayd b. Mu'āwiyah [al-Khazraǵ], tribù madinese. **2**, 85,C no. 142 e 143.

Hudaym (Hudzaym o Huraym) b. 'Abdallah b. 'Alqamah b. al-Muttalib al-Kalbi [† 12. a. H.], C. d. P., ucciso a al-Yamāmah. **12**, 23 no. 66.

Ḥuḍayr al-Katā'ib, madinese pagano, uno degli al-kamalah o perfetti. **11**, 224.

banū Ḥudbān, un ramo dei Mālik b. Kinānah. **12**, 68.

banū-l-Ḥuddān (Azd), conversione ed ambasciata dei Thumālah e dei-, **9**, 87.

ḥ u d d i t h a = è stato tramandato. **Intr.** 240 nota 1, 261.

ḥ u d d i t h t u = mi fu narrato. **Intr.** 253 nota 1; **1,** 59.

ḥ u d ū d = pene. **1,** 54.

Ḥudzayfah, tradizionista. **12,** 237 nota 1,*f*; forse intendesi Ḥudzayfah b. al-Yamān.

Ḥudzayfah b. Fuqaym b. 'Adi dei banū Mālik b. Kinānah, pagano di Makkah, con il cognome Qalammas. **Intr.** 75.

Ḥudzayfah b. abī Ḥudzayfah b. al-Mughīrah al-Makhzūmi, pagano ucciso a Badr. **2,** 88 no. 57.

al-Ḥudzayfah b. Miḥṣan al-Ghalfāni dei Ḥimyar, luogotenente di abū Bakr. **11,** 124 no. 6; **12,** 62.

Ḥudzayfah b. al-Yamān, C. d. P., madinese. **1,** 50; **9,** 43; **10,** 57; **11,** 229 no. 8; **12,** 1, 59, 60, 61, 62 note 2 e 3.

abū Ḥudzayfah al-'Adawi, C. d. P. **8,** 170.

abū Ḥudzayfah al-Yamāni [† 3. a. H.], C. d. P., ucciso a Uḥud. **3,** 54,B no. 17.

abū Ḥudzayfah Isḥāq b. Bašīr [† 202. a. H.], storico, autore di un « Futūḥ al-Šām ». **12,** 162,*c*, 328,*a*, 396 nota 4.

abū Ḥudzayfah [**Mihšam** o **Muhaššim**] **b. 'Utbah b. Rabī'ah b. 'Abd Šams b. 'Abd Manāf b. Quṣayy al-Qurašī al-'Abšami** [† 12. a. H.], C. d. P. **Intr.** 229 no. 38, 275 no. 3, 283 no. 3; **1,** 15 no. 66, 50; **2,** 21 no. 1, 72, 85,A no. 14, 110; **11,** 115, 220,*a* no. 7; **12,** 1, 6,*a*, 8, 10,*d* — ucciso a al-Yamāmah, 23 no. 2 e 67.

abū Ḥudzayfah b. Mu'ādz b. Ǵabal, autore di un « Futūḥ al-Šām ». **12,** 328,*c*; cfr. abū Ḥudzayfah Isḥāq b. Bašīr.

abū Ḥudzayfah b. al-Mughīrah, pagano di Makkah. **Intr.** 264 nota 1.

al-Hudzayl b. 'Imrān al-Taghlibi, seguace della profetessa Saǵāḥ. **11,** 163 e nota 3,*d*, 171, 173; **12,** 4, 184,*a* — ausiliare dei Persiani contro Khālid b. al Walīd, 219,*a*, 222, 223 e nota 2, 396 nota 2.

al-Hudzayl b. Mudrikah b. al-Yās. Intr. 41 tav. 1, 51; cfr. i banū-l-Hudzayl.

al-Hudzayl b. abī-l-Ṣalt, pagano ucciso a Ṭā'if, fratello del poeta Umayyah. **8,** 144.

banū-l-Hudzayl, tribù dell'Arabia centrale. **Intr.** 120; **4,** 7; **5,** 93; **8,** 25 nota 1, 60, 61, 88, 100 e nota 2, 140; **9,** 18; **10,** 77, 89 nota 2; **11,** 87, 88, 195 nota 2,*f*; **12,** 89.

[**ibn**] **al-Hudzayl al-Kāhili,** messo di Khālid b. al-Walid. **12,** 208, 215.

Ḥufāf b. Nadbah al-Sulami, C. d. P. **8,** 122.

Ḥufayr [o **Ḥafīr**?], pozzo presso Baṣrah. **9,** 7 nota 1, **11,** 146 nota 1,*b*; **12,** 155 nota 6,*d*, 192 e note 1 e 2, 199 *a*, 200.

Ḥufayr Bāhilah. 12, 192 nota 2; cfr. Ḥufayr.

abū Ḥuǵayfah al-Suwā'i, al-'Āmiri, incontra il Profeta in Makkah, **8,** 18.

banū-l-Huǵaym, un ramo dei Tamīm. **11,** 163 nota 3,*d*.

Ḥuǵayr b. abī Ukāb, pagano di Makkah. **4,** 8.

Ḥuǵayr b. 'Umayr, seguace di Musaylimah. **11,** 166,*b* e nota 2.

Hughes Th. P. Intr. 9 nota 1, 193, 201.

ḥ u ǵ r ā t = appartamenti. **1,** 32.

ḥ u k k ā m a h l a l - ǵ ā h i l i y y a h = giudici dei pagani. **1,** 60.

ḥ u l a f ā = confederati. **1,** 45 art. 31 nota 2, 49; **2,** 95; **5,** 91 nota 2; **8,** 25 nota 1; **9,** 10, 18 nota 1.

Hūlāgū, imperatore mongolo. **9,** 9.

Ḥulayl b. Ḥubšiyyah b. Salūl b. Ka'b b. 'Amr al-Khuzā'i, signore pagano di Makkah. **Intr.** 74, 76, 77.

al-Ḥulays b. 'Alqamah, il capo degli Aḥābīš, o confederati dei Qurayš. **6,** 30.

Ḥulwān b. 'Imrān. Intr. 42 tav. 3.

ibn al-Ḥumāmah, cognome di Hawdzah b. Nubaysah al-Sulami. **8,** 28.

Ḥumayd b. 'Abd al-raḥmān b. Ḥimyari, tradizionista. **11,** 37 nota 2,*d*; **12,** 30 nota 2.

Ḥumayd b. Hilāl, tradizionista. **12,** 165 nota 5.

abū Ḥumayd al-Sā'idi, tradizionista. **9,** 42.

ibn Ḥumayd, tradizionista. **Intr.** 281; **6,** 45 nota 1; **11,** 44, 74.
abū Ḥumaydah Ma'bad b. Qušayr b. al-Muqaddam, C. d. P., presente a Badr. **2,** 85,C no. 26.
Ḥumaydah b. al-Nu'mān, ribelle nel Yaman. **11,** 98.
Humaynah bint Khalaf, moglie di Khālid b. Sa'id, detta anche Umaynah. **Intr.** 229 nota 1, 277 no. 6.
banū Ḥumays b. 'Āmir b. Ǵuhaynah, tribù detta anche banū-l-Ḥuraqah. **5,** 91 nota 2.
Ḥumrān b. Abān (o **Abbā**) **b. Khālid al-Tamri,** fatto prigioniero ad 'Ayn al-Tamr. **12,** 176,*a* no. 1, 219,*a* no. 8, 394 no. 7, 399, 412 no. 3.
Ḥumrān b. Gābir al-Ḥanafi, viene a Madinah. **10,** 33 no. 4.
al-Ḥums, istituzione del- in Makkah. **Intr.** 112, 121, 122, 130.
Ḥunātah al-Ḥimyari, seguace di Abrahah l'abissino. **Intr.** 120.
al-Hunayd b. 'Āriḍ al-Gudzāmi, nemico dell'Islām. **6,** 11.
Ḥunayn, battaglia di-, **2,** 88 no. 35; **7,** 55 no. 30; **8,** 24, 39, 53, 54, 65, 73, 97 — tradizioni della battaglia, 113-136 — altre fonti della battaglia di-, 137 — Musulmani caduti a-, 138, 139, 140, 141, 154, 158, 161 — bottino di-, 163, 175, 204; **9,** 11, 12 nota 1, 15 nota 1, 24, 71 nota 1, 78, 95; **10,** 91, 111, 112 e nota 1, 117, 120 nota 1; **11,** 187; **12,** 269, 272, 280, 285.
Ḥunn b. Rabī'ah b. Ḥarām al-'Udzri, fratellastro di Quṣayy. **Intr.** 76.
abū-l-Ḥuqayq, tesoro di gioie della famiglia di-, ebrei di Khaybar. **7,** 36.
ibn abī-l-Ḥuqayq, celebre spada di-. **4,** 13; **12,** 23 no. 10 e 87; cfr. abū Rāfi' b. abī-l-Ḥuqayq.
Ḥurāḍ, parte settentrionale della valle di Nakhlah (Makkah). **8,** 102 nota 1.
banū Ḥurāq, tribù, ramo dei Ghifār. **2,** 44.
banū-l-Ḥuraqah, un ramo dei Ǵuhaynah. **5,** 91 e nota 2.
Ḥurayb. **11,** 97; cfr. Ḥurayth b. 'Abd al-malik.
Hurayr b. 'Amr al-Anṣāri al-Wāqifi, uno dei « Piagnoni ». **9,** 27 no. 2'.
abū Hurayrah al-Dawsi [† 59. a. H.], tradizionista. **Intr.** 20 nota 1 — critica delle sue tradizioni, 26-27, 28, 29, 137 nota 1 — sua nascita. 164, 245 nota 1, 287; **1,** 34 nota 1; **2,** 8 nota 3, 9 nota 1; **7,** 35 e nota 1, 69; **8,** 185; **9,** 12 nota 3, 42; **10,** 19, 32,A e nota 1; **11,** 24 e nota 1, 203 nota 3, 229 no. 10, 230 nota 1; **12,** 2, 6,*b*, 9, 23 no. 39, 25,*b*, 26, 44 nota 1, 237 nota 1,*a*, 356,*e*, 429 nota 1,*b*.
Ḥurayth, prigioniero ad 'Ayn al-Tamr. **12,** 219,*a* no. 5.
Ḥurayth al-Asadi, guida dei Musulmani. **9,** 20.
Ḥurayth al-'Udzri, spia dei Musulmani. **11,** 106,*a*.
Ḥurayth b. 'Abd al-Malik, fratello di Ukaydir, principe di Dūmah al-Ǵandal. **11,** 97.
Ḥurayth b. Ḥassān al-Šaybāni, ambasciatore dei Bakr b. Wā'il. **9,** 85; **10,** 44 nota 1.
Ḥurayth b. Zayd al-Ṭā'i, inviato del Profeta ad Aylah. **9,** 38 nota 1.
Ḥurayth b. Zayd b. Tha'labah al-Khazraǵi al-Ǵušami, C. d. P., presente a Badr. **2,** 85,C no. 13.
Ḥurdān, wādi, valle del Yaman sul territorio dei Ǵu'fi. **10,** 51.
Hurmuz, (?) generale persiano governatore di Ubullah. **12,** 189, 191, 192 e nota 3, 193 e nota 1,*a*, 197, 199,*a*, 231,*b*
Hurmuz (IV) b. Anūširwān (Kisra) [579.-580. È. V.], re sassanida della Persia. **Intr.** 133 nota 1, 138, 142, 144; **12,** 127.
al-Hurmuzān, generale persiano sconfitto a Dzū Qār. **3,** 64.
Hurmuzdaǵān, sito presso il Golfo Persico. **12,** 120 nota 3.
Hurmuzǵird, paese della Babilonide. **12,** 160,A e nota 3, 211, 228,*b*.
al-Ḥurqah. **12,** 162 nota 8 no. 13; cfr. Hind, principessa lakhmita.
Ḥurqūṣ b. al-Nu'mān al-Bahrāni al-Quḍā'i, cantore arabo ucciso dai Musulmani con Khālid b. al-Walīd. **12,** 394, 396 e nota 2, 401, 411.
Ḥurqūṣ b. Zuhayr al-Sa'di, detto Dzū-l-Khuwayṣarah. **8,** 169 nota 1.
Ḥurr b. Buǵayr, un cristiano. **12,** 155 nota 2,*b*.
Ḥurr b. Qays b. Ḥiṣn al-Fazāri, viene a Madīnah. **9,** 71.
ḥurrās = guardie personali. **10,** 142,*e,f,g*.

Ḥuṣayd [o **Ḥaṣīd**?], luogo nell' 'Irāq. **12,** 222 — vittorie di- e di al-Khanāfis, 222 e nota 2,*a*, 223, 396, 401, 420, 421, 422.

Ḥusayl b. Ǵābir [† 3. a. H.], C. d. P., ucciso per errore a Uḥud dagli stessi Musulmani. **3,** 37.

Ḥusayl b. Khāriǵah al-Ašǵa'i, guida dei Musulmani. **7,** 10.

Ḥusayl b. Nuwayrah al-Ašǵa'i, guida dei Musulmani. **7,** 66; forse la stessa persona che Ḥusayl b. Khāriǵah.

Hušaym, nome di abū Ḥudzayfah b. 'Utbah b. Rabī'. **12,** 23 no. 67.

Hušaym, nome di abū-l-'Āṣ b. al-Rabī'. **12,** 435.

al-Ḥuṣayn al-Numayri, segretario del Profeta. **10,** 143 no. 16.

al-Ḥusayn b. 'Abd al-raḥmān b. 'Amr b. Sa'd b. Mu'ādz, tradizionista. **11,** 90.

al-Ḥusayn b. 'Abdallah, discendente da abū Ḍumayrah, cliente del Profeta. **10,** 142 no. 14.

al-Ḥusayn b. 'Abdallah b. 'Ubaydallah b. al-'Abbās, tradizionista. **2,** 107; **11,** 48.

al-Ḥusayn b. 'Ali al-Ǵu'fi, tradizionista. **11,** 15 nota 1.

al-Ḥusayn b. 'Ali b. abī Ṭālib, nipote del Profeta. **Intr.** 115, 147 nota 2; **3,** 11 — sua nascita, **4,** 15; **9,** 58 nota 2; **11,** 238; **12,** 173,*a*.

al-Ḥusayn b. al-Aswad, tradizionista. **12,** 165 nota 8, 173 nota 1, 177 nota 2.

al-Ḥuṣayn b. Aws al-Aslami, lettera a-. **6,** 24.

al-Ḥuṣayn b. al-Ḥārith b. al-Muṭṭalib, C. d. P., **1,** 15 no. 57 — presente a Badr, **2,** 85,A no. 11, 88 no. 48; **7,** 42.

al-Ḥuṣayn b. abī-l-Ḥurr, luogotenente di Khālid b. al-Walid nell' 'Irāq. **12,** 217 no. 10.

al-Ḥuṣayn b. al-Mu'alla b. Rabī'ah b. 'Uqayl, al-'Āmiri, viene a Madīnah, **9,** 74.

al-Ḥusayn b. Naḍlah al-Asadi, viene a Madīnah, **9,** 12 nota 6.

al-Ḥusayn b. 'Ubaydah b. al-Ḥārith, C. d. P., pensionato di Khaybar. **7,** 42.

al-Ḥuṣayn b. Niyār al-Māzini, C. d. P. (?). **11,** 163.

al-Ḥuṣayn b. al-Numayr al-Kindi, luogotenente umayyade. **Intr.** 66 nota 1, 109 nota 3 — durante la R i d d a h nel Ḥaḍramawt. **12,** 78.

Huṣayṣ b. Ka'b b. Lu·ayy. Intr. 41 tav. 1, 59.

al-Ḥūšī, stazione tra Ḥīrah e Damasco sulla via attraverso il deserto. **12,** 417 no. 4.

Ḥuwwārīn, paese in Siria al nord di Damasco, presso al-Qaryatayn. **12,** 396 e nota 4, 398, 403, 412 nota 1, 420, 421.

ḥ u ṣ ū n = fortezza (pl. di ḥ i ṣ n). **11,** 146 nota 2,*a*.

ḥ u š ū š a l-d u n y ā = giardini più ridenti del mondo. **12,** 155 nota 11,*b*; cfr. Ubullah.

al-Ḥuṭam, cognome del capo ribelle del Baḥrayn, Šurayḥ b. Ḍubay'ah b. 'Amr. **12,** 37, 41 e nota 1, 45, 46, 55, 57, 58.

al-Ḥuṭam b. Ḍubay'ah. 12, 55; cfr. al-Ḥuṭam.

al-Ḥutam b. Šurayḥ. 12, 46, 47; cfr. al-Ḥuṭam.

ḥ ū t m a m l ū ḥ = pesce salato. **Intr.** 249.

al-Ḥutāt b. Yazīd al-Tamīmi, viene a Madīnah. **9,** 4 no. 9.

al-Ḥuṭay·ah [† 69. a. H.], poeta. **11,** 129 nota 1, 131 nota 1.

al-Ḥuwayrith b. 'Abbād b. 'Uthmān b. Asad b. 'Abd al-'Uzza, prigioniero di Badr. **2,** 89 no. 18.

al-Ḥuwayrith b. 'Abdallah b. Khalaf b. Mālik, C. d. P. detto anche 'Abdallah Ābi al-Laḥm. **8,** 204.

al-Ḥuwayrith b. Nuqaydz b. Wahb b. 'Abd b. Quṣayy, qurašita messo al bando dal Profeta. **8,** 73 nota 1 no. 5, 80.

abū-l-Ḥuwayrith, tradizionista. **12,** 50.

Ḥuwayṣah b. Mas'ūd, C. d. P., **3,** 5 e nota 1; **7,** 68; cfr. Ḥuwayyiṣah.

Ḥuwayṭib b. 'Abd al-'Uzza b. abī Qays al-'Āmiri, capo influente dei Qurayš, poi C. d. P. **6,** 33, 35; **7,** 76; **8,** 40, 71, 75, 87, 117, 164 no. 11, 165 no. 19; **10,** 93 nota 1 no. 1, 108; **11,** 220,*a* no. 18.

Ḥuwayyiṣah. 7, 68; cfr. Ḥuwayṣah.

Ḥuyyay b. Akhṭab, ebreo influente di Madīnah, avversario di Maometto. **1**, 58 no. 1 e nota 1; **2**, 99; **4**, 10, 11, 12; **5**, 23, 28, 50; cfr. anche Ǵudayy b. Akhṭab.
Ḥuzaybah. 12, 155 nota 14; cfr. al-Khuraybah.
Hypatius, nepote dell'imperatore Anastasio. **12**, 264.

Iamnia, città della Palestina. **11**, 4 nota 1; cfr. Yubna.
Iardan, (?) generale greco. **12**, 347,*b*.
al-'Ibād, abitanti di Ḥīrah. **9**, 47.
'Ibād al-Ḥīrah. 9, 47.
'Ibād al-Kūfah. 9, 46.
banū 'Ibād. 12, 219,*a* no. 5; cfr. al-'Ibād.
al-Ibāḍiyyah, setta Khāriǵita degli-. **8**, 190 nota 1.
Ibelin, fortezza dei Crociati in Palestina. **11**, 4 nota 1.
Iberi. 12, 254.
Iblīs, nome di un demonio (Satana). **Intr.** 25 nota 1, 193; **1**, 17 — nei sembianti di Surāqah b. Ǵu'-šam al-Mudliǵi, **2**, 38.
Ibrāhīm = Abramo. **Intr.** 221, 320.
Ibrāhīm, viceré del Negus di Abissinia nel Yaman. **Intr.** 108 nota 2; cfr. Abrahah.
Ibrāhīm, cliente del Profeta. **10**, 142 no. 5; cfr. abū Rāfi' Ruwayfi'.
Ibrāhīm, tradizionista. **11**, 15 nota 1, 16 nota 2, 53, 93; cfr. Ibrāhīm b. Muḥ. b. Ṭalḥah.
Ibrāhīm b. Baššār, tradizionista. **11**, 225.
Ibrāhīm b. abī Ḥabībah, tradizionista. **12**, 48.
Ibrāhīm b. Muḥ., figlio del Profeta. **Intr.** 248; **6**, 49 — nascita, **8**, 196; **9**, 23,A — morte, **10**, 1,2 nota 1; **11**, 59.
Ibrāhīm b. Muḥ. b. 'Alī b. abī Ṭālib, tradizionista. **10**, 145.
Ibrāhīm b. Muḥ. b. Ṭalḥah, tradizionista. **11**, 93; cfr. Ibrāhīm, tradizionista.
Ibrāhīm b. al-Mundzir, tradizionista. **12**, 435.
Ibrāhīm b. Sa'd, tradizionista. **11**, 83 nota 1, 206.
Ibyan. 12, 68 nota 1; cfr. Abyan.
banū 'Idā. 5, 17 nota 5; cfr. banū 'Adā.
'iḍāh = una specie di spino selvatico. **5**, 24; **8**, 67; **9**, 58 nota 4 — anche n a š a m, *Chadara velutina*, **12**, 269.
Idolatria. 2, 3.
Idoli. Intr. 100, 105 nota 1, 346, 353; **1**, 28; **2**, 85,C no. 94; **5**, 17 — dei Sulaym, **8**, 25 — commercio di-, 99 e nota 1 — distruzione di-, 100, 102, 105, **9**, 69 nota 1; **10**, 15 — degli 'Anazah, 45 nota 1, 52, 109 nota 2; cfr. 'Amm Anas, al-Dār, Farrād, al-Lāt, Dzū-l-Khalaṣah, Nuhm, Suwā', 'Uzza ecc.
Idrīs = il profeta Henoch. **Intr.** 221.
Idzām, luogo nel territorio dei Sulaym. **8**, 28.
idzkhir = *schoenentum*, pianta odorosa. **8**, 67.
al-Idzkhir, luogo presso il monte 'Arafah (Makkah). **8**, 67; **10**, 76.
al-Ifāḍah, cerimonia del pellegrinaggio makkano. **Intr.** 75, 79 e nota 1.
al-i'ǵām = i punti diacritici della scrittura araba, **11**, 211 nota 2,*a*.
iǵārah = diritto antico della- o protezione. **5**, 66.
al-Iǵāzah = una cerimonia del pellegrinaggio makkano. **Intr.** 75, 77, 79 nota 1.
banū 'Iǵl b. Luǵaym, un ramo dei Bakr b. Wā'il. **Intr.** 41 tav. 1; **2**, 85 no. 62,A; **12**, 57, 155 note 8 e 10, 189 no. 8, 202.
abū Ihāb b. 'Azīz b. Qays b. Suwayd al-Tamīmī, pagano qurašita. **Intr.** 166.

iḥrām = mantello usato dai pellegrini andando a Makkah. **6,** 26; **7,** 69 e nota 3; **8,** 175; **9,** 73; **10,** 73.
Ikhmīm, distretto in Egitto, ove emigrarono i Muzaynah. **5,** 85 nota 1.
ikhwānukum (v. mawālīkum). **Intr.** 34.
'ikm = balla di stoffa. **7,** 26.
'Ikrimah, tradizionista. **11,** 48, 82, 98, 117, 194, 230 nota 1; **12,** 25,*b*, 26.
'Ikrimah b. 'Āmir b. Hāšim b. 'Abd Manāf, qurašita convertito con doni. **8,** 165 no. 6.
'Ikrimah b. abī Gahl, capo qurašita, poi C. d. P., **1,** 76; **2,** 68, 80 nota 1 no. 10, 87 no. 11, 88 no. 24; **3,** 16 no. 6, 26, 30, 37, 54,B no. 22 27 54; **5,** 33; **6,** 27; **7,** 72; **8,** 2, 40, 50, 60, 61, 73 nota 1 no. 1 — sua conversione, 77, 99, 127; **10,** 108; **11,** 90 no. 1, 124 no. 2, 163 — comanda i Musulmani durante la Riddah nell'Arabia meridionale, **12,** 1 e note 2,*a* e 3, 4, 6,*b*, 59, 60 e nota 1, 62 e note 3 e 4, 63 e nota 1, 65 e nota 2, 68, 71, 76, 78 e note 5 6,*a* e *b*, 79, 85 nota 1, 102 — va in Siria, 316,*b* e nota 1, 357,*f*, 362, 367, 378 e nota 3, 380.
banū 'Ikrimah b. Khaṣafah b. Qays b. 'Aylān, nome di stirpe che abbraccia i Hawāzin ed i Sulaym. **Intr.** 41 tav. 1; **8,** 18, 20, 21 nota 3.
'Ikrišah bint 'Adwān al-Ḥārith b. Amr, moglie di al-Naḍr b. Kinānah. **Intr.** 54.
al-iktāf = omoplati di camelo. **11,** 227.
ila al-aǵbāl wa-l-baḥr = ai monti e al mare. **12,** 62 nota 1.
ila bay'ah wa barā·t = per giurare fedeltà e riavere sicurtà. **12,** 26.
banū 'Ilāǵ, un ramo dei Thaqīf. **9,** 56.
ilahah al-aḥǵār = divinità o idoli di pietra. **5,** 85 e nota 4.
'ilǵ [**'ilǵah**] = un non- arabo. **9,** 23,A.
Illetterato (ummi) [Maometto]. **11,** 217 nota 1.
Ilīyā = Gerusalemme. **12,** 363.
Illirico. 12, 244.
ibn Ilyās, pensionato di Khaybar. **7,** 42.
Ilyā·s, v. al-Yās b. Muḍar.
Imām, o direttore della preghiera. **2,** 11; **5,** 58; **9,** 29; **10,** 59; **11,** 17; **12,** 237 nota 1,*c*.
imām al-nās wa hādiyahum. 9, 55 nota 1.
Imām al-Šāfi'i [† 204. a. H.], il più grande ingegno giuridico dell'Islām. **Intr.** 26 nota 1.
īmān = la fede. **9,** 36 nota 1; **11,** 113.
Immigrazione di forestieri in Madīnah. **5,** 18.
Immoralità (crescente) dei costumi in Bisanzio. **12,** 241 nota 1.
Imperator Caesar. **12,** 239.
Imperatore bizantino. **Intr.** 109 nota 1.
Impero Arabo. **Intr.** 36 nota 2.
Impero Bizantino. **Intr.** 1, 91, 230 nota 1; **1,** 41; **5,** 4; **9,** 50 nota 1.
Impero romano (l'). **1,** 6.
'Imrān b. 'Amr Muzayqiyā. Intr. 42 tav. 3.
'Imrān b. al-Ḥāfi. Intr. 42 tav. 3.
banū 'Imrān b. Makhzūm, tribù makkana. **12,** 23 no. 62.
Imru·alqays, luogotenente di 'Amr b. al-'Āṣ tra i Ḍāḥiyah Quḍā'ah. **12,** 379; forse intendesi: Imru·alqays b. al-Aṣbagh.
Imru·alqays b. 'Ābis, ḥaḍramita rimasto fedele all'Islām. **12,** 78.
Imru·alqays b. al-Aṣbagh, capo di tribù in Dūmah al-Ǵandal. **9,** 47; **10,** 39; **11,** 102; **12,** 233 nota 2.
Imru·alqays [**b. Ḥuǵr**], principe poeta. **12,** 271.
banū Imru·alqays b. Mālik b. Tha'labah b. Ka'b, tribù Khazraǵita di Madinah. **2,** 85,C no. 1-4.
banū Imru·alqays b. Zayd Manāt b. Tamīm. 12, 31,*b* no. 5.
Īna al-Arad, nome di un ǵinn o demonio. **Intr.** 329 nota 1.

in'am ṣabāḥān = ti sia bene la salute al mattino. **9**, 57.
inbaththū = si sparpagliarono. **12**, 406.
Incantesimo che impediva la nascita di qualunque musulmano. **1**, 79 nota 1 — degli Ebrei, **7**, 4.
Incanto, vendita all'-. **7**, 38.
Incendi che devastarono la Ka'bah. **Intr.** 66 nota 1.
Indarazar. **12**, 200 nota 2; cfr. al-Andarzaghar.
Indazaros. **12**, 200 nota 2; cfr. al-Andarzaghar.
India. **Intr.** 109 e nota 1; **8**, 189; **10**, 139 nota; **11**, 166,*c*; **12**, 55 nota 4, 119, 133 nota 1,*b* — grande commercio fra le Indie e la Persia, **12**, 155 nota 11,*a*, 186 nota 1, 270 — spade confezionate in-, suyūf al-Hind. **12**, 271, 322 nota 1.
Indiani. **Intr.** 109; **10**, 3.
Indo, fiume. **10**, 115.
Indovina, consultare il parere di una-, **Intr.** 103 — predizioni fatte da indovini sul grande avvenire di Maometto, 114 e nota 3 — ǵinn ispiratori di poeti e di indovini, 177, 207; **10**, 133; **12**, 93.
Inferno, orrori dell'-, **5**, 7 — antenati pagani condannati alle pene dell'-, **10**, 50 nota.
inṣāf = metà. **8**, 187.
intaṣafat = ottennero i vantaggi ai quali avevano diritto. **Intr.** 230 nota 1.
Intercalare, l'ufficio di- nella serie dei mesi lunari, **Intr.** 79.
Intercalazione di mesi nell'anno solare, **1**, 11.
Ipocriti [**al-Munāfiqūn**], ossia il partito d'opposizione a Maometto in Madīnah. **Intr.** 199, 359; **1**, 60, 62, 63, 64; **2**, 77, 95; **3**, 19, 23 nota 1, 26, 27, 28, 48, 56; **4**, 11, 12; **5**, 12, 26, 28, 62, 73; **9**, 27 e nota 2, 29, 35 e nota 2, 42, 52 e nota 2, 72 e nota 2; **11**, 83, 85.
'iqāl = capezza di camelo. **11**, 113 e nota 2, 119 e nota 3.
'Iqāl [**'Uqāl**] **b. Khuwaylid al-'Uqayli**, sua conversione. **9**, 74.
al-iqlīm = tratto di paese. **10**, 13.
Iqrā = proclama! (Qurān. XCVI). **Intr.** 208 e nota 4.
Iram, luogo nell'Arabia settentrionale. **6**, 11 nota 3.
Irām, luogo nel paese degli Asad. **9**, 12 nota 6.
Irān (Persia). **12**, 118, 119 — influenza ellenica nell'-, 120 nota 2, 121 nota 4, 132, 138, 139, 274,A, 284.
Irān Šahr, antico nome per l' 'Irāq. **12**, 155 nota 1,*d*.
'Irāq, o Babilonide. **Intr.** 46, 47, 95, 412 nota 2; **1**, 6; **2**, 85,B no. 12; **3**, 9, 66 nota 2; **4**, 6; **6**, 8 e nota 1; **8**, 102 nota 1, 169 nota 1; **9**, 46, 81; **10**, 23, 89 nota 4, 123; **11**, 72, 79 nota 1, 80, 128, 146 nota 2,*b*; **12**, 16,*e*, 23 no. 18, 51, 80 nota 2, 115 — caravane che viaggiavano fra Makkah e l'-, 136, 137, 154 — invasione araba dell'impero Persiano, 155-228 e 392-428 — i prigionieri di guerra di 'Ayn al-Tamr furono i primi che venissero spediti dall'-, 170 nota 3,*b* — fonti più recenti sulla prima campagna musulmana nell'-, 231, 285, 305, 310, 312 — terribili calori estivi dell'-, 318 e note 1,*c* 2,*c* 3,*b*, 322 nota 6, 326, 329, 339, 340, 356,*e*, 362 nota 1, 363, 365, 367, 369, 380, 391 — viaggio di Khālid b. al-Walīd dall'- in Siria, 392-428.
'Irāq al-'Aǵami (Media). **12**, 155 nota 1,*b*.
'Irāq al-'Arabi = 'Irāq. **12**, 155 nota 1,*a*.
Iraqense = scuola tradizionistica. **11**, 80; **12**, 285.
banū Irāš. **Intr.** 311.
'irāt Qurayš = caravana dei Qurayš. **1**, 75 nota 2; **2**, 21 nota 1.
'Irbāḍ b. Sāriyah [**al-Fazāri**], agente del Profeta. **8**, 51 — « Piagnone » di Tabūk. **9**, 27 no. 7; **11**, 90 no. 11.
al-'Irḍ, luogo al nord di Madīnah. **3**, 21 e nota 1, 22, 23, 24, 26, 27; **5**, 21, 24; **11**, 5 nota 3; **12**, 7, 31,*a*.
'Irḍ al-Yamāmah. **12**, 6 nota 3.
'Irq al-Ẓabyah [o **Ẓubyah**], luogo tra Madīnah e Badr. **2**, 44, 45, 48, 74; **10**, 73.
Irrigazione. **3**, 21.

al-'Īs, distretto di-, presso il Mar Rosso. **1**, 75; **6**, 8 nota 1; **7**, 1; **9**, 26 nota 1.

'Īsa = Gesù. **Intr.** 221.

'Īsa b. al-Ḥārith al-Suḥaymi, tradizionista. **12**, 16,*e*.

'Īsa b. Mūsa (al-Ḥāšimi) [† 167. a. H.], costruisce la moschea di Khaybar, **7**, 14 nota 3; **12**, 155 nota 6,*a*.

'Īsa b. Sahl, tradizionista. **12**, 16,*b*.

'Īsa b. 'Umaylah al-Fazāri, tradizionista. **11**, 133, 145 nota 1,*b*, 153.

al-Isābah, opera biografica di ibn Ḥaǵar. **Intr.** 16, 115 nota 1.

Isacco. **Intr.** 29; **6**, 50 nota 2.

Isāf, idolo della Ka'bah. **Intr.** 69 e nota 2, 100; **8**, 48, 65, 70.

Isbahān, città della Persia. **Intr.** 26 nota 2; **12**, 145.

Iscrizioni himyaritiche, **11**, 214 — di Singirli, 216 — iscrizione ebraica dell' acquedotto di Siloaḥ, 216.

Isfandarmah, mese persiano. **11**, 33 nota 1,*d*.

Isfandyār, eroe della Persia antica. **Intr.** 256, 293.

Isḥāq b. 'Abdallah, tradizionista. **11**, 205,*a*.

Isḥāq b. al-Aš'ath b. Qays al-Kindi, sua nascita, **12**, 82 nota 1.

Isḥāq b. Ibrāhīm, tradizionista. **12**, 381, 402 nota 1,*a*.

Isḥāq b. abī Isrā·īl, tradizionista. **11**, 224 nota 1.

Isḥāq b. abī Khamīsah, costruttore d' una moschea sul campo di battaglia di al-Yamāmah. **12**, 11 nota 1.

Isḥāq b. Yaḥya b. Talḥah, tradizionista. **12**, 44,A, 45, 47.

abū Isḥāq al-Šaybāni, tradizionista. **12**, 80,*a*, 378.

ibn Isḥāq (Muḥ. b. Isḥāq) [† 151. a. H.], tradizionista e storico. **Intr.** 12, 13, 14 note 1 e 4 — accusato di falso, 14 nota 2, 15, 37 nota 1, 62 note 2 e 5, 114 nota 1, 117 nota 1, 123 nota 3, 126 nota 1, 134, 147 nota 1, 179, 216, 225, 229 nota 2, 243 nota 1, 246 nota 1, 250 nota 1, 251 nota 2, 254, 259, 266, 267, 268, 271, 285, 287, 311, 313, 320 nota 1, 324 nota 2, 328 — il grande Convegno di 'Aqabah, versione di-, 341-347; **1**, 2, 13, 34, 37, 41, 43, 44, 46, 47, 50 nota 1, 58, 71 nota 1, 75 nota 1 e 2, 84; **2**, 3, 6, 12, 17, 19 nota 1, 21 nota 1, 23 e nota 1, 32, 33, 44, 84, 89 nota 1, 92, 97, 107, 108; **3**, 6 nota 1, 8 nota 1, 12, 19, 21 nota 1, 30 nota 1, 54,B, 58; **4**, 1, 17, 20 nota 1; **5**, 8 nota 1, 10 nota 1, 18,A nota 1, 21, 24, 31; **6**, 2, 25, 27, 30 nota 1, 34 nota 2, 45 e nota 1, 46, 47; **7**, 7, 10, 12, 33, 37 nota 1, 42 nota 2, 55, 61 nota 2, 64 nota 1, 71; **8**, 1, 6, 12 e nota 1, 13, 16 nota 2, 37 nota 1, 40 e nota 2, 42, 43, 47, 51 nota 1, 57 e nota 1, 61 e nota 3, 62, 63 nota 1, 66, 99 nota 1, 102, 104, 105, 107, 114, 115, 120, 134 nota 1, 138, 141, 150, 154, 157, 158, 162, 164, 165, 169 nota 1, 173 nota 1; **9**, 4, 9, 19, 26, 27, 30, 31 nota 1, 38 nota 1, 43, 45 nota 3, 47, 52, 55, 59, 66, 72, 73; **10**, 3, 14 nota 1, 32,A, 33 nota 1, 34 nota 1, 60 nota 4, 67, 71, 73, 77, 89 nota 4, 145; **11**, 3,*a*, 4, 6 e nota 2 e 5, 7, 8 e nota 1, 9, 13, 14, 15, 18, 19, 21, 22, 24, 27, 34 nota 1, 36, 37, 42, 47, 48, 49, 50, 52, 71, 74, 79 nota 2, 81, 83 — gli « al-Maghāzi » di-, 90 nota 1,*b*, 95, 109 nota 3,*b*, 124 nota 3, 134, 139, 154, 155, 159,*b*, 182, 184, 206, 216 nota 2, 237; **12**, 9, 11,*b*, 20, 24,*a*, 32, 33, 34, 40,*a*, 56 nota 1, 82, 153 nota 1, 155 nota 2, 162,*a* e nota 1 e 3,*a*, 164.*a*, 165 nota 1, 174 nota 2,*d*, — suo avo Yasār fatto prigioniero ad 'Ayn al-Tamr, 176 no. 4, 187 nota 4, 188 nota 6, 233, 235, 290, 313, 316,*a* e nota 1, 317 e nota 3, 319 e nota 1 e 2, 321 nota 2,*b* 322 nota 5, 347 nota 1, 365, 366, 367, 368, 371, 388, 394 e nota 2, 395, 415 nota 1, 420, 423, 429, 430, 433, 435.

ibn abī Isḥāq al-Ḥadrami, grammatico, l'avo di-. **12**, 176,*b*.

Islāḥiyyah o **Nicopolis** (Siria). **11**, 216.

Islām (l'), *passim* nei due volumi. **Intr.** 1, 2, 3, 16, 20, 21, 22, 23, 30 — leggende bibliche dell'-, 30, 35 nota 1, 66 nota 1, 75 e nota 3, 87, 92 nota 1 — genesi ed evoluzione dell'-, 106, 112 — rapporti intimi fra l'- e il Giudaismo, 112 nota 1 — teorie cristiane della genesi dell'-, 113 — influenza delle leggende e dottrine del Cristianesimo sull'-, 114 nota 3 — l'edificio leggendario del periodo anteriore al sorgere dell'-, 116, 133 nota 1, 147, 159, 175, 178 — esistenza in Arabia di un movimento religioso prima dell'-, 178 — false teorie sui precursori di Maometto e sulle origini dell'-, 178, 180, 181, 190, 191 — le prime vestigia storiche sulla genesi dell'-, 192 — cinque obblighi fondamentali dell'-, 219 nota 1 — le prime conversioni all'-, 222 — abū Bakr fu il primo uomo ad abbracciare l'-, 224, 228, 229 nota 2 — principio della propaganda pubblica dell'-, 232, 234 nota 1, 251, 255, 269, 271, 272, 283, 314, 329, 338, 346, 348 — « rassegnazione » alla Divinità Suprema, 349, 350, 354 — condizioni di Madinah prima dell'-, 355 — aspetti politici dell'-, 356, 357, 358 — aspetti particolari dei primordi dell'-, **1,** 6, 7, 8 e nota 1, 30 nota 1 — la prima moschea dell'-. 31 — semplicità dell'- primitivo, 31 nota 3 — diffusione dell'- in Madinah, 36 — trasformazione subita dall'- nello stabilirsi in Madinah, 38, 40, 41, 42, 48, 49, 54, 57, 68 — Sa'd b. abī Waqqāṣ, il primo a spargere sangue per la causa dell'-, 76 nota 5, 87 — evoluzione storica dell'-, **2,** 3 — gli elementi rituali e liturgici dell'-, per la massima parte prodotto dell'ambiente madinese, 3 — la moschea, centro religioso, politico e sociale dell'-, 3 — tendenze rituali e liturgiche dell'-, **4** — evoluzione interna dell'-, 4, 8, 9 — la dimora di Maometto divenuta prima scuola e prima università dell'-, 10, 11 — canoni ed obblighi fondamentali dell'- 12, 13 nota 1, 14 — indirizzo casuistico preso dall'- dopo la morte di Maometto, 14 nota 1 — creazione della liturgia dell'-, 16, 26 — concordanze fra l'- e la fede ebraica, 26, 29 — ostilità dei Quravš verso l'-, 39 nota 1, 95 nota 1, 97 nota 1, 108 — nell'- non esisteva celibato, 108; **3,** 4, 5, 15, 49 nota 1, 56; **4,** 5, 7 — l'uso del vino si pretende che fosse generale prima dell'-, 11 nota 1, 20 nota 1; **5,** 18,A, 23, 51 — notizie sui primi anni dell'-, 60, 62, 65 — mutamento del suo indirizzo ed emancipazione dal giudaismo; 66, 72 — evoluzione dell'- dopo la battaglia di Badr, 72, 78, 94 nota 1; **6,** 13, 36, 39 — universalità dell'- teocratico, 45 — diffusione dell'-, **7,** 46, 55 nota 1, 81; **8,** 23, 32 — punizioni inflitte ai nemici dell'- in Makkah, 73 — prima pena capitale inflitta dall'-, 140 — diffusione dell'- nell'Arabia Orientale, 177-179; **9,** 8 nota 2, 56 — oppositori dell'- nel Yaman, **10,** 31 nota 1 — f a r ā ' i ḍ, disposizioni speciali e š a r ā ' i ', leggi generali dell'-, 82, 84, 85 — arresto dell'evoluzione dogmatica dell'-, 86 — imperfetta evoluzione dell'-, 87 — policromia degli elementi componenti la comunità islamica, 89 nota 2, 99 104 nota 1 — adesione delle varie stirpi all'-, 114 — l'- ideato da Maometto doveva essere uno stato di monaci ammogliati, 117 — partiti nascenti nell'-, 118 — l'- alla morte del Profeta, 129, 132 nota 1; **11,** 43 — paragone dell'- col Cristianesimo, 69 — carattere immobile dell'-, 69 — riforme dell'-, 69 nota 1 — natura speciale dell'-, 79, 161, 169, 188 — analogia fra l'evoluzione della potenza mondiale di Roma e quella dell'-, **12,** 97, 115, 116, 134, 288.

banū 'Išm, tribù quḍā'ita immigrata in Mesopotamia. **12,** 113 nota 1,c.

Ismaele figlio di Hāġar; v. Ismā'īl.

'Iṣmah b. 'Abdallah al-Ḍabbi, uccide il generale persiano Rūzbih. **12,** 222.

'Iṣmah b. al-Huṣayn b. Wabarah b. Khālid, C. d. P., presente a Badr. **2,** 85,C no. 174.

'Iṣmah b. Ri'āb (o Ribāb) b. Ḥunayf b. Ri'āb (o Ribāb) al-Anṣāri [† 12. a. H.], C. d. P., ucciso a al-Yamāmah, **12,** 23 no. 68.

'Iṣmah b. Ubayr al-Tamīmi, ribelle nella R i d d a h. **11,** 163.

Ismā'īl b. Ibrāhīm, Ismaele, figlio di Abramo pretoso capostipite degli Arabi Muḍariti. **Intr.** 30, 37 e nota 1, 38, 39, 13, 62, 64, 68, e nota 1 e 4, 69 e nota 1, 76, 99, 101, 121, 165; **6,** 50 nota **2**; **8,** 71; **9,** 55 e nota 1, 95.

Ismā'īl b. Muslim, tradizionista. **12,** 52, 54, 55.

abū Isma'īl al-Azdi, (?) autore del romanzo storico « Futūḥ al-Šām ». **12,** 311 nota 1 no. 1, 322 nota 3, 350, 355-357, 408 nota 3.

abū Ismā'īl Muḥ. b. 'Abdallah al-Azdi al-Baṣri; cfr. abū Ismā'īl al-Azdi.

banū 'Ismā'īl, discendenti di Ismaele. **Intr.** 73.

Ismā'īlite, tribù così dette-. **Intr.** 32 — schema genealogico delle tribù-, 40; **8,** 21 nota 2; **9,** 72 nota **2**; cfr. banū 'Ismā'īl.

i s n ā d, definizione, evoluzione e critica storica dell'-. **Intr.** 9-22, 25, 28, 37 nota 1, 114 e nota 1, 128,

132 nota 1, 141, 153 nota 1, 208, 213 nota 1, 223, 227 nota 1, 281, 340 nota 1; **1,** 23 nota 1, 35, 59; **2,** 13 nota 1; 28 nota 1, 89 nota 1, 94 nota 1; **6,** 45; **8,** 39 nota 1, 66 nota 1, 139; **10,** 13 nota 1, 14 nota 5, 17.

Ispirazioni del profeta Maometto. **10,** 133; **11,** 139.

'Isr, stazione tra Madīnah e Khaybar. **7,** 10 e nota 2.

Isrā o viaggio notturno di Maometto da Makkah a Gerusalemme. **Intr.** 220, 221, 320 nota 1, 324 nota 2.

Israele, popolo d'-. **Intr.** 24, 30, 43, 351; **10,** 104 nota 1; **12,** 113; cfr. banū Isrā·īl.

Isrā·īl, tradizionista. **10,** 135 nota 1; **11,** 51.

banū Isrā·īl. **Intr.** 44; cfr. Israele.

istaktaba = nominò segretario. **11,** 218 nota 2.

istalḥaqa = adottò. **Intr.** 34 nota 1.

istān = distretto amministrativo persiano. **12,** 160,A note 1,*a* e 3, 162 nota 8.

al-Istān al-'Āli, regione del Sawād. **12,** 170 nota 1,*a*.

Istān al-Bihqubādz al-A'la, regione del Sawād. **12,** 170 nota 2.

Istān al-Bihqubādz al-Awsaṭ, regione del Sawād. **12,** 162 nota 3,*d*.

al-Istanāt, (?) regione del Sawād. **12,** 184 nota 3,e.

istaqda... 'ala al-qudāt, = conferire la somma autorità giuridica. **11,** 200.

istibrā = attendere il tempo prescritto per la purificazione della donna dopo le mestruazioni. **8,** 163 nota 1.

istikānah = sottomissione. **12,** 317, nota 2,*c*.

istisqā = invocazione a Dio per la pioggia. **6,** 19.

Istituzioni rituali musulmane. **11,** 217.

Istrumenti di musica. **2,** 38.

Istruzioni particolari date da Maometto a **Zayd.** **8, 7** — ai generali in partenza per le grandi conquiste, 7 nota 2; **11,** 109 e nota 3,*a*.

Italia, conquiste dei Longobardi in-. **12,** 241, 242, 244.

i'tamara = fece il piccolo pellegrinaggio a Makkah. **12,** 316 nota 1.

'Itbān b. Mālik b. 'Amr b. al-'Aǵlān al-Anṣāri, C. d. P. **1,** 50 — presente a Badr, **2,** 85,C no. 172.

al-Itmā·anna al-Šaykhayn, luogo presso Madīnah. **3,** 26 nota 1.

iwān qā'atiha = porticato della moschea. **1,** 35 nota 1.

Iyād b. Ma'add. **Intr.** 45.

Iyād b. Nizār. **Intr.** 41 tav. 1, 47, 48.

banū Iyād b. Nizār, tribù emigrata in Mesopotamia. **11,** 163; **12,** 113 nota 1,*e* — Arabi discendenti dalla stirpe dei- immigrati in al-Anbār. **12,** 218, 219,*a*, 226, 395, 401.

'Iyād (al-Qādi) [† 544. a. H.]. **Intr.** 281.

'Iyād b. Ghanm al-Fihri, C. d. P. **6,** 42 — parte da lui presa alla campagna nell' 'Irāq, secondo **Sayf** b. 'Umar, 170 nota 3,*b*, 188, 190 e nota 1, 217, 218, 220, 221, 222, 233 e nota 3, 234.

'Iyād b. Zuhayr b. abī Šaddād, C. d. P., emigrato in Abissinia, **Intr.** 277 no. 86; **7,** 55 no. 69.

'Iyād b. abī Zuhayr [**Ghanm**?] dei banū-l-Ḥārith b. Fihr, C. d. P., presente a Badr, **2,** 85,A no. 87.

'Iyādz, errore per 'Abbād b. Ǵulanda. **8,** 190.

'iyālāt = donne. **11,** 146.

Iyās b. Aws b. 'Atīk b. 'Amr al-Ašhali [† 3. a. H.], C. d. P., ucciso a Uḥud. **3,** 24, 54,B no. 21.

Iyās b. al-Bukayr b. 'Abd Ǵalīl [**al-Kināni**] [† 12. a. H.?], C. d. P. **Intr.** 229 no. 43 — emigra a Madīnah, **1,** 15 no. 43 — presente a Badr, **2,** 85,A no. 67, 88 no. 50 — dicesi morto ad **al-Yamāmah,** **12,** 23 no. 69.

Iyās b. Mu'ādz al-Khazraǵi, C. d. P. **Intr.** 334.

Iyās b. Qabīṣah al-Ṭā·i, luogotente sassanida in Ḥīrah. **Intr.** 203; **12,** 134, 162 nota 9, 164,*d*, 165,*b* e nota 6, 206, 210.

Iyās b. Wadaqah al-Anṣāri, al-Khazraǵi [† 12. a. H.], C. d. P., ucciso al-Yamāmah, **12,** 23 no. 70.

izār = mantello. **10**, 73.
Izār b. abī Izār, ebreo di Madīnah. **1**, 58 no. 40.
izr = mantelli. **10**, 30.

Jacob, orientalista. **12**, 268 nota 1.
Jabne. 11, 4; cfr. Yubna.
Jabnael. 11, 4 nota 1; cfr. Yubna.
Ja-pa'-a. antica regina araba. **11**, 164.
Jann Max. **12**, 268 nota 1 no 4.
Jerobeam. 11, 61.
Judaei. **12**, 347.

Kā·as bint Ari al-Tamīmiyyah, prigioniera dei Musulmani. **9**, 5 no. 2.
Ka'b al-Aḥbār, rabbino, sua conversione, **10**, 17.
Ka'b b. 'Abdallah. Intr. 42 tav. 3.
Ka'b b. 'Amr al-Māzini, C. d. P. **2**, 72.
Ka'b b. 'Amr b. 'Ubayd b. al-Ḥārith b. Ka'b al-Anṣāri [† 12. a. H.], C. d. P., ucciso a al-Yamāmah. **12**, 23 no. 71.
Ka'b b. Asad al-Quraẓi, ebreo di Madīnah. **1**, 49, 58 no. 49; **5**, 28 e nota 1, 48, 50.
Ka'b b. al-Ašraf, ebreo di Madīnah. **Intr.** 14; **1**, 58 no. 10 e 12; **2**, 24, 31 nota 1, 92 — sua uccisione, **3**, 2-5, 14; **4**, 20 e nota 1; **12**, 23 no. 2.
Ka'b b. Ǵammāz al-Ghubšāni, C. d. P., presente a Badr, **2**, 85,C no. 47; cfr. Ka'b b. Ḥimār.
Ka'b b. Ḥimār b. Tha'labah al-Ǵuhani, C. d. P., presente a Badr. **2**, 85,C no. 47.
Ka'b b. Lu·ayy. Intr. 41 tav. 1, 58, 59 — sua morte, Èra degli Arabi antichi, **1**, 2; **2**, 31.
Ka'b b. Mālik b. abī Ka'b al-Anṣāri, C. d. P., presente all''Aqabah. **Intr.** 344 no. 40; **1**, 50; **2**, 6; **3**, 41; **9**, 1, 27 no. 10, 75 — agente del Profeta tra gli Aslam, Ghifār e Muzaynah, **11**, 90 no. 12.
Ka'b b. Rāšid, ebreo di Madīnah. **1**, 58 no. 37.
Ka'b b. 'Uǵrah [† 53. a. H.], C. d. P., sua nascita, **Intr.** 162; **9**, 54.
Ka'b b. 'Umayr al-Ghifāri, C. d. P. **8**, 4.
Ka'b b. Zayd b. Mālik b. Qays b. Mālik b. Ka'b. C. d. P., presente a Badr, **2**, 85,C no. 179; cfr. Ka'b b. Zayd b. Qays.
Ka'b b. Zayd b. Qays b. Mālik b. Ka'b al-Anṣāri [† 5. a. H.], C. d. P., presente a Badr. **2**, 85,C no. 170; **4**, 5 — ucciso durante l'Assedio di Madīnah, **5**, 42 no. 5.
Ka'b b. Zuhayr, conversione del poeta-. **9**, 9.
banū Ka'b [b. 'Amr], un ramo dei Khuzā'ah. **Intr.** 42 tav. 3; **8**, 39, 43, 51, 53, 58 nota 1, 61 nota 3 no. 2, 87, 88, 114, 122; **9**, 1, 2, 26; **11**, 88, 90 no. 13, 108 nota 1,*b*, 114, 125, 151, 152,*a* — nella conquista della Siria, **12**, 357,*d*.
banū Ka'b b. al-Khazraǵ, tribù madinese. **Intr.** 42 tav. 4.
banū Ka'b b. Lu·ayy (Qurayš). 8, 130.
banū Ka'b b. Rabī'ah. 12, 60.
Ka'bah o santuario di Makkah. **Intr.** 25 e nota 1, 35 nota 1, 36 e nota 1, 54, 56, 62 — origini del suo culto in Makkah, 62-64 — fondazione ed eventi preistorici della- di Makkah, 65-80 — le chiavi della-, 79, 87 — tesoro della-, 99, 101 e nota 1, 103, 108, 110, 118, 119, 121, 122 nota 1 — Arabi che facevano il giro della- completamente nudi, 122, 124, 129, 130 nota 1, 132, 149, 164 — ricostruzione della-, 165 e nota 1, 166, 167, 168 nota 1, 170 nota 1, 171, 172, 186, 208, 210, 221, 234 nota 1 — contegno di Maometto verso il santuario di Makkah, la-, 234 nota 2, 255, 259, 279, 280, 281, 282, 284, 285, 286, 287, 299, 305, 306, 314, 330, 352; **1**, 2, 17 nota 1, 84; **2**, 7, 8, 24 nota 1,

25, 23; **4**, 9 — giuramento toccando la grande tenda che copriva la-, **5**, 23, 66; **6**, 25, 30, 31, 36, 38 nota 2; **7**, 71, 72, 73 — tesori della-, 73 — chiavi dell'interno del piccolo santuario della-, **7**, 73; 81; **8**, 65 — tesoro della-, 65 nota 1, 66, 67 e nota 1, 68, 70, 72 — protezione concessa a chi è sotto la grande tenda della-, 82, 99 nota 1, 102 nota 1, 114, 175 e nota 1, 202; **9**, 73 — al-mawsim, il pellegrinaggio alla-, **10**, 17, 32,A, 72, 74 — visita del Profeta nell'interno della-, 75, 78, 98, 103 — islamizzazione della-, 109 e nota 2 — tesoro della-, 110 nota 1; **11**, 84; **12**, 117, 237 nota 1,*g*.

banū Kabīr b. Ghanm b. Dūdān. **2**, 85,A.

Kabkab, paese nell'Arabia settentrionale. **11**, 106,*a* e nota 2.

abū Kabšah [Sulaym], mawla, liberto o cliente di Maometto — emigra a Madīnah, **1**, 15 no. 54 — presente a Badr, **2**, 43, 85,A no. 6; **10**, 142 no. 9.

Kadā, sito nella parte superiore di Makkah. **8**, 39, 61 e nota 1; **10**, 73.

al-Kadīd, sito tra Makkah e Madīnah. **1**, 22 nota 1 no. 3 — spedizione di-, **8**, 3 e nota 1, 51 e nota 1.

kadzaba al-nassābūn = mentirono i genealogi. **Intr.** 37 nota 1.

al-Kadzdzāb, l'impostore, ossia Musaylimah. **10**, 69, 134.

Kadzdzāb Mudar, l'impostore dei Mudar, ossia Maometto. **11**, 167,*b*.

Kadzdzāb Rabī'ah, l'impostore dei Rabī'ah, ossia Musaylimah. **11**, 167,*a*.

kafaynāka = ti aiuteremo. **11**, 94.

kafīl = garante. **9**, 39 nota 2.

Kafr-mara in Siria, luogo di nascita di Mūsa b. Nuṣayr. **12**, 176 nota 3; cfr. Kafr-Mathra.

Kafr-mathra, villaggio della Siria. **12**, 176 nota 3; cfr. Kafr-mara.

al-Kafū, villaggio a sei miglia (amyāl) da Buṣra. **Intr.** 135.

kāghidz = carta. **11**, 227 nota 1,*a*.

al-Kahf (la sura) o la caverna (Qur'ān XVIII.) **Intr.** 257,

Kahf Ḥunār, forse errore per Kahf Khubbān. **11**, 192 nota 2.

Kahf Khubbān, luogo nel Yaman. **11**, 192, 195, 198,*b*.

kāhin = vaticinatore o indovino. **Intr.** 130 nota 1, 193 nota 2, 196, 243, 245; **1**, 45 art. 1, nota 2; **10**, 60 nota 4; cfr. kuhhān e kihānah.

al-Kāhin al-Khuzā'i. **Intr.** 93.

kāhinah = indovina. **Intr.** 104 nota 1.

Kahlān b. Saba. **Intr.** 42 tav. 3.

Kaladah b. 'Abd Manāf. **Intr.** 41 tav. 2.

al-Kalā'iyyūn, arabi viventi nei dintorni di Ḥimṣ (Emesa). **9**, 65 nota 2.

kalām = prosa semplice. **1**, 34.

banū Kalb b. 'Awf [b. Ka'b b. 'Āmir] b. Layth. **2**, 88 no. 50; **7**, 65.

banū Kalb [b. Wabarah], grande tribù dell'Arabia settentrionale. **Intr.** 42 tav. 3, 332; **6**, 16; **9**, 21, 45 e nota 3, 46, 47 — ambasciate di alcune famiglie dei-, 48 e nota 2, 49, 69 nota 1; **10**, 89 nota 2, 120 nota 1, 121 — solo parzialmente convertiti all'Islām, 126 nota 1, 130 — contegno durante la Riddah, **11**, 87 no. 17, 88, 102, 104, 146 nota 2,*b*, 164; **12**, 89, 106, 161, 221, 223 nota 3,*a* — banū Ǵunādah b. Zuhayr dei-, 224, 234 e nota 1, 316 nota 6, 378, 394 e nota 3, 401.

al-Kalbi (Muḥ. b. al-Sā'ib) [† 146. a. H.], tradizionista. **Intr.** 36 nota 1, 37 nota 1; **8**, 191; **11**, 79 nota 2, 137 nota 1, 167,*b*; **12**, 155,*a* e nota 2,*a*, 160,A nota 7, 176 nota 3.

ibn al-Kalbi (Hišām b. Muḥ. b. al-Sā'ib) [† 204. a. H.], celebre tradizionista. **Intr.** 30 e nota 1, 31; **3**, 66; **5**, 16, 17 nota 1; **6**, 12; **7**, 82; **8**, 100 nota 2, 102 nota 1; **9**, 12 nota 4, 48, 66, 77, 79, 87; **10**, 42, 50, 120, 127 nota 1; **11**, 2, 71, 81, 130 nota 1, 133 nota 1, 160; **12**, 23 no. 10; 155 nota 2,*a*, 160,A nota 7, 165 note 1 2 e 6, 172 nota 1, 176 nota 3, 178, 209, 312, 316 nota 1, 415.

Kaldi o Caldei, Yamāmah e Baḥrayn probabile sede dei-. **11**, 171 nota 1,*b*, 106, 112, 210.

Kalimah [Allah] = Verbo di Dio. **1**, 21 nota 1; **9**, 88 nota 1.

kalimatuhu = il Verbo di Lui (Dio). **6**, 50 nota 2.

al-kamalah = i perfetti. **11**, 224.
Kalwādza, paese dell' 'Irāq, (?) accordo con i Musulmani. **12**, 218.
al-Kāmil, cognome di al-Ḥārith b. al-Rabī'. **3**, 66 no. 2.
Kāmūrzād, nobildonna persiana. **12**, 155 nota 15.
kāna yasdun = era custode (sacerdote). **8**, 25.
Kannāz b. Ḥuṣayn. **2**, 85,A no. 7; cfr. abū Marthad Kannāz b. Ḥiṣn.
Kanz al-Ka'bah, tesoro della Ka'bah. **10**, 110 nota 1.
Karabacek, orientalista. **11**, 215 nota 3.
al-Karābilè, paese nell'Eufrate, forse lo stesso di Kawāthil o Sawābil. **12**, 402 nota 1,*b*, 424.
karaǵa. **12**, 162 nota 6, 210 nota 4; cfr. al-kharāǵ.
karāmah = generosità. **11**, 109 nota 1.
Karak, luogo della Palestina transgiordanica. **8**, 10.
Karbalā, luogo presso Ḥirah (Kūfah). **12**, 217, 415 nota 1.
Kardam b. Qāys, ebreo di Madīnah. **1**, 58 no. 12.
Kardam b. Zayd, ebreo di Madīnah. **1**, 58 no. 59.
Karīmah bint al-Miqdād, contemporanea del Profeta, la quale sapeva scrivere. **11**, 221 no. 3.
Karka di Beit Slokh nell'Adiabene. **12**, 142 nota 1 no. 2.
Karka di Mayšan. **12**, 142 nota 1 no. 8.
Karkamish, città della Mesopotamia. **12**, 113 nota 1,*c*.
al-Karkar, patrizio di Tadmur. **12**, 413.
Karkarah, schiavo negro del Profeta. **7**, 38.
Karāmah bint 'Abd al-Masīḥ, cristiana di Ḥirah che si dice Maometto promettesse a Šuwayl. **12**, 210 e nota 1,*a*.
Kaʿad al-Ǵuhani, C. d. P. **2**, 41.
Kaskar, città dell' 'Irāq. **Intr.** 252 nota 3; **12**, 142 nota 1 no. 1 e no. 6[2], 160,A e nota 1,*a*, 165,*a*, 168 e nota 1, 184,*c* e nota 3,*b*, 199,*a*, 200 e nota 3.
Kassiti. **12**, 139 nota 1.
Kassah, sito nel territorio degli Asad b. Khuzaymah. **9**, 12 nota 6.
kataba = mettere in iscritto. **Intr.** 242 nota 1.
kataba kitāban = scrisse uno scritto (un patto). **1**, 44, 49; **9**, 70; **10**, 25.
al-Kathab, luogo al nord di Damasco. **12**, 411.
kathf = schiera. **12**, 342.
Kathīr b. al-Ṣalt, tradizionista. **12**, 77, 78.
ibn abī Kathīr, tradizionista. **Intr.** 211.
kātib = scrivano. **Intr.** 285.
banū-l-Kātib, nome dato ai banū Ḍubay'ah b. Rabī'ah (Bakr b. Wā'il). **10**, 43.
al-Katībah, distretto di Khaybar, che il Profeta tenne come sua parte del bottino. **7**, 8, 28, 29, 30, 31, 35, 36, 41 e nota 1, 42 e nota 1; **10**, 58.
katif = omoplata. **10**, 19 nota 1,*c*; cfr. iktāf.
al-Katūm, arco che si ruppe a Uḥud. **2**, 97 nota 1.
al-Kawātil. **12**, 395; cfr. al-Kawāthil. **12**, 395.
Kawāthil o **Sawābil**, forse la presente al-Karābilè, luogo nell' 'Irāq, traversato forse da Khālid b. al-Walīd. **12**, 402 e nota 1,*b*, 424.
Kawāzim o **Kāẓimah**, luogo presso Baṣrah, battaglia di-, **12**, 192 e nota 5, 199,*a*; cfr. Kāẓimah.
Kawkab, patrizio di Arakah. **12**, 413.
al-Kawthar, sura CVIII del Qur'ān. **Intr.** 317.
al-Kawthar, sito nel Paradiso. **Intr.** 221, 317.
Kawthar, mawla o liberto, cliente dei Qurayš. **7**, 1.
Kaysān [† 3. a. H.], C. d. P., ucciso a Uḥud, **3**, 54,B no. 65.

Kaysān, antenato del poeta abū-l-'Atāhiyah [† 213. a. H.], e prigioniero di 'Ayn al-Tamr. **12,** 176,*b*.
ibn Kaysān, m a w l a, cliente dei Qurayš. **2,** 31.
Kāẓimah, sito nella Babilonide meridionale. **12,** 183 nota 2 — battaglia di-, 192 e note 5 e 6, 199,*a*; cfr. Kawāẓim.
kh a b a ṭ = piante che servivano generalmente per nutrire i cameli. **8,** 34.
al-Khabaṭ o **Sīf al-Baḥr,** spedizione di-. **8,** 34.
Khabbāb (o **Khubāb**), C. d. P., m a w l a di 'Utbah b. Ghazwān, presente a Badr. **2,** 85,A no. 31.
al-Khabbāb, errore per al-Ḥubāb. **12,** 23 no. 8.
Khabbāb b. al-Aratt al-Tamīmi [† 37. a. H.], C. d. P., nascita di-. **Intr.** 143 — sua conversione, 229 no. 12, 252 nota 3, 285, 291, 315 — emigra a Madīnah, **1,** 15 no. 61 — presente a Badr, **2,** 72, 85,A no. 44.
Khabbāb b. Yazīd al-Ašhali [† 12. a. H.], C. d. P. ucciso a al-Yamāmah. **12,** 23 no. 72.
Khabbān b. al-Aratt. 2, 85,A no. 44; cfr. Khabbāb b. al-Aratt.
al-Khabīratān, sito tra Madīnah e Badr. **2,** 47.
kh a b t = bassura. **9,** 46.
Khābūr, fiume della Mesopotamia. **12,** 423.
banū Khaddam, un ramo dei Tamīm. **11,** 98, 163 no. 4.
Khadiǵ b. Salāmah b. Aws al-Anṣāri, C. d. P., presente all' 'Aqabah. **Intr.** 344 no. 55.
Khadīǵah bint Khuwaylid b. Asad b. 'Abd al-'Uzza, prima moglie del Profeta, suo matrimonio, **Intr.** 41 tav. 2, 114 e nota 1, 115 e note 1 e 2, 135, 136, 146 — tradizioni sul matrimonio, 151-161, 175, 176, 180, 200, 203, 205, 208, 210, 211, 214, 216 e nota 1, 218, 223, 225, 289 — sua morte, 324 e nota 1, 331; **2,** 82; **8,** 201; **10,** 139 no. 1; **11,** 238,*a*.
Khadīǵah bint Sa'īd b. Sahm, moglie di al-Muṭṭalib b. 'Abd Manāf. **Intr.** 96.
Khadīǵah bint 'Ubaydah b. al-Ḥārith, pensionata di Khaybar. **7,** 42.
kh ā d i m = servo. **10,** 142,*a*.
Khaḏirah, una regione del Naǵd. **8,** 37.
Khaffān, luogo sul confine tra l'Arabia e l' 'Irāq dove gli Arabi entrarono in Persia. **12,** 155,*a* e nota 6,*a*, 160,A e note 1,*d* e 4, 161 nota 1, 165,*a* e nota 2, 235, 285, 416.
kh a f ī r = chi assume la protezione di quelli che traversano il suo territorio. **8,** 96; **11,** 93; **12,** 399.
al-Khafiyyah, stazione nel deserto sulla via diretta da 'Ayn al-Tamr a Buṣra. **12,** 417 no. 2[1].
banū Khaladah b. 'Āmir b. Zurayq, tribù madinese. **2,** 85,C.
Khalaf b. 'Abd al-Malik, nome di 'Abdallah Ābi al-Laḥm. **8,** 204.
Khalaf b. As'ad b. 'Āmir al-Khuzā'i, padre di Umaynah. **Intr.** 229 no. 37.
kh ā l a f a, corretto in ḥ ā l a f a. **1,** 45 art. 12 nota 1.
al-Khālah = il deserto, la vuota desolazione. **10,** 99.
i b n ā a l-kh ā l a h = due cugini materni. **Intr.** 221.
kh a l ā - i ṭ = arabi meticci. **9,** 66.
al-Khalaṭ, stazione nel deserto sulla via diretta da 'Ayn al-Tamr a Buṣra. **12,** 417 no. 3[1].
ibn Khaldūn (abū Zayd 'Abd al-raḥmān b. Muḥ.) [† 808. a. H.], storico. **Intr.** 31, 38; **10,** 91 nota 1, 119 nota 3; **12,** 183, 390.
Khālid al-Ašqar (o Aš'ar) al-Khuzā'i [† 8. a. H.], C. d. P., ucciso alla presa di Makkah. **8,** 61 nota 3 no. 2; cfr. Khunays b. Khālid ecc.
Khālid b. 'Abdallah al-Qasri [† 126. a. H.], governatore dell' 'Irāq. **Intr.** 57.
Khālid b. al-A'lam al-Uqayli, cliente dei Qurayš. **2,** 87 no. 10, 89 no. 27; **3,** 48 — ucciso a Uḥud, 55 no. 18.
Khālid b. 'Amr b. 'Adi al-Anṣāri, C. d. P., presente all' 'Aqabah. **Intr.** 344 no. 50.
Khālid b. al-'Āṣ, C. d. P., mandato nel Yaman. **10,** 81 no. 4; cfr. Khālid b. Sa'īd b. al-'Āṣ.
Khālid b. Asīd b. abī-l-'Āṣ (o 'Īṣ) b. Umayyah [† 12. a. H.], C. d. P., ucciso a al-Yamāmah, **2,** 89 no. 46; **7,** 72; **8,** 165 no. 3; **11,** 98, 99; **12,** 23 no. 73 — nel Yaman, 70.

Khālid b. [abī-]l-Bukayr [Buhayr] b. 'Abd Ǵalīl [† 4. a. H.], C. d. P. **Intr.** 229 no. 40 — emigra a Madīnah, **1,** 15 no. 45 — presente a Badr, **2,** 21 no. 11, 85,A no. 66, 88 no. 50 — ucciso a al-Raǵī', **4,** 7 no. 2.

Khālid b. Dimād al-Azdi, C. d. P. **10,** 24.

Khālid b. Fulān al-Makhzūmi, luogotenente di Khālid b. al-Walid (?). **12,** 6,*a*, 78.

Khālid b. Hawdzah b. Rabī'ah b. 'Amr, qurašita, convertito con doni. **8,** 21 nota 3, 165 no. 24.

Khālid b. Hišām b. al-Mughīrah b. 'Abdallah, qurašita convertito con doni. **2,** 89 no. 20; **8,** 108, 165 no. 9.

Khālid b. Ilyās, tradizionista. **11,** 220,*a*.

Khālid b. Qays b. Mālik b. al-'Aǵlān al-Anṣāri, C. d. P., presente all' 'Aqabah. **Intr.** 341 no. 26 — presente a Badr, **2,** 85,C no. 113.

Khālid b. Sa'īd b. al-'Āṣ b. Umayyah [† 14. a. H.], C. d. P. **Intr.** 227 nota 1 — sua conversione, 229 no. 36 e nota 1 — emigra in Abissinia, 277 no. 5; **6,** 53 — viene a Madīnah, **7,** 54 no. 4, 58; **8,** 19, 25, 28, 101, 143, 157 no. 1; **9,** 50, 51, 57, 58 note 2 e 4, 63; **10,** 3, 32, 40, 65, 71 no. 12, 81 no. 4, 82 no. 4, 143 no. 3 — non vuol riconoscere abū Bakr come Califfo, **11,** 37 nota 3 no. 5 — durante la Riddah e nel Yaman, 82 no. 7 e nota 1, 124 no. 4, 190, 192, 218 nota 2, 220,*a* no. 11; **12,** 65 e note 1 e 3, 69 nota 1,*a*, 71, 72, 212, 271 — nominato comandante della spedizione siria e sua deposizione, 311 e nota 1 no. 3, 317, 318, 319, 323, 324, 329 — sua pretesa sconfitta e uccisione in Siria, 344 nota 2, 356,*b*, 365, 366, 367, 378 — versione di Sayf b. 'Umar della sua pretesa spedizione in Siria e critica della medesima, 376-391.

Khālid b. Salimah, tradizionista. **12,** 428 nota 1,*d*.

Khālid b. Sinān b. Ghayth al-'Absi, (della tribù dei banū 'Abd b. Baghīd) hanif e precursore di Maometto. **Intr.** 188; **3,** 67 nota 1.

Khālid b. Sufyān b. 'Uwayf, pagano ucciso a Uḥud. **3,** 55 no. 24.

Khālid b. Usayd b. abī-l-'Īṣ. 2, 89 no. 46; cfr. Khālid b. Asid b. abī-l-'Āṣ.

Khālid b. al-Walīd b. al-Mughīrah, celebre capitano e C. d. P. **Intr.** 34 nota 3, 123 nota 1; **2,** 80 nota 1 no. 7 — alla battaglia di Uḥud, **3,** 30, 32, 37, 40, 43, 54,B no. 16 e 60; **5,** 27 nota 1, 83, 89 — conversione di- e di 'Amr b. al-'Āṣ, 56, 75; **6,** 16 nota 1, 27, 28, 39; **7,** 55 no. 62 — sua conversione, **8,** 1-2, 7 nota 1, 11, 12, 13, 16 e nota 2 — alla presa di Makkah, 38, 39, 53, 56, 61, 102 — alla spedizione contro i Ǵadzīmah, 107-112 — a Ḥunayn, 126 — a Tā'if, 151; **9,** 6, 20 — a Dūmah al-Ǵandal, 45 e nota 3, 46, 54, 85, 94 — spedizione di- nel Yaman e conversione dei banū-l-Ḥārith b. Ka'b, **10,** 3, 17, 18, 32,A, 33 nota 3, 33,A, 59 e nota 1, 76, 93, 94, 98, 103, 105, 111, 119 nota 1, 124, 125, 126 — sua campagna contro gli apostati, **11,** 72 e nota 1, 73, 74 e note 2 e 3, 75, 76, 87 nota 3, 92,*a*, 93 nota 2, 94, 95 e nota 1, 96, 104, 106 nota 1,*a*, 109 nota 1, 113 nota 1, 114 nota 1, 117 e nota 1, 120 e note 1 e 2, 121, 122, 123 nota 1, 124 no. 1, 128 — campagna di- contro Ṭulayḥah, 131, 132, 133, 135, 136, 137, 138, 142, 143, 144, 145 e nota 1,*b*, 147, 148, 149, 150,*a*, 151, 153, 154, 156, 157, 158 — campagna contro i Tamīm, 164 e nota 1,*b*, 167,*c*, 168, 169, 170 nota 1, 171 nota 1,*c*, 173, 174-184, 187, 191, 195, 240 — campagna contro i Ḥanīfah, **12,** 1-20, 24-35 — matrimonio, 33 — ultime operazioni in Arabia, 37, 42, 45, 57 nota 1, 60 nota 1, 80 nota 2, 91, 93, 97, 98, 99, 100, 101, 102, 103, 115, 129, 130 — composizione dell'esercito di-, 153 nota 2 — dirige la prima invasione araba in Persia, 155-228 — viaggio di- da Ḥīrah a Damasco, 170,*a* — pellegrinaggio di-, 229 — riassunto della sua campagna, 235-236, 267, 273, 282, 284, 285, 290 — meriti di-, 284 nota 1, 306, 307, 310, 312, 313 nota 3,*b*, 315, 316 nota 1, 322 nota 6, 323 note 1 2 e 3, 324 nota 1, 326 e nota 1, 329, 339 e nota 1, 340, 345 nota 1, 347 nota 2, 349, 352, 362, 365, 369, 370, 371 e nota 1, 374, 380, 381, 391 — viaggio di- dall' 'Irāq in Siria, 392-414 — il viaggio di- secondo la scuola Madinese, 393 — il viaggio di- secondo la scuola Iraqense, 408 — il viaggio di- secondo il « Futūḥ al-Šām », 412 — il viaggio di- secondo lo Pseudo-Wāqidi, 413 — esame critico delle tradizioni sul viaggio di- da Ḥīrah fino in Siria: il problema cronologico, 415-418 — itinerario di-: il problema geografico, 419-424 — riassunto del viaggio di-, 425-427.

Khālid b. al-Wāšimah, luogotenente di Khālid b. al-Walīd nell' 'Irāq. **12,** 217 no. 3.
Khālid b. al-Zubayr b. al-'Awwām, sua nascita, **Intr.** 277 no. 6.
abū Khālid al-Ḥakam b. Sa'īd b. al-'Āṣ b. Umayyah al-Umawi [† 12. a. H.], C. d. P., annoverato tra gli uccisi di al-Yamāmah. **12,** 23 no. 74.
abū Khālid al-Ḥārith b. Qays b. Khālid b. Mukhallad, C. d. P., presente a Badr, **2,** 85,C no. 96.
banū Khālid b. 'Āmir b. Zurayq, tribù madinese. **2,** 85,C.
Khalīfah [Rasūl Allah], successore del Profeta di Dio. **11,** 63 nota 1; **12,** 25,*c*.
Khalīfah [b. Khayyāt] [† 240. a. H.], tradizionista. **12,** 16 nota 1.
Khalīfah b. Sa'd, tradizionista e lettore del Qur-ān. **11,** 230 nota 1.
kh a l ī l = amico. **11,** 8.
al-Khalīl, l'amico di Dio (Abramo). **Intr.** 179 nota 1.
al-Khalīl [† 170. a. H.], filologo. **12,** 155 nota 1,*d*.
banū-l-Khalīl, un ramo dei Lakhm. **11,** 111.
al-Khalīqah, luogo tra Makkah e Madīnah. **8,** 50.
Khallād [b. 'Amr] b. al-Ǵamūḥ al-Anṣāri [† 3. a. H.], C. d. P., presente a Badr. **2,** 85,C no. 59 — ucciso a Uḥud, **3,** 54,B no. 53.
Khallād b. Qurrah b. Khālid al-Sadūsi, tradizionista. **Intr.** 310 nota 1.
Khallād b. Rāfi' b. Mālik b. al-'Aǵlān al-Anṣāri, C. d. P., presente a Badr, **2,** 85,C no. 109.
Khallād b. Suwayd b. Tha'labah b. 'Amr al-Anṣāri, C. d. P., presente all' 'Aqabah. **Intr.** 344 no. 22 — presente a Badr, **2,** 85,C no. 4; **5,** 50.
ibn Khallikān (abū-l-'Abbās Aḥmad b. Muḥ. b. Ibrāhīm, Šams al-dīn) [† 681. a. H.], storico e biografo. **11,** 212.
kh a m ī ṣ a h = mantello nero fregiato. **12,** 57.
Khamīsah b. Dīnār al-Sulami, ribelle messo a morte. **11,** 159 nota 2.
al-Khammār = il vinolente, cognome di 'Abdallah, un C. d. P. punito da Maometto per bere il vino. **7,** 26.
Khān al-Zayt, sito nella Balqā. **11,** 4.
al-Khanāfis, un paese nell' 'Irāq, vittorie di Ḥuṣayd e di-. **12,** 222, 223.
Khandamah, sito nelle vicinanze immediate di Makkah. **8,** 61 e nota 3, 65, 73, 77, 78.
al-Khanfas, stazione nel deserto sulla via tra Kūfah e 'Ammān. **12,** 417 nota 3, no. 6.
al-Khandaq = la trincea, ossia l'assedio di Madīnah nel 5. a. H., **Intr.** 14, 309 nota 1, 338; **1,** 13, 60; **4,** 1, 20 nota 1 — le tradizioni dell'-, **5,** 21-43 — uccisi durante l'-, 42-43, 95; **6,** 30 nota 3; **8,** 23.
Khandaq al-'Alā = la Trincea di al 'Alā nel Baḥrayn. **12,** 43.
al-Khansā, la poetessa. **8,** 23; **9,** 72 nota 2; **11,** 95, 157, 159 nota 2.
banū Khansā b. Mabdzūl b. 'Amr b. Ghanm, tribù madinese. **2,** 85,C.
banū Khansā b. Sinān b. 'Ubayd b. 'Adi, tribù madinese. **2,** 85,C.
Khāqān degli Avari. **12,** 249.
a l-kh a r ā ǵ, tributo, tassa fondiaria. **8,** 187; **9,** 40 nota 2; **10,** 101 e nota 3; **11,** 109 nota 1 — kh a r ā ǵ e ǵ i z y a h usati come sinonimi, **12,** 162 nota 6, 199,*a* e nota 2, 210 nota 4, 211, 214,*a*, 322 nota 1,
Kharaǵah banī Nabīh, sito nel cimitero di Madīnah al-Baqī'. **11,** 207.
kh a r a z a h (Kisra), o **ḥ a r a z a h. 12,** 162,*b* e nota 7, 210 nota 3 e 4, 211; cfr. a l-kh a r ā ǵ.
kh a r b a h = rovina. **12,** 155 nota 14.
banū Khārif, tribù della stirpe Gharb (Hamdān). **9,** 66, 67.
al-Kharār, sito presso al-Ǵuḥfah, tra Makkah e Madinah. **1,** 22 e nota 1 no. 4, 78; **6,** 27; cfr. al-Kharrār.
al-Kharasah, sito presso Khaybar. **7,** 10.
Khāriǵah b. 'Āmir, C. d. P., presente a Uḥud. **3,** 44.
Khāriǵah b. Ḥiṣn b. Ḥudzayfah b. Badr al-Fazāri, C. d. P., poi ribelle. **9,** 71; **11,** 90, 112, 115, 116, 118, 133, 157.

Khāriǵah b. Ḥumayyir, detto anche Ḥamzah b. Ḥumayyir, C. d. P., presente a Badr. **2,** 85,C no. 72.

Khāriǵah b. Ḥusayl al-Ašǵa'i, C. e spia del Profeta. **6,** 20.

Khāriǵah b. Zayd b. abī Zuhayr b. Mālik al-Anṣāri [† 3. a. H.], C. d. P., presente all' 'Aqabah. **Intr.** 344 no. 19; **1,** 28, 50 — presente a Badr, **2,** 85,C no. 1, 88 no. 28 e 46 — ucciso a Uḥud, **3,** 54,B no. 31; **11,** 224 nota 1.

abū Khāriǵah 'Amr b. Qays b. Mālik b. 'Adi al-Anṣāri, C. d. P., presente a Badr. **2,** 85,C no. 178.

Khāriǵiti Azāriqah, setta musulmana. **Intr.** 133 nota 1; **8,** 169 e nota 1 — gli Ibāḍiyyah, 190 nota 1; **12,** 102.

Kharkhasarah, persiano di Ṣan'ā, C. d. P. (?). **6,** 54; cfr. Khasrakhasrah.

al-Kharrār, sito tra Makkah e Madīnah. **1,** 22 e nota 1 no. 4, 78; **6,** 27; cfr. al-Kharār.

Khāṣ, sito presso Khaybar. **7,** 10.

Khaṣafah al-Taymi, musulmano del Baḥrayn. **12,** 57.

Khaṣafah b. Qays. **Intr.** 41 tav. 1.

banū-l-Khaṣafah. **12,** 189 no. 7.

khaṣi = eunuco. **7,** 78.

Khasrakhasrah, persiano di Ṣan'ā. **6,** 54; cfr. Kharkhasarah.

al-Khāṣṣah, la corte Sassanida. **12,** 213.

ibn Khaṭal. **8,** 73 nota 1 no. 10; cfr. 'Abdallah b. Khaṭal.

banū Khath'am, tribù vivente sul confine settentrionale del Yaman. **Intr.** 119 — Bilāl inscritto nel ruolo dei-, **1,** 50 nota 2; **7,** 61 — spedizione di Quṭbah b. 'Āmir contro i-, **9,** 13 e nota 1; **10,** 23, 27 — ambasciata dei-, 28 e nota 1, 57, 126 nota 1; **11,** 66 nota 2, 87, 88, 98, 104, 186, 187 e nota 1,*b*; **12,** 65 nota 4, 89.

banū Khath'am Nāhis, tribù. **Intr.** 119.

banū Khath'am Šahrān, tribù. **Intr.** 119.

al-Khaṭi, stazione nel deserto sulla via tra Hirah e Damasco. **12,** 417 no. 6.

khaṭīb (awwal) = primo predicatore dell' Islām. **Intr.** 245 nota 2; **6,** 55; **11,** 83 nota 1; cfr. abū Bakr.

Khaṭīb al-Anṣār. **12,** 23 no. 89.

banū Khaṭmah [b. Ǵušam], tribù madinese. **Intr.** 42 tav. 4, 338; **1,** 86; **2,** 90; **4,** 11, 12; **5,** 25.

al-Khaṭṭ, regione costiera del Baḥrayn. **10,** 71 no. 14; **11,** 74; **12,** 37, 42, 44 nota 1, 46, 49, 55 e nota 4, 57 nota 1, 270.

Khaṭṭāb b. al-Ḥārith, C. d. P. **Intr.** 229 no. 28.

Khaṭṭāb b. Nufayl, pagano, zio di Zayd b. 'Amr b. Nufayl. **Intr.** 186, 229.

abū-l-Khaṭṭāb Ḥamzah b. 'Ali, tradizionista. **12,** 165,*a*.

al-Khaṭṭābi, tradizionista. **11,** 225.

khaṭṭi, nome dato alle lancie di al Khaṭṭ. **12,** 55 nota 4.

al-khaṭṭiyyah = lancie più stimate degli Arabi. **12,** 270.

khaṭṭū = hanno delimitato un terreno. **5,** 89 e note 2 e 3.

khaṭwah = passo, misura di lunghezza. **11,** 18 nota 1,*b*.

al-Khawarnaq, reggia dei Lakhmiti presso Ḥirah. **12,** 133, 155 nota 6,*b*, 168, 206.

Khawla b. abī Khawla. **2,** 85,A no. 61; cfr. Khawli b. abī Khawli.

Khawlah bint Ǵa'far al-Tamīmiyyah, contemporanea del Profeta. **12,** 6,*a*.

Khawlah bint Ḥakīm b. Umayyah b. Ḥārithah al-Sulamiyyah, una delle mogli del Profeta. **2,** 108; **10,** 141 no. 6; **12,** 23 no. 109.

Khawlah bint al-Hudzayl b. Hubayrah b. Qabīṣah al-Taghlibiyyah, una delle mogli del Profeta. **10,** 189 no. 22, 141 no. 8.

Khawlah bint Tha'labah, moglie di Aws b. al-Ṣāmit. **6,** 60.

banū Khawlān [b. 'Amr], tribù del Yaman. **Intr.** 42 tav. 3 — conversione dei-, **10,** 15, 17; **11,** 126, 187 nota 1,*g*; **12,** 67, 78 nota 8.

Khawlī b. abī Khawlī, C. d. P., emigra a Madīnah. **1,** 15 no. 41 — presente a Badr, **2,** 85,A no. 61.
Khawwāt b. Ǵubayr b. al-Nu'mān b. Umayyah al-Anṣāri, C. d. P., presente a Badr, **2,** 85,B no. 51, 86 no. 8; **5,** 28, 29; **6,** 8.
Khaybar, colonia ebraica presso Madīnah. **Intr.** 103, 208 nota 1, 309 nota 1; **1,** 13, 38, 58; **2,** 97; **4,** 10, 12, 20; **5,** 23, 47, 52, 55, 81, 85 nota 1, 94; **6,** 11 nota 2, 17, 20, 50 nota 3, 53 — la spedizione di-. **7,** 5-43 — descrizione di-, 6 — moschea maggiore di-, Masǵid al-A'ẓam, 14 nota 3 — affitto delle terre di- per la metà del prodotto, 33 — condizioni della resa di-, 33 — divisione del bottino di-, 38 — elenco dei Musulmani uccisi a-, 43 — conseguenze della presa di-, 45, 46 e nota 1, 47, 48 nota 5, 51, 52, 58, 60, 61 nota 2, 66 — omicidio in-, 68, 78; **8,** 12 nota 1; **9,** 51 nota 1, 69, 71 e nota 1; **10,** 29 nota 1, 99, 100 e nota 1, 101 — stato legale degli Ebrei di-, 101 e nota — gli Ebrei di- primi sudditi non Musulmani dell'impero islamico, 101 nota 3, 102 — effetti della presa di-, 103, 104, 112, 121; **11,** 6 nota 5,*c*, 117 nota 1, 131, 183 e nota 1, 203 e nota 1; **12,** 30, 93, 269, 270, 273. 277, 278, 283, 285.
Khayābir, nome dato a tutta la regione di Khaybar. **7,** 5.
al-Khayf, vallata tra Madīnah e Badr. **2,** 47.
Khayfā, sito nel territorio dei Ghaṭafān. **7,** 12.
khayl = cavalleria. **12,** 272.
Khayr, mawla di abū Dāwud al-Anṣāri, prigioniero ad 'Ayn al-Tamr. **12,** 394 no. 4.
khays = pietanza araba. **7,** 48.
Khaythamah [b. Ḥārith b. Mālik] al-Anṣāri, C. d. P., padre di abū Khaythamah Sa'd. **3,** 24.
abū Khaythamah, dei banū Sālim b. 'Awf, C. d. P. **9,** 27 no. 4'.
abū Khaythamah Sa'd b. Khaythamah b. Ḥārith b. Mālik al-Anṣāri [† 2. a. H.], C. d. P., ucciso a Badr. **2,** 87 no. 7; cfr. Sa'd b. Khaythamah.
Khayzurān (o Zubaydah), principessa abbāsida. **Intr.** 123 nota 3.
Khazar, re dei-, Eraclio gli promette in matrimonio una figlia. **12,** 254.
Khāzin ['ala bayt māl] = tesoriere [del califfo 'Umar]. **7,** 54 no. 9; **10,** 142,*a*.
al-Khāzir, battaglia di-. **9,** 65 nota 2.
banū-l-Khazraǵ b. 'Amr, un ramo degli Aws di Madīnah. **Intr.** 42 tav. 4.
banū-l-Khazraǵ b. al-Ḥārith b. al-Khazraǵ b. Ḥārithah al-'Anqā, tribù madīnese. **Intr.** 42 tav. 4.
banū-l-Khazraǵ b. Ḥārithah al-'Anqā, grande stirpe madinese. **Intr.** 42 tav. 3, 92, 303, 333, 334, 335, 342; **1,** 25, 38, 41, 44, 45 art. 31 note 1 e 2, 48, 49, 50 nota 1, 57, 69; **2,** 26, 43 nota 4, 63, 84, 95 e nota 1; **3,** 2, 25, 54,B, 59; **4,** 11, 13, 20 nota 1; **5,** 10, 15, 28 nota 1, 45, 49, 89 nota 2; **6,** 3; **7,** 43 no. 5; **8,** 15 no. 5 7 8, 61 nota 2, 100 nota 2, 122, 124; **9,** 29, 72; **11,** 36 nota 1, 39,*a*, 56, 58, 59, 186, 224, 228,*e*; **12,** 113.
Kheta. **12,** 111; cfr. Hittiti.
Khidāš b. 'Abbās al-Anṣāri al-'Aǵlāni [† 12. a. H.], C. d. P., ucciso a al-Yamāmah. **12,** 23 no. 75.
Khidāš b. Bašīr b. al-Aṣamm, preteso uccisore di Musaylimah. **12,** 11 nota 2.
Khidzām b. Khālid, oppositore del Profeta in Madinah. **1,** 60 no. 18; **9,** 52 no. 1.
khifāf sadzaǵah = scarpe leggere liscie da città. **12,** 67.
banū Khifāf, un ramo dei Sulaym. **11,** 87 no. 8, 88.
Khindif Layla bint Ḥulwān b. 'Imrān, moglie di al-Yās b. Mudar. **Intr.** 47 nota 1, 50.
banū Khindif. **12,** 189 no. 4.
Khirāš b. al-Ṣimmah b. 'Amr b. al-Ǵamūḥ al-Anṣāri, C. d. P., presente a Badr, **2,** 85,C no 52 e 55.
Khirāš b. Umayyah al-Khuzā'i al-Ka'bi, C. d. P., **6,** 31, 37; **7,** 71; **8,** 88.
al-Khirrīt b. Rāšid, capo dei banū Nāǵiyah nell' 'Umān. **12,** 62.
khirṣ = stima del reddito. **7,** 33 nota 1.
Khiyār, dei banū-l-Qārah, prigioniero di Badr. **2,** 88 no. 63.
Khiyār b. Mālik. **Intr.** 42 tav. 3.
khizānah = piccola stanza. **1,** 35 nota 1.

Khondamīr, storico persiano. **11**, 139 nota 2; **12**, 334.
Khoream ossia **Šahrbarāz**, generale persiano. **12**, 256 nota 1,*c*; cfr. Šahrbarāz.
Khorsabad, sito presso Mawṣil. **11**, 164.
Khubāb b. al-Aratt. 2, 72; cfr. Khabbāb ecc.
Khubayb b. 'Adi [† 4. a. H.], C. d. P., messo a morte dai Qurayš. **4**, 7 no. 5, 8, 9; **6**, 2.
Khubayb b. Isāf [o **Yasāf**] **b. 'Utbah b. 'Amr**, C. d. P. **Intr.** 248 — emigra a Madīnah, **1**, 15, 28, 66 — presente a Badr, **2**, 85,C no. 11, 88 no. 13 e 46 — alla spedizione di Qaṭan, **4**, 2 no. 17.
al-Khubayth, la gola di- nel Naǵd. **3**, 6.
Khufāf b. Aymā, C. d. P., **6**, 26.
khufāfān = tappe facili. **12**, 417 nota 3.
khufarā. 11, 93; cfr. khafīr.
khuff = cameli. **10**, 34 nota 1.
Khulayd b. Zufar al-Namari, tradizionista. **11**, 167,*a*.
Khulaydah b. Qays b. al-Nu'mān al-Anṣāri, C. d. P. presente a Badr, **2**, 85,C no. 83.
Khulayfah b. 'Adi b. 'Amr b. Mālik, C. d. P., presente a Badr, detto anche 'Ulayfah e Ḥulayfah. **2**, 85,C no. 116.
Khumm, pozzo scavato da 'Abd Šams negli al-Baṭḥā di Makkah. **Intr.** 79; **1**, 78 e nota 3; **10**, 73.
khums Allah wa sahm al-nabi. 10, 36 nota 1.
khums Allah wa khums nabiyyihi wa ṣafiyyuhu. 10, 36 nota 1.
Khunās bint Mālik b. al-Mudarrib, donna pagana a Uḥud. **3**, 16 no. 9.
banū Khunās b. Sinān b. 'Ubayd, tribù madinese. **2**, 85,C.
Khunays b. Hudzāfah b. Qays b. 'Adi al-Sahmi, C. d. P., sua conversione. **Intr.** 229 no. 20 — emigra in Abissinia, 277 no. 57, 283 no. 25 — emigra a Madīnah, **1**, 15 no. 37 — presente a Badr, **2**, 85,A no. 74; **3**, 10.
Khunays b. Khālid al-Aš'ar b. Rabī'ah [† 8. a. H.], C. d. P., ucciso alla presa di Makkah. **8**, 61 nota 3.
Khunays b. Gābir al-'Āmiri, pagano inviato dei Qurayš. **7**, 1.
ibn abī Khunays, pensionato di Khaybar. **7**, 42.
Khurāsān (Persia). **9**, 78; **12**, 200.
al-Khuraybah, presso Baṣrah e Ubullah. **12**, 155,*a* e nota 14.
Khuraym b. Aws b. Ḥārithah b. Lām al-Ṭā'i, innamorato di Karāmah bint 'Abd al-Masīḥ. **12**, 210 nota 1,*b*; cfr. anche Šuwayl.
Khurba, sito in Madīnah. **5**, 25.
Khurbet umm Tābūn, rovine presso Ghazzah. **12**, 337.
ibn Khurdādzbah ('Ubaydallah b. 'Abdallah) [† dopo il 234. a. H.], geografo. **12**, 415 nota 1, 417 nota 2, 419 note 1 e 2.
Khurzād b. Māhibundādz, generale persiano. **12**, 179 nota 1,*a*.
banū Khušayn, conversione di alcuni-, **7**, 52 e nota 1; **10**, 120 nota 1.
Khusraw I. 12, 127; cfr. Anūširwān.
Khusraw II, morte di-, il 29 febbraio 628. **9**, 93 nota; cfr. Abarwiz, Barwīz e Kisra Barwīz.
Khusraw (Kisra) Abarwīz. 12, 130 nota 1, 134, 148; cfr. Kisra Barwīz.
Khusraw Anūširwān. 12, 117, 198 nota 1; cfr. Kisra Anūširwān.
Khusraw Šābūr. 12, 160,A nota 1,*a*.
khuṭabā = influenza morale esercitata dai- o oratori delle tribù arabe. **11**, 88 nota 1; cfr. khaṭīb.
Khuṭarniyah, paese dell' 'Irāq nel distretto Istān Bihqubādz al-A'la. **12**, 170 nota 2,*a*.
al-khuṭbah = predica festiva. **1**, 30 nota 1; **9**, 57.
Khuwaylah bint Ḥakīm b. Umayyah b. Ḥārithah b. al-Awqaṣ al-Sulamiyyah, moglie di 'Uthmān b. Maẓ'ūn. **8**, 158.
Khuwaylid, un cristiano di Naǵrān. **10**, 59.

Khuwaylid b. Asad, padre di Khadīǵah. **Intr.** 41 tav. 2, 157, 158.

Khuwaylid b. Wāthilah al-Hudzali, capo dei banū Hudzayl. **Intr.** 120.

Khuwaytib b. 'Abd al-'Uzza. 3, 9; cfr. Ḥuwaytib ecc.

khuyūluhum al-'arabiyyah = cavalli arabi puro sangue. **12,** 361.

Khuzā'ah b. 'Abd Nuhm, capo dei Muzaynah. **8,** 51 nota 1; cfr. Khuzā'i ecc.

banū Khuzā'ah [b. Ḥārithah], tribù vivente nei dintorni di Makkah. **Intr.** 36, 42 tav. 3, 71 e nota 2, 72, 73, 74, 75, 76 — espulsione dei- da Makkah, 76, 99, 110 nota 3, 121, 165, 166; **1,** 22 nota 1, 76 nota 2, 78 nota 3; **2,** 18 nota 1, 85,A no. 54, 89 no. 27; **3,** 19, 20; **4,** 4; **5,** 8, 25, 83; **6,** 23 note 1 e 2, 30 e nota 3, 35 — lettera di Maometto ai-, **8,** 20, 21 note 2 e 4, 22 e nota 3, 40 e nota 1, 41, 42, 43, 44, 45, 46, 51, 57 nota 1, 71 nota, 88, 100 nota 2; **9,** 2, 6, 14 — accordi di Maometto con i-, **10,** 89 e note 1 e 2, 98, 105, 106, 108 nota 1, 120 nota 1, 121, 126 nota 1; **11,** 98, 104, 123 nota 2; **12,** 89.

Khuzā'i b. 'Abd Nuhm, capo dei Muzaynah. **5,** 17 no. 1; **8,** 51 nota 1.

Khuzā'i b. al-Aswad al-Aslami, C. d. P., **4,** 20 nota 1.

Khuzaymah b. Ǵahm b. Qays, C. d. P., emigrato in Abissinia. **Intr.** 277 no. 23 — viene a Madīnah, **7,** 54 no. 14.

Khuzaymah b. Ḥakīm al-Sulami, commerciante pagano. **Intr.** 153 nota 1.

Khuzaymah b. Lu·ayy. Intr. 58.

Khuzaymah b. Mudrikah b. al-Yās. Intr. 41 tav. 1, 51, 52, 182.

Khuzaymah b. Šaǵarah al-'Uqfāni, tradizionista. **11,** 80.

Khuzaymah b. Sawā al-Muḥāribi, viene a Madīnah. **10,** 49.

abū Khuzaymah b. Aws b. Zayd b. Aṣram al-Anṣāri, C. d. P., presente a Badr. **2,** 85,C no. 127. **11,** 232.

banū Khuzaymah [b. Mudrikah]. Intr. 56; **4,** 7.

Khūzistān, anticamente Susiana. **12,** 106 nota 1, 138.

kihānatuka = la tua arte divinatoria. **11,** 146 nota 2,*b*.

Kilāb b. Murrah, padre di Quṣayy. **Intr.** 34, 41 tav. 1, 60, 61, 76.

Kilāb b. Ṭalḥah, pagano ucciso a Uḥud. **3,** 16 no. 5, 33, 55 no. 7.

banū Kilāb b. Rabī'ah b. 'Āmir b. Ṣa'ṣa'ah, tribù del Naǵd. **Intr.** 41 tav. 1; **7,** 62; **8,** 53, 114, 176; **9,** 1, 15 nota 1 — conversione dei-, 75; **10,** 139 no. 14; **11,** 90 no. 4, 125, 151, 158 — prendono parte alla conquista della Siria, **12,** 362.

al-Kilābiyyah, il matrimonio di Maometto con la-. **8,** 176, 193, 194.

Kinānah b. 'Abd Yalīl al-Thaqafi, un capo dei Thaqīf. **8,** 114; **9,** 10, 56, 83; **11,** 125.

Kinānah b. 'Ali b. Rabī'ah b. 'Abd al-'Uzza, capo qurašita. **3,** 16 no. 11.

Kinānah [b. al-Rabī'] b. abī-l-Ḥuqayq, ebreo avversario del Profeta. **1,** 58 no. 5; **2,** 24; **3,** 9; **5,** 23, 55; **7,** 11, 30, 31 — sua uccisione, 36.

Kinānah b. Khuzaymah. Intr. 47 nota 1, 52, 53.

Kinānah b. Ṣūriyā, ebreo avversario di Maometto. **1,** 58 no. 65, 61 no. 7.

banū Kinānah [b. Khuzaymah], tribù araba del Ḥiǵāz. **Intr.** 41 tav. 1, 56, 76, 77, 120, 121, 140; **1,** 11, 78 nota 3; **2,** 18 nota 1, 38; **3,** 15; **5,** 84, 93; **6,** 4 nota 1; **7,** 2; **8,** 24, 102, 108, 111 — conversione di alcuni Arabi dei-, **9,** 54; **10,** 120 e nota 1, 125, 126 nota 1; **11,** 82 no. 1, 88, 98, 104; **12,** 356,*e*, 359,*c*.

banū Kindah [b. Ufayr], tribù del Ḥadramawt. **Intr.** 29, 42 tav. 3, 109 nota 3, 332; **9,** 63 — conversione dei banū Tuǵīb, un ramo dei-, 82; **10,** 32 — ambasciata dei-, 34 e nota 1, 47, 82 nota 3; **11,** 87, 187 e nota 1,*c*; **12,** 70 nota 1 — contegno durante la Riddah, 76-85, 86, 88, 327, 395, 401.

Kippūr, giorno di- o giorno di espiazione presso gli Ebrei. **2,** 1.

Kīrī = corruzione della parola greca Kyrie. **9,** 50 e nota 1.

Kisra Anūširwān (531.-579. È. V.), re di Persia. **12,** 127, 130, 135, 147, 198 nota 1; cfr. **Anūširwān.**

Kisra Barwīz b. Hurmuz (590.-628. a. È. V.), re di Persia. **2,** 104; **3,** 64; **6,** 54 e nota 1, 55; **7,** 55 no. 55, 59; **12,** 121 nota 4, 127, 128, 130 nota 1, 134, 136, 148, 165,*b*, 187 nota 1, 205 — Vindoj lo zio di-, 216, 244, 246, 252 nota 1,*c*, 254, 256 nota 1,*a*, 265 nota 2.

Kisra Šīrwayh, uccisione di-, **7,** 59; cfr. Šīrwayh.

Kisra b. Qubādz, (?) principe sassanida. **12,** 215.

kitāb, scritture rivelate. **Intr.** 326; cfr. Ahl al-Kitāb.

kitāb, scritto o trattato diretto da Maometto al popolo di Madīnah. **1,** 44, 45 art. 22 nota 1; **8,** 22 e nota 2, 187; **9,** 12 nota 8; **10,** 60.

Kitāb al-Aghāni, di abū-l-Farağ al-Iṣbahāni. **11,** 71.

Kitāb al-Aṣnām, di ibn al-Kalbi [† 206. a. H.]. **8,** 25 nota 1, 100 nota 2.

Kitāb al-Bad wa-l-ta·rīkh. **9,** 95 nota 1.

Kitāb al-Diyārāt, il libro dei Conventi di abū-l-Ḥasan 'Ali b. Muḥ. al-Šabusti [† 390. a. H.]. **12,** 162 nota 8.

kitāb al-'ibrāni, libro scritto in ebraico. **Intr.** 183.

kitāb al-ṣulḥ, scritto o trattato di pace. **1,** 49.

Kitāb al-Kharāğ, di abū Yūsuf Ya'qūb [† 182. a. H.]. **10,** 14 nota 1, 60 nota 4.

Kitāb al-Qira·āt, di abū 'Ubayd. **11,** 229.

Kitāb al-Riddah [wa-l-Dār], di al-Wāqidi [† 207. a. H.]. **10,** 33,A, 34 nota 1; **11,** 70, 71, 87, 88, 138; **12,** 12, 50, 73.

Kitāb al-Riddah wa-l-Futūḥ, di Sayf b. 'Umar. **11,** 70.

Kitāb al-Ta·rīkh di abū Bišr al-Dawlābi [† 320. a. H.]. **12,** 5, 16,*f*, 22.

Κορασινὸς. **8,** 11.

Κουταβά (Qutaybah?). **8,** 11.

Krehl, orientalista. **1,** 44, 45 art. 8 nota 1.

Kremer, orientalista. **2,** 11, 13, 16; **10,** 132 nota 1; **12,** 268 nota 1, 385.

Krumbacher. **12,** 238 nota 1.

Ku'aybah bint Sa'd b. 'Utbah, contemporanea del Profeta, addetta alla cura dei feriti. **5,** 49.

Kuda, altura presso Makkah. **8,** 61; **10,** 73, 74.

Kudayd. **8,** 3 nota 1; cfr. Kadid.

al-Kudr, spedizione di-. **2,** 92; **3,** 1; **7,** 65 e nota 1.

Kūfah, colonia militare nella Babilonide. **Intr.** 29, 252 nota 3; **1,** 79; **2,** 85,A no. 44; **3,** 66 nota 1; **7,** 82; **8,** 149; **9,** 46; **10,** 68; **11,** 79 e nota 1, 80 nota 1, 146 nota 1,*a*, 166,*b*, 214 nota 2, 230 nota 1; **12,** 65 nota 3, 82 nota 1, 104, 155,*a* e nota 6,*a* e *b*, 158 nota 2, 160,A nota 3 no. 1, 161 nota 1, 176,*a* no. 1, 192 nota 2, 193 nota 2, 222 nota 2,*a*, 401.

Kufica, scrittura. **11,** 216.

al-kuhhān = indovini. **Intr.** 193; **1,** 60; **8,** 98; cfr. kāhin.

banū Kulāb, confederazione di tribù del Yaman. **10,** 50.

al-Kulā'iyyūn, abitanti nei dintorni di Ḥimṣ (o Emesa). **9,** 65 nota 2; cfr. al-Kalā'iyyūn.

Kulayb b. Asad b. Kulayb al-Ḥaḍrami, viene a Madīnah, **10,** 48 nota 1.

Kulayb b. Rabī'ah. **Intr.** 41 tav. 1.

Kulayb b. Tamīm b. 'Amr b. al-Ḥārith b. Kā'b b. Zayd al-Anṣāri [† 12. a. H.], C. d. P., ucciso a al-Yamāmah. **12,** 23 no. 76.

abū Kulayb b. 'Amr b. Zayd b. 'Awf b. Mabdzūl [† 8. a. H.], C. d. P., ucciso a Mu·tah. **8,** 15 no. 9.

Kulthūm b. al-Aswad b. Razan al-Du·ili, pagano. **8,** 40.

Kulthūm b. al-Hidm al-Anṣāri, C. d. P. **1,** 15, 26, 27, 85.

umm Kulthūm bint 'Ali b. abī Ṭālib, sua nascita. **11,** 238,*i*.

umm Kulthūm bint 'Amr b. Ǵarwal al-Khuzā'iyyah, moglie pagana di 'Umar b. al-Khaṭṭāb. **6,** 42.

umm Kulthūm bint Muḥ., [† 9. a. H.], figlia del Profeta. **Intr.** 180 — matrimonio di 'Uthmān con-, **3,** 7; **8,** 80 — sua morte, **9,** 58 e nota 1; **10,** 189 no. 1.

umm Kulthūm bint Suhayl b. 'Amr, moglie di abū Sabrah emigrata in Abissinia. **Intr.** 275 no. 14, 283 no. 32; **7,** 56 no. 24.

umm Kulthūm bint 'Uqbah b. abī Mu'ayṭ, donna fuggita da Makkah. **6,** 41; **11,** 221 no. 2.

Kunāsah, cognome di 'Abdallah b. 'Abd al-a'la, padre del poeta Muḥammad ibn Kunāsah [† 200. a. H.] **12,** 176 nota 2.

Kunayf, luogo nel territorio degli Asad. **9,** 12 nota 6.

kunyah, cognome. **Intr.** 37 nota 1.

kurā' = cavalli o animali da basto. **10,** 34 nota 1; **11,** 145; **12,** 25,*b*.

Kurā' al-'Amīm (o **Ghamīm**), luogo presso Makkah. **6,** 2, 27.

Kurā' al-Ghamīm. 6, 2; cfr. Kurā' al-'Amīm.

Kurā' Rabbah, sito nell'Arabia settentrionale. **6,** 11.

al-kūrah = tratto di paese, villaggio, provincia. **10,** 13, 23; **12,** 319 nota 1, 332,*a*.

Kurdistān. 12, 255.

kurǵ = [giuocare a] palla. **8,** 151 nota 1.

Kurr Ādam, pozzo di Adamo in Makkah. **Intr.** 79

kurrār = forti contro il nemico. **8,** 16.

kursi = trono. **Intr.** 217.

Kurz b. 'Alqamah, cristiano di Naǵrān. **10,** 59.

Kurz b. Ǵābir [b. Ḥisl b. Lāḥib al-Qurašī] al-Fihri [† 8. a. H.], antico avversario, poi C. d. P., ucciso alla presa di Makkah, **2,** 19; **6,** 21; **8,** 39, 61 nota 3 no. 1.

umm Kurz bint al-Haḍrami b. 'Ammār b. Mālik, madre di 'Ātikah bint Zayd b. 'Amr. **12,** 428 nota 1,*a*.

kusā = mantelli. **7,** 78.

al-Kusweh, presso Damasco, forse la Ǵilliq delle cronache. **12,** 319 nota 2; cfr. però *Correzioni e Aggiunte* a 1126, lin. 11.

kutub = « scritti » rilasciati da Maometto a varie tribù. **1,** 44: cfr. kitāb.

al-Kuwayfah, luogo del Sawād. **12,** 211 no. 3.

Kyrie = Kīrā, corruzione della parola greca. **9,** 50 nota 1.

lā ghayyah = (?) esenti da tasse. **9,** 49,

lā ighlāl wa lā islāl = nè frode nè corruzione. **8,** 39.

lā 'ušr wa lā ḥašr = niente decima, niente riunione. **10,** 7 nota 1.

lā yaftun yahūdi 'an al-yahūdiyyah = nessun ebreo deve essere forzato ad abiurare. **10,** 14 nota 6.

lā yaḥramū ḥarīm al-thimār 'and bulūghihi, (?) espressione oscura. **8,** 186 nota 3.

lā yaḥšurū wa lā ya'šurū = non devono riunire il bestiame nè pagare le decime. **9,** 8, 18 e nota 2; **12,** 75.

lā yuraddu 'anhā = non si costringa a rinnegare la sua fede. **10,** 14.

La'aqah al-Dam, il giuramento dei- o « leccatori di sangue ». **Intr.** 169.

Labā b. Qays al-Asadi, alla battaglia di al-Buzākhah. **11,** 142.

labbayka! labbayka! = grido dei pellegrini alle feste annuali di Makkah. **7,** 70 e nota 1; **8,** 175.

Labībah, schiava liberata da abū Bakr. **Intr.** 252 no. 6.

Labīd al-Bayāḍi al-Anṣāri. 10, 82 nota 3; cfr. Ziyād b. Labīd.

Labīd b. A'ṣam, ebreo di Madīnah. **1,** 58 no. 64; **7,** 4.

Labīd b. Ǵarīr, musulmano ucciso nel Sawād. **12,** 223.

Labīd b. Rabī'ah al-Kilābi [† 41. o 63. a. H.]. famoso poeta e poi C. d. P. **Intr.** 302; **2,** 108; **8,** 165 no. 23; **9,** 75.

Labourt J., **12,** 137, 142, 145.
[**ibn**] **labūn** = camelo di 2 anni. **9,** 61.
[**ibn**] **labūn dzakar.** **10,** 19.
[**bint**] **labūn** = camela di 2 anni. **9,** 61; **10,** 19.
Lafīf, un lotto delle terre di Khaybar. **7,** 41 no. 13.
Laft o **Lift,** l'altura di-, luogo tra Makkah e Badr. **2,** 51; cfr. Lift.
al-Laǵūn, luogo nel confine settentrionale della Palestina. **12,** 316 nota 2.
al-Lāh = Allah. **Intr.** 83 nota 1.
abū Lahab b. 'Abd al-'Uzza b. 'Abd al-Muttalib, zio ed avversario di Maometto. **Intr.** 101 nota 1, 102, 124, 166, 180, 233 nota 2, 242, 247 no. 1², 248 no. 1, 249, 289, 290, 304, 325. 332; **1,** 79; **2,** 37 — sua morte, 81, 107.
lāḥaqa = seguire. **1,** 36.
banū Lahāzim, tribù, ramo dei Bakr b. Wā·il. **12,** 189 no. 8.
Laḥmah. **10,** 12 no. 9; cfr. Naǵmah.
lahu sufrah = ha viso pallido. **9,** 26, nota 1.
Laḥy Ǵamal, sito tra Madīnah e al-Suqyā. **10,** 73.
Lakhmita, principato di Ḥirah. **12,** 113, 133, 134, 135, 162 nota 8.
Lammens (padre H.) S. J., orientalista. **10,** 33 nota 4, 59 nota 3; **12,** 108.
banū Lakhm [**b. 'Adi**], tribù dell'Arabia settentrionale. **Intr.** 42 tav. 3, 187; **8,** 10; **9,** 24, 69 nota 1, 84 e nota 1; **10,** 119 nota 3, 120 nota 1, 130; **11,** 111; **12,** 108, 113 nota 1,e, 309, 362 nota 1, 378.
Lancia, abilità degli Abissini nel gettare la-. **3,** 14, 49; **5,** 49; **7,** 31; **9,** 45; **12,** 55 nota 4, 270 — corta da getto ('anazah o anche ḥarbah). 270.
Lapidazione di adulteri. **4,** 19; **8,** 67 nota 3; **9,** 94 e nota.
Laqif o **Laqf,** luogo tra Makkah e Madīnah. **1,** 22 e nota 1 no. 6.
Laqīt, nome di abū-l-'Āṣ b. al-Rabī'. **12,** 435.
Laqīt b. Mālik, ribelle nell'Umān. **12,** 60, 62 nota 2 e 4.
al-Lāt, santuario di- in Ṭā·if, **Intr.** 110, 119, 252 nota 4, 268, 280; **6,** 30 nota 1; **8,** 114 — la dea- altrimenti detta Rabbah « la Signora ». **9,** 10, 58, 59 e nota 1; **10,** 111.
al-latha = rugiada o acqua d'infiltrazione. **10,** 28.
Latina, lingua ufficiale. **12,** 289.
Latini, l'Èra dei-. **1,** 6 nota 2; **12,** 145, 238.
Latrine usate dal Profeta. **1,** 32 nota 2.
Lavacri prima della preghiera. **2,** 13, 15; **5,** 65; **8,** 33; cfr. Abluzioni.
Lawābah, luogo nel territorio degli 'Āmir b. Sa'ṣa'ah. **8,** 19.
lawsonia. **11,** 19.
Layla bint al-Ǵūdi al-Ghassāni, catturata dai Musulmani in Dūmah (? Dimašq). **12,** 182 e nota 1, 234.
Layla bint al-Ḥārith b. Tamīm b. Sa'd, moglie di Fihr b. Mālik. **Intr.** 56.
Layla bint abī Ḥathmah b. Ghānim, una delle emigrate in Abissinia. **Intr.** 275 no. 12, 283 no. 28; **1,** 15 no. 3; **7,** 56 no. 19.
Layla bint Khālid, catturata dai Musulmani nell''Irāq. **12,** 224.
Layla bint al-Khaṭīm b. 'Adi b. 'Amr al-Awsiyyah, una delle donne del Profeta. **10,** 141 no. 1.
abū Layla 'Abd al-raḥmān b. Ka'b, uno dei « Piagnoni » di Tabūk. **9,** 27 no. 3 e 8.
abū Layla b. Fadaka, luogotenente di Khālid b. al-Walid nell''Irāq. **12,** 222, 228.
Laylah al-Qadr, la notte di Ramaḍān in cui discese il Qurān. **2,** 32: cfr. al-Qadr.
laysa 'ala ru·ūs al-riǵāl šay = niuna tassa per testa. **12,** 166.
laysa b·aqall al-'askarayn = non il minore dei due eserciti. **9,** 27 nota 2.
laysat 'alayhi sadaqah = non aveva a pagare la sadaqah. **12,** 78.
al-Layth b. Sa'd [† 165.-175. a. H.], geografo e filologo. **12,** 174 nota 1.

banū-l-Layth b. Bakr b. 'Abd Manāt b. Kinānah. Intr. 41 tav. 1; **5,** 93; **7,** 42; **8,** 3, 51 nota 1, 122, 140, 157 no. 8; **9,** 26; **10,** 89 nota 2; **11,** 119, 203.
layyin al-'irāk = natura troppo benevola e molle [di abū 'Ubaydah]. **12,** 413.
Lazār, nome di un cavallo del Profeta. **7,** 78 nota 1.
Lazi, alleati dell' imperatore Eraclio. **12,** 254.
Lebbra (bayāḍ...). **8,** 176; **10,** 139 no. 17.
Lebeau, storico. **12,** 238 nota 1; 248 e nota 1.
Ledan in Mesopotamia. **12,** 142 nota 1 no. 9.
Leggende rabbiniche. **Intr.** 24, 31, 37, 341 nota 1 — sull' infanzia di Maometto, 111 — medioevali sulla tomba di Maometto, **11,** 61.
Leggi, pubblicate da Maometto durante il pellegrinaggio. **8,** 98.
Legioni romane. 12, 239.
Leoni. 11, 147 nota 1,*a*; **12,** 108, 155 nota 6,*a* — di Khaffān, 155 nota 6,*b*.
Lettera del Profeta. **8,** 19 — di Maometto ai Khuzā'ah. **8,** 20 — lettere a vari membri delle stirpe dei banū Sulaym (banū Ḥārithah), 26 — a membri della tribù di Azd, **10,** 24 — a Ǵunādah al-Azdi, 25 — lettere ai banū Ṭayy, 36 — a 'Āmir b. al-Aswad b. 'Āmir b. Ǵuwayn al-Tā·i, 36,A — ai banū Ǵuwayn, dei Ṭayy, 37 — ai banū Ma'n al-Ṭā·iyyūn, 38 — ai banū Asad per la protezione dei Ṭayy, 40 — a Nufāthah b. Farwah al-Du·ili, 63 — a 'Utbah b. Farqad 64 — a Sa'īd b. Sufyān al-Ri'li, 65.
Letteratura islamica dei primi tre secoli della Hiǵrah. **Intr.** 190.
Lettori del Qur·ān (qurrā). **4,** 5 — ai tempi del Profeta, **11,** 228-230.
Libano, monte- in Siria. **12,** 108.
Libertà, Eguaglianza, Fraternità. 12, 306.
libn = mattoni cotti al sole. **1,** 34.
Licia. 12, 241.
Licurgo. Intr. 122 nota 1.
Lift o **Laft,** l'altura di-, luogo tra Badr e Makkah. **2,** 51; **10,** 73.
banū Lihb, un ramo degli Azd. **8,** 6.
banū Liḥyān b. Hudzayl, tribù del Naǵd. **Intr.** 41 tav. 1; **4,** 3, 4, 7, 8; **5,** 79 — spedizione contro i-, **6,** 2; **8,** 25 nota 1; **9,** 34 nota 2; **10,** 50, 88.
Liḥyaniche iscrizioni. **9,** 34.
Linguaggio, presumibile antichità del-. **12,** 108 nota 1.
liqḥah = camele da latte. **10,** 144.
al-Līṯ, luogo vicino a Makkah. **8,** 61.
litholatria. 5, 85 nota 4.
Littmann. 11, 214.
al-Liwā, l'insegna dei Qurayš. **Intr.** 78, 79, 82 e nota 1.
liwā = bandiera. **3,** 66 e nota 2; **5,** 86; **7,** 19; **8,** 30, 56, 122; **9,** 20, 29; **11,** 135.
liwā abyaḍ = stendardo bianco. **2,** 97 nota 1.
liwā aḥmar = stendardo rosso. **8,** 23.
al-Liwā, (?) luogo nella Siria, al nord di Damasco. **12,** 412.
Liyyah, castello presso Ṭā·if. **8,** 130, 140.
Lizār, cavallo del Profeta. **10,** 144.
Lob Nor. 12, 109.
Londra, biblioteca nazionale di-. **Intr.** 4; **12,** 107, 132.
Longobardi, conquiste dei- in Italia. **12,** 241, 244.
Lourdes. 2, 8.
Lu·ayy b. Ghālib. Intr. 41 tav. 1, 57, 58.
Lubābah bint abī Lubābah b. al-Mundzir, moglie di Zayd b. al-Khaṭṭāb b. Nufayl. **12,** 23 no. 149.

abū Lubābah Bašīr b. 'Abd al-Mundzir al-Anṣāri, al-Awsi, C. d. P. **2,** 42 nota 1, 76, 85,B no. 86, 86 no. 4, 97 nota 1, 99; **5,** 47 e nota 1; **7,** 44 no. 2; **8,** 51, 122; **9,** 52 no. 12; **11,** 55 nota 2 no. 5 e 6.
Lubna, sito nel territorio dei Ǵudzām. **6,** 11 nota 3.
Lubna bint Hāǵir b. 'Abd Manāf b. Dāṭir b. Ḥubšiyyah al-Khuzā'iyyah, moglie di 'Abd al-Muṭṭalib b. Hāšim. **Intr.** 102.
Luca, vangelo di-. **Intr.** 114.
Luce e **Fuoco** (nūr e nār). **1,** 82.
Lucrezio. 12, 240 nota 1.
banū Lūdzān b. Sālim, tribù madinese. **2,** 85,C.
Luǵaym b. Sa'b. Intr. 41 tav. 1.
lughah = vernacolo. **11,** 180.
al-Luḥayf, nome d'un cavallo montato da Maometto. **5,** 44; cfr. Lukhayf.
al-Lukhayf, cavallo del Profeta. **10,** 144 no. 1; cfr. Luḥayf.
abū Lū·lū·ah, l'assassino del califfo 'Umar. **11,** 224 nota 2.
Luna, il miracolo della- spaccata. **Intr.** 327.
Lunedì. Intr. 223 nota 2; **11,** 84.
Lūqā b. Šam'ān (?) comandante della guardia personale di Ǵurǵis, patrizio greco. **12,** 361.
Lūqā b. Tam'ān. 12, 361; cfr. Lūqā b. Šam'ān.
Lutto, lacerazione dei vestiti in segno di-. **11,** 89 nota 2.
ibn al-Luṣayb detto anche **Zayd** b. al-Luṣayt (*q. v.*), avversario di Maometto in Madinah. **1,** 58 no. 16.
ibn al-Lutbiyyah al-Azdi, agente del Profeta tra gli Dzubyān. **9,** 1.
Lyall. Intr. 179 nota 1.

mā = sorgente, pozzo. **2,** 31; **12,** 316 nota 6, 401.
Ma·āb, sito nella Balqā. **8,** 10 e nota 2, 11; **12,** 309 — primo paese occupato, mercè un trattato, dagli Arabi in Siria, 344 e nota 1, 353 e nota 1, 365, 366, 371 nota 1.
Ma'add b. 'Adnān, antenato del Profeta. **Intr.** 34, 37 nota 1, 41 tav. 1, 43, 44, 46, 47, 96 nota 1.
Μααδδηνοί, cfr. Ma'add.
ma'additā. Intr. 71 nota 2.
ma'āfir = tessuti del Yaman. **10,** 19.
banū Ma'āfir b. Ya'fur, un ramo dei Murrah. **Intr.** 42 tav. 3; **9,** 60, 61, 63.
ma'ālim = le norme (del pellegrinaggio). **10,** 14.
Ma'ān, luogo della Balqā. **2,** 34, 35; **8,** 10, 11; **12,** 309, 368.
al-Ma'āqil = prezzi di riscatto per persone uccise (?) **2,** 108.
al-Ma'arrah, città della Siria. **12,** 313 nota 1,*a*.
Maarsares o **Pallakopas,** grande canale nell' 'Irāq. **12,** 162 note 3,*b* e 8.
ma'āšihim = nel loro modo antico di vivere. **8,** 22.
Ma'bad al-Khuzā'i, spia dei Qurayš. **3,** 59.
Ma'bad b. 'Adi al-'Aǵlāni [† 12. a. H.], C. d. P., ucciso a al-Yamāmah. **12,** 23 no. 77.
Ma'bad b. umm Ma'bad al-Aslami, (?) C. d. P., lasciato da Khālid b. al-Walīd nell' 'Irāq. **12,** 408.
Ma'bad b. Qays b. Sakhr b. Ḥarām al-Anṣāri, C. d. P., presente a Badr, **2,** 85,C no. 79.
Ma'bad b. Sīrīn, tradizionista, suo padre catturato ad 'Ayn al-Tamr. **12,** 176,*a* no. 2.
Ma'bad b. Uḥayḥah b. al-Ǵulāḥ, al-Naǵǵāri, fratello uterino di 'Abd al-Muṭṭalib b. Hāšim. **Intr.** 92.
Ma'bad b. Wahb al-Laythi, pagano ucciso a Badr. **2,** 66, 70, 88 no. 50.
Ma'bad b. Zuhayr ('Adi, al-'Aǵlāni) [† 12. a. H.], C. d. P., ucciso a al-Yamāmah. **12,** 23 no. 77.
banū Mabdzūl, un ramo degli al-Naǵǵār (Anṣār). **12,** 11 nota 2.
mabīt = significato di questo termine. **10,** 86 nota 2.
Mabrakta = luogo dove sostano i cameli; sito nell' 'Irāq. **12,** 145 nota 1.

mabrūr, grido di guerra degli Azd. **10**, 21 e nota 1.
Mābūr, eunuco del Profeta. **7**, 78 e nota 1; **10**, 142 no. 17.
Mābūz. **10**, 142, no. 17; cfr. Mābūr.
Maccariba, nome antico di Makkah. **Intr.** 71 nota 1.
Macchine per elevare l'acqua mosse da cameli. **3**, 21.
Macchine da guerra e d'assedio. **7**, 26, 28 e nota 1; **8**, 141; **9**, 10.
Macedonia. **12**, 242.
Macler, orientalista ed archeologo. **12**, 252 nota 1,*b*.
Macoraba, nome antico di Makkah. **Intr.** 71 nota 1.
al-Madā·in, capitale dell'impero Sassanida (Ctesifonte). **Intr.** 101 nota 1 — caduta dei 14 merli dalle torri del palazzo reale di-, 123 nota 1; **8**, 179, 180; **9**, 30 nota 1; **12**, 1, 133, 167, 168, 216, 217, 228,*b*.
Madā·in Ṣāliḥ. **Intr.** 68 nota 2; cfr. al-Ḥiǵr.
al-Madā·ini ('Ali b. Muḥ.) [† 215.-231. a. H.], storico tradizionista. **1**, 75 nota 1; **9**, 62; **10**, 43, 44, 45, 55, 120, 127 nota 1; **11**, 71, 79 nota 2, 81, 115 nota 2, 119 nota 1; 163 nota 1, 201; **12**, 156 nota 1, 157, 170, 176 nota 3, 233, 324, 327, 344 e nota 2, 355 nota 1, 365, 366, 367, 388, 393 nota 1,*b*, 396 e nota 1, 404, 420, 423.
Ma'dan al-Burm, sito nel Naǵd. **7**, 61 nota 1; cfr. Ma'din al-Burm.
Ma'dan banī Sulaym. **8**, 5 nota 1; cfr. Ma'din banī Sulaym.
al-Maḏayfi ('Uthmān el Medhayfe). **8**, 139 nota 1.
al-madāyināt. **5**, 88 nota 1.
al-Maḏḏah, sito nel territorio dei Muzaynah. **5**, 18 e nota 1; **10**, 5 no. 2.
Madfū, sito nel territorio dei Sulaym. **8**, 26, 27 e nota 1.
Ma'dīkarib, guerriero yamanita. **12**, 271; *correggi:* 'Amr b. Ma'dīkarib.
Ma'dīkarib b. Abrahah, lettera del Profeta a-. **9**, 68.
Ma'dīkarib b. Walī'ah b. Šuraḥbīl b. Mu'āwiyah, principe del Ḥaḏramawt. **12**, 78 nota 3,*a*.
Ma'din al-Burm, sito nel Naǵd. **7**, 61 nota 1.
Ma'din banī Sulaym. **8**, 5 nota 1.
Madīnah, *passim* nei due volumi. **Intr.** 13, 14, 27 — sure del Qur·ān, composte in-, 30, 48, 92, 105, 106, 107 — conversione di tribù arabe alla religione ebraica presso-, 113, 123, 131, 160, 200, 202, 220, 257, 266, 271, 303, 324, 331 — prime relazioni di Maometto con gli abitanti di-, 338, 339, 340, 341, 345 — prime conversioni in-, (620. a. È. V.?), 335 — condizioni di- prima dell'Islām, 355-359 — eventi che prepararono l'Emigrazione dei Musulmani e del Profeta in-, 357; **1**, 3, 4, 5, 6, 13, 15, 16, 17, 19, 21, 22, 25 — partito di opposizione a Maometto in-, 27, 29 — ingresso di Maometto in-, 30, 32 — successivi restauri ed ingrandimenti della moschea di-, 33 — diffusione dell'Islām in-, 36 — condizioni di- prima della venuta di Maometto, 38 — trasformazione subita dall'Islām nello stabilirsi in-, 38 — che aveva come nome primitivo Yathrib, 38 — le due principali tribù ebraiche di- i Naḏir e i Qurayẓah, 38, 39, 41 — convenzione regolante i rapporti fra gli Emigrati Makkani e le tribù Arabe viventi in-, 44-49, 50, 51, 53 — venuta a- della famiglia di Maometto, 53 — ordinamenti religiosi ed amministrativi di Maometto in-, 54 — vita di Maometto in-, 54 nota 1, 55 e nota 1, 56 — opposizione in- dei pagani e degli Ebrei a Maometto, 57, 59, 64, 66, 68, 69, 70, 71 — l'aria di- nota a tutti per insalubre, 71 nota 2, 72, 73 — cammino fra Makkah e-, 76 note 2 e 3, 79, 85, 86; **2**, 3, 4, 5 — natura domestica ed utilitaria della moschea eretta dal Profeta in-, 6, 7 — superiorità della preghiera fatta nelle moschee di-, Makkah e Gerusalemme, 8, nota 3 — centro della dottrina, della giurisprudenza e della tradizionistica musulmana, 9, 10, 13, 14, 15 — via fra Makkah e-, 18 nota 1, 19 nota 2, 20, 21, 22, 24, 26, 28, 41, 42 nota 1, 43, 49, 53, 76, 77, 78, 80, 82, 83 — Ahl al-'Āliyyah o abitanti della parte superiore di-, 77 — Ahl al-Sāfalah o abitanti della parte bassa di-, 77, 85, 86, 90 — mu·adzdzin della moschea di-, 91, 92, 93, 94, 96, 97, 98, 99 — la festa del Sacrifizio in-, 101

— primo degli Emigrati Makkani che morisse in-, 108; **3**, 1, 2, 4, 6, 8, 9 — la mietitura a- ha luogo generalmente nel mese di Marzo, 12 — il raccolto dell'orzo e del grano viene mietuto a- nella prima settimana di Aprile, 12, 17, 18, 19, 20, 21, 23, 24, 26, 29, 38, 44, 48, 50, 52, 53 — ritorno di Maometto a- da Uḥud, 56, 59, 60, 66, 67; **4**, 2, 3. 4, 5, 7, 9, 10, 11, 13, 14,A, 17, 18, 20, 23; **5**, 1, 5, 7, 8, 10, 11, 14, 18 — espulsione ed emigrazione degli Ebrei da-, 18 — immigrazione di forestieri in-, 18 — assedio di-, a l-Kh a n d a q, 21-43 — cessione d'un terzo dei datteri di-, 36 — Musulmani uccisi durante l'assedio di-, 42 — Makkani uccisi durante l'assedio di-, 43, 47, 49. 50, 52, 53, 55, 60, 61 — il partito dell'ordine a-, 61 — popolazione di-, 61 — opposizione degli Ebrei e dei pagani di-, 61 — tre gruppi militanti ed ostili fra loro in-, 62 — ragioni del trionfo della persona e delle idee di Maometto in-, 65 — ingresso trionfale di Maometto in-, 65, 67. 68, 69, 72, 77, 78 — esame critico dell'assedio di-, 80, 81, 83, 86, 92, 94, 95; **6**, 1, 2, 5, 6, 8. 9, 10, 11, 13, 17, 18. 25, 26, 34, 35, 38, 41, 53, 55 — la peste in-, 56, 57; **7**, 1, 2, 5, 7, 8, 9, 10, 11. 23, 33, 35, 36, 37, 39, 48, 50, 51, 52, 61, 63, 64 — descrizione della strada dei pellegrini da- a Makkah, 69 nota 3 — clima di-, 71, 75, 76, 77, 78, 82 e nota 1; **8**, 1, 2, 3, 5, 7, 13, 14, 16, 18, 21, 23, 24, 30, 34, 35, 36, 37, 42, 43, 44, 46, 47, 49, 50, 51, 57, 79, 80, 81, 114. 131, 138 no. 3, 139, 149, 151 — Aslam e Anṣār di-, 159, 173, 175, 182, 183, 190, 191, 192, 194, 199, 200, 201, 202; **9**, 6, 7, 8, 9, 10, 11, 12, 14 15,A, 16, 17 — incidenti minori della vita di Maometto in-, 23 — a l-'Ā l i y y a h o quartiere superiore di-, 23,A, 24, 28, 30, 34, 35, 36, 43, 45, 46, 48, 52, 54, 55, 56, 57, 60, 61, 65, 66, 67, 70, 71, 72, 73, 74, 75, 76, 77, 78, 79, 80, 81, 82, 83, 87, 91; **10**, 1 nota 2, 3, 14, 16, 17, 20, 21, 26, 27, 29, 31, 32, 33, 33,A, 34, 35, 39, 41, 44, 47, 48, 49. 50, 51, 53, 54, 55, 56, 57, 58, 59, 70, 73 — strada percorsa dai pellegrini fra- e Makkah, 73 nota 2, 78, 79, 84, 85, 87, 88, 90, 91 — il maggior centro d'intrighi di tutta l'Arabia, 91, 95, 98, 99, 100, 104, 105, 107, 112, 113 — deputazioni affluenti a-, 115, 116, 117, 119, 120, 122, 126, 128, 129, 130, 131, 136, 137; **11**, 1, 2, 9, 14, 16, 20, 23, 34. 55, 59, 62 — esistenza in- di tre partiti principali, 64, 67, 68, 76, 79 — luogo di nascita di una celebre scuola giuridico-teologica e tradizionistica, 79-80, 95 — tribù viventi sotto il dominio di-, 104-105, 108 — eventi in- durante l'assenza di Usāmah, 112, 115, 120, 125, 132, 148, 152,*a*, 159,*a*, 180, 182, 184, 186, 198,*c*, 200, 202, 203, 207. 222, 236; **12**, 3, 19, 23 no. 41, 36, 45. 50, 52, 65, 94, 95, 100, 102, 104, 113, 115, 117, 152, 155,*a*, 158, 164,*a*, 183, 220, 233, 234 — scuola tradizionistica di-, 235, 264, 269, 273, 279, 282, 285, 301, 312, 316,*a* — vie che conducevano da- a 'Ammān, 316 nota 6, 317, 323 e nota 2,*c*, 327, 328,*c*, 347 nota 1, 357,*a*, 362, 363 — commercio attivo con-, 363, 372, 377, 394 nota 2, 409, 429 nota 1,*a*.

Madinesi, *passim* nei due volumi. **Intr.** 336, 337, 340 nota 2, 341, 345, 346, 347 nota 1, 351, 355, 356, 357, 358, 359; **1**, 7, 8, 14, 16, 38-50 — unione in fratellanza di Emigrati e-, 50 — più ostili a Maometto, 60, 69, 75; **2**, 15; **3**, 2, 18, 21, 22, 23, 31, 62; **4**, 13; **5**, 4, 8, 10, 14, 23, 24 — le case dei- formate a mo' di fortezza con torri elevate, **5**, 25, 27 nota 1, 64, 66, 70; **6**, 6; **7**, 20; **8**, 30, 109, 122 nota 2, 125; **9**, 4, 20, 26, 29; **10**, 105, 114, 119; **11**, 36 nota 1, 37, 39,*a*, 56, 65 nota 2, 123 nota 2; **12**, 95, 188 nota 1, 235, 236 nota 2, 306.

Maḍīq al-Ṣafrā, gola tra Madīnah e Badr. **2**, 44, 76.

m a d kh a l. Intr. 325.

Madlāǵ; cfr. Midlāǵ.

al-Madlaǵah, sito tra Makkah e Madīnah. **1**, 22.

Madonna di Pompei, **2**, 8 — immagini di Gesù Cristo e della- nella Ka'bah. **8**, 65.

al-Madrasah al-Śihābiyyah, scuola in Madinah. **1**, 35 nota 1.

Maḍrib al-Qubbah, sito presso al-Ǵurf. **6**, 2.

Madz'ad, sito nei sobborghi di Madīnah. **5**, 25; cfr. al-Madzād.

al-Madzād. **5**, 25 nota 2, 33; lo stesso che Madz'ad.

al-Madzār, sito nel Sawād, dove gli Arabi vinsero un esercito persiano. **12**, 155 e nota 6, 160 — battaglia di- o al-Thiny, 196 nota 1 e 2, 197, 198, 199,*a*, 200.

banū Madzḥiǵ b. Udad, tribù del Yaman. **Intr.** 42 tav. 8; **7**, 82; **8**, 199 nota 1; **9**, 7 nota 1; **10**,

15, 32, 50, 53, 89 nota 2; **11,** 1, 2, 87, 88, 186, 187, 189, 191, 192; **12,** 1 nota 3, 64, 65 — i primiche fissarono la loro dimora in Siria, 71, 72, 94, 359,*b*.
Madzkūr al-'Udzri, guida di Maometto. **5,** 4.
Madz'ūr b. 'Adi al-'Iǵli, guerriero musulmano, luogotenente di Khālid b. al-Walīd nell''Irāq. **12,** 155,*a*, 187, 188 e nota 4, 202, 404 nota 1.
Madzwar invece di Madz'ūr [b. 'Adi al-'Iǵli]. **12,** 188 nota 4.
Māfannah, cliente di 'Uthmān [b. 'Affān], catturato nell''Irāq. **12,** 199,*a*.
al-mafāwiz = il deserto. **12,** 395.
mafāzah, deserto. **12,** 398.
al-Maffūr, sito nel Yaman. **11,** 195.
al-Mafǵar, sito presso Makkah. **Intr.** 79.
maftūn = apostata. **1,** 36.
ibn Māǵah [† 273. a. H.], tradizionista. **12,** 23 no. 145.
al-maǵānīq = catapulte. **8,** 141; **9,** 10; cfr. al-manǵanīq.
al-Maǵannah, mercato nei dintorni di Makkah. **Intr.** 110, 332 nota 1; **1,** 9; **4,** 18; **8,** 175.
al-Māǵašūn [Māǵišūn]; cfr. 'Abd al-'azīz b. 'Abdallah b. abī Salamah.
al-Maǵāzah, sito nel territorio dei Tamīm. **11,** 146 nota 1,*b*.
Maǵdar b. Ziyād, pagano madinese. **Intr.** 303.
Maǵdi b. 'Amr al-Ǵuhani, confederato degli Anṣār. **1,** 75; **2,** 48, 49.
banū Maghālah, ossia i banū 'Adi b. 'Amr b. Mālik b. al-Naǵǵār. **2,** 85,C no. 144-146.
al-Maghāzi di ibn Isḥāq. **11,** 90 nota 1,*b*.
Maghāzi di al-Wāqidi. **Intr.** 15.
Maghi. **9,** 3; cfr. Magi e Maǵūs.
al-maghrib = (preghiera del tramonto). **11,** 115, 117 nota 1.
al-Maghrib = Africa settentrionale. **12,** 176,*a* no. 6.
al-maghrūr = l'ingannato. **12,** 40,*a*.
Magi o preti persiani. **9,** 3; **12,** 123, 143; cfr. Maǵūs.
ibn Māǵidah al-Sahmi, tradizionista. **12,** 430.
al-Māǵišūn; cfr. 'Abd al-'azīz b. 'Abdallah b. abī Salamah.
Maglia di ferro. **3,** 29 — di piccoli anelli di ferro (ḥalaq, ḥaršaf). **12,** 275.
Maǵma' al-Anhār, la confluenza dei canali (un luogo ?) nell''Irāq. **12,** 165 nota 4, 196 nota 2, 228,*b*; cfr. anche Muǵtami' al-Anhār.
Maǵma' b. Gāryah [Ǵāriyah], lettore del Qur'ān, vivente Maometto. **11,** 228,*i*, 229 no. 18.
Maǵmiyah b. al-Ǵazā, C. d. P., emigrato in Abissinia. **Intr.** 277 no. 70; cfr. Maḥmiyah b. al-Ǵaz.
maǵnūn = pazzo. **Intr.** 243, 245; **10,** 134.
Maǵūs = i Magi, preti mazdeisti della Persia. **Intr.** 326; **8,** 179, 180, 187; **9,** 3; **11,** 27 nota 1,*c* — nel Baḥrayn, **12,** 43, 123, 143.
Maḥā, luogo marittimo del Ḥadramawt. **12,** 78.
Maḥāǵ, sito tra Makkah e Madīnah. **1,** 22 nota 1.
al-Maḥaǵǵah, luogo tra Makkah e Madīnah. **6,** 2.
maḥāǵir = giardini murati. **12,** 78.
Māhān, (?) generale greco. **12,** 378 nota 2; forse Bāhān = Βαάνης.
Maḥbir, nome di cavallo. **11,** 133.
al-Mahbūdzān, (?) generale persiano. **12,** 222, 223.
Mahdad bint al-Lihamm, moglie di 'Adnān. **Intr.** 43.
al-Mahdi [† 169. a. H.], califfo 'abbāsida. **Intr.** 263 nota 1; **7,** 47 nota 3; **10,** 142 no. 14.
Maḥǵah, sito tra Madinah e Badr. **2,** 41 nota 1.
Maḥmiyah b. al-Ǵaz al-Zubaydi, C. d. P., emigrato in Abissinia. **Intr.** 277 no. 70; **5,** 9; **7,** 42 nota 3 — viene a Madīnah, 54 no. 19; **8,** 87.

Maḥmiyyah; *correggi:* Maḥmiyah.
Maḥmūd, nome di un elefante. **Intr.** 118.
Maḥmūd [† 421. a. H.], sultano ghaznawida. **11**, 61.
Maḥmūd, Gianihi-Ali Pacha, ambasciatore del sultano- nel 1740. a. È. V., **1**, 11 nota 1.
Maḥmud b. Diḥyah, ebreo di Madīnah. **1**, 58 no. 35.
Maḥmūd b. Labīd, tradizionista. **11**, 174; **12**, 30.
Maḥmūd b. Maslamah b. Salamah b. Khālid al-Awsi al-Ḥārithi [† 7. a. H.], C. d. P., ucciso a Khaybar, **6**, 35; **7**, 16 e nota 1, 43 no. 8.
Maḥmūd b. Rabī'ah b. Ḥarām al-'Udzri, fratellastro di Quṣayy. **Intr.** 76.
Maḥmūd b. Sayḥān, ebreo di Madīnah. **1**, 58 no. 18.
Mahrah [Arabia meridionale], cameli famosi di- e di Arḥab. **9**, 67 — ambasciata dei-, **10**, 58, 124 no. 7, 127 e nota 1; **12**, 1, 38, 62 — la conquista della-, 63, 65 nota 2, 68, 71, 76, 89, 90, 102, 109 nota 3.
Mahrah bi-l-Nagd. **12**, 63.
Mahri b. al-Abyaḍ, viene a Madīnah. **10**, 58.
Maḥsā (?) **MḤSA**, pronunzia incerta, sito nel territorio dei banū-l-Hārith b. Ka'b. **10**, 6 no. 3.
al-Maḥūrah, valle nel territorio dei Hamdān. **9**, 66.
banū Mā'iṣ b. 'Āmir b. Lu·ayy, tribù dei Qurayš. **10**, 93 nota 1 no. 2; **12**, 11 nota 2.
Maišān, in Mesopotamia. **12**, 142 nota 1 no. 5ᵃ.
makān = posizione, paese (?) **8**, 181.
makān al-Ka'bah = luogo della Ka'bah. **Intr.** 62 nota 3, 71 nota 1.
makānayn = due luoghi. **12**, 54.
bint makhāḍ = camela di un anno. **10**, 19.
Μάχαιρα τοῦ θεοῦ (Sayf Allah) = Khālid b. al-Walīd. **8**, 11.
makhālīf = distretti del Yaman. **9**, 61; **10**, 82 nota 3; **12**, 68 nota 1, 87.
Makhāšin al-Ḥimyari [† 12. a. H.], C. d. P., ucciso a al-Yamāmah, **12**, 23 no. 78.
Makhīḍ, sito tra Makkah e Madīnah. **6**, 2.
Makhrabah al-'Abdi, viene a Madīnah, **10**, 55.
makhrag = uscita, partenza. **Intr.** 324.
Makhramah b. Kinānah b. Khuzaymah. **Intr.** 53.
Makhramah b. Nawfal b. Uhayb b. 'Abd Manāf al-Zuhri, capo qurašita. **2**, 34; **8**, 55, 71 — convertito con doni, 164 no. 4.
Makhramah b. Šurayḥ al-Ḥaḍrami [† 12. a. H.], C. d. P., ucciso a al-Yamāmah [?]. **12**, 23 no. 79.
Makhši b. 'Amr al-Ḍamri, capo dei Ḍamrah. **2**, 18; **5**, 92.
Makhši b. Ḥumayyir al-Ašga'i [† 12. a. H.], C. d. P., presente a Badr, **2**, 85,A no. 29; **9**, 31 — ucciso ad al-Yamāmah, **12**, 23 no. 78 e 80; cfr. abū Makhši.
abū Makhši Arthad b. Ḥumayrah. **2**, 85,A no. 29; cfr. Makhši b. Humayyir.
abū Makhši Suwayd b. Makhši al-Ṭā·i, C. d. P., presente a Badr, **2**, 85,A no. 29; cfr. Makhši b. Ḥumayyir.
Makhšiyyah bint Šaybān b. Muḥārib b. Fihr, moglie di Ka'b b. Lu·ayy. **Intr.** 59.
Makḥūl, tradizionista. **12**, 287 nota 1,c.
banū Makhzūm b. Yaqaḍzah [Yaqaẓah, Yaqẓah] b. Murrah, tribù dei Qurayš. **Intr.** 41 tav. 1, 86, 92, 147 nota 1, 168, 169, 229, 252 e note 2 e 3, 261, 339; **2**, 34, 38, 85,A; **4**, 6 no. 2; **8**, 157 no. 4; **10**, 93, 94; **12**, 63, 362.
Makkah, *passim* nei due volumi. **Intr.** 6, 34 e note 2 e 3, 35 nota 1, 36 e note 1 e 2, 43, 44, 46, 49, 54 nota 1, 56 — origini del culto della Ka'bah in-, 62-64 — storia antica di-, 65-105 — detta **umm al-qura** « la madre di tutti i paesi », 65 — la valle di- anticamente chiamata al-Bāssah, 71 — origine di questo nome, 71 nota 1 — fondata da Quṣayy, 78 — il primo pozzo scavato in-, 81 — divisione di- in nuovi quartieri, 84 — lotte e persecuzioni partigiane in-, 107, 108,

109, 110 — legame strettissimo esistente fra questa città e Ṭā·if, 110 nota 1, 111, 112 — il commercio, unico mezzo per procurarsi da vivere in-, 115 — spedizione abissina contro-, 117-121 — il Ḥ u m s, 121-122, 123, 125, 127, 129, 131, 132 — infanzia di Maometto in-, 134, 135, 136 — la confederazione dei Fuḍūl in-, 146-147, 152, 153 nota 1 — bosco d'alberi nella valle di-, 152, 160 — ricostruzione della Ka'bah, 165-172, 174 — vita di Maometto in- fino alla Missione, 175-177, 184, 185, 187, 198, 202 — durata della propaganda islamica in-, 203 — il monte Ḥira, dimora estiva dei modesti cittadini di-, 208 nota 1, 210, 219 — vita facile, libera e patriarcale che Maometto aveva stabilito in-, 219 nota 1, 225 e nota 1, 226, 228 — principio della propaganda pubblica in-, 232-233 — lotte fra Qurayš e Musulmani, 234-263, 265, 266, 267, 269, 270, 279, 280, 282, 283, 284 — il Bando contro i banū Hāšim e lotte di partiti in-, 287-307 — episodi dell'ultimo periodo in-, 308-325, 326, 328, 329, 330 — tribù Arabe che accorrevano alle feste di-, 332, 333, 336 nota 2, 339, 340, 341 — riassunto del periodo di attività religiosa in-, 318-359; **1,** 1, 3, 5, 8, 9 — esodo dei Musulmani da-, 14-22 — cammino da- a Madīnah, 22 nota 2, 23, 24, 36 — costituzione della società in-, 39, 41, 46, 54, 56, 66 — liberazione di Musulmani in-, 67 — cammino fra- e Madīnah, 76 note 2 e 3, 81, 83; **2,** 3, 8 — superiorità della preghiera fatta nelle moschee di- Madīnah e Gerusalemme, 8 nota 3, 12, 14 — via fra- e Madīnah, 18 nota 1 — terreno sacro di-, 21, 24, 25 — centro della fede, della nazione e del mondo per il musulmano, 26, 31, 34, 35, 36, 40, 42, 44, 45, 50, 51, 65, 68, 79, 81, 82, 99, 100, 101, 106, 107, 108; **3,** 3, 9, 13, 14, 15, 16, 17, 18, 31, 50, 59, 60, 61, 65; **4,** 7, 8, 9, 13; **5,** 8, 17, 18,A, 23, 25, 43, 56, 59 — concetto della proprietà in- e in Madīnah, 67, 77, 93; **6,** 2, 3, 7, 9, 25, 27, 28, 31, 32, 33, 34, 35, 37, 41, 55; **7,** 1, 45, 62, 67, 69 — descrizione della strada dei pellegrini da Madīnah a-, 69 nota 3, 70, 72, 74, 75, 77, 81, 82; **8,** 1, 2, 3, 20, 21, 23, 24 — la presa di-, versione di 'Urwah b. al-Zubayr, [† 94. a. H.], 38-39 — la presa di-, versione più recente, 40-99 — punizioni inflitte ai nemici dell'Islām in-, 73 — una preghiera fatta in- valeva più di mille in un altro luogo, 95 — distruzione di idoli nei dintorni di-, 100 — spedizioni militari nei dintorni di-, 101 — numero dei Musulmani presenti alla presa di-, 104 — fonti per la presa di-, 106, 108, 109, 112, 113, 114, 115, 118, 121, 127, 138, 139 — ispettore dei mercati in-, 157 no. 1, 172 — pellegrinaggio dell'anno 8. H. a-, 175-175,A, 178, 193, 199-201; **9,** 2, 3, 6, 7, 9, 10, 14, 24, 34 — importazione dell'uso della scrittura Araba in-, 45 nota 1, 55, 56, 66 — pellegrinaggio dell'anno 9. H., 73, 87; **10,** 23, 27, 33, 41, 64, 73 — strada percorsa dai pellegrini fra Madīnah e-, 73 nota 2, 74, 76, 78, 85, 88, 91, 92, 93, 94, 95, 96, 98, 103, 104, 105 — origine equivoca del conflitto che portò alla presa di-, 106, 107, 108, 109, 110 — distruzione di idoli intorno al tempio di-, 109 nota 2 — eventi che seguirono la presa di-, 111, 113, 114 — rifiuto di Maometto di stabilire la sua dimora in-, 117 — indizi indiscutibili d'un periodo di requie dopo la presa di-, 119, 126, 129, 130, 131, 136; **11,** 34, 48, 76, 79, 82 no. 1, 83, 84, 93 — 'Attāb b. Asīd luogotenente in-, 98, 99, 104, 146 note 1,*a*,*b* e 2,*b*, 186, 187 — il pellegrinaggio dell'anno 11. H., 201, 215, 218, 220,*a*; **12,** 70, 90, 107, 115, 117 — caravane che viaggiavano fra- e l''Irāq, 136 — caravane di pellegrini per-, 155 nota 6,*a*, 161 nota 1, 192 nota 2, 194 nota 1, 223 nota 1, 229, 247, 273, 281, 323, 330, 362 e nota 1, 373 — il pellegrinaggio dell'anno 12. H., 430.

Makkani, *passim* nei due volumi. **Intr.** 96, 113, 185, 236; **1,** 50 nota 2, 71; **2,** 46; **3,** 9 — nota deiuccisi a Uḥud, 55; **4,** 18; **5,** 10, 25, 32, 33, 34; **6,** 30; **7,** 45; **8,** 40; **9,** 22, 26; **10,** 93 nota 1, 106, 107, 109 nota 2; **11,** 174 nota 1; **12,** 15,*b*, 269.

Makrān, provincia della Persia meridionale. **12,** 230.

Makraz; cfr. Mikraz.

ibn umm Maktūm, C. d. P. **Intr.** 301: **1,** 15 nota 3; **2,** 42 nota 1; **3,** 1, 8, 59 nota 1; **4,** 11; **5,** 27; **6,** 2, 25; **10,** 142,*d*; **11,** 55 note 2 e 3, 190 nota 1.

Malā, spada di Sa'd b. abī Waqqāṣ che si chiamava-. **12,** 271.

al-malāḥim = sconvolgimenti. **8,** 186.

malā·ikah = angeli. **Intr.** 294.

malakay al-Yamāmah, due re della Yamāmah. **10**,82,A.

Malal, sito al nord di Madinah. **2**, 20 nota 2 no. 10.

Malal, sito tra Makkah e Madinah. **2**, 41 nota 1, 44; **5**, 39; **6**, 26; **10**, 73.

al-Ma'lāt, tappa nel cammino da Madinah a Badr. **2**, 19 nota 2 no. 6.

Malattia bubonica (al-ḥaṣbah wa-l-ǵadari). **Intr.** 120.

Malattia alla gola complicata da un'affezione al petto o singhiozzo (al-šahqah). **1**, 87.

Malattie dei Compagni in Madīnah. **1**, 71.

Malchiti, nome dato in Oriente ai Cristiani ortodossi duofisiti. **12**, 265.

Maledizione lanciata da Maometto contro uccisori di Musulmani. **4**, 5; **5**, 31 — di Maometto contro 'Ā'išah, **6**, 8 — contro alcuni Ǵu'fi, **10**, 50.

abū-l-Malīḥ b. 'Urwah b. Mas'ūd al-Thaqafi, fugge da Ṭā'if ed emigra a Madīnah, **9**, 10, 11, 59.

malik, principe [dei Samāwah]. **10**, 63.

Malik al-Muẓaffar Šihāb al-dīn Ghāzi b. al-Malik al-'Ādil Sayf al-dīn abī Bakr b. Ayyūb b. Šādzi [† 463. a. H.], costruisce in Madīnah una madrasah o scuola-accademia. **1**, 35 nota 1,

Malik al-Rūm, imperatore bizantino [Eraclio]. **6**, 52 e nota 1.

malik al-Yaman, re o principe del Yaman [Šahr b. Bādzān]. **10**, 82 nota 2.

Mālik, della stirpe Bali, in comando degli Arabi cristiani a Mu'tah. **8**, 10; cfr. Mālik b. Zāfilah al-Balawi.

Mālik b. 'Abbād, dei banū-l-Ḥadrami, pagano, ucciso dai Khuzā'ah. **8**, 40.

Mālik b. 'Abbād al-Asadi, guida di Khālid b. al-Walīd nella campagna persiana. **12**, 189, 192.

Mālik b. 'Abdallah b. Khaybari, ambasciatore dei Ṭayy a Madīnah. **10**, 35 no. 3.

Mālik b. 'Abdallah b. 'Uthmān, makkano, prigioniero a Badr e morto prima di essere riscattato. **2**, 88 no. 55, 89 no. 65.

Mālik b. Afṣa b. Ḥārithah, conduce con altri i Khuzā'ah a Makkah. **Intr.** 71.

Mālik b. 'Adi b. al-Ǵadd al-Balawi [† 12. a. H.], C. d. P., ucciso a al-Yamāmah. **12**, 23 no. 86.

Mālik b. Amah b. Ḍubay'ah [† 3. a. H.], C. d. P., ucciso a Uḥud. **3**, 54,B no. 71.

Mālik b. 'Amr b. 'Atīk b. 'Amr b. Mabdzūl. 12, 23 no. 82; cfr. Mālik b. 'Amr b. Šuwayṭ [† 12. a. H.].

Mālik b. 'Amr b. Murrah (Ḥimyar). **Intr.** 42 tav. 3.

Mālik b. 'Amr al-Naǵǵāri [† 3. a. H.], C. d. P., morto il giorno prima di Uḥud, **3**, 25.

Mālik b. 'Amr al-Sulami al-'Adwāni (al-Asadi?) [† 12. a. H.], C. d. P., emigra a Madīnah, **1**, 15 no. 17 — presente a Badr, **2**, 85,A no. 27 — ucciso a al-Yamāmah, **12**, 23 no. 81 e 85; è forse la stessa persona di Mālik b. Umayyah b. 'Amr al-Sulami [† 12. a. H.].

Mālik b. 'Amr b. Sumayṭ al-Naǵǵāri [† 12. a. H.], C. d. P., ucciso a al-Yamāmah. **12**, 23 no. 82; fratello di Thaqf (Thaqif) b. 'Amr [† 7. a. H.].

Mālik b. 'Amr al-Tamīmi, ambasciatore venuto a Madīnah. **9**, 5 no. 6'.

Mālik [**b. Anas**?], tradizionista. **11**, 113 nota 2.

Mālik b. 'Awf, ebreo, avversario di Maometto in Madinah. **1**, 58 no. 44.

Mālik b. 'Awf al-Naṣri, capo dei Hawāzin in armi contro Maometto. **8**, 53 — alla battaglia di Ḥunayn, 113, 114, 122, 130, 140 — sua conversione, 172; **9**, 11; **10**, 60, 111; **11**, 82 no. 4.

Mālik b. 'Awf b. Sa'īd b. Yarbū', qurašita convertito con doni da Maometto dopo Ḥunayn. **8**, 164 no. 15, 165 no. 26.

Mālik b. Aws b. 'Atīk b. 'Amr b. 'Abd al-a'la al-Awsi al-Anṣāri [† 12. a. H.], C. d. P., ucciso a al-Yamāmah, **12**, 23 no. 83 — fratello di 'Umayr b. Aws [† 12. a. H.], 23 no. 181.

Mālik b. Ayfa' al-Hamdāni, ambasciatore a Madīnah. **9**, 67 no. 8.

Mālik b. al-Dukhšum b. Mardakhah al-Sālimi, C. d. P., presente a Badr. **2**, 85,C no. 38 — distrugge il Masǵid al-Ḍirār, **9**, 52.

Mālik b. Ḥimyar, padre di Quḍā'ah. **Intr.** 42 tav. 3, 45.

Mālik b. Ḥudzayfah b. Badr, marito di umm Qirfah e padre di umm Ziml. **11**, 158.

Mālik b. Khālid b. Ṣakhr b. al-Šarīd al-Sulami, ucciso nei tempi pagani, **8**, 108.

Mālik b. abī Khawlī, C. d. P., emigra a Madīnah. **1,** 15 no. 42 — presente a Badr, **2,** 85,A no. 62.
Malik b. Kinānah b. Khuzaymah [Qurayš], antenato di Maometto. **Intr.** 53, 54 nota 1, 55.
Malik b. Mas'ūd [b. al-Yadi] al-Anṣāri al-Khazraǵi, C. d. P., presente a Badr, **2,** 85,C no. 45.
Mālik ibn Mighwal, tradizionista. **11,** 45.
Mālik b. Murārah [o **Murrah**] **al-Rahāwi,** ambasciatore dei Ḥimyar a Madīnah. **9,** 60, 61, 63; **11,** 187 — luogotenente nel Yaman, **12,** 189 no. 11.
Mālik b. Murrah al-Rahāwi. 9, 61; cfr. Mālik b. Murārah.
Mālik b. al-Naḍr, antenato del Profeta. **Intr.** 41 tav. 1, 54.
Mālik b. Namat al-Hamdāni, ambasciatore dei Hamdān a Madīnah. **9,** 67 no. 1.
Mālik b. abī Nawfal, « Ipocrita » di Madīnah. **9,** 72 nota 1.
Mālik b. Nuwayrah al-Yarbū'i al-Tamīmi, capo dei banū Ḥanẓalah (Tamīm) ed esattore delle tasse. **10,** 71 no. 4; **11,** 73, 90 no. 6, 124 no. 1 — durante i torbidi tra i Tamīm, 163 no. 6 e nota 3,*d*, 177 e nota 1 — uccisione di- per ordine di Khālid b. al-Walid, 180-184; **12,** 10,*a*, 28, 56 e nota 1, 90, 93, 99, 223, 271.
Mālik b. Qays, arabo cristiano ucciso da Khālid b. al-Walid nell''Irāq. **12,** 202.
Mālik b. abī Qawqal, madinese, avversario di Maometto. **1,** 60 no. 34.
Mālik b. Qudāmah b. 'Arfaǵah al-Anṣāri al-Awsi, C. d. P., presente a Badr, **2,** 85,B no. 56.
Mālik b. al-Rabī' al-Anṣāri [† 12. a. H.], C. d. P., ucciso ad al-Yamāmah. **12,** 23 no. 84.
Mālik b. Rabī'ah, C. d. P., ritornato dall'Abissinia. **7,** 54 no. 22; cfr. Mālik b. al-Rabī' (?).
Mālik b. Rabī'ah. 12, 23 no. 84; cfr. Mālik b. al-Rabī' al-Anṣāri.
Mālik b. Rāfilah [al-Balawi], capo degli Arabi cristiani a Mu'tah. **8,** 10, 12; cfr. Mālik b. Zāfilah.
Mālik b. abī Riyāḥ al-'Udzri, ambasciatore degli 'Udzrah a Madīnah. **9,** 14 no. 4.
Mālik b. Ṣayf detto anche **ibn Ḍayf,** ebreo di Madīnah, oppositore di Maometto. **1,** 58 no. 36.
Mālik b. Sinān, padre di abū Sa'īd al-Khudri, C. d. P., alla battaglia di Uḥud, **3,** 24; cfr. Mālik b. Sinān b. 'Ubayd ibn al-Abǵat.
Mālik b. Sinān b. 'Ubayd ibn al-Abǵat al-Awsi [† 3. a. H.], C. d. P., ucciso a Uḥud, **3,** 54,B no. 34.
Mālik b. Thābit [† 4. a. H.], dei banū-l-Nabīt, C. d. P., ucciso a Bi'r Ma'ūnah, **4,** 6 no. 15; cfr. Mālik b. Thābit b. Numaylah al-Muzani.
Mālik b. Thābit b. Numaylah al-Muzani, C. d. P., presente a Badr, **2,** 85,B no. 60.
Mālik b. al-Ṭulāṭilah, insulta Maometto e muore miseramente, **Intr.** 248 no. 17.
Mālik b. 'Ubādah, inviato del Profeta tra i Hamdān. **9,** 61.
Mālik b. Umayyah b. 'Amr al-Sulami [† 12. a. H.], C. d. P., ucciso ad al-Yamāmah. **12,** 23 no. 85; cfr. Mālik b. 'Amr al-Sulami.
Mālik b. Zāfilah al-Balawi al-Irāši, capo degli Arabi cristiani a Mu'tah. **8,** 10; cfr. Mālik b. Rāfilah ecc.
Mālik b. Zāḥilah [al-Balawi] al-Irāši. 8, 10; cfr. Mālik b. Rāfilah ecc.
Malik b. Zama'ah b. Qays, C. d. P., emigra in Abissinia. **Intr.** 277 no. 80.
Mālik b. Zayd, C. d. P. [?] nell''Irāq. **12,** 214,*a*.
Mālik b. Zuhayr al-Ǵumaḥi, uccisore a Badr, di 'Āqil b. al-Bukayr, **2,** 87 no. 4.
banū Mālik, un ramo degli Asad. **11,** 127; cfr. banū Mālik b. Mālik b. Tha'labah b. Dūdān.
banū Mālik (Ḥanẓalah, Tamīm). **11,** 163 no. 5, 164; cfr. banū Mālik b. Ḥanẓalah.
banū Mālik, un ramo dei banū-l-Ḥārith b. Ka'b. **10,** 9 no. 6.
banū Mālik (Thaqīf), combattono il Profeta a Ḥunayn, **8,** 114, 132; **9,** 10 — mandano ambasciatori a Madīnah, 56, 57.
banū Mālik b. 'Awf b. 'Amr b. 'Awf, tribù anṣārita. **Intr.** 42 tav. 4; **12,** 23 no. 86.
banū Mālik b. al-Aws (Anṣār). **Intr.** 42 tav. 4.
banū Mālik b. Ḥanẓalah (Zayd Manāt b. Tamīm). **Intr.** 41 tav. 1; **11,** 126, 163 no. 5, 164.
banū Mālik b. al-Ḥārith (b. Murrah b. Ṭayy). Intr. 42 tav. 3.
banū Mālik b. Ḥimyar. Intr. 42 tav. 3.

banū Mālik b. Ḥisl (o **Ḥasl**) **b. 'Āmir b. Lu·ayy. 2,** 31, 85,A no. 75-79; **10,** 93 nota 1.
banū Mālik b. Kinānah. Intr. 79; **12,** 68 — combattono nel Ḥadramawt, 78 nota 5.
banū Mālik b. Mālik b. Tha'labah b. Dūdān b. Asad b. Khuzaymah. 9, 12; **11,** 127.
banū Mālik b. al-Naǵǵār (Anṣār), tribù di Madinah. **Intr.** 42 tav. 4; **8,** 122; **9,** 17, 29; **12,** 23 no. 123 e 129, 394 no. 6.
banū Mālik b. Naṣr b. al-Azd. Intr. 42 tav. 3.
banū Mālik b. Rabī'ah b. Khiyār, tribù yamanita. **Intr.** 42 tav. 3.
banū Mālik b. Sa'd. 12, 78.
banū Mālik b. Zayd b. Kahlān, tribù yamanita. **Intr.** 42 tav. 3.
banū Mālik b. Zayd Manāt b. Tamīm. Intr. 41 tav. 1.
bint Mālik b. Ḥudzayfah b. Badr, figlia di umm Qirfah, catturata dai Musulmani. **6,** 18.
Malkān [**Malkū**] **b. 'Abdah,** pensionato di Khaybar. **7,** 42.
Malkān b. Afṣa b. Ḥārithah, mena i Khuzā'ah a Makkah. **Intr.** 71.
Malkū b. 'Abdah. 7, 42; cfr. Malkān b. 'Abdah.
Malqan, luogo nella valle Tigro-Eufratica. **12,** 142 nota 1 no. 10.
Ma'mar, tradizionista. **10,** 23; cfr. Ma'mar b. Rāšid [† 153. a. H.].
Ma'mar b. 'Abdallah b. Nadlah, C. d. P., emigrato in Abissinia. **Intr.** 277 no. 71 — ritorna a Madīnah, **7,** 54 no. 20.
Ma'mar b. al-Ḥārith b. Ma'mar b. Ḥabīb [† 23. a. H.], C. d. P., sua conversione, **Intr.** 229 no. 30 — presente a Badr, **2,** 85,A no. 73.
Ma'mar b. al-Ḥārith b. Qays, C. d. P., emigrato in Abissinia. **Intr.** 277 no. 64 — ritorna a Madīnah, **7,** 55 no. 57.
Ma'mar b. al-Muthanna. 12, 44; cfr. abū 'Ubaydah Ma'mar b. al-Muthanna [† 210.-211. a. H.].
Ma'mar b. abī Sarḥ al-Fihri, C. d. P., presente a Badr, **2,** 85,A no. 90.
Ma'mar b. Rāšid [† 153. a. H.], tradizionista. **Intr.** 231 nota 1; **10,** 23; **11,** 30, 202 nota 1, 208 e nota 1.
mamlūk = schiavo. **8,** 196.
al-Ma·mūn [† 218. a H.], califfo 'abbāsida. **Intr.** 101 nota 1; **7,** 47 nota 8; **11,** 202 nota 1 — tesoro del califfo-, 211 nota 2,*b*; **12,** 11 nota 1.
man khalfanā min qawminā = quelli della nostra tribù rimasti a casa. **8,** 200.
Ma'n b. 'Adi al-Balawi, C. d. P., conoscitore della scrittura araba. **11,** 224 no. 7.
Ma'n b. 'Adi b. al-Ǵadd b. al-'Aǵlān al-Anṣāri, C. d. P., presente all' 'Aqabah. **Intr.** 344 no. 7 — presente a Badr, **2,** 85,B no. 39 — uccide al-Mundzir b. abī Rifā'ah, 88 no. 33 — distrugge il Masǵid al-Ḍirār, **9,** 52 — all'elezione di abū Bakr, **11,** 37 — comanda la cavalleria, **12,** 7, 23 no. 149; cfr. Ma'n b. 'Udayy b. al-Ǵail.
Ma'n b. Ḥāǵiz al-Sulami, capo dei Sulaym rimasti fedeli durante la Riddah. **11,** 95, 96.
Ma'n b. 'Udayy b. al-Ǵall. Intr. 344 no. 7; cfr. Ma'n b. 'Adi b. al-Ǵadd.
Ma'n b. Yazīd b. al-Akhnas al-Sulami, (?) capo dei Sulaym nella conquista della Siria. **12,** 357,*d*.
banū Ma'n, un ramo dei Ṭayy. **10,** 35 no. 3 — lettera del Profeta ai-, 38.
ibn Ma'n, tradizionista. **11,** 189; **12,** 72; cfr. Muḥammad b. Ma'n.
al-mana'ah = la difesa. **12,** 210 e nota 3.
manāhil, pozzi, luoghi di fermata nel deserto. **6,** 11 nota 1; **12,** 316 nota 6.
manāsik, cerimonie che si dovevano fare intorno al santuario di Makkah. **Intr.** 122 nota 1.
Manāt, idolo e divinità pagana in Mušallal. **Intr.** 62 nota 5, 268, 280; **1,** 22 nota 1 — sua distruzione, **8,** 100 e nota 2.
manāzil, quartieri, dimore. **7,** 4; **11,** 18 nota 1,*a*; cfr. manzil.
Manbiǵ, città della Siria settentrionale. **12,** 313 nota 1,*a*.
ibn Mandah (abū 'Abdallah ibn Isḥāq) [† 395. a. H.], tradizionista. **8,** 180; **12,** 429 nota 1,*a*.
al-manǵanīq = catapulte. **8,** 141; **9,** 10; cfr. al-maǵānīq.
Mani, riformatore persiano e sue dottrine. **12,** 122 e nota 1.

Māni', uno degli «impotenti» o ermafroditi al servizio del Profeta. **8,** 151 e nota 1; cfr. Hīt o Hinb.

umm Manī', segue il Profeta ad al-Ḥudaybiyyah. **6,** 26.

Manichei. 12, 122.

m a n s ū kh = versetti abrogati del Qur'ān. **4,** 5 nota 2.

al-Manṣūr [† 158. a. H.], califfo 'Abbāsida. **Intr.** 263 nota 1; **7,** 47 nota 3; **12,** 176 nota 3; cfr. abū Ǵa'far al-Mansūr.

Manṣūr b. 'Ikrimah, capostipite dei Hawāzin e dei Sulaym. **Intr.** 41 tav. 1.

Manṣūr b. 'Ikrimah b. Hāšim b. 'Abd Manāf, scrivano in Makkah. **Intr.** 289.

Manṣūr [b. al-Mu'tamir], tradizionista. **12,** 173 nota 1.

abū Manṣūr al-Azhari [† 370. a. H.]. **11,** 146 nota 1,*b*; cfr. abū Manṣūr Muḥ. b. Aḥmad al-Azhari.

abū Manṣūr Muḥ. b. Aḥmad al-Azhari [† 370. a. H.], geografo e filologo. **11,** 146 nota 1,*a* e *b*.

Mantello di lana. **8,** 32 — mantelli ricchi a striscie colorate con ricami in seta. **10,** 34 — fabbricato nel Yaman, 59 nota 2.

m a n z i l = dimora, stazione. **8,** 39; **11,** 146 nota 1,*b*; **12,** 6 nota 3; cfr. m a n ā z i l.

Manzil al-Ghurabā, la casa di Sayd b. Khaythamah in Qubā (Madīnah). **1,** 26 nota 1.

Manẓūr b. Zabbān b. Sayyār al-Fazāri, ribelle durante la R i d d a h. **11,** 112, 118.

Maometto, *passim* nei due volumi. **Intr.** 1, 2, 3, 6, 14 — i biografi europei di-, 20, 21, 22 — fascino personale di-, 23 — pretesi rapporti personali di- con ibn Abbās, 24, 25 — sentenze di Gesù messe in bocca di-, 26, 27 — antenati di-, 29-61, 76-105 — pretesa nobiltà della famiglia di-, 30 — circa 4000 contemporanei conosciuti di-, 31 nota 2 — inanità dell'albero genealogico di-, 32 — dubbi sulla paternità di-, 34 — critica delle tradizioni sull'infanzia, i viaggi e il matrimonio di-, 106-116 — biografia di-; divisione di questa in tre periodi, 107 — pretesa sua nascita nell'anno dell'Elefante, 111 — pretesa preesistenza dell'anima di-, 112 nota 1 — tradizione di- pastore, 112 nota 2 — predizioni fatte da rabbini ebrei, da cristiani, da indovini o vaticinatori pagani sul grande avvenire di-, 114 — pretesa natura universale della missione di-, 114 — romiti cristiani preconizzatori dell'avvenire di-, 114 nota 3 — sensualità di-, 115 nota 3 — leggi abolite da-, 122 — tradizioni sulla nascita e l'infanzia di-, 123-137 — la casa dove nacque- in Makkah, 123 nota 3 — nome di- e possibilità che Muḥammad equivalesse a Messia, 124 nota 1 — allattamento nel deserto, miracoli di-, 125 — attacco epilettico di-, 128 — leggenda dell'apertura del corpo di-, 128 nota 1 — pretese misere condizioni di fortuna di-, 137 — viaggio commerciale di- nel Yaman, 141 — suo viaggio in Siria, 145 — tradizioni sul suo matrimonio con Khadīǵah, 146, 151-161 — fonte principale delle dottrine religiose di-, 154 nota 1 — vita di- in Makkah fino alla missione, 170-177 — i precursori di-, 178-188 — la missione profetica di- e tradizioni sulle prime rivelazioni, 189-221 — sofferente di attacchi epilettici, 190 — paragone fra- e Swedenborg, 193 — opinione che- si credesse perseguitato dai ǵ i n n, 193 — eventi straordinari che preannunziavano la missione di-, 206 — teoria dello Sprenger che- soffrisse di isteria muscolare, 213 nota 1 — vita facile, libera e patriarcale che- aveva stabilito in Makkah, 219 nota 1 — prima propaganda in Makkah, 222-230 — principio della propaganda pubblica e lotta con i Qurayš, 232-261 — l'ingresso dinella casa detta Dār al-Arqam, 233 nota 1, 263 — contegno di- verso il santuario di Makkah, la Ka'bah, 234 nota 2 — pretesi tentativi di transazione fra- e gl'idolatri, 280-281, 283, 285, 288, 289, 290, 292, 293, 294, 295, 297, 298, 299, 301, 305 — ultimi episodi in Makkah, 308-328 — conflitto di- con abū Lahab, 325 — viaggio di- a Ṭā'if, 328-330 — matrimonio di- con Sawdah bint Zama'ah, 331 — predicazione di- fra le tribù Arabe, 332 — prime relazioni di- con gli abitanti di Madīnah e convegni di 'Aqabah, 333-347 — riassunto della sua attività in Makkah, 348-359 — fasi della lotta fra- e i Qurayš, 352 — i Madinesi entrano in trattative con-, 356 — tenore dei patti conclusi fra- e i Madinesi, 358 — la fuga di- e dei suoi da Makkah a Madīnah, **1,** 14-22 l'itinerario seguito da- nel viaggio da Makkah a Madīnah, 22 nota 1 — l'arrivo di- a Qubā, 23-29 — ingresso di- in Madīnah e fondazione della moschea, 30-35 — prima volta che- tenesse il venerdì come giorno di festa settimanale, 30 nota 1 — recita versi, 34 — prima predica di-,

37 — tenore e forma delle prediche rivolte da- ai suoi fedeli, 37 nota 1 — condizioni di Madīnah prima della venuta di-, 38-42 — kutūb o scritti rilasciati da- ad ogni tribù, 44 — problema del vero nome di-, 45 art. 1 nota 2 — rapporti fra- e gli Ebrei, 49 — venuta a Madīnah della famiglia di-, 53 — ordinamenti religiosi ed amministrativi di- in Madīnah, 54-55 — dimora di- nella moschea, 54 nota 1 — opposizione in Madīnah dei pagani e degli Ebrei a-, 57-66 — intrighi degli Ebrei contro-, 68 — imprese militari di- divise in due classi, 73-74 — prima spedizione organizzata da-, 75 — matrimonio di- con 'Ā·išah, 77 — rapporti fra- e i Qurayš, 81 — dimore per-, **2**, 2 — dimora di- nella casa detta Dār al-Arqam, 3 — natura domestica ed utilitaria della moschea, fabbricato eretto da- in Madīnah, 3-16 — trasformazione della dimora privata di- in tempio pubblico, 9 — concetto della santità della dimora di-, 9 — dimora di- divenuta prima scuola e prima università dell'Islām, 10, 18, 18,A, 19, 20 — muta la qiblah, 24-27 — istituisce il digiuno 28-29 — a Badr 30-80 — armi possedute da-, 97 nota 1; **3**, 1, 2, 3, 4, 5, 6, 7, 8, 9 — matrimonio di- con Ḥafṣah, 10 — a Uḥud, 13-53 — che trottava sopra un asinello, 19 — ritorno di- a Madīnah da Uḥud, 56, 58, 59, 60 ecc.; **4**, 1, 4, 5, 7, 9, 10 ecc. — matrimonio di- con Zaynab e con umm Salamah, 16 — attentato alla vita di-, **5**, 3, 6, 7, 8, 9, 10, 11, 12 ecc. — all'assedio di Madīnah, 21-41 — lettera di- a Bilāl b. al-Ḥārith al-Muzani, 18 — modo usato di chiamare-, 18,A nota 1 — matrimonio di- con Zaynab bint Ǵaḥš, 20, 45, 46, 47 e nota 1, 48, 49, 50 ecc. — disgrazia di-, 58 — riepilogo dei suoi primi cinque anni in Madīnah, 60-82 — posizione umile e modesta dei primi anni di- in Madīnah, 61 — sua ardita propaganda religiosa in Makkah, 63 — giudice inappellabile per i Musulmani, 64 — primo passo tentato da-, verso lo stabilimento di una teocrazia, 64 — contegno degli Ebrei verso-, 64 — ragioni del trionfo della persona e delle idee di-, in Madīnah, 65 — la cooperazione degli Ebrei fu il cardine fondamentale della prima politica di- in Madīnah, 65 — gli Ebrei in conflitto con-, 66 — ragioni del conflitto fra- e i Qurayš, 68 — spirito di tolleranza di- nei suoi rapporti con i convertiti, 74 — difesa del proprio operato dopo Uḥud, 76 — unione con- di tutte le tribù minori delle vicinanze di Madīnah, 78, 86, 89, 90, 91, 92, 95 ecc.; **6**, 2, 3 ecc. — a al-Ḥudaybiyyah, 25-42 — ambasciate di- ai sovrani dell'Asia, 45-55 — lettera spedita da- alla banda di abū Baṣīr, **7**, 2 — indisposizione di-, 4 — matrimonio di- con Ṣafiyyah, 36 — tentato avvelenamento di-, 37 — rendite di-, 46 — matrimonio di umm Ḥabībah con-, 58 — libidine senile di-, 62 nota 1 — lettera di- ai Khuzā'ah, **8**, 20 — trattative di- con gli Aslam, 22 — mulo grigio di-, 57 — stendardo particolare di-, 59 — funzioni in Makkah e predica di-, 65-66 — persone messe al bando da- nell'entrare in Makkah, 73 nota 1 — dimore di- in Makkah, 103, 107, 109, 112, 114, 115 ecc. — il matrimonio di- con la Kilābita, 176 — relazioni fra- e le tribù del Baḥrayn, 177 — matrimonio di- con Mulaykah, 193 — nascita di Ibrāhīm figlio di-, 196; **9**, 1 nota 1, 2, 3 ecc. — matrimonio di- con Asmā al-Kindiyyah, 15,A — incidenti minori nella vita di- in Madīnah, 23 — litigi fra le mogli di-, 23, 24, 25, 26, 27 ecc. — preteso trattato concluso fra- e Ukaydir, 47, 60, 62, 63, 64, 65 ecc.; **10**, 1, 3, 4, 5, 6, 7 ecc. ecc. — lettere di- ai principi d'Arabia e di Asia, 32,A — trattato scritto fra- e i Kindah, 34 nota 1 — trattato di pace fra- ed i cristiani di Nagrān, 60 — discorso di- al Pellegrinaggio d'Addio, 77 — riepilogo degli ultimi cinque anni di-, 84-138 — vita pubblica di-, 84 — biografi europei di-, 85 — uomo politico ed opportunista per eccellenza, 86 — abilità politica d'intrighi e di negoziati politici di-, 88 — non era uomo d'arme, 89 — rapporti diplomatici fra- e varie tribù pagane, 89 nota 1 — aggruppamento delle tribù intorno alla persona di-, 90 — aspetto policromo e genere di persone che si strinsero intorno a-, 90 nota 4 — linee generali della politica militare di- contro i Qurayš, 91 — grande aspirazione di- al dominio teocratico del Ḥiǵāz, 91 — trattati di alleanza, conchiusi fra- e le tribù pagane, 109 — rifiuto di- di stabilire la sua dimora in Makkah, 117 — l'Islām ideato da- doveva essere uno stato di monaci ammogliati, 117 — il fenomeno delle deputazioni, fatto storico di maggiore rilievo negli ultimi due anni della missione di-, 119 — pretesa islamizzazione dell'Arabia prima della morte di-, 119 — il programma prefissosi da- non andava oltre la presa di Makkah, 119 nota 2 —

probabili ragioni che indussero- ad allestire la spedizione di Tabūk, 119 nota 3 — relazioni di- con i nomadi, 120 nota 1 — tesi che tutta l'Arabia riconoscesse- come Profeta, 121 — veri rapporti di- e le tribù dell'Arabia centrale, 122 — islamizzazione d'Arabia alla morte di- molto meno estesa di quello che la tradizione vorrebbe sostenere, 125 — rapporti fra- e le popolazioni dell'estremo oriente, Baḥrayn e 'Umān, 127 — rapporti fra- e le popolazioni dell'estremo mezzogiorno, Yaman e Ḥaḏramawt, 127 — l'opera di-, 132 — letteratura su-, 132 — fu o non fu un'impostore?, 132 — ispirazioni con le quali- dettò leggi ai seguaci e compose il Qur·ān, 133 spiegazione della condotta di-, 133 — buona fede di- 134 nota 1 — come si spiega la condotta di-, 135 — evoluzione dello spirito di-, 136 — le mogli di-, 139 — clienti di-, 142 — i segretari di-, 143 — nomi di cavalcature, bestiami e armi possedute da-, 144 — spade possedute da-, 144 — ritratto di-, 145 — ultima malattia di-, **11,** 6-17 — il Qur·ān essere il testamento di-, 16 nota 2 — morte di-, 18-24 — ultime parole pronunziate dal Profeta, 25-32 — culto della persona di-, 27 nota 1,*a* — data della morte di-, 33 — data giusta della morte di-, 35 — seppellimento di-, 47-50 — descrizione della tomba di-, 50 nota 1 — eredità di-, 51 — età di-, 54 — riassunto ed esame delle tradizioni sulla morte di-, 55-60 — superstiti dei Compagni che emigrarono con- da Makkah all'epoca della Fuga, 56 nota 1 — leggende medioevali sulla tomba di-, 61 — elasticità del sistema di- e facilità con la quale seguì il moto evolutivo della propria riforma, 68, 72, 73, 75, 79 — conseguenze della morte di-: i primi moti anti-islamici, versione della scuola Madinese, 83, 84, 85 — vera natura dei rapporti personali fra- e le tribù, 86 nota 1, 89, 93, 96, 127, 130, 135, 139 nota 1, 151 — contraffattori di- in Arabia, 165, 169, 182 nota 1, 183, 186, 187, 188, 190, 193, 197 — questioni per l'eredità di-, 202-204 — concetto prevalso fra i Musulmani ortodossi che- non sapesse nè leggere nè scrivere, 217 — diffusione dell'arte dello scrivere ai tempi di-, 217, 219, 222, 224 — tradizioni per dimostrare come- vietasse ai Compagni di scrivere, 226,*b*; **12,** 53, 59 nota 1, 75 nota 1 — agenti o governatori nel Ḥaḏramawt quando morì-, 77 — carattere personale dei rapporti delle tribù con-, 90, 97, 101, 115, 116, 117, 118, 151, 210 nota 1,*a*, 232, 247, 269 — spada di- che si chiamava Dzū-l-Faqār, 271 — non aveva nessuna passione per il cavallo, 273-274, 277, 278 — sua influenza sulla scienza militare degli Arabi, 281-284, 285 — moto islamico diretto da-, 287, 290, 294 — Arabia nomade ai tempi di-, 300 — programma di-, 305, 309 nota 1 — incontro di- con il romito Baḥīrā, 327 nota 1,*b* — ritratto del defunto-, 334, 348, 357,*d* nota 1 — leggende sulla nascita di-, 394 nota 5.

maq'adahu = suo giaciglio. **11,** 31.

Maqām al-Ḥanafī, stazione nel santuario makkano. **1,** 17 nota 1.

Maqām Ibrāhīm, stazione nel santuario makkano. **8,** 65; **10,** 74.

maqāwil Ḥimyar = principi di Ḥimyar. **8,** 23.

Ma'qil b. al-A'ša b. al-Nabbāš, uccide il generale persiano Qārin, **12,** 197.

Ma'qil b. al-Mundzir b. Sarḥ al-Anṣāri, C. d. P., presente all''Aqabah, **Intr.** 344 no. 33 — a Badr, **2,** 85,C no. 75.

Ma'qil b. Muqarrin al-Muzani, luogotenente di Khālid b. al-Walid tra i Khindif. **12,** 189 no. 5 — nell''Irāq, 194.

Ma'qil b. Sinān, C. d. P. e suo agente tra gli Ašǵa'. **8,** 51, 122.

Maqnā, nel Ḥiǵāz settentrionale presso Aylah, trattato con Maometto, **9,** 38 nota 1, 39 nota 1 — Ebrei di-, 39 nota 2 — redditi di-, 39 nota 3 — trattato dei banū Ǵanbah, 40 e nota 1.

al-Maqqā (o **al-Munaqqā**), luogo tra Madinah e Dzū-l-Qaṣṣah. **3,** 6.

al-Maqr, giornata di- nell''Irāq, (?) vittoria araba sui Persiani. **12,** 205.

al-Maqrīzi (abū-l-'Abbās Aḥmad b. 'Ali, Taqi al-dīn) [† 845. a. H.], storico. **12,** 265 nota 8,*c*.

ma'qūd al-nāṣiyah = con i capelli della fronte legati. **9,** 38.

Mar. **11,** 211 nota 1.

Mār = santo. **11,** 211 nota 1.

Mar Caspio. **12,** 109.

Mar di Galilea. **12,** 322 nota 2, 337.

Mar Morto. **8,** 10 nota 2; **11,** 4; **12,** 109 nota 2, 113, 261, 263, 316 note 2 e 5, 321 nota 1, 322 nota 2, 337, 369, 374.

Mar Nero. **12,** 109.

Mare del Nord. **12,** 107.

Mar Rosso. **Intr.** 109 — trasbordo di milizie attraverso il-, 109 nota 1 — superstizione che in esso esistesse una grande calamità, 109 nota 1, 272, 274; **1,** 22 e nota 1, 75, 76 nota 2; **2,** 18,A nota 1, 19 nota 2, 28, 41; **3,** 9; **5,** 8, 85 nota 1; **6,** 8 nota 1, 53; **7,** 1; **8,** 34, 78, 108; **9,** 16, 26, 87, 126; **11,** 98 e nota 3, 174 nota 1, 186; **12,** 164, 107, 112, 309, 322 nota 1, 327 nota 1,*a*, 369.

Maraba, patriarca dei Cristiani sassanidi. **12,** 146, 147.

al-Marād, luogo nel Nagd. **5,** 6, 39.

Mar'ah, villaggio della Yamāmah. **12,** 31,*b* no. 5.

Marayayn, luogo tra Makkah e Madīnah. **2,** 44.

m a r ā ḥ i l = tappe. **12,** 316 nota 6.

Maramer, **11,** 211 nota 1; cfr. Murāmir.

Mar'aš, città sui confini della Siria settentrionale (al-'Awāṣim). **12,** 313 nota 1,*b*.

Marāzibah Fārs = i marzubān del Fārs. **12,** 213.

m a r b a ' = pioggie primaverili. **10,** 57 e nota 1.

Marciano, comandante imperiale in Palestina. **12,** 263.

Marco Polo. **Intr.** 109 nota 1; **12,** 273.

banū Mardakhah b. Ghanm b. Sālim [o **banū Mirdahah**] (Anṣār). **2,** 85,C.

Mardīn, in Mesopotamia, immigrazione dei Rabī'ah, **12,** 113 nota 1.c.

Marǵ 'Adrā, presso Damasco. **12,** 411 nota 1.

al-Marǵ Rāhiṭ, presso Damasco. **9,** 14 — sorpreso da Khālid b. al-Walid, **12,** 393 nota 1,*a*, 394, 396, 403, 404 nota 1, 411 e nota 1, 412 nota 1, 415 nota 1, 421, 422.

Marǵ al-Ṣuffar, battaglia di- presso Damasco, **7,** 54 no. 4; **12,** 285 — sconfitta di Khālid b. Sa'īd a-, 319 nota 3, 344 nota 2 - critica delle tradizioni, 365 — tradizioni di Sayf sulla battaglia di-, 380-384 — critica delle medesime, 385-391, 411.

Marǵ Ṣuffarīn, presso Damasco. **12,** 411 nota 1.

Marǵ al-'Udr, presso Damasco. **12,** 394 nota 6,*b*; cfr. Marǵ 'Adrā.

al-Marghah, stazione sulla via tra Madīnah e Badr. **2,** 19 nota 2 no. 3.

Margoliouth D. S., orientalista. **Intr.** 179 nota 1.

Marḥab, ebreo di Khaybar e sua uccisione. **7,** 6, 16 e nota 1, 18, 20, 21, 43 no. 8.

Mari (MRY), greco convertito. **6,** 51.

Maria, la Madonna. **6,** 50 nota 2.

Ma'rib, rottura dell'argine di-, nel Yaman, **Intr.** 71 — castello Qaṣr al-Balqīs in-, 117; **10,** 32 — rottura dell'argine di-, 35 nota 1, 81 no. 3; **11,** 82 no. 11, 195 — argine o diga di-, **12.** 118. — rottura dell'argine di-, 206.

Mārid, castello in Dūmah al-Ǵandal. **9,** 46.

Markabta dei Ṭayyāyē, (?) luogo presso Ctesifonte, concilio di-, **12,** 145 e nota 1.

Markabūd, yamanita convertito da Wabar b. Yuhannas. **10,** 80.

Marocco. **12,** 237; cfr. al-Maghrib.

al-Marqi, nel Nagd presso al-Ṭaraf. **6,** 10.

Marr al-Ẓahrān, luogo presso Makkah sulla via verso Madīnah. **2,** 40; **4,** 8; **6,** 29, 38; **7,** 70; **8,** 1, 48 nota 1, 53, 57 e nota 1, 58, 175; **10,** 73, 108.

Marracci, traduttore del Qurān. **11,** 62 e nota 1,*a*.

Marrān, luogo presso Baṣrah. **6,** 7.

Marthad b. Kannāz b. Ḥiṣn al-Ghanawi [† 4. a. H.], C. d. P., emigra a Madīnah, **1,** 15 no. 52 — a Badr, **2,** 48, 85,A no. 8 — ucciso ad al-Raǵī', **4,** 7 no. 1; **12,** 438; detto anche Marthad b. abī Marthad.

Marthad b. abī Marthad, 2, 43; cfr. Marthad b. Kannāz b. Ḥiṣn al-Ghanawi [† 4. a. H.].

abū Marthad Kannāz b. Ḥiṣn [o **Ḥuṣayn**] **al-Ghanawi** [† 12. a. H.], C. d. P., emigra a Madīnah, **1,** 15 no. 51, 75 — a Badr, **2,** 85,A no. 7 — sua morte e biografia, **12,** 433.

banū Marthad, un ramo dei Bali, stabiliti in Madīnah avanti la venuta degli Ebrei. **1,** 38 nota 2.

Martino, papa- in un concilio tenuto in Roma. **12,** 265 nota 3,*a*.

Martire o šāhid. **12,** 287.

Martirio, idea del-, della morte per la fede. **12,** 287.

al-Martūm, luogo nella Palestina meridionale. **9,** 70 nota 1.

Mārusmā. 12, 164,*h*; cfr. Bārusma.

Marw, città del Khurāsān. **12,** 145.

Marwah, luogo tra Madīnah e Tabūk. **9,** 30 no. 3; cfr. Dzū-l-Marwah.

al-Marwah, una stazione sacra in Makkah. **Intr.** 63, 68 nota 1 — sua origine leggendaria pagana, 69 e nota 2, 263, 316; **7,** 71, 78; **8,** 175; **10,** 64, 74.

Marwān, dei banū Umayyah b. Zayd, padre di Asmā bint Marwān. **2,** 90.

Marwān I., cfr. Marwān b. al-Ḥakam.

Marwān II., cfr. Marwān b. Muḥ. b. Marwān.

Marwān b. al-Ḥakam [† 65. a. H.], califfo umayyade. **Intr.** 41 tav. 2; **2,** 7; **3,** 4 nota 2; **11,** 202 nota 1, 236 nota 1; cfr. Marwān I.

Marwān b. Muḥ. b. Marwān b. al-Ḥakam [† 132. a. H.], ultimo califfo umayyade (Marwān b. Muḥ. b. Marwān b. al-Ḥakam). **10,** 19; cfr. Marwān II.

Māryah [**al-Qubṭiyyah**] [† 16. a. H.], copta, concubina del Profeta mandata dall'Egitto. **6,** 49 e nota 1; **7,** 78 e nota 1 — partorisce un maschio, Ibrāhīm, **8,** 196 — incidenti di famiglia e intrighi contro-, **9,** 23, 23,A; **10,** 1, 139 no. 10.

abū Maryam Iyās b. Ḍubayḥ, ambasciatore dei Ḥanīfah al califfo abū Bakr. **12,** 36 no. 4.

ibn abī Maryam, tradizionista. **12,** 165 nota 5.

marz = confine (termine persiano). **12,** 167 nota 1.

marzbān = custode dei confini (termine persiano). **12,** 167 nota 1; cfr. marzubān.

marzubān = possessore di fondi (luogotenente persiano). **8,** 179, 181.

Marzubān di Hagar. **8,** 187 — di al-Zārah, **12,** 44 — di al-Khaṭṭ, 46, 134, 155 nota 14, 164,*f*, 167 nota 1, 184,*c* e nota 2, 205.

Marzubānah, moglie di Šahr b. Bādzān in Ṣan'ā. **11,** 189, 190; cfr. anche Āzād.

al-Marzubāni, (**abū 'Abdallah Muḥ. b. 'Imrān b. Mūsa**) [† 378. o 384. a. H.], autore del « Mu'gam al-Šu'arā ». **12,** 23 no. 39.

al-Mas'a, luogo in Makkah tra al-Ṣafā e al-Marwah. **Intr.** 285.

maṣābīḥ = grandi lanterne per l'illuminazione del tempio. **1,** 32.

masad, fune fatta con-. **Intr.** 290.

Mas'adah b. Ḥakamah, pagano ucciso in al-Ghābah. **6,** 3.

masāģid, pl. di masģid. **9,** 6.

abū-l-Masākin. 8, 15 no. 1; cfr. Ǵa'far b. abī Ṭālib [† 8. a. H.].

umm al-Masākīn Zaynab bint Khuzaymah, suo matrimonio con Maometto, **4,** 16; cfr. Zaynab bint Khuzaymah.

masāliḥ = guarnigioni (del confine persiano). **12,** 155 nota 11,*b* — masāliḥ li-l-'Aǵm, 155 nota 14, 165,*a*, 202, 203 — masāliḥ 'ala thughūrihim, 217, 226.

al-Maṣāni', villaggio nella Yamāmah. **12,** 31,*b* no. 6.

ma'šar abrār = la gente pura. **11,** 165.

abū Ma'šar (**Naǵīḥ b. 'Abd al-raḥmān al-Sindi**) [† 170. a. H.], tradizionista. **11,** 74, 79 nota 2; 112, 198,*c*, 237; **12,** 5, 222 nota 5.

al-Mašārif. 8, 10; cfr. Mašārif al-Šām.

Mašārif al-Balqā. 8, 6; cfr. Mašārif al-Šām.

Mašarif al-Šam, altipiani della Siria verso il deserto arabo. **8**, 6, 10; **11**, 3,*b* e *h*, 124 no. 4; **12**, 271, 277; cfr. al-Mašarif e Mašārif al-Balqā.
mašāyikh = i maestri. **12**, 174 nota 1,*a*.
al-Masba'ah (o **Misba'ah**), (?) luogo nel Naǵd, degli 'Āmir b. Ṣa'ṣa'ah. **8**, 19.
banū Mašǵa'ah, un ramo dei Taghlib (Qudā'ah), dimoranti in Siria presso al-Qaryatayn. **12**, 396 e nota 5, 403, 404 nota 1, 412.
masǵid = luogo di preghiera (moschea). **Intr.** 172, 245 nota 2, 324 nota 2; **2**, 5, 8 nota 1; **5**, 86, 95; **9**, 30 — ǵāmi', moschea congregazionale, **12**, 11 nota 1; cfr. masāǵid.
Masǵid 'Ā-išah, presso Baṭn Marr. **7**, 69 nota 3.
Masǵid al-Aqṣa, in Gerusalemme. **2**, 8 nota 2.
Masǵid al-A'ẓam o moschea maggiore di Khaybar. **7**, 14 nota 3.
Masǵid al-Bay'ah, in 'Aqabah (presso Makkah). **Intr.** 336 nota 2.
Masǵid al-Ḍirār, moschea dell'opposizione in Madīnah. **1**, 60; **2**, 8; **9**, 1 nota 3 — distruzione di questa moschea, **9**, 52.
Masǵid al-Ḥarām [**Ḥaram**], in Makkah. **Intr.** 324 nota 2; **2**, 8 nota 1.
Masǵid al-Qiblatayn, in Madīnah. **2**, 24 nota 1.
Masǵid al-Šiqāq. **9**, 52 no. 1; cfr. Masǵid al-Ḍirār.
Masḥā, nel Yaman, territorio dei Khath'am. **9**, 13.
Mašhad 'Āmir, una moschea in al-Madzār ('Irāq). **12**, 196 nota 1.
masḥaf = il Qurān. **11**, 225 nota 1; cfr. musḥaf.
masīf = pioggie estive. **10**, 57 e nota 1.
Masīḥ b. Maryam = Gesù. **9**, 38 nota 1.
māšiyah = cavalcature. **10**, 34 nota 1.
Maskin, città dell' 'Irāq. **12**, 170 nota 1,*a*, 179 nota 1,*c*, 227
maslaḥah li-l-'Aǵm = guarnigioni persiane di confine. **12**, 155,*a*, 161 — li-Kisra, 164,*b*; cfr. masāliḥ.
Maslamah, nome proprio di Musaylimah. **11**, 135 nota 2, 165 nota 1; cfr. Musaylimah.
Maslamah al-Kadzdzāb. **11**, 165 nota 1; cfr. Musaylimah.
Maslamah b. 'Abd al-malik [† 120.-122. a. H.]. **12**, 176 nota 2.
Maslamah b. Makhlad, C. d. P. e lettore pubblico del Qurān. **11**, 229 no. 20.
Maslamah (o **Salamah**) **b. Khuwaylid**, fratello di Ṭulayḥah. **11**, 133.
al-Masna'ah, (?) luogo nel paese dei Ǵuhaynah. **5**, 88.
mašrabah = veranda. **9**, 23.
Mašrabah umm Ibrāhīm, podere di Māryah in Madīnah. **9**, 23,A.
al-mašrafiyyah = scimitarre confezionate nei Mašārif al-Šām. **8**, 6; **12**, 271, 277.
Masrūḥ, principe dei Ḥimyar. **9**, 62.
banū Masrūḥ, un ramo dei Hawāzin. **8**, 25 nota 1.
Masrūq, scolaro di 'Ali [† 40. a. H.] in Kūfah. **11**, 230 nota 1.
Masrūq [**al-'Akki**], durante la Riddah nel Yaman. **11**, 98; **12**, 67, 69.
Massā, nome di un demone (ǵinn). **Intr.** 329 nota 1.
Massaua. **Intr.** 109 nota 2.
Massimo, il martirio di san-, **12**, 265 nota 3,*b*.
Mas'ūd b. 'Abd Sa'd. **2**, 85,B no. 21; cfr. Mas'ūd b. Sa'd.
Mas'ūd b. 'Āmir b. Rabī'ah. **7**, 43 no. 19; cfr. Mas'ūd b. Rabī'ah b. 'Amr.
Mas'ūd b. 'Amr al-Qāri o **al-Ghifāri**, C. d. P., custode del bottino in al-Ǵi'rānah. **8**, 135.
Mas'ūd b. 'Amr b. 'Umayr al-Thaqafi, fratello di 'Abd Yalīl, respinge il Profeta in Ṭā-if, **Intr.** [296?], 328.
Mas'ūd b. al-Aswad b. Ḥārithah b. Naḍlah al-Qurašī al-'Adawī [† 8. a. H.], C. d. P., ucciso a Mu-tah. **8**, 15 no. 3.

Mas'ūd b. Aws b. Zayd al-Anṣāri, C. d. P., presente a Badr. **2,** 85,C no. 126.
Mas'ūd b. Ḥārithah al-Šaybāni, fratello di al-Muthanna. **12,** 155,c, 156.
Mas'ūd b. Khaladah b. 'Āmir b. Mukhallad, C. d. P., presente a Badr. **2,** 85,C no. 101.
Mas'ūd b. Mu'attib b. Mālik, capo dei Thaqīf in Ṭā'if. **Intr.** 119.
Mas'ūd b. al-Qāri ossia Mas'ūd b. Rabī'ah b. 'Amr. **Intr.** 229 no. 15.
Mas'ūd b. Rabī'ah b. 'Amr b. al-Qāri [† 7. a. H.], C. d. P., sua conversione. **Intr.** 229 no. 15 — presente a Badr, **2,** 85,A no. 42 — ucciso a Khaybar. **7,** 43 no. 19.
Mas'ūd b. Ruḥaylah. **5,** 23; cfr. Mas'ūd b. Rukhaylah.
Mas'ūd b. Rukhaylah b. 'Ā·idz b. Mālik b. Ḥabīb al-Ašǵa'i, capo dei banū Ašǵa', all'Assedio di Madīnah. **5,** 23, 39 — sua conversione, 94 e nota 1, 95 — luogotenente tra gli Ašǵa'. **11,** 90 no. 14.
Mas'ūd b. Sa'd b. 'Āmir b. 'Adi al-Awsi, C. d. P., detto Mas'ūd b. 'Abd Sa'd, presente a Badr, **2,** 85,B no. 21.
Mas'ūd b. Sa'd b. Qays b. Khaladah al-Anṣāri al-Zuraqi [† 7. a. H.], C. d. P., presente a Badr, **2,** 85,C no. 107 — ucciso a Khaybar, **7,** 43 no. 7.
Mas'ūd b. Sinān b. al-Aswad al-Anṣāri [† 12. a. H.], C. d. P., uccisore di ibn abī-l-Ḥuqayq. **4,** 20 e nota 1 — con 'Ali nel Yaman, **10,** 17 — con Khālid b. al-Walīd nel Naǵd, **11,** 174 — ucciso ad al-Yamāmah, **12,** 23 no. 87.
Mas'ūd b. abī Umayyah b. al-Mughīrah, pagano, ucciso a Badr, **2,** 88 no. 29.
Mas'ūd b. 'Urwah [† 4. a. H.], C. d. P., ucciso alla spedizione di Qaṭan, **4,** 2.
Mas'ūd b. Yazīd b. Subay' al-Anṣāri, C. d. P., presente all'Aqabah, **Intr.** 344 no. 35.
abū Mas'ūd 'Amr, il capo dei Thaqīf. **Intr.** 296; cfr. Mas'ūd b. 'Amr b. 'Umayr.
abū Mas'ūd al-Kūfi, tradizionista. **12,** 179 nota 1,*a*, 210 nota 1,*b*.
abū Mas'ūd 'Uqbah b. 'Amr b. Tha'labah al-Anṣāri, C. d. P., presente all' 'Aqabah, **Intr.** 344 no. 23; cfr. 'Uqbah b. 'Amr ecc.
banū Mas'ūd b. 'Abd al-ašhal b. Ḥārithah b. Dīnār, tribù degli Anṣār. **2,** 85,C.
ibn Mas'ūd, C. d. P. **2,** 13 nota 1, 54; cfr. 'Abdallah b. Mas'ūd.
al-Mas'ūdi (abū-l-Ḥasan 'Ali b. al-Ḥusayn) [† 346. a. H.]. storico e geografo. **8,** 4 nota 1, 5 nota 1, 64; **10,** 145; **12,** 155 nota 6,*b*, 333.
m a s ū ḥ. **9,** 95; cfr. m i s w a ḥ.
m a š · ū m = uomo di sinistro augurio. **12,** 25,*b*.
Maṭar b. 'Āmir al-Šaybāni, luogotenente di Khālid b. al-Wālid tra i Yaškur b. Bakr. **12,** 189 no. 9.
Matriarcato, sistema antichissimo del-. **Intr.** 92 nota 1; **1,** 38; **9,** 15 nota 2, 58 nota 1, 91 nota 1; **10,** 50 nota, 80 nota 2; **11,** 164.
Matrimonio. **Intr.** 78, 92 e nota 1 — di Maometto con Ḥafṣah, **3,** 10 — di Maometto con Ṣafiyyah, **7,** 36 — di umm Ḥabībah con Maometto, 58, 74, 76 — temporaneo (m u t ' a h), **8,** 98.
m a t t a ' a h ā = fece con lui il matrimonio temporaneo (m u t ' a h). **10,** 139 no. 17.
Mattoni cotti al sole = l i b n. **1,** 32, 34.
Mauricius. **12,** 248 nota 1; cfr. Maurizio.
Maurizio (Mauricius), imperatore. **12,** 130 nota 1, 244, 245, 247, 248 nota 1, 265 e nota 1.
al-Mawād, un luogo nel Naǵd. **6,** 6.
m a w ā l i o clienti. **10,** 142; **12,** 176 nota 3.
m a w ā l ī k u m sinonimo di i kh w ā n u k u m. **Intr.** 34.
m a w ā š ī h i m = loro modo antico di vivere. **8,** 22.
m a w d i ' = luogo. **11,** 3,*d*; **12,** 68 nota 1, 184 nota 3,*a*, 223 nota 3,*a*.
Māwiyah, invasione araba sotto il famigerato- nella seconda metà del IV secolo. **12,** 262.
Māwiyyah bint Ka'b b. al-Qayn b. Ǵasr al-Quḍā'iyyah, moglie di Lu·ayy b. Ghālib. **Intr.** 58, 59,
m a w l a = cliente. **Intr.** 252 note 1 e 3; **2,** 31; **11,** 47.
m a w l a h = cliente (femm.). **Intr.** 124, 264 nota 1.

Mawlid Fāṭimah. **Intr.** 324 nota 2.
mawqif = stazione sacra. **10,** 76.
Mawṣil, città della Mesopotamia. **Intr.** 187; **11,** 163 nota 3,*a*, 173 nota 1; **12,** 23 no. 18, 113 nota 1,*e*, 420.
al-mawsim = il pellegrinaggio alla Ka'bah. **10,** 17.
mawtān al-Yamāmah = terre incolte della Yamāmah. **12,** 187.
Mayfa'ah, villaggio di- nel distretto di al-Balqā in Siria. **Intr.** 135, 187; **7,** 64 nota 1 — spedizione di-, **7,** 65 e nota 2.
Maymūnah bint al-Ḥārith b. Ḥazn b. Buǵayr b. al-Huzam al-Hilāliyyah, moglie di Maometto. **Intr.** 25 — sua tomba, **7,** 69 nota 3 — suo matrimonio con il Profeta, 74, 76; **8,** 55 nota 1, 63, 96; **9,** 80; **10,** 103, 139 no. 12 — alla morte del Profeta, **11,** 6, 13.
mays, selle fatte con legno di-. **9,** 67.
Maysān, città e distretto del Sawād. **7,** 55 no. 65; **12,** 196 nota 1.
Maysarah, servo di Khadīǵah. **Intr.** 114, 154, 155, 156.
Maysarah b. Masrūq al-'Absi, viene come ambasciatore a Madīnah. **3,** 66 no. 1 — va in Siria a combattere. **12,** 356,*e* 359,*c*.
Mayyāfāriqīn, città del Diyār Rabī'ah. **12,** 113 nota 1,*c*.
Mazān ('Umān). **12,** 145.
al-mazar = birra estratta dal grano e dall'orzo, ša'īr. **10,** 66.
mazāribah, pl. di marzubān. **12,** 167 nota 1 — ahl al-Fārs. **12,** 167; cfr. marāzibah.
Mazdak, fondatore di una setta comunista in Persia. **12,** 146.
Mazdaqiti. **12,** 126, 127.
Mazdeismo, religione di stato dei Sassanidi. **10,** 70, 127; **12,** 120, 146.
Mazenderān, provincia della Persia. **12,** 108.
al-Māzimayn, luogo sulla via da Makkah ad al-'Arafah. **10,** 76.
Māzin b. 'Awf, (?) musulmano ucciso innanzi a Buṣra. **12,** 414 nota 1 no. 8.
banū Māzin b. al-Azd. **Intr.** 42 tav. 3; cfr. Ghassān.
banū Māzin b. Manṣūr b. 'Ikrimah b. Khaṣafah. **11,** 126.
banū Māzin b. al-Naǵǵār, tribù di Madīnah (Anṣār). **Intr.** 42 tav. 4; **2,** 43, 88 no. 46; **8,** 122, 157 no. 10; **9,** 27 no. 3; **12,** 394 no. 4.
banū Māzin [b. Šaybān?]. **10,** 29 nota 1; **11,** 146 nota 1,*b*, 163.
mazra'ah = campo seminato. **12,** 25,*b*.
banū Maẓ'ūn. **1,** 36.
ibn Maẓ'ūn, tendenza ascetica di-. **2,** 108; cfr. 'Uthmān b. Maẓ'ūn.
Medi. **12,** 112.
Media. **12,** 119 nota 1, 142 nota 1, 272.
Mediterraneo, mare-. **11,** 4; **12,** 106 nota 1, 111, 137, 303, 327 nota 1,*a*, 370.
Mercato in Madīnah. **Intr.** 92; **2,** 50 — Badr durante il grande- annuale, **4,** 18 — ispettore dei mercati in Makkah. **8,** 157 no. 1.
Mesalliani, setta cristiana. **12,** 148.
Mesene = Babilonide meridionale. **12,** 142 nota 1 no. 5, 144 nota 1.
Mesi sacri. **Intr.** 76 — intercalati, 79.
Mesopotamia. **Intr.** 44, 47, 62 nota 5, 73 nota 1, 112 nota 2, 329; **1,** 38; **9,** 81 nota 2; **10,** 127; **11,** 79 nota 1; 161, 163, 164, 179; **12,** 23 no. 18, 103 — immigrazioni semitiche in-, 111, 113 nota 1,*c*,*e*, 115, 121 nota 2 — 132, 137 e nota 2, 138, 145 nota 1 — 149, 188 nota 5 — Arabi cristiani della-, 222 e nota 2,*a*, 225, 246, 273, 274,A, 327 nota 1,*a*, 394 nota 5 — via commerciale che univa la Siria [Damasco] alla-, 396 nota 3, 425, 426.
Messia. **Intr.** 30 — possibilità che il nome di Muḥammad equivalga a-, 124 nota 1, 177, 335, 355; **11,** 69.
Meteore, caduta straordinaria di-. **Intr.** 177.

Michele il Sirio, patriarca giacobita di Antiochia, cronista (1166.-1199. a. È. V.), **12,** 244 nota 1, 265 nota 1, 348.

Mid'am [† 7. a. H.], schiavo negro di Maometto ucciso a Wādì al-Qura. **7,** 38; **10,** 142 no. 13; cfr. Midgham.

Midgham. **7,** 38; cfr. Mid'am.

Midlāǵ [o **Mudliǵ**] **b. 'Amr b. Šumayṯ al-Sulami,** dei banū Ḥaǵr, C. d. P., presente a Badr, **2,** 85,A no. 28 — fratello di Thaqif b. 'Amr [† 7. a. H.], **7,** 43 no. 2 — e di Mālik b. 'Amr [† 12. a. H.], **12,** 23 no. 82.

al-midra' = camicia delle fanciulle di Makkah. **Intr.** 78.

al-Midrān, luogo tra Madīnah e Tabūk. **9,** 30 no. 18; cfr. Thaniyyah al-Midrān.

Midzwad, luogo nel territorio dei banū-l-Ḥārith b. Ka'b (nel Yaman). **10,** 11 no. 8.

Midyan, regione montuosa del Ḥiǵāz settentrionale. **6,** 11 nota 3 — spedizione di-, **6,** 22; **12,** 107.

Miednikoff, orientalista russo. **11,** 4, 77 e nota 3; **12,** 234 nota 2; 316 nota 1, 319 nota 2, 321 nota 2,*a*, 337, 347 nota 4, 366, 367, 368, 388, 389, 390, 391, 393 nota 1,*b*, 419, 420, 421, 422, 423.

Miele sciolto nell'acqua per i pellegrini. **Intr.** 79.

Mietitura, la- a Madīnah ha luogo generalmente nel mese di Marzo. **3,** 12 — tempo della- dell'orzo a Madīnah. **5,** 21.

Mīfa'ah. **7,** 65 nota 2; cfr. Mayfa'ah.

Miglio arabo (al-mīl). **3,** 1; **11,** 18 nota 1,*b*.

Migrazioni, storia delle grandi- dei popoli asiatici. **12,** 105.

Mihǵa' [**al-'Akki**] [† 2. a. H.], liberto di 'Umar b. al-Khaṭṭāb. **2,** 61 — presente e ucciso a Badr, 85,A no. 57, 87 no. 5.

abū Miḥǵan b. Ḥabīb b. 'Amr b. 'Umayr al-Thaqafi [† 16. a. H.], poeta, si batte contro Maometto a Ṭā'if. **8,** 145, 148, 149, 152; **11,** 209; **12,** 160,A nota 4.

Miḥǵar al-Zurqān, battaglia di- nel Ḥadzawayt; i Musulmani sconfiggono i Kindah, **12,** 78.

Mihrān, cliente del Profeta. **10,** 142 no. 15.

Mihrān, generale persiano. **12,** 164,*f*, 172, 184,*c* e nota 2 — (?) sconfitto ad 'Ayn al-Tamr, 219,*a*; cfr. Mihrān b. Bahrām Ǵūbīn.

Mihrān b. Bahrām Ǵūbīn. **12,** 219,*a*; cfr. Mihrān.

Mihšam, nome di abū-l-'Āṣ b. al-Rabī'. **12,** 435.

Mīkā'īl arcangelo. **Intr.** 221, 227 nota 2.

mikhdab = conca o vasca. **11,** 7.

al-Mikhdzam, celebre spada appesa all'idolo Manāt. **8,** 100; **9,** 20; **10,** 144.

mikhlāf = distretto, termine usato nel Yaman. **9,** 67; **10,** 13; **11,** 98 nota 2, 99, 195 nota 2,*a*.

abū Mikhnaf [**Lūṭ b. Yaḥya**] [† circa 130. a. H.], tradizionista. **11,** 6 note 3 e 5,*a*, 33,*a*, 38, 39,*a* e *b*, 132; **12,** 155,*a* e nota 2,*a*, 165,*a*, 167, 172, 318, 325, 340 nota 1, 342, 366, 388.

Mikhwas b. Ma'dikarib b. Walī'ah, viene a Madīnah con l'ambasciata del Ḥadramawt. **10,** 47 — capo dei ribelli durante la Riddah. **12,** 78 nota 3,*a* no. 2.

Miknāf b. Zayd al-Khayl al-Ṭā'i, fautore dell'Islām durante la Riddah. **11,** 135.

Mikraz b. Ḥafṣ b. al-Akhyaf [o **al-Aḥnaf**] **al-Qurašī,** capo tribù, avversario di Maometto. **1,** 76 — a Badr. **2,** 80 nota 1 no. 15 — a al-Ḥudaybiyyah, **6,** 30, 32, 35; **7,** 70; **8,** 40; **10,** 83 nota 1 no. 2.

al-mīl = miglio arabo. **11,** 18 nota 1,*b*.

Milēs nativo di Raziq (Media superiore). **12,** 142 nota 1.

milḥ = acqua salata. **12,** 192 nota 7.

Milḥān b. Ziyād al-Ṭā'i, (?) prende parte alla conquista della Siria. **12,** 356,*e*, 357,*d*.

millah Ibrāhīm o religione di Abramo. **Intr.** 179 e nota 1, 181.

min dūn = al sud. **12,** 378.

min ṭaraf al-raml = provenienti dal deserto. **12,** 378.

Mina, valle di-, presso Makkah. **Intr.** 68 nota 1, 75, 77, 79, 121, 208 nota 1, 332, 336 nota 2 – giorno dei sacrifizi in-, **2,** 7; **6,** 11 nota 3; **7,** 70; **9,** 66, 73; **10,** 72, 74, 76, 77, 98.

minbar, o pulpito nella moschea. **3,** 1, 25 e nota 1; **6,** 56 — costruzione del-, **7,** 79; **8,** 14, 202 e nota 1; **11,** 163 nota 3,*b*, 190, 203.

Minee (iscrizioni). **9,** 34.

Minei. 10, 80 nota 2; **12,** 73.

Mineo (regno). **11,** 186.

Minǵāb b. Rāšid, tradizionista. **12,** 56.

minhāǵuka = il tuo cammino. **6,** 23.

Miniere di argento. **3,** 66 nota 1.

Minqari, esattore delle tasse del Profeta. **11,** 90 no. 2.

mīqāt = luogo di convegno dei pellegrini. **7,** 69 nota 3.

al-Miqdād b. 'Amr al-Bahrāni, diserta dai Qurayš e si unisce a Maometto. **1,** 76 — ospita gli ambasciatori dei Bahrā, **9,** 83; forse lo stesso che al-Miqdād b. 'Amr b. Tha'labah.

Miqdād b. 'Amr b. Tha'labah b. Mālik, C. d. P. **Intr.** 256 nota 1 — emigra in Abissinia, 277 no. 31 — ritorna a Makkah, 283 no. 12 — portastendardo, **1,** 78 — alla battaglia di Badr, **2,** 46, 85,A no. 40, 88 no. 21 — possessore d'un cavallo, **4,** 18; **6,** 3 — pensionato di Khaybar, **7,** 42; **9,** 39 nota 3 — non riconosce il califfo abū Bakr, **11,** 37 nota 3 no. 6.

Miqyas b. Ṣubābah [o **Ḍubābah**] **al-Laythi,** capo qurašita avversario di Maometto a Badr. **2,** 40 no. 10 — convertito, uccide un musulmano e fugge, **5,** 8 — messo al bando da Maometto, **8,** 73 nota 1 no. 4 — è messo a morte, 84.

Miracolo (il) della luna spaccata. **Intr.** 327 — del sole tramontato, **7,** 48 nota 5 — di Ṭulayḥah, **11,** 130 — miracoli narrati dalla scuola iraqense, **12,** 56.

al-Mi'rāǵ, la leggenda di- o assunzione in cielo di Maometto, **Intr.** 220 — versione di Anas b. Mālik del-, 221, 335; **11,** 48.

Mirba' b. Qayẓi, un cieco, avversario di Maometto in Madinah. **1,** 60 no. 21 — incidente a Uḥud, **3,** 27.

mirbad = stalla per i cameli. **1,** 30.

Mirbad, un luogo nel paese degli Asad. **9,** 12 nota 6.

Mirkhondi [† 903. a. H.], storico persiano. **11,** 139 nota 2.

mīsam al-ṣadaqah = marchio a fuoco messo agli animali della ṣadaqah. **12,** 78.

al-Miṣba'ah. 8, 19; cfr. al-Maṣba'ah.

Misma', tradizionista. **12,** 58; *correggi:* Ma'mar.

Misk al-Dzi·b, pagano, marito di Dughaynah. **3,** 16 no. 13.

Miṣr = Egitto (o Fusṭāṭ = Cairo vecchio). **6,** 22; **11,** 79 nota 1.

Mišrāḥ, un principe del Ḥaḍramawt. **10,** 47 — capo dei ribelli, **12,** 78 nota 3,*a* no. 3.

al-Miṣṣīṣah, città della Siria. **12,** 313 nota 1,*b*.

Miswar b. 'Amr, (?) C. d. P., **12,** 75.

Missione, pretesa- di Maometto all'umanità intera. **6,** 45.

Misṭaḥ b. Uthāthah b. 'Abbād b. al-Muṭṭalib, C. d. P., emigra a Madīnah. **1,** 15 no. 58 — portastendardo, 76 — presente a Badr, **2,** 85,A no. 12 — calunnia 'Ā·išah, **5,** 14 — pensionato di Khaybar, **7,** 42; cfr. 'Awf b. Uthāthah b. 'Abbād.

miswaḥ, o **masūḥ** = il cilicio. **9,** 95.

Miswar b. Makhramah b. Nawfal al-Zuhri, C. d. P. e tradizionista. **Intr.** 147 nota 2 — sua nascita, **1,** 80; **8,** 151 nota 2.

mit'ah (o **mut'ah**) = forma temporanea del matrimonio. **Intr.** 92 nota 1; **10,** 189 nota.

Mithqab, luogo nel Naǵd nel paese degli **Asad. 11,** 146 e nota 1,*a*.

mithqāl = unità di misura dei pesi. **2,** 34 — d'oro, **3,** 9; **6,** 51; **7,** 78 nota 1 — dirham del peso di 10 dirham per ogni sei-, **12,** 162,c, 165 nota 8, 184 nota 3,*b*, 211 nota 1.

Moab. 8, 6; **9,** 24.

Modestus, patriarca di Gerusalemme. **12**, 336 nota 1.

Mogli, evitare una sorpresa alle-, **7**, 50 — numero grande delle- del Profeta, **10**, 139 nota.

Mola che macina i guerrieri, metafora per battaglia. **11**, 138, 139.

Monasteri cristiani in Siria e Palestina. **12**, 162 nota 8, 236, 247, 261, 262, 264.

Monastica, incremento straordinario preso dalla vita- in Oriente, **12**, 261.

Mondo, segnale della fine del-, **5**, 7.

Mongoli. **10**, 89 nota 4; **12**, 108 nota 1.

Monofisismo. **12**, 146, 147 — Armenia cittadella del-, 148.

Monofisiti. **12**, 147, 246, 265 e nota 2.

Monoteismo. **2**, 3.

Monoteletismo, il dogma ufficiale del- escogitato da Eraclio, **12**, 265 nota 3,*a*.

Monsone. **10**, 57 nota 1.

Morgan [**De**], resti di una civiltà progredita scoperti dal- in Susa, **12**, 106 e nota 1.

Mori di Spagna. **Intr.** 1.

Moritz. **12**, 421.

moschea = masǵid o luogo di preghiera; di Qubā, **1**, 29, 31 note 1 e 2 — fondazione della- in Madīnah, 31 — le porte della- di Madīnah, 32 — non illuminata, 32 — costruzione della-, 32 — successivi restauri ed ingrandimenti della- di Madīnah, 33, 37 — la- dimora del Profeta, 54 nota 1, 73 — termine della costruzione della- di Madīnah, **2**, 2 — origine della- e genesi del rito musulmano, 3 — centro religioso, politico e sociale dell'Islām, 3, 5 — dormire nella corte di una-, 6 — di Qubā, 8 — dei banū **Zurayq**, 8 — eretta da abū Bakr, **2**, 45 — mu·a<u>dz</u><u>dz</u>in della- di Madīnah, 91 — di Madīnah, **4**, 5 — di Qubā, 10 — di al-Fa<u>d</u>īḥ, 11; **5**, 14 — costruzione di moschee per opera dei banū Sa'd b. Bakr, 18,A — in Rātiǵ, 25 — di Madīnah, **5**, 47, 49 — di 'Ali, **7**, 6, 14 nota 3 — di 'Ā·išah, 69 nota 3; **8**, 107 — di Madinah, 43, 140 — di <u>T</u>ā·if, 142 e nota 1, 202 — di Tabūk, **9**, 36, 57; **10**, 33 — di <u>Kh</u>umm, 73 — di al·Mušallal, 73 — dopo Lift, 73.

Mosè [Mūsa]. **Intr.** 43, 46 — leggende bibliche sulla giovinezza di-, 112 nota 2, 122 nota 1, 208 e nota 1, 221 e nota 2, 279, 351 nota 1; **1**, 37 nota 1; **2**, 1; **8**, 119, 168 — leggende bibliche sui miracoli di- al Sinai, **9**, 42; **11**, 24, 186; **12**, 393 nota 1,*c*.

Mosè, romito del deserto per nome-. **12**, 262.

Μοθοὺς (Mu·tah). **8**, 11.

Μουχέων. **8**, 11.

Mu'ā<u>dz</u> al-Qāri. **11**, 230 nota 1; cfr. Mu'ā<u>dz</u> al-Ḥāri<u>th</u>.

Mu'ā<u>dz</u> b. 'Afrā al-Anṣāri, C. d. P., vende il fondo dove sorse la Moschea, **1**, 31 — a Badr, **2**, 88 no. 46.

Mu'ā<u>dz</u> b. 'Amr b. al-Ǵamūḥ al-Anṣāri, C. d. P., presente all''Aqabah, **Intr.** 344 no. 52 — a Badr, **2**, 68, 85,C no. 57, 88 no. 24.

Mu'ā<u>dz</u> b. 'Amr b. Qays b. 'Abd al-'Uzza al-Anṣāri al-<u>Kh</u>azraǵi [† 12. a. H.], C. d. P., ucciso ad al-Yamāmah, **12**, 23 no. 88.

Mu'ā<u>dz</u> b. Ǵabal b. 'Amr b. Aws al-Anṣāri [† 18. a. H.], C. d. P., sua nascita, **Intr.** 164 — presente all''Aqabah, 344 no. 56 — unito in fratellanza con Ǵa'far b. abī <u>T</u>alib, **1**, 50; **2**, 14 nota 1 — a Badr, 85,C no. 94; **5**, 74 — sopraintendente in <u>Kh</u>aybar, **7**, 41 no. 9 e 10 — in Makkah, **8**, 118 — istruisce i Makkani, 175, 175,A — portastendardo a Tabūk, **9**, 29 — luogotenente del Profeta nel Yaman, 61, 63 — invio di- e di abū Mūsa al-Aš'ari nel Yaman, **10**, 13 e nota 1, 14 nota 6, 82 no. 10 e nota 3, 143 no. 14; **11**, 2 nota 1, 82 no. 11, 187 e nota 1,*b* — durante la Riddah, 195, 197, 200 — conoscitore del Qurān, 228,*a*,*c* — cognominato abū Ḥalīmah, lettore del Qurān, 229 no. 17; **12**, 76, 237 nota 1,*c*, 356,*d*, 429 nota 1,*b*.

Mu'ā<u>dz</u> b. al-Ḥāri<u>th</u> detto Mu'ā<u>dz</u> al-Qāri, tradizionista e lettore del Qurān, scolaro di ibn 'Abbās. **11**, 230 nota 1.

Mu'ādz b. al-Ḥārith b. Rifā'ah al-Anṣāri, C. d. P., presente all''Aqabah, **Intr.** 344 no. 10 — a Badr, **2,** 85,C no. 131.
Mu'ādz b. Mā'iṣ b. Qays b. Khaladah al-Anṣāri al-Zuraqi [† 4. a. H.], C. d. P., presente a Badr, **2,** 85,C no. 105, 87 nota 1 — ucciso a Bi'r Ma'ūnah, **4,** 6 no. 5 — fratello di 'Ā'idz b. Mā'iṣ [† 12. a. H.], **12,** 23 no. 20.
Mu'ādz b. Muḥ. al-Anṣāri, tradizionista. **11,** 148.
Mu'ādz b. al-Ṣimmah b. 'Amr, C. d. P., presente a Badr. **2,** 85,C no. 182.
mu·adzdzin, colui che chiama i fedeli alla preghiera. **Intr.** 27 — il primo- dell'Islām, **1,** 54; **2,** 15, 91; **9,** 59; **10,** 27, 33, 142,*c,d* — della profetessa Saǵāḥ, **11,** 60 e nota 2 — del falso profeta Musaylimah, 165 e nota 4, 166,*b* e nota 2, 170 nota 1, 172 — di Damasco, **12,** 406.
mu'āhid = confederato. **12,** 84.
mu·ākhāh = unione in fratellanza tra fedeli. **1,** 50 e note 1 e 2.
al-Mu'alla b. Lūdzān b. Ḥārithah b. Rustum al-Anṣāri [† 3. a. H.], C. d. P., ucciso a Uhud. **3,** 54,B no. 54.
Mu'allab b. Ḥārithah al-Thaqafi [† 12. a. H.], (?) C. d. P. ucciso ad al-Yamāmah. **12,** 23 no. 143.
mu·allafah qulūbahum = coloro i cuori dei quali furono guadagnati con doni. **8,** 165 no. 30 e nota 1; **9,** 71 nota 1.
mu'allaqah = attaccato a. **2,** 103 e nota 1; cfr. al-Ma'āqil.
mu'āmalah = affitto, colonia. **7,** 33, 48.
mu'āmalāt. **5,** 88 nota 1.
banū Mu·ammal b. Ḥabīb b. 'Adi b. Ka'b, tribù qurašita (Makkah). **Intr.** 252.
Mu'ammar b. 'Abdallah al-'Adawi, C. d. P., rade la testa di Maometto. **7,** 71.
Mu'ān, nel territorio dei Ǵudzām, Ḥiǵāz settentrionale. **6,** 11 nota 3, 52 — = Ma'ān, **8,** 10 e nota 2 — = Moucheon, 11; **12,** 316 nota 6.
Mu'ānah bint Ǵaršum b. Ǵulhumah, moglie di Ma'add. **Intr.** 45, 47.
al-Mu'anna b. Ḥārithah al-Šaybāni, fratello di al-Muthanna; nella prima campagna persiana, **12,** 195, 197, 219,*a* no. 6.
mu'arras = campo. **2,** 31.
al-mu·arrikh = chi tiene il conto. **1,** 1.
Mu'attab; cfr. Mu'attib.
Mu'attib b. 'Abd [o 'Ubayd] b. Unās b. Taym al-Anṣāri, C. d. P., presente a Badr. **2,** 85,B no. 19.
Mu'attib b. 'Awf b. 'Āmir b. Fadl, C. d. P., emigra in Abissinia, **Intr.** 277 no. 41 — ritorna a Makkah, 283 no. 20 — presente a Badr, **2,** 85.A no 54.
Mu'attib b. al-Fadl b. Ḥamrā al-Khuzā'i, C. d. P., alla spedizione di Qaṭan, **4,** 2 no. 4.
Mu'attib b. abī Lahab, C. d. P., rimane fermo presso Maometto a Ḥunayn, **8,** 123.
Mu'attib b. Qušayr b. Mulayl b. Zayd al-Anṣāri, « Ipocrita » oppositore di Maometto in Madinah, **1,** 60 no. 2 e 8 — presente a Badr, **2,** 85,B no. 25 — critica il Profeta, **8,** 168 — a Tabūk, **9,** 42 — costruttore della Masǵid al-Dirār, 52 no. 3.
Mu'attib b. 'Ubayd [† 4. a. H.], C. d. P., ucciso ad al-Raǵī', **4,** 7 no. 4.
banū Mu'attib, tribù di Ṭā'if. **9,** 59.
Mu'awwidz b. 'Afrā al-Anṣāri, C. d. P., alla battaglia di Badr, **2,** 68, 88 no. 24
Mu'awwidz b. 'Amr b. al-Ǵamūḥ al-Anṣāri, C. d. P., presente a Badr, **2,** 85,C no. 58.
Mu'awwidz b. al-Ḥārith b. Rifā'ah al-Anṣāri [† 2. a. H.]. C. d. P., presente all''Aqabah, **Intr.** 344 no. 12 — a Badr, **2,** 85,C no. 130 — ucciso, 87 no. 14.
Mu'awiyah al-'Udzri, agente del Profeta nell'Arabia settentrionale. **11,** 102.
Mu'āwiyah b. 'Āmir al-'Abdi, pagano ucciso a Badr. **2,** 88 no. 49.
Mu'āwiyah b. Anas, ribelle nel Yaman. **12,** 65.
Mu'āwiyah b. Pulān **al-Wā'ili [Wālibi],** agente del Profeta tra i Sa'd Hudzaym. **11,** 102.
Mu'āwiyah b. al-Mughīrah b. abī-l-'Āṣ, avo materno di 'Abd al-malik [† 86. a. H.], messo a morte da Maometto, **3,** 59.

Mu'āwiyah b. Qays al-Ǵanbi, seguace del falso profeta al-Aswad nel Yaman. **11,** 195.
Mu'āwiyah b. abī Sufyān [† 60. a. H.], C. d. P. e poi califfo umayyade. **Intr.** 22, 24, 41 tav. 2, 133 nota 1, 147 nota 2 — sua nascita, 164, 285, 324 nota 2; **1,** 17 nota 1, 32 nota 1, 34 nota 1, 35 nota 1; **3,** 21 nota 1; **5,** 18, 23, 86, 88 nota 1; **6,** 34 nota 1, 42 — pensionato di Khaybar, **7,** 42, 48 nota 7; **8,** 71, 164, 202 nota 1; **9,** 9, 14, 48, 65 nota 1, 86, 88; **10,** 48, 53 e nota 1, 64, 103, 143 no. 8 e nota 1 — appetito straordinario di–, 143 nota 1; **11,** 97, 160, 173, 202 nota 1, 215 nota 1 — segretario del Profeta, 218 nota 2, 220,*a* no. 15; **12,** 11 nota 2, 23 no. 67, 82 nota 1, 193 nota 2, 318, 370, 380, 429 nota 1,*b*.
Mu'āwiyah b. Thawr b. 'Ubādah b. al-Bakkā, viene come ambasciatore a Madīnah, **9,** 79 no. 1.
banū Mu'āwiyah. **1,** 38 nota 2; **8,** 122; cfr. banū Mu'āwiyah b. Mālik.
banū Mu'āwiyah b. Bakr b. Hawāzin. **Intr.** 41 tav. 1.
banū Mu'āwiyah b. Ǵarwal al-Ṭā·iyyūn, lettera del Profeta ai–, **10,** 36.
banū Mu'āwiyah b. Kindah, un ramo dei Kindah. **9,** 63; **10,** 71, 82 no. 9.
banū Mu'āwiyah b. Mālik b. 'Awf b. 'Amr, tribù di Madīnah (Anṣār). **1,** 38 nota 2; **2,** 85,B; **8,** 122.
Mu'āwiyyah, *correggi*: Mu'āwiyah.
Mu'ayqīb b. abī Fāṭimah al-Dawsi, C. d. P., emigra in Abissinia, **Intr.** 277 no. 12 — ritorna a Madīnah, **7,** 54 no. 9 — sopraintendente delle prede, **10,** 71 no. 17 — tiene il sigillo del Profeta, 142,*b*.
Mubadān Mubad, il pontefice massimo del clero Mazdeista. **12,** 121 nota 2.
mūbadzān mūbadz. **12,** 121 nota 1; cfr. Mubadān Mubad.
Mubaššar. **7,** 44 no. 2; *correggi:* Mubaššir.
mubaššir termine usato nel Qur·ān. **Intr.** 199.
Mubaššir b. 'Abd al-Mundzir b. Zanbar b. Zayd al-Anṣāri [† 2. a. H.], C. d. P., presente a Badr, **2,** 85,B no. 29 — ed ivi ucciso, 87 no. 8; **7,** 44 no. 2.
Mubaššir [b. al-Fudayl], tradizionista. **12,** 19, 377.
Mucheon (Μουχέων) = Ma·āb. **8,** 11.
Mudād, capo ǵurhumita, suocero di Ismā'īl. **Intr.** 69.
Mudād b. 'Abd al-malik al-Kindi, fratello di Ukaydir, viene a Madīnah. **9,** 45.
Mudād b. 'Amr b. al-Ḥārith al-Ǵurhumi, ultimo signore ǵurhumita di Makkah (?). **Intr.** 72.
mudālim invece di muzālim. **12,** 176 nota 3.
Mudar b. Nizār, antenato di Maometto. **Intr.** 41 tav. 1, 47 e nota 1, 48, 49; cfr. banū Mudar.
banū Mudar, grande stirpe araba. **Intr.** 75; **5,** 16 e nota 1; **8,** 25 nota 1, 102; **9,** 3, 36 note 1 e 2 — un uomo dei–, ossia Maometto, **11,** 93, 94 e nota 1, 142, 151, 167,*b*, 188, 189 no. 1.
al-Mudayyaḥ. **12,** 401; *correggi:* Muṣayyakh.
muddah = durata stabilita. **8,** 39.
Mudliǵ b. 'Amr b. Šumayt. **2,** 85,A no. 28; cfr. Midlāǵ b. 'Amr ecc.
banū Mudliǵ b. Murrah, un ramo dei Kinānah, trattato di pace con i–, **2,** 20; **8,** 40, 108 — durante la Riddah, **11,** 98, 104, 119.
Mudrik b. Khūt, nome proprio di Makhrabah al-'Abdi. **10,** 55.
Mudrikah b. al-Yās, antenato di Maometto. **Intr.** 41 tav. 1, 51.
bint Mu·dzin al-Namariyyah, catturata dagli Arabi nell' 'Irāq. **12,** 224.
al-Mufaddal b. Fadālah al-Ǵurhumi, uno dei quattro pagani confederati del Patto Ḥilf al-Fuḍūl. **Intr.** 147.
al-Mufaddal b. al-Muhalhil, tradizionista. **12,** 173 nota 1.
Muǵabbirūn, nome dato ai quattro figli di 'Abd Manāf. **Intr.** 91.
Muǵadzdzar b. Dziyād b. 'Amr b. Zumzumah al-Balawi [† 3. a. H.], C. d. P., presente a Badr, **1,** 60 no. 3; **2,** 65, 85,C no. 37, 88 no. 18, 106 — ucciso a Uḥud, **3,** 54 no. 48.
Muǵāǵ, luogo tra Makkah e Madinah. **1,** 22 nota 1 no. 7.

Muġāḥ = Muġāġ. **1,** 22 nota 1.
Muġāhid, tradizionista. **Intr.** 285 — discepolo in Makkah di ibn 'Abbās. **11,** 230 nota 1.
[**al-**]**Muġālid b. Sa'īd** [**al-Hamdāni**], tradizionista. **11,** 100; **12,** 166,*a*, 167, 191. 193,*a*, 210 nota 1,*a* e *b*, 216.
ibn Muġālid [**b. Sa'īd al-Hamdāni**], tradizionista. **12,** 210 nota 1,*b*.
Muġallal, padre di Fāṭimah la moglie di Ḥāṭib b. al-Ḥārith. **Intr.** 229 no. 27.
Mu'ġam al-šu'arā, le biografie di poeti contemporanei di Maometto; autore al-Marzubāni [† 378. o 384. a. H.]. **12,** 23 no. 39.
Muġammi', cognome dato a Quṣayy quando riunì le tribù disperse dei Qurayš. **Intr.** 76.
Muġammi' b. Ġāriyah b. 'Āmir, « Ipocrita » di Madinah. **1,** 60 no. 15 — uno dei costruttori della Masġid al-Ḍirār. **9,** 52 no. 7.
Muġazzar b. Dziyād. **2,** 106; cfr. al-Muġadzdzar ecc.
Muġġā'ah b. Murārah al-Ḥanafi, viene a Madīnah con l'ambasciata dei Hanīfah, **10,** 33 no. 9 e nota 2 — fatto prigioniero da Khālid b. al-Walīd, **11,** 168 e nota 1; **12,** 2 nota 1. 6 e nota 2, 7 e nota 2, 8, 10,*a* e nota 1, 20 — intermediario per la conclusione della pace con i Ḥanīfah, 24,*a* 25,*a*,*b* e c, 26 e nota 1, 30, 33, 35, 36 no. 1.
ibn Mughaffal, tradizionista. **12,** 173 nota 1; cfr. 'Abdallah b. Mughaffil al-Muzani.
Mughammis, luogo a breve distanza da Makkah. **Intr.** 120.
al-Mughīrah b. 'Abd al-raḥmān b. al-Ḥārith b. Hišām al-Makhzūmi, tradizionista; sua casa in Madīnah. **1,** 35 nota 1 – discepolo di ibn 'Abbās in Siria, **11,** 230 nota 1; **12,** 29.
al-Mughīrah b. Mu'āwiyah b. abī-l-'Āṣ, qurašita fatto prigioniero alla spedizione di al-'Īš. **6,** 8.
al-Mughīrah b. abī Šihāb al-Makhzūmi. **11,** 230 nota 1; cfr. al-Mughīrah b. 'Abd al-raḥmān b. al-Ḥārith.
al-Mughīrah b. Šu'bah al-Thaqafi. C. d. P., sua nascita (614. a. È. V.?). **Intr.** 264 no. 3 — segretario del Profeta, **5,** 90 — a al-Ḥudaybiyyah. **6,** 30 e nota 1 — a Ḥunayn, **8,** 132 — all'assedio di Ṭā'if, 146 — sua condotta equivoca, 149 — ospita profughi thaqafiti, **9,** 10, 12 nota 6 — assiste gli ambasciatori thaqafi, 57, 58, 59; **10,** 4 no. 1, 6 no. 3, 9 no. 6, 36,A, 37, 60, 139 nota, 143 no. 13; **11,** 44, 49, 218 nota 2; **12,** 80 nota 1, 162 nota 8 no. 13, 199,*a*.
al-Mughīrah b. 'Utaybah, q ā ḍ i di Kūfah e tradizionista. **12,** 190, 192, 202 nota 2, 203.
banū-l-Mughīrah [**b. Makhzūm**?], tribù di Makkah. **2,** 31.
al-Mughīthah, stazione nel deserto, prima di al-'Udzayb. **12,** 161, 164,*a*.
m u ġ ī r ū n = coloro presso i quali erano depositate le tasse, ṣ a d a q ā t. **11,** 163.
Muġtami' al-Anhār o Confluenza dei canali. **12,** 160,A. 165,*a*, 228,*b*; cfr. Maġma' al-Anhār.
m u h ā ġ i r = emigrato makkano. **8,** 39; cfr. a l-M u h ā ġ i r ū n.
al-Muhāġir b. abī Umayyah b. al-Mughīrah, C. d. P., nominato dal Profeta suo luogotenente nel Ḥadramawt, **10,** 71 no. 1; 82 no. 11 e note 1 e 3; **11,** 99, 124 no. 3 e nota 1. 190. 199; **12,** 1 e nota 3, 62, 64, 65 nota 4 — invade il Yaman, 70 e nota 1, 71, 72, 73, 74 — invade anche il Ḥadramawt, 76, 77 no. 3 — batte i ribelli; assedia al-Nuġayr, 78 e note 6,*a*,*b* e 8, 80,*a* e nota 1, 83 nota 1, 84. 85, 86, 87, 102.
a l-M u h ā ġ i r ū n = makkani emigrati con il Profeta a Madīnah. **Intr.** 27. 266, 272. 339; **1,** 6 nota 1, 31, 34, 36, 44, 50; **2,** 43 nota 4 — a l-m u h ā ġ i r ī n a l-a w w a l ī n, **3,** 66. 67; **5.** 16 e nota 2, 85, 89 nota 2; **8,** 21, 22 nota 2; **9,** 18 nota 1, 67; **11,** 48, 109 nota 3,*a*. 115, 122. 135, 174; **12,** 12, 44,A, 61 nota 1. 394 nota 1,*b*.
Muḥakkam [**al-Yamāmah**], uno dei principali seguaci del falso profeta Musaylimah, **10,** 33 nota 1; **11,** 166 nota 2; **12,** 2, 3. 6,*a* — sua uccisione, 11,*a*. 20; cfr. Muḥakkam b. Tufayl al-Ḥanafi.
Muḥakkam b. Ṭufayl al-Ḥanafi, cfr. Muḥakkam al-Yamāmah.
Muhalhil b. Zayd [**al-Ṭā'i al-Ghawthi**], seguace del falso profeta Ṭulayḥah. **11,** 130.
al-Muhallab al-Asadi, tradizionista. **12,** 190; cfr. al-Muhallab b. 'Uqbah.
al-Muhallab b. abī Ṣufrah, il celebre generale. figlio di abū Sufrah, il prigioniero di 'Ayn al-Tamr. **12,** 61.

al-Muhallab b. 'Uqbah [al-Asadi], tradizionista. **12,** 190, 197.
ibnah al-Muḥallal bint Ḥāṯib b. al-Ḥārith, emigrata in Abissinia ed ivi morta. **7,** 55 no. 44, 56 no. 22.
Muḥallim, fiume nel Baḥrayn. **12,** 55 nota 5.
Muḥallam b. Gaththāmah b. Qays al-Laythi, C. d. P., uccide un musulmano, **8,** 49 — Maometto lo condanna ad una multa, 184 e nota 1.
Muḥammad (Maometto) non è il vero nome del Profeta. **Intr.** 29, 34 — possibilità che questo nome equivalga a Messia, 124 nota 1, 221; **1,** 44, 45 art. 1 nota 2 e art. 23; **11,** 172.
Muḥammad, tradizionista; cfr. Muḥ. [b. 'Abdallah b. Sawād b. Nuwayrah] e Muḥ. b. Ṯalḥah.
Muḥammad 'Ali, Egiziani in Arabia sotto- nel 1815. **12,** 273.
Muḥammad al-Kalbi. 11, 164; cfr. Muḥammad b. al-Sā·ib al-Kalbi [† 146. a. H.].
Muḥammad al-Nabi = Maometto il Profeta. **1,** 44, 45 art. 1, 46; **5,** 89; **7,** 2; **8,** 180; **9,** 39 nota 2, 79, 92; **10,** 14 nota 1, 40, 48.
Muḥammad al-Nabi Rasūl Allah. 8, 180; **9,** 38 nota 1, 49; **10,** 14, 60.
Muḥammad Rasūl Allāh = Maometto Inviato di Dio. **1,** 45 art. 48 nota 1; **6,** 11 nota 2, 48; **8,** 186; **9,** 7, 8, 45 nota 3, 48, 50, 51, 58 nota 4, 61, 67, 70 nota 1, 74, 87, 89; **10,** 28, 42, 50, 57, 58, 68.
Muḥammad b. 'Abdallah, il Profeta. **Intr.** 41 tav. 2; **6,** 34, 58 nota 2; **10,** 25, 37.
Muḥammad b. 'Abdallah, tradizionista della scuola Iraqense. **12,** 198, 217; cfr. Muḥ. [b. 'Abdallah b. Sawād b. Nuwayrah].
Muḥammad b. 'Abdallah (al-Azdi?) [† 160. a. H.], tradizionista. **2,** 92 nota 1.
Muḥammad b. 'Abdallah b. Ǵaḥš, C. d. P. emigra a Madīnah. **1,** 15 no. 24.
Muḥammad [b. **'Abdallah b. Sawād** (o **Suwād**) **b. Nuwayrah**], tradizionista della scuola Iraqense. **12,** 194, 195, 198, 214,*a*, 217, 218, 384, 408.
Muḥammad b. 'Ali b. abī Ṯālib, sua madre fatta prigioniera dopo al-Yamāmah, **12,** 80.
Muḥammad b. 'Amr, tradizionista. **12,** 428 nota 1,*e*.
Maḥammad b. al-Aš'ath b. Qays, sua nascita, **12,** 82 nota 1.
Muḥammad b. Ǵa'far b. al-Zubayr [† 125. a. H.?], tradizionista. **1,** 23 nota 1 no. 2; **11,** 9, 218 nota 2.
Muḥammad b. Gubayr b. Muṭ'im b. 'Adi b. Nawfal al-Qurašī, dotto, parente del califfo 'Abd al-Malik. **Intr.** 147 nota 2.
Muḥammad b. Ḥabīb [† 248. a. H.], grammatico famoso. **9,** 95 nota 1.
Muḥammad b. Ḥāṯib b. al-Ḥārith, C. d. P.. emigra in Abissinia, **Intr.** 277 no. 47 — viene a Madīnah, **7,** 55 no. 42.
Muḥammad b. abī Ḥudzayfah, C. d. P., nato in Abissinia. **7,** 59 no. 2.
Muḥammad b. Ibrāhīm, tradizionista. **11,** 141.
Muḥammad b. Isḥāq al-Muttalibi [† 151. a. H.], celebre tradizionista e biografo di Maometto. **Intr.** 37 nota 1, 281, 299; **1,** 23 nota 1 no. 1, 65 nota 1 no. 1; **12,** 174,*a* no. 4 — suo avo Yasār fatto prigioniero ad 'Ayn al-Tamr, 394 no. 5; cfr. ibn Isḥāq.
Muḥammad b. Ka'b al-Quraẓi [† 118. a. H.], tradizionista. **Intr.** 253 nota 1, 281, 328; **2,** 94 nota 1; **11,** 228,*g*.
Muḥammad b. Kunāsah [† 200. a. H.], poeta 'abbāsida. **12,** 176 nota 2; cfr. 'Abdallah b. 'Abd al-a'la, suo padre.
Muḥammad b. Ma'n, tradizionista. **11,** 189; **12,** 72; cfr. ibn. Ma'n.
Muḥammad b. Marwān, tradizionista. **12,** 179 nota 1,*a*.
Muḥammad b. Maslamah b. Khālid al-Anṣāri al-Awsi al-Ḥārithi [† 46. a. H.], C. d. P., nascita di-. **Intr.** 143 — presente a Badr, **2,** 85,B no. 11 — uccisore di Ka'b b. al-Aśraf, **3,** 8, 4 e nota 2 — a Uḥud, 26 — emissario del Profeta agli al-Naḍir, **4,** 10, 11, 12 — a Dūmah al-Ǵandal, **5,** 4, 46, 49 — comanda una spedizione, **6,** 1 — e un'altra, 5 e nota 2 — a al-Ḥudaybiyyah, 32 — a Khaybar, **7,** 14, 21, 22, 41, 43 no. 8, 69, 70; **8,** 65; **9,** 26, 29, 87; **10,** 58; **11,** 55 nota 2 no. 17; — luogotenente di abū Bakr in Madīnah, 115, 210 nota 1,*b*.
Muḥammad b. Mūsa, tradizionista. **11,** 6 nota 5,*d*.

Muhammad b. Muslim al-Zuhri [† 124. a. H.], tradizionista. **1,** 65 nota 1 no. 2.
Muhammad b. Nuwayrah, tradizionista. **12,** 194, 195, 214,*a*; cfr. Muhammad b. 'Abdallah b. Sawād b. Nuwayrah.
Muhammad b. al-Sā'ib al-Kalbi [† 146. a. H.], celebre tradizionista. **Intr.** 14 nota 2, 83, 111 nota 1, 117 nota 1, 188; **11,** 97, 135, 137, 211.
Muhammad b. Sīrīn [† 110. a. H.], celebre tradizionista. **11,** 92,*b*; **12,** 176,*a* no. 2 — suo padre Sīrīn prigioniero ad 'Ayn al-Tamr, 219,*a* no. 4, 399.
Muhammad [b. Talhah] b. Zayd b. Rukānah], tradizionista della scuola iraqense, **11,** 139; **12,** 202, 205, 206, 208.
Muhammad b. 'Umar b. 'Ali b. abī Tālib, tradizionista. **11,** 6 nota 5,*d*.
Muhammad b. 'Umar al-Wāqidi [† 207. a. H.]. **2,** 92 nota 1, 96 nota 1; cfr. al-Wāqidi.
Muhammad b. Usāmah b. Zayd b. Hārithah, tradizionista. **11,** 14.
Muhammad b. 'Uthmān b. Safwān al-Thaqafi, tradizionista. **11,** 45, 46.
Muhammad b. abī 'Uthmān, tradizionista. **12,** 189, 201.
Muhammad b. Yahya, tradizionista. **Intr.** 117 nota 3.
Muhammad b. Yūsuf, fratello di al-Haggāg [† 95. a. H.], sua casa in Makkah. **Intr.** 128 nota 8.
Muhammad b. Zayd b. 'Ubayd b. Murrah, suo avo Murrah prigioniero ad 'Ayn al-Tamr. **12,** 176,*a* no. 5.
abū Muhammad [o **abū 'Abd al-rahmān**] **Thābit b. Qays b. Šammās b. Zuhayr al-Ansāri al-Khazragi** [† 12. a. H.], C. d. P., ucciso ad al-Yamāmah. **12,** 23 no. 89.
Muhārib b. Fihr-Qurayš. Intr. 41 tav. 1, 56.
banū Muhārib, tribù della Mahrah. **12,** 63.
banū Muhārib b. Fihr (Qurayš), tribù di Makkah. **Intr.** 41 tav. 1, 56, 86.
banū Muhārib [b. Khasafah], tribù del Nagd (Ghatafān), conflitti con i Musulmani. **3,** 6; **5,** 3 — donne dei-, **6,** 1, 6; **8,** 39 — ambasciata dei-, **10,** 49 — loro dimore, 49 nota 1 — ribelli durante la Riddah, **11,** 115, 118.
Muhaššim, nome di abū Hudzayfah b. 'Utbah. **12,** 23 no. 67 — e di abū-l-'Āṣ b. al-Rabī', 435.
Muhassā o **Mahsā,** (?) luogo presso Nagrān. **10,** 6 no. 3.
al-Muhassir, valle presso Muzdalifah (Makkah). **10,** 76.
banū-l-Muhawwalah, nome di scherno dato ai banū 'Abd al-'Uzza (Ghatafān). **9,** 12 e nota 5.
Muhayyisah [o **Muhīsah**] **b. Mas'ūd,** C. d. P., uccisore d'un ebreo, **3,** 5, 27 nota 1 — uccide i Qurayzah, **5,** 50 — pensionato di Khaybar, **7,** 42 — ambasciatore del Profeta, 47, 68.
Muhīsah b. Mas'ūd. 3, 5; cfr. Muhayyisah.
ibn Muhayrīz, tradizionista. **12,** 68.
al-Muhdathah, stazione tra Taymā ed 'Ammān. **12,** 316 nota 6.
muhdith = misfatto. **1,** 45 art. 22 nota 2.
Muhrimah ibn Šārih al-Hadrami [† 12. a. H.], C. d. P., ucciso ad al-Yamāmah. **12,** 23 no. 90.
Muhriz b. 'Āmir b. Mālik b. 'Adi al-Ansāri, C. d. P., presente a Badr. **2,** 85.C no. 153.
Muhriz b. Nadlah b. 'Abdallah al-Asadi, C. d. P., emigra a Madīnah. **1,** 15 no. 13 — presente a Badr, **2,** 85,A no. 21, 89 no. 15; **6,** 3; **12,** 28 no. 129.
Muir (W.), biografo di Maometto. **Intr.** 9 nota 1, 37 nota 1, 64, 77 nota 1, 88, 113 — teoria immaginata da- per spiegare Maometto, 116, 151 nota 1 — le teorie epilettiche e diaboliche del-, 189, 190, 201, 266, 271, 281, 340 nota 3; **1,** 13, 15 nota 2, 16, 18 nota 2, 44, 45 art. 1 nota 1; **2,** 28 nota 1; **7,** 4, 10 nota 2, 72; **9,** 94 nota; **10,** 88, 105, 108 nota 2, 134 nota 1 — critica della sua ricostruzione cronologica della Riddah e delle conquiste, **11,** 72 nota 1; **12,** 229 nota 1, 234, 235, 234, 335, 421.
Muka'bar al-Fārisi (Fayrūz b. Ġušays), luogotenente persiano in al-Zārah (Bahrayn). **12,** 43, 44, 57 nota 1.
al-Mukaymin, luogo presso al-'Aqīq (Madīnah). **3,** 50.

Mukaytal al-Laythi, C. d. P., a Ḥunayn, **8**, 184.
banū **Mukhallad b. 'Āmir b. Zurayq**, tribù di Madīnah (Anṣār). **2**, 85,C.
al-mukhannath = impotenti a giacere con le donne o ermafroditi o sodomiti. **8**, 151 e nota 1.
Mukhāriq b. al-Nu'mān al-Bakri, ribelle nel Baḥrayn. **12**, 45, 51.
al-Mukharrim, luogo nella Mesopotamia. **12**, 179 nota 1,*a*.
Mukharrim b. Ḥazn b. Ziyād b. Anas b. al-Dayyān al-Ḥārithi, da cui prese nome il paese al-Mukharrim. **12**, 179 nota 1,*a*.
banū **Mukhāšin**, un ramo degli Asad b. Khuzaymah. **11**, 157 nota 2,*a*.
Mukhayrīq (rabbino), sua conversione, **1**, 57, 58 no. 15 — beni lasciati in eredità a Maometto, **4**, 13; **11**, 203 nota 1.
Mukhri, monte tra Madīnah e Badr. **2**, 44.
Mukhri, stazione sulla via tra Taymā ed 'Ammān. **12**, 316 nota 6.
al-Mukhtār b. abī 'Ubayd al-Thaqafi [† 67. a. H.], sua nascita, **1**, 79 no. 3.
mukkā = uccello, (?) donde il nome di Makkah. **Intr.** 71 nota 1.
Muknif b. Zayd al-Khayl, spia di Khālid b. al-Walīd. **12**, 7.
al-Muktamim, luogo tra al-'Aqīq (Madīnah) e Badr. **2**, 45.
Mulā'ib al-asinnah, cognome di abū Barā 'Āmir b. Mālik. **4**, 5.
banū **Mulawwiḥ**, spedizione contro i- in Kadid. **8**, 3.
al-Mulayḥ, luogo tra Awṭās e Ṭā'if. **8**, 140.
Mulayḥ al-Kindi, respinge il Profeta a Mina. **Intr.** 332.
banū **Mulayḥ b. 'Amr**, un ramo dei Khuzā'ah. **Intr.** 166.
Mulayḥah bint Zuhayr, nipote di abū-l-Bakhtari al-'Āṣ b. Hišām. **2**, 106.
Mulayk b. Ḍamrah. Intr. 41 tav. 1.
Mulaykah, madinese, moglie di abū Bakr al-Ṣiddīq. **11**, 18 nota 1,*a*.
Mulaykah [? **al-Kindiyyah**], matrimonio di Maometto con-, **8**, 193.
Mulaykah bint Dāwud al-Laythiyyah. 8, 193, 194 nota 1; cfr. Mulaykah [al-Kindiyyah].
Mulaykah bint al-Ḥulw b. Mālik al-Ǵu'fiyyah, madre di Qays b. Salimah al-Ǵu'fi. **10**, 50.
Mulaykah bint Ka'b al-Laythiyyah, moglie del Profeta. **10**, 139 no. 24.
ibn abī **Mulaykah** [† 117. a. H.], tradizionista, allievo di ibn 'Abbās in Makkah. **11**, 230 nota 1.
Mulayl b. Wabarah b. Khālid b. al-'Aǵlān al-Anṣāri, C. d. P., presente a Badr. **2**, 85,C no. 173.
abū **Mulayl b. al-Az'ar b. Zayd b. al-'Aṭṭāf**, C. d. P., presente a Badr. **2**, 85,B no. 26.
mulk al-samā = regno dei cieli. **11**, 165.
Müller A., storico. **1**, 44, 48 — critica della sua ricostruzione cronologica delle conquiste, **11**, 72 nota 1, 124 nota 4, 235, 284, 385.
mulo bianco. **6**, 49 — ordine vietante il consumo della carne di muli, asini e cavalli, **7**, 24 — grigio di Maometto, **8**, 57.
mulūk = (principi, magnati) al-Šām wa-l-Rūm. **Intr.** 91; **10**, 32, 47; **11**, 218 nota 2 — al-arba'ah, i quattro principi del Ḥaḍramawt, **12**, 78 nota 3,*a* — Fārs, 213.
Munabbih al-Khuzā'i, ucciso dai banū Bakr. **8**, 40.
Munabbih b. Bakr. Intr. 41 tav. 1.
Munabbih b. al-Ḥaǵǵāǵ al-Sahmi, avversario di Maometto in Makkah. **Intr.** 238 no. 8, 248 no. 12, 255 no. 13; **1**, 17 no. 15 — a Badr, **2**, 40 nota 1 no. 9, 52 no. 13 — sua morte 76, 88 no. 41.
al-Munāfiqūn o « Ipocriti », gli oppositori di Maometto in Madīnah. **1**, 41, 60; **8**, 168; **9**, 26, 29; **11**, 224 no. 11; **12**, 23 no. 8.
al-Munaqqā (o **al-Maqqā**), luogo tra Madīnah e Ḏzū-l-Qaṣṣah. **3**, 6.
al-Munaqqa' b. Mālik b. Umayyah b. 'Abd al-Sulami, un capo dei Sulaym alla presa di Makkah. **8**, 21.
mun'aṭaf = corso sinuoso; fiume, valle. **12**, 199,*b*.
Munba'ith, schiavo fuggito da Ṭā'if. **8**, 150 nota 1 no. 3.

al-mundzir = l'ammonitore; uso del termine nel Qurān. **Intr.** 197, 199.
al-Mundzir I, principe lakhmita, assiste Bahrām Ġūr, **12,** 133.
al-Mundzir (III, principe lakhmita), massacra 400 monache, **12,** 134; *correggi*: citazione Rothstein, 61 in Rothstein, 81.
al-Mundzir al-Gharūr, ribelle nel Baḥrayn. **12,** 42; cfr. al-Mundzir b. al-Nu'mān al-Gharūr.
al-Mundzir b. 'Abdallah b. Nawfal al-Ansāri [† 8. a. H.], C. d. P., ucciso sotto Tā·if, **8,** 157 no. 11.
al-Mundzir b. 'Abdallah b. Quwāl b. Waqš. C. d. P., ucciso sotto Tā·if, **8,** 157 no. 11.
al-Mundzir b. 'Āmir [† 4. a. H.], C. d. P., (?) ucciso a Bi·r Ma'ūnah, **4,** 5; forse al-Mundzir b. 'Amr.
al-Mundzir b. 'Amr b. Khunays b. Ḥārithah al-Ansārī [† 4. a. H.], C. d. P., presente all' 'Aqabah, **Intr.** 342 no. 9, 345; **1,** 50 — presente a Badr, **2,** 85,C no. 43 — ucciso a Bi·r Ma'ūnah, **4,** 6 no. 4 — sapeva scrivere, **11,** 224 no. 2.
al-Mundzir b. Gahm, tradizionista. **11,** 94, 143.
al-Mundzir b. al-Ḥārith b. abī Šimr, principe ghassanida; ambasciata di Maometto a-, **6,** 51.
al-Mundzir b. Muḥammad al-Ansāri [† 4. a. H.], C. d. P., ospita gli Emigrati, **1,** 15 no. 64 — ucciso a Bi·r Ma'ūnah, **4,** 5 e nota 1.
al-Mundzir b. al-Nu'mān b. al-Mundzir al-Gharūr, ribelle del Baḥrayn, **12,** 40,*a*, 42, 57 nota 1.
al-Mundzir b. Qudāmah b. 'Arfaǵah b. Ka'b al-Ansāri, C. d. P., presente a Badr. **2,** 85,B no. 55 — custodisce i Qaynuqā', 96.
al-Mundzir b. abī Rifā'ah b. 'Ā·idz [o **'Ābid**], pagano, ucciso a Badr. **2,** 88 no. 33.
al-Mundzir b. Sāwa al-'Abdi, un capo del Baḥrayn e suoi rapporti con Maometto. **6,** 47; **8,** 179, 180, 181, 182, 185 e nota 2, 187, 189 e nota 4 — sua morte, **11,** 103; **12,** 41, 53, 54.
al-Mundzir b. Suwayd b. al-Mundzir, ribelle ucciso nel Baḥrayn. **12,** 57.
al-Mundzir b. 'Uqbah b. Uḥayḥah b. al-Ǵulāḥ al-Ansāri, C. d. P., presente a Badr. **2,** 85,B no. 52.
abū-l-Mundzir. **2,** 88 no. 33; cfr. al-Mundzir b. abī Rifā'ah.
abū-l-Mundzir b. abī Rifā'ah b. 'Ābid b. 'Abdallah, pagano prigioniero a Badr. **2,** 89 no. 23; cfr. però al-Mundzir b. abī Rifā'ah ecc.
abū-l-Mundzir Yazīd b. 'Āmir b. Ḥadīdah, C. d. P., presente a Badr. **2,** 85,C no. 85.
umm al-Mundzir Salma bint Qays al-Ansāriyyah, intercede per un ebreo. **5,** 50 — custodisce una concubina del Profeta, 51.
Mu·nis b. Fadālah, spia di Maometto. **3,** 21.
al-Munqidz b. Ḥayyān al-'Abdi, viene a Madīnah, **8,** 183.
Munqidz b. Nubātah, C. d. P., emigra a Madīnah, **1,** 15 no. 11.
al-Munsaraf (Munsarif), stazione tra Madinah e Badr. **2,** 19 nota 2 no. 4, 44; **10,** 73.
al-Muqaddasi (abū 'Abdallah Muḥ. b. Aḥmad) [† dopo 375. a. H.], geografo. **12,** 316 nota 6.
ibn al-Muqaffa' ('Abdallah) [† dopo 140. a. H.], letterato e storico. **12,** 120.
banū Muqā'is, un ramo dei Zayd Manāt (Tamīm). **11,** 163 no. 2 e nota 1; **12,** 56.
Muqammil, un monte tra Makkah e Madīnah. **5,** 13.
Muqarrin, cognome di 'Ubayd b. Aws b. Mālik b. Sawād. **2,** 85,B no. 17.
abū Muqarrin (o Mufazzir) al-Aswad b. Qutbah, C. d. P. (?), suoi versi. **12,** 160,A nota 4.
muqātil = guerriero. **12,** 74.
Muqatta' b. al-Haytham al-Bakkā·i, tradizionista della scuola Iraqense. **12,** 193 e nota 2.
al-Muqawqis, governatore egiziano, ambasciata di Maometto a-. **6,** 45, 46, 49 e nota 1; **7,** 78 e nota 1; **10,** 142 no. 17.
al-Muqawwam b. 'Abd al-Muttalib, zio del Profeta. **Intr.** 102 no. 11.
ibn Muqlah, wazīr di al-Muqtadir, [† 320. a. H.], proteso creatore della scrittura corsiva araba. **11,** 215 nota 3.
al-Muqri o lettore del Qur·ān, cognome di Mus'ab b. 'Umayr. **Intr.** 337.
Muqtadir [† 320. a. H.], califfo 'abbāsida. **11,** 215 nota 3.

banū Murād b. Madzhiǵ, tribù del Yaman. **Intr.** 42 tav. 3; **10,** 17 — ambasciata dei-, 32 e nota; **11,** 187 e nota 1,*g*, 190, 192.

Murāmir b. Murrah (o **Marwah**), preteso inventore della scrittura araba. **11,** 211 e note 1 e 2,*a*, 212.

murār = frutti amari per curare il vaiuolo. **Intr.** 120.

Murārah b. al-Rabī' al-Ansāri, C. d, P., rimasto addietro alla spedizione di Tabūk. **9,** 27 no. 2[2].

Murāwih, stallone per nome-. **9,** 39 nota 3.

Muraysī', luogo tra Makkah e Madīnah. **Intr.** 14; **4,** 1 no. 9[2] — spedizione di-, **5,** 8-15; **8,** 22 nota 3, 84; **9,** 35 nota 2; **10,** 134 nota 1; **12,** 273.

banū Murhibah, una delle tribù di Gharb. **9,** 66

al-Mu'riqah, strada lungo la riva del mare tra Madīnah e la Siria. **12,** 316,*a* e nota 3, 331.

Murr b. Udd. Intr. 41 tav. 1.

Murrah, padre di 'Ubayd, prigioniero di 'Ayn al-Tamr. **12,** 176,*a* no. 5.

Murrah al-Ḥīri, un messo di Khālid b. al-Walīd. **12,** 213.

Murrah b. 'Abd Manāt. Intr. 41 tav. 1.

Murrah b. Ka'b, antenato del Profeta. **Intr.** 41 tav. 1, 59, 60.

Murrah b. Mālik. Intr. 42 tav. 4.

Murrah b. Udad. Intr. 42 tav. 3.

Murrah b. Zayd. Intr. 42 tav. 3.

Murrah b. Mālik b. Sawād b. Ǵadzīmah al-Dāri, viene a Madinah, **9,** 70 no. 10.

abū Murrah b. 'Urwah b. Mas'ūd al-Thaqafi. 8, 146 no. 1.

banū Murrah. 11, 212; **12,** 219,*a* no. 3.

banū Murrah [**b. 'Awf b. Sa'd b. Dzubyān**], un ramo dei Ghaṭafān. **5,** 23; **7,** 63, 64 nota 1 — ambasciata dei-, **9,** 71; **10,** 120 nota 1 — si uniscono a Ṭulayḥah, **11,** 119.

banū Murrān b. Ǵu'fi, tribù del Yaman. **10,** 50.

mursal = inviato; termine usato nel Qur'ān. **Intr.** 197, 199.

murtaddūn = apostati. **12,** 401.

Mūsa = Mosè. **Intr.** 221, 320.

Mūsa [**b. al-Ghusn**], tradizionista della scuola Iraqense. **12,** 68, 70.

Mūsa b. al-Ḥārith b. Khālid, C. d. P., nato in Abissinia, **Intr.** 277 no. 33 — viene a Madīnah, **7,** 56 no. 8 e 16, 57 no. 7.

Mūsa b. Nusayr [† 97.-98. a. H.], conquistatore dell'Africa, suo padre prigioniero di 'Ayn al-Tamr, **12,** 176 no. 6 e nota 3, 219,*a* no. 2.

Mūsa b. Ṭalḥah, tradizionista. **10,** 135 nota 1.

Mūsa b. 'Uqbah [† 141. a. H.], tradizionista. **Intr.** 271; **5,** 21; **6,** 9; **7,** 12 nota 1, 43 no. 6 e 7; **8,** 40, 175,A; **11,** 10, 27 nota 1,*b*, 79 nota 2, 232 nota 1,*a*; **12,** 23 no. 27, 84, 104, 111, 114, 435.

abū Mūsa al-Aš'ari (**'Abdallah b. Qays**) [† 44.-53. a. H.], C. d. P., sua nascita, **Intr.** 264 no. 4, 266 nota 1, 277 no. 13; **1,** 3; **5,** 93,A nota 1 — viene a Madīnah, **7,** 51, 54 no. 10 — a Ḥunayn, **8,** 130, 138 no. 4 — invio di Mu'ādz b. Ǵabal e di- nel Yaman, **10,** 13, 81 no. 3, 82 no. 3 e nota **8,** 128; **11,** 15 nota 1, 82 no. 11, 195, 230; **12,** 155 nota 15.

abū Mūsa 'Abdallah b. Qays al-Aš'ari, cfr. abū Mūsa al-Aš'ari.

Mus'ab b. 'Umayr b. Hāšim b. 'Abd Manāf [† 3. a. H.], C. d. P., emigra in Abissinia. **Intr.** 275 no. 6, 283 no. 8 — mandato a Madīnah, 337, 338, 341; **1,** 15 no. 65, 50 — a Badr, **2,** 43, 85,A no. 35, 89 no. 15 — a Uḥud, **3,** 25 — sua morte, 38, 54,A no. 5; **12,** 23 no. 2.

al-Musabbiḥ al-Muḥāribi, capo ribelle nella Mahrah, **12,** 63.

Musāfi' b. 'Iyād b. Sakhr b. 'Āmir, pagano, prigioniero di Badr, **2,** 89 no. 51.

Musāfi' b. Ṭalḥah b. abī Ṭalḥah, pagano. **3,** 16 no. 5 — a Uḥud, 33 — sua morte, 55 no. 5.

abū Musāfi' al-Aš'ari, pagano, ucciso a Badr, **2,** 88 no. 27.

Musalla, luogo di preghiere od oratorio in Madīnah. **2,** 7 e nota 1, 67, 91, 101; **6,** 19; **11,** 55, 66 nota 2, 159,*a*.

al-Mušallal, monte tra Makkah e Madīnah. **8,** 100 e nota 2 — moschea di-, **10,** 73.
al-Mušaqqar, luogo nel Baḥrayn. **12,** 42, 45.
abū Musarraḥ Anasah, cliente del Profeta. **10,** 142 no. 8.
Musaylimah b. Khayyib [o **Ḥabīb,** o **Thumāmah**] **al-Kadzdzāb,** il falso profeta, preteso fondatore dei Ḥanīf, **Intr.** 179 nota 1; **1,** 54; **2,** 15; **3,** 49; **10,** 32,A, 33 nota 1 — ambasciatore dei banū Ḥanīfah a Madīnah, 83 no. 8 nota 3, 83,A e nota 1 — si dà per profeta: sue sentenze e disposizioni, 67 — sua propaganda tra i Ḥanīfah e suoi rapporti con Maometto, 67-68 — opinione dello Sprenger su di lui, 69,A, 87, 117, 119 nota 2, 124; **11,** 12 nota 1; 73, 74 e nota 2 — dà la caccia ad 'Amr b. al-'Āṣ, 93 nota 2, 124 no. 2 nota 3, 127, 129 — il suo nome è un diminutivo spregiativo di Maslamah, 135 nota 2 — suoi rapporti con la profetessa Sagāḥ, 160-164 nota 1,*b*, 170-178 — sua pretesa missione profetica, espressioni profetiche, dottrina puritana, istituzioni e precetti, 165-173 — Raḥmān al-Yamāmah, 166 nota 1, 190 e nota 2, 193 — lotta a capo dei Ḥanīfah contro i Musulmani; combatte in 'Aqrabā, perisce (Rabī' I), **12,** 1-20, 23 no. 54, 34, 42, 56 nota 1, 58, 62, 93, 94, 100, 101, 178 nota 1.
ibn Mušaymasah al-Ǵubayri, yamanita, ambasciata del Profeta a lui, **11,** 193 no. 8.
al-Mušayrib, luogo fra Madīnah e al-'Ušayrah. **2,** 20 nota 2 no. 5.
al-Muṣayyakh, luogo nell' 'Irāq al nord di Ḥīrah. **12,** 188, 222 — battaglia ivi combattuta, 223, 224 — e tappa del viaggio di Khālid, 396, 420-422.
Muṣayyakh Bahrā, sorgente in Siria, presso Suwa, nella Quṣwāna. **12,** 222 nota 3, 411.
Muṣayyakh banī-l-Barsā (= al-Muṣayyakh), sito taghlibita fra Ḥawrān e al-Qalt nell' 'Irāq. **12,** 222 note 3 e 5 — battaglia di-, 223.
al-Musayyib b. Naǵabah al-Fazāri, musulmano. **12,** 176,*a* no. 1 — comandante della cavalleria alla battaglia di Buṣrah, 404 nota 1.
ibn al-Musayyib (Sa'īd) [† 90. a. H.], lettore del Qur'ān in Madīnah. **11,** 230 nota 1.
Muschio. **11,** 96 — dell'India, **12,** 55 nota 3.
m u ṣ ḥ a f, il « volume », ovvero lo « scritto » = τὸ γεγραμμένον. **11,** 225 e nota 1.
a l-m u ṣ ḥ a f = il Qur'ān. **11,** 221 no. 4.
abū Mushir, tradizionista. **11,** 3.*d*.
m u s i n n a h = annosa. vacca adulta. **10,** 19.
Musliḥ, monte nel Ḥigāz, non lungi da Badr. **2,** 41.
m u s l i m = colui che professa l'Islām. **Intr.** 179 nota 1.
Muslim (abū-l-Ḥusayn Muslim b. al-Ḥaǵǵāǵ al-Qušayri al-Nisābūri [† 261. a. H.]). sua Collezione di tradizioni, a l-Ṣ a ḥ ī ḥ. **Intr.** 17; **1,** 8, 23 nota 1; **8,** 204; **12,** 429 nota 1,*b*.
Muslim b. Ǵundab, lettore del Qur'ān in Madīnah, **11,** 230 nota 1 — e tradizionista, scolaro di Aslam, **12,** 429 nota 1.*a*.
Muslim b. al-Ḥaǵǵāǵ (= Muslim abū-l-Ḥusayn ecc. ?), tradizionista, **10,** 23.
Musliyyah b. Ḥizzān al-Ḥuddāni, C. d. P., ambasciatore a Madīnah, abbraccia l'Islām. **9,** 87.
banū Musliyyah, tribù del Yaman. segue al-Aswad al-'Ansi. **11,** 189.
m u s n a d = scrittura alfabetica ḥimyaritica. **11,** 214 nota 1.
al-Muṯṭaǵa', nome primitivo dello schiavo. che poi Maometto chiamò al-Munba'ith. **8,** 150 nota 1 no. 3.
al-Musta'ǵilah, sorgente in al-Dabbah, presso Badr. **2,** 87 nota 1.
banū al-Muṣṭaliq, tribù degli Aḥābīš (Khuzā'ah). **Intr.** 305 — spedizione di Maometto contro di essi, **1,** 60. 61 — e loro disfatta in al-Muraysī', **5,** 8-9, 79 — riscossione delle tasse presso i-. **9,** 6; **10,** 71 no. 5; **12,** 23 no. 2.
al-Mustanākh, luogo sulla via Madīnah-Makkah. **7,** 10.
al-Mustanǵid [555.-566. a. H.], califfo 'abbāsida. **9,** 70 nota 1.
m u s t a n f a r ū n = i coscritti (propr. « gli eccitati a combattere » contro il nemico, l i-ǵ i h ā d a l-'a d u w w: cfr. Qur'ān, IX, 41). **12,** 378.
al-Mustanīr b. Yazīd, tradizionista. **12,** 67, 70.

al-Musta'ribah, gli Arabizzati, o tribù immigrate in Arabia. **Intr.** 43.

al-Mustawrid b. 'Amr, C. d. P., testimone al trattato con i Cristiani di Naǵrān, **10,** 60.

m u s ū ḥ = stoffa grossolana fatta con pelo nero (di capra?). **1,** 82.

Musulmani, nota dei primi-, **Intr.** 229 — persecuzione dei-, 251 — liberazione dei- in Makkah, **1,** 67 — che fanno apertamente i banditi, 76 nota 5 — caduti a Mū·tah, **8,** 15 — caduti a Ḥunayn, 138 — in Siria, **12,** 315.

musulmano, genesi di tutto il grande movimento-, **Intr.** 189 (cfr. pure **12,** 115-117) — incantesimo che impediva la nascita di qualunque-, **1,** 79 nota 1 — profonda trasformazione dell'ambiente-in Madīnah, **10,** 114.

m u t ' a h o **m i t ' a h** = matrimonio temporaneo o connubio matriarcale. **Intr.** 92 nota 1; **8,** 98; **10,** 67 nota 3, 139 no. 17, 139 nota.

Mu·tah, paese sito fra Mu'ān e Ma·āb sui confini del Balqā. **6,** 11 nota 3; **7,** 54 no. 1; **8,** 4 nota 1 — spedizione di-, 6-17 — novero dei Musulmani caduti a-, 15, 30, 49, 138 no. 3; **9,** 24; **10,** 90, 104 — motivi della spedizione di-, 105 — seconda spedizione di-, 119, 142 no. 1; **11,** 3,*d*, 4, 5, 56 nota 1, 73, 106,*a*, 107, 109 nota 3,*a*; **12,** 23 no. 15, 202 nota 3, 273, 284 nota 1, 308, 309 nota 2, 373.

m u t a l a f f a f [m u z z a m i l: cfr. Qur·ān, LXXIII, 1] = « avvoltolato » nel mantello. **11,** 139.

al-Muṯālib al-Sulami, C. d. P., guida alla missione di Bi·r Ma'ūnah, **4,** 5.

al-Mutamaṯṯirah, figlia di 'Adi dei Ǵurhum, pretesa madre di 'Adnān. **Intr.** 43.

Mutammim b. Nuwayrah (abū Nahšal al-Yarbū'i) [† dopo 23. a. H.] C. d. P., poeta, fratello di Mālik b. Nuwayrah. **11,** 178, 180 nota 4, 181; **12,** 23 no. 149.

umm Mutammim, in 'Aqrabā. **12,** 8.

Mu'tariḏah, altura in prossimità di Badr. **2,** 47, 48.

Muṯarrif. **9,** 92.

Muṯarrif b. 'Abdallah b. al-A'lam b. 'Amr b. Rabī'ah b. 'Uqayl, C. d. P., ambasciatore dei banū 'Uqayl b. Ka'b a Madīnah, **9,** 74 no. 2.

Muṯarrif b. al-Kāhin al-Bāhili, C. d. P., ambasciatore a Madīnah per parte dei Bāhilah di Bīšah, **9,** 7.

Muṯarrif b. al-Nu'mān b. Maslamah, C. d. P., ambasciatore a Madīnah e poi luogotenente del Profeta tra i Ḥanīfah, **12,** 36 no. 2.

abū Muṯarrif 'Abdallah b. al-Šikhkhīr, C. d. P., ambasciatore dei banū 'Āmir b. Ṣa'ṣa'ah a Madīnah, **8,** 18.

m u t a š a w w i š a h a l-kh ā ṯ i r = bizzarra d'umore. **2,** 108.

al-Muṯayyabūn, o « i profumati », cioè i banū 'Abd Manāf collegatisi in Makkah con patto speciale, **Intr.** 86; **1,** 44 — il cui vincolo continua ad esistere fino al Profeta ed è da lui riconosciuto, **8,** 20, 21 e note 3 e 4.

al-Muthanna b. Ḥārithah b. Salamah b. Ḏamḏan al-Šaybāni [† 14. a. H.], capo dei Bakr b. Wā·il e primo invasore arabo della Persia. **Intr.** 230 nota 1; **11,** 191; **12,** 57, 58 — assiste Khālid b. al-Walid nella prima campagna persiana, 155 e note 2,*b* 4 6,*a* 14, 156, 157, 160,A, 165.*a*, 170,*b*, 174, 175, 180, 184,*a*, 187, 188, 189, 192, 194, 195, 197, 206, 210, 211, 213, 219,*a* no. 6, 222 nota 2,*a*, 227, 228,*b*, 235, 236 — rimane nel Sawād dopo la partenza di Khālid, 394, 396, 399, 401, 408, 412.

al-Muthanna b. Lāḥiq al-'Iǵli, C. d. P., alla battaglia di Ullays, **12,** 202.

ibn al-Muthanna, tradizionista. **10,** 145.

Muṯī' b. al-Aswad b. Ḥārithah b. Naḏlah, C. d. P., uno dei m u · a l l a f a h. **8,** 165 no. 13.

Mutilazioni di cadaveri a Uḥud [sconsigliata da Maometto, cfr. Qur·ān, XVI, 127]. **3,** 51.

al-Muṯ'im b. 'Adi b. Nawfal b. 'Abd Manāf b. Quṣayy, protesta contro abū Ṯālib, **Intr.** 241 — coopera all'abrogazione del Bando contro i banū Hašim, 306 — assume la tutela di Maometto, 330.

al-Muṯ'imūn = gli « alimentatori » od « ospiti », quei pagani che provvederono di cibo i Qurayš nella marcia da Makkah a Badr: varie liste di essi, **2,** 40 e nota 1.

al-Muṯṯalib b. 'Abd Manāf, zio paterno di 'Abd al-Muṯṯalib. **Intr.** 34, 84 nota 1, 85 — stipula un trattato commerciale con i principi ḥimyariti del Yaman, e diventa uno dei mugabbirūn, 91 — muore a Ramdān, 95, 96, 97 e nota 1, 98, 287.

al-Muṭṭalib b. Azhar b. 'Abd 'Awf al-Murri, C. d. P., uno dei primi Musulmani, emigra in Abissinia, 277 no. 27 — e muore ivi, **7,** 55 no. 34.

al-Muṭṭalib b. Ḥanṭab b. al-Ḥārith b. 'Ubayd b. 'Umar b. Makhzūm, pagano dei Qurayš, prigioniero a Badr, **2,** 89 no. 26.

al-Muṭṭalib b. abī Wadā'ah b. Ḍubayrah b. Su'ayd al-Sahmi, pagano dei Qurayš, viene a Madīnah per riscattare i prigionieri di Badr, **2,** 80 nota 1 no. 18, 89 no. 28 — ospita in Makkah Ka'b b. al Ašraf, **3,** 2.

banū-l-Muṭṭalib b. 'Abd Manāf, potente stirpe qurašita di Makkah: loro confusione con i banū 'Abd al-Muṭṭalib, **Intr.** 35 nota 2 — concorrono a rinnovare il ḥilf al-Fuḍūl, 147 — sono compresi nel Bando dei banū Hāšim, 287, 289; **2,** 89 no. 65 — concessione loro fatta dal Profeta dopo il bottino di Khaybar, **7,** 42; **12,** 23 no. 49.

al-muttaqūn = « i timorosi di Dio » cioè i fedeli. **1,** 45 art. 13 nota 1.

muwāda'ah = trattato di pace, patto. **1,** 49.

muwallad = meticcio. **2,** 85,A no. 46 — del Sawād, **12,** 200.

abū Muwayhibah Ruwayqa', C. d. P. e suo liberto. **10,** 142 no. 10 — come tradizionista, **11,** 3,*b*.

Muzāḥim, casa di campagna di 'Abdallah b. Ubayy, il capo degli « Ipocriti » di Madinah, **1,** 65.

al-Muẓallalah, paese concesso dal Profeta come ḥima ai banū Qurrah. **9,** 86 [Yāqūt, IV, 569, conosce una Muẓallalah, forte dei banū Ghani b. A'ṣur, nel Nagd].

Muzaynah bint Kalb, yamanita, moglie di 'Amr b. Udd e madre dei banū Muzaynah. **5,** 17 nota 2.

banū Muzaynah b. Udd b. Ṭābikhah b. al-Yās, tribù della stirpe di Muḍar, nei dintorni di Madīnah. **Intr.** 41 tav. 1, 50 — loro conversione all'Islām, **5,** 16-17 — loro idolo Nuhm, loro genealogia, 17 nota 1 — emigrano in Egitto al tempo delle conquiste, 85 nota 1; **6,** 7 — si rifiutano di seguire il Profeta a Makkah, 26 — partecipano alla banda di abū Baṣīr, **7, 2** — uno di essi schiaffeggia Ǵabalah in Damasco, 81 — partecipano alla marcia di Maometto su Makkah, **8,** 51 e nota 1, 58 nota 1, 61 — alla presa di Makkah, 104 — alla battaglia di Ḥunayn, 122 — pagano le tasse, **9,** 1 — loro accordi con Maometto, **10,** 89 — carattere della loro islamizzazione, 108 nota 1, 120 nota 1, 121, 125. 126 nota 1 — restano fedeli all'Islām durante la Riddah. **11,** 87, 88, 90 no. 12 — combattono gli apostati, 114, 123 nota 2; **12,** 23 no. 2, 89 — seguono Khālid b. al-Walid nell'invasione dell' 'Irāq, 187, 188 nota 1 — partecipano esiguamente alla prima campagna in Siria, 357,*d* e nota 1.

al-Muzayrīb, o el-Muzêrîb, capolinea della ferrovia Damasco-el-Muzêrîb. **12,** 319 nota 2.

Muzdalifah, uno dei luoghi santi del territorio makkano. **Intr.** 68 nota 1 — ifāḍah di-, 75 — accendere il fuoco (wuqūd al-nār) in-, 79 — tutta dichiarata mawqif o stazione di pellegrinaggio, **10,** 76.

n'ab'ah (*Grewia populifolia* o *Chadara tenax*), se ne facevano archi. **12,** 269.

Nabaṭ o **Nabṭ** = Nabīṭ = Anbāṭ = Nabatei, propr.: Nabatei arabi di Siria. **12,** 155 nota 1,*c*.

Nabat b. Ismā'īl b. Ibrāhīm. Intr. 69.

Nabatee, iscrizioni- in al-Ḥigr e al-'Ula. **9,** 34.

Nabatei, vedi 'Amālīq.

Nabatei, popolazione aramaica. discendenti degli 'Amālīq o Amalcciti; abitano nel 1º sec. È. V. una regione vicina al Ḥigāz, **Intr.** 68 nota 2 — stanziati nell'Arabia settentrionale-occidentale. e sulla frontiera sira: loro recinto o mercato in Madīnah, 92; **5,** 1. 4; **9,** 24 — abitano Hibra e 'Aynūn in Siria. 69; **12,** 155 nota 1,*c*.

Nabateo, regno [stabilitosi fin dal 3º sec. av. Cr. nel paese di Edom, Moab e Ammon, con i due centri od emporii Petra e Bostra] nell'Arabia Petrea; sua importanza commerciale; soggiogato dai Romani nel 2º sec. È. V.. **11,** 216; **12,** 927 nota 1,*a*; 394 nota 5.

Nabbāš b. Qays, ebreo dei Qurayẓah, partecipa all'assedio di Madīnah, **5**, 30 — è mandato dai suoi per trattare con Maometto, 46.

Nabhān b. 'Amr... b. Ṭayy, capostipite dei banū Nabhān. **Intr.** 42 tav. 3.

banū Nabhān, tribù qaḥṭānida o yamanita della stirpe di Ṭayy. **1**, 58 no. 10; **3**, 2; **9**, 20; **10**, 35.

nabi, [parola derivata in arabo dall'ebraico e dall'aramaico; cfr. Laur E., *Die Prophetennamen des A. Testaments*, Freiburg i. Sch. 1903, p. 10-38], propr. « annunziatore » quindi « profeta » appellativo assunto da Maometto raramente in Makkah, più spesso a Madīnah. **Intr.** 197-199, 227 nota 1; **5**, 85 nota 4 — dichiarasi tale anche Musaylimah, **10**, 69, 89 nota 4 — nabi Allah, cioè Maometto, **8**, 22 — nabi ummi, « profeta illetterato o non conoscitore di sacre scritture » dichiarasi Maometto, **11**, 218 nota 1.

al-Nabi, per eccellenza, Maometto. **5**, 92; **9**, 8, 58 nota 4; **10**, 64 — al-Nabi Muḥammad, **12**, 162 nota 5 — Muḥammad al-Nabi, **1**, 45 art. 1 nota 2; **9**, 79.

Nābighah al-Dzubyāni [Ziyād b. Mu'āwiyah], poeta preislamita. **12**, 319 nota 2.

abū Nabiqah b. Makhramah, uno dei pensionati di Khaybar. **7**, 42.

banū Nābil, tribù segnalata per la sua abilità nel tiro delle frecce. **12**, 269.

Nabīt = banū-l-Nabīt.

Nabīṭ = Nabaṭ.

banū-l-Nabīt, tribù khazraǵita di Madīnah, compresa nello Scritto costituzionale di Maometto. **1**, 45 art. 9; **4**, 6 no. 15 — novanta di essi prendono parte alla battaglia d'al-Yamāmah, **12**, 16,*a*.

nabiyyūn = tutti i Qurayš divenuti profeti. **12**, 59.

al-Nabk, manhal o tappa sulla via Madinah-Taymā. **12**, 316 nota 6.

nabl = freccia. **12**, 269.

Nabṭ = Nabaṭ; cfr. Nabatei.

Nabt b. Mālik b. Zayd b. Kahlān, capostipite dell'omonima tribù qaḥṭānita. **Intr.** 42 tav. 3.

Nabtal b. al-Ḥārith, dei banū Ḍubay'ah, C. d. P., uno degli « Ipocriti »: suoi rapporti con Maometto, **1**, 60 no. 5 — uno dei costruttori della moschea Masǵid al-Ḍirār, **9**, 52 no. 9.

Nabuccodonosor o **Nabuccodonossor** [propr.: Nabu-Kudur-ussur = « Nebo, proteggi la corona », 2° di tal nome, regnò dal 604. al 562. av. C.], monarca caldeo della Babilonide. **Intr.** 31 — detto dagli arabi Nabūkhadz Naṣar o Bakht Naṣar, 43; **11**, 171 nota 1,*b* — avrebbe fondato Anbār, **12**, 170 nota 1,*c*.

Nabukadrezar = Nabuccodonosor.

Nabūkhadz Naṣar = Nabuccodonosor.

Nābulus [= *Flavia Neapolis*, l'antica Sichem, città della Samaria] nella Palestina. **12**, 316 nota 2.

Nadadūn, paese nella Mahrah bi-l-Naǵd. **12**, 63 [cfr. Yāqūt, IV, 790].

al-Nadari (b. Yāmīn), in Madinah nel 54. a. H., **3**, 4 nota 2.

al-Nadīr, monte da cui avrebbero preso nome i banū al-Nadīr. **4**, 10 nota 1.

al-Nadīr = banū-l-Nadīr.

banū-l-Nadīr, una delle principali tribù ebraiche di Madīnah. **1**, 38 — confederati degli Aws, 39, 45 art. 31 nota 2 — polemizzano contro il Profeta, 58 e no. 10, 60; **2**, 99; **3**, 2, **4** — spedizione di Maometto contro di essi e loro espulsione da Madīnah, **4**, 1 no. 3, 10-14 — emigrano in Khaybar e in Siria, 20 — si collegano con i Qurayš nell'assedio di Madīnah, **5**, 23, 46, 48, 55; **6**, 59; **7**, 33 — tesoro dei-, 36; **10**, 99 — territorio dei-, **11**, 203 nota 1 [loro sedi erano propriamente in Madīnah, Wādi Buṭḥān e Buwayrah, secondo le informazioni di Yāqūt, I, 662-663, 765; il quale, attingendo ad al-Wāqidi e al-Zuhri, IV, 791, deve aggiungersi tra le fonti per la spedizione contro i Nadīr dell'anno 4. H.]; **12**, 270.

al-Nadr b. Kinānah b. Khuzaymah, della stirpe di Muḍar, capostipite dei banū-l-Nadr, o di tutti i Qurayš. **Intr.** 41 tav. 1, 54 e nota 1.

al-Nadr b. al-Ḥārith b. 'Alqamah b. Kaladah al-'Abdari, discendente di Quṣayy. **Intr.** 41 tav. 2 — pagano, uno degli schernitori di Maometto, 248 no. 9, 255 no. 4 — oppone alle arringhe del

Profeta le storie poetiche dei re di Persia, imparate a Ḥirah, 256 e nota 1 — è mandato in Madinah a consultare i Rabbini ebrei, 257 — molesta ed accusa di plagio Maometto, 293, 317 — prende parte al consiglio dei Qurayš nel Dār al-Nadwah, **1**, 17 no. 8 — caldeggia la spedizione di Badr, **2**, 39 — è uno dei Muṭ'imūn, 40 nota 1 no. 7 — e uno dei capi, 52 no. 8 — prigioniero, viene decapitato da 'Ali in Uthayl, 74 — uno degli uccisi di Badr, 88 no. 20.

al-Nadr Qays b. Kinānah = al-Nadr b. al-Ḥārith. **Intr.** 53.

banū al-Nadr b. Kinānah, tribù ismā'īlita della Makkah. **Intr.** 54, 76.

nadzīr = «ammonitore», appellativo dei profeti e di Maometto. **Intr.** 197, 198.

al-Nadwah, «il consiglio» dei magnati makkani, che si radunava nella casa di Quṣayy, detta perciò dār al-nadwah. **Intr.** 78.

Nafath (Nafith ?) b. Farwah b. al-Bada [† 3. a. H], C. d. P., uno degli Anṣār uccisi a Uhud. **3**, 54,B no. 39.

Nāfi', mawla di 'Umar b. al-Khaṭṭāb e scolaro in tradizionistica del liberto Aslam. **12**, 429 nota 1,a.

Nāfi' b. Budayl b. Warqā al-Sahmi al-Khuzā'i, uno dei morti nella spedizione di Bi'r Ma'ūnah. **4**, 5, 6 no. 3.

Nāfi' b. Ġubayr, tradizionista. **10**, 145; **11**, 27 nota 1.

Nāfi' b. abī Nāfi', ebreo di Madīnah, avversario di Maometto. **1**, 58 no. 55.

Nāfi' b. Sahl al-Anṣāri, al-Ašhali [† 12. a. H.], C. d. P., perito ad al-Yamāmah. **12**, 23 no. 91.

abū Nāfi', padre di Nāfi' b. abī Nāfi'. **1**, 58 no. 56.

abū Nāfi' b. al-Azraq al-Khāriġi, fondatore della setta degli Azraqiti. **8**, 150 nota 1.

Nafīs b. Muḥammad b. Zayd b. 'Ubayd b. Murrah, padrone di un castello presso al-Ḥarrah. **12**, 176,a no. 5.

nafrah = spedizione. **2**, 31.

Nafūd, deserto dell'Arabia Centrale. **5**, 94; **9**, 3.

al-Naġaf, lago pantanoso presso Ḥirah. **12**, 133 nota 1,c, 162 nota 8 no. 3 — vi fissa il campo Khālid, 206, 236, 395.

al-Naġafah, luogo tra Baṣrah e il Baḥrayn. **12**, 155,b [cfr. Yāqūt, IV, 761, lin. 12-18].

Naġāši (Negus), il re di Abissinia. **Intr.** 91 — autorizza il viceré Abrahah a bandire il pellegrinaggio alla chiesa di San'ā, 117, 118 — presso di lui trovano sicurezza gli Emigrati Makkani, 269, 283 nota 1, 289 — dona una lancia corta, al-'anazah, ad al-Zubayr b. al-'Awwām, **2**, 91; **5**, 56 — missione di 'Amr b. Umayyah, **7**, 53 — concede due navi agli Emigrati musulmani per rimpatriare, 54, 55 — dona 400 dirham come dote a umm Ḥabibah, sposa di Maometto, 58 — intorno a lui ballano gli Abissini, 75 — 'Amr b. al-'Āṣ e 'Amr b. Umayyah presso di lui, **8**, 1 — muore nel Raġab dell'anno 9. H., **9**, 22; **10**, 83; cfr. al-Naġāši al-Aṣḥam b. Abġar e Negus.

al-Naġāši al-Aṣḥam (o Adḥam) b. Abġar, riceve due ambasciate di Maometto e si converte all'Islām, **6**, 53; **7**, 53; **9**, 22; cfr. al-Naġāši.

Naġbah b. abī-l-Maythā dei banū-l-Šarid, luogotenente di al-Fuġāt Iyās b. 'Abdallah. **11**, 159,a.

Naġd [cfr. Yāqūt, IV, 745.-750.], «altipiano», quello centrale d'Arabia. **Intr.** 45, 52 nota, 309 nota 1; **1**, 17; **2**, 92, 99 — vi penetra l'Islām, **4**, 5, 7; **5**, 1 — la via del-, 8 — mercati del-, vi si vendono donne e bambini degli Ebrei Qurayẓah, 52 — ne emigrano i Ġubaynah, 85 nota 1 — vi abitano i banū Bakr b. Kilāb, **6**, 1 — vi immigrano i Sa'd Hudzaym, 12 — spedizioni nel-, **7**, 60, 61 — la via del-, 61, 62, 65 e nota 2, 66 — vi stanziano i Sulaym, **8**, 23 nota 1, 32 nota 1, 37 — il centro del- occupato dai Kilāb, **9**, 15 nota 1, 15,A, 20 — sede dei Fazārah e dei Murrah, 71-75; **10**, 23 — vi stanziano i Ṭayy presso i monti Aġā e Salma, 85 nota 1 — azione politica del Profeta in tutto il-, 92 — e parte di esso realmente islamizzata, 125-126; **11**, 3,d — apostasia e insurrezione di Ṭulayḥah nel-, 73, 101 — la via del-, 115, 128, 180 nota 1, 180, 241 — clima preistorico del-, **12**, 107 — parzialmente sede primitiva dei Semiti, 109 nota 3 — immigrazioni di tribù Yamanite, Iyād, 113 e nota 1,c — i cavalli nel-, 273, 295 — partecipazione delle tribù del- alla prima campagna d'invasione in Siria, 290 no. 11, 323 e nota 1, 362 nota 1, 373.

Naǵd occidentale. **12,** 290.

Naǵd al-'Ulyā o « superiore ». **10,** 23.

Naǵǵāb b. Tha'labah b. Khazımah b. Asram detto anche Baḥḥāth b. Tha'labah, C. d. P., uno degli Anṣār khazraǵiti, presenti a Badr. **2,** 85 no. 39,C.

al-Naǵǵār b. Tha'labah b. 'Amr b. al-Khazraǵ, capostipite degli omonimi Anṣār. **Intr.** 42 tav. 4.

banū-l-Naǵǵār, tribù Khazraǵita di Madīnah. **Intr.** 92, 188 no. 4; **1,** 30 — concedono al Profeta il terreno per l'erezione della Moschea, 31 e nota 1 — gli offrono cibi, 35. — sono compresi nel Patto costituzionale, 45 art. 7 — partecipano alle fratellanze fra Emigrati e Madinesi, **1,** 50 — loro naqīb o sopraintendente, 52 — Maometto loro naqīb, 87 — presenti a Badr, **2,** 85,C, 93 — loro territorio, **3,** 26 — presenti e uccisi a Uḥud, 54,B — alla divisione del bottino di Khaybar, **7,** 41 no. 6 — a Mu'tah, **8,** 15 no. 6 — ad 'Aqrabā, **12,** 11 nota 2.

banū-l-Naǵǵār, Ebrei dei-. **1,** 45 art. 26, 58.

Naǵǵāriti = banū-l-Naǵǵār. **5,** 44,

banū Nāghisa, antica tribù yamanita, residente in Madīnah. **1,** 38 nota 2.

naǵībah, o **naǵīb** (sott. nāqah) camelo della Mahrah, « piè veloce ». **12,** 63.

Nāǵiyah b. al-A'ǵam al-Aslami, C. d. P., a al-Ḥudaybiyyah, **6,** 29.

Nāǵiyah = banū Nāǵiyah. **12,** 68.

Nāǵiyah b. Ǵundab al-Aslami, C. d. P., mena le vittime sacrificali a Dzū-l-Ḥulayfah. **6,** 25, 26, 29 — e nella 'Umrah al-Qadiyyah, **7,** 69 — portabandiera a Ḥunayn, **8,** 122 — custodisce i cameli per il sacrifizio nel pellegrinaggio dell'anno 9. H., **9,** 73.

Nāǵiyah bint al-Walīd o invece **Fākhitah bint al-Walīd,** moglie di Safwān b. Umayyah. **8,** 78.

banū Nāǵiyah b. Murād b. Madzhiǵ b. Tayy, tribù qaḥṭānita dell'Arabia meridionale. **Intr.** 42 tav. 3 — combattono sotto 'Ikrimah b. abī Ǵahl nell' 'Umān, **12,** 62 — nella Mahrah, 63 — e nel Yaman, 68, 78 nota 5.

abū-l-Naǵm al-Fadl b. Qudāmah, poeta, contemporaneo di al-Farazdaq, suo modo di poetare, **Intr.** 213 nota 1.

Naǵmah, distretto di Rākis nel Yaman [cfr. Yāqūt, II, 785, lin. 11-15 e 953, lin. 12]. Maometto ne conferma il possesso a 'Āṣim b. al-Ḥārith, **10,** 12 no. 9.

Naǵrān, città e territorio del Yaman settentrionale. **Intr.** 48 [cfr. Yāqūt, IV, 751-757] — via Makkah-Naǵrān, **7,** 61 nota 1 — vi si rifugiano alcuni pagani messi al bando da Maometto, **8,** 74; **9,** 3 — i banū Khath'am vi possiedono un villaggio, 13 nota 1 — al-'Aqīq oasi nel-, 74; **10,** 3, 14 e nota 1 — linea Naǵrān-Ma'rib, 32,*a* — regione fra Naǵrān, Rima' e Zabīd, 81 no. 4 e 6, 82 no. 4 e 7 — assalita e occupata dai Madzhiǵ, dominata da al-Aswad, 192 — regione fra San'ā e-, **12,** 65 e nota 4, 67 — al-Muhāǵir vi si unisce con Ǵarīr b. 'Abdallah, 70 — estremi confini del-, 87.

Naǵrān, Cristiani del-, venti di essi abbracciano l'Islām in Makkah. **Intr.** 314 — frequentano Madīnah: discutono con gli Ebrei, **1,** 68 — e con Maometto, 70 — quaranta di essi diventano musulmani, **7,** 55 nota 1 — trattato di pace del Profeta con i-, **10,** 59-61 — invio di abū 'Ubaydah b. al-Ǵarrāḥ tra i Cristiani del-, 62 — i Cristiani di- oppongono resistenza all'Islām, 124; **11,** 82 no. 6 e 7 — i Cristiani di- non partecipano alla Riddah, 187 nota 1,*l*, 189 — loro vescovi, 60 nota 1 — loro fede impregnata di paganesimo, 60 nota 4 — rinnovano con abū Bakr il trattato di protezione e di pace, **12,** 74-75.

Naǵrān, Musulmani del-, pagano la sadaqah e la ǵizyah, **10,** 71 — 'Amr b. Ḥazm, loro governatore, 81 no. 6, 82 no. 7 — ed abū Sufyān loro esattore, **11,** 82 no. 6 — loro apostasia e ritorno all' Islām. **12,** 72.

Naǵrān, Pagani del-, i banū-l-Ḥārith b. Ka'b, si premuniscono contro un assalto del Profeta, **8,** 74 — abbracciano l'Islām, **10,** 3, 14 e nota 1 — apostatano, **11,** 189 — tornan Musulmani, **12,** 72.

Naġrāni, abitanti del Naġrān. **10,** 60 nota 2.

Naġwah bint Nahd, donna dei Tamim, fatta prigioniera dai Musulmani. **9,** 5 no. 3.

Nahār al-Raġġāl (o **al-Raḥḥāl**) **b. 'Unfuwah,** apostata musulmano, ispiratore e consigliere di Musaylimah. **11,** 165 nota 3,*a*.

naḥās = bronzo. **Intr.** 117.

Nahbān, pagano, mawla dei banū Nawfal b. 'Abd al-Manāf, prigioniero a Badr. **2,** 89 no. 48.

banū Nahd, tribù yamanita dei Madzḥiġ (?). **1,** 2 — loro rapporti con Maometto in al-Rawḥā. **6,** 26 — confederati dei banū-l-Ḥārith e presi sotto la protezione del Profeta, **10,** 10 no. 7 e nota 1 — abitano il sud-est del Yaman (?), **11,** 186.

Nahdiyyah, schiava musulmana, liberata da abū Bakr. **Intr.** 252 no. 4-5.

al-Naḥḥām Nu'aym b. 'Abdallah [† 13. a. H.], dei banū 'Adi b. Ka'b, C. d. P., uno dei primi musulmani. **Intr.** 229 no. 34 — perl ad Aġnādayn; cfr. 13. a. H. § 66 no. 33.

al-Naḥḥām b. Zayd, ebreo dei banū Qurayẓah, in Madīnah, avversario del Profeta. **1,** 58 no. 52.

Nāhik b. Aws b. Khuzaymah, inviato da abū Bakr a Ziyād b. Labid nel Ḥadramawt. **12,** 81,*a*.

Nahīk b. Mirdās, sua uccisione in al-Mayfa'ah (?), **7,** 64 nota 1.

al-Naḥīt, tappa tra al-Ruhaymah e al-Qurāy, sulla via Kūfah-'Ammān attraverso il deserto. **12,** 417 nota 3 no. 3.

nāḥiyah = regione, contrada. **10,** 71 no. 5; **11,** 3,*d*; **12,** 341.

nahr o **nahar** = fiume canale. **Intr.** 221; **12,** 165,*a*, 199,*b*; [cfr. Guidi, Sed. Pop., p. 571].

Nahr al-Dam o « il canale sanguigno » presso Ullays nell' 'Irāq: combattimento ed eccidio del-, **12,** 160,A, 165,*a* e nota 3, 202, 228,*b*.

Nahr al-Ghadīr, canale nei pressi di Ḥirah. **12,** 162 nota 8 no. 3.

Nahr 'Īsa, canale fra l'Eufrate e il Tigri, attraverso il Sawād: lambisce al-Anbār. **12,** 170 nota 1,*a*, 415 nota 1.

Nahr al-Mar'ah = il Fiume o Canale della Donna, al nord di Baṣrah. **12,** 155,*a* e nota 15.

Nahr Utt, canale nel Rūdzumistān; origine del nome, **12,** 211 no. 5.

Nahrawān o piuttosto Nihrawān [cfr. Yāqūt, IV, 846-851], vasta regione fra Baghdād e Wāsiṭ, dove avvenne la battaglia fra 'Ali ed i Khawāriġ. **8,** 169 nota 1.

Nahrawān, canale di-, non lungi da Ctesifonte: ivi si arresta la marcia vittoriosa di Eraclio. **12,** 255, 256.

al-Nahrayn, paese dell' 'Irāq nel distretto Istān Bihqubādz al-A'la. **12,** 170 nota 2,*a* — conquistato da Khālid ed amministrato da un suo luogotenente, 211 no. 3.

Nahšal b. Mālik al-Wā'ili al-Bāhili, C. d. P., viene a Madīnah ambasciatore dei Bāhilah, ottiene per i suoi un diploma di esenzione dal decimo, **1,** 45 art. 1 nota 1; **9,** 8; **10,** 7 nota 1.

Nā'ilah, ġurhumita, tramutata da Dio, per i suoi illeciti amori con Isāf nella Ka'bah, in una pietra, **Intr.** 69 — quindi idolo pagano sul colle al-Marwah presso Makkah, 69 nota 2, 100 — sacrifizi e venerazione a-, **8,** 48, 65 — abolizione del culto, 70.

abū Nā'ilah Silkān b. Salāmah b. Waqš al-Anṣāri al-Awsi, C. d. P., coopera all'uccisione del suo fratello di latte, l'ebreo Ka'b b. al-Ašraf, **3,** 3-4 — alla spedizione di Qaṭan, **4,** 2 no. 10 — partecipa all'eccidio degli Ebrei Qurayẓah, **5,** 50 — alle esequie di Sa'd b. Mu'ādz, 53 — portabandiera degli 'Abd al-Ašhal a Ḥunayn, **8,** 122 — ad 'Aqrabā, **12,** 7 — protesta contro il trattato con i Ḥanīfah, 27 — ha in custodia il « quinto di Dio » del bottino, 80.

Nā'im, castello di Khaybar in al-Naṭāh, dal nome del ricco ebreo suo proprietario, espugnato dai Musulmani. **7,** 16, 18 e nota 1, 22, 41 no. 18, 43 no. 8, 47 [cfr. Yāqūt, IV, 732, lin. 10-11].

Nā'im al-Asadi, compera abū Farwah 'Abd al-raḥmān b. al-Aswad e lo rivende ad 'Uthmān. **12,** 176 nota 3.

al-Nakha' b. 'Amr... b. Ġald b. Madzḥiġ, capostipite dei banū-l-Nakha'. **Intr.** 42 tav. 3.

banū-l-Nakha', tribù yamanita dei Madzḥiġ, a mezzodi di Makkah, prima ambasciata a Madīnah, **7,** 82 e nota 1 — convertonsi all'Islām, **10,** 17, 105, 120 nota 1 — seconda ambasciata, **11,** 1-2,

186 — ignorasi qual condotta tenessero durante la Riddah, 187 nota 1,*a* — non seguono al-Aswad, 189 — si uniscono ad 'Ikrimah b. abī Ǵahl, **12**, 68.

Nakhab o **Nakhib** [cfr. Yāqūt, IV, 766-767, lin. 6-7], wādi tra Liyyah e Ṭā'if, sulla via al-Dayqah-al-Yusra. **8**, 140.

al-Nakha'i, lettore del Qur'ān in Kūfah. **11**, 230 nota 1.

al-nakhalāt al-sumr = palme scure, cioè rigogliose. **12**, 155 nota 6,*a*.

Nakhbār, presso Ḥawrā, sulla riva del Mar Rosso. **2**, 41.

Nakhl [luogo dei Ghaṭafān nel Naǵd; cfr. Yāqūt, IV, 867, lin. 17-18], presso il monte Dzāt al-Riqā'. **5**, 2 — Maometto ne concede il possesso a Bilāl b. al-Ḥārith al-Muzani, 18.

Nakhlah [al-Šāmiyyah], luogo nel Ḥiǵāz, a nord di Makkah; spedizione di-, **2**, 20 nota 1, 21 e note 1-3,*d* [cfr. Yāqūt, IV, 769 lin. 3 e seg., dove sono enumerate altre due Nakhlah, di cui una pur nel Hiǵāz, a una giornata da Makkah sulla via del Yaman], 31, 34, 51; **5**, 68, 69 — santuario di al-'Uzza nella valle di-, **8**, 102 e nota 1.

Nakhlah [al-Yamāniyyah], luogo nel Ḥiǵāz. **Intr.** 56 — Maometto vi converte i ǵinn, 329, 330; **2**, 21 nota 2 [Yāqūt, IV, 769 lin. 3 e seg.]; **8**, 25 nota 1 — Musulmani a Ḥunayn vi inseguono i banū Ghiyārah, 124, 130, 140, 159.

namakka = abbiamo fischiato. **Intr.** 71 nota 1.

namasa = manifestò il segreto, confidò ecc. **Intr.** 208 nota 6.

al-Namir b. Qāsiṭ b. Hinb b. Afṣa... b. Nizār, capostipite della tribù omonima. **Intr.** 41 tav. 1.

al-Namir b. Wabarah b. Taghlib... b. Ḥimyar, capostipite dell'omonima tribù yamanita. **Intr.** 42 tav. 3.

banū-l-Namir b. Qāsiṭ, celebre tribù ismā'īlita della stirpe di Nizār Rabī'ah [nella 2ª metà del sec. VI, È. V. si trasportano dal Naǵd] in Mesopotamia. **Intr.** 47 — inizio di loro conversione, 252 nota 3; **2**, 85,A no. 48 — apostatano, **11**, 87 no. 16, 88 — un gruppo di essi segue la profetessa Saǵāḥ, 163 — nel Baḥrayn, **12**, 57 — combattono con i Persiani e sono fugati da Khālid, 178, 184,*b*, 188 nota 5, 219,*a*, 226, 399, 401 nota 2, 412.

ibn ukht al-Namir. 12, 219,*a* no. 10.

Namirah, luogo nel Ḥiǵāz, presso 'Arafah, nel territorio sacro makkano [cfr. Yāqūt, IV, 813, lin. 16-21]: vi si ferma Maometto nel Pellegrinaggio d'Addio. **10**, 76 — abbeveratoi e bassure palustri di-concessi dal Profeta a Yazīd b. al-Muḥaǵǵal, 9 no. 6.

al-naml, propr. « formica », quindi pustole maligne: punizione inflitta da Dio ai Ǵurhum. **Intr.** 71.

Nāmūs o **Nāmūs al-akbar**, « il Confidente » o « il più gran Confidente [di Dio] », cioè l'Arcangelo Gabriele. **Intr.** 208 e nota 6.

al-Naq', [? luogo presso Makkah dalla parte di Ṭā'if: Yāqūt, IV, 805, lin. 19-20], vi si rifugia Ṭulayḥah. **11**, 146 nota 2,*b*.

Naqama, luogo nel Ḥiǵāz, tra Madīnah e Khaybar [Yāqūt, IV, 806, lin. 8-11]. **5**, 24; **7**, 10.

Naqb banī Dīnār min banī-l-Naǵǵār, gola tra Madīnah e Fayfā al-Khabār. **2**, 20 e nota 2 no. 1, 43 nota 1.

Naqb al-Madīnah = Naqb banī-l-Dīnār. **2**, 44.

al-Naqī', valle del Ḥiǵāz a 20 farsakh da Madīnah sulla via del Mar Rosso. **5**, 11 — pascoli di-, riservati per i cavalli militari, 13 [Yāqūt, IV, 808, lin. 16 e segg.].

naqīb (pl. nuqabā) = soprastante, sopraintendente, rappresentante, delegato e simili. **Intr.** 340 — i- d''Aqabah, 342 e nota 1, 345 — loro elezione, 359 e nota 1 — dei banū-l-Naǵǵār, **1**, 52, 84; **2**, 18, 87 no. 7.

naqīd = suono che emetteva una colonna nella moschea di Ṭā'if, ogni giorno al sorgere del sole. **8**, 142 nota 1.

al-Naqirah, luogo nel Naǵd, verso Mayfa'ah [cfr. Yāqūt, IV, 804, lin. 3 e segg.]. **7**, 65 nota 2.

al-Naqrah, luogo sulla strada Madīnah-Kūfah. **3**, 66 nota 1; **7**, 65; **11**, 112 nota 1; **12**, 155 nota 9,*a* [cfr. Yāqūt, IV, 804, lin. 16-17].

banū-l-Nār, tribù Ghifārita. **2,** 44.

Narsa, madre di Ṭamahīǵ o Kāmurzād. **12,** 155 nota 15.

al-Našā = al-Našāt bint Rifā'ah. **10,** 139 no. 14.

al-Nasā·i [† 302. a. H.] (abū 'Abd al-raḥmān al-Khurāsāni), autore di una Raccolta di tradizioni o S u n a n. **8,** 204; **12,** 23 no. 145.

n a š a m o **i ḏ ā ḥ** = *chadara velutina*, pianta della regione montuosa d'Arabia, del cui legno facevansi gli archi. **12,** 269.

al-Našāt bint Rifā'ah, moglie del Profeta, ripudiata. **10,** 139 no. 14.

al-Nasi [propr. « ritardo » o « differimento », cioè intercalazione triennale di un mese lunare, per ridurre così il triennio lunisolare approssimativamente eguale a tre anni solari]. **1,** 9 nota 2, 10-13 — la funzione o carica dello intercalatore, detto n a s ī o q a l ā m i s, **Intr.** 75, 79 e **nota 1** — cosa e carica sono abolite da Maometto. **10,** 77.

Nāṣir, uno dei ǵ i n n o demoni convertiti da Maometto. **Intr.** 329 nota 1.

n a s k h i o « scrittura », carattere più comune o corsivo della scrittura araba. **11,** 216.

Naṣr, divinità pagana degli Arabi preislamitici, d'origine siriaca (?). **Intr.** 62 nota 5.

n a ṣ r a l-n a b i = « recar soccorso al Profeta »: dovere imposto agli Aslam. **8,** 22 nota 2.

a l-n a ṣ r w a-l-n a ṣ ī ḥ a h = « il soccorso ed il consiglio », cioè l'appoggio materiale e morale: patto giurato dai banū Ašǵa' al Profeta. **5,** 94.

Naṣr al-Iskandari abū-l-Fatḥ b. 'Abd al-Raḥmān [† 560. a. H.], geografo, una delle fonti di Y ā q ū t [V, 32-45; *Reg.* 743]. **11,** 4.

Naṣr b. 'Āṣim, lettore del Qurān in Baṣrah. **11,** 230 nota 1.

Naṣr b. al-Azd b. al-Ghawth . . . b. Kahlān, eponimo di una tribù yamanita. **Intr.** 42 tav. 3.

Naṣr b. al-Ḥārith b. 'Abd al-Ẓafari al-Anṣāri al-Awsi dei banū 'Abd b. Razāq b. Ka'b, C. d. P., presente a Badr, **2,** 85,E no. 18 — partecipa alla spedizione di Qaṭan, **4,** 2 no. 13 — all'eccidio degli Ebrei Qurayẓah. **5,** 50.

Naṣr b. Mu'āwiyah . . . b. Hawāzin . . . b. Muḏar, eponimo di una tribù ismā'ilita. **Intr.** 41 tav. 1.

abū Naṣr al-Tammār ('Abd al-Malik b. 'Abd al-'Azīz), tradizionista, presso Balāḏuri. **12,** 173,*b*.

banū Naṣr b. Mu'āwiyah . . . b. Hawāzin . . . b. Muḏar, tribù ismā'ilita, del Ḥiǵāz orientale, una delle quattro stirpi formanti l''Uǵz Hawāzin. **7,** 61 nota 3 — combattono contro i Musulmani, **8,** 113, 114 — pagano la ṣ a d a q a h, **9,** 18 — restano fedeli all'Islām nella R i d d a h, **11,** 87, 88.

n a s s ā b = « genealogista ». **Intr.** 31 nota 3.

Nasṭās, m a w l a di Umayyah b. Khalaf. **2,** 89 no. 57-58.

Nasṭūnā b. Baṣbahra, padre di Ṣalūbā b. Nasṭūnā, uno dei d a h ā q ī n dell''Irāq. **12,** 211.

Nasṭūr, nome di un romito cristiano (Nestoriano), che avrebbe predetto la missione profetica di Maometto. **Intr.** 114 e nota 2, 154 nota 1.

al-Naṭāh, una delle tre contrade o parti della vallata di Khaybar, **7,** 8, 10 — suoi castelli degli Ebrei, 14, 16, 17, 18, 20, 22. 23, 27, 28 e nota 2, 29, 31, 36, 38 — divisione delle sue terre fra i Musulmani, 41 e nota 1.

Nave [s a f i n a h, pl. s u f u n, f u l k ecc.: la nave nel Qurān (v. f u l k) è additata come segno della onnipotenza divina. Sul pochissimo sviluppo della nautica presso gli Arabi, cfr. G u i d i, S e d. P o p., p. 600 nota 10] — nave mercantile greca, naufragata presso al-Šu'aybah, e dal cui legname si fabbrica il tetto della Ka'bah. **Intr.** 167.

Navi abissine del Mar Rosso. **Intr.** 109 nota 1 — egiziane-bizantine. trasportano nel Yaman le milizie abissine invaditrici, id. — naufragio del figlio del Naǵāši su una di esse, **6,** 53 — due concesse dal Naǵāši per il rimpatrio degli Emigrati makkani, **7,** 54.

a l-n a w ā ḏ i ḥ (plur. di n ā ḏ i ḥ) = « cameli irrigatori ». **11,** 119.

n a w ā ḥ = « noccioli di datteri » (?). **7,** 42.

n a w ā · i b (plur. di n ā · i b) = « luogotenenti ». **7,** 41.

nawāqīs (plur. di nāqūs, sir. nāqōšā: cfr. Guidi, Sed. Pop., p. 602) = ἅγια ξύλα, specie di crepitacolo di legno, poi « campane ». **12,** 164,*d*.

al-Nawār, moglie di Ṯulayḥah, si salva con lui in Siria. **11,** 139, 141.

nawāṣi plur. (di nāṣiyah) = « ciuffi frontali dei capelli »: taglio dei- e superstizione pagano-musulmana ad esso annessa. **12,** 78 nota 7.

al-Nawawi (abū Zakariyyā Yaḥya b. Šaraf b. Mirā b. Ḥasan b. Ḥusayn b. Ǵamā' b. Ḥizām al-Ḥizāmi al-Ḥawrāni Muḥyī al-dīn al-Šāfi'i) [† 676. a. H.], storico biografo. **Intr.** 281; **9,** 69 nota 1; **12,** 351 nota 1,*b*.

Nawfal b. 'Abd Manāf b. Quṣayy b. Kilāb, qurašita: sua autorità in Makkah, **Intr.** 84 nota 1, 85 — conchiude un patto commerciale con i Sassanidi, 91, 95 — usurpa l'eredità del nipote 'Abd al-Muṭṭalib e litiga con lui, 97 e nota 1 [Wüst., *Reg.*, 336; Qutaybah, 34 lin. 13; Durayd, 54].

Nawfal b. 'Abdallah b. al-Mughīrah b. 'Abdallah al-Makhzūmi [† 5. a. H.], pagano di Makkah, sfugge da Nakhlah. **2,** 21 — ucciso durante l'assedio di Madīnah. **5,** 33, 43 no. 2.

Nawfal b. 'Abdallah b. Nadlah b. Mālik al-Anṣāri al-Khazraǵi [† 3. a. H.], C. d. P., del ramo dei banū-l-'Aǵlān, dei banū Sālim, presente a Badr. **2,** 85,C no. 28 — ucciso a Uḥud, **3,** 54,B no. 44.

Nawfal b. 'Āmir, musulmano perito nella Wādi al-Aḥmar. **12,** 365 nota 1 no. 2.

Nawfal b. Asad b. 'Abd al-'Uzza ... b. Quṣayy, eponimo di una tribù ismā'ilita. **Intr.** 41 tav. 2.

Nawfal b. Dārim [† 12. a. H.], musulmano, morto nella waqa'ah Filasṭīn. **12,** 363 nota 2 no. 3.

Nawfal b. al-Ḥārith b. 'Abd al-Muṭṭalib b. Hāšim al-Qurašī al-Hāšimi [† 15. a. H.], C. d. P., già pagano, fatto prigioniero a Badr. **2,** 89 no. 2 -- a Ḥunayn, **8,** 123 [Wüst., *Reg.*, 336; Qutaybah, 61, lin. 19-21; Durayd, 42, lin. 5; Nawawi, 602].

Nawfal b. Khuwaylid b. Asad [b. 'Abd al-'Uzza, Asad Qurayš] [† 2. a. H.], pagano, accanito avversario del Profeta, uno dei muṭ'imūn e capo dei Qurayš a Badr, **2,** 40 nota 1 no. 5, 52 no. 5 — prigioniero, è ucciso da 'Ali, 70, 88 no. 19 [Wüst., *Reg.*, 336; Qutaybah, 112, lin. 19-20].

Nawfal b. Mu'āwiyah [b. Nufāthah (o **'Amr** ?) **b. 'Adi] al-Du'ili** [† 64. a. H. ?], capo dei banū Nufāthah, Bakrita dei Kinānah, C. d. P., già pagano, a Badr, uccide Yazid b. al-Ḥārith, **2,** 87 no. 9 — a Uḥud, **3,** 16 — uccide 'Amr b. Qays, 54,B no. 56 — [si rende musulmano, dopo l'assedio di Madīnah, Qutaybah, 160, lin. 18] — prepara l'aggressione dei Khuzā'ah, **8,** 40 — all'assedio di Ṭā'if, con Maometto, 153 — esattore della tassa tra i Fazārah, **11,** 90 no. 10, 112; [Wüst., *Reg.*, 336; Qutaybah, 160; Durayd, 107, lin. ult. del testo; Aghāni, *Ind.*, 679; Nawawi, 602-603].

Nawfal b. Mu'āwiyah b. 'Urwah b. Ṣakhr, C. d. P., uno dei mu'allafah, in al-Ǵi'rānah, **8,** 165 no. 21.

banū Nawfal b. 'Abd Manāf b. Quṣayy, tribù ismā'ilita della stirpe di Muḍar, ad Aḥyā. **1,** 76; **2,** 21 no. 5 — a Badr fra gli Emigrati, 85,A no. 30-31; **11,** 126.

banū Nayf, antica tribù araba di Madīnah, ramo dei banū Bali. **1,** 38 nota 2.

nazala 'alayhā = fissò il campo contro essa (Cesarea). **12,** 348 nota 1.

nāzil bi-awwali al-Šām = accampava sui confini della Siria. **12,** 363.

Naysābūr o **Nīsābūr,** città del Khurāsān. **11,** 190 nota 4 [cfr. Barbier de Meynard, *Dict. géogr. de la Perse,* 577-582].

al-Nāẓim, pozzo concesso dal Profeta ad abū Rūzin Laqīṭ b. 'Āmir. **9,** 74.

al-Nāziyah, fonte sulla via Madīnah-Badr, fra Munṣaraf e Wādi Raḥqān [cfr. Yāqūt, IV, 728, lin. 7-13].

Nebuchadnezzar, re di Babilonia. **Intr.** 43; cfr. Nabuccodonosor.

Negri Sudanesi, danze barbare eseguite da- nel cortile della moschea di Madīnah. **2,** 6.

Negus o re d'Abissinia, invade il Yaman con navi bizantine. **Intr.** 109 nota 1 — ambasciata dei Qurayš al-, 268 — Auxomis sua capitale, 272 — riceve gli ambasciatori qurašiti e i musulmani, 278-279 — sua leggendaria conversione, 279 nota 1 — ambasciata di Maometto al-, **6,** 45 e nota 1, 53; **8,** 1 nota 1, 15 no. 1 — morte del- **9,** 22; cfr. Naǵāši,

Neo-musulmani non-arabi: fermento intellettuale che essi destano nell'Islām. **Intr.** 22.

Nestorianesimo (duofisismo), trionfa nella Persia Sassanida. **12,** 146 — lotta contro il Monofisismo giacobita, 147 — contro le sette dei Mesalliani e Ḥenaniani, 148.

Nestoriana, chiesa- nella Babilonide, estende le sue ramificazioni nell'Asia centrale e in Cina. **12,** 137.

Nestoriani della Persia sassanida. **12,** 265 nota 2.

Nestorio [† circa 440. È. V.]. **12,** 146.

al-Nibāǵ, villaggio nella Yamāmah, fra l' 'Irāq e Makkah. Combattimento di-, **11,** 163 e note 3,*d* e 4; **12,** 6 nota 3 — luogo di concentrazione delle milizie di Khālid prima d'invadere l' 'Irāq, 155,*a* e note 2,*b* e 9,*a*, 159, 165,*a* e nota 2, 188, 228,*b*, 234, 235.

nibq o **nabiq** o **nabiqah** = i frutti del loto, al-sidrah al-muntahah, nel Paradiso. **Intr.** 221.

Niceforo = Nicephorus. **12,** 309, nota 3.

Nicephorus [Costantinopolitanus, cronista bizantino, patriarca di Costantinopoli, 805.-816. È. V.]. **12,** 308, 309 nota 3, 336,

Nicetas, generale dell' imperatore Eraclio. **12,** 248 nota 1.

Nicopolis (Islāḥiyyah) a sud di Singirli. **11,** 216 [si corregga la citazione: WZKM., vol. VIII].

Nigād b. 'Uthmān, C. d. P., uno dei costruttori della Masǵid al-Ḍirār. **9,** 52 nota 1.

Nihāwand o **Nahāwand,** città persiana a tre giornate da Hamadān; battaglia di-, **11,** 146 nota 2,*b*; **12,** 284.

banū Nihm, tribù yamanita della stirpe di Gharb, ramo dei Hamdān ... b. Kahlān ... b. Qaḥṭān. **9,** 66.

Nikā o « Vinci »! insurrezione popolare celebre con il nome-, scoppiata a Bisanzio, sotto Giustiniano. **12,** 242.

Nilo e le sue sorgenti. **12,** 107 — paragone tra la valle del- e quella Tigro-eufratica, 132 — eserciti persiani sino alle rive del-, 254.

ni'mah = « favore » o « grazia » della missione profetica. **Intr.** 218.

Ninive [Nīnawa; cfr. Yāqūt, IV, 870-871 e *pass.*], tende al dominio della via commerciale fra il Mediterraneo e il Golfo Persico, **12,** 111 — glorie di-, 113 — vittoria di Eraclio presso-, 255 — i re di- importano dalla Media i cavalli, 272 — eserciti assiri muovono da- alla conquista della Siria, 396 nota 3.

Nīq al-'Uqāb, « cima dell'aquila », luogo sulla via Makkah-Madīnah [presso al-Ǵuḥfah; cfr. Yāqūt, IV, 860], **8,** 54.

Nisābūr = Naysābūr. **11,** 190 nota 4.

Nisībīn o **Nasībīn,** città in Mesopotamia [*col. Iulia Septimia Nisibis Metropolis*: v. Assmann J., *De coloniis oppidisque romanis, quibus imperatoria nomina vel cognomina imposita sunt*, Langensalzae 1905, p. 136; cfr. Yāqūt, IV, 787, lin. 9, 789]; ǵinn provenienti da-, **Intr.** 329 — diocesi cristiana della Persia, rappresentata al concilio di Seleucia (410. a. È. V.), **12,** 142 nota 1 capoverso 4° no. 1 — i banū Rabī'ah nei dintorni di-, 113 nota 1,*c*.

Nistar, uno dei 5 ṭassūǵ o cantoni dell' istān o distretto amministrativo di Bihqubādz al-Asfal nel Sawād. **12,** 160,A nota 3 no. 3 — amministratore musulmano di-, 211 no. 4.

niswah banāt Qaylah = donne figlie di Qaylah: scritto concesso da Maometto in loro favore. **9,** 91.

al-Nizar, castello degli Ebrei di Khaybar, si arrende ai Musulmani. **7,** 29, 30.

Nizār b. Ma'add b. 'Adnān b. Udd (o **Mayda'**), eponimo delle stirpi ismā'ilite. **Intr.** 41 tav. 1, 44 nota 1, 45 — sua famiglia e figliolanza, 46, 47 e nota 1, 48, 96 nota 1 [Wüst., *Reg.*, 337; Qutaybah, 30-31; Durayd, 20, lin. 6 e seg.].

Nizariti, stirpi cioè settentrionali d'Arabia o ismā'ilite, loro rivalità con i Yamaniti, **12,** 290 [Aghāni, *Ind.*, 668].

Nobiltà del sangue: importanza di essa fra gli Arabi. **Intr.** 36; **5,** 17 nota 3 — gradi di- fra i Persiani, **12,** 193 nota 1,*a*.

Noè (ar. Nūḥ). **Intr.** 30, 32 — popoli discendenti da-, 341 nota 1 — profeta, **10,** 1 nota 2.

Nöldeke Th., sue opinioni: sulle leggende arabe intorno agli Amalekiti, **Intr.** 68 nota 2 — sulla Spedizione dell'Elefante, 108 nota 1 — l'invasione abissina nel Yaman, 109 nota 1, 111 nota 1 — maestro della scuola arabistica moderna, 191 — come divide cronologicamente le s u r e del Qur'ān, 196, 201 — come interpreta l'espressione quranica i q r ā, 208 nota 4 — e la conversione di Ǵabalah b. al-Ayham, **7,** 81 nota 1 — e l'origine della scrittura araba, **11,** 210, 214 — come spiega n a b i u m m i, 218 nota 1 — e Yazdaǵizd al-athīm, **12,** 143 — perchè Eraclio non ricostituisse il filarcato Ghassanida, 309 — illustra i frammenti del *Liber Chalipharum*, 347 note 2 e 4 — spiega Dabia o Dobbia come antico errore per Dāthinah, 365.

Nomi arabi theophori, studi e conclusioni del Wellhausen su di essi, **Intr.** 80 nota 1.

non-Arabi, effetti della loro conversione, nella evoluzione storica dell'Islām. **Intr.** 22.

non-Arabi e Arabi, screzi fra-, **10,** 27.

Nonnosus, capo dei frati origenisti che combattono contro quelli di Santo Sabas. **12,** 264 nota 1.

Norvegia, resti dell'epoca glaciale in-, **12,** 107.

Nova Traiana [*Alexandriana Metropolis col.*] *Bostra* = Buṣra, Bostra. **12,** 394 nota 5; [cfr. A s s m a n n J., *De coloniis* etc., p. 141-142].

Nu'aym, tradizionista, presso Uṣaybi'ah. **11,** 243.

Nu'aym b. 'Abd Kulāl, C. d. P., q a y l o principe ḥimyarita; sua corrispondenza con Maometto, **9,** 60, 61, 62, 63.

Nu'aym b. 'Abdallah al-Naḥḥām al-'Adawi, della famiglia dei banū 'Adi b. Ka'b, C. d. P., abbraccia l'Islām, **Intr.** 285 — esattore tra i Ka'b (Khuzā'ah), **9,** 1.

Nu'aym b. Aws b. Khāriǵah al-Dāri, C. d. P., ambasciatore a Madinah, riceve da Maometto lo scritto di concessione di alcune terre in Siria, **9,** 69, 70 no. 2.

Nu'aym b. Hind, C. d. P., uno dei pensionati di Khaybar. **7,** 42.

Nu'aym b. Mas'ūd b. 'Āmir b. Unayf al-Ašǵa'i. 5, 95; cfr. Nu'aym b. Mas'ūd b. Rukhaylah.

Nu'aym b. Mas'ūd b. Rukhaylah al-Ašǵa'i dei Ghaṭafān, C. d. P., in Madīnah. **3,** 9 — mandatovi da abū Sufyān, **4,** 18 — convertitosi sparge lo screzio fra gli assedianti Madīnah, **5,** 37 — coopera alla conversione della sua tribù, e giura un patto con Maometto, 94, 95 — ambasciatore di Maometto ai banū Ašǵa'. **8,** 51 — con essi a Ḥunayn 122 — e a Tabūk, **9,** 26 — ambasciatore presso ibn Dzī-l-Liḥyah nel Yaman, **11,** 193 no. 8.

Nu'aym b. Sa'd, C. d. P., ambasciatore dei Tamīm a Madīnah, **9,** 4 no. 5.

abū Nu'aym [**Aḥmad b. 'Abdallah b. Aḥmad al-Isbahāni,** † 430. a. H.], tradizionista, fonte di ibn Ḥaǵar. **8,** 25 – accetta come genuine le tradizioni di Aslam [† 80. a. H.] m a w l a di 'Umar, **12,** 429 nota 1,*a* [cfr. Y ā q ū t, *Reg.*, 288].

al-Nubayh, C. d. P., e suo cliente. **10,** 142 no. 18.

Nubayh b. al-Ḥaǵǵāǵ b. 'Āmir b. Ḥudzayfah [† 2. a. H.], dei banū Sahm b. 'Amr, pagano di Makkah, protesta contro la condotta di Maometto, **Intr.** 288 no. 7 — schernitore del Profeta, 248 no. 11 — tratta con Maometto per distoglierlo dalla sua missione, 255 no. 12 — nel Dār al-Nadwah, **1,** 17 no. 14 — uno dei m u ṭ ' i m ū n di Badr, **2,** 40 nota 1 no. 8, 52 no. 12 — suo m a w l a, 89 no. 60 — ucciso a Badr, **2,** 88 no. 48.

Nubayh b. Zayd b. Mulayṣ [† 2. a. H.], dei banū 'Abd al-Dār b. Quṣayy, pagano qurašita, ucciso a Badr. **2,** 88 no. 53.

n u b u w w a h = « profezia », o missione profetica: periodo intermedio (610.-611. a. È. V.) tra l'età della ǵ ā h i l i y y a h o paganesimo, e la r i s ā l a h o inizio della predicazione pubblica dell'Islām, **Intr.** 231.

n ū d a = « fu bandito », « fu data voce ». **2,** 12.

al-Nuḍayr b. al-Ḥārith b. 'Alqamah b. Kaladah [† 13. a. H.], C. d. P., emigra in Abissinia, apostata, si riconverte; ucciso al-Yarmūk. **Intr.** 271 nota 1 no. 2 — uno dei m u ' a l l a f a h q u l ū b a h u m, **8,** 164 no. 1.

Nuḍayr b. Kinānah b. Khuzaymah b. Muḍar. Intr. 53.

Nufāthah b. Farwah al-Du·ili, C. d. P., dei Du'il ḥanafiti, principe dei Samāwah; lettera del Profeta a lui, **10,** 63.

banū Nufāthah, famiglia dei Du'il, dei Bakr b. 'Abd Manāt b. Kinānah, alleati dei Qurayš; loro inimicizie e vendette contro i Khuzā'ah in Makkah, **8,** 40, 43, 44, 45.

Nufayl b. Ḥabīb al-Khath'ami e gli Abissini invasori del Ḥiǵāz. **Intr.** 119, 120.

al-Nuǵayr, castello munito nel Ḥadramawt, dove i Kinditi sostengono le ultime sorti della R i d d a h: assedio e presa per tradimento, **10,** 34 nota 1; **11,** 74 nota 3; **12,** 78-80, 81,*a*, 83 e nota 1, 84, 85

Nūḥ, cfr. Noè.

Nuhayr b. al-Haytham al-Anṣāri al-Awsi, C. d. P., presente alla seconda riunione di 'Aqabah. **Intr.** 344 no. 5.

Nuhm, idolo dei Muzaynah. **5,** 17.

al-Nukhayl, sorgente a 5 miglia da Madīnah. **6,** 10 [Y ā q ū t, IV, 770 lin. 21 e seg.].

al-Nukhaylah, luogo presso Kūfah; battaglia di-, **12,** 172.

al-Nu'mān, principe di Ḥirah, avrebbe combattuto contro Khālid presso Furāt Bādaqla: sua inesistenza, **12,** 168 e nota 2.

al-Nu'mān, q a y l yamanita di Dzū Ru'ayn (o Dzū Yazan), di Ma'āfir e di Hamdān, C. d. P., suoi rapporti con Maometto, **9,** 60, 61, 63.

al-Nu'mān b. 'Abd 'Amr b. Mas'ūd al-Anṣāri al-Khazraǵi, dei banū Mas'ūd b. 'Abd al-ašhal, C. d. P., presente a Badr. **2,** 85,C no. 165.

al-Nu'mān b. 'Adā al-Qaynuqā'i, ebreo di Madīnah, polemizza contro il Profeta, **1,** 58 no. 25.

al-Nu'mān b. 'Adi b. Nadlah b. 'Abd al-'Uzza, C. d. P., emigra in Abissinia. **Intr.** 277 no. 74 — torna in Arabia, ed è poi nominato da 'Umar governatore di Maysān, **7,** 55 no. 65.

al-Nu'mān b. abī 'Āmir, C. d. P., uno degl'« Ipocriti » madinesi. **9,** 72 nota 1.

al-Nu'mān b. 'Amr, Ebreo dei banū Qaynuqā', polemizza con Maometto in Madīnah, **1,** 58 no. 30.

al-Nu'mān b. 'Amr b. 'Alqamah b. al-Muttalib b. 'Abd Manāf, pagano qurayš, prigioniero a Badr, **2,** 89 no. 4.

al-Nu'mān b. 'Amr b. Rifā'ah al-Anṣāri al-Khazraǵi, detto anche Nu'aymān, dei banū Sawād b. Mālik, C. d. P., presente a Badr, **2,** 85,C no. 182.

al-Nu'mān b. 'Amr b. al-Sumayrā bint Qays al-Anṣāri al-Khazraǵi [† 3. a. H.], dei banū-l-Naǵǵār, C. d. P., ucciso a Uḥud, **3,** 54,B no. 67.

al-Nu'mān b. 'Aṣar (o 'Āṣr) b. al-Rabī' b. al-Ḥārith al-Balawi al-Anṣāri al-Awsī [† 11. o 12. a. H.], ḥ a l i f dei banū Mu'āwiyyah, C. d. P., presente a Badr, **2,** 85,B no. 61, 88 no. 2 — partecipa all'eccidio degli Ebrei in Madīnah, **5,** 50 — ucciso nella guerra contro Tulayḥah, **11,** 212 — o ad al-Yamāmah, **12,** 23 no. 92.

al-Nu'mān b. 'Awf al-Šaybāni, musulmano, porta ad abū Bakr la quinta parte del bottino di al-Thaniyy, **12,** 224.

al-Nu'mān b. Awfa b. 'Amr = Nu'mān b. abī Awfa (?), rabbino ebreo dei Qaynuqā', uno degli « Ipocriti ». **1,** 61 no. 5.

al-Nu'mān b. abī Awfa, ebreo madinese dei banū Qaynuqā', polemizza contro il Profeta, **1,** 58 no. 33.

al-Nu'mān b. Bašīr b. Sa'd b. Tha'labah al-Anṣāri al-Khazraǵi [† 65. a. H.], C. d. P., il primo musulmano nato in Madinah. **1,** 79 no. 2 e nota 1 — rimandato indietro da Uḥud (?). **3,** 26 no. 4; **7,** 63; **12,** 172, 432.

al-Nu'mān b. Farrukh al-Fārisi, tradizionista presso Hubayš, e testimone oculare (?) del conflitto fra Arabi e Persiani nel Yaman. **12,** 71.

al-Nu'mān I [**b. Imru·alqays II b. 'Amr II b. Imru·alqays**], re di Ḥīrah, soprannominato a l-A ' w a r « il monocolo », sue grandiose costruzioni edilizie, **12,** 133.

al-Nu'mān b. Mālik b. Tha'labah b. Da'd al-Qawqali al-Anṣāri al-Khazraǵi [† 3. a. H.], C. d. P., presente a Badr, vi uccide due pagani, **2,** 85,C no. 81, 88 no. 38 e 44 — caldeggia la spedizione di Uhud, **3,** 24 — ucciso a Uḥud, 54,B no. 46.

al-Nu'mān b. Misk al-Dzi'b, e sua madre al-Dughaynah. **3,** 16 no. 18.
al-Nu'mān b. al-Mundzir, principe lakhmita, citato come esempio di prodigalità, **8,** 171.
al-Nu'mān b. al-Mundzir [abū Qabūs? cfr. Tabari, I, 1961 e *Ind.*, 58], fratello di Gharūr b. Sawayd. **12,** 51.
al-Nu'mān b. al-Mundzir, discendente dei Lakhmiti, capo dei ribelli apostati nel Baḥrayn, **12,** 41.
al-Nu'mān V b. al-Mundzir IV abū Qābūs, re di Ḥīrah, ucciso dal Kisra Barwīz. **Intr.** 178; **1,** 80; **8,** 171 (?); **12,** 162,*a* e note 8 no. 13 e 9, 164,*d*, 165,*b*, 168.
al-Nu'mān b. Muqarrin, della stirpe mudarita dei Muzaynah, C. d. P., ambasciatore dei suoi a Madīnah, **5,** 17 no. 2 — portabandiera a Ḥunayn, **8,** 122 — comandante a Dzū-l-Qaṣṣah, **11,** 119.
al-Nu'mān b. Muqrin = al-Nu'mān b. Muqarrin **8,** 122.
al-Nu'mān b. Sufyān b. Khālid b. Awf [† 3. a. H.], dei banū Aslam, C. d. P., muore a Ḥamrā al-Asad. **3,** 59.
al-Nu'mān [o **'Umayr**] **b. Thābit b. al-Nu'mān b. Umayyah al-Anṣāri al-Awsi (abū Dayyāh),** [† 7. a. H.], C. d. P., ucciso a Khaybar, **7,** 43 no. 9.
al-Nu'mān b. 'Ubayd b. Muqarrin b. Aws al-Anṣāri [† 12. a. H.], C. d. P., ucciso ad al-Yamāmah, **12,** 23 no. 93.
al-Nu'mān b. Yasār al-Anṣāri al-Khazraǵi, mawla dei banū al-Nu'mān b. Sinān b. 'Ubayd, C. d. P., presente a Badr. **2,** 85,C no. 84.
al-Nu'mān b. al-Zurafah al-Lihbi, dei banū Daws Azditi, C. d. P., portastendardo dei suoi contribuli, aggregato da Ṭufayl b. 'Amr. **8,** 136.
abū-l-Nu'mān Bašīr b. Sa'd al-Anṣāri, musulmano, mandato da Khālid contro Bāniqyā. **12,** 162,*c*, 172; cfr. Bašīr b. Sa'd.
banāt al-Nu'mān b. Buzruǵ, nel Yaman, tribù che probabilmente reggevasi col sistema primitivo del matriarcato. **10,** 80 e nota 2.
banū-l-Nu'mān b. Sinān b. 'Ubayd, anṣār khazraǵiti, presenti a Badr, **2,** 85,C no. 81-84.
Numārah b. Lakhm... b. Murrah b. Ṭayy, eponimo di una tribù kahlanita del Yaman. **Intr.** 42 tav. 3.
Numaylah al-Kalbi al-Laythi, C. d. P., uno dei pensionati di Khaybar. **7,** 42; cfr. Numaylah b. 'Abdallah.
Numaylah b. 'Abdallah al-Laythi, C. d. P., rappresentante di Maometto in Madinah durante Ḥudaybiyyah, **6,** 25 — e durante Khaybar, **7,** 10 — uccide a Makkah il proscritto Miqyas b. Ṣubābah, **8,** 8; **8,** 84 — direttore delle preghiere in Madīnah, **11,** 55 nota 2 no. 13 e 14.
Numayr b. 'Āmir... b. Hawāzin... b. Mudar, eponimo di una tribù ismā'īlita. **Intr.** 41 tav. 1.
Numayr b. Kharašah b. Rabī'ah, dei banū-l-Ḥārith thaqafiti, C. d. P., ambasciatore dei Thaqīf a Madīnah; e sua conversione, **9,** 56 e no. 6, 58 nota 2.
banū Numayr b. 'Āmir... b. Hawāzin... b. Mudar, arabo dei- che aveva versato sangue tra i Ḥanīfah. **12,** 7.
Numidi, traggon gli elefanti dall'Etiopia. **Intr.** 109.
Nuovo Testamento, accenni a- nelle poesie di Umayyah b. abī-l-Ṣalt. **9,** 95 nota 1.
nuqabā (plur. di naqīb) = « rappresentanti ». **12,** 210
Nuqādah b. 'Abdallah b. Khalaf, dei banū Asad b. Khuzaymah, C. d. P., ambasciatore dei suoi a Madīnah sua camela miracolosamente lattifera, **9,** 12 no. 7 e nota 4.
nuqalā (plur. di naqīl, « straniero »), = gente di passaggio, senza domicilio fisso. **12,** 67.
al-Nuqayb, tappa nel viaggio di Khālid b. al-Walīd, fra 'Ayn al-Tamr e Kawāthil, **12,** 395; [cfr. Yāqūt, IV, 807, lin. 10, 815 lin. 2-3].
nuqqibta = « sei stato nominato rappresentante ». **12,** 210 nota 3.
al-Nuqrah, miniera nel paese dei banū 'Abs, **11,** 157 e note 1 e 2,*c* — vittoria di Khālid in-, 178.
nūr e nār = luce e fuoco, quali fossero in origine le materie illuminanti degli Arabi. **1,** 82.

Nūr al-dīn al-Ḥalabi ('Ali b. Ibrāhīm b. Aḥmad b. 'Ali b. 'Umar al-Qāhiri) [† 1044. a. H.], biografo di Maometto, **Intr.** 170, 320 nota 1 — sulla elezione di abū Bakr, **11,** 37 nota 2,*b*.
al-Nūšaǵān b. Ǵasnasmāh, cugino e marito della leggendaria castellana Ṯamahīǵ. **12,** 155 nota 15.
Nusaybah o **Nasībah bint Ka'b,** C. d. P., presente al primo ed al secondo Convegno di 'Aqabah, **Intr.** 341, 344.
al-Nusayr b. Daysam b. Ṯhawr, musulmano, sue razzie nel Sawād, per ordine di Khālid, **12,** 179 e nota 1,*a*,*b*,*c*.
Nuṣayr, degli al-Arāšah, ramo dei Bali, o dei banū Yaškur, fratello (?) di abū Farwah 'Abd al-Raḥmān, padre di abū Mūsa b. Nuṣayr; cristiano (?), fatto prigioniero ad 'Ayn al-Tamr o a Ǵabal al-Ǵalil, **12,** 176,*a* no. 6 e nota 3, 219,*a* no. 2.
Nuṣayr b. al-Ḥārith b. Kaladah, anche nominato Nuḍayr b. al-Hārith, o Ḥarith b. al-Ḥārith, uno dei mu'allafah qulūbahum di al-Ǵi'rānah. **8,** 164 no. 1.
nuṣf al-mamlūkīn = la metà degli schiavi. **12,** 24,*a*.
nuṣf al-saby = la metà dei prigionieri di guerra. **12,** 24,*a*, 25,*b*.
nuṣf 'ušr = metà del decimo, cioè il ventesimo. **8,** 188.
nuššāb = freccia. **12,** 269.
al-Nusūkh, sorgente e villaggio tra al-Qādisiyyah e Khaffān [Yāqūt, IV, 782, lin. 11-14]. **12,** 155 nota 6,*a*.
Nutaylah bint Ǵanāb b. Kulayb b. Mālik... b. Zayd Manāt, moglie di 'Abd al-Muṭṭalib, e madre dei suoi figli 'Abbās e Ḍirār. **Intr.** 102.
al-Nuwayri (abū-l-'Abbās Aḥmad b. 'Abd al-Wahhāb b. Aḥmad Šihāb al-dīn al-Bakri al-Taymi al-Kindi al-Šāfi'i) [† 732. a. H.], storico egiziano. **12,** 350.
Nuyrah invece di Nuwayrah. **11,** 139 nota 2.

O l'Islām o la morte! dilemma di conquista o principio di governo, iniziatosi sotto i primi successori di Maometto, e divenuto assioma tradizionistico nelle scuole giuridiche musulmane del 2° secolo. **12,** 101 nota 1, 104.
Occidente, commercio fra Oriente e-, per la via che univa il Golfo Persico col Mediterraneo. **12,** 106 nota 1.
Oceano Atlantico, confine estremo occidentale della espansione arabo-musulmana. **10,** 115.
Oceano Indiano, il monsone dell'-. **10,** 57 nota 1 — confine meridionale del Yaman e d'Arabia, **11,** 186 — fiumi del versante orientale arabico, che vi si gettano, **12,** 107.
Odenato (Uḏaynah), dei banū 'Āmila Yamaniti; suo breve regno arabo con Zenobia. **12,** 113 nota 1,*a*, 114 — combatte contro i Sassanidi a favore dei Romani, 130 nota 1 — splendore di Palmira sotto di lui, 132, 133 nota 1,*a*, 396 nota 3.
Olimpiadi, sistema cronometrico delle- (dal 776. av. Cr.) nella Grecia e in Roma imperiale pagana. **1,** 6 nota 3.
Olio d'oliva, importato dai mercanti Nabatei in Madīnah, **5,** 4 — e dai sāqiṭah nei principali mercati dell'Arabia settentrionale, **9,** 24.
Ologesias = Alǵišiyyah = Amghīšiyā = Ullays. **12,** 203 nota 1.
'Ομηρῖται (*v.* Arabi 'Ομηρῖται).
Oncie d'oro (ūqiyyah), 40- per il riscatto di Salmān al-Fārisi. **5,** 19.
Orazio, scetticismo gaudente di- alla vigilia della passione religiosa cristiana nel mondo romano. **12,** 240 nota 1.
Orefici, erano quasi tutti gli Ebrei Qaynuqā' in Madīnah. **2,** 94.
Orientale, stato o forma di governo-, sue differenze organiche e storiche da uno stato occidentale, **12,** 237-238.
Orientali nell'esercito imperiale bisantino. **12,** 239.

Oriente, consuetudine dei primi Cristiani di volgersi pregando verso l'-. **10**, 59 e nota 3.

Oriente, conquiste dell'- fatali a Roma. **12**, 238.

Oriente e **Occidente**, commercio fra-, per la via vetustissima che univa le bocche del Tigri e dell'Eufrate al Mediterraneo, **12**, 106 nota 1 — divario esistente fra la loro evoluzione religiosa, **12**, 264.

Origene [† 253. È. V.], padre della chiesa latina; sua fede nella esistenza dei demoni. **Intr.** 193 nota 3.

Oro o **argento coniato** (dzahab, fiddah), nella divisione della preda di Khaybar, **7**, 38.

Oro o **argento in sbarre** (tibr), nel bottino di Khaybar. **7**, 38.

Orzo spigato, indicazione cronografica per la data della battaglia di Uhud. **3**, 12.

Orzo e grano mietuto a Madīnah nella 1ª metà di marzo o nella 1ª settimana di aprile. **3**, 12; **5**, 21.

Osrhoene, provincia romana della Mesopotamia occidentale. **12**, 113.

Οὐολγαισία di Tolomeo = Vologesias = Uilays. **12**, 162 nota 3,*b*.

Paflagonia, provincia romana dell'Asia Minore, occupata dai Persiani sassanidi. **12**, 246.

Paganesimo arabo di Madīnah, opposizione di esso all'Islām, puramente politica e per niente religiosa. **1**, 41.

Pagani, opposizione in Madīnah dei- e degli Ebrei a Maometto, **1**, 57 — trattato concluso con i Ǵuhaynah ancora-, **5**, 87.

Pale (migrafah, mishāh) fornite dai Qurayzah a Maometto per lo scavo della trincea di Madīnah. **5**, 25.

Palestina (Filastīn; cfr. Yāqūt, III, 913-915 e *pass.*), patria del Messia Redentore, **Intr.** 30 — invasione della- per opera di Nabuccodonosor, 31 — mèta della carovana estiva dei Makkani, 90; **2**, 34 — vi muore Hāšim b. 'Abd Manāf [Wüstenfeld, ZDMG., B. VII], 95 — immigrazione giudaica dalla- nei deserti arabici, dopo la distruzione di Gerusalemme sotto i Flavi, **1**, 38; **6**, 52; **8**, 10 — regione fra l'Arabia vera e la-, **9**, 24, 69 nota 2 — forma teocratica e militare della religione giudaica in-, **10**, 87 — spedizione di Usāmah b. Zayd in-, **11**, 3,*a*; 106 nota 1,*a* — confine settentrionale del regno Mineo, 186; **12**, 104, 107 — popolata dalle immigrazioni semitiche dei Canaaniti e degli Ebrei, 112 — invasioni e devastazioni degli Arabi saraceni nella-sotto il decadente impero romano-bizantino, 113, 115 — vi trionfa il monofisismo, 146 — vita monastica e conventi nella-, 243, 261 — invasa e devastata dai Persiani (614.-615. È. V.), 247, 252 nota 1,*a* — rivolte degli Ebrei e Samaritani contro i Cristiani in-, 250, 262, 263, 264 — tribù nomadi della-, 269 — ostilità degli animi in- contro il governo bizantino e favorevoli disposizioni verso gli Arabi invasori, 103, 264 e nota 2, 265, 304, 307 — ragioni dell'invasione degli eserciti di Madīnah, 307-312 — considerata dagli Arabi come parte dello Šām (o regione siro-palestinese), 313 nota 1,*a*, 316 nota 2 — assegnata da abū Bakr quale campo di operazioni militari al generale 'Amr b. al-'Āṣ, 316,*a*, 321 e nota 1, 322 e note 1-2, 326, 332,*a* no. 4, 334, 366, 367, 368, 373 — primi combattimenti con i Greci nella Palestina meridionale, 313 nota 3,*b*, 319 e nota 1, 335-391 — problema geografico-storico offerto dalle prime battaglie arabe in-, 337-338 combattimento di 'Arabah-Dathinah, 340-351, 352 — Eraclio vi prepara la resistenza, 357,*e*, 363, 365 — via da Busra alla-, 394 nota 5 — concentramento delle forze musulmane nella Palestina meridionale contro i Greci, 426.

Pallacopas e **Maarsares**, canali derivati ad occidente dell'Eufrate e versantisi il primo nel Golfo Persico, il secondo in al-Nagaf. **12**, 133 nota 1,*c*, 160,A nota 4, 162 nota 3,*b* — detto poi dagli Arabi al-Hindiyyah. **12**, 236 — origine semitica del nome, 236 nota 1.

Palme dattilifere, (nakhl, *phoenix dactylifera*), 300- per il riscatto di Salmān al-Fārisi. **5**, 19.

Palmeti e **giardini**, coltura ed irrigazione dei- insegnata dagli Ebrei di Madīnah agli Arabi, **1**, 40.

Palmira, città « delle palme » vetusta della Siria, regione tra- e il golfo di 'Aqabah, **10**, 130 — iscrizioni sulle roccie di-, **11**, 214 — capitale di Zenobia, 164 — espugnata da Aureliano nel 273. a. È. V.,

12, 113 — sua importanza sulla via commerciale tra la Siria e la Mesopotamia; sua storia sino ad Eraclio, 396 nota 3 — ricerche fatte dall'Annalista sulla viabilità tra-, Sukhneh, Deir e l'Eufrate, 419 (cfr. Tadmur-Tudmur).

pan, termine persiano « guardiano ». **12**, 167 nota 1.

Pandette pubblicate da Giustiniano. **12**, 241.

Pane bianco e biscotto, nel campo persiano ad Ullays. **12**, 202.

Panǵ-Āb o « cinque acque », il Pengiab dell'India. **12**, 109.

Paolo apostolo, e il carattere universale della dottrina del Cristo. **10**, 104 nota 1 — sua iniziativa contenente in germe la Riforma protestante del secolo XVI, **11**, 69.

Papato, la più grande potenza dell'Europa nell'età di mezzo. **12**, 264.

Pāpak (Babak), padre di Ardašīr al-Akbar. **12**, 192 nota 6.

Paradiso, albero della Verità in-, **Intr.** 112 nota 1 — promesso qual ricompensa ai convenuti in 'Aqabah, 343 — lo vede ogni Profeta prima di morire, **11**, 31.

Paradiso terrestre, espulsione di Adamo dal- nella tradizione musulmana, **Intr.** 66 — grande problema geografico-preistorico del-, **12**, 107 nota 1.

Παρεμβολαί, città fondata dai Saraceni cristiani sul Mar Morto. **12**, 113.

Parentela stabilita soltanto per via di donne nell'antico matriarcato arabo. **Intr.** 92 nota 1.

Parti, conquistatori della Persia, forse turanici, contestano a Roma il dominio dell'Asia anteriore, **12**, 112 — influenza greco-romana nella loro corte, 120 nota 2 — spodestati dai Sassanidi, 120 nota 3 — loro sistema feudale, 121 — loro dominio durato sino all'a. 226. È. V., 132; cfr. Arsacidi.

Partico (regno). **12**, 120 nota 4.

Pasqua (fi ṣ ḥ), in memoria dell'Esodo, doveva tornar per gli Ebrei col plenilunio seguente all'equinozio primaverile, **1**, 10 — i cristiani di Ḥīrah portavano apertamente (in processione ?) il crocefisso nella festa della-, **12**, 164,*d* — Khālid sorprende in Marǵ Rāhiṭ i Ghassān che celebravan la Pasqua di Risurrezione il 24 aprile 634. E. V., 393 nota 1,*a* e c.

Pastori, « tutti voi siete- », ḥ a d i th. **1**, 37 e nota 1.

Pastore sui monti dei Ǵuhaynah: espressione tipica a indicar l'uomo felice per eccellenza. **5**, 86 nota 2.

Pastorizia, concetto e immagine della- attribuiti alla vita umana, per suggerimento ebraico o biblico, **1**, 37 nota 1.

Paternità, ricerca della-, impossibile nel sistema del matriarcato e del connubio m u t ' a h, **Intr.** 92 nota 1 — vietata da Maometto nella predica alla Ka'bah, con le parole « il figlio appartiene al letto coniugale », **8**, 67 e nota 2 — « ibn 'Abd al-Muṭṭalib » modo di chiamare Maometto dalla sua-, **5**, 18,A nota 1.

Patkanian K., suoi studi sui Sassanidi dalle fonti armene, **12**, 118 nota 2 e *passim* — traduttore russo di Sebeos, 351 nota 1,*b*.

Patria potestas, presso i Semiti antichi non v'è traccia della-, **9**, 15 nota 2. [Quanto all'affetto e ai doveri verso i genitori nella posteriore etica musulmana, cfr. però le belle pagine che vi dedica, attingendo specialmente al ḥ a d ī th, Naṣr b. Muḥ. b. Ibrāhim al-Samarqandi].

Patriarchi d'Israele, capostipiti della genealogia di Gesù. **Intr.** 80.

Pautz O., sul vario modo di tradurre la espressione i q r ā. **Intr.** 208 nota 4.

Pecore, 5 mila- nel bottino di al-Muraysī', **5**, 8 — 10- equivalenti a un camelo, 60- a una donna con prole, 9 — 40 mila- nella preda di Ḥunayn, **8**, 133.

Pelagio, vescovo di Gerusalemme e capo dei Pelagiani, in conflitto con san Girolamo, **12**, 268.

Pellegrinaggio, grande- annuale detto ḥ a ǵ ǵ, al santuario di Makkah, **Intr.** 76 — anteriore a Quṣayy, 79 nota 1 — distribuzione dei viveri durante il-, 79 — uno dei 5 obblighi fondamentali dell'Islām, **2**, 12, 13; **5**, 59 — permesso agli idolatri secondo il rito pagano negli anni 8. e 9. H., **8**, 195; **9**, 73 — condotto da abū Bakr nell'a. 9, 73 — diretto dal Califfo o da un suo luogotenente nell'a. **12**, 430 — commercio dei Pellegrinaggi, **1**, 39 — o grande fiera annuale, **8**, 195 nota 1

— epoca del- il mese Dzū-l-ḥiǵǵah, **Intr.** 79; **7,** 61 — feste annuali del-, **Intr.** 101 nota 1 — i Qurayš signori del- negli anni 1, 2, 3, 6. H., **1,** 81; **2,** 100; **3,** 60; **6,** 57.

Pellegrinaggio d'Addio (Ḥ a ǵ ǵ a h a l-W a d ā '), l'unico grande pellegrinaggio compiuto e diretto dal Profeta nell'a. 10. H., **2,** 13; **8,** 67 nota 3, 98, 199; **9,** 78; **10,** 13, 30, 49, 53, 68, 72-78, **11,** 192 nota 1.

Pellegrinaggio minore detto a l-'u m r a h o a l-ḥ a ǵ ǵ a l-a s gh a r, da farsi in ogni altro mese. **6,** 25 e nota 1 — lo compie Maometto nell'a. 7. H., **7,** 69 e nota 1 — nell'8. a. H., **8,** 175, **10,** 72.

Pellegrini, leggi arbitrarie ed assurde loro imposte dai Qurayš, **Intr.** 122 — istituzioni, a l-S i q ā y a h e a l-R i f ā d a'h, per ricevere, abbeverare e nutrire i-, anteriori a Quṣayy, da lui meglio organizzate, **Intr.** 79 nota 1, 89 — conservate fin verso la metà del secolo III, 90 nota 1, 101 — diritto di guidare i- o I f ā d a h, 79 — congedo alle turbe dei-, dopo le feste, o I ǵ ā z a h, 79.

Peloponneso, immigrazione di razze barbariche slave, dal Danubio a tutto il-, **12,** 249.

Pena del taglione (q a w a d, q i ṣ ā s), preesistente all'Islām, sancita dal Profeta nel patto o Scritto costituzionale della comunità Madinese. **1,** 45 art. 21.

Pena capitale, prima- inflitta dall'Islām sopra un arabo della tribù dei Layth, **8,** 140.

Penisola arabica, gli abitanti della desolata-, alieni da lavori intellettuali e da costruzioni genealogiche. **Intr.** 31.

Penisola degli Arabi o Ǵ a z ī r a h a l-' A r a b, qual denominazione di unità nazionale o perifrasi etnica, sorta dopo l'Islām. **10,** 119 nota 2.

Pensionati di Khaybar, loro elenco, **7,** 42 — classi distinte di- in cui son divisi tutti i Musulmani sotto 'Umar. **Intr.** 29.

Pensioni annue di alimenti, di Khaybar e Fadak. **7,** 42 — garantite dal Profeta (?) agli Ebrei 'Urayd, **9,** 51 nota 1 — il sistema di-, rende necessaria sotto 'Umar una vasta contabilità. **Intr.** 29 — liste scritte per ordine del califfo 'Umar per il ruolo delle-, cui rimontano le liste dei Musulmani presenti a Badr, **2,** 85.

Pentecoste (12 Giugno 634. a. È. V.): data, secondo il Miednikoff, del combattimento di Marǵ Rāhiṭ, **12,** 393 nota 1,*b*.

Pentecoste, la- presso gli Ebrei era detta S h a b u ' o t o festa delle «settimane». **12,** 393 nota 1,c [cfr. C h e ï k h o, *Machriq*, 1906].

Pergamena, usata comunemente per iscrivere nel primo secolo del Califfato, **11,** 227 nota 1,*b*.

Pericle [† 429. a. C.], contemporaneo a- sarebbe Abramo [secolo XXII. a. C.], secondo l'albero genealogico musulmano di Maometto!. **Intr.** 31.

Perle (l u·l u·, d u r r e sim.), collana magnifica di- posseduta da Hawdzah b. 'Ali, signore della Yamāmah, cognominato perciò Dzū-l-Tāǵ. **6,** 55.

Pernice, sua ricostruzione cronologica, non documentata, degli eventi militari bizantino-sassanidi in rapporto alla presa di Gerusalemme per opera dei Persiani, **12,** 247 nota 1,*b*, 252 nota 1,*a* — discolpa Eraclio dalla accusa d'inerzia nei primi anni dell'impero, 248, 251 — sua non sostenibile identificazione di Aǵnadayn con Rabbath Moab di Sebeos, 351 nota 1,*b*.

Pērōz (Abarwīz), re sassanida [† 627.-628. a. H.], favorisce la diffusione del Nestorianesimo in Persia, **12,** 146.

Persarmenia, i ghiacciai della- rendono inabitabili nell'epoca glaciale gli altipiani iranico ed armenico, **12,** 108.

Persecuzioni di Cristiani in Persia sotto i Sassanidi, fra le popolazioni semitiche della valle Tigro-eufratica. **12,** 142 e nota 1, 144 e seg. — religiose- degli eterodossi nell'impero bizantino sotto i successori di Giustiniano, **12,** 265.

Persia e **Persiani.** *Geografia.* Il Fārs o altipiano iranico e il bassopiano Tigro-Eufratico: loro destini storico-geografici, **12,** 119 — condizioni climatiche favorevoli alla vita del cavallo, 272, 274,A — Persia occidentale o Babilonide (*q. v.*); cfr. anche Mesopotamia, Sawād, 'Irāq, ecc.

Etnografia. Cf. Ariani, Semiti, migrazioni semitiche, Turanici, Turchi; predominio ariano nell'altipiano irānico e nella Babilonide, **12,** 106, 112, 138, 292.

Storia. 1) Dinastie. cfr. Achemenidi, Seleucidi, Arsacidi-Parti, Sassanidi, **Intr.** 142; **11,** 237; **12,** 120, 154 nota 1, 305 — storia leggendaria dei suoi re diffusa in Arabia per mezzo della poesia, **Intr.** 256. — 2) Civiltà. *a*) Governo. Vigore delle antiche tradizioni nazionali al sorgere dei Sassanidi, **12,** 120 nota 1 — gradi di nobiltà e distintivi annessi, 193 nota 1,*a* — processo di decomposizione politica e nazionale, decrepitezza dello stato sassanida, **11,** 186, 237, 257, 266, 303 — *b*) Vita intellettuale, civile e morale. Amore dei cavalli e dei giuochi equestri, **9,** 37 nota 1 — poeti e cantori, **Intr.** 256 — superiorità della cultura persiana sugli Arabi, 22; **11,** 215 nota 2 — connubio al-mut'ah conservato anche oggi dagli Šī'iti, **10,** 67 nota 3 — inferiorità morale dei Persiani rispetto agli Arabi, **12,** 303. — *c*) Religione. Carattere del popolo appassionatamente religioso con eccessi di misticismo e di scetticismo sensuale, 122 — Mazdeismo zoroastriano o culto dualistico degli Achemenidi e dei Sassanidi, **8,** 179; **12,** 121 e nota 3, 137 nota 1 — astrolatria partica, 137 e nota 1 — adoratori del fuoco, 134 nota 1 — Maǵūs, **8,** 179 — Cristianesimo avversato dagli Ariani dell'Irān, fra cui contò pochissimi proseliti, accolto e diffuso tra i Persiani semiti della Babilonide, **12,** 140, 144 e nota 1 — perseguitato in Persia dai Sassanidi, 142 e nota 1 — che favoriscono poi in Siria i Monofisiti scismatici contro gli Ortodossi, 265 nota 2. — Rapporti dei Persiani con gli Arabi cristiani confinanti, **11,** 214 — si convertono all'Islām, **12,** 362 nota 1. — *d*) Commercio con l'Arabia preislamica, **Intr.** 91 — con le Indie, **12,** 155 nota 11,*a*. — *e*) Milizia. Spiccate tendenze, in origine, militari ed aggressive dei Persiani ariani, pacifiche e agricole dei Persiani semiti, 139 — potenza militare stremata ed esigua sotto i Sassanidi, 115, 130, 290 — conoscenze strategiche da loro insegnate agli Arabi, **7,** 23 nota 1; **12,** 286. — 3) Guerre *a*) nell'Asia anteriore contro Roma e Bisanzio, durate per 4 secoli (229.-629. a. È. V.) con alternative di vittorie e di sconfitte, **Intr.** 180, 326; **12,** 115, 130 nota 1, 162 nota 8, 241, 244, 246, 247, 252 note 1,*a* e 2, 264, 268 nota 1 — *b*) contro Odenato dopo il 250. a. È. V., 133 nota 1,*a* — invadono la Palestina assistiti dagli Ebrei ribelli, **6,** 50 nota 1 — c) campagne contro Eraclio, **8,** 10; **9,** 24, 25; **12,** 136, 248 nota 1, 252-256, 309 — *d*) guerre contro gli Abissini, spedizione di Abrahah, occupazione del Yaman, **Intr.** 108 e nota 1, 110 — *e*) rapporti con gli Arabi di Ḥirah, **12,** 114 — con gli 'Abd al-Qays, **8,** 186 nota 2 — con i Tamim, **9,** 3, 85 — con i Ḥanifah sulle rive del Golfo Persico, **12,** 134 nota 1 — loro luogotenenti fra le tribù Azdite dell''Umān, **8,** 190 — immigrati nel Baḥrayn, pagano la ǵizyah ad al-Mundzir b. Sāwa, **8,** 179, 185 nota 2 — amici del cristiano Hawdzah b. 'Ali, **6,** 55 — addetti alle miniere di Šamān, **12,** 134 nota 1 — loro rapporti con i Bakr b. Wā'il e disfatta di Dzū Qar (610. a. È. V.), **Intr.** 230 e nota 1 — *f*) guerre nel Yaman (cfr. Abnā): conquistano il Yaman scacciandone gli Abissini poco dopo il 570. a. È. V., **Intr.** 111 nota 1, 185; **11,** 186 — e vi si stabiliscono importandovi il mazdeismo, **10,** 127; **11,** 187 — combattono contro al-Aswad al-'Ansi, 197 — prima alleati poi in conflitto con gli Arabi pagani di Ṣan'ā e del Yaman, 190, 191; **12,** 64, 66, 73 — loro conversione meramente politica all'Islām, **10,** 82 nota 2; **12,** 70 nota 2 — dal quale chiedono appoggio contro gli Arabi apostati o pagani, **11,** 190 — specialmente i Madzḥiǵ, **12,** 1 nota 3 — *g*) guerre nell''Irāq contro i Musulmani: precedenti rapporti con gli Arabi del Ḥiǵāz, del Naǵd e del Sawād sotto i Sassanidi, **12,** 132 — ambasciata di Maometto al re Barwīz, **6,** 54 e nota 1 — immigrazione dei Rabī'ah entro i confini mesopotamici, **12,** 113 nota 1,*c* — attrattive della Persia sugli Arabi, **12,** 312 — e ragioni particolari della invasione, 150 — aggressioni dei Bakr b. Wā'il e delle schiere musulmane di Khālid: campagne e razzie nell''Irāq, 155-229, 235-236 — e nelle provincie della Persia centrale, 230-231 — aspetti generali della invasione, contro cui i Persiani oppongono scarsa resistenza, **Intr.** 1, 22; **2,** 16; **8,** 169 nota 1, 177; **11,** 72; **12,** 103, 104, 118, 152, 154, 301, 348 — viaggio di Khālid dall''Irāq in Siria, 392-426 — inizio della reazione persiana contro gli Arabi dopo la partenza di Khālid, 427 — abbandono dell''Irāq dopo Qādisiyyah, 149 — resistenza nel Fārs, 119 — in Persia non si stabiliscono Compagni del Profeta, **11,** 79 nota 1.

Persiani al-'Ağam, di Sandawdā nel Sawād (forse Aramei). **12,** 401.

Persico (golfo), sede originaria dell'alfabeto protoarabico. **11,** 216 nota 1; cfr. Golfo persico.

p e s a kh (ebr. πάρεσις, πάσχα « la pasqua »). **12,** 393 nota 1,*c.*

p e s kh, cfr. p e s a kh. **12,** 393 nota 1,*c.*

Pesce, commercio abbondante di- fatto dai Khušayn nell'Arabia petrea, **7,** 52 nota 1.

Pesce, probabilmente una specie di balena che, arrenato sulle rive del Mar Rosso, sostenta i Musulmani della spedizione di Sīf al-Baḥr. **8,** 35.

Peste, fra i banū Khuzā'ah, **Intr.** 76 — nell'esercito abissino invasore del Ḥiğāz, 108 — in Siria, inventata dai tradizionisti, **1,** 71 nota 2 — in Madīnah allontanata dal Profeta, **6,** 56.

Peste bubbonica nell'Asia anteriore sotto l'imperatore Maurizio (599. a. È. V.). **12,** 265 nota 4.

Pethion predica il Vangelo verso il 447. a. È. V. nella Babilonide meridionale. **12,** 144 nota 1.

Petra [ebr. S e l a', antica città commerciale, sede dei Nabatei sin dal II sec. av. C.]: suoi giganteschi monumenti sepolcrali, **9,** 34.

Pharan [città, sede vescovile e centro della vita anacoretica del Sinai], gli Arabi di- devastano la Palestina. **12,** 113.

Philadelphia = Rabbat 'Ammon = 'Ammān, nel Balqā, a occidente del Giordano. **12,** 351 nota 1,*b.*

Philippicus, genero dell'imperatore Maurizio, mandato da Eraclio in Armenia a combattere contro i Persiani, **12,** 248 nota 1.

Phocas, generale ribelle di Maurizio; suo uccisore e successore in Bisanzio (602.-610. a. È. V.); messo a morte da Eraclio, **12,** 245, 246, 247.

Phrat [ebr., il « fruttifero »; ar. F u r ā t o « dall'acqua dolce »: cfr. Y ā q ū t, III, 860-862 e *pass.*) = Eufrate, uno dei quattro fiumi del Paradiso terrestre. **12,** 107 nota 1.

Phylarchus, grado spettante ai principi Ghassānidi. **12,** 114.

Piagnoni o a l-B a k k ā · ū n, Compagni d. P., dolenti che, per la loro povertà, non potevan prender parte alla spedizione di Tabūk: vari elenchi di essi, **9,** 27 e nota 1.

Piazze-forti, Arabi del mezzogiorno pratici nell'arte di assediare le fortezze, **10,** 112.

Piccolo pellegrinaggio ('u m r a h). **8,** 139; cfr. Pellegrinaggio.

Picconi forniti da Qurayẓah per lo scavo della trincea di Madīnah. **5,** 25, 26.

Pietra angolare del tempio, v. h a ğ r a l-r u k n.

Pietra angolare della Ka'bah (ḥ a ğ r a l-r u k n), sepolta nel pozzo Zam-zam. **Intr.** 62 nota 4, 72, 99; cfr. Pietra nera.

Pietra (la) **Nera** (a l-ḥ a ğ r a l-a s w a d) o Pietra della Ka'bah, una delle quattro sue pietre angolari, divenuta col tempo più sacra delle altre e oggetto di culto, **Intr.** 56, 62 e nota 4 — una delle pietre preziose del Paradiso, calata da Dio in terra: originariamente bianca, anneritasi di poi, 66 e nota 1 — sottratta al Diluvio, restituita al suo posto ai tempi di Abramo, 67 — sepolta in al-Zam-zam, 72 — toccandola, giurano il loro patto i Muṭayyabūn e i banū 'Abd al-Dār, 86 — nella ricostruzione della Ka'bah, viene rimessa nella nicchia da Maometto e dai rappresentanti di tutte le tribù makkane, 169; **7,** 73; **11,** 34 — la tocca e la bacia il Profeta nel Pellegrinaggio d'Addio, **10,** 74.

Pietre preziose (y ā q ū t a h) da appendere alla Ka'bah, mandate dal califfo al-Mā·mūn. **Intr.** 101 nota 1.

Pioggie, diminuzione delle- nel Sahara e in Arabia dopo l'epoca glaciale. **12,** 108.

Pirenei, immigrazione arabo-musulmana sino alle falde dei-, **10,** 115.

Pirisabora, nome della città al-Anbār presso Ammiano Marcellino, **12,** 170 nota 1,*b.*

Pirro, elefanti menati da- in Italia, se fossero africani o indiani, **Intr.** 109.

Pīšōn, [= lo « scorrente »] uno dei quattro fiumi biblici del Paradiso terrestre [identificato con l'Indo, il Gange, il Nilo, il Pallacopas ecc.]. **12,** 107 nota 1.

Platano (s ā ğ) [*Platanus indica* o *Tectonia grandis*; cfr. D e S a c y, *Chrest. arabe,* 2ª éd., t. III, p. 473-474]: era di- la porta della casetta di 'Ā·išah a Madīnah. **1,** 32.

Poesia (š i ' r, originariamente « conoscenza, percezione »): concetto che ne avevano gli Arabi antichi, reputandola d'origine demonica, effetto della diretta inspirazione dei ǵ i n n, **Intr.** 177, 193 e nota 1.

Poesie satiriche (h a ǵ w o h i ǵ ā) contro Maometto, alle quali risponde Ḥassān b. Thābit. **3**, 3.

Poeta (š ā ' i r, « colui che sa, intuisce »), sua comunione col soprannaturale, **Intr.** 193 nota 1 — e col proprio ǵ i n n, **10**, 133.

Poeti arabi antichi, loro discrepanze nell'indicare gli anni ed il tempo, **1**, 1.

Poliandria o matriarcato, sistema matrimoniale dell'antica Arabia pagana, sopravvivente ancora qua e là al tempo di Maometto, **9**, 15 nota 2, 58 nota 1; cfr. z i n ā, matriarcato.

Polo, mare libero fino al- boreale, nei periodi interglaciali dell'epoca glaciale, **12**, 107.

Ponte, battaglia del- nell' 'Irāq nell'a. 13. H., **4**, 6; **12**, 179 nota 1,*b*.

Portantine (h a w d a ǵ, f a w d a ǵ ecc.), veicolo delle donne e dei vecchi: delle mogli del Profeta, **5**, 14 — di Durayd b. al-Simmah a Ḥunayn, **8**, 128.

Portenti che annunziarono al mondo la comparsa del Profeta, **Intr.** 207.

Pozzi o cisterne e loro sorveglianza (a l-s i q ā y a h). **Intr.** 79.

Pozzo (b ī r o k u r r ecc.) di Adamo e di Khumm. **Intr.** 79 no. 2 — di al-Yusayra e di 'Abīr. **4**, 2.

Preda, consuetudine di far 5 parti della-, iniziatasi nella spedizione di Nakhlah, **2**, 22 e nota 3 — quinto della- spettante a Dio e al suo Profeta, **2**, 22 e nota 3 — uso elemosiniero a cui erogavala Maometto, **5**, 9 nota 1.

Predica, prima- di Maometto durante la costruzione della moschea di Madīnah, **1**, 37 e nota 1 — in Makkah, **8**, 65, 66 — ultima- o del Pellegrinaggio d'Addio, **10**, 77.

Pregare, l'ingiunzione di- fatta dapprima al solo Maometto nelle sure makkane, estesa a tutti i credenti in quelle madinesi, **2**, 12 nota 1 — di siffatto obbligo non si fa menzione nella lettera ai banū Zuhayr, **9**, 92 nota 1.

Preghiera cristiana, dei Cristiani di Naǵrān, fatta volgendosi verso oriente. **10**, 59 e nota 3.

Preghiera musulmana (ṣ a l ā h), stabilita da Dio ai tempi debiti, **10**, 14 — uno dei 5 q a w ā ' i d o doveri fondamentali dell'Islām: non ebbe in origine la ferrea disciplina obbligatoria assunta dopo Maometto, **Intr.** 219 nota 1 — fissata definitivamente in Madīnah, **1**, 54 — a imitazione di riti e consuetudini ebraiche, **5**, 65. — *a*) Modi e forme della preghiera; appello alla- o i dz ā n, in principio probabilmente fatto soltanto il venerdì a mezzogiorno, **1**, 54 e nota 1; **2**, 11; **10**, 14 nota 5 — lavacro preparatorio, adottato sull'esempio degli Ebrei di Madīnah, **Intr.** 219 nota 1; **2**, 13 — numero delle prostrazioni o r a k ' ā t da farsi durante le singole preghiere, **1**, 55 nota 1 — superiorità della- fatta nelle moschee di Makkah, di Madīnah e di Gerusalemme, **2**, 8 nota 9 — dignità annessa alla carica di direttore della- subisce un processo evolutivo, **11**, 55 nota 3. — *b*) Preghiere quotidiane, m a f r ū ḏ ā t, od obbligatorie, ridotte dopo il m i ' r ā ǵ, per suggerimento di Mosè, a sole cinque, **Intr.** 221, 321 — a l-ṣ u b ḥ (del mattino), a l-ẓ u h r (del mezzogiorno), **2**, 6 nota 2; **7**, 72 — a l-'a ṣ r (del pomeriggio), a l-m a gh r i b (del tramonto), a l-' i š ā (della sera), **10**, 14; **11**, 172 — prese dai Sabei o dagli Zoroastriani, **2**, 15 — ridotte a 3 soltanto, da Musaylimah, **11**, 172 e nota 2. — Contradizioni e incertezze sul numero e sull'ora precisa delle singole ṣ a l a w ā t m a f r ū ḏ ā t, **1**, 54 nota 1; **2**, 12; **10**, 14 e nota 5 — *c*) Preghiera pubblica settimanale del venerdì a mezzogiorno (ṣ a l ā h a l-ǵ u m ' a h), fu forse la sola a cui in principio i fedeli intervenivano, invitati più che obbligati, **1**, 54 nota 1 — la sua sistemazione sincrona ed uniforme, fu ispirata da concetti politici e disciplinari dei continuatori od interpreti dell'opera di Maometto, **2**, 14; **10**, 14 — *d*) Forme varie e straordinarie di preghiera: 1ª della paura o del pericolo (ṣ a l ā h a l-kh a w f), **2**, 12 nota 2 — istituita in forma più breve, durante la spedizione di Dzāt al-Riqā', **5**, 1-2 — 2ª preghiera detta a l-ṣ a l ā h a l-ḥ a ḏ a r o di chi è fermo in un sito, composta di 4 prosternazioni; 3ª detta a l-ṣ a l ā h a l-s a f a r o di chi è in viaggio, di 2 sole r a k ' ā t, **1**, 55 — preghiere mortuarie recitate da al-'Abbās sul cadavere di Fāṭimah, **11**, 205 nota 1 — fatta dal Profeta a Khaybar, **7**, 18 — osservata dai seguaci di Saǵāḥ, **11**, 172 e nota 2 — eseguita e diretta dal Profeta in Madīnah, 55 nota 3.

Prestiti fatti dai Qurayš al Profeta dopo la presa di Makkah, **8,** 87.

Prete (r ā h i b) o piuttosto « monaco » della Yamāmah. **10,** 33.

Preti e frati cristiani di Ḥīrah: ottengono che la città non opponga resistenza a Khālid, **12,** 207.

Prezzi di riscatto per persone uccise (?) (K i t ā b a l-M a ' ā q i l o « Libro dei- »), **2,** 103 [cfr. Ṭ a b a r i, *Glossarium*, 371-372].

Prezzo del riscatto (f i d ā) dei prigionieri, da assumersi solidalmente dagli Emigrati, prescritto ai credenti in Madīnah, **1,** 45 art. 3, 11 — dei Qurayš di Badr, **2,** 78, 79.

Prezzo di sangue (d i y a h), pagato per compenso ai parenti di persona uccisa, assunto solidalmente dagli Emigrati in Madīnah, **1,** 45 art. 3.

Prigionieri di guerra (s a b y): dovere di riscattarli imposto nel Patto costituzionale in Madīnah, **1,** 45 art. 3 e 11 — pagani, custoditi sotto la tettoia al-Ṣuffah, **2,** 6 — qurašiti trucidati a Badr, 70 nota 1 — divieto di mutilarli, 74 — riscattati al prezzo di 1000-4000 d i r h a m l'uno, 78, 79.

Prigionieri musulmani in Makkah, riscattati dal Profeta, secondo una tradizione poco attendibile, **7,** 62 nota 1 — Asaditi e 'Āmiriti, di Buzākhah, arsi vivi da Khālid, **11,** 152.

Priscus [† 616. a. È. V.], genero dell' imperatore Foca, generale di Eraclio, poi ribelle, relegato nel convento di Cora, **12,** 248 nota 1.

Prjewalsky trova cavalli viventi allo stato selvaggio, nelle steppe dell'Asia centrale, **12,** 272.

Procopio, storico bizantino [† circa 565. a. È. V.], menziona gli Arabi Μααδδηνοί, **Intr.** 44 nota 1 — narra la conquista del Yaman per opera degli Abissini (530. a. È. V.) e la loro finta spedizione contro la Persia (540. a. È. V.), 108 e note 1 e 2, 111 nota 1 — suoi ragguagli sulla via Mar Rosso-Adulis-Auxomis, 272 — sulla immoralità dell'ambiente bizantino, **12,** 241 nota 1.

Profeti, l'invio degli antichi- menzionato frequentemente nelle sure makkane del Qur'ān, raramente in quelle madinesi, **Intr.** 197, 198, 199 — loro carattere particolarista e nazionale, 351 nota 1.

Profeti ebraici o d'Israele: Maometto se ne afferma il continuatore ultimo, ma non già il discendente genealogico, **Intr.** 30 — loro spirito schiettamente semitico e nazionale, **10,** 104 nota 1.

Profeti pastori, sentenza di Maometto sui-, **Intr.** 137 nota 1.

Profezia, il così detto suggello della-, a l-kh ā t i m, in Maometto, **Intr.** 135; **11,** 243.

Profezie di indovini, annunzianti al mondo la nascita di Maometto, **Intr.** 207.

Profumo della capigliatura di Ka'b b. al-Ašraf. **3,** 4.

Programma (il) prefissosi dal Profeta non andava oltre la presa di Makkah, **10,** 119 nota 2.

Propaganda, principio della- pubblica dell'Islām o inizio della r i s ā l a h (613), **Intr.** 232.

Proprietà, concetto della- in Makkah e in Madīnah meno primitivo che nel resto d'Arabia, ma tuttavia informato a uno spirito comunista, **5,** 67.

Prostituzione mercenaria (a l-z i n ā, a l-f a ǵ a r) proibita da Maometto, **Intr.** 310 — modo di punirla, **9,** 94 nota — da distinguersi dalla poliandria, 54 e nota — permessa da Musaylimah (?), **10,** 67 e nota 3; cfr. z i n ā, adulterio, fornicazione.

Prostrazioni, numero delle- o r a k ' ā t da farsi durante la preghiera, non fissato nel Qur'ān, **1,** 55 nota 1.

Provincie, frazionamento delle grandi- bizantine in altre minori, effetto della crescente debolezza dell'autorità imperiale, **12,** 243.

Pseudo-Wāqidi, autore della « Conquista di Siria », romanzo storico composto nell'età delle Crociate: suo carattere immaginoso ed eroico, **11,** 73 — tendenza patriottica nazionale e religiosa, 80 nota 1 — narra il principio delle conquiste arabe in Siria, **12,** 358-363 — dà sul viaggio di Khālid ragguagli provenienti da buona fonte, 413-414.

Pube, antica consuetudine degli Ebrei di radere il pelo nascente sul-, **5,** 49.

Pustula purulenta con enfiagione dolorosa, prodotta dalla caduta delle pietre a b a b ī l, **Intr.** 120; cfr. a b a b ī l, vaiuolo, rondini.

q a b ā = mantello con maniche, specialmente di seta, ricamato in oro; indossato da **Ukaydir** b. 'Abd al-Malik al-Kindi. **9,** 45 — semplice mantello di cui s'avvolge Khālid, **11,** 182 [cfr. D o z y, *Vêtements*, 352 e segg.].

al-qabaṯi = coperta di cotone egiziano, distesa sulla Ka'bah. **Intr.** 171 — vestiti di lino egiziano, donati a Maometto dal Muqawqis, **7,** 78 nota 1.

Qabīṣah b. al-Aswad b. 'Āmir, dei Ġarm Ṭayy, C. d. P., ambasciatore a Madīnah, **10,** 35 no. 2.

Qabīṣah b. Dzu·ayb al-Ṭā·i = Qabīṣah b. Iyās. **12,** 162 nota 9.

Qabīṣah b. Iyās [o anche **Iyās b. Qabīṣah**] **b. Ḥayyah al-Ṭā·i,** amīr o luogotenente del Kisra sassanida in Ḥirah, dopo l'ultimo lakhmita al-Nu'mān b. al-Mundzir: paga la ǵizyah a Khālid, **12,** 162,*a* e nota 9.

Qabīṣah b. Mukhāriq, dei banū Hilāl b. 'Āmir b. Ṣa'ṣa'ah, C. d. P., paga i suoi debiti col danaro di Maometto, **9,** 80.

abū Qābūs al-Nu'mān b. al-Mundzir, re di Ḥirah, erige il monastero cristiano Dayr al-Luǵǵ, **12,** 162 nota 8 no. 12; cfr. al-Nu'mān IV b. al-Mundzir.

qadaḥayn min qawārir = « due coppe di vetro », dono votivo fatto appendere alla Ka'bah dal califfo 'Abd al-Malik b. Marwān. **Intr.** 101 nota 1.

al-Qaddāḥ b. Wāthilah al-Tanūkhi, arabo cristiano, mandato dai Greci nel campo di Yazīd b. abī Sufyān, **12,** 361.

qaddimū li-anfusikim = « mandate avanti (opere buone di devozione o di carità) a profitto delle anime vostre ». **1,** 37 e nota 1.

qādi = « giudice » di Gerusalemme. **9,** 70 nota 1 — le prime nomine di- fatte dopo le conquiste, e forse anche dopo la morte di 'Umar, **11,** 200.

al-Qādisiyyah, tra Ḥirah e al-'Udzayb sulla via Kūfah-Makkah, non lungi da Khaffān, **12,** 155 nota 6,*a*, 161 nota 1 — luogo di convegno dei pellegrini di Kūfah, 192 nota 2 [cfr. Yāqūt, IV, 7-9] — assediata da Khālid, 363, 418 — paga la ǵizyah, 164,*c* — teatro della grande battaglia dell'a. 15. H., **7,** 55 no. 37, 82; **10,** 31 — una delle ultime battaglie combattute con milizie inviate d'Arabia, **12,** 104 — dove gli Arabi dispongono al massimo di 6 o 7 mila guerrieri 180, 188 nota 6, 284 — con meschino armamento, 276 — dopo aver lasciato a Khaffān le donne ed i bambini, 285 — e i Persiani ammontano a poco più del doppio, 180, 290 — sconfitta decisiva per la sorte dell''Irāq, 149 — fatti sincroni alla battaglia, 174 nota 2,*c* — viaggio dal Yarmūk a- compiuto in un mese (?) dalle tribù yamanite stabilitesi in Siria, **12,** 415 nota 1.

al-Qadr, notte- o del « Destino », quella del 23 o 24 Ramaḍān, in cui si crede seguisse la rivelazione del Qur'ān a Maometto, **Intr.** 215 e nota 1.

al-Qāḥah, sito a tre tappe da Madīnah, sulla via o itinerario della Ḥiǵrah. **1,** 22, nota 1 no. 16.

Qahd, uno dei principi?o magnati del Ḥaḍramawt, C. d. P. (?), in corrispondenza con lui. **10,** 46.

Qaḥṭān, eponimo delle tribù yamanite o sud-arabe. **Intr.** 42 tav. 3.

banū Qaḥṭān, beduini odierni, loro guerre con gli Aneyzah, narrate dal Doughty, **12,** 280 nota 1.

qā·id = « comandante militare », dei Sassanidi in Ubullah, **12,** 155 nota 11,*b*.

Qā·id al-Musta'ribah, « duce degli Arabi alleati » dei Greci a Mū·tah, Mālik b. Rāfilah. **8,** 12.

Qal'ah al-Zubayr, uno dei castelli di Khaybar. **7,** 25; cfr. al-Zubayr.

al-Qala'iyyah [« fabbricate cioè a Qala'ah » nell''Irāq, presso Ḥulwān; cfr. Yāqūt, IV, 162], le spade- sepolte dai Ġurhum nel pozzo Zamzam e dissotterrate da 'Abd al-Muṭṭalib. **Intr.** 72, 100.

al-qalam = « la penna da scrivere », la prima cosa creata da Dio. **Intr.** 25 nota 1.

Qalāmis (pl. di qalmas), l'ufficio del Nasi o intercalatore del mese triennale. **1,** 10.

al-Qalammas, cognome di Hudzayfah b. Fuqaym, alla cui famiglia apparteneva la carica al-Nasi in Makkah. **Intr.** 75.

qalāns (plur. di qalansuwah, berretto conico dei magnati persiani. **12,** 193 nota 1,*a* — quello del marzubān di Ḥīrah valeva 50 mila dirham, 205 [cfr. Dozy, *Vêtements* s. v.].

al-Qalas, nome di una spada nel santuario dell'idolo Fals sul monte Aǵā, **9,** 20.

Qal'i, nome di una spada del Profeta, provenutagli dal bottino dei banū Qaynuqā'. **2,** 97 nota 1.

al-Qalīs o **al-Qulays,** chiesa cristiana di San'ā nel Yaman = ἐκκλησία, fondata perciò da missionari greci di Siria. **Intr.** 108, 117 e nota 2.

al-Qalt, sito nell' 'Irāq. **12,** 222 nota 3, 223 e nota 1.

qālū = « dissero », prefisso iniziale delle tradizioni o racconti, le cui fonti o autorità non siano note o specificate. **12,** 7 nota 2, 155 nota 2,*a*.

qamḥ, *Triticum spelta* = burr, ḥinṭah, ṭa'ām. **9,** 51 [cfr. Guidi, Sed. Pop., p. 586-587].

qamīṣ, [dal gr. καμίσιον] « tunica interna », poi camicia. **4,** 23 [cfr. Dozy, *Vêtements,* p. 371-375; Kremer, *Culturg.,* II, 215-216].

ibn Qamiyyah al-Laythi, pagano qurašita, a Uḥud, **3,** 36, 38, 43, 54,A no. 5.

al-Qamūṣ, colle e castello di Khaybar appartenente al giudeo abū-l-Ḥuqayq. **7,** 5, 30 [cfr. Yāqūt, IV, 177, lin. 13-15].

qanādīl (pl. di qandīl, dal greco-lat. κανδήλα-candela), lampade ad olio, lucerne, anche candelabri: nell'a. 9. H., ne fu illuminata la moschea di Madīnah da Tamīm al-Dāri, **1,** 32.

Qanāh Buṣra [odierna al-Qanawāt, Κανάθα-Kanatha di Plinio, Tolomeo ed Eusebio, sulla via Buṣra-Damasco, tra al-Suwādā e Šuhba nel Ḥawrān occidentale; cfr. E. Schwartz, *Die Aeren von Gerasa und Eleutheropolis,* in Nachrichten der K. G. der Wiss. Göttingen, Phil-hist. Klasse, 1906, p. 369], Khālid vi si unisce ai Musulmani di Siria. **12,** 394, 403, 404 nota 1, 407.

Qanān b. Dārim dei banū 'Abs, C. d. P., emigrato a Madīnah, **3,** 66 no. 3.

banū-l-Qanān b. Tha'labah, ramo (pagano?) dei banū-l-Ḥārith, lettera del Profeta ad essi, **10,** 6 no. 3.

banū Qanān b. Yazīd, ramo Yamanita dei banū-l-Ḥārith b. Ka'b, loro conversione e lettera del Profeta confermante loro alcuni possedimenti fondiari, **10,** 3, 11.

Qanāt, bassura presso il monte Thayb a una giornata da Madīnah, tra questa città e Bi'r Ma'ūnah. **2,** 99; **3,** 21; **4,** 5.

Qanṭarah Dimimmā, ponte sull'Eufrate, nel punto dove ne esce il Nahr 'Īsa. **12,** 170 nota 1,*a*.

Qanṭarah al-Nahrayn o « Ponte dei due fiumi », non lungi da Ḥīrah. **12,** 165,*c*.

al-Qa'r, luogo nel Nagd presso Ba'ūǵah. **11,** 180.

al-Qa'qā' b. 'Amr al-Tamīmi, C. d. P., (?) musulmano, secondo Sayf, del quale è uno degli eroi prediletti, guida la spedizione contro l'apostata 'Alqamah ibn 'Ulāthah dei banū Ka'b, **11,** 125, 151 e nota 2 — appare invece tra i seguaci della profetessa Saǵāḥ, 164 nota 1,*a*; **12,** 58 — mandato da abū Bakr a Khālid, 188 e nota 3 — e da costui messo a capo dei Muḍar, 189 no. 1 — partecipa alla Battaglia delle Catene, 193 — testimone al patto di Khālid con Ṣalūbā b. Nasṭūna, 210 nota 3, 211 — razzia il Sawād e firma ricevute di quietanza ai razziati, 213, 214,*a* — luogotenente di Khālid in Ḥīrah e vincitore a Ḥuṣayd, 222 — ad al-Muṣayyakh, 226 — suo verso menzionante Ṣuffarīn, 411 nota 1.

al-Qa'qā' b. Ma'bad b. Zurārah al-Tamīmi, C. d. P., ambasc." dei banū Tamīm a Madīnah. **9,** 5 no.3ᵛ.

al-Qar'ā, luogo nel Baḥrayn, sede di Wakī' b. Mālik. **12,** 56.

al-Qaradah [o **al-Qardah, al-Qirdah, al-Fardah, al-Faridah;** cfr. Yāqūt, III, 871-872; IV, 55], pozzo nel Nagd, sulla via di Dzāt al-'Irq, dove i Musulmani depredano una caravana qurašita, **2,** 92; 105; **3,** 9.

al-Qar'ah bint abī Sufyān b. Ḥarb, moglie di abū Aḥmad 'Abd b. Ǵaḥš, C. d. P., emigra a Madīnah con tutti i banū Ghanam b. Dūdān, dopo il secondo Convegno di 'Aqabah. **1,** 15 no. 6.

banū-l-Qārah, [« figli del monticello », cioè sagittari abilissimi, rumāt, che con la freccia scoccata spartono in due il mucchio (?), Hišām, 488, lin. 8-9; cfr. invece Durayd, 110, lin. 16-18], ramo dei Khuzaymah, stirpe makkana dei banū Zuhrah b. Kilāb, presenti a Badr, **2,** 85 no. 42,A — tendono ai Musulmani l'agguato di al-Raǵī', **4,** 7 — banditi di abū Baṣīr, **7,** 2, 43 no. 19 — loro perizia nel tiro, **12,** 269.

Qārāt, sito confinante con il villaggio al-Ghūrah [nella Yamāmah (?) cfr. Qārāt al-ḥubal in Yāqūt, IV, 10, lin. 4], **10,** 33 nota 2.

qarāṭīs (pl. di qarṭās o qirṭās, dal gr. χάρτης), fogli di carta papiracea, vi si scrive su l'esemplare del Qur'ān ordinato da abū Bakr (?), **11,** 227 nota 1,*a*.

Qarazah b. 'Abd 'Amr [o **b. 'Amr**] **al-'Aǵami,** pagano qurašita, fautore della guerra ad oltranza contro Maometto, **8,** 44, 45.

Qardah, invece di Qaradah. **3,** 9.

Qārib b. al-Aswad b. Mas'ūd, C. d. P., già pagano, portastendardo dei banū Thaqīf a Ḥunayn, **8,** 114, 124 — rendesi musulmano in Madīnah quale ḥ a l ī f di abū Sufyān b. Ḥarb. **9,** 10, 11 — coopera alla distruzione dell'idolo al-Lāt in Ṭā'if, 59.

banū Qārib (b. al-Aswad ?), famiglia di Ṭā'if, insigne per la bellezza delle sue donne. **8,** 149.

Qarībah, cantatrice makkana, messa al bando da Maometto. **8,** 73 nota 1 no. 10.

al-Qārim b. Umayyah b. abī-l-Ṣalt b. Rabī'ah, poeta figlio di poeta. **9,** 95.

Qārin b. Quryānus [† 12. a. H.], signore di Ahwāz (?), generale persiano, vinto e ucciso ad al-Madzār, **12,** 197, 200, 231,*b*.

al-Qarīnān, « i due congiunti o compagni », cognome di abū Bakr e di Ṭalḥah b. 'Ubaydallah. **2,** 88 no. 19.

Qarīṭ b. 'Abd b. abī Bakr b. Kilāb, capostipite di un ramo degli al-Qurṭā. **9,** 15.

Qarn o **Qarn al-Manāzil** [? cfr. Y ā q ū t, IV, 72, lin. 6 e segg.], sito tra Nakhlah al-Yamāniyyah e Ṭā'if. **8,** 140, 159, 160.

q a r n a l-Š a m s = il corno del sole, cioè i primi raggi. **11,** 119.

Qarn al-Ṣarāt, canale sul Tigri. **12,** 174.

Qarqarā, sito presso 'Aqrabā nella Yamāmah. **11,** 157 nota 1; **12,** 6 nota 3 [cfr. Y ā q ū t, IV, 62, lin. 17 e segg.].

Qarqarah, o **Qarqarah al-Kudr,** o **al-Kudr** [cfr. Y ā q ū t, s. v.], sito dei banū Sulaym, fra Bi'r Ma'ūnah e Madīnah, distante sei miglia da Khaybar. **4,** 5 — vi ha luogo l'eccidio di trenta Ebrei, **6,** 20.

Qarqarah al-Kudr; cfr. Qarqarah, spedizione di- o di Sawīq, **2,** 92 no. 2 capov. 4, 99.

Qarqīsiyā, [*Circesium,* φρούριον ἔσχατον dei Romani al tempo di Procopio], città sul Khābūr, nel punto ove questo si getta nell'Eufrate: sull'itinerario di Khālid b. al-Walīd dall' 'Irāq nella Siria. **12,** 395, 402, 421, 422, 423 [cfr. Y ā q ū t, IV, 65-66].

q a r y a h = « villaggio ». **5,** 18 nota 1; **9,** 40.

a l-q a r y a t ā n = i due borghi, cioè Makkah e Ṭā'if. **Intr.** 110 nota 1 [cfr. Y ā q ū t, IV, 77 lin. 12-13].

al-Qaryatān, villaggio ancora esistente fra Tadmur e Ḥuwwārīn, sulla via Damasco-Palmira, nell'itinerario di Khālid b. al-Walīd. **12,** 396 e nota 4, 403, 420, 421.

banū Qaryūš (o **Qiryawš**) **b. Ghanm b. Umayyah b. Lūdzān,** anṣār khazragiti, presenti a Badr, **2,** 85,C no. 32.

q ā ṣ a b a h = « capitale ». **12,** 316 nota 5.

a l-q a s ā m a h o giuramento, antica usanza pagana della-. **7,** 68 [cfr. D o z y, *Suppl.*, s. v.].

al-Qaṣārah, castello di Khaybar (?). **7,** 5.

q a s b = dattero immaturo e secco, ovvero avente il nocciolo grosso e duro. **12,** 170 nota 2,*a* [cfr Ḥ a m ā s a h, p. 779].

ibn Qasḥam [† 2. a. H.], cfr. Yazīd b. al-Ḥārith b. Qays, Fuḥsum, C. d. P., morto a Badr, **2,** 87 no. 9.

al-Qāsim, figlio di Maometto e di Khadīgah, morto avanti la Missione profetica. **Intr.** 160.

al-Qāsim b. Muḥammad b. abī Bakr abū Muḥammad, nipote di 'Ā'išah, tradizionista presso Ṭabari (autorità di Sayf). **11,** 82, 119, 124; **12,** 379, 380 — presso Balādzuri, **11,** 118.

al-Qāsim b. Sallām al-Baghdādi (abū 'Ubayd) [† 224. a. H.], tradizionista, presso Balādzuri. **8,** 184 nota 2; **10,** 33 nota 2 [cfr. N a w a w i, 744-746; Y ā q ū t, *Reg.*, 610].

abū-l-Qāsim al-Samarqandi, tradizionista, presso 'Asākir. **12,** 394, nota 6,*c*.

q ā s i m a h a l-ẓ a h r = « un [evento] che rompe il dorso », cioè terribile e irreparabile. **11,** 85.

Qāsiṭ b. Hinb b. Afṣa ... b. Rabī'ah ... b. Ma'add, eponimo di una tribù ismā'ilita. **Intr.** 41 tav. 1.

q a ṣ r = « castello, fortezza », luogo munito. **10,** 65.

Qaṣr al-Abyaḍ, uno dei quattro celebri castelli di Ḥīrah. **12,** 161, 164,*d*, 206 e nota 1 no. 1.

Qaṣr al-'Adasiyyīn, uno dei quattro celebri castelli di Ḥīrah. **12,** 161, 206 e nota 1 no. 3.

Qaṣr al-Balqīs, o della Regina di Saba, castello in Mā·rib, le cui pietre furono adoperate per la costruzione della chiesa cristiana al-Qalīs, in Ṣan'ā. **Intr.** 117.

Qaṣr ibn Buqaylah, uno dei quattro celebri castelli di Ḥīrah. **12,** 161, 164,*d*, 206.

Qaṣr al-Firs, uno dei quattro celebri castelli di Ḥīrah. **12,** 206 nota 1 no. 2.

Qaṣr 'Īsa b. 'Ali [castello sul canale Nahr al-Rufayl, là dove questo sfocia nel Tigri; cfr. Yāqūt, IV, 117], prima detto Qaṣr Sābūr. **12,** 179 nota 1,*a*.

Qaṣr 'Īsa b. Ǵa'far, castello in Khuraybah al nord di Ubullah. **12,** 155 nota 14 [cfr. Yāqūt, IV, 118, lin. 13-17].

Qaṣr al-Mar·ah, « castello della Donna », sul Nahr al-Ma·rah (*q. v.*), nella regione di Baṣrah: presa del castello-, **12,** 155 nota 15, 195.

Qaṣr banī Māzin, uno dei castelli di Ḥīrah. **12,** 206.

Qaṣr Muqātil, castello presso Quṭquṭānah e al-Qurayyāt sulla via 'Ayn Tamr-Damasco [deve il suo nome a Muqātil b. Ḥassān b. Tha'labah b. Aws, fu abbattuto e ricostruito da 'Īsa b. 'Ali b. 'Abdallah; cfr. Yāqūt, IV, 121-122]. **12,** 417 nota 1.

Qaṣr Sābūr, nome primitivo del Qaṣr 'Īsa b. 'Ali (*q. v.*). **12,** 179 nota 1,*a*.

Qaṣr al-'Udays ('Adīs? = 'Adasiyyīn?), castello di Ḥīrah. **12,** 164,*d*.

Qasṭal [= *castellum*? cfr. il moderno Qaṣṭal sulla via abū Rūš-Qalūniyyah in Palestina], sito del Balqā. **11,** 4; **12,** 378, 389, 390.

al-Qaṣwah, camela prediletta del Profeta, smarrita e ritrovata in Baq'ā, **5,** 12 — Maometto muove su di essa a Ḥudaybiyyah, **6,** 26 — nella 'Umrah al-Qaḍiyyah, **7,** 70 — in Makkah, **8,** 65 — montata da 'Ali in al-'Arǵ, **9,** 73 — nel Pellegrinaggio d'Addio, **10,** 74.

qatād o **sa'dān** = *Tragacantha* sive *astragalus*, arbusto del deserto, pasto dei cameli. **12,** 295 nota 1.

Qatādah b. Di'āmah al-Sadūsi [† 117. a. H.], tradizionista, presso Hišām. **Intr.** 320 nota 1 — presso Ṭabari, **8,** 66 nota 1 — presso Yāqūt, 187 [da sopprimere la parentesi (uno degli ambasciatori mandati dal Profeta nel Baḥrayn): cfr. Yāqūt, *Reg.*, 613] — lettore del Qur·ān in Baṣrah, **11,** 230 nota 1.

Qatādah b. al-Nu'mān b. Zayd b. 'Āmir al-Ẓafari al-Anṣari al-Awsi, dei banū Sawād b. Ka'b, C. d. P., presente a Badr, **2,** 85,B no. 16 — a Qaṭan, **4,** 2 no. 12 — all'eccidio dei Qurayẓah in Madīnah, **5,** 50 — portastendardo dei Ẓafar a Ḥunayn, **8,** 122.

Qatādah b. al-Qā·if, dei banū Asad b. Khuzaymah, C. d. P., ambasciatore dei suoi a Madinah, **9,** 12 no. 4.

abū Qatādah al-Ḥārith b. Rib'i al-Sulami al-Anṣāri [† 54. a. H.], C. d. P., nasce nel 606.-607. a. È. V. **Intr.** 173 — a Qaṭan, **4,** 2 no. 14 — a Badr III, 18 — uno dei cinque od otto che uccidono l'ebreo abū Rāfi', 20 e nota 1 — contro i banū Qurayẓah, **5,** 44, 45 — ad al-Ghābah, **6,** 3; **11,** 158 — tradizionista, presso Ṭabari, **8,** 13 — comanda la spedizione di Khaḍirah, 37 — a Baṭn Iḍam, 49 — compera col bottino di Ḥunayn un giardino di palme a Madīnah, 131 — custodisce i prigionieri Ṭayy, **9,** 20 — in al-Buṭāh contro i Ḥanẓalah, **11,** 176, 177 — protesta contro l'eccidio dei prigionieri Tamimiti, 180, 182.

Qaṭan, monte o sorgente nel Naǵd [cfr. Yāqūt, IV, 138, lin. 22-139], posseduto dai banū 'Abs, **3,** 66 nota 1 — spedizione di-, **4,** 1 no. 1' 2; **5,** 23.

al-Qaṭīf, distretto, villaggio e poi città capoluogo del Baḥrayn [cfr. Yāqūt, IV, 141-142]: gli Arabi e i Persiani vi combattono nella Riddah contro i Musulmani, **12,** 43, 44 nota 1, 55 e nota 1, 57 nota 1.

qaṭīfah (pl. qaṭā·if), mantello di stoffa a lungo pelo, coverta da letto, tappeto, velluto [cfr. Dozy, *Vêtements*, p. 282-283, nota 1]. **7,** 26.

Qaṭmah (QṬMH), generale romano bizantino, vinto dal persiano Šahrīzā presso Buṣra. **Intr.** 326.

Qaṭrabbul o **Quṭrabbul**, uno dei cantoni del distretto al-Istān al-'Āli in Mesopotamia. **12,** 170 nota 1,*a* — depredato da Nusayr, 179 nota 1,*c* — e da al-Muthanna, 227 — [divenuto poi uno dei sobborghi di Baghdād, celebre deposito di vini; cfr. Yāqūt, IV, 133-135].

banū Qaṭūrā [discendenti di Qaṭūrā bint Yaqṭan, seconda moglie di Abramo (Ṯabari, I, 345); antica tribù] che abitava in Makkah: al-Sumayda' loro re, **Intr.** 78 nota 1 — loro rapporti con i Ǵurhum, 147 [cfr. Aghāni, XIII, 108, 112].

Qaṭwān, sito o quartiere di Kūfah [Yāqūt, IV, 139, lin. 12 e seg.], dove si tessevano i mantelli, qaṭawāniyyah, **12**, 174 nota 2,*a*.

al-Qawāqilah, nome dato alla tribù madinese dei banū Ghanm (Qawqal) b. 'Awf b. 'Amr b. 'Awf b. al-Khazraǵ, **12**, 23, no. 100 [Durayd, 270, lin. 5-6].

Qawqal, secondo nome di al-Nu'mān b. Mālik b. Tha'labah b. Da'd, **2**, 85,C no. 31.

Qawrān, valle sulla via Madīnah-Makkah, distante una parasanga da Suwāriqiyyah, **1**, 22, nota 1 [cfr. Yāqūt, IV, 198, lin. 3-8: si corregga così la citazione].

qaws = arco, **12**, 269.

Qaydar b. Ismā'īl b. Ibrāhīm, capostipite dei Ma'add. **Intr.** 87 nota 1.

qayl, termine himyaritico, designante « capo, principe » e simili nel Yaman, **9**, 60, 61, 63 — nel Ḥaḍramawt, **10**, 48.

Qaylah bint Ǵaḥš b. Rabī'ah, dei banū 'Āmir b. Lu'ayy, madre di abū 'Abd al-raḥmān al-Walīd b. 'Abd Šams b. al-Mughīrah, **12**, 23 no. 7.

Qaylah bint Makhramah al-Tamīmiyyah, vedova di Ḥabib b. Azhar, C. d. P., protesta contro il godimento della Dahnā da parte dei Bakr b. Wā'il, **9**, 85 — ottiene da Maometto uno scritto per sè e per le sue figliuole banāt Qaylah, 91.

banāt Qaylah bint Makhramah al-Tamīmiyyah, concessione alle-, **9**, 91.

banū Qaylah, stirpe yamanita abbracciante li Aws e i Khazraǵ (*q. v.*), loro immigrazione in Madinah, **1**, 38 e nota 2 — Anṣār (*q. v.*), 44 — lodati da abū 'Afak per la loro fedeltà, **2**, 93 nota 1; **11**, 186.

banū-l-Qayn b. Ǵasr, tribù arabo-cristiane della frontiera siria, **2**, 85,C no. 10 — alleati di Eraclio a Mu'tah, **8**, 10 — musulmani ed apostati (?) **11**, 102, 104.

banū Qaynuqā', uno dei due grandi gruppi di Ebrei madinesi, confederati dei Khazraǵ, come tali compresi nello scritto costituzionale della comunità musulmana in Madīnah, **1**, 45, art. 31 nota 2, 49 — fanno opposizione a Maometto, 58 no. 16-46 — « Ipocriti », 61 no. 1-8 — loro mercato di oreficeria in Madīnah, 61, 94 — assediati da Maometto ed espulsi da Madīnah, si rifugiano in Siria o in Khaybar, **2**, 92, 94-97, 99; **4**, 11; **5**, 11, 48, 49, 73; **9**, 29, 72 nota 1; **10**, 99; **12**, 269; cfr. Ebrei.

Qays al-Ǵumaḥi, qurašita, uno dei muṭ'imūn a Badr, **2**, 40 no. 6.

Qays b. 'Abd Yaghūth al-Murādi = Qays b. Hubayrah b. 'Abd ecc.

Qays b. 'Abdallah (abū Umayyah), dei banū Asad b. Khuzaymah, C. d. P., emigra in Abissinia, **Intr.** 277 no. 10; **7**, 55 no. 27.

Qays b. 'Adi (o **'Adi b. Qays al-Sahmi**), C. d. P., riceve doni da Maometto in al-Ǵi'rānah, **8**, 164 no. 8.

Qays b. 'Amr b. Qays b. Zayd b. Sawād b. Mālik b. Ghanm [† 3. a. H.], C. d. P., presente a Badr, **2**, 85,C no. 177 — ucciso a Uhud, **3**, 54,B no. 57.

Qays b. 'Amr b. Sahl, C. d. P., uno degli « Ipocriti », **1**, 60 no. 30.

Qays b. 'Āṣim b. Sinān b. Khālid al-Minqari al-Kawdan (abū 'Ali, o **abū Ṯalḥah** o **abū Qabīṣah)** [† 47. a. H.; cfr. Nawawi 516-517], dei banū 'Amr b. Ka'b b. Sa'd b. **Zayd** Manāt, tamimita, uno degli astemi volontari (man harama 'ala nafsihi al-khamr) [cfr. Aghāni XII, 151, 155, e in generale *per tutta la sua biografia* 149-158], **4**, 11, nota 1 no. 5, — ambasciatore dei Tamīm a Madīnah, **9**, 4 no. 3; **5**, no. 5' — uno degli umarā wa 'ummāl fra i banū Sa'd, **10**, 71 no. 6 – riscuote la ṣadaqah dai suoi, **11**, 90 no. 9 — protegge 'Amr b. al-'Āṣ, **11**, 93 nota 2 — capo dei Muqā'is e degli al-Buṭūn, 163 no. 2 — la cui ṣadaqah consegna, dopo tergiversazioni, nelle mani di al-'Alā b. al-Haḍrami, 163 note 1 e 2, 179 nota 2; **12**, 56 — parteggia per la profetessa Saǵāḥ (?), 164 — riceve un ambasciatore del Profeta, **11**, 193 no. 5 — partecipa al bottino di Hağar, **12**, 57 — dopo avere ucciso (?) il ribelle al-Ḥuṭam nel Baḥrayn 58 — informa abū Bakr su al-Muthanna b. Ḥārithah, 155,*a* e 156.

Qays b. 'Aylān al-Nās b. Mudar ... b. Nizār ... b. 'Adnān, eponimo della tribù dei Qays o Qays 'Aylān. **Intr.** 49.

Qays b. 'Azrah al-Aḥmasi, degli Aḥmas al-Lāt, C. d. P. (?), conduce un ambasceria dei suoi a Madīnah, **10**, 27.

Qays b. Dzakwān, C. d. P., uno dei due Madinesi primi a convertirsi. **Intr.** 334, nota 1.

Qays b. Fihr, C. d. P. (?) uno degli « Ipocriti » a Tabūk, **9**, 35.

Qays b. Ghālib b. Fihr b. Mālik, pagano, combatte e muore in Nakhlah al-Yamāniyyah, **Intr.** 56 — suoi discendenti ed eredi sino al 126. a. H., 57.

Qays b. al-Ḥarīr (Ḥurayr) b. 'Amr b. al-Ǵa'd al-Anṣāri [† 12. a. H.], C. d. P., muore a al-Yamāmah, **12**, 23 no. 94.

Qays b. al-Ḥārith, dei Tamīm, C. d. P., ambasciatore a Madīnah, **9**, 4.

Qays b. al-Ḥārith b. 'Adi b. Gušam al-Anṣāri [† 12. a. H.], C. d. P., morto a al-Yamāmah, **12**, 23 no. 95.

Qays b. abī Ḥāzim [al-Bağali al-Akhmasi abū 'Abdallah], nominato anche 'Abd 'Awf b. al-Ḥārith, o Awf al-Aḥmasi, [† 78, o 84, o 87. a. H.]; (cfr. N a w a v i, 514), tradizionista, presso Ḥubayš, **12**, 394 nota 1,*b*, 396 nota 5.

Qays b. Ḥiṣn, altro nome di Qays b. Miḥṣan b. Khālid, C. d. P., presente a Badr, **2**, 85,C no. 95.

Qays b. Hubayrah b. 'Abd Yaghūth b. al-Makšūḥ al-Murādi (abū Šaddād), yamanita [† 39. a. H., cfr. N a w a w i, 518; A gh ā n i, XIV, 26, 29, 32; XVIII, 135-136; Y ā q ū t, *Reg.*, 619], C. d. P. (?), **11**, 187 — avversario di 'Amr b. Ma'dīkarib in Ṣan'ā, **10**, 31 — coopera col luogotenente musulmano in quella città, **11**, 82 no. 9 — congiura con gli Abnā contro al-Aswad al-'Ansi in Ṣan'ā 189, 190, 192, 195, 197 — dirige la 2ª apostasia del Yaman, ovvero il moto nazionale dei Madzḥiğ e degli altri Arabi yamaniti contro gli Abnā, 124 no. 3; **12**, 64 — s'impadronisce di Ṣan'ā 66 — s'allea con 'Amr b. Ma'dīkarib contro i Musulmani, 67-69 — prigioniero, è graziato da abū Bakr, **12**, 70 e nota 2, 71, 74 — partecipa alla prima spedizione in Siria con abū 'Ubaydah, **12**, 356,*e* — uccide due Baṭrīq greci in al-Ǵābiyah, 357,*c* nota 1.

Qays b. Hudzāfah b. Qays [b. 'Adi b. Su'ayd b. Sahm], C. d. P., emigra in Abissinia. **Intr.** 277 no. 60 — viene a Madīnah, **7**, 55, no. 53.

Qays b. al-Ḥuṣayn b. Dzī-l-Ghuṣṣah (= Qays b. al-Ḥusayn b. Yazid, ecc.) **10**, 10 no. 7.

Qays b. al-Ḥuṣayn b. Yazīd b. Šaddād, yamanita dei banū-l-Ḥārith, C. d. P., ambasciatore a Madīnah, **10**, 3 no. 1 — lettera e a m ā n di Maometto a lui, 10 no. 7.

Qays b. Imru-alqays, qurašita (?), pagano, inviato da abū Sufyān, in al-Ǵuḥfah, **2**, 50.

Qays b. Khābir, C. d. P., emigra da Makkah a Madīnah, **1**, 15 no. 15.

Qays b. al-Khaṭīm [abū Zayd, poeta madinese. Cfr. A gh ā n i, II, 159-166, e *passim*], **10**, 141 no. 1.

Qays b. Makhramah b. al-Muttalib b. 'Abd Manāf, C. d. P., uno dei pensionati di Khaybar, **7**, 42; **12**, 176,*a* no. 4.

Qays b. al-Makšūḥ = Qays b. Hubayrah b. 'Abd Yaghūth ecc.

Qays b. Mālik b. Sa'd b. Mālik b. Lā-i al-Arḥabi al-Hamdāni, C. d. P., yamanita, a capo degli Aḥmur e dei Gharb: diploma rilasciatogli da Maometto, **9**, 66.

Qays b. Miḥṣan b. Khālid b. Mukhallad al-Anṣāri al-Khazrağī al-Zuraqi, C. d. P., presente a Badr, **2**, 85,C no. 95.

Qays b. Mughallad b. Tha'labah b. Ṣakhr al-Anṣāri al-Khazrağī al-Naǵǵāri, C. d. P., presente a Badr, **2**, 85,C no. 164.

Qays b. Mukhallad al-Anṣāri [† 3. a. H.], dei banū-l-Naǵǵār, C. d. P., ucciso a Uḥud (= Qays b. Mughallad b. Tha'labah?), **3**, 54,B no. 64.

Qays b. Musaḥḥar al-Ya'mari, C. d. P. (?), poeta, suoi versi su Mu'tah, **8**, 16 nota 2.

Qays b. Nu'mān b. Mas'adah b. Ḥakamah, dei banū Badr b. Fazārah, pagano, sua morte nell'a. 6. H., **6**, 18.

Qays b. Nusaybah (o **Nušbah**) **al-Sulami,** C. d. P, missionario dell'Islām tra i Sulaym. **8,** 23.

Qays b. Nušbah (o **Nusaybah**) **al-Sulami, 8,** 23; cfr. Qays b. Musaybah ecc.

Qays b. Rifā'ah, 8, 36; cfr. Rifā'ah b. Qays.

Qays b. Sa'd b. 'Ubādah b. Dulaym al-Anṣāri (**abū-l-Faḍl,** o **abū 'Abdallah,** o **abū 'Abd al-malik**) [† 59. o 60. a. H.], C. d. P., sua generosità a Sīf al-Baḥr, **8,** 34, 35 — alla presa di Makkah, 61 — a capo d'una spedizione allestita contro i banū Ṣudā', 199 [cfr. N a w a w i, 514-515].

Qays b. al-Sā'ib [**b. 'Uwaymir b. 'Ā'idz b. 'Imrān b. Makhzūm al-Makhzūmi**], qurašita pagano, prigioniero a Badr, **2,** 89 no 53 [cfr. Ṭ a b a r i, III, 2378-2379].

Qays b. Sakan b. Zayd b. Ḥarām, nome proprio di abū Zayd al-Anṣāri al Khazraǵi, C. d. P., ambasciatore di Maometto nell''Umān, **8,** 191.

Qays b. Salimah b. Šarāḥīl, dei banū Murrān b. Ǵu'fi, yamanita, C. d. P., riceve un documento da Maometto, **10,** 50.

Qays ibn al-Ṣalt, padre di Umayyah bint Qays, **7,** 39.

Qays b. abī Ṣa'ṣa'ah 'Amr b. Zayd b. 'Awf (abū Zayd), dei banū Māzin b. al-Naǵǵār, C. d. P., presente alla seconda riunione di 'Aqabah, **Intr.** 344 no 17 — a Badr [cfr. A gh ā n i, IV, 20], **2,** 43 e nota 3, 85,C no. 159 — uno di quelli che ǵ a m a ' a a l-Q u r ' ā n, **11,** 228 nota 1.

Qays b. Tha'labah al-Anṣāri [† 3. a. H.], dei banū-l-Ḥārith b. al-Khazraǵ, C. d. P., ucciso a Uḥud, **3,** 54,B no. 41.

Qays b. Tha'labah b. Ukābah ... b. Bakr ... b. Rabī'ah ... b. Ma'add, eponimo dei banū Qays b. Tha'labah. **Intr.** 41, tav. 1 [cfr. A gh ā n i, XVI, 163].

Qays b. 'Ubayd b. al-Ḥurr [o **Ḥurayr**] **b. 'Ubayd al-Anṣāri** [† 12. a. H.], C. d. P., ucciso a al-Yamāmah. **12,** 23 no. 97.

Qays b. Zayd al-Ḍubay'i [† 3. a. H.], C. d. P., ucciso a Uḥud, **1,** 60 no. 3; **3,** 54,B no. 70.

abū Qays, cristiano, prigioniero ad 'Ayn al-Tamr, **12,** 219,*a* no. 9.

abū Qays b. 'Abd Manāf b. Zuhrah, qurašita pagano, avrebbe appreso in Makkah la scrittura araba da Bišr b. 'Abd al-malik, **11,** 211 e nota 2,*b*.

abū Qays 'Abdallah b. al-Ḥārith b. Qays, cfr. abū Qays b. al-Ḥārith.

abū Qays b. abī Anas = abū Qays Ṣirmah b. abī Anas.

abū Qays b. al-Aslat = abū Qays Ṣayfī b. al-Aslat. **Intr.** 244.

abū Qays b. al-Fākihah [o **al-Fākih**] **b. al-Mughīrah** [† 2. a. H.], pagano di Makkah, schernitore di Maometto, **Intr.** 218 no. 7 — ucciso da Ḥamzah, o da 'Ali, o da 'Ammār b. Yāsir a Badr, **2,** 68, 88 no. 31.

abū Qays b. al-Ḥārith b. Qays b. 'Adi al-Sahmi al-Qurašī [† 12. a. H.], C. d. P., emigra in Abissinia. **Intr.** 277 no. 61 — torna a Madinah, **7,** 55 no. 54 — ucciso ad al-Yamāmah, **12,** 23, no. 96.

abū Qays al-Ṣalt b. Makhramah b. al-Muṭṭalib b. 'Abd Manāf, C. d. P., uno dei pensionati di Khaybar, **7,** 42.

abū Qays Ṣayfī b. al-Aslat, C. d. P. e poeta degli Aws Allah di Madinah, versi a lui attribuiti. **Intr.** 109, nota 3 — uno dei h a n ī f, 188 — raccomanda ai Qurayš la moderazione e la pace, 244 — rimane pagano sin dopo l'assedio di Madinah, 338 — suo incontro col Profeta e morte (?) nel Dzū-l-Qa'dah dell'a. 1. H., **1,** 86 [cfr. A gh ā n i, XV, 161-167]; (cfr. abū Qays Ṣirmah ecc..

abū Qays Ṣirmah [**b. Mālik**] **b. abī Anas al-Naǵǵārī,** C. d. P, uno dei h a n ī f. **Intr.** 188, **1,** 41 nota — versi a lui attribuiti, 203 no. 2; **10,** 59 nota 3 — sua conversione, **1,** 56 (è la stessa persona di abū Qays Ṣayfī ecc.).

abū Qays b. al-Walīd b. al-Mughīrah [† 2. a. H.], pagano, ucciso a Badr, **2,** 88 no. 80.

banū Qays, stirpe dei Qays emigrata in Siria prima dell'Islām, **12,** 113 nota 1,*f*.

banū Qays (tribù yamanita?), Maometto ordina loro di prestar aiuto agli Abnā nel Yaman, **11,** 12, 193 — partecipano alla prima spedizione in Siria, **12,** 356,*e*.

banū Qays-'Aylān = banū Qays b. 'Aylān.

banū Qays b. 'Aylān b. Muḏar... b. Nizār... b. 'Adnān, grande stirpe ismā'īlita. **Intr.** 49, 79, 283 — combattono contro i Kinānah le guerre di al-Fiǵār 140 — alla presa di Makkah **8,** 104; **10,** 120 nota 1 — a Ḥunayn, **8, 114** — dopo Buzākhah, **11,** 146 — seguono Khālid b. al-Walīd nell'invasione dell' 'Irāq, **12,** 188 nota 5, 189 no. 6, 433; **8, 114**; cfr. Thaqīf, banū Hilāl, Hawāzni, Sulaym, Ghaṭafān, Ghani b. A'ṣar ecc.).

banū Qays b. Falǵ, rendonsi musulmani per salvar le loro donne, dopo Buzākhah, **11,** 146; *correggi:* banū Qays b. 'Aylān e tutto il passo relativo *correggi* nella maniera indicata alla voce Wāsiṭ.

banū Qays b. Mālik b. Ka'b b. Ḥārithah... b. al-Naǵǵār (Anṣār), tribù madinese, presente a Badr, **2,** 85,C no. 170-171.

banū Qays b. Tha'labah... b. Bakr... b. Ma'add, tribù ismā'īlita, gruppo dei Lahāzim, ramo dei Bakr b. Wā·il. **Intr.** 41 tav. 1 — al-A'śa loro poeta, 310 — razziati da Khālid. b al-Walīd, **12,** 31,*a* — apostatano nel Baḥrayn sotto al-Ḥuṭam, 41, 55 — uccidono Thumāmah b. Uthāl, **11,** 241; **12,** 57 — seguono Khālid b. al-Walīd, nell' invasione dell' 'Irāq sotto 'Uyaynah b. al-Nahhās, 189 no. 8.

banū Qays [**b. Tha'labah**?], chiamati da Khālid b. al-Walīd a popolar la Yamāmah, **12,** 187.

banū Qays b. 'Ubayd b. Zayd b. Mu'āwiyah... b. al-Naǵǵār, o **banū Ḥudaylah** (Anṣār), tribù madinese (Khazraǵ), presente a Badr, **2,** 85,C no. 142-143.

umm Qays bint Miḥṣan, C. d. P., emigra a Madīnah, **1,** 15 no. 29.

al-Qayṣar [Καΐσαρ, *Caesar*] = l'imperatore romano-bizantino, **6,** 46.

Qaysariyyah [Καισάρεια, *Caesarea Stratonis,* già Στράτωνος πύργος], città marittima della Palestina, **12,** 316, nota 2 — assalita dagli Arabi invasori, 369, 370 — Sergio comandante greco di-, 374; cfr. Cesarea [cfr. Yāqūt, IV, 214-215].

qaytāl, forma aggettivale della morfologia semitica, **12,** 78, nota 2,*b*.

qibāb al-durr = « alcove di perle », del Paradiso. **Intr.** 221.

qiblah, indice o segno di orientazione del punto verso il quale i Musulmani debbono volgersi pregando: nella prima moschea di Madīnah era posta verso Gerusalemme, **1,** 32, 35 nota 1; **2,** 2, 6, 7; **5,** 64, 65 — Maometto ordina ch'essa sia rivolta verso Makkah; racconto tradizionale e ragioni dell'improvviso mutamento, **1,** 32, 84; **2,** 7 nota 1, 24-27, 29; **5,** 66; **7,** 4; **8,** 180 — in Tabūk, **9,** 37 — nella valle di al-Maḥūrah, 66 — dei Cristiani verso oriente, **10,** 59 e nota 1.

qiblatān = le due qible: quella cioè di Gerusalemme e quella di Makkah, **12,** 23 no. 67 — la moschea delle due qible in Madīnah, **2,** 24 nota 1.

Qidr b. 'Ammār al-Sulami [† 8. a. H.], C. d. P., a capo dei Sulaym nella spedizione di Makkah: sua morte. **8,** 24.

Qinnasrīn [« nido di aquila », la Chalkis di *Seleucus Nikator*, città della Siria presso Aleppo; cfr. Yāqūt, IV, 184-187], abitata da arabi Tanūkh cristiani, **12,** 113, note 1,*d*,*f*.

al-Qīqā, sito nella Tihāmah, o valle del Naǵd [cfr. Yāqūt, IV, 216, lin. 22-23]. Scritto del Profeta per i banditi di-, **7,** 2.

qirāb (plur. qurub) = fodero della spada. **12,** 271.

umm Qirfah, cfr. Fāṭimah bint Rabī'ah b. **Zayd** (o Badr), moglie di Mālik b. Ḥudzayfah b. Badr (*q. v.*), uccisa da **Zayd** b. Ḥārithah, **6,** 18 — madre di dodici figli, fra cui umm Ziml Salma (*q. v.*), **11,** 158.

al-Qirš (nome di un mostro marino), eponimo dei Qurayš (?), **Intr.** 54.

al-qiyādah, ufficio e dignità del qā·id guida e duce dell'esercito in guerra: una delle cariche militari di Makkah assunta da Quṣayy, **Intr.** 79 — trasmessa al figlio 'Abd Manāf, 82 e nota — poi a Hāšim e successori, 90 nota 1.

QṬMH (Qaṭmah?), generale romano vinto a Buṣra dai Persiani. **Intr.** 326.

Quaresima cristiana dell'a. 624. È. V. e suoi rapporti colla istituzione del digiuno musulmano del Ramaḍān, **2,** 29.

Qu'ayn b. Khulayf al-Ṭā'i dei Ǵadīlah, C. d. P., ambasciatore dei Ṭayy a Madīnah, **10**, 35 no. 4.

Qu'ayqi'ān, colle presso Makkah [cfr. Yāqūt, IV, 146]. **Intr.** 327; **7**, 71.

Qubā, sobborgo di Madīnah [cfr. Yāqūt, IV, 23-24], dimora degli Anṣār banū 'Amr b. Awf, **1**, 15, 22; **5**, 89 nota 2; **6**, 7, 21; **10**, 17 — vi fa sosta il Profeta nel compier la hiǵrah, **1**, 23-30, 59, 85; **5**, 65 — sua Moschea, **1**, 29; **2**, 8, 27, 76; **3**, 19, 54,B; **4**, 10 — fortificato durante l'assedio di Madīnah, **5**, 25 — vi si costruisce l'altra moschea o Masǵid al-Ḍirār, **9**, 52 e nota 2.

Qubādz [† 12. a. H.], generale persiano discendente di Ardašīr al-Akbar, a Kāẓimah, **12**, 192, 193 — ucciso a Madzār, 197.

Qubādz I, re Sassanida (490.-531. È. V.); vicende del suo regno e suoi rapporti con gli Unni Eftaliti, **12**, 121 nota 4, 126 — sua politica anti-aristocratica, 127 — protegge i Mazdakiani, 126, 146.

Qubādz II Šīrwayh (627.-628. a. È. V.), re Sassanida (cfr. Šira e Šīrwayh), **12**, 131.

abū Qubays, monte sovrastante a Makkah, rimpetto a Qu'ayqi'ān [cfr. Yāqūt, I, 101-103]. **Intr.** 86, 65, 327; **2**, 36; **8**, 62.

al-Qubuqulār, [*cubicularius*, κουβουκλάριος?, † 13. a. H.] generale greco ucciso ad Aǵnādayn, **12**, 335 e nota 1.

Quḍā'ah b. Ma'add b. 'Adnān, emigra nel Yaman; è identificato con Quḍā'ah b. Mālik. **Intr.** 45.

Quḍā'ah b. Mālik . . . b. Ḥimyar . . . b. Qaḥṭān, eponimo dei banū Quḍā'ah. **Intr.** 42 tav. 3.

banū Quḍā'ah b. Mālik [o **b. Ma'add**?], (grande stirpe yamanita emigrata dal Yaman nel Ḥiǵāz e poi dispersa in Siria, Baḥrayn e 'Irāq) nell'Arḍ 'Udzrah sui confini di Siria, **Intr.** 76 — appoggiano Quṣayy a rivendicar la sopraintendenza della Ka'bah, 77; **6**, 11 — battono i Musulmani a Dzāt Aṭlāḥ, **8**, 4 — abitano i Mašārif al-Balqā, 6 — e guerreggiano nelle file dell'esercito greco-bizantino a Mu'tah, 11 nota 1, 12 nota 2; **10**, 130 — fuggono nella spedizione di Dzāt al-Salāsil, **8**, 30; **10**, 105 — alcuni musulmani partecipano alla presa di Makkah, **8**, 39; **9**, 37 — nel deserto al nord di Wādi al-Qura, **10**, 29 e nota 1 — in parte apostati nel Baḥrayn, **11**, 87 no. 18, 88 — e nell'Arabia settentrionale, 102, 104, 106,*a* — razziati da Usāmah b. Zayd, 110-111 — combattuti da 'Amr b. al-'Āṣ e da Šuraḥbīl b. Ḥasanah, 124 no. 5 e 8; **12**, 1, 234 nota 1 — loro ambasciata ad abū Bakr, **11**, 130. — Cristiani dell'estremo settentrione, **12**, 89 — mai sottomessi da Maometto e mai convertiti lui vivente, 103 — loro immigrazione nella Siria e in Mesopotamia fra il VI e VII sec., È. V., 113 nota 1,*c* e *d* — depredati da al-Muthanna a Sūq Baghdād, **12**, 170,*b*, 175, 227 — si uniscono a Khālid b. al-Walīd per invadere la Persia sotto Ǵarīr b. 'Abdallah al-Ḥimyari, 189 no. 3 — sul confine Sirio favoriscono l'invasione araba della Palestina, 306, 309 — e combattono con gli Arabi, pur restando non Musulmani, 320 e nota 1, 378, 379 — loro vari rami: banū Ǵuhaynah, **5**, 85, nota 1 — banū Sa'd Hudzaym, **6**, 12 — banū Salāmān, **10**, 29 — banū Ǵarm, 41 — banū Kalb, banū al-Qayn, **11**, 102 — banū Tazīd e banū 'Ism, **12**, 113 nota 1,*c* — banū Masǵa'ah, 396.

Quḍā'i al-Dīlami = Quḍā'i b. 'Amr al-Du'ili, **11**, 193 no. 7.

Quḍā'i b. 'Amr al-Du'ili, C. d. P., dei banū 'Udzrah, agente ('āmil) musulmano fra i banū Asad e fra i Ṭayy, **10**, 40 — fugge a Madīnah per l'insurrezione di Ṭulayḥah, **11**, 130 — ambasciata di Maometto a lui, 193 no. 7.

banū Qudam, tribù yamanita degli Aḥmar, stirpe dei Hamdān, **9**, 66.

Qudāmah, (= Qudāmah b. Maẓ'ūn?), C. d. P., ambasciatore del Profeta a Mundzir b. Sāwa, **8**, 185.

Qudāmah b. Maẓ'ūn b. Ḥabīb b. Wahb b. Ḥudzāfah b. Ǵama' al-Qurašī (abū 'Amr o **'Umar)**, C. d. P. [† 36. a. H., cfr. Nawawi, 513: Yāqūt, *Reg.*, 615], uno dei primi musulmani. **Intr.** 229 no. 5 — emigra in Abissinia, 227 no. 43 — ne ritorna in Makkah, 283 no. 23 — presente a Badr, **2**, 85,A no. 71 — ambasciatore del Profeta ad al-Mundzir b. Sāwa (?), **8**, 185 — amministratore di Baṣrah, deposto dal califfo 'Umar, **5**, 93,A nota 1.

Qudāmah b. Thumāmah, C. d. P., capo dei banū Sulaym alla spedizione contro Makkah, **9**, 51 nota 1.

banū Qudāmah, tribù quḍā'ita, composta dei due rami Tarūd e A'ǵab. **10**, 41.

Qudayd, sito ameno vicino a Makkah, fra questa e Madīnah, **1**, 22 e nota 1 no. 3; **2**, 40; **4**, 4; **5**,

8; **8,** 3, 23, 51 e nota **1,** 56 — tappa della via dei pellegrini, **7,** 69 nota 3; **10,** 73 — santuario di Manāt, **8,** 100 nota 2.

Quds, monte nel Ḥiǵāz o nel Naǵd [cfr. Yāqūt, IV, 38-39], in territorio dei banū Muzaynah: al-abyaḏ wa l-aswad, il bianco e il nero, **5,** 16 nota 1 — concesso in parte dal Profeta a Bilāl b. al-Ḥārith, 18.

Qudus, nome di un monte nel Ḥiǵāz (? = Quds?), sede dei banū Ǵuhaynah, **5,** 85 nota 1.

Querdi, sito sull'Eufrate, detto anche Suwe, **12,** 424.

abū Quḥāfah 'Uthmān b. 'Āmir b. Ka'b b. Sa'd b. Taym b. Murrah [† 14. a. H.; cfr. Athīr, II, 321; Ṭabari, III, 2534], padre del califfo abū Bakr e delle figlie umm Farwah e Quraybah, C. d. P., assiste alla presa di Makkah, **8,** 62 — visitato dal figlio nel pellegrinaggio del 12. a. H., **12,** 316 nota 1.

ibn abī Quḥafah o **abū Bakr** (*q. v.*), **11,** 94, 118.

Quinto del bottino spettante al Profeta; cfr. al-Khums, **10,** 17.

al-Qulays v. al-Qalīs. **Intr.** 117.

qulb = conca dove si raccoglie l'acqua piovana, **6,** 5 nota 1.

al-Qulūfi, stazione o tappa sulla via Ḥīrah-Damasco, **12,** 417 no. 8.

Qunuṣ b. Ma'add b. 'Adnān, succede al padre nel principato di Makkah, donde poi viene esiliato. **Intr.** 45.

banū Qunuṣ b. Ma'add, o discendenti di Qunuṣ, loro vicende. **Intr.** 46.

Qura, valle ubertosa, villeggiatura dei ricchi Qurayš. **Intr.** 208 nota 1.

Qura 'Arabiyyah, villaggio nell'Arabia settentrionale, **10,** 71 no. 13, 328,*c*.

Qurākir (*sic*), v. Qurāqir. **12,** 417 nota 3 no. 9.

Qur·ān. — *Compilazione.* Scritto in parte da appositi segretari del Profeta (?), **8,** 79 nota 1; **11,** 226,*a* — in fascicoli, letti segretamente in Makkah, **Intr.** 285 — raccolto in un volume, al-muṣḥaf, **11,** 221, no. 4 — per ordine di abū Bakr, 210, 225-235. — Portatori e raccoglitori del-, **11,** 228. — ordinamento cronologico delle sure, secondo il Nöldeke e il Hirschfeld, **Intr.** 196-201 — parte non compresa nella compilazione: sure abrogáte o mansūkhāt, **2,** 21 [agg. Qur·ān, II, 109, 136]; **4,** 5 nota 2; **11,** 225 nota 3.

Origine, rivelazione e fonti. Ispirato dai ǵinn o dal Rūḥ, **Intr.** 193 e nota 1; **10,** 133 — sceso a brani dal cielo successivamente, o rivelato in una volta sola nel cielo e comunicato successivamente a Maometto, **Intr.** 215 e nota 3 — scritto su un panno di seta in mano dell'angelo, 209 — prima rivelazione di esso, 206-216 — nella laylah al-Qadr, **2,** 32 — sue fonti: la letteratura giudaico-rabbinica, 24, 179, 180, 191 — le poesie di Umayyah b. abī-l-Ṣalt, **9,** 95 nota 1 — il suggerimento di 'Umar, **6,** 36 nota 1.

Terminologia. Espressioni attinte al linguaggio mercantile del tempo, **Intr.** 113 nota 1, 176 — di origine persiana, **10,** 127 — formula d'introduzione o bismillah, usata dagli scrivani o copisti in età posteriore, **1,** 45 art. 1 nota 1 — i Musulmani vi sono chiamati « i credenti », 46 — il Raḥmān, **11,** 166 nota 1, 190 nota 2 — rassegna statistica delle sure in rapporto ai termini rasūl, mursal, nabi, nadzīr denotanti l'evoluzione dello spirito e del concetto profetico di Maometto, **Intr.** 197-199 — ḥanīf, 179-180.

Contenuto. Leggendario o aggadico: leggende rabbiniche mal digerite, rabberciate poi da ibn 'Abbās, **Intr.** 24 — frequente menzione di Abramo e Ismā'īl quali fondatori della Ka'bah, nelle sure madinesi, 30, 64, 69 nota 1 — la millah Ibrāhīm derivata da fonte giudaica in rapporto col ḥanifismo, 179, 180. — Dottrinario (cfr. Islām, tawhīd): Dio che dirige e partecipa alle razzie musulmane, **5,** 68 — riconoscimento della missione profetica di Maometto, **Intr.** 358. — Etico e rituale: povertà di definizioni generali e di prescrizioni rituali, specialmente nel periodo makkano, **2,** 3 e nota 2; **10,** 86 — prescrizioni relative agli obblighi fondamentali dello Islām, **2,** 12, 13 — alla preghiera ed alle abluzioni, **Intr.** 219 nota 1; **1,** 55 nota 1; **2,** 12 — al pellegrinaggio ed al culto della Ka'bah, **Intr.** 234 nota 2; **10,** 72 — assenza di ogni accenno a clero e gerarchia ecclesiastica, **2,** 8 e nota 3 — non contiene obbligo nè invito a morir per la fede, **12,** 287 — non si propone la conversione generale d'Arabia, **10,** 119.

Predicazione e diffusione. Ordine divino di divulgarlo pubblicamente, **Intr.** 232 nota 1, 233 nota 2 — imparato a memoria dai Compagni, specialmente Madinesi, **11,** 228 e nota 2 — insegnato ai ǵ i n n, **Intr.** 193 nota 2 — ai Qurayš, **8,** 175,A — ai beduini in Madīnah o altrove per opera di missionari, **4,** 7; **6,** 11; **8,** 178-183; **9,** 6, 57; **10,** 32, 33 — agli Ebrei, **1,** 65 — ai Cristiani, **7,** 55 nota 1 — deriso da al-Nadr b. al-Hārith, **2,** 74 — imitato da Musaylimah, **10,** 67 e nota 2 — conoscitori del-, **9,** 31 e nota 1; **10,** 41 — lettori pubblici o q u r r ā, **2,** 10; **11,** 229-230 — interpreti, esegeti e commentatori, **Intr.** 27, 213 nota 1, 235, 216 nota 1, 253 nota 1, 267 — appreso frammentariamente e diffuso dai soldati delle guarnigioni, 22. — Valore dottrinale, legislativo e storico: nuova edizione incontaminata e definitiva della volontà divina, **11,** 217 — guida sufficiente per gli uomini, 30 — testamento di Maometto, 16 nota 2 — unica fonte veramente sicura per la storia dell'Islām e per la biografia del Profeta, **Intr.** 28, 190 — specchio della evoluzione del pensiero e, nel periodo madinese, anche dell'azione e della vita esterna di Maometto, **Intr.** 192, 195, 200, 201, 234 nota 1, 254 — citazioni riferentisi agli Ebrei, **1,** 63 nota 1 — falsa interpretazione di esso origina il nome di Muhammad e la favola dell'albero genealogico di lui costruito da ibn 'Abbās e da ibn al-Kalbi, **Intr.** 31, 33, 124 nota 1 — non ha traccia di accusa di impostura contro il Profeta, **10,** 134. — Il- e il « Kitāb al-Ma'āqil », **2,** 103 nota 1.

Citazioni di passi quranici tradotti negli Annali ovvero illustrati in tutto o in parte sia filologicamente sia storicamente, disposti in ordine delle sure. (Quelle che non si riscontrano nel testo degli Annali, s'intendano aggiunte quali riferenze ai rispettivi paragrafi). I versetti segnati con asterisco (*) sono integralmente tradotti.

S u r a I, **6,** 11; **8,** 178.
S u r a II, **10,** 33; **11,** 231 nota 1.
vv. 1-99, **1,** 63;
» 40, 42, **2,** 12 e nota 1, 13;
» 59, **1,** 40;
» 96, **Intr.** 193;
» 103, **1,** 58 nota 1; **3,** 2;
» 104, **2,** 12 e nota 1, 13;
» 109, **2,** 25;
» 112, **1,** 68;
» 113, **Intr.** 199;
» 121, » 68;
» 123, 199;
» 124, » 179 e nota 1;
vv. 125-127, 30;
v. 129, » 179 e nota 1;
vv. 129-135, **1,** 68;
v. 136, **2,** 24, 25, 26;
» 137, **Intr.** 199;
» 138, » 199; **2,** 26;
vv. 138-140, 143 145, id.;
v. 146, 199;
vv. 154-155, » 27;
» 179-183, **2,** 28; **3,** 18;
v. 181, **Intr.** 215;
» 189, » 340 nota 3; **6,** 45;

S u r a II.
v. 190, **7,** 69 nota 1;
vv. 192-193, **5,** 59;
v. 211, **2,** 22;
» 216, **6,** 59;
» 228, **11,** 202 nota 2;
» 246, **Intr.** 176;
vv. 253, 279, 285, » 199.
S u r a III, **1,** 63 nota 1, 70;
v. 11, **2,** 83;
vv. 29, 34, 43. 46, 61, 75, **Intr.** 199;
» 60, » 179 e nota 1;
» 80, » 199 e **1,** 60;
» 89, **Intr.** 179 e nota 1;
» 91, **5,** 59;
vv. 91-92, **2,** 13;
v. 96, **Intr.** 199;
» 98, **1,** 69;
» 103, **3,** 2;
vv. 109-110, **1,** 40;
» 116-118, **3,** 57;
v. 118, **5,** 76;
» 119, **2,** 83;
» 128, **4,** 5;
» 138, **Intr.** 199; **11,** 24, 124 nota 4;

Sura III.
v. 147, **Intr.** 199;
» 148, **1**, 60;
» 156, **Intr.** 199;
» 159, **2**, 88; **3**, 57;
» 160, **3**, 57;
» 166, **Intr.** 199; **3**, 57; **4**, 18;
» 167, **4**, 18;
» 183, **3**, 2.
Sura IV.
vv. 1-18, **7**, 16 nota 1;
v. 12, **3**, 62; **11**, 202 nota 2;
» 19, **9**, 94 nota;
» 27, **7**, 75;
» 28, **8**, 133;
» 30, **9**, 94 nota;
» 33, **8**, 33;
» 37, **1**, 50 nota 2;
» 38, **11**, 202 nota 2;
» 45, **Intr.** 199;
» 46, » 219 nota 1; **2**, 12 e nota 2; **5**, 14;
» 62, **Intr.** 199:
» 63, **1**, 60;
vv. 64, 85, **Intr.** 199;
v. 96, **8**, 49;
» 101, **Intr.** 199; **1**, 6 nota 1;
vv. 102-104, **2**, 12 e nota 2; **5**, 2;
v. 104, **2**, 3 nota 2;
» 107, **1**, 60;
» 115, **Intr.** 199;
» 124, » 179 e nota 1;
» 160, **3**, 57;
vv. 161, 163, **Intr.** 199;
v. 169, **Intr.** 279 nota 1;
» 175, **11**, 202 nota 2.
Sura V.
v. 1, **10**, 14;
» 8, **2**, 13;
» 9, **5**, 14;
vv. 8-9, **Intr.** 219 nota 1;
v. *14, **3**, 6; **5**, 3;
vv. 18, 22, **Intr.** 199;
v. 35, **11**, 165;
» 37, **Intr.** 199; **6**, 21;
» 45, » 199; **5**, 47;
vv. 60, 61, 71, 84, » 199;
v. 85, » 151 nota 1;
» 86, » 199;
vv. 92-93, **6**, 59;
Sura V.
vv. 93, 103, 111, **Intr.** 199;
Sura VI.
v. 8, **Intr.** 317;
» 10, » 318;
» 34, » 198;
» 48, id.;
vv. *52-53, **Intr.** 315;
v. 79, » 129 e nota 1;
» *108, » 315;
» 112, » 198;
» 128, id.;
» 141, **11**, 165;
» 162, **Intr.** 129 e nota 1.
Sura VII.
vv. 57, 59, 63, 65, 71, **Intr.** 198;
» 71-77, **9**, 34;
» 83, 92, 101, 102, 156, 158, **Intr.** 198;
v. 156, **11**, 218 nota 1;
vv. 183, 188, **Intr.** 198.
Sura VIII, **2**, 83;
vv. 1, 13, 20, 24, 27, 42, 65, 66, 71, **Intr.** 199;
v. 27, **5**, 47;
» 30, **1**, 18 nota 1;
» 36, **3**, 13;
» *40, **Intr.** 340 e nota 3;
» 42, » 54 nota;
» *49, **2**, 31;
» 58, **1**, 44;
vv. 69-70, **5**, 71;
v. 76, **1**, 50 nota 2.
Sura IX, **11**, 232; **9**, 73;
vv. 1, 3, **Intr.** 199;
v. 5, **2**, 12;
» 6, **12**, 176 nota 1;
vv. 7, 9, **Intr.** 199;
» 1-12, **9**, 73;
vv. 13, 16, 24, 26, 29, **Intr.** 199;
» 25, 26, **8**, 113:
v. 29, **9**, 40 nota 2;
» 28-29, **9**, 73;
» 33, **Intr.** 199;
» *36, **1**, 11, 13; **9**, 73;
vv. *36-37, **10**, 77;
v. 40, **1**, 21 nota 1;
» 49, **1**, 60; **9**, 26;
vv. 54, 59, **Intr.** 199;
v. 60, **8**, 165 nota 1; **10**, 113;

Sura IX.
v. 61, **Intr.** 199; **1,** 60;
vv. 63, 64, 66, » 199;
v. 66, **1,** 60;
vv. 74, 75, **Intr.** 199;
» 75, 76, **1,** 60;
» 81, 82, **Intr.** 199;
v. 82, **9,** 26;
» 85, **Intr.** 199; **9,** 72;
vv. 87, 89, 92, 95, 98, » 199;
v. *98, **10,** 89 nota 4;
» 100, **Intr.** 199;
» 103, **5,** 47;
» 104, **9,** 1 nota 3;
» 106, **Intr.** 199;
vv. *108-111, **9,** 52 e nota 1;
» 114, 118, 121, **Intr.** 199.
Sura X.
v. 39, **11,** 219 nota 1;
vv. 75, 76, **Intr.** 198;
v. 105, » 179 nota 1.
Sura XI.
vv. 2, 15, » 198;
v. 16, **11,** 219 nota 1;
» 21, **10,** 14;
» 27, **Intr.** 198;
» 43, **1,** 45 nota 1;
vv. 52, 64, **Intr.** 198;
» 64-71, **9,** 34;
» 85, **Intr.** 198;
» 96, » 236 nota 1;
» 116, **2,** 12 e nota 1.
Sura XII.
v. 38, **Intr.** 179;
» 92, **8,** 67.
Sura XIII.
v. 8, **Intr.** 198.
Sura XV.
v. 6, » 193 nota 1;
vv. 10, 89, **Intr.** 197;
v. 80, **9,** 34;
» 89, **Intr.** 197;
» 94, » 232 nota 1.
Sura XVI.
v. 38, » 198;
» 43, **1,** 6 nota 1;
vv. 43-44, **Intr.** 272;
» 60-61, **11,** 165;
v. 104, **Intr.** 193 nota 1;
» *105, » 316;
Sura XVI.
vv. 121, 124, » 179 e nota 1;
v. 128, **10,** 14.
Sura XVII.
v. 1, **Intr.** 319; **2,** 8 nota 2;
» 33, **11,** 165;
vv. 47-49, **Intr.** 260 e nota 1;
» 57, 61, » 197;
» *62, **Intr.** 300;
vv. *75-77, » 280;
v. 80, » 219 nota 1;
vv. 80, 81, **2,** 12 e nota 1;
v. 81, **Intr.** 219 nota 1;
» *87, » 193 nota 1, 257;
» 106, 197;
» 107, » 193 nota 1;
» *110, » 258.
Sura XVIII, **Intr.** 257 e nota 2;
v. 34, **Intr.** 197;
» 48, » 193;
» 54, » 197.
Sura XIX, **Intr.** 279;
vv. 52, 55, **Intr.** 197;
v. 69, » 193;
» *80, » 291.
Sura XX, **Intr.** 285:
v. 8, **Intr.** 193 nota 1;
» 49, » 197;
» 130, **2,** 12 e nota 1.
Sura XXI.
v. 5, **Intr.** 193 nota 1;
» 87, **11,** 135 nota 3,*b*;
vv. 98-100, *101-102, **Intr.** 294.
Sura XXII.
v. 2, » 198;
» 28, **2,** 13;
» 32, **Intr.** 179 e nota 1;
» 40, » 347;
» 48, **Intr.** 179;
» 77, **Intr.** 179 e nota 1;
» 78, » 199.
Sura XXIII.
v. 12, **1,** 60;
vv. 23, 33, 47, **Intr.** 197.
Sura XXIV, **5,** 14.
v. 2, **9,** 94 nota;
vv. 36-37, **2,** 8 nota 1;
v. 39, **12,** 299;
vv. 49, 50, 51, 55, **Intr.** 199;
» 62, **5,** 26;

Sura XXIV.
v. 63, Intr. 199.
Sura XXV.
v. 1, » 197;
vv. 6, 7, » 298;
v. 22, » 197;
vv. *29-30, » 297;
» 52, 53, » 197.
Sura XXVI.
v. 15, » 197;
» 19, **9**, 10;
vv. 107, 125, **Intr.** 197;
» 141-158, **9**, 34;
» 143, 162, 178, **Intr.** 197;
» 192, 193, » 193 nota 1;
v. 208, » 197;
vv.*214-216, » 232 nota 1.
Sura XXVII.
vv. 39-40, » 193;
v. 46, » 197;
vv. *52-53, » 314.
Sura XXVIII.
v. 59, » 198.
Sura XXIX.
vv. 13, 35, id.;
v. 45, **1**, 40;
» 47, **11**, 218;
» 49, **Intr.** 198.
Sura XXX.
v. 1, » 326;
vv. 16-17, **2**, 2;
v. 29, **Intr.** 179 nota 1;
» 46, » 198.
Sura XXXII.
v. 1, » 193 nota 1.
Sura XXXIII.
v. 1, » 199;
» 4, **5**, 20;
» 5, **Intr.** 34;
» 6, **Intr.** 199;
» 9 e seg., **5**, 41;
vv. 12, 13, **Intr.** 199;
v. 13, **1**, 60;
vv. 21, 22, **Intr.** 199;
» 26-27, **5**, 52;
vv. 28, 29, 30, 31, 32, 33, **Intr.** 199;
v. 33, **10**, 59 nota 4;
» 37, **5**, 20;
vv. 38, 40, 44, 49, 51, 53, 57, 59, **Intr.** 199.
Sura XXXIV.
v. 13, » 193;
vv. 14-15, **11**, 187;
» 27, 33, 43, **Intr.** 198;
v. *45, » 198, 233 nota 1.
Sura XXXV.
vv. 21, 22, 34, 40, **Intr.** 198.
Sura XXXVI.
v. 2, » 197;
» 4, » 193 nota 1;
» 69, id.; **8**, 164;
» *78, 298.
Sura XXXVII.
v. 12, 197;
» 31, » 193 nota 1;
» 35, id., 197;
vv. 36, 40, 70, 123, 133, 139, 147, 181, » 197.
Sura XXXVIII.
vv. 3, 65, 70, id.;
Sura XXXIX.
v. 1, » 193 nota 1;
vv. *54-56, **1**, 15 nota 1;
» 64-66, **Intr.** 299 nota 1.
Sura XL.
v. 1, » 193 nota 1;
» 24, » 198.
Sura XLI, **Intr.** 253;
vv. 1, 42, » 193 nota 1.
Sura XLIII.
vv. 5, 22, 28, » 197;
v. 30, » 34 nota 2,
vv. *30-31, id., 296;
v. 45, » 197.
Sura XLIV.
vv. 2-4, » 215;
» 4, 12, 16, 17, **Intr.** 197;
» *43-46, » 300.
Sura XLV.
v. 1, » 193 nota 1;
» 7, » 293;
» 22, » 249.
Sura XLVI.
vv. 28-30, » 329 e nota 1.
Sura XLVII.
v. 34, » 199.
Sura XLVIII, **6**, 38;
vv. 8, 18, 26, 27, id.;
v. 27, **7**, 76;

Sura XLVIII.
vv. 28, 29, Intr. 199.
Sura XLIX.
vv. 1-5, 10, 123;
» 1, 3, 7, Intr. 199;
» 10, 13, 10, 77 nota 1;
v. 13, 8, 66;
vv. *14-17, 9, 12.
Sura L.
v. 2, Intr. 197.
Sura LI.
vv. 38, 50, id.
Sura LII.
vv. *28, 29, Intr. 243 nota 1;
» 29, 30, 34, » 193 nota 1.
Sura LIII.
vv. 5-18, » 220;
v. 14, » 221;
vv. *19-20, » 280, 281.
Sura LIV.
vv. 1, 2, » 327;
» 23-31, 9, 34.
Sura LV.
vv. *1-8, Intr. 259 e nota 1;
v. 41, 12, 78 nota 7.
Sura LVI.
vv. 77-78, 10, 14 nota 2;
v. 79, Intr. 193 nota 1.
Sura LVII.
vv. 7-8, 199.
Sura LVIII.
vv. 1-5, 6, 60;
» 5, 6, 10, 13, 21, 22, Intr. 199.
Sura LIX, 4, 14.
vv. 4, 6, 7, 8, id.;
» 11-17, 1, 60.
Sura LX.
v. 1, Intr. 199;
vv. 1-9, 8, 50;
» 10-12, 6, 41;
v. 12, Intr. 199.
Sura LXI.
vv. 5, 6, id.;
v. 9, id. e 6, 45.
Sura LXII.
v. 2, Intr. 199;
vv. 9, 11, 2, 12.
Sura LXIII, 1, 60; 5, 10 nota 2;
vv. 5, 7, Intr. 199;
Sura LXIII.
v. 8, Intr. 199; 5, 10 e nota 1.
Sura LXIV.
vv. 8, 12, Intr. 199.
Sura LXV.
vv. 1, 11, id.;
Sura LXVI.
vv. 1, 3, 8, 9, id.;
» 1-5, 10-12, 9, 23.
Sura LXVII.
vv. 8, 26, Intr. 197.
Sura LXVIII.
v. 2, » 193 nota 1;
vv.*10-13 (*da correggere*: « Non dare ascolto ad ogni giuratore ignominioso »), Intr. 295;
v. 15, » 256 e nota 2;
» 51, » 193 nota 1.
Sura LXIX.
v. 40, 197;
vv. *41-42, » 193 nota 1, 243 nota 1;
v. 43, Intr. 193 nota 1.
Sura LXXI.
vv. 1, 2, 197.
Sura LXXII.
vv. 1, 2, » 329 e nota 1;
» 11, 24, » 197.
Sura LXXIII.
v. 1, » 208 nota 3;
» 8, 2, 3 nota 2;
» 15, Intr. 197;
» 20, 2, 12 e nota 1, 13.
Sura LXXIV.
v. 1, Intr. 208 nota 3;
vv. 1-4, » 217;
» *11-25, Intr. 243 nota 1;
» *30-31, » 258.
Sura LXXVI.
v. 23, 193 nota 1.
Sura LXXVIII.
v. 20, 12, 299;
» 38, Intr. 213 nota 1.
Sura LXXIX.
v. 45, » 193.
Sura LXXX, 9, 12 nota 3;
vv. *1-2, Intr. 301.
Sura LXXXI.
v. 19, » 197;

Sura LXXXI.
v. 22, » 193 nota 1;
vv. 8-9, **11**, 165.
Sura LXXXIII.
vv. 2, 7, **Intr.** 219 nota 1.
Sura LXXXVII.
v. 13, » 203.
Sura XC.
v. 1-3, **8**, 82.
Sura XCI, **Intr.** 208, 212;
vv. 1-10, 11-15, **Intr.** 196, 197;
» 1-14, **9**, 84.
Sura XCII.
vv. 1-3, **Intr.** 196.
Sura XCIII, **Intr.** 196;
vv. *3-11, **Intr.** 217, 218;
v. 7, » 128.
Sura XCIV, **Intr.** 196;
v. 1, **Intr.** 128.
Sura XCV, **Intr.** 196.
Sura XCVI, » 212; **8**, 178;
v. 15, **12**, 78 nota 7.
Sura XCVII.
vv. *1-4, **Intr.** 215;
Sura XCVII.
v. 4, » 193 nota 1, 218 nota 1.
Sura XCVIII.
v. 4, **Intr.** 179 nota 1.
Sura CIII, **Intr.** 196.
Sura CIV, » 196;
v. 1-2, **Intr.** 290.
Sura CV, **Intr.** 108, 109.
Sura CVI.
v. 2, **Intr.** 90;
vv. *3-4, » 284 nota 2.
Sura CVIII.
v. *1, » 317;
» 3, » 248.
Sura CIX.
vv. *1-2, » 299.
Sura CX, **9**, 55;
v. 2, **9**, 55 nota 1.
Sura CXI, **Intr.** 193 nota 1, 233 e nota 1;
vv. *1-5, **Intr.** 290 nota 1.
Sura CXIII, **7**, 4.
Sura CXIV, **7**, 4;
vv. *1-6, » 193 nota 4.

Qurāqir, sorgente o valle dei banū Kalb nella Dahnā o in Samāwah, fra 'Ayn al-Tamr e Suwa: tappa del viaggio di Khālid b. al-Walid dalla Persia in Siria, **12**, 184 nota 1, 394 e nota 3, 396, 397, 398, 401, 408, 409, 412, 413, 415 nota 1, 420, 421.

Quraṣ al-Laythi, tradizionista, presso Tabari [se pur, com'è notato in Tabari, *Addenda*, pag. DCIV, non si debba leggere e intendere 'Ubādah b. Qurṣ al-Laythi], **10**, 82.

al-Qurāy, una delle tappe della via da Kūfah alla Siria, tra al-Nahīt e al-Khanfas. **12**, 417 nota 3 no. 5.

Quraybah bint al-Aš'ath b. Qays, e figlia di umm Farwah bint abī Quḥāfah. **12**, 82 nota 1.

Quraybah bint abī Quḥāfah, sorella di abū Bakr, assiste alla presa di Makkah, derubata da cavalieri musulmani, **8**, 62.

Quraybah bint abī Umayyah b. al-Mughīrah, pagana, moglie di 'Umar b. al-Khaṭṭāb e poi divorziata, diviene moglie di Mu'āwiyah b. abī Sufyān. **6**, 42.

Quraynā (Korinna?), cantatrice makkana messa al bando dal Profeta, **8**, 73 nota 1 no. 9.

Qurayš al-Baṭāḥ o **Baṭā·iḥ Makkah**, i discendenti di Ka'b b. Lu·ayy, abitatori delle al-Baṭāḥ o valli di Makkah. **Intr.** 59.

Qurayš b. Badr b. Yakhlud b. al-Ḥārith, preteso capostipite eponimo dei Qurayš. **Intr.** 54.

banū Qurayš.

I avanti l'Islām (cfr. Makkah, Makkani).

Origine del nome, **Intr.** 54 — e suo significato etnico, 35 e nota 2, 36 — in senso più antico e proprio, i discendenti di Quṣayy, poi tutta la stirpe di al-Naḍr b. Kinānah, 36 nota 2, 54 e nota 1 — membri di una famiglia o di una federazione politica?, **9**, 18 nota 1 — combattono sotto Fihr a difesa della Ka'bah contro Ḥassān re dei Ḥimyar, **Intr.** 56 — riuniti e confederati sotto Quṣayy, conquistano il possesso della Ka'bah espellendo i Khuzā'ah da Makkah, 69 nota 1, 74, 76-78, 88 — e organizzano la loro comunità, 62 — si dividono in due partiti nel conflitto tra i banū 'Abd Manāf e gli 'Abd al-Dār, 85 — combattono la Guerra dell'Elefante, 109, 120 — istituiscono il ḥums, 121-122, 180 — rinnovano il Ḥilf al-Fuḍūl, 146-147 e nota 2 — ricostruiscono e restaurano la Ka'bah, 66 nota 1, 165, 166, 167 e nota 1, 168 e nota 1, 170; **8**, 202 — richiesti d'aiuto dai Khazrağ di Madīnah contro gli Aws, **Intr.** 334.

Loro grossolano paganesimo: **Intr.** 113, 182 — culto degli alberi, **8**, 119 — le divinità al-'Uzza, 25 nota 1, 102 — e Manāt, 100 — costumano il taḥannuth, **Intr.** 210 — e il digiuno di 'āšūrā (?), **2**, 28 nota 1.

Loro evoluzione: dallo stato nomade a quello cittadino sedentario, **Intr.** 122 nota 1 — gelosi della propria libertà, 185 — loro sviluppo politico e sociale, **1**, 41 — « re dell'umanità », **3**, 2 — « capi e direttori delle genti », **9**, 55 e nota 1 — « razza di prepotenti », **12**, 34 — loro nobiltà originaria » affermata solo dopo li 'Umayyadi e li 'Abbāsidi, **11**, 65 nota 1.

Loro coltura: non ignorano l'arte dello scrivere, **11**, 218, 220,*a* — usano un sistema cronometrico datante dalla Guerra dell'Elefante, **1**, 1 e nota, 2 e nota — non amanti d'imprese guerresche, **5**, 69 — fanno poco uso di cavalli, **8**, 122 nota 2; **12**, 273 — hanno stendardi, **3**, 16 — spade e altre armi, **12**, 269 — tende fatte con pelli, **Intr.** 122 — concorrono volontariamente ad acquistare e distribuire ai pellegrini della Ka'bah acqua e viveri, **Intr.** 79, 89 — mercanti e non pastori, 112 — il commercio unica loro occupazione e fonte di guadagno, 152; **3**, 9 — con i Sassanidi, Bisanzio, Ghassānidi, il Nağāši, Ḥimyar, **Intr.** 91 — loro caravane commerciali in Siria, **Intr.** 135; **1**, 75, 134, e nota 2, 76 e nota 5; **2**, 18,A, 20, 21 e nota 1, 31, 34; **3**, 9, 66; **5**, 85 e nota 1; **6**, 8, 50; **7**, 1 e nota 1; **12**, 316 nota 3 — nel Yaman, **8**, 108 — soffrono siccità e penuria di viveri, **5**, 6; **7**, 42 nota 5, 45 — abitano nelle al-Baṭḥā di Makkah, **Intr.** 96 — dormono presso la Ka'bah, 221 — villeggiano in Ṭā'if, 110.

Tribù loro alleate o confederate: i Khuzā'ah, **8**, 21 nota 4; **9**, 1 nota 1; **12**, 278, 279 — loro parentela con i Ǵu'ayl, **9**, 18 e nota 1 — con i Kinānah, 54 nota.

Loro rapporti con 'Abd al-Muṭṭalib, **Intr.** 84, 92 nota 1, 97 — Maometto non appartiene per nascita ai Qurayš, 34 nota 3 — la cui conversione e dominio sono tuttavia il primo e unico intento fondamentale del suo programma politico-teocratico. **6**, 45; **10**, 104, 119 e nota 2, 128 nota 2, 137; **12**, 117.

II nell'Islām.

a) *Pagani di Makkah.* Loro rapporti con Maometto in generale, **Intr.** 105 nota 1, 109: — lo credono ispirato da un ǵinn, 193 nota 1 — si oppongono alla sua propaganda musulmana appena dimostratasi pericolosa alla loro idolatria ed alle istituzioni patriarcali di Makkah, adoprando tutti i mezzi: la burla, il sarcasmo, le proteste presso abū Ṭālib, zio e protettore del Profeta, l'ingiuria aperta, le vessazioni, le trattative lusinghiere, le persecuzioni in Makkah, 176, 235-263 — gl'intrighi contro gli Emigrati presso il Negus d'Abissinia, 278-279 — il bando di tutti i banū Hāšim, 237-302; **2**, 65 — le voci maligne sul conto di Maometto, sparse tra i forestieri che venivano alla Ka'bah. **Intr.** 309-311 — gli insulti velenosi e diretti, 324-325. — Fasi successive e ragioni della loro ostilità in Makkah verso Maometto e l'Islām, 352-355; **2**, 3, 89 nota 1 — contegno verso i Musulmani che emigrano a Madinah, **1**, 16, 53 e nota 1 — e quelli che restano in Makkah (apostati?) 15 nota 1, 67. — Tengon conciliabolo e tentano di assassinare Maometto, 17-18 — poi d'inseguirlo (?) fuggente, 21 note 1 e 4.

Disposizioni verso di essi, contenute nello Scritto costituzionale della comunità madinese, **1**, 45 art. 20 e nota 1, art. 44, art. 45 nota 1, art. 46, art. 47. — Restan padroni del pellegrinaggio e della Ka'bah ancor negli anni 1.-6. H., 81: **2**, 100.

Guerra contro i Musulmani: spedizioni e scontri specialmente in difesa di caravane qurašite a Sīf al-Baḥr, **1**, 75 e nota 2 — ad Aḥyā, 76 e nota 5 — ad al-Abwā o Waddān, **2**, 18 — a Buwāt, 18,A — ad 'Ušayrah, 20 — a Nakhlah al-Šāmiyyah, 21. — Battaglia di Badr II, 30-71 — elenco dei Qurayš prigionieri, 74, 75, 80, 82, 89 — riscattati dai Makkani, 98; **3**, 86 nota 1 — spedizioni o razzie: di Qarqarah al-Kudr o di Sawīq, **2**, 99 — di al-Qaradah, **3**, 9 — vittoria di Uḥud, **Intr.** 90 nota 1, 131 nota 1; **3**, 14-50, 58-59, 61; **11**, 5 nota 8, 282 — elenco degli uccisi a Uḥud, **3**, 55 — vendicano su alcuni prigionieri di al-Rağī' i loro morti a Badr e a Uḥud, **4**, 7-8

— a Badr III, 18 — con i banū-l-Nadīr e i Ghaṭafān allestiscono la grande spedizione detta degli al-Aḥzāb e assediano Madīnah, ma sono costretti a ritirarsi, **5,** 23-39 ; **7,** 28 nota 2 — uccisi durante l'assedio, **5,** 43. — Esame critico e fasi del conflitto fra Maometto e i Qurayš, nel primo quinquennio, 68-72, 75-81 — scissioni e dissensi interni tra i Qurayš **2,** 39 nota 1, 50-51; **5,** 83, 88 — loro condotta fiacca nella lotta, 79. — Minacciati a Kurā' al-Ghamīm, **6,** 2 — assaliti ad al-'Īṣ, 8 — trattano con Maometto e conchiudono il patto di Hudaybiyyah, 25-40, 41. — Molestati da abū Baṣīr, **7,** 1 e nota 1 — ritengono in Makkah prigionieri musulmani, **7,** 62 nota 1; **10,** 32,A — assistono perplessi alla 'umrah al-qadiyyah, **7,** 70-76 — si sottomettono al Profeta dopo la resa di Makkah, **8,** 39-99 — con probabili segreti accordi, **10,** 107-110. — Assaliti dai Ǵadzīmah nel Yaman, 108 — partecipano a Ḥunayn, 116, 117, 127 — all'assedio di Ṭā-if, 155 — alla spartizione del bottino dei Hawāzin, 163, 164, 173. — Linee generali e fasi ultime della lotta contro Maometto, **10,** 90-92, 106-110 — rivalità e dissidî interni, spesso favoriti dagli intrighi del Profeta, **6,** 25 e nota 1, 26, 27, 30 e nota 3; **8,** 2 e nota 1; **10,** 93, 94, 103 — loro umiliazione ed accasciamento, 87, 88 — i più accorti intuiscono la finale vittoria di Maometto e si preparano a trarne profitto, **5,** 56.

Loro graduale conversione all' Islām, **8,** 1, 2 e nota — apprendono il Qur-ān dopo Ḥunayn, 175,A — i vantaggi politici ed economici li allettano a far parte del regno musulmano, **10,** 116 — per ciò, alla morte di Maometto, dopo qualche esitanza, restano fedeli all'Islām, 125; **11,** 83, 84, 93 e nota 1, 100; **12,** 90.

b) *Musulmani Emigrati in Madīnah* (cfr. Muhāǵirūn): sono i primi ad abbracciare l'Islām con sincerità di fede e d'intenzione, **Intr.** 222 e seg., *passim* — loro posizione nello Scritto costituzionale di Madīnah, **1,** 45 art. 1 3 10 nota — restano perplessi all'inizio della Riddah, **11,** 103 — cooperano alla compilazione scritta del Qur-ān. 231 nota 2.

c) *Tutti Musulmani*: fanno parte della Āl Rasūl Allah, **9,** 40 nota 3 — dopo la resa di Makkah, costituiscono un partito privilegiato e dominante nella teocratica comunità musulmana, **10,** 114, 116; **11,** 73, 174 nota 1, 183 — partecipano alla elezione di abū Bakr senza prenderne l'iniziativa, 37 nota 2,*d*, 37-39, 65 note 1 e 2 — fautori della guerra a fondo pel dominio di tutta l'Arabia, 184 — settanta di essi cadono ad al-Yamāmah, **12,** 16,*d* — dirigono la prima grande spedizione in Siria, 321 nota 2 *c*, 329, 357,*f*, 362. — Loro infondata pretesa a diritto esclusivo al governo della comunità musulmana, **11,** 40 — aristocratici, lottano sotto 'Uthmān contro i progressisti ritualisti di Madīnah, **2,** 15. — Tutti i Qurayš « divenuti profeti », **12,** 59. — Khālid b. al-Walīd, leone dei–, 204.

Qurayṯ b. 'Abd b. abī Bakr b. Kilāb, uno dei tre capostipiti delle tribù al-Qurṭā, **9,** 15.

al-Qurayyah, sito dove Mirdās b. abī 'Āmir fu ucciso dai ǵinn, **8,** 105 nota 1 — nella Yamāmah, abitato dai Ḥanīfah, **12,** 31.

al-Qurayyāt, variante, in alcuni testi, in luogo di 'Arabāt, **12,** 319 nota 1 — stazione di una via da Ḥīrah alla Siria attraverso il deserto, 417 nota 1 [cfr. Yāqūt, IV, 76 ?].

banū Qurayẕah, una delle principali stirpi ebraiche di Madinah, **Intr.** 303; **1,** 38, — alleati degli Aws, 39 — come tali, compresi nello Scritto costituzionale, 44, 45 art. 31 nota 2 — loro accordo speciale con Maometto, **5,** 28 nota 1, 49 — polemizzano con il Profeta, **1,** 58 no. 47-64 — abitano nei dintorni di Madīnah, **3,** 4 — aiutano allo scavo della trincea, **5,** 25 — loro defezione, 25 nota 2, 27 nota 1, 28-30, 34, 37 e nota 1 — spedizione contro essi e loro sterminio, **3,** 5 nota 1; **4,** 20 nota 1; **5,** 42, 44-52, 53, 54, 55, 82, 95; **10,** 79, 99, 100 nota 1 — cimitero deiin Madīnah, **5,** 54 — loro ṣa'id, **11,** 95 — loro armi, **12,** 269.

al-Qurdūdah, luogo, nel Naǵd (?), dove si raccolgono i Ǵadīlah seguaci di Ṭulayḥah, **11,** 130 [cfr. Yāqūt, IV, 55].

qurīna = « si congiunse, ebbe rapporti intimi » di carattere soprannaturale, **Intr.** 204.

qurrā (plur. di qāri-), lettori del Qur-ān, **3,** 67 — missionari studiosi del Libro, **4,** 5 — lettori pubblici, **11,** 229, 230.

Qurrah b. Hubayrah b. Salimah al-Khayr b. Qušayr, capo dei banū Ka'b, C. d. P. (?), esattore presso i banū Qušayr, **9,** 78 — suo colloquio con 'Amr b. al-'Āṣ, **11,** 93 e nota 1, 94, 108 e nota 1,*b* — ribelle, è catturato da Khālid b. al-Walid e inviato a Madīnah, 150,*b* e nota 1, 151, 152,*a*, 153, 154 e nota 1, 158 — abū Bakr gli fa grazia, 156.

abū Qurrah Durayd b. al-Ṣimmah b. Bakr b. 'Alqamah [† 8. a. H.] = Durayd b. al-Ṣimmah, **8,** 114 nota 1.

banū Qurrah b. 'Abdallah b. abī Nagīh al-Nabhāni, ramo dei Ṭayy: concessione loro fatta dal Profeta, del ḥ i m a di al-Muẓallah, **9,** 86.

Qurṣ al-Laythi, tradizionista, **10,** 82; cfr. Q u r a ṣ.

Qurṭ b. 'Abd b. abī Bakr b. Kilāb, uno dei tre capostipiti delle tribù al-Qurṭā, **9,** 15.

al-Qurṭā, sito nel Nagd (?); spedizione di- o di al-Ḍariyyah, **6,** 1.

banū Qurṭā, tribù kilābite del Nagd (?), discendenti da tre figliuoli di 'Abd b. abī Bakr b. Kilāb; spedizione di al-Ḍaḥḥāk b. Sufyān contro di essi, **9,** 15.

Quṣam = *Casama* della *Tab. Peuting.* (?), villaggio abitato dai banū Mašga'ah, che trattano con Khālid b. al-Walīd, **12,** 396, 412 — tra Palmira e Damasco, 403 e nota 2, 420, 421.

Qušayr b. Kulayb ... b. Ṣa'ṣa'ah ... b. Hawāzin ... b. Muḍar, eponimo dei banū Qušayr b. Ka'b (?), **Intr.** 41 tav. 1.

banū Qušayr b. Ka'b, ramo degli 'Āmir b. Ṣa'ṣa'ah, loro ambasciata a Madīnah e conversione, **9,** 78.

Quṣayy [o propr. **Zayd**] **b. Kilāb b. Murrah ... b. Fihr-Qurayš ... b. Muḍar ... b. Ma'add, Intr.** 41 tav. 1, 61 — perchè cognominato Quṣayy, il « lontano » 76 — sua ignota origine straniera e artificiale filiazione genealogica e progenie, 34 e note 1 e 3, 96 nota 1 — capostipite dei Qurayš, **10,** 93, **11,** 65 nota 1 — fondatore e legislatore di Makkah, **Intr.** 36 e note 1 e 2, 47 nota 1, 54 e nota 1, 78, 122 nota 1, 152, 165. 234 nota 1. — Sue notizie preliminari, **Intr.** 64, 69 nota 1, 73 nota 1, 75 nota 3 — sua biografia in gran parte leggendaria. 76-81: — infanzia, 76 e nota 1 — aiutato dagli 'Udzrah, **9,** 14 — espelle i Khuzā'ah da Makkah, e vi riunisce tutte le tribù dei Qurayš, donde è detto a l-M u ǵ a m m i', **Intr.** 76-77, **9,** 18 nota 1 — custode della Ka'bah, accentra in sè patriarcalmente e riorganizza tutte le cariche civili e religiose di Makkah, **Intr.** 78-79 e nota 1 — rinnova i limiti fissati da Abramo come termini del territorio sacro di Makkah, **8,** 71 — la sua casa o D ā r a l-n a d w a h, **Intr.** 78; **1,** 17 nota 1 — sua morte verso il 480 a. È. V. (?), **Intr.** 81, 83 — suoi figli, 80, 84 — e successori (840-570. a. È. V.), 82-105 – lotta per la successione alle cariche godute da Quṣayy, 85-88; cfr. 'Abd-Šams, Hāšim ecc. — preteso antenato di 'Abd al-Muṭṭalib e del Profeta, 96 nota 1, 183 nota 1.

Qusiyāthā, luogo nell''Irāq [Y ā q ū t, IV, 99], dove s'accampa il persiano Bahman Ǵadzawayh, **12,** 202 e nota 1.

Quss al-Nāṭif, sito presso Kūfah sull'Eufrate, posseduto da Ṣalūbā b. Nastūnā, **12,** 210 nota 3 [cfr. Y ā q ū t, IV, 97-98].

Quss b. Sā'idah al-Iyādi, uno dei h u n a f ā, **Intr.** 188 [cfr. A gh ā n i, XIV, 41-44; Y ā q ū t, *Reg.*, 116].

al-Quswāna, luogo e pozzo nel paese dei Taym Allah b. Tha'labah b. Bakr [cfr. Y ā q ū t, IV, 124-125], tra Suwa e Muṣayyakh Bahrā, **12,** 222 nota 3, 411.

Qutaybah [**? b. Sa'īd b. Ǵamīl al-Thaqafi al-Baghlāni abū Rigā** [† 240. a. H.], tradizionista presso Bukhāri, e uno dei suoi maestri, **11,** 52 [cfr. Y ā q ū t, *Reg.*, 614; i b n Kh a ṭ ī b a l-D a h š a, *Tuhfah*, pag. 94].

abū Qutaybah, tradizionista, presso Ṭabari. **11,** 45.

ibn Qutaybah (abū Muḥ. 'Abdallah b. Muslim al-Dīnawari al-Marwazi) [† 270.-276. a. H.], storico; suo giudizio su abū Hurayrah, **Intr.** 26 nota 3.

Qutaylah bint 'Amr b. Hilāl, moglie di Sufyān b. 'Uwayf, pagana di Makkah, a Uḥud, **3,** 16 no. 12.

Qutaylah bint Qays b. Ma'dīkarib, moglie del Profeta, **10,** 139 no. 20.

banū Quṭayrah, genti di 'Ikrimah b. abī Ǵahl; partecipano al bottino di al-Nugayr, **12,** 78 nota 6,*b*.

Quṭb al-dīn al-Ḥalabi (abū 'Ali 'Abd al-karīm b. 'Abd al-nūr b. Munīr al-Ḥanafi) [664.-735. a. H.], storico, tradizionista: sui 44 vari nomi di abū Hurayrah, **Intr.** 26 nota 2.

Quṯbah b. 'Āmir b. Ḥadīdah b. 'Amr al-Anṣāri al-Khazraǵi, C. d. P., uno dei primi musulmani di Madīnah, **Intr.** 335 no. 4 — presente alla seconda 'Aqabah, 344 no. 42 — a Badr, **2,** 85,C no. 87 [Yāqūt, *Reg.*, 616].

Quṯbah b. Qatādah al-Dzuhli al-Sadūsi, dei Bakr b. Wā·il, razzia la contrada di Baṣrah contro i Persiani, **12,** 155,*a*, 157 [Yāqūt, *Reg.*, 616].

Quṯbah b. Qatādah al-'Udzri, C. d. P., comanda l'ala destra dei Musulmani a Mu·tah e uccide il Qā·id al-Musta'ribah, **8,** 12.

Quṯham, nome dato da 'Abd al-Muṭṭalib al Profeta; vero nome di Maometto (?), **Intr.** 124 nota 1.

Quṯham b. al-'Abbās b. 'Ubaydallah b. al-'Abbās, C. d. P. partecipa alla tumulazione di Maometto, **11,** 47 [cfr. Aghāni, *Ind.*, 552].

Quṯham b. 'Abd al-Muṭṭalib b. Hāšim b. 'Abd Manāf, morto a nove anni, tre anni prima che nascesse Maometto, **Intr.** 102 nota 1, 124 nota 1.

Quṯham b. Ašyam [o **'Anšam b. Aslam**] **al-Kināni,** capo dei Kinānah che invadono la Siria, **12,** 359,*c*.

al-Quṯquṭānah, sito nelle vicinanze di Kūfah verso il deserto, tappa della via Ḥirah-Damasco, **12,** 417 no. 1 e nota 1.

quwwād (plur. di qā·id), « capitani » dei Greci in al-'Arabah, **12,** 342.

Quzaḥ, luogo o stazione tra Muzdalifah e Makkah, dove i Qurayš accendevano il fuoco durante la Ǵāhiliyyah [cfr. Yāqūt, IV, 85-86]; vi fa sosta il Profeta nel Pellegrinaggio d'Addio, **10,** 76.

Quzmān [† 3. a. H.], ḥalīf dei banū **Zuhrah,** C. d. P. « Ipocrita » madinese, **1,** 60 no. 25 — a Uḥud, uccide Ṣū·āb, ghulām dei banū 'Abd al-Dār, **3,** 33, 55 no. 11 — ed altri cinque Makkani, 55, no. 12 15 16 18 28 — o, secondo Hišām, sette; poi, ferito e trasportato nel Dār banī Ẓafar, si svena con una freccia e muore [cfr. Hišām, 359 lin. 16-20; Aghāni, XIV, 23].

Rabāb bint Ḥaydah b. Ma'add, anteisl., moglie di Muḍar b. Nizār, **Intr.** 49.

al-Rabadzah, villaggio e distretto a tre miglia da Madīnah, presso Dzāt 'Irq, sulla via del Ḥiǵāz Fayd-Makkah, **6,** 1, 5 nota 1; **7,** 69 nota 2 — nei suoi pascoli abitano i banū Muḥārib, **10,** 49; **11,** 112 note 1 e 2, 119 e nota 2.

Rabāḥ [† 12, a. H.] mawla dei banū Ǵaḥǵaba, C. d. P., presente a Uḥud, ucciso ad al-Yamāmah, **12,** 23 no. 98.

Rabāḥ [† 12. a. H.] mawla di al-Ḥāriṯh b. Mālik al-Anṣāri, C. d. P., ucciso ad al-Yamāmah, **12,** 23 no. 98.

Rabāḥ al-Aswad, ghulām o mawla o cliente di Maometto, C. d. P., **10,** 142 no. 11.

Rabāḥ [o **Riyāḥ**] **b. al-Ḥāriṯh b. Muǵāši' al-Tamīmi,** C. d. P., ambasciatore dei suoi a Madīnah, **9.** 4 no. 8.

banū-l-Rab'ah b. Rašdān b. Qays b. Ǵuhaynah, ramo dei banū Ǵuhaynah; loro rapporti col Profeta, **5,** 86 e nota 1 — lettera di Maometto ad essi, 87.

rabb al-siḥāb = « Signore delle nubi », appellativo della divinità, predicato dalla profetessa Saǵāḥ, **11,** 160.

Rabbah = « la Signora », ossia la dea al-Lāt; suo culto e santuario in Ṭā'if, **9,** 10, 58 — sua distruzione, 59.

Rabbath 'Ammon (*Philadelphia*), la moderna 'Ammān nel Balqā, **12,** 351 nota 1,*b*.

Rabbath Moab [poi Ar Moab, *Aropolis*; la moderna Rabba, a oriente del Mar Morto, fra Dibān (Dibon) e Kerak (Kir Moab)]; pretesa identificazione sua con Aǵnadayn, **12,** 351 nota 1,*b*.

Rabbel II (o piuttosto Rab·el) [70-95. a. È. V.], ultimo re nabateo di cui si abbia menzione, residente in Buṣra, **12,** 394 nota 5.

Rabbini ebrei (aḥbār, sing. ḥabr o ḥibr), si vuole predicassero il magnifico avvenire di Maometto fanciullo, **Intr.** 114 e nota 3 — di Madīnah, consultati dai Qurayš sulla veridicità del Profeta, 257 — alcuni di essi abbracciano sinceramente l'Islām, **1,** 57, 58 no. 15 — altri sono « Ipocriti », 61.

Rabbinica, famosa scuola di Yabne = Yubna = Yammia, fondata dopo la distruzione di Gerusalemme, **11,** 4.

Rabbiniche, leggende-; v. Leggende rabbiniche.

Rabdolatria, adorazione delle bacchette di legno dei rabdomanti, presso i Ḥimyar, **9,** 62.

Rabdomanzia, arte magica o incantesimo compiuto con bacchette di legno, presso i Ḥimyar, **9,** 62.

al-rabī' = « primavera », pioggia primaverile, verdura; diverso suo significato nelle varie regioni d'Arabia, **10,** 57 nota 1 — nome di due mesi, il Rabī' primo e il Rabī' secondo, che seguono al Ṣafar, **1,** 9 nota 2.

al-Rabī' b. Ḥāmid, musulmano, perito alla battaglia di Buṣra, **12,** 414 nota 1 no. 6.

al-Rabī' b. Haytham, qāri o lettore del Qurān in Kūfah, **11,** 230 nota 1.

al-Rabī' b. Iyās b. 'Amr b. Ghanm al-Anṣāri al-Khazraǵi, dei banū Lūdzān b. Sālim, C. d. P., presente a Badr [cfr. Wüst., *Reg.*, p. 376], **2,** 85,C no. 34.

al-Rabī' b. Mu'āwiyah b. Khafāǵah b. 'Amr, dei banū 'Uqayl, C. d. P., ambasciatore dei suoi a Madīnah [Wüst., *Reg.*, 376], **9,** 74 no. 1.

al-Rabī' b. al-Rabī' b. abī-l-Ḥuqayq, ebreo dei banū-l-Naḍīr, polemizza con Maometto, **1,** 58 no. 8 — tenta d'indurre il Profeta a non mutar la qiblah, **2,** 24.

al-Rabī' b. Yūnus b. Muḥammad b. abī Farwah, compagno (mawla o ḥāǵib) del califfo al-Manṣūr; suoi progenitori, **12,** 176 nota 3 [Aghāni, *Ind.*, 343-344].

Rabī'ah, principe del Ḥaḍramawt. C. d. P. (?); lettera di Maometto a lui, **10,** 46.

Rabī'ah al-Faras, cfr. Rabī'ah b. Nizār.

Rabī'ah al-Ḥaḍrami, capo dei Musulmani vittoriosi nel Ḥaḍramawt, **12,** 78.

Rabī'ah al-Thaqafi, padre di 'Utbah e Šaybah in Ṭā'if, **Intr.** 328.

Rabī'ah b. 'Abd Yālīl b. 'Amr, C. d. P., ambasciatore thaqafita a Madīnah, **9,** 56.

Rabī'ah b. Aktham b. Sakhbarah b. 'Amr, C. d. P., makkano, ḥalīf dei banū 'Abd Šams, emigra a Madīnah, **1,** 15 no. 20 — presente a Badr, **2,** 85,A no. 25.

Rabī'ah b. 'Āmir al-'Āmiri, cavaliere del Ḥiǵāz, comanda con Yazīd b. abī Sufyān il primo corpo di spedizione nella Siria, **12,** 360 — a Tabūk, uccide il comandante greco Bāṭaliq, 361 — e tratta con Ǵurǵis patrizio di Eraclio, 361 — in al-Ǵurf, 362.

Rabī'ah b. 'Āmir b. Ṣa'ṣa'ah... b. Manṣūr... b. Muḍar, eponimo dei banū Rabī'ah b. 'Āmir, **Intr.** 41 tav. 1 [cfr. Wüst., *Reg.*, 377 ?].

Rabī'ah b. al-Aswad, C. d. P., già pagano e capo quraśita, partecipa al conciliabolo in Makkah contro Maometto, **1,** 17 no. 11 — mandato dal Profeta in Ṭā'if per trattare con i Thaqīf, **8,** 144 [cfr. Aghāni, XVI, 80].

Rabī'ah b. Buǵayr al-Taghlibi, alleato dei Persiani, a capo dei murtaddīn taghlibiti, sconfitto da Khālid in al-Thaniyy, **12,** 222, 224 — o in al-Muṣayyakh e in Ḥusayd, 396, 401 — sua figlia fatta prigioniera ad al-Thaniyy, comperata poi da 'Ali b. abī Ṭālib, **12,** 224.

Rabī'ah b. Darrāǵ (o Dāriǵ) b. al-'Anbas b. Uhbān, pagano quraśita, prigioniero a Badr, **2,** 89 no. 86.

Rabī'ah b. Dzī Marḥab al-Ḥaḍrami, C. d. P., lettera-diploma di Maometto a lui, **9,** 88.

Rabī'ah b. Harām b. Ḍinnah b. 'Abd b. Kabīr al-Quḍā'i, sposa in seconde nozze Fāṭimah, madre di Quṣayy, **Intr.** 76.

Rabī'ah b. al-Ḥārith b. 'Abd al-Muṭṭalib b. Hāšim al-Qurašī, C. d. P., pensionato a Khaybar, **7,** 42 — combatte valorosamente a Ḥunayn, **8,** 123; **10,** 77 [Wüst., *Reg.*, 377].

Rabī'ah b. 'Isl al-Yarbū'i, luogotenente di Khālid b. al-Walīd e amministratore di un distretto del Sawād, **12,** 217 no. 11.

Rabī'ah b. abī Kharašah b. 'Amr b. Rabī'ah al-Qurašī, al-'Āmiri [† 12. a H.] C. d. P., perito ad al-Yamāmah, **12,** 23 no. 99.

Rabī'ah b. al-Khiyār b. Mālik... b. Kahlān, eponimo di una tribù yamanita, **Intr.** 42 tav. 3 [Wüst., *Reg.*, 377].

Rabī'ah b. Mullah, dei banū 'Abd b. 'Adi, C. d. P., ambasciatore dei suoi a Madīnah, **5,** 93,A.

Rabī'ah b. Muntafiq b. 'Āmir b. 'Uqayl [† 9. a. H.], C. d. P. ucciso da 'Amr b. Mālik, **9,** 76 [Wüst., *Reg.*, 378].

Rabī'ah b. Nizār b. Ma'add detto **Rabī'ah al-Faras,** eponimo della grande stirpe Rabī'ah b. Nizār, **Intr.** 41 tav. 1, 47 — sue vicende con i tre fratelli, e origine del suo appellativo al-Faras, 48 [cfr. Wüst., *Reg.*, 378].

Rabī'ah b. Rawā al 'Ansi [† 10. a. H.], C. d. P., sua ambasciata a Madīnah e morte durante il viaggio di ritorno, **10,** 54.

Rabī'ah b. Rufay' al-Tamīmi, C. d. P., ambasciatore dei suoi a Madīnah, **9,** 5 no. 1[2].

Rabī'ah b. Rufay' b. Uhbān al-Sulami, detto ibn al-Dughunnah, C. d. P., uccide Durayd b. al-Simmah a Ḥunayn, **8,** 128 [cfr. Aghāni, IX, 15-16].

banū Rabī'ah [**b. 'Āmir b. Ṣa'ṣa'ah... b. Hawāzin... b. Muḍar** ?], a Makkah, **Intr.** 252 nota 3.

banū Rabī'ah [**b. al-Khiyār b. Mālik... b. Kahlān** ?], stirpe yamanita a Naǵrān, **10,** 59.

banū Rabī'ah b. Nizār b. Ma'add b. 'Adnān, grande stirpe ismā'ilita (cfr. 'Abd al-Qays, 'Anazah) diffusasi nel Baḥrayn, nell'Arabia settentrionale e in Mesopotamia, **Intr.** 47 — confinanti con gli Asad b. Khuzaymah, **6,** 4 nota 1 — vincono sui Persiani, verso il 610.-611. a. È. V., la famosa battaglia di Dzū Qār, 230 e nota 1; **2,** 104 — Musaylimah, un impostore dei-, **11,** 167,*a* — emigrano intorno alla fine del quinto secolo È. V. dal Yaman verso la Persia e popolano la Mesopotamia, **12,** 113 nota 1,*c* — musulmani: deridono i Tamīm per aver seguito la profetessa Saǵāḥ, **11,** 164 — apostatano nel Baḥrayn sotto al-Mundzir al-Gharūr e s'uniscono ad al-Ḥutam, **12,** 40,*a*, 41, 42 — cristiani: (cfr. banū al-Namir, Taghlib, Iyād ecc. ecc., Arabi cristiani) combattono contro Khālid b. al-Walīd e sono disfatti, 396 nota 2 — comprendono gli 'Abd al-Qays, li al-Namir b. Qāsiṭ, i Bakr b. Wā'il, i Taghlib (*q. v.*), prendono parte all'invasione dell'impero persiano con Khālid b. al-Walīd, 188 e nota 5, 356,*e* — sotto il comando di Furāt b. Ḥayyān, 189 no. 2, 210 nota 1,*b* — di al-Muthanna b. Ḥārithah, 394.

bint Rabī'ah b. Buǵayr, cfr. Rabī'ah b. Buǵayr al-Taghlibi.

ibn Rabī'ah b. al-Ḥārith b. 'Abd al-Muttalib al-Qurašī, allevato tra i banū Layth b. Bakr, ucciso ancor fanciullo dai banū Hudzayl, prima dell'Islām; la sua vendetta è la prima annullata dal Profeta nel discorso del Pellegrinaggio d'Addio [cfr. Ṭabari, III, 2341-2342], **8,** 123; **10,** 77.

ibn abī Rabī'ah al-Qurašī, pagano, protesta in Makkah contro le violenze dei banū Nufāthah, **8,** 40.

rabīb, prodotto del suolo (?) nel Yaman, **9,** 66.

Rābigh o **Baṭn Rābigh,** bassura della via Makkah-Madīnah, tra al-Ǵuḥfah e Waddān, sulle rive del Mar Rosso, **1,** 76 e nota 2, **3,** 19, 21 nota 1.

rābiṭah (plur. rawābiṭ, cfr. Ṭabari, *Gloss.*, s. v.) = maslaḥah, posto armato, presidio, dei Persiani in 'Ayn al-Tamr, **12,** 395.

Rabnār, decifrazione o lezione congetturale di un luogo nel deserto, nell'itinerario di Khālid, **12,** 184 nota 1.

Raboth Moab = Rabbath Moab, **12,** 351.

al-Radm (o **al-Razm**), sito nel Yaman, dove i Hamdān sconfiggono i Murād, **10,** 92.

Rafī', makkano, dà ricovero nella sua casa ai fuggiaschi Khuzā'ah, **8,** 40, 43.

Rāfi', sito d'incerta ubicazione (?); Maometto ne concede il possesso ai banū-l-Dibāb, **10,** 4 no. 1.

Rāfi' b. 'Amīrah [o **'Amr**; *da corregg.* 'Umayrah] **al-Ṭā'i,** guida di Khālid b. al-Walīd attraverso il deserto al-Samāwah, **12,** 394, 409, 410, 412 — comanda l'ala dritta musulmana, nel combattimento di Buṣra, **12,** 404 nota 1.

Rāfi' b. 'Amr al-Ṭā'i = Rāfi' b. 'Amīrah o 'Umayrah, **12,** 412.

Rāfi' b. al-Ḥārith b. Sawād b. Zayd al-Anṣāri al-Khazraǵi, dei banū Zayd b. Tha'labah, C. d. P., presente a Badr, **2,** 85,C no. 128.

Rāfi' b. Ḥārithah, dei banū Qaynuqā', Ebreo madinese, avversario di Maometto, **1,** 58 no. 41.

Rāfi' b. Ḥarmalah, madinese, « Ipocrita », amico di 'Abdallah b. Ubayy, **9,** 72 nota 1.

Rāfi' b. Ḥuraymalah, dei banū Qaynuqā', ebreo madinese, polemista di Maometto, **1,** 58 no. 42 — il più grande degli « Ipocriti », 61 no. 3.

Rāfi' b. Khadīǵ b. Rāfi' b. 'Adi b. Zayd b. Ǵušam b. Hārithah b. al-Ḥārith b. al-Khazraǵ b. 'Amr b. Mālik b. Aws al-Anṣāri al-Awsi (abū Rāfi' o abū Khadīǵ) [† 73. o 74. a. H.], C. d. P., nasce nell'anno di Dzū Qār, **Intr.** 230 — troppo giovane, non può partecipare a Badr, **2,** 43 nota 2 no. 2 — a Uḥud, **3,** 26 no. 11 — a Tabūk, cacciatore, **9,** 41 — tradizionista presso ibn Ḥubayš, e nonno di 'Īṣa b. Saḥl, **12,** 16,*b* [cfr. Q u t a y b a h, 156; N a w a w i, 241-242; A gh ā n i, XIV,•14; XV, 163; Y ā q ū t, *Reg.*, 427].

Rāfi' b. Khāriǵah, dei banū Qaynuqā', ebreo madinese, avversario di Maometto, **1,** 58 no. 43.

Rāfi' b. Khudayǵ = Rāfi' b. Khadīǵ, **Intr.** 230.

Rāfi' b. Makīth al Ǵuhani, C. d. P., a Dūmah al-Ǵandal, **6,** 16 — a Dzāt al-Salāsil, **8,** 30 — alla spedizione contro Makkah, 51 — portabandiera dei Ǵuhaynah a Ḥunayn, 122 — riscuote le tasse dai suoi, **9,** 1 — a Tabūk, 26.

Rāfi' b. Mālik b. al-'Aǵlān, C. d. P., uno dei primi madinesi convertiti, **Intr.** 335 no. 3 — n a q ī b, 342 no. 4 — sapeva scrivere, **11,** 224 no. 5 [cfr. Y ā q ū t, *Reg.*, 427].

Rāfi' b. al-Mu'alla b. Lūdzān b. Ḥārithah al-Anṣāri al-Khazraǵi [† 2. a. H.], dei banū Ḥabib b. 'Abd Ḥārithah, C. d. P., presente a Badr, **2,** 85,C no. 117 — ucciso ivi da 'Ikrimah b. abī Ǵahl, 87 no. 11.

Rāfi' b. abī Rāfi' al-Qaynuqā'i, ebreo madinese, nemico di Maometto, **1,** 58 no. 39 — tenta di persuadere il Profeta a mantenere la q i b l a h di Gerusalemme, **2,** 24,

Rāfi' b. abī Rāfi' al-Ṭā'i, C. d. P., già cristiano e chiamato Sarǵis; si fa catechizzare a Dzāt al-Salāsil da abū Bakr, **8,** 32.

Rāfi' b. Sahl b. Rāfi' b. 'Adi b. Zayd b. Umayyah al-Anṣāri [† 12. a. H.], C. d. P., ucciso ad al-Yamāmah, **12,** 23 no. 100.

Rāfi' b. Suhayl al-Anṣāri al-Ašhali (= Rāfi' b. Sahl...), C. d. P., ucciso ad al-Yamāmah, **12,** 23 no. 100.

Rāfi' b. 'Umayrah al-Ṭā'i (identico a Rāfi' b. 'Amirah), guida di Khālid b. al-Walīd dalla Yamāmah nell' 'Irāq, **12,** 189 — nell'invadere il Farǵ al-Hind, 192 — poi attraverso il deserto Sirio, 397, 401, 413.

Rāfi' b. 'Unǵadah al-Anṣāri al-Awsi, dei banū Umayyah b. Zayd, C. d. P., presente a Badr, **2,** 85,B no. 33.

Rāfi' b. Wadī'ah, C. d. P., « Ipocrita » madinese dei banū 'Abd al-Ašhal (?), **1,** 60 no. 27.

Rāfi' b. Yazīd b. Kurz b. Sakan al-Anṣāri al-Awsi dei banū Za'ūrā b. 'Abd al-Ašhal, C. d. P., presente a Badr, **2,** 85,B no. 9.

Rāfi' b. Zayd, C. d. P., madinese « Ipocrita ». **1,** 60 no. 20.

abū Rāfi' (= abū Rāfi' Ruwayfi' ?). **8,** 112; **10,** 17 — m a w l a di ibn 'Abbās, tradizionista, presso ibn Hišam e Ṭabari, **2,** 107.

abū Rāfi', g h u l ā m o m a w l a di Umayyah b. Khalaf, pagano di Makkah prigioniero a Badr, **2,** 89 no. 59.

abū Rāfi' al-A'war = abū Rāfi' Sallām b. al-Rabī' b. abī-l-Ḥuqayq. **1,** 58, no. 7.

abū Rāfi' Ruwayfi', m a w l a R a s ū l A l l a h, C. d. P. [chiamato propriamente Ibrāhim o Aslam, o Sinān, o 'Abd al-Raḥmān]. **10,** 142 no. 5 — riconduce in Madīnah la famiglia di Maometto, **1,** 58 — custode dei suoi giardini, **4,** 13 — accompagna la sposa del Profeta, Maymūnah, in Sarif, **7,** 76 — dà denaro al Profeta per pagare ai Ǵadzīmah il prezzo del sangue, **8,** 112 — informato dalla moglie Salma, annunzia al Profeta la nascita del figlio Ibrāhīm, 196 — con 'Ali nel Yaman, **10,** 17 [cfr. A gh ā n i, IV, 32].

abū Rāfi' Sallām b. al-Rabī' b. abī-l-Ḥuqayq al-Yahūdi al-A'war (il monocolo) dei banū-l-Naḍīr

[† 4. a. H.], ebreo madinese, polemizza con Maometto, **1**, 58 no. 7 — assediato, **4**, 12 — emigra a Khaybar ed ivi è assassinato da emissari del Profeta (4-14 Dzū-l-Ḥiģģah), **5**, 1 no. 6[3], 20 e nota 1, 23; **6**, 20,

Rāfi'ah b. Rumaylah al-Qurazi, ebreo di Madīnah, avversario del Profeta, **1**, 58 no. 61.

al-rafīq al-a'la, « il Compagno eccelso » = l'arcangelo Gabriele, menzionato da Maometto nell'estremo della vita. **11**, 31.

raģā = speranza. **11**, 139 nota 2.

abū Raģā, qāri o lettore del Qur'ān in Baṣrah. **11**, 230 nota 1.

raģa' 'an al-Islām = « apostatò, rinnegò l'Islām », Mālik b. Nuwayrah, **11**, 177 nota 1.

raģaz = « prosa rimata » o metro poetico in generale, **1**, 34 — di Musaylimah, **11**, 168 — particolare genere di versi, **12**, 59, 165 nota 4.

Raģģal [Raḥḥāl] b. Nahšal, uno dei capi Ḥanafiti sostenitori di Musaylimah. **12**, 2.

Raģģāl [Raḥḥāl] b. 'Unfuwah o **Nahār al-Raģģāl**, dei banū Ḥanīfah [† 12. a. H.], C. d. P. (?), apostata musulmano, ambasciatore dei suoi a Madīnah, **10**, 33 no. 1 e nota 1 — uno dei primi seguaci di Musaylimah, 33,A, 67 — mette a servigio di lui le sue cognizioni quraniche, 124 — suo suggeritore e consigliere, **11**, 165 nota 3,*b* — combatte e muore ad 'Aqrabā, **12**, 6,*a*, 8, 10,*a*.

al-Raģī', valle e sorgente dei banū Hudzayl sulla via del Naģd; spedizione ed eccidio dei missionari musulmani in-, **4**, 1 no. 1, 7-8, 9; **5**, 78, 79; **11**, 56 nota 1 — valle presso Khaybar, dove s'accampano i Musulmani assedianti, **7**, 10 e nota 2, 14, 16 e nota 1, 27, 28 [cfr. Yāqūt, II, 756-757].

Raģlah, luogo dove i banū Ġudzām sono sorpresi e razziati da **Zayd** b. Ḥārithah. **6**, 11.

raḥā = « mola » sfarinatrice (cfr. mola). **11**, 139 nota 2.

banū Rahā, tribù yamanita dei Madzḥiģ; loro rapporti politici con Maometto. **11**, 187.

Raḥabah [o **Raḥbah**] **al-San'ā'**, valle e giardini nei dintorni di San'ā [cfr. Yāqūt, II, 723], dove al-Aswad al-'Ansi convoca tutti i cittadini, **11**, 197.

rāhib (plur. ruhbān) = « romito. monaco », Baḥīrā, Sarģīs o Ġurģīs, Nasṭūr ecc. (*q. v.*), **Intr.** 114 — dell'isola Dārīn, **8**, 178 — della chiesa cristiana in Yamāmah, [**10**, 33 [cfr. Guidi Sed. Pop., 601-602].

al-Rāhib, « il monaco », soprannome dell'awsita abū 'Āmir 'Abd 'Amr b. Sayfi, **1**, 66.

Raḥḥāl b. 'Unfuwah = Raģģāl b. 'Unfuwah = Nahār al-Raģģāl. **10**, 33 e no. 1.

raḥl, sella camelina più piccola della qatad, anche camelo da sella [cfr. Dozy, *Supplément*, s. v.]. **12**, 166,*b*.

al-Raḥmān = « il Clemente o Misericordioso », appellativo musulmano di Dio, **Intr.** 255 — e sua origine, **11**, 166 nota 1,*b* — usato anche da Musaylimah, 166,*a* e nota 1,*a*, 167 — diffuso nell'Arabia, 190 nota 2.

Raḥmān al-Yamāmah, preteso consigliere di Maometto, **Intr.** 255 — Musaylimah, **11**, 166 nota 1,*a*, 190; **12**, 16 nota 1.

Raḥmān al-Yaman, cognome assunto da al-Aswad al-'Ansi, **11**, 190.

raht o **rahat** = famiglia: di 'Abdallah b. Ubayy, **1**, 60 no. 36 — dei Qurayš, **9**, 18 — di Lubābah b. 'Abd al-Mundzir, 52 no. 12.

ra'īs (plur. ru'asā), = capo, degli Ebrei di Khaybar, **7**, 47 — della Yamāmah, **12**, 23 no. 114.

rak'ah = prostrazione o inclinazione del capo nel far la preghiera, in modo che le palme delle mani tocchino i ginocchi; fatta dall'angelo Gabriele. **Intr.** 219.

Rakak, luogo presso il monte Salma [cfr. Yāqūt, II, 810 lin. 3], vi si divide la preda del Santuario di al-Fals. **9**, 20.

rakayā (plur. di rakiyyah) = « pozzi », di Kāzimah. **12**, 192 nota 7.

rakb (plur. arkab e rukūb) = drappello o torma di dieci o più cavalieri, di abū Sufyān a Badr. **2**, 31.

Rākis, distretto o valle [cfr. Yāqūt, II, 735] dove aveva sede un ramo dei banū-l-Ḥārith b. Ka'b, **10**, 12 no. 9.

Rakūbah, sito tra Makkah e Madīnah presso al-'Arģ [cfr. Yāqūt, II, 810-811], una delle tappe della Hiģrah. **1**, 22.

ramada = « arrostire, bruciare, esser scottante ». **1**, 9 nota 2.

Ramadān, nono mese dell'anno lunare arabo: 'Abd al-Muṭṭalib vi compie per primo il taḥannuth, **Intr.** 102 nota 2 — il mese nel quale scese al Profeta la prima rivelazione quranica, 215 — sua etimologia alludente agli ultimi calori della grande estate, **1**, 9 nota 2 — la festa finale del-detta al-Fiṭr o 'Īd al-Fiṭr « festa della rottura » del digiuno, o al-'Īd al-ṣaghīr, celebrata per la prima volta nell'anno 2. H., **2**, 91 — digiuno di-, 91; **8**, 51 (cfr. Digiuno).

ramdāᵒ = « infocato ». **Intr.** 252 nota 3.

Ramdā, collina presso Makkah, dove sono sottoposti a tormenti alcuni dei primi Musulmani, **Intr.** 252 e nota 3.

al-Ramdā, sito concesso dal Profeta a Ǵamīl b. Rizām. **9**, 90.

rame (nuḥās), ricche miniere di- in Šamām, lavorate dai Persiani. **12**, 134 nota 1.

ibn abī Ramithah al-Tamīmi al-Ṭabīb [† 11. a. H.], C. d. P., medico e chirurgo. **11**, 243.

al-Ramlah [Arimathia? oggi *Ramle* « la sabbiosa? », tra Yāfā e Gerusalemme; cfr. Yāqūt. II, 817-820] città di Palestina, **10**, 142 no. 3; **12**, 316 nota 2 — a cinque miglia da Ghamr, 319 nota 1 — non lontana da Aǵnādayn, 319 nota 2, 407.

Ramlah bint abī 'Awf b. Dubayrah, moglie di al-Muṭṭalib b. Azhar, madre di 'Abdallah b. al-Muṭṭalib, C. d. P., uno dei primi musulmani, **Intr.** 229 no. 33 — emigra in Abissinia, 277 no. 28 — e vi muore, **7**, 55 no. 35, 56 no. 18.

Ramlah bint al-Ḥārith, Compagna d. P.: nel suo cortile si firma un accordo fra Maometto e gli Ebrei, **3**, 5 — vi son rinchiusi i prigionieri Tamim, **9**, 2; cfr. Dār Ramlah bint al-Ḥārith.

Ramlah bint abī Sufyān, cfr. umm Ḥabibah Ramlah bint abī Sufyān ecc.

Ramlah bint Ṭāriq b. 'Alqamah, moglie di al-Ḥārith b. Sufyān, pagana di Makkah; a Uḥud, **3**, 16 no. 10.

Ramlah [o **Hind**] **bint abī Umayyah**, anche detta umm Salamah (*q. v.*), Compagna d. P. e sua moglie, **4**, 16.

Rammān, montagna nel paese dei Ṭayy, a occidente del monte Salma. **11**, 147 nota 1,*a*.

Ranieri (arciduca), suoi papiri arabi d'Egitto, **11**, 215 nota 3.

Ranke, storico tedesco, illustra lo Scritto costituzionale dato da Maometto alla comunità madinese, **1**, 44.

al-Ranq [? o Ranqā: cfr. Yāqūt, II, 825-826], luogo nel Sawād, tra Ḥawrān al-Qalt e al-Ḥamāt, non lontano da al-Thaniyy, **12**, 224.

raqa'a = « rattoppò », un'otre col pezzo di cuoio su cui Maometto aveva scritto la sua lettera: cfr. Sim'ān b. 'Amr, **9**, 15 nota 1.

raqabah al-ard = *dominium soli* o proprietà territoriale, in opposizione a *ususfructus* o godimento del reddito. **7**, 33, 41 nota 2.

al-Raq'ah, sito tra Dzū-l-Marwah e Wādi al-Qura, nella Šiqqah bani 'Udzrah, tappa del Profeta a Tabūk. **9**, 30 no. 4 [cfr. Yāqūt, II, 800].

Raqāš bint Rukbah b. Nā'ilah b. Ka'b, dei Qays 'Aylān, moglie di Ka'b b. Lu'ayy e madre di 'Adi b. Ka'b. **Intr.** 59.

banū-l-Rāqi' « i figli del rattoppatore », i discendenti di Sim'ān b. 'Amr b. Qurayṭ (*q. v.*). **9**, 15 nota 1.

al-Raqqād b. 'Amr b. Rabī'ah b. Ǵa'dah, C. d. P, ambasciatore a Madinah dei banū Ǵa'dah, **9**, 77 [cfr. Aghāni, IV, 134-135; X, 153].

al-Raqqah, città della Mesopotamia non lungi da Bišr, **12**, 222 nota 4, 422 — e da 'Ānāt nell'Eufrate, 395 nota 2,c — punto più settentrionale del viaggio di Khālid b. al-Walid lungo l'Eufrate. 423, 426 [cfr. Yāqūt, II, 802-804].

banū Raqqāš, ramo dei banū 'Āmir o dei b. Šaybān, loro rapporti con Maometto, **9**, 48 [cfr. Durayd, 210, lin. 21].

raqqa'ū = « rattopparono (le bandiere) », spiegazione etimologica del nome Dzāt al-Riqā'. **5**, 1 nota 2.

Ra's al-'Ayn, [grande città nella Mesopotamia fra Ḥarrān e Nisibīn [cfr. Yāqūt, II, 731-733], popolata dai Rabi'ah, **12**, 113 nota 1,c.

ra·s al-mafāzah = « estremo del luogo dove si perisce », ossia la prima stazione abitata al limitare del deserto: Arakah sul limite del deserto Sirio. **12**, 413.

ra·s al-thaniyyah = « cima della collina », di al-Šaykhayn, **3**, 26.

rasad (plur. arṣād) = « osservazione », imboscata, « agguato » in Badr. **2**, 31.

al-rasaf = « pietre arroventate » [cfr. Athīr, II, 50, lin. 24; 51 lin. 1: wahī al-ḥiǵārah al-muḥmāt bi-l-nār; manca nei lessici] con cui gli idolatri torturavano i Musulmani in Makkah, **Intr.** 252 nota 3.

al-rasaq = antico leggendario idioma o alfabeto arabico, **11**, 214 nota 1 [dei Yāqiš, di cui poi si sarebbero serviti gli abitanti di al-Ǵanad e 'Adan].

Rašdān. **5**, 86 nota 2.

banū Rašdān, ramo dei Ǵuhaynah [Quḍā'ah]; loro rapporti con Maometto, **5**, 86 — allusione del Profeta alla « rettitudine » etimologica del loro nome (Rašdān, Rušd), 86 nota 2 [cfr. Durayd, 305, lin. 5-6 a proposito dei banū Aǵram, cui Maometto mutò il nome in banū Rašad].

banū Rāsib [**b. Mayda'ān,** dei banū Malik b. Zuhrān b. Azd Šanu'ah (?) ovvero b. al-Khazraǵ b. Ḥurrah b. Ǵarm b. Rabbān (?); cfr. Durayd, p. 301, lin. 14; 319, lin. 1 e 14]; seguono 'Ikrimah b. abī Ǵahl nella conquista della Mahrah. **12**, 63.

al-Rašīd Hārūn [† 193. a. H.], califfo 'abbāsida. **8**, 191 nota 1.

Rāšid b. 'Abd [o **'Abd rabbihi al-Sulami**], C. d. P., chiamavas avanti la sua conversione Ghāwi b. 'Abd al-'Uzza o 'Adi b. Ẓālim (?), già sorvegliante dell'idolo Suwā' o al-'Uzza in Ruhāṭ, uno dei capi dei banū Sulaym, **8**, 23, 25 e nota 1.

Rasūb, nome di una delle due spade votive appese in al-Mušallal, nel santuario di Manāt o in quello di al-Fals, da al-Ḥārith b. Šamir al-Ghassāni, ritrovata e presa da 'Ali b. abī Ṭālib, **8**, 100; **9**, 20.

Rasūb, nome di una spada del Profeta. **10**, 144.

ra·suhum wa sayyiduhum = « loro (dei banū Ṭayy) capo e principe »; cfr. Zayd al-Khayl b. Muhalhil, **10**, 35.

rasūl = mursal, « Inviato » [ἀπόστολος, malak jahveh di *Aggeo*, I, 13]: statistica quranica di questo termine riferito da Maometto ad altri profeti od a sè stesso, **Intr.** 197-199 — invece di nabi, **5**, 85 e nota 4.

al-Rasūl = « l'Inviato », cioè Maometto. **5**, 88, 92.

Rasūl Allah o « Inviato di Dio », detto dei Profeti in generale o di Maometto in particolare e per antonomasia. Il concetto di questo appellativo, cioè d'una speciale missione da parte della divinità, non fu affermazione o coscienza iniziale di Maometto, ma finale risultato di una lunga evoluzione, **Intr.** 193 nota 1, 194, 195 — statistica quranica della espressione, 197-199 — l'uso antonomastico di questa perifrasi annunziante la santità della persona di Maometto, appartiene all'ultimo periodo madinese, **1**, 45 art. 1 nota 2, art. 42 nota 1; **5**, 91; **6**, 11 nota 2; **7**, 2; **8**, 22; **9**, 40, 88; **10**, 69 — sua omissione nello scritto agli abitanti di Ǵarbā e di Adzruḥ, **9**, 39 nota 2.

rasūl mulūk Ḥimyar = « ambasciatore dei re di Ḥimyar », Mālik b Murārah al-Rahāwi in Madīnah. **9**, 60.

Rātiǵ, fortezza o torre dei banū Za'ūrā b. Ǵušam b. al-Ḥarith in Madīnah, **3**, 54,B no. 19 — ovvero dei Giudei omonimi, inchiusa nella Trincea, **5**, 25 e nota 2, 27 nota 2, 29, 32, 33 — moschea in-, 25.

Ratnār, decifrazione congetturale di un nome di luogo in Ya'qūbi. **12**, 184 nota 1.

abū Raw'ah b. Badr b. Zayd b. Mu'āwiyah al-Ǵuhani, dei banū-l-Rab'ah b. Rašdān, C. d. P., a Madīnah con Maometto, **5**, 86 e nota 1.

ibn Rawāḥah [† 8. a. H.], (cfr. 'Abdallah b. Rawāḥah con cui è identico, ed al quale va perciò anche riferito quanto segue): C. d. P., lasciato da Maometto come suo rappresentante in Madīnah durante la spedizione di Badr III, **4**, 18 — a Khaybar, amministratore della terra, proprietà dei Musulmani, **7**, 32 — e sopraintendente di una parcella nella divisione del bottino, 41 no. 16 [cfr. Nawawi, 340-341 e Yāqūt, *Reg.*, 501].

al-Rawāri, una delle tappe fra Ḥīrah e Damasco. **12**, 417 no. 9.

rawāyā (plur. di rāwiyah) = bestie che trasportano le otri d'acqua, dei Qurayš a Badr, **2,** 31.
Rawdah al-Aḥbāb [wa nuzhah al-aṣḥāb?] = « prateria degli amici [e sollazzo dei Compagni »?], **Intr.** 141 — (opera citata da al-Diyārbakri).
Rawdah Khāǵ o piuttosto Rawdah Khākh [cfr. Yāqūt, II, 384-385, 848], sito fra Makkah e Madīnah, dove il Profeta relegò dapprima il suo servo ermafrodito Māni' (*q. v.*), **8,** 151 nota 3.
rawḥah = « riposo » o tappa [cfr. Yāqūt, II, 828, lin. 23]. **7,** 48 nota 3.
al-Rawḥā, villaggio tra Makkah e Madīnah [cfr. Yāqūt, II, 828-829 e *passim*], non lungi da Badr, sosta o tappa del Profeta, **2,** 42 nota 1, 45, 47, 86; **6,** 26; **10,** 73 — dei Qurayš di ritorno da Uḥud, **3,** 59 — vi fissa convegno il Profeta a Khuzā'i b. 'Abd Nuhm, **8,** 51 nota 1.
al-Rawhā, uno dei tre archi del Profeta, già degli Ebrei Qaynuqā', **2,** 97 nota 1.
rāwiyah e **rāwi** = « recitatore (di versi altrui) » *ménestrel*. **8,** 164.
ra·yah (plur. ra·yāt) = *spectaculum, signum*, vessillo, insegna « visibile » a tutti, e però « stendardo generale » di un corpo multiplo di guerrieri, **3,** 66 nota 2; **9,** 29 — anche « drappello », **7,** 14 — nera, di 'Amr b. al-'Āṣ, **8,** 30 — dei Sulaym, 56 — di Sahl b. Ḥunayf, **9,** 20 — del Profeta, detta al-'Uqāb (*q. v.*), **7,** 19; **8,** 39; **12,** 398 — degli 'Abd al-Ašhal ecc., **8,** 122.
ra·yāt (plur. di ra·yah) = « bandiere », dei Musulmani a Khaybar. **7,** 19.
abū-l-Rayān Ṭu'aymah b. 'Adi b. Nawfal b. 'Abd Manāf al-Qurašī [† 2. a. H.], pagano, insultatore del Profeta. **Intr.** 248 no. 16 — a Badr, uccide Ṣafwān b. Baydā, **2,** 87 no. 6 — è ucciso da 'Ali [cfr. Aghāni, IV, 21; XIV, 12], o da Ḥamzah, 88 no. 14; cfr. Ṭu'aynah b. 'Adi.
Rayḥānah bint al-Hudzayl b. Hubayrah, pagana, prigioniera in al-Zumayl. **12,** 224.
Rayḥānah bint Zayd b. 'Amr b. Khanāfah [o **Ǵunāfah**] **al-Nadariyyah,** o **al-Qurazīyyah** [† 10. a. H.], Compagna d. P., ebrea, vedova di un Qurayẓah e prigioniera, convertitasi, diventa moglie (o schiava?) di Maometto, **5,** 51 — sua morte, **10,** 79, 139 no. 13.
Rayṭah, dei Hawāzin, prigioniera a Ḥunayn, donata dal Profeta ad 'Ali b. abī Ṭālib. **8,** 163 — liberata e restituita ai suoi (?) 171.
Rayṭah bint al-Ḥārith b. Ḥubaylah [o **Ǵubaylah**] moglie di al-Ḥārith b. Khālid, Compagna d. P., makkana, emigra in Abissinia, **Intr.** 277 no. 33 — vi muore, **7,** 54 no. 17, 56 no. 14.
Rayṭah [o **Hind**] **bint Munabbih b. al-Ḥaǵǵāǵ,** moglie di 'Amr b. al-'Āṣ, pagana di Makkah, a Uḥud, **3,** 16 no. 8 [cfr. Aghāni, XVI, 63].
al-Rayyā, sito [in Ḥiǵr(?), cfr. Yāqūt, II, 881 e in *Reg.*] concesso in feudo da 'Umar a Muǵǵā'ah b. Murārah, **10,** 33 nota 2.
abū Rāzin Laqīṭ b. 'Āmir b. al-Muntafiq b. 'Āmir b. al-Khaṭṭāb dei banū 'Uqayl b. Ka'b, C. d. P., viene a Madīnah ed ottiene da Maometto la concessione di al-Nāzim, **9,** 74.
Raziq, luogo nella Media superiore, **12,** 142 nota 1.
al-Razm [o **al-Radm**], luogo dei banū Murād nel Yaman: battaglia ivi combattuta tra Murād e Ḥamdān. **10,** 32.
Razmihr, forma errata dei codici ṭabariani, invece di Rūzamihr (cfr. Zarmihr). **12,** 222 nota 1.
Razza araba, divina nobiltà della-, la necessità di provarla diede origine agli alberi genealogici o ansāb, **Intr.** 30.
Re (mulūk) del Yaman, cui abū Bakr mandò lettere per invitarli a partecipare all'invasione della Siria, **12,** 359,*a*.
Re Arabi, uccisi da Asarhaddon nel VII sec. a. C., **11,** 164.
Re Magi del Vangelo di Matteo. **Intr.** 112.
Re Pastori o **Hiksos,** loro dubbia origine semitica, **12,** 112 — il loro progresso in Egitto fu arrestato dallo sbarramento della valle Niliaca, 132.
Recinto della morte = Ḥadīqah al-mawt (*q. v.*) in 'Aqrabā, dove furono massacrati i Ḥanīfah, **10,** 67 nota 3; **12,** 11.
Regale potestà, è per gli Orientali una prerogativa di origine divina. **12,** 237.

Regine degli Aribi = šarrat māt A-ri-bī, combattono nell' VIII sec. a. C. contro l'assiro Tiglat Pileser II e contro Asarhaddon, **11**, 164; **12**, 93.

Registri, compilati sotto il califfo 'Umar per le pensioni, dànno origine alla scienza genealogica degli Arabi. **Intr.** 29.

Rehatsek, sua traduzione inglese, fatta senza veruna conoscenza delle fonti storiche arabe, di Mirkhondi, **11**, 139 nota 2 — sostiene l'origine siriaca dell'alfabeto arabo, 211 nota 1 — sue note sulle armi e gli strumenti da guerra presso gli Arabi, **12**, 268 nota 1 no. 1.

Reinaud, studia la scienza militare degli Arabi specialmente nel periodo delle Crociate. **12**, 268 nota 1.

Reiske, sua traduzione latina dei versi osceni attribuiti a Musaylimah nel suo colloquio con Sagāḥ, **11**, 172 nota 1.

Religione, genesi di una grande- svoltasi nella luce della storia: questa opinione dell' Islām è stimolo in Occidente a studiar la biografia di Maometto, **Intr.** 106. — Carattere aggressivo, inevitabile di ogni nuova-, **10**, 87 — dà forma teocratica e militare all' Islām, 87 — « nella penisola arabica non devono esistere due religioni », sentenza o intolleranza religiosa, attribuita per anticipazione a Maometto morente, ma che in verità rispecchia soltanto il concetto e la politica di 'Umar, **11**, 27 e nota.

Religione dualistica di **Zoroastro** o Mazdeismo (cfr. **Zoroastrismo**), fede nazionale antichissima dei Persiani, **12**, 120, 122 — adottata in principio del loro regno dagli Arsacidi, 137 nota 1 — ristabilita dai Sassanidi come religione di stato, 121.

Religiosa, intensità ed ardore della passione- nell' impero Bizantino e sue conseguenze nell'evoluzione del Cristianesimo orientale, **12**, 261 — presso i Persiani, con spiccata tendenza individuale e indipendente, 121.

Religioso, sentimento, sua intensità e comparsa repentina e quasi inesplicabile nella società romana al diffondersi del Cristianesimo, **12**, 240 nota 1.

Res publica, come prodotto, simbolo della volontà di tutti i cittadini nello Stato romano, ideale assolutamente estraneo al concetto autocratico ed ereditario dell'Oriente, **12**, 238.

Rhodokanakis, traduce un passo di al-Ruqayyāt che menziona la Spedizione dell'Elefante e allude a quella di Ḥusayn b. Numayr contro la Makkah [s'intenda così corretto il passo degli *Annali*]. **Intr.** 109 nota 3.

banū Ri·āb (?), tribù musulmana alleata del Profeta, quasi completamente annientata a Ḥunayn, **8**, 138.

banū-l-Ribāb, [soprannome di alcune stirpi ismā'īlite **Taym**, 'Adi, 'Ukl figli di 'Abd Manāt, Muzaynah e Ḏabbah; cfr. Durayd, p. 111 e seg.] detta impropriamente tribù tamimita: composta dai banū Ḏabbah e dalli 'Abd Manāt (*q. v.*), con a capo al-Zibriqān b. Badr (*q. v.*), viene in urto con la tribù consanguinea dei Muqā'is (*q. v.*), **11**, 163 — combattuti da Sagāḥ, sconfiggono i seguaci della profetessa e ne fan prigionieri, 160, 163, 164 e nota 1,*a* — s'uniscono ad al-'Alā b. al-Ḥaḍrami, **12**, 56 — e lo seguono nella portentosa conquista del Baḥrayn, 57 [cfr. Wüst., *Reg.*, 383].

'ala rib'atihim = « secondo il loro stato », cioè « solidalmente » in proporzione del numero e della condizione di ogni famiglia, **1**, 45 art. 3 nota 2.

Rib'i b. Rāfi' b. Zayd b. Ḥārithah al-Anṣāri al-Awsi, dei banū 'Ubayd b. **Zayd**, C. d. P., presente a Badr, **2**, 85,B no. 43 [cfr. Wüst., *Reg.* 384].

Rib'i b. Tamīm b. Ba'ār al-Anṣāri [† 12. a. H.], C. d. P., ucciso ad al-Yamāmah, suo cenno biografico, **12**, 23 no. 101.

rid· = « ausiliare », Khālid b. Sa'id, in Taymā, degli eserciti che partivano per la Siria, **12**, 377.

ridā = « mantello », del Profeta al Pellegrinaggio d'Addio, **10**, 73 [cfr. Dozy, *Vêtements*, p. 59, nota 2].

Riddah, « ritorno », rivolta o Apostasia degli anni 11. e 12. H., cioè ribellione o insurrezione antiislamica delle tribù arabe alla morte di Maometto, **11**, 70; **12**, 104.

Fonti storiche: scritti preziosi della scuola storica Madinese sulla-, quasi tutti perduti, **11**,

70-71 — fonte principale in gran parte rimasta: il «Kitāb al-Riddah wa-l-Futūḥ» di Sayf b. 'Umār, **8**, 183 nota 1; **10**, 123; **11**, 70-71 — esame e discussione sul valore di questa e delle altre fonti che possediamo, **11**, 77-81.

Cronologia degli eventi, o ordine storico e geografico stabilito dall'Annalista, 72-76.

La Riddah, **8**, 183 nota 1; **9**, 12, 63 nota 1; **10**, 33 nota 1, 34 nota 1, 48; 93 nota 1, 109 nota 1, 122 — nel Ḥiǵāz, **11**, 98-99, 112-126 — nel Naǵd o Arabia centrale, 101, 127-184 — nella Yamāmah, **12**, 1-36 — nell'Arabia settentrionale, **11**, 102-103, 106-111 — nel Yaman, 189-199 — Seconda apostasia del Yaman, **12**, 61-73 — nel Baḥrayn, 39-58 — nell''Umān, 59-26 — nella Mahrah, 63 — nel Ḥadramawt, 76-85.

Riepilogo e sintesi critica della Riddah, **12**, 89-104 — solo quella dell'Arabia centrale è propriamente–, il resto è conquista, 323 nota 1 — vero significato e carattere storico della–, travisato dai tradizionisti con innumerevoli leggende tendenziose, **10**, 118, 120, 121, 124, 135 nota 3,*a*, 169; **11**, 85 nota 1, 86 — morti durante la–, **12**, 101 nota 1 — prigionieri e schiavi, 88.

Ridgeway (W.), sull'origine e l'importanza storica del cavallo arabo, **12**, 272 nota 1.

rīf al-Yamāmah la parte «irrigua e fertile» della Yamāmah, presso 'Aqrabā, **12**, 6,*b*.

Rifā'ah b. 'Abd al-Mundzir b. Rifā'ah b. Zanbar al-Anṣāri al-Awsi (abū Lubābah?) [† 7. a. H.], dei banū Umayyah b. Zayd, C. d. P., ospita in Madīnah Emigrati makkani, **1**, 15 no. 46 — presente a Badr, **2**, 85,B no. 30 — muore a Khaybar: suo cenno biografico, **7**, 44 no. 2 [cfr. Tabari, III, 35, 37, lin. 1; Durayd, 260, lin. 16; Aghāni, XV, 28].

Rifā'ah b. 'Abd al-Mundzir b. Zubayr [o **Zanbar**] [**b. Zayd b. Umayyah b. Zayd b. Mālik b. Amr b. Awf b. Mālik b. Aws**] **al-Anṣāri al-Awsi** [† 3. a. H. ?], C. d. P., naqīb, muore a Uḥud (?), **Intr.** 342, [è identico con Rifā'ah b. 'Abd al-Mundzir b. Rifā'ah b. Zanbar(?); cfr. Hišām, 298, lin. 9-10; 306, lin. 4-5; 32, lin. 13-14; 493, lin. 13-14].

Rifā'ah b. 'Amr b. Zayd b. 'Amr al-Anṣāri al-Khazraǵi [† 3. a. H.], dei banū Ǵaz b. 'Adi, C. d. P., presente a Badr, **2**, 85,C no. 24 — ucciso a Uḥud, **3**, 54,B no. 50.

Rifā'ah b. Masrūḥ al-Asadi [† 7. a. H.], C. d. P., ucciso a Khaybar: suo cenno biografico, **7**, 43 no. 3.

Rifā'ah b. Qays [† 8. a. H.], o **Qays b. Rifā'ah**, dei banū Ǵušam b. Mu'āwiyah, pagano, eccita i banū Qays contro il Profeta, ucciso da ibn Ḥadrad, **8**, 36.

Rifā'ah b. Qays al-Quynuqā'i, ebreo madinese, avversario del Profeta, **1**, 58 no. 22 — tenta di persuader Maometto a ristabilir la qiblah verso Gerusalemme, **2**, 24.

Rifā'ah b. Rāfi' b. Mālik b. 'Aglān al-Anṣāri al-Khazraǵi al-Zuraqi abū Mu'ādz dei banū 'Amr [b. 'Āmir] b. Zurayq, C. d. P., presente a Badr, **2**, 85,C no. 108 [cfr. Tabari, I, 3005, lin. 10; Nawawi, 246, 247; Durayd, 275, lin. 5.

Rifā'ah b. abī Rifā'ah b. 'Ā'idz b. 'Abdallah [† 2. a. H.], C. d. P., ucciso a Badr da Sa'd b. al-Rabī', **2**, 88 no. 32.

Rifā'ah b. Samwīl [o **Samwāl**] **al-Quraẓi**, mawla di umm al-Mundzir, C. d. P., ebreo graziato da Maometto e convertito, **5**, 50 [cfr. Nawawi, 247; Tabari, III, 2452, lin. 9].

Rifā'ah b. Waqš b. Zughbah b. Za'ūrā al-Anṣāri al-Ašhali [† 3. H.], C. d. P., ucciso a Uḥud da Khālid b. al-Walīd, **3**, 54,B no. 16 [cfr. Durayd, 263, lin. 20-22].

Rifā'ah b. Zayd al-Ǵudzāmi al-Dubaybi, C. d. P., a Madīnah, latore di una lettera di Maometto alla sua tribù, **6**, 11 e nota 2 (?) — suo schiavo negro ucciso a Wādi al-Qura, **7**, 43; **10**, 142 no. 13.

Rifā'ah b. Zayd [o **Zayd b. Rifā'ah**, *q. v.*] **b. al-Tābūt al-Qaynuqā'i** [† 5. a. H.], ebreo madinese, avversario polemista del Profeta, **1**, 58 no. 45 — capo «Ipocrita», 61 no. 4 — muore durante la spedizione dei banī-l-Muṣṭaliq, **5**, 11 — sarebbe invece ancora vivo (?) a Madīnah durante la spedizione di Tabūk, **9**, 29.

banū Rifā'ah b. Qurayẓah (?), confederati dei banū Kilāb b. Rabī'ah, **10**, 139 no. 14.

al-Rifādah, «dono, contribuzione» dei Makkani per acquistare e distribuire i viveri ai pellegrini;

carica del sopraintendere a questa distribuzione, assunta da Quṣayy, **Intr.** 78, 79 — trasmessa al figlio 'Abd Manāf e al nipote Hāšim, 82 e nota 1, 88 — ad al-Muṭṭalib, 95 — ad 'Abd al-Muṭṭalib, 98 — ad abū Ṯalib, 133 — istituzione sancita da Maometto e continuata dai successori sino alla caduta del Califfato, 79, 90 nota 1.

Riforma protestante, porta una salutare reazione nella storia del cattolicismo romano. **Intr.** 2.

riǵāl qūmi = « un uomo della mia tribù », primo mallevadore anonimo dell'isnād di una tradizione sull'arrivo di Maometto a Qubā. **1,** 23, nota 1 no. 5.

Riǵām, paese nell'’Umān, dove si dan convegno i Musulmani per combattere i ribelli di Laqīṭ b. Mālik, **12,** 62 [cfr. Yāqūt, III, 754].

abū Riġhāl, leggenda originata dall'avversione dei Musulmani, ortodossi e šī'iti, contro Ṭā·if e i Thaqīf, **Intr.** 110 nota 2, 120 nota **1** — guida thaqafita data dagl'invidiosi abitanti di Ṭā·if ad Abrahah nella Spedizione dell'Elefante: sua tomba « lapidata », 120 — considerato invece da Maometto come esattore delle imposte per il Profeta Ṣāliḥ e quale capostipite dei Thaqīf, **Intr.** 120 nota 1 [cfr. Aghāni, III, 186; IV, 74-76; XV, 131].

riǵs = « sudiceria, lordura », per i musulmani è la carne di asino, a Khaybar, **7,** 24.

riḥāl o **arḥal** (plur. di raḥl) = « bagagli, salmerie » al combattimento di Buṣrah, **12,** 404 nota 1.

banū Rikāb [o **Ri·āb**], tribù musulmana, quasi del tutto annientata a Ḥunayn, **8,** 138.

banū Ri'l, ramo dei Sulaym b. Manṣūr, massacrano i missionari musulmani a Bi·r Ma'ūnah, **4,** 5 — maledetti dal Profeta nella moschea di Madīnah, **4,** 3, 5; **10,** 50 [cfr. Aghāni, XI, 16; XIV, 86-87].

Ri'lah [o **al-Sayyidah**] **bint Muḍāḍ b. 'Amr al-Ǵurhumiyyah,** moglie di Ismā'īl b. Ibrāhīm e madre dei suoi dodici figli, **Intr.** 68 [cfr. Aghāni, XIII, 108].

Ri·m [o **Baṭn Ri·m**] valle dei Muzaynah nei pressi di Madīnah, ultima tappa dell'itinerario del Profeta nella Hiǵrah, **1,** 22 e nota 1 no. 19.

Rima' [sito, monte o villaggio presso Ghassān; cfr. Yāqūt, II, 817 e seg.], nel Yaman, governata da abū Mūsa al-Aš'ari, **10,** 82 nota 3 — regione fra Naǵrān e Zabīd nel Yaman, governata da Khālid b. Sa'īd b. al-'Āṣ luogotenente del Profeta, **10,** 82 no. 4; **11,** 82 no. 7.

Rinoceronti, nelle foreste d'Arabia settentrionale durante l'epoca glaciale, **12,** 108.

al-riqā' (plur. di raq'ah), 1) pezze con cui rattoppansi i vestiti, e poi scacchiere (= raq'ah al-šiṭranǵ), **5,** 1 nota 2 — 2) fogli di carta papiracea o di pergamena, su cui sarebbe stato scritto il Qur'ān già al tempo del Profeta, **11,** 226,*b*, 227 e nota 1,*a*.

abū Rišah b. abī 'Amr, pagano qurašita, prigioniero a Badr, **2,** 89 no. 9.

risālah o « messaggio » di Dio comunicato a Maometto dall'angolo Gabriele, **Intr.** 212 — con l'ordine di predicar pubblicamente l'Islām, 231.

Riscatto, prezzo del-, per i Qurayš prigionieri a Badr (1000-4000 dirham a testa), **2,** 79 — per lo schiavo Salmān al-Fārisī (300 palme e 40 oncie d'oro), **5,** 19 — per i prigionieri di al-Nuǵayr (400 dirham), **12,** 83.

banū-l- Rišdah = (« i figli della rettitudine » o « del matrimonio legittimo »), nome ortodosso, che invano il Profeta voleva imporre ai banū-l-Zinyah convertiti, **9,** 12.

Riserva (la) di al-Naqī', per il pascolo dei cavalli militari, stabilita da Maometto e conservata dai tre Califfi ortodossi, **5,** 13.

Rito da osservarsi nel pellegrinaggio della Ka'bah, fissato da Dio, insegnato dall'angolo Gabriele ad Abramo. **Intr.** 68 e nota 1 — (o culto) musulmano, incerto e forse nullo nel periodo makkano: sua origine ed evoluzione in Madīnah in rapporto all'istituzione della moschea, **2,** 3-16 — in qual misura esso sia parte e attuazione del programma ideato da Maometto, **4,** 11, 13 — quando assume rigidità liturgica e tassativa, 14 — e per opera di quali agenti o fattori, estranei al Profeta, 16; cfr. preghiera, digiuno, abluzioni, ecc., ecc.

Rivelazione (waḥy) profetica in generale [cfr. Nöldeke Qur., p. 15 e seg.], **Intr.** 206.

Rivelazione islamica, data tradizionale della prima- (610?), **Intr.** 202-205 — modo e particolari di essa, 206-216 — critica delle tradizioni ad essa relative, 213 nota 1 — scesa dal cielo nella notte al-Qadr (*q. v.*) nel mese di Ramaḍān. **Intr.** 215 — altre successive rivelazioni, 217-219 — come avvenivano, 213 nota 1 — con svenimento e sudore, dopo Uḥud, **3,** 62 — durante la spedizione di al-Muraysī', **5,** 10 nota 2; **11,** 133 nota 2 — evoluzione incosciente di Maometto nelle sue ispirazioni e rivelazioni, **10,** 135.

Rivelazione di Ṭulayḥah, a Buzākhah, **11,** 138.

Rivoluzione francese, confrontata con l'Islām nei suoi immediati effetti militari e politici, **12,** 306.

al-Riyāḍ, paese nel Yaman, fra la Mahrah e il Ḥadramawt, territorio dei kinditi banū 'Amr b. Mu'āwiyah **12,** 78 [cfr. Yāqūt, II, 881].

Riyāḍah al-Rawḍah, paese montuoso nella Mahrah, i cui abitanti si sottomettono a 'Ikrimah b. abī Ǵahl, **12,** 63.

Riyāḥ [o **Rabāḥ**] **b. al-Ḥārith b. Muǵāši' al-Tamīmi,** C. d. P., ambasciatore dei suoi a Madīnah **9,** 54 no. 8.

Rizāḥ b. Rabī'ah b. Ḥarām b. Dinnah al-'Udzri al-Quḍā'i, fratello uterino di Quṣayy e suo ausiliare [Hišām, 75, lin. 17 e seg.], **Intr.** 76.

Rizāḥ b. Ḥulayl, [*da corregg.* in b. Rabi'ah], **Intr.** 76.

Rizām, nome del cavallo di uno degli esploratori di Khālid a Buzākhah, **11,** 133.

Robertson Smith, rintraccia le origini primordiali della società araba, e riporta al Totemismo l'onomastica delle tribù, **Intr.** 31 nota 3 e 4 — prende in esame il matrimonio di Hāšim b. 'Abd Manāf, quale contratto nuziale, mut'ah, 92 nota 1 — studia il matrimonio di Khadīǵah con Maometto come documento delle condizioni della società makkana, a quel tempo, **Intr.** 115 nota 2 — sue ricerche sul sistema arabo antichissimo del matriarcato o poliandria, 31 nota 3, 92 nota 1; **9,** 58 nota 1.

Roma, ebbe un evoluzione storica di carattere essenzialmente politico e giuridico, non religioso o dinastico, **12,** 238 — analogia fra l'evoluzione militare ed aggressiva della sua potenza mondiale e quella dell'Islām, 97 — contende ai Seleucidi ed agli Arsacidi il dominio dell'Asia anteriore, 112 — suoi conflitti secolari con la Persia partica e sassanida, 115, 129, 130 e nota 1 — e Romolo, **Intr.** 36 — sua salda amministrazione continuatasi e decaduta in Bisanzio, **12,** 239 — suo ambiente democratico e burocratico della sovranità imperiale, che rende impossibile la forma dinastica, **12,** 120 nota 4 — imperiale (ai tempi di Augusto), **Intr.** 31 — usa per misurare il tempo il sistema delle Olimpiadi e, dopo Teodosio, delle Indizioni, **1,** 6 nota 3 — soggioga con Aureliano il principato arabo di Palmira, **12,** 113 — (repubblicana) suo sistema cronometrico dei Fasti consolari, **1,** 6 nota 3 — suoi rapporti con l'Arabia, con gli Arabi cristiani e i Saraceni, **11,** 214; **12,** 112, 132 — conversione del suo governo imperiale al Cristianesimo, 112 — (cristiana) serba tracce di culto idolatra, **2,** 8 — nel concilio di Roma il papa Giovanni IV condanna il dogma ufficiale del Monotelismo imposto ai sudditi da Eraclio nel 641. a. È. V., **12,** 265 nota 3,*a*.

Ῥωμαῖοι o Greco-romani termine tradotto dagli Arabi con al-Rūm, **12,** 239.

Romani, tentano, dopo la guerra giudaica, di annientare la razza ebraica, **1,** 38 — loro ponte a Yubna-Yamnia, **11,** 4 nota 1 — loro X legione in Aylah, **12,** 322 nota 1.

Romani (Greci), loro navi attraverso il Mar Rosso, **Intr.** 109 nota 1.

Romano, monastero di- a Thecoa in Palestina, centro dei Cristiani scismatici o dissidenti (Teodosiani), **12,** 263.

Romiti cristiani (al-ruhbān), preconizzatori dell'avvenire di Maometto (cfr. Baḥīrā, Sarǵis, Nasṭūr), **Intr.** 114 nota 3, 154 e nota 1 — nei monasteri della Palestina e nei deserti del Mar Morto, **12,** 261.

Romolo, è per Roma quello che Quṣayy per Makkah. **Intr.** 36, 122 nota 1.

Rondini, uccelli simili alle-, o ṭayr abābīl, « cioè disposti in schiera » mandati da Dio a distruggere l'esercito abissino di Abrahah al-Ašram (*q. v.*). **Intr.** 120.

al-ru'āf, « epistassi » o « emorragia nasale », malattia mandata da Dio a distruggere i Ǵurhum. **Intr.** 71.

banū Ru·ās [o piuttosto **Ruwās**] **b. Kilāb b. Rabī'ah** ('Āmir b. Ṣa'ṣa'ah), tribù prima di convertirsi, prendon vendetta dei Musulmani banū 'Uqayl, **9,** 76; **10,** 139 no. 23 [Qutaybah, p 42, lin. 21; Aghāni, VI, 7; VII, 184].

rub' = « quarta parte », dell'esercito invasore spedito in Siria sotto abū 'Ubaydah b. Ǵarrah, **12,** 319.

Ruben (territorio di), ad oriente del Giordano, nel Balqā, vi si concentrano gli Arabi, secondo Sebeos, prima di Aǵnādayn, **12,** 351.

Rūbīs, generale bizantino, mandato da Eraclio ad Aǵnādayn per impedire agli Arabi l'accesso nella Palestina, **12,** 363.

al-Rudāb, al nord di Ḥīrah, non lungi da al-Bišr, sito dove poi sorse al-Ruṣāfah, assalito da Khālid b. al-Walīd, **12,** 224 e nota 3.

Rūdzbih, generale persiano vinto da al-Muthanna, a Qanṭarah al-Nahrayn. **12,** 165,*c*.

Rūdzmastān o **Rūdzmistān,** uno dei 5 ṭassūǵ, (cantoni) dell'istān (distretto amministrativo) di Bihqubādz al-Asfal nel Sawād, **11,** 160,A nota 3, no. 4 — amministrato dal musulmano Uṭṭ b. abī Uṭṭ, 211 no. 5 e nota 2.

Ruǵaylah [o **Rukhaylah**] **b. Tha'labah b. Khālid b. Tha'labah al-Anṣāri al-Khazraǵi,** dei banū Bayādah b. 'Āmir, C. d. P., presente a Badr, **2,** 85,C no. 114.

al-Rūḥ = [ἄνεμος] « lo Spirito » o **Rūḥ al-qudus** « lo Spirito Santo », (*q. v.*) inspiratore di Maometto e apportatore del tanzil nel periodo makkano, **Intr.** 193 nota 1 — trasformatosi a Madīnah in Ǵibril (*q. v.*), 213 nota 1.

rūḥ Allah « lo spirito di Dio » cioè 'Īsa, Gesù, nella lettera di Maometto al vescovo bizantino Daghātir, **6,** 50 nota 2.

al-Rūḥā [*da leggere* al-Rawḥā (*q. v.*)] (sepoltura di Ma'add) e mèta di antico pellegrinaggio, a due giornate da Madīnah. **Intr.** 48.

al-Ruhā [Edessa dei Seleucidi, Καλλίρροη dei Greci, trad. dai Sirii Awrahā, donde il nome arabo Ruhā, oggi Ūrfā; cfr. Yāqūt, II, 876-878; Machriq, 1905, 169-177], **12,** 137.

banū-l-Ruhā [o **al-Ruhāwiyyūn**], ramo dei Madzhiǵ yamaniti, loro rapporti con Maometto e pensione da essi goduta, **10,** 53 [cfr. Durayd, 242, lin. 7-10].

Ruhāṭ, luogo fra Makkah e Madīnah, sede di un santuario dell'idolo Suwā' o di al-'Uzza; incertezza se fosse uno o più luoghi omonimi, dove propriamente fosse e nel territorio di quale tribù, **8,** 25 e nota 1, 100 nota 3.

al-Ruhāwiyyūn (Madzhiǵ), loro ambasciata (= banū-l-Ruhā), **10,** 53 — incertezza sui loro veri rapporti con Maometto, **11,** 187 nota 1,*g*.

al-Ruḥayḥ (?), diritto di scortar la gente in viaggio per-, concesso da Maometto ad al-Su'ayr b. 'Addā, **10,** 45.

al-Ruḥayl, sito (dei Tamīm) presso Falǵ e al-Maǵāzah, tra Baṣrah e al-Nibāǵ, **11,** 146 nota 1,*b* [cfr. Yāqūt, II, 769].

al-Ruḥayl b. Iyās b. abī Muǵǵā'ah, tradizionista, fonte di abū Hurayrah presso Hubayš, **12,** 2.

al-Ruhaymah, non lungi da Quṭquṭānah e da Qaṣr Muqāti, sulla via al-Qādisiyyah-Siria, **12,** 417 nota 1 e nota 3 no. 1.

al-ruhbāniyyah (o, più com., **rahbāniyyah) lam tuktab alaynā** = « la vita claustrale » o il celibato (*q. v.*); « non è stato prescritto a noi », parole del Profeta a Uthmān ibn Maẓ'ūn, **2,** 108; [tradizioni simili: cfr. Lane, I, 1168, s. v.; cfr. Goldziher Muḥ. Stud. II].

Ruhm b. Murrah... b. Kahlān... b. Qaḥṭān, eponimo della omonima tribù yamanita. **Intr.** 42 tav. 3.

abū Ruhm al-Ghifāri = abū Ruhm Kulthūm, ecc.

abū Ruhm b. 'Abdallah, ḥalīf dei banū Ǵumaḥ b. 'Amr, pagano qurašita prigioniero a Badr, **2,** 89 no. 55.

abū Ruhm Kulthūm b. Ḥuṣayn b. 'Utbah b. Khalaf al-Ghifāri, C. d. P., rimena a Madīnah le camele di Maometto rubate dalli 'Uraynah, **6,** 21 — custodisce i cameli da sacrifizio nella 'Umrah al-Qadiyyah, **7,** 69 — mandato da Maometto ambasciatore ai Ghifār, **8,** 51; **9,** 26 — direttore della preghiera in Madīnah durante la spedizione di Makkah, **8,** 51; **11,** 55 nota 2 no. 16 — Maometto gli fa particolare trattamento in al-Ǵi'rānah, **8,** 159.

banū Ruhm b. Murrah... b. Kahlān, tribù yamanita, discendenti da Ruhm b. Murrah [cfr. Durayd, 218, lin. 2.].

Rukānah b. 'Abd Yazīd b. Hāšim b. al-Muttalib al-Qurašī [† 42. a. H. o anche prima], C. d. P., cugino e schernitore di Maometto, atleta makkano, viene atterrato più volte dal Profeta, **Intr.** 248 no. 18, 312 — tuttavia non si converte, 212 — se non più tardi, pensionato di Khaybar, **7,** 42 [cfr. Nawawi, 247-248].

Rukbah, luogo verso al-Siyy, di là da Ma'dan banī Sulaym, **8,** 5 nota 1 [nel Naǵd o nel Ḥiǵāz?; cfr. Yāqūt, II, 809].

rukbān o **rukkāb** (plur. di rākib = « il cameliere », distinto da fāris « il cavaliere » e da ḥammār « l'asinaio »); i cavalieri montati su cameli, le caravane, a Badr, **2,** 31 — detto degli ambasciatori kinditi, **10,** 84.

Rukhaylah [o **Ruǵaylah**] **b. Tha'labah b. Khālid b. Tha'labah al-Anṣārī al-Khazraǵī,** dei banū Bayādah b. 'Āmir, C. d. P., presente a Badr, **2,** 85,C no. 114.

al-rukn « appoggio, sostegno, pilastro, pietra angolare », propr. ḥaǵr al-rukn (*q. v.*) d'un edifizio. Nella Ka'bah eran quattro arkān, che formarono oggetto di culto, specialmente il primo: 1. al-Rukn al-Aswad « la Pietra Nera », (*q. v.*), **Intr.** 62 nota 4, 168, 285 — 2. al-Rukn al-Gharbi « la pietra angolare occidentale » della Ka'bah, **Intr.** 62 nota 4 — 3. al-Rukn al-Šāmi « la pietra angolare del nord », **Intr.** 62 nota 4 — 4. al-Rukn al-Yamāni « pietra angolare del sud » [cfr. Caussin de Perceval, I, 400, nota 2], **Intr.** 62 nota 4, 168, 255, 285 — consuetudine del Profeta in Makkah di pregare collocandosi fra la 1ª e la 4ª, col viso rivolto alla 3ª, cioè alla Siria, 255, 285.

al-Rūm (Ῥωμαῖοι), i Romei o i Greco-romani, o Bizantini (più tardi, i Franchi, gli Europei). **12,** 239, 378.

abū-l-Rūm b. 'Umayr b. Hāšim, C. d. P., makkano, emigra in Abissinia. **Intr.** 227 no. 24 — ne torna, **7,** 55 no. 32 — portastendardo a Uḥud, **3,** 38.

Rūmah, territorio presso Madīnah, nella valle di al-'Aqiq, tra al-Ǵurf e Zaghābah; vi fissano il campo i Qurayš e li Aḥābiš durante l'assedio di Madīnah, **5,** 24, 28.

umm Rūmān bint 'Āmir b. 'Abd Šams b. 'Uwaymir, o **bint al-Ḥārith b. al-Ḥuwayrith** [† 4. o 5. o 6. a. H.], moglie di 'Abdallah al-Azdi [secondo ibn al-Athīr] o piuttosto di al-Ḥārith b. Sakhbarah [Qutaybah], e madre di al-Ṭufayl b. 'Abdallah (o al-Ḥārith), **Intr.** 252 nota 1 — poi moglie di abū Bakr e madre di 'Ā'išah e di 'Abd al-raḥmān, 252, 265 — raggiunge il marito a Madīnah con tutta la famiglia, **1,** 53 — suocera del Profeta, muore in Madīnah, **6,** 58 [Nawawi, 848, lin. 12-19; Qutaybah, 86, lin. 15-19; Aghāni, XVI, 93].

Rūmās, patrizio greco, governatore di Buṣra; simpatizza con gli Arabi e dà loro in mano la città, di cui resta al governo (Pseudo-Wāqidi), **12,** 414.

umm Rumaythah bint 'Umar b. Hāšim b. al-Muttalib, C. d. P., pensionata di Khaybar, **7,** 42.

rumḥ (lancia), una delle principali armi offensive degli Arabi, specialmente dei cavalieri non originari d'Arabia; cenni della sua storia ed importanza, **12,** 270.

rūmi = romeo, greco, bizantino, un- per nome Mari (*q. v.*), **6,** 51.

al-Rūmiyyah (Roma? Costantinopoli?) il signore di-, consultato da Eraclio, conferma la verità della missione profetica di Maometto, **6,** 50.

al-Rummānatān, tappa del viaggio di Khālid, fra Muṣayyakh Bahrā e al-Khatab, **12,** 411 [cfr. Yāqūt, II, 814-815 e *pass.*].

al-ruqāq (plur. riqāq), pane a sfoglio, biscotto, trovato nel campo persiano ad Ullays, **12,** 202.

Ruqayyah bint 'Abd Šams b. 'Ubīd b. 'Abd Manāf, madre di Umayyah b. abī-l-Ṣalt, **9,** 95.

Ruqayyah bint 'Ali b. abī Ṯalib, figlia di 'Ali e di bint Rabī'ah b. Buǵayr, **12**, 224, — [sposa di Muslim b. 'Uqayl e madre dei due suoi figli 'Abdallah e 'Ali b. Muslim; cfr. Q u t a y b a h, 103, lin. 6-7].

Ruqayyah bint Muḥammad [† 2. a. H.], figlia del Profeta e di Khadīǵah. **Intr.** 160; **10**, 139 no. 1 — [repudiata da 'Utbah b. abī Lahab], moglie di 'Uthmān b. 'Affān, emigra con lui in Abissinia, **Intr.** 275 no. 2 — torna a Makkah, 283 no. 2 — muore in Madīnah durante la spedizione di Badr, **2**, 76, 77 — è sepolta in al-Baqī', 77; **11**, 59, 85,A no. 13 — madre di 'Abdallah b. 'Uthmān, **4**, 14,A — secondo altri, morta in Abissinia, **7**, 56 no. 9 [Q u t a y b a h, 60, lin. ult.; 61, lin. 1-2; 69, lin. 9; N a w a w i, 409, lin. 9-17; A g h ā n i, XV, 2].

al-Ruqayyāt (abū Qays 'Ubaydallah b. Qays b. Šurayḥ b. Mālik b. Rabī'ah), poeta qurašita dei banū 'Āmir b. Lu'ayy; suoi versi alludenti alla Spedizione dell' Elefante e a quella di Ḥuṣayn b. Numayr contro Makkah nel 64. a. H., **Intr.** 109 nota 3.

r u · s ā a h l a l - Ǵ a z ī r a h = « i capi della gente Mesopotamica », i capitani cioè della profetessa Saǵāḥ, **11**, 171.

al-Ruṣāfah, o **Ruṣāfah al-Šām**, costruita dal califfo Hišām nel luogo dell'antica al-Ruḏāb, sul confine già persiano-bizantino ad occidente di al-Raqqah, a nord della via al-Ḥīrah-Tadmur, **12**, 222 nota 4; 224 e note 2 e 3 [cfr. Y ā q ū t, II, 784-786].

Rušd, nome imposto da Maometto alla valle Ghawa dei banū Ghayyān, per darle un carattere più islamico od ortodosso, **5**, 86 e nota 2.

Russi, professano ancora oggi il medesimo Cristianesimo ortodosso, contro cui l'Islām combattè nel secolo VII, **Intr.** 2.

Russia meridionale, traversata dagli Ari nel secondo millennio avanti Cristo, **12**, 109.

Rustam [o **Rustum**], l'Ercole iranico, eroe dell'epopea persiana, le cui poetiche leggende al-Naḍr b. al-Ḥārith opponeva in Makkah alle arringhe religiose di Maometto, **Intr.** 256, 293.

a l - r u s t ā q, o **r a s t ā q**, o **r a z d ā q** (plur. r a s ā t ī q) term. pers.: « villaggio », distretto equivalente ad i q l ī m, k ū r a h, m i kh l ā f, **10**, 13.

r u s u l (plur. di r a s ū l) « inviati », profeti, rappresentanti di Maometto presso i Cristiani di Naǵrān, **10**, 60.

r u · ū s (plur. di r a · s), « capi » civili, o rappresentanti più autorevoli degli 'Abd Manāf; 'Ali e 'Uthmān rimproverati da Khālid b. Sa'īd di essersi sottomessi ad uno dei Taym (abū Bakr), **12**, 317 nota 2,*c*.

r u · ū s a l - a s f ā ṭ, « capi o coperchi dei canestri » (s a f ṭ), assomigliati all'ordegno difensivo o macchina: a l-ḏ a b r (plur. ḏ u b ū r), **8**, 141 nota 1.

r u · ū s a l - r a s ā t ī q = « capi dei distretti » di Ḥirah, curano la riscossione della tassa a l-kh a r ā ǵ da consegnare a Khālid b. al-Walīd, **12**, 214,*a*.

Ruwayfi' b. Thābit [b. Sukn b. Ḥārithah b. 'Amr b. Zayd Manāt b. 'Adi b. 'Amr b. Mālik b. al-Naǵǵār] al-Anṣāri al-Ǵuhani al-Balawi al-Miṣri [† 47. o 48. a. H.], C. d. P., consanguineo dei banū Bali ed ospite dei loro ambasciatori in Madīnah, **9**, 17 [N a w a w i, 248; Y ā q ū t, *Reg.*, 443].

r u w a y ǵ a l u ṣ a y f a r u kh a y n a s = « omicciattolo giallo e camuso », Musaylimah (*q. v.*), **12**, 20.

abū Ruwayḥah 'Abdallah [**b. 'Abd al-raḥmān**] **al-Khath'ami al-Anṣāri**, C. d. P., unito da lui in fratellanza con Bilāl, **1**, 50.

al-Ruwaythah, luogo sulla via dei pellegrini Madīnah-Makkah, tra al-Sayālah e al-Suqyā, **7**, 69 nota 3 [Y ā q ū t, II, 875].

Rūzabah, o **Rūzbih** [† 12. a. H.], (*q. v.*), generale persiano ucciso ad al-Ḥuṣayd, **12**, 222 nota 2,*a*.

Rūzamihr, o **Razmihr**, o **Zarmihr** [† 12. a. H.], (*q. v.*), generale persiano ucciso ad al-Ḥuṣayd, **12**, 222 note 1 e 2,*a*.

Rūzbih, o **Rūzabah** [† 12. a. H.], generale persiano, perito ad al-Ḥuṣayd, **12**, 222.

ṣā', misura di capacità per i cereali, equivalente in peso a poco più di 2 kilogr., **7,** 42 e note 1 e 2 — (contiene 4 amdād, e ogni mudd equivale a poco più di 500 grammi).

Sa-am-si, regina degli Aribi, che combattè contro Tiglath-Pileser II, **11,** 164.

Šā-as b. 'Adi al-Qaynuqā'i, ebreo di Madīnah, avversario di Maometto, **1,** 58 no. 27 [Hišām, 392, lin. ult.].

Šā-as b. Qays al-Qaynuqā'i, ebreo di Madīnah, avversario di Maometto, **1,** 58 no. 28 [Hišām, 396, lin. 6-7].

Ṣa'b b. 'Ali b. Bakr b. Wā-il... b. Rabī'ah... b. Ma'add, eponimo della omonima tribù ismā'īlita, **Intr.** 41 tav. 1 [Aghāni, VIII, 68; Durayd, 207, lin. 12; Qutaybah, 47, lin. 9-11].

al-Ṣa'b b. 'Aṭiyyah b. Bilāl, tradizionista, informatore o fonte immediata di Sayf b. 'Umar, presso Ṭabari, **11,** 109 nota 1, 163, 171, 179; **12,** 56.

al-Ṣa'b b. Ǵaththāmah [Yazīd] b. Qays b. 'Abdallah b. Ya'mir b. 'Awf b. 'Āmir b. Layth al-Laythi al-Waddāni al-Ḥiǵāzi [† 13. o 23. a. H.], C. d. P., capo dei banū Layth, s'unisce a Maometto in al-Kadid per la spedizione contro Makkah, **8,** 51 nota 1 [cfr. Nawawi, 320; Athīr, II, 326, lin. 11-12; III, 6; Yāqūt, *Reg.*, 479].

Ṣa'b b. Ḥuthāmah (probab. identico al precedente), C. d. P., portastendardo dei banū Layth a Ḥunayn, **8,** 122.

Ṣa'b b. Mu'ādz, nome (del fondatore ?) di uno dei castelli di al-Naṭāh in Khaybar, appartenente a Sallām b. Miškam: assalito e preso dopo accanita resistenza degli Ebrei, dagli Aslam e Ghifār, **7,** 23-27.

ṣabā (vento dall'Est), molesta li Aḥzāb o schiera di alleati assedianti Madīnah, **5,** 35.

Saba, regina di-, araba, visita Salomone, **11,** 214: storia di una leggenda, e leggenda di una storia.

Sabā bint Asmā b. al-Ṣalt, dei banū Ḥarām, Compagna e moglie (?) del Profeta; ambiguità e varianti del suo nome, **10,** 139 no. 14.

Sabā bint al-Ṣalt b. Ḥabīb b. Ḥārithah al-Sulamiyyah, Compagna e moglie del Profeta, **10,** 139 no. 26.

Sabā b. Yaśǵub... b. Qaḥṭan, capostipite delle tribù yamanite. **Intr.** 42 tav. 3 [Qutaybah, 304, lin. penult. e seg.; Durayd, 217, lin. 12 e seg.].

ša'bādz = muša'widz = « prestigiatore », al-Aswad al-Ansi, **11,** 192.

al-Ṣabāḥ al-Muzani, C. d. P. (?), musulmano, porta a Madīnah il quinto del bottino di al-Thaniyy e di al-Zumayl, **12,** 224.

ṣaba-nā! = « siamo diventati sabii! (o sabei, cioè musulmani?) », grido dei Ǵadzīmah incontro a Khālid b. al-Walid, **8,** 107, 109.

al-Ṣabarāt, luogo nella Mahrah, i cui abitanti si sottomettono a 'Ikrimah b. abī Ǵahl, **12,** 63 [Yāqūt, III, 366].

Sabas (santo), ristabilisce con la forza in Gerusalemme l'autorità della Chiesa ortodossa, non rispettata dall'imperatore Anastasio, **12,** 264.

Sābāṭ, Šīrzād, signore di-, **12,** 218 [è forse la Sābāṭ al-Kisra di Yāqūt, III, 3-4?].

Šabath b. Rib'i al-'Aǵfā-i al-Riyāḥi al-Tamīmi, seguace e mu'adzdzin della profetessa Saǵāḥ, **11,** 160, 164 — si presenta a Musaylimah, 172 [cfr. Qutaybah, 207, lin. 3-4; Durayd, 137, lin. 1-6 e nota *d*; Ṭabari in *Ind.* s. v.; Wüst., *Reg.*, 414 s. v.; Aghāni, XVI, 18 ?].

Sabei, dominano il Yaman tra la metà del primo millennio avanti Cristo e il primo o secondo secolo dell'È. V.; loro rapporti con i Minei e i Ḥimyariti; loro civiltà e commerci, **10,** 80 nota 2; **11,** 186; **12,** 73.

ṣābi = « sabeo », equivalente in Makkah a « musulmano », **8,** 48 — e anche in Ṭā-if, **9,** 10.

al-Ša'bi ('Āmir b. Šarāḥīl b. 'Abd al-Ḥimyari) [† 104.-105. a. H.], antico tradizionista, trasmette tradizioni in nome di Bašīr b. Sa'd, **12,** 432 nota 1,*d* — sui rapporti di Maometto con Asrāfīl, **Intr.** 204, 205 — sul modo di calcolare o datare il tempo presso gli Arabi preislamitici, **1,** 2 — autorità tradizionistica della scuola 'Irāqense, cioè di Sayf b. 'Umar, ma anche di al-Zuhri, Hišām al-Kalbi ecc.) **11**, 79 nota 2 — presso Tabari, **Intr.** 204-205; **1**, 2; **12**, 167, 186, 188, 191, 193 nota 1,*a*, 199,*a*, 201, 202 nota 3, 210 nota 1,*a*, 216, 388 — presso ibn Hubayš, **11**, 90 nota 1,*b*, 91, 92,*a* — presso Balādzuri, **12**, 83, 177 nota 2, 210 nota 1,*b* — presso Yāqūt, 162,*c* — presso ibn Sa'd, **1**, 45 art. 1 nota 1 — presso Yaḥya, **12**, 171, 174 nota 2,*b* [cfr. Qutaybah, 229-230; Aghāni, *Ind.*, 400-401; Yāqūt, *Reg.*, 490].

ibn al-sabīl = *filius viae, viator*, i viaggiatori: a loro ed ai poveri era destinata la ṣadaqah, **11**, 52.

Sabkhah, nome di un cavallo appartenente a Usāmah b. Zayd, **11**, 107.

Sabrah b. 'Amr al-'Anbari al-Tamīmi, C. d. P., ambasciatore dei suoi a Madīnah, **9**, 5 no. 2[2] — capo dei Khaddam, **11**, 165 no. 4 — rimane fedele all'Islām durante la Riddah, 165 — ambasciata di Maometto a lui, 193 no. 6 — lasciato da Khālid b. al-Walid al governo dei Qays e Tamīm, **12**, 189.

Sabrah b. Mālik, [† 2. a. H.], ḥalīf dei banū Ǵumah b. 'Amr, pagano qurašita ucciso a Badr, **2**, 88 no. 64.

Sabrah b. abī Sabrah Yazīd b. Mālik b. 'Abdallah al-Ǵu'fi, C. d. P., a Madīnah, **10**, 51.

abū Sabrah b. 'Abd al-'Uzza = abū Sabrah b. abī Ruhm, **1**, 15 no. 64.

abū Sabrah b. abī Ruhm b. 'Abd al-'Uzza b. abī Qays al-'Āmiri, e figlio di Barrah bint 'Abd al-Muttalib, dei banū Mālik b. Ḥisl, C. d. P., makkano, emigra in Abissinia, **Intr.** 275 no. 13 — ritorna in Makkah, 283 no. 31 — emigra a Madīnah, **1**, 15 no. 64 — presente a Badr, **2**, 85 no. 75,A — fratello uterino di abū Salamah b. 'Abd al-Asad, partecipa con lui alla spedizione di Qaṭan, **4**, 2 no. 1 [Durayd, 70 lin. 7-17; Wüst, *Reg.*, 388].

abū Sabrah Yazīd b. Mālik b. 'Abdallah b. al-Dzu·ayb al-Ǵu'fi, C. d. P., yamanita, capo dei Ǵu'fi, a Madīnah con i figli, **10**, 51 [Wüst., *Reg.*, 388].

ibn abī Sabrah, cfr. abū Bakr b. 'Abdallah b. abī Sabrah, tradizionista presso ibn Hubayš, **12**, 50.

ṣabran = « ucciso con torture » oppure dopo averlo fermamente legato, al-Nadr b. al-Hārith, a Badr, **2**, 88 no. 20.

al-Sābūn, contrada del Baḥrayn razziata da al-'Alā b. al-Hadrami, **12**, 43, 44, 57 nota 1.

Sābūr I (241-271. a. È. V.), monarca sassanida, **12**, 131.

Sābūr II Dzū-l-Aktāf b. Hurmuz b. Narsi (309.-379. a. È. V.), soggioga e disperde molti Rabī'ah della Mesopotamia, **12**, 113 nota 1,*c* — alcune tribù arabe del Sawād trasporta nell'interno del suo stato, 134 — grande e geniale sovrano; suo regno, 123, 124 — fonda la città Bā·lūs sulla frontiera araba, 133 nota 2 — e 'Anbār, 170 nota 1,*c* — perseguita i Cristiani e deporta in Persia tutta la popolazione cristiana semitica di Fenek del Beit Zabde, **12**, 142 e nota 1, 143.

Sabūr III b. Sābūr Dzī-l-Aktāf (384.-386. a. È. V.), sassanida, ucciso dai nobili, **12**, 124, 131.

Sacerdote di Nuhm, idolo dei Muzaynah, cfr. Khuzā'i b. 'Abd Nuhm, **5**, 17.

Sachau, interprete della nuova scuola critica sulle origini, l'evoluzione e il valore morale dell'Islām, **10**, 132.

Sacre Scritture, Tūriyyah, il più dotto nelle- in tutto il Ḥiǵāz: 'Abdallah b. Sura, **1**, 58.

Sacre Scritture ebraiche, fonte principale delle dottrine religiose di Maometto secondo il Hirschfeld, **Intr.** 154 nota 1.

Sacrifizi (giorno dei), in Mina o yawm al-adḥa (*q. v.*), la grande giornata del pellegrinaggio makkano, festeggiata dal Profeta nella Muṣalla dei banū Salamah, **2**, 7, 101; **10**, 76 — o in Marwah, **7**, 71.

al-Sa'd, luogo presso Dzāt al-Riqā', a tre miglia da Madīnah, **5**, 1 nota 2 [cfr. Yāqūt, IV, 91, lin. 20 e seg.].

Sa'd [† 3. a. H.], mawla di Hāṭib b. abī Balta'ah, dei banū Asad. C. d. P., emigrato makkano presente a Badr, **2**, 85,A no. 34 — ucciso a Uḥud, **3**, 54 no. 8,A.

Sa'd al-'Ašīrah b. Madzḥiǵ b. Tayy . . . b. Kahlān, eponimo dei banū Sa'd al-'Ašīrah, **Intr.** 41 tav. 2.

Sa'd b. 'Abd Qays b. Laqīṭ [b. 'Āmir b. Umayyah b. Zārib b. al-Hārith b. Fihr], C. d. P., makkano, emigra in Abissinia, **Intr.** 277 no. 88 — raggiunge il Profeta in Madīnah, **7**, 55 no. 68.,

Sa'd b. 'Adi [† 12. a. H.], C. d. P., morto ad al-Yamāmah, **12,** 23 no. 102 [cfr. Aghāni, X, 87 ?].

Sa'd b. 'Amr b. Ḥarām al-Anṣāri [† 23.-35. a. H. ?], musulmano, spedito da Khālid b. al-Walid, sottomette Ṣandawdā, **12,** 395 — e la governa egli e i suoi successori, 395 e 401.

Sa'd b. Bakr b. Hawāzin b. Manṣūr... b. Qays 'Aylān b. Muḍar, eponimo dei banū Sa'd b. Bakr b. Hawāzin, **Intr.** 41 tav. 1.

Sa'd b. Dzubyān b. Baghīḍ, pagano anteislamico, sposa la vedova di Lu·ayy, al-Bāridah, e ne adotta il figlio 'Awf, **Intr.** 58 [cfr. Aghāni, XI, 94, 95 ?].

Sa'd b. Ǵāriyah [Ḥārithah] b. Lūdzān al-Anṣāri al-Sā'idi [† 12. a. H.], dei banū Sālim b. 'Awf C. d. P., perito ad al-Yamāmah, **12,** 23 no. 103.

Sa'd b. Ǵumāz [o **Ḥibbān**] **b. Mālik al-Anṣāri al-Balawi** [† 12. a. H.], C. d. P., ucciso ad al-Yamāmah, **12,** 23 no. 104.

Sa'd b. Ḥammān b. Mālik al-Anṣāri al-Balawi (cfr. Sa'd b. Ǵumāz) [† 12 a. H.], C. d. P., ucciso ad al-Yamāmah, **12,** 23 no. 104.

Sa'd b. Ḥibbān (cfr. Sa'd b. Ǵumāz) [† 12. a. H.], C. d. P., perito ad al-Yamāmah, **12,** 23 no. 104.

Sa'd b. Ḥibbān b. Munqidz [† 63. a. H.], C. d. P., **12,** 23 no. 104.

Sa'd b. Ḥimār b. Mālik al-Anṣāri al-Balawi [† 12. a. H.] (cfr. Sa'd b. Ǵumāz), C. d. P., perito ad al-Yamāmah, **12,** 23 no. 104.

Sa'd b. Hudzayl b. Mudrikah b. al-Yās b. Muḍar, eponimo dei banū Sa'd b. Hudzayl, **Intr.** 41 tav. 1.

Sa'd b. Ḥunayf al-Qaynuqā'i, ebreo di Madīnah, avversario di Maometto, **1,** 58 no. 17 — finge di abbracciare l'Islām, 61 no. 1 — « Ipocrita », amico di 'Abdallah b. Ubayy, **9,** 72 nota 1.

Sa'd b. Kinānah b. Khuzaymah ... b. Muḍar, figlio di Barrah bint Murr, **Intr.** 53.

Sa'd b. Khawlah, yamanita, C. d. P. emigra da Makkah in Abissinia, **Intr.** 277 no. 82 — e ne ritorna prima della Hiǵrah, 238 no. 35.

Sa'd b. Khaythamah b. al-Ḥārith b. Mālik al-Anṣāri al-Awsi, dei banū Ghanm, C. d. P., uno dei nuqabā madinesi, **Intr.** 342 no. 11 — ospita i celibi tra gli Emigrati makkani, **1,** 15 — nella sua casa Bayt al-'uzzāb o Manzil al-Ghurabā, **1,** 26 e nota 1, 27 — dove anche riceve il Profeta, 27 — presente a Badr, **2,** 85,B no. 54 — fratello uterino di abū Ḥayyah b. 'Amr, **3,** 54,B no. 72.

Sa'd b. Layth, C. d. P. presente a Nakhlah al-Šāmiyyah, **2,** 21 no. 8.

Sa'd b. Lu·ayy b. Ghālib... b. Kinānah... b. Muḍar, capostipite delli ahl al-bādiyah, **Intr.** 58 [cfr. Yāqūt, *Reg.*, 447].

Sa'd b. Madzḥiǵ... b. Kahlān... b. Qaḥṭān, eponimo della omonima tribù, **Intr.** 42 tav. 3.

Sa'd b. Mālik, dei banū 'Udzrah, C. d. P. (?), ambasciatore dei suoi a Madīnah, **9,** 14 no. 8.

Sa'd b. Mālik (abū 'Umar) (?), musulmano, ritiene con sè la concubina Biśra bint Qays, **12,** 88.

Sa'd b. Mālik al-Anṣāri al-Awsi, dei banū 'Ubayd b. Ka'b, C. d. P., presente a Badr, **2,** 85,B no. 5.

Sa'd b. Mu'ādz b. al-Nu'mān b. Imru·alqays al-Anṣāri al-Awsi [† 5. a. H.], C. d. P., capo degli 'Abd al-Aśhal; sua conversione, **Intr.** 338 — ospita gli Emigrati makkani in Madīnah, **1,** 15 no. 65 — unito in fratellanza con abū 'Ubaydah 'Āmir b. 'Abdallah, 50 — compie indisturbato il pellegrinaggio alla Ka'bah, **1,** 81 — luogotenente del Profeta in Madīnah durante la spedizione di Buwāṭ, **2,** 18,A — portastendardo dei Madinesi a Badr, 43, 46, 55, 71, 85,B no. 1 — vorrebbe si scannassero tutti i prigionieri qurayšiti, 70, 74 — nella spedizione di Uḥud, **3,** 23, 25, 58 — alla espulsione dei banū Naḍir, riceve in dono dal Profeta la spada di ibn abī-l-Ḥuqayq, **4,** 13 — durante l'assedio di Madīnah, **5,** 28 — protesta contro l'accordo con i Ghaṭafān, 36 — ferito d'una freccia, 42, 45 — riceve la resa a discrezione dei banū Qurayẓah, 47 nota 1 — e ne decide l'eccidio, 49, 50 — interpretando il palese desiderio del Profeta, 82; **10,** 79 — morte ed esequie di lui, **5,** 53; **12,** 269 — suo mantello in Paradiso, **9,** 45 — suo merito senza pari riconosciuto da 'Ā·iśah, **12,** 23 no. 8.

Sa'd b. al-Mundzir b. Aws b. Zuhayr al-Khazraǵi, C. d. P. (?), uno dei raccoglitori del Qurān, **11,** 228 nota 1.

Sa'd b. Qays b. 'Aylān b. Muḍar, eponimo dei banū Sa'd b. Qays, **Intr.** 41 tav. 1.

Sa'd b. al-Rabī' b. 'Adi b. Mālik b. al-Aws (= Sa'īd b. al-Rabī' ecc.) [† 12. a. H.], C. d. P. ucciso ad al-Yamāmah, **12,** 23 no. 111.

Sa'd b. al-Rabī' [**b. 'Amr b. abī Zuhayr b. Mālik b. Imru·alqays b. Mālik b. Tha'labah b. Ka'b b. al-Khazrağ**] [† 3. a. H.], dei banū-l-Ḥārith b. al-Khazrağ, C. d. P., uno dei nuqabā madinesi, **Intr.** 342 no. 2 — ospita alcuni emigrati makkani, **1,** 15 no. 62 — unito in fratellanza con 'Abd al-raḥmān b. 'Awf, 50; **3,** 62 — presente a Badr, **2,** 85,C no. 2 — vi uccide il pagano Rifā'ah b. abī Rifā'ah, **2,** 88 no. 32 — confidente del Profeta, **3,** 19 — ucciso a Uḥud, 54,B no. 32 [cfr. Aghāni, XIV, 22] — sapeva scrivere, **11,** 224 no. 9 [cfr. Nawawi, 271-273].

Sa'd [o **Sa'īd**] **b. Suhayl b. 'Abd al-Ashal al-Anṣāri al-Khazraği,** dei banū Mas'ūd b. 'Abd al-Ashal, C. d. P., presente a Badr, **2,** 85,C no. 169.

Sa'd [**Sa'īd**] **b. Suwayd** [**Suwayyid**] **b. Qays b. 'Āmir al-Anṣāri** [† 3. a. H.], dei banū-l-Ḥārith b. al-Khazrağ, C. d. P., ucciso a Uḥud, **3,** 54,B no. 35.

Sa'd b. 'Ubādah b. Dulaym [**b. Ḥārithah b. Ḥizām b. Ḥuzaymah b. Tha'labah b. Ṭurayf b. al-Khazrağ b. Sā'idah b. Ka'b b. al-Khazrağ al-Anṣāri** (**abū Thābit** o **abū Qays**) [† 15. o 16. a. H.], C. d. P., ricco e generoso madinese, capo dei Khazrağ 'Amr b. 'Awf, uno dei nuqabā ad 'Aqabah, **Intr.** 342 no. 8, 344 — fatto prigioniero e maltrattato dai Makkani, 345 — infermo, è visitato in Madīnah da Maometto, **1,** 65 — luogotenente del Profeta e direttore della preghiera in Madīnah durante la spedizione di al-Abwā, **2,** 18; **11,** 55 nota 2 no. 1 — ad Uḥud, **3,** 23, 24, 25 — sostiene il Profeta ferito, 53 — offre carne di camelo per nutrire gl'inseguitori dei Qurayš, 59 — fa erigere una tenda di cuoio al Profeta all'assedio dei Naḍīr, **4,** 11 — ed alimenta generosamente gli assedianti, 12 — all'assedio di Dūmah al-Ğandal perde la madre in Madīnah, **5,** 5 — portastendardo dei Madinesi in Muraysī', **5,** 8 — compone la rissa fra il poeta Ḥassān b. Thābit e Ṣafwān b. Mu'aṭṭal, 15 — all'assedio di Madīnah, 28 — protesta contro l'accordo con i Ghaṭafān, 36 — fornisce datteri agli assedianti banū Qurayẓah, 45 — presente all'eccidio dei Qurayẓah, **5,** 50 — ne vende in Siria e nel Nağd le donne e i bambini, 52 — resta a guardia di Madīnah durante la spedizione di al-Ghābah, **6,** 3 — consiglia invano il Profeta di portar le armi ad al-Ḥudaybiyyah, 25 — a Khaybar, tratta con 'Uyaynah b. Ḥiṣn la defezione dei Ghaṭafān, **7,** 12 — portastendardo, 19 — ferito, 20 — porta la rāyah del Profeta a Wādi al-Qura, 48 — a Makkah, nella 'Umrah al-Qaḍiyyah, **7,** 76 — paga generosamente il debito del figlio Qays, **8,** 34 — nella spedizione contro Makkah, 47, 59, 61 e nota 2 — non ammira la bellezza delle donne makkane, 91 — a Ḥunayn, **8,** 122, 124 — si lagna col Profeta in al-Ği'rānah del particolar favore da Maometto concesso ai Makkani, 173 — sua contribuzione per la spedizione di Tabūk, **9,** 26 — testimone al trattato con i banū Ğanāb, 49 — prende parte al funerale di 'Abdallah b. Ubayy, 72 — testimone al trattato con i banū Thumālah e li al-Ḥuddān, **9,** 87 — ospita gli ambasciatori dei Zubayd, **10,** 31 — insegna il Qurān a Farwah b. Musayk, 32 — suo contegno nella elezione di abū Bakr, e rifiuto di riconoscere per califfi lui ed 'Umar, **11,** 36, 37 e note 2,*d* e 3 no. 12, 39,*a* e nota 2,*a* — sua morte nell'a. 15. H., 39 nota 2,*a* — sapeva scrivere, 224 no. 1 [cfr. Nawawi, 274-275; Yāqūt, *Reg.*, 446].

Sa'd b. Ubayd b. al-Nu'mān b. Qays al-Anṣāri al-Awsi (**abū Zayd**) [† 16. a. H.], dei banū Umayyah b. Zayd, C. d. P., presente a Badr, **2,** 85,B no. 31 — al-qārī, uno dei sette conoscitori o raccoglitori più antichi del Qurān, **11,** 228,*i* e nota 1 [da identificare con abū Zayd Sa'd b. 'Ubayd ecc., della nota 1, impropriamente detto dei banū 'Amr b. 'Awf; cfr. Ṭabari, III, 2309-2310].

Sa'd [o **Sa'īd**] **b. 'Ubayd b. Asīd b. 'Amr al-Thaqafi,** C. d. P., all'assedio di Ṭā·if, **8,** 155.

Sa'd b. al-Udzrah (?) **al-Tha'labi,** musulmano, a capo dei Qays 'Aylān, segue Khālid b. al-Walid nell'invasione dell''Irāq, **12,** 189 no. 6.

Sa'd b. 'Uthmān al-Anṣāri, C. d. P., fuggiasco a Uḥud, **3,** 44.

Sa'd b. abī Waqqāṣ Mālik b. Wahb [o **Uhayb**] **b. 'Abd Manāf b. Zuhrah b. Kilāb b. Murrah**

b. Ka'b b. Lu·ayy al-Qurašī, al-Zuhrī, al-Makkī (abū Isḥāq) [† 50. o 58. a. H.], C. d. P., pur essendo uno dei più antichi e fidi Compagni di Maometto, non lascia tradizioni su di lui, **Intr.** 21 — non(?) discende da Quṣayy, 34 nota 3 — nasce in Makkah nel 25° anno del Profeta, 149 — abbraccia l'Islām per l'esortazioni di abū Bakr, 227 — sua rissa con gl'idolatri: il primo a sparger sangue per la causa dell'Islām, 233 — emigra a Madīnah tra i due Convegni di 'Aqabah, **1,** 15 nota 3 — nella spedizione di Aḥyā, lancia la prima freccia scoccata per l'Islām, 76 e nota 5 — sua spedizione d'agguato ad al-Kharrār, 78; **2,** 23 no. 6 — portastendardo a Buwāṭ, **2,** 18,A — a Nakhlah al-Šāmiyyah, **2,** 21 no. 6, 22 — a Badr, 52, 85,A no. 38, — uccide Nubayh b. al-Ḥaǵǵāǵ e Ḥudzayfah b. abī Ḥudzayfah, 88 no. 43 e 57 — a Uḥud, uccide abū Sa'd b. abī Ṭalḥah, **3,** 33, 54 no. 4 — annunzia la ritirata dei Qurayš, 50 — a Qaṭan, **4,** 2 — a capo degli arcieri nell'assedio dei banū Qurayẓah, **5,** 45 — uno dei fervorosi fondatori dell'amministrazione imperiale araba e della scuola giuridico-teologica madinese, 74 — nella spedizione di al-'Īṣ, **6,** 8 — testimone al trattato di alleanza con i banū Khuzā'ah, 35 — ferito in rissa da un madinese, 59 — portastendardo a Ḥunayn, **8,** 122 — all'assedio di Ṭā·if, 147 — riceve in dono una prigioniera alla divisione del bottino in al-Ǵi'rānah, 163, 171 — nominato custode del ḥ i m a di Waǵǵ, **9,** 58 nota 4 — s'ammala in Makkah durante il Pellegrinaggio d'Addio, **10,** 78 e nota 1 — uno dei Compagni più intelligenti ed energici, più devoti e fedeli, **10,** 134; **11,** 60 — uno dei ḥ u r r ā s di Maometto, **10,** 142,*g* — nel consiglio dei Qurayš allo scoppiar della R i d d a h, **11,** 103 — insiste perchè si rinunzi alla spedizione di Usāmah, 106,*a*, 117 — lettore pubblico del Qur·ān, 229 no. 6 — amico del cristiano Ǵufaynah al-'Ibādi, 224 nota 2; **12,** 23 no. 18 — nell''Irāq, 82, 210, 373 nota 1 — sua spada nominata Malā, 271 [cfr. N a w a w i, 275-278; Y ā q ū t, *Reg.*, 447; A gh ā n i, *Ind.*, 373].

Sa'd b. Zayd al-Anṣārī, C. d. P., uno dei tre ḥ u r r ā s, **10,** 142,*e*.

Sa'd b. Zayd al-Ašhalī, dei banū 'Abd al-Ašhal, C. d. P., a Uḥud ferisce con l'arco l'ebreo Mirba' b. Qayẓi [cfr. A gh ā n i, VIII, 105; XIV, 15], **1,** 60 no. 20; **3,** 27 — comanda la spedizione di al-Ghābah, **6,** 3 — abbatte l'idolo Manāt in al-Mušallal, **8,** 100.

Sa'd b. Zayd b. Mālik b. 'Ubayd al-Anṣārī al-Awsī, awsita dei banū 'Ubayd b. Ka'b b. 'Abd al-Ašhal, C. d. P., presente a Badr, **2,** 85,B no. 5.

Sa'd b. Zayd Manāt b. Tamīm ... b. al-Yās ... b. Muḍar, eponimo dei banū Sa'd b. Zayd Manāt. **Intr.** 41, tav. 1.

Sa'd b. Zurārah, C. d. P., uno degli « Ipocriti » razionalisti, a Tabūk, **9,** 35.

abū Sa'd al-Ḍamrī, C. d. P., ambasciatore ai suoi per invitarli a Tabūk, **9,** 26.

abū Sa'd Khaythamah al-Anṣārī [† 3. a. H.], dei banū 'Amr b. Awf, C. d. P., ucciso a Uḥud, **3,** 54,B no. 28.

abū Sa'd b. abī Ṭalḥah [† 3. a. H.], qurašita pagano, ucciso a Uḥud, **3,** 33.

abū Sa'd b. Wahb, ebreo dei banū-l-Naḍir, defeziona ai Musulmani, **4,** 12.

banū Sa'd, loro partenza dalla Tihāmah, **1,** 2 — spedizione di 'Ali b. abī Ṭālib contro di essi in Fadak, **6,** 17 — abili nel trar d'arco, **12,** 269.

banū Sa'd Allah (famiglia yamanita (?), trasferitasi sui confini della Siria), loro trattative con Maometto a Tabūk, **9,** 39 nota 3.

banū Sa'd al-'Ašīrah [o **banū Sa'd b. Madzḥiǵ b. Ṭayy ... b. Kahlān**], tribù yamanita; i banū Ṣudā, uno dei loro rami (*q. v.*), **8,** 199 — altro ramo: i banū Bāhilah (*q. v.*), **9,** 7 nota 1 — si convertono all'Islām, **10,** 17 — altro ramo: i banū Anasallah (*q. v.*), 52 — loro idolo Farrāḍ, 52 — loro capo 'Amr b. Ma'dīkarib (*q. v.*), **11,** 187 — loro ramo cugino i banū 'Ans (*q. v.*), 190 — parteggiano per al-Aswad contro i Musulmani (?), **12,** 65 [dove *si corregga* « ramo dei Madzḥiǵ »]; [cfr. A gh ā n i, XIV, 137; XV, 174].

banū Sa'd Hudzaym, = banū Sa'd b. Hudzaym.

banū Sa'd Manāt = banū Sa'd b. Zayd Manāt, **12,** 56.

banū Sa'd Tamīm = banū Sa'd b. Tamīm, **8,** 169 nota 1; **12,** 63.

banū Sa'd b. Bakr b. Hawāzin... b. Mudar, tribù ismā'īlita abitano un paese desolato nel Ḥiǵāz a oriente di Makkah, fratelli di latte del Profeta, **Intr.** 125-127, 130; **8,** 25 nota 1, 171 — loro dialetto (?), parlato da Maometto, **Intr.** 130 — loro ambasciata a Madinah; si convertono e costruiscono moschee (?), **5,** 16, 18,A; **10,** a. H. 120 nota 1 – una delle quattro stirpi della 'Uǵz dei Hawāzin, **7,** 61 nota 3 — loro villaggio Ruhāṭ con l'idolo Suwā', **8,** 25 nota 1 – partecipano alla marcia su Makkah, 58 nota 1 — cortesie del Profeta verso di essi, 93 — s'uniscono in gran parte con i Hawāzin a Ḥunayn, **8,** 114; **10,** 124 nota 1 — 200 di essi combattono invece per il Profeta sotto abū Wāqid al-Ḥārith, **8,** 122 — fanno uso del bacino Dzāt al-Ašṭāṭ in comune con i banū 'Amr b. Ǵundab: razziati da 'Uyaynah b. Ḥiṣn, **9,** 2 — mandano ambasciatori a Madīnah, 4 — pagan le tasse s i ' ā y a h, 18 — restano fedeli nella R i d d a h, **10,** 87, 88; **12,** 155,*a*.
banū Sa'd b. Hudzaym, tribù della grande stirpe dei Quḍā'ah, del Yaman, **2,** 105 — emigrati nel Naǵd, e poi sui confini della Siria: loro ambasciata a Madīnah e parziale conversione (?), **6,** 13 — lettera del Profeta ad essi, 14; **10,** 105, 120 nota 1, 126 nota 1 — pagano la ṣ a d a q a h, **9,** 1; **12,** 378 — loro apostasia (?), **11,** 102, 104 — loro ramo più potente i banū 'Udzrah (*q. v.*), **9,** 14 nota 1 — loro pozzi miracolosamente ravvivati dal Profeta, 42 [cfr. A gh ā n i, XI, 92; XX, 157].
banū Sa'd b. Layth [b. Bakr... b. Kinānah... b. Mudar?], tribù ismā'īlita, ḥ u l a f ā dei Qurayš, alcuni di loro emigrano a Madīnah, **1,** 15; **2,** 85,A no. 64; **7,** 43 no. 4; **12,** 23 no. 24.
banū Sa'd b. Lu·ayy b. Ghālib... b. Kinānah, tribù ismā'īlita [cfr. D u r a y d, 67], **Intr.** 58.
banū Sa'd b. Madzḥiǵ, cfr. banū Sa'd al-'Ašīrah.
banū Sa'd b. Qays b. 'Aylān b. Mudar, tribù ismā'īlita; seguono Khālid nella invasione dell''Irāq, **12,** 189 no. 6.
banū Sa'd b. Tamīm (= banū Sa'd b. **Zayd** Manāt?) tribù della Yamāmah [(?) cfr. Y ā q ū t, IV, 791, lin. 23], ramo dei Tamīm; s'associano ad 'Ikrimah b. abī Ǵahl nella conquista della Mahrah, **8,** 169 nota 1; **12,** 63 [cfr. A gh ā n i, VII, 62] — pagano le ṣ a d a q ā t ad al-Zibriqān b. Badr e a Qays b. 'Āṣim, **10,** 71 no. 4.
banū Sa'd b. Zayd, seguono 'Ikrimah b. abī Ǵahl nella conquista del Yaman, **12,** 68; forse gli stessi che i banū Sa'd b. **Zayd** Manāt.
banū Sa'd b. Zayd Manāt, stirpe dei Tamīm, comprendente i rami dei banū Awf, banū Abnā, banū Muqā'is, banū al-Buṭūn (*q. v.*), in parte si ribellano a Madīnah, **11,** 163; **12,** 56 — s'uniscono ad al-'Alā b. al-Ḥadrami per domar la R i d d a h nel Baḥrayn, 57 — vivono intorno ad al-Nibāǵ, **12,** 155 nota 9,*b* — Utt, uno di essi, 211 no. 5.
bn Sa'd (abū 'Abdallah Muḥ. b. Manī' al-Zuhrī al-Baṣrī, Kātib al-Wāqidi) [† 230. a. H.], perfeziona nella Cronaca il sistema isnadico di ibn Isḥāq e di al-Wāqidi, **Intr.** 14 nota 1, 15 — — tenta di spiegare la scarsezza di tradizioni provenienti dai migliori Compagni, 21 — respinge la genealogia di Maometto nella parte tra Ma'add e Ismā'īl, 37 nota 1 — sulla conversione di 'Ali b. abī Ṭālib, 223 — riporta la tradizione di al-Zuhri sulle prime lotte di Maometto con i Qurayš, 234 nota 1 — traccia la storia della b i s m i l l a h, **1,** 45 art. 1 nota 1 — sulla spedizione contro i Qaynuqā', **2,** 92 nota 1, 96 nota 1 — su Ǵabalah b. al-Ayham, **7,** 81 — distingue fra le due donne ripudiate dal Profeta, Mulaykah bint Dāwud e la Kilabita (Fāṭimah bint al-Ḍaḥḥāk), **8,** 194 nota 1 — sull'energia sessuale del Profeta, **11,** 6 nota 5,*d* — sull'eredità di lui, 51 — appartiene alla scuola tradizionistica Madinese, 79 nota 2 — sulla morte di Fāṭimah, 206, 207 — sui Qurayš che sapevan scrivere, contemporanei di Maometto, 220,*a* — sul piccolo pellegrinaggio di abū Bakr, **12,** 316 nota 1 — sull'invio di 'Amr b. al-'Āṣ in Siria, 320 — conserva la corrispondenza diplomatica di Maometto, le tradizioni e i documenti relativi alle ambascerie ricevute o spedite dal Profeta, **2,** 12; **10,** 120-126; **3,** 66; **5,** 17 e note 1 e 5, 18, 18,A, 86 nota 1; **6,** 11 nota 2, 12; **7,** 2; **8,** 18, 27 nota 1, 180 nota 1, 183, 184 e nota 2, 185 e nota 1, 186; **9,** 12 nota 4, 48, 51 nota 1, 56, 58 e nota 2, 62, 63, 66, 85; **10,** 7 nota 1, 14 nota 1, 27, 33 nota 1, 46, 47, 50 nota, 54, 57 nota 2, 59, 60 nota 1, 105.
s a ' d ā n o q a t ā d (*astragalus*), pianta spinosa del deserto, pascolo dei cameli, **12,** 295 nota 1.

al-ṣadaqah, [parola e concetto di origine semitica. La radice, comune all'ebraico ed al siriaco, significò in origine « dirittura, rettitudine », poi clemenza, bontà, beneficio: ἐλεημοσύνη, com'è tradotto nei LXX, *Deuter*, VI, 25; XXIV, 13. Zedaqah, già nell'ebraico talmudico e nel siriaco significa elemosina, come δικαιοσύνη nell'Ev. di Matteo, VI, 1, ed anche nella II. *Cor.*, IX, 10], (anche ṣaduqah e ṣadāq, sinonimo di mahr).

I. dono nuziale o assegno dotale, promesso dallo sposo alla sposa e offerto a lei o al padre [cfr. Machriq, 1905, p. 840-843] — di 20 cameli, regalata da Maometto alla sposa Khadīgah, **Intr.** 155 — corazza offerta come-, da 'Ali al Profeta, **2,** 17 — di 200 dirham, promessa da 'Abdallah b. abī Ḥadrad al-Asiami alla fidanzata, **8,** 36, 37.

II. tassa dei poveri o elemosina legale, tributo imposto come obbligo fondamentale religioso ad ogni musulmano, **3,** 4; **8,** 22 nota 3; **9,** 60; **12,** 89 — rivelazione quranica (IX, 104), ordinante al Profeta la percezione della- sulle sostanze dei credenti « per purificarli e mondarli », tuṭahhiruhum wa tuzakkīhim.

non obbligatoria per Maometto, nè per la sua famiglia, **9,** 61 -- nè per i pagani, **12,** 76 nota 1; 78 e nota 2.

esatta nel Yaman, **10,** 13 nota 1, 82 nota 3; **11,** 188 nota 1 — a Ṣan'ā, **10,** 71 — nel Naǵrān, **11,** 71 — con la ǵizyah, 82 no. 6 — nel Baḥrayn, **8,** 180, 185; **10,** 71, 103 — nella Yamāmah, **12,** 37 — nell''Umān, **8,** 190 — nel Ḥadramawt, **10,** 71.

pagata dai banū Asad, **11,** 90 — dai banū Amr b. Ka'b b. Sa'd, 90 — dai banū Ašǵa', 86, 90 — dai banū Aslam, **6,** 23; **11,** 90 — dai banū 'Awf b. Ka'b b. Sa'd, 90 — dai banū Fazārah, 90 — dai banū Ghifār, 90 — dai banū Ǵudzām, **12,** 378 — dai banū Ǵuhaynah, **5,** 91; **11,** 90 dai banū Ḥadas, **12,** 378 — dai banū Ḥanẓalah, **10,** 71; **11,** 90 — dai banū-l-Ḥārith b. Ka'b, **10,** 14 e nota 1 — dai banū Ḥimyar, **9,** 61 — dai banū Ka'b, **11,** 90 -- dai banū Kulāb con la zakāt, **10,** 50 — dai banū Minqar, **11,** 90 — dai banū Muṣṭaliq, **9,** 6; **12,** 23 no. 2 — dai banū Muzaynah, **11,** 90 — dai banū Quḍā'ah. **12,** 378, 379 — dai banū Sa'd, **10,** 71 — dai banū Sa'd Hudzaym, **12,** 378 — dai banū Sulaym, **11,** 90 — dai banū Taghlib, che la pagano in doppio sotto 'Umar, **9,** 81 nota 2 — dai banū Tamīm, 4 nota 1; **11,** 163, 179; 90 note 1,*b* e 2 — dai banū Ṭayy, **11,** 90 e nota 1,*a*, 119 nota 4; **10,** 71 — dai banū 'Udzrah, **12,** 378; **7,** 48 nota 6 — dai banū 'Uǵz Hawāzin, **11,** 90 — dai banū Yarbū', 90.

l'importo di essa rimesso a Madinah, *passim* e **8,** 185 e nota 2; **11,** 119 nota 4, 124 — distribuita fra i poveri e bisognosi dell''Umān, 113, nota 2 — ritardato o sospeso o negato alla morte del Profeta dagli apostati nella Riddah, 87, 90, 97, 101, 117, 119, 154 nota 1, 163 nota 1, 164 nota 1,*b*, 177 e nota 1, 178; **12,** 59.

esattori od agenti che la riscuotono (cfr. muṣ̌īrūn), **9,** 1; **10,** 71; **11,** 90, 163 — ora con mitezza e giustizia, **12,** 23 no. 2 — ora con arroganza ed arbitrio, **11,** 76-78 — istruzioni sul modo e la misura d'esazione, ora in decimo, ora in proporzione varia, in natura, sui prodotti della terra e sul bestiame, e sui beni mobili, **8,** 180, 185; **9,** 18 e note 2-3, 61; **10,** 13 nota 1, 14 e nota 1, 34 nota 1; **11,** 113 nota 2 — marchio a fuoco o mīsam, con cui bollavansi gli animali che diventavan ṣadaqah, **12,** 78.

non imposta nei trattati con i Khuzā'ah e con gli Aslam, **8,** 20-22 nota 3 — ne erano esonerati i banū Ǵu'ayl (?), **9,** 18 e nota 2.

distribuita da 'Umar nella moschea di Madīnah fra gli Arabi indigenti, **11,** 95 — amministrazione di essa ambita quale strumento di lucro e di corruzione già ai tempi del Profeta, **7,** 42 nota 3 — Maometto eroga a- il quinto delle prede a lui spettante, **5,** 9 nota 1 — tutta la proprietà personale lasciata da Maometto è-, **11,** 51, 52 e nota 1, 203, 208.

ṣadaqah al-sannah = « la tassa di un anno » = **11,** 113 nota 2.

al-Sadd, fra Šu'bah 'Abdallah e Yalyal, tappa del Profeta nella spedizione di al-'Ušayrah, **2,** 20.

Šaddād b. 'Abdallah al-Qanānī, C. d. P., yamanita, ambasciatore dei suoi consanguinei banū-l-Ḥārith b. Ka'b, a Madinah, **10,** 3 no. 5.

Šaddād b. Aws b. Thābit b. al-Mundzir b. Ḥizām al-Anṣāri (abū Ya'la o abū 'Abd al-raḥmān) [† 41. o 53. o 58. o 64. a. H.], C. d. P., musulmano, scorta il bottino di Tabūk sino a Madīnah, **12**, 361 [cfr. Nawawi, 312; Qutaybah, 159, lin. 17-19].

al-Šaddākh, « lo schiacciatore » (cognome di Ya'mar), perchè aveva calpestato i diritti dei Khuzā'ah, **Intr.** 77.

al-Ṣadif, soprannome di Sahhāl b. Du'mi b. **Ziyād** b. Ḥadramawt, eponimo dei banū-l-Ṣadif.

banū-l-Ṣadif, tribù yamanita del Ḥadramawt [com'è dimostrato, oltrechè dalla genealogia, dai passi di Ṭabari, I, 2218, lin. 13; Balādzuri, 69, lin. 13, 15, e Yāqūt, IV, 952, lin. 11], emigrati poi in Egitto e nell'Africa settentrionale; loro ambasciata a Maometto, **10**, 80 — governati da al-Muhāǵir b. abī Umayyah e da Labīd al-Bayādi, **10**, 82 nota 3.

sādin = « ministro » o custode o intendente e quasi sacerdote dell'idolo Nuhm, **5**, 17 — d'un idolo dei Ǵuhaynah, 85 — d'un idolo dei Sulaym (al-'Uzza o Suwā' ?), **8**, 25.

ṣādiq = « vero, autentico », **11**, 167,*a*.

umm Ṣādir Saǵāḥ bint Aws b. Ḥiqq b. Usāmah, nome completo della profetessa Saǵāh (*q. v.*), **11**, 160.

al-Ṣādirah, nome di un albero di sidrah in Nakhb, sotto cui fa sosta il Profeta nella spedizione di Ṭā'if, **8**, 140.

Ṣadr Ḥawdā, tra Dzanab Ḥawdā e Dzū-l-Ǵīfah, tappa del Profeta nella spedizione di Tabūk, **9**, 30 no. 9.

Sadūs al-Qudā'i, capo dei Qudā'ah a Dzāt Atlāḥ, **8**, 4 (ident. col seguente ?).

Sadūs b. 'Amr al-Azdi [† 8. a. H.], ucciso dai Musulmani a Wādi al-Qura, nella spedizione di Mu'tah, **8**, 10.

Šādz Šābūr, o **Khusraw Sābūr**, distretto amministrativo persiano nella Babilonide, comprendente parecchi istānāt [Yāqūt, III, 227], **12**, 160,A nota 1,*a*.

al-Ṣafā, collina o poggio roccioso del territorio sacro makkano, uno dei luoghi santi visitati dai pellegrini, che correvan sette volte tra essa e Marwah; vi si ergeva l'idolo o pietra Isāf, **Intr.** 63, 68 nota 1, 69 e nota 2, 263; **7**, 71, 73; **8**, 175; **10**, 74 — vi avrebbe tenuto su la prima predica Maometto, **Intr.** 233 nota 1 — vi stava su o presso la Dār al-Arqam, 263, 285 — frequentato da Maometto nei suoi pellegrinaggi, **8**, 69, 89; **10**, 74 [cfr. Yāqūt, III, 397].

Ṣafā, regione vulcanica a sud-est di Damasco, ricca di antiche iscrizioni, il cui alfabeto è un anello di congiunzione tra il fenicio arcaico e l'himyaritico, e la lingua ha legame più intimo con i dialetti semitici del settentrione che con quelli del mezzogiorno d'Arabia, **11**, 215 e note 1 e 3.

al-Sāfalah, cfr. Ahl al-Sāfalah.

Ṣafar, il 2° mese dell'anno lunare arabo; origine del nome, **12**, 196 nota 2.

Ṣafar al-Aṣfar o « Ṣafar dei Ṣafar », cioè il celebre mese Ṣafar dell'a. 12. H., **12**, 196 e nota 2.

safar[un] **qāṣid**[un] = viaggio di moderata distanza, **12**, 311.

Šafāthā, borgata di 'Ayn al-Tamr, **12**, 170 nota 2,*b* [Yāqūt, III, 759, lin. 5].

al-Saffāḥ abū-l-'Abbās, califfo 'abbāsida [132.-136. a. H.], rinunzia al diritto ereditario della Qiyādah, **Intr.** 90 nota 1 — suo dono votivo alla Ka'bah, 101 nota 1, — fa spogliare e demolire la Chiesa cristiana al-Qalīs di Ṣan'ā, 117 nota 4 — distribuisce fra gli 'Alidi le terre di Fadak eredità di Maometto, **7**, 47 nota 3.

Saffānah bint Ḥātim al-Ṭā'i, Compagna d. P. e sorella di 'Adi b. Ḥātim, si duole col Profeta della eccessiva prodigalità del padre, **8**, 203 — prigioniera dei Musulmani, liberata da Maometto, coopera alla conversione del fratello, **9**, 20 [cfr. Aghāni, XVI, 96, 97, 109].

abū Saffānah Ḥātim b. 'Abdallah b. Sa'd b. al-Ḥašraǵ o **Ḥātim al-Ǵawwād al-Ṭā'i** [† 8. a. H. ovvero nell'a. 8. della missione di Maometto = 618. a. È. V.], celebre poeta e generoso signore anteislamico, **8**, 203 [Aghāni, XVI, 96-110 e *pass.*; Yāqūt, *Reg.*, 369, Caussin de Perceval, II, 607-628].

Ṣaffūriyyah, città dell'Urdunn in Palestina, **12**, 321 nota 1.

Šāfi', ḥ a l ī f dei banū-l-Ḥārith b. Fihr, prigioniero a Badr, **2,** 89 no. 63.
Ṣafī', ḥ a l i f dei banū-l-Ḥārith b. Fihr, prigioniero a Badr, **2,** 89 no. 64.
al-Šāfi'i (Muḥammad b. Idrīs al-Imām) [† 204. a. H.], famoso giureconsulto, opina Makkah presa d'assalto da Maometto, **8,** 64.
Safīnah [† 90. c.], persiano, C. d. P. e suo cliente, **10,** 142 no. 7 [N a w a w i, 290-292; Y ā q ū t, *Reg.*, 458].
Šafīq e **Saḥīq,** demoni ispiratori di al-Aswad al-'Ansi, *Corr.* e *Agg.* a II, pag. 681, lin. 9.
ṣ a f i y y e **ṣ a f i y y a h** (plur. s a f ā y ā), « la parte migliore » quel che sceglie per sè e preleva il Profeta dal bottino avanti la divisione; privilegio di Maometto, **9,** 60, 61, 92.
Ṣafiyyah bint 'Abd al-Muṭṭalib [† 12. o 20. a. H.], e figlia di Nutaylah bint Ǵanāb, zia del Profeta, Compagna d. P., **Intr.** 102 — pensionata di Khaybar, **7,** 42 — lava il cadavere di umm Kulthūm, **9,** 53 [Q u t a y b a h, 69, lin. 2-4; 112, lin. 16; 113, lin. 6-7; N a w a w i, 250, lin. 15-16; 847; Y ā q ū t, *Reg.*, 486; A gh ā n i, *Ind.*, 409].
Ṣafiyyah bint 'Abdallah b. 'Abbād b. Akbar al-Ṣadafiyyah, detta Ṣafiyyah bint al-Ḥadrami moglie di Zayd b. 'Amr, pagana, dissentiva in religione dal marito, **Intr.** 186.
Ṣafiyyah bint Baššāmah b. Nadlah al-'Anbariyyah, sorella di al-A'war al-'Anbari, Compagna e donna del Profeta, **10,** 140 no. 3, 141 no. 4.
Ṣafiyyah bint al-Ḥadrami, cfr. Ṣafiyyah bint 'Abdallah b. 'Abbād b. Akbar al-Ṣadafiyyah.
Ṣafiyyah bint Ḥuyayy b. Akhṭab b. Yaḥya b. Ka'b al-Naḍariyyah [† 36. 50. o 52. a. H.], moglie dell'ebreo Kinānah b. Rabi'ah; prigioniera di Khaybar, **7,** 30 — sposata da Maometto, 36 e nota 2, 48 e nota 4, 58 — una delle mogli del Profeta, **10,** 139 no. 11 — la sua casa in Madīnah comperata dal califfo Mu'āwiyah, **1,** 32 nota 1 — episodio della sua infanzia, 59 [N a w a w i, 846-847; Y ā q ū t, *Reg.*, 480].
Ṣafiyyah bint al-Zubayr b. 'Abd al-Muṭṭalib, cugina e Compagna d. P., pensionata di Khaybar, **7,** 42 no. 4.
abū Ṣafiyyah al-Taymi dei Taym b. Šaybān, tradizionista, fonte indiretta di Sayf b. 'Umar, presso Ṭabari, **12,** 378.
a l-ṣ a f r ā = « il giallo », cioè l'oro: cederlo tutto, condizione della pace dei Ḥanīfah con Khālid b. al-Walid, **12,** 24,*a*.
al-Ṣafrā, tappa di Maometto nella spedizione di Badr, **2,** 43 nota 3, 44, 88 no. 20; **4,** 9 — sede dei banū Ghifār, **5,** 92 — e specialmente di 'Abdallah Ābi al-Laḥm al-Ghifāri, **8,** 204 [Y ā q ū t, III, 399 e *passim*].
ṣ a f w a h A l l a h = « porzione scelta di Dio » o **ṣ ā f i y y,** « terra privilegiata », cioè la Siria, **12,** 313 nota 2,*b*.
ṣ a f w a h m i n 'u b b a d i h i = « scelta dei fedeli di Allah », raccoltasi in Siria, **12,** 313 nota 2,*b*.
Safwān, valle presso Badr; spedizione di Maometto in-, **2,** 19, 23 no. 7 e nota 1 [Y ā q ū t, III, 99, lin. 3 e seg.].
Ṣafwān b. 'Amr, C. d. P., makkano, emigra a Madinah, **1,** 15 no. 18 (= Ṣafwān [b. Umayyah] b. 'Amr al-Sulami?).
Ṣafwān b. 'Amr, cfr. Safwān b. 'Umar.
Ṣafwān b. Bayḍā [= Da'd bint Ǵaḥdam b. 'Amr; cfr. Ṭ a b a r i, III, 2544, lin. 14-15], ovvero **Ṣafwān b. Wahb b. Rabī'ah b. Hilāl al-Fihri** [† 2. a. H.], dei banū-l-Ḥārith b. Fihr, C. d. P., ucciso a Badr. **2,** 85.A no. 83, 87 no. 6 [W ü s t., *Reg.*, 145].
Ṣafwān b. al-Ḥārith [o **Ǵanāb**] **b. Šiǵnah** [**b. 'Uṭārid b. 'Awf b. Ka'b b. Sa'd b. Zayd Manāt b. Tamīm**] **al-Tamīmi,** eredita dai banū Sūfah l'ufficio della I ǵ ā z a h, **Intr.** 79 [W ü s t., *Reg.*, 144; secondo Q u t a y b a h, 28, lin. 11-12, la sua famiglia esercitava anche l'I f ā ḍ a h].
Ṣafwān b. Mu'aṭṭal al-Sulami [† 19. o 60. a. H.], C. d. P., accompagna 'Ā'išah reduce da al-Muraysi', **5,** 14 — aggredisce Ḥassān b. Thābit per trar vendetta dei suoi versi calunniatori, 15 — riconduce il camelo smarrito di Maometto, nel Pellegrinaggio d'Addio, **10,** 73 [Y ā q ū t, *Reg.*, 480; A gh ā n i, IV, 11-12, 18, 14; XIII, 153; D u r a y d, 188, lin. ult.; 189 lin. 1-2].

Safwān b. Safwān al-Tamīmi, capo dei banū Bahda tamimiti; manda a Madīnah le tasse dei suoi, **11,** 119, 163 no. 3.

Safwān b. 'Umar [o 'Amr, cfr. T a b a r i in *Ind.* s. v.], tradizionista presso ibn 'Asākir, **12,** 322 nota 6, 394 nota 6,*c*.

Safwān [**b. Umayyah**] **b. 'Amr al-Sulami** [† 12. a. H], ḥ a l ī f dei banū Asad, C. d. P., ucciso ad al-Yamāmah, **12,** 23 no. 105 (= Safwān b. 'Amr, **1,** 15 no. 18?).

Safwān b. Umayyah b. Khalaf b. Wahb al-Ǵumaḥi al-Qurašī (abū Wahb o **abū Umayyah)** [† 36. o 41. o 42. a. H.], ragguardevole makkano, tormenta il suo schiavo musulmano abū Fukayhah Aflaḥ, **Intr.** 252 nota 3 — incoraggia 'Umayr b. Wahb a tentar l'assassinio di Maometto, **2,** 80 — temendo che l'ostilità dei Musulmani spegnesse in Makkah col commercio ogni fonte di guadagno, **3,** 9 — coopera alla riscossa; persuade il poeta abū 'Azzah al-Ǵumaḥi a mettere a servigio dei Qurayš il braccio e il talento poetico, 15 — propone di condurre a Uḥud anche le donne, 16 — si ripromette di distruggere i palmeti e i seminati di Madīnah, 19 — comanda una parte della cavalleria a Uḥud, 30 — vi uccide il musulmano 'Abbād b. Sahl, 54,B no. 20 — e Khāriǵah b. Zayd, id. no. 31 — e al-Nu'mān b. Mālik, id. no. 46 — sconsiglia un nuovo assalto dei Musulmani a completarne la disfatta, 59 — compera e fa torturare il musulmano Zayd b. al-Dathanah, **4,** 8 — provvede alla difesa di Makkah minacciata da Maometto, **6,** 27 — rifiuta il dono di Maometto per i più indigenti makkani in tempo di carestia, **7,** 42 nota 5 — assiste fremendo alla 'Umrah al-Qadiyyah, 72 — non accetta l'invito da Khālid b. al-Walid a emigrare a Madīnah, **8,** 2 — partecipa (?) all'aggressione dei Khuzā'ah alleati di Maometto, 40 — avvertito dei preparativi guerreschi del Profeta, 50 — consiglia doversi resistere ad oltranza contro i Musulmani, 60 — e sostiene il combattimento di Khandamah, 61; **10,** 108 — perdonato e carezzato da Maometto, presta al Profeta danaro, **8,** 87 — e armi per la spedizione di Ḥunayn, 116 — a cui partecipa pur restando pagano, 117, 127 — e solo convertesi dopo il bottino e i regali di al-Ǵi'rānah, 78, 163 e nota 1, 164 no. 7, 165 no. 15 [Y ā q ū t, *Reg.*, 479; W ü s t., *Reg.*, 144-145; N a w a w i, 320; A gh ā n i, *Ind.*, 409; D u r a y d, p. 80, lin. 3 e seg].

Safwān b. Wahb, cfr. Safwān b. Baydā.

umm Safwān Fāṭimah bint Safwān al-Kinānīyyah, madre di abū Ḥudzayfah b. 'Utbah, **12,** 23 no. 67.

s ā ǵ (*platanus indicà*), legno di cui era fatta la porta della casetta di 'Ā'išah in Madīnah, **1,** 32.

s a ǵ a ' a t = « ella parlò in frasi rimate », Saǵāḥ, **11,** 160.

S a ǵ a d a h o **F u s s i l a t,** sura XLI del Qur'ān, detta-, **Intr.** 253.

Saǵāḥ cioè **umm Sādir Saǵāḥ bint Aws b. Ḥiqq** [**b. Usāmah** (o **bint al-Ḥārith b. Suwayd b. 'Uqfān**) indovina e profetessa dei Tamim, **11,** 160-164, 170-173; **12,** 92, 93 — suo carattere militare ed aggressivo, **10,** 87 — proveniente dalla Mesopotamia e taghlibita (?), **11,** 163 e nota 3,*a*, 179 — o piuttosto tamīmita e cristiana, 160 e nota **1,** 161 — porta il disordine e l'anarchia fra i Tamīm, **10,** 123; **11,** 162-164, 175, 180 nota 2, 183 — battuta, e abbandonata dai suoi, 163, 164, 180 — si volge alla Yamāmah; suoi rapporti con Musaylimah, svisati da tradizioni tendenziose, **11,** 170-173 — suo m u ' a dz dz i n, **1,** 54; **2,** 15; **11,** 165 nota 4, 170 nota 1, 172 — suo ḥ ā ǵ i b e m i n b a r, 163 nota 3,*b* — sue rivelazioni, 160, 163 nota 3,*b* — probabilmente non abbracciò mai l'Islām, **12,** 104 [o molto tardi; A th ī r, II, 271, lin. terzult.: sotto Mu'āwiyah] — suoi principali seguaci, **11,** 164, 173: — Mālik b. Nuwayrah, 180 nota 2 — 'Aqqah b. Qays, **12,** 178 nota 1 — al-Qa'qā' b. 'Amr, 188 nota 3 — al-Hudzayl b. 'Imrān, 223 nota 2 [A gh ā n i, *Ind.*, 368].

al-Šaǵarah, prima tappa della via dei pellegrini Madīnah-Makkah, a sei miglia da Madinah, dove s'indossava l' i ḥ r ā m, **7,** 69 nota 3 [Y ā q ū t, III, 260-261].

Šaǵarah o [**Šaǵar**] **b. al-A'azz,** musulmano, capo della retroguardia di Khālid b. al-Walid dopo al-Firād, **12,** 226.

abū Šaǵarah 'Amr b. 'Abd al-'Uzza al-Sulami, figlio della poetessa al-Khansā, C. d. P., apostata

e capo dei ribelli, **11,** 95 — sconfitto da Khālid b. al-Walīd dopo Buzākhah, 95 nota 1, 157, 159 nota 2 — si presenta ad 'Umar, che gli fa aspra accoglienza, 95 [Yāqūt *Reg.* 468].
Saǵsaǵ, altro nome del pozzo Bi'r al-Rawḥā, **2,** 44 [Yāqūt, IV, 663].
šahādah = « testimonianza », martirio per la fede, **12,** 23 no. 149.
šahanšāh (šāhinšāh) o « re dei re », titolo assunto dal sassanida Ardašīr dopo la vittoria di Hurmuzdaǵān, **12,** 120 nota 3.
Sahara o **Ṣaḥāra** (plur. di sahrā) « i [piani] fulvi », i deserti: quelli dell'Africa settentrionale; erano pianure lussureggianti, inondate da pioggie fecondatrici, nel periodo glaciale, **12,** 107, 108.
al-Ṣahbā, luogo tra Khaybar e Madīnah, tappa di Maometto nella Hiǵrah, **7,** 10 e nota 2 — nella spedizione di Khaybar e Wādi al-Qura, 48 e note 3 e 5 [Yāqūt, III, 437].
al-Šahbā, il mulo grigio del Profeta, **8,** 57; **10,** 144 no. 2.
ṣaḥfah khudrā (scodella [di marmo?] verde), regalata alla Ka'bah dal califfo 'abbāsida al-Saffāḥ, **Intr.** 101 nota 1.
ṣāḥib = « socio, compagno, partecipe, signore, governatore » e simili, **8,** 179.
Ṣāḥib al-Baḥrayn, al-Mundzir b. Sāwa, **6,** 47 — o marzubān del Baḥrayn, **8,** 179.
Ṣāḥib Buṣra, è vinto da Khālid b. al-Walīd, **12,** 404.
Ṣāḥib al-Farǵ [o **Farǵ al-Hind**], il persiano Hurmuz, **12,** 192.
Ṣāḥib Ḥimṣ, governatore (?), Wardān-Βαάνης; **12,** 403 nota 3.
Ṣāḥib al-ḥūt, o « quello dal pesce », il profeta Giona, **11,** 135 nota 3,*b*.
Ṣāḥib al-Iskandariyyah, = « signore di Alessandria », al-Muqawqis, **6,** 46, 49.
ṣāḥib Khayl Kisra = « il comandante della cavalleria persiana » di Ḥirah, Azādzbih, **12,** 165,*a*.
ṣāḥib Kisra = « luogotenente del re di Persia », al-Muka'bar al-Fārisi, **12,** 57 nota 1.
ṣāḥib Masāliḥ Kisra = « comandante delle guarnigioni persiane di confine », Azādzbih, **12,** 160,A, 165,*a*.
ṣāḥib mašwaratihim = « presidente del loro (dei Naǵrāni) consiglio popolare », al-'Āqib 'Abd al-Masīḥ, **10,** 59.
ṣāḥib raḥlatihim = « direttore o capo della carovana » (dei Naǵrāni), al-Sayyid b. al-Hārith, **10,** 59.
Ṣāḥib al-Thaghr, = « comandante della frontiera (persiano-araba) », Hurmuz, **12,** 191.
Ṣāḥib Sābāṭ = « signore di Sābāṭ », il persiano Širzād, **12,** 218.
Ṣāḥib al-Yamāmah, « signore della Yamāmah », Hawdzah b. 'Ali al-Ḥanafi, **6,** 46, 55.
Ṣāḥib Yāsīn o « quello della (sura) Yāsīn » (YS, cioè xxxvi), cioè Ḥabīb b. Murrā, il carpentiere martirizzato in Antiochia (vv. 19-26) dai suoi concittadini, **9,** 10. — Altri commentatori intendono Elia il profeta, menzionato nel Qurān sotto la forma Ilyās (xxxvii, 123) ed anche con la forma plurale, per cagion della rima, Ilyāsīn (xxxvii, 130). In quest'ultima parola, letta Āl Yāsīn o « famiglia di Yāsīn », ha forse origine la genealogia di Elia, che è presso Ṭabari (I, 542), Ilyās b. Yāsīn al-Nabi (*q. v.*). [Cfr. Hišām, III, p. 207, scolio a p. 914 del testo].
Ṣahīd, regione [deserta tra il Yaman e il Ḥaḍramawt; Yāqūt, III, 438], sottomessa ad al-Aswad al-Ansi, **11,** 195.
šahīd (pl. šuhadā') = « testimonio », colui che testifica per Dio e pel suo profeta ossia martire [Goldziher Muh. Stud., II, 387-391], **12,** 287.
ṣaḥīfah, (plur. ṣuḥuf), foglio, pagina, scritto: il bando dei Hāšimiti, **Intr.** 289 — lo Scritto costituzionale di Madīnah, **1,** 45, art. 22 nota 1 — il « Kitāb al-Ma'āqil », **2,** 108 nota 1 — il patto fra Maometto e gli Ebrei madinesi **3,** 5 — il volume o copia del Qurān, compilato da Zayd b. Thābit, **11,** 232 nota 1,*b*.
al-Ṣaḥīḥ ovvero **al-Ǵāmi' al-ṣaḥīḥ** = « la Collezione integra », cioè completa e autentica delle tradizioni profetiche, raccolte da al-Bukhāri verso la metà del sec. III. H.: più di metà risalgono

all'autorità dei tre Compagni abū Hurayrah, Anas b. Mālik e 'Abdallah b. 'Abbās, **Intr.** 20 nota 1, 26 e nota 1 — altre, più probabili, hanno per autorità 'Abdallah b. 'Amr b. al-'Āṣ, 245 nota 1 — suo silenzio quasi assoluto sul periodo makkano del Profeta, **1**, 8 — sue tradizioni relative all'obbligo di pregare ed alle varie preghiere, **2**, 12.

al-Sāḥil = « la costa », il littorale del Yaman, **10**, 82 nota 3 — del Mar Rosso. **11**, 98 nota 3 — della Mahrah, **12**, 63.

sāḥir = « mago o stregone », tale fu dai Qurašiti chiamato Maometto, **Intr.** 213 e nota **1**, 245.

Sahl, nome che il Profeta voleva imporre a Ḥazn b. abī Wahb, mutandogli i s m, **12**, 23 no. 62 [W ü s t., *Reg.*, 398].

Sahl b. 'Adi al-Tamīmi [† 12. a. H.], C. d. P., ḥ a l ī f degli Anṣār, ucciso ad al-Yamāmah, **12**, 23 no. 106.

Sahl b. 'Āmir b. Sa'd b. Amr, [† 4. a. H.] dei banū 'Amr b. Mabḏūl, C. d. P., ucciso a Bi'r Ma'ūnah, **4**, 6. no. 9 [D u r a y d, 269, lin. 9].

Sahl b. 'Amr [o **Rāfi'**] **b. 'Amr b. 'Ubād al-Anṣāri al-Naǵǵāri**, C. d. P., padrone col fratello Suhayl, del terreno dove poi sorse la prima moschea di Madīnah, **1**, 30, 31 [W ü s t., *Reg.*, 425; D u r a y d, 267, lin. 5-6].

Sahl [o **Suhayl**?] **b. 'Amr** [**b. Abd Šams b. Abd Wudd**] = Suhayl ecc., qurašita, pagano, non accetta di distribuire ai poveri di Makkah il dono di Maometto, **7**, 42 nota 5.

Sahl b. 'Atīk b. Nu'mān b. 'Amr al-Anṣāri al-Khazraǵi, dei banū 'Āmir b. Mālik b. al-Naǵǵār, C. d. P., presente alla seconda 'Aqabah, **Intr.** 344 no. 14 — a Badr, **2**, 85,C no. 140 [W ü s t., *Reg.*, 397; D u r a y d, 269, lin. 7-8].

Sahl [o **Suhayl**?] **b. Bayḏā al-Qurašī**, pagano, prigioniero a Badr e liberato per intercessione di 'Abdallah b. Mas'ūd, **2**, 75.

Sahl b. Ḥumān al-Anṣāri [† 12. a. H.], C. d. P., perito in al-Yamāmah, **12**, 23 no. 107.

Sahl b. Ḥunayf b. Wāhib b. al-'Ukaym al-Anṣāri al-Awsi (abū Thābit o abū Sa'd o abū-l-Walīd) [† 37. o 38. a. H.], dei banū Ḏubay'ah b. Zayd b. Mālik, C. d. P., fratello di 'Abbād [e di 'Uṯhmān], **1**, 60 no. 10; **9**, 52 no. 5 — a Badr, **2**, 85,B no. 28 — partecipa alla divisione delle terre dei banū-l-Naḍīr, **4**, 13 — portabandiera a Wādi al-Qura, **7**, 48 [W ü s t., *Reg.*, 398; Y ā q ū t in *Reg.*, 464; A g h ā n i, IV, 29; N a w a w i, 306; Q u t a y b a h, 148, lin. 17-22; D u r a y d, 262, lin. antipenult.].

Sahl b. Nāšit (?) [† 12. a. H.], musulmano, morto alla battaglia di Buṣra, **12**, 414 nota 1, no. 4.

Sahl b. Qays b. abī Ka'b b. al-Qayn al-Anṣāri al-Khazraǵi [† 3. a. H.], dei banū 'Adi b. Nābi, C. d. P., presente a Badr, **2**, 85,C no. 92 — ucciso a Uḥud, **3**, 54,B no. 78 [D u r a y d, 275, lin. 15].

Sahl b. Yūsuf al-Sulami, tradizionista, fonte immediata di Sayf b. 'Umar, presso Ṭabari, **11**, 82, 119, 124, 125, 128, 131, 151, 158, 159,*a*, 175; **12**, 1, 25,*a* e *b*, 62, 65, 68, 77, 78, 379, 380.

Sahlah bint Suhayl b. 'Amr, moglie di abū Ḥuḏayfah b. 'Utbah., C. d. P., emigra in Abissinia, **Intr.** 275 no. 4 — ritorna in Makkah, 283 no. 4 — o morta in Abissinia (?), **7**, 56 no. 21 (W ü s t., *Reg.*, 398; N a w a w i, 693, lin. ult.].

sahm (pl. s i h ā m e a s h u m) = « freccia » spec. di canna, « dardo »; suoi usi e sinonimi, **12**, 269 — significa anche, come q i d ḥ, la porzione guadagnata nel gioco delle frecce o m a y s i r (*q. v.*), quindi quota in generale.

sahm al-Nabi = « la quota del Profeta » nella divisione del bottino, **9**, 8, 61, 92; **10**, 25.

sahm al-Nabiyy al-ṣafiyy = « la quota privilegiata » o di prescelta, spettante al Profeta, **5**, 91.

Sahm b. 'Amr b. Huṣayṣ ... b. Lu'ayy ... b. Fihr-Qurayš, eponimo della omonima gente qurašita, **Intr.** 41 tav. 1.

Sahm b. Minǵāb b. Rašīd, tradizionista, fonte di Sayf b. 'Umar, presso Ṭabari, **11**, 163, 171; **12**, 56 [A g h ā n i, XIV, 47].

banū Sahm [**b. 'Amr b. Huṣayṣ ... b. Fihr**], famiglia qurašita, **Intr.** 92 — partecipano alla demolizione e ricostruzione della Ka'bah, 163-170 — ed al giuramento dei La'aqah al-dam, 169

— dànno il nome a una porta di Makkah, **2,** 37 — partecipano a Badr tra i Muhāǵirūn, **2,** 85,A no. 74 — e tra i pagani dei Qurayš, 88 no. 65 — parenti ed ospiti di Miqyas b. Ṣubābah, **8,** 84, — all'assedio di Ṭā·if, 157 no. 6; **12,** 430 [Durayd, 73, lin. ult.; 76, lin 5 e seg.; Qutaybah, 33, lin. antipenult.; Wüst., *Reg.*, 398].

banū Sahm b. Murrah . . . b. Dzubyān . . . b. Ghaṭafān b. Qays-'Aylān, tribù ismā'īlita dei Muḍar, confederati dei banū-l-Ḥuraqah ǵuhaniti, **5,** 91 nota 2 [Wüst., *Reg.*, 398; Qutaybah, 41, lin. 1; Aghāni, *Ind.*, 392].

abū-l-Šaḥm, ebreo madinese, compera per 150 dīnār due donne e sei bambini dei Qurayẓah, **5,** 52.

al-Sahmi, uno dei banū Sahm b. 'Amr, Qays b. 'Adi o 'Adi b. Qays, **8,** 164 no. 8.

al-šahqah = malattia alla gola complicata da un'affezione al petto o singhiozzo, con tosse violenta e insistente: malattia mortale di abū Umāmah As'ad b. Zurārah, **1,** 87.

šahr al-'aǵam = « il mese sirio », Adzār o Marzo. **11,** 33 nota 1,*b*.

Šahr Dzū Yanāf, uno dei qayl o principi himyariti Adzwā, implicati nella Riddah al-thāniyyah, **12,** 66 no. 5.

Šahr Varaz, cfr. Šahrbarāz, **12,** 253 nota 1.

Šahr b. Bādzān, C. d. P., (?) da lui nominato governatore di Ṣan'ā dopo la morte di Bādzān, **10,** 81 no. 1, 82 no. 1 — sconfitto e ucciso da al-Aswad al-'Ansi, **11,** 188, 195.

ṣaḥrā = « pianura », **9,** 2; cfr. Sahara.

Šahrbarz [o **Šahrīzā**], cfr. Šahrbarāz, **Intr.** 326.

Šahrbarāz [Farkhān o Farhān], generale persiano e re [† 630. È. V.], invade e devasta la Siria, **12,** 246 — e vince i Greci a Buṣra [613.-615. È. V.], **Intr.** 326 — medita la rivolta contro il suo sovrano Khusraw Abarwīz, **12,** 256, nota 1 — combatte contro Eraclio, 253 — uccide Ardašir III, ed usurpa il trono sassanida, 192 nota 4, 200 nota 1, 256 e nota 1, 290 — s'abbocca con Eraclio ad Arabyssus, 256, 257 — è ucciso dopo due mesi di regno, **9,** 93 nota 1; **12,** 131; cfr. Sahriyār abū Sirwayh, **9,** 93 e Šahr Varaz, Šahrizā, Šahrbarz.

Šahriyār abū Šīrwayh, *errore* per Šahrbarāz. **9,** 93 e nota 1.

Šahrīzā [= **Šahrbarāz**]. **Intr.** 326.

Šahruzūr (Shiarzur), nei monti del Kurdistān: vi si ritrae Eraclio, **12,** 256.

Šahryār abū Šīrwayh, generale e re persiano; errore dei cronisti arabi, invece di Šahrbarāz, **9,** 93 e nota 1: cfr. Šahriyār ecc.

al-Ṣahyā bint Ḥarb, sorella di abū Sufyān, sposa di Bišr b. 'Abd al-malik, **11,** 211.

al-Sā·ib, uno dei banū 'Ābid (Makhzūm), annunzia ad abū Bakr in Madīnah la vittoria di 'Ikrimah, b. abī Ǵahl nella Mahrah bi-l-Naǵd, **12,** 63.

al-Sā·ib b. al-'Awwām b. Khuwaylid b. Asad al-Qurašī al-Asadi [† 12. a. H.], C. d. P., messaggero fra Maometto e Musaylimah, **10,** 69 — ucciso ad al-Yamāmah: suo cenno biografico, **12,** 23 no. 108 [Wüst., *Reg.*, 398-399; Qutaybah, 118, lin. 5-6; Durayd, 58, lin. 6-7].

al-Sā·ib b. al-Ḥārith b. Qays [b. 'Adi b. Suwayd b. Sahm] [† 7. o 8. o 13. a. H.], C. d. P., emigra in Abissinia, **Intr.** 227 no. 63 — ne torna per suo conto, **7,** 55 no. 60 — ucciso sotto Ṭā·if, **8,** 157 no. 6 — o a Fiḥl, **7,** 55 no. 61 (?) [Durayd, 76 lin. antipenult. e penult.].

al-Sā·ib b. abī Ḥubayš b. al-Muttalib b. Asad al-Qurašī, pagano, prigioniero a Badr, suo riscatto, **2,** 89 no. 17.

al-Sā·ib b. Mālik al-Qurašī, dei banī 'Āmir b. Lu·ayy, pagano, prigioniero a Badr, **2,** 89 no. 62.

al-Sā·ib b. abī Rifā'ah al-Qurašī [† 2. a H.], dei banū Makhzūm b. Yaqẓah, pagano, ucciso a Badr, **2,** 88 no. 60.

al-Sā·ib b. al-Sā·ib b. Ā·idz (o 'Ābid) b. 'Abdallah, C. d. P., uno dei mu·allafah in al-Ǵi'rānah, **8,** 165 no. 12.

al-Sā·ib b. abī-l-Sā·ib b. 'Ā·idz [o 'Ābid] b. 'Abdallah al-Makhzūmi, [† 2. o a. H.], pagano, ucciso a Badr, **2,** 88 no. 35 — o (confuso forse con al-Sā·ib b. al-Sā·ib) divenuto C. d. P., e da lui fatto partecipe in al-Ǵi'rānah del bottino di Ḥunayn, id., e **8,** 165 no. 12 — segue 'Ikrimah b.

abī Ǵahl nella Mahrah, e porta a Madīnah la notizia della conquista di quel paese, **12,** 63 e nota 1 [T a b a r i, III, 2387].

al-Sā·ib b. Sayfī b. 'Ā·idz [† 2. a, H.], pagano, ucciso a Badr, **2,** 88 no. 68.

al-Sā·ib b. 'Ubayd b. 'Abd Yazīd b. Hāšim, pagano qurašita, prigioniero a Badr, **2,** 89 no. 3 [W ü s t., *Reg.*, 399; D u r a y d, 54, lin. 7-8].

al-Sā·ib b. 'Uthmān b. Maz'ūn b. Ḥabīb [al-Ǵumaḥi [† 12. a. H.], C. d. P., uno dei primi musulmani in Makkah, **Intr.** 229 no. 31 — emigra in Abissinia, 277 no. 42 — torna a Makkah, 283 no. 22 — luogotenente del Profeta in Madīnah durante Buwāṭ, **2,** 18,A; **11,** 55 nota 2 no. 2 — presente a Badr, **2,** 85,A no. 70 — ferito ad al-Yamāmah, ne muore; suo cenno biografico, **12,** 23 no. 109 [W ü s t., *Reg.*, 399].

al-Sā·ib b. Yazīd b. Ukht al-Namr (abū Yazīd), [ovvero b. Yazīd b. Sa'id b. Thumāmah b. al-Aswad b. Abdallah b. al-Ḥārith, **al-Kindi,** o **al-Asadi,** o **al-Laythi,** o **al-Hudzali** [† 94. o 91. o 88. o 86. a. H.], nasce nell'a. 3. H., **3,** 63 [N a w a w i, 268-269].

abū-l-Sā·ib 'Aṭā b. Fulān al-Makhzūmi, tradizionista, informatore immediato di Sayf b. 'Umar, presso Tabari, **12,** 70 nota 1 [Y ā q ū t in *Reg.*, 444 ?], [= abū-l-Sā·ib al-Makhzūmi in A gh ā n i, *Ind.*, 366-367 ??].

Sa'īd, valle presso Wādi al-Qura [cfr. Y ā q ū t, III, 392, lin. 4-5]. una delle tappe o m a s ā ǵ i d di Maometto nella spedizione di Tabūk, **9,** 30 no. 6.

Sa'īd b. 'Abd al-'azīz al-Tanūkhi (abū Muḥammad), tradizionista, informatore immediato di abū Ḥafṣ al-Dimašqi, presso Balādzuri, **12,** 326, 343 nota 1,*b*, 406.

Sa'īd b. 'Adi al-Anṣāri [† 12. a. H.], C. d. P., ucciso ad al-Yamāmah, **12,** 23 no. 110.

Sa'īd b. 'Āmir b. Khidzyam [o **Ḥidzyam**] **b. Salāmān al-Ǵumaḥi** [† 20. o 21. a. H.], C. d. P., nasce verso il 603. a. È. V., **Intr.** 164 — raggiunge con rinforzi Yazīd b. abī Sufyān in Siria, combattendo ad 'Arābah e Dāthinah, **12,** 357,*d* [W ü s t., *Reg.*, 400; Y ā q ū t, *Reg.*, 450].

Sa'īd b. 'Amr b. Ḥarām al-Anṣāri, C. d. P., testimone al trattato o quietanza di pagamento di Khālid b. al-Walīd con ibn Salūbā, **12,** 162 nota 5 — lasciato da Khālid b. al-Walīd, che parte per la Siria, a Sandawā, **12,** 412.

Sa'īd b. 'Amr al-Tamīmi, [† 15. a. H.], C. d. P., fratello uterino di Bišr b. al-Ḥārith, emigra in Abissinia, **Intr.** 277 no. 66 — ne ritorna, e perisce ad Aǵnādayn, **7,** 55 no. 59 — segue Khālid b. al-Walid nell'invasione del Sawād (?), **12,** 162 nota 5.

Sa'īd b. al-'Āqib Dzū Zūd, principe ḥimyarita, uno delli Adzwā nella R i d d a h a l-th ā n i y y a h, nel Yaman, **12,** 66 no. 2.

Sa'īd b. al-'Āṣ al-Akbar b. Umayyah b. 'Abd Šams [**Dzū-l-imāmah**] **(abū Uḥayḥah)** [† 2. a. H.], avversario di Maometto, ricco makkano e qurašita, investe gran parte delle sue sostanze nella caravana di abū Sufyān, **2,** 34 — [perisce a Badr, per mano di 'Ali b. abī Talib: Q u t a y b a h, 229, lin. 4] — suo (?) ḥ a l ī f, al-'Alā, **10,** 71 no. 16; [W ü s t., *Reg.*, 350, 399; Y ā q ū t, *Reg.*, 450; D u r a y d, 49, lin. 1-2].

Sa'īd b. al-'Āṣ al-Asghar b. Sa'īd b. al-'Āṣ (abū 'Uthmān o **abū 'Abd al-raḥmān)** [† 57. o 58. o 59. a. H.], sopraintende alla compilazione e raccolta del Qur'ān ordinata da abū Bakr [o piuttosto da 'Uthmān!], **11,** 231 nota 2 — la sposa novella di lui [(! *correggi:* di Khālid b. Sa'id b. al-'Āṣ) si batte contro i Greci a Marǵ al-Suffar, **12,** 285 — governatore di Kūfah ed erede della spada al-Samṣāmah; suoi rapporti con 'Amr b. Ma'dīkarib, **12,** 65 nota 3 [W ü s t., *Reg.*, 399-400; Y ā q ū t, *Reg.*, 450; N a w a w i, 281-282; A gh ā n i, *Ind.*, 375-376; Q u t a y b a h, 151, lin. 10-11, 299, lin. 3-7].

Sa'īd b. abī Burdah, tradizionista, autorità di Sayf b. 'Umar, presso Tabari, **12,** 80,*a*.

Sa'īd b. al-Fadl, tradizionista, presso ibn Ḥubayš. **12,** 403 nota 3 [= Sa'id b. al-Fadl al-Khaṭīb ? cfr. T a b a r i, *Ind.*, 235].

Sa'īd b. Ǵubayr [b. Hišām al-Kūfi], al-Asadi (abū 'Abdallah, o **abū Muḥammad),** m a w l a dei banū Wālibah [† 94. o 95. a. H.], tradizionista, discepolo di ibn 'Abbās, **Intr.** 25 — capo di parecchi isnād fondati sull'autorità di lui, 251 nota 2 (presso ibn Hišam); **11,** 19 nota 1,*b* (Tabari), 29 (Bukhāri), — qāri· in Kūfah, 230 nota 1 [Yāqūt, *Reg.*, 448; Qutaybah, 227; Nawawi, 278-279].

Sa'īd b. al-Hārith b. Qays [† 15. a. H.], C. d. P., emigra in Abissinia, **Intr.** 277 no. 67 — ne ritorna; perisce al Yarmūk, **7,** 55 no. 60.

Sa'īd b. Hurayth [**b. 'Amr b. 'Uthmān**] **al-Makhzūmi,** C. d. P., uccide in Makkah il proscritto 'Abdallah b. Khatal, **8,** 82 [Wüst., *Reg.*, 400; Qutaybah, 150, lin. 9].

Sa'īd b. Khālid b. Sa'īd b. al-'Āṣ [† 14. a. H.], C. d. P., nasce in Abissinia, **Intr.** 277 no. 6; **7,** 57 no. 8 — viene in Arabia col padre, 54 no. 6 — al comando d'un corpo d'esercito invadente la Siria; sue docili dimissioni; a capo dell'avanguardia di 'Amr b. al-'Āṣ, **12,** 262 — perisce a Marǵ al-Suffar (?), 344 nota 2, 380, 381 — ovvero alla battaglia Waq'ah Filastin, 363 e nota 2 no. 1.

Sa'īd b. Mīnā, mawla di abū-l-Bakhtari, tradizionista, presso Tabari, **Intr.** 290.

Sa'īd b. Murrah al-'Iǵli, con l'esercito di Khālid b. al-Walid alla battaglia di Walaǵah, **12,** 201, 202.

Sa'īd b. al-Musayyib [**b. Hazn b. abī Wahb b. 'Amr b. 'Ā·idz, b. 'Imrān b. Makhzūm**] (**abū Muhammad**) [† 94. a. H.], tradizionista della scuola Madinese, **11,** 79 nota 2 — presso Yāqūt **8,** 187 — presso ibn Sa'd, **9,** 94 nota 1 — presso Wāqidi, **10,** 72 — presso ibn Hišām e Tabari, **11,** 24 — presso Bukhāri, 31 — presso Tabari, 54 — suoi antenati Compagni d. P., **12,** 23 no. 5, 60, 62; [Wüst., *Reg.*, 401; Yāqut, *Reg.*, 451; Nawawi, 283-285; Qutaybah, 223-224, 273 lin. 2; Durayd, 62 lin. 13; 95 lin. 11; Aghāni, *Ind.*, 377].

Sa'īd b. Qays [† 12. a. H.], musulmano, ucciso nei primi combattimenti in Siria, **12,** 363 nota 1 no. 3.

Sa'īd b. al-Rabī' b. 'Adi b. Mālik [† 12. a. H.], C. d. P., ucciso ad al-Yamāmah, **12,** 23 no. 11.

Sa'īd b. Ruqayš, C. d. P., makkano, emigra in Madinah prima di 'Aqabah, **1,** 15 no. 12.

Sa'īd b. Sa'īd b. al-'Āṣ [† 8. a. H.], C. d. P., morto a Tā·if; suo cenno biografico, **8,** 157 no. 1.

Sa'īd b. Sa'īd b. Umayyah (= Sa'īd b. Sa'īd b. al-'Āṣ), C. d. P. morte a Tā·if, **8,** 158 no. 1.

Sa'īd b. abī Sa'īd Kaysān = Sa'īd b. abī Sa'īd al-Maqburi = Sa'īd al-Maqburi abū Sa'd, tradizionista, informatore di Sayf, presso Tabari, **12,** 6,*b* — [Nawawi, 282].

Sa'īd b. Sālim, tradizionista, discepolo di 'Uthmān b. Sāǵ, e maestro di Ahmad b. Muh. al-Azraqi [† 222. a. H.] = Sa'īd b. Sallām di Tabari, III. 2420, lin. 17 (?) [Aghāni, *Ind.*, pag. 375 (?)].

Sa'īd b. Sufyān al-Ri'li, C. d. P., riceve una lettera, o diploma di Maometto, **10,** 65.

Sa'īd [o **Sa'd**] **b. Suhayl b. 'Abd al-Ašhal al-Ansāri** [**al-Khazraǵi,** dei banū Mas'ūd b. 'Abd al-Ašhal, C. d. P., presente a Badr [e a Uhud], **2,** 85,C no. 169 [Wüst., *Reg.*, 401].

Sa'īd b. 'Ubayd b. al-Sabbāk, tradizionista, presso ibn Hišām [e Tabari], **11,** 14.

Sa'īd b. Yarbū' b. Ankathah b. 'Āmir al-Makhzūmi (abū Hūd) [† 54. a. H.], C. d. P., riceve regali in al-Ǵi'rānah, **8,** 161 no. 6 — fa parte della commissione per la sistemazione dei termini o limiti del territorio sacro makkano, sotto 'Umar, 'Uthmān e Mu'āwiyah, **8,** 71 [Aghāni, XIII, 68; Qutaybah, 159, lin. penult. e ult.; Tabari, III, 2326, lin. 4-5].

Sa'īd b. Zayd, tradizionista, presso ibn al-Athīr [e Tabari: fratello di Hammād b. **Zayd**]. **11,** 41.

Sa'īd b. Zayd [**b. 'Amr b. Nufayl b. 'Abd al-'Uzza . . . b. Lu·ayy**] (**abū Thawr**) [† tra il 50. ed il 60. a. H.], C. d. P., qurašita; nasce nell'anno 597. È. V., **Intr.** 162 — è dei primi ad abbracciare l'Islām, 229 — cognato di 'Umar b. al-Khattāb per via della moglie Fātimah, 285 — emigra a Madinah, **1,** 15 no. 39 — unito in fratellanza con Ubayy b. Ka'b, **1,** 50 — esploratore della carovana qurašita reduce dalla Siria, a Badr, **2,** 41 e 85,A no. 68 — partecipa al bottino di Badr, 76, 86 no. 3 — a Badr III, **4,** 18 — sconsiglia la spedizione di Usāmah, **11,** 106,*a* — fratello di 'Ātikah bint **Zayd,** 209 nota 1,*b* — testimone a una concessione scritta di abū Bakr alli 'Abd al-Qays, **12,** 50 [Wüst., *Reg.*, 401-403; Nawawi, 280-282; Qutaybah, 126-127].

abū Sa'īd = abū Sa'īd al-Maqburi (?), autorità di Sayf b. 'Umar, presso Tabari, **12,** 384.

abū Sa'īd al-Khudri, ossia **Sa'd b. Mālik b. Sinān b. 'Ubayd** [o **'Abd**] **b. Tha'labah b. 'Ubayd b. al-Abǵar al-Khudri** [† 64. o 73. o 74. a. H.], C. d. P., famoso antico tradizionista, di sospetta veridicità, **Intr.** 28. **10,** 18 — riferisce un hadīth raccomandante la vita solitaria e pastorale

(Bukhāri), **Intr.** 112 nota 2 — presso ibn Hišām, 320 nota 1 — suo padre C. d. P., **3,** 24 — rimandato da Uḥud come troppo giovane, 26 no. 9 [Aghāni, VIII, 105] — scava la buca per la sepoltura di Sa'd b. Mu'ādz in al-Baqī', **5,** 53 — presso Wāqidi, **10,** 18 — presso Suyūṭi, **11,** 226,*a* — presso ibn Hubayš, **12,** 14, 16,*c* — porta a Khālid b. al-Walīd l'ordine del Califfo di recarsi in Siria, 155 nota 2,*b*, 159 nota 1,*b* [Wüst., *Reg.*, 403; Yāqūt, *Reg.*, 452; Nawawi, 723-724; Durayd, 269, lin. 17; Qutaybah, 136-137; Aghāni, *Ind.*, 374].

abū Sa'īd al-Maqburi Kaysān [† 100. a. H.], tradizionista, discepolo o trasmettitore di abū Hurayrah, presso ibn Hišām, **10,** 32,A — e presso Ṭabari(?), **12,** 384 [Aghāni, XVII, 68; Qutaybah, 226, 290, lin. penult. ed ult.].

abū Sa'īd b. al-'Āṣ, C. d. P. e suo segretario, **10,** 143 no. 18.

abū Sa'īd Sa'd b. abī Ṭalḥah [† 3. a. H.], pagano di Makkah, ucciso a Uḥud, **3,** 55 no. 4.

Ṣa'īd, dei banū Qurayẓah, uno dei quartieri o sobborghi di Madīnah(?), **11,** 95.

al-Sā'idah, sito tra al-Rawāri e al-Buqay'ah, sulla via al-Ḥīrah-Damasco, **12,** 417 no. 10.

banū Sā'idah b. Ka'b b. al-Khazraǵ, tribù anṣarita di Madīnah, compresa nello Scritto costituzionale, **1,** 45 art. 5 — insieme con gli Ebrei loro confederati, 45 art. 28 — presenti a Badr, **2,** 85,C no. 42-43 — a Uḥud, **3,** 35 — titolari di una parcella nella spartizione territoriale di Khaybar, **7,** 41 no. 5 — con una loro bandiera a Ḥunayn, **8,** 122 — loro case o quartiere in Madīnah, **9,** 15,A — partecipano a Tabūk, 35 — nella loro saqīfah o cortile con tettoia si compie l'elezione di abū Bakr, **11,** 36, 40, 42, 59, 66 nota 2 — Sa'd b. Ḥimār loro ḥalīf, **12,** 23 no. 104 [Wüst., *Reg.*, 403; Yāqūt, *Reg.*, 246; Qutaybah, 54, lin. antipenult.; Aghāni, *Ind.*, 366.

Saint Martin, suoi calcoli sul regno di Khusraw Abarwīz e la data della Pasqua del 615. a. È. V., **12,** 252 nota 1,*c*.

ša'īr (cfr. Guidi Sed. Pop., p. 587) « orzo », coltivato nei dintorni di Madīnah, **3,** 21 — ad Aylah, **9,** 38 nota 1 — presso i banū 'Urayḍ, 51 — se n'estraeva la birra al-mazar (*q. v*), **10,** 66.

šā'ir, cfr. poeta, propr. « colui che sa (molto più degli altri) », **Intr.** 193 e nota 1 — « il poeta » (appellativo di Maometto in Makkah), 193, 243, 245 — ufficio civile e sociale dello-, **1,** 45 art. 1 nota 2; **6,** 55.

šā'ir maǵnūn, poeta posseduto o ispirato dai ǵinn o demoni, o « pazzo »: tale i Qurayš dichiaravano e appellavano Maometto per ischerno, **Intr.** 193 e nota 1, 197.

šak, radice semitica-ebraica, avente il significato fondamentale di « pungere, tagliare, lacerare » spec. i vestiti in segno di lutto, **11,** 89 nota 2 [cfr. Gesenius, *Handw. bearb. v. Mühlau-Volck,* s. v.].

Šakar, monte nel Yaman, donde Ṣurad b. 'Abdallah al-Azdi combatte i difensori di Ǵuraš, **10,** 21 [Yāqūt, III, 311].

al-Sakāsik b. Ašras b. Thawr b. Kindah, tribù yamanita del Ḥaḍramawt, musulmana, amministrata da 'Ukkāšah b. Thawr, **10,** 81 no. 8, 82 no. 9; **12,** 69, 77 no. 2 — e poi da 'Ubaydah b. Sa'd, 86 — nella Riddah, **11,** 195; **12,** 78 — combattono a Tabūk sotto Yazīd b. abī Sufyān, nella invasione della Siria, 361 [Yāqūt, *Reg.*, 247; Qutaybah, 51, lin. 18-19; Durayd, 221, lin. 11-12].

Sakhbarah bint Tamīm, Compagna d. P., emigra a Madīnah, **1,** 15 no. 32.

Sakhbarah b. 'Ubaydah, C. d. P., makkano, emigra a Madīnah. **1,** 15 no. 23.

Ṣakhr b. Salmān [b. al-Ṣimmah], C. d. P., uno dei Bakkā'ūn, **9,** 27 no. 9' e nota 1 no. 8 [cfr. Durayd, 271, lin. 16; Aghāni, XIII, 121?].

banū Šakhrāh (?), tribù della Mahrah, **12,** 63.

sakīnah (dal cald. šekīnā), voce quranica [II, 249] variamente interpretata: abitazione (= maskan), tranquillità, sicurezza, gloria e maestà divina, **1,** 21 nota 1 [cfr. De Sacy, *Chrest. arabe*, II, p. 77-78].

banū Šākir [b. Rabī'ah b. Ǵušam... b. Hamdān], tribù yamanita dei Gharb (Hamdān) e loro conversione [cfr. Wüst., *Reg.*, 415; Durayd, 257, lin. 17].

šakku, voce assira corrispondente all'ebr. sak ed all'ar. šaqqa, **11,** 89 nota 2.

al-Sakrān b. 'Amr b. 'Abd Šams b. 'Abd Wudd al-Qurašī (abū 'Abd al-rahmān), pagano di Makkah, poi musulmano. emigra in Abissinia e ne torna cristiano; muore in Makkah avanti la Ḥiǵrah. **Intr.** 271, 277 no. 78, 283 no. 33, 331 [cfr. Qutaybah, 33 lin. 15; 65 lin. 16-17; 145 lin. 8-9].

banū-l-Sakūn [b. Ašras b. Thawr-Kindah], tribù yamanita del Ḥadramawt, convertita all'Islām, pagan le tasse al luogotenente musulmano 'Ukkāšah b. Thawr, **10,** 81 no. 8, 82 no. 9; **12,** 69, 77 no. 2 — si rifugia presso di loro Mu'ādz b. Ǵabal, **11,** 95 — restan fedeli all'Islām e combattono i ribelli Kindah durante la Riddah, **12,** 78, 85 [cfr. Wüst., *Reg.*, 403; Qutaybah, 52, lin. 8; Durayd, 221, lin. 11-12; Aghāni, XI, 131].

Sal', o **Sal' al-Madīnah,** altura e burrone fra la parte bassa e la alta di Madīnah, donde Maometto dirige la costruzione della trincea e la difesa, **5,** 25 e nota 2, 27, 29, 33 [cfr. Yāqūt, III, 117].

banū Salā·ah, tribù dei banū-l-Hārith b. Ka'b, membri della confederazione dei Kulāb, **10,** 50.

ṣalab = « angolo »(?), dell'Eufrate presso Ullays, **12,** 202.

Saladino cfr. Ṣalāḥ al-dīn. **12,** 354 nota 1.

Salāḥ, a mezzogiorno di Khaybar, **7,** 66 [cfr. Yāqūt, II. 120; III, 111].

Ṣalāḥ al-dīn = « integrità della religione » o al-Nāṣir Ṣalāḥ al-dīn Yūsuf: « il Saladino », primo sultano ayyubida (564.-589. a. H.), distrugge Dārūm, **12,** 351 nota 1.

ṣalaḥahum = « fece con loro (gli Ebrei madinesi) un trattato di pace », Maometto, **1,** 49.

Salamah, cfr. anche Salimah.

Salamah b. Aslam b. Ḥariš b. 'Udayy al-Anṣāri al-Awsi [† 14. a. H.], dei banū Za'ūrā b. 'Abd al-Ašhal. C. d. P., presente a Badr, **2,** 85,B no. 12 — nell'assedio di Madīnah fronteggia i Qurayẓah, **5,** 29, 30 — gira il fianco dei Qurayš, 32 — guardia del corpo del Profeta ad al-Ḥudaybiyyah, **6,** 34 [Wüst., *Reg.*, 404].

Salamah b. al-Azraq [b. 'Amr b. al-Hārith b. abī Šimr al-Ghassāni], figlio di Sumayyah, fratello uterino di 'Ammār b. Yāsir, **8,** 150 nota 1, no. 2 [Qutaybah, 131, lin. penult. e ult.; Ṭabari, III, 2315, lin. 5 e seg.].

Salamah b. [al-Faḍl], tradizionista, presso Ṭabari, **11,** 74.

Salamah [b. Khuwaylid b. Nawfal b. Naḍlah], fratello di Ṭulayḥah, a Buzākhah, **11,** 132.

Salamah b. Mas'ūd b. Sinān al-Anṣāri [† 12. a. H.], C. d. P. ucciso ad al-Yamāmah, **12,** 23 no. 112.

Salamah b. Qurṭ b. 'Abd (abū-l-Aṣyad) [† 9. a. H.], pagano degli al-Qurṭā, ucciso con la cooperazione del figlio al-Aṣyad, **9,** 15.

Salamah b. Salāmah b. Waqš b. Zughbah al-Anṣāri al-Awsi [† 45. a. H.], dei banū Za'ūrā, C. d. P., presente alla seconda 'Aqabah, **Intr.** 344 no. 1 — unito in fratellanza con al-Zubayr b. al-'Awwām, **1,** 50 — presente a Badr, **2,** 85,B no. 6 — a Uḥud, suo podere in al-'Irḍ. **3,** 22 — insiste presso Sa'd b. Mu'ādz per la grazia ai Qurayẓah, **5,** 49 — nell'esequie di Sa'd b. Mu'ādz, 53 — messo di abū Bakr a Khālid b. al-Walīd dopo al-Yamāmah, **12,** 26, 28 [Wüst., *Reg.*, 404; Durayd. 264, lin. 1-2].

Salamah b. Thābit b. Waqš b. Zughbah al-Anṣāri al-Awsi [† 3. a. H.], dei banū Za'ūrā (o 'Abd al-Ašhal) C. d. P., presente a Badr. **2,** 85,B no. 8 — ucciso a Uḥud. **3,** 54,B no. 14 [Durayd, 264, lin. 3-4].

Salamah b. 'Umayr al-Ḥanafi [† 12. a. H.]. capo del partito antimusulmano tra i Ḥanīfah, **12,** 25,*b* — tenta di assassinare Khālid b. al-Walīd, e si uccide, 26.

banū Salamah, tribù hawāzinita; hanno per capo, dopo Ḥunayn, Mālik b. 'Awf al-Naṣri, **8,** 172.

Salāmah b. al-Ḥumān, C. d. P., « Ipocrita », amico di 'Abdallah b. Ubayy. assiste all'esequie di lui. **9,** 72 nota 1.

banū Salāmān [b. Sa'd Hudzaym, b. Zayd b. Layth], ramo dei Quḍā'ah, loro parziale conversione, **6,** 11 — e ambasciata a Madīnah, **10,** 29 [Wüst., *Reg.*, 405].

banū Salāmāt (?), sottotribù dei Ǵudzām, loro conversione, **6,** 11.

al-salāsil (plur. di silsil o silsilah: cfr. Guidi Sed. Pop., 581) = « le catene », con cui si legano le schiere persiane a Kāẓimah nella « Giornata delle catene », **12**, 192.

al-Salāsil o **al-Salsal**, luogo sulla frontiera siria, sulla costa, posseduto dai Ǵudzām, **6**, 11 nota 3 — spedizione di 'Amr b. al-'Āṣ colà, **8**, 30 [Yāqūt, III, 111].

Salasso (**fasd**), mezzo terapeutico molto comune tra gli Arabi; praticato da Maometto, **7**, 37; **10**, 73.

al-ṣalāt (plur. al-ṣalawāt, dall'aram. zelotā), propr. « inclinazione » a Dio, (= saǵada, raka'a), quindi « la preghiera » (*q. v.*) — insegnata da Gabriele a Maometto, **Intr.** 212 — prima menzione della- nel Qur'ān, 219 nota 1 — in che si distingue dal dzikr, **2**, 12 nota 3.

ṣalāt al-'aṣr = « preghiera del pomeriggio », compiuta da Maometto, **3**, 24, 25.

ṣalāt al-ǵum'ah = « preghiera solenne dell'adunanza o del giorno d'adunanza, cioè del venerdì », **3**, 24.

ṣalāt al-ḥadar — « preghiera che si fa quando si è fermi in un sito », composta di 4 rak'āt, **1**, 55.

ṣalāt al-'Īd, o **ṣalāt 'Īd al-fiṭr** = « preghiera della Festa della rottura (del digiuno del Ramadān) », istituita da Maometto, **2**, 91.

ṣalāt al-khawf = « preghiera della paura o del pericolo », istituita da Maometto a Dzāt al-Riqā', **5**, 1 — rito secondo il quale compievasi dalle schiere al cospetto del nemico, 2 — ad al-Ḥudaybiyyah, **6**, 28.

ṣalāt al-khusūf (o **al-kusūf**) — « preghiera della eclisse della luna »; pronunziata da Maometto, **5**, 7.

ṣalāt al-safar = « preghiera da viaggio », di sole 2 rak'āt, **1**, 55.

ṣalāt al-ṣubḥ = « preghiera dell'alba o del mattino », diretta da Maometto, **3**, 59.

Ṣalīb b. Ḥanā (? Ḥannā? Yuḥannā?), uno dei 4 comandanti greci a Tabūk, **12**, 361.

ṣalībah, propr. « i lombari », quindi i genuini di schiatta, o « puro sangue »; i Ḥanīfah periti ad al-Yamāmah, **12**, 16,*e*.

Ṣāliḥ, (propr. il « retto, l'integro »), quindi Ṣāliḥ al-nabi [b. 'Ubayd b. Asyaf b. Māsiǵ b. 'Ubayd b. Ǵādir b. Thamūd b. 'Ādi b. Awṣ b. Iram b. Sām b. Nūḥ], profeta mitico del Qur'ān; predica ai Thamūd suoi consanguinei, **Intr.** 351 nota 1 — in al-Ḥiǵr, **9**, 34 — pozzo che ivi porta il suo nome, 35 e nota 1 — suo esattore, abū Righāl, **Intr.** 120 nota 1 — [identificato dai moderni commentatori con Peleg o con Šelah del *Genesi*, xi, 16, 13. Sull'origine della leggenda quranica della camela di Ṣāliḥ; cfr. l'ingegnosa ipotesi del Palmer, *The Qur'ān*, I, p. 147-148, vol. VI dei *Sacred Books of the East*, a cui si può aggiungere che i banū Ṣāliḥ (Ṣawāliḥa di oggi: cfr. Baedeker, *Palest. und Syr.*, capitolo: Sinai-Halbinsel), i quali abitavano il Ǵabal Mūsa già nel VI sec. È. V. (cfr. **12**, 113 nota 1,*b*), possono aver fornito a Maometto il nome e gli elementi della leggenda; Aghāni, IV, 74-76; Nawawi, 319-320; Mas'ūdi, III, 83-91; Yāqūt, *Reg.*, 476; Ṭabari, I, 241-254].

Ṣāliḥ al-Quraẓi [o **al-Qaraẓi**(?)], accompagna le quattro schiave mandate in dono da al-Muqawqis al Profeta, **6**, 49.

Ṣāliḥ b. 'Adi, anche detto Šuqrān mawla Rasūl Allah, C. d. P. e suo liberto, abissino o persiano, **10**, 142 no. 4.

Ṣāliḥ b. Kaysān (abū Muḥammad) [† 144. a. H.], tradizionista, autorità o fonte immediata di ibn Isḥāq, presso Ṭabari, **11**, 27, 34 nota 1; **12**, 162,*a*, 319 — presso Balādzuri, 80 nota 2 [Yāqūt, *Reg.*, 477; Qutaybah, 245; Aghāni, VII, 27 (?)].

abū Ṣāliḥ [† dopo il 605. a. H.], l'Armeno, conosce la Spedizione dell'Elefante da Ṭabari, e descrive la Chiesa cristiana di Ṣan'ā, **Intr.** 108 e nota 2.

abū Ṣāliḥ Dzakwān al-Sammān [† 100. a. H. ?], autorità di 'Abbās b. Hišām al-Kalbi, presso Balādzuri, **8**, 188 [Ṭabari, *Ind.*, p. 270; Qutaybah, 242].

banū Ṣāliḥ [tribù yamanita; li odierni Ṣawāliḥa; cfr. Baedeker, *Palest. und. Syr.*, capit.: Sinai-Halbinsel], nomadi Arabi del Sinai; loro rapporti con Giustiniano, **12**, 113 nota 1,*b*.

ibn Ṣāliḥ, uno dei Kindah del Ḥadramawt, rimasto fedele all'Islām nella Riddah, **12,** 78.

Saliḥ b. Ḥulwān b. 'Imrān ... b. Ḥimyar ... b. Qaḥṭān, eponimo capostipite del banū Saliḥ, **Intr.** 42 tav. 3 [Wüst., *Reg.*, 405; Durayd, 314, lin. 1 e 9; Qutaybah, 313, lin. 5].

banū Saliḥ [b. Ḥulwān b. 'Imrān, stirpe ḥimyaritica sulla frontiera siria, unita ai Greci contro i Musulmani [Wüst., *Reg.*, 405; Yāqūt, II, 185; Qutaybah, 51, lin. 13; 313 lin. 5].

al-Salīl b. Qays [b. Mas'ūd b. Qays ... b. Murrah ... b. Šaybān], capo dei banū Šaybān, seguaci di Saǵāḥ, **11,** 163 [Wüst., *Reg.*, 405].

al-Salīlah, luogo presso al-Šarabbah [a 26 miglia da al-Rabadzah; sorgente dei banū-l-Ḥārith b. Tha'labah o dei banū Burthun (Asad)], **11,** 112 nota 1 [Yāqūt, III, 128 e *passim*].

Sālim [b. Ma'qil (o Ma'qal) o b. 'Ubayd b. Rabī'ah (abū 'Abdallāh)] [† 12. a. H.], mawla di abū Ḥudzayfah b. 'Utbah, o liberto di Thubaytah bint Ya'ār, C. d. P., emigra con lui a Madīnah, **1,** 15 no. 67 — presente a Badr, **2,** 85,A no. 15, 85,B no. 62 — dove uccide il pagano 'Umayr b. abī 'Umayr, 88 no. 4 — rimprovera a Khālid b. al-Walīd l'eccidio dei banū Ǵadzīmah, **8,** 110 — sconsiglia ad abū Bakr la spedizione di Usāmah, **11,** 85 nota 2, 87 — e raccomanda benevoli riguardi verso i nomadi, 87, 117 — non accetta il comando dei Musulmani a Dzū-l-Qaṣṣah, 115 — lettore pubblico del Qur'ān, che conosceva a memoria, **11,** 228,*a*, 229 no. 9 — in Madīnah, 230 nota 1 — avrebbe riunito in iscritto il Qur'ān, **11,** 234 — portastendardo in 'Aqrabā, **12,** 12 — è annoverato tra gli uccisi ad al-Yamāmah, 23 no. 113 [Aghāni, VII, 27, 28; Nawawi, 265-267].

Sālim [† 12. a. H.], mawla di 'Amr b. Badr al-Yarbū'ī, morto nei primi fatti d'arme in Siria, **12,** 363 nota 1 no. 4.

Sālim [= Sālim b. 'Abdallah b. 'Umar ?], tradizionista, informatore immediato di Mūsa b. 'Uqbah, presso Bukhāri, **11,** 10.

Sālim al-Ṭā'i, (?) tradizionista, presso ibn Ḥubayš, **11,** 137.

Sālim al-Qāri (= Sālim mawla abī Ḥudzayfah ?), lettore del Qur'ān in Madīnah, **11,** 230 nota 1.

Sālim b. 'Abdallah b. 'Umar b. al-Khaṭṭāb (abū 'Abdallah o abū 'Umar) [† 105.-108. a. H.] tradizionista, presso ibn Ḥubayš, **12,** 16,*e* — anche presso Ṭabari, 19 [Wüst., *Reg.*, 405-406; Yāqūt, *Reg.*, 444; Qutaybah, 93, lin. 6-10; Aghāni, *Ind.*, 366; Nawawi, 267-268].

Sālim b. 'Amr, guida di 'Āṣim b. 'Amr al-Tamīmi a Kawāẓim, **12,** 192.

Sālim b. 'Awf, dei banū 'Amr b. 'Awf, C. d. P., uno dei « Piagnoni » di Tabūk. **9,** 27 no. 1'.

Sālim b. 'Awf b. 'Amr b. 'Awf, eponimo dell'omonima stirpe khazraǵita, **2,** 85,C no. 28.

Sālim b. Ghanm b. 'Awf b. al-Khazraǵ al-Ḥubla, eponimo dei banū-l-Ḥubla, **2,** 85,C fra no. 19 e 20.

Sālim b. Ruwaym [† 12. a. H.], ucciso nella Waq'ah Filasṭin, **12,** 363 nota 2 no. 4.

Sālim b. Sammākh, ḥalīf dei banū 'Abbād b. 'Uthmān, pagano, prigioniero a Badr, **2,** 89 no. 19.

Sālim b. 'Umayr b. Thābit b. al-Nu'mān al-Anṣāri al-Awsi, dei banū Tha'labah b. 'Amr b. 'Awf, C. d. P., presente a Badr, **2,** 85,B no. 49 — vi uccide il pagano abū 'Afak, 93 — uno dei « Piagnoni » di Tabūk, **9,** 27 no. 1 [Wüst., *Reg.*, 406].

banū Sālim b. 'Awf, thaqafiti (?), **9,** 56 no. 5.

banū Sālim b. 'Awf b. 'Amr b. 'Awf, o **banū Qawqal** o **al-Qawāqilah,** tribù madinese alla quale apparteneva Wādi Rānūnā, **1,** 30 — partecipano a Badr, **2,** 85,C no. 28 — loro confederato, Sinān b. Wabar, **5,** 10 — loro territorio confinante con i banū 'Amr b. 'Awf, 89 nota 2 — abū Khaythamah dei-, **9,** 27 no. 4' — loro morti ad al-Yamāmah, **12,** 23 no. 70 e 103 [Wüst., *Reg.*, 122-123 e 406; Qutaybah, 54, lin. 16; Yāqūt, II, 741; Durayd, 270, lin. 5-6].

banū Sālim b. Ghanm b. 'Awf, o **banū-l-Ḥubla,** tribù madinese, abitano Qubā, costruiscono la Masǵid al-Ḍirār, **9,** 52 [Qutaybah, 54, lin. 16; Durayd, 271, lin. 11-12].

umm Salīm [bint Milḥān], moglie di abū Ṭalḥah, Compagna d. P., combatte valorosamente a Ḥunayn, **8,** 123 [Qutaybah, 138, lin. 15-16; 157, lin. 6-7].

Salimah ecc.; cfr. Salamah ecc.

Salimah, tradizionista, fonte di ibn Ḥumayd. **Intr.** 281; **6,** 45 nota 1, 46.

Salimah dei banū Ǵarm, C. d. P., padre di abū Yazīd, ambasciatore dei suoi a Madīnah, **10,** 41.

Salimah [o **abū Salimah** ?] **b. 'Abd al-Asad al-Makhzūmi,** C. d. P., qurašita, sapeva scrivere, **11,** 220,*a*, no. 9.

Salimah b. 'Amr b. al-Akwa' [Sinān] b. 'Abdallah al-Aslami (abū Muslim o **abū Unās)** [† 74. a. H.], C. d. P., nella spedizione di al-Ghābah, **6,** 3 — con Zayd b. Ḥārithah contro i banū Badr b. Fazārah, 18 — riconduce a Madīnah, e poi a Dzū-l-Ǵadr le camele di Maometto, 21 — nipote di 'Āmir b. Sinān, **7,** 43 no. 17 — dona al Profeta una donna dei Hawāzin sua schiava, **7,** 62 nota 1 — a Ḥunayn, nell'espugnazione del campo di Awṭās, **8,** 130 — tradizionista, presso ibn Ḥubayš, **12,** 18 [W ü s t., *Reg.*, 406; Y ā q ū t, *Reg.*, 456; N a w a w i, 295-629; Q u t a y b a h, 165].

Salimah b. al-Akwa' = Salimah b. 'Amr b. al-Akwa' (?).

Salimah b. 'Ayyādz al-Azdi, C. d. P., a Madīnah, **10,** 55.

Salimah b. Ḥanẓalah al-Suḥaymi dei banū Ḥanifah, C. d. P., ambasciatore dei suoi a Madinah, **10,** 33 no. 2.

Salimah b. Hišām b. al-Mughīrah [b. 'Abdallah b. 'Umar b. Makhzūm] [† 14. a. H.], C. d. P., qurašita, emigra in Abissinia, **Intr.** 277 no. 39 — torna a Makkah e vi è trattenuto dallo zio, 283 no. 17 — fuggiasco a Mu'tah, **8,** 16 nota 1 [W ü s t., *Reg.*, 407; N a w a w i, 297].

Salimah b. Ḥubayš dei banū Asad b. Khuzaymah, C. d. P., ambasciatore dei suoi a Madinah, **9,** 12 no. 5 [Y ā q ū t, I, 800].

Salimah b. Mālik al-Sulami, C. d. P., riceve da lui lettere e concessioni di terre, **3,** 28, 29.

Salimah b. Ṣakhr [b. Salmān b. al-Ṣimmah] dei banū Zurayq, C. d. P., uno dei « Piagnoni », **9,** 27 no. 6[7] [D u r a y d, 271, lin. 16].

Salimah b. abī Salimah 'Abdallah b. 'Abd al-Asad b. Hilāl, C. d. P., emigra a Madīnah prima della seconda 'Aqabah, **Intr.** 339 — sposa 'Ammārah bint Ḥamzah, **7,** 75 [W ü s t., *Reg.*, 408, lin. 23].

Salimah [o **Salamah** ?] **b. Yazīd b. Mašǵa'ah b. al-Muǵammi'** e figlio di Mulaykah bint al-Ḥulw al-Ǵu'fi, C. d. P., abbraccia e poi rinnega l'Islām, **10,** 50 [W ü s t., *Reg.*, 407-408; D u r a y d, 243, lin. 17].

abū Salimah = abū Salimah ['Abdallah] b. 'Abd al-raḥmān, tradizionista. **Intr.** 211.

abū Salimah 'Abdallah b. 'Abd al-Asad b. Hilāl b. 'Abdallah al-Makhzūmi [† 4. a. H.], C. d. P., makkano, uno dei primi musulmani. **Intr.** 229 no. 2 — emigra con la moglie in Abissinia, 275 no. 8 — ritorna a Makkah, 283 no. 14 — richiedo ed ottiene la protezione di abū Ṭālib, 304 — primo dei M u h ā g i r ū n, 339; **1,** 15 no. 1 — luogotenente del Profeta in Madinah durante al-'Ušayrah, **2,** 20; **11,** 55 nota 2 n. 4 — presente a Badr, **2,** 85,A no. 16 e 50 — ferito a Uḥud, **3,** 54.A no. 6 — guida la spedizione di Qaṭan e vi muore il 26 Ǵumāda II, **4,** 2 — la sua vedova umm Salimah sposata da Maometto, 16 [W u s t., *Reg.*, 408; N a w a w i, 727; D u r a y d, 63, penult. lin.; Q u t a y b a h, 67, lin. 78].

abū Salimah ['Abdallah] b. 'Abd al-raḥmān [b. Awf b. 'Abd Awf b. 'Abd al-Ḥārith b. Zuhrah b. Kilāb b. Murrah al-Qurašī] e figlio di Tumādir bint Aṣya' [† 94. a. H.], tradizionista. **Intr.** 211 — presso ibn Hišām, **1,** 37, nota 1 — suoi genitori, **6,** 16 [W ü s t., *Reg.*, 408-409; N a w a w i, 727-728; Q u t a y b a h, 123].

abū Salimah Nu'aym b. Mas'ūd b. 'Āmir b. Unayf al-Ašǵa'i = Nu'aym b. Mas'ūd, **5,** 94.

banū Salimah = banū Salimah b. Sa'd.

banū Salimah [b.. Sa'd b. 'Ali b. Asad... b. al-Khazraǵ]. tribù anṣarita di Madīnah, **1,** 50 — avevano una Muṣalla nel loro territorio, **2,** 7 e nota 1 — detta poi Masǵid al-Qiblatayn, 24 nota 1 dove Maometto celebra la Festa del sacrifizio, 101.

banū Salimah b. Sa'd b. 'Ali b. Asad, tribù madinese dei Khazraǵ, fanno propaganda islamica e anti-idolatrica in Madīnah, **Intr.** 346 — loro idoli infranti, **2,** 85,C no. 94 - combattono a

Badr, **2**, 85,C no. 52-54 — loro fertili terre irrigue, **3**, 21 — subiscono gravi perdite a Uḥud, 26 nota 3 — loro cliente 'Antarah, 54,B no. 49 — 5-8 di essi uccidono abū Rāfī', **4**, 20 nota 1 — all'assedio di Madīnah, **5**, 33, 42 no. 3-4 — titolari di due parcelle nella divisione territoriale di Khaybar, **7**, 41 no. 9 e 10 — loro morti a Khaybar, 43 no. 5, 44 no. 4 — loro quartiere o territorio in Madīnah. **8**, 131 — sotto le mura di Ṭā·if, 157 no. 9 — due di essi annoverati tra i « Piagnoni »; seguono il loro portabandiera, **9**, 27 no. 1ª e no. 4 — Mu'aḏẕ b. Ǧabal a Tabūk, 29; **11**, 180 [W ū s t., *Reg.*, 408; A ḡ h ā n i, *Ind.*, 383 (?)].

umm Salimah Ḥind [o **Ramlah** ?] **bint abī Umayyah b. al-Mughīrah al-Makhzūmiyyah** [† 59. a. H.], C. d. P., moglie di abū Salamah 'Abdallah b. 'Abd al-Asad, emigra con iui in A bissinia, **Intr.** 275 no. 9; **7**, 56 no. 12 [erroneamente annoverata tra le morte in A bissinia; cfr. H i š ā m, 787, lin. 14] — torna a Makkah, **Intr.** 283 no. 15 — raggiunge il marito a Madīnah, 339 — vedova, è sposata da Maometto, **4**, 16; **5**, 9, 27 — accompagna Maometto ad al-Ḥudaybiyyah, **6**, 23, 37 — ispiratrice o suggeritrice del Qur·ān (LX, 10-11), 41 — suo incontro con la moglie di Salamah b. Hišām b. al-Mughīrah, **8**, 16 nota 1 — segue il Profeta alla presa di Makkah, **8**, 63, 97 intercede per abū Sufyān b. al-Ḥārith e il proprio fratello 'Abdallah b. abī Umayyah, **8**, 54, 157 no. 4 — all'assedio ḏi Ṭā·if, 142 — u m m a l-m u·m i n ī n, **10**, 189 no. 5 — assiste Maometto morente, **11**, 13 — sapeva leggere ma non scrivere, 221 no. 5 -- lettrice del Qur·ān, **11**, 229 no. 15 — tradizionista, autorità di Sayf presso Ṭabari, **12**, 70 nota 1 [W ū s t., *Reg.*, 408; N a w a w i, 821-823; A ḡ h ā n i, X, 166].

Salīṭ b. 'Amr b. 'Abd Šams b. 'Abd Wudd al-Qurašī al-'Āmirī (abū Hāṭib) [† 12. a. H.], C. d. P., uno dei primi musulmani, **Intr.** 229 no. 16 — emigra in Abissinia, 277 no. 77 — ne torna dopo Badr, **7**, 55 no. 66 — ambasciatore di Maometto a Hawḏẕah b. 'Ali al-Ḥanafī, **6**, 46 no. 4, 55 — ucciso ad al-Yamāmah (?), **12**, 23 no. 115 [D u r a y d, 69, lin. 16-17].

Salīṭ b. 'Amr al-Anṣārī al-Naǧǧārī [† 3. a. H.], C. d. P., ucciso a Uḥud, **3**, 51,B no. 58.

Salīṭ b. al-Nu'mān, C. d. P., beve il vino in Madīnah, e informa Maometto della caravana qurašita di al-Qaradah, **3**, 9.

Salīṭ b. Qays b. 'Amr b. 'Atīk al-Anṣārī al-Khazraǧī al-Naǧǧārī [† 13. a. H.], dei banū 'Adi b. 'Āmir, C. d. P., presente a Badr, **2**, 85,C no.149 — portastendardo dei banū Māzin a Ḥunayn, **8**, 122 [D u r a y d, 267, lin. 16 (?); abū Salīṭ b. Qays = Sabrah; W ū s t., *Reg.*, 409].

Salīṭ b. Salīṭ b. 'Amr b. 'Abd Šams al-Qurašī al-'Āmirī [† 12. a. H.], C. d. P., ucciso ad al-Yamāmah, suo cenno biografico, **12**, 23 no. 115.

Salīṭ b. Sufyān b. Khālid b. 'Awf al-Aslamī [† 3. a. H.], C. d. P., ucciso a Ḥamrā al-Asad, **3**, 59.

abū Salīṭ Usayrah b. abī Khāriǧah 'Amr b. Qays b. Mālik al-Anṣārī al-Khazraǧī, dei banū 'Adi b. 'Āmir, C. d. P., presente a Badr, **2**, 85,C no. 150 [D u r a y d, 267, lin. 16 ?].

umm Salīṭ, C. d. P., combatte a Ḥunayn valorosamente, **8**, 123.

Salīyā (? Salibā, Salūbā ?), signore di Ghazzah o di 'Asqalān, uno dei 4 baṭāriqah preposti da Eraclio all'esercito bizantino di Tabūk, **12**, 361.

Sallām b. Miškam al-Yahūdī (abū Ghanm), ebreo madinese dei banū-l-Naḏīr, avversario del Profeta, **1**, 58 no. 4 — ospita abū Sufyān avanti la spedizione di Sawīq, **2**, 29 — capo del partito ebraico moderato, **4**, 10 — tenta invano di evitare la guerra aperta con Maometto, **4**, 11 — emigrato in Khaybar, consiglia una federazione offensiva di tutti gli Ebri d'Arabia contro Madīnah, **5**, 55 — riuta di esser capo degli Ebrei di Khaybar, **6**, 20 — possiede colà il castello di Sa'b b. Mu'āḏẕ, **7**, 23 — sua moglie Zaynab bint al-Ḥārith, 37 [A ḡ h ā n i, VI, 99,100, 101].

Sallām b. abī-l-Ḥuqayq al-Naḏẕari, ebreo madinese dei banū-l-Naḏīr, avversario di Maometto, **1**, 58 no. 6.

Sallām b. al-Rabī' b. abī-l-Ḥuqayq ⁝⁝ abū Rāfī' al-A'war (q. v.), ebreo madinese dei banū-l-Naḏīr, avversario di Maometto, **1**, 58 no. 7.

Salma, monte o catena montuosa nel territorio dei Ṭayy nel Naǧd parallelo o vicino al monte Aǧā, **6**, 4, 5 nota 1; **9**, 35, 43 — prima occupato dalli Asad b. Khuzaymah. **Intr.** 52 nota; **10**, 35 nota 1, 89 nota 1, 126; **11,** 137 — suo clima, **12,** 295 — vi sorgeva la città di Uruk (?), **11,** 132 — e ad occidente Rammān, 147 nota 1,*a* — vi fa sosta Khālid, dopo Buzākhah, **11,** 144 [Y ā q ū t, III, 120 e *passim*].

Salma, tradizionista, presso ibn Sa'd, **11,** 206.

Salma (umm Rāfi'), Compagna d. P. e sua liberta, assiste nel parto Māryah la copta, **8,** 196 [N a w a w i, 844-845].

Salma bint 'Amr b. Rabī'ah Luḥayy, moglie di Ghālib b. Fihr-Qurayš. **Intr.** 57 [T a b a r i, I, 1102].

Salma bint 'Amr b. Zayd [b. Labīd b. Khidāš b. 'Āmir al-Khazraǵī] al-Naǵǵāriyyah, moglie di Hāšim b. 'Abd Manāf [e prima, di Uḥayḥah b. al-Ǵulāḥ], nonna del Profeta, **Intr.** 92, **1,** 87 — in Yathrib, consente ad al-Muttalib di condurre in Makkah il figliuolo Šaybah 'Abd al-Muttalib, 97 [W ü s t., *Reg.*, 409; Q u t a y b a h, 63, lin. 13-15; A g h ā n i, XIII, 124-125; D u r a y d, 22, lin. 8 e nota *c*].

Salma b. al-Aswad b. Razan al-Du·ili, pagano preismalico, ucciso dai Khuzā'ah in 'Arafah, **8,** 40.

Salma b. al-Qayn, cfr. Sulma b. al-Qayn.

Salma bint Sa'd b. Hudzayl [b. Mudrikah] (umm Ghālib), moglie di Fihr b. Mālik b. Nadr. **Intr.** 56 [Q u t a y b a h, 63, lin. ult.; 64 lin. prima].

Salma bint Suwayd b. Qudā'ah, moglie di Mudrikah b. al-Yās b. Mudar. **Intr.** 51.

Salma bint Udd b. Tābikhah b. al-Yās, moglie di Mālik b. al-Nadr b. Kinānah. **Intr.** 55.

Salma bint 'Umays, moglie di Ḥamzah [e di Šaddād b. al-Hādi] e sorella di Asmā bint 'Umays, rimasta pagana in Makkah, **7,** 75 [A g h ā n i, VII, 24; Q u t a y b a h, 68, lin. 2-3; 144, lin. 8-11].

Salmah b. al-Maylā al-Ǵuhani, C. d. P., ferito a Khandamah, **8,** 61 nota 3 no. 3.

Salmān, sito e sorgente sulla via da Makkah nell''Irāq [tra 'Ayn Ṣayd e Wāqiṣah]; vi muore Nawfal b. 'Abd Manāf. **Intr.** 95 [Y ā q ū t, III, 121-122 e *pass.*].

Salmān al-Fārisi (abū 'Abdallah), m a w l a Rasūl-Allah [† 23. o 35. o 36. a. H.], C. d. P. e suo liberto, già schiavo in Madīnah: si converte all'Islām nell'anno 1, o fra il 3. e il 5. dell'H., **1, 51** — unito in fratellanza con abū-l-Dardā 'Uwaymir b. Tha'labah, 50 e nota 1 — si riscatta con l'aiuto del Profeta e dei Compagni, **5,** 19 — suggerisce la costruzione del Khandaq a protegger Madīnah, 25, 80; **12,** 282 — costruisce una catapulta nell'assedio di Ṭā·if, **8,** 143 — cliente del Profeta, **10,** 142 no. 6 — ricusa di riconoscere l'elezione di abū Bakr, **11,** 37 nota 3 no. 7 [Y ā q ū t, *Reg.*, 455; N a w a w i, 292-294; Q u t a y b a h, 138].

Salomone, o **Sulaymān b. Dāwud,** progenitore del Messia nella dottrina rabbinico-apocalittica degli Ebrei, **Intr.** 30 — suoi rapporti con l'Arabia Felice e la Regina di Saba [Bilqīs], **11,** 214 — avrebbe fatto costruire dai demoni o ǵ i n n l'antica città babilonese Zandaward, **12,** 160,A, nota 1,*a* — suoi vasi d'oro nella Chiesa del Santo Sepolcro, in Gerusalemme, rapiti dai Persiani invasori, 247.

al-Salsal = al-Salāsil, sorgente dei banū Ǵudzām sui confini della Siria, **8,** 30 [Y ā q ū t, III, 116].

al-Ṣalṣal, prima tappa dei Musulmani nella spedizione contro Makkah [a sette miglia da Madīnah] **8,** 51 [Y ā q ū t, III, 413-414].

Ṣalṣal b. Šuraḥbīl, C. d. P., ambasciatore di Maometto nel Yaman, per preparare la lotta contro al-Aswad al-'Ansi, **11,** 193 no. 6.

al-Ṣalt [b. Kuthayr b. al-Ṣalt?], tradizionista, autorità di Sayf, presso Tabari, **12,** 77.

al-Ṣalt b. al-Nadr b. Kinānah ... b. Mudar, pagano anteislamico, morto senza discendenti, **Intr.** 54 [W ü s t., *Reg.*, 146; Q u t a y b a h, 32, lin. antipen. e pen.; A g h ā n i, VIII, 28 (?) la tribù omonima].

Ṣalūbā b. Baṣbahra = ibn Ṣalūbā, **12,** 211.

Ṣalūbā b. Nasṭūnā b. Baṣbahra = ibn Ṣalūbā, **12,** 211.

ibn Ṣalūbā al-Fityawni, ebreo madinese, dei banū Tha'labah b. al-Fityawn: avversario di Maometto, **12,** 162 nota 4.

ibn Ṣalūbā [ossia **Buṣbuhra**] o **Ṣalūbā b. Nasṭūnā al-Sawādi,** d i h q ā n o feudatario sassanida, proprietario dei due villaggi Bārūsmā e Bāniqyā nel Sawād: viene a patti con Khālid o con un suo dipendente prima o dopo la resa di Ḥirah, mediante il pagamento d'un tributo, **12,** 162,*a*,*c* e note 3,*a* e 4, 164,*b*. 165,*a*, 172 e nota 1, 173,*a*, 210 note 2 e 3 — resto dell'accordo, 262,*a* — sua probabile storicità, 165 nota 6, 211, 236 — signore di Quss al Nāṭif, 210 nota 3.

al-Šām = « Siria » propr. il paese di « sinistra » o del nord, rispetto al Yaman o paese di « destra » o sud, la Siria-Palestina (*q. v.*), sua estensione e limiti nel concetto geografico degli Arabi, **12**, 313 nota 1,*a* [Yāqūt, III, 239-244].

al-samā al-dunyā « cielo più prossimo alla terra » cielo sublunare o terrestre dove sarebbe riposto il Qur'ān avanti di esser rivelato a Maometto, **Intr.** 215 e nota 2 — da esso comincia l'ascensione del Profeta, 221.

Samā'ah, capo tamimita, già partigiano di Sagāḥ; pentito, convertesi all'Islām, **11**, 179.

Sāmah b. Lu·ayy b. Ghālib b. Fihr. Intr. 58 [Wüst., *Reg.*, 411; Yāqūt, II. 158; Durayd, 68; Qutaybah, 33, lin. 12; 55, lin. 12; Aghāni, *Ind.*, 366].

Šamām [nel territorio dei Bāhilah; cf. Yāqūt, III, 318], miniere d'argento e rame lavorate dai Persiani, **12**, 134 nota 1.

al-Šamāmisah (plur. di šammās dal cald. šamāš) « preti cristiani »; Šammās b. 'Uthmān, uno di essi, **2**, 85,A no. 51.

Samanah [o **Sumnah**, presso Wādi-l-Qura (?); Yāqūt, III, 146], fra Dzāt al-Khiṭmi e al-Akhḍar, tappa del Profeta nella spedizione di Tabūk, **9**, 30 no. 15.

Samaria [dall'antica Šomron dei I *Re* xvi, 24], o Palestina Media: Ǵīnin o Ǵinin sui confini dei monti della-, **12**, 319 nota 2 — vi si spingon presso gli Arabi nella prima incursione palestinese, 347 nota 3,*b*.

Samaritani, prodotto della miscela di varie genti, Gesù vieta la predicazione evangelica ad essi, **10**, 104 nota 1 — loro periodiche sommosse sotto gl'imperatori romani e bizantini; sanguinosa insurrezione del 484. a. È. V., e poi sotto Giustiniano **12**, 262 — loro devastazioni e massacri in Gerusalemme sui Cristiani, **12**, 263 — combattono con i Greci contro i Ṭayyāyē o Arabi invasori, 347 e nota 3,*b*, 348, 374.

al-Samāwah, deserto fra l''Irāq e la Siria. **12**, 223 nota 3,*a*, 417 nota 1 — traversato, tra Qurāqir e Suwa, da Khālid b. al-Walīd, 233 nota 3, 394 e nota 3, 397, 412 [Yāqūt, III. 131 e *pass.*].

Samayfa' [o **Sumayfi'**] **b. Bākūrā** [o piuttosto Nākūr] = Dzū-l-Kalā', **9**, 65 [Durayd, 307, lin. 19].

Samayfa' b. Nākūr Dzū-l-Kalā' = Samayfa' b. Bākūra, C. d. P. [cfr. Dzū-l-Kalā'], uno degli Adzwā del Yaman, nel conflitto fra Arabi e Persiani in Ṣan'ā, **12**, 66 no. 3.

Samhara, borgata nell'Abissinia dove si lavoravano le aste delle lancie samharite provenienti dall'India, **12**, 270 [Yāqūt, III, 146-147].

samī'un 'alīmun = « che ode e sa (tutto) »: appellativo quranico di Allah: modificazione apportatavi dallo scriba 'Abdallah b. Sa'd, **8**, 79.

ibn-Samī', tradizionista, presso ibn Ḥaǵar (?), **5**, 85 nota 2.

banū Šamir, gente ḥanafita (?), **10**, 33 no. 4.

Samīrā o **Sumayrā**, stazione sulla strada di Baṣrah (?) a Makkah, nell'Arabia centrale; vi si dànno convegno li Asad ribelli, **11**, 119 e nota 1; e vi fissa il campo Ṭulayḥah, 127, 130.

ibn abī Šamlah = 'Umar b. al-Khaṭṭāb. **11**, 182.

ṣammā (?), vestito del quale Maometto proibisce di fare uso, **8**, 67.

al-Ṣammān, sito e monte del territorio dei Tamim, **11**, 146 nota 1,*b* [Yāqūt, III, 416-417].

Šammār, monte. **Intr.** 31.

banū Šammār, tribù di beduini arabi odierni, aventi nome dal monte Šammār. **Intr.** 31 [Durayd, 283, lin. 10-11 (?)].

Šammās 'Uthmān b. 'Uthmān b. al-Šarīd b. Suwayd, dei banū Makhzūm ... b. Murrah, C. d. P., makkano, emigra in Abissinia, **Intr.** 277 no. 35 — ritorna a Makkah, 283 no. 16 — presente a Badr, **2**, 85,A no. 51 — copre a Uḥud col proprio corpo quello del Profeta, e cade ucciso da Ubayy b. Khalaf, 54,A no. 4 [Durayd, 64, lin. 5-7].

Sammayā o **Sumayā**, villaggio nel Sawād, proprietà del feudatario Ṣalūbā, **12**, 162,*c* [Yāqūt, III, 147; I, 474, lin. 5].

Samrā bint Ǵundab b. Ḥuǵayr b. Ri·āb, moglie di 'Abd al-Muṭṭalib e madre di al-Ḥārith b. 'Abd al-Muṭṭalib, **Intr.** 102.

šamsah = dischi di metallo a forma di Sole (?), dono votivo di 'Abd al-malik b. Marwān alla Ka'bah, **Intr.** 101 nota 1.

al-Ṣamṣāmah, la celebre spada di 'Amr b. Ma'dīkarib conquistata da Khālid b. Sa'id, **12**, 65 e nota 3, 69 nota 1,*a* — vicende ulteriori di essa, 65 nota 3, 271 [Aghāni, XIV, 27, 31, 32, 41].

Šamsī o Sa-am-si (*q. v.*) una delle šarrat māt A-ri-bi, o regine di Arabia antica, **11**, 164.

Samuele, episodio di David fanciullo e del profeta, ispiratore della leggenda musulmana di Baḥīrā, **Intr.** 114.

Samūm, il vento caldo del deserto, ne è sorpreso e trasfigurato al-Aswad b. 'Abd Yaghūth, **Intr.** 249.

Samurah o Samur (*Mimosa unguis cati*, Forsk.), acacia o spino egiziano, uno dei pochi alberi del deserto, **12**, 295 nota 1 — tre di esse formavano il santuario di al-'Uzza in Nakhlah, **8**, 102 — in al-Ǵi'rānah, 161 — sulla via tra Abwā e Thaniyyah Arāk, **10**, 73.

Samurah b. 'Amr al-'Anbari, musulmano, luogotenente di Khālid b. al-Walid nella Yamāmah, dopo 'Aqrabā, **12**, 37.

Samurah b. Ǵundab [b. Hilāl b. Ḥarīǵ b. Murrah b. Ḥazn ... b. Fazārah] al Fazāri (abū Sulaymān o abū Sa'īd) [† 58.-60. a. H.], C. d. P., famosa autorità tradizionistica, per nulla fede degna, **Intr.** 26 nota 1, 28 — troppo giovane per poter combattere a Uḥud, **3**, 26 no. 10 — governatore di Baṣrah sotto Mu'āwiyah, recita le preghiere funebri su Saǵāḥ, **11**, 160 [Wüst., *Reg.*, 412; Yāqūt, *Reg.*, 462; Qutaybah, 155; Nawawi, 303-304; Aghāni, XIV, 14; XVI, 3].

Šamwīl b. Zayd al-Quraẓi, ebreo qurayẓah, di Madīnah, ostile a Maometto, **1**, 58 no. 50.

San Girolamo, menziona spesso Ubna-Ābil, **11**, 4 — sorpreso e minacciato dai Saraceni invasori presso Gerusalemme, **12**, 113; suo conflitto contro Pelagio e pericoli corsi, 263.

San Paolo, sua pretesa predicazione in Spagna, **11**, 79 nota 1.

San Tommaso apostolo, a esso si vuole risalga la sede vescovile di Seleucia-Ctesifonte, **11**, 79 nota 1

Ṣan'ā, antica città del Yaman [Yāqūt, III, 420-426 e *pass.*], conquistata dagli Abissini e poi dai Persiani, **Intr.** 110, 185 — governata da un vicerè, **11**, 186 — distretto limitrofo ai Hamdān, **9**, 66 nota 1 — sua distanza da Tabālah, **10**, 23 — e da Šanu'ah, **11**, 98 nota 2 — i suoi dintorni abitati dalli Zubayd, **10**, 31 nota 1 — via Makkah-Naǵrān-Ṣan'ā, **7**, 61 nota 1 — abitata dalli Abnā, **11**, 12, 188 nota 1 — vi sorse, costruita, secondo la leggenda, dal vicerè abissino Abrahah, una splendida chiesa cristiana al-Qalīs o al-Qulays (*q. v.*); demolita poi dal califfo al-Manṣūr, **Intr.** 108, 117 e note 2 3 4; **11**, 27 nota 1,*b* — pellegrinaggio ad essa, e Spedizione dell'Elefante, **Intr.** 118, 120 — i primi Musulmani in-, **10**, 80 — amministrata da Šahr b. Bādzān, 81 no. 1, 82 no. 1 — o da Khālid b. Sa'īd, 82 nota 3 — vi riscuote le tasse e governa al-Mūhāǵir b. abī Umayyah, **10**, 71 no. 1, 82 nota 3; **12**, 1 nota 3, 87 — teatro dell'insurrezione di al-Aswad e del truce dramma seguente, **11**, 188, 189, 190, 192 e nota 1, 195, 196; **12**, 64, 65, 94 — amministrata da Fayrūz al-Dīlami, **11**, 82 no. 9 — resta fedele all'Islām durante la Riddah, 88 — conflitto fra Arabi e Persiani in-, **12**, 66-73 — Cristiani di-, **Intr.** 108.

Sanā [o Sabā] bint Asmā b. al-Ṣalt al-Sulamiyyah, Compagna d. P., e sua moglie, **10**, 139 no. 14.

Ṣanā'ah bint al-Zubayr b. 'Abd al-Muṭṭalib, Compagna d. P., pensionata di Khaybar, **7**, 42.

abū-l-Sanābil ['Amr] b. Ba'kak b. [al-Ḥaǵǵāǵ b.] al-Ḥārith b. 'Umaylah (o al-Sabāq) C. d. P., uno dei mu'allafah di al-Ǵi'rānah e poeta [risiedeva in Kūfah], **8**, 165 no. 5 [Wüst., *Reg.*, 412; Durayd, 99, lin. 12-14; Nawawi, 768].

ṣanam = « l'idolo » Hubal in Baṭn al-Ka'bah. **Intr.** 62 nota 5.

Šanas, forma corrotta del nome Būhān = Βαάνης, **12**, 378 nota 2.

al-Šanbā bint 'Amr al-Ghifāriyyah, Compagna d. P., e sua moglie repudiata, **10**, 139 no. 15.

Sanbar al-Irāši, C. d. P. (?), ḥalīf di 'Amr b. Ḥassān, riceve da Maometto la concessione di 'Arǵūn, **9**, 33.

Sandawdā [dal nome, secondo ibn al-Kalbi, di una donna, Sandawda bint Lakhm b. 'Adi b. al-Ḥārith b. Murrah b. Udd], luogo nei pressi di 'Ayn al-Tamr e di Ḥirah, abitato da Arabi cristiani, messi in fuga da Khālid b. al-Walīd: tappa del suo viaggio verso la Siria, **12**, 395, 396, 401, 412, 421 [Yāqūt, III, 420].

Sanīr, paese, dove sorgeva Ḥuwwārīn, **12**, 403 [Yāqūt, III, 170-171].

sannah al-wufūd = anno delle deputazioni, **9**, 55.

banū Šanakh, tribù o ramo dei Ǵuhaynah, ricevono dal Profeta la concessione di una parte di Sufaynah, **5**, 89 e nota 1.

banū Šankh = banū Šanakh, **5**, 89 nota 1.

Šanu·ah, distretto del Yaman [a 42 parasanghe da San'ā·] abitato dalli Azd Šanu·ah, dipendente dal luogotenente di Ṭā·if, 'Uthmān b. abī-l-'Āṣ. **11**, 98 e nota 2 [Yāqūt, III, 330].

Sant' Eutimio [sec. V. dell'È. V.], eremita del Mar Morto, visitato e venerato dai Saraceni, **12**, 113.

Santa Croce, quella dove fu crocefisso il Cristo, nel tempio del Santo Sepolcro, rapita dai Persiani, **12**, 247.

Santa Sofia di Costantinopoli, eretta da Giustiniano, **12**, 242.

Santo Sabas [† 531. o 532. È. V., discepolo di Eutimio] convento di- [nell'odierno Mār Sābā], i cui frati combattono contro i frati origenisti, **12**, 264 nota 1.

Santo Sepolcro, chiesa del-, vi fuma dentro ancora oggi il soldato musulmano, **Intr.** 1 — saccheggiato e arso dai Persiani sassanidi, **12**, 247 — pellegrinaggio dell'imperatore Eraclio al-, **6**, 50 nota 3; **12**, 257 — tumulti sanguinosi che portano alla proclamazione ivi del vescovo scismatico Teodosio, **12**, 263.

Šanūkah, monte fra Faǵǵ al-Rawḥā e 'Irq al-Ẓubyah; tappa del Profeta a Badr, **2**, 44 [Yāqūt, III, 330 e 574, lin. 9].

banū Šanūq, ramo dei Mudliǵ kinā̈niti nella Tihāmah; loro partecipazione ai primi moti anteislamici, **11**, 98.

Saq (?), fratello dell'imperatore Eraclio, consiglia l'instituzione di una guarnigione di cavalleria nel Balqā, **11**, 106 nota 1,*b*.

Saqf, sito o sorgente presso Ghadwar, nella catena montuosa Salma, **6**, 5 nota 1 [Yāqūt, III, 108 e *pass.*].

Saqīfah dei banū Sā'idah, o Vestibolo (tettoia) dei banū Sā'idah in Madīnah, dove avvenne l'elezione di abū Bakr, **11**, 36, 37 nota 2,*b*, 38, 39,*a*, 59, 203 nota 2 [Yāqūt, III, 104-105].

al-Šaqīqah = emicrania sofferta dal Profeta, **7**, 4, 20.

al-Sāqiṭah o « gli abbietti o decaduti » nome spregiativo degli abitanti cristiani della Siria, avevan commercio e mercato proprio in Madīnah, **9**, 24; **12**, 363.

šaqqa = « lacerò », specialmente i vestiti in segno di dolore e di lutto. **11**, 89 nota **2**.

sarāb (da sarab « acqua scorrente ») = miraggi ingannatori del deserto, fata morgana, **12**, 299.

al-Šarabbah, sito nel Naǵd, fra al-Salilah e al-Rabadzah, presso cui abitavano i Muḥārib, **6**, 1 — i Kindah, **9**, 15,A — i Fazārah (?), **11**, 90 [Yāqūt, III, 272-278 e *pass.*].

Saraceni Σαρακηνοί, dubbia origine etimologica del nome, comprendono, secondo Procopio, i Μααδδηνοί. **Intr.** 44 nota 1; **12**, 132 nota 1 — loro frequenti razzie sanguinose in Palestina sotto il cadente Impero romano, specialmente contro i monasteri, **12**, 113, 132, 261.

Šarāf, terra nel Sawād, presso al-Mugbīthah, razziata da Khālid b. al-Walid, **12**, 164,*a* [Yāqūt, III, 270].

Šarāf bint Khalīfah b. Farwah al-Kalbiyyah, Compagna d. P., e sua moglie, **10**, 139 no. 18, 141 no. 9.

Saraginos o **Saraceni**, nome dato agli Arabi dagli Armeni contemporanei alle prime conquiste, **12**, 132 nota 1,*b*.

Sarah, moglie di Abramo; opinione che abbia dato origine al nome Saraceni. **12**, 132 nota 1,*a*.

al-Šarāh, cfr. al-Sarāt.

al-Sarāh, cfr. al-Sarāt.

al-Šarāh, cfr. al-Šarāt.

Sārah, m a w l a di 'Amr b. Hāšim o dei banū 'Abd al-Muttalib, cantatrice makkana di poesie offensive per il Profeta, messa al bando nell'occupazione di Makkah, ed uccisa, **8**, 73 nota 1 no. 8, 83.

abū Šarāḥīl o **Šuraḥbīl**, cognome di Dzū-l-Kalā (*q. v.*), **9**, 65.

š a r ā · i ' = « leggi generali » e **f a r ā · i d** = « disposizioni speciali » dell'Islām, **10**, 32, 58.

Σάρακα, paese d'Arabia « di là dai Nabatei ». Οἱ οἰκοῦντες Σαρακηνοί, **12**, 132 nota 1,*a* e c.

Σαρακηνοί (v. Saraceni Σαρακηνοί).

s a r a q a « rubò », in rapporto a Saraceni, quali « predoni » o « briganti », **12**, 132 nota 1,*a*.

š a r a q a = « spuntò (il Sole) », in rapporto a Saraceni, quali « orientali », **12**, 132 nota 1,*a*.

Sarāt [valle corsa da ?], due piccoli fiumi irriganti la bassura Ǵazz nel Yaman, **10**, 32 [Y ā q ū t, III, 66, lin. 16 e seg. ?].

al-Sarāt, monti presso Tā·if, donde cominciava la valle Turbah, **7**, 61 nota 1 — i loro abitanti (a h l a l-S a r ā t) restano fedeli durante la R i d d a h, **11**, 87, 88 [Y ā q ū t, III, 65, specialm. lin. 8 e seg.].

al-Sarāt o **Qarn al-Sarāt**, canale dell'Eufrate irrigatore del Sawād, alla cui bocca stava il Sūq al-'Atīq in Baghdād, **12**, 174, 184,*c* e nota 3,*a* [Y ā q ū t, III, 377-329 e *pass.*].

al-Šarāt, monti sul confine Sirio presso al-Ǵarbā, **9**, 39 nota 1 [Y ā q ū t, III, 270-271 e *pass.*].

š a r a t a l a h u m = « concesse loro (Maometto agli Ebrei madinesi) alcune condizioni o diritti », **1**, 44.

s a r a w ā t (plur. di s a r ā t) = « principi » o « capi » dei banū 'Amr-Khuzā'ah, **8**, 21 — di **Aylah**, **9**, 38 nota 1 — dei banū **Mālik**, **11**, 168.

Sarāwi' [o **Surāwi'**, cfr. Y ā q ū t, III, 64], monti a occidente di Makkah, **6**, 27, 29.

Šarawrā, monte o catena che limita ad est la valle di Ḥisma o di Tabūk, **6**, 11 nota 1; **12**, 316 nota 4 [Y ā q ū t, III, 282, lin. 21-22].

s a r ā y ā (plur. di s a r i y y a h), le « spedizioni » o missioni (anche di numero esiguo, da 5 a più di cento cavalieri) propriamente dette, quelle cioè cui non partecipò in persona Maometto: loro numero, **1**, 74.

Sarbil, divinità femminile di Arbela, e Aitalaha suo prete, **12**, 143.

Šarǵ al-'Aǵūz, gola presso Madīnah, dove fu ucciso Ka'b b. al-Ašraf, **3**, 4 [Y ā q ū t, III, 274, lin. 9-10].

al-Šarǵah, paese del Yaman settentrionale, nel distretto di 'Aththar, **11**, 195 e nota 2,*b*.

Sarǵās, cfr. Sarǵīs-Baḥīrā. **Intr.** 135.

Sarǵīs, altro nome o doppione di Baḥīrā (*q. v.*), suoi rapporti con Maometto. **Intr.** 114 e nota 2.

Sarǵīs (Sergio), nome dell'arabo cristiano, che poi, convertitosi all'Islām, si chiamò Rāfi' b. abī Rāfi' al-Tā·i, **8**, 32.

Sarǵīs e **Sergius** = Sergio, patrizio e generale bizantino di Eraclio in Palestina, **12**, 319 nota 2 — muove da Cesarea contro gli Arabi, ma è disfatto ed ucciso, 335, 348 e nota 1, 349.

Sargon II o **Šarukīn** [722.-705. a. È. V.], monarca assiro; menziona nelle sue iscrizioni i Ta-mu-du o Thamūd, **9**, 34 nota 2 — e i Šarraqu o Arabi nomadi, **12**, 132 nota 1,*c*.

Šarḥ b. 'Abd Kalāl (leggi Kulāl), C. d. P., q a y l del Yaman, suoi rapporti con Maometto, **9**, 61.

ibn abī Sarḥ, cioè 'Abdallah b. Sa'd ibn abī Sarḥ [b. al-Ḥārith b. Ḥubayb] (*q. v.* e aggiungi) [† 36. o 37. o 59. a. H.], C. d. P., qurašita già pagano, poi musulmano e apostata, **8**, 45 — messo al bando dal Profeta, 73 nota 1 no. 3 [W ü s t., *Reg.*, 23-24; Y ā q ū t, *Reg.*, 502; N a w a w i, 245-248; Q u t a y b a h, 153; A gh ā n i, VI, 58, 59].

al-Sarī b. Yaḥya [**b. Sarī al-Kūfī**], tradizionista, presso Balādzuri, **12**, 165 nota 5 [e presso T a b a r i, *Ind.*, 224-225; Y ā q ū t, IV, 1043].

Sārībah (o **Sāriyah**), terreno concesso dal Profeta ai banū-l-Dibāb, **10**, 4 no. 1.

banū-l-Šarīd [**b. Sulaym b. Manṣūr ... b. Qays 'Aylān**], ramo dei Sulaym, apostatano e depredano una caravana diretta a Madīnah, **11**, 96 — al seguito di al-Fuǵā·ah Iyās b. 'Abdallah, **11**, 159,*a* [W ü s t., *Reg.*, 417; Y ā q ū t, *Reg.*, 248; A gh ā n i, X, 73; Q u t a y b a h, 41, lin. 16; D u r a y d, 187, lin. 4].

Sarif, luogo sulla via Madīnah-Makkah [a 6-12 miglia da Makkah], vi si dan convegno 'Umar b. al-Khaṭṭāb, 'Ayyāš b. abī Rabī'ah e Hišām b. al-'Āṣ, **1,** 15 nota 1 — vi consuma il Profeta il suo matrimonio con Maymūnah, **7,** 76 — tappa del Profeta, 76; **8,** 175 [Yāqūt, III, 77-78].

ṣarīḥ (pl. ṣarā'iḥ o ṣuraḥā) = « puro » o « puro sangue », discendente diretto e senza miscela o incrocio di stirpe; tali ritenevansi i Qurayš, da Ismā'il b. Ibrāhīm, **9,** 55.

Šarīk al-Fazāri (abū Yazīd), tradizionista, autorità di al-Zuhri presso ibn Ḥubayš, **11,** 145.

Šarīk b. 'Abdallah [**b. abī Šarīk b. Aws**] **al-Nakha'i** [† 177. a. H.], tradizionista, informatore di abū Naṣr al-Tammār, presso Balādzuri, **12,** 173,*b* [Wüst., *Reg.*, 417; Yāqūt, *Reg.*, 471; Qutaybah, 254-255; Durayd, 241, lin. antipen.].

umm Šarīk Ghaziyyah bint Ǵābir b. Ḥakīm (= Ghaziyyah bint Ǵābir) dei banū 'Āmir b. Lu'ayy, Compagna del P., e sua moglie, **10,** 141 no. 5 e 139 no. 16.

sarīr = « lettino o trono », dedicato nella Ka'bah dal califfo al-Walid b. Yazīd. **Intr.** 101 nota 1.

Sāriyah [o **Sāribah**], territorio concesso dal Profeta ai banū Ḏubāb (o Ḏibāb), **10,** 4 no. 1.

Sāriyah b. Maslamah b. 'Āmir al-Ḥanafi, seguace di Musaylimah, prigioniero di Khālid b. al-Walid, e da lui graziato, **12,** 7.

sariyyah (plur. sarāyā) = « spedizione minore », in che differisca da ghazwah, **1,** 74; **2,** 92.

al-šarkh e **al-šārikh,** « adolescenti » fatti prigionieri a al-Thaniyy, **12,** 224.

al-Šarqi b. al-Qaṭāma al-Kalbi [viveva 180. a. H.], tradizionista, presso Balādzuri, **11,** 211 [Yāqūt, *Reg.*, 469; Qutaybah, 268, lin. 2-5].

šarqiyyūn o Saraceni, **12,** 132 nota 1,*a*.

šarrāku o **šarrāqu** (Saraceni), « abitatori del deserto » o Arabi nomadi menzionati nelle iscrizioni assire di Sargon II, **12,** 132 nota 1,*c*.

šarrat māt A-ri-bi, « regine degli Aribi », menzionate nella Iscrizione di Khorsabad, **11,** 164.

sarriḥ Ḥuǵayr = « lascia andare, Ḥuǵayr », espressione proverbiale: donde nata, **11,** 166 nota 2.

Sarū', luogo sulla via da Wādi-l-Qura in Siria, **12,** 328,*a* [Yāqūt, III, 86 e *pass.*].

šarūb = « bevanda, acqua alquanto salmastra », pozzi di- in Kāẓimah, **12,** 192 nota 7.

al-Sarw, paese dei Ḥimyar nel Yaman: i suoi abitanti o guerrieri seguono 'Ikrimah b. abī Ǵahl, **12,** 378.

Šās b. Qays [**b. 'Ubādah al-Awsi**], pagano madinese, che riaccende i rancori fra Aws e Khazraǵ, **1,** 69 [Durayd, 266, lin. 4-5].

Ṣa'ṣa'ah b. Mu'āwiyah b. Bakr b. Hawāzin . . . b. Muḍar, capostipite eponimo dei banū 'Āmir b. Ṣa'ṣa'ah. **Intr.** 41 tav. 1 [Wüst., *Reg.*, 143; Qutaybah, 42, lin. 9-10; Durayd, 177, lin. 9; Aghāni, IV, 129].

abū Ṣa'ṣa'ah 'Amr b. Zayd b. 'Awf al-Anṣāri al-Khazraǵi dei banū 'Awf b. Mabdzūl, C. d. P., presente a Badr, **2,** 85 no. 159.

Šāṣir al-Ǵinni, uno dei ǵinn convertito da Maometto a Nakhlah. **Intr.** 329 nota 1.

Sassanidi, dinastia persiana successa alli Arsacidi, e regnante in circa 4 secoli, dal 226. al 651. È. V.

Fonti principali della loro storia. **12,** 118 nota 2 — tavola cronologica dei re, 131 — sono di stirpe ariana, 112 — il Fārs (*q. v.*) culla del loro impero, 119 — fondato da Ardašīr (*q. v.*), un principe feudatario delli Arsacidi, 120 nota 4 — contro i quali lottano e vincono, 114 — loro carattere nazionale, per cui reagiscono contro l'influenza greco-romana nell'Oriente, 120 nota 2 — cfr. i nomi dei vari sovrani.

Loro storia e politica interna. Costituzione dell'impero sulle basi di elementi antagonistici: l'aristocrazia militare e semifeudale, una gerarchia di clero indipendente e intransigente, 121 nota 4 — una popolazione mista di Ariani e di Semiti, 120 nota 4, 121 nota 3, 189 nota 1 — — lotta contro le classi privilegiate, sostegni e nemici della corona, 122-128 — hanno la capitale, Ctesifonte, o al-Madā'in (*q. v.*) su territorio semita, 138 — ma con verun provvedimento amministrativo riescono a colmar l'abisso fra le due razze ostili dei sudditi, 189 — conflitti per la successione al trono dopo la morte di Šīra (*q. v.*), 215, 216 — cfr. Kisra.

Politica religiosa. Fanno rifiorire il Mazdeismo o **Zoroastrismo** (*q. v.*), 121, **122** — sterminano i Manichei (*q. v.*), 122 — sono in conflitto continuo con i sudditi Cristiani, 137-149 — che ora perseguitano, ora blandiscono fomentando divisioni e scismi ed eccitando tendenze particolariste, 142, 145, 149; cfr. Cristiani e Cristianesimo.

Politica militare, ambiziosa e aggressiva, 120 nota 1, 130 nota 1 — esercito, costituito in gran parte da elementi nobiliari o ligi all'aristocrazia, 121 nota 4 — arte bellica, 268.

Rapporti con Bisanzio, col quale contendono il dominio dell'Asia anteriore, **112** — stato di guerra quasi continua durante 4 secoli, 113, 128, 129, 130 nota 1 — campagne contro Eraclio, 253-256.

Rapporti con gli Arabi, 132-136 — serbano continuo e diretto interesse nelle vicende d'Arabia, 134 nota 1 — stringono patto commerciale con i Qurayš avanti Maometto, **Intr.** 91 — conquistano il Yaman, 110; **11**, 186; **12**, 135 — riducendolo a una satrapia arabo-persiana, 127 — lottano contro i pirati arabi del Golfo persico, e dominano in parte le tribù del Baḥrayn, 127, 132, 134 — tentano di assicurare la frontiera Araba-eufratica, favorendo il principato lakhmita di Ḥīrah contro il filarcato Ghassānida, e munendo il limite del deserto con fortezze e trincee, 133 e nota 2 — con la sconfitta di Dzū Qār (610.? È. V.), perdono il loro prestigio sugli Arabi, **Intr.** 230 nota 1; **12**, 135, 136 — contro la cui invasione nella valle Tigro-Eufratica non oppongono veruna efficace resistenza, **11**, 183; **12**, 207 nota 1.

Loro decadimento e decrepitezza dell'impero, **Intr.** 2; **10**, 127; **11**, 183 — cause principali della decadenza e della rovina, **12**, 118-120 — loro fatale o provvidenziale cooperazione al trionfo dell'Islām, 310.

š a ṭ a n a = « penetrò, entrò in terra »; donde « il serpente Šayṭān » (*q. v.*), **12**, 78 nota 2,*b*.

Satana = Iblīs o Šayṭān (*q. v.*), particolari sul conflitto fra Dio ed esso, inventati da ibn 'Abbās, **Intr.** 25, nota 1 — quel ch'egli fa, nelle tradizioni del Bukhāri, per non udire l'appello del m u ' a d z d z i n ai fedeli, 27 — sue suggestioni ispiratrici, secondo il Muir, della missione profetica di Maometto, **Intr.** 116, 190 — suoi rapporti con gl'indovini, i poeti e i ǵ i n n, secondo il Qur'ān, 193 e nota 2 — raffigurato dal Profeta in Nabtal b. al-Ḥārith, **1**, 60 — che fa comparire ambedue le sua corna o Satana bicorne (cfr. Dzū-l-Qarnayn) resto tradizionale dell'antico culto del sole, **9**, 36 e nota 3; cfr. Šayṭān.

banū-l-Šaṭbah [o **Šaẓiyyah**?] dei Ghassān, antica tribù araba preesistente in Madīnah ai banū Qaylah, **1**, 38, nota 2.

abū-l-Ša'thā' b. Sufyān b. 'Uwayf, pagano di Makkah, ucciso a Uḥud, **3**, 55, no. 25.

Saṭīḥ [**al-Kāhin**, cioè Rabī' b. Rabī'ah b. Mas'ūd b. 'Adi b. al-Dzā'ib, « il prete longevo »], specie di mostro umano, che, per mezzo di 'Abd al-Masīḥ al-Ghassāni spiega il sogno del re persiano [Abarwīz] preconizzante la nascita e la missione di Maometto, **Intr.** 123 nota 1 [W ü s t., *Reg.*, 412-413; Y ā q ū t, *Reg.*, 446; Ṭ a b a r i, *Ind.*, 226; A g h ā n i, IV, 75; D u r a y d, 286, lin. 10-13].

Satrapie, antica istituzione amministrativa achemenida, che Ardašīr tenta di restaurare in Persia sopprimendo il feudalismo arsacida, **12**, 120.

Ša'ūb, luogo [con castello e giardino] nel Yaman, dove al-Aswad al-'Ansi sconfigge e uccide Šahr b. Bādzām, **11**, 195 [Y ā q ū t, III, 300].

Saul, re, prima del 1000 av. C., sotto esso, gli Ebrei della tribù di Simeon emigrano in Arabia (?), **9**, 46 nota 2.

Sava, sopra un cui ponte si conclude il trattato di pace fra Carlo VI e la Sublime Porta, **1**, 11 nota 1.

Šawā (*sic*: leggi Suwa), **12**, 412.

Sawā' b. al-Ḥārith (abū Khuzaymah) dei banū Muḥārib, C. d. P., ambasciatore dei suci a Makkah e poi in Madīnah a Maometto, **10**, 49.

Sawābīl [? **SWABYL**] tappa del viaggio di Khālid b. al-Walīd, **12**, 402, nota 1,*a* — o Kawāthil, forse la presente al-Karābilē sull'Eufrate, **12**, 402 nota 1,*b*.

al-Sawād, « la terra nera », in generale tutta l'immensa e ferace pianura babilonica; in particolare l''Irāq; in senso più ristretto, prende il nome delle varie regioni o città principali, **12**, 162 nota 2 — comprende vari siti: Muǵtami' al-Anhār (*q. v.*), **12**, 165, nota 4 — Amghīšiyā (*q. v.*), 208 — è irrigato da vari canali: fra cui al-Ṣarāt (*q. v.*), 184 nota 3,*c* — ha per punto occidentale al-'Udzayb (*q. v.*), **12**, 161 nota 1 — abitato da muwallad o meticci, proprietari rurali persiani o dahāqīn, e villici campagnoli arabi, 200 e nota 4 — razziato da al-Muthanna b. Ḥārithah e dai Bakr b. Wā'il, **12**, 155,*a*, 156, 187 e nota 5 — campagna di Khālid nel-, **12**, 155-236, 180 nota 1 — razziato e depredato dai Musulmani negli anni 13. e 14. H., conquistato nel 16. a. H., **12**, 160 nota 1, 184,*c*, 187, 213 [Yāqūt, *Ind.*, 122].

Sawād Baghdād, vi si trova Bārūsmā, **12**, 162 nota 3,*d*.

Sawād **al-Ḥīrah**, diviso da Khālid in sette distretti amministrativi, **12**, 217.

Sawād inferiore o Asfal al-Sawād, **12**, 217.

Sawād al-'Irāq, o semplicemente al-Sawād (*q. v.*): aveva limitrofi i Bakr b. Wā'il, **12**, 155 nota 3 — e lambiva i confini d'Arabia con la regione o striscia Taff al-Ḥiǵāz, 155, nota 6,*a*.

Sawād Kūfah, 12, 162, nota 2.

Sawād meridionale, comprendeva Kaskar e Wāsiṭ, **12**, 168 nota 1.

Sawād al-Ubullah, diviso da Khālid in 4 distretti amministrativi, **12**, 217.

Sawād [o **Sawwād**] **b. Ghaziyyah b. Uhayb al-Anṣāri al-Khazraǵi**, dei banū Bali, C. d. P., presente a Badr, **2**, 85,C no. 154 — fuggiasco a Uhud, **3**, 44 [Aghāni, IV, 26].

Sawād b. Zurayq [o **Zayd**] **b. Tha'labah b.** 'Ubayd **al-Anṣāri al-Khazraǵi**, dei banū Khunās b. Sinān, C. d. P., presente a Badr, **2**, 585,C no. 78 [Durayd, 274, lin. 13-14].

banū Sawād b. Ghanm b. Ka'b b. Salimah ... b. al-Khazraǵ, tribù khazraǵita madinese, presente a Badr, **2**, 85,C no. 94.

banū Sawād b. Ka'b b. al-Khazraǵ b. 'Amr al-Nabīt ... b. Aws, (Ẓafar) tribù madinese awsita, presente a Badr, **2**, 85,B no. 16-17.

banū Sawād b. Mālik b. Ghanm [= banū Sawād b. Ghanm b. Ka'b?] tribù madinese khazraǵita, presente a Badr, **2**, 85,C no. 129-138.

ṣawāfī (plur. di ṣāfiyah, « ciò che è confiscato »), terre demaniali o particolari (bizantine e sassanide), confiscate e dichiarate proprietà della stato musulmano, **10**, 101 nota **2** [cfr. *Gloss.* Balādzuri e Tabari, *s. v.* ṣafa].

Šawānān, i due monti intorno a Ṭā'if, **7**, 61 nota 1 — [o vicino Makkah, presso Wādi Turbah: Yāqūt, III, 332 e *pass.*].

Šawaq (?), nel territorio di Idzām, concesso dal Profeta in parte a Harām b. 'Abd 'Awf al-Sulami, **8**, 28 — e in parte ad al-Zubayr b. al-'Awwām, **9**, 89.

sawār (voce persiana), « cavaliere », Hurmuz, ṣāhib al-Farǵ, **12**, 192.

ṣawb al-qaṭr = « il rovescio delle goccie » o pascoli invernali nel deserto, **8**, 156 e nota 2.

Sawdah bint 'Akk b. 'Adnān, cugina e moglie di al-Nizār e madre di Muḍar e Iyād, **Intr.** 47, 48 [Wüst., *Reg.*, 413].

Sawdah bint 'Amr b. Tamīm, madre di Fāṭimah bint Sayal, **Intr.** 61 [Wüst., *Reg.*, 413]

Sawdah bint Zam'ah b. Qays b. 'Abd Šams al-'Āmiriyyah (umm al-Aswad) [† 23. o 54. a. H.], Compagna d. P. e sua moglie: già moglie di Sakrān b. 'Amr b. 'Abd Šams, **Intr.** 271 — emigra con lui in Abissinia, 277 no. 79; **7**, 56 no. 20 — ritorna a Makkah e resta vedova, **Intr.** 283 no. 34 — sposata da Maometto, 331 — poco dopo la morte di Khadiǵah, 324 nota 2 — si trasferisce in Madīnah, **1**, 53 — sua abitazione colà attigua alla Moschea, **1**, 32 e nota 1 — [a Badr, Aghāni, IV, 32]. **2**, **2** — ripudiata e poi ritolta dal Profeta, **8**, 198 — umm al-mu'minīn, **10**, 139 no. 2 e nota no. 8 [Wüst., *Reg.*, 413; Nawawi, 845-846; Qutaybah, 65, 145, lin. 9-10].

sawīq, pappa dolce di farina grossa e tostata con datteri e zucchero mangiata dal Profeta, **7**, 10, 48 [Dozy, *Suppl.*, I, 706; *Gloss.* Tabari, *s. v.*: A. Müller, *Der Islam*, I, 119 nota] — spedizione di al-Sawīq, **2**, 92, 99 — ǵayš al-sawīq, **4**, 18.

al-Ṣawrayn, luogo presso Madīnah, tra essa e le sedi dei banū Qurayẓah, **5,** 44; **6,** 8 [Yāqūt, III, 435 e *pass.*].

al-Šawṭ, sito tra Madīnah e Uḥud dove gl' « Ipocriti » si rifiutano di seguir Maometto a quella Spedizione, **3,** 26.

Sawṯah (? **SWṮH**) luogo, nel deserto al-Samāwah fra Qurāqir e al-Ḍanā(?): tappa di Khālid b. al-Walīd, **12,** 402 nota 1,*a*.

Sawwād [o **Sawād**] **b. Ghaziyyah b. Uhayb,** C. d. P., presente a Badr, **2,** 85,C no. 154; cfr. Sawād ecc.

ṣawwām = « digiunante », al-ṣurad al-ṣawwām, **11,** 128 nota 1.

al-Sayābiǵah, abitanti della costa del Baḥrayn o al-Khaṭṭ: partecipano alla Riddah, **12,** 55.

Sāyah, luogo presso Ghurān, tra Madīnah e Makkah, **6,** 2 [Yāqūt, III, 26 e *pass.*].

ibn Sa'yah, C. d. P., ebreo madinese convertito, induce Rayḥānah bint Zayd ad abbracciare l'Islām, **5,** 51.

Sayālah, sito presso Turbān, a 37 miglia da Madīnah, **2,** 41 nota 1; **7,** 69 nota 3 — tra Sukhayrāt al-Yamām e Faǵǵ al-Rawḥā: tappa di Maometto a Badr, **2,** 44 [Yāqūt, III, 208 e *pass.*].

Sayar, burrone tra Maḍīq al-Ṣafrā e al-Nāziyah, sulla via Madīnah-Badr: vi si divide il bottino di Badr, **2,** 76 — e vi si seppelliscono quattro musulmani uccisi nella Spedizione, 87 nota 1 [Yāqūt, III, 214 e *pass.*].

šayāṭīn, (plur. di šayṭān) = « i demoni » confusi da Maometto con i ǵinn, **Intr.** 198 — « adorati dai Qurayš », 294.

šaybah = « canizie », Šaybah al-Ḥamd, nome proprio di 'Abd al-Muṭṭalib, **Intr.** 34.

Šaybah, cristiano, uno dei naǵrāni ambasciatori a Madīnah, **10,** 59.

Šaybah al-Ḥamd, v. 'Abd al-Muṭṭabib b. Hāšim. **Intr.** 92, 96, 97.

Šaybah b. Mālik b. al-Muḍarrib al-'Āmiri [† 3. a. H.], pagano qurašita, ucciso a Uḥud da Ṭalḥah b. 'Ubaydallah, **3,** 42, 55 no. 21 [Aghāni, XIV, 18].

Šaybah b. Rabī'ah b. 'Abd Šams b. 'Abd Manāf [† 2. a. H.], qurašita pagano, ragguardevole in Makkah, protesta alla presenza di abū Ṭālib contro le dottrine del Profeta, **Intr.** 238, no. 2. — tien consiglio con gli altri capi qurašiti, **Intr.** 255 no. 2 — soccorre Maometto scacciato da Ṭā'if, 328 — partecipa al conciliabolo che avrebbe deciso l'assassinio del Profeta, **1,** 17 no. 2 — pur sconsigliandola, partecipa come uno dei capi alla spedizione di Badr, **2,** 39, 52 no. **2** — uno dei Muṭ'imūn, 40, no. 4 e nota 1 no. 2 — lotta singolarmente con Ḥamzah b. 'Abd al-Muṭṭalib e ne è sopraffatto, 60 — e ucciso, 88 no. 10 — era astemio, **4,** 11 nota 1 no. 9 [Wüst., *Reg.*, 418; Yāqūt, *Reg.*, 474; Nawawi, 319; Durayd, 51, lin. 3; Aghāni, IV, 25, 31, 34; Qutaybah, 35, lin. 7-8].

Šaybah bint 'Umayr b. Hāšim, moglie di al-Ḥaǵǵāǵ b. 'Ilāt al-Sulami in Makkah, **7,** 45.

Šaybah b. 'Uthmān [**b. Ṭalḥah b. abī Ṭalḥah**?] **al-'Abdari,** C. d. P., già pagano qurašita, consiglia di pagare il prezzo del sangue per l'aggressione di al-Watīr, **8,** 45 — concepisce il disegno di assassinare il Profeta a Ḥunayn, ma invece si converte, 127 — probabilmente pei regali di al-Ǵi'rānah, dove egli fu uno dei mu·allafah, 165 no. 4 — [al-ḥāǵib, o portiere della Ka'bah, Wüst., *Reg.*, 418; Nawawi, 407, lin. ultima; Qutaybah, 34, lin. 11; Durayd, 97, lin. 19].

abū Šaybah 'Uthmān b. abī Ṭalḥah b. [**'Abd al-'Uzza b. 'Uthmān**] [† 3. a. H.], qurašita pagano, portastendardo ucciso a Uḥud, **3,** 32, 33 [Wüst., *Reg.*, 369; Nawawi, 408, lin. 3].

banū Šaybah = banū 'Abd al-Muṭṭalib (?) = banū Hāšim (?). **Intr.** 96 nota **1.**

banū Šaybah, porta detta dei-, in Makkah, **8,** 175.

Šaybān b. [**abī Šaybah**] **Farrūkh** [**al-Abili**] [† 235. o 236. a. H.], **8,** 65 nota 1 — tradizionista, presso Balādzuri, **10,** 110 nota 1 [Yāqūt, *Reg.*, 479].

Šaybān b. Tha'labah b. 'Ukābah... b. Bakr b. Wā·il... b. Ma'add, capostipite eponimo della omonima tribù bakrita, **Intr.** 41, tav. 1 [Aghāni, XVI, 163].

banū Šaybān b. Gābir, famiglia sulamita confederata dei Qurayš banū Hāšim, e depositaria del sacerdozio di al-'Uzza nel santuario di Nakhlah, **8,** 25 nota 1, 102 e nota 1.

banū Šaybān b. Tha'labah (Bakr b. Wā'il), abitano un paese tra la Yamāmah, il Baḥrayn e l'Impero persiano, **9,** 85 — vincono i Persiani a Dzū Qār, **Intr.** 230 nota 1 — contendono ai Tamim il possesso della Dahnā, **9,** 3, 85 — loro ambasciata di Madīnah. **9,** 85, 91 — un gruppo di essi segue la profetessa Sagāḥ, **11,** 163 — un altro sostiene la Riddah nel Baḥrayn, **12,** 57 — abituati a razziare il Sawād sotto il loro capo al-Muthanna b. Ḥārithah, padroni già di Khaffān, invitano i Musulmani a invadere l'Impero persiano, **12,** 155 e note 3 6,c 10 — seguono Khālid nell'invasione del Sawād, **12,** 189 no. 9 [Aghāni, *Ind.*, 404; Qutaybah, 48, linea 3; 49, lin. 1; Durayd, 210, lin. 3].

banū-l-Ṣaydā [**b. 'Amr b. Qu'ayn... b. Asa**d?], tribù asadita (?): loro rapporti con Maometto, **11,** 193 no. 7 [Aghāni, XVI, 47, 48; Durayd, 111, lin. 4; Qutaybah, 32, lin. 2; Wüst., *Reg.*, 146; Yāqūt, III, 461].

sayf = « spada », suo uso e pregio presso gli Arabi, **12,** 271.

ṣayf o **ṣayyif** o **maṣīf** = pioggie estive o piogge del monsone estivo per il Yaman, **10,** 57 e nota 1.

Sayf Dzū Yazan = Sayf b. Dzī Yazan, **11,** 190.

Sayf [o **Ma'dikarib**] **b. Dzī Yazan al-Ḥimyari** (**abū Murrah**), ultimo re ḥimyarita, invita i Persiani ad espellere dal Yaman gli Abissini, verso il 575. a. È. V., **Intr.** 110; **11,** 190 [Wüst., *Reg.*, 421; Aghāni, *Ind.*, 395; Durayd, 310, lin. 18; Qutaybah, 312-313].

Sayf b. 'Abbād [? **'Ibād**] **al-Ḥadrami** [† 12. a. H.], musulmano, uno dei morti nella Waq'ah Filasṭīn, **12,** 363 nota 2 no. 2.

Sayf b. al-Ḥārith [**b. Ṣarī' al-Ǵābiri**?], dei banū Ǵalzīmah, portabandiera alla battaglia di al-Qādisiyyah, **7,** 82 [Durayd, 250, lin. 15-16 ?].

Sayf b. 'Umar al-Usayyidi al-Tamīmi, una delle fonti più copiose per la storia della Riddah e delle conquiste, **10,** 123 — rappresentante della scuola tradizionistica romantica iraqense, **11,** 80 — mira sopratutto a glorificare l'Islām e gli Arabi, 43 nota 1 — ed a far l'apologia dei suoi consanguinei Tamīm, 70, 90 nota 1,*b*, 119 nota 4, 162, 178 nota 1, 179 nota 1; **12,** 356 nota 2 — ma è scevro, in generale, da occulte tendenze religiose o politiche travisatrici dei fatti storici, 80 nota 1 — ha però qualche antipatia pei Madinesi, **12,** 188 nota 1 — suo sistema di anacronismo o anticipazione storica, d'introdurre in fatti più antichi personaggi divenuti famosi in età posteriori, **8,** 183 nota 1; **11,** 82 nota 2 — carattere apocrifo di molti nomi di persone o di luoghi menzionati solo da lui, 119 nota 5, 198 nota 3; **12,** 160,A nota 4, 178 nota 1, 188 nota 4, 202 nota 1, 223 nota 1 — sue invenzioni infantili ed esagerazioni, **11,** 123 nota 3, 132 nota 1, 158 nota 1, 168 nota 1; **12,** 57, 187 nota 4, 202 nota 2, 284 — sue contradizioni, **12,** 192 nota 1 — fonte preferita e largamente utilizzata da Ṭabari (anche da ibn Hubayš, ibn 'Asākir per il tramite di al-Sari b. Yaḥya, Šu'ayb b. Ibrāhim al-Tamīmi, **11,** 70, 71, 72 — sue tradizioni, **8,** 189; **10,** 67, 82 e nota 2; **11,** 3,*b*, 4, 6 nota 1, 9 nota 1, 12 e nota 1, 39,*b*, 42 nota 1, 82 e nota — sui primi moti antislamici, 98-104; **12,** 94, 82 e nota 1 — sulla spedizione di Usāmah, **11,** 108-111 — sui moti nell'Arabia centrale e la battaglia di Dzū-Qaṣṣah, 115 nota 2, 118 nota 1, 119 — sul principio della campagna contro gli apostati, 123-124 — l'insurrezione di Ṭulayḥah, **11,** 127-130 — e campagna di Khālid contro di lui, 131, 146 e nota 2,*b*, 134, 137 nota 1, 151-152 — su umm Ziml, 158, 159,*a*; **12,** 93 — errori e falsificazioni sui rapporti fra i Tamim e la profetessa Sagāḥ, 163-164 — su Musaylimah e Sagāḥ, **11,** 165 nota 3,*a* e 5,*a*, 166,*a*, 167,*a*, 168 nota 1, 170-173 — intorno alla sottomissione dei Tamim, 175-178 nota 1. 179-181, 184 e nota 1 — all'insurrezione di al-Aswad, 191, 192-198 — sulla battaglia di 'Aqrabā, **12,** 1, 4, 6, 9, 10,*a*, 11, 15,*a*, 16, 19, 23 no. 29 — sulla pace con i Ḥanīfah, 24 nota 2, 25-26, 31,*a* — sulla Riddah nel Baḥrayn, 39, 44,A, 52-58 — sulla conquista dell''Umān e della Mahrah, 62-63 — sulla seconda apostasia del Yaman, **12,** 64-70, 73, 75 (?) — sulla Riddah nel Ḥaḍramawt, 76 nota 1, 77-80, 84, 85, 86, 88 — sull'invasione dell''Irāq, 153 nota 1, 155 nota 2,*a* e 12, 165 note 1 4 e 6, 170 nota 8, 185-226, 235 e nota 1 — sugli eventi interni della Persia, 200 nota 1, 229 — su Dūmah al-Ǵandal, 233-234, 276 --

sull'invasione della Siria, 311 nota 1 no. 3, 317, 331-332,*a*,*b*, 333, 335, 348 nota 3, 355, 365, 367, 376-391 — sul viaggio di Khālid b. al-Walīd, 402, nota 1,*a*, 408-411, 421, 424, 426 e nota 1.
Ṣayfi b. 'Āmir, cognome di abū Qays b. al-Asiat, **Intr.** 338.
Ṣayfi b. 'Amr b. Zayd b. Ǵušam al-Anṣāri, C. d. P., uno dei « Piagnoni », **9,** 27 nota 1 no. 9.
Ṣayfi b. Qayẓi al-Anṣāri [† 3. a. H.], C. d. P., ucciso a Uḥud, **3,** 54,B no. 18.
Ṣayfi b. abī Rifā'ah b. 'Ābid b. 'Abdallah, qurašita pagano, prigioniero a Badr, **2,** 89 no. 24.
Ṣayfi b. Sawād b. 'Ubād al-Anṣāri, C. d. P., presente alla seconda 'Aqabah, **Intr.** 344 no. 45.
Sayḥān b. Ṣūḥān [b. Ḥuǵr b. al-Ḥārith b. al-Hirǵis], musulmano capo degli 'Abd al-Qays che aiutano 'Ikrimah nella battaglia di Dabā, **12,** 62 [Wüst., *Reg.*, 421, 467; Qutaybah, 205, lin. 5 e seg.; Durayd, 199, lin. 6.
sāyimah = « che pascola da sè o a suo grado » (pecora matricina), **9,** 61.
šaykh (plur. ašyākh e šuyūkh) = *senex, senior,* l'anziano (o capo) della tribù, **8,** 179; **9,** 37 nota 1 — anonimo tradizionista, **11,** 189; **12,** 343.
abū Šaykh Ubayy b. Thābit b. al-Mundzir b. Ḥarām al-Anṣāri al-Khazraǵi [† 4. a. H.], dei banū Maghālah, C. d. P., presente a Badr, **2,** 85,C no. 145 — ucciso a Bi'r Ma'ūnah, **4,** 6 no. 12 [Wüst., *Reg.*, 418].
banū Šaykh = banū Šanakh o Šankh, **5,** 89 nota 1.
al-Šaykhān = « i due vecchi » ebrei che diedero nome ad al-Itmā'anna al-šaykhayn, presso Madīnah, **3,** 26 e nota 1 [Yāqūt, III, 348 e *passim*].
sayl al-'arim = « l'inondazione » o rottura dell' « argine (di Ma'rib) » causa della emigrazione dei Ṭayy dal Yaman, **10,** 35 nota 1.
al-Saylaḥīn o **al-Saylaḥūn,** luogo [presso Ḥirah, tra al-Kūfah e al-Qādisiyyah] nel cantone o ṭassūǵ di Kūfah del distretto amministrativo di Bihqubādz al-Asfal, **12,** 160,A nota 3 no. 1 — vi pernottano le milizie di al-Muthanna reduci dalla razzia di Sūq Baghdād, 174 [Yāqūt, III, 218-219 e *passim*].
al-Šaymā [Ǵudzāmah] bint al-Ḥārith b. 'Abd al-'Uzza, sorella di latte del Profeta, da lui graziata a Ḥunayn, **8,** 129.
al-Šaytam b. 'Abd Manāf, C. d. P., ad al-Ḥudaybiyyah, **6,** 33.
Šayṭān, ritenuto dai pagani qurašiti ispiratore e consigliere di Maometto, **Intr.** 257 — ispiratore di al-Aswad al-'Ansi, **11,** 190, 197 — come nome di persona, **12,** 78 nota 2,*a*; cfr. Satana.
Šayṭān b. Ḥuǵr dei banū 'Amr b. Mu'āwiyah, kindita, pagano, in al-Riyād, **12,** 78 e nota 2,*a*.
al-Sayyālah, collo sulla via Madīnah-Makkah tra Malal e 'Irq al-Ẓabyah, **5,** 39 — tappa del Profeta, **6,** 26; **10,** 73 [Yāqūt, III, 208 e *passim*]; cfr. Sayālah.
sayyārah (plur. di sayyār) = « la viandante », la caravana della gente di Aylah, **9,** 38 nota 1.
abū Sayyārah 'Umaylah b. al-A'zal b. Khālid al-'Adwāni, ultimo membro della tribù dei banū Zayd b. 'Adwān, **Intr.** 75 e nota 2 [Yāqūt, *Reg.*, 466; Durayd, 164, lin. 1-5; Aghāni, III, 4].
sayyid = « padrone, signore, marito », specialmente capo della tribù o *princeps,* **7,** 48 nota 6 — sua autorità e limitazione, **11,** 66.
al-Sayyid b. al-Ḥārith, cristiano di Naǵrān, ambasciatore a Madīnah, **10,** 59 [cfr. Aghāni, VI, 73; X, 44].
al-Sayyidah [o Ri'lah] bint Muḍāḍ b. 'Amr al-Ǵurhumi, moglie di Ismā'il b. Ibrāhīm, **Intr.** 68.
ṣayyif o **ṣayf** = pioggie estive, **10,** 57 e nota 1.
al-Šayyitān, sorgente famosa nel paese dei Bakr b. Wā'il, **12,** 155 nota 3.
Scacchiere (al-riqā', o ruq'ah al-šiṭranǵ), **5,** 1 nota 2.
Sceriffi, gli 'Alidi (propriam. discendenti da Ḥasan b. 'Ali) signori di Makkah e Madīnah, **11,** 62 nota 1,*b*.
Schiavi e **Schiavitù** [schiavi diventavano i prigionieri di guerra non riscattati o i figli degli schiavi. Cfr. Jacob, III, *Gefangene und Sklaven.* In Arabia cravi, oltre che arabi, schiavi siri, persiani, abissini], commercio di- in Siria, **Intr.** 179 — il prezzo del riscatto di uno- poteva

essere altissimo, come avvenne per Salmān al-Fārisi, **5,** 19 — messi in libertà [diventano m a w ā l i dei loro padroni o di chi li riscatta], **8,** 150 — « divenuti liberti di Dio », quelli fuggiti da Ṭā·if, 150 e nota 1 — fuggiti, nella banda di abū Baṣīr, **7, 2** — « anche se è uno schiavo abissino », **10,** 27 — ne avevano anche i cristiani di Nagrān, **12,** 75.

Schwarzlose (W.), raccoglie molte e pregevoli notizie sulle armi degli Arabi antichi, **12,** 268 nota 1.

Scienza genealogica degli Arabi, nacque dai registri per le pensioni, compilati sotto 'Umar, **Intr.** 29.

Scienza tradizionistica, v. Tradizionistica (scienza).

Scimitarre dette m a š r a f i y y a h fabbricate cioè in Siria, nei Mašārif al-Balqā, **8,** 6.

Scismi o sette islamiche, sorgono dopo la morte di ibn 'Abbās, **Intr.** 16 nota 1.

Scritti o k u t u b rilasciati da Maometto ad ogni tribù che abbracciava l'Islām; loro rapporti con lo scritto, o k i t ā b un, **1,** 44.

Scritto, k i t ā b un, o Documento costituzionale dato alla comunità islamica di Madīnah da Maometto, **1,** 43-49 — traduzione integrale di esso e commento, 45 — autenticità, 46 — età precisa di esso, 47 — contenuto e scopo, 48.

Scrittura araba, sua origine, **9,** 45 nota 1; **11,** 210-216 — ed evoluzione dalla forma più antica: scrittura kūfica, 214 nota 2 — sua diffusione in Arabia ai tempi di Maometto, 217-224 — attestante la continuità ed importanza delle relazioni fra gli Arabi della periferia e quelli del centro della Penisola, **12,** 136.

Scudo, t u r s, arma difensiva poco usata dagli Arabi antichi, **12,** 275 — scudi di cuoio sotto cui si riparano dalla pioggia, **2,** 53 — gli Ebrei Qurayẓah ne possedevano in gran numero, **5,** 49.

Scuole genealogiche del primo secolo della Hiǵrah, costruiscono l'albero genealogico di Maometto, **Intr.** 29.

Scuole storiche [nate dalla fusione delle genealogiche, tradizionistiche e giuridiche], quella Madinese, e suoi scritti preziosi sulla R i d d a h e le Conquiste, **11,** 73, 79 nota 1, 80 — quella 'Iraqense, e suo carattere fondamentale diverso dalla scuola madre di Madīnah, **11,** 80.

Scuole tradizionistiche (le), v. Tradizionistiche.

Scuole tradizionistiche, quelle di età seriore dànno più importanza all' i s n ā d che al testo stesso delle tradizioni, **Intr.** 14 — per la convinzione che la maggior parte di esse tradizioni sia apocrifa, 16 — si fondano tutte sui ricordi lasciati da alcuni Compagni del Profeta, 19; **11,** 79 nota 1 — nell' 'Irāq, **11,** 80.

Sebeos, storico armeno contemporaneo di Eraclio; ordine degli eventi da lui dato alla storia delle campagne di Eraclio, **12,** 252 nota 1,*a* e nota 2 — esagera nel computare le milizie bizantine, 253 nota 1 — spiega l'improvviso arrestarsi d'Eraclio dinanzi a Ctesifonte col timore del ribelle Šahrbarāz, 256 nota 1,*c* — calcola a 2000 i Greci morti al Yarmūk, 290 — attribuisce agli Ebrei di Edessa l'invito fatto agli Arabi d'invadere l'impero Bizantino, 309 nota 3 — non identifica già Raboth Moab con Aǵnādayn, 351.

Segno profetico fra le spalle di Maometto riconosciuto da Baḥīrā, **Intr.** 135 — preannunziato da Zayd b. 'Amr, 187 nota 1; cfr. Sigillo o Suggello.

Seleucia-Ctesifonte, doppia città sul Tigri, nella Babilonide, la capitale Sassanida, **12,** 155 nota 1,*a* — secondo nucleo Cristiano della Persia, dopo Edessa, 137 — seggio vescovile metropolita di-, fondato da Tommaso apostolo (?), **11,** 79 nota 1 — rimasto vacante per 20 anni durante la persecuzione di Sābūr II, **12,** 142 — vi si raduna nel 410. a. È. V. un concilio di vescovi persiani, 142 nota 1 [cfr. al-Madā·in in Yāqūt, IV. 445 e seg.].

Seleucidi, dinastia siro-persiana dei successori di Alessandro, abbattuta dai Romani e dagli Arsacidi. **12,** 112 — sotto di essa segue l'immigrazione ariana nella Babilonide, 138 nota 1 — l'èra dei- o dei Siro-Macedoni ebbe principio nell'a. 311. È. V., **1,** 4 nota 1.

Semiti, grande e avventurosa stirpe caucasica.

a Etnografia e storia: hanno caratteristiche fisiologiche e psicologiche proprie, **12,** 108 nota 1

— problema della loro sede primitiva nell'Asia, l'Arabia, 105-109 — e delle ripetute millenarie emigrazioni, che costituiscono quasi tutta l'antica storia dell'Asia anteriore, 110-114 — trionfano dei Sumeri nella Babilonide e ne assorbiscono la civiltà, fondando gl'imperi di Babilonia e d'Assiria, 110-111 — allagano la Palestina e la Siria, instituendo i principati aramei e cananei, i regni di Giuda e d'Israele, 112-113 — soggiacciono per un millennio alla egemonia ariana, 149, 292 — e finalmente riconquistano con gli Arabi musulmani il dominio dell'Asia, 113-117, 149 — in contatto e conflitto con i Persiani ariani nella Babilonide, 121 nota 3, 138, 139, 140 — serbano trista memoria della dinastia imperiale romana dei Flavi (banū-l-Aṣfar), **9,** 26 nota 1.

b) Religione: hanno concetti materiali e mercantili dei rapporti con la Divinità, **Intr.** 113 nota 1 — pagani della valle Tigro-Eufratica sotto i Sassanidi in minoranza rispetto ai Semiti cristiani, **12,** 144 nota 1 — dànno origine, nella Babilonide o nella Susiana, all'eresia di Mazdak, 146 — Cristiani della Mesopotamia e Babilonide; loro condizioni sotto i Sassanidi; in conflitto etnico e religioso con i dominatori ariani, e avversi alla fusione con i cugini semiti della Siria, 140-142, 145.

c) Civiltà: gli antichi semiti non hanno traccia della *patria potestas*, **9,** 15 nota 2 — esclusivisti in politica, e naturalmente avversi allo straniero, **10,** 89 nota 4.

Semiti della Siria, **12,** 292.

Semiti Cristiani della Siria, **12,** 140.

Semlin sulla Sava, di fronte a Belgrado, **1,** 11 nota 1.

Seneca Lucio Anneo [† 65. a. È. V.], la sua filosofia stoica in rapporto all'entusiasmo fervoroso del Cristianesimo nascente, **12,** 240 nota 1.

Sentenze di Gesù messe in bocca di Maometto, **Intr.** 26 [cfr. Goldziher J., *Neutestamentliche Elemente in der Traditionslitteratur des Islam,* in Oriens Christianus, Jhg. II, p. 390-397].

Seppellimento di una bambina viva appena nata (wa'd); l'antico uso arabo condannato da Maometto, **10,** 50.

Sergio = Sargīs = Sergius, patrizio bizantino, che muove da Cesarea contro gli Arabi invasori e ne è ucciso ad al-'Arabah-Dāthinah, **12,** 319 nota 2, 345, 348, 361 nota 1, 365 — prigioniero, perisce tra i tormenti, 308, 374 — [i tre nomi sono identici, ma le persone cui si riferiscono sono forse due: il generale greco ucciso ad al-'Arabah-Dāthinah e quello perito ad Aǵnādayn], 335 — patrizio bizantino, governatore della Palestina meridionale, residente in Cesarea, 336 — si fa nemici gli Arabi del confine con la soppressione del soldo, 348 nota 2 — perisce ad al-'Arabah-Dāthinah, 335, 336 e nota 1, 361 nota 1.

Sergius, patriarca di Costantinopoli [† 639. È. V.], amico di Eraclio, e contemporaneo di Sofronio patriarca Gerosolomitano e di papa Onorio I; lettera a lui diretta dal vescovo Sofronio, **12,** 336 nota 1.

Serpe nel pozzo della Ka'bah; oggetto di superstizioso terrore nei Qurayš, **Intr.** 167.

Serse [I, † 472. a. C.], monarca achemenide il cui impero vagheggiano di ricostituire i Sassanidi, **12,** 255.

Servi (ghilmān), ermafroditi o al-mukhannath (*q. v.*); eran quattro ai tempi di Maometto, **8,** 151 nota 1.

Seta (ḥarīr) = mantelli ricchi a striscie colorate con ricami in-, indossati dalli Arabi kinditi, **10,** 34 — avversione attribuita dalle tradizioni a Maometto verso l'uso di vestiti di-, 59 nota 4.

Sette šī'ite ed eretiche nel II secolo della Hiǵrah; si moltiplicano nella Mesopotamia e nell'Irāq, suggerendo platonici rimpianti della vita pura e semplice del deserto, **Intr.** 112 nota 2.

Severo, patriarca dissidente, fa massacrare 300 frati siriaci, per odio di setta religiosa, **12,** 264 nota 1.

Šeykho, raccoglie i frammenti di Umayyah b. abī-l-Ṣalt, contenenti accenni biblici, **9,** 95 nota 1.

Shabu'ot o Festa delle settimane, nome dato dagli Ebrei alla festa di Pentecoste, **12,** 393 nota 1,c.

Shiarzur, il Šahruzūr degli Arabi nei monti del Kurdistān, **12,** 256.

Shen-si, v'immigrano i Cinesi dalle pianure inaridite dell'Asia centrale, **12**, 109.
si'āyah, riscossione o percezione delle tasse, specialmente della ṣadaqah, **9**, 18 e nota 3.
al-Sīb, terra del Sawād [al-Kūfah nel tassūğ Sūra presso Qaṣr ibn Hubayrah, Yāqūt, III, 208-209 e *pass.*], dove risiedevano le guarnigioni di confine ai tempi di Khālid b. al-Walid, **12**, 211.
ši'b (plur. ši'āb) = gola tra monti presso Makkah [Yāqūt, III, 296], **Intr.** 218 — presso 'Aqabah, 341 — in Sayar, presso Madīq al-Ṣafrā, **2**, 76.
Ši'b abī Dubb (secondo Yāqūt) = Ši'b abī Dzarr.
Ši'b abī Dzarr (o **abī Dubb**) = gola fra i monti di Makkah, dove fu sepolta Āminah umm Rasūl Allah, **Intr.** 131 [Yāqūt, III, 294].
Ši'b abī Dzīb = Ši'b abī Dzarr, **Intr.** 131.
Ši'b abī Dzū·ayb o **Dzū·īb** = Ši'b abī Dzarr, **Intr.** 131.
Ši'b al-Šāfi'iyyīn, via di Makkah presso Kudā, **8**, 61 nota 1.
Ši'b Sal' o gola di Sal' in Madīnah, **5**, 95.
Ši'b abī Tālib [anche detta Ši'b abī Yūsuf; cfr. Yāqūt, III, 294-295], gola di Makkah dove avevano loro sede abū Tālib e i banū Hāšim, e dove questi furon segregati nel periodo del Bando, **Intr.** 280 nota 1, 282 nota 1, 283, 288, 289, 324 nota 2.
Sibā' b. 'Abd al-'Uzza [cioè **b. 'Amr b. Nadlah b. Ghubšān b. Sulaym**] **al-Khuzā'ī** [**al-Ghubšānī**] (**abū Niyār**) [† 3. a. H.], ḥalīf dei banū Zuhrah, pagano di Makkah, qurašita, compera lo schiavo Khabbāb b. al-Aratt, **Intr.** 252 nota 3 — ucciso a Uhud da Hamzah b. 'Abd al-Muttalib, **3**, 55 no. 14 [Tabari, I, 1405 lin. 1 e seg.; Aghāni, IV, 76-77; XIV, 19].
Sibā' b. 'Urfuṭah al-Ghifārī, C. d. P., luogotenente di Maometto in Madīnah durante la spedizione di al-Kudr, **3**, 1 — e quella di Dūmah al-Ġandal, **5**, 4 — e quella di Khaybar, **7**, 10 — e di Tabūk, **9**, 29 — e durante la Haġġah al-Wadā', **10**, 73; **11**, 55 nota 2 no. 7 12 14 17 18.
Sibā' b. Zayd, dei banū 'Abs, C. d. P., emigrato e ambasciatore dei suoi a Madīnah, **3**, 66 no. 6.
umm Sibā' bint Anmār, ḥalīfah di Khabbāb b. al-Aratt, **2**, 85,A no. 44.
Siberia, abitata dagli elefanti nel periodo interglaciale, **12**, 107.
Sibṭ ibn al-Ġawzī, o « nipote [del celebre poliistore, ibn al-Ġawzi » † 597. a. H.], cioè Šams al-dīn abū-l-Muẓaffar Yūsuf b. Qizughlū b. 'Abdallah [† 654. a. H., storico, predicatore e giurista ḥanafita], tradizionista, **11**, 89 nota 2,*a*.
Sībukht b. 'Abdallah, o **Asbibukht**, C. d. P., governatore persiano o marzubān di Haġar nel Baḥrayn, **8**, 179 — suoi rapporti con Maometto, 181 e nota 1, 182 — e pretesa conversione, 187, 189 [Yāqūt, I, 508].
Siccità (yubūsah), causa di carestia in Makkah al tempo di Hāšim, **Intr.** 90 — durante Badr II, **5**, 6 — in tutta Arabia, cessata per l'istisqā del Profeta, **9**, 19.
Sichem [*Nâbulus*, del territorio di Efraim], toccata nei suoi dintorni dalle prime scorrerie arabe, **12**, 374.
sidānah, o **sidānah al-bayt** = « la custodia del Santuario (della Ka'bah) », privilegio ereditario qurašita rispettato da Maometto, **8**, 67.
al-Ṣiddīq, « il veritiero », cognome dato ad abū Bakr, quando, e perchè. **Intr.** 322.
sidr, acqua di-, vi si lava il cadavere di Sa'd b. Mu'ādz, **5**, 53 — i capelli di Maometto dopo Hunayn, **8**, 97.
sidr = sidrah.
sidrah, « loto » cioè *Rhamnus spina Christi*, Linn., o *Zizyphus sive Romnus nabeca*, Forsk.: chiamato al-Ṣādirah, in Nakhb, **8**, 140.
al-Sidrah, tappa di 'Ali nella sua spedizione del Yaman, **10**, 17 [= Sidrah al-Usayyid di Yāqūt, II, 258, lin. 19?].
Sidrah Khaḍrā — albero di loto verde, **8**, 119.
al-Sidrah al-muntaha = l'albero di loto del confine supremo o del settimo cielo visitato da Maometto [Qur'ān, LIII, 14], nel suo mi'rāġ. **Intr.** 221.

Sīf al-Baḥr = « riva del mare (Rosso) », spedizione di Ḥamzah a-, **1,** 75 — spedizione di abū 'Ubaydah b. al-Ǵarrāḥ, anche detta di al-Khabaṭ, **8,** 34.

Sīf Kāẓimah, limite orientale del territorio dei Bakr b. Wā-il, **12,** 155 nota 3.

sifāq = seconda pelle del ventre o peritoneo. **10,** 67.

Ṣiffīn, [luogo presso al-Raqqah sull'Eufrate, tra Raqqah e Bālis: cfr. Yāqūt, III, 402-403], battaglia di- [37. a. H.], tra Mu'āwiyah e 'Ali, **6,** 34 nota 1; **8,** 169 — vi combattono: Sufyān b. 'Abd Šams, **5,** 23 — 'Uqbah b. 'Āmir, 88 nota 1 — al-Ḥārith b. Ḥāṭib, **7,** 43 no. 10 — Zamil b. 'Amr al-'Udzri, **9,** 14 — Ḥārithah b. Qaṭan, 48 — 'Abdallah b. Dzubāb, **10,** 52 — 'Amr b. Subay', 53 — 'Abdallah b. 'Atīk, **12,** 23 no. 10 — vi muoiono: 'Ammār b. Yāsir, **1,** 34 nota 1 — Dzū-l-Kalā', **9,** 65 nota 1 — abū Duǵānah Simāk (b. Aws), **12,** 23 no. 41.

al-sifr, (plur. asfār, dall'ebr. sefer) = il Libro (scritto), il Qur-ān, **11,** 225 nota 1.

siǵǵīl, (dal pers. sanǵ « pietra » e ǵil « fango »), pietre simili all'argilla o fatte d'argilla, quali gettavano i ṭayr abābīl sulli aṣḥāb al-fīl, **Intr.** 109.

Sigillo o anello signatorio del Profeta [al-khātim o più propriamente fatakhah, mentre da *sigillum* σιγίλλιον venne il quranico sigill o « volume »: cfr. Qur'ān XXI, 104], **6,** 48.

Sigillo (o segno) della Profezia (al-khātim), escrescenza carnosa che aveva sulle spalle Maometto, **8,** 178 — il medico ibn abī Ramithah si profferisce al Profeta di estirpargliela, **11,** 243.

Šihāb al-dīn ibn Ḥaǵar, (abū-l-Faḍl Aḥmad b. 'Ali b. Muḥ. b. Ḥaǵar Šihāb al-dīn al-'Asqalāni al-Kināni al-Šāfi'i) [† 852. a. H.], nega l'autenticità dell'episodio dei « versetti sbagliati », **Intr.** 281.

ibn Šihāb al-Zuhri (abū Bakr Muḥammad b. Muslim ibn Šihāb al-Zuhri) [† 124. a. H.], antico e fido tradizionista, autorità o informatore immediato di ibn Isḥāq, **Intr.** 14 nota 4; **9,** 62 — presso ibn Sa'd, presso ibn Hišām, **Intr.** 320 nota 1; **1,** 71 nota 1; **8,** 15 dopo no. 8, 16 nota 2 — presso Wāqidi, **2,** 92 nota 1 — presso, ibn 'Asākir, **11,** 109 nota 3,*b* — autorità di Ya'qūb b. Muḥ. al-Zuhri, presso ibn Ḥubayš, 177 — presso Bukhāri, 208, 232 — autorità fondamentale delle tradizioni sunnite, 16 — visse e studiò in Madinah, 79 nota 2 — e vi fu lettore del Qur-ān, 230 nota 1 — sulle condizioni della resa degli Ebrei di Khaybar, **7,** 33 — presso Balādzuri **9,** 47 — presso ibn Ḥaǵar, **Intr.** 153 nota 1; **8,** 157 no. 6 [cfr. Sachau, *Einleitung zu Ibn Saad*, III, I, pag. XIII].

Šikhrīt, capo dei banū Šakhrah nella Mahrah, si unisce a 'Ikrimah b. abī Ǵahl per combattere al-Muṣabbiḥ, e porta a Madīnah il quinto del bottino, **12,** 63.

Sīl, regione presso le bocche del Tigri, vi pascolano i Tamīm, **9,** 3.

Silicei implementi, trovati dal Doughty in alcuni siti dell'Arabia Deserta, attestano la presenza dell'uomo neolitico, **12,** 108.

Siloah [*Isaia*, VIII, 6 — arab. 'Ayn Silwān], in Gerusalemme, dove nel 1880 fu trovata la iscrizione ebraica dell'acquedotto, oggi a Costantinopoli la quale risale probabilmente ai tempi di Ezechia, **11,** 216.

Silsilah b. Barham, dei banū 'Amr b. 'Awf, ebreo madinese, ostile a Maometto. **1,** 58 no. 67 — uno degli « Ipocriti », 61 no. 8.

Simāk [o **Simāli**] **al-Khaybari,** ebreo di Khaybar traditore dei suoi correligionari di al-Naṭāh, **7,** 28.

Simāk b. Ḥarb [† 123. a. H.], tradizionista, presso Yaḥya, **10,** 135 nota 1 [presso Qutaybah, 18, lin. penult.; Yāqūt, *Reg.*, 461; Aghāni, V, 174].

Simāk b. Sa'd al-Anṣāri al-Khazraǵi, dei banū Zayd b. Mālik, C. d. P., presente a Badr, **2,** 85,C no. 6 [Wüst., *Reg.*, 422].

Simāli, ebreo traditore di Khaybar, **7,** 28 e nota 2.

Sim'ān b. 'Amr b. Qurayṭ b. 'Abd, dei banū-l-Ḥārithah b. 'Amr b. Qurayṭ, C. d. P., il « rattoppatore » o al-Rāqi', capostipite dei banū-l-Rāqi', **9,** 15 nota 1.

Simbolo o segno profetico, in fronte ad 'Abdallah padre di Maometto, **Intr.** 104.

Simeon, emigra in Arabia (in Dūmah al-Ǵandal) ai tempi di re Saul, **9,** 46 nota 2.

al-Simṭ b. al-Aswad al-Kindi, capo dei banū-l-Ḥārith b. Mu'āwiyah, ribelli kinditi del Ḥaḍramawt, **12,** 78 [Yāqūt, *Reg.*, 462].

al-Simṭ b. Šuraḥbīl b. al-Simṭ b. al-Aswad, dei banū-l-Ḥārith b. Mu'āwiyah, kindita del Ḥadramawt, resta fedele all'Islām e aiuta Ziyād b. Labīd durante la Riddah, **12,** 78.

Sinacherib o **Sennacherib** [Sin-akhi-irib, 704-680 av. È. V.], monarca assiro, guerreggiò contro gli A-ri-bi, **12,** 132.

Sinagoghe degli Ebrei a cui accenna Maometto nel Qurān, xxiv, 36, **2,** 8, nota 1.

Sinai, [Sīnā o Ṭūr Sīnā, l'antica Arabia Petraea], suoi monti granitici scavati dalle pioggie del periodo glaciale, **12,** 107 — sue iscrizioni o graffiti sulle roccie del Wādi Mukattab, **11,** 214, 216 — vi sale Mosè nell'Esodo, **Intr.** 208 nota 1 — e ne discende con le Tavole della Legge, **2,** 1, 28 — disseminata di conventi e romitaggi, **12,** 261 — abitata da nomadi Arabi, **12,** 113 nota 1,*b*, 269 — in rapporto ora di protezione, ora di ostilità con i romiti, 262 — vi passa sotto, ad oriente, la corrente invaditrice araba per lo στόμιον τῆς ἐρήμου della provincia di Ghazzah, **12,** 307, 308, 345.

Sinān al-Asadi al-Ghanawi, C. d. P. (?), nel Yaman, suoi rapporti con Maometto, **11,** 193 no. 7.

Sinān al-Ḍamri, C. d. P. (?). luogotenente di abū Bakr in Madīnah durante la battaglia di Dzū-l-Qaṣṣah, **11,** 112.

Sinān b. Ṣayfī b. Ṣakhr b. Khansā al-Anṣāri al-Khazraǵi [† 5. a. H.], dei banū Khansā b. Sinān, C. d. P., presente alla seconda 'Aqabah, **Intr.** 344 no. 31 — e a Badr, **2,** 85,C no. 68 [ucciso durante l'assedio di Madīnah: cfr. Durayd, 274, lin. 12].

Sinān b. abī Sinān b. Miḥṣan b. Ḥurthān al-Asadi, ḥalīf dei banū 'Abd Šams, C. d. P., Emigrato, presente a Badr, **2,** 85,A no. 23 — capo dei banū Mālik, porta a Madīnah la notizia della insurrezione di Ṭulayḥah, **11,** 127, 130 [Qutaybah, 140, lin. 3].

Sinān b. Wabar al-Ǵuhani, ḥalīf dei banū Sālim, C. d. P., letiga con Ǵahǵāh b. Sa'id al-Ghifāri, al pozzo di Muraysi', **5,** 10.

abū Sinān b. Miḥṣan b. Ḥurthān [† 5. a. H], dei banū Asad b. Khuzaymah, C. d. P., Emigrato, presente a Badr, **2,** 85,A no. 22 — muore nella spedizione contro i banū Qurayẓah, **5,** 54 [Wüst., *Reg.*, 422; Qutaybah, 139, ult. lin., 140, lin. 1-2].

umm Sinān, Compagna d. P., a Khaybar, **7,** 39.

Sinānah bint Ḥātim al-Ṭā'i, Compagna d. P., prigioniera di 'Ali b. abī Ṭālib, liberata da Maometto, induce il fratello 'Adi ad abbracciare l'Islām, **9,** 20.

Sind [l'India occidentale, tra il Bilād al-Hind, il Kirmān e il Siǵistān] e il suo commercio con Ubullah e i Sassanidi, **12,** 186 nota 1 [Yāqūt, III, 166-167 e *pass.*].

Sindād, [fiume e] castello di 'Udzayb nel Sawād, **12,** 161 nota 1 [Yāqūt, III, 164-165 e *pass.*].

Singirli, iscrizioni di-, attestanti una scrittura siro-aramaica derivata (?) dall'alfabeto fenicio, **11,** 216.

al-Siqāyah, o **Siqāyah al-Ḥaǵǵ,** propriamente « luogo per bere, abbeveramento », diritto di sorveglianza dei pozzi e distribuzione dell'acqua potabile ai pellegrini della Ka'bah, carica makkana, assunta da Quṣayy, **Intr.** 78, 79 — trasmessa al figlio 'Abd Manāf, 82 e nota 1, 88 — e ai discendenti primogeniti; poi ad 'Abbās b. 'Abd al-Muṭṭalib e sua prole, **Intr.** 90 nota 1, 95, 98, 133 — conservata da Maometto, **8,** 66, 67.

al-Šiḥr, [costa del Baḥr al-Hind. fra 'Adan e 'Umān: cfr. Yāqūt, III, 263-264 e *pass.*], nella Mahrah, **10,** 58.

Šī'ita, grande propaganda- politico-religiosa svoltasi sul finire del I sec. H., **Intr.** 35 — sette šī'ite moltiplicansi nel II sec. H.: loro esagerazioni relative a Maometto, 112 e nota 2 — o Nazionalisti, fautori di Ali b. abī Ṭālib e dei suoi successori, venerano Fāṭimah, come madre di al-Ḥasan e al-Ḥusayn, 115 — loro idee sulla preesistenza dell'anima di Maometto, 112 nota 1, 123 nota 1 — loro esagerazioni, 112 — loro tradizioni e invenzioni tendenziose contro i Sunniti, **2,** 17; **11,** 80 nota 1, 205 nota 2 — argomenti contrari dei Sunniti relativamente alla elezione di abū Bakr, 16 — mantengono e praticano ancora oggi il connubio mut'ah, **10,** 67 nota 3 i cronisti šī'iti e loro modo di narrar gli ultimi momenti del Profeta, **11,** 16 nota 2.

al-Šiqq, una delle tre regioni del territorio di Khaybar, con i castelli di Ubayy, Sumrān, Nizar, ecc., occupata da Maometto dopo al Naṭāh, **7**, 8, 10, 27, 28, 29, 31 — spartita come bottino tra i Musulmani, **7**, 41 e nota 1 [Yāqūt, III, 308 e *pass.*].

Šiqq Tāra· o **Tārā·**, nei pressi di Ǵawbar(?), masǵid del Profeta verso Tabūk, **9**, 30 no. 11 [Yāqūt, I, 811; IV, 1017].

al-Šiqqah, o **Šuqqah banī 'Udzrah,** tra Dzū-l-Marwah e Wādi al-Qura, tappa del Profeta nella spedizione di Tabūk, **9**, 30 no. 4 [Yāqūt, III, 309; II, 800].

Si'r b. Khufāf, capo dei Buṭūn tamimiti e ribelli a Madīnah, **11**, 163 [Durayd, 328, lin. 18-19?].

Šīra = Šīrwayh b. Barwīz, **12**, 192, 197.

Šīra b. Kisra = Šīra = Šīrwayh b. Barwīz, **12**, 215.

Sīrah, o **Sīrah Rasūl Allah** = biografia di Maometto di Muḥ. b. Isḥāq, **12**, 176.a no. 4.

Sīrah al-Ḥalabiyyah [o « Pupilla degli occhi relativa alla vita del Costante e Fido », cioè Biografia di Maometto composta da Nūr al-Din al-Ḥalabī e terminata nel 1043. a. H.], dà a Baḥīra i nomi più cristiani di Nasṭūr, Sarǵīs, **Intr.** 114 nota 2.

Siria e **Siri** — *Geografia.* — Provincie e città: Balqā, Urdunn, Ḥawrān, Filisṭīn, Tadmur-Palmira, **12**, 396 nota 3 e *pass.* — Damasco, **11**, 79 nota 1 e *pass.* — Dūmah al-Dimašq, **5**, 4 nota 1; **9**, 46 e *pass.* — Ḥibra e Bayt 'Aynūn, **9**, 69 nota 1, 70 nota 1 — Ma'āb nel Balqā, **12**, 344 nota 1 — Ābil al-Zayt uno dei mašārif nell'Urdunn, **11**, 3,*b* — Ghazzah, 3,*b* — Buṣra, **Intr.** 158, 326; **6**, 50 e *pass.* — Ḥims-Emesa, **9**, 83; **11**, 79 nota 1 — paese tra Kūfah e la Siria, **12**, 222 nota 2,*a* — punto di contatto fra la Siria, l''Irāq e la Mesopotamia, 225.

Concetto geografico-politico che ne avevano gli Arabi: al-Šām, abbracciante la Siria e la Palestina, **12**, 313 nota 1,*a*, 316 nota 2 — Siria è per i contemporanei di Maometto tutto il paese a nord di Wādi al-Qura, **7**, 48 — sua feracità, **Intr.** 110 nota 1, allevamento di cavalli, **12**, 273 — clima e salubrità: la peste (?), **1**, 71 nota 2.

Etnografia. — Inondata più volte da Semiti provenienti d'Arabia, **12**, 112 — sede di Aramei, **12**, 145 nota 1 — e Cananei, costituiti in parecchi principati, 112 e 113 — divergenza etnica fra i Semiti della Siria e quelli della Babilonide, 141.

Storia. — Dominio dei Keta o Hittiti dell'Asia Minore nella Siria settentrionale fra 1900 e 1500, **12**, 111 — principati Aramei e Cananei, 113 — provincia di confine dell'Impero bizantino, **12**, 308 — invasa ed occupata da Sassanidi, **Intr.** 326; **8**, 6; **12**, 130 nota 1 — recuperata da Eraclio sui Persiani, 309 — e da lui abbandonata, 266 — sue condizioni politiche e sociali alla vigilia della conquista araba, 250.

Rapporti con l'Arabia e gli Arabi, per i quali fu sempre una specie di terra promessa, quasi il Paradiso terrestre, **Intr.** 110 nota 1; **12**, 312, 313 nota 2,*a*,*b*,*c*; cfr. principato o filarcato Ghassānida — gli Aramei della Siria chiamano gli Arabi Ṭayyāyyē, 145 nota 1 — *a*) Arabi stanziati sui confini della Siria e in gran parte cristianizzati, **10**, 125 — 'Udzrah, **Intr.** 76; **9**, 14 nota 1, 69 nota 1 e *pass.* — i Kalbiti di Dūmah al-Ǵandal, **Intr.** 227 nota 1; **9**, 69 nota 1 — i Quḍā'ah, **8**, 30; **11**, 102 — Nabatei, **5**, 4 — i Ǵudzām, **6**, 11 nota 3 — i Bali, **8**, 30; **9**, 16 — i Lakhm, 69 nota 1 — i Bahrā, 83 — li 'Āmilah, **10**, 119 nota 3 — i Ǵarbā, Adzruḥ, Maqnā, **9**, 39 e nota 1, 40 — *b*) luoghi di Arabia prossimi alla frontiera siria: Aylah, 38 nota 1; **12**, 322 nota 1 — Dūmah al-Ǵandal, **5**, 77; **10**, 45-46 — Dzāt al-Aṭlāḥ, 105; **8**, 4 nota 1 — Dzāt al-Salāsil, 30 — Tabūk, **9**, 24-37 — *c*) Arabi immigrati in Siria e cristianizzati, **Intr.** 66, 130; **1**, 38; **11**, 161 — da Valente a Giustiniano, nell'Osrhoene, **12**, 113, 115, 132, 133 — i Qaynuqā', **2**, 97 — i banū-l-Naḍir, **4**, 12 — i Qurayẓah (?), **5**, 47 — i Bahrā a Ḥimṣ, **9**, 83 — i Qays b. al-Makšūḥ, **12**, 71 — i Tanūkh, Iyād, Ghassān, Quḍā'ah, Lakhm, Ǵudzām, 113 nota 1,*d*,*e* — i Yamaniti musulmani, dopo la conquista, **9**, 63 nota 1, 65 nota 2; **11**, 187 nota 1,*n*.

Individui immigrati stabilmente o temporaneamente: Sa'd b. 'Ubādah, **11**, 39 nota 2,*c* — Ṭulayḥah, 128, 139 — 'Alqamah b. 'Ulāthah, 151 — Khālid b. Sa'īd, **12**, 212 — Waḥši, **3**, 49 — 'Adi b. Ḥātim, **9**, 20 — viaggiatori Arabi in Siria, **2**, 85,A no. 49; **6**, 11; **9**, 25 — la

Siria e Maometto; viaggi di Maometto in Siria, **Intr.** 114, 115, 134-137, 152-154 — Zayd b. 'Amr, 187 — Umayyah b. al-Ṣalt, **3,** 65; cfr. Commercio — la Siria qiblah di Maometto a Makkah, **Intr.** 255, 285 — e sul principio anche a Madīnah, **2,** 24-25 — spedizioni e razzie verso la Siria, **8,** 49 — di Usāmah, **11,** 76, 106-111, 114 nota 1, 123, 124, 198,*c*; **12,** 65 — a Mu'tah, **8,** 10 nota 1 — a Midyan, **6,** 22 — a Dzāt al-Salāsil, **8,** 30 — Siri che vengono a farsi musulmani a Madīnah, **7,** 55 nota 1 — il Profeta non ebbe mai intenzione d'invaderla, **10,** 119 nota 3 — la Siria sotto i Califfi; i Siri invitano gli Arabi alla razzia ed alla conquista, **12,** 304 — ragioni dell'invasione araba, 305-312 — invio delli eserciti musulmani, 156 nota 4, 313-334, 355-357, 364-371 — invasione e razzia, **7,** 80 nota 1; **11,** 183, 189; **12,** 71, 73, 103, 104 nota 1, 284 nota 1 — primi combattimenti, 335-354, 358-363, 372-375, 376-384, 385-391 — resistenza quasi nulla agl'invasori, 264, 304 — che inondano, **10,** 115; **11,** 72 — e conquistano, **3,** 66 nota 2; **9,** 63 nota 1, 70 nota 1; **12,** 104 — invio e viaggio di Khālid b. al-Walid dall' 'Irāq in Siria, **3,** 32 nota 1; **12,** 80 nota 2, 153 nota 2, 159, 165 nota 1, 180 nota 1, 184,*a*, 215 nota 1, 229, 267, 322 nota 6, 340, 392-414, 415-427 — la Siria musulmana: sistemazione amministrativa della Siria; dopo la conquista, 322 nota 2, 326 nota 1 — scuola tradizionistica di Ḥimṣ, **11,** 79 nota 1 — lettori del Qur'ān in Siria, 230 nota 1 — i popoli della Siria nella storia dell'Islām, **Intr.** 22 — pellegrini di Siria alla Ka'bah, **7,** 69 nota 3.

Civiltà ebraico-cristiana: suoi germi trapiantati in Makkah, **Intr.** 227 nota 1 — commercio: cavalli, **12,** 273 — grano, orzo, olio, uva secca, 363 — caravane e vie tra l'Arabia meridionale e la Siria, **9,** 34; **11,** 186 — con Makkah e i Qurayš, **Intr.** 36, 84 nota 1, 90, 92, 105, 134, 152, 175, 226; **2,** 20 e nota 1, 21 nota 2, 31, 34, 42; **3,** 9; **5,** 70, 85 nota 1; **6,** 15, 34 — lungo il Mar Rosso, nella regione al-'Īṣ, **7,** 1; **12,** 316 nota 3 — alla Ka'bah per Ǵuḥfah, **1,** 76 nota 4 — con Madīnah, per Dūmah al-Ǵandal, **5,** 4; **7,** 5 — per Wādi al-Qura, 48 nota 1 — per Taymā, 48 nota 8; **10,** 88 — per al-Ǵurf, **11,** 5 nota 3; 96 nota 1; **12,** 363 — schiavi venduti o comprati dagli Arabi sui mercati siri, **Intr.** 175, 226; **5,** 52 — via commerciale sino a Edessa, **12,** 137 — da Damasco alla Mesopotamia, 396 nota 3.

Religione. — Cristianesimo ortodosso, il cui indirizzo Maometto disapprova, **Intr.** 154 nota 1 — monofisismo antiortodosso, ostile al governo imperiale bizantino, **12,** 145, 264, 265 nota 2 — monofisiti siri trasportati in Persia da Anuširwān, 146, 147 — Manāt divinità importata in Arabia dalla Siria (?), **8,** 100 nota 2.

Letteratura. — Scoperte epigrafiche in Siria e loro valore storico, **11,** 214 — scrittura, alfabeto e lingua, 216 — vi si adotta l'È. V. solo nel X secolo, **1,** 6 nota 2 — vi si scrivono nel periodo delle Crociate i romanzi pseudo-wāqidei, **11,** 80 nota 1.

Sīrīn consorte di Khusraw Barwīz, abbraccia e favorisce il monofisismo giacobita, **12,** 148.

Sīrīn (abū Muḥammad), padre dei celebri banū Sīrīn, fatto prigioniero da Khālid b. al-Walid in una chiesa cristiana di 'Ayn al-Tamr, **12,** 176,*a* no. 2, 219,*a* no. 4, 412 no. 2 [Qutaybah, 226; Nawawi, 106].

Sīrīn (umm 'Abd al-raḥmān b. Ḥassān), sorella di Māryah, con lei donata al Profeta dal Muqawqis, **6,** 49 e nota 1; **7,** 78 e nota 1 — schiava copta, regalata dal Profeta a Ḥāssān b. Thābit, **5,** 15 [Wüst., *Reg.*, 422; Nawawi, 204, lin. 11-12; 577, lin. 6; Aghāni, IV, 14; X, 169].

Šīrīn b. Kisra = Šīra b. Kisra. **12,** 187 e nota 1, 215.

ibn Sīrīn (Muḥammad) [† 110. a. H.], ritiene come menzogne tutte le tradizioni con isnād fino ad 'Ali b. abī Ṭālib, **10,** 145 — autorità di Sayf b. 'Umar, presso Ṭabari, **11,** 152,*a* — figlio di un prigioniero di Ayn al-Tamr, **12,** 176 no. 2 — ricerca invano in Madīnah la copia o compilazione del Qur'ān attribuita ad 'Ali b. abī Ṭālib, **11,** 231 nota 2 — lettore del Qur'ān in Baṣrah, 230 nota 1 [Yāqūt, *Reg.*, 666; Aghāni, *Ind.*, 395; Qutaybah, 226; Nawawi, 106-109].

Sirmio, città ceduta agli Avari dall'imperatore Tiberio nel 581. a. È. V., **12,** 244.

Siro-Macedoni, l'èra dei- o dei Seleucidi, dal 311. av. È. V., **1,** 4 nota 1.

Šīrwayh (Sēroē) = Šīrwayh b. Barwīz = Kiara Šīrwayh = Šīra. **7,** 59.

Šīrwayh b. Barwīz, uccide il padre nel 628. a. È. V., **6,** 54 — mette a morte tutti i discendenti di Kisra b. Qubādz, **12,** 215 — fa pace con Eraclio, 187 nota 1, 256 — è ucciso dopo pochi mesi, **7,** 59 — o muore di peste, **9,** 93 nota — (secondo Sayf) avrebbe lottato contro gli Arabi invasori, **12,** 187 e nota 1, 192 e nota 4, 197, 200 nota 1 [Yāqūt, *Reg.*, 474; Tabari, *Ind.*, 279].

sitt ḥabbāt ša'īr = « sei chicchi di orzo » messi insieme l'uno accanto all'altro formano la lunghezza di un aṣba' o dito. **11,** 18 nota 1,*b*.

Šīrzād, signore di Sābāṭ, generale persiano, governatore di Anbār, si arrende a Khālid b. al-Walīd, **12,** 218.

al-šitā qad ḥaḍara = « era imminente l'inverno », secondo Sayf, immediatamente dopo la battaglia di al-Yamāmah. **12,** 25 nota 1.

al-Siyy, sulla via Makkah-Baṣrah (?) nel territorio dei banū Sulaym o dei banū 'Āmir b. Ṣa'ṣa'ah; spedizione di–, **8,** 5 e nota 1.

Slavi, impediscono ai Turchi la conquista dell'Europa nel sec. XVII, **Intr.** 1 — invadono la penisola Balcanica e l'Illirico, **12,** 241, 244 — prendendo stanza nell'impero bizantino, 266 — e abbracciano il Cristianesimo orientale, 264.

Snouck Hurgronje, illustra Makkah, **Intr.** 62 — dimostra il lungo e profondo processo di trasformazione subito dall'Islām nella sua storia, **10,** 132 nota 1.

Sodoma e le persone che sarebbero bastate a salvarla; probabile origine d'un episodio del mi'rāǵ. **Intr.** 221 nota 2.

Sogno rivelatore del sito di Zamzam ad 'Abd al-Muṭṭalib, **Intr.** 100 — del disastro di Uḥud a Maometto, **3,** 23 — dell'unione col Profeta a Ṣafiyyah bint Ḥuyayy, **7,** 36 — interpretato da abū Bakr, persuade il Profeta a torre l'assedio da Ṭā'if, **8,** 153.

Sole e **Luna,** culto pagano, loro tributato dalli Arsacidi, **12,** 137 nota 1 — sole meridiano: ad evitarne l'ardente calore, emanazione del fuoco infernale, sarebbesi vietata la preghiera pubblica del mezzogiorno nella corte della Moschea di Madīnah, **2,** 6 nota 2.

Solone, legislatore. **Intr.** 122 nota 1.

Sophronius, monaco, vescovo di Gerusalemme nel 634. a. È. V., sua lettera sinodale al patriarca Sergio e al papa Onorio I, **12,** 336 nota 1.

Spada (sayf), l'arma per eccellenza e la più cara all'arabo, probabilmente d'origine straniera e d'importazione, **12,** 271 — ne fabbricavano gli Ebrei di Madīnah, **1,** 40 — 340 spade nel bottino dei banū-l-Naḍīr, **4,** 13 — 1500 in quello dei banū Qurayẓah, **5,** 49 — 400 a Khaybar, **7,** 31 — 3 spade appese nel santuario dell'idolo al-Fals. **9,** 20 — pezzo di legno donato da Maometto ad 'Ukkāšah a Badr, e trasformatosi in–, **2,** 62 — prestata dal Profeta a Uḥud a Simāk b. Kharašah, **3,** 35 — brandita in battaglia anche dalle donne, 36 — spade celebri: Qal'ī e Bayyār o Battār, spade dei Qaynuqā' in possesso di Maometto, **2,** 97 nota 1 — altre possedute dal Profeta, **10,** 144 — quella di ibn abī-l-Ḥuqayq donata dal Profeta a Sa'd b. Mu'ādz, **4,** 13; cfr. al-Ṣamṣāmah.

Spagna, conobbe il Cristianesimo dalla predicazione di s. Paolo (?), **11,** 79 nota 1 — provincia dell'Impero romano-bizantino, **12,** 242 — inondata dagli Arabi e dalla civiltà musulmana sino alle falde dei Pirenei, **10,** 115.

Spedizione dell'**Elefante,** principio di una nuova Èra presso gli Arabi pagani, **Intr.** 59 — suo nesso tradizionale con la biografia di Maometto, 108 — in realtà fu diretta contro i Persiani, ad istigazione di Giustiniano, **Intr.** 108 nota 1 — origine del nome, e germe fondamentale quranico della leggenda, 109 — già attribuita da al-Ruqayyāt ad Abrahah al-Ašram, 109 nota 3 — certamente anteriore alla nascita di Maometto, 111 e nota 1 — racconto tradizionale di essa, 117-120 — anteriore o posteriore alla istituzione del Ḥums, 121 — sincrona, leggendariamente, alla nascita del Profeta, 123 — sei anni avanti la nascita di 'Uthmān b. 'Affān, 132 nota 1 — otto-dieci avanti la morte di 'Abd al-Muṭṭalib, 133 — quindici prima della guerra di al-Fiǵār, 140 — quarantuno avanti l'inizio della Missione di Maometto, 203, 272; **9,** 64.

Spedizioni militari del Profeta; loro computo, **1,** 73-74 — ordine cronologico di esse, secondo ibn

Isḥāq e secondo al-Wāqidi, prima di Badr, **2**, 23 — fra Badr e Uḥud, 92 — fra Uḥud e al-Khandaq, **4**, 1 — critica di esse, **5**, 60-82 — dopo al-Khandaq: critica di essa, **10**, 84-130.

Spedizioni a cui partecipò **personalmente il Profeta**, dette ghazawāt o maghāzi:

Spedizione di **al-Abwā** o Waddān contro i Qurayš e i banū Ḍamrah (Ṣafar). **1**, 73, 76 nota 1; **2**, 18.
Spedizione di **Badr al-Ūla (I)** o Safwān, contro Kurz b. Ǵābir (Rabi' I). **2**, 19.
Spedizione (battaglia) di **Badr (II)** (Ramaḍān) contro i Qurayš. **2**, 20-80.
Spedizione di **Badr III** contro i Qurayš (Dzū-l-Qa'dah). **4**, 1 no. 6, 18.
Spedizione di **Buḥrān** o di al-Furu', contro i Sulaym (Ǵumāda I). **2**, 92; **3**, 8.
Spedizione di **Buwāṭ**, contro i Qurayš (Rabi' I), **1**, 76 nota 1; **2**, 18,A.
Spedizione, prima- di **Dūmah al-Ǵandal**, o razzia di esplorazione (Rabī' I—Rabī' II). **4**, 1 no. 7; **5**, 4.
Spedizione di **Dzāt al-Riqā'**, contro gli Anmār e i Tha'labah (Muharram). **4**, 1 no. 5 e 7[1]; **5**, 1-3.
Spedizione di **Dzū Amarr**, contro i Tha'labah e i Muḥārib (Rabī' I). **2**, 92; **3**, 6.
Spedizione di **Dzū Qarad** o al-Ghābah, contro i Ghaṭafān (Rabī' II). **6**, 3.
Spedizione di **al-Furu'** o di Buḥrān, contro i Sulaym (Ǵumāda I). **2**, 92; **3**, 8.
Spedizione di **al-Ghābah** o Dzū Qarad (Rabī' II) contro i Ghaṭafān che avevan rubato le camele del Profeta. **6**, 3.
Spedizione di **Ghurān** contro i banū Liḥyān (Rabī' I). **6**, 2.
Spedizione di **Ḥamrā al-Asad** per inseguire i Qurayš che si ritiravan da Uḥud (Šawwāl). **3**, 58-59.
Spedizione (e trattato) di **al-Ḥudaybiyyah**, con i Qurayš (Dzū-l-Qa'dah). **6**, 25-40.
Spedizione (e battaglia) di **Ḥunayn** contro i Hawāzin e i Thaqīf. **8**, 114-137.
Spedizione (assedio) di **al-Khandaq**, o degli Aḥzāb alleati contro Madinah (Dzū-l-Qa'dah). **5**, 21-43.
Spedizione di **Khaybar**, contro gli Ebrei. **7**, 5-34.
Spedizione di **al-Kudr**, contro i Sulaym e i Ghaṭafān (Muharram), **2**, 92; **3**, 1.
Spedizione di **Makkah** e presa della città (Ramaḍān). **8**, 25, 38-64.
Spedizione di **al-Muraysī'** contro i banū-l-Muṣṭaliq (Ša'bān-Ramaḍān). **4**, 1 no. 9[2]; **5**, 8-13.
Spedizione (assedio e bando) dei **banū-l-Naḍīr** (Rabi' I), **4**, 1 no. 8, 10-14.
Spedizione di **Qarqarah al-Kudr** o al-Sawīq contro i Qurayš (Dzū-l-Ḥiǵǵah). **2**, 92, 99.
Spedizione (assedio) dei banū **Qaynuqā'** in Madīnah (Šawwāl), **2**, 92, 94-97.
Spedizione contro i banū **Qurayẓah** e loro eccidio (Dzū-l-Qa'dah—Dzū-l-Ḥiǵǵah). **5**, 44-52.
Spedizione di **Safwān** o Badr al-Ūla contro Kurz b. Ǵābir al-Fihri (Rabi' I). **2**, 19.
Spedizione di **al-Sawīq** o di Qarqarah al-Kudr, contro gli aggressori qurašiti (Dzū-l-Ḥiǵǵah), **2**, 92, 99.
Spedizione di **Tabūk** contro i Greci e gli Arabi cristiani di Siria (Raǵab-Ramaḍān). **9**, 24-43, 66.
Spedizione e assedio di **Ṭā-if**. **8**, 139-166.
Spedizione (battaglia) di **Uḥud**, contro i Qurayš e gli alleati (Šawwāl). **3**, 12-57.
Spedizione di **al-'Ušayrah**, contro i Qurayš (Ǵumāda II). **1**, 78 nota 1; **2**, 20.
Spedizione di **Waddān** o al-Abwā contro i banū Ḍamrah e i Qurayš (Ṣafar). **1**, 73, 76 nota 1; **2**, 18.
Spedizione di **Wādi al-Qura**, contro gli Ebrei. **7**, 48.

Spedizioni a cui non prese parte il Profeta, cfr. sarāyā e « missioni segrete »:

Spedizione di 'Ali al monte **Aǵā** nel Naǵd per distruggere l'idolo al-Fals (Rabī' II) **9**, 20.
Spedizione di 'Ubaydah b. al-Ḥārith a **Aḥyā** o **Baṭn Rābigh**, contro i Qurayš (Šawwāl). **1**, 75 nota 1, 76 e nota 1.
Spedizione di Usāmah b. Zayd nel **Balqā** contro i Greci, **11**, 3-5, 106-111.
Spedizione di missionari musulmani a **Bi'r Ma'ūnah** e loro massacro da parte dei Sulaym (Ṣafar). **4**, 1 no. 2, 5-6.
Spedizione di Muhammad b. Maslamah a **Ḍariyyah** o al-Qurṭā, contro i banū Bakr b. Kilāb (Muharram). **6**, 1.

Spedizione di 'Abd al-raḥmān b. 'Awf contro **Dūmah al-Ǵandal** (Ša'bān). **6**, 16.
Spedizione di Khālid b. al-Walid a **Dūmah al-Ǵandal** (Raǵab). **9**, 45-47.
Spedizione di Ka'b b. **'Umayr** a **Dzāt Aṭlāḥ**, contro i Quḏā'ah (Rabī' I). **8**, 4.
Spedizione di 'Amr b. al-'Āṣ a **Dzāt al-Salāsil**, contro i Bali e i Quḏā'ah (Ǵumāda II). **8**, 30-38.
Spedizione di Muḥammad b. Maslamah a **Dzū-l-Qaṣṣah (I)**, contro i Tha'labah e li 'Uwāi (Rabī' II). **6**, 5.
Spedizione di abū **'Ubaydah** b. al-Ǵarrāḥ a **Dzū-l-Qaṣṣah (II)**, contro i banū Muḥārib, Tha'labah e Anmār (Rabī' II). **6**, 6.
Spedizione di 'Ali b. abī Ṭālib a **Fadak**, contro i banū Sa'd (Ša'bān). **6**, 17.
Spedizione di Bašīr b. Sa'd e di Ghālib b. 'Abdallah a **Fadak**, contro i Murrah (Ša'bān). **7**, 63-64.
Spedizione di Zayd b. Ḥārithah ad **al-Ǵamūm**, contro i Sulaym. **6**, 7.
Spedizione di 'Abdallah b. abī Ḥadrad in **al-Ghābah**, contro i Ǵušam (Ša'bān). **8**, 36-37.
Spedizione di 'Ukkāšah b. Miḥṣan ad **al-Ghamr**, contro i banū Asad b. Khuzaymah (Rabī' II). **6**, 4.
Spedizione di Bašīr b. Sa'd ad **al-Ǵināb** e Yumu, contro i Ghaṭafān (Šawwāl). **7**, 66.
Spedizioni di Khālid b. al-Walīd ad **al-Ghumayṣā** contro i banū Ǵaḏīmah. **8**, 107-112.
Spedizione di Kurz b. Ǵābir o ibn **Zayd** nella **Ḥarrah**, contro i banū 'Uraynah (Šawwāl). **6**, 21.
Spedizione di **Zayd** b. Ḥārithah a **Ḥisma** o in Raǵlah, contro i Ǵuḏām (Ǵumāda II). **6**, 11, 50 nota 3.
Spedizione di 'Ukkāšah b. Miḥṣan ad **al-Ḥubāb**, contro gli **'Udzrah** (?). **9**, 21.
Spedizione di **Zayd** b. Ḥārithah ad **al-'Īṣ**, contro i Qurayš (Ǵumāda I). **6**, 8.
Spedizione di Ghālib b. 'Abdallah contro i banū Mulawwiḥ in **Kadīd** (Ṣafar). **8**, 3.
Spedizione di abū '**Ubaydah** b. al-Ǵarrāḥ ad **al-Khabāṭ** o Sīf al-Baḥr, contro i Ǵuhaynah (Raǵab). **8**, 34.
Spedizione di Sa'd b. abī Waqqāṣ ad **al-Kharrār**, contro i Qurayš (Dzū-l-Qa'dah). **1**, 78.
Spedizione di Ghālib b. 'Abdallah ad **al-Mayfa'ah**, contro li 'Uwāl e li 'Abd b. Tha'labah (Ramaḏān). **7**, 65.
Spedizione di **Zayd** b. Ḥārithah contro **Midyan**. **6**, 22.
Spedizione di **Zayd** b. Ḥārithah a **Mu'tah**, contro gli Arabi cristiani dei Mašārif al-Balqā (Ǵumāda I). **8**, 6-17.
Spedizione di abū Bakr nel **Naǵd** contro i Hawāzin (Ša'bān), **7**, 62.
Spedizione di Abān b. Sa'id nel **Naǵd**, **7**, 60.
Spedizione di Khālid b. al-Walid a **Nakhlah** contro il Santuario di al-'**Uzza**, **8**, 102.
Spedizione di 'Abdallah b. Ǵahš a **Nakhlah al-Šāmiyyah** contro i Qurayš (Raǵab), **2**, 21.
Spedizione di **Zayd** b. Ḥārithah ad **al-Qaradah** contro i Qurayš (Ǵumāda II), **2**, 92; **3**, 9.
Spedizione di abū **Salamah** a **Qaṭan** contro li Asad (Muḥarram), **4**, 1 no. 1[3], 2.
Spedizione di Muḥammad b. Maslamah ad **al-Qurṭā** o Ḍariyyah, contro i banū **Bakr** b. Kilāb (Muḥarram). **6**, 1.
Spedizione di missionari musulmani in **al-Raǵī'** e loro eccidio da parte dei banū Liḥyān (Ṣafar), **4**, 1 no. 1, 7-8.
Spedizione di abū 'Ubaydah b. al-Ǵarrāḥ a **Sīf al-Baḥr** o al-Khabaṭ, contro i Ǵuhaynah (Raǵab), **8**, 34.
Spedizione di Ḥamzah a **Sīf al-Baḥr** contro i Qurayš (**Ramaḏān**), **1**, 75, 76 **nota** 1, 78 **nota** 1.
Spedizione di Šuǵā' b. Wahb **in al-Siyy** contro i Hawāzin (Rabī' I), **8**, 5.
Spedizione di 'Alqamah b. Muǵazzaz a **Šu'aybah** contro gli Abissini (Rabī' II), **9**, 19.
Spedizione di ibn abī-l-'Awǵa contro i banū **Sulaym** (Dzū-l-Ḥiǵǵah), **7**, 77.
Spedizione di Ghālib b. 'Abdallah al-Laythi contro i **Sulaym** e i Ghaṭafān (Šawwāl) = spedizione di al-Kudr (?), **2**, 92.
Spedizione di Quṭbah b. 'Āmir a **Tabālah** contro i banū Khath'am (**Ṣafar**), **9**, 13.
Spedizione di 'Uyaynah b. Ḥisn contro i banū **Tamīm** nel territorio dei Sulaym (Muḥarram), **9**, 2
Spedizione di **Zayd** b. Ḥārithah ad **al-Ṭaraf** contro i Tha'labah (Ǵumāda I o II), **6**, 10.
Spedizione di **'Umar** b. al-Khaṭṭāb a **Turbah** contro li 'Uǵz Hawāzin (Ša'bān), **7**, 61.

Spedizione di Khālid b. Sa'īd ad **'Uranah, 8,** 101.

Spedizione di Zayd b. Ḥārithah a **Wādi al-Qura** contro i Bakr b. Fazārah (Ramaḍān), **6,** 15, 18.

Spedizione di Hišām b. al-'Āṣ a **Yalamlam, 8,** 101.

Spedizione di Khālid b. al-Walīd nel **Yaman** a convertire i banū-l-Ḥārith b. Ka'b (Rabī' I), **10,** 3.

Spedizione di 'Ali b. abī Ṭālib nel **Yaman** contro i Madzḥiǵ ancora pagani (Ramaḍān), **10,** 17.

Spedizione di Bašir b. Sa'd a **Yumn** e al-Ǵināb contro i Ghaṭafān (Šawwāl), **7,** 66.

Spedizione di al-Ḍaḥḥāk b. Sufyān a **Zuǵǵ** nel Naǵd contro gli al-Qurṭā (Rabī' I), **9,** 15.

Spedizione (missione segreta) di 'Amr b. Umayyah e Ǵabbār b. Sakhr, in Makkah, per assassinare abū Sufyān b. Ḥarb (Ṣafar), **4,** 9.

Spedizione (missione segreta) di 'Abdallah b. Unays contro i banū Liḥyān ad 'Uranah per uccidere Sufyān b. Khālid (Muḥarram), **4,** 3-4.

Spedizione (missione segreta) di 5 musulmani per uccidere abū Rāfi' b. abī-l-Ḥuqayq (Dzū-l-Ḥiǵǵah), **4,** 20.

Spedizioni nell'**Impero Persiano** e **Bizantino**; cfr. Siria e Persia.

Spedizioni (le tre) dei **Qurayš** contro Madīnah, Uḥud, Badr III, al-Khandaq (*q. v.*), **5,** 24 nota 1.

Spedizioni contro i **ribelli** o per la conquista d'Arabia; cfr. Riddah.

Spille di legno usate da abū Bakr a Dzāt al-Salāsil, per succingersi il mantello, **8,** 32.

Spirito Santo, Ruḥ al-qudus (*q. v.*), apportatore del Tanzīl al Profeta, **Intr.** 193 e nota 1 — ispiratore di Maometto nel periodo makkano, sostituito da Gabriele a Madīnah; **Intr.** 213 nota 1.

Spogliare i nemici caduti era diritto degli uccisori, a Ḥunayn, **8,** 131.

Sposa, dono di 400 dirham fatto dal Naǵāši alla- di Maometto, umm Habībah, **7,** 58.

Sprenger, sulla storia della tradizionistica musulmana, **Intr.** 21 nota 1 — sul lavorio esegetico mistificatore di ibn 'Abbās intorno al-Qur'ān, 24 — intorno alla compilazione dei grandi alberi genealogici arabo-musulmani, 29, 30 — dubbi sulla paternità di Maometto, 33 — e la sua origine non makkana, 34 nota 2 — erra nell'assegnare origine tarda alla designazione etnografica Ma'add, 44 nota 1 — spiega come fittizia invenzione dei genealogi la formazione degli eponimi delle tribù arabe, 47 nota 1 — definisce i Qurayš quali discendenti di Quṣayy, 54 nota 1 — sostiene l'origine straniera di Quṣayy, 77 nota 1 — e la storicità di Hāšim b. 'Abd Manāf, 94 nota 1 — trae da tradizioni apocrife conclusioni erronee, 112 nota 2 — immagina una teoria di misticismo isterico per spiegare la missione profetica di Maometto, 116, 189 — osservazioni sul vero nome di Maometto, 124 nota 1 — interpreta la leggenda della laparatomia purificatrice del Profeta, 128 e nota 1 — esamina e confuta le tradizioni riguardanti i viaggi puerili del Profeta in Siria, 114, 136, 154 — sulla vedovanza o divorzio e i figliuoli di Khadīǵah avanti il suo matrimonio con Maometto, 115 nota 1, 158 nota 1, 161 — sulla vita nomade di Maometto fanciullo presso i banū Sa'd, 130 — e poi in Makkah, 136 — partecipante al Ḥilf al-Fuḍūl avanti il suo matrimonio con Khadīǵah, 146 — viaggiante per gli affari commerciali della moglie, 153 e nota 1, 176 — intorno all'incontro leggendario di Maometto con un romito cristiano, 154 — tesi errata di un movimento popolare religioso in Arabia anteriore all'Islām e utilizzato da Maometto, 178 — su Waraqah b. Nawfal e la sua pretesa versione ebraica del Vangelo, 183 — critica sommaria generale della sua Biografia di Maometto e delle teorie da lui escogitate per spiegare la genesi dell'Islām, 190-191 — egli espone ampiamente le fasi della credenza demonica di Maometto, ma non ne sa trarre vantaggio per illuminare l'origine della missione profetica, 193 — sul monte Hira, villeggiatura estiva dei Makkani, 208 nota 1 — contro il Fleischer sul significato e derivazione etimologica del Nāmūs, 208 nota 6 — esamina le varie tradizioni riguardanti la prima rivelazione quranica, 218 nota 1 — tenta di spiegare, senza valide ragioni, l'assenza nel Qurān della parte liturgica e rituale dell'Islām, 219 nota 1 — scorge una tendenziosa esagerazione sunnita nella lista delle prime conversioni in Makkah, 227 nota 1 — riporta da ibn Sa'd la tradizione di al-Zuhri sulle prime lotte in Makkah fra Maometto e i Qurayš, 231 nota 1 — non esamina con sufficiente critica l'Emigrazione musulmana in Abissinia,

266, 268, 271 — alla stessa maniera dà valore storico all'episodio dei versetti sbagliati, quale vestigio di pretese transazioni fra Maometto e gl'idolatri, 281 — disconosce invece l'antichità e il pregio storico della versione di 'Urwah b. al-Zubayr sul grande convegno di 'Aqabah, 340 nota 3 — accetta la tradizione più moderna ed artefatta sulla elezione dei nuqabā, 342 nota 1 — sue tesi contradittorie sui due mesi Rabī' riferiti all'autunno, e la stagione del pellegrinaggio riportata sempre all'equinozio primaverile, **1,** 9 nota 2 — accetta in massima, senza efficace spiegazione, la tradizione posteriore della congiura qurašita per assassinare Maometto, **1,** 18 nota 2 — fissa la data non sicura dell'arrivo di Maometto a Qubā nella Higrah, 24 nota 1 — dichiara ed illustra lo Scritto costituzionale dato da Maometto alla comunità madinese, **1,** 44, 45 art. 3 nota 3, art. 3,*bis* nota 1 — ricerca l'origine e i motivi dell'istituto della « Fratellanza » tra Emigrati e Madinesi, 50 nota 2 — con artificiosa esegesi crede di scorgere nel Qur'ān accenni non solo a un rito e liturgia regolari ma anche a consuetudini mistiche ed ascetiche, **2,** 3 nota 2 — male interpretando il dzikr allah, 3 nota 2, 12 nota 3 — sulla coincidenza e la probabile derivazione del digiuno del Ramadān dalla Quaresima cristiana, 29 — sul « Kitāb al-Ma'āqil », 103 nota 1 — sulla parte di 'Uthmān b. Maz'ūn nello sviluppo delle tendenze ascetiche dell'Islām, **2,** 108 — sulla natura del patto concluso tra Maometto e i banū Ašga', **5,** 94 nota 1 — sul contratto di Maometto con gli Ebrei di Khaybar, **7,** 34 nota — calcola con esagerazione l'ammontare del reddito annuo del Profeta dopo la soggezione degli Ebrei, 46 e nota 1 — non intende il significato etnico della espressione 'Uǵz Hawāzin, 61 nota 3 — sue congetture sulla esistenza di prigionieri musulmani in Makkah, **7,** 62 nota 1 — segue al-Wāqidi contro ibn Isḥāq nel distinguere la spedizione di Fadak da quella di al-Mayfa'ah, 64 nota 1 — sue osservazioni sullo stile delle tradizioni o lettere di 'Urwah b. al-Zubayr, **8,** 39 nota 2 — sua ricostruzione, in parte arbitraria, dei rapporti fra Maometto e le tribù del Baḥrayn, 177, 184 nota 2, 189 nota 1, 192 nota 1 — sue versioni libere e talvolta arbitrarie dei testi arabi, **8,** 186 nota 1 e 3 — sulla venuta e conversione dei banū Asad b. Khuzaymah in Madīnah, **9,** 12 nota 2 — su al-Ḥiǵr « città trogloditica », 34 nota 1 — sui rapporti tra Maometto e i principi Ḥimyariti, **9,** 64 — erroneamente crede i Thumālah e i Ḥuddān appartenere quali yamaniti alli Azd Šanu'ah, invece che alli Azd 'Umān, 87 — sua infondata incertezza sui rapporti fra Thumāmah b. Uthāl e Hawdzah b. 'Ali, **10,** 32,A — sua errata derivazione dei banū Uǵā dal monte Aǵā, 42 nota 1 — esagerata apologia di Musaylimah, 69,A — non tiene conto sufficiente dell'abilità politica e diplomatica nel carattere e nell'opera di Maometto, **10,** 88 — sue inverosimili ipotesi sulla tradizione apocrifa che il Profeta morente chiedesse di scrivere, **11,** 30 nota 1.

Stato impersonale, concetto dello- come funzione sociale indipendente, del tutto ignorato in Arabia, **5,** 63 — separato dalla Chiesa è inconcepibile per l'Orientale, **12,** 237.

Stefano, vescovo di Ḥarrān, persecutore e giustiziere dei pagani della sua città, **12,** 265 nota 1.

Steinschneider, illustra il valore simbolico dei numeri 70, 72 e 73 nelle leggende bibliche e talmudiche, **Intr.** 341 nota 1 — ricerca i prototipi greci e giudaici delle leggende medievali sulla tomba di Maometto, **11,** 61.

Stendardo, o **bandiera,** generale (ra'yah), speciale (liwā) delle tribù o dei vari corpi d'esercito [era consegnato come insegna del comando al comandante della spedizione, e da lui affidato a qualche più valoroso guerriero], **3,** 66 nota 2 — dei Musulmani, retto da 'Ali b. abī Ṭālib, a Badr al-Ūla, **2,** 19 — e ad al-Kudr, **3,** 1 — da Muṣ'ab b. 'Umayr e da abū-l-Rūm b. 'Umayr, a Uḥud, 38, 39 — da 'Ali b. abī Ṭalib o da abū Badr, a Ḥamrā al-Asad, fissato ad una lancia, 59 — da Zayd b. Ḥārithah e da altri, a Mu'tah, **7,** 12, 13 — da abū Mūsa, ad Awṭās, **8,** 130 — da Mas'ūd b. Sinān nella spedizione di Ali contro il Yaman, **10,** 17 — bianco (liwā abyaḍ) dei Musulmani, retto da abū Marthad a Sīf al-Baḥr, **1,** 75 — a Baṭn Rābigh, 76 — da al-Miqdād b. 'Amr, ad al-Kharrār, 78 — da Ḥamzah b. 'Abd al-Muṭṭalib, ad al-Abwā, **2,** 18 — da Sa'd b. abī Waqqāṣ a Buwāṭ, 18,A — da Muṣ'ab b. 'Umayr, a Badr, 43 — da Ḥamzah b. 'Abd al-Muṭṭalib nell'assedio dei Qaynuqā', 97 nota 1 — nero dei Musulmani (liwā), retto da 'Ali

b. abī Ṭalib e da Sa'd b. Mu'ādz a Badr, 43 — r a · y a h, retto da 'Ali, al-Ḥubāb b. al-Mundzir e Sa'd b. 'Ubādah a Khaybar, **7,** 19 — del Profeta (l i w ā) sempre bianco, r a · y a h sempre nera, 19; **8,** 12 — alla presa di Makkah, lo regge 'Ali o Sa'd b. 'Ubādah, 59 — dei Qurayš conservato nella casa di Quṣayy e portato in guerra da uno dei suoi figli, **Intr.** 78 — questo privilegio ed ufficio dicevasi a l-L i w ā, 79 — dei Qurayš, retto da Ṭalḥah b. abī Ṭalḥah a Uḥud, **3,** 16, 17, 30 — mischia feroce intorno ad esso, 33, 34 — due o tre ne avevano i Musulmani a Badr, **2,** 43 — tre i Qurayš a Uḥud, **3,** 17 — tre r a · y ā t i Musulmani a Khaybar, **7,** 19 — ne riceve uno dal Profeta, 'Amr b. Subay' e ne fa uso a Ṣiffīn, **10,** 53 nota 1.

Struzzo (a l-n a ' ā m) cacciato dai Musulmani presso Tabūk, **9,** 41 — penna di- portata qual distintivo sul capo da Ḥamzah b. 'Abd al-Muṭṭalib, a **Uḥud**, **3,** 35.

Ṣu·āb, gh u l ā m dei banū 'Abd al-Dār, portastendando pagano ucciso a **Uḥud** da Quzmān, **3,** 33, 34, 55 no. 11.

Šu'ayb [b. Mikā·īl b. Yašǵur b. Midyan], profeta, il Iethro della Bibbia e del Midrāš Rabbath al-l'*Esodo*, II, 16, par. 1; la forma quranica (VII, 83; XI, 85-98; XXVI, 177; XXIX, 35) è forse alterazione di Hubab di *Numeri*, x, 29, secondo il Rodwell, profeta dei Midyan menzionato nel Qurān, e in cui Maometto rispecchia le vicende proprie con i suoi nemici, **Intr.** 236 nota 1 [Ṭ a b a r i, I, 345, 365-370; Y ā q ū t, III, 300, lin. ult.; Q u t a y b a h, 21].

al-Šu'aybah, antico porto di Makkah, vi naufraga una nave mercantile greca, **Intr.** 167 — vi s'imbarcano gli Emigrati in Abissinia, 274 — vi approda, reduce dall'Abissinia, 'Amr b. al-'Āṣ, **8,** 1 [Y ā q ū t, III, 301 e *pass.*] — vi si rifugia Ṣafwān b. Umayyah, 78 — spedizione di 'Alqamah b. Muǵazzaz a-, **9,** 19.

al-Šu'aym, sito nel deserto, presso Makkah (?), vi si reca di consueto a visitare i parenti umm Kulthūm bint 'Uqbah, **6,** 41.

al-Su'ayr, idolo delli 'Anazah, **10,** 45 nota 1.

al-Su'ayr b. 'Addā, C. d. P., riceve da lui uno scritto con privilegio, **10,** 45.

Šu'bah 'Abdallah, burrone tra Dzāt al-Sāq e al-Sadd sulla via Madīnah-al-'Ušayrah, **2,** 20 e nota 2 no. 7.

Subay' [o **Suwaybiq**] **b. Ḥāṭib b. al-Ḥārith b. Qays b. Hayšah al-Anṣāri** [† 3. a. H.], dei banū 'Amr b. 'Awf o dei banū Mu'āwiyah b. Mālik, C. d. P., ucciso a Uḥud da Ḍirār b. al-Khaṭṭāb, **3,** 54,B no. 30 [D u r a y d, 261, lin. 14 e 16].

Subay' b. Qays b. 'Ayšah b. Umayyah al-Anṣāri al-Khazraǵi dei banū 'Adi b. Ka'b, C. d. P., presente a Badr, **2,** 85,C no. 7.

Ṣubayḥ m a w l a di abū-l-'Āṣ b. Umayyah, C. d. P., infermo a Madīnah durante Badr, **2,** 85,A no. 15.

Ṣubayh b. Sa'īd b. Hāni al-Dawsi, pagano, antenato di abū Hurayrah, e uccisore (?) di Buǵayr b. al-'Awwām, **12,** 23 no. 39.

Šubaykah, sulla via Makkah-Baṣrah, tra Makkah e al-Zāhir presso al-Siyy e Waǵrah, **8,** 5 nota 1 [Y ā q ū t, III, 259 e *pass.*].

ibn Subaynah [o **ibn Sunaynah**], ebreo madinese, ucciso da Muḥayyiṣah b. Mas'ūd, **3,** 5.

Subayq [o **Suwaybiq**] **b. Ḥāṭib,** cfr. Subay' b. Ḥāṭib.

Sublime Porta, conchiude trattato di pace con Carlo VI, il 10 giugno 1740, **1,** 11 nota 1.

Successori (t ā b i ' y y ū n) o diadochi, i figli dei Compagni, o di generazione posteriore al Profeta, **Intr.** 18.

banū Ṣūdā [b. Ḥarb b. 'Ula b. **Gald b. Madzḥiǵ]** ramo dei Madzḥiǵ (annesso ai Sa'd 'Ašīrah ?), nel Yaman settentrionale: loro parziale e problematica conversione, **8,** 199 e nota 1; **10,** 105; **11,** 187 nota 1,*b* [D u r a y d, 242, lin. 12-13: Y ā q ū t, *Reg.*, 248; W ü s t., *Reg.*, 147; A gh ā n i, VII, 119].

al-Suddi [cioè **Ismā'īl b. 'Abd al-raḥmān,** vinaio alla porta o s u d d a h di Madīnah], tradizionista, presso Ṭabari, **3,** 23 nota 1; **9,** 73 [Q u t a y b a h, 291, lin. 1-2; Y ā q ū t, *Reg.*, 445].

a l-ṣ ū f = lana o panno di lana, ne vestono li a ṣ ḥ ā b a l-ṣ a w ā m i ', **7,** 55 nota 1.

banū Sūfah = banū-l-Ghawth b. Murr b. Udd b. Tābikhah, famiglia makkana, investita della Igāzah [o Ifādah, trasferitasi poi nel Yaman secondo ibn Qutaybah, o in Siria secondo ibn Durayd], **Intr.** 75, 77, 79 [Wüst., *Reg.*, 171; Qutaybah, 36, lin. ult.; 37, lin. 1; Yāqūt, *Reg.*, 249; Durayd, 285, lin. 11].

Sufaynah, sito presso Madīnah, tra i banū Sālim e Qubā, il cui territorio è in parte concesso dal Profeta ai banū Šanakh, **5,** 89 e nota 2 [Yāqūt, III, 403, lin. 18].

Sufayrah, rovine di–, corrispondono probabilmente all'antica Anbār nel Sawād, **12,** 170 nota 1,*a*.

Suffah, portico o banchina coperta di una tettoia nella Moschea di Madīnah, **Intr.** 26 nota 2 — vi avevano stanza i Compagni più poveri, ahl o aṣḥāb al-Suffah, **1,** 32 — vi siede Maometto, **9,** 9 [cfr. *Gloss.* Balādzuri e Tabari *s. v.*].

Suffarīn o **Marǵ al-Suffarīn,** sito presso Marǵ Rāhit, **12,** 411 nota 1.

abū Sufrah [Zālim b. Sarrāq b. Subḥ b. Kindi... b. 'Amr Muzayqiyā al-'Atīqi], padre del poi celebre generale al-Muhallab b. abī Sufrah [† 76. o 82. o 83. a. H.], ribelle e prigioniero di Dabā nel Baḥrayn, a Madīnah, e poi a Baṣrah, **12,** 61 [Wüst., *Reg.*, 147-148; Yāqūt, *Reg.*, 479; Aghāni, XIII, 64; XVIII, 8; Qutaybah, 203, lin. 14 e seg.].

Sufrūkh, marzubān persiano di Anbār; sue trattative con al-Muthanna, **12,** 184,*c* [Yāqūt, I, 769].

Sufyān [al-**Thawri**], tradizionista, **11,** 58.

Sufyān b. 'Abd al-Asad b. 'Abdallah b. 'Umar al-Makhzūmi, C. d. P., qurašita, uno dei mu-allafah qulūbahum di al-Ǵi'rānah, **8,** 165 no. 11.

Sufyān b. 'Abd Šams al-Sulami, pagano, uccide due musulmani a Uḥud, **3,** 54,B no. 45 e 51 — partecipa all'assedio a capo dei Sulaym, **5,** 23.

Sufyān b. 'Abdallah al-Thaqafi, C. d. P., all'assedio di Tā-if protesta contro la distruzione dei vigneti della città assediata, **8,** 146 — ambasciatore dei suoi a Madīnah, **9,** 56 no. 7.

Sufyān b. abī-l-'Awǵā al-Sulami, dotto e pio tradizionista, presso ibn Ḥubayš, **11,** 96 e nota 1, 159,*d* [e presso Tabari, I, 2995].

Sufyān b. Bašr [o **Bišr** o **Nasr**] **b. 'Amr b. al-Ḥārith,** C. d. P. presente a Badr, **2,** 85,C no. 14.

Sufyān b. Khālid b. Nubayḥ al-Liḥyāni al-Hudzali, nemico del Profeta, **4,** 3, 4, 7.

Sufyān b. Ma'mar b. Ḥabīb, C. d. P., emigra in Abissinia, **Intr.** 277 no. 51 — muore in Abissinia, **7,** 55 no. 47.

Sufyān b. Thābit [† 4. a. H.], C. d. P., ucciso a Bi'r Ma'ūnah, **4,** 6, no. 16.

Sufyān b. Umayyah b. 'Abd Šams, impara la scrittura araba, **11,** 211.

Sufyān b. 'Uwayf, qurašita pagano avversario del Profeta, a Uḥud, **3,** 16 no. 12, 17, 54,B no. 44 e 63.

Sufyān b. 'Uyaynah b. abī 'Imrān [† 198. a. H.], tradizionista, **11,** 225.

abū Sufyān b. Ḥarb b. Umayyah b. 'Abd Šams, capo della famiglia dei banū Umayyah in Makkah, **Intr.** 41 tav. 2, 90 nota 1 — fa opposizione a Maometto, **Intr.** 255 no. 3, 260; **1,** 17 no. 3, 36, nota 1 — comanda i Qurayš nella guerra contro Maometto, 76; **2,** 20 nota 1 — dirige la carovana, che fu causa della battaglia di Badr, 31, 34, 35, 38, 49, 50, 52, 81 — alla spedizione di Sawīq, 99, 107 — sua partecipazione alla battaglia di Uḥud, **3,** 13, 14, 16, 20, 43, 50, 54,B no. 14, 59 — comanda i Qurayš alla III spedizione di Badr, **4,** 18 — partecipa all'assedio di Madīnah, **5,** 23, 28, 33, 39, 70 — e al-Ḥudaybiyyah, **6,** 31 — in Palestina, 45 nota 1 — suo preteso abboccamento con Eraclio, 50 e nota 3; **7,** 42 nota 5, 45 — parte da lui presa alla resa di Makkah e sue trattative con il Profeta, **8,** 39 nota 2, 42, 44, 45, 46, 47, 48, 49, 53 — sua conversione, 57 e nota 1, 58 e nota 1, 60, 61, 69, 72, 92, 99 — a Ḥunayn, 117, 127, 146 — riceve doni dal Profeta in al-Ǵi'rānah, 164, 165 no. 1; **9,** 10, 18 — suo contegno durante la sottomissione dei Thaqīf, 58, 59; **10,** 23, 60 - riscuote tasse nel Naǵrān, 71 no. 10 — esame critico della sua condotta con il Profeta, 93, 94, 103, 107 — venuta di–, a Madīnah, 107 e nota 1, 108 e nota 2, 139 nota — suoi pretesi intrighi dopo l'elezione di abū Bakr, **11,** 45, 46 e nota 1, 82 no. 6, 211 — introduce la scrittura araba in Makkah, 213, 220,*a* no. 14; **12,** 87, 160,A, nota 1,*c* 273, 316 nota 3 — intrighi nella famiglia di–, 390.

abū Sufyān b. al-Ḥārith b. Qays, b. Zayd [† 3. a. H.], C. d. P. ucciso a Uḥud, **3**, 54,B no. 24.
abū Sufyān [Mughīrah] b. al-Ḥārith, qurašita, un tempo avversario del Profeta e pensionato di Khaybar, **7**, 42 e nota 3 — sua conversione, **8**, 54, 55 nota 1, 65 — a Ḥunayn, 123, 157 no. 4.
Sufyānidi, califfi discendenti da abū Sufyān. **Intr.** 36 nota 2.
Šuǵā' b. Ḥārith b. Suwayd al-Tamīmi, errore di Mirkhondi per Saǵāḥ (*q. v.*), **11**, 163 nota 3,*c*.
Šuǵā' b. Wahb b. Rabī'ah al-Asadi, C. d. P., emigra a Madīnah, **1**, 15, no. 8 — presente a Badr, **2**, 85,A no. 19 — sua pretesa missione ai Ghassānidi, **6**, 46 no. 2, 51 — comanda la spedizione di al-Siyy, **8**, 5, 6; **11**, 176; **12**, 8.
Šuǵā' b. Warqā al-Asadi, ribelle, arso vivo dal califfo abū Bakr, **11**, 159,*c*.
Suggello della missione profetica, **11**, 243; cfr. Sigillo.
al-Sughdiyyah, nome di corazza, **2**, 97 nota 1.
Ṣuḥār, città dell' 'Umān, **8**, 191; **9**, 87; **11**, 74 nota 3; **12**, 62 e nota 5.
ṣuḥāri, **11**, 47.
ṣuḥāriti, = manti di Ṣuḥār nell' 'Umān, **10**, 73.
Ṣuhayb b. Sinān b. Nāmir al-Rūmi [† 38. a. H.], C. d. P., sua origine straniera, **Intr.** 29 — sua conversione, 229 no. 45, 252 nota 3 — tradizionista, 284 — emigra a Madīnah. **1**, 15 no. 48 — presente a Badr, **2**, 85,A no. 48, 88 no. 23 58 e 65.
Suhayl b. 'Adi al-Azdi, C. d. P., **12**, 23 no. 117.
Suhayl b. 'Amr b. 'Abd Šams b. 'Abd Wudd, avversario del Profeta in Makkah, **Intr.** 330 — partecipa alla battaglia di Badr, **2**, 37, 40 no. 3 e nota 1 no. 12², 52 no. 14, 74, 89 no. 37 — a al-Ḥudaybiyyah, **6**, 27, 33, 34; **7**, 1, 72, 76 – alla presa di Makkah, **8**, 40, 45, 50 — tenta resistere al Profeta, 60, 61 — sua conversione, 73 — a Ḥunayn, 117, 127 — riceve doni dal Profeta, 164 no. 10; **10**, 93 nota 1 — capo del partito intransigente in Makkah, 103, 107, 108 — suo contegno alla morte di Maometto, **11**, 83 e nota 1, 84; **12**, 23 no. 114 e 115, 316 nota 1, 357, 362, 363, 379.
Suhayl b. 'Amr b. 'Ubād b. Tha'labah al-Naǵǵāri, **1**, 30, 31.
Suhayl b. Bayḍā [† 4. a. H.], ossia Suhayl b. Wahb b. Rabī'ah b. Hilāl, C. d. P., emigra in Abissinia, **Intr.** 275 no. 15, 283 no. 38 — alla spedizione di Nakhlah, **2**, 21 no. 4 — a Badr, 75, 85,A no. 82 — ucciso ad al-Raǵī', **4**, 2, no. 7.
Suhayl b. Rāfi' b. abī 'Amr b. 'Ā'idz, C. d. P., presente a Badr, **2**, 85,C no. 124.
Suhayl b. Wahb b. Rabī'ah b. Hilāl [† 4. a. H.], cfr. Suhayl b. Bayḍā, **2**, 85,A no. 82.
abū Suhayl 'Abdallah b. Suhayl b. 'Amr al-Qurašī [† 12. a. H.], C. d. P., ucciso ad al-Yamāmah, **12**, 23 no. 116, 41 nota 2,*a*.
al-Suhayli. **11**, 33 nota 1,*a*.
Suḥaym. **12**, 46.
banū Suḥaym. **12**, 56.
ṣuḥuf = fogli, pagine. **11**, 225 nota 1, 232, 238.
Sukayn b. abī Sukayn, ebreo, avversario di Maometto in Madīnah. **1**, 58 no. 31.
Ṣukhayrāt al-Thumām, cfr. Ṣukhayrāt al-Yamām, **6**. 2.
Ṣukhayrāt al-Yamām, luogo non lontano da Madīnah, **2**, 20 e nota 2 no. 11, 44; **6**, 2.
al-Sukhnah, luogo presso Palmira, **12**, 413, 414; forse lo stesso sito che Suwa (*q. v.*).
Sukhneh, cfr. al-Sukhnah, **12**, 419.
sukhrah = fatica forzosa, **9**, 40.
al-sukkar, qualità dolcissima di datteri. **12**, 321 nota 1.
al-Sukkari. **8**, 5 nota 1.
Sulāfah bint Sa'd b. al-Šuhayd, madre di Musāfi' b. Ṭalḥah b. abī Ṭalḥah a Uḥud, **3**, 33: **4**, 7 [Wüst., *Reg.*, 427; Aghāni, *Ind.*, 380].
Sulālim, un castello di Khaybar, **7**, 5, 16 nota 1, 29, 31, 41.
al-Sulami, tradizionista, **11**, 94 nota 1, 144.

al-Sulayb, monte presso Kāẓimah nei pressi del Sawād, **12**, 192 nota 7.
Sulaym b. 'Amr b. Ḥadīdah [† 8. a. H.], C. d. P., presente all''Aqabah, **Intr.** 344, no. 41 — presente a Badr, **2**, 85,C no. 86 — ucciso a Uḥud, **3**, 54,B no. 77.
Sulaym b. al-Ḥārith b. Tha'labah b. Ka'b [† 3. a. H.], C. d. P., presente a Badr, **2**, 85,C no. 167 — ucciso a Uḥud, **3**, 54,B no. 66.
Sulaym b. Mālik al-'Udzri, viene a Madīnah, **9**, 14 no. 2.
Sulaym b. Manṣūr, capostipite dei banū Sulaym, **Intr.** 41 tav. 1.
Sulaym b. Milḥān [**Mālik**] **b. Khālid b. Zayd**, C. d. P., presente a Badr, **2**, 85,C no. 157.
Sulaym b. Qays b. Qahd [**Khālid**] **b. Qays**, C. d. P., presente a Badr, **2**, 85,C no. 123.
Sulaym b. Thābit b. Waqš al-Anṣāri [† 7. a. H.], C. d. P., ucciso a Khaybar, **7**, 44 no. 3.
banū Sulaym [**b. Manṣūr**] grande e bellicosa tribù, che abitava la regione tra Madīnah e Makkah e un tempo ostilissima al Profeta, **Intr.** 49; **1**, 22 nota 1; **2**, 85,A no. 28, 92 — spedizione contro i-, **3**, 1, 8 — artefici del disastro di Bi'r Ma'ūnah, **4**, 5, 6 n. 14; **5**, 1 nota 1 — partecipano all'assedio di Madinah, 23, 39, 74 — altra spedizione contro i-, **6**, 7, 8 nota 1; **7**, 65 nota 1 — spedizione contro i-, 77 — la Ḥarrah Layla nel territorio dei-, **8**, 5 nota 1 — conversioni fra i-, 23 e nota 1, 24, 25 e nota 1 — idolo dei-, 25 — bandiera dei-, 25 — lettere a vari membri della stirpe dei (banū Ḥārithah), 26 — concessioni a varî sulamiti, 28 — partecipano alla spedizione di Makkah, 39, 51 e nota 1, 56, 58 nota 1, 61, 102 e nota 1, 104 — nella spedizione dei banū Ǵadzīmah, 107, 108, 109 — alla battaglia di Ḥunayn, 122, 129, 139 — riscossione di tasse tra i-, **9**, 1, 2 — alla spedizione di Mu'tah, 26; **10**, 89 nota 2, 108 nota 1, 114, 120 nota 1, 121, 126 nota 1, 139 no. 14 — loro apostasia alla morte di Maometto, **11**, 87 no. 5, 88, 90 no. 11 — apostasia fra i-, 95 — principio dell'apostasia dei-, 96 — territorio dei-, 96 nota 1, 104 — milizie mandate a debellare i-, apostati, 124 no. 9, 152,*a*, 157, 159,*a*, 159 nota 2, **12**, 23 no. 2, 89, 91, 98, 188 nota 5.
umm Sulaym bint Milḥān, madre di Anas b. Mālik e serva del Profeta a Khaybar, **7**, 36 nota 1, 78; **8**, 123.
Sulaymān, abbeveratoio di- in al-Ǵurf presso Madīnah, **11**, 5.
Sulaymān b. 'Abd al-malik [† 99. a. H.], califfo umayyade, **11**, 202 nota 1.
Sulaymān b. Milḥān al-Naǵǵāri, C. d. P, ucciso a Bi'r Ma'ūnah, **4**, 6 no. 7.
Sulaymān b. Yasār, scolaro di 'Ali nella lettura del Qur'ān, **11**, 230 nota 1.
ṣulḥ^an = resa a patti, **12**, 406.
Sulma b. al-Qayn, luogotenente di Khālid b. al-Walīd nell''Irāq, **12**, 187, 188 e nota 4.
sultān Muhammad (= Maometto), **11**, 39,*a*.
Šumākh, ebreo di Khaybar, **7**, 31.
al-Sumayda', re dei Qaṭūrā. **Intr.** 78 nota 1.
al-Sumayda' al-Kināni, dei banū Aqram, un superstite dei banū Ǵadzīmah ucciso da Khālid b. al-Walīd, **8**, 109.
al-Sumayrā bint Qays, madre di al-Nu'mān b. 'Amr, **3**, 54,B no. 67.
Sumayrā, o **Samīrā**, nel Naǵd, **11**, 119, note 1 e 5.
Sumaysaṭ, in Mesopotamia, immigrazione araba in-, **12**, 113 nota 1,*c*.
abu-l-Sumayṭ Ḥārithah b. Surāqah b. Ma'dīkarib, capo nel Ḥadramawt durante la Riddah, **12**, 78.
Sumayyah [**bint al-A'war**], madre del poi famoso Ziyād b. Abīhi [† 53. a. H.], **8**, 150 nota 1, no. 2; **12**, 160,A nota 1,*c*.
Sumayyah bint Ḥabāṭ, vedova di Yāsir, vittima delle prime persecuzioni musulmane in Makkah, **Intr.** 252 nota 3, 264 nota 1.
ibn Sumayyah = 'Ammār b. Yāsir, **1**, 34.
Sumeri, antico popolo della Babilonide, **12**, 106 e nota 1, 109 — lunga durata del conflitto fra- e Semiti 110, 139 nota 1.

Sumerica, semitizzazione della civiltà-. **12,** 110.
Sumnāt, città dell'India, **11,** 61.
al-sunan = le consuetudini stabilite dal Profeta, **8,** 191.
ibn Sunaynah (o **ibn Subaynah**), ebreo ucciso dai Musulmani, **3,** 5.
al-Sunḥ, sobborgo di Madīnah, **1.** 15, 28 — casa di abū Bakr in-, 77; **11,** 8 nota 2,*a*, 18 e nota 1,*a*, 20, 55, 57.
sunnah = consuetudini stabilite dal Profeta, **10,** 13, 14; **12,** 99, 237 nota 1,*f*.
sunnah nabiyyihi. 10, 77.
Sunniti, 2, 17; **11,** 16, 19 nota 1,*c*.
Superstizione di una tribù di non mangiare il cuore degli animali. **10,** 50.
sūq = mercato, **12,** 170,*b*.
al-Sūq al-'Atīq o Mercato Vecchio in Baghdād. presso la bocca del canale al-Ṣarāt, **12,** 174.
Sūq Baghdād [Baghdādz], antico sito di Baghdād e spedizione dei Musulmani nel 12. a. H. (?) contro di esso, **12,** 170,*b*, 174, 184, 427.
Sūq Ḥubāšah, nella Tihāmah, cfr. Ḥubāšah, **Intr.** 153, 163.
Sūq Maǵannah, presso Makkah, cfr. Maǵannah, **Intr.** 130 nota 1.
Sūq al-Nabṭ, mercato di Madīnah, **5,** 1, 4; **12,** 372.
Suqām, luogo sacro dei Qurayš in una valle di Hurād, **8,** 102 nota 1.
sūqi = plebeo, **7,** 81.
al-Šuqrah, luogo dei Sulaym presso Madinah. cfr. Wādi al-Šuqrah, **5,** 1 nota 1 e 2.
Šuqrān, liberto del Profeta. **5,** 9; **10,** 142 no. 4: **11,** 47, 49.
Šuqūq, sito presso Dzū-l-Qaṣṣah a oriente di Madīnah, **11,** 112 nota 2.
al-Suqyā, sito tra Makkah e Madīnah, **1,** 22 nota 1: **7,** 69 nota 2 e 3; **8,** 49, 51 nota 1, 52, 55 e nota 1, 57 nota 1, 157 no. 4; **9, 2**; **10,** 73.
Ṣūr, città della Palestina, **12,** 313 nota 1,*a*, 321 nota 1.
Sūrā, luogo nell''Irāq presso Bābil, **12,** 184,*c*, e nota 3,*a*.
al-ṣurad al-ṣawwām = il falco affamato (?), **11,** 128.
Ṣurad b. 'Abdallah al-Azdi, viene a Madīnah. **10,** 21. 23.
abū Ṣurad Zuhayr b. Ṣurad, oratore dei Hawāzin ad al-Ǵi'rānah, **8,** 171.
sūrah, quale sia stata la prima- rivelata del Qur'ān, **Intr.** 208 nota 5 — al-'Amrān. **1,** 70 — al-Fath (Qur'ān, XLVIII), **6,** 38; **11,** 219 nota 1, 282.
Šuraḥbīl b. 'Abdallah = Šuraḥbil b. Ḥasanah. C. d. P., emigra in Abissinia, **Intr.** 278, no. 55.
Šuraḥbīl b. 'Abdallah b. al-Muṭā' b. 'Amr al-Kindi, cfr. Šuraḥbīl b. Ḥasanah, **12,** 327.
Šuraḥbīl b. 'Amr [al-Azdi] al-Ghassāni, uccide un messo musulmano, **8,** 6 — a Mu'tah, **8,** 10; **10,** 105.
Šuraḥbīl b. Dzū-l-Kalā', ucciso alla battaglia di al-Khāzir in Siria, **9,** 65 nota 2.
Šuraḥbīl b. Ghaylān b. Salamah b. Mu'attib al-Thaqafi. ambasciatore dei Thaqīf a Madīnah. **9,** 56 no. 3.
Šuraḥbīl b. Ḥasanah al-Ghawthi, C. d. P., emigra in Abissinia, **Intr.** 278 no. 55 — viene a Madīnah dall'Abissinia. **7,** 55 no. 51; **9,** 38, nota 1 — segretario del Profeta, **10,** 143, no. 12; **11,** 109 nota 1 — mandato contro gli apostati nell'Arabia centrale e settentrionale, 124, no. 8, 171; **12,** 1 e nota 2,*a*, 4, 6,*a*, 9, 62, 219,*a* no. 3 — mandato a combattere in Siria, 316,*a*, 317, nota 1,*a*, 318, 319, 321, 322 e nota 6, 323, 326, 327 e nota 2,*a*. 328,*d*,*e*, 329, 330, 331, 332,*a* e *b* no 3, 334, 356,*d*, 357,*b*, 361 e nota 1. 362 e nota 1, 364, 365, 366, 367, 368, 370, 373, 380, 386, 394 e nota 6,*c*, 408 nota 3, 414, 426; cfr. Šuraḥbīl b. 'Abdallah b. al-Muṭā' b. 'Amr al-Kindi.
Šuraḥbīl b. Musaylimah, figlio del falso Profeta, alla battaglia di al-Yamāmah. **12,** 6,*c*, 25,*b*, 26 e nota 1.
Šuraḥbīl b. Sa'd [† 123. a. H.], tradizionista, **11,** 79 nota 2.
Šuraḥbīl b. Salimah al-Thaqafi, viene a Madīnah, **9,** 56.

Šurahbīl b. al-Simṭ al-Ḥaḏrami, non si unisce agli apostati, **12**, 78.
abū **Šuraḥbīl**, cognome di Ḏzū-l-Kalā', **9**, 65.
Surāqah b. 'Adi, ucciso in Palestina (?), **12**, 363 nota 1 no. 1.
Surāqah b. 'Amr b. 'Aṭiyyah b. Khansā al-Anṣāri [† 8. a. H.], C. d. P., presente a Badr, **2**, 85,C no. 108 — ucciso a Mu'tah, **8**, 15 no. 5.
Surāqah b. Ǵu'šam al-Mudliǵi, Iblīs nei sembianti di-, **2**, 58 — accompagna il Profeta a al-Ǵi'rānah, **8**, 160.
Surāqah b. al-Ḥāriṯh al-'Aǵlāni [† 8. a. H.], C. d. P., ucciso a Ḥunayn, **8**, 138 no. 8.
Surāqah b. Ḥāriṯhah al-Naǵǵāri, C. d. P. (ucciso a Badr?), **8**, 36.
Surāqah b. Ka'b b. 'Abd al-'Uzza b. Ghaziyyah al-Naǵǵāri al-Khazraǵi, C. d. P., presente a Badr, **2**, 85,C no. 121 — (ucciso ad al-Yamāmah?), **12**, 23, no. 118.
Surāqah b. Mālik, insegue il Profeta durante la Fuga, **1**, 21 nota 1.
Surāqah b. al-Mirdās al-Sulami, ribelle arso vivo durante la Riddah, **11**, 159 nota 2.
Šurayḥ, C. d. P., sua origine, **Intr.** 29; cfr. Šurayḥ al-Qāḏi.
Šurayḥ al-Ḥaḏrami, C. d. P., ucciso ad al-Yamāmah (?), **12**, 23 no. 79; cfr. Makhramah b. Šurayḥ.
Šurayḥ al-Qāḏi [† 80. a. H.], sua nascita, **Intr.** 162.
Šurayḥ b. 'Abd Kulāl, principe dei Ḥimyar; lettera di Maometto a lui, **9**, 63.
Šurayḥ b. 'Āmir b. Qayn al-Sa'di, luogotenente di Khālid b. al-Walid, **12**, 155,*a*.
Šurayḥ b. Ḏubay'ah b. 'Amr b. Marṯhad, nome dell'apostata al-Ḥuṭam, nel Baḥrayn, **12**, 41, 55.
Šurayḥ b. Qāriẓ, pagano ucciso a Uḥud, **3**, 33.
abū **Šurayḥ**, portastendardo dei Ka'b b. 'Amr a Ḥunayn, **8**, 122.
Šurayq b. 'Abdah al-'Aǵlāni, C. d. P., uccisore di ibn Khaṭal, **8**, 82.
al-Surayr, sito presso Khaybar, **7**, 10.
sure (del Qurān) composte a Madinah, **Intr.** 30 — madinesi, 179 nota 1 — makkane, 179 nota 1 cfr. sūrah.
Sūristān, nome persiano dell' 'Irāq, **12**, 155 nota 1,*c*.
Šurr (*sic*) **b. 'Abdallah al-Khazraǵi**, (? C. d. P., ucciso ad al-Yamāmah), **12**, 23 no. 119.
al-suryāniyyah = lingua ebraica o siriaca, **Intr.** 39, 168 — lingua degli Ebrei, **4**, 21 — la scrittura siriaca, **11**, 211.
Suryāniyyūn = i Siri, **12**, 184 nota 3,*a*.
Susa resti della civiltà elamitica scoperti dal De Morgan in-, **12**, 106 nota 1, 142 nota 1.
Susiana oggi Khūzistān, **12**, 106 nota 1, 119 nota 1, 142 nota 1 e no. 4, 146.
banū-l-Šuṭaybah, tribù di Madīnah, anteriore alla venuta degli Anṣār, **1**, 38 nota 2, 45 art. 33.
sutrah, nome dato in tempi posteriori alla lancia corta portata innanzi ai Califfi, **2**, 91 nota 1.
Suwa (= Sukhnah ?), un luogo nel deserto settentrionale d'Arabia, non lontano da Tadmur, sul versante persiano, **12**, 222 nota 3, 394, 396, 397, 401, 402, 403 e nota 1,*b*,*c*, 409, 410, 413, 415 nota 1, 417 no. 4², 420, 421, 422, 425.
Suwā', divinità pagana, **Intr.** 62 nota 5; **8**, 25 e nota 1, 100 e nota 3.
al-Suwāriqiyyah, luogo fra Makkah e Madīnah, **1**, 22 nota 1; **6**, 8 nota 1; **10**, 65.
Suwaybiṭ b. Sa'd b. Ḥarmalah [o **Ḥuraymilah**], C. d. P., emigra in Abissinia, **Intr.** 277 no. 19, 253, no. 9 — fugge a Madīnah, **1**, 15 no. 59 — presente a Badr, **2**, 85,A no. 36.
Suwayd, madinese avversario di Maometto, **1**, 60 no. 35; **9**, 72 nota 1.
Suwayd, luogotenente di Khālid b. al-Walid, **12**, 217 no. 6.
Suwayd b. 'Amr, C. d. P., **8**, 15 no. 4.
Suwayd b. al-Ḥāriṯh, ebreo avversario di Maometto in Madīnah, **1**, 58 no. 21.
Suwayd b. Makhši, C. d. P., presente a Badr, **2**, 85,A no. 29.
Suwayd b. al-Maṯh'iyyah (?) **al-Riyāḥi**, tradizionista della scuola iraqense, **11**, 180.
Suwayd b. Muqarrin al-Muzani, C. d. P., prende parte alla Riddah, **11**, 119, 124 no. 10 — e all'invasione della Persia, **12**, 199,*a*, 200, 211 no 4, 217 no. 8.

Suwayd b. Quṭbah al-Dzuhli, invade la regione di Baṣrah, **12**, 155,*a*.
Suwayd b. Ṣakhr, C. d. P., **8**, 3, 122.
Suwayd b. al-Ṣāmiṭ al-Awsi, madinese pagano, ucciso prima di Bu'āth, **Intr.** 308 — al quale avevano dato il cognome di al-Kāmil, 333; **11**, 224.
Suwaykir al-Yahūdi, proprietario di una casa in Madinah, **9**, 26.
Suwaylim, proprietario di una casa in Madīnah, **9**, 26.
Suwe. 12, 424; cfr. Suwa.
Suwayl, C. d. P.(?), alla presa di Ḥirah, **12**, 210 e nota 1,*a*.
suyūf al-Hind, = spade confezionate in India, **12**, 271.
al-Suyūḥ, un villaggio della Yamāmah, **12**, 31,*b* no. 1.
Swedenborg, paragone fra Maometto e-, **Intr.** 193.

ta'abbud, ossia « adorazione di Dio », **Intr.** 208 nota 2.
ta·allaftuhumā, **8**, 166.
al-ta'aṣṣub, = spirito partigiano, **12**, 318.
tabakka. **Intr.** 71.
Tabālah, città del Yaman, **9**, 13 — sottomissione di Ġuraš e di-, nel Yaman, **10**, 23, 27; **11**, 195 no. 2,*f*.
al-Ṭabari (abū Ġa'far Muḥ. b. Ġarīr) [† 310. a. H.], compilatore della grande cronaca, e fonte principale dei presenti *Annali*, **Intr.** 20 nota 1, 25, 37 nota 1, 43 nota 1, 62 nota 5, 72 nota 1, 74 nota 1, 88, 114 nota 2, 147 nota 1, 243 nota 1, 268, 279 nota 1, 280 nota 1, 283 nota 1, 28., 299 nota 1; **1**, 1 e 2; **2**, 19 nota 1, 32, 33, 84, 92, 103 nota 1; **3**, 40 nota 1, 50 nota 1; **4**, 20; **6**, 45 e nota 1, 47, 54 nota 1; **8**, 4 nota 2, 39, 113, 139, 180 nota 1, 194 e nota 1; **10**, 27, 32,A. 77, 82 e nota 1 — suo valore come fonte per la Riddah e le conquiste, **11**, 70, 71, 72, 74, 80, 99, 109 nota 3,*a*, 129 nota 1, 134, 166 nota 1,*a*, 170, 196, 210; **12**, 65 nota 4, 69 e nota 1,*a*, 75 e nota 1, 79, 143, 156 nota 1, 189, 192 nota 2, 229, 332,*a*, 344, 396, 398 nota 1,*b*.
Ṭabariyyah, città della Palestina, **12**, 321, nota 1.
Tabarmes (Urmiyah), **12**, 254.
tabarrur. **Intr.** 208 nota 2.
tābi'i. **8**, 1.
tābi'iyyūn, cfr. Successori.
tabī'un ġadza'un. **9**, 61; **10**, 14.
Ṯābikhah b. al-Yās, **Intr.** 41, tav. 1.
banū Ṯābikhah, tribù, un ramo dei Kalb, **11**, 211.
Tabrīz, città dell'Adzarbayġān. **12**, 254.
Tabt, monte nel Naġd. **2**, 99; cfr. Thayb.
Tabūk, paese del Ḥiġāz settentrionale, spedizione di Maometto a-. nel 9. a. H. **Intr.** 14; **1**, 13, 60; **2**, 8, 35; **5**, 12, 18,A, 93; **6**, 11, nota 1; **8**, 4, nota 1 — tradizioni della spedizione di-, **9**, 24-40 — incidenti della dimora in-, 41 — ritorno da- a Madīnah, 42, 44, 45, 51 nota 1, 52 e nota 2, 53, 54, 55, 61, 66, 67, 69 nota 1, 70, 71, 73, 84 nota 1; **10**, 73 nota 2, 105, 119 — probabili ragioni che indussero Maometto ad allestire la spedizione di-, 119 nota 3; **12**, 23 no. 80 — 70 nota 1, 273, 290, 309 e nota 2 — la via di-, al-Tabūkiyyah, 316,*a* e nota 4 e 6, 328,*a*, 361, 362, 363, 368, 415.
al-Tabūkiyyah, la via di Tabūk tra Madīnah e la Siria, **12**, 316,*a*, 319, 331, 337.
umm Tābūn, luogo deserto al nord di Ghazzah, **12**, 337, 354 nota 1.
Tadāriq = Teodoro fratello di Eraclio, **12**, 407; cfr. Tadzāriq.
Tadmur (Palmira) nella Siria, sul cammino tra Damasco e l''Irāq, **12**, 224 nota 3, 234, 270 nota 1, 396 — oggi Tudmur, 396 nota 3, 398, 408, 412 nota 1, 414, 419 e nota 1 e 2, 421, 422, 425.
Tādūn, luogo nella Palestina meridionale, dove gli Arabi batterono i Greci, **12**, 352, 354 nota 1, 365, 400,*a*; cfr. al-Dāthinah.

Tadzāriq, **12,** 319 — Teodoro fratello dell'imperatore Eraclio, 335, 407.

al-Ṭaff, regione di confine tra l'Arabia e il Sawād, **12,** 155 nota 1,*a*; cfr. Ṭaff al-Bādiyah.

Ṭaff al-Bādiyah. 12, 133 nota 2, 155 nota 1,*a*, 192 nota 7.

Ṭaff al-Ḥiǵāz. 12, 155 nota 6,*a*.

taǵamma'a. Intr. 54.

Taghlamayn, luogo nel Naǵd. **5,** 6; **6,** 6.

Taghlib b. Ḥulwān. Intr. 42, tav. 3.

Taghlib b. Wā·il, capostipite dei banū Taghlib. **Intr.** 41 tav. 1.

banū **Taghlib b. Wā·il,** tribù araba immigrata nella Mesopotamia prima dell'Islām — ambasciata dei-, **9,** 81 nota 1, 83; **10,** 124 — loro contegno durante la Riddah, **11,** 160 e nota 1, 163 e nota 2,*b*, 164, 171; **12,** 57, 89 — loro emigrazione in Mesopotamia, 113 nota 1,*c*, 115, 134, 155 nota 6,*b*, 165 nota 7, 179 — loro conflitto con gl'invasori musulmani, 184,*a*, 188 nota 5, 219,*a*, 222 e nota 3, 224 nota 2, 226, 395, 399, 401 e nota 2 — [Quḍā'ah] Maśǵa'ah un ramo dei-, 403, 412.

Taglione, pena del-, **1,** 45 art. 21 — la legge del-, **7,** 81; **11,** 152,*a*.

taḥallala bihi al-sayru. 10, 67.

taḥāluf = confederazione. **Intr.** 29 nota 1; **9,** 18 nota 1; **12,** 279.

taḥannuf. Intr. 179 nota 1, 208 nota 2.

taḥannuth, = ritiro nelle solitudini selvaggie (del monte Ḥira). **Intr.** 102 nota 2, 179 nota 1, 208 e nota 2, 210.

Ta'hīn, luogo tra Makkah e Madīnah, **1,** 22.

al-Ṭāhir, figlio di Maometto. **Intr.** 160; **10,** 139 nota 1.

al-Ṭāhir b. abī Hālah, agente del Profeta tra gli 'Akk e gli Aś'ar, **10,** 81 no. 9, 82 no. 5; **11,** 82 no. 2, 98, 195, **12,** 69.

Tahnāt bint Kulayb, madre di Kulayb b. Asad b. Kulayb, **10,** 48, nota 1.

Ṭā·if, città del Ḥiǵāz, presso Makkah, suo santuario, **Intr.** 110 — luogo di villeggiatura dei Qurayš, 110 — legame strettissimo esistente fra Makkah e-, 110 nota 1 e 2 — scacco subito dal Profeta sotto le mura di-, 110 nota 2, 119 — gran tempio di Lāt in-, 119, 140, 208 nota 1, 269, 296 — viaggio di Maometto a-, 328 e nota 1, 329, 330 nota 1, 331, 353, 354, 357; **1,** 16, 66, 72, 83; **2,** 21 e nota 2; **3,** 15 — celebri vigneti di-, **4,** 11, nota 1; **5,** 81; **6,** 54; **7,** 55 no. 61 e nota 1; **8,** 1, 25 e nota 1, 39, 65, 85, 114, 135, 136, 139 nota 1, 138 no. 5 — spedizione e assedio di-, versione di 'Urwah, 139 — spedizione ed assedio di-, versione più recente, 140-158 — moschea di-, 142 — distruzione di una parte dei ricchi vigneti intorno a-, 146 — novero dei Musulmani morti sotto-, 157, 159, 163, 171 nota 1, 172; **9,** 9 — uccisione di 'Urwah b. Mas'ūd in-, 10, 11 — ambasciata e conversione degli abitanti di-, 56-59, 67, 95; **10,** 78, 111, 112; **11,** 76, 82 no. 3 — contegno degli abitanti durante la Riddah, 84 — 'Uthmān b. abī-l-'Aṣ luogotenente di-, 98 e nota 3, 101, 125. 151, 186, 195, 209, 211; **12,** 70, 90, 269, 283, 323, 330, 362 nota 1.

ṭa'ifah, 1, 45 art. 10 nota 1.

Tait [*correggi* Tayt], **2,** 99; cfr. Thayb.

T·ajitae (Ṭayy), espressione indicante tutti i Musulmani, **12,** 347,*a* e nota 3,*c*.

takahhanat. 11, 160.

takaffur. Intr. 208 nota 2.

takbīr. 3, 4; **5,** 53; **8,** 65; **10,** 74.

takdzīb al-nassābīn. Intr. 31 nota 2.

Takht-i-Sulaymān, nell'Adzarbayǵān. **12,** 254.

takhūm, 12, 155,*d*; **12,** 225.

Takrīt, città sul Tigri, **12,** 107; 113 nota 1,*e*; 148 — prime incursioni degli Arabi contro-, 179; 179 nota 1,*b*.

al-talāwah. 11, 225.

Ṭalḥah (?), titolare di una parcella nella spedizione territoriale di Khaybar, **7,** 41 no. 4.

Ṭalḥah, vero nome di Ṭulayḥah, **11,** 135 e nota 2.

Ṭalḥah, [† 7. a. H.] dei banū 'Amr b. 'Awf, C. d. P., ucciso a Khaybar, **7,** 43 no. 15.

Ṭalḥah al-Namari (abū 'Umayr), tradizionista, autorità di Sayf b. 'Umar, presso Ṭ a b a r i [I, 1937, lin. 1], **11,** 167,*a*.

Ṭalḥah b. al-A'lam al-Ḥanafi al-Ǵayyāni (abū-l-Haytham) tradizionista, autorità (immediata) di Sayf b. 'Umar, presso Ṭabari, **11,** 82, 98, 165 nota 3,*a*, 166,*a*, 194; **12,** 6,*a* e *b*, 25,*b*, 26, 65, 190, 192, 202 nota 2, 203 [Y ā q ū t, II, 170].

Ṭalḥah [b. 'Abdallah b. 'Abd al-raḥmān b. abī Bakr al-Siddīq], tradizionista, autorità di ibn Isḥāq, presso Ṭabari, **11,** 182 [W ü s t., *Reg.*, 438, lin. 24-25].

Ṭalḥah b. Khuwaylid = Ṭulayḥah b. Khuwaylid (*q. v.*), **5,** 23; **9,** 12 no. 6.

Ṭalḥah b. abī Ṭalḥah 'Abdallah b. 'Abd al-'Uzza b. 'Uthmān b. 'Abd al-Dār [† 3. a. H.], qurašita pagano, viene a Madīnah per riscattare i prigionieri di Badr, **2,** 80 nota 1 no. 4 — portastendardo, **Intr.** 82 — a Uḥud, **3,** 17, 30 — insieme con la moglie Sulāfah bint Sa'd, 16 no. 5 — e con i figli, 33 — vi è ucciso da 'Ali b. abī Ṭālib, **3,** 32, 55 no. 2 [W ü s t., *Reg.*, 439; Y ā q ū t, *Reg.*, 486; A g h ā n i, XIV, 12; D u r a y d, 56, lin. 11-12; N a w a w i, 408, lin. 3].

Ṭalḥah b. 'Ubaydallah b. 'Uthmān b. 'Amr b. Ka'b al-Taymi (abū Muḥammad) [† 36. a. H.], C. d. P., qurašita, perchè non è autore di ḥ a d ī th, **Intr.** 21 — nasce nel XXVI anno di Maometto, 162 — si converte, tra i primi, per l'esortazione e l'esempio di abū Bakr, 227 — uno dei due al-Qarinān, **2,** 88 no. 19 — emigra a Madīnah, **1,** 15 no. 47 — unito in fratellanza con il makkano al-Zubayr (?) e col madinese Ka'b b. Mālik, 50 e nota 1 — accompagna la famiglia di abū Bakr, emigrante da Makkah a Madīnah, 53; **11,** 209 nota 1,*a* — spia, verso la Siria, le mosse della caravana di Badr, **2,** 41 — e partecipa alla divisione del bottino di quella battaglia, 76, 85,A no. 49, 86 no. 2 — a Uḥud uccide i qurašiti Ǵulās b. Ṭalḥah, **3,** 33, 55 no. 8 — e Šaybah b. Mālik, 42, 55 no. 21 — assiste e protegge il Profeta nella mischia di Uḥud, 40, 42 — aggregato dal Profeta come decimo alla Compagnia degli 'Abs, 66 — a Ḥunayn (?), **8,** 163 — a Ḥunayn riceve in dono dal Profeta una donna dei Ḥawāzin, 163 — passeggia con il Profeta, **10,** 135 nota 1 — partecipa con offerte alle spese per la spedizione di Tabūk, **9,** 26 — appicca il fuoco al tetto della casa di Suwaylim, convegno degl' « Ipocriti », 26 — sua condotta pusillanime alla morte di Maometto, **11,** 36, 37 nota 1 — si rifiuta per qualche tempo di riconoscere abū Bakr, 37 nota 3 no. 13, 44, 66 nota 1 — non assiste alla sepoltura di Maometto, 60 — nel consiglio dei più ragguardevoli Qurayš ai primi moti antislamici, 103 — intermediario di una concessione di abū Bakr ai tamimiti al-Zibriqān e al-Aqra', 109 nota 1 — a Dzū-l-Qaṣṣah, 115, 116, 117, 118, 119 — ospita gli ambasciatori 'Abd al-Qays a Madīnah, **12,** 50 — sapeva scrivere, **11,** 220 no. 5 — lettore pubblico del Qur'ān, 229 no. 5 [W ü s t., *Reg.*, 439; Y ā q ū t, *Reg.*, 486; N a w a w i, 323-325; Q u t a y b a h, 33, lin. ult.; 117-118; D u r a y d, 35, lin. 8 e seg.; A g h ā n i, *Ind.* 416].

Ṭalḥah b. 'Utbah al-Anṣāri al-Awsi [† 12. a. H.] dei banū Ǵaḥǵaba, C. d. P., ucciso ad al-Yamāmah, **12,** 23 no. 120.

Ṭalḥah b. Zayd [b. Sahl b. al-Aswad ?] al-Anṣāri, C. d. P., unito in fratellanza con al-Arqam b. abī-l-Arqam, **1,** 50.

abū Ṭalḥah, l'edificio di-, cioè la Ka'bah (?). **8,** 72.

abū Ṭalḥah padre di 'Abdallah b. abī Ṭalḥah, combatte a Ḥunayn con la moglie umm Sulaym bint Milḥān, **8,** 123 — spoglia i Thaqafiti uccisi, 132.

abū Ṭalḥah 'Abd al-'Uzza b. 'Uthmān b. 'Abd al-Dār, qurašita pagano investito, per diritto ereditario, della Ḥiǵābah, **Intr.** 82 [W ü s t., *Reg.*, 439; Q u t a y b a h, 84, lin. 9-10; D u r a y d, 56, lin. 11; 97, lin. 19].

abū Ṭalḥah 'Amr b. Murrah b. 'Abs b. Mālik al-Ǵuhani = 'Amr b. Murrah al-Ǵuhani, C. d. P., **5,** 85 nota 2.

abū Ṭalḥah Zayd b. Sahl b. al-Aswad b. Ḥarām [o **Ḥizām**] **al-Anṣāri al-Khazraǵi** [† 31.-34.

a. H.], dei banū Maghālab, C. d. P., presente alla seconda 'Aqabah, **Intr.** 344 no 16 — a Badr **2,** 85,C no. 146 — cala nella fossa il cadavere di umm Kulthūm, **9,** 58 [Wüst., *Reg.* 439; Yāqūt, *Reg.*, 487; Qutaybah, 138; Nawawi, 732-733].

ṭālib mulk = « aspirante al potere », Maometto, **3,** 56.

abū Ṭālib 'Abd Manāf b. 'Abd al-Muṭṭalib b. Hāšim b. 'Abd Manāf, discendente di Quṣayy e preteso zio del Profeta, **Intr.** 41 tav. 2, 103 — avrebbe ricoverato e protetto nella sua famiglia Maometto, 34, 133, 134, 225 — eredita ed esercita la Rifādah, 90 nota 1, 133 — povero e con numerosa figliolanza, 133 nota 2, 174 — mena con sè Maometto fanciullo in Siria, 135, 154 — è aiutato da Maometto con l'adozione di 'Ali, 174 — sostiene Maometto nella lotta contro i Qurayš pagani, 237, 238, 239, 240, 241, 242 — suoi pretesi convegni con i capi qurašiti, 240 e nota 1 — sua poesia apocrifa in difesa di Maometto, 244 — subisce con tutti i suoi la relegazione o bando per due o tre anni nello Ši'b abī Ṭālib, 289, 306, 324 nota 2 — protegge il makhzūmita abū Salamah, 304 — muore tre anni prima della Fuga e sei mesi dopo la rescissione del Bando, 205, 324 e nota 2, 325, 328, 330 — non abbracciò mai l'Islām, 349 nota 1 — sorte a lui toccata nell'altra vita, 324 nota 2 — dubbi sulla sua qualità di capo dei banū Hāšim e sulla protezione generosa concessa a Maometto, 225 e nota 1 [Yāqūt, *Reg.*, 483; Qutaybah, 57, lin. penult.; 58, lin. 1-4; Wüst., *Reg.*, 440-441; Aghāni, *Ind.*, 413].

umm Ṭālib bint abī Ṭālib (= umm Hāni ?), Compagna d. P., pensionata di Khaybar, **7,** 42 e no. 7.

Ṭalīq b. Sufyān b. Umayyah, C. d. P., uno dei mu'allafah qulūbahum di al-Ǵi'rānah, **8,** 165 no. 2.

Tall 'Aqarqūf (cfr. tall « colle », ebr.-aram. tellā, ass. tul) [nella valle del Nahr 'Īsa] nel Sawād, razziato da al-Muthanna, **12,** 227 [Yāqūt, I, 867].

Ṭalq b. 'Ali b. Qays al-Ḥanafi, C. d. P., ambasciatore dei suoi a Madīnah, e mu'adzdzin della comunità musulmana nella Yamāmah, **10,** 33 e no. 3.

al-Ṭalūb, sulla via Madīnah-Makkah, tappa del Profeta nella spedizione contro Makkah, **8,** 53 [Yāqūt, III, 544].

Ṭamahīǵ (o **Ṭahamīǵ**) **bint Narsa,** cugina e moglie di al-Nūšaǵān b. Ǵasnasmah, signora del castello sul Nahr al-Mar'ah, **12,** 155 nota 15 [Yāqūt, IV, 844; Ṭabari, I, 2887].

Tamarisco (athl), albero del cui legno fu costruito il minbar di Maometto nella moschea di Madīnah, **8,** 202.

Tamburelle e tamburi (al-ṭubūl, sing. ṭabl), ne avevano le schiave cantatrici che accompagnavano i Qurayš a Badr, **2,** 38 — le donne dei Qurayš atte a batter-, **3,** 36 nota 1 — battuti dagli Ebrei al-Nadīr in segno di gioia nell'abbandonare Madīnah, **4,** 12.

Tamīm mawla dei banū Ghanm b. al-Salm al-Anṣāri al-Awsi, C. d. P., presente a Badr, **2,** 85,B no. 58.

Tamīm mawla di Khirāš b. al-Ṣimmah al-Anṣāri al-Khazraǵi dei banū Salimah b. Sa'd, C. d. P., presente a Badr, **2,** 85,C no. 55.

Tamīm al-Dayri = Tamīm b. Aws al-Dāri, **9,** 69 nota 1.

Tamīm b. 'Amr ḥalīf dei banū al-Muṭṭalib b. 'Abd Manāf, pagano qurašita, prigioniero a Badr, **2,** 89 no. 44.

Tamīm b. Asad [**b. Suwayd b. As'ad**] **al-Khuzā'i,** C. d. P., incaricato di rinnovare la sistemazione dei termini del Ḥarām makkano, **8,** 71 [Wüst., *Reg.*, 441; Durayd, 278, lin. 20-21].

Tamīm b. Aws b. Khāriǵah b. Sawād [o **Suwayd**] **al-Dāri** [† 40. a. H.], C. d. P., viene a Madīnah ambasciatore dei suoi, si converte e riceve da Maometto una concessione (apocrifa), **9,** 70 no. 1 e nota 1 — illuminò la moschea di Madīnah con lampade ad olio (qanādīl), **1,** 32 — suo fratello Nu'aym b. Aws, **9,** 69 — suoi discendenti al-Dāriyyūn, 70 nota 1 — ḥāfiẓ o conoscitore di tutto il Qur'ān, **11,** 228,*h* [Wüst., *Reg.*, 441-442; Yāqūt, *Reg.*, 355; Qutaybah, 149; Durayd, 226, lin. 5, 17; Nawawi, 178-180].

Tamīm b. Murr b. Udd b. Ṭābikhah ... b. Mudar ..., b. Ma'add, eponimo della stirpe tamimita, **Intr.** 41 tav. 1, 50 [Wüst., *Reg.*, 442-443; Yāqūt, *Reg.*, 356; Qutaybah, 87].

Tamīm b. Ya'ār b. Qays b. 'Adi al-Anṣāri al-Khazraǵi, dei banū Ǵidārah b. 'Awf, C. d. P., presente a Badr, **2**, 85,C no. 15 [Durayd, 269. lin. 10 e seg.].

banū Tamīm b. Murr — *a) Etnografia e Geografia*: Grande stirpe mudarita in maggioranza nomade, propagatasi dal Golfo Persico sin quasi a Makkah, **9**, 3 — abitano in stato nomade le steppe del Baḥrayn, **8**, 179, 187 — e il centro d'Arabia, 169 — col deserto Dahnā, **9**, 3 – limitrofi al nord dei banū Bāhilah, 7 nota **1** — e con li Asad b. Khuzaymah, 12 nota **1** — a oriente di Tabūk, 36 nota 2 — hanno forma primitiva di vita civile, inferiore a quella dei Ghaṭafān, **10**, 121 — in religione pagani in gran parte, nel centro d'Arabia, cristiani con loro chiese verso Ḥīrah, zoroastriani e adoratori del fuoco sul Golfo Persico, **9**, 3 — nel loro territorio sono particolarmente menzionate: la valle Falǵ, **11**, 146 nota 1.*b* — Kāẓimah, punto di contatto col territorio Persiano, **12**, 192 nota 7 — loro tribù e rami diversi: banū-l-'Anbar o banū 'Amr b. Ǵundab, **9**, 2 — banū Ǵanāb, 85 — banū Khaddam, **11**, 98 — tribù in cui dividevansi al tempo di Saǵāḥ, 163.

b) Storia: Detti Ǵāliyah al-'Arab per aver saccheggiato (?) Makkah circa 460. a. È. V., **Intr.** 75 nota 3 — loro rapporti con i re Persiani, i re di Ḥirah e i governatori del Baḥrayn, **9**, 3; **12**, 43, 57 nota 1 — depredano le caravane persiane del Yaman, e sono in ostilità con Hawdzah Dzū-l-Tāǵ, **6**, 55; **12**, 43 — clienti, alcuni, dei Qurayš, e presenti a Badr, **10**, 89 nota 2 — contestano ai Bakr b. Wā'il il possesso o godimento della Dahnā, **9**, 49, 85; **12**, 192 nota 7 — partecipano in esiguo numero con Maometto alla presa di Makkah, **8**, 52, 104; **10**, 120 nota 1 — e a Ḥunayn, 112 — mandano ambasciata a Madinah, e superficialmente convertonsi all'Islām, **8**, 18; **9**, 4 e nota 1; 5, 7 nota 1 – carattere precipuo dei loro rapporti (politici) con Maometto, **10**, 123, 126; **11**, 12, 105; **12**, 89, 90 — pagano la ṣadaqah a Madīnah (?), **11**, 90 nota 1,*b*, 119, 163 nota 1 — e mostransi amici dei Musulmani, 93 nota 2, 103 — loro insurrezione o Riddah, **10**, 131; **11**, 73, 76 no. 4, 87 no. 4, 90 nota 1,*b*, 115; **12**, 92 — divisi da interne discordie, quali seguaci e sostenitori della loro profetessa Saǵāḥ, **11**, 160, 161, 162-164, 170, 171 e nota 1,*c*; **12**, 93, 104 — sottomettonsi a malincuore a Khālid b. al-Walīd in al-Buṭāḥ, **11**, 170 e nota 1, 174, 175, 176-179, 180, 183, 184 e nota 1; **12**, 4, 6,*a*, 99, 151, 188 nota 1, 372 — o ad 'Alā b. al-Ḥadrami (?), 56 — chiamati ad occupare, dopo la distruzione dei Ḥanīfah, le terre incolte della Yamāmah, 187 — nel Yaman cooperano con gli Abnā alla soppressione di al-Aswad al-'Ansi, **11**, 193 — partecipano ad al-'Alā b. al-Ḥadrami alla sottomissione del Baḥrayn (?), **12**, 56 e nota 1, 57 — tendono ad emigrare verso la Persia, 290 — seguono Khālid nell'invasione dell' 'Irāq, 356,*e* — inondano la Babilonide meridionale e popolano Baṣrah, 24 nota 1, 101 — loro glorificazione e apologia per opera di Sayf b. 'Umar (*q. v.*), 356 nota 2 [Aghāni, *Ind.*, 255; Wüst., *Reg.*, 443; Yāqūt, *Reg.*, 240; Durayd, 123].

umm Tamīm [o umm Mutammim ?] ibnah al-Minhāl, vedova di Mālik b. Nuwayrah e sposa di Khālid b. al-Walīd, **11**, 180 — dà e riceve protezione dal ḥanafita Muǵǵā'ah b. Murārah, **12**, 7, 10,*a*.

Tamīmita (arabo) Ṣuhayb b. Sinān, trasformato dai genealogi in un-, **Intr.** 29.

Tamīmiti, celebri o particolarmente menzionati come appartenenti alla stirpe, Khabbāb b. al-Aratt, **Intr.** 252 nota 3 — Sayf b. 'Umar, **10**, 123; **11**, 119 nota 4.

Tammām b. 'Ubaydah, C. d. P., qurašita, emigra a Madīnah avanti la Hiǵrah, **1**, 15 no. 22.

Tammuz (il dio dell'inverno) di cui trionfa la primavera. in alcuni versi popolari di reminiscenza mitologica astrale, **12**, 196 nota 2.

tamr (il « frutto » o thamr per eccellenza, il « dattero maturo e secco »; cfr. Guidi, Sed. Pop., 583), specie di datteri, prodotti ed esportati da 'Ayn al-Tamr, **12**, 170 nota 2,*a*.

Ta-mu-du, forma assira dei Thamūd, in una iscrizione di Sargon del 715. av. Cr., **9**, 34 nota 2.

tanabbā = « egli pretese di esser profeta », si spacciò per tale Musaylimah, **10**, 67 nota 1.

tanabbat = « ella si spacciò per profetessa », Saǵāḥ, **11**, 160.

al-Tanāḍub, stagno dei banū Ghifār sopra Sarif, a 10 miglia al nord da Makkah, **1**, 15 nota 1 [Yāqūt, I, 875 e *pass.*].

al-Tan'īm, sito pressò Makkah [tra questa e Sarif] dove sono suppliziati due prigionieri musulmani, **4**, 8 — la cui w ā d ī immetteva le sue acque nel Harām, **8**, 71 nota [Y ā q ū t, I, 879-880 e *pass.*].

Tanūkh [o **banū Taym Allah b. Asad b. Wabarah... b. Qudā'ah**], nomadi cristiani, abitanti le campagne intorno a Hīrah, distinti dai cittadini 'Ibād, **9**, 47 — stabiliti presso Qinnasrīn in Siria, **12**, 113 nota 1,*d* — prossimi ai Bahrā, 88 — fusi con i Rabī'ah e con gli Iyād verso la frontiera persiana, 113 nota 1,*c*,*e* — alla morte del Profeta, non contano alcun musulmano, 89 — dopo aver tentato di resistere con gli altri Arabi cristiani (in Dūmah al-Ǵandal ?), sottomettonsi a Khālid b. al-Walīd e abbracciano l'Islām, 221, 378 [W ü s t., *Reg.*, 444-445; Y ā q ū t, *Reg.*, 240; Q u t a y b a h, 51, lin. 13; 53, lin. 11; A gh ā n i, IX, 161-162].

t a n z ī l = « discesa » o rivelazione dello spirito, cioè ispirazione di Maometto. **Intr.** 193 nota 1.

t a q a r r a š a, addotto come sinonimo di t a ǵ a m m a ' a e riferito alla « riunione » delle tribù makkane sotto Qusayy nell'unità politica qurašita. **Intr.** 54.

Tarābulus [**al-Šām** o **Tripoli di Soria**], una delle u m m u h ā t a l-m u d u n dello Šām o Siria, **12**, 313 nota 1,*a* — governata da Ruwayfi' b. Thābit (?), **9**, 17 [Y ā q ū t, III, 523 e *pass.*].

al-Taraf, sorgente dei banū Tha'labah vicina a al-Marqi, a 36 miglia da Madīnah: spedizione di Zayd b. Hārithah colà, **6**, 10.

t a r a s s a d a = « tese agguato » ('Abdallah b. Ǵahš) alle caravane dei Qurayš. **2**, 21 nota 1.

t a r f ā (*Tamarix gallica*), arbusto, pastura dei cameli nel vallone di al-Ghābah. **5**, 24; **6**, 3.

Tarīf al-Ansāri al-Khazraǵi [† 3. a. H.], C. d. P., ucciso a **Uhud**, **3**, 54,B no. 42.

banū Tarīf [cioè **banū-l-Hārith**] **b. al-Khazraǵ b. Sā'idah b. Ka'b**, tribù madinese, degli Ansār Khazraǵ, a Badr, **2**, 85,C no. 46-50 [W ü s t., *Reg.*, 445].

banū Tarīf [**b. Mālik b. Ǵad'ā b. Dzuhl... b. Tayy**], ramo tayyita, possiedono la sorgente Dzū-l-Qassah sul monte Aǵā, **6**, 5 nota 1 [W ü s t., 445; Y ā q ū t, IV, 125].

t a · r ī kh a l-f u r s, (l'èra persiana) non accettata dal califfo **'Umar**. **1**, 4 — ordine cronologico degli eventi per le conquiste musulmane d'Arabia, **11**, 74.

Tarim, la crescente aridità del suo corso sospinge li antichi Cinesi verso gli affluenti superiori del Hoang-Ho, **12**, 109.

Tāriq, [quale ? abū Sa'd Tāriq b. Ašyam b. Mas'ūd al-Ašǵa'i, o abū 'Abdallah Tāriq b. Šihāb b. 'Abd Šams b. Salamah al-Kūfi, † 83. a. H.? cfr. N a w a w i, 322 e B a l ā dz u r i, 94, lin. ult.], tradizionista **2**. 103 nota 1 [A gh ā n i, *Ind.*, 413 (?); W ü s t., *Reg.*, 445].

Tāriq al-Khuzā'i, C. d. P. (?), guida dei Musulmani nella spedizione di al-Muraysī'. **5**, 8 [A gh ā n i, XVIII, 162 (?)].

t a r ī q = « via, cammino » tra al-Yamāmah-Kūfah; chiamavasi Mithqab. **11**, 146 nota 1,*a*.

Tarīq al-Akhābīth o « via degli scellerati », appellativo del T a r ī q a l-s ā h i l presso al-A'lāb, **11**, 98 — vi sono passati a fil di spada i seguaci di al-Aswad al-'Ansi, **12**, 70.

Tarīq 'Amq = tratto di via o cammino, battuto dal Profeta nella H i ǵ r a h, **1**, 22 [Y ā q ū t, III, 727, lin. 4 e seg.].

Tarīq al-'Arǵ, cammino del Profeta durante la H i ǵ r a h, presso 'Arǵ sulla via Makkah-Madīnah. **1**, 22 [Y ā q ū t, III, 637, lin. 17 e seg.].

Tarīq Aylah o « via di Aylah » o via littoranea tra l'Arabia e la Palestina, lungo il golfo di 'Aqabah: battuta da 'Amr b. al-'Ās nell'invadere la Siria. **12**, 322, 362.

Tarīq al-Basrah, via da Basrah a Makkah o Madīnah. **12**, 158 nota 3.

Tarīq Batn Falǵ, via Yamāmah-Basrah. **11**, 146 nota 1,*b*.

Tarīq al-Hiǵāz o via Madīnah-Makkah, per al-Rabadzah e Fayd. **11**, 119 nota 2.

Tarīq al-Kūfah, via da Makkah-Madīnah a Kūfah. **12**, 158 e nota 3.

t a r ī q a l-m ī r a h = « la via dell'approvigionamento » ovvero « i pascoli estivi lungo l'Eufrate ». **8**, 186 e nota 2.

Tarīq al-Rawhā, tratto di via del Profeta nella sua H i ǵ r a h. **1**, 22; cfr. Rawhā.

Ṭarīq al-Sāḥil o « via del littorale », lungo cioè le coste del Mar Rosso; detta anche, per un certo tratto Ṭarīq al-Akhābīth. **11**, 98.

Ṭarīq Tabūk = « via di Tabùk » o via interna per andare dal Ḥiǵāz in Siria: battuta da Yazid b. abī Sufyān e da Šuraḥbīl nell'invasione della Palestina. **12**, 322.

Ṭarsūs [in Cilicia: Yāqūt, III, 526-528 e *pass.*], conquistata dai Persiani sui Bizantini. **12**, 248 nota 1 — compresa dagli Arabi nello Šām, 313 nota 1,*b*.

banū Tarūd [b. Qudāmah b. Ǵarm ... b. Quḍā'ah], ramo dei Qudāmah, del cui comando il Profeta investe al-Aṣqa' b. Šurayḥ, **10**, 41 [Wüst., *Reg.*, 446].

tasaw = termine persiano equivalente ed identico a tasūk = ṭassūǵ « distretto fiscale » del Sawād. **12**, 177 nota 1.

tasbīḥ o « lode a Dio » o preghiera [accezione particolare e straniera all'arabo (nel quale la radice verbale sabaḥa significa « voltolarsi » o « nuotare ») per riflesso delle affini voci semitiche; ebr. šabēah, sir. šabaḥ, etiop. sabeha] cantata da Maometto nella sua preesistenza terrena in Paradiso. **Intr.** 112 nota 1 — pronunziato tre volte dal Profeta sul cadavere di Sa'd b. Mu'ādz. **5**, 53.

ṭask o **ṭasq, tisk** o **tisq** (dall'ebr. talm. taṣqa [o per metatesi di ṭaqs = τάξις ?]), « tassa fondiaria » sulle terre. **12**, 162 nota 6.

taṣqa (arab. ṭasq o ṭask), termine ebraico nel Talmud: « tassa fondiaria ». **12**, 162 nota 6.

Tassa per capo o ǵizyah. **10**, 101 e nota 3; **12**, 166,*a*.

Tassa fondiaria o kharāǵ. **10**, 101 e nota 3.

Tassa del decimo sulla terra irrigata con acqua corrente; del ventesimo su quella irrigata con acque dei pozzi, imposte alla gente di Dūmah al-Ǵandal. **9**, 48 — tasse riscosse nel Baḥrayn. **8**, 184 nota 1 — nel Ḥiǵāz, dai banū-l-Muṣṭaliq, **9**, 6 — tasse raccolte dagli esattori, 1; **11**, 90 — concetto originariamente unico di esse, la cui distinzione e specificazione è posteriore a Maometto, **10**, 101 nota 3; cfr. ǵizyah, kharāǵ, kharazah, ṣadaqah, ṭask.

ṭassūǵ (dal persiano tasūk o tasaw) « cantone » fiscale di un distretto amministrativo o istān, nel Sawād. **12**, 160,A note 1,*b* e 3, 162 note 3,*d* e 8, 170 nota 2,*a*, 177 e nota 1.

tasūk, termine persiano, propriamente « un ventiquattresimo », quindi distretto minore o Steuerbezirk nel Sawād, **12**, 177 nota 1.

Tatari (Mongoli), prendono e distruggono la burdah o mantello del Profeta, **9**, 9 — loro rapporti etnici o linguistici con gli antichissimi Sumeri della Babilonide, **12**, 106 nota 1.

ṭā'ūn = « peste bubbonica », meno aborrita dai Qurayš che al-'adasah o il vaiuolo nero, **2**, 107.

Ṭā'ūs b. Kaysān al-yamānī al-ḥimyarī (abū 'Abd al-raḥmān) [† 101., 104., 106. a. H.] [tradizionista e] lettore del Qurān in Makkah, **11**, 230 nota 1 [Yāqūt, *Reg.*, 483; Qutaybah, 231; Nawawi, 323].

Tavole **della** Legge, che Mosè riporta dal Sinai, **2**, 1.

Tavole **genealogiche del Wüstenfeld**, raccolgono tutto il sistema genealogico della razza araba, **Intr.** 31.

ṭawāf o « giro » rituale settemplice (intorno alla Ka'bah), istituito, si dice, da Abramo, **Intr.** 66 — eseguito dai pellegrini musulmani, **4**, 9 — e da Maometto, **7**, 71; **10**, 78.

Ṭawāḥīn [presso Ramlah in Palestina], paese richiesto al califfo abū Bakr dagli 'Abd al-Qays, **12**, 50 [Yāqūt, III, 554 e *pass.*].

al-tawḥīd = « affermazione dell'unità di Dio », fede monoteistica, **4**, 8.

Ta**wwaǵ**, espugnata (?) da 'Uthmān b. al-'Āṣ, **12**, 230 [Yāqūt, I, 890-891 e *pass.*].

tayammum, propriamente « ricerca » di sabbia fina per strofinarsene le mani e la faccia là dove, mancando l'acqua, non è possibile l'abluzione rituale tawaḍḍa', prima della preghiera; versetti del Qurān a ciò relativi, **5**, 14.

ṭaylasān, specie di pallio o mantello pattuito nel tributo di Busbuhra b. Ṣalūbā, **12**, 162,*c*, 165,*a*, 172, 228,*b*.

Taym al-Adram b. Ghālib b. Fihr-Qurayš b. Mālik, eponimo dei banū Taym b. Ghālib; nomi diversi della madre di lui. **Intr.** 57.

Taym Allah, probabile correzione islamica del nome teoforo pagano Taym al-Lāt. **Intr.** 33.

Taym al-Lāt, nome teoforo pagano, poi mutato in Taym Allah. **Intr.** 33 e nota 1.

Taym b. Murrah b. Ka'b b. Lu·ayy, eponimo qurašita. **Intr.** 41 tav. 1 — diversi nomi della madre di lui, 60.

banū Taym al-Adram b. Ghālib, sottotribù o famiglia qurašita, cui apparteneva il proscritto 'Abdallah b. Khaṭal. **8,** 82 [W ü s t., *Reg.*, 447; Y ā q ū t., *Reg.*, 240; D u r a y d, 66 e seg.; Q u t a y b a h, 33, lin. 7-10; A gh ā n i, VII, 51, 61, 72, 177 (?)].

banū Taym al-Lāt [b. Tha'labah b. 'Ukābah... b. Bakr-Wā·il], ramo dei Lahāzim (Bakr b. Wā·il) musulmani, seguono Khālid b. al-Walīd nella invasione del Sawād, **12,** 189 no. 8 — cristiani s'uniscono con i Persiani contro di lui, 202 [W ü s t., *Reg.*, 447; Y ā q ū t, *Reg.*, 240; A gh ā n i, *Ind.*, 256; Q u t a y b a h, 48, lin. 3-4; D u r a y d, 315, lin. 2].

banū Taym b. Murrah, qurašiti, confederati nel patto dei Muṭayyabūn, parteggiano per i banū 'Abd Manāf nella lotta per la successione alle cariche di Quṣayy, **Intr.** 86 — promuovono il rinnovamento del Ḥilf al-Fuḍūl, 147 — loro membri presenti a Badr, **2,** 85,A no. 45-49 — sono tra i seguaci o amici dei Khuzā'ah, **3,** 21 nota 3 — vi apparteneva il califfo abū Bakr, **12,** 317 nota 2,*c* [W ü s t., *Reg.*, 447; Y ā q ū t, *Reg.*, 240; Q u t a y b a h, 33, lin. penult. ed ult.; A gh ā n i, *Ind.*, 256].

Taymā [ebreo Teimā: *Genesi*, xxv, 15; I *Cron.*, I, 30 et *pass.*], grossa borgata con oasi di palmeti fra Wādi-l-Qura e la frontiera Siria, **7,** 48 nota 8 — abitata dagli Ebrei ed Arabi ebraicizzati, **1,** 38 — e (in seguito?) posseduta dai Ṭayy, **10,** 35 nota 1 — Maometto vi fa vendere donne e bambini dei Qurayẓah, **5,** 52 — entra nell'alleanza difensiva delle varie colonie ebraiche del Ḥiǵāz contro Madīnah, 55 — si sottomette a Maometto, dopo Khaybar e Wādi al-Qura, e paga la ǵ i z y a h, 46, 48, 49; **10,** 103 — ingrossando i redditi del Profeta, **5,** 46 nota 1; **12,** 277 — ha un mercato frequentato dai Sāqiṭah Nabatei, **9,** 24 — paga le ṣ a d a q ā t all'esattore Yazīd b. abī Sufyān, **10,** 71 no. 11 — vi è mandato Khālid b. Sa'īd, alla morte di Maometto, per raccoglíervi milizie contro i ribelli della R i d d a h, **12,** 377, 378, 387, 390 — tappa comune alle tre vie postali stabilite dai califfi Umayyadi fra Damasco e Madīnah-Makkah, 316 nota 6 — una di esse battuta probabilmente da Šuraḥbīl nell'invadere la Siria, 363 — a due giornate da Ghamr banī Ǵadzīmah, 319 nota 1 — ne sono espulsi gli Ebrei da 'Umar, **11,** 27 nota 1,*b* [Y ā q ū t I, 907-908 e *pass.*] — famosa stele di-, oggi al Louvre, del sec. V av. Cristo, offre il più antico esempio di scrittura aramaica in Arabia: suo contenuto, 216; **12,** 116 [cfr. *Corpus inscript. semiticarum*, pars II, tom. I, pag. 107 e seg.].

Taymah bint Yašǵub b. Ya'rub b. Qaḥṭān, moglie di 'Adnān il capostipite dei Musta'ribah, **Intr.** 43.

Tayman, regione che separa i Tamim da Naǵrān, **9,** 3 [Y ā q ū t, I, 909 lin. 19 e *pass.*].

al-Taymi, tradizionista presso ibn Hišām, **Intr.** 257 nota 1 [Ṭ a b a r i, III, 2547, lin. 3].

Tayt, monte, **2,** 99; cfr. Thayb.

Ṭayy [Ǵulhumah] b. Udad b. Zayd b. Yašǵub... b. Kahlān... b. Qaḥṭān, eponimo dei banū Ṭayy, **Intr.** 42 tav. 3 [W ü s t., 436; D u r a y d, 228, lin. 2 e seg.; Q u t a y b a h, 51, lin. penult.].

banū Ṭayy b. Udad — *a*) *Etnografia e Geografia*: Grande stirpe yamanitica emigrata nel Naǵd dopo il s a y l a l-' a r i m, **10,** 35 nota — occupano il territorio montuoso di Rammān, **11,** 147 nota 1,*a* — Aǵā e Salma, **Intr.** 52 nota 1 — con la cima Dzū-l-Qaṣṣah, **6,** 5 nota 1; **9,** 35, 46; **10,** 42 nota 1, 126 — e la ricca oasi di Taymā, 35 nota 1 — confinano con li Asad b. Khuzaymah, **6,** 4 nota 1; **9,** 12 nota 1 — con i banū Kalb, 46 — con i Taghlib, 81 — con li Asad, e rapporti con essi, **11,** 93 nota 3, 130 e nota 1 — loro ramificazioni e tribù: i banū Nabhān, **1,** 58; **3,** 2 — i banū Qurrah b. 'Abdallah, **9,** 86 — i banū Ma'n, i Ǵarm Ṭayy, i banū Būlān o Bawlān, i Ǵadīlah, **10,** 35 no. 2-5 — i banū Mu'āwiyah b. Ǵarwal, 36 — i banū Ǵuwayn, 36,A, 37 — i banū-l-Ghawth, **11,** 130 — dànno il nome a tutti gli Arabi, nell'appellativo siro-mesopotamico Ṭayyāyyē, **12,** 145 nota 1 — immigrati in Siria e attigui ai Tanūkh, 113 nota 1,*f* —

sono inferiori ai Ghaṭafān per costituzione politico-militare, **10,** 121 — in religione: pagani nel centro e nel Ḥiǵāz, con il loro idolo al-Fals, **9,** 20 — in parte cristiani verso Ḥīrah, **12,** 134 — *b) Storia*: espellono i banū Asad b. Khuzaymah dalle loro sedi nel Naǵd presso Aǵā e Salma, **Intr.** 52 nota — alcuni pochi, quali confederati dei Quraysh, partecipano a Badr, **2,** 85,A no. 29; 88 no. 39 e 40; **10,** 89 nota 2 — assaliti e domati, in Aǵā e Salma, da 'Ali b. abī Ṭālib, che ne distrugge l'idolo al-Fals, **9,** 20 — loro rapporti con Maometto, 86 — e lettere del Profeta ad essi, **10,** 36-39 — e, per la loro protezione, ai banū Asad, 40, 121 nota 1 — mandano ambasciatori a Madīnah ed abbracciano tutti l'Islām, 35, 125, 130 — pagano le ṣadaqāt all'esattore 'Adi b. Ḥātim, 71 no. 9; **11,** 90 no. 5 e nota 1,*a*, 91, 119 nota 4 — loro contegno fedele nella Riddah, **10,** 126 nota 1, 130; **11,** 87, 88, 90 nota 1,*a*, 91, 104; **12,** 89, 91 — tranne una piccola parte che segue per breve tempo Ṭulayḥah, **11,** 101, 104, 119, 127 nota 1, 130; **12,** 97 — ed è domata da Khālid, 124 no. 1, 129 nota 1, 131 e nota 1, 132 e nota 1, 133 nota 1, 152,*a*, 175 — si uniscono a Khālid b. al-Walid contro li Asad, **11,** 73, 93 nota 3, 135 — combattono a Buzākhah, 137; **12,** 98 — e invadono con Khālid il Sawād, 164,*a*, 187 — e lo seguono in Siria, 394 nota 1,*b* — prendono parte con abū 'Ubaydah alla invasione della Siria sotto Ḥābis b. Sa'd e Milḥān b. Ziyād, 356,*e*, 357,*d*, 359,*c*.

banū Ṭayy celebri o particolarmente menzionati come appartenenti alla stirpe: l'ebreo madīnese Ka'b b. al-Ashraf, **1,** 58 no. 10; **3,** 2 — abū Makhshi Arthad b. Ḥumayrah, **2,** 85,A no. 29 — 'Amr e Ǵābir b. Sufyān, 88 no. 39 e 40 — uno dei- informatore e guida dei Musulmani nella Spedizione di Qaṭan, **4,** 2 — l'arabo cristiano-musulmano Rāfi' b. abī Rāfi', **8,** 32 — il generoso Ḥātim b. 'Abdallah, 203 — Iyās b. Qabīsah, **12,** 134 — tre di essi avrebbero contribuito alla formazione della scrittura araba, **11,** 211 [W ü s t., *Reg.*, 436-438; Y ā q ū t, *Reg.*, 249; A gh ā n i, *Ind.*, 418].

Ṭayyāyē (cioè i Ṭayy), nome dato agli Arabi dalle popolazioni aramaiche della Mesopotamia e della Siria, **12,** 145 nota 1.

al-Ṭayyā, sito fra al-Mu'taridah e Badr, tappa di Maometto in quella Spedizione, **2,** 47, 52.

al-Ṭayyib, figlio di Maometto e di Khadīǵah, morto avanti la Missione, **Intr.** 160; **10,** 139 no. 1.

al-Ṭayyib ['Abdallah] b. Dzarr ['Abdallah] b. Razīn b. 'Ammīt al-Dāri, C. d. P., ambasciatore dei suoi a Madīnah, **9,** 70 no. 7.

Tazīd, città dei banū Tazid (?) in Mesopotamia, espugnata dal sassanida Sābūr, **12,** 113 nota 1,*c*.

Tazīd b. Ǵusham b. al-Khazraǵ, eponimo della omonima tribù anṣarita, **Intr.** 42, tav. 4.

banū Tazīd [b. Ḥulwān b. 'Imrān b. al-Ḥāf], tribù quḍā'ita, immigrata con gli 'Ism in Mesopotamia, donde cacciata da Sābūr emigrò in Siria e si fuse con i Tanūkh, **12,** 113 nota 1,*c* [W u s t., 446-447; Y ā q ū t, *Reg.*, 240; D u r a y d, 314, lin. 9].

Teatrali rappresentazioni in Bisanzio, testimonianti la estrema immoralità e oscenità dell'ambiente, **12,** 241 nota 1.

Tebe, capitale e propugnacolo delle dinastie egizie nazionali nel Medio Impero faraonico, **12,** 132.

teḥinnoth, voce ebraica di certe speciali preghiere che avrebbe dato origine alla parola ed al concetto dell'arabo musulmano t a h a n n u th, **Intr.** 208 nota 2.

Tempio makkano; cf. Ka'bah, **Intr.** 120.

Tella Salila, sito nella valle Tigro-Eufratica dove la persecuzione religiosa di Sābūr II, fece dei martiri, **12,** 142 nota 1 no. 18.

Tenda di cuoio (q u b b a h), eretta nel cortile della Moschea per gli ambasciatori thaqafiti, **9,** 57 — eretta per il Profeta da Sa'd b. 'Ubādah, nel territorio dei banū Khaṭmah, all'assedio dei banū-l-Naḍir, **4,** 11 — di Maometto, a Muraysi', **5,** 9 — ai piedi di Sal' durante l'assedio, 27 — in al-Ḥaǵūn, alla presa di Makkah, **8,** 69.

Tende (b a y t, b u y ū t) per malati e feriti erette nel cortile della casa-moschea di Maometto a Madīnah, **2,** 6 — del campo makkano all'assedio, **5,** 35.

Teocrazia (la), unico mezzo per stabilire l'ordine e la legge in Arabia: per ciò voluta e fondata da Maometto, **5,** 63, 64.

Teodora, moglie di Giustiniano [† 548. a. È. V.], sua fermezza eroica nella insurrezione del Nika, **12**, 242 — sua croce di perle nel tesoro del Santo Sepolcro, 247.

Teodoro [**Tadzāriq**], fratello dell'imperatore Eraclio, comandante le milizie greche ad Aǵnādayn, **12**, 335.

Teodoro il Vicario, comandante degli Arabi Bizantini della frontiera palestinese: sorprende e sconfigge gli Arabi a Mu'tah Μοθοῦς, **8**, 11.

Teodosio I il Grande [† 395. a. È. V.], fa adottare negli atti ufficiali, nel 395. a. È. V., l'uso delle Indizioni, **1**, 6 nota 3.

Teodosio II il giovane [† 450. a. H.], conchiude la pace col sassanida Bahrām Ǵūr nel 422. a. È. V., **12**, 130 nota 1 — pattuendo libertà di coscienza e di culto per i Cristiani della Persia, 145 — croce di diamanti da lui offerta al tempio del Santo Sepolcro, **12**, 247.

Teodosio, vescovo scismatico, contende all'ortodosso Giovanni il seggio vescovile di Gerusalemme, **12**, 263.

Teofane [† 817. a. È. V.], cronografo bizantino narra e spiega la disfatta di Mu'tah ponendola nell'anno 10, **8**, 11; **10**, 105 — calcola πλῆθος ἄπειρον il numero degli Arabi invasori, **12**, 289 — attesta d'accordo con Niceforo e Sebeos, la connivenza degli Arabi Cristiani del confine palestinese con i Musulmani di Madīnah, causa occasionale e favoritrice dell'invasione, 308, 309 e nota 3 — confonde il combattimento di 'Arabah-Dāthinah (Δάθεσμον) con la battaglia di Aǵnādayn, 319 nota 2, 345, 346.

Teologi musulmani, creano, con i tradizionisti sistematici e coordinatori del I e del II sec. della Ḥiǵrah, il rigido sistema teologico e liturgico dell'Islām, **Intr.** 219 nota 1.

Termopili, le loro fortificazioni arrestano l'avanzata degli Unni contro Bisanzio, **12**, 242.

Terra morta bianca, cioè terra incolta: diritto di possesso in chi la mette sotto coltura, **9**, 7.

Terra dei paesi di mare; cfr. Bīt Yākīn, **12**, 106.

Terra del fuoco (abitanti della-) e loro tipo fisiologico caratteristico, **12**, 108 nota 1.

Terra di Kūfah (Arḍ al-Kūfah), territorio cioè dove poi sorse Kūfah: invaso da Khālid b. al-Walīd, **12**, 157.

Terre marittime; cfr. Bīt Yākīn, **12**, 139 nota 1.

Terremoto (z a l z a l a h) avvertito in Madīnah, **5**, 57 — in tutta l'Asia anteriore nel 599. a. È. V. (2 aprile), **12**, 265 nota 4.

Terreni che godono di un periodo di pioggia annua (a l-b a ' l) opposti a s a q a o terreno irrigato artificialmente, **9**, 48.

Tertulliano [† 245. a. H.], sua fede sicura sull'esistenza dei demoni, **Intr.** 193 nota 3.

Teseo, corrisponde in certa maniera, nelle leggende attiche, al Quṣayy degli Arabi, **Intr.** 36.

Tesoro della Ka'bah, sepolto dai Ǵurhum, ritrovato da 'Abd al-Muṭṭalib, **Intr.** 100 — custodito entro una buca nell'interno del Santuario, **7**, 73.

Tesoro di gioie della famiglia di abū-l-Ḥuqayq, in Khaybar, **7**, 36.

Tessaglia invasa e devastata dagli Unni sotto Giustiniano, **12**, 242.

Testamento, Maometto non ne fece alcuno, **11**, 51, 52.

Tetti portatili o scudi massicci, (a l-d u b ū r) per muovere all'assalto delle mura adoprati invano dai Musulmani all'assedio di Ṭā'if, **8**, 141, 143.

th a ' b ā n, o **th u ' b ā n** = « serpente, drago ». **12**, 78 nota 2,*b*.

al-Thabǵā al-Ḥadramiyyah, cantante araba, mutilata da al-Muhāǵir b. abī Umayyah nel Hadramawt, **12**, 84 nota 1.

Thābit b. 'Amr b. Zayd b. 'Adi al-Anṣāri al-Khazraǵi [† 3. a. H.], C. d. P., presente a Badr, **2**, 85,C no. 137 — ucciso a Uhud, **3**, 54,B no. 73 [W ü s t., *Reg.*, 47].

Thābit [**b. Aslam al-Baṣri al-Bunāni** (**abū Muḥammad**)] [† 123. o 127. a. H.], tradizionista, presso Ṭabari, **11**, 46 [Y ā q ū t, *Reg.*, 355; Q u t a y b a h, 241].

Thābit b. Aqram b. Tha'labah b. 'Adi al-Aǵlāni al-Balawi [† 11. a. H.], ḥalīf degli Anṣār awsiti, C. d. P., presente a Badr, **2**, 85,B no. 40 — raccoglie lo stendardo musulmano a Mu'tah e lo passa a Khālid b. al-Walid, **8**, 12, 13 — esploratore o inseguitore a Buzākhah, ucciso da Maslamah b. Khuwaylid, **11**, 132, 133 nota 1, 146 nota 1,*b* — suo cenno cronologico, 239 [Wüst., *Reg.*, 447-448; Nawawi, 186; Durayd, 322, lin. 12-15].

Thābit b. Athlah al-Anṣāri al-Awsi, [† 7. a. H.] C. d. P., ucciso a Khaybar, **7**, 43 no. 14.

Thābit b. al-Ǵidz' [**Tha'labah**] **b. Zayd b. al-Ḥārith al-Anṣāri al-Khazraǵi** [† 8. a. H.], C. d. P., presente alla seconda 'Aqabah, **Intr.** 344 no. 53 — a Badr, **2**, 85,C no. 62 — uccide il qurašita Zama'ah b. al-Aswad, 66, 88 no. 15 — ucciso sotto Ṭā'if, **8**, 157 no. 9 [Wüst., *Reg.*, 449; Durayd, 275, lin. 8, 9 e ult.].

Thābit b. Hazzāl b. 'Amr b. Quryūš [Qarbūs] al-Anṣāri al-Khazraǵi [† 12. a. H.], C. d. P., presente a Badr, **2**, 85,C no. 82 — perisce ad al-Yamāmah, **12**, 23 no. 121 [Wüst., *Reg.* 448].

Thābit b. Khālid ['Amr b.] al-Nu'mān b. Khansā al-Anṣāri al-Khazraǵi al-Naǵǵāri [† 4. o 12. a. H.], C. d. P., presente a Badr, **2**, 85,C no. 119 — ucciso a Bi'r Ma'ūnah, o ad al-Yamāmah, **12**, 23 no. 122 [Wüst., *Reg.*, 448; Durayd, 267, lin. 12].

Thābit b. Khansā b. 'Amr b. Mālik al-Anṣāri al-Khazraǵi, C. d. P., presente a Badr, **2**, 85,C no. 151.

Thābit b. Ma'mar b. Khansā, forse = Thābit b. Khālid ecc. [† 12. a. H.], C. d. P., perisce ad al-Yamāmah, **12**, 23 no. 123.

Thābit b. Qays b. Šammās b. Zuhayr al-Anṣāri al-Khazraǵi al-Ḥārithi (abū Muḥ. o abū 'Abd al-rahmān) [† 12. a. H.], C. d. P., già reduce di Bu'āth, **5**, 50 — unito in fratellanza con l'emigrato 'Ammār b. Yāsir, **1**, 50 — ad al-Muraysi' ottiene e vende a Maometto la prigioniera Ǵuwayriyyah bint al-Ḥārith, **5**, 9 — ordina l'arresto di Ṣafwān b. Mu'aṭṭal al-Sulami, aggressore di Ḥassān b. Thābit, 15 — prende sotto la sua protezione e salva dall'eccidio la famiglia dell'ebreo qurayẓita al-Zabīr b. Baṭah, 50 — scrive il documento-concessione del Profeta ai banū Aslam, **6**, 23 — ed ai Thumālah-Ḥuddān, **9**, 87 — [da aggiungere il nome tra i segretari del Profeta, **10**, 143 — e quindi anche, **11**, 224] — tesse gli elogi del Profeta (Khaṭīb Rasūl Allah), e dei seguaci, **9**, 4 — muove a capo degli Anṣār, con Khālid b. al-Walid contro Ṭulayḥah, **11**, 120, 132 — e combatte portastendardo a Buzākhah, 135 — protesta contro l'avanzata di Khālid su al-Buṭāḥ, ma poi lo raggiunge, 174 — anche con nuove schiere anṣārite, **12**, 1 — portastendardo ad 'Aqrabā, **12**, 8, 12 — pugna da forte e perisce, 10,*b* — suo cenno biografico, 23 no. 89 [Wüst., *Reg.*, 449; Aghāni, *Ind.*, 257; Durayd, 268, lin. 12-13].

Thābit b. Šammās = Thābit b. Qays b. Šammās, **12**, 23 no. 89.

Thābit b. Tha'labah [Ǵidz'] b. Zayd b. al-Ḥārith = Thābit b. al-Ǵidz', ecc., **2**, 85,C no. 62.

Thābit b. Zayd = abū Zayd al Anṣāri al-Khazraǵi, **8**, 191.

abū Thābit Ruṭaym b. Thābit b. Tha'labah al-Anṣāri al-Awsi [† 8. a. H.], C. del P., caduto a Ḥunayn, **8**, 138 no. 5 — o sotto Ṭā'if, 157 no. 12.

Thādin (*sic*: certamente Dāthinah), **12**, 340 nota 2.

Thaǵr [sorgente dei banū-l-Qayn, presso Wādi-l-Qura], tappa tra Taymā e al-Aǵwali, sulla seconda via Madīnah-'Ammān, **12**, 316 nota 6 [Yāqūt, I, 919-920 e *pass.*].

Tha'labah b. 'Amr b. al-Khazraǵ b. Qaylah (abū-l-Naǵǵār), eponimo di una gente khazraǵita di Madīnah (= banū-l-Naǵǵār), **Intr.** 42, tav. 4.

Tha'labah b. 'Amr b. Miḥṣan b. 'Amr al-Anṣāri al-Khazraǵi al-Naǵǵari, C. d. P., presente a Badr, **2**, 85,C no. 139 [Wüst., *Reg.*, 449; Durayd, 269, lin. 6].

Tha'labah b. 'Amr Muzayqiyā b. 'Āmir Mā al-Samā... b. al-Azd, eponimo di una tribù yamanita, **Intr.** 42, tav. 3 [Yāqūt, *Reg.*, 357; Durayd, 286, lin. 8-9?].

Tha'labah b. 'Anamah [o Ghanamah] b. Adi b. Nābi al-Anṣāri al-Khazraǵi al-Salami, C. d. P., coopera all'infrazione degl'idoli dei banū Salamah, **2**, 85,C no. 94 — presente a Badr, 85,C no. 90 — presente alla seconda 'Aqabah, **Intr.** 344 no. 46 — ucciso durante l'assedio, **5**, 42 no. 4 — ovvero a Khaybar, **7**, 44 no. 4 — mandato dagli Anṣār a raggiungere Khālid b. al-Walīd in marcia su al-Buṭāḥ (?), **11**, 174.

Tha'labah b. Ghanamah b. 'Adi = Tha'labah b. 'Anamah b. 'Adi, **Intr.** 344, no. 46; **5,** 42 no. 4.

Tha'labah b. Ḥāṭib [**b. 'Amr b. 'Ubayd**] **al-Anṣāri al-Awsi al-'Ubaydi,** C. d. P., uno degl' « Ipocriti », **1,** 60 no. 7 — presente a Badr, **2,** 85,B no. 35 — fuggiasco da Uḥud, **3,** 44 – partecipa alla costruzione del Masǵid al-Ḍirār, **9,** 1 nota 3, 52 no. 2 — a Tabūk, brontola e fa il maldicente, 31 [W u s t., *Reg.*, 450].

Tha'labah b. Sa'd b. Mālik b. Khālid al-Anṣāri al-Khazraǵi [† 3. a. H.], C. d. P., ucciso a Uḥud, **3,** 54,B no. 37.

Tha'labah b. Salām b. abī-l-Ḥuqayq al-Yahūdi, ebreo di Khaybar, rinfaccia a 'Uyaynah il tradimento dei Ghaṭafān, **7,** 12 — dà notizia al Profeta sul tesoro di ibn abī-l-Ḥuqayq, 36.

Tha'labah b. Sa'yah al-Hudzali al-Yahūdi al-Quraẓi, C. d. P., già ebreo apostata avanti la resa dei suoi, **5,** 46.

Tha'labah b. 'Ukābah b. Ṣa'b b. 'Ali (Bakr-Wā·il) [soprannominato al-Ḥiṣn], eponimo dell'omonima gente ismā'ilita, **Intr.** 41, tav. 1 [A gh ā n i, XVI, 163; W ü s t., *Reg.*, 450; Q u t a y b a h, 47, lin. ult.; 48, lin. 1-3].

Tha'labah b. Unays al-Anṣāri al-Khazraǵi, C. d. P., presente a Badr, **2,** 85,C no. 183.

Tha'labah b. Zayd b. al-Ḥārith b. Ḥarām (abū Thābit), detto **al-Ǵidz',** C. d. P., presente a Badr, **2,** 85,C no. 63 [W u s t., *Reg.*, 451].

abū Tha'labah al-Khušani al-'Udzri [† 75. a H.], C. d. P., si fabbrica una casa in Madīnah, e vi ospita i suoi contribuli, **7,** 52 [Y ā q ū t, *Reg.*, 357; N a w a w i, 678-679].

banū Tha'labah, tribù [ghassanida emigrata dal Yaman a Yathrib e] sopraffatta poi dagli Ebrei, esistente ancora frammentariamente ai tempi di Maometto, **1,** 38 nota 2 [W ü s t., *Reg.*, 449].

banū Tha'labah b. 'Abd 'Awf b. Ghanm b. Mālik, ramo khazraǵita dei banū-l-Naǵǵār: loro membro a Badr, **2,** 85,C no. 118.

banū Tha'labah b. 'Amr b. 'Awf b. Mālik, tribù anṣarita delli Aws: loro membri presenti a Badr, **2,** 85,B no. 45-51.

banū Tha'labah b. 'Amr b. 'Awf b. Mālik, (omonimi ed etnicamente identici ai preced.), ebrei awsiti di Madīnah, compresi nello Scritto costituzionale, **1,** 45 art. 31 e no. 1 art. 34 [A gh ā n i, *Ind.*, 258].

banū Tha'labah b. al-Fityawn, ebrei madinesi, alcuni dei quali sono accaniti avversari del Profeta, **1,** 58 no. 13-46.

banū Tha'labah b. al-Khazraǵ b. Sā'idah b. Ka'b, tribù anṣārita e Khazraǵita di Madīnah: ramo dei banū Sā'idah b. Ka'b b. al-Khazraǵ: loro membri presenti a Badr, **2,** 85,C no. 42-43 [W ü s t., *Reg.* 449].

banū Tha'labah b. Māzin b. al-Naǵǵār b. Tha'labah, tribù anṣarita dei Khazraǵ: loro membro presente a Badr, **2,** 85,C no. 164 [W ü s t., G e n. T a b., 19, lin. 25].

banū Tha'labah [? **b. Sa'd b. Ḍabbah b. Udd... b. al-Yās**], tribù del Naǵd, aggredita dai Musulmani a Dzū-l-Qaṣṣah, **6,** 5, 6 — in al-Ṭaraf, 10 [W ü s t., *Reg.*, 450; Y ā q ū t, *Reg.*, 241; Q u t a y b a h, 36, lin. 11].

banū Tha'labah [**b. Sa'd b. Dzubyān... b. Ghaṭafān**], ramo ghaṭafanita, assalito dal Profeta a Dzū Amarr, **3,** 6 — a Dzāt al-Riqā', **5,** 1 — mandano loro ambasciata a Madīnah e parzialmente si convertono, **8,** 200; **10,** 120 nota 1 — loro rapporti con i Muḥārib b. Khaṣafah, 49 nota 1 — seguaci di Ṭulayḥah, si ribellano in al-Abraq, ma sono domati e puniti da abū Bakr, **11,** 119 [W ü s t., *Reg.*, 450; Y ā q ū t, *Reg.*, 241; Q u t a y b a h, 40, lin. 9].

banū Tha'labah b. Yarbū' b. 'Uṣayyah b. Imru·alqays, tribù tamimita, di cui alcuni, prigionieri di Khālid b. al-Walid, sono sgozzati in al-Buṭāḥ, **11,** 180 [W ü s t., *Reg.*, 450; Q u t a y b a h, 37, lin. 15; A gh ā n i, XIV, 67, 86-87; XVI, 24, 30].

al-Tha'labi (abū Isḥāq Aḥmad b. Muḥ. b. Ibrāhīm al-Nisābūri), [† 427. a. H.], fa Alessandro il Grande discendente diretto di Isacco figlio d'Abramo. **Intr.** 29.

al-Tha'labiyyah, tappa sulla via al-Nibāǵ (Madīnah), Ḥirah (Kūfah) [tra Šuqūq e Khuzaymiyyah], battuta da Khālid b. al-Walid. **12,** 155 nota 9,*b*, 158 nota 1 [Y ā q ū t, I, 925-926 e *pass.*].

Tha'leb = Taghlib, nella scorretta trascrizione del Rehatsek. **11**, 139 nota 2.

banū Thamūd, antica gente araba nabatea, trasmigrata dal sud nel centro d'Arabia; loro tragica fine, per non aver riconosciuto la missione divina del proprio Profeta Ṣāliḥ. **Intr.** 351; **9**, 34 e nota 2, **35** — loro resti epigrafici in al-Ḥiǵr, 35 [A g h ā n i, IV, 74-76; V, 170; Y ā q ū t. *Reg.*, 241; D u r a y d, 306, lin. penult.; Q u t a y b a h, 14. lin. 17-22; T a b a r i, *Ind.*, 91; cfr. Ta-mu-du.

Θαμυδῖται di Tolomeo = *Thamudeni equites* della *Notitia dignitatum* = Thamūd. **9**, 34 nota 2.

Thamūdita, l'ultimo impero- dei banū Liḥyān. **9**, 34 nota 2.

Thanāyā al-Aṣāfir = « passi » o « gole » dei monti al-Aṣāfir varcati da Maometto prima di giungere a Badr. **2**, 46 [Y ā q ū t, I, 291 e *pass.*].

Thanayā 'Awsaǵah, presso Dzū-l-Qaṣṣah. **11**, 118 ['Awsaǵah, nome di alcune miniere d'argento nel territorio dei Bāhilah: Y ā q ū t, III, 745].

al-thāni al-tāli = il « secondo, il recitatore o lettore (del Qur'ān) », cioè abū Bakr. **Intr.** 224.

al-Thaniyy, luogo presso al-Zumayl-Bišr [e al-Ruṣāfah] nel Sawād, dove gli Arabi cristiani, Taghlib sotto Buǵayr, e i Persiani subiscono una disfatta da Khālid b. al-Walid, **12**, 222. 224 — confuso con al-Thiny, 197 e nota 1, 224 nota 1 [Y ā q ū t, I, 937-938 e *pass.*].

thaniyyah = « colle » o « passo, gola ». **12**, 398, 403 — tra monti, « monte », e simili. 414; *Corr.* e *Agg.*, p. 1126 [Y ā q ū t, I, 935, lin. ult.].

Thaniyyah = Thaniyyah al-Wadā'. **6**, 20.

Thaniyyah Arāk, Masǵid di Maometto nella via del pellegrinaggio presso Makkah [Y ā q ū t, I, 182 e *pass.*].

Thaniyyah al-'Ayr, sito fra al-'Arǵ e Ri'm, presso Madinah, tappa dell'itinerario della H i ǵ r a h. **1**, 22 e nota 1 no. 18 [Y ā q ū t, 1, 751-752 e *pass.*].

Thaniyyah Dzāt al-Ḥanẓal, passo stretto e aspro verso i monti Sarāwi', presso Ḥudaybiyyah. **6**, 29.

Thaniyyah Ǵalū (leggi: Ǵilliq). **12**, 407.

Thaniyyah Ǵilliq, nella Palestina, la moderna collina o gola-burrone Ǵillīn sopra un affluente del Yarmūk, dove concentravansi le milizie di Tadzāriq per opporsi agli Arabi invasori. **12**, 319 e *Corr. e Agg.*, p. 1126.

Thaniyyah al-Marah, sito nel Ḥiǵāz non lontano da Ǵuḥfah e da Aḥyā. **1**, 76 nota 3 — vi passa Maometto nella H i ǵ r a h, 22 e nota 1 no. 5 — e 'Ubaydah b. al-Ḥārith nella sua spedizione a Baṭn Rābigh, 76.

Thaniyyah al-Midrān, uno dei m a s ā ǵ i d della spedizione di Tabūk, fra questa e Dzāt-l-Zirāb. **9**, 30 no. 18 [Y ā q ū t, I, 936].

Thaniyyah al-Murār, gola facile e larga che scende nella bassura di al-Ḥudaybiyyah. **6**, 29 [Y ā q ū t, I, 937].

Thaniyyah al-Ramadah, collina di Makkah. **Intr.** 78 nota 1.

Thaniyyah al-'Uqāb, « colle dell'Aquila » nella Ghūṭah Dimašq, tappa di Khālid b. al-Walid. **12**, 398, 403 e nota 1,*a*, 414 [Y ā q ū t, I, 936 e *pass.*].

Thaniyyah al-Wadā', o « collina dell'addio o del commiato » presso Madīnah, **6**, 3 — vi passa Maometto per andare a Khaybar, **7**, 10 — per congedare i partenti a Mu'tah. **8**, 8 — vi si raccolgono i partenti per Tabūk, **9**, 29 — abū Bakr vi si accommiata da abū 'Ubaydah. **12**, 357,*c* — e da Yazīd b. abī Sufyān partenti per la Siria, 360 [Y ā q ū t, I, 937 e *pass.*].

Thaniyyah al-Yamāmah, presso 'Aqrabā, dove Muǵǵā'ah b. Murārah è fatto prigioniero. **12**, 6,*a*.

thaniyyatān = « le due colline » Kuda e Kada presso Makkah. **10**, 73.

Thaqafiti, v. Thaqīf. **Intr.** 120; **3**, 17.

Thaqif [o **Thiqāf** o **Thaqf**] **b. 'Amr b. Šumayṭ** [o **Sumayṭ**] [**al-Naǵǵari** ?] **al-Asadi** [† 7. a. H.]. C. d. P., ḥ a l ī f dei banū Umayyah, emigra a Madīnah prima della Hiǵrah. **1**, 15 no. 19 — presente a Badr, **2**, 85,A no. 26 — ucciso a Khaybar: suo cenno biografico, **7**, 43 no. 2 — fratello di Mālik e di Midlāǵ b. 'Amr, 43 no. 2; **12**, 23 no. 82.

Thaqīf b. Munabbih b. Bakr b. Hawāzin, eponimo dei Thaqafiti. **Intr.** 41 tav. 1 [Q u t a y b a h, 44, lin. 3-5; D u r a y d, 183, lin. 7].

banū Thaqīf b. Munabbih... b. Hawāzin... b. 'Aylān al-Nās, stirpe mudarita, avente sede in Tā'if e nei dintorni. **Intr.** 49 — loro favoloso capostipite abū Rigbāl, 120 nota 1 — fanno parte della 'Ugz Hawāzin, **7,** 61 nota 3 — abili nel trar d'arco, **8,** 143; **12,** 269 — i- « razza birbona », **8,** 155 — veneravano al-Lāt in un celebre santuario di Tā'if, **Intr.** 110 — risparmiato da Abrahah nella Spedizione dell'Elefante, 119 — e che faceva concorrenza alla Ka'bah, 120; **10,** 111 — dànno guide e provviste agli Abissini nella Spedizione dell'Elefante, **Intr.** 120 — combattono alla testa dei Qays le guerre di al-Figār, 140 — maltrattano e scacciano Maometto, recatosi in Tā'if a convertirli, 329, 354 — cento di essi combattono insieme con i Qurayš a Uhud, **3,** 15, 17 — richiesti di soccorso dai Qurayš ad al-Hudaybiyyah, **6,** 23.— allarmati dalle minacce del Profeta in marcia su Makkah, **8,** 39, 49 — si uniscono ai Hawāzin, 113, 114 — e sono sconfitti e fugati a Hunayn, 124 — ricoveransi dietro le mura di Tā'if, dove sostengono e rendon vano l'assedio e gli assalti dei Musulmani, 133, 139-158; **10,** 112 — razziati e molestati da Mālik b. 'Awf al-Nasri, **8,** 172; **9,** 11 — e dai Hamdān (?), 67 — mandan finalmente loro ambasciata a Madīnah e convertonsi all'Islām, 55, 56-59 — non senza aver forse ottenuto dal Profeta qualche concessione o particolar licenza, 58 note 2 e 3 — la loro sottomissione o conversione totale, **10,** 120 nota 1 — è graduale effetto della influenza morale e politica della comunità Madinese, 126 nota 1 — restan fedeli durante la R i d d a h, **11,** 87, 88, 100; **12,** 90 — prendon parte, in esiguo numero, alle prime campagne in Siria, 362 — tendenza anti-thaqafita nei Musulmani del I secolo della Higrah; donde abbia avuto origine, e come svoltasi, **Intr.** 110 nota 2, 120 nota 1; [W ü s t., *Reg.*, 451-452; Y ā q ū t, *Reg.*, 241; A g h ā n i, *Ind.*, 258; Q u t a y b a h, 44, lin. 6-12; D u r a y d, 183-187].

thaqīl o « pesante »; cfr. d i r h a m thaqīl. **12,** 211.

Thaqf b. 'Amr = Thaqif b. 'Amr. **1,** 15 no. 19 e altrove.

Thaqf [o **Nafath**?] **b. Farwah b. al-Bada al-Ansāri al-Khazragi** [† 3. a. H.], C. d. P., ucciso a Uhud. **3,** 54,B no. 39.

Tharthūr al-Gawāzi, uno dei t a s s ū g dello istān Šadz-Šābūr. **12,** 160,A nota 1,*a*.

Thāt b. Dzī-l-Harrah al-Himyari, si fa musulmano, e partecipa alla congiura contro al-Aswad al-'Ansi. **11,** 190.

th a w b = « abito » o « mantello »; cfr. s u h ā r i. **11,** 47.

Thawbān b. Bagdād [o **b. Gahdar**] **al-Hāšimi,** o **al-Himyari,** (**abū 'Abdallah** o **abū 'Abd al-rahmān**) m a w l a Rasūl Allah † 54. a. H.], C. d. P. e suo servo manomesso, **10,** 29, 142 no. 3 [Y ā q ū t, *Reg.*, 358; Q u t a y b a h, 72; N a w a w i, 182-183].

Thawr, monte- presso Makkah, nella cui caverna nascondesi Maometto fuggente con abū Bakr, **1,** 18 nota 2, 21 e nota 1 — leggende su questa sosta del Profeta, 21 nota 4 — storiella š ī 'ī t a su questo episodio rievocato in seguito da Maometto per consolare abū Bakr, **9,** 73 [Y ā q ū t, I, 938-939 e *pass.*].

Thawr b. 'Urwah [**'Azrah**] **b. 'Abdallah b. Salimah al-Qušayri,** C. d. P., ambasciatore dei banū Qušayr a Madīnah, ricevo da Maometto una concessione di terreno, **9,** 78 [W ü s t., *Reg.*, 452; Y ā q ū t, *Reg.*, 358].

abū Thawr, pagano dei banū Māzin b. Mansūr, h a l ī f dei Qurayš, prigioniero a Badr, dove uccide il musulmano Mubaššar b. 'Abd al-Mundzir, **2,** 87 no. 8, 89 no. 14.

abū Thawr Dzū(-l-)Miš'ār (identico a Mālik b. Namat ?), C. d. P., ambasciatore dei Hamdān a Madīnah, riceve da Maometto un documento o concessione, **9,** 67 no. 2.

Thayb [o **Tayt** o **Tabt**], monte a una giornata da Madīnah, abitato dai banū-l-Nadir, **2,** 99.

Thecoe o **Thekoa** [l'odierna Khirbet Teqū'a], ai confini arabi della Palestina, i cui anacoreti sono massacrati dai Saraceni, **12,** 113 — monastero di Romano a-, centro dei cristiani dissidenti, distrutto dagli ortodossi nel conflitto fra Giovanni e Teodosio per il seggio vescovile di Gerusalemme, **12,** 263.

Thibār, sito a sei miglia da Khaybar sulla via di Madīnah, **7,** 48 e nota 2 [Yāqūt, I, 916 e pass.].

al-Thini, forma risultante dalla confusione dei due luoghi al-Thaniyy e al-Thiny, **12,** 197 nota 1, 224 nota 1.

al-Thiny (= al-nahr, il « canale »), canale presso al-Madzār nel Sawād, dove Khālid b. al-Walīd sconfigge i Persiani di Qārin b. Quryānus, **12,** 195, 197 e nota 1, 199,*a*, 200 [Yāqūt, I, 937] — confuso con al-Thaniyy, nella forma al-Thini, **12,** 197 nota 1, 224 nota 1 — o Madzār, battaglia di-, **12,** 196.

Thiodos (= Theodoros), fratello di Eraclio sconfitto dagli Arabi in Palestina, **12,** 351.

Thu'al b. 'Amr [b. al-Ghawth b. Ǵulhumah], eponimo di una gente dei Tayy, i banū Thu'al, **Intr.** 42 tav. 3 [Yāqūt, *Reg.*, 240; Wüst., *Reg.*, 453; Qutaybah, 51, lin. ult.; Aghāni, *Ind.*, 257; Durayd, 231, lin. 13 e seg.].

Thubaytah bint Ya'ār b. Zayd b. 'Ubayd, awsita, moglie di abū Hudzayfah, che aveva per mawla Sālim, **2,** 85,A no. 15 e 85,B no. 62 [Tabari, III, 2544, lin. 2-3].

al-Thughūr (plur. di thaghr, « chiostro », confine non fortificato), regioni settentrionali di confine della Siria verso l'Asia Minore, **12,** 318 nota 1,*b*.

al-thūm = « aglio », Maometto ne vieta l'uso, all'assedio di Khaybar, **7,** 24.

banū Thumālah, tribù ḥawāzanita, dipendente da Mālik b. 'Awf al-Naṣri, **8,** 172 — la riscossione delle loro tasse si'āyah spettava come diritto ai banū Ǵu'ayl, **9,** 18.

banū Thumālah [o **'Awf b. Aslam b. Aḥǵan b. Ka'b** ?], stirpe delli Azd 'Umān, abitanti attorno a Suḥār, mandano loro ambasciata a Madīnah, si convertono insieme con i Ḥuddān, **9,** 87 [Wüst., *Reg.*, 453; Aghāni, *Ind.*, 258; Durayd, 288, lin. terzult.].

Thumāmah b. Aws b. Lām al-Tā'i, capo dei Ǵadīlah (Tayy) segue Tulayḥah, **11,** 130 [Yāqūt, *Ind.*, 357].

Thumāmah b. Uthāl [b. al-Nu'mān b. Maslamah] al-Yamāmi al-Ḥanafi [† 11. o 12. a. H.], C. d. P., succede a Hawdzah b. 'Ali quale « re » o capo dei Ḥanīfah, **6,** 55 — o gli è collega nel « regno », sua conversione (?) e suoi rapporti con Maometto, **10,** 32.A e nota 1 — da cui riceve l'ambasciatore Furāt b. Ḥayyān, 193 no. 4 — sta a capo del partito musulmano, durante la Riddah, contro Musaylimah, **11,** 168, 169 — e minaccia Ḥaǵr capitale della Yamāmah, 171 — si congiunge con al-'Alā b. al-Ḥadrami per reprimere l'insurrezione del Baḥrayn, **12,** 46, 56, 58 — muore assassinato dai Qays b. Tha'labah, 57 — cugino di Muṭarrif b. al-Nu'mān, 56 — suo necrologio, **11,** 241 [Wüst., *Reg.*, 453; Yāqūt, *Reg.*, 357; Aghāni, XIV, 49; Nawawi, 182].

abū Thumāmah = Musaylimah, **12,** 18,*b*.

abū Thumāmah Ǵunādah b. 'Awf b. Umayyah b. Qala', l'ultimo della famiglia di al-Qalammas che tenne la carica di al-Nasi, **Intr.** 75.

Thuwaybah, mawla di abū Lahab, prima nutrice di Maometto, **Intr.** 124 [Qutaybah, 60, lin. 13].

Tiberio II, imperatore bizantino (578-581), successore di Giustino, sua politica irragionevolmente prodiga, **12,** 244 — e persecutrice dei Cristiani dissidenti, 265.

tibr = oro o argento grezzo o in sbarre, nel bottino di Khaybar, **7,** 38.

Tifo, da cui son colpiti i Compagni Emigrati arrivando a Madinah, **1,** 71.

Tiglath-Pileser II (745.-727. av. È. V.), re d'Assiria guerreggia contro gli Aribi, **11,** 164.

Tigri [Τίγρις arabo Diǵlah, dall'ant. pers. tigrā freccia « il veloce » come freccia; cfr. Guidi Sed. Pop., p. 614], sua parte inferiore o asfal Diǵlah, **12,** 200 — sue foci, estremo orientale del territorio degli Asad b. Khuzaymah, **6,** 4 nota 1; **10,** 127; **12,** 104 — regione presso le foci o Sil, **9,** 8 — sorgono sulle sponde le città Takrit, **12,** 113 nota 1,*e*, 148 — Furāt al-Baṣrah, 199,*a* e nota 1 — Ninive, 265 — sulle foci: Baṣrah, 188 nota 2 — a 4 parasanghe al-Khuraybah, 155 nota 14 — contribuisce con le sue melme alla formazione del terreno alluvionale della Babilonide, 107, 109, 162 nota 2 — sede delle genti semitiche, 188, 303 — delimita coll'Eufrate una terra culla di popoli (?) e di civiltà, **Intr.** 78 nota 1; **12,** 106 — sua importanza nella storia fisica e politica dell'Asia anteriore, 119 nota 1, 132 — sede dei Sumeri: vi fa capo l'antichissima via commerciale che univa il Mediterraneo al Golfo Persico, 106 nota 1 — frequentato dagli Arabi orientali, 133 — punto estremo (?), razzia di Khālid b. al-Walīd, 199,*a* e nota 1 — o dei suoi capitani, 211, 213 — con i Bakr b. Wā·il, 267, 427 — si svolge sulla sua riva orientale la sesta campagna di Eraclio in Persia, 255 — accoglie le ceneri della burdah di Maometto, **9**, 9.

Tigro-Eufratico (bacino), stati babilonesi nel-, **12**, 119 — abitato da genti semitiche, 138, 139 nota 1 — in gran parte cristiane, 144 nota 1 — resta per 4 secoli sotto il dominio Sassanida, 149 — nella sua parte inferiore costituisce l' 'Irāq, 155 nota 1,*a* [Yāqūt, II, 551-554 e *pass.*].

Tīh banī Isrā·īl o semplicemente **Tīh**, « il deserto invio » o « dello smarrimento » [quello fra Aylah, l' Egitto, il Baḥr al-Qulzum e i monti Sarāh di Siria], estremo limite settentrionale del territorio di Ḥisma, **6**, 11 nota 1 [Yāqūt, I, 912 e *pass.*].

Tihāmah, regione costiera e sabbiosa, tra il Mar Rosso e il Ḥiǵāz, tra sede di tribù ismā'īlite e yamanite [cfr. sull'origine del nome, Yāqūt, I, 901-903] — confina ad Oriente col Ḥiǵāz, **1**, 22 nota 1 — col Yaman a sud (Tihāmah del Yaman), **11**, 124 no. 10 — suoi monti, dove si raccolgono, in al-Qiqā, certi banditi in rapporto col Profeta, **7**, 2 nota 1 — luoghi di essa specialmente menzionati: Sūq Ḥubāšah, mercato visitato dal Profeta, **Intr.** 153 — la valle di Ḥunayn, **8**, 122 — Wādi Bīšah, **9**, 13 nota 1 — al-Abāriq, **11**, 98 — al-Ḥardah, 195 nota 2,*c* — abitato dai yamaniti banū Ḥārithah b. 'Amr, o Khuzā'ah, **Intr.** 71; **6**, 30; **8**, 20 — dai Kinānah, a cui va ambasciatore dei Qurayš il poeta abū 'Azzah al-Ǵumaḥi, **3**, 15 — dai Muzaynah, al Ḥakam al-Qārah, **7**, 2 nota 1 — dai Baǵīlah che ne occupavan la parte media, **10**, 27 — dai banū Ǵadzīmah sul Mar Rosso, **8**, 108 — dai Khath'am, **9**, 13 nota 1 — dai Mudliǵ, **11**, 98 — dalli 'Akk, 195; **12**, 69 — vi abitan vicino i Qurayš, i Hawāzin, **11**, 87, 88 — abbandonata dalle tribù emigranti Sa'd, Nahd, Ǵuhaynah banū **Zayd**, **1**, 2 — dagli Iyād, **12**, 113 nota 1,*e* — posseduta in gran parte dai Qurayš, che ne offrono un terzo al governatore abissino del Yaman per indurlo a ritrarsi dalla Spedizione dell' Elefante, **Intr.** 120 — tribù arabe della-, danneggiate dalle razzie di Abrahah al-Abraš, **Intr.** 120 — tribù della- seguono 'Ikrimah b. abī Ǵahl nell' invasione della Siria, **12**, 316,*b*, 378 — ne era originario 'Uthmān b. al-Ḥuwayrith, « un re della Tihāmah? », **Intr.** 185.

Tihāmah del Yaman o Tihāmah meridionale, **11**, 124 no. 10; **12**, 113 nota 1,*e*, 316,*b*.

abū Ti'mah Bušayr [o **Bišr**] **b. Ubayriq** [**b. 'Amr b. Ḥārithah al-Anṣāri al-Awsi**], C. d. P., uno degli « Ipocriti » madinesi: « il ladro delle due corazze », **1**, 60 no. 24 [Wüst., *Reg.*, 117; Durayd, 264, lin. 20 e 23-34].

'al-Tirf, cavallo del Profeta all'assedio di Khaybar, **7**, 20; **12**, 273 — molto caro a Maometto, **9**, 37.

al-Tirmidzi (abū 'Īsa Muḥ. b. Īsa) [† 279. a. H.], raccoglie le tradizioni del Compagno 'Abdallah Ābi al-Laḥm, **8**, 204 — sua collezione tradizionistica [o al-ǵāmi' al-ṣaḥīḥ], una delle 6 collezioni autentiche, **10**, 13.

ṭisās (plur. di ṭass), scodelle o vasi di rame, battuti dagli Ebrei di Madīnah in una ecclisse lunare, **5**, 7.

Tišri, il primo mese dell'anno civile, il settimo dell'anno sacro o religioso, nel calendario ebraico: il primo giorno di esso è il giorno di Kippūr, **2**, 1.

Tito [† 81. a. È. V.], distrugge Gerusalemme e disperde gli Ebrei, **1**, 10 — sua triste fama tra i Semiti, **9**, 26 nota 1.

Tiyādūqus (Theodokos) al-Baḥrīq, cfr. Teodoro il Vicario generale bizantino, comandante i Greci a Mu'tah, **8**, 10.

Tolleranza, vero spirito di-, ispirava i primi Musulmani, come addimostrasi, fra altro, nelle istruzioni del Profeta per 'Amr b. Ḥazm, **10**, 14 nota 6.

Tolomei o Lagidi, (323-30 av. C.), dinastia egiziana dei Diadochi; uso degli elefanti da loro fatto in guerra, **Intr.** 109.

Tolomeo Claudio, geografo, conosce gli Arabi 'Abd al-Qays (Abucaei), **8**, 178 — menziona al-Ḥiǵr ("Εγρα) e i Thamūd Θαμυδῖται = *Thamudeni equites* di P. **9**, 34 nota 1 e 2.

Tolomeo II Filadelfo [285.-347. av. C.], e l'architetto Dinocharis, **11**, 61 — ricostruisce 'Ammān o Rabbat 'Ammon (Philadelphia), **12**, 351 nota 1,*b*.

Tomba di Fāṭimah, in Madīnah: incertezza sul preciso sito di essa, **11**, 207.

Tomba di Maometto, e leggende medioevali ad essa relative, **11**, 61-62.

Tommaso (San), avrebbe predicato il Cristianesimo in Persia (!), **12**, 137.

Torrey (Ch. C.), raccoglie ed illustra i termini teologico-commerciali del Qur'ān, **Intr.** 113 nota 1.

Torri d'assedio (a l-d a b b ā b), adoprate nell'arte poliorcetica del Yaman, **8**, 141.

Torture, a cui Maometto fa sottoporre Kinānah b. Rabī'ah, per trargli notizia sul tesoro di abū-l-Ḥuqayq, **7**, 36 — a cui sono sottoposti i Musulmani da parte dei pagani, **4**, 8.

Totemismo o credenza nell'origine animale della tribù: concetto che è a base della onomastica tribule antica presso gli Arabi, **Intr.** 31 nota 4.

Tracia, provincia bizantina, invasa e devastata dagli Slavi nel 587. a. È. V., **12**, 244.

Tradizione « debole » (ḍ a ' ī f) quella il cui i s n ā d, contiene nomi di tradizionisti sospetti come poco fede degni, **Intr.** 16.

Tradizioni sul Profeta (cfr. ḥ a d ī th, i s n ā d) e loro valore storico, **Intr.** 9, 16 — prodotte in gran parte fra la metà del I e la fine del II sec. H., 17 — sull'infanzia, 106-112 — i viaggi, 113-114 — e il matrimonio di Maometto, 115-116 — loro esame e critica, 115-116 — apocrife e loro strabocchevole abbondanza, 20 — quelle innumerevoli che fanno capo ad abū Hurayrah, 26 — sensualità e trivialità di alcune fra esse, 27; **1**, 32 nota 1 — sul Ḥums, 112, 121.

Tradizioni sulle Conquiste arabe, e loro valore relativo, **11**, 77.

Tradizionisti i maggiori e i primi fra essi sono naturalmente i Compagni del Profeta, **Intr.** 23 — quelli del I secolo della Hiǵrah compilano, su leggende ebraiche e rabbiniche, la genealogia del Profeta, da Maometto ad 'Adnān, 37 — i- ed i teologi sistematici e coordinatori del I e del II sec. della Hiǵrah, creano il rigido sistema teologico e liturgico dell'Islām, 219 nota 1 — nel II e III secolo H. creano l'i s n ā d dell'immensa congerie tradizionistica, 16 — poco o punto avvezzi all'analisi critica, 17, 18 — musulmani, loro finzioni letterario-istoriche sui figli e discendenti di Quṣayy, 80 nota 1 — sulla nobiltà d'origine del Profeta, 88 — loro zelo nel cancellare le traccie delle origini pagane di parecchie istituzioni musulmane, 62 — loro ridicola curiosità minuziosa, **1**, 32 nota 1 — ed esagerazioni tendenziose, **3**, 36 nota 1.

Tradizionistica, scienza-, suoi assiomi e canoni, **Intr.** 18.

Tradizionistiche, scuole-, dànno importanza all'i s n ā d, **Intr.** 14 — segno ed effetto del generale scetticismo sulla credibilità delle tradizioni, 16 — le scuole-, formate su ricordi lasciati da alcuni Compagni del Profeta, 19 — tendenze o correnti-, fedeli a certe norme, 19.

Traffico, pratiche d'illecito-, vietate da Maometto (?) nel pellegrinaggio annuale dell'8. a. H., **8**, 195.

Traiano [† 117. a. È. V.], *Imperator Caesar* **12**, 239 — ingrandisce ed abbellisce la città di Buṣra, *Nova Traiana Bostra*, 394 nota 5.

Trans-Giordanica, regione, o Trans-Giordano. territorio assegnato, nell'invasione araba della Siria, come mèta a Yazīd b. abī Sufyān ed agli altri capitani, tranne 'Amr b. al-'Āṣ, **12**, 338, 351 nota, 1,*a* 347, 374, 390.

Trattative del Profeta con tribù nomadi: le più antiche: con i banū 'Udzrah, **2**, 105 — con i banū 'Abs, **3**, 66-67 — con i Muzaynah, **5**, 16-18; cfr. Ambasciata, w a f d e simili.

Trattati commerciali conclusi dai Qurayš, con governatori cristiani dell'impero Bizantino, con i Ghassānidi, con i Sassanidi, con il Nagāši, con i principi Ḥimyariti del Yaman, **Intr.** 91.

Trattati e rapporti del Profeta con tribù arabe e loro conversioni, **5**, 83; cfr. Ambasciate, Patti, Lettere e simili.

Trattato con i **banū 'Abd b. 'Adī. 5**, 93.

Trattato con i **banū Ašǵa'. 5**, 94.

Trattato con i **Cristiani di Nagrān. 10,** 59-61.
Trattato con i **banū Ḍamrah b. Bakr. 5,** 84.
Trattato con i **banū Ǵanāb** (Kalb), **9,** 49.
Trattato dei **banū Ǵanbah** (Maqnā), **9,** 40.
Trattati con **Ǵarbā, Adzruḥ** e **Maqnā. 9,** 39.
Trattato con i **banū Ghādiyā. 9,** 50.
Trattato con i **banū Ghifār. 5,** 92.
Trattato con i **Ǵuhaynah,** ancora pagani. **5,** 87.
Trattato di **al-Ḥudaybiyyah. 6,** 34-35 — non soddisfece dapprima tutti, 34,36 — riconosciuto poi come « la più importante vittoria nell'Islām », 36; cfr. al-Ḥudaybiyyah.
Trattato con i **Kindah. 10,** 84 nota 1.
Trattato con **Ukaydir,** principe di Dūmah al-Ǵandal. **9,** 45 e nota 3, 47.
Trattato con i **banū 'Urayḍ** (o 'Arīd). **9,** 50, 51.
Trattato con **Yuḥannah,** re di Aylah. **9,** 38.
Trattati di 'Umar e di 'Amr b. al-'Āṣ con i **Cristiani** di Gerusalemme e d'Egitto, **10,** 60 nota 2.
Triboniano, grande giurista pagano, sopraintende alla compilazione del *Corpus iuris civilis*, giustinianeo, **12,** 238.
Tribù, unico ente civile riconosciuto in Arabia antica, **Intr.** 350.
Tribù arabe, convenzione regolante i rapporti fra gli Emigrati makkani e le- viventi in Madīnah. **1,** 44 — **musulmane,** invio dei rappresentanti o esattori, umarā wa 'ummāl, nelle-, **10,** 71 — **apostate,** riassunto delle- durante la Riddah, **11,** 104.
Tributi, cfr. Tasse, **10,** 101 nota 3.
Tributo annuale di un dīnār a testa imposto dal Profeta agli abitanti di Ǵuraš e Tabālah, **10,** 23 — dei Cristiani di Nagrān al Profeta, **10,** 60.
Tributo a capo, pagato dagli abitanti di Ḥīrah, **12,** 168; cfr. al-ǵizyah.
Trincea (al-Khandaq), da cui fu cinta Madīnah per sostenere l'assedio delli Aṣḥāb al-Aḥzāb, **5,** 25-27, 31, 32 — con porte abwāb (?), 25 nota 1.
Trincea, grande- costruita per ordine di Sābūr Dzū-l-Aktāf, da Hīt a Kāẓimah, attraverso il Ṭaff al-Bādiyah, **12,** 192, nota 7.
Tromba usata dagli Ebrei di Madīnah per l'appello alla preghiera, **1,** 54.
Trombetti, calcola da trecento a cinquecento secoli l'antichità del linguaggio umano, **12,** 108 nota 1.
Tropici, clima dei-, o tropicale: quello d'Arabia nell'epoca glaciale, **12,** 107.
Ttolhah, erronea trascrizione del nome Ṭulayḥah, **11,** 139, nota 2.
Ṭu'aymah b. 'Adi b. Nawfal b. 'Abd Manāf [† 3 a. H.], pagano qurašita influente, partecipa al conciliabolo contro Maometto, **1,** 17 no. 4 — contribuisce ad equipaggiare i guerrieri di Badr, **2,** 37 — uno dei Muṭ'imūn, 40 nota 1 no 4[2] — uno dei capi della spedizione, 52 no. 7 — uccide nello scontro i musulmani Ṣafwān b. Bayḍā e abū Khaythamah Sa'd, **2,** 87 no 6, 7 — resta ucciso da'Ali o da Ḥamzah, 88 no. 14 — suo nipote Ǵubayr b. Muṭ'im, **3,** 14 [Aghāni, *Ind.*, 415; Qutaybah, 76, lin. 18; 77, lin. 5-6].
banū Tubālah, stirpe yamanita, loro kāhinah innamorata di 'Abdallah padre del Profeta, **Intr.** 104 nota 1.
Tubba' o re del Yaman, ora nemici ora veneratori della Ka'bah, **Intr.** 110 nota 3 — uno di essi tenta di conquistare Yathrib, **2,** 93 nota 1 [Durayd, 311, lin. 14].
al-Ṭufayl b. 'Abdallah al-Azdi [**b. al-Ḥārith b. Sakhbarah b. Ǵurthumah**], fratello uterino di 'Ā'išah per via di umm Rumān; suo mawla 'Āmir b. Fuhayrah, **Intr.** 252 nota 1 [Durayd, 296, lin. 12-13; Qutaybah, 86, lin. 17; Wüst., *Reg.*, 454].
al-Ṭufayl b. 'Amr [**b. 'Abdallah b. Mālik**] **al-Dawsi al-Azdi** [**Dzū-l-Nūr**], [† 12. o 13. o 15. a. H.], capo dei banū Daws, C. d. P., abbraccia l'Islām nell'ultimo periodo makkano, **Intr.** 309 — raggiunge il Profeta a Khaybar con i Dawsiti convertiti, **7,** 35 — distrugge per ordine del Profeta

l'idolo ligneo Dzū-l-Kaffayn, **8**, 100, 136 — accorre sotto Tā'if con ausiliari azditi e una catapulta, 136, 143 — ucciso ad al-Yamāmah o al-Yarmūk; suo cenno biografico, **Intr.** 309 nota 1 e **12**, 23 no. 124 [Yāqūt, *Reg.*, 488; Aghāni, XII, 53-54].

al-Tufayl b. al-Hārith b. al-Muttalib b. 'Abd Manāf [† 30. 31. o 33. a. H.], C. d. P., qurašita, hāšimita, emigra a Madīnah avanti la Higrah, **1**, 15 no. 56 — presente a Badr, **2**, 85,A no. 10 — sua moglie divorziata Zaynab bint Khuzaymah, poi sposa di Maometto, **4**, 16 [Wüst., *Reg.*, 454; Yāqūt. *Reg.*, 486; Durayd, 52, lin. 6; Nawawi, 404 lin. 9 Mākūlā Berl. II, fol. 84.r.].

al-Tufayl b. Mālik b. Khansā b. Sinān al-Ansāri al-Khazraği, C. d. P., presente alla seconda 'Aqabah, **Intr.** 344 no. 39 — a Badr, **2**, 85,C no. 66 [Aghāni, *Ind.*, 416 (?); Qutaybah, 43, lin. 8, 11 (?)].

al-Tufayl b. al-Nu'mān b. Khansā b. Sinān al-Ansāri al-Khazraği al-Salami [† 5. o 7. a. H.], C. d. P., presente alla seconda 'Aqabah, **Intr.** 344 no 32 — a Badr, **2**, 85,C no. 67 — ucciso all'assedio da Wahši, **5**, 33, 42 no. 3 — o a Khaybar, **7**, 43 no. 6 [Durayd, 274, lin. 12].

al-Tufayl b. abī Qunay', pagano qurašita, prigioniero a Badr, **2**, 89 no. 40.

al-Tufayl b. Sa'd [b. 'Amr b. Ka'b b. Mabdzūl al-Ansāri al-Khazraği [† 4. a. H.], C. d. P., ucciso a Bi'r Ma'ūnah, **4**, 6 no. 10 [Wüst., *Reg.*, 454; Durayd, 269, lin. 8].

banū Tuğīb [bint Thawbān b. Sulaym ... b. Madzhiğ, cioè banū Ašras b. Šabīb b. al-Sakūn ... Kindah], tribù kindita del Hadramawt superiore: manda sua ambasciata a Madīnah e convertesi, **9**, 82; **10**, 120 nota 1; **11**, 187 nota 1,c [Wüst., *Reg.*, 454 e Wüst. Gen. Tab. 8, lin. 19; Qutaybah, 52, lin. 8; Yāqut, I, 827] — fedeli nella Riddah, **11**, 87, 88, 89.

Tuhayr b. Rāfi' al-Ansāri al-Awsi, C. d. P., partecipa all'eccidio dei prigionieri Qurayzah, **5**, 50.

tukhūm (plur. di tukhm o takhm) = « limiti », « distretti di confine »: di al-Balqā e al-Dārūm, **11**, 3,*h*.

Tulayb b. Azhar b. 'Abd 'Awf b. 'Abd al-Hārith al-Qurašī al-Zuhri, C. d. P., emigra in Abissinia e vi muore, **7**, 55 no. 70.

Tulayb b. 'Umayr b. Wahb b. 'Abd Manāf, C. d. P., qurašita emigra in Abissinia, **Intr.** 227 no. 18 — ritorna a Makkah, 283 no. 10 — emigra a Madīnah avanti la Higrah, **1**, 15 no. 60 — presente a Badr, **2**, 85,A no. 88.

Tulayhah b. Khuwaylid [b. Nawfal b. Nadlah al-Asadi al-Mutanabbi al-Kadzdzāb Dzū-l-Nūn], C. d. P., e falso profeta: apparteneva agli Asad b. Khuzaymah, **6**, 4 nota 1 — si chiamava propriamente Talhah, di cui Tulayhah è forma diminutiva di spregio, **11**, 135 e nota 2, 165 nota 1 – già pagano, partecipa a capo dei suoi all'Assedio di Madīnah **5**, 28 – ambasciatore dei suoi a Madīnah, rendesi musulmano, **9**, 12 no. 6 — suoi rapporti con Maometto, 12 no. 6 — prepone di venire con lui a un accordo, respinto dal Profeta, **11**, 127 e nota 1, 130, 136 nota 3, 193 — sua insurrezione nel Bilād Asad, 127-129 — contemporanea (?) a quella di Musaylimah e di al-Aswad al-'Ansi, ancor vivente Maometto, **10**, 67; **11**, 6 nota 1 — ebbe per seguaci e fautori od alleati oltre che gli Asad, in parte i Tayy, li Afnā, 101, 104 — Ğadīlah e Ghawth, 131 — molte minoranze di facinorosi dei vari paesi, 105 — 'Uyaynah b. Hisn con i Fazārah, 117, 119 — gran parte dei Ghatafān, Tha'labah b. Sa'd, Murrah, 'Abs e Dzubyān, alcuni Layth, al-Dil, Mudlig (??), 119 — molti Ebrei, i Hawāzin (?), 127 nota 1 — i Qudā'ah (?) 130 — Qurrah b. Hubayrah e i banū Ka'b, 150,*b*, 151, 154 nota 1 — combattuto da Tufayl b. 'Amr al-Dawsi, **Intr.** 309 nota 1 — e da Khālid b. al-Walid, **11**, 92,*b*, 95 — campagna vittoriosa di Khālid, a capo di duemila a quattromila uomini contro di lui, 114 e nota 1, 120, 121, 123 note 2 e 8, 124 no. 1, 132-149, 164, 174 nota 1, 242; **12**, 97, 98 — e battaglia di Buzākhah, **11**, 134-141 — uccide Thābit b. Aqram, 182, 239 — sconfitto, fugge dal campo e si ricovera in Siria presso i Ğafnah, 141, 142 nota 1,*a* — sue vicende ulteriori: vive non disturbato e dimenticato, e da ultimo emigra nell''Irāq, 146 nota 2,*b* — tenore innocente e modesto delle sue dottrine profetiche e delle sue rivelazioni o ispirazioni per via dell'angelo Dzū-l-Nūn, 127 nota 1, 128, 129, 135 e nota 3, 138, 139, 190 nota 1 — contraffattore di Maometto, 165 — ha identico con gli altri profeti e pseudoprofeti Arabi l'inevitabile carattere militare ed aggressivo, **10,** 87 — avventuriere più politico che religioso, **12,** 92 e no. 1, 98 [Wüst., *Reg.*, 455; Yāqūt, *Reg.*, 487; Aghāni, *Ind.*, 417; Nawawi, 326-327].

Tulayq b. Sufyān b. Umayyah b. 'Abd Šams, C. d. P., uno dei mu'allafah qulūbahum di al-Gi'rānah, **8,** 165 no. 30.

ibn Tūlūn (Aḥmad) [† 270, fondatore dei Tūlūnidi, 254.-292. a. H.], la sua moschea al Cairo una delle più antiche, serba le traccie o reminiscenze dell'antica dimora di Maometto, **2,** 10 [Yāqūt, *Reg.*, 288].

Tumādir bint al-Asya' [o **al-Asba'** o **al-Asbagh**] **b. 'Amr b. Tha'labah al-Kalbiyyah,** C. d. P., figlia del principe di Dūmah-al-Ǵandal e moglie di 'Abd al-raḥmān b. 'Awf [† 32. a. H.], **6,** 16 [Wüst., *Reg.*, 455; Qutaybah, 122, lin. 14; Nawawi, 828-830].

tu'mah = sovvenzione alimentare, concessa dal Profeta ai banū 'Urayd, **9,** 51.

tu'mah min Rasūl Allah, come debba intendersi e spiegarsi, **9,** 51 nota 1.

Turabah [o **Turbah**], valle ferace tra i monti al-Sarāt presso Tā'if, a due giornate da Makkah, **7,** 61 nota 1 — nella direzione di al-Siyy, **8,** 5 nota 1 — limitrofa ai Khath'am, **9,** 13 e nota 1 — spedizione musulmana di-, **7,** 61 e nota 1 [Yāqūt, I, 834-835 e *pass.*].

Turayfah b. Ḥāǵiz, luogotenente del fratello Ma'n tra i Sulaym, **11,** 95, 96 — combatte contro l'apostata al-Fuǵā·t in al-Ǵiwā, 124 no. 9, 159,*a*.

turbah (turbè), « tomba, cappella a cupola » di Maometto a Madīnah, **11,** 62.

Turbah, spedizione di-, cfr. Turabah, **7,** 61 e nota 1.

Turbān, [valle ricca di acque], fra Malal e Sayālah presso Madīnah, sulla via Madīnah-Badr, tappa di Maometto in quella spedizione, **2,** 41 e nota 1, 44 [Yāqūt, I, 833-834 e *pass.*].

Turbante nero, avvolto dal Profeta a 'Abd al-raḥmān b. 'Awf nell'accomiatarlo a capo della Spedizione di Dūmah al-Ǵandal, **6,** 16.

Turbante rosso, portato da abū Duǵānah a Uḥud, **3,** 35.

turbè, cfr. turbah, **11,** 62.

Turcassi, 500- nel bottino di Khaybar, **7,** 31; **12,** 269.

Turchi, guerreggiano contro i Persiani Sassanidi (Khusraw I), **12,** 127, 130 — padroni della Babilonide, non hanno potuto estendere il loro dominio sui monti del Fārs, 119 nota **1** — le loro vittorie minacciarono un tempo d'imporre l'Islām all'Europa, **Intr.** 1 — padroni oggi del Yaman, loro spedizioni nell'interno d'Arabia, 108 — con i loro orrori ed eccidi ridestano anche oggi l'avversione dei Cristiani, 3.

Turco-ottomano, l'oscurantismo del dominio-, soffoca la cultura e la civiltà islamica, **Intr.** 4.

Turǵumān al-Yamāmah, invece di Raḥmān al-Yamāmah, cioè Musaylimah, **12,** 16 nota 1.

Tūriyyah = Sacre Scritture; l'ebreo 'Abdallah b. Sura, il più dotto nelle- nel Ḥiǵāz, **1,** 58.

turs = « scudo », assai rara menzione di esso presso i Beduini, **12,** 275.

Tustar, sito nel Sawād (?), ne fugge l'esercito del persiano Ǵābān, **12,** 174 [Yāqūt, I, 847-850 (?) e *pass.*].

abū Tuwālah, tradizionista, presso ibn Ḥubayš, **12,** 8 nota 1.

Tūz, monte presso Samīrā o Sumayrā, sulla via (Basrah)-Makkah, **11,** 119 nota 1 [Yāqūt, I, 893-894 e *pass.*].

al-U'aysir ibn umm Šamlah, ossia 'Umar b. al-Khaṭṭāb, **12,** 394.

Ubād, sito nella Yamāmah, **12,** 11 nota 1, 26, 32.

'Ubādah b. al-Ḥārith ibn al-Nawāḥah, seguace del falso profeta Musaylimah, **10,** 68.

'Ubādah b. al-Ḥasḥās [† 3. a. H.], C. d. P., ucciso a Uḥud, **3,** 54,B no. 47; cfr. il seguente.

'Ubādah [o **'Abdah**] **b. al-Khaškhāš** [o **Ḥasḥās**] **b. 'Amr b. Zumzumah** [† 3. a. H.], C. d. P., presente a Badr, **2,** 85,C no. 38 — ucciso a Uḥud, **3,** 54,B no. 47.

'Ubādah b. Mālik al-Anṣārī, C. d. P., presente a Mu'tah, **8,** 12; cfr. 'Abāyah b. Mālik.
'Ubādah b. Qays b. 'Āmir al-Anṣārī, C. d. P., presente all' 'Aqabah, **Intr.** 344 no. 28; cfr. 'Ubādah b. al-Ṣāmit.
'Ubādah b. Qays al-Anṣārī [† 8. a. H.], C. d. P., ucciso a Mu'tah, **8,** 15 no. 8; cfr. 'Abbād b. Qays.
'Ubādah b. al-Ṣāmit b. Qays b. Aṣram al-Anṣārī, C. d. P., presente all' 'Aqabah, **Intr.** 336 no. 3, 344 no. 28 — presente a Badr, **2,** 85,C no. 29, 95, 97; **5,** 10; **9,** 72; **11,** 228,*g* — lettore del Qurān, 229 no. 16.
abū 'Ubādah Sa'd b. 'Uthmān b. Khaladah b. Mukhallad, C. d. P., presente a Badr, **2,** 85,C no. 98; **3,** 44.
al-'Ubādilah, C. d. P., lettore del Qurān, **11,** 229 no. 12.
'Ubayd, tradizionista, **11,** 225.
'Ubayd b. 'Abd Yazīd, i figli di-, **7,** 42.
'Ubayd b. 'Amr b. 'Alqamah, prigioniero di Badr, **2,** 89 no. 65.
'Ubayd b. Aws b. Mālik b. Sawād, detto Muqarrin, C. d. P., presente a Badr, **2,** 85,B no. 17.
'Ubayd b. Fuḍaylah, allievo di ibn 'Abbās in Kūfah, **11,** 230 nota 1.
'Ubayd b. Ḥāǵiz, pagano ucciso a Uḥud, **3,** 55 no. 20.
'Ubayd b. al-Ḥasan [o **abū-l-Ḥasan**], tradizionista, **12,** 173 nota 1.
'Ubayd b. al-Mu'alla b. Lawdzān [† 3. a. H.], C. d. P., ucciso a Uḥud, **3,** 54,B no. 79.
'Ubayd [**b. Murrah** ?], allievo di ibn 'Abbās in Makkah, **11,** 230 nota 1.
'Ubayd b. Murrah b. al-Mu'alla al-Anṣārī, tradizionista, **12,** 176,*a* no. 5.
'Ubayd b. al-Sabbāq, tradizionista, **11,** 232.
'Ubayd b. Sakan, C. d. P., **2,** 87 nota 1.
'Ubayd b. Ṣakhr b. Lawdzān al-Anṣārī al-Salami, tradizionista, **10,** 82; **11,** 195, 198,*a*.
'Ubayd b. Salīṭ, pagano ucciso a Badr, **2,** 88 no. 54.
'Ubayd [o **'Atīq**] **b. al-Tayyihān al-Anṣārī** [† 3. a. H.], C. d. P., presente a Badr, **2,** 85,B no. 14 — ucciso a Uḥud, **3,** 54,B no. 22; **7,** 43 no. 19.
'Ubayd b. Tha'labah al-Hanafi, capo pagano, **11,** 171 nota 1,*a*.
'Ubayd b. abī 'Ubayd al-Anṣārī, C. d. P., presente a Badr, **2,** 85,B no. 34.
'Ubayd b. 'Umayr, tradizionista della scuola iraqense, **11,** 165 nota 3,*a*, 166,*a*; **12,** 6,*a*.
'Ubayd b. Yāsir b. Numayr, si converte a Tabūk, **9,** 39 nota 3.
'Ubayd b. Zayd b. 'Āmir b. al-'Aǵlān, C. d. P., presente a Badr, **2,** 85,C no. 110.
abū 'Ubayd, autore del « Kitāb al-qirā'āt », **11,** 229.
abū 'Ubayd, fonte di ibn Ḥagar, **12,** 23 no. 39, 23 no. 94.
abū 'Ubayd, mawla di al-Mu'alla al-Anṣāri, **12,** 394 no. 2.
abū 'Ubayd al-Thaqafi, C. d. P., **12,** 162 nota 3,*c* — disfatta di- (o Battaglia del Ponte nel 13. a. H.), 172 nota 1 — venuta nell' 'Irāq di-, 165 nota 1.
abū 'Ubayd [al-Qāsim b. Sallām], tradizionista, **12,** 165 nota 5.
abū 'Ubayd b. Zayd [o **'Umar**] **al-Anṣārī** [† 8. a. H.], C. d. P., ucciso a Ḥunayn, **8,** 138.
banū 'Ubayd, monte dei-, **5,** 25.
banū 'Ubayd, un ramo dei Tamīm, **11,** 180.
banū 'Ubayd, un lotto di Khaybar, detto dei-, **7,** 41 no. 12.
banū 'Ubayd b. Ka'b b. 'Abd al-Ashhal, tribù madinese, **2,** 85,B.
banū 'Ubayd b. Mālik b. Sālim b. Ghanm, tribù madinese, **2,** 85,C.
banū 'Ubayd b. Sa'd b. Zuhayr, tribù araba (cristiana ?) dell' 'Irāq, **12,** 219,*a*.
banū 'Ubayd b. Tha'labah b. Ghanm, tribù madinese, **2,** 85,C.
banū 'Ubayd b. Zayd b. Mālik, tribù madinese, **2,** 85,B; **9,** 52 no. 1.
'Ubaydah, tradizionista allievo di ibn 'Abbās, **11,** 230 nota 1.
'Ubaydah, un lotto di Khaybar detto-, **7,** 41 no. 11.
'Ubaydah b. Ǵābir, pagano ucciso a Uḥud, **3,** 55 no. 28.

'Ubaydah b. al-Ḥārith b. al-Muttalib b. 'Abd Manāf [† 2. a. H.], C. d. P., sua conversione, **Intr.** 229 no. 7 — emigra a Madīnah, **1,** 15 no. 55, 22 nota 1, 75 nota 1 — spedizione di-, 76 — e di Ḥamzah, 76 nota 1 — altra spedizione di-, **2,** 23 no. 2, 60 — presente a Badr, 85,A no. 9 — ucciso a Badr, 87 no. 1 e nota 1, 88 no. 9 — le figlie di-, pensionate di Khaybar, **7,** 42, [Muštabih, 343; Mākūlā Berl., II, fol. 84,r.]

'Ubaydah b. Sa'd, agente di abū Bakr tra i Kindah ed i Sakāsik, **12,** 86.

'Ubaydah b. Sa'īd b. al-'Āṣ b. Umayyah, pagano ucciso a Badr, **2,** 67, 88 no. 6, [Mākūlā Berl., II, fol. 84,r.]

abū 'Ubaydah, 11, 117; cfr. abū 'Ubaydah b. al-Ǵarrāḥ.

abū 'Ubaydah 'Āmir b. 'Abdallah al-Ǵarrāḥ, 1, 50; cfr. abū 'Ubaydah b. al-Ǵarrāḥ.

abū 'Ubaydah b. al-Ǵarrāḥ [† 18. a. H.], C. d. P., sua conversione, **Intr.** 229 no. 1 — emigra in Abissinia, 277 no. 83, 283 no. 36; **1,** 50; **2,** 22 nota 1 — presente a Badr, 85,A no. 80 — a Uḥud, **3,** 40; **4,** 2 no. 6; **6,** 5 nota 1, 6, 23; **7,** 81 — suo conflitto con 'Amr b. al-'Āṣ, **8,** 30, 34, 163; **9,** 55; **10,** 26, 57 — invio di- nel Nağrān, 62, 134; **11,** 20 — all'elezione di abū Bakr, 37, 39,*a*, 57, 58, 85 nota 2, 87, 106,*a*, 117, 220,*a* no. 4; **12,** 113 nota 1,*f* — è mandato in Siria da abū Bakr in comando di un distaccamento, 316,*a*, 317 nota 1,*a*, 319, 321 nota 2,*b*, 322 nota 6, 323 e nota 3, 325, 326 nota 1, 327 e nota 2,*a*, 328,*a* e *d*, 329, 330, 331, 332,*a* no. 1, 332,*b* e c, 334, 344 e nota 1, 349, 353, 357,*b* e c nota 1, 362 e nota 1 — esame critico del suo preteso invio in Siria ai tempi di abū Bakr, 364, 365, 366, 367, 368, 370, 371 e nota 1, 373 nota 1, 379, 381, 394 e nota 6,*c*, 395, 396 nota 1, 397 e nota 1, 398, 399, 403, 404, 406 nota 1, 412, 413, 414, 426 nota 2, 429 nota 1,*b*.

abū 'Ubaydah Ma'mar b. al-Muthanna [† 207.-209. a. H.], celebre tradizionista, **11,** 71, 146 nota 1,*b*.

abū 'Ubaydah b. Muḥ. b. 'Ammār, tradizionista, **12,** 222 nota 5.

'Ubaydallah, ambasciatore cristiano di Nağrān, **10,** 59.

'Ubaydallah al-Ǵabari, cristiano rappresentante di Ḥīrah, **12,** 210.

'Ubaydallah b. 'Abdallah b. 'Utbah b. Mas'ūd, tradizionista, **11,** 6 nota 2, 27, 30, 37, 139; **12,** 8.

'Ubaydallah b. 'Atīk b. al-Tayyihān al-Anṣāri [† 12. a. H.], C. d. P., ucciso ad al-Yamāmah, **12,** 23 no. 127; cfr. 'Ubaydallah b. 'Ubayd ecc.

'Ubaydallah b. 'Aws al-Anṣāri al-Ašhali [† 12. a. H.], C. d. P., ucciso ad al-Yamāmah, **12,** 23 no. 125.

'Ubaydallah b. Burdah al-Muzani, C. d. P., viene a Madīnah, **5,** 17 no. 9.

'Ubaydallah b. Ǵaḥš b. Ri'āb b. Ya'mar b. Ṣabrah al-Asadi, C. d. P., emigra in Abissinia e si converte al Cristianesimo, **Intr.** 180, 182, 184, 270, 271 nota 1 no. 1, 277 no. 8 — sua vedova sposa il Profeta, **7,** 53, 55 no. 24, 56 no. 1.

'Ubaydallah b. Mālik b. 'Ubaydallah al-Taymi, pagano ucciso, **4,** 9.

'Ubaydallah b. Suhayl b. 'Amr b. 'Abd Šams al-Qurašī al-'Āmiri [† 12. a. H.], C. d. P., ucciso ad al-Yamāmah, **12,** 23 no. 126.

'Ubaydallah b. 'Ubayd b. al-Tayyihān al-Ǵušami [† 12. a. H.], C. d. P., ucciso ad al-Yamāmah, **12,** 23 no. 127; cfr. 'Ubaydallah b. 'Atīk.

'Ubaydallah b. 'Umar b. al-Khattāb, sua madre, **6,** 42 — uccide Ǵufaynah al-'Ibādi, **11,** 224 nota 2.

'Ubaydallah b. 'Utbah, tradizionista, **11,** 34 nota 1.

'Ubaydallah b. Ziyād b. Abīhi [† 67. a. H.], governatore umayyada dell' 'Irāq, **11,** 160.

Ubayy, castelli detti di- in Khaybar, **7,** 27.

'Ubayy b. Ka'b b. Qays al-Anṣāri, C. d. P., suo segretario e lettore del Qur'ān, **1,** 50 — presente a Badr, **2,** 85,C no. 142; **3,** 19; **6,** 14; **7,** 1, 2; **8,** 65 nota 1, 185; **9,** 38 nota **1**; **10,** 14, 20, 24, 25, 33, 57, 68, 110 nota 1, 143 no. 6; **11,** 37 nota 3 no. 11, 79 nota 2, 222, 224 no. 3, 228, 228,*g* e c, 230; **12,** 50.

Ubayy b. Khalaf, avversario del Profeta in Makkah, **Intr.** 248 no. 6, 252 nota 3, 297, 298; 317, **2,** 80 nota 1 no. 11; **3,** 40: 54,A no. 4 — ucciso dal Profeta a Uḥud, 55 no. 22.

ibn Ubayy [† 9. a. H.], capo degli « Ipocriti » in Madīnah e oppositore di Maometto, **2**, 96, 97; **3**, 23, 26 nota 8, 28, 56; **5**, 49; cfr. 'Abdallah b. Ubayy b. Salūl al-Anṣāri.
al-Ubayyiḏ, valle a nord-ovest di Kūfah. **12**, 417 nota 1.
'Ubbad (*sic*) **b. Bišr**. **4**, 2 no. 9; cfr. 'Abbād b. Bišr b. Waqš b. Zughbah al-Anṣāri [† 12. a. H.].
Ubla, un sito nel Naǵd. **11**, 3,*d*, 4.
Ubna, un sito nell'al-Balqā, mèta della spedizione di Usāmah b. Zayd, **11**, 3,*c* — esame critico delle tradizioni su questo luogo, 4, 5, 106,*a*, 110, 111; **12**, 319 nota 2.
Ubullah, città della Babilonide meridionale, **11**, 165 nota 2,*c* — prime aggressioni arabe diretto contro-, **12**, 155,*a* note 3 11,*a* 13 e 14, 164 nota 1,IV, 186 e nota 1, 188, 189, 192 nota 1 — pretesa espugnazione di- nel 12. a. H., 194, 199 nota 1 — Hurmuz governatore di-, 231,*b*.
Uccelli, simili alle rondini alla Spedizione dell'Elefante, **Intr.** 120.
Udad b. Zayd, **Intr.** 42 tav. 3.
banū 'Uḏayyah, un ramo dei Ṣa'ṣa'ah (Hawāzin), si ribellano contro abū Bakr, **11**, 87 no. 6 e nota 2, 88, 96.
Udd b. Ṯābikhah, **Intr.** 41 tav. 1.
'Udthān b. 'Abdallah, **Intr.** 42 tav. 3.
banū 'Udzar, tribù della stirpe Gharb, **9**, 66.
al-'Udzayb, luogo sul confine arabo persiano, **12**, 155 nota 6,*b*, 161 e nota 1, 164,*b*.
Udzaynah (Odenato), **12**, 113 nota 1,*a*.
ibn Udzaynah (poeta), **2**, 41 nota 1.
'udzr = « scusa ». **11**, 37 nota 2,*b*.
banū 'Udzrah, tribù dell'Arabia settentrionale; trattative con i-, **2**, 105 — ambasciata degli-, 105; **6**, 11 nota 1; **7**, 48 nota 6, 52 nota 1, 66; **8**, 12, 30, 31; **9**, 14 nota 1 — ambasciata di alcune tribù degli-, 14, 21, 69 nota 1; **10**, 40, 105, 120 nota 1, 121, 126 nota 1, 130 — prendono parte alla invasione della Siria, **12**, 320, e nota 1, 378.
Ufayr b. 'Adi. Intr. 42 tav. 3.
banū Uǵā, conversione dei-, **10**, 42, e nota 1.
al-Uǵayfar (?), stazione sulla via tra 'Ayn al-Tamr e Buṣra, **12**, 417 no. 5'.
'Uǵayr b. 'Abd Yazīd, pensionato di Khaybar, **7**, 42.
'Uǵz Hawāzin, tribù, **7**, 61 e nota 3; **11**, 90 no. 1; cfr. banū Hawāzin.
Uḥayḥah b. al-Ǵulāḥ, madinese pagano, **Intr.** 92.
Uḥayḥah b. Umayyah b. Khalaf, qurašita convertito con doni. **8**, 165 no. 16.
Uhlefeldt (conte), ambasciatore dell'imperatore Carlo VI, **1**, 11 nota 1.
abū Uḥayḥah Sa'īd b. al-'Āṣ, morte di-, **1**, 83 no. 1 — sua tomba presso Liyyah. **8**, 140.
Uḥud, monte al nord di Madinah, dove Maometto subì una disfatta nel 3. a. H., **Intr.** 14, 27, 82 nota 1, 90 nota 1, 131 nota 1, 248, 283; **1**, 13, 51, 60; **2**, 31 nota 1, 75 — ordine degli eventi fra Badr e-, 92 — data della battaglia di-, **3**, 12 — tradizioni sulla battaglia di-. 13-62 nota dei Musulmani uccisi a-, 54 — nota dei Makkani uccisi a-, 55 — ritorno di Maometto a Madīnah da-, 56 — conseguenze della disfatta di-, 60 — ordine cronologico delle spedizioni fra- e al-Khandaq, **4**, 1, 2, 6, 7, 18; **5**, 24, e nota 1, 25, 28, 61 — preparativi dei Qurayš prima della battaglia di-, 75 — sconfitta dei Musulmani a-, 75, 76, 77, 94; **6**, 84 nota 2; **7**, 43 no. 4 8 e 9, 44 no. 3, 75; **8**, 2, 12 nota 1, 15 no. 6, 85, 92, 127, 188 no. 3; **10**, 90, 91, 92, 93, 98, 99; **11**, 5 nota 3, 8, 56 nota 1, 289; **12**, 16,*c* — Compagni d. P., presenti a Uḥud e uccisi ad al-Yamāmah, 23 [no. 3, 6, 8, 37, 39, 44, 51, 64, 71, 76, 83, 88, 89, 94, 96, 98, 100, 104, 131, 133, 136], 281, 282, 269, 278, 284 nota 1, 357,*c*.
'uhūd = patti, **1**. 49; **5**, 88 nota 1.
'Ukābah b. Ṣa'b, **Intr.** 41 tav. 1.
Ukaydir, diminutivo di Akdar, **9**, 47.
Ukaydir b. 'Abd al-malik al-Kindi, principe cristiano di Dūmah al-Ǵandal, **9**, 45 e note 1 3;

46, 47 — preteso trattato concluso fra Maometto e-, 47, 48 nota 2 — si ribella contro abū Bakr, **11**, 97 e nota 1, 211; **12**, 170,*b*, 181, 221, 232, 233.

al-Ukaysir, divinità dell'Arabia settentrionale, **8**, 11 nota 1.

'Ukāẕ, luogo di una fiera annuale non molto lontano da Makkah, **Intr.** 110, 130 nota **1**, 163, 332 nota 1; **1**, 9.

'Ukbarā, paese del Sawād, incursione araba in-, **12**, 179 nota 1,*a*.

'Ukkāšah b. Asghar al-Ghawthi, luogotenente del Profeta presso i Sakāsik ed i Sakūn, **10**, 82 no. 9; cfr. 'Ukkāšah b. Thawr b. Asghar ecc.

'Ukkāšah b. Miḥṣan b. Ḥurthān al-Asadi [† 11. a. H.], C. d. P., emigra a Madīnah, **1**, 15 no. 7 — alla spedizione di Nakhlah, **2**, 21 no. 3 — presente a Badr, 62, 85,A no. 18, 88 no. 49; **6**, 3, 4; **7**, 10 — spedizione di- a al-Ḥuhāh, **9**, 21 — ucciso nella campagna contro Ṭulayḥah, **11**, 132, 133 e nota 1, 146 nota 2,*b* — cenno biografico, 240; **12**, 276.

'Ukkāšah b. Thawr b. Asghar al-Ghawthi, luogotenente tra i Sakāsik e gli al-Sakūn, **10**, 81, no. 8; 82, no. 9; **12**, 69, 77 no. 2.

banu 'Ukl, tribù. **6**, 21; **9**, 92.

al-ūla = i prezzi di sangue precedenti, **1**, 45, art. 3 nota 1.

al-'Ula, paese del Ḥigāz, tra Madīnah e Tabūk. **9**, 34 nota 2; **12**, 116.

Ulāt al-Ġayš, sito tra Makkah e Madīnah. **2**, 44; cfr. anche Dzāt al-Ġayš.

'Ulāthah, prigioniero di 'Ayn al-Tamr. **12**, 219,*a* no. 6.

ibn 'Ulāthah. **11**, 125; cfr. 'Alqamah b. 'Ulāthah.

ibn 'Ulayyah, tradizionista. **Intr.** 299.

'Ulbah b. Zayd al-Ḥārithi, C. d. P., scampato all'eccidio di Fadak, **7**, 63 — uno dei « Piagnoni » di Tabūk, **9**, 27 no. 2 e nota 1.

Ullays (= Volocesia = Vologesias) nel Sawād di Ḥīrah: suo trattato con i primi Musulmani invasori dell'Irāq, **12**, 160,A e nota 4, 162,*a* e nota 3,*b*, 163, 164,*c*, 165,*a* e nota 1, 173,*b*, 196 nota 2 — battaglia di-, 202 e note 2 e 3, 203 e no. 1, 228,*b*, 235, 236, 316 no. 1, 393 no. 1,*d*, 400 no. 1, 416, 418.

'Ulyā Qudā'ah. **12**, 379.

'Ulyā al-Šām (altipiani della Siria), **12**, 316,*a*.

'Ulyab, luogo nel Yaman, **11**, 195 e nota 2,*f*.

Umāmah bint Ḥamzah b. 'Abd al-Muttalib, una delle donne del Profeta con la quale egli non consumò il matrimonio, **10**, 141 no. 7.

abū Umāmah al-Bāhili, guerriero musulmano presente ai primi combattimenti in Siria, **12**, 319 nota 1, 340, 342, 343 nota 1,*a*, 344, 374; cfr. abū Umāmah al-Sudayy b. 'Aǵlān al-Bāhili.

abu Umāmah As'ad b. Zurārah b. 'Adas b. 'Ubayd al-Khazraǵi al-Naǵǵāri [† 1. a. H.], C. d. P., presente all' 'Aqabah, **Intr.** 335 no. 1 — **1**, 52 — biografia, 87.

abū Umāmah al-Sudayy b. 'Aǵlān al-Bāhili, **12**, 340; cfr. abū Umāmah al-Bāhili.

abū Umāmah Thumāmah b. Uthāl b. al-Nu'mān b. Salamah [† 11. a. H.], C. d. P., sua biografia, **11**, 241; cfr. Thumāmah b. Uthāl.

'Umān, provincia marittima dell'Arabia orientale, missione mandata dal Profeta nell'-, **6**, 47 — missione di 'Amr b. al-'Āṣ nell'-, **8**, 190 e nota 1, 191 e nota 1, 192; **9**, 87 — manto festivo tessuto nell'-, **10**, 32, 32,A, 34 nota 1, 55 e nota 1, 105, 126 nota 1 — e Baḥrayn; rapporti fra Maometto e le popolazioni dell'Estremo oriente, 127, 128 e nota 1; **11**, 2 nota 1, 74 nota 3, 87 nota 4 — ritorno di 'Amr b. al-'Āṣ dall'- a Madīnah, 92,*b*, 93 e nota 2, 103 e nota 1,*a*, 105, 124 no. 6, 187 nota 1,*f*; **12**, 1, 38, 61, 62 e nota 1 — conquiste dell'-, versione della scuola Madinese, 59-61 — conquista dell'-, versione di Sayf b. 'Umar, 62, 63, 65 nota 2, 71, 85 nota 1, 90, 94, 100, 102, 278 nota 1, 316,*b*, 365, 378.

'Umar, e suo diminutivo 'Umayr, **9**, 47 nota 1.

'Umar b. 'Abd al-'azīz [† 101. a. H.], califfo umayyade, **Intr.** 219 nota 1; **7**, 47 nota 3; **9**, 38; **11**, 27 nota 1,*a* — restituisce i beni del Profeta ai suoi eredi, **11**, 202 nota 1, 230 nota 1.

'Umar b. Abdallah b. 'Urwah b. al-Zubayr, tradizionista, **Intr.** 313.

'Umar b. 'Ali b. abī Ṭālib, sua madre umm Ḥabīb al-Ṣahbā bint Ḥabīb, tra le prigioniere di 'Ayn al-Tamr, **12,** 401 — sua madre, 224.

'Umar b. 'Imrān al-Makhzūmi, un pagano, **Intr.** 285.

'Umar b. Isḥāq, tradizionista tābi'i, **8,** 1.

'Umar b. al-Khaṭṭāb b. Nufayl b. 'Abd al-'Uzza [† 23. a. H.], C. d. P., e poi Califfo, **Intr.** 13, 20 nota 1, 21, 22 — l'anima di tutti gli ordinamenti sociali del Profeta, 22 — registri compilati sotto di lui, 29, 34 nota 3, 35 nota 1, 41 tav. 1, 54 nota 1, 59 nota 1 — appende ornamenti aurei alla Ka'bah, 101 nota 1 — dubbî sulla sua espulsione dei Cristiani dall'Arabia, 117 nota 4 — nascita di lui (nel 583. dell'È. V.?), 139, 170 nota 1, 227 nota 2 — liste da lui ordinate quando dovè regolare il problema delle pensioni, 229 nota 2, 235, 250 nota 1 — ancora pagano malmena uno schiavo convertito, 252 e note 2 e 3, 263, 266 — accusa di viltà i Compagni emigrati in Abissinia, 266 nota 2, 268, 270, 271, 280 nota 1 — sua conversione 284, 285 e nota 2 — rianima i Musulmani con la sua energia, 286, 289 — sue disposizioni, durante il califfato, per stabilire l'Èra musulmana nel 17. o 18. a. H., **1,** 3, 4 nota 2, 6, 8 — emigra a Madīnah, 15 no. 33 e nota 1 — gli elenchi degli emigrati combattenti musulmani sono conseguenza dell'ordinamento delle pensioni fatto da-, 15 nota 2 — assiste alla fondazione della moschea di Qubā, 29 — introduttore delle grandi lanterne nel tempio (maṣābīḥ), 32 e note 2 e 3 — unito in fratellanza con Itbān b. Mālik, 50 e nota 2 — suggerisce a Maometto di chiamare i fedeli alla preghiera con la voce umana, 54 — si batte con l'ebreo Zayd b. Luṣayt, 61 nota 2 — si sdraia in terra nella moschea di Madīnah per conversare con i colleghi, **2,** 6, 9, 15 — chiede al Profeta la mano di Fāṭimah, 17, 21 no. 10 — alla spedizione di Badr, 43, 46, 61, 66, 67, 70, 74, 80 — liste scritte per ordine del Califfo-, per il ruolo delle pensioni, 85 no. 5 e 85,A no. 55 — pagano ucciso da-, alla battaglia di Badr, 88 no. 25 — assiste Maometto ad armarsi prima di Uhud, **3,** 25 — respinge i Qurayš a Uḥud, 47 — reagisce violentemente contro gli Ebrei ed « Ipocriti ». 56 — ancora pagano si astiene dal vino, **4, 11** nota 1 no. 3, 13 — anima il Profeta alla terza spedizione di Badr, 18 — taglia la testa ad una spia pagana, **5,** 8, 10, 13 — lavora alla trincea di Madīnah, 26 — inveisce contro i pagani all'assedio di Madinah, 31, 33 — propugnatore di disciplina religiosa, 74 — confisca la metà dei beni ad al-Hārith b. Uhbān, 93,A nota 1; **6,** 23 — a al-Ḥudaybiyyah rifiutasi di andare nel campo makkano, 31 — fa abbattere l'albero di al-Ḥudaybiyyah per timore di un culto idolatra, 33, nota 1 — protesta contro la condotta del Profeta ad al-Ḥudaybiyyah, 34 e nota 2, 35, 36 — vendette attribuite a-, preteso partigiano di idee estreme: sua influenza sul Profeta, 36 nota 1, 38 — ripudia una moglie pagana, 42 — matrimonio di- con Ǵamīlah bint Thābit b. abī-l-Aqlaḥ, 43; **7,** 6 — alla spedizione di Khaybar, 10 — comanda gli assalti alla fortezza di Khaybar, 20, 26 — sua condotta verso gli Ebrei di Khaybar, 32, 33 e nota 2 — compera un fondo in Khaybar, 41 no. 13 — tenta indurre ibn 'Abbās a rinunziare alle rendite di Khaybar, 42 nota 4 — restituisce agli eredi del Profeta le terre di Fadak, 47 nota 3 — Khāzin 'ala bayt māl o tesoriere del Califfo, 54 no. 9 — comanda la spedizione di Turbah, 61 — consiglia al Profeta la spedizione di al-Ǵināb, 66 — suo contegno verso Ǵabalah b. al-Ayham al-Ghassāni, 81; **8,** 15 no. 3 — alla spedizione di Dzāt al-Salāsil, 30, 34, 47 — sorveglia la strada tra Madinah e Makkah, 49 — vuol decapitare Ḥāṭib b. abī Balta'ah, 50 — spezza gli idoli nella Ka'bah, 65 e nota 1 — il tempio makkano durante il califfato di-, 67 nota 1 — raccoglie a nome del Profeta i suffragi dei makkani, 69 — nomina una commissione per delimitare i confini del ḥaram makkano, 71 — sua tolleranza religiosa, 99 nota 1 — alla spedizione di Ḥunayn, 115, 122 — difende il Profeta, 123 — vuol tagliar la testa ad 'Uyaynah b. Ḥiṣn, 145, 146 — depone al-Mughīrah b. Šu'bah dal governo di Kūfah, 149 — proibisce i giuochi, 151 nota 1 — propone al Profeta di abbandonare l'assedio di Ṭā'if, 152, 153, 154 — riceve in dono dal Profeta una prigioniera di Ḥunayn, 163 — vuol uccidere Dzū-l-Khuwayṣarah al-Tamīmi, 169 e nota 1, 175 nota 1 — esige la ǵizyah dai Maǵūs, 187 — suo modo di usare il minbar, 202 e nota 1 —

fa battere Ḍirār b. al-Azwar perchè beve vino, **9,** 12 — profezia del Profeta sulla sua successione, 23 — dà la metà dei suoi beni per la spedizione di Tabūk, 26, 36 — propone al Profeta di ritornar addietro da Tabūk, 37, 39 nota 3, 43, 46, 50 nota 1, 65, 70 nota 1 — dissuade il Profeta dal pregare a lungo sulla bara di ibn Ubayy, 72 — conflitto tra- e la poetessa al-Khansā a proposito dei pianti funebri, 72 nota 2 — suo contegno verso i Taghlib, 81 nota 2 — introduce la pena per l'adulterio, 94 nota; **10,** 17 — sua condotta verso i Cristiani del Naǵrān, 60, note 2 e 3 — punisce i bevitori di vino, 67 nota 3, 97 — sua condotta verso gli Ebrei di Khaybar, 101, 102, 103 — suo contegno verso il tesoro pagano della Ka'bah, 110 nota 1 — appartiene al gruppo dei musulmani zelanti, 114, 125 — sua fede cieca in Maometto, 134 — suo divieto del matrimonio m u t ' a h e sue molte mogli, 139 nota — segretario del Profeta, 143 no. 17, 145 — suoi beni in al-Ǵurf, **11,** 5 nota 3 — sua condotta negli ultimi giorni del Profeta, 11, 15 nota 1, 20, 24, 25, 26 nota 1, 27 nota 1,*a* e c — sua partecipazione all'elezione di abū Bakr, 36, 37 e note 1 e 2,*d*, 39,*a* e nota 2, 42, 44 — non assiste al funerale del Profeta, 47 nota 1 — esame critico dei suoi atti all'elezione di abū Bakr, 57, 58, 65 e nota 2 — sua condotta innovatrice come Califfo, 68 nota 1, 69 nota 1 — èra musulmana stabilita da-, 72 — vuol strappare due denti a Suhayl b. 'Amr, 83 nota 1 — si oppone ad abū Bakr, 85 nota 2 — abū Bakr non accetta i suoi consigli, 87 — aneddoto con 'Adi b. Ḥātim, 91 — picchia con il nerbo su abū Šaǵarah, 95 — si oppone alla Spedizione di Usāmah, 106,*a* — suo conflitto d'opinioni con abū Bakr, 109 — rapporti di abū Bakr con-, 109 nota 1, 113, 115 — dissuade il Califfo dal lasciare Madīnah, 117 — riconsegna agli Asad ed ai Ghaṭafān la roba presa durante la R i d d a h, 145 — sue ire per la condotta di Khālid b. al-Walīd verso Mālik b. Nuwayrah, 180, 181, 182 e nota 2, 183 nota 1 — primo q ā ḍ i sotto abū Bakr, 200 — 'Ali rifiuta di ricevere 'Umar in casa sua, 203 — sua lotta con 'Ali, 203 nota 2 — lacera un documento firmato da abū Bakr, 204, 208 — s'innamora della vedova 'Ātikah bint Zayd b. Amr, 209 nota 1,*b* — segretario di Maometto, 218 nota 2 — testi quranici scritti nel momento della conversione di-, 219 — sapeva scrivere prima dell'Islām, 220,*a* no. 1 — suggerisce ad abū Bakr di radunare i versetti del Qur'ān, 225 — lettore pubblico del Qur'ān vivente il Profeta, 229, no. 2 — è il primo a ideare la raccolta scritta dei versetti quranici, 221 nota 2, 232, 233 — compera lo schiavo Aslam, 236 nota 1; **12,** 23, no. 149 — Khālid b. al-Walīd teme la sua ostilità, 29 — Khālid allude con scherno ad-, 33 — riceve ambasciatori mungendo una capra, 35 — intercede per i Ḥanīfah presso abū Bakr, 36, 38, 39, 43, 44 — spezza il sigillo e cancella un decreto di abū Bakr, 50, 57 nota 1 — si oppone alla uccisione e mette in libertà i prigionieri di Dabā, 61 e nota 1, 80 nota 2 — ordina la liberazione di tutti gli schiavi di guerra di nazionalità araba, 88 — sua opposizione a Khālid b. al-Walid, 99 — prototipo del musulmano ortodosso, 99 — consiglia ad abū Bakr di mandare Khālid b. al-Walīd nell' 'Irāq, 155 nota 2,*b* — id. come prima, 156 — influenza di- nei consigli del califfo abū Bakr e insussistenza della pretesa inimicizia tra- e Khālid b. al-Walid, 156 nota 3, 164,*d*, 170,*a*, 172, 174 note 2,*a* e 2,*e*, 194 nota 2, 236, 304 — rimprovera ai Compagni il tepore e mancanza di ardire prima dell'invasione siria, 311 — induce abū Bakr a deporre Khālid b. Sa'īd, 317, 318, 322 nota 2, 326 nota 1 — depone Khālid b. al-Walīd, 323 — consiglia ad abū Bakr la nomina dei comandanti per la spedizione siria, 329, 332,*c*, 356,*b*, 362 — conferisce ad abū 'Ubaydah il comando in Siria, 370, 371 nota 1, 373, 376, 377 — sua avversione per Khālid b. al-Walid e Khālid b. Sa'id, 382 — ossia al-U'aysir ibn umm Šamlah, titolo datogli da Khālid b. al-Walid, 394 — matrimonio di- con 'Ātikah bint Zayd, 428 — compera lo schiavo Aslam, 429 — dirige forse il pellegrinaggio dell'anno 12. a. H., 430.

'Umar [o **'Amr**] **b. Mūsa b. al-Waǵīh,** tradizionista, **8,** 66 nota 1.

'Umar b. Šabbah al-Numayrī (abū Zayd) [† 262. a. H.], tradizionista, **11,** 8 nota 2,*c*, 74, 198,*c*; **12,** 23 no. 91, 156, 157, 165 nota 1, 170,*b*, e nota 3,*a*, 182 nota 1, 324, 344, 396, 404.

'Umar b. 'Urwah b. al-Zubayr, tradizionista, **Intr.** 213.

abū 'Umar (Yūsuf b. 'Abdallah ibn 'Abd al-barr) [† 463. a. H.], biografo dei Compagni d. P., **12,** 23 no. 29.

ibn 'Umar ('Abdallah b. 'Umar b. al-Khattāb) [† 74. a. H.], tradizionista, **Intr.** 26 nota 1; **5**, 27; **6**, 45; **11**, 31.

umarā· = capitani, principi (plur. di amīr), **11**, 37 nota 2,*b*,*c*, 195; **12**, 329, 359,*a*.

umarā al-ṣadaqāt, o sopraintendenti delle tasse, **12**, 378.

umarā wa 'ummāl. **10**, 71.

'Umārah b. 'Aqīl, verso su Musaylimah, **11**, 165 nota 1.

'Umārah b. Aws b. Tha'labah al-Anṣāri al-Ǵušami [† 12. a. H.], C. d. P., ucciso ad al-Yamāmah, **12**, 23 no. 128.

'Umārah b. abī-l-Ḥasan 'Ali al-Yamani [† 569. a. H.], poeta. **12**, 68 nota 1.

'Umārah b. Ḥazm b. Zayd **b. Lawdzān b. 'Abd 'Awf b. Ghanm al-Anṣāri** [† 12. a. H.], C. d. P., presente all' 'Aqabah, **Intr.** 344 no. 13 — presente a Badr, **2**, 85,C no. 120; **5**, 15; **8**, 122 — ucciso ad al-Yamāmah, **12**, 23 no. 129.

'Umārah b. 'Uqbah b. Ḥārithah al-Ghifāri [† 7. a. H.], C. d. P., ucciso a Khaybar, **7**, 43 no. 16.

'Umārah b. 'Uqbah **b. abī Mu'ayṭ**, pagano viene a Madīnah a richiedere la sorella umm Kulthūm, **6**, 41.

'Umarah b. al-Walīd al-Makhzūmi, pagano di Makkah, uomo bellissimo, offerto in cambio di Maometto, **Intr.** 240.

'Umārah b. Ziyād b. al-Sakan [† 3. a. H.], C. d. P., ucciso a Uḥud, **3**, 54,B no. 18.

abū 'Umārah Ḥamzah b. 'Abd al-Muttalib [† 3. a. H.], zio del Profeta ucciso a Uḥud, **3**, 54,A no. 1; cfr. Ḥamzah b. 'Abd al-Muttalib.

umm 'Umārah Nasībah bint Ka'b [† 14. a. H.], sue prodezze a Uḥud, **3**, 36 — a al-Hudaybiyyah, **6**, 26, 37 — a Khaybar, **7**, 39 — sue prodezze a Ḥunayn, **8**, 123 — ferita ad al-Yamāmah, **12**, 13,*b*.

umm 'Umārah Nusaybah bint Ka'b, *correggi*: umm 'Umārah Nasībah bint Ka'b [† 14. a. H.], **3**, 36

umarā·l. **8**, 184.

umarā·unā = nostri sovrani, **12**, 237 nota 1,*b*.

al-Umarayn = il califfo abū Bakr e il califfo 'Umar. **12**, 316 nota 6.

al-Umawi (Yaḥya b. Sa'īd) [† 179. o 194. a. H.], storico, **12**, 23 [no. 102, 110, 125, 128].

'Umaylah al-Fazāri, tradizionista, **11**, 133, 153.

Umaymah bint 'Abd al-Muttalib, zia del Profeta, madre di 'Ubaydallah b. Ǵaḥš, **Intr.** 102, 182 — pensionata di Khaybar, **7**, 42 no. 1.

Umaymah al-Fuqaymiyyah bint al-Nasi Umayyah b. Qal', donna qurašita maritata in Ṭā'if, durante l'assedio. **8**, 146 no. 3.

Umaynah bint Sa'd b. Wahb b. Ašyam, moglie di abū Sufyān b. Ḥarb, a Uḥud, **3**, 16 no. 2.

Umaynah bint Khalaf b. As'ad b. 'Āmir moglie di Khālid b. Sa'īd, sua conversione, **Intr.** 229 no. 37 e nota 1 — emigra in Abissinia, 277 no. 6 — viene a Madīnah, **7**, 54 no. 5.

'Umayr, diminutivo di 'Umar, **9**, 47 nota 1.

'Umayr, nome proprio di Dzū-l-Šamālayn b. 'Abd 'Amr b. Nadlah al-Khuzā'i, **2**, 85,A no. 43.

'Umayr, liberto di Ābi al- Laḥm a Ḥunayn, **8**, 204.

'Umayr, un prigioniero di 'Ayn al-Tamr, **12**, 219,*a* no. 7.

'Umayr al-Ṭā·i, ḥalīf dei Qurayš ucciso a Badr, **2**, 88 no. 62.

'Umayr [o **'Amr**, o **'Abd 'Amr**] **b. 'Abd 'Amr b. Nadlah b. 'Abšān Dzū-l-Šamālayn** [† 2. a. H.], C. d. P., ucciso a Badr, **2**, 87 no. 3.

'Umayr b. 'Adi b. Ḥārithah [o **Kharašah**] **b. Umayyah**, C. d. P., uccide Asmā bint Marwān, **2**, 90.

'Umayr b. Aflaḥ Dzū Murrān, principe ḥimyarita, fa guerra ai Persiani di San'ā, **12**, 66 no. 1.

'Umayr b. Afṣa al-Aslami, **6**, 23; cfr. 'Amīrah b. Afṣa al-Aslami.

'Umayr b. 'Amr b. Bābi b. Yazīd b. Ḥarām al-Anṣāri al-Khazraǵi [† 12. a. H.], C. d. P., ucciso ad al-Yamāmah, **12**, 23 no. 130.

'Umayr b. 'Awf, C. d. P., mawia di Suhayl b. 'Amr presente a Badr, **2**, 85,A no. 78.

'Umayr b. Aws b. 'Atīk b. 'Amr b. 'Abd al-Ašhal al-Anṣāri al-Awsi, [† 12. a. H.] C. d. P., ucciso ad al-Yamāmah, **12,** 23 no. 131.

'Umayr b. Fulān al-'Abdi, tradizionista della scuola iraqense, **12,** 55.

'Umayr b. al-Ḥārith b. Tha'labah b. al-Ḥārith al-Anṣāri, C. d. P., presente all''Aqabah, **Intr.** 344 no. 54 — presente a Badr, **2,** 85,C no. 64.

'Umayr b. Hāšim b. 'Abd Manāf b. 'Abd al-Dār, pagano, il suo m a w l a, Zayd b. Mulays è ucciso a Badr, **2,** 88 no. 21.

'Umayr b. al-Ḥumām b. al-Ǵamūḥ b. Zayd [† 2. a. H.], C. d. P., ucciso a Badr, **2,** 61, 85,C no. 54, 87 no. 10.

'Umayr Qama'ah b. al-Yās. Intr. 50.

'Umayr b. Ri·āb [o **Ribāb**] **b. Ḥudzayfah b. Mihšām al-Qurašī al-Sahmi** [† 12. a. H.], C. d. P., emigra in Abissinia, **Intr.** 277 no. 69 — viene a Madīnah, **7,** 55 no. 62 — ucciso all'assedio di 'Ayn al-Tamr, **12,** 178, 412, 431, 434.

'Umayr b. Ri·āb b. Muhaššim b. Sa'īd b. Sahm b. 'Amr, 12, 178; cfr. **'Umayr** b. Ri·āb b. Ḥudzayfah.

'Umayr b. Sa'd al-Anṣāri, C. d. P., riferisce a Maometto i discorsi dei suoi nemici, **1,** 60 no. 2 — riconduce dal Sawād a Madīnah le donne e i bambini dei guerrieri di Khālid b. al-Walid, **12,** 394, 409, 412.

'Umayr b. Talḥah al-Namari, tradizionista della scuola iraqense, **11,** 167,*a*.

'Umayr b. 'Umayr b. Qatādah al-Laythi, tradizionista, **Intr.** 209.

'Umayr b. abī 'Umayr, qurašita pagano ucciso a Badr, **2,** 88 no. 4.

'Umayr b. 'Uthmān b. 'Amr b. Ka'b, qurašita pagano ucciso a Badr, **2,** 88 no. 22.

'Umayr b. Wahb al-Ǵumaḥi, pagano, alla battaglia di Badr, **2,** 56, 80 — viene a Madīnah a riscattare i prigionieri, 80 nota 1 no. 12 — intermediario del Profeta per la conversione di Ṣafwān b. Umayyah, **8,** 78 — riceve doni dal Profeta e si converte, 165 no. 17 — alla Spedizione di Tabūk, **9,** 27.

'Umayr b. abī Waqqāṣ b. Uhayb [† 2. a. H.], C. d. P., sua conversione, **Intr.** 229 no. 13 — a Badr, **2,** 43, e nota 2 no. 6, 85,A no. 39 — ucciso a Badr, 87 no. 2.

abū 'Umayr, messo del Profeta ucciso alla frontiera siria nell'8. a. H. prima di Mu·tah, **10,** 105.

abū 'Umayr Farwah, luogotenente di Maometto in Ṣan'ā (?), **12,** 72.

ibn 'Umayr al-Yaškuri, musulmano tra i Ḥanīfah, suoi versi contro Musaylimah, **12,** 2.

'Umayrah b. Mālik al-Khārifi al-Hamdāni, ambasciatore dei Hamdān a Madīnah, **9,** 67 no. 5

'Umays b. al-Nu'mān, padre di Asmā, la moglie di Ǵa'far b. abī Ṭālib, **Intr.** 229 no. 25.

Umayyah b. 'Abd Šams b. 'Abd Manāf, capostipite dei banū Umayyah, **Intr.** 34 nota 1, 41 tav. 2, 90 nota 1 — suo conflitto leggendario con Hāšim b. 'Abd Manāf, 93.

Umayyah b. abī Ḥudzayfah b. al-Mughīrah b. 'Abdallah, pagano prigioniero di Badr, **2,** 89 no. 21 — ucciso a Uḥud, **3,** 55 no. 17.

Umayyah b. Khalaf b. Wahb al-Ǵumaḥi, qurašita pagano oppositore del Profeta in Makkah, **Intr.** 248 no. 5 — perseguita e tortura Bilāl, 251 e nota 1 — cospira contro Maometto, 255 no. 14, 290, 299, 318 — durante la fuga di Maometto da Makkah, **1,** 17 no. 16 — ospita un madinese in Makkah, 81 — scorta una caravana qurašita, **2,** 18,A — partecipa alla caravana di abū Sufyān, 34 — alla spedizione e battaglia di Badr, 39, 40 no. 2 e nota 1 no. 7, 52 no. 11 — fatto prigioniero, viene trucidato da Bilāl, 69, 72, 85,A no. 46, 88 no. 46, 89 no. 57-58.

'Umayyah b. Khālid, tradizionista, **11,** 46.

Umayyah bint Qays ibn al-Salt, viene a Madīnah dall'Abissinia, **7,** 55 no. 29 — cavalca con Maometto sullo stesso camelo alla spedizione di Khaybar, 39, 55 no. 29.

Umayyah b. abī-l-Ṣalt, celebre poeta preislamico di Ṭā·if, ḥ a n ī f e precursore religioso di Maometto, **Intr.** 109 nota 3 — un demone gli apre il petto e gli purifica l'anima, 128 nota 1 — precursore di Maometto, 188; **1,** 45 art. 1 nota 1 — pretesa sua morte nel 8. a. H., **3,** 65 —

suo fratello ucciso a Ṭā'if durante l'assedio, **8**, 144 — sua morte nel 9. a. H., cenno biografico e fonti di esso, **9**, 95 e nota 1.

Umayyah b. abī 'Ubaydah, padre di Ya'la b. Munyah, **11**, 126.

abū Umayyah b. al-Mughīrah b. 'Abdallah b. Amr b. Makhzūm, il capo più vecchio dei Quray̌š al principio della propaganda di Maometto, **Intr.** 170.

abū Umayyah Ṣafwān b. Umayyah, annoverato erroneamente tra gli uccisi di al-Yamāmah, **12**, 23 no. 132.

banū Umayyah, tribù madinese, assiste alla costruzione della Trincea, **5**, 25.

banū Umayyah b. 'Abd Šams, tribù di Makkah, prima origine della rivalità fra i banū Hāšim ed i-, **Intr.** 80 nota 1, 94 — Califfi 44 nota 1, 34 nota 3 — abbattimento della dinastia-, 35, 36 nota 2, 110 nota 2, 114 nota 3, 134, 147 nota 1, 219 nota 1, 234 nota 1 — dinastia-, 235 — califfi-, **1**, 42, 46 — tempi del califfato-, 54 nota 1; **2**, 9, 15; **4**, 2; **7**, 43 no. 1 2, 47 nota 3; **9**, 31 nota 1; **8**, 157 no. 2, 202 nota 1; **9**, 72 nota 2; **10**, 93 e nota 1, 94, 96 — Califfi della dinastia-, 116; **11**, 8 nota 1, 65 nota 1 — corte dei-, 79, 80 nota 1; **12**, 11 nota 2, 23 no. 150, 176,*a* no. 6, 370.

banū Umayyah b. Zayd b. Mālik, tribù madinese, **Intr.** 338; **1**, 36; **2**, 85,B, 90; **3**, 4; **5**, 50; **9**, 52 no. 2.

umm al-qura = « la madre di (tutti i) paesi », appellativo di Makkah, **Intr.** 65.

ummah = comunità civile e politica: formata da Emigrati e Ausiliari a Madīnah, **1**, 45, art. 2 — suoi doveri interni ed esterni, 45, art. 2; **5**, 65.

al-ummah = la stirpe o gente, **12**, 75.

al-ummiyyūn, (plur. di ummiyy = λαϊκός) = i Pagani, cioè gli Arabi preislamici e i Persiani, in opposizione ai Cristiani (Greci) ed ai Musulmani « gente del libro », **Intr.** 326; cfr. Nöldeke Qur., 10-11.

ummuhāt al-mudun = « le città madri » o le grandi città dello Šām, **12**, 313 nota 1,*a*.

'umrah o ḥaǵǵ al-aṣghar (cfr. al-ḥaǵǵ al-akbar) = « il pellegrinaggio minore » o la visita privata ai luoghi santi, che si poteva fare in ogni tempo; compiuto o propostosi dal Profeta, **6**, 25 e nota 1; **7**, 69; **8**, 139, 175; **10**, 72 — dai Khuzā'ah, **8**, 21 — da Ṭulayḥah, **11**, 146 nota 2,*b* — sue leggi e norme ordinate da Dio, **8**, 21; **10**, 14.

'Umrah al-Qaḏa = « piccolo pellegrinaggio di complemento » ossia quello dell'anno 7. H., perchè completò quello monco dell'anno precedente, **7**, 69 — in esso il Profeta avrebbe visitato la tomba di sua madre Āminah, **Intr.** 131 nota 1.

'Umrah al-Qaḏiyyah = « piccolo pellegrinaggio » compiuto da Maometto in conformità del « decreto » (o patto di Huḏaybiyyah), **7**, 68, 69.

'Umrah al-Qiṣāṣ = « piccolo pellegrinaggio della rappresaglia », ossia quello dell'anno 7. H., **7**, 69.

'Umrān al-Ǵawf, nel Yaman, il cui reddito di 100 faraq al-burr fu dal Profeta assegnato al hamdanita Qays b. Mālik b. Sa'd, **9**, 66 [Yāqūt, III, 723].

Unā, pozzo di- o Annā, nella parte inferiore della Ḥarrah banī Qurayẓah; tappa del Profeta nella Spedizione contro essi, **5**, 44 [Yāqūt, I, 367, lin. 6-7].

Unās b. al-Bukayr b. 'Abd Yālīl b. Nāšib, cfr. Iyās b. al-Bukayr, ecc. **2**, 85,A no. 67.

Unayf b. Ḥubayb al-Anṣārī al-Awsī [† 7. a. H.], C. d. P., ucciso a Khaybar, **7**, 43 no. 18.

Unayf b. Wā'il [o **Wā'ilah**] **al-Anṣārī al-Awsī**, [† 7. a. H.] C. d. P., ucciso a Khaybar, **7**, 43 no. 13 [identico al precedente?].

Unayf b. Wāṯhilah (identico forse a Unayf b. al-Wā'ilah) [† 7. a. H.], C. d. P., perito a Khaybar, **7**, 44 no. 5.

Unays sā'is al-Fīl, il custode dell' elefante Maḥmūd, nella Spedizione di Abrahah al-Abraš, **Intr.** 120.

Unays b. [Marṯhad b.] abī Marṯhad al-Ghanawī, C. d. P., sentinella notturna a Ḥunayn, **8**, 121 [Ṭabari, III, 2374, lin. 1-14].

Unays b. Qatādah b. Rabī'ah b. Khālid al-Anṣāri al-Awsi [† 3. a. H.], C. d. P., presente a Badr, **2**, 85,B no. 38 — ucciso a **Uḥud** da abū-l-Ḥakam b. al-Akhnas, **3**, 54,B no. 26 [Wüst., *Reg.*, 361].

ibn Unays, cfr. 'Abdallah b. Unays, **4**, 7.

Unicorno (l') menzionato nella Bibbia (?), forse corrisponde all'arabo al-baqar wadīḥah, **9**, 45 nota 2.

Unioni fortuite o connubi mut'ah (*q. v.*). **Intr.** 92 nota 1.

Unnah, C. d. P., uno dei servi al-mukhannath, **8**, 151 nota 1.

Unni Cotrigur, sotto il terribile Zabergan, invadono le provincie balcaniche di Eraclio, **12**, 241, 242.

Unni Eftaliti o **Hayāṭilah**, popolo di razza mongolica dell'Asia centrale, infliggono gravi danni alla Persia sassanida, **12**, 130 — sotto Bahrām Ǵūr e successori, 125 e nota 1, 130 nota 1, 146 — aiutano Qubādz I a risalir sul trono Sassanida, 121 nota 4, 126 — soccombono ai Turchi, 125 nota 1.

al-'Uqāb, « l'Aquila », stendardo nero del Profeta, fatto con un panno di 'Ā'išah; retto da 'Ali b. abī Ṭālib a Badr, **2**, 43 — e a Khaybar, **7**, 19 — da Khālid b. al-Walīd nell'invasione della Siria, **12**, 398, 403, 414; cfr. Thaniyyah al-'Uqāb [Aghāni, XIX, 76].

'Uqāl [o **'Iqāl**] **b. Khuwaylid b. 'Āmir b. Uqayl**, C. d. P., mette a profitto le incertezze a rendersi musulmano del tardo fratello abū Ḥarb, **9**, 74 [Aghāni, *Ind.*, 488; Durayd, 182, lin. 15.

'Uqayl [? **b. Isma'īl**? o **Ǵābir**? o **Khālid**?] tradizionista presso Bukhāri, **11**, 203.

'Uqayl b. Ka'b [non **Kulayb**] **b. Rabī'ah b. 'Āmir Ṣa'ṣa'ah**, eponimo dei banū 'Uqayl b. Rabī'ah, **Intr.** 41, tav. 1 [Wüst., *Reg.*, 362; Qutaybah, 43, lin. 15, 21].

banū 'Uqayl b. Ka'b b. Rabī'ah b. 'Āmir b. Ṣa'ṣa'ah, abitano nel sud-ovest della Yamāmah; mandano ambasciate a Madīnah e convertonsi, **9**, 74 — razziati dai vicini banū Ru'ās b. Kilāb, 76 — nel Yaman combattono a favore dei Persiani Abnā contro Qays b. 'Abd Yaghūth, **12**, 67 [Wüst., *Reg.*, 362; Durayd, 181, lin. 8, 9].

al-Uqayṣir, divinità adorata dalle tribù arabe nei pressi di Dūmah al-Ǵandal, **9**, 47.

'Uqbah Kātib Rasūl Allah, C. d. P., e suo scrivano: da identificare con al-'Alā b. 'Uqbah, o piuttosto con 'Uqbah b. 'Āmir al-Ǵuhani, **5**, 88 nota 1.

'Uqbah b. 'Abd al-Ḥārith b. al-Ḥaḍrami, pagano, ḥalīf dei Qurašiti, prigioniero a Badr, **2**, 89 no. 11.

'Uqbah b. 'Āmir [**b. 'Abs b. 'Amr**] **al-Ǵuhani** (**abū Labīd**) [† 58. a. H.], C. d. P., e suo scrivano, lettore e raccoglitore del Qur'ān, **5**, 88 e nota 1 [Wüst., *Reg.*, 347; Yāqūt, *Reg.* 557; Nawawi, 425-426].

'Uqbah b. 'Āmir b. Nābi [o **Bābi**] **b. Zayd al-Anṣāri al-Khazraǵi** [† 12. a. H.], C. d. P., uno dei primi Madinesi convertiti, **Intr.** 335 no. 5 — alla prima 'Aqabah, 336 — morto ad al-Yamāmah. Suo cenno biografico, **12**, 23 no. 133 — suo padre, **Intr.** 344 nota [Wüst., *Reg.*, 347].

'Uqbah b. abī Hilāl al-Namari = 'Aqqah b. Qays b. al-Bašar? capo della guarnigione persiana di 'Ayn al-Tamr, sconfitto e giustiziato da Khālid b. al-Walid, **12**, 184,*a*.

'Uqbah b. abī Mu'ayṭ [**Abān**] **b. abī 'Amr** [**Dzakwān**] **b. Umayyah** [† 2. a. H.], pagano qurašita, vicino e molesto avversario di Maometto, **Intr.** 247 no. 3[a] — mandato a Madīnah a consultar gli Ebrei sulla missione profetica di Maometto, **Intr.** 257 — sputa in viso a Maometto, 297 — coopera a inimicare abū Lahab contro Maometto, 325 — caldeggia la spedizione di Badr, **2**, 39 — e vi partecipa restando prigioniero, 70, 89 no. 66 — è decapitato in 'Irq al-Ẓabyah, per ordine del Profeta, da 'Āsim b. Thābit, o da 'Ali b. abī Ṭālib, 70, 88 no. 8 — i tre suoi figli, **6**, 41 [Wüst., *Reg.*, 348; Nawawi, 426; Aghāni, *Ind.*, 489; Qutaybah, 35, lin. ult., 36, lin. prima; Durayd, 49, lin. terzult. e antip.].

'Uqbah b. Namir, C. d. P., ambasciatore di Maometto ai re di Ḥimyar, **9**, 61.

'Uqbah b. 'Uthmān b. Khaladah b. Mukhallad al-Anṣāri al-Khazraǵi, C. d. P., presente a Badr, **2**, 85,C no. 99 — fuggiasco da Uḥud, **3**, 44.

'Uqbah b. Wahb b. Kaldah b. al-Ǵa'd, al-Anṣāri al-Khazraǵi dei banū 'Abdallah b. Ghaṭafān [cfr. Hišām, 312, lin. 7], C. d. P. alla seconda 'Aqabah, **Intr.** 344, no. 61 — presente a Badr, **2**, 85,C. no. 23.

'Uqbah b. Wahb b. Rabī'ah b. Asad, C. d. P., ḥalīf delli 'Abd Šams, emigra a Madīnah avanti la Hiǵrah, **1**, 15 no. 9 — presente a Badr, **2**, 85,A no. 20.

ibn 'Uqbah [Mūsa] [† 141. a. H.], tradizionista, presso ibn Hišām, **Intr.** 257 nota 1.

ūqiyyah o **wuqiyyah,** [οὐγγία, *uncia*], misura di peso uguale [ai tempi del Profeta; cfr. Balādzuri, 64, lin. 4] a 40 dirham [cioè a grammi 124.8040]: 40- di argento, prezzo del riscatto dei prigionieri di Nakhlah, **2**, 22 nota 2 — 40- di oro, prezzo del riscatto per Salmān al-Fārisi, **5**, 19 — 4000- di argento, nel bottino di Ḥunayn, **8**, 133 — 12½- di oro, regalate dal Profeta all'ambasciatore Mas'ūd b. Sa'd, **6**, 52 — 12½- d'argento ad al-Ašaǵǵ, **8**, 183 — agli ambasciatori dei Tamīm, **9**, 4 — agli ambasciatori dei banū Khawlān, **10**, 15 — 5- d'argento, agli ambasciatori dei Ḥanīfah, 33 — 200- di argento: contribuzione di 'Abd al-raḥmān b. 'Awf per le spese di Tabūk, **9**, 26 — valore di un vestito, nel tributo dei Naǵrāni a Maometto, **10**, 60.

Ur, città sumerica della bassa Mesopotamia, su terreno alluvionale, **12**, 107.

'Uranah, valle presso il Ḥaram makkano, distretto dei banū Liḥyān, dove raccoglievansi le schiere di nomadi di Sufyān b. Khālid, **4**, 4 — mèta della spedizione di Khālid b. Sa'īd, **8**, 101 — vi sarebbero stati uccisi i figli di al-Aswad b. Razan, **8**, 40 — tappa del Profeta nel Ḥaǵǵ al-Wadā', **10**, 76 [Yāqūt, III, 657 e *pass.*].

al-'Uraniyyūn, o gente di 'Uranah: uccidono Yasār mawla Rasūl Allah, **10**, 142 no. 16.

al-'Urayḍ, valle presso Madīnah, contro cui abū Sufyān, nella spedizione di Sawīq, manda un drappello di Qurayš, **2**, 99 [Yāqūt, III, 661-662 e *pass.*].

banū 'Urayḍ [o **'Arīḍ**], tribù ebraica del Wādi al-Qura; loro trattato con Maometto, **9**, 50, 51 e nota 1

banū 'Uraynah [b. Nadzīr b. Qasr b. Baǵīlah? ovvero b. Thawr b. Kalb... b. Quḍā'ah?], alcuni di essi rubano le camele del Profeta in Dzū-l-Ǵadr: fatti prigionieri e messi a morte, **6**, 21 [Yāqūt, *Reg.*, 252].

Urayqaṭ, guida di 'Amr b. 'Abd al-Qays dal Baḥrayn a Makkah, **8**, 178.

Urbāb b. al-Barā [al-Šanni], uno dei ḥunafā della tribù degli 'Abd al-Qays, **Intr.** 188.

al-'Urḍ, distretto della Yamāmah (?) orientale, con i luoghi 'Aqrabā e Qarqara, **12**, 6 nota 3.

Urdunn [ebreo Iarden ὁ Ἰορδάνης « che discende rapido » o « il rumoreggiante »; arabo odierno: al-Šarī'ah al-Kabīr « grande via d'abbeveratoio »], **11**, 4 — il Giordano, o la vallata del Giordano, spesso anche tutta la regione Trans-giordanica o addirittura la Palestina settentrionale, **12**, 321 nota 1 — comprende Ābil al-Zayt, mašraf pretesa mèta della spedizione di Usāmah, **11**, 3,*b*, 4; **12**, 378 nota 1 — al-Ǵābiyah, Buṣrah, Ma'āb, Damasco, 309 — Ṭabariyyah, Ṣūr, Baysān, ecc., ecc., 321 nota 1 — assegnato come mèta d'invasione o regione da razziare, a Šuraḥbīl b. Ḥasanah, 326, 327, 332,*a* no. 3, 334 — e forse anche a Yazīd e abū 'Ubaydah, 368 — e ad al-Walīd b. 'Uqbah, 379, 309 — Khālid b. al-Walīd vi raggiunge i colleghi alla fine del suo viaggio, 418, 426 [Yāqūt, I, 200-204 e *pass*].

Urdunn al-Kabīr o il « Giordano grande » cioè il corso superiore, dall'Hermon al mar di Galilea [detto « grande » forse, perchè più visibile, dal letto più largo e meno incassato tra i monti], **12**, 321 nota 1.

Urdunn al-Ṣaghīr o Giordano piccolo, dal Mar di Galilea al Mar Morto o Baḥr Lūṭ, **12**, 321 nota 1.

'Urf al-Nār = « cima o cresta di fuoco », nel vernacolo Yamanita « il traditore », soprannome di al-Aš'ath b. Qays, **12**, 82 nota 1.

'Urfuṭah b. Ǵannāb [o **b. Ḥubāb b. Ḥabīb al-Azdi**] [† 8. a. H.], C. d. P., ḥalīf dei banū Umayyah, ucciso sotto Ṭā'if, **8**, 157 no. 2.

'Urfuṭah b. Ḥubāb [o **b. Ǵannāb**] **al-Azdi,** C. d. P., ucciso a Ṭā'if, **8**, 157 no. 2.

'Urfuṭah b. al-Ḥubāb [o **b. Ǵannāb**] **b. Ḥabīb** [† 8. a. H.], C. d. P. ucciso a Ṭā'if, **8**, 158 no. 2.

'uriǵa = « fu assunto o innalzato » al cielo Maometto nel Mi'rāǵ, **Intr.** 221.

Urina, delle camele di Maometto, bevuta come mezzo curativo contro le febbri maligne di Madīnah, **6**, 21.

'urūk (plur. di 'arak o di 'araki), = « pescatori », « navi pescareccie » dei banū Ǵandab, **9**, 40.

Uruk, borgo sul monte Salma o su Aǵā nel paese dei Tayy, tappa di Khālid b. al-Walīd, **11**, 132 [Yāqūt, I, 210].

'urūš (plur. di 'arš) = « baracche di legno » o chioschi, dei rivenditori presso la Ka'bah, **7**, 70.

'Urwah, primo nome di Kilāb b. Murrah b. Ka'b, **Intr.** 61.

'Urwah b. 'Abd al-'Uzza b. Ḥurthān, C. d. P., qurašita, emigra in Abissinia, **Intr.** 277 no. 72 — e vi muore, **7**, 55 no. 63, 56 no. 6.

'Urwah b. Asmā b. al-Salf al-Sulami, C. d. P., perito a Bi'r Ma'ūnah, **4**, 5, 6 no. 14.

'Urwah b. al-Ǵa'd al-Bāriqi, luogotenente di Khālid b. al-Walid nella campagna persiana a nord di Ḥirah, **12**, 222, 223.

'Urwah b. Ghaziyah al-Dathīni, tradizionista, autorità di Sayf b. 'Umar, presso Tabari, **12**, 67, 70 [Yāqūt, *Reg.*, 554].

'Urwah b. Mas'ūd [b. Mu'attib b. Mālik] al-Thaqafi [abū Mas'ūd o abū Ya'fur] [e figlio di Subay'ah o Sabī'ah bint 'Abd Šams] [† 9. a. H.], C. d. P., capo influente dei Thaqīf: tratta con il Profeta ad al-Ḥudaybiyyah, **6**, 30 e nota 1 — mandato a Ǵuraš nel Yaman per addestrarsi nell'arte di adoprar le macchine d'assedio, **8**, 141, 146 no. 1 — abbraccia l'Islām ed è ucciso dai suoi concittadini in Tā'if, **9**, 10 e nota 1, 56 — sua moglie Āminah bint abī Sufyān, 146 no. 1 — suo figlio abū-l-Maliḥ b. 'Urwah, 146, no. 1; 10 [Wüst., *Reg.*, 363; Durayd, 186, lin. 11-13, ult.; Aghāni, *Ind.*, 484; Nawawi, 421].

'Urwah b. Mudarris b. 'Amr b. Ḥārithah al-Tā'i, musulmano, a Buzākhah fa prigioniero 'Uyaynah b. Ḥiṣn, **11**, 142 [Wüst., *Reg.*, 363; Nawawi, 421-422].

'Urwah b. Murrah b. Surāqah al-Anṣāri al-Awsi [† 7. a. H.], C. d. P., ucciso a Khaybar, **7**, 43 no. 11 [Aghāni, *Ind.*, 484].

'Urwah b. Thābit b. 'Amr b. Akhtab, nipote di 'Amr, ambasciatore del Profeta nell' 'Umān, **8**, 191.

'Urwah b. al-Ward [b. Ḥābis (o 'Amr) b. Zayd] al-'Absi, detto « 'Urwah al-ṣa'ālik » o « dei mendicanti » [poeta e cavaliere pagano, celebre per la sua prodigalità generosa], inebbriato, vende ai banū-l-Nadir la sua schiava e cantante umm 'Amr Salma al-Ghifāriyyah, **4**, 12 [Wüst., *Reg.*, 363; Yāqūt, *Reg.*, 554; Aghāni, II, 150-157 e *pass.*; Durayd, 170, lin. 3-5.

'Urwah b. al-Zubayr b. al-'Awwām b. Khuwaylid . . . b. Quṣayy (abū 'Abdallah) [† 91. o 94. o 99. a. H.] [nipote di abū Bakr, nato fra il 23. o 29. a. H.], qurašita, **Intr.** 41, tav. 2 — visse e studiò a Madīnah, **11**, 79 nota 2 — e vi fu lettore del Qur'ān, 230 nota 1 — trasmise tradizioni da 'Ā'išah, **Intr.** 12 nota 1 e *pass.* — e da Bašir b. Sa'd, **12**, 432 nota 1,*d* — il più antico raccoglitore sistematico di tradizioni, messe in scritto, in forma di lettera, per comodo del califfo 'Abd al-malik, **Intr.** 242 nota 1; **2**, 30; **6**, 41 — autorità storica di prim'ordine, non conosce l'uso dell'isnād o sistema isnadico, **Intr.** 11 e nota 1 — sorto dopo lui e avanti ibn Isḥāq [† 151. a. H.], 12, 266 — suoi documenti autentici, conservati presso Tabari e tradotti integralmente nel testo degli Annali e dichiarati, 269, 324, 340; **2**, 31; **8**, 39, 113, 139 — suo stile conciso, oscuro, arcaico e primitivo, **Intr.** 234 nota 1, 242 nota 1, 269, 340 nota 1; **8**, 39 nota 2 — sue tradizioni e ragguagli, tramandati pel tramite dei figliuoli Hišām [† 146. a. H.], Yaḥya e 'Abdallah, del nipote 'Umar b. 'Abdallah, del discepolo al-Zuhri [† 124. a. H.], e conservate quasi tutte presso Tabari: sulla prima rivelazione di Maometto, **Intr.** 208 — sulle prime lotte con i Qurayš, 234 nota 1, 242 nota 1 — e l'emigrazione in Abissinia, 269, 270, 271, 349; **1**, 6 nota 1 — sulla morte di Khadiǵah, **Intr.** 324 — sul Grande Convegno di 'Aqabah e le prime apostasie, 340 e nota 1, 352 — sulla battaglia di Badr, **2**, 21 nota 3, 30-31 e nota 1, 46 nota 1 — sulla conquista di Makkah, **8**, 38, 39, 61 nota 3 — sulla battaglia di Ḥunayn, 113 — sulla spedizione e assedio di Tā'if, 139, 175 nota 2 — ignora il Bando dei banū Hāšim, **Intr.** 287 — ignora la prigionia e la conversione di al-'Abbās a Badr, **2**, 89 nota 1 — altre sue tradizioni di minore importanza, presso Tabari, Balādzuri,

Bukhāri, ibn Ḥubayš, ibn Ḥaǵar, ecc. **Intr.** 213, 251, 259, 305, 313, 347; **1,** 23 nota 1 no. 3, 65 nota 1 no. 3, 71 nota 1; **2,** 28 nota 1, 94 nota 1, 96 nota 1; **6,** 41; **8,** 184 nota 2; **10,** 1 nota 2; **11,** 6 note 1 e 5,*a*, 9, 12, 19, 28, 54, 101, 103 nota 1,*b*, 108, 122, 181, 193, 203, 205,*b*, 208, 331, 382 [Wüst., *Reg.*, 363; Yāqūt, *Reg.*, 554; Sachau, *Einl. zu Ibn Saad III*, I, pag. 18; Wust., G. A., no. 13; Aghāni, *Ind.* 483; Nawawi, 420-421; Qutaybah, 114-115; Durayd, 58, lin. 10-11].

Usāmah al-Muzani, C. d. P., ambasciatore dei suoi a Madinah, si rende musulmano, **5,** 17 no. 8.

Usāmah b. Ḥabīb al-Quraẓi, ebreo madinese, polemizza con Maometto, **1,** 58 no. 60.

Usāmah b. Zayd **b. Aslam al-Laythi,** tradizionista presso ibn Ḥubayš, **11,** 113.

Usāmah b. Zayd **b. Ḥārithah b. Šarāḥīl al-Kalbi al-Hāšimī** e figlio di umm Ayman [† 54. a. H.], C. d. P., e suo cliente, **10,** 142 no. 2 — nasce a Makkah nel quarto anno della missione di Maometto, **Intr.** 264 no. 1 – da umm Ayman, **8,** 138 no. 1 – e da **Zayd** b. Ḥārithah ucciso a Mu'tah, **11,** 4 — prediletto da Maometto, **1,** 65 e nota 1 no. 4 — rimandato indietro da **Uḥud** come troppo giovane, **3,** 26 no. 3 — fa le lodi di 'Ā'išah, **5,** 14 — alberga nella sua corte i Qurayẓah prigionieri alla vigilia dell' eccidio, 49 — pensionato di Khaybar, **7,** 42 — entra nella Ka'bah col Profeta, **8,** 65 — combatte valorosamente a Ḥunayn, 123 — investito da Maometto del comando della Spedizione del Balqā, **11,** 3, 4, 5 — nonostante le critiche dei Compagni a causa della sua giovinezza, 9 e nota 1, 10, 11 — interrompe i preparativi a causa della malattia e poi della morte di Maometto, 14, 20, 23 — assiste alla sepoltura del Profeta, 47 — per volontà di abū Bakr, compie la Spedizione in Siria, 67 nota 1, 73, 76, 85 nota 2, 87, 100, 106 — 111, 123 no. 2, 192 nota 1, 198,*c*; **12,** 95, 309 nota 2, 415 — eventi anteriori alla Spedizione, **11,** 123 nota 1 — eventi in Madinah durante la sua essenza, 112, 198,*c*; **12,** 65, 96 — eventi posteriori alla Spedizione, **11,** 114 nota 1, 117, 118, 124, 132 — luogotenente del Califfo in Madīnah durante Dzū-l-Qaṣṣah, 119 — mandato in aiuto di Khālid b. al-Walīd (?), 123 nota 1, 124, 132 — tradizionista presso ibn Hišām, **1,** 65 nota 1, no. 4 [Wüst., *Reg.*, 364; Yāqūt, 314; Nawawi, 147-150; Qutaybah, 71, lin. 4].

abū Usāmah al-Ǵumaḥi, pagano qurašita, uccide a Badr il musulmano 'Umayr b. 'Abd 'Amr, **2,** 87 no. 3.

abū Usāmah al-Ǵušami, pagano ferisce durante l'assedio il musulmano Sa'd b. Mu'ādz, **5,** 42 — latore di una lettera di abū Sufyān al Profeta, 89 [Ṭabari, III, 2442, lin. 157].

al-'ušar, *Calotropis* o *Asclepias procera*, arbusto dai frutti amari, murār, adoprato per curare il vaiuolo che scoppiò tra i guerrieri della Spedizione dell' Elefante, **Intr.** 120.

banū-l-'Ušarā [o banū 'Amr b. Ǵābir b. 'Uqayl, dei banū Māzin b. Fazārah], ramo dei Ghaṭafān cui apparteneva Manẓūr b. Zabbān: ribelli battuti in Dzū-l-Qaṣṣah, **11,** 118 [Wüst., *Reg.*, 364; Aghāni, *Ind.*, 486; Qutaybah, 40, lin. 12; Durayd, 172, lin. 13-14].

ibn abī Uṣaybi'ah [**abū-l-'Abbās Aḥ**mad **b. al-Qāsim Muwaffaq al-dīn al-Sa'di al-Khazraǵi,** storiografo della medicina, 668. a. H.], confonde il pagano qurašita al-Nadr b. al-Ḥārith b. Kaladah col thaqafita omonimo figlio del celebre medico al-Ḥārith b. Kaladah, **2,** 88 no. 20.

Usayd b. Ḥārithah, C. d. P., uno dei mu'allafah, regalato da Maometto in al-Ǵi'rānah, **8,** 164 no. 2.

Usayd b. Ḥuḍayr b. Simāk b. 'Atīk al-Anṣāri al-Awsi al-Ašhali (abū Yaḥya) [† 20. a. H.], C. d. P., capo dei banū Zafar tra i primi madinesi convertiti, **Intr.** 338 — uno dei nuqabā, 342 no. 10 — alla seconda 'Aqabah, 344 — si astiene da Badr, **2,** 42 — uno dei ricchi coltivatori di al-'Irḍ, **3,** 21 — vigila alla porta di Maometto la notte avanti la partenza per Uḥud, 23 — partecipa a quella Spedizione come portastendardo delli Aws, 25 — paciere tra i Musulmani, e nemico degli « Ipocriti », 27 — partecipa a Qaṭan, **4,** 2 no. 8 — durante l'assedio, difende la Trincea, **5,** 32, 33 — e protesta contro l'accordo con i Ghaṭafān, 36 — partecipa all' assedio ed all' eccidio dei Qurayẓah, 45, 50 — assiste all' esequie di Sa'd b. Mu'ādz, 53 — partecipa (?) ad al-Ghābah, **6,** 3 — alla campagna di Khaybar, **7,** 24 — dà il nome ad una parcella nella divisione territoriale di Khaybar, **7,** 41 no. 15 — portastendardo delli Aws a Ḥunayn, **8,** 122, 124,

125 — e a Tabūk, **9,** 29 — per gelosia dei Khazraǵ, favorisce i Qurašiti nella elezione di abū Bakr, 37 nota 1, 39,*a*, 56, 58, 59 — protesta contro il trattato di Khālid b. al-Walīd con i Ḥanīfah, **12,** 27, 28 — uno dei firmatari della concessione di abū Bakr agli ambasciatori 'Abd al-Qays, 50 — sapeva scrivere ed era uno dei cinque « perfetti », **11,** 224 no. 6 — uno dei tre senza pari in merito, **12,** 23 no. 2 [Wüst., *Reg.*, 364; Yāqut, *Reg.*, 327].

Usayd b. al-Nu'mān al-Anṣāri al-Khazraǵi al-Sā'idi [† 12. a. H.], C. d. P., ucciso ad al-Yamāmah, **12,** 23 no. 134.

Usayd b. Sa'yah [al-Quraẓi], C. d. P., ebreo madinese, disertore abbraccia l'Islām, **5,** 46.

Usayd b. Yarbū' b. al-Bada b. 'Āmir al-Anṣāri al-Khazraǵi al-Sā'idi [† 12. a. H.], C. d. P., ucciso ad al-Yamāmah, **12,** 23 no. 135.

Usayd b. Zuhayr, dei banū Ḥārithah, C. d. P., rimandato da Badr perchè troppo giovane, **2,** 43 nota 2 no. 5 — e così da Uḥud, **3,** 26 no. 7 — partecipa ad al-Ghābah, **6,** 3.

abū Usayd Mālik b. Rabī'ah b. al-Bada b. 'Āmir al-Anṣāri al-Khazraǵi al-Sā'idi [† 60. a. H.], C. d. P., partecipa a Badr, **2,** 85,C no. 44 — e vi uccide Zuhayr b. abī Rifā'ah, 88 no. 54 — portastendardo dei banū Sā'idah a Ḥunayn, **8,** 122 [Wüst., *Reg.*, 364; Qutaybah, 138].

abū Usayd Mālik b. Rabī'ah b. Sā'idah [† 12. a. H.], C. d. P., ucciso ad al-Yamāmah [cfr. Durayd, 270, lin. 16-17] — È forse il medesimo del no. 135, **12,** 23?

'Usaylah bint Qays, madre del musulmano Surāqah b. 'Amr, **8,** 15 no. 5.

'Uṣaymah al-Asadi, ḥalīf delli Anṣār al-Khazraǵ, C. d. P., presente a Badr, **2,** 85,C no. 161.

'Uṣaymah al-Ašǵa'i, ḥalīf delli Anṣār al-Khazraǵ, C. d. P., presente a Badr, **2,** 85,C no. 135.

Usayr al-Yahūdi [† 7. a. H.], ebreo di Khaybar, combatte nell'assedio dei castelli di al-Naṭāh, **7,** 20 — è ucciso in duello dal musulmano Muḥ. b. Maslamah, 22.

Usayr [Yasīr] b. Rāzim al-Yahūdi [† 6. a. H.], capo degli Ebrei di Khaybar, ucciso a tradimento a Qarqarah dal musulmano 'Abdallah b. Unays, **6,** 20; **7,** 48 nota 2

al-'Ušayrah, sito nell'avvallamento di Yanbu' fra questo e Madīnah; Maometto tenta con una spedizione di sorprendervi una caravana qurašita, **1,** 78 nota 1; **2,** 19 nota 1, 20 e nota 2 no. 12, 23 no. 5 e nota 1.

abū Usayrah [o Huhayrah] b. al-Ḥārith b. 'Alqamah b. 'Amr al-Anṣāri [† 3. a. H.], C. d. P., ucciso a Uḥud da Khālid b. al-Walīd, **3,** 54,B no. 60.

banū 'Usayrah b. 'Abd 'Awf b. Ghanm, ramo delli Anṣār Khazraǵiti, **2,** 85.C no. 119.

banū 'Uṣayyah [b. Khufāf b. Imru-alqays b. al-Šarīd], ramo sulaymita, partecipano al massacro dei Musulmani a Bi'r Ma'ūnah ed alla susseguente maledizione del Profeta, **4,** 3, 5; **10,** 50 — si convertono e ricevono concessioni da Maometto, **8,** 28 [Wüst., *Reg.*, 318; Yāqūt, *Reg.*, 252; Durayd, 187, lin. 4; 188, lin. 2-3; Qutaybah, 41, lin. 16].

banū Usayyid [b. 'Amr b. Tamīm b. Murr], tribù tamimita trattata con benevolenza da Musaylimah, **11,** 166,*a* [Wüst., *Reg.*, 363; Qutaybah, 37, lin. 5; Yāqūt, *Reg.* 238; Durayd, 127, lin. 1 e seg.].

al-'Uṣbah, o al-'Uṣabah [cfr. Yāqūt, III, 683], sito presso Dzū-l-Ḥulayfah e Madīnah, dov'era il Dār banī Ǵaḥǵaba, **1,** 15 — tappa del Profeta nella spedizione contro i Qurayẓah, **5,** 28.

'Usfān, sulla via Makkah-Madīnah, sul confine Ḥiǵāz-Tihāmah, tappa della Hiǵrah, **1,** 22 e nota 1 no. 1 — dei Qurayš a Badr, **2,** 40 no. 2 — limitrofa al territorio dei Liḥyān, **6,** 2 — presso lo stagno Dzāt al-Ašṭāṭ, 28 — tappa del Profeta al ritorno da al-Ḥudaybiyyah, **6,** 38 — sulla via dei Pellegrini alle due città sante tra Qudayd e Baṭn Marr, **7,** 69 nota 3; **8,** 3 nota 1 — vi abitano insieme i Khuzā'ah e i Tamim, **9,** 2 — tappa del Profeta nella Ḥaǵǵah al-Wadā', **10,** 73.

al-'ušr (pl. 'ušūr e a'šār) = « il decimo », tassa imposta come zakāt ai fondi coltivati dei Musulmani, riscossa nel Baḥrayn, **8,** 185, 187 — nel Ḥaḍramawt, **10,** 34 nota 1 — ne erano esonerati alcuni Bakriti dei Bāhilah, **9,** 8 nota 2.

'ušrah (*Asclepias gigantea*), arbusto o cespuglio in al-Naṭāh, **7,** 21.

al-'ušūr (pl. di 'ušr) = « le decime », **8,** 185; cfr. al-'ušr.

Usura (interesse ad), Maometto ne vieta l'uso ai Cristiani del Nagrān, **10**, 60.

al-'Utārid b. Hāgib b. Zurārah b. 'Adas al-Tamīmi dei banū Mālik, C. d. P., ambasciatore dei suoi a Madīnah, **9**, 4 no. 1 — resta fedele durante la insurrezione per Sagāh, **11**, 163 — o, più verisimilmente, parteggia anche lui per la profetessa, 164 [Wüst., *Reg.*, 365; Aghāni, *Ind.*, 487; Durayd, 145, lin. 7].

'Utaybah [o **'Utbah**] **b. abī Lahab b. 'Abd al-Muttalib b. Hāšim**, C. d. P., combatte da prode a Hunayn, **8**, 123 — primo marito di umm Kulthūm, **9**, 53 nota 1 [Wüst., *Reg.*, 366; Qutaybah, 60, lin. antipen. e seg.; 61, lin. 1-2; 69, lin. antipen. e seg.; Durayd, 42, lin. terzult.; Aghāni, *Ind.*, 473].

'Utaybah b. al-Nahhās al-'Iğli, richiesto di aiuto da al-'Alā b. al-Hadrami nella Riddah del Bahrayn, **12**, 57 — segue Khālid b. al-Walid alla battaglia di Ullays, 202 — coopera da al-Sīb con gli altri capitani musulmani a razziare la valle Tigro-Eufratica, 211 [Durayd, 208, lin. 16-17].

'Utbah, halīf dei banū Hāšim, pagano, prigioniero a Badr, **2**, 89 no. 42.

'Utbah b. 'Abdallah b. Sakhr b. Khansā al-Ansāri al-Khazraği, C. d. P., presente a Badr, **2**, 85,C no. 70.

'Utbah b. 'Āmir [† 8. a. H.], C. d. P., ucciso da prode a Mu'tah, **8**, 12.

'Utbah b. 'Āmir b. Khadīğ b. 'Āmir al-Ansāri al-Khazraği, C. d. P., presente a Badr, **2**, 85,C no. 180.

'Utbah b. 'Āmir b. Nābi b. Zayd al-Ansāri al-Khazraği, C. d. P., presente a Badr, **2**, 85,C no. 60.

'Utbah b. 'Amr b. Ğahdam [dei banū-l-Hārith b. Fihr], pagano qurašita prigioniero a Badr, **2**, 89, no. 41 [Aghāni, IV, 33].

'Utbah b. Bahz [o **Rabī'ah** ?] **al-Sulami**, C. d. P., presente a Badr, **2**, 85,C no. 41.

'Utbah b. Farqad b. Habīb b. Mālik al-Sulami, C. d. P., riceve da Maometto un documento o concessione di suolo edilizio in Makkah, **10**, 64 [Durayd, 188, lin. 1-2; Wüst., *Reg.*, 365].

'Utbah b. Ghazwān [**b. Hārith b.**] **Ğābir b. Wahb** [o **Wuhayb**] **al-Māzini** [† 14. o 17. a. H.], C. d. P., halīf dei Qurayš emigra in Abissinia, **Intr.** 277 no. 14 — ritorna a Makkah, 283 no. 6 — emigra a Madīnah, **1**, 15 no. 68 — disertando i Qurayš ad Ahyā, 76 — partecipa alla spedizione di Nakhlah, 21 no. 5, 22 — presente a Badr, **2**, 85.A no. 30 — prende Ubullah, **12**, 194,*b* e nota 2 — e compie nell'a. 14. la conquista della parte più meridionale della valle Tigro-eufratica, 199 nota 1 — unito in fratellanza con abū Duğānah Simāk 23 no. 41, 155 nota 2,*a* [Wüst., *Reg.*, 365-366; Yāqūt, *Reg.*, 548; Aghāni, XI, 125; Qutaybah, 41, lin. 13-14, 141; Durayd, 189, lin. 10-12; Nawawi, 405-406].

'Utbāh b. Ğubayrah [o **Ğabīrah**], tradizionista presso ibn Hubayš, **11**, 90 [Tabari, III. 2359, lin. 1].

'Utbah b. abī Lahab, cfr. 'Utaybah, ecc. **8**, 123.

'Utbah b. Mas'ūd [**b. al-Ghāfil b. Habīb al-Hudzali**] (**abū 'Abdallah**) [† sotto 'Umar, dopo il 20. a. H.], C. d. P., emigra in Abissinia, **Intr.** 277 no. 30 — ne torna, **7**, 54 no. 16 — a Uhud uccide per isbaglio il musulmano Husayl b. Ğābir, **3**, 37 [Wüst., *Reg.*, 366; Yāqūt, *Reg.*, 548; Qutaybah, 129-130; Nawawi, 406; Durayd, 109, lin. 14].

'Utbah b. Rabī' b. Mu'āwiyah b. 'Ubayd [† 3. a. H.], C. d. P., ucciso a Uhud, **3**, 54,B no. 36.

'Utbah b. Rabī'ah b. 'Abd Šams b. 'Abd Manāf (**abū-l-Walīd**) [† 2. a. H.], pagano e capo qurašita, protesta dinanzi ad abū Tālib contro la condotta sovversiva di Maometto, **Intr.** 238 no. 1 — avrebbe colpito abū Bakr predicante il monoteismo presso la Ka'bah, **Intr.** 245 nota 2 — tenta di persuadere il Profeta a desistere dalla sua missione, **Intr.** 253, 255 no. 1 — lo soccorre scacciato e maltrattato dai Thaqīf di Tā'if, **Intr.** 328 — partecipa al conciliabolo che condanna a morte Maometto, **1**, 17 no. 1 — pur sconsigliandola, partecipa qual uno dei capi alla Spedizione di Badr, 40 no. 5 e nota 1 no. 3, 52 no. 1 — e vi perisce in duello con il musulmano 'Ubaydah b. al-Hārith ucciso da Hamzah, **2**, 60, 87 no. 1, 88 no. 9 e no. 67 — suo figlio abū Hudsayfah,

72 — suo ḥalīf abū Mūsa al-Aš'ari, **7**, 54 no. 10 [Wüst., *Reg.*, 366; Yāqūt, *Reg.*, 548; Aghāni, *Ind.*, 473; Qutaybah, 85, lin. 7-8; Durayd, 51, lin. 3-4; Nawawi, 405].

'Utbah b. Rabī'ah b. Khālid b. Mu'āwiyah dei banū Bahrā, ḥalīf delli Anṣār al-Khazrağ, C. d. P., presente a Badr, **2**, 85,C no. 41.

'Utbah b. abī Waqqāṣ b. Wuhayb b. 'Abd Manāf, pagano, qurašita a Uḥud ferisce Maometto con pietre, **3**, 40 [Wüst., *Reg.*, 366; Aghāni, XIV, 18, 20; Qutaybah, 239, lin. 8].

Uthāl al-Ḥanafi, autorità di Sayf b. 'Umar, tradizionista presso Ṭabari, **11**, 165 nota 3,*a*, 166,*a*; **12**, 6,*a*.

al-Uthayl, valle tra al-Ma'lāt o Wādi al-Ṣufrā e Badr, nella regione fra Madīnah e Makkah, **2**, 19 nota 2 no. 7 — tappa del Profeta nella Spedizione di Badr, 73, 74, 77 — ivi 'Ali b. abī Ṭālib uccide al-Nadr b. al-Ḥārith, **Intr.** 256 nota 1; **2**, 88 no. 20 [Yāqūt, I, 121-122 e *pass.*].

'Uthmān el Medhayfe (ossia al-Madayfi), munisce Ṭā:if di muro e fossato, **8**, 139 nota 1.

'Uthmān b. 'Abd al-Dār b. Quṣayy (abū 'Abd al-'Uzza), qurašita preislamitico succede al padre nella carica della Ḥiğābah, **Intr.** 82 — e nel governo di Makkah, 84 [Wüst., *Reg.*, 367; Durayd, 54, lin. 6; 97, lin. 18-19].

'Uthmān b. 'Abd Ghanm b. Zuhayr, C. d. P., emigra in Abissinia, **Intr.** 277 no. 87 — ne ritorna, **7**, 55 no. 67.

'Uthmān b. 'Abd Šams b. ākhī Ghazwān b. Ğābir al-Māzini, ḥalīf dei Qurayš, pagano, prigioniero a Badr, **2**, 89 no. 13.

'Uthmān b. 'Abdallah b. Hurmuz, tradizionista presso Ṭabari, **10**, 145.

'Uthmān b. 'Abdallah b. al-Mughīrah b. 'Abdallah al-Makhzūmi [† 3. a. H.], pagano, prigioniero a Nakhlah, **2**, 21 — e a Badr, riscattato con 4 mila dirham, 89 no. 22 — ucciso a Uḥud da al-Ḥārith b. al-Ṣimmah, **3**, 42, 55 no. 19.

'Uthmān b. 'Abdallah [b. Rabī'ah b. al-Ḥārith al-Thaqafi] [† 8. a. H.], pagano, portastendardo dei banū Mālik, ucciso a Ḥunayn da 'Abdallah b. abī Umayyah [o da 'Ali], **8**, 124, 132 [Wüst., *Reg.*, 367].

'Uthmān b. 'Affān b. abī-l-'Āṣ b. Umayyah, C. d. P. e califfo [† 23.-35. a. H.], discendente di Quṣayy noto per la sua effeminata eleganza, **Intr.** 54 nota 1 — nasce il 6° anno dopo la Spedizione dell'Elefante, 132 nota 2 — si converte alle esortazioni di abū Bakr, 227, 234 nota 1 — emigra in Abissinia con la moglie Ruqayyah figlia di Maometto, 275 no. 1 — ritorna a Makkah, 283 no. 1 — emigra in Madīnah, **1**, 15 no. 69 — aiuta Maometto a gettar le fondamenta della Moschea di Qubā, 29 — unito in fratellanza con Aws b. Thābit, 50 — partecipa al bottino di Badr sebbene rimasto in casa ad assistere la moglie morente, **2**, 76, 85,A no. 13, 86 no. 1 — fugge da Uḥud, **3**, 44 — luogotenente del Profeta in Madīnah durante Dzū-Amarr, 6; **10**, 55 nota 2 no. 8 — e durante Dzāt al-Riqā', **5**, 1; **10**, 55 nota 2 no. 11 — sposa umm Kulthūm altra figlia di Maometto, 7; **9**, 53 nota 1 — ambasciatore di Maometto in Makkah durante le trattative di al-Ḥudaybiyyah, **6**, 31-33; **7**, 60; **10**, 96 — sorveglia il campo di al-Rağī' durante l'assedio di Khaybar, **7**, 16 — consultato da abū Sufyān sul modo di rimediare alla violazione fatta dai Khuzā'ah alla tregua di al-Ḥudaybiyyah, **8**, 47 — alla presa di Makkah entra nella Ka'bah e vi spezza gl'idoli, 65 — intercede presso Maometto in favore del suo fratello di latte 'Abdallah b. Sa'd b. abī Sarh, 79 — combatte da prode a Ḥunayn, 123 — riceve qual parte del bottino di Ḥunayn Zaynab la hawazinita, 163 — contribuisce con larga generosità alle spese per la spedizione di Tabūk, **9**, 26 — e particolarmente all'equipaggiamento dei « Piagnoni », 27 — informa li ambasciatori Nağrāni del disgusto di Maometto per il lusso nel vestire, **10**, 59 — accompagna a Dzū-l-Ḥulayfah le donne del Profeta nella Ḥağğah al-Wadā', 73 nota 1 — partecipa al consiglio tra i capi Qurayš per i primi moti antislamici, **11**, 103 — sconsiglia la Spedizione di Usāmah in Siria, 106,*a* — approva il disegno di abū Bakr d'invadere la Siria, **12**, 356,*c* — luogotenente di abū Bakr in Madīnah durante il pellegrinaggio dell'a. 12. H., **12**, 430 — sapeva scrivere, **11**, 220,*a* no. 3 — conoscitore e lettore pubblico del Qur'ān, 228,*b*, *h*, 229

no. 3, 230 — segretario del Profeta scrive per lui alcuni documenti, **9,** 8 — e fa da testimonio ad altri, 18, 70 nota 1; **10,** 143 no. 1; **12,** 50 — sue tradizioni trasmesse da Aslam, 429 nota 1,*b* — uno dei quattro maggiori Compagni del Profeta, tuttavia non mai citato da Tabari come autorità tradizionistica, **Intr.** 20 nota 1 — ragioni del suo silenzio, 21 e seg. — sua parentela col Profeta e conseguente diritto all'eredità politica di Maometto, 317 e nota 2,*b* — sua elezione al califfato, **11,** 67 nota 1 — continua la consuetudine di Maometto di trattenersi nel cortile della casa, **2,** 6 — e conserva le sue disposizioni, **5,** 13 — e le più minute costumanze di vita, **2,** 9 — e di rito, 67 — considera, con gli altri califfi ortodossi, possesso inalienabile dei primi usufruttuari le pensioni di Khaybar, **7,** 42 nota 4 — fa uso del minbar del Profeta, **8,** 202 nota 1 — conserva la destinazione dei proventi di Fadak a vantaggio degli « abnā sabīl », **11,** 202 nota 1 — esige la ǵizyah dai Berberi dell'Africa, **8,** 187 — concede un feudo a Muǵǵā'ah b. Murārah, **10,** 33 nota 2 — rinnova i termini del territorio sacro makkano, **8,** 71 — partecipa alla compilazione del Qurān e all'ordinamento delle sure, **11,** 231, 232 nota 1,*b* — sua tolleranza religiosa verso i popoli non Arabi, **8,** 99 nota 1 — altri eventi seguiti durante il suo califfato, **3,** 49 nota 1; **8,** 83; **12,** 395 — compera ad altissimo prezzo il vannino Daayyāl, **9,** 39 nota 3 — sua politica partigiana in favore degli aristocratici Qurayš, **2,** 15 — favorisce ibn abī Sarḥ, **8,** 79 — permette a Māni' al-Mukhannath di tornare a Madīnah dal suo esilio, 151 — settantenne sposa parecchie e giovani mogli, **10,** 139 nota — suo conflitto con il Senato madinese degli antichi Compagni, **12,** 373 nota 1 — agitazione dell'a. 34. contro di lui nell' 'Irāq, 155,*b* — sollevazione degli Egiziani contro di lui, 23 no, 67 — rivoluzione economico-politica che porta alla sua uccisione, 391 — suo assassinio e seppellimento, **11,** 60, 71 nota 2; **12,** 104 — versione madinese dei fatti, **11,** 80 nota 1 — sua moglie Fāṭimah bint abī 'Abd al-raḥmān al-Walīd, **12,** 23 no. 7 — suo mawla Māfannah, 199,*a* — suoi rapporti con Ḥumrān b. Abān suo schiavo manomesso, 176,*a* no. 1, 219,*a* no. 8 — e con abū Farwah 'Abd al-raḥmān, 219 nota 3 — suoi liberti e loro discendenti in Aylah, 322 nota 1 — eventi successivi alla sua morte, **9,** 70 [Wüst., *Reg.*, 368; Yāqūt, *Reg.*, 551; Nawawi, 409-413; Qutaybah, 35, lin. penult., 95-102, 272, lin. ult.; Durayd, 33-34; Aghāni, *Ind.*, 475-476].

'Uthmān b. 'Āmir b. Mu'attib, pagano qurašita, suo schiavo al-Munba'ith fuggito a Madinah, **8,** 150 nota 1 no. 3,

'Uthmān b. abī-l-'Āṣ b. Bišr b. 'Abd Duhmān al-Yasāri al-Thaqafi [† circa 45. a. H.], C. d. P., ambasciatore dei banū Mālik (Thaqīf) a Madīnah, **9,** 56 no. 4 — apprende il Qurān, 57 — e, giovanissimo, dirige le preghiere tra i suoi, 59 — agente del Profeta fra le tribù sedentarie nelle contrade di Ṭā'if, **11,** 82 no. 3 — dissuade i Thaqīf dal rinnegare l'Islām nella Riddah, 84, 98 — invade la Persia a capo degli 'Abd al-Qays, per ordine di abū Bakr, **12,** 230 [Wüst., *Reg.*, 367-368; Nawawi, 408; Qutaybah, 137; Aghāni, *Ind.*, 425 (qual tradizionista); Yāqūt, *Reg.*, 550; Durayd, 183, lin. pen. ed ult.; 184, lin. prima].

'Uthmān b. Awfa al-Qaynuqā'i, C. d. P., ebreo e « Ipocrita » musulmano di Madīnah, **1,** 61 no. 6.

'Uthmān b. abī Ḥubayš, pagano qurašita, viene a Madīnah per riscattare i prigionieri di Badr, **2,** 80 nota 1 no. 4.

'Uthmān b. al-Ḥuwayrith b. Asad b. 'Abd al-'Uzza, uno dei Ḥunafā', precursore di Maometto, **Intr.** 180, 182 no. 4 — suoi leggendari maneggi presso la Corte di Bisanzio per diventar re dei Makkani, 185 [Durayd, 59, lin. 8-9; Aghāni, XIX, 77].

'Uthmān b. Mālik al-Anṣāri al-Khazraǵi, C. d. P., unito in fratellanza con 'Umar b. al-Khaṭṭāb, **1,** 50.

'Uthmān b. Mālik b. 'Ubaydallah b. 'Uthmān al-Taymi [† 2 a. H.], pagano qurašita, ucciso a Badr da Ṣuhayb b. Sinān, **2,** 88 no. 23 — erroneamente menzionato dopo da Ṭabari, **4,** 9.

'Uthmān b. Maẓ'ūn b. Ḥabīb b. Wahb al-Ǵumaḥi (abū-l-Sā'ib) [† 2. a. H.], C. del P., makkano, uno dei primi musulmani, **Intr.** 229 no. 4 — emigra in Abissinia, 275 no. 10 — ritorna a Makkah, 283 no. 21 — rinunzia alla protezione dello zio al-Walīd, b. al-Mughīrah, e letiga col poeta

Labīd sulla durata delle gioie del Paradiso, 302 — presente a Badr, **2,** 85,A no. 69, 88 no. 48 — muore dopo l'anno 1. H., **1,** 82 — e dopo Badr [secondo Qutaybah; propriamente nella ša'bān dell'anno 3. H.; Nawawi, 409, lin. 16] — suo zelo musulmano e carattere ascetico: necrologia, **2,** 108; **10,** 114 — sua moglie Khuwaylah bint Ḥakīm al-Sulamiyyah, **8,** 153 [Wüst., *Reg.*, 368-369; Yāqūt, *Reg.*, 551; Qutaybah, 216, lin. 5-6; Nawawi, 414-415; Aghāni, XIV, 99-100; Durayd, 71, lin. 14; 81 lin. 19, 20].

'Uthmān b. Muḥ. b. 'Ubaydallah b. 'Abdallah [**b. 'Umar**] (**abū Qudāmah**), tradizionista, autorità di al-Wāqidi presso Tabari, **12,** 430.

'Uthmān b. Munabbih b. 'Ubayd al-'Abdari, pagano di Makkah, ferito nell'assedio di Madīnah di una frecciata mortale, **5,** 43 no. 3.

'Uthmān b. Rabī'ah b. Uhbān, C. d. P., emigra in Abissinia, **Intr.** 277 no. 56 — ritorna in Arabia sulle navi del Nagāši, **7,** 54 no. 18.

'Uthmān b. Sāǵ, tradizionista favoleggiatore del sec. II presso al-Azraqi: sua redazione della Sīrah di ibn Isḥāq; suoi maestri e suoi discepoli, **Intr.** 34 nota 2, 117 nota 1.

'Uthmān b. Sa'īd b. Khālid b. Ḥudzayfah, C. d. P. (?), menzionato tra i Makkani che sapevan leggere, **11,** 220,*b* no. 18.

'Uthmān b. Ṣāliḥ [† 219 a. H.], tradizionista, presso Balādzuri, **8,** 184 nota 2 [Yāqūt, *Reg.*, 550].

'Uthmān b. Suwayd b. al-Math'iyyah al-Riyāḥi, tradizionista, autorità di Sayf presso Tabari, **11,** 180.

'Uthmān b. Talḥah [**b. abī Talḥah 'Abdallāh b. 'Abd al-'Uzza**] **al-'Abdari** [† 42. a. H.], C. d. P., rendesi musulmano a Madīnah con Khālid b. al-Walid, **8,** 1, 2 — rimette nelle mani del Profeta la chiave della Ka'bah, 65 — e riceve da Maometto per sè e per i suoi il diritto della custodia del Santuario, 68 [Wüst., *Reg.*, 369; Yāqūt, *Reg.*, 550; Nawawi, 407-408; Qutaybah, 34, lin. 9-11; Durayd, 56, lin. 12-14; Aghāni, XV, 11].

'Uthmān b. abī Talḥah b. Uthmān b. 'Abd al-'Uzza [† 3 a. H.], pagano qurašita, ucciso a Uḥud da Ḥamzah b. 'Abd al-Muttalib, **3,** 55 no. 3 [Wüst., *Reg.*, 369; Qutaybah, 34, lin. 9-10; Nawawi, 408, lin. 3].

'Uthmān b. Wahb, C. d. P., uno dei mu'allafah, riceve da Maometto in al-Ǵi'rānah un regalo di 50 cameli, **8,** 164 no. 9.

abū 'Uthmān. 12, 202; cfr. abū 'Uthmān al-Nahdi.

abū 'Uthmān al-Nahdi [† 95. a. H.], tradizionista siro, veterano di molte battaglie in Persia e in Siria, autorità di Sayf presso Tabari. **12,** 198, 202, 205, 206, 208, 214,*a*, 217, 384, 390 [Qutaybah, 217].

abū 'Uthmān Umayyah b. abī-l-Ṣalt 'Abdallah b. Rabī'ah b. 'Awn al-Thaqafi, cfr. Umayyah b. abī-l-Ṣalt, **9,** 95.

banū 'Uthmān b. 'Amr [**Muzaynah b. Dabbah b. Udd**], gruppo o ramo dei Muzaynah: «il migliore e il più nobile tra essi», **5,** 17 e nota 2 [Wüst., *Reg.*, 368].

Utt **b. abī Utt,** dei banū Sa'd b. Zayd Manāt, luogotenente di Khālid b. al-Walīd a Rūdzmistān, **12,** 211 no. 5, 217 [Yāqūt, *Reg.*, 330].

Uwāl o **Awāl,** nome di un idolo dei Bakr b. Wā'il, **12,** 155 nota 3.

banū 'Uwāl [**b. Tha'labah b. Sa'd b. Dzubyān**], tribù dei Ghaṭafān: possiedono con i Tha'labah il pozzo Dzū-l-Qaṣṣah, e vi sopraffanno i Musulmani, **6,** 5 — battuti e depredati nella spedizione di al-Mayfa'ah, **7,** 64 nota 1, 65 [Wüst., *Reg.*, 370; Yāqūt, *Reg.*, 253; Durayd, 174, lin. 3, 9.

'Uwānah b. al-Ḥakam, tradizionista, presso Balādzuri, **12,** 181 [Yāqūt, *Reg.*, 593].

'Uwayf b. al-Adbat al-Du'ili, C. d. P., suo luogotenente in Madīnah, durante la 'Umrah al-Qadiyyah, **7,** 69; **11,** 55 nota 2 no. 15.

'Uwaym ['**Uwaymir**] **b. al-Kāḥil** [**al-Kāhin**] **al-Aslami,** luogotenente di Khālid b. al-Walid, in 'Ayn al-Tamr, **12,** 221.

'Uwaym ['Uwaymir] b. Sā'idah b. Sal'aǵah [o **b. 'Ā·iš b. Qays**] **al-Anṣāri al-Awsi** [† 12. o 23. a. H.], C. d. P., presente alla prima 'Aqabah, **Intr.** 336 no. 7 — ed alla seconda. 344 no. 8 — da Maometto unito in fratellanza con Ḥāṭib b. abī Balta'ah, **1,** 50 — presente a Badr, **2,** 85,B no. 32 — guardia del corpo del Profeta, 97 — sconsiglia 'Umar ed abū Bakr dal penetrare nella Saqīfah dei banū Sā'idah, **11,** 37 [Wüst., *Reg.*, 370; Yāqūt, *Reg.*, 594; Aghāni, XVIII, 65; Nawawi, 490-941; Durayd, 260, lin. terzult. ed ult.].

'Uwaymir b. al-Akhram, dei banū 'Abd b. 'Adi, C. d. P., ambasciatore dei suoi a Madīnah, **5,** 93.A.

'Uwaymir b. al-Sā·ib [o **'Ā·idz**] **b. 'Uwaymir,** pagano ucciso a Badr da al-Nu'mān b. Mālik **2,** 88 no. 38.

'Uwayrid, regione vulcanica della grande Ḥarrah al nord di Madīnah, limite settentrionale del territorio dei banū Bali, **9,** 16 [è identico a 'Uwārid di Yāqūt, III, 740? nel territorio dei Ṭayy o delli Asad o dei Fazārah].

'Uyaynah b. Badr [o **Ḥiṣn**] = 'Uyaynah b. Ḥiṣn al-Fazāri, **8,** 164 no. 14 [Nawawi. 499, lin. 14].

'Uyaynah b. Ḥiṣn b. Ḥudzayfah b. Badr al-Fazāri (abū Mālik), C. d. P., riceve da Maometto il permesso di pascolo tra Taghlamayn e al-Marād, **5,** 6 — capo dei banū Ghaṭafān partecipa all'assedio di Madīnah con i Qurayš, 23 — e viene a patti con Maometto, 36 — ruba le camele di Maometto in al-Ghābah e sfugge alla spedizione di Sa'd b. Zayd, **6,** 3; **11,** 158 — alleato degli Ebrei di Khaybar, li tradisce, e ne ha premio da Maometto, **7,** 11, 12, 35 — sfugge all'inseguimento di Bašīr b. Sa'd in al-Ǵināb, 66 — e medita di rendersi musulmano. 67 — pur restando pagano, segue Maometto alla presa di Makkah, **8,** 52 e nota 1; **10,** 120 nota 1 — insiste a Ḥunayn per vendicar su Muḥallam b. Aqra' l'uccisione di 'Āmir b. al-Aḍbaṭ, 134 — penetra in Ṭā·if e incoraggia i Thaqīf a resistere, **8,** 145, 155 — riceve da Maometto il regalo di 100 cameli, in al-Ǵi'rānah, 164 no. 14, 165 no. 28, 166 — restituisce a malincuore la donna hawāzinita toccatagli nel bottino, 171 — comanda una spedizione o razzia musulmana contro i Tamīm, **9,** 2, 4 e no. 10 — non se ne fa menzione nell'ambasciata e conversione dei banū Fazārah, 71 nota 1 — capo dei Fazārah ribelli, alla morte di Maometto, **11,** 88 — tenta di staccare dal califfo abū Bakr, 'Amr b. al-'Āṣ, 94 e nota 1 — non riuscendo a ottener da abū Bakr in Madīnah l'abbono delle tasse per la sua tribù, 113 e nota 1 — si allea a Ṭulayḥah b. Khuwaylid, 117. 130, 132, 133 — col quale combatte a Buzākhah e poi lo abbandona, 138, 139 e nota 1 — prigioniero di Khālid b. al-Walid, 142, 154 nota 1 — e menato a Madinah riceve la grazia da abū Bakr, 154-156 [Wüst., *Reg.*, 850; Yāqūt, *Reg.* 598; Aghāni, *Ind.*, 529; Qutaybah, 40, lin. 16; 154-155, 293, lin. terzult.; Nawawi, 499-500; Durayd, 173, lin. 1, 15-16].

'Uyaynah b. al-Nahhās, a capo dei Lahāzim segue Khālid b. al-Walid nell'invasione del Sawād. **12,** 189 no. 8 [Yāqūt, I, 624].

'Uyaynah b. al-Šammās, è mandato da Khālid, dopo la presa di Ḥīrah a razziare il Sawād, **12,** 213.

abū 'Uyaynah, cfr. 'Īsa b. Ǵa'far; suo castello sul sito di al-Khuraybah, **12,** 155 nota 14.

ibn abī 'Uyaynah [**al-Muhallabi**?], tradizionista presso ibn abī Uṣaybi'ah, **11,** 243.

U**z,** ossia Arabia Petraea, paese nativo di Giobbe, non alimenta il cavallo, **12,** 272 nota 2.

'uẓamā = « magnati » c **aqyāl** = « principi » del Ḥadramawt: loro corrispondenza con Maometto, **10,** 46.

'Uzayr (Esra), o **al-'Uzayr al-nabi** adorato dagli Ebrei. **Intr.** 294 [Ṭabari, I, 670; Yāqūt, *Ind.*, 555.

'Uzayr b. abī 'Uzayr, ebreo madinese dei banū Tha'labah b. al-Fityawn, avversario di Maometto, **1,** 58 no. 19.

al-'Uzza, divinità del paganesimo arabo, una delle tre « vergini eccelse », **Intr.** 280 — la « Venere » o stella matutina degli Arabi, **8,** 102 nota 1 — rappresentata dalla pietra bianca o al-Yamāni nella Ka'bah (?), **Intr.** 62 nota 2 — idolo preislamitico adorato dai Qurayš, 252 nota 4, 268 — dai Kinānah e da tutti i Muḍar, **8,** 102 — in molte parti d'Arabia; aveva suo santuario in

Ruhāṭ o in Nakhlah, fra tre samure, e per sacerdoti alcuni Sulaymiti ḥulafā dei Qurayš, i banū Šaybān b. Ǵābir, 25 nota 1 — la sua immagine e culto distrutti da Khālid b. al-Walīd, 102 e nota 1, 107, 108 — al-Mundzir in Ḥirah fa sgozzare in suo onore 400 monache cristiane, **12**, 134.

Vacche nel bottino del castello di Sa'b in Khaybar, **7**, 26.

Vacche e tori selvatici (al-baqar), cacciati presso Dūmah al-Ǵandal; cfr. antilope (wadīḥah), **9**, 45.

Vaiuolo (al-ǵadari), epidemia che colpisce l'esercito abissino della Spedizione dell'Elefante, **Intr.** 108, 120 — curata con i frutti amari di certi arbusti, 120 [cfr. Fernandez y Gonsalez, *La aparición de la viruela en Arabia* (Revista de ciencias históricas, V, 1887, 201-216)].

Vaiuolo nero, o pustule pestilenziali (al-'adasah), ne muore in Makkah abū Lahab, **2**, 107.

Valente imperatore [† 378. a. È. V.], tratta con gli Arabi di Pharan o Wādi Fīrān nel Sinai, **12**, 113.

Valeriano Licinio imperatore, prigioniero dei Persiani a Edessa nel 260. a. È. V., **12**, 130 nota 1.

Vangelo, conosciuto da Waraqah b. Nawfal (?), **Intr.** 183 — da Maometto, 193 [cfr. Nöldeke Qur., e Šaykh o, *Nusakh 'arabiyyah qadīmah fi-l-Šarq*, nel « Mašriq », 1901, 97-98 e seg.] — genealogia di Gesù, 30 — episodi, leggende sulla sua infanzia e miracoli che influiscono a formar quelli di Maometto, 114, 129, 179, 183, 193 e nota 3, 233 nota 2 — e Chiesa di Roma, **1**, 7 — e missione universale di Gesù, **10**, 104 nota 1 — tradotto in siriaco, penetra nell'Oriente transeufratico, **12**, 137 nota 2 — vagamente conosciuto in Madīnah, **1**, 41 — frasi e sentenze del- messe in bocca a Maometto, per opera di abū Hurayrah, **Intr.** 26 — o in bocca a Musaylimah, **11**, 165.

Vartomanus, cfr. Barthema Luigi, **11**, 62 nota 2.

Vaticano e suo sfarzo orientale, **1**, 7.

Vaticinatori, (al-Kahanah, sing. al-Kāḥin), pagani o indovini e loro consuetudine di ricever le rivelazioni, avvolgendosi in un mantello, **11**, 139 nota 1 — predicono la grandezza di Maometto, **Intr.** 114 — ispirati dal proprio demone o ǵinn, **10**, 133.

Vasi di rame (ṭisās), degli Ebrei Madinesi che li battono durante un'ecclisse di luna, **5**, 7.

Vecchio Testamento, studiato da Waraqah b. Nawfal (?), **Intr.** 183 — letteratura rabbinica e omiletica sul-, studiata dal Hirschfeld in rapporto alla tradizionistica musulmana sulla biografia del Profeta, 124 nota 1 — profezie del-, vi fanno appello i primi cristiani per avvalorar la loro fede, 24.

Vedica (mitologia), inneggia alla potenza virile dell'uomo e degli Dei, **10**, 139 nota.

Velo (qinā') imposto dal Profeta alle donne; occasione e ragioni di siffatto obbligo, **5**, 14, 20 nota 1; **10**, 14 nota 3 [usato già prima dell'Islām; cfr. Hirschfeld, *Beiträge zur Erklärung des Qorân*, pag. 49, e Iacob, nel cap. « Tracht und Schmuck der Frauen »].

Venerdì = yawm al-ǵumu'ah o giorno di riunione fissato da Maometto come giorno di festa settimanale o cerimonia religiosa solenne, **1**, 30 nota 1 — quale obbligo musulmano, **2**, 12 — — ad esempio di Ka'b b. Lu'ayy (?), **Intr.** 59; **2**, 28 nota 1 — funzione settimanale del-, presieduta, in assenza del Profeta, dai suoi luogotenenti, **11**, 55 nota 3.

Venere o stella mattutina degli Arabi (probabilmente al-'Uzza), **8**, 102 nota 1.

Verbo di Dio (kalimah Allah), cioè Masīḥ b. Maryam o Gesù Cristo; per tale riconosciuto da Maometto, **9**, 38 nota 1.

Verdi e Azzurri due partiti del circo- in Costantinopoli, **12**, 242 — in Alessandria e Antiochia, 246.

Vergogna, completa licenza dei costumi e mancanza del senso della- in Arabia, avanti Maometto, **10**, 14 nota 3.

Versi che Maometto cantava lavorando alla costruzione della Moschea di Madīnah, **1**, 34 — inneggianti al vino ed all'amore con cantanti e ballerine, composti da al-Nu'mān b. 'Adi, **7**, 55 no. 65 — Compagni che improvvisano- per animarsi al lavoro nella costruzione della Trincea, **5**, 26.

Vescovi cristiani di Nağrān, compresi nella dzimmah di Maometto, **12**, 75 — che assumevano l'amministrazione materiale e la difesa della città nelle provincie asiatiche di Bisanzio, 264 — contrasti cruenti per la nomina dei- nella Chiesa bizantina, 263 — monofisiti insediati dai Persiani invasori nella Siria e nella Palestina, 265 nota 2 — ortodossi e frati cacciati dalla Siria e Palestina, 265 nota 2.

Vienna, vede i Musulmani (Turchi) sotto le sue mura, **Intr.** 1.

Vigneti intorno a Ṭā'if, distrutti in parte da Maometto durante l'assedio della città, **8**, 146.

Vindoj, lo zio di Khusraw Barwīz; cfr. Binday o Farrukhzād b. al-Bindawān, **12**, 216.

Vino prodotto dai vigneti di Ṭā'if, **4**, 11 nota 1 — specialmente bevuto dai Cristiani, primi i Taghlib, della frontiera arabo-persiana, **12**, 165 nota 7 — uno degli agenti per la propaganda cristiana in seno all'Arabia antica, **10**, 33 nota **4** — se ne beve in Madīnah fra Ebrei e Musulmani, **3**, 9 — ne possedevano in abbondanza li Ebrei Qurayẓah, **5**, 49 — e quelli di Khaybar, **7**, 26 — usato in Arabia prima dell'Islām, tranne da alcuni astemi volontari, **4**, 11 nota 1; **8**, 105 nota 1; **9**, 95 — proibito in Madinah da Maometto, **Intr.** 310 e nota 1 — durante la spedizione contro i banū-l-Nadīr, **4**, 11 e nota — ovvero un anno prima o dopo, **6**, 59 — ragioni ed occasioni della proibizione, **6**, 59; **10**, 33 nota 4 — chi ne abusa è in pena battuto sulle spalle, **7**, 26; **9**, 12; **10**, 67 nota 3 — bevuto ancora quasi comunemente nel I sec. H., 67 nota 3 — Sulāfah bint Sa'd vorrebbe berne dentro il cranio di 'Āṣim b. Thābit, **4**, 7 — mercanti di- e bettolieri cristiani in Arabia, **10**, 33 nota 4 — otre di- offerta in dono al Profeta, **9**, 70 — versi inneggianti al- ed all'amore con cantanti e ballerine; cfr. al-Nu'mān b. 'Adi, **7**, 55 no. 65.

Viti e **Vigne** di Turabah, presso Ṭā'if, **7**, 61 nota 1.

Visioni preconizzanti ad Āminah la grandezza di Maometto, **Intr.** 105.

Vitello d'oro adorato dagli Ebrei, **2**, 1.

Viveri, distribuzione dei- ai pellegrini; cfr. al-Rifādah, **Intr.** 79 e nota 1.

Volocesia, della Tab. Peutingeriana; cfr. Vologesias, **12**, 162 nota 3,*b*.

Vologesias, cfr. Ullays e Amghīšiyyah, **12**, 162 nota 3,*b*, 203 nota 1.

Volpe che orina sopra un idolo dei banū Sulaym in Ruhāṭ, **8**, 25.

Voto di 'Abd al-Muṭṭalib, di sacrificare un figlio alla Ka'bah, **Intr.** 103.

wa anna yaf'al wa yaf'al = « e che faccia (questo) e faccia (quest'altro) ». **10**, 14 nota 1.

wa fulānⁿ wa fulānⁿ = « e taluni altri ed altri ancora », **12**, 25,*c*.

wā ǵabalāh, wa ruknāk, grida funebri, usate dalle donne alla morte di 'Abdallah b. Ubayy, **9**, 72.

wa lā ālu = « e non indugerò (o esiterò) ». **10**, 13.

wa-l-ghanam mabītah = « e il gregge ovile per la notte », cioè il tratto di paese percorso dalle pecore pascolanti sino al loro rientrar nell'ovile a sera, **10**, 36.

wa-l-salām = « e salute! », clausola abituale della corrispondenza di Maometto, **8**, 21 nota 3, 185

wamā kharaǵa minhā = « e quel che è uscito da essa », i prodotti della terra, **8**, 186.

wa maw'iduka ḥifšu ummika = « e il tuo sito di convegno (diventerà) il sacchetto di tua madre », **11**, 93 [cfr. Lane, *Lex.*, s. v.].

wa qāla qawm = « certa gente afferma », opposto ad aṣaḥḥ « ma è più verisimile ». **12**, 180 nota 1.

wabar, pelo delle capre e dei camelli, che le donne intessevano per farne tende e coperte, **12**, 275.

al-Wabar, valle della Yamāmah: tappa di Khālid b. al-Walid dopo la pace con i Hanīfah, **12**, 32 [= Wabarah o Wabrah di Yāqūt, IV, 901?].

Wabar b. Yuḥannas al-Azdi, o **al-Khuzā'i**, C. d. P., probabilmente cristiano, predica l'Islām nel Yaman, **10**, 80, 82 nota 2 — e tratta con li Abnā Yamaniti per la uccisione di al-Aswad al-'Ansi, **11**, 189, 193 no. 1, 197 — torna a Madīnah, **12**, 65.

Wabarah b. Taghlib b. Ḥulwān b. 'Imrān. Intr. 42, tav. 3 [W ü s t., *Reg.*, 456].

ibn Wabarah b. Rūmānis [b. Ma'qal b. Maḥāsin] al-Kalbi, comanda ai Kalb presso Dūmah al-Ǵandal, contro Khālid b. al-Walīd, **12,** 221.

Wābiṣah b. Ma'bad [b. Mālik (o **'Utbah) b. 'Ubayd] al-Asadi (abū Sālim),** C. d. P., ambasciatore degli Asad b. Khuzaymah a Madīnah, **9,** 12 no. 3 [W ü s t., *Reg.*, 456; N a w a w i, 611-612].

Wabr b. 'Amr al-Azdi, cristiano, esplora i movimenti dei Musulmani presso Wādi al-Qura, nella spedizione di Tabūk, **8,** 10.

Wabr b. 'Ulaym, pagano capo dei banū Sa'd aggrediti da 'Ali in Fadak, **6,** 17.

w a · d a l-b a n ā t = infanticidio femminile dell'Arabia antica, **11,** 165.

w ā d a ' a = « stipulò un accordo », Maometto con gli Ebrei di Madīnah, **1,** 44, 49 — con i littoranei del Mar Rosso contro i Qurayš di Makkah, **3,** 9.

abū Wadā'ah b. Dubayrah = al-Muṭṭalib b. abī Wadā'ah, **3,** 2 nota 1.

abū Wadā'ah al-Ḥārith b. Dubayrah; cfr. abū Widā'ah al-Ḥārith ecc.

w ā d a ' a t h u = « strinsero patti con lui » (gli Ebrei di Madīnah con Maometto), **1,** 49.

Wadafah o **Wadaqah,** cfr. Wadzaqah b. Iyās b. 'Amr, **12,** 23 no. 136.

w a d ā · i ' (plur. di w a d ī ' a h) = « i depositi » le tasse esatte e tenute in custodia, **11,** 179.

Wadaqah o **Wadafah,** cfr. Wadzaqah b. Iyās, **12,** 23 no. 136.

Waddān, nome di tre luoghi [Y ā q ū t, IV, 910-912], **2,** 18 nota 1.

Waddān o **Waddān al-Madīnah,** villaggio sulla via di Makkah presso al-Furu', Harša e al-Abwā, **1,** 76 nota 2; **2,** 18 nota 1; **3,** 100 nota 2 — mèta della prima Spedizione di Maometto, **1,** 73, 76 nota 1; **2,** 18, 23 no. 1 — tappa del Profeta movente ad al-Ḥudaybiyyah, **6,** 26.

Waddington e sue scoperte epigrafiche, **11,** 214.

w ā d i, vallata pietrosa o bassura senza acqua corrente, quelle che scendono dall'altipiano arabico verso l'Eufrate, **12,** 419 [Y ā q ū t, IV, 875, lin. 1-2] — dei banū Murrah presso Fadak, **7,** 63 — entro cui sorge Makkah, **Intr.** 36.

al-Wādi = Wādi al-Qura, **9,** 30 no. 5.

Wādi Abyan, cfr. Abyan, **12,** 68 nota 1.

Wādi A'dā, cfr. A'dā.

Wādi al-Aḥmar, nella Palestina [oggi Wādi el-Aḥmar, tra Gerico e Bêsân?] luogo di riunione delle forze greche destinate a far fronte alla invasione araba, **12,** 363 [Y ā q ū t, I, 156, lin. 17 ?].

Wādi al-'Aqīq, valle presso Ṭā'if dov'era il vigneto dei banū-l-Aswad b. Mas'ūd, **8,** 146 [manca in Y ā q ū t, III, 700-703] — valle fra Madīnah e al-Baqī', tappa dei Qurayš a Uḥud, **5,** 24 [Y ā q ū t, III, 700 e *pass.*].

Wādi al-'Arabah, grande bassura della Palestina meridionale, **12,** 107, 307, 319 nota 1, 337, 338; cfr. al-'Arabah e Ghamr al-'Arabāt.

Wādi Bīšah, nella Tihāmah, **9,** 13 nota 1; cfr. Bīšah.

Wādi Dawāsir, già letto del massimo fiume d'Arabia nell'età glaciale, **12,** 107.

Wādi Dzafirān, tra al-Ṣafrā e Badr, tappa del Profeta in quella Spedizione, **2,** 44 [Y ā q ū t, II, 720-721].

Wādi al-Ghamr, 12, 337; cfr. Ghamr al-'Arabāt e al-'Arabah.

Wādi Ghurān, presso al-Ḥudaybiyyah e Makkah, **8,** 25 nota 1; cfr. Ghurān [Y ā q ū t, III, 781-782 e *pass.*].

Wādi al-Ḥumth, sopra uno dei suoi antichi affluenti sorge Madīnah, **12,** 107.

Wādi Ḥunayn, vallata della Tihāmah, **8,** 122; cfr. Ḥunayn.

Wādi Ḥurdān, 10, 51; cfr. Ḥurdān.

Wādi Igharghar, fiume del continente africano settentrionale nel periodo glaciale, **12,** 107.

Wādi Miyā, antico fiume dell'Africa settentrionale, **12,** 107 [cfr. Y ā q ū t, IV, 879-880].

Wādi Mukattab o « valle delle iscrizioni », nella penisola del Sinai (presso Ǵabal Mokatteb) suoi graffiti del II e III sec. È. V., **11,** 216, 218.

Wādi al-Mušaqqaq, tappa di Maometto al ritorno da Tabūk, **9,** 42 [Yāqūt, IV, 542].

Wādi al-Nāqah, tappa del Profeta al ritorno da Tabūk, **9,** 42.

Wādi Qanāt, valle vicino a Madīnah, **8,** 199; **9,** 57.

Wādi al-Qura o « vallata dei borghi », vallata tra Madīnah e Taymā verso la Siria, **7,** 48 nota 1 — una delle contrade più feraci d'Arabia occupata da Ebrei e Arabi ebraicizzati, **1,** 38 — fra i quali, forse, i banū Ghādiyā e i banū 'Urayd, **9,** 51 nota 1 — regione fra essa e Khaybar, **7,** 66; **10,** 29 nota 1 — e Madīnah, **12,** 316 nota 6 — e Makkah, **11,** 105 — e Tabūk, **8,** 4 nota 1, 10; **9,** 34 — e la Siria, **8,** 30; **9,** 14 nota 1; **12,** 415 nota 1 — distante due notti di marcia da Ḥisma, **6,** 11 nota 1 — vi sono ospitati i Qaynuqā' espulsi da Madīnah, **2,** 97 — forma con Khaybar, Taymā e Fadak una lega difensiva contro Maometto, **5,** 55 — Spedizione di Zayd b. Ḥārithah a-, **2,** 105; **6,** 15, 18; **9,** 15 nota 1 — conquistata e posseduta da Maometto dopo Khaybar, **7,** 38, 46 e nota 1, 48 [e note 1, 6, 7, 8] 50; **10,** 103, 142 no. 18; **12,** 432 — il quale ne godè le rendite, **7,** 48; **12,** 277 — senza la espulsione degli Ebrei, **7,** 48; **11,** 27 nota 1,*b* — amministrazione di- affidata dal Profeta a 'Amr b. Sa'īd e poi a Yazīd b. abī Sufyān, **7,** 49 — tappa del Profeta nella Spedizione di Tabūk, **9,** 30 no. 5, 32, 33, 34 nota 1 — tappa di Usāmah nella sua Spedizione, **11,** 106,*a*, 107 — tappa di abū 'Ubaydah, **12,** 328,*a*, 357,*e* — e di Yazīd b. abī Sufyān nella invasione della Siria, 360 — vi era nota sin da antico la scrittura araba, **11,** 211 [Yāqūt, IV, 878-879 e *pass.*].

Wādi Rābigh, 1, 76 nota 2; cfr. Rābigh.

Wādi al-Raḥmān, presso Namirah, i suoi abbeveratoi posseduti dai banū-l-Ḥārith b. Ka'b, **10,** 9 no. 6 [Yāqūt, IV, 813, *s. v.* Namirah].

Wādi Rūbīn, valle nella Palestina, comprende Yubna-Jabne, **11,** 4 nota 1.

Wādi Ruḥqān, fra al-Nāziyah e Madīq al-Ṣafrā sulla via Madīnah-Badr, **2,** 44.

Wādi al-Rummah, già letto di antico e grande fiume dell'Arabia orientale, poi antico affluente dell'Eufrate, **12,** 107 — unica via di terra fra il Yaman e la Persia, **Intr.** 108 nota 1 — comprende Abanān o i due monti Abān, **11,** 147 nota 1,*b*.

Wādi Rānūnā, fra Qubā e Madīnah, appartenente ai banū Sālim b. 'Awf, **1,** 30 [Yāqūt, II, 740-741].

Wādi al-Ṣafrā (cfr. Ṣafrā), fra Makkah e Madīnah comprende la sorgente al-Badr, **2,** 19 nota 2 — presso il villaggio Yanbu', 20 nota 2.

Wādi Sirḥān, antico fiume dell'Arabia settentrionale, **12,** 107.

Wādi al-Šuqrah (cfr. Šuqrah), **5,** 1 e nota 1.

Wādi Uḥud (cfr. Uḥud), **3,** 40.

banū Wādi'ah [b. 'Amr b. 'Āmir b. Nāšiḥ ?], ramo hamdanida dei Gharb yamaniti, **9,** 66 [Wüst., *Reg.*, 457; Durayd, 253, lin. 7].

Wadī'ah al-'Awfī, C. d. P., uno degli « Ipocriti » madinesi, **1,** 60 no. 33, (= n. 17 ?).

Wadī'ah al-Kalbī, C. d. P. (?) o cristiano, capo dei banū Kalb ribelli alla morte del Profeta, **11,** 102, 124 no. 5 — minacciato da Usāmah si ritira su Dūmah al-Ǵandal, 111 — è sconfitto da Khālid b. al-Walīd, **12,** 221.

Wadī'ah b. 'Amr [b. Ǵarād b. Yarbū'] al-Ǵuhanī al-Anṣārī al-Khazraǵī, C. d. P., presente a Badr, **2,** 85,C no. 136 [Wüst., *Reg.*, 457].

Wadī'ah b. Thābit dei banū 'Amr b. 'Awf al-Anṣāri al-Khazraǵi, C. d. P., « Ipocrita », uno dei costruttori della Masǵid al-Ḍirār, **1,** 60 no. 17 (= no. 88 ?); **9,** 52 no. 12 — a Tabūk tiene discorsi sediziosi contro i « conoscitori del Qurān », **9,** 31 — perciò maledetto dal Profeta, **9,** 42.

waḍīḥah (*Oryx beisa*), antilope del deserto, **9,** 45 nota 2.

Wadzaqah b. Iyās b. 'Amr b. Ghanm al-Khazraǵī, al-Anṣārī [† 12. a. H.], C. d. P., ucciso ad al-Yamāmah, **12,** 23, no. 70 e 136 [Wüst., *Reg.*, 457]; cfr. Wadafah.

wafd (plur. wufūd e awfād), « comitiva in arrivo »; « ambasciata » dei banū 'Abs, **3,** 66 — degli 'Abd al-Qays, **12,** 50 — wafdukum = « la vostra ambasciata » (degli 'Abd al-Qays), **8,** 184; cfr. Ambasciata.

wāfid = « ambasciatore » (dei Bāhilah), 9, 7.
wāfiyyah ṭayyibah = « (moneta) di giusto peso, buona », 9, 39 nota 2.
Waǵdah, castello di Khaybar, 7, 5.
Waǵǵ, ḥima o recinto sacro presso Ṭā·if, i cui privilegi sono riconosciuti dal Profeta, 9, 58 nota 4 [Yāqūt, IV, 904-905 e *pass.*].
al-Waǵrah, sito presso al-Siyy sulla via Makkah-Baṣrah, 8, 5 nota 1 [Yāqūt, IV, 905-906 e *pass.*].
abū Waǵzah Yazīd b. 'Ubayd al-Sulami al-Sa'di [† 130. a. H.], tradizionista, autorità di al-Wāqidi presso Ṭabari, 12, 430 [poeta, morì in Madinah] [Yāqūt, *Reg.*, 751; Qutaybah, 247, Aghāni, XI, 79-85].
Wahb al-Ghiyāri [† 8. a. H.], ḥalīf dei Thaqīf e pagano, perisce a Ḥunayn, 8, 124.
Wahb b. Bahūdzā al-Quraẓi, ebreo madinese, avversario di Maometto, 1, 58 no. 63.
Wahb b. Ǵarīr, ḥalīf dei Thaqafiti in Ṭā·if, ferisce (?) 'Urwah b. Mas'ūd, 9, 10.
Wahb b. al-Ḥārith [† 2. a. H.], ḥalīf dei Qurayš e pagano, ucciso a Badr, 2, 88 no. 51.
Wahb b. Ḥazn b. abī Wahb al-Makhzūmi [† 12. a. H.], C. d. P., ucciso ad al-Yamāmah, 12, 23 no. 138 (= no. 60 ?).
Wahb b. Munabbih b. Kāmil b. Sīǵ al-Yamāni al-Ṣan'i al-Abnāwi (abū 'Abdallah) [† 113.-116. a. H.], celebre favoleggiatore tradizionista, maestro di 'Uthmān b. Sāǵ, Intr. 34 nota 2, 117 nota 1 [cfr. la biografia e bibliografia con le relative fonti, in Marc. Lidzbarski, *De propheticis, quae dicuntur, legendis arabicis*, 1893, p. 4-10, 44-54 [Yāqūt, *Reg.*, 755] — resosi musulmano, è uno dei primi a « raccogliere il Qur·ān » in Ṣan'ā, 10, 80.
Wahb b. Qābūs al-Muzani [† 3. a. H.], C. d. P., emigrato, ucciso a Uḥud, 3, 54,A no. 9.
Wahb b. Sa'd b. abī Sarḥ b. Rabī'ah al-Qurašī [† 8. a. H.], C. d. P., emigrato, presente a Badr, 2, 85,A no. 85 — ucciso a Mu·tah, 8, 15 no. 4.
Wahb b. 'Umayr b. Wahb b. Khalaf al-Ǵumaḥi, pagano, prigioniero a Badr, 2, 89 no. 35 [detto raǵul min qalbayn, Qur·ān, xxxiii, 4; Wüst., *Reg.*, 457; Durayd, 81, lin. 7-11].
Wahb b. Zayd al-Quraẓi, ebreo madinese avversario di Maometto, 1, 58 no. 54.
abū Wahb al-Ǵayšāni, C. d. P., ambasciatore dei suoi a Madīnah, 10, 66.
abū Wahb b. 'Amr b. 'Ā·idz b. 'Imrān b. Makhzūm, qurašita preislamitico, partecipa alla ricostruzione della Ka'bah, Intr. 168.
abū Wahb al-Ǵadd b. Qays, C. d. P., donnaiuolo, suoi maneggi con gl' « Ipocriti » durante i preparativi di Tabūk, 9, 26.
abū Wahb Šuǵā' b. Wahb [o ibn abī Wahb] b. Rabī'ah b. Asad al-Asadi [† 12. a. H.], C. d. P., perito ad al-Yamāmah, suo cenno biografico, 12, 23 no. 137.
Wahhābīti o Wahabiti [seguaci cioè di 'Abd al-Wahhāb] moderni riformatori dell'Islām, sorti nell'Arabia centrale a mezzo il sec. XVIII È. V. [come restitutori della purezza originaria dell'Islām], 11, 69 nota 1 — fanno incursione a Ṭā·if nel 1802, Intr. 328 nota 1 — assediano Aneyza nel 1850, 5, 31 nota 1.
Wahištābādz Ardašīr, nome persiano del sito al-Khuraybah nel Sawād, 12, 155 nota 14.
Wahraz (= Wahriz), governatore persiano del Yaman, 6, 55.
Wahriz, generale persiano comanda li Abnā nella espulsione degli Abissini dal Yaman il 576. È. V., 6, 55; 11, 190.
Waḥšī [b. Ḥarb (abū Dasimah o Dusmah)], mawla di Ǵubayr [† circa 85. a. H. sotto 'Uthmān], abissino già schiavo di Ǵubayr b. Muṭ'im, abilissimo nel trar di lancia, 3, 14 — uccide a Uḥud Ḥamzah b. 'Abd al-Muṭṭalib, 49 e nota 1, 54,A no. 1 — e però manomesso, 8, 85 — porta a Makkah l'annunzio della vittoria di Uḥud, 3, 61 — all'assedio di Madīnah uccide al-Ṭufayl b. al-Nu'mān, 5, 33 — abbraccia l'Islām dopo la presa di Makkah, 8, 85 — uccide Musaylimah ad Aqrabā, 12, 11,c — sue vicende posteriori, 2, 49 nota 1 [Yāqūt, *Reg.*, 751; Aghāni, *Ind.*, 699; Qutaybah, 168; Nawawi, 613-614].

Waḥšiyyah bint Mudliǵ b. Murrah b. 'Abd Manāf, preislamica, moglie di Ghālib b. Fihr, **Intr.** 57 [Q u t a y b a h, 63, lin. ult.].

Waḥšiyyah bint Šaybān b. Muḥārib b. Fihr, preislamica, moglie di Lu·ayy b. Ghālib, **Intr.** 58 — o di Ka'b b. Lu·ayy, 59 [Q u t a y b a h, 63, lin. antipen.; D u r a y d, 26, lin. 5].

al-Waht, podere e vigneti di 'Amr b. al-'Āṣ presso Ṭā·if, **8,** 1 [Y ā q ū t, IV, 943-944].

a l-w a ḥ y = « il cenno » della divinità, « la rivelazione » divina, **Intr.** 216.

Wā·il b. Ḥuǵr [b. Rabī'ah b. Ya'mar o altrimenti] **al-Ḥaḏrami (abū Hunaydah)** [† 60. a. H.], C. d. P., q a y l o regolo del Ḥaḏramawt; viene a Madīnah ed ottiene da Maometto la riconferma dei suoi diritti e possessi, **10,** 48; **11,** 187 [W ü s t., *Reg.*, 458-459; Y ā q ū t, *Reg.*, 751; A gh ā n i, *Ind.*, 698; N a w a w i, 613].

Wā·il b. Qāsiṯ b. Hinb b. Afṣa [e figlio di Misk bint Thaqīf], eponimo dei banū Wā·il ismā'iliti, **Intr.** 41 tav. 1 [W ü s t., *Reg.* 458; Y ā q ū t, *Reg.*, 751; Q u t a y b a h, 42, lin. 2].

banū Wā·il, famiglia awsita degli Awsallah, una delle ultime degli Anṣār a convertirsi, **Intr.** 336; **1,** 36 — partecipano alla costruzione della Trincea. **5,** 25.

banū Wā·il [b. Mālik b. Ḥarām b. Ǵuḏzām], ramo dei Ǵuḏzām, si convertono all'Islām, **6,** 11; **9,** 39 nota 3 — sono esentati dal pagamento del decimo, **9,** 8 e nota 2 — altri Cristiani si alleano con Greci a Mu·tah, **8,** 10 [Q u t a y b a h, 50, lin. 13].

banū Wā·il b. Qāsiṯ ... b. Rabī'ah ... b. Nizār, celebre stirpe ismā'ilitica, comprendente i Bakr, i Taghlib, ecc., **Intr.** 47 [D u r a y d, 202, lin. 17-21].

Wakī' [b. 'Adas ?] al-Dārimi, C. d. P., nel Yaman ricevè l'ambasciatore di Maometto Ṣalṣal b. Šuraḥbīl, **11,** 193 no. 6.

Wakī' b. Mālik al-Tamīmi, capo dei banū Mālik, **11,** 163 no. 5 — seguace di Saǵāḥ, 163 nota 3,*d* — sostiene poi la causa dell'Islām, 179 e nota 1; **12,** 56 [Y ā q ū t, I, 661].

Walaǵah, sito nel distretto di Kaskar nel Sawād, **12,** 199,*a*, 200 nota 3 — dove Khālid b. al-Walid sconfigge il generale persiano al-Andarzaghar, 200, 202.

w a l i = vicino, collega, amico, protettore, tutore, amministratore, rappresentante e simili, **6,** 34; **10,** 27; **12,** 428 nota 1,*r* [cfr. G o l d z i h e r, II, 286-287].

banū Walī'ah [b. Ma'dīkarib] [o piuttosto b. Šuraḥbīl b. Mu'āwiyah b. Ǵabalah; cfr. Y ā q ū t, II, 286, lin. 7 e seg.], piccola famiglia yamanita dei Kindah, loro ambasciata a Madīnah, **10,** 34 nota 1 — abbracciano l'Islām, 47 — loro apostasia nel Ḥaḏramawt, **12,** 85 [W ü s t., *Reg.*, 460].

al-Walīd b. 'Abd al-malik b. Marwān (abū-l-'Abbās) [† 96. a. H.], riceve dal padre la proprietà di Fadak, **11,** 202 nota 1 — califfo. dirige a vantaggio della dinastia umayyade il movimento teologico scientifico dell'Islām, **Intr.** 22 — suoi rapporti con 'Urwah b. al-Zubayr, **6,** 41 [W ü s t., *Reg.* 463; Y ā q ū t, *Reg.* 758; A gh ā n i, *Ind.*, 701-702].

al-Walīd b. 'Abd Šams b. al-Mughīrah b. 'Abdallah, al-Makhzūmi; cfr. abū 'Abd al-raḥmān al-Walid, ecc.

al-Walīd b. al-'Āṣ b. Hišām al-Qurašī [† 3. a. H.], pagano ucciso da Quzmān a Uhud, **3,** 48, 55 no. 16.

al-Walīd b. Ǵābir b. Ẕālim b. Ḥāriṯhah al-Buḥturi al-Ṭā·i, C. d. P., riceve da Maometto uno scritto in Madīnah, **10,** 89 nota 1.

al-Walīd b. al-Mughīrah b. 'Abdallah b. 'Amr b. Makhzūm, anziano e capo qurašita, coopera alla ricostruzione della Ka'bah, **Intr.** 168 — protesta verso abū Ṭālib contro la predicazione di Maometto, **Intr.** 238 no. 6 — cui dichiara s ā b i r, 243 e nota 1 — e perseguita ed insulta, 247 no. 3, 248 no. 4, 255 no. 8, 294, 296, 299, 301, 318 — protegge il nipote musulmano 'Uthmān b. Maẓ'ūn, 302; **2,** 108 — sua morte in Makkah, **1,** 83 no. 2 [presente, invece, a Badr (??); cfr. B a y ḍ ā w i ad sur. LXVIII, 16] — astemio, **4,** 11 nota 1 no. 10 [W ü s t., *Reg.*, 461; Y ā q ū t, *Reg.*, 754; Q u t a y b a h, 278, lin. 12-13; A gh ā n i, *Ind.*, 708].

al-Walīd b. 'Ubayd al-Buḥturi al-Ṭā·i [† 284. a. H.], poeta, celebra l'amenità della Siria in confronto all''Irāq, **12,** 318 nota 2,c [Y ā q ū t, *Reg.*, 758].

al-Walīd b. 'Uqbah b. abī Mu'ayṯ b. abī 'Amr (abū Wahb) [† verso 70. a. H.], pagano qurašita viene a Madīnah per riscattare i prigionieri di Badr, **2,** 80 nota 1 no. 1, 89 no. 6 — reclama da Maometto la restituzione della fuggiasca sorella umm Kulṯhūm, **6,** 41 — esattore delle tasse fra i banū-l-Muṣṭaliq, **9,** 6; **10,** 71 no. 15 — e i Quḍā'ah, **12,** 378, 379 — segue Khālid b. al-Walīd nella campagna dell' 'Irāq, **12,** 197 — raggiunge 'Iyāḍ b. Ghanm a Dūmah al-Ǵandal, **12,** 220 — con Khālid b. Sa'īd nella campagna di Siria, **12,** 378, 379 — fugge da Marǵ al-Ṣuffar, 380 — perdonato dal califfo 'Umar e rimandato in Siria, 384 [Wüst., *Reg.*, 461; Yāqūt, *Reg.*, 753; Aghāni, *Ind.*, 702-703; Qutaybah, 162-163; Durayd, 50, lin. 5; Nawawi, 616-617].

al-Walīd b. 'Utbah b. Rabī'ah b. 'Abd Šams, pagano qurašita, **2,** 36 — ucciso a Badr, in duello, da 'Ali b. abī Ṭālib, 60, 88 no. 11 [Wüst., *Reg.*, 462; Aghāni, *Ind.*, 702].

al-Walīd b. 'Utbah b. abī Sufyān b. Ḥarb [† 64. a. H.], nipote e luogotenente del califfo Mu'āwiyah in Makkah, sua lite con al-Ḥusayn b. 'Ali b. abī Ṭālib per i poderi di Dzū-l-Marwah, **Intr.** 147 nota 2 [Yāqūt, *Reg.*, 753; Wüst., *Reg.*, 462; Aghāni, *Ind.*, 702].

al-Walīd b. al-Walīd b. al-Mughīrah b. 'Abdallah al-Makhzūmi, C. d. P., qurašita, già pagano, **Intr.** 261 — prigioniero e poi riscattato a Badr, si converte, **2,** 89 no. 69 — va in Makkah e vi libera i due (apostati) 'Ayyāš b. abī Rabī'ah e Hišām b. al-'Āṣ, **1,** 15 nota 1; **1,** 67 — invita il fratello Khālid a rendersi musulmano, **8,** 2 [Wüst., *Reg.*, 463; Nawawi, 619].

al-Walīd b. Yazīd b. 'Abd al-malik b. Marwān, califfo 'umayyade [† 126. a. H.], dedica un trono nella Ka'bah, **Intr.** 101 nota 1 [Wüst., *Reg.*, 461; Yāqūt, *Reg.*, 754; Aghāni, *Ind.*, 703-705].

abū-l-Walīd Rifā'ah b. 'Amr b. Zayd b. 'Amr al-Anṣāri al-Khazraǵi, C. d. P., presente alla seconda 'Aqabah e a Badr, **Intr.** 344 no. 60 [Wüst., *Reg.*, 384].

abū-l-Walīd 'Uqbah b. abī Mu'ayṯ b. abī 'Amr b. Umayyah, pagano qurašita schernitore di Maometto, decapitato a Badr, **Intr.** 248 no. 14; cfr. 'Uqbah b. abī Mu'ayṯ, ecc.

Waqa'ah, *correggi:* Waq'ah.

Waq'ah Dzāt al-Salāsil = « Scontro » o « Battaglia delle catene », **12,** 193; cfr. Dzāt al-Salāsil e Kāẓimah.

Waq'ah Dzāt al-'Uyūn o « Giornata degli occhi accecati », all'assalto di al-Anbār, **12,** 218.

Waq'ah Filasṭīn o « Battaglia di Palestina »: quella combattuta tra 'Amr b. al-'Āṣ e l'esercito greco di Rūbīs, secondo lo Pseudo-Wāqidi, **12,** 363.

waqf = « legato », « riserva », « bene demaniale », tale fu considerata al-Katībah nella divisione del bottino di Khaybar, **7,** 41.

al-Waqf, sito presso Sūra nell' 'Irāq, **12,** 184 nota 3,*a* [Yāqūt, IV, 936(?)].

Wāqid b. 'Abdallah b. 'Abd Manāf b. 'Arīn al-Tamīmi al-Yarbū'i [† circa 13. a. H.], C. d. P., ḥalif dei Qurayš 'Adi b. Ka'b, uno dei primi musulmani, **Intr.** 229 no. 39 — emigra a Madīnah, **1,** 15 no. 40 — partecipa alla spedizione di Nakhlah, **2,** 21 no. 10 — a Badr, **2,** 85,A no. 60 [Wüst., *Reg.*, 463].

Wāqid b. Sahl al-Anṣāri al-Ašhali [† 12. a. H.], C. d. P., perito ad al-Yamāmah, **12,** 23 no. 139.

abū Wāqid al-Ḥāriṯh b. Mālik al-Layṯhi, C. d. P., portastendardo dei Kinānah a Ḥunayn, **8,** 122 — chiama alle armi i Layṯh per la spedizione di Tabūk, **9,** 26.

Wāqidah [bint abī 'Adi b. 'Abd Nuhm b. Zayd al-Māziniyyah], moglie di 'Abd Manāf b. Quṣayy e madre di Nawfal b. 'Abd Manāf, **Intr.** 91 [Wüst., *Reg.*, 463; Qutaybah, 55].

al-Wāqidi cioè abū 'Abdallah Muḥ. b. 'Umar b. Wāqid al-Aslami [† 207. a. H.], illustre storiografo e tradizionista: visse e studiò a Madīnah, **11,** 79 nota 2 — fa quindi parte della scuola storica madinese, 81 — converge suoi studi e ricerche esclusivamente sul periodo madinese del Profeta, **1,** 8 — eventi a lui contemporanei, **4,** 11; **7,** 14; **10,** 76 — trasmette tradizioni da Ma'mar b. Rāšid [† 153. a. H.], **Intr.** 234 nota 1 — da Sa'īd b. al-Musayyib [† 94. a. H.], **1,** 13 nota — da Muḥ b. Mūsa, **11,** 6 nota 5,*d* [oltre che dagli altri informatori enumerati dal Sachau nei suoi *Studien zur ältesten Geschichtsüberlieferungen der Araber*, p. 164-185

nelle « Mitt. aus dem Sem. d. Or. Spr. », VII, Abt. 2, 1904] — suo segretario, cioè lo scolaro Ibn Sa'd [† 230. a. H.], **Intr.** 21 — svolge ed avvia a completamento il sistema isnādico, **Intr.** 15 — suo « Kitāb al Riddah wa-l-Dār », conservato frammentariamente da ibn Ḥubayš, **10,** 33,A, 34 nota 1 — unica fonte antica e sicura per la storia della Riddah, **11,** 70, 71 e nota 2, 72 — più semplice e più sicuro di ibn al-Kalbi, **5,** 16, 17; **9,** 12 nota 4; **10,** 127 nota 1 — sue negligenze ed amplificazioni, **8,** 37 nota 2, 40 nota 2 — suo valore storico rispetto ad al-Madā·ini, **10,** 120, 127 nota 1 — a Sayf b. 'Umar, **11,** 119 nota 5 — nell'ordinamento cronologico della materia, non tien conto delle intercalazioni per la formazione dell'anno lunisolare, **1,** 13 e nota 1 — disposizione e determinazione cronologica da lui data in Maghāzi, 75 nota 1; **2,** 23 e nota 1, 32, 92 e nota 1; **3,** 4 nota 1, 12; **4,** 1, 3, 17; **5,** 8 nota 1, 21, 38, 56; **6,** 10, 30 nota 2, 38 nota 3; **7,** 7, 9, 62, 64 nota 1, 65 nota 1; **8,** 115, 121, 134, 158, 201; **10,** 73 — sua versione o testo del messaggio per 'Abdallah b. Ǵaḥš, **2,** 21 nota 1 — narra i fatti di Badr, 33, 45, 47, 51, 84, 89 nota 1 — la resa ed espulsione dei Qaynuqā', 96, 97 — la spedizione di Uḥud, **3,** 17, 19, 21, 22, 28, 30 nota 1, 54,B no. 68-79, 55 — l'uccisione di abū Rāfi' b. abī-l-Ḥuqayq, la Spedizione di Bi·r Ma'ūnah, **4,** 5 nota 1, 20 e nota 1 — l'Assedio di Madīnah, **5,** 21, 24, 37 nota 1, 38, 47 — la Spedizione contro i banū Liḥyān, **6,** 2 — quella di al-'Īṣ, **8,** nota 1 — i fatti di al-Ḥudaybiyyah, 25, 26, 34 nota 2 — le ambasciate di Maometto ai sovrani dell'Asia e dell'Arabia, **6,** 46, 50 nota 3 — la Spedizione di Khaybar, **7,** 7, 8, 9, 10, 11, 14 e nota 2, 19, 23, 27, 28 nota 1, 33, 42 note 2 e 3, 45 — la 'Umrah al-Qaḍiyyah, 71, 72, 73 — la Spedizione di Mu·tah, **8,** 6, 7 nota 1, 12 — le trattative di Maometto con i Khuzā'ah, 21 nota 4, 22 — la spedizione di al-Ghābah, 37 e nota 2 — la conquista di Makkah, 40 e note 1 e 2, 42, 43, 44, 45, 57 e nota 1, 58 nota 1, 61, 62, 65, 66, 67, 89, 99 nota 1 — la spedizione dei banū Ǵadzīmah, 107, 109 — quella di Ḥunayn, 114, 115, 117, 120, 121, 133, 134, 135, 138 — l'assedio di Ṭā·if, 141, 150, 154, 158; **12,** 278 — la spartizione del bottino in al-Ǵi'rānah, 161, 162, 164, 167, 169 nota 1, 171, 178 nota 1 — la Spedizione di Šu'aybah, **9,** 19 — quella di Tabūk, 24, 26, 27 e nota 2, 30, 31 nota 1, 32, 36, 38, 39 nota 3, 43 — quella di Dūmah al-Ǵandal, 45 nota 3, 47 — la Ḥaǵǵ al-Wadā' **10,** 72, 73 — Spedizione di Usāmah, **11,** 3,c, 5, 9 nota 1, 106,a, 107, 109 nota 2 — la morte di Maometto, 11, 17, 26, 33,b, 51, 73 — la Riddah e le conquiste in Arabia, 86-96, 105, 113-117, 121, 122, 133, 135 e nota 3,a, 136-159 *pass.*, 174-177 *pass.*, **12,** 12-16 *pass.*, 35, 50, 60, 61, 73, 78-83 *pass.*, 90 — l'invasione dell''Irāq, 155 note 2,a e 12, 182 *pass.* — l'invasione della Siria, 321 e nota 2,a, 322 nota 5, 328, 338, 423, 430 — suoi ragguagli minori sui banū Ḥārithah b. 'Amr, **9,** 15 nota 1 — sui banū Bali, 17 — sui banū 'Arīḍ, 51 nota 1 — sulla conversione dei Thaqīf, 57, 58 nota 4, 59 e nota 2 — la morte di 'Abdallah b. Ubayy, 72 e note 1 e 3 — sul Masǵid al-Ḍirār, 52 note 1 e 2 — sulle pratiche d'illecito traffico proibite da Maometto, **8,** 195 — sul pellegrinaggio dell'anno 9. H., **9,** 73 — sulle norme per la riscossione della zakāt, **10,** 19 — sull'arte dello scrivere in Arabia al tempo di Maometto, **11,** 220-224 — sue tradizioni conservate presso Ṭabari, **Intr.** 223; **8,** 4 e nota 2, 180 e nota 1, 194; **10,** 14, 27, 80; **11,** 1, 6 nota 1, 17, 33,b, 74, 205,b, c, 209; **12,** 158 e nota 2, 233, 430 — presso ibn Ḥaǵar, **8,** 15 no. 4 — presso Yāqūt, 25 nota 1 — presso ibn Ḥubayš, **10,** 33,A, 34 nota 1, 124; **11,** 86, 87 e nota 1, 88, 89, 90 e nota 1,b, 93 e nota 2, 94 e nota 1, 96 e nota 1, 113, 114, 115, 116, 117 e nota 1, 121, 122, 133, 135, 138 — presso ibn Sa'd; **Intr.** 234 nota 1; **3,** 66; **5,** 16, 17; **6,** 13, 180 e nota 1, 199; **9,** 12 e nota 4, 14, 62(?), 70, 117; **10,** 26, 33 nota 1, 59, 60; **11,** 2, 6 e nota 5,d, 51, 207 — presso ibn Sa'd e presso Balādzuri, **10,** 82 nota 3; **11,** 220,a, 221, 222, 224; **12,** 41 nota 2,b, 155 note 2,a e 12, 158 nota 1, 172, 182, 321 e nota 2,a, 322 nota 5, 366, 367, 371, 402, 422 — presso ibn Ḥubayš, **11,** 136, 138, 141, 142 nota 1,a, 143, 144, 145 e nota 1,b, 148, 149, 150 nota 1, 153, 156, 159,d, 174, 176, 177 nota 1; **12,** 7, 12, 14, 16,a 35, 50, 59, 60, 61, 73, 78 nota 6,b, 80,c, 81,a, b, 82, 88 nota 1 — nel Khamīs, **7,** 59; **11,** 9 nota 1 — citato dal Muir, senza indicazione precisa della fonte, relativamente al tempo della conversione di abū Salamah, **Intr.** 289 [Yāqūt, *Reg.*, 750; Qutaybah, 258-259; Aghāni, VII, 188, lin. ult.; 189, lin. prima, lo dice figlio di bint 'Īsa b. Ǵa'far b. Sā·ib Khāthir; cfr. *Ind.*, 698].

al-Wāqidi, spiega il termine « 'iqāl », **11,** 113 nota 2.

wāqif = « intendente »(?) dei Naǵrāni, **10,** 60.

banū Wāqif, famiglia awsita delli Anṣār Awsallah, una delle ultime ad abbandonare il paganesimo, **Intr.** 338; **1,** 36 — partecipa alla costruzione della Trincea, **5,** 25 — a Ḥunayn, **8,** 122 — loro membri « Piagnoni », **9,** 27 no. 6 e 2² e 3³ [Qutaybah, 55, lin. 5; Aghāni, *Ind.*, 698; Durayd, 265, lin. 19-20].

al-Wāqūṣah = Yarmūk, **12,** 380, 381.

Waraqah [Wadaqah] b. Iyās b. 'Amr b. Ghanm al-Anṣāri al-Khazraǵī = Wadzaqah b. Iyās, **2,** 85,C no. 35; **12,** 23 no. 140 = no. 136.

Waraqah b. Nawfal b. Asad b. 'Abd al-'Uzza al-Qurašī, C. d. P., cristiano e cugino di Khadīǵah, **Intr.** 41, tav. 2 — ritrova il fanciullo Maometto smarrito, 129 — incoraggia Khadīǵah a sposar Maometto, 156 — uno dei ḥunafā, 182 — colto nel Vecchio e Nuovo Testamento, 183 — riconosce, pur senza convertirsi all'Islām, la missione divina di Maometto, 208, 210 e nota 1, 227 nota 1 — sua cecità e morte fra la nubuwwah e la risālah, 231, 262 — era astemio, **4,** 11 nota 1 no. 7 — critica delle sue relazioni con Maometto, 180, 251 nota 1 [Wüst., *Reg.*, 463-464; Yāqūt, *Reg.*, 752; Nawawi, 614; Qutaybah, 29; Durayd, 102, lin. 5-7; Aghāni, *Ind.*, 700.

Ward b. Mirdās = Ward b. Qatādah, **2,** 105.

Ward b. Qatādah b. Mirdās b. 'Abdallah, dei banū Sa'd Hudzaym [† 3. o 6. a. H.], C. d. P., già pagano, aggredisce un messaggero di Maometto agli 'Udzrah; sua conversione e morte, **2,** 105.

Wardān (Βαάνης?) **ṣāḥib Ḥimṣ,** generale greco, si prepara ad assalire Šuraḥbīl b. Ḥasanah presso Buṣra, **12,** 403 nota 3.

Wardān b. Muḥriz al-Tamīmi, C. d. P., ambasciatore dei suoi a Madīnah, **9,** 5 no. 4².

Wāridāt, nel Bilād Asad, presso Samīrā: vi si radunano i Musulmani contro i seguaci di Ṭulayḥah, **11,** 130 [Yāqūt, IV, 880-881 e *pass.*].

Wariqān, sito montuoso nel Ḥima al-Naqī' del Ḥiǵāz, sulla via di Madīnah-Makkah, presso i due monti Quds, **5,** 16 nota 1 [Yāqūt, IV, 921-922 e *pass.*].

waṣalat raḥimuhu o **waṣalathu raḥimun** = « gli si sono commosse le viscere », ha rispettato gli obblighi del sangue, **11,** 46 e nota 1.

al-Waṣīq, monte nel territorio dei Kinaniti banū 'Abd b. 'Adi verso il confine degli al-Hudzayl, **5,** 93 e nota 1.

Wāsiṭ, o **Wāsiṭ al-'Irāq,** città della Babilonide presso Zandaward, **12,** 160,A nota 1,*a* — paese tra-e Baṣrah, 196 nota 1 [Yāqūt, IV, 881 e *pass.*].

Wāsiṭ [o **Wāsiṭ banī Tamīm** (?) cfr. Yāqūt., IV, 891], luogo sulla via Makkah-Baṣrah presso Falǵ, **11,** 146 [dove le linee 4-5 del paragrafo van corrette così: « le donne dei banū Asad eran ben custodite fra Mithqab e Falǵ. Tra Falǵ e Wāsiṭ si trovavano però le donne dei Qays ('Aylān), e siccome, ecc., ecc.].

waṣiyyah (plur. waṣi) « precetto », raccomandazione, istruzioni generali di abū Bakr ad Usāmah, **11,** 109 nota 3,*b*.

wasq, misura di capacità per cereali (grano, orzo, datteri) equivalente a circa 192 kg. **7,** 42 e note 1 e 2, 46; **8,** 34; **9,** 26, 32, 38 nota 1, 51, 70; **10,** 53, 238, *g*.

al-waswās = il « bisbigliatore » (Satana e ogni altro ǵinn quale agente d'ispirazione), **Intr.** 198 nota 4.

al-Waṭā, tappa dei Qurayš a Uḥud, **3,** 21, 23.

Wāthilah b. al-Asqa' [o **Ašqa' b. 'Abd al-'Uzza b. 'Abd Yālīl**] **al-Laythi al-Kināni** [† 83, 85, 86. a. H.], C. d. P., nasce nel 38. anno di Maometto, **Intr.** 173 — segue Maometto a Tabūk, **9,** 54 [Wüst., *Reg.*, 464; Yāqūt, *Reg.*, 750; Qutaybah, 178, lin. 17-19; Nawawi, 612].

Wathīmah b. Mūsa [b. Furāt al-Fasawi al-Waššā (abū Yazīd)] [† 237. a. H.], suo « Kitāb al-Riddah » conosciuto ma non utilizzato da Ṭabari, **11,** 71 — citato da ibn Ḥaǵar, **12,** 40,*b*

— fornisce i nomi di alcuni Compagni periti ad al-Yamāmah, 23 no. 21 33 43 [Wüst., G. A. pag. 18].

al-Wāthiq billah [† 232. a. H.], Califfo 'abbāsida, e la spada al-Ṣamṣāmah, **12,** 271 [Yāqūt, *Reg.*, 750; Aghāni, *Ind.*, 696-698].

Waṭīḥ, o **Ḥiṣn al-Waṭīḥ,** uno dei castelli di Khaybar, probabilmente della regione al-Katībah, **7,** 15 nota 2, 29, 31, 41 [Yāqūt, IV, 932].

Watīr, sorgente vicina ad 'Arafah nella parte bassa di Makkah: i Nufāthah vi aggrediscono i Khuzā'ah, **8,** 40, 41, 45 [Yāqūt, IV, 903].

Wazar b. Ǵābir b. [Salma] Sadūs b. Asma' al-Nabhāni, C. d. P., ambasciatore dei Ṭayy a Madīnah, **10,** 35 no 1 [Aghāni VII, 152, lin. 13; uccisore di 'Antarah al-'Absi; Durayd, 236, lin. 16, dov'è detto che Wazar « non si convertì »].

waẓīf (plur. waẓā·if) = « soldo o razione, pensione, tributo o corrisposta (della terra) », **9,** 49 [cfr. Dozy e Balādzuri, *Gloss.*, s. v.].

wazīr (plur. wuzarā·), ministro, visir, abū Bakr è wazīr terrestre di Maometto, **Intr.** 227 nota 2 — parola (d'origine pehlevica?) sorta nell'Arabo per influenza persiana verso il II sec. H., **Intr.** 233 nota 2; **11,** 37 nota 2,c — perciò attribuita per anacronismo a Maometto e ai suoi tempi. 39,*a* (cfr. sull'etimologia della parola il passo del *Zubdah Kašf al-mamâlik wa-bayân al-ṭuruq wa-l-masâlik* di Khalīl b. Šāhīn al-Ẓāhiri, tradotto e commentato in de Sacy, *Chrest.*, II, 6-57.

wazn khamsah (dirham) « del peso di cinque mithqāl », **12,** 165 nota 8.

wazn saba'ah (dirham) « del peso di sette mithqāl », **12,** 165 nota 8.

Weil (G.), suo ordinamento cronologico delle sūre quraniche, **Intr.** 211 — sue traduzioni non corrette, 273 nota **1**; **11,** 119 nota 3 — suoi errori cronologici nel narrar la Riddah prestando fede a Sayf b. 'Umar, 72 nota 1, 124 nota 4 — e nel far la storia delle conquiste, **12,** 229 nota 1, 235, 385.

Wellhausen, come giudica la Biografia di Maometto dello Sprenger, **Intr.** 115 nota 1, 190; **10,** 69,A — sostiene le origini essenzialmente cristiane dell'Islām, **Intr.** 113 — traduce ed illustra lo scritto costituzionale di Madīnah, **1,** 44, 45 [note agli art. 1, 3, 3,*bis*, 10, 12, 16, 18, 22, 24, 31, 37, 39, 47] 46, 47, 48 — studia criticamente l'opera storica di Sayf b. 'Umar, **11,** 73, 77 e nota 2, 124 e nota 4, 164, 188; **12,** 58, 65 nota 1, 386, 390, 391 — intuisce nettamente il vero carattere della Riddah, 90 — ricostruisce nelle sue debite linee la storia della prima campagna araba nell''Irāq, 235 — paragona il moto conquistatore degli Arabi alla furia conquistatrice dei Francesi dopo la Rivoluzione, 306, 307 — suoi eccessi critici, **3,** 12 — sua critica cronologica non sempre corretta, **4,** 3; **6,** 38 nota 3; **9,** 24 nota 1 — della Riddah, **11,** 72 nota 1, 73 — delle Conquiste, **12,** 196 nota 2, 364, 365 — si tiene con eccessiva fedeltà al valore letterale dei testi arabi, **1,** 18 — sue trascrizioni o vocalizzazioni non esatte, **10,** 59 nota 2 — sue traduzioni non accettate dall'Annalista, **8,** 186: **9,** 40 nota 3 — o accettate, **10,** 28 nota 1 — sua critica dei documenti o trattati di Maometto, **9,** 45 nota 3, 51 nota 1; **10,** 60 nota 3, 120 — sui nomi arabi teofori, **Intr.** 33 — sulla Ka'bah e il culto idolatra, 62, 110 — sull'autenticità delle tradizioni di ibn Isḥāq non trasmesse da ibn Hišām, 110 nota 5 — sul significato di ḥanīf, 179 nota 1 — sulle condizioni di Madīnah e di Makkah avanti l'Islām, 355; **1,** 39 e nota 1 — sulla identità della caravana qurašita, cui miravan le spedizioni di al-'Ušayrah e di Badr, **2,** 20 nota 1 — sui patti conclusi da Maometto con varie tribù pagane, **5,** 92 nota 1 — sui rapporti tra Aslam e Anṣār in Madīnah, **8,** 159 — sulla riscossione e destinazione delle tasse ǵizyah e ṣadaqah, 185 nota 2 — sui resti di matriarcato presso gli Arabi, **9,** 91 nota 1 — sui Muḥārib. b. Khaṣafah. **10,** 49 nota 1 — su vari episodi della Riddah, **11,** 168 nota 2 — sull'ubicazione di Ǵilliq in Palestina, **12,** 319 nota 2 — sulle milizie che seguirono Khālid nell''Irāq e nella Siria, 394 nota 2 — sulla divinità arborea Dzāt Anwāṭ, **8,** 120 nota 1 — sulle traccie di rabdolatria nella Bibbia e presso gli Arabi, **9,** 62 — sul significato della parola khamis, **7,** 14 nota 1 — di rabī' e marba' **10,** 57 nota 1 — della frase a d a b i-ǵ ā n i b i h i m, **8,** 21 nota 1 — di gh a n a m m a b ī t a b, **10,** 36 e nota 2 — di m a ǵ m a ' a l-a n h ā r, **12,** 165 nota 4 — divergenze fra il testo wāqideo di ibn Sa'd e quello tradotto dal-, **8,** 21 nota 4.

Wetzstein, e sue iscrizioni ṣafaite, **11,** 214.

abū Widā'ah [o **Wadā'ah**] **al-Ḥārith b. Ḍubayrah b. Su'ayd b. Sa'd al-Sahmi,** pagano qurašita (?), prigioniero a Badr, **2,** 89 no. 28 [A gh ā n i, *Ind.* 699; D u r a y d, 75, lin. antipen. e penultima].

Winckler, riconnette l'uso dei vaticinatori arabi di avvolgersi il capo col velo o mantello all'antica mitologia semitica e specialmente al culto lunare, **11,** 190 nota 1 — intuisce genialmente la gloriosa e remota antichità della civiltà araba preislamica, **12,** 116, 298 — interpreta « Saraceni » quali « abitatori del deserto », 132 nota 1,c — studia le grandi vie commerciali dell'Asia anteriore come tramiti di diffusione delle idee, della civiltà e delle religioni, 137 — spiega come parafrasi di mal comprese reminiscenze mitologiche astrolatriche e naturalistiche la battaglia alla « Confluenza dei Canali », 165 nota 4, 196 nota 2.

al-Wišāḥ, opera (storica ?) di ibn D u r a y d [† 321. a. H.], citata nel Khamīs, **1,** 17.

Wubayr, tappa fra al-Aǵwali e 'Ammān sulla via Madīnah-'Ammān, **12,** 316 nota 6.

Wudd, divinità pagana o idolo, della Ka'bah preislamica di provenienza siriaca (?), **Intr.** 62 nota 5.

al-w u d ū = « lavacro » o « abluzione » che deve preceder la preghiera, secondo lo insegnamento di Gabriele a Maometto, **Intr.** 212.

w u f ū d (plur. di w a f d) = « deputazioni » od « ambasciate », delle tribù arabe a Maometto, **5,** 86, nota 1; **9,** 55 — esame storico critico di esse sulla raccolta fattane da ibn Sa'd, **10,** 118-120 e seg.; cfr. Ambasciate.

w u ǵ ū h a l-ǵ a n ā y ā t [o forse piuttosto a l-ǵ i b ā y ā t, come leggesi in alcuni codici di Y ā q ū t, vol. VI, 49 nota, a suo luogo, e com' è in Dozy, *Suppl.*, I, 226] « le varie imposte » (? di Aylah), **12,** 322 nota 1.

w u ǵ ū h a l-n ā s, (propriamente le faccie degli uomini)= « uomini cospicui o ragguardevoli », **11,** 208.

w u q ū f a h = « che si tien dritta », pretesa antica lingua o piuttosto scrittura araba, **11,** 214 nota 1.

Wüstenfeld, operosissimo e benemerito arabista, sue osservazioni sugli i s n ā d di ibn Isḥāq presso ibn Hišām, **Intr.** 13 — raccoglie nelle sue pregevoli tavole l'infinita ramaglia delle genealogie arabe, 31 — lacune di queste *Genealogische Tabellen*, 75 nota 2 — studia l'organismo militare degli Arabi, **12,** 268 nota 1 no. 3.

w u z a r ā' (plur. di w a z ī r) = « visiri » o « ministri », **11,** 37 nota 2,c.

y a a s ḥ ā b s ū r a t i a l-b a q a r a t i = « o Compagni della Sura "la Vacca" », cioè (Anṣār) menzionati nella seconda sūra del Qur'ān, **11,** 231 nota 1.

y a i b n a l-a kh ā b ī th m i n M u ḍ a r = « o figlio dei più svergognati dei Muḍar » ('Uyaynah b. Ḥiṣn al-Fazāri), **11,** 95.

y a m a n ṣ ū r, a m i t a m i t = « o vittorioso, uccidi! uccidi! », grido di guerra dei Musulmani ad al-Murayšī', **5,** 8 — a Khaybar, **7,** 14.

Yabyan (Abyan o Ibyan), m i kh l ā f del Yaman meridionale col porto di 'Adan, **12,** 68 nota 1.

Yāfah e **Yāfā** [Giaffa, Joppe, Iapho, Ja-ap-pu della iscr. di Senacherīb], città marittima di Palestina o dello Šām, **12,** 316 nota 2 [Y ā q ū t, VI, 1003 e *pass.*].

Ya'fūr, nome dell'asino regalato a Maometto dal Muqawqis, **7,** 78.

Ya'fur b. Mālik b. al-Ḥārith b. Murrah, eponimo di una tribù ṭayyita, **Intr.** 42 tav. 3 [W ü s t., *Reg.*, 251.

Yāǵaǵ, valle a 8 miglia da Makkah, **4,** 59; **8,** 2 [Y ā q ū t, IV, 1007].

Yāǵiǵ [da leggere Yāǵaǵ], **8,** 2.

Yaghūth divinità pagana o idolo della Ka'bah, proveniente dalla Siria (?) **Intr.** 62 nota 5.

Yahwe, suo culto monoteistico, fondato da Mosè; quanto debba alla fede degli antichi Yamaniti, **11,** 186.

Yaḥya al-Nabi (Giovanni Battista) cugino di 'Īsa (Gesù), incontrato da Maometto nel Mi'rāg, nel secondo cielo, **Intr.** 221 [Ṯabari, I, 705-723; Nawawi, 623-624].

Yaḥya b. 'Abd al-a'la al-Ḥanafi, autorità tradizionistica di Ya'qūb al-Zuhri, presso ibn Ḥubayš, **12,** 36.

Yaḥya b. Abd al-ḥamīd b. Ǵa'far (? **al-Ḥumāni** [† 228. a. H.]) tradizionista, presso ibn 'Asākir, **12,** 322 nota 6, 310 nota 2 [Yāqūt, *Reg.*, 768].

Yaḥya b. 'Abd al-raḥmān b. Ḥāṯib, tradizionista presso ibn Sa'd, **12,** 428 nota 1,*e* [Ṯabari, *Ind.*, 636].

Yaḥya b. 'Abdallah b. abī Qatādah b. Fāris [suo padre mori il 95. a. H.], autorità tradizionistica di al-Wāqidi (?), presso ibn Ḥubayš, **11,** 113 [Sachau A., p. 180; Ṯabari, *Ind.*, 636].

Yaḥya b. 'Abdallah b. al-Zubayr, autorità tradizionistica di ibn Isḥāq, presso ibn Hišām, **11,** 22 [Ṯabari, *Ind.*, 635].

Yaḥya b. Ādam [b. 'Ali al-Makhzūmi al-Kūfi (abū Zakariyyā)] [† 230. a. H.], tradizionista presso Yaḥya, **10,** 135 nota 1; **12,** 171, 174 nota 2,*b* — presso Balādzuri, **12,** 83, 165 nota 8, 166,*a*,*b*, 173 nota 1, 177 nota 2 [Yāqūt, *Reg.*, 765; Nawawi, 620-621].

Yaḥya b. Bukayr [† circa 230. a. H.], tradizionista, presso Bukhāri, **11,** 203 [Yāqūt, *Reg.*, 765].

Yaḥya b. Mani' b. 'Urwah, tradizionista presso ibn Ḥubayš, **12,** 357,*c* nota 1.

Yaḥya b. Sa'd [o **Sa'īd**] **b. Abān b. Sa'īd al-Umawi** [† 194. a. H.], autore di un « Kitāb al-Riddah » citato in ibn Ḥubayš e in ibn Ḥaǵar, **11,** 70 e nota 3, 183 nota 1, 174 nota 2 [Yāqūt, *Reg.*, 767; Qutaybah, 257, lin. 8-10].

Yaḥya b. Sa'īd [b. Farrūǵ al-Qaṭṭān al-Aḥwal al-Tamīmi (abū Sa'īd)], tradizionista, presso ibn Sa'd, **9,** 94 nota [cfr. Sachau A., p. 194 e nota 1; Yāqūt, *Reg.*, 767; Qutaybah, 257 lin. 7; Nawawi, 626-627].

Yaḥya b. Šibl, autorità tradizionistica, presso Wāqidi, **10,** 19 [Ṯabari, III, 2434, lin. 16: da abū Ǵa'far (?)].

Yaḥya b. Sirīn, fratello di Muḥ. b. Sirīn [† 110. a. H.], cliente di Anas b. Mālik al-Anṣāri, **12,** 176,*a* no. 2.

Yaḥya b. 'Urwah b. al-Zubayr b. al-'Awwām, tramanda le tradizioni del padre 'Urwah [† 94. a. H.] **Intr.** 259 [Qutaybah, 115, lin. 7-9; Aghāni, *Ind.*, 708].

Yaḥya b. Ya'mar [al-'Adwāni], lettore pubblico del Qurān in Baṣrah, **11,** 230 nota 1 [Ṯabari, *Ind.*, 637; Durayd, 163, lin. antipen. e penult.; Aghāni, *Ind.*, 709].

abū Yaḥya Khallād b. Rāfi' b. Mālik al-Anṣāri al-Khazraǵi [† 2. a. H.], C. d. P., ucciso a Badr, **2,** 87 no. 15.

banū Yaḥya [Ghani?] b. A'ṣur b. Sa'd b. Qays, ramo dei Qays-'Aylān, **12,** 433; cfr. banū Ghani b. A'ṣur.

Yakhlud b. al-Kadr b. Kinānah b. Khuzaymah, eponimo, **Intr.** 51 [Wüst., *Reg.*, 251].

Ya'la b. Ǵāriyah al-Thaqafi [† 12. a. H.], C. d. P., ḥalīf dei banū Zuhrah b. Kilāb, ucciso ad al-Yamāmah, **12,** 23 no. 141.

Ya'la b. Munyah bint al-Ḥāriṯh b. Ǵābir, o **b. Umayyah b. abī 'Ubaydah b. Hamām al-Māzini al-Tamīmi** [† 37. a. H.] C. d. P., governa al-Ǵanad nel Yaman, **10,** 81 no. 5, 82 no. 6; **11,** 82 no. 10 — mandato da abū Bakr a domare i Khawlān, **11,** 126 — vi resta governatore di parte del paese, **12,** 87 — governatore del Yaman, il primo a far uso della èra al-Hiǵrah nelle carte ufficiali, **1,** 5 [Wüst., *Reg.*, 253; Yāqūt, *Reg.*, 776; Qutaybah, 140-141; Nawawi, 638-639; Aghāni, XI, 125 a prop. del nipote Ḥayy b. Yaḥya b. Ya'la].

Ya'la b. Murrah al-Thaqafi, C. d. P., all'assedio di Ṭā'if, **8,** 146 [Qutaybah, 141, lin. 12-13].

Ya'la b. Umayyah b. abī 'Ubaydah, cfr. Ya'la b. Munyah, **1,** 5.

Yalamlam, sito [a due notti] da Makkah, **8**, 101 [Yāqūt, IV, 1045-1046 e *pass.*].

Yalyal, ricca sorgente tra al-Sadd e Sukhayrāt al-Yamāmí presso Yanbu', **2**, 20 e nota 2 no. 8 — non lungi da Badr, 53.

banū Yām [? **b. Asbā b. Dāfi' b. Mālik** ?] ramo dei Gharb (Hamdān) formanti un mikhlāf nel Yaman, **9**, 66 — loro rapporti con Maometto, 67 [Yāqūt, *Reg.*, 262; Wüst., *Reg.*, 253 ?].

al-Yamāmah, clima della sua parte montuosa, **12**, 295 — regione d'Arabia centrale fra la- e il Ḥiǵāz, **8**, 189 — regione fra- e Makkah; cfr. Ḥawrān, **12**, 223 nota 1 — fra- e Baṣrah; cfr. al-Firāḍ, 225 — a quattro giornate da Ḥaǵar del Baḥrayn, **12**, 55 nota 2 — via tra la- e Kūfah; cfr. Mithqab, **11**, 146 nota 1,*a* — tra la- e la Persia, per al-Nibāǵ, **12**, 155 nota 9,*a* — con i siti al-Ghūrah, Ghurābah, al-Ḥubal, **10**, 33 nota 2 — Ḥaǵr o Ḥaǵar capitale, **11**, 160 — Nibāǵ, 163 nota 4 — 'Aqrabā, **12**, 6 nota 3 — Durna, 160,A nota 2 — abitata per la maggior parte dai Ḥanīfah e cristianizzata (?), **10**, 33; **11**, 166, nota 1,*b*; **12**, 278 nota 1 — nel sud-ovest dai banū 'Uqayl b. Ka'b, **9**, 74 — dai banū Ǵanāb, **10**, 29 nota 1 — ha vicini, dalla parte del Baḥrayn, i banū Šaybān, **9**, 85 — i Bakr b. Wā·il, **12**, 155 nota 3 — caravane dalla- a Makkah per la via di Tabālah, **10**, 23 — col Baḥrayn e parte del Naǵd probabile sede originaria dei primi Semiti, **12**, 109 nota 3 — e il Baḥrayn (Bīt Yākīn) probabile sede degli antichi Kaldi o Caldei, **11**, 171 nota 1,*b*; **12**, 106, 139 nota 1 — come vi penetra l'Islām, **10**, 33 — dapprima per ragioni politiche e quale partito di minoranza, **11**, 105 — sollevata e signoreggiata da Musaylimah (*q. v.*), **10**, 33,A nota 1; 67, 119 nota 2; **12**, 6 nota 1, 9 nota 1; 12 nota 1, 76 no. 1', 87 no. 12, 88, 93, 127, 160, 161, 163, 167,*a*, 170, 171 e nota 1,*a*, 173; **12**, 1, 2 nota 2, 3, 94, 101 — sottomessa e conquistata da Khālid b. al-Walīd, **Intr.** 309 nota 1; **10**, 33 nota 2; **11**, 72 nota 1, 73, 74, 122, 124 no. 2 e 8, 174, 184 nota 1; **12**, 90, 155 nota 2,*b*, 157 nota 1, 158 e nota 1, 159, 160, 164,*a*, 165 nota 1, 169, 183, 186, 187, 188, 189, 192, 315, 415, 418 — Battaglia di- o 'Aqrabā, uno dei maggiori combattimenti dell'Islām nascente, **4**, 6; **11**, 16,*c*; **10**, 33 nota 3, 74 nota 2, 90, 124, 109 nota 1, 123 nota 1, 145 nota 1,*b*, 148, 159 nota 2, 164 nota 1,*b*, 231 nota 1, 232 — narrazione della battaglia, **12**, 5-21, 101 nota 1, 102 nota 1, 103, 151, 152, 199, 312, 323 nota 1, 372, 393 nota 1 — Musulmani che vi combatterono, **9**, 20 — novero dei Compagni morti alla battaglia, **7**, 55 no. 54; **8**, 5, 157 no. 7; **11**, 120; **12**, 22-23, 41 nota 2,*b*, 455 — occupata, dopo 'Aqrabā dai banū Tamīm, Qays e Bakr b. Wā·il per la coltura delle terre rimaste incolte, **12**, 187 e nota 2 — individui precipuamente menzionati come nativi della- o ivi aventi loro affari: 'Abdallah b. Aswad, **10**, 44 — Hawdzah b. 'Ali e Thumāmah b. 'Uthāl, i due signori o re della-, **6**, 55; **10**, 32,A; **12**, 166,*c* — il Raḥmān della-, **Intr.** 255; **11**, 166 nota 1,*a*,*b* [Yāqūt, IV, 1026-1034].

Yaman e Yamaniti [la regione « a destra » della Ka'bah, secondo la comune interpretazione etimologica, e in rapporto ad al-Šām o paese di sinistra; cfr. Yāqūt, IV, 1034-1037 e *pass.*].

a) *Geografia e antropogeografia.* — Caratteri geografici e fisici, **11**, 186 — clima, feracità del suolo, *Arabia felix* o Εὐδαίμων, **12**, 295 — confini, **Intr.** 110, 119 — Tihāmah del Yaman, **12**, 69, 113 nota 1,*e*. — Siti precipuamente menzionati: Radmān, **Intr.** 95 — Ṣan'ā, 117 e *pass.* — Ǵuraš, 153 — Naǵrān, **7**, 61 nota 1 — al-Ǵanad, **10**, 13 — Ǵanāb, 23 nota 1 — Wādi Ḥurdān, 51 — Durna, **12**, 160,A nota 2 — i makhālīf: Šanu·ah, **11**, 98 nota 2 — Abyan, 'Adan, **12**, 68 nota 1 — (Tabūk), confine tra la Siria e il Yaman, **9**, 37.

b) *Tribù yamanite o sudarabe.* — **Intr.** 40, 42 — imparentate alcune con le tribù ismā'ilite, 45, 71 nota 2 — residenti nel Yaman al tempo di Maometto, Ḥimyar 'Ομηρῖται, **Intr.** 44 nota 1 — i Khath'am, 119 — i Tubālah, 104 nota 1 — i Ṣudā (Sa'd 'Ašīrah), **8**, 119 — i Kindah, **9**, 47 — i Hamdān, 66 nota 1 — e i Ḥuddān, 87 — i **Zubayr** b. 'Uqayš ('Ukl), 92 — i Ḥārith b. Ka'b, **10**, 3 — li Azd Šanu·ah, 21 — i **Zubayd**, 31 nota 1 — i Murād, 32 — i Tuǵīb, **11**, 88 — i Madzḥig, Nakha', **7**, 82 — Khawlān, **10**, 15 — Ǵu'fi, 50 — al-Ruhā, 53 — 'Ans, 54, ecc. — Emigrate fuori del Yaman in vari tempi prima di Maometto, i banū 'Amr b. 'Āmir, **Intr.** 71 — i banū Qaylah, *pass.* — li Harmān, Ǵadzmah, Nāghisah a Madīnah, **1**, 38 nota 2 — i Khuzā'ah, **8,** 21 nota 2 — i Bahrā, **9,** 83 — i Ṣadif, **10,** 30 e nota 1 — i Ṭayy, 35 nota 1 — 'Āmilah, Iyād, ecc., **12,** 113 e nota 1,*a*,*e* — Yamaniti emigrati in Siria dopo la conquista, **9,** 63 nota 1; **11,** 187 nota 1,*n* — nel porto di Aylah, **9,** 38 nota 1 — tribù o genti immigrate nel Yaman ed ivi stanziate, gl'Isma'īliti 'Akk b. Adnān, **Intr.** 43; **8,** 17 — i Quḍā'ah b. Ma'add, **Intr.** 45 — i banū Iyād e i banū 'Anmār figli di Nizār, 47 — i Persiani meticci o Abnā, **10,** 82 e note 1 e 2; **11,** 197 — tribù limitrofe, i Tamim dalla parte di Taymān, **9,** 3 — tendenza del « Futūḥ al-Šam » a glorificare le tribù yamanite, **12,** 356 nota 2.

c) *Storia.* — Periodo anteislamico o regno mineo-sabeo-ḥimyaritico, **11,** 186 — conquistato dagli Abissini [530.-570. È. V.], **Intr.** 108 nota 1, 109 nota 1, 272; cfr. Abrahah, Spedizione dell'Elefante, ecc. — poi dai Persiani, 111 nota 1, 185; **10,** 80 nota 1 — e retto da governatori dei Sassanidi, **6,** 54, 55; **12,** 134 nota 1, 135 (cfr. Badzān, Wahriz) — conflitto tra i Hamdān e i Murād, **10,** 32 — rapporti col Ḥigāz e con Makkah, commercio con Makkah, **Intr.** 90 — e Madīnah, **6,** 34 — ostilità con i Qurayš, **Intr.** 56, 108, 109, 110; **12,** 194 nota 1 — rapporti con Maometto e con l'Islām, viaggio commerciale di Maometto nel Yaman, **Intr.** 141, 153 — Spedizioni di Khālid e di 'Ali, **9,** 67; **10,** 3, 17-18, 19, 119 nota 1 — invio di missionari (cfr. Mu'ādz b. Ǵabal e abū Mūsa al-Aš'ari), agenti ed esattori musulmani, **10,** 13, 14, 19, 82 e nota 1; **11,** 187 nota 1,*f* — ambasciate dei re di Ḥimyar, **9,** 60-65 — conversione parziale e superficiale di alcune minoranze all'Islām, **9,** 63; **10,** 3, 15, 17 nota 1, 23, 34, 53, 54, 80, 81, 89 nota 2, 120 nota 1, 125, 128; **11,** 2,*c* nota 1, 75, 105, 317 e nota 16, 377 — carattere, più politico che religioso, dei rapporti con Maometto, **10,** 127; **11,** 187, 188; **12,** 89 — la Riddah nel Yaman, insurrezione e dominio di al-Aswad al-'Ansi, **10,** 31 nota 1, 119 nota 2; **11,** 6 nota 1, 9 nota 1, 12, 76, 89 e nota 1, 127, 164, 165, 185, 189-199 — la Seconda Apostasia o guerra civile promossa o utilizzata dai Musulmani, **10,** 128 e nota 1, 131; **12,** 64-73, 89, 90, 94 — condizioni politiche ed economiche del Yaman all'avvento dell'Islām, **12,** 116 — conquista musulmana, **11,** 74, 99, 124 no. 3 e nota 1, 126; **12,** 1 e nota 3, 38, 70, 73, 76, 86, 102 — i Yamaniti seguono Khālid nell'invasione dell' 'Irāq, **12,** 189 no. 11 — ed in esiguo numero partecipano alla prima campagna in Siria, **12,** 250, 323 e nota 1, 329, 330, 356,*d*, 359,*a*, 362 nota 2, 378 — lotta tra Yamaniti e Muḍariti verso la fine del I secolo H.; **9,** 36 note 1 e 2, 72 nota 3; **12,** 290 — il Yaman sotto il regime musulmano e la giurisdizione dei Califfi, **Intr.** 117 nota 4; **11,** 200.

d) *Civiltà.* — Religione: Il Cristianesimo nel Yaman, **10,** 59 nota 5, 82 nota 2, 127; **11,** 27 nota 1,*b* — Cristiani di Nagrān, loro vescovi e martiri, **Intr.** 108 nota 2 — loro trattati con Maometto o abū Bakr, **10,** 59-61; **12,** 74 — Ebrei, **10,** 82 nota 2 — Persiani mazdeisti, **10,** 127 — Musulmani: « la fede è yamanita », **9,** 36 e nota 1 — cultura e industria: iscrizioni sabeo-ḥimyaritiche, **11,** 218 — scuole d'armaiuoli ed armi fabbricate nel Yaman, **12,** 271, 277, 283 — coltivata l'arte di costruire e adoprare macchine d'assedio, **8,** 141 (cfr. Ǵuraš) — vi si tessono i mantelli al-ḥibarah, **10,** 59 nota 2.

e) *Uomini illustri.* — Il genealogo Daghfal b. Ḥanẓalah, **Intr.** 133 nota 1 — abū Hurayrah al-Dawsi, **7,** 35 — e individui menzionati come nativi del Yaman od ivi rifugiatisi, **2,** 85,A no. 57, 69 no. 63 e 64; **8,** 77; **9,** 68.

yamān e imān, scherzo fra le due parole, **9,** 36 nota 1.

al-Yaman (*sic*) o Yamaniti, seguono Khālid nella conquista dell''Irāq, **12,** 189 no. 11.

abū-l-Yamān al-Ḥakam b. Nāfi' al-Ḥimṣi [† 221. a. H.], autorità tradizionistica, presso ibn 'Asākir, **12,** 322 nota 6: 394 nota 6,*c* [Yāqūt, *Reg.*, 402].

al-Yamāni (pietra della Ka'bah), **Intr.** 62 nota 2.

Ya'mar b. Ka'b b. Layth b. Bakr al-Šaddākh, preisl., arbitro nella contesa fra i Qurayš e i Khuzā'ah, **Intr.** 77 [Wüst., *Reg.*, 254: Durayd, 106, lin. 1-8; Aghāni, *Ind.*, 718].

Ya'mar b. Nufāthah [b. 'Adi b. al-Dā-il], preisl. capo dei banū Bakr b. 'Abd Manāt b. Kinānah, accompagna 'Abd al-Muṭṭalib nel campo di Abrahah al-Ašram, **Intr.** 120.

ibn Yāmīn b. 'Umayr b. Ka'b al-Naḍari [† dopo 54. a. H.], C. d. P., ebreo madinese convertito, diserta dai suoi a Maometto, **4**, 12 — contribuisce per primo all'equipaggiamento dei « Piagnoni », **9**, 27 — letiga con Muḥ. b. Maslamah, **3**, 4 nota 2.

Yamn, cfr. Yumn, **7**, 66.

Yamnia, cfr. Yubna, Jabne, **11**, 4.

Ya'nab, nella Mahrah, si sottomette a 'Ikrimah b. abī Ǵahl, **12**, 63.

Yanbu' limite occidentale del territorio dei Ǵuhaynah, **5**, 85 nota 1 — avvallamento e borgo tra Madīnah e il mare, presso Yalyal, **2**, 20 e nota 2 no. 8 — e presso Ruhāṭ, **8**, 25 nota 1 — sue mura, 139 nota 1 [Y ā q ū t, IV, 1038-1039 e *pass.*] — distante una giornata dal monte Raḍwa, **2**, 18,A nota 1.

Yaqaẓah b. Murrah b. Ka'b b. Lu·ayy, eponimo ismā'īlita dei banū Yaqaẓah b. Murrah [D u r a y d, 92, lin. 2 e seg.], **Intr.** 41, tav. 1 — sua madre Asmā bint 'Adi, 60.

y a q ṭ i f ū [da leggere y u q ṭ a f ū « siano vendemmiati » (con la spada), o piuttosto y u q ṭ a' ū « siano troncati » come è già in ibn H i š ā m, III, 213, e in T a b a r i, I, 1768, lin. 8 e nota *g*], **10**, 14.

y a q ṭ u r a l - d a m = (lettera) « che stillava il sangue », **12**, 33 nota 1.

Ya'qūb b. 'Amr b. Durays al-Mašǵa'i, segue, a capo dei Mašǵa'ah, Khālid b. al-Walīd nella Siria, **12**, 404 nota 1, 412.

Ya'qūb b. Ibrāhīm [b. Kuthayr al-Dawraqi], [† 252. a. H.], tradizionista, presso Tabari, **Intr.** 299 [Y ā q ū t, *Reg.*, 774].

Ya'qūb b. Muḥammad b. 'Īsa b. 'Abd al-malik, autorità tradizionistica (?), presso ibn Ḥubayš, **11**, 87 nota 2,*e*.

Ya'qūb b. Muḥammad al-Zuhri [† circa 220. a. H.], autorità tradizionistica, tradizioni da lui tramandate nel suo « Kitāb (al-Riddah ?) » citato e utilizzato da ibn Ḥubayš, **11**, 70, 85, 116, 140, 142, 166 nota 2, 170 nota 1; **12**, 3, 16,*e*, 51, 61, 69 nota 1,*b*, 317 nota 2,*a* — con isnād da al-Ša'bi, **11**, 91, 92,*a* — da Šarīk al-Fazāri (?), 145 — da ibn Faḍālah, 168 — da ibn Šihāb al-Zuhri, 177, 189 — da Yaḥya b. 'Abd al-a'la al-Ḥanafi, **12**, 36 — da 'Abd al-raḥmān b. abī Bakr, 46 — estratto del suo « Kitāb », probabilmente compilato da 'Ubaydallah b. 'Abdallah b. 'Utbah, **12**, 8 [Y ā q ū t, *Reg.*, 775].

Ya'qūb b. Sufyān [? b. Ǵawāb al-Fasawi al-Fārisi al-Hamdāni] (abū Yūsuf) [† 277. o 288. a. H.], tradizionista, presso ibn 'Asākir, **12**, 394 nota 6,*c* [Y ā q ū t, *Reg.*, 775 ?; W ü s t., G. A., 27].

Ya'qūb b. 'Utbah b. al-Mughīrah b. al-Akhnas, autorità tradizionistica, presso Tabari, **Intr.** 240 nota 1 — e ibn Hišām, **11**, 6 nota 2, 19.

Ya'qūb b. Zama'ah b. al-Aswad, C. d. P., all'assedio di Tā·if uccide Hudzayl b. abī-l-Ṣalt, **8**, 144.

Ya'qūb b. Zayd b. Ṭalḥah, tradizionista, presso ibn Ḥubayš, **11**, 142 nota 1,*b* [T a b a r i, *Ind.*, 648 ?].

abū Ya'qūb al-Isrā·īli al-Tadmuri (l'ebreo palmireno convertito), autore di parecchie interpolazioni genealogiche, e maestro di ibn al-Kalbi [† 204. a. H.], **Intr.** 31 nota 1 [T a b a r i, *Ind.*, 647; Y ā q ū t, *Reg.*, 776].

abū Ya'qūb Isḥāq b. 'Abbād b. Mūsa al-Khatali [Khuttali] al-Baghdādi [† 251. a. H.], discepolo di Ya'qūb b. Muḥ. al-Zuhri, **11**, 70 nota 2 [Y ā q ū t, *Reg.*, 316].

abū Ya'qūb Sa'īd b. 'Ubayd, autorità tradizionistica, informatore di Sayf, presso Tabari, **11**, 129, 146 nota 2,*b*, 158, 159,*a*.

al-Ya'qūbi (Aḥmad b. abī Ya'qūb b. Ǵa'far b. Wahb b. Wāḍiḥ al-Kātib al-'Abbāsi) [visse circa 278. a. H.], storico e geografo molto succinto spesso senza indicazioni di fonti e imbevuto di preconcetti šī'iti, **11**, 70 nota 1, 203 nota 2 — dà le prime notizie sul partito di opposizione a Maometto in Madīnah, **1**, 27 — sull'origine araba e ǵudzamita delle tribù ebraiche madīnesi Naḍir e Qurayẓah, **1**, 38 — sulla data della battaglia di Dzū Qār, **2**, 104 — sul divieto di bere il vino, fissato da Maometto nella Spedizione dei banū-l-Naḍīr, **4**, 11 nota 1 — sulli u m a r ā w a-'u m m ā l mandati da Maometto alle tribù musulmane, **10**, 71 — per gli eventi immediatamente successivi alla morte del Profeta, è il più antico storico la cui opera sia giunta a noi, **11**, 70 nota 1 — sulla divisione tributaria o fiscale dell' 'Irāq, **12**, 177 nota 1 — sulla campagna di Khālid nell' 'Irāq, **12,** 184,*a* e nota 1, 233 — sulle ragioni e precedenti dell'invasione siria, **12,** 311 nota 1, no. 1 — e sui primi eventi della medesima, 329, 366, 367, 388, 398.

Yāqūt b. 'Abdallah al-Rūmi [† 626. a. H.], sui luoghi menzionati nelle Spedizioni del Profeta, spesso si limita a citare il testo di ibn Isḥāq, **2,** 20 nota 2 — su Ruhāṭ e il suo idolo, **8,** 25 nota 1 — sull'ingresso dell'Islām nel Baḥrayn, **8,** 187 — su Dūmah al-Ǵandal, **9,** 46 — sull'itinerario di abū 'Ubaydah nel recarsi in Siria, **12,** 328,*a*, 366 — sui fatti della campagna di Khālid seguiti alla presa di Ḥirah, **12,** 184,*c* — e sui castelli di questa città, 206 nota 1 — e i monasteri cristiani dei dintorni, 162 nota 8 — le sue fonti sono raccolte e ordinate dal Heer, *passim.*

yāqūtah (pietre preziose) legate insieme con catenelle d'oro, che il califfo al-Ma'mūn mandava ogni anno da appendersi alla Ka'bah, **Intr.** 101 nota 1.

Yaqẓah b. Murrah b. Yaqaẓah b. Murrah, Intr. 60; cfr. Yaqaẓah.

abū-l-Yaqẓān 'Ammār b. Yāsir al-'Ansi, cfr. 'Ammār b. Yāsir.

Yarbū' abū-l-Ḍaḥḥāk, autorità tradizionistica di Sayf, presso Ṭabari, **12,** 31,*a*.

Yarbū' b. Ḥanẓalah b. Mālik b. Zayd Manāt, eponimo d'una tribù tamimita, **Intr.** 41 tav. 1.

banū Yarbū', ramo dei Tamim Ḥanẓalah confinanti con gli Asad b. Khuzaymah, **6,** 4 nota 1 — pagano la ṣadaqah a Mālik b. Nuwayrah, **11,** 90 no. 6, 163 no. 6 — seguaci della loro profetessa Saǵāḥ, 161 nota 1, 164 [Wüst., *Reg.*, 254; Yāqūt, *Reg.*, 262; Aghāni, *Ind.*, 709; Qutaybah, 87, lin. 13 e seg.].

Yarmūk [lat. *Hieromax*, grec. *Hieromyces*, dal Talmud. Yarmūk: oggi Šarī'ah al-Manāḏirah]. affluente di sinistra del Giordano, **11,** 4; **12,** 321 nota 1 — presso cui ebbe luogo la celebre vittoria dell'a. 15, **8,** 10 nota 1; **12,** 73, 103, 104, 229 e nota 1, 266, 273, 289, 303, 348 nota 8, 371, 381 — numero dei Musulmani che vi presero parte, **12,** 290, 322 nota 5, 367 - guerrieri che vi combatterono, **7,** 81 nota 1; **9,** 65 nota 1; **10,** 26 — Musulmani morti nella battaglia, **Intr.** 271 nota 1, 309 nota 1; **7,** 55 no. 39 e 60; **10,** 90; **12,** 23 no. 42 — confusione fra questa battaglia e quella di Aǵnādayn, **12,** 319 nota 2, 332,*b*, 335, 348 nota 8, 393 nota 1,*a* — viaggio dal- a Qādisiyyah compiuto dai Yamaniti in un mese (?), **12,** 415 nota 1 [Yāqūt, IV, 1015-1016 e *pass.*].

Yarmūk-Yāqūṣah, 12, 319 nota 2; cfr. Yarmūk.

Yarmūk (= al-Wāqūṣah), 12, 330.

yarmulūn = « andavan lesti » (i pellegrini) nel fare i ṭawāf, **7,** 71.

Ya'rub b. Qaḥṭān, progenitore delle tribù yamanite, **Intr.** 42, tav. 3 [Yāqūt, *Reg.*, 774; Wüst., *Reg.*, 254; Durayd, 217, lin. 4; Aghāni, *Ind.*, 717].

al-Yās [Ilyās, Alyās] b. Muḍar b. Nizār b. Ma'add, progenitore di alcune stirpi ismā'ilite, **Intr.** 41, tav. 1, 49, 50, 75 nota 1 [Wüst., *Reg.*, 254; Aghāni, *Ind.*, 706; Durayd, 20 lin. 1 e seg.

Yasār, avo di Muḥammad b. Isḥāq, mawla di Qays b. Makhramah b. al Muṭṭalib. b. 'Abd Manāf, prigioniero di Khālid b. al-Walīd in 'Ayn al-Tamr, **12,** 176,*a* no. 4, 394 no. 5.

Yasār, schiavo abissino, pastore dell'ebreo 'Āmir in Khaybar, C. d. P., sua conversione, **7,** 18.

Yasār, mawla Rasūl Allah [† 6. a. H.], C. d. P. e suo liberto, nubiano o greco, **10,** 142 no. 16 — ucciso dalli 'Uraniyyūn mentre custodiva le camele di Maometto, **6,** 21.

Yasār (abū Fūkayhah Aflaḥ), C. d. P., pastore dei Sulaym o dei Ghaṭafān, schiavo, poi liberto, di Ṣafwān b. Umayyah, tormentato in al-Ramḍa per causa dell'Islām, **Intr.** 252 nota 3 — prigioniero ad al-Kudr, liberato da Maometto, **3,** 1; **7,** 65 e nota 1 — ascolta la predicazione di Maometto nella Ka'bah, **Intr.** 315 — accompagna Ṣafwān nella fuga da Makkah, **8,** 78.

abū-l-Yasar al-Aslami, C. d. P. [= abū-l-Yasar Ka'b?], all'assedio di Khaybar, **7,** 23 nota 1.

abū-l-Yasar Ka'b b. 'Amr b. 'Abbād b. 'Amr al-Anṣāri al-Khazraǵi [† 55. a. H.], C. d. P., presente alla seconda 'Aqabah, **Intr.** 344 no. 44 — presente a Badr, **2,** 85,C no. 91 — vi uccide due pagani, 88, ni. 41 e 45 [Qutaybah, 166-167; Durayd, 274, lin. 18; Aghāni, *Ind.*, pag. 717]

banū Yásār, tribù thaqafita di Ṭā·if, **9,** 56 no. 4 [Durayd, 99, lin. 16].
yasǵu' al-saǵa'āt = « recitava in prosa rimata » (Musaylimah), **10,** 67.
Yašǵub b. 'Arīb b. Zayd b. Kahlān, eponimo ismā'īlita, **Intr.** 42 tav. 3 [Wüst., *Reg.*, 254].
Yašǵub b. Ya'rub b. Qaḥṭān, progenitore delle tribù yamanite, **Intr.** 42 tav. 3 [Wüst., *Reg.*, 254; Durayd, 217, lin. 9].
Yaškur b. Bakr b. Wā·il b. Qāsiṭ, eponimo di una tribù bakrita, **Intr.** 41 tav. 1 [Wüst., *Reg.*, 255; Qutaybah, 47, lin. 4; Durayd, 205, lin. 3].
banū Yaškur b. Bakr b. Wā·il, tribù bakrita, seguono Khālid nell'invasione dell'Irāq, **12,** 189 no. 9 — uno di essi Nuṣayr, 219,*a* no. 2 — puniti severamente da Khālid dopo 'Aqrabā, 31,*a*.
Yāsir al-Yahūdi [† 7. a. H.], ebreo di Khaybar fratello di Marḥab, ucciso da al-Zubayr b. al-'Awwām **7,** 22.
Yāsir [**b. 'Āmir b. Mālik b. Kinānah al-'Ansi**] (**abū 'Ammār**), C. d. P., uno dei primi a convertirsi in Makkah, primo martire musulmano, **Intr.** 252 nota 3.
abū Yāsir b. Akhṭab al-Naḍari, ebreo madinese, avversario di Maometto, **1,** 58 no. 2 e nota 1, 59.
al-Ya'sūb, nome di un cavallo del Profeta, **10,** 144.
Yasūm, monte che limitava la valle Turabah, presso Tā·if, **7,** 61 nota 1 [nel territorio dei Hudzayl, presso Makkah: Yāqūt, IV, 1020 e *pass.*].
yatabākkūna = « eran pressati o serrati » (i Makkani) per l'angustia della valle (di Bakkah-Makkah), **Intr.** 71.
Yathrib, [Ἰάθριππα] antico nome di al-Madīnah (*q. v.*), Hāšim b. 'Abd Manāf vi sposa Salma bint 'Amr, **Intr.** 92 — vi cresce Šaybah 'Abd al-Muṭṭalib, 96, 97, 98 — Madīnah territorio o valle di- dichiarato ḥaram, **1,** 45 [articoli 1, 39, 45] — occupata dagli Ebrei sfuggiti alle armi di Bukhtanaṣṣar, **Intr.** 43; **1,** 49 — sue origini, suoi primi abitatori e storia anteriore a Maometto, 38, 49 — numero dei suoi abitatori al tempo di Maometto, **5,** 61.
Ya'ūq, divinità pagana e idolo della Ka'bah, **Intr.** 62 nota 5.
Yawm al-Aḍḥa, « giorno del sacrifizio », cioè il 10 Dzū-l-Ḥiǵǵah, festeggiato solennemente da Maometto in Madīnah, **2,** 101; **10,** 73.
Yawm al-Aḥzāb = « giornata dei confederati » o assedio di Madīnah nell'a. 5. H. **1,** 60.
Yawm al-Dār = « giorno della casa » o rivoluzione nella quale fu ucciso il califfo 'Uthmān nella sua casa l'a. 35. H., **11,** 71 nota 2.
yawm dīnihi = « giorno del suo giudizio » [dīn nelle iscrizioni sabee significa « religione », « fede »: dal pehlevico dīn, zendo daena « legge, dottrina »], cioè della resurrezione, **11,** 165.
yawm al-ǵuma'ah = « giorno dell'adunanza » o festa del venerdì: nome dato da Ka'b b. Lu·ayy, **Intr.** 59 — consacrato da Maometto qual termine di un obbligo della comunità musulmana, **2,** 12.
yawm al-raḥmah = « giorno della misericordia » antico nome del « venerdì », **Intr.** 59.
Yawm al-Saqīfah = « giorno della tettoia »: quello in cui fu eletto califfo abū Bakr, **12,** 23 no. 86.
Yawm al-Tarwiyyah « giorno dell'abbeveratura? », l'8 Dzū-l-Ḥiǵǵah della festa annua del pellegrinaggio, **10,** 75, 76.
yawm al-'urūbah « giorno della diletta? » o « della impudica » (*dies Veneris*) antico nome del Yawm al-ǵuma'ah, **Intr.** 59 [v. Lane, *Lex.*, I, 1995].
Yawm al-Zaḥmah = « giorno della angustia o della calca » e « dell'assemblea tumultuosa »: quello nel quale il conciliabolo dei Qurayš decise la condanna a morte di Maometto, **1,** 17.
Yawša' ibn Nūn al-Yahūdi, capo degli Ebrei di Fadak, **7,** 47 [Yaqūt, *Reg.*, 781].
Yayn, sito tra al-Batrā e Sukhayrāt al-Yamām, tra Madīnah e Makkah: tappa del Profeta nella Spedizione contro i banū Liḥyān, **6,** 2 [Yāqūt, IV, 1046-1047 e *pass.*].
Yazdaǵird I al-Athīm o « il malvagio » (399-420. a. È. V.), lotta con barbara energia contro la tirannide della nobiltà e del clero mazdeista nella Persia, **12,** 124, 125 — promuove il concilio di Seleucia del 410. a. È. V., 142 nota 1 — meritandosi le simpatie del clero cristiano semitico, 143.
Yazdaǵird II, (438-457. a. È. V.) persecutore dei Cristiani in Persia, **12,** 125.

Yazdaġird III [† 651. o 652. a. È. V.] sua assunzione al trono il 16 giugno 632, mentre gli Arabi preparavansi a irrompere nell'Irāq, **9,** 93 nota; **11,** 237; **12,** 129, 154 e nota 1, 187 nota 1, 192, nota 4 — sua ingerenza negli avvenimenti del Baḥrayn durante la Riddah, **12,** 51 – attende a domare le insurrezioni interne, prima di poter reagire contro le razzie arabe nel Sawād, **12,** 427.

Yazīd b. 'Abd al-Madān, cfr. 'Abdallah b. 'Abd al-Madān.

Yazīd b. 'Abd al-malik b. Marwān b. al-Ḥakam [† 105. a. H.], califfo umayyade, confisca agli 'Alīdi i beni di Fadak, **7,** 47 nota 3 [Wüst., *Reg.*, 255; Yāqūt, *Reg.*, 772; Aghāni, 712-713].

Yazīd b. 'Abdallah, pagano dei banū 'Amr b. Tamīm, ucciso a Badr da 'Ammār b. Yasār, **2,** 88 no. 26.

Yazīd b. al-Afkal al-Azdi, generale di al-Aswad al-'Ansi, **11,** 195.

Yazīd b. 'Āmir b. Ḥadīdah al-Anṣāri al-Khazraġi, C. d. P., presente alla seconda 'Aqabah ed a Badr, **Intr.** 344 no. 43.

Yazīd b. Aws, ḥalīf dei banū 'Abd al-Dār [† 12. a. H.], C. d. P., perito ad al-Yamāmah, **12,** 23 no. 142.

Yazīd b. Ġāriyah (abū 'Abd al-raḥmān), C. d. P., (?) sposa Ġamīlah bint Thābit, **6,** 43.

Yazīd b. abī Ḥabīb Rūmān al-Miṣri [al-Asadi] [† 128.-130. a. H.], tradizionista, informatore di ibn Isḥāq e di ibn Šihāb al-Zuhri, presso ibn Hišām e ibn Sa'd, **Intr.** 14 nota 4 – tramanda tradizioni da al-Wāqidi, presso ibn Ḥubayš, **11,** 89 [Yāqūt, *Reg.*, 771; Sachau A., pag. 169].

Yazīd b. al-Ḥārith al-Yahūdi al-Qaynuqā'i, ebreo madinese, avversario di Maometto, **1,** 58 no. 29.

Yazīd b. al-Ḥārith b. Qays b. Mālik, Fuḥsum, o ibn Qasḥam, al-Anṣāri al-Khazraġi [† 2. a. H.], C. d. P., presente a Badr, uccisovi da Nawfal b. Mu'āwiyah, **2,** 85,C no. 10, 87 no. 9 [Wüst., *Reg.*, 256].

Yazīd b. Ḥārithah al-Thaqafi [† 12. a. H.], C. d. P., perito ad al-Yamāmah, **12,** 23 no. 143.

Yazīd b. Hārūn [b. Zadzi o Zadzān b. Thābit al-Sulami al-Wāsiṭi (abū Khālid)] [† 206. a. H.], tradizionista, presso ibn Sa'd, **9,** 94 nota; **11,** 206; **12,** 428 nota 1,e [Yāqūt, *Reg.*, 774; Qutaybah, 257; Ṭabari, *Ind.*, 646; Aghāni, *Ind.*, 716; Nawawi, 636-637].

Yazīd b. Ḥāṭib b. Umayyah b. Rāfi' al-Anṣāri [† 3. a. H.], dei banū Ẓafar C. d. P., ucciso a Uḥud, **1,** 60 no. 23; **3,** 54,B no. 69.

Yazīd b. Ḥuṣayn al-Ḥārithi, capitano e compagno di al-Aswad al-'Ansi, **11,** 195.

Yazīd b. 'Iyāḍ [b. Ġa'dabah], tradizionista, informatore di al-Madā'ini, presso ibn Sa'd, **9,** 62 — presso ibn al-Athīr, **12,** 222 nota 5 [Ṭabari, *Ind.*, 643].

Yazīd b. Khidzām b. Subay' al-Anṣāri al-Khazraġi, C. d. P., presente alla seconda 'Aqabah, **Intr.** 344, no. 37.

Yazīd b. Mu'āwiyah b. abī Sufyān b. Ḥarb [† 64. a. H.], califfo umayyade, **Intr.** 41 tav. 2 — sposa una figlia di Ḥurayth b. 'Abd al-malik, **11,** 97 — concede a 'Abd al-malik b. Marwān la custodia e godimento dei suoi poderi in Wādi al-Qura, **7,** 48 nota 7 — sua residenza prediletta in al-Ḥuwwārīn, **12,** 420 — reprime nel sangue, con la battaglia di al-Ḥarrah, l'insurrezione di Madīnah, **11,** 8 nota 1 [Wüst., *Reg.*, 256; Yāqūt, *Reg.*, 773; Aghāni, *Ind.*, 714-716].

Yazīd b. al-Muḥaġġal al-Ḥārithi dei banū Mālik (Ḥārith b. Ka'b), C. d. P ambasciatore dei banū-l-Ḥārith a Madīnah, **10,** 9 no. 3 — riceve da Maometto una lettera o concessione di terre e privilegi, 7 nota 1, 9.

Yazīd b. Muḥrim, capitano e compagno di al-Aswad al-'Ansi, **11,** 195.

Yazīd b. al-Mundzir b. Sarḥ b. Khunās al-Anṣāri al-Khazraġi, C. d. P., presente alla seconda 'Aqabah, **Intr.** 344 no. 34 — e a Badr, **2,** 85,C no. 74.

Yazīd b. Nubayšah al-'Āmiri, presente alla campagna di Khālid b. al-Walīd nell'Irāq; tradizionista, presso Balādzuri, **12,** 161.

Yazīd b. Qanān [dei banū Mālik b. Sa'd], segue 'Ikrimah nella conquista del Ḥadramawt, guidando scorrerie sui Kindah attorno ad al-Nuġayr, **12,** 78.

Yazīd b. Qays [† 12. a. H.], C. d. P., portastendardo dei Muhāǵirūn ad 'Aqrabā, ivi ucciso, **12,** 12 [= Yazīd b. Waqš?].

Yazīd b. Qays b. Khāriǵah b. Sawād al-Dāri, C. d. P., ambasciatore dei banū-l-Dār a Madīnah, **9,** 70 no. 3 [Wust., *Reg.*, 258].

Yazīd b. Rūmān, cfr. Yazīd b. abi Ḥabīb, **Intr.** 14 nota 4.

Yazīd b. Ruqayš b. Ri·āb b. Ya'mar [**al-Asadi** ?] [† 12. a. H.], C. d. P., makkano, ḥalīf delli Umayyah, fuggito a Madīnah prima di 'Aqabah, **1,** 15 no. 14 — presente a Badr, **2,** 85,A no. 21 — vi uccide 'Amr b. Sufyān, 88 no. 40 — perisce ad al-Yamāmah (?), **12,** 23 no. 144 e 150.

Yazīd b. Šarīk al-Fazāri, tradizionista presso ibn Ḥubayš, **11,** 145; **12,** 127.

Yazīd b. abī Sufyān b. Ḥarb b. Umayyah [**al-Qurašī al-Umawi al-Khayr**] [† 18. a. H.], C. d. P., **Intr.** 41 tav. 2 — convertesi il giorno dell'assoggettamento di Taymā e diviene amministratore di Wādi al-Qura, **7,** 49 — riceve regali dal Profeta dopo Ḥunayn, esattore delle ṣadaqāt a Taymā, **10,** 71 no. 11 — da abū Bakr messo a capo di uno degli eserciti invasori della Siria, **11,** 46 e nota 1; **12,** 327 nota 2,*a*, 328,*d*,*e*, 329, 330, 332,*b*, 366, 373, 379, 381, 390 — nomina il fratello Mu'āwiyah suo portastendardo, 318 — con diritto, in dato caso, al comando generale sui Musulmani invasori, 325, 356,*d*, 405 — ricevute le istruzioni dal Califfo, **11,** 109 nota 3,*a*; **12,** 319, 333 — parte primo, 317 e note 1 e 3, 324, 327, 357,*a*, 360, 362 nota 1, 365, 367 368, 376 — per la via di Wādi al-Qura e Tabūk, 316, 322, 331, 337, 362 — diretto nella Trans-Giordanica, a Damasco, 321, 326, 332,*a* no. 2, 334, 364 — traversando la Palestina meridionale, vince sui Greci le battaglie di al-'Arabah-Dāthinah, 337, 333, 340, 343 note 1,*a*,*b*, 344, 361 e nota 1, 365, 369, 370, 374, 393 nota 1,*d* — quindi passa nella Trans-Giordanica, 351 nota 1,*a*, 368 e nota 1, 369 — si riunisce con gli altri colleghi a Khālid b. al-Walīd, 322 nota 6, 394 e nota 6,*c*, 403 nota 3, 426 — stipula l'accordo con gli abitanti di Adzri'āt, 406 — sconfitto a Marǵ al-Ṣuffar (?), 386 — sapeva scrivere, **11,** 220,*a* no. 6 [Wüst., *Reg.*, 258; Yāqūt, *Reg.*, 772; Qutaybah, 175, lin. 17-20; Nawawi, 635].

Yazīd b. Tha'labah b. Khazmah al-Anṣāri, cfr. abū 'Abd-al-raḥmān Yazīd, ecc.

Yazīd b. Thābit b. al-Ḍaḥḥāk, al-Anṣāri, C. d. P. [† 12. a. H.?], morto ad al-Yamāmah, o parecchio dopo. Suo cenno biografico, **12,** 23 no. 145.

Yazīd b. al-Ṭufayl al-Ḥārithi, C. d. P., yamanita dei banū-l-Ḥārith b. Ka'b, riceve da Maometto una lettera con riconoscimento di possesso di al-Maddah, **10,** 5 no. 2.

Yazīd b. Waqš [† 12. a. H.], C. d. P., caduto ad al-Yamāmah [= Yazid b. Qays?], **12,** 23 no. 146.

Yazīd b. Yazīd b. Ǵābir, autore di alcuni libri sulle conquiste della Siria, autorità tradizionistica, presso ibn Ḥubayš, **12,** 403 nota 3.

Yazīd b. Zama'ah b. al-Aswad b. al-Muṭṭalib al-Qurašī [† 8. a. H.], dei banū Asad b. 'Abd al-'Uzza, C. d. P., emigra in Abissinia, **Intr.** 277 no. 16 — tornatosene in Arabia, **7,** 55 no. 30 — perisce a Ḥunayn, **8,** 138 no. 2 — ovvero sotto Ṭā·if, 158 no. 3 — al cui assedio avrebbe fatto trasportare da Ǵuraš una catapulta, **8,** 143 [Wüst., *Reg.*, 259; Nawawi, 635].

Yazīd b. Zayd b. Ḥiṣn al-Khaṭmi, marito di Asmā bint Marwān [† 2. a. H.], **2,** 90.

Yazīd b. Ziyād al-Madani, mawla dei banū Hāšim, tradizionista, presso Tabari, **Intr.** 281, 328.

abū Yazīd 'Amr b. Salimah al-Ǵarmi, C. d. P., quḍā'ita, giovanetto ancora dirige la preghiera dei suoi contribuli, **10,** 41.

abū Yazīd Rabī'ah b. Aktam [**Aktham**] **b. Šakhīrah al-Asadi** [† 7. a. H.], C. d. P., ḥalīf delli Umayyah, ucciso dall'ebreo al-Ḥārith sotto al-Naṭāh, **7,** 43 no. 1.

Yebna cfr. Yubna, Jabne, Yamnia, **11,** 4 nota 1.

yom Kippur o **ha-Kippurīm** o **āsōr** = « giorno d'Espiazione », grande festa annuale degli Ebrei [*Levitico*, XXIII, 27 e segg.], nel decimo giorno del settimo mese o Tišri, **2,** 1, 28.

Yubna = Ubna, Jabne, Yebna, Yamnia, in Palestina, erroneamente supposta mèta della Spedizione di Usāmah, **11,** 3,*d*, 4 [Yāqūt, IV, 1007].

yufaqqihahum, = « doveva impartir la conoscenza del diritto divino » o della legge musulmana, **10,** 14.

yughayyar = « sarebbe tramutato (dalla sua sede?) », **12**, 75.

Yuḥannah b. Ru·bah, principe cristiano di Aylah; sua corrispondenza e trattato con Maometto a Tabūk, **9**, 38 e nota 1, 39; **12**, 322 nota 1 [Yāqūt, *Reg.*, 777].

yūm, *correggi* yawm.

Yumn (= Yamn, Amn) [pozzo dei Ghaṭafān, fra Qaww e Ru·āf, sulla via Taymā-Fayd], sito presso al-Ǵināb nella regione fra Khaybar e Wādi al-Qura: mèta della spedizione di Bašīr b. Sa'd, **7**, 60, 66 [Yāqūt, IV, 1037].

Yūnus b. Maṭa al-Nabi Dzū-l-nūn [ebr. Jōnā] = Giona, **11**, 135 nota 3,*b* [Ṭabari, I, 782-788].

Yūnus b. Yazīd [al-Ayli] [† 152. o 159. a. H.], autorità tradizionistica, presso ibn 'Asākir, **11**, 109 nota 3,*b* [Yāqūt, *Reg.*, 781].

yūnāni = « greco » (propriamente greco antico, poi detto rūmi), **10**, 142 no. 16.

yuqarraš = « faceva molti guadagni » (al-Naḍr b. Kinānah : pretesa etimologia di Qurayš, **Intr.** 54.

yusabbiḥu = « per magnificare (Dio) », **2**, 8 nota 1.

al-Yusayrah (?), pozzo dei banū Umayyah non lontano da Madīnah, **4**, 2.

al-Yusra = « l'agevole », nome imposto da Maometto alla via al-Ḍayqah (*q. v.*) o « l'angusta, », **8**, 140.

Yūsuf [abū Sahl al-Sulami], autorità tradizionistica di Sayf b. 'Umar, presso Ṭabari, **12**, 78.

Yūsuf b. Ya'qūb al-Nabi, incontrato da Maometto nel terzo cielo, **Intr.** 221 [Qurān, XII; Ṭabari, I, 371-413; Aghāni, *Ind.*, 719].

abū Yūsuf Ya'qūb b. Ibrāhīm b. Ḥabīb b. Sa'd al-Qādi al-A'war al-Ḥanafi [† 182. a. H.] [discepolo (?) di ibn Isḥāq † 151.], autore di un « Kitāb al-Kharāǵ » o « Libro dell'imposta fondiaria », dove son conservati documenti dei rapporti tra Maometto e i Musulmani del Yaman, **10**, 14 nota 1 — e i Cristiani di Naǵrān, 60 nota 4 — riassume la campagna di Khālid nell'Irāq, **12**, 164,*a*, 174 nota 2,*d* — e il viaggio di lui in Siria, 395, 421, 423 [Wüst., *Reg.*, 261; Yāqūt, *Reg.*, 781; Qutaybah, 251; Aghāni, *Ind.*, 719].

za'ama = « egli credette » premesso a una tradizione o notizia, è indizio sicuro di menzogna, **Intr.** 87 nota 1.

al-Zabādzibah, cf. al-Zayādzibah, **12**, 191.

Zabergan, capo degli Unni Cotrigur nella invasione delle provincie balcaniche di Bisanzio del 558 a. È. V., **12**, 242.

Zabibi o Za-bi-bi-ē, una delle regine degli Arabi che lottarono contro Tiglath-Pileser II, nel sec. VIII av. È. V., **11**, 164.

Zabīd, valle e città [propriamente al-Ḥuṣayb] nel Yaman, a 15 miglia dalla costa e dal porto al-Ghalāfiqah, **11**, 195 nota 2,*d* — governata dal luogotenente musulmano Khālid b. Sa'id b. al-'Āṣ, **10**, 71 no. 12, 81 no. 4, 82 no. 4 — o da abū Mūsa al-Aš'ari, 82 nota 3 — i suoi abitanti restan fedeli all'Islām durante la Riddah, **11**, 87 [Yāqūt, II, 915-916 e *pass.*].

al-Zabīr b. Bāṭā [b. Wahb?] al-Yahūdi al-Quraẓi, avversario di Maometto, **1**, 58 no. 47 — ebreo madinese, graziato per intercessione di Thābit b. Qays, preferisce di morire, **5**, 50 [Aghāni, XV, 164, linea antipenult.; Nawawi, 250].

Ẓabyah, sito nel Diyār Ǵuhaynah, tra Madīnah e il mare, concesso da Maometto ad 'Awsaǵab b. Ḥarmalah, **5**, 88 [Yāqūt, III, 573-574].

Zaccaria, patriarca di Gerusalemme rinchiude e sigilla in un astuccio d'oro la reliquia della « Santa Croce », **12**, 247.

Zād b. Buhayš, dihqān Furāt Siryā o feudatario del luogo presso Ḥīrah: tratta con Khālid b. al-Walīd, **12**, 211.

Zādzibah, comandante persiano delle guarnigioni di confine, sconfitto da al-Muthanna a Muǵtami' al-Anhār, **12**, 228,*b*.

Zafar, nel Naǵd, presso al-Ḥaw'ab [sulla via Madīnah-Baṣrah], vi si raccolgono e sono dispersi i seguaci di umm Ziml, **11,** 158, 175, 183, 184 [Yāqūt, III, 577-578 e *pass.*].

Zafar b. 'Amr al-Sa'di, guida di Khālid b. al-Walīd dalla Yamāmah all' 'Irāq, **12,** 189, 192.

Zafar b. Dahi [o **Dahy**], tradizionista, informatore di Sayf b. 'Umar, presso Tabari, **12,** 381 — e presso ibn 'Asākir, 402 nota 1,*a*.

Zafar b. al-Khazraǵ b. 'Amr b. Mālik b. al-Aws, eponimo di una tribù awsita, **Intr.** 42 tav. 4 [Wüst., *Reg.*, 152].

banū zafar [**b. al-Khazraǵ b. Aws b. Mālik**], famiglia anṣarita delli Aws, di cui era capo Usayd b. Ḥuḍayr, **Intr.** 338 — possiede in parte e coltiva la fertile pianura al-'Irḍ, **3,** 21 — le loro donne accusan di viltà abū-l-Khaydāq Quzmān, **3,** 48 — uno di essi ucciso a Uḥud, 54,B no. 69 — partecipano all'eccidio dei Qurayẓah, **5,** 50 — Qatādah loro portastendardo a Ḥunayn, **8,** 122 — loro ḥalīf missionario di al-Raǵī', **4,** 7 no. 4 [Yāqūt, *Reg.*, 245; Aghāni, *Ind.*, 419].

Zāfir Ḥā'iṭ al-Malik, fiume presso la proprietà degli Āl Qays, **9,** 88.

Zaghābah, sito tra Uḥud e Madīnah: campo dei Ghaṭafān durante l'assedio, **5,** 24, 28 — tappa del Profeta in due spedizioni, **6,** 21; **7,** 10; [Yāqūt, II, 931-932].

Zagros muraglia alpestre o catena, limite orientale del bassopiano Mesopotamico, **12,** 132 — arresta l'ondata semitica conquistatrice degli Arabi, 138 — i suoi ghiacciai rendono inabitabile all'uomo, nel periodo glaciale, l'altipiano iranico, 108.

al-zahh, sito nel territorio degli 'Āmir b. Ṣa'ṣa'ah, concesso da Maometto agli 'Āmir b. 'Ikrimah, **8,** 19.

ẓāhiruhum = « i loro (dei banū Ǵanab) alleati esterni », **9,** 49.

ẓahr « sommità » o « dorso » (della Ka'bah) dov'era l'idolo Hubal, **Intr.** 62 nota 1.

Zahūr al-Šiḥr o semplicemente Zahūr, regione littoranea nella Mahrah, le cui genti si sottomettono a 'Ikrimah b. abī Ǵahl, **12,** 63 [Yāqūt, III, 582, 363-364].

Zā'idah [**b. Qudāmah al-Thaqafi**], tradizionista presso ibn Sa'd, **11,** 15 nota 1 [Tabari, *Ind.*, 201; Durayd, 185, lin. 2-3?].

ẓa'īnah = donna maritata, propriamente « donna » che viaggia sul dorso del camelo adagiata in una « lettiga », **1,** 15.

Zakariyyā b. Yaḥya al-Darīr, tradizionista presso Tabari, **11,** 37 nota 2,*d*.

zakāt = [propriamente purità, purificazione, rettitudine, mezzo di purificazione], sua origine e natura, **10,** 19 — prescritta da Maometto in Madīnah, **1,** 54; **2,** 13 — diventa uno dei canoni fiscali o degli obblighi fondamentali dell'Islām, 12 — regolamento per la riscossione o misura e modo di riscossione sul bestiame, **10,** 19 — leggi che le riguardavano, contenute nella ṣaḥīfah o « Kitāb al-Ma'āqil », **2,** 103 nota 1 — sui fondi coltivati o al-'ušr, **9,** 8 nota 2 — non la pagavano i pagani, nemmeno se alleati di Maometto, **5,** 84 — l'ammontare annuo di esse, cfr. 'iqāl, **11,** 119 nota 3 — imposta alle varie tribù convertite, quale condizione imprescrittibile della sincerità, della fede e dell'amān o « sicurtà »: ai Ǵuhaynah, **5,** 91 — alla banda di abū Baṣīr **7,** 2 — agli Aslam, **8,** 22 nota 2 — alli abitanti di Ḥaǵr nel Baḥrayn, 181, 188 — alla gente di Dūmah al-Ǵandal, **9,** 45 nota 3 — ai Kalb, 48 — ai Ǵanāb, 49 — ai re di Ḥimyar, 60, 61 — ai Hamdān, 66, 67 — alli 'Uqayl b. Ka'b, 74 — ai Bakkā, 79 — alli Uǵā, **10,** 42 — ai Ḥārith b. Ka'b, 7, 8, 10, 11 — alli Azd, 25 — ai Ǵu'fi, 50 — alli 'Āmir b. Ṣa'ṣa'ah e Ghaṭafān, **11,** 144, 156 — ne sono parzialmente esentati i Bāhilah, **9,** 8 e nota 2 — rifiutarsi di pagarla è segno di miscredenza, **11,** 85 — alla morte di Maometto i nomadi si rifiutano di pagarla, 112 — e trattano per ottenerne l'esoneramento, 130 — amministrate nel Yaman da Khālid b. Sa'īd, **10,** 82.

zakāt al-fiṭr = elemosina della rottura del digiuno, alla fine del Ramaḍān ordinata da Maometto ai seguaci, **2,** 91 [Lane, *Lex.*, I, 1241].

al-ẓālimūn = « gl'iniqui », **10,** 14.

Zama', nel Yaman, governata da Khālid b. Sa'īd, **10,** 71 no. 12 — resta fedele durante la Riddah, **11,** 87.

Zama'ah, cfr. anche Zam'ah.

Zam'ah b. al-Aswad b. al-Muttalib [o **'Abd Yaghūth**] **b. Asad,** soprannominato Zād al-Rakb o « Provvigione per il viaggio » [† 2. a. H.], pagano qurašita, oppositore di Maometto, **Intr.** 255 no. 7, 317 — promuove la rescissione del Bando, 306 — promuove e partecipa alla Spedizione di Badr, **2,** 87, 40 nota 1 no. 4, 52 no. 9 — nella quale è ucciso da Thābit b. al-Ǵidz', 66, 88 no. 15 — partecipa al conciliabolo del yawm al-zaḥmah, **1,** 17 no. 10 [Wüst., *Reg.*, 466; Yāqūt, *Reg.*, 437; Aghāni, *Ind.*, 358; Durayd, 58, lin. 18, 19].

Zam'ah b. al-Aswad b. 'Āmir, luogotenente di Yazid b. abī Sufyān nell'esercito invasore della Siria **12,** 357,*a*.

abū Zam'ah al-Aswad b. al-Muttalib [**b. al-Asad b. 'Abd al-'Uzza**], pagano di Makkah, distoglie i Qurayš dall'accettare a re 'Uthmān b. al-Ḥuwayrith, **Intr.** 185 — schernitore di Maometto miracolosamente accecato, 248 no. 15 — investe i suoi capitali in oro e in argento nella caravana, depredata dai Musulmani ad al-Qaradah, **3,** 9.

al-Zamakhšari (abū-l-Qāsim Mahmūd b. 'Umar b. Muḥ. al-Khuwārizmi al-Ḥanafi) [† 538. a. H.], come giudica i genealoghi musulmani, **Intr.** 31 nota 2 — sua opinione sulla discesa o successiva rivelazione del Qurān, 215 nota 8 — sulla pratica preislamica del wa·d al-banāt, **11,** 165 [Yāqūt, *Reg.*, 705; Juynboll, in *Introd.* al « Kitāb al-ǵibāl wa-l-amkinah wal-miyāh », 1866].

Zamil b. 'Amr al-'Udzri [† 64. a. H.], C. d. P., e suo rappresentante fra gli 'Udzrah: sue vicende posteriori all'a. 12., **9,** 14.

zammalūni = « avvolgetemi » nel mantello, **Intr.** 208 e nota 8.

Zamzam (il pozzo di) antico pozzo di Makkah fra le due pietre o idoli Isāf e Nā'ilah interrato dall'abbandono dei Ǵurhum, **Intr.** 72, 99 — ritrovato da 'Abd al-Muttalib, col tesoro ivi sepolto, 84, 101 e nota 1, 102, 103 — con l'acqua di esso vengon lavate dagli angeli le interiora di Maometto nella miracolosa laparatomia purificatrice, 221 [Yāqūt, II, 941-944 e *pass.*] — ne beve Maometto, **8,** 65 — sopraintendenza ad esso o siqāyah, spettante ad 'Abd al-Muttalib e suoi successori, **Intr.** 133.

al-Zanādiqah (plur. di al-zindīq) dualisti, manichei, empi od eretici in genere avrebbero inventato l'episodio dei versetti sbagliati, **Intr.** 281 [cfr. sull'origine persiana della parola, Lane, *Lex.*, *s. v.*].

Zanaatha (**Ṣan'ā**) e sua chiesa cristiana episcopale anteriore a Maometto, **Intr.** 108 nota 2.

Zandaward, città cristiana della Babilonide, nell'istān Khusraw Sābūr o Kaskar: espugnata da Khālid b. al-Walid, **12,** 160,A e nota 1,*a*, 228,*b* [Yāqūt, II, 951-952 e *pass.*].

ibn Zanǵawayh [**b. Khālid al-Makki** ?], autorità tradizionistica presso al-Suyūṭi, **11,** 106,*b*.

al-Zaqqūm, nome quranico di un albero infernale, pasto dei malvagi, **Intr.** 300.

' **zaqzah,** pretesa antica lingua e scrittura dei Qaḥṭānidi, **11,** 214 nota 1.

al-Zārah, città del Baḥrayn, **8,** 178 — difesa dal Muka'bar al-Fārisi e dai Maǵūs, espugnata da al-'Alā b. al-Ḥadrami, **12,** 43, 44, 46, 57 nota 1, 230 [Yāqūt, II, 907 e *pass.*].

al-Zarib, nome di un cavallo di Maometto, **10,** 144.

Zarmihr, generale persiano, sconfitto e ucciso da al-Qa'qā' b. 'Amr a Ḥuṣayd, **12,** 222 e nota 1; cfr. Rūzamihr.

al-Zarqā [oggi 'Ayn el-Zerqā o Zerqā Ma'īn], nella regione di Ma'ān ad oriente del Mar Morto, **2,** 84 [Yāqūt, II, 924].

Zarr [o **Zirr**] [**b. 'Abdallah**] **b. Kulayb** [**al-Fuqaymi**], latore a Madinah della preda di Dzāt al-Salāsil, **12,** 194.

Zarr [**Zirr**] **b. Ḥubayš** [**b. Ḥubāšah b. Aws al-Kūfi** (**abū Maryam**)] [† 82. a. H]. tradizionista tābi'i e lettore del Qurān in Kūfah, **11,** 230 nota 1 [Tabari, *Ind.*, 201; Wüst., *Reg.*, 474; Aghāni, *Ind.*, 356; Qutaybah, 218; Nawawi, 253-254].

Zatnār, lezione problematica di una parola (forse Qurāqir) nei codici di Ya'qūbi, **12,** 184 nota 1.

banū Za'ūrā b. 'Abd al-Ašhal [b. Ǵušam b. al-Ḥārith], antica tribù (ebraica?) di Madīnah, **1,** 38 nota 2 — anṣār awsiti, presenti a Badr, **2,** 85,B no. 6-15 [Wüst., *Reg.*, 466; Yāqūt, *Reg.* 245; Aghāni, *Ind.*, 357; Nöldeke Beiträge, 54-56, dal giud.-aramaico ze'ūrā; Durayd, 263, lin. 7-8].

Zāwiyah Dār 'Uqayl, sito a due parasanghe da Madīnah, dove si crede fosse sepolta Fāṭimah b. Muḥ., **11,** 207 [Yāqūt, II, 911, lin. 8-9?].

al-Zayādzibah [banū Azādzbih], abitatori della Yamāmah: seguono Khālid nell'invasione dell'Irāq (?), **12,** 191 [manca nell'*Indice* di Ṭabari; cfr. invece in *Add. et Emend.*, pag. DCXI].

Zayd, cfr. abū Ḥabbah b. Ghaziyyah b. 'Amr, **12,** 23 no. 51.

Zayd, ḥalīf dei banū 'Abd al-Dār, C. d. P., cliente qurašita, uccide (?) a Badr il pagano **Zayd** b. Mulayṣ, **2,** 88 no. 21.

Zayd Allah, forma islamizzata di Zayd al-Lāt, **Intr.** 33.

Zayd al-Khayr = Zayd al-Khayl, **10,** 35.

Zayd al-Khayl b. Muhalhal [o Muhalhil] [b. Yazīd b. Munhib al-Nabhāni al-Ṭā'i (abū Muknif)], [† 10. o 13.-23. a. H.], C. d. P., ambasciatore dei Ṭayy a Madīnah, ben accetto a Maometto che muta il nome pagano di **Zayd** al-Khayl in Zayd al-Khayr, **10,** 35 — egli [o piuttosto Muknif suo figlio] segue Khālid nell'invasione dell'Irāq, a capo dei Yaman, **12,** 189 no. 11 — sua morte, **10,** 35 [Yāqūt, *Reg.*, 441; Aghāni, *Ind.*, 363; Durayd, 236, lin. 3-5; Qutaybah, 169, lin. 17-19].

Zayd al-Lāt, nome teoforo preislamitico, **Intr.** 33 e nota 1.

Zayd Manāt b. Tamīm b. Murr b. Udd, eponimo ismā'īlita, **Intr.** 41 tav. 1 [Qutaybah, 37, lin. 2; Durayd, 133, lin. 5 e seg.; Aghāni, *Ind.*, 364].

Zayd b. 'Abd 'Amr al-Ḥanafi, C. d. P., ambasciatore dei suoi a Madīnah, **10,** 33 no. 7.

Zayd b. 'Amr, C. d. P., « Ipocrita » madinese, **1,** 60 no. 28.

Zayd b. 'Amr b. Nufayl b. Abd al-'Uzza al-Qurašī al-'Adawi (abū Sa'īd), ḥanīf; sue vicende, condotta di vita e viaggi, **Intr.** 180, 182 no. 4, 186, 187 e nota 1 — muore nel XXXV anno di Maometto, **Intr.** 164 [Wüst., *Reg.*, 466-467; Yāqūt, *Reg.*, 441; Qutaybah, 29, 33, lin. penult., 126-127; Aghāni, *Ind.*, 364; Nawawi, 264-265; Durayd, 84, lin. 8-11, 103, lin. 4-5].

Zayd b. Arqam b. Zayd b. Qays al-Anṣāri al Khazraǵi [† 56. o 68. a. H.], C. d. P., troppo giovane per partecipare a Badr, **2,** 43 nota 2 no. 7 — e a Uḥud, **3,** 26 no. 5 — accompagna Maometto ad al-Muraysī', **5,** 10,e nota 2 — presente a Mu'tah, **8,** 9 [Wüst., *Reg.*, 467; Yāqūt, *Reg.* 440; Nawawi, 257-258; Durayd, 268, lin. 13-14].

Zayd b. Asīd [o Usayd] b. Ḥārithah al-Thaqafi al-Zuhri [† 12. a. H.], C. d. P., perito ad al-Yamāmah, **12,** 23 no. 147.

Zayd b. Aslam al-Qurašī al-'Adawi (abū Usāmah) [† 133. o 136. o 143. a. H.], scolaro del padre [† 80. a. H.], **12,** 429 nota 1,*a* — lettore del Qur'ān in Madīnah, **11,** 230 nota 1 — tradizionista, autorità di Sayf, presso Ṭabari, 102, 111 — presso al-Dzahabi **12,** 23 no. 41 — presso ibn Ḥubayš, **11,** 159 nota 2; **12,** 34, 81,*b* [Yāqūt, *Reg.*, 440; Nawawi, 258-259; Aghāni, *Ind.*, 362].

Zayd b. Aslam b. Tha'labah b. 'Adi al-Anṣāri al-Awsi, C. d. P., presente a Badr, **2,** 85,B no. 42 [Wüst., *Reg.*, 467].

Zayd b. al-Azwar al-Asadi [† 12. a. H.], C. d. P., ucciso ad al-Yamāmah, **12,** 23 no. 148.

Zayd b. Ǵāriyah b. al-'Aṭṭāf, C. d. P., « Ipocrita » madinese, **1,** 60 n. 15 — partecipa alla costruzione del Masǵid al Ḍirār, **9,** 52 no. 8.

Zayd b. al-Dathinah [Dathannah] al-Bayāḍi [† 4. a. H.], C. d. P., uno dei missionari di al-Raǵī', **4,** 7 no. 6 — comperato e torturato a morte dai Qurayš, 8 [Durayd, 272, lin. 14; Aghāni, *Ind.*, 363].

**Zayd b. Ḥārithah b. Šarāḥīl b. Ka'b b. 'Abd al-'Uzza al-Qurašī al-Hāšimi al-Kalbi (abū

Usāmah) [† 8. a. H.], C. d. P., suo liberto e figlio adottivo, già comperato schiavo sul mercato di 'Ukāẓ, **Intr.** 175; **10,** 142 no. 1 — uno dei primi Musulmani, **Intr.** 223 nota 1, 226, 227 nota 1 — accompagna Maometto nel suo viaggio a Ṭā'if (?) 328 nota 1 — emigra a Madīnah, **1,** 15 no. 50 — unito in fratellanza con Ḥamzah b. 'Abd al-Muṭṭalib, 50 — rileva da Makkah la famiglia di Maometto, 53; **8,** 80 — luogotenente del Profeta in Madinah durante Badr al-Ula, **2,** 19; **11,** 55 nota 2 no. 3 — partecipa a Badr e vi uccide Ḥanẓalah b. abī Sufyān, **2,** 43, 77, 85,A no. 4, 88 no. 1 — comanda la Spedizione di al-Qaradah, **2,** 92, 105; **3,** 9 — divorzia dalla moglie Zaynab bint Ǵaḥš per cederla a Maometto, **5,** 20 — difende Madīnah contro i Qurayẓah durante l'assedio, 29 — comanda le Spedizioni di al-Ǵamūm, **6,** 7 — di al-'Īṣ, 8 — di al-Ṭaraf, 10 — a Wādi al-Qura, 15; **9,** 15 nota 1 — contro i Badr b. Fazārah, **6,** 18; **12,** 23 no. 5 — di Midyan, **6,** 22 — solleva diritti di tutela a favore di 'Ammārah bint Ḥamzah, **7,** 75 — comanda la Spedizione di Mu'tah e vi perisce da prode, **8,** 7, 12, 15 no. 2; **11,** 3,*d*; **12,** 273 — uomo ardito e generoso, **9,** 105 — come Maometto pensasse di vendicarne la morte, **10,** 119; **11,** 5 [Wüst., *Reg.*, 468; Qutaybah, 70-71; Aghāni, *Ind.*, 363; Nawawi, 260-263].

Zayd b. Kahlān b. Saba b. Yašǵub, eponimo yamanita, **Intr.** 42, tav. 8 [Qutaybah, 51, lin. antipen. e penult.; Durayd, 218 lin. 1 e seg.].

Zayd b. Khālid al-Ǵuhani (abū 'Abd al-raḥmān o **abū Ṭalḥah)** [† 60.-68. a. H.] C. d. P., nasce nel V anno della Missione, **Intr.** 264 no. 5 [Qutaybah, 142].

Zayd b. al-Khaṭṭāb b. Nufayl b. 'Abd al-'Uzza al-Qurašī al-'Adawi [† 12. a. H.], C. d. P., convertesi prima del fratello 'Umar, emigra con lui a Madinah, **1,** 15 no. 34 — presente a Badr, **2,** 85,A no. 56 — unito in fratellanza con Ma'n b. 'Adi, **12,** 23 no. 86 — a Dzū-l-Qaṣṣah, **11,** 115 — portastendardo a Buzākhah, 135 — segue Khālid nella conquista della Yamāmah, a capo delli Emigrati, **12,** 1 — portastendardo ad 'Aqrabā, 6,*a*, 8 — vi perisce, 10,*b*, 12 — suo necrologio, 23 no. 149 [Wüst., *Reg.*, 467; Nawawi, 263; Durayd, 84, lin. 2].

Zayd b. Kilāb (detto poi Quṣayy), **Intr.** 61, 76.

Zayd b. **al-Luṣayt [al-Luṣayb] al-Qaynuqā'i,** ebreo madinese dei banū Tha'labah, avversario di Maometto, **1,** 58 no. 16 — poi convertito e « Ipocrita », 61 no. 2 — ad al-Muraysī' mette in burla la missione del Profeta, **5,** 12 — e così a Tabūk, **9,** 85 e nota 1 — meritandosi la maledizione di Maometto, 42 — amico di 'Abdallah b. Ubayy, 72 nota 1.

Zayd b. **Mālik b. Ḥimyar b. Sabā,** eponimo yamanita, **Intr.** 42 tav. 8 [Aghāni, *Ind.*, 364 ?].

Zayd b. Muḥammad, cioè **Zayd b. Ḥārithah** (*q. v.*), figlio adottivo del Profeta, **5,** 20.

Zayd b. Mulayṣ, pagano, mawla di 'Umayr b. Hāšim, perisce a Badr, **2,** 88 no. 21.

Zayd b. al-Murrah = **Zayd** b. al-Muzayyin, **2,** 85,C no. 17.

Zayd b. al-Muzayyin [o **al-Murrah**] **b. Qays b. 'Adi al-Anṣāri al-Khazraǵi,** C. d. P., presente a Badr, **2,** 85,C no. 17.

Zayd b. Qays, cfr. **Zay**d b. Ruqayš, **12,** 23 no. 150.

Zayd b. Qays, cristiano di Naǵrān, ambasciatore a Madīnah, **10,** 59.

Zayd b. Rifā'ah b. al-Tābūt al-Qaynuqā'i [† 5. a. H.], ebreo madinese, « Ipocrita » avversario di Maometto, morto durante al-Muraysī', **5,** 11.

Zayd b. Ruqayš [† 12. a. H.], C. d. P., ucciso ad al-Yamāmah, **12,** 23 no. 150.

Zayd b. Ṭalḥah, tradizionista, presso ibn Hubayš (?), **12,** 16,*d*.

Zayd b. Thābit b. al-Ḍaḥḥāk [b. **Zayd**] **al-Anṣāri al-Naǵǵāri al-Kātib** [† 40.-56. a. H.], C. d. P., troppo giovane per partecipare a Badr, **2,** 43 nota 2 no. 4 — e a Uḥud, **3,** 26 no. 2 — assiste allo scavo della Trincea e partecipa alla difesa di Madīnah, **5,** 27 — dirige la consegna dei lotti nella divisione del bottino di Khaybar, **7,** 40 — fa da contabile ad al-Ǵi'rānah, **8,** 170 — portastendardo dei Mālik b. al-Naǵǵār a Tabūk, **9,** 29 — testimone e firmatario del documento di abū Bakr agli ambasciatori 'Abd al-Qays, **12,** 50 — impara l'ebraico a servigio del Profeta, e sbriga la sua corrispondenza araba ed ebraica, **4,** 21; **10,** 43 no. 7; **11,** 224 no. 4 e nota 1 — scrivendo anche le rivelazioni quraniche su fogli di carta, 218 nota 2.

222, 226,*b* — conosce tutto il Qur'ān, 228,*b*,*c* — ed è pubblico lettore, 230 — raccoglie, per ordine di abū Bakr o di 'Umar, le sure quraniche in un volume, 232,e nota **1**,*b*, 233 — tradizionista, presso Balādzuri, 224 nota **1** — presso Suyūṭi, 225, 226,*b*, 232 — fratello di Yazīd b. Thābit, **12,** 23 no. 145 [Wüst., *Reg.*, 469; Yāqūt, *Reg.*, 440; Qutaybah, 133; Nawawi, 259-260; Aghāni, *Ind.*, 363; Durayd, 267, lin. 1].

Zayd b. Usayd b. Ḥārithah al-Thaqafi al-Zuhri, cfr. **Zayd** b. Asīd, **12,** 23 no. 147.

Zayd b. Wadī'ah b. 'Amr b. Qays al-Anṣāri al-Khazraǵi [† 3. a. H.], C. d. P., presente a Badr, **2,** 85 no. 22,C [ucciso a Uḥud, cfr. Durayd, 271, lin. 6-7; Wüst., *Reg.*, 469; Yāqūt, *Reg.* 442].

Zayd b. Yašǵub b. 'Arīb b. Zayd, eponimo yamanita, **Intr.** 42 tav. 3.

abū Zayd mawla di al-Mughīrah b. Šu'bah, prigioniero di Khālid b. al-Walīd ad al-Thiny, **12,** 199,*a*.

abū Zayd al-Anṣāri al-Khazraǵi, C. d. P., mandato a convertire l''Umān, **8,** 191 e nota 1 — ritorna a Madīnah, 192; cfr. abū **Zayd** Qays b. Sakan, o 'Amr b. Akhṭab, o Thābit b. **Zayd.**

abū Zayd al-Qurašī al-Madani, cioè Aslam mawla di 'Umar b. al-Khaṭṭāb, **12,** 429 nota 1,*b*.

abū Zayd Qays b. Sakan b. Qays b. Za'ūrā al-Anṣāri al-Khazraǵi, C. d. P., presente a Badr, **2,** 85,C no. 155.

abū Zayd Sa'd b. 'Ubayd b. al-Nu'mān [b. Qays] al-Anṣāri al-Awsi [† 16. a. H.], C. d. P., portastendardo delli 'Amr b. 'Awf a Tabūk, **9,** 29 — conosceva tutto il Qur'ān, **11,** 228,*c* e nota 1 [Wüst., *Reg.*, 392-393].

abū Zayd 'Umar b. Šabbah al-Namari (discepolo di 'Ali b. Muḥ. al-Madā'ini ?) [† 232. a. H.], tradizionista, presso Ṭabari, **11,** 112; **12,** 327 [Yāqūt, *Reg.*, 582; Aghāni, *Ind.*, 508].

banū Zayd b. 'Adwān ['Udwān ?], tribù muḍarita di Makkah, avente per diritto ereditario l'esercizio dell'Ifāḍah, **Intr.** 75.

banū Zayd b. al-Ḥārith b. al-Khazraǵ [b. Qaylah al-Taw'amān], famiglia anṣarita di Madinah, loro membri a Badr, **2,** 85,C no. 12-14 [Wüst., *Reg.*, 446, 468].

banū Zayd b. Mālik b. Tha'labah b. Ka'b, tribù anṣarita dei Khazraǵ: loro membri a Badr, **2,** 85,C no. 5-6.

banū Zayd b. Tha'labah b. Ghanm, tribù anṣarita dei Khazraǵ: loro membri presenti a Badr **2,** 85,C no. 126-128.

ibn Zayd al-Ašhali, C. d. P., comanda la Spedizione contro gli 'Uraynah, **6,** 21 — l'avanguardia ad al-Ḥudaybiyyah, 26.

banū Zaydallah [Zayd al-Lāt] b. Sa'd 'Ašīrah b. Madzḥiǵ, membri della confederazione dei Kulāb, **10,** 50 [Wüst., *Reg.*, 68, 470; Durayd, 315, lin. 2 e seg.].

Zaydān (Q.), traccia le linee generali dell'organamento militare sotto i Califfi, **12,** 268 nota 1 no. 5.

Zaynab, prigioniera a Ḥunayn, regalata da Maometto a 'Uthmān b. 'Affān, **8,** 163.

Zaynab bint 'Ali b. abī Ṭālib e di Fāṭimah, **11,** 238,*i* [Wüst., *Reg.*, 470; Qutaybah, 103, lin. 8-9; 107, lin. 11-12, ove si distinguono le due figliuole di 'Ali: al-Kubra e al-Ṣughra].

Zaynab bint Ǵaḥš b. Ri'āb b. Ya'mar al-Asadiyyah (umm al-Ḥakam) [† 20. a. H.], detta anche Barrah, moglie del Profeta, **10,** 139 no. 8 — emigra a Madinah, **1,** 15 no. 25 — divorziata da Zayd b. Ḥārithah, diventa sposa del Profeta, **3,** 10; **5,** 20; **8,** 15 no. 2 — a Sal' durante la costruzione della trincea, **5,** 27 — amica e fautrice di 'Ā'išah, **5,** 14 — segue Maometto all'assedio di Ṭā'if, **8,** 142 [Wüst., *Reg.*, 470-471; Nawawi, 841-843; Qutaybah, 275, lin. 4-6; Aghāni, *Ind.*, 365; Ṭabari, III, 2447-2449 e *pass.*].

Zaynab bint al-Ḥārith, moglie dell'ebreo Sallām b. Miškam, tenta di avvelenare Maometto, **7,** 20, 37.

Zaynab bint al-Ḥārith b. Khālid b. Ṣakhr, C. d. P., nasce in Abissinia da Rayṭah bint al-Ḥārith b. Ḥubaylah (o Ǵubaylah), **Intr.** 277 — muore colà, **7,** 56 no. 16, 57 no. 10.

Zaynab bint Khuzaymah b. al-Ḥārith b. 'Abdallah al-Hilāliyyah umm al-Masākīn [† 4. a. H.], Compagna d. P. e sua moglie, **10,** 139 no. 6 — divorziata da al-Ṭufayl b. al-Ḥārith, si fidanza, **3,** 10 — e si sposa a Maometto, **4,** 16 — sua morte, prima fra le mogli del Profeta, **4,** 22 [Wüst., *Reg.*, 470; Ṭabari, III, 2431-2432; Qutaybah, 42, lin. 12-13].

Zaynab bint Muḥammad Rasūl Allah e figlia di Khadīǵah [† 8. a. H.], **Intr.** 160 e nota 1; **10,** 139 no. 1 — rimane a lungo pagana presso il marito abū-l-Bakhtari b. al-'Āṣ, 349 nota 1 — o abū-l-'Āṣ b. Bišr (o b. Rabī'ah) b. 'Abd Duhmān in Ṭā'if, **1,** 72 e nota 1; **12,** 435 — fin dopo Badr, quando, dopo riscattato il marito prigioniero se ne viene a Madīnah, **2,** 82 — intercede per il marito nuovamente prigioniero ad al-'Īṣ, **6,** 9 — ed a lui convertito vien restituita, **7,** 3 — maltrattata da Ḥabbār b. al-Aswad ne abortisce, **8,** 80, 81 — muore, 201 [Wüst., *Reg.*, 41, 471; Nawawi, 841; Qutaybah, 69, lin. 11-19; Aghāni, IV, 83; Ṭabari, III, 2303-2307].

Zaynab bint abī Salamah b. 'Abd al-Asad b. Hilāl, nasce in Abissinia da umm Salamah bint abī Umayyah, **7,** 56 no. 13, 57 no. 5.

Zenobia o **Zaynab** [propr. al-Zibbā bint 'Amr b. Ḍarib b. Ḥassān b. Udzaynah], moglie di Odenato e regina di Palmira, viuta o soggiogata da Aureliano, **12,** 113, 114, 132, 396 nota 3 [cfr. Mas'ūdi, III, cap. XLIV; Yāqūt, *Reg.*, 434; Ṭabari, I, 757-766; Aghāni, *Ind.*, 353].

banū Zi'b [b. Mālik b. Khufāf b. 'Uṣayyah], ramo sulaymita, che partecipa al massacro di Bi'r Ma'ūnah e che perciò viene maledetto dal Profeta, **4,** 3 [Wüst., *Reg.*, 471].

ibn al-Ziba'ra [cioè 'Abdallah b. al-Ziba'ra b. Qays b. 'Adi al-Qurašī al-Sahmi] [† 73. a. H.], C. d. P., e poeta già pagano, qurašita, uno degli ambasciatori per preparare la lega per la Spedizione di Uḥud, **3,** 15 — uccide colà il musulmano 'Abdallah b. Salamah, **3,** 54,B no. 29 — dopo la presa di Makkah fugge a Naǵrān e poi rendesi musulmano, **8,** 74; **9,** 9 — suoi versi dov'è menzionata la Spedizione dell'Elefante, **Intr.** 109 nota 3 [Wüst., *Reg.*, 25; Yāqūt, *Reg.*, 501; Aghāni, *Ind.* 437; Nawawi, 341; Durayd, 76, lin. 11-17].

al-Zibriqān b. Badr cioè **abū 'Ayyāš Ḥusayn b. Badr b. Khalaf b. Bahdalah, Qamar Naǵd, al-Tamīmi al-Sa'di,** C. d. P., ambasciatore dei Tamim a Madinah, **9,** 2-4 no. 2, 5 no. 9' — rappresentante di Maometto o esattore tra li 'Awf b. Ka'b b. Sa'd, **10,** 71 no. 5; **11,** 90 no. 8 — e capo di vari rami tamimiti, 163 no. 1 — sua condotta equivoca alla morte di Maometto, **11,** 90 nota 2, 93 nota 2, 109 nota 1, 119, 163 note 1 e 2; **12,** 56 — parteggia per Saǵāḥ, **11,** 164 — e per Musaylimah (?), 165 nota 2,*b* — luogotenente di Khālid b. al-Walid in al-Anbār, **12,** 219,*a*, 222 [Wüst., *Reg.*, 472; Yāqūt, *Reg.*, 434; Qutaybah, 28, lin. 9; 154; Aghāni, *Ind.*, 353-354; Nawawi, 249-250; Durayd, 155, lin. ult. del testo, nota *e* e pag. 156 lin. 1-3].

ẓihār « divorzio » mediante l'antica formula irrevocabile pronunziata dal marito « Tu sei per me come la schiena (al-ẓahr) di una madre » prima accettato poi abrogato da Maometto, **6,** 60.

umm Ziml Salma bint Mālik b. Ḥudzayfah b. Badr al-Fazāriyyah [† 11. a. H.], Compagna d. P., figlia di umm Qirfah bint Rabī'ah già prigioniera e liberta di 'Ā'išah: fa insorgere i Kilāb in al-Ḥaw'ab, è disfatta da Khālid b. al-Walīd in Ẓafar ed uccisa, 158, 175, 183; **12,** 92, 93, 272 — sue schiere raccogliticcie, **11,** 105, 158 [Yāqūt, II, 353; manca nell'*Ind.* di Ṭabari].

al-zinā = sistema antichissimo di poliandria o matriarcato, significa nel Qurān « adulterio » ed è proibito da Maometto, **9,** 58 e nota 1 — se e come punito, 94 e nota 1 — significò più tardi « prostituzione » o libera unione dei sessi, **10,** 67 e nota 3.

Zinnīrah, Compagna d. P., schiava in Makkah di 'Umar b. al-Khaṭṭāb o di abū Ǵahl: tormentata a causa dell'Islām, riscattata da abū Bakr, **Intr.** 252 no. 3 e nota 2.

banū-l-Zinyah o **Zanyah,** cfr. banū Mālik b. Mālik b. Tha'labah; il Profeta voleva chiamarli banū-l-Rišdah, **9,** 12 [Wüst., *Reg.*, 466; Qutaybah, 82, lin. 2].

Ziyād b. 'Abdallah al-Bakkā'i [† 183. a. H.], tradizionista, avrebbe trasmesso ad ibn Hišām la genealogia di Maometto sull'autorità di ibn Isḥāq, **Intr.** 37 nota 1 — il patto di al-Fuḍūl, 147 nota 1 [Ṭabari, *Ind.*, 212].

Ziyād b. 'Abdallah b. Mālik b. Buǵayr e figlio di Ghurrah bint al-Ḥārith, dei Hilāl b. 'Āmir, C. d. P., nipote della moglie di lui Maymūnah, carezzato da Maometto, **9,** 80 [Wüst., *Reg.*, 472].

Ziyād b. Abīhi al-Thaqafi [† 53. a. H.], cioè b. abī Sufyān Ṣakhr b. Ḥarb b. Umayyah, nato da Sumayyah bint al-A'war, nell'a. 1. H. **1,** 79; **8,** 150 nota 1 no. 2; **12,** 160,A nota 1,*c* — governatore di Kūfah e di Baṣrah, con le sue spietate repressioni renderà odioso a ogni musulmano il cognome di Thaqafita, **Intr.** 110 nota 2 [Wüst., *Reg.*, 472-473; Qutaybah, 176, lin. 6 e seg.; 177 (nasce l'anno della presa cioè dell'assedio di Tā'if), 217, lin. 3; 274, lin. 14; Yāqūt, *Reg.*, 439; Aghāni, *Ind.*, 360-361; Nawawi, 256-257].

Ziyād b. 'Amr (o Bišr) al-Anṣāri al-Khazraǵi, C. d. P., presente a Badr, **2,** 85,C no. 49.

Ziyād b. Fulān, capo dei banū Iyād, seguaci della profetessa Saǵāḥ, **11,** 163 — luogotenente di Saǵāḥ, 173 — fugge davanti a Khālid b. al-Walīd, **12,** 4.

Ziyād b. Ḥanẓalah al-Tamīmi al-'Umari [ḥalīf dei banū 'Abd b. Quṣayy], C. d. P., suo ambasciatore a Qays b. 'Āṣim ed a al-Zibriqān b. Badr, **11,** 193 no. 5 — suoi versi alludenti verosimilmente alla battaglia 'Arabah-Dāthinah, **12,** 354 [Yāqūt, *Reg.* 439].

Ziyād b. al-Ḥārith al-Ṣudā'i, C. d. P., promuove la conversione dei suoi contribuli nel Yaman settentrionale, **8,** 199 [Nawawi, 256].

Ziyād b. Kulayb [al-Kūfi] (abū Ma'šar), tradizionista, presso Tabari, **11,** 44.

Ziyād b. Labīd b. Sinān al-Bayāḍi al-Anṣāri, C. d. P., [presente alla 'Aqabah e a Badr: Durayd, 272, lin. 1-2], suo rappresentante od esattore fra i Kindah nel Ḥaḍramawt, **10,** 34 nota 1, 71 no. 2, 81 no. 7, 82 no. 8; **12,** 77 no. 1 — con la sua arroganza ed arbitraria malversazione provoca l'insurrezione o Riddah dei Kindah e di tutto il Ḥaḍramawt, **12,** 76 e nota 1, 78 nota 1 — domata poi sanguinosamente con l'aiuto dei generali musulmani al-Muhāǵir b. abī Umayyah e 'Ikrimah b. abī Ǵahl, 78 e note 6,*b* e 8, 81,*a*, 83 nota 1, 85 — confermato, da abū Bakr, amīr del Ḥaḍramawt e di parte del Yaman, 86, 87 [Yāqūt, *Reg.*, 439].

Ziyād b. Labīd b. Tha'labah al-Anṣāri al-Khazraǵi, C. d. P., presente alla seconda 'Aqabah, **Intr.** 344 no. 24 — ed a Badr, **2,** 85,C no. 111 [è il medesimo del precedente? cfr. Durayd, 272, lin. 1-2].

Ziyād b. Sarǵis al-Aḥmari tradizionista, informatore di Sayf b. 'Umar, presso Tabari, **12,** 200.

Ziyād b. Sumayyah [† 53. a. H.], cfr. Ziyād b. Abīhi, **1,** 79 no. 4.

abū Ziyād, mawla dei Thaqīf uno dei prigionieri di 'Ayn al-Tamr, **12,** 219,*a* no. 1.

banū Ziyād b. al-Ḥārith b. Ka'b, ramo yamanita dei banū-l-Ḥārith nel Naǵrān convertesi, e riceve dal Profeta diploma di possesso su certe terre, **10,** 8 no. 5.

Zīzā, grosso borgo presso Qasṭal e Ābil nel Balqā, **11,** 4 [Yāqūt, II, 966] — tappa di abū 'Ubaydah nell'invasione della Palestina, **12,** 357,*e* — luogo di vittoria sui Greci di Khālid b. Sa'īd, **12,** 378 e nota 1, 387, 389 — menzionato raramente, 390.

Zoroastrismo o religione dualistica, Mazdeismo, nel Yaman fra gli Abnā, **11,** 187 — fede nazionale e di stato in Persia, sotto li Achemenidi e i Sassanidi, **12,** 120, 121, 122, 139 — fra i Persiani del Baḥrayn, **8,** 179, 180 — fra i Tamīm, **9,** 3 — templi del fuoco in Ganzaca e in Tabarmes, santuari dei seguaci di **Zoroastro** o Magi, distrutti da Eraclio, **12,** 254 — principi dello avvolti in fitte tenebre leggendarie, **Intr.** 106.

Zubālah, sito presso Dzū-l-Qaṣṣah e al-Šaqūq, **6,** 5 nota 1; **11,** 112 nota 2 [sulla via Makkah-Kūfah: Yāqūt, II, 912, 913 e *pass.*; Mas'ūdi, *Ind.*, 297].

Zubaydah [o **Khayzurān**] **bint abī-l-Faḍl Ǵa'far b. Manṣūr (umm Ǵa'far)** [† 216. a. H.], principessa, compera la casa dove nacque Maometto in Makkah e la tramuta in Moschea, **Intr.** 123 nota 3 [Yāqūt, *Reg.*, 434; Wüst., *Reg.*, 474; Mas'ūdi, *Ind.*, 297-298; Tabari, *Ind.*, 202].

banū Zubayd [b. al-Ḥārith b. Ṣa'b b. Sa'd al-'Ašīrah], tribù yamanite dei Madzḥig nei dintorni di Ṣan'ā: loro ambasciata a Madīnah e parziale conversione, **10,** 17, 31 e nota 1 — membri della confederazione yamanita dei Kulāb, **10,** 50 — hanno ad esattore e rappresentante di Maometto Farwah b. Musayk, **10,** 82 — pochi restano fedeli durante la Riddah, **11,** 88 — i più seguono al-Aswad al-'Ansi, 187 nota 1,*g*, 189 — e sono poi battuti da al-Muhāǵir, **12,** 72 — uno dei loro 'Amr b. Ma'dīkarib, **12,** 65 [Wüst., *Reg.* 474; Yāqūt, *Reg.*, 245; Mas'ūdi, *Ind.*, 297; Aghāni, *Ind.*, 354; Qutaybah, 52, lin. 19].

al-Zubayr, o **Qal'ah al-Zubayr,** uno dei castelli di Khaybar preso per tradimento, **7,** 27 — una delle parcelle della divisione territoriale di Khaybar, 41 no. 14.

al-Zubayr b. 'Abd al-Muttalib, e figlio di Fāṭimah bint 'Amr, zio del Profeta, **Intr.** 102 no. 2 — conduce con sè nel Yaman, per viaggio di commercio, il giovanetto Maometto, 141 [W ü s t., *Reg.*, 474; A gh ā n i, *Ind.*, 355; Q u t a y b a h, 57, lin. 14-18; D u r a y d, 30, lin. 4; M a s ' ū d i, *Ind.*, 298].

al-Zubayr b. al-'Awwām b. Khuwaylid b. Asad al-Qurašī al-Asadī (abū 'Abdallah) [† 36. a. H.], C. d. P., e nipote di Khadīǵah, **Intr.** 41 tav. 2, 324 nota 1 — nasce nel 24. a. di Maometto, 150 — emigra in Abissinia, 275 no. 5 — torna in Makkah, 283 no. 7 — unito in fratellanza con Salamah b. Salamah in Madīnah, e prima in Makkah con Talḥah b. 'Ubaydallah, **1,** 50 e nota 1 — presente a Badr, **2,** 85,A no. 32 — esploratore, 31, 52 — uccide 'Ubaydah b. Sa'id, 67, 88 no. 6 — e al-Sā'ib b. abī-l-Sā'ib (?), 88 no. 35 — o al-Sā'ib b. Ṣayfī, 88 no. 68 — combatte a Uḥud con una benda gialla al capo, **3,** 35 — uccide Kilāb b. Talḥah, **3,** 33, 55 no. 7 — a Badr III ha un suo cavallo, **4,** 18 — alla difesa della Trincea, **5,** 33 — all'assedio di Khaybar, **7,** 22, 36 — e di Wādi al-Qura, 48 — Maometto gli affida e poi gli toglie il comando della Spedizione contro i Murrah, 63 — dirige con 'Ali ed esegue il supplizio dei Qurayẓah, **5,** 50 — sorprende e sequestra la lettera di Ḥāṭib b. abī Balta'ah ai Qurayš, **8,** 50 — portabandiera a Tabūk, **9,** 29 — uno dei comandanti alla presa di Makkah, **8,** 51, 61 — dopo Ḥunayn riceve da Maometto in regalo una prigioniera, 163 — riceve da Maometto la concessione di Šawāq, **9,** 89 — alla morte di Maometto si ritrae od è messo in disparte da abū Bakr, la cui elezione, per qualche tempo, egli non riconosce, **11,** 37 e note 1 e 3 no. 4, 43 nota 1,*b*, 44, 66 nota 1 (*Corr.* ed *Agg.*, II, 526, 23) — non assiste alle esequie del Profeta, **11,** 60 — firmatario della concessione di abū Bakr agli ambasciatori 'Abd al-Qays, **12,** 50 — coopera alla repressione dei primi moti anteislamici. **11,** 103, 117, 119 — eredita tutti i beni di abū-l-'Āṣ b. al-Rabī', **12,** 435 — sua morte. **8,** 131 nota 1 — segretario del Profeta, **10,** 36 — uno dei suoi ḥ u r r ā s, 142,*f* — pur essendo uno dei più antichi e fidi Compagni, non lascia tradizioni, **Intr.** 21 — suoi fratelli: al-Sā'ib b. al-'Awwām, **10,** 69; **12,** 23 no. 108 — Buǵayr b. al-'Awwām, **12,** 23 no. 39 — sua moglie Amah bint Khālid e suoi figli, **Intr.** 277 no. 6 — suo cugino lontano abū-l-Bakhtari al-'Āṣ. **2,** 106 — suo lanciotto a l - ' a n a z a h, **2,** 91 e nota 1 [W ü s t., *Reg.*, 475; Y ā q ū t, *Reg.*, 435; A gh ā n i, *Ind.*, 355-356; M a s ' ū d i, *Ind.*, 298; Q u t a y b a h, 34, lin. 8; 112-117; D u r a y d, 35, lin. 12-18; 57 lin. 8; N a w a w i, 250-253].

al-Zubayr [b. abī Bakr] Bakkār al-Qurašī al-qāḍī (abū 'Abdallah) [† 256. a. H.], tradizionista, archeologo, coopera alla sistemazione inventiva dell'albero genealogico di Maometto, **Intr.** 37 nota 1 — ricerca le tradizioni preislamiche sui Ḥunafā, 179, 183 — sue tradizioni sui Musulmani in Abissinia, **7,** 55; **8,** 1 — su 'Abd al-raḥmān b. Ḥazn, **12,** 23 no. 5 — sulla introduzione della formula B i s m i k a A l l a h u m m a fra i Qurayš, **1,** 45 art. 1 nota 1 [Y ā q ū t, *Reg.*, 435; W ü s t., *Reg.*, 475; W ü s t., *Gesch.*, 20; A gh ā n i, *Ind.*, 355; M a s ' ū d i, *Ind.*, 298].

al-Zubayr b. Bāṭā, cfr. al-Qabir b. Bāṭā, **1,** 58 no. 47.

al-Zubayr b. 'Ubaydah, C. d. P., emigra a Madīnah, **1,** 15 no. 21.

ibn al-Zubayr [† 73. a. H.], cioè 'Abdallah b. al-Zubayr b. al-'Awwām, **8,** 131 nota 1 [Y ā q ū t, *Reg.*, 501; W ü s t., *Reg.*, 25-26; A gh ā n i, *Ind.*, 438-439; M a s ' ū d i, *Ind.*, 164; N a w a w i, 341-343].

umm al-Zubayr bint al-Zubayr b. 'Abd al-Muttalib, Compagna d. P. e sua cugina, pensionata di Khaybar, **7,** 42 e no. 5.

Zubyān b. Marthad al-Sadūsī, C. d. P., porta un messaggio di lui ai Bakr b. Wā'il, **10,** 43.

Zuǵǵ, o **Zuǵǵ Lāwah**, stagno presso Dariyyah, nel Naǵd, a oriente di Madīnah, **9,** 15.

Zuǵǵ Lāwah, cfr. Zuǵǵ, **9,** 15.

Zuǵǵ Luwāthah sorgente presso Luwāthah (*q. v.*), **9,** 15.

Zughar [borgo nei Mašārif al-Šām], compreso nel Ǵund Filasṭīn. **12,** 316 nota 2 [Y ā q ū t. II, 933-935].

Zuhayr b. Qirḍim b. al-'Uǵayl b. Qabāth al-Mahrī, C. d. P., viene dalla Mahrah a Madīnah, e riceve doni da Maometto, **10,** 58.

Zuhayr b. abī Sulma Rabī'ah b. Riyāḥ b. Qurṭ al-Muzanī, poeta preislamico: menziona un sito Ghamr, **12**, 319 nota 1 [Yāqūt, *Reg.*, 438; Brockelmann, I, 23; Nöldeke, *Die fünf M.*; Durayd, 112, lin. 15; Qutaybah, 36, lin. 17].

Zuhayr b. abī Rifā'ah, pagano, ucciso a Badr da abū Usayd Mālik b. Rabī'ah, **2,** 88 no. 59.

Zuhayr b. abī Umayyah b. al-Mughīrah [b. 'Abdallah al-Makhzūmi], C. d. P., già pagano, schernitore di Maometto, **Intr.** 248 no. 13 — coopera alla rescissione del Bando, 306 — uno dei mu·allafah di al-Ǵi'rānah, **8,** 165 no. 7 — alla presa di Makkah, è graziato per intercessione di umm Hāni Hind bint abī Tālib, **8,** 63 nota 1.

banū Zuhayr b. Damrah, abitanti nel Ḥiǵāz presso al-Kharrār, **1,** 22 nota 1.

banū Zuhayr b. Uqayš, ramo degli 'Ukl nel Yaman: lettera di Maometto ad essi, **9,** 92.

zuhayr b. Rāfi' b. 'Adi b. Zayd al-Anṣāri al-Awsi, C. d. P., presente alla seconda 'Aqabah, **Intr.** 344 no. 3 [Wüst., *Reg.*, 156; Qutaybah, 156, lin. 15].

al-zuhr = « il mezzodì »: ora canonica per una delle cinque preghiere quotidiane, la ṣalūt al-ẓuhr, **11,** 208.

Zuhrah, paese abitato dai banū-l-Nadīr (presso Madīnah), **4,** 10 nota 1; **5,** 29.

Zuhrah b[int] Kilāb b. Murrah b. Ka'b, eponimo [femminile: Qutaybah, 34, lin. 3; 64, lin. 12], di una gente makkana, fratello di Quṣayy, **Intr.** 41 tav. 1, 61, 76 [Wüst., *Reg.*, 476].

banū Zuhrah b. Kilāb b. Murrah... b. Fihr-Qurayš, gente o famiglia qurašita, parteggia per 'Abd Šams nella contesa fra i successori di Quṣayy, **Intr.** 86 — partecipano alla instaurazione del Ḥilf al-Fudūl, **Intr.** 147 — alla ricostruzione della Ka'bah, 168 — i pagani si ritraggono da Badr, **2,** 51; **3,** 13 — i Musulmani combattono a Badr con Maometto, **2,** 85,A no. 37-44, 87 no. 3 — fra i Muṭayyabūn che seguono i Khuzā'ah, **8,** 21 nota 3 — loro ḥalīf: Sib..' b. 'Abd al-'Uzza, **Intr.** 252 nota 3 — Quzmān, **1,** 60 no. 25 — al-Miqdād b. 'Amr, 76 — al-Akhnas b. Šarīq, **2,** 51 — 'Umayr b. 'Abd 'Amr, 87 no. 3 — abū Baṣīr, **7,** 1 — Ya'lah b. Ǵīriyah, **12,** 23 no. 141 — Zayd b. Asīd, 23 no. 147 — Āminah, madre di Maometto, è figlia del loro capo Wahb b. 'Abd Manāf, **Intr.** 104 [Durayd, 59, lin. 10 e seg.; Aghāni, *Ind.*, 358-359; Mas'ūdi, *Ind.*, 298; Yāqūt, *Reg.*, 246].

al-Zuhri (cioè abū Bakr Muḥ. b. Muslim b. 'Ubaydallah b. 'Abdallah ibn Šihāb al-Zuhri al-Qurasi) [† 124. a. H.], discepolo di 'Urwah b. al-Zubayr, tradizionista affezionato alli Umayyadi, autore e raccoglitore di appunti preziosi sulla primitiva storia dell'Islām, **Intr.** 234 nota 1, 260 — legge i documenti o appunti storici scritti da 'Urwah per al-Walīd b. 'Abd al-malik, **6,** 41 — ignora la prigionia di 'Abbās a Badr, **2,** 89 nota 1 — sull'ambasciata di Maometto all'imperatore Eraclio, **6,** 50 nota 3 — sulla data dell'arrivo di Maometto in Makkah conquistata, **8,** 118 — sua lista dei mu·allafah qulūbahum di al-Ǵi'rānah, **8,** 165 — suoi informatori immediati: 'Urwah b. al-Zubayr, al-Ša'bi, 'Ubaydallah b. 'Abdallah b. 'Utbah, Ayyūb b. Bašir, 'Abdallah b. Ka'b, Ḥamzah b. 'Abdallah b. 'Umar, Anas b. Mālik, Sa'īd b. al-Musayyab, 'Ubayd (?), **2,** 94 nota 1 — suo documento o appunto originale, tradotto integralmente negli Annali, sulle prime lotte di Maometto con i Qurayš in Makkah, **Intr.** 234 — sue tradizioni presso ibn Hišām, 217, 260, 305; **8,** 165; **11,** 8 e nota 1, 13, 15, 18 — presso Ṭabari, **1,** 2; **2,** 94 nota 1, 96 nota 1; **11,** 6 nota 2, 19, 21, 24, 27, 34 nota 1, 37, 42, 64, 202 nota 1, 208 e nota 1, 205,*b* — presso Balādzuri, **9,** 46; **10,** 23 — presso Bakri, **11,** 3,*d* — presso Bukhāri, **11,** 6 nota 5,*c*, 30, 31 — presso ibn al-Athīr e Ḥalab, **11,** 43 nota 1,*b* — presso Suyūṭi, **11,** 225 [Wüst., *Reg.*, 318; Yāqūt, *Reg.*, 694; Wüst., *Gesch.*, 5; Aghāni, *Ind.*, 359; Qutaybah, 239; Nawawi, 117-119; Sachau Saad, III, 1, pag. 13].

Zulla, l'antica Adoulis o Adule sull'*Adulicus sinus* nel Mar Rosso, **Intr.** 109 nota 2.

zullah = « tettoia », o saqīfah dei banū Sā'idah in Madinah, **11,** 37 nota 2,*d*.

al-zulm = « l'iniquità » o peccato, **10,** 14.

zulmun 'abqariyyun = « malvagità colossale o diabolica », **12,** 59.

al-Zumayl, sito nel Diyār Bakr, presso al-Bišr, dove Khālid b. al-Walīd disfece gli Arabi cristiani (taghlibiti) collegatisigli contro, **12,** 224 e nota 2.

Zumayl b. Quṭbah al-Qayni, C. d. P. (?), rinnega l'Islām con i suoi nell'Arabia settentrionale, **11,** 102.

Zūn, nome di un antico idolo di Ubullah, **12**, 155 nota 11,*b*.

Zur'ah, qayl del Ḥadramawt (o uno dei tre seguenti ?), C. d. P. (?), riceve lettera di Maometto a lui, **10**, 46.

Zur'ah Dzū Ru'ayn, qayl ḥimyarita, C. d. P., sua corrispondenza con Maometto, **9**, 63.

Zur'ah Dzū Yazan, qayl ḥimyarita, C. d. P., manda suo ambasciatore a Madinah, **9**, 61.

Zur'ah b. Dzī Yazan, qayl ḥimyarita, C. d. P., e suo esattore (?) nel Yaman, **10**, 13 nota 1.

Zur'ah bint Mišraḥ [o **Mašraḥ**] [**b. Walī'ah b. Šuraḥbīl al-Kindiyyah (umm 'Ali)**], prigioniera e concubina di 'Abdallah b. al-'Abbās, **12**, 88 [Wüst., *Reg.*, 476; Mas'ūdi, *Ind.*, 299; Qutaybah, 59, lin. 13; Tabari, *Ind.*, 205].

abū Zur'ah al-Ǵuhani [il med. del seg. ?], tradizionista, inventore di miracoli di Maometto, **9**, 42.

abū Zur'ah Ma'bad b. Khālid al-Ǵuhani, C. d. P., portabandiera dei suoi a Ḥunayn, **8**, 122 — regalato da Maometto in al-Ǵi'rānah, 160.

abū Zur'ah [Yaḥya b. abī 'Amr] al-Šaybāni, autorità tradizionistica di Sayf, presso Tabari, **12**, 70.

banū Zur'ah, ramo dei Ǵuhaynah, lettera del Profeta ad essi, ancora pagani, **5**, 87.

Zurārah b. 'Amr, cfr. Zurārah b. Qays b. al-Ḥārith b. 'Addā, **11**, 1, 2.

Zurārah b. Nabbāš [al-Tamīmi al-Usayydi (abū Hālah)], marito divorziato di Khadīǵah, **Intr.** 115 nota 1, cfr. il nome più sicuro e completo abū Hālah Nabbāš b. Zurārah [Durayd, 128, lin. 1-2 nella forma Zurārah b. al-Nabbāš; cfr. in Aghāni, *Ind.*, 666 un ibn al-Nabbāš b. Zurārah].

Zurārah b. Qays b. al-Ḥārith b. 'Addā al-Nakha'i, cristiano, ambasciatore dei suoi a Madīnah, **11**, 2 [Wüst., *Reg.*, 476].

Zurārah b. Qays b. al-Ḥārith b. Fihr b. Qays al-Anṣāri [† 12. a. H.], C. d. P. ucciso ad al-Yamāmah (è il medesimo del precedente?), **12**, 23 no. 151.

Zuqāq al-Ḥisy. sito fra Madīnah e al-Šaykhān, **3**, 26.

banū Zurayq [b. 'Āmir b. Zurayq] b. 'Abd Ḥārithah al-Anṣār [al-Khazraǵi], famiglia madinese; loro membri presenti a Badr, **2**, 85,C no. 95-101 [Wüst., *Reg.*, 476] — loro quartiere in Madīnah, **7**, 4 — loro moschea in Madīnah, **2**, 8 — abū 'Ubayd mawla di uno fra essi, **12**, 394 no. 2 — loro membro « Piagnone », **9**, 27 no. 6 — ebrei madinesi della omonima tribù araba, **1**, 58 no. 64.

al-Zuṭṭ, abitanti del Khaṭṭ o costa del Baḥrayn; seguono nel moto o insurrezione al-Ḥuṭam b. Ḍubay'ab, **12**, 55.

Aggiunta a p. 1263, lin. 40:

'Amr al-Kātib, **11**, 211; cfr. 'Amr b. Zurārah b. 'Udas.

Cominciato a stampare il 15 Febbraio 1905.
Finito di stampare il 31 Ottobre 1907.

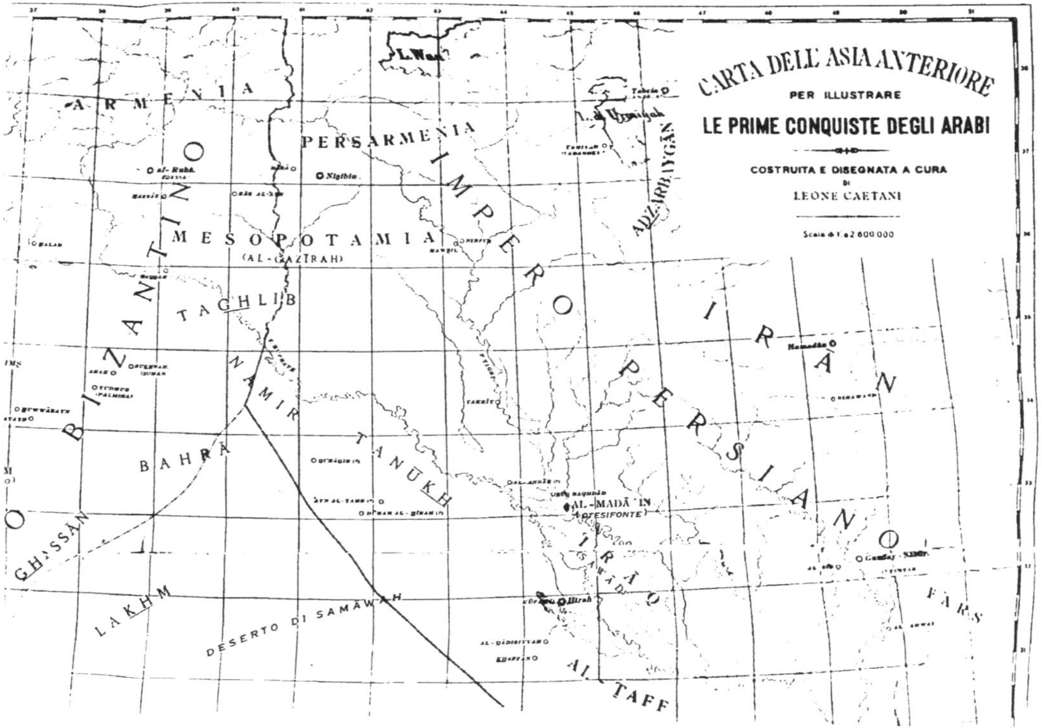
CARTA DELL' ASIA ANTERIORE
PER ILLUSTRARE
LE PRIME CONQUISTE DEGLI ARABI
COSTRUITA E DISEGNATA A CURA
DI
LEONE CAETANI
Scala di 1 a 2 600 000
ARMENIA
PERSARMENIA
ADZARBAYGĀN
IMPERO PERSIANO
IMPERO BIZANTINO
IRĀN
MESOPOTAMIA
(AL-GAZIRAH)
TAGHLIB
NAMIR
TANŪKH
BAHRĀ
GHASSĀN
LAKHM
DESERTO DI SAMĀWAH
AL-TAFF
FARS
Nisibin
al-Ruhā
Tabriz
Hamadān
Hīrah
AL-MADĀ'IN
(CTESIFONTE)
Takrit

CPSIA information can be obtained
at www.ICGtesting.com
Printed in the USA
LVHW08s1115300918
591914LV00029B/569/P

9 780366 879434